Ihr Vorteil als Käufer dieses Buches

Auf der Bonus-Webseite zu diesem Buch finden Sie zusätzliche Informationen und Services. Dazu gehört auch ein kostenloser **Testzugang** zur Online-Fassung Ihres Buches. Und der besondere Vorteil: Wenn Sie Ihr **Online-Buch** auch weiterhin nutzen wollen, erhalten Sie den vollen Zugang zum **Vorzugspreis**.

So nutzen Sie Ihren Vorteil

Halten Sie den unten abgedruckten Zugangscode bereit und gehen Sie auf **www.galileocomputing.de**. Dort finden Sie den Kasten **Die Bonus-Seite für Buchkäufer**. Klicken Sie auf **Zur Bonus-Seite / Buch registrieren**, und geben Sie Ihren **Zugangscode** ein. Schon stehen Ihnen die Bonus-Angebote zur Verfügung.

Ihr persönlicher **Zugangscode**: fqts-4zdb-puhk-vn76

Ulrich B. Boddenberg

Windows Server 2012 R2

Galileo Press

Liebe Leserin, lieber Leser,

Ulrich B. Boddenberg hat sich unter Administratoren und Entscheidern einen Namen gemacht, die in einem technischen Umfeld arbeiten, das von Microsoft-Server-Produkten dominiert wird. Vielleicht kennen Sie seine Bücher »Windows 8 für Administratoren« oder sein Werk zum SharePoint Server. Diese Bücher zeichnet eines besonders aus: Sie vermitteln lösungsorientiertes Praxiswissen jenseits von reinen Funktionsbeschreibungen.

So lauten etwa typische Pressestimmen zu seinen Werken:

»Wichtig für den Leser ist, dass mehrere Lösungen eines Problems dargestellt und deren Auswirkungen aufgezeigt werden, damit wird es dem Nachahmer bei der Problemlösung erheblich leichter gemacht. Hier werden praxisbezogene Erfahrungen aus dem Alltag eines Administrators beschrieben – eine echte Knowledge Base für Profis in Computernetzen.«

Daten und Analysen

Boddenberg gelingt es, einen umfassenden Überblick über die Technologie mit einem hohen Praxisnutzen zu verbinden.

InfoWeek

Auch das vorliegende Buch hält dieses Versprechen. Umfassend und konsequent am Arbeitsalltag eines Administrators orientiert, beschreibt es den Windows Server 2012 R2 und all seine Einsatzmöglichkeiten. Mit Informationen zu Hyper-V, Powershell und natürlich Windows 8/8.1. Eine unverzichtbare Hilfe und ein Berater, immer an Ihrer Seite.

Wenn Sie Fragen, Anregungen, Lob oder Kritik äußern möchten, wenden Sie sich an mich. Herr Boddenberg und ich freuen uns auf Ihre Rückmeldungen!

Viel Freude beim Lesen wünscht

Ihr Sebastian Kestel
Lektorat Galileo Computing

sebastian.kestel@galileo-press.de
www.galileocomputing.de
Galileo Press · Rheinwerkallee 4 · 53227 Bonn

Auf einen Blick

1	Warum eine neue Server-Version?	23
2	Editionen und Lizenzen	51
3	Hardware und Dimensionierung	55
4	Protokolle	131
5	Was ist .NET?	185
6	Installation	201
7	Die Core-Installationsoption	209
8	Active Directory-Domänendienste	221
9	Netzwerkdienste im AD-Umfeld	455
10	Active Directory Lightweight Directory Services (AD LDS)	495
11	Active Directory-Verbunddienste (Federation Services)	519
12	Active Directory-Zertifikatdienste	525
13	Active Directory-Rechteverwaltungsdienste (AD RMS)	641
14	»Innere Sicherheit«	675
15	Dateisystem und Dateidienste	787
16	Drucken	885
17	Webserver (IIS)	909
18	SharePoint Foundation und SharePoint Server	1045
19	Remotedesktopdienste (Terminaldienste)	1057
20	Hochverfügbarkeit	1135
21	Datensicherung	1223
22	Servervirtualisierung mit Hyper-V	1237
23	Windows PowerShell	1361

Impressum

Wir hoffen sehr, dass Ihnen dieses Buch gefallen hat. Bitte teilen Sie uns doch Ihre Meinung mit. Eine E-Mail mit Ihrem Lob oder Tadel senden Sie direkt an den Lektor des Buches: *sebastian.kestel@galileo-press.de*. Im Falle einer Reklamation steht Ihnen gerne unser Leserservice zur Verfügung: *service@galileo-press.de*. Informationen über Rezensions- und Schulungsexemplare erhalten Sie von: *britta.behrens@galileo-press.de*

Informationen zum Verlag und weitere Kontaktmöglichkeiten finden Sie auf unserer Verlagswebsite *www.galileo-press.de*. Dort können Sie sich auch umfassend und aus erster Hand über unser aktuelles Verlagsprogramm informieren und alle unsere Bücher versandkostenfrei bestellen.

An diesem Buch haben viele mitgewirkt, insbesondere:

Lektorat Sebastian Kestel, Anne Scheibe
Korrektorat Friederike Daenecke, Sibylle Feldmann
Einbandgestaltung Barbara Thoben, Köln
Herstellung Martin Pätzold
Typografie und Layout Vera Brauner
Coverfoto iStockimages: 2752864 © exaphoto, 1255839 © Daniel Gilbey; Fotolia: 8450247 © Spectral-Design, 2993156 © Aleksandar Radovanov
Satz III-satz, Husby
Druck und Bindung Beltz Bad Langensalza GmbH

Dieses Buch wurde gesetzt aus der TheAntiquaB (9,35/13,7 pt) in FrameMaker. Gedruckt wurde es auf chlorfrei gebleichtem Offsetpapier (70 g/m²).

Der Name Galileo Press geht auf den italienischen Mathematiker und Philosophen Galileo Galilei (1564–1642) zurück. Er gilt als Gründungsfigur der neuzeitlichen Wissenschaft und wurde berühmt als Verfechter des modernen, heliozentrischen Weltbilds. Legendär ist sein Ausspruch *Eppur si muove* (Und sie bewegt sich doch). Das Emblem von Galileo Press ist der Jupiter, umkreist von den vier Galileischen Monden. Galilei entdeckte die nach ihm benannten Monde 1610.

Bibliografische Information der Deutschen Nationalbibliothek:
Die Deutsche Nationalbibliothek verzeichnet diese Publikation in der Deutschen Nationalbibliografie; detaillierte bibliografische Daten sind im Internet über *http://dnb.d-nb.de* abrufbar.

ISBN 978-3-8362-2013-2

© Galileo Press, Bonn 2014
4., aktualisierte Auflage, 1. unkorrigierter Nachdruck 2014

Das vorliegende Werk ist in all seinen Teilen urheberrechtlich geschützt. Alle Rechte vorbehalten, insbesondere das Recht der Übersetzung, des Vortrags, der Reproduktion, der Vervielfältigung auf fotomechanischem oder anderen Wegen und der Speicherung in elektronischen Medien.

Ungeachtet der Sorgfalt, die auf die Erstellung von Text, Abbildungen und Programmen verwendet wurde, können weder Verlag noch Autor, Herausgeber oder Übersetzer für mögliche Fehler und deren Folgen eine juristische Verantwortung oder irgendeine Haftung übernehmen.

Die in diesem Werk wiedergegebenen Gebrauchsnamen, Handelsnamen, Warenbezeichnungen usw. können auch ohne besondere Kennzeichnung Marken sein und als solche den gesetzlichen Bestimmungen unterliegen.

Inhalt

Geleitwort 21

1 Warum eine neue Server-Version? 23

1.1 Rückblick 23
  1.1.1 Windows 1, 2 und 3 23
  1.1.2 Windows NT 3.1 Advanced Server 25
  1.1.3 Windows NT Server 3.5 und 3.51 27
  1.1.4 Windows NT 4 Server 29
  1.1.5 Windows 2000 Server und Windows Server 2003 31
1.2 Windows Server 2008 und Windows Server 2008 R2 33
1.3 Windows Server 2012 36
  1.3.1 Windows Server 2012 R2 40
1.4 Aufgaben und Rollen 43
  1.4.1 Rollen 45
  1.4.2 Features 46
  1.4.3 Zusammenspiel mit anderen Microsoft-Produkten 48

2 Editionen und Lizenzen 51

2.1 Editionen 51
2.2 Lizenzierung 52

3 Hardware und Dimensionierung 55

3.1 Serverhardware 55
  3.1.1 Prozessoren 55
  3.1.2 Serverarchitektur 58
  3.1.3 Hauptspeicher 59
  3.1.4 Festplatten 60
  3.1.5 Netzwerkkonnektivität 63
  3.1.6 Überwachung 64

3.2	Storage-Architekturen	65
	3.2.1 SAN, NAS, iSCSI	65
	3.2.2 SAN-Architektur	69
	3.2.3 Premium Features von Storage-Systemen	75
	3.2.4 Virtualisierung	80
3.3	Netzwerk	83
	3.3.1 Netzwerkstrukturen und Verfügbarkeit	83
	3.3.2 Anbindung von entfernten Nutzern	87
	3.3.3 Netzwerkmanagement	90
3.4	Das Rechenzentrum	91
	3.4.1 Zugangskontrolle	91
	3.4.2 Feuer, Wasser ...	92
	3.4.3 Räumliche Anforderungen	93
	3.4.4 Stromversorgung	94
	3.4.5 Redundante Rechenzentren	96
3.5	Mein Freund, der Systemmonitor	97
	3.5.1 Leistungsindikatoren, Objekte und Instanzen	99
	3.5.2 Protokoll erstellen	104
	3.5.3 Protokoll untersuchen	108
	3.5.4 Leistungsmessung über Computergrenzen hinweg	112
3.6	Dimensionierung und Performance	113
	3.6.1 Festplatte & Co.	113
	3.6.2 Hauptspeicher	128
	3.6.3 Prozessor	128
	3.6.4 Netzwerkkonnektivität	129

4 Protokolle 131

4.1	Mein Freund, der Netzwerkmonitor	132
	4.1.1 Kurzüberblick	133
	4.1.2 Messen und Auswerten – ein Schnelleinstieg	136
4.2	IPv4 vs. IPv6	143
	4.2.1 Unterschiede	145
	4.2.2 IPv6 – die Adressierung	146
	4.2.3 Vergabe von IPv6-Adressen	152
	4.2.4 Abschalten von IPv6	154

4.3	Einige grundlegende Netzwerkprotokolle	155
	4.3.1 DHCP – Dynamic Host Configuration Protocol	155
	4.3.2 ARP – Address Resolution Protocol	159
	4.3.3 DNS – Domain Name System	162
4.4	**Authentifizierung und Kerberos**	166
	4.4.1 Authentifizierung vs. Autorisierung	166
	4.4.2 Kerberos – Funktionsweise	168
	4.4.3 Delegierung	173
	4.4.4 Der Service Principal Name (SPN)	173
	4.4.5 Kerberos-Delegierung verwenden	176
	4.4.6 Shoot the Trouble	178
	4.4.7 Kernelmodus-Authentifizierung im IIS 7	182

5   Was ist .NET?   185

5.1	Der Grundgedanke	187
5.2	.NET bei der Arbeit	188
5.3	.NET Framework und Compact Framework	190
5.4	Code Access Security	193
5.5	Von Codegruppen und Berechtigungssätzen	195
5.6	WPF, WCF, WWF und CardSpace	197
5.7	.NET Framework 3.5 installieren	198

6   Installation   201

6.1	Grundinstallation	201
6.2	Aktivieren	206

7   Die Core-Installationsoption   209

7.1	**Verwaltung, Basis**	211
	7.1.1 Verwendung von »sconfig.cmd«	211
	7.1.2 PowerShell nutzen	212

	7.1.3	Server-Manager verwenden	214
	7.1.4	MMC-Snap-Ins verwenden	216
7.2	**Weitere Rollen hinzufügen**		**217**
	7.2.1	Server-Manager verwenden	218
	7.2.2	PowerShell verwenden	218
7.3	**Umwandeln**		**219**

8 Active Directory-Domänendienste   221

8.1	**Aufbau und Struktur**		**222**
	8.1.1	Logische Struktur	222
	8.1.2	Schema	232
	8.1.3	Der globale Katalog (Global Catalog, GC)	236
	8.1.4	Betriebsmasterrollen/FSMO-Rollen	239
	8.1.5	Verteilung von Betriebsmasterrollen und Global Catalog	249
	8.1.6	Schreibgeschützte Domänencontroller – Read Only Domain Controller (RODC)	252
8.2	**Planung und Design des Active Directory**		**256**
	8.2.1	Abbildung des Unternehmens	256
	8.2.2	Übersichtlichkeit und Verwaltbarkeit	259
	8.2.3	Standorte	262
	8.2.4	Replikation	268
	8.2.5	Gruppenrichtlinien	299
8.3	**Ein neues Active Directory einrichten**		**299**
	8.3.1	Den ersten Domänencontroller einrichten	300
	8.3.2	Zusätzliche Domänencontroller einrichten	308
8.4	**Gruppenrichtlinien**		**309**
	8.4.1	Anwendungsbeispiel	310
	8.4.2	Richtlinien für Computer und Benutzer	313
	8.4.3	Verteilung über Domänencontroller	315
	8.4.4	Vererbung	320
	8.4.5	Sicherheit und Vorrang	323
	8.4.6	Filter	326
	8.4.7	Abarbeitungsreihenfolge, mehr Details	326
	8.4.8	Lokale GPOs (ab Windows Vista und Windows Server 2008)	327
	8.4.9	Starter-Gruppenrichtlinienobjekte / Starter-GPOs	331
	8.4.10	ADM vs. ADMX	336
	8.4.11	Zuweisen und Bearbeiten von Gruppenrichtlinien	349

	8.4.12	WMI-Filter	365
	8.4.13	Softwareverteilung mit Gruppenrichtlinien	369
	8.4.14	Loopbackverarbeitung	372
	8.4.15	Gruppenrichtlinien-Voreinstellungen (Preferences)	373
8.5	**Diverses über Gruppen**		378
8.6	**Delegierung der Verwaltung**		381
8.7	**Das Active Directory aus der Client-Perspektive**		383
	8.7.1	DNS-Einträge oder »Wie findet der Client das Active Directory?«	383
	8.7.2	Das Active Directory durchsuchen	384
	8.7.3	Individuelle Erweiterungen	386
8.8	**Zeitdienst**		387
	8.8.1	Grundkonfiguration der Zeitsynchronisation	388
	8.8.2	Größere Umgebungen	390
8.9	**Upgrade der Gesamtstruktur auf Active Directory-Domänendienste (AD DS) 2008/2012/R2**		392
	8.9.1	Schemaerweiterung und Anpassung der Domänen durchführen	392
	8.9.2	Windows Server 2012 R2-Domänencontroller installieren	398
	8.9.3	Kurze Überprüfung	404
	8.9.4	FSMO-Rollen verschieben	407
	8.9.5	Alte Domänencontroller deinstallieren und einheitlichen Modus wählen	410
	8.9.6	Real-World-Troubleshooting – ein Beispiel	412
8.10	**Umstrukturieren**		418
8.11	**Werkzeugkiste**		420
8.12	**Active Directory Best Practice Analyzer**		421
8.13	**Der Active Directory-Papierkorb**		424
	8.13.1	Voraussetzungen	424
	8.13.2	Active Directory-Papierkorb aktivieren	424
	8.13.3	Gelöschte Objekte anzeigen und wiederherstellen	426
	8.13.4	Wiederherstellen mit der PowerShell	431
8.14	**Active Directory-Verwaltungscenter**		432
	8.14.1	Kennwort zurücksetzen	434
	8.14.2	Benutzer suchen und Attribute anzeigen und modifizieren	435
	8.14.3	Navigieren und filtern	437
	8.14.4	Neuanlegen von Objekten	440
	8.14.5	Navigationsknoten und mehrere Domänen	441
	8.14.6	Technik im Hintergrund und Voraussetzungen	443
8.15	**Active Directory-Webdienste (Active Directory Web Services, ADWS)**		443

| 8.16 | Active Directory-Modul für Windows-PowerShell | 446 |
| 8.17 | Offline-Domänenbeitritt | 453 |

9 Netzwerkdienste im AD-Umfeld 455

9.1	DNS		455
	9.1.1	Zonen	456
	9.1.2	Server	462
	9.1.3	Weiterleitungen und Delegierungen	464
	9.1.4	Einen DNS-Server für das AD hinzufügen	468
	9.1.5	Manuell Einträge hinzufügen	468
	9.1.6	Reverse-Lookupzone einrichten	469
	9.1.7	Wie findet der Client einen Domänencontroller?	471
9.2	DHCP		472
	9.2.1	Einen neuen DHCP-Server einrichten	473
	9.2.2	Konfiguration und Betrieb	475
	9.2.3	Redundanz	484
9.3	WINS		491
9.4	NetBIOS über TCP/IP		492

10 Active Directory Lightweight Directory Services (AD LDS) 495

10.1	Installation	498
10.2	Einrichten einer Instanz	499
10.3	Administration	505
10.4	Replikation einrichten	514

11 Active Directory-Verbunddienste (Federation Services) 519

11.1	Ein Anwendungsszenario	519
11.2	Installation	520
11.3	Die Kernidee	522

12 Active Directory-Zertifikatdienste — 525

12.1 Einige Anwendungsszenarien — 525
- 12.1.1 Internet-Authentifizierung und Verschlüsselung — 525
- 12.1.2 Sichere E-Mail — 528
- 12.1.3 Codesignatur — 530
- 12.1.4 IP-Verschlüsselung — 532
- 12.1.5 Anmeldung mit Smartcard — 532
- 12.1.6 Wireless Authentification (802.1X) — 534
- 12.1.7 Fazit — 534

12.2 Zertifikatdienste installieren und Migration (einstufige Architektur) — 534

12.3 Zertifikate aus Sicht des Clients — 545

12.4 Zertifizierungspfad — 550

12.5 Zertifikatvorlagen — 551

12.6 Weboberfläche — 560

12.7 Mehrstufige Architekturen — 562
- 12.7.1 Rollen — 563
- 12.7.2 Architekturen — 565

12.8 Autoenrollment und automatische Zertifikatanforderung — 567
- 12.8.1 Automatische Zertifikatanforderung — 567
- 12.8.2 Autoenrollment — 569

12.9 Zertifikate für Websites — 573

12.10 Zertifikatsperrlisten — 574
- 12.10.1 Funktionsweise – ganz grob — 576
- 12.10.2 Sperrlisteneinträge — 579
- 12.10.3 Gültigkeit einer Sperrliste — 582
- 12.10.4 Zertifikatgültigkeit überprüfen — 582
- 12.10.5 Der Cache — 588
- 12.10.6 ISA Server zum Veröffentlichen des Speicherortes verwenden — 589

12.11 Das Online Certificate Status Protocol (OCSP) — 593
- 12.11.1 Konfiguration des Online-Responders — 593
- 12.11.2 Anpassung der Zertifizierungsstelle — 600
- 12.11.3 Testen — 600
- 12.11.4 ISA Server-Veröffentlichung — 601

12.12 Zweistufige Architektur implementieren — 602
- 12.12.1 Offline-CA installieren und konfigurieren — 603
- 12.12.2 Zertifikat und Sperrliste dem Unternehmenszertifikatserver und dem Active Directory hinzufügen — 618

12.12.3	Unternehmens-CA installieren	621
12.12.4	Sperrlisten-Verteilungspunkt mit ISA Server veröffentlichen	634

12.13 Zertifikate und Windows Mobile ... 634
12.13.1	Pocket PC und Pocket PC Phone Edition	635
12.13.2	Smartphone	636

12.14 Zertifikate und das iPhone ... 638

13 Active Directory-Rechteverwaltungsdienste (AD RMS) — 641

13.1 Funktionsweise ... 643

13.2 Installation ... 645
13.2.1	Server-Installation	645
13.2.2	Feinkonfiguration	654
13.2.3	Vorlage für Benutzerrichtlinien erstellen	655
13.2.4	Gruppenrichtlinien	660
13.2.5	Client-Installation	660

13.3 Anwendung ... 662
13.3.1	Word-Dokument schützen	662
13.3.2	E-Mail schützen	669

13.4 Statistik ... 672

13.5 Abschlussbemerkung ... 674

14 »Innere Sicherheit« — 675

14.1 Netzwerkrichtlinien- und Zugriffsdienste ... 676
14.1.1	Wie funktioniert NAP?	677
14.1.2	Netzwerkrichtlinienserver	681
14.1.3	Client vorbereiten	683
14.1.4	Mehrstufiges NAP-Konzept vorbereiten	685
14.1.5	NAP für DHCP-Zugriff	690
14.1.6	Und die anderen Netzwerkverbindungsmethoden?	712

14.2 Windows-Firewall ... 713
14.2.1	Eingehende und ausgehende Regeln	715
14.2.2	Basiskonfiguration	716
14.2.3	Regeln im Detail	718
14.2.4	Verbindungssicherheitsregeln	721

14.3	Windows Server Update Services (WSUS)	729
	14.3.1 Die Funktionsweise	729
	14.3.2 Erstkonfiguration mit dem Assistenten	736
	14.3.3 Konfiguration und Betrieb	741
	14.3.4 Updates genehmigen	746
	14.3.5 Gruppenrichtlinie konfigurieren	750
	14.3.6 Kurzer Blick auf den WSUS-Client	751
	14.3.7 Mit Berichten arbeiten	754
14.4	VPNs mit Windows Server 2012 R2	756
	14.4.1 Gateway-Architektur	757
	14.4.2 Grundkonfiguration des VPN-Servers	759
	14.4.3 VPN einrichten (allgemein)	764
	14.4.4 Einwahlberechtigung	768
	14.4.5 PPTP-VPN	769
	14.4.6 L2TP-VPN	771
	14.4.7 SSTP	774
	14.4.8 Automatischer Modus	780
	14.4.9 Connection Manager Administration Kit (CMAK, Verbindungs-Manager-Verwaltungskit)	781

15 Dateisystem und Dateidienste 787

15.1	Allgemeines zum Dateisystem	787
	15.1.1 Aufbau	788
	15.1.2 Platten verwalten	789
	15.1.3 MBR vs. GPT	791
	15.1.4 Partitionieren	793
	15.1.5 Basis-Datenträger vs. dynamische Datenträger	797
	15.1.6 Spiegeln	799
	15.1.7 Volumes vergrößern und verkleinern	802
	15.1.8 Weitere Optionen	807
	15.1.9 Schattenkopien – Volume Shadow Copy Service	809
	15.1.10 Transactional NTFS und Self-Healing NTFS	812
15.2	Installation der Rolle »Dateiserver«	813
15.3	Ressourcen-Manager für Dateiserver (RMDS)	814
	15.3.1 Kontingentverwaltung	814
	15.3.2 Dateiprüfungsverwaltung (File Screening Management)	821
	15.3.3 Speicherberichteverwaltung	824

15.4	**Verteiltes Dateisystem – Distributed File System (DFS)**		828
	15.4.1	Grundfunktion	828
	15.4.2	DFS und DFS-Replikation	830
	15.4.3	Ausfallsicherheit	831
	15.4.4	Verteilen von Daten – standortübergreifendes DFS	832
	15.4.5	Sicherung von Daten	834
	15.4.6	DFS installieren	835
	15.4.7	Basiskonfiguration	836
	15.4.8	Konfiguration der Replikation	845
	15.4.9	Redundanz des Namespaceservers	850
15.5	**Encrypting File System (EFS)**		851
	15.5.1	Konfiguration und Anwendung	852
	15.5.2	Zugriff für mehrere Benutzer	855
	15.5.3	Datenwiederherstellungs-Agenten	858
	15.5.4	EFS per Gruppenrichtlinie steuern	863
	15.5.5	Cipher	864
15.6	**ReFS und Speicherpools**		865
15.7	**iSCSI-Zielserver (iSCSI-Taget)**		870
	15.7.1	Einrichten eines iSCSI-Targets	870
	15.7.2	Ein iSCSI-Target verwenden	876
15.8	**Datendeduplizierung**		880

16   Drucken   885

16.1	**Einige Begriffe und Definitionen**		886
	16.1.1	Druckerserver, Drucker und Druckerobjekte	886
	16.1.2	XPS	889
16.2	**Installation**		891
16.3	**Arbeiten mit der Druckverwaltung**		893
	16.3.1	Drucker installieren	894
	16.3.2	Zusätzliche Treiber installieren	896
	16.3.3	Anschlüsse konfigurieren	898
	16.3.4	Druckerserver konfigurieren	899
	16.3.5	Eigenschaften und Druckerstandards	899
	16.3.6	Import und Export der Konfiguration	901
	16.3.7	Arbeiten mit Filtern (Überwachen)	901
16.4	**Drucker bereitstellen**		903

17 Webserver (IIS) — 909

17.1 Begriffsdefinitionen — 911
- 17.1.1 Webapplikation vs. Webservice — 911
- 17.1.2 Website vs. Webseite — 914

17.2 ASP.NET — 915
- 17.2.1 Die Entwicklungsumgebung — 915
- 17.2.2 Clientseitig: JavaScript — 918
- 17.2.3 Die web.config-Datei — 919
- 17.2.4 Kompilierung und Vorkompilierung — 922
- 17.2.5 Sicherheit und ASP.NET — 927

17.3 Installation — 928

17.4 Kurzer Überblick über die Architektur des Webservers — 930
- 17.4.1 Architektur — 930
- 17.4.2 Anforderungsverarbeitung — 931
- 17.4.3 Anforderungsverarbeitung im Anwendungspool — 933
- 17.4.4 Die »Modulbauweise« — 938

17.5 Webserver, Websites, Anwendungen, virtuelle Verzeichnisse und Anwendungspools — 943
- 17.5.1 Die Zusammenhänge — 943
- 17.5.2 Webserver — 946
- 17.5.3 Anwendungspool — 947
- 17.5.4 Website — 949
- 17.5.5 Anwendungen — 954
- 17.5.6 Virtuelles Verzeichnis — 957

17.6 Authentifizierung — 958
- 17.6.1 Anonyme Authentifizierung — 959
- 17.6.2 Standardauthentifizierung — 962
- 17.6.3 Digestauthentifizierung — 969
- 17.6.4 Windows-Authentifizierung — 972
- 17.6.5 Authentifizierungsdelegierung — 976
- 17.6.6 Webanwendungen und Kerberos — 978
- 17.6.7 Delegierung, eingeschränke Delegierung und Protokollübergang — 990
- 17.6.8 Formularauthentifizierung — 993

17.7 Autorisierung — 1003
- 17.7.1 NTFS-Berechtigungen — 1004
- 17.7.2 URL-Autorisierung — 1005

17.8		Sonstiges zum Thema »Sicherheit«	1007
	17.8.1	SSL-Verschlüsselung	1007
	17.8.2	.NET-Vertrauensebenen	1013
	17.8.3	IP- und Domäneneinschränkungen	1019
17.9		Sitzungszustand & Co.	1021
17.10		Load Balancing und Redundanz	1024
	17.10.1	Verwendung von Microsoft NLB	1025
	17.10.2	Remoteanforderungen	1026
	17.10.3	Freigegebene Konfiguration	1027
	17.10.4	Sitzungsstatus	1029
	17.10.5	Datenbankserver & Co.	1029
17.11		Administration	1029
	17.11.1	Remote-Administration	1030
	17.11.2	Remote-Administration für Nicht-Server-Administratoren und IIS-Benutzer	1034
	17.11.3	Delegierung von Features	1038
	17.11.4	Protokollierung	1040
17.12		Der Best Practice Analyzer (BPA)	1042
17.13		IIS-Schlussbemerkung	1043

18 SharePoint Foundation und SharePoint Server   1045

18.1		Warum SharePoint?	1046
	18.1.1	Unternehmenswissen	1048
	18.1.2	Intranet, Extranet und Internet	1049
	18.1.3	Content Manager und andere Rollen	1051
	18.1.4	Wie viele Mausklicks? – Oder: Über die Benutzereffizienz	1054
18.2		Projekt und Einführung	1054

19 Remotedesktopdienste (Terminaldienste)   1057

19.1		Die Funktionen aus 10.000 Metern Höhe	1059
19.2		Installation	1063
	19.2.1	Basisinstallation	1064
	19.2.2	Erster Blick	1070
	19.2.3	Lizenzserver konfigurieren	1070

	19.2.4	Sitzungssammlung erstellen	1074
	19.2.5	Desktopdarstellung	1079
19.3	Benutzerzugriff		1080
19.4	Installation von Anwendungen		1084
19.5	Desktop bereitstellen		1088
19.6	RemoteApp-Programme		1090
19.7	Administration und Verwaltung		1098
	19.7.1	Bereitstellung konfigurieren	1100
	19.7.2	Eigenschaften der Sammlung	1101
	19.7.3	Benutzeradministration	1104
	19.7.4	Remotesupport für Benutzer	1105
	19.7.5	Loopbackverarbeitung	1107
19.8	Remotedesktopdienstelizenzierung		1108
19.9	Drucken, Easy Print		1115
	19.9.1	Installation von Easy Print	1117
	19.9.2	Kurze Überprüfung	1117
	19.9.3	Gruppenrichtlinien	1120
19.10	Web Access für Remotedesktop		1121
19.11	RemoteApp- und Desktopverbindungen mit Windows 7 und 8		1124
19.12	Remotedesktopdienste-Farmen mit Netzwerklastenausgleich und Remotedesktopdienste-Verbindungsbroker		1128
19.13	Schlussbemerkung		1133

20   Hochverfügbarkeit   1135

20.1	Vorüberlegungen		1136
	20.1.1	Allgemeines	1136
	20.1.2	Hardware und Konfiguration	1143
20.2	Failover-Cluster		1146
	20.2.1	Aktiv vs. Passiv und n+1	1149
	20.2.2	Installation	1150
	20.2.3	Anwendungen hinzufügen	1166
	20.2.4	Cluster schwenken	1172
	20.2.5	Feinkonfiguration des Clusters und weitere Vorgehensweise	1173
	20.2.6	Clusterfähiges Aktualisieren	1174
	20.2.7	SQL Server 2012 installieren	1178

20.3 Network Load Balancing ... 1188
20.3.1 Funktionsweise des Network Load Balancing ... 1189
20.3.2 Installation und Konfiguration ... 1191
20.3.3 Ein paar Hintergründe ... 1200
20.3.4 Webserver, Kerberos und NLB ... 1206
20.3.5 NLB-Troubleshooting allgemein ... 1221

21 Datensicherung 1223

21.1 Sicherung ... 1225
21.2 Wiederherstellung ... 1229
21.2.1 Dateien und Ordner ... 1229
21.2.2 Server wiederherstellen ... 1233

22 Servervirtualisierung mit Hyper-V 1237

22.1 Allgemeine Überlegungen zur Servervirtualisierung ... 1241
22.1.1 Scale-out vs. Scale-up ... 1241
22.1.2 Servervirtualisierung und SAN ... 1242
22.1.3 Planung und Performance ... 1244
22.1.4 Was soll virtualisiert werden? ... 1246
22.2 Editionen und Installationsmöglichkeiten ... 1247
22.2.1 Windows Server 2012: »normal« und Core ... 1247
22.2.2 Hyper-V Server 2012 ... 1248
22.3 Der Hyper-V-Manager ... 1250
22.4 Installation und Grundkonfiguration ... 1252
22.4.1 Vorbereitung, insbesondere Netzwerkkonfiguration ... 1252
22.4.2 Installation ... 1255
22.4.3 Grundeinstellung (Hyper-V-Einstellungen) ... 1259
22.4.4 Netzwerkeinstellungen ... 1260
22.5 Administration von virtuellen Maschinen mit dem Hyper-V-Manager ... 1263
22.5.1 Neue virtuelle Maschine anlegen ... 1263
22.5.2 Einstellungen bearbeiten ... 1268
22.5.3 (Dynamische) Speicherverwaltung ... 1270
22.5.4 Die »laufende« VM ... 1272

22.6 Verbesserung der Verfügbarkeit 1274
- 22.6.1 Replikation 1274
- 22.6.2 Clustering 1287

22.7 Erweiterte Möglichkeiten 1287
- 22.7.1 Snapshots 1288
- 22.7.2 VMs verschieben 1292
- 22.7.3 Exportieren/Importieren 1297
- 22.7.4 Einfache Sicherung/Wiederherstellung 1297

22.8 System Center Virtual Machine Manager 2012 1303
- 22.8.1 Aufbau und Architektur 1304
- 22.8.2 Installation 1305
- 22.8.3 Schnellüberblick 1323
- 22.8.4 Virtuelle Maschine anlegen 1326
- 22.8.5 Virtuelle Maschine aus Vorlage erzeugen 1335
- 22.8.6 Virtuelle Maschinen verschieben 1346
- 22.8.7 Konvertieren (P2V und V2V) 1353

23 Windows PowerShell 1361

23.1 Ein paar Grundlagen 1364
- 23.1.1 Cmdlets 1364
- 23.1.2 Alias 1367
- 23.1.3 Skripte 1368
- 23.1.4 Pipelines 1372

23.2 Die Entwicklungsumgebung 1374

23.3 PowerShell-Fazit 1375

Index 1377

Geleitwort

Singe den Zorn, o Göttin, des Peleiaden Achilleus,
Ihn, der entbrannt den Achaiern unnennbaren Jammer erregte,
Und viel tapfere Seelen der Heldensöhne zum Aïs
Sendete, aber sie selbst zum Raub darstellte den Hunden ...

In Gesprächen mit Kunden über Windows Server 2012 bzw. 2012 R2 kommt man schnell auf die Oberfläche im Windows 8/8.1-Stil (»Modern UI«) zu sprechen. Dass diese Oberfläche gut und innovativ für Tablets ist, dürfte mittlerweile niemand mehr bezweifeln – und das sage ich, der nicht nur eine allgemein bekannte Vorliebe für Microsoft-Technologien pflegt, sondern auch ein überzeugter Apple-Fanboy ist. Der Diskussionspunkt ist, warum »diese Tablet-Oberfläche« nun unbedingt auf einen Server muss. Der technische Grund ist hier zweifelsfrei die nahe Verwandtschaft von Windows 8/8.1 und Windows Server 2012 bzw. 2012 R2. Und der Gedanke des einheitlichen Bedienkonzepts lässt sich ja grundsätzlich auch beim Server anführen.

Wie dem auch sei, die neue Oberfläche führt bei vielen Anwendern zu dem typischen dreiphasigen Eingewöhnungsprozess:

▶ Phase 1: Radikale Ablehnung: »Alles total Schrott!«
▶ Phase 2: Vorsichtiges Herantasten und erste Erkenntnis, dass es vielleicht doch nicht so totaler Schrott ist
▶ Phase 3: Begeisterung

Windows Server 2012 lässt sich allerdings nicht auf die neue Oberfläche reduzieren, es gibt diverse Innovationen zu entdecken, von denen ich stellvertretend Hyper-V nennen möchte. Diese Technologie bringt in der aktuellen Version einige wirklich coole Features mit.

Die gute Nachricht für erfahrene Admins von Windows Server 2008 R2 ist übrigens, dass diese ihr Expertenwissen weitgehend verwenden können. Es hat sich zwar etliches geändert, das meiste ist aber eher evolutionär als revolutionär. Das sehen Sie auch an der Versionsnummer. In der Preview-Version lautet sie 6.3.9431.

Zur Erinnerung:

▶ Vista und Server 2008: 6.0.x
▶ Windows 7 und Server 2008 R2: 6.1.x,
▶ Windows 8 und Server 2012: 6.2.x.

Windows Server 2012 R2 und auch das zeitgleich erscheinende Windows 8.1 gehören somit zur »Generation Vista«.

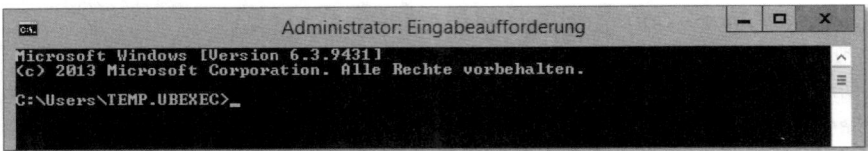

Abbildung 1 Die Versionsnummer der Preview-Version des 2012 R2-Servers

Ich habe in den letzten Monaten diverse Projekte mit dem Server 2012 durchgeführt und kann Ihnen berichten, dass das Produkt stabil und zuverlässig seine Aufgaben erfüllt. Es gibt auch keinen Grund anzunehmen, dass das mit R2 anders sein sollte – wie gesagt: Die Änderungen sind eher evolutionär als revolutionär.

Sicher, es gibt hier und da einige Kompatibilitätsprobleme, übrigens auch und insbesondere mit einigen Microsoft-Applikationsservern. So konnte der von mir sehr geschätzte *Data Protection Manager* keinen Server 2012 sichern. Die Zeit heilt hier aber alle Wunden. Die Empfehlung lautet also im Allgemeinen: Setzen Sie aktuelle Technologie ein, und arbeiten Sie mit Windows Server 2012 R2.

Ich bin freiberuflicher Berater, Softwarearchitekt und Entwickler. Folglich kann ich Ihnen helfen, wenn Sie Aufgabenstellungen rund um Microsoft-Technologien haben. Ich bin in Projekten einerseits Berater, andererseits aber auch »Macher«. Wenn Sie mit mir in Kontakt treten möchten, gibt es verschiedene Möglichkeiten:

- Sie besuchen meine Website: *https://www.boddenberg.de*
- Sie schreiben eine E-Mail an: *ulrich@boddenberg.de*

Des Weiteren möchte ich Sie gern auf mein Angebot an Seminaren aufmerksam machen. Sie finden es unter *https://www.boddenberg.de/seminare*.

Ich möchte Ihnen nun viel Freunde mit diesem Buch wünschen und natürlich nicht versäumen, mich bei all denen zu bedanken, die direkt oder indirekt zum Entstehen beigetragen haben. Insbesondere sind dies natürlich meine Frau und unsere Amy gewesen. Vielen Dank für Liebe, Ansporn und Zuversicht!

Ulrich B. Boddenberg,
September 2013

Kapitel 1
Warum eine neue Server-Version?

Denn der, dem König zürnend
Sandte verderbliche Seuche durchs Heer; und es sanken die Völker:
Drum weil ihm den Chryses beleidiget, seinen Priester,
Atreus Sohn. Denn er kam zu den rüstigen Schiffen Achaias,
Frei zu kaufen die Tochter, und bracht' unendliche Lösung,
Tragend den Lorbeerschmuck des treffenden Phöbos Apollon
Und den goldenen Stab;

Seit dem Erscheinen der ersten Windows Server-Version hat sich einiges in der IT-Landschaft getan. Es sind zwischenzeitlich nicht nur viele neue Technologien auf den Markt gekommen, auch die Anforderungen und die Art, wie Infomationstechnologie genutzt wird, haben sich grundlegend geändert. Diesen Änderungen muss ein modernes Betriebssystem Rechnung tragen.

Dieses Kapitel wird zunächst einen kurzen Rückblick auf 20 Jahre Windows geben und sich dann der Fragestellung widmen, ob und warum Sie sich mit einer neuen Serverbetriebssystemversion beschäftigen sollen.

1.1 Rückblick

Ich möchte Sie zunächst auf eine kleine Zeitreise mitnehmen und Ihnen einige frühere Versionen des Windows-Betriebssystems nebst einer kurzen »historischen Einordnung« zeigen.

1.1.1 Windows 1, 2 und 3

Das erste Windows-Betriebssystem war, wie sollte es auch anders sein, Microsoft Windows Version 1.01 und erschien im Jahre 1985. In Abbildung 1.1 sehen Sie den Startbildschirm.

Die Windows-Version 1.01 habe ich selbst nie zu sehen bekommen, was an zwei Dingen lag:

- Ich machte damals (übrigens im Alter von 14 Jahren) meine ersten Gehversuche in der Computerwelt mit einem C64, später dann mit einem Atari ST.
- Es gab wenig »Killeranwendungen«, die die Installation von Windows 1.01 vorausgesetzt hätten. Ich nehme daher an, dass die wenigsten Leser dieses Buchs die erste Windows-Ver-

sion wirklich produktiv genutzt haben. Textverarbeitung und Tabellenkalkulation liefen damals auch noch ganz gut unter DOS.

Abbildung 1.1 Der Startbildschirm von Windows 1.01 (Quelle: www.winhistory.de)

Apropos DOS: Dieses lag damals in der Version 3.1 vor und bildete die Grundlage für Windows 1.01. In Abbildung 1.2 sehen Sie einen Dateimanager, der auch treffend mit MS-DOS EXECUTIVE überschrieben ist. Dieser Dateimanager ist übrigens die Hauptoberfläche von Windows 1.01 gewesen – der Programm-Manager kam erst mit Version 3.

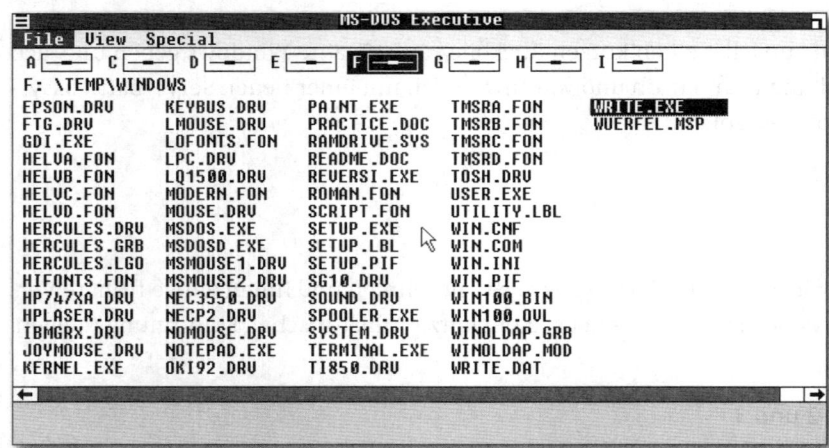

Abbildung 1.2 Die Hauptoberfläche von Windows 1.01 (Quelle: www.winhistory.de)

Unabhängig davon, ob die Benutzer mit Windows arbeiteten oder nicht, war das Aufgabengebiet recht eng umrissen:

▶ Der Personal Computer war eine bessere elektrische Schreibmaschine.

▶ Der PC wurde für die ersten Ansätze der Tabellenkalkulation verwendet.

▶ Eventuell diente er als Terminal für Host-Anwendungen.

Ein LAN mit zentralen Servern war damals etwas, was größeren Firmen vorbehalten war. Im Allgemeinen war der nicht vernetzte Einzelplatz-PC der Stand der Technik. Wenn zwei Kollegen Dokumente austauschen mussten, ging das eben auch auf Diskette.

Die erste Windows-Version, mit der ich gearbeitet habe, war die Version 2.03, die im Jahre 1987 erschien. Die Anwendung war damals Aldus Pagemaker, eine Desktop-Publishing-Software. Diese Software, die aufgrund ihrer Aufgabe nicht im Textmodus laufen konnte, nutzte Windows vermutlich vor allem deshalb, weil Windows eine Abstraktion der Grafikkarte mitbrachte. Wer grafische Anwendungen unter DOS programmiert hat, der weiß, dass unterschiedliche Grafikkarten mit unterschiedlichen Fähigkeiten zu berücksichtigen waren. Simpel ausgedrückt: Wer viele Grafikkarten unterstützen wollte, hatte viel Arbeit. Mit Windows konnte man die eingebauten Grafikfunktionen verwenden, ohne direkt mit der Grafikkarte zu tun zu haben – ein gigantischer Vorteil.

Gleiches gilt natürlich auch für alle anderen angeschlossenen Geräte, wie Maus, Tastatur, Drucker, Schnittstellen etc.

Der wirkliche »Durchbruch« kam dann mit Windows 3.0, das im Jahr 1990 erschien. 1992 folgte Windows 3.1, und 1993 erschien Windows for Workgroups 3.11. Mit Windows 3 wurde die Oberfläche deutlich verändert: Es tauchte erstmalig der Programm-Manager auf. Entscheidend war aber, dass es mittlerweile jede Menge nützliche Anwendungen für Windows gab. Man konnte die komplette Büroarbeit mit Windows-Applikationen erledigen. Zugegebenermaßen waren branchenspezifische Applikationen häufig DOS-Anwendungen, aber die Anwender forderten Windows-Applikationen, woran die Hersteller auch mit mehr oder weniger starkem Engagement arbeiteten.

Zu Zeiten von Windows 3 waren lokale Netzwerke nichts Außergewöhnliches mehr, und auch kleinere Firmen vernetzten ihre PCs. Der Sinn und Zweck der Vernetzung waren aber primär die Ablage von Dateien auf einem zentralen Server und die gemeinsame Verwendung von teuren Ressourcen wie Laserdruckern. Mit anderen Worten: Der PC war in erster Linie eine bessere Schreibmaschine – jetzt mit Netzwerkanschluss.

Mit Windows for Workgroups (WfW) gab es eine Peer-to-Peer-Lösung, die ohne einen dedizierten Server auskam. Rückwirkend betrachtet hat WfW dem Thema »Computervernetzung in kleinen Umgebungen« einen unheimlichen Vorschub geleistet – auch wenn sich mir heute noch die Zehennägel aufrollen bei dem Gedanken, dass ein einfacher Selbstbau-PC den lebensnotwendigen Datenbestand eines kleinen Mittelständlers enthielt – ohne RAID, ohne vernünftige Sicherung und ohne Desasterkonzept.

1.1.2 Windows NT 3.1 Advanced Server

1993, als der Windows NT 3.1 Advanced Server erschien, lag die Hoheit über die Server in den lokalen Netzen bei Novell. Ich habe meine Netzwerklaufbahn mit Novell 3.12 gestartet und konnte mir lange Zeit nicht vorstellen, dass es jemals ein anderes nennenswertes Serverbetriebssystem geben könnte – außer vielleicht Novell 4.

Als ich das erste Mal den Windows NT 3.1 Advanced Server installiert hatte, kam es mir auch irgendwie suspekt vor, dass auf einem Server eine grafische Oberfläche lief (Abbildung 1.3). Obwohl das Serverbetriebssystem aus Redmond durchaus neugierig machte, war sein Verbreitungsgrad nicht so hoch, dass es an der Stellung von Novell ernsthaft gerüttelt hätte. Es hieß zwar immer, dass Windows NT der bessere Applikationsserver sei, aber zumindest in mittelständischen Umgebungen war das eine Floskel ohne größere Bedeutung. Ein Server hatte dort drei Aufgaben:

- einen Speicher für Dateien bereitstellen
- gemeinsames Drucken ermöglichen
- Benutzerkonten verwalten

Genau diese drei Aufgaben beherrschte Novell 3 sehr gut, warum sollte man sich also mit einem anderen Serverbetriebssystem beschäftigen?

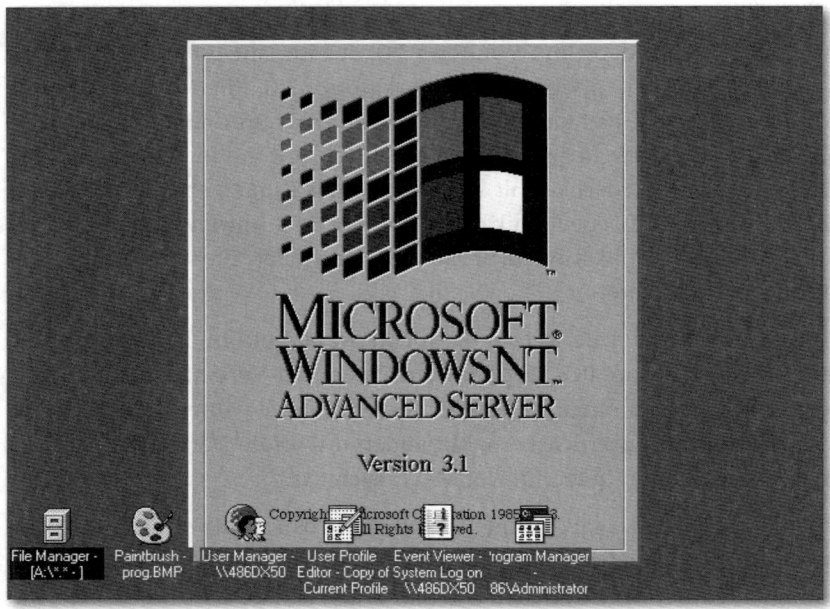

Abbildung 1.3 Windows NT Advanced Server war der erste Windows Server. (Quelle: www.winhistory.de)

In Abbildung 1.4 sehen Sie den Programm-Manager von NT3.1 Advanced Server. Sie sehen dort etliche »gute alte Bekannte«, die auch in Windows Server 2008/2012/R2 enthalten sind – natürlich in wesentlich neuerer Form. Ich denke hier vor allem an den Systemmonitor, den Festplatten-Manager und die Ereignisanzeige. Falls Sie mit Windows 3 groß geworden sind, schauen Sie die Abbildung ruhig noch ein bisschen an, und schwelgen Sie in Erinnerungen.

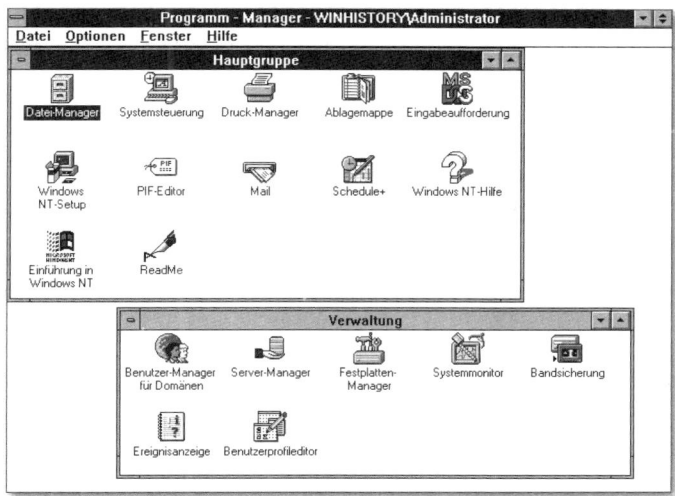

Abbildung 1.4 Windows NT 3.1 verwendete als zentrale Schaltstelle den Programm-Manager. (Quelle: www.winhistory.de)

1.1.3 Windows NT Server 3.5 und 3.51

1994 erschien Windows NT Server 3.5, ein Jahr darauf die Version 3.51. Mit diesen Betriebssystemen habe ich meine ersten Windows Server-Projekte bei mittelständischen Kunden realisiert. Ich denke, dass diese Erfahrungen einigermaßen repräsentativ sind: Der Windows Server begann ernsthaft Einzug in die Unternehmen zu halten.

Abbildung 1.5 Windows NT Server 3.5 hatte bereits eine recht ansehnliche Verbreitung. (Quelle: www.winhistory.de)

Langsam begann auch das Thema »Applikationsserver« eine Bedeutung zu bekommen. Mit *Microsoft BackOffice* gab es eine Suite, die neben dem Betriebssystem vier Applikationsserver enthielt (Abbildung 1.6):

- *Mail Server 3.5*
- *SNA Server 2.11*: Dies war ein Gateway in die Host-Welt.
- *SQL Server 6.0*: Microsofts erster Datenbankserver (der damals in weiten Teilen auf Sybase-Technologie beruhte)
- *Systems Management Server 1.1*: eine Software zum Inventarisieren von Clients und zum Verteilen von Software

Obwohl die Schwerpunktanwendungen eines Servers 1995 noch immer Dateidienste, Druckdienste und Benutzerverwaltung hießen, fing das Bild eines Servers allmählich an, sich zu wandeln: Es wurden ernsthaft Applikationen auf Servern installiert.

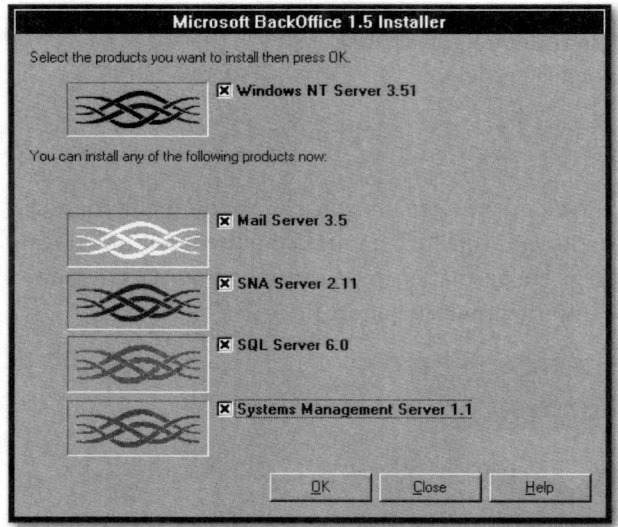

Abbildung 1.6 Die Microsoft BackOffice-Suite wurde zu Zeiten von Windows NT 3.5 erstmalig aufgelegt. (Quelle: www.winhistory.de)

Mittlerweile war auch das Internet in der kommerziellen Welt angekommen. Ein Internetanschluss war zwar noch nicht die normalste Sache der Welt, aber er war auch nichts Exotisches mehr. Für die Entwicklung der Rolle der IT ist die Verbreitung des Internets ein sehr wesentlicher Parameter gewesen. Das war 1996 aber noch nicht erkennbar. Damals befanden wir uns im Zeitalter der lokalen Netze und kommunizierten jenseits von Fax, Brief und Telefon nur sehr begrenzt mit dem Rest der Welt.

Weil es so schön ist, sehen Sie auf Abbildung 1.7 den Programm-Manager eines NT 3.51-Servers mit vollständig installiertem BackOffice-Paket.

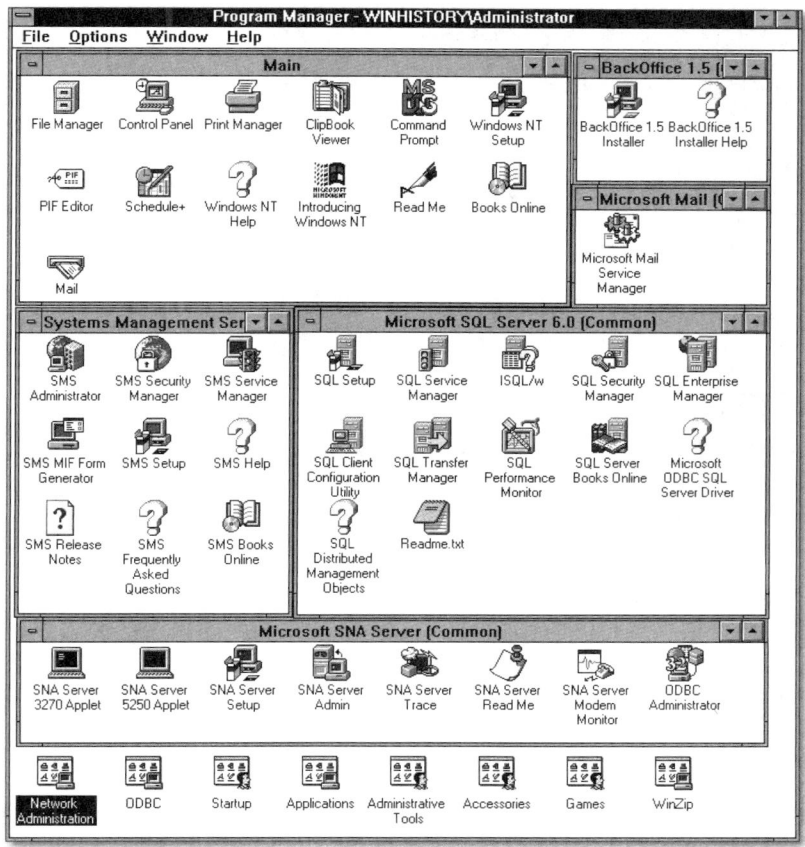

Abbildung 1.7 Eine komplett installierte BackOffice-Suite im Programm-Manager eines NT 3.5-Servers (Quelle: www.winhistory.de)

1.1.4 Windows NT 4 Server

Mit Windows NT4 Server, der 1996 erschien, konnte Microsoft endgültig die Hoheit in der Serverwelt vieler Unternehmen erringen. Neben der im August erschienenen Version kamen folgende zusätzliche NT4-Server-Editionen heraus:

- *Enterprise Edition* (1997): Hier wurde beispielsweise die Cluster-Technologie (Codename *Wolfpack*) eingeführt.
- *Terminal Server Edition* (1998): Der Name beschreibt die Eigenschaft dieser Edition. Der Codename für diese Technologie war *Hydra*.

Rein optisch betrachtet wurde bei NT4 die Benutzeroberfläche von Windows 95 eingeführt (Abbildung 1.8). Das Betriebssystem brachte aber auch diverse neue Komponenten mit, beispielsweise einen DHCP-Server, einen DNS-Server und vieles andere mehr.

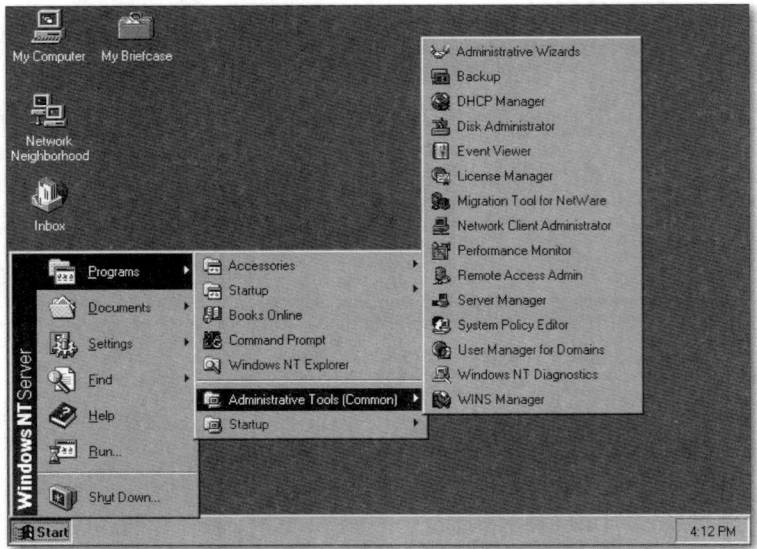

Abbildung 1.8 Windows NT 4 Server verfügte über die Windows 95-Oberfläche. (Quelle: www.winhistory.de)

Mit dem später erschienenen *Option Pack* wurden einige Komponenten nachgeliefert, unter anderem der erste *Internet Information Server*, der heute zu einer der wichtigsten Komponenten geworden ist.

Parallel zum NT4-Serverbetriebssystem wurden die Applikationsserver weiter ausgebaut. Insbesondere wären zu nennen:

- Exchange 5 und 5.5
- SQL Server 6.5 und 7.0

Ins »Zeitalter« von NT fällt, dass die meisten Unternehmen einen eigenen Mailserver einführten und dass auch im Client-Server-Umfeld mehrschichtige Applikationen mit einer Datenbank-, einer Anwendungs- und einer Präsentationsschicht auftauchten.

Generell wurde die Bedeutung der Client-Server-Umgebung so groß, dass die Steigerung der Verfügbarkeit, beispielsweise durch Clustering, eine absolut notwendige Maßnahme war.

Nun begann auch der PC allmählich seine Rolle der »elektrischen Schreibmaschine« in Richtung Kommunikationswerkzeug zu erweitern. Wesentlichen Einfluss hierbei hatten die E-Mail und das Internet. Mit Produkten wie dem *Proxy Server* erweiterte Microsoft sein Portfolio auch in dieser Richtung und ermöglichte es dem NT Server, die meisten Kommunikationsfunktionen zu übernehmen.

Dass NT4 ein wirklich gutes Betriebssystem war, kann man allein schon daran erkennen, dass heute im Jahr 2013 noch immer etliche Kunden Infrastrukturen fahren, die zu einem nicht unerheblichen Teil auf NT4-Technologie beruhen – und das, obwohl NT 4 das (nach IT-Maßstäben) biblische Alter von 17 Jahren erreicht hat und seit geraumer Zeit nicht mehr von Microsoft unterstützt wird.

Klar, wir haben alle über Bluescreens und dergleichen geflucht, aber NT wurde häufig auch arg strapaziert:

- Es war empfindlich gegenüber mangelhaft programmierten Treibern. Die meisten Bluescreens wurden von ebensolchen Treibern verursacht.
- Da es »so schön einfach« war, liefen auf den Servern häufig deutlich mehr Applikationen, als gut für sie war. Nicht selten gab es NT4-Server, die PDC, Exchange-Server, SQL-Server, Antiviren-Server und, und, und waren – das konnte nicht stabil bleiben!

1.1.5 Windows 2000 Server und Windows Server 2003

Mit Windows 2000 Server, das in Deutschland zu Anfang des Jahres 2000 verfügbar war, wurde das erfolgreiche NT Server-Konzept fortgesetzt. Neben allgemeinen Verbesserungen (beispielsweise in puncto Stabilität, Anzahl von Neustarts, Hardwareerkennung) war das Active Directory eine ganz konkrete Neuerung. Viele weitere nicht so spektakuläre Neuerungen waren ebenfalls zu verzeichnen, beispielsweise:

- ein neuer *Internet Information Server* (5.0)
- *Network Load Balancing*
- *Terminal Services* standardmäßig integriert; der spezielle Remoteverwaltungsmodus diente zu Administrationszwecken.
- Softwareverteilung mittels *IntelliMirror* und *Microsoft Installer*
- Einführung von *Windows Management Instrumentation* (WMI)
- Neues *NTFS* mit Features wie *Junction Points* und *EFS*
- *Microsoft Management Console* als einheitliche Plattform für Verwaltungs- und Konfigurationswerkzeuge

Windows Server 2000 verfügte über etliche neue Features und Administrationsmöglichkeiten, die einen Einsatz der Windows Server-Technologie auch in größeren und großen Umgebungen vereinfachten.

Neben der Betriebssystemplattform wurden auch die Applikationsserver immer weiter ausgebaut und neue Produkte etabliert, beispielsweise:

- Exchange
- Mobile Information Server
- SQL Server
- SharePoint Portal Server
- BizTalk

- Commerce Server
- Content Management Server
- Application Center Server

Mit etwas Abstand betrachtet, hat Microsoft mit Windows 2000 Server die Rolle des Windows Server-Betriebssystems als Plattform für Applikationsserver sowohl gefestigt als auch ausgebaut.

Es hat viele Projekte gegeben, in denen Kunden auf die Windows Server-Plattform migriert sind und in diesem Zuge Active Directory eingeführt haben. Ich könnte ad hoc aus meiner eigenen Beratungspraxis keinen Kunden nennen, der den umgekehrten Weg gegangen wäre (weg von Windows Server hin zu beispielsweise Novell). Sicher hat es solche Umstellungen gegeben, aber die tatsächliche Zahl dürfte sehr gering ausgefallen sein.

Windows Server 2000 war in drei Editionen verfügbar:

1. *Standard*
2. *Advanced*: Alle Features der Standard-Edition plus Clustering, Network Load Balancing und Unterstützung von mehr Prozessoren und Hauptspeicher
3. *Datacenter*: Alle Features der Advanced-Edition mit noch mehr verwaltbarem Hauptspeicher, noch mehr unterstützten Prozessoren, Unterstützung für Vier-Knoten-Cluster und einige weitere Technologien wie Winsock Direct. Die Datacenter-Edition war nur in Zusammenhang mit spezieller Hardware erhältlich.

Mittlerweile arbeitete Microsoft intensiv an der .NET-Technologie. Daher wurde die nächste Version des Windows Server-Betriebssystems auch als .NET Server angekündigt – und hieß dann schließlich Windows Server 2003.

Das Betriebssystem erschien im Frühjahr 2003 in vier verschiedenen Editionen:

- *Web*: Reduzierter Funktionsumfang zur Nutzung als Webserver
- *Standard*
- *Enterprise*: Alle Features der Standard-Edition plus Clustering, Network Load Balancing und Unterstützung von mehr Prozessoren und Hauptspeicher
- *Datacenter*: Alle Features der Enterprise-Edition mit noch mehr verwaltbarem Hauptspeicher, noch mehr unterstützten Prozessoren und diversen anderen Möglichkeiten, die aber zumeist spezielle Hardware voraussetzen

Windows 2000 Server meldete sich als NT 5. Das Nachfolgeprodukt, also Windows Server 2003, gab sich nicht etwa als NT 6 zu erkennen, sondern als NT 5.2.

Meiner Meinung nach hat Microsoft mit den Versionsnummern etwas tiefgestapelt, aber zugegebenermaßen waren tatsächlich weniger revolutionäre Neuerungen in der neuen Version enthalten als beim Schritt von NT4 auf Windows 2000.

Einerseits waren diverse allgemeine Verbesserungen notwendig, weil die Hardware immer leistungsstärker wurde, andererseits gab es auch konkrete neue Features. Einige Beispiele:

- Volume Shadow Copy Services
- verbesserte Wiederherstellung
- etliche Verbesserungen am Active Directory
- neue Konfigurationswerkzeuge
- neuer Internet Information Server

Ansonsten ist das Thema »Sicherheit« in der IT-Welt ein zentrales Thema geworden, und die Server-Version von 2003 hat in dieser Richtung etliche Optimierungen erfahren.

Im Februar 2006 erschien dann mit Windows Server 2003 R2 sozusagen eine Zwischenversion zum Windows Server 2008. Hierbei handelte es sich im Grunde genommen um einen Windows Server 2003 mit aktuellem Service-Pack- und Patchlevel, der um folgende Funktionen ergänzt wurde:

- bessere Unterstützung für SAN-Storage
- Active Directory Federation Services
- Windows/UNIX-Interoperabilität
- integriertes .NET Framework 2.0

Mit Windows Server 2003 wurden x64-Versionen für die 64-Bit-Prozessoren von Intel (Xeon) und AMD eingeführt.

Wenn Sie einmal von den Anfängen (Windows NT 3.1 Advanced Server) bis zum Windows Server 2003 R2 blicken, stimmen Sie mir sicherlich zu, dass das ursprüngliche Aufgabengebiet der Server (Dateidienste/Druckdienste/Benutzerverwaltung) nur noch einen relativ geringen Anteil am »Gesamtserver« hat. Windows Server 2008 setzt diesen Trend fort.

1.2 Windows Server 2008 und Windows Server 2008 R2

Nachdem wir weit zurückgeschaut haben, ist nun ein guter Moment, um in die jüngere Vergangenheit zu blicken. Windows Server 2008 hatte sich seit seinem Erscheinen in vielen Unternehmen durchgesetzt und als stabile Plattform bewährt. Einige wichtige Neuerungen von Windows Server 2008 waren:

- ein streng modularer Aufbau, der es ermöglicht, dass nur die Rollen und Funktionen installiert sind, die tatsächlich benötigt werden
- eine Core-Installationsoption, mit der ein Windows Server mit minimaler Angriffsfläche installiert werden kann. Ein in diesem Modus installierter Server verfügt lediglich über eine Texteingabemöglichkeit; es sind keine grafischen Werkzeuge vorhanden.

- eine neue Version des Webservers Internet Information Server (IIS)
- stark verbesserte Terminaldienste
- Network Access Protection sorgt für zusätzliche Möglichkeiten zum Schutz des Netzes.
- Active Directory ist nun ein Oberbegriff für verschiedene Komponenten. Das eigentliche Active Directory findet sich nun unter dem Begriff *Active Directory-Domänendienste*. Weitere Mitglieder der Active Directory-Familie sind die *Lightweight Directory Services* (vormals ADAM), der Zertifikatdienst, die Rechteverwaltungsdienste und die Verbunddienste.
- die Windows-Bereitstellungsdienste zur Installation von Clients als Nachfolger von RIS (Remote Installation Services)
- eine neue Servervirtualisierungslösung namens Hyper-V

Neben diesen »großen« Punkten enthielt Windows Server 2008 viele weitere »kleinere« Neuerungen, die bei einer neuen Druckerverwaltung begannen und bei einer erneuerten Bedienoberfläche noch nicht aufhörten. Auch Aspekte wie die konsequente Integration von IPv6 oder die Möglichkeit, den Server mittels der PowerShell auf der Textoberfläche zu administrieren, rundeten das Bild in positiver Weise ab.

2008 R2

Nach Windows Server 2003 R2 gab es m Herbst 2009 wieder ein R2-Release, nämlich 2008 R2. Was war in Windows Server 2008 *R2* im Vergleich zu Windows Server 2008 tatsächlich neu? Erstens ist festzuhalten, dass erwartungsgemäß eher Änderungen im Detail vorgenommen worden sind. Immerhin deutet ja die Benennung des Betriebssystems bereits an, dass nicht alles mehr oder weniger radikal umgekrempelt wurde. Oder anders gesagt: Der Schritt von Windows Server 2008 zu Windows Server 2008 R2 ist deutlich kleiner, als der von Windows Server 2003 zu Windows Server 2008 gewesen ist. Immerhin heißt die Version ja auch nicht »Windows Server 2010«, sondern 2008 R2. Damit Sie nicht allzu enttäuscht sind, möchte ich anmerken, dass die Unterschiede von 2008 zu 2008 R2 schon größer sind als von 2003 zu 2003 R2.

Wer sich mit Windows Server 2008 mehr oder weniger intensiv beschäftigt hat, stolperte zunächst über die etwas veränderte Oberfläche von Windows Server 2008 R2. Das neue Serverbetriebssystem verfügte über die neue breite Menüleiste, die Sie vielleicht auch von Windows 7 kennen (Abbildung 1.9). Eine allzu große Überraschung dürfte die Annäherung der Oberfläche an das aktuelle Client-Betriebssystem aber nicht gewesen sein – das haben wir schließlich in der Vergangenheit auch gesehen. Windows Server 2008 (ohne R2) besaß die Vista-Oberfläche, Windows Server 2003 hatte die XP-Oberfläche und so weiter.

Die »neue Optik« sollte wie gesagt nicht darüber hinwegtäuschen, dass der 2008 R2-Server eben ein erweiterter Windows Server 2008 war – nicht mehr und nicht weniger. Trotzdem gab es etliche spannende Neuerungen zu entdecken.

1.2 Windows Server 2008 und Windows Server 2008 R2

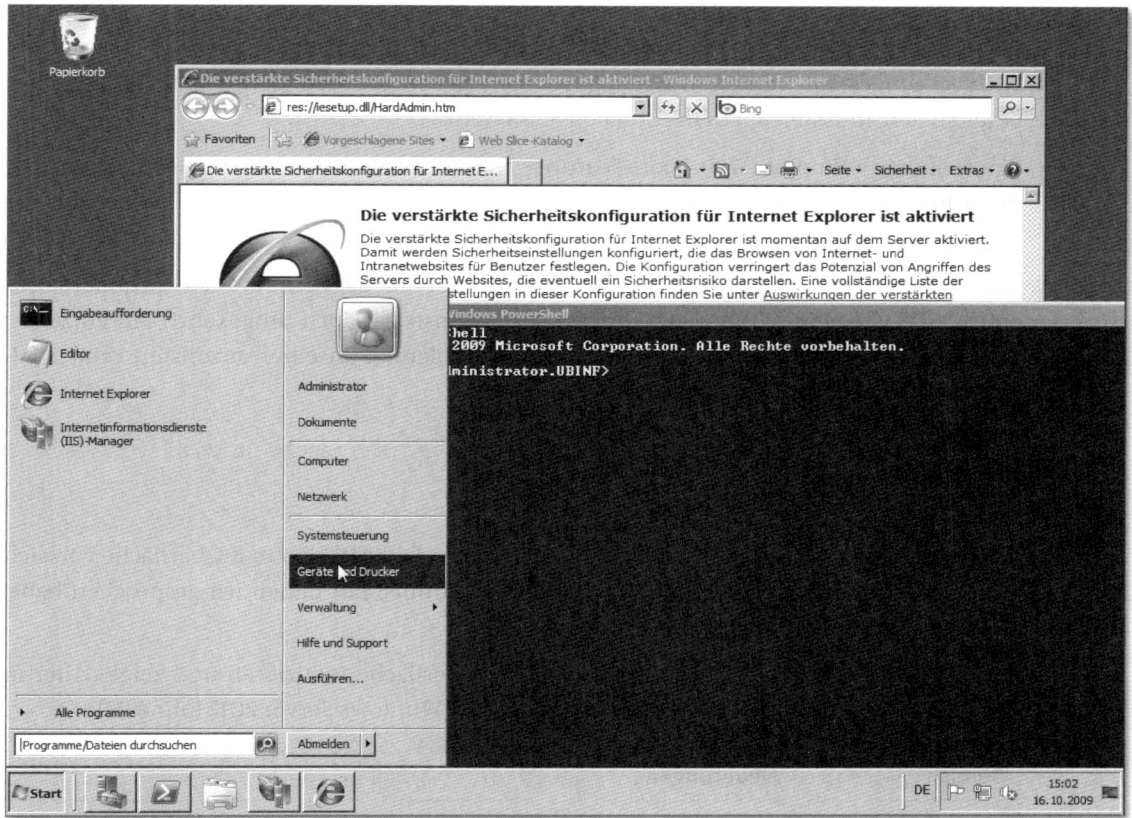

Abbildung 1.9 Windows Server 2008 R2 verfügt über die Windows 7-Oberfläche.

Insbesondere wenn Sie in Ihrem Unternehmen Windows 7 eingeführt haben, werden Sie dort einige interessante Technologien entdecken, die zwingend die Unterstützung von Windows Server 2008 *R2* benötigen. Insbesondere sind dies die folgenden Features:

- **DirectAccess**: Dies Feature wurde etwas vollmundig als »VPN der nächsten Generation« angekündigt. In der Tat handelt es sich um einen sehr spannenden Ansatz, denn DirectAccess sorgt dafür, dass mobile Clients jederzeit einen transparenten Zugriff auf Unternehmensressourcen haben. Einerseits sorgt es für einen hohen Komfort beim Anwender, andererseits erlaubt DirectAccess es auch, mobile Clients zu verwalten.

- **BranchCache**: Wenn Niederlassungen auf zentrale Server zugreifen, stellt sich regelmäßig die Herausforderung, dass bei der Übertragung großer Dateien die zur Verfügung stehenden Bandbreiten doch für ein performantes Arbeiten zu gering sind. BranchCache speichert große Dateien in der Niederlassung zwischen und überträgt sie folglich nur einmal über die WAN-Verbindung.

Diese Features erfordern Windows 7 auf den Clients und serverseitig Windows Server 2008 R2. »Serverseitig« bedeutet dabei nicht, dass sämtliche Server des Unternehmens nun auf 2008 R2 umgestellt werden mussten – nur die Systeme, die den Clients die Funktionalität bereitstellen, mussten auf dem aktuellen Stand sein.

Ein weiteres »Windows 7-Support-Feature« waren die verbesserten Windows-Bereitstellungsdienste. Erst mit der Windows Server 2008 R2-Version dieser Dienste ließen sich alle Deployment-Fähigkeiten von Windows 7 ausnutzen.

Generell wäre zum Thema *Interoperabilität* anzumerken, dass ein R2-Server wunderbar in einer 2008-Umgebung (ohne R2) funktioniert, ebenso gilt auch umgekehrt: Ein einzelner Windows Server 2008 (ohne R2) funktioniert problemlos in einer ansonsten reinen R2-Umgebung.

1.3 Windows Server 2012

Windows Server 2012 machte auf den ersten Blick durch die Windows-8-Oberfläche von sich reden. Wie zu erwarten war, haben die meisten Admins, mit denen ich gesprochen habe, diese leidenschaftlich abgelehnt.

Ich möchte Windows Server 2012 nicht auf die Oberfläche reduzieren und zeige daher in Tabelle 1.1 einen Überblick über neue Funktionen in Windows Server 2012 (ohne R2).

Bereich	Neuerungen
Active Directory Zertifikatsdienste	▶ Server-Manager integriert ▶ Bereitstellungs- und Verwaltungsfunktionen aus Windows PowerShell ▶ Alle AD CS-Rollendienste können auf einer beliebigen Windows Server 2012-Version ausgeführt werden. (Das liegt daran, dass es keine Unterscheidung zwischen *Standard* und *Enterprise* gibt.) ▶ Alle AD CS-Rollendienste können auf Server Core-Installationen ausgeführt werden. ▶ Unterstützung für die automatische Verlängerung von Zertifikaten für Computer ohne Domänenmitgliedschaft ▶ Erzwingung der Zertifikatverlängerung mit demselben Schlüssel ▶ Unterstützung für internationale Domänennamen ▶ Standardmäßig ist für den CA-Rollendienst die erhöhte Sicherheit aktiviert. ▶ AD DS-Standortinformationen für AD CS- und PKI-Clients

Tabelle 1.1 Neuerungen in Windows Server 2012 (ohne R2)

Bereich	Neuerungen
Active Directory Domain Services	▶ Adprep ist in den Installationsprozess integriert. ▶ AD DS-Serverrolleninstallation, basierend auf Windows PowerShell und remote auf mehreren Maschinen ausführbar ▶ Überprüfung der Voraussetzungen im AD DS-Konfigurationsassistenten ▶ Assistent exportiert PowerShell-Skripte. ▶ dynamische Zugriffsteuerung ▶ DirectAccess-Offline-Domänenbeitritt ▶ Windows PowerShell-Verlaufsanzeige ▶ Papierkorb-Benutzeroberfläche in Active Directory ▶ Benutzeroberfläche für differenzierte Kennwortrichtlinien ▶ Active Directory-Replikation und Windows PowerShell-Topologie-Cmdlets ▶ Active Directory-basierte Aktivierung (AD BA) ▶ gruppenverwaltete Dienstkonten (gMSA)
Active Directory Rights Management Services	▶ Änderungen bei der Bereitstellung ▶ Verwendung des Server-Managers bei der Bereitstellung ▶ Bereitstellung und Verwaltung mit der PowerShell ▶ Server Core-Unterstützung ▶ einfache Delegierung ▶ starke Kryptografie
BitLocker	▶ optimierte Bereitstellung ▶ nur verwendeten Festplattenspeicherplatz verschlüsseln ▶ Standardbenutzer-PIN und -kennwort ändern ▶ Netzwerkentsperrung ▶ Unterstützung verschlüsselter Festplatten für Windows
BranchCache	▶ neue Gruppenrichtlinieneinstellungen ▶ Die Bürogröße und die Anzahl der Zweigstellen sind nicht begrenzt. ▶ Es ist kein Gruppenrichtlinienobjekt (GPO) für die einzelnen Filialen erforderlich, wodurch die Bereitstellung vereinfacht wird. ▶ Die Clientcomputerkonfiguration erfolgt automatisch. ▶ BranchCache ist direkt in den Windows-Dateiserver integriert. ▶ Doppelte Inhalte werden nur einmal gespeichert und heruntergeladen.

Tabelle 1.1 Neuerungen in Windows Server 2012 (ohne R2) (Forts.)

Bereich	Neuerungen
BranchCache (Forts.)	▶ Kleine Änderungen an großen Dateien führen zu Bandbreiteneinsparungen. ▶ Offline-Erstellung von Inhaltsinformationen ▶ Cacheverschlüsselung ▶ Vorabladen des Caches ▶ BranchCache kann nun mit PowerShell und der Windows-Verwaltungsinstrumentation (WMI) verwaltet werden.
DHCP	▶ DHCP-Failover ▶ richtlinienbasierte Zuweisung ▶ Windows PowerShell für DHCP-Server
DNS	▶ Erweiterung der Unterstützung für DNS-Sicherheitserweiterungen (DNS Security Extensions, DNSSEC) ▶ Erweiterung der Administrierbarkeit mit PowerShell
Failover Cluster	▶ Clusterskalierbarkeit ▶ Verwaltung umfangreicher Cluster mithilfe des Server-Managers und Failovercluster-Managers ▶ Verwaltung und Mobilität von virtuellen Clustercomputern und anderen Clusterrollen ▶ freigegebene Clustervolumes ▶ Unterstützung für Dateiserver mit horizontaler Skalierung ▶ cluster-fähige Updates ▶ Überwachung und Verwaltung von Anwendungen auf virtuellen Computern ▶ Clustervalidierungstests ▶ Integration von Active Directory-Domänendiensten ▶ Quorumkonfiguration und dynamisches Quorum ▶ Cluster-Upgrade und Migration ▶ Integration der Aufgabenplanung ▶ erweiterte Windows PowerShell-Unterstützung
Gruppenrichtlinien	▶ Remote Group Policy Update ▶ Group Policy Results Report-Verbesserungen ▶ Group Policy Infrastruktur-Status (zeigt Sync-Status an) ▶ Local Group Policy für Windows RT

Tabelle 1.1 Neuerungen in Windows Server 2012 (ohne R2) (Forts.)

Bereich	Neuerungen
Gruppen-richtlinien (Forts.)	▶ Sign-in Optimizations ▶ Fast Startup ▶ New Group Policy Starter GPOs ▶ Group Policy cmdlet-Erweiterungen ▶ Registry.pol-Änderungen ▶ Group Policy Client Service Idle State ▶ Group Policy Settings für Internet Explorer 10 ▶ Group Policy Preferences für Internet Explorer 10
Hyper V	▶ Hyper-V-Client ▶ dynamischer Speicher ▶ Hyper-V-Modul für Windows PowerShell ▶ Hyper-V-Replikat ▶ Import virtueller Computer ▶ Livemigration ▶ Ressourcenmessung ▶ deutlich größerer Umfang und mehr Flexibilität ▶ vereinfachte Autorisierung ▶ SR-IOV ▶ Speichermigration ▶ Speicher auf SMB 3.0-Datenfreigaben ▶ virtueller Fibre Channel ▶ Format der virtuellen Festplatte ▶ Momentaufnahmen von virtuellen Computern ▶ virtuelle NUMA ▶ virtueller Switch
IPAM	IPAM ist ein komplett neues integriertes Framework zum Erkennen, Überwachen und Verwalten des verwendeten IP-Adressraums in einem Unternehmensnetzwerk.
Kerberos	▶ KDC-Ressourcengruppenkomprimierung ▶ Puffergröße des SSPI-Kontexttokens ▶ Maximalgröße des SSPI-Kontexttokens per GPO einstellbar ▶ Warnungsereignisse für große Tickets
Verwaltete Dienstkonten	neues Feature

Tabelle 1.1 Neuerungen in Windows Server 2012 (ohne R2) (Forts.)

Bereich	Neuerungen
Remote-desktopdienste	▶ Bereitstellungen virtueller Desktopinfrastrukturen (VDI) ▶ Sitzungsvirtualisierungsbereitstellungen ▶ zentrale Veröffentlichung von Ressourcen ▶ leistungsfähige Benutzerumgebungen mit RDP (Remotedesktop-protokoll)
Sicherheits-überwachung	▶ ausdrucksbasierte Überwachungsrichtlinien ▶ Dateizugriffsüberwachung ▶ erweiterte Benutzeranmeldungsüberwachung ▶ Überwachen neuer Typen sicherungsfähiger Objekte ▶ Überwachen von Wechselmedien
Server-Manager	komplett überarbeitet, viele Rollen integriert
PowerShell	PowerShell 4.0 und 3.0

Tabelle 1.1 Neuerungen in Windows Server 2012 (ohne R2) (Forts.)

1.3.1 Windows Server 2012 R2

Windows Server 2012 macht zunächst das Windows-8.1-Facelift der Oberfläche mit. Neben diesem »vordergründigen« Detail gibt es diverse fachliche Neuerungen. Tabelle 1.2 fasst die Änderungen in Server 2012 R2 zusammen. Ich zitiere hier aus *http://technet.microsoft.com/en-us/library/dn250019.aspx*, das es übrigens nur auf Englisch gibt, daher ist diese Tabelle auch entsprechend nicht »lokalisiert«.

Wenn Sie sich die Änderungen anschauen, werden Sie sehen, dass schon jede Menge Verbesserungen eingeflossen sind, obgleich eine irgendwie »völlig neue« Funktion nicht zu sehen ist. Sie werden sehen, dass im weiteren Verlauf immer wieder R2-Funktionalitäten genutzt werden – einfach weil sie praktisch sind –, man denke beispielsweise an das Session Shadowing der Remotedesktop-Dienste.

Bereich	Neuerungen
iSCSI-Target	▶ Virtual disks enhancements ▶ Manageability enhancements ▶ Improved optimization to allow disk-level caching ▶ Scalability limits ▶ Local mount functionality

Tabelle 1.2 Neuerungen in Server 2012 R2

Bereich	Neuerungen
Dateisystem (SMB)	▶ Automatic rebalancing of Scale-Out File Server clients ▶ Improved performance of SMB Direct (SMB over RDMA) ▶ Improved SMB event messages ▶ VHDX files as shared storage for guest clustering ▶ Hyper-V Live Migration over SMB ▶ Improved SMB bandwidth management ▶ Support for multiple SMB instances on a Scale-Out File Server
Active Directory	▶ Single sign-on (SSO) from devices that are associated with the company's Active Directory ▶ Enable users to connect to applications and services from anywhere with Web Application Proxy ▶ Manage the risk of users working from anywhere, accessing protected data from their devices, with Multi-factor Access Control and Multi-Factor Authentication (MFA)
BitLocker	▶ Support for device encryption
DFS-Replikation	▶ Windows PowerShell module for DFS Replication ▶ DFS Replication Windows Management Infrastructure provider ▶ Database cloning for initial sync ▶ Database corruption recovery ▶ Cross-file RDC disable ▶ File staging tuning ▶ Preserved file restoration ▶ Unexpected shutdown database recovery improvements ▶ Membership disabling improvements
DHCP	▶ DNS registration enhancements ▶ DNS PTR registration options ▶ Windows PowerShell for DHCP server
DNS	▶ Enhanced zone level statistics ▶ Enhanced DNSSEC support ▶ Enhanced Windows PowerShell support
Failover Clustering	▶ Shared virtual hard disk (for guest clusters) ▶ Virtual machine drain on shutdown ▶ Virtual machine network health detection

Tabelle 1.2 Neuerungen in Server 2012 R2 (Forts.)

Bereich	Neuerungen
Failover Clustering (Forts.)	▶ Optimized CSV placement policies ▶ Increased CSV resiliency ▶ CSV cache allocation ▶ CSV diagnosibility ▶ CSV interoperability ▶ Deploy an Active Directory-detached cluster ▶ Dynamic witness ▶ Quorum user interface improvements ▶ Force quorum resiliency ▶ Tie breaker for 50% node split ▶ Configure the Global Update Manager mode ▶ Cluster node health detection ▶ Turn off IPsec encryption for inter-node cluster communication ▶ Cluster dashboard
Group Policy	▶ IPv6 support ▶ Policy caching ▶ Event logging
Hyper-V	▶ Shared virtual hard disk ▶ Resize virtual hard disk ▶ Storage Quality of Service ▶ Live migrations ▶ Virtual machine generation ▶ Integration services ▶ Export ▶ Failover Clustering and Hyper-V ▶ Enhanced session mode ▶ Hyper-V Replica ▶ Linux support ▶ Management ▶ Automatic Virtual Machine Activation
Printing	▶ Event Logging for Branch Office Direct Printing ▶ Printer Migration for Web Services for Devices (WSD) print devices

Tabelle 1.2 Neuerungen in Server 2012 R2 (Forts.)

Bereich	Neuerungen
Printing (Forts.)	▶ Roaming Settings include Printer Connections ▶ Easier Printing inwin RT ▶ Near Field Communication (NFC) Connections to Printers ▶ Common framework for PIN-protected printing support by IHVs ▶ Event logging now includes User Name information
Remote Access	▶ Multi-tenant Site-to-site VPN Gateway ▶ Multi-tenant Remote Access VPN Gateway ▶ Border Gateway Protocol (BGP) ▶ Web Application Proxy
Remote Desktop Services	▶ Session Shadowing ▶ Online Storage Deduplication ▶ Improved RemoteApp behavior ▶ Quick reconnect for remote desktop clients ▶ Improved compression and bandwidth usage ▶ Dynamic display handling ▶ RemoteFX virtualized GPU supports DX11.1

Tabelle 1.2 Neuerungen in Server 2012 R2 (Forts.)

1.4 Aufgaben und Rollen

Wie im vorherigen Abschnitt bereits gesagt wurde, hat sich die Aufgabe eines Servers im Laufe der letzten Jahre deutlich geändert: weg von einer Art »Netzwerkfestplatte mit Benutzerverwaltung und Druckfunktion« hin zu einer Applikationsplattform, auf der viele verschiedene Dienste bereitgestellt werden. Natürlich stellt der Server weiterhin Dateidienste, Druckdienste und das Active Directory (AD) für die Benutzerverwaltung (wobei auch die nur ein kleiner Teil des ADs ist) zur Verfügung, mittlerweile gehören aber eine Vielzahl von anderen Funktionen dazu.

Hinweis

Windows Server 2012/R2 ist vom grundlegenden Design seinem direkten Vorgänger, also Server 2008 R2, sehr ähnlich. Daher gilt das hier Gesagte im Grunde genommen für die Server ab einschließlich 2008.

Zu den Designzielen seit Windows Server 2008 (und damit auch zu den Designzielen der Serverbetriebssysteme 2012 und 2012 R2) gehört es, dass er sehr »selektiv« zu installieren ist. Das heißt, Sie können genau festlegen, was der einzelne Server für Aufgaben erfüllen soll.

Bereits in Windows Server 2003 hat das Installationsprogramm nicht mehr sämtliche verfügbaren Optionen installiert. Stattdessen musste der Administrator dann diejenigen hinzufügen, die er nutzen nutzen wollte. Bei Windows Server 2008/2012 ist die Abstufung nochmals verfeinert worden. Man kann dies recht gut am Beispiel des *Internet Information Servers* (IIS) erläutern: Bei IIS ist nicht mehr die Frage, ob Sie ihn überhaupt installieren möchten, sondern welche Komponenten dieses Produkts verfügbar sein sollen. Zur Auswahl stehen ungefähr 40 »Einzelteile«, die Sie je nach Ihrem individuellen Bedarf hinzufügen können. So schaffen Sie ein System, das genau das kann, was Sie benötigen – und nicht zu viel! In der Vergangenheit hat sich nämlich immer wieder gezeigt, dass gerade die nicht benötigten Funktionen, von denen Administratoren gar nicht so genau wussten, dass sie überhaupt installiert waren, die Sicherheitslücken darstellten.

In Abbildung 1.10 sehen Sie, dass jede Rolle separat installiert wird. Es gibt keine Funktionen, die »einfach so« vorhanden sind.

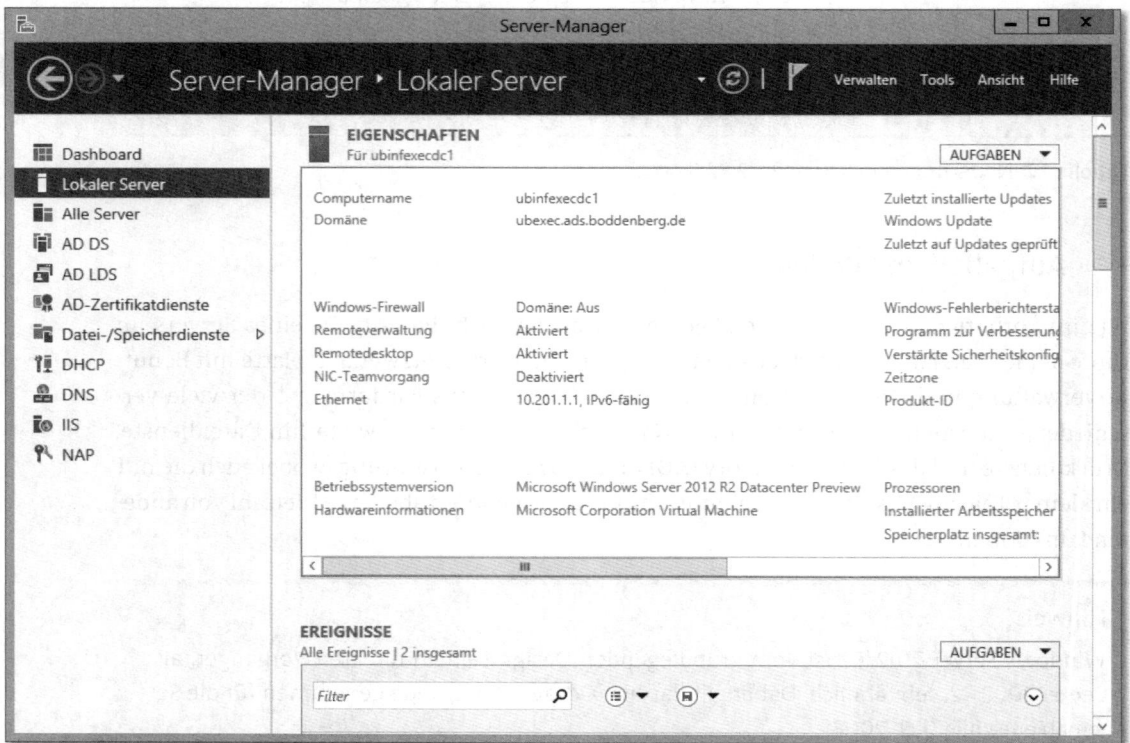

Abbildung 1.10 Im Server-Manager werden die installierten Rollen gezeigt; jede Rolle wird dediziert installiert.

1.4.1 Rollen

Die installierbaren Rollen sind in Abbildung 1.11 zu sehen. Unter Rollen versteht man die »großen Funktionsbereiche«, die ein Server übernehmen kann. Er ist beispielsweise ein Remotedesktop-Sitzungshost, ein Dateiserver, ein Druckserver oder ein Active Directory-Domänencontroller.

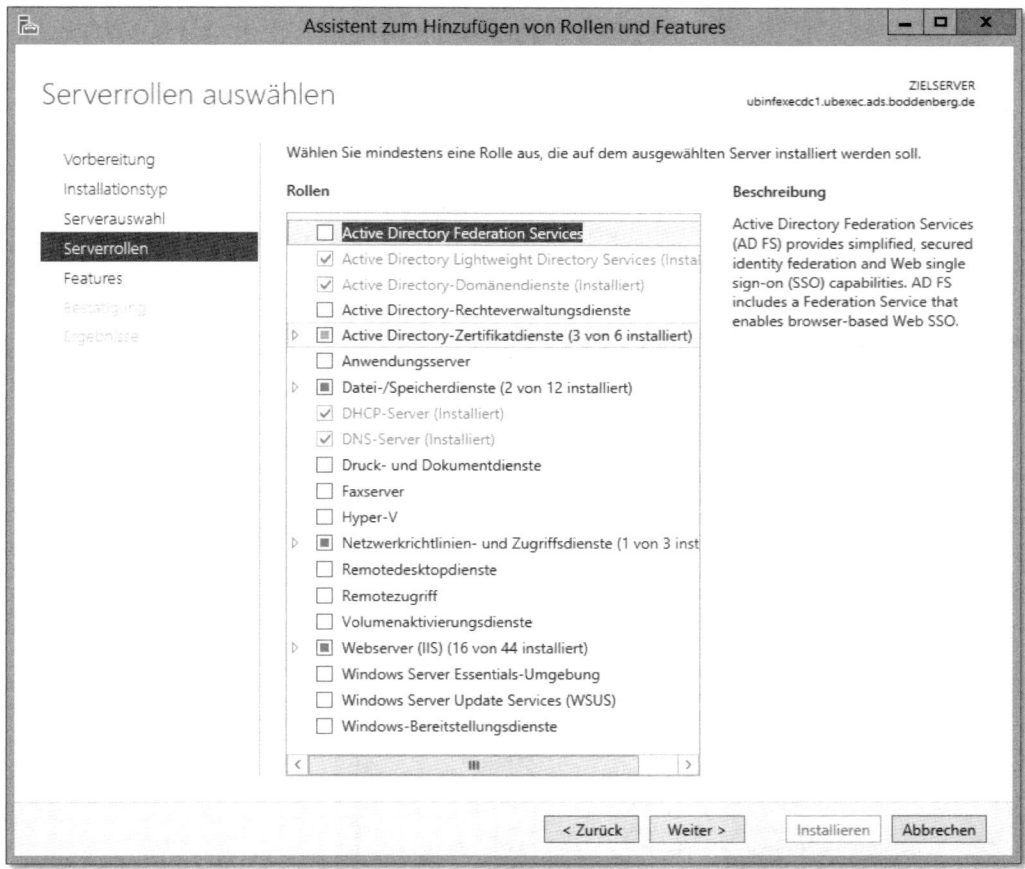

Abbildung 1.11 Die installierbaren Rollen von Windows Server 2012

Den größten Teil dieser Rollen hat es zwar bereits bei den frühen Vorgängerversionen von Windows Server 2008/2012 (R2) gegeben, allerdings ist diese Sichtweise auf das System neu. Wie bereits erwähnt wurde, bestehen die meisten Rollen ebenfalls aus vielen kleinen Bausteinen, die Sie ganz nach Bedarf installieren können. Ich hatte zuvor als Beispiel bereits den Internet Information Server genannt: In Abbildung 1.12 sehen Sie nun die Komponenten, aus denen Sie bei der Installation des IIS auswählen können. Diese werden als Rollendienste bezeichnet und können jederzeit, also sobald sie tatsächlich benötigt werden, einzeln nachinstalliert werden.

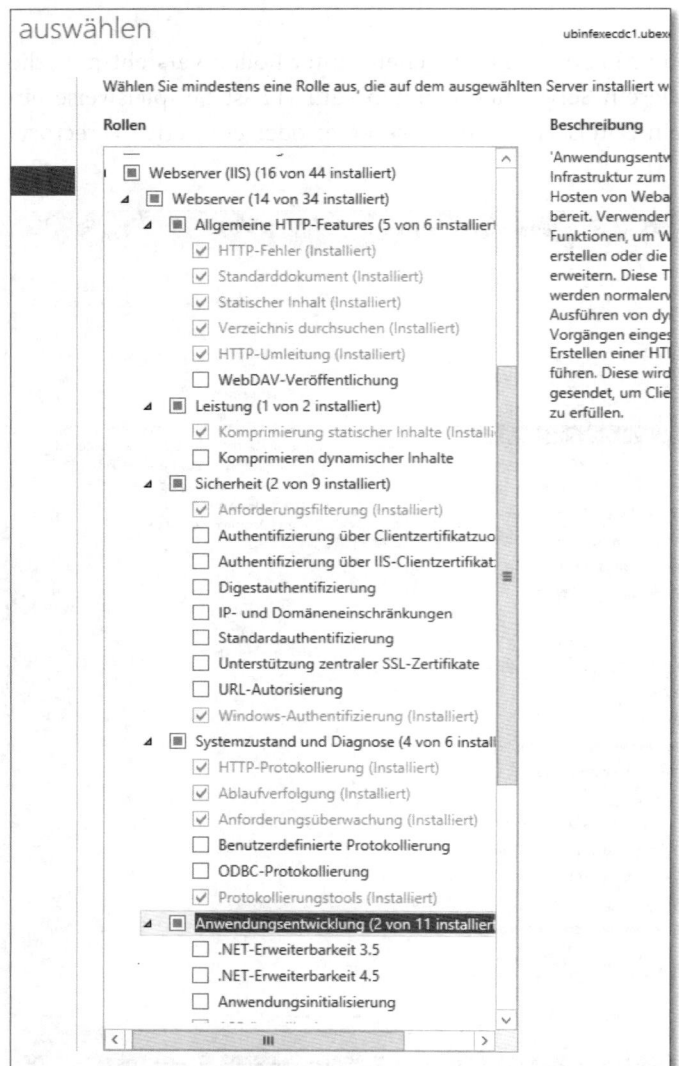

Abbildung 1.12 Die Rollendienste (Komponenten) der Rolle »Webserver«

1.4.2 Features

Neben den Rollen existieren 52 Features. Diese Features ergänzen die Rollen um bestimmte Funktionen. Zwei Beispiele:

► Wenn Sie einen Fileserver betreiben möchten, installieren Sie natürlich die Rolle *Dateidienste* – das ist einleuchtend. Wenn Sie diesen Fileserver in einem Cluster betreiben möchten, installieren Sie das Feature *Failover-Clusterunterstützung*. Eine Rolle *Failover-*

Clusterunterstützung würde nicht viel Sinn machen, denn ein Cluster ohne weitere Funktionen bringt zunächst nichts.

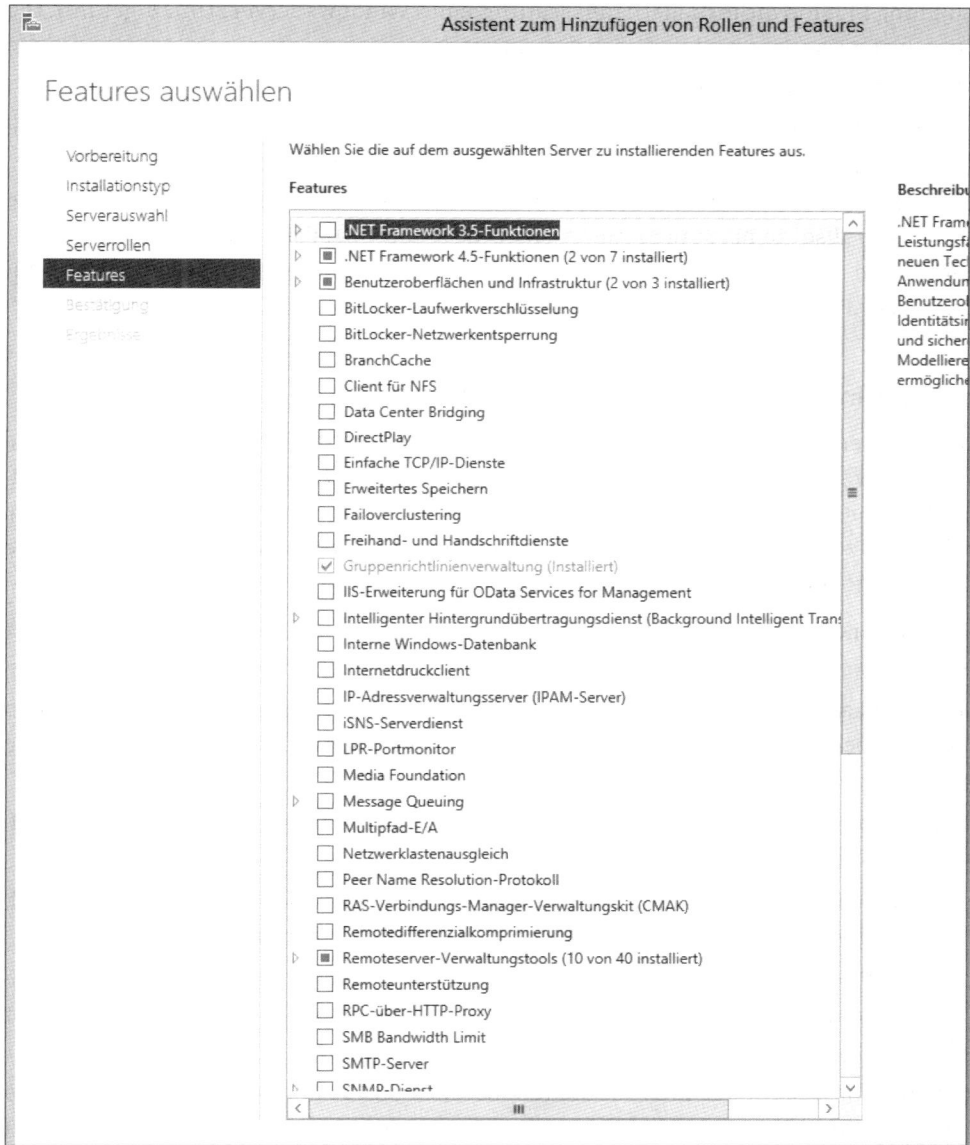

Abbildung 1.13 Die 42 Features eines Windows Server 2012 der Enterprise Edition

▶ Wenn Sie ein SAN Storage-System (SAN = Storage Area Network) betreiben, das über mehrere Pfade erreichbar ist, fügen Sie das Feature *Multipfad-E/A* hinzu. Mit diesem Feature können Sie Server mit den unterschiedlichen Rollen um diese im SAN elementare Funktion erweitern. Verständlicherweise ist dies keine Rolle – was für einen Sinn würde auch ein Server mit einer einzigen Rolle »*Multipfad-E/A*« machen?

In Abbildung 1.13 sind die installierbaren Features eines Windows Server 2012 aufgeführt. Die Funktion vieler Features erschließt sich bereits aus deren Namen, ansonsten wird eine kurze Beschreibung des angewählten Features eingeblendet.

Glücklicherweise sorgt der Installationsassistent dafür, dass bei der Installation einer Rolle die benötigten Features automatisch mitinstalliert werden. Wenn Sie den IIS installieren, wird beispielsweise automatisch das Feature *Windows Activation Service* mitinstalliert. Sie brauchen sich also keine Sorgen zu machen, dass die Installation einer Rolle dadurch erschwert wird, dass Sie erst stundenlang Dokumentationen wälzen müssen, um herauszufinden, welche Features vorab installiert werden müssen.

1.4.3 Zusammenspiel mit anderen Microsoft-Produkten

Windows Server kann allein zwar schon eine Menge leisten, er dient aber auch als Grundlage für viele Applikationsserver, die einerseits schlicht und ergreifend ein Betriebssystem benötigen, andererseits auch von den erweiterten Fähigkeiten von Windows Server 2012 profitieren. Abbildung 1.14 zeigt einen grob vereinfachten Überblick über Produkte und Technologien, die sich in einer modernen IT-Umgebung finden:

- Die Basis für die Applikationsserver ist das Windows-Betriebssystem. Im Serverbereich ist das Windows Server 2012, im Client-Umfeld Windows 8.1.
- Viele Applikationsserver nutzen für das Speichern von Daten den *SQL Server*, zu nennen wäre hier beispielsweise SharePoint. Auch betriebswirtschaftliche Softwarepakete (wie SAP oder Navision) nutzen den Datenbankserver.
- Die Serverprodukte, die im weiteren Sinne dem Segment *Business Productivity* zuzuordnen sind, sind in der »Generation 2013«:
  - *Exchange Server* bedient klassisches Messaging (Mail, Kalender, Kontakte etc.) sowie ab der Version 2007 auch Unified Messaging (Voicemail, Faxempfang).
  - *Lync, Office Communication Server* unterstützt alle Aspekte der Echtzeitkommunikation. Hierin enthalten sind beispielsweise Presence, Voice-Kommunikation oder Video-Kommunikation.
  - *SharePoint* besteht aus zwei Produkten, nämlich aus der *SharePoint Foundation* und aus dem *SharePoint Server* (vormals: SharePoint Portal Server). SharePoint unterstützt sämtliche Aspekte des Umgangs mit Informationen (Speichern, Bereitstellen, Suchen/Finden, Integration und Konsolidierung von Informationen).
  - *Forms Server* ist in der Lage, beliebige Formulare als HTML darzustellen, Eingaben entgegenzunehmen und weiterzuleiten.

- *Project Server* unterstützt das zentrale Management von mehreren gleichzeitigen Projekten. Insbesondere lässt sich auch die Verwaltung von Ressourcen, die in mehreren Projekten benötigt werden, optimal realisieren.
- *Groove* wird zwar nicht mehr aktiv gepflegt, ist aber dennoch wert, erwähnt zu werden. Es handelte sich dabei um eine Kollaborationslösung, die aber als Produkt neben SharePoint nie wirklich Verbreitung gefunden hat.

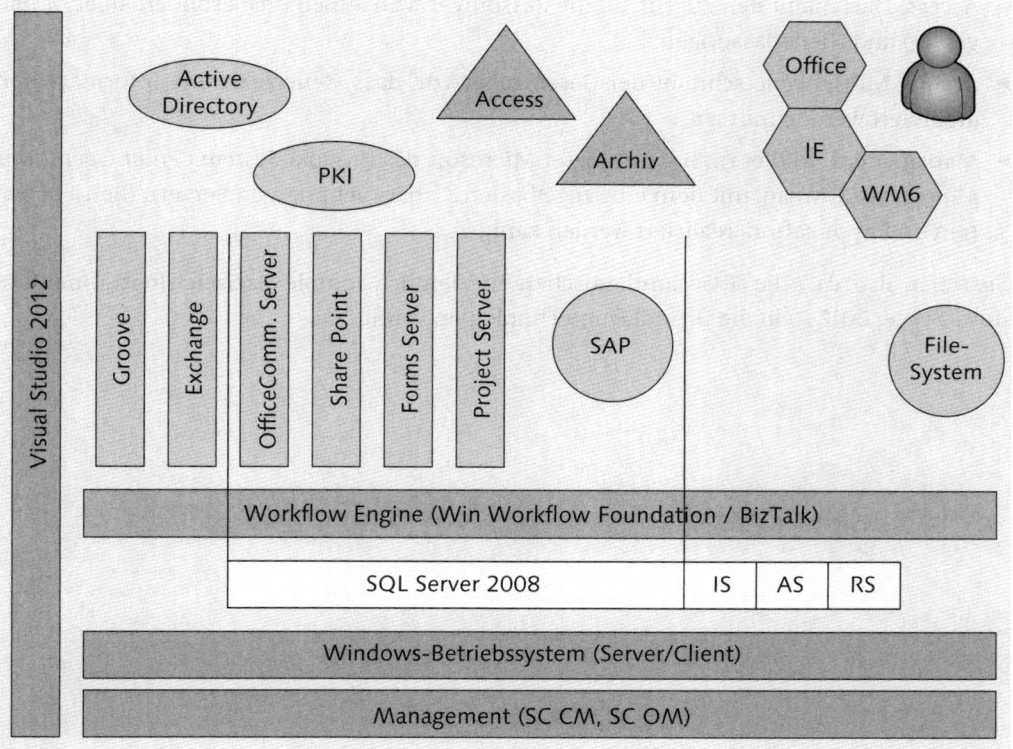

Abbildung 1.14 Produkte und Technologien, die sich in einer modernen IT-Umgebung finden

▶ Da die IT-gestützte Abbildung von Geschäftsprozessen zunehmend wichtig ist, kommen zwei Produkte zum Einsatz, nämlich *Windows Workflow Foundation* und *BizTalk-Server*. BizTalk-Server kann durch mittlerweile viele erhältliche Konnektoren Daten mit Enterprise-Systemen wie SAP oder Siebel austauschen.

▶ Ein großer Teil der Unternehmensdaten ist in ERP-Systemen, wie beispielsweise SAP, gespeichert.

▶ Obwohl Filesysteme zur Ablage von Dokumenten nicht optimal sind, sind sie nach wie vor Normalität in den Unternehmen.

Neben den genannten Basisprodukten, bei denen ich das Betriebssystem und den Datenbankserver einordne, und den Applikationsservern gibt es diverse Technologien, die entweder aus technischen oder organisatorischen bzw. rechtlichen Gründen zum Einsatz kommen, beispielsweise:

- Active Directory zur Verwaltung sämtlicher Benutzerkonten, Computer, Server etc.
- Public Key Infrastructure (PKI): Zertifikate werden zunehmend wichtig.
- Access: Dies meint den Zugriff auf die Ressourcen von außen (insbesondere über Mobilgeräte) und Niederlassungen.
- Archiv: Mittlerweile schreibt der Gesetzgeber vor, dass steuerrelevante Informationen archiviert werden müssen.
- Management: In diesem Bereich bietet Microsoft das Produkt *System Center Operations Manager* SCOM an, mit dem eine regelbasierte Überwachung von Servern (Betriebssystem und Applikation) realisiert werden kann.

Sie sehen also, dass die IT-Gesamtlandschaft ein ziemlich komplexes Szenario ist. Und Windows Server 2012 stellt die Grundlagentechnologien bereit.

Kapitel 2
Editionen und Lizenzen

Und er flehete laut den Achaiern,
Doch den Atreiden vor allen, den zween Feldherren der Völker:
Atreus Söhn', und ihr andern, ihr hellumschienten Achaier,
Euch verleihn die Götter, olympischer Höhen Bewohner,
Priamos Stadt zu vertilgen, und wohl nach Hause zu kehren

Wenn Sie sich für den Einsatz von Windows Server 2012 entschieden haben, müssen Sie die passenden Lizenzen beschaffen. Dabei müssen Sie sich in erster Linie überlegen, welche Editionen des Betriebssystems Sie benötigen und was ansonsten noch für Lizenzen benötigt werden. Bei der Lizenzierung ist es weiterhin unbedingt empfehlenswert, das optimale Lizenzmodell (z.B. Open, Select, EA etc.) zu ermitteln.

2.1 Editionen

Von Windows Server 2012 gibt es vier Editionen. Tabelle 2.1 gibt einen ersten Überblick.

Edition	Bemerkung
Windows Server 2012 (R2) Standard	Die Standard-Edition dürfte für die meisten Anwendungsfälle die richtige Wahl sein.
Windows Server 2012 (R2) Datacenter	Die Datacenter-Edition unterscheidet sich in den Virtualisierungsrechten von der Standard-Edition.
Windows Server 2012 (R2) Essentials	für kleine Unternehmen mit bis zu 25 Nutzern bzw 50 Geräten
Windows Server 2012 (R2) Foundation	für noch kleinere Unternehmen mit bis zu 15 Nutzern

Tabelle 2.1 Die Editionen von Windows Server 2012

> **Standard vs. Datacenter**
>
> *Windows Server 2012 Standard* und *Datacenter* sind technisch identisch und unterscheiden sich allein in den Virtualisierungsrechten.
>
> Im Vorgängerbuch zu Server 2008/R2 gab es eine seitenlange Tabelle dazu, wie sich Standard-, Enterprise- und Datacenter-Edition unterscheiden. Jetzt ist alles viel einfacher:
>
> - Die Editionen *Standard* und *Datacenter* sind technisch identisch.
> - Der Unterschied besteht einzig in der Anzahl der Virtualisierungsrechte.
> - Eine Edition *Enterprise* gibt es nicht mehr.

2.2 Lizenzierung

Grundsätzlich gilt, dass für jeden Server Lizenzen erworben werden müssen. Weiterhin gilt, dass die Clientzugriffe mit *Client Access Licenses* (CALs) lizenziert werden müssen.

Server 2012 basiert auf einem prozessorbasierten Modell, d.h., jeder Prozessor muss lizenziert werden, wobei eine Lizenz für zwei Prozessoren gilt. Die Server-Editionen entscheiden sich in den Virtualisierungsrechten, und zwar:

Edition	Virtualisierungsrechte
Standard	unbeschränkte Anzahl von virtuellen Instanzen
Datacenter	zwei virtuelle Instanzen
Essentials	keine virtuellen Instanzen
Foundation	keine virtuellen Instanzen

Tabelle 2.2 Die Editionen von Server 2012/R2

Bei steigenden Virtualisierungsanforderungen kann die Anzahl der mit Windows Server 2012 Standard genutzten virtuellen Instanzen durch die Kumulierung von Windows Server 2012 Standard-Lizenzen erhöht werden. Beispiel: Zwei Windows Server 2012 Standard-Lizenzen entsprechen vier zusätzlichen virtuellen Instanzen.

> **Hinweis**
>
> Bitte nicht verwechseln: Für den Zugriff auf die Server genügt es nicht, dass Sie eine Lizenz für das Client-Betriebssystem besitzen; vielmehr benötigen Sie die Lizenz für das Client-Betriebssystem *und* die Zugriffslizenz (CAL).
>
> Sie müssen allerdings nicht für jede erdenkliche Verbindung zwischen Clients und Servern eine CAL erwerben. Am Beispiel wird es klarer: Wenn Sie 10 Server und 100 Clients haben, benötigen Sie 100 CALs und nicht etwa 1.000 CALs.

Für einige Features sind allerdings über die »normale« Windows-CAL hinaus noch weitere Pro-Client-Lizenzen erforderlich. Dies sind insbesondere:

- *Remotedesktopdienste*: Hier werden noch Remotedesktopdienste-CALs benötigt (siehe auch Kapitel 19).
- *Active Directory-Rechteverwaltungsdienste*: Hier wird für jeden Benutzer, der an dem Verfahren teilnimmt, eine RMS-CAL benötigt (siehe auch Kapitel 13).
- Bei der Nutzung der *Active Directory-Verbunddienste* können zusätzliche Lizenzen erforderlich werden.

Seit einiger Zeit können Sie zwischen Device-CALs und User-CALs wählen:

- Bei Device-CALs lizenzieren Sie sämtliche Geräte, die zum Zugriff auf die Server verwendet werden.
- Bei User-CALs beschaffen Sie CALs für die Benutzer.

Auch wenn man es vielleicht auf den ersten Blick nicht erkennt, gibt es unter Umständen erhebliche Auswirkungen:

- Wenn in Ihrem Unternehmen viele Benutzer über einen PC, ein Notebook und ein Smartphone (mit Zugriff auf das Firmennetz) verfügen, sind User-CALs günstiger. Der Benutzer kann dann mit allen Geräten arbeiten, ohne dass mehrere CALs fällig würden. Im Fall von Device-CALs müsste eine CAL für den Desktop-PC, eine für das Notebook und eine für das Smartphone beschafft werden.
- Wenn in Ihrem Unternehmen beispielsweise im Schichtbetrieb gearbeitet wird und die meisten PCs von zwei Benutzern verwendet werden (einer in der Frühschicht, ein anderer in der Spätschicht), sind Device-CALs die bessere Wahl. Dies gilt auch, wenn Sie beispielsweise in der Fertigung 500 Benutzer haben, die sich aber nur hin und wieder auf einem der fünf Pool-PCs einloggen.

Da man User- und Device-CALs nicht mischen kann, ist es durchaus keine ganz triviale Aufgabe, das günstigere Modell zu bestimmen. Die Kosten für User-CAL und Device-CAL sind übrigens identisch.

> **Hinweise**
>
> In diesem Abschnitt gebe ich Ihnen einige grundlegende Hinweise zur Lizenzierung. Bevor Sie tatsächlich in die Beschaffung gehen, sollten Sie sich allerdings nochmals beraten lassen. Das Lizenzrecht oder dessen Auslegung könnte sich seit Drucklegung dieses Buchs geändert haben. Teilweise sind CALs auch in Bundles (Core CAL, Enterprise CAL) erhältlich, was eventuell vorteilhaft ist, wenn Sie auch Zugriffe auf Systeme wie Exchange Server oder SQL Server lizenzieren müssen.
>
> Es sei weiterhin darauf hingewiesen, dass es viele verschiedene Vertragsformen gibt; mit der optimalen Auswahl lassen sich die Beschaffungskosten deutlich optimieren. Lassen Sie sich von einem Lizenzspezialisten beraten!

Kapitel 3
Hardware und Dimensionierung

Doch mir gebt die Tochter zurück, und empfahet die Lösung,
Ehrfurchtsvoll vor Zeus ferntreffendem Sohn Apollon.
Drauf gebot beifallend das ganze Heer der Achaier,
Ehrend den Priester zu scheun, und die köstliche Lösung zu nehmen.
Aber nicht Agamemnon, des Atreus Sohne, gefiel es

In jedem Projekt stellt sich irgendwann die Frage, auf welcher Hardware der neue Windows Server 2012/R2 denn nun laufen soll. Im Klartext lautet die Frage der Kunden: »Uli, wie soll ich den Server dimensionieren?« Diese Frage lässt sich freilich in einem Buch nur recht schwierig beantworten, weil jeder Fall zwangsläufig individuell ist. Ich möchte Ihnen aber gern einige Hinweise geben, wie Sie sich an eine optimale Dimensionierung heranarbeiten.

Dieses Kapitel beginnt daher mit einem kurzen Hardwareüberblick und steigt dann in die Dimensionierung und in den Umgang mit dem Performance-Monitor ein.

3.1 Serverhardware

Als Serversysteme für die Microsoft-Plattform kommt nur Hardware mit Intel- oder Intel-kompatiblen Prozessoren (also AMD-Prozessoren) infrage. Daran hat sich übrigens auch bei Windows Server 2012 nichts geändert – ein Variantenreichtum wie zu NT4-Zeiten, als neben der Intel-Plattform auch PowerPC-, MIPS- und Alpha-Versionen zur Verfügung standen, kehrt nicht zurück.

3.1.1 Prozessoren

Der Prozessor bzw. sind die Prozessoren sind gewissermaßen das Herzstück eines Servers. Heute (August 2013) sind im Prinzip drei verschiedene Prozessorfamilien auf dem Markt:

- IA-32: die 32-Bit-Prozessoren (Sie gibt es zwar noch, sie werden aber schon seit Server 2008 R2 nicht mehr unterstützt.)
- x64: Intel Xeon EM64T- oder AMD Opteron-Prozessoren
- Itanium: Diese Prozessoren werden seit Windows Server 2012 nicht mehr unterstützt.

Ich habe nicht vor, die genaue Architektur jeder Prozessorfamilie im Detail vorzustellen – ich gehe in den nächsten Abschnitten vielmehr auf die Bedeutung der jeweiligen Prozessortypen in heutigen Servern ein.

IA32-Prozessoren

Bei dieser Prozessorfamilie handelt es sich um die »klassischen« 32-Bit-Prozessoren, die mittlerweile millionenfach verbaut sind. Aktuell gibt es kaum noch 32-Bit-Prozessoren zu kaufen – und schon gar nicht im Serverumfeld. Daher sind diese Erläuterungen eher »historisch« zu sehen.

Es existieren vier Serverproduktlinien, die mit Prozessoren dieser Architektur erhältlich waren:

- *Einstiegsserver mit einem Prozessor*: Diese Produkte zielten auf Kleinstfirmen mit sehr einfachen IT-Anforderungen. Server dieses Typs wurden mit einem Pentium 4- oder Pentium D-Prozessor geliefert; ein Mehrprozessorbetrieb ist nicht möglich.
- *Midrange-Server mit bis zu zwei Xeon-Prozessoren*: Für viele Anwendungen mit mittleren Anforderungen eignen sich die Serversysteme mit bis zu zwei Xeon-Prozessoren.
- *Server mit bis zu vier Xeon MP-Prozessoren*: Für leistungsintensive Anwendungen sind von allen Markenherstellern Server erhältlich, die mit bis zu vier Xeon MP-Prozessoren bestückbar sind.
- *Server mit mehr als vier Prozessoren*: Auch im IA-32-Bereich sind Server mit mehr als vier Prozessoren verfügbar.

Eines der Hauptprobleme von 32-Bit-Systemen ist, dass das Betriebssystem nur 4 GB Speicher adressieren kann (2^{32} = 4.294.967.296). Standardmäßig wird das Betriebssystem für den »Eigenbedarf« 2 GB reservieren und den übrigen Speicher, also ebenfalls 2 GB, für Anwendungen bereitstellen. Dieses Verhalten kann mit dem /3GB-Parameter in der *boot.ini*-Datei zwar dahingehend verändert werden, dass die Aufteilung zwischen Betriebssystem und Anwendungen im Verhältnis 1:3 geschieht. Aber auch das bringt letztendlich nicht den großen Durchbruch, wenn man eigentlich fünf oder zehn Gigabyte Hauptspeicher benötigen würde.

Die Adressierbarkeit von Speicher oberhalb von 4 GB lässt sich durch AWE bewerkstelligen. AWE bezeichnet die in Windows Server enthaltene *Address Windowing Extension*. Anwendungen können Speicher als *Nonpaged Memory* anfordern, der dann dynamisch in den 32-Bit-Adressraum eingeblendet wird. Mittels dieser Technologie konnte beispielsweise Windows Server 2003 Enterprise bis zu 32 GB virtuellen Speichers verwalten, und die Datacenter-Edition schaffte bis zu 64 GB.

Dieses Speichermanagement verursacht natürlich für das Betriebssystem einen gewissen Verwaltungsaufwand, der sich in Performance-Nachteilen niederschlagen könnte – natürlich abhängig vom jeweiligen Anwendungsszenario.

Weiterhin sind die Anwendungsszenarien limitiert, da das 32-Bit-Betriebssystem nicht plötzlich eine Welt mit beispielsweise 12 GB Hauptspeicher für alle Anwendungszwecke bereitstellen kann – trotz AWE. SQL Server 2005 kann den über AWE bereitgestellten Speicher nur für die Verwaltung von Page Buffers verwenden und nicht für das Caching von Queries, für das Sortieren, Joinen etc.

Auch wenn es noch das ein oder andere 32-Bit-System zu kaufen gibt und Sie vielleicht noch das ein oder andere System in Ihren Racks haben, gibt es nur ein Fazit: Bei Neubeschaffungen Finger weg von 32-Bit-Systemen!

Die 64-Bit-Welt

Die Welt der Intel-64-Bit-Prozessoren besteht aus zwei Technologie-Familien:

- *x64*: Hier finden sich die 64-Bit-Prozessoren von Intel (Xeon 64Bit und Pentium mit EM64T) und AMD (Opteron und Athlon64). »x64« ist übrigens die von Microsoft geprägte Bezeichnung für diese Prozessorfamilie.
- *IA64*: Ein Mitglied dieser Familie ist der Itanium-Prozessor.

Bei diesen beiden 64-Bit-Familien handelt es sich um unterschiedliche, vor allem nicht zueinander kompatible Technologieansätze! x64 ist im Grunde eine erweiterte x86-Architektur, während Itanium auf *EPIC* basiert. EPIC ist das Kürzel für *Explicitly Parallel Instruction Computing*, eine Technik, die vereinfacht gesagt darauf basiert, dass bereits bei der Programmierung die Parallelisierung der Befehle eines Instruktionsstroms explizit vorgenommen wird.

In dem Absatz oben sind drei Wörter besonders wichtig, nämlich »nicht zueinander kompatibel«. Vor einigen Jahren mussten Sie sehr genau untersuchen, welche der Architekturen konkret am besten zu Ihrer Umgebung passte, denn für Itanium-Maschinen beschaffte Software lief nicht auf x64-Systemen – und umgekehrt.

Letztendich spielt Itanium keine Rolle mehr, weil Windows Server 2012 dafür nicht mehr erhältlich ist.

x64

Schon lange sind Server, die mit 64-Bit-Xeon- oder 64-Bit-Opteron-Prozessoren ausgestattet sind, im »Massenmarkt« angekommen. Wenn Sie heute eine Zwei- oder Vierprozessor-Maschine beschaffen, wird diese bereits mit einem 64-Bit-Xeon-Prozessor oder dem AMD-Gegenstück ausgerüstet sein. Die Prozessoren werden Prozessoren mit zwei bis acht Kernen sein, was bedeutet, dass zwei bzw. acht vollwertige Prozessorkerne in einem Gehäuse sitzen. Lediglich der Bus und einige Cachebereiche werden zwischen den Prozessorkernen geteilt.

Für x64-Systeme sprechen folgende Punkte:

- Entsprechende Serversysteme sind recht preiswert erhältlich, weil sie mittlerweile Massenartikel geworden sind.

- Die Anzahl der für diese Plattform verfügbaren Softwareprodukte steigt immens. Bereits jetzt gibt es viele Microsoft Server-Produkte nur noch als x64-Versionen.
- Ältere 32-Bit-Applikationen werden performant ausgeführt, da der Prozessor auch deren Code »versteht«.

Generell gilt natürlich für 64-Bit-Systeme:

- Die Applikationen können mehr Speicher verwenden – auch ohne Maßnahmen wie AWE. Der adressierbare Speicher beträgt 264 Bits (= 18.446.744.073.709.551.616 Bits, das entspricht 2.147.483.648 Gigabytes).
- höhere Geschwindigkeit durch schnellere Busse
- höhere Anzahl von Prozessoren bei besserem Skalieren

3.1.2 Serverarchitektur

Der Prozessortyp, die Prozessoranzahl oder die Taktfrequenz sind zwar für die letztendliche Performance des Servers entscheidend – genauso wichtig sind aber auch die Leistung des Systembusses, Parameter wie die Anzahl und der Typ der PCI-Busse und vieles andere mehr. Die Hardware-Hersteller fertigen nun zwar keine Systeme, bei denen der verwendete Prozessor nicht zu den sonstigen Komponenten passen würde, trotzdem ist es wichtig, dass Sie nicht nur auf den Prozessor, sondern auf das Gesamtsystem schauen. Einige Aspekte:

- Wenn zwar der Prozessor sehr schnell ist, das System ansonsten aber nur mit einem PCI-Bus ausgestattet ist, entsteht bei einem sehr IO-lastigen Nutzungsprofil ein Flaschenhals. Hier würden beispielsweise Serversysteme mit mehreren PCI-Bussen helfen.
- Zu prüfen ist, ob der Server *PCI Express x8* unterstützt und entsprechende Karten auch mit dieser Geschwindigkeit verwendet oder ob er sie lediglich mit der x4-Geschwindigkeit betreibt. Sofern die hohe Transferleistung nicht benötigt wird, ist dies natürlich kein Kriterium.
- Erweiterbarkeit: Wenn Sie laut heutigen Anforderungen lediglich ein Zwei-Prozessor-System benötigen, aber damit rechnen, dass während der Verwendungszeit des Servers eine höhere Prozessorleistung erforderlich wird, müssen Sie natürlich ein entsprechend erweiterbares System beschaffen.

> **Hinweis zur Erweiterbarkeit**
>
> Ein Hinweis zum letzten Punkt der Aufzählung: Wenn Sie heute ein System beschaffen, das voraussichtlich während der Verwendungszeit aufgerüstet werden muss, sollten Sie überlegen, eventuell bereits jetzt alle benötigten Prozessoren und sämtlichen Speicher zu beschaffen. Gerade in der recht schnelllebigen Xeon-Welt kann es passieren, dass Sie einen heute aktuellen Prozessor in zwei Jahren nur noch auf dem sehr teuren Ersatzteilweg beschaffen können – und dann zahlen Sie kräftig drauf.

> Weiterhin müssen Sie darauf achten, dass die Kombinationen unterschiedlicher Stepping-Werte zueinander passen. Das Stepping ist eine Art Chargennummer eines Prozessors. Grundsätzlich können Prozessoren mit unterschiedlichen Steppingwerten in einem Mehrprozessorsystem gemeinsam betrieben werden, trotzdem könnte (!) es nicht unterstützte Kombinationen geben. Dies ist zwar eher in den Anfangszeiten der Intel-basierten Mehrprozessorsysteme der Fall gewesen, auszuschließen ist es aber auch heute nicht.
>
> Beachten Sie, dass Sie beim Nachkauf von Prozessoren kein bestimmtes Stepping auf Ihrer Bestellung angeben können. Aus diesem Grund lautet die Empfehlung aus der Praxis, ein System lieber direkt voll zu bestücken.

3.1.3 Hauptspeicher

Eine alte »IT-Weisheit« besagt, dass man nie genug Hauptspeicher haben kann. Dies ist natürlich speziell im Datenbankumfeld der Fall. Letztendlich wird der benötigte Speicherausbau ein Ergebnis des Sizing-Prozesses sein. Wenn die empfohlene Speichermenge ermittelt ist, sind einige technische Aspekte zu beachten:

- Aus Gründen der Performance unter Last (!) wird im Allgemeinen empfohlen, möglichst Speicher-Kits identischer Größe zu verwenden. Die Server-Hersteller geben in der Regel Whitepapers heraus, die die optimale Speicherbestückung für die jeweiligen Systeme beschreiben.

- Auch im Speicherumfeld gilt, dass es problematisch sein wird, für ein älteres System noch zu vertretbaren Kosten zusätzlichen Speicher zu erhalten. Falls Sie (beispielsweise nach zwei Jahren) Speicher auf dem Ersatzteilweg beschaffen müssen, ist das unverhältnismäßig teuer.

Ein Serversystem, das die Bezeichnung »Server« verdient, verfügt heute über fehlertoleranten Speicher (ECC = Error Checking and Correction). Vereinfacht gesagt werden zusätzliche Paritätsbits verwendet, anhand derer »gekippte« Bits erkannt und wenn möglich korrigiert werden.

Größere Server unterstützen zusätzliche Möglichkeiten der Fehlerkorrektur. Sie können sogar den Ausfall ganzer Speicherbänke »überleben«. Dies wird entweder durch Ansätze erreicht, bei denen Prüfsummen nicht nur über einzelne Speichermodule gebildet werden, oder durch eine RAID-ähnliche Konfiguration des Speichers realisiert.

Im x64-Segment verfügen die Vier-Prozessor-Server der meisten Hersteller über sehr leistungsfähige Möglichkeiten, den Hauptspeicher möglichst ausfallsicher zu betreiben. Zwei-Prozessor-Maschinen verfügen zwar ebenfalls über grundlegende Mechanismen zur Fehlervermeidung. Wenn Sie auf höchste Fehlertoleranz angewiesen sind, werden die Möglichkeiten der »einfacheren« Server aber häufig nicht genügen, sodass Sie unter Umständen gar nicht aus Leistungs-, sondern aus Verfügbarkeitsgründen das technisch nächsthöhere Servermodell benötigen.

3.1.4 Festplatten

Fast alle Anwendungen werden irgendwann Daten speichern müssen – die meisten Anwendungen beschäftigen sich in letzter Konsequenz damit, Daten ins Dateisystem oder in eine Datenbank zu schreiben und diese dort zu modifizieren.

Jeder Server benötigt zunächst einen Plattenbereich für das Betriebssystem. Dieser sollte (eigentlich »muss«) separat von den produktiven Daten liegen und tunlichst als RAID-1 implementiert sein:

- Zunächst muss der Systembereich natürlich fehlertolerant ausgelegt sein, damit ein Fehler auf einer Platte nicht zum Ausfall des kompletten Serversystems führt.
- RAID-1 bietet gegenüber einem RAID-5 den großen Vorteil einer geringen Write-Penalty (RAID-5 benötigt bei Änderungen 4 IOs, RAID-1 lediglich 2). Da *pagefile.sys* im Allgemeinen auf diesem Plattenbereich liegen wird, ist dieser Effekt nicht zu vernachlässigen.
- Es ist problemlos möglich, regelmäßig einen »dritten Spiegel« zu erzeugen und so eine Reserveplatte zu haben, von der im Fall eines schwerwiegenden Problems gebootet werden kann (»kalter Spiegel«). Dies ersetzt keinesfalls ein »normales« Backup, ist aber als zusätzliche Wiederherstellungsmethode durchaus sinnvoll. Ich kenne diverse Unternehmen, die vor dem Einspielen von Patches und Ähnlichem zunächst eine weitere Spiegelplatte erzeugen, um schnell wieder zum Ursprungszustand zurückkehren zu können. Dies alles ist mit einem RAID-5 nicht möglich. Ebenfalls nicht möglich sind diese Szenarien, wenn produktive Daten auf den Systemplatten liegen.

Bei reinen Applikationsservern ist die Planungsarbeit prinzipiell schon erledigt, denn weitere Plattenbereiche werden auf diesen Systemen nicht notwendig sein.

Bei Datenbankservern werden Sie mehr oder weniger viele zusätzliche Platten einplanen, um RAID-Sets für Datenbanken, Logs, Indizes etc. bereitzustellen. Die Anzahl der benötigten Platten und der zu konfigurierenden RAID-Sets ist das Ergebnis des Sizing-Prozesses.

Es ist technisch kein Problem, an einen Server lokal viele Dutzend Platten anzuschließen. Im Rahmen einer größeren Neubeschaffung von Servern nebst vieler Platten bietet es sich aber in jedem Fall an, darüber nachzudenken, ob nicht eine zentralisierte Storage-Architektur in Ihrer Umgebung sinnvoll und vorteilhaft ist. Mehr dazu folgt in Abschnitt 3.2, »Storage-Architekturen«.

RAID-Controller

Technologisches Herzstück des Plattensystems ist der (oder sind die) RAID-Controller. Viele Serversysteme verfügen bereits über integrierte RAID-Controller, meistens On-Chip-Lösungen. Für die Systemplatten dürften diese in den meisten Fällen sogar genügen. Wenn Sie die Datenbanken auf lokal angeschlossenen Platten halten, müssen Sie sich aber nochmals in den Datenblättern des Serverherstellers umschauen.

Anhand des erarbeiteten Sizings für den Storage-Bereich lässt sich ermitteln, wie viele Platten benötigt werden, auf wie viele SCSI-Kanäle diese verteilt werden sollen, welche Durchsatzwerte erreicht werden müssen und vieles andere mehr. Anhand dieser Werte lässt sich mithilfe der Datenblätter ein geeigneter RAID-Controller auswählen. Bei größeren Datenbankservern ist es nicht unwahrscheinlich, dass mehrere RAID-Controller benötigt werden.

Achten Sie unbedingt darauf, dass der gewählte Controller über einen batteriegepufferten Cache verfügt. Sofern der Hersteller eine Erweiterungsbatterie im Angebot hat, sollten Sie diese unbedingt mitbestellen!

Dass Schreibcaches nur aktiviert sein dürfen, wenn der RAID-Controller über Batterien bzw. Akkus verfügt, ist nun wahrlich keine neue Erkenntnis. Im Winter 2005 mussten die Bewohner des Münsterlandes die Erfahrung machen, dass es auch in Deutschland durchaus mehrtägige Stromausfälle geben kann (siehe auch Abschnitt 3.4.4 über die Stromversorgung im Rechenzentrum). Pech, wenn der Server mit Daten im Schreibcache »runtergefallen« ist und die Batterie nur maximal vier Stunden hält ...

Plattentechnologie

Die verfügbaren Plattentechnologien sind mittlerweile recht vielfältig geworden. Die für die Serverauswahl wichtigsten Aspekte lassen sich aber recht einfach zusammenfassen, ohne dass direkt ein separates 100-seitiges Kapitel daraus wird.

Im Serverbereich kommen klassischerweise SCSI-Platten zum Einsatz; der SCSI-Bus hat mittlerweile eine Geschwindigkeit von 320 MB/s erreicht (U320), womit die Grenzen des technisch Machbaren offensichtlich erreicht worden sind. Die Nachfolgetechnologie, die mittlerweile auch in vielen Serverprodukten verwendet wird, ist SAS, was für *Serial Attached SCSI* steht. Zunächst wird es mit einer Geschwindigkeit von 3 Gbit/s gefahren, und die nächsten Generationen werden Übertragungsraten von 6 und 12 Gbit/s liefern.

Eigenschaften einer Platte

Neben dem Interface wird eine Platte insbesondere durch folgende Eigenschaften definiert:

- Kapazität
- Drehzahl
- IOPS
- MTBF

Beim Stichwort »Festplatte« denken die meisten Leute an Kapazität – und das ist leider falsch! Denken Sie zunächst an die Performance der Festplatte bzw. des gesamten Plattensystems. Ein Ergebnis des Sizing-Prozesses ist eine Abschätzung der IO-Vorgänge pro Sekunde (IOPS), die von den einzelnen Bereichen des Plattensystems geleistet werden müssen. Wenn Sie beispielsweise eine Leistung von 2.000 IOPS erreichen müssen, können Sie davon ausgehen, dass Sie mindestens 20 Platten benötigen werden, um die Performance-Anforderungen zu erfüllen. Im zweiten Schritt können Sie die Größe der Platten bestimmen, die zum Erreichen der benötigten Kapazität führt. Vermutlich werden Sie sich für die Platte mit der kleinsten Kapazität entscheiden.

Der Parameter IOPS wird leider in den Datenblättern der Festplatten häufig nicht angegeben, lässt sich aber recht einfach mit folgender Formel errechnen:

$$IOPS = (1000 \div (RL + AST))$$

RL = Rotational Latency; AST = Average Seek Time.

Also: Je geringer die Werte Latency und Seek Time sind, desto schneller geht's. Einleuchtend, oder?

In den Datenblättern werden Sie für die Rotational Latency und die Average Seek Time Angaben für rein sequenzielle und für zufällige (random) Vorgänge finden. Da das Leben auf einer Platte fast nie optimal sequenziell ist, liegt die Wahrheit eher beim ungünstigeren Wert. In der Praxis geht man von folgenden Werten aus:

- FC/SCSI-Platte 15.000 RPM   150–190 IOPS
- FC/SCSI-Platte 10.000 RPM   130–170 IOPS

Bedenken Sie bitte, dass es sich bei diesen Werten nur um grobe Schätzwerte handelt. Sie vermitteln aber bereits ein Gefühl dafür, worum es bei der Dimensionierung von Plattensystemen geht. In Datenbankumgebungen, in denen fast nur Random-Zugriffe stattfinden, werden die genannten Werte eher nach unten zu korrigieren sein.

Vergessen Sie nicht, dass bei Schreibvorgängen Write-Penaltys zu berücksichtigen sind. Zur Erinnerung: Ein Schreibvorgang auf ein RAID1 benötigt 2 IOs, ein ändernder Schreibvorgang auf ein RAID5 sogar 4 IOs.

Die beliebte Frage nach dem Durchsatz ist vergleichsweise unspannend, da der Durchsatz (Throughput) mit folgender Formel errechnet wird:

$$Throughput = Number\ of\ IOPS \times Size\ of\ I/O\ Request$$

Im Klartext heißt das, dass Sie auf der Hardwareseite dafür sorgen müssen, möglichst viele IOPS verarbeiten zu können. Weiterhin entscheidet die Blockgröße, mit der die Platten formatiert sind, über den erreichbaren Durchsatz. Da es im Datenbankumfeld aber nicht darum geht, möglichst große Datenmengen zu bewegen, ist die Stellschraube in erster Linie die vom RAID-Set erreichte IO-Leistung.

Neben der Geschwindigkeit der Platte geht es um die MTBF (Mean Time Between Failure). Dieser recht abstrakte Wert zeigt, als wie zuverlässig die Platte vom Hersteller eingestuft wird – je höher der Wert, desto besser.

SCSI/SAS vs. SATA

Wenn Sie die im vorherigen Abschnitt vorgestellten Kriterien hinnehmen, lässt sich die Frage, ob SATA-Platten zur Speicherung von Produktivdaten sinnvoll sind, relativ einfach beantworten.

Zunächst ist das primäre Ziel der SATA-Platten zu beleuchten: Sie sollen möglichst billig sein. Dieses Ziel lässt sich nicht durch ein anderes elektrisches Interface erreichen, sondern nur mit Qualitätsabstrichen an den mechanischen Komponenten. Im Klartext sind SATA-Platten langsamer und weniger zuverlässig als »richtige« Serverplatten mit SCSI- oder FC-Interface.

Ursprünglich wurden die SATA-Platten (bzw. ihre Vorgänger) in Desktop-Computern verwendet, die weder besonders schnellen Datenzugriff für viele parallel laufende Prozesse bieten müssen noch rund um die Uhr in Betrieb sind. Natürlich arbeiten die Hersteller, die SATA-Platten für Serveranwendungen anbieten, an Optimierungen – es bleibt aber die Tatsache, dass für Einsatzszenarien, bei denen es auf höchste Performance und Zuverlässigkeit ankommt, eben doch die teureren Platten benötigt werden.

Diese Aussagen lassen sich natürlich belegen: Ein Blick in die Produktdatenblätter genügt. Vergleichen Sie einmal SCSI/FC- und SATA-Platten bezüglich der Parameter »Rotational Latency« und »Average Seek Time« – Sie werden feststellen, woher die deutlich niedrigeren IOPS-Werte herkommen. Bei einer SATA-Platte mit 7.200 RPM kann man in etwa von 80 IOPS ausgehen. Dieser Performance-Nachteil ist signifikant!

SATA-Platten haben im Rechenzentrum durchaus eine Daseinsberechtigung, nämlich dann, wenn große Mengen von Daten auf billigere Medien ausgelagert werden sollen. Dies könnten beispielsweise archivierte Daten, Kopien für die Testumgebung, Backup-Daten und einiges andere mehr sein – generell also Daten, auf die nicht performant und mit hoher Parallelität zugegriffen wird und die nicht mit höchster Verfügbarkeit bereitgestellt werden müssen. Für produktive Datenbestände oder die Systembereiche der Server werden »richtige« Serverplatten verwendet, also SCSI- oder SAS-Platten.

3.1.5 Netzwerkkonnektivität

Für Server ist eine leistungsfähige Anbindung an das Netzwerk Pflicht. Wie immer gibt es zwei zentrale Anforderungen, nämlich Performance und Ausfallsicherheit.

Der Standard für die Anbindung von Servern an das Netzwerk ist Gigabit-Ethernet; entsprechende Konnektivität bringt jeder moderne Server standardmäßig mit. Zu prüfen ist, mit wie vielen Ports die Netzwerkanbindung vorgenommen werden soll. Die Treiber der für den Serverbetrieb vorgesehenen Netzwerkkarten beherrschen ein »Zusammenlegen« von mehreren Karten, und zwar sowohl zur Erhöhung der Bandbreite als auch zur Erreichung von Fehlertoleranz. Im Allgemeinen findet man diese Funktionen unter den Stichwörtern *Teaming*, *Network Load Balancing* und *Network Fault Tolerance*.

Wenn Sie beabsichtigen, eine Teaming-Konfiguration zum Einsatz zu bringen, müssen Sie sicherstellen, dass Ihre Switches eine Teaming-Anbindung beherrschen. Sofern der Microsoft Cluster verwendet wird, ist zu prüfen, ob die Teaming-Software den Clusterbetrieb explizit unterstützt.

Achten Sie bei der Auswahl der Server darauf, dass Sie wirklich genügend PCI-Steckplätze (bzw. Steckplätze von PCI-Nachfolgetechnologien) zur Verfügung haben. Ich habe es mehr als einmal erlebt, dass ausgerechnet Netzwerkkarten bei der Ermittlung der benötigten Slots vergessen worden sind. Das ist recht lästig, wenn in einen vollen Server noch zwei weitere Karten gesteckt werden sollen.

Falls Sie die Server per Glasfaser anbinden wollen, gilt das zuvor Gesagte analog.

Weitere Informationen zum Thema »Netzwerk« finden Sie in Abschnitt 3.3, »Netzwerk«, und in Kapitel 20, »Hochverfügbarkeit«.

3.1.6 Überwachung

Alle Serversysteme von Markenherstellern bieten Softwareprodukte zum Management der Hardware. Zu nennen wären beispielsweise *Dell OpenManage* oder *InsightManager* von Hewlett Packard.

Neben Inventardaten und aktuellen Mess- und Zustandsdaten erhalten Sie auch proaktive Informationen, also »demnächst wird vermutlich eine Festplatte ausfallen«. Dass die Vermeidung eines Ausfalls wesentlich besser als die Behebung seiner Folgen ist, leuchtet sicherlich jedem IT-Verantwortlichen ein. Umso erstaunlicher ist es, dass ein erheblicher Teil der mir bekannten Unternehmen (und ich spreche hier nicht von Kleinbetrieben) diese Überwachungswerkzeuge nicht nutzt – zumal diese im Allgemeinen kostenlos verwendet werden können. Ich kenne deutlich mehr als einen Fall, in denen Rechenzentren mit insgesamt 100 Servern nicht automatisch überwacht werden. Stattdessen macht jeden Morgen der diensthabende Administrator einen Rundgang. Er prüft dann lediglich, ob an irgendwelchen Servern ein rotes Lämpchen leuchtet. Dies bedarf wohl keines weiteren Kommentars!

Es ist übrigens keine schlechte Idee, die Hardwarelandschaft möglichst einheitlich zu halten. Wenn Sie Server von Dell, HP, IBM und Fujitsu-Siemens einsetzen, haben Sie es plötzlich mit vier Überwachungssystemen allein für die Server zu tun. Natürlich gibt es Systeme, die Warn- und Fehlermeldungen auf einer Konsole zusammenfassen, trotzdem ist es natürlich einfacher, wenn die Notwendigkeit eines solchen (komplexen) Systems gar nicht erst entsteht.

Beachten Sie, dass Sie neben der Überwachung der Serverhardware auch ein Auge auf Betriebssysteme und Applikationsserver haben müssen (oder sollten). Ein geeignetes Werkzeug hierfür ist beispielsweise der *Microsoft System Center Operations Manager (SCOM), der mittlerweile in der Version 2012 SP1 vorliegt.*

3.2 Storage-Architekturen

Klassischerweise werden Server mit einer ausreichenden Menge an lokalen Platten ausgestattet (DAS = Direct Attached Storage). Technisch gibt es hier auch bei großen Plattenanzahlen wenige Probleme, da moderne Server mit mehreren RAID-Controllern durchaus mehrere Dutzend Platten ansteuern können.

Seit einiger Zeit ist im Rechenzentrumsbereich der Trend zu einer Speicherkonsolidierung zu beobachten. Hierbei wird ein Speichernetz (SAN, Storage Area Network) aufgebaut, das ein oder mehrere Storage-Systeme enthält, auf dem bzw. denen die Server sämtliche Daten ablegen. In einer speicherkonsolidierten Umgebung ergeben sich folgende Vorteile (die Reihenfolge stellt keine Gewichtung dar):

- einfachere Verwaltung (insbesondere Erweiterbarkeit etc.)
- höhere Verfügbarkeit (Um diese auch tatsächlich zu erreichen, sind einige Maßnahmen notwendig.)
- erweiterte Funktionen wie Snapshotting, Cloning etc.

3.2.1 SAN, NAS, iSCSI

Da es für den Zugriff auf zentrale Speicherressourcen mehrere Technologien am Markt gibt, werden wir diese zunächst kurz betrachten und vor dem Anwendungshintergrund auf »Brauchbarkeit« prüfen. Die wesentlichen Stichwörter in diesem Zusammenhang sind:

- *SAN*: Obwohl der Begriff SAN, *Storage Area Network*, grundsätzlich für alle Arten von Speichernetzen, also unabhängig von der Technologie, steht, wird er im Allgemeinen als Synonym für ein FibreChannel-SAN verwendet. FibreChannel ist heute die am weitesten verbreitete Technologie zum Aufbau von Speichernetzen.
- *NAS*: *Network Attached Storage* ist, wie der Name ja schon vermuten lässt, ein Speichersystem, das direkt an das bestehende LAN (im Allgemeinen Ethernet) angeschlossen werden kann. Primär handelt es sich bei den NAS-Systemen um Fileserver. Zu beachten ist, dass auf ein Fileshare kein Blocklevel-Zugriff besteht, weshalb dort im Allgemeinen keine Datenbankdateien liegen können.
- *iSCSI*: Mittels iSCSI kann ein Blocklevel-Zugriff auf eine im Netz stehende Speicherressource erfolgen. Professionelle NAS-Systeme (der bekannteste Hersteller ist übrigens die Firma *Network Appliance*) unterstützen den iSCSI-Zugriff, sodass die Speicherbereiche dieser Systeme auch von Datenbankservern verwendet werden können.

Wir benötigen für die Speicherung von Datenbanken also Speicherorte, auf die ein Blocklevel-Zugriff möglich ist – am besten über SCSI. Gebräuchlich sind drei Ansätze, die in Abbildung 3.1 dargestellt sind:

- Direct Attached Storage (Hier könnte man übrigens noch nach »klassischem« parallelem SCSI und SAS differenzieren.)
- FibreChannel-SAN
- iSCSI

Allen Technologien ist gemeinsam, dass letztendlich SCSI verwendet wird – vereinfacht gesagt sind lediglich die Transportmedien unterschiedlich. Diese Aussage ist eigentlich zu verallgemeinert, da es unterschiedliche Versionen (oder Evolutionsstufen) des SCSI-Protokolls gibt. Für einen ersten Überblick brauchen wir aber nicht zu tief ins Detail zu gehen.

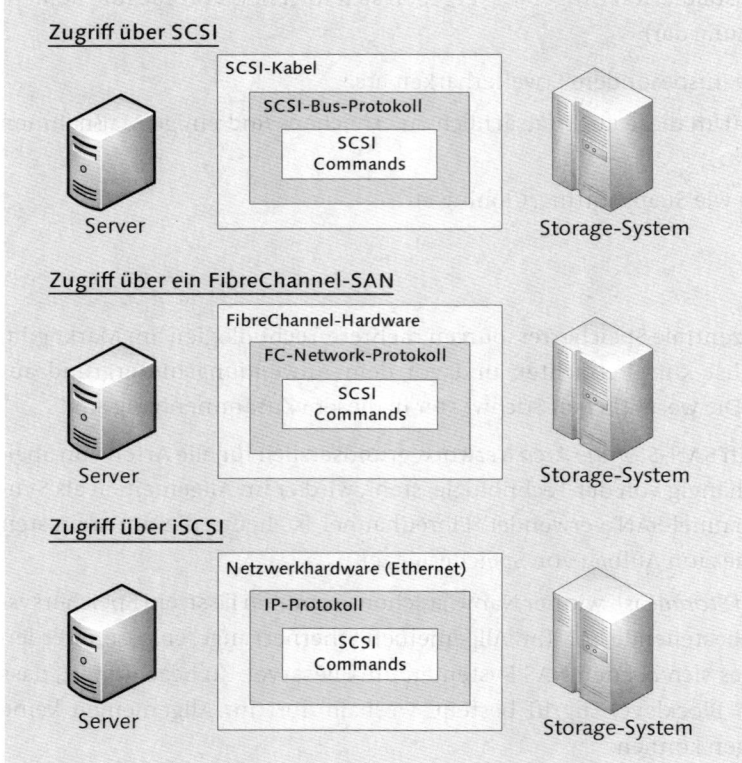

Abbildung 3.1 DAS, FC-SAN und iSCSI basieren letztendlich auf SCSI.

FibreChannel

FibreChannel ist momentan *der* Standard, um Speichernetze aufzubauen. Ohne jetzt langatmig den Protokoll-Stack durchgehen zu wollen, folgen hier stichwortartig die wichtigsten Informationen:

- Vereinfacht gesagt ist die oberste Protokollschicht das SCSI-Protokoll, das wir auch für die Ansteuerung lokaler Platten und Geräte verwenden. Andere Protokolle wie IP, IPI, FICON etc. können ebenfalls verwendet werden, dies soll uns hier aber nicht weiter interessieren. FibreChannel und SCSI ist eine sehr bewährte und performante Kombination.

- FibreChannel wird heute zumeist über Glasfaser-Verbindungen betrieben. FibreChannel kann auch über Kupfer gefahren werden, dies findet sich allerdings nur selten. Je nach Wellenlänge des Lasers, dem Fasertyp und der Übertragungsgeschwindigkeit (1 Gbit/s, 2 Gbit/s, 4 Gbit/s) variieren die möglichen maximalen Kabellängen zwischen 100 m und 50 km.
- Die momentan aktuelle Übertragungsgeschwindigkeit (d.h., für sie sind Produkte verfügbar) ist 4 Gbit/s.
- Server, die in ein FibreChannel-SAN eingebunden werden sollen, benötigen einen oder mehrere *wFibreChannel-Hostbus-Adapter* (FC-HBA).
- An Infrastruktur-Komponenten werden FibreChannel-Switches benötigt. Vor einigen Jahren waren Hubs verfübar, mit denen *FibreChannel Arbitrated Loop* (FC-AL) gefahren wurde. Der Loop wird aber für die Verbindung zwischen Servern und Storage-Systemen heute nicht mehr verwendet.
- Die Storage-Systeme verfügen meist über zwei RAID-Controller mit FibreChannel-Eingängen.

Abbildung 3.2 zeigt den schematischen Aufbau eines pfad-redundanten SANs auf FibreChannel-Basis.

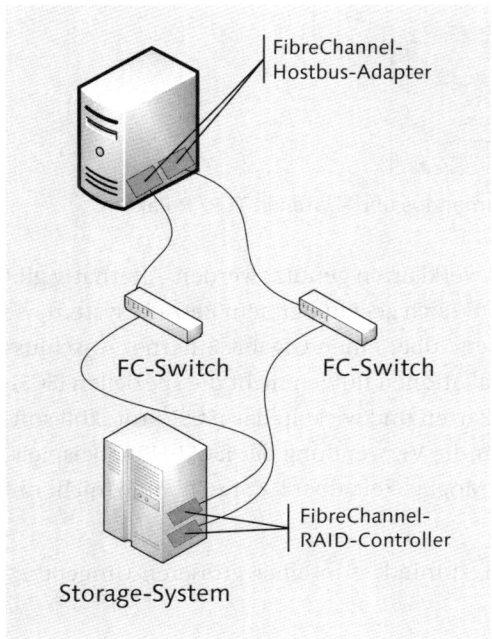

Abbildung 3.2 Schematischer Aufbau eines SANs auf FibreChannel-Basis

Zusammenfassend bieten Storage-Lösungen auf FibreChannel-Basis folgende Vorteile:

- Es gibt eine sehr breite Unterstützung durch Hardware- und Softwarehersteller.
- Die Technologie hat mittlerweile einen hohen Reifegrad erreicht.
- Das System ist sehr performant.
- Hochverfügbare Lösungen können aufgebaut werden.

Faustregel: Benötigen Sie höchste Performance und Verfügbarkeit, wählen Sie FibreChannel.

iSCSI

Mit iSCSI kann über das IP-Netz auf ein Storage-System so zugegriffen werden, als sei es lokal über SCSI angeschlossen. Somit ist ein Blocklevel-Zugriff möglich.

Abbildung 3.3 zeigt eine netzwerkorientiertere Sichtweise. Sie sehen, dass die SCSI-Kommandos und -Daten in TCP/IP-Pakete eingekapselt werden. Da TCP/IP-Pakete nicht nur innerhalb eines Netzwerksegments, sondern letztendlich durch das ganze Internet übertragen werden, könnte man *theoretisch* auf ein Storage-System in Manaus (Brasilien, Amazonas-Gebiet) zugreifen. Das ist natürlich ein in der Praxis nicht relevantes Beispiel, da es bei Speicherzugriffen entscheidend auf Latenzzeit und Performance ankommt, und diese werden über eine interkontinentale WAN-Strecke nicht gegeben sein, zumal man die Pakete noch VPN-mäßig behandeln müsste – aber Sie sehen, was vielleicht in Zukunft möglich sein könnte.

Abbildung 3.3 Das iSCSI-Protokoll kapselt SCSI-Kommandos und -Daten in TCP/IP-Pakete.

iSCSI kann serverseitig mit herkömmlichen Netzwerkkarten genutzt werden. Alternativ gibt es iSCSI-Hostbus-Adapter (z.B. *Adaptec 7211C/F*), die sich gegenüber dem Betriebssystem wie ein SCSI-Controller verhalten und »nach draußen« über einen Gigabit-Ethernet-Anschluss verfügen. Die meisten mir bekannten iSCSI-Installationen nutzen nicht die speziellen iSCSI-HBAs, sondern arbeiten mit üblichen Netzwerkkarten und wickeln das iSCSI-Protokoll softwarebasiert ab. Natürlich gibt es gute Gründe für die Verwendung der iSCSI-HBA, beispielsweise die geringere Prozessorbelastung oder die Möglichkeit, über iSCSI zu booten (nicht mit allen HBAs!).

Beim Einsatz von iSCSI in der Praxis wird man, zumindest in einer größeren Umgebung, einige Aspekte berücksichtigen müssen:

- Es empfiehlt sich, Netzwerk- und Storage-Datenströme zu trennen. Es ist hierfür nicht unbedingt notwendig, einen separaten Switch zu beschaffen, allerdings sollte der Server Netzwerk- und Storage-Datenverkehr über unterschiedliche Netzwerkkarten abwickeln.

Wenn die Netzwerkkarten an einen Switch angeschlossen werden, ist zu prüfen, ob dieser über genügend Bandbreite auf Backplane-Ebene verfügt, was bei modernen Geräten gegeben sein sollte. Nicht vergessen: iSCSI über langsamere Strecken als Gigabit-Ethernet zu fahren, macht keinen Sinn!

- Ebenso wie im FibreChannel-Bereich gilt, dass es redundante Pfade zwischen Server und Storage-System geben sollte. Der Ausfall eines Switches/Switchports oder einer Netzwerkkarte ist stets möglich.
- Im Übrigen gilt natürlich auch hier, dass die »sicherste« Konfiguration aus zwei Storage-Systemen besteht, die über einen gespiegelten Datenbestand verfügen.

Um die Kommunikation zwischen Server und Storage-System zu realisieren, gibt es zwei Objekttypen: Initiatoren und Targets.

- Der *Initiator* ist die serverseitige Komponente, die den Zugriff auf eine Storage-Ressource initiiert. Der Initiator kann als Hardware- (iSCSI-HBA) oder als Softwarelösung implementiert sein. Seit Windows Server 2008 ist der iSCSI-Initiator bereits im Betriebssystem integriert.

  Anmerkung: Einen Softwareinitiator für Windows 2000 (ab SP4), XP und den Windows Server 2003 können Sie kostenlos von der Microsoft-Website herunterladen (navigieren Sie zu *http://www.microsoft.com/downloads*, und geben Sie als Suchbegriff iSCSI ein).

- Ein *Target* ist ein Speicherbereich, der von einem Storage-System zur Verfügung gestellt wird. Die clientseitigen Initiatoren verbinden sich mit diesem Target und können auf den Speicherbereich über SCSI-Befehle zugreifen. Targets können eine Hard- oder Softwarelösung sein: Die Filer-Systeme von Network Appliance sind ein Beispiel für Hardware-iSCSI-Targets. Im Bereich der Software-Targets gibt es diverse Produkte, die auf einem Windows Server aufsetzen und diesen um diese Funktion erweitern. Die Windows Server ab Server 2012 bringen von Haus aus eine iSCSI-Target-Funktionalität mit.

iSCSI ist eine interessante und kostengünstige Technologie, die stetig an Bedeutung gewinnt. Momentan kommt man im Rechenzentrumsbereich nach wie vor kaum an einer FibreChannel-Lösung vorbei. Das liegt letztendlich auch daran, dass die »hoch-endigeren« Speichersysteme bislang nur mit FibreChannel-Konnektivität erhältlich sind.

Weiterhin ist zu berücksichtigen, dass deutlich mehr praktische Erfahrungen mit SAP-Installationen in FC-SANs vorliegen als in iSCSI-Umgebungen.

3.2.2 SAN-Architektur

Der (theoretische) erste Schritt in eine konsolidierte Speicherumgebung ist in Abbildung 3.4 gezeigt: Der Plattenspeicher wird in ein zentrales Storage-System verschoben, und die Server greifen über einen Switch darauf zu. Welche Infrastruktur (FibreChannel, iSCSI) verwendet wird, ist prinzipiell unerheblich!

Meine Segenswünsche begleiten denjenigen, der seiner Geschäftsleitung eine solche Konfiguration als »Hochverfügbarkeit« angepriesen hat. Solch eine Konfiguration wird sich (hoffentlich) in keinem Rechenzentrum finden, denn es gibt bezüglich der Verfügbarkeit nur Schlechtes zu vermelden:

- Die komplette Infrastruktur (FC-HBA im Server, Switch, Kabel) ist nicht redundant.
- Das Storage-System verfügt nur über einen Controller.
- Das Storage-System selbst ist ein *Single Point of Failure*.

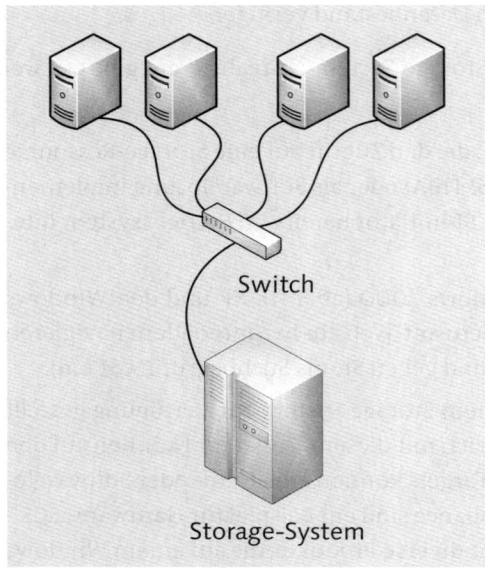

Abbildung 3.4 Speicherkonsolidierung mit einem Datenpfad zwischen Servern und Storage-System

Heute lässt sich eine solche Konfiguration eigentlich gar nicht mehr aufbauen, da die meisten Storage-Systeme generell über zwei Controller verfügen und somit immer pfadredundant angebunden werden. Höchstens im absoluten Einsteigersegment wird sich die in Abbildung 3.4 gezeigte Konfiguration finden – das ist dann aber keine Speicherarchitektur, der man mit gutem Gewissen unternehmenskritische Daten anvertrauen kann!

Die nächste Verbesserung ist die Einrichtung einer Umgebung, in der mehrere (im Allgemeinen zwei) Pfade von den Servern zum Storage-System führen. Das meiste ist doppelt vorhanden (Abbildung 3.5):

- Jeder Server verfügt über zwei FibreChannel-Hostbus-Adapter (FC-HBA).
- Zwei Switches sorgen für Redundanz.
- Das Storage-System verfügt über zwei RAID-Controller, die auf dieselben Plattenbereiche zugreifen können.

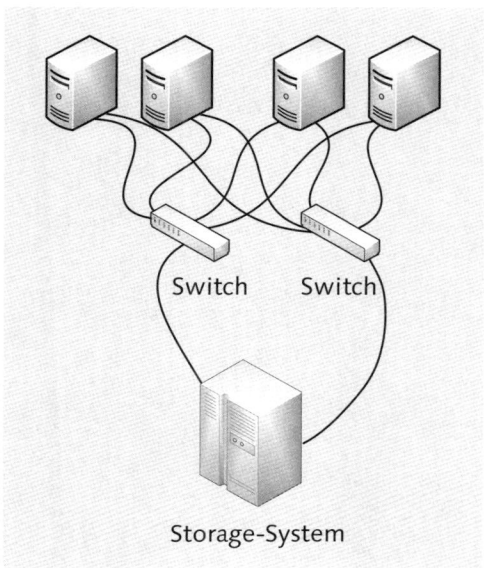

Abbildung 3.5 Speicherkonsolidierte Umgebung mit redundanten Pfaden

Diese Konfiguration ist bereits eine deutliche Verbesserung, da der Ausfall eines Switches, eines Kabels und sogar eines RAID-Controllers im Storage-System nicht zum Ausfall des Gesamtsystems führt. Diese Konfiguration ist heute gewissermaßen der Standard für eine speicherkonsolidierte Umgebung.

Zu beachten ist, dass das Betriebssystem mit der Multibus-Konfiguration zurechtkommen muss: Ein und derselbe Plattenbereich des Storage-Systems ist für den Server über mehrere Pfade zu erreichen. Im *Windows Logical Disk Manager* würde dieser Plattenbereich mehrfach angezeigt werden. Bereits Windows Server 2008 verfügt über eine Softwarekomponente, die das Multipathing unterstützt (DMP). Sie kann als Feature *Multipfad-E/A* installiert werden.

Sie werden es schon geahnt haben: Der nächste Schritt ist die Einführung eines zweiten Storage-Systems. Die Daten werden permanent zwischen den beiden Storage-Systemen gespiegelt oder direkt vom Server doppelt geschrieben (Abbildung 3.6).

Damit diese Architektur sinnvoll ist, dürfen die beiden Storage-Systeme natürlich nicht in einem Raum stehen oder im selben Rack eingebaut sind. Realistische Störfallszenarien sind beispielsweise ein lokaler Kabelbrand oder ein Wasserrohrbruch – wenn das zweite Storage-System sich nur einen Meter weiter im selben Raum befindet, wäre es vermutlich genauso betroffen.

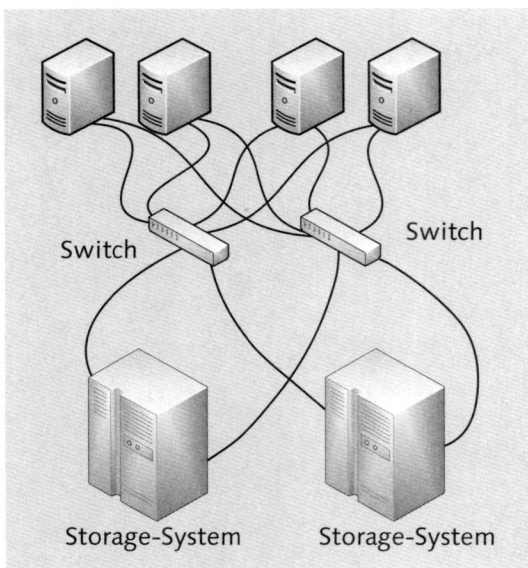

Abbildung 3.6 Speicherkonsolidierte Umgebung mit zwei Storage-Systemen

Es ergibt sich nun die Frage, wie die Daten zwischen den Storage-Systemen gespiegelt werden können. Bei den »höherwertigen« (nicht Entry-Level-) Systemen kann als kostenpflichtige Option (Achtung: dies ist generell sehr teuer) die Funktion der *controller-basierten Spiegelung* erworben werden.

Der Ablauf der synchronen controller-basierten Spiegelung ist in Abbildung 3.7 gezeigt:

- Ein Server schreibt/ändert einen Block auf dem Storage-System.
- Das primäre Storage-System repliziert diesen Block auf das sekundäre System.
- Das sekundäre System informiert das primäre System, dass die Schreiboperation erfolgreich war.
- Das primäre Storage-System meldet dem Server die erfolgreiche Beendigung des Schreib-/Änderungsvorgangs.

Folgende Aspekte gilt es noch zu beachten:

- Sie müssen entscheiden, wie sich das Gesamtsystem verhalten soll, wenn das primäre System die Verbindung zum sekundären System verliert. Wenn das wichtigste Ziel ist, dass Sie absoluten Datengleichstand zwischen beiden Systemen haben, muss im Fehlerfall das Komplettsystem stehen bleiben. Alternativ kann das primäre System weiterlaufen und wird die aufgelaufenen Änderungen an das sekundäre senden, sobald die Verbindung wiederhergestellt ist.

3.2 Storage-Architekturen

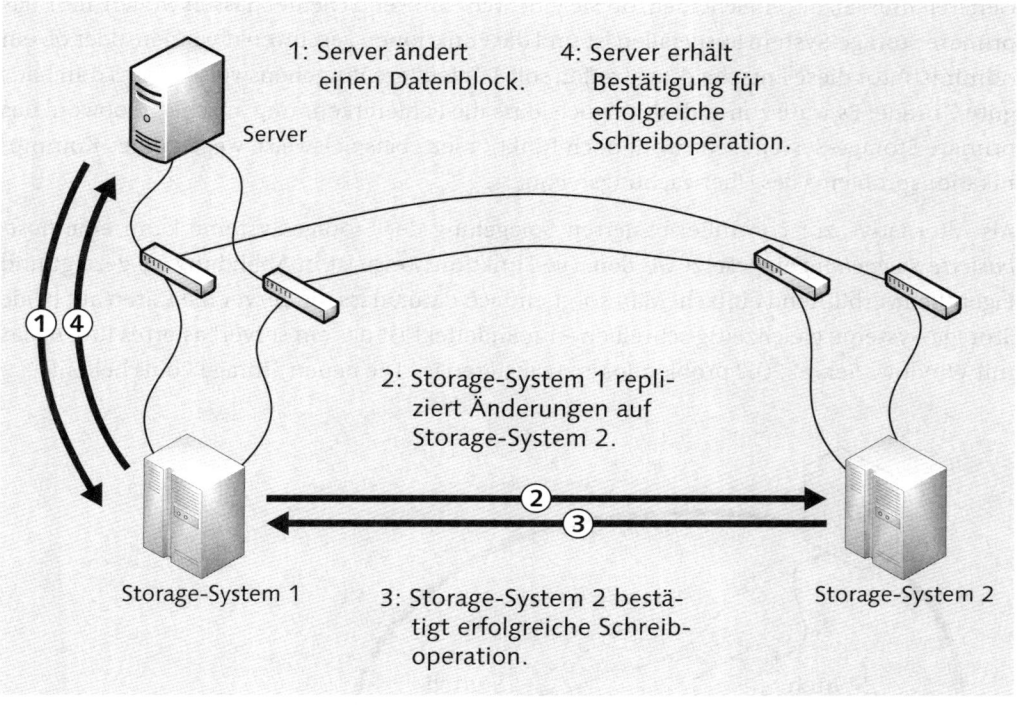

Abbildung 3.7 Ablauf der synchronen controller-basierten Spiegelung

- Wenn zwischen den beiden Storage-Systemen keine Glasfaserstrecke liegt, sondern nur eine langsamere Verbindung (z.B. ATM, FCIP oder iFCP) besteht, würde die synchrone Spiegelung das System signifikant ausbremsen – schließlich ist die Schreiboperation aus Sicht des Servers erst beendet, wenn beide Systeme geschrieben haben. In diesem Fall wird man im Allgemeinen eine asynchrone Replikation wählen: Hierbei wird die Schreiboperation direkt nach dem Schreiben auf das primäre System als erfolgreich an den Server zurückgemeldet; die Replikation auf das sekundäre System wird parallel durchgeführt, läuft aber zeitlich nach. Die Datenbestände auf den Storage-Systemen sind bei der asynchronen Spiegelung nicht zu jeder Zeit absolut identisch.

Beim Ausfall des primären Storage-Systems sind einige Schritte notwendig:

- Dem sekundären Storage-System muss mitgeteilt werden, dass es nun das Hauptsystem ist. Dies kann skriptgesteuert erfolgen.
- Die Server müssen auf ein anderes Storage-System zugreifen. Auch hierfür gibt es Software, die diese Maßnahme durchführt.

Generell müssen Sie entscheiden, ob Sie eine Maschine entscheiden lassen wollen, dass das primäre Storage-System ausgefallen ist und die Funktionen geschwenkt werden, oder ob ein Administrator diese Entscheidung treffen soll. Für letztere Vorgehensweise gibt es durchaus gute Gründe: Es wäre zumindest möglich, dass die Fehlererkennung anschlägt, obwohl das primäre Storage-System sehr wohl noch funktioniert, beispielsweise wegen eines Kommunikationsproblems des Überwachungsrechners.

Als Alternative zur controller-basierten Spiegelung der Storage-Systeme kann eine *host-basierte Spiegelung* eingesetzt werden. Die Funktionsweise ist in Abbildung 3.8 gezeigt und eigentlich verblüffend einfach: Man sorgt einfach dafür, dass die Server die Daten auf beide Storage-Systeme gleichzeitig schreiben – im Endeffekt ist das ein serverbasiertes RAID1, das mit Windows Server 2012 problemlos zu realisieren ist. Die neuen Storage Pools helfen!

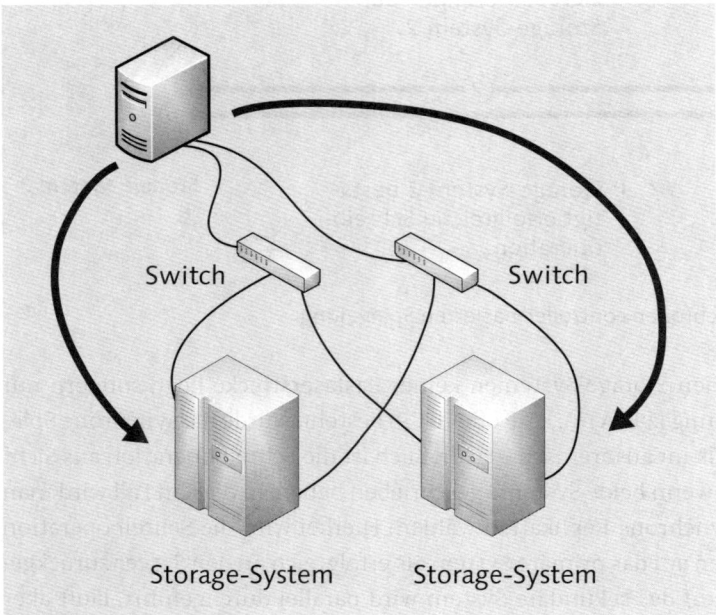

Abbildung 3.8 Funktionsweise der host-basierten Spiegelung

Auf beiden Storage-Systemen wird eine identische Plattenkonfiguration eingerichtet. Auf den Servern werden beide Plattenbereiche angezeigt, und im Server wird eine Spiegelung eingerichtet.

Beim Ausfall eines Storage-Systems wird der Server mit den Daten des verbleibenden Storage-Systems arbeiten. Der Failover-Fall ist hier vergleichsweise einfach, weil der Server mit dem verbliebenen System, mit dem er ja ohnehin bereits aktiv kommuniziert, weiterarbeiten kann – und ohne dass wie bei der controller-basierten Lösung großartig Funktionen geschwenkt werden müssten.

Ist das ausgefallene Storage-System wieder da, müssen natürlich die Änderungen nachgefahren bzw. die Spiegel komplett neu aufgebaut werden.

Bezüglich der Performance ist Folgendes zu vermelden:

- Lesevorgänge werden etwas schneller durchgeführt werden, weil von beiden Storage-Systemen gelesen werden kann.
- Bei Schreibvorgängen ist natürlich die doppelte Datenmenge zu transportieren, weil der Server die geänderten Daten schließlich zu zwei Storage-Systemen transportieren muss. Das Performance-Nadelöhr ist im Allgemeinen aber die Platten- bzw. RAID-Performance und nicht die Breite des Transportwegs. Sofern die Bandbreite zwischen FibreChannel-Hostbus-Adapter und Switch genügend groß ist, dürfte das doppelte Schreiben kein Performance-Problem darstellen. Das softwaremäßige Bilden eines Spiegels stellt nur eine geringe Prozessorbelastung dar. Die Situation muss natürlich jeweils konkret nachgerechnet werden!
- Wichtig ist, dass beide Storage-Systeme hochperformant an den Server angebunden sind. Wenn ein System direkt über FibreChannel und das andere über eine langsame FCIP- oder iFCP-Strecke angebunden ist, wird die Gesamt-Performance dem langsameren System entsprechen – die host-basierte Spiegelung ist immer synchron!

Signifikante Vorteile der host-basierten Spiegelung sind:

- Die Lösung ist vergleichsweise preiswert. Ein zweites Storage-System nebst Platten muss sowohl bei der controller- als auch bei der host-basierten Lösung beschafft werden. Die Lizenzen für die controller-basierte Spiegelung sind durchgängig bei allen Herstellern sehr teuer.
- Die host-basierte Spiegelung funktioniert mit allen Storage-Systemen. Die controller-basierte Spiegelung ist im Allgemeinen für Entry-Level-Systeme nicht erhältlich.

3.2.3 Premium Features von Storage-Systemen

Storage-Systeme bieten gegenüber serverseitigen RAID-Controllern einige zusätzliche Möglichkeiten, die beim Umgang mit den dort gespeicherten Daten recht hilfreich sein können. Die Rede ist hier von *Snapshotting* und *Cloning*. Diese Features müssen generell separat bezahlt werden und tragen von Hersteller zu Hersteller verschiedene Produktnamen – die Funktion ist aber generell ähnlich.

Snapshotting

Eine der interessantesten und gleichzeitig leistungsfähigsten Möglichkeiten ist die Nutzung der Snapshot-Technologie; ihr häufigster Verwendungszweck ist das Backup. Häufig ist das Problem schlicht und ergreifend, dass die Datenmenge zu groß für das zur Verfügung stehende Backup-Fenster ist.

Das Snapshot-Verfahren an sich ist schnell erklärt (das Verfahren wird schematisch und stark vereinfacht dargestellt):

- Alle Dateien auf der Partition des Servers werden geschlossen, im Zweifelsfall müssen Applikationen angehalten werden. Die Cache-Buffer werden geleert.
- Nun wird der eigentliche Snapshot durchgeführt. Als Ergebnis entsteht ein weiteres »virtuelles« Volume. Das Snapshotting dauert nur wenige Sekunden, letztendlich werden keine Daten kopiert, sondern es wird »nur« ein virtuelles Laufwerk erzeugt, das zunächst keine eigenen Daten hält, sondern auf die Originaldaten zugreift.
- Auf Wunsch kann das neu entstandene Laufwerk vom Backup-Server gemountet und gesichert werden.

Schauen wir ein wenig hinter die Kulissen des Snapshots. Beim Snapshotting gibt es mehrere »Vorgehensweisen«, nämlich *Copy-on-Write* und *Split-Mirror*. Die meisten Storage-Systeme arbeiten mit dem erstgenanntem Ansatz.

Bei einem *Copy-on-Write-Snapshot* wird zunächst ein »virtuelles Volume« erzeugt, das selbst keine Daten enthält, sondern auf die Blöcke des Original-Volumes verweist. Dies ist vereinfacht in Abbildung 3.9 dargestellt: Das Snapshot-Volume sieht für eine Anwendung genau so aus wie ein »normales« Volume, man kann ihm natürlich auch einen Laufwerksbuchstaben zuweisen. Greift man beispielsweise auf den dritten Block des Snapshot-Volumes zu, liest man tatsächlich den dritten Block des Original-Volumes.

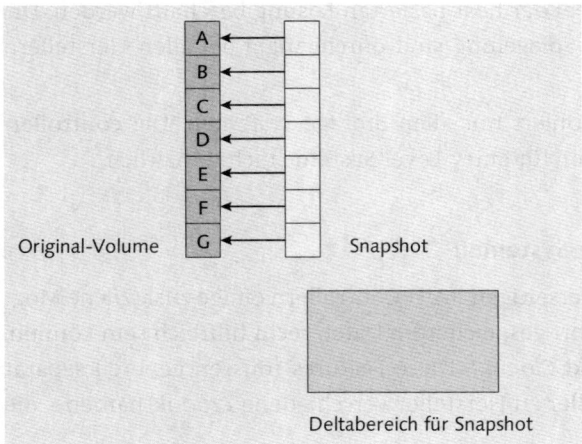

Abbildung 3.9 Copy-on-Write-Snapshot direkt nach dem Erzeugen

Direkt nach dem Erzeugen wird also für den Snapshot kaum Plattenplatz benötigt, da beim Zugriff auf das Snapshot-Volume die Daten vom Original-Plattenbereich gelesen werden. Natürlich wird für die Verwaltung des Snapshots (z. B. Zuweisung zu Blöcken auf dem Original-Volume) Plattenplatz benötigt. Dieser ist im Vergleich zu den eigentlichen Produktionsdaten aber sehr gering.

Interessant ist nun das Verhalten des Systems, wenn sich auf dem Original-Volume Blöcke ändern. Dies ist in Abbildung 3.10 schematisch gezeigt:

- Ändert sich auf dem Original-Volume ein Block (in der Abbildung wird aus dem C ein X), wird dessen ursprünglicher Inhalt in einen *Deltabereich* geschrieben.
- In dem Snapshot-Volume wird nun die »Verpointerung« geändert, sodass der Snapshot noch immer den ursprünglichen Block enthält, der nun allerdings im Deltabereich liegt.

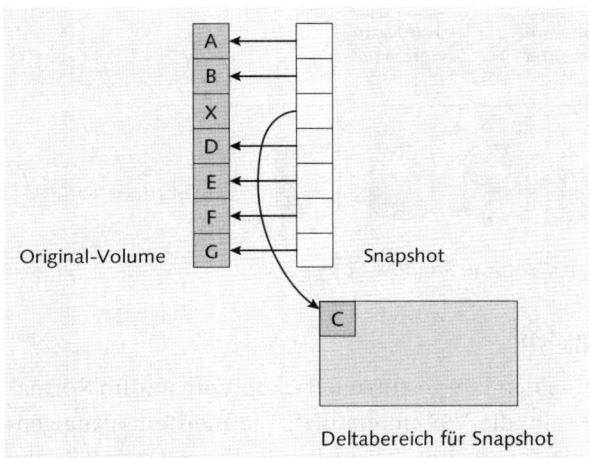

Abbildung 3.10 Copy-on-Write-Snapshot bei Datenänderung

Volume Shadow Copy Services

Im vorherigen Abschnitt war die Rede davon, dass vor dem Auslösen des Snapshots die Daten im Filesystem konsistent sein müssen, was beispielsweise dadurch möglich ist, dass man die Datenbank anhält oder in einen Backup-Mode versetzt. Microsoft hat für die Sicherung von SQL Server und Exchange Server die *Volume Shadow Copy Services* entwickelt. Dieses Verfahren werde ich Ihnen an dieser Stelle kurz vorstellen.

Der *Volume Shadow Copy Service* dürfte vielen Administratoren als einfache Möglichkeit bekannt sein, Dateien zu »snapshotten« und mittels Explorer wiederherzustellen. In den deutschen Windows-Versionen spricht man von *Volumen-Schattenkopien*. Der Volume Shadow Copy Service bietet wesentlich mehr als nur die Möglichkeit, Snapshots von freigegebenen Ordnern anzufertigen. Es handelt sich vielmehr um eine Technologie, die von Backup-Systemen und Applikationsservern genutzt werden kann, und ebenso kann Storage-Hardware eingebunden werden. Dies alles funktioniert aber nicht ohne das Zutun der entsprechenden Hersteller.

Die Architektur des Volume Shadow Copy Service (VSS) ist in Abbildung 3.11 dargestellt: Neben dem eigentlichen Dienst besteht das System aus *Writer*, *Requestor* und *Providern*.

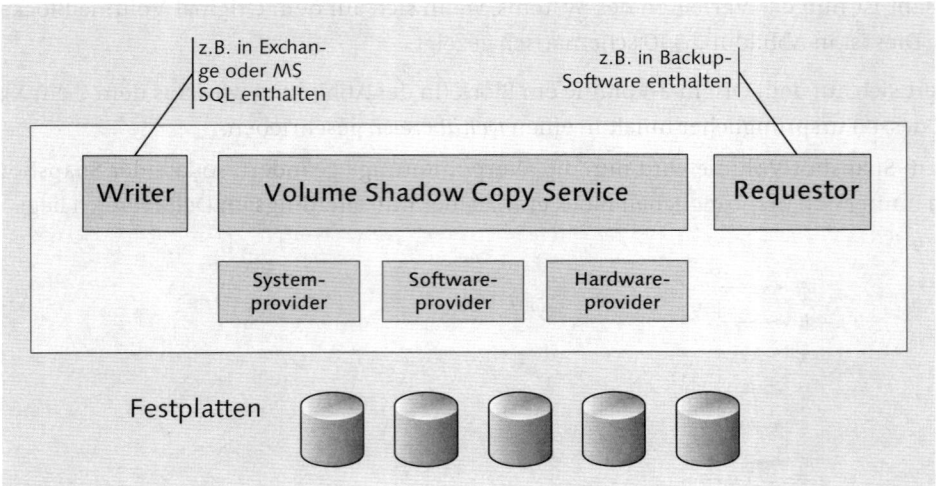

Abbildung 3.11 Schematische Darstellung des Volume Shadow Copy

Die Komponenten haben folgende Aufgaben:

- *Requestor*: Diese Komponente initiiert einen VSS-gestützten Backup-Vorgang. Im Normalfall wird dies eine Backup-Software sein, die VSS unterstützt. Die meisten »gängigen« Backup-Produkte können als VSS-Requestor arbeiten, beispielsweise das mit dem Betriebssystem mitgelieferte *NTBackup* oder *Veritas BackupExec*.

- *Writer*: Ein Writer ist eine Funktionalität, die in der zu sichernden Applikation integriert ist, beispielsweise in Exchange oder SQL Server. Die Writer-Komponente sorgt beispielsweise dafür, dass eine Datenbank in einen konsistenten »sicherbaren« Zustand gebracht wird. Bei dem zuvor vorgestellten Verfahren über Nicht-VSS-Snapshots hatten wir die Datenbank angehalten bzw. in einen Backup-Mode versetzt. Beim VSS-Verfahren wird der Writer beauftragt, die Applikation entsprechend »vorzubereiten«. Darüber hinaus liefert der Writer beispielsweise Informationen, welche Dateien tatsächlich gesichert werden müssen etc. Mit dem Betriebssystem werden einige Writer mitgeliefert, und einige Applikationen bringen ebenfalls Writer mit. Beispiele für VSS-vorbereitete Applikationen sind Exchange 2003/2007 und SQL-Server 2000/2005/2008.

- *Provider*: Der Provider übernimmt die eigentliche Arbeit der Erstellung des Snapshots, initiiert also je nach Provider einen Copy-on-Write- oder Split-Mirror-Snapshot. VSS sieht drei Provider-Typen vor: System-, Software- und Hardwareprovider. Letzterer löst die Bildung eines Snapshots auf einem RAID-Controller aus, beispielsweise in einem zentralen Storage-System. Der Systemprovider wird mit Windows Server 2012 mitgeliefert (er war übrigens auch in Windows 2008/2003 enthalten) und erstellt einen Snapshot auf Softwarebasis. Die dritte Gruppe sind Softwareprovider: Ein Beispiel wäre die Ihnen bereits bekannte *Veritas Storage Foundation* mit *FlashSnap*-Option. Dieses Softwareprodukt kann ebenfalls als VSS-Provider arbeiten und beherrscht die Erstellung von Split-Mirror-Snapshots. Der mit Windows Server mitgelieferte Systemprovider kann nur Copy-on-Write-Snapshots erstellen.

Der Ablauf eines Backup-Vorgangs mit VSS-Unterstützung sieht wie in Abbildung 3.12 gezeigt aus.

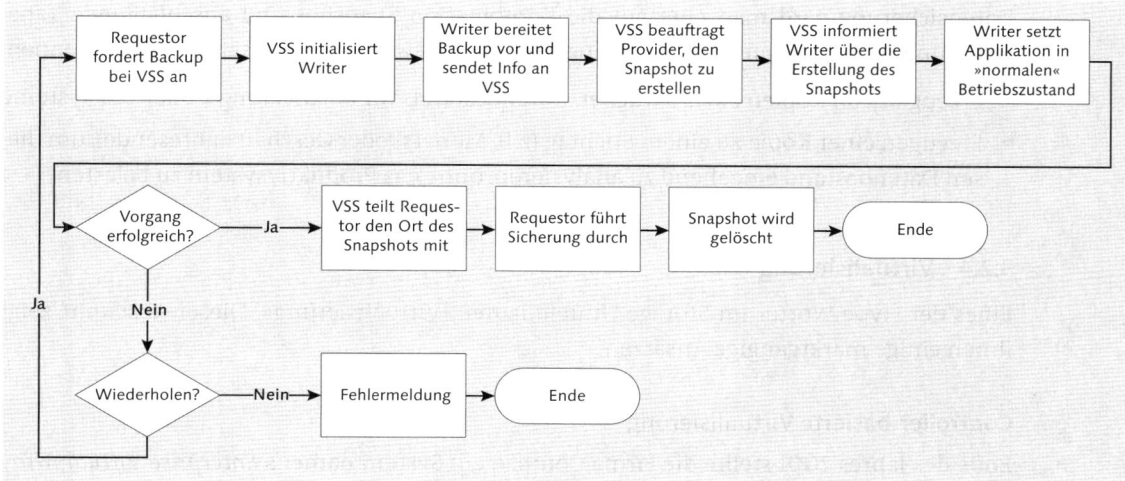

Abbildung 3.12 Ablauf eines Backup-Vorgangs mit VSS-Unterstützung

Generell gilt, dass der Volume Shadow Copy Service die vorhandenen Provider in dieser Reihenfolge verwenden wird:

- Hardwareprovider
- Softwareprovider
- Systemprovider

Ein Requestor (d.h. eine Backup-Software) kann diese Reihenfolge übrigens überschreiben. Wichtig ist also, dass Sie bei der Beschaffung eines Storage-Systems darauf achten, dass Software für die Nutzung als VSS-Hardware-Provider mitgeliefert wird.

Der Volume Shadow Copy Service bietet noch einige weiterführende Möglichkeiten, von denen ich insbesondere *Shadow Copy Transport* nennen möchte. Hierbei geht es um die Realisierung eines Off-Host-Backups. Für Shadow Copy Transport gelten folgende Voraussetzungen:

- Das Serverbetriebssystem ist Windows Server 2012 (Windows Server 2008 Enterprise oder Datacenter gehen auch. Das Verfahren ist auch mit Windows Server 2003 Enterprise oder Datacenter möglich.)

- Ein Hardwareprovider muss genutzt werden; es wird also ein externes Storage-System mit Snapshotting und VSS-Unterstützung benötigt.

Cloning

Cloning ist vergleichsweise unspektakulär. Es geht darum, Kopien eines Datenbestands zu erzeugen, die dann von einem anderen System genutzt werden können. Zu Zwecken der Datensicherung wird man eher auf die Kombination Snapshot und anschließende Tape-Sicherung zurückgreifen. Für das Cloning sind beispielsweise diese Einsatzgebiete zu nennen:

- Erzeugen von Kopien eines aktuellen Datenbestands für Entwicklungs- oder Testsysteme
- Erzeugen einer Kopie zu einem Stichtag (z.B. Monats- oder Geschäftsjahresende), um diesen Datenbestand eingehend zu analysieren, ohne das Produktivsystem zu belasten

3.2.4 Virtualisierung

Eines der Hype-Wörter im Storage-Umfeld lautet »Virtualisierung«. Dieser Abschnitt zeigt Ihnen einige marktgängige Ansätze.

Controller-basierte Virtualisierung

Ende des Jahres 2001 stellte die Firma Compaq ein System namens *Enterprise Virtual Array* vor. Hauptmerkmal dieses Systems war die controller-basierte Virtualisierung – ein Alleinstellungsmerkmal.

Diese Technologie ist der Übernahme von Compaq durch Hewlett Packard nicht zum Opfer gefallen: HP vertreibt unter seinem eigenen Namen die Produkte *EVA 4x00*, *EVA 6x00* und *EVA 8x00*. Ersteres richtet sich an kleinere mittelständische Umgebungen, Letzteres ist für Umgebungen mit sehr hohem Leistungsbedarf gedacht.

Die Besonderheit bei den EVA-Systemen ist nun, dass nicht, wie bei anderen Systemen üblich, für jede LUN ein RAID-Set aus dedizierten Platten gebildet wird, sondern dass die LUNs sämtliche Platten einer Diskgroup nutzen – und zwar jeweils mit dem am besten geeigneten RAID-Level.

SAN-basierte Virtualisierung

Die im vorherigen Abschnitt vorgestellte controller-basierte Virtualisierung trennt letztendlich den Server von der »konkreten« Festplatte, d.h., die Server »wissen« nicht mehr, auf welchen physikalischen Festplatten die geschriebenen oder gelesenen Daten gespeichert werden.

Man kann diese Virtualisierung natürlich weiterführen. Stellen Sie sich eine große Umgebung vor, in der neben vielen Servern nicht nur ein, sondern mehrere Storage-Systeme existieren. Systemarchitekten und -administratoren werden sich in einer solchen Umgebung mit recht großem Aufwand der Frage widmen müssen, welche Speicherbereiche der Server sinnvoll auf welche Storage-Systeme gelegt werden können (Abbildung 3.13).

Die Wolke in Abbildung 3.13 deutet die Lösung dieses Problems an: nämlich eine Virtualisierungsschicht zwischenzuschalten, die dafür sorgt, dass jeder Server genügend große Speicherbereiche sieht, sich aber nicht Gedanken darüber machen muss (sich Gedanken zu machen ist vermutlich eher die Aufgabe des Administrators), auf welchem Storage-System die Daten tatsächlich liegen. In dieser schönen heilen Welt sind Speicheraufrüstungen auch kein Problem mehr: Alle Storage-Systeme sind voll? Kein Problem, fügen wir einfach eine weitere Maschine hinzu!

Zur technischen Umsetzung der Virtualisierung gibt es zwei Ansätze: die *In-Band-* und die *Out-of-Band-Virtualisierung*.

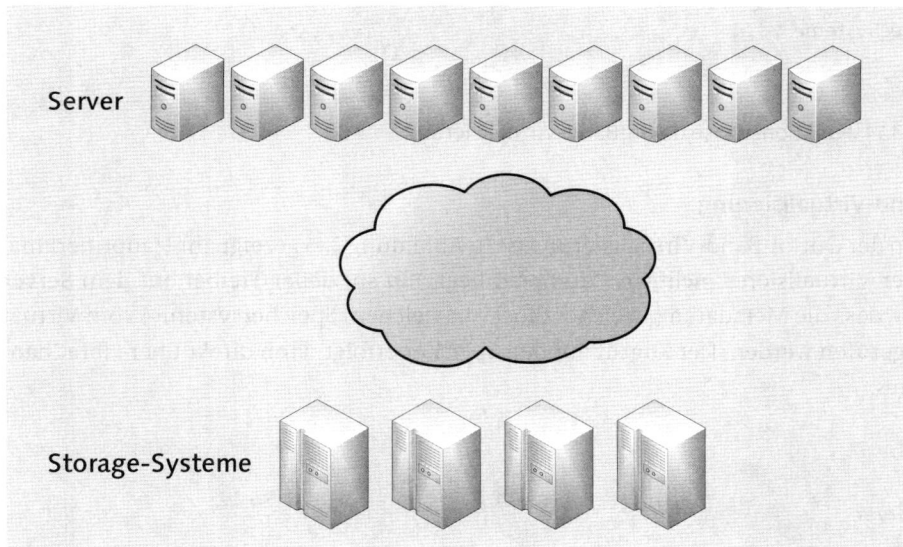

Abbildung 3.13 Eine große Umgebung mit vielen Servern und mehreren Storage-Systemen

In-Band-Virtualisierung

Bei der In-Band-Virtualisierung liegt der »Virtualisierer« im Datenstrom. Der Server sieht Speicherbereiche, die er mounten kann und von denen er lesen und schreiben kann. In Wahrheit wird ihm dieser Speicher vom Virtualisierer nur vorgegaukelt, denn der Speicher liegt auf den Storage-Systemen, mit denen der Server aber nicht direkt Daten austauscht.

Wie in Abbildung 3.14 angedeutet ist, bestehen die Virtualisierer häufig aus einem Cluster. Beispielsweise liegt dem *IBM SAN Volume Controller* (SVC) ein *xSeries*-Cluster (xSeries sind Intel-basierte Server) zugrunde. Ein weiterer Hersteller, der solche Virtualisierer anbietet, ist die Firma *Datacore*.

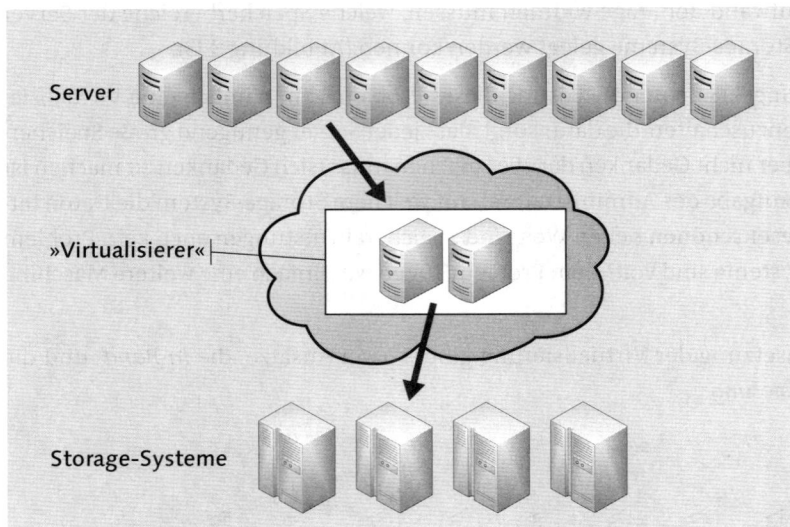

Abbildung 3.14 Funktionsweise der In-Band-Virtualisierung

Out-of-Band-Virtualisierung

Das Prinzip der Out-of-Band-Virtualisierung ist in Abbildung 3.15 gezeigt. Ihr Hauptmerkmal ist, dass der Virtualisierer nicht im Datenpfad liegt. Ein spezieller Treiber auf dem Server sorgt dafür, dass die Metadaten (»welcher Block auf welchem Speichersystem«) vom Virtualisierer abgerufen werden. Der Zugriff auf den Speicher erfolgt dann direkt über FibreChannel-Switches.

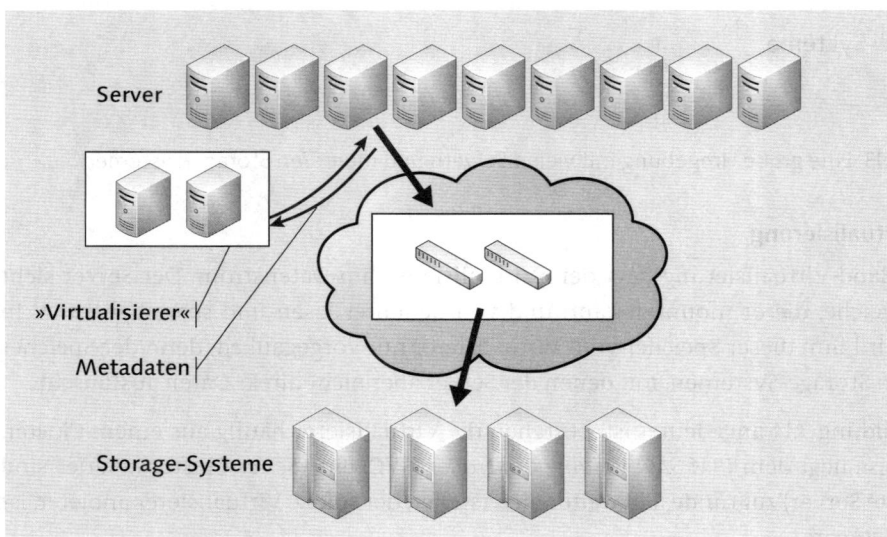

Abbildung 3.15 Funktionsweise der Out-of-Band-Virtualisierung

3.3 Netzwerk

Damit Clients mit Servern und auch Server untereinander kommunizieren können, braucht man leistungsfähige und ausfallsichere Netze. Alle Investitionen in Servertechnologie haben nur einen begrenzten Wert, wenn das Netzwerk »qualitativ nicht passt«.

Obwohl dies ein Buch über ein Serverbetriebssystem ist, halte ich es für sinnvoll, den Themenbereich »Netzwerk« zumindest kurz zu beleuchten.

3.3.1 Netzwerkstrukturen und Verfügbarkeit

Wenn eine Gesamtumgebung ausfallsicher sein soll, reicht es natürlich nicht, wenn Sie viel Geld im Bereich der Server investieren und das Netzwerk auf eher bedenklichem Niveau belassen. Eine Netzwerkinfrastruktur, die in heutiger Zeit sicherlich nicht mehr ausreichend ist, sehen Sie in Abbildung 3.16:

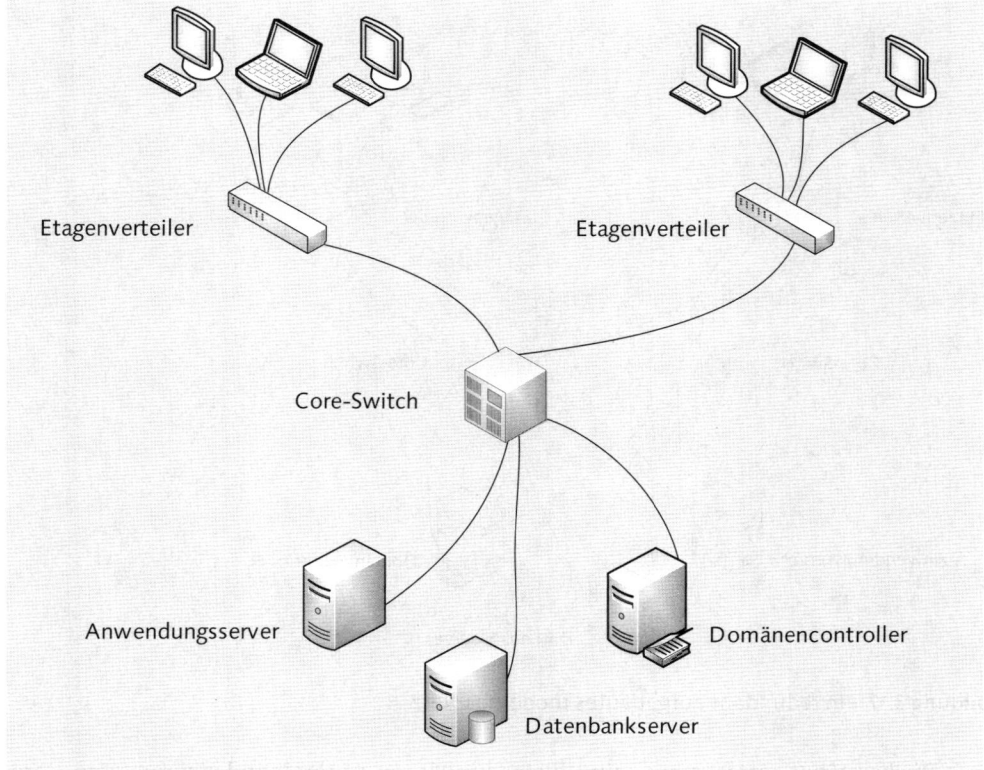

Abbildung 3.16 Dieses Netz ist bezüglich Ausfallsicherheit eher bescheiden. Der Ausfall des Core-Switches, eines GBICs/SFPs oder ein »Knick« in einer Leitung legt mehr oder weniger große Bereiche lahm.

- Fällt der Core-Switch aus, steht das gesamte Netz.
- Fällt eine Netzwerkkarte im Server aus, kann auf diesen Server nicht mehr zugegriffen werden – schlecht, wenn es beispielsweise der einzige Domänencontroller ist.
- Wenn ein Kabel oder ein GBIC/SFP (Anschlussmodul im Switch) der Serveranbindung ausfällt, steht der Server natürlich ebenfalls nicht mehr zur Verfügung.
- Fällt ein Kabel oder ein GBIC/SFP aus, das zu einem Etagenverteiler führt, ist die gesamte Etage von der Unternehmens-IT abgeschnitten.

Die Aufgabe ist nun, das Netz redundant auszulegen. In diesem Zusammenhang geht es natürlich auch um die redundante Anbindung der Geräte an das Netz. Für Server wird man im Allgemeinen immer eine redundante Anbindung schaffen. Bei Clients ist das nicht üblich, und ebendies gilt auch für Drucker.

Wenn Sie Ethernet einsetzen, werden Sie vermutlich eine Struktur implementieren, wie sie in Abbildung 3.17 gezeigt ist:

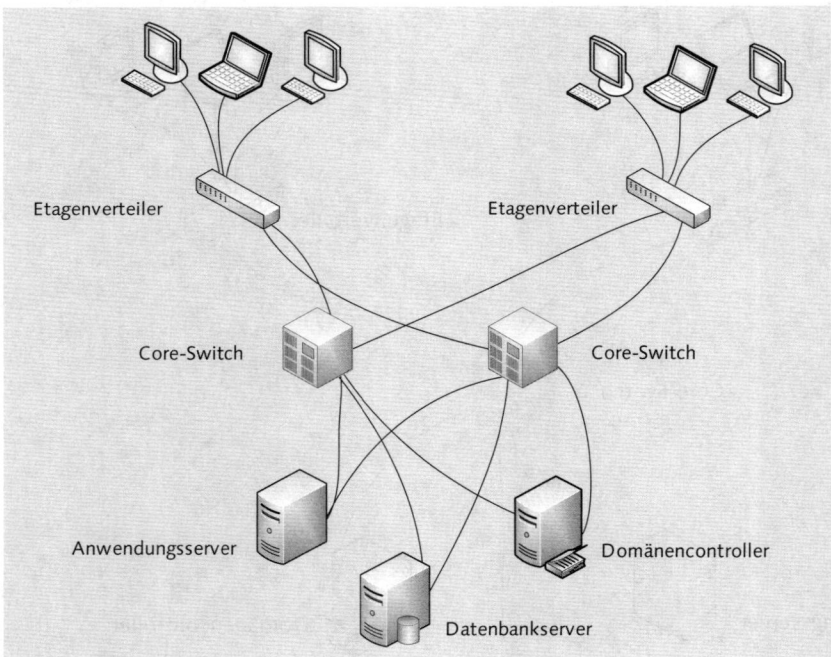

Abbildung 3.17 Ein redundant aufgebautes modernes Netz

- Das Rückgrat der Infrastruktur sind die redundanten untereinander vernetzten Core-Switches.
- Server werden redundant an die Core-Switches angebunden.
- Die Etagenverteiler werden redundant angebunden.

Sie können nun gedanklich alle Varianten durchspielen: den Ausfall einer Netzwerkkarte im Server, den Ausfall eines Core-Switches, den Ausfall einer Leitung zum Etagenverteiler u.v.a.m. Durch die redundante Auslegung ist das Netz immer relativ schnell wieder arbeitsfähig.

Nicht redundant ausgelegt, sondern nur redundant angebunden sind die Etagenverteiler. Der primäre Grund ist, dass es zu viel Umstand wäre, jeden PC und jeden Drucker mit zwei Netzwerkkarten auszurüsten. Wenn die anzuschließenden Geräte nur einen Netzwerkanschluss haben, machen redundante Switches natürlich nur sehr begrenzt Sinn.

Außerdem ist ein Etagenverteiler relativ problemlos zu ersetzen. Die meisten Unternehmen haben einen oder mehrere vorkonfigurierte Ersatzetagenverteiler, die im Bedarfsfall schnell an der benötigten Position eingebaut werden können.

Im Ethernet-Umfeld sollten Sie für die Verbindungen zwischen Core-Switch und Etagenverteiler Glasfaserverbindungen wählen. Für die Anbindung der Endgeräte wird man in den meisten Fällen zu einer Kupferverbindung greifen, wobei 100-BaseT völlig genügt – PCs und Drucker sind ohnehin nicht in der Lage, eine Gigabit-Verbindung auch nur ansatzweise auszulasten; Ausnahmen sind beispielsweise Grafik-Workstations oder Geräte im Bereich Scientic-Computing, Videoschnitt und Ähnliches.

Die meisten Unternehmen binden Server ebenfalls über Kupfer an und nutzen also 1000 BaseT. Eine Anbindung mit Gigabit-Ethernet über Glasfaser ist sicherlich ganz schick. Wenn Sie keine dedizierte Anforderung haben, verursacht dies aber eher mehr Kosten, als es tatsächlichen Nutzen bringt. Denken Sie allein an die zusätzlich benötigen PCI-Steckplätze.

Interessant ist die Frage, wie das Netzwerk (sprich die Switches) mit den redundanten Pfaden umgeht. Schließlich ist Ethernet ursprünglich für eine sternförmige Topologie vorgesehen gewesen – und Sterne zeichnen sich nun einmal dadurch aus, dass die Strahlen nicht mehrfach zu einem Punkt führen.

In der Welt des Layer-2-Switchings (MAC-Adresse) wird ein Verfahren namens *Spanning Tree* verwendet. Es funktioniert vereinfacht gesagt so:

- Existieren redundante Netzwerkpfade, ist nur ein Pfad aktiv. Der andere ist passiv – um nicht zu sagen »abgeschaltet«.
- Die Switches legen übrigens selbstständig fest, welche Wege aktiv und welche passiv sind. Eine manuelle Konfiguration ist nicht erforderlich.
- Fällt ein aktiver Netzwerkpfad aus, erfolgt eine Neuberechnung sämtlicher Netzwerkpfade.

Layer-2-Switching mit Spanning Tree hat zwei wesentliche Nachteile:

- Die Hälfte der vorhandenen Netzwerkpfade wird nicht verwendet – es gibt also keine Lastverteilung.

- Die Errechnung der Netzwerkpfade im Fall eines Ausfalls kann bei einem großen und sehr komplexen Netz durchaus einige Minuten in Anspruch nehmen. In dieser Zeit funktioniert das Netz nur sehr eingeschränkt.

Als Lösung für das zweite genannte Problem ist das *Rapid Spanning Tree*-Protokoll entworfen worden, dass seit Längerem auch standardisiert ist. Grundidee ist, dass beim Ausfall eines Netzwerkpfads nicht die komplette Kommunikation angehalten wird, sondern dass bis zur Neuerrechnung mit der alten Konfiguration weitergearbeitet wird – und daher einige Verbindungen nicht funktionieren. So wird zwar nicht sofort das Problem behoben, allerdings gibt es bei einem eher »unbedeutenden« Ausfall (z.B. beim Ausfall eines Pfades zu einem Etagenverteiler) nicht sofort einen Totalstillstand.

Der elegantere Weg ist das Layer-3-Switching (IP-Adresse), das streng genommen eher ein Routing als ein klassisches Switching ist. Im Layer-3-Umfeld kommen Routing-Protokolle wie beispielsweise OSPF zur Anwendung, weshalb sowohl die abgeschalteten Netzwerkpfade als auch die relativ umfangreichen Neuberechnungen beim Ausfall eines aktiven Pfads entfallen.

Layer-3-Switching erfordert eine sehr sorgfältige Planung der IP-Adressbereiche, schließlich muss für jeden Layer-3-Switch ein eigenes Segment implementiert werden. Nebenbei bemerkt hat das natürlich auch Auswirkungen auf die Implementation von DHCP.

In der Praxis findet man häufig eine Konstellation, in der im Core-Bereich mit Layer-3-Switching und im Etagenbereich mit Layer-2-Switching gearbeitet wird.

Die Planung eines leistungsfähigen und ausfallsicheren Netzes innerhalb eines Gebäudes oder Gebäudekomplexes (Campus) ist nicht trivial. Noch komplexer ist der Aufbau eines Netzes, das mehrere Standorte innerhalb einer Stadt umschließt. Man spricht in diesem Fall von einem MAN, einem *Metropolitan Area Network*.

Im Gegensatz zu einer WAN-Implementation wird man bei einem MAN sämtliche Standorte mit sehr hoher Geschwindigkeit anbinden, heute zumeist mit Gigabit-Verbindungen. Ohne jetzt auf Details eingehen zu wollen, ist in Abbildung 3.18 die prinzipielle Vorgehensweise eines MANs gezeigt (andere Varianten sind möglich; dies ist ein häufig verwendetes Prinzip):

- Das Kernstück des MANs ist ein Ring, beispielsweise auf Gigabit-Ethernet-Basis. Der Ring wird übrigens durch Punkt-zu-Punkt-Verbindungen zwischen den Switches an den einzelnen Standorten gebildet. Durch geeignete Verfahren wird sichergestellt, dass beim Ausfall einer Verbindung zwischen zwei Standorten ein Alternativweg gewählt wird. Im Allgemeinen wird das durch Layer-3-Switching realisiert.
- Der Hauptstandort, der im Allgemeinen auch Serverstandort ist, wird mit redundanten Core-Switches ausgestattet, die beide am Ring angeschlossen sind. Am Hauptstandort werden Server und Etagenverteiler redundant angebunden (siehe auch Abbildung 3.18).

- An den anderen Standorten können die Geräte (PCs, Drucker) entweder direkt am »Hauptswitch« oder über Etagenverteiler angebunden werden.

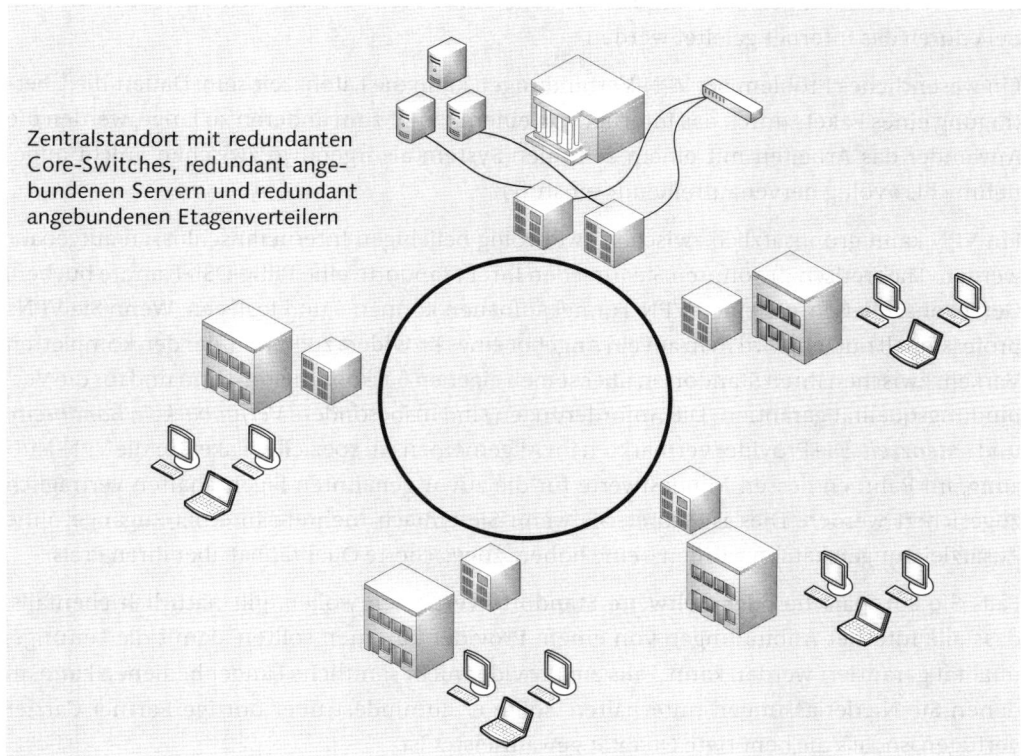

Abbildung 3.18 MANs basieren häufig auf einem Ring.

3.3.2 Anbindung von entfernten Nutzern

Nachdem im vorherigen Abschnitt der Schwerpunkt auf lokalen Netzen lag, werden wir uns in diesem Abschnitt mit der Anbindung von entfernten Benutzern beschäftigen. Diese lassen sich grob in zwei Kategorien unterteilen, nämlich in diejenigen, die an einem entfernten Firmenstandort sitzen, und in diejenigen, die mobil oder vom Homeoffice aus zugreifen. Für die Kopplung zwischen zwei Unternehmensteilen wird man im Allgemeinen ein *Virtual Private Network* (VPN) verwenden, man spricht dann von einem Site-to-Site-Szenario. Zwischen einzelnen Benutzern und der Firmenzentrale kann ebenfalls eine Verbindung aufgebaut werden, dies ist dann ein Site-to-End-Szenario.

Für den Zugriff eines einzelnen Benutzers ist unter Umständen kein VPN erforderlich, sondern es genügt eine SSL-verschlüsselte Verbindung.

VPN-Verbindungen

Bei Verbindungen zwischen zwei Unternehmensstandorten kommen heute im Allgemeinen VPN-Verbindungen zum Einsatz, bei denen die Daten verschlüsselt durch einen »Tunnel« durch das Internet geleitet werden.

Ein wesentliches Problem bei VPN-Verbindungen kann die Latenzzeit sein. Dauert die Übertragung eines Pakets durch das Internet von einem Punkt zum anderen zu lange, werden die Anwender das Arbeiten mit einem zentralen System als irgendwo zwischen »nicht angenehm« bis »völlig nervenaufreibend« einstufen.

Ein VPN kann grundsätzlich zwischen zwei völlig beliebigen Internetanschlüssen aufgebaut werden. Theoretisch (!) könnten Sie für jeden Ihrer Standorte eine Billig-DSL-Flatrate buchen, Geräte anschließen, die einen VPN-Tunnel aufbauen können – und loslegen. Wenn Sie VPNs professionell nutzen, wird man auf ein Angebot eines Providers zugreifen, der den kompletten Verkehr zwischen Ihren Standorten über seinen eigenen Backbone leiten kann und für die Verbindungsqualität garantiert. Die Anforderungen sind insbesondere *Verfügbarkeit*, *Bandbreite* und *Latenzzeit*. Die Provider vermarkten im Allgemeinen ein spezielles Paket für die VPN-Nutzung, im Rahmen dessen Mindestwerte für die zuvor genannten Eigenschaften vertraglich zugesichert werden. Dies ist teurer, als wenn Sie einfach mehrere Internet-Zugänge ohne Zusatzleistungen kaufen würden – eine höhere zugesicherte Qualität hat aber ihren Preis.

Falls Sie europäische oder weltweite Standorte vernetzen wollen, gilt natürlich ebenfalls, dass alle Internet-Anbindungen von einem Provider kommen sollten, damit die Leitungsqualität garantiert werden kann. Falls ein Provider nicht sämtliche Länder bedienen kann, in denen Sie Niederlassungen unterhalten, sollte er zumindest über dortige Partner-Carrier verfügen, sodass die benötigte Qualität gewährleistet ist.

Sie sollten übrigens vor Abschluss eines Vertrags ruhig genau hinterfragen, über welche Wege Ihre Daten laufen werden. Insbesondere Unternehmen mit Niederlassungen im asiatisch-pazifischen Raum haben häufig Probleme mit den WAN-Verbindungen – nicht wegen der Bandbreite, sondern wegen hoher Latenzzeiten.

Die Ursache klärt sich recht schnell, wenn Sie einen Blick auf Abbildung 3.19 werfen. Wenn der Hauptknotenpunkt eines Providers in den USA liegt, ist es durchaus möglich, dass Ihre Pakete zunächst in die USA und von dort nach Asien übertragen werden. Wenn man für den Übertragungsweg zu einem Satelliten 40.000 km annimmt, sind die Daten allein 160.000 km ins All und zurück unterwegs. Da eine Kommunikation zwischen Client und Server zumeist aus Frage und Antwort besteht, sind in dem Vorgang schon 320.000 km enthalten. Mit den Latenzzeiten, die durch IP-Stacks und Geräte hinzukommen, überschreiten wir insgesamt problemlos die 1.000 ms – es werden in diesem Szenario eher 2.000 ms werden!

In »guten Szenarien« wird es übrigens auch Verbindungen zwischen zwei Satelliten geben, was dann ein deutlich besseres Zeitverhalten zur Folge hat. In Abbildung 3.19 ist das Supersparmodell dargestellt – und das ist nicht gut.

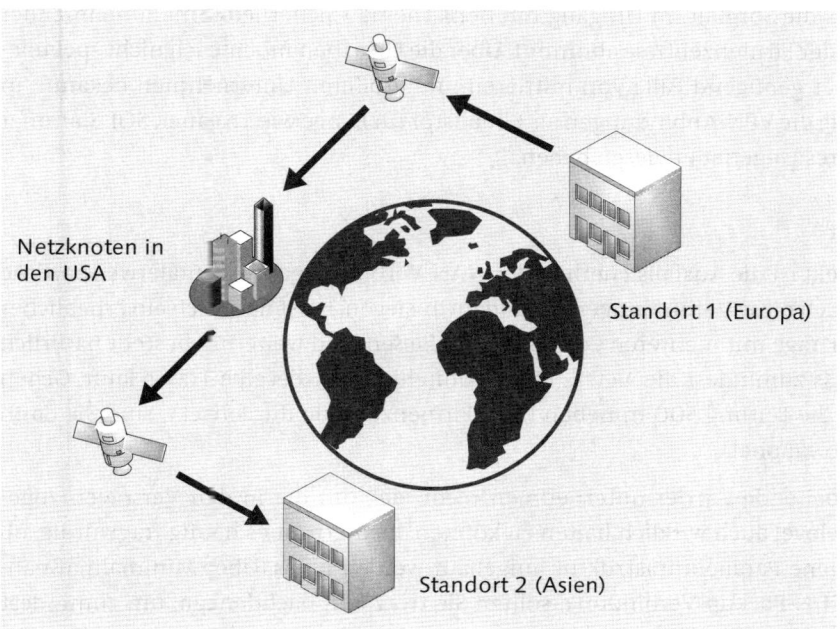

Abbildung 3.19 Verbindungen nach Fernost werden häufig über zwei Satellitenstrecken geroutet.

Achten Sie also darauf, dass Ihr VPN-Anbieter zu allen Standorten ein Routing implementiert, das nur eine Satellitenverbindung enthält. Bei Transaktionen, die nur ein bis zwei Roundtrips zwischen Client und Server benötigen, ist ein akzeptables Arbeiten im Allgemeinen möglich. Da »Arbeitsgeschwindigkeit« etwas sehr Individuelles ist, sollten Sie nach Referenzinstallationen fragen, in denen ähnliche Szenarien implementiert sind.

Über die VPN-Verbindungen wird im Allgemeinen Traffic aller Art laufen, also beispielsweise SAP-GUI-Verkehr, Terminaldienste-Sitzungen, Mails, Druckdaten, Filetransfer und sonstiger Datenaustausch. Damit die Anwender maximal schnell auf die wichtigsten Systeme zugreifen können, müssen die entsprechenden Pakete gegenüber dem sonstigen Verkehr priorisiert werden. Höherwertige Router können diese Anforderung erfüllen, und außerdem gibt es Hersteller, die Spezialprodukte für solche Anwendungszwecke produzieren; suchen Sie in Google beispielsweise nach »WAN Optimization«.

Sicherheit

Ich gehe davon aus, dass Ihre Anbindung an das Internet sorgfältig geplant, akribisch implementiert und ständig überwacht wird. Wenn Sie jetzt nicht heftig mit dem Kopf nicken, dann sollten Sie für diese Akribie sorgen – ganz schnell.

Es hat sich bewährt, VPN-Nutzern nicht den Zugriff auf das ganze Netz in der Zentrale zu geben, sondern für sie nur den Zugriff auf die benötigten Ressourcen freizuschalten. Es hat sich gezeigt, dass die Sorgfalt im Umgang mit dem Thema »Sicherheit« mit zunehmender Entfernung von der Firmenzentrale abnimmt. Über die Ursachen möchte ich nicht spekulieren, mir sind aber genügend Fälle von mittleren und größeren Unternehmen bekannt, in denen sich gerade die VPN-Anbindungen als Einfallstor für Dinge wie Trojaner, SQL Slammer und vergleichbares Ungetier erwiesen haben.

Ausfallsicherheit

Der nächste Aspekt ist die Ausfallsicherheit der WAN-Verbindungen. Optimalerweise würde man natürlich auch diese Verbindungen redundant auslegen. Es ist natürlich ein erheblicher Kostenblock, Verträge mit mehreren Carriern zu schließen, und weiterhin besteht natürlich die »Gefahr«, dass zumindest die »letzte Meile« ohnehin über dieselbe Trasse läuft. Gegen den Bagger, der die Leitung 500 m neben Ihrer Firmenzentrale durchhackt, sind Sie dann ohnehin nicht gewappnet.

Professionell arbeitende Carrier unternehmen recht viel, um die in den Verträgen zugesicherten Servicelevel auch wirklich halten zu können. Insofern ist es häufig fragwürdig, ob wirklich eine eigene Parallelinfrastruktur aufgebaut werden muss. Über Minimalmaßnahmen, wie eine ISDN-Backup-Verbindung, sollten Sie trotzdem nachdenken, um zumindest einen Notfallbetrieb gewährleisten zu können.

Falls Sie auch für ein oder zwei Stunden nicht auf eine einigermaßen performante Anbindung von Außenstellen verzichten können, ist die Konzeption von Backup-Verbindungen notwendig. Vielleicht können für die »letzte Meile« Richtfunkstrecken eingesetzt oder direkte Satellitenverbindungen geplant werden – es gibt Unternehmen, die auf die Realisierung solcher Anforderungen spezialisiert sind.

3.3.3 Netzwerkmanagement

Genauso wie Serversysteme müssen (oder zumindest: sollten) die Netzwerkkomponenten überwacht werden. Hier sind verschiedene Produktfamilien verfügbar:

- Alle wesentlichen Hersteller liefern, teils gegen Aufpreis, eine hauseigene Management-Software. Diese Werkzeuge sind sehr gut, allerdings auch recht komplex in der Anwendung. In großen Umgebungen, in denen sich ein Mitarbeiter ausschließlich mit dem Netzwerkmanagement mittels eines solchen Systems beschäftigt, machen sie Sinn. »Mal eben« ein Netzwerkmanagement-System dieser Komplexität einzuführen, wird nicht zum Erfolg führen.
- Eines der bekanntesten herstellerübergreifenden Netzwerkmanagement-Werkzeuge ist *OpenView* von Hewlett Packard. Auch bei dieser Software gilt, dass für ihre Einführung und Anwendung erhebliches Know-how erforderlich ist. Es handelt sich eben um ein komplexes System mit entsprechenden Möglichkeiten.
- Wenn – insbesondere in mittleren Umgebungen – ein relativ einfaches Monitoring des Netzwerks implementiert werden soll, können Werkzeuge wie beispielsweise *Orion Net-*

work Performance Monitor von SolarWinds (*http://www.solarwinds.net*) zum Einsatz kommen. Werkzeuge dieser Kategorie bieten zwar weder die Ganzheitlichkeit eines OpenView noch die produktspezifischen Möglichkeiten von Herstellerwerkzeugen, geben aber einen recht unkomplizierten Überblick über Performance und Verfügbarkeit der aktiven Netzwerkkomponenten.

3.4 Das Rechenzentrum

Server, Storage-Systeme, zentrale Netzwerkkomponenten, Sicherungsgeräte und viele andere benötigen einen sicheren Aufstellungsort. »Sicher« bezieht sich auf mehrere Aspekte, die in den folgenden Abschnitten kurz vorgestellt werden. Die Reihenfolge, in der die Themen besprochen werden, stellt keine Gewichtung dar.

3.4.1 Zugangskontrolle

Server sollten nicht auf dem Flur oder in der Besenkammer stehen. Diese Selbstverständlichkeit bräuchte in einem Fachbuch eigentlich nicht zu stehen, denn es wird sich sicherlich kein Unternehmen, das professionell IT betreibt, finden, in dem nicht dedizierte Serverräume vorhanden sind. Wenn dieser Serverraum allerdings nicht hinreichend gesichert wird, ist die Schutzwirkung nicht deutlich größer als bei Flur oder Besenkammer.

Die Notwendigkeit des physikalischen Schutzes von Servern ist offensichtlich. Ein Trivialbeispiel sind unbefugte Mitarbeiter, die probieren, ob der Ausschalter wirklich eine Funktion hat, oder an den Arretierungshebeln von Hot-Swap-Festplatten herumspielen – das hört sich lustig an, ist aber tatsächlich alles bereits passiert, auch in größeren Unternehmen.

Viel subtiler ist Industriespionage (oder etwas simpler gesagt »Datenklau«). Sorgfältig geplante Berechtigungskonzepte werden problemlos ausgehebelt, wenn es einer unbefugten, aber böswilligen Person gelingt, den Serverraum zu betreten. Dort findet sich eine Fülle von Ansatzpunkten zur Aneignung kompletter Datenbanken; zwei Beispiele:

- In den meisten mir bekannten Umgebungen sind die Sicherungsbänder relativ frei zugänglich. Das heißt nicht unbedingt, dass diese offen herumliegen würden. Da ein Band aber problemlos aus einem Bandlaufwerk, einem Autoloader oder einer Library entnommen werden kann, können auf diese Weise recht einfach Komplettsicherungen von Datenbanken, Filesystemen etc. in unbefugte Hände gelangen.
- Ohne Kenntnis eines berechtigen Accounts nebst Passwort kann man an einem laufenden (!) Windows Server bekanntlich nicht viel anstellen. Sofern man vor dem Server steht, ist es aber ein Leichtes, diesen auszuschalten und von einer CD zu booten. Projekte wie *BartPE* (*http://www.nu2.nu*) zeigen, wie man sehr einfach Windows XP von der CD booten kann. Fügt man dieser Boot-CD einen entsprechenden Treiber für den im Server eingesetzten RAID-Controller hinzu, steht dem Zugriff auf sämtliche Daten des Servers nichts

mehr im Wege. Da man mittlerweile USB-Platten mit einer Kapazität im Terabyte-Bereich kaufen kann, lassen sich mithilfe der per Boot-CD gestarteten Umgebung auch komplette Datenbanken relativ leicht kopieren (mal abgesehen vom Zeitaufwand). Anschließend wird der Server wieder hochgefahren, und abgesehen von einer unerklärlichen Downtime ist nichts zu entdecken.

Wenn jemand, beispielsweise aus Gründen der Industriespionage, Daten Ihres Unternehmens entwenden will, wird er sich überlegen, welches der vermeintlich einfachste Weg ist. Daher wird er sich zumeist nicht wochenlang damit aufhalten, eine Sicherheitslücke in Ihrer Firewall zu finden, sondern er wird sich »persönlichen Zugang« zu Ihrem Unternehmen verschaffen und beispielsweise eine der zuvor genannten Möglichkeiten probieren. Vielleicht kann man sich im Firmengebäude einschließen lassen, eventuell hilft auch ein »guter alter Einbruch«.

Daher müssen folgende Anforderungen erfüllt sein:

- Es muss ein separater Raum für Serversysteme und sonstige zentrale Komponenten vorhanden sein.
- Dieser Raum sollte keine ungesicherten Fenster und nicht lediglich Pappwände haben. Wenn jemand wirklich wertvolle Daten entwenden möchte, wird er solche Hindernisse leicht überwinden können.
- Eine Tür zum Rechenzentrum ist grundsätzlich eine Stahltür.
- Die Tür muss mit einem System verschlossen sein, das nicht mit einer Büroklammer oder einer Haarnadel überwunden werden kann.
- Biometrische Zugangskontrollmechanismen sind sicherlich schick, ein System mit numerischem Eingabefeld oder Kartenscanner dürfte aber in den meisten Fällen genügen. Je nach Sicherheitslage sollten Zutritte automatisch protokolliert werden, eventuell ist Videoüberwachung interessant.
- Der menschliche Faktor: Sofern die Mitarbeiter aus Bequemlichkeit einen Ziegelstein in die Tür zum Serverraum legen, sind natürlich alle Schutzmaßnahmen hinfällig. Ähnliche Highlights sind das Notieren der Nummernkombination des Zahlenschlosses auf dem Türrahmen oder das Aufhängen des Schlüssels an einen Nagel neben der Tür.

Das hört sich alles trivial an? Ja, ist es auch. Ich habe im Laufe der Zeit hinreichend viele Fälle gesehen, in denen selbst die simpelsten Maßnahmen nicht eingehalten worden sind – und dann braucht sich niemand zu wundern, wenn wichtige Daten verschwinden.

3.4.2 Feuer, Wasser ...

Schäden durch Feuer und Wasser gelten als Hauptbedrohungen für die zentralen IT-Systeme. Einige Gefährdungssituationen lassen sich bereits durch eine intelligente Standortwahl mindern:

- Ein Rechenzentrum (RZ) im Kellerbereich ist leicht ein Kandidat für Wasserschäden, dies gilt natürlich insbesondere für gewässernahe Standorte. Häufig führen auch unzureichende Drainagen dazu, dass bei starken Regenfällen Kellerräume volllaufen. Wenn RZ-Anlagen unter der Erde liegen, sind Schutzmaßnahmen gegen Wassereinbruch ein ganz wichtiges Thema!
- Ein absolutes Highlight sind Wasser- und Gasleitungen, die durch RZ-Räume geführt werden – das sieht man erstaunlich oft. Es ist zwar nun nicht so, dass Wasserleitungen beinahe täglich bersten, ich würde aber nicht ein zusätzliches Bedrohungsszenario entstehen lassen.
- Ob es in einem Unternehmen Standorte gibt, die eher brandgefährdet sind als andere, ist sicherlich von Fall zu Fall verschieden. Vor allem in Fertigungsunternehmen gibt es sicherlich gefährdetere Standorte, an denen das Rechenzentrum keinesfalls untergebracht werden sollte.

Ansonsten sind natürlich diverse technische Maßnahmen möglich und empfehlenswert, beispielsweise:

- Sensorik zur Überwachung der Umgebungsparameter (Temperatur, Luftfeuchtigkeit, Rauch etc.)
- Feuerlöschanlagen
- Materialien: Im RZ-Bereich dürfen generell nur schwer brennbare Materialien verwendet werden. Dies gilt natürlich speziell für Kabel, Zwischendecken, Doppelböden und vieles andere mehr. Selbstverständlich wird im Rechenzentrumsraum kein Papier gelagert!
- Bei Räumen mit Gipskartonwänden besteht ebenfalls ein erhöhtes Brandrisiko.

3.4.3 Räumliche Anforderungen

In den beiden vorherigen Abschnitten sind bereits etliche Anforderungen an mögliche Räumlichkeiten genannt worden. Für einen optimalen Rechenzentrumsraum sind natürlich viele weitere Aspekte zu berücksichtigen, beispielsweise:

- *Stellfläche*: Es ist zu erwarten, dass im Laufe der Zeit eher mehr als weniger Equipment im Rechenzentrum stehen wird. Hier ist flächenmäßig also mit deutlichem Zuwachs zu planen. Häufig vergessen die Planer, dass es nicht damit getan ist, dass Schränke in einen Raum hineingetragen und aufgestellt werden können. Vielmehr muss genügend Bewegungsfreiraum vorhanden sein, um Server ein- und ausbauen zu können. Verkabelungsarbeiten gestalten sich erfahrungsgemäß auch nicht einfacher, wenn es maximal eng ist.
- *Belastbarkeit des Bodens*: IT-Systeme sind schwer. Dies gilt für Server, Storage-Systeme und Bandroboter gleichermaßen. Auch unterbrechungsfreie Stromversorgungen (bzw. deren Batterien) gehören nicht unbedingt zu den Leichtgewichten. Ein Storage-System HP EVA8000 wiegt beispielsweise über eine halbe Tonne bei einer relativ kleinen Stand-

fläche. Eine große Enterprise-Library bringt es ebenfalls auf ein Gewicht zwischen 500 und 1.000 kg. Die Statik sollte also sehr sorgfältig geprüft werden!

- *Zugang*: Da IT-Komponenten mitunter sowohl schwer als auch sperrig sind, sollte das Rechenzentrum leicht zugänglich sein: optimalerweise treppenfrei und mit breiten Fluren.
- *Klimatisierung*: IT-Systeme produzieren bekanntlich erhebliche Wärmemengen. Für eine Abführung derselben muss also gesorgt werden. Sinnvollerweise gestalten Sie die Klimasysteme redundant. Einige Stunden ohne Klimaanlage können fatale Folgen haben.
- *Kabelverlegung*: In Rechenzentren ist immer von erheblichen Kabelmengen auszugehen. Gemeint sind in diesem Zusammenhang speziell die Kabel, die zu und zwischen Serverschränken verlegt werden müssen. Häufig werden Doppelböden eingezogen. Damit dies möglich ist, muss einerseits eine ausreichende Raumhöhe gegeben sein, andererseits muss der RZ-Raum flächenmäßig genügend groß sein, um ein sinnvolles Arbeiten unterhalb des Doppelbodens zu ermöglichen: Ist der Raum mit Schränken dermaßen vollgestellt, dass kaum mehr eine Öffnung des Bodens möglich ist, kommt schnell der Moment, an dem Kabel »überirdisch« verlegt werden.
- *Beleuchtung*: Zum einen ist im Rechenzentrum für gutes Arbeitslicht zu sorgen. Denken Sie auch an den Aspekt der Notbeleuchtung. Wenn Systeme bei einem Stromausfall kontrolliert heruntergefahren werden sollen, hat der betroffene Mitarbeiter es deutlich einfacher, wenn er im Rechenzentrum etwas sehen kann! Die Kontroll-LEDs der durch die Notstromversorgung gespeisten Server liefern sicherlich kein ausreichendes Arbeitslicht. Ebenfalls sollte der Weg zum Rechenzentrum zumindest ansatzweise beleuchtet sein, damit der Mitarbeiter sich nicht im Finstern an der Wand entlang tasten muss.
- *Farben*: Zur Kennzeichnung insbesondere von Kabeln haben sich Farbcodierungen bewährt.
- *Kommunikationsmittel*: Um Hotlines erreichen zu können, sollten ein oder mehrere Telefonanschlüsse im Serverraum vorhanden sein. Da Support-Hotlines mitunter nur unter ausländischen Nummern erreichbar sind, sollte das Telefon über entsprechende Berechtigungen verfügen.

3.4.4 Stromversorgung

Die Planung der elektrischen Versorgung ist nichts, was ein Administrator »mal schnell nebenbei« erledigen kann. Dies ist ein Tätigkeitsfeld für einen erfahrenen Spezialisten, der sich den ganzen Tag mit genau dieser Tätigkeit beschäftigt. Bedenken Sie, dass IT-Systeme über eine erhebliche Leistungsaufnahme verfügen. Zusatzgeräte wie Klimaanlagen sind ebenfalls nicht unbedingt sparsame Verbraucher.

Zu geringe Leitungsquerschnitte bei den Zuleitungen zum Rechenzentrum können in letzter Konsequenz zum Ausbruch eines Feuers führen.

Weiterhin sind folgende Aspekte zu berücksichtigen:

- Die Stromzuführung muss ausreichend dimensioniert sein.
- Die Versorgung muss von anderen Verbrauchern getrennt sein. Das Rechenzentrum sollte nicht gemeinsam mit Großverbrauchern in der Fertigung gespeist werden.
- Eine fachlich korrekte und professionelle Stromführung und -verteilung im Rechenzentrum ist ebenfalls unabdingbar. Ein Konstrukt aus in Reihe geschalteten Mehrfachsteckdosen hat im RZ nichts verloren. Ebenso müssen die Schränke professionell verkabelt werden, beispielsweise durch Verwendung von PDUs (Power Distribution Units).
- Es ist unbedingt auf korrekte Erdung zu achten! Weiterhin ist auf die Vermeidung von Erd- und Masseschleifen zu achten. Weitere Stichwörter in diesem Zusammenhang sind Potenzialausgleich und Blitzschutz.

Diese Aspekte wird ein im IT-Bereich erfahrenes Ingenieurbüro für Elektrotechnik in der Planung berücksichtigen, und es wird eine entsprechende Ausführung sicherstellen können. Sparen Sie auf keinen Fall an den Kosten für entsprechende Beratungs- und Planungsleistungen.

Beim Thema Stromversorgung denkt man häufig zunächst an die unterbrechungsfreie Stromversorgung (USV). Die professionelle Planung und Implementation solcher Systeme ist übrigens auch keine Tätigkeit, die ein Administrator oder ein »normales« IT-Systemhaus »mal eben« erledigen kann. Auch hier ist eine Zusammenarbeit mit einem erfahrenen Ingenieurbüro dringend zu empfehlen.

Die Aufgabe von USV-Systemen ist im Allgemeinen eine zeitlich begrenzte Aufrechterhaltung des Serverbetriebs, um laufende Prozesse abzuschließen und die Systeme geordnet herunterfahren zu können. Ersteres ist regelmäßig dann nicht möglich, wenn voneinander abhängige Serversysteme nicht mehr miteinander kommunizieren können, beispielsweise wenn Switches nicht an die unterbrechungsfreie Stromversorgung angebunden sind.

Wichtig ist also, dass zumindest die Core-Switches und sonstige Server-Switches versorgt werden. Generell könnte man in Erwägung ziehen, auch Etagenverteiler und ausgesuchte Arbeitsplatz-PCs abzusichern. USVs für derlei Anwendungen sind recht kostengünstig erhältlich.

Weitere abzusichernde Komponenten sind:

- Notbeleuchtung im Rechenzentrum
- Klimaanlage
- Zugangssteuerung
- Sicherheitsrelevantes, wie Brandmeldeanlage, Rauchabsaugung etc.
- KVM-Umschalter

- Monitor am Server
- Administrator-Arbeitsplatz

Denken Sie daran, dass USV-Geräte regelmäßig überprüft werden müssen und Wartung benötigen. Weiterhin bieten die Hersteller Management-Lösungen für die Anlagen an – nutzen Sie diese!

Im deutschsprachigen Raum sind wir durchaus verwöhnt, was die Zuverlässigkeit der Stromversorgung betrifft. Falls der Strom tatsächlich ausfällt, ist die Versorgung im Allgemeinen nach wenigen Sekunden oder Minuten wiederhergestellt. In vielen Unternehmen sind daher keinerlei Maßnahmen für länger dauernde Ausfälle vorgesehen. Dass es auch mitten in Deutschland tagelange Stromausfälle geben kann, haben wir Ende November 2005 im Münsterland gesehen. Dort knickten aufgrund von starken Schneefällen und eisiger Kälte reihenweise Masten von Hochspannungsleitungen um. Einige Ortschaften waren über eine Woche »stromlos«. Diese ungewohnt langen Ausfallzeiten haben diverse Unternehmen deutlich in Bedrängnis gebracht: Konzeptionell war dieser Fall nie durchdacht worden.

3.4.5 Redundante Rechenzentren

Trotz aller Maßnahmen ist der Ausfall bzw. Verlust eines kompletten Rechenzentrums zumindest denkbar. Falls finanzielle Aspekte eine untergeordnete Rolle spielen, lässt sich natürlich das komplette Rechenzentrum an einem zweiten Standort ein zweites Mal aufbauen. Da unbegrenzte Budgets selten sind, denken viele Unternehmen über eine kleinere Lösung für den Notfall nach. Als besonders wichtige Systeme werden häufig SAP (oder ein vergleichbares betriebswirtschaftliches System) und Microsoft Exchange identifiziert. Die nächstkleinere Stufe eines redundanten Rechenzentrums könnte aus einem Storage-System, auf das die Produktivdaten synchron gespiegelt werden, und Servern für SAP und Exchange bestehen. Eine solche Konfiguration ist durchaus in einem speziellen IT-Schrank unterzubringen, der gegen Einbruch und »Umwelteinflüsse« geschützt ist. Dieses System sollte zwar nicht unbedingt mitten in der Fertigung oder im Empfangsbereich aufgestellt werden, braucht aber keinen speziell gesicherten Aufstellungsort – da es im Grunde genommen selbst ein spezieller Tresor ist. Dieses System sollte sich selbstverständlich nicht im selben Brandabschnitt wie das Hauptrechenzentrum befinden.

Ein Beispiel für ein solches Produkt ist der *Sicherheitssafe LSS 9.6 E* der Firma Lampertz (*www.lampertz.de*).

Es ist übrigens keine schlechte Idee, Sicherungsgeräte außerhalb des eigentlichen Serverraums unterzubringen. Salopp gesagt verbrennen dann die Platten und die Bänder nicht gemeinsam. Der zuvor beschriebene gesicherte Serverschrank könnte als Lösungsansatz auch für dieses Szenario geeignet sein.

3.5 Mein Freund, der Systemmonitor

Sie haben zwar in den vorangegangenen Abschnitten jede Menge Details über Server, Speicher, Festplatten, Prozessoren und dergleichen mehr gehört, ich bin Ihnen aber noch die Antwort(en) schuldig geblieben, wie Sie nun konkret für Ihren Anwendungsfall ermitteln, welche Hardwarekonfiguration benötigt wird.

Man kann hier natürlich mit Schätz- und Erfahrungswerten operieren, aber es geht auch präziser, wobei es zwei Ansätze gibt:

- Der Hersteller der Software nennt Ihnen genaue Performance-Anforderungen, beispielsweise: Pro Benutzer werden 2 MB Hauptspeicher und 3,45 IO-Operationen auf der Datenfestplatte benötigt. Leider sind solcherlei präzise Informationen Mangelware, was unter anderem daran liegt, dass die Art und Weise, wie der einzelne Benutzer die Software nutzt, von Unternehmen zu Unternehmen stark abweichen kann. Pauschalaussagen werden damit wertlos.
- Falls die Anwendung, die auf einem neuen Server ausgeführt werden soll, bereits im Unternehmen auf einer anderen Maschine ausgeführt wird, kann man dort Messungen vornehmen und auf die konkreten Anforderungen schließen.

Aktuelle Performance-Werte zu messen und zu analysieren ist natürlich nicht nur bei der Neubeschaffung eines Servers eine gute Idee. Auch wenn der Verdacht auf einen Performance-Engpass besteht, ist Messen die einzig sinnvolle Option.

Im Übrigen macht es durchaus Sinn, nach der Einrichtung eines neuen Systems einige »grundlegende« Messwerte zu erfassen, um später Vergleichsmöglichkeiten zu haben (Baselining). Ein absoluter Wert wie ein Performance-Bedarf von 500 IOPS auf dem Datenbank-RAID-Set ist zwar nicht uninteressant. Viel wertvoller ist es aber, wenn Sie auch eine Relation bilden können und wissen, dass die Performance-Anforderung vor einem halben Jahr nur halb so groß war. Mit dieser Zusatzinformation ist es viel einfacher, die Messdaten in Relation zu einem gegebenenfalls vorhandenen (Performance-)Problem zu setzen.

Das Erfassen von Performance-Daten ist in der Windows Server-Welt sehr einfach. Bereits die ersten Versionen von Windows NT enthielten den *Systemmonitor*, der sich teilweise auch Leistungsmonitor oder Performancemonitor nennt. In Windows Server 2008/2012/R2 und übrigens auch bei Windows Vista/7/8/8.1 ist er ein wenig versteckt – das MMC Snap-In, in das der Systemmonitor integriert worden ist, heißt mittlerweile *Zuverlässigkeit und Leistung*. Es gibt drei »Standardmöglichkeiten«, um den Systemmonitor zu starten:

- Sie können natürlich die MMC starten (Ausführen • mmc.exe) und das Snap-In Zuverlässigkeit und Leistung hinzufügen (Abbildung 3.20 vorn).
- In der Computerverwaltung ist das Snap-In bereits integriert (Abbildung 3.20 hinten).
- Außerdem ist dieses Mess- und Überwachungswerkzeug im Server-Manager vorhanden (Abbildung 3.21).

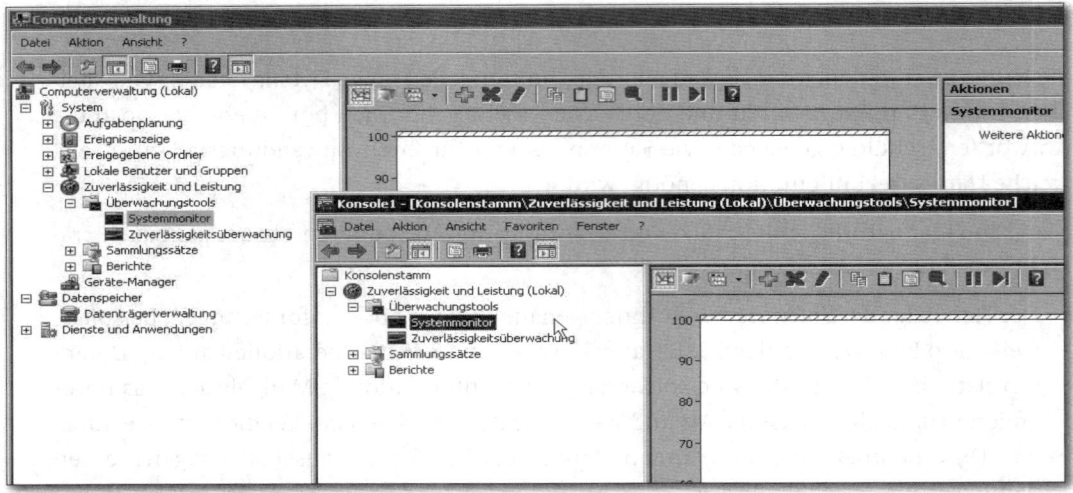

Abbildung 3.20 Der Systemmonitor ist in das Snap-In »Zuverlässigkeit und Leistung« integriert. Sie können es direkt in der MMC öffnen, außerdem ist es in der Computerverwaltung ...

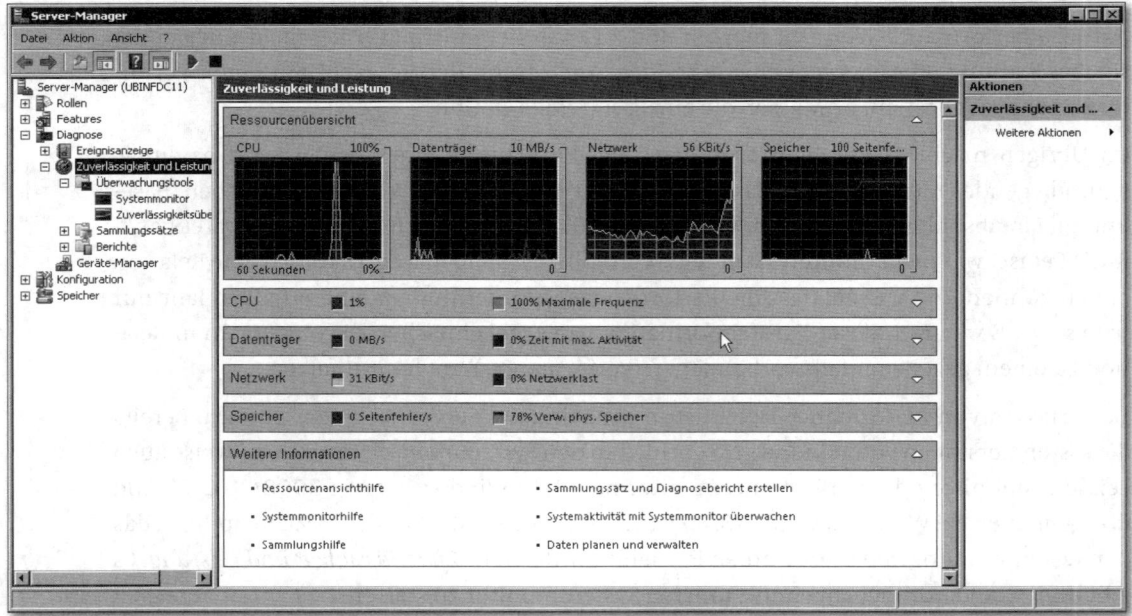

Abbildung 3.21 ... und dem Server-Manager integriert. Die hier gezeigte Ressourcenübersicht erreicht man übrigens auch über den Task-Manager.

Selektiert man den obersten Knoten des Snap-Ins, wird übrigens die RESSOURCENÜBERSICHT angezeigt, die in Abbildung 3.21 zu sehen ist. Die Ressourcenübersicht liefert einen wesentlich fundierteren »Gesundheitsüberblick« als die altbekannte Leistungs-Ansicht des Task-Managers. Die Ressourcenübersicht kann übrigens, quasi als Standalone-Applikation, aus dem Task-Manager heraus gestartet werden:

▶ Rufen Sie den Task-Manager auf.
▶ Wechseln Sie auf die Registerkarte LEISTUNG.
▶ Klicken Sie dort auf die Schaltfläche RESSOURCENMONITOR.

Die Ressourcenübersicht ist kein Analysewerkzeug, sondern bietet einen ersten flüchtigen Überblick. Dieser ist aber bereits wesentlich aussagekräftiger als die altbekannte Task-Manager-Ansicht, da er zumindest die vier wesentlichen Komponenten (CPU, Datenträger, Speicher, Netzwerk) eines Servers berücksichtigt und nicht nur die Prozessorbelastung darstellt.

3.5.1 Leistungsindikatoren, Objekte und Instanzen

Beim ersten Aufrufen des Systemmonitors werden Sie auf der Anzeigefläche eine einzige Messkurve sehen, nämlich die prozentuale Prozessorzeit. Standardmäßig umfasst die Anzeigefläche eine Minute. Ist der rechte Rand erreicht, beginnt die Anzeige wieder von vorn. Sie können den Systemmonitor mit dem Parameter BILDLAUFSTIL (den Sie über den Eigenschaftendialog erreichen) aber auch dahingehend anpassen, dass die alten Werte aus der Anzeigefläche »herausgeschoben« werden.

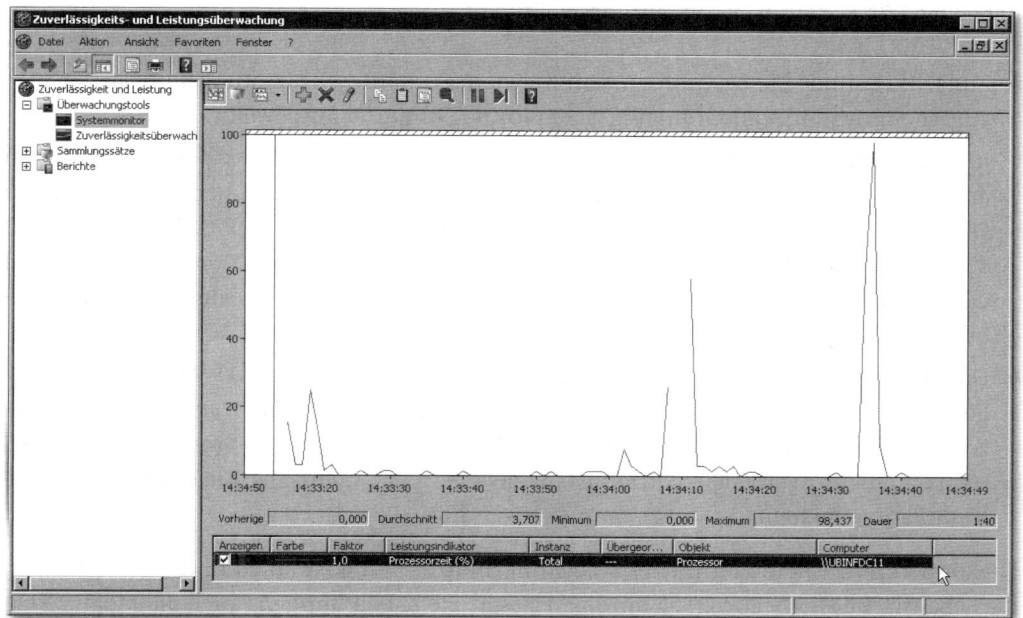

Abbildung 3.22 Der Systemmonitor beim ersten Aufrufen

Da Sie sich bei Ihren Performance-Analysen vermutlich nicht auf die standardmäßig vorhandene Prozessorauslastung beschränken möchten, geht es nun darum, weitere Leistungsindikatoren hinzuzufügen. Dazu klickt man zunächst auf das große grüne Kreuz oberhalb der Anzeigefläche, das Sie nicht in die nächste Apotheke, sondern zu dem in Abbildung 3.23 gezeigten Dialog bringt:

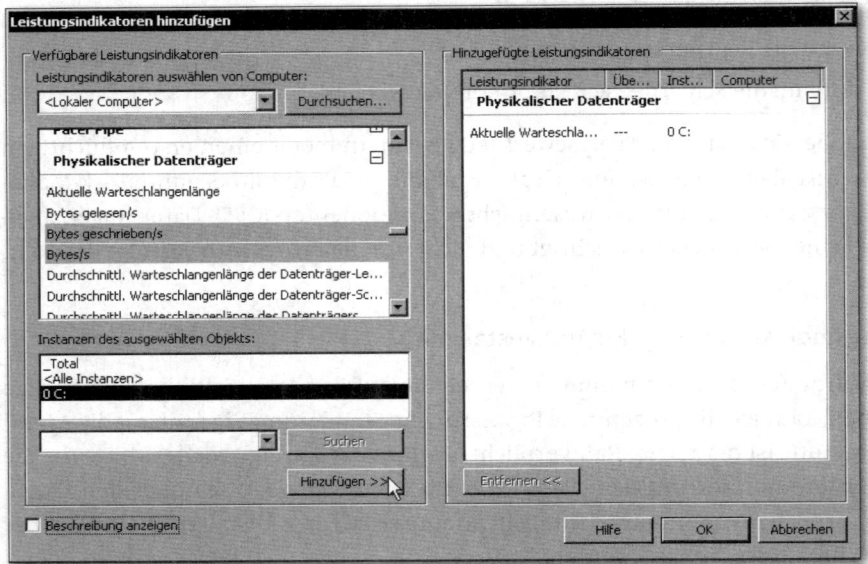

Abbildung 3.23 Die Auswahl von Leistungsindikatoren

- Zunächst können Sie bestimmen, von welchem Computer Sie Leistungsindikatoren hinzufügen möchten. Standardmäßig ist der lokale Computer ausgewählt.
- In der darunterliegenden Listbox werden jede Menge fettgedruckte Kategorienamen angezeigt, beispielsweise PHYSIKALISCHER DATENTRÄGER. Dabei handelt es sich um Objekte, die jeweils mehrere Leistungsindikatoren beinhalten. Das Objekt PHYSIKALISCHER DATENTRÄGER enthält also alle diesbezüglichen Indikatoren. Durch einen Klick auf das Plus- oder Minuszeichen hinter dem Objektnamen kann die Liste der Indikatoren auf- oder zugeklappt werden.
- Die Liste unterhalb der Objektliste zeigt die INSTANZEN DES AUSGEWÄHLTEN OBJEKTS. Für das Objekt PHYSIKALISCHER DATENTRÄGER kann es auf einem Server mehrere Instanzen geben, denn schließlich kann dieser mehrere Festplatten/RAID-Sets haben. Im Allgemeinen gibt es neben den »Einzelinstanzen« eine _TOTAL-Instanz, die so etwas wie eine Kumulation darstellt.

Sie können nun einen oder mehrere Leistungsindikatoren auswählen und durch Klick auf die Schaltfläche HINZUFÜGEN >> anzeigen lassen. Sie haben übrigens auch die Möglichkeit, das Objekt hinzuzufügen; dann werden in der Ansicht sämtliche zugehörigen Leistungsindikatoren zu sehen sein.

> **Indikatoren**
>
> Die Schwierigkeit bei der Arbeit mit dem Systemmonitor ist, dass es nicht ganz trivial ist, die »richtigen« Leistungsindikatoren auszuwählen. Ein Windows Server ist standardmäßig mit Hunderten von Indikatoren ausgestattet, und viele Applikationsserver, beispielsweise SQL Server, Exchange Server oder SharePoint Server bringen ihrerseits nochmals Dutzende bis Hunderte Indikatoren mit, die bei der Installation hinzugefügt werden.
>
> In der Microsoft-Dokumentation und natürlich auch in diesem Buch finden sich immer wieder Hinweise auf Indikatoren, die man im Auge behalten sollte. Einige erste Hinweise auf grundlegende Leistungsindikatoren und die Arbeit mit den gemessenen Daten finden Sie einige Seiten weiter hinten in Abschnitt 3.6, »Dimensionierung und Performance«.

Abbildung 3.24 zeigt die Anzeige mit den zusätzlichen Leistungsindikatoren. Sie können einen Indikator anklicken und erhalten dazu einige Zahlenwerte, wie Durchschnitt, Minimum oder Maximum. Vielleicht fragen Sie sich, woraus der Durchschnitt gebildet wird, und zeichnet Ihnen die Angabe DAUER (Standardwert: 1:40) auch ein Fragezeichen ins Gesicht?

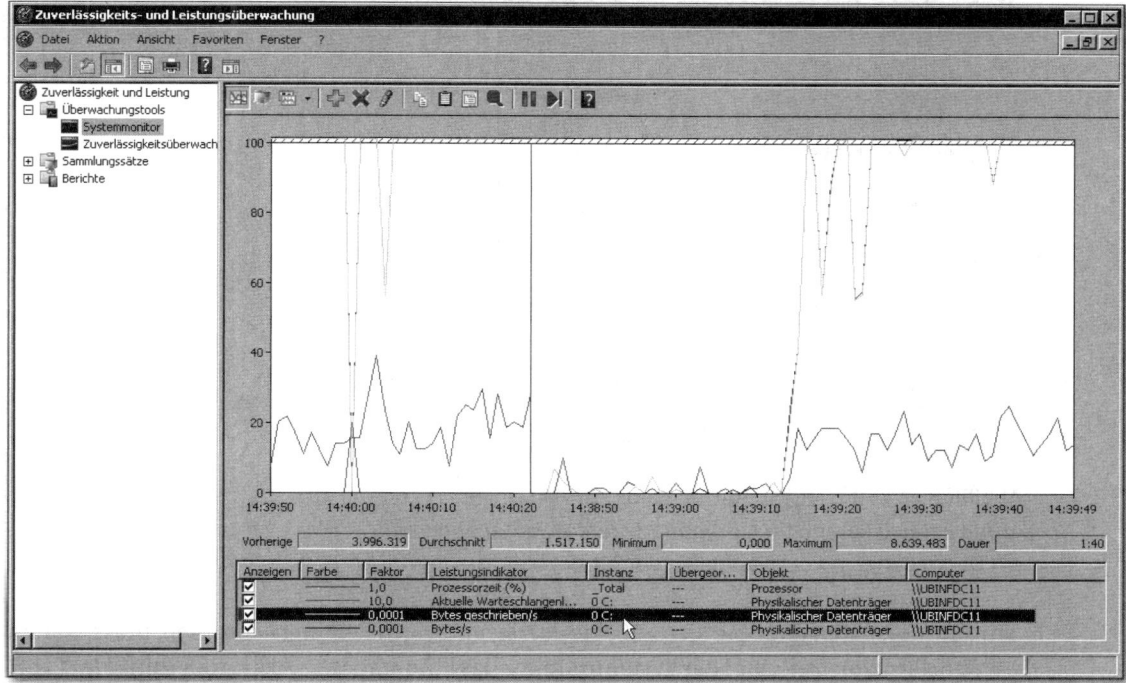

Abbildung 3.24 Eine Messung mit mehreren Leistungsindikatoren

Der Systemmonitor ist natürlich konfigurierbar. Den Eigenschaftendialog erreichen Sie über das Kontextmenü der Anzeigefläche. Es gibt eine ganze Menge einzustellen. Unter anderem finden sich auf der Registerkarte ALLGEMEIN Konfigurationsmöglichkeiten für die Messwerterfassung (Abbildung 3.25):

- In der mit STICHPROBE ALLE beschrifteten Textbox stellen Sie ein, wie häufig die Messung erfolgen soll. Standardmäßig ist das einmal pro Sekunde.
- Mit der Textbox DAUER können Sie den Zeitraum für die Bildung des Durchschnittswerts festlegen.

Bei der Darstellung verschiedener Leistungsindikatoren ist die Skalierung ein gewisses Problem:

- *Prozentwerte,* wie die prozentuale Prozessorauslastung, haben einen Wert zwischen 0 und 100.
- *Werte,* wie die Warteschlangenlänge, sind (optimalerweise) irgendwo zwischen 0 und 10 anzusiedeln.
- *Leistungsindikatoren,* wie die pro Sekunde übertragenen Bytes, gehen leicht in die Größenordnung von mehreren Millionen.

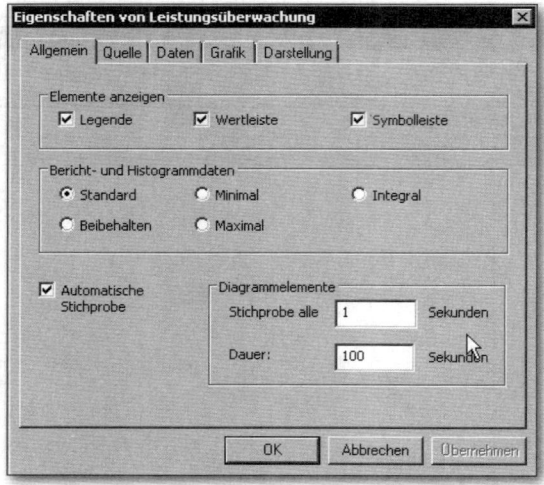

Abbildung 3.25 Im Eigenschaftendialog können einige grundlegende Parameter konfiguriert werden, unter anderem die Darstellung und die Häufigkeit der Messwerterfassung.

Um alle Messdaten übersichtlich auf eine einzige Anzeigefläche zu bekommen, muss skaliert werden. Prinzipiell erledigt der Systemmonitor das automatisch, es kann allerdings im Laufe einer Messung notwendig werden, »nachzuskalieren«. Dafür gibt es zwei Möglichkeiten:

- Man lässt dies von der im Kontextmenü des Leistungsindikators vorhandenen Funktion automatisch erledigen (Abbildung 3.26).

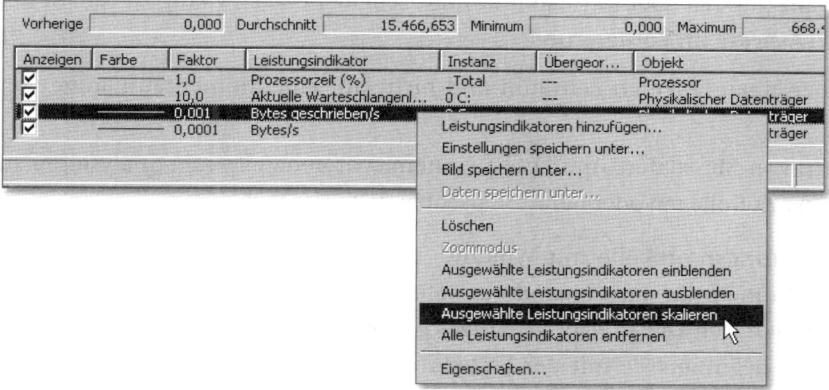

Abbildung 3.26 Im Kontextmenü wird eine Funktion zum Skalieren von Leistungsindikatoren angeboten, aber ...

- Alternativ gibt es im Eigenschaftendialog, Registerkarte DATEN, auch eine manuelle Einstellmöglichkeit (Abbildung 3.27). In diesem Dialog lassen sich auch Farbe, Breite und Stil festlegen.

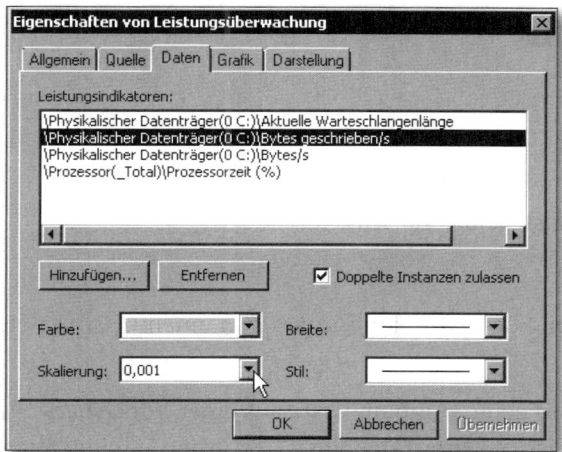

Abbildung 3.27 ... man kann die Skalierung auch von Hand vornehmen.

Der in Abbildung 3.27 gezeigte Dialog bietet noch diverse weitere Einstellungen, die ich an dieser Stelle aber nicht weiter »durchkauen« möchte – schauen Sie einfach über die Dialoge, sie sollten so weit selbsterklärend sein.

3.5.2 Protokoll erstellen

Die Leistungsdaten des Servers in grafischer Form auf den Bildschirm zeichnen zu lassen ist zwar schon mal ganz gut, hat aber mit »dem wahren Leben« herzlich wenig zu tun. In der Praxis stehen zwei Aspekte im Vordergrund:

- das Messen über einen längeren Zeitraum und nicht nur eine Momentaufnahme von einer Minute
- das Abspeichern von Messdaten, um diese zu einem späteren Zeitpunkt analysieren zu können oder um mit Kollegen oder Beratern darüber diskutieren zu können

Falls Sie bereits Leistungsprotokolle mit Windows Server 2003 (und älteren Versionen) erstellt haben, wird Ihnen die nachfolgend gezeigte Vorgehensweise zwar bekannt vorkommen, allerdings hat sich an der »Optik« einiges geändert. Wenn Sie ein (gespeichertes) Protokoll benötigen, beginnen Sie mit der Erstellung eines Sammlungssatzes, so wie in Abbildung 3.28 gezeigt.

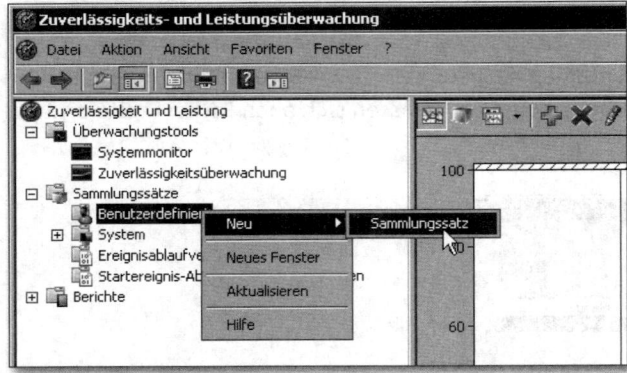

Abbildung 3.28 Benötigt man ein Protokoll, erstellt man zunächst einen neuen Sammlungssatz.

Wie erwartet werden Sie bei der Erstellung des Sammlungssatzes von einem Assistenten geführt:

1. Zunächst können Sie auswählen, ob der neue Sammlungssatz aus einer Vorlage erstellt werden soll oder ob Sie »bei null« anfangen möchten (Abbildung 3.29). Wenn Sie eine »Standardaufgabe« erledigen möchten (wie das Messen einer recht allgemeinen Hardware-Performance-Baseline), können Sie sich für die Verwendung einer Vorlage entscheiden. Später können Sie natürlich auch aus individuell angepassten Sammlungssätzen eigene Vorlagen erstellen.

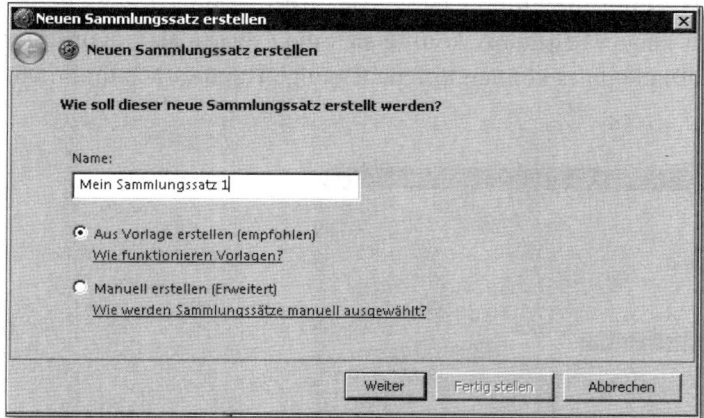

Abbildung 3.29 Beim Erstellen eines Sammlungssatzes werden Sie von einem Assistenten geführt. Falls bereits eine passende Vorlage vorhanden ist, geht es noch einfacher und schneller.

2. Im nächsten Dialog können Sie eine Vorlage auswählen. Abbildung 3.30 zeigt die vier standardmäßig vorhandenen Vorlagen. Um eine recht allgemeine Messung zur Bestimmung einiger hardwarenaher Daten zu erstellen, können Sie die Vorlage SYSTEM PERFORMANCE auswählen. Was in dieser Vorlage eingetragen ist, werden wir ein wenig später noch betrachten.

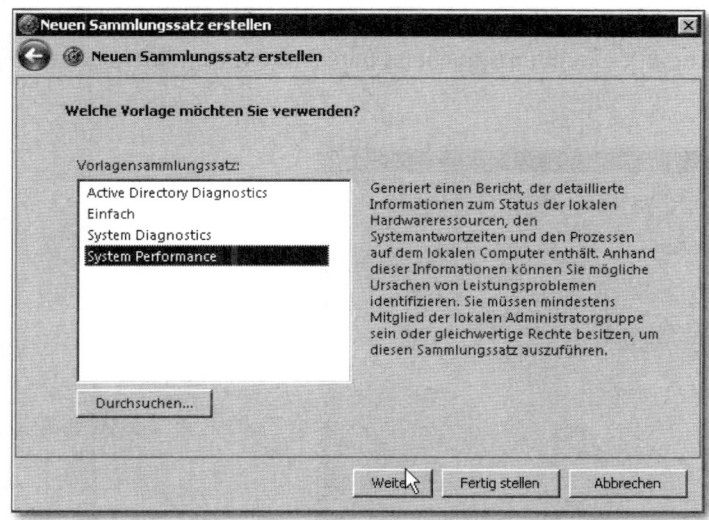

Abbildung 3.30 Vier Vorlagen sind standardmäßig vorhanden.

3. Der nächste Schritt ist das Festlegen des Speicherorts für die Daten. Der Dialog ist letztendlich trivial (Abbildung 3.31), die Eingabe sollte aber einigermaßen gut überlegt sein.

Wenn Sie eine sehr große Messung durchführen (also viele Leistungsindikatoren mit vielen Messungen über einen langen Zeitraum), könnte sich die C-Platte als ungünstiger Speicherort herausstellen. Die Reports können durchaus einige Hundert MB und mehr groß werden.

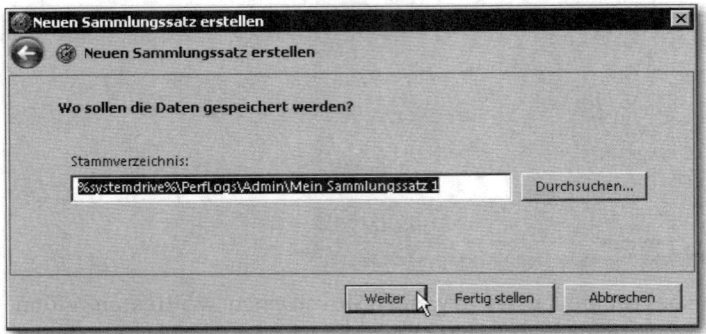

Abbildung 3.31 Bei der Wahl des Speicherorts sollten Sie die zu erwartende Größe berücksichtigen. Wenn Sie einige Tage mit hoher Messfrequenz viele Daten erfassen, ist C: eventuell nicht der beste Ort.

4. Auf der letzten Seite des Assistenten ist insbesondere der AUSFÜHREN ALS-Parameter interessant. Standardmäßig wird die Messwerterfassung mit dem lokalen SYSTEM-Konto vorgenommen. Das ist wunderbar, solange Sie wirklich nur auf dem System messen, auf dem auch der Systemmonitor läuft. Wenn Sie auf einem anderen System messen möchten, müssen Sie die Messung mit einem entsprechend berechtigten Domänenbenutzerkonto durchführen.

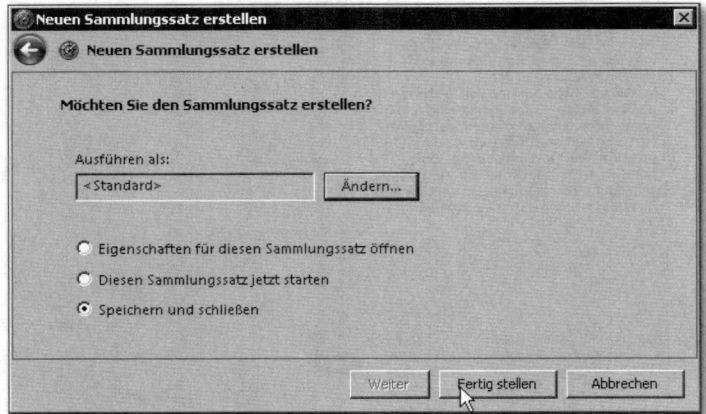

Abbildung 3.32 Die Option »Ausführen als« ist insbesondere dann wichtig, wenn Sie Messdaten von einem entfernten PC erheben möchten.

Wenn der Assistent seine Arbeit abgeschlossen hat, kann man das Ergebnis untersuchen – es sollte ein neuer benutzerdefinierter Sammlungssatz erstellt worden sein. Wenn Sie in der Baumansicht den neuen Sammlungssatz selektieren, wird in der rechten Hälfte des Fensters ein Eintrag namens PERFORMANCE COUNTER erscheinen (Abbildung 3.33). In dessen Eigenschaftendialog können Sie sehen, was gemessen wird:

- Zunächst sind die zu messenden LEISTUNGSINDIKATOREN zu sehen. In der Listbox sind in etwa ein Dutzend Objekte vorhanden (darin sind jeweils mehrere Leistungsindikatoren enthalten). Dass man in Protokollen keine einzelnen Indikatoren auswählt, sondern immer direkt das ganze Objekt in die Messung aufnimmt, ist gängige Praxis. Häufig weiß man beim Erstellen der Messung noch nicht bis ins letzte Detail, welche Leistungsindikatoren bei der Analyse vielleicht hilfreich sein könnten, daher ist es schon sinnvoll, das komplette Objekt »an Bord« zu haben.
- Als PROTOKOLLFORMAT ist standardmäßig BINÄR ausgewählt. Alternativ gibt es Textformate, außerdem ist eine Protokollierung auf einem Datenbankserver möglich.
- Der Parameter ABTASTINTERVALL (»Wie oft soll ich messen?«) ist ebenso wichtig wie selbsterklärend.

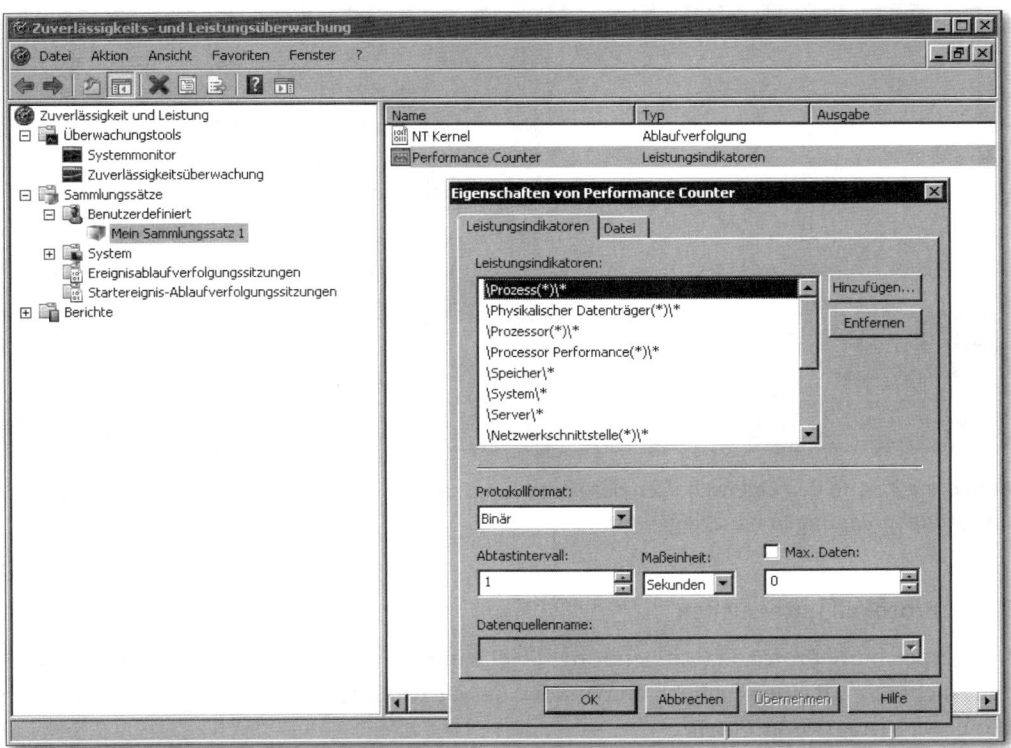

Abbildung 3.33 Die Leistungsindikatoren sind in diesem Fall bereits durch die verwendete Vorlage hinzugefügt worden. Eventuell empfiehlt sich die Anpassung des Abtastintervalls.

Falls Sie bei der Erstellung des Sammlungssatzes nicht zu einer Vorlage gegriffen haben, müssen Sie die zu messenden Leistungsindikatoren bzw. Objekte manuell eintragen. Beim Klick auf HINZUFÜGEN erscheint derselbe Auswahldialog, der auch zum Hinzufügen von Leistungsindikatoren für die »Direktübertragung« verwendet wird (Abbildung 3.23).

Zum Schluss sollten Sie noch einen Blick in die Eigenschaften des Sammlungssatzes werfen. Ich finde, dass insbesondere die Registerkarten ZEITPLAN und STOPPBEDINGUNG interessant sind (Abbildung 3.34):

▶ Das Starten und Stoppen der Messung können Sie entweder im Kontextmenü des Sammlungssatzes steuern; alternativ können Sie einen mehr oder weniger komplexen Zeitplan aufstellen – klicken Sie auf HINZUFÜGEN, um Zeitpläne zu erstellen.

▶ Auf der Registerkarte STOPPBEDINGUNG ist eine Gesamtdauer von einer Minute voreingestellt. Das führt dazu, dass auch eine manuell gestartete Messung nach einer Minute Laufzeit beendet wird. Dies werden Sie in den meisten Fällen direkt ändern wollen.

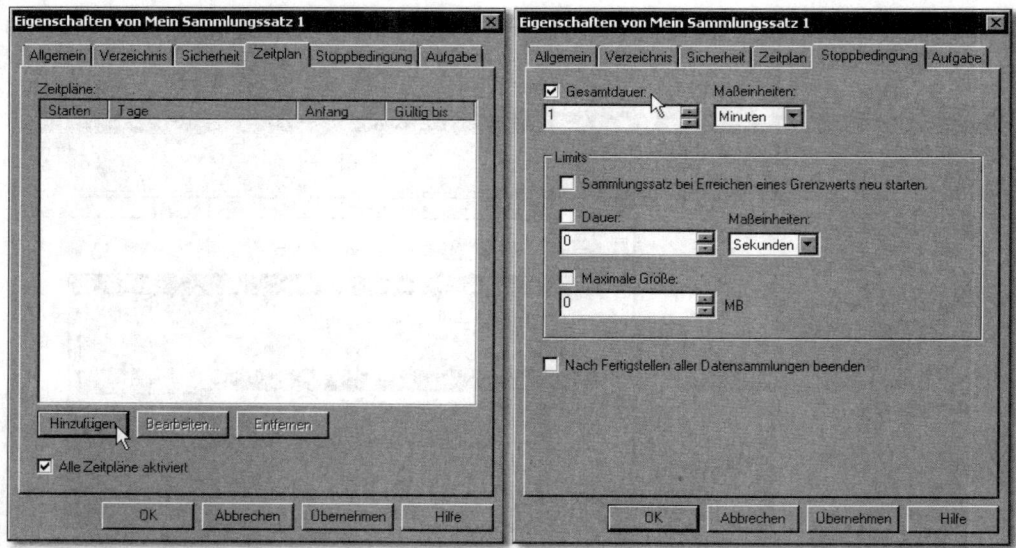

Abbildung 3.34 In den Eigenschaften des Sammlungssatzes können unter anderem ein Zeitplan und Stoppbedingungen hinterlegt werden.

3.5.3 Protokoll untersuchen

Das gespeicherte Protokoll (Dateiendung: *.blg) kann nun analysiert werden. Das geht übrigens nicht nur auf einem beliebigen Windows Server 2008/2012/R2, sondern auch auf einem Windows-Vista/7/8/8.1-Client.

Um eine Protokolldatei auszuwählen, klicken Sie auf das zweite Symbol von links (in Abbildung 3.35 zeigt die linke obere Ecke des geöffneten Eigenschaftendialogs darauf). In dem sich nun öffnenden Dialog können Sie eine oder mehrere Protokolldateien hinzufügen (Abbildung 3.35). Falls die Protokollierung in eine Datenbank erfolgte, können in diesem Dialog die benötigten Parameter eingetragen werden.

Wenn Sie nun auf die Schaltfläche ZEITRAUM klicken, werden Start- und Endzeit der geladenen Protokolle ermittelt – auf Wunsch können Sie den zu analysierenden Zeitraum mit den Schiebereglern einschränken.

Nun können Sie die für die Analyse benötigten Leistungsindikatoren hinzufügen. Das funktioniert so wie bei der »Life-Ansicht« mit dem großen grünen Kreuz – mit dem Unterschied allerdings, dass nur die Leistungsindikatoren hinzugefügt werden können, die auch tatsächlich im Messprotokoll vorhanden sind. Der Dialog entspricht demjenigen der »Life-Ansicht«, allerdings sind deutlich weniger Objekte zu sehen – schließlich ist ja auch nur ein kleiner Teil gemessen worden (Abbildung 3.36, vergleiche auch Abbildung 3.23).

Auf der Anzeigefläche kann ein näher zu untersuchender Zeitraum markiert werden und dann mit der Schaltfläche ZOOM »herausvergrößert« werden. So lassen sich besonders interessante Zeitabschnitte problemlos noch genauer, weil vergrößert, anzeigen (Abbildung 3.37).

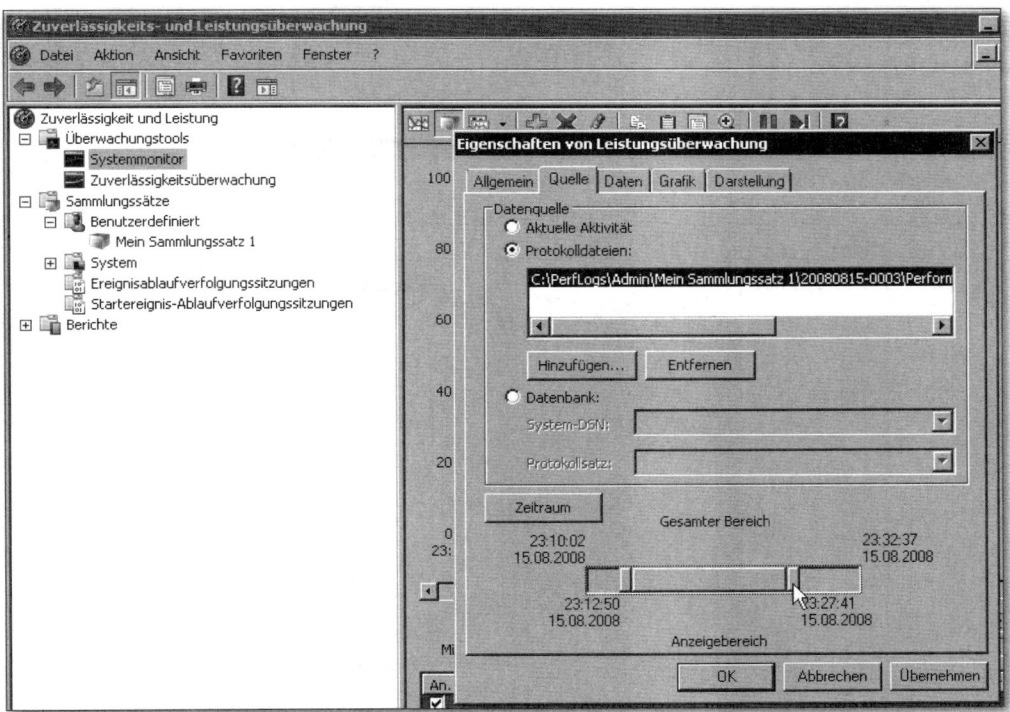

Abbildung 3.35 Wenn Protokolldateien zur Anzeige hinzugefügt worden sind, kann der zu untersuchende Zeitraum eingegrenzt werden.

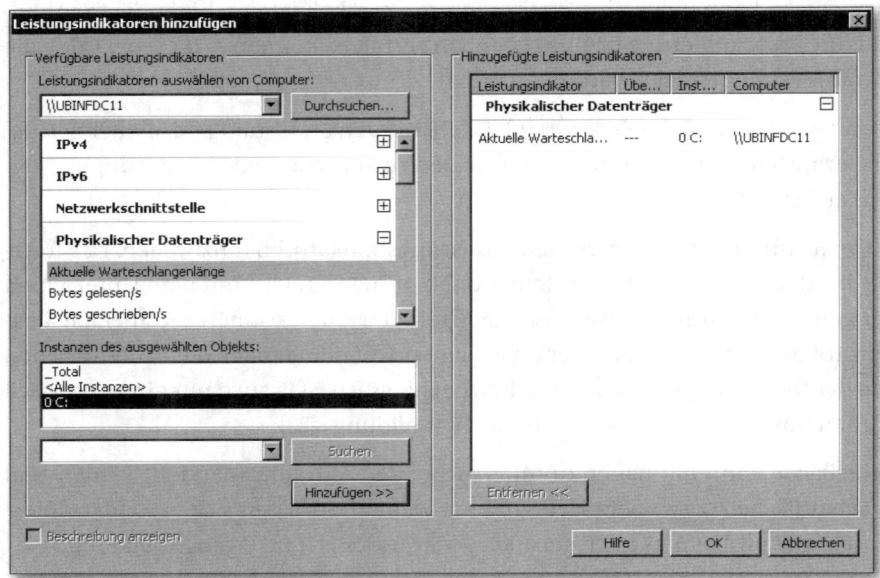

Abbildung 3.36 Beim Hinzufügen von Leistungsindikatoren stehen nur diejenigen zur Verfügung, die protokolliert worden sind.

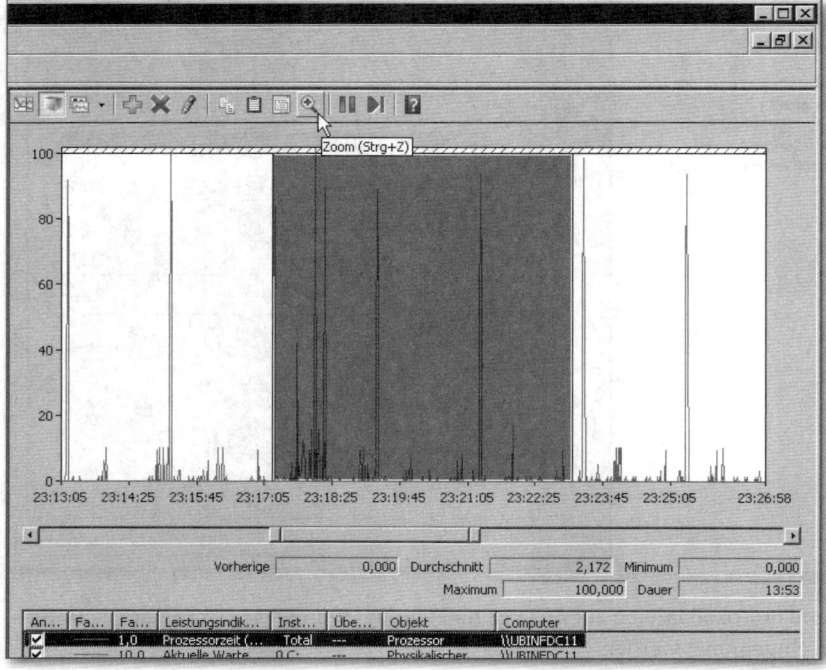

Abbildung 3.37 Ein Bereich kann markiert und gezoomt werden.

Ich hatte weiter vorn empfohlen, bei der Messwerterfassung nicht »nur« einzelne Leistungsindikatoren, sondern immer das komplette Objekt zu speichern: Falls sich herausstellt, dass Sie im Rahmen der Analyse noch zusätzliche Leistungsindikatoren benötigen, können Sie diese einfach »dazunehmen« – vorausgesetzt, diese sind aufgezeichnet worden.

Sofern Ihre Messung auf der standardmäßig vorhandenen Vorlage *System Performance* basiert, werden in dem Messdatenverzeichnis noch einige weitere Dateien vorhanden sein, unter anderem eine Datei namens *report.html*. Wenn Sie diese aufrufen, sehen Sie eine Kurzanalyse, die einige Eckparameter des Servers analysiert (Abbildung 3.38). Dieser Kurzüberblick ersetzt zwar nicht eine eingehende Analyse, zeigt aber schon mal die »Richtung«.

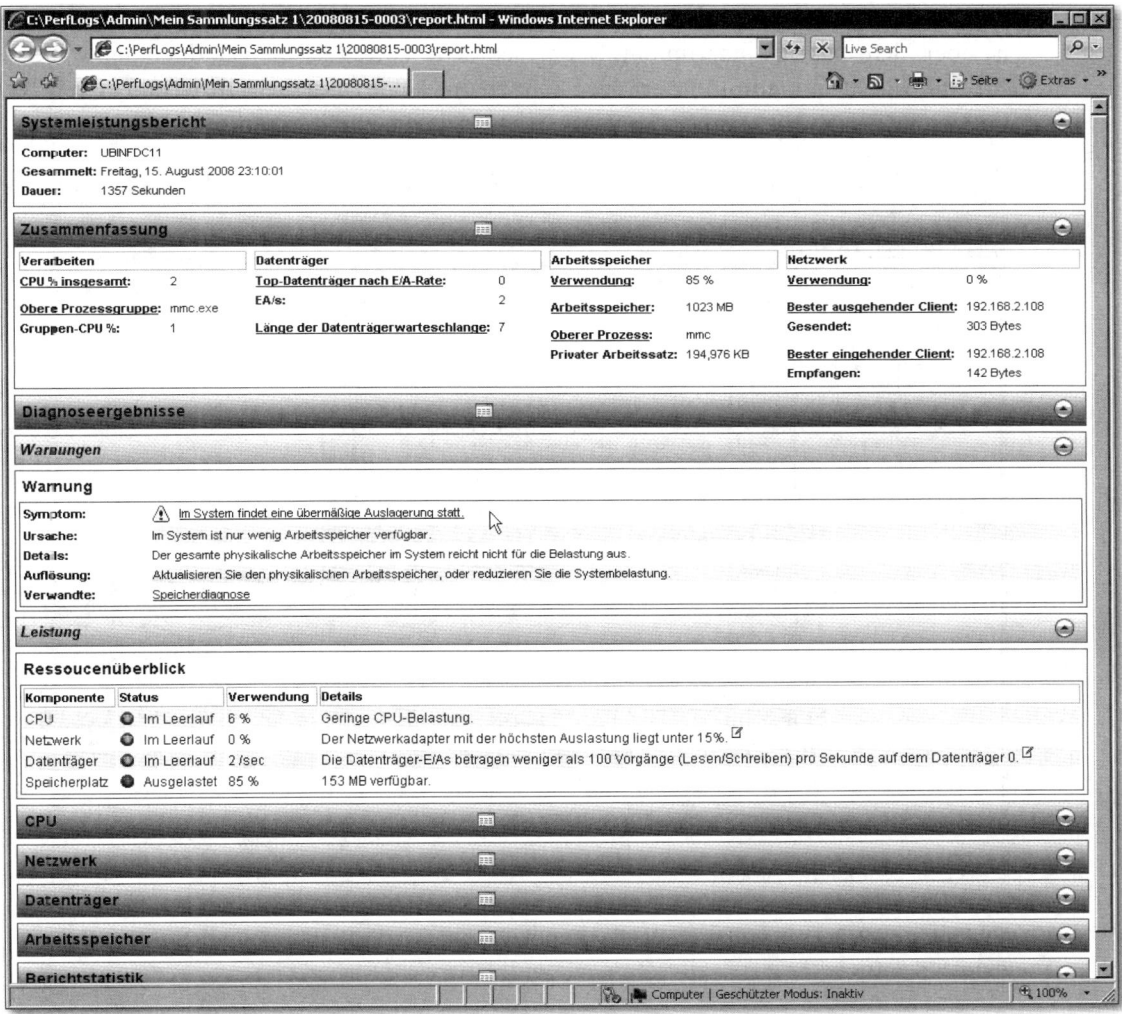

Abbildung 3.38 Die Standardvorlage »System Performance« bringt eine HTML-Datei (nebst Stylesheets etc.) mit, die einige grundlegende Informationen aus den Messdaten zieht.

3.5.4 Leistungsmessung über Computergrenzen hinweg

Es ist keinesfalls erforderlich, dass die Messung mit dem Systemmonitor genau auf dem System erfolgt, dessen Daten erhoben werden sollen. Die Leistungsindikatoren sind auch über das Netzwerk zugänglich.

Bei der Auswahl der zu erfassenden Leistungsindikatoren (vergleiche beispielsweise Abbildung 3.23) kann ein Computername angegeben werden. Es werden dann auch nur die auf dem gewählten Computer vorhandenen Objekte und Leistungsindikatoren zur Auswahl angeboten.

Die Messung von einem anderen Computer aus auszuführen, hat durchaus mehrere Vorteile. Zunächst wird die Belastung des zu analysierenden Computers etwas verringert – das ist aber nicht das Hauptargument. Der wesentliche Vorteil ist die Handhabung, weil alle Arbeiten direkt vom Admin-PC erfolgen können und keine zusätzliche Arbeit auf dem Server notwendig ist, das Hin- und Herkopieren der Messdaten entfallen kann etc.

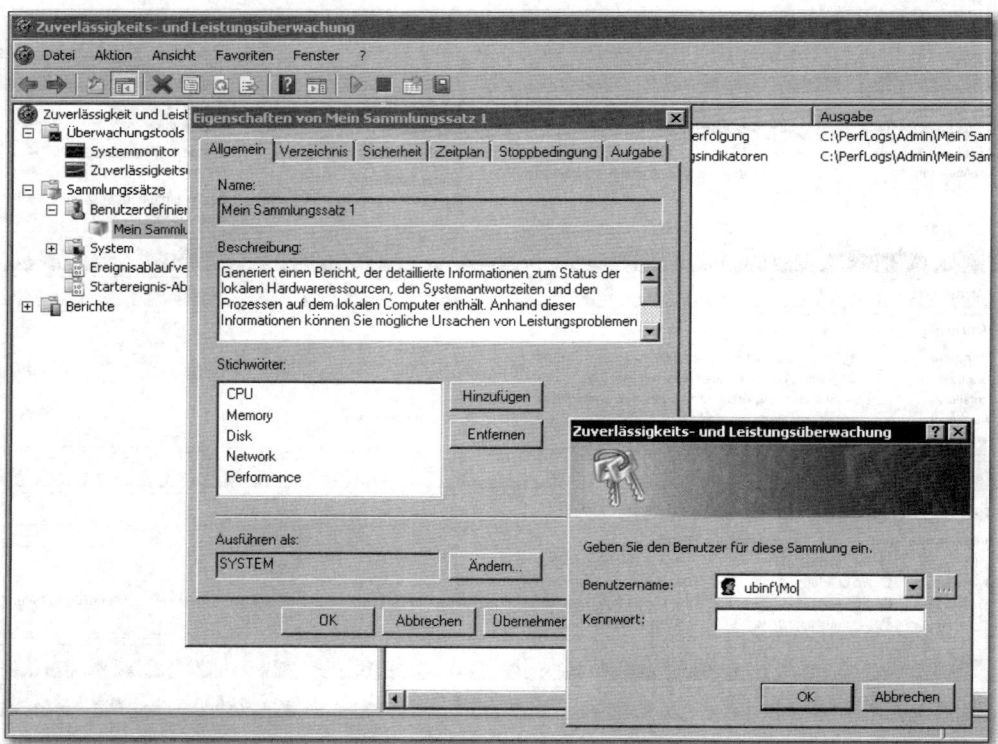

Abbildung 3.39 Bei serverübergreifender Protokollierung ist die Wahl eines entsprechenden Benutzerkontos wichtig.

Bei der Erstellung eines Sammlungssatzes, der nicht »nur« Leistungsindikatoren des lokalen Computers erfasst, ist unbedingt darauf zu achten, dass unter AUSFÜHREN ALS ein anderes als das SYSTEM-Konto eingetragen wird. Das SYSTEM-Konto ist nur auf dem lokalen System gültig und kann nicht für den Zugriff auf entfernte Systeme verwendet werden. Benötigt wird ein (Domänen-)Konto, das auf der zu messenden Maschine über lokale Adminrechte verfügt. Konfiguriert wird das Konto in den Eigenschaften des Sammlungssatzes (Abbildung 3.39).

3.6 Dimensionierung und Performance

Sie wissen aus dem vorherigen Abschnitt, wie man an bestehenden Systemen Messdaten erfasst – sei es, dass ein Performance-Problem zu lösen ist, sei es, dass Vergleichswerte für die Dimensionierung einer neuen Hardware beschafft werden sollen.

Ein Problem bei der Analyse von Performance-Daten ist, dass die zu ziehenden Schlussfolgerungen mitunter recht komplex sind und auf der Betrachtung mehrerer Leistungsindikatoren beruhen. Wenn Applikationsserver (wie beispielsweise SQL Server oder Exchange Server) dazukommen, gibt es diverse weitere Objekte und Indikatoren, die ebenfalls berücksichtigt werden sollten. In den folgenden Abschnitten möchte ich Ihnen einige allgemeingültige Hinweise geben, mit denen sich etliche Fragestellungen schon beantworten lassen sollten.

In meiner Praxis ist das »häufigste Problem« die Performance der Speichersysteme, weshalb ich mich mit diesem Thema am ausführlichsten befassen möchte.

3.6.1 Festplatte & Co.

Also, wie fange ich diplomatisch an? Mein Beruf ist es, durch die Lande zu ziehen und IT-Abteilungen bei der Einführung und Optimierung von Microsoft-Produkten zu unterstützen. Leider treffe ich gar nicht so selten auf Server, bei denen die Festplattenbereiche einfach nach dem Motto »Hauptsache, die Größe passt« dimensioniert sind. So finden sich dann Datenbankserver, in denen ein aus drei Platten bestehendes RAID5 mit SATA-Platten werkelt. Gut, »die Größe passt« – nicht aber die Performance.

> **Einführung**
> Dieser Abschnitt baut im Grunde genommen auf Abschnitt 3.1.4, »Festplatten«, auf. Lesen Sie bitte gegebenenfalls zur Einführung auch dort nochmals nach.

Das »richtige« Disk-Layout

Damit ein Server performant, möglichst ausfallsicher und wartbar ist, müssen beim Disk-Layout ein paar Grundregeln eingehalten werden. Ich will es mal so formulieren: Perfekter geht immer, von einem gewissen Mindeststandard sollten Sie aber keinesfalls abweichen. Mir ist klar, dass dieser Mindeststandard im Zweifelsfall höhere Anschaffungskosten bedeutet, Sie sollten aber keinesfalls an der falschen Stelle sparen. Wenn Sie das doch tun und später irgendetwas Vermeidbares passiert, heißt es dann garantiert »Du hast mir das nicht deutlich genug erklärt« und garantiert nicht »Na ja, ich wollte halt sparen, und es war leider am falschen Ende« (beachten Sie in den beiden Aussagen das »Du« und das »Ich«). Also:

- **Regel #1**: Server werden nur mit fehlertoleranten Plattenkonfigurationen, also RAID-Sets, in Betrieb genommen. Alles andere ist grob fahrlässig.
- **Regel #2**: Das Betriebssystem wird auf einem RAID1-Set installiert.
- **Regel #3**: Auf das Betriebssystem-RAID-Set (!) kommen keine Produktivdaten, auch nicht auf eine separate Partition dieses RAID-Sets.

Hier die Erläuterungen:

Zu Regel #1: Warum ein Server im Produktivbetrieb zwingend eine fehlertolerante Festplattenkonfiguration haben sollte bzw. muss, braucht wohl nicht weiter diskutiert zu werden.

Zu Regel #2: Dafür, dass das Betriebssystem auf einem RAID1 und nicht etwa auf einem RAID5 liegen sollte, gibt es direkt mehrere Begründungen:

- Für das Betriebssystem wird nicht sonderlich viel Speicherplatz benötigt. Natürlich sind die Zeiten der 4-GB-Partitionen (NT4) längst vorbei, aber mit einer 24-GB-Partition könnte man schon gut leben. Wenn man auch Regel #3 betrachtet, die ein eigenes RAID-Set für das Betriebssystem fordert, bietet sich allein wegen der Größe ein RAID1 an. Mit 36-GB-Festplatten ist die Bruttokapazität eines RAID1, das bekanntlich mit zwei Festplatten aufgebaut werden kann, 36 GB; ein RAID5 benötigt mindestens drei Festplatten und kommt mit diesen auf die nicht benötigte höhere Kapazität von brutto 72 GB.
- Änderungen am System, insbesondere das Einspielen von Updates und Patches, haben immer ein gewisses »Restrisiko«: Jeder Admin kann vermutlich eine Horrorgeschichte erzählen, wie ein wichtiger Server nach dem Einspielen eines »total unkritischen Updates« nicht mehr startete. Ich habe mir angewöhnt, vor dem Einspielen von Updates eine Festplatte aus dem Spiegel (RAID1) zu ziehen und das Update nur auf eine Platte laufen zu lassen. War das Update erfolgreich, kommt die gezogene Platte wieder zurück, und der RAID-Controller baut den Spiegel neu auf. Ist das Update aus irgendeinem Grund schiefgegangen, starte ich von der gezogenen Platte und bin innerhalb von Sekunden wieder auf dem ursprünglichen Zustand. Man könnte dieses System noch perfektionieren und mit einer dritten Platte arbeiten, womit man dann bei dem altbekannten *kalten Spiegel* wäre.
Aber egal, ob dritte Platte oder nicht: Mit einem RAID5 sind solche Verfahren nicht möglich; das geht nur mit einem RAID1!

Zu Regel #3: Für die Regel #3 (keine Produktivdaten auf dem RAID-Set des Betriebssystems) gibt es auch mehrere Begründungen:

- Wenn Sie die Argumentationslinie im vorangegangenen Abschnitt gelesen haben, liegt das erste Argument klar auf der Hand. Wenn man als Fallback-Szenario beim Einspielen von Patches mit einem aufgebrochenen Spiegel (zwei Platten) oder einem kalten Spiegel (dritte Platte) arbeitet, wäre es natürlich sehr lästig, auch noch jede Menge Produktivdaten mitzuschleppen.
- Der zweite große Aspekt sind die Fehlerdomänen: Verlieren Sie das RAID-Set mit dem Betriebssystem, lässt es sich relativ zügig wieder aufbauen, ohne dass Sie lang und breit über Produktivdaten nachdenken müssen.
- Überhaupt ist die Verwaltung deutlich übersichtlicher, wenn die auf den RAID-Sets abgelegten Daten deutlich physikalisch voneinander getrennt sind.
- Ein weiteres wesentliches Argument ist die Performance. Die Anzahl der Spindeln für Datenbereiche, insbesondere im Datenbankumfeld, wird man sorgfältig errechnen. Es ist keineswegs optimal, eine Betriebssystempartition, die unter anderem ein *pagefile.sys* und dergleichen schreiben muss, auf die genau »ausbalancierten« Daten-RAID-Sets schreiben zu lassen.

Für einen Datenbankserver ergibt sich also im Minimum das Layout aus Abbildung 3.40:

- Das Betriebssystem wird auf einem RAID1-Set installiert.
- Die Datenbank-Dateien kommen auf ein RAID1, RAID10 oder RAID5. Welches RAID-Set gewählt wird, hängt von den Performance- und den Kapazitätsanforderungen ab.
- Die Logs der Datenbank werden auf einem separaten physikalischen RAID-Set gespeichert. Dies geschieht einerseits aus Redundanzaspekten (damit Sie im Fehlerfall nicht Datenbank und Logs verlieren), andererseits stecken Performance-Aspekte dahinter.
- Um im Fall des Verlusts einer einzelnen Festplatte aus einem RAID-Set möglichst schnell wieder fehlertolerant zu sein, planen Sie eine oder mehrere HotSpare-Platten ein.

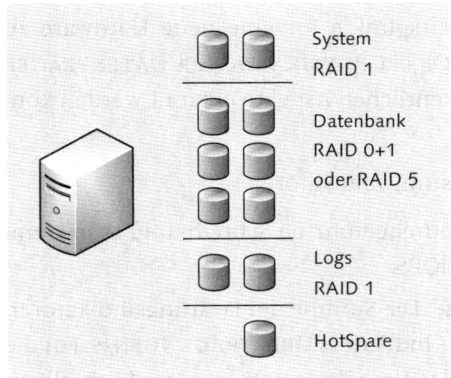

Abbildung 3.40 Einfaches (!) Disklayout für einen kleinen Datenbankserver. Gezeichnet sind hier drei physikalische RAID-Sets und nicht nur drei Partitionen eines RAID-Sets!

Bei sehr stark belasteten Servern könnte man gegebenenfalls noch weitere physikalische RAID-Sets planen:

- Man könnte über ein separates RAID-Set für *pagefile.sys* nachdenken.
- Bei stark belasteten Datenbankservern wird man sowohl die Datenbanken als auch die Logs auf mehrere physikalische RAID-Sets verteilen.
- Bei »speziellen« Servern wird es noch weitere Anforderungen geben: Beispielsweise wird für stark belastete Exchange Server empfohlen, die Mail-Warteschlangen auf eigene RAID-Sets zu legen. Bei großen SharePoint-Servern empfiehlt es sich, die Suchindizes auf separaten RAID-Sets zu speichern.

IOPS und Warteschlange

Wie bereits in Abschnitt 3.1.4, »Festplatten«, erläutert wurde, ist die in Hinblick auf Performance wesentliche Kenngröße die Anzahl der IO-Operationen (IO = In/Out = Eingabe/Ausgabe) pro Sekunde, angegeben als IOPS.

Bei einer 15-k-SCSI/FC-Festplatte kann man ca. von 170 IOPS ausgehen. Prinzipiell spielt das elektrische Interface zunächst keine Rolle; bei der gleichen »Mechanik« würde auch eine SATA-Platte diese IOPS-Leistung liefern können. Der wesentliche Punkt ist, dass die SATA-Platten deshalb billiger sind, weil sie mechanisch simpler gefertigt werden – aber schauen Sie ruhig selbst ins Datenblatt, die Leistung der SCSI/FC-Platten ist immer deutlich besser.

Bei der Betrachtung von Platten-Performance-Werten wird übrigens immer gern mit dem Durchsatz (in MB/s) argumentiert (oder geprahlt, je nachdem). Der erreichbare Durchsatz ist zwar in vielen Situationen extrem wichtig, ist aber letztendlich nur das Produkt aus der IOPS-Leistung und der Blockgröße – mehr dazu folgt ein wenig später im Unterabschnitt »Blockgrößen«.

Wenn Sie die Platten-Performance eines bestehenden Systems analysieren möchten (sei es zum Performance-Troubleshooting oder um Anhaltspunkte für eine neue Hardware zu bekommen), hilft Ihnen der Systemmonitor. Das Objekt PHYSIKALISCHER DATENTRÄGER enthält 20 Leistungsindikatoren, mit denen die wesentlichen Aspekte erkannt werden können (Abbildung 3.41).

Für einen ersten Überblick eignen sich folgende Leistungsindikatoren:

- ÜBERTRAGUNGEN/S: Dies sind die pro Sekunde durchgeführten Schreib- und Leseoperationen, also die auf dem System durchgeführten IOPS.
- LESEVORGÄNGE/S: Dies sind die lesenden Zugriffe. Die Summe der Leistungsindikatoren LESE- und SCHREIBVORGÄNGE ergibt den Wert des Indikators ÜBERTRAGUNGEN/S. Für die Dimensionierung von RAID-Sets ist es wichtig, das Verhältnis von Lese- und Schreibzugriffen zu kennen.
- SCHREIBVORGÄNGE/S: Die schreibenden Zugriffe.

3.6 Dimensionierung und Performance

▶ DURCHSCHNITTLICHE WARTESCHLANGENLÄNGE DES DATENTRÄGERS: Vorsicht – es gibt auch Leistungsindikatoren, die die Warteschlangenlänge für Lese- und Schreibvorgänge ausgeben.

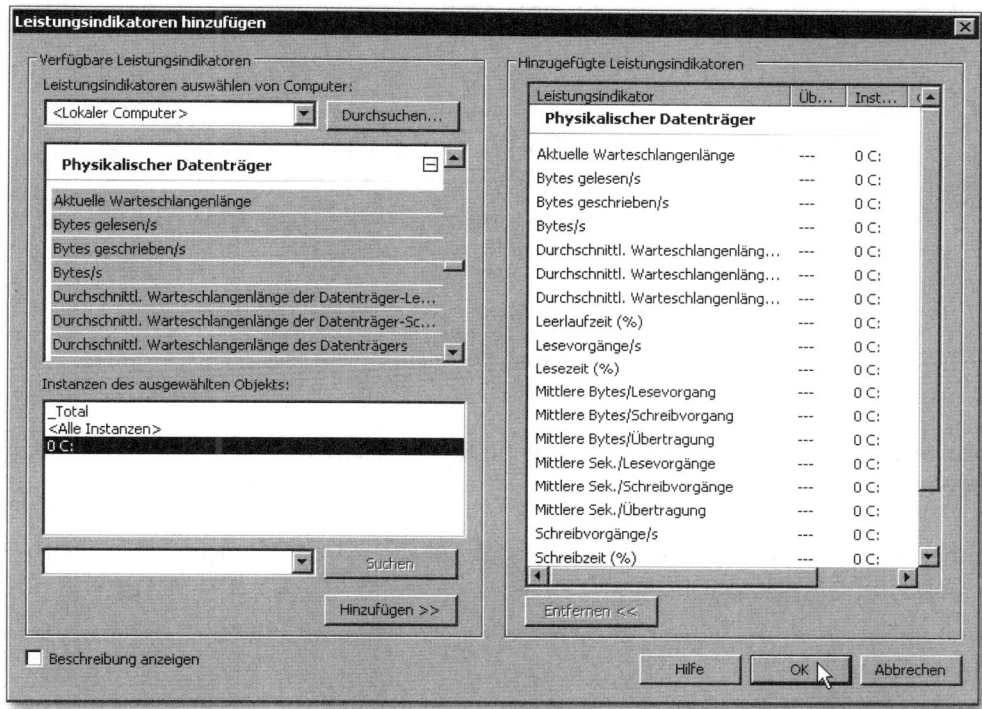

Abbildung 3.41 Jede Menge Leistungsindikatoren – der Systemmonitor weiß alles (oder zumindest recht viel) über die physikalischen Datenträger.

Die DURCHSCHNITTLICHE WARTESCHLANGENLÄNGE ist bei der Performance-Analyse extrem wichtig, daher möchte ich zunächst besprechen, was es damit auf sich hat. Eine schematische Darstellung sehen Sie in Abbildung 3.42:

▶ Wenn eine Applikation Daten von der Festplatte lesen oder darauf schreiben möchte, wird eine Anforderung erzeugt.

▶ Das Betriebssystem stellt diese Anforderung in eine Warteschlange (Queue). Für jede Festplatte im System existiert eine separate Warteschlange.

▶ Das Festplattensystem (bestehend aus Controller, Festplatten, RAID-Set etc.) holt diese Anforderungen nach dem FIFO-Prinzip (First In – First Out) aus der Warteschlange und verarbeitet sie.

Erzeugen die Anwendungen auf dem Server wesentlich mehr Anforderungen, als das Festplattensystem verarbeiten kann, gibt es entsprechend viele wartende Anforderungen und das Gesamtsystem ist langsam – einfach deshalb, weil die verschiedenen Anwendungen darauf warten, dass ihre Festplattenzugriffe endlich bedient werden.

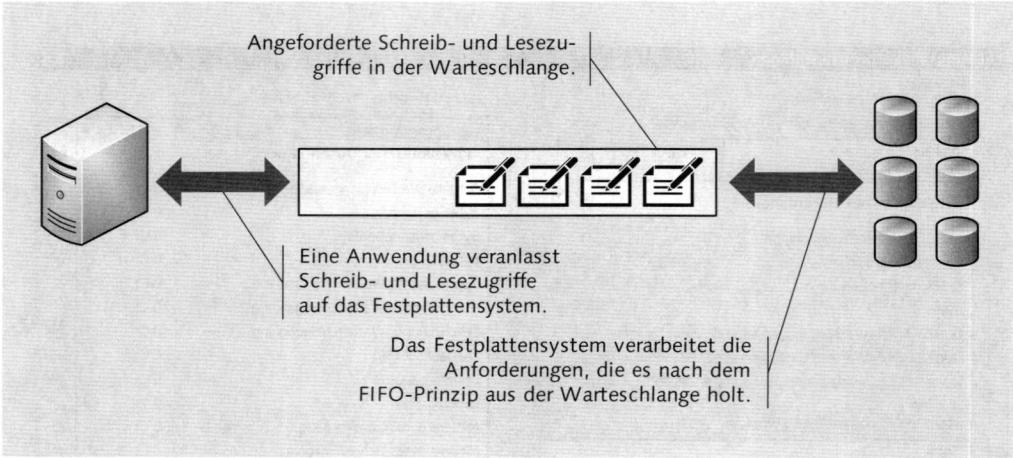

Abbildung 3.42 Schematische Darstellung: Zugriffe auf das Festplattensystem landen zunächst in einer Warteschlange.

Optimalerweise werden die in die Warteschlange gestellten Anforderungen sofort verarbeitet, sodass die Warteschlangenlänge 0 beträgt.

> **Literaturwert**
>
> Der Literaturwert ist übrigens, dass die durchschnittliche Warteschlangenlänge kleiner als die Anzahl der Spindeln (d. h. Festplatten) im RAID-Set sein sollte. Bei dem in der Abbildung gezeichneten RAID-Set mit sechs Platten sollte die gemessene durchschnittliche Warteschlangenlänge also zwischen 0 und 6 liegen.

Was bedeutet es nun, wenn Sie eine durchschnittliche Warteschlangenlänge messen, die deutlich höher als der optimale Wert liegt? Es gibt zwei Schlussfolgerungen:

▶ Erstens wird die Performance Ihres Servers schlecht sein. Die Anwendungen (z. B. SQL Server, Exchange, File Services) müssen auf die Abarbeitung ihrer jeweiligen Anforderungen an das Festplattensystem warten und lassen folglich auch die Benutzer warten, die mit dem System arbeiten wollen.

▶ Die gemessenen IOPS-Werte (Leistungsindikatoren wie ÜBERTRAGUNGEN/S) zeigen nicht den Performance-Bedarf, sondern die maximale Leistung des Festplattensystems an – sind also wertlos.

3.6 Dimensionierung und Performance

> **Warteschlangenlänge**
>
> Der Leistungsindikator DURCHSCHNITTLICHE WARTESCHLANGENLÄNGE erfüllt also direkt zwei Aufgaben:
> - Er zeigt Ihnen auf einen Blick ein Performance-Problem.
> - Er zeigt Ihnen, ob die gemessenen IOPS-Werte überhaupt aussagekräftig sind.

Gelegentliche Spitzenwerte, die deutlich höher liegen, sind tolerierbar, solange es erklärbare Werte sind, die in ganz eng begrenzten Zeitfenstern auftreten. Wenn beispielsweise bei einem nächtlichen Massendatenimport, der nach zehn Minuten beendet ist, eine deutlich verlängerte Warteschlange zu beobachten ist, kann man damit wahrscheinlich leben. Es ist ein erklärbarer und zeitlich eingrenzbarer Effekt.

Es gibt übrigens noch drei weitere Werte, die man zur Bestimmung von Performance-Problemen betrachten kann:

- MITTLERE SEK./ÜBERTRAGUNG
- MITTLERE SEK./LESEVORGÄNGE
- MITTLERE SEK./SCHREIBVORGÄNGE

Diese Werte geben an, wie lange eine Übertragung (bzw. ein Lese- oder Schreibvorgang) im Durchschnitt gedauert hat. Diese Werte sollten nicht größer als 10 ms sein.

IOPS und RAID-Sets (oder: Rechnen macht erfolgreich)

Nun haben Sie Messdaten erfasst oder vom Softwarehersteller Vorgaben erhalten, die in eine konkrete Plattenkonfiguration umgesetzt werden müssen. In diesem Abschnitt zeige ich Ihnen, wie Sie an diese Aufgabe herangehen.

Angenommen, Sie haben auf einem existierenden Datenbankserver die Leistungswerte aus Tabelle 3.1 erfasst.

Datenbank-RAID-Set	
Lesende IOPS	750
Schreibende IOPS	250
Durch. Warteschlange	3

Tabelle 3.1 Beispielwerte für die Dimensionierung

Log-RAID-Set	
Lesende IOPS	50
Schreibende IOPS	200
Durch. Warteschlange	2

Tabelle 3.1 Beispielwerte für die Dimensionierung (Forts.)

Als Erstes kontrollieren Sie die Warteschlangenlänge und stellen fest, dass hier keine übermäßigen Werte zu finden sind – die IOPS-Werte zeigen also den tatsächlichen Bedarf und geben nicht lediglich die maximalen Möglichkeiten des Festplattensystems an.

Wir gehen von der Verwendung von FC/SCSI-Platten mit einer Drehzahl von 15 k aus. Man kann also eine IOPS-Leistung von 170 pro Festplatte annehmen.

Einfluss des RAID-Levels

Neben der nativen Performance der Festplatten sind die Einflüsse der gewählten RAID-Level natürlich nicht zu vernachlässigen. Tabelle 3.2 zeigt, wie viele I/Os bei den jeweiligen RAID-Leveln für einen Schreibvorgang benötigt werden. Sie sehen, dass RAID5 vergleichsweise viele I/Os pro Schreibvorgang benötigt, was natürlich massiv Performance kostet. Aus diesem Grunde ist RAID5 für RAID-Sets ungeeignet, auf die sehr viel und schnell geschrieben werden muss.

Diesen Effekt finden Sie in der Literatur (und bei Google) unter dem Stichwort *Write Penalty*.

RAID-Level	I/Os pro Schreibvorgang
0	1
1 und 1+0	2
5	4

Tabelle 3.2 IOPS pro Schreibvorgang bei unterschiedlichen RAID-Leveln (Write Penalty)

Zum besseren Verständnis sehen Sie in Abbildung 3.43 eine stark vereinfachte Darstellung:

- Die Applikation (z.B. Exchange Server) fordert eine schreibende IO-Operation beim Betriebssystem an, beispielsweise um eine E-Mail zu schreiben.
- Das Betriebssystem übermittelt die Anfrage (eine IO-Operation) durch diverse Schichten (z.B. Treiber etc.) an den Controller.

- Der Controller führt die Schreiboperation auf dem RAID-Set aus. Wegen der Write Penalty beim Schreiben auf ein RAID5-Set werden 4 IO-Operationen benötigt.

Es ergibt sich also die Faustregel: Bei Nutzung eines RAID5-Sets benötigt eine schreibende Operation »vor« dem Controller vier IOs »hinter« dem Controller.

Durch intelligentes Caching können moderne RAID-Controller diesen Effekt »klein halten« und so diese Schwäche von RAID5 ein wenig ausgleichen – das gilt natürlich auch für SAN-Storage-Systeme, die häufig über mehrere Gigabyte an Cache-Memory verfügen. Sie sollten sich aber nicht zu sehr darauf verlassen, dass der Cache schon alles ausgleichen wird:

- Kein Hersteller lässt sich auf Aussagen ein, wie effizient tatsächlich der Schreib-Cache ist (10%, 20%, 30%). Das ist aber kein böswilliges Unterschlagen von Fakten – vielmehr sind konkrete Aussagen schlicht und ergreifend nicht möglich, da die Cache-Effizienz unter anderem vom Anwendungsszenario abhängt.
- In sehr stark belasteten Systemen könnte der Cache »voll« sein. Ab diesem Moment läuft das System mit der nativen Geschwindigkeit der Festplatten.

Es macht also durchaus Sinn, bei der Dimensionierung nicht nach dem Motto »der Cache hat ja noch immer alles ausgebügelt« vorzugehen, sondern den Performance-Bedarf einigermaßen präzise zu ermitteln.

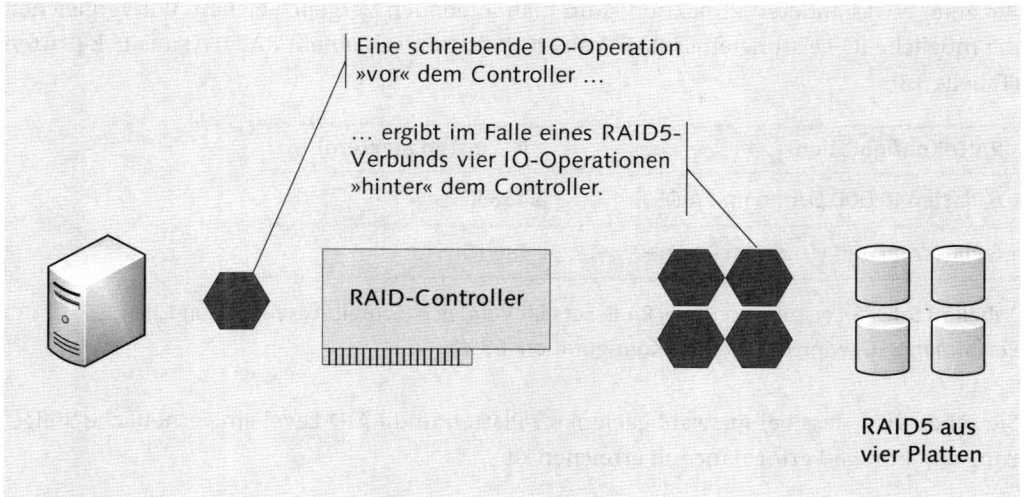

Abbildung 3.43 IOPS vor und hinter dem Controller

Tabelle 3.3 und Tabelle 3.4 fassen die bisherigen Erkenntnisse zusammen und zeigen zu der Kombination »Platte und RAID-Level« die zu erwartende IOPS-Leistung (bei einer Schreib-Lese-Relation von 1:2 und 1:1). Die Angabe des Werts für ein RAID0 ist dabei eher von akademischem Interesse; RAID0 bietet keine Redundanz gegenüber dem Ausfall einer Platte und kommt daher als Speicherort für Daten nicht wirklich infrage.

RAID-Level	IOPS / 10k	IOPS / 15k	IOPS / 7k2
0	125	175	92
1 und 1+0	104	145	77
5	94	131	69

Tabelle 3.3 Mögliche IOPS-Leistung bei verschiedenen Platten und unterschiedlichen RAID-Leveln (Schreib-Lese-Relation 1:2)

RAID-Level	IOPS / 10k	IOPS / 15k	IOPS / 7k2
0	125	175	92
1 und 1+0	94	131	69
5	78	109	58

Tabelle 3.4 Mögliche IOPS-Leistung bei verschiedenen Platten und unterschiedlichen RAID-Leveln (Schreib-Lese-Relation 1:1)

Bei einer etwas anderen Projektion kann man folgenden Vergleich ziehen. Wir vergleichen die mögliche IO-Leistung eines RAID5 aus 10-k-Platten mit einem RAID1+0 aus 15-k-Platten (Tabelle 3.5):

RAID-Konfiguration	IO-Leistung (extern)
6 Platten 10.000 U/min im RAID5	468 IOPS
6 Platten 15.000 U/min im RAID1+0	786 IOPS

Tabelle 3.5 IOPS-Leistung von zwei RAID-Sets im Vergleich (Schreib-Lese-Relation 1:1). Performance-Gewinn der zweiten Konfiguration: 68 %!

Sie sehen also, dass bei Auswahl geeigneter Platten und RAID-Level eine erhebliche Steigerung der Storage-Performance zu erreichen ist.

> **Hinweis**
>
> Die hier aufgeführten Werte sind natürlich nur als Anhaltswerte zu verstehen. Zum einen gibt es Unterschiede zwischen den Platten der unterschiedlichen Hersteller, zum anderen spielen natürlich auch die RAID-Controller und andere Systemparameter eine beeinflussende Rolle.

3.6 Dimensionierung und Performance

Zurück zum Beispiel

Mit dem im vorherigen Abschnitt erworbenen Wissen können Sie nun aus den Angaben in Tabelle 3.1 eine Plattenkonfiguration errechnen.

Zunächst kümmern wir uns um das RAID-Set, auf dem die Datenbank liegen soll:

- Tabelle 3.6 errechnet die Anzahl der benötigten Platten bei Verwendung eines RAID10-Sets.
- Tabelle 3.7 zeigt die Rechnung für ein RAID5.

	Lesen	Schreiben	Gesamt	IOPS/Platte	Anzahl Platten
Vor dem Controller	750	250			
Hinter dem Controller	750	500	1 250	170	7,35294118

Tabelle 3.6 Datenbankbereich mit RAID10

	Lesen	Schreiben	Gesamt	IOPS/Platte	Anzahl Platten
Vor dem Controller	750	250			
Hinter dem Controller	750	1 000	1 750	170	10,2941176

Tabelle 3.7 Datenbankbereich mit RAID5

Festzustellen ist, dass Sie allein aufgrund der Performance bei einem RAID5 deutlich mehr Platten benötigen. Dies ist auf die ungünstige Write Penalty bei einem RAID5 zurückzuführen.

Kommen wir nun zu dem RAID-Set, auf dem die Logs gespeichert werden sollen. Ein Merkmal der Logs ist, dass relativ viel geschrieben und eher wenig gelesen wird. Das klingt sehr nach RAID10, oder? Die Tabellen zeigen die Berechnungen:

- Tabelle 3.8 zeigt die Anzahl der benötigten Platten, wenn ein RAID10 verwendet wird. Hinweis: Für das Log-Volume verwendet man häufig ein RAID1. Für ein solches gelten dieselben Überlegungen wie für das RAID10. In diesem Fall benötigen wir allerdings 2,6-Platten. Ein RAID1 genügt nicht, sondern ein RAID10 mit 4 Platten muss konfiguriert werden.
- Tabelle 3.9 zeigt die Anzahl der benötigten Platten bei Verwendung eines RAID5.

	Lesen	Schreiben	Gesamt	IOPS/Platte	Anzahl Platten
Vor dem Controller	50	200			
Hinter dem Controller	50	400	450	170	2,64705882

Tabelle 3.8 Logbereich mit RAID10

	Lesen	Schreiben	Gesamt	IOPS/Platte	Anzahl Platten
Vor dem Controller	50	200			
Hinter dem Controller	50	800	850	170	5

Tabelle 3.9 Logbereich mit RAID5

Ich möchte nun die »Erkenntnisse« aus den Berechnungen zusammenfassen und zwei mögliche Konfigurationen vorstellen:

- Tabelle 3.10 zeigt das Festplattenlayout, wenn für den Datenbankbereich ein RAID10 verwendet wird.

Verwendung	RAID-Level	Anzahl Platten
Betriebssystem	RAID1	2
Datenbank	RAID10	8
Log	RAID10	4
HotSpare	%	1
Gesamt		15

Tabelle 3.10 Dimensionierung des Plattenbereichs, Datenbank auf RAID10

- Tabelle 3.11 zeigt das Festplattenlayout, wenn der Datenbankbereich auf ein RAID5 gelegt wird.

Verwendung	RAID-Level	Anzahl Platten
Betriebssystem	RAID1	2
Datenbank	RAID5	11
Log	RAID10	4
HotSpare	%	1
Gesamt		18

Tabelle 3.11 Dimensionierung des Plattenbereichs, Datenbank auf RAID5

Vier Anmerkungen zu den resultierenden Konfigurationen

- Datenbankarchitekten werden immer versuchen, die Datenbanken so aufzuteilen, dass diese über mehrere kleine RAID-Sets verteilt werden. Vermutlich würde man in der Praxis also kein RAID10-Set mit 8 Platten, sondern vier RAID1-Sets (insgesamt dann auch 8 Platten) vorfinden. Gleichfalls würde man die Logfiles über zwei RAID1-Sets verteilen, anstatt ein großes RAID10 einzurichten. Von der Anzahl der Platten ändert sich zusammenfassend allerdings nichts. Das in Tabelle 3.11 gezeigte Plattenlayout wäre zwar von den Performance-Anforderungen her ebenfalls möglich – kein Datenbankarchitekt würde aber ein solches System akzeptieren.

- In dem in Tabelle 3.11 gezeigten Beispiel wird ein RAID5 aus 11 Platten gebildet. In der Praxis versucht man, RAID5-Sets nicht größer als sechs Platten werden zu lassen: RAID5 verkraftet bekanntlich nur den Ausfall einer einzigen Platte, bei RAID5-Sets mit sehr vielen Platten ist die Gefahr eines zweiten Ausfalls vor dem Austausch der defekten Platte einfach zu hoch.

- Die hier vorgestellten Berechnungen gelten sowohl für lokal angeschlossene Platten als auch für die Plattenkonfiguration von Speichersystemen im SAN. Trotz aller Festplattenvirtualisierungsansätze, mit denen uns diverse Hersteller beglücken, fällt letztendlich doch alles auf die Plattenphysik zurück. Große Caches können zwar viel bewirken, Sie sollten aber »seriös« dimensionieren und nicht allein auf die Effizienz des Caches hoffen – das hat oftmals üble Folgen.

- In Ihren Berechnungen müssen Sie natürlich berücksichtigen, dass während der Standzeit des Systems vermutlich Steigerungen der Performance-Anforderungen zu berücksichtigen sind.

Und die Kapazität?

Sie sind vielleicht ein wenig erstaunt, dass ich die ganze Zeit Platten-Sizing allein nach Performance-Gesichtspunkten durchgeführt habe. Das ist durchaus so beabsichtigt, denn in den meisten Fällen bestimmt die Performance die Anzahl der benötigten Spindeln. Wenn Sie beispielsweise errechnet haben, dass Sie für den Datenbankbereich ein RAID-Set auf acht Platten im RAID10-Verbund benötigen, können Sie folgende unformatierte Kapazitäten erreichen:

- Mit 72-GB-Platten: 288 GB
- Mit 145-GB-Platten: 580 GB
- Mit 300-GB-Platten: 1.200 GB

Sie können nun also bestimmen, welche Größe die einzelne Platte haben soll – berücksichtigen Sie auch die Kapazitätssteigerungen während der Standzeit des Systems.

Falls Sie auch mit den Platten mit der größten Kapazität nicht die erforderliche Größe erreichen, müssen Sie die Anzahl der Platten erhöhen – was natürlich auch kein Problem ist. Andersherum wäre es übrigens fatal: Würde man nur nach dem Kriterium »Größe« dimensionieren, würde man für 1.000 GB Festplattenspeicher mit einem RAID5 mit vier 300-GB-Platten locker hinkommen. Sie hätten dann aber vermutlich ein massives Performance-Problem, denn eine solche Konfiguration leistet bei einem Schreib-Lese-Verhältnis von 1:3 nur ca. 550 IOPS im Gegensatz zu den geforderten 1.000 IOPS.

> **Hinweis**
> Also lautet der Grundsatz bei der Dimensionierung von RAID-Sets, insbesondere bei der Ermittlung der Anzahl der benötigten Festplatten: **Performance first!**

Blockgrößen

In den bisherigen Abschnitten habe ich mich sehr stark auf die IOPS-Werte konzentriert, was insbesondere bei der Betrachtung von Datenbanken aller Art das vordringliche Kriterium ist. Es gibt aber etliche Anwendungsfälle, in denen es primär um den Durchsatz, also um die pro Sekunde transportierten Megabytes geht. Ein echter Klassiker sind dabei Backup-to-Disk-Szenarien, in denen es einfach darum geht, möglichst viele MBs in möglichst kurzer Zeit auf möglichst billige Platten zu schaufeln.

Aber beginnen wir von vorn:

An der IOPS-Leistung der Platte kann man nichts verändern, wohl aber am Durchsatz. Dieser hängt davon ab, mit welcher Blockgröße das RAID-Set formatiert ist:

- Mit einer Blockgröße von 512 Bytes wäre der (durchschnittliche) Durchsatz: *512 Bytes × 170 IOPS = 85 kB/s*
- Eine Blockgröße von 64 k führt zu: *64 kB × 170 IOPS = 10,6 MB/s*
- Eine Blockgröße von 1 MB führt zu: *1 MB × 170 IOPS = 170 MB/s*

Es ist also entscheidend wichtig, die beste Blockgröße für den jeweiligen Anwendungsfall zu kennen. Im günstigsten Fall gibt es dedizierte Vorgaben oder Empfehlungen des Softwareherstellers: Microsoft empfiehlt für Exchange Server 2007 beispielsweise die Verwendung einer Blockgröße von 64 k.

> **Nicht pauschal die maximale Größe wählen**
> Bevor jemand hier etwas in den falschen Hals bekommt: Es ist keine gute Idee, pauschal immer die maximale vom Controller angebotene Blockgröße zu wählen, weil dabei der höchste Wert für den Durchsatz herauskommt. Es hängt stets vom Anwendungsfall ab!

Das Thema mit der Blockgröße ist übrigens in der Praxis häufig eine böse Falle. Ich habe häufig Szenarien erlebt, in denen einem Kunden ein SATA-Plattensystem mit 10 Festplatten für Backup-To-Disk-Aufgaben verkauft und installiert worden ist. Hier nun ein wenig Mathematik:

- Bei einer modernen SATA-Platte kann man in etwa mit einer IOPS-Leistung von ca. 90 IOPS rechnen.
- Bei einem RAID-Set mit 10 Platten wäre die Gesamtleistung demnach 900 IOPS. Da beim Backup-To-Disk aber kontinuierlich geschrieben wird, ist die Write Penalty zu berücksichtigen. Bei einem RAID10-Verbund verbleiben also noch 450 IOPS für die Datenspeicherung. Anmerkung dazu: Man könnte überlegen, den Backup-To-Disk-Speicher als RAID0 auszulegen. Absolut tödlich ist allerdings ein RAID5.

Etliche Kunden beklagen sich nun über schlechte Leistungen des Backup-To-Disk-Systems, das ja schließlich mit U320-SCSI angeschlossen sei, aber trotzdem nur 25 MB/s verarbeiten könne.

Wenn Sie die vorherigen Ausführungen und Abschnitt 3.1.4 gelesen haben, wissen Sie, dass SATA-Platten generell nicht so performant wie FC/SCSI-Platten arbeiten. Warum werden diese dann trotzdem für Backup-To-Disk-Anwendungen verkauft, bei denen es ja auf Performance ankommt?

Ganz einfach: Bei Backup-To-Disk werden riesige Dateien geschrieben, sodass eine extreme Blockgröße kein Problem darstellt. Formatiert man das Backup-To-Disk-RAID-Set mit einer Blockgröße von 1 MB, lässt sich mit dem SATA-Festplatten-System, das im Schreibbetrieb 450 IOPS leistet, immerhin ein Durchsatz von 450 MB/s erreichen. Das liegt weit über den Möglichkeiten des elektrischen Interfaces (U320 SCSI, also 320 MB/s).

In der zuvor erwähnten Kundensituation kommt der magere Durchsatz von ca. 25 MB/s dadurch zustande, dass die Formatierung mit einer Blockgröße von 64 k durchgeführt wurde (64 k × 450 IOPS = 28,1 MB/s). Wählt man die »richtige« Blockgröße, bekommt man das Backup-to-Disk auch zum Fliegen! Prüfen Sie also, ob es für die jeweilige Anwendung Empfehlungen vom Softwarehersteller gibt.

Bei Datenbanken kommt es zwar in erster Linie auf die mögliche IOPS-Leistung an, nichtsdestotrotz wird das System nicht performant laufen, wenn Sie eine für den Verwendungszweck völlig ungeeignete Blockgröße wählen.

Achten Sie auf die Blockgröße

Beim Anlegen des RAID-Sets durch den RAID-Controller wird bereits die »physikalische Blockgröße« festgelegt. Sie müssen also bereits alle wichtigen Entscheidungen in diesem frühem Moment getroffen haben. Ein Ändern ist im Allgemeinen nur durch Auflösen des RAIDs und Neuanlegen möglich.

> Achten Sie darauf, dass die Blockgröße im RAID-Controller wirklich auf den gewünschten Wert eingestellt ist – kontrollieren Sie das auch bei vorhandenen Systemen! Es ist nicht damit getan, nur bei der Formatierung durch das Betriebssystem die benötigte Blockgröße einzustellen.

3.6.2 Hauptspeicher

Das wesentliche Problem beim Hauptspeicher ist das *Swapping* – also das Auslagern von Speicherbereichen auf die Festplatte. Halten Sie auf bestehenden Systemen insbesondere den Leistungsindikator SPEICHER\SEITEN/S im Blick – er muss stets kleiner als 1.000 sein.

Um es ganz deutlich zu sagen: Es ist kein Problem, dass der Server in das Pagefile schreibt – eine gewissen Aktivität ist dort immer zu verzeichnen. Das darf aber, um es einmal etwas salopp zu formulieren, nicht überhandnehmen.

Bei der Dimensionierung von neuen Systemen können Sie, abgesehen von den Empfehlungen des Herstellers, auf die (Mess-)Erfahrungen mit dem Altsystem zurückgreifen.

Bedenken Sie aber, dass sich aufgrund der 64-Bit-Technologie für die Softwareentwickler ganz neue Möglichkeiten eröffnet haben. Bei 4 GB war bei 32-Bit-Systemen die Grenze erreicht, was bedeutete, dass für eine Applikation höchsten 3 GB nutzbarer Speicher zur Verfügung standen. Im 64-Bit-Adressraum gibt es ganz andere Möglichkeiten, von denen Entwickler durchaus auch Gebrauch machen.

Ohne jetzt ins Detail gehen zu wollen – Sie sollten nicht unbedingt von einem Hauptspeicherausbau von 4 GB bei dem alten 32-Bit-System auf den Bedarf einer komplett auf 64-Bit-Technologie gehobenen Anwendungslandschaft schließen. Ein kleines Beispiel dazu:

- In einen Exchange 2003-Server brauchten Sie nicht mehr als 4 GB Hauptspeicher zu stecken – er hätte damit nicht umgehen können.
- Ein Exchange 2007-Server benötigt in einer mittelgroßen Umgebung durchaus 16 GB Hauptspeicher und mehr. Aufgrund der 64-Bit-Architektur kann er den zusätzlichen Speicher sinnvoll nutzen – und braucht ihn übrigens auch.

3.6.3 Prozessor

Zur Begutachtung der Prozessorleistung gibt es (obwohl es natürlich viel mehr zu messen gibt) zwei Leistungsindikatoren, auf die Sie in jedem Fall achten sollten:

- PROZESSOR\PROZESSORZEIT (%): Dieser Leistungsindikator sollte keinesfalls dauerhaft über 90 % liegen.
- SYSTEM\PROZESSOR-WARTESCHLANGENLÄNGE: Dieser Leistungsindikator sollte kleiner als 2 sein.

Zu beachten ist, dass eine hohe Prozessorlast auch eine Folge von einem Performance-Engpass in einem anderen Bereich sein kann. Der Klassiker ist eine hohe Prozessorbelastung in Folge von extrem hoher Auslagerungsaktivität (Swapping) durch fehlenden Hauptspeicher.

Die vergleichsweise preisgünstigen 2-Wege-Systeme mit Quad-Core-Prozessoren sind mittlerweile so leistungsfähig, dass sie auch in großen Umgebungen für komplexe Serveraufgaben herangezogen werden können.

3.6.4 Netzwerkkonnektivität

In heutigen geswitchten Netzen sind »echte Netzwerkprobleme« selten. Sie können folgende Indikatoren betrachten:

- NETZWERKSCHNITTSTELLE\GESAMTANZAHL BYTES/S: Dieser Wert sollte 60% der möglichen Geschwindigkeit der Netzwerkkarte nicht überschreiten. Bei einer 100-Mbit/s-Karte sollte er also nicht über 6 MB/s liegen.
- NETZWERKSCHNITTSTELLE\AUSGEHENDE PAKETE FEHLER/S: Dieser Wert muss stets 0 betragen.

Einige Zeilen weiter oben habe ich von »echten Netzwerkproblemen« geschrieben – gibt es auch »unechte Probleme«? Auch wenn die Formulierung ein wenig unglücklich ist: Ja, die gibt es.

In vielen Netzen gibt es beispielsweise Probleme mit der Namensauflösung. Die Server verbringen dann viel Zeit damit, umständlich Namen durch Broadcasting zu ermitteln, oder sie wollen immer wieder einen Server ansprechen, den es gar nicht mehr gibt. Fehlerhafte DNS-Konfiguration ist eine üble Angelegenheit, insbesondere für die Gesamt-Performance des Netzes. »Fehlerhaft« kann dabei bedeuten, dass in der IP-Konfiguration des Servers (oder Clients) DNS-Server eingetragen sind, die gar nicht mehr existieren, oder dass die Replikation zwischen DNS-Servern nicht funktioniert und dergleichen mehr.

Solcherlei Fehler werden häufig einer mangelhaften Performance des Netzwerks zugeschrieben – und dann wundert man sich, dass auch ein Upgrade auf Gigabit-Technologie keine Wende bringt.

Wenn Sie also vermuten, dass Ihr Netzwerk zu langsam ist, würde ich im Allgemeinen empfehlen, zunächst diese »unechten Netzwerkprobleme« auszuschließen.

Kapitel 4
Protokolle

Dieser entsandt' ihn mit Schmach, und befahl die drohenden Worte:
Daß ich nimmer, o Greis, bei den räumigen Schiffen dich treffe,
Weder anitzt hier zaudernd, noch wiederkehrend in Zukunft!
Kaum wohl möchte dir helfen der Stab, und der Lorbeer des Gottes!
Jene lös' ich dir nicht, bis einst das Alter ihr nahet

Vermutlich wundern Sie sich, dass ein so »frühes Kapitel« des Buchs eine Betrachtung über Protokolle enthält und nicht, wie vielleicht erwartet, eine »Wie-baue-ich-eine-Testumgebung«-Anleitung oder dergleichen. Es gibt aber einen ganz triftigen Grund: In der Praxis sehe ich immer wieder, dass Administratoren, Entwickler und sonstige »technische Menschen« ziemlich gut über die Konfigurationsmöglichkeiten des eigentlichen Betriebssystems Bescheid wissen, aber es »hakt« häufig ein wenig bei den Kenntnissen über die (Netzwerk-)Protokolle und mögliche Diagnostik. Bereits in kleinen und mittleren Umgebungen können Ungereimtheiten im Netzwerk sowohl die Benutzer als auch die IT-Mannschaft in den Wahnsinn treiben. Weiterhin scheitern Umstellungen und Migrationen häufig daran (oder werden unnötig kompliziert), dass einige an sich einfache grundlegende Eigenschaften der Netzwerkprotokolle nicht beachtet werden.

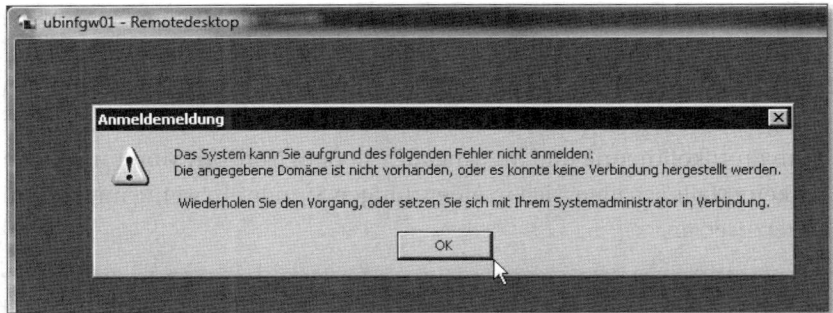

Abbildung 4.1 Diese Fehlermeldung resultiert in diesem Fall daraus, dass beim Anmeldevorgang kein Domänencontroller erreicht werden kann.

Zugegebenermaßen sind die Fehlermeldungen, mit denen das Betriebssystem uns beglückt, mitunter nicht sehr aussagekräftig. Könnten Sie das Szenario aus Abbildung 4.1 sofort einordnen? Hier kurz die Hintergründe:

- Ein Client ist auf seinem Windows-Arbeitsplatz an der Domäne angemeldet.
- Er startet den Remotedesktop-Client (*mstsc.exe*) und will auf einen Terminalserver zugreifen.
- Die Sitzung mit dem Terminalserver startet, die Anmeldeinformationen wurden bereits im Remotedesktop-Client eingegeben.
- Zwischenzeitlich kann der Terminalserver durch ein »Problem« den einzigen in seinen Netzwerkeinstellungen konfigurierten DNS-Server nicht mehr ansprechen.
- Folglich kann auch kein Domänencontroller gefunden werden, der den Anmeldevorgang abwickeln kann – obwohl in dem Netz mehrere Domänencontroller betriebsbereit sind.

Das ist ein ganz typisches Fehlerszenario, das zwar eigentlich keine große Ursache hat, gleichwohl ist die Wirkung eine ungeheure: Die Clients können sich, wie man in Abbildung 4.1 unschwer erkennen kann, nicht am Server anmelden.

Dieses Beispiel ist zwar noch recht einfach zu durchschauen, es geht natürlich auch »beliebig kompliziert«. Ich habe die Erfahrung gemacht, dass einerseits ein Blick ins Netz mit dem Netzwerkmonitor durchaus auf die richtige Spur führen kann, andererseits zeigt sich immer wieder, dass einigermaßen fundiertes Wissen über die netzwerkseitigen Zusammenhänge absolut unerlässlich ist, um die diversen Aufgaben möglichst unfallfrei zu meistern.

4.1 Mein Freund, der Netzwerkmonitor

Vor nicht allzu langer Zeit hat Microsoft mit dem *Microsoft Network Monitor* ein wertvolles Werkzeug zum Aufzeichnen und Analysieren von Netzwerkverkehr vorgestellt. Der Netzwerkmonitor kann im Microsoft Download Center kostenlos heruntergeladen werden (Suchbegriff: *Network Monitor*). Den Network Monitor gibt es sowohl in einer 32-Bit-(x86-) als auch in einer 64-Bit-(x64-)Version, er läuft auf Windows Server 2003, Windows XP, Windows Vista, Windows 7/8/8.1 und natürlich auch auf Windows Server 2008/2012/2012R2. Ich möchte nicht so weit gehen zu sagen, dass jeder Windows Server-Administrator auch direkt ein Extrem-Experte in Protokolltheorie und im Umgang mit dem Network Monitor werden muss – es kann aber keinesfalls schaden, sich in einer ruhigen Stunde ein wenig mit diesem Werkzeug auseinanderzusetzen.

> **Microsoft-Support**
>
> Wenn Sie den Microsoft-Support in Anspruch nehmen und ein etwas komplizierteres Problem melden, ist die Wahrscheinlichkeit sehr hoch, dass der Support-Mitarbeiter einen Mitschnitt der Netzwerkkommunikation anfordert. Es ist also so oder so keine schlechte Idee, mit dem Programm ein wenig vertraut zu werden.

4.1.1 Kurzüberblick

Bei der Installation des Microsoft Network Monitor werden letztendlich zwei Hauptkomponenten installiert:

- ein Netzwerktreiber (Microsoft Network Monitor 3 Driver), der dafür sorgt, dass Netzwerkpakete überhaupt »eingesammelt« werden können
- die eigentliche Network Monitor-Applikation, mit der Pakete mitgeschnitten und analysiert werden können

Mit dem Treiber werden Sie weiter keine Berührungspunkte haben, er ist sozusagen »einfach da«. Die gesamte Arbeit wird mit der Applikation erledigt, von der Sie in Abbildung 4.2 einen ersten Eindruck erhalten. Die wesentlichen Elemente sind:

- FRAME SUMMARY: Hier werden alle mitgeschnittenen Frames angezeigt.
- FRAME DETAILS: In diesem Fenster werden Details zum ausgewählten Frame dargestellt.
- HEX DETAILS: Hier sehen Sie sozusagen die Low-Level-Ansicht des ausgewählten Frames.
- In dem Fenster oberhalb von FRAME SUMMARY (auf dem Screenshot ist es mit DISPLAY FILTER überschrieben) kann die Anwendung von Filtern gesteuert werden.
- Recht praktisch ist auch die Möglichkeit, im Fenster NETWORK CONVERSATIONS die Anzeige mit einem Mausklick auf den eigenen Datenverkehr zu beschränken. Der Screenshot stammt von einem Vista-Notebook mit WLAN-Konnektivität, und demnach sind jede Menge WLAN-Frames (*ManagementBeacon*) zu sehen. Durch Auswahl von MY TRAFFIC werden diese und andere Broadcast-Pakete ausgeblendet.

Die Network Monitor-Applikation kann auch anders aufgebaut werden, weil die einzelnen Fenster einzeln ein- und ausblendbar und auch verschiebbar sind. In Abbildung 4.2 sehen Sie die Standardansicht.

Wenn man eine bestimmte Zeit lang den Datenverkehr mitschneidet, kommen schnell Hunderte oder Tausende Pakete zusammen. Da die Pakte des zu untersuchenden Kommunikationsvorgangs sich nicht unbedingt direkt hintereinander befinden, sind leistungsfähige Filterfunktionen umso wichtiger. Der Network Monitor kennt grundsätzlich zwei Arten von Filtern:

- *Capture Filter* greifen bereits bei der Aufzeichnung der Daten. Pakete, die nicht dem Filterkriterium entsprechen, werden erst gar nicht gespeichert.
- *Display Filter* filtern aus den aufgezeichneten Daten die gewünschten Pakete heraus.

Weiterhin wird man übrigens *Color Filter* finden, die – wie der Name schon vermuten lässt – für die farbige Darstellung der aufgezeichneten Frames sorgen.

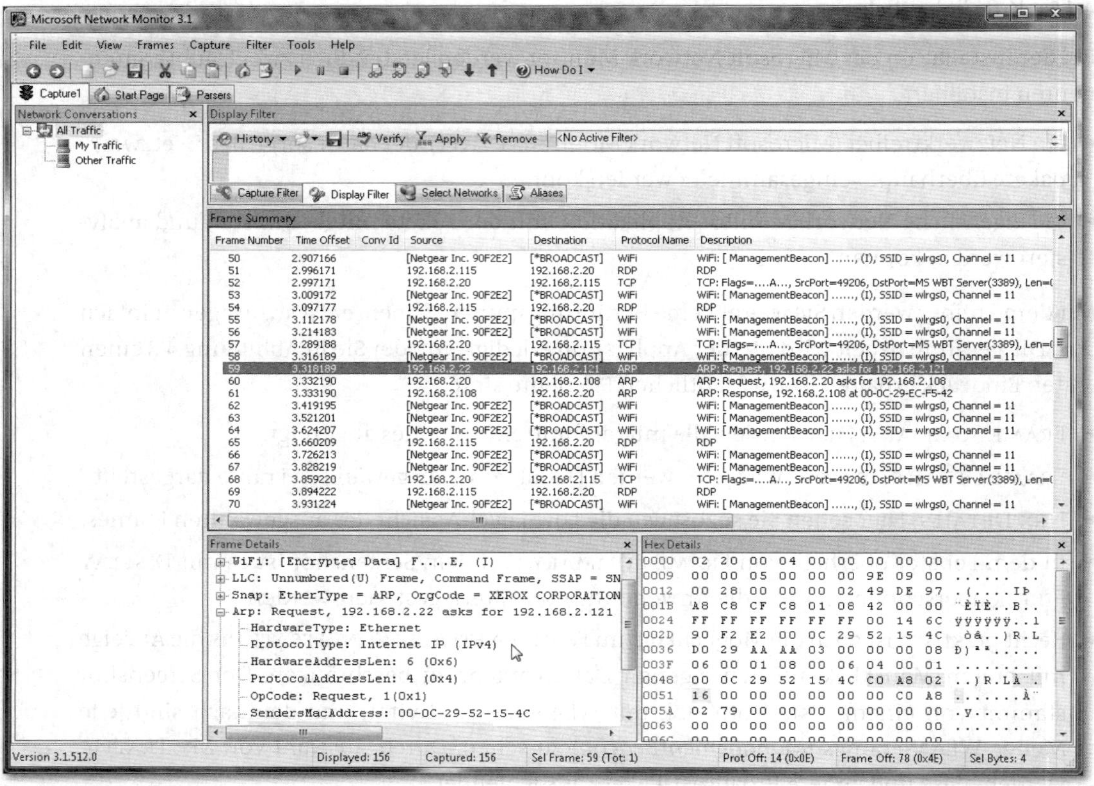

4 Protokolle

Abbildung 4.2 Der Microsoft Network Monitor ermöglicht das Mitschneiden des Netzwerkverkehrs.

Es sind verschiedene Standardfilter vorhanden, die man über den Menüpunkt FILTER • DISPLAY FILTER • LOAD FILTER • STANDARD FILTERS (oder eben FILTER • CAPTURE FILTER • …) erreichen kann. Abbildung 4.3 zeigt, wie das gemacht wird. Die Auswahl von Standardfiltern führt übrigens lediglich dazu, dass ein Filterausdruck in die entsprechende Zeile eingefügt wird. Wenn Sie sich einige Beispiele für Filterausdrücke angesehen haben, werden Sie ohne Probleme auch selbst komplexere Formulierungen entwickeln können.

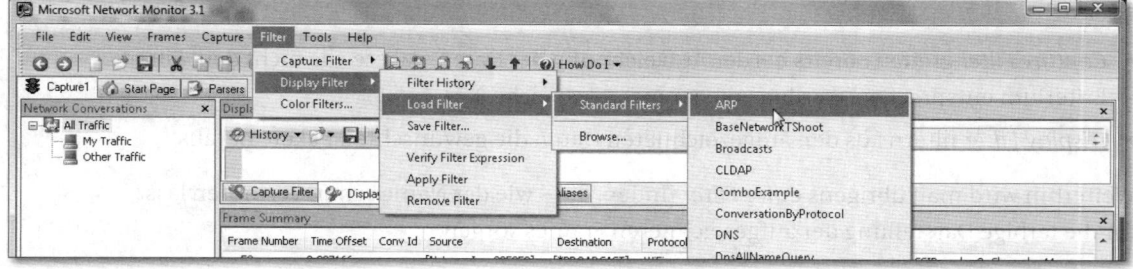

Abbildung 4.3 Diverse vordefinierte Filter können während der Aufzeichnung (Capture Filter) oder der Anzeige (Display Filter) angewendet werden …

134

Um den erstellten Filterausdruck anzuwenden, betätigen Sie die Schaltfläche Apply, und schon ist der Filter aktiv. In Abbildung 4.4 wird ein aufgezeichneter Kommunikationsvorgang nach ARP-Paketen (Address Resolution Protocol) gefiltert – und schon ist die Betrachtung eines Kommunikationsvorgangs recht einfach. Eine kurze Beschreibung des ARP-Protokolls finden Sie in Abschnitt 4.3.2. Ohne jetzt weiter auf die ARP-Details eingehen zu wollen, können Sie in den Frames 60 und 61 sehen, dass der Computer, auf dem die Aufzeichnung vorgenommen wurde (192.168.2.20), nach der MAC-Adresse von 192.168.2.108 gefragt hat (Frame 60) und dann fast zeitgleich die Antwort erhalten hat (Frame 61).

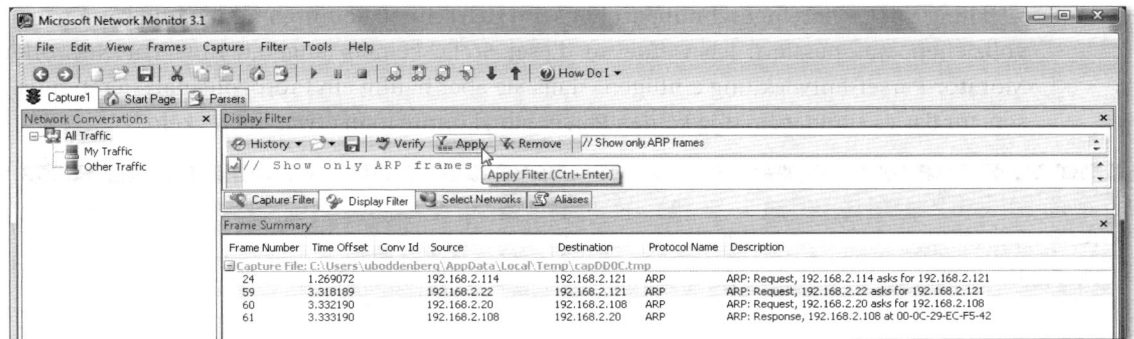

Abbildung 4.4 ... und schon kann man die ARP-Pakete ein wenig genauer betrachten.

Möchten Sie einen übertragenen Frame genauer anschauen, selektieren Sie ihn in der Frame Summary, woraufhin er in den Fenstern Frame Details und Hex Details in allen Einzelheiten betrachtet werden kann (Abbildung 4.5).

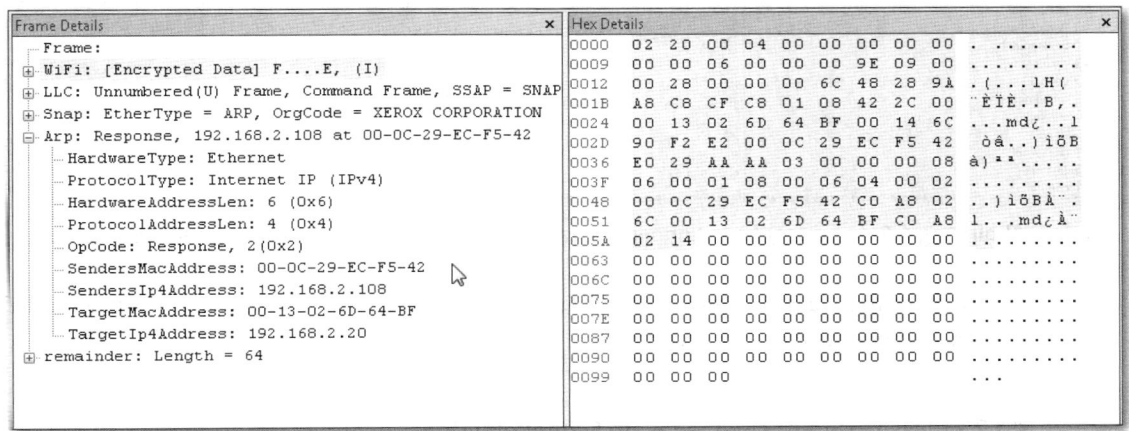

Abbildung 4.5 Die Daten werden einigermaßen »bedienerfreundlich« aufbereitet.

Wenn man die Frame Details betrachtet (Abbildung 4.5 zeigt links ist übrigens Frame 61), stellt man fest, dass die wesentlichen für die Analyse der ARP-Kommunikation relevanten

Daten schön übersichtlich angezeigt werden. Dabei stellt sich die Frage, woher der Network Monitor so viel über das ARP-Protokoll weiß und wie dies bei anderen Protokollen aussieht.

Die Antwort auf diese Frage ist, dass der Network Monitor durch Parser-Dateien erweiterbar ist. Wenn Sie den Menüpunkt FILE • SHOW PARSERS TAB aufrufen, gelangen Sie zu der Ansicht aus Abbildung 4.6. Aufgelistet sind unter anderem die installierten Parser Files, die übrigens tatsächlich als Dateien im Verzeichnis *C:\Program Files\Microsoft Network Monitor 3\NPL* liegen. Für das ARP-Protokoll ist erwartungsgemäß auch ein Parser-File vorhanden. Mittels Doppelklick können Sie direkt die Datei einsehen. Wer bereits ein wenig in die Entwicklung mit C# hereingeschnuppert hat, wird sich schnell heimisch fühlen und kann nachvollziehen, was passiert. Ich werde an dieser Stelle keinen längeren Kurs zur Network-Monitor-Parser-Entwicklung einfügen – falls Sie aber häufig ein Protokoll analysieren müssen, für das es standardmäßig keinen Parser gibt, könnte man etwas entwickeln.

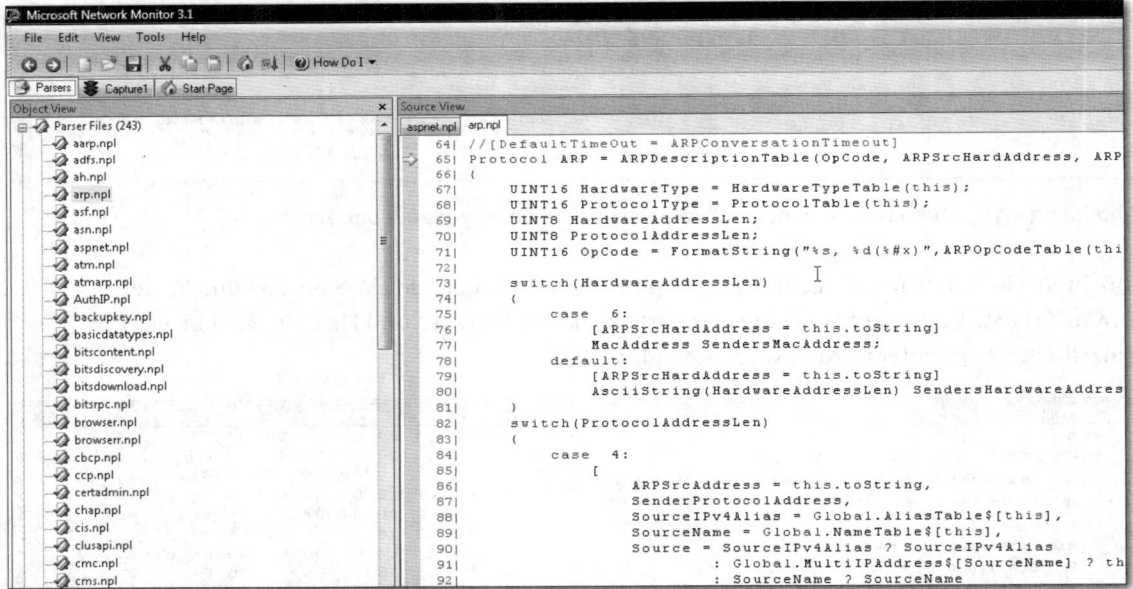

Abbildung 4.6 Auf dieser Seite können die Parser eingesehen und bei Bedarf modifiziert werden.

Das Fazit ist also, dass der Network Monitor erweiterbar ist – für die wesentlichen Protokolle stehen aber bereits Parser zur Verfügung.

4.1.2 Messen und Auswerten – ein Schnelleinstieg

In diesem Abschnitt zeige ich Ihnen, wie man mit dem Netzwerkmonitor Datenverkehr mitschneidet und einige grundlegende Analyseschritte ausführt.

Wenn man den Netzwerkmonitor öffnet, gelangt man zunächst zu der Ansicht aus Abbildung 4.7. Der erste Schritt ist natürlich das Öffnen eines neuen *Capture Tabs*, also eines neuen Fensters, in dem die neuen Messdaten erfasst und verwaltet werden.

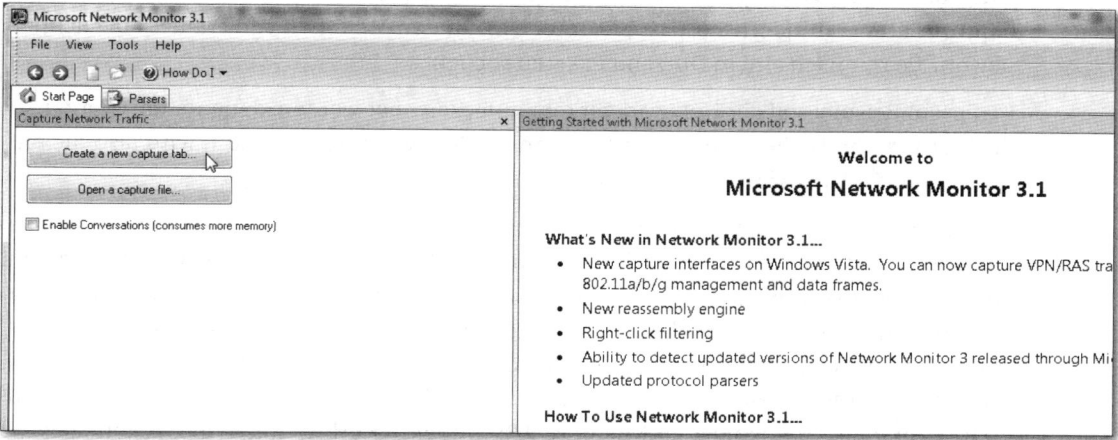

Abbildung 4.7 Der Ausgangspunkt: Öffnen Sie einen neuen »Capture Tab«.

Das neue Fenster zeigt die bereits aus dem vorherigen Abschnitt bekannten Elemente, wie die Fenster FRAME SUMMARY, FRAME DETAILS und dergleichen (Abbildung 4.8).

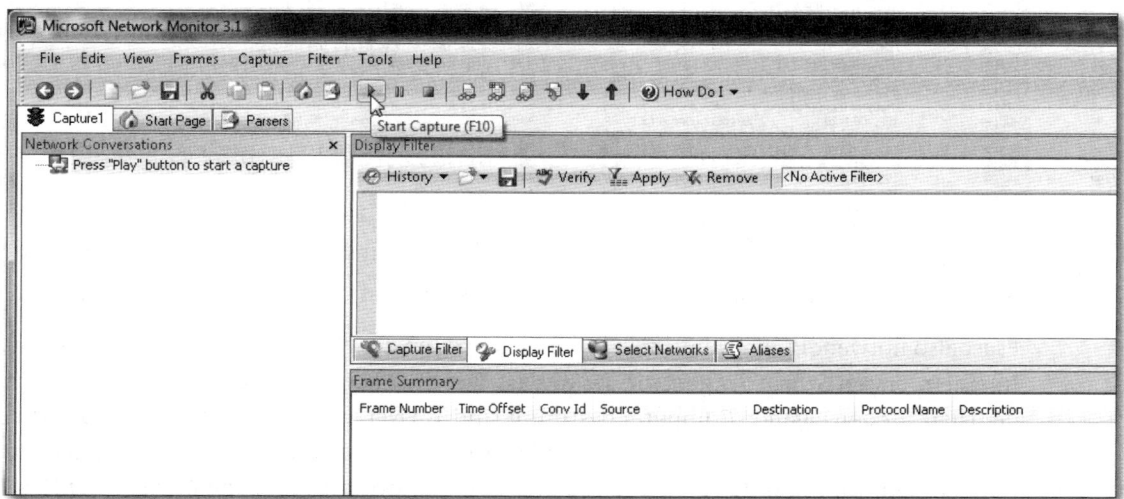

Abbildung 4.8 Den Capture-Vorgang starten Sie erwartungsgemäß mit dem »Start Capture«-Button.

Man könnte jetzt entweder direkt durch einen Klick auf den Start-Button die Messung starten oder aber zuvor noch einige Einstellungen vornehmen: Beispielsweise könnte ein CAPTURE FILTER definiert werden, mit dem festgelegt werden kann, welche Pakete überhaupt aufgezeichnet werden sollen. In diesem Beispiel definieren wir allerdings keinen Capture Filter, sondern filtern die erfassten Daten mittels eines DISPLAY FILTERS. Das Ergebnis ist letztendlich dasselbe, das Filtern bei der Aufzeichnung hat aber beispielsweise dann Vorteile, wenn Sie eine längere Aufzeichnung durchführen, bei der nur bereits im Vorfeld definierbare Pakete aufgezeichnet werden sollen (beispielsweise sämtlicher DNS-Verkehr). Mit dem Capture Filter verhindern Sie, dass Sie unter Umständen Millionen von Frames aufzeichnen, obwohl Sie nur nach einem Dutzend Paketen suchen.

In diesem Beispiel soll der Netzwerkverkehr aufgezeichnet werden, der entsteht, wenn man die Website von Galileo Press aufruft. Wenn der Netzwerkmonitor läuft, wird also die entsprechende URL im Browser aufgerufen und die Aufzeichnung gestoppt.

Das Ergebnis wird sein, dass nicht nur der erwartete Verkehr des Browsers mit der Galileo-Website erfasst wird, sondern auch jede Menge andere Frames, die zwar von dem PC, auf dem der Network Monitor läuft, verarbeitet werden, in diesem Fall aber nur von sehr untergeordnetem Interesse sind. Abbildung 4.9 zeigt einen kleinen Auszug aus der Aufzeichnung. Man erkennt beispielsweise diversen Management-Verkehr des Wireless-LANs (die Aufzeichnung wurde auf einem Vista-PC mit WLAN-Verbindung durchgeführt), diverse Broadcasts (von den Protokollen DHCP und ARP), aber natürlich auch die Pakete des zu analysierenden Kommunikationsvorgangs.

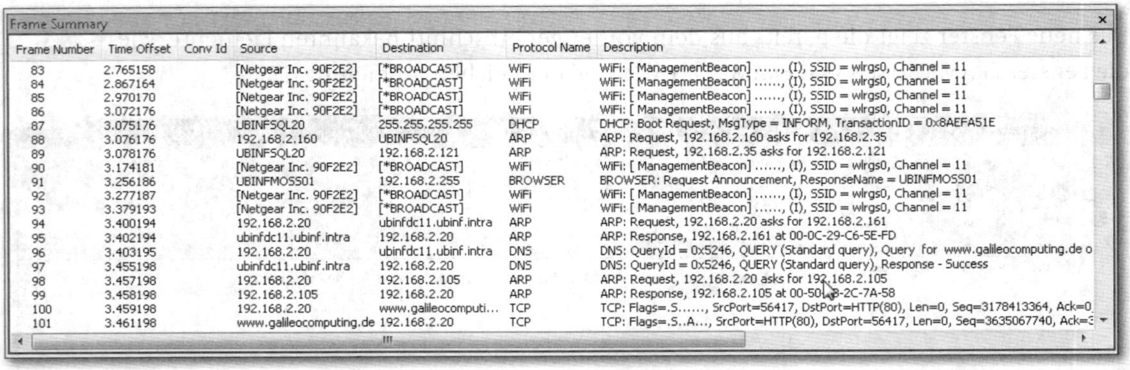

Abbildung 4.9 Die aufgezeichneten Pakete – hier muss zunächst Übersicht hineingebracht werden.

Es ist also notwendig, ein wenig die Filtermöglichkeiten des Network Monitors zu erproben. In einem ersten Schritt sorgen wir dafür, dass nur die Pakete angezeigt werden, die auch dediziert für den eigenen Computer bestimmt sind. Im Netzwerk laufen ständig Broadcasts; etliche Protokolle wie beispielsweise ARP oder DHCP basieren darauf, dass ein Computer ins Netz »hineinruft« und das gesuchte System darauf antwortet. Auch die *ManagementBeacons* im WLAN gehören zu dieser Kategorie. Somit wird also auch in einer geswitchten Umgebung Datenverkehr empfangen, der für das eigene System nicht direkt relevant ist. Solcher Datenverkehr kann sehr einfach mit einem Mausklick von der Anzeige ausgeschlossen werden. Dazu wählen Sie im Fenster NETWORK CONVERSATIONS einfach den Knoten MY TRAFFIC aus (Abbildung 4.10). Alternativ hätte man übrigens auch einen Capture Filter definieren können, der dafür sorgt, dass entweder nur der Verkehr für die eigene IP-Adresse aufgezeichnet wird oder dass keinerlei Broadcasts aufgezeichnet werden. Wie fast immer gilt: Viele Wege führen nach Rom (oder sonst wohin).

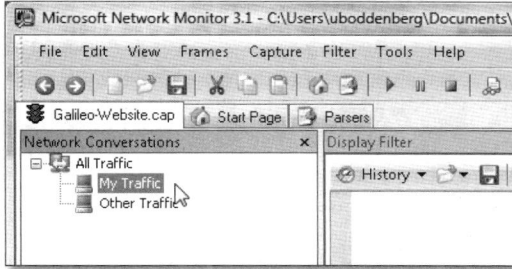

Abbildung 4.10 Durch Auswahl von »My Traffic« können mit einem Mausklick alle Pakete ausgeschlossen werden, die nicht für den eigenen Computer bestimmt sind.

Da ein PC häufig auch mit anderen Servern kommuniziert, wird trotz der Filterung auf den eigenen Datenverkehr noch einiges übrig bleiben. Wenn diese Pakete die Übersichtlichkeit der Messung noch immer zu sehr einschränken, kann man mit dem Display-Filter arbeiten. Hier gibt es zwei, übrigens kombinierbare Möglichkeiten:

▶ Sie geben den Verkehr an, den Sie anzeigen lassen möchten.

▶ Sie geben den Verkehr an, den Sie nicht anzeigen lassen möchten.

In diesem Fall wähle ich die zweite Möglichkeit und schließe den Verkehr mit der IP-Adresse 192.168.2.37 gezielt aus. (Hierbei handelt es sich um im Hintergrund laufende Zugriffe auf einen SharePoint-Server.) Der Filter wird in diesem Fall wie folgt spezifiziert:

`!(ipv4.Address==192.168.2.37)`

Nach Eingabe des Filterausdrucks klicken Sie auf APPLY, und schon wird der Filter angewendet (Abbildung 4.11). Unterhalb des Menüpunkts FILTER finden Sie übrigens diverse vordefinierte Standardfilter, die per Mausklick den benötigten Text in das Filterfenster einsetzen.

Wenn die Anzeige so weit gefiltert ist, dass eine übersichtliche Darstellung erreicht wird, kann die Analyse beginnen:

▶ Frames 94 und 95: Zunächst muss beim DNS-Server nachgefragt werden, unter welcher IP-Adresse der gesuchte Server (*www.galileocomputing.de*) zu erreichen ist. Um mit dem DNS-Server kommunizieren zu können, muss aber zunächst dessen physikalische Adresse (MAC-Adresse) ermittelt werden. Hierfür ist das ARP-Protokoll (Address Resolution Protocol) verantwortlich. In Paket 94 ist die Anfrage, in Paket 95 die Antwort zu sehen.

▶ Ist die MAC-Adresse des DNS-Servers ermittelt, erfolgt die Anfrage nach der IP-Adresse des Servers *www.galileocomputing.de*. Da der Network Monitor für das DNS-Protokoll über einen Parser verfügt, kann der Inhalt des Pakets 96 in sehr übersichtlicher Form angeschaut werden (Abbildung 4.12). Die Antwort des DNS-Servers findet sich in Paket 97 – es enthält die IP-Adresse des Galileo-Webservers, was man dank des Parsers in Abbildung 4.13 in sehr übersichtlicher Form erkennen kann.

4 Protokolle

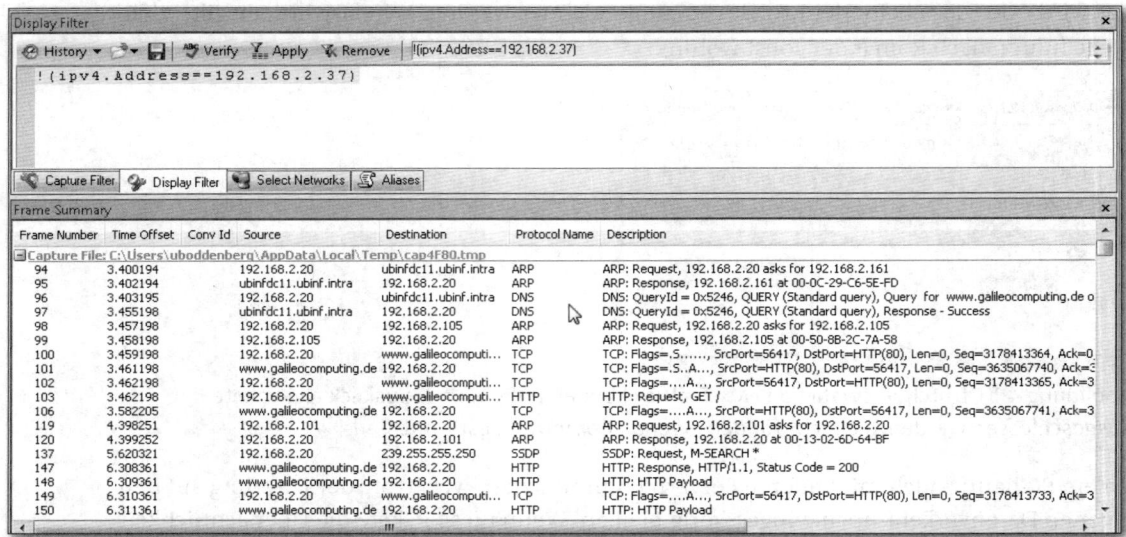

Abbildung 4.11 Um den Netzwerkverkehr von und zu einer bestimmten IP-Adresse auszuschließen, wird ein Filter eingetragen und angewendet.

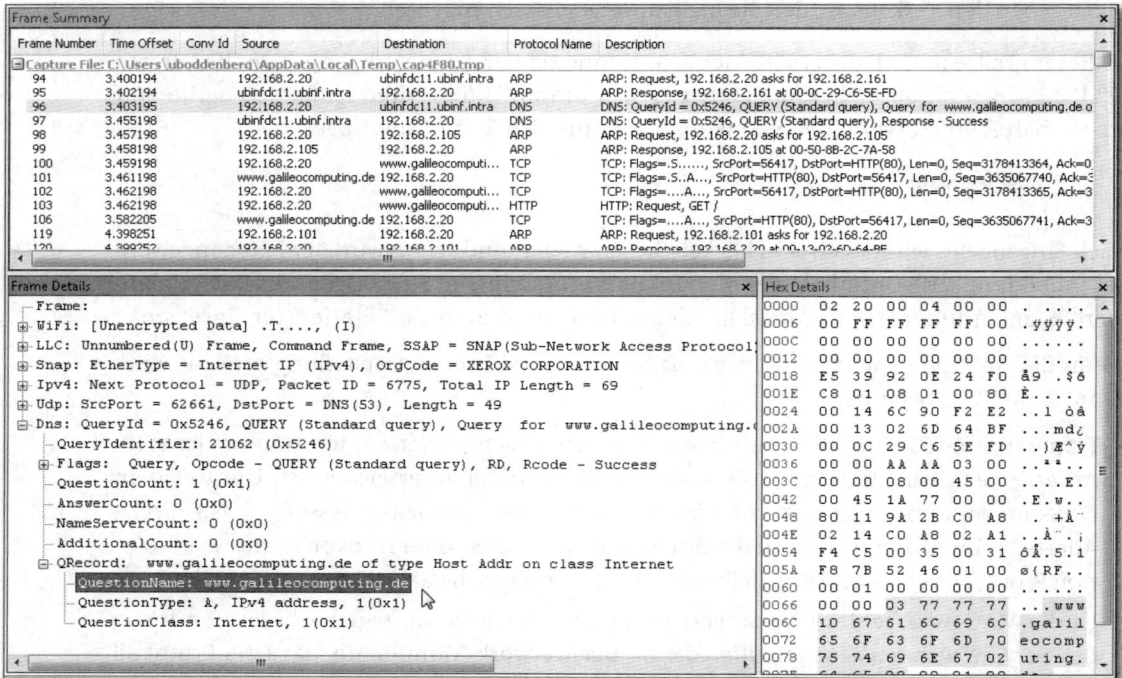

Abbildung 4.12 Paket 96: Die DNS-Abfrage nach »www.galileocomputing.de«

4.1 Mein Freund, der Netzwerkmonitor

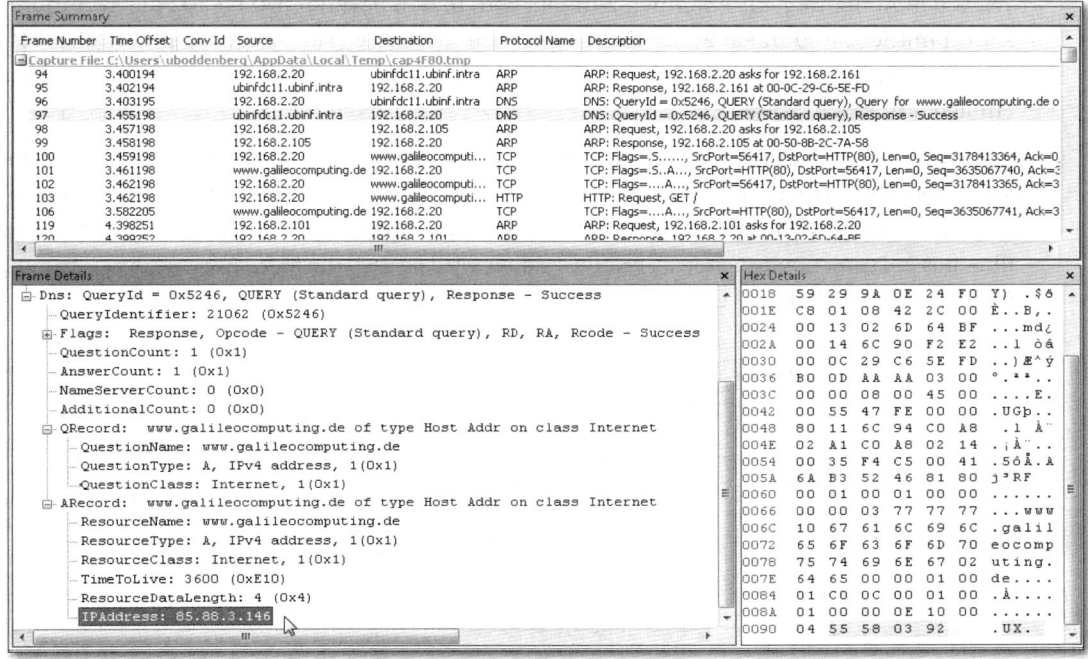

Abbildung 4.13 Die Antwort des DNS-Servers enthält die IP-Adresse.

Da der Client nun die IP-Adresse des Servers ermittelt hat, mit dem kommuniziert werden soll, kann er nun zum nächsten Schritt übergehen: Er muss eine Hardwareadresse ermitteln, also die MAC-Adresse des Zielcomputers. Da der Zielcomputer aber irgendwo im Internet steht, also zumindest außerhalb des eigenen lokalen Netzes, läuft die Kommunikation über einen Router bzw. eine Firewall. Sofern in der Konfiguration des Clients für die Kommunikation mit dem Zielhost keine speziellen Routen eingetragen sind, erfolgt die Kommunikation über das in der IP-Konfiguration eingestellte Standard-Gateway – in diesem Fall hat dieses die IP-Adresse 192.168.2.105. Der Client muss also die MAC-Adresse des Standard-Gateways ermitteln, was er mit den Paketen 98 und 99 (Abbildung 4.14, zum ARP-Protokoll siehe auch Abbildung 4.3 bis Abbildung 4.5 und Abschnitt 4.3.2).

Abbildung 4.14 Die Ermittlung der Hardwareadresse des Gateways

Wie Sie in Abbildung 4.15 erkennen können, wird in den Paketen 100 bis 102 die Kommunikation initiiert, und in Paket 103 findet sich dann der erste HTTP-Request. Da es selbstverständlich für das HTTP-Protokoll einen Parser gibt, können die »Nutzdaten« des Pakets sehr einfach untersucht werden.

Anzumerken wäre, dass als Kommunikationspartner im Network Monitor immer *www.galileocomputing.de* angegeben ist. Das stimmt prinzipiell natürlich auch, zu bedenken ist aber, dass mit einem Zielhost außerhalb des lokalen Netzwerks immer ein Verbindungsaufbau über das entsprechende Gateway erfolgt – daher wird ja auch die MAC-Adresse des Gateways in den Paketen 98 und 99 ermittelt.

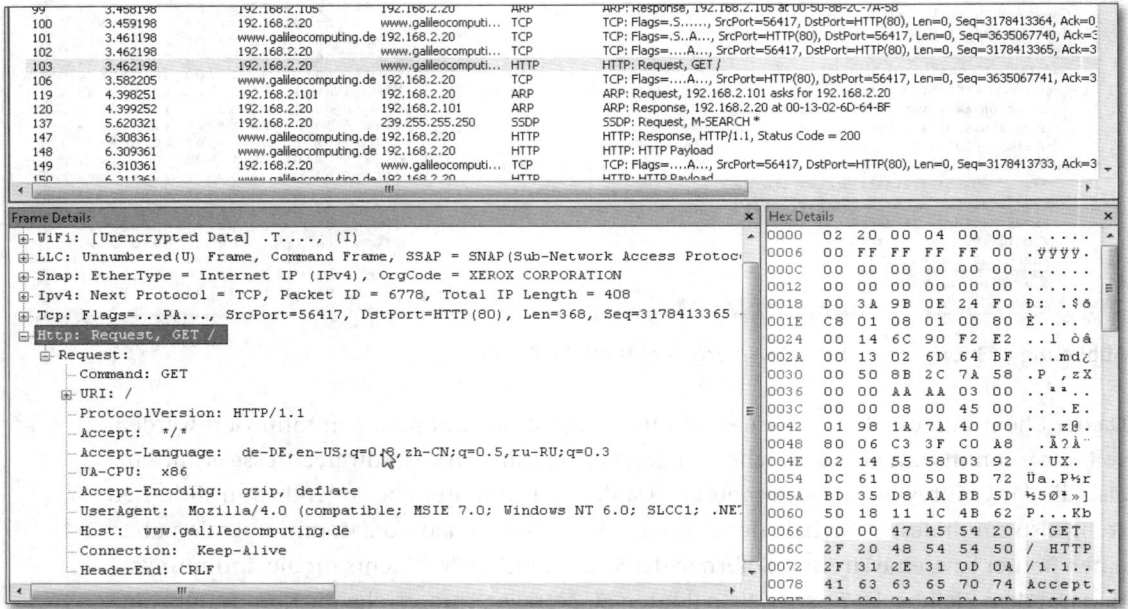

Abbildung 4.15 Der HTTP-Verkehr wird dank des Parsers ebenfalls übersichtlich dargestellt – hier ein HTTP-GET-Request.

Wir könnten uns nun die Einzelheiten der HTTP-Kommunikation anschauen – an dieser Stelle geht es mir aber nur um die prinzipielle Herangehensweise an die Arbeit mit dem Network Monitor.

Der erfasste Datenverkehr kann natürlich auch abgespeichert werden, sei es zum Verschicken oder für die Analyse zu einem späteren Zeitpunkt. Die entsprechende Funktion rufen Sie über den Menüpunkt FILE • SAVE AS auf. Beim Speichern können Sie wählen, ob alle erfassten Frames oder nur eine bestimmte Auswahl (angezeigte, ausgewählte, angegebene) gespeichert werden sollen (Abbildung 4.16).

Abbildung 4.16 Abspeichern des mitgeschnittenen Datenverkehrs

In diesem Abschnitt haben Sie im Schnelldurchlauf gesehen, wie man mit dem Netzwerkmonitor den Datenverkehr aufzeichnet, filtert und analysiert. Die Handhabung der Software ist nicht weiter kompliziert, die Schwierigkeit liegt eher darin, dass viele Kommunikationsvorgänge eben nicht so simpel sind wie der hier gezeigte Aufbau einer HTTP-Kommunikation. Teilweise müssen auch Daten bei mehreren beteiligten Systemen (gegebenenfalls bei einem Client und mehreren Servern) aufgezeichnet werden, um ein vollständiges Bild zu erhalten. Zugegebenermaßen ist die Analyse des Netzwerkverkehrs nicht unbedingt unterhaltsam – trotzdem sei jedem, der sich ernsthaft mit Netzwerksystemen beschäftigt, dringend empfohlen, ein wenig in diese Welt hineinzuschnuppern.

4.2 IPv4 vs. IPv6

Spricht man ganz allgemein über Netzwerkprotokolle, denken die meisten Personen vermutlich zunächst an TCP/IP. Ich möchte in diesem Buch nicht die Grundlagen des IP-Protokolls durchkauen, da diese jemandem, der sich professionell mit Windows Server 2012 beschäftigt, geläufig sein dürften.

Bei Implementationen von Windows Server 2012, insbesondere bei Arbeiten im Active Directory-Umfeld, stellen mir viele Kunden die Frage: »Uli, sollten wir nicht gleich auch IPv6 einführen?« Ist ein Unternehmen hinreichend modern ausgestattet, also mit Windows Server 2003/2008/2012 und Windows 7/8/8.1 im Client-Umfeld, liegt der Gedanke nahe, dass eine nachhaltige Einführung von IPv6 gar nicht so kompliziert sein kann, zumal IPv6 ja bereits durch Autokonfiguration, Neighbour Discovery und diverse andere Möglichkeiten einigermaßen »handhabbar« erscheint.

Um es gleich vorwegzunehmen: Derzeit gibt es meines Erachtens für die IT-Abteilungen in mittelständischen Unternehmen deutlich wichtigere Dinge zu tun, als sich ausgerechnet mit der Einführung von IPv6 zu beschäftigen. Es ist keine Frage, dass IPv6 irgendwann auf der Tagesordnung stehen wird, aber es gibt derzeit noch etliche Aspekte, die dagegen sprechen, sofort darauf zu setzen:

- *Netzwerkinfrastruktur*: Windows Server 2008/2012 (und auch WS 2003 auf entsprechendem Patchlevel) sowie die aktuellen Client-Betriebssysteme (Vista/7/8/8.1 und XP auf entsprechendem Patchlevel) unterstützen IPv6. Gut! Vermutlich wird aber nur ein kleiner Teil der sonstigen Netzwerkkomponenten tatsächlich IPv6 unterstützen, geschweige denn dafür konfiguriert sein. Ich denke hier an Router, Firewalls, Switches, WLAN-Access-Points, Netzwerkdrucker und sonstiges Equipment. Sind im Netz noch reine IPv4-Komponenten vorhanden, müssen Sie entweder die IPv4- und IPv6-Infrastruktur parallel betreiben oder aber Umsetzungstechnologien wie *ISATAP*, *6to4* oder *Teredo* einsetzen. Das kann man alles machen, es ist aber nicht unbedingt simpel.

  Es ist keine Frage, dass Sie bei Neuanschaffungen im Netzwerkbereich unbedingt auf IPv6-Fähigkeit achten sollten – solange aber der überwiegende Teil der Komponenten nur IPv4 beherrscht, wird eine IPv6-Einführung unnötig kompliziert.

- *Das europäische Internet*: Man spricht zwar davon, dass die IPv4-Adressen knapp werden, die Situation ist im asiatischen Raum allerdings deutlich kritischer als im europäischen – ich vermute die Mehrheit der Leser in Europa, obwohl ich bereits auch eine Leserzuschrift aus China bekommen habe. In Europa sind viele Provider demzufolge gar nicht so sehr bemüht, möglichst schnell auf den IPv6-Zug aufzuspringen und ihre Kunden dafür zu begeistern. Nun ist festzuhalten, dass man ein Unternehmensnetz mit einigen Hundert, einigen Tausend oder auch einigen Zehntausend PCs ganz prima mit der »alten« IP-Technologie aufbauen kann. Interessant wird es dann schon eher, das IPv6-Internet zu integrieren und die Vorteile zu nutzen. Solange aber viele Provider noch nicht so ohne Weiteres in der Lage sind, ganz selbstverständlich IPv6-Adressbereiche an ihre Kunden zu vergeben, sehe ich keine zwingende Notwendigkeit, das lokale Netz mit großen Anstrengungen komplett auf IPv6 zu migrieren.

Es sollte nicht unerwähnt bleiben, dass IPv6 keine triviale Technologie ist. Insbesondere in Unternehmen, die über mehrere Standorte verteilt sind, muss man sich schon einigermaßen intensiv Gedanken über Routing-Strukturen, Adressvergabe, Namensauflösung und dergleichen mehr machen. Auch der Übergang vom lokalen IPv6-Netz in das IPv6-Internet muss sorgfältig konzipiert und umgesetzt werden. Der Gedanke, dass man im Zuge des ersten Windows Server 2008/2012-Systems »mal eben schnell« auch IPv6 implementiert, ist also maximal unrealistisch.

Noch ein weiterer Aspekt wäre an dieser Stelle zu nennen: Wenn Sie zu Ihrem Geschäftsführer gehen und ihm die Idee IPv6-Einführung vorstellen, werden Sie ihm erklären müssen, wo der konkrete Business Value liegt – also wie und warum das Unternehmen mehr Geld verdient, wenn es IPv6 einführt. Schließlich ist die IPv6-Einführung ein teures Vergnügen, weil Sie vermutlich jede Menge Equipment (z.B. neue Router und Switches) kaufen müssen und sich intensiv mit der Thematik befassen oder externe Consulting-Leistung einkaufen müssen.

Es ist völlig klar, dass Ihr Unternehmen irgendwann den IPv6-Schritt gehen muss – es dürfte aber ziemlich schwierig bzw. unmöglich sein, Argumente dafür zu finden, warum man das heute und nicht in drei Jahren tun muss.

4.2.1 Unterschiede

Tabelle 4.1 zeigt Ihnen einige technische Aspekte und Begriffe im Vergleich zwischen IPv4 und IPv6.

IPv4-Adressen	IPv6-Adressen
Internet address classes	Nicht verfügbar in IPv6
Multicast addresses (224.0.0.0/4)	IPv6 multicast addresses (FF00::/8)
Broadcast addresses	Not applicable in IPv6
Unspecified address is 0.0.0.0	Unspecified address is ::
Loopback address is 127.0.0.1	Loopback address is ::1
Public IP addresses	Global unicast addresses
Private IP addresses (10.0.0.0/8, 172.16.0.0/12, and 192.168.0.0/16)	Site-local addresses (FEC0::/10)
Autoconfigured addresses (169.254.0.0/16)	Link-Local Addresses (FE80::/64)
Textdarstellung: Dezimale Darstellung, getrennt durch Punkte	Textdarstellung: Hexadezimale Darstellung, getrennt durch Punkte.
Darstellung der Netzwerk-Bits: Subnetzmaske in dezimaler Darstellung, getrennt durch Punkte oder Präfixlänge	Darstellung der Netzwerk-Bits: nur Präfixlänge

Tabelle 4.1 Tabellarischer Vergleich zwischen IPv4 und IPv6

IPv4-Adressen	IPv6-Adressen
DNS-Namensauflösung: IPv4 host address (A) resource record	DNS-Namensauflösung: IPv6 host address (AAAA) resource record
DNS reverse Namensauflösung: IN-ADDR.ARPA domain	DNS reverse Namensauflösung: IP6.ARPA domain

Tabelle 4.1 Tabellarischer Vergleich zwischen IPv4 und IPv6 (Forts.)

4.2.2 IPv6 – die Adressierung

Die klassischen IP-Adressen, die aus vier Bytes bestehen (ww.xx.yy.zz) bezeichnet man als IPv4-(Version-4-)Adressen. Schon seit geraumer Zeit wird darüber gesprochen, dass diese Adressen relativ schnell knapp werden. Zumindest in Europa ist zwar dem Vernehmen nach noch keine dramatische Adressknappheit eingetreten – es ist aber nur eine Frage der Zeit.

IPv4 unterstützt 2^{32} Adressen. In leichter vorstellbarer Notation ergibt das 4.294.967.296 Adressen, also etwas über 4 Milliarden. Wenn man überlegt, dass in Zukunft jede Uhr, jeder Kühlschrank und jeder Heizkörper eine IP-Adresse haben wird, wird klar, dass in absehbarer Zeit etwas geschehen muss. Als IPv4 in den 1970er-Jahren entwickelt wurde, war es absolut undenkbar, dass dieser Adressraum einmal knapp werden könnte.

Die – übrigens gar nicht mal so neue – Antwort auf das Adressproblem heißt IPv6. Der neue Adressstandard arbeitet mit 128-Bit-Adressen, sodass die Anzahl der Adressen 2^{128} beträgt. Weil ich diese lange Zahl unglaublich faszinierend finde, möchte ich Sie Ihnen einmal ausgeschrieben zeigen:

2^{128} = 340.282.366.920.938.463.463.374.607.431.768.211.456

Für diese Zahl kenne ich übrigens keinen Namen. Warten wir einmal ab, ob auch dieser Adressraum in 30 Jahren knapp wird.

Adresssyntax

Die 32-Bit-IPv4-Adressen werden in 8-Bit-Gruppen unterteilt. Weil sich 11000000 10101000 1100100 11001001 für einen Menschen ziemlich schlecht liest, gibt man die vier 8-Bit-Werte in dezimaler Notation an, sodass die zuvor genannte Adresse als 192.168.100.201 geschrieben wird.

Bei den 128-Bit-IPv6-Adressen wird ähnlich vorgegangen. Zunächst sehen Sie eine IPv6-Adresse in binärer Notation:

0010000000000001000011011011100000000000000000000000101111001110110000000101010100000000011111111111111110001010001001110001011010

Die Begeisterung eines menschlichen Betrachters dürfte sich bei diesem Anblick in Grenzen halten.

Man hat sich darauf verständigt, diese Adressen in 16-Bit-Gruppen zu unterteilen, sodass sich diese Notation ergibt:

0010000000000001 0000110110111000 0000000000000000 0010111100111011 0000001010101010 0000000011111111 1111111000101000 1001110001011010

Und damit Administratoren keine Krise beim Eingeben von Adressen bekommen, hat man sich auf eine hexadezimale Darstellung der Gruppen geeinigt, sodass die Adresse schließlich wie folgt aussieht:

2001:0DB8:0000:2F3B:02AA:00FF:FE28:9C5A

Da IPv6-Adressen des Öfteren größere Mengen von Blöcken enthalten, die nur aus Nullen bestehen, gibt es die Möglichkeit, diese Nullen-Blöcke nicht zu schreiben. Hierzu direkt ein Beispiel: Die Adresse FE80:0:0:0:2AA:FF:FE9A:4CA2 kann verkürzt als FE80::2AA:FF:FE9A:4CA2 notiert werden. Das bedeutet, dass eine Anzahl von nebeneinanderliegenden Nullen-Blöcken durch :: ersetzt werden kann. Wie viele Blöcke tatsächlich weggelassen wurden, kann leicht ermittelt werden, weil eine IPv6-Adresse insgesamt immer 8 Blöcke (128 Bit) umfasst.

Hier noch ein umgekehrtes Beispiel: Die verkürzt geschriebene Adresse FF02:30::5 (drei Blöcke) ergibt in der Langform FF02:30:0:0:0:0:0:5.

Zu erwähnen wäre an dieser Stelle, dass es ebenso wie bei IPv4 auch eine Subnetzmaske gibt, mit der definiert wird, wo der »Netz-Teil« der Adresse beginnt.

Adresstypen

Für IPv6 sind die folgenden drei Adresstypen definiert:

- *Unicast*: Eine Unicast-Adresse ist einem Netzwerk-Interface eines Hosts zugewiesen. Dies ist letztendlich »die normale IPv6-Adresse«.
- *Multicast*: Über eine Multicast-Adresse werden null bis beliebig viele Netzwerk-Interfaces eines oder beliebig vieler Hosts angesprochen.
- *Anycast*: Eine Anycast-Adresse steht sozusagen stellvertretend für beliebig viele Unicast-Adressen. Die Routing-Topologie sorgt dafür, dass die an die Anycast-Adresse gesendeten Pakete stets zu der nächsten Unicast-Adresse (bezogen auf die Routing-Distanz) gesendet werden.

Beim flüchtigen Lesen wird vielleicht der Unterschied zwischen Multicast und Anycast nicht ganz klar, daher möchte ich das noch etwas deutlicher formulieren:

- *Multicast* wird verwendet, wenn ein Host an viele andere Hosts sendet. Ein typisches Beispiel ist das Broadcasting von Multimedia-Inhalten an viele Clients.

- In einem *Anycast*-Szenario kommuniziert ein Host mit einem Zielhost. Im Gegensatz zu einem Unicast-Szenario wird der Kommunikationspartner aber durch die Routing-Topologie ermittelt.

Die Unicast-Adressen unterteilen sich wiederum in sechs unterschiedliche Typen:

- *Link-Local Addresses*: Diese IPv6-Adressen werden automatisch allen physikalischen und virtuellen Netzwerkschnittstellen hinzugefügt. Diese Adressen sind nur im lokalen Netzwerksegment erreichbar, können also nicht geroutet werden. Sie sind mit den 169.254.0.0/16-Adressen aus der IPv4-Welt vergleichbar.
- *Site-Local Addresses*: Diese Adressen sind eigentlich als Äquivalent zu den privaten IPv4-Adressen gedacht gewesen, wurden aber in RFC3879 wieder »abgeschafft«. Für den Aufbau eines privaten gerouteten Netzes werden die Unique Local Addresses verwendet.
- *Unique Local Addresses*: Diese Adressen können im gesamten internen Netz geroutet werden, sind aber nicht über das Internet erreichbar. Aufgrund der Abschaffung der Site-Local Addresses fungieren die Unique Local Addresses als Äquivalent zu den privaten IPv4-Adressräumen.
- *Global Unicast Addresses*: Diese Adressen können im IPv6-Internet geroutet werden. Man kann sie mit den öffentlichen IPv4-Adressen vergleichen.
- *Special Addresses*: Hier sind verschiedene »spezielle« Adressen zusammengefasst. Ein Beispiel wäre die Loopback-Adresse.
- *Transition Addresses*: Zur Gewährleistung der Koexistenz von IPv4 und IPv6 sind spezielle Adressräume und -typen definiert.

Einige Adresstypen werde ich in den folgenden Abschnitten etwas genauer beschreiben:

Link-Local Addresses

Die *Link-Local Addresses* werden von einem IPv6-Host automatisch erzeugt. Auch wenn Sie bislang in Richtung IPv6 noch nichts unternommen haben, sind diese Adressen vorhanden. Ein Aufruf von `ipconfig` auf einem Windows Server 2008/2012-System (oder auf einem Vista/7/8/8.1-System oder einem XP/WS2003 mit installiertem IPv6) wird unter anderem die VERBINDUNGSLOKALE IPv6-ADRESSE, also die *Link-Local Address*, zutage fördern. In Abbildung 4.17 ist ein Windows Server 2008-System gezeigt, bei dem bislang keinerlei IPv6-Konfigurationsschritte unternommen worden sind. Trotzdem ist die VERBINDUNGSLOKALE IPv6-ADRESSE vorhanden.

Auch in einem weiter nicht auf die Verwendung von IPv6 vorbereiteten Netz funktioniert die Kommunikation über die Link-Local Addresses. Abbildung 4.18 zeigt, wie ein Vista-Client einen Windows Server 2008 anpingt – es klappt!

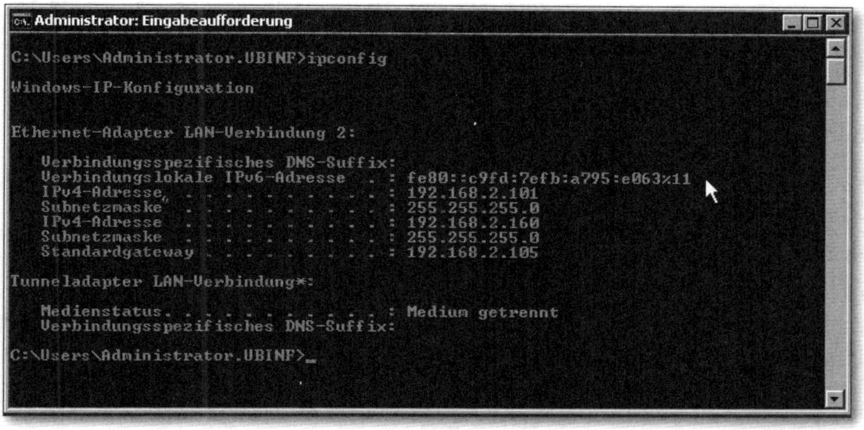

4.2 IPv4 vs. IPv6

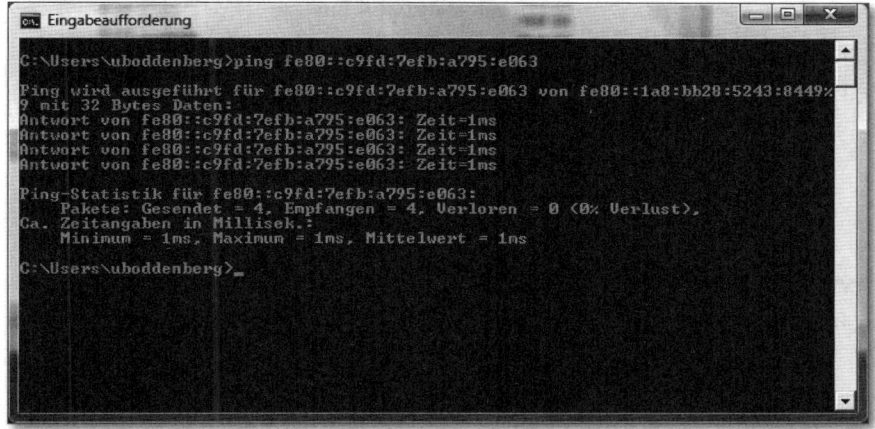

Abbildung 4.17 »ipconfig« zeigt die automatisch erzeugte Link-Local Address.

Abbildung 4.18 Netzwerkverkehr über die Link-Local Addresses funktioniert auf Anhieb.

Bei aller Euphorie über die IPv6-Kommunikation zwischen den beiden Systemen sei aber darauf hingewiesen, dass das noch sehr weit von einer funktionierenden nachhaltigen IPv6-Implementation entfernt ist:

- Zunächst funktionieren die Link-Local Addresses wie zuvor erwähnt nur im lokalen Netzwerksegment.
- Da für IPv6 kein DNS-Server verfügbar ist, wird der Host sich mit dieser Adresse nicht im DNS registrieren. Somit werden andere Systeme nur dessen IPv4-Adresse finden.

Einige weitere Punkte wären dieser Aufzählung noch hinzuzufügen. Trotzdem lässt sich festhalten, dass die IPv6-Kommunikation über die Link-Local Addresses grundsätzlich funktioniert.

Die Link-Local Addresses werden aus einem genau festgelegten Adressbereich vergeben. In Abbildung 4.19 habe ich das ein wenig visualisiert:

- Die nichtroutbare Netzwerkadresse ist 64 Bits lang, und für die Identifizierung des Hosts im LAN stehen ebenfalls 64 Bits zur Verfügung.
- Die ersten 10 Bits einer Link-Local Address lauten immer 1111 1110 10. Wenn man einmal nachrechnet, entspricht die Binärzahl 1111 1110 der hexadezimalen FE.
- Die weiteren 54 Bits der Netzwerkadresse werden mit Nullen aufgefüllt. Demzufolge hat der erste 16-Bit-Block den Wert 1111 1110 1000 0000. Konvertiert man diese Zahl ins hexadezimale System, kommt FE80 heraus. Wenn Sie zu Abbildung 4.17 zurückblättern, werden Sie sehen, dass FE80 der Block der Link-Local Address des Systems ist.

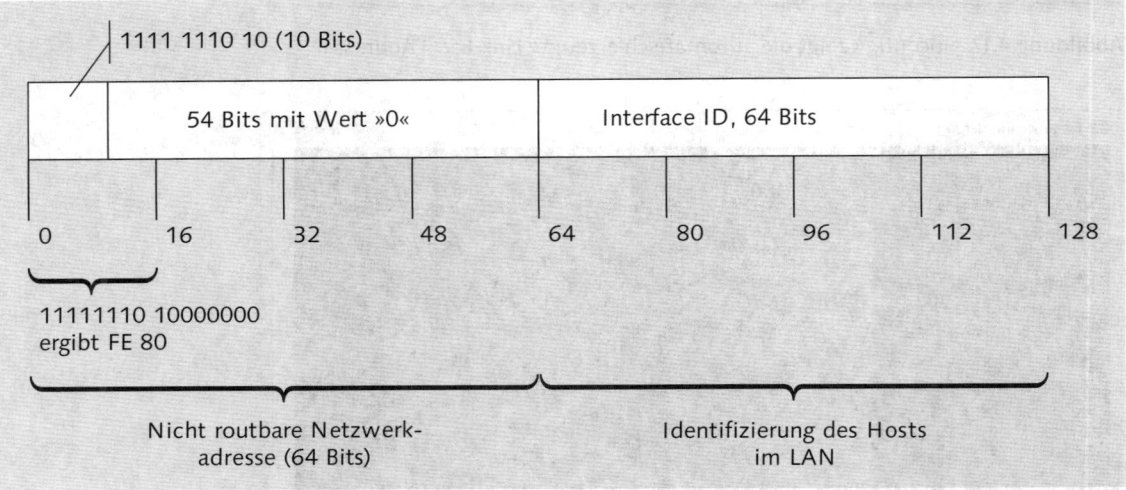

Abbildung 4.19 Link-Local Addresses

Unique Local Addresses

In der IPv4-Welt kennt man die für private Netze reservierten Adressbereiche, also 10.0.0.0/8, 172.16.0.0/12 und 192.168.0.0/16. Auch in der IPv6-Welt gibt es solche Adressbereiche. Diese nennt man *Unique Local Addresses*.

Mithilfe von Unique Local Addresses können Unternehmen und Organisationen eigene komplexe IPv6-Netze aufbauen. Der Aufbau dieses Adresstyps ist in Abbildung 4.20 gezeigt:

- Die ersten 7 Bits einer Unique Local Address sind stets 111 101. Das achte Bit ist das Local-Flag, das anzeigt, dass es sich um eine lokale Adresse (d.h. eine nicht im Internet geroutete Adresse) handelt. Dieses Bit ist immer 1, schließlich geht es hier ja um Unique *Local* Addresses; der Wert 0 ist übrigens nicht definiert.

Folglich beginnt eine Unique Local Address stets mit 1111 1101, woraus sich für den ersten Block FD00 ergibt.

- In den nächsten 40 Bits kann das jeweilige Unternehmen bzw. die jeweilige Organisation für jeden Standort (in der englischen Literatur: *Site*) eine Global ID bestimmen. Diese kann frei gewählt werden, allerdings wird empfohlen, diese zufällig zu wählen. Der Grund dafür ist, dass bei einer möglichen Unternehmensfusion, bei der zusätzliche Standorte zum Gesamtnetz hinzukommen, keine Überlappung der Adressbereiche zu erwarten ist. Bei 2^{40} (= 1.099.511.627.776) Möglichkeiten müsste man schon sehr viel Pech haben, wenn für zwei Standorte zufällig dieselbe Global ID gewählt wurde.
- Die folgenden 16 Bits definieren das Subnetz innerhalb des Standorts.
- Es folgt die 64 Bit lange *Interface ID*, die die Netzwerkschnittstellen der Hosts im lokalen Netzwerksegment definiert.

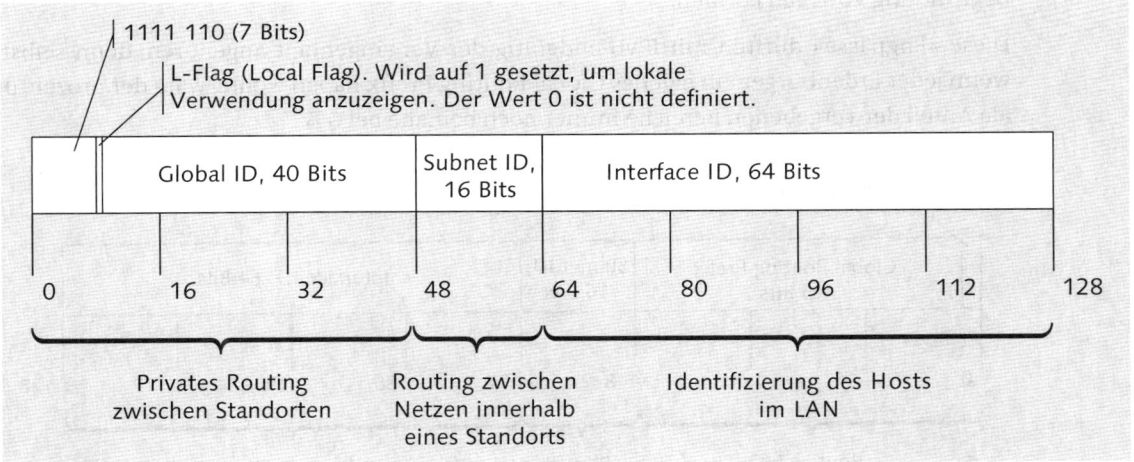

Abbildung 4.20 Aufbau einer Unique Local Address

Im Gegensatz zu den Link-Local Addresses werden Unique Local Addresses nicht »von selbst« vergeben, sondern müssen konfiguriert werden – besser gesagt muss die Vergabe der Adressen konfiguriert werden.

Global Unicast Addresses

Global Unicast Addresses sind sozusagen die öffentlichen Internetadressen. Diese werden benötigt, um Daten durch das Internet zu transportieren. In Abbildung 4.21 ist der Aufbau dieser Adressen gezeigt:

- Bei einer Global Unicast Address sind die ersten drei Bits stets auf 001 gesetzt. Da für die Definition des Global Routing Prefixes dann noch 45 Bits verbleiben, können 35.184.372.088.832 (35 Billionen!) Bereiche für die Standorte von Unternehmen/Organisationen vergeben werden.
- Mit den nächsten 16 Bits werden die unterschiedlichen Netze des jeweiligen Unternehmensstandorts beschrieben.
- Es folgt die 64 Bit lange Interface ID, die die Netzwerkschnittstellen der Hosts im lokalen Netzwerksegment definiert.

Zugegebenermaßen ist man bei dem Design von IPv4 wohl niemals auch nur entfernt auf den Gedanken gekommen, dass der Adressraum irgendwann knapp werden könnte – was dann aber doch passiert ist. Um in der heutigen IPv4-Welt ein eigenes C-Netz aus dem offiziellen Internetadressbereich zu erhalten, muss man schon eine einigermaßen plausible Begründung vorlegen können.

Diese »Engpässe« dürften mit IPv6 endgültig der Vergangenheit angehören, denn selbst, wenn jeder Erdenbürger ein eigenes Global Routing Prefix haben wollte, wäre der prozentuale Anteil der vergebenen Bereiche immer noch beinahe bei 0 %.

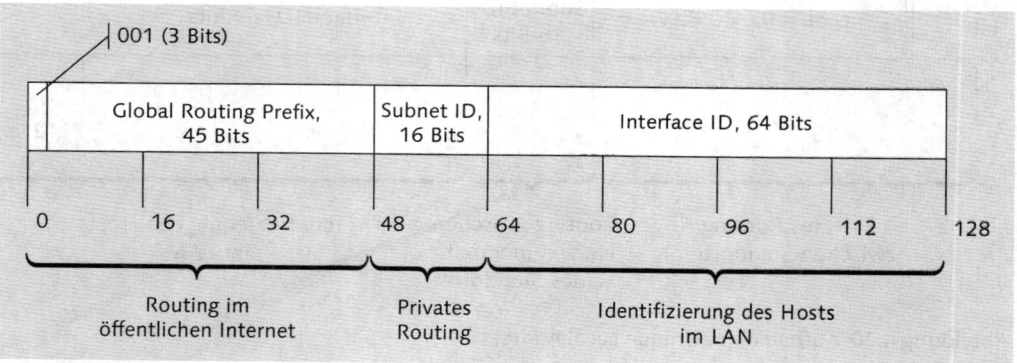

Abbildung 4.21 Aufbau einer Global Unicast Address

4.2.3 Vergabe von IPv6-Adressen

Es steht Ihnen selbstverständlich frei, IPv6-Adressen (genauer: Global Unicast Addresses oder Unique Local Addresses) per Hand zu vergeben. Da dies aber eher mühselig ist, haben die Entwickler von IPv6 natürlich Möglichkeiten für die automatische Adressvergabe vorgesehen, wobei es drei Varianten gibt:

- *Stateless*: In diesem Konfigurationsmodus erhält das IPv6-System die Adressinformationen (insbesondere über das Netz, in dem es sich befindet) über einen Router. Die eigentliche Host-Adresse ermittelt der Client dann selbst.

Ein DHCPv6-Server ist hierbei nicht notwendig, kann aber verwendet werden, um zusätzliche Konfigurationsinformationen, wie beispielsweise die Adressen von DNS-Servern und dergleichen, bereitzustellen (siehe Variante *Both*).

- *Stateful*: Man spricht von einer *Stateful Configuration*, wenn die Adressvergabe durch einen DHCP-Server erfolgt. Dies ist dann der Fall, wenn die Antwort des Routers dies erzwingt oder aber wenn in dem Netz kein Router vorhanden ist (oder zumindest keiner, der IPv6-Router Advertising Messages versendet).
- *Both*: Ein Mischbetrieb ist möglich, wie bereits zuvor angedeutet wurde. Die eigentliche Adressvergabe kann *stateless* erfolgen, wobei der Router per Flag (*Managed Address Configuration* oder *Other Stateful Configuration*) vorgeben kann, dass das IPv6-System weitere Konfigurationsoptionen mittels DHCPv6 beziehen soll. Diese zusätzlichen Konfigurationsoptionen können beispielsweise das Standard-Gateway, die Adressen der DNS-Server und dergleichen mehr sein.

Aus Sicht des IPv6-Clients ist die automatische Adresskonfiguration nicht allzu spannend. Dafür muss man sich umso mehr mit den Routern auseinandersetzen. Dieser Themenbereich geht weit über die Zielsetzung dieser kurzen Einführung in IPv6 hinaus. Ich möchte aber erwähnen, dass ein Windows Server 2008/2012 als nativer IPv6-Router konfiguriert werden kann und somit die für die Stateless Autoconfiguration benötigte Rolle übernehmen kann. Falls Sie ein paar Stichworte zum Weitersuchen benötigen, gebe ich Ihnen hier den Befehl an, mit dem das Routing für ein Netzwerk-Interface aktiviert wird:

```
netsh interface ipv6 set interface "Local Area Connection" forwarding=enabled advertise=enabled
```

> **Stateful Address Configuration**
>
> An dieser Stelle sei darauf hingewiesen, dass die IPv6-Implementationen für Windows XP und Windows Server 2003 keine Stateful Address Configuration unterstützen. Vista/7/8/8.1 und Windows Server 2008/2012 unterstützen alle Modi.
>
> Ich möchte an dieser Stelle nicht zu sehr ins Detail gehen, empfehle aber allen Interessierten, nach dem Stichwort *Neighbor Discovery* zu suchen und weiterzulesen. Über diesen Mechanismus werden folgende Aufgaben abgewickelt:
>
> - Identifizieren von Routern im Netzwerk
> - Identifizieren der eigenen IP-Adressen, Präfixe und sonstiger Konfigurationsaspekte
> - Auflösen der Layer-2-Adressen, vergleichbar dem ARP-Protokoll bei IPv4

4.2.4 Abschalten von IPv6

Auch wenn Sie sich (zunächst) dafür entscheiden, keine ganzheitliche IPv6-Struktur zu planen, können Sie IPv6 auf Vista/7/8/8.1- und Windows Server 2008/2012-Systemen im Allgemeinen problemlos mitlaufen lassen.

Es gibt allerdings durchaus Situationen, in denen ein aktives IPv6 »lästig« ist oder sogar zu Problemen führt. Ein Beispiel für den ersten Fall ist die Installation des DHCP-Servers: Ist IPv6 aktiv, besteht der Konfigurationsassistent ziemlich penetrant auf einer festen IPv6-Adresse.

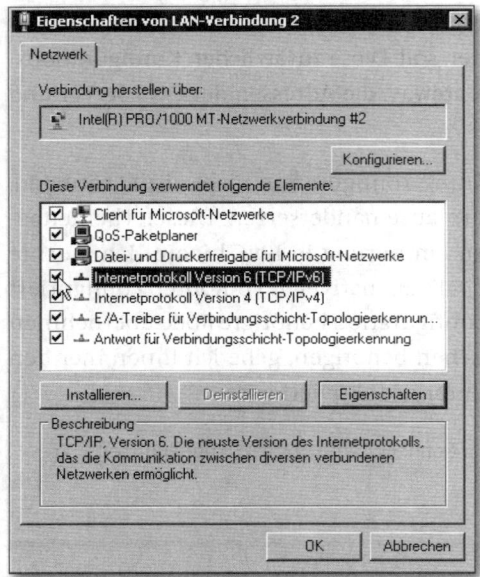

Abbildung 4.22 IPv6 kann deaktiviert, aber nicht deinstalliert werden.

IPv6 kann bei Windows Server 2008/2012 und Windows Vista/7/8/8.1 nicht deinstalliert, sondern nur deaktiviert werden – ebendies gilt übrigens auch für IPv4. Sie können IPv6 entweder für jedes Netzwerk-Interface einzeln deaktivieren (Abbildung 4.22) oder mittels eines Registry-Keys die IPv6-Funktionalität für das gesamte System abschalten. Der Name des Registry-Keys lautet:

Hkey_Local_Machine\System\CurrentControlSet\Services\Tcpip6\Parameters\DisabledComponents

Er ist vom Typ DWORD. Um die IPv6-Funktionalität komplett abzuschalten, muss als Wert 0xFF gesetzt werden. Anzumerken wäre, dass die unterschiedlichen IPv6-Komponenten mittels dieses Werts (Bitmaske!) selektiv deaktiviert werden können. 0xFF ist sozusagen der »Hauptschalter«.

4.3 Einige grundlegende Netzwerkprotokolle

In einer modernen Netzwerkumgebung gibt es eine Unmenge von Netzwerkprotokollen, die man als wichtig und grundlegend einstufen könnte. So könnte man beispielsweise argumentieren, dass die heutige Welt ohne das HTTP-Protokoll eigentlich undenkbar wäre und dass in einer Umgebung mit Outlook und Exchange das MAPI-Protokoll eines der meistgenutzten Protokolle im Netz ist. Gut, das ist alles richtig, aber für diesen Abschnitt habe ich folgende Kriterien bei der Auswahl der zu besprechenden Protokolle angelegt:

- Ich möchte nicht zu sehr in die Theorie abdriften – daher bespreche ich beispielsweise nicht TCP und UDP. Das wäre zwar auch nicht uninteressant, aber schließlich soll es in dem vorliegenden Buch schwerpunktmäßig um den Windows Server 2012 und weniger um Protokolltheorie gehen.
- Ich möchte auch nicht zu sehr in die Anwendungsschicht gehen, sondern mich auf einige Basisprotokolle konzentrieren. Was könnte mehr Basisprotokoll sein als DHCP, ARP und DNS?

Ich gehe zwar davon aus, dass jeder, der sich professionell mit IT-Systemen beschäftigt, grundsätzlich weiß, was diese Protokolle tun, ich denke aber, dass eine etwas tiefergehende Betrachtung, unter anderem mit dem Netzwerkmonitor, nicht schaden kann. Zumal ich in der Praxis immer wieder sehe, dass bereits bei diesen grundlegenden Protokollen Probleme auftreten – die aber im Allgemeinen noch vergleichsweise einfach zu diagnostizieren sind.

> **Hinweis**
> In den folgenden drei Abschnitten geht es weniger um die konkrete Konfiguration, sondern um die Funktionsweise des jeweiligen Protokolls. Mehr über die Einrichtung und Einstellungen erfahren Sie in den entsprechenden Abschnitten des Buchs.

4.3.1 DHCP – Dynamic Host Configuration Protocol

Das DHCP-Protokoll wird verwendet, um Systemen eine IP-Adresse nebst grundlegenden Konfigurationsparametern zuzuweisen. Diese Parameter können beispielsweise das Standard-Gateway, die DNS-Server und dergleichen mehr sein.

Der grundlegende Ablauf ist in Abbildung 4.23 skizziert:

- Ein startender IPv4-Client (!), der seine Adresse über DHCP beziehen soll, sucht per Broadcast nach einem DHCP-Server. Dass der Vorgang mit einem Broadcast beginnt, ist letztendlich einleuchtend, denn der Client hat ja keine andere Möglichkeit, als zunächst ganz allgemein in das Netz hineinzurufen. Zu beachten ist allerdings, dass Broadcasts im Allgemeinen nicht so ohne Weiteres über Netzgrenzen transportiert werden. Soll der DHCP-

Server also auch für andere Netzsegmente außer seinem eigenen zuständig sein, muss man in den übrigen Segmenten *DHCP Relay Agents* installieren.

► Ein DHCP-Server, der den DISCOVER-Broadcast empfängt, antwortet dem Client mit einer DHCPOFFER-Nachricht. In dieser bietet der Server dem Client eine IP-Adresse aus seinem Bereich an.

► Möchte der Client die DHCP-Adresse erhalten, was im Allgemeinen der Fall sein wird, sendet er eine DHCPREQUEST-Nachricht – also sozusagen die »offizielle Anforderung«.

► Der Server bestätigt dies schließlich mit einem DHCPACK (ACK = *acknowledge* = Bestätigung).

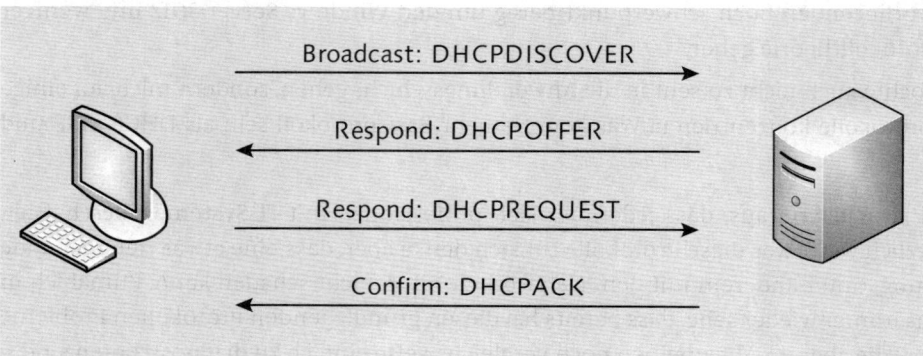

Abbildung 4.23 Funktionsweise von DHCP

Der Vorgang ist so weit einleuchtend und dürfte auch bekannt sein. Interessant ist nun, mit dem Netzwerkmonitor ein wenig unter die Haube von DHCP zu schauen. Dazu habe ich einen DHCP-Vorgang protokolliert und nach dem DHCP-Protokoll gefiltert. Abbildung 4.24 zeigt das Ergebnis: Man kann die vier Phasen des DHCP-Vorgangs, nämlich DISCOVER, OFFER, REQUEST, ACK deutlich erkennen. Zu sehen ist weiterhin, dass der Vorgang eine *TransactionID* erhalten hat, anhand derer er identifiziert werden kann.

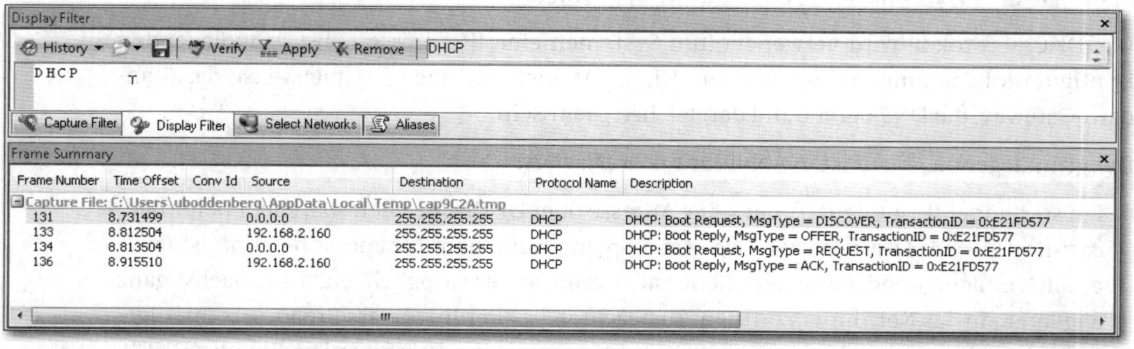

Abbildung 4.24 Der DHCP-Datenverkehr im Netzwerkmonitor

4.3 Einige grundlegende Netzwerkprotokolle

Abbildung 4.24 ist auch zu entnehmen, dass als DESTINATION stets die Broadcast-Adresse des Netzes (255.255.255.255) eingetragen ist. Das ist auch einleuchtend, denn der Client hat ja bislang noch keine IP-Adresse, mit der eine »normale« Kommunikation möglich wäre.

Abbildung 4.25 zeigt einen detaillierten Blick in das erste Paket, nämlich den DISCOVER-Broadcast, mit dem der DHCP-Client einen Server sucht. Die interessantesten Details im Kurzüberblick:

- Anhand des OPCODES und des MSGTYPE (Message Type) kann dieses Paket als DISCOVER-Request identifiziert werden. Um die DHCP-Vorgänge eindeutig zuordnen zu können, wird eine TRANSACTIONID vergeben, die auch in sämtlichen anderen Paketen zu finden sein wird, die zu diesem Vorgang gehören.

- Wenn ein Client zuvor bereits eine IP-Adresse via DHCP bezogen hatte, versucht er, diese Adresse wieder zu bekommen. In dem DHCPDISCOVER-Paket ist dementsprechend die REQUESTEDIPADDRESS zu finden.

- Auf der Abbildung ist die PARAMETERREQUESTLIST (zweiter Eintrag von unten) zwar nicht aufgeklappt, ist aber trotzdem nicht uninteressant: Der Client nennt dort die Konfigurationsparameter, die er benötigt, beispielsweise *Subnet Mask*, *Domain Name* oder *Router*.

```
Frame Details                                                    x
  Frame:
  WiFi: [Unencrypted Data] .T...., (I)
  LLC: Unnumbered(U) Frame, Command Frame, SSAP = SNAP(Sub-Network Access Proto
  Snap: EtherType = Internet IP (IPv4), OrgCode = XEROX CORPORATION
  Ipv4: Next Protocol = UDP, Packet ID = 16267, Total IP Length = 328
  Udp: SrcPort = BOOTP client(68), DstPort = BOOTP server(67), Length = 308
  Dhcp: Boot Request, MsgType = DISCOVER, TransactionID = 0xE21FD577
    OpCode: Boot Request, 1(0x01)
    Hardwaretype: Ethernet
    HardwareAddressLength: 6 (0x6)
    HopCount: 0 (0x0)
    TransactionID: 3793737079 (0xE21FD577)
    Seconds: 0 (0x0)
    Flags: 32768 (0x8000)
    ClientIP: 0.0.0.0
    YourIP: 0.0.0.0
    ServerIP: 0.0.0.0
    RelayAgentIP: 0.0.0.0
    ClientHardwareAddress: 00-13-02-6D-64-BF
    ServerHostName:
    BootFileName:
    MagicCookie: 99.130.83.99
    MessageType: DISCOVER
    AutoConfigure: Auto Configure  (1)
    clientID: (Type 1)
    RequestedIPAddress: 192.168.2.20
    HostName: ubivnb01
    VendorClassIdentifier: MSFT 5.0
    ParameterRequestList:
    End:
```

Abbildung 4.25 Der DHCPDISCOVER-Broadcast

4 Protokolle

Ich möchte nun nicht jeden Frame des DHCP-Vorgangs in epischer Breite besprechen (ein wenig möchte ich Ihnen zum Selbst-Entdecken übrig lassen), aber das letzte Paket (DHC-PACK) möchte ich Ihnen noch kurz vorstellen (Abbildung 4.26):

- Unter der Bezeichnung YOURIP ist die zugewiesene IP-Adresse zu sehen.
- Anhand der Parameter RENEWTIMEVALUE, REBINDINGTIMEVALUE und IPADDRESS-LEASETIME kann der Client erkennen, wie lange die DHCP-Adresse gültig ist und wann sie erneuert werden muss.
- Eine große Stärke von DHCP ist, dass der Client über diesen Weg nicht nur eine Adresse erhält, sondern auch weitergehende Konfigurationsinformationen. Diese Informationen sind im Network Monitor ebenfalls sehr gut zu erkennen – achten Sie auf die Einträge SUBNETMASK, DOMAINNAME, ROUTER und DOMAINNAMESERVER.

```
Frame Details
Frame:
WiFi: [Encrypted Data] F....E, (I)
LLC: Unnumbered(U) Frame, Command Frame, SSAP = SNAP(Sub-Network Access Proto
Snap: EtherType = Internet IP (IPv4), OrgCode = XEROX CORPORATION
Ipv4: Next Protocol = UDP, Packet ID = 2467, Total IP Length = 332
Udp: SrcPort = BOOTP server(67), DstPort = BOOTP client(68), Length = 312
Dhcp: Boot Reply, MsgType = ACK, TransactionID = 0xE21FD577
    OpCode: Boot Reply, 2(0x02)
    Hardwaretype: Ethernet
    HardwareAddressLength: 6 (0x6)
    HopCount: 0 (0x0)
    TransactionID: 3793737079 (0xE21FD577)
    Seconds: 0 (0x0)
    Flags: 0 (0x0)
    ClientIP: 0.0.0.0
    YourIP: 192.168.2.20
    ServerIP: 0.0.0.0
    RelayAgentIP: 0.0.0.0
    ClientHardwareAddress: 00-13-02-6D-64-BF
    ServerHostName:
    BootFileName:
    MagicCookie: 99.130.83.99
    MessageType: ACK
    RenewTimeValue: Subnet Mask: 3 day(s),0 hour(s) 0 minute(s) 0 second(s)
    RebindingTimeValue: Subnet Mask: 5 day(s),6 hour(s) 0 minute(s) 0 second(s)
    IPAddressLeaseTime: Subnet Mask: 6 day(s),0 hour(s) 0 minute(s) 0 second(s)
    ServerIdentifier: 192.168.2.160
    SubnetMask: 255.255.255.0
    DomainName: ubinf.intra
    Router: 192.168.2.105
    DomainNameServer: 0.0.3232236193.3232236192
        Code: Domain Name Server, 6(0x06)
        Length: 8 UINT8(s)
        IpAddress:
            IpAddress: 192.168.2.160
            IpAddress: 192.168.2.161
    End:
```

Abbildung 4.26 Die Bestätigung der Überlassung der IP-Adresse

DHCP hat sich in meiner Praxis insgesamt als sehr unproblematisch herausgestellt. Hin und wieder gibt es aber den Fall, dass ein Client ohne erkennbaren Grund keine IP-Adresse erhält. Solche Effekte kann man mit dem Netzwerkmonitor recht simpel untersuchen.

4.3.2 ARP – Address Resolution Protocol

Meistens spricht man über die Auflösung des Computernamens in eine IP-Adresse. Damit ist es aber noch nicht getan, denn damit wirklich eine Kommunikation stattfinden kann, muss die IP-Adresse noch in eine Hardwareadresse aufgelöst werden – im Fall von Ethernet ist dies die *MAC-Adresse*.

IPv4 verwendet für die Ermittlung der Hardwareadresse das ARP-Protokoll (Address Resolution Protocol). IPv6 nutzt übrigens kein ARP, sondern setzt hier auf das Neighbor Discovery Protocol (NDP).

Viele Leser werden vermutlich mit dem ARP-Protokoll noch nicht direkt zu tun gehabt haben, denn es werkelt im Allgemeinen still und heimlich im Hintergrund und bereitet wenig Probleme; trotzdem kann es nicht schaden, es ein wenig näher zu betrachten.

Die Auflösung der Hardwareadresse wird natürlich nicht bei jedem Kommunikationsvorgang durchgeführt, vielmehr speichert das Betriebssystem die aktuellen Zuordnungen zwischen. Mit dem Kommandozeilenwerkzeug *arp.exe*, das im Betriebssystem standardmäßig vorhanden ist, kann man sich diese gespeicherten Zuordnungen anzeigen lassen. Der Befehl lautet `arp -a`, das Ergebnis ist auf Abbildung 4.27 zu sehen:

- Zunächst sehen Sie die Auflösung der Hardwareadressen diverser IPs des lokalen Netzes. Diese sind als dynamische Einträge gekennzeichnet. Wenn der Computer mit einer dieser IPs kommunizieren soll, löst er diese also mittels ARP-Protokoll auf und speichert das Ergebnis für eine gewisse Zeit zwischen.

- Als statische Einträge sind einige »spezielle Adressen« gespeichert, das sind beispielsweise die Broadcast-Adresse des Netzes oder Multicast-Adressen.

Es ist durchaus möglich, für bestimmte IP-Adressen einen statischen ARP-Eintrag vorzunehmen – das ist aber eher unüblich.

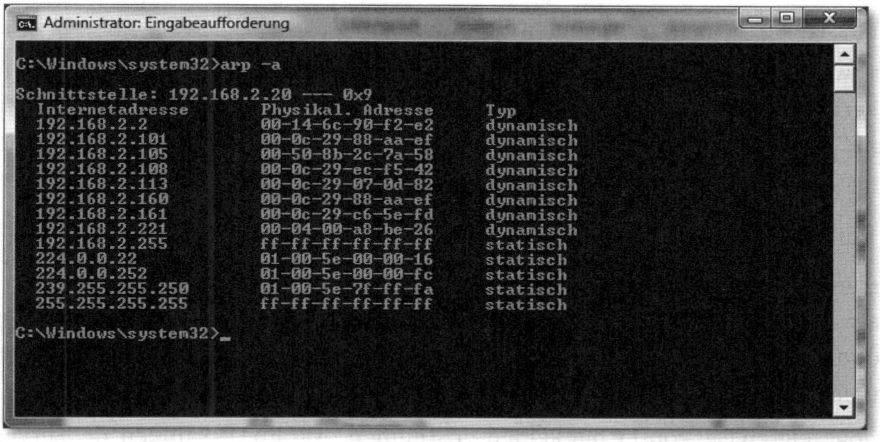

Abbildung 4.27 Mit dem Konsolenbefehl »arp -a« können die zwischengespeicherten Hardwareadressen angezeigt werden.

Mit dem Aufruf `arp -d` können Sie eine oder alle gespeicherten Adresszuordnungen löschen. Ein typischer Anwendungsfall ist, dass sich die physikalische Adresse einer IP-Adresse geändert hat, beispielsweise durch Austausch einer Netzwerkkarte. Ein mögliches Szenario ist auch der Austausch eines (Hardware-)Routers.

Würde man den ARP-Cache nicht leeren, würden die Netzwerkpakete an eine falsche bzw. nicht existierende Hardwareadresse gesendet – also ins Nirvana.

ARP funktioniert erfreulich simpel:

- Der IP-Client, der mit einem anderen System kommunizieren will, aber dessen Hardwareadresse nicht kennt, versendet einen Broadcast, in dem das gesuchte System aufgefordert wird, sich zu melden und somit seine Hardwareadresse mitzuteilen.
- Alle Systeme im Netzwerksegment empfangen den Broadcast, aber nur das System mit der gesuchten IP-Adresse antwortet und übermittelt seine Hardwareadresse.

Abbildung 4.28 zeigt einen Auszug aus dem Datenverkehr eines Vista-Clients, bei dem ich gerade den ARP-Cache geleert habe:

- Zunächst ist zu sehen, dass innerhalb kurzer Zeit die Hardwareadressen von diversen Systemen ermittelt werden müssen. Klar, nach dem Leeren des ARP-Caches muss alles neu ermittelt werden.
- Weiterhin ist zu erkennen, dass das System verzweifelt versucht, die 192.168.2.33 aufzulösen. Dieser Server ist allerdings offline und antwortet folglich nicht.

Dieses Nicht-Auflösen-Können einer Adresse ist zwar zunächst kein Problem, es kann aber nicht schaden, hin und wieder in das Netz zu schauen, um solche Szenarien zu erkennen:

- Ein modernes geswitchtes Netz »leidet« unter ständigen Broadcasts zwar bei Weitem nicht so wie ein Aufbau mit Hubs oder gar eine BNC-Verkabelung. Trotzdem gilt natürlich, dass überflüssige Broadcasts vermieden werden sollten.
- Viel schwerwiegender dürften die Probleme auf den betroffenen Clients sein. Wenn Benutzer berichten, dass der komplette PC für einige Sekunden einfriert und dann wieder ganz normal weiterläuft, deutet das darauf hin, dass das System erfolglos versucht, eine Netzwerkressource zu erreichen.

Zum letzten Punkt wäre zu ergänzen, dass es grundsätzlich zwei Szenarien gibt:

- Ein PC versucht, einen Server bzw. eine Ressource zu erreichen, von der es keinerlei Spuren gibt, also auch nicht im DNS. Dies würde sich nicht in vergeblichen ARP-Anfragen äußern, sondern der Client wird versuchen, den nicht existierenden Namen aufzulösen (und eben nicht die IP-Adresse).
- In dem hier gezeigten Fall konnte der PC den Hostnamen zwar im DNS finden, der Server war aber schlicht und ergreifend offline. Das Verhalten würde man beispielsweise auch

beobachten, wenn als DNS-Server eine IP-Adresse eingetragen ist, die im Netz nicht mehr vorhanden ist.

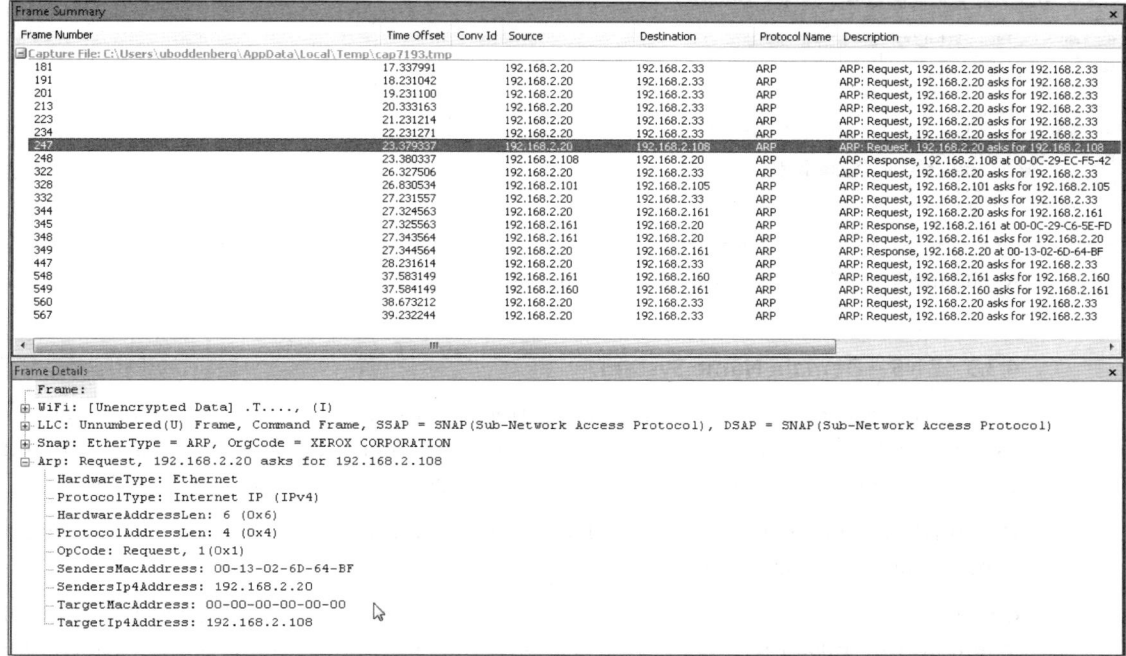

Abbildung 4.28 Paket 247 ist die Anfrage für die Hardwareadresse des Hosts 192.168.2.108. Das System versucht erfolglos, die Hardwareadresse von 192.168.2.33 aufzulösen.

Wenn ein PC vergeblich immer wieder versucht, eine Hardwareadresse mittels ARP aufzulösen, müssen Sie übrigens nicht gezielt auf dem betroffenen PC messen. Die ARP-Auflösung beginnt mit einem Broadcast, der auf allen Systemen des Netzwerks protokolliert werden kann.

Verlassen wir das Feld der Probleme, und schauen wir uns einen erfolgreichen ARP-Vorgang an:

▶ Das in Abbildung 4.28 im Detail gezeigte Paket 247 ist der ARP-Request für die Identifizierung der Hardwareadresse von 192.168.2.108. Sie sehen, dass die TargetMacAddress unbekannt ist (00-00 usw.).

▶ Auf Abbildung 4.29 ist die Antwort von 192.168.2.108 zu sehen. Das System, das die Anfrage gestellt hat, braucht nur die SendersMacAddress auszuwerten und kennt somit die Hardwareadresse des Hosts, mit dem kommuniziert werden soll.

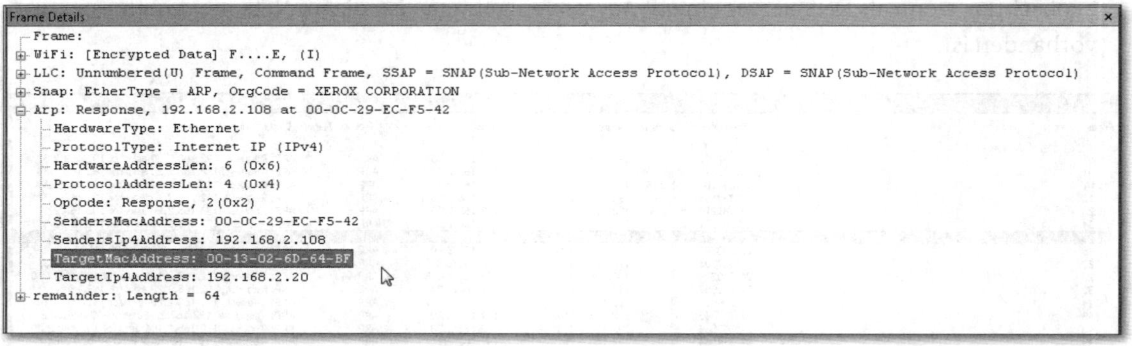

```
Frame Details
├─ Frame:
├─ WiFi: [Encrypted Data] F....E, (I)
├─ LLC: Unnumbered(U) Frame, Command Frame, SSAP = SNAP(Sub-Network Access Protocol), DSAP = SNAP(Sub-Network Access Protocol)
├─ Snap: EtherType = ARP, OrgCode = XEROX CORPORATION
├─ Arp: Response, 192.168.2.108 at 00-0C-29-EC-F5-42
│    ├─ HardwareType: Ethernet
│    ├─ ProtocolType: Internet IP (IPv4)
│    ├─ HardwareAddressLen: 6 (0x6)
│    ├─ ProtocolAddressLen: 4 (0x4)
│    ├─ OpCode: Response, 2(0x2)
│    ├─ SendersMacAddress: 00-0C-29-EC-F5-42
│    ├─ SendersIp4Address: 192.168.2.108
│    ├─ TargetMacAddress: 00-13-02-6D-64-BF
│    └─ TargetIp4Address: 192.168.2.20
└─ remainder: Length = 64
```

Abbildung 4.29 Die Antwort auf die ARP-Anfrage

4.3.3 DNS – Domain Name System

In einer Active Directory-(AD-)Umgebung extrem wichtig ist DNS, das *Domain Name System*. Es wird im AD nicht »nur« verwendet, um Rechnernamen aufzulösen, sondern auch, um Dienste (wie einen Domänencontroller oder einen globalen Katalogserver) zu finden.

Die Funktionsweise von DNS dürfte jedem Leser bekannt sein, daher möchte ich mich direkt in die Niederungen des Protokolls begeben.

Genauso wie bei dem im vorigen Abschnitt besprochenen ARP-Protokoll führt DNS nicht bei jedem Kommunikationsvorgang eine Namensauflösung durch. Vielmehr gibt es auch hier einen Zwischenspeicher. Den Inhalt dieses Zwischenspeichers kann man mit dem Konsolenbefehl `ipconfig /displaydns` anzeigen. Man erhält das in Abbildung 4.30 gezeigte Ergebnis. Was ist dort zu erkennen? Es wurde unter anderem der Name www.galileocomputing.de aufgelöst und eine zugehörige IP-Adresse ermittelt – nicht unbedingt spektakulär. Deutlich interessanter ist, dass der Eintrag noch eine Gültigkeitsdauer von 3.554 Sekunden hat (ca. 1 Stunde). Das Wort *noch* im vorigen Satz ist durchaus wichtig, denn `ipconfig /displaydns` zeigt immer die Restgültigkeitsdauer des Ergebnisses des Namensauflösungsvorgangs.

Etwas anders formuliert: Bei einem Zugriff auf diesen Host würde in 3.555 Sekunden eine erneute Auflösung des Namens durchgeführt werden. Diese Ablaufintervalle gelten natürlich auch für interne DNS-Einträge. Ändert sich die IP-Adresse einer Ressource, kann es also eine Weile dauern, bis der Name neu aufgelöst wird und somit die »neue« Adresse verwendet wird. Bis dahin laufen Kommunikationsvorgänge ins Leere. Dies sollten Sie bei Umstellungsarbeiten berücksichtigen.

Der DNS-Zwischenspeicher kann natürlich geleert werden. Der Konsolenbefehl dazu lautet `ipconfig /flushdns`.

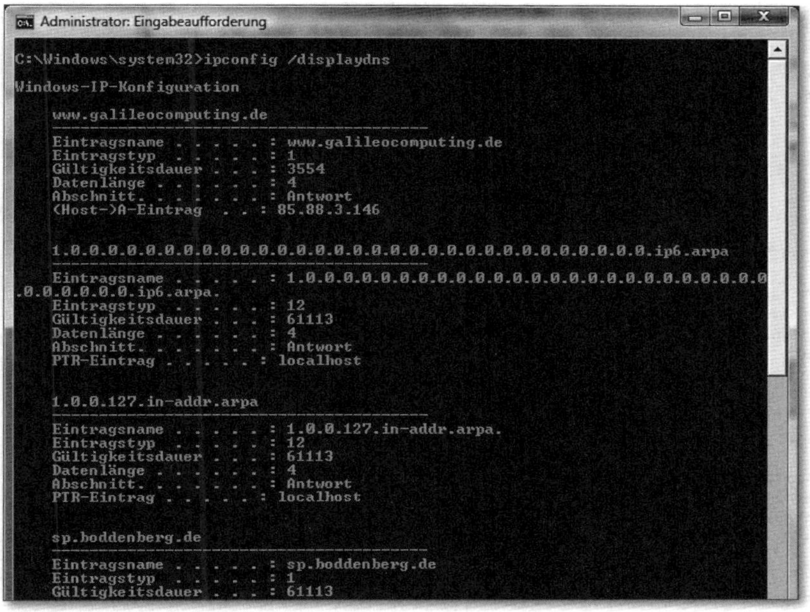

4.3 Einige grundlegende Netzwerkprotokolle

Abbildung 4.30 Mit dem Befehl »ipconfig /displaydns« kann man die zwischengespeicherten Namensauflösungen abrufen.

Die DNS-Kommunikation besteht im einfachsten Fall aus zwei Paketen: Frage und Antwort. In Abbildung 4.31 und Abbildung 4.32 ist ein Mitschnitt der Netzwerkkommunikation zu sehen:

- Abbildung 4.31 zeigt das Query-Paket im Detail: Im QRECORD ist der Name des angefragten Hosts (QUESTIONNAME) nebst des QUESTIONTYPE zu sehen. Im QUESTIONTYPE ist festgelegt, dass nach einem A-Eintrag, also nach dem Host-Eintrag einer IPv4-Adresse, gesucht wird.
- Abbildung 4.32 zeigt die Antwort des DNS-Servers, wobei natürlich speziell der ARECORD von Interesse ist. Hier findet sich natürlich die IP-Adresse, aber auch viele andere Einträge, wie beispielsweise der RESOURCETYPE sowie die TIMETOLIVE, also die Gültigkeitsdauer der Antwort.

> **QuestionTypes**
>
> Es sind viele unterschiedliche QuestionTypes bei der Anfrage an einen DNS-Server denkbar. Neben der Suche nach einem IPv4-Host (gesucht wird nach dem A-Record), könnte beispielsweise auch nach einem IPv6-Host (AAAA), nach dem Namensserver (NS) oder dem Mail Exchanger (MX) gesucht werden.

4 Protokolle

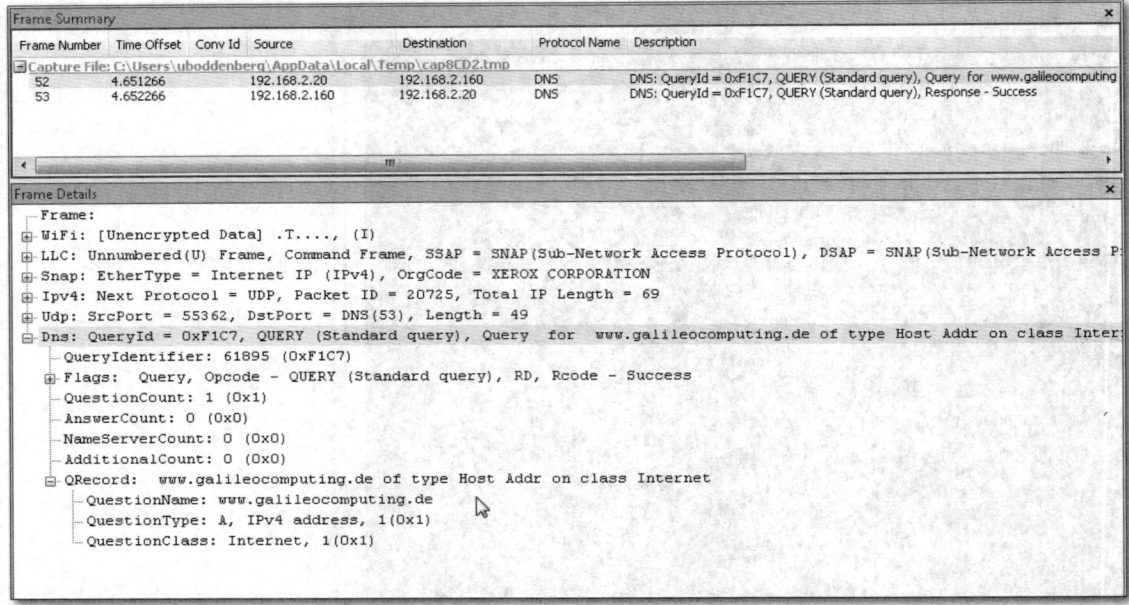

Abbildung 4.31 Die DNS-Abfrage nach der IP-Adresse von »www.galileocomputing.de«

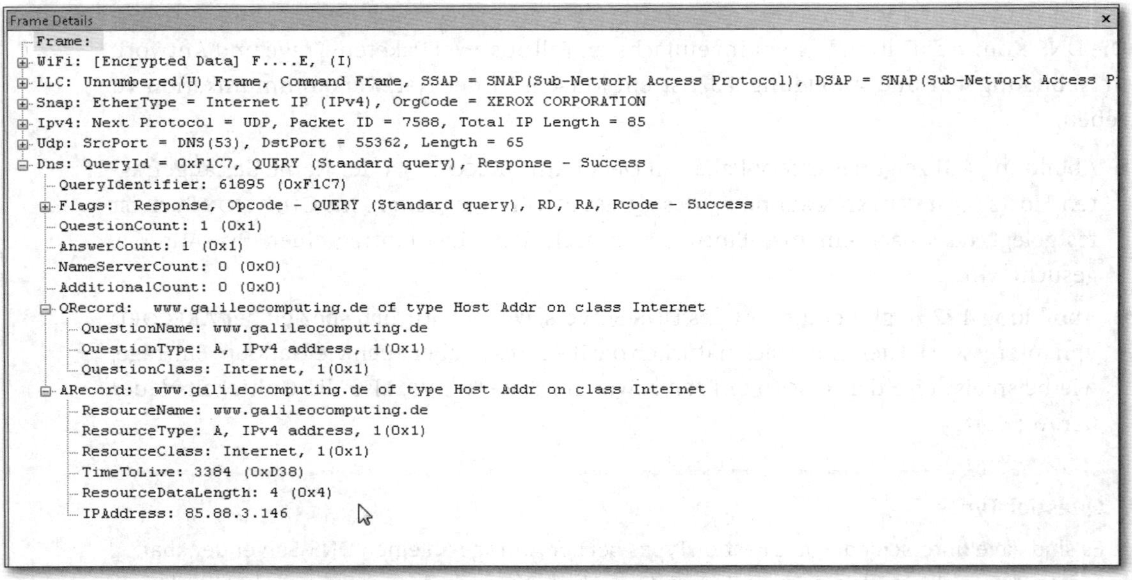

Abbildung 4.32 Die Antwort des DNS-Servers

Vielleicht wundern Sie sich, warum als TimeToLive für das Abfrageergebnis ein so »krummer« Wert wie 3.384 Sekunden zurückgegeben wird. Die Antwort ist simpel:

- Der Server, der die Anfrage beantwortet hat, hatte den Eintrag bereits im Cache. Das kann man auch am Zeitverlauf (Zeitdifferenz der Pakete 52 und 53) erkennen, denn die Antwort war nach ca. einer Millisekunde bereits da – das wäre nicht zu schaffen, wenn der Server wirklich erst im Internet hätte nachfragen müssen.
- Wenn man direkt auf dem für den Namensraum *galileocomputing.de* autorisierenden Namensserver nachfragt, erhält man eine Gültigkeit von 3.600 Sekunden für die Namensauflösung. Mein DNS-Server hatte diesen Namen also bereits vor 216 Sekunden aufgelöst und gibt beim Ergebnis dann als Gültigkeitsdauer die Restdauer seines Datensatzes mit.

Nun ist es natürlich auch denkbar, dass ein Namensauflösungsvorgang fehlschlägt. Das Ergebnis einer Abfrage, bei der nach einem nicht existierenden Namen gesucht wurde, ist in Abbildung 4.33 zu sehen. Falls eine Namensauflösung eigentlich funktionieren müsste, aber einfach nicht funktionieren will, sollten Sie sich die Flags genauer anschauen. Zu erkennen ist dort unter anderem, dass der Namensserver eine rekursive Abfrage durchführen konnte (RECURSIVE QUERY SUPPORT AVAILABLE), dass also ihm unbekannte Hosts bei anderen DNS-Servern abgefragt werden konnten. Falls beim DNS-Server keine Weiterleitungen und keine Stammhinweise konfiguriert gewesen wären, wäre dieses Flag nicht gesetzt gewesen.

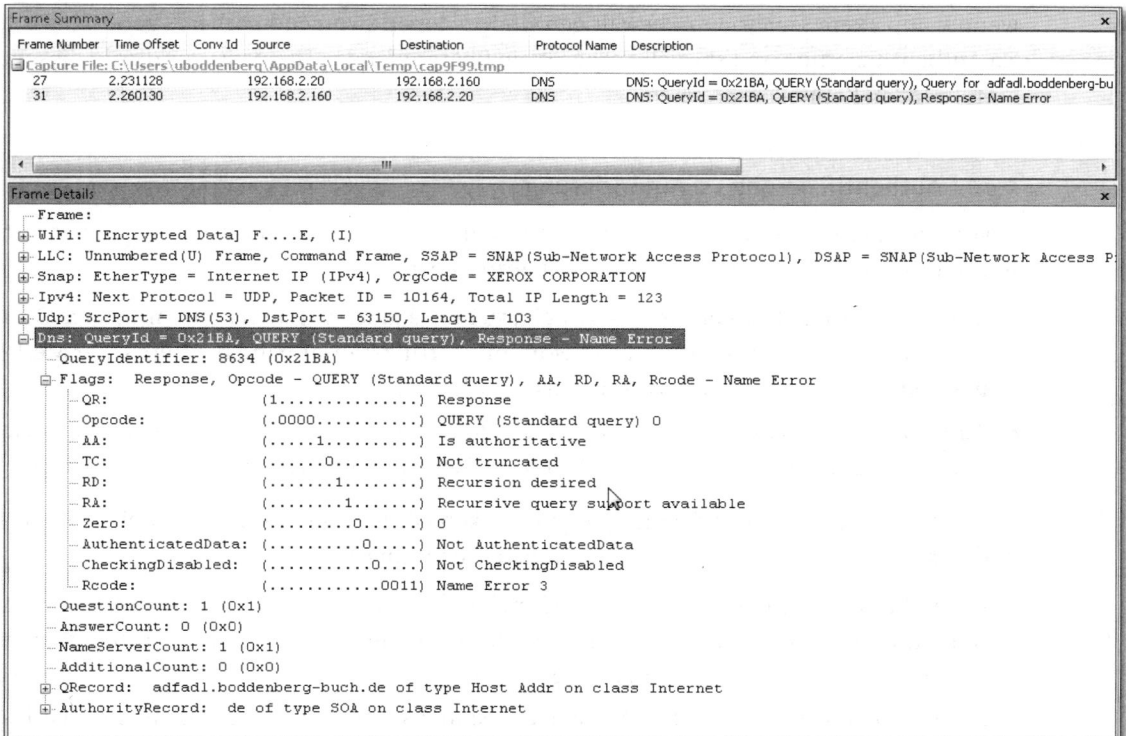

Abbildung 4.33 Hier sehen Sie eine nicht erfolgreiche Anfrage. Es liegt zwar kein Problem vor, aber es kann nicht schaden, die Flags zu kontrollieren.

Weiterhin ist der genaue Fehlercode (RCODE), in diesem Fall NAME ERROR 3, nicht uninteressant.

Ich möchte keinesfalls den Eindruck vermitteln, dass Sie nun bei jeder Kleinigkeit den Netzwerkmonitor anwerfen müssten. Bei kniffligen und »irgendwie mysteriösen« Effekten kann es aber nicht schaden, ein wenig detaillierter in das System zu schauen, und das geht natürlich am gründlichsten mit dem Netzwerkmonitor.

Man könnte das Thema DNS natürlich noch beliebig weiter »auswalzen« und einmal genau anschauen, wie der DNS-Server mit Weiterleitungen umgeht oder, was noch interessanter ist, wie er die Namensauflösung mithilfe der Stammhinweise vornimmt. Das wäre vielleicht ein nettes Thema, das Sie sich selbst an einem verregneten Montagvormittag vornehmen könnten.

4.4 Authentifizierung und Kerberos

Authentifizierung hört sich auf den ersten Blick nicht nach einem »großen Thema« an – einfach Passwort eingeben und fertig. So einfach ist es dann häufig doch nicht, insbesondere wenn komplexere Szenarien zu bewältigen sind, in denen zwingend Kerberos benötigt wird. Da Authentifizierung und speziell Kerberos ein übergreifendes Thema ist, wird es in diesem einführenden Kapitel besprochen.

4.4.1 Authentifizierung vs. Autorisierung

Bevor wir intensiv das Thema Kerberos angehen, halte ich es für notwendig, die Begriffe Authentifizierung und Autorisierung exakt abzugrenzen.

- *Authentifizierung*: Hierbei wird festgestellt, wer tatsächlich vor dem Bildschirm sitzt. Dies kann mittels Benutzername und Passwort, mit Zertifikaten, anhand biometrischer Merkmale oder auf eine beliebige andere Weise geschehen.
- *Autorisierung*: Möchte ein authentifizierter Benutzer auf eine Ressource, beispielsweise eine Datei, zugreifen, wird geprüft, ob er dazu überhaupt berechtigt (d.h. autorisiert) ist.

Falls Sie sich abstrakte Begriffe nicht so gut merken können, gibt es hier ein kleines Analogon, das Sie als Eselsbrücke verwenden können (Abbildung 4.34):

- Jemand besucht eine fremde Firma und meldet sich am Empfang. Dort nennt er seinen Namen und erhält einen entsprechenden Besucherausweis. Damit ist er authentifiziert und für jeden als Besucher zu erkennen.

  Im Serverbereich ist es mit dem Nennen des Namens nicht getan, im Allgemeinen wird ja noch ein Passwort erfragt – schließlich soll die Authentifizierung ja sicher sein. In diesem Beispiel könnte eine sichere Authentifizierung durch Kontrolle des Personalausweises oder dergleichen erfolgen.

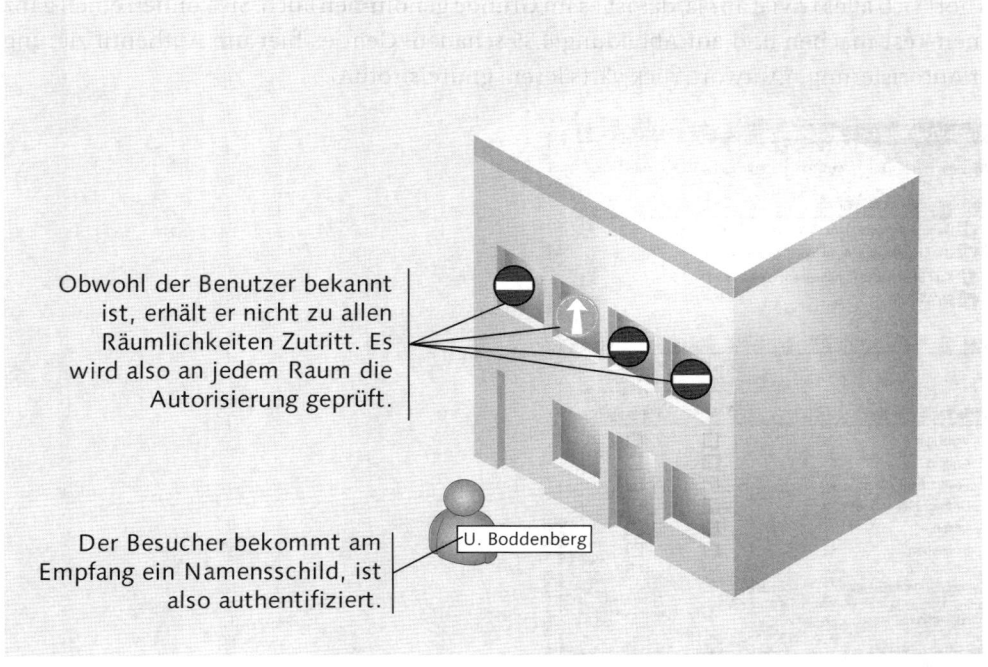

Abbildung 4.34 Ein analoges Szenario: Der Benutzer wird am Empfang »authentifiziert« (d.h., er bekommt einen Besucherausweis); für das Betreten der einzelnen Räume ist er autorisiert – oder eben auch nicht.

- Wenn der Besucher nun im Bürogebäude herumgeht, wird es einige Räume geben, die er betreten darf, beispielsweise den Empfang, die Garderobe, die Toilette oder den Besprechungsraum. Das Hochsicherheitslabor, das Lager oder die Fertigungshalle darf er als Besucher nicht betreten. Bei jedem Raum kann man also die Frage stellen, ob ein Mitglied der Gruppe »Besucher« Zutritt hat.

  Wichtig ist aber, dass er nicht mehrfach authentifiziert werden muss, denn seine Identität und damit die Rolle, nämlich Besucher, ist ja bereits beim Betreten des Gebäudes bestimmt worden.

Dieses kleine Beispiel könnte man natürlich beliebig ausbauen. Etwas technischer ausgedrückt, lauten die »Erkenntnisse«:

- Keine Autorisierung ohne Authentifizierung (Ausnahme: »anonyme Benutzer«) – bevor man entscheiden kann, ob jemand Zugriff bekommt, muss seine Identität bekannt sein.
- Ein einmaliges Authentifizieren sollte genügen – und damit ein Anmeldevorgang. Beim Besuch in einer Firma bekommt man ja auch nicht mehrere Besucherausweise.

Das hört sich alles trivial an? Ja, das ist es im Grunde genommen auch. Sie können einen ganz kleinen Test machen und auf Abbildung 4.35 schauen: Geht es hier um Authentifizierung oder Autorisierung? (Antwort, rückwärts lesen: gnureisirotuA).

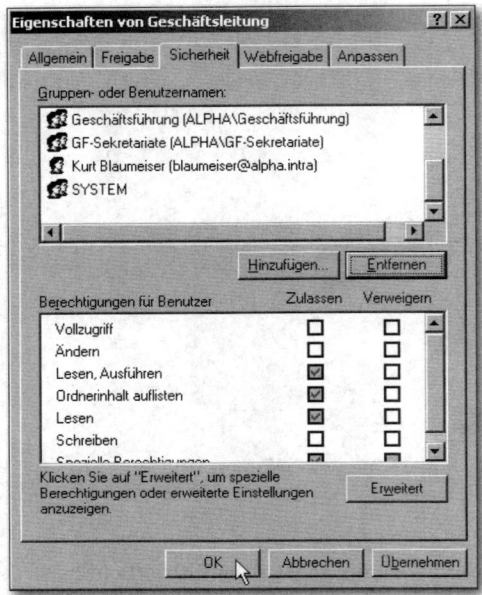

Abbildung 4.35 Kleiner Test: Geht es hier um Authentifizierung oder Autorisierung? (Die Antwort finden Sie im Text.)

Sie werden im Laufe des Buchs immer wieder auf die Aufgabenstellung »Authentifizierung« stoßen, und nicht immer sind die Szenarien simpel; freuen Sie sich schon jetzt auf die *Active Directory Federation Services*.

4.4.2 Kerberos – Funktionsweise

In einer Active Directory-Umgebung wird (sofern alle beteiligten Systeme neuer als NT4 sind) Kerberos als Authentifizierungsprotokoll verwendet. Durch Kerberos wird verhindert, dass jede Ressource die zugreifenden Clients selbst mehr oder weniger umständlich authentifizieren muss. Die Funktionsweise ist vereinfacht in Abbildung 4.36 dargestellt.

1. Zunächst nimmt der Client Kontakt mit dem Domänencontroller auf, genauer gesagt mit dem dort laufenden *Authentication Service* des *Key Distribution Centers* (KDC). Das KDC wird bei der Installation der Rolle »Domänencontroller« installiert. Der Client weist seine Identität nach, wird also anhand eines definierten Verfahrens (z.B. Eingabe von Benutzernamen und Passwort, mittels Smartcard oder anhand von biometrischen Merkmalen) authentifiziert.

2. Nach der erfolgreichen Authentifizierung erhält er ein *Ticket Granting Ticket* (TGT), das im flüchtigen Speicher des Clients aufbewahrt wird. Das TGT hat standardmäßig eine Gültigkeitsdauer von 10 Stunden.
3. Möchte der Benutzer auf eine Ressource zugreifen, fordert er mit seinem Ticket Granting Ticket (TGT) beim *Ticket Granting Service* (TGS, ebenfalls Teil des Key Distribution Centers) ein Ticket zum Zugriff auf eine bestimmte Ressource an (*Service Ticket*).
4. Wenn das TGT des Benutzers gültig ist, stellt der TGS ein Service Ticket aus, das u.a. einen Session Key enthält, der für die Ressource gedacht ist, auf die der Benutzer zugreifen möchte.
5. Mit der Übersendung des Service Tickets beginnt der Client seine Kommunikation mit der Ressource. Da das Service Ticket kryptografisch nachweislich vom *Ticket Granting Server* signiert und für die Ressource verschlüsselt ist, traut die Ressource der Echtheit des zugreifenden Clients. Der Client muss also nicht erst gegen das Verzeichnis authentifiziert werden.
6. Da die Ressource zweifelsfrei weiß, wer Zugriff verlangt, kann der Zugriffswunsch geprüft und genehmigt oder abgelehnt werden (Autorisieren). Ist die Autorisierung erfolgreich, kann der Datenaustausch beginnen.

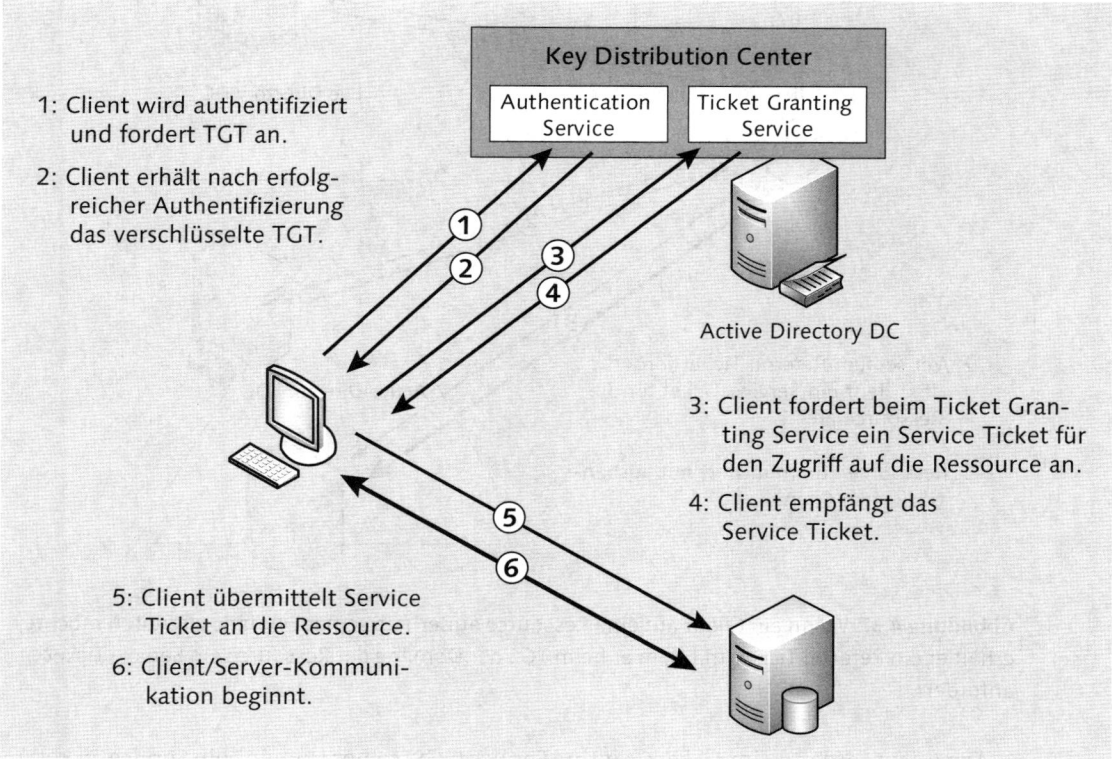

Abbildung 4.36 Vereinfachte Darstellung der Funktionsweise der Authentifizierung mit Kerberos

Die Funktionsweise von Kerberos wurde hier recht vereinfacht dargestellt, die genaue Definition findet sich in RFC 1420 (*http://tools.ietf.org/html/rfc4120*). Um das Missbrauchsrisiko zu minimieren, ist die Gültigkeit eines Service Tickets zeitlich sehr eingeschränkt (wenige Minuten). Die Zeit bzw. möglichst exakte Uhren sind für das Funktionieren von Kerberos sehr wichtig.

Kerberos mit zwei Domänen

In einer größeren Umgebung ist es möglich, dass ein Client auf eine Ressource zugreifen möchte, die außerhalb seiner Domäne liegt. Prinzipiell kann ein Ticket Granting Service nur Service Tickets für Clients aus seiner eigenen Domäne und nur für den Zugriff auf Ressourcen seiner Domäne erstellen. Eine Lösung wird also benötigt – und die funktioniert so, wie in Abbildung 4.37 gezeigt.

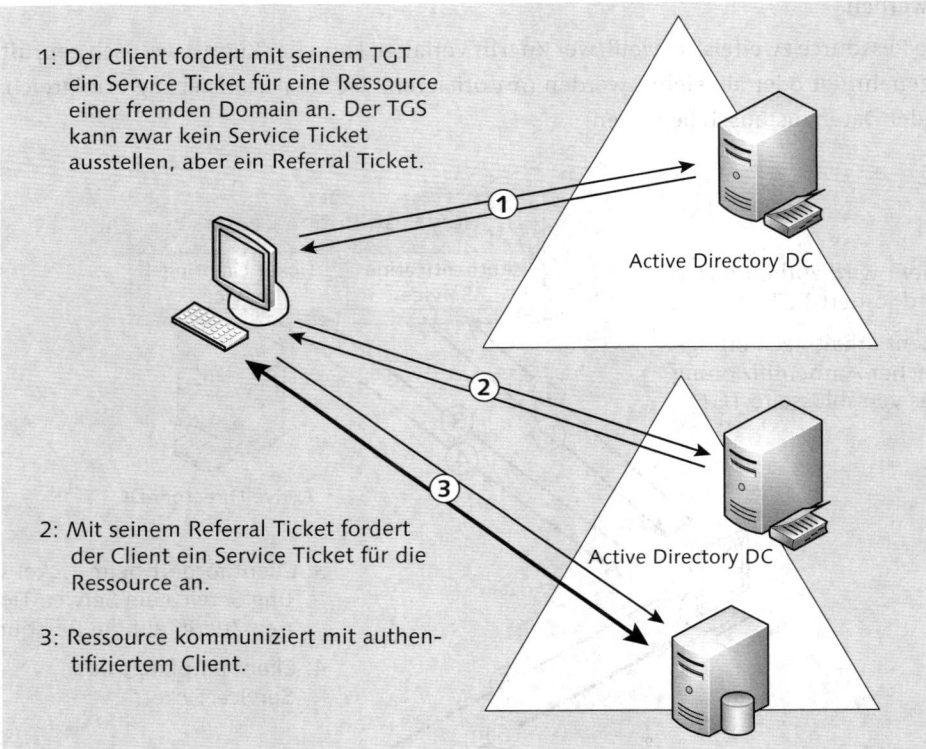

Abbildung 4.37 Wenn ein Client auf eine Ressource außerhalb seiner Domäne zugreifen möchte, erhält er ein Referral Ticket, mit dem er beim TGS der Domäne der Ressource ein Servcie Ticket anfordert.

1. Der Client fordert beim Ticket Granting Service (TGS) seiner Domäne ein Service Ticket für den Zugriff auf eine Ressource an. Der TGS kann zwar kein Service Ticket für diese Res-

source erstellen, da sie in einer fremden Domäne ist – er erstellt stattdessen ein *Referral Ticket*.
2. Mit diesem Referral Ticket greift der Client auf den TGS der Domäne zu, in der sich die Ressource befindet, und fordert hier ein Service Ticket an.
3. Der TGS erstellt nun für den Zugriff auf die Ressource ein Service Ticket.
4. Der Client kann mittels des Service Tickets auf die Ressource zugreifen – zumindest ist er authentifiziert; ob er für den Zugriff autorisiert wird, entscheidet die Ressource.

Kerberos mit beliebig vielen Domänen

In einem wirklich großen Unternehmen werden nicht nur zwei, sondern einige Dutzend Domänen zu finden sein. Auch in einem solchen Szenario muss der Benutzer sich nur einmal anmelden, nämlich beim Authentication Service in seiner Domäne. Wie Sie in Abbildung 4.38 sehen können, wird der Client mittels Referral Tickets so oft weitergeleitet, bis er einen TGS erreicht, der ein Service Ticket für die benötigte Ressource ausstellen kann.

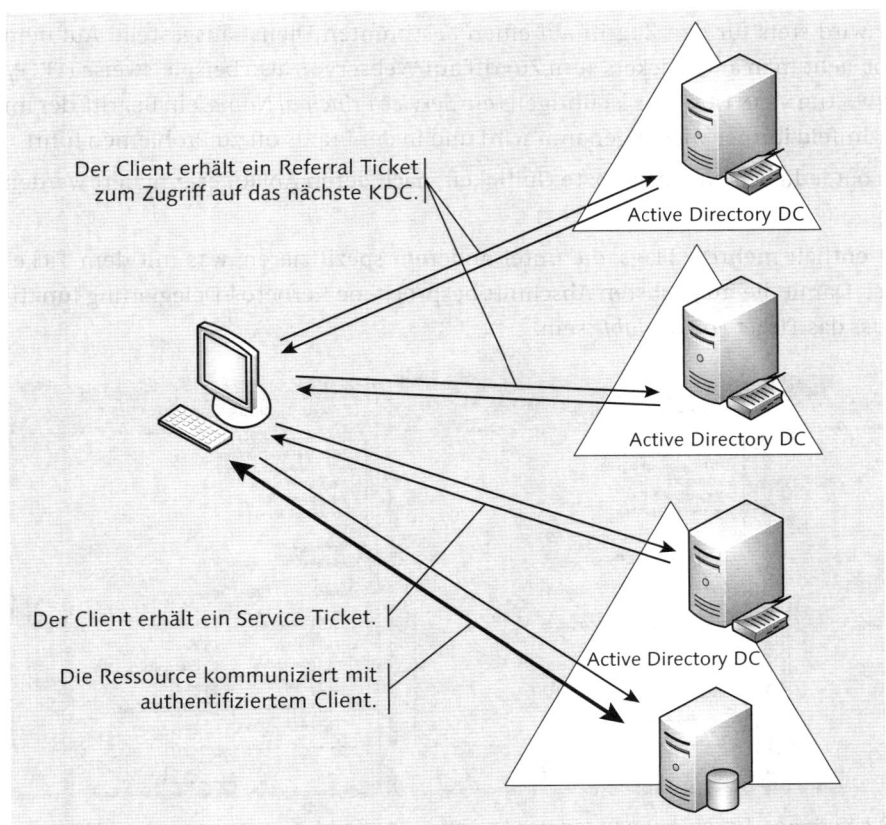

Abbildung 4.38 Kerberos Transitive Trusts ermöglichen es, dass der Benutzer sich nach einmaligem Authentifizieren mit sämtlichen Ressourcen des Unternehmens verbinden kann.

Die Abbildung zeigt die Funktion des *Kerberos Transitive Trusts*: Die obere und die untere Domäne haben keine direkte Beziehung zueinander. Trotzdem traut die untere Domäne der von der oberen Domäne vorgenommenen Authentifizierung des Benutzers. Sie tut dies, weil die mittlere Domäne der oberen Domäne traut.

Das klingt für einen Kerberos-Neuling beim ersten Lesen vielleicht ein wenig verworren. Das ist nicht schlimm, das geht jedem so. Glücklicherweise kann man die Kerberos-Tickets sogar visualisieren, was beim Troubleshooting außerordentlich hilfreich ist. Im *Windows Server 2003 Resource Kit* ist eine kleine Anwendung namens *Kerbtray.exe* vorhanden, die übrigens auch ganz hervorragend unter Windows Vista/7/8/8.1 und Windows Server 2008/2012 funktioniert (ab Windows Server 2008 ist mit *klist.exe* ein eigenes Werkzeug enthalten, das allerdings »nur« ein Kommandozeilenprogramm ist). *Kerbtray.exe* zeigt die zwischengespeicherten Kerberos-Tickets im aktuellen Benutzerkontext. In Abbildung 4.39 ist Kerbtray.exe in Aktion zu sehen. Selektiert ist dort ein Ticket Granting Ticket, und etliche weitere Tickets zum Zugriff auf Ressourcen sind ebenfalls zu erkennen. Bereits anhand des Screenshots von Kerbtray.exe kann man einige ganz grundlegende Aspekte besprechen:

- Ein Ticket wird stets für den Zugriff auf einen bestimmten Dienst ausgestellt. Auf dem Screenshot sieht man auch Tickets zum Zugriff auf Webserver, also beispielsweise HTTP/UBINFWWW3.UBINF.INTRA – das ist übrigens ein *Service Principal Name*, ein Begriff, der im Kerberos-Umfeld immer wieder genannt wird und in der Praxis oft zu Problemen führt.
- Ein Ticket hat lediglich eine begrenzte Gültigkeit, nach deren Ablauf es erneuert werden muss.
- Ein Ticket enthält mehrere Flags, die unter anderem spezifizieren, was mit dem Ticket möglich ist. Damit die im nächsten Abschnitt besprochene Kerberos-Delegierung funktioniert, muss das Ticket *Forwardable* sein.

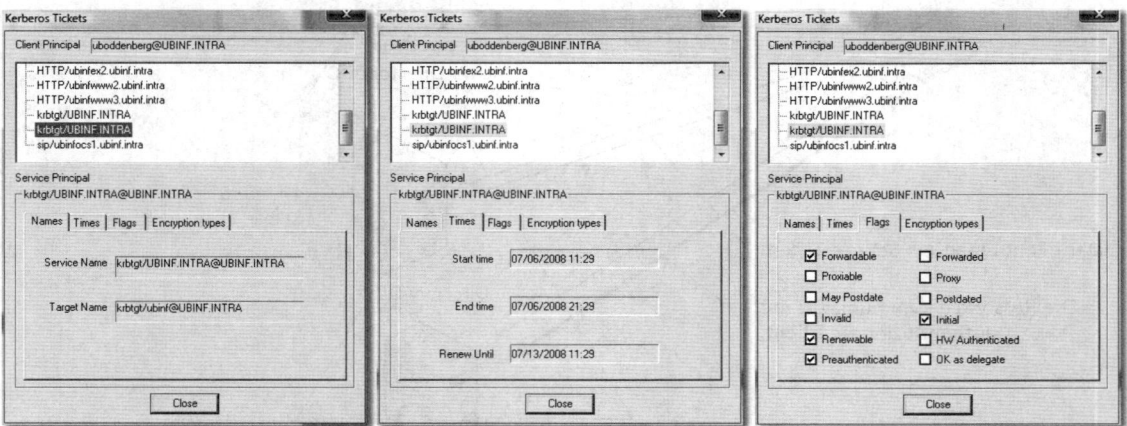

Abbildung 4.39 Kerberos-Tickets können mit der Anwendung »Kerbtray.exe« bequem untersucht werden.

4.4.3 Delegierung

Abbildung 4.40 zeigt ein Szenario, das man in dieser oder ähnlicher Form zunehmend häufiger findet:

- Die Anwender melden sich mit ihrer Windows-Identität an einer Webapplikation an.
- Die Webapplikation nimmt die Identität des Benutzers an. Bei ASP.NET-Applikationen wird dies durch die in der Abbildung gezeigten Einstellungen in der *web.config* realisiert.
- Die Webapplikation greift auf weitere Netzwerkressourcen im Netz zu, wobei dies mit der Identität des angemeldeten Benutzers geschehen soll.

Das System in der »Mitte« muss nicht unbedingt ein Webserver sein, in vielen Anwendungsszenarien ist aber genau dies der Fall. Die Beschreibung des Szenarios sieht zunächst auch ganz einleuchtend aus, der Teufel steckt aber im Detail, weshalb ein solcher Aufbau in vielen Anwendungsszenarien einfach nicht klappt. Das ist Grund genug, die Hintergründe zu besprechen und einige interessante Details über Kerberos zu lernen.

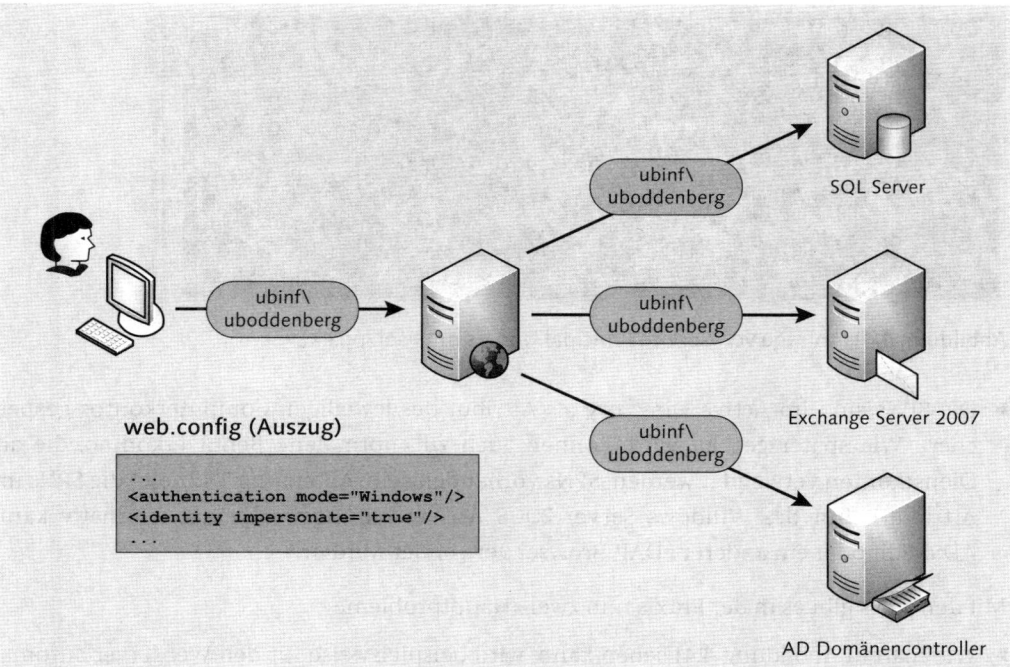

Abbildung 4.40 In dem hier gezeigten Szenario ist eine Delegierung der Identität notwendig.

4.4.4 Der Service Principal Name (SPN)

Kerberos basiert, mal etwas vereinfacht gesagt, darauf, dass die Dienste, die miteinander kommunizieren sollen, sich gegenseitig finden und gegenseitig authentifizieren können.

Die Betonung liegt dabei auf *gegenseitig*. Wie Sie weiter vorne auf Abbildung 4.39 (linkes Bild) unschwer erkennen können, wird ein Ticket für den Zugriff auf genau eine Ressource erstellt. Für diese Ressouce muss ein *Service Principal Name* (SPN) im Active Directory vorhanden sein, ansonsten kann keine Kerberos-Authentifizierung stattfinden. Wenn ein generischer SPN vorhanden ist, also beispielsweise HOST/UBINFWWW2.UBINF.INTRA, ist das allerdings ausreichend.

Die Service Principal Names kann man auf verschiedene Weise abfragen. Zwei Varianten davon sind:

- SPNs können mit dem Kommandozeilenwerkzeug *setspn.exe* abgefragt, gesetzt und gelöscht werden. *setspn.exe* ist im Windows Server 2000 Resource Kit enthalten, läuft aber auch auf anderen Betriebssystemen. Bei Windows Server 2008/2012 ist es standardmäßig installiert. Die Ergebnisse der Abfrage der SPNs eines Webservers und eines SQL Servers sind in Abbildung 4.41 gezeigt. Der SPN für den MSSQLSvc-Dienst wird automatisch erzeugt.

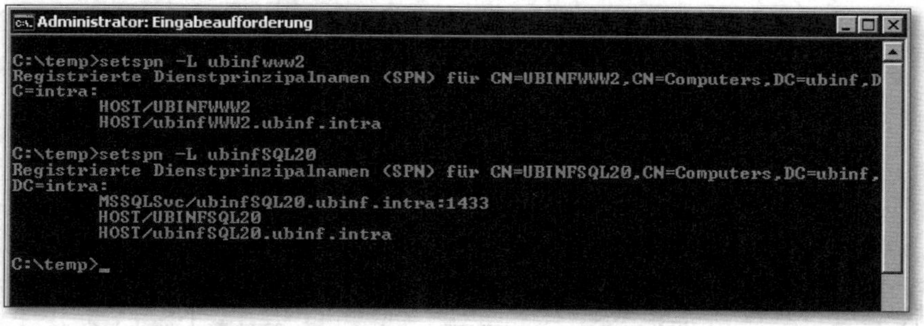

Abbildung 4.41 Abfrage von Service Principal Names mit »setspn.exe«

- Die SPNs sind im Active Directory als Attribut des jeweiligen Computerkontos gespeichert. Wie später gezeigt wird, können auch zu »normalen« Benutzerkonten, die als Dienstkonten verwendet werden, SPNs vorhanden sein. Abbildung 4.42 zeigt die SPNs im Attribut-Editor des Windows Server 2008 AD-Verwaltungswerkzeugs, alternativ kann ADSI-Edit oder ein anderer LDAP-Browser verwendet werden.

Mit den SPNs gibt es in der Praxis nun zwei »Hauptprobleme«:

- Wie man in Abbildung 4.41 sehen kann, wird beispielsweise für den Webserver automatisch ein SPN für den »kurzen« Servernamen sowie für den FQDN erzeugt. Es ist natürlich überhaupt kein Problem, einen weiteren DNS-Eintrag zu erzeugen (z.B. mit dem Namen WWW oder intranet) und diesen auf den Webserver verweisen zu lassen. Tippt man diesen neuen zusätzlichen Namen im Browser ein, erfolgt eine korrekte Namensauflösung – aber es gibt keinen Dienst *HTTP/www.ubinf.intranet* oder *HOST/www.ubinf.intranet*. Folglich kann keine Kerberos-Authentifizierung erfolgen. Der Benutzer bekommt davon im Normalfall nichts mit, denn die Authentifizierung erfolgt dann statt mit Kerberos mit NTLM, womit der Zugriff gewährleistet ist. In einem Szenario wie aus Abbildung 4.40 gibt es allerdings Probleme, weil die Kerberos-Delegierung nun einmal eine Kerberos-Authentifizierung voraussetzt.

▶ Ein zweites wesentliches Problem besteht darin, dass zusätzliche SPNs manuell (!) erzeugt werden müssen, wenn Dienste nicht unter einem der eingebauten Accounts (Netzwerkdienst, Lokales System) betrieben werden. Wie man in Abbildung 4.42 klar und deutlich sehen kann, ist ein SPN stets das Attribut eines Kontos – standardmäßig des Computerkontos. Läuft der Dienst unter einem der eingebauten Konten, ist es auch vollkommen in Ordnung, dass der SPN ausschließlich beim Computerkonto definiert ist. Wenn der Dienst (bzw. der Anwendungspool im IIS) unter einem Domänenbenutzerkonto betrieben wird, muss ein zusätzlicher SPN, der im Attribut dieses Kontos eingetragen ist, erstellt werden – beispielsweise mit setspn.exe.

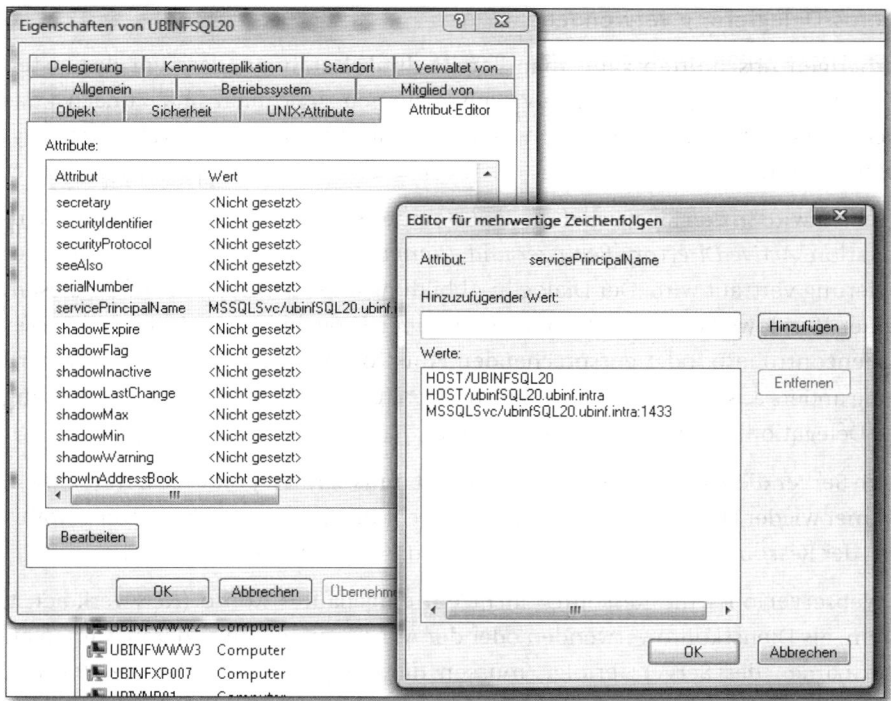

Abbildung 4.42 Die SPNs werden in einem Attribut des Computer- oder Benutzerobjekts gespeichert.

Läuft ein Dienst unter einem Domänenbenutzerkonto und ist kein passender SPN erstellt worden, erfolgt keine Kerberos-Authentifizierung. Sofern möglich, erfolgt eine NTLM-Authentifizierung, ansonsten schlägt der Vorgang mangels erfolgreicher Authentifizierung fehl.

Übrigens: Falls ein Dienst unter einem lokalen Benutzerkonto (d.h. kein Domänenkonto und auch kein Netzwerkdienst oder Lokales System) ausgeführt wird, ist grundsätzlich keine Kerberos-Authentifizierung möglich.

In der Praxis sind fehlende SPNs ein häufiges Problem. Genauso problematisch ist es aber auch, wenn SPNs doppelt vorhanden sind. Wird beispielsweise der SPN *HTTP/www.ubinf.intranet* sowohl beim Computerkonto als auch bei einem als Dienstkonto verwendeten Benutzerkonto eingetragen, könnte (und wird) es Probleme geben. Das für die Ressource ausgestellte Kerberos-Ticket wird mit dem Schlüssel des zum SPN gehörenden Dienstkontos verschlüsselt – und wenn der Domänencontroller aufgrund der SPN-Doublette für das falsche Konto verschlüsselt, schlägt die Kerberos-Authentifizierung fehl. Man könnte natürlich zufällig Glück haben, aber im Fußball wie auch in der IT gilt normalerweise: »Mal verliert man, und mal gewinnen die anderen.«

4.4.5 Kerberos-Delegierung verwenden

Aus den vorherigen Abschnitten kann man bereits dunkel erahnen, dass vor der ersten erfolgreichen Kerberos-Delegierung einige Voraussetzungen zu erfüllen sind. Zunächst das Offensichtliche: Alle beteiligten Systeme müssen sich innerhalb einer Active Directory-Gesamtstruktur befinden.

Im zweiten Schritt wird in den Eigenschaften des Computerkontos des Webservers (Konfigurationsapplikation: *Active Directory-Benutzer und -Computer*) eingestellt, dass dem Computer bei Delegierung vertraut wird. Der Dialog in Abbildung 4.43 stammt, passend zu diesem Buch, aus einer Windows Server 2012-Domäne. In einer Umgebung mit Windows Server 2000-Domänencontrollern (oder entsprechenden Funktionsebenen) wird der Dialog übrigens ein wenig anders aussehen, weil die Möglichkeiten für die eingeschränkte Delegierung (Constrained Delegation) noch nicht vorhanden sind.

Nachdem dem Server dieses Recht gewährt worden ist, muss er neu gestartet werden. Da in der Praxis immer wieder Fragen auftauchen: Dieses Recht muss nur dem Webserver gewährt werden, nicht der Ressource (Datenbank, AD etc.), auf die zugegriffen werden soll.

Sofern der Webserver oder die Ressource nicht ein eingebautes Konto (Netzwerkdienst, Lokales System) als Dienstkonto verwenden oder der Aufruf mit einem anderen Namen als dem Standardnamen des Servers erfolgt, müssen die entsprechenden *Service Principal Names* (SPN) gesetzt werden. Dies kann beispielsweise mit `setspn.exe` geschehen.

Auf dem Internet Information Server (IIS) darf die Kerberos-Authentifizierung nicht abgeschaltet sein. Dies ist standardmäßig nicht der Fall und kann nur mittels eines Skripts (*adsutil.vbs*), also nicht versehentlich erfolgen. Wenn an dem IIS aber bereits viel »herumgebastelt« worden ist, könnte es da eventuell Probleme geben. In der IIS-Konfiguration taucht Kerberos übrigens namentlich nicht auf, vielmehr muss NEGOTIATE aktiviert sein (Negotiate = aushandeln; d.h., es wird automatisch entschieden, ob Kerberos oder NTLM verwendet werden soll).

Abbildung 4.43 In den Eigenschaften eines Computer- bzw. Benutzerkontos kann festgelegt werden, dass diesem für die Delegierung vertraut wird.

Auf dem IIS muss für die entsprechende Webanwendung Windows-Authentifizierung aktiviert sein, und der anonyme Zugriff muss deaktiviert sein. Abbildung 4.44 zeigt, wie dies im IIS 7 (Windows Server 2008) konfiguriert wird; für die Konfiguration auf dem IIS 6 existiert ein vergleichbarer Dialog.

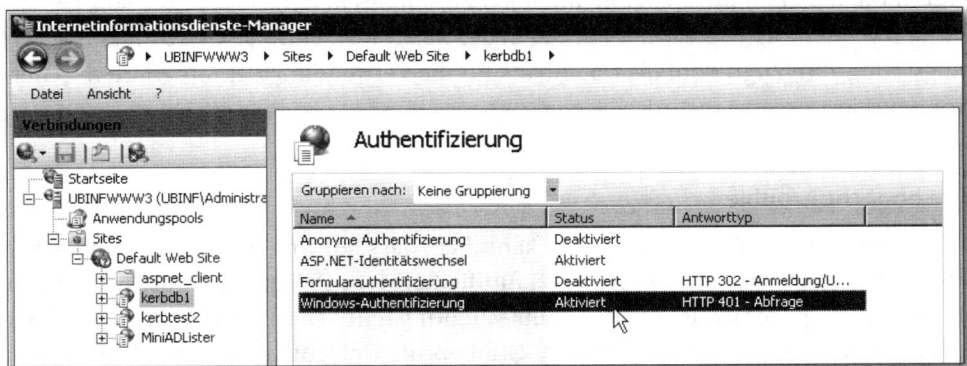

Abbildung 4.44 Die Aktivierung der Windows-Authentifizierung auf dem IIS7 des Windows Servers 2008 (identisch für Server 2012)

Letztendlich gibt es auch auf dem Client einige Anforderungen: Das Client-Betriebssystem muss Windows 2000 oder höher sein. Die aufgerufene Website muss sich in der *Lokalen*

Intranetzone befinden, außerdem muss die *Integrierte Windows-Authentifizierung* aktiviert sein (INTERNETOPTIONEN • ERWEITERT, Abbildung 4.45).

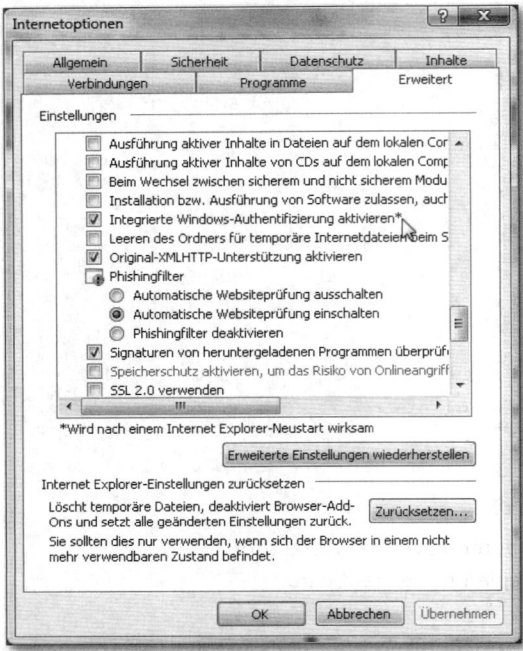

Abbildung 4.45 Im Client-Browser muss die »Integrierte Windows-Authentifizierung« aktiviert sein.

Was muss seitens der eigentlichen Webapplikation beachtet werden? Wenn diese während der ganzen Dauer der Benutzersitzung mit der Identität des Benutzers arbeiten soll, genügt der `<identity impersonate="true"/>`-Eintrag in der *web.config*. Beispielsweise muss der Verbindungsstring zum Zugriff auf die Datenbank für die Verwendung der integrierten Sicherheit konfiguriert werden – that's it!

4.4.6 Shoot the Trouble

Das Problem bei vielen IT-Projekten ist bekanntlich, dass auf Anhieb nur selten alles wie gedacht funktioniert. Dies gilt speziell auch für die Kerberos-Delegation, sodass ein kurzer Überblick über Vorgehensweisen beim Troubleshooting hilfreich sein dürfte. Zunächst lässt sich mit dem zuvor erwähnten *Kerbtray.exe*-Utility prüfen, ob auf dem Client-PC überhaupt ein Kerberos-Ticket zum Zugriff auf die Webanwendung erstellt wurde (siehe auch Abbildung 4.39). Existiert kein Kerberos-Ticket, kann man davon ausgehen, dass der Client gar nicht erst versucht, sich mittels Kerberos anzumelden. Mögliche Ursachen sind beispielsweise, dass kein Service Principal Name gefunden werden kann oder dass der Browser die aufgerufene Website in die Internet-Zone »einsortiert« hat.

4.4 Authentifizierung und Kerberos

Durchaus hilfreich bei der Einrichtung der Kerberos-Delegation kann eine kleine Testapplikation sein, die den Anmeldestatus eines Benutzers auf einem Webserver zeigt. In Abbildung 4.46 ist eine solche Anwendung zu sehen:

- In der oberen Abbildung wird »nur« eine NTLM-Anmeldung durchgeführt.
- Im unteren Bild meldet sich der Benutzer mit Kerberos an, außerdem ist die Delegierung zulässig – also alles, was man für das in Abbildung 4.40 gezeigte Szenario benötigt.

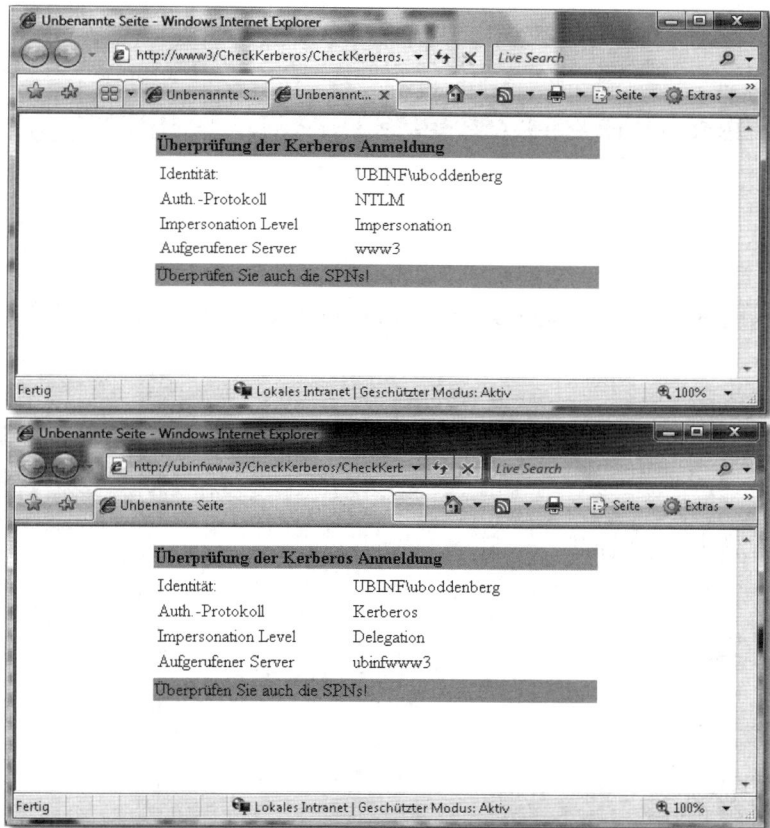

Abbildung 4.46 Eine kleine Testanwendung kann den Anmeldestatus eines Benutzers auf dem Webserver feststellen.

Angebot

Wer die in Abbildung 4.46 gezeigte Webanwendung gern hätte, wende sich bitte an mich: *ulrich@boddenberg.de*. Sie ist letztendlich nur ein Fünfzeiler, wer aber kein Programmierer ist, kann ein fertiges Stück Code sicher gut gebrauchen.

Eine gute Idee ist auch, sowohl auf dem IIS als auch auf dem Ressourcenserver die Überwachung der Anmeldeereignisse und Anmeldeversuche zu aktivieren. Dies wird im Snap-In Lokale Sicherheitsrichtlinie konfiguriert (Lokale Richtlinie • Überwachungsrichtlinie). Die überwachten Ereignisse werden im Ereignisprotokoll, Kategorie Sicherheit, aufgezeichnet. In Abbildung 4.47 ist die Protokollierung eines Anmeldevorgangs gezeigt. Windows Server 2008/2012 protokolliert sehr detailliert, man erkennt auch klar und deutlich das verwendete Authentifizierungsprotokoll.

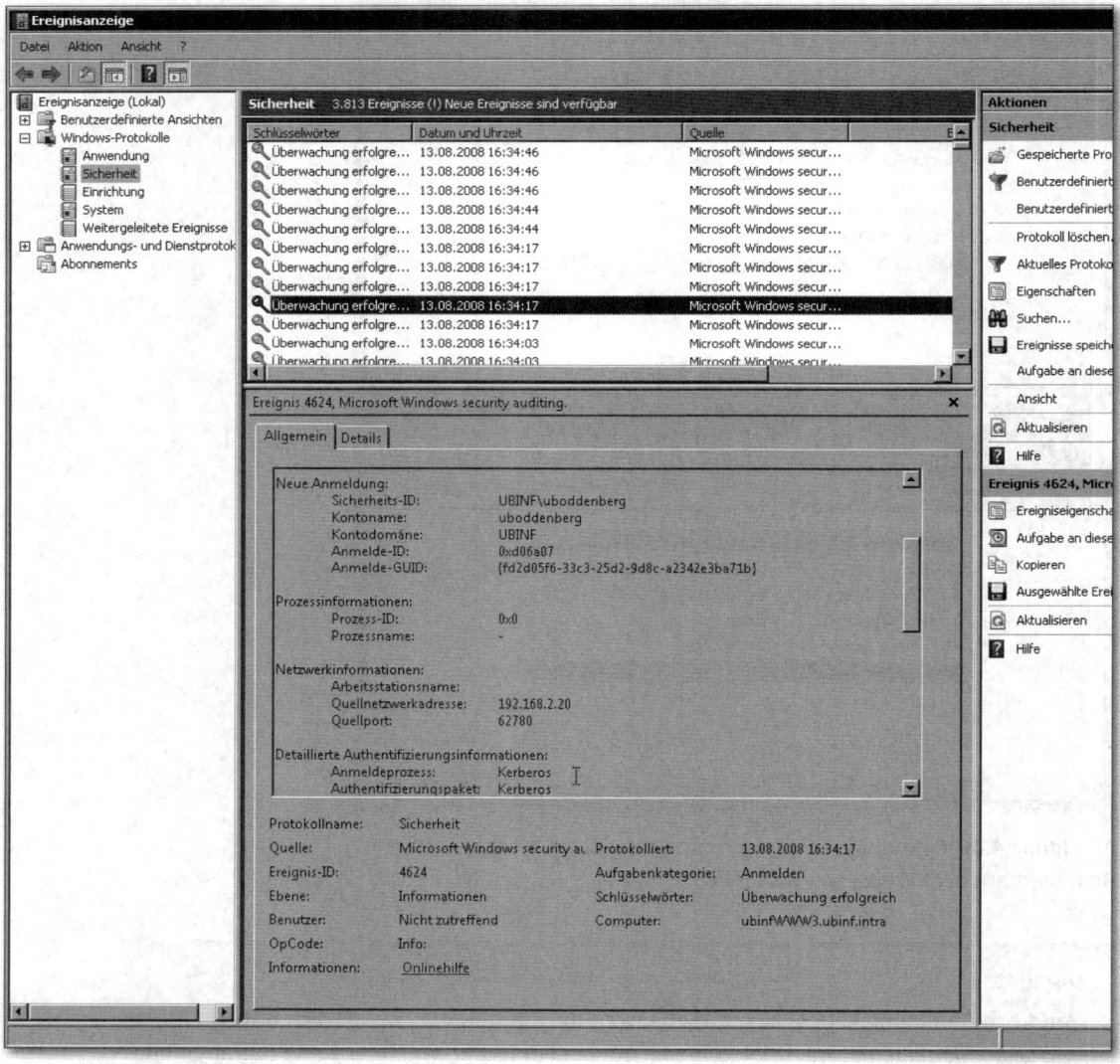

Abbildung 4.47 Im Ereignisprotokoll (Kategorie »Sicherheit«) kann überprüft werden, mit welchem Authentifizierungsprotokoll der Zugriff auf den Server erfolgt.

Wenn also feststeht, dass entweder keine Kerberos-Anmeldung durchgeführt wird oder aber die Delegierung nicht angezeigt wird, ist der erste Schritt, nochmals genau die Voraussetzungen (siehe weiter vorn) zu überprüfen. Vermutlich ist ein »Handgriff« vergessen worden.

An dieser Stelle sei auch darauf hingewiesen, dass es ein paar Minuten dauern kann, bis Änderungen von den Systemen übernommen und umgesetzt worden sind: Man denke beispielsweise an die Replikationsintervalle der Domänencontroller und dergleichen. Weiterhin könnte es sein, dass Benutzer sich einmal ab- und wieder anmelden müssen.

Wenn die Voraussetzungen geprüft und erfüllt sind, die Kerberos-Anmeldung aber trotzdem partout nicht klappen will, ist die Wahrscheinlichkeit sehr hoch, dass etwas mit den Service Principal Names nicht stimmt. Wie bereits weiter vorn ausführlich erläutert wurde, basiert Kerberos darauf, dass die Dienstnamen gefunden werden. Da diese Thematik in weiten Teilen der »IT-Bevölkerung« ganz oder teilweise unbekannt ist, passiert häufig Folgendes:

▶ Auf einem Server mit einem »komplizierten« Namen läuft eine Webapplikation. Damit die Anwender möglichst einfach darauf zugreifen können, wird ein »einfacher« Name im DNS eingetragen. Gegebenenfalls werden im IIS auch Host-Header konfiguriert und dergleichen mehr.

▶ Das Ergebnis wird sein, dass keine Kerberos-Authentifizierung zustande kommt.

Anhand eines Beispiels ist das einfacher zu verstehen: Der eigentliche Name des Servers sei ubinfWWW3, der im DNS eingetragene einfache Name sei WWW3. Damit die Kerberos-Anmeldung gelingen kann, muss der Dienst ermittelt werden können, wofür entweder der SPN HTTP/www3 oder der SPN HOST/www3 vorhanden sein muss. Wurde dies nicht manuell konfiguriert, wird keiner dieser SPNs vorhanden sein. Standardmäßig vorhanden ist lediglich der SPN für den eigentlichen Namen des Servers, nämlich HOST/ubinfWWW3. In Abbildung 4.46 können Sie übrigens genau das Ergebnis dieses Beispiels nachvollziehen:

▶ Wird ubinfWWW3 aufgerufen, findet die Kerberos-Authentifizierung statt.

▶ Wird WWW3 aufgerufen, geht nur NTLM, obwohl der DNS-Eintrag auf denselben Server zeigt. Es ist aber kein SPN vorhanden.

Der fehlende Service Principal Name kann mit dem setspn.exe-Werkzeug hinzugefügt werden. Dieses ist im Windows Server 2008/2012 standardmäßig vorhanden, bei den Vorgängerversionen findet es sich im Resource-Kit. Der Aufruf lautet:

setspn -a http/WWW3 ubinfWWW3

Es empfiehlt sich übrigens, den FQDN direkt auch zu registrieren. Nach einer Wartezeit wird die Anmeldung mittels Kerberos-Protokoll erfolgen.

Das Nichtvorhandensein eines SPNs ist also eindeutig ein Problem. Ebenso ist es aber auch absolut kritisch, wenn derselbe SPN für mehrere Server registriert ist. Das kann im Eifer des Gefechts passieren, beispielsweise wenn eine Webanwendung von einem Server auf einen anderen verschoben wird und der für den ursprünglichen Server registrierte SPN-Eintrag nicht gelöscht wird.

Man kann nun ein wenig SPN-Diagnostik auf mehrere Arten betreiben:

- Das `setspn`-Utility bietet Abfragemöglichkeiten, wobei die zum Windows Server 2008/2012 gehörende Version deutlich mehr Möglichkeiten bietet als die Vorgängerversion.
- Die ACTIVE DIRECTORY-BENUTZER UND -COMPUTER-Konfigurationsapplikation von Windows Server 2008/2012 bietet einen Attribut-Editor, mit dem Sie das entsprechende Attribut einsehen können (siehe auch Abbildung 4.42).
- Ganz hartgesottene Active Directory-Zauberer können natürlich auch mit einem ADSI-Editor an die Sache herangehen und LDAP-Suchanfragen formulieren.

4.4.7 Kernelmodus-Authentifizierung im IIS 7

Es weitere »Eigenart« ist noch zu beachten: Falls der Anwendungspool der Website nicht unter einem der eingebauten Konten, also Netzwerkdienst oder Lokales System läuft, muss der SPN für das entsprechende Konto registriert werden. Der Befehl lautet also beispielsweise:

```
setspn -a http/www3spec ubinf\kwwwService
```

Zu beachten ist, dass keine doppelten SPNs registriert werden, sonst klappt's nicht – wie schon zuvor besprochen.

- Wenn man das Active Directory-Objekt des Benutzerkontos anschaut (z.B. mit einem LDAP-Browser), wird man den neuen SPN-Eintrag in dessen `servicePrincipalName`-Attribut finden.
- Damit die Delegierung funktioniert, muss dem Dienstkonto für die Delegierung vertraut werden. Das funktioniert genauso wie bei einem Computerkonto (siehe Abbildung 4.43).

Bei der Nutzung des im Windows Server 2008/2012 vorhandenen Internet Information Server 7/7.5/8/8.5 müssen Sie eine wichtige Abweichung von dem zuvor Gesagten beachten. Bei der Konfiguration der Windows-Authentifizierung kann die KERNELMODUS-AUTHENTIFIZIERUNG aktiviert werden, was übrigens standardmäßig der Fall ist (Abbildung 4.48). Neben der versprochenen Verbesserung der Authentifizierungsleistung führt diese Option zu einem ganz wesentlichen anderen Ergebnis: *Das Kerberos-Ticket wird vom Computerkonto und nicht vom Dienstkonto entschlüsselt.* Demzufolge muss der SPN für das Computerkonto und nicht für das eigentliche Dienstkonto des Anwendungspools registriert werden. Also nochmals im Klartext:

- *IIS 6*: Wenn ein Domänenbenutzerkonto als Identität des Anwendungspools verwendet wird, muss der SPN für das Benutzerkonto registriert werden.

- *IIS 7*: Wenn ein Domänenbenutzerkonto als Identität des Anwendungspools verwendet wird und die Kernelmodus-Authentifizierung nicht (!) aktiviert ist, muss der SPN für das Benutzerkonto registriert werden.
- *IIS 7*: Ist die Kernelmodus-Authentifizierung hingegen aktiviert, muss der SPN für das Computerkonto registriert werden.

Kernelmodus-Authentifizierung abschalten

Das Abschalten der Kernelmodus-Authentifizierung führt schnell zum gewünschten Ergebnis und ist aus der grafischen Konfigurationsoberfläche heraus zu erledigen. Der bessere Weg ist allerdings, das Attribut useAppPoolCredentials auf true zu setzen. Das muss allerdings in der XML-Konfigurationsdatei der Anwendung erledigt werden. Nähere Informationen dazu finden Sie in Abschnitt 17.6.6, »Webanwendungen und Kerberos«.

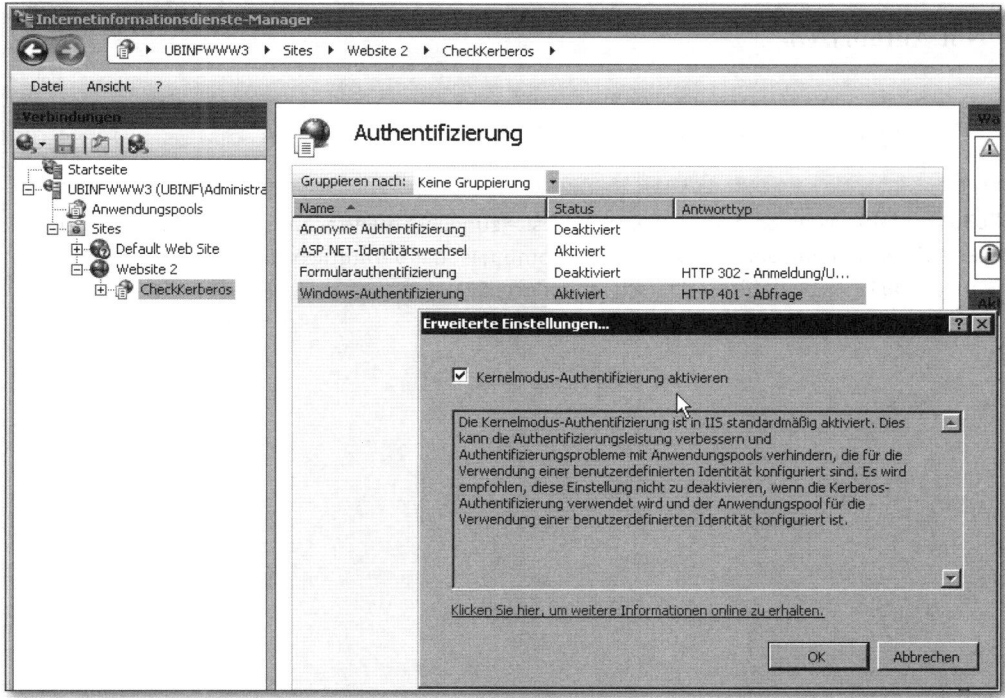

Abbildung 4.48 Diese Einstellung des IIS7 ist entscheidend dafür, ob die SPNs beim Computerkonto oder beim Konto für die Identität des Anwendungspools registriert werden müssen.

Achten Sie, wie bereits erwähnt, darauf, dass es keine doppelten SPNs gibt: Das gibt in jedem Fall Chaos, weil das Kerberos-Ticket dann in der Hälfte der Fälle für das falsche Konto ausgestellt wird. Wenn das Kerberos-Ticket für das falsche Konto erstellt wird (sei es durch doppelte/falsche SPNs oder durch die falsche »Reaktion« auf die Kernelmodus-Authentifizierung), äußert sich das typischerweise in folgendem Verhalten:

- Obwohl sich die aufgerufene Website in der lokalen Intranetzone des Browsers befindet (also die Anmeldeinformationen mittels integrierter Authentifizierung übertragen werden), wird nach Anmeldeinformationen gefragt.
- Nach drei vergeblichen Anmeldeversuchen wird die in Abbildung 4.49 gezeigte Fehlermeldung im Browser eingeblendet.

Für dieses Problem kann es zwar auch ein Dutzend (wenn nicht mehr) andere Gründe geben – es kann aber nicht schaden, nochmals sehr sorgfältig die SPN-Konfiguration zu überprüfen.

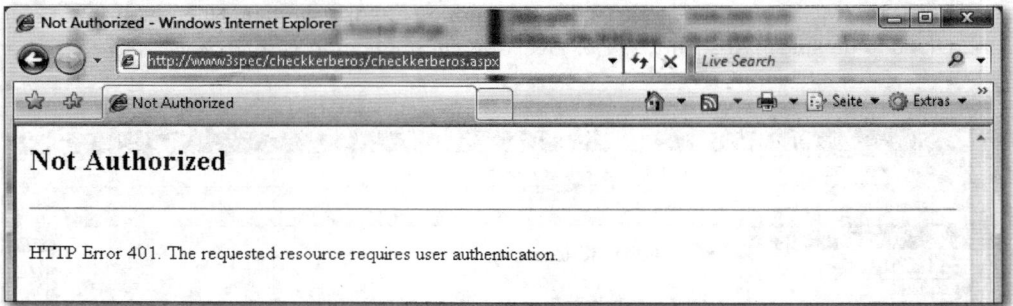

Abbildung 4.49 Wenn beim Aufruf einer Website zunächst mehrfach Anmeldeinformationen abgefragt werden und dann diese Meldung kommt, ist das vermutlich ein Kerberos-Problem. Die mögliche Ursache dafür sind falsch registrierte SPNs.

Kapitel 5
Was ist .NET?

Wann sie in meinem Palast in Argos, fern von der Heimat,
Mir als Weberin dient, und meines Bettes Genossin!
Gehe denn, reize mich nicht; daß wohlbehalten du kehrest!
Jener sprach's: doch Chryses erschrak, und gehorchte der Rede.
Schweigend ging er am Ufer des weitaufrauschenden Meeres.

Als sich der Windows Server 2003 noch im Beta-Stadium befand, hieß das Produkt ».NET-Server«. Erst relativ kurz vor Erscheinen wurde der Name in das nun bekannte »Windows Server 2003« geändert – bekanntlich ist auch mit dem Windows Server 2012-Betriebssystem der Begriff ».NET« nicht in den Produktnamen eingezogen. Allerdings bringt Server 2012 R2 zwei .NET-Framework-Versionen als installierbare Features mit (Abbildung 5.1).

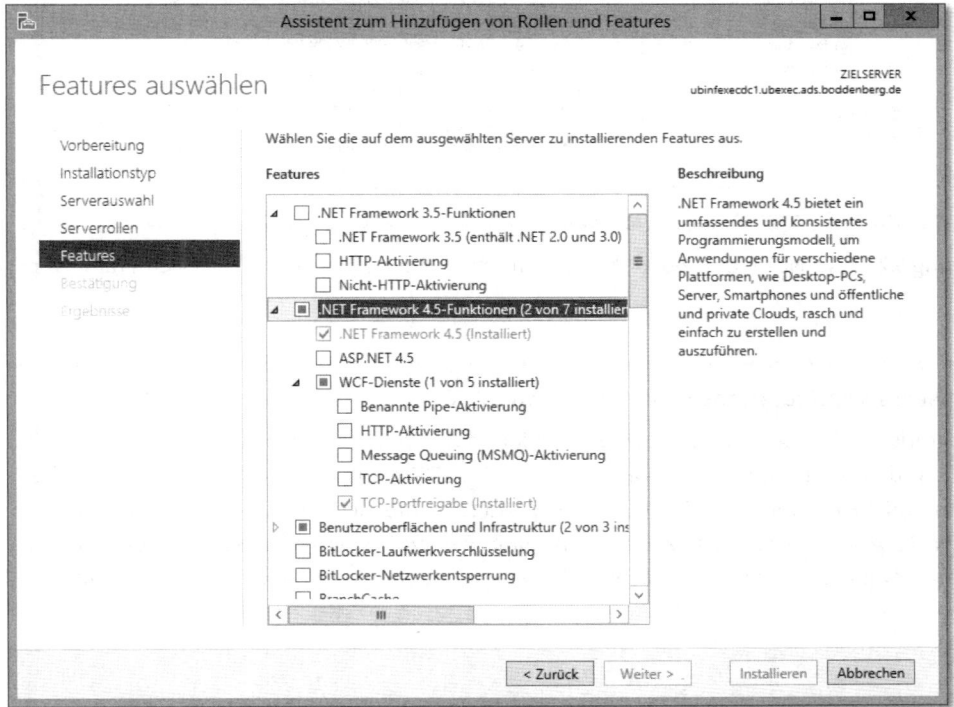

Abbildung 5.1 Server 2012 R2 bringt zwei .NET-Frameworks als installierbare Features mit.

Wenn man oberflächlich schaut, wo denn nun ».NET« drinsteckt, findet man auf den ersten Blick nur das Framework und das etwas »unhandliche« .NET-Konfigurationswerkzeug, dessen Sinn vielen Administratoren nicht so recht klar werden will (Abbildung 5.2).

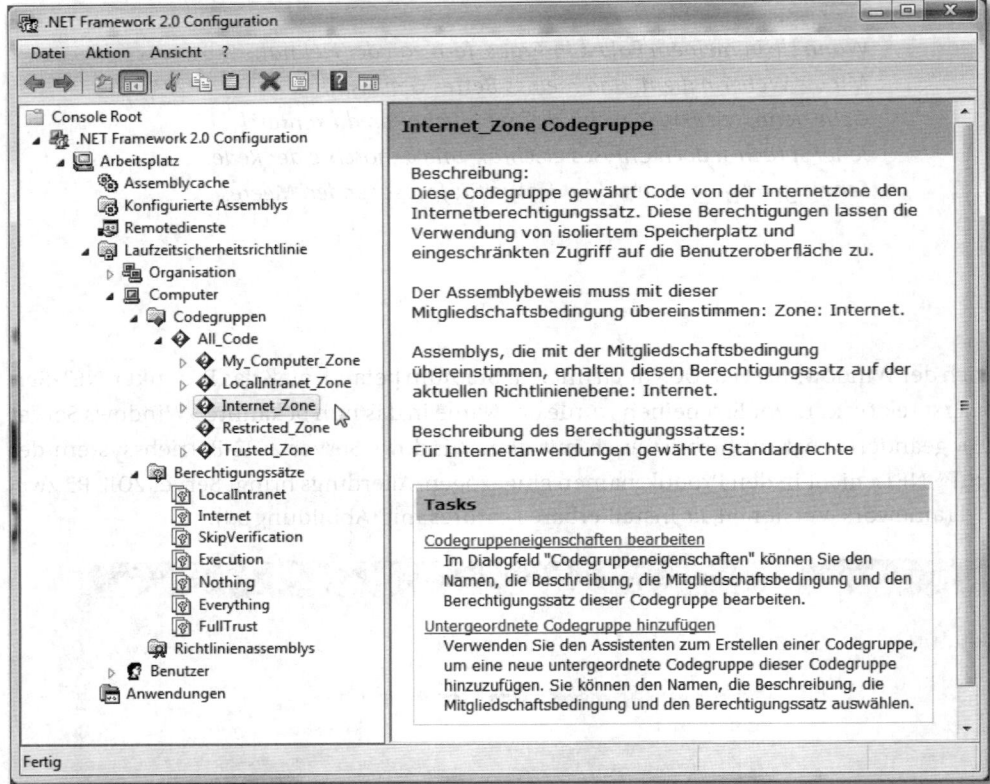

Abbildung 5.2 Das ».NET Framework«-Konfigurationswerkzeug (Bestandteil des .NET Framework SDKs)

Grafisches Konfigurationswerkzeug nur mit SDK

Das grafische Konfigurationswerkzeug ist leider nur vorhanden, wenn das .NET Framework SDK auf dem PC bzw. Server installiert ist. Ist das SDK nicht installiert, steht lediglich das Kommandozeilenwerkzeug *CasPol.exe* zur Verfügung, das sich im Pfad *C:\Windows\Microsoft.NET\Framework\v2.0.50727* findet. Anhand des grafischen Werkzeugs lassen sich die Zusammenhänge allerdings einfacher erklären als mit dem Kommandozeilenwerkzeug.

5.1 Der Grundgedanke

Der Grundgedanke hinter .NET ist eigentlich gar nicht kompliziert. In Abbildung 5.3 erkennen Sie, worum es in der heutigen IT geht: Es gibt die unterschiedlichsten Client-Systeme und verschiedenste Server bzw. Applikationsserver. Damit die Anwender effizient mit den Systemen arbeiten können, ist Software notwendig, die Funktionen bereitstellt, mit denen die Geschäftsprozesse des Unternehmens oder der Organisation abgebildet werden können. In der Skizze bezeichne ich diese als »Anwendungssysteme«.

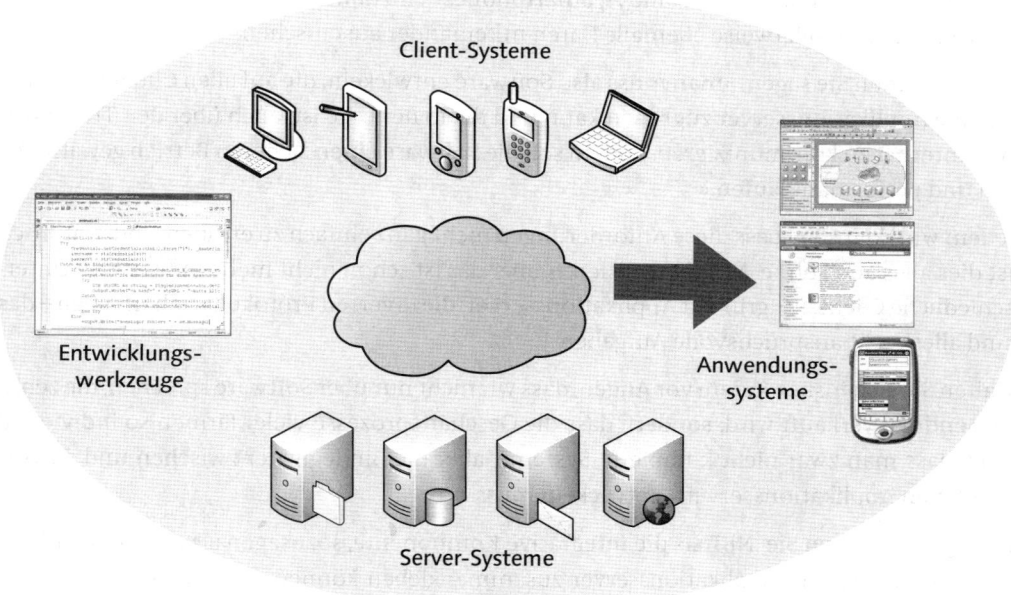

Abbildung 5.3 Ein Blick in die heutige IT-Landschaft

Heute reicht es beispielsweise häufig nicht mehr aus, einen Exchange-Server zu installieren, mit dem die Benutzer sich Nachrichten senden oder gegenseitig auf die Terminkalender zugreifen können. Stattdessen wird das Messaging-System auch in die betrieblichen Abläufe integriert, um es beispielsweise als Transportmedium für den Workflow der CRM-Abläufe zu verwenden. Der Zugriff auf dieses Gesamtsystem soll natürlich nicht nur aus der Firma vom lokalen PC, sondern von jedem Ort der Welt aus erfolgen können. Und weil man nicht ständig PC und Notebook mit sich herumschleppen möchte, müssen auch mobile Clients wie PocketPC/PDA oder Handy den Zugriff ermöglichen.

Ein weiteres Beispiel: Eine Firma, die einen großen technischen Außendienst unterhält, wird stark daran interessiert sein, die Techniker enger in die Ablaufsteuerung einzubinden. Ihr

Ziel ist es, die Fertigmeldung des Technikers, zeitliche Aufwände und verbrauchtes Material möglichst schnell in die zentralen Systeme zu übermitteln. Der Techniker soll sich nun weder schwerpunktmäßig mit einem Computer beschäftigen (Notebook auspacken, hochfahren, Eingaben vornehmen, herunterfahren, einpacken), noch möchte man größere Investitionen (wie die Anschaffung von 300 Notebooks) vornehmen. Da jeder Techniker ein Handy hat, wäre es natürlich naheliegend, dieses Kommunikationswerkzeug in die Prozesse einzubinden.

Die beiden Beispiele zeigen den Trend: Es geht letztendlich darum, alle vorhandenen Clients (PCs, Notebooks, PocketPCs, Handys/Smartphones) einzubinden und dabei alle Server zu nutzen, die sinnvollerweise ebenfalls Daten miteinander austauschen.

»Gut«, werden Sie sagen, »man muss also Software entwickeln, die auf allen Clients läuft, die auf alle Applikationsserver zugreifen kann und die in der Lage ist, auch über den Transportweg Internet zu kommunizieren. Zudem soll die Software einen sicheren Betrieb gewährleisten und performant laufen.«

Jedem wird klar sein, dass diese Anforderungen nicht ganz einfach zu erfüllen sind. Natürlich ist dies alles auch ohne .NET zu realisieren, aber das ist schon nicht mehr ganz trivial: Unterschiedliche Clients, Zugriff auf Applikationsserver, die diversen Protokolle beherrschen – das sind alles recht anspruchsvolle Aufgaben.

Halten Sie sich insbesondere vor Augen, dass wir nicht nur über Software sprechen, die zehntausendmal verkauft wird, sondern dass die Geschäftsprozesse vieler Firmen so individuell sind, dass man zwar nicht komplette Systeme, aber die Bindeglieder zwischen und zu vorhandenen Applikationsservern entwickeln muss.

Kurz gesagt: Sehen Sie .NET als die integrative Komponente, sozusagen als den Leim an, mit dem Sie Clients und Applikationsserver zusammenkleben können. Egal ob ein neues Standardanwendungssystem entsteht oder ob Sie zur Optimierung Ihrer individuellen Geschäftsprozesse Exchange und SharePoint mit Ihrem SAP-System »verheiraten« möchten – .NET wird Ihnen eine große Hilfe sein. Einen kurzen Überblick, wie dies geschieht, erhalten Sie im nächsten Abschnitt.

5.2 .NET bei der Arbeit

Abbildung 5.4 zeigt einen schematischen Überblick über unterschiedliche Anwendungsarchitekturen:

- In jedem Fall befindet sich in der Mitte das Betriebssystem nebst darunterliegender Hardware.
- »Klassische« Applikationen, hier als *Unmanaged Applications* bezeichnet, setzen direkt auf dem Betriebssystem auf.

- Die linke Hälfte der Abbildung zeigt *Managed Applications*. Gemanagt werden diese von der *Common Language Runtime* des .NET-Frameworks, das in jedem Fall zwischen der Managed Application und dem Betriebssystem liegt. Was nun tatsächlich »gemanagt« wird, erfahren Sie im nächsten Abschnitt.
- Die Managed Applications können die *Klassenbibliothek* des .NET Frameworks verwenden (linker oberer Quadrant). Dies wird in den meisten Fällen auch geschehen, da die Klassenbibliothek für Entwickler eine signifikante Arbeitserleichterung darstellt. Außer auf die Klassenbibliothek können Managed Applications auf weitere Bibliotheken zugreifen, die bespielsweise API-Funktionen zum Zugriff auf Applikationen wie Exchange oder SharePoint beinhalten.
- Die letzte Variante sind *Managed Web Applications*: Direkt über dem Betriebssystem liegen hier die *Internet Information Services*, darüber die *ASP.NET-Runtime*, auf der dann schließlich die Webapplikation ausgeführt wird.

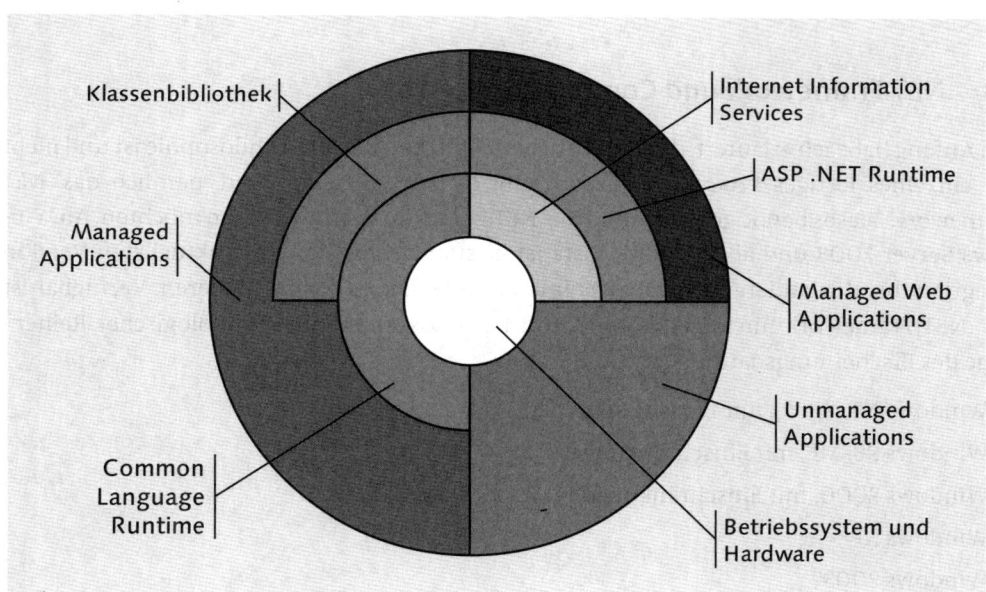

Abbildung 5.4 .NET-Anwendungsarchitektur

Zum einfacheren Verständnis sehen Sie in Abbildung 5.5 noch eine stark abstrahierte Darstellung: Eine Managed Application wird sozusagen in die Kiste ».NET Framework-Laufzeitumgebung« geworfen und darin ausgeführt.

Eine Unmanaged Application greift direkt auf das Betriebssystem zu.

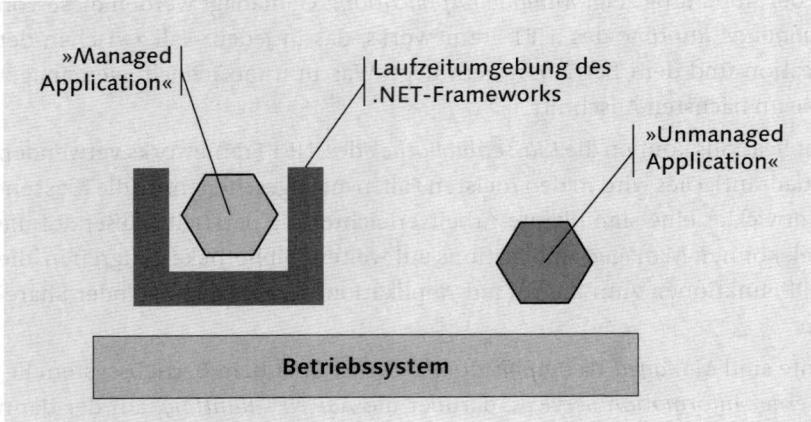

Abbildung 5.5 Managed Applications werden in der .NET-Laufzeitumgebung ausgeführt.

5.3 .NET Framework und Compact Framework

Am Anfang habe ich erläutert, dass .NET eher ein Konzept oder eine Philosophie ist und nicht ein einzelnes fertiges Produkt. Trotzdem gibt es *den* .NET-Download, nämlich das *.NET Framework*. Dieses benötigen Sie, wenn Sie .NET-Applikationen ausführen möchten. Ab Windows Server 2008 und ab Windows Vista ist es standardmäßig in der aktuellsten Version integriert, bei den anderen Betriebssystemen müssen Sie es nachinstallieren. Verfügbar ist das .NET Framework für folgende Microsoft-Betriebssysteme (in chronologischer Reihenfolge des Erscheinungsdatums):

- Windows NT (SP6a), mit Einschränkungen
- Windows 98/ME, mit Einschränkungen
- Windows 2000, mit Einschränkungen
- Windows XP
- Windows 2003
- Windows Vista/7/8/8.1
- Windows Server 2008/2008R2/2012/2012R2

Interessanterweise gibt es ein Open-Source-Projekt, das sich mit dem »Nachbau« des .NET Frameworks für Linux/Unix beschäftigt. Es heißt *Mono*. Nähere Informationen darüber finden Sie unter *http://www.mono-project.com*.

Inwieweit dieses Projekt in der näheren Zukunft tatsächlich Bedeutung im Alltag der Unternehmens-IT erlangt, kann man sicherlich kontrovers diskutieren. Interessant ist aber in jedem Fall, dass sich etliche hochkompetente und teilweise renommierte Entwickler daranbegeben, einen .NET-Clone zu entwickeln.

Schauen wir uns das .NET Framework kurz an. In Abbildung 5.6 ist das übliche Schichtenmodell zu erkennen:

- Die Grundlage ist die Windows-Plattform, momentan Win32.
- In der nächsthöheren Schicht finden sich bekannte Technologien wie COM+, MSMQ (Message Queuing), die Internet Information Services (IIS) und ADO als Technologie für den Datenzugriff.
- Dann geht es richtig los mit .NET in Form der *Common Language Runtime*, der Klassenbibliothek und etlichen weiteren Komponenten.
- Die oberste Schicht bilden die Programmiersprachen, mit denen .NET-Code erzeugt werden kann. Es sind dies mittlerweile nicht nur die von Microsoft in Visual Studio bereitgestellten Programmiersprachen VB.net, C#, J# und C++, mittlerweile unterstützen auch andere Hersteller, wie beispielsweise Borland mit dem Delphi-Produkt, die .NET-Entwicklung.

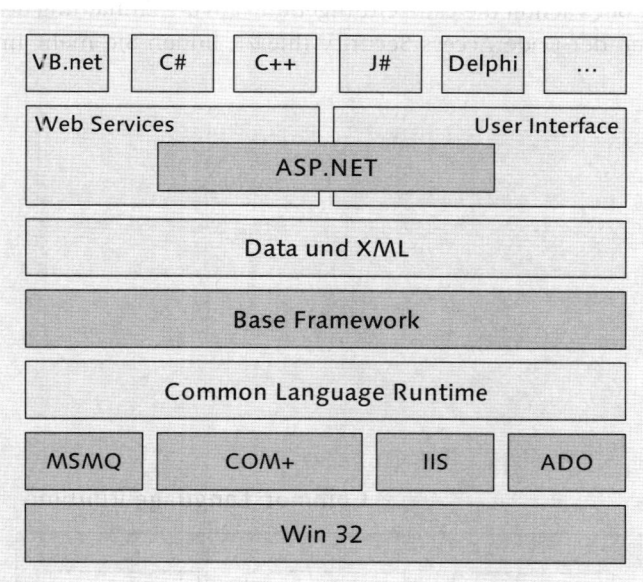

Abbildung 5.6 Das .NET Framework im Schichtenmodell

Die Ausführung von .NET-Code unterscheidet sich grundlegend von der Ausführung »normaler« Programme. Bei Letzterer erzeugt der Compiler nativen Code, der direkt ausgeführt werden kann. In einer .NET-Umgebung verhält es sich anders, wie Sie in dem Flussdiagramm (Abbildung 5.7) erkennen können:

- Der Compiler erzeugt zwar eine EXE- oder DLL-Datei, allerdings besteht diese aus einer Art Zwischencode, der *Intermediate Language* (IL). Diese Dateien sind ohne das .NET Framework nicht ausführbar, obwohl sie die Extension *.exe* haben. Sie können das einfach verifizieren, indem Sie eine .NET-EXE auf eine Maschine ohne installiertes Framework

kopieren und versuchen, diese zu starten – es wird eine Meldung erscheinen, dass ein .NET Framework erforderlich ist.
- Startet man eine .NET-EXE, wird die Common Language Runtime aktiv. Zunächst ermittelt der *Class Loader*, welche Assemblys zur Ausführung zusätzlich benötigt werden. Diese finden sich zumeist in DLL-Dateien.
- Als Nächstes erstellt der *JIT-Compiler* aus der Intermediate Language »echten« ausführbaren Code. Der JIT-Compiler benötigt für diese Kompilierung nur wenige Augenblicke. Dieser Vorgang ist vom Zeitbedarf nicht vergleichbar mit der Kompilierung in Visual Studio. Das Kompilieren zur Laufzeit bietet übrigens den Vorteil, dass eine auf die Maschine optimierte Übersetzung erfolgen kann. Herkömmlicher Code ist für den kleinsten gemeinsamen Nenner – letztendlich also für den ältesten noch unterstützten x86-Prozessor – übersetzt. Bei Messungen hat sich herausgestellt, dass »geJITteter« Code in der Tat häufig schneller ist, obwohl am Anfang der Kompilierungsvorgang durchgeführt werden muss.
- Während der Ausführung des Codes achtet die Laufzeitumgebung auf die Einhaltung der definierten *Sicherheitsrichtlinien* der Code Access Security (hierzu finden Sie mehr im nächsten Abschnitt).

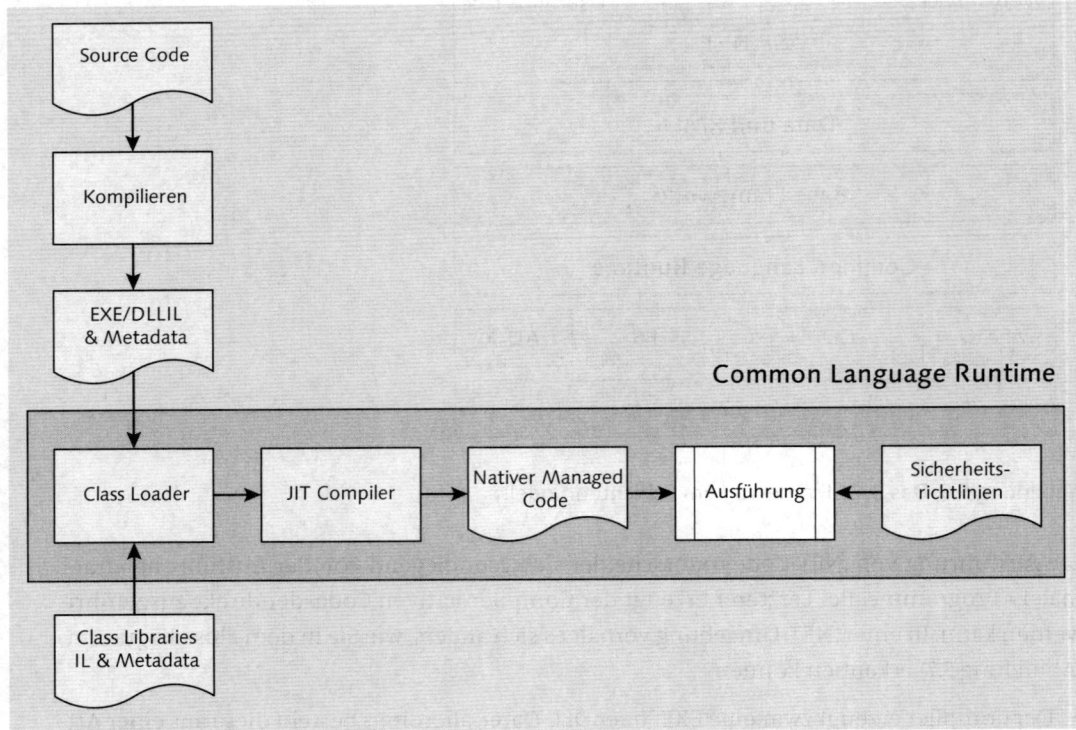

Abbildung 5.7 Die Ausführung von .NET-Code

.NET Compact Framework

Neben dem .NET Framework existiert mit dem *.NET Compact Framework* eine spezielle Variante des .NET Frameworks für mobile Geräte mit WinCE-basierten Betriebssystemen, unter anderem solche mit dem Windows Mobile-Betriebssystem. Für noch kleinere Geräte ist das *.NET Micro Framework* gedacht.

Die Klassenbibliothek des *.NET Compact Frameworks* ist eine Untermenge derjenigen des »großen« Frameworks, enthält allerdings deutlich weniger Funktionen. Das hängt zum einen damit zusammen, dass ein installiertes .NET Framework mit deutschem Sprachpaket weit über 100 MB Speicher beansprucht, was für viele mobile Geräte deutlich zu viel ist. Darüber hinaus sind etliche Funktionen zu ressourcenintensiv, als dass man diese sinnvoll auf einem Mobilgerät einsetzen könnte.

Dem Compact Framework (CF) fehlen einige grundlegende Eigenschaften des großen .NET Frameworks. .NET CF verfügt beispielsweise *nicht* über Code Access Security.

Das .NET Compact Framework ist ein innovativer wichtiger Schritt in die richtige Richtung, denn damit kann ein Entwickler, der Erfahrungen im .NET-Umfeld gesammelt hat, mit relativ geringem Einarbeitungsaufwand anspruchsvolle Applikationen für Mobilgeräte entwickeln. Die Klassenbibliothek, die von .NET CF zur Verfügung gestellt wird, dürfte im Umfeld der Entwicklung für Mobilgeräte in dieser Funktionsvielfalt einzigartig sein.

5.4 Code Access Security

Ein wichtiges Merkmal des .NET Frameworks (*aber nicht* des .NET Compact Frameworks) ist die *Code Access Security*.

Normalerweise kann eine Applikation auf alle Ressourcen zugreifen, auf die der Benutzer, der die Applikation startet, Zugriff hat. Der Schwachpunkt liegt auf der Hand: Häufig starten Benutzer recht unbedacht eine Applikation, die beispielsweise per E-Mail auf die Maschine gekommen ist, haben aber überhaupt keine Kontrolle darüber, was diese Applikation nun überhaupt tut: Vielleicht installiert sie eine Backdoor, durchsucht das Filesystem, greift auf das Internet zu oder klaut E-Mail-Adressen. Mit anderen Worten: Einer Applikation, die gestartet ist, sind nur noch Riegel in Form der Benutzerberechtigungen vorgeschoben. Das bedeutet, dass die gestartete Applikation, je nach Benutzerumgebung, relativ frei »schalten und walten« kann.

Das Prinzip der Code-Access-Security-Richtlinien (*CASpol*) bringt hier sehr deutliche Verbesserungen – allerdings nur für Managed Applications!

Für jede einzelne Assembly (das kann eine *.exe*- oder *.dll*-Datei sein) kann individuell definiert werden, auf welche Ressourcen diese zugreifen kann.

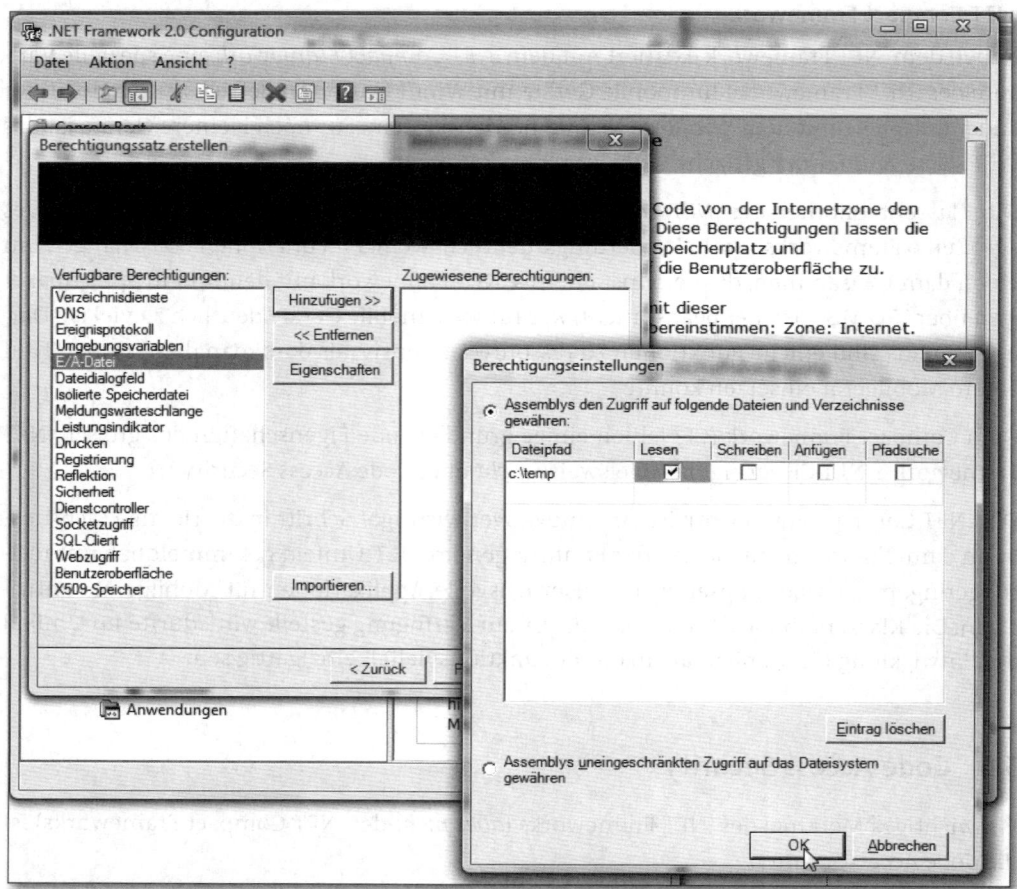

Abbildung 5.8 Erstellen eines Berechtigungssatzes mit dem Konfigurationswerkzeug des .NET Frameworks

Abbildung 5.8 zeigt die Konfiguration eines Berechtigungssatzes: Eine Assembly darf den SQL-Client verwenden und im Verzeichnis *c:\temp* lesend und schreibend auf Dateien zugreifen. Sonst nichts! Kein Zugriff auf andere Netzwerkressourcen, keine Manipulation der Registrierung etc.

Im Klartext bedeutet das, dass *Sie* festlegen, was eine ausführbare Datei darf, und dass sich die ausführbare Datei eben nicht das holen kann, was sie gern hätte. Obwohl diese Vorgehensweise eindeutig in die richtige Richtung weist, muss man die Euphorie zunächst bremsen: Die Code Access Security funktioniert ausschließlich mit Managed Code, der von der Laufzeitumgebung des .NET Frameworks ausgeführt wird. Solange Sie nicht Unmanaged Code auf den Systemen komplett ausschließen können, gibt es durch das Verfahren natürlich keine verbesserte Gesamtsicherheit. Um bösartigen Unmanaged Code auszuschließen, können Sie beispielsweise auf die »Richtlinien für Softwareeinschränkungen« (Gruppenrichtlinien) zurückgreifen.

Code Access Security kann natürlich nur funktionieren, wenn Sie das Konzept nicht aushebeln und alle Assemblys mit »Full Trust«, also ohne Einschränkungen, laufen lassen.

Damit Sie einen »visuellen Eindruck« bekommen, wie es aussieht, wenn die Code Access Security den Ressourcenzugriff verhindert, habe ich ein kleines Programm geschrieben, das versucht, auf einen SQL-Server zuzugreifen. Da die Assembly (d.h. die *.exe*-Datei) keine Berechtigung dazu hat, wird der Zugriff verhindert (Abbildung 5.9).

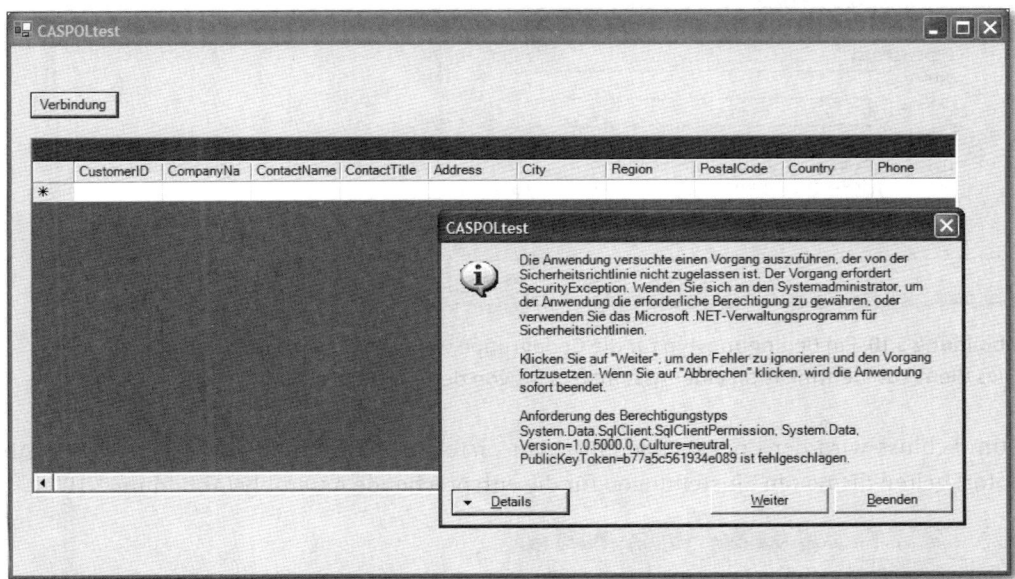

Abbildung 5.9 Ein Programm versucht, auf den SQL-Server zuzugreifen. Die Code Access Security verhindert den Zugriff.

5.5 Von Codegruppen und Berechtigungssätzen

Bei der Arbeit mit der Code Access Security haben Sie in erster Linie mit Codegruppen und Berechtigungssätzen zu tun:

▶ *Berechtigungssatz*: Das Erstellen eines Berechtigungssatzes haben Sie bereits in Abbildung 5.8 gesehen. In einem Berechtigungssatz wird festgehalten, welche Rechte eine Assembly hat, also auf welche Ressourcen sie zugreifen kann.

▶ *Codegruppe*: Nun muss dem System noch mitgeteilt werden, auf welche Applikationen der zuvor erstellte Berechtigungssatz angewendet werden soll. Hierzu werden Codegruppen verwendet. Die Assembly kann beispielsweise anhand des Hashwerts, des Herausgebers, des starken Namens, der Herkunfts-URL und einiger anderer Merkmale mehr identifiziert werden (Abbildung 5.10).

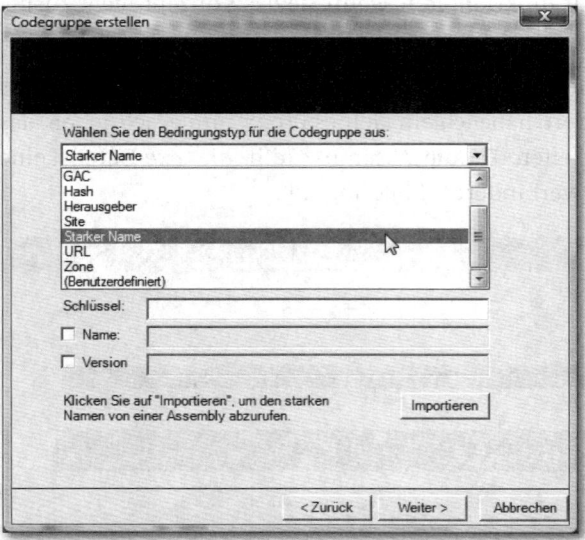

Abbildung 5.10 Ein Bedingungstyp für die Codegruppe wird ausgewählt. Dies dient zur Identifikation einer Assembly bzw. von deren Herkunft.

Zum Schluss wird der Codegruppe ein zuvor erstellter Berechtigungssatz zugewiesen. Ab sofort gelten die neuen Einstellungen für die entsprechende Assembly (Abbildung 5.11).

Abbildung 5.11 Den Assemblys dieser Codegruppe wird ein Berechtigungssatz zugewiesen.

Die vorangegangenen Screenshots stammen aus der .NET Framework-Konfigurationsapplikation. Die Konfigurationsdateien werden als XML-Dateien gespeichert und können demzufolge auch einfach mit einem Texteditor bearbeitet werden – von fortgeschrittenen Benutzern.

Nicht in allen Fällen können Sie sich vom grafischen Werkzeug helfen lassen: Beispielsweise werden Sie bei der Konfiguration der Code Access Security in SharePoint in jedem Fall XML-Dateien bearbeiten müssen, da standardmäßig kein entsprechendes grafisches Konfigurationswerkzeug vorhanden ist.

5.6 WPF, WCF, WWF und CardSpace

Seit dem .NET Framework 3.0 gibt es vier weitere Komponenten, die sich hinter den kryptischen Abkürzungen der Überschrift verbergen:

- *WPF*: Die *Windows Presentation Foundation* stellt neuartige Fähigkeiten für die Bildschirmausgabe bereit. Die GDI, das *Graphics Device Interface*, das im Grunde genommen schon seit Windows 1 mit an Bord ist, ist mit seinen Fähigkeiten mittlerweile an diverse Grenzen gestoßen. Die Möglichkeiten der WPF kommen aber nur dann zum Tragen, wenn sie von Programmen tatsächlich auch genutzt werden. In der Betaphase war diese Technologie unter dem Codenamen »Avalon« bekannt.
- *WCF*: Die *Windows Communication Foundation* stellt Applikationen diverse Methoden für die dienstorientierte Kommunikation zur Verfügung. Diese sind wichtig, um die Anforderungen moderner verteilter Anwendungen abzudecken. Unter einer einheitlichen API finden sich somit Kommunikationstechnologien wie Webservices, DCOM oder Enterprise Services. In der Beta-Phase war diese Technologie unter dem Codenamen »Indigo« bekannt.
- *WWF*: Die *Windows Workflow Foundation* ermöglicht es Applikationen, Workflows zu initiieren und abarbeiten zu lassen. Die WWF ist nicht im klassischen Sinne ein »Workflow Server«, denn sie bietet selbst beispielsweise keine Interaktionsmöglichkeiten mit Benutzern und muss stets von einer Applikation gehostet werden. Die WWF wird beispielsweise von SharePoint für die Bereitstellung von Workflows verwendet: In diesem Fall hostet SharePoint also die WWF und bringt diverse Workflow-Aktivitäten (z. B. Eingabe entgegennehmen, Wert eines Felds ändern, Workflow-Aufgabe erzeugen) mit, die dann die Workflows mit Leben füllen.
- *CardSpace*: Bei CardSpace handelt es sich um eine Technologie, mit der Anwender ihre digitalen Identitäten verwalten können. Es handelt sich hierbei aber nicht um einen simplen »Identitätstresor«, sondern CardSpace interagiert mit dafür vorbereiteten Applikationen.

Diese vier Technologien sind für Administratoren nicht so sehr spannend, weil es keine Aufgaben gibt, die sie mit ihnen erledigen können. Jedoch erleichtern diese vier Technologien – insbesondere die drei »Foundations« – es Entwicklern kolossal, leistungsfähige moderne Anwendungen zu erstellen.

Wenn eine Applikation eine der Foundations benötigt, müssen Sie lediglich das Feature .NET FRAMEWORK 3.0-FEATURES (oder höher: in Server 2012 R2 sind standardmäßig 3.5 und 4.5 vorhanden) installieren (Abbildung 5.12). Es ist durchaus möglich, dass noch weitere Komponenten installiert werden müssen; das gilt insbesondere für die WCF-Aktivierung.

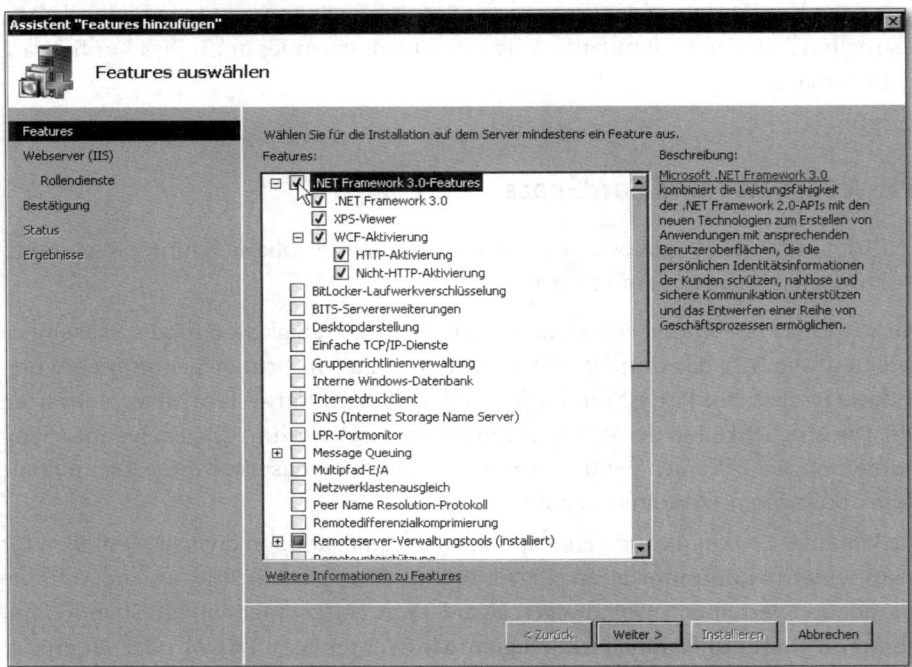

Abbildung 5.12 Die .NET-Foundations werden über das Feature .NET Framework-Features installiert.

5.7 .NET Framework 3.5 installieren

Wie Sie auf Abbildung 5.1 zu Beginn des Kapitels sehen, können Sie neben dem aktuellen .NET Framework 4.5 auch das .NET Framework 3.5 als Feature installieren. Denn es kommt immer mal wieder vor, dass eine Anwendung das »alte« Framework braucht.

Ein Feature zu installieren ist nun normalerweise nicht sonderlich kompliziert. Die .NET-Framework 3.5-Installation ist aber eine Ausnahme:

▶ Kurz bevor die eigentliche Installation beginnt, zeigt der Assistent eine kleine Warnung an (»... fehlen Quelldateien ...«, Abbildung 5.13, oberer Pfeil). Wenn Sie sie einfach ignorieren, wird die Installation fehlschlagen.

▶ Klicken Sie auf ALTERNATIVEN QUELLPFAD ANGEBEN (Abbildung 5.13, unterer Pfeil).

▶ Nun erscheint der Dialog aus Abbildung 5.14 zum Eingeben des Quellpfads. Verweisen Sie auf das Verzeichnis \sources\sxs der Installations-DVD.

Dann wird die Installation erfolgreich durchlaufen!

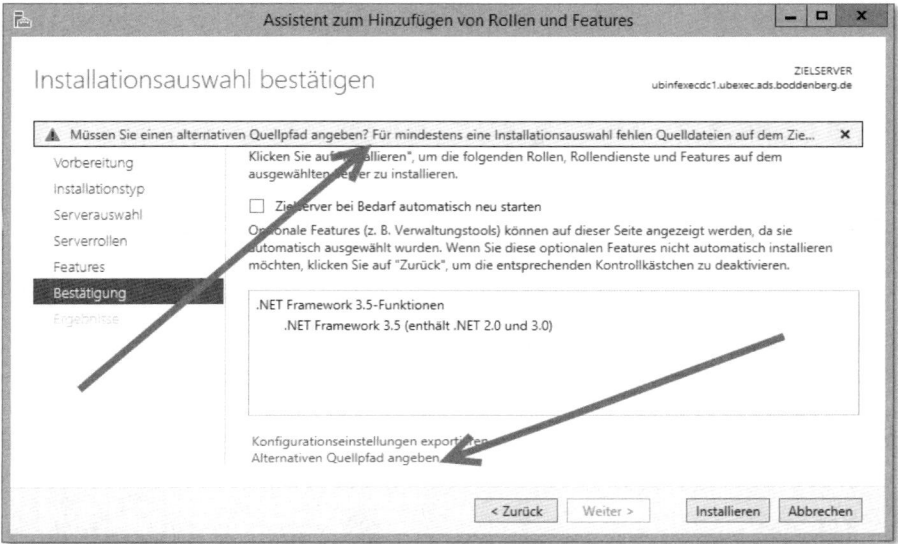

Abbildung 5.13 Wenn Sie .NET-Framework 3.5 installieren, erscheint diese gelbe Warnung.

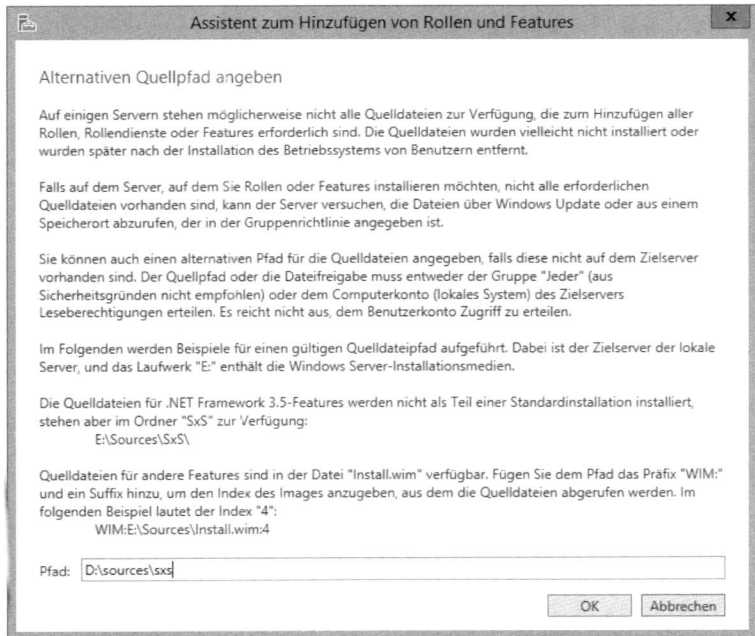

Abbildung 5.14 Der Dialog zum Angeben des Quellpfads. Verweisen Sie auf die Installations-DVD.

Kapitel 6
Installation

Und wie er einsam jetzt hinwandelte, flehte der Alte
Viel zum Herrscher Apollon, dem Sohn der lockigen Leto:
Höre mich, Gott, der du Chrysa mit silbernem Bogen umwandelst,
Samt der heiligen Killa, und Tenedos mächtig beherrschest,
Smintheus! hab ich dir je den prangenden Tempel gekränzet

Die eigentliche Installation von Windows Server 2012 R2 ist absolut unproblematisch, zumindest solange Hardware verwendet wird, die direkt unterstützt wird.

Nutzen Sie die Hersteller-CD
Wenn Sie Server der großen Markenhersteller (Dell, HP, Fujitsu Siemens, IBM) verwenden, gehört zum Lieferumfang eine bootfähige CD, die die Installation des Betriebssystems übernimmt. Im Normalfall sollten Sie diese Möglichkeit nutzen, denn auf diese Weise werden bereits spezielle Treiber und die jeweiligen Managementwerkzeuge installiert.

6.1 Grundinstallation

Über die Grundinstallation gibt es zunächst nicht viel Spektakuläres zu berichten. Das Erste, was Sie von Windows Server 2012 R2 zu Gesicht bekommen werden, ist der in Abbildung 6.1 gezeigte Dialog zur Eingabe einiger Lokalisierungsinformationen.

Mit Server 2012 (und damit auch mit 2012 R2) ist Microsoft wieder zu der Vorgehensweise zurückgekehrt, dass bereits bei der Installation ein Product Key eingegeben werden muss. Abbildung 6.2 zeigt den Eingabedialog. Diese Tatsache ist vor allem wichtig, wenn Sie automatisierte Installationen durchführen.

Sofern Sie von Volumen-Lizenz-Medien installieren, haben Sie im nächsten Schritt die freie Auswahl, welche Edition von Windows Server 2012 R2 Sie auf den Server bringen möchten (Abbildung 6.2; in der für das Buch verwendeten Version steht allerdings nur DATACENTER zur Auswahl). Bei Nicht-Volumen-Lizenz-Medien sieht es anders aus, anhand des eingegebenen Product Keys erkennt die Installationsroutine die »richtige« Edition.

Abbildung 6.1 Das ist das Erste, was Sie von Windows Server 2012 R2 sehen werden.

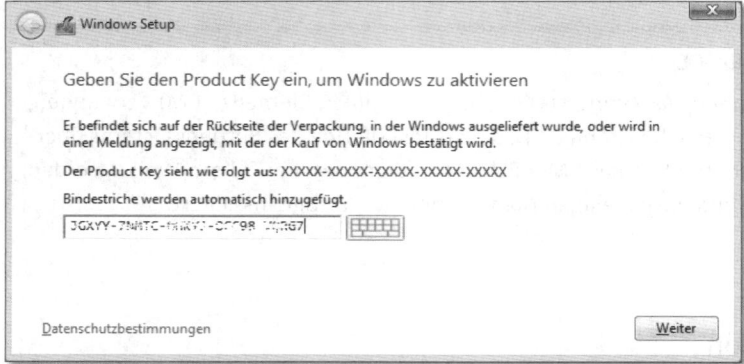

Abbildung 6.2 Bei der Installation wird ein Product Key benötigt.

Wenn Sie eine »normale« Installation des Windows Server 2012 R2 benötigen, also mit der vollen grafischen Oberfläche und sämtlichen installierbaren Optionen, müssen Sie eine VOLLSTÄNDIGE INSTALLATION durchführen. Eine SERVER CORE-INSTALLATION ist eine minimalistische Installation, bei der nur einige ausgewählte Funktionen zur Verfügung stehen (Abbildung 6.3). Der Server-Core-Modus ist zwar sehr ressourcenschonend und bietet nur eine minimale Angriffsfläche, kommt aber auch nur für bestimmte Szenarien infrage. Mehr dazu finden Sie in Kapitel 8, »Active Directory-Domänendienste«.

Im nächsten Dialog wird eine Installationsart ausgewählt. Das ist weniger spektakulär, als es sich vielleicht auf den ersten Blick anhört, denn Sie können sich nur zwischen UPGRADE und BENUTZERDEFINIERT entscheiden (Abbildung 6.4). Sofern die Installationsroutine keine bereits vorhandene Windows Server-Installation entdecken kann, kommt ohnehin nur die benutzerdefinierte Installation infrage.

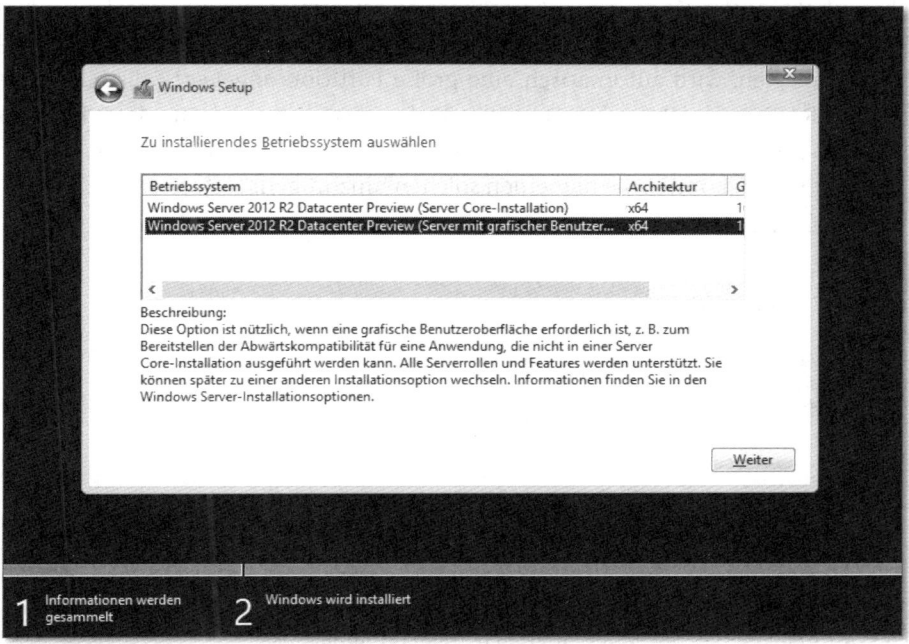

Abbildung 6.3 Bei der Installation von einem Volumenlizenz-Medium können Sie frei auswählen, welche Edition installiert werden soll. Hier steht allerdings nur die Datacenter-Edition zur Auswahl.

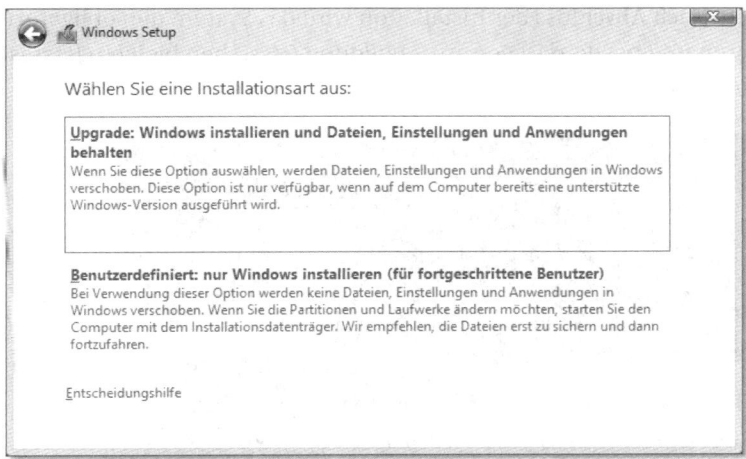

Abbildung 6.4 Bei der Installationsart haben Sie bei der Installation auf einem »nackten« System keine Auswahl.

Die einzige Frage, mit der Sie sich bei der Installation noch auseinandersetzen müssen, ist der Installationsort, sprich die Festplatte bzw. das RAID-Set oder die Partition, auf die installiert werden soll. In dem Dialog aus Abbildung 6.5 wird standardmäßig die erste gefundene

Festplatte komplett genutzt. Über den Link LAUFWERKOPTIONEN (ERWEITERT) gelangen Sie zu einem Dialog, in dem Sie auf Wunsch Partitionen verwalten können – wenn Sie keine weiteren Vorgaben machen, wird automatisch eine große Partition angelegt. Falls eine Festplatte bzw. ein RAID-Set nicht erkannt wird, dürfte das daran liegen, dass für den entsprechenden SCSI- bzw. RAID-Controller kein passender Treiber vorhanden ist. Mit der Funktion TREIBER LADEN können Sie hier einen solchen hinzufügen.

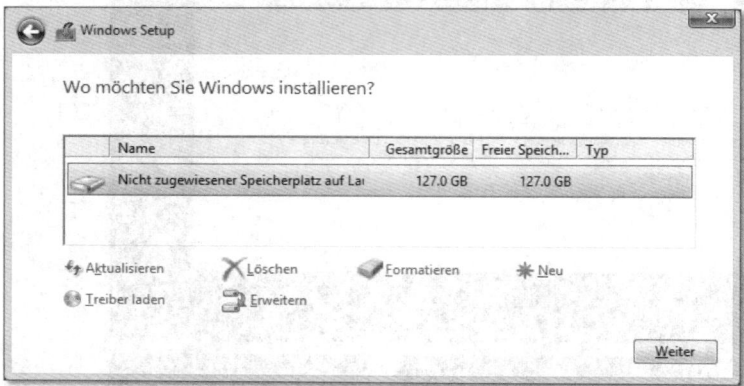

Abbildung 6.5 Auswahl des Datenträgers, auf den installiert werden soll

Während der nächsten Minuten können Sie unbehelligt vom System zur Cappuccino-Maschine gehen (das tue ich jedenfalls immer), denn im weiteren Verlauf werden Sie nicht um Ihre Eingaben gebeten. Nach Abschluss der Installation wird das System den obligatorischen Neustart durchführen und bei dem Dialog aus Abbildung 6.6 stehen bleiben: Jetzt ist es Zeit, ein Benutzerkennwort für den lokalen Administrator einzugeben.

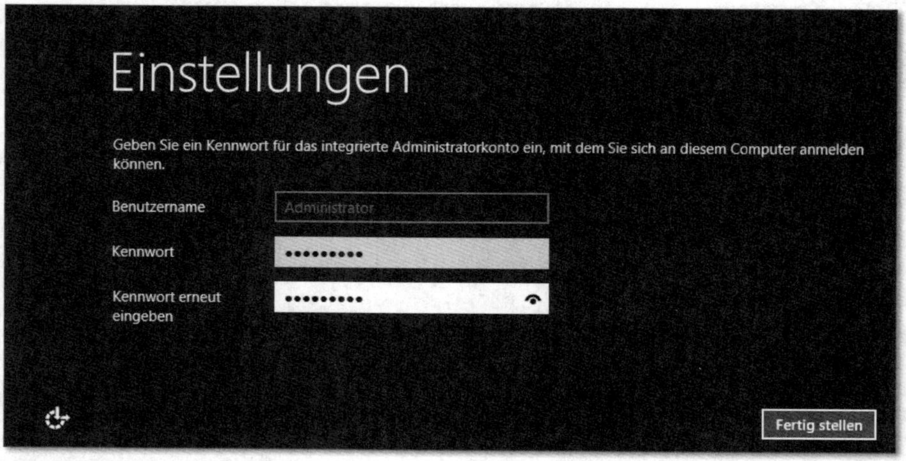

Abbildung 6.6 Da bei der Installation keine Anmeldeinformationen abgefragt werden, muss bei dem frisch installierten Server das Admin-Passwort gesetzt werden.

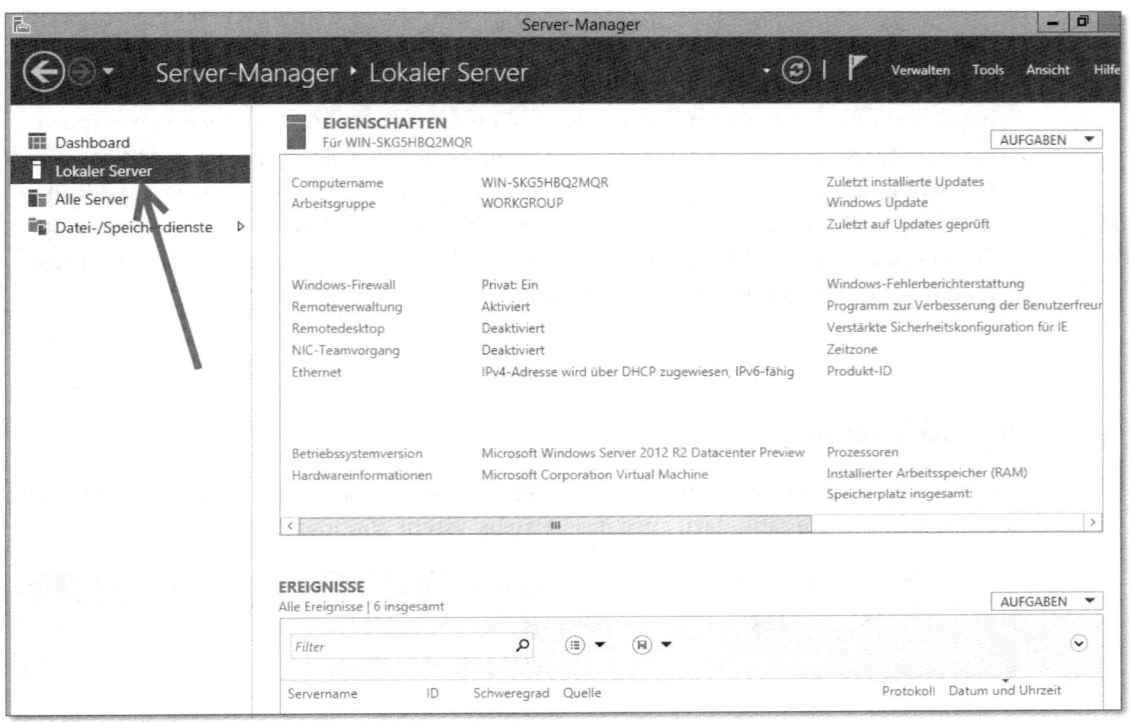

Abbildung 6.7 Der Server-Manager führt Sie durch einige wesentliche Konfigurationsschritte.

Nach erfolgter Anmeldung wird der Server-Manager starten. Er führt Sie durch die ersten Schritte mit dem neu aufgesetzten Windows Server 2012 (Abbildung 6.7, wählen Sie LOKALER SERVER):

- Sie erledigen hier wesentliche Konfigurationsschritte, wie die Eingabe einiger grundlegender Informationen, nämlich Zeitzone, Netzwerkkonnektivität und Computername/-domäne. Das System erhält seine IP4-Adresse zunächst per DHCP, was für einen Server im Normalfall nicht der Optimalzustand ist. Vermutlich wird der Server Mitglied einer Domäne werden, was auch direkt aus diesem Dialogfenster heraus eingeleitet werden kann.
- Unter anderem können Sie festlegen, ob automatische Updates, also Patches, auf diesen Server angewendet werden sollen. Das Einspielen von Patches ist definitiv wichtig. Wenn Sie mehr als einen oder zwei Server betreiben, werden Sie diese Aufgabe aber vermutlich durch WSUS erledigen wollen – diesem Thema ist ein eigenes Kapitel gewidmet.
- Im Server-Manager findet sich die Möglichkeit, Rollen und Features hinzuzufügen. Der jetzt installierte Server kann eigentlich noch gar nichts, außer natürlich Plattenplatz zu verbrauchen und Ihnen mehr oder weniger lustige Dialoge anzuzeigen. Erst durch die Installation von Rollen und Features hauchen Sie ihm die benötigte Funktionalität ein.

> **Der Server-Manager**
>
> Wie auch schon beim Server 2008 bzw. 2008 R2 ist der Server-Manager der Dreh- und Angelpunkt bei der Administration. Er ist zu einem »Cockpit« ausgebaut worden, mit dem mehrere Server administriert werden können und in dem auf einen Blick ein grundlegender Gesamt-Systemzustand visualisiert ist. Weiterhin hat Microsoft offenkundig »den Plan«, dem Administrator unter einer gemeinsamen Oberfläche alle wesentlichen Aspekte des Servers zu präsentieren. Das ist neu, in einigen Teilen vielleicht auch gewöhungsbedürftig, grundsätzlich aber sicher der richtige Weg.

6.2 Aktivieren

Diverse Microsoft-Produkte müssen aktiviert werden. Neben dem Client-Betriebssystem und der Office-Suite zählt dazu auch das Betriebssystem Windows Server 2012.

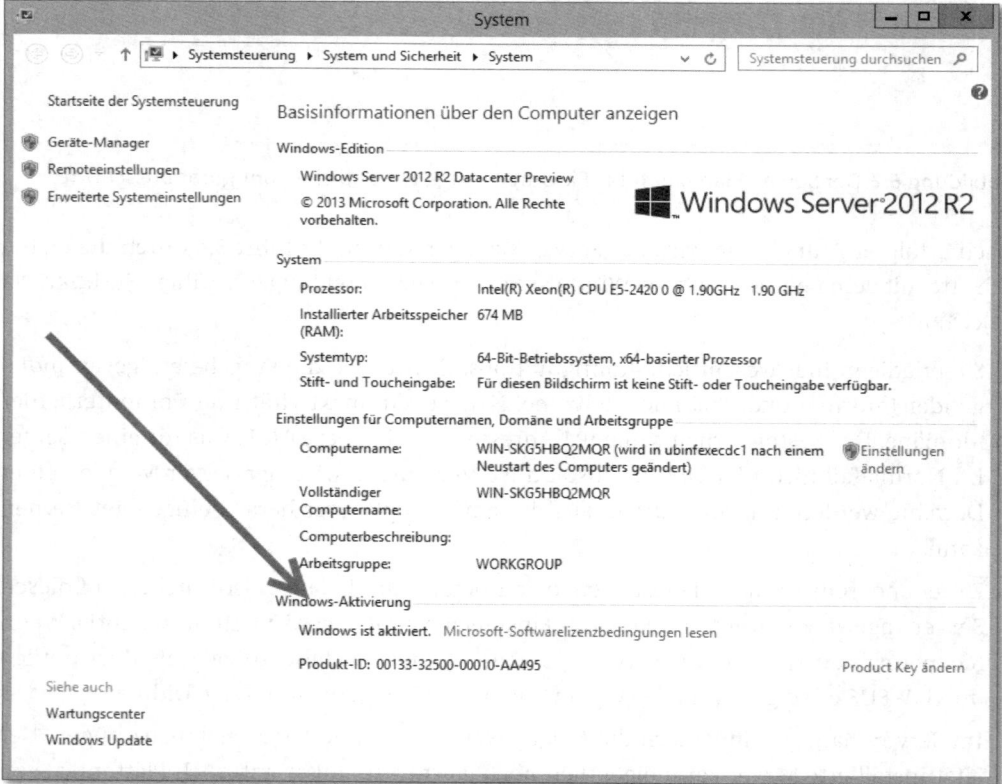

Abbildung 6.8 Dieser Dialog ist die schnellste Möglichkeit, um nachzusehen, ob das Betriebssystem aktiviert ist.

Ein frisch installierter Server wird sich nach Möglichkeit direkt selbst aktivieren, sofern er eine Internetverbindung vorfindet. Falls er das nicht erledigen konnte, wird er Sie mehr oder weniger dezent darauf hinweisen, dass die Aktivierung noch durchgeführt werden muss. Unter anderem sehen Sie das bekannte Schlüsselsymbol neben der Uhrzeitanzeige. Da man dies aber auch wegklicken kann, kommt es häufig vor, dass der verantwortliche Mitarbeiter »nicht mehr so genau« weiß, ob der Server nun aktiviert ist oder eben nicht – so penetrant ist das Betriebssystem mit Hinweisen auf die noch nicht ausgeführte Aktivierung dann eben doch nicht.

Der einfachste Weg (finde ich jedenfalls), um den Aktivierungsstatus zu klären, besteht darin, im Startmenü das Kontextmenü des Eintrags COMPUTER aufzurufen und dort den Menüpunkt EIGENSCHAFTEN zu wählen. Es erscheint der Dialog aus Abbildung 6.8, der am unteren Ende den Status der Windows-Aktivierung anzeigt. Hier kann man auch den Aktivieren-Dialog aufrufen oder den Product Key ändern.

Wie Sie die eigentliche Aktivierung vornehmen, ist sicherlich kein Thema, das in einem Fachbuch besprochen werden muss.

Auch wenn eigentlich alles völlig in Ordnung zu sein scheint (gültiger Key, Internetkonnektivität vorhanden), könnte es sein, dass Sie mit einer Meldung konfrontiert werden, die besagt, dass der DNS-NAME NICHT VORHANDEN ist. Bevor Sie lange nach einem Konnektivitätsproblem suchen und Ihre DNS-Infrastruktur infrage stellen, hier die Lösung: Dieses Problem tritt auf, wenn Sie Windows Server 2012 mit einem Volumenlizenz-Medium verwenden und in Ihrer Umgebung kein *Key Management Server* (KMS) installiert ist. Für dieses Problem gibt es zwei Lösungen:

▶ Sie installieren einen *Key Management Server* und wickeln die Volumenlizenz-Aktivierungen für Windows Server 2008/Vista und fortfolgende (u.a. eben auch Server 2012) über dieses System ab.

▶ Sie tragen im Windows Server 2012 einen *Multi Activation Key* (MAK) ein.

In vielen kleinen und mittleren Umgebungen dürfte eher die zweite Variante zum Tragen kommen. Um den Product Key zu wechseln, haben Sie zwei Möglichkeiten:

▶ Sie können die grafische Oberfläche verwenden und den Link PRODUCT KEY ÄNDERN in den Eigenschaften des Computers anklicken (siehe auch Abbildung 6.8).

▶ Alternativ können Sie das Kommandozeilenwerkzeug `slmgr` zu Hilfe nehmen, was von Vorteil ist, wenn Sie eine vollautomatische Installation planen. Der Aufruf ist auf Abbildung 6.9 zu sehen. Anzumerken wäre, dass man mit `slmgr` noch diverse andere Aufgaben aus dem Umfeld der Lizenzverwaltung erledigen kann.

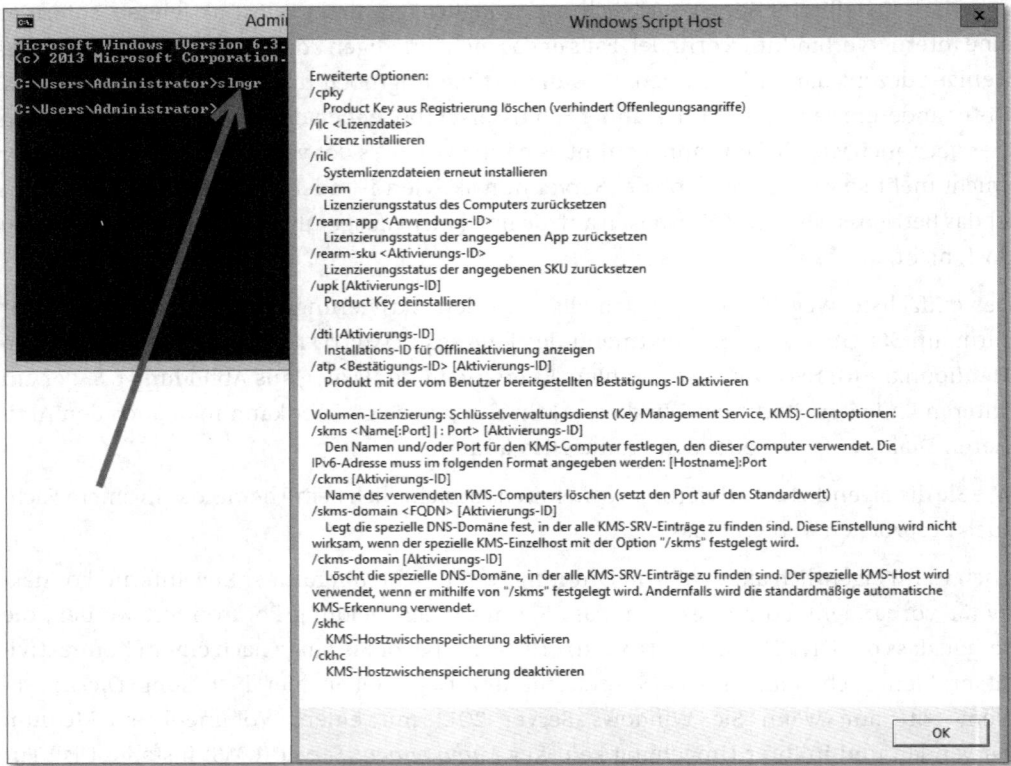

Abbildung 6.9 Mit »slmgr« kann man unter anderem den Product Key wechseln. Alternativ geht das übrigens auch mit der grafischen Oberfläche.

> **Dokumentation**
>
> Die hier beschriebene Situation bezüglich der Aktivierung von Windows Server 2012-Installationen, die von Volumenlizenz-Datenträgern installiert worden sind, ist in der Knowledge-Base dokumentiert. Der Link ist: *http://support.microsoft.com/default.aspx/kb/929826*

Kapitel 7
Die Core-Installationsoption

Oder hab' ich dir je von erlesenen Farren und Ziegen
Fette Schenkel verbrannt; so gewähre mir dieses Verlangen:
Meine Tränen vergilt mit deinem Geschoß den Achaiern!
Also rief er betend; ihn hörete Phöbos Apollon.
Schnell von den Höhn des Olympos enteilet' er, zürnendes Herzens

Wer sich mit Windows Server 2012 beschäftigt, stößt eher früher als später auf die Core-Installationsoption (Abbildung 7.1). Diese Installation ohne die grafische Oberfläche steht seit Windows Server 2008 zur Verfügung.

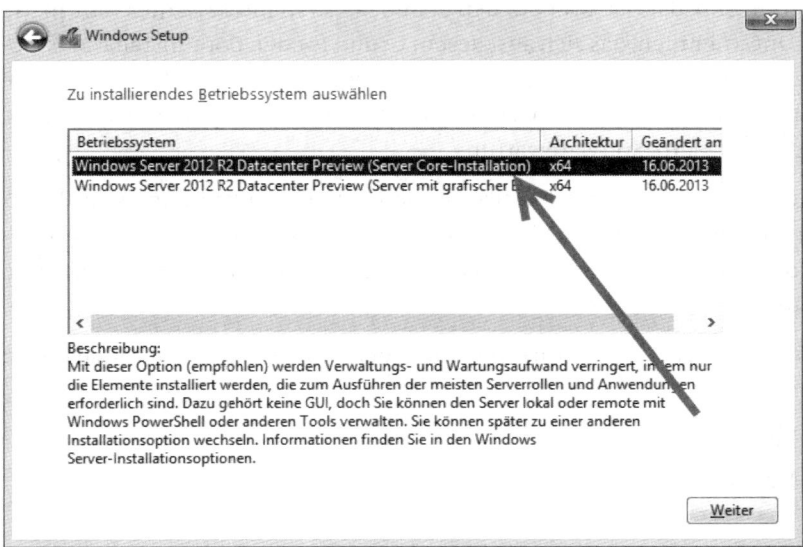

Abbildung 7.1 Bei der Installation des Betriebssystems kann der Core-Installationsmodus gewählt werden.

Kurz gesagt handelt es sich bei der Core-Installationsoption um eine Installationsvariante, bei der die ohnehin schon modulare Bauweise des Windows Server 2012 noch weiter auf die Spitze getrieben wird. Zunächst werden Sie feststellen, dass ein mit dieser Installationsoption installierter Server nicht mehr über die übliche grafische Benutzeroberfläche verfügt. Weiterhin sind nicht alle Rollen installierbar. Mehr dazu finden Sie weiter hinten in Tabelle 7.1.

Ein Core-Server hat gegenüber einer »normalen« Installation folgende Vorteile:

- *Gesteigerte Stabilität*: Da nur die Kernkomponenten installiert sind, gibt es weniger Komponenten, die Fehler verursachen können.
- *Reduzierte Softwarewartung*: Auf einem Core-Server gibt es weniger Softwarekomponenten, die gewartet werden müssen.
- *Reduzierte »Angriffsfläche«*: Da ein großer Teil der Dienste, die auf einem normal installierten Server vorhanden sind, auf einem Core-Server nicht existiert, verringert sich die Angriffsfläche für Würmer, Trojaner und ähnlichen Unrat.
- *Reduzierter Managementaufwand*: Auf einem als Core installierten Server sind deutlich weniger zu verwaltende Komponenten vorhanden, demzufolge wird sich der Managementaufwand reduzieren.
- *Reduzierter Platzbedarf*: Ein Core-Server lässt sich mit deutlich weniger Plattenplatzbedarf installieren.

Der verringerte Ressourcenbedarf ist zwar auf den ersten Blick ein interessantes Argument, ich kenne aber kein Unternehmen, das sich aus diesem Grund für den Core-Installationsmodus entscheidet. Der Ressourcenbedarf eines Servers ist heute nicht mehr das wesentliche Problem, interessant sind in einigen Anwendungsszenarien aber schon die reduzierte Angriffsfläche und die reduzierte Softwarewartung.

Das wesentliche Argument gegen die Core-Installationsoption ist die fehlende grafische Benutzeroberfläche. Einen Core-Server müssen Sie in der Tat von der Kommandozeile aus administrieren, etliche Konfigurationsmöglichkeiten können allerdings auch von einem anderen Server/Admin-PC durchgeführt werden.

Wie bereits zuvor erwähnt wurde, unterstützt ein Core-Server nicht alle Rollen. Diese Rollen werden unterstützt:

- Active Directory-Zertifikatsdienste
- Active Directory-Domänendienste
- DHCP-Server
- DNS-Server
- Dateidienste (einschließlich Ressourcen-Manager für Dateiserver)
- Active Directory Lightweight Directory Services (ADLDS)
- Hyper-V
- Druck- und Dokumentdienste
- Streaming Media-Dienste
- Webserver (einschließlich einer Teilmenge von ASP.NET)

- Windows Server Update Server
- Active Directory-Rechteverwaltungsserver
- Routing- und RAS-Server und folgende Unterrollen:
  - Verbindungsbroker für Remotedesktopdienste
  - Lizenzierung
  - Virtualisierung

Die Installation eines Core-Servers verläuft wie bei einer »normalen« Installation – es gibt keine Besonderheiten. Sie erhalten auch den üblichen Anmeldebildschirm. Nach der Anmeldung sieht er dann aber so wie in Abbildung 7.2 gezeigt aus: ein Konsolenfenster, kein Menü, keine sonstigen grafischen Elemente.

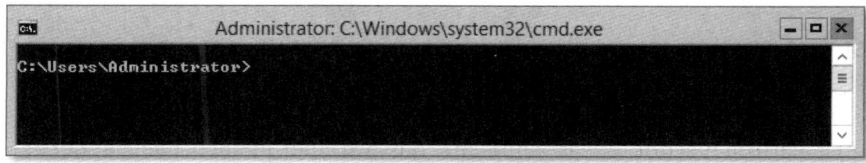

Abbildung 7.2 So sieht es aus, wenn man sich an einem Core-Server angemeldet hat – es gibt kein Menü.

7.1 Verwaltung, Basis

Die ersten Schritte nach der Installation sind bei einem Core-Server genauso wie bei den »normal« installierten Betriebssystemen:

- statische IP-Adresse vergeben
- Server umbenennen
- Server zum Domänenmitglied machen
- Management über RDP aktivieren

Der einzige Unterschied ist, dass diese Aufgaben beim Core-Server mit der Kommandozeile erledigt werden müssen.

7.1.1 Verwendung von »sconfig.cmd«

Klar, ich könnte Ihnen jetzt einige PowerShell-Cmdlets zeigen. Die Mehrzahl der Admins dürfte sich aber über ein wenig »grafische Unterstützung« freuen. Microsoft liefert mit *sconfig.cmd* eine textbasierte Oberfläche, mit der die zuvor genannten Aufgaben recht einfach zu erledigen sind. Tippen Sie einfach sconfig.cmd auf der Kommandozeile ein, und freuen Sie sich über die Oberfläche aus Abbildung 7.3.

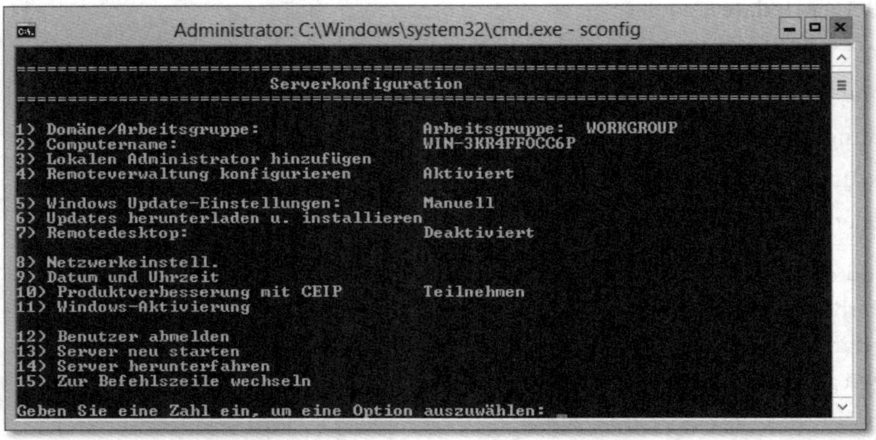

7 Die Core-Installationsoption

Abbildung 7.3 Diese einfache Oberfläche erleichtert es Ihnen, die Grundeinstellungen vorzunehmen.

Die Bedienung ist natürlich schon etwas »einfach«, das war aber ja auch nicht anders zu erwarten. Auf Abbildung 7.4 sehen Sie, wie man die IP-Adresse der Netzwerkkarte ändert. Das ist echtes Dialog-Feeling: Der Computer stellt Fragen, die der Admin beantworten muss.

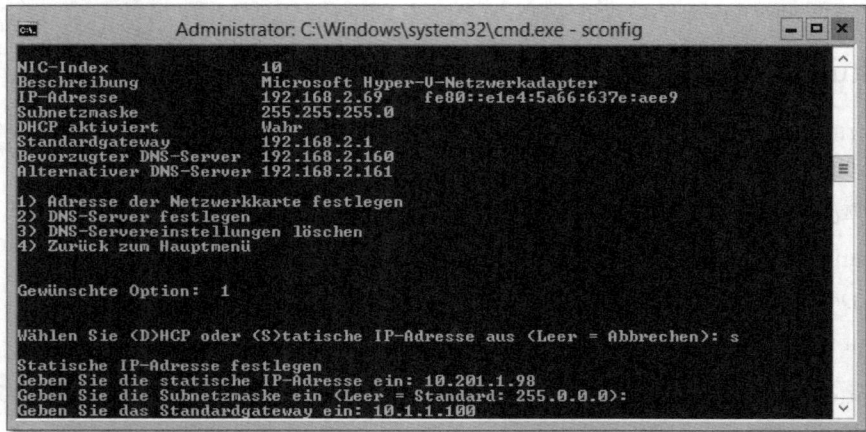

Abbildung 7.4 Eingeben der Netzwerkeinstellungen

7.1.2 PowerShell nutzen

So gut wie alle administrativen Aufgaben auf einem Server lassen sich mittlerweile mit der PowerShell erledigen. Die Frage ist zunächst, wie man die PowerShell auf einem Core-Server startet. Nichts einfacher als das: Tippen Sie `powershell` ein, und schon ist sie da (Abbildung 7.5)!

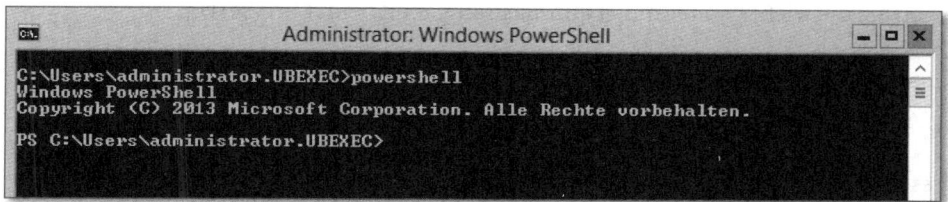

Abbildung 7.5 Die PowerShell wird durch Eingabe von »powershell« gestartet.

Die Bedienung der PowerShell zum Ausführen von Administrationsaufgaben ist nicht schwierig, sofern man die Cmdlets kennt. Abbildung 7.6 zeigt, wie Sie abfragen, welche Netzwerke vorhanden sind und welche IP-Adressen an die Karte mit dem Index 12 gebunden sind.

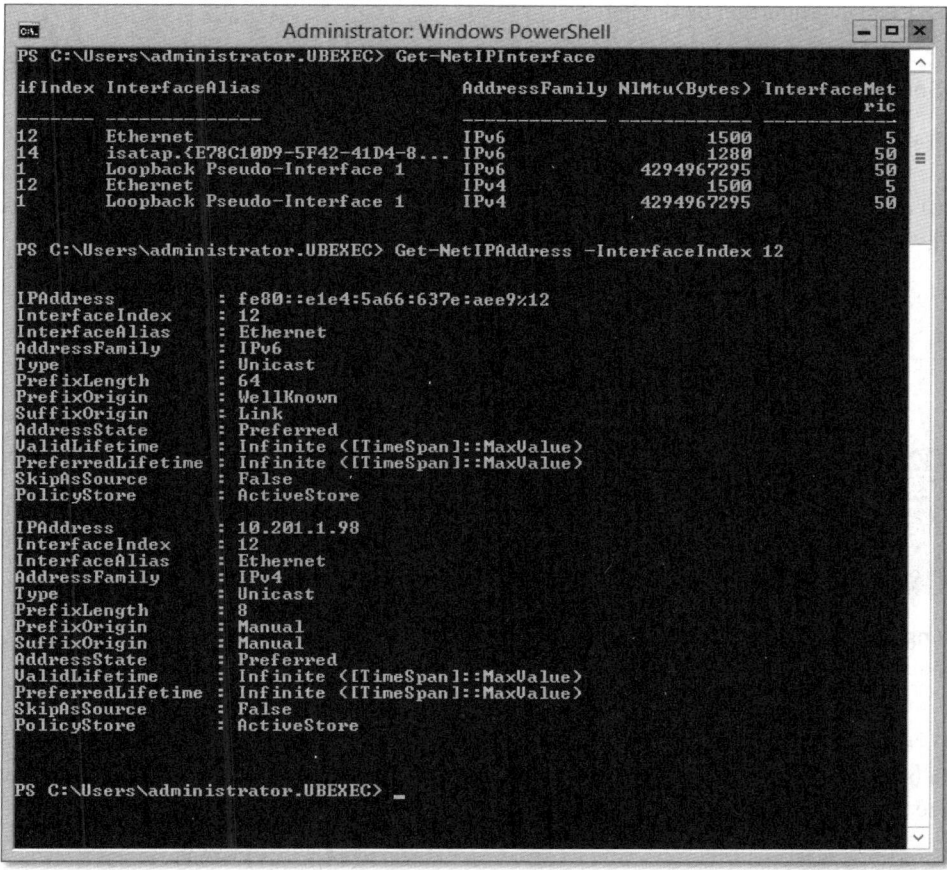

Abbildung 7.6 Netzwerk-Interfaces und IP-Adresse abfragen

Hier sehen Sie die wichtigsten Cmdlets für Basisaufgaben beim Core-Server:

Aufgabe	PowerShell-Cmdlet
Netzwerkkarten ermitteln	Get-NetIPInterface
IP-Adresse konfigurieren	New-NetIPAddress -InterfaceIndex 12 -IPAddress 192.0.2.2 -PrefixLength 24 -DefaultGateway 192.0.2.1
DNS-Server einstellen	Set-DNSClientServerAddress -InterfaceIndex 12 -ServerAddresses 192.0.2.4,192.0.2.5
Beitreten zur Domain	Add-Computer
Computer umbenennen	Rename-Computer

Tabelle 7.1 Einige grundlegende Cmdlets

7.1.3 Server-Manager verwenden

Komforabel wäre es, den Server-Manager zur Verfügung zu haben. Kein Problem. Sie können den Core-Server dem Server-Manager auf einem anderen 2012/R2-Server hinzufügen oder auf einem Windows Client 8/8.1 den in den RSAT-Tools vorhandenen Server-Manager nutzen.

Um mit einem »remoten« Server-Manager auf den Core-Server zugreifen zu können, führen Sie das Cmdlet Configure-SMRemoting.exe aus. Es stehen die Parameter -enable, -disable und -get zur Verfügung (Abbildung 7.7).

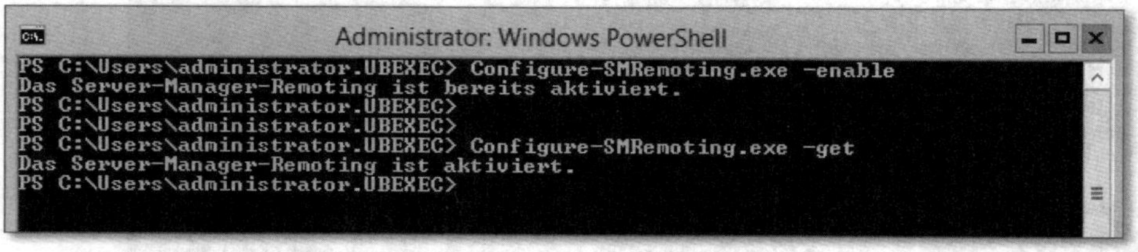

Abbildung 7.7 Um einen »remoten« Server-Manager nutzen zu können, führen Sie dieses Cmdlet aus.

Im Server-Manager wechseln Sie zum Dashboard und wählen das Hinzufügen eines weiteren Servers (Abbildung 7.8). Es erscheint der Dialog aus Abbildung 7.9, mit dem Sie einen oder mehrere Server hinzufügen können.

Abbildung 7.8 Fügen Sie einen weiteren Server zum Server-Manager hinzu.

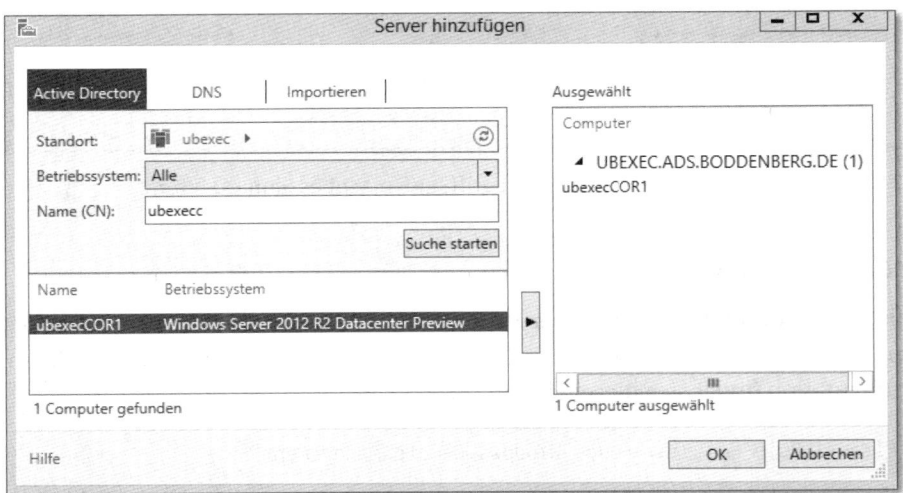

Abbildung 7.9 Auswahl des Servers

Im Server-Manager arbeiten Sie in der Ansicht ALLE SERVER. Sie können dort filtern, indem Sie den Namen des Servers angeben, mit dem Sie konkret arbeiten möchten. Abbildung 7.10 zeigt, wie's gemacht wird. Sie können auf diese Weise auch Rollen und Features hinzufügen.

7 Die Core-Installationsoption

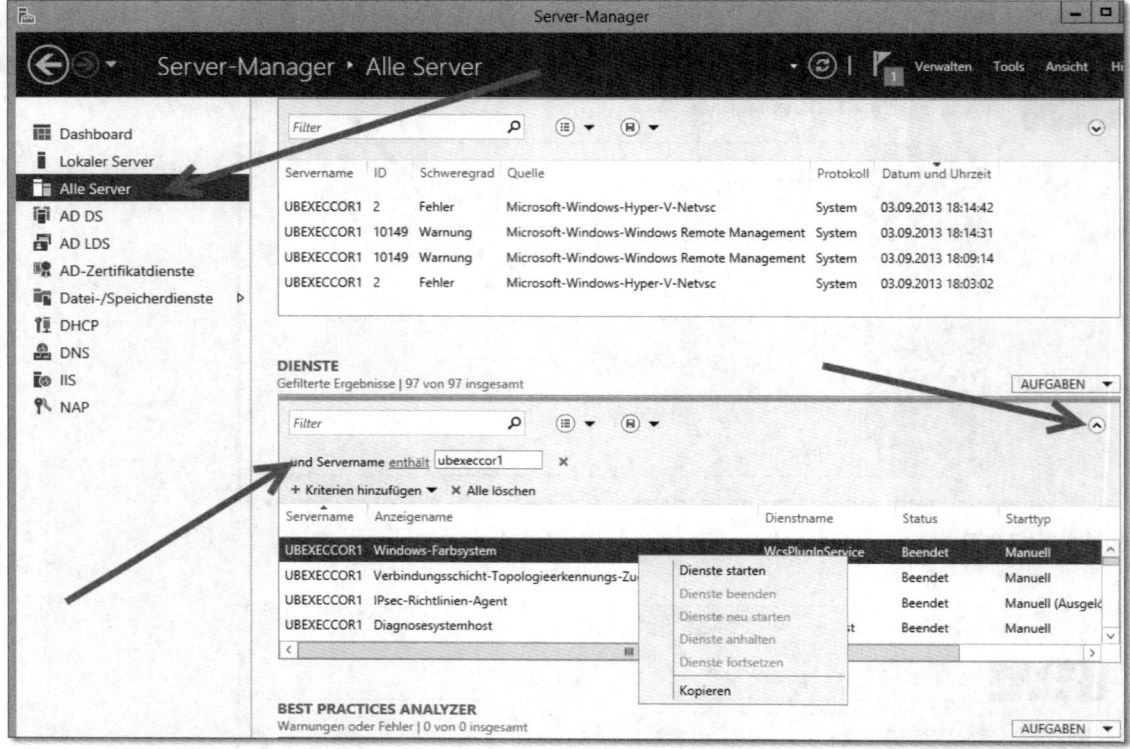

Abbildung 7.10 Unter »Alle Server« erhalten Sie Zugriff; ggf. macht es Sinn, zu filtern.

7.1.4 MMC-Snap-Ins verwenden

Da die meisten Verwaltungswerkzeuge als MMC-Snap-In ausgeführt sind, wäre es schön, diese verwenden zu können. Dazu müssen Sie zunächst die Windows-Firewall konfigurieren. In der Dokumentation findet sich dieser Befehl:

```
Enable-NetFirewallRule -DisplayGroup "Windows Remote Management"
```

Auf einer deutschsprachigen Maschine wird es zu einer Fehlermeldung kommen, denn die *DisplayGroup*-Namen sind übersetzt. Für ein deutsches Betriebssystem lautet der Befehl:

```
Enable-NetFirewallRule -DisplayGroup "Windows-Remoteverwaltung"
```

Abbildung 7.11 zeigt den Vorgang mit Versuch und Irrtum. Wenn Sie die Computerverwaltung nutzen möchten, müssen Sie noch zusätzlich `Enable-NetFirewallRule -DisplayGroup "Remote-Ereignisprotokollverwaltung"` ausführen.

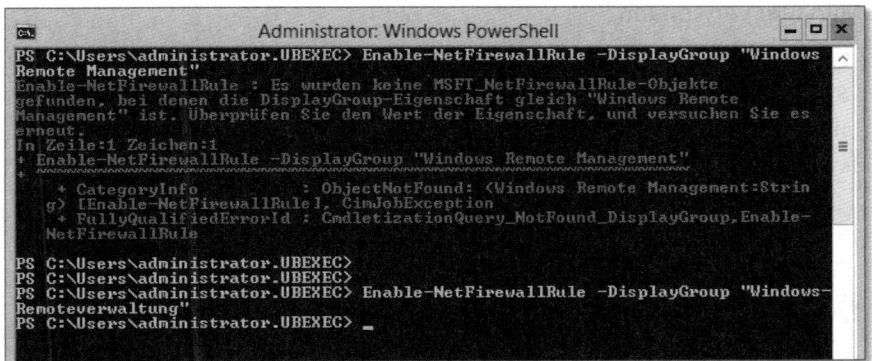

Abbildung 7.11 In deutschsprachigen Versionen benötigen Sie den deutschen Namen der DisplayGroup.

Bei den meisten MMC-Snap-Ins können Sie im obersten Knoten mit der rechten Maustaste das Verbinden mit einem anderen Computer aufrufen (Abbildung 7.12). Einem bequemen Management des Core-Servers steht dann nichts mehr entgegen.

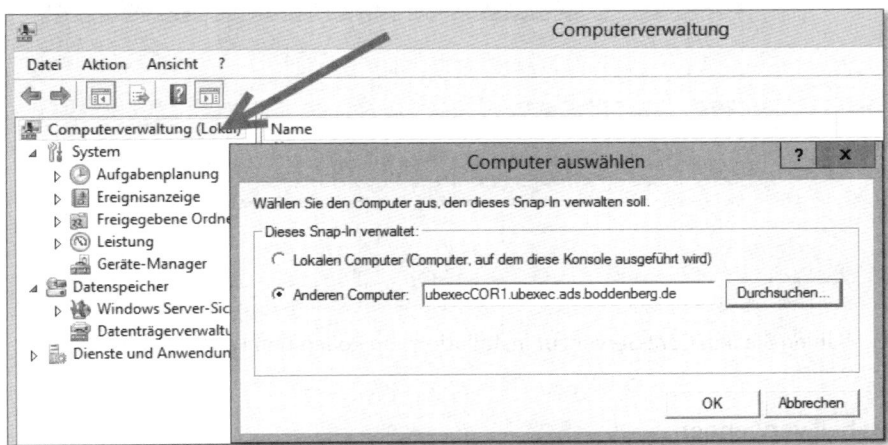

Abbildung 7.12 Verbinden Sie sich mit dem Core-Server.

7.2 Weitere Rollen hinzufügen

Wer mit dem 2008er-Server im Core-Installationsmodus gearbeitet hat, kennt vermutlich noch OCList und OCSetup. Diese beiden Befehle sind aber »Geschichte«.

Die Installation erfolgt stattdessen mit dem Server-Manager oder der PowerShell.

7.2.1 Server-Manager verwenden

Wenn Sie den Core-Server wie zuvor (Abschnitt 7.1.2) einem Server-Manager hinzugefügt haben, können Sie dort problemlos auch Rollen und Features hinzufügen. Netterweise fragt der Assistent, auf welchem Server er arbeiten soll – und dann geht alles seinen Gang (Abbildung 7.13).

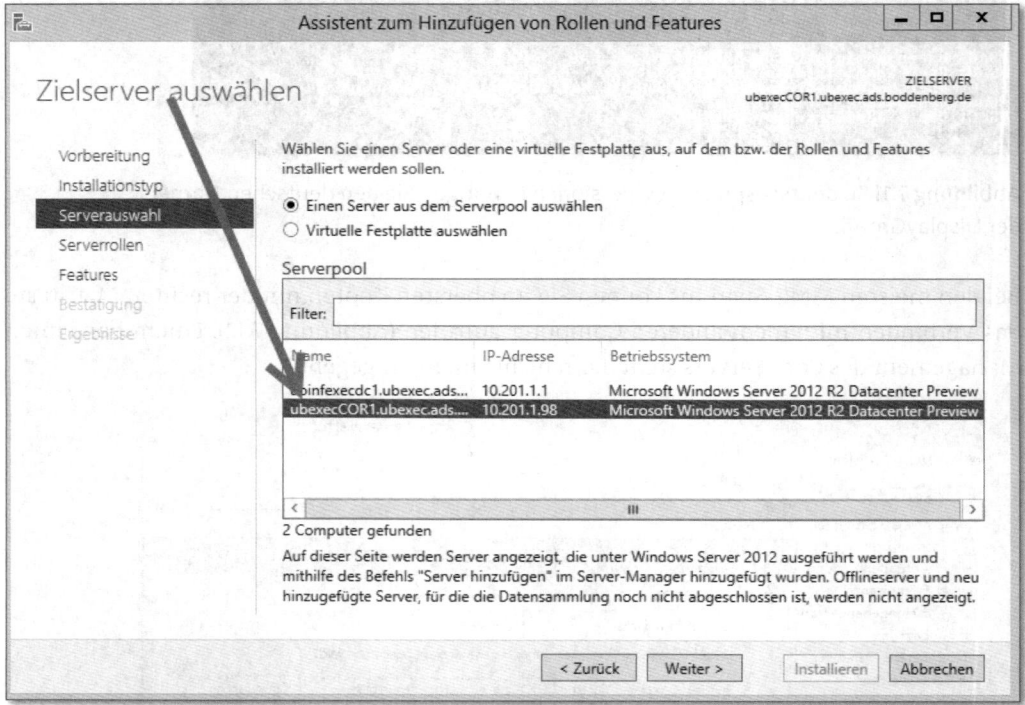

Abbildung 7.13 Wählen Sie den Core-Server zur Installation von Rollen und Features aus.

7.2.2 PowerShell verwenden

Sie können das Installieren von Rollen und Features natürlich auch mit der PowerShell erledigen. Das Cmdlet `Add-WindowsFeature` erledigt die Arbeit. Der erste Schritt besteht darin, herauszufinden, welche Features es gibt und wie diese heißen. Das Cmdlet `Get-WindowsFeature` hilft, indem es den Namen ausgibt (Abbildung 7.14).

Wenn Sie den Namen kennen, also beispielsweise wissen, dass die Rolle *DNS-Server* schlicht und ergreifend *DNS* heißt, können Sie wie auf Abbildung 7.15 gezeigt die Rolle oder das Feature installieren.

Zu Beginn des Kapitels habe ich aufgelistet, welche Rollen mit Core-Server kompatibel sind. Wen Sie eine Rolle installieren, die die volle Oberfläche braucht, wird diese mitinstalliert. So wird aus einer Core-Installation eine volle Installation.

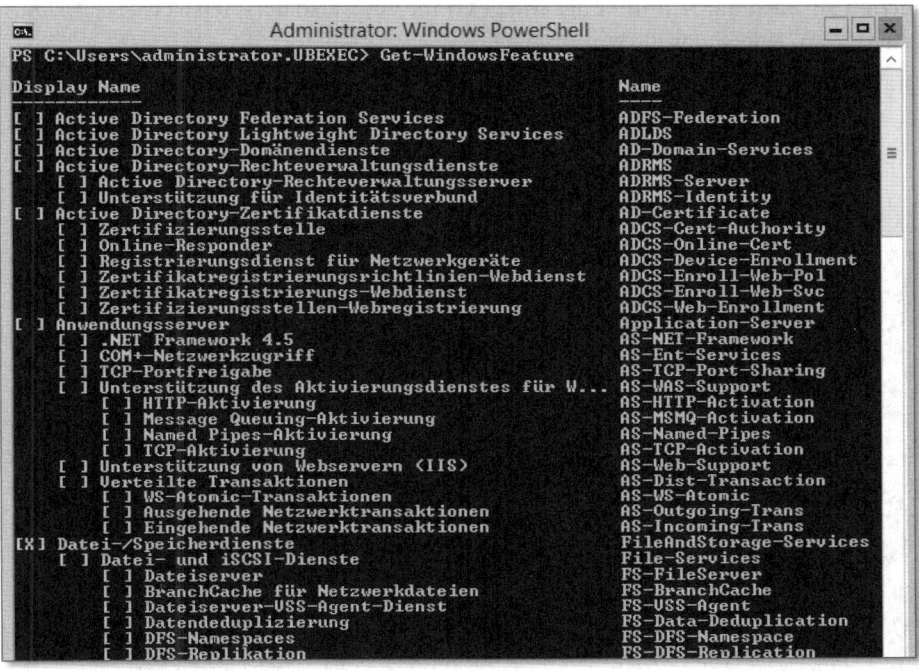

Abbildung 7.14 Sie müssen herausfinden, welche Rollen/Features es gibt und wie diese heißen.

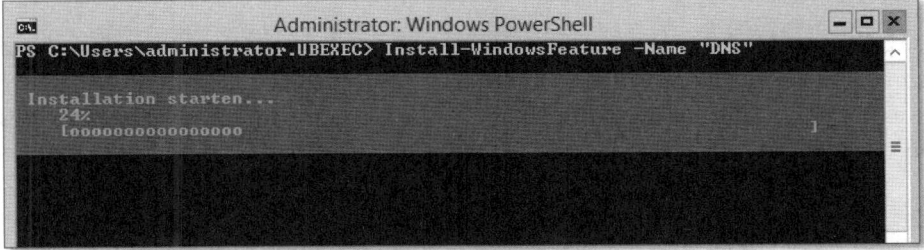

Abbildung 7.15 Hier wird gerade die Rolle »DNS« installiert.

7.3 Umwandeln

Man kann einen Core-Server in einen Server mit voller Oberfläche umwandeln, das geht recht einfach mit der PowerShell. Wenn der Server als Core-Server installiert wurde, benötigen Sie die Installations-DVD (Abbildung 7.16):

1. Dort ermitteln Sie zunächst die Nummer des Images mit dem vollen Installationsumfang:
   `Get-WindowsImage -ImagePath D:\sources\install.wim`

2. Dort suchen Sie nach der Nummer des Images ohne CORE, also beispielsweise SERVERDATA-CENTER, in diesem Fall ist das die Nummer 4.
3. Dann starten Sie die Installation durch folgenden Befehl:
   Install-WindowsFeature Server-Gui-Mgmt-Infra, Server-Gui-Shell –Restart –Source wim:d:\sources\install.wim:4

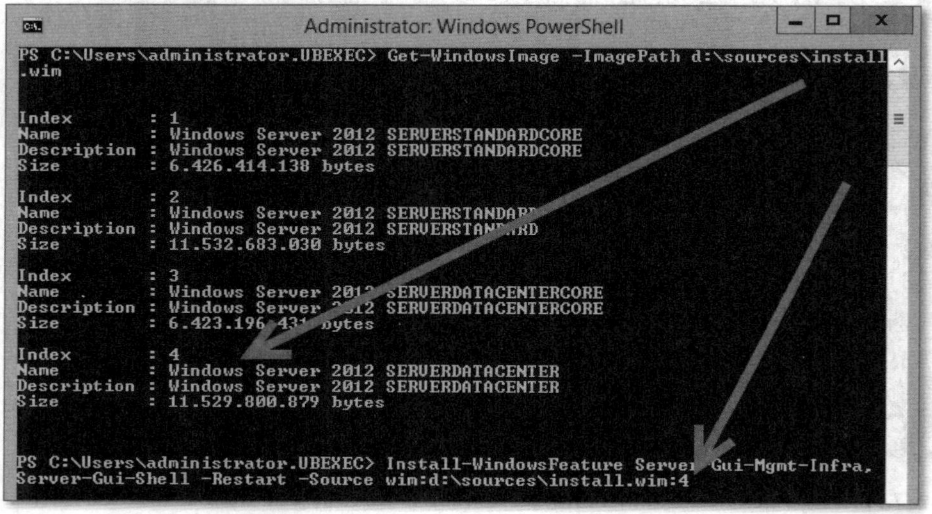

Abbildung 7.16 So wandeln Sie einen Core-Server in einen Server mit voller Oberfläche um.

Das Ganze geht auch »andersherum«: Mit Uninstall-WindowsFeature Server-Gui-Mgmt-Infra -restart machen Sie aus einer vollen Installation eine Core-Installation (Abbildung 7.17). Wenn Sie es perfekt machen wollen, könnten Sie die Dateien der »uninstallierten« Features entfernen.

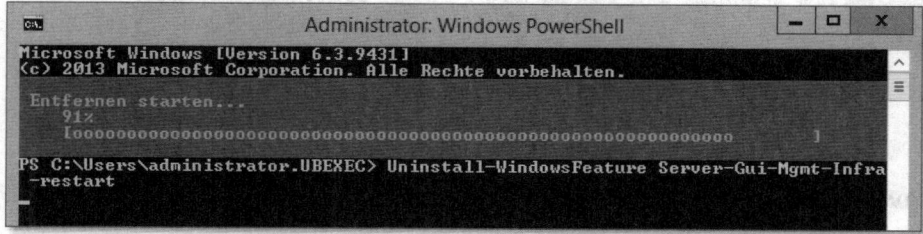

Abbildung 7.17 So sieht das Umwandeln in einen Core-Server aus.

Kapitel 8
Active Directory-Domänendienste

Auf der Schulter den Bogen und ringsverschlossenen Köcher.
Laut erschallen die Pfeile zugleich an des Zürnenden Schulter,
Als er einher sich bewegt'; er wandelte, düster wie Nachtgraun;
Setzte sich drauf von den Schiffen entfernt, und schnellte den Pfeil ab;
Und ein schrecklicher Klang entscholl dem silbernen Bogen.

Wenn Sie in Windows Server 2012 die Liste der hinzuzufügenden Rollen betrachten, sehen Sie nicht nur eine Active Directory-Rolle, sondern fünf (Abbildung 8.1):

- ACTIVE DIRECTORY-DOMÄNENDIENSTE: Hierbei handelt es sich um das eigentliche Active Directory.

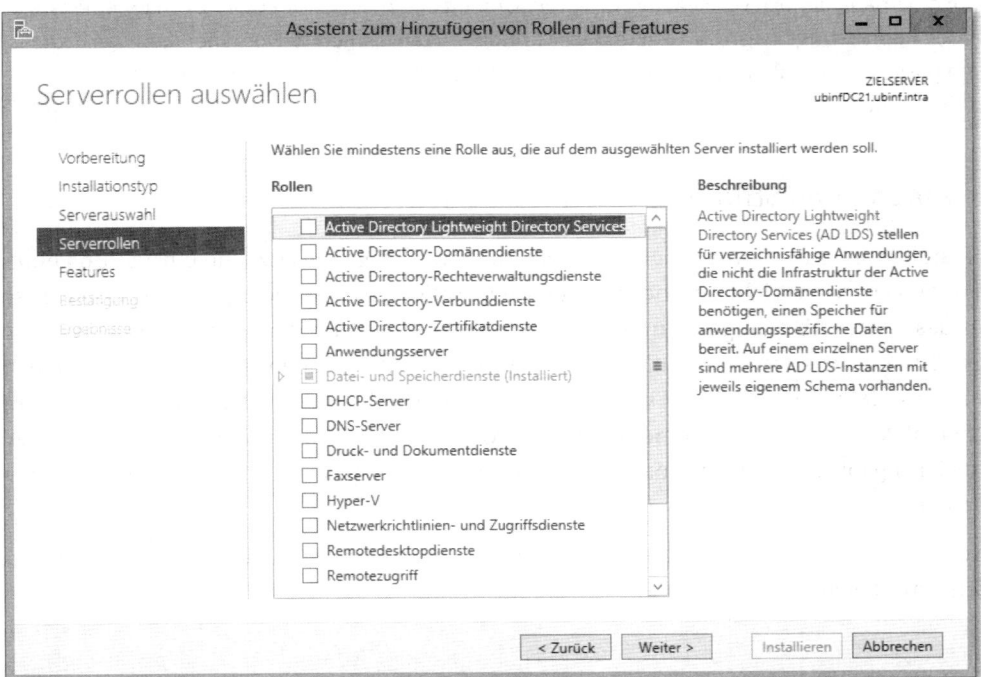

Abbildung 8.1 Nicht weniger als fünf Rollen haben einen Namen, der mit »Active Directory« beginnt.

- ACTIVE DIRECTORY-VERBUNDDIENSTE (AD Federation Services): Dieser seit Windows Server 2003 R2 vorhandene Dienst wird verwendet, um Benutzer zu authentifizieren, die sich außerhalb Ihres Active Directorys befinden, und zwar ohne eine zusätzliche Anmeldung.
- ACTIVE DIRECTORY LIGHTWEIGHT DIRECTORY SERVICES: Hinter dieser Bezeichnung verbirgt sich ein auf Active Directory-Technologie basierender LDAP-Server – früher bekannt als ADAM, *Active Directory Application Mode*.
- ACTIVE DIRECTORY-ZERTIFIKATDIENSTE: Die Zertifikatdienste sind grundsätzlich bereits von den vorherigen Versionen von Windows Server bekannt. Dort trugen sie allerdings noch kein »Active Directory« im Namen.
- ACTIVE DIRECTORY-RECHTEVERWALTUNGSDIENSTE: Hier geht es um den Schutz von Informationen (z.B. Dokumenten, Nachrichten) mit kryptografischen Methoden.

In diesem Kapitel werden wir uns schwerpunktmäßig mit den Domänendiensten befassen, also der Keimzelle des Active Directory.

> **Authentifizierung**
>
> Eine wichtige Rolle spielt die Authentifizierung, zu der unter anderem das Kerberos-Protokoll verwendet wird. Lesen Sie bitte dazu auch die Ausführungen in Abschnitt 4.4.
>
> Spricht jemand einfach vom »Active Directory«, meint er die Active Directory-Domänendienste. Dieses Kapitel trägt zwar die exakte Bezeichnung »Active Directory-Domänendienste«, trotzdem passe ich mich dem »gängigen Slang« an und spreche vom *Active Directory* (AD).

8.1 Aufbau und Struktur

Die Installation eines Domänencontrollers und damit die grundsätzliche Einrichtung eines Active Directory ist nicht schwierig – auch ein Anfänger ohne tiefergehende Kenntnisse kann das innerhalb weniger Minuten erledigen. Die Kehrseite der Medaille ist, dass viele Active Directorys zwar funktionieren, aber gegenüber der flachen NT4-Domänenstruktur kaum Vorteile bieten. In einem kleinen Unternehmen mit 10 PC-Arbeitsplätzen ist das im Normalfall kein Problem. Bei einem größeren Mittelständler verschenkt man aber sehr viel Optimierungspotenzial, wenn man die Möglichkeiten des ADs nur zu einem ganz geringen Teil ausnutzt.

Dieser erste Abschnitt des Kapitels über Active Directory-Domänendienste zeigt die wesentlichen Grundlagen.

8.1.1 Logische Struktur

Betrachten wir zunächst die logische Struktur des Active Directory. Die wesentlichen Elemente sind:

- Domäne
- Tree
- Forest/Gesamtstruktur
- Namensraum
- OU = Organizational Unit = Organisationseinheit

Domäne

Die Domäne ist die »Keimzelle« einer Active Directory-Umgebung. Sie muss aus mindestens einem Domänencontroller (Domain Controller, DC) bestehen. Da die Domäne ohne einen Domänencontroller nicht arbeitsfähig ist, wird man in einem produktiven Umfeld aus Redundanzgründen mindestens zwei DCs planen. Weitere Objekte einer Domäne sind:

- *Member Server*: Das sind Server, die Dienste wie Exchange, SQL, Fileservices etc. bereitstellen und eben keine Domänencontroller sind.
- *PCs*
- *Benutzer*
- *Benutzergruppen*
- *Organizational Units*: Über diese erfahren Sie im weiteren Verlauf des Kapitels Genaueres.

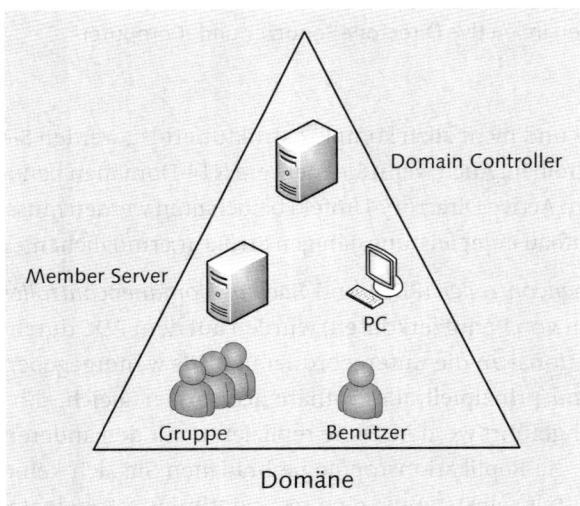

Abbildung 8.2 Eine Domäne enthält mindestens einen Domänencontroller (Domain Controller). Im Allgemeinen werden auch Member Server, PCs, Benutzer und Benutzergruppen in einer Domäne vorhanden sein.

Einige weitere Objekte können ebenfalls in einer Domäne angelegt werden, haben aber für einen ersten Überblick keine Bedeutung.

Neue Objekte werden in ACTIVE DIRECTORY-BENUTZER UND -COMPUTER angelegt. Abbildung 8.3 zeigt das entsprechende Kontextmenü.

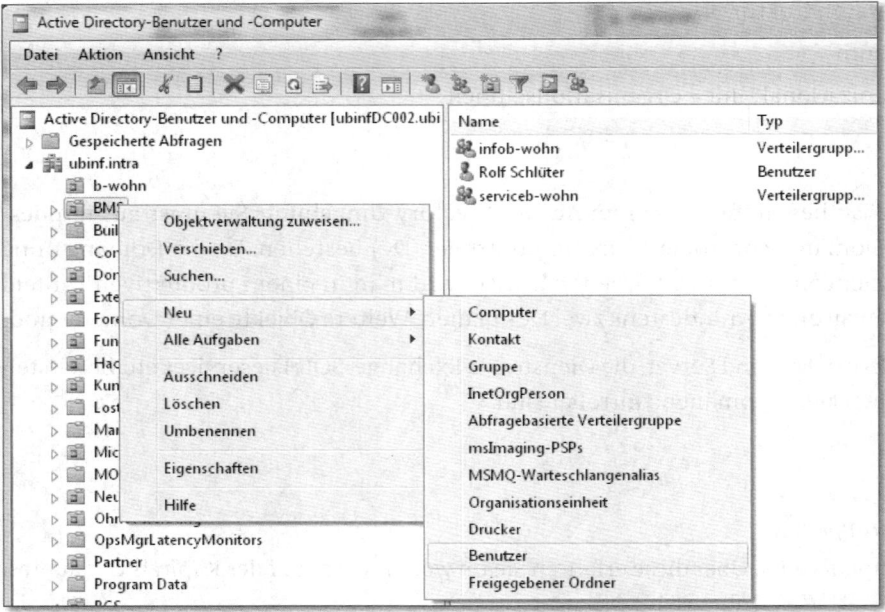

Abbildung 8.3 Verschiedene Objekte können in »Active Directory-Benutzer und -Computer« hinzugefügt werden.

Wenn Ihr Unternehmen nicht allzu groß und nicht allzu komplex strukturiert ist, werden Sie vermutlich nur eine einzige Domäne betreiben. Auch wenn Sie mehrere NT4-Domänen benötigt haben, bedeutet das nicht, dass dies im Active Directory-Umfeld beibehalten werden muss, da die OUs (Organizational Units) den Aufbau einer leistungsfähigen Struktur ermöglichen.

Im NT4-Umfeld gab es *Primary Domänencontroller* (PDC) und *Backup Domänencontroller* (BDC). Alle Änderungen (z.B. das Anlegen von Benutzerkonten) wurden auf dem PDC durchgeführt, der diese Änderungen unidirektional an die untergeordneten BDCs weitergegeben (synchronisiert) hat. Im AD-Umfeld sind prinzipiell alle Domänencontroller gleich, d.h., Änderungen können auf allen DCs durchgeführt werden. Diese replizieren mit den anderen in einer Multimaster-Replikation. Über die Replikationstopologie brauchen Sie sich keine Gedanken zu machen: Das System ermittelt selbstständig eine recht optimierte Topologie; ein manuelles Eingreifen und Optimieren ist im Allgemeinen nur in sehr großen und gleichzeitig sehr komplexen Umgebungen notwendig.

Tree

Wenn in Ihrer Organisation mehrere Domänen benötigt werden, bildet man einen Tree (Abbildung 8.4). Das Wichtigste zu Trees in Stichworten:

- Die Domänen bleiben jeweils eigenständige »Verwaltungszonen«, d.h., der Administrator der höchsten Domain hat *nicht* automatisch Administrationsberechtigungen in den darunter angeordneten Domains.
- Es werden automatisch transitive Vertrauensstellungen zwischen den Domänen eingerichtet (*Kerberos Two Way Transitive Trusts*). Das bedeutet: Auch wenn sie nicht explizit eingerichtet werden müssen, existieren zwischen allen Domänen Vertrauensstellungen.
- Der Tree ist ein einheitlicher Namensraum (mehr dazu später).
- Es gibt keine Vererbungen von Gruppenrichtlinien (mehr dazu später) über Domänengrenzen hinweg. Die Gruppenrichtlinien der obersten Domäne vererben sich also nicht auf die darunterstehenden.

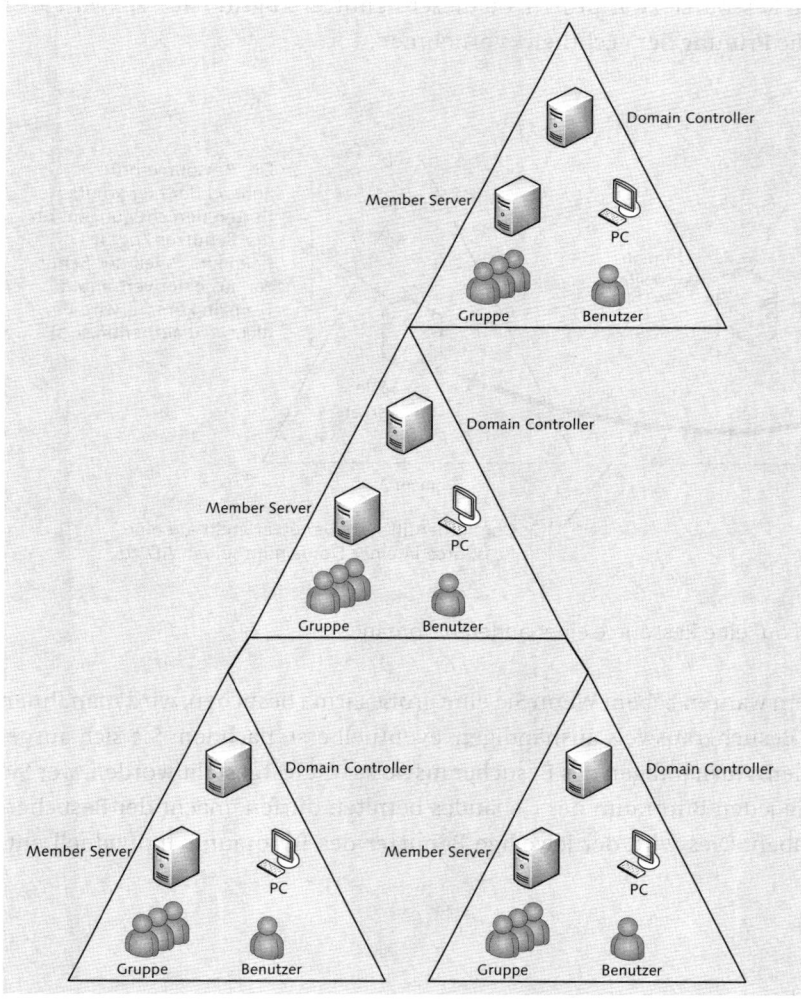

Abbildung 8.4 Mehrere Domänen bilden einen Tree.

Fazit: Jede Domäne muss separat administriert werden. Das kann so gewollt sein, beispielsweise wenn zwei fusionierte Firmen zwar ein gemeinsames Active Directory einrichten, ansonsten aber weitgehend autark arbeiten wollen. Im Endeffekt gilt allerdings: »Viele Domänen machen viel Arbeit.«

Da es oft Unklarheiten gibt, hier noch einige Anmerkungen zum Thema »Vertrauensstellungen« (Abbildung 8.5):

▶ Die Vertrauensstellung zwischen zwei Domänen eines Trees bedeutet, dass der Benutzer aus Domäne 1, der auf eine Ressource in Domäne 2 zugreifen will, von Letzterer nicht nochmals authentifiziert wird.

▶ Wenn in Domäne 1 festgestellt wurde, dass der Benutzer ein gewisser »Ulrich B. Boddenberg« ist, wird die Ressource zwar prüfen, ob dieser Benutzer Zugriff hat – sie wird aber nicht nochmals die Prüfung der »Echtheit« vornehmen.

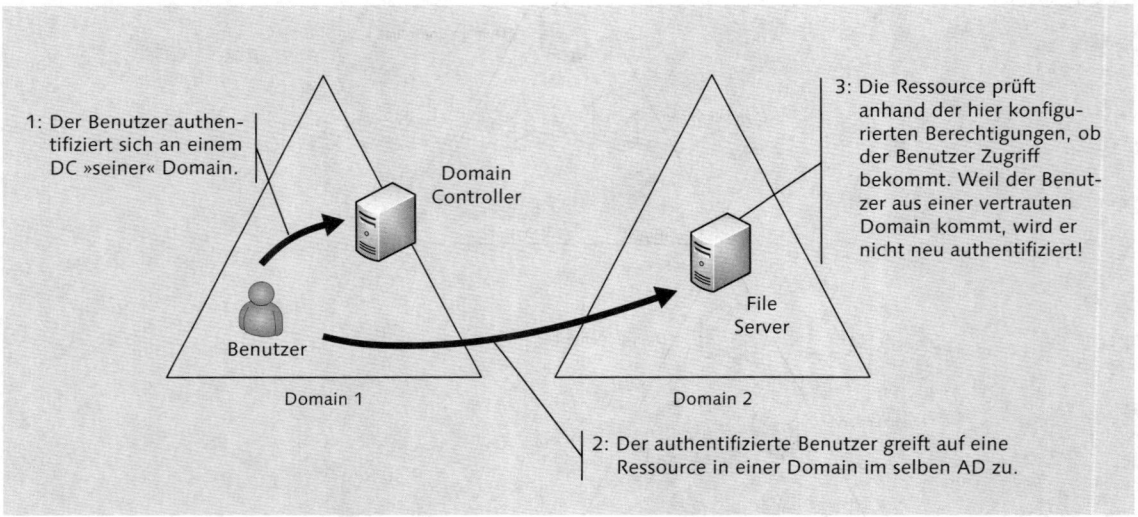

Abbildung 8.5 Zugriff auf eine Ressource einer anderen Domäne

Ein Vergleich aus dem wahren Leben: Wenn Sie eine große Firma besuchen, wird man Ihnen am Empfang einen Besucherausweis aushändigen, eventuell erst, nachdem Sie sich ausgewiesen haben. Mit dem Aushändigen des Besucherausweises ist festgestellt worden, wer Sie sind. Darüber, ob Sie jeden Büroraum des Gebäudes betreten dürfen, macht der Besucherausweis keine Angaben. Dies wird der jeweilige Benutzer des Büroraums individuell entscheiden.

Gesamtstruktur/Forest

Die nächstgrößere Organisationseinheit ist die Gesamtstruktur bzw. der Forest. Er besteht (ganz wie im richtigen Leben) aus mehreren Trees (Abbildung 8.6).

Merkmal eines Forests ist insbesondere, dass jeder Tree einen eigenen Namensraum (siehe den nächsten Abschnitt) darstellt. Diese Konstruktion würde Sinn machen, wenn ein multinationaler Großkonzern seine jeweils aus mehreren Firmen bestehenden Geschäftsbereiche weitgehend autark lassen will, aber trotzdem eine gemeinsame übergreifende AD-Struktur einführen möchte.

Für den gesamten Forest gibt es übrigens *ein* einheitliches Schema (das Schema wird weiter hinten besprochen). Wenn jemand dem Schema ein Attribut hinzufügen möchte, wird dieses in der gesamten Organisation vorhanden sein.

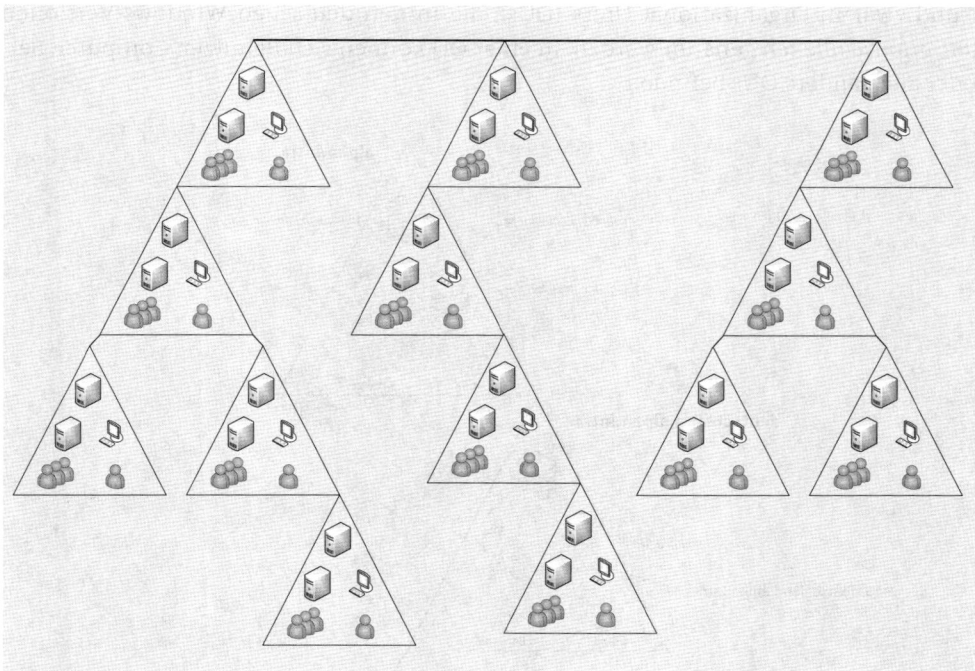

Abbildung 8.6 Ein Forest besteht aus mehreren Trees.

Namensraum

Active Directory arbeitet mit einer auf DNS basierenden Namensstruktur. Sie haben beim Tree gesehen, dass die Anordnung der Domäne keine Auswirkungen auf die Sicherheitseinstellungen hat, also ist der Administrator der »höheren« Domäne nicht automatisch Administrator der darunter angeordneten.

8 Active Directory-Domänendienste

Die Anordnung der Domäne hat allerdings Auswirkungen auf die DNS-Namen der Domäne. Am besten schauen Sie sich den Tree in Abbildung 8.7 an:

- Die oberste Domäne heißt `alpha.intra`. Die darunter angeordnete Domäne heißt `deutschland.alpha.intra` etc.
- Für die in der Domäne angesiedelten Objekte leiten sich entsprechende DNS-Namen ab: So heißt beispielsweise die Maschine `server01` in der obersten Domäne `server01.alpha.intra`.

In einem Forest gibt es keinen einheitlichen Namensraum. In einem solchen Konstrukt bleiben die einzelnen Trees bezüglich des Namensraums autark.

OU = Organizational Unit = Organisationseinheit

Im Gegensatz zu NT4-Domänen können Active Directory-Domänen weiter unterteilt werden, und zwar in Organizational Units (OUs), die in den deutschen Windows-Versionen *Organisationseinheiten* genannt werden. In einer OU können sich Benutzer, Computer, Server oder auch andere OUs befinden.

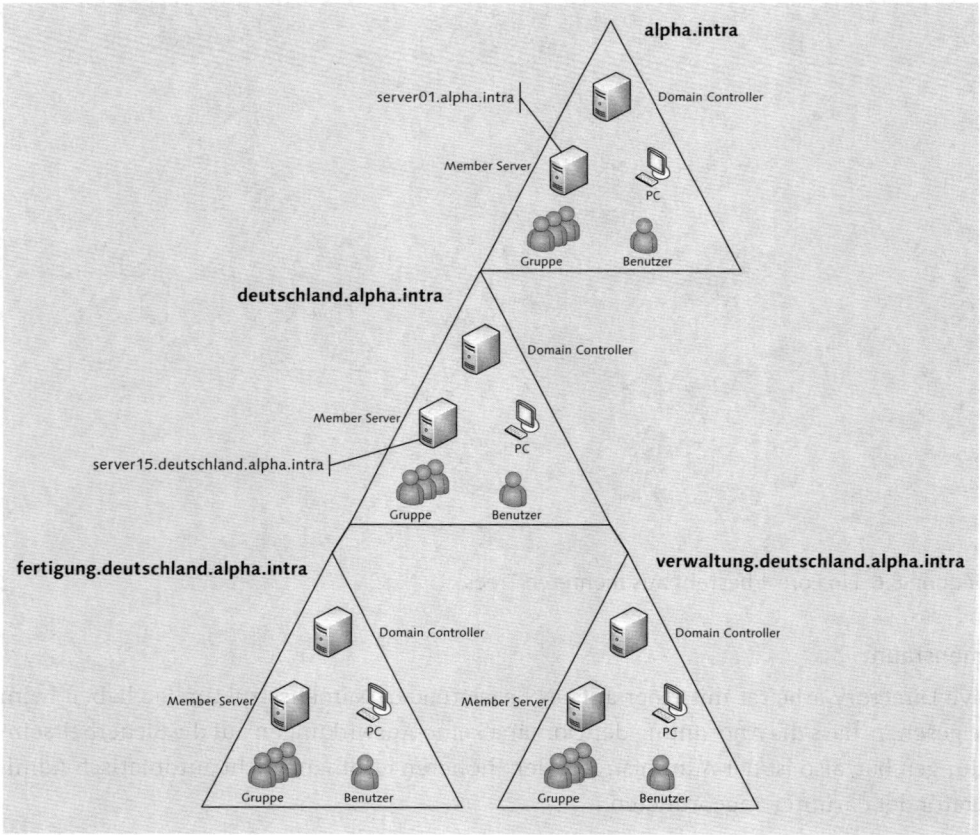

Abbildung 8.7 Der hierarchische Namensraum eines Trees

In Abbildung 8.8 ist eine Domäne mit sechs Organizational Units gezeigt:

- Die Domänencontroller sind in der OU DC angelegt.
- Alle anderen Server befinden sich in der OU Server.
- In der OU entwicklung befinden sich die Benutzer, PCs und Gruppen der Entwicklungsabteilung. Die Abteilungsleiter nebst PCs sind in der Unter-OU leitung angesiedelt.
- Genauso wie die OU entwicklung ist die OU vertrieb aufgebaut.

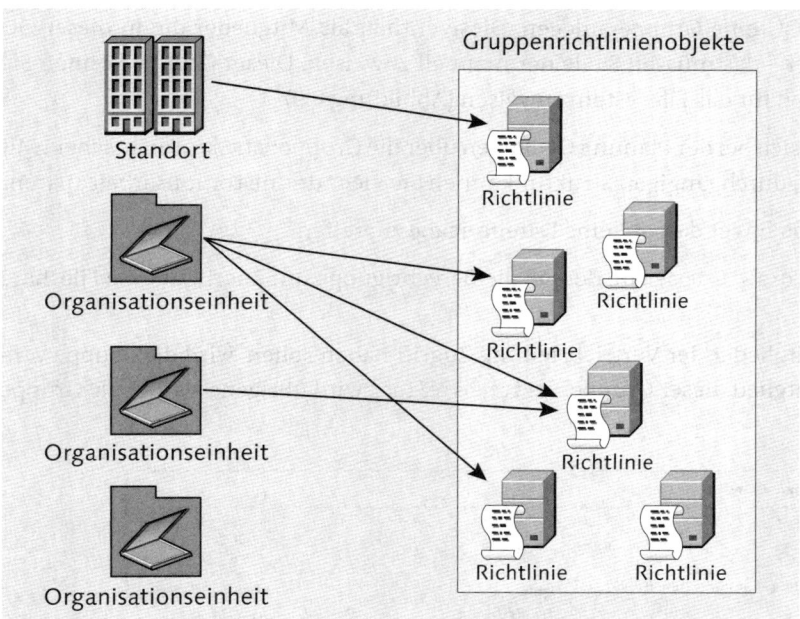

Abbildung 8.8 Eine Domäne mit Organisationseinheiten

Der Sinn und Zweck der OUs ist es, die Struktur Ihrer Firma abzubilden. Wenn Sie das Active Directory nur dazu verwenden würden, Benutzerkonten und die zugehörigen Passwörter einzutragen, wären OUs letztendlich überflüssig, aber es ergeben sich viele andere Möglichkeiten. Zum Beispiel:

- Mithilfe von Gruppenrichtlinien (GPO = Group Policy Objects) können Sie gezielt Konfigurationsanpassungen für Benutzer und Computer in einer OU vornehmen.
- Sie können mit Werkzeugen zur Softwareverteilung den neuen CRM-Client gezielt an die Mitglieder der OU vertrieb verteilen.
- Sie können Login-Skripts in Abhängigkeit von der OU-Zugehörigkeit definieren.
- Benutzer können die AD-Struktur durchsuchen und so herausfinden, wer zur Leitung des Vertriebs gehört (nämlich die Benutzer, die in dieser Unter-OU angesiedelt sind).
- Vielleicht setzen Sie demnächst Software ein, die anhand der OU-Zugehörigkeit bestimmte Funktionen bietet und Benutzerrechte ableitet.

Organizational Units sind übrigens bezüglich des Namensraums transparent. Der DNS-Name eines Servers ist `server.domain.intra`, egal in welcher OU er sich befindet.

OUs vs. Gruppen

Man kann nicht direkt den Mitgliedern einer OU Ressourcenrechte gewähren. Wenn Sie eine Freigabe für die Benutzer der Vertriebsleitung angelegt haben, können Sie also nicht direkt diese OU als berechtigt eintragen – leider!

Sie müssen in der OU eine Gruppe anlegen. Diese enthält als Mitglieder die in dieser OU angelegten Benutzer – das müssen Sie leider manuell zuweisen. Dieser Gruppe können Sie dann Berechtigungen für das Filesystem zuweisen (Abbildung 8.9).

Generell sollten Sie sich bei der Planung Gedanken über die Gruppenstrukturen machen. Mit einer einfachen und durchgängigen Struktur können Sie viel Administrationsarbeit sparen.

Das klassische Beispiel: Wer darf auf eine Dateifreigabe zugreifen?

- Sie richten eine `Lokale Gruppe` ein, der Sie die Berechtigung zum Zugriff auf die Fileshare erteilen.
- Wenn z.B. die Mitglieder der Vertriebsleitung Zugriff haben sollen, wird die Gruppe `Vertriebsleitung` Mitglied dieser Gruppe. `Vertriebsleitung` wird übrigens als globale Gruppe angelegt.

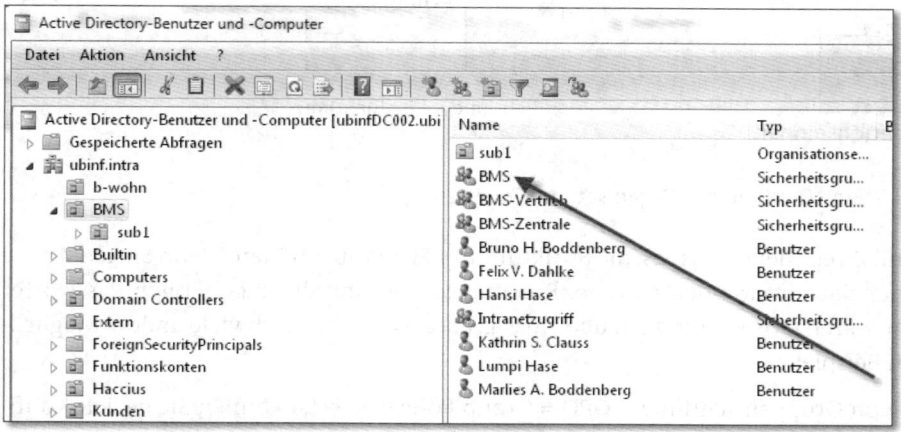

Abbildung 8.9 Da man OUs keine Ressourcenberechtigungen zuweisen kann, empfiehlt sich das Anlegen einer Gruppe.

Daraus ergibt sich folgende Faustregel:

- Benutzer fasst man in globalen Gruppen zusammen.
- Ressourcenberechtigungen weist man lokalen Gruppen zu.
- Globale Gruppen werden Mitglied in lokalen Gruppen.

Und weil es auch nach dreimaligem Lesen verwirrend ist, folgt diese Struktur hier noch als Skizze (Abbildung 8.10).

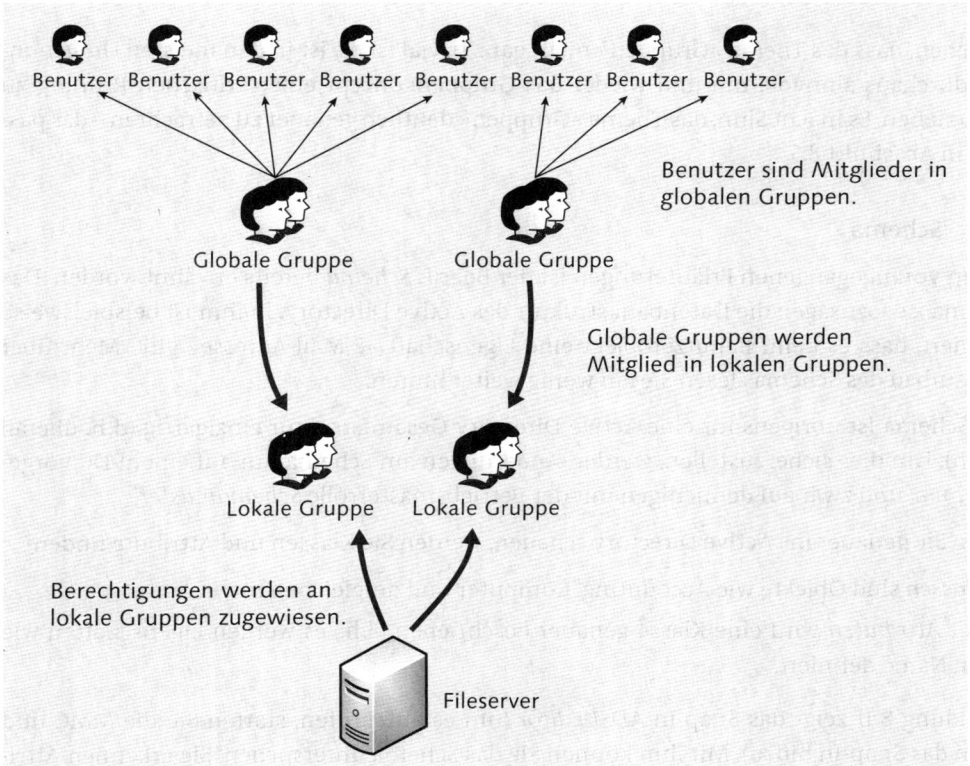

Abbildung 8.10 Benutzer werden Mitglied in globalen Gruppen. Die globalen Gruppen werden wiederum Mitglied in lokalen Gruppen, denen Ressourcenberechtigungen zugewiesen sind.

Stichwortartig noch einige weitere Anmerkungen zu Gruppen:

- Gruppen können verschachtelt werden, d.h., die Gruppe Vertrieb kann die Gruppen V_Innendienst und V_Aussendienst enthalten.
- Globale Gruppen werden nicht über Domänengrenzen hinweg repliziert.
- Domänenübergreifend funktionieren *Universelle Gruppen*.
- Best Practice, wenn Sie eine domänenübergreifende Grupppe benötigen: Wenn Sie beispielsweise in jeder Domäne eine globale Gruppe Vertrieb angelegt haben, würde man eine universelle Gruppe U_Vertrieb einrichten, deren Mitglieder die Vertrieb-Gruppen der einzelnen Domänen sind. Der Vorteil ist, dass sich die Mitgliedschaft der universellen Gruppe nicht ändert (dort sind ja nur die globalen Gruppen Mitglied) und somit der Replikationsverkehr zwischen den Domänen begrenzt bleibt. Die Gruppe U_Vertrieb würde dann Mitglied einer lokalen Gruppe, um die Berechtigung für den Ressourcenzugriff zu erteilen.

8 Active Directory-Domänendienste

- Replikation: In sehr großen Umgebungen mit Außenstandorten, die über schmalbandige WAN-Strecken angebunden sind, ist der durch Gruppenmitgliedschaften erzeugte Replikationsverkehr durchaus planungsrelevant.

Sie sehen, dass das Thema »Gruppen« nicht ganz trivial ist. Es ist in den meisten Umgebungen durchaus sinnvoll, hin und wieder das Gruppenkonzept einer kritischen Prüfung zu unterziehen. Es macht Sinn, das Thema »Gruppen« deutlich genauer zu betrachten – das passiert in Abschnitt 8.5.

8.1.2 Schema

In den vorangegangenen Erläuterungen ist der Begriff *Schema* bereits erwähnt worden. Das Schema ist sozusagen die Datenbankstruktur des Active Directory. In ihm ist beispielsweise definiert, dass es beim Benutzerobjekt eine Eigenschaft »E-Mail-Adresse« gibt. Mehr über den Aufbau des Schemas lesen Sie ein wenig weiter hinten.

Das Schema ist übrigens für eine Active Directory-Gesamtstruktur einzigartig (d.h. überall gleich). Um dies sicherzustellen, werden Änderungen am Schema nur auf einem DC vorgenommen, und zwar auf demjenigen mit der Betriebsmasterrolle *Schemamaster*.

Wenn Sie genauer ins Active Directory schauen, werden Sie Klassen und Attribute finden:

- *Klassen* sind Objekte wie Accounting, Computer und dergleichen mehr.
- Mit *Attributen* wird eine Klasse genauer beschrieben, d.h., es werden Eigenschaften wie ein Name definiert.

Abbildung 8.11 zeigt das Snap-In *ADSI-Editor* (um es aufzurufen, starten Sie die MMC und fügen das Snap-In hinzu). Mit ihm können Sie das Schema untersuchen. Sie erkennen Attribute (»attributeSchema«) und Klassen (»classSchema«).

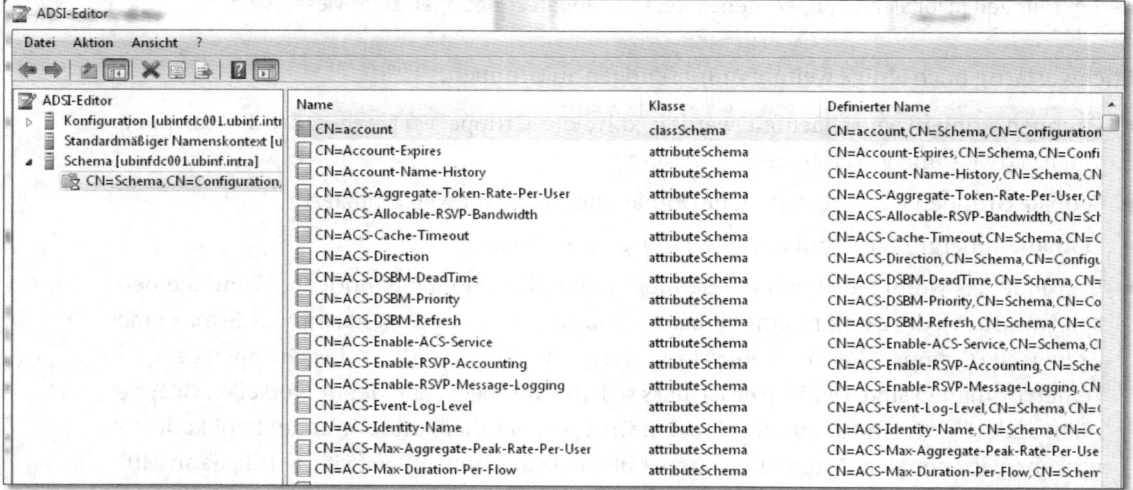

Abbildung 8.11 Mit ADSI-Editor kann das Schema des Active Directory genauer betrachtet werden.

Wenn Sie eine Klasse genauer betrachten (was in Abbildung 8.12 am Beispiel der Klasse »account« gezeigt wird), sehen Sie, dass einer Klasse beliebig viele Attribute zugeordnet werden können. Dabei kann ein Attribut mehreren Klassen zugeordnet sein. So verfügen beispielsweise viele Klassen über das Attribut »displayName«.

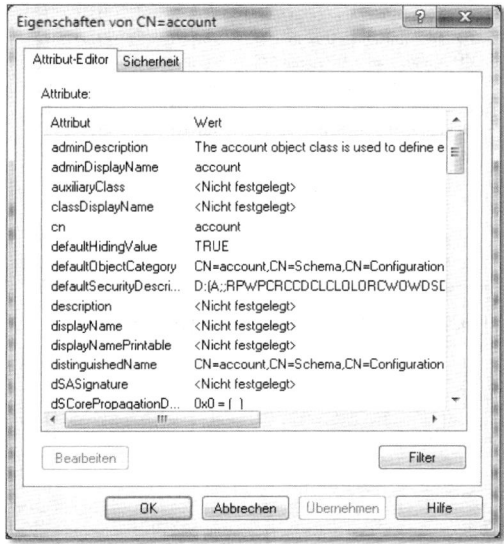

Abbildung 8.12 Eine Klasse enthält beliebig viele Attribute.

Um es an dieser Stelle ganz deutlich zu erwähnen: Es ist mittels ADSI-Edit und anderen Werkzeugen recht einfach, am Schema »herumzubasteln«. Ebenso einfach ist es aber auch, das Schema und damit häufig auch die komplette Netzwerkumgebung nachhaltig zu beschädigen; im Extremfall kann sich niemand mehr im Netz anmelden.

Zu beachten ist auch, dass eine Schemaerweiterung (jede Veränderung gilt als Erweiterung) in der kompletten Organisation repliziert wird. Wenn Sie also ein Attribut ergänzen, freuen sich auch Ihre Kollegen, die den Domänencontroller der chinesischen Niederlassung betreuen.

Weiterhin sind Änderungen am Schema nicht vollständig rückgängig zu machen. Es gibt viele gute Gründe dafür, eine Schemaerweiterung durchzuführen. Dies sollte aber immer erst nach reiflicher Überlegung erfolgen.

Administrieren mit ADSI-Editor

ADSI-Editor kann übrigens nicht »nur« verwendet werden, um das Schema anzupassen, man kann mit diesem Werkzeug auch die Inhalte des ADs unter Umgehung der eigentlichen AD-Management-Applikationen verändern. Hierzu klicken Sie mit der rechten Maustate auf den Eintrag ADSI-EDITOR (ganz oben) und entscheiden sich für KONFIGURATION. Wie in Abbildung 8.13 zu sehen ist, können die Inhalte des Active Directory, beispielsweise die Namenskontexte (Partitionen), eingesehen und modifiziert werden.

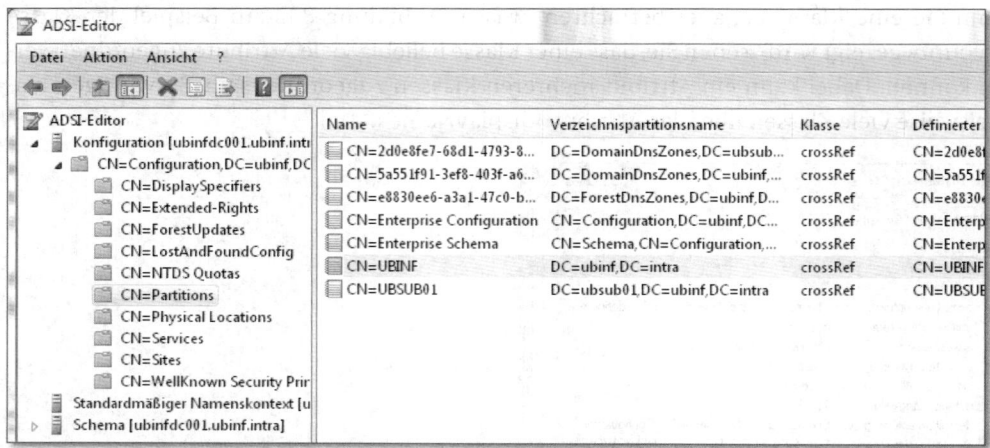

Abbildung 8.13 ADSI-Editor gestattet einen tiefen Blick in die Interna des Active Directory.

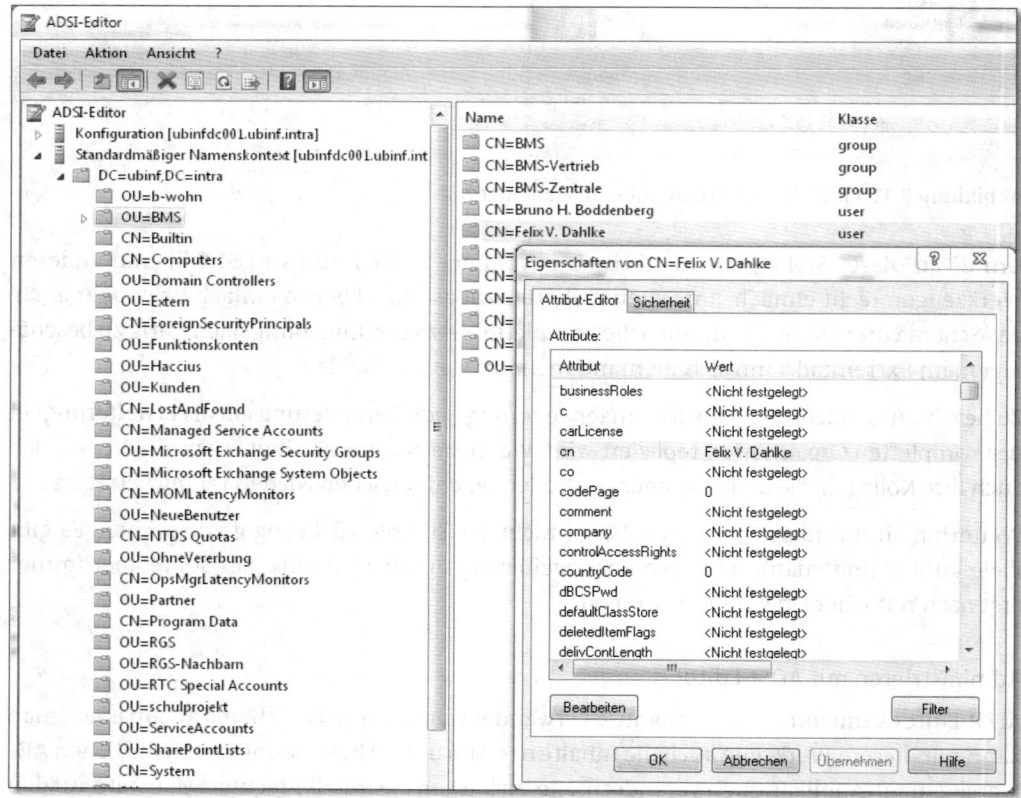

Abbildung 8.14 Man könnte zwar die Administration der Benutzerkonten prinzipiell mit ADSI-Editor durchführen – das ist aber keinesfalls zu empfehlen!

Wählt man in ADSI-Editor die Bearbeitung des STANDARDMÄSSIGEN NAMENSKONTEXT, sind die Informationen zu sehen, die normalerweise im Snap-In *Active Directory-Benutzer und -Computer* bearbeitet werden. Wie in Abbildung 8.14 zu sehen ist, kann man auch direkt die Werte der Attribute, beispielsweise des Benutzers, modifizieren.

Im Normalfall sollten Sie nicht mit ADSI-Editor direkt das Active Directory bearbeiten. In der Microsoft Knowledge Base sind hin und wieder Fälle beschrieben, in denen derartige Eingriffe notwendig sind. Außer in diesen »kontrollierten Situationen« sollten Sie die hier beschriebenen Möglichkeiten ausschließlich nutzen, um das Innenleben des ADs zu erkunden, was übrigens sehr interessant sein kann.

Arbeiten mit dem Schema-Manager

Wer noch intensiver mit dem Schema arbeiten möchte, benötigt das *Schema Manager*-Snap-In. Dieses taucht nicht standardmäßig in der Liste der Administrations-Snap-Ins auf, ist aber auf Windows Server 2008 ff. bereits vorhanden und muss lediglich registriert werden. Dazu öffnen Sie die Eingabeaufforderung, navigieren in das Verzeichnis *c:\windows\system32* und geben folgenden Befehl ein:

```
regsvr32 schmmgt.dll
```

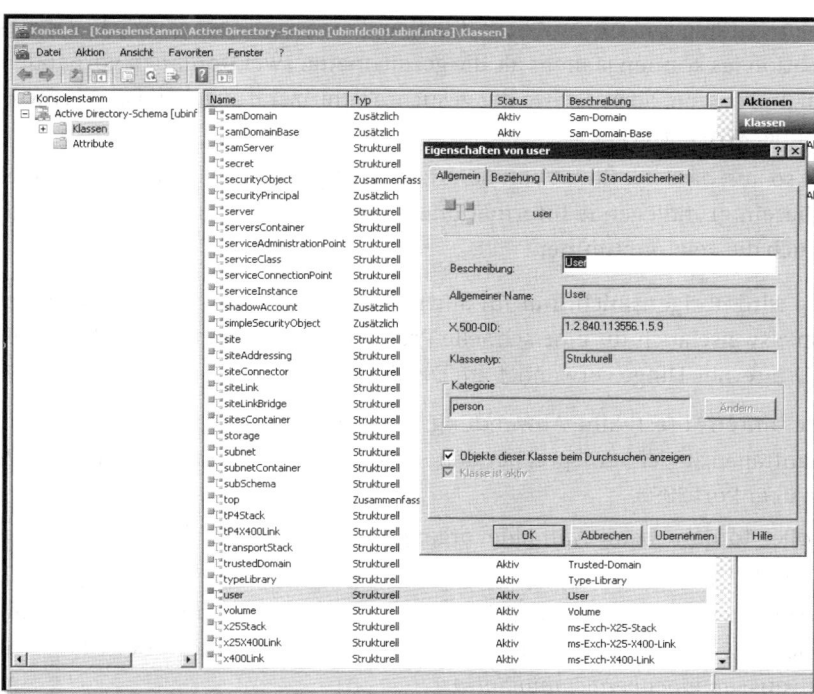

Abbildung 8.15 Wer sich intensiv mit dem Schema befassen möchte, benötigt das »Schema Manager«-Snap-In; es muss registriert werden.

Kurz danach wird eine Dialogbox darauf hinweisen, dass das Objekt registriert worden ist. Wenn Sie nun die MMC erneut (!) öffnen, findet sich bei den hinzufügbaren Snap-Ins das soeben registrierte mit dem Namen *Active Directory Schema*. In Abbildung 8.15 ist das Snap-In zu sehen. Man erkennt die bekannten Grundelemente, nämlich Klassen und Attribute.

An dieser Stelle möchte ich Sie nochmals eindringlich darauf hinweisen, dass man mit dem Schema Manager in einer produktiven Umgebung schweren und unter Umständen irreparablen Schaden anrichten kann!

8.1.3 Der globale Katalog (Global Catalog, GC)

Den globalen Katalog wird man als Mensch zwar nie direkt zu Gesicht bekommen, trotzdem übernimmt er eine wichtige Rolle in einer Active Directory-Umgebung.

Abbildung 8.16 zeigt ein technisch stark vereinfachtes Beispiel:

- Benutzer A möchte die Telefonnummer des Benutzers B aus dem Active Directory ermitteln.
- Benutzer B arbeitet zwar in derselben Organisation, ist aber in einer anderen Domäne angelegt. Der Domänencontroller der Domäne von Benutzer A kennt also weder Benutzer B und schon gar nicht dessen Telefonnummer.
- Ohne den globalen Katalog müsste der Client von Benutzer B zunächst sämtliche Domänen der Organisation (es können ja mehr als die gezeichneten zwei Domänen vorhanden sein) abklappern und prüfen, ob irgendwo der gesuchte Benutzer B angelegt ist – im Zweifelsfall weltweit über WAN-Strecken!
- Faktisch sieht es so aus, dass der Client von Benutzer A lediglich im Global Catalog nachschaut, da auf diesem grundlegende Informationen über die Benutzer gespeichert sind, beispielsweise auch die Telefonnummer.

Der globale Katalog wird übrigens nicht nur für Suchanfragen von Benutzern vorgehalten, sondern wird beispielsweise auch für eine schnelle Prüfung von Gruppenmitgliedschaften und für andere »AD-interne« Dinge verwendet. Im Detail sind dies:

- Eine Suche im gesamten Forest: Eine Anwendung, die im Global Catalog suchen möchte, sendet die Suchanfragen zu dem entsprechenden Server auf Port 3268. (»Normale« LDAP-Anfragen laufen über Port 389.)
- Domänencontroller fordern beim Anmeldevorgang eines Benutzers die Liste der Mitgliedschaften in universellen Gruppen an.
- Meldet sich der Benutzer mit seinem *User Principal Name* (UPN) in einem Forest mit mehr als einer Domäne an, wird der Name mittels des Global Catalog aufgelöst. Der UPN sieht beispielsweise so aus: *uboddenberg@ubinf.intra*.

- In Exchange-Umgebungen spielt der GC ebenfalls eine herausragende Rolle, weil die Adressdaten der Benutzer vom Global Catalog angefordert werden.

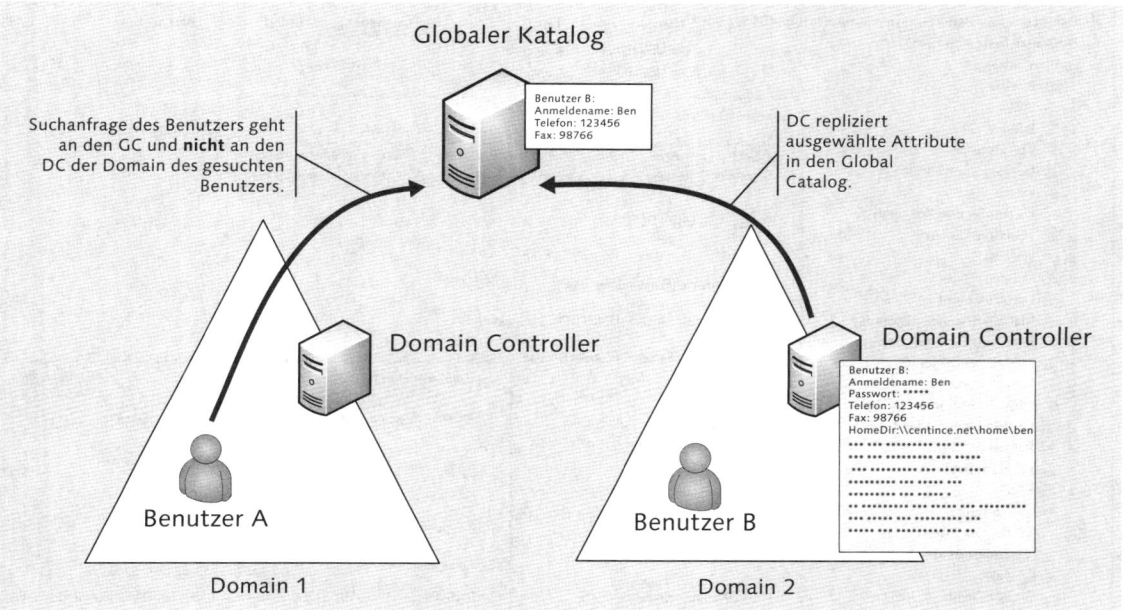

Abbildung 8.16 Funktionsweise des globalen Katalogs

> **Hinweis**
>
> In Forests mit mehr als einer Domäne kann an Standorten, die nicht über einen globalen Katalogserver verfügen, das *Universal Group Membership Caching* verwendet werden. Dies sorgt dafür, dass die Informationen über die Mitgliedschaften der Benutzer in universellen Gruppen nicht bei jedem Anmeldevorgang von einem GC angefordert werden müssen, der nur über langsame WAN-Verbindungen erreichbar ist.

Im Gegensatz zu der Darstellung in Abbildung 8.16 benötigt der Global Catalog keinen separaten Server. Prinzipiell kann man jedem Domänencontroller per Mausklick die Funktion eines Global Catalog hinzufügen. Einen Domänencontroller zu einem globalen Katalogserver zu machen, ist mit einem Mausklick erledigt. Rufen Sie dazu im Konfigurationswerkzeug *Active Directory-Benutzer und -Computer* den Eigenschaftendialog des entsprechenden Domänencontrollers auf. Auf der Karteikarte ALLGEMEIN findet sich ein Schalter NTDS-EIN-STELLUNGEN. Dieser wiederum führt zu einem Dialog mit der Checkbox GLOBALER KATALOG (Abbildung 8.17).

8 Active Directory-Domänendienste

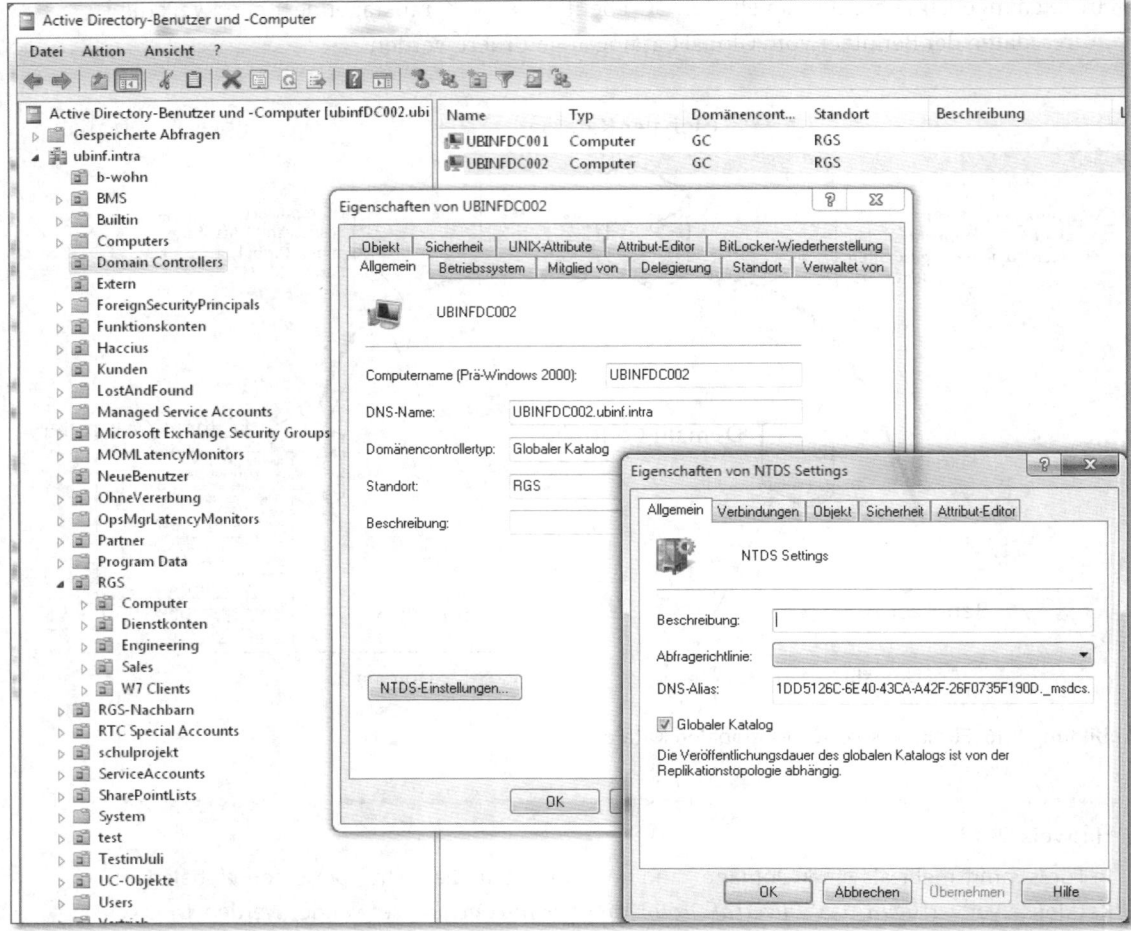

Abbildung 8.17 Ein Domänencontroller wird mit einem Mausklick zum globalen Katalogserver.

Die Aufgabe bei der Planung ist nun, die beste Anzahl und Positionierung für globale Kataloge zu ermitteln:

- Wenn ein Außenstandort keinen eigenen GC hat, werden die entsprechenden Anfragen über WAN-Strecken abgewickelt.
- Da der GC natürlich über die notwendigen Daten verfügen muss, findet ein permanenter Replikationsverkehr zu diesem statt.
- Globale Kataloge sollen/müssen redundant vorhanden sein. Der Ausfall des einzigen GCs führt zu schweren Einschränkungen der Funktion! Ein Exchange-System ist beispielsweise ohne Global Catalog nicht funktionsfähig!

Wenn ein Attribut im globalen Katalog vorhanden sein soll, muss dies entsprechend konfiguriert werden. Abbildung 8.18 zeigt den Eigenschaftendialog des Attributs TELEPHONENUMBER im *Schema Manager*-Snap-In. Wie man an der Checkbox erkennt, wird es standardmäßig in den GC repliziert.

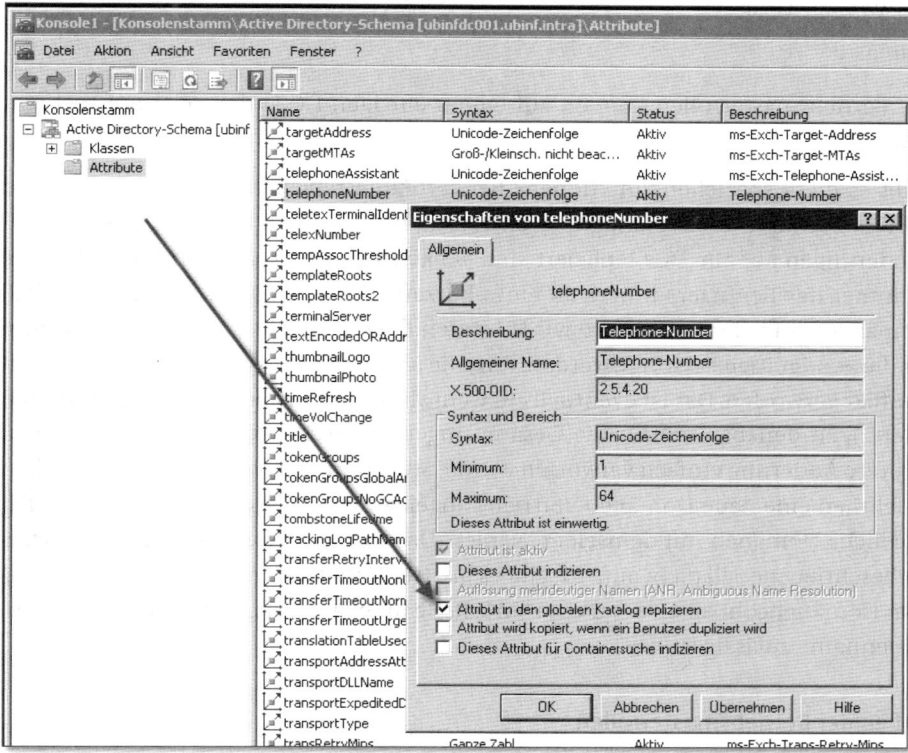

Abbildung 8.18 Das Attribut »telephoneNumber« wird in den globalen Katalog repliziert (Screenshot aus dem »Schema Manager«-Snap-In).

Abhängigkeiten zwischen dem globalen Katalog und der Betriebsmasterrolle *Infrastrukturmaster* sind zu berücksichtigen; mehr dazu finden Sie im übernächsten Abschnitt.

8.1.4 Betriebsmasterrollen/FSMO-Rollen

Im Active Directory geht es letztendlich so zu wie in George Orwells »Animal Farm«: Die Domänencontroller sind letztendlich doch nicht alle gleich, weil es einige gibt, die gleicher als die anderen sind.

Es gibt pro Domäne jeweils einen Domänencontroller für folgende Betriebsmasterrollen (FSMO = Flexible Single Master Operations):

- *PDC Emulator*
- *RID Master*
- *Infrastrukturmaster*

Pro Forest, also einmal je Active Directory-Gesamtstruktur, gibt es noch folgende Betriebsmasterrollen:

- *Domain Naming Master*
- *Schemamaster*

Diese fünf Betriebsmasterrollen können auf einem einzigen DC laufen oder auf mehrere Maschinen verteilt werden.

Warum gibt es diese speziellen Funktionen? Bei verteilten replizierten Datenbanken sind natürlich stets Konflikte denkbar. In größeren verteilten Umgebungen wird es jeweils dauern, bis Änderungen auf alle DCs repliziert sind. So könnte es beispielsweise sein, dass die Telefonnummer des Benutzers innerhalb eines kürzeren Zeitraums auf zwei unterschiedlichen Domänencontrollern geändert wird. Letztendlich wird die später durchgeführte Änderung die »endgültige Fassung« werden, d.h., die ältere Änderung wird bei einem Replikationskonflikt verworfen. Das ist eventuell ein wenig lästig, mehr aber auch nicht. Nun sind auch Änderungen denkbar, die für die Gesamtumgebung »stabilitätsgefährdend« wären, wenn die ältere Änderung einfach verworfen würde: Stellen Sie sich vor, dass an zwei Stellen im Unternehmen eine neue Domäne »Vertrieb« angelegt würde – es gäbe dann zwei völlig unterschiedliche Domänen mit demselben Namen. Das würde zu absolutem Chaos führen. Damit der beschriebene Fall nicht auftritt, gibt es pro Gesamtstruktur einen *Domain Naming Master*: Der Domänencontroller, der diese FSMO-Rolle innehat, prüft, ob ein neu anzulegender Domänenname zulässig ist.

Die Aufgaben der Betriebsmasterrollen

Nachfolgend sind die Aufgaben der einzelnen FSMO-Rollen kurz beschrieben:

PDC-Emulator

Wie der Name bereits vermuten lässt, wurde der PDC-Emulator in Umgebungen, in denen sich noch NT4-BDCs (BDC = Backup Domänencontroller) befanden, verwendet, um diese mit Änderungsdaten zu versorgen. Er übernahm also die Aufgabe des früheren NT4-PDCs (PDC = Primary Domain Controller). In einem Active Directory, das auf Windows Server 2008-Technologie basiert, gibt es keine NT4-Domänencontroller; das ist übrigens schon daran zu erkennen, dass es keine entsprechende Domänenfunktionsebene gibt.

Der Domänencontroller mit der PDC-Emulator-Rolle hat allerdings noch andere Funktionen. So ist er beispielsweise für die Synchronisierung der Uhrzeit innerhalb der Umgebung verantwortlich. Die Uhrzeit ist in Active Directory-Umgebungen übrigens außerordentlich wichtig, weil die von Kerberos erstellten Tickets nur eine relativ kurze Gültigkeitsdauer haben. Wenn ein Server eine Stunde vor- und ein anderer eine halbe Stunde nachgeht und die Clients irgendwo dazwischenliegen, wird die Anmeldung an einer Ressource zu einem Glücksspiel.

Weitere Funktionen sind:

- Kennwortänderungen, die von anderen Domänencontrollern in der Domäne ausgeführt werden, werden bevorzugt auf den PDC-Emulator repliziert.
- Fehler bei der Authentifizierung, die auf einem bestimmten Domänencontroller in einer Domäne aufgrund eines fehlerhaften Kennwortes auftreten, werden an den PDC-Emulator weitergeleitet, bevor dem Benutzer eine Meldung zu einem Kennwortfehler angezeigt wird.
- Die Kennwortsperrung wird auf dem PDC-Emulator verarbeitet.

Der PDC-Emulator ist einmal pro Domäne vorhanden.

RID-Master

Wenn ein Domänencontroller ein Objekt (genauer gesagt: ein Sicherheitsprinzipalobjekt) erstellt, wie z.B. einen Benutzer oder eine Gruppe, dann weist er diesem eine eindeutige Sicherheitskennung (SID) zu. Diese SID besteht aus einer *Domain-SID* (die für alle Objekte, die in einer Domäne erstellt werden, identisch ist) und aus einer *RID* (Relative ID), die für jede SID, die in einer Domäne erstellt wird, eindeutig ist.

Jedem Domänencontroller in einer Domäne wird ein RID-Pool zugeordnet, aus dem die RIDs stammen, die er neu angelegten Objekten zuweist.

Wenn der einem Domänencontroller zugewiesene RID-Pool einen Grenzwert unterschreitet, dann sendet er dem RID-Master der Domäne eine Anforderung, zusätzliche RIDs zur Verfügung zu stellen. Der RID-Master der Domäne antwortet auf die Anforderung, indem er RIDs aus dem Pool der nicht zugeordneten RIDs der Domäne abruft und diese dem Pool des DCs zuweist, vom dem die Anforderung kam.

Zusammenfassend gesagt ist der Domänencontroller mit der Rolle *RID-Master* derjenige DC, der für das Verarbeiten von Anforderungen an den RID-Pool von allen DCs in einer bestimmten Domäne zuständig ist. Darüber hinaus ist übrigens er dafür zuständig, ein Objekt aus seiner Domäne zu entfernen und es bei einer Objektverschiebung in eine andere Domäne zu versetzen.

Der RID-Master ist einmal pro Domäne vorhanden.

Infrastrukturmaster (auch Infrastruktur Daemon)

Der Domänencontroller, der die Rolle *Infrastrukturmaster* ausführt, ist dafür verantwortlich, die SIDs eines Objekts und dessen Distinguished Name in einer domänenübergreifenden Referenz zu aktualisieren. Da der Satz etwas hölzern klingt, hier zwei Details zum Verständnis:

- Der *Distinguished Name* eines Objekts ist der für einen menschlichen Benutzer verwertbare Name des Objekts. Er lässt sich übrigens mit ADSI-Editor auslesen (Abbildung 8.19); er ist aber leicht zu bilden, wenn man weiß, in welcher Domäne und in welcher OU sich das Objekt befindet.

8 Active Directory-Domänendienste

> Eine domänenübergreifende Referenz ist beispielsweise die Mitgliedschaft eines Benutzers in einer Gruppe, die zu einer anderen Domäne der Gesamtstruktur gehört.

Der Infrastrukturmaster ist einmal pro Domäne vorhanden.

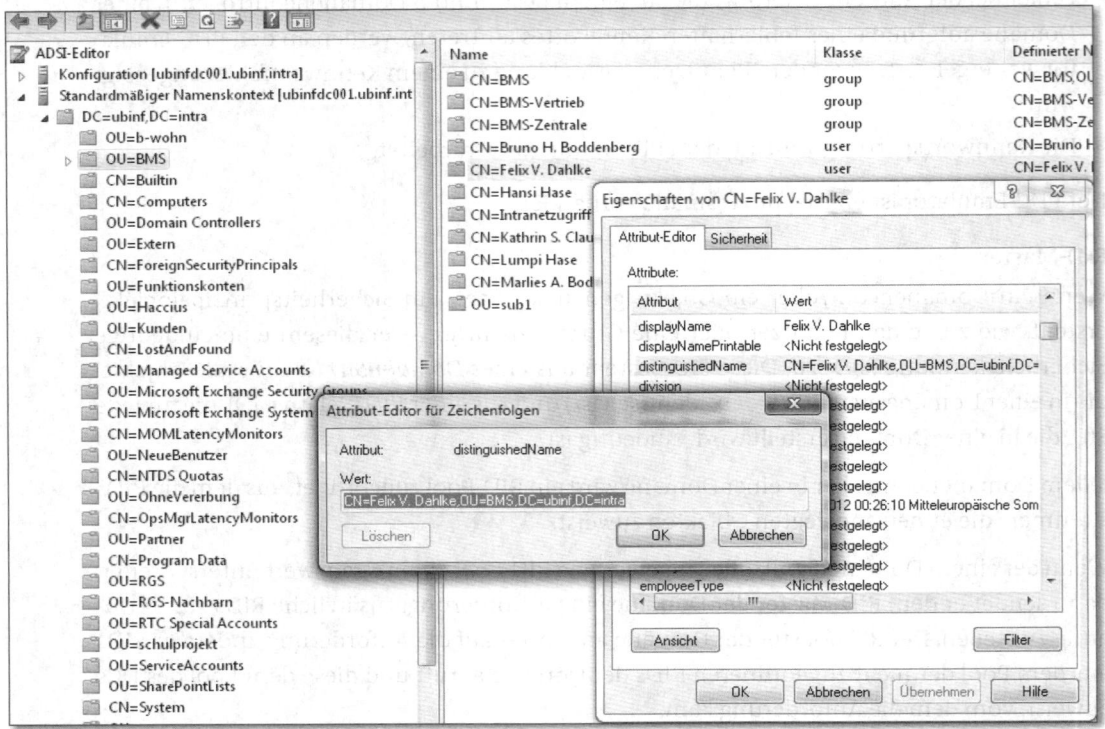

Abbildung 8.19 Der Distinguished Name eines Objekts kann beispielsweise mit ADSI-Editor ausgelesen werden. Er ist aber auch leicht zu bilden.

Die Rolle *Infrastructure Master* (IM) sollte von einem Domänencontroller ausgeführt werden, der kein globaler Katalogserver (Global Catalog, GC) ist. Wenn der Infrastructure Master auf einem GC-Server ausgeführt wird, werden die Objektinformationen nicht mehr aktualisiert, da der Infrastructure Master keine Verweise auf Objekte speichert, die er nicht enthält. Das liegt daran, dass der GC-Server eine partielle Kopie von jedem Objekt der Gesamtstruktur gespeichert hat. Wenn diese Rolle von einem GC-Server übernommen wird, werden die domänenübergreifenden Objektreferenzen in dieser Domäne nicht aktualisiert, und in das Ereignisprotokoll des Domänencontrollers wird eine entsprechende Warnung geschrieben.

Domain Naming Master (Domänennamen-Master)

Der DC mit der FSMO-Rolle *Domänennamen-Master* ist für das Ausführen von Änderungen im gesamtstrukturübergreifenden Domänennamespace des Verzeichnisses zuständig. Nur dieser Domänencontroller kann eine Domäne zum Verzeichnis hinzufügen oder aus diesem entfernen. Er stellt beispielsweise die Eindeutigkeit der Namen der Domänen sicher. Er kann auch Querverweise zu Domänen in externen Verzeichnissen hinzufügen oder aus diesen entfernen.

Der Domain Naming Master ist einmal pro Forest/Gesamtstruktur vorhanden.

Schemamaster

Der Domänencontroller, der die FSMO-Rolle *Schemamaster* ausführt, ist für Änderungen des Schemas zuständig. Er ist der einzige DC, der Aktualisierungen für das Verzeichnisschema verarbeiten kann. Wenn die Schemaaktualisierung abgeschlossen ist, wird sie vom Schemamaster aus auf alle anderen Domänencontroller im Verzeichnis repliziert.

Der Schemamaster ist einmal pro Forest/Gesamtstruktur vorhanden.

Verfügbarkeit

In einer etwas größeren Umgebung sollten mehrere Domänencontroller und mehrere Global Catalogs vorhanden sein. Bekanntlich ist es nie auszuschließen, dass ein Server – aus welchen Gründen auch immer – ausfällt. Das Active Directory nebst Diensten wie der Namensauflösung muss für den störungsfreien Betrieb permanent verfügbar sein, was sich durch den Einsatz mehrerer Server recht einfach realisieren lässt. Da die FSMO-Rollen aber jeweils nur einmal vorhanden sind, ist zu prüfen, was ein Ausfall einer Rolle für den Betrieb des Gesamtsystems bedeutet. Die gute Nachricht ist, dass die direkten Auswirkungen auf den Produktivbetrieb gering sind. Vielmehr stehen einige Administrationsmöglichkeiten nicht mehr zur Verfügung, zum Beispiel:

- Schemaänderungen können nicht durchgeführt werden (bei Ausfall des Schemamasters).
- Neue Domänen können nicht angelegt werden, und vorhandene Domänen können nicht entfernt werden (bei Ausfall des Domain Naming Masters).
- Betriebssysteme, die keinen Active Directory-Client besitzen (z. B. NT4), können keine Passwörter ändern (bei Ausfall des PDC-Emulators).
- In den Mitgliederlisten von universellen Gruppen werden veraltete Benutzernamen angezeigt (bei Ausfall des Infrastrukturmasters).

Die beiden oben genannten Beispiele sind sicherlich die plakativsten Fälle. Bei einem wirklich langen, vielleicht unbemerkten Ausfall einer Rolle könnte es zu »subtileren« Störungen kommen:

- Fehlt die Zeitsynchronisation durch den PDC-Emulator, werden eventuell die Uhrzeiten der Server so weit auseinanderlaufen, dass es Probleme mit der Gültigkeit der Kerberos-Tickets gibt. Das führt dazu, dass ein Anmelden an Ressourcen nicht mehr möglich ist.
- Ist der RID-Master über lange Zeit ausgefallen, könnten die anderen Domänencontroller die ihnen zugewiesenen RIDs aufgebraucht haben. Die Folge ist, dass keine neuen Sicherheitsprinzipale (z. B. Benutzer) angelegt werden können.

Es ist also durchaus eine gute Idee, die Betriebszustände der Domänencontroller mit einem Werkzeug wie dem *Microsoft Operations Manager* zu überwachen, um sicherzustellen, dass es keinen längeren unbemerkten Ausfall gibt.

Verschieben der Betriebsmasterrollen

Die Verwaltung der FSMO-Rollen ist nicht weiter kompliziert – es gibt einfach nicht viel, was zu verwalten wäre.

Im Grunde genommen besteht die Verwaltungsarbeit lediglich darin, die Rollen zwischen Servern zu verschieben. Dies könnte beispielsweise notwendig sein, wenn ein Server, der FSMO-Rollen trägt, außer Betrieb genommen wird oder für einen längeren Zeitraum ausfällt.

Das Verschieben der Betriebsmasterrollen wird mit folgenden Werkzeugen durchgeführt:

- *Active Directory-Benutzer und -Computer* verschiebt die domänenweiten Rollen (RID-Master, PDC-Emulator, Infrastrukturmaster).
- Mit *Active Domänen und Vertrauensstellungen* wird die forest-weite Rolle *Domain Naming Master* verschoben.
- Mit dem *Schema Manager* wird – wie sollte es auch anders sein – die Rolle *Schemamaster* einem anderen Domänencontroller zugeordnet.

Die zuvor genannten Management-Werkzeuge verfügen im Kontextmenü über einen Eintrag BETRIEBSMASTER. Dieser Eintrag findet sich bei ACTIVE DIRECTORY-BENUTZER UND -COMPUTER im Kontextmenü der Domäne: Schließlich ist dieses Werkzeug auch für die Domänen-Betriebsmaster zuständig (Abbildung 8.20).

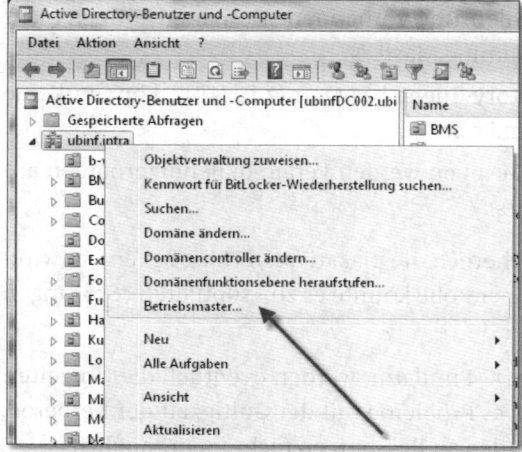

Abbildung 8.20 Einige Snap-Ins ermöglichen das Verschieben von Betriebsmasterrollen.

Der Dialog zum Verschieben der Betriebsmasterrollen ist recht unspektakulär (Abbildung 8.21). In der Tat ist jeweils nur der Schalter ÄNDERN vorhanden; weitere Administrationsmöglichkeiten finden sich nicht.

Abbildung 8.21 Der Dialog zum Ändern der domänenweiten Betriebsmasterrollen

Wenn Sie mit dem Domänencontroller verbunden sind, der die Betriebsmasterrolle zurzeit innehat, werden Sie die Fehlermeldung aus Abbildung 8.22 erhalten. Was will uns diese Fehlermeldung sagen? Die Administrationswerkzeuge verbinden sich mit einem der Domänencontroller und greifen auf dessen Active Directory-Datenbank und die von ihm bereitgestellten Funktionen zu. Im Kontextmenü der Domäne findet sich eine Funktion, mit der der DC gewechselt werden kann, auf dem administriert wird.

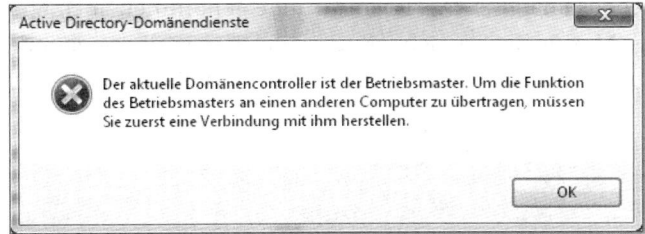

Abbildung 8.22 Die gezeigte Fehlermeldung erscheint, wenn der zurzeit administrierte DC bereits die Betriebsmasterrolle innehat.

Um also eine Betriebsmasterrolle zu transferieren, wechseln Sie im Administrationswerkzeug den zu verwendenden Domänencontroller (siehe Abbildung 8.20, Menüpunkt DOMÄNENCONTROLLER ÄNDERN). Ein Anruf der Funktion öffnet das in Abbildung 8.23 gezeigte Dialogfenster. Hier haben Sie die Möglichkeit, einen beliebigen beschreibbaren Domänencontroller aussuchen zu lassen oder aber selbst einen DC zu bestimmen. Da ein bestimmter anderer Server und eben nicht eine beliebige Maschine die Betriebsmasterrolle erhalten soll, machen Sie natürlich von der zweiten Möglichkeit Gebrauch.

Die Formulierung »schreibbarer Domänencontroller« kommt übrigens dadurch zustande, dass es in einer Windows Server 2008-Umgebung (und in späteren Versionen) auch *Read Only Domain Controller* (RODC) gibt – dazu später mehr.

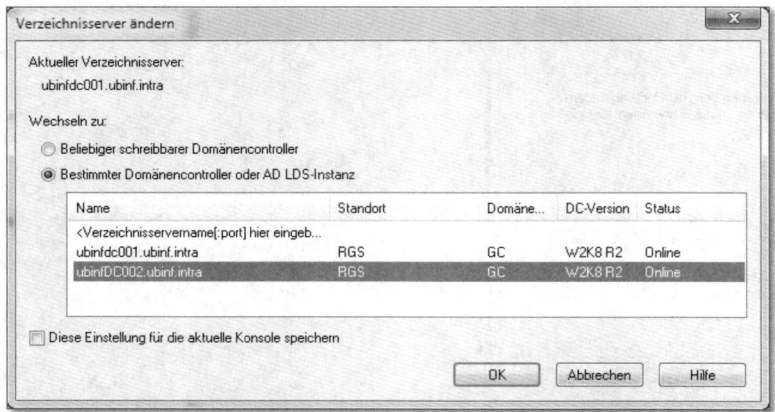

Abbildung 8.23 Mit diesem Dialog können Sie den DC bestimmen, der von dem Administrationswerkzeug verwendet werden soll.

Das eigentliche Übertragen der Betriebsmasterrolle wird nach einer Sicherheitsabfrage innerhalb weniger Augenblicke durchgeführt. Die Änderung ist sofort aktiv.

Wie bereits zuvor erwähnt, wird das Verschieben der *Domain Naming Master*-Rolle mit dem Werkzeug *Active Directory-Domänen und -Vertrauensstellungen* durchgeführt. Bevor Sie lange suchen: Die Funktion befindet sich in diesem Fall nicht im Kontextmenü des Domäneneintrags, sondern in der Wurzel des Snap-Ins. Das ist im Grunde genommen auch einleuchtend, der Domain Naming Master ist ja schließlich eine forest-übergreifende Betriebsmasterrolle und nicht einer bestimmten Domäne zugeordnet (Abbildung 8.24).

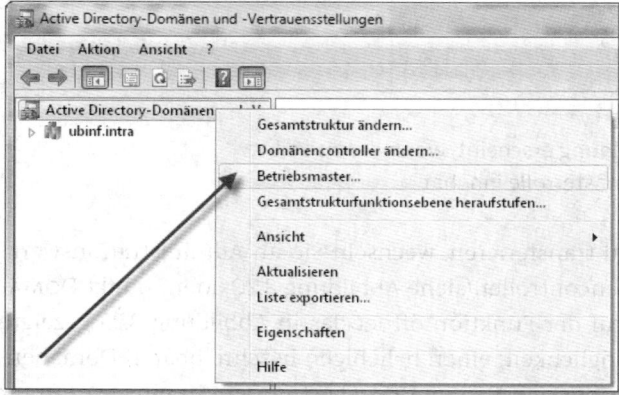

Abbildung 8.24 In diesem Kontextmenü finden Sie den Dialog, mit dem Sie die Position der »Domain Naming Master«-Rolle ändern können.

Die Betriebsmasterrolle *Schemamaster* wird mit dem Schema Manager verschoben. Wie bereits zuvor erwähnt wurde, muss dieser mit dem Aufruf `regsvr32 schmmgt.dll` zunächst registriert werden. Anschließend kann MMC geöffnet werden und das Snap-In *Active Directory-Schema* der Konsole hinzugefügt werden (Abbildung 8.25). Wenn in dem Snap-In-Auswahldialog das Schema-Snap-In nicht auftaucht, ist es vermutlich noch nicht registriert.

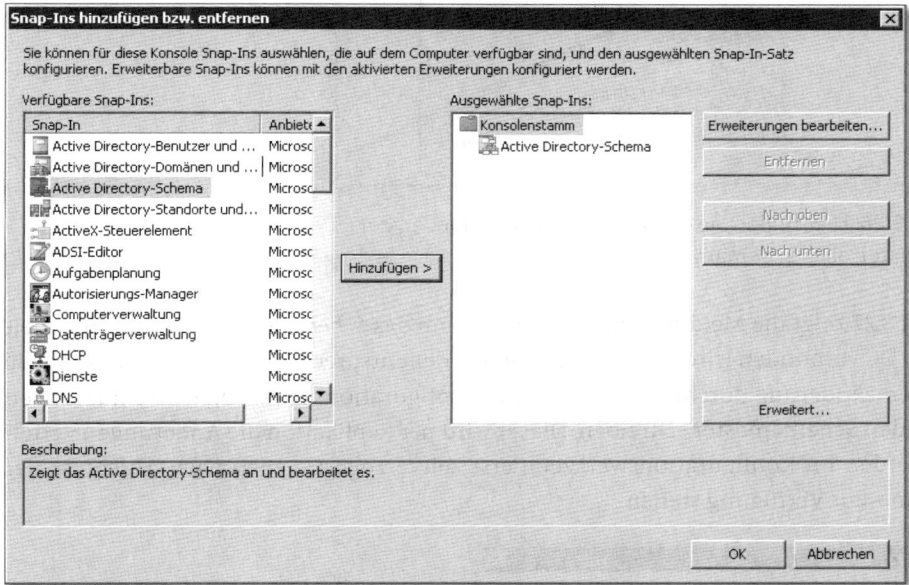

Abbildung 8.25 Wenn der Schema Manager registriert ist, kann er einer Konsole hinzugefügt werden.

Abbildung 8.26 zeigt das Kontextmenü zum Aufruf der Änderung der Betriebsmasterrolle nebst zugehörigem Dialog. Wenn Sie das Kontextmenü einmal genau anschauen, werden Sie feststellen, dass es zwei Einträge gibt: nämlich einen zum Wechseln des Domänencontrollers, was Sie zu Beginn dieses Abschnitts bereits kennengelernt haben, und einen weiteren Eintrag zum Verbinden mit dem Schemamaster. Letztgenannter Eintrag ist übrigens sehr praktisch, denn man kann einem Server schließlich nicht an der Nasenspitze (bzw. an der Gehäusefront) ansehen, ob er ein Betriebsmaster ist (jedenfalls, wenn die Dokumentation fehlt).

Wenn man einmal weiterüberlegt, fragt man sich vielleicht, was eigentlich passiert, wenn man eine Schemaänderung durchführen möchte und nicht mit dem Schemamaster verbunden ist. Sie wissen ja, dass die einzige Maschine im Forest, die Schemaänderungen durchführt, derjenige DC ist, der die Schemamaster-Rolle innehat.

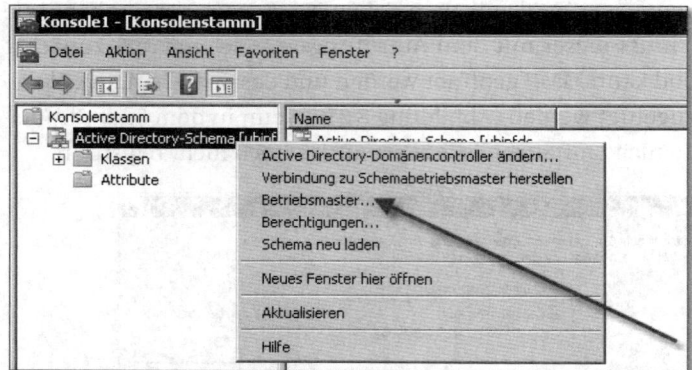

Abbildung 8.26 Hier finden Sie den Dialog zum Verschieben der Betriebsmasterrolle »Schemamaster«.

Abbildung 8.27 zeigt die Meldung, die erscheint, wenn das *Schema Manager*-Snap-In gezielt mit einem DC verbunden wird, der in Ermangelung der entsprechenden Betriebsmasterrolle keine Schemaänderung durchführen kann: Das Konfigurationswerkzeug wird Änderungen direkt auf den Schemamaster schreiben. Dieser wird per Replikation die Änderungen verteilen. Sie werden im Konfigurationswerkzeug erst zeitverzögert – eben nach Abschluss der Replikation – zur Verfügung stehen.

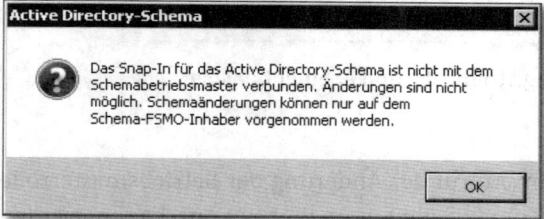

Abbildung 8.27 Verbindet man das »Schema Manager«-Snap-In mit einem DC, der nicht Schemamaster ist, erscheint diese Warnmeldung.

Die folgende Tabelle zeigt, welche Rechte ein Administrator braucht, der Betriebsmasterrollen verschieben möchte:

Betriebsmasterrolle	Benötigtes Recht (Gruppenzugehörigkeit)
Schemamaster	Schema-Admins
Domain Naming Master	Organisations-Admins
PDC Emulator	Domänen-Admins

Tabelle 8.1 Benötigte Rechte zum Verschieben von Betriebsmasterrollen

Betriebsmasterrolle	Benötigtes Recht (Gruppenzugehörigkeit)
Infrastrukturmaster	Domänen-Admins
RID Master	Domänen-Admins

Tabelle 8.1 Benötigte Rechte zum Verschieben von Betriebsmasterrollen (Forts.)

8.1.5 Verteilung von Betriebsmasterrollen und Global Catalog

Sie haben gehört, dass nach der Installation die Betriebsmasterrollen wie folgt verteilt sind:

- Der erste DC im Forest verfügt über sämtliche Betriebsmasterrollen.
- Der erste DC jeder Domäne verfügt über die drei Domänen-Betriebsmasterrollen.

Der erste DC im Forest ist darüber hinaus Global Catalog Server.

Globaler Katalog und Infrastrukturmaster

Die Aufgabe des Infrastrukturmasters ist die Aktualisierung domänenübergreifender Objektreferenzen (z.B. der Mitgliedschaft eines Benutzers in einer Gruppe einer anderen Domäne). Dazu vergleicht er diese Referenzen mit den Einträgen auf einem Global Catalog Server. Da es auf einem Global Catalog Server keine verwaisten Objektreferenzen geben kann, wird ein auf ihm laufender Infrastrukturmaster auch keine solchen entdecken können. Demzufolge kann er seine Aufgabe nicht erfüllen. Ein Global Catalog Server kann übrigens deshalb keine verwaisten Objektreferenzen haben, weil er ständig aktuelle Daten aus anderen Domänen erhält.

Wenn Ihr Forest nur aus einer Domäne besteht, ist die Thematik für Sie übrigens unerheblich: In einer solchen Umgebung kann es keine domänenübergreifenden Objektreferenzen geben, daher sind in diesem Fall keine weiteren Überlegungen notwendig.

Besteht Ihr Forest aus mehreren Domänen, haben Sie zwei Möglichkeiten:

- Wenn in einer Domäne sämtliche Domänencontroller auch Global Catalog Server sind, kann einer von ihnen Infrastrukturmaster werden. Das Problem mit verwaisten Einträgen existiert dann ohnehin nicht, da es diese auf einem Global Catalog Server nicht gibt.
- Sind in einer Domäne nicht sämtliche DCs auch Global Catalog Server, muss der Infrastrukturmaster auf einem Non-GC-DC laufen.

Wenn Sie sich die beiden zuvor genannten Punkte merken, können Sie einen häufig vorkommenden Fehler vermeiden. Wenn Sie nachträglich versuchen, die Betriebsmasterrolle *Infrastrukturmaster* auf einen Global Catalog Server zu verschieben, erscheint die Warnmeldung aus Abbildung 8.28. Die Falle schnappt eher dann zu, wenn eine neue Domäne installiert wird. Der erste DC erhält automatisch alle drei domänenweiten Rollen. Wenn man bei seiner Installation den globalen Katalog mitinstallieren ließ und einen weiteren DC ohne GC-Funktion installiert, ist es auch schon passiert.

8 Active Directory-Domänendienste

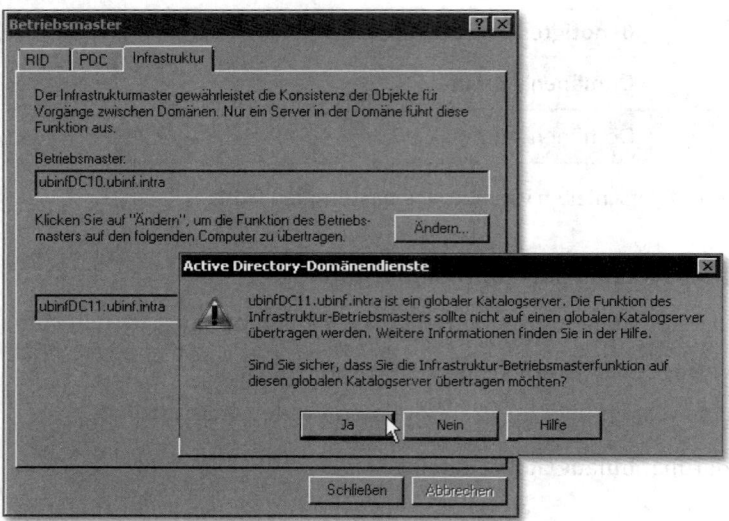

Abbildung 8.28 Wenn die Rolle »Infrastrukturmaster« auf einen Global Catalog Server verschoben werden soll, erscheint eine Warnung.

Empfehlung für die Verteilung der Betriebsmasterrollen

Die Verteilung der Betriebsmasterrollen ist natürlich eine sehr individuelle Angelegenheit. Dennoch gibt es einige allgemeingültige Hinweise. Kommen wir zunächst zur Positionierung der forest-weiten Betriebsmasterrollen:

- Die beiden forest-weiten Betriebsmasterrollen sollten in der Forest Root Domain (also der ersten installierten Domäne) verbleiben.
- Die beiden forest-weiten Betriebsmasterrollen sollten weiterhin auf einem Global Catalog Server liegen.

Für die domänenweiten Rollen gibt es diese Empfehlungen:

- Alle drei domänenweiten Rollen sollten auf demselben Domänencontroller eingerichtet werden.
- Wenn in einem Forest mehrere Domänen vorhanden sind, dürfen die domänenweiten Rollen nicht auf einem Global Catalog Server liegen, es sei denn, alle Domänencontroller dieser Domäne sind Global Catalog Server (siehe auch den vorherigen Abschnitt).
- Der Domänencontroller mit den Betriebsmasterrollen sollte durchaus leistungsstärker als ein »normaler« DC sein. Quantitative Angaben müssen individuell durch Messen und Analyse gewonnen werden. Es ist an dieser Stelle unmöglich, wirklich verlässliche Aussagen zu Speicherausbau und Prozessorleistung zu treffen.

Weiterhin ist es notwendig, dass die Betriebsmaster netzwerkmäßig erreichbar sind. Nicht jeder Client muss den Domänennamen-Betriebsmaster erreichen können; ein Administrator, der an einem entfernten Standort eine Subdomäne anlegen soll, muss aber mit ihm kommunizieren können – sonst geht nichts!

Empfehlung für die Verteilung von globalen Katalogservern

Die Empfehlung für die Verteilung von globalen Katalogservern hat zwei Ziele. Einerseits soll Ausfallsicherheit erreicht werden, andererseits soll der Zugriff auf die globalen Katalogserver möglichst performant sein. Glücklicherweise stehen sich diese Ziele nicht gegenseitig im Weg, sodass diese Empfehlungen resultieren:

- Redundanz lässt sich einfach dadurch erreichen, dass mehrere globale Katalogserver vorhanden sind.
- Es sollte nach Möglichkeit an jedem Standort ein globaler Katalogserver vorhanden sein.
- Ist dies nicht möglich, kann zur Schonung der WAN-Verbindungen das ZWISCHENSPEICHERN DER UNIVERSELLEN GRUPPENMITGLIEDSCHAFT (Universal Group Membership Caching) aktiviert werden. Dies wird, wie in Abbildung 8.29 gezeigt, im Konfigurationswerkzeug *Active Directory-Standorte und -Dienste* vorgenommen. Wählen Sie den entsprechenden Standort aus, und rufen Sie dessen NTDS SITE SETTINGS auf.
- Falls nach bestimmten Attributen häufig gesucht wird, können diese in den globalen Katalog aufgenommen werden. Das ist weiter vorn in Abbildung 8.18 gezeigt.

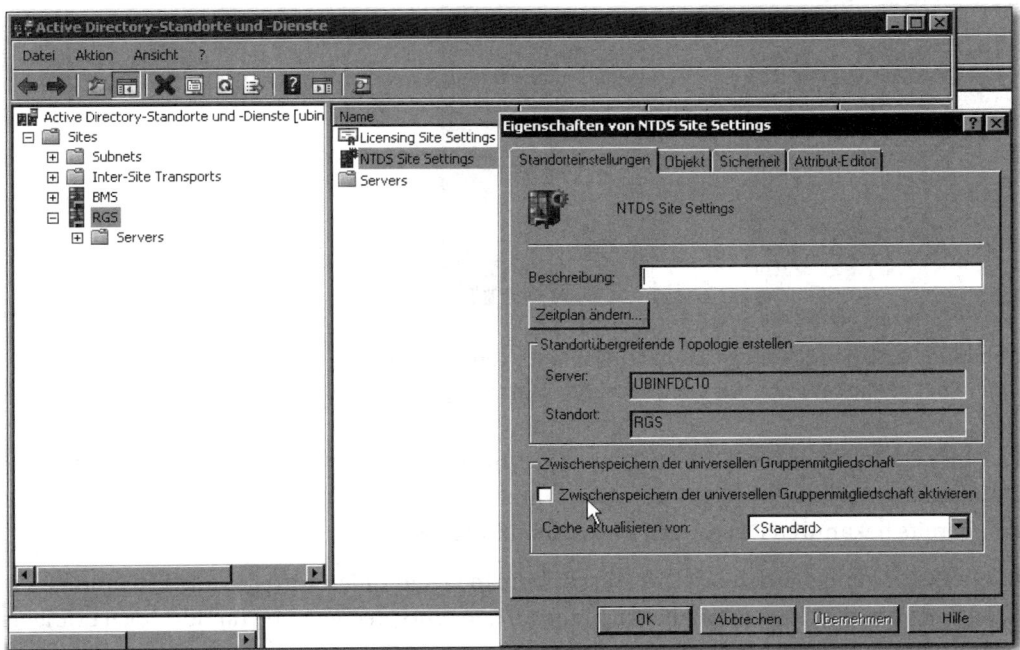

Abbildung 8.29 Wenn an einem Standort kein globaler Katalogserver vorhanden ist, kann dort das Zwischenspeichern der universellen Gruppenmitgliedschaft aktiviert werden.

8.1.6 Schreibgeschützte Domänencontroller – Read Only Domain Controller (RODC)

Wird in einem Außenstandort ein Domänencontroller installiert, gibt es, wie fast immer im Leben, einige Vor-, aber leider auch einige Nachteile. Zu den Vorteilen zählt, dass die Benutzer einen schnellen Zugriff auf die Domäne haben und die WAN-Strecken geschont werden. Zu den Nachteilen gehört insbesondere, dass die physikalische Sicherheit eines solchen Servers in vielen Fällen nicht gewährleistet werden kann. Die Daten sind in den Datenbanken des Active Directorys natürlich verschlüsselt gespeichert, trotzdem wird es im Allgemeinen nicht gern gesehen, wenn sensible Passwörter auf nicht optimal gesicherten Maschinen liegen. Letzteres umfasst sowohl die physikalische Sicherheit des Geräts als auch die »Abschottung« gegen lokale (Hilfs-)Administratoren. Viele mir bekannte Unternehmen haben in entfernten Standorten einen IT-Beauftragten, der notgedrungen über einen Administratorzugang zu dem Server bzw. den Servern verfügt.

Mit Windows Server 2008 ist der *Read Only Domain Controller* (RODC) eingeführt worden. Ein solcher Domänencontroller verfügt nicht über eine beschreibbare Datenbankkopie, und – was noch wichtiger ist – er verfügt auch nicht über die Passwörter der Benutzer.

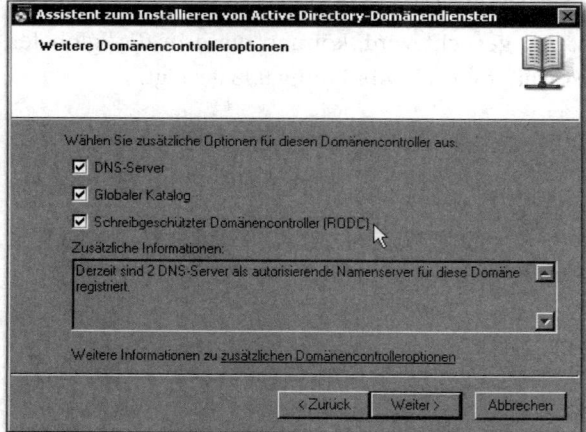

Abbildung 8.30 Ein schreibgeschützter Domänencontroller (RODC) wird installiert, indem bei der Installation das entsprechende Häkchen gesetzt wird.

Die Installation eines RODCs ist genauso einfach wie die Installation eines »normalen« Domänencontrollers. Wenn Sie den Assistenten zur Einrichtung eines DCs nutzen, sehen Sie den bereits bekannten Dialog, der wie in Abbildung 8.30 gezeigt ausgefüllt werden kann:

▶ Ein RODC kann gleichzeitig DNS-Server sein. In vielen Fällen wird das auch zu empfehlen sein, da hierdurch die Namensauflösung an dem entsprechenden Standort lokal erfolgen kann und nicht die WAN-Strecken belastet.

▶ Ein RODC kann auch ein globaler Katalogserver sein, was ebenfalls Sinn macht, denn viele Verzeichnisinformationen fragen Clients von sich aus beim globalen Katalog an. In den

Beta-Versionen von Windows Server 2008 war die Kombination RODC und globaler Katalog übrigens noch nicht möglich. In der Release-Version geht das, wie auch in der Abbildung zu sehen ist.

Wenn der schreibgeschützte Domänencontroller »irgendwo draußen« steht, könnte der Wunsch aufkommen, dass er von einem lokalen Mitarbeiter verwaltet werden soll. Bei der Installation eines RODCs erscheint daher der Dialog aus Abbildung 8.31, der einen Benutzer oder eine Gruppe zum Administrator des RODC macht.

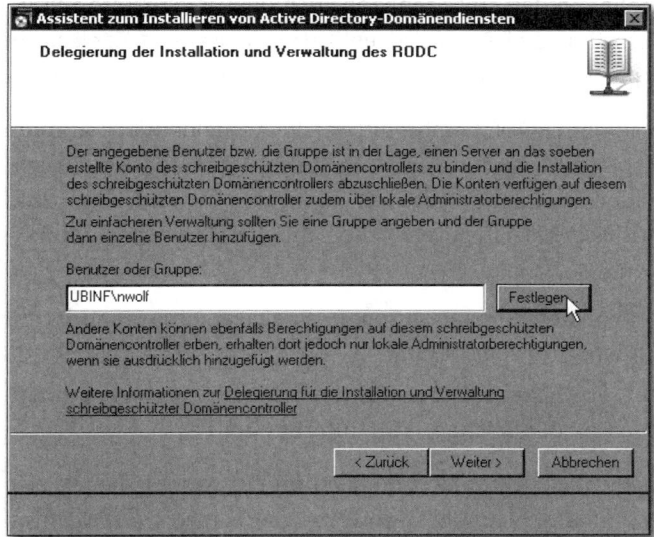

Abbildung 8.31 Ein Benutzer- oder Gruppenkonto kann zur Verwaltung des RODC berechtigt werden.

Dass ein Domänencontroller ein RODC ist, lässt sich im Konfigurationswerkzeug *Active Directory-Benutzer und -Computer* auf einen Blick erkennen, da der DC-Typ entsprechend vermerkt ist (Abbildung 8.32).

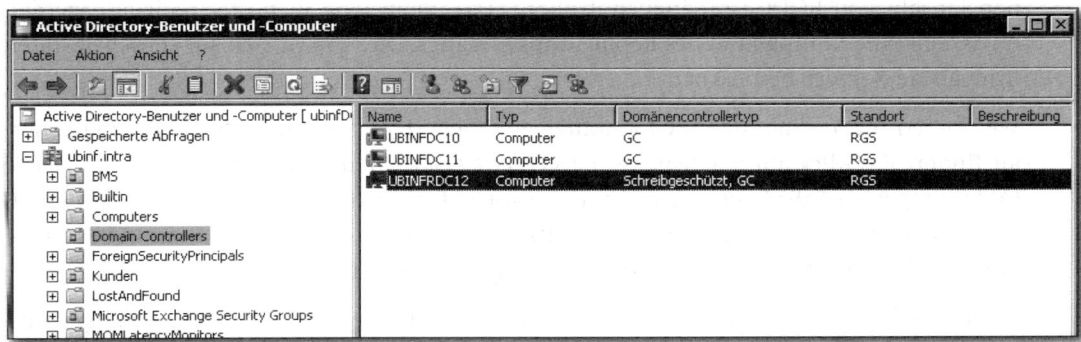

Abbildung 8.32 Ob ein Domänencontroller ein RODC ist, ist in dieser Übersicht leicht zu erkennen.

Ein RODC funktioniert wie folgt:

- Wenn eine Anwendung nur lesenden Zugriff auf das Verzeichnis benötigt, kann der RODC-Domänencontroller alle gewünschten Informationen liefern.
- Möchte eine Anwendung schreibend auf den RODC-Domänencontroller zugreifen, erhält sie eine LDAP-Weiterleitungsantwort und wird zu einem DC mit einer beschreibbaren Active Directory-Datenbank geleitet.
- Wenn ein Benutzer sich authentifizieren möchte, sendet der RODC die Anfrage an einen beschreibbaren Domänencontroller, in dessen Datenbank auch die Passwortinformationen enthalten sind. Je nach Richtlinie zur Kennwortreplikation (Password Replication Policy) erhält der RODC eine Kopie der Anmeldeinformationen – oder eben auch nicht.

Die *Password Replication Policy* auf einem RODC beschreibt, welche Anmeldeinformationen auf diesem Domänencontroller gespeichert werden dürfen. Die Informationen werden nicht durch Replikation übertragen, sondern werden gespeichert, wenn der Anwender sich zum ersten Mal über diesen DC authentifiziert hat. Ein guter Kompromiss aus Sicherheit und Performance ist folgende Vorgehensweise:

- Die Speicherung der Kennwörter von den Benutzergruppen, die sich an dem Standort mit RODC-Domänencontroller befinden, wird zugelassen.
- Die Speicherung der Kennwörter sämtlicher anderen Konten, inklusive der lebenswichtigen Konten von Administratoren und dergleichen, wird unterbunden.

Sollte die Datenbank des RODC tatsächlich gestohlen und korrumpiert werden, halten sich die Verluste in Grenzen; zumindest müssen nicht die Kennwörter der kompletten Organisation ausgetauscht werden.

Die Kennwortreplikationsrichtlinie wird mit dem Dialog aus Abbildung 8.33 konfiguriert; er ist in den Eigenschaften des entsprechenden Servers im Konfigurationswerkzeug ACTIVE DIRECTORY-BENUTZER UND -COMPUTER zu finden.

Neben den Sicherheitsaspekten ist der verminderte Replikationsaufwand ein Argument für den Einsatz von RODC-Domänencontrollern. Da nur in eine Richtung repliziert werden muss, sinkt die Komplexität des Replikationsvorgangs. Dies macht sich auf stark belasteten Bridgehead-Servern bemerkbar.

Welche Kennwörter auf dem RODC aktuell gespeichert sind, können Sie recht einfach herausfinden. Ein Klick auf den Schalter ERWEITERT zeigt einen Dialog mit genau dieser Liste (Abbildung 8.34). Falls Benutzer, deren Kennwörter laut Richtlinie eigentlich auf dem RODC gespeichert werden dürfen, hier nicht auftauchen, liegt das daran, dass diese sich bislang noch nicht über diesen Domänencontroller angemeldet haben.

Diesen Dialog gibt es übrigens auch »andersherum«: Im Eigenschaftendialog eines Benutzers findet sich eine Karteikarte KENNWORTREPLIKATION, auf der angezeigt wird, auf welchen RODCs das Kenntwort des gewählten Anwenders gespeichert ist.

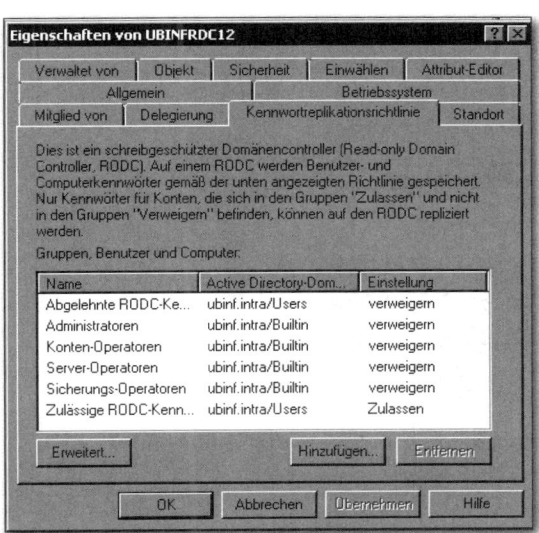

Abbildung 8.33 Die Konfiguration der Kennwortreplikationsrichtlinie für einen Read Only Domain Controller (RODC)

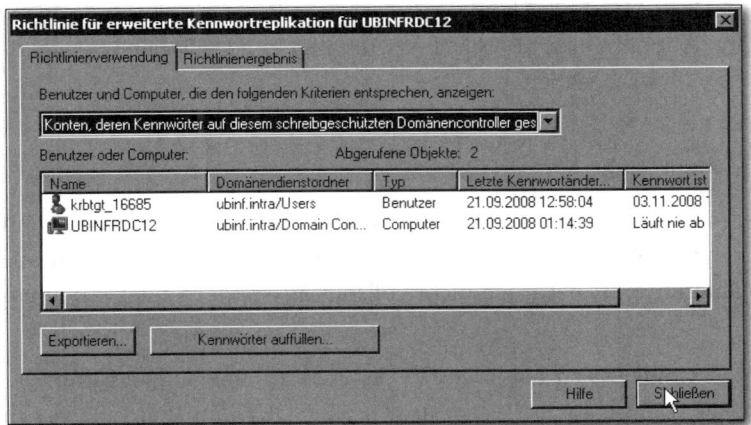

Abbildung 8.34 Zu Kontrollzwecken sehr praktisch ist diese Liste, die anzeigt, welche Kennwörter auf dem RODC gespeichert sind.

Der Dialog aus Abbildung 8.34 listet »nur« die Konten auf, für die bereits ein Kennwort auf dem RODC gespeichert ist. Die Frage, ob das Kennwort eines bestimmten Kontos prinzipiell gespeichert würde, beantwortet der Dialog auf der Karteikarte RICHTLINIENERGEBNIS (Abbildung 8.35): Sie können der Liste beliebige Konten hinzufügen und erhalten die gewünschte Information.

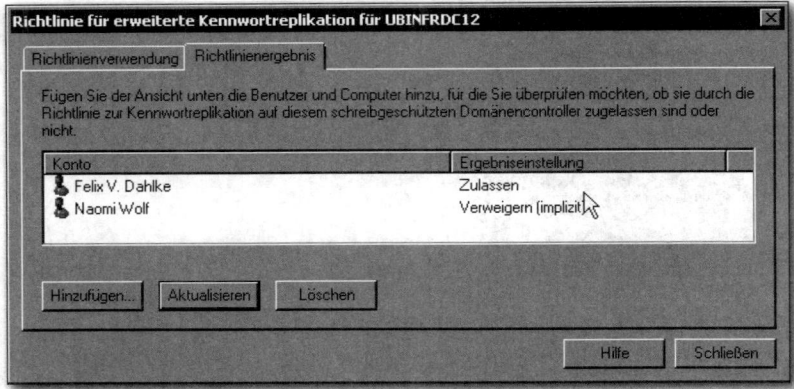

Abbildung 8.35 Mit diesem Dialog kann geprüft werden, zu welchen Konten die Kennwörter laut Konfiguration (= Richtlinie) auf dem RODC gespeichert werden.

8.2 Planung und Design des Active Directory

Sie haben im vorigen Abschnitt einiges über die technischen Grundlagen des Active Directory erfahren. Die Planung eines AD ist ein Thema, mit dem man leicht ein tausendseitiges Buch füllen könnte. Es gibt aber einige recht einfache Grundregeln beim Design, die letztendlich in jeder Umgebung Gültigkeit haben.

8.2.1 Abbildung des Unternehmens

Im Active Directory bildet man die Struktur des Unternehmens bzw. der Organisation ab. Ein Unternehmen könnte beispielsweise so strukturiert sein wie in dem Organigramm aus Abbildung 8.36. (Das Organigramm ist natürlich nicht vollständig, sondern zeigt nur einen Ast.)

Sie sind natürlich nicht gezwungen, sich beim Design des ADs an eine solche Unternehmensstruktur zu halten. Man könnte auch alle Benutzer in eine OU einordnen, alle PCs in eine weitere und in eine dritte sämtliche Server. Technisch würde das selbstverständlich funktionieren, und es hätte vielleicht bei der Verwaltung sogar einige Vorteile. *Aber*: Ein Verzeichnisdienst soll und muss mehr sein als nur die Datenbank, in der der Benutzername und das Passwort für die Anmeldung gespeichert werden.

Wenn ein Benutzer wissen möchte, wer in der Vertriebsassistenz arbeitet, kann er, wenn Sie die Firmenstruktur im Verzeichnis abbilden, diese Information aus dem Active Directory gewinnen. Wenn Sie hingegen alle Benutzerobjekte in einer flachen Struktur »aufbewahren«, entfällt diese Möglichkeit.

In der Praxis hat sich gezeigt, dass AD-Strukturen, die sich nach Geschäftsführungsbereichen und Kostenstellenplänen richten, für die Benutzer ebenfalls nicht oder nur schwer durchschaubar sind. Der »normale« Benutzer denkt eben: »Ich bin im Vertriebsinnendienst« und nicht »Ich bin im Geschäftsführungsbereich ›External Relations‹, und mein Team hat die Kostenstelle 99 837.«

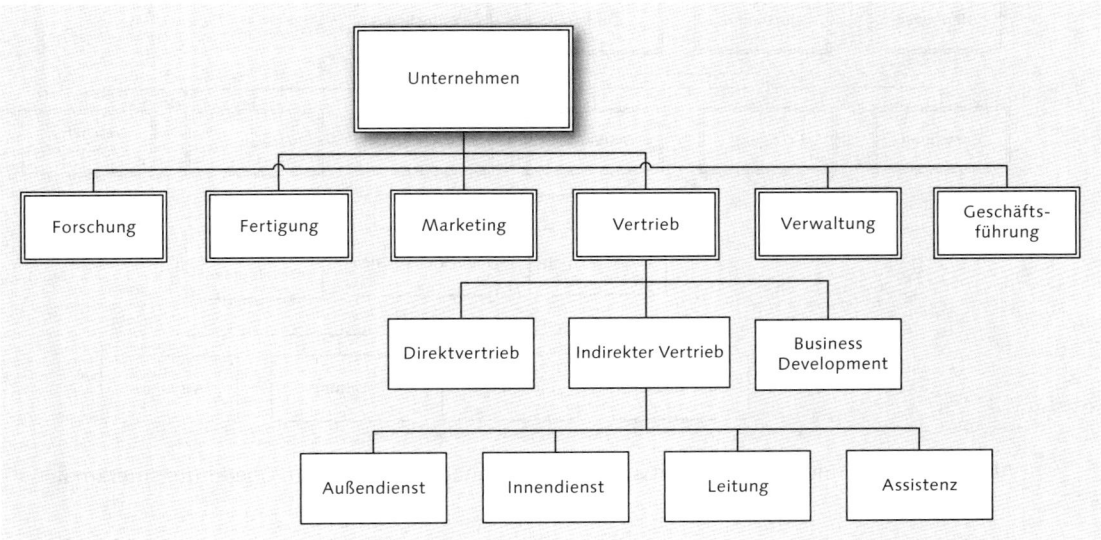

Abbildung 8.36 Beispiel für die Struktur eines Unternehmens

Rein technisch gesehen ist ein Abbilden von unterschiedlichen Standorten in der Struktur des Active Directory nicht notwendig – hierzu gibt es mit Sites/Standorten weitere Konfigurationsmöglichkeiten.

Für das Abbilden der Standorte in der logischen Struktur gibt es prinzipiell drei Gründe:

▶ Wenn der Benutzer das Verzeichnis durchsucht, wird er den geografischen Bezug als wichtige Orientierungshilfe ansehen.

▶ Für einzelne OUs können Administrationsaufgaben an bestimmte Benutzer delegiert werden, beispielsweise das Zurücksetzen von Passwörtern. Wenn es in München einen Mitarbeiter gibt, der dazu berechtigt werden soll, können Sie das natürlich nur konfigurieren, wenn der Standort in der Struktur auch auftaucht.

▶ Wenn in den Standorten unterschiedliche Gruppenrichtlinien verwendet werden sollen, bedingt das natürlich auch, dass die Standorte in der logischen Struktur erscheinen.

Für die Integration der Standorte in die logische Struktur gibt es natürlich mehrere Möglichkeiten. Die »Extremfälle« sind in Abbildung 8.37 und Abbildung 8.38 dargestellt.

8 Active Directory-Domänendienste

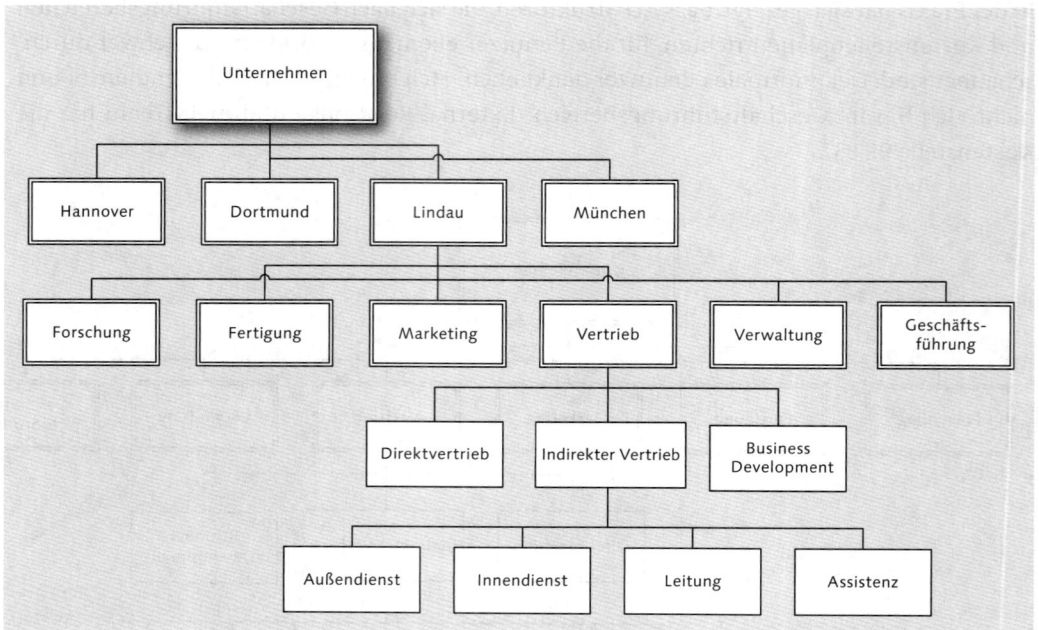

Abbildung 8.37 Eine Unternehmensstruktur mit Standorten als erstem Gliederungsmerkmal

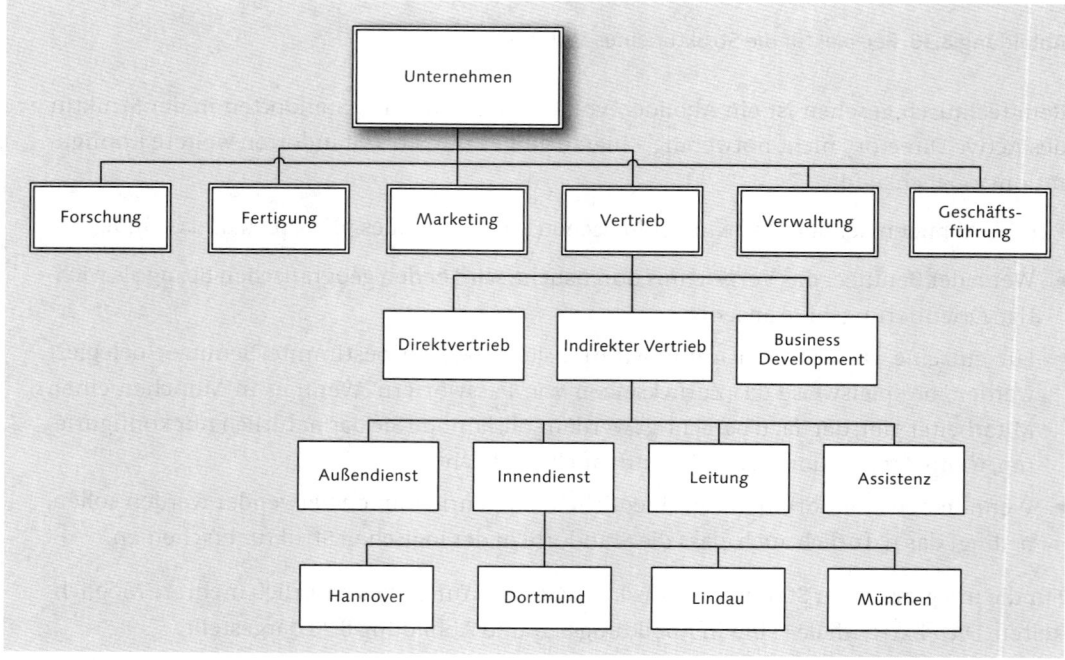

Abbildung 8.38 Alternative Struktur, die Fachbereiche als primäres Gliederungsmerkmal verwendet

Im ersten Fall ist der Standort die oberste »Organisationsinstanz«, im zweiten Fall wird erst zum Schluss der Standort angegeben. Beliebige Mischformen sind natürlich möglich – es hängt von Ihren individuellen Anforderungen ab.

8.2.2 Übersichtlichkeit und Verwaltbarkeit

Dieser Abschnitt befasst sich ausführlicher mit der Fragestellung, ob man die Unternehmensstruktur lieber mit Domänen oder OUs abbildet bzw. inwieweit man welches Organisationsmittel einsetzt.

Ich erläutere einige Varianten am Beispiel der in Abbildung 8.37 gezeigten Konfiguration – das bedeutet allerdings nicht, dass dies notwendigerweise die beste Variante ist.

Für die jetzt folgenden Erläuterungen weiche ich von der sonst in der Literatur üblichen Darstellung ab: Abteilungen/Bereiche, die als Domäne implementiert werden, sind mit einem Dreieck gekennzeichnet, Organisationseinheiten ohne Dreieck werden als OU eingerichtet. Abbildung 8.39 zeigt eine Struktur, in der relativ stark von Domänen Gebrauch gemacht wird.

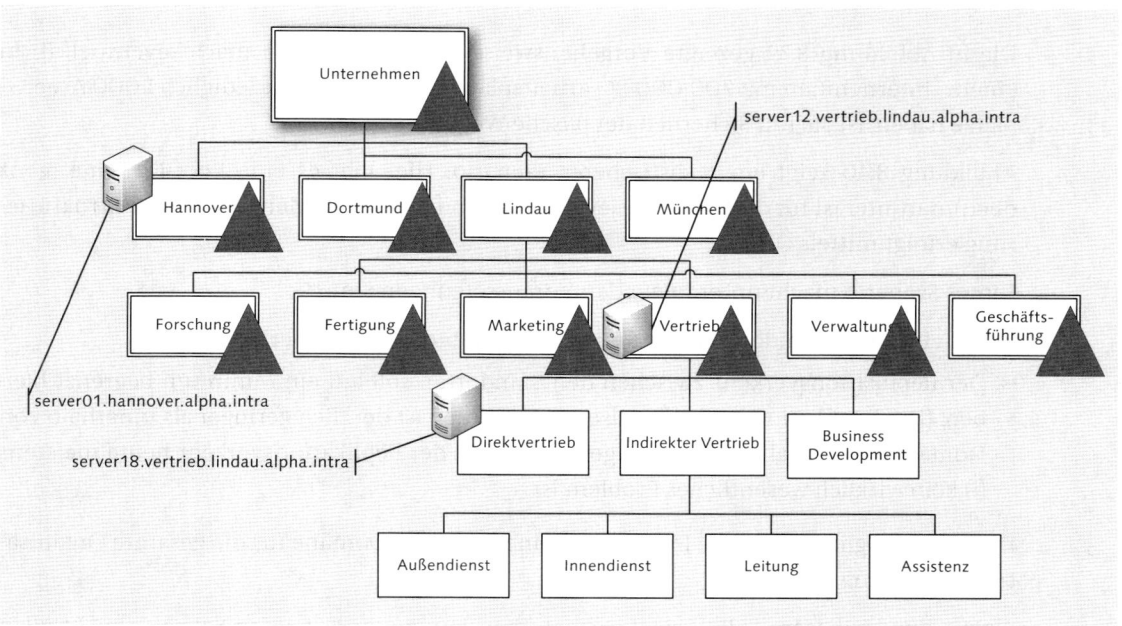

Abbildung 8.39 Abbildung der Struktur mit vielen Domänen (So würde man das aber nie aufbauen!)

Vorteile

▶ Der Replikationsverkehr zwischen Domänen ist wesentlich geringer als innerhalb von Domänen. Da das Beispiel von vier Standorten ausgeht, könnte das bezüglich der Belastung der WAN-Strecken ein Vorteil sein. Anzumerken wäre allerdings, dass heute im Normalfall die Replikationslast auf den WAN-Strecken kaum mehr ins Gewicht fällt – wir leben nicht mehr im Zeitalter der 2.400-Baud-Modems.

- An dem Namen des Servers lässt sich relativ einfach erkennen, an welchem Standort und für welchen Bereich er eingesetzt wird, also beispielsweise `server18.vertrieb.lindau.alpha.intra`. Zur Erinnerung: OUs verhalten sich bezüglich des Namensraums neutral.

Nachteile

- Je mehr Domänen Sie haben, desto höher ist der administrative Aufwand, weil jede Domäne einzeln administriert werden muss. Es gibt beispielsweise keine Gruppenrichtlinien, die sich über Domänengrenzen hinweg vererben. Wenn Sie die einzelnen Bereiche getrennt voneinander administrieren wollen, macht die Trennung durch die Domänengrenzen andererseits wieder Sinn.
- Für jede Domäne wird mindestens ein Domänencontroller benötigt. Aus Redundanzgründen sind eigentlich zwei Domänencontroller pro Domäne erforderlich. Wenn Sie eine Struktur mit elf Domänen aufbauen, brauchen Sie demzufolge 22 Server!

Die in Abbildung 8.39 gezeigte Vorgehensweise mit elf Domänen macht eventuell (!) in einem Unternehmen mit 200.000 PC-Arbeitsplätzen Sinn. Wenn Sie lediglich 1.000 Arbeitsplätze haben, ist sie mit Sicherheit der falsche Weg.

Abbildung 8.40 zeigt ein realistischeres Szenario: Hier gibt es eine Root-Domäne (ganz oben), darunter ist für die Standorte jeweils eine Domäne vorhanden. Die weitere Strukturierung erfolgt mittels OUs.

Dieses Szenario macht unter folgenden Voraussetzungen Sinn:

- Die einzelnen Standorte werden weitgehend autark administriert.
- Der Replikationsverkehr zwischen den Standorten soll auf ein Minimum begrenzt bleiben. (Der Replikationsverkehr zwischen Domänen ist deutlich geringer als innerhalb von Domänen.) Es sei aber darauf hingewiesen, dass der Replikationsverkehr heute meistens (!) kein wirklich wesentliches Problem ist.

Die dritte Möglichkeit ist die Einrichtung einer einzigen Domäne für die gesamte Organisation (Abbildung 8.41).

Sie werden in diesem Fall übrigens gegenüber dem zuvor gezeigten Szenario nicht allzu viele Server einsparen können, weil Sie vermutlich an jedem Standort mindestens einen Domänencontroller einsetzen werden, denn schließlich muss auf das Active Directory zugegriffen werden. Der Administrationsaufwand dürfte in diesem Szenario am geringsten sein, weil Sie beispielsweise für die Gruppenrichtlinien Vererbungen nutzen können. »Unterbereichs-Administratoren« lassen sich übrigens auch in diesem Szenario anlegen.

8.2 Planung und Design des Active Directory

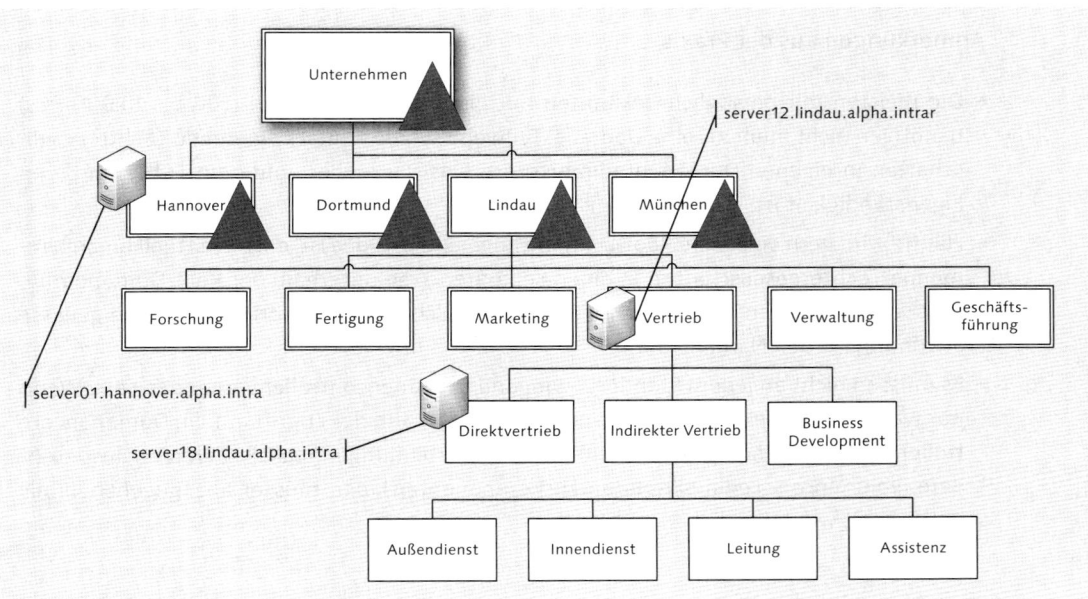

Abbildung 8.40 Abbildung mit einer Domäne pro Standort; die restliche Strukturierung erfolgt mit OUs.

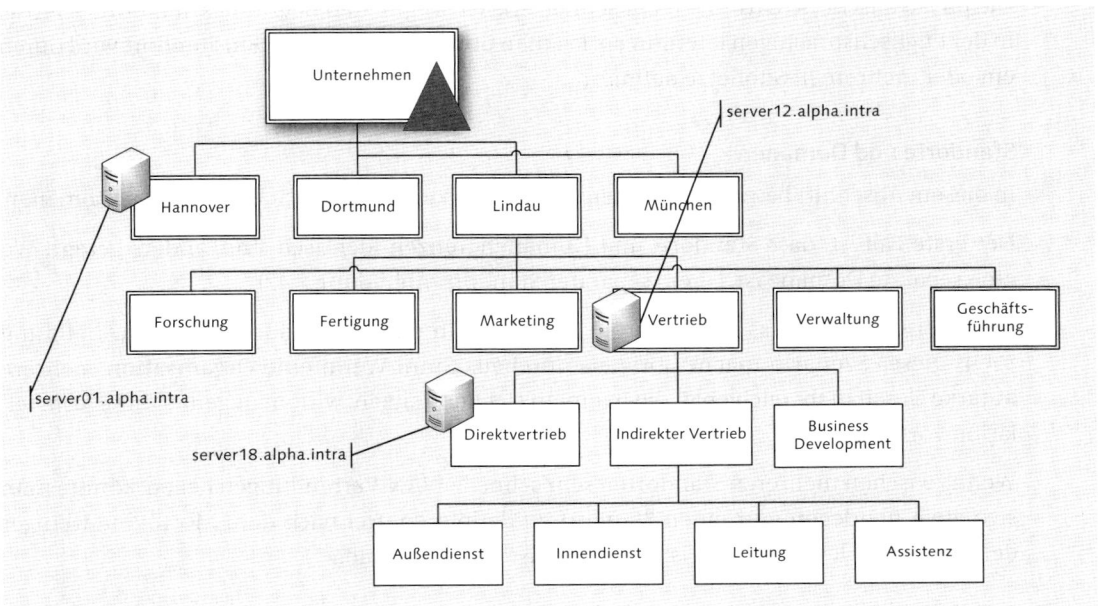

Abbildung 8.41 Abbildung der Struktur mit nur einer Domäne

> **Anmerkungen aus der Praxis**
>
> - Die meisten mir persönlich bekannten mittelständischen Kunden (500 bis 10.000 PCs) benötigen nicht mehr als eine Domäne. Teilweise werden autark agierende Tochtergesellschaften in eigenen Domänen administriert, was dann aber »nur« ein Tribut an deren Eigenständigkeit ist.
> - Häufig wird gern eine leere Root-Domäne angelegt. Die Idee ist, dass eventuell hinzukommende Tochtergesellschaften in einen separaten Tree unterhalb der Root-Domäne migriert werden können. Dies hat zwar keine technischen Vorteile, bringt aber eine gewisse »Ordnung« in den Namensraum.
> - Es müssen nicht an jedem Standort zwingend Domänencontroller vorhanden sein. Wenn nur wenige Mitarbeiter an dem Standort arbeiten, kann der Zugriff auf die Domänencontroller im Allgemeinen problemlos über WAN-Verbindungen realisiert werden. Insbesondere »voluminöse« Login-Skripts, die zig Komponenten laden, müssen aber gegebenenfalls entrümpelt werden.

8.2.3 Standorte

Die physikalische Struktur ist recht schnell erklärt. Es gibt den Begriff des Standorts – fertig. In der englischsprachigen Literatur sprich man übrigens von »*sites*«. Ein Standort wird durch ein oder mehrere IP-Subnetze definiert.

Standorte und Domänen

In diesem Abschnitt betrachten wir den Zusammenhang zwischen Standorten und Domänen.

Der erste Fall ist, dass Standort- und Domänengrenzen identisch sind, anders gesagt: Wo eine separate Domäne ist, ist ein separater Standort (Abbildung 8.42).

Der zweite Fall ist, dass sich mehrere Domänen an einem Standort befinden (Abbildung 8.43). Dieses Szenario macht übrigens durchaus Sinn: Wenn eine Organisation mehrere autarke Geschäftsbereiche hat, die in einem Gebäude sitzen, wird man genau diese Konstellation vorfinden.

Wenn zwischen mehreren Standorten sehr schnelle WAN-Verbindungen liegen, könnte man sich auch überlegen, nur einen Standort zu definieren, frei nach dem Motto: »Je weniger definiert wird, desto geringer ist der Administrationaufwand.«

8.2 Planung und Design des Active Directory

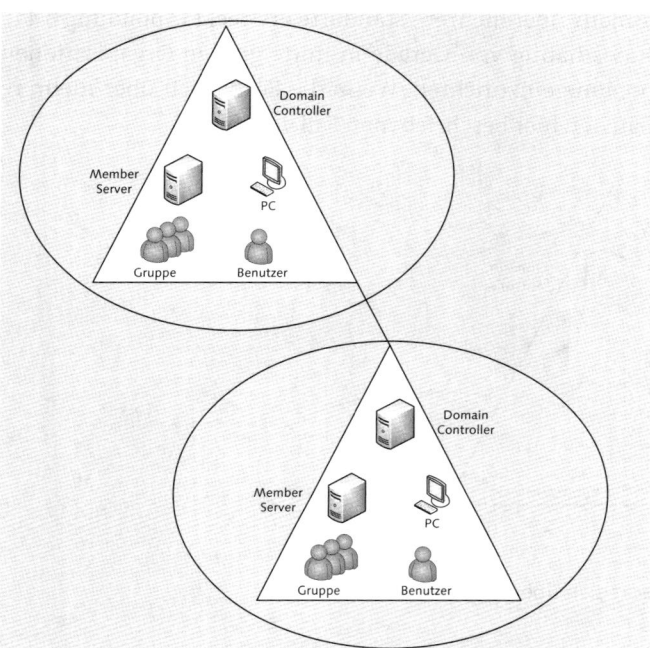

Abbildung 8.42 Jede Domäne befindet sich an einem eigenen Standort.

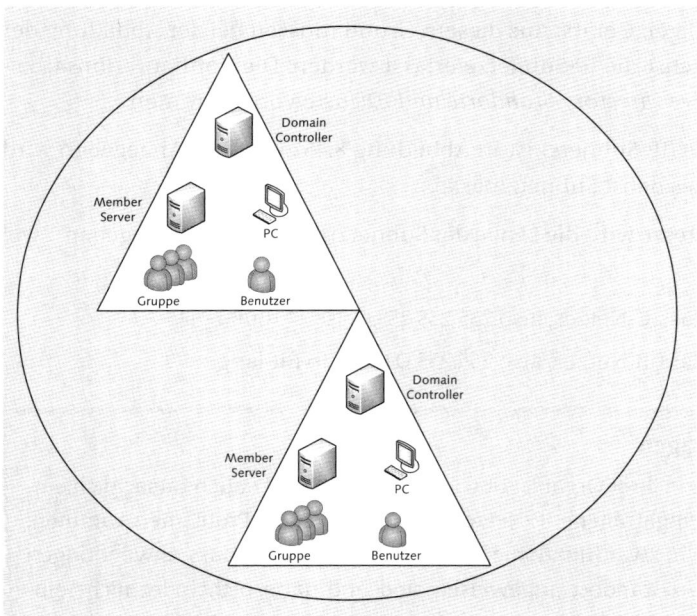

Abbildung 8.43 Mehrere Domänen befinden sich an einem Standort.

Der dritte Fall ist, dass sich eine Domäne über mehrere Standorte erstreckt (Abbildung 8.44). Auch dieser Fall kommt in der Praxis häufig vor: Gerade in mittelgroßen Organisationen macht es häufig Sinn, nur eine Domäne einzurichten. Wenn die Firma sich über mehrere Standorte erstreckt, wird man genau den hier beschriebenen Fall vorfinden.

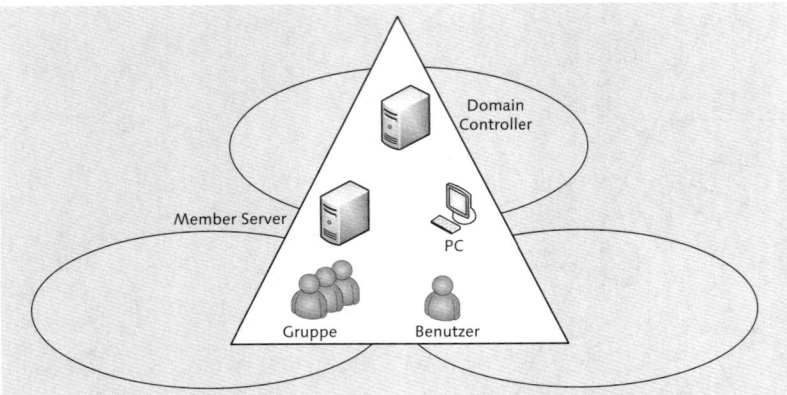

Abbildung 8.44 Eine Domäne erstreckt sich über mehrere Standorte.

Standorte konfigurieren

Active Directory muss in der Lage sein, den Standort eines Mitgliedsservers oder eines Clients problemlos und zuverlässig zu ermitteln. Die einfachste Möglichkeit ist die Auswertung der IP-Adresse des jeweiligen Geräts. Aus diesem Grund müssen bei der Abbildung der physikalischen Struktur zunächst die IP-Subnetze erfasst werden. Die Konfigurationsarbeiten werden im Werkzeug *Active Directory-Standorte und -Dienste* vorgenommen.

Die Erfassung der IP-Subnetze (IP-Subnets) ist in Abbildung 8.45 zu sehen. Angegeben wird die erste Adresse des Subnetzes nebst Subnetzmaske.

Hinter der eigentlichen IP-Adresse wird die Länge der Subnetzmaske in Bits angegeben. Zwei Beispiele:

▶ Die Subnetzmaske eines Class-C-Netzes, also 255.255.255.0, ist 24 Bit lang.

▶ Die Subnetzmaske eines Class-B-Netzes, also 255.255.0.0, ist 16 Bit lang.

> **Verwendete IP-Netze eintragen**
>
> Achten Sie darauf, dass jedes in Ihrer Organisation verwendete IP-Netz auch tatsächlich eingetragen ist. Falls es nicht eingetragene IP-Netze gibt, könnte es zu Problemen kommen. Das eigentliche Anmelden wird zwar funktionieren, es ist aber denkbar, dass Anwendungen auf einen korrekt ermittelten Standort angewiesen sind und dann nicht oder nicht einwandfrei funktionieren. Ein Beispiel für eine Anwendung, die auf die Ermittlung des Standorts angewiesen ist, ist Exchange Server ab 2007.

8.2 Planung und Design des Active Directory

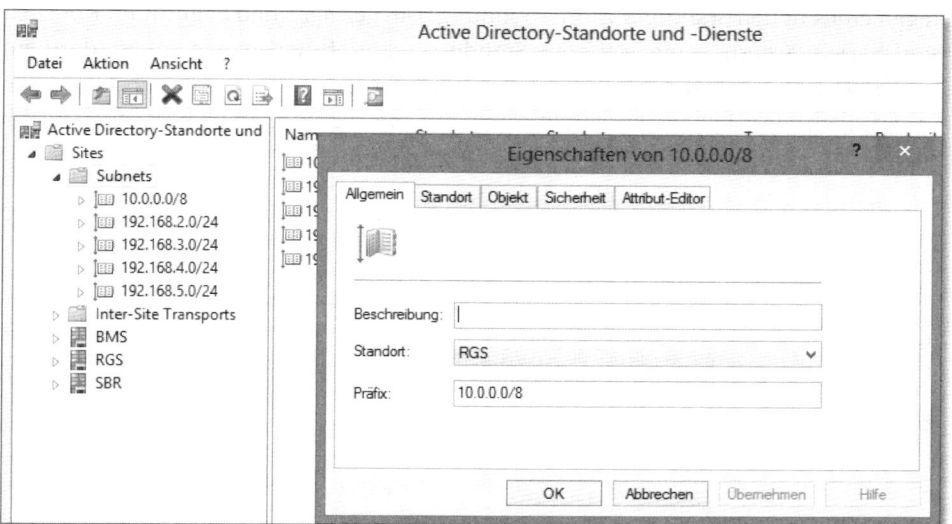

Abbildung 8.45 Die Erfassung der IP-Subnetze ist der erste Schritt bei der Konfiguration der physikalischen Struktur.

Im nächsten Schritt werden die Standorte (Sites) angelegt. Für die Beziehung zwischen IP-Subnetz und Active Directory-Standort gilt:

- Ein Standort kann mehrere Subnetze umfassen.
- Ein Subnetz kann immer nur an einem Standort sein.

Standorte werden insbesondere für die Optimierung der Replikationsvorgänge eingerichtet. Eine weitere Möglichkeit ist die Zuweisung von standortbezogenen Gruppenrichtlinien. Weiterhin können Clients mithilfe von Sites den nächstgelegenen Domänencontroller identifizieren. Falls DFS (Distributed File System) verwendet wird, finden die Clients mithilfe der definierten Standorte die nächstgelegene Ressource.

Ein Standort zeichnet sich dadurch aus, dass alle dort vorhandenen Domänencontroller über schnelle Verbindungen miteinander kommunizieren können. Hierbei ist es wichtig anzumerken, dass jeder DC dieses Standorts mit jedem anderen kommunizieren können muss. Ob die Server über mehrere Subnetze verteilt sind, ist dabei unerheblich – solange das Routing funktioniert.

Ein Standort aus Active Directory muss übrigens nicht mit einem geografischen Standort übereinstimmen. Wenn beispielsweise fünf deutsche Standorte über sehr schnelle Verbindungen vernetzt sind (Weitverkehrs-Ethernet ist ja heute auch keine Vision mehr, sondern eine buchbare Dienstleistung), könnte man durchaus für diese fünf geografischen Standorte lediglich einen AD-Standort definieren. Die genauen Auswirkungen auf die Replikation werden im nächsten Abschnitt besprochen.

Das Anlegen eines neuen Standorts ist in Abbildung 8.46 gezeigt (man beginnt im Kontextmenü von SITES). Sofern keine weiteren Standortverknüpfungsobjekte (mehr dazu im nächsten Abschnitt) definiert sind, können Sie zunächst lediglich den Namen für diesen Standort eintragen. Sie erhalten aber direkt eine Warnung, die sinngemäß besagt, dass noch viel zu tun ist. (Abbildung 8.47).

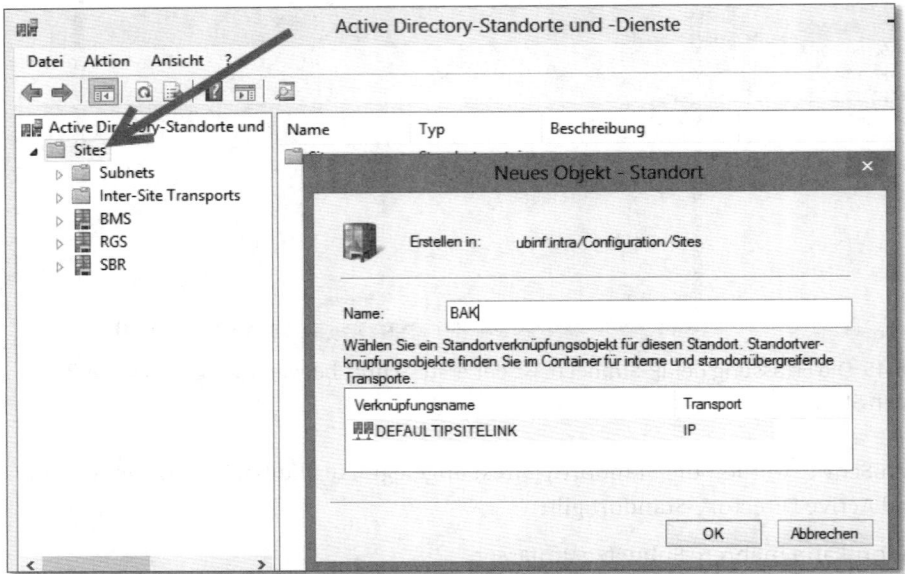

Abbildung 8.46 Anlegen eines neuen Standorts

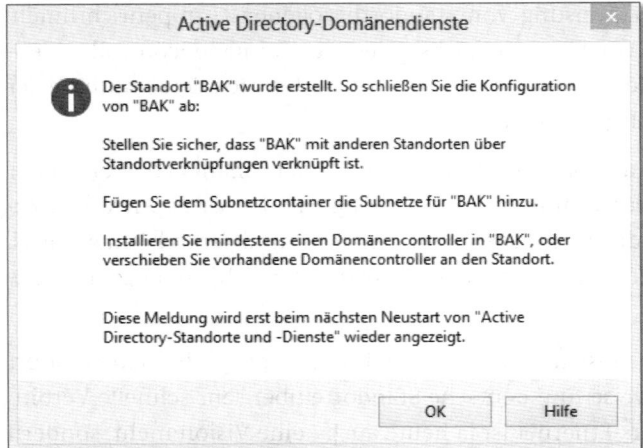

Abbildung 8.47 Die Meldung nach dem Anlegen des Standorts zeigt, dass Sie noch lange nicht fertig sind.

Bislang stehen Standorte und Subnetze noch reichlich unverbunden in der Landschaft. Wenn Sie den Eigenschaftendialog eines angelegten Subnetzes aufrufen, kann es einem Standort zugeordnet werden; gezeigt ist dies in Abbildung 8.48. Im umgekehrten Fall, wenn Sie alle Subnetze anzeigen lassen wollen, die zu einem Standort gehören, verwenden Sie den Eigenschaftendialog des Standorts (Abbildung 8.49). Dieser Dialog dient aber nur zur Anzeige und ermöglicht keine Konfiguration.

Abbildung 8.48 In den Eigenschaften des Subnetzes wird der zugehörige Standort gewählt.

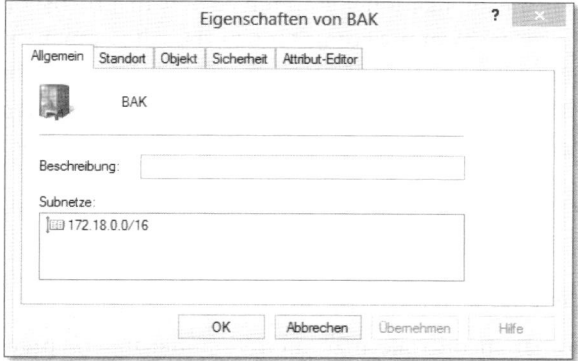

Abbildung 8.49 In den Eigenschaften des Standorts können die zugehörigen Subnetze angeschaut werden; es besteht aber keine Konfigurationsmöglichkeit.

In einem gerade installierten Active Directory existiert immer ein Standort namens »Standardname-des-ersten-Standorts«. Dieser Standort kann problemlos (und übrigens auch risikolos) umbenannt werden.

Falls ein Domänencontroller im »falschen« Standort angezeigt wird, kann er sehr einfach verschoben werden. Im Kontextmenü des Servers in ACTIVE DIRECTORY-STANDORTE UND -DIENSTE findet sich die Funktion VERSCHIEBEN (Abbildung 8.50). Ein Klick auf diesen Eintrag öffnet eine Liste mit allen vorhandenen Standorten.

8 Active Directory-Domänendienste

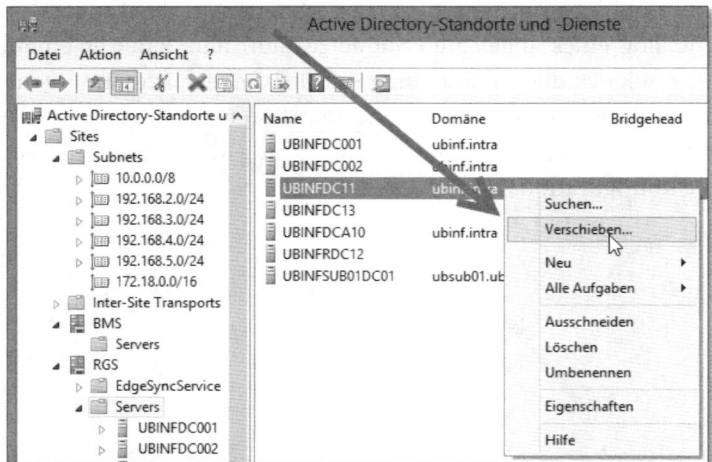

Abbildung 8.50 Das Verschieben des Domänencontrollers an einen anderen Standort ist mit wenigen Klicks erledigt.

8.2.4 Replikation

Active Directory basiert auf einer verteilten und replizierten Datenbankarchitektur. Wer mit Datenbanken zu tun hat, weiß, dass gerade die Replikation von Daten zu den anspruchsvollen Aufgabenstellungen unserer Zeit gehört. Erschwerend kommt hinzu, dass die Domänencontroller häufig nicht durch ein Hochgeschwindigkeits-LAN verbunden sind, sondern unter Umständen weltweit verteilt sind. Es muss also Rücksicht auf langsame WAN-Strecken genommen und die Tatsache berücksichtigt werden, dass Firewalls und Router zwischen den Systemen stehen.

Einige theoretische Aspekte

Die Replikation des Active Directory basiert auf folgenden Aspekten:

- *Multimaster-Replikation*: Auf allen Domänencontrollern können Veränderungen vorgenommen werden, die an alle anderen DCs weitergegeben werden. Es gibt keinen zentralen (einzigen) DC, der der Ausgangspunkt aller Änderungen ist. (Hinweis: Zu Zeiten von NT4 war der PDC dieser zentrale DC.)
- *Pull-Replikation*: Domänencontroller fordern Updates bei anderen DCs an. Auf diese Weise wird der Replikationsverkehr klein gehalten, da keine nicht benötigten Updates herumgeschickt werden, sondern nur diejenigen transportiert werden, die von dem jeweiligen DC wirklich gebraucht werden.
- *Store-And-Forward-Replikation*: Nicht jeder Domänencontroller muss mit jedem anderen der Gesamtorganisation kommunizieren. Vielmehr »verbreiten« die DCs die Informationen über Änderungen innerhalb der Replikationstopologie weiter.

- *Statusbasierte Replikation*: Jeder Domänencontroller überwacht den Status der Replikations-Updates, die er erhalten hat bzw. noch benötigt. Auf diese Weise werden Konflikte schnell erkannt und wird unnötiger Datenverkehr vermieden.

Wie Sie zuvor bereits gesehen haben, besteht das Active Directory aus einer Anzahl von Klassen, die jeweils durch eine Anzahl von Attributen beschrieben werden. Die Replikation im AD basiert auf Attributen. Wenn also nur ein Attribut eines Benutzerobjekts geändert wird, wird nicht das komplette Objekt übertragen, sondern nur das geänderte Attribut.

Active Directory verwendet mehrere Datenbankbereiche, auch *Partitionen* oder *Namenskontexte* genannt.

> **Anmerkung**
> Ich verwende in diesem Buch ab jetzt den Begriff *Namenskontext*.

- Jeder Domänencontroller verfügt über einen Namenskontext mit den Daten »seiner« Domäne. Dieser Namenskontext ist in vielen Werkzeugen unter der Bezeichnung *Default Naming Context* zu finden. Jeder DC speichert nur einen Domänennamenskontext, also niemals den einer fremden Domäne. Dementsprechend wird er nur innerhalb der Domäne repliziert.
- Weiterhin gibt es zwei organisationsweite Namenskontexte, die über den gesamten Forest repliziert werden. Dies sind der *Configuration-Namenskontext* und der *Schema-Namenskontext*.

Man kann sich die Namenskontexte übrigens mittels ADSI-Editor im Active Directory anschauen. In dem Namenskontext *Configuration* sind im Container *Partitions* die entsprechenden Einträge zu sehen (Abbildung 8.51):

- CN=UBINF ist der *Default Naming Context* und enthält die Daten der Domäne. Die auf dieser Abbildung gezeigte Organisation umfasst nur eine Domäne; wären mehrere Domänen angelegt, könnte man zusätzliche Namenskontexte sehen.
- CN=ENTERPRISE CONFIGURATION ist der organisationsweit replizierte Namenskontext mit den Konfigurationsdaten.
- CN=ENTERPRISE SCHEMA ist der organisationsweit replizierte Namenskontext mit dem Schema.

Weiter vorn in diesem Kapitel haben Sie erfahren, dass es für die Organisation (den Forest) nur ein einziges Schema gibt. Dies kann man auch daran erkennen, dass es nur einen Schema-Namenskontext gibt, der eben organisationsweit repliziert wird. Dass es für eine Organisation eine gemeinsame und allen Domänencontrollern bekannte (d.h. replikationsweit replizierte) Konfiguration geben muss, ist ebenfalls einleuchtend.

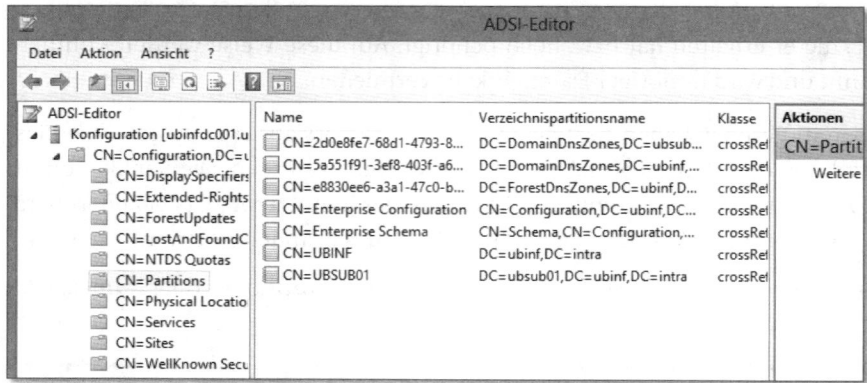

Abbildung 8.51 Mit ADSI-Editor können Sie die vorhandenen Namenskontexte anschauen.

Mit dem nun erworbenen Wissen können Sie einen ersten vorsichtigen Blick auf die Replikationswege im Active Directory riskieren (Abbildung 8.52):

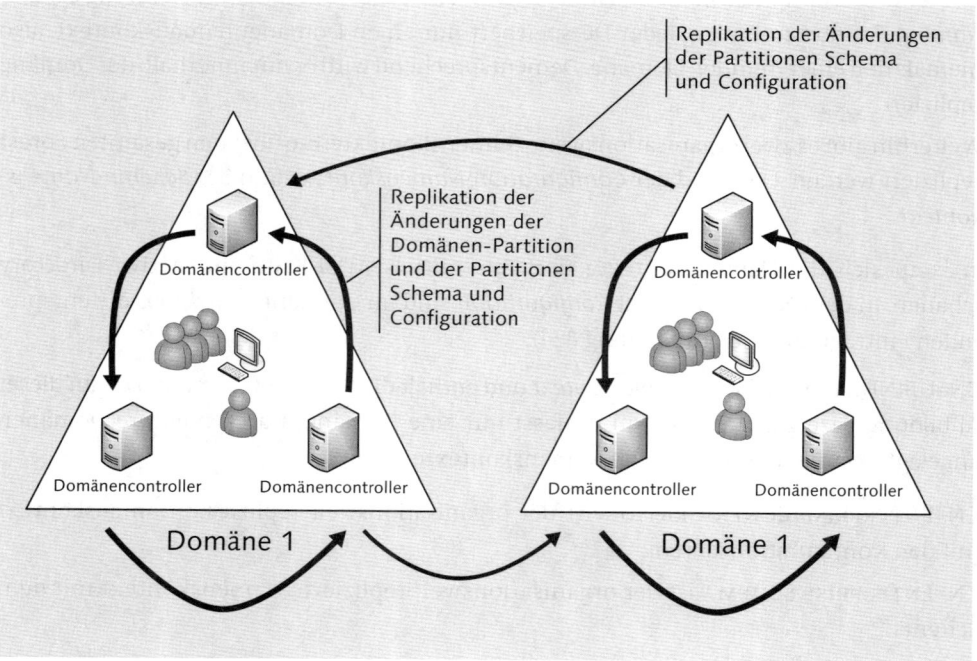

Abbildung 8.52 Stark vereinfache Darstellung der Replikationswege im Active Directory

- Innerhalb einer Domäne werden die Änderungen aller drei Namenskontexte repliziert. Da die Namenskontexte *Configuration* und *Schema* im Allgemeinen nur sehr wenige Änderungen erfahren, wird der Hauptverkehr durch die Domänennamenskontexte verursacht werden. Dementsprechend sind in der Abbildung die Pfeile innerhalb der Domäne deutlich breiter gezeichnet.

- Zwischen den Domänen werden wie gesagt nur Schema- und AD-Konfigurationsänderungen transportiert. Im Normalfall ist das ein eher geringes Datenaufkommen; daher sehen Sie hierfür schmale Pfeile in der Abbildung.

Die Skizze ist nun zwar keinesfalls vollständig, liefert aber einen ersten Eindruck. Sie erkennen, dass die Entscheidung über die Anzahl der Domänen nicht nur administrative Konsequenzen, sondern auch Einfluss auf den Replikationsverkehr hat.

Ablauf der Replikation

Nun wird es Zeit, einmal den Ablauf der Replikation zu untersuchen. Abbildung 8.53 zeigt einen Replikationsvorgang.

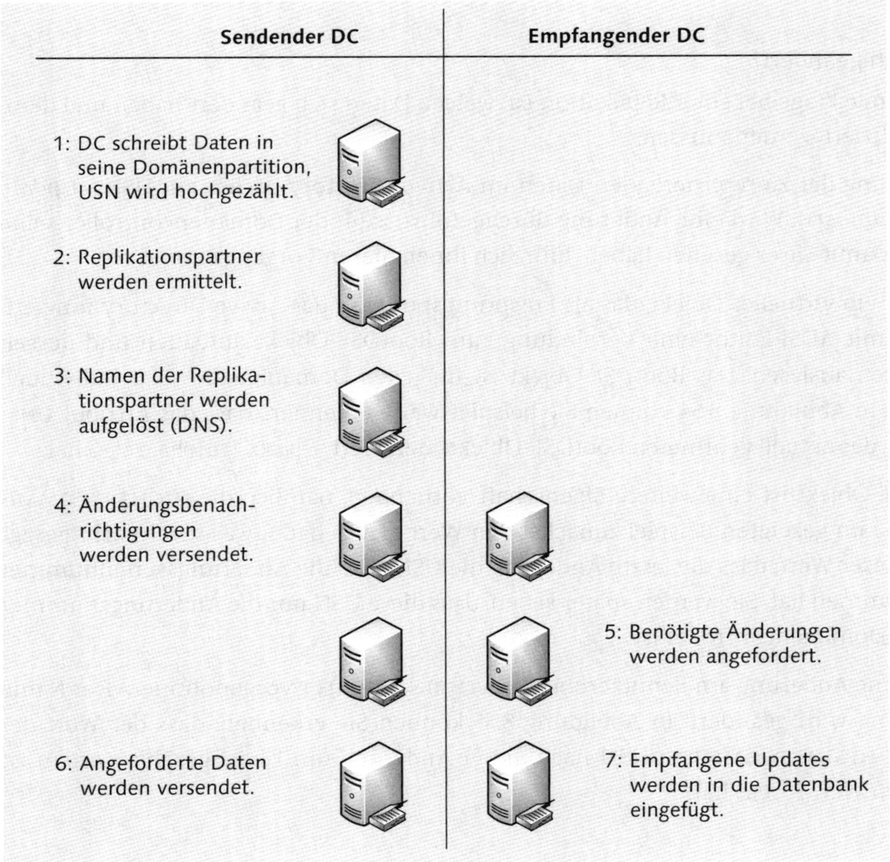

Sendender DC	Empfangender DC
1: DC schreibt Daten in seine Domänenpartition, USN wird hochgezählt.	
2: Replikationspartner werden ermittelt.	
3: Namen der Replikationspartner werden aufgelöst (DNS).	
4: Änderungsbenachrichtigungen werden versendet.	
	5: Benötigte Änderungen werden angefordert.
6: Angeforderte Daten werden versendet.	7: Empfangene Updates werden in die Datenbank eingefügt.

Abbildung 8.53 Darstellung eines Replikationsvorgangs

- Auf einem Domänencontroller wird ein Attribut geändert. Der DC schreibt es in den Domänennamenskontext (oder Configuration- oder Schema-Namenskontext).
- Im zweiten Schritt ermittelt er die Replikationspartner.
- Im dritten Schritt löst er mittels DNS die Namen der Replikationspartner auf. Dieser Schritt ist in dieser Betrachtung extrem wichtig – nicht etwa, weil es technologisch so spannend wäre, sondern weil hier der häufigste »Störfall« in der AD-Replikation liegt. Wenn eine Replikation nicht funktioniert, liegt in vielen (meiner Erfahrung nach sogar in den meisten) Fällen ein Problem mit der Namensauflösung vor.
- Im vierten Schritt werden die Replikationspartner über Änderungen informiert.
- Der empfangende DC ermittelt im fünften Schritt, welche Änderungen er benötigt, woraufhin der sendende DC diese aus seiner Datenbank liest und übermittelt.
- Im siebten und letzten Schritt schreibt der empfangende DC die erhaltenen Änderungen in seine Datenbank.

Was hat sich geändert?

Die spannende Frage bei einer Replikation ist, welche Daten sich geändert haben und demzufolge repliziert werden müssen.

Die Erkennung der zu replizierenden Daten im Active Directory basiert auf USNs (*Update Sequence Numbers*). Wird eine Änderung durchgeführt, zählt der Domänencontroller seine USN hoch. Damit Sie es gesehen haben, führe ich Ihnen diesen Vorgang einmal vor.

RootDSE ist ein virtuelles Objekt, das als Einsprungpunkt in das Active Directory fungiert. Man kann mit ADSI-Editor eine Verbindung zum RootDSE-Objekt aufbauen und dessen Eigenschaften auslesen. Das RootDSE-Objekt ist für jeden Domänencontroller individuell vorhanden. In Abbildung 8.54 können Sie beispielsweise erkennen, dass das Attribut DNS-HOSTNAME des aktuell geöffneten RootDSE-Objekts den Wert alphaDC1.alpha.intra hat.

Im RootDSE-Objekt ist eine weitere Eigenschaft vorhanden, nämlich die HIGHESTCOMMITEDUSN, die im gezeigten Beispiel zunächst den Wert 21.059 hat. Etwas vereinfacht gesagt bedeutet dieser Wert, dass die letzte Änderung die USN, also die Änderungsseriennummer 21.059 bekommen hat. Sie werden später sehen, dass diese USN nur die Änderungsnummer auf diesem Domänencontroller ist.

Nun wird eine Änderung am Benutzerobjekt KATHRIN SCHMITT vorgenommen: Der Name der Abteilung wird geändert. In Abbildung 8.55 können Sie erkennen, dass der Wert der Eigenschaft HIGHESTCOMMITEDUSN nach dieser Änderung um 1 hochgezählt worden ist und nun den Wert 21.060 hat.

8.2 Planung und Design des Active Directory

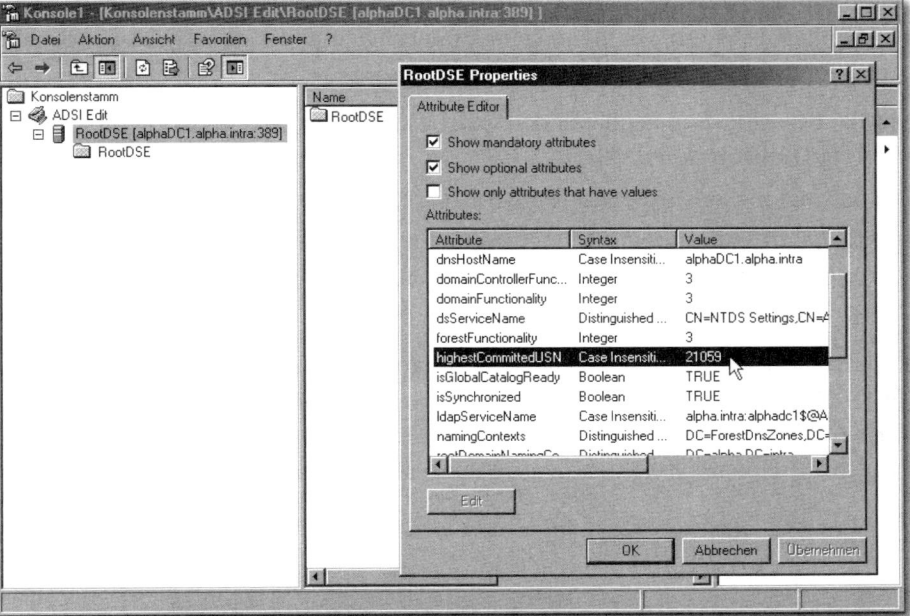

Abbildung 8.54 Vor dem Durchführen der Änderung ist die höchste USN 21.059.

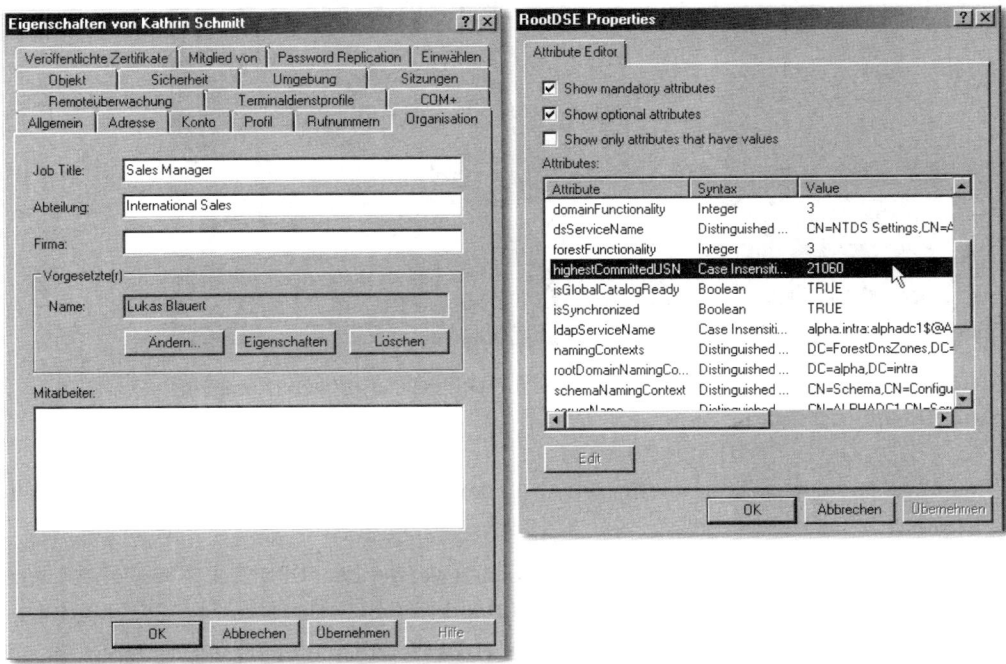

Abbildung 8.55 Nach dem Durchführen einer Änderung ist die höchste USN 21.060.

Der »Trick« ist nun, dass die Domänencontroller jeweils den Wert *highestCommitedUSN* aller Domänencontroller speichern, von denen eine Änderung gesendet worden ist. Das System funktioniert dann in etwa wie folgt:

- *alphaDC3* hat bei der letzten Replikation gespeichert, dass der Wert für das Attribut HIGHESTCOMMITEDUSN von *alphaDC1* 21.037 ist.
- *alphaDC1* hat aber mittlerweile schon eine HIGHESTCOMMITEDUSN von 21.062.
- Somit weiß *alphaDC3*, dass *alphaDC1* neuere Daten hat, die er abrufen kann. Die Anzahl der Änderungen, die auf *alphaDC1* nach der letzten Replikation mit *alphaDC3* aufgelaufen sind, beträgt 21.062 – 21.037 = 25.

Mit dem Kommandozeilenwerkzeug *repadmin.exe*, das zum Standardumfang von Windows Server 2008/2012/R2 gehört, kann man die *highestCommitedUSN*-Werte abrufen, die jeder Domänencontroller für die anderen DCs gespeichert hat. Um die Daten für *alphadc3.alpha.intra* bezüglich des Domänennamenskontexts zu erhalten, lautet der Aufruf:

```
repadmin /showutdvec alphadc3.alpha.intra dc=alpha,dc=intra
```

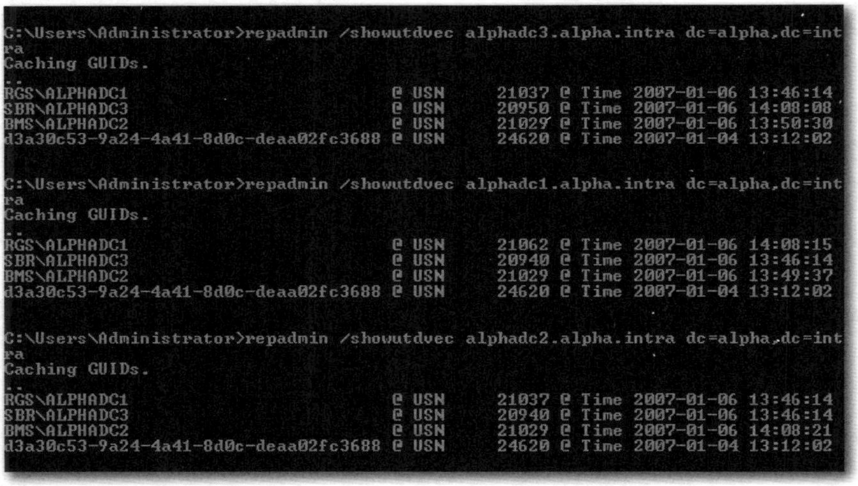

Abbildung 8.56 Vor der Replikation ist die USN für »alphaDC1« auf den Domänencontrollern unterschiedlich.

Abbildung 8.56 zeigt das Ergebnis für den Abruf der drei in diesem Beispiel beteiligten Domänencontroller:

- Es ist zu erkennen, dass auf *alphaDC1* als höchste verwendete USN 21.062 verwendet worden ist. Das ist in dem Eintrag für *alphaDC1* zu erkennen.
- Die beiden anderen Domänencontroller haben das letzte Mal mit *alphaDC1* repliziert, als dort ein Wert von 21.037 aktuell war.

8.2 Planung und Design des Active Directory

- Folglich gibt es Änderungen auf `alphaDC1`, die den beiden anderen DCs nicht bekannt sind: unter anderem die zuvor durchgeführte Änderung im Benutzerobjekt KATHRIN SCHMITT mit der USN 21.060.

Nachdem die Replikation stattgefunden hat, sieht die Situation anders aus. Gezeigt ist dies in Abbildung 8.57: Allen Domänencontrollern ist als HIGHESTCOMMITEDUSN für *alphaDC1* der Wert von 21.062 bekannt. Die Synchronisation der auf *alphaDC1* vorgenommenen Änderungen ist also abgeschlossen.

Interessant wird es nun, wenn man das Benutzerobjekt auf den drei Domänencontrollern anschaut. Zunächst wird man feststellen, dass sämtliche DCs die Änderung bekommen haben – das haben wir ja auch so erhofft.

Abbildung 8.57 Nach dem Replikationsvorgang ist die USN für »alphaDC1« auf allen Domänencontrollern identisch.

Zunächst sollten Sie sicherstellen, dass im Administrationswerkzeug *Active Directory-Benutzer und -Computer* die ERWEITERTEN FUNKTIONEN eingeschaltet sind; im Menü ANSICHT findet sich der entsprechende Eintrag. Wenn Sie das Benutzerobjekt aufrufen und auf die Karteikarte OBJEKT wechseln, wird die aktuelle USN des Objekts angezeigt. (Falls Sie die Karteikarte OBJEKT nicht sehen, haben Sie die ERWEITERTEN FUNKTIONEN nicht eingeschaltet.) Das Ergebnis ist, dass die USN auf allen Domänencontrollern unterschiedlich ist. In Abbildung 8.58 sind die Eigenschaftendialoge der drei DCs gezeigt:

- Die Änderung wurde auf *alphaDC1* am 06.01.2007 um 13:57:54 durchgeführt und bekam die USN 21.060 (linke Abbildung).
- Um 14:11:19 wurde die Änderung auf *alphaDC2* repliziert, wo sie die Änderung 21.032 war (mittlere Abbildung).

- Einige Sekunden später, nämlich um 14:11:33, kam die Änderung bei *alphaDC3* an, wo sie als Änderung 20.953 geführt wird (rechte Abbildung).

Sie sehen, dass die Datenbanken auf den unterschiedlichen DCs nicht ganz exakt identisch sind. Unterschiede gibt es bei den USNs, die auf jedem DC unterschiedlich sind, je nachdem, in welcher Reihenfolge die Änderungen auf dem DC eingehen.

Bei genauerer Betrachtung der Abbildung 8.58 ist übrigens eine weitere interessante Beobachtung zu machen:

- Auf *alphaDC1* (links) ist die »ursprüngliche« USN 14.022.
- Auf den beiden anderen Domänencontrollern liegen die Werte deutlich niedriger und sehr nahe beieinander.

> **Hinweis**
>
> Die ursprüngliche USN ist die USN, die beim Anlegen des Objekts vergeben wurde; das Attribut heißt übrigens *USNCreated*.

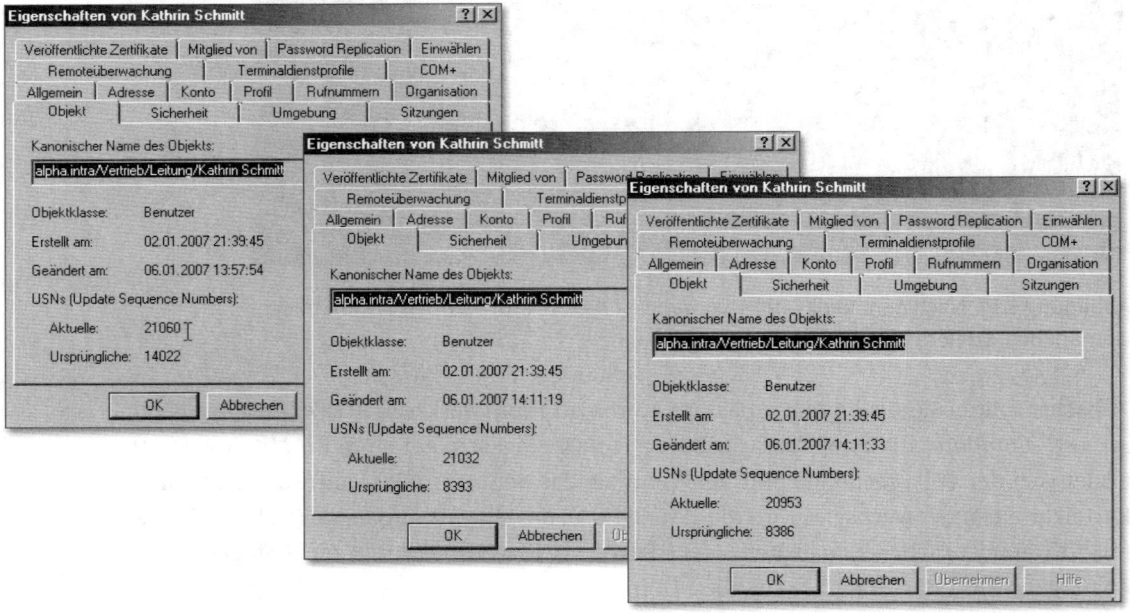

Abbildung 8.58 Auf jedem Domänencontroller hat ein Objekt eine andere Update Sequence Number (USN).

Der Hintergrund ist, dass zunächst *alphaDC1* da war, auf dem unter anderem das Benutzerobjekt angelegt worden ist. Einige Zeit später wurden dann kurz hintereinander *alphaDC2* und *alphaDC3* als Domänencontroller installiert. Auf diese Systeme sind dann sämtliche

Daten des Domänennamenskontexts übertragen worden, die dort aus Sicht der lokalen AD-Datenbank immer eine Neuanlage dargestellt haben. Dabei wird das Attribut USNCREATED mit der aktuellen USN befüllt.

In der Literatur ist im Zusammenhang mit der Active Directory-Replikation dauernd von einem *Up-to-dateness Vector* die Rede. Diesen haben Sie bereits kennengelernt – es handelt sich hierbei um die Information, welche die höchste USN eines Domänencontrollers bei der letzten Replikation gewesen ist. Der *Up-to-dateness Vector* sorgt dafür, dass Änderungen, die bereits bekannt sind, nicht übertragen werden. Der Befehl für das Werkzeug *repadmin* lautet übrigens /showutdvec: In Langform wird daraus »Show Up-to-dateness Vector«.

Der *Up-to-dateness Vector* besteht übrigens aus drei Teilen:

- aus der GUID des Replikationspartners
- aus der USN
- aus der Uhrzeit der letzten Replikation

Ein weiterer Mechanismus ist der *High-watermark*, auch *Direct Up-to-dateness Vector* genannt. Aus der zweiten Bezeichnung lässt sich schon erkennen, was der Unterschied zum zuvor vorgestellten Up-to-dateness Vector ist:

- Up-to-dateness Vectors werden für alle Domänencontroller gespeichert, die für den entsprechenden Namenskontext jemals Änderungen initiiert haben. Das hört sich auf den ersten Blick eventuell nach »sehr viel« an, ist es aber vermutlich nicht. Bei den organisationsweiten Namenskontexten (Configuration und Schema) wird es nicht allzu viele DCs geben, auf denen wirklich Änderungen vorgenommen werden; im Fall des Schemas kann es ohnehin nur einen geben, nämlich den Schemamaster. Falls es mehrere Domänen in Ihrer Organisation gibt, werden die dortigen Änderungen nur innerhalb der Domäne repliziert, demzufolge werden auch nur Up-to-dateness Vectors für Systeme derselben Domäne gespeichert.
- Der High-Watermark (bzw. Direct Up-to-dateness Vector) bezieht sich lediglich auf direkte Replikationspartner.

Up-to-Dateness Vector und High-Watermark übernehmen also zwei ineinandergreifende Filterfunktionen:

- Über den Up-to-dateness Vector kann erkannt werden, ob Änderungen von einem bestimmten Domänencontroller benötigt werden.
- Über den High-Watermark wird gesteuert, dass nicht von direkten Replikationspartnern Änderungsdaten angefordert werden, die bereits von diesem System empfangen wurden.

Wenn diese Beschreibung Sie nicht zu sehr verwirrt hat, werden Sie jetzt schließen, dass ein Domänencontroller dann also die ursprüngliche USN kennen muss – also die, die auf dem Domänencontroller vergeben wurde, auf dem die Änderung vorgenommen wurde. Man kann das mit `repadmin /showvalue` überprüfen. Abbildung 8.59 zeigt die Ausgabe einer Änderung, die ursprünglich auf *alphaDC1* ausgeführt wurde, für alle drei Domänencontroller. Zu beachten sind insbesondere die Fehler *Loc.USN* und *Org.USN*, also die lokale USN und die originale USN, sowie der Eintrag für *Originating DSA* (DSA = Directory Service Agent, in diesem Fall der Domänencontroller):

- Auf *alphaDC1* sind die Werte von `Loc.USN` und `Org.USN` erwartungsgemäß gleich.
- Auf *alphaDC2* und *alphaDC3* sind die `Org.USN`-Werte identisch, die `Loc.USN`-Werte unterscheiden sich. Weiterhin erkennen *alphaDC2* und *alphaDC3*, dass die Änderung von *alphaDC1* vorgenommen wurde, da dies im Feld `Originating DSA` gespeichert ist.

Es liegt in der Natur einer Replikation, dass es Konflikte geben kann. Wenn ein Attribut auf zwei Domänencontrollern gleichzeitig geändert wird, muss ein Mechanismus definieren, welcher Wert Gültigkeit haben soll.

- Active Directory geht zunächst nicht nach dem Zeitpunkt der Änderung vor, sondern wertet die Anzahl der Veränderungen aus. In Abbildung 8.59 ist zu erkennen, dass es ein Feld `Ver` (Version) gibt, dessen Wert bei jeder Änderung hochgezählt wird. Es »gewinnt« die Änderung mit der höheren Versionsnummer.
- Haben beide Änderungseinträge die gleiche Versionsnummer, wird der Zeitstempel ausgewertet.
- Ist auch der Zeitstempel identisch (was schon ein riesiger Zufall sein müsste), gewinnt der Eintrag, der von dem Server mit der höheren GUID kommt.

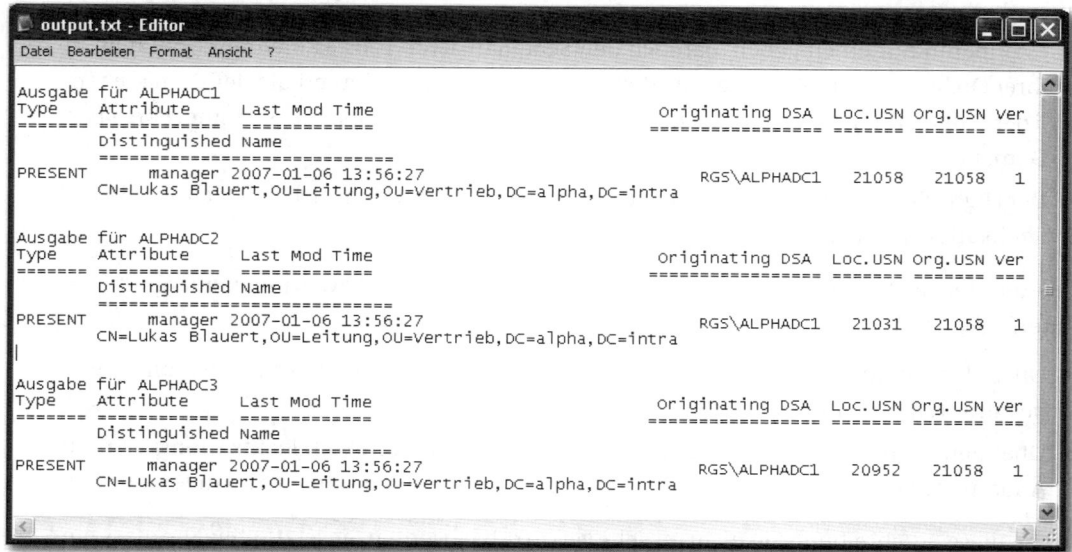

Abbildung 8.59 Die Änderung eines Attributs an einem Objekt, ausgegeben mit »repadmin«

Ein Beispiel:

- DC1 ändert einen Wert.
- DC2 ändert ebenfalls diesen Wert.
- DC1 ändert den Wert wieder.
- Ergebnis: Der gültige Wert ist derjenige von DC1, weil dieser zweimal geändert wurde. Die Uhrzeit der Änderungen ist dabei unerheblich. Selbst wenn die Uhr von DC2 deutlich vorgeht, wird der DC1-Eintrag gewinnen.

Ich könnte über das Replikationsverfahren noch viele weitere Seiten füllen, für ein erstes grundlegendes Verständnis sollte diese Darstellung aber genügen. Tiefergehende Informationen können Sie in Microsoft TechNet (*http://www.microsoft.com/technet*) erhalten.

Die Replikationstopologie

Die nächste zu klärende Frage ist, welcher Domänencontroller mit welchem anderen DC replizieren soll.

Um es gleich zu Anfang dieses Abschnitts festzuhalten: In einer kleinen und mittleren Umgebung sollten Sie im Normalfall nicht in die automatisch berechneten Replikationswege eingreifen. KCC (*Knowledge Consistency Checker*) und ISTG (*Intersite Topology Generator*) sind so leistungsfähig, dass Sie es per Hand auch nicht besser machen können! Die Frage ist natürlich, was eine »kleine und mittlere Umgebung« im Sinne der automatischen Generierung der Replikationstopologie ist. Wenn Sie in Ihrer Umgebung ein Dutzend Domänen verteilt auf hundert Standorte haben, besteht vermutlich nicht einmal leichter Optimierungsbedarf.

In einem Knowledge-Base-Artikel gibt Microsoft für eine *Windows-2000*(!)-Umgebung an, dass Sie bei der Bildung der Replikationstopologie beruhigt auf KCC und ISTG vertrauen können, wenn für Ihre Umgebung folgende Formel gilt, wobei D die Anzahl der Domänen und S die Anzahl der Standorte beschreibt:

$(1 + D) * S^2 <= 100.000$

Auch für eine größere mittelständische Umgebung mit 10 Domänen und 100 Standorten waren also schon zu Zeiten der ersten Version von Active Directory die Grenzen sehr weit gesteckt. Für eine Umgebung, die größer ist, beschreibt der Knowledge-Base Artikel (224368) übrigens keine Eingriffe in die Replikationstopologie an sich, sondern beschreibt einige Änderungen in der Registry, um die Berechnung der Topologie zu beschleunigen.

Mit den neueren Server-Versionen (Windows 2000 ist zum Zeitpunkt, an dem ich diese Zeilen schreibe, bereits fast vierzehn Jahre alt) sind die Verfahren deutlich optimiert worden, sodass Sie davon ausgehen können, dass mit Windows Server 2012 nur in sehr großen Umgebungen wirklich ernsthaft in die Replikationstopologie eingegriffen werden muss. Microsoft gab schon damals in einer Tabelle für Windows Server 2003 an, das die Errechnung der Replikationstopologie bei 40 Domänen und 2.000 Standorten in 38 Sekunden abgeschlossen ist – das dürfte für die Umgebung der meisten Leser genügen.

Dieser Abschnitt über die Replikationstopologie hat daher auch eher die Zielsetzung, zu beschreiben, wie »es funktioniert«, und soll keine Anleitung zum Selbermachen sein.

Bei den Replikationswegen sind grob zwei Fälle zu unterscheiden (Abbildung 8.60):

- die Replikation innerhalb eines Standorts, auch *Intrasite-Replikation* genannt
- die Replikation zwischen zwei Standorten, auch *Intersite-Replikation* genannt

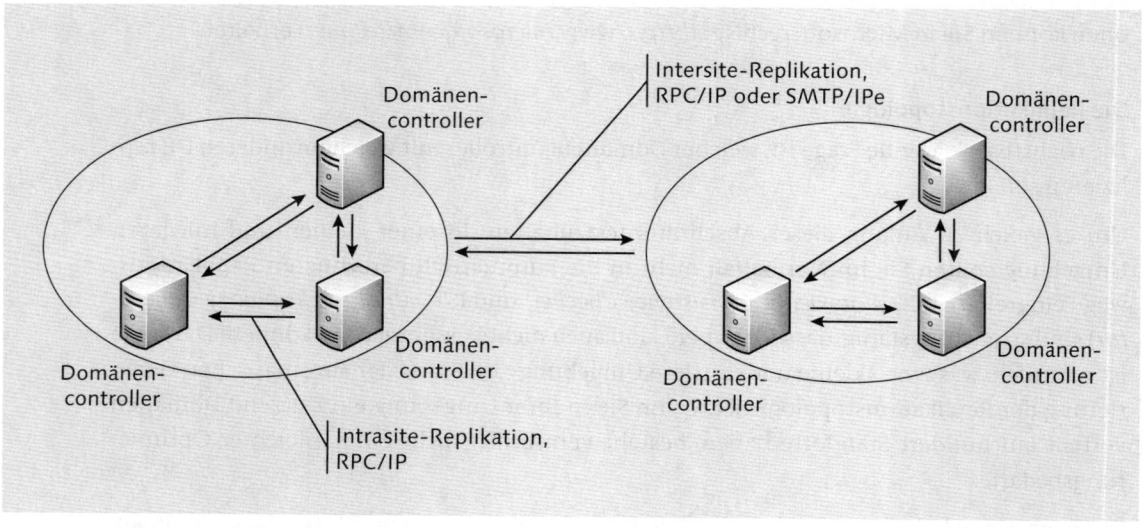

Abbildung 8.60 Bei der Replikationstopologie ist zwischen Intrasite- und Intersite-Replikation zu unterscheiden.

Gemeinsam ist diesen beiden Szenarien das Ziel – nämlich alle Domänencontroller möglichst schnell mit aktuellen Daten zu versorgen. Es gibt aber einige fundamentale Unterschiede:

- Da sich alle Domänencontroller eines Standorts in einem LAN befinden oder zumindest über schnelle Verbindungen miteinander kommunizieren können, muss nicht besonders sparsam mit den Netzwerkressourcen umgegangen werden. Innerhalb eines Standorts geht es vielmehr um eine möglichst schnelle Verteilung der Daten.
- Zwischen den Standorten werden zumeist eher langsame und vergleichsweise teure WAN-Strecken liegen. Hier ist das primäre Ziel, möglichst wenig Bandbreite zu verbrauchen. Das wird über zwei Verfahren erreicht: Der Datenverkehr wird komprimiert, und es wird seltener repliziert. Der zweite genannte Punkt mindert zwangsläufig die Aktualität der Daten. Das lässt sich in den meisten Fällen aber verschmerzen, zumal die Replikationsintervalle einstellbar sind.

- Es könnte sein, dass aufgrund der durch Firewalls verbesserten Netzwerksicherheit nicht jeder Domänencontroller über das WAN kommunizieren darf, sondern dass nur ausgewählte DCs Daten über die Firewall austauschen dürfen. Das ist bei der Intersite-Replikation durch die Definition von Bridgeheadservern zu realisieren. Innerhalb eines Standorts muss jeder Domänencontroller mit jedem anderen kommunizieren können.

Der Replikationsverkehr wird über *Verbindungen* transportiert. Hierbei handelt es sich nicht um separate Softwarekomponenten, sondern um virtuelle Objekte, die durch Konfiguration entstehen. Diese Verbindungsobjekte arbeiten immer unidirektional. Da zwei Domänencontroller im Allgemeinen in beiden Richtungen Daten austauschen, müssen demzufolge zwei Verbindungsobjekte angelegt werden.

Intrasite-Replikation

Innerhalb eines Standorts wird ein Ring gebildet. Dies ist in Abbildung 8.61 gezeigt. Die Anordnung der Domänencontroller in dem Ring ist übrigens nicht zufällig, sondern orientiert sich an den GUIDs der Server. Bei Bedarf lässt sich die GUID mit ADSI-Editor auslesen. Das Attribut heißt OBJECTGUID.

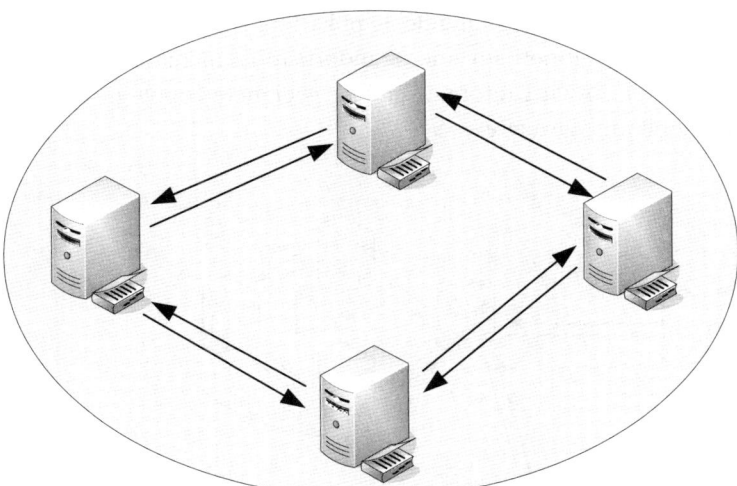

Abbildung 8.61 Innerhalb eines Standorts wird ein Ring gebildet.

Bei großen Standorten, also solchen mit vielen Domänencontrollern, werden zusätzlich Querverbindungen eingefügt. Das Szenario aus Abbildung 8.62 ist übrigens kein großer Standort im Sinne des Active Directory; bei dieser Größe würde keine Querverbindung eingefügt werden. Das Bild ist also als exemplarische Darstellung zu verstehen. Bei der Planung der Verbindungen wird das Ziel verfolgt, dass eine Information über maximal drei Hops (»zu DC2, zu DC3, am Ziel bei DC4«) zwischen zwei Domänencontrollern repliziert wird.

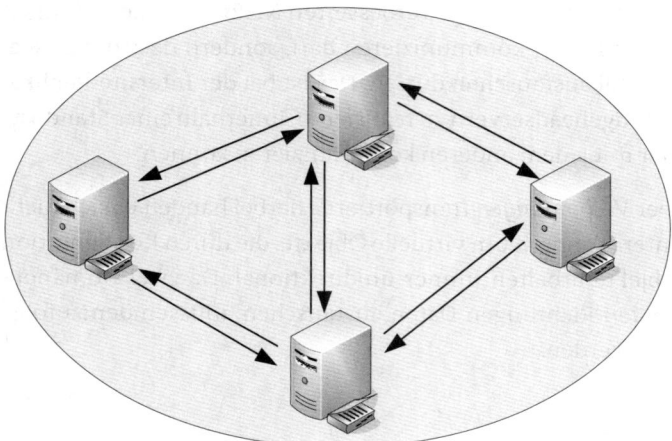

Abbildung 8.62 Bei großen Standorten (d.h. vielen DCs) werden zusätzlich Querverbindungen eingefügt.

Intersite-Replikation

Ein einfaches Beispiel für die standortübergreifende Replikation ist in Abbildung 8.63 gezeigt. Ebenso wie bei der Replikation innerhalb eines Standorts muss nicht jeder Standort mit jedem anderen kommunizieren. Es wird automatisch eine geeignete Topologie erzeugt, wie beispielsweise die in der Abbildung gezeigte.

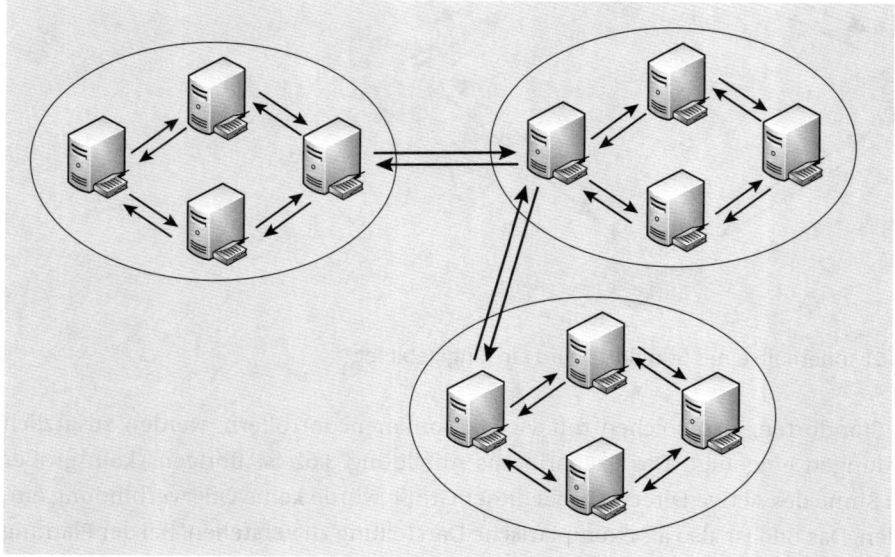

Abbildung 8.63 Ein Beispiel für standortübergreifende Replikation

Wenn man das Erzeugen der standortübergreifenden Replikationstopologie der »Automatik« überlässt, wird stillschweigend angenommen, dass prinzipiell jeder Domänencontroller mit jedem anderen kommunizieren kann, egal, wo er sich im unter Umständen weltweiten Netz des Unternehmens findet. Anders gesagt müsste das Netz vollständig geroutet sein, und keine Firewalls dürften die Kommunikation zwischen zwei DCs verhindern.

Weiterhin wird angenommen, dass alle Weitverkehrsverbindungen gleich gut (oder schlecht) sind. In der Praxis kann es sehr wohl vorkommen, dass es bevorzugte Verbindungen gibt, die schneller, kostengünstiger und stabiler sind. Hier können Sie manuell eingreifen. Wie das geht, wird ein wenig später besprochen. Zunächst zeige ich Ihnen, wie man eine automatisch erzeugte Replikationstopologie anschauen kann – ohne Drittherstellerprodukte.

Replikationstopologie anschauen

Die kleine Testumgebung hat drei Standorte (RGS, BMS und SBR), in denen sich jeweils ein Domänencontroller befindet. Im Konfigurationswerkzeug *Active Directory-Standorte und -Dienste* können Sie sehen, dass automatisch Verbindungsobjekte erzeugt werden (Abbildung 8.64). Diese Verbindungsobjekte arbeiten unidirektional und zeigen eine eingehende Verbindung. In der Abbildung gibt es also eine Verbindung von *alphaDC2* zu *alphaDC1* und eine von *alphaDC1* zu *alphaDC2*.

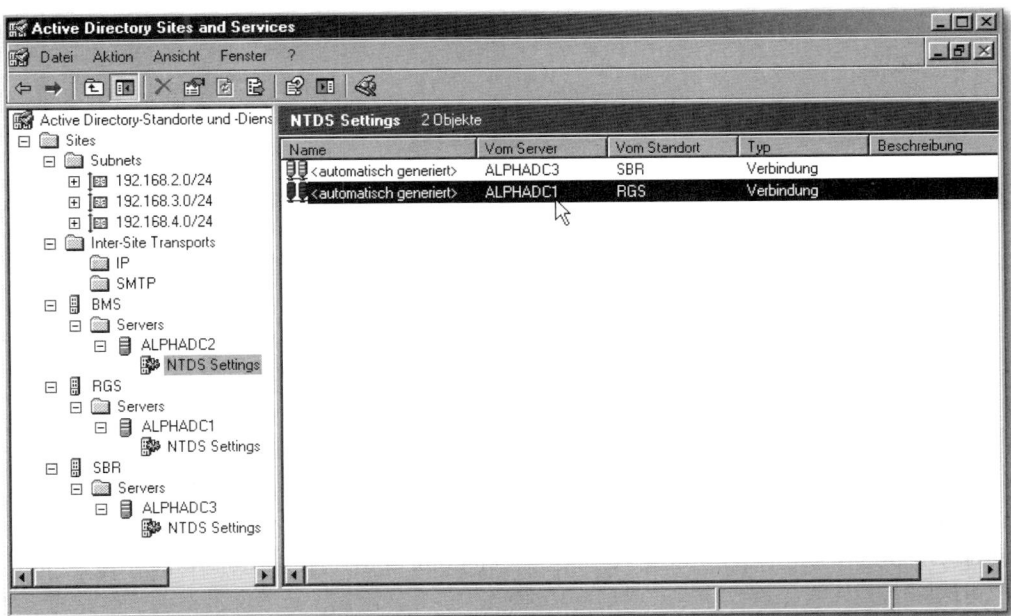

Abbildung 8.64 Für die Replikation zwischen Standorten werden Standortverknüpfungen erzeugt, die mit »Active Directory-Standorte und -Dienste« eingesehen werden können.

Da man sich anhand der tabellarisch aufgelisteten Verbindungsobjekte nur sehr schwer die resultierende Topologie vorstellen kann (das gilt zumindest für mich), ist sie in Abbildung 8.65 visualisiert. Die Topologie entspricht den Erwartungen. Alle Standorte sind in die Replikation einbezogen. Im Gegensatz zur Intrasite-Replikation wird kein Ring zwischen den Standorten gebildet.

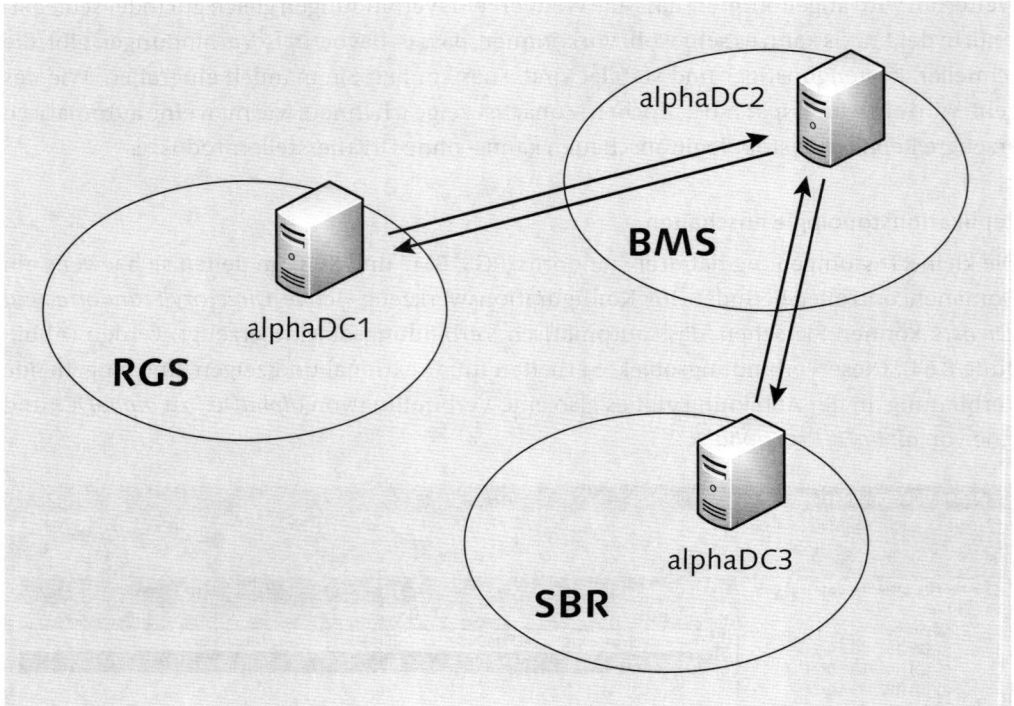

Abbildung 8.65 Die Replikationstopologie mit den automatisch erzeugten Verbindungsobjekten

Falls übrigens Änderungen vorgenommen werden – weil ein Standort hinzugefügt oder entfernt wird oder es zu einem Ausfall kommt – wird eine Neuberechnung der Replikationstopologie vorgenommen, und zwar automatisch.

Verbindungen, Standortverknüpfungen und Standortverknüpfungsbrücken

Sie haben die Chance, in die Replikation zwischen den Standorten einzugreifen. Dies geschieht im Wesentlichen mit Verbindungsobjekten, Standortverknüpfungen und Standortbrücken.

Verbindungen

Ein Verbindungsobjekt repräsentiert eine Verbindung zwischen zwei Domänencontrollern. Wie Sie zuvor schon gesehen haben, können Sie die eingehenden Verbindungen eines Servers sehen, wenn Sie in ACTIVE DIRECTORY-STANDORTE UND -DIENSTE auf den Knoten NTDS-SETTINGS unterhalb des Servers klicken. Verwechseln Sie diesen Knoten nicht mit NTDS SITE SETTINGS, der sich unterhalb des Standorteintrags befindet.

Die Eigenschaften der Verbindung können Sie mit dem Dialog aus Abbildung 8.66 einstellen:

▶ Eine Beschreibung können Sie frei eintragen.

▶ Als TRANSPORT kommt im Normalfall *IP* zum Einsatz. *SMTP* macht in Sonderfällen Sinn, eignet sich aber nicht für die Replikation zwischen zwei DCs einer Domäne.

▶ Weiterhin kann eingestellt werden, welcher Server der Replikationspartner dieser Verbindung ist.

▶ Der Button ZEITPLAN ÄNDERN ruft den ebenfalls in der Abbildung gezeigten Dialog auf, mit dem die Zeitfenster und die Häufigkeit der Replikation konfiguriert werden können.

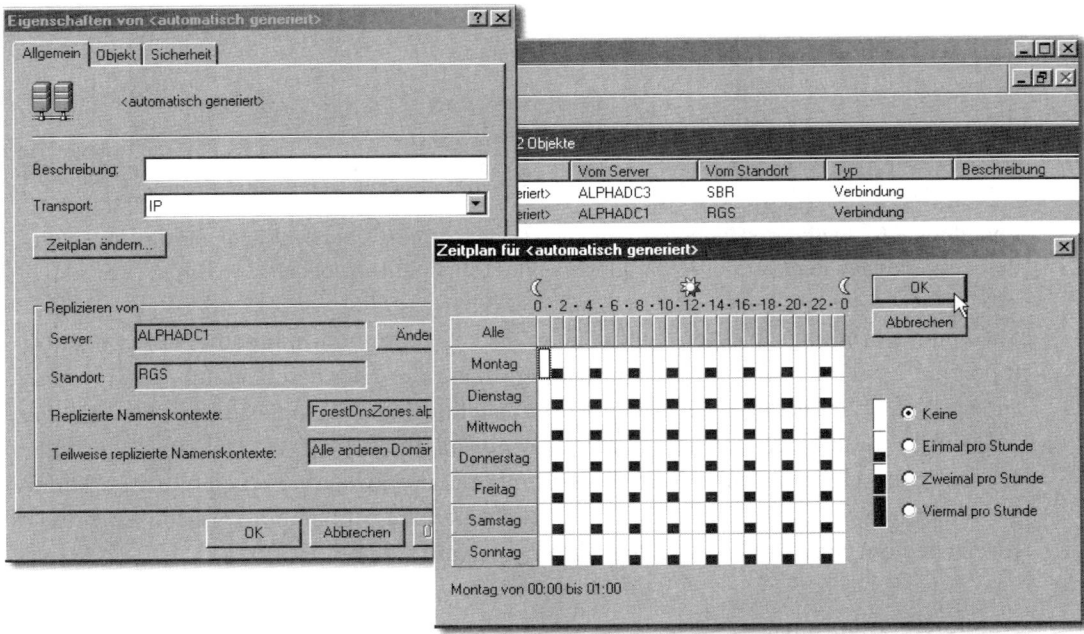

Abbildung 8.66 Konfiguration eines Verbindungsobjekts

Um die Verbindungen eines Servers zu sehen, rufen Sie die Eigenschaften des Knotens NTDS SETTINGS auf, die sich unterhalb von SERVERS befinden. Auf der Karteikarte VERBINDUNGEN des Eigenschaftendialogs finden Sie eine Auflistung der eingehenden und ausgehenden Replikationsverbindungen (Abbildung 8.67). Obwohl in diesem Dialog nichts konfiguriert werden kann, ist er sehr praktisch, weil man sich die ausgehenden Verbindungen sonst mühsam zusammensuchen müsste.

8 Active Directory-Domänendienste

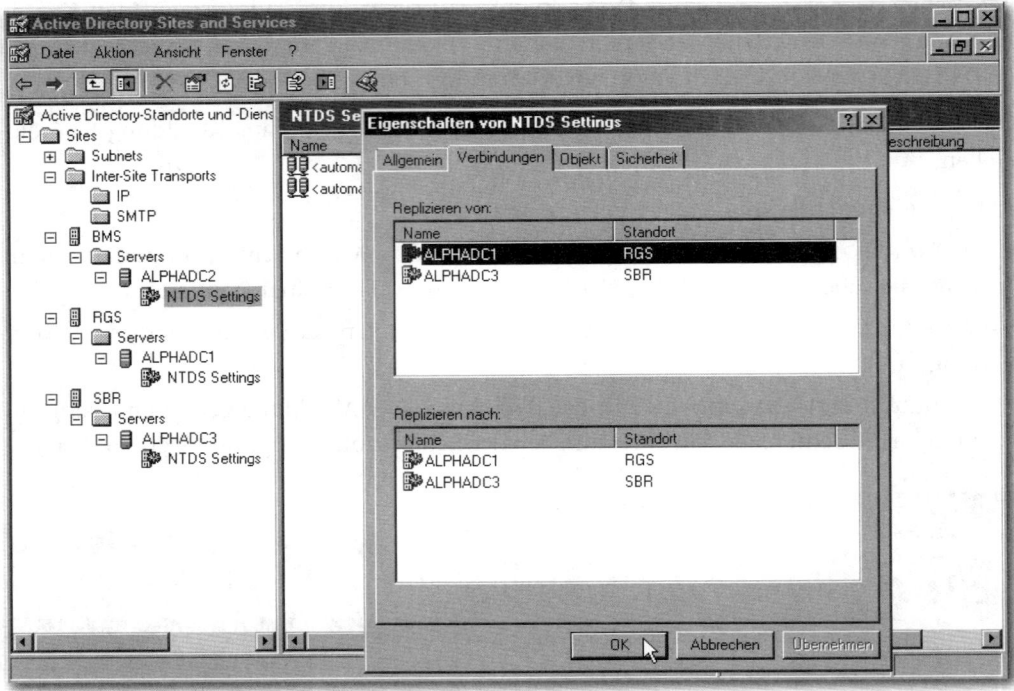

Abbildung 8.67 In diesem Eigenschaftendialog finden Sie eine Übersicht über alle eingehenden und ausgehenden Replikationsverbindungen eines Domänencontrollers.

Mit den Verbindungsobjekten könnte man sich vollkommen manuell eine Replikationstopologie basteln. Davon ist aber unbedingt abzuraten, denn schließlich verfügt Active Directory ja über Technologie, um eine optimale Routing-Topologie zu erstellen und diese auch im Fehlerfall (beispielsweise nach dem Ausfall eines zentralen Domänencontrollers) sehr zeitnah zu korrigieren. Wenn Sie bestimmte Netzwerkwege vorgeben möchten, können Sie das implementieren, ohne gleich alle Automatismen über Bord werfen zu müssen. Hierzu bedient man sich der Standortverknüpfungen.

Standortverknüpfungen

Wenn das Active Directory neu installiert ist, findet sich eine Standortverknüpfung (Site Link) mit dem Namen DEFAULTIPSITELINK. In dieser Standortverknüpfung sind standardmäßig alle Standorte enthalten – das ist auch der Grund dafür, dass alles funktioniert, auch ohne dass man sich Gedanken über Standortverknüpfungen macht. Wenn diese Standortverknüpfung die einzige ist, signalisiert das dem Active Directory, dass die Replikationswege völlig frei gebildet werden können, ohne dass weitere Parameter zu beachten sind (Abbildung 8.68).

8.2 Planung und Design des Active Directory

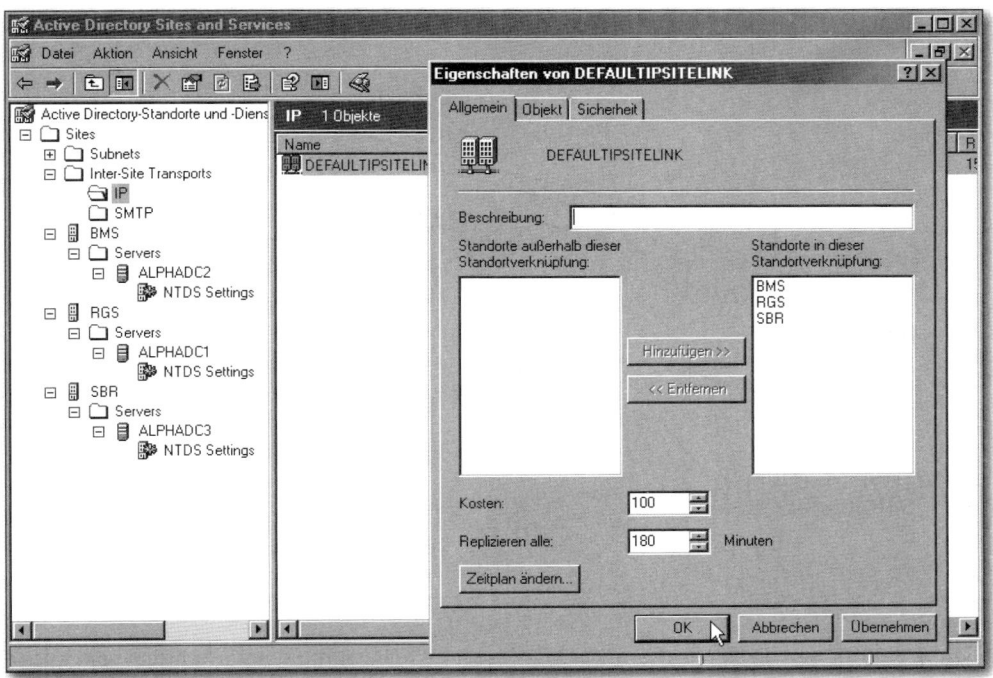

Abbildung 8.68 Die Standardstandortverknüpfung sorgt dafür, dass zunächst alles funktioniert – allerdings werden keine Besonderheiten Ihres Netzes berücksichtigt.

In Abbildung 8.65 haben Sie bereits das Ergebnis der automatischen Generierung der Inter-site-Replikationstopologie gesehen. Der Replikationsverkehr lief dort zwischen den Standorten RGS/BMS und BMS/SBR. Nun wäre es durchaus denkbar, dass der Zentralstandort, der breitbandige Verbindungen zu allen Außenstandorten hat, RGS ist. Zwischen BMS und SBR hingegen liegt nur eine ISDN-Wählleitung, die im Notfall verwendet werden kann.

Wie bringt man das dem Active Directory bei? Und zwar richtig?

Das Ergebnis soll der Skizze aus Abbildung 8.69 entsprechen. Die Vorgehensweise ist diese:

- Zwischen RGS und BMS wird eine Standortverknüpfung erzeugt. Ihr werden als Kosten 10 zugeordnet.
- Weiterhin wird eine Standortverknüpfung zwischen RGS und SBR erzeugt, ebenfalls mit Kosten von 10.
- Fertig!

In der Tat sind Sie mit Ihren Konfigurationsarbeiten fertig, denn das Erzeugen der Verbindungen erledigt Active Directory bzw. der Knowlegde Consistency Checker selbst. Sie sehen, dass keine Notwendigkeit besteht, selbst an den Verbindungsobjekten herumzuwerkeln!

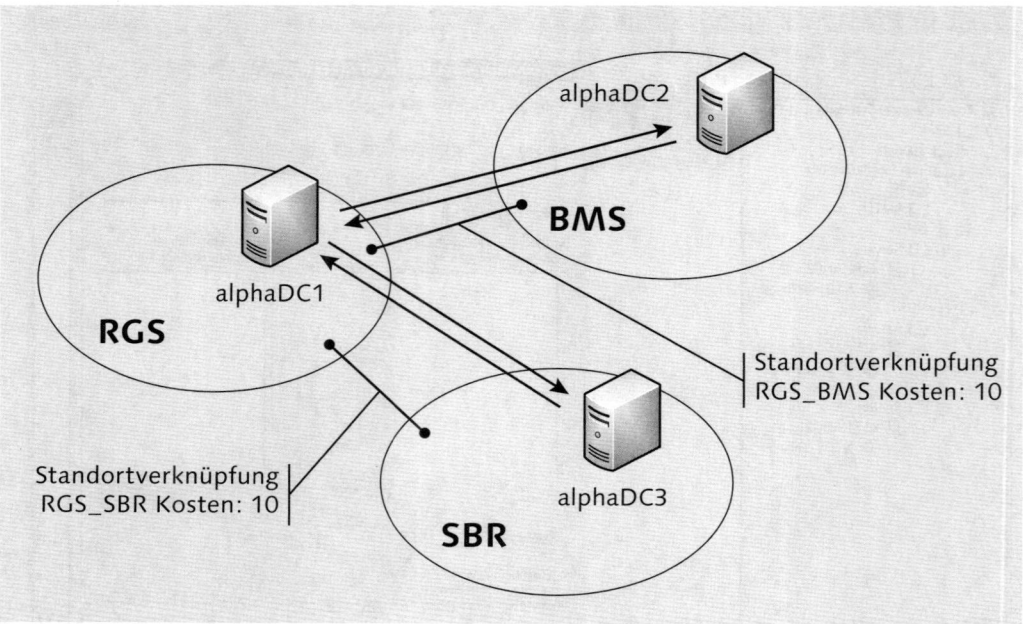

Abbildung 8.69 So soll die Replikationstopologie aussehen. Die Verbindungen werden vom Knowledge Consistency Checker automatisch erzeugt.

Über einen Aspekt müssen wir noch nachdenken: Wenn der DEFAULTIPSITELINK nicht gelöscht wird, wird beim Ausfall von *alphaDC1* eine neue Replikationstopologie generiert werden, die eine direkte Verbindung zwischen den Standorten BMS und SBR vorsieht. Soll das unterbunden werden, kann der DEFAULTIPSITELINK gelöscht werden. Sofern alle Systeme korrekt arbeiten, wird über den DEFAULTIPSITELINK aber keine Replikation laufen, denn die eingestellten Kosten sprechen dagegen:

- Eine Replikation zwischen SBR und BMS über RGS hat Kosten von 20 (RGS-SBR kostet 10 und RGS-BMS ebenfalls 10).
- Die direkte Verbindung zwischen SBR und BMS über den DEFAULTIPSITELINK kostet 100 – sofern die dortige Standardeinstellung nicht verändert wird.

Active Directory wird immer die günstigsten Kosten wählen. Falls allerdings durch einen Ausfall die Replikation über diesen Weg nicht möglich ist, werden auch teurere Verbindungen genutzt, sofern solche vorhanden sind, sprich: sofern entsprechende Standortverknüpfungen eingetragen sind.

Von der Theorie geht es direkt in die Praxis: Das Anlegen einer Standortverknüpfung ist trivial einfach. In ACTIVE DIRECTORY-STANDORTE UND -DIENSTE rufen Sie, wie in Abbildung

8.70 gezeigt, das Anlegen einer IP-Standortverknüpfung auf und tragen in dem sich öffnenden Dialog ein, welche Standorte enthalten sein sollen.

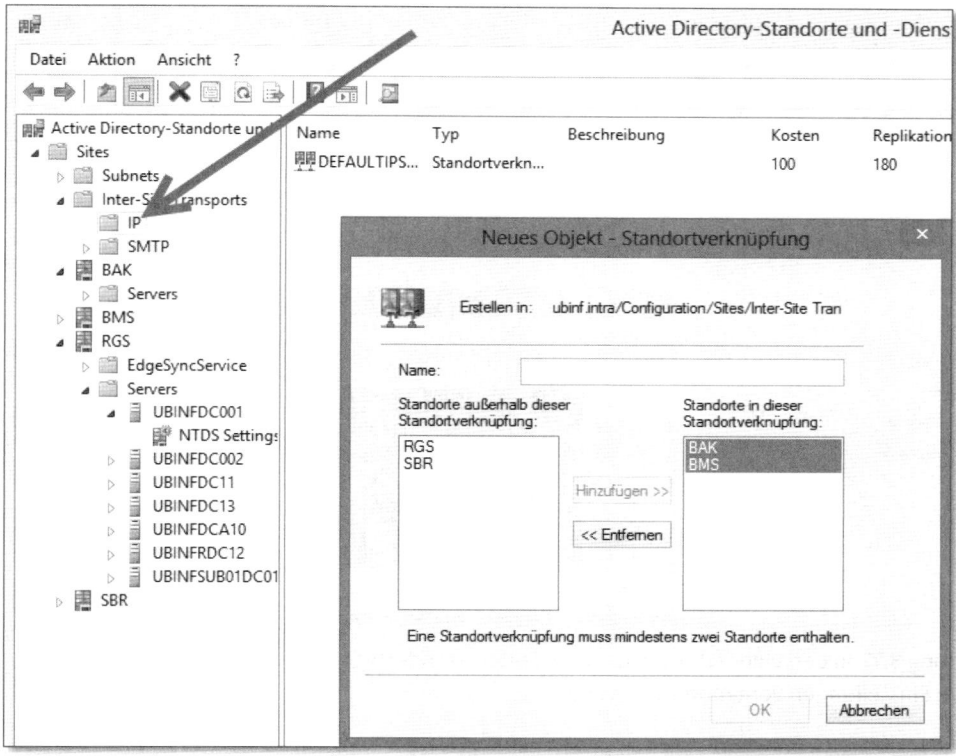

Abbildung 8.70 Das Anlegen einer neuen Standortverknüpfung

Bei der angelegten Standortverknüpfung ist allerdings noch ein wenig Nacharbeit erforderlich. Rufen Sie den Eigenschaftendialog der angelegten Standortverknüpfung auf, und tragen Sie die Kosten ein. Wenn Sie mögen, können Sie auch die Werte für das Replikationsintervall (minimal 15 Minuten, maximal eine Woche) und die Zeiten, in denen über diese Standortverbindung repliziert wird, Ihren Wünschen entsprechend anpassen (Abbildung 8.71).

Nach mehr oder weniger vielen Minuten (entschuldigen Sie die ungenaue Angabe, aber die Zeit hängt von Ihren eingestellten Replikationsintervallen ab), wird die neue Replikationstopologie errechnet und kann beispielsweise in ACTIVE DIRECTORY-STANDORTE UND -DIENSTE angeschaut werden. In Abbildung 8.72 können Sie beispielsweise sehen, dass *alphaDC1* am Standort RGS sowohl zu dem Domänencontroller am Standort BMS als auch zu dem in SBR Verbindungen hat.

8   Active Directory-Domänendienste

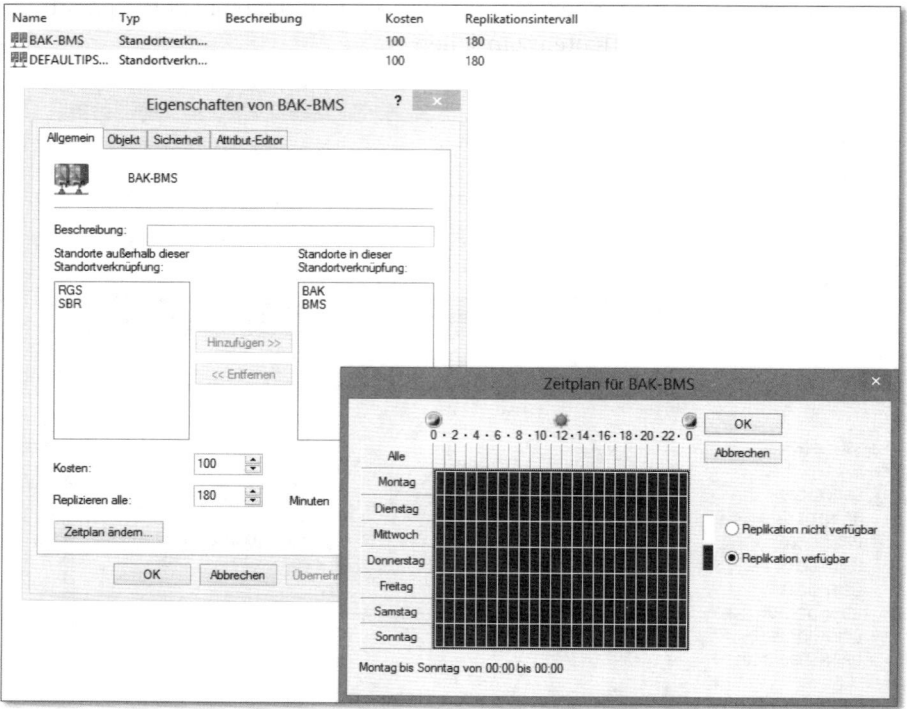

Abbildung 8.71   In den Eigenschaften der angelegten Standortverknüpfungen können weitere Einstellungen vorgenommen werden.

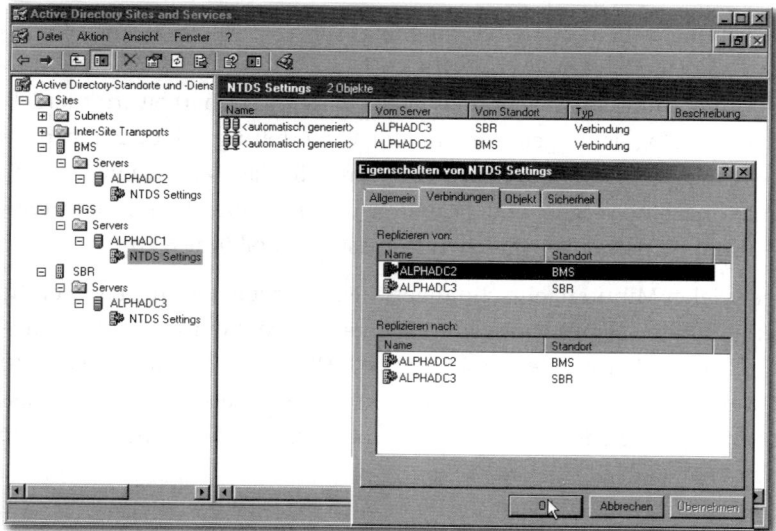

Abbildung 8.72   Kurze Überprüfung: Es funktioniert. »alphaDC1« hat wie gewünscht Verbindung zu den anderen Standorten.

Wohlgemerkt: Wir haben keine Verbindung von Hand angelegt, sondern vorgegeben, welche Wege für Verbindungen genutzt werden sollen. Den Rest hat das Active Directory (bzw. der KCC) selbst erledigt.

Standortverknüpfungsbrücken

Falls ein IP-Netz nicht völlig geroutet ist, ziehen neue Probleme am Horizont auf, die gelöst werden müssen. Betrachten Sie Abbildung 8.73. Dort ist eine Umgebung mit fünf Standorten zu sehen. Da die Standortverknüpfungen transitiv sind, könnte durchaus eine Replikation zwischen Standort C und E geplant werden, d.h. es könnten entsprechende Verbindungen erzeugt werden. Sofern aber kein IP-Routing zwischen diesen Segmenten vorhanden ist, schlägt der Verbindungsaufbau fehl.

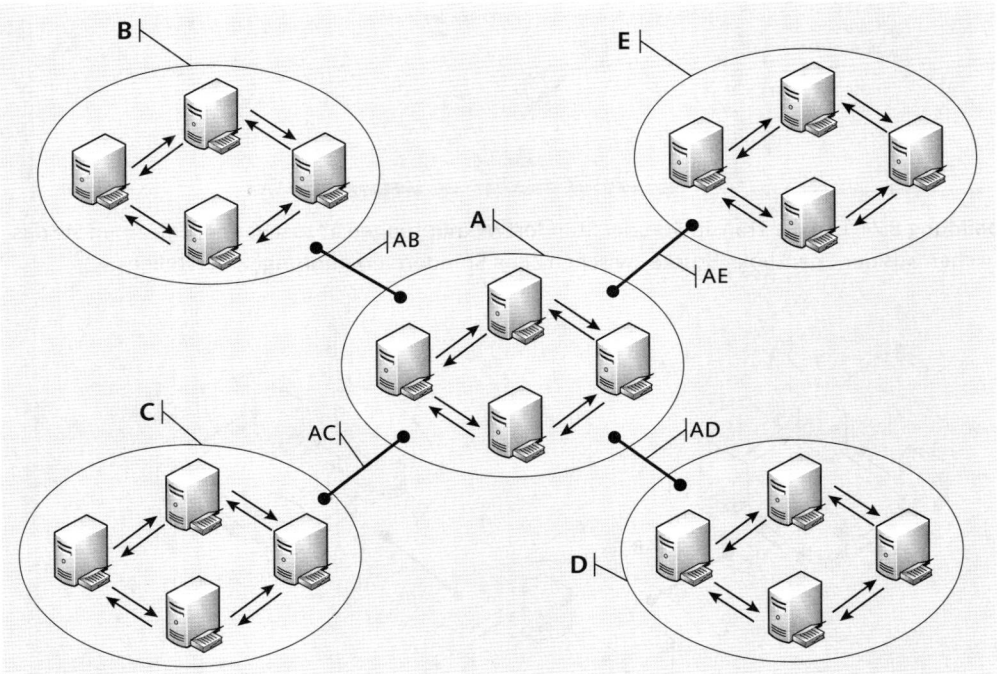

Abbildung 8.73 Das Beispielszenario: Wenn das Gesamtnetz nicht komplett geroutet ist, ist die Transitivität der Standortverknüpfungen ein Problem.

Das Problem lässt sich dadurch recht einfach in den Griff bekommen, dass man die Transitivität der Standortverknüpfungen aufhebt. Das hört sich wesentlich komplizierter an, als es tatsächlich ist. In den Eigenschaften des Knotens *IP* (unterhalb von *Inter-Site Transports*) deselektieren Sie die Checkbox BRÜCKE ZWISCHEN ALLEN STANDORTVERKNÜPFUNGEN HERSTELLEN (Abbildung 8.74). Fertig!

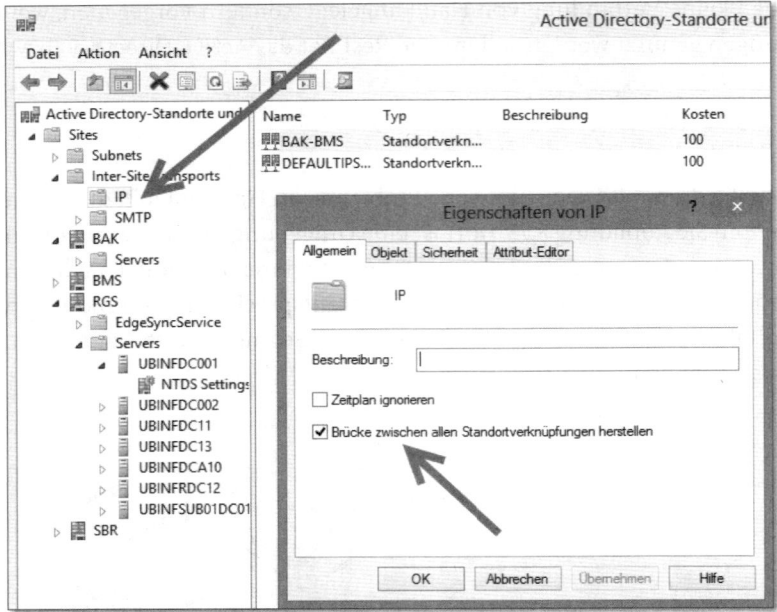

Abbildung 8.74 Um die Transitivität der Standortverknüpfungen abzuschalten, entfernen Sie das Häkchen aus der Checkbox »Brücke zwischen allen Standortverknüpfungen herstellen«.

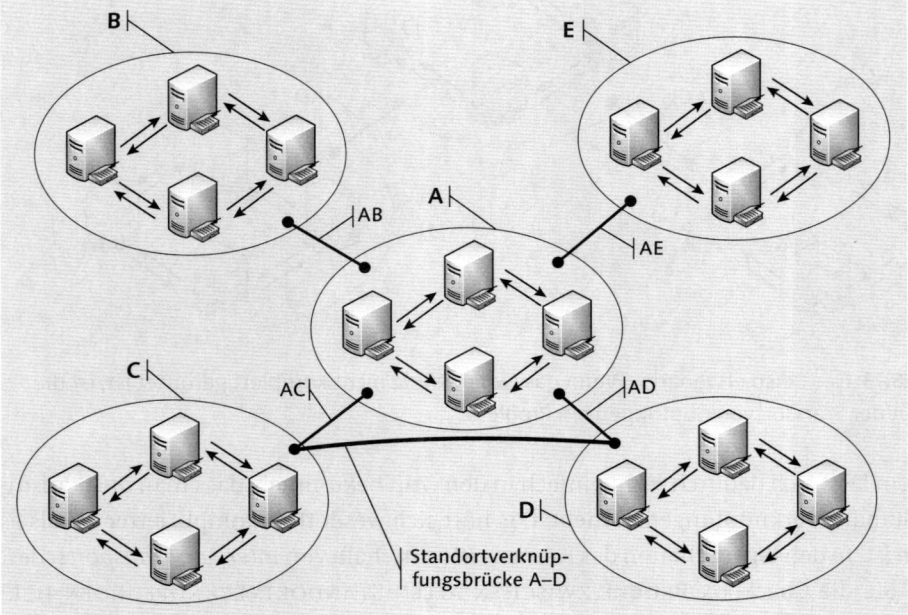

Abbildung 8.75 Die Standortverknüpfungsbrücke AC–AD ermöglicht Verbindungen zwischen den Standorten C und D.

Die Konsequenz des Ausschaltens der Transitivität ist nun, dass sämtliche Replikationsvorgänge ausschließlich über Standort A laufen. Falls das Netz zwischen Standort C und D geroutet ist und dies bei der Replikation genutzt werden soll, kann man eine Standortverknüpfungsbrücke einrichten (Abbildung 8.75).

Das Einrichten einer Standortverknüpfungsbrücke ist in Abbildung 8.76 gezeigt. Nach dem Aufruf der entsprechenden Funktion können Sie die Standortverknüpfungen auswählen, die in dieser Brücke enthalten sein sollen.

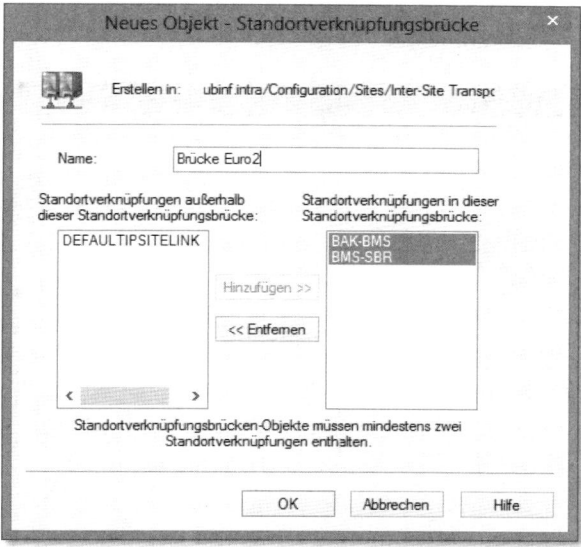

Abbildung 8.76 Einrichten einer Standortverknüpfungsbrücke

Die Standortverknüpfungsbrücke hat keinen eigenen Kostenwert. Ihre Kosten berechnen sich aus der Summe der Kosten der Standortverknüpfungen.

Ob die Standortverknüpfungsbrücke tatsächlich für Verbindungen verwendet wird, hängt einerseits von ihren Kosten und andererseits von den sonstigen Gegebenheiten ab. Der Knowledge Consistency Checker kann Verbindungen über die Brücke legen, er muss es aber nicht tun.

Bridgeheadserver

Bei standortübergreifenden Replikationsverbindungen ist wichtig zu wissen, welcher Server tatsächlich mit entfernten Standorten kommuniziert. Falls zwischen den Standorten Firewalls angeordnet sind, die innerhalb des Netzes nicht sämtliche Verbindungen zulassen, wird es von Interesse sein, jeweils nur einen bestimmten Server für die standortübergreifende Kommunikation »freizuschalten«.

Server, die mit anderen Standorten replizieren, nennt man Bridgeheadserver. Man kann einen Bridgeheadserver erkennen, wenn man sich in ACTIVE DIRECTORY-STANDORTE UND -DIENSTE die Replikationspartner anschaut. Derjenige Server, der eine Verbindung zu einem anderen Standort hat, ist ein Bridgeheadserver. Man kann eine Bridgeheadserver-Liste auch professioneller erzeugen, indem man folgenden Befehl an der Kommandozeile aufruft:

```
repadmin.exe /bridgeheads
```

Die Ausgabe des Werkzeugs sehen Sie in Abbildung 8.77. Sie erkennen, mit welchen Replikationspartnern ein DC welche Namenskontexte repliziert.

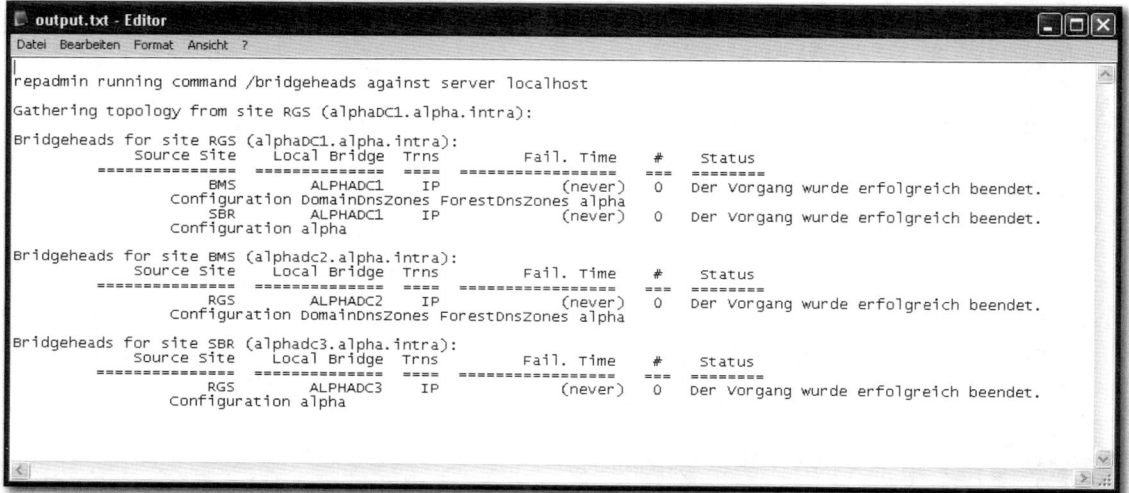

Abbildung 8.77 Mit dem Werkzeug »repadmin.exe« können Sie eine Liste aller Bridgeheadserver erzeugen.

Es gibt drei Möglichkeiten, wie ein Domänencontroller zum Bridgeheadserver wird:

▶ Durch automatische Auswahl – dann kann jeder beliebige Domänencontroller Bridgeheadserver werden.

▶ Es ist möglich, DCs als bevorzugte Bridgeheadserver anzugeben. Wenn in einem Standort mindestens ein als bevorzugter Bridgeheadserver gekennzeichneter DC vorhanden ist, wird einer dieser Domänencontroller ausgewählt.

▶ Wenn manuell eine Verbindung zwischen zwei Systemen an unterschiedlichen Standorten eingerichtet wird, werden diese dadurch ebenfalls Bridgeheadserver.

Die Aufgabenstellung ist nun, dafür zu sorgen, dass nur ein bestimmter Server (oder wenige) Bridgeheadserver wird, um die Firewalls maximal schließen zu können. Daher sind die Varianten zwei und drei betrachtenswert. Abgesehen von Ausnahmefällen sollte man vermeiden, manuell Verbindungen einzurichten, daher betrachten wir die dritte Möglichkeit nicht weiter.

In den Eigenschaften eines Domänencontrollers können Sie, wie in Abbildung 8.78 gezeigt, definieren, dass er für einen bestimmten Transporttyp (im Allgemeinen wird das IP sein) bevorzugter Bridgeheadserver sein soll.

Wenn in einem Standort nur ein einziger Server als bevorzugter Bridgeheadserver definiert ist, wird er auf jeden Fall diese Funktion erhalten – der KCC hat ja auch keine andere Auswahlmöglichkeit. Eine solche Konfiguration ist aber keine gute Idee! Immerhin ist es nicht ausgeschlossen, dass ein Server, hier speziell dieser Domänencontroller, ausfallen könnte. Der Ausfall eines Bridgeheadservers ist im Grunde genommen harmlos, zumindest wenn ein weiterer DC in dem Standort vorhanden ist, der diese Rolle übernehmen könnte. Wenn Sie nur einen Domänencontroller als bevorzugten Bridgeheadserver definiert haben und dieser ausfällt, wird der Standort von der Außenwelt abgeschnitten sein.

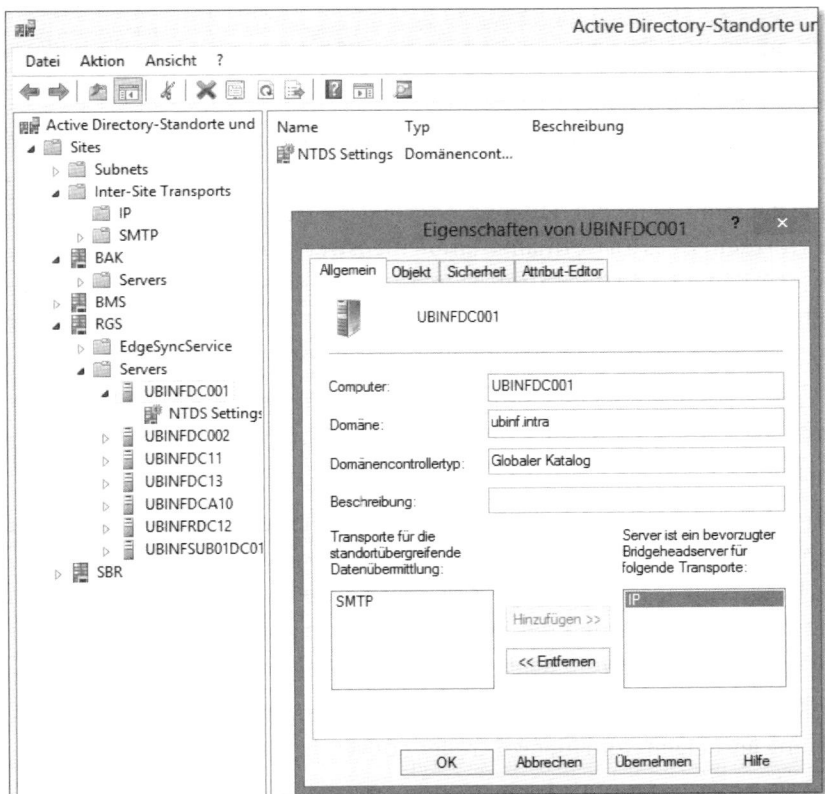

Abbildung 8.78 Ein Server kann als bevorzugter Bridgeheadserver definiert werden.

Die Empfehlung ist also, zumindest zwei Domänencontroller als bevorzugte Bridgeheadserver zu definieren.

Wenn es Ihnen egal ist, welcher Server Bridgeheadserver wird, aber einige DCs es auf keinen Fall werden sollen, bräuchten Sie eigentlich eine Negativliste. Die gibt es zwar nicht direkt, sie entsteht aber dadurch, dass alle anderen DCs zu bevorzugten Bridgeheadservern erklärt werden.

Es gibt zwei Anmerkungen zum Thema Bridgeheadserver und globaler Katalog:

- Wenn es an einem Standort einen globalen Katalogserver gibt, sollte dieser einer der bevorzugten Bridgeheadserver sein.
- Wenn ein Standort einen globalen Katalogserver hat, aber nicht mindestens einen Domänencontroller von jeder Domäne der Organisation enthält, dann *muss* mindestens ein Bridgeheadserver ein globaler Katalogserver sein.

KCC und ISTG (Knowledge Consistency Checker und Intersite Topology Generator)

Die folgenden Funktionen sind in diesem Kapitel bereits erwähnt worden:

- *KCC*: Knowledge Consistency Checker
- *ISTG*: Intersite Topology Generator

Diese beiden Funktionen sind dafür verantwortlich, dass die Replikationstopologie optimal ermittelt und aktiviert wird. Der KCC nimmt Anpassungen vor, indem er Verbindungsobjekte löscht und anlegt. Wenn Sie manuell Verbindungsobjekte anlegen, wird der KCC diese zwar nicht löschen, trotzdem ist es im Normalfall empfehlenswert, das Anlegen und Löschen der Verbindungsobjekte dem KCC zu überlassen. Durch Standortverknüpfungen, die Definition von bevorzugten Bridgeheadservern und Standortverknüpfungsbrücken können Sie den KCC dazu bringen, dass er die Topologie so erzeugt, wie Sie es gern hätten.

Der KCC ist eine verteilte Applikation, die auf jedem Domänencontroller ausgeführt wird. Technisch ist der KCC als DLL (Dynamic Link Library) implementiert, Sie werden also keine startbare EXE-Datei finden.

Der KCC modifiziert die Daten in seiner lokalen Active Directory-Datenbank und reagiert auf Änderungen, die im Configuration-Namespace vorgenommen werden. Auch bei sonstigen Änderungen in der Umgebung reagiert der KCC. Fällt beispielsweise ein für die Replikation wichtiger Domänencontroller aus, ändert der KCC die Replikationstopologie und sorgt beispielsweise dafür, dass kein Standort vom Replikationsverkehr ausgeschlossen ist.

Der KCC wird alle 15 Minuten aktiv und überprüft, ob Modifikationen in der Replikationstopologie auf »seinem« jeweiligen Domänencontroller notwendig sind.

In den administrativen Werkzeugen nicht sichtbar sind die *Connection Agreements* oder auch *Replica Links*. Hierbei handelt es sich um »Vereinbarungen«, die zwischen zwei gegeneinander replizierenden Domänencontrollern geschlossen werden. Unter anderem wird dort gespeichert, welche Namenskontexte (z.B. Schema, Configuration, Domänennamenskontext) repliziert werden.

KCC aktualisiert diese Connection Agreements bei jedem Durchlauf, also alle 15 Minuten.

Ein KCC pro Domäne hat eine zusätzliche Aufgabe: Er fungiert nämlich als Intersite Topology Generator. Dieser ist, wie der Name bereits sagt, für die standortübergreifende Replikationstopologie verantwortlich. Genauer gesagt, generiert er die von anderen Standorten eingehenden Verbindungsobjekte für alle Domänencontroller »seines« Standorts. Typischerweise hat der erste installierte DC einer Domäne die ISTG-Rolle inne. Dies wird sich dann ändern, wenn er ausfällt; in diesem Fall wird ein neuer ISTG ermittelt (Abbildung 8.79).

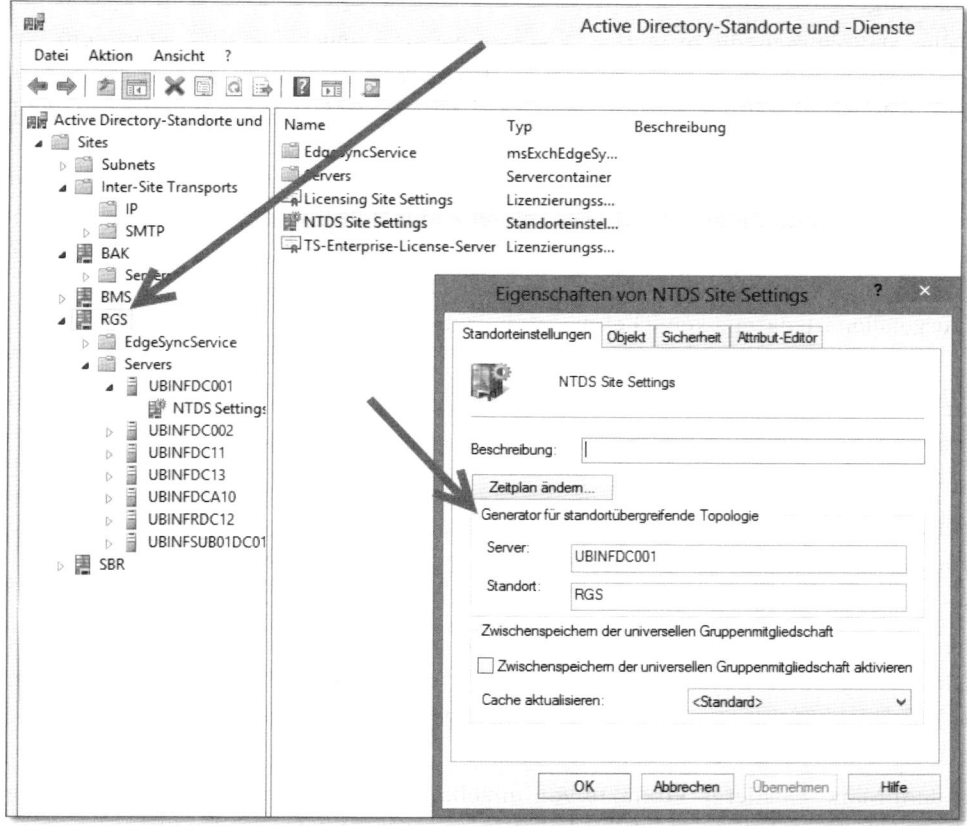

Abbildung 8.79 In den Eigenschaften des »NTDS Site Settings«-Objekts eines Standorts ist der ISTG zu sehen (»Standortübergreifende Topologie erstellen«).

Wenn Sie Änderungen vornehmen, die eine Anpassung der Replikationstopologie notwendig machen, wird der KCC diese vornehmen – ohne dass Sie selbst in irgendeiner Form eingreifen müssen. Allerdings kann es mehrere Minuten bis zu Stunden dauern, bis diese Änderungen errechnet, umgesetzt und über die Organisation verteilt worden sind. Sie können in ACTIVE DIRECTORY-STANDORTE UND -DIENSTE allerdings die Replikation und die Überprüfung der Replikationstopologie erzwingen. Sie finden diese Befehle in den Kontextmenüs der Verbindungsobjekte bzw. der NTDS Settings-Objekte der Server.

Am Knowledge Consistency Checker können Sie einige kleinere »Tuningmaßnahmen« vornehmen, beispielsweise um Schwellenwerte, ab wann ein Domänencontroller als »nicht verfügbar« eingestuft wird, zu verändern. Bevor Sie zu solchen Maßnahmen greifen, sollten Sie sich aber mehr als absolut sicher sein, was Sie tun, um dem Active Directory nicht irreparablen Schaden zuzufügen!

Überwachung

Trotz aller Maßnahmen, die im Active Directory bereits »eingebaut« sind, ist es denkbar, dass die Replikation teilweise ausfällt und ein Domänencontroller oder sogar ein ganzer Standort nicht mehr replizieren kann. Der Ausfall der Replikation ist im Allgemeinen nicht unternehmensgefährdend, denn das Active Directory steht auch zur Verfügung, wenn keine Replikation stattfindet. Allerdings treten nach einer mehr oder weniger kurzen Zeitspanne mitunter »merkwürdige Effekte« auf. Diese bestehen im einfachsten Fall darin, dass Benutzer sich manchmal anmelden können und in anderen Fällen das angegebene Kennwort abgewiesen wird – das ist ein typischer Fall, wenn die Replikation des Domänennamenskontexts ausgefallen ist, da jetzt keine Kennwortreplikation mehr stattfindet.

Es gibt natürlich Werkzeuge, um festzustellen, ob die Replikation funktioniert. Zum einen können Sie auf Bordmittel zurückgreifen und mit *repadmin.exe* die einzelnen Domänencontroller abklappern und das Ergebnis des Aufrufs `repadmin /showrepl dcname` auswerten (Abbildung 8.80).

In einer größeren Umgebung mit unter Umständen mehreren Dutzend Domänencontrollern ist die »manuelle Überwachung« natürlich kein glücklicher Weg. Es gibt aber Werkzeuge, die Ihnen bei der Überwachung helfen können:

- Zuerst möchte ich den *Microsoft System Center Operations Manager* (SCOM, vormals MOM) nennen. Dieses System kann regelbasiert den Zustand von Servern überwachen und dabei mithilfe eines entsprechenden Management Packs sehr detailliert das Active Directory anschauen – und zwar permanent.
- Auf dem Markt existieren Produkte von unabhängigen Softwareherstellern, die Active Directory untersuchen und überwachen können. Zu nennen wäre hier beispielsweise *Spotlight on Active Directory* von Quest (*www.quest.com*).

Zum Abschluss noch eine Anmerkung: Active Directory ist prinzipiell in der Lage, Ausfälle von Systemen abzufedern. Das funktioniert einerseits natürlich nur, wenn entsprechend redundante Systeme vorhanden sind. Andererseits ist es wichtig, dass nicht durch eine nichtoptimale Konfiguration diese Redundanzen sozusagen ausgeschaltet sind. Ein kleines Beispiel: Wenn sich an einem Standort drei Domänencontroller befinden, aber nur einer als bevorzugter Bridgeheadserver eingetragen ist, wird dessen Ausfall dazu führen, dass der komplette Standort für die Replikation nicht erreichbar ist.

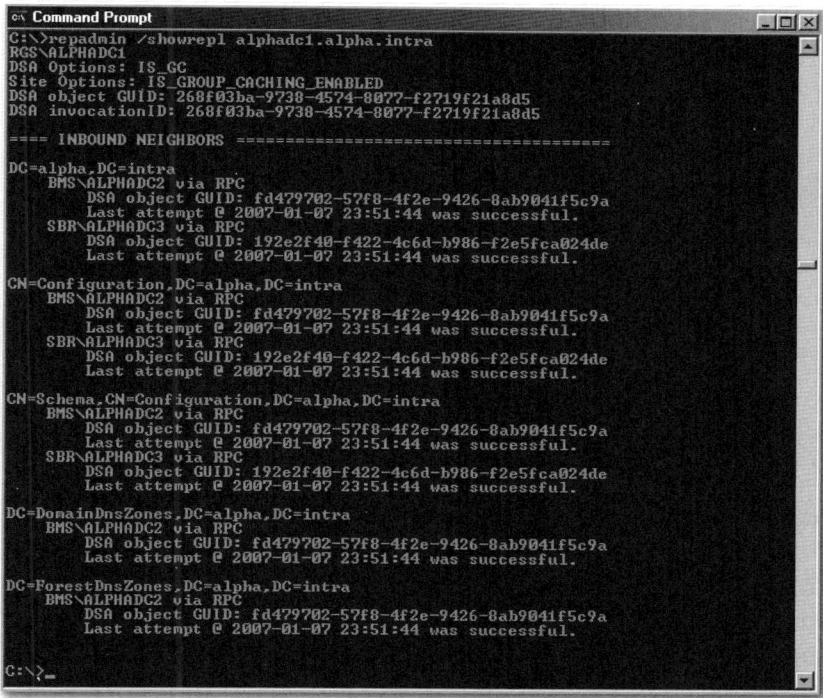

Abbildung 8.80 Mit »repadmin.exe« können Sie überprüfen, ob und wann ein Domänencontroller erfolgreich mit seinen Replikationspartnern repliziert hat.

8.2.5 Gruppenrichtlinien

Das Thema »Gruppenrichtlinien« ist so wichtig, dass es in einem eigenen Abschnitt untergebracht ist, und zwar in Abschnitt 8.4.

8.3 Ein neues Active Directory einrichten

Nachdem ich Sie viele Seiten lang mit Grundlagen (oder dem, was ich dafür halte) gequält habe, wollen wir nun die Installation eines Active Directory betrachten.

> **Ältere Active Directorys**
>
> Falls Sie bereits ein älteres Active Directory verwenden, werden Sie sich vermutlich deutlich mehr für Abschnitt 8.9 interessieren, denn dort geht es um die Migration.

Für diejenigen, die das erste Active Directory installieren, gibt es im nächsten Abschnitt einen Schnelldurchlauf – keine Sorge, die Installation ist wirklich nicht schwierig.

8.3.1 Den ersten Domänencontroller einrichten

Der erste Schritt ist das Hinzufügen der Rolle ACTIVE DIRECTORY-DOMÄNENDIENSTE, was Sie wie üblich mit dem Server-Manager erledigen können (Abbildung 8.81).

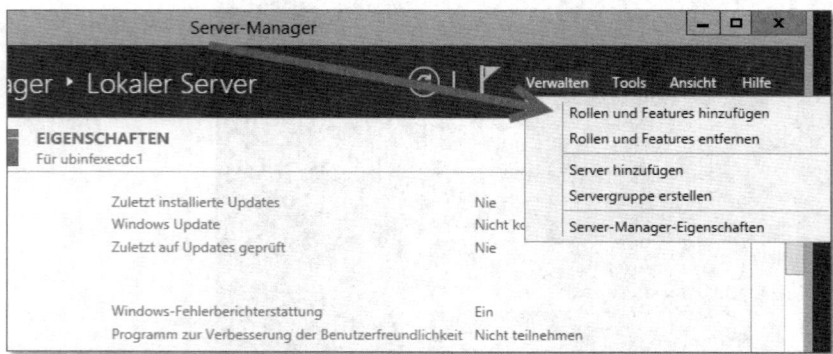

Abbildung 8.81 Hier ist der Startpunkt im 2012er-Server-Manager.

Das Hinzufügen ist im Grunde genommen nur ein Kopieren der benötigten Dateien; die Rolle ist (bzw. die dazugehörigen Dateien sind) zwar vorhanden, der Server ist aber trotzdem (noch) kein Domänencontroller.

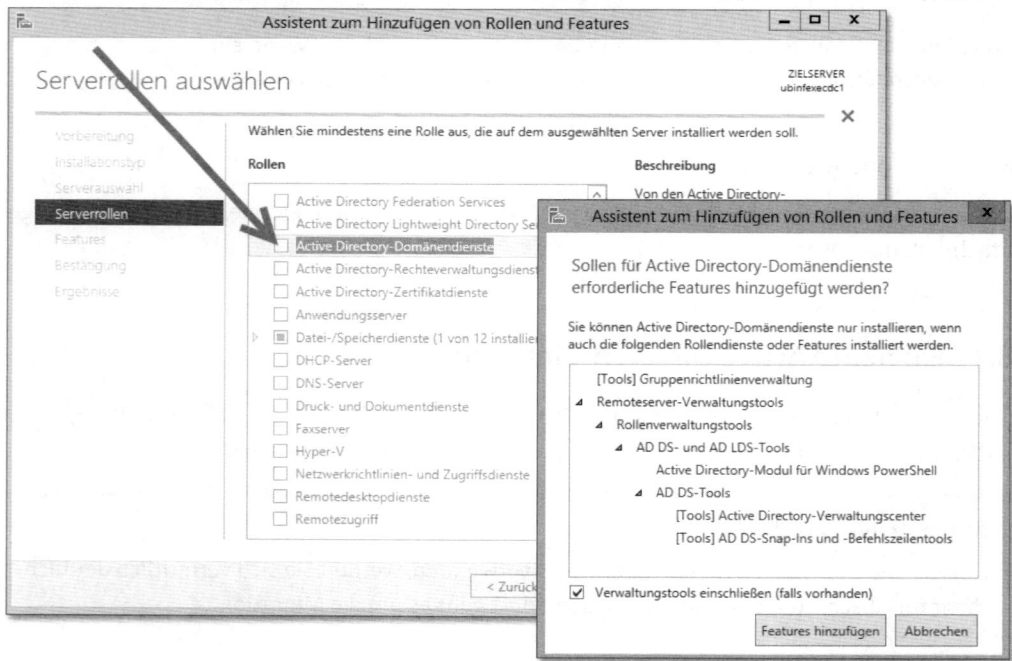

Abbildung 8.82 Der erste Schritt ist die Installation der Serverrolle, benötigte Features werden automatisch hinzugefügt.

Auf der letzten Dialogseite werden Sie den Hinweis finden, dass die eigentliche »Domänencontroller-Werdung« noch durchgeführt werden muss (Abbildung 8.83).

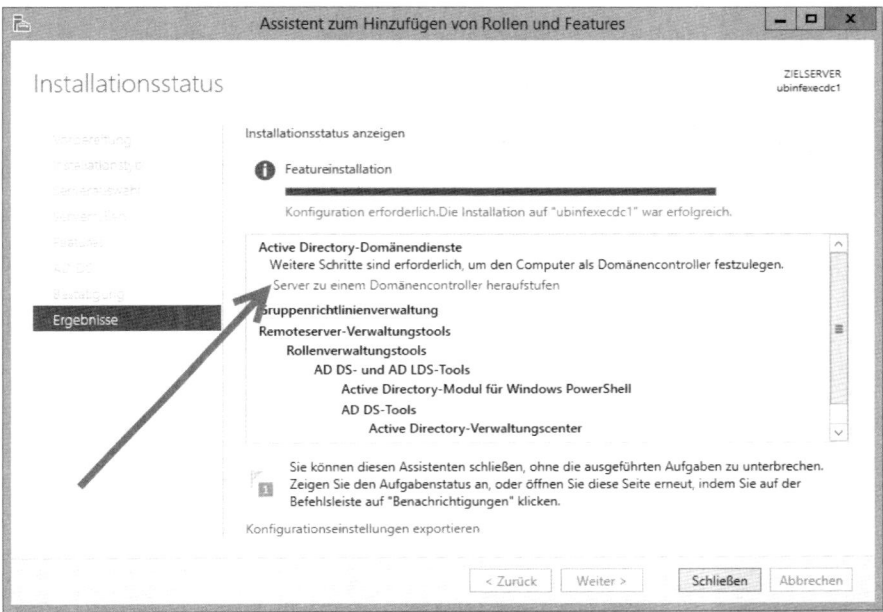

Abbildung 8.83 Nach der Installation der Rolle muss der Assistent aufgerufen werden, der aus dem Server einen DC macht.

Wenn Sie den auf Abbildung 8.83 gezeigten Abschlussdialog schließen, ohne den »DC-Heraufstufungs-Assistenten« gestartet zu haben, schauen Sie im Server-Manager in die Kopfzeile. Dort wird ein Ausrufezeichen darauf hinweisen, dass Meldungen vorhanden sind. Eine davon wird Sie auffordern, den Server zum Domänencontroller heraufzustufen – und schon ist der Assistent gestartet (Abbildung 8.84).

> **... und dcpromo?**
> Bisher war an dieser Stelle immer das Eintippen von dcpromo angesagt. Das kann man in Server 2012/R2 sogar machen, aber es erscheint lediglich der Hinweis, dass diese Funktionalität jetzt in den Server-Manager integriert ist.

Sie starten nun den Active Directory-Domänendienste-Installationsassistenten (Abbildung 8.82):

▶ Auf der ersten Seite des Assistenten wählen Sie aus, ob der neu einzurichtende Domänencontroller in eine bereits bestehende Gesamtstruktur integriert werden soll oder ob eine völlig neue Gesamtstruktur erstellt werden soll. In unserem Fall wählen Sie die letztgenannte Option und machen so den neuen Domänencontroller zur Keimzelle des neuen Forests.

8 Active Directory-Domänendienste

▶ Zunächst muss der FQDN der neuen Gesamtstruktur angegeben werden. Es sei darauf hingewiesen, dass es im Allgemeinen keine so glückliche Idee ist, ein Domänen-Suffix (*.de*, *.com*) zu vergeben, das im öffentlichen Internet verwendet wird. Technisch ist das zwar möglich, allerdings machen Sie sich das Leben dadurch unnötig schwer.

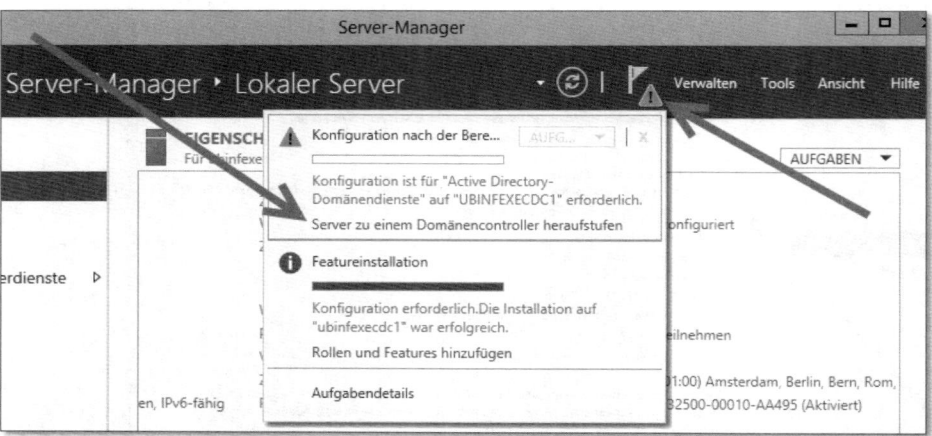

Abbildung 8.84 So kann der Assistent auch gestartet werden.

Benennung

Auf Abbildung 8.85 sehen Sie, dass die Domäne *ubexec.ads.boddenberg.de* genannt worden ist, also ein *.de*-Name, von dem ich einige Zeilen zuvor abgeraten habe. Da aber eine separate DNS-Domäne, nämlich *ads.boddenberg.de*, gewählt worden ist, riskieren Sie nicht die Split-DNS-Probleme, die bei Verwendung von *boddenberg.de* entstanden wären.

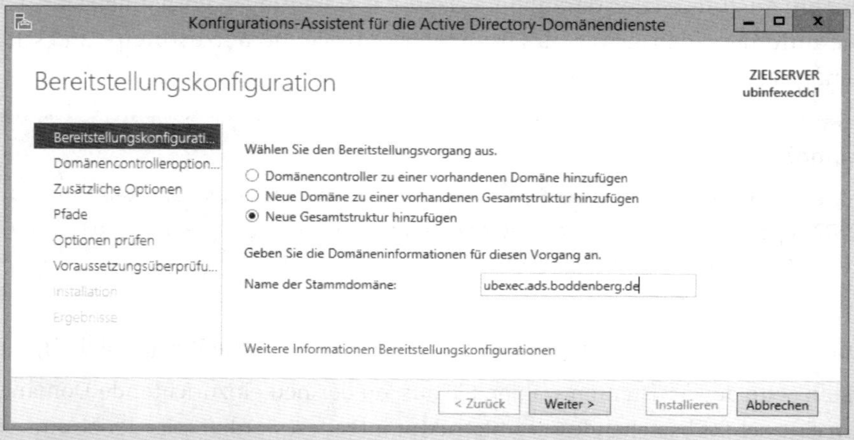

Abbildung 8.85 Der Assistent führt Sie durch das Erstellen einer neuen Domäne in einer neuen Gesamtstruktur.

Achten Sie darauf, dass die Domäne Ihnen »gehört«

Ich habe etliche Kunden, die intern »offizielle« Domänennamen verwenden, obwohl sie nicht im Besitz dieser Domäne sind. Das ist sehr unglücklich. Es gelten also folgende Regeln:

- Geben Sie niemals einer Domäne einen Namen, den Sie nicht besitzen.
- Wenn Sie einen offiziellen Namen verwenden und ihn noch nicht registriert haben, holen Sie das sofort nach – bevor es jemand anders tut.

Abbildung 8.86 zeigt den nächsten Dialog für die Erstellung der neuen Gesamtstruktur:

- Eine wesentliche Entscheidung ist die Festlegung der Funktionsebene für die Gesamtstruktur. Wenn Sie beispielsweise WINDOWS SERVER 2012 R2 auswählen, bedeutet das, dass es in der kompletten Umgebung nur Domänencontroller mit diesem Betriebssystem geben kann. Es ist kein Problem, Member-Server oder Clients mit älteren Betriebssystemen in der Domäne zu betreiben, aber mit DCs geht das nicht. Die Funktionsebene Windows Server 2008 beispielsweise gestattet DCs mit dem 2008er- und dem 2012er-Betriebssystem. Wenn Sie sicher sind, dass es wirklich nur Windows Server 2012-Domänencontroller geben wird, sollten Sie die Funktionsebene ruhig auf »höchster Stufe« konfigurieren.

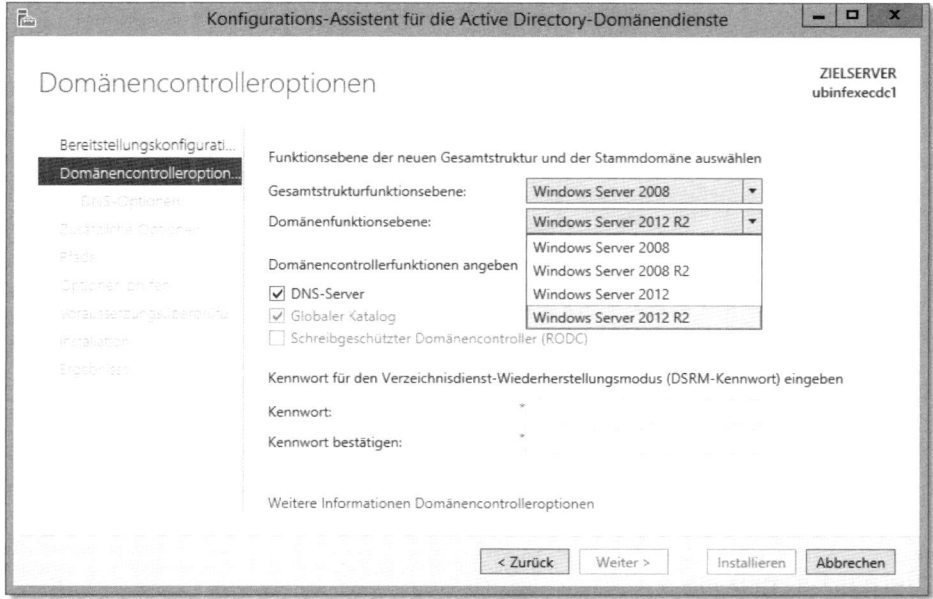

Abbildung 8.86 Hier geben Sie den FQDN der Stammdomäne und der Gesamtstruktur und die Gesamtstrukturfunktionsebene ein.

- Active Directory benötigt zwingenderweise eine funktionierende DNS-Infrastruktur. Bei der Installation eines Domänencontrollers können Sie auf Wunsch den DNS-Server gleich mit installieren lassen. Beim ersten DC ist das im Allgemeinen eine gute (bzw. die richtige) Wahl.

▶ Das KENNWORT FÜR DEN WIEDERHERSTELLUNGSMODUS sollten Sie gut geschützt aufbewahren. Damit meine ich, dass es zum einen nicht einfach zu erraten sein sollte, zum anderen sollten Sie (oder andere berechtigte Personen) im Fall der Fälle darauf problemlos Zugriff haben.

Der nächste, auf Abbildung 8.87 gezeigte Dialog, ist neu in Server 2012. Sie können wählen, ob eine DNS-Delegierung erstellt werden soll, und können ggf. das zu verwendende Konto hinterlegen. Diese Einstellung macht nur dann Sinn, wenn der übergeordnete Namensserver erreichbar ist und mit Microsoft-Technologie läuft.

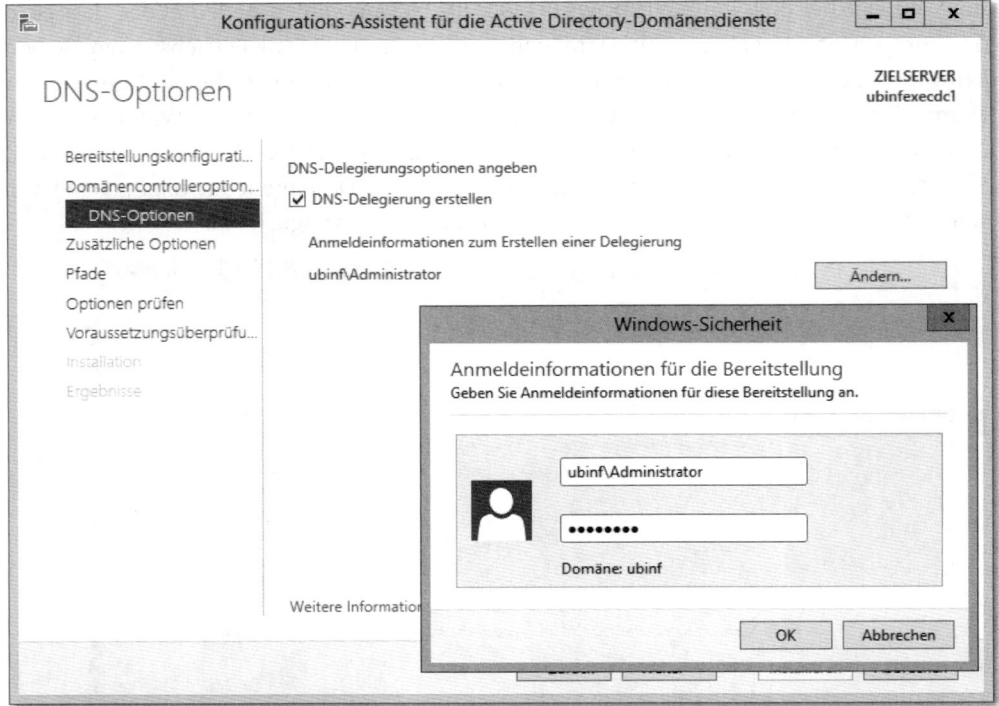

Abbildung 8.87 Entscheiden Sie, ob eine Delegierung erstellt werden soll bzw. erstellt werden kann.

Ein Beispiel für die Delegierung

Was es mit der Erstellung der Delegierung für den neuen DNS-Server auf sich hat, lässt sich anhand eines Beispiels aus dem öffentlichen Internet erklären: Für jede Domäne, beispielsweise *boddenberg.de*, existiert ein autorisierender Namensserver, der die Adressen der Server, wie beispielsweise *www.boddenberg.de* oder *mail.boddenberg.de*, auflösen kann.

> Damit dieser Server gefunden wird, wird beim Root-Server der Top-Level-Domain *.de* eine Delegierung dorthin erstellt. Vereinfacht gesagt, sorgt eine Delegierung dafür, dass ein Client, der einen Server im Namensraum *boddenberg.de* sucht, vom Top-Level-Namensserver an den zuständigen Namensserver verwiesen wird.

Auf Abbildung 8.88 sehen Sie die Delegierung, die in dem hier gezeigten Beispiel erstellt wurde:

- Die Domäne *boddenberg.de* wird von Microsoft-DNS-Servern verwaltet.
- *ads* ist als Container erstellt worden.
- In diesem wiederum findet sich die Delegierung auf *ubexec* nebst Nennung des Namensservers.

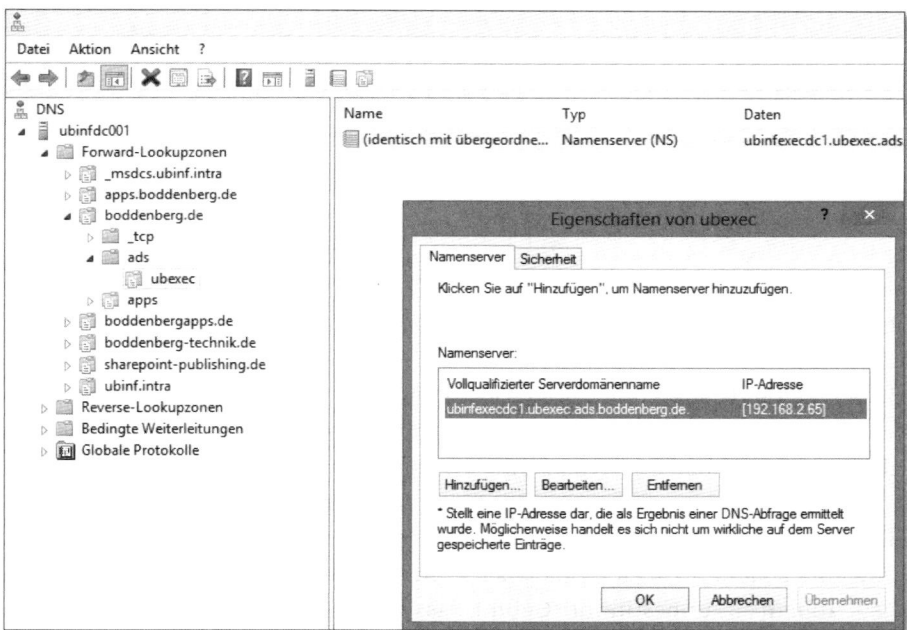

Abbildung 8.88 Diese Delegierung wurde in dem hier gezeigten Beispiel automatisch erstellt.

Abbildung 8.89 zeigt, dass der NetBIOS-Name der Domäne nach wie vor eine Rolle spielt. Dieser Name sollte (muss aber nicht!) dem ersten Teil des FQDNs entsprechen, also *ubexec* bei *ubexec.ads.boddenberg.de*. Wenn Sie von dieser Vorgehensweise abweichen, gibt es zwei mögliche Probleme:

- Es wird unübersichtlich, vor allem, wenn Sie mehrere Domänen haben.
- Es könnte zu erhöhtem Konfigurationsaufwand kommen. Beispielsweise müssen Sie beim SharePoint-Benutzerprofil-Sync-Dienst zusätzliche Schritte ausführen, wenn NetBIOS-Name und FQDN unterschiedlich sind.

8 Active Directory-Domänendienste

> **Punkte im NetBIOS-Namen**
>
> Punkte im NetBIOS-Namen sind absolut tabu! Sie führen zu unlösbaren Problemen.

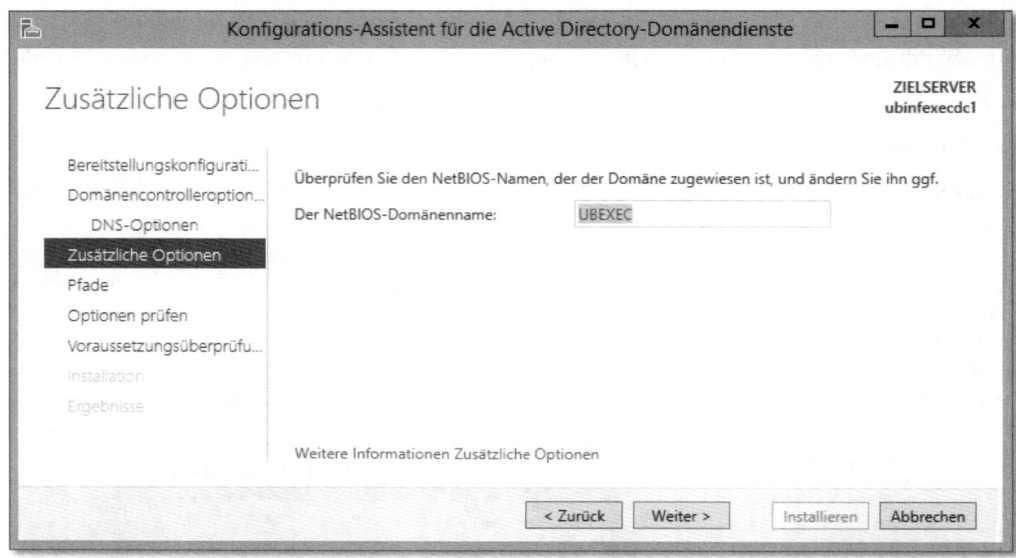

Abbildung 8.89 Der NetBIOS-Name der Domäne ist noch immer gefragt.

Abbildung 8.90 zeigt eine weitere wichtige Dialogseite des Assistenten. Sie müssen entscheiden, wo die Datenbankdateien des Domänencontrollers abgelegt werden sollen. Der »reinen Lehre« entsprechend sagt man zwar, dass keine produktiven Daten auf der C-Platte abgelegt werden sollen. Ich muss allerdings sagen, dass wohl auf 99% der Domänencontroller dieser Welt die AD-Datenbankdateien genau dort liegen. Aus Gründen der Vereinfachung und Bequemlichkeit tendiere ich auch dazu, diese im Standardpfad zu speichern. Ich habe zudem das unbestimmte Gefühl, dass das eine oder andere Dritthersteller-Werkzeug direkt »aus der Kurve fliegt«, wenn die Dateien an einem anderen Ort gespeichert werden. Ebendiese Argumentation gilt für das *SYSVOL*-Verzeichnis, in dem diverse von den Clients bei der Anmeldung benötigte Dateien vorgehalten werden – vornehmlich alles rund um die Gruppenrichtlinien.

Wer Exchange 2007 administriert (hat), kennt die Dialoge, in denen das zum selben Ergebnis führende PowerShell-Skript angezeigt wird. Das Active Directory-Team folgt diesem Beispiel und bietet im Dialog OPTIONEN PRÜFEN (Abbildung 8.91) einen Schalter an, mit dem Sie sich das PowerShell-Skript anzeigen lassen können, das zum Erstellen des neuen Forests dient.

8.3 Ein neues Active Directory einrichten

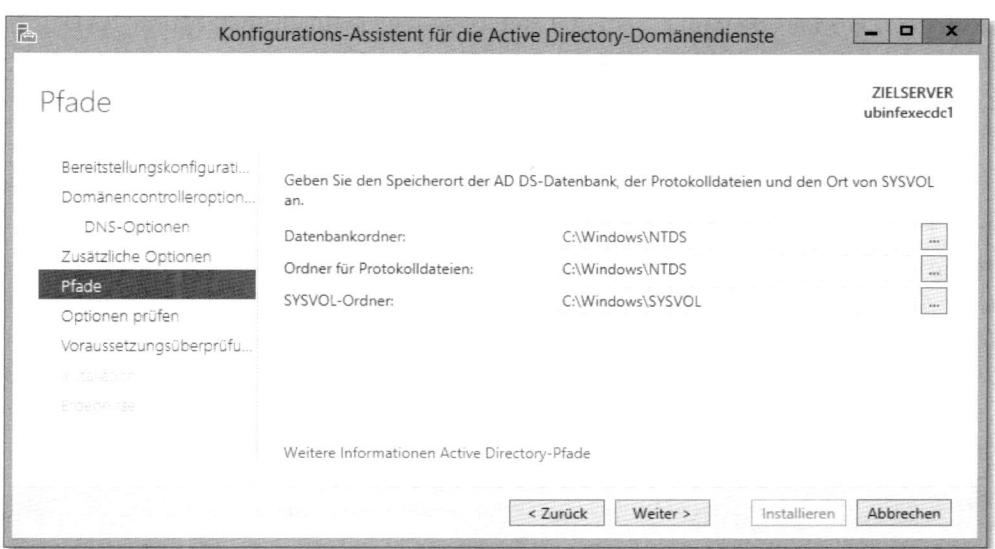

Abbildung 8.90 Der Speicherort für die Systemdateien und die Auswahl des Wiederherstellungskennworts

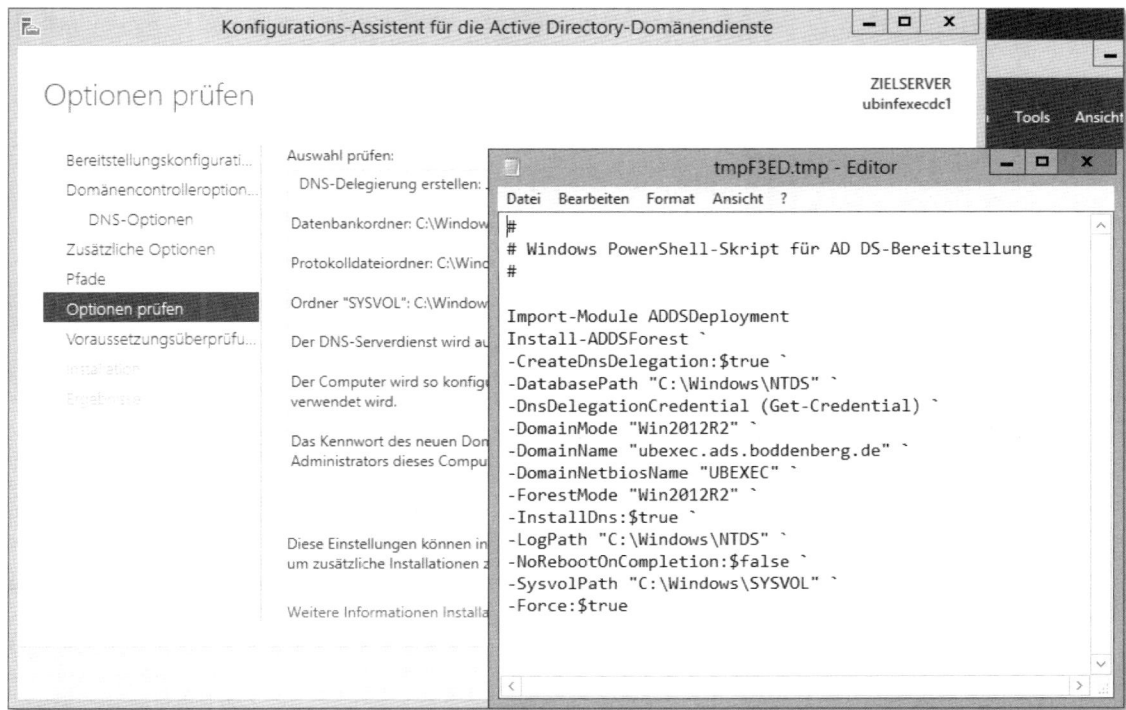

Abbildung 8.91 Das zugehörige PowerShell-Skript kann ausgegeben werden.

Nachdem Sie alle Eingaben im Assistenten getätigt haben, wird die Installation des Domänencontrollers durchgeführt. Sie dauert einige Minuten. Nach dem abschließenden Neustart verfügen Sie über eine funktionsfähige Active Directory-Gesamtstruktur mit einer Domäne.

8.3.2 Zusätzliche Domänencontroller einrichten

Das Einrichten eines zusätzlichen Domänencontrollers funktioniert zunächst wie beim ersten DC. Sie fügen also eine Rolle hinzu und starten den Assistenten. Der wesentliche Unterschied begegnet Ihnen direkt auf der ersten Seite des Assistenten. Dort entscheiden Sie sich jetzt nicht für das Erstellen einer neuen Gesamtstruktur, sondern machen den Server zu einem Domänencontroller in einer bereits existierenden Domäne oder aber zum ersten DC einer neuen Domäne in einer vorhandenen Gesamtstruktur (Abbildung 8.92).

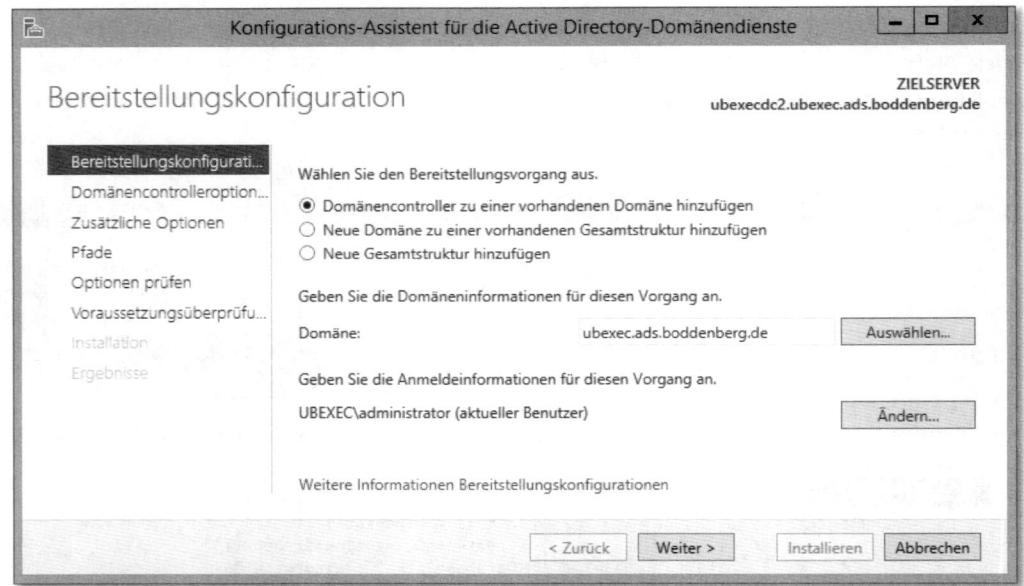

Abbildung 8.92 Wählen Sie eine Option für die Installation des neuen DCs aus.

Der weitere Verlauf des Assistenten wird Sie vor keine größere Herausforderung stellen. Wenn alle Eingaben gesammelt sind, wird der DC eingerichtet und eine erste Replikation durchgeführt. Apropos Replikation: Eine Neuerung ab Server 2012 sehen Sie auf Abbildung 8.93. Sie können die Replikatsquelle auswählen. Sie ist entweder ein – wählbarer – Domänencontroller oder ein Medium.

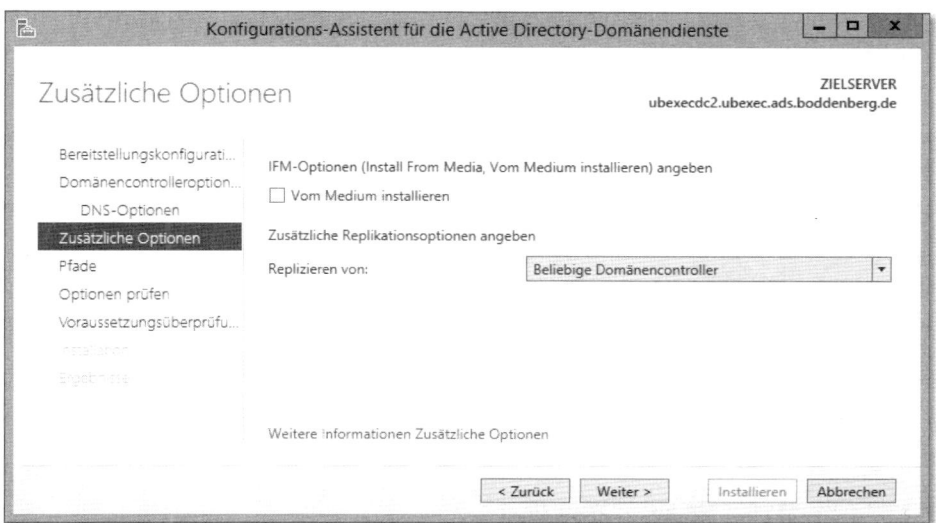

Abbildung 8.93 In diesem Dialog wählen Sie die Replikatsquelle aus.

8.4 Gruppenrichtlinien

Mit Gruppenrichtlinien (GPO, Group Policy Object) können Sie diverse Konfigurationen für Benutzer oder Computer vornehmen – und zwar in Abhängigkeit von dem Standort, der Domäne und der Organisationseinheit (OU), in der sich der Computer oder der Benutzer befindet. Gruppenrichtlinien sind *das* Administrationswerkzeug für die Windows-Umgebung.

Letztendlich werden bei der Anwendung von Gruppenrichtlinien Werte in der Registry modifiziert – und zwar genauer gesagt Werte in den Zweigen HKEY_CURRENT_USER und HKEY_LOCAL_MACHINE. Mit den Gruppenrichtlinien werden also Einschränkungen für Benutzer konfiguriert. Es können aber auch Einstellungen für Computer vorgenommen werden, z. B. zur Sicherheitskonfiguration für drahtlose Netzwerke.

In den Gruppenrichtlinien konfigurieren Sie übrigens auch die Login-Skripts, die angewendet werden sollen.

Gruppenrichtlinien wirken auf alle Betriebssysteme ab Windows 2000 aufwärts. Mit ihnen können Einstellungen sowohl auf den Client- als auch auf den Serverbetriebssystemen angepasst werden.

Neben der Möglichkeit, Einstellungen anzupassen, kann mittels Gruppenrichtlinien eine Verteilung von Software realisiert werden. Diese Art der Softwareverteilung erreicht nicht die Leistungsfähigkeit spezieller Systeme, wie beispielsweise von *Microsoft SMS* (Systems Management Server), ist aber in vielen Fällen durchaus ausreichend.

Die bereits in Windows Server 2012 enthaltenen Einstellmöglichkeiten für Gruppenrichtlinien decken bei Weitem nicht alles ab:

- Für die Administration von Anwendungen liefern viele Hersteller, so auch Microsoft selbst, Vorlagen für Gruppenrichtlinien mit. Auf diese Weise können Sie beispielsweise das Office-Paket sehr weitgehend anpassen.
- Bei Bedarf können auch eigene Gruppenrichtlinien erstellt werden, sodass man als Administrator die Freiheit hat, alles über Gruppenrichtlinien zu konfigurieren, was über die Registry eingestellt werden kann.

8.4.1 Anwendungsbeispiel

Falls Sie bisher nicht mit Gruppenrichtlinien in Berührung gekommen sind, zeige ich Ihnen zum Einstieg ein Anwendungsbeispiel.

Abbildung 8.94 Das »normale« Startmenü eines Clients

In Abbildung 8.94 ist das Startmenü eines Windows-Clients zu sehen. Viele Unternehmen möchten die Möglichkeiten der Anwender mehr oder weniger stark einschränken. Da das Startmenü der primäre Weg ist (bzw. war), um Applikationen oder Konfigurationsdialoge aufzurufen, läge es also nahe, das Startmenü entsprechend zurechtzustutzen. Auf der Wunschliste stehen weiterhin folgende Punkte:

8.4 Gruppenrichtlinien

- Die Einstellungen sollen nicht an jedem PC einzeln vorgenommen werden müssen.
- Die Änderungen müssen auf bestimmte Teilmengen von Benutzern und Computern zu beschränken sein. Es wäre schlecht, wenn die Administratoren ebenfalls nur ein eingeschränktes Startmenü hätten.

In Abbildung 8.95 sehen Sie, wie ein Gruppenrichtlinienobjekt mit der Organisationseinheit *Vertrieb* verknüpft wird. Es können beliebig viele Gruppenrichtlinienobjekte mit einer OU verknüpft werden. Ein Gruppenrichtlinienobjekt kann mit beliebig vielen OUs verknüpft werden.

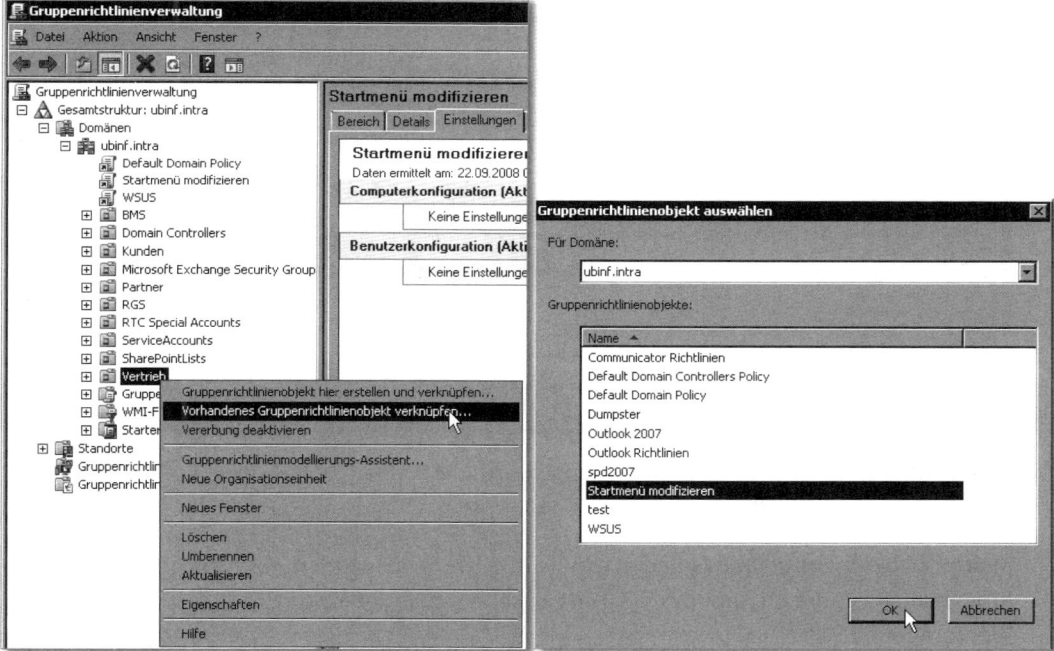

Abbildung 8.95 Ein Gruppenrichtlinienobjekt wird mit der OU »Vertrieb« verknüpft.

Ein Gruppenrichtlinienobjekt enthält jeweils beliebig viele Einstellungen. Man könnte prinzipiell alle anzuwendenden Einstellungen in einem Gruppenrichtlinienobjekt vornehmen. Erfahrungsgemäß ist es zur Administration übersichtlicher, die vorzunehmenden Einstellungen in Gruppen zusammenzufassen und auf mehrere Gruppenrichtlinienobjekte zu verteilen.

Hinweis

Die Arbeit mit der Gruppenrichtlinienverwaltung wird ein wenig später vorgeführt.

Bereits hier wäre anzumerken, dass in den Dialogen eigentlich nur Verknüpfungen auf Gruppenrichtlinienobjekte angezeigt werden – doch dazu später mehr!

Das Bearbeiten des Gruppenrichtlinenobjekts, also das Vornehmen der gewünschten Einstellungen, ist eine Arbeit, die viel mit »Suchen« zu tun hat. Der Grund hierfür ist, dass es eine enorme Vielfalt an Einstellmöglichkeiten gibt – Windows ist ein komplexes System, und es ist sehr weitgehend über Gruppenrichtlinien zu steuern. Dementsprechend vielfältig geht es im Gruppenrichtlinienobjekt-Editor zu (Abbildung 8.96).

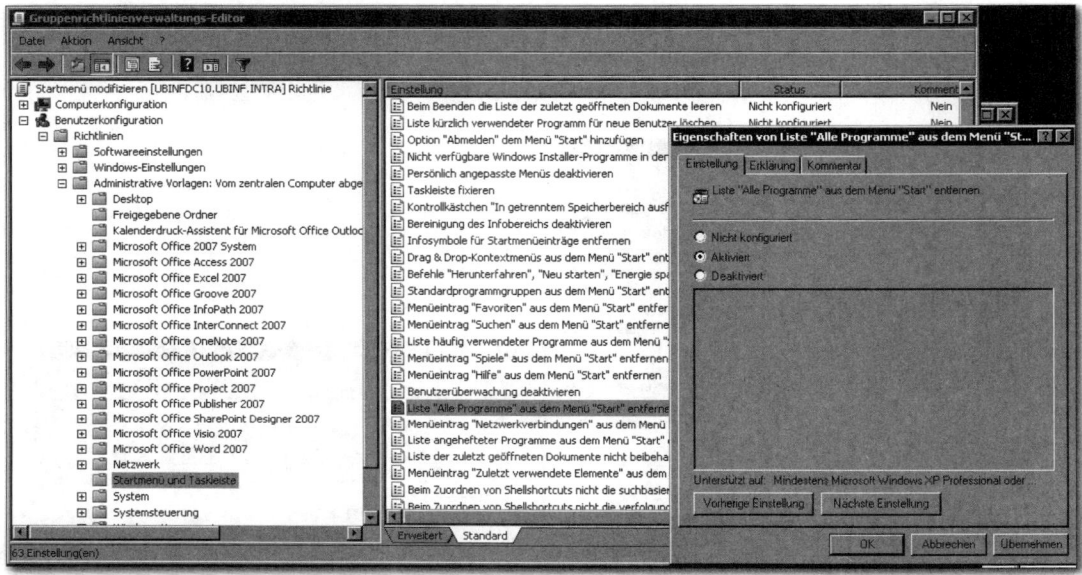

Abbildung 8.96 Bei der Erstellung der Gruppenrichtlinie können Sie aus vielen Hundert Einstellungen auswählen.

Meldet sich der Benutzer das nächste Mal am System an, werden die vorgegebenen Einstellungen angewendet. In Abbildung 8.97 ist zu sehen, dass der Eintrag ALLE PROGRAMME nicht mehr angezeigt wird.

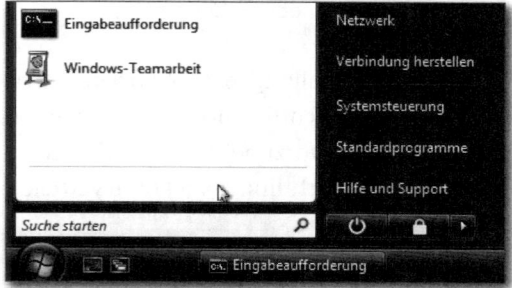

Abbildung 8.97 Die erstellte Richtlinie entfernt »Alle Programme« aus dem Startmenü.

Mit Gruppenrichtlinien kann nicht nur das optische Erscheinungsbild angepasst werden; im Grunde genommen können Sie all das, was in der Systemsteuerung einzustellen ist, mit

Gruppenrichtlinien bequem von Ihrem Schreibtisch aus konfigurieren – und noch viel mehr, denn es gibt in Windows-Systemen viel mehr zu konfigurieren, als in den grafischen Werkzeugen angezeigt wird.

> **Hinweis**
> Mir ist klar, dass seit Windows 8 das »traditionelle« Startmenü eigentlich »Geschichte« ist. Daran lässt sich aber erstens gut die Funktionalität erläutern, zweitens gibt es ja noch hinreichend viele Unternehmen, die ältere Betriebssysteme als Windows 8 einsetzen.

8.4.2 Richtlinien für Computer und Benutzer

Ein Gruppenrichtlinienobjekt ist immer zweigeteilt. Es gibt einen Bereich *Computerkonfiguration* und einen weiteren namens *Benutzerkonfiguration*. Abbildung 8.98 zeigt einen Blick in die Computerkonfiguration. Sie erkennen dort diverse Sicherheitseinstellungen, die Möglichkeit zur Konfiguration der Windows Firewall, Zugriff auf die Einstellungen für die Network Access Protection und vieles andere mehr. Interessant ist auch der Knoten Softwareinstallation; Mit dieser Funktion kann ein Windows Installer-Paket an Computer verteilt werden. Mehr dazu folgt im weiteren Verlauf dieses Abschnitts.

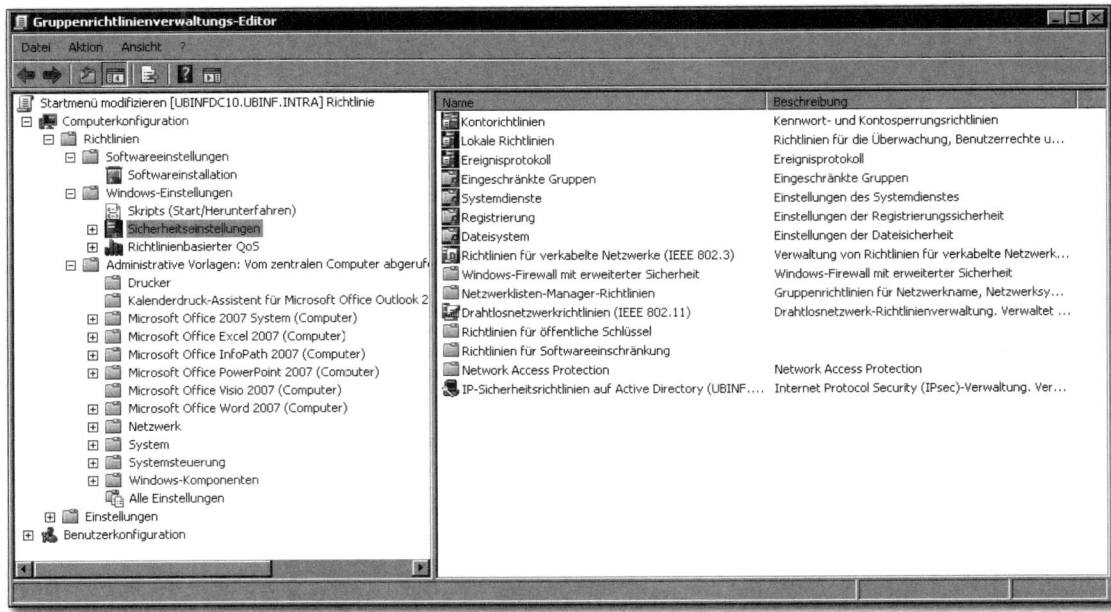

Abbildung 8.98 In Bereich »Computerkonfiguration« des Gruppenrichtlinienobjekts nehmen Sie alle systemseitigen Einstellungen vor. Einige Beispiele sind in der Abbildung zu sehen.

Abbildung 8.99 zeigt einen kleinen Ausschnitt der *Benutzerkonfiguration*. Wenn Sie diese mit der Computerkonfiguration vergleichen, werden Sie erkennen, dass beide grundsätzlich dieselbe Struktur haben, die aus den folgenden drei Gruppen besteht:

- *Softwareinstellungen*: Hier wird die Verteilung von Softwarepaketen (nur Windows Installer-Pakete, also *.msi-Dateien) konfiguriert.
- *Windows-Einstellungen*: Hier finden Sie die »Windows-nahen« Einstellmöglichkeiten, beispielsweise für die Ausführung von Skripts, die Sicherheitsrichtlinien und einiges andere mehr.
- *Administrative Vorlagen*: Alle anderen Einstellungen finden Sie unter dem Knoten ADMINISTRATIVE VORLAGEN. Die Konfiguration von zusätzlichen Softwarekomponenten oder des Erscheinungsbilds der Oberfläche nehmen Sie mit den Einstellmöglichkeiten vor, die Sie hier finden. Wenn Sie eigene Gruppenrichtlinien erstellen möchten, werden diese immer unterhalb des Knotens ADMINISTRATIVE VORLAGEN zu finden sein.

Sie sollten sich ruhig Zeit nehmen, in dem Wust von Konfigurationsmöglichkeiten zu stöbern. Man findet häufig Optionen mit dem »Könnte-ich-gut-einsetzen«-Effekt.

In dem Gruppenrichtlinienobjekt-Editor von Windows Server 2012 finden sich bereits die für Windows Vista (und alle Vorgängerversionen) benötigten Einstellmöglichkeiten. Windows Server 2012 R2 enthält bereits auch die für Windows 8.1 benötigten Konfigurationsmöglichkeiten.

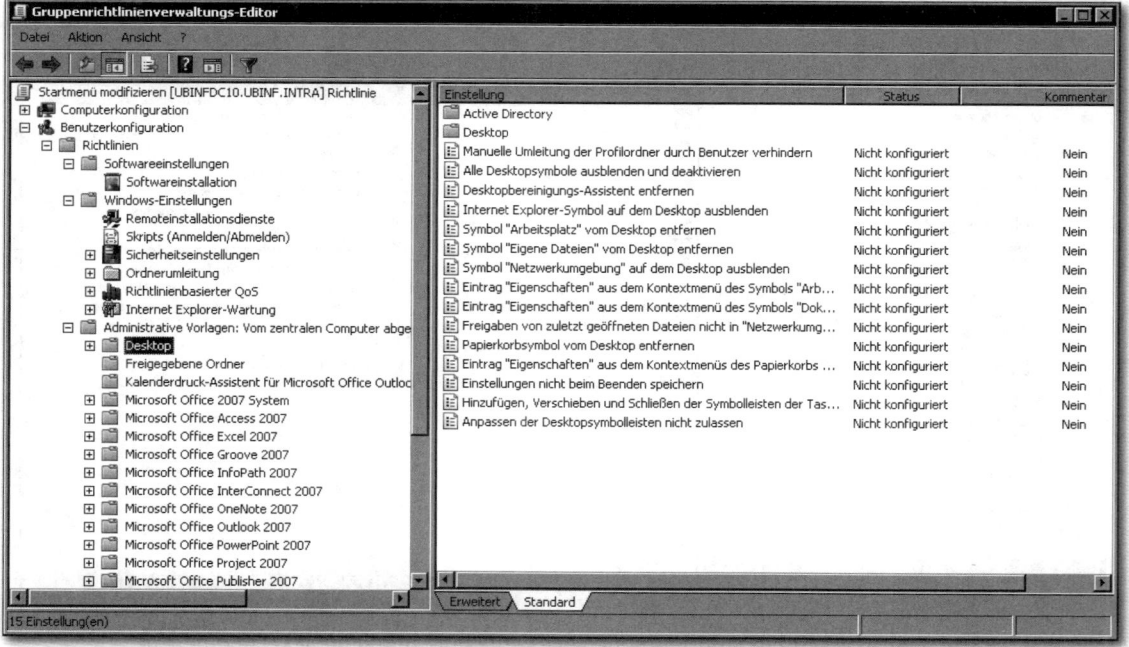

Abbildung 8.99 Der Bereich »Benutzerkonfiguration« des Gruppenrichtlinienobjekts beschäftigt sich primär mit der Fragestellung, auf welche Betriebssystemfunktionen der Benutzer Zugriff hat und wie das optische Erscheinungsbild sein soll.

Vermutlich wird es irgendwann ein Service-Pack zu Windows 8 und später eine neue Version des Client-Betriebssystems geben. Vermutlich wird es bei diesen Nachfolgeversionen weitere Einstellmöglichkeiten geben, die der heute installierten Windows Server 2012 R2-Version einfach noch nicht bekannt sind und die folglich nicht angezeigt werden. Da weitere Einstellmöglichkeiten über die ADMINISTRATIVEN VORLAGEN hinzugefügt werden können, können auch zukünftige Features der Clients mit den heute aktuellen Server-Versionen verwaltet werden.

Falls Sie auf den Clients das Betriebssystem in der Version Windows 8 einsetzen und Ihr Active Directory noch auf dem Stand von Windows 2000 ist, ist die Vorgehensweise identisch: Die administrativen Vorlagen für Windows 8 werden installiert, und demzufolge stehen in dem Gruppenrichtlinienobjekt-Editor des Windows 2000 Servers die Windows-8-Konfigurationsmöglichkeiten zur Verfügung.

> **Kleine Warnung**
> Sie haben durchaus die Möglichkeit, sich selbst auszusperren. Wenn Sie eine domänenweit gültige Gruppenrichtlinie definieren, die sämtlichen Benutzern alle Möglichkeiten auf dem Desktop wegnimmt, gilt das auch für Administratoren. Das ist dann – vorsichtig gesagt – schon sehr, sehr ungünstig.

8.4.3 Verteilung über Domänencontroller

Die Gruppenrichtlinien zu erstellen ist zwar schon gut, so richtig sinnvoll wird es aber erst, wenn diese auf den Clients auch zur Anwendung kommen.

Im Grunde genommen ist die Vorgehensweise nicht kompliziert. Abbildung 8.100 zeigt einen Blick mit ADSI-Editor in das Active Directory, genauer gesagt in den Abschnitt CN=System,CN=Policies des Domänennamenskontexts. Dort finden Sie mehrere mit einer GUID benannte Einträge: Dies sind die Gruppenrichtlinienobjekte. Wenn Sie sich die Attribute eines solchen Objekts anschauen, finden Sie beispielsweise den Anzeigenamen (displayName) der Gruppenrichtlinie und einen Pfad ins Dateisystem (gPCFileSysPath).

Der Pfad ins Dateisystem lässt darauf schließen, dass das eigentliche Regelwerk, also die Information über die zu setzenden Registry-Einstellungen, im Dateisystem gespeichert wird. Genau so verhält es sich: Jeder Domänencontroller verfügt über ein freigegebenes Verzeichnis *SYSVOL*, das einen Unterordner *Policies* enthält, in dem wiederum Unterordner vorhanden sind, die mit den GUIDs benannt sind, die Sie bereits in ADSI-Editor gesehen haben. Abbildung 8.101 zeigt den Blick in das entsprechende Verzeichnis einer Gruppenrichtlinie.

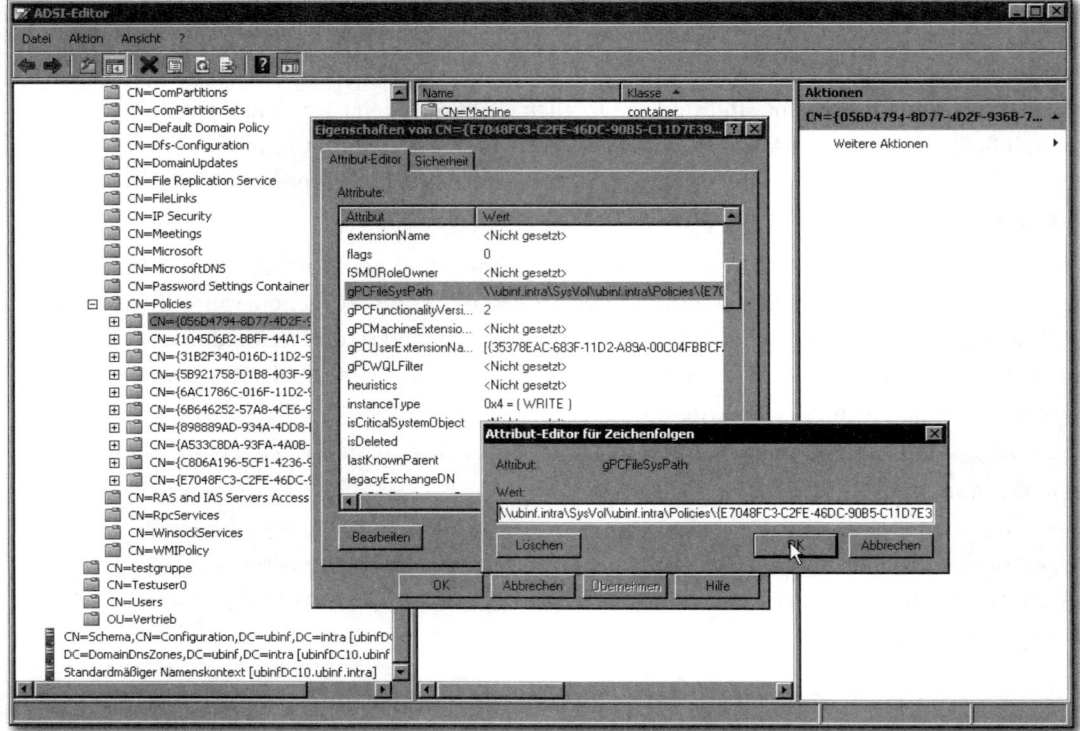

Abbildung 8.100 Die Informationen über die angelegten Gruppenrichtlinien finden Sie im Domänennamenskontext, hier mit ADSI-Editor. Zu sehen ist beispielsweise der Displayname und ein Pfad ins Dateisystem.

In dem Verzeichnis der Gruppenrichtlinie befindet sich ein Ordner *Machine* und ein Ordner *User*. In Letzterem liegt in diesem Fall eine Datei *Registry.pol*, die Informationen darüber enthält, was die Gruppenrichtlinie in der Registry einträgt. Je nach Inhalt des Gruppenrichtlinienobjekts können weitere Unterordner, Skriptdateien und dergleichen vorhanden sein. In dem gezeigten Gruppenrichtlinienobjekt-Verzeichnis ist neben *Machine* und *User* ein Ordner *Adm* vorhanden. Hier wird die Datei der verwendeten administrativen Vorlage gespeichert (mehr dazu folgt später in diesem Abschnitt).

Damit alle Domänencontroller einer Domäne die Gruppenrichtlinien bereitstellen können, ist es erforderlich, dass die *SYSVOL*-Verzeichnisse repliziert werden. Dies wird vom DFS-Replikationsdienst übernommen. Falls die Replikation der *SYSVOL*-Verzeichnisse nicht funktioniert, ist akut Handlungsbedarf vorhanden. Diese Störung wird zwar nicht zum Stillstand der gesamten Produktionsumgebung führen, trotzdem wird es Beeinträchtigungen geben, weil entweder nicht alle Clients die notwendigen Einstellungen erhalten und/oder Benutzer plötzlich ein anderes optisches Erscheinungsbild als am Vortag vorfinden – in Abhängigkeit von dem Domänencontroller, an dem die Anmeldung erfolgte.

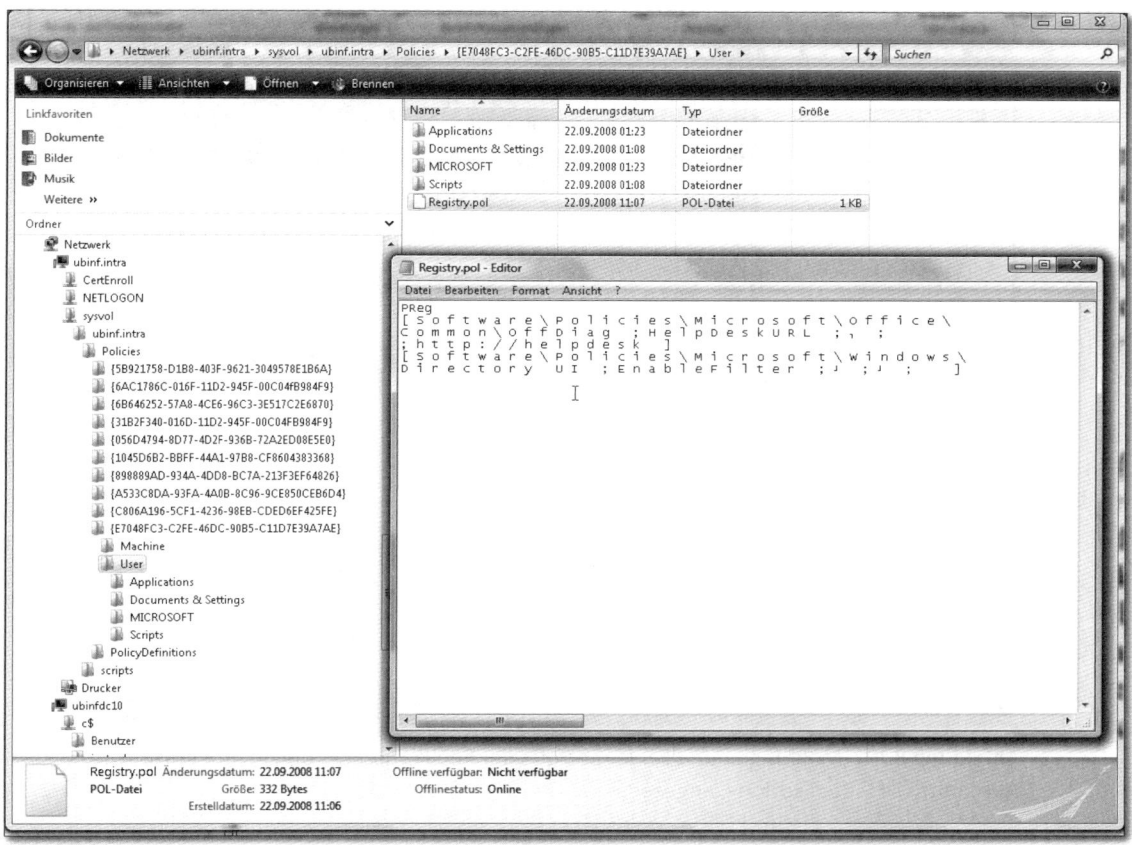

Abbildung 8.101 Die Dateien zu den Gruppenrichtlinienobjekten liegen in der Freigabe SYSVOL, die sich auf jedem Domänencontroller befindet.

Fehler des DFS-Replikationsdiensts werden im Ereignisprotokoll angezeigt. Unterhalb des Knotens ANWENDUNGS- UND DIENSTPROTOKOLLE befindet sich das benötigte Protokoll (Abbildung 8.102). Da es in einer etwas größeren Umgebung unmöglich sein wird, jederzeit alle Protokolle im Blick zu haben, bietet sich die Einführung eines automatischen Systems an, das solche Meldungen konsolidiert und möglichst auch interpretiert. Ein bewährtes und preislich einigermaßen moderates System ist der *Microsoft System Center Operations Manager* (SCOM).

Nachdem Sie nun wissen, wo die Gruppenrichtlinienobjekte angelegt werden, ergibt sich noch die Frage, wie die Zuordnung zu den Domänen, Organisationseinheiten und Standorten erfolgt. In Abbildung 8.103 sehen Sie in ADSI-Editor die Attribute der Organisationseinheit *Marketing*. Unter anderem ist auch das Attribut GPLINK vorhanden, das auf die Gruppenrichtlinienobjekte verweist, die von dieser OU verwendet werden sollen.

8 Active Directory-Domänendienste

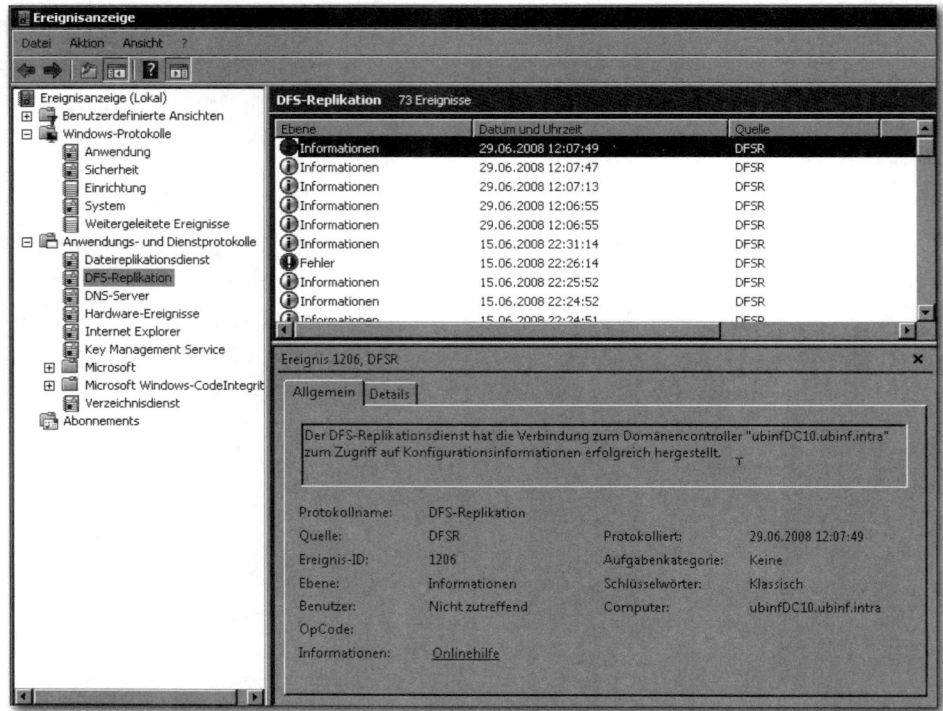

Abbildung 8.102 Meldungen und Fehler betreffs der Replikation werden im Ereignisprotokoll, Abschnitt »DFS-Replikation«, angezeigt.

Nachfolgend ist der Inhalt des GPLINK-Attributs aus Abbildung 8.103 aufgeführt; es sind zwei Verweise auf Gruppenrichtlinienobjekte. Die GUIDs (z. B. ist 056D4794-8D77-4D2F-936B-72A2ED08E5E0 eine GUID) finden Sie in Abbildung 8.100 und Abbildung 8.101.

```
[LDAP://cn={056D4794-8D77-4D2F-936B-72A2ED08E5E0},cn=policies,
cn=system,DC=ubinf,DC=intra;0]
[LDAP://cn={E7048FC3-C2FE-46DC-90B5-C11D7E39A7AE},cn=policies,
cn=system,DC=ubinf,DC=intra;0]
```

Nun wird auch das Gesamtbild klar, das auf der stark vereinfachten Darstellung in Abbildung 8.104 zu sehen ist:

- Organisationseinheiten, Domänen und Standorte speichern Verweise auf Gruppenrichtlinienobjekte.
- Eine Organisationseinheit, eine Domäne oder ein Standorte kann auf ein, mehrere oder kein Gruppenrichtlinienobjekt verweisen.
- Auf ein Gruppenrichtlinienobjekt kann von keiner, einer oder mehreren Organisationseinheiten/Domänen/Standorten verwiesen werden.

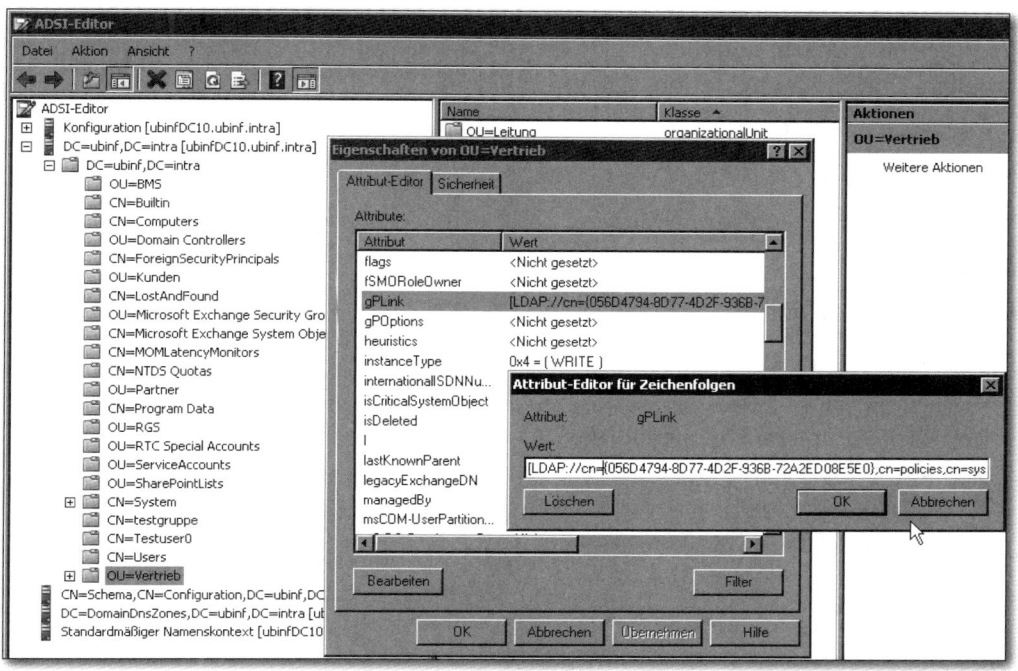

Abbildung 8.103 Die Organisationseinheit verfügt über das Attribut »gPLink«, das Verweise auf Gruppenrichtlinienobjekte enthält.

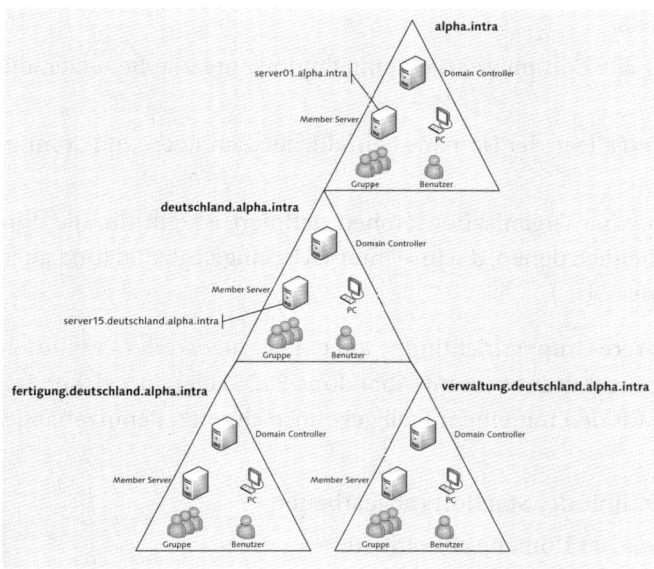

Abbildung 8.104 Standorte und Organisationseinheiten speichern Verweise auf Gruppenrichtlinienobjekte.

Es ist wichtig, diese Zusammenhänge zu verstehen – sonst wird man unter Umständen funktionsgleiche Gruppenrichtlinienobjekte doppelt anlegen und sich eventuell über die Formulierung in einigen Konfigurationsdialogen wundern.

8.4.4 Vererbung

Wie gesagt können Gruppenrichtlinien an drei »Orten« angelegt werden:

- Domäne
- Organisationseinheit
- Standort

> **Drei lokale Gruppenrichtlinienobjekte**
>
> Wichtig zu erwähnen ist, dass Betriebssysteme ab Windows Vista und Windows Server 2008 zusätzlich über *drei lokale Gruppenrichtlinienobjekte* verfügen. Insofern gibt es für diese Betriebssysteme vier »Orte«, an denen Gruppenrichtlinien gespeichert werden. Mehr dazu erfahren Sie in Abschnitt 8.4.8.

Die Gültigkeitsbereiche der Gruppenrichtlinie sind einfach zu verstehen:

- Eine lokale Gruppenrichtlinie gilt verständlicherweise nur auf dem lokalen Computer. Windows Vista/7/8/8.1 und Windows Server 2008/2012/R2 verfügen über drei lokale GPOs, die eine zusätzliche Einschränkung des Gültigkeitsbereichs ermöglichen. Mehr dazu finden Sie in Abschnitt 8.4.8.
- Eine Standortrichtlinie gilt für alle Computer an einem Standort und alle Benutzer, die sich dort anmelden.
- Eine Domänenrichtlinie wird auf alle in der Domäne befindlichen Benutzer- und Computer angewendet.
- Eine Gruppenrichtlinie, die in einer Organisationseinheit definiert ist, gilt für alle dort angesiedelten Objekte, einschließlich denen, die in »Unter-OUs« angelegt sind (und auch für die in der OU in der OU in der OU...).

Es wirken also offensichtlich mehrere Gruppenrichtlinien auf ein Benutzer- oder Computer-Objekt. Daher ist die Reihenfolge nicht uninteressant. Abbildung 8.105 zeigt, in welcher Reihenfolge die Gruppenrichtlinien für den mit einem Pfeil gekennzeichneten Benutzer abgearbeitet werden:

1. Zunächst wird die Gruppenrichtlinie des Standorts abgearbeitet.
2. Dann wird die Gruppenrichtlinie der Domäne abgearbeitet.
3. Als Nächstes wird die Gruppenrichtlinie der »äußeren« Organizational Unit abgearbeitet.
4. Zuletzt wird die Gruppenrichtlinie der »inneren« OU verarbeitet.

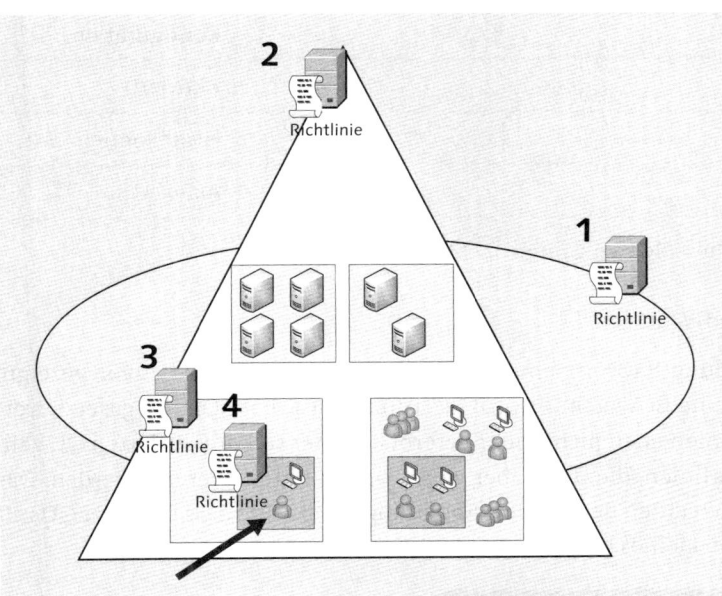

Abbildung 8.105 Die Reihenfolge, in der die Gruppenrichtlinien abgearbeitet werden

---

Schritt 0

In einem (nicht in der Zeichnung abgebildeten) Schritt 0 werden bei Betriebssystemen ab Windows Vista und Windows Server 2008 die lokalen GPOs verarbeitet.

Die Gruppenrichtlinien überschreiben sich in der Reihenfolge der Abarbeitung und wirken additiv. Ein »praktisches Beispiel« sehen Sie in der folgenden Tabelle, die auch die genaue Abarbeitungsreihenfolge zeigt:

Richtlinie	Konfiguration
Vista/7/8, WS2008/R2/2012/R2: Lokale GPO	Nicht konfiguriert
Vista/7/8, WS2008/R2/2012/R2: Lokale GPO für Admin-Konten oder Nicht-Admin-Konten	Nicht konfiguriert
Vista/7/8, WS2008/R2/2012/R2: Lokale benutzerspezifische GPO	Nicht konfiguriert
Standort	Aktiviert
Domain	Deaktiviert

Tabelle 8.2 Abarbeitungsreihenfolge der Gruppenrichtlinien

Richtlinie	Konfiguration
OU 1 (»äußere«)	Aktiviert
OU2 (»innere«)	Nicht konfiguriert
Resultat	Aktiviert

Tabelle 8.2 Abarbeitungsreihenfolge der Gruppenrichtlinien (Forts.)

Ist das so weit einleuchtend? Gut!

In dem Dialog aus Abbildung 8.106 ist eine Option zu erkennen, die die zuvor gezeigte Tabelle nichtig macht – sie heißt VERERBUNG DEAKTIVIEREN. Ist diese Option gesetzt, werden übergeordnete Richtlinien eben nicht mehr vererbt. In einer so konfigurierten OU zählen nur deren eigene Richtlinien, die dann aber weiter »nach unten« vererbt werden. Das kleinere Bildschirmfoto im rechten Bereich von Abbildung 8.106 zeigt, dass bei einer OU mit deaktivierter Vererbung ein kleines blaues Aufrufezeichen angezeigt wird.

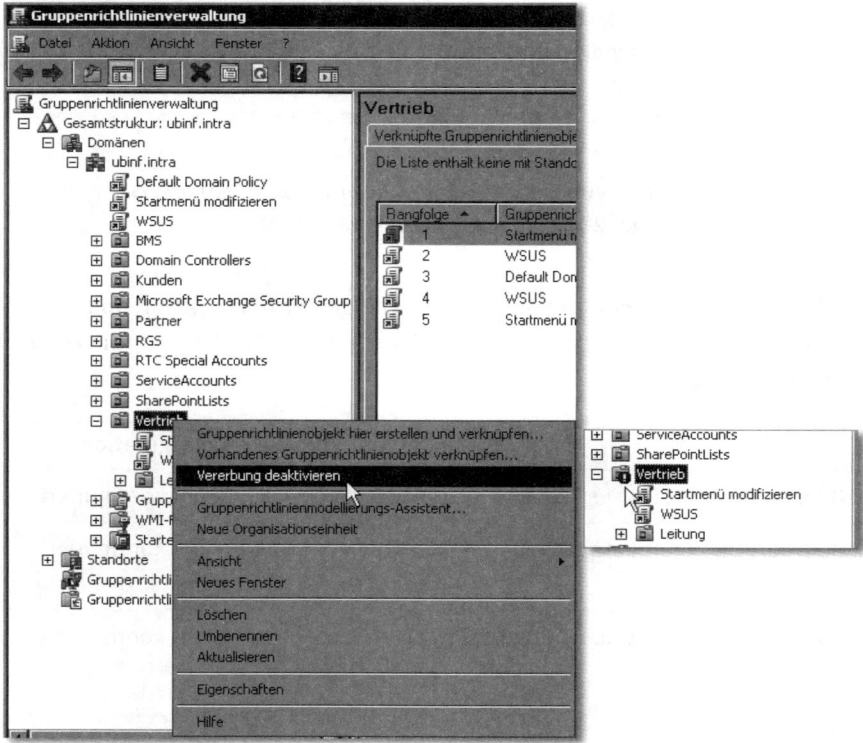

Abbildung 8.106 Die Vererbung der Gruppenrichtlinien kann deaktiviert werden. Ist für eine OU die Vererbung deaktiviert, wird sie mit einem kleinen blauen Ausrufezeichen versehen (rechts).

8.4 Gruppenrichtlinien

> **Gruppenrichtlinienverwaltung**
> Den Umgang mit dem Konfigurationswerkzeug GRUPPENRICHTLINIENVERWALTUNG zeige ich recht ausführlich in Abschnitt 8.4.11, »Zuweisen und Bearbeiten von Gruppenrichtlinien«. Dort sehen Sie auch, wie man mit dem Werkzeug anzeigt, welche Gruppenrichtlinienobjekte in einer OU tatsächlich angewendet werden.

Abbildung 8.107 zeigt, dass in der Gruppenrichtlinienverwaltung bei einem Standort der Menüpunkt VERERBUNG DEAKTIVIEREN nicht vorhanden ist. Der Grund ist, dass es bei Standorten keine Vererbung geben kann:

- Oberhalb einer OU könnte eine andere OU angesiedelt sein, in jedem Fall ist über einer OU eine Domäne.
- In der physikalischen Struktur des Active Directory gibt es keinen übergeordneten Standort oder »Unterstandort« – Standorte befinden sich sozusagen alle auf derselben Hierarchieebene. Daher kann es auch keine Vererbung geben, was wiederum bedeutet, dass die Einstellung VERERBUNG DEAKTIVIEREN nicht relevant und darum nicht vorhanden ist.

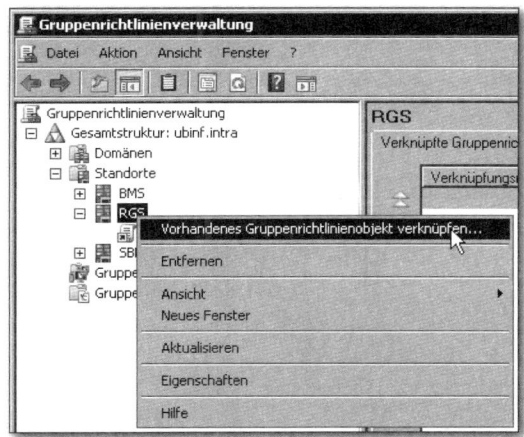

Abbildung 8.107 Bei Standorten gibt es kein »Vererbung deaktivieren«.

Ansonsten gilt auch bei Gruppenrichtlinienobjekt-Verknüpfungen für Standorte, dass bei überlappenden Einstellungen die in der Liste höher angeordnete Einstellung »gewinnt«.

8.4.5 Sicherheit und Vorrang

Wie alle anderen Objekte im Active Directory hat auch ein Gruppenrichtlinienobjekt Sicherheitseinstellungen. Standardmäßig können AUTHENTIFIZIERTE BENUTZER ein Gruppenrichtlinienobjekt lesen (Abbildung 8.108). Verweigert man einer bestimmten Person oder einer Gruppe die Leseberechtigung, kann bei diesen das Gruppenrichtlinienobjekt nicht angewendet werden, selbst wenn in der Organisationseinheit bzw. der Domäne oder an dem Standort eine Verknüpfung vorhanden ist. Man könnte sich folgendes Szenario überlegen:

- Für die Organisationseinheit *Vertrieb* wird ein Gruppenrichtlinienobjekt angelegt. Genauer gesagt: Es wird ein Gruppenrichtlinienobjekt angelegt und in der OU *Vertrieb* eine Verknüpfung auf dieses angelegt.
- Bei allen Vertriebsmitarbeitern bis auf Naomi Wolf sollen die dort definierten Einstellungen angewendet werden. Naomi Wolfs Benutzerobjekt ist aber in der OU gespeichert und soll dort auch bleiben.
- Wenn man Naomi gezielt den Zugriff auf dieses Gruppenrichtlinienobjekt verweigert (verweigern ist stärker als vererbter Zugriff), wird es bei ihr nicht angewendet werden.

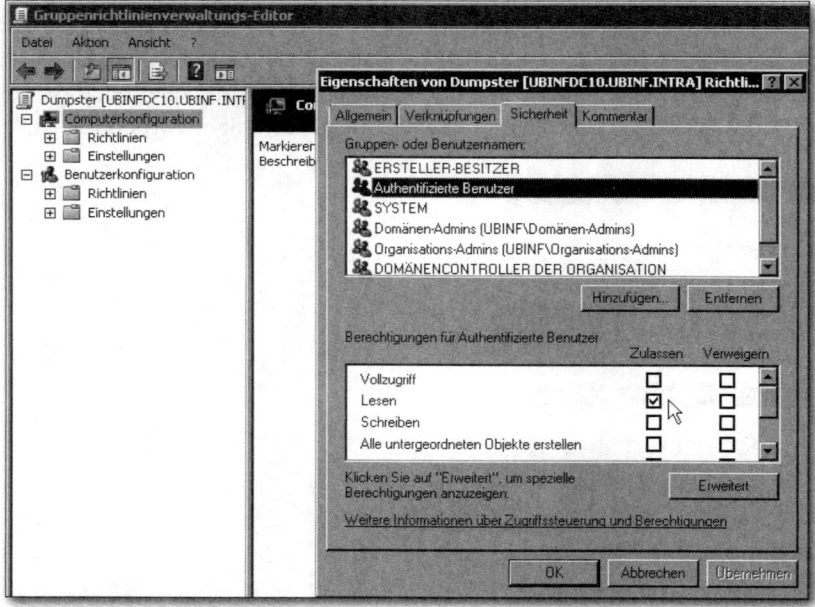

Abbildung 8.108 Auch die Gruppenrichtlinienobjekte sind mit Sicherheitseinstellungen versehen.

Ich persönlich bin kein Freund dieser Vorgehensweise, weil es irgendwann weitgehend unüberschaubar ist, bei wem welche Gruppenrichtlinie zur Anwendung kommt. Wenn es notwendig ist, bestimmte Benutzer vor einem Gruppenrichtlinienobjekt »zu schützen«, können Sie diesen Weg gehen, es sollte aber eine Ausnahme bleiben.

Denken Sie daran, dass sich das Ändern der Sicherheitseinstellung auf das Gruppenrichtlinienobjekt und nicht auf eine einzelne Verknüpfung bezieht.

Etwas weiter vorn haben Sie die Möglichkeit VERERBUNG DEAKTIVIEREN kennengelernt. Es gibt auch das genaue Gegenteil, nämlich die Einstellung ERZWUNGEN (Abbildung 8.109).

8.4 Gruppenrichtlinien

> **Hinweis**
>
> Blitzinfo für »alte AD-Hasen«: Früher hieß diese Option Kein Vorrang.

Diese Option bewirkt, dass die in einer Gruppenrichtlinie festgelegten Einstellungen nicht von einer »späteren« Richtlinie überschrieben werden können. Ein kleines Beispiel:

- Auf der Ebene der Domäne legen Sie mittels einer Verknüpfung auf ein Gruppenrichtlinienobjekt fest, dass der Hintergrund des Bildschirms schweinchenrosa sein muss.
- Im Normalfall könnte auf der Ebene der Organisationseinheiten festgelegt werden, dass die Hintergrundfarbe Babyblau sein soll. Die OU-Richtlinie überschreibt die Domänenrichtlinie.
- Wenn auf Domänenebene die *Verknüpfung*soption (!) Kein Vorrang gesetzt wird, werden sämtliche Bildschirmhintergründe aller Systeme in der Domäne schweinchenrosa sein.

Erzwungen ist übrigens auch »stärker« als Vererbung deaktivieren. Diese Option ist beispielsweise nicht unpraktisch, wenn in Ihrer Organisation die Verwaltung der OUs inklusive Gruppenrichtlinien an »Unteradministratoren« delegiert ist. Gruppenrichtlinien, die Ihnen wichtig erscheinen, können Sie dann trotzdem durchsetzen, egal ob der Kollege keine Bildschirmhintergründe in Schweinchenrosa mag.

Beachten Sie, dass Erzwungen eine Verknüpfungsoption ist. Mit den vorherigen Erklärungen werden Sie leicht verstehen können, was das bedeutet.

Der Dialog aus Abbildung 8.109 bietet weiterhin die Möglichkeit, eine Verknüpfung zu deaktivieren.

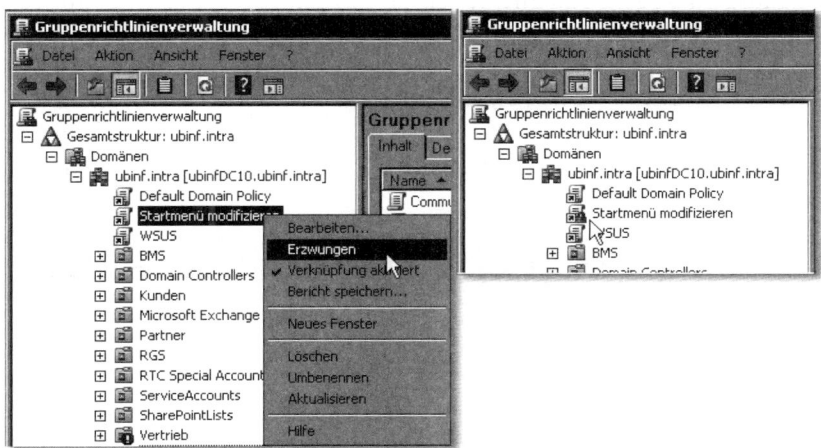

Abbildung 8.109 Ist die Option »Erzwungen« gesetzt, können vererbte Gruppenrichtlinien-Einstellungen nicht mehr überschrieben werden. Eine entsprechend konfigurierte Verknüpfung wird mit einem kleinen Schloss angezeigt.

8.4.6 Filter

Eine weitere Möglichkeit, die Anwendung einer Gruppenrichtlinie zu bestimmen, ist die Verwendung von WMI-Filtern. Filterkriterien können über die WMI Query Language formuliert werden und beziehen sich zumeist auf Hardware- und/oder Betriebssystem-Gegebenheiten. Interessant ist das insbesondere bei Richtlinien zur Verteilung von Software: Sie können beispielsweise festlegen, dass die Installation (d.h. die Anwendung der Richtlinie) nur dann erfolgt, wenn mindestens 2 GB freier Plattenspeicher vorhanden sind und das Betriebssystem Windows XP ist.

Die Verwendung von Filtern wird im weiteren Verlauf des Kapitels am Beispiel vorgeführt.

8.4.7 Abarbeitungsreihenfolge, mehr Details

Weiter vorn habe ich bereits zwei wichtige Sachverhalte genannt:

- Innerhalb einer Domäne findet eine Vererbung der Gruppenrichtlinien statt, d.h., eine Organisationseinheit (OU) erbt immer die Gruppenrichtlinien der höheren OU, wobei der Vorgang transitiv ist. Die Vererbung kann bei Bedarf deaktiviert werden; durch die Einstellung ERZWUNGEN kann das aber wiederum außer Kraft gesetzt werden.
- Wenn Sie Einstellungen konfigurieren, ist es in den meisten Fällen günstiger, diese in verschiedene Gruppenrichtlinienobjekte (GPOs) aufzuteilen. Hierdurch wird es einerseits übersichtlicher, andererseits verbessert sich auch die Wiederverwendbarkeit des einzelnen GPOs.

Wenn Sie also, wie in Abbildung 8.110 gezeigt, mehrere Verknüpfungen erstellt haben, ist die Verknüpfungsreihenfolge konfigurierbar. Sie sehen die Zahlen in der ersten Spalte: Diese gibt die Abarbeitungsreihenfolge an. Beachten Sie, dass die Verknüpfung mit der niedrigsten Ordnungszahl zuletzt ausgeführt wird und im Zweifelsfall von den »Vorgängern« getroffene Änderungen überschreibt.

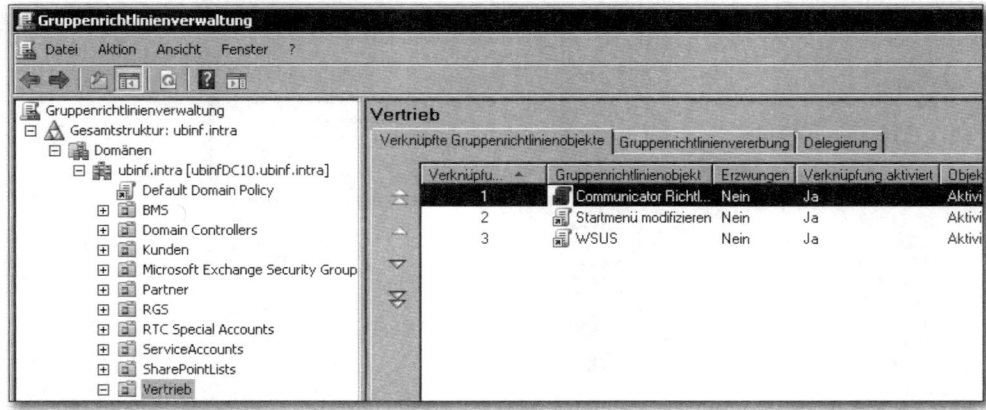

Abbildung 8.110 Wenn Sie mehrere Verknüpfungen zu Gruppenrichtlinienobjekten angelegt haben, ist deren Reihenfolge wichtig.

Nun dürfte der »Überschreiben-Fall« eigentlich nie auftreten – wenn er es doch tut, würde ich empfehlen, zunächst dieses organisatorische Problem zu lösen. Auf der Abbildung habe ich drei Verknüpfungen vorgenommen, nämlich zu einem GPO mit Richtlinien für Office Communicator, einem zur Modifikation des Startmenüs und einem für die Konfiguration des WSUS-Clients. Da jeweils gänzlich unterschiedliche Einstellungen vorgenommen worden sind, gibt es kein Überschreiben, sodass die Verarbeitungsreihenfolge letztendlich keine Rolle spielt – man sollte dieses Verfahren aber trotzdem kennen.

Zum Stichwort »Abarbeitungsreihenfolge« gibt es in der Gruppenrichtlinienverwaltung noch ein wertvolles Mini-Werkzeug, auf das ich Sie an dieser Stelle hinweisen möchte (Abbildung 8.111): Auf der Registerkarte GRUPPENRICHTLINIENVERERBUNG findet sich eine Darstellung der angewendeten Richtlinien nebst RANGFOLGE. Es gilt, dass das Gruppenrichtlinienobjekt mit der kleinsten Ordnungszahl das zuletzt ausgeführte ist, dessen Einstellungen also »gelten«, sofern nicht zuvor für eine bestimmte Einstellung das Attribut *Erzwungen* gesetzt worden ist.

Gruppenrichtlinienmodellierung

Wenn Sie intensiver »forschen« möchten, bietet auch die Ansicht GRUPPENRICHTLINIENVERERBUNG zu wenige Details, sondern nur erste Anhaltspunkte. Genauere Informationen liefert die Funktion GRUPPENRICHTLINIENMODELLIERUNG, die später vorgestellt wird. Alte AD-Hasen kennen diese Funktion als RICHTLINIENERGEBNISSATZ.

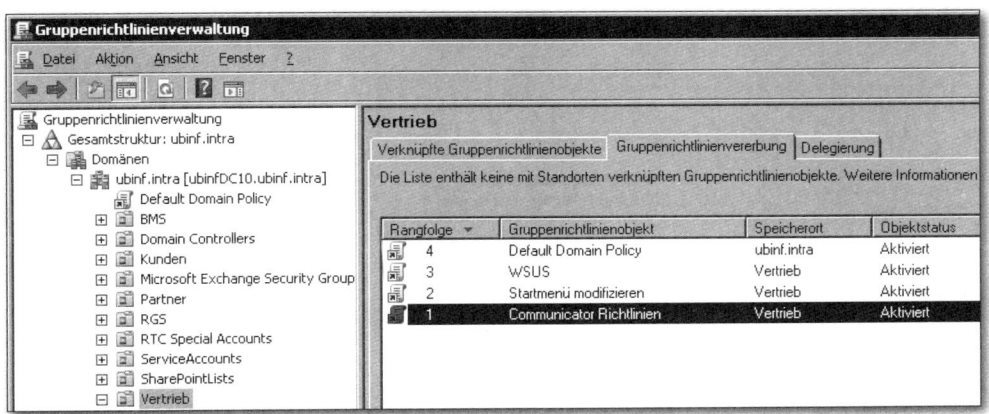

Abbildung 8.111 Auf der Registerkarte »Gruppenrichtlinienvererbung« gibt es einen Schnellüberblick über die Reihenfolge der Abarbeitung.

8.4.8 Lokale GPOs (ab Windows Vista und Windows Server 2008)

Die Betriebssysteme ab Windows Vista und Windows Server 2008 kennen vier lokale Gruppenrichtlinienobjekte (GPOs), mit denen erstaunlicherweise Einstellungen des lokalen Computers konfiguriert werden können:

- das lokale Richtlinienobjekt (Local Policy Object)
- ein GPO für Administratoren und eines für Nicht-Administratoren
- ein benutzerspezifisches lokales GPO

Diese GPOs, die übrigens bei der Verarbeitung die niedrigste Rangfolge haben (d.h. ihre Einstellungen werden von den Active Directory-basierten GPOs überschrieben, falls es divergierende Einstellungen gibt), sind beispielsweise dann sinnvoll, wenn Sie in Ihrem Unternehmen »spezielle« Computer haben, für die Sie zusätzliche Einstellungen vornehmen müssen.

Das Konfigurieren der lokalen Gruppenrichtlinien funktioniert letztendlich nicht anders als bei den »normalen« Active Directory-basierten Richtlinien. Natürlich gibt es keine Verknüpfungen, sondern es wird direkt das jeweilige Gruppenrichtlinienobjekt bearbeitet.

Ich zeige Ihnen nachfolgend im Schnelldurchlauf, wie man zur Konfiguration der jeweiligen Richtlinie gelangt. Die Screenshots sind übrigens auf einem Vista-PC entstanden – auf dem Server ab Windows Server 2008 sehen die Dialoge aber genauso aus.

Das lokale Richtlinienobjekt bearbeiten

Um das lokale Richtlinienobjekt zu bearbeiten, starten Sie die Management Console (mmc.exe) und wählen das Hinzufügen eines Snap-Ins. In dem Dialog, der sich dann öffnet, fügen Sie das Snap-In *Gruppenrichtlinienobjekt-Editor* hinzu und wählen in dem sich dann öffnenden Snap-In das vorgegebene Gruppenrichtlinienobjekt LOKALER COMPUTER (Abbildung 8.112). Das war's schon.

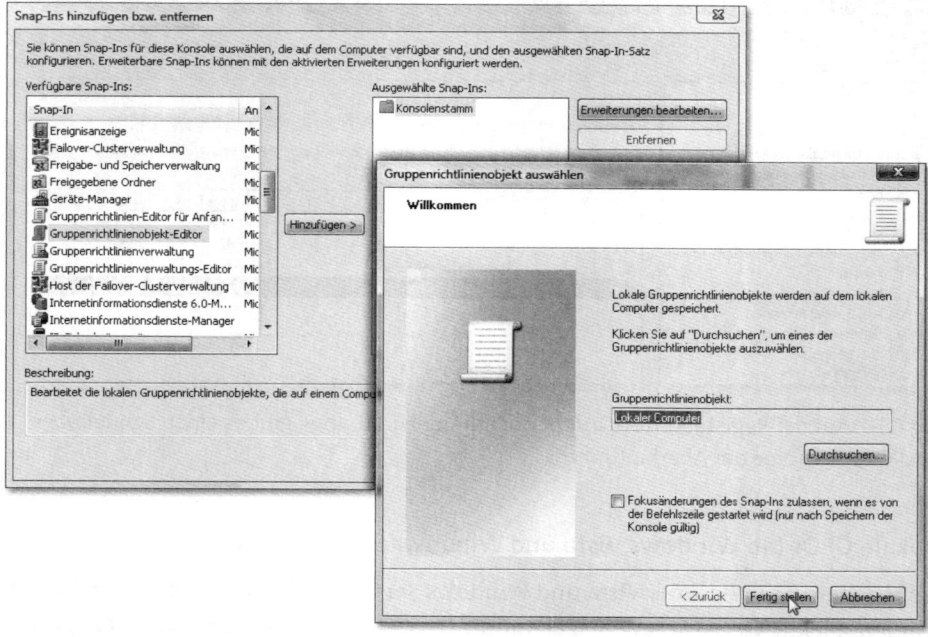

Abbildung 8.112 Um das lokale Richtlinienobjekt zu bearbeiten, öffnen Sie die entsprechende Konsole.

In Abbildung 8.113 sehen Sie die geöffnete lokale Richtlinie. Bezüglich der Konfiguration ist es in der Tat ein »ganz normales« GPO, in dem sowohl Computer- als auch Benutzereinstellungen vorgenommen werden können.

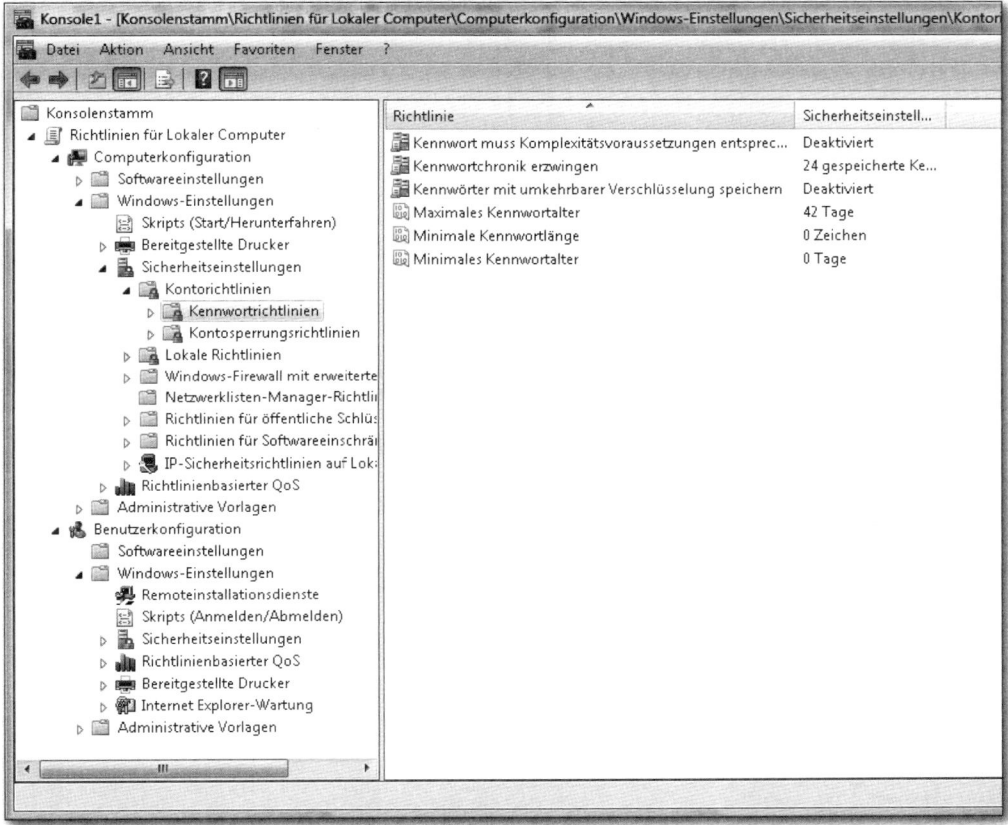

Abbildung 8.113 Das Bearbeiten der »Richtlinien für Lokaler Computer«. Im Grunde genommen ist es ein ganz normales GPO.

GPO für Administratoren und Nicht-Administratoren bearbeiten

Das GPO für Administratoren und Nicht-Administratoren ist insofern eine ganz »pfiffige« Angelegenheit, als dass Sie beispielsweise für lokale Admins weniger restriktive Einstellungen als für Nicht-Admins konfigurieren können.

Das Öffnen dieser Richtlinien funktioniert wie im zuvor beschriebenen Fall über das Gruppenrichtlinienobjekt-Editor-Snap-In. Der einzige Unterschied ist, dass Sie in diesem Fall nicht das vorgegebene Objekt bestätigen, sondern DURCHSUCHEN anklicken und sich im folgenden Dialog entweder für die Gruppe ADMINISTRATOREN bzw. NICHT-ADMINISTRATOREN entscheiden (Abbildung 8.114).

8 Active Directory-Domänendienste

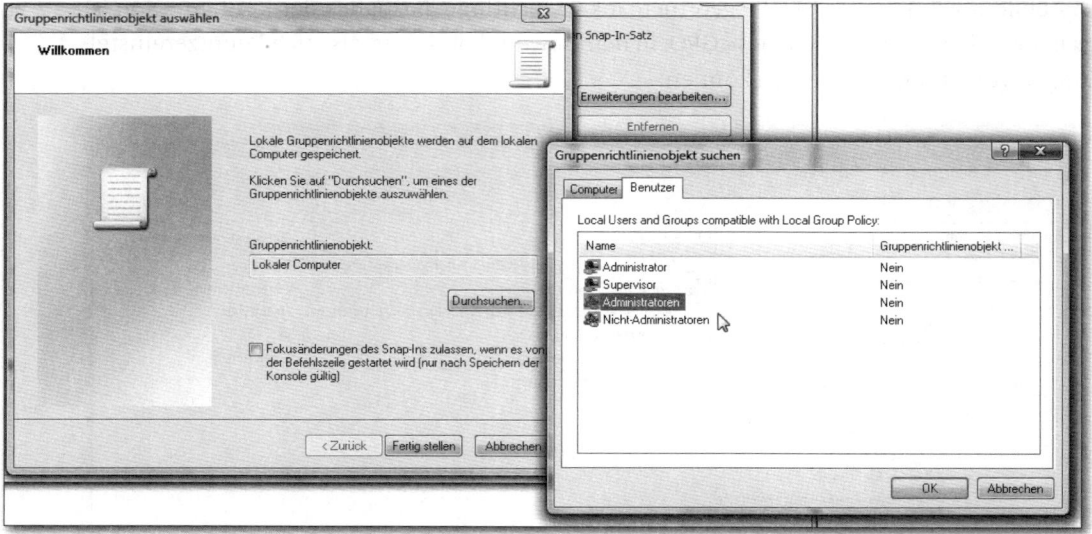

Abbildung 8.114 In diesem Dialog lassen sich die Gruppen »Administratoren« und »Nicht-Administratoren« sowie einzelne Benutzer auswählen.

In Abbildung 8.115 habe ich beide Richtlinien in einer Konsole geöffnet (dazu habe ich einfach zweimal das Snap-In mit unterschiedlichen Einstellungen hinzugefügt). Zu erkennen ist, dass es »nur« Benutzereinstellungen gibt – schließlich handelt es sich hierbei um eine reine Benutzer-GPO.

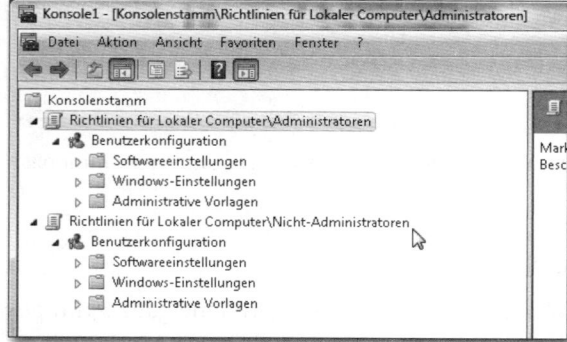

Abbildung 8.115 Hier werden die Einstellungen für lokale Administratoren und lokale Nicht-Administratoren zur Bearbeitung angezeigt.

Benutzerspezifische GPOs

Um ein lokales benutzerspezifisches GPO zu erstellen, beginnen Sie wie in dem zuvor gezeigten Fall. In dem Dialog aus Abbildung 8.114 entscheiden Sie sich für den Benutzer, für den die Richtlinie erstellt werden soll.

Zu beachten ist, dass Sie hier lediglich aus lokalen Benutzern auswählen können. Eine spezielle lokale Richtlinie für einen bestimmten Domänenbenutzer können Sie leider nicht erstellen.

8.4.9 Starter-Gruppenrichtlinienobjekte / Starter-GPOs

Die Vererbung von Gruppenrichtlinien-Einstellungen ist ohne Zweifel eine sehr leistungsfähige Funktionalität, die aber nicht immer greift:

- Es könnte Szenarien geben, in denen ähnliche Abteilungen unternehmensweit so über die Domäne verteilt sind, dass die Einstellungen nicht über Vererbung vorgenommen werden können. Dies passiert beispielsweise, wenn das AD nach einem geografischen Modell aufgebaut ist und es an mehreren Standorten OUs mit Vertriebsmitarbeitern gibt.
- Über Domänengrenzen hinweg gibt es keine GPO-Vererbung. Wenn also alle Vertriebsmitarbeiter eines Konzerns mit mehreren Domänen die gleichen Einstellungen erhalten sollen, muss in jeder Domäne ein Gruppenrichtlinienobjekt angelegt werden.

Mit Windows Server 2008 haben Sie eine Möglichkeit, um das »Immer-Wieder-Abtippen« von bestimmten Einstellungen zu vermeiden – die Lösung lautet STARTER-GRUPPENRICHTLINIENOBJEKTE (Starter-GPO). Diese können Sie sich als eine Art »Vorlage« vorstellen, die beim Erstellen von neuen Objekten herangezogen werden kann. Es gibt zwischen dem Starter-GPO und dem daraus erstellten Gruppenrichtlinienobjekt keine Vererbung, vielmehr handelt es sich um einen einmaligen Kopiervorgang.

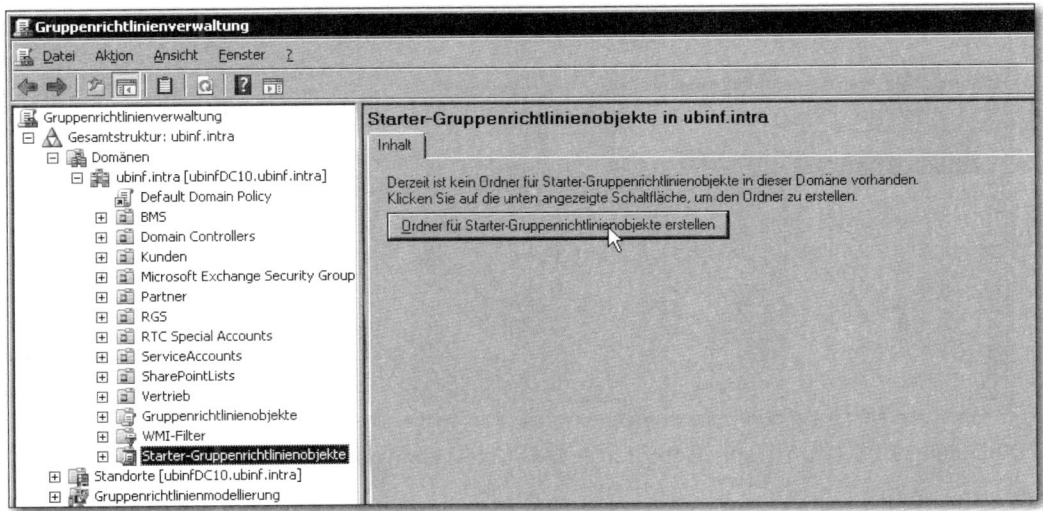

Abbildung 8.116 Beim ersten Anzeigen des Knotens »Starter-Gruppenrichtlinienobjekte« wird das Anlegen eines Ordners angeboten.

Wenn Sie in der Gruppenrichtlinienverwaltung einen gezielten Blick in eine Domäne riskieren, werden Sie beim ersten Zugriff den Hinweis erhalten, dass noch kein Ordner für Starter-Gruppenrichtlinienobjekte in der Domäne vorhanden ist (Abbildung 8.116). Der Erstellungsvorgang, den Sie per Mausklick auslösen, läuft ohne weitere Eingaben oder sonstige vom Administrator auszuführende Aktionen ab.

Anlegen

Um ein neues Starter-Gruppenrichtlinienobjekt zu erstellen, wählen Sie zunächst im Kontextmenü des Starter-Gruppenrichtlinienobjekt-Containers den Menüpunkt NEU (welche Überraschung). Der sich daraufhin öffnende Dialog ist maximal unspektakulär, denn Sie können nur einen Namen und einen Kommentar eingeben (Abbildung 8.117).

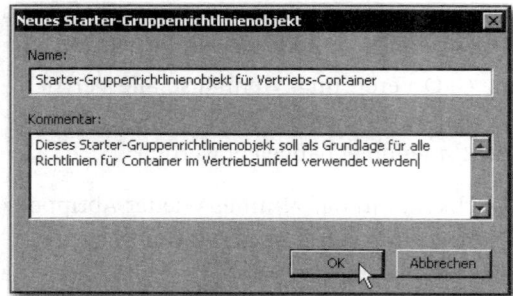

Abbildung 8.117 Das Anlegen eines neuen Starter-GPOs – nicht wirklich spektakulär

Die eigentliche Arbeit beginnt, wenn das neue Objekt angelegt ist. Sie wählen dann in dessen Kontextmenü den Menüpunkt BEARBEITEN (Abbildung 8.118).

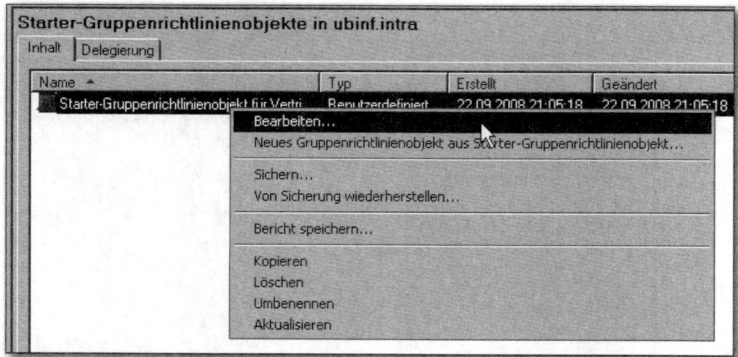

Abbildung 8.118 Das neu angelegte Starter-GPO-Objekt kann nun bearbeitet werden.

Das Bearbeiten der Einstellungen des Starter-Gruppenrichtlinienobjekts geschieht mit einer etwas modifizierten Version des Gruppenrichtlinien-Editors. Sie sehen in Abbildung 8.119 die im Grunde bekannte Applikation, in der sowohl der Knoten COMPUTERKONFIGURATION als auch der Knoten BENUTZERKONFIGURATION vorhanden ist. Sie können aber »nur« ADMINISTRATIVE VORLAGEN bearbeiten.

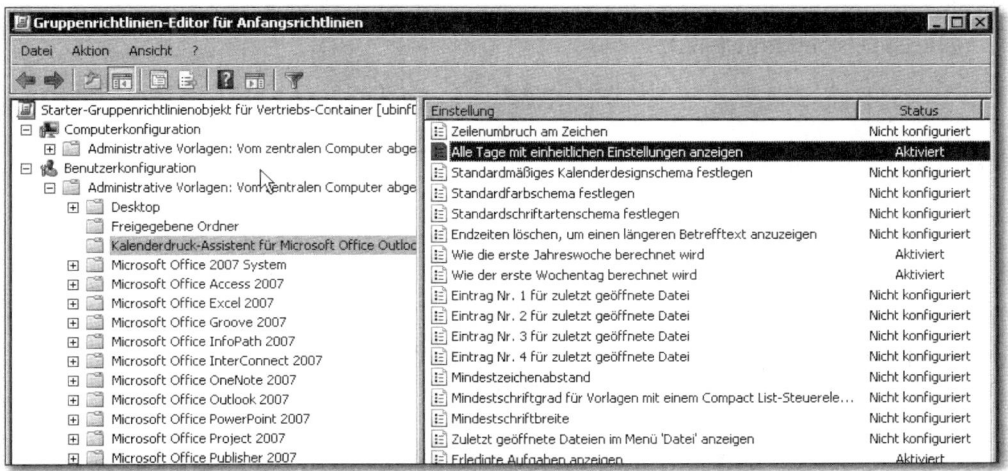

Abbildung 8.119 Das Bearbeiten der Starter-GPOs erfolgt wie gewohnt im Gruppenrichtlinien-Editor. Es gibt allerdings »nur« den Knoten »Administrative Vorlagen«.

Wenn Sie die gewünschten Einstellungen vorgenommen haben, können Sie den Editor verlassen und das Starter-Gruppenrichtlinienobjekt verwenden.

Anwenden

Um ein neues Gruppenrichtlinienobjekt aus einem Starter-Gruppenrichtlinienobjekt zu erstellen, wählen Sie im Kontextmenü des letztgenannten den entsprechenden Menüpunkt (Abbildung 8.120).

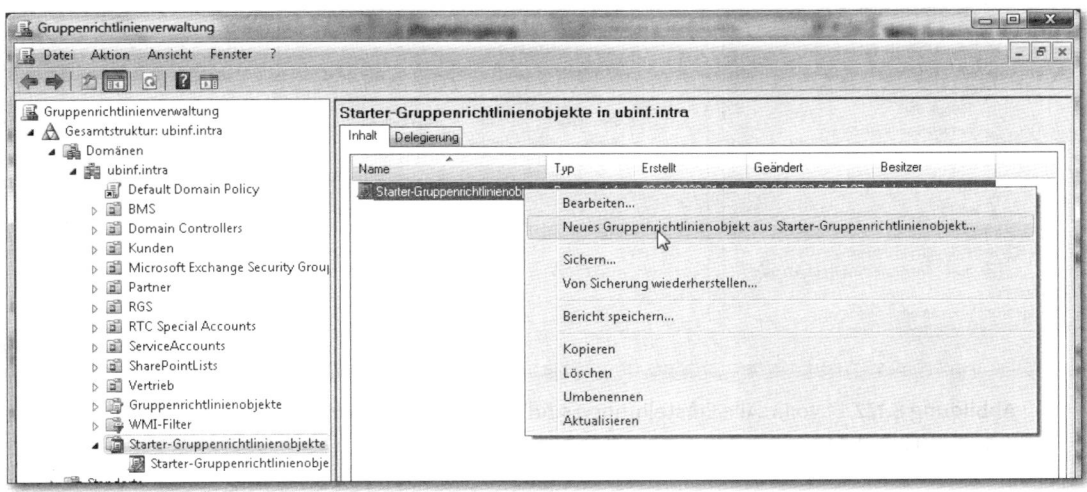

Abbildung 8.120 So wird ein neues Gruppenrichtlinienobjekt aus dem Starter-GPO erstellt.

Die einzige Eingabe, die nun von Ihnen verlangt wird, ist die Festlegung eines Namens für das neue GPO (Abbildung 8.121).

Abbildung 8.121 Bei der Erstellung des neuen Gruppenrichtlinienobjekts muss lediglich der Name angegeben werden.

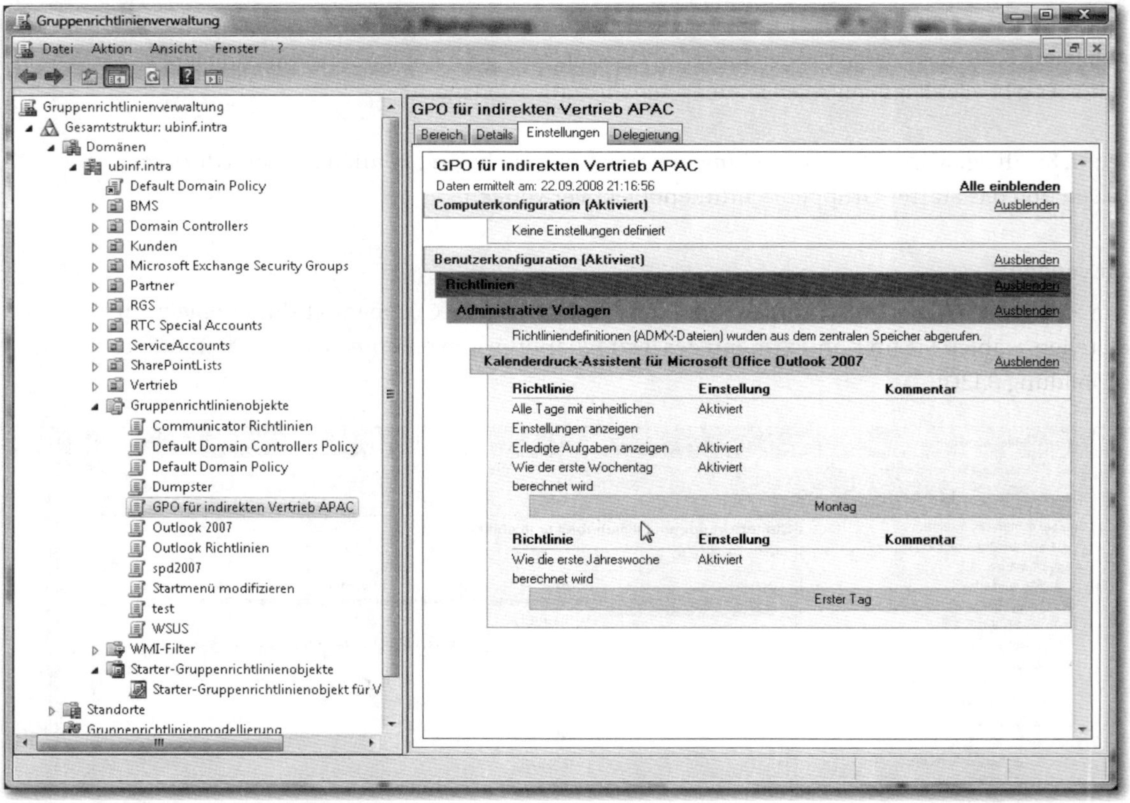

Abbildung 8.122 Et voilà: Alle Einstellungen sind in dem neuen Objekt vorhanden. Es kann nun noch modifiziert und dann einer OU zugewiesen werden.

Einen kurzen Augenblick später wird das neue GPO im Container GRUPPENRICHTLINIEN-OBJEKTE vorhanden sein. Eine erste kurze Inspektion zeigt, dass die Einstellungen des Starter-Objekts korrekt übertragen worden sind (Abbildung 8.122).

Nun können Sie bei Bedarf noch die ein oder andere Ergänzung oder Änderung vornehmen und dann die Verknüpfungen mit den OUs (oder der Domäne oder den Standorten) erstellen. Fertig.

Sichern & Co.

Etwas zu sichern ist in der IT immer eine gute Idee – um das zu erfahren, haben Sie aber bestimmt nicht dieses Buch gekauft. Gerade im Zusammenhang mit den Starter-Gruppenrichtlinienobjekten gibt es in der Tat noch einen anderen Anwendungsfall.

Wenn Sie ein Starter-Gruppenrichtlinienobjekt außerhalb »seiner« Domäne verwenden möchten, müssen Sie es sichern und in der zweiten Domäne zurücksichern. Das ist angenehmerweise simpel:

▶ Zunächst sichern Sie das Starter-Gruppenrichtlinienobjekt. Sie können dazu die Schaltfläche ALS CAB-DATEI SPEICHERN nutzen, die sich am Fuß des Starter-Gruppenrichtlinienobjekte-Dialogs befindet. Eingegeben wird ein simpler Dateiname, der Speicherort ist beliebig (Abbildung 8.123).

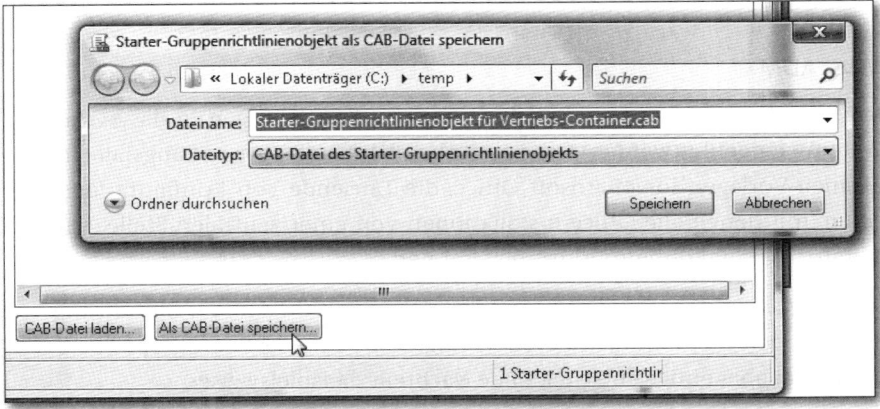

Abbildung 8.123 Das Starter-Gruppenrichtlinienobjekt kann als CAB-Datei gespeichert werden.

▶ Beim Laden des Starter-Gruppenrichtlinienobjekts wird die gesicherte CAB-Datei herangezogen. Der in Abbildung 8.124 gezeigte Dialog ermittelt einige grundlegende Angaben aus der CAB-Datei und kann über die Schaltfläche EINSTELLUNGEN ANZEIGEN sogar eine Art »Preview« des zu ladenden Objekts ausgeben.

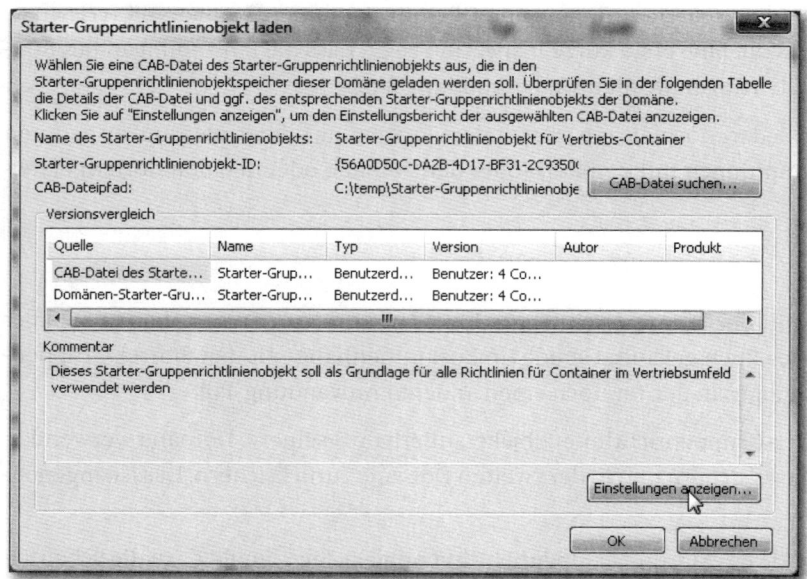

Abbildung 8.124 Eine Wiederherstellung des Starter-Gruppenrichtlinienobjekts ist ebenfalls einfach möglich. Vor der Wiederherstellung kann man sich mittels »Einstellungen anzeigen« einen Überblick darüber verschaffen, was überhaupt »drinsteht«.

8.4.10 ADM vs. ADMX

Mit administrativen Vorlagen können beliebige Registry-Einstellungen in das »Gruppenrichtlinien-System« eingefügt werden. Der vermutlich häufigste Verwendungsfall sind die Gruppenrichtlinien-Vorlagen für Microsoft Office, die Tausende von Konfigurationsmöglichkeiten bieten, mit denen alle Office-Installationen von einer zentralen Stelle, nämlich vom Administrator-PC aus, konfiguriert werden können.

Seit nunmehr knapp 14 Jahren, genauer gesagt seit Februar 2000 mit der Einführung von Windows 2000, werden die administrativen Vorlagen in *.adm-Dateien gespeichert. Das funktioniert zwar, hat aber einige entscheidende Nachteile, beispielsweise:

- Die *.adm-Dateien bieten keine Mehrsprachigkeit.
- Es gibt keine zentrale Ablage für die administrativen Vorlagen.
- In Zeiten, in denen im Wesentlichen alles in XML-Dokumenten gespeichert wird, wirkt das alte ADM-Format etwas »behäbig«.

Mit der Einführung von Windows Vista und Windows Server 2008 hat Microsoft die administrativen Templates in ein neues XML-basiertes Format überführt, nämlich in die ADMX-Dateien.

Bei den ersten Schritten in der Gruppenrichtlinienverwaltungsapplikation haben Sie zunächst vermutlich noch nichts von ADMX-Dateien mitbekommen. Trotzdem sollten und müssen Sie einige Hintergründe kennen, unter anderem deshalb, weil Sie einen zentralen Speicherort einrichten müssen – das ist nichts Dramatisches, aber ein wenig Beschäftigung mit dem Thema ist unvermeidbar.

> **ADMX-Dateien**
>
> Falls Sie die Verwaltungswerkzeuge für das Active Directory auf einem Administrator-PC und nicht auf einem Server laufen lassen, müssen Sie diesen mindestens auf Windows Vista aktualisieren und die dort installierbaren Verwaltungswerkzeuge einsetzen. Für Windows 7/8/8.1 gibt es übrigens eine eigene Version der Remoteserver-Verwaltungswerkzeuge.
>
> Die »alten« Verwaltungswerkzeuge können nicht mit den neuen ADMX-Dateien umgehen.
>
> An dieser Stelle sei noch darauf hingewiesen, dass es sich bei den ADMX-Dateien (genauso wie bei den ADM-Dateien) um Richtlinien*vorlagen* handelt. Die resultierenden Richtlinien, die dann letztendlich auf PCs und Server angewendet werden, blieben unverändert und finden sich in den *.pol*-Dateien.
>
> Ich werde manchmal gefragt, ob die Verwendung von ADMX-Dateien dazu führt, dass Windows 2000- und XP-Clients keine Gruppenrichtlinien mehr empfangen können. Die Antwort ist ganz eindeutig »Nein«, denn es ändert sich »nur« etwas am Vorlagenformat und nichts an den vom Computer geladenen Richtlinien.

Kurze ADMX-Inspektion

Beim Blick in eine ADMX-Datei fällt zunächst auf, dass es sich um ein XML-Dokument handelt. Die meisten Administratoren sind zwar aus irgendwelchen mystischen Gründen von XML-Dokumenten recht wenig begeistert – aber es hilft ja nichts. Unabhängig von eventuellen Ressentiments sind die XML-Dokumente meiner Meinung nach wesentlich besser zu handhaben als strukturlose Textdateien, was aber auch eine Frage des Werkzeugs ist, mit dem man sie bearbeitet.

Abbildung 8.125 zeigt eine ADMX-Datei, in der lediglich eine Einstellung vorgenommen wird. Der inhaltlich entscheidende Teil findet sich im Abschnitt `<policies>`, wobei in diesem Fall nur ein `<policy>`-Objekt vorhanden ist. Folgende Informationen sind in diesem enthalten:

- Es hat zunächst einen Namen, nämlich `DFSDiscoverDC`.
- Es handelt sich um eine Computerrichtlinie, was man an `class="Machine"` erkennt. Alternative Werte sind `User` und `Both`.
- Der Anzeigename und die Beschreibung (`displayName`, `explainText`) sind in diesem XML-Dokument nicht vorhanden, es sind lediglich Verweise angegeben. Die anzuzeigenden Texte finden sich in einer separaten Datei (*.adml*), die in mehreren Sprachversionen vor-

liegen kann. Der Wert des Attributs presentation verweist ebenfalls auf einen Knoten in der *.adml-Datei. Dort werden die lokalisierten Namen der Eingabeelemente hinterlegt.

- Der Attribut-Wert key definiert den Pfad in der Registry.
- Unter parentCategory wird angegeben, wo in der Baumdarstellung diese Richtlinie angezeigt werden soll, nämlich unterhalb des Knotens Netzwerk (windows:Network).
- Weiterhin findet sich unterhalb von supportedOn die Angabe, ab welcher Betriebssystemversion diese Einstellung vorgenommen werden kann.
- Im Abschnitt <elements> können beliebig viele vom Benutzer anzugebende Werte definiert werden, also die Werte, die dann letztendlich in die Registry geschrieben werden. Auch hierzu werden in der *.adml-Datei lokalisierte Beschreibungen vorgehalten.

Die *.adml-Dateien liegen in einem Ordner unterhalb des eigentlichen Richtlinienverzeichnisses. Wie ein wenig später noch genauer gezeigt wird, gibt es für jede *Kultur* ein separates Verzeichnis. Die Kultur besteht letztendlich aus zwei Angaben: der Sprache und der Region. Im deutschen Sprachraum gibt es folgende Kulturen:

de-AT	0x0C07	Deutsch (Österreich)
de-DE	0x0407	Deutsch (Deutschland)
de-LI	0x1407	Deutsch (Liechtenstein)
de-LU	0x1007	Deutsch (Luxemburg)
de-CH	0x0807	Deutsch (Schweiz)

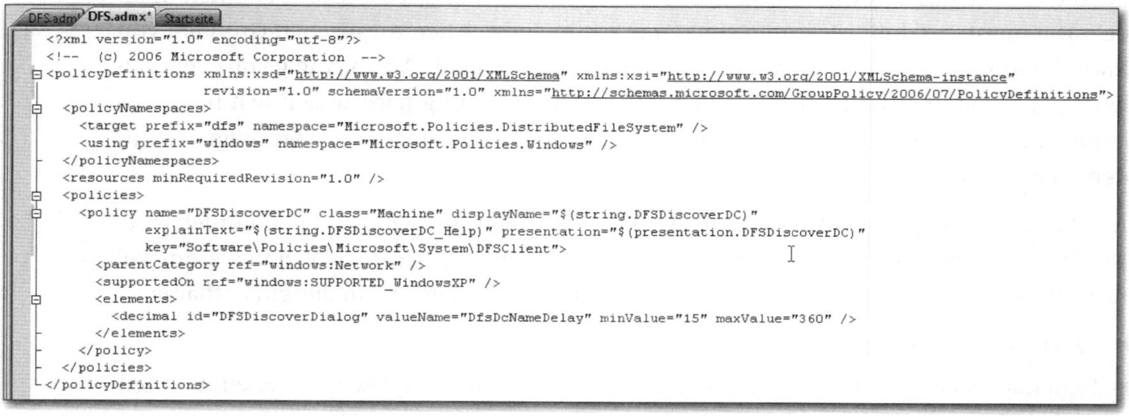

```
<?xml version="1.0" encoding="utf-8"?>
<!-- (c) 2006 Microsoft Corporation -->
<policyDefinitions xmlns:xsd="http://www.w3.org/2001/XMLSchema" xmlns:xsi="http://www.w3.org/2001/XMLSchema-instance"
                   revision="1.0" schemaVersion="1.0" xmlns="http://schemas.microsoft.com/GroupPolicy/2006/07/PolicyDefinitions">
  <policyNamespaces>
    <target prefix="dfs" namespace="Microsoft.Policies.DistributedFileSystem" />
    <using prefix="windows" namespace="Microsoft.Policies.Windows" />
  </policyNamespaces>
  <resources minRequiredRevision="1.0" />
  <policies>
    <policy name="DFSDiscoverDC" class="Machine" displayName="$(string.DFSDiscoverDC)"
            explainText="$(string.DFSDiscoverDC_Help)" presentation="$(presentation.DFSDiscoverDC)"
            key="Software\Policies\Microsoft\System\DFSClient">
      <parentCategory ref="windows:Network" />
      <supportedOn ref="windows:SUPPORTED_WindowsXP" />
      <elements>
        <decimal id="DFSDiscoverDialog" valueName="DfsDcNameDelay" minValue="15" maxValue="360" />
      </elements>
    </policy>
  </policies>
</policyDefinitions>
```

Abbildung 8.125 Eine ADMX-Datei, in der eine Einstellung definiert ist...

Bei einem deutschsprachigen Windows Server 2008 oder Vista (oder höher) existieren zwei Sprachverzeichnisse, nämlich *de-DE* und *en-US*. Abbildung 8.126 zeigt die *.adml-Datei, die

die zuvor gezeigte **.admx*-Datei um die deutschsprachigen Einträge ergänzt. Sie finden dort die Elemente, auf die in der **.admx*-Datei verwiesen wird.

```
DFS.adml* | DFS.admx* | Startseite
<?xml version="1.0" encoding="utf-8"?>
<!--  (c) 2006 Microsoft Corporation  -->
<policyDefinitionResources xmlns:xsd="http://www.w3.org/2001/XMLSchema" xmlns:xsi="http://www.w3.org/2001/XMLSchema-instance"
                           revision="1.0" schemaVersion="1.0" xmlns="http://schemas.microsoft.com/GroupPolicy/2006/07/PolicyDefin
  <displayName>Anzeigenamen hier eingeben</displayName>
  <description>Beschreibung hier eingeben</description>
  <resources>
    <stringTable>
      <string id="DFSDiscoverDC">Festlegen, wie oft ein DFS-Client Domänencontroller sucht</string>
      <string id="DFSDiscoverDC_Help">Ermöglicht Ihnen festzulegen, wie oft ein DFS-Client (Distributed File System) versucht, Do

Standardmäßig versucht ein DFS-Client alle 15 Minuten, Domänencontroller zu finden.

Wenn Sie diese Einstellung aktivieren, können Sie festlegen, wie oft ein DFS-Client versucht, Domänencontroller zu finden. Der We

Wenn Sie diese Einstellung deaktivieren oder nicht konfigurieren, wird der Standardwert von 15 Minuten verwendet.

Hinweis: Der verfügbare Mindestwert ist 15 Minuten. Wenn Sie versuchen, einen niedrigeren Wert als 15 Minuten einzustellen, wird
    </stringTable>
    <presentationTable>
      <presentation id="DFSDiscoverDC">
        <decimalTextBox refId="DFSDiscoverDialog" defaultValue="15">Zeit in Minuten:</decimalTextBox>
      </presentation>
    </presentationTable>
  </resources>
</policyDefinitionResources>
```

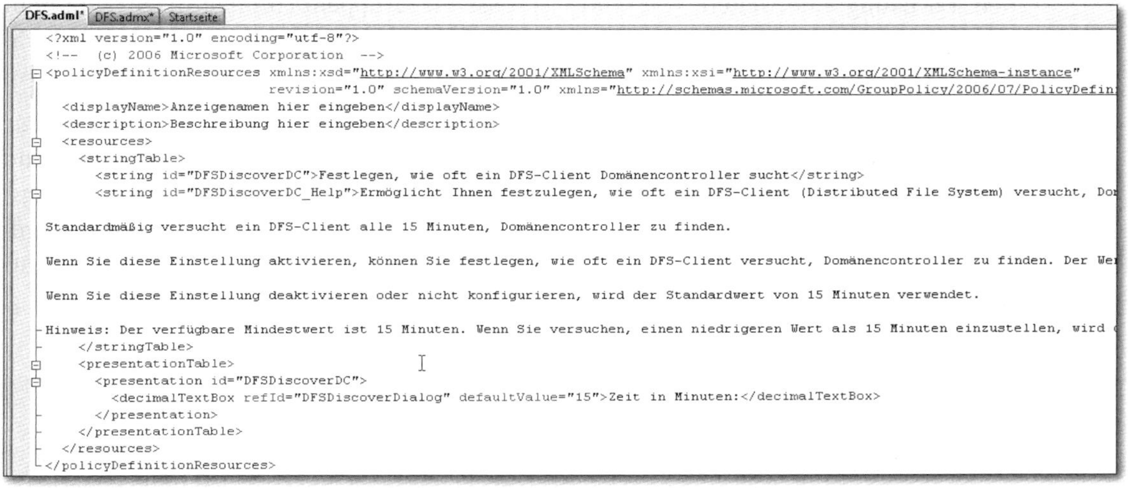

Abbildung 8.126 ... und die zugehörige deutsche Sprachdatei

Im Gruppenrichtlinienverwaltungswerkzeug sehen Sie den Konfigurationsdialog der Richtlinie; erwartungsgemäß finden sich hier alle Elemente wieder, die in der **.admx*- und **.adml*-Datei vorhanden sind.

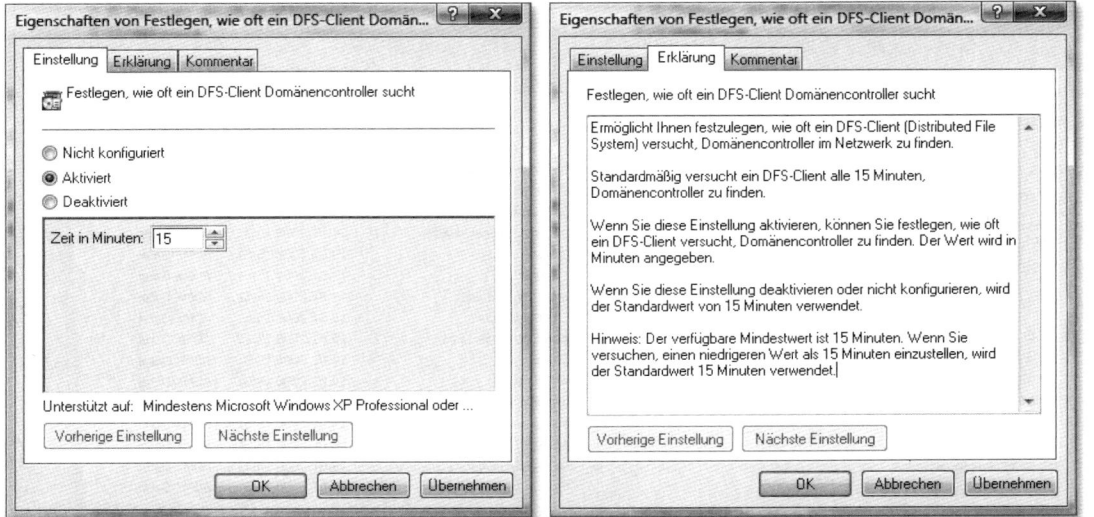

Abbildung 8.127 Das Ergebnis in der Gruppenrichtlinienverwaltungsapplikation

Ablageorte und den zentralen Speicherort einrichten

Nun stellt sich die unausweichliche Frage, wo die *.admx- und *.adml-Dateien abgelegt werden. Da häufig eine weitere Forderung ist, dass die Gruppenrichtlinien nicht »nur« auf einem Domänencontroller bearbeitet werden können, sondern auch auf dem Administrator-PC, der unter Vista, Windows 7 oder 8 läuft, wird diese Frage umso interessanter.

Auf einem Windows Server 2008/2012/R2- oder Windows Vista/7/8/8.1-Computer existiert ein Verzeichnis *c:\windows\PolicyDefinitions*, in dem die standardmäßigen *.admx- und *.adml-Dateien liegen. Im Klartext bedeutet das, dass das Gruppenrichtlinienverwaltungswerkzeug jeweils auf die lokalen Vorlagen zurückgreift. Solange Sie »nur« mit den Standardvorlagen arbeiten, ist das kein Problem; wenn Sie allerdings zusätzliche Vorlagen (z.B. für Microsoft Office oder »selbst gemachte« Vorlagen) verwenden, wäre es einigermaßen lästig, die Vorlagendateien kopieren zu müssen.

> **Nur die Vorlagen**
>
> Um auch an dieser Stelle Missverständnissen vorzubeugen: Es geht hier »nur« um die Vorlagen. Die eigentlichen Richtlinien (*.pol-Datei etc.) werden unabhängig vom Vorhandensein der Richtliniendatei zwischen den Domänencontrollern repliziert und befinden sich im *SYSVOL*-Verzeichnis.

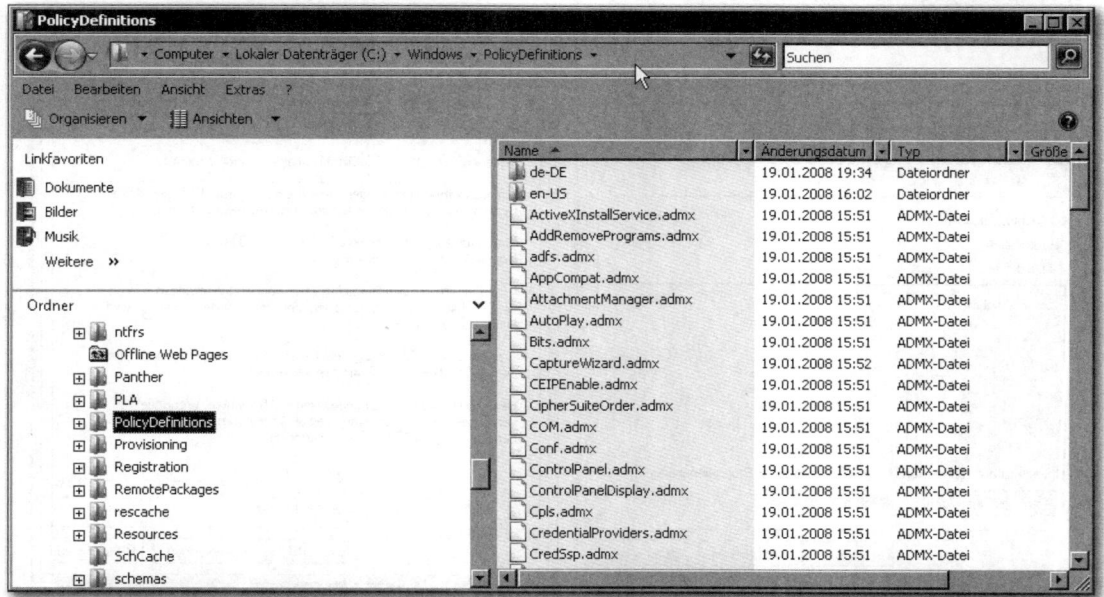

Abbildung 8.128 Standardmäßig liegen die *.admx- und *.adml-Dateien auf einem Windows Vista- und einem Windows Server 2008-System (und höher) genau an dieser Stelle im Verzeichnisbaum.

Wesentlich schöner wäre es natürlich, wenn die Richtlinienvorlagen an einem zentralen Speicherort lägen, auf den dann das Gruppenrichtlinienverwaltungswerkzeug zugreift. Dies ist zwar vorgesehen, standardmäßig aber nicht implementiert.

Das Einrichten des zentralen Speicherorts ist schnell erledigt. Kopieren Sie den kompletten *PolicyDefinitions*-Ordner in das Verzeichnis *c:\windows\SYSVOL\domain\Policies*. Das Ergebnis muss dann wie in Abbildung 8.129 gezeigt aussehen.

Hinweis
Auf einem 2012er-Domänencontroller könnte das *SYSVOL*-Verzeichnis auch in einem anderen Pfad oder Laufwerk liegen.

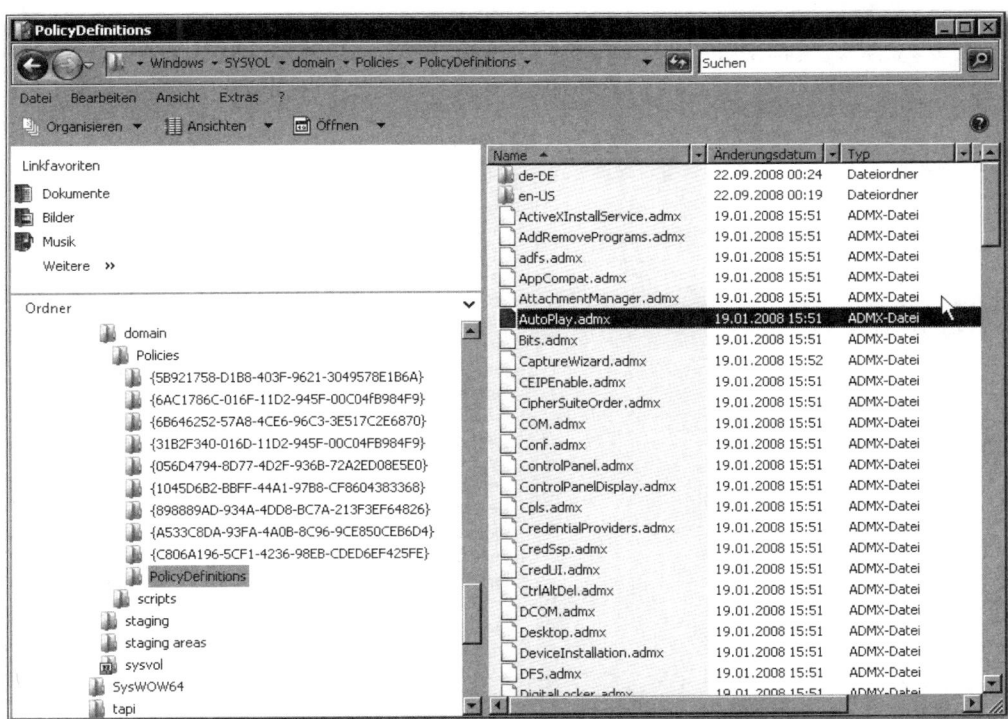

Abbildung 8.129 Um einen zentralen Speicherort für die Vorlagen (ADMX, ADML) einzurichten, legen Sie den »PolicyDefinitions«-Ordner unterhalb des Verzeichnisses »c:\windows\SYSVOL\domain\Policies« an.

Wenn Sie nun zusätzliche Vorlagen installieren möchten, kopieren Sie die zugehörigen Dateien ebenfalls an diesen zentralen Speicherort. Ich führe Ihnen das am Beispiel von Office 2007 vor:

- Im Microsoft Download Center erhalten Sie ein knapp 10 MB großes Paket namens *Administrative Vorlagendateien (ADM, ADMX, ADML) für 2007 Office System und Office-Anpassungstool Version 2.0*.
- Entpacken Sie das Paket in ein beliebiges (temporäres) Verzeichnis. Es enthält unter anderem den Ordner *ADMX*, in dem sich sowohl die eigentlichen Vorlagendateien als auch neun Ordner mit Sprachdateien befinden (Abbildung 8.130).
- Den Inhalt (!) des *ADMX*-Ordners kopieren Sie an den gemeinsamen Speicherort, wobei Sie natürlich nicht sämtliche Sprachen mitkopieren müssen.

Um Missverständnisse zu vermeiden: Vereinfacht gesagt müssen die Office-ADMX-Dateien bei den »ursprünglichen« ADMX-Dateien liegen, und die ADML-Dateien kommen in die bereits vorhandenen Sprachverzeichnisse zu den bereits vorhandenen AMDL-Dateien.

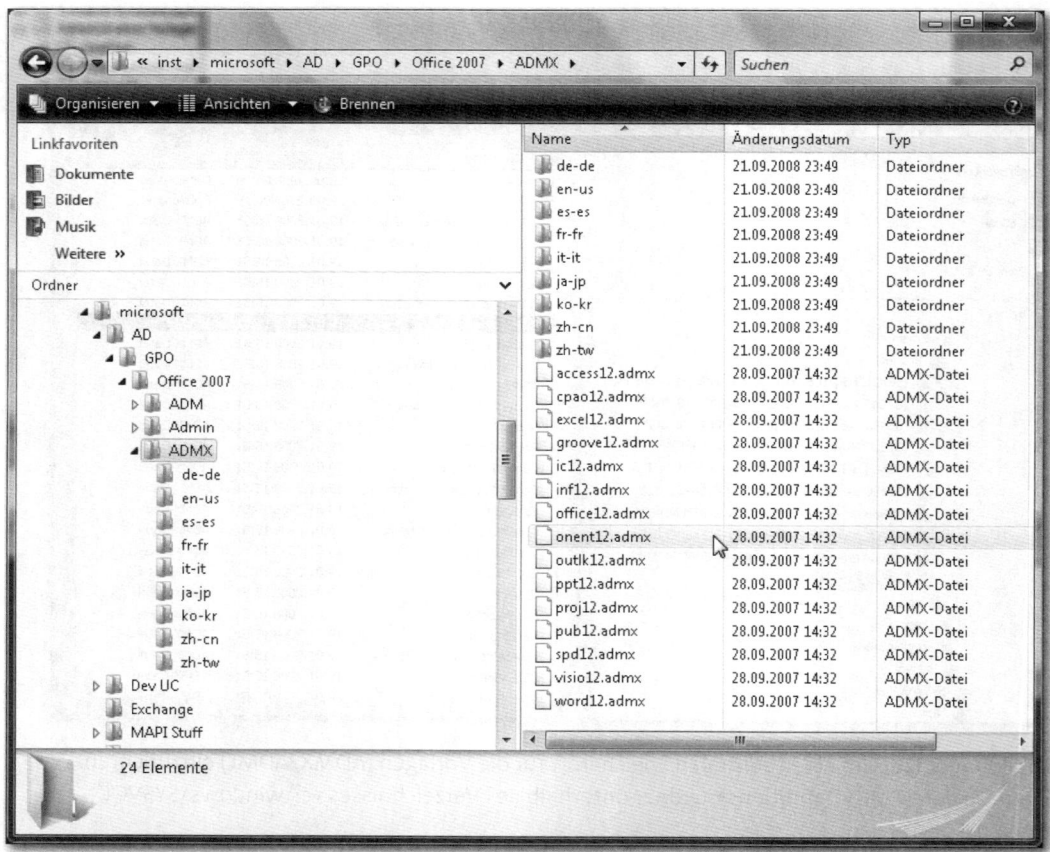

Abbildung 8.130 Das Vorlagenpaket für Office 2007 enthält ADMX-Dateien für die Applikationen nebst ADML-Dateien in neun Sprachen.

Wenn Sie auf einer beliebigen Windows Server 2008-Maschine oder einem Vista-Client (oder höher) den Gruppenrichtlinienverwaltungs-Editor starten, werden Sie zwei Dinge feststellen (Abbildung 8.131):

- Alle an den zentralen Speicherort kopierten Vorlagen werden angezeigt.
- Beim Knoten ADMINISTRATIVE VORLAGEN wird angezeigt, dass die Richtliniendefinitionen vom »zentralen Computer« abgerufen worden sind, also aus dem *SYSVOL*-Verzeichnis des Domänencontrollers, mit dem das Werkzeug arbeitet.

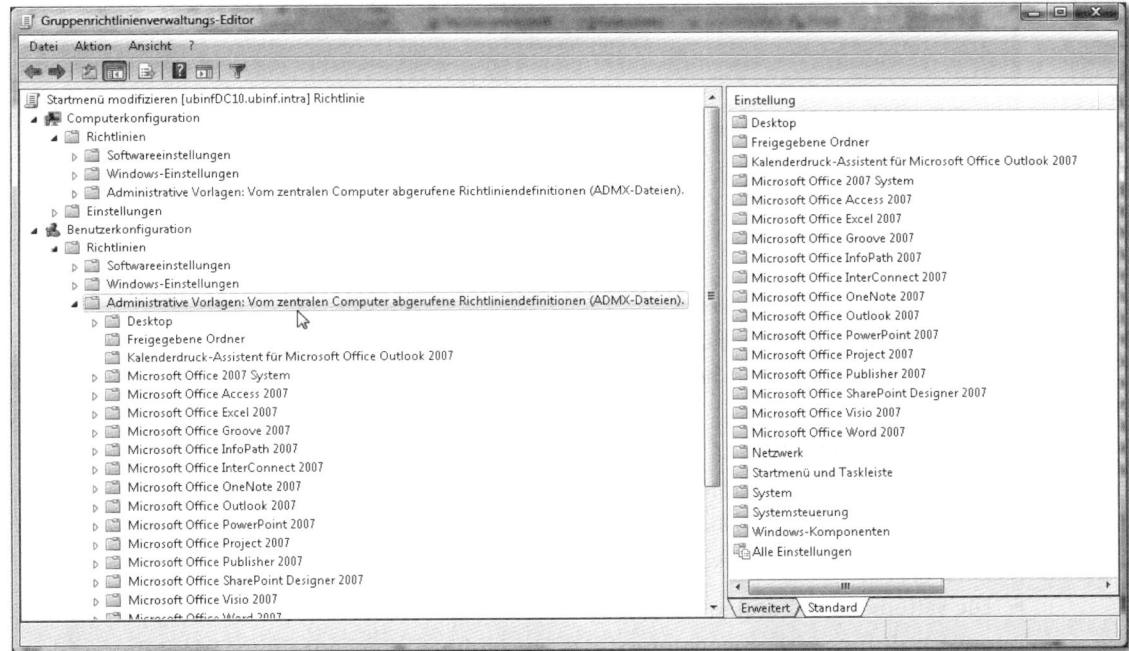

Abbildung 8.131 Der auf einem Client gestartete Gruppenrichtlinienverwaltungs-Editor zeigt automatisch alle im zentralen Speicherort installierten Vorlagen an. (Das funktioniert natürlich analog auch unter Windows 7/8/8.1.)

Aktuelle und vollständige Windows Server 2008/2012-ADMX-Dateien

Wenn Sie eine deutsche Windows Server 2008/2012-Version installiert haben, werden zwar die Sprachverzeichnisse *de-DE* und *en-US* vorhanden sein, das englische Verzeichnis ist aber leer. Falls Sie also die englischen oder auch weitere Sprachdateien benötigen, hilft Ihnen das Microsoft Download Center, in dem ein entsprechendes Paket zum Download bereitsteht. Abbildung 8.132 hilft beim Suchen bzw. Finden.

8 Active Directory-Domänendienste

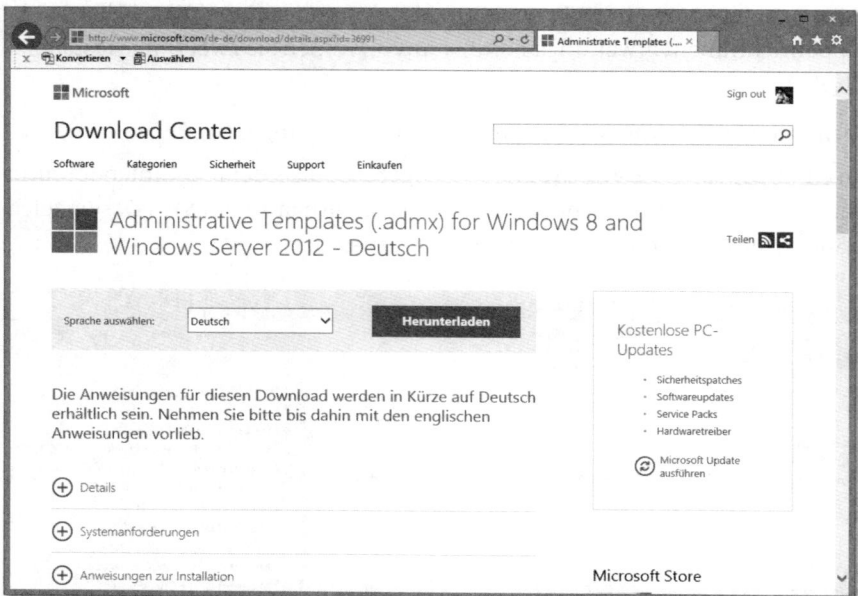

Abbildung 8.132 Die komplette Sammlung an ADMX- und ADML-Dateien für Windows Server 2012 finden Sie im Download Center.

ADM-Dateien migrieren

Wenn Sie eigene ADM-Dateien erstellt haben oder Produkte einsetzen, zu denen solche Vorlagen mitgeliefert worden sind, werden Sie sich fragen, wie nun die weitere Vorgehensweise ist. Sie haben zwei Möglichkeiten:

- Die »alten« ADM-Dateien werden von den Windows Server 2008/2012-Gruppenrichtlinienverwaltungswerkzeugen unterstützt. Das Einfügen einer auf einer ADM-Datei beruhenden Gruppenrichtlinie erfolgt wie unter Windows Server 2003.
- Der im Allgemeinen »bessere Weg« ist aber, die ADM-Datei in eine ADMX-Datei umzuwandeln.

Angenehmerweise müssen Sie die ADM-Datei nicht von Hand in eine ADMX-Datei konvertieren, da freundliche Menschen entsprechende Werkzeuge entwickelt haben. Zu diesen freundlichen Menschen gehören die Mitarbeiter der Firma *FullArmor*, die mit dem *ADMX Migrator* genau das passende Werkzeug entwickelt haben. Es ist im Microsoft Download Center erhältlich. Sie finden es, wenn Sie nach »ADMX Migrator« suchen.

Sind ADM-Dateien noch zeitgemäß?

Kritische Stimmen werden fragen, ob es noch zeitgemäß ist, im Jahr 2013 über die Konvertierung von *.adm*-Dateien nachzudenken. Dies ist aber immer noch ein wichtiges Thema!

Die Installation läuft assistentenbasiert ab, es gibt dazu keine weiteren Anmerkungen (Abbildung 8.133. Die Installation ist übrigens auch auf dem Administrator-PC möglich, Sie brauchen also nicht auf Ihrem schönen Domänencontroller zu installieren.

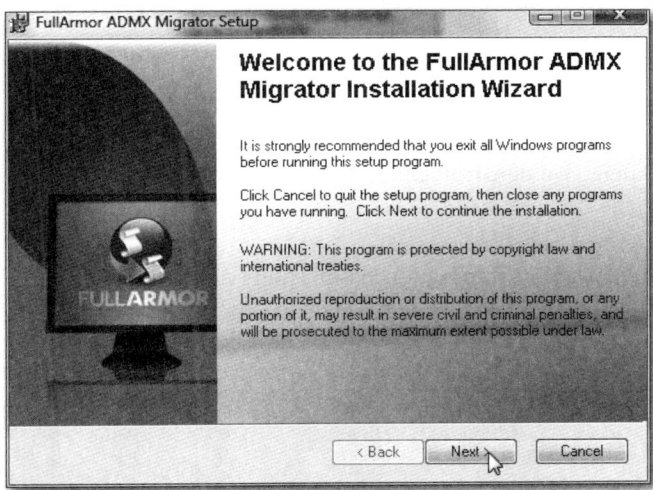

Abbildung 8.133 Den ADMX-Migrator gibt es im Microsoft Download Center.

Um eine ADM-Datei zu konvertieren, starten Sie den ADMX Migrator und wählen im Kontextmenü den Menüpunkt GENERATE ADMX FROM ADM (Abbildung 8.134). Es wird sich ein Dialog zur Auswahl der ADM-Datei öffnen. Nach dem Selektieren der Datei beginnt die Konvertierung. Am Ende werden gegebenenfalls einige Warnungen angezeigt, beispielsweise zu nicht korrekt gesetzten Standardwerten oder dergleichen. Zuletzt erscheint der Dialog aus Abbildung 8.135, in dem angegeben wird, wo genau die neu erzeugten Dateien zu finden sind – nämlich in einem zufällig benannten Verzeichnis im temporären Ordner des angemeldeten Benutzers.

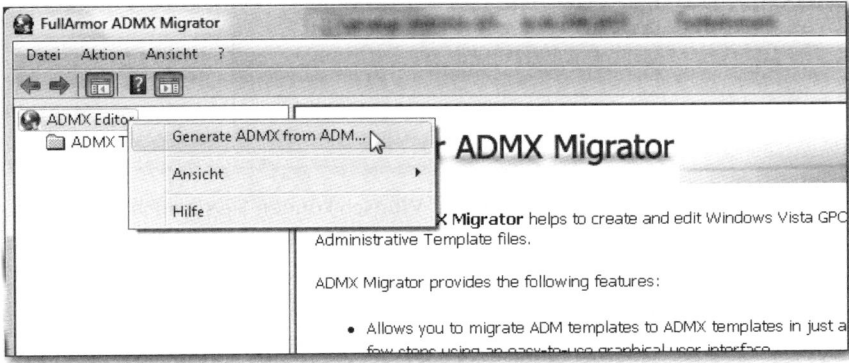

Abbildung 8.134 Der Konvertierungsvorgang beginnt im Kontextmenü.

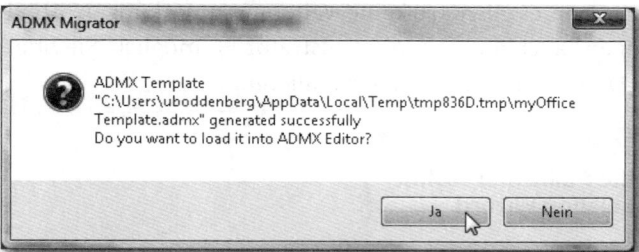

Abbildung 8.135 Die konvertierten Dateien werden in einem zufällig benannten Unterordner des Benutzer-Temp-Verzeichnisses angelegt.

Wenn Sie die erzeugte Vorlage in dem ADMX-Editor laden lassen (siehe die Auswahl in Abbildung 8.135), erhalten Sie in etwa die in Abbildung 8.136 gezeigte Ansicht. Sie können die Einstellungen anschauen und gegebenenfalls editieren.

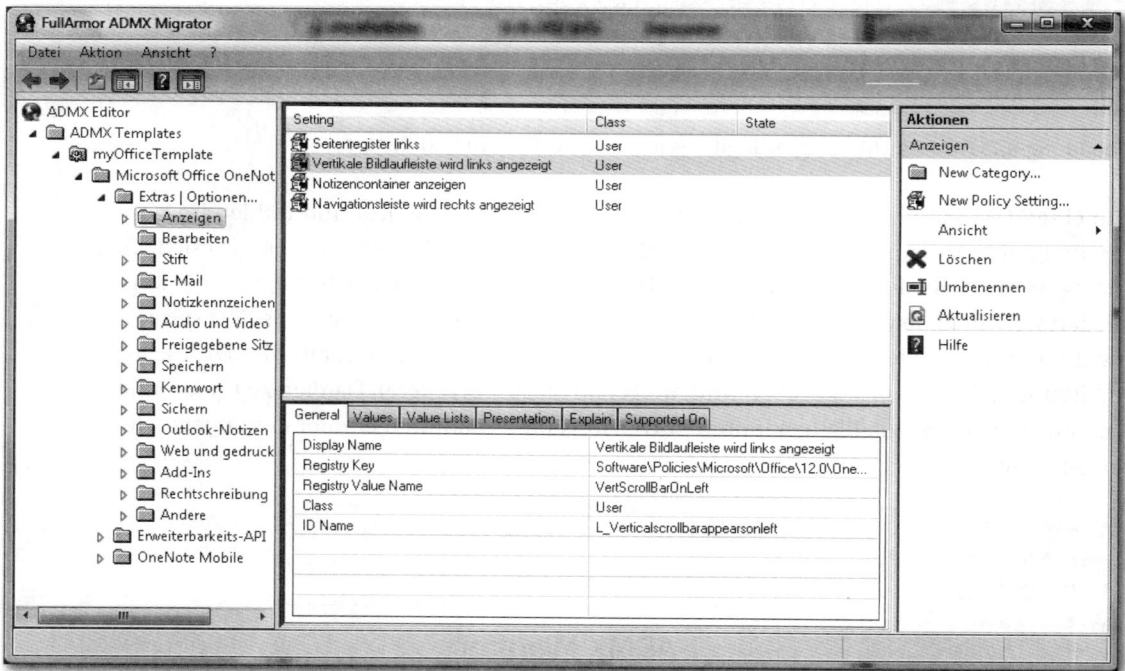

Abbildung 8.136 Ein Blick in die konvertierte Vorlage. Auf Wunsch können Sie sie auch bearbeiten.

Wenn man ein wenig »hinter die Kulissen« schaut – genauer gesagt in das Verzeichnis, in dem die neue Vorlage angelegt wurde –, sieht man das bekannte Bild: Es ist eine ADMX-Datei vorhanden; außerdem befindet sich die zugehörige ADML-Datei in einem gemäß der Sprache benannten Ordner (Abbildung 8.137).

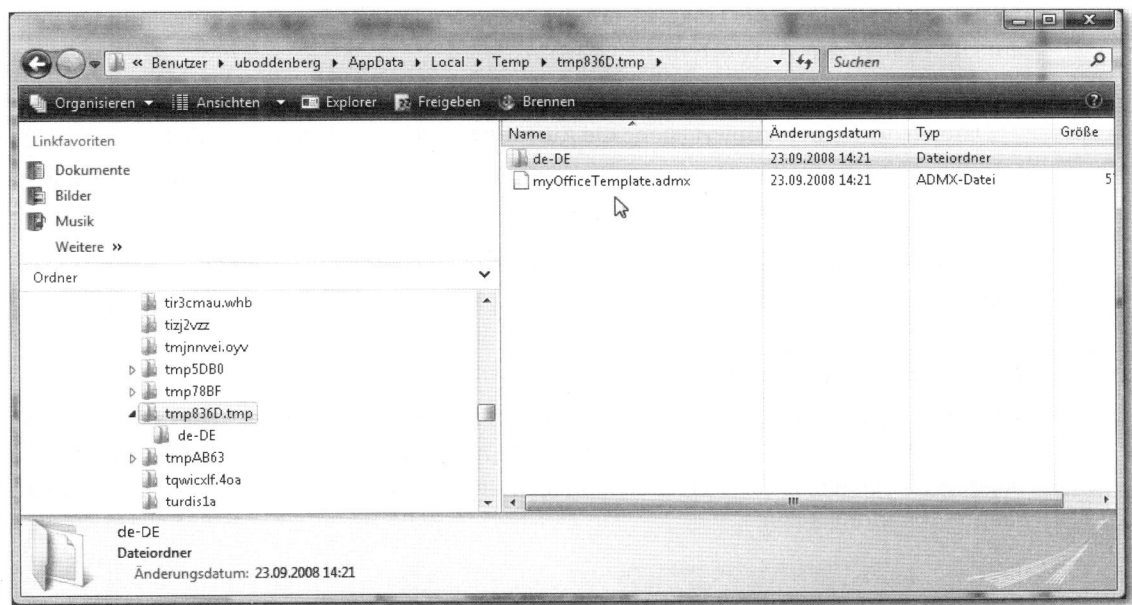

Abbildung 8.137 Es wurde übrigens eine ADMX-Datei nebst einer ADML-Datei im »Kultur«-Verzeichnis erzeugt.

Im Kontextmenü der neu erzeugten Vorlage findet sich der Menüpunkt SAVE AS, mit dem Sie die Dateien in einem etwas »benutzerfreundlicheren« Ordner speichern können (d.h. in einem Ordner, der leichter zu finden ist). Der Dialog ermöglicht die Auswahl der Sprache, womit Sie letztendlich den Namen des Ordners der ADML-Datei beeinflussen (Abbildung 8.138).

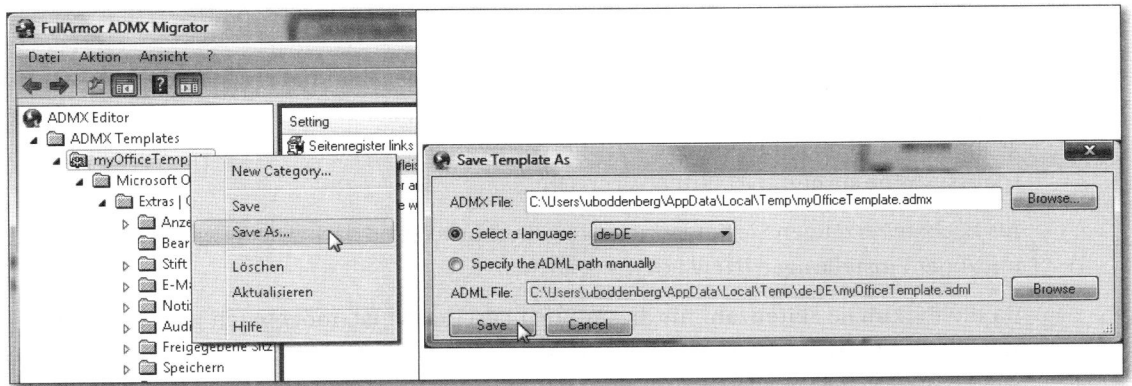

Abbildung 8.138 Beim Speichern können Sie die Sprache angeben.

Es stellt sich nun noch die Frage, wohin die erzeugten Dateien kopiert werden müssen. Darauf gibt es aber zwei Antworten:

- Wenn Sie einen zentralen Speicherort für die Vorlagen eingerichtet haben, werden die Dateien dort hineinkopiert (siehe die Ausführungen im vorigen Abschnitt).
- Falls Sie aus irgendwelchen Gründen keinen zentralen Speicherort eingerichtet haben, kommen die Dateien in das Verzeichnis *c:\windows\PolicyDefinitions*.

Das Gruppenrichtlinienverwaltungswerkzeug wird die neue Vorlage direkt anzeigen, und Sie können darauf basierende neue Gruppenrichtlinien anlegen.

Eigene ADMX-Dateien erstellen

Wenn Sie eigene ADMX-Dateien erstellen möchten, können Sie das entweder »zu Fuß« erledigen oder Sie verwenden den *ADMX Migrator* (Abbildung 8.139). Bei der Arbeit mit diesem beginnt das Erstellen einer eigenen Vorlage mit dem Befehl NEW TEMPLATE im Kontextmenü (Abbildung 8.139).

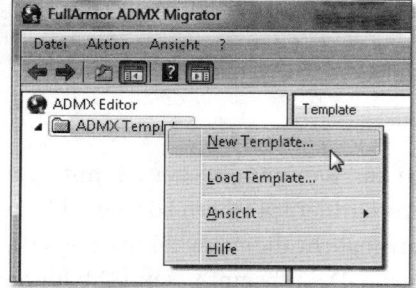 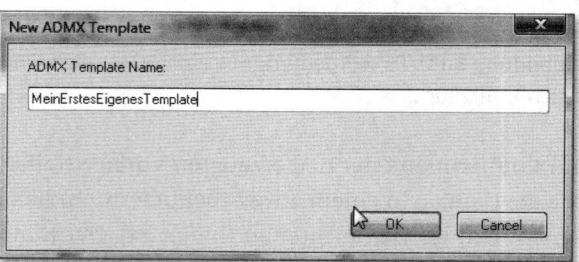

Abbildung 8.139 Auch eigene ADMX-Vorlagen können bequem mit dem ADMX Migrator erstellt werden.

Nachdem Sie einen Namen für die neue Vorlage eingegeben haben, befindet sich ADMX Migrator direkt im »Arbeitsmodus« (Abbildung 8.140): Hier können Sie nun zunächst einige grundlegende Einstellungen zur Vorlage vornehmen, beispielsweise auch, für welche Betriebssysteme sie gültig ist (SUPPORTED ON).

Als Nächstes erzeugen Sie Kategorien (NEW CATEGORY) und darin wieder weitere Kategorien und/oder Einstellungen (NEW POLICY SETTING).

Da die maximale Seitenzahl für dieses Buch beschränkt ist, möchte ich jetzt nicht in epischer Breite vorführen, wie eine neue ADMX-Datei im ADMX Migrator erzeugt wird. Wenn Sie wissen, welche Registry-Einstellungen die Richtlinie modifizieren soll und sich ein wenig mit ADMX Migrator beschäftigen, werden Sie recht schnell zum gewünschten Ergebnis kommen.

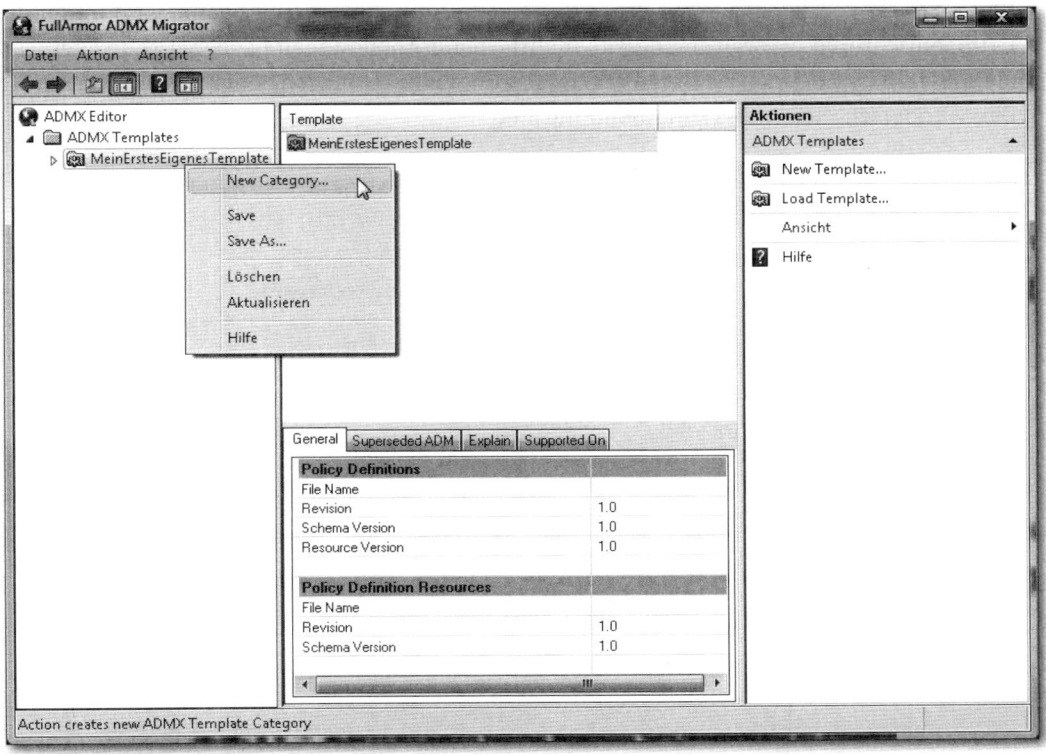

Abbildung 8.140 Und so füllt sich das eigene Template allmählich mit Leben.

8.4.11 Zuweisen und Bearbeiten von Gruppenrichtlinien

In Windows 2000 Server und Windows Server 2003 konfigurierte man die Gruppenrichtlinien im Eigenschaftendialog des Objekts (Domäne, OU, Standort) im *Active Directory-Benutzer und -Computer*-Snap-In (bzw. im *Standorte und Dienste*-Snap-In für die Standortrichtlinie). Man konnte zwar das gewünschte Ergebnis erreichen, es war aber nicht wirklich komfortabel. Microsoft hat dann die *Group Policy Management Console* (GPMC) zum Download bereitgestellt – alle, die viel mit Gruppenrichtlinien gearbeitet haben, dürften dieses Werkzeug verwendet haben.

Mit Windows Server 2008/2012 ist der »alte Weg«, also die Verwaltung der Gruppenrichtlinien im *Active Directory-Benutzer und -Computer*-Snap-In nicht mehr möglich (in den Beta-Versionen ging das übrigens noch). Stattdessen arbeitet man mit dem Nachfolger der *Group Policy Management Console* (GPMC) – das Teil heißt jetzt *Gruppenrichtlinienverwaltung*. Es ist auf einem Windows Server 2008/2012-Domänencontroller standardmäßig vorhanden. Auf einem Vista-PC (und höher) steht es zur Verfügung, wenn Sie die Windows Server-Administrationswerkzeuge installieren (erhältlich im Microsoft Download Center). Für Windows 7 und 8 gibt es eine eigene Version der Remoteserver-Verwaltungstools.

Wenn Sie die vorangegangenen Seiten des Kapitels durchgearbeitet haben, wird Ihnen die Gruppenrichtlinienverwaltung bereits mehrfach auf Abbildungen begegnet sein; aber weil sie so schön ist, zeige ich sie Ihnen nochmals zum Einstieg in das Thema – also genießen Sie den wunderschönen Anblick in Abbildung 8.141.

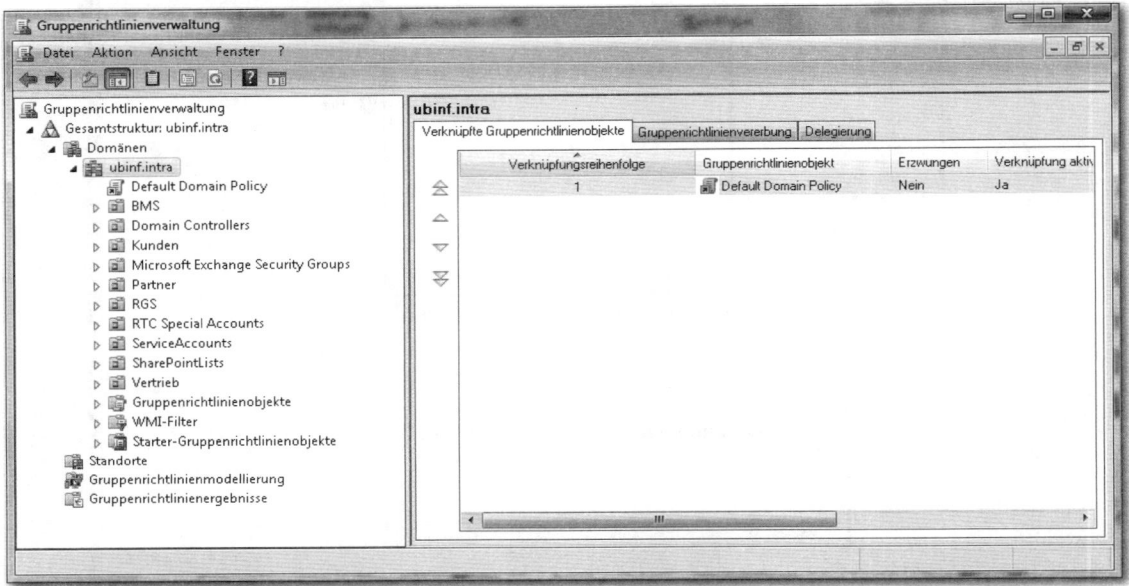

Abbildung 8.141 Die Gruppenrichtlinienverwaltung – hier auf einem Windows-PC

> **Hinweis zur Abbildung**
>
> Die Abbildung ist übrigens auf einem Windows-PC entstanden, den ich als Admin-PC für die Windows Server 2012-Umgebung verwende. Da ich Ihnen alle Schritte dieses Abschnitts auf dieser Maschine zeigen werde, erbringe ich auch gleich noch den Beweis, dass es absolut nicht notwendig ist, sich zu Administrationszwecken auf dem Server anzumelden.

Auch wenn Sie bislang nicht mit der GPMC gearbeitet haben, wird Ihnen die Arbeit mit der GRUPPENRICHTLINIENVERWALTUNG leicht von der Hand gehen – eventuell brauchen Sie eine kleine Eingewöhnungszeit, aber die wird nicht sehr schmerzhaft sein.

> **Bitte beachten!**
>
> Bei der Arbeit mit der GRUPPENRICHTLINIENVERWALTUNG gibt es letztendlich einen Aspekt, den Sie sich vor Augen halten müssen. Ein Gruppenrichtlinienobjekt »klebt« niemals direkt an einer Domäne, einer OU oder einem Standort. Es gibt »nur« Verknüpfungen zu Gruppenrichtlinienobjekten, wobei ein solches durchaus mit mehreren OUs verknüpft werden kann.

Viele Administratoren von kleineren Umgebungen, die bisher nicht mit der GPMC gearbeitet haben, tun sich mit diesem Zusammenhang schwer und finden die Gruppenrichtlinienverwaltung daher unhandlich. Hilft nix, da müssen Sie durch! Zum Ausschneiden und Über-den-Schreibtisch- oder – noch besser – zum Über-das-Bett-Hängen wiederhole ich ausnahmsweise eine Abbildung und zeige Ihnen die Zusammenhänge anhand von Abbildung 8.142.

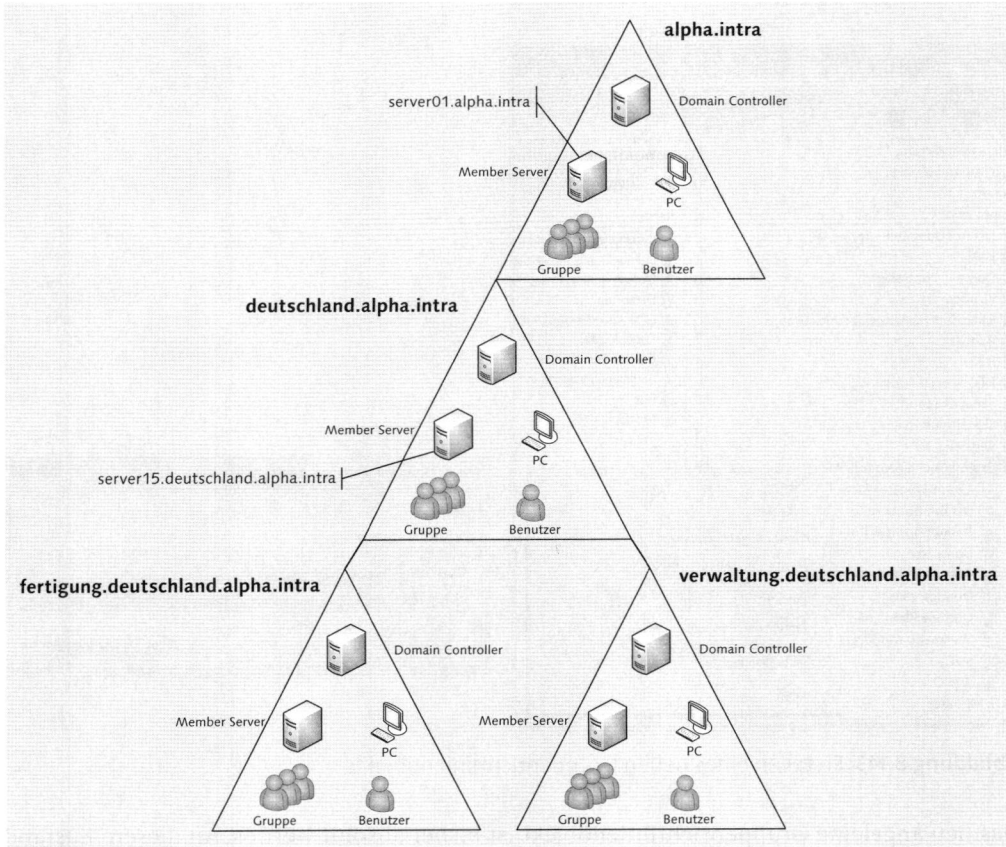

Abbildung 8.142 Eine Domäne bzw. eine Organisationseinheit oder ein Standort ist mit den Gruppenrichtlinienobjekten »nur« verknüpft.

Gruppenrichtlinienobjekte anlegen und bearbeiten

Der erste Schritt ist das Anlegen eines Gruppenrichtlinienobjekts. Es gibt hierzu prinzipiell zwei Möglichkeiten:

▶ Sie navigieren zum Container GRUPPENRICHTLINIENOBJEKTE innerhalb der Domäne. In seinem Kontextmenü finden Sie den Menüpunkt NEU. Beim Neu-Anlegen des Gruppenrichtlinienobjekts können Sie zunächst den Namen auswählen, außerdem kann ein Starter-Gruppenrichtlinienobjekt (eine Art Vorlage, siehe weiter vorn) angegeben werden (Abbildung 8.143).

▶ Die zweite Möglichkeit ist, im Kontextmenü einer Organisationseinheit den Menüpunkt GRUPPENRICHTLINIENOBJEKT HIER ERSTELLEN UND VERKNÜPFEN zu wählen. Das Gruppenrichtlinienobjekt wird dabei ebenfalls im Container GRUPPENRICHTLINIENOBJEKTE erstellt, allerdings wird direkt eine Verknüpfung zur Organisationseinheit erstellt. Verknüpfungen zu weiteren OUs können natürlich später ebenfalls angelegt werden.

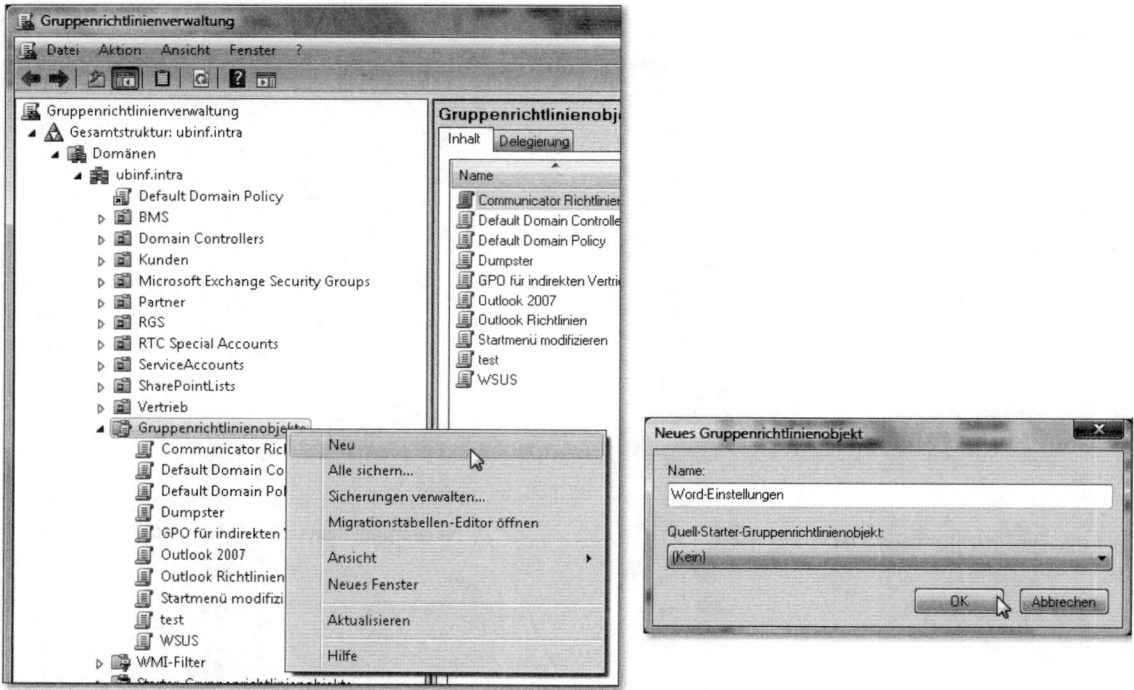

Abbildung 8.143 Erstellen eines neuen Gruppenrichtlinienobjekts

Das neu angelegte Gruppenrichtlinienobjekt ist bisher absolut wertlos. An diesem Zustand können Sie aber leicht etwas ändern, indem Sie Einstellungen darin vornehmen. Zum Bearbeiten des Gruppenrichtlinienobjekts führen zwei Wege:

▶ Sie können im Container GRUPPENRICHTLINIENOBJEKTE den Menüpunkt BEARBEITEN im Kontextmenü des jeweiligen Eintrags wählen (Abbildung 8.144).

▶ Wenn Sie eine Organisationseinheit ausgewählt haben und die Verknüpfungen zu den Gruppenrichtlinienobjekten vor sich sehen, führt der Menüpunkt BEARBEITEN der Verknüpfung ebenfalls zum Gruppenrichtlinienobjekt-Editor und somit zum Bearbeiten der Einstellungen.

Hinweis aus der Praxis

Sie können natürlich sämtliche Einstellungen in einem Gruppenrichtlinienobjekt vornehmen. Kein Problem, das funktioniert; es ist aber nicht sonderlich übersichtlich, und die Wiederverwendbarkeit des Gruppenrichtlinienobjekts ist gering. Ich empfehle meinen Kunden, lieber mehrere Gruppenrichtlinien mit thematisch zusammenhängenden Einstellungen anzulegen, also eine mit Desktop-Einstellungen, eine mit Word-Einstellungen etc.. Auf diese Weise bleibt das einzelne Gruppenrichtlinienobjekt übersichtlich und kann mit verschiedenen Organisationseinheiten verknüpft werden – auch in verschiedenen Kombinationen: Beispielsweise kann das Word-Gruppenrichtlinienobjekt für eine bestimmte Organisationseinheit mit einem weniger restriktiven Desktop-Gruppenrichtlinienobjekt kombiniert werden.

Weiterhin ist es häufig ratsam, getrennte Gruppenrichtlinienobjekte für Computer- und Benutzereinstellungen anzulegen.

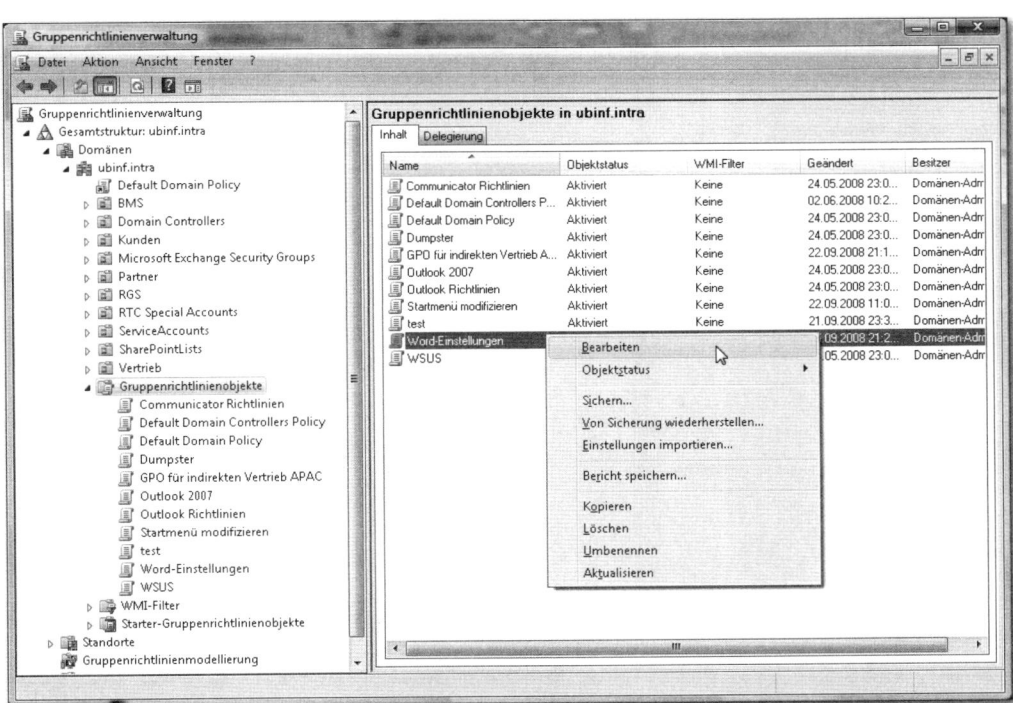

Abbildung 8.144 Die Bearbeitung des Gruppenrichtlinienobjekts wird im Kontextmenü aufgerufen.

Das eigentliche Bearbeiten des Gruppenrichtlinienobjekts erfolgt im Gruppenrichtlinienverwaltungs-Editor. Hier finden Sie die verschiedenen Einstellungen für Computer und Benutzer. Sie haben bereits standardmäßig die Auswahl aus Tausenden von Einstellungen, und durch administrative Vorlagen können beliebige weitere hinzugefügt werden – beispielsweise für das Office-Paket.

Das Bearbeiten von Einstellungen ist in Abbildung 8.145 gezeigt – es dürfte selbsterklärend sein.

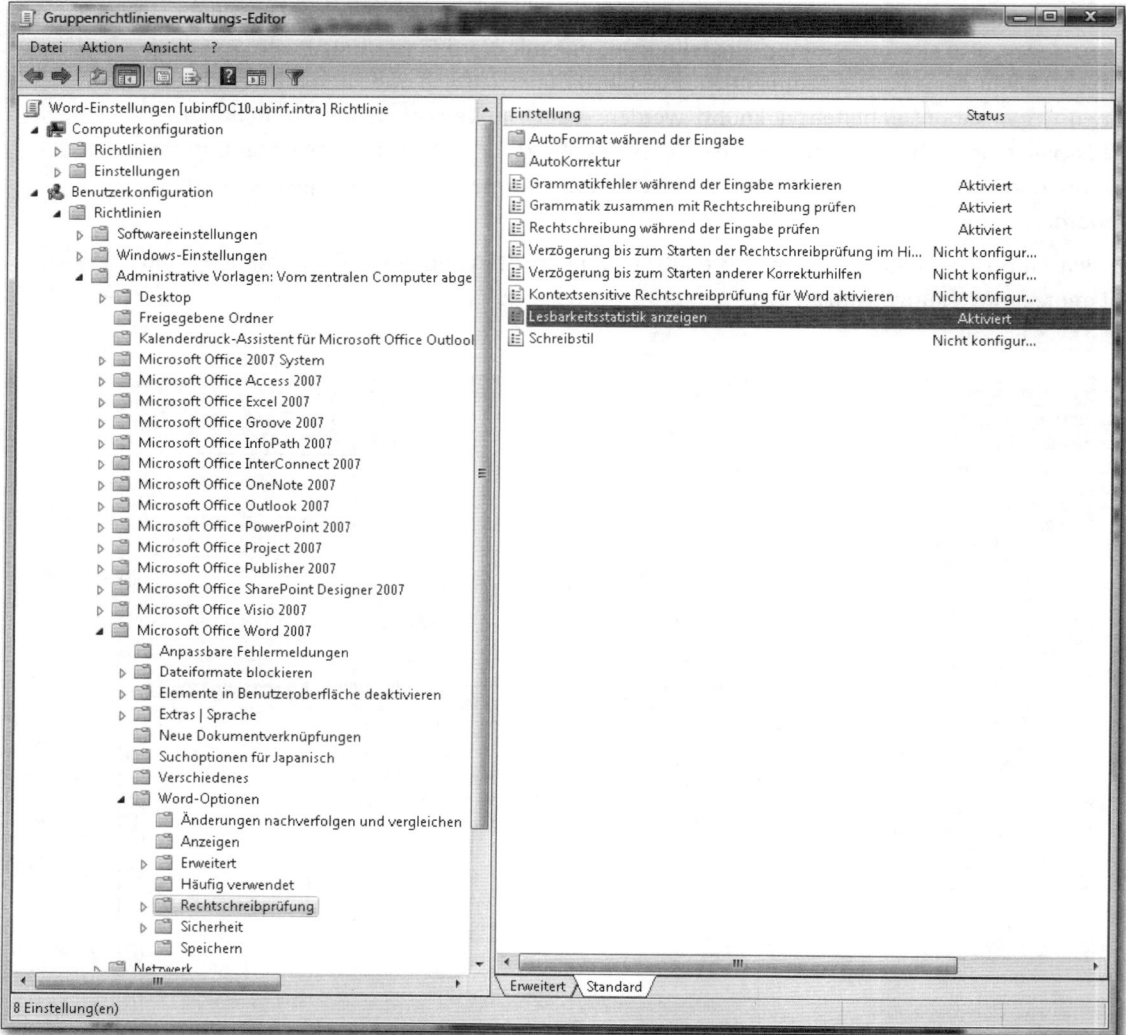

Abbildung 8.145 Konfiguration der Einstellungen im Gruppenrichtlinienverwaltungs-Editor

Wenn Sie den Gruppenrichtlinienobjekt-Editor wieder verlassen (ein explizites Speichern ist nicht notwendig), können Sie auf der Registerkarte EINSTELLUNGEN der Gruppenrichtlinienverwaltung die Zusammenfassung der konfigurierten Einstellungen einsehen (Abbildung 8.146).

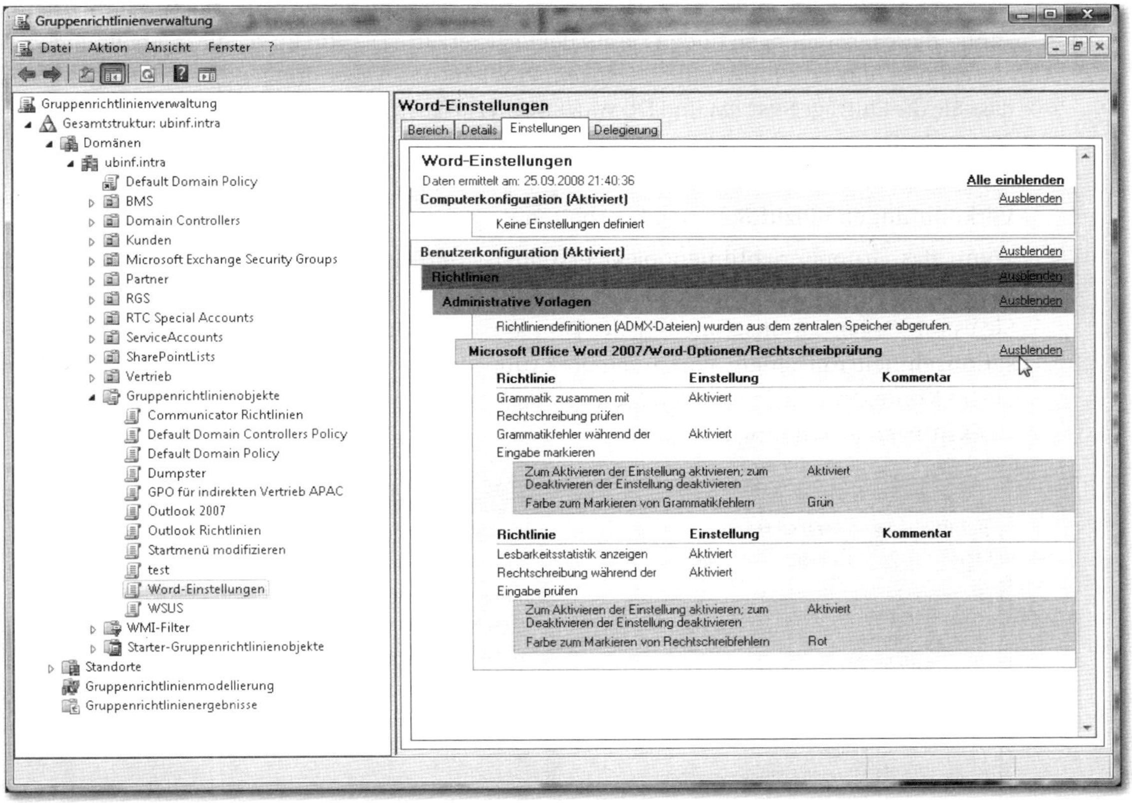

8.4 Gruppenrichtlinien

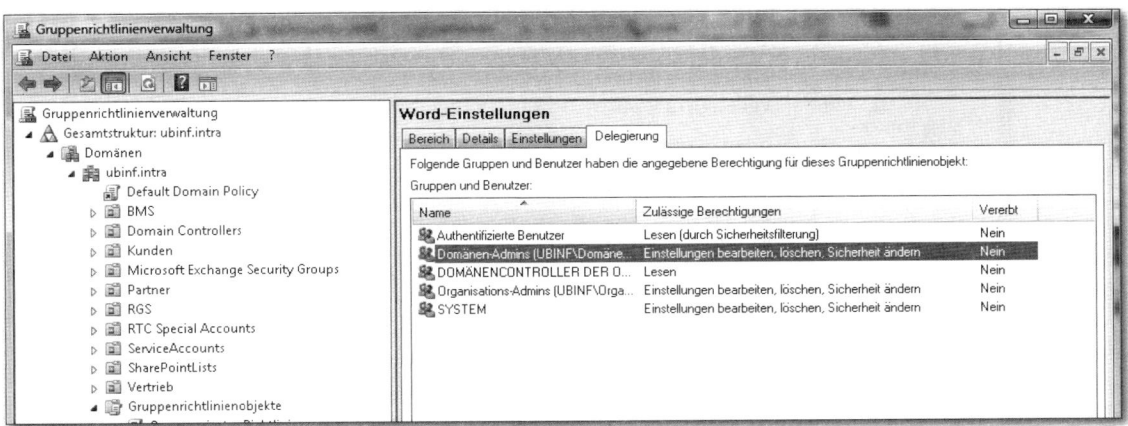

Abbildung 8.146 Eine Zusammenfassung der Einstellungen kann hier angezeigt werden.

Abbildung 8.147 Auf der Karteikarte »Delegierung« wird festgelegt, welche Benutzer Berechtigungen haben.

Natürlich ist es auch interessant, wer ein Gruppenrichtlinienobjekt überhaupt konfigurieren kann – diese Einstellungen finden Sie auf der Registerkarte DELEGIERUNG, die in Abbildung 8.147 zu sehen ist. Einträge hinzuzufügen ist kein Problem, es sei aber dringend darauf hingewiesen, dass Sie die Einträge SYSTEM und DOMÄNENCONTROLLER DER ORGANISATION keinesfalls entfernen dürfen.

Verknüpfungen hinzufügen und bearbeiten

Wenn das Gruppenrichtlinienobjekt erstellt ist und die Einstellungen konfiguriert sind, müssen Sie noch dafür sorgen, dass es auch tatsächlich angewendet wird. Dazu verknüpfen Sie es mit Organisationseinheiten, der Domäne und/oder mit Standorten. Um eine Organisationseinheit mit einem vorhandenen Gruppenrichtlinienobjekt zu verknüpfen, wählen Sie im Kontextmenü der OU den Menüpunkt VORHANDENES GRUPPENRICHTLINIENOBJEKT VERKNÜPFEN (Abbildung 8.148).

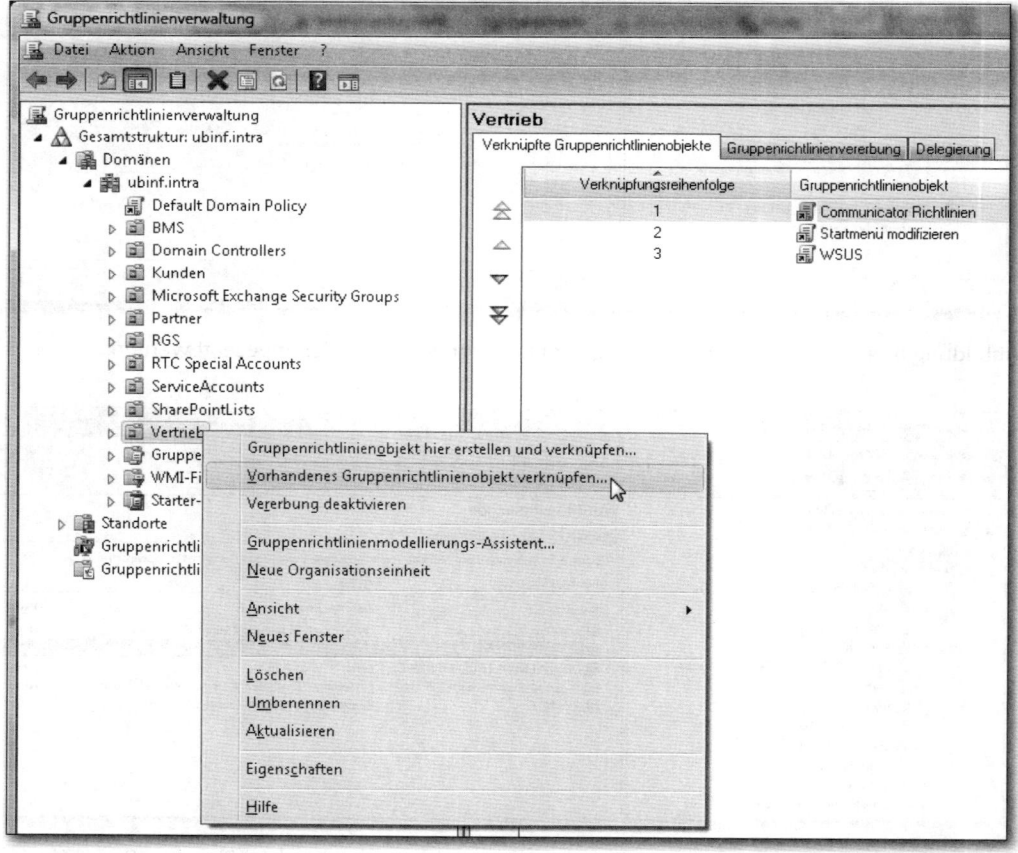

Abbildung 8.148 Im Kontextmenü der Organisationseinheit wird die Verknüpfung zu einem Gruppenrichtlinienobjekt erstellt.

Daraufhin erscheint eine Auflistung der vorhandenen Gruppenrichtlinienobjekte, und Sie können eines oder mehrere auswählen – und schon ist die Verknüpfung erstellt und aktiv (Abbildung 8.149).

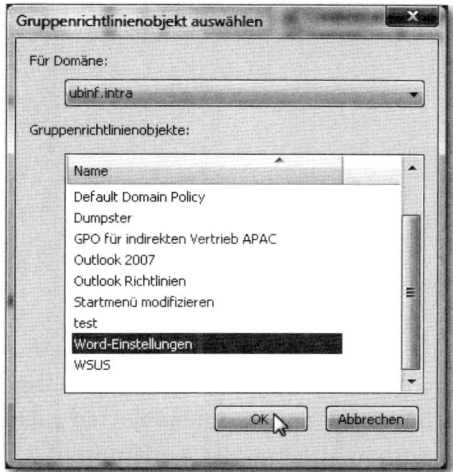

Abbildung 8.149 Auswahl des zu verknüpfenden Gruppenrichtlinienobjekts

Auf der Registerkarte VERKNÜPFTE GRUPPENRICHTLINIENOBJEKTE einer Organisationseinheit, Domäne oder eines Standorts sind alle Objekte aufgeführt, wobei die Reihenfolge entscheidend ist. Das Objekt mit der kleinsten Zahl wird zuletzt ausgeführt, hat also die höchste Priorität, falls unterschiedliche Werte für dieselbe Einstellung festgelegt worden sind – eine Ausnahme ist, dass eine Verknüpfung als ERZWUNGEN gekennzeichnet ist (Abbildung 8.150).

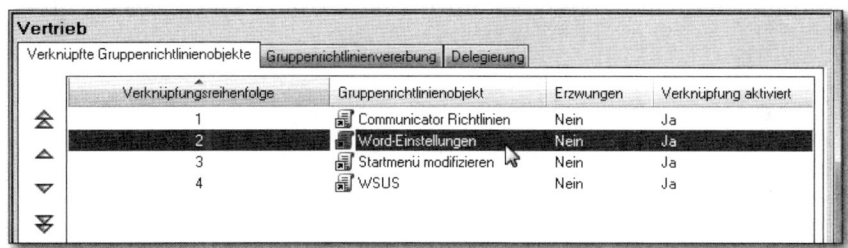

Abbildung 8.150 In der Liste der Verknüpfungen wird auch die Reihenfolge der Anwendung festgelegt.

Eine Verknüpfung verfügt über ein Kontextmenü, aus dem ich drei Menüpunkte speziell erwähnen möchte (Abbildung 8.151):

▶ BEARBEITEN öffnet das Gruppenrichtlinienobjekt zur Bearbeitung. Die Änderungen gelten dann für sämtliche Verknüpfungen, die auf das Gruppenrichtlinienobjekt verweisen.

8 Active Directory-Domänendienste

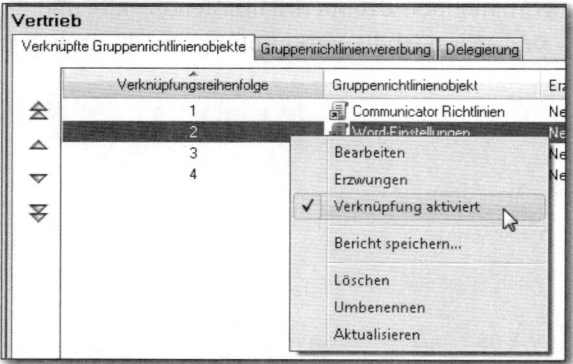

Abbildung 8.151 Im Kontextmenü der Verknüpfung können Sie diese unter anderem auch deaktivieren.

▶ Wird eine Verknüpfung mit ERZWUNGEN markiert, bedeutet das, dass die von ihr vorgenommenen Einstellungen von später verarbeiteten Gruppenrichtlinienobjekten nicht überschrieben werden können. Dies wurde weiter vorn in Abschnitt 8.4.4 erläutert.

▶ Mit dem Menüpunkt VERKNÜPFUNG AKTIVIERT können Sie die Verarbeitung der Gruppenrichtlinie für die jeweilige OU oder Domäne bzw. den jeweiligen Standort ein- und ausschalten.

Gruppenrichtlinienmodellierung

In komplexen Szenarien mit vielen Gruppenrichtlinien, die in einer umfangreichen OU-Struktur verarbeitet werden, kann die Übersicht leicht verloren gehen. Angenehmerweise bietet die Gruppenrichtlinienverwaltung Werkzeuge an, mit denen man recht bequem prüfen kann, welche Richtlinien zur Anwendung kommen. Eines davon ist die Gruppenrichtlinienmodellierung.

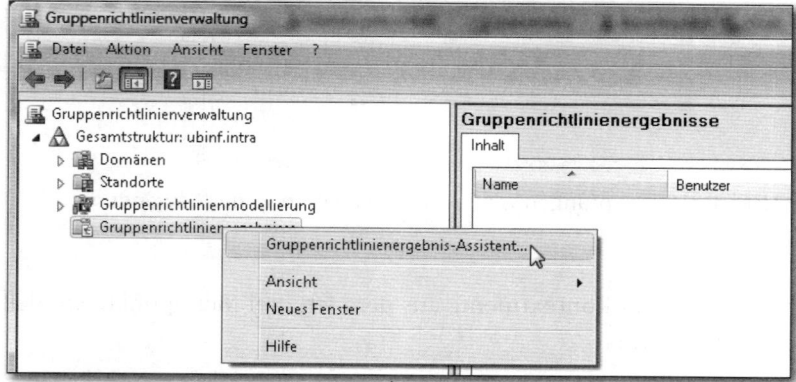

Abbildung 8.152 Aufruf des Gruppenrichtlinienmodellierungs-Assistenten

Das grundsätzliche Konzept dahinter ist, dass mit einem Assistenten Szenarien erstellt werden, die bei Bedarf, also nach Änderungen, neu »errechnet« werden können. Ausgangspunkt ist also die Erstellung eines solchen Szenarios, was Sie wie in Abbildung 8.152 beginnen.

Die erste Dialogseite sehen Sie in Abbildung 8.153. Sie können hier bestimmen, ob die Simulation auf einem beliebigen DC ausgeführt werden soll oder ob Sie ein bestimmtes System festlegen möchten. Sofern Sie nicht von Replikationsproblemen (oder sehr langsamer Replikation) ausgehen, sollten Sie den DC ruhig automatisch ermitteln lassen, sonst wählen Sie eine Maschine auf der Auswahlliste aus.

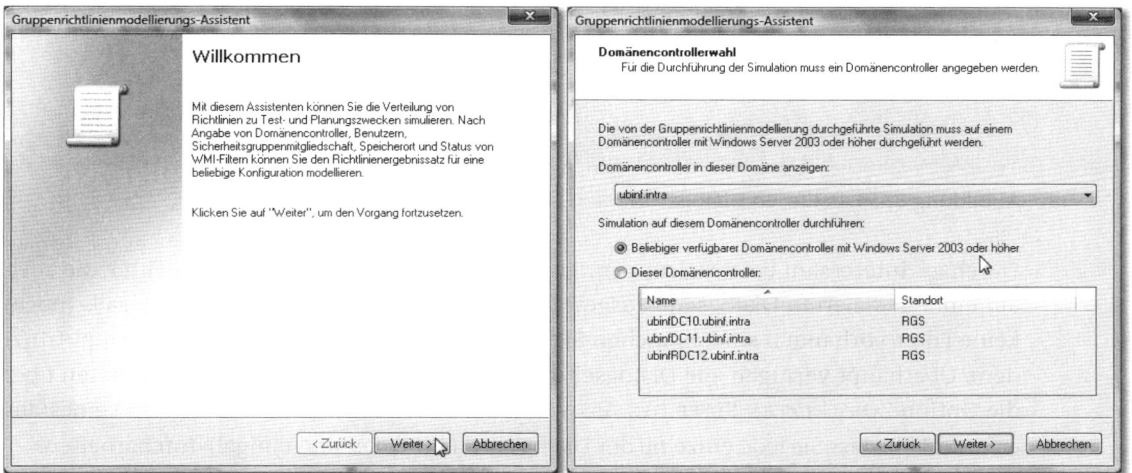

Abbildung 8.153 Der Gruppenrichtlinienmodellierungs-Assistent. Zunächst wird entschieden, auf welchem Domänencontroller die Simulation durchgeführt werden soll.

Die nächsten Dialogseiten beschäftigen sich damit, Benutzerinformationen und Computerinformationen festzulegen (Abbildung 8.154, links). Sie können entweder einen bestimmten Benutzer/Container auswählen oder sich für Organisationseinheiten entscheiden.

Da auch an Standorten Richtlinien »kleben« können, wählen Sie auf der folgenden Dialogseite (Abbildung 8.154, rechts) einen Standort aus. Weiterhin können Sie eine LOOPBACK-VERARBEITUNG (sie werden häufig in Terminal-Server-Umgebungen verwendet, siehe Abschnitt 8.4.14) und/oder eine LANGSAME NETZWERKVERBINDUNG konfigurieren.

8 Active Directory-Domänendienste

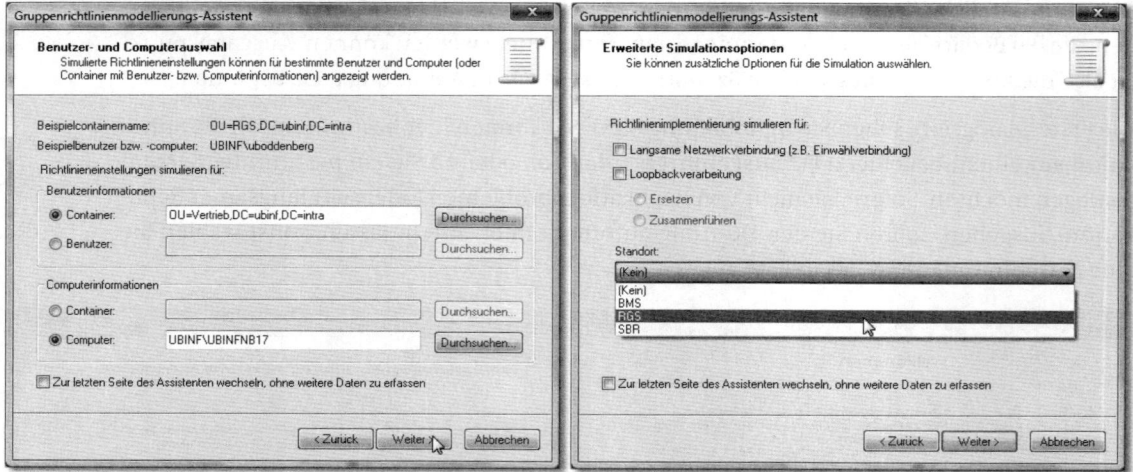

Abbildung 8.154 In diesen Dialogen wählen Sie Benutzer, Computer und Standort.

Durchaus interessant bei der Gruppenrichtlinienmodellierung sind die WMI-Filter, die auch auf einer dedizierten Dialogseite ausgewählt werden können (Abbildung 8.155). Falls (noch) keine Filter vorhanden sind, brauchen Sie sich keine Gedanken zu machen, es klappt trotzdem. Überhaupt verfügen alle Dialogseiten des Assistenten mit Ausnahme der ersten über die Option ZUR LETZTEN SEITE DES ASSISTENTEN WECHSELN, OHNE... Es ist also keinesfalls erforderlich, dass Sie jede einzelne der Dialogseiten (und das sind einige!) durcharbeiten.

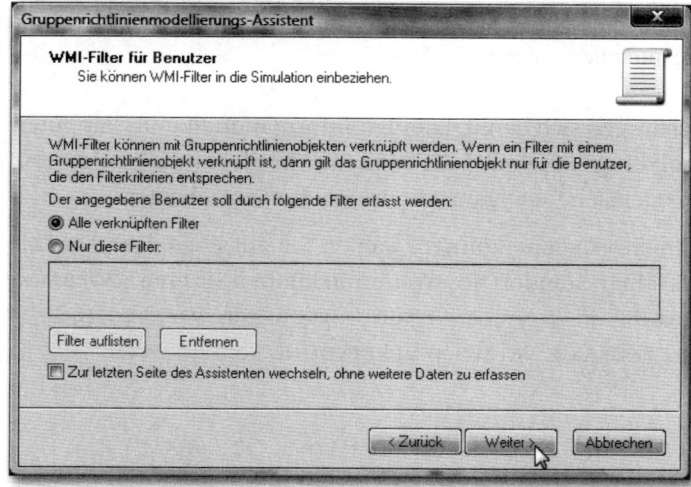

Abbildung 8.155 Die auszuführenden WMI-Filter können festgelegt werden.

Ein Ergebnis der Gruppenrichtlinienmodellierung ist auf der Registerkarte ZUSAMMENFAS-
SUNG zu sehen (Abbildung 8.156).

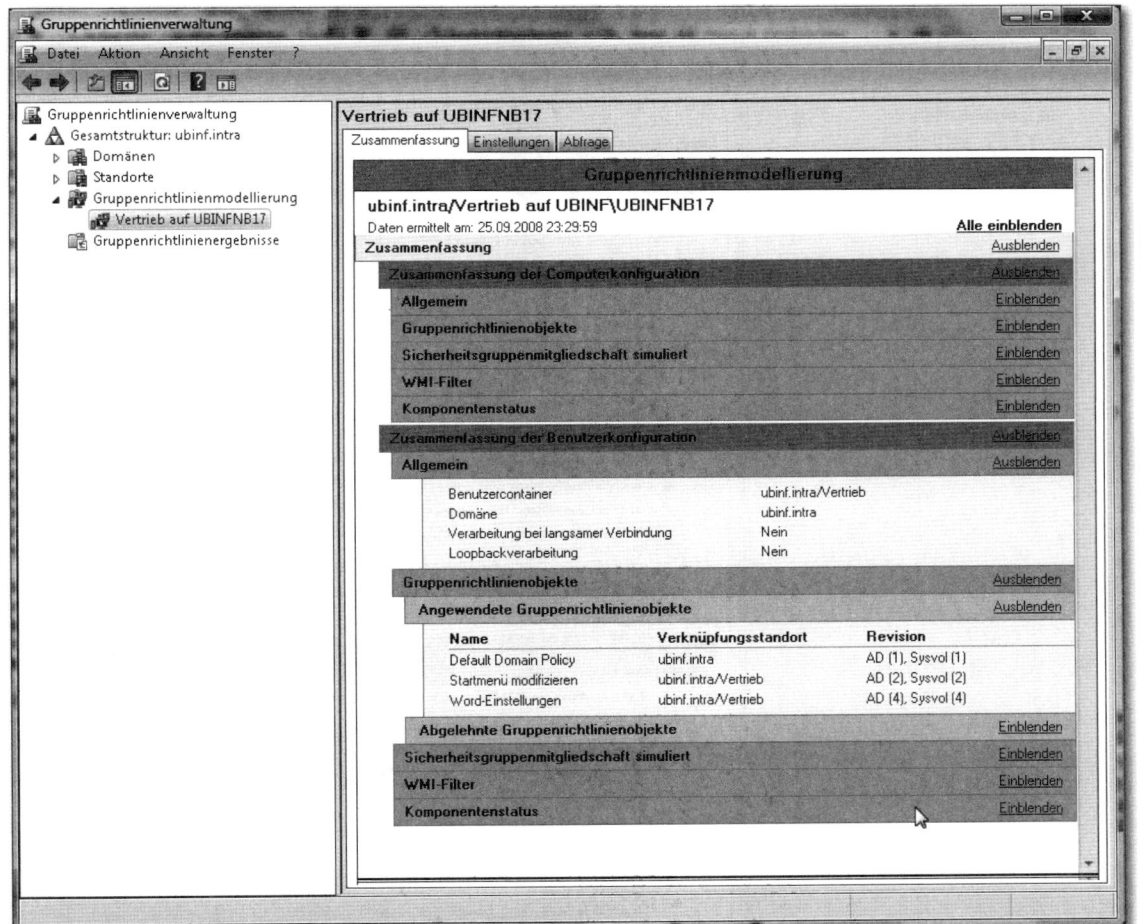

Abbildung 8.156 Ergebnis der Gruppenrichtlinienmodellierung

Unter anderem sehen Sie hier, welche Gruppenrichtlinienobjekte für die Computer- und die Benutzerkonfiguration herangezogen worden sind. Falls Sie die konkret angewendeten Einstellungen sehen möchten, wechseln Sie auf die Registerkarte EINSTELLUNGEN (Abbildung 8.157).

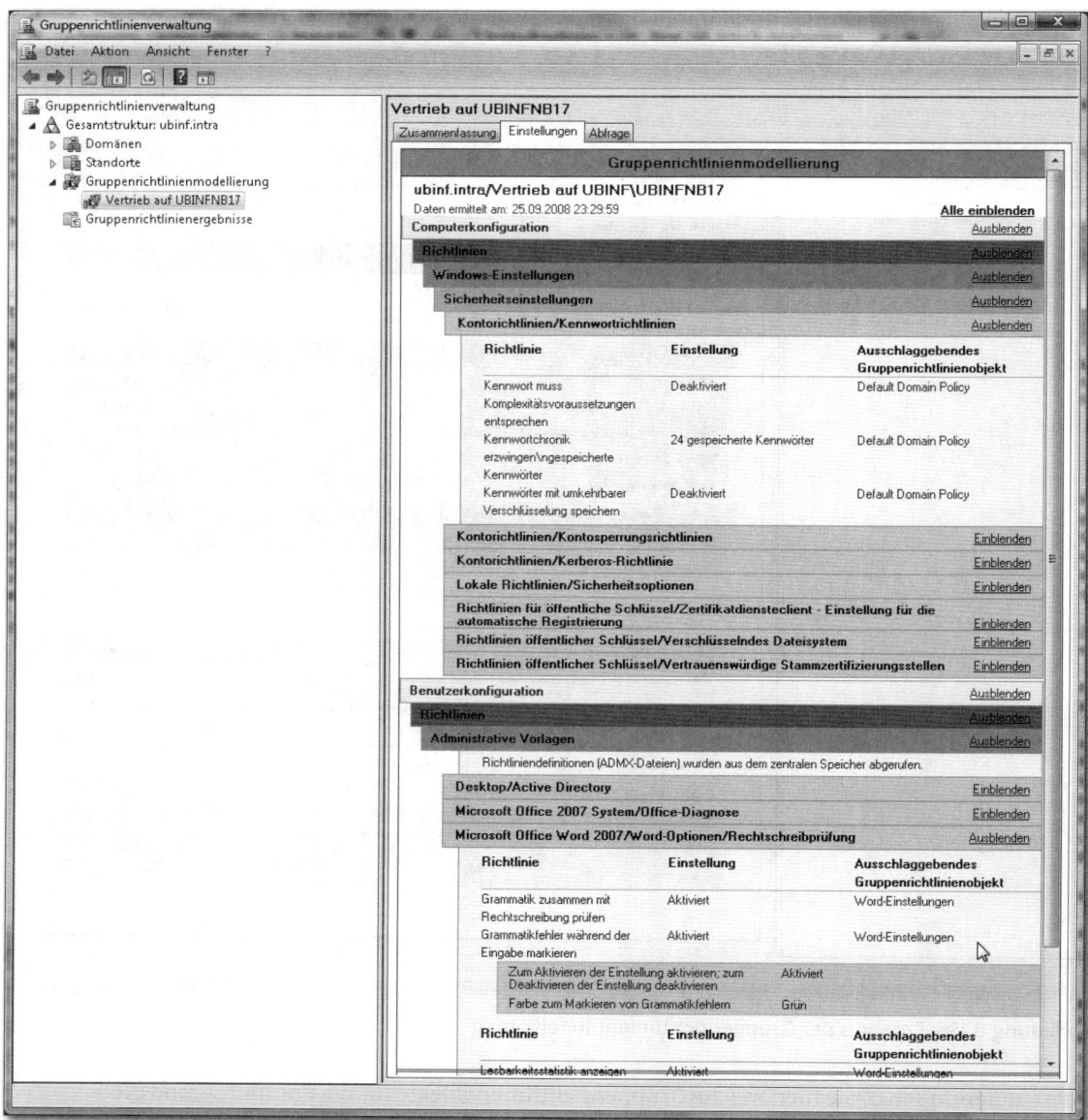

Abbildung 8.157 Die angewendeten Einstellungen können im Detail betrachtet werden.

Das mit dem Assistenten erstellte Gruppenrichtlinienmodellierungs-Objekt enthält sozusagen eine Momentaufnahme, zeigt also das Verarbeitungsergebnis zu dem Zeitpunkt, als es erzeugt wurde. Im Kontextmenü findet sich der Menüpunkt ABFRAGE ERNEUT AUSFÜHREN, womit die Ergebnisse dem aktuellen Zustand angepasst werden (Abbildung 8.158).

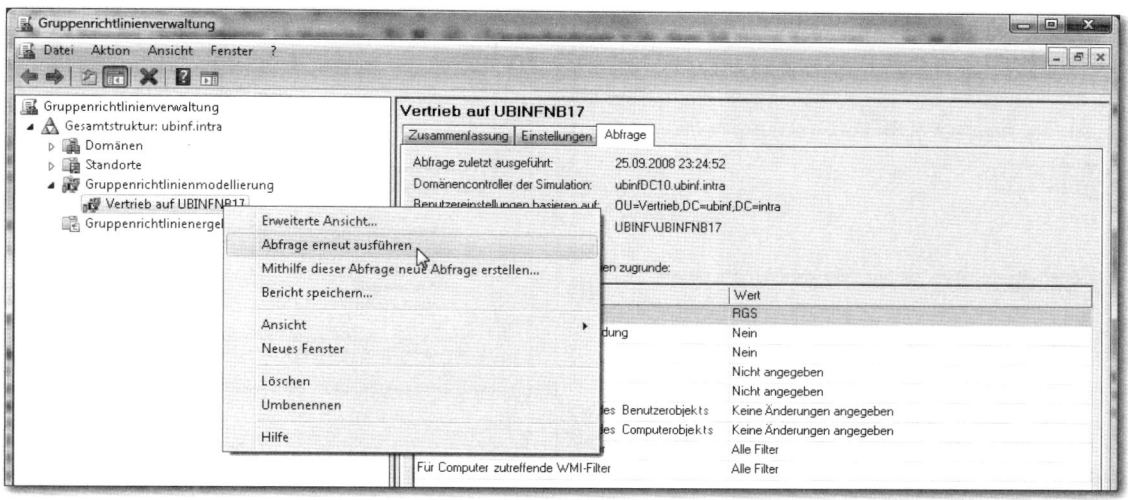

Abbildung 8.158 Die Abfrage kann bei Bedarf erneut ausgeführt werden.

Sie können also verschiedene Objekte anlegen, mit denen Sie regelmäßig die Ergebnisse der Gruppenrichtlinienverarbeitung überprüfen können.

Gruppenrichtlinienergebnisse

Ähnlich, aber »etwas anders« als die Gruppenrichtlinienmodellierung verhält sich die Funktion GRUPPENRICHTLINIENERGEBNISSE. Auch können mit einem Assistenten (Sie sehen den Aufruf in Abbildung 8.159) beliebig viele unterschiedliche Einträge erzeugt werden.

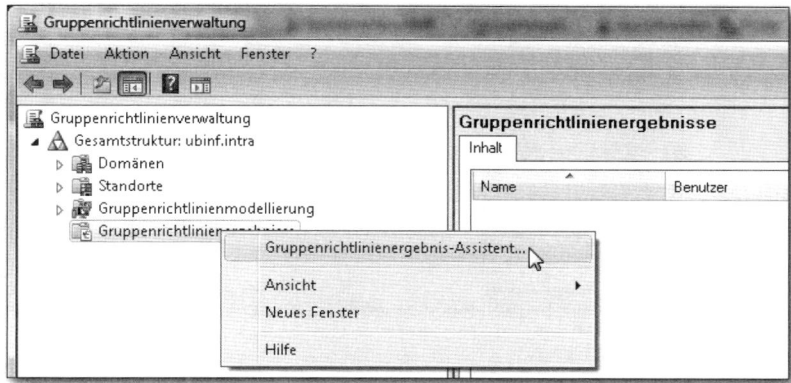

Abbildung 8.159 Hier wird der Gruppenrichtlinienergebnis-Assistent gestartet.

Die Computer- und Benutzerauswahl beschränkt sich allerdings auf einen bestimmten Computer und einen konkreten Benutzer. Abbildung 8.160 zeigt die beiden relevanten Screenshots aus dem Gruppenrichtlinienergebnis-Assistenten.

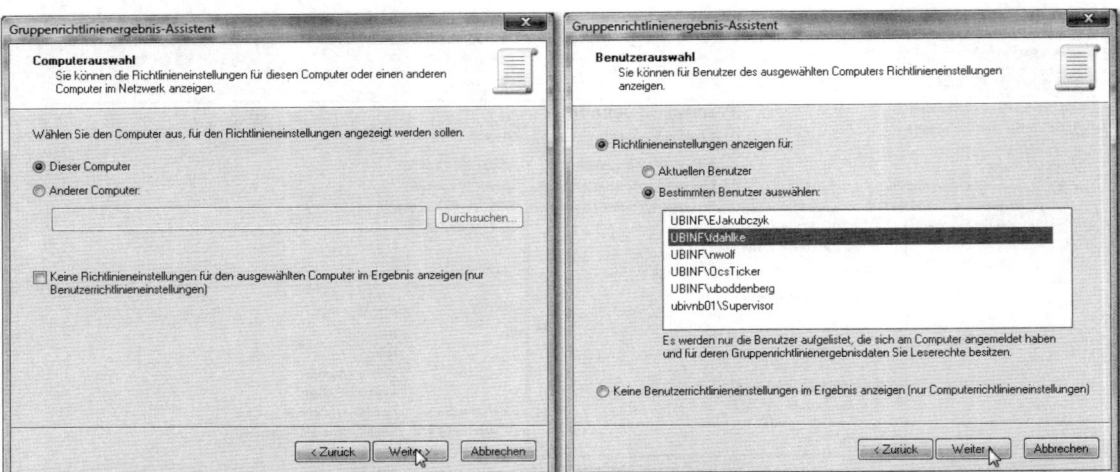

Abbildung 8.160 Ein Computer und ein Benutzer können für die Simulation angezeigt werden.

Die Ergebnisse sehen Sie in zwei Abbildungen:

- Abbildung 8.161 zeigt unter anderem die angewendeten und abgelehnten Gruppenrichtlinienobjekte – übrigens in der Reihenfolge der Verarbeitung.

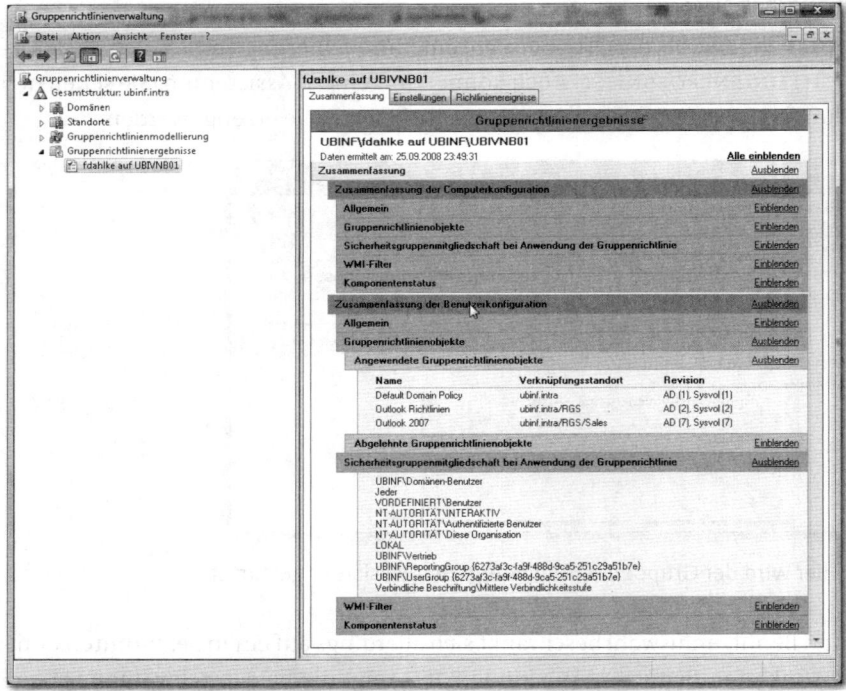

Abbildung 8.161 Dieser Dialog zeigt unter anderem die angewendeten Gruppenrichtlinienobjekte.

▶ Abbildung 8.162 zeigt die konkreten Einstellungen, die aus der Verarbeitung der Gruppenrichtlinien resultieren.

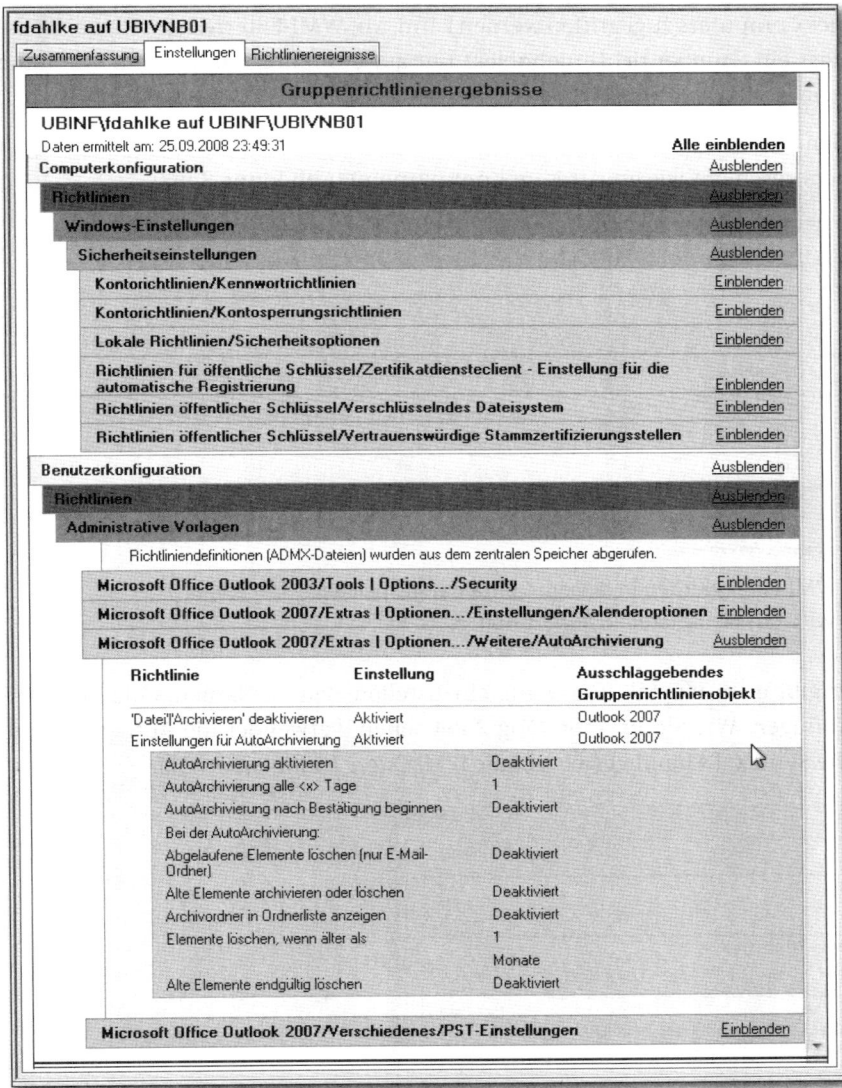

Abbildung 8.162 Auch die einzelnen Einstellungen werden gezeigt.

8.4.12 WMI-Filter

Ich habe weiter vorn erwähnt, dass man die Abarbeitung von Gruppenrichtlinien durch Berechtigungen steuern kann, habe aber darauf hingewiesen, dass das nur im Ausnahmefall geschehen sollte – es wird einfach zu unübersichtlich.

Eine sehr interessante andere Möglichkeit, um festzulegen, ob eine Gruppenrichtlinie tatsächlich angewendet werden soll, ist die Steuerung mittels WMI-Filtern. WMI steht für *Windows Management Instrumentation*, einen Ansatz, über den unter anderem auf Konfigurationsinformationen eines Computers zugegriffen werden kann. Mit WMI-Filtern lässt sich beispielsweise steuern, dass ein Gruppenrichtlinienobjekt nur auf Computern mit einem »Genuine Intel«-Prozessor ausgeführt werden soll.

WMI-Filter werden unterhalb der Domäne im Container *WMI-Filter* gespeichert. Das Anlegen eines neuen Filters geschieht wie erwartet im Kontextmenü (Abbildung 8.163).

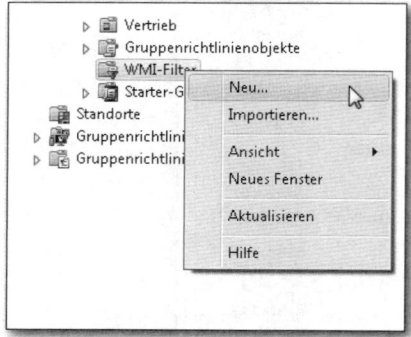

Abbildung 8.163 WMI-Filter werden in diesem Container gespeichert.
Im Kontextmenü wird das Neu-Erstellen aufgerufen.

Beim WMI-Filter gibt es prinzipiell nur wenig einzustellen: seinen Namen, eine Beschreibung und die Abfragen. Wie Sie in Abbildung 8.164 sehen, verwendet die Abfragesprache eine SQL-ähnliche Syntax. Es handelt sich um die *WMI Query Language* (WQL).

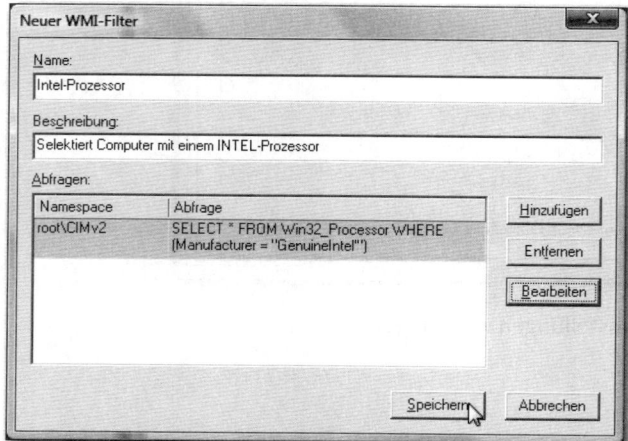

Abbildung 8.164 Ein WMI-Filter basiert primär auf einer Abfrage.

Ich möchte an dieser Stelle nicht im Detail auf die WQL eingehen, da ich Ihnen ein wenig weiter hinten ein kleines Werkzeug vorstelle, mit dem Sie recht einfach Abfragen erzeugen können. Interessierten Lesern sei aber die Dokumentation in der MSDN empfohlen. Die entsprechende URL lautet: *http://msdn.microsoft.com/en-us/library/aa394552.aspx*.

Wenn Sie in der Baumdarstellung der Gruppenrichtlinienverwaltung ein Gruppenrichtlinienobjekt auswählen, wird die Registerkarte BEREICH angezeigt (Abbildung 8.165). Im unteren Abschnitt können Sie einen WMI-Filter auswählen, der mit diesem Gruppenrichtlinienobjekt verknüpft werden soll. Ein WMI-Filter kann übrigens mit mehreren Gruppenrichtlinienobjekten verknüpft werden.

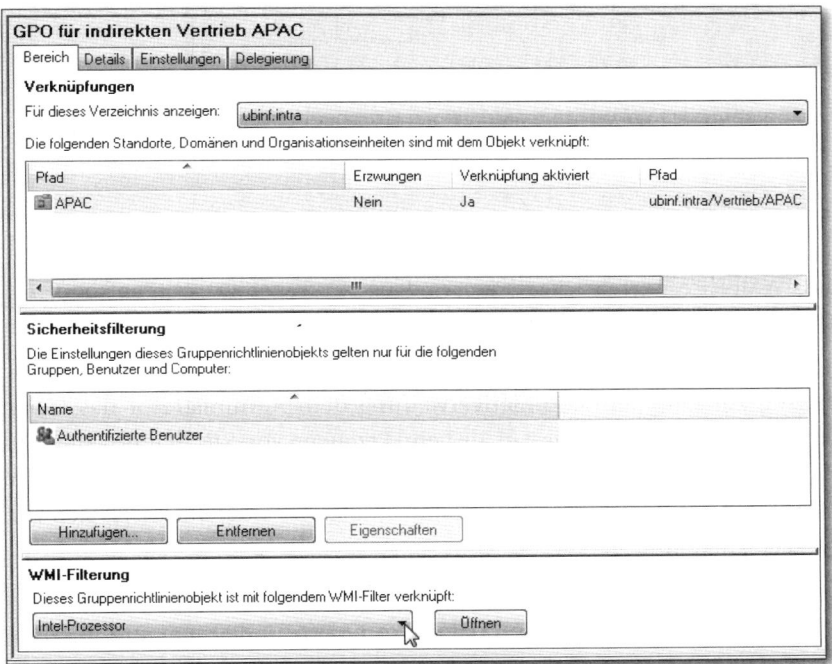

Abbildung 8.165 Im unteren Abschnitt des Dialogs können Sie den Filter einem Gruppenrichtlinienobjekt zuweisen.

Wenn Sie die WMI-Filterung für ein Gruppenrichtlinienobjekt festgelegt haben, können Sie die Gruppenrichtlinienmodellierung starten und die Ergebnisse für eine OU (oder für eine Domäne oder einen Standort) ermitteln, mit der (bzw. dem) dieses Gruppenrichtlinienobjekt verknüpft ist. Sie werden sehen, dass das Ergebnis des WMI-Filters berücksichtigt wird (Abbildung 8.166).

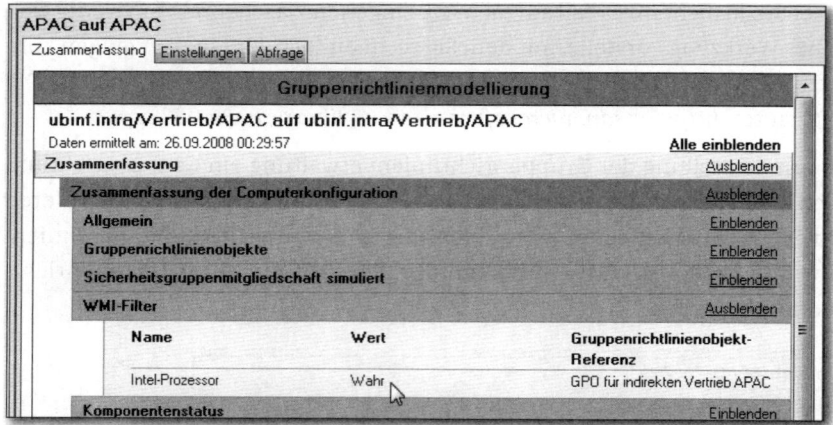

Abbildung 8.166 Das Ergebnis des WMI-Filters wird bei der Gruppenrichtlinienmodellierung berücksichtigt.

> **WMI-Filter**
>
> Beachten Sie, dass WMI-Filter nur auf Clients ab Windows XP ausgeführt werden können. Bei Windows 2000 stand diese Funktion noch nicht zur Verfügung.

Obwohl das Werkzeug zur Gruppenrichtlinienverwaltung dem Administrator das Leben schon ziemlich weitgehend vereinfacht, lässt es Sie beim Erzeugen von WMI-Filtern allein. Es gibt nun zwei Möglichkeiten: Entweder Sie wühlen sich durch die Dokumentation und können nach einiger Zeit auch komplexe WMI-Abfragen formulieren – oder Sie lassen sich von einem kleinen Werkzeug helfen.

Ich verwende den *WMI Code Creator*, der unter diesem Suchbegriff im Microsoft Download Center erhältlich ist. Dieses Werkzeug zielt zwar darauf, komplette Codefragmente zu erzeugen und nicht nur eine »simple« Abfrage, aber Letztgenannte »fällt« dabei natürlich auch »ab«.

In Abbildung 8.167 sehen Sie den WMI Code Creator in Aktion. Die Vorgehensweise dürfte weitgehend selbsterklärend sein, und auch wenn Sie noch nie eine Zeile C#-Code programmiert haben, werden Sie im Fenster GENERATED CODE ganz problemlos die eigentliche Abfrage finden. Durch einen Klick auf die Schaltfläche EXECUTE CODE wird die Abfrage (genauer gesagt der erzeugte Code nebst Abfrage) ausgeführt und das Ergebnis in einem Textfenster angezeigt (Abbildung 8.168).

Die mit dem WMI Code Creator erzeugte Abfrage tragen Sie im WMI-Filter ein – und schon sind Sie fertig.

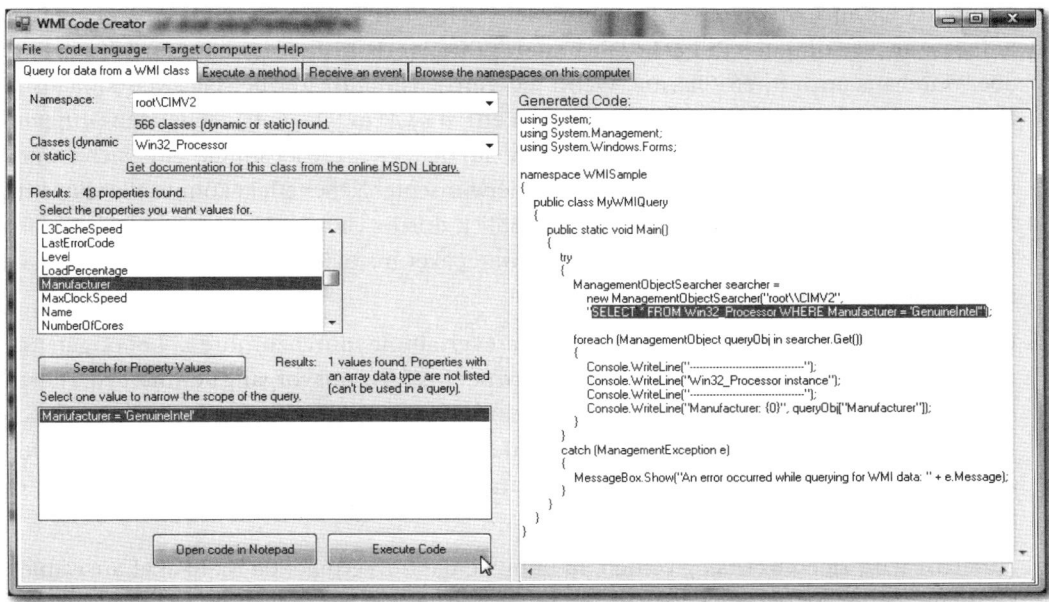

Abbildung 8.167 Abfragen können bequem mit dem WMI Code Creator erstellt werden.

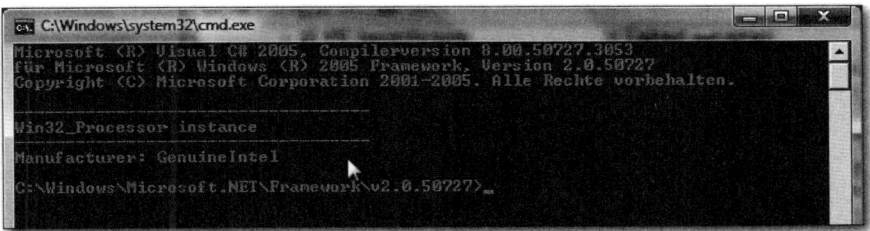

Abbildung 8.168 Ein Klick auf die Schaltfläche »Execute Code« im WMI Code Creator führt zu diesem Ergebnis.

8.4.13 Softwareverteilung mit Gruppenrichtlinien

Mithilfe der Gruppenrichtlinien ist eine »begrenzte Softwareverteilung« möglich. Ich nenne sie deshalb »begrenzt«, weil die Möglichkeiten im Vergleich zu »großen« Lösungen, wie beispielsweise dem *System Center Configuration Manager 2012* (vormals SMS), eher bescheiden sind. Ich kenne aber etliche größere mittelständische Unternehmen, die ausschließlich auf Softwareverteilung per Gruppenrichtlinie setzen und damit durchaus erfolgreich sind. Eine wesentliche Einschränkung ist, dass »nur« MSI-Pakete verteilt werden können; in anderen Formaten vorliegende Software muss umgepackt werden.

Wie Sie wissen, gibt es in den Gruppenrichtlinien Einstellungen für Computer und solche für Benutzer. Ebendies gilt auch für die Softwareinstallation. Sie können also Software sowohl an

Computer als auch an Benutzer verteilen. Meist geht man ja davon aus, dass man ein Stück Software an die Computer PC1998, PC8837 und PC0007 verteilt; die Verteilung an Benutzer hat aber durchaus auch ihren Charme: Wenn die Vertriebsmitarbeiter beispielsweise *Microsoft Dynamics CRM* benötigen, verknüpft man die Vertriebs-OU mit der entsprechenden Gruppenrichtlinie, und dann wird auf einem Computer, auf dem ein Vertriebsmitarbeiter sich anmeldet, dieses Paket automatisch installiert. Ein unerwünschter Nebeneffekt könnte allerdings ein Lizenzproblem sein: Wenn Ihre Anwender fröhlich durchs Unternehmen wandern und sich hier und da anmelden, wird ständig das Softwarepaket installiert – und plötzlich haben Sie statt der lizenzierten 40 Installationen 140.

Um eine gruppenrichtlinienbasierte Softwareverteilung durchzuführen, benötigen Sie zunächst ein Gruppenrichtlinienobjekt, in dem der Installationsvorgang definiert ist. Hierzu navigieren Sie zum Knoten RICHTLINIEN • SOFTWAREEINSTELLUNGEN • SOFTWAREINSTALLATION und wählen in dessen Kontextmenü den Menüpunkt NEU • PAKET. Abbildung 8.169 zeigt diesen Schritt für die Computerkonfiguration, in der Benutzerkonfiguration sieht es aber identisch aus.

Zunächst wird sich ein Dialog öffnen, in dem Sie das zu verteilende MSI-Paket auswählen können. Achten Sie darauf, dass es auf einer Dateifreigabe liegt und dass der Freigabepfad ausgewählt ist. Im Klartext: An *d:\fileshares\softdist* kommen die Computer im Netzwerk nicht heran, sondern nur an die entsprechende Freigabe *\\ubinfFile1\softdistshare*.

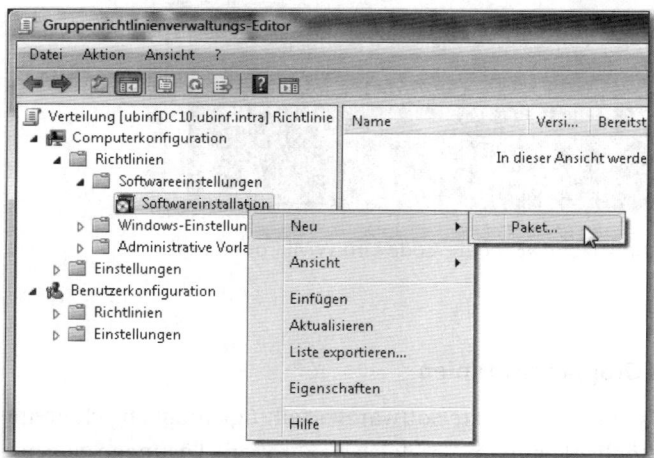

Abbildung 8.169 Die Softwareinstallation kann für Computer oder Benutzer konfiguriert werden.

Als Nächstes wählen Sie die Bereitstellungsmethode aus. Dabei stehen drei Optionen zur Auswahl (Abbildung 8.170):

▶ VERÖFFENTLICHT: Diese Option steht nur bei der Softwareinstallation in einer Benutzer-Gruppenrichtlinie zur Verfügung. Auf der Abbildung wird eine Computerrichtlinie erstellt, folglich ist sie also dort ausgegraut.

Diese Bereitstellungsmethode bewirkt, dass die Software unter SYSTEMSTEUERUNG • PROGRAMME (Vista) bzw. SYSTEMSTEUERUNG • SOFTWARE (XP) angelegt und vom Benutzer installiert werden kann. Eine automatische Installation erfolgt also nicht.

▶ Bei der Methode ZUGEWIESEN wird die Software direkt installiert, also ohne Zutun des Benutzers.

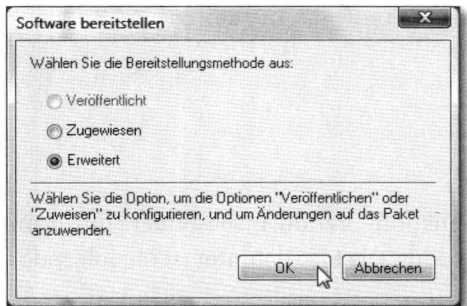

Abbildung 8.170 Auswahl der Bereitstellungsmethode (die Option »Veröffentlicht« steht nur für eine Benutzerrichtlinie zur Verfügung).

Wenn Sie die dritte Option, ERWEITERT, wählen, gelangen Sie zum Eigenschaftendialog der Einstellung. Letztendlich wählen Sie dort auch zwischen VERÖFFENTLICHT und ZUGEWIESEN aus, haben aber direkt zusätzliche Konfigurationsmöglichkeiten (Abbildung 8.171).

Abbildung 8.171 Der Eigenschaftendialog der Einstellung zur Softwareinstallation

WMI-Filter

Wenn Sie eine Softwareverteilung über Gruppenrichtlinien durchführen, werden Sie sehr dankbar für die WMI-Filter sein. Mit diesen haben Sie die Möglichkeit, die Installation etwas feiner zu steuern. So können Sie beispielsweise verhindern, dass Software auf PCs mit weniger als 512 MB Arbeitsspeicher installiert wird, oder können dafür sorgen, dass die Installation nur durchgeführt wird, wenn auf dem *C:*-Laufwerk mindestens 2 GB freier Speicherplatz vorhanden ist.

8.4.14 Loopbackverarbeitung

Ein sehr wichtiger Aspekt bei der Gruppenrichtlinienkonfiguration, insbesondere im Terminalserver-Umfeld, ist der Loopbackverarbeitungsmodus. Die Idee dahinter ist die folgende:

▶ Wenn sich ein Benutzer anmeldet, werden die Richtlinien angewendet, die in derjenigen OU gelten, in der das Benutzerobjekt angelegt ist (nebst Vererbungen).

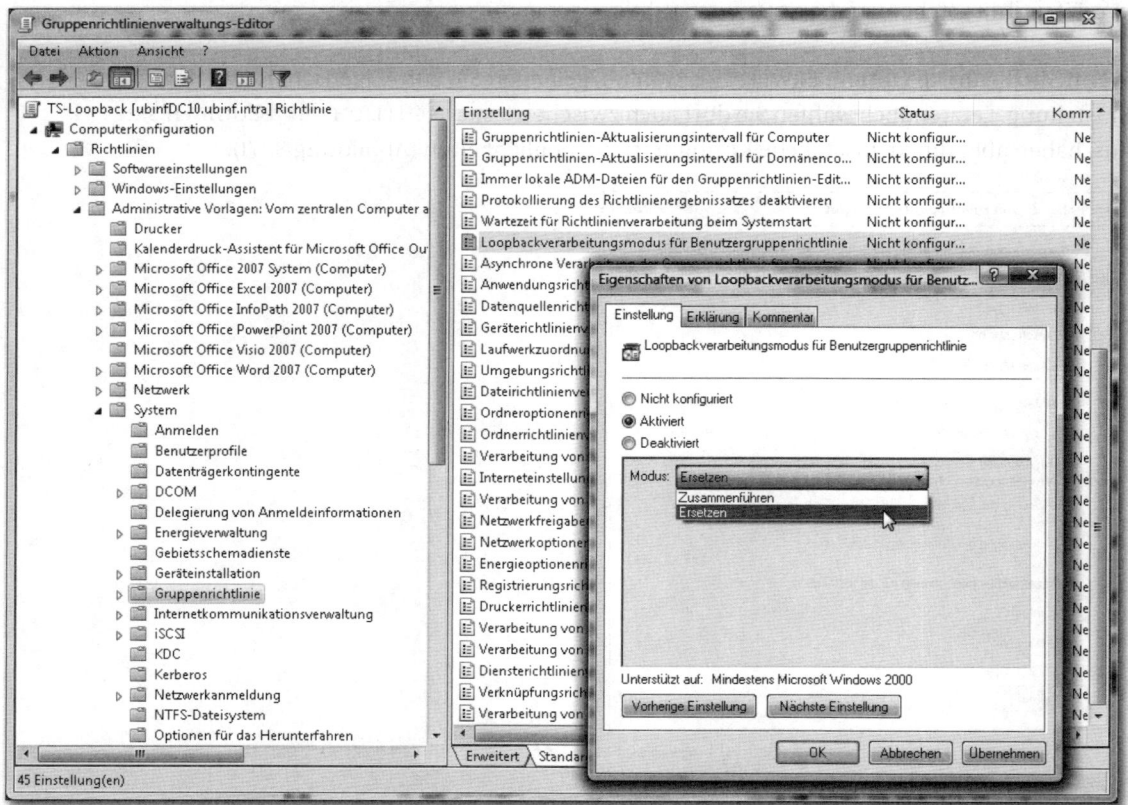

Abbildung 8.172 Der Loopbackverarbeitungsmodus wird mittels einer Gruppenrichtlinie aktiviert.

- Beim Loopbackverarbeitungsmodus verhält sich das System so, als befände sich das Benutzerobjekt in der OU, in der das Computerobjekt (d.h. der Terminalserver) angelegt ist. Es werden also die in den dort gültigen Gruppenrichtlinien vorhandenen Benutzerrichtlinien angewendet.

Vereinfacht gesagt ermöglicht es der Loopbackverarbeitungsmodus, dass auf Terminalservern für dieselben Benutzerobjekte andere Gruppenrichtlinien zum Einsatz kommen, als wenn sich diese auf einem Desktop-PC anmelden. In Umgebungen, in denen die Benutzer sowohl lokal installierte als auch über Terminaldienste bereitgestellte Anwendungen nutzen, kann dies außerordentlich praktisch sein.

Der Loopbackverarbeitungsmodus wird mittels einer Gruppenrichtlinie für die entsprechenden Terminalserver aktiviert. Es macht vor diesem Hintergrund also Sinn, die Terminalserver in einer separaten OU anzusiedeln und eine entsprechende Gruppenrichtlinie zu erstellen (Abbildung 8.172).

8.4.15 Gruppenrichtlinien-Voreinstellungen (Preferences)

Wenn Sie sich bereits mit Gruppenrichtlinien unter Windows Server 2003 beschäftigt haben, wird Ihnen aufgefallen sein, dass im Gruppenrichtlinienverwaltungs-Editor außer RICHTLINIEN ein zusätzlicher Knoten namens EINSTELLUNGEN vorhanden ist. Dieser findet sich sowohl in der Benutzer- als auch in der Computerkonfiguration.

Es handelt sich hierbei um die *Voreinstellungen*; in der englischsprachigen Dokumentation heißen sie *Preferences*. Im Gegensatz zu den »normalen« Gruppenrichtlinien geht es hierbei weniger darum, bestimmte Einstellungen zu erzwingen, sondern darum, diverse Voreinstellungen bereitzustellen. Auf diese Weise können und sollen die bislang für solche Zwecke verwendeten Login-Skripts eliminiert werden; weiterhin dürfte durch die Möglichkeit, diverse Voreinstellungen zu verteilen, die Notwendigkeit für verschiedene Images bei der PC-Installation entfallen.

> **Hinweis**
>
> Dieses Feature ist neben dem ADMX-Format die wesentliche Neuerung bezüglich der Gruppenrichtlinien in Windows Server 2008.
>
> Die verwendete Technologie hat Microsoft übrigens durch die Akquisition der Firma *DesktopStandard* im Jahre 2006 erworben.
>
> Als Clients können Windows XP SP2, Windows Server 2003 SP1 und alle späteren Versionen verwendet werden.

Die nachfolgende Tabelle gibt einen Überblick über die Unterschiede zwischen den klassischen Gruppenrichtlinien und den Voreinstellungen:

Kategorie	Voreinstellung	Richtlinie
Erzwingung	▶ Einstellungen werden nicht erzwungen. ▶ Die Konfigurationsmöglichkeit für den Benutzer bleibt erhalten. ▶ Einstellungen werden entweder einmal angewendet oder regelmäßig erneuert.	▶ Einstellungen werden erzwungen. ▶ Die Konfigurationsmöglichkeit für die Benutzer ist nicht mehr vorhanden. ▶ Einstellungen werden regelmäßig erneuert.
Flexibilität	▶ Es können Einstellungen für Registry-Einstellungen, Dateien etc. vorgenommen werden. ▶ Registry-Einstellungen können importiert werden.	▶ Richtlinien zur Verwaltung von Dateien, Ordnern etc. können nicht erstellt werden. ▶ Registry-Einstellungen müssen über administrative Vorlagen erzeugt werden.
Lokale Gruppenrichtlinie	Voreinstellungen sind in den drei lokalen Gruppenrichtlinien von Vista und Windows Server 2008 (und höher) nicht vorhanden.	
Registry	▶ Ursprüngliche Registry-Einstellungen werden überschrieben. ▶ Das Entfernen der Voreinstellungen stellt die ursprünglichen Registry-Einstellungen nicht wieder her.	▶ Ursprüngliche Registry-Einstellungen bleiben erhalten. ▶ Wird eine Richtlinie entfernt, wird die ursprüngliche Registry-Einstellung wiederhergestellt.
Zielgruppenadressierung und Filterung	Die Zielgruppenadressierung auf Ebene der einzelnen Voreinstellung ist vorhanden.	▶ Eine Filterung auf Basis von WMI-Queries ist vorhanden. ▶ Die Filterung wird auf Ebene des Gruppenrichtlinienobjekts unterstützt.
Benutzerinterface	Das aus den »normalen« Einstellungen bekannte Benutzerinterface wird in den meisten Fällen gezeigt (d.h. die normalen Konfigurationsdialoge).	Bei der Konfiguration der Richtlinien wird das etwas spartanische »Gruppenrichtlinien-Benutzerinface« verwendet.

Abbildung 8.173 zeigt die aufgeklappten Voreinstellungen für die Computer- und die Benutzerkonfiguration. Sie finden dort etliche interessante Aspekte wie das Setzen von Umge-

bungsvariablen, den Umgang mit INI-Dateien, den Zugriff auf lokale Benutzer und Gruppen und vieles andere mehr.

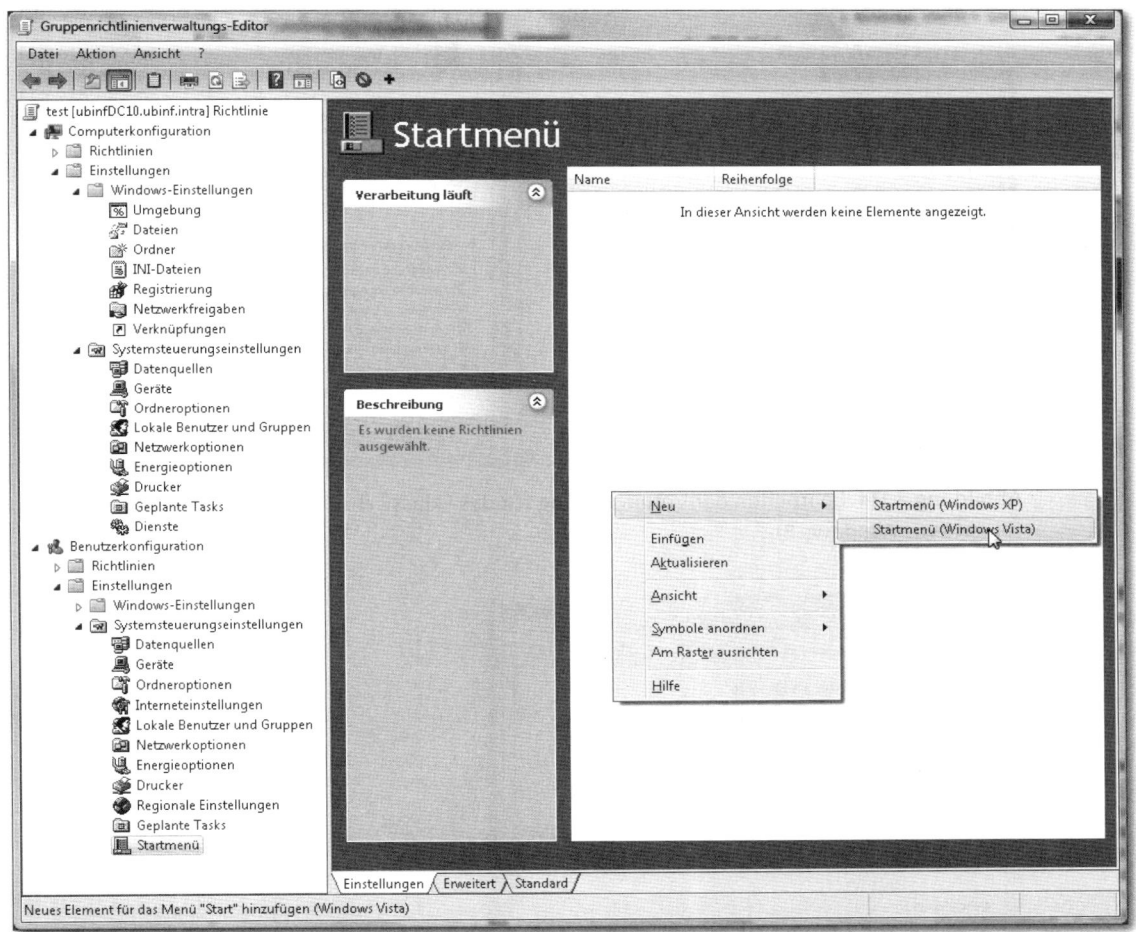

Abbildung 8.173 In einem Gruppenrichtlinienobjekt können Voreinstellungen definiert werden.

Ein Merkmal der Voreinstellungen ist, dass die Konfiguration zumeist über Dialoge geschieht, die den »Original-Dialogen« nachempfunden sind, die bei der »normalen« Konfiguration verwendet werden. In Abbildung 8.174 sehen Sie das Bearbeiten der Voreinstellungen für das Startmenü – die Dialoge kommen einem irgendwie bekannt vor.

Zu beachten ist die Registerkarte GEMEINSAM im Konfigurationsdialog jeder Voreinstellung. Wie Sie in Abbildung 8.175 sehen können, gibt es hier eine Möglichkeit, um festzulegen, ob die Voreinstellungen tatsächlich angewendet werden sollen: die *Zielgruppenadressierung*.

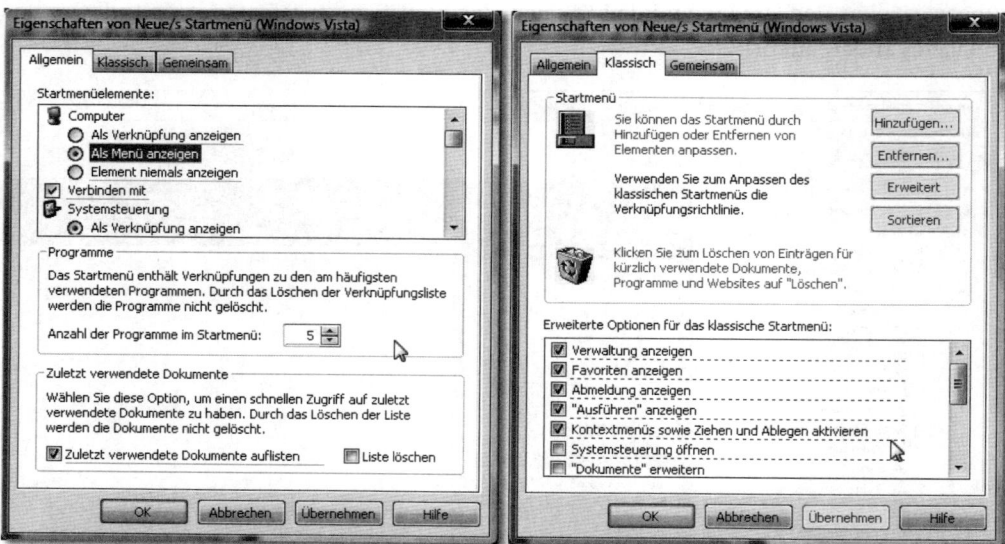

Abbildung 8.174 Bearbeiten der Voreinstellung für das »klassische« Startmenü (Clients vor Windows 8)

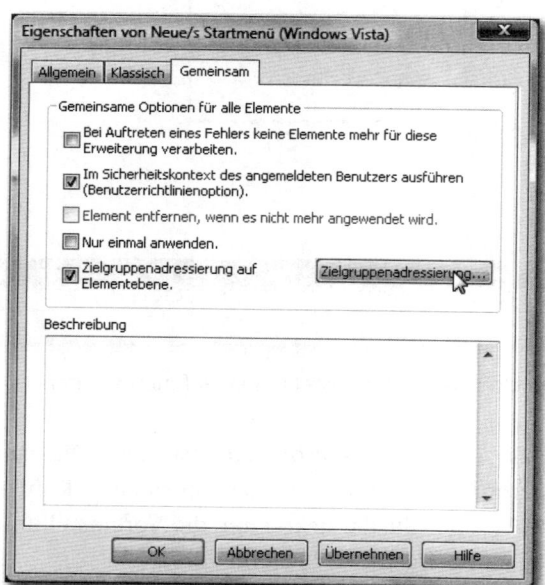

Abbildung 8.175 Auf der Registerkarte »Gemeinsam« rufen Sie den Dialog zur Konfiguration der Zielgruppenadressierung auf.

In Abbildung 8.176 ist der ZIELGRUPPENADRESSIERUNGSEDITOR zu sehen. Sie können in einer einfach zu handhabenden grafischen Benutzeroberfläche beispielsweise festlegen, dass die Voreinstellung nur für TRAGBARE COMPUTER angewendet werden soll. Diverse andere Möglichkeiten sind auf der Abbildung zu sehen.

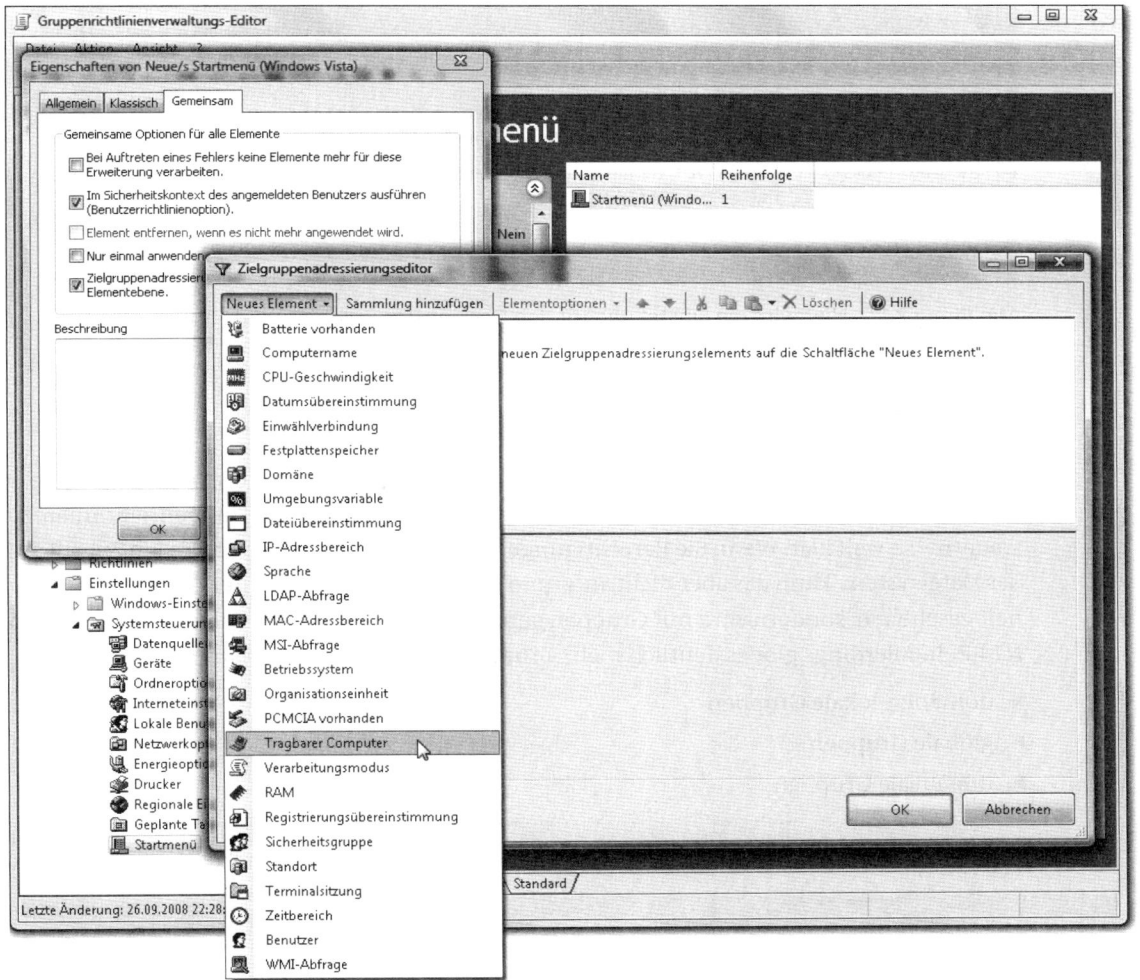

Abbildung 8.176 Der Zielgruppenadressierungseditor

Abbildung 8.177 zeigt, dass sich hinter den Stichwörtern der Zielgruppenadressierungseinstellungen (z.B. TRAGBARER COMPUTER) durchaus noch weitere Einstellmöglichkeiten finden. So können Sie beispielsweise festlegen, dass eine Voreinstellung nur gelten soll, wenn das Notebook gedockt ist.

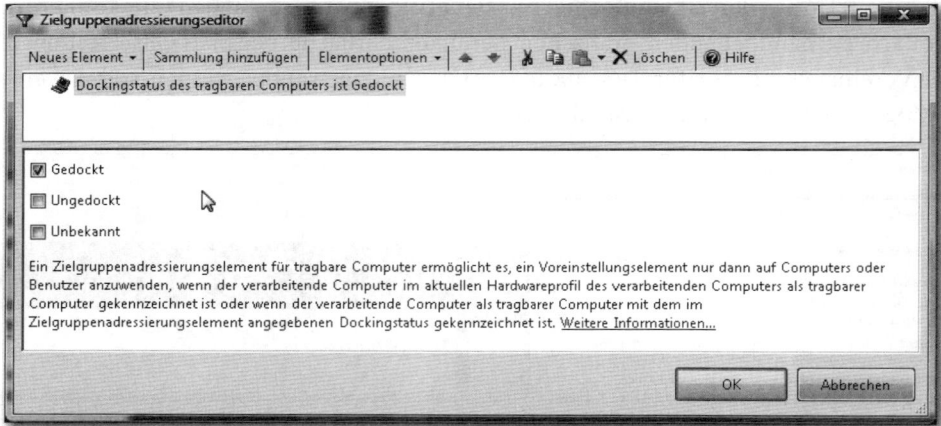

Abbildung 8.177 Hier wird die Einstellung für den Dockingstatus konfiguriert.

8.5 Diverses über Gruppen

Organisationseinheiten werden verwendet, um das Active Directory zu strukturieren. Diese Struktur wird beispielsweise auch genutzt, um die Ausführung der Gruppenrichtlinien zu steuern – so weit klar. Wenn Sie Berechtigungen zuweisen, beispielsweise für den Zugriff auf das Dateisystem, kann das aber nicht aufgrund der Mitgliedschaft in einer Organisationseinheit geschehen, sondern wird mit Gruppen geregelt – also letztendlich wie in der guten alten NT4-Zeit. Allerdings gibt es deutlich mehr Gruppentypen als vor zehn Jahren, nämlich:

- domänen-lokale Gruppen
- globale Gruppen
- universale Gruppen

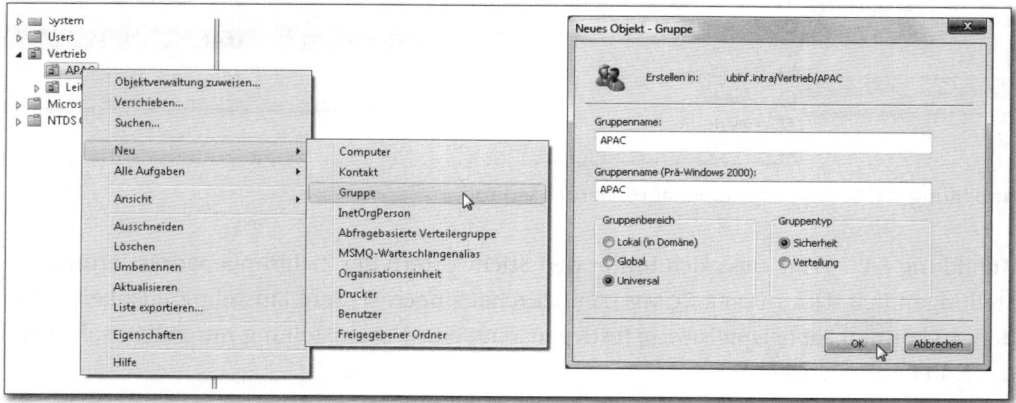

Abbildung 8.178 Anlegen einer Gruppe. Neben dem obligatorischen Namen müssen Sie den Gruppenbereich und den Gruppentyp festgelegen.

Weiterhin müssen Sie entscheiden, ob Sie eine Gruppe als Sicherheitsgruppe oder »nur« für die Verteilung nutzen möchten. Letztgenannter Typ wird beispielsweise vom Exchange Server verwendet, um statische Verteilergruppen abzubilden (Abbildung 8.178).

Die nachfolgende Tabelle stellt die drei Gruppenbereiche gegenüber:

Gruppen-bereich	In dieser Gruppe können Mitglied werden	Verwendung
Lokal (in Domäne)	▶ Benutzerkonten von beliebigen Domänen der Gesamtstruktur ▶ Globale Gruppen und universale Gruppen von beliebigen Domänen der Gesamtstruktur ▶ Benutzerkonten, globale Gruppen und universale Gruppen von beliebigen Domänen in durch Vertrauensstellung verbundenen Gesamtstrukturen (Forests) ▶ Eingebettete lokale Gruppen derselben Domäne	▶ Zuweisen von Berechtigungen in der lokalen Domäne ▶ Kann auf Servern ab Windows 2000 verwendet werden.
Global	▶ Benutzerkonten der Domäne, in der die Gruppe angelegt ist ▶ Eingebettete globale Gruppen derselben Domäne	▶ Da diese Gruppen in allen Domänen sichtbar sind, können sie verwendet werden, um domänenübergreifend Berechtigungen zuzuweisen. ▶ Jeder Server ab Windows NT kann verwendet werden.
Universal	▶ Benutzerkonten aus beliebigen Domänen der Gesamtstruktur ▶ Globale Gruppen beliebiger Domänen der Gesamtstruktur ▶ Eingebettete universale Gruppen aus jeder Domäne der Gesamtstruktur	▶ Zum Zuweisen von Berechtigungen in allen Domänen der Gesamtstruktur und in über Vertrauensstellungen verbundenen Gesamtstrukturen ▶ Kann auf Servern ab Windows 2000 verwendet werden.

Tabelle 8.3 Gruppenbereiche

Universale Gruppen sind, wie der Name ja eigentlich auch schon sagt, die flexibelsten und universellsten (sic!) Gruppen. Damit dieser Leistungsumfang möglich ist, werden die Gruppenmitgliedschaften in den globalen Katalog repliziert und somit über die komplette Gesamtstruktur verteilt. Nun würde ich ein »etwas mehr Replikationsverkehr« in heutigen

Zeiten nicht überbewerten – zwischen Unternehmensstandorten werden im Allgemeinen wohl keine 64-kbit/s-ISDN-Wählverbindungen verwendet werden. Wenn Sie universale Gruppen mit Tausenden von Benutzern haben, sollten Sie allerdings darauf achten, dass die Funktionsebene der Gesamtstruktur mindestens auf Windows Server 2003 angehoben ist. In der Windows 2000-Funktionsebene kann nur die komplette Gruppenmitgliedschaftsliste repliziert werden, während die höheren Funktionsebenen nur die Änderungen replizieren.

Über das Design von Gruppen könnte ich viele Dutzend Seiten schreiben. Das will ich hier nicht tun, sondern ich möchte Ihnen in kurzer und knapper Form die wesentlichen drei Grundsätze vermitteln:

- Benutzer werden Mitglied in globalen oder universalen Gruppen.
- Berechtigungen werden an domänen-lokale Gruppen vergeben.
- Die globalen oder universalen Gruppen werden Mitglied der domänen-lokalen Gruppen.

> **Seit NT4**
>
> Diese »Regel« hat sich übrigens seit NT4-Zeiten nicht verändert. Dort waren lokale Gruppen aber in der Tat Gruppen, die lokal auf dem NT-Server abgelegt wurden, während man heute die domänen-lokalen Gruppen verwendet.

Das Bearbeiten der Gruppeneigenschaften geschieht im Snap-In ACTIVE DIRECTORY-BENUTZER UND -COMPUTER. Ich darf wohl davon ausgehen, dass jeder Leser die dortigen Einstellmöglichkeiten kennt (Abbildung 8.179).

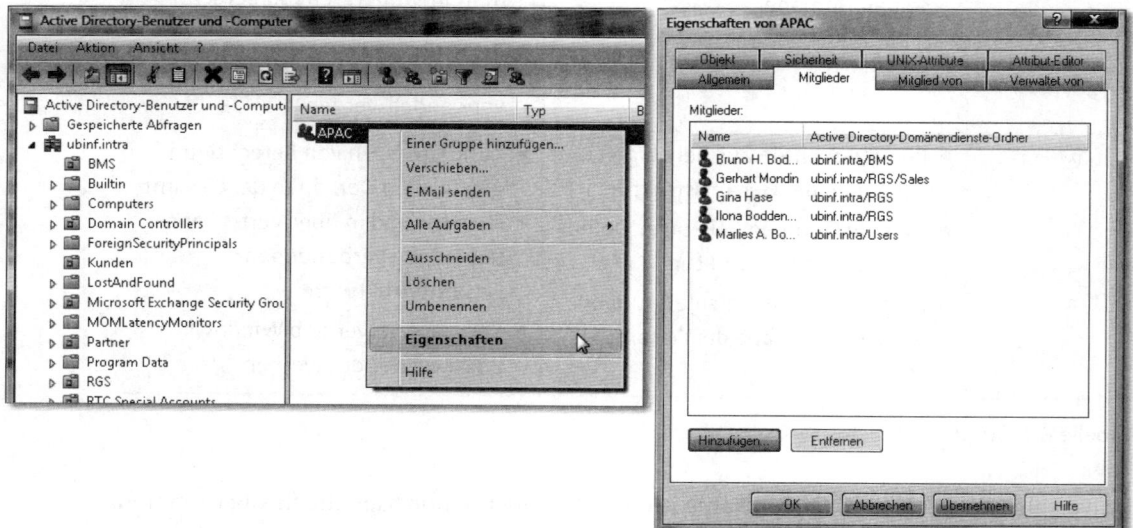

Abbildung 8.179 Bearbeiten der Eigenschaften von Gruppen

8.6 Delegierung der Verwaltung

In größeren Organisationen gibt es eben nicht nur einen Administrator, sondern mehrere Teams, die unterschiedliche Aufgaben wahrnehmen. Es kann beispielsweise einen Helpdesk geben, der solche Aufgaben wie das Zurücksetzen von Kennwörtern und das Anlegen von neuen Benutzern übernimmt, allerdings nicht in die Struktur des Active Directory eingreifen soll (z.B. durch Anlegen von zusätzlichen OUs). Häufig werden auch Ländergesellschaften mehr oder weniger autark von Administratoren vor Ort verwaltet.

Da natürlich nicht jeder, der eine mehr oder weniger umfangreiche Verwaltungsaufgabe (z.B. das Zurücksetzen von Kennwörtern) übernimmt, direkt die vollen Domänen-Administrator-Berechtigungen erhalten soll, ist eine granulare Delegierung der Verwaltung eine wichtige Voraussetzung. Dies gilt umso mehr, als die Empfehlung lautet, möglichst wenige Domänen aufzubauen – im besten Fall eben nur eine, was beispielsweise mit der autarken Verwaltung von Ländergesellschaften kollidiert.

Dass man (Verwaltungs-)Berechtigungen an OUs vergeben kann, ist nun keinesfalls eine Neuerung in Windows Server 2008/2012, sondern ist seit den Anfängen des Active Directory in Windows 2000 Server möglich – und funktioniert auch weitgehend gleich. Für diejenigen, für die das »Neuland« ist, zeige ich nachfolgend kurz, wie das gemacht wird.

Wenn Sie beispielsweise möchten, dass eine Person (z.B. ein »Hilfsadministrator«) in einer bestimmten Organisationseinheit die Kennwörter zurücksetzen, die Gruppenmitgliedschaften ändern und alle Benutzerinformationen lesen kann, gehen Sie folgendermaßen vor:

▶ Im Kontextmenü der Organisationseinheit finden Sie den Menüpunkt OBJEKTVERWALTUNG ZUWEISEN (Abbildung 8.180).

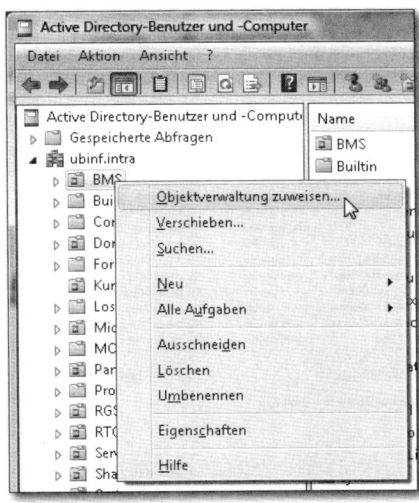

Abbildung 8.180 Im Kontextmenü einer Organisationseinheit finden Sie den Menüpunkt »Objektverwaltung zuweisen«.

▶ Dieser startet einen Assistenten, in dessen Verlauf Sie die Benutzer und Gruppen auswählen, denen Sie Berechtigungen zuweisen möchten. In einem weiteren Schritt können Sie die »zuzuweisenden Aufgaben« auswählen, also die Berechtigungen, die die Benutzer bzw. Gruppen benötigen (Abbildung 8.181).

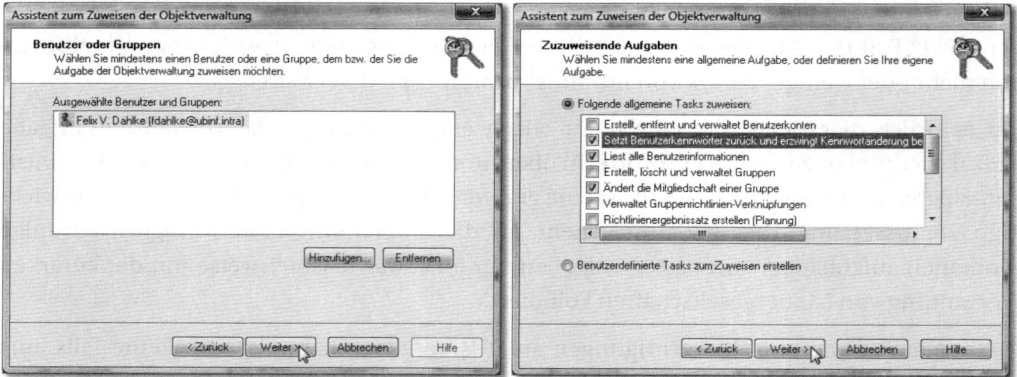

Abbildung 8.181 Mit einem Assistenten können Sie einem oder mehreren Benutzer(n) und/oder Gruppen Berechtigungen zuweisen.

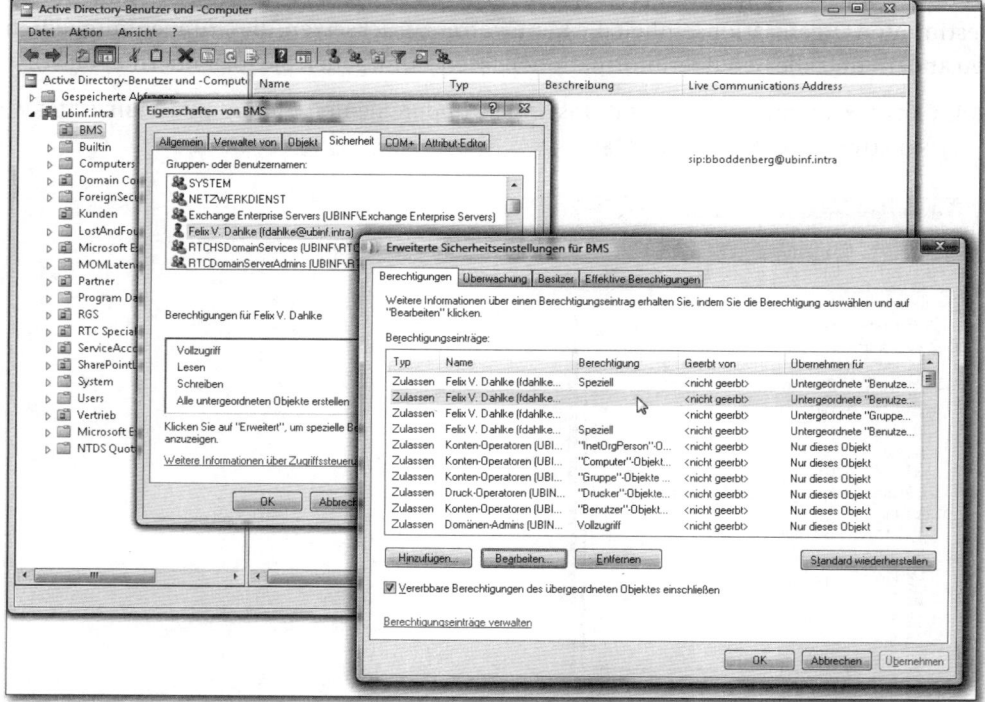

Abbildung 8.182 Der Assistent ergänzt einige Berechtigungen in den Eigenschaften des Objekts, hier einer Organisationseinheit.

Wenn Sie nach Abschluss der Installation aus unstillbarer Neugier auf die Registerkarte SICHERHEIT in den EIGENSCHAFTEN der Organisationseinheit schauen, werden Sie feststellen, dass dort der bzw. die Benutzer und/oder Gruppen angelegt worden sind. Um die genauen Berechtigungen einzusehen, lassen Sie sich die ERWEITERTEN SICHERHEITSEINSTELLUNGEN zeigen (Abbildung 8.182).

8.7 Das Active Directory aus der Client-Perspektive

Das Active Directory ist nicht nur auf dem Server sichtbar, sondern hat diverse Auswirkungen auf den Client. Zunächst muss der Client Mitglied der Domäne werden. Dann authentifiziert er sich am Active Directory, bekommt Einstellungen per Gruppenrichtlinien und vieles andere mehr.

Diese Themen sind zum Teil behandelt worden, zum Teil handelt es sich aber auch eher um Themen für ein Client-Buch (z.B. für Fragen wie »Mit welchen Gruppenrichtlinien kann ich den Client optimal konfigurieren?«). In diesem Abschnitt möchte ich zwei Aspekte ansprechen, die mir für das »Zusammenleben« von Clients und dem Active Directory wichtig erscheinen.

Zunächst wird es um den Zugriff auf das Active Directory bzw. um Störfaktoren gehen. Danach zeige ich Ihnen, was Sie Ihren Benutzern zeigen sollten, nämlich wie man aus dem Active Directory als Mensch Informationen gewinnen kann.

8.7.1 DNS-Einträge oder »Wie findet der Client das Active Directory?«

In diesem Abschnitt geht es nicht darum, ob der Client das Active Directory hübsch bunt oder eher trist findet, sondern darum, wie er beispielsweise einen Domänencontroller und einen globalen Katalogserver identifiziert.

Der wichtigste Hilfsdienst für das Active Directory ist DNS, das *Domain Name System*. Es dient aber nicht nur zur Auflösung der Servernamen in IP-Adressen, sondern wird auch verwendet, um Dienste zu finden. Auf diese Weise können Clients (oder auch Server) Domänencontroller, globale Katalogserver und anderes finden. Um diese Dienste zu finden, sind im DNS Einträge zur Dienstidentifizierung (Service Locator Records) vorhanden. Diese sehen Sie in Abbildung 8.183.

Es ist demnach *extrem* wichtig, dass die DNS-Einträge bei den Clients sorgfältig konfiguriert sind. Grundsätzlich ist es egal, ob das manuell oder per DHCP geschieht – wichtig ist nur, *dass* es geschieht.

Es ist möglich, zwei DNS-Server einzutragen, was Sie auch tun sollten. Selbst wenn an einem Standort nur ein DNS-Server vorhanden ist, ist es besser, dass der Client einen über WAN-Verbindungen erreichbaren DNS-Server kennt, als dass er völlig ohne Namensauflösung dasteht.

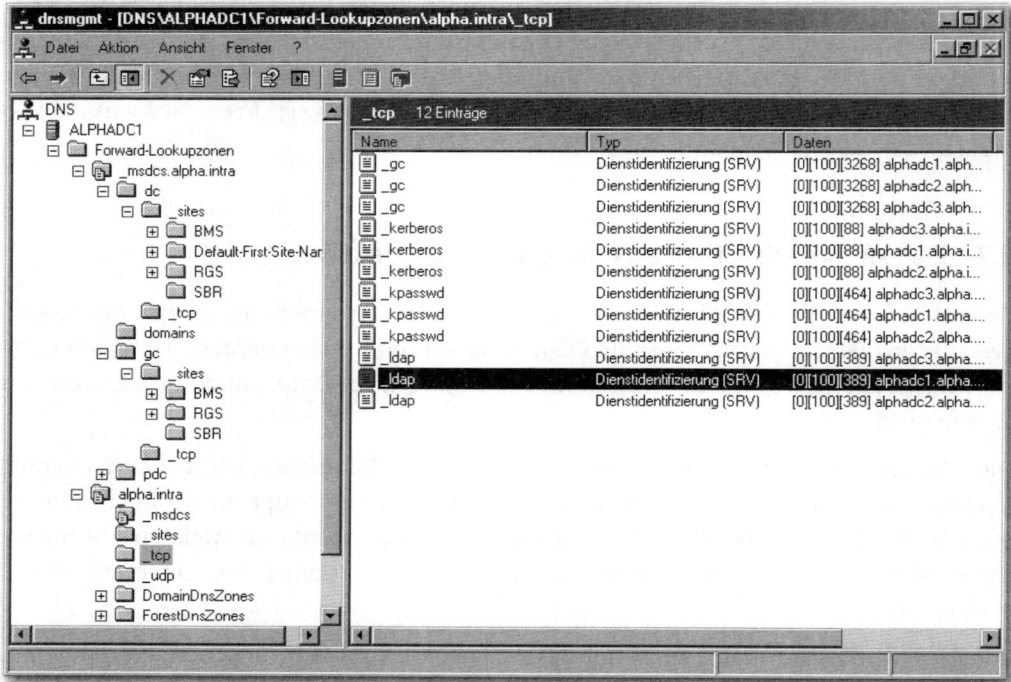

Abbildung 8.183 Die Clients finden das Active Directory über DNS-Abfragen. Hierzu verfügt der DNS-Server über Einträge zur Dienstidentifizierung.

Wenn die Auflösung von Netzwerknamen auf dem »normalen Wege« nicht gelingt, versuchen die Windows-Clients den Namen auf andere Weise aufzulösen, beispielsweise durch Broadcasting. Die verzweifelten Versuche eines Windows-Clients, vielleicht doch noch den Namen aufzulösen, kosten Netzwerkkapazität (was heutzutage nicht mehr so dramatisch ist), machen den PC langsam (was sehr lästig ist) und führen zu nicht reproduzierbaren und folglich schwer zu diagnostizierenden Effekten (GAU). Besser ist, wenn direkt alles richtig und mit Redundanzen konfiguriert wird.

Ich kann Sie an dieser Stelle nur sehr eindringlich auffordern, das Thema Namensauflösung sehr, sehr ernst zu nehmen!

8.7.2 Das Active Directory durchsuchen

Die Informationen, die im Active Directory gespeichert sind, sind nicht nur für Administratoren, die das Netz verwalten, oder für Computer interessant, die ihre Gruppenrichtlinien abrufen, sondern auch für den »normalen Benutzer«.

In einem gut gepflegten Active Directory sind sicherlich die Benutzerkonten mit Kontaktdaten versehen. Das Active Directory kann also die gute alte gedruckte Telefonliste ersetzen.

Abbildung 8.184 zeigt, wie man mit dem ab Windows Vista enthaltenen Werkzeug das Active Directory durchsuchen kann. (Die Vorgängerversionen von Vista hatten dieses Utility übrigens auch an Bord.)

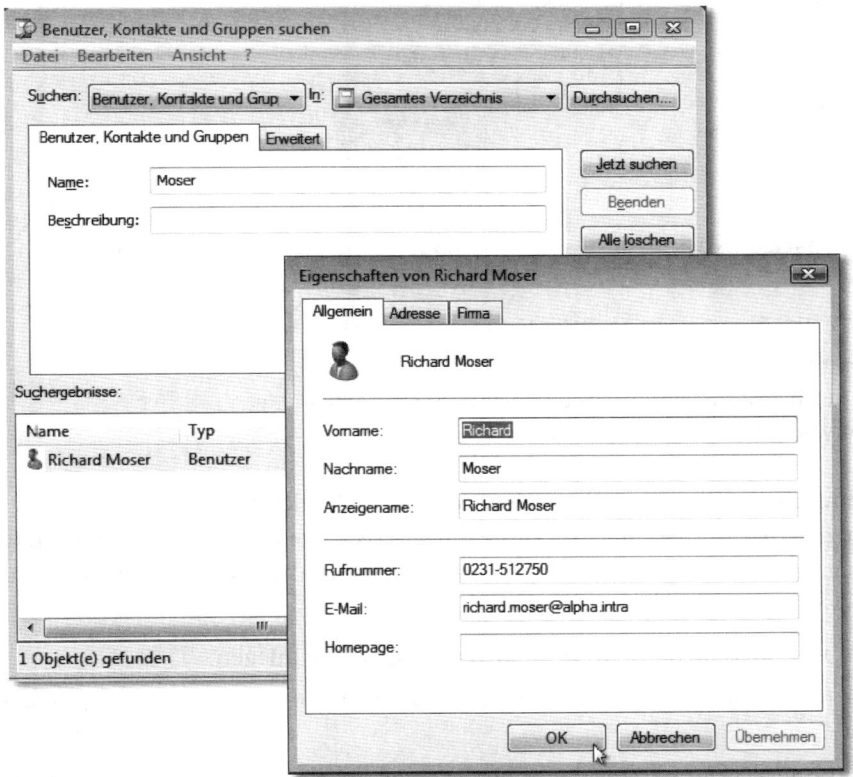

Abbildung 8.184 Die Anwender können das Active Directory durchsuchen und Details zu den gefundenen Objekten anzeigen lassen.

Nach der Eingabe des Nachnamens wird das Verzeichnis durchsucht, und die Ergebnisse werden angezeigt – einfacher geht es kaum. Jenseits dieses fertigen Werkzeugs können Entwickler mit sehr geringem Aufwand auf das Active Directory zugreifen und beispielsweise ein webbasiertes Firmenadressbuch programmieren, das seine Daten aus dem AD zieht. Für .NET-Entwickler sei in diesem Zusammenhang auf den Namespace *System.DirectoryServices* verwiesen.

Auch das Suchen nach Ressourcen ist möglich, wobei in diesem Zusammenhang unter Ressourcen primär Drucker und Fileshares zu verstehen sind. Abbildung 8.185 zeigt das Suchen von Druckern im Active Directory: Der Benutzer kann gesuchte Funktionen definieren, beispielsweise FARBIG DRUCKEN und BEIDSEITIG DRUCKEN. Das Active Directory wird entsprechende Drucker heraussuchen, und der Anwender kann sich – vorausgesetzt, er hat die notwendigen Rechte – mit dem Drucker verbinden.

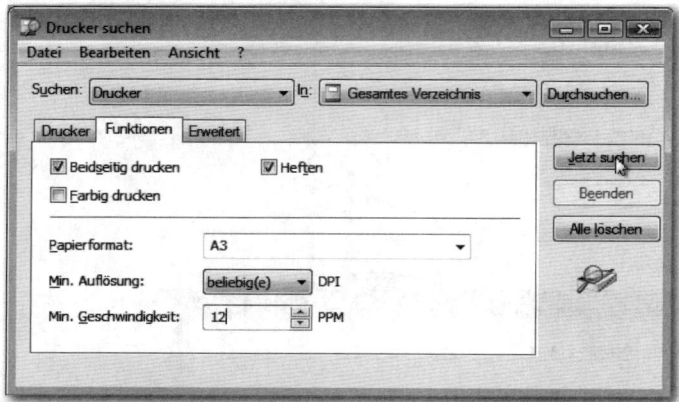

Abbildung 8.185 Auch Ressourcen, wie beispielsweise Drucker, können im Active Directory gesucht und gefunden werden.

Neben diesen einfachen Beispielen sind noch viele andere Möglichkeiten der Active Directory-Integration denkbar. Active Directory kann und soll als Verzeichnisdienst eine zentrale »Informationssammelstelle« sein – je mehr Applikationen diese Möglichkeit nutzen, desto besser für alle:

- Ein Administrator muss nicht mehrere Benutzerdatenbanken pflegen.
- Die Benutzer freuen sich über aktuelle Benutzerdaten, Single Sign-on und dergleichen mehr.
- Für Applikationsentwickler entfällt die lästige Notwendigkeit, eine eigene Benutzerverwaltung programmieren zu müssen.

8.7.3 Individuelle Erweiterungen

Das Active Directory kann in viele Richtungen erweitert werden, beispielsweise auch durch individuelle Verwaltungswerkzeuge. Ich habe unter anderem für einen großen Kunden, bei dem die Leiter der Fachabteilungen selbst die Gruppenzuweisungen vornehmen sollen, eine kleine Applikation entwickelt, die einem solchen Benutzer das Bearbeiten der Gruppenmitgliedschaften ermöglicht (Abbildung 8.186).

Solche Werkzeuge können mit .NET-Technologie recht zügig entwickelt werden und haben in den Unternehmen einen hohen Nutzwert.

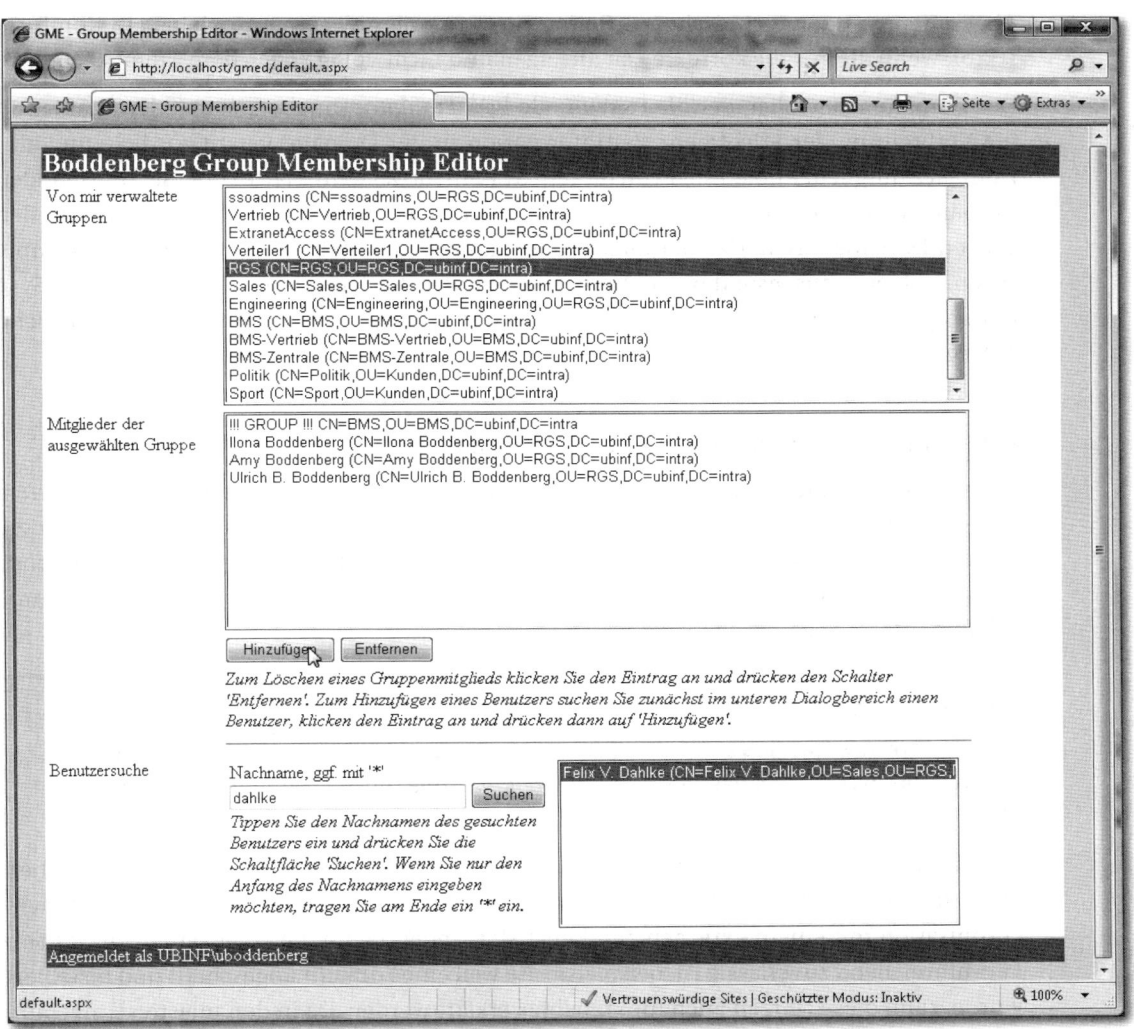

Abbildung 8.186 Ein Beispiel für die Active Directory-Integration ist dieses ASP.NET-Werkzeug für die Bearbeitung von Gruppenrichtlinien, das ich für einen Kunden erstellt habe.

8.8 Zeitdienst

In einer Active Directory-Umgebung ist die exakte Zeit entscheidend. Gehen die Uhren der Domänencontroller, Mitgliedsserver und PCs zu »unterschiedlich«, ist eventuell eine Kommunikation der Systeme untereinander nicht mehr möglich. Ein Grund dafür ist das Kerberos-Protokoll, das nur geringfügige Zeitabweichungen toleriert.

Abgesehen von den technischen Gründen ist es für die Anwender durchaus ein Komfortfaktor, wenn die PCs die korrekte Zeit anzeigen und nicht völlig »nach dem Mond« gehen.

Der Domänencontroller, der die FSMO-Rolle *PDC-Emulator* innehat, ist standardmäßig für die Verbreitung der »richtigen« Zeitinformation in der Domäne verantwortlich, und alle Domänenmitglieder holen sich von diesem System die Zeit. Im Klartext heißt das: Geht der Domänencontroller mit PDC-Emulator-FSMO-Rolle nach dem Mond, ist die Uhrzeit in der ganzen Domäne falsch. Das Beruhigende ist, dass es innerhalb der Domäne keine technischen Probleme (insbesondere mit Kerberos) gibt, weil die Zeitdifferenz (!) zwischen den Systemen gering genug ist. Trotzdem ist die »absolute Zeit« schlicht und ergreifend nicht richtig.

8.8.1 Grundkonfiguration der Zeitsynchronisation

Die »zeitlichen« Probleme sind recht einfach in den Griff zu bekommen, wenn Sie Ihren PDC-Emulator anweisen, sich mit einem der vielen im Internet verfügbaren Zeitserver zu synchronisieren. Recht beliebt, zumindest in Deutschland, ist beispielsweise der Zeitdienst der Physikalisch-Technischen Bundesanstalt, der über die Hostnamen *ptbtime1.ptb.de* und *ptbtime2.ptb.de* angesprochen werden kann.

> **Anderes System**
>
> Anzumerken wäre, dass auch ein anderes System als der Domänencontroller mit der PDC-Emulator-Rolle als zuverlässige Zeitquelle (*reliable time source*) konfiguriert werden kann.

Damit ein Domänencontroller als zuverlässige Zeitquelle (*reliable time source*) angesehen wird, muss dies explizit festgelegt werden. Dabei ist es nicht notwendig, dass eine Zeitsynchronisation mit einem externen Zeitdienst stattfindet. Wenn die eingebaute Uhr des Servers hinreichend zuverlässig ist, beispielsweise weil eine Funkuhr angeschafft und installiert wurde, kann diese Uhrzeit auch für »reliable« erklärt werden. Da in den meisten Umgebungen eine Synchronisation mit einem Internet-Zeitdienst konfiguriert werden wird, zeige ich das im Beispiel.

Der verantwortliche Dienst für die Zeitsynchronisation ist *W32Time* (der Anzeigename im Snap-In DIENSTESTEUERUNG-Snap-In ist *Windows-Zeitgeber*. Es gibt keine grafische Unterstützung für die Konfiguration, sodass zwei dokumentierte Möglichkeiten bleiben:

- die Verwendung des Kommandozeilenwerkzeugs *w32tm*
- die Anpassung der Registrierung mittels *regedit*

Die Verwendung des Kommandozeilenwerkzeugs dürfte der angenehmere Weg sein; Microsoft hat allerdings auch die Registry-Einträge dokumentiert.

Um den PDC-Emulator zu einer zuverlässigen Zeitquelle zu erklären, die regelmäßig mit im Internet stehenden Zeitservern synchronisiert, wird dieser Befehl auf der Kommandozeile eingegeben:

```
w32tm /config /manualpeerlist:peers /syncfromflags:manual /reliable:yes /update
```

Einige Anmerkungen:

- `peers` ist ein Platzhalter für die Zeitserver, mit denen synchronisiert werden soll.
- Mit dem Parameter `/syncfromflags` wird festgelegt, ob mit einem Zeitdienst im Internet (`manual`) oder in der Gesamtstruktur (`domhier`) synchronisiert werden soll.
- `/reliable:yes` erklärt den Server zu einem zuverlässigen Zeitserver.

Um eine sofortige Synchronisierung zu erzwingen, können Sie folgenden Befehl eingeben:

```
w32tm /resync
```

Es ist natürlich nicht notwendig, ständig manuell das Synchronisieren zu initiieren, vielmehr erledigt dies der Zeitdienst in einem festgelegten Intervall. Mit `w32tm /query /status` können Sie den aktuellen Zustand – unter anderem mit der Zeit der letzten Synchronisierung und der Zeitquelle – abfragen. In Abbildung 8.187 ist zu erkennen, dass die Zeitabfrage in der Tat regelmäßig stattfindet. Allerdings variiert das Abrufintervall leicht.

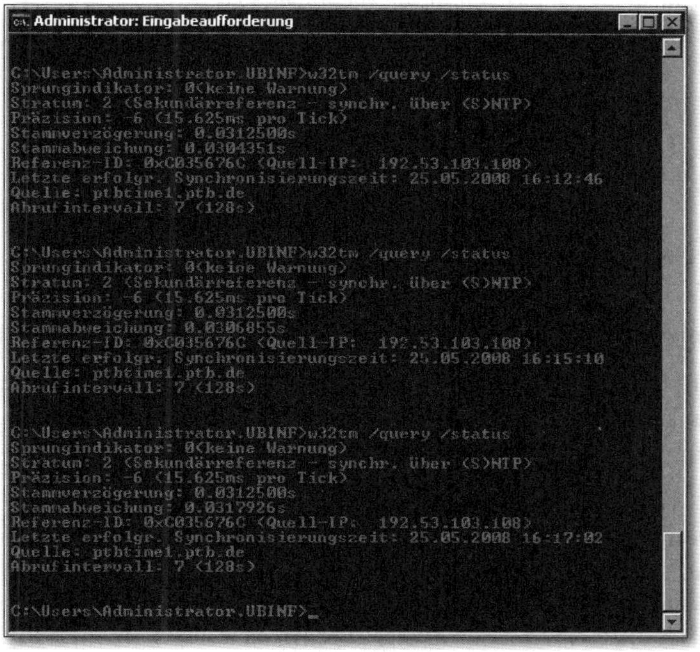

Abbildung 8.187 Die Zeit dieses Domänencontrollers wird regelmäßig synchronisiert.

Wenn man auf ein anderes Domänenmitglied schaut, egal ob auf Server oder PC, sollte sich eine Situation wie in Abbildung 8.188 ergeben:

- Die Eingabe von `w32tm /query /status` wird zeigen, dass das System mit dem PDC-Emulator oder einem Domänencontroller synchronisiert.
- Gibt man `net time` ein, wird die Zeit von dem Server angezeigt, von dem die lokale Maschine die Netzwerkzeit bezieht.

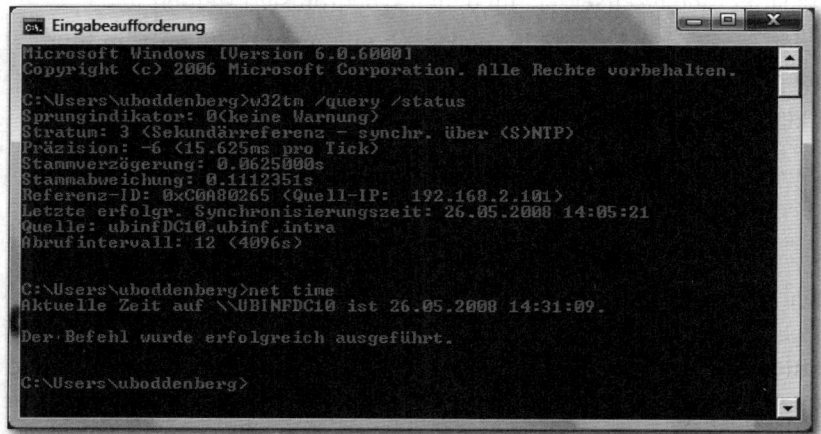

Abbildung 8.188 Der Zeitstatus auf dem Client. Ein Anruf von »net time« sollte übrigens die Zeit des Servers zeigen.

> **w32tm**
>
> Sie erhalten eine kurze Beschreibung der Aufrufparameter der *w32tm*-Applikation, indem Sie einfach `w32tm` eingeben.

8.8.2 Größere Umgebungen

In einer kleinen Umgebung mit einer Domäne und einem oder zwei Domänencontrollern brauchen Sie sich keine Gedanken über die Struktur der Zeitsynchronisation zu machen. In einer komplexeren Umgebung ist das aber durchaus ein spannendes Thema. Abbildung 8.189 zeigt den Ablauf in einer Gesamtstruktur mit zwei Domänen:

- Standardmäßig ist der Domänencontroller mit der PDC-Emulator-Rolle in der Root-Domäne der Gesamtstruktur (die erste installierte Domäne) die oberste Instanz in Sachen »Zeit«. Sinnvollerweise gleicht er die Zeit mit einem externen Zeitserver ab.

- Die Domänencontroller in der Root-Domäne erhalten die Zeitinformationen vom PDC-Emulator ebendieser Domäne.
- Mitgliedsserver und Clients der Domäne erhalten die Zeitinformationen von einem beliebigen Domänencontroller.
- In der untergeordneten Domäne erhält der PDC-Emulator die Zeit von einem beliebigen Domänencontroller der übergeordneten Domäne.
- Die Domänencontroller der untergeordneten Domäne gleichen die Zeit mit »ihrem« PDC-Emulator oder einem beliebigen Domänencontroller der übergeordneten Domäne ab.
- Die Mitgliedsserver und Clients erhalten die Zeitinformation von einem beliebigen Domänencontroller ihrer eigenen Domäne.

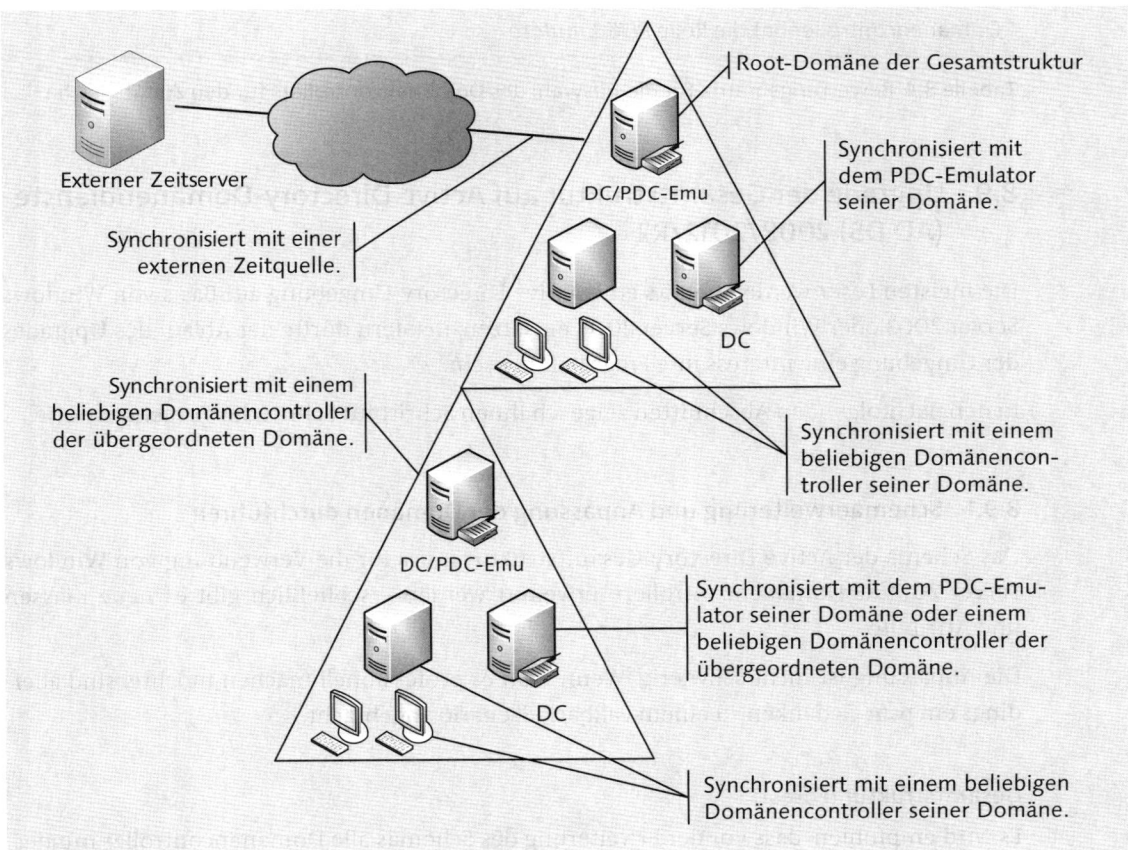

Abbildung 8.189 Struktur des Zeitabgleichs in einer größeren Umgebung

Die Wahl, mit welchem Domänencontroller die Zeit letztendlich synchronisiert wird, ist übrigens nicht zufällig. Ein System führt einige Abfragen durch und baut eine Bewertungsliste auf, in der den möglichen Zeit-Synchronisationspartnern gemäß Tabelle 8.4 ein Wert zugewiesen ist. Man sieht beispielsweise, dass der lokale Standort die höchste Priorität hat – es macht ja auch Sinn, die WAN-Strecken zu schonen.

Status	Bewertung
Domänencontroller am selben Standort	8
Domänencontroller, der als zuverlässige Zeitquelle (*reliable time source*) gekennzeichnet ist	4
Domänencontroller in der übergeordneten Domäne	2
Domänencontroller hat die Rolle *PDC-Emulator*	1

Tabelle 8.4 Bewertungsmatrix für die Auswahl des Domänencontrollers für den Zeitabgleich

8.9 Upgrade der Gesamtstruktur auf Active Directory-Domänendienste (AD DS) 2008/2012/R2

Die meisten Leser werden bereits eine Active Directory-Umgebung auf Basis von Windows Server 2003 oder Windows Server 2008 einsetzen, insofern dürfte der Ablauf des Upgrades der Umgebung eine interessante Fragestellung sein.

In den nachfolgenden Abschnitten zeige ich Ihnen Schritt für Schritt die Vorgehensweise.

8.9.1 Schemaerweiterung und Anpassung der Domänen durchführen

Das Schema der Active Directory-Gesamtstruktur muss für die Verwendung von Windows Server 2012/R2-Domänencontrollern erweitert werden – schließlich gibt es neue Klassen und Attribute.

Die Anpassung ist nicht schwierig. Wenn man es professionell machen möchte, sind allerdings ein paar Gedanken zu einem Fallback-Szenario angebracht.

Gesamtstruktur (Forest)

Es wird empfohlen, dass vor der Erweiterung des Schemas alle Domänencontroller mindestens auf dem Stand *Windows Server 2003* mit aktuellem Patchlevel sein sollten. Ist dies nicht der Fall, ist zunächst das Einspielen von Service Packs angesagt.

8.9 Upgrade der Gesamtstruktur auf Active Directory-Domänendienste (AD DS) 2008/2012/R2

Ansonsten sind im Grunde genommen drei Schritte auszuführen:

- Identifizieren des Schemamasters
- Fallback-Szenario vorbereiten
- Schemaerweiterung vornehmen

Schemamaster identifizieren

Eine Schemaerweiterung für Windows Server 2012 kann auf einem beliebigen Server der Gesamtstruktur durchgeführt werden, es muss weder ein Domänencontroller sein noch der Inhaber der FSMO-Rolle *Schemamaster*. Trotzdem ist es ganz interessant, den Schemamaster zu kennen, denn er muss zumindest online sein.

Falls Sie nur einen einzigen Domänencontroller haben, ist dieser notwendigerweise der Inhaber dieser Rolle. Man kann weiterhin davon ausgehen, dass der Schemamaster der erste jemals installierte DC ist. In einer größeren gewachsenen Umgebung, in der regelmäßig Hardware ausgetauscht wird (und in der die Dokumentationslage nicht ganz optimal ist), muss man gegebenenfalls feststellen, welches System tatsächlich diese Rolle innehat.

So wird es gemacht:

1. Registrieren Sie auf einem beliebigen Server das *Schema-Manager*-Snap-In. Dies geschieht durch Eingabe von `regsvr32 schmmgmt.dll`. Nach ein paar Sekunden müssten Sie die Bestätigung aus Abbildung 8.190 sehen.

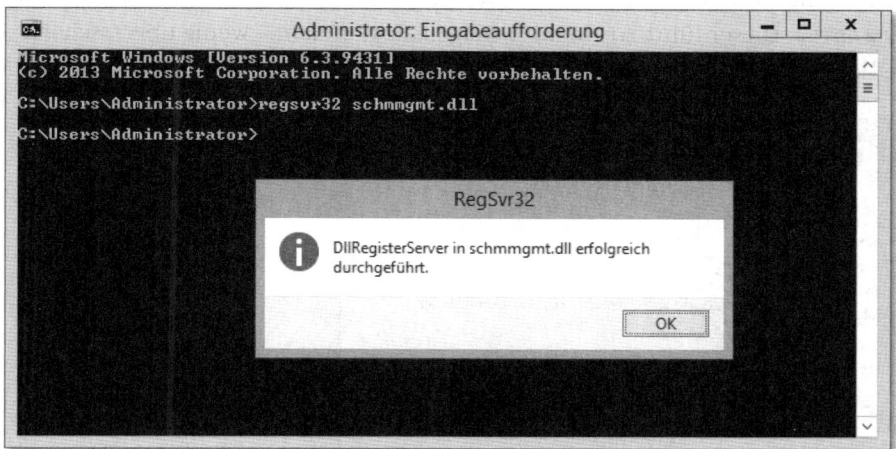

Abbildung 8.190 Zunächst muss das Schema-Manager-Snap-In registriert werden.

2. Öffnen Sie die *Microsoft Management Console* (MMC), und fügen Sie das Snap-In ACTIVE DIRECTORY-SCHEMA hinzu. Wenn der vorherige Schritt funktioniert hat, müsste es in der Auswahlliste vorhanden sein (Abbildung 8.191).

8 Active Directory-Domänendienste

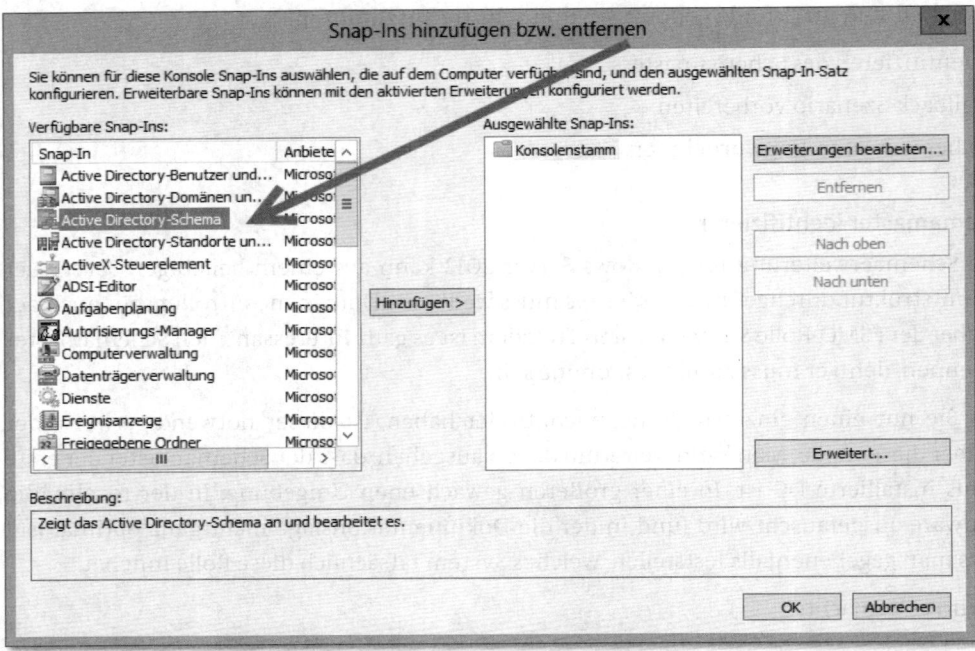

Abbildung 8.191 In der MMC können Sie nun das Snap-In »Active Directory-Schema« auswählen.

3. Im Kontextmenü des obersten Knotens des Snap-Ins findet sich der Menüpunkt BETRIEBSMASTER. Dieser führt zu einem Anzeigedialog, in dem – wenig überraschend – der derzeitige Schemamaster angezeigt wird (Abbildung 8.192).

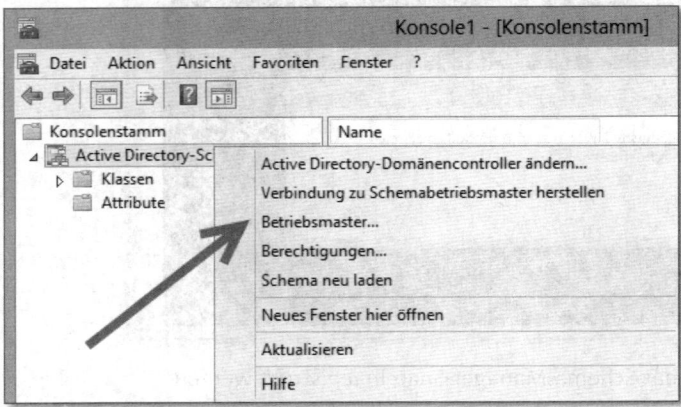

Abbildung 8.192 Der aktuelle Schemamaster kann mit dem Snap-In angezeigt werden.

> **Hinweis**
> Sie können die Schema-Erweiterung von dem zukünftigen DC ausführen. Sie müssen es übrigens nicht »manuell« (also mit *adprep*) durchführen, sondern können das auch den Installationsassistenten machen lassen.

Ein Fallback-Szenario planen und umsetzen

Man kann zwar eigentlich davon ausgehen, dass die Schemaerweiterung problemlos funktionieren wird – als Profi wird man aber nicht allein auf das »Prinzip Hoffnung« setzen, sondern ein Fallback-Szenario einplanen. Das Fallback-Szenario ist dann relativ einfach umzusetzen, wenn Sie mehrere Domänencontroller (mindestens zwei) haben und zumindest einer davon nicht mit zig Zusatzfunktionen überfrachtet ist.

Ein mögliches Szenario sieht wie folgt aus:

1. Trennen Sie den Server mit der Schemamaster-Rolle vom Netz.
2. Erzeugen Sie ein Image – ein Image kann am schnellsten wieder zurückgespielt werden.
3. Führen Sie die Schemaerweiterung durch; wohlgemerkt ohne dass der Server Verbindung zum Netz hat.
4. Überprüfen Sie den Zustand des Systems nach der Schemaerweiterung:
   - Schauen Sie in die Ereignisanzeige, ob Meldungen aufgezeichnet worden sind.
   - Überprüfen Sie den Domänencontroller mittels *DCdiag*.
5. War die Schemaerweiterung erfolgreich, verbinden Sie den Server wieder mit dem Netz. War die Schemaerweiterung nicht erfolgreich, sichern Sie das Image zurück und verbinden den Server dann mit dem Netz.

Durch das Trennen der Netzwerkverbindung erreichen Sie, dass die Änderungen während des Updates direkt auf alle Domänencontroller der Organisation repliziert werden. Wird der Schemamaster nach erfolgreicher Schemaerweiterung wieder an das Netz angeschlossen, werden die Änderungen angewendet, ohne dass Sie das manuell initiieren müssten.

Schemaerweiterung durchführen

Das Durchführen der Schemaerweiterung wird von der Applikation *adprep.exe* übernommen, die auf der Windows Server 2012-CD im Verzeichnis \support\adprep gespeichert ist (bei früheren Versionen lag sie im Verzeichnis \sources\..., ist in der 2012er-Generation aber umgezogen). Der Aufruf lautet `adprep.exe /forestprep`. Sie werden noch eine Warnung bezüglich der Mindest-Betriebssystem-Version, nämlich Windows 2003-Domänencontroller, bestätigen müssen – und dann läuft der Vorgang (Abbildung 8.193). Die Durchführung dauert einige Minuten. Bis die Schemaerweiterung in einer sehr großen und verteilten Organisation auf allen DCs übernommen worden ist, können durchaus mehrere Stunden vergehen.

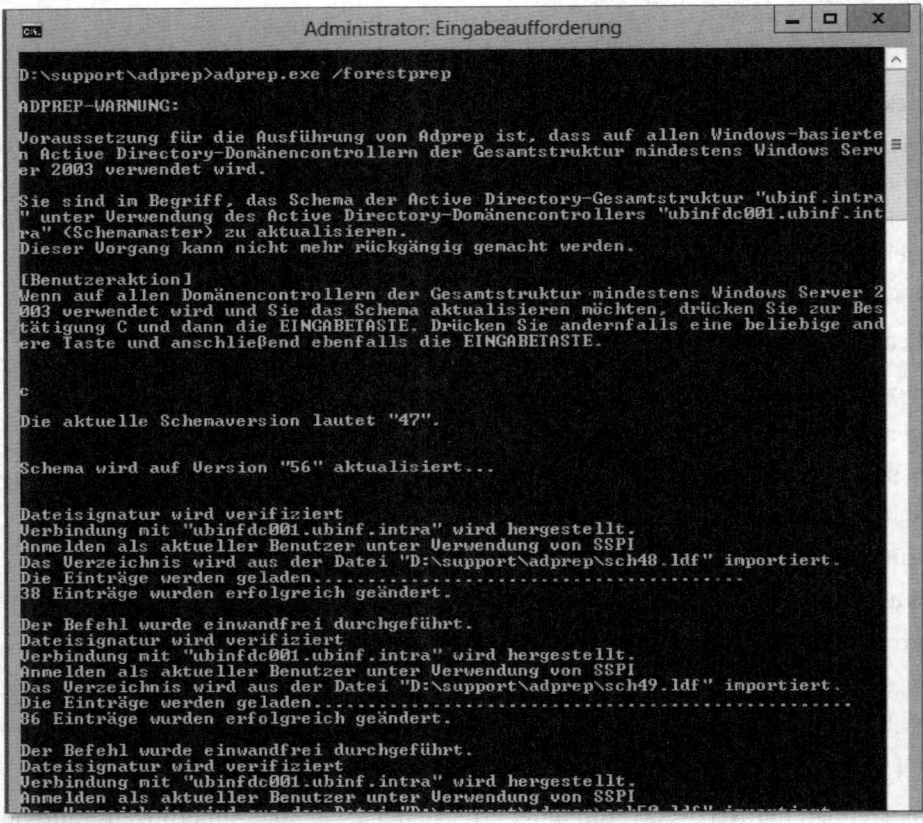

Abbildung 8.193 Die Schemaerweiterung mittels »adprep.exe /forestprep«

Domänen

Im nächsten Schritt werden nacheinander alle Domänen angepasst. Die Vorgehensweise ist in etwa die gleiche – mit zwei Unterschieden:

- Sie müssen die Anpassung *nicht* auf dem jeweiligen Infrastrukturmaster der Domäne durchführen. Dieser Domänencontroller muss aber online sein. Wie Sie diesen ermitteln, sehen Sie in Abbildung 8.194.

- Der Aufruf des Programms lautet `adprep.exe /domainprep` (Abbildung 8.195). Auf der Abbildung sehen Sie, dass auch direkt eine untergeordnete Domäne vorbereitet wurde.

8.9 Upgrade der Gesamtstruktur auf Active Directory-Domänendienste (AD DS) 2008/2012/R2

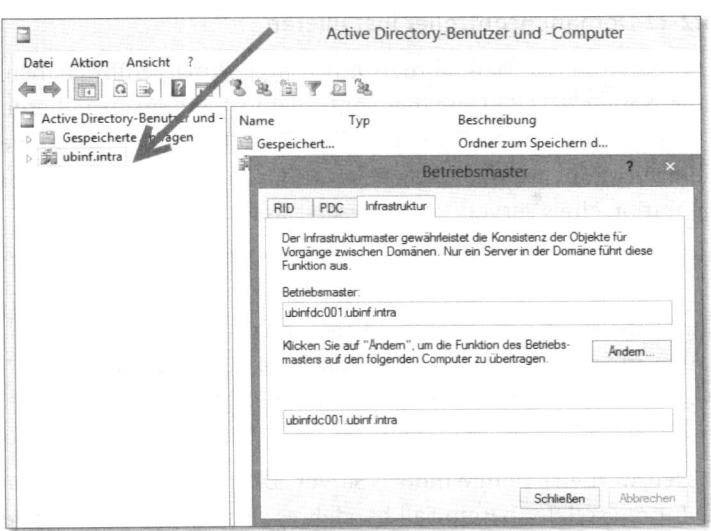

Abbildung 8.194 Ermitteln der Domänencontrollers mit der Rolle »Infrastrukturmaster«

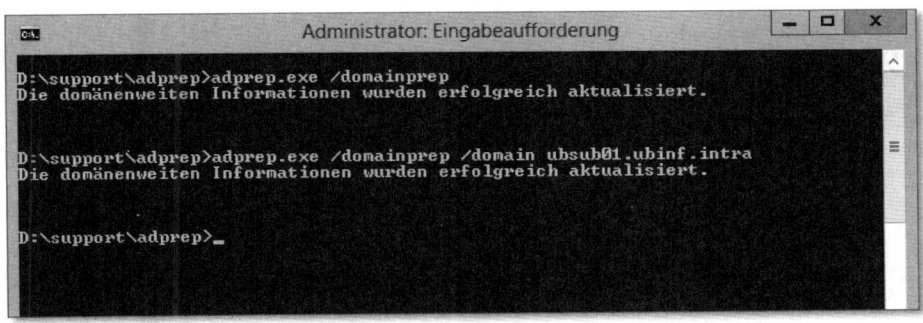

Abbildung 8.195 Durchführung von »/domainprep«

Auch das zuvor beschriebene Fallback-Szenario funktioniert analog – nur eben mit dem Server, der die Infrastrukturmaster-Rolle der Domäne ausführt.

> **Hinweis**
> Der Vorgang muss für jede Domäne separat ausgeführt werden.

Vorbereitung der Verwendung von Read-Only-Domänencontrollern (RODC)

Falls Sie beabsichtigen, Read-Only-Domänencontroller (RODC) zu verwenden, müssen Sie noch `adprep /rodcprep` ausführen. Hierbei werden insbesondere Rechte für die Gruppe *Domänencontroller der Organisation ohne Schreibzugriff* hinzugefügt.

8.9.2 Windows Server 2012 R2-Domänencontroller installieren

Nachdem Sie die diversen vorbereitenden Maßnahmen mit adprep durchgeführt haben, können Sie den ersten Windows Server 2012 R2-Domänencontroller installieren. Installieren Sie hierzu einen Windows Server 2012 R2, und nehmen Sie ihn in die bestehende Domäne auf. Es muss wohl nicht weiter erwähnt werden, dass feste IP-Adressen und dergleichen mehr bei der Netzwerkkonfiguration eines Servers vorausgesetzt werden.

> **Hinweis**
>
> Wie ich bereits zuvor erwähnt habe, kann die Schema-Vorbereitung auch durch den Assistenten während der Installation erfolgen. Ich bin da »Traditionalist« und finde es insgesamt etwas »kontrollierbarer«, wenn man diese Schritte manuell vorab erledigt.

Wie Sie vermutlich bereits wissen, werden einem Windows Server 2012 R2 eine oder mehrere Rollen zugewiesen, die er ausführen soll. In diesem Fall handelt es sich um die Rolle *Active Directory-Domänendienste*. Beim Hinzufügen gehen Sie wie folgt vor:

1. Wählen Sie im Server-Manager das Hinzufügen einer neuen Rolle (Abbildung 8.196).

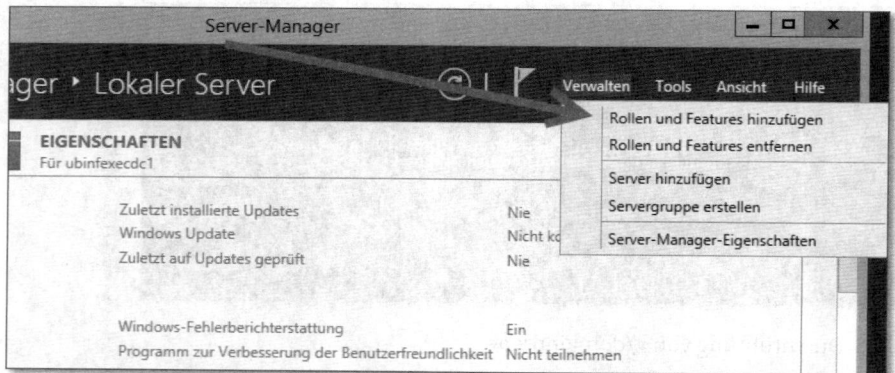

Abbildung 8.196 Das Hinzufügen von Rollen im Server-Manager beginnt hier.

2. Aus den 17 hinzufügbaren Rollen wählen Sie die ACTIVE DIRECTORY-DOMÄNENDIENSTE (Abbildung 8.197).

3. Kurze Zeit später wird der Assistent die Fertigstellung der Installation melden, allerdings ist die Maschine noch kein Domänencontroller. Die Installation der Rolle ermöglicht zunächst nur, dass man im folgenden Schritt den Assistenten starten kann, um den Server zum DC zu machen (Abbildung 8.198).

8.9 Upgrade der Gesamtstruktur auf Active Directory-Domänendienste (AD DS) 2008/2012/R2

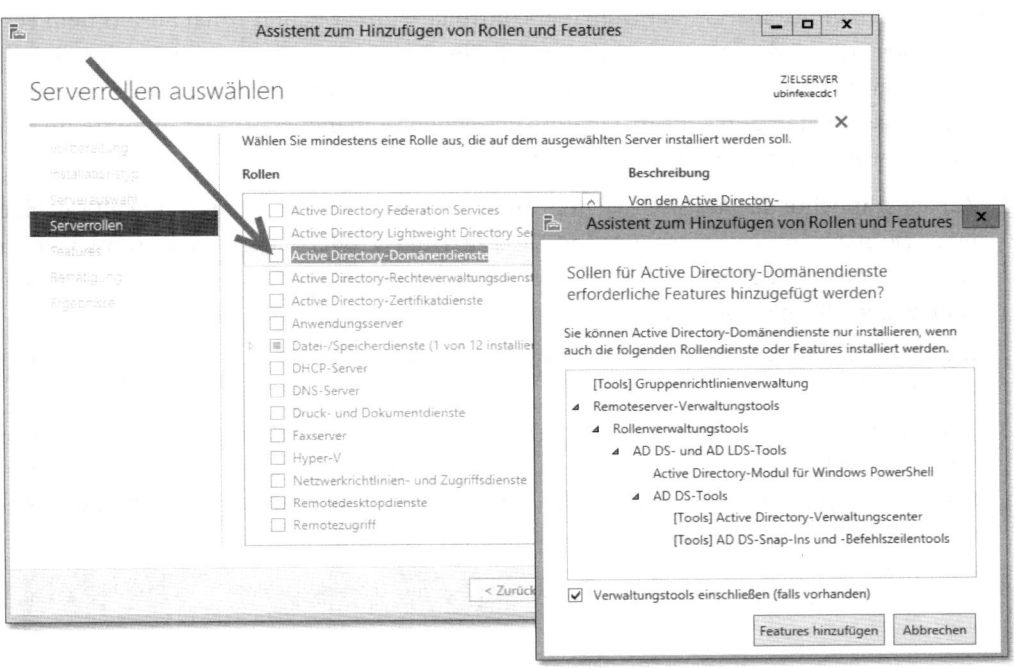

Abbildung 8.197 Wählen Sie die Rolle »Active Directory-Domänendienste« zum Hinzufügen aus.

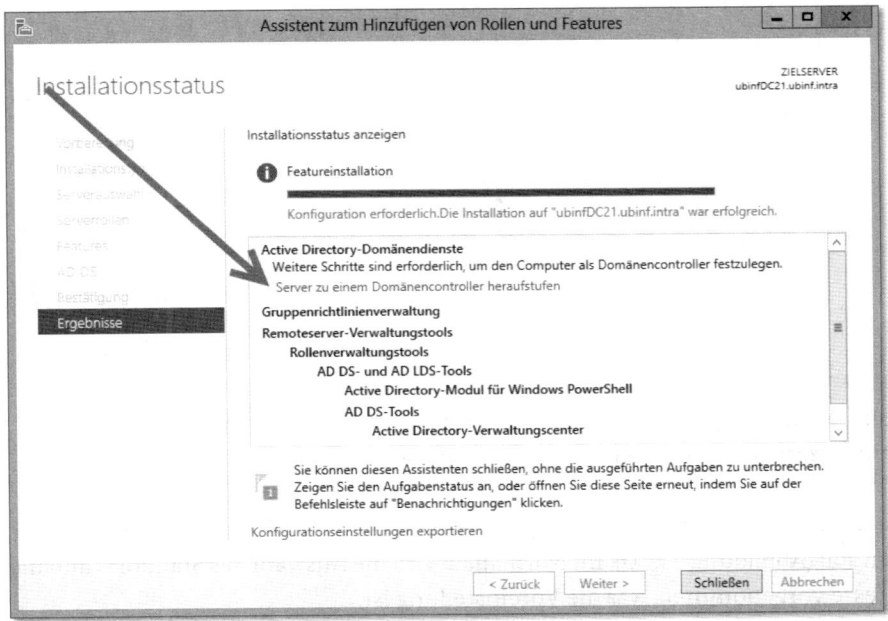

Abbildung 8.198 Nach Abschluss der Installation müssen Sie den Assistenten starten.

Zur eigentlichen Installation der Domänencontroller-Funktionalität rufen Sie aus dem Servermanager heraus den AD-Assistenten auf. Früher ging das über die Kommandozeile mit dem Programm *dcpromo.exe*, in Server 2012 gibt es das aber nicht mehr. Sie werden nun mittels eines Assistenten durch die Installation des neuen Domänencontrollers geführt. Im Folgenden gebe ich einige Hinweise zum Installationsablauf:

1. Zunächst möchte der Assistent wissen, ob Sie eine vorhandene Domäne erweitern, eine neue Domäne in einer vorhandenen Gesamtstruktur oder eine neue Gesamtstruktur anlegen wollen. Da es bei diesem Beispiel um eine Migration einer bestehenden Domäne geht, wählen Sie natürlich die Einstellung aus Abbildung 8.199.

2. Gleichzeitig wählen Sie die Domäne aus, der der neue Domänencontroller hinzugefügt werden soll.

3. Der Assistent wird die Gesamtstruktur einer kurzen Prüfung unterziehen und gefundene Probleme melden. Beachten Sie, dass das keine »Tiefenanalyse«, sondern eine eher oberflächliche Kontrolle ist, die das Ziel hat, die zur Verfügung stehenden Installationsmöglichkeiten (z. B. Read Only-Domänencontroller) zu bestimmen.

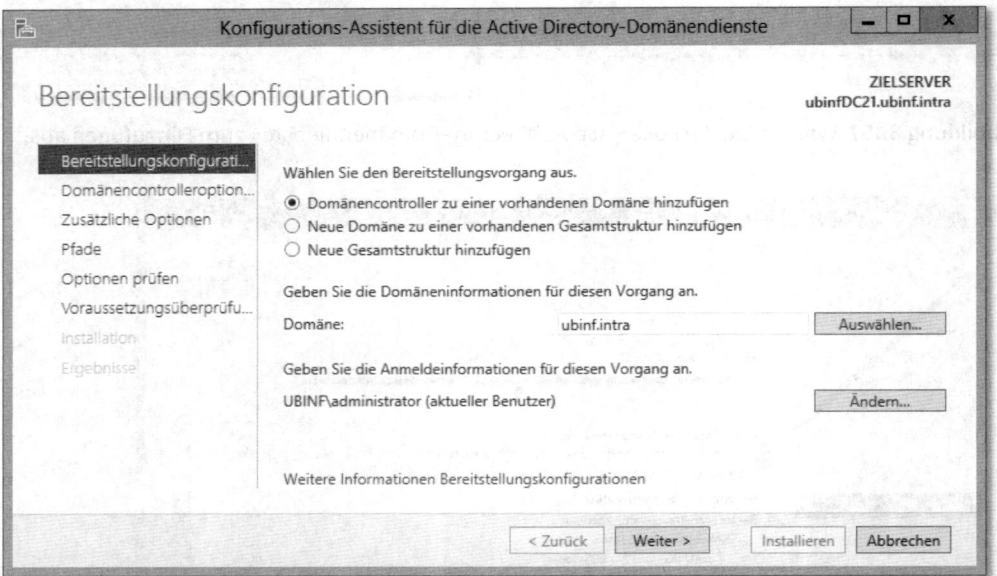

Abbildung 8.199 Ausführung des Assistenten: Zunächst wird festgelegt, dass der Domänencontroller ein zusätzlicher DC einer vorhandenen Domäne sein soll.

4. Im nächsten Schritt wird ermittelt, welchem Standort der Domänencontroller zugeordnet werden soll (Abbildung 8.200). Im Normalfall wird die Auswahl des Standorts anhand der IP-Adresse vorgenommen, was die Voreinstellung ist.

5. Auf der Dialogseite können Sie festlegen, ob der Domänencontroller zusätzlich ein globaler Katalogserver sein soll. Weiterhin können Sie direkt einen DNS-Server installieren lassen.

8.9 Upgrade der Gesamtstruktur auf Active Directory-Domänendienste (AD DS) 2008/2012/R2

Prinzipiell könnten Sie auch entscheiden, dass der DC als schreibgeschützter Domänencontroller (RODC) installiert werden soll.

Da bei einer Migration der Domäne auf Windows Server 2012 R2-DCs das Ziel darin bestehen dürfte, die alten DCs möglichst zeitnah abzuschalten, macht es Sinn, auf den neuen Domänencontrollern sowohl den DNS-Server zu installieren als auch sie zum globalen Katalogserver zu machen.

6. Notwendig ist weiterhin das Festlegen eines Kennworts für den Wiederherstellungsmodus. Hierbei ist vor allem eines wichtig: die Dokumentation des gewählten Kennworts. Es ist wenig optimal, wenn irgendwann tatsächlich eine Wiederherstellung vorgenommen wird und das Kennwort nicht vorliegt.

Abbildung 8.200 Der DC wird einem Standort zugewiesen. Außerdem wird festgelegt, ob er ein globaler Katalogserver und ein DNS-Server sein soll.

7. Es ist möglich, dass Sie bei der vom Assistenten vorgenommenen Installation des DNS-Servers die Meldung aus Abbildung 8.201 erhalten. Sie besagt, dass die übergeordnete Zone nicht erreichbar ist und somit keine Delegierung erstellt werden kann. Im Fall dieses Beispiels gibt es keine übergeordnete Domäne (*ubinf.intra* hat keine übergeordnete Domäne), sodass die Fehlermeldung nicht berücksichtigt werden muss.

8. Neu seit Server 2012 ist der auf Abbildung 8.202 gezeigte Dialog. Hier können Sie dediziert den Domänencontroller angeben, der für die erste Replikation verwendet werden soll. Dies hat nichts mit der später vom KCC aufgebauten Replikationstopologie zu tun!

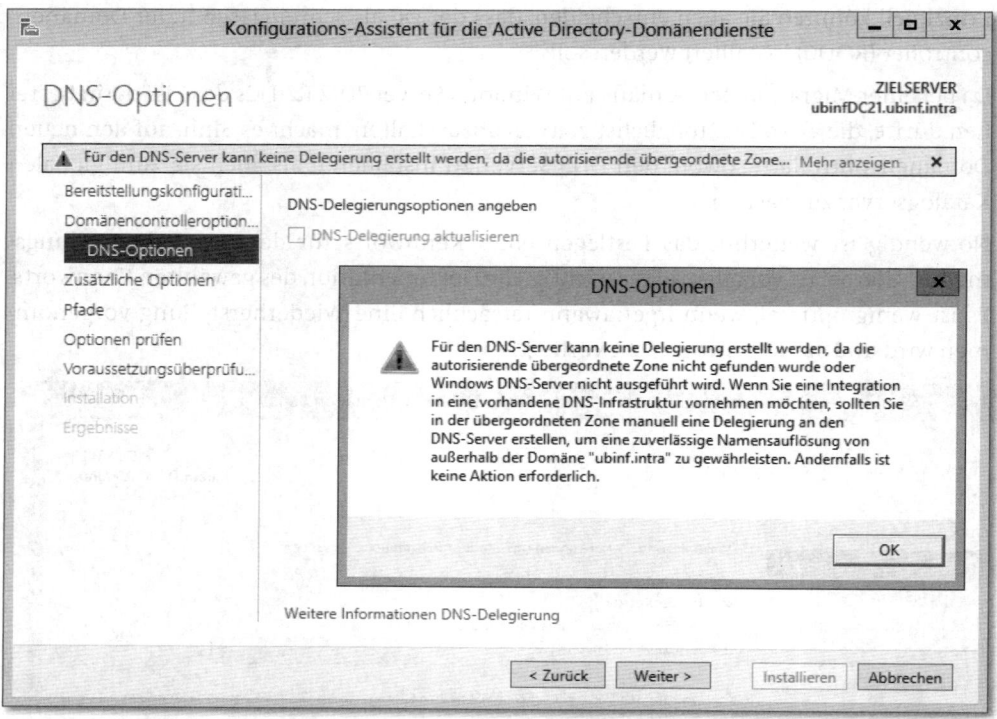

Abbildung 8.201 Diese Warnung bezüglich der DNS-Konfiguration können Sie ignorieren.

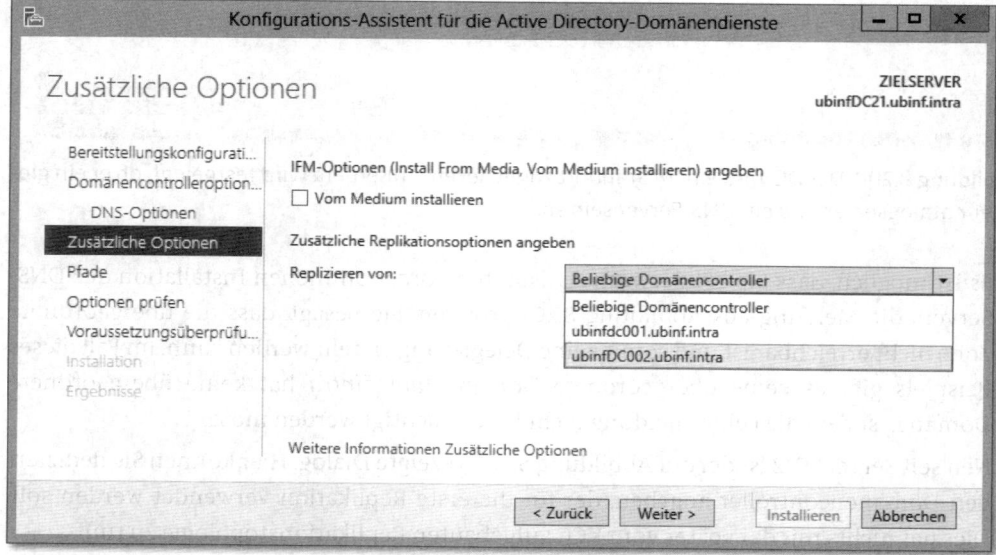

Abbildung 8.202 Der Replikationspartner für die Erstreplikation wird bestimmt.

9. Im folgenden Dialog geht es um die Auswahl des Speicherorts für die Datenbank, die Logdateien und SYSVOL.

Vertreter der »reinen Lehre« tendieren dazu, alle Arten von Bewegungsdaten, zu denen man letztendlich auch die AD-Datenbanken zählen kann, eben nicht auf die C-Platte zu legen. In der Praxis kenne ich aber so gut wie keine Installation, bei der diese Active Directory-Dateien nicht auf dem C:-Laufwerk lägen.

Auch wenn es prinzipiell nicht ganz perfekt ist, lautet die Empfehlung also: Bestätigen Sie die Standardpfade – so ist die Installation auch für jeden sofort verständlich (Abbildung 8.203, links).

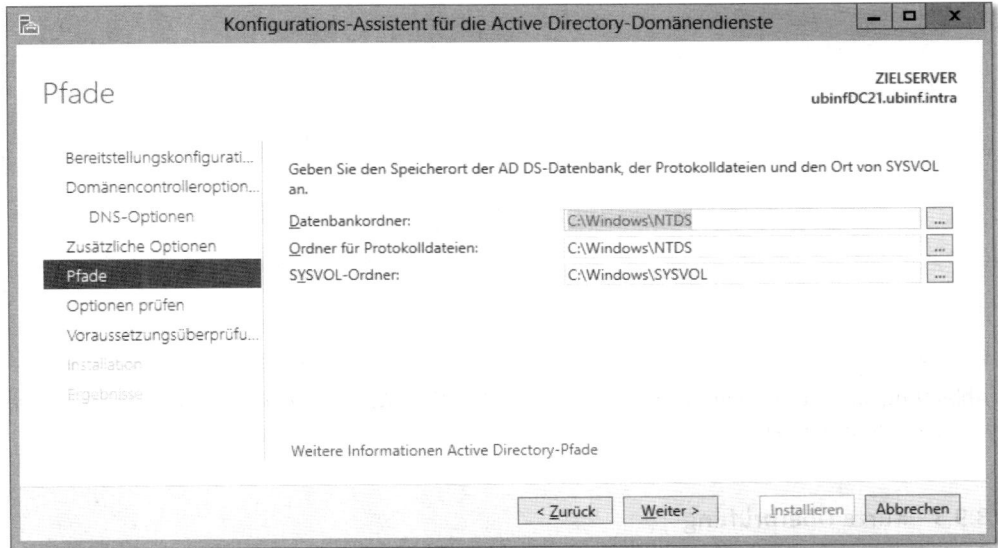

Abbildung 8.203 Auswahl des Speicherorts für Datenbanken und des Kennworts für den Wiederherstellungsmodus

Wenn Sie alle Eingaben vorgenommen haben, kann die eigentliche Installation bzw. das Aktivieren der Domänencontrollerfunktionalität beginnen. Dies wird einige Minuten in Anspruch nehmen. Wenn alles glattgelaufen ist, ist der erste Windows Server 2012-Domänencontroller in Ihrer Gesamtstruktur aktiv. Er wird sich nahtlos integrieren, mit den bereits vorhandenen DCs synchronisieren und Anmeldeanfragen bearbeiten.

Die Fortschrittsanzeige ist jetzt etwas »dezenter« gestaltet als in den Vorgängerversionen (siehe den Pfeil in Abbildung 8.204).

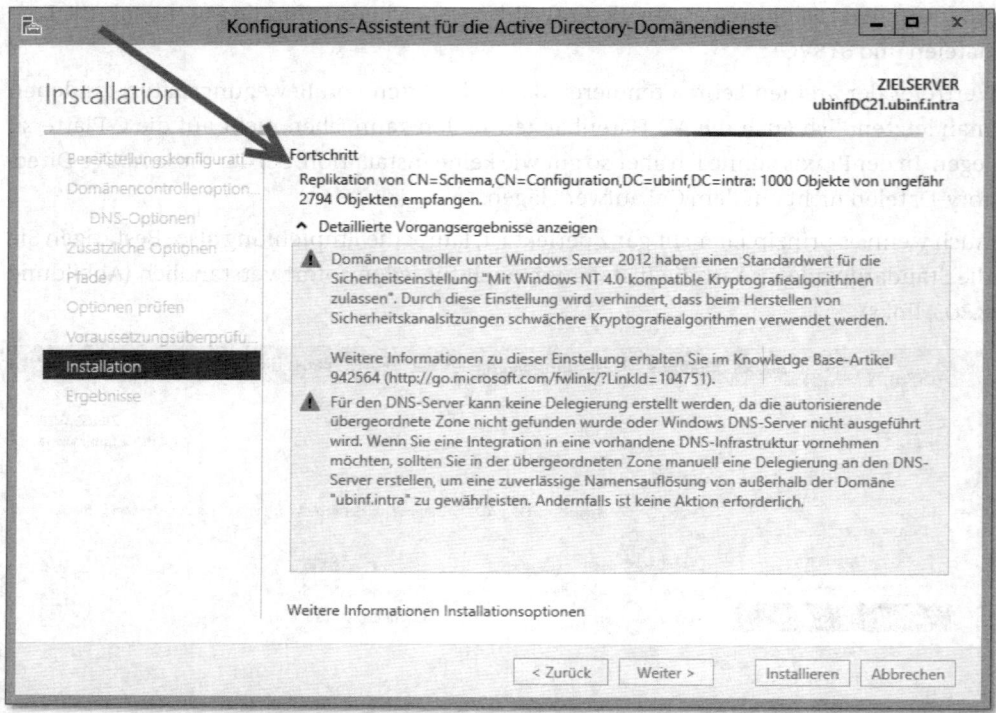

Abbildung 8.204 Die eigentliche Installation der Domänencontrollerfunktionalität geschieht ohne weitere Admin-Eingaben.

8.9.3 Kurze Überprüfung

Nach der Installation und bevor Sie mit den nächsten Schritten beginnen, empfiehlt es sich, eine kurze Überprüfung des neuen Domänencontrollers vorzunehmen. Dazu ist natürlich das *DCdiag*-Werkzeug die erste Wahl. Es wird von der Kommandozeile gestartet und führt eine recht detaillierte Analyse durch.

Daneben gibt es noch weitere Möglichkeiten, um sich schnell zu vergewissern, dass alles in Ordnung ist.

Wenn Sie den Server-Manager öffnen und in den Anzeige- und Konfigurationsbereich einer installierten Rolle wechseln, sehen Sie direkt eine gefilterte Ansicht, die die Ereignisse anzeigt, die im Zusammenhang mit der Rolle aufgetreten sind (Abbildung 8.205).

Die Verwaltungswerkzeuge, wie *Active Directory-Benutzer und –Computer,* ermöglichen die Auswahl des Domänencontrollers, auf dem gearbeitet wird. Sie können also zunächst prüfen, ob der neue Server in der Liste auftaucht, und ihn gezielt anwählen, um zu kontrollieren, ob die Informationen auch auf den neuen DC repliziert wurden (Abbildung 8.206).

8.9 Upgrade der Gesamtstruktur auf Active Directory-Domänendienste (AD DS) 2008/2012/R2

Es ist zwar nicht anzunehmen, dass es hier Probleme geben wird, aber eine kleine Überprüfung kann ja nicht schaden.

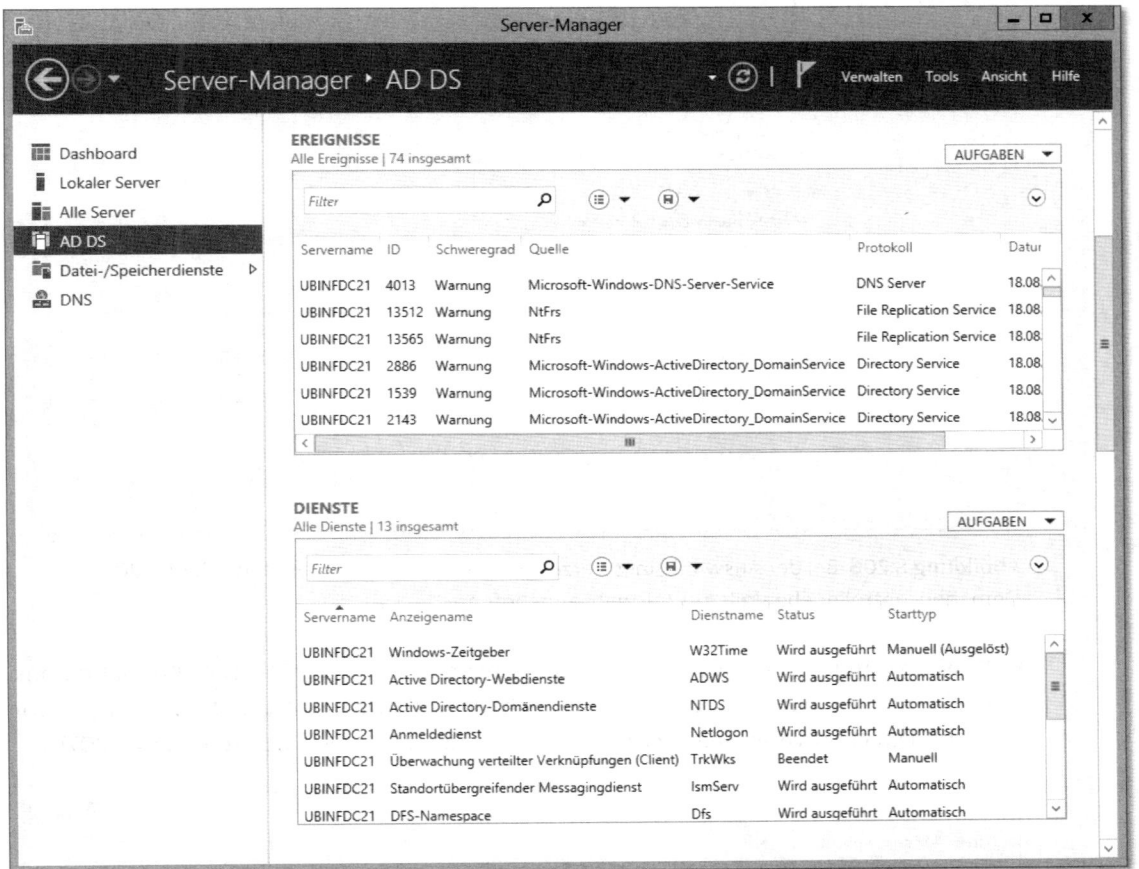

Abbildung 8.205 Im Server-Manager werden die zu einer Rolle gehörigen Ereignisse in einer gefilterten Ansicht angezeigt.

Da Sie vermutlich auf dem neuen Windows-Server-2012-Domänencontroller auch den DNS-Server installiert haben, kann eine kleine Kontrolle dort auch nicht schaden. Es gibt drei Punkte, die Sie überprüfen sollten:

- Eine detaillierte Analyse der DNS-Konfiguration können Sie mit dem *DCdiag*-Werkzeug durchführen. Der Aufruf lautet `DCdciag /test:dns`.

- Eine Zusammenfassung der DNS-Server-Ereignisse erhalten Sie, wenn Sie die entsprechende Rolle im Server-Manager öffnen (vergleichen Sie auch Abbildung 8.206).

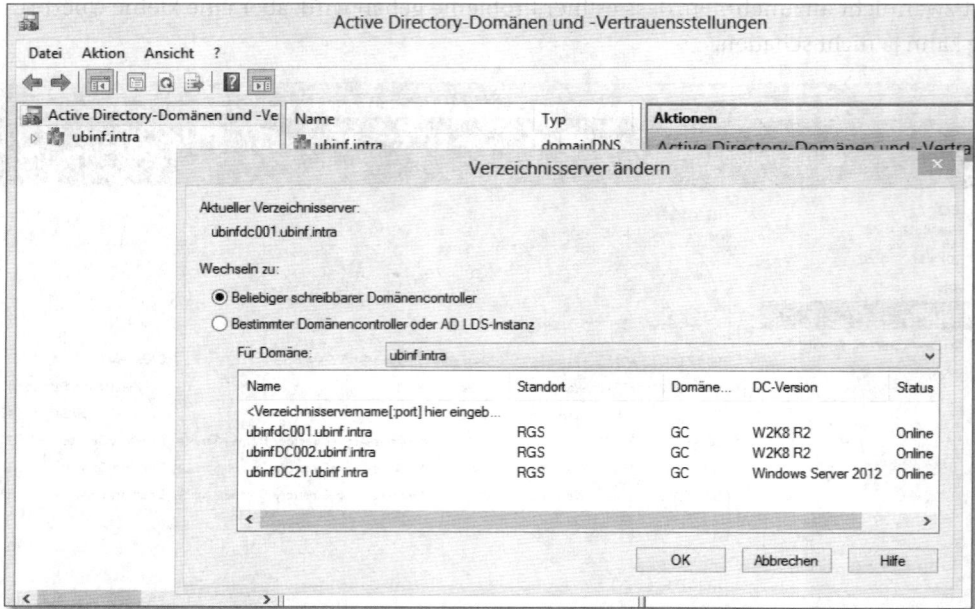

Abbildung 8.206 Bei der Auswahl eines Verzeichnisservers wird der Windows-Server-2012-Domänencontroller ebenfalls zur Auswahl angeboten.

- Es macht auf jeden Fall Sinn, auch einmal ganz pragmatisch in das DNS-Konfigurationswerkzeug zu schauen. Überzeugen Sie sich, dass die DNS-Einträge der Zonen, die von Active Directory verwendet werden, bereits repliziert worden sind (Abbildung 8.207).

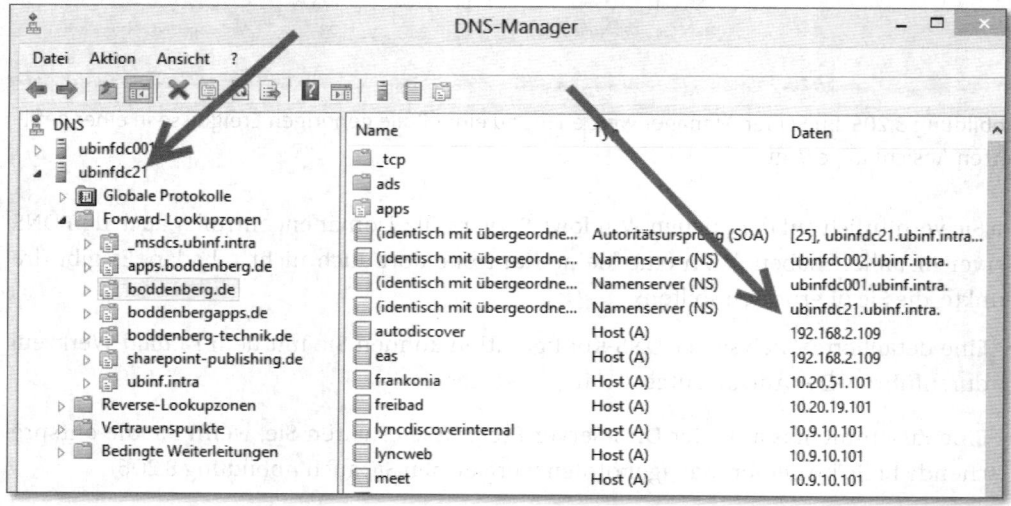

Abbildung 8.207 Der DNS-Server verfügt bereits über Replikate der Active Directory-integrierten Zonen.

8.9.4 FSMO-Rollen verschieben

Der neue Domänencontroller wird jetzt gemeinsam mit den vorhandenen Windows Server-2003-Maschinen seine Arbeit verrichten. Gegebenenfalls werden Sie noch weitere Windows-Server-2012/R2-Domänencontroller hinzufügen. Sofern das Ziel ist, die vorhandenen Windows-Server-2003-Maschinen abzulösen, müssen zunächst die FSMO-Rollen – sowohl die beiden gesamtstrukturübergreifenden (Schemamaster und Domänennamenmaster) als auch die drei domänenweiten Rollen – verschoben werden.

RID, PDC und Infrastruktur

Sie verschieben die drei Domänen-FSMO-Rollen mit dem Snap-In ACTIVE DIRECTORY-BENUTZER UND -COMPUTER. Gehen Sie wie folgt vor:

1. Verbinden Sie sich mit dem Domänencontroller, der die Funktion übernehmen soll.
2. Rufen Sie im Kontextmenü der Domäne den Menüpunkt BETRIEBSMASTER auf (Abbildung 8.208).

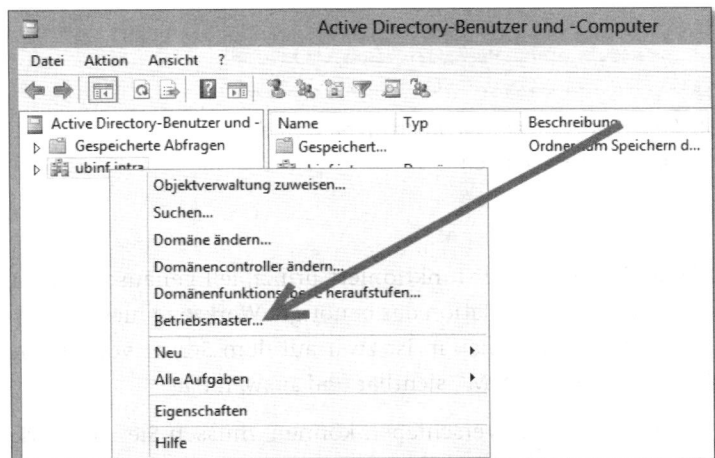

Abbildung 8.208 Das Verschieben der Domänen-FSMO-Rollen wird im Snap-In »Active Directory-Benutzer und -Computer« durchgeführt.

3. Wählen Sie die Registerkarte der zu verschiebenden FSMO-Rolle, und klicken Sie todesmutig auf ÄNDERN (Abbildung 8.209).
4. Die erfolgreiche Übertragung der Betriebsmasterfunktion wird augenblicklich bestätigt.

> **NTDSutil**
> Alternativ können Sie das Verschieben auch mit *NTDSutil* vornehmen.

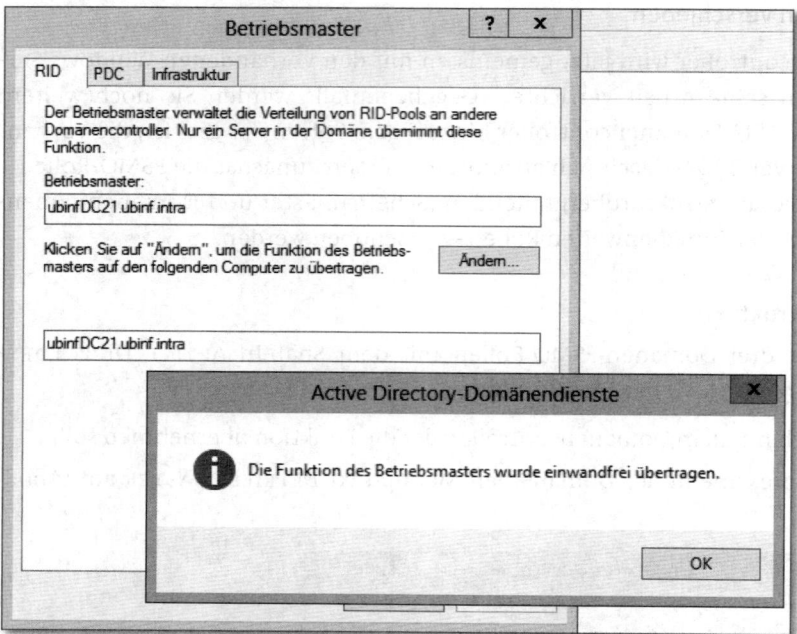

Abbildung 8.209 Die drei FSMO-Rollen müssen einzeln übertragen werden. Diese Meldung bestätigt das erfolgreiche Verschieben.

Schemamaster

Das Verschieben der FSMO-Rolle *Schemamaster* funktioniert prinzipiell genauso einfach, allerdings werden Sie nach einer Standardinstallation das benötigte Werkzeug nicht vorfinden. Die DLL-Datei für das Schema-Manager-Snap-In ist zwar auf dem Server vorhanden, aber nicht registriert und folglich nicht in der MMC sichtbar und auswählbar.

Bevor Sie also die Schemamaster-FSMO-Rolle verschieben können, müssen Sie das Werkzeug registrieren, was mit dem Konsolenbefehl regsvr32 schmmgmt.dll erledigt wird. Das Ergebnis sehen Sie in Abbildung 8.210.

Wenn Sie das Snap-In aufgerufen haben, müssen Sie sich zunächst mit dem Domänencontroller verbinden, der die Funktion zukünftig übernehmen soll. Das Snap-In wird sich immer mit dem aktuellen Schemamaster verbinden – übrigens im Gegensatz zu anderen Snap-Ins wie *ADBuC*, die sich, sofern sie auf einem Domänencontroller gestartet werden, mit diesem, ansonsten aber mit einem beliebigen DC verbinden.

Rufen Sie den Menüpunkt BETRIEBSMASTER auf, und verschieben Sie die Rolle durch einen Klick auf ÄNDERN (Abbildung 8.211). Fertig!

8.9 Upgrade der Gesamtstruktur auf Active Directory-Domänendienste (AD DS) 2008/2012/R2

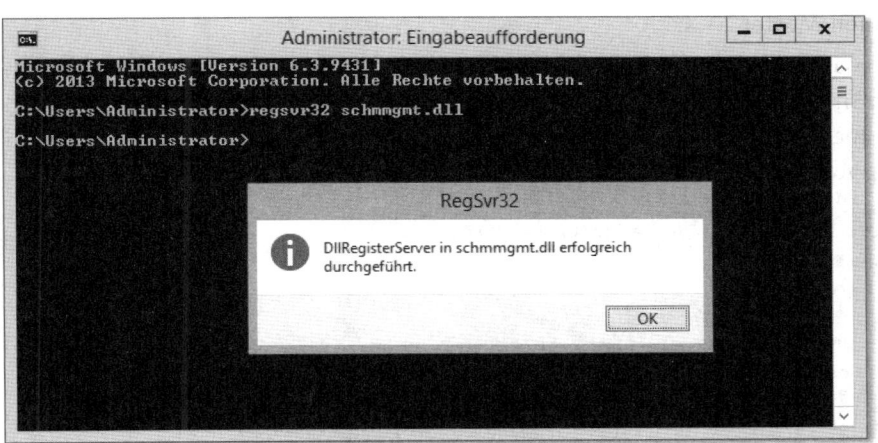

Abbildung 8.210 Registrieren Sie das Schema-Management-Snap-In.

Nun wird das Snap-In in der MMC verfügbar sein.

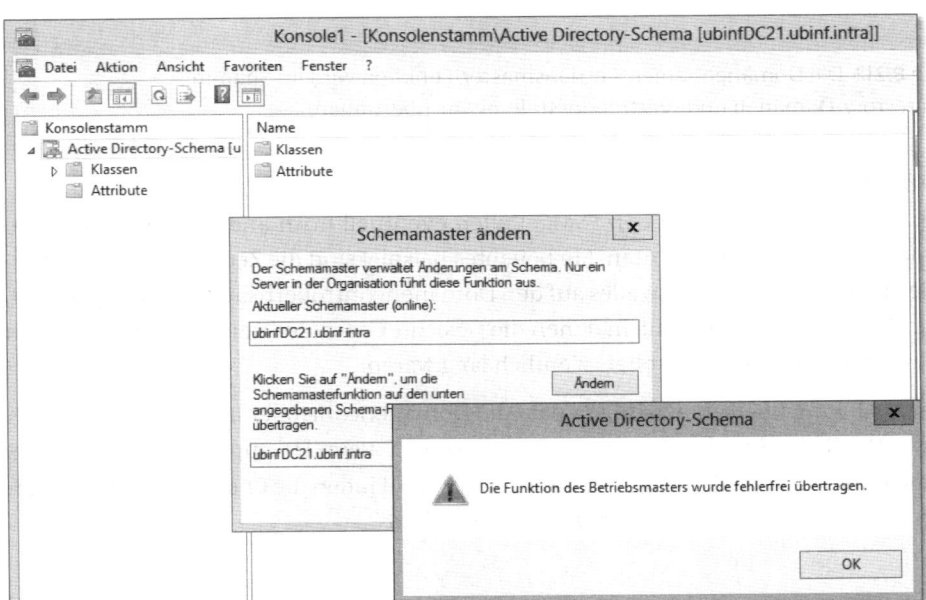

Abbildung 8.211 So schön kann das Übertragen einer FSMO-Rolle sein.

Alternative NTDSutil

Falls der ursprüngliche Schemamaster nicht verfügbar ist (z.B. weil er unwiederbringlich offline ist), muss das Übernehmen der Rolle mit *NTDSutil* durchgeführt werden.

Domänennamen-Master

Die zweite gesamtstrukturübergreifende FSMO-Rolle, nämlich *Domänennamen-Master*, wird mit dem Snap-In ACTIVE DIRECTORY-DOMÄNEN UND -VERTRAUENSSTELLUNGEN übertragen. Auch hier gibt es einen Menüpunkt BETRIEBSMASTER, hinter dem sich der altbekannte Dialog verbirgt (Abbildung 8.212).

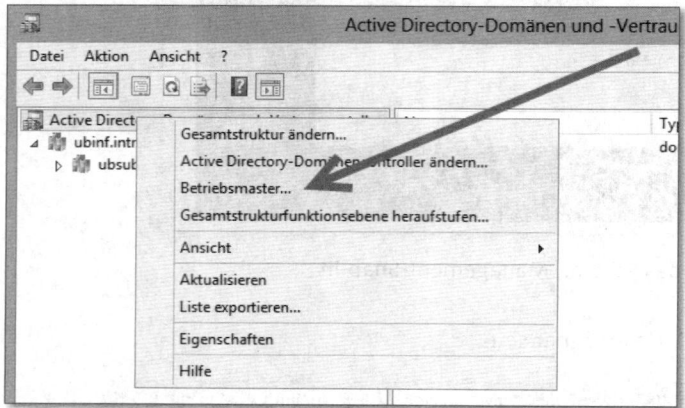

Abbildung 8.212 Die Domänennamen-Betriebsmaster-Funktion wird im Snap-In »Active Directory-Domänen und -Vertrauensstellungen« übertragen.

Nicht vergessen!

Vergessen Sie nicht, dass neben den FSMO-Rollen eventuell noch andere Dienste auf den Domänencontrollern laufen könnten. Ein beliebtes Beispiel sind die Zertifikatdienste. Überprüfen Sie also genau, was noch so alles auf den Domänencontrollern läuft. Das klingt trivial, ich kenne aber mehr als einen Fall, in denen die Gesichter nach der Deinstallation und dem Abschalten eines Domänencontrollers ziemlich lang waren.

Was gern und häufig übersehen wird, ist, dass die Domänencontroller im Allgemeinen auch Dienste wie DHCP, DNS und WINS zur Verfügung stellen. Beim Umzug von DNS und WINS müssen die IP-Adressen in den Clients angepasst werden. Finden die Clients keinen DNS-Server mehr, ist das Active Directory komplett unbrauchbar!

8.9.5 Alte Domänencontroller deinstallieren und einheitlichen Modus wählen

Wenn Sie alle Rollen und Dienste von den alten Domänencontrollern entfernt haben, können Sie dort die Domänencontroller-Dienste deinstallieren. Das geht durch einen Aufruf von *dcpromo* (die alten DCs sind ja 2008er-Systeme, und da nutzt man *dcpromo*).

Wenn keine Windows Server 2008- bzw. Windows 2003-Server-Domänencontroller vorhanden sind, können Sie die Domänenfunktionsebene und die Gesamtstrukturfunktionsebene heraufstufen. Wie das gemacht wird, ist in Abbildung 8.213 zu sehen.

8.9 Upgrade der Gesamtstruktur auf Active Directory-Domänendienste (AD DS) 2008/2012/R2

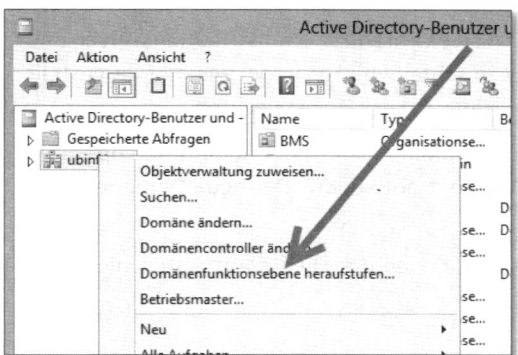

Abbildung 8.213 Hinter diesen Menüpunkten verbirgt sich das Heraufstufen der Domänenfunktionsebene ...

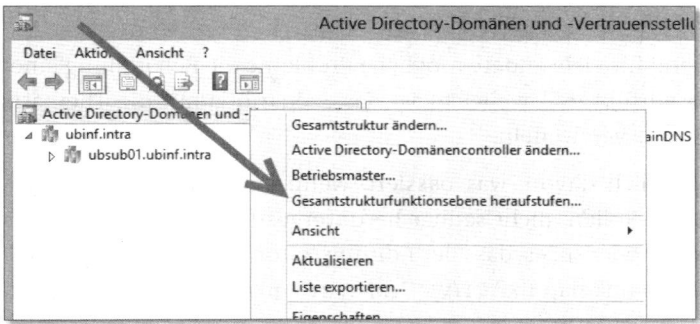

Abbildung 8.214 ... und der Gesamtstrukturfunktionsebene.

Beachten Sie

Denken Sie daran, dass die Domänenfunktionsebene in jeder Domäne heraufgestuft werden muss.

Das Heraufstufen der Domänen- oder Gesamtstrukturfunktionsebene hat keine Auswirkungen auf die Member-Server. Auch wenn die Funktionsebenen auf Windows Server 2012 festgelegt sind, können in der Domäne noch ältere *Member-Server*, gern auch mit NT4, vorhanden sein. Es kann dann aber nur Domänencontroller auf Basis von Windows Server 2012 geben. Beachten Sie, dass auch Server 2012 R2 eine separate Funktionsebene ist.

Zusätzliche Funktionen prüfen

Vorsichtshalber möchte ich darauf hinweisen, dass Sie nochmals prüfen sollten, ob nicht im Laufe der Zeit die eine oder andere zusätzliche Funktion auf dem alten Domänencontroller installiert worden ist.

> DCs werden erfahrungsgemäß gern als Lizenzserver, Virenpatterndistributionsserver und so weiter eingesetzt (um nicht »missbraucht« zu schreiben). So simpel wie hier dargestellt ist es natürlich nur, wenn Sie akribisch auf die Trennung der Dienste achten.
>
> Ein Teil des letzten Schritts, nämlich dem neuen Domänencontroller den Namen des alten zu geben, ist im Grunde genommen nicht unbedingt notwendig. Der neue Domänencontroller wird so oder so gefunden.
>
> Wirklich wichtig ist die Übernahme der IP-Adresse, weil die Clients ansonsten nicht den DNS-Serverdienst finden können.

8.9.6 Real-World-Troubleshooting – ein Beispiel

Das Problem eines Buches ist, dass es nicht jede in der Praxis auftretende Fehlersituation beschreiben und einen Lösungsansatz anbieten kann.

Ich möchte Ihnen stellvertretend für viele andere mögliche Probleme die Behandlung einer Fehlersituation exemplarisch vorführen – vielleicht ist das Szenario ja auf die Thematik übertragbar, an der Sie jetzt gerade verzweifeln.

Dieses Beispiel handelt letztendlich davon, was passiert, wenn ein Domänencontroller, zudem einer mit diversen FSMO-Rollen, nicht sauber heruntergestuft worden ist – sei es durch einen aufgetretenen Fehler oder sei es, dass der Administrator ihn einfach abgeschaltet und dann das Computerkonto im Snap-In ACTIVE DIRECTORY-BENUTZER UND -COMPUTER gelöscht hat.

Fehler entdecken mit DCdiag und »adprep /rodcprep«

Nach dem Abschluss von Installations- bzw. Migrationsarbeiten empfiehlt es sich natürlich zu überprüfen, ob alle Parameter »im grünen Bereich« sind. Nach der Active Directory-Migration bietet sich beispielsweise eine Überprüfung mit dem Werkzeug *DCdiag* an. Ein Aufruf dieses Werkzeugs fördert die Fehlersituation aus Abbildung 8.215 zutage: Der Test NCSecDesc wurde nicht bestanden. Eine kurze Überprüfung der Microsoft-Dokumentation wird ergeben, dass diese Fehlermeldung zu erwarten ist:

- Falls kein schreibgeschützter Domänencontroller (RODC) verwendet werden soll, kann sie ignoriert werden.

- Falls ein RODC implementiert werden soll, können Sie die Konfiguration entsprechend anpassen, indem Sie adprep.exe /rodcprep aufrufen.

In dem nachgestellten Fehlerszenario schlägt der Vorgang adprep.exe /rodcprep allerdings zumindest teilweise fehl. Wie in Abbildung 8.216 zu sehen ist, gelingt es adprep nicht, die Partition *ForestDnsZones* anzupassen – es erscheint die lapidare Fehlermeldung, dass der angegebene Server den Vorgang nicht ausführen kann. Aha, jetzt sind wir deutlich schlauer.

8.9 Upgrade der Gesamtstruktur auf Active Directory-Domänendienste (AD DS) 2008/2012/R2

Abbildung 8.215 »DCdiag« fördert einen Fehler zutage.

Abbildung 8.216 Hier hat »adprep /rodcprep« Probleme mit der »ForestDnsZones«-Partition.

Seit man mit Google Blogbeiträge finden kann, haben Fehlersituationen deutlich an Schreckenspotenzial eingebüßt, weil man davon ausgehen kann, dass irgendjemand schon einmal vor demselben Problem gestanden, es gelöst und seine Erkenntnisse veröffentlicht hat. Wenn es allerdings nur eine sehr allgemeine Fehlermeldung gibt, hilft Google verhältnismäßig wenig – ich habe dort jedenfalls zu diesem Problem keine heiße Spur entdecken können.

Der Weg zur Lösung

Wenn im Internet also keine »schnelle Standardlösung« zu finden ist, müssen Sie wohl oder übel selbst forschen. Die hier vorgestellten Schritte und Schlussfolgerungen werden natürlich nicht immer passen, zeigen aber die prinzipielle Herangehensweise.

Aus den Ausgaben von `adprep /rodcprep` kann man schließen, dass die »Situation« auf allen Active Directory-Partitionen mit Ausnahme von *DC=ForestDnsZones,DC=ubinf,DC=intra* in Ordnung ist. Eine genauere Betrachtung dieser Partition dürfte sich also lohnen.

Der allererste Schritt besteht darin, zu überlegen, wozu die Partition *DC=For-estDnsZones,DC=ubinf,DC=intra* überhaupt verwendet wird. Es handelt sich um eine seit Windows Server 2003 vorhandene Applikationspartition, die auf alle DNS-Server in der Gesamtstruktur repliziert ist (sofern diese gleichzeitig Domänencontroller sind, denn nur solche können Active Directory-integrierte Zonen verwenden). In dieser Active Directory-Zone sind etliche Verweise auf Domänen und Funktionen in der Gesamtstruktur gespeichert. Wenn die Partition sich im DNS-Manager öffnen lässt und dort vorhandene Einträge angezeigt werden können, ist sie zumindest vorhanden und im Zugriff (Abbildung 8.217).

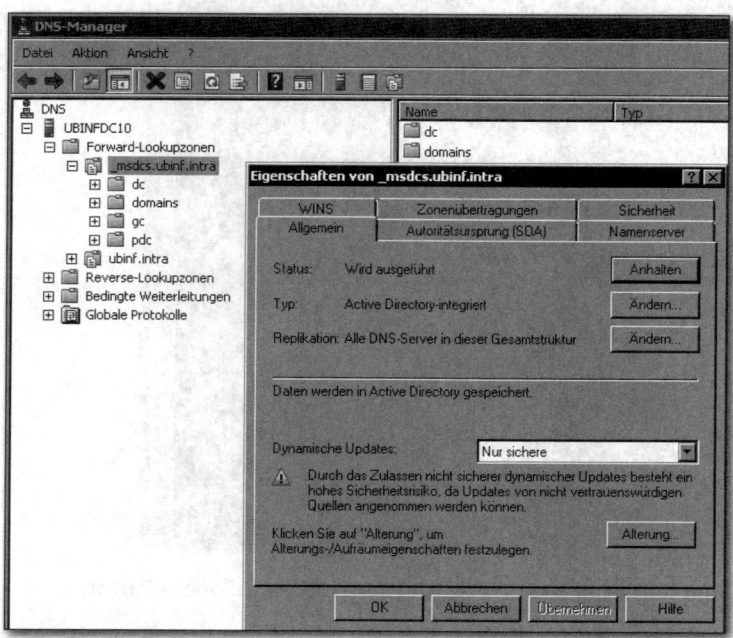

Abbildung 8.217 Die Inhalte der »DNSForestZone« im DNS-Verwaltungswerkzeug

8.9 Upgrade der Gesamtstruktur auf Active Directory-Domänendienste (AD DS) 2008/2012/R2

Um tiefer in die »Innereien« einer im Active Directory gespeicherten Zone schauen zu können, können Sie beispielsweise den *ADSI-Editor* verwenden – ein beliebiger anderer LDAP-Browser tut es im Zweifelsfall auch. Einen Überblick darüber, welche Partitionen überhaupt vorhanden sind, erhalten Sie in der Konfigurationspartition. Sie öffnen diese im ADSI-Editor, indem Sie eine Verbindung zum Namenskontext KONFIGURATION erzeugen (Abbildung 8.218).

> **Namenskontext**
>
> In ADSI-Editor ist stets von *Namenskontexten* die Rede. Ein Namenskontext entspricht einer Partition.

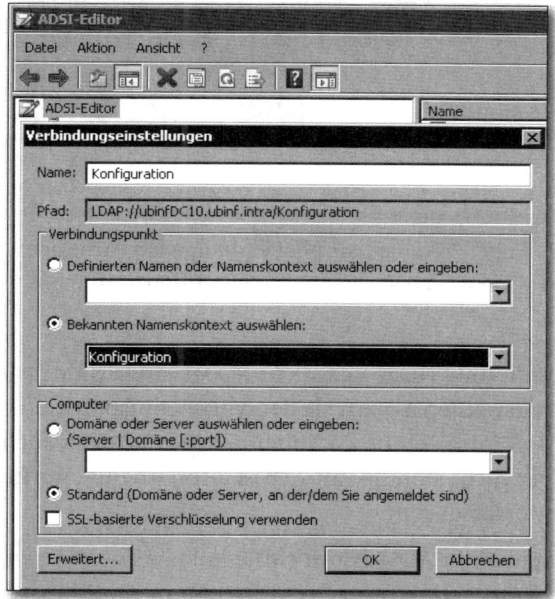

Abbildung 8.218 Stellen Sie eine Verbindung mit dem Namenskontext »Konfiguration« her.

Wenn man in der Konfigurationspartition in den Container *CN=Partitions* navigiert, erhält man einen Überblick über Partitionen, die auf dem Domänencontroller vorhanden sind, der mit dem ADSI-Editor verbunden ist. Dort finden sich standardmäßig fünf Partitionen (Abbildung 8.219):

- CN=ENTERPRISE SCHEMA: Das ist das Schema der Active Directory-Gesamtstruktur.
- CN=CONFIGURATION: Dies ist die Partition, die diverse Konfigurationsdaten enthält. Hier finden Sie beispielsweise die Informationen über die in der Gesamtstruktur vorhandenen Standorte. In dieser Partition wird aber beispielsweise auch die Exchange Server-Konfiguration gespeichert, sofern ein Exchange Server in der Organisation vorhanden ist.

- CN=[DOMÄNENNAME]: In dieser Partition werden die domänenspezifischen Objekte gespeichert, also insbesondere Benutzerobjekte, Computerobjekte und dergleichen mehr.
- DC=DOMAINDNSZONES: Diese Partition enthält die DNS-Daten der Active Directory-integrierten DNS-Zonen.
- DC=FORESTDNSZONES: Diese Partition enthält die zuvor schon erwähnten DNS-Informationen zur Gesamtstruktur.

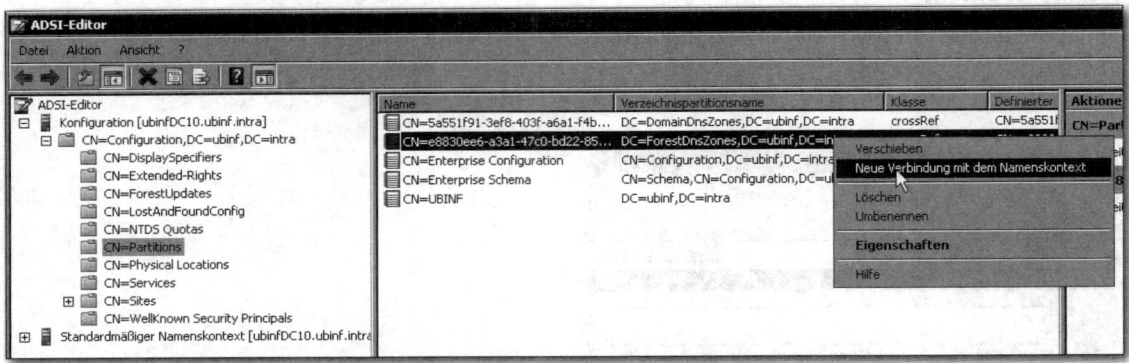

Abbildung 8.219 Im Container »CN=Partitions« finden Sie eine Liste aller vorhandenen Partitionen. ADSI-Editor kann durch eine Funktion im Kontextmenü eine Verbindung zur Partition (Namenskontext) aufbauen.

Sie öffnen eine Partition, indem Sie den Menüpunkt NEUE VERBINDUNG MIT DEM NAMENSKONTEXT im Kontextmenü einer Partition auswählen. Sofern Sie den Verzeichnispartitionsnamen (z.B. *DC=ForestDnsZones,DC=ubinf,DC=intra*) kennen, können Sie die Partition auch ohne diesen Umweg öffnen. Wenn man aber nicht ständig mit ADSI-Editor arbeitet, dürfte die hier beschriebene Vorgehensweise komfortabler sein.

Die *DC=ForestDnsZones*-Partition wird sich auch in ADSI-Editor problemlos öffnen lassen. Jetzt stellt sich die Frage, was zu dem Fehler führt, sodass adprep /rodcprep keine Änderungen durchführen kann. Hier die Überlegungen:

- Im Grunde genommen fügt adprep /rodcprep an einigen Stellen im AD Leserechte für die Gruppe *Domänencontroller der Organisation ohne Schreibzugriff* hinzu.
- Die Fehlermeldung besagte, dass der »angegebene Server den angeforderten Vorgang nicht ausführen kann« (siehe Abbildung 8.216). Wenn Sie tief in Ihrem Active Directory-Wissen kramen, werden Sie sich entsinnen, dass einige Änderungsoperationen nur von einem bestimmten Server, nämlich dem Inhaber der jeweiligen FSMO-Rolle, durchgeführt werden können.
- Etliche Konfigurationseinstellungen zur Partition finden Sie in dem dort enthaltenen Objekt *CN=Infrastructure*.
- Ein Attribut des *Infrastructure*-Objekts ist *fSMORoleOwner*, dessen Wert Sie nun kontrollieren sollten.

8.9 Upgrade der Gesamtstruktur auf Active Directory-Domänendienste (AD DS) 2008/2012/R2

Wie Sie in Abbildung 8.220 erkennen, ist der Wert des Attributs *fSMORoleOwner* zumindest »merkwürdig«. Eigentlich wird dort der Name eines Servers angegeben, und der momentane Wert verweist definitiv nicht auf einen vorhandenen Domänencontroller. Vergleicht man diesen Wert mit dem Wert eines Attributs in einer »heilen« Partition, muss es beispielsweise so aussehen:

```
CN=NTDS Settings,CN=UBINFDC10,CN=Servers,CN=RGS,CN=Sites,CN=Configuration,DC=ubinf,
DC=intra
```

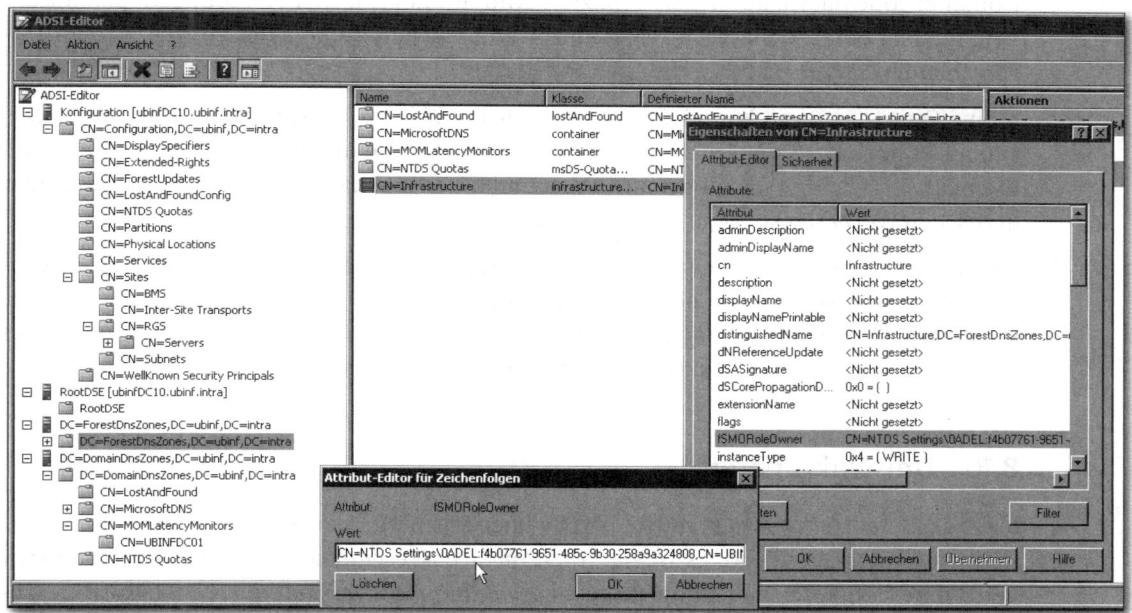

Abbildung 8.220 In diesem Fall ist das Attribut »fSMORoleOwner« problematisch.

Trägt man einen korrekten Wert für das Attribut ein, also beispielsweise `CN=NTDS Settings,CN=UBINFDC10,CN=Servers,CN=RGS,CN=Sites,CN=Configuration,DC=ubinf,DC=intra`, dürfte das Problem behoben sein. Ein nochmaliger Durchlauf von `adprep /rodcprep` nimmt die Anpassungen an der Partition vor. Wenn Sie *DCdiag* erneut ausführen, wird das ursprünglich bemängelte Problem nicht mehr angezeigt (Abbildung 8.221).

Abbildung 8.221 Jetzt klappt's auch mit »adprep /rodcprep«.

Erklärung

Der »problematische Wert« des Attributs *fSMORoleOwner* enthält unter anderem die Buchstaben DEL, gefolgt von einer ID (siehe Abbildung 8.220, was sich verdächtig nach einem gelöschten Objekt (DELeted) anhört. In der Tat tauchen Fehler dieser Art mit schöner Regelmäßigkeit auf, und zwar unter anderem dann, wenn ein Domänencontroller nicht »sauber«, also mittels *dcpromo*, aus dem Active Directory entfernt worden ist. Wie hier zu sehen ist, bleibt ein Verweis auf das gelöschte Objekt erhalten, auf das natürlich zum Ändern von Einstellungen nicht zugegriffen werden kann. Selbstverständlich ist die Partition auf allen Domänencontrollern, auf die sie repliziert wird, im Zugriff, aber Änderungen, die nur auf dem Inhaber der FSMO-Rolle durchgeführt werden, scheitern, weil der Verweis zu dem entsprechenden Server »kaputt« ist.

Active Directory ist so komplex, dass die Arbeit auf »Low-Level-Ebene« weder besonders simpel ist noch besonders viel Spaß macht. Sie ist aber hin und wieder unvermeidlich, weil beispielsweise der Inhaber der FSMO-Rolle für die *DnsForestZones*-Partition nicht mit einem grafischen Werkzeug konfiguriert werden kann.

Dies kann natürlich nur ein exemplarisches Beispiel sein. Als Active Directory-Administrator werden/müssen/sollten Sie mit der Zeit ein Gespür dafür bekommen, wo man »hineinschauen« muss, wenn tatsächlich mehr oder weniger mysteriöse Fehler auftreten, obwohl in den grafischen Administrationswerkzeugen alles bestens aussieht.

8.10 Umstrukturieren

Jedes größere Unternehmen dürfte bereits über ein mehr oder weniger stark gewachsenes Active Directory verfügen. Es ist natürlich nicht ausgeschlossen, dass vor einigen Jahren getroffene Design-Entscheidungen revidiert werden müssen. Ein typisches Beispiel in größeren Unternehmen ist, dass man bei der vor Jahren erfolgten Active Directory-Einführung den Ländergesellschaften eigene Domänen »gegönnt« hat, mittlerweile aber lieber eine einzige Domäne hätte, um die Administration zu vereinfachen.

Nun ist es leider nicht so, dass man alle Objekte einfach per Drag & Drop von einer Domäne in eine andere schieben könnte. Vielmehr muss eine »echte« Migration durchgeführt werden – das ist auch in einer Windows Server 2012-Umgebung nicht anders.

Bei der Umstrukturierung gibt es prinzipiell zwei Szenarien:

- *Intraforest-Migration*: Dabei werden Objekte innerhalb einer Gesamtstruktur zwischen Domänen verschoben.
- *Interforest-Migration*: Hierbei werden Objekte zwischen mehreren Gesamtstrukturen migriert. Dies ist ein Szenario, das beispielsweise bei Fusionen von Unternehmen zu finden ist, die bisher jeweils über ein eigenes Active Directory verfügten.

Wenn Sie in Ihrem Leben bereits die Freude hatten, von NT4 zum Active Directory zu migrieren, ist Ihnen vielleicht ADMT, das *Active Directory Migration Tool*, bekannt. Bei einer

Umstrukturierung kommt genau dieses Werkzeug zum Einsatz – vorausgesetzt, Sie setzen nicht Dritthersteller-Tools ein. ADMT befindet sich nicht auf dem Installationsmedium des Windows Server 2012, vielmehr müssen Sie es aus dem Microsoft Download Center holen. Momentan (September 2013) ist die Version 3.2 aktuell; Abbildung 8.222 hilft beim Suchen.

> **Hinweis**
> ADMT 3.2 ist, wie auch der Pfeil auf Abbildung 8.222 zeigt, nicht mit Server 2012 supportet. Man kann zwar die eigentlichen Aufgaben damit erledigen, es muss aber auf einem Server 2008 R2-Domänencontroller installiert sein.

Erfahrungsgemäß steht die Mehrheit der Leser nicht unmittelbar vor einer Active Directory-Umstrukturierung, weshalb ich dieses Thema nicht weiter vertiefen möchte. Microsoft Technet hält allerdings diverse Anleitungen und Whitepapers bereit, sodass Sie auf keinen Fall ganz allein dastehen.

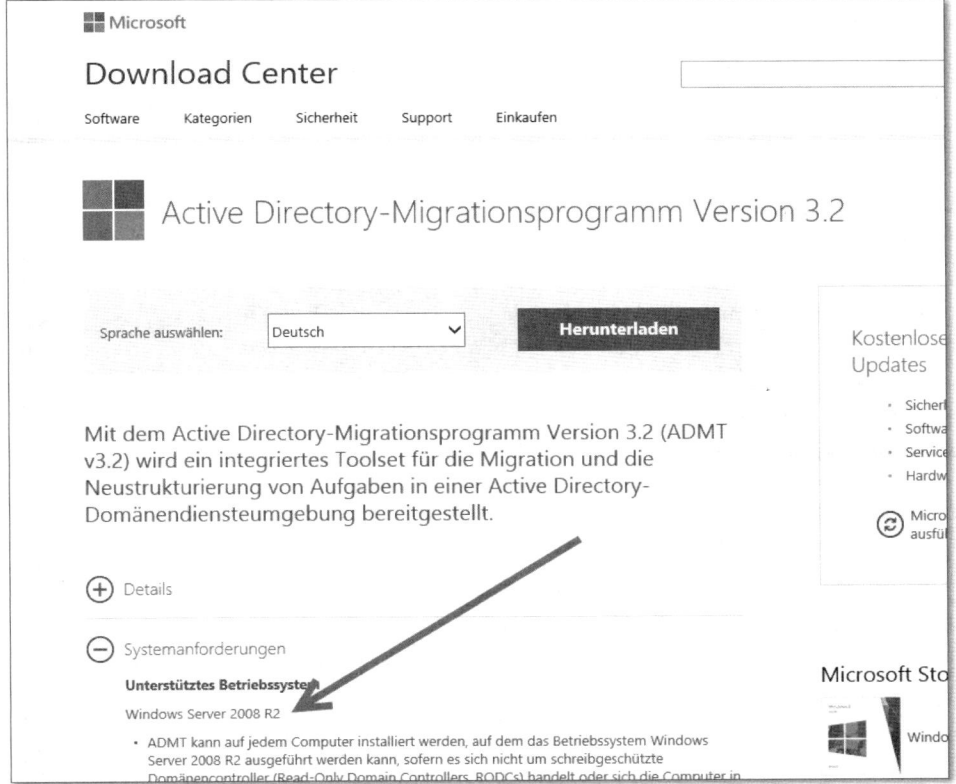

Abbildung 8.222 Wenn Sie ADMT benötigen, müssen Sie es aus dem Download Center laden. Achtung: Version 3.2 ist auf Server 2012 nicht supportet.

8.11 Werkzeugkiste

Die wesentlichen »Standardaufgaben« der Active Directory-Administration lassen sich mit den grafischen Werkzeugen, wie ACTIVE DIRECTORY-BENUTZER UND –COMPUTER, erledigen. Insbesondere dann, wenn irgendetwas nicht wie erwartet funktioniert und Sie also »tiefer hinein« müssen, ist ein Blick in die Werkzeugkiste fällig. Der Server-Manager listet bei der Rolle *Active Directory-Domänendienste* fast zwei Dutzend Werkzeuge auf, bei denen es sich übrigens zumeist um Kommandozeilenprogramme handelt (Abbildung 8.223).

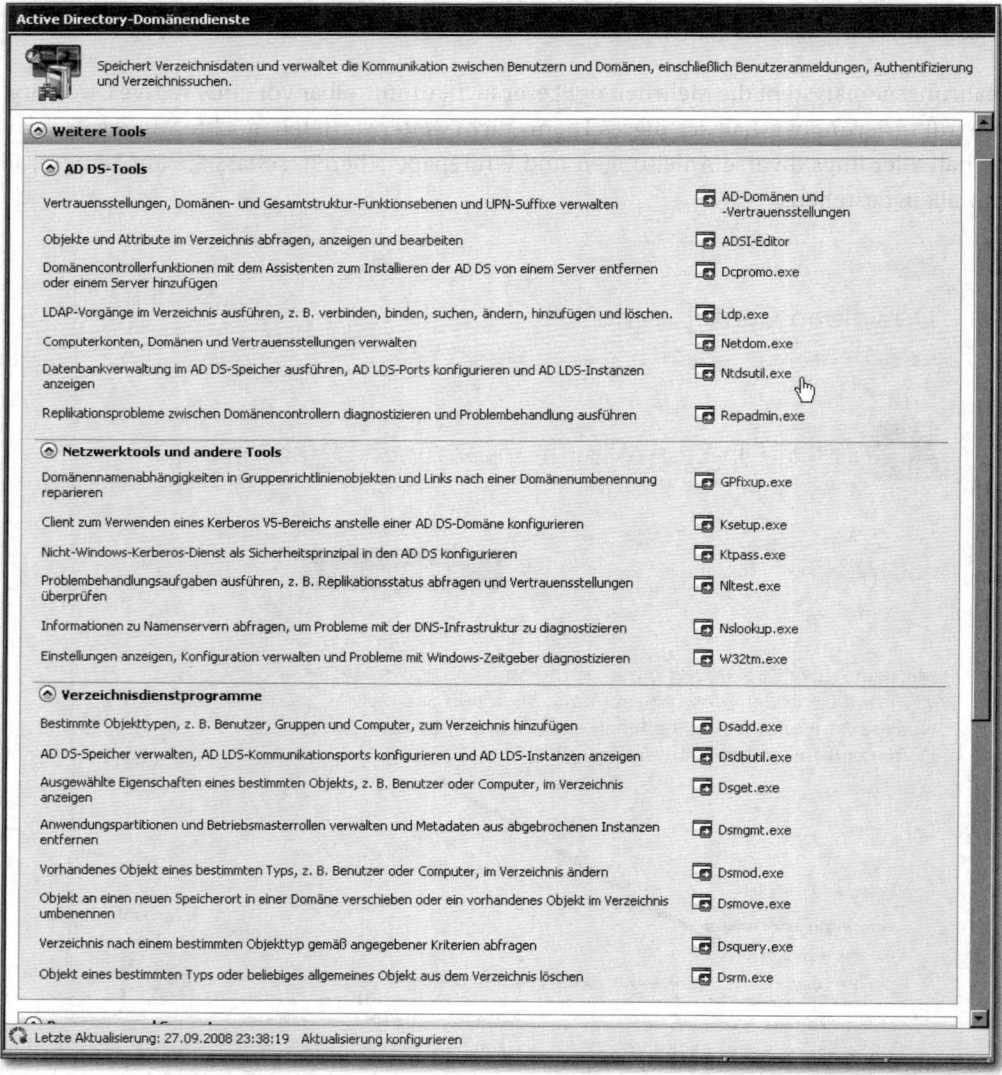

Abbildung 8.223 Massenhaft Werkzeuge für unterschiedliche Aufgaben im Active Directory

Wer bereits Active Directory-Erfahrung hat, wird beispielsweise *Ntdsutil* kennen, mit dem man so nette Dinge tun kann, wie verwaiste Domänen zu entfernen, die Übernahme einer FSMO-Rolle zu erzwingen, wenn der ursprüngliche Inhaber unwiederbringlich verloren ist, und einiges andere mehr.

Ich habe mich entschieden, auf seitenlange Ntdsutil-Beispiele (und sonstige) zu verzichten – vermutlich wäre sowieso prompt der von Ihnen benötigte Fall nicht dabei. In der Microsoft Knowledge-Base finden Sie zu den meisten Active Directory-Problemen Anleitungen zur Fehlerbehebung, die dann auch die Bedienung der Werkzeuge zeigen.

Vielleicht finden Sie aber auch bereits beim Durchsehen der Beschreibungen in Abbildung 8.223 das eine oder andere gesuchte Werkzeug. Beim Aufruf ohne Parameter erhalten Sie im Allgemeinen eine Funktionsbeschreibung, die bei den ersten Schritten hilft. (Der Screenshot stammt von einem 2008er-Server. Der aktuelle Server-Manager verfügt leider nicht mehr über diese praktische Auflistung. Alle Tools sind aber nach wie vor vorhanden, und der Screenshot bleibt praktisch.)

8.12 Active Directory Best Practice Analyzer

Best Practice Analyzer (BPAs) kennen Sie bestimmt aus verschiedenen Microsoft-Produkten – das Download Center fördert immerhin 14 BPAs zutage.

Seit Windows Server 2008 R2 gibt es nun auch einen Best Practice Analyzer für das Active Directory – und den gibt es natürlich auch im Server 2012. Die Formulierung ist im Grunde nicht ganz korrekt, denn R2 beinhaltet BPAs für vier Bereiche:

- Active Directory-Domänendienste
- Active Directory-Zertifikatdienste
- Domain Name System (DNS)
- Terminaldienste

Zumindest die ersten drei Technologien stehen direkt im Zusammenhang mit den Active Directory-Kernfunktionen.

Die neuen BPAs werden direkt aus dem Server-Manager aufgerufen, das heißt, Sie wählen eine Rolle des aktuellen Servers aus und scrollen zu der Sektion BEST PRACTICE ANALYZER. Ein Klick auf DIESE ROLLE ÜBERPRÜFEN genügt, und es geht los (Abbildung 8.224).

Der Best Practice Analyzer führt für die Active Directory-Domänendienste derzeit 43 Prüfungen durch. Falls es bei einem dieser Prüfvorgänge einen Fehler oder eine Warnung gibt, erscheint dies umgehend in der auf Abbildung 8.225 gezeigten Liste. Klickt man auf den Link für weitere Informationen, gibt es recht ausführliche Erläuterungen zu dem Problem und dessen Auswirkungen – vor allem stehen hier aber Hinweise zur Lösung des Problems, sodass die vom BPA gefundenen Aspekte einfach zu bearbeiten sind.

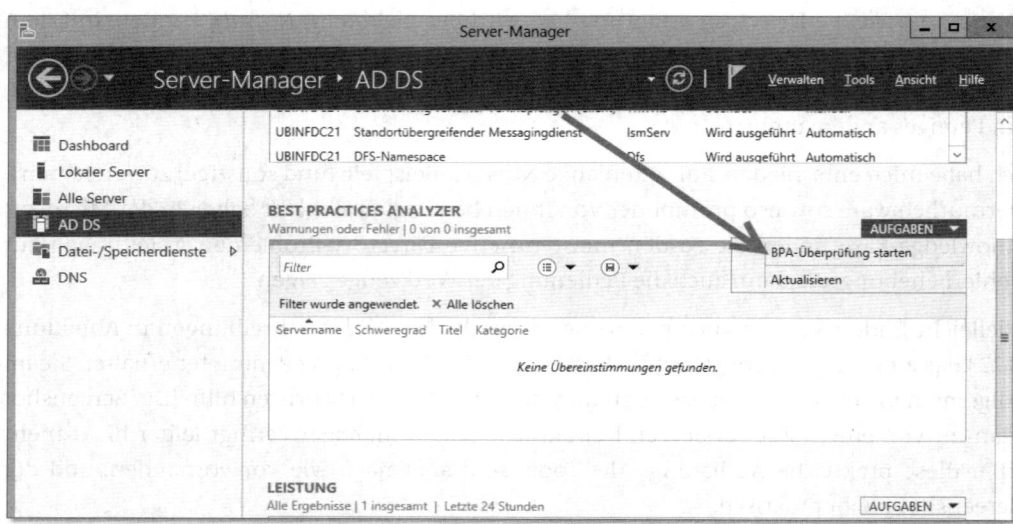

Abbildung 8.224 Der BPA wird aus dem Server-Manager heraus gestartet.

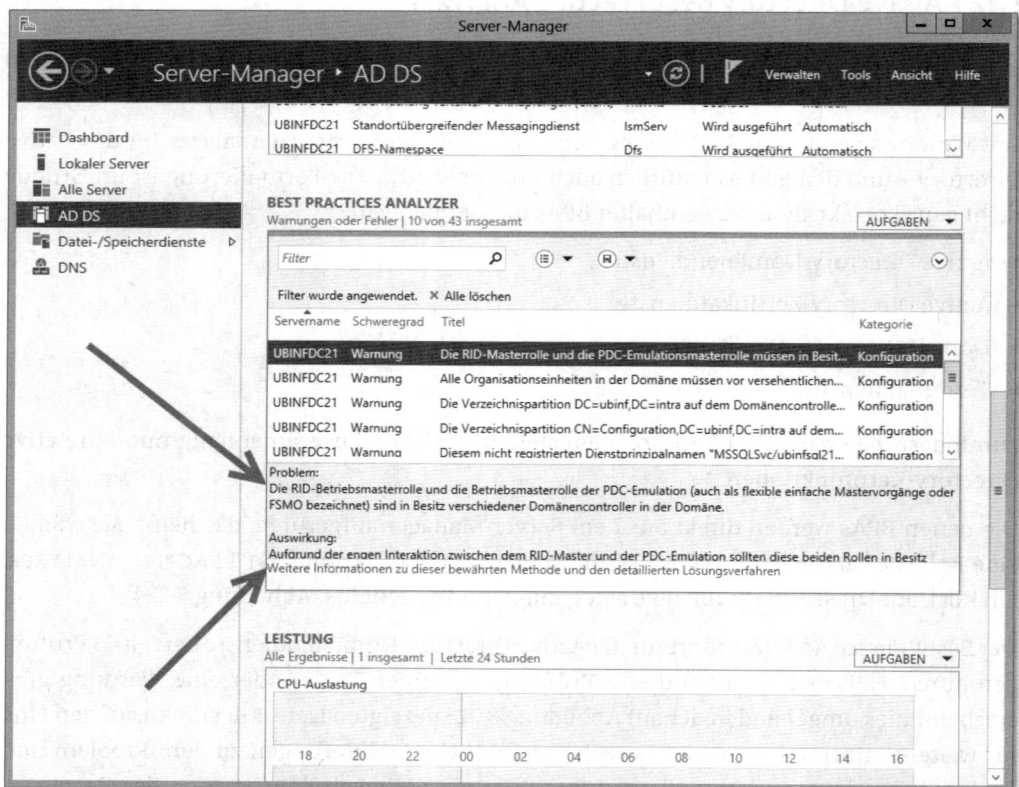

Abbildung 8.225 Diverse Probleme wurden gefunden – hier gibt's ein etwas zu tun.

8.12 Active Directory Best Practice Analyzer

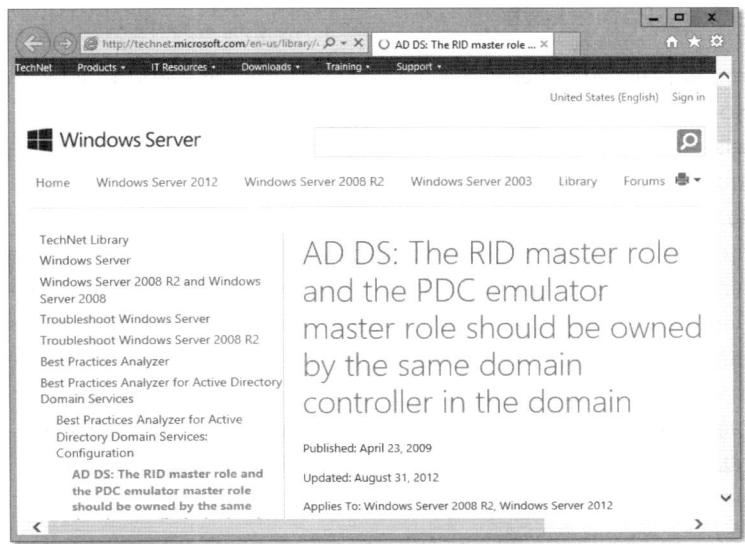

Abbildung 8.226 Neben einer genauen Beschreibung des Problems gibt es auch Hinweise zur Lösung.

Sie können übrigens auch alle positiv abgeschlossenen Prüfungen einsehen, indem Sie auf die Ansicht KOMPATIBLE EREIGNISSE wechseln (Abbildung 8.227). Unter Umständen ist es ja nicht uninteressant, sich anzuschauen, was der BPA für überprüfungswürdig hält.

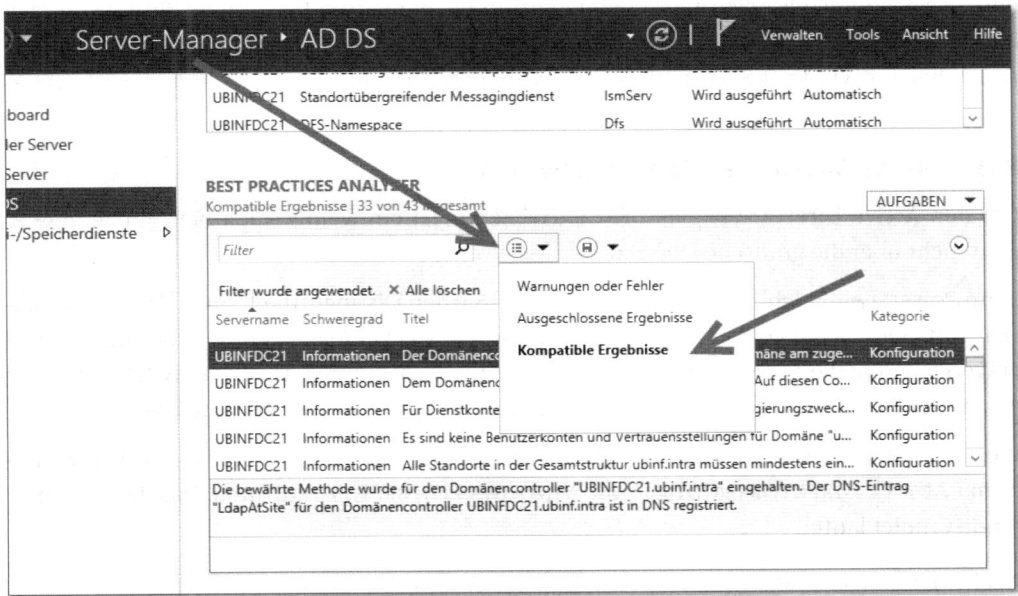

Abbildung 8.227 Es gibt aber auch jede Menge Prüfungen, die positiv abgeschlossen werden konnten.

8.13 Der Active Directory-Papierkorb

Das Szenario ist zwar nicht neu, aber seit Beginn des Active Directory-Zeitalters aktuell: Ein Objekt (Benutzer, Gruppe oder gar eine Organisationseinheit) wird versehentlich gelöscht – und dann steht der Administrator ziemlich dumm da. In der Microsoft-Welt gibt es bekanntlich verschiedene Anwendungen, in denen gelöschte Elemente nicht direkt vernichtet, sondern erst in einem Papierkorb zwischengespeichert werden: Exchange und SharePoint arbeiten sogar mit einer zweistufigen »Papierkorb-Hierarchie«, und auch das ansonsten recht »simple« Dateisystem verfügt über die Papierkorbfunktionalität. Das Nichtvorhandensein eines Papierkorbs im AD führte dazu, dass man beim versehentlichen Löschen eines Objekts einen recht komplizierten Weg für die Wiederherstellung gehen musste. Das Active Directory aus einer Sicherung zu rekonstruieren ist an sich zwar nicht allzu schwierig, allerdings wird dann die komplette Sicherung und nicht nur ein einzelnes Element wiederhergestellt. Drittherteller (z.B. *Quest*) bieten Lösungen für die Wiederherstellung eines einzelnen Elements an; diese sind aber nicht ganz billig.

Wie auch immer: Seit Windows Server 2008 R2 gibt es nun endlich einen Active Directory-Papierkorb.

8.13.1 Voraussetzungen

Die Liste der Voraussetzungen für die Nutzung des Papierkorbs ist ausnahmsweise richtig kurz: Die Gesamtstruktur muss sich in der Funktionsebene WINDOWS SERVER 2008 R2 befinden. Das bedeutet, dass sich alle Domänen in der Domänenfunktionsebene Windows Server 2008 R2 befinden müssen, und das wiederum bedeutet, dass es ausschließlich Domänencontroller auf Windows Server 2008 R2-Servern geben kann.

8.13.2 Active Directory-Papierkorb aktivieren

Um den Active Directory-Papierkorb zu aktivieren, ist ein wenig Tipparbeit notwendig; es geht nicht über die grafische Oberfläche.

Beim PowerShell-Befehl zur Aktivierung müssen Sie den Distinguished Name des Papierkorb-Features (*Recycle Bin Feature*) angeben. Da diese »Low-Level-AD-Themen« erfahrungsgemäß Fragezeichen in die Augen vieler Admins zaubern, zeige ich Ihnen, wo Sie im ADSI-Editor den exakten Wert nachsehen können: Abbildung 8.228 hält die notwendigen Infos bereit.

Wenn Sie den Distinguished Name ermittelt haben, können Sie im Startmenü den Menüpunkt ACTIVE DIRECTORY-MODUL FÜR WINDOWS POWERSHELL aufrufen. Das darin zu startende Cmdlet lautet:

```
Enable-ADOptionalFeature -Identity <ADOptionalFeature>
-Scope <ADOptionalFeatureScope> -Target <ADEntity>
```

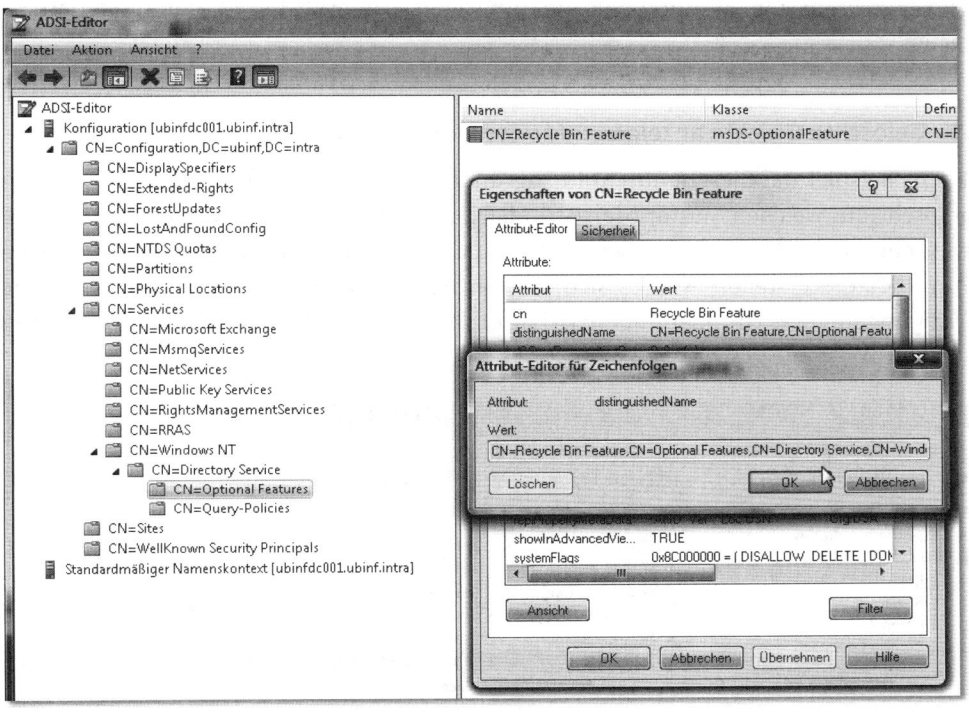

Abbildung 8.228 Den Distinguished Name des Papierkorb-Objekts können Sie im ADSI-Editor ermitteln.

Abbildung 8.229 zeigt den PowerShell-Befehl in der Praxis – ich denke, dass ein kleines Beispiel mehr hilft, als die bloße Wiedergabe der Syntax. Eine Sicherheitsabfrage weist darauf hin, dass die Aktivierung des Papierkorbs nicht mehr rückgängig gemacht werden kann.

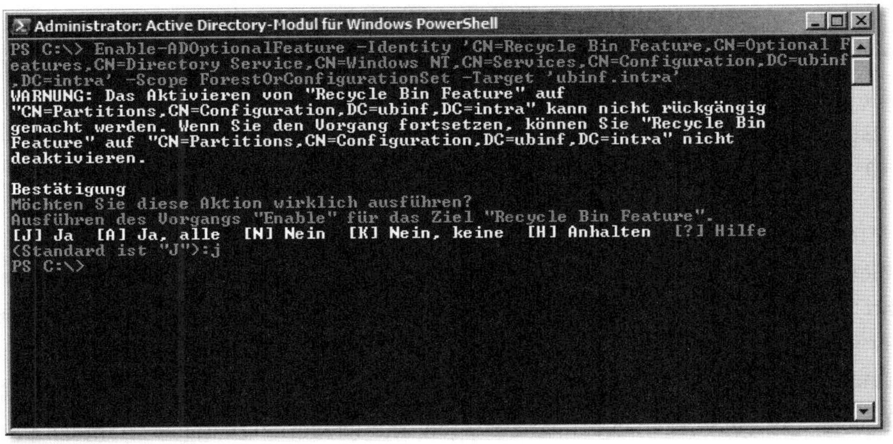

Abbildung 8.229 So wird der Papierkorb aktiviert.

Die Papierkorbfunktion ist nun direkt funktionsfähig – im nächsten Abschnitt werden wir das testen.

8.13.3 Gelöschte Objekte anzeigen und wiederherstellen

Das kleine Beispiel, das diesem Abschnitt zugrunde liegt, ist eigentlich simpel: Ein Administrator löscht, aus welchen mysteriösen Gründen auch immer, ein Benutzerobjekt (*Kathrin S. Clauss*, Abbildung 8.230). Bekanntlich kann er nicht schnell, heimlich und leise eine neue Kathrin S. Clauss erstellen, weil es sich um ein neues Objekt handeln würde, das keine Berechtigungen, keine Gruppenmitgliedschaften, keinen Zugriff auf Exchange und so weiter hat.

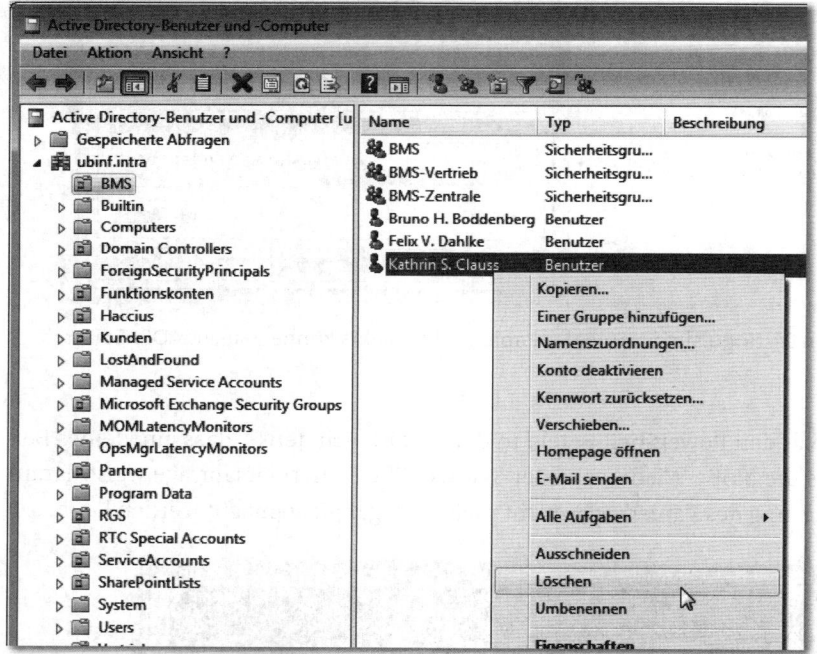

Abbildung 8.230 Das ist der Testfall: Ein Benutzerkonto wird mehr oder weniger »versehentlich« gelöscht.

Sofern in der Umgebung der Active Directory-Papierkorb aktiviert ist, ist aus einem ziemlich großen Problem ein ziemlich kleines geworden. Allerdings muss man genau wissen, was zu tun ist. Wenn Sie im ACTIVE DIRECTORY-BENUTZER UND -COMPUTER-Snap-In oder im Active Directory-Verwaltungscenter einen Papierkorb-Container erwarten, aus dem man die gelöschten Objekte mit einem Mausklick wieder herauszaubern kann, werden Sie enttäuscht sein.

Es gibt zwei Wege, um gelöschte Objekte anzuzeigen und wiederherzustellen, nämlich die Nutzung von *Ldp.exe* oder der PowerShell. Ich zeige Ihnen zunächst die Verwendung von

Ldp. Das Werkzeug wird durch den Aufruf von `Ldp.exe` gestartet. In der deutschen Version werden Sie den Eindruck haben, dass die Übersetzung der Menüpunkte und Dialoge von jemandem angefertigt worden ist, der kein Wort Deutsch spricht und einfach die Wörter im Wörterbuch nachgeschlagen hat. Manchmal sind die Microsoft-Übersetzungen etwas zu gut, weil auch englische Fachbegriffe übersetzt worden sind – aber in *Ldp* ist die Übersetzung einfach indiskutabel schlecht. Aber nun gut, wir können nichts daran ändern.

Zunächst bauen Sie mit *Ldp.exe* eine Verbindung zum Verzeichnisdienst auf. Interessanterweise heißt der erste Menüpunkt des Dropdown-Menüs REMOTEDESKTOPVERBINDUNG. Es ist irritierend, und warum das so ist, weiß auch kein Mensch. Mein Tipp: Schauen Sie einfach nicht so genau hin, und denken Sie zumindest jetzt nicht über den Sinn des Lebens und/oder diesen Eintrag nach.

1. Rufen Sie den Menüpunkt VERBINDEN auf (Abbildung 8.231).
2. Jetzt öffnet sich der Dialog aus Abbildung 8.232. Nehmen Sie keine Eingaben vor, sondern klicken Sie einfach auf OK.
3. Dann rufen Sie den Menüpunkt GEBUNDEN auf (Abbildung 8.231). Wäre der Übersetzer der deutschen Sprache ansatzweise mächtig gewesen, hätte der Menüpunkt »Bindung herstellen« heißen müssen.
4. Abbildung 8.233 zeigt den Dialog zum Herstellen der Bindung. Geben Sie nichts ein, und wählen Sie einfach OK aus.

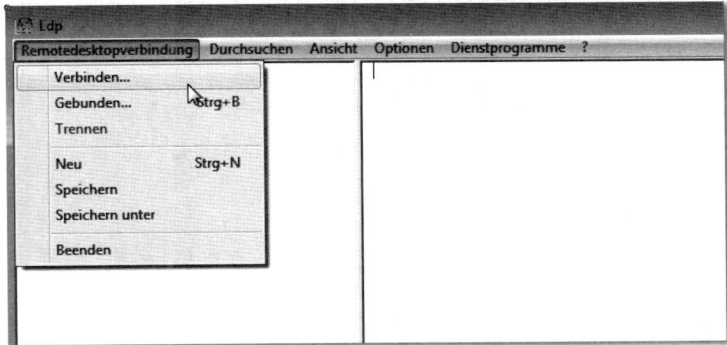

Abbildung 8.231 Das Werkzeug zum Wiederherstellen des gelöschten Objekts ist »Ldp.exe«.

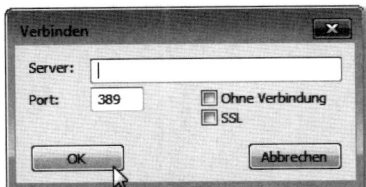

Abbildung 8.232 Zunächst bauen Sie die Verbindung auf. Bestätigen Sie einfach diesen Dialog, also ohne Eingabe eines Servers.

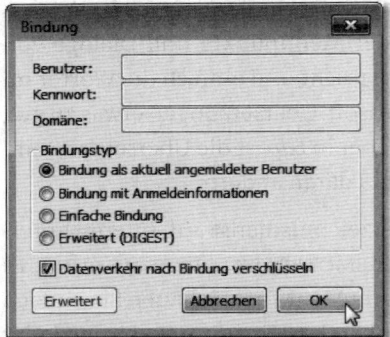

Abbildung 8.233 Nun stellen Sie eine Bindung als aktuell angemeldeter Benutzer her.

Im nächsten Schritt zeigen Sie das Verzeichnis in einer Baumansicht an:

1. Wählen Sie den Menüpunkt ANSICHT • STRUKTUR (Abbildung 8.234).
2. *Ldp* wird daraufhin von Ihnen wissen wollen, welches der Startpunkt der Strukturansicht sein soll. Für die Domäne *ubinf.intra* heißt die Eingabe DC=ubinf, DC=intra. Für die untergeordnete Domäne *sub01.ubinf.intra* müssten Sie DC=sub01, DC=ubinf, DC=intra eingeben (Abbildung 8.235).
3. Nun können Sie zum Knoten CN=DELETED OBJECTS navigieren, wo die Objekte zu finden sind, die seit Aktivierung des Active Directory-Papierkorbs gelöscht wurden (Abbildung 8.236).

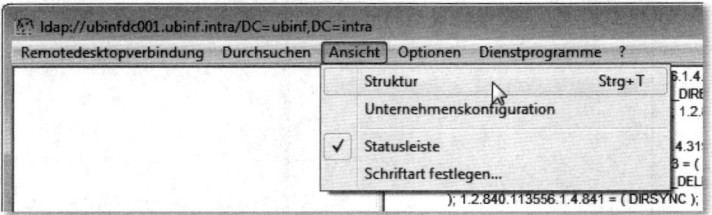

Abbildung 8.234 Nun zeigen Sie die Struktur (also die Baumansicht) an.

Abbildung 8.235 Wählen Sie den Startpunkt der Baumansicht.

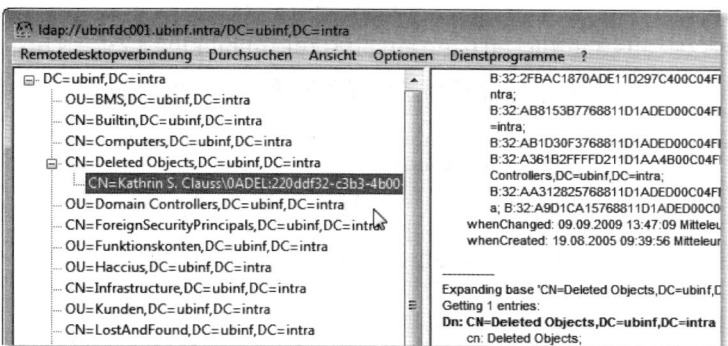

Abbildung 8.236 Unterhalb des Containers »CN=Deleted Objects« sind die gelöschten Objekte zu sehen.

Nun geht es richtig los. Im Grunde genommen müssen nur zwei Attribute geändert werden:

- Der Wert im Attribut ISDELETED muss gelöscht werden.
- Der »richtige« Distinguished Name des Objekts muss wiederhergestellt werden.

Um mit *Ldp* Änderungen an einem Objekt vorzunehmen, rufen Sie zunächst dessen Kontextmenüpunkt ÄNDERN auf (Abbildung 8.237).

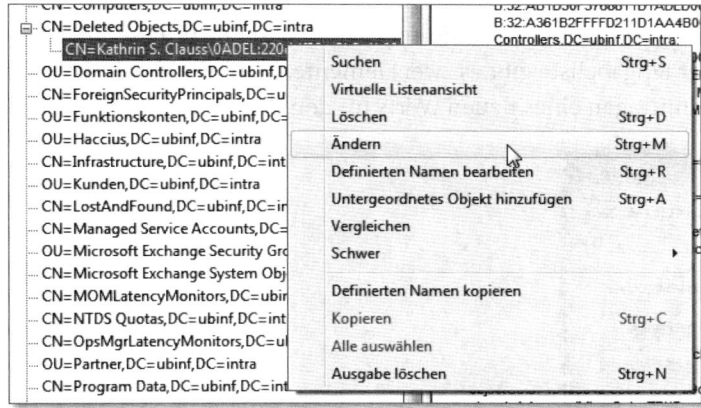

Abbildung 8.237 Im Kontextmenü des gelöschten Eintrags gibt es den Menüpunkt »Ändern«.

In dem nun erscheinenden Dialog gehen Sie folgendermaßen vor:

1. Tragen Sie als Attribut isDeleted ein, und wählen Sie als Vorgang LÖSCHEN. Dann klicken Sie auf EINGABE (Abbildung 8.238, links).
2. Nun tragen Sie als Attribut distinguished Name ein und als Wert den Namen, den das Objekt nach der Wiederherstellung erhalten soll. Dieser Name legt letztendlich auch fest, in welchem Container es sich befindet. Um das gelöschte Benutzerobjekt in der OU BMS wieder-

herzustellen, tragen Sie hier ein: CN=Kathrin S. Clauss,OU=BMS,DC=ubinf,DC=intra. Als Vorgang wählen Sie ERSETZEN aus und klicken dann auf EINGABE (Abbildung 8.238, rechts).

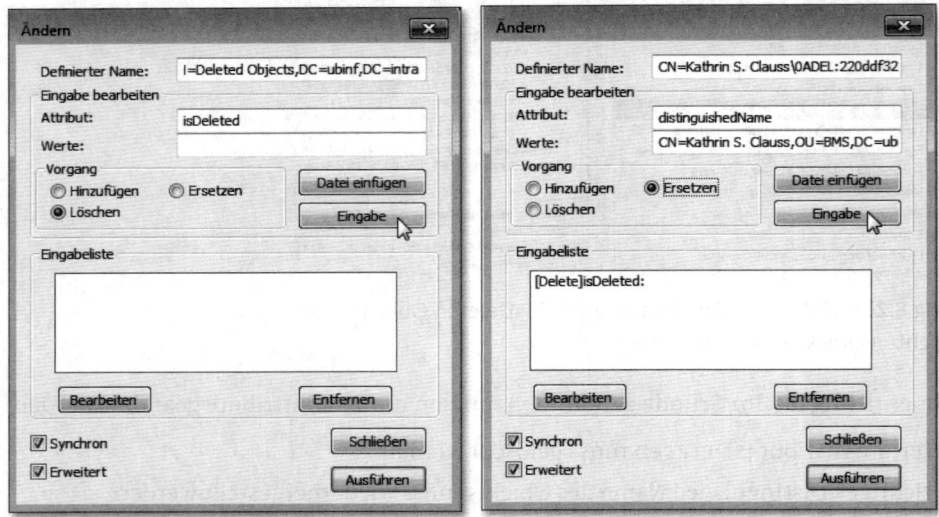

Abbildung 8.238 Das Attribut »isDeleted« wird entfernt, der Distinguished Name enthält einen neuen Wert.

Zum Vergleich zeige ich Ihnen in Abbildung 8.239, wie der Dialog aussehen müsste, bevor Sie auf AUSFÜHREN klicken: In der Eingabeliste gibt es zwei Elemente, nämlich das Löschen des Attributs ISDELETED und das Eintragen eines neuen Werts für den Distinguished Name.

Abbildung 8.239 Wenn alle zu modifizierenden Attribute in der Eingabeliste vorhanden sind, können Sie »Ausführen« wählen.

Das Wiederherstellen eines Objekts ist also letztendlich kein Hexenwerk, sondern nur einfaches Ändern der Attribute. Leider gibt es keine einfache grafische Oberfläche mit einem WIEDERHERSTELLEN-Knopf dafür.

Die Durchführung des Änderungsvorgangs wird in dem Ausgabefenster von *Ldp* protokolliert, eventuelle Fehler werden Sie also dort sehen. Wenn der Vorgang erfolgreich war, wird das in etwa wie auf Abbildung 8.240 aussehen. Und die wirklich gute Nachricht ist, dass das Benutzerobjekt wieder an seinem ursprünglichen Ort vorhanden ist (Abbildung 8.241). Anzumerken wäre noch, dass das wiederhergestellte Objekt da zu sehen ist, wo Sie es mit der Auswahl des `Distinguished Name`-Attributs platziert haben.

```
***Call Modify...
ldap_modify_ext_s(ld, 'CN=Kathrin S. Clauss\0ADEL:220ddf32-c3b3-4b00-9a37-
9de48b8b3563,CN=Deleted Objects,DC=ubinf,DC=intra',[2] attrs, SvrCtrls, ClntCtrls);
Modified "CN=Kathrin S. Clauss\0ADEL:220ddf32-c3b3-4b00-9a37-
9de48b8b3563,CN=Deleted Objects,DC=ubinf,DC=intra".
```

Abbildung 8.240 Das Protokollfenster von Ldp zeigt die Durchführung des Änderungsvorgangs an.

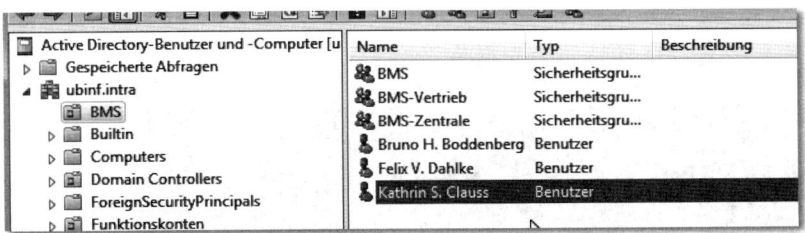

Abbildung 8.241 Das Benutzerobjekt ist wieder da – alles bestens.

8.13.4 Wiederherstellen mit der PowerShell

Bei der zuvor gezeigten Wiederherstellung mithilfe von *Ldp* lässt sich recht schön erkennen, was im Hintergrund eigentlich passiert. In der Praxis ist dieser Weg aber ein wenig umständlich, ich würde daher eher zur Wiederherstellung mit der PowerShell tendieren.

Die Syntax zum Anzeigen der gelöschten Objekte lautet:

```
Get-ADObject -Filter {String} -IncludeDeletedObjects
```

Der Platzhalter `String` steht für eine geeignete Abfrage, um das wiederherzustellende Objekt zu identifizieren. Im Fall eines Benutzerkontos lässt sich gut nach dem Anzeigenamen suchen, sodass der Displayfilter `displayName -eq "Kathrin S. Clauss"` lautet. Dass es funktioniert, sehen Sie auf Abbildung 8.242.

Abbildung 8.242 Mit der PowerShell können Sie die gelöschten Objekte anzeigen.

Um das gefundene Objekt oder die gefundenen Objekte wiederherzustellen, ergänzen Sie den Suchaufruf um |Restore-ADObjekt. Die Liste der gefundenen Objekte wird dadurch an den Befehl zur Wiederherstellung derselben weitergegeben. Wie Sie auf Abbildung 8.243 sehen können, ist der Wiederherstellungsvorgang ziemlich stumm – solange kein Fehler auftritt. Der Erfolg ist allerdings, dass sich das wiederherzustellende Objekt am ursprünglichen Ort wiederfindet.

Abbildung 8.243 Der Wiederherstellungsvorgang ist ziemlich stumm – trotzdem klappt's.

8.14 Active Directory-Verwaltungscenter

In Unternehmen und Organisationen wird immer wieder bemängelt, dass die seit Windows 2000 vorhandenen Administrationswerkzeuge zwar für die Verwendung durch hartgesottene Admins aufgrund einer recht technischen Sichtweise durchaus geeignet sind, die Handhabung aber nicht immer komfortabel und intuitiv ist, insbesondere dann, wenn mehrere Domänen verwaltet werden müssen. Das mit 2008 R2 neu eingeführte Active Directory-Verwaltungscenter schafft hier Abhilfe durch eine dem Operating-Alltag eher angepasste Zusammenfassung der wichtigsten Funktionen. Abbildung 8.244 zeigt einen ersten Blick auf das Active Directory-Verwaltungscenter in der Version für Server 2012.

8.14 Active Directory-Verwaltungscenter

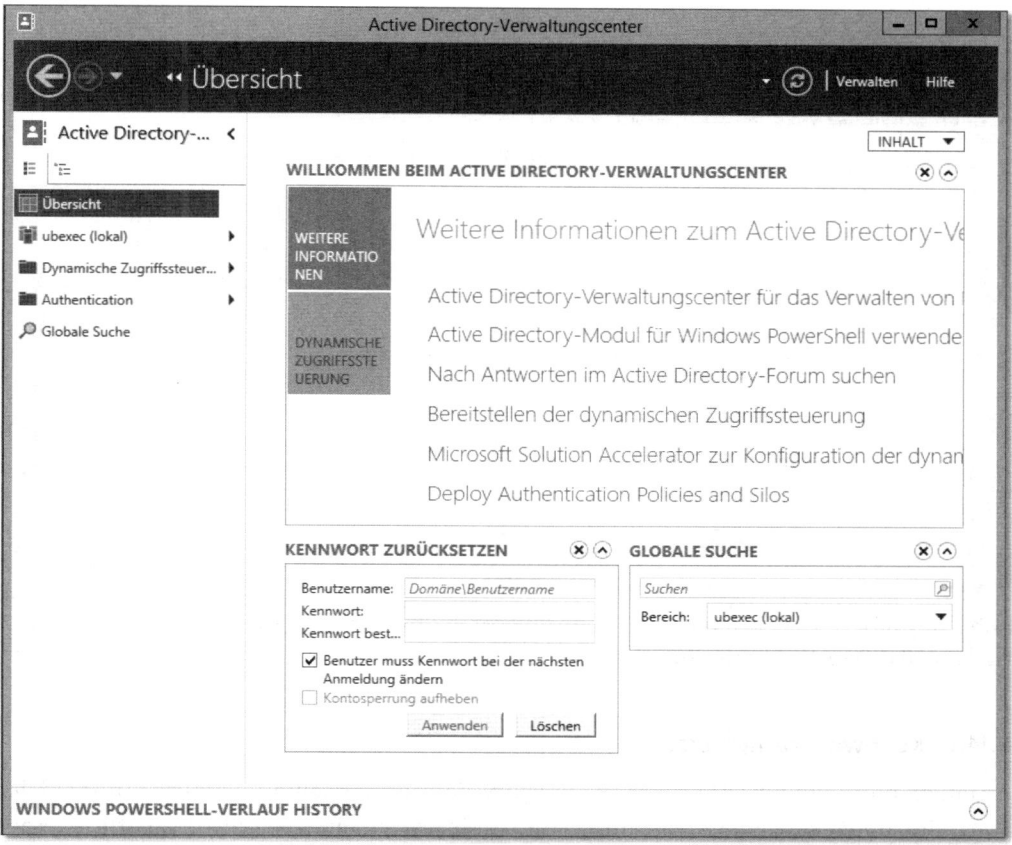

Abbildung 8.244 Erster Blick auf das Active Directory-Verwaltungscenter

Idealerweise sollte nicht direkt auf den Servern administriert werden, sondern auf den PCs der Administratoren und Operatoren. Aus diesem Grund gibt es die Remoteserver-Verwaltungstools (Remote Server Administration Tools, RSAT), deren Ausgabe für Windows 8 auch das Active Directory-Verwaltungscenter enthält. Nach der Installation muss es als Windows-Funktion aktiviert werden. Abbildung 8.245 zeigt, wie's gemacht wird.

> **Active Directory-Webdienste**
>
> Das Active Directory-Verwaltungscenter ist darauf angewiesen, dass die Active Directory-Webdienste ausgeführt werden. Diese benötigen ein Zertifikat, damit sie korrekt funktionieren. Sofern das Verwaltungscenter nicht startet, sollten Sie dieses Zertifikat also prüfen (siehe auch Abschnitt 8.16).

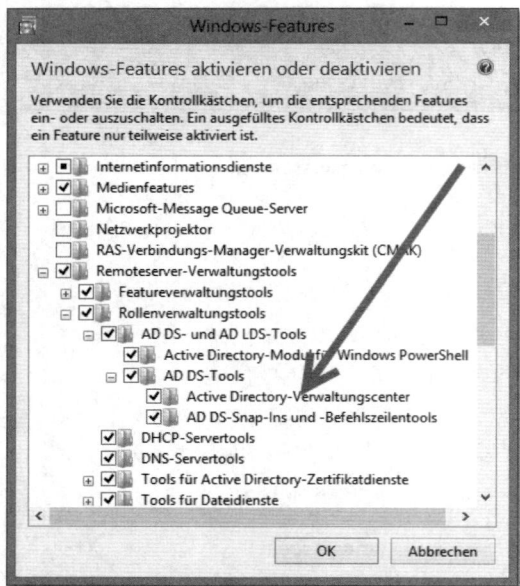

Abbildung 8.245 In den Remoteserver-Verwaltungstools für Windows 8 ist das Active Directory-Verwaltungscenter enthalten.

8.14.1 Kennwort zurücksetzen

An einem prominenten Ort des Active Directory-Verwaltungscenters, nämlich direkt auf der Startseite, findet sich eine Anwendung zum Zurücksetzen eines Kennworts. Ehrlich gesagt bin ich mir zwar nicht sicher, ob das Zurücksetzen von Kennwörtern wirklich einen derart hohen Stellenwert einnimmt, wie das Active Directory-Verwaltungscenter auf den ersten Blick vermittelt – aber die Microsoft-Produktmanager werden sich schon etwas dabei gedacht haben.

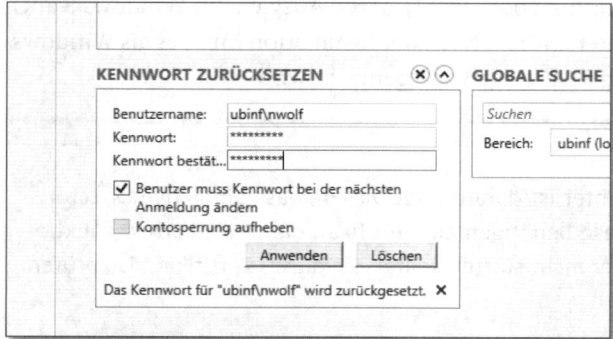

Abbildung 8.246 An hervorgehobener Stelle findet sich ein Werkzeug zum Zurücksetzen von Kennwörtern.

Der auf Abbildung 8.246 gezeigte Dialog bedarf keiner genaueren Beschreibung; es ist klar, was zu tun ist. Zweifelsfrei geht das Zurücksetzen auf diese Weise schneller, als wenn man erst lang und breit das Benutzerobjekt im ACTIVE DIRECTORY-BENUTZER UND -COMPUTER-Werkzeug suchen müsste.

8.14.2 Benutzer suchen und Attribute anzeigen und modifizieren

Wenn Sie mehr tun möchten, als nur das Kennwort zurückzusetzen, müssen Sie zunächst das zu bearbeitende Objekt heraussuchen – das kann übrigens ein Benutzer, ein Computer oder eine Gruppe sein. Am einfachsten geht es mit der globalen Suche, die aus nur einer Zeile besteht (siehe Abbildung 8.247). Sie können, wie auf der Abbildung gezeigt, nach einem Anmelde- oder Computernamen suchen; alternativ kann beispielsweise auch der Nachname angegeben werden. Die Liste mit dem Suchergebnis sehen Sie auf Abbildung 8.248. Sofern der eingegebene Suchbegriff zu mehreren Ergebnissen führt, werden entsprechend alle Fundstellen aufgelistet. Im Kontextmenü eines Eintrags finden sich die wichtigsten durchführbaren Aktionen.

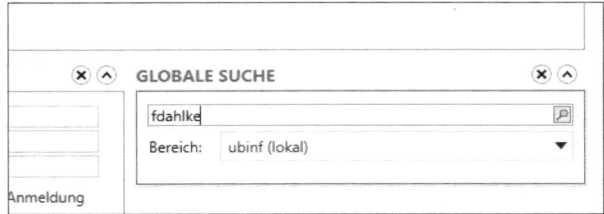

Abbildung 8.247 Mit dieser Suche lassen sich Einträge schnell auffinden.

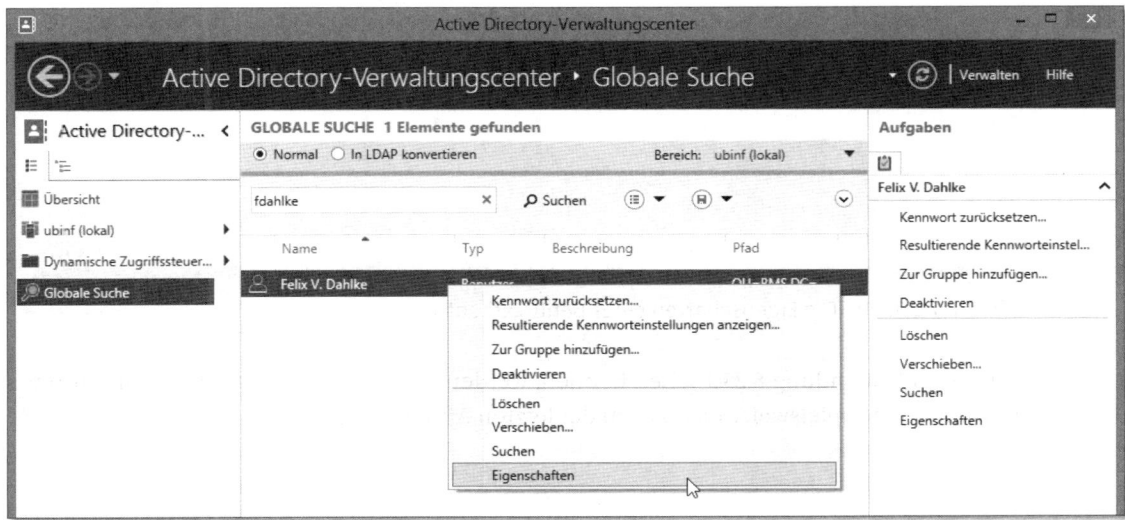

Abbildung 8.248 Das Ergebnis der globalen Suche

Wenn Eigenschaften des gefundenen Elements bearbeitet werden müssen, steht eine recht umfassende Dialogseite zur Verfügung, Sie sehen sie auf Abbildung 8.249. Die wesentlichen Attribute können hier gepflegt werden.

Falls ein anderer Objekttyp als ein Benutzer gefunden wurde, also beispielsweise ein Computer, eine Gruppe oder eine Organisationseinheit, wird der Dialog natürlich andere zu bearbeitende Eigenschaften anzeigen.

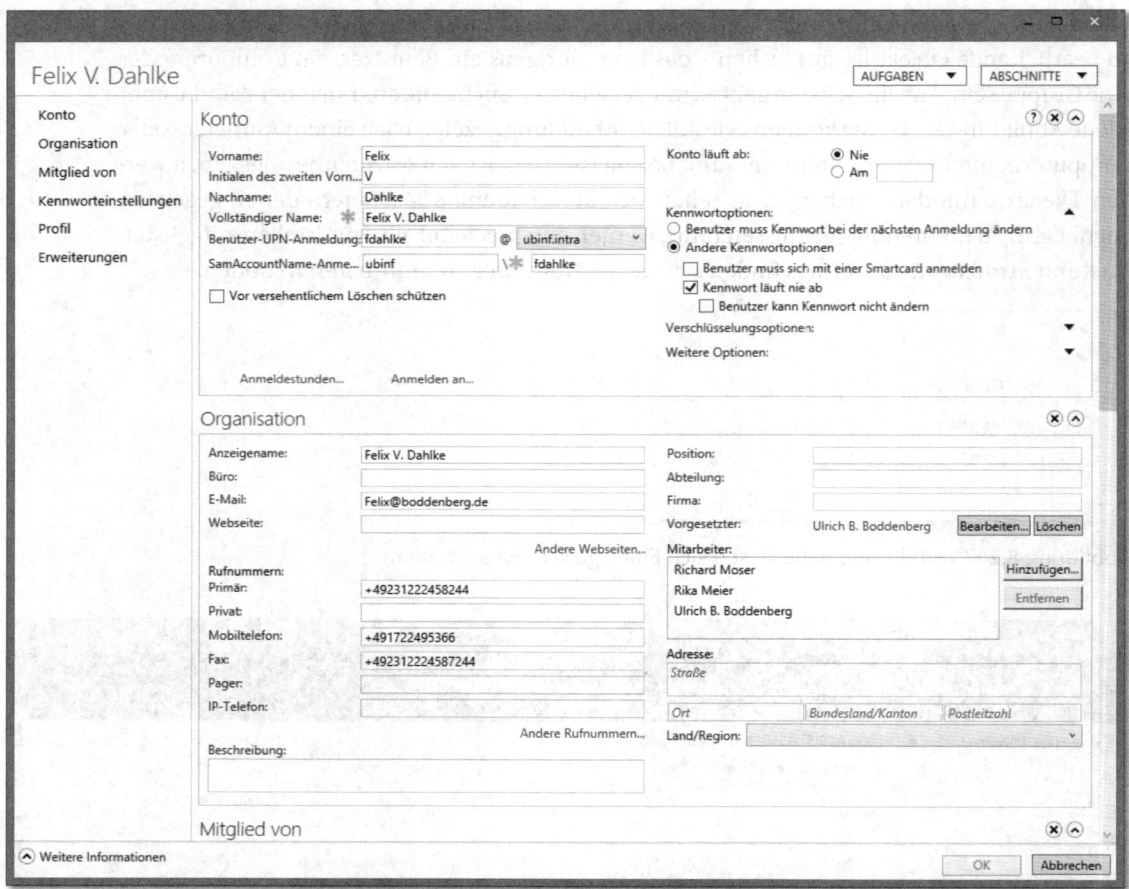

Abbildung 8.249 Die Eigenschaften eines Benutzerkontos

Wie Sie auf Abbildung 8.250 sehen können, werden auch einige statistische Informationen präsentiert, beispielsweise das Datum der letzten Anmeldung.

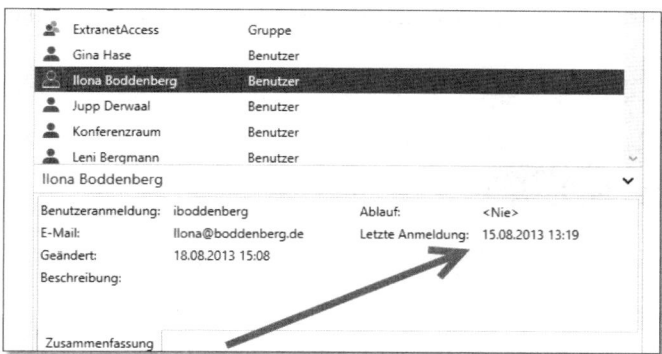

Abbildung 8.250 Auch statistische Informationen wie die letzte Anmeldung werden angezeigt.

8.14.3 Navigieren und filtern

Die Arbeit mit dem Standardwerkzeug *Active Directory-Benutzer und -Computer* ist insbesondere dann recht »zäh«, wenn Sie viel in der Baumstruktur navigieren und/oder suchen und filtern müssen. Insbesondere dann ist das *Active Directory-Verwaltungscenter* eine praktische Ergänzung. Die Navigation zu einer bestimmten Organisationseinheit erfolgt sehr einfach durch aufklappende Fenster; dies ist auf Abbildung 8.251 zu sehen. Ein Doppelklick öffnet eine OU und zeigt alle darin befindlichen Objekte.

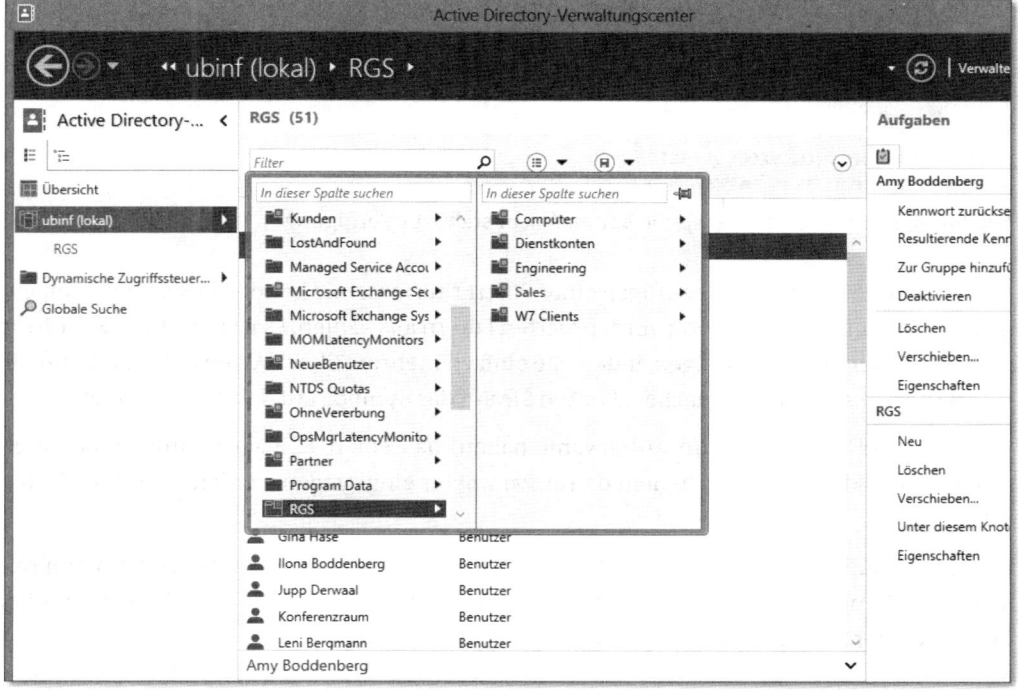

Abbildung 8.251 In der OU-Struktur der Domäne kann schnell navigiert werden.

Falls Sie die klassische Baumansicht bevorzugen, können Sie auch diese auswählen – schalten Sie einfach um (Abbildung 8.252).

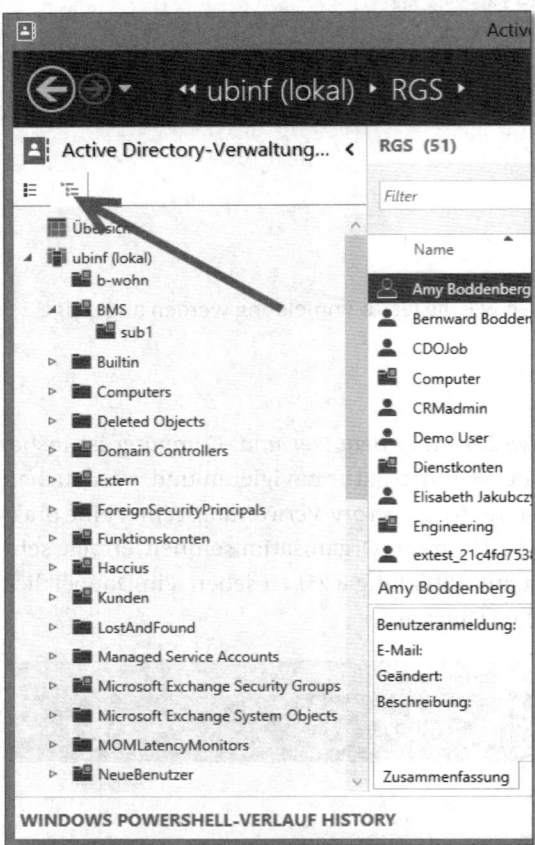

Abbildung 8.252 Auch die klassische Baumansicht steht zur Verfügung.

Abbildung 8.253 zeigt das Hinzufügen eines Filterkriteriums: Sie können aus der aufklappenden Liste mit einer Vielzahl von vordefinierten Filtern auswählen. Es ist auch möglich, direkt mehrere Kriterien hinzuzufügen, indem Sie einfach mehrere Checkboxen anklicken. Um die Filterkriterien sicihtbar zu machen, klicken Sie auf das Symbol, auf das der Pfeil zeigt.

Wenn Sie ein Filterkriterium ausgewählt haben, das einen Eingabeparameter benötigt, erscheint ein kleiner Dialog, in dem dieser Parameter eingetragen werden kann (Abbildung 8.254).

Wenn Sie komplexere Filter gebaut haben, wäre es angenehm, diese zu speichern, um das Rad nicht zigmal pro Tag neu erfinden zu müssen. Dazu klicken Sie auf das Diskettensymbol und geben der Abfrage einen prägnanten Namen (Abbildung 8.255).

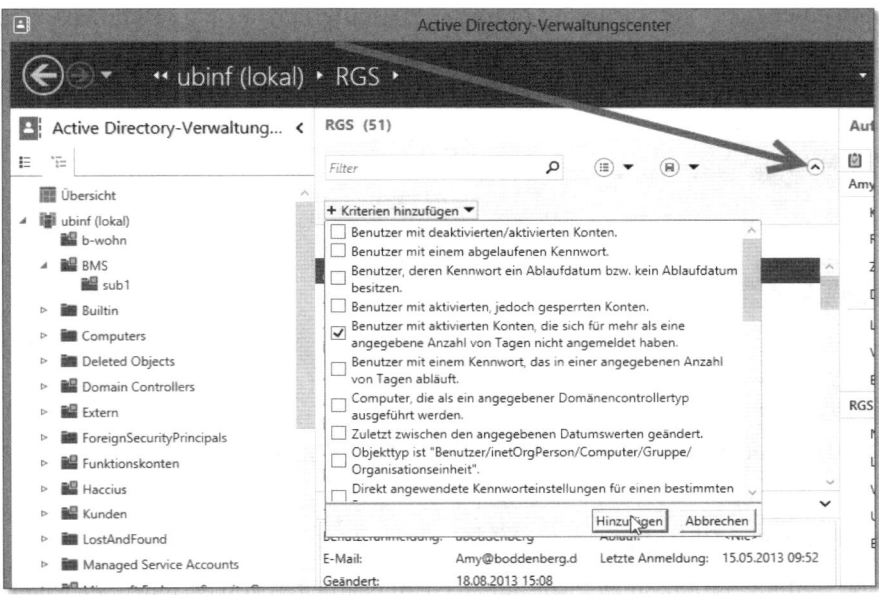

Abbildung 8.253 Hier werden Filterkriterien gesetzt.

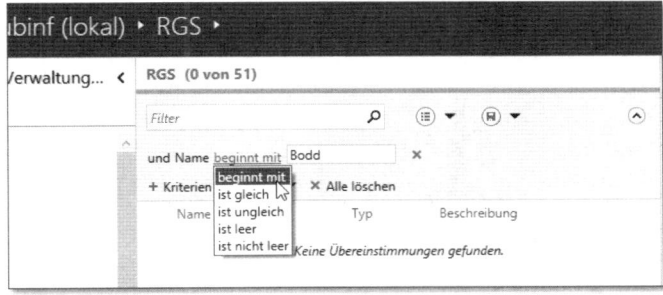

Abbildung 8.254 Bei Filterkriterien, die die Eingabe eines Parameters erfordern, erscheint dieser Dialog.

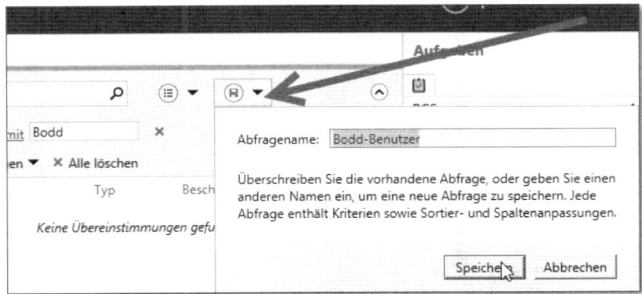

Abbildung 8.255 Eine Abfrage kann gespeichert werden.

Das Verwenden einer zuvor gespeicherten Abfrage funktioniert genauso einfach: Wenn Sie auf die Schaltfläche ABFRAGEN klicken, klappt eine Liste mit den Namen herunter, aus der Sie einfach auswählen können (Abbildung 8.256).

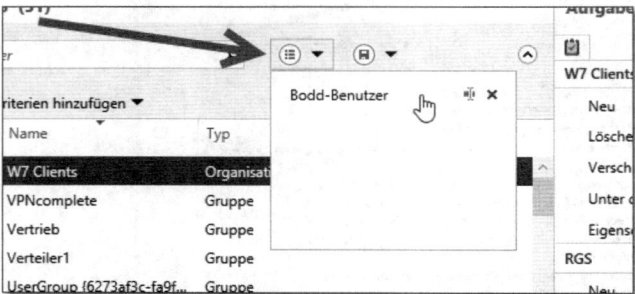

Abbildung 8.256 Hier wird eine gespeicherte Abfrage wieder abgerufen.

8.14.4 Neuanlegen von Objekten

Nun besteht der Administrationsalltag nicht nur aus dem Bearbeiten von bestehenden Objekten, vielmehr müssen verschiedentlich auch neue angelegt werden. In der Aufgabenleiste (Abbildung 8.257, rechter Rand) findet sich ein Menüpunkt NEU, mit dem die gängigsten Objekte erstellt werden können. Das Anlegen neuer Objekte ist erwartungsgemäß unspektakulär.

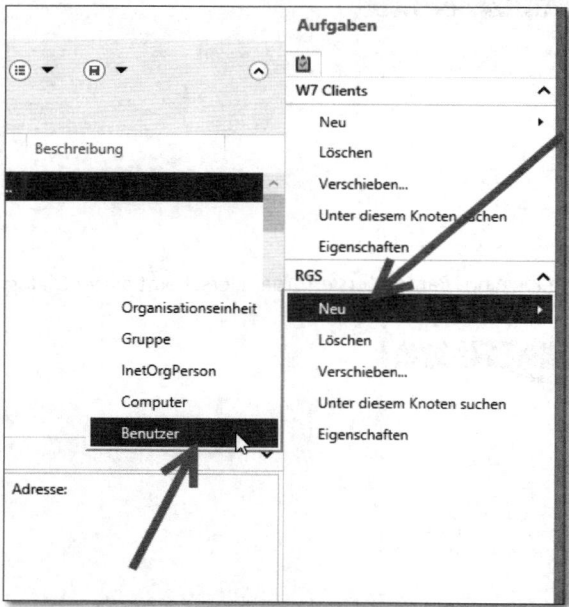

Abbildung 8.257 Die gängigsten Elemente können auch im Active Directory-Verwaltungscenter angelegt werden.

Derzeit bietet das Active Directory-Verwaltungscenter übrigens keine Möglichkeit, den Benutzer direkt für die Nutzung von Exchange oder Lync zu aktivieren. Vielleicht gibt es ja demnächst entsprechende Erweiterungen.

8.14.5 Navigationsknoten und mehrere Domänen

Um den Zugriff auf bestimmte Organisationseinheiten oder Domänen noch weiter zu beschleunigen, können zusätzliche *Navigationsknoten* angelegt werden. Ein Navigationsknoten ist ein Startpunkt in der linken Leiste des Verwaltungscenters. Um einen neuen Navigationsknoten anzulegen, klicken Sie auf die Schaltfläche NAVIGATIONSKNOTEN HINZUFÜGEN, und es erscheint der Dialog aus Abbildung 8.258. In diesem Fall wird eine untergeordnete Domäne als Navigationsknoten erstellt.

> **Domänencontroller**
> Falls eine zusätzliche Domäne hinzugefügt wird, muss diese ebenfalls mindestens einen Windows Server 2008 R2-Domänencontroller enthalten.

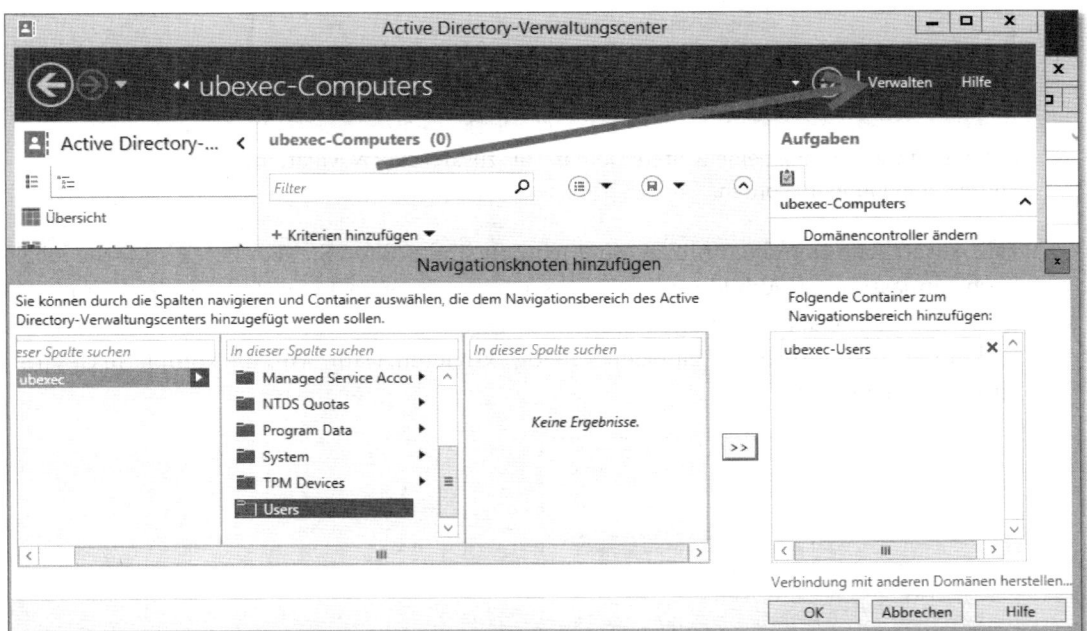

Abbildung 8.258 Es können beliebig viele zusätzliche Navigationsknoten hinzugefügt werden – in diesem Fall eine weitere Domäne.

Auf Abbildung 8.259 sehen Sie die als Navigationsknoten hinzugefügte Domäne. Anzumerken wäre, dass erstens beliebig viele Navigationsknoten erstellt werden können. Zweitens können bei Bedarf auch untergeordnete Organisationseinheiten hinzugefügt werden; dies dient dann zur Beschleunigung des Zugriffs.

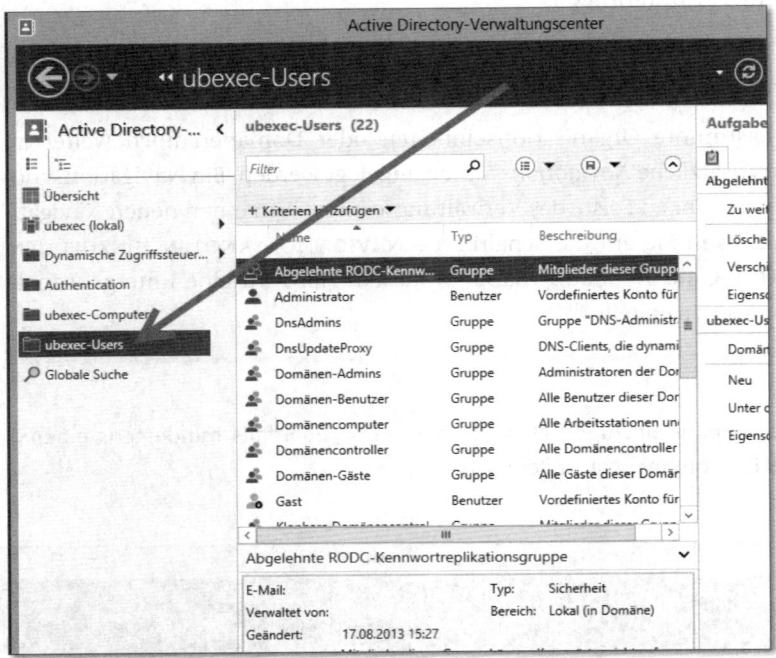

Abbildung 8.259 Hier ist eine weitere Domäne als zusätzlicher Navigationsknoten eingebunden worden.

Falls zusätzliche Domänen hinzugefügt worden sind, sollten Sie den Bereich für die lokale Suche anpassen. Auf Abbildung 8.260 sehen Sie, wie's gemacht wird: Entweder können Sie die als Navigationsknoten eingetragenen Domänen zum Durchsuchen selektieren. Alternativ können Sie die Suche im globalen Katalog aktivieren. Dann wird die komplette Gesamtstruktur durchsucht.

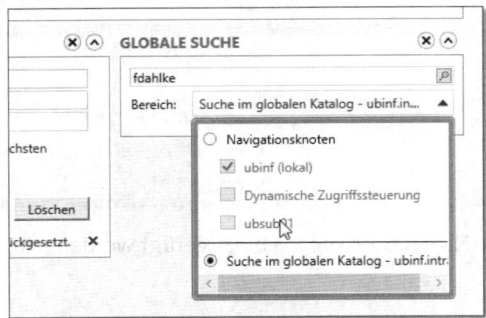

Abbildung 8.260 Sofern mehrere Domänen vorhanden sind, muss der Suchbereich für die globale Suche festgelegt werden.

8.14.6 Technik im Hintergrund und Voraussetzungen

Das Active Directory-Verwaltungscenter basiert auf den mit Windows Server 2008 R2 neu eingeführten PowerShell-Erweiterungen. Diese wiederum benötigen die Active Directory-Webdienste (Active Directory Web Services, ADWS, siehe Abschnitt 8.15). Letztgenannte stehen nur auf einem Domänencontroller ab 2008 R2 zur Verfügung. Somit ist die Voraussetzung für die Nutzung des Verwaltungscenters, dass mindestens ein Domänencontroller in der verwalteten Domäne auf einem Windows Server 2008 R2 ausgeführt wird. (2012 geht natürlich auch.)

Oder anders gesagt: Die Remoteserver-Verwaltungswerkzeuge auf einem Windows 7/8/8.1 zu installieren und dort das Verwaltungscenter zu starten, wird ohne R2-DC nicht funktionieren.

8.15 Active Directory-Webdienste (Active Directory Web Services, ADWS)

Eine interessante Neuerung auf einem Windows Server 2008 R2-Domänencontroller sind die *Active Directory-Webdienste*, in der englischsprachigen Welt als *Active Directory Web Services* (ADWS) bekannt. Auf einem 2012/R2-Domänencontroller stehen diese natürlich auch zur Verfügung. Die ADWS sind eine moderne Schnittstelle zur Arbeit mit dem Active Directory, die von allen Anwendungen genutzt werden kann, die in der Lage sind, einen Webservices-Aufruf abzusetzen.

> **Webservice-Schnittstelle**
>
> Um Verwechslungen vorzubeugen und keine falschen Hoffnungen zu wecken: Eine Webservice-Schnittstelle ermöglicht es, vereinfacht gesagt, Applikationen über HTTP-Daten auszutauschen. Eine solche Schnittstelle ist nicht dazu gedacht, direkt von Menschen genutzt zu werden. ADWS ist also eine Maschinenschnittstelle und nicht etwa eine webbasierte Oberfläche für die Active Directory-Administration.

Das Active Directory-Modul für *Windows PowerShell* ist übrigens einer der ersten Nutzer der ADWS. Das Active Directory-Verwaltungscenter, das auf den neuen PowerShell-Erweiterungen basiert, ist somit indirekt auch von dem Vorhandensein der ADWS abhängig.

Für Administratoren sind derlei Schnittstellen zwar bei Weitem nicht so spannend wie für Entwickler, die aus eigenen Anwendungen auf das AD zugreifen möchten. Admins müssen allerdings sicherstellen, dass die Schnittstelle fehlerfrei ausgeführt wird.

Die Active Directory-Webdienste werden automatisch installiert, wenn ein R2-Server zum Domänencontroller gemacht wird. Obwohl *Webdienste* irgendwie danach klingt, als ob die Komponente im IIS gehostet würde, ist dies nicht der Fall; vielmehr finden Sie sie als einen Windows-Dienst (Abbildung 8.261).

8 Active Directory-Domänendienste

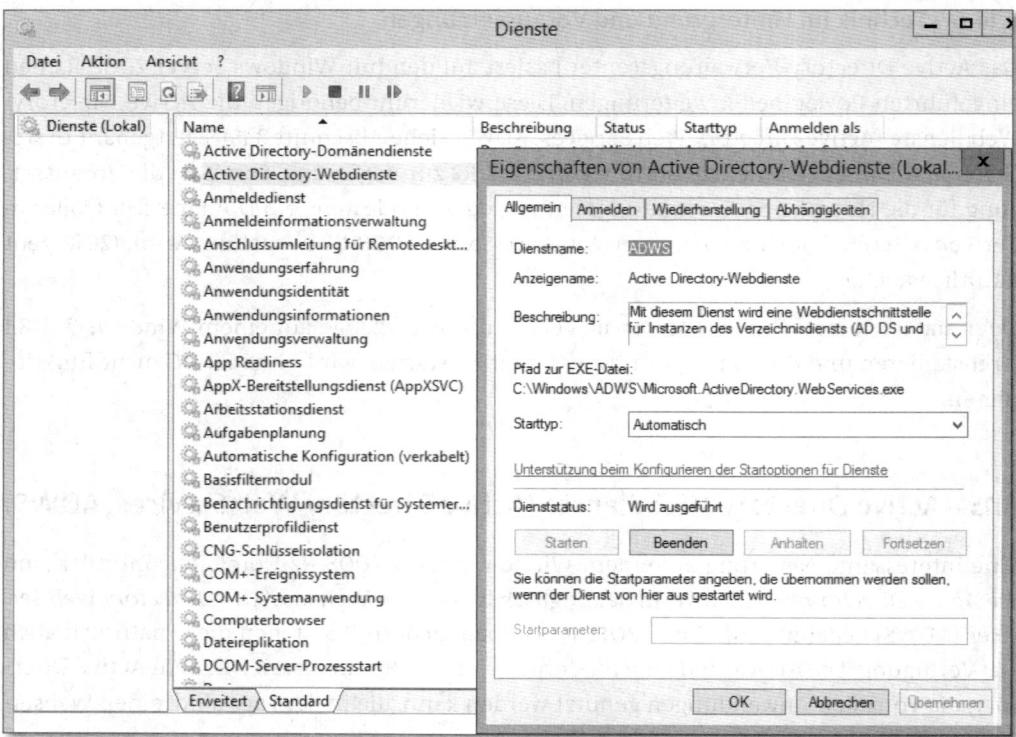

Abbildung 8.261 Die Active Directory-Webdienste stecken sozusagen in diesem Windows-Dienst.

Die ADWS lauschen übrigens nicht auf Port 80 oder 443, sondern auf Port 9389. Die erforderliche eingehende Regel in der Windows-Firewall ist auf einem R2-Domänencontroller bereits vorhanden und aktiviert – mit anderen Worten: Das ist eine weitere Konfigurationsaufgabe, die der Admin nicht »zu Fuß« erledigen muss.

Damit die ADWS funktionieren, wird ein Zertifikat mit dem Verwendungszweck Serverauthentifizierung benötigt. Das ist einleuchtend, denn auch wenn nicht der Standardport genutzt wird, handelt es sich letztendlich um eine gesicherte HTTP-Verbindung, und die ist bekanntlich ohne ein installiertes Zertifikat auf dem Server nicht möglich.

> **Eigene Zertifizierungsstelle**
>
> Sie sehen hier also einen weiteren Anwendungsfall, bei dem im Grunde genommen eine eigene Zertifizierungsstelle benötigt wird, um die entsprechenden Zertifikate zu erzeugen. Sofern Sie noch keine Zertifizierungsstelle eingerichtet haben, sei Ihnen das Kapitel über die Active Directory-Zertifikatdienste empfohlen (Kapitel 12).

8.15 Active Directory-Webdienste (Active Directory Web Services, ADWS)

Nach der Installation des Zertifikats muss der ADWS-Dienst gestoppt und neu gestartet werden:

```
Net stop adws
Net start adws
```

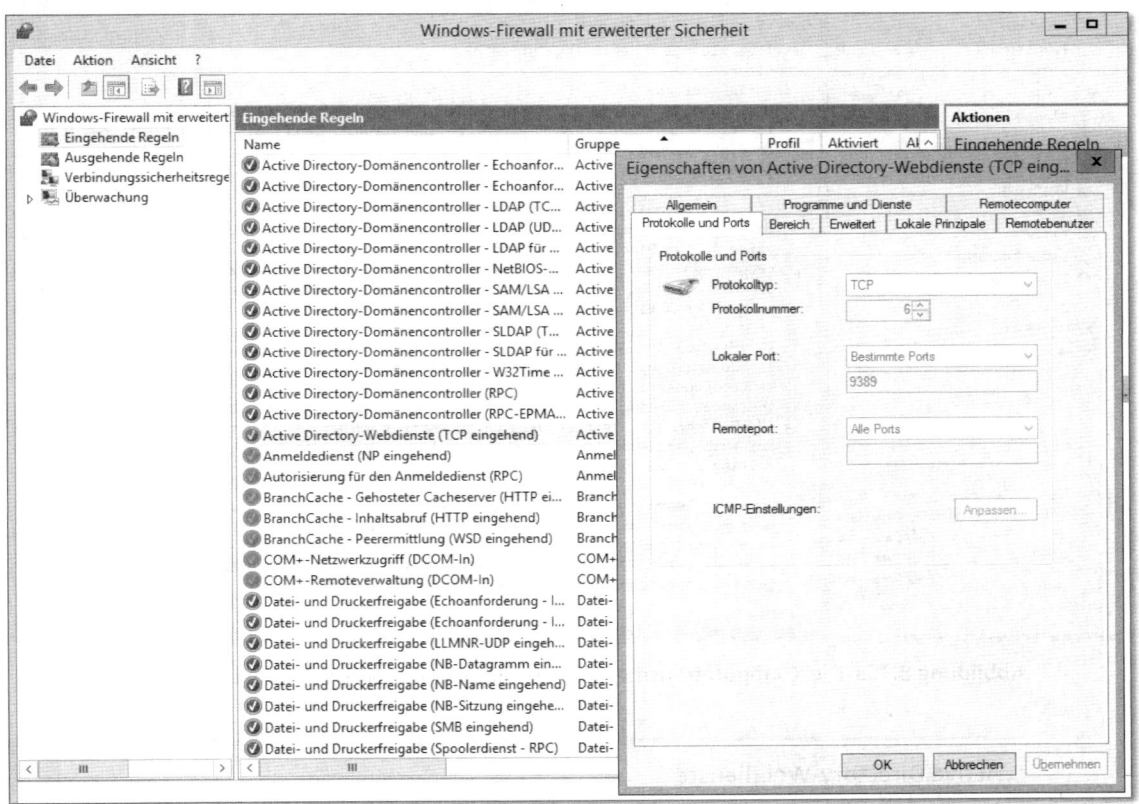

Abbildung 8.262 In der Windows-Firewall ist bereits eine Regel für den Zugriff auf die Active Directory-Webdienste eingetragen.

Die Active Directory-Webdienste können in gewissen Grenzen konfiguriert werden, wobei es sich hier um wirklich technische Details handelt, wie beispielsweise die Anzahl der gleichzeitig verarbeitbaren Anforderungen. Im Verzeichnis *C:\Windows\ADWS* findet sich eine Datei namens *Microsoft.ActiveDirectory.WebServices.exe.config*. Hierbei handelt es sich um ein XML-Dokument, das recht ausführliche Beschreibungen der einzelnen Parameter enthält (Abbildung 8.263). Im Normalfall sollte eine Modifikation der Standardeinstellungen nicht erforderlich sein, weshalb ich an dieser Stelle nicht näher darauf eingehen werde – Hauptsache, Sie behalten im Hinterkopf, dass es eine solche Datei gibt.

8 Active Directory-Domänendienste

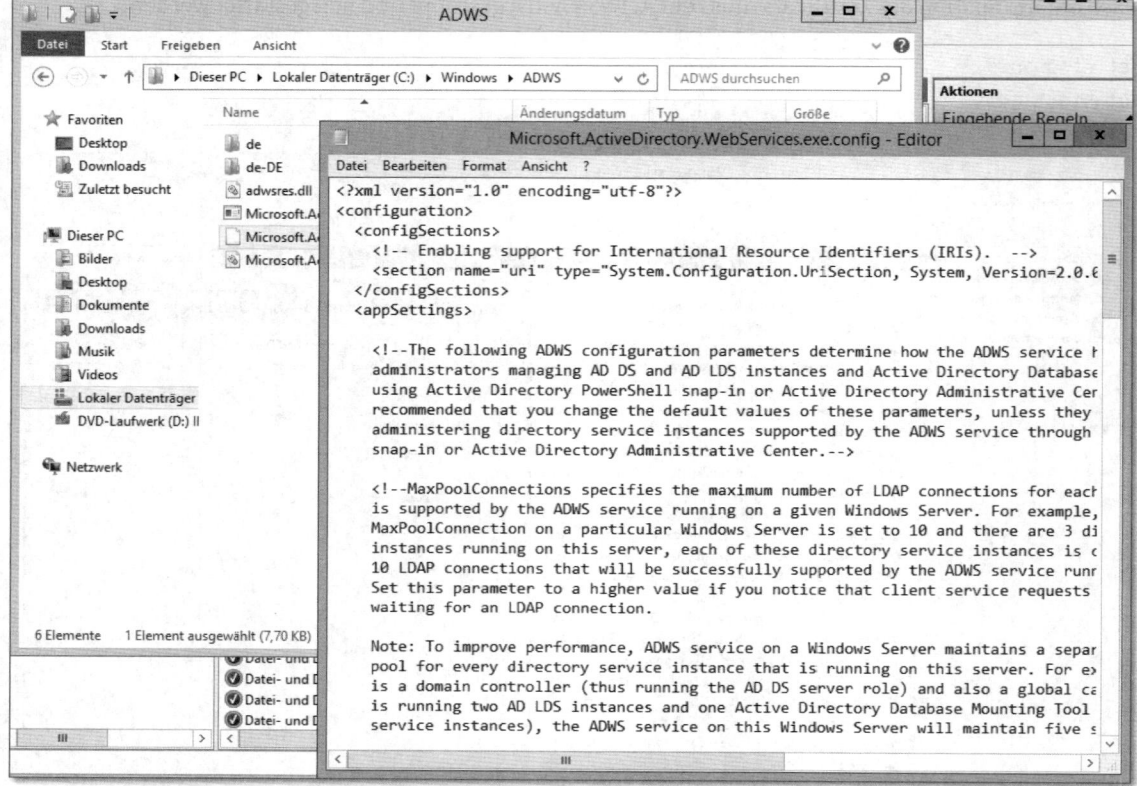

Abbildung 8.263 Die Konfigurationsdatei für die Active Directory-Webdienste

> **Active Directory-Webdienste**
>
> Zum Schluss sei noch darauf hingewiesen, dass die Active Directory-Webdienste nicht nur den Zugriff auf die Domänendienste, sondern auch auf die *Lightweight Directory Services* (AD LDS) ermöglichen.

8.16 Active Directory-Modul für Windows-PowerShell

Viele Administrationsarbeiten lassen sich, trotz aller grafischen Oberflächen, am besten mit der Kommandozeile erledigen. Die moderne Version der Kommandozeilenumgebung ist bekanntlich die PowerShell. Diese kann durch sogenannte Cmdlets ergänzt werden.

Seit Windows Server 2008 R2 gibt es einige Cmdlets zum Zugriff auf das Active Directory aus der PowerShell heraus. Diese Cmdlets stehen übrigens auch in den Remoteserver-Verwaltungstools für Windows 7 zur Verfügung.

8.16 Active Directory-Modul für Windows-PowerShell

Im Menü VERWALTUNG findet sich der Eintrag ACTIVE DIRECTORY-MODUL FÜR WINDOWS POWERSHELL. Wenn Sie so die PowerShell öffnen und get-command *-ad* aufrufen, erhalten Sie eine Liste mit allen Active Directory-Cmdlets (Abbildung 8.264).

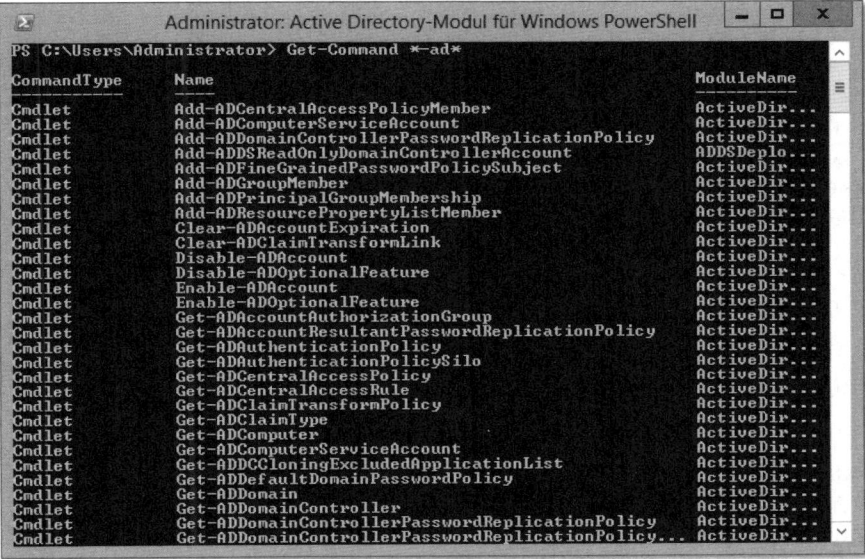

Abbildung 8.264 Mit diesem Befehl lassen sich alle AD-Befehle auflisten.

Tabelle 8.5 zeigt eine Aufstellung der Cmdlets zusammen mit einer kurzen Funktionsbeschreibung. Die komplette Syntax eines Cmdlets erhalten Sie über help cmdletname. Damit sollte sich das Cmdlet mehr oder weniger problemlos nutzen lassen.

> **TechNet**
> Im Microsoft TechNet finden Sie zu den einzelnen Cmdlets ausführlichere Referenzen, häufig mit kurzen Beispielen. Momentan lautet die Einstiegs-URL *http://technet.microsoft.com/de-de/library/dd378937(WS.10).aspx*.

Cmdlet	Funktion
Disable-ADAccount	Deaktiviert ein Active Directory-Konto.
Enable-ADAccount	Aktiviert ein Active Directory-Konto.
Search-ADAccount	Ruft Active Directory-Benutzer, -Computer und -Dienstkonten ab.

Tabelle 8.5 Die neuen PowerShell-Erweiterungen

Cmdlet	Funktion
Unlock-ADAccount	Hebt die Sperre eines Active Directory-Kontos auf.
Get-ADAccountAuthorizationGroup	Ruft die Active Directory-Sicherheitsgruppen ab, die ein Konto enthalten.
Set-ADAccountControl	Ändert Werte für die Benutzerkontensteuerung für ein Active Directory-Konto.
Clear-ADAccountExpiration	Löscht das Ablaufdatum für ein Active Directory-Konto.
Set-ADAccountExpiration	Legt das Ablaufdatum für ein Active Directory-Konto fest.
Set-ADAccountPassword	Ändert das Kennwort für ein Active Directory-Konto.
Get-ADAccountResultantPasswordReplicationPolicy	Ruft das Kennwortreplikationsrichtlinien-Ergebnis für ein Active Directory-Konto ab.
Get-ADComputer	Ruft einen oder mehrere Active Directory-Computer ab.
New-ADComputer	Erstellt einen neuen Active Directory-Computer.
Remove-ADComputer	Entfernt einen Active Directory-Computer.
Set-ADComputer	Ändert einen Active Directory-Computer.
Add-ADComputerServiceAccount	Fügt einem Active Directory-Computer mindestens ein Dienstkonto hinzu.
Get-ADComputerServiceAccount	Ruft die Dienstkonten ab, die von einem Active Directory-Computer gehostet werden.
Remove-ADComputerServiceAccount	Entfernt ein oder mehrere Dienstkonten von einem Computer.
Get-ADDefaultDomainPasswordPolicy	Ruft die Standardkennwortrichtlinie für eine Active Directory-Domäne ab.
Set-ADDefaultDomainPasswordPolicy	Ändert die Standardkennwortrichtlinie für eine Active Directory-Domäne.

Tabelle 8.5 Die neuen PowerShell-Erweiterungen (Forts.)

Cmdlet	Funktion
Move-ADDirectoryServer	Verschiebt einen Domänencontroller in den AD DS an einen neuen Standort.
Move-ADDirectoryServerOperationMasterRole	Verschiebt Betriebsmasterrollen (auch als *Flexible Single Master Operations*, flexible einfache Mastervorgänge beziehungsweise FSMO bezeichnet) auf einen Active Directory-Domänencontroller.
Get-ADDomain	Ruft eine Active Directory-Domäne ab.
Set-ADDomain	Ändert eine Active Directory-Domäne.
Get-ADDomainController	Ruft einen oder mehrere Active Directory-Domänencontroller basierend auf Kriterien für ermittelbare Dienste, Suchparameter oder durch Bereitstellen einer Domänencontroller-ID, wie z. B. des NetBIOS-Namens, ab.
Add-ADDomainControllerPasswordReplicationPolicy	Fügt Benutzer, Computer sowie Gruppen zur Liste zulässiger Objekte oder zur Liste verweigerter Objekte der Kennwortreplikationsrichtlinie (Password Replication Policy, PRP) des schreibgeschützten Domänencontrollers (Read-Only Domain Controller, RODC) hinzu.
Get-ADDomainControllerPasswordReplicationPolicy	Ruft die Elemente der Liste zulässiger Objekte oder der Liste verweigerter Objekte der RODC-Kennwortreplikationsrichtlinie ab.
Remove-ADDomainControllerPasswordReplicationPolicy	Entfernt Benutzer, Computer und Gruppen aus der Liste zulässiger Objekte oder aus der Liste verweigerter Objekte der RODC-Kennwortreplikationsrichtlinie.
Get-ADDomainControllerPasswordReplicationPolicyUsage	Ruft das Kennwortrichtlinienergebnis des angegebenen ADAccount-Werts für den jeweiligen RODC ab.
Set-ADDomainMode	Legt die Domänenfunktionsebene für eine Active Directory-Domäne fest.

Tabelle 8.5 Die neuen PowerShell-Erweiterungen (Forts.)

Cmdlet	Funktion
Get-ADFineGrainedPasswordPolicy	Ruft eine oder mehrere differenzierte Active Directory-Kennwortrichtlinien ab.
New-ADFineGrainedPasswordPolicy	Erstellt eine neue differenzierte Active Directory-Kennwortrichtlinie.
Remove-ADFineGrainedPasswordPolicy	Entfernt eine differenzierte Active Directory-Kennwortrichtlinie.
Set-ADFineGrainedPasswordPolicy	Ändert eine differenzierte Active Directory-Kennwortrichtlinie.
Add-ADFineGrainedPasswordPolicySubject	Wendet eine differenzierte Kennwortrichtlinie auf einen oder mehrere Benutzer und Gruppen an.
Get-ADFineGrainedPasswordPolicySubject	Ruft die Benutzer und Gruppen ab, auf die eine differenzierte Kennwortrichtlinie angewendet ist.
Remove-ADFineGrainedPasswordPolicySubject	Entfernt einen oder mehrere Benutzer aus einer differenzierten Kennwortrichtlinie.
Get-ADForest	Ruft eine Active Directory-Gesamtstruktur ab.
Set-ADForest	Ändert eine Active Directory-Gesamtstruktur.
Set-ADForestMode	Legt den Gesamtstrukturmodus für eine Active Directory-Gesamtstruktur fest.
Get-ADGroup	Ruft einen oder mehrere Active Directory-Gruppen ab.
New-ADGroup	Erstellt eine Active Directory-Gruppe.
Remove-ADGroup	Entfernt eine Active Directory-Gruppe.
Set-ADGroup	Ändert eine Active Directory-Gruppe.
Add-ADGroupMember	Fügt einer Active Directory-Gruppe ein oder mehrere Mitglieder hinzu.

Tabelle 8.5 Die neuen PowerShell-Erweiterungen (Forts.)

Cmdlet	Funktion
Get-ADGroupMember	Ruft die Mitglieder einer Active Directory-Gruppe ab.
Remove-ADGroupMember	Entfernt ein oder mehrere Mitglieder aus einer Active Directory-Gruppe.
Get-ADObject	Ruft ein oder mehrere Active Directory-Objekte ab.
Move-ADObject	Verschiebt ein Active Directory-Objekt oder einen Container mit Objekten in einen anderen Container oder eine andere Domäne.
New-ADObject	Erstellt ein Active Directory-Objekt.
Remove-ADObject	Entfernt ein Active Directory-Objekt.
Rename-ADObject	Ändert den Namen eines Active Directory-Objekts.
Restore-ADObject	Stellt ein Active Directory-Objekt wieder her.
Set-ADObject	Ändert ein Active Directory-Objekt.
Disable-ADOptionalFeature	Deaktiviert ein optionales Active Directory-Feature.
Enable-ADOptionalFeature	Aktiviert ein optionales Active Directory-Feature.
Get-ADOptionalFeature	Ruft ein optionales oder mehrere optionale Active Directory-Features ab.
Get-ADOrganizationalUnit	Ruft eine oder mehrere Active Directory-Organisationseinheiten ab.
New-ADOrganizationalUnit	Erstellt eine neue Active Directory-Organisationseinheit.
Remove-ADOrganizationalUnit	Entfernt eine Active Directory-Organisationseinheit.
Set-ADOrganizationalUnit	Ändert eine Active Directory-Organisationseinheit.

Tabelle 8.5 Die neuen PowerShell-Erweiterungen (Forts.)

Cmdlet	Funktion
`Add-ADPrincipalGroupMembership`	Fügt einer oder mehreren Active Directory-Gruppen ein Mitglied hinzu.
`Get-ADPrincipalGroupMembership`	Ruft die Active Directory-Gruppen mit einem bestimmten Benutzer, Computer oder einer bestimmten Gruppe ab.
`Remove-ADPrincipalGroupMembership`	Entfernt ein Mitglied aus einer oder mehreren Active Directory-Gruppen.
`Get-ADRootDSE`	Ruft den Stamm der Informationsstruktur eines Domänencontrollers ab.
`Get-ADServiceAccount`	Ruft ein oder mehrere Active Directory-Dienstkonten ab.
`Install-ADServiceAccount`	Installiert ein Active Directory-Dienstkonto auf einem Computer.
`New-ADServiceAccount`	Erstellt ein neues Active Directory-Dienstkonto.
`Remove-ADServiceAccount`	Entfernt ein Active Directory-Dienstkonto.
`Set-ADServiceAccount`	Ändert ein Active Directory-Dienstkonto.
`Uninstall-ADServiceAccount`	Deinstalliert ein Active Directory-Dienstkonto von einem Computer.
`Reset-ADServiceAccountPassword`	Setzt das Dienstkontokennwort für einen Computer zurück.
`Get-ADUser`	Ruft einen oder mehrere Active Directory-Benutzer ab.
`New-ADUser`	Erstellt einen neuen Active Directory-Benutzer.
`Remove-ADUser`	Entfernt einen Active Directory-Benutzer.
`Set-ADUser`	Ändert einen Active Directory-Benutzer.
`Get-ADUserResultantPasswordPolicy`	Ruft das Kennwortrichtlinienergebnis für einen Benutzer ab.

Tabelle 8.5 Die neuen PowerShell-Erweiterungen (Forts.)

8.17 Offline-Domänenbeitritt

Im Normalfall muss ein PC, der einer Domäne beitreten soll, einen Domänencontroller erreichen können. Unter Umständen ist dies nicht oder nur schwer möglich. Auch an einem Standort, an dem nur ein Read-Only-Domänencontroller vorhanden ist, ist ein Domänenbeitritt nur möglich, wenn ein beschreibbarer Domänencontroller erreichbar ist.

Für den Offline-Domänenbeitritt gibt es Voraussetzungen: Diese Funktion ist nur für zukünftige Domänenmitglieder mit Windows 7 (oder höher) oder Windows Server 2008 R2 (oder höher) verfügbar.

Da diese Funktion vermutlich nur für einen kleinen Teil der Leser wirklich interessant ist, verweise ich in diesem Fall auf die Dokumentation im Microsoft TechNet unter *http://technet.microsoft.com/en-us/library/dd392267(WS.10).aspx*.

Kapitel 9
Netzwerkdienste im AD-Umfeld

Nur Maultier' erlegt' er zuerst und hurtige Hunde:
Doch nun gegen sie selbst das herbe Geschoß hinwendend,
Traf er; und rastlos brannten die Totenfeuer in Menge.
Schon neun Tage durchflogen das Heer die Geschosse des Gottes.

In diesem Kapitel geht es um zwei ganz wesentliche Dienste: DNS und DHCP. Ohne DNS ist ein Active Directory nicht lebensfähig, und DHCP ist, obwohl es für den Betrieb des AD an sich nicht notwendig ist, in den meisten Unternehmen im Einsatz.

Die Grundfunktionen der Dienste sind in Abschnitt 4.3.1 und in Abschnitt 4.3.3 erläutert worden, sodass wir an dieser Stelle direkt in die Konfiguration einsteigen können.

9.1 DNS

Über den Sinn und Zweck von DNS braucht man nicht lange zu philosophieren: DNS macht aus Namen IP-Adressen. Wenn Sie den ersten Domänencontroller installieren, wird der DNS-Server im Normalfall mehr oder weniger automatisch mitinstalliert, sodass sich viele Administratoren nicht sonderlich viele Gedanken über dieses Thema machen. Da ein einwandfrei funktionierendes DNS für das Active Directory aber *extrem* wichtig ist, kann ein wenig Hintergrundwissen durchaus nicht schaden.

> **Achten Sie auf korrekte Namen**
>
> Viele merkwürdige bis katastrophale Probleme haben ihre Ursache in der Namensauflösung. Die Ursache liegt dann aber zumeist nicht im eigentlichen DNS-Server, sondern vielmehr darin, dass die Clients nicht richtig konfiguriert sind. »Beliebt« ist beispielsweise das Szenario, dass ein Server, der vormals den DNS-Dienst bereitgestellt hat, eingemottet wurde und auf dieser IP-Adresse nun eben kein DNS mehr vorhanden ist.
>
> Wenn nun auf dem ein oder anderen Client oder Server diese wesentliche Änderung nicht durchgeführt worden ist (sprich: die IP-Adresse des neuen DNS-Servers nicht eingetragen wurde), steht der Client unter Umständen »ohne« da.
>
> Teilweise finden die Clients sogar noch die ein oder andere Ressource, was dann aber eher mit Glück als mit stabilem Netzwerkbetrieb zu tun hat.

> Das Fazit lautet also: Achten Sie darauf, dass die DNS-Einträge in Clients und Servern korrekt sind.

9.1.1 Zonen

Ein wichtiger Begriff im DNS-Umfeld ist die Zone. Eine Zone beschreibt – vereinfacht gesagt – den Namensraum, für den der DNS-Server »zuständig« ist. Diese sehr abstrakte Betrachtung lässt sich durch einen wesentlichen »physikalischen« Aspekt ergänzen: Ein DNS-Server verfügt für sein(e) Zone(n) über die »Quelldaten«, also die Informationen, welcher Host über welche IP-Adresse verfügt.

Sie können in Abbildung 9.1 erkennen, dass ein »typischer« DNS-Server in einer Active Directory-Umgebung über mehrere Zonen verfügt. In diesem Beispiel sind dies:

- _msdcs.ubinf.intra: Dies ist die ForestDNSZone, die etliche Diensteinträge für die Gesamtstruktur enthält.
- ubinf.intra: Diese DNS-Zone enthält die Namensauflösungsdaten für die eine »normale« Domäne.
- 2.168.192.in-addr.arpa ist eine Reverse-Lookupzone, die dazu dient, zu einer IP-Adresse den Hostnamen zu ermitteln. Eine Reverse-Lookupzone ist optional. Es empfiehlt sich aber durchaus, eine solche Zone einzurichten.

Je nach Aufbau der Umgebung können durchaus noch weitere Zonen auf dem Host existieren.

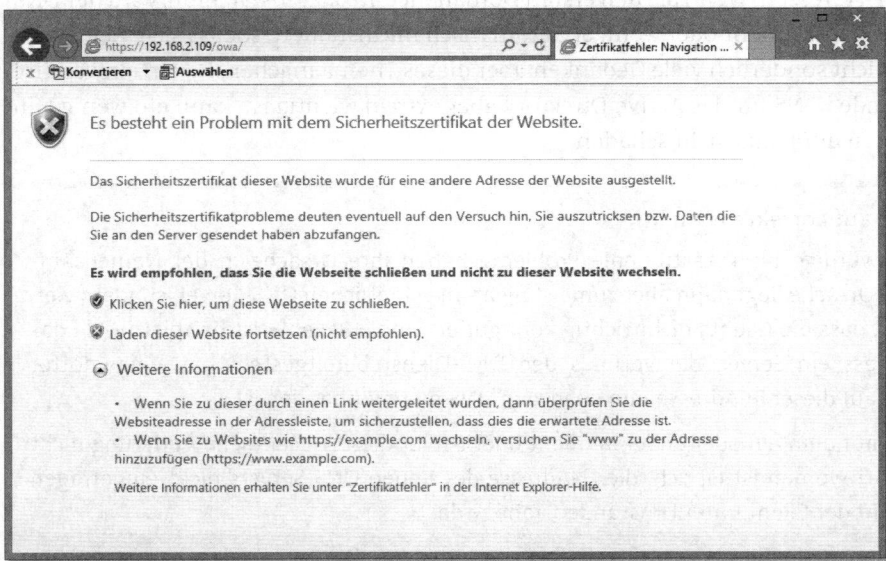

Abbildung 9.1 Auf einem DNS-Server gibt es mehrere Zonen.

Zonentypen (primär, sekundär, Active Directory-integriert)

In (fast) allen Bereichen der IT kommt es darauf an, dass Dienste, wie beispielsweise DNS, nicht ausfallen. Der einfachste Ansatz ist, dass ein Dienst einfach auf zwei oder mehr Servern installiert wird – fällt einer aus, übernimmt der andere (oder übernehmen die anderen) die Aufgabe.

Es reicht natürlich nicht, einfach einen zweiten DNS-Server zu installieren. Dieser muss natürlich auch die Daten der Zone erhalten. Klassischerweise wird dies wie in Abbildung 9.2 gezeigt realisiert:

- Ein Server verfügt über die primäre DNS-Zone.
- Auf einem oder mehreren anderen Servern ist eine sekundäre Zone eingerichtet.
- Über regelmäßige Zonentransfers werden die Daten von der primären Zone auf die sekundären Zonen übertragen.
- Folglich kann der Client jeden beliebigen, also den primären oder einen der sekundären DNS-Server kontaktieren, um die Namensauflösung für diese Zone durchzuführen.

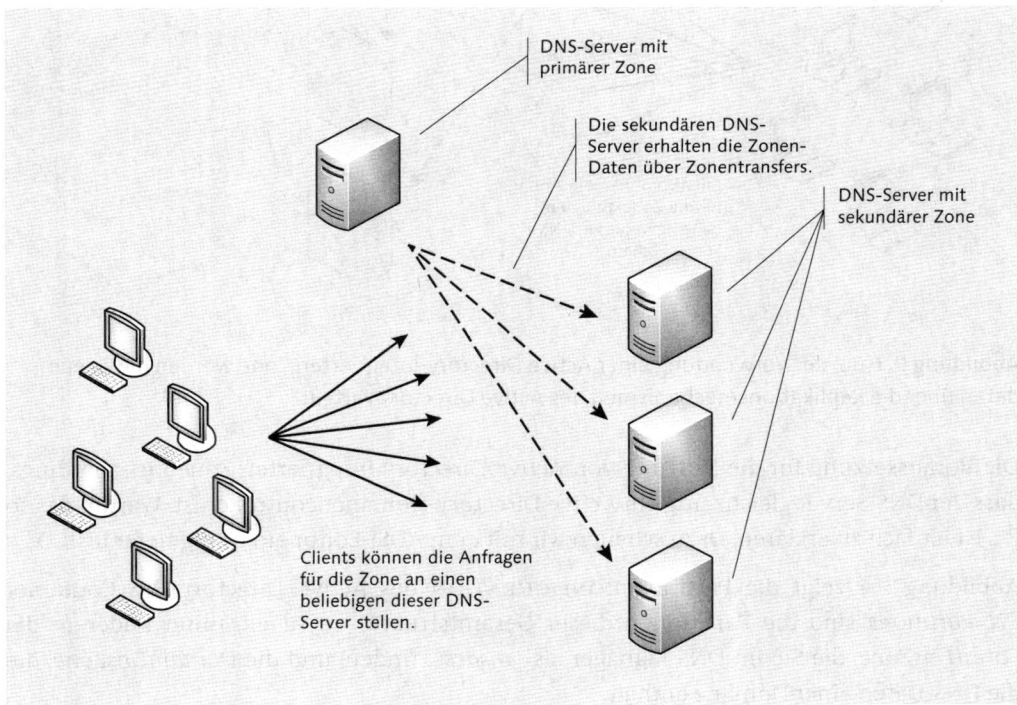

Abbildung 9.2 Klassischerweise erhalten die DNS-Server mit sekundärer Zone die Daten über Zonentransfers.

In einer Active Directory-Umgebung geht es allerdings noch ein wenig eleganter, da Sie mit *Active Directory-integrierten Zonen* arbeiten können. Das Verfahren ist in Abbildung 9.3 skizziert. Kurz gesagt werden die Zonendaten über die Replikationsmechanismen des Active Directory verteilt.

Die Vorteile liegen auf der Hand:

- Man braucht sich keinerlei Gedanken über Zonentransfers und dergleichen zu machen.
- Die Replikationsmechanismen des Active Directory (AD) sind sehr effizient.

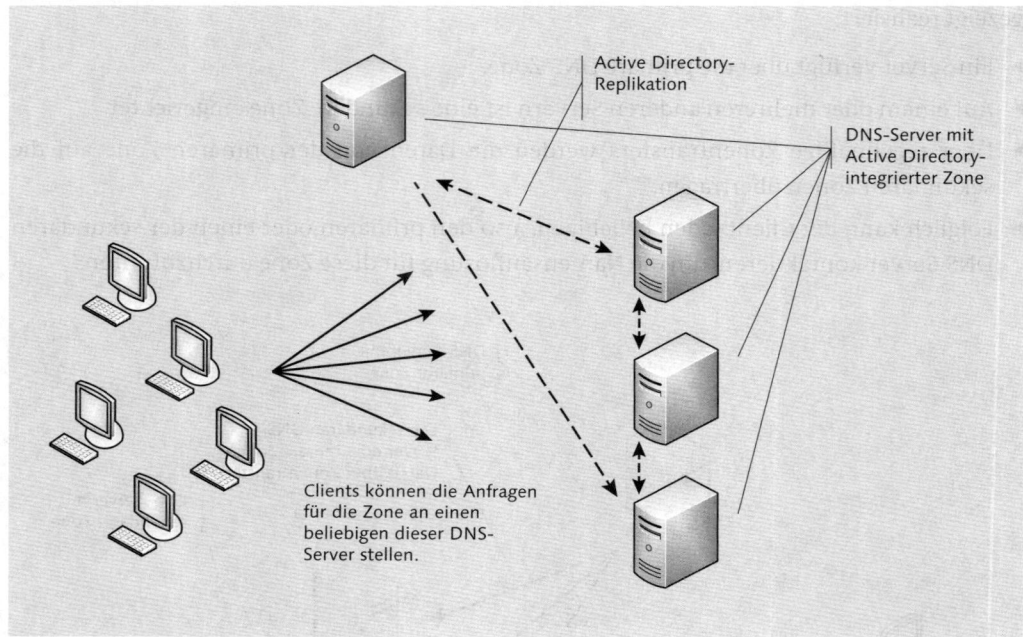

Abbildung 9.3 Bei der Verwendung einer Active Directory-integrierten Zone werden die Zonendaten über die Replikationsmechanismen des Active Directory verteilt.

Die Voraussetzung für die Nutzung von Active Directory-integrierten Zonen ist allerdings, dass der DNS-Server gleichzeitig ein Active Directory-Domänencontroller ist. Warum das so ist, ist einfach zu erklären. Dazu schauen wir mit dem ADSI-Editor ein wenig tiefer ins AD.

Abbildung 9.4 zeigt die Partitionskonfiguration des Active Directory. Im Container *CN=Partitions* sind die Partitionen dieser Gesamtstruktur zu sehen, unter anderem die *ForestDnsZone*, die Sie im DNS-Manager als *_msdcs...* finden, und die *DomainDnsZone*, die die DNS-Daten einer Domäne enthält.

Wenn man nun mit dem ADSI-Editor in die *DomainDnsZone* hineinschaut, sieht es dort so wie in Abbildung 9.5 aus. Sie können in den Eigenschaften eines einzelnen Servers die IP-Adresse erkennen, was ja eigentlich auch nicht weiter erstaunlich ist. Viele weitere Informationen stehen ebenfalls zur Einsichtnahme bereit.

9.1 DNS

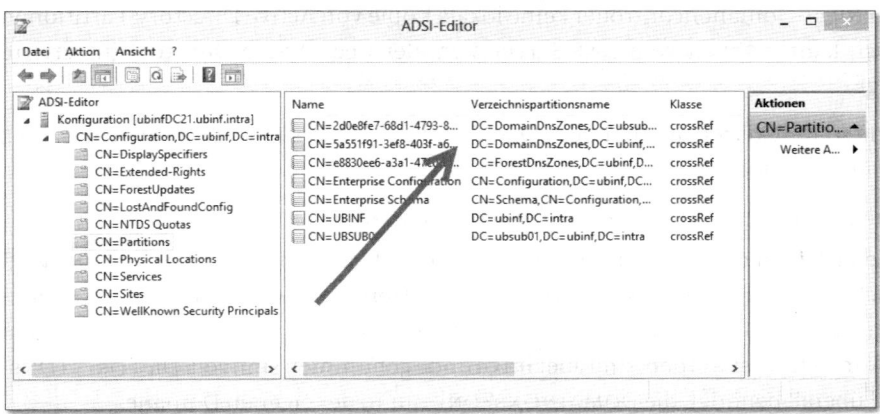

Abbildung 9.4 Die DNS-Zonen sind separate Partitionen im Active Directory.

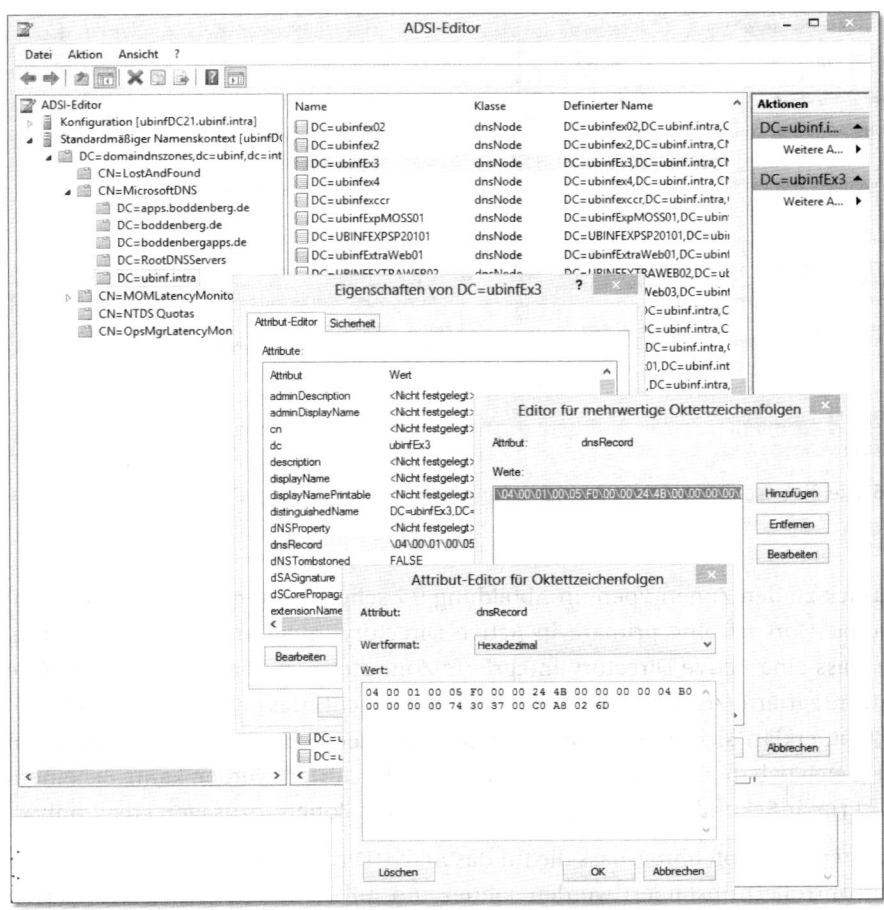

Abbildung 9.5 So sieht es in einer DomainDnsZone aus.

Da auf einem Nicht-Domänencontroller keine lokale Kopie von Active Directory-Partitionen vorhanden ist, kann er auch kein DNS-Server sein, der über Active Directory-integrierte Zonen verfügt.

Ist die Theorie so weit klar? Gut. Abbildung 9.6 zeigt die Eigenschaften der FORESTDNSZONE (_msdcs...) und einer DOMAINDNSZONE:

- Beide Zonen sind Active Directory-integriert konfiguriert.
- Unterschiedlich ist allerdings die Konfiguration der Replikation. Die FORESTDNSZONE wird auf sämtliche DNS-Server der Gesamtstruktur (Forest) repliziert, während die DOMAINDNSZONE »nur« auf die DNS-Server der eigenen Domäne repliziert wird. Diese Einstellungen können zwar angepasst werden, sind aber im Grunde genommen sinnvoll: Die FORESTDNSZONE wird überall benötigt, die DOMAINDNSZONE nur in der eigenen Domäne.

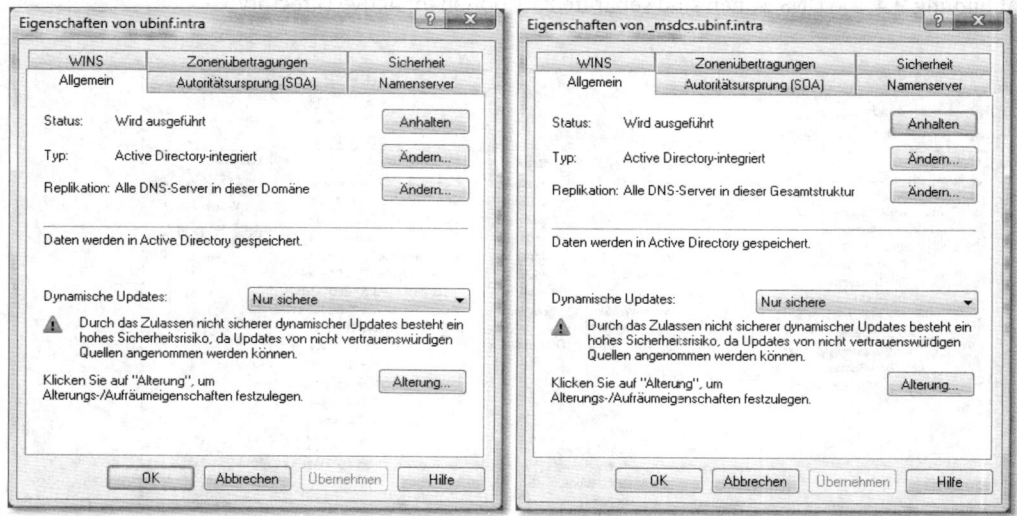

Abbildung 9.6 Die Eigenschaften der »ForestDnsZone« (rechts) und einer »DomainDnsZone« (links)

Nochmals zurück zu den Zonentypen: In Abbildung 9.7 sehen Sie den Dialog zur Auswahl eines Zonentyps. Dort ist eine primäre in Active Directory-integrierte Zone ausgewählt. Beachten Sie, dass eine Active Directory-integrierte Zone stets eine primäre Zone ist. Eine sekundäre AD-integrierte Zone oder dergleichen gibt es nicht. Dass es sozusagen nur primäre Zonen gibt, erklärt sich unter anderem damit, dass die Active Directory-Replikation alle Replikate gleich behandelt, d.h., dass jedes Replikat aktualisiert werden kann. Bei einem »klassischen« Primär-Sekundär-Modell sind die sekundären Zonen sozusagen »read-only«.

Kurz gesagt lautet die Empfehlung, dass die für das Active Directory benötigten DNS-Server auf Domänencontrollern installiert werden sollten, um mit Active Directory-integrierten

Zonen arbeiten zu können. Natürlich kann man das auch anders machen, aber es ist wenig sinnvoll, sich das Leben extra schwer zu machen.

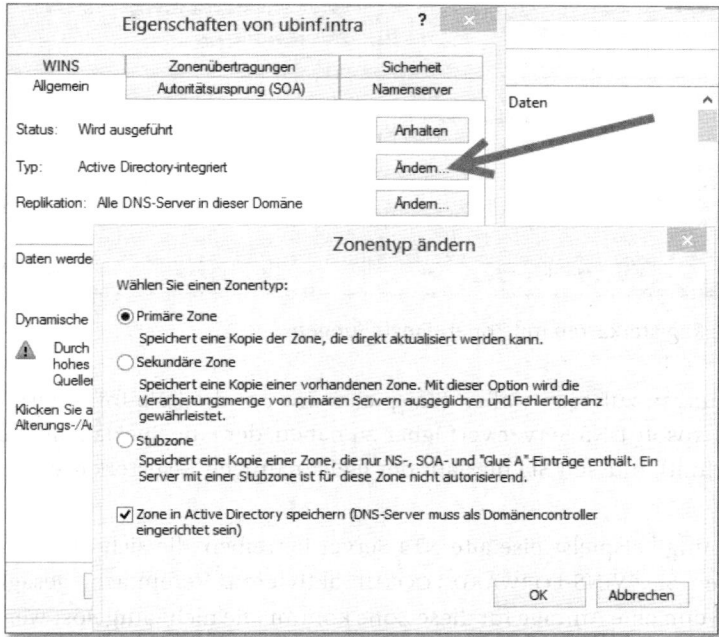

Abbildung 9.7 Die Auswahl des Zonentyps

Das gilt übrigens auch für die theoretisch mögliche Konstellation, nicht den Microsoft DNS-Server zu verwenden. Das geht zwar, ich habe das aber – aus gutem Grund – bisher nicht in einer Kundenumgebung gemacht.

Sonstiges zur Zonenkonfiguration

Wie Sie im EIGENSCHAFTEN-Dialog der Zone erkennen können, gibt es noch etliche weitere Konfigurationsmöglichkeiten. Einige sind in Abbildung 9.8 zu sehen. Es ist gut, diese Einstellungen prinzipiell zu kennen; in einem »durchschnittlichen AD« werden Sie damit aber wenig zu tun haben:

▶ Der *Autoritätsursprung* (*Start of Authority*, SOA) ist einer der wichtigsten Einträge einer DNS-Zone. Er enthält unter anderem Informationen über den primären Namenserver und die Aktualisierungsintervalle für den Zonentransfer. In einer AD-integrierten Zone gibt es hier im Normalfall keinen Anpassungsbedarf (nicht abgebildet).

▶ Auf der Registerkarte NAMENSERVER sind (wenig überraschend) die DNS-Server der Zone eingetragen. Hier sollten Sie alle installierten Server finden. Im Normalfall muss hier nichts eingestellt werden.

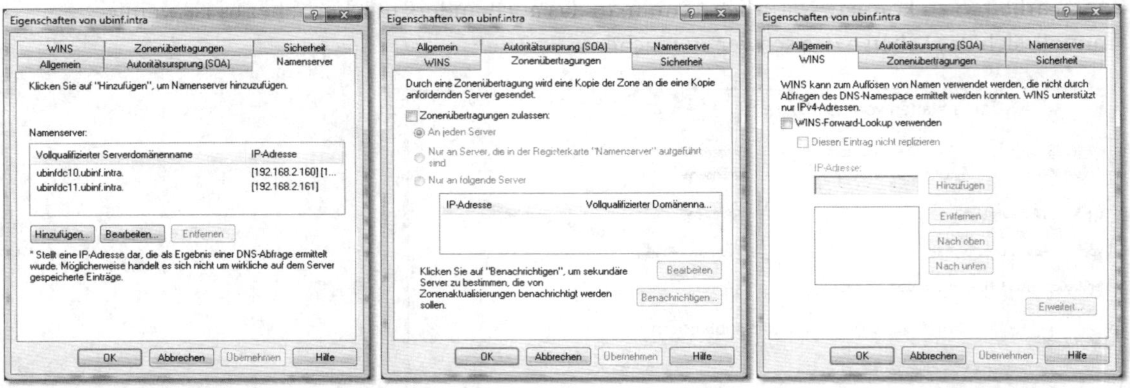

Abbildung 9.8 Einige weitere Registerkarten mit Zonen-Einstellungen

- Falls Sie Zonenübertragungen zulassen wollen (beispielsweise um die DNS-Informationen auf einem Nicht-Microsoft-DNS-Server verfügbar zu haben, der eine Spezialaufgabe in Ihrer Organisation erfüllt), müssen Sie dies auf der gleichnamigen Registerkarte einstellen.

- Falls Sie in Ihrer Umgebung beispielsweise alte NT4-Server betreiben, die sich nicht im DNS registrieren, können Sie WINS-FORWARD-LOOKUP aktivieren. Vereinfacht gesagt schaut der DNS-Server, wenn eine Anfrage für diese Zone kommt, die nicht aufgelöst werden kann, beim angegebenen WINS-Server nach.

9.1.2 Server

Neben der Konfiguration der Zonen können Sie einige Einstellungen in den Eigenschaften des DNS-Servers selbst vornehmen. Darüber hinaus gibt es einige Funktionen, die im Kontextmenü des Servers aufgerufen werden können (Abbildung 9.9).

Die Eigenschaften des DNS-Servers verteilen sich immerhin auf acht Registerkarten. Ich möchte hier nicht jedes Detail durchkauen. Die Registerkarten, mit denen man »routinemäßig« so gut wie immer zu tun hat, sehen Sie in Abbildung 9.10:

- Standardmäßig »hört« der DNS-Server auf alle IP-Adressen des Servers; dies kann aber eingeschränkt werden.

- Im Allgemeinen müssen nicht »nur« interne IP-Adressen aufgelöst werden, sondern auch die aus dem öffentlichen Internet. Auf der Registerkarte WEITERLEITUNGEN können DNS-Server eingetragen werden, an die nicht-auflösbare Anfragen weitergeleitet werden sollen. Falls keine Weiterleitung konfiguriert ist, kann die Verwendung von Stammhinweisen aktiviert werden.

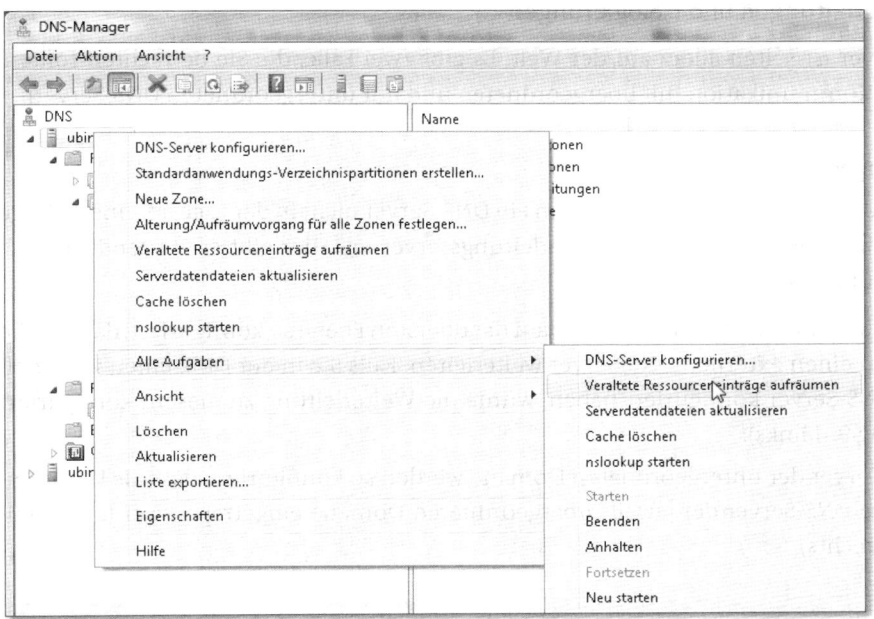

Abbildung 9.9 Im Kontextmenü des Servers gibt es diverse Funktionen und natürlich den Menüpunkt »Eigenschaften«.

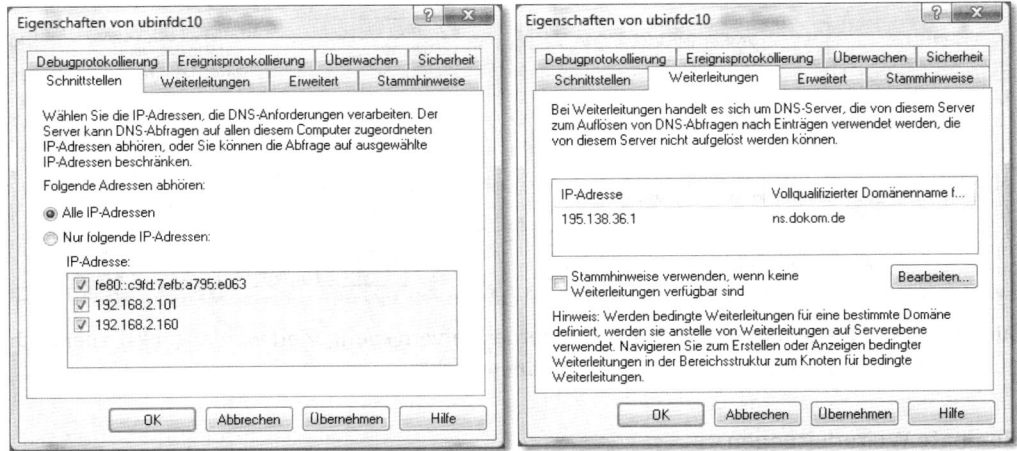

Abbildung 9.10 Einige Registerkarten der Eigenschaften des Servers

Mehr zum Thema Weiterleitungen finden Sie im nächsten Abschnitt.

Wichtig könnten weiterhin die Einstellungen auf den Registerkarten DEBUGPROTOKOLLIERUNG und EREIGNISPROTOKOLLIERUNG sein – diese sind aber selbsterklärend und werden demzufolge hier nicht lang und breit beschrieben.

9.1.3 Weiterleitungen und Delegierungen

Ein DNS-Server ist selten allein auf der Welt. Es gibt zwei Fälle, die Sie betrachten sollten, nämlich die Kommunikation mit übergeordneten und mit untergeordneten DNS-Servern.

Weiterleitungen

Eine Weiterleitung ist schnell erklärt: Wenn ein DNS-Server nicht in der Lage ist, eine Anfrage aufzulösen, fragt er bei einem der Weiterleitungsserver an. Hier gibt es letztendlich zwei Fälle (Abbildung 9.11):

- Im Normalfallfall werden die DNS-Server auf der obersten Ebene so konfiguriert, dass sie die Anfrage an einen externen DNS-Server weiterleiten. Falls Sie in der DMZ einen weiterleitenden DNS-Server konfiguriert haben, würde die Weiterleitung zu diesem konfiguriert (Abbildung 9.11 links).

- Die DNS-Server der untergeordneten Domäne werden so konfiguriert, dass als Weiterleitungen die DNS-Server der jeweils übergeordneten Domäne eingetragen werden (Abbildung 9.11 rechts).

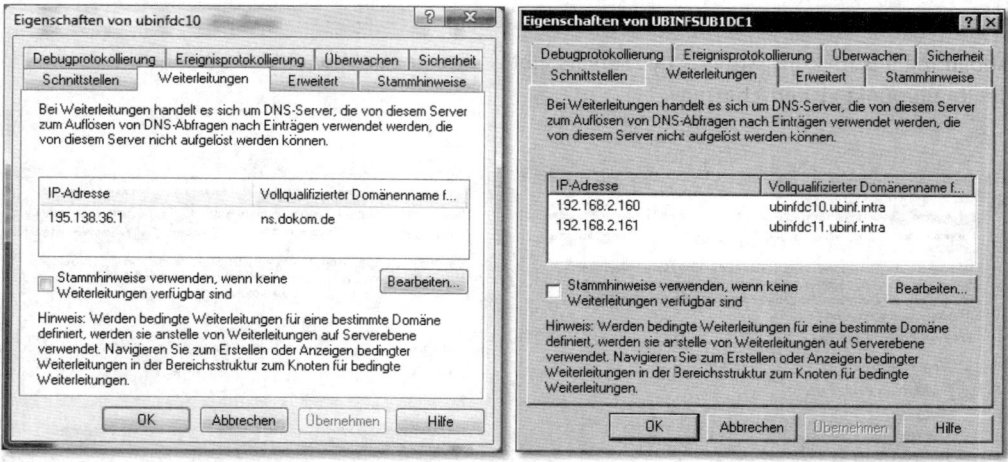

Abbildung 9.11 Weiterleitungen können zu externen Servern konfiguriert werden (links), aber auch zu internen DNS-Servern übergeordneter Domänen (rechts).

Bedingte Weiterleitungen

Es ist durchaus denkbar, dass Anfragen nach Hostnamen für bestimmte Domänen an noch bestimmtere DNS-Server geleitet werden sollen; man spricht hier von *Bedingten Weiterleitungen*.

Die bedingten Weiterleitungen werden im gleichnamigen Knoten angelegt (Abbildung 9.12): Eingetragen werden der Name der DNS-Domäne und die IP-Adressen der Server, an die die Anfragen geleitet werden sollen. Auf Wunsch (Checkbox) kann diese bedingte Weiterleitung auf die anderen DNS-Server der Domäne oder der Gesamtstruktur repliziert werden.

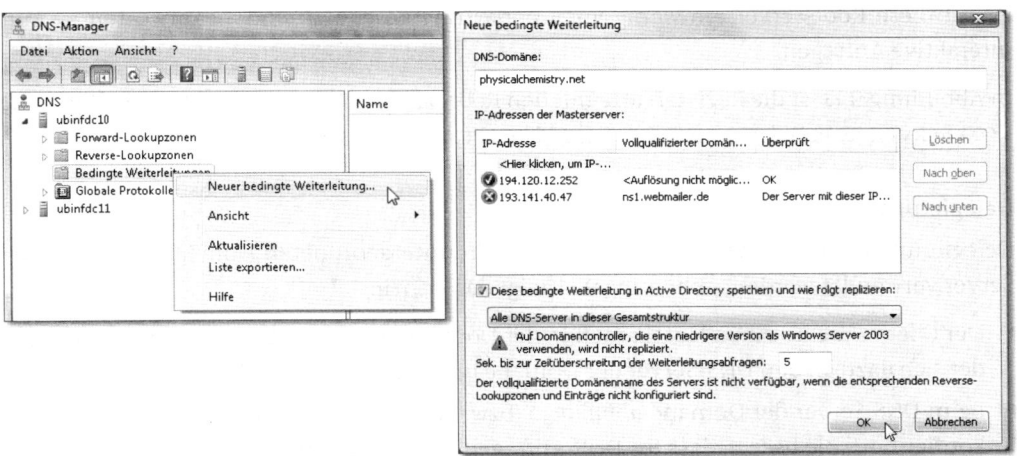

Abbildung 9.12 Einrichtung einer bedingten Weiterleitung

Stammhinweise

Im Internet gibt es dreizehn Root-Server – sozusagen die obersten Namenserver des gesamten Internets. Diese Root-Server könnten prinzipiell als Ausgangspunkt für Namensauflösungen verwendet werden. Der Haken an diesen Root-Servern ist, dass sie recht stark belastet sind. Daher ist es im Normalfall die bessere Einstellung, den DNS-Server Ihres Providers als Weiterleitung einzutragen.

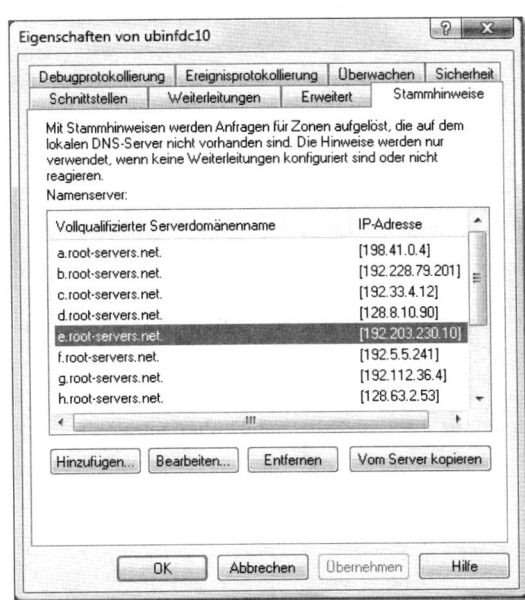

Abbildung 9.13 Die Liste der Root-Server

Damit diese Root-Server ein wenig vor Überlastung geschützt sind, beantworten sie nur interaktive Anfragen.

In Abbildung 9.13 ist die Registerkarte mit den Root-Servern zu sehen. Mit der Schaltfläche VOM SERVER KOPIEREN können Sie diese Liste aktualisieren lassen.

Delegierung

Delegierung ist immer dann ein Thema, wenn in untergeordneten Domänen eigene DNS-Server verwendet werden. Abbildung 9.14 zeigt das Prinzip:

- Der Client möchte einen Hostnamen in der Domäne *sub01.ubinf.intra* auflösen und wendet sich dazu an den DNS-Server der Domäne *ubinf.intra*.
- Beim DNS-Server der Domäne *ubinf.intra* (bzw. der Zone *ubinf.intra*) ist eine Delegierung konfiguriert, die besagt, dass für DNS-Anfragen an *sub01.ubinf. intra* ein untergeordneter DNS-Server zu kontaktieren ist.
- Der für die Zone *sub01.ubinf.intra* zuständige DNS-Server gibt die Adresse des gesuchten Hosts an den übergeordneten DNS-Server weiter, der das Ergebnis wiederum an den Client übermittelt.

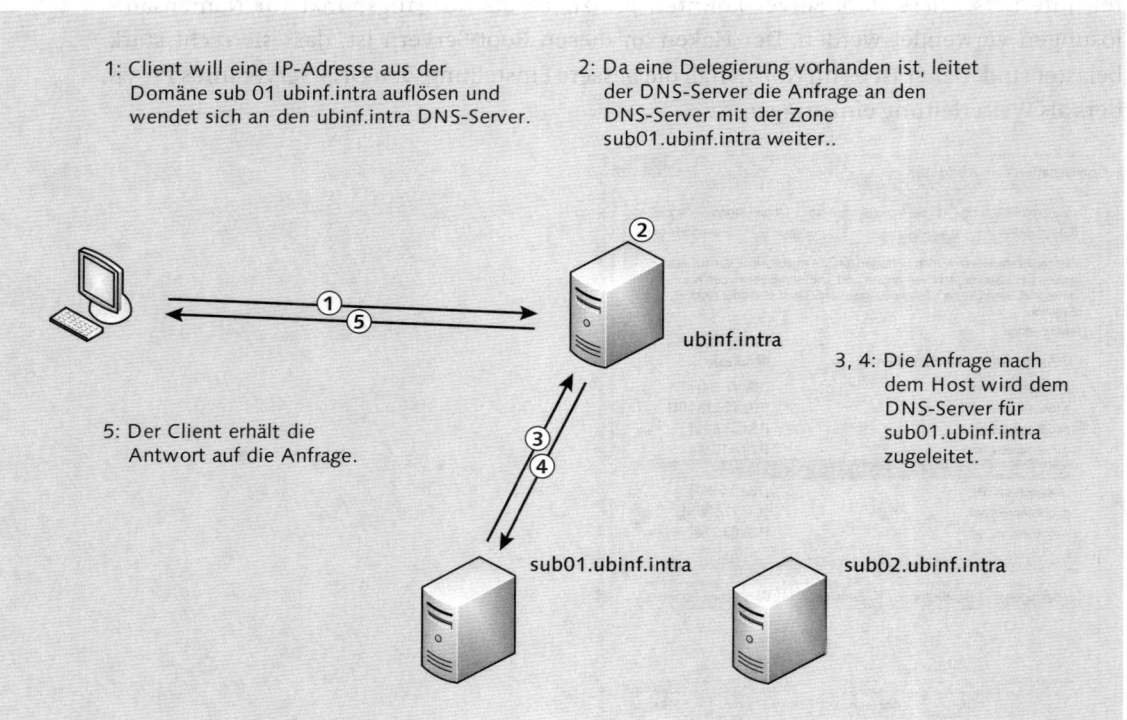

Abbildung 9.14 Das Prinzip der Delegierung

Im besten Fall brauchen Sie sich nicht mit der Konfiguration der Delegierung auseinanderzusetzen. Wenn Sie eine untergeordnete Domäne einrichten und dabei als zusätzliche Option die Installation eines DNS-Servers vorgeben, wird der *Assistent zum Installieren von Active Directory-Domänendiensten* eine DNS-Delegierung erstellen. In Abbildung 9.15 sehen Sie die Option zur Installation des DNS-Servers in diesem Assistenten.

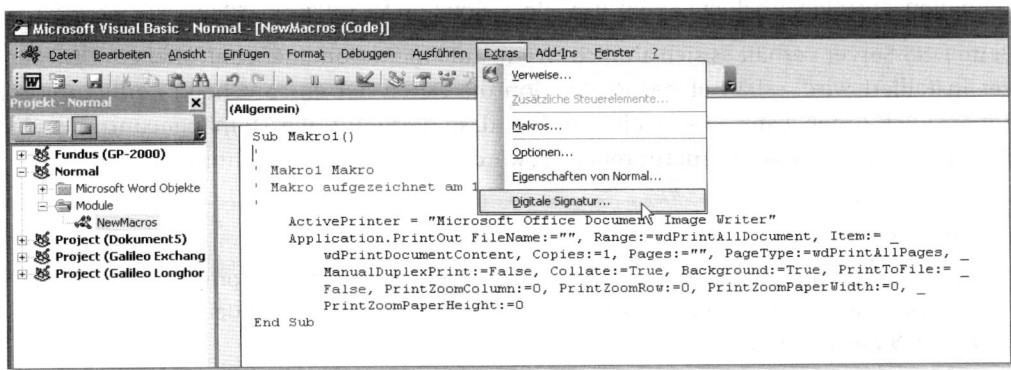

Abbildung 9.15 Beim Anlegen einer untergeordneten Domäne mit eigenem DNS-Server wird automatisch eine DNS-Delegierung erstellt.

Das Ergebnis des Einrichtens der untergeordneten Domäne nebst DNS-Server ist in Abbildung 9.16 zu sehen: In der übergeordneten Domäne befindet sich ein Eintrag für die Delegierung, in dessen Eigenschaften der »zuständige« DNS-Server angegeben ist. Sofern vorhanden, können natürlich auch mehrere DNS-Server eingetragen werden.

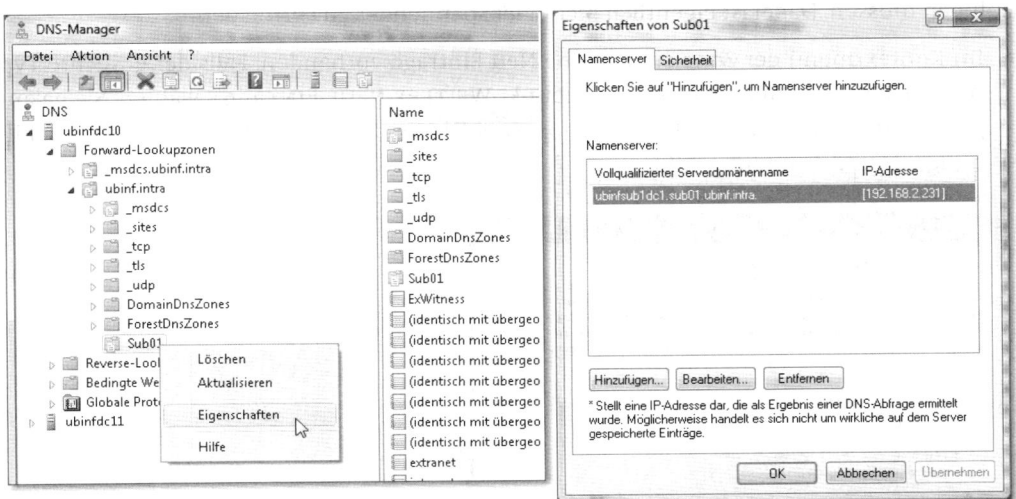

Abbildung 9.16 Die Eigenschaften der Delegierung

9.1.4 Einen DNS-Server für das AD hinzufügen

Wenn in einer Domäne ein Domänencontroller nebst DNS-Server vorhanden ist, stellt sich die Frage nach der Redundanz. Eine Maßnahme ist die Installation eines weiteren Domänencontrollers, eine zweite Maßnahme wäre die Installation eines weiteren DNS-Servers. Einen zusätzlichen Domänencontroller zu installieren ist eine »schmerzfreie« Angelegenheit – der neue Domänencontroller erhält per Replikation die Daten und ist kurze Zeit später einsatzbereit.

Beim DNS-Server verhält es sich ähnlich: Wenn auf einem Domänencontroller ein DNS-Server installiert wird, erhält er per Replikation die Daten der entsprechend konfigurierten Zonen. (Bei Zonen kann eingestellt werden, dass diese auf alle Domänencontroller der Domäne oder der Gesamtstruktur repliziert werden sollen; siehe Abschnitt 9.1.1.)

> **Seien Sie geduldig**
>
> Sie brauchen nichts weiter zu tun: Der DNS-Server erhält die Daten automatisch. Zu beachten ist allerdings, dass diese Replikation dauern kann – unter Umständen einige Stunden. Werden Sie also nicht ungeduldig!
>
> Denken Sie daran, dass ein DNS-Server nur dann verwendet wird, wenn die Clients ihn kennen. Fügen Sie den DNS-Clients also die IP-Adresse des neuen DNS-Servers hinzu, gegebenenfalls über DHCP.

9.1.5 Manuell Einträge hinzufügen

Als Administrator werden Sie hin und wieder den einen oder anderen Eintrag manuell hinzufügen müssen. Dabei ist eigentlich nicht viel Spannendes zu vermelden:

▶ Im Kontextmenü der Zone sind etliche Neu-Einträge vorhanden. Falls der gesuchte Typ nicht dabei ist, können Sie den Menüpunkt WEITERE NEUE EINTRÄGE wählen. Sie gelangen so zu einer Auswahlliste mit knapp zwei Dutzend Ressourceneintragstypen (Abbildung 9.17 und Abbildung 9.18).

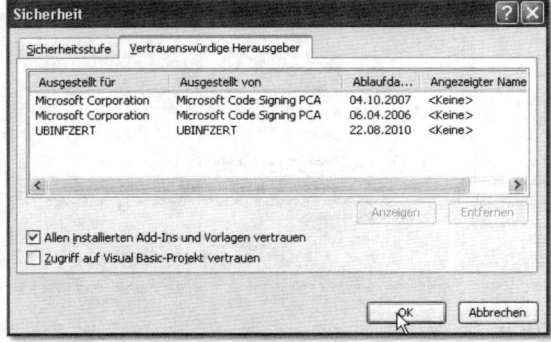

Abbildung 9.17 Das manuelle Hinzufügen eines Eintrags beginnt hier.

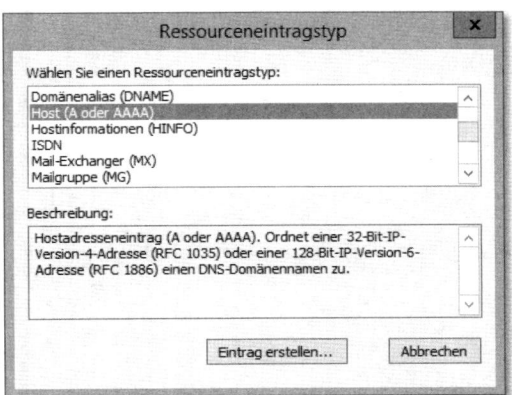

Abbildung 9.18 Die DNS-Ressourceneintragstypen

- In Abbildung 9.19 ist der Eintrag für das Erstellen eines neuen Host-Eintrags (A-Eintrag) zu sehen – nicht wirklich spektakulär.

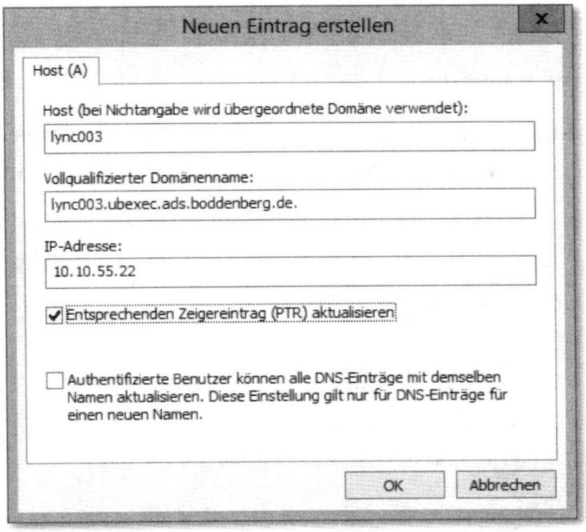

Abbildung 9.19 Anlegen eines neuen Host-Eintrags (A-Eintrag)

9.1.6 Reverse-Lookupzone einrichten

Eine Reverse-Lookupzone dient zum Auflösen von IP-Adressen in Hostnamen. Diese Funktionalität ist zwar nicht unbedingt notwendig, trotzdem macht es Sinn, zumal sie mit wenigen Handgriffen eingerichtet ist.

Abbildung 9.20 zeigt den Ausgangspunkt des Vorgangs. Im DNS-Manager können Sie über den Menüpunkt NEUE ZONE einen Assistenten aufrufen, der das Anlegen einer Reverse-Lookupzone maximal einfach macht.

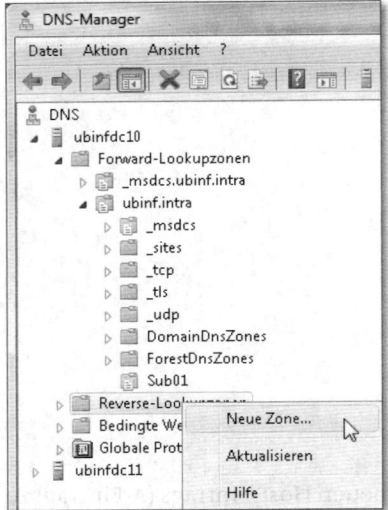

Abbildung 9.20 Hier beginnt das Anlegen einer neuen Reverse-Lookupzone.

Die wesentlichen Schritte des Assistenten sind folgende:

- Zunächst müssen Sie den Zonentyp auswählen. Im Normalfall wird eine Active Directory-integrierte Zone ausgewählt, diese muss notwendigerweise eine PRIMÄRE ZONE sein (Abbildung 9.21, links).

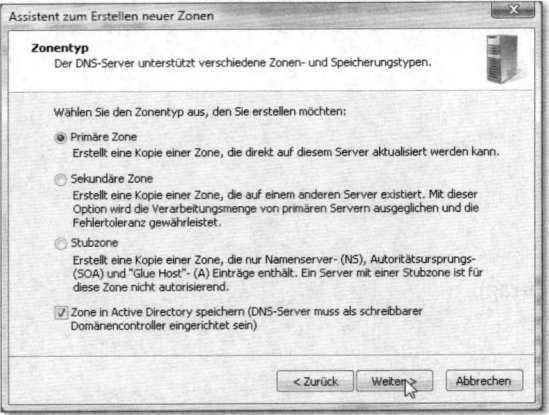
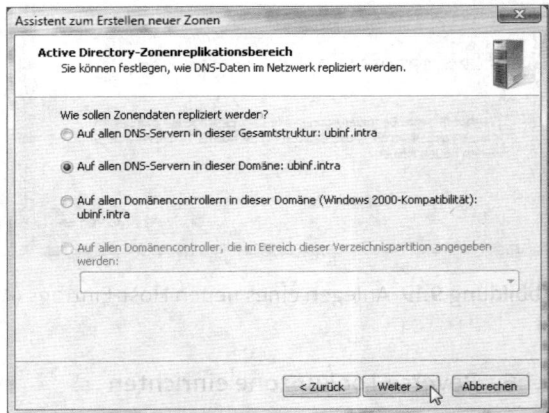

Abbildung 9.21 Die neue Reverse-Lookupzone wird als Active Directory-integrierte Zone angelegt.

- Auf der nächsten Dialogseite konfigurieren Sie, in welchem Replikationsbereich die Zone verteilt werden soll: Gesamtstruktur oder Domäne. Falls Sie Windows 2000-Domänencontroller einsetzen, müssen Sie die dritte Option auswählen (Abbildung 9.21, rechts).

- Die folgende Dialogseite dient zur Auswahl, ob Sie eine IPv4- oder eine IPv6-Reverse-Lookupzone erstellen möchten. Wenn Sie sowohl IPv4 als auch IPv6 einsetzen, benötigen Sie zwei Reverse-Lookupzonen. (Führen Sie einfach den Assistenten zweimal aus; Abbildung 9.22, links).
- In Abbildung 9.22 sehen Sie rechts, wie der Name der neuen Reverse-Lookupzone ermittelt wird. Sie müssen lediglich die Netzwerk-ID, also die IP-Adresse des Netzes, eingeben.

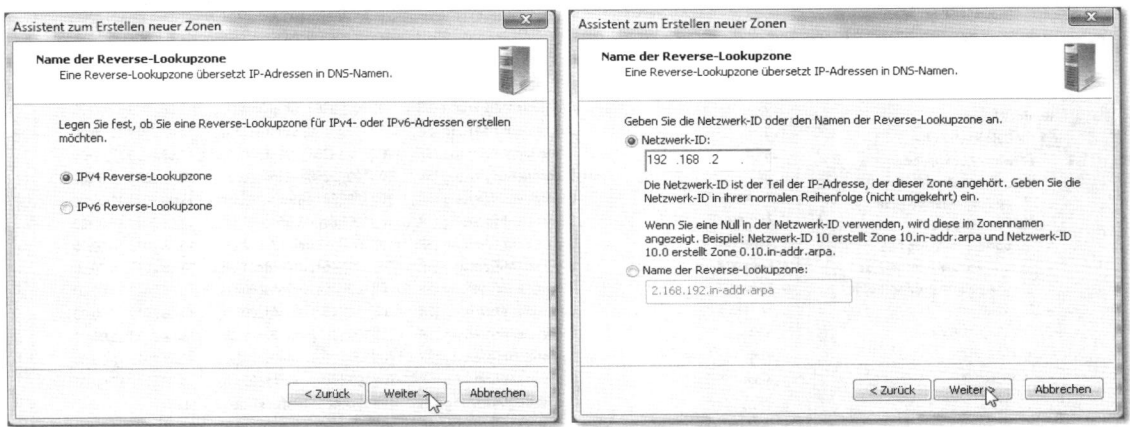

Abbildung 9.22 Der Name der Reverse-Lookupzone leitet sich von der Netzwerk-ID ab.

Ob das Reverse-Lookup funktioniert, können Sie recht einfach mittels Ping prüfen. Der Aufruf muss `ping -a [adresse]` lauten. Das Ergebnis sehen Sie in Abbildung 9.23: Der DNS-Name wird, sofern er ermittelt werden konnte, in der `Ping wird ausgeführt`-Zeile angegeben.

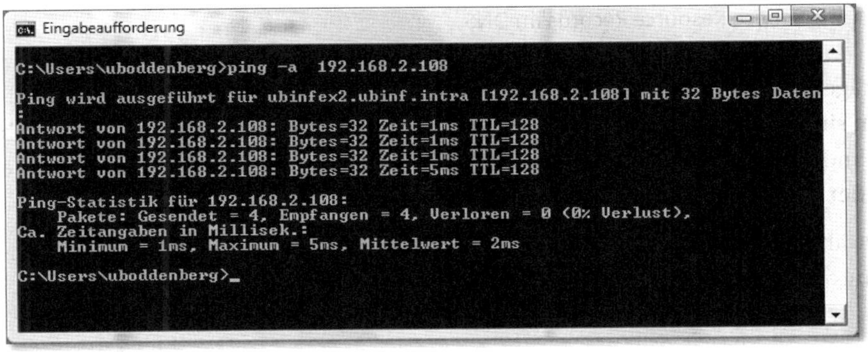

Abbildung 9.23 Ein »ping –a« löst die IP-Adresse in einen Namen auf.

9.1.7 Wie findet der Client einen Domänencontroller?

Mit den *Service-Resource-Records*-Einträgen (SRV-Records) werden Sie im Normalfall (also wenn es keine Probleme gibt) nicht unmittelbar etwas zu tun haben. Sie sollten allerdings deren Bedeutung kennen. Wenn ein Client einen Domänencontroller, einen globalen Katalogserver oder eine sonstige Ressource sucht, kann er diese anhand eines SRV-Eintrags im DNS ermitteln. In Abbildung 9.24 sehen Sie einige dieser Einträge. Die unteren drei Einträge, die mit _sip beginnen, sind übrigens nicht standardmäßig im Active Directory zu finden; sie werden benötigt, damit die *Lync*-Applikation den *Lync Server* finden kann.

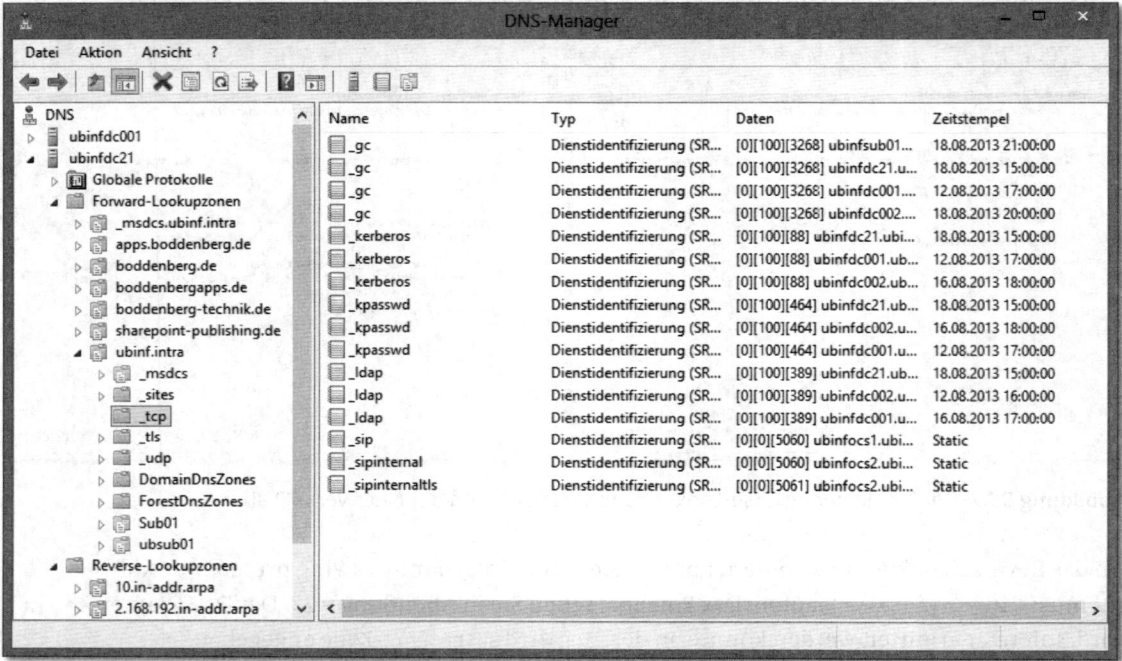

Abbildung 9.24 Die Service Resource Records im DNS

Mit SRV-Einträgen können Sie übrigens auch ermitteln, welche Ressoucen an einem Standort vorhanden sind. Sie sehen in der Abbildung den aufgeklappten _sites-Knoten, unterhalb dessen die Standorte aufgelistet sind. Unterhalb der Standorte finden sich wiederum die SRV-Einträge der dort vorhandenen Ressourcen.

Wie bereits erwähnt wurde, brauchen Sie sich um diese Einträge im Normalfall nicht zu kümmern, da sie automatisch angelegt werden.

9.2 DHCP

Um Clients mit IP-Adressen zu versorgen, ist es zwar nicht zwingend notwendig, DHCP zu nutzen, gleichwohl kenne ich eigentlich kein Unternehmen, das nicht DHCP verwenden würde. Selbstverständlich verfügt auch Windows Server 2012/R2 über einen DHCP-Server.

> **IPv4/IPv6**
>
> In diesem Abschnitt gehe ich davon aus, dass DHCP »nur« für die Vergabe von IPv4-Adressen verwendet wird. Der DHCP-Server von Windows Server 2012 kann zwar auch IPv6-Umgebungen unterstützen, das wird hier allerdings nicht weiter thematisiert, weil meiner Erfahrung nach das Interesse an IPv6 derzeit noch sehr gering ist.
>
> Auf die Funktion des DHCP-Protokolls (inklusive Auszügen aus dem Netzwerkmonitor) wird in Abschnitt 4.3.1 eingegangen.

9.2.1 Einen neuen DHCP-Server einrichten

Die Installation des DHCP-Servers beginnt wie gewöhnlich im Server-Manager von Windows Server 2012/R2 durch Hinzufügen der gleichnamigen Rolle (Abbildung 9.25).

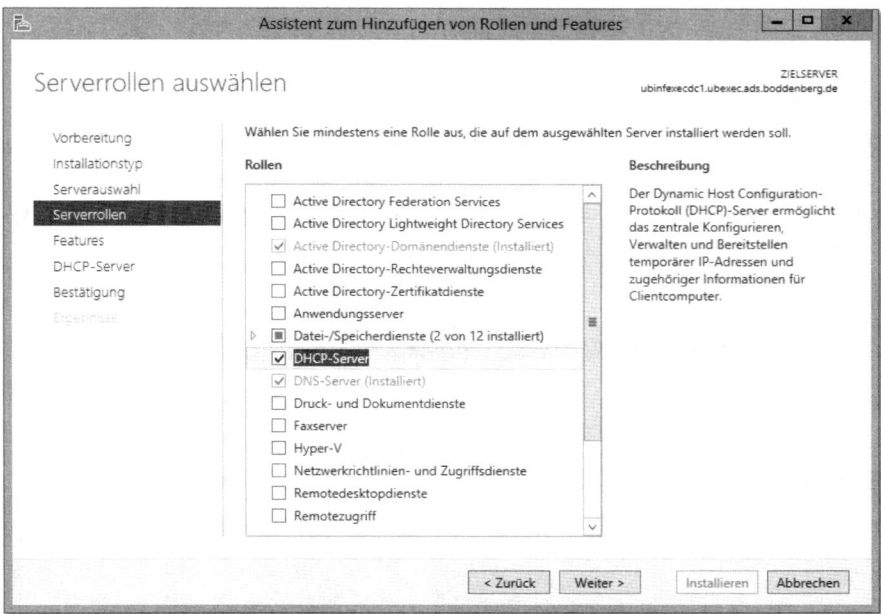

Abbildung 9.25 Der DHCP-Server ist eine Serverrolle.

Daraufhin startet der übliche Installationsassistent, der nach Abschluss seiner »Arbeit« das Abschließen der DHCP-Konfiguration anmahnt (Abbildung 9.26).

Wer DHCP unter Server 2008 installiert hat, erwartet jetzt vermutlich einen Assistenten, der eine recht umfängliche Basiskonfiguration des DHCP-Servers, nebst einem Bereich, vornimmt.

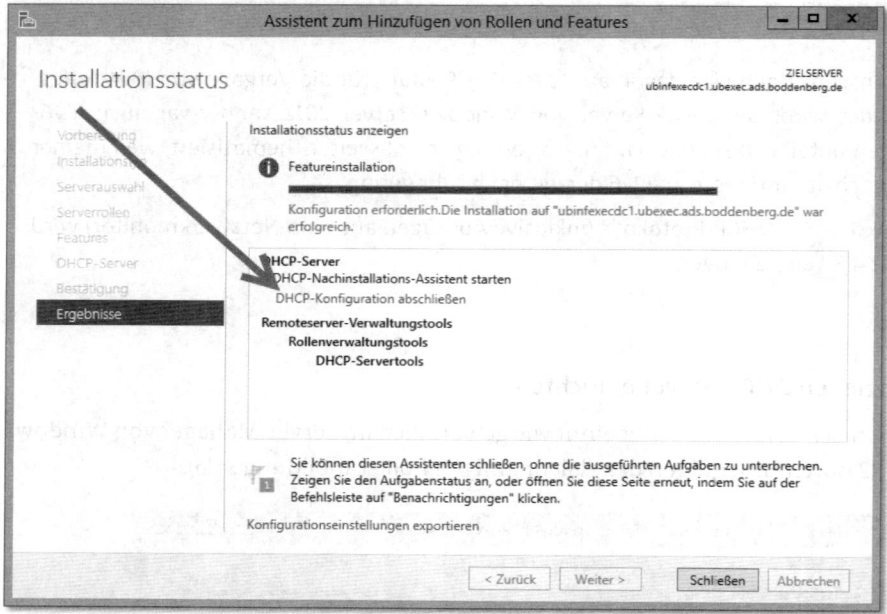

Abbildung 9.26 Nach der Installation müssen Sie die Installation abschließen.

Unter Server 2012/R2 besteht der Leistungsumfang des Assistenten allerdings nur darin, den DHCP-Server im AD zu autorisieren (Abbildung 9.27). Sie müssen also auch den ersten Bereich »zu Fuß« einrichten.

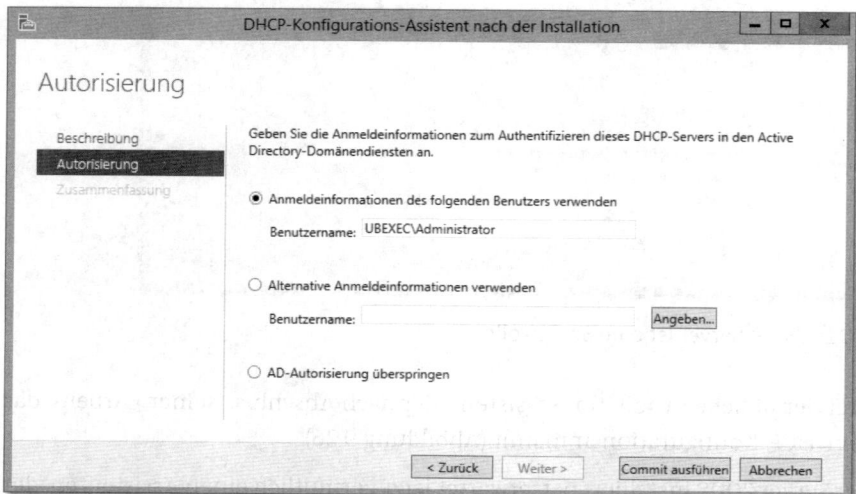

Abbildung 9.27 Der »Assistent nach der Installation« kümmert sich nur um die Autorisierung des DHCP-Servers.

9.2.2 Konfiguration und Betrieb

Nach Abschluss der Installation steht für alle weiteren administrativen Arbeiten ein separates Konfigurationswerkzeug zur Verfügung, das über die VERWALTUNG aufzurufen ist. Wie bei den meisten Werkzeugen handelt es sich hierbei um ein Snap-In für die *Microsoft Management Console* (Abbildung 9.28). Wie Sie (hinter dem aufgeklappten Dialog) sehen, ist das Werkzeug in einen IPv4- und einen IPv6-Bereich unterteilt. Ihre erste Aufgabe wird es sein, einen neuen Bereich anzulegen. Ziemlich spannend ist aber auch eine Server 2012-Neuerung, nämlich das Failover – später dazu mehr.

> **Administrationswerkzeuge**
>
> DHCP-Server können auch mit den Administrationswerkzeugen verwaltet werden, die Sie auf einem Client installieren können. Die Screenshots dieses Abschnitts sind so entstanden.

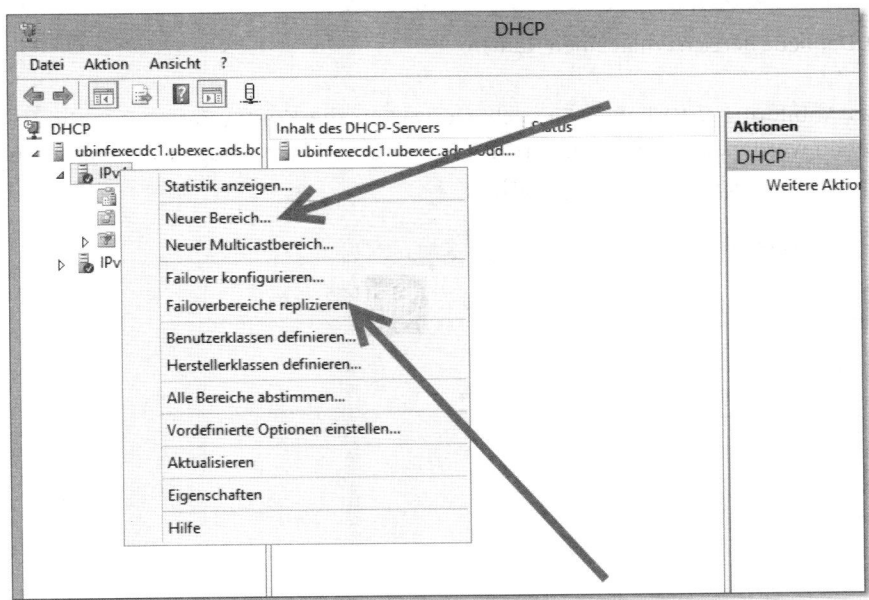

Abbildung 9.28 Das Konfigurationswerkzeug für den DHCP-Server

IPv4-Bereich einrichten

Das Einrichten eines Bereichs wird so gestartet, wie auf Abbildung 9.28 (oberer Pfeil) gezeigt. Zu Zeiten von Windows Server 2008 (und früher) wurde ein erster Bereich bereits vom Installationsassistenten eingerichtet, diese Zeiten sind aber vorbei – auch der erste Bereich muss durch den Admin gezielt erzeugt werden.

Die erste Entscheidung ist der Bereichsname (Abbildung 9.29). Das hört sich trivial an, es könnte sich aber rächen, wenn Sie hier nicht sorgfältig vorgehen: In Layer-3-geswitchten

Netzen gibt es unter Umständen Dutzende von Bereichen. Wenn Sie kein sauberes Namenskonzept umsetzen, kann das Administrieren sehr »unschön« sein. Klar, technisch wird alles klappen, aber es empfiehlt sich sehr, sprechende Namen zu verwenden.

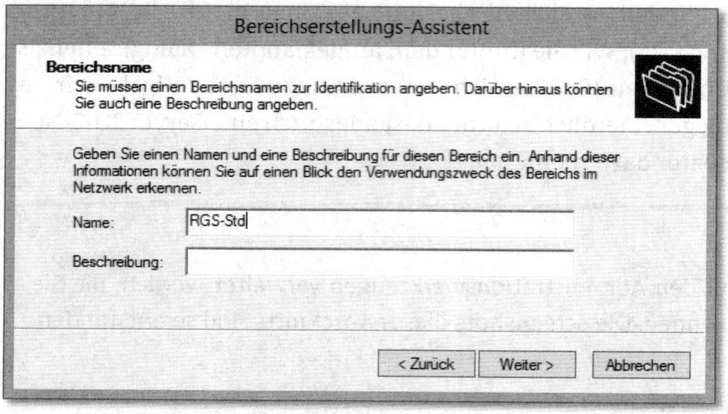

Abbildung 9.29 Der neue Bereich erhält einen Namen.

Den Dialog aus Abbildung 9.30 haben Sie sicher erwartet: die Konfiguration, welche IP-Adressen vergeben werden. Des Weiteren wird die Subnetzmaske übertragen, die technisch gesehen schon zu den Bereichsoptionen gehört.

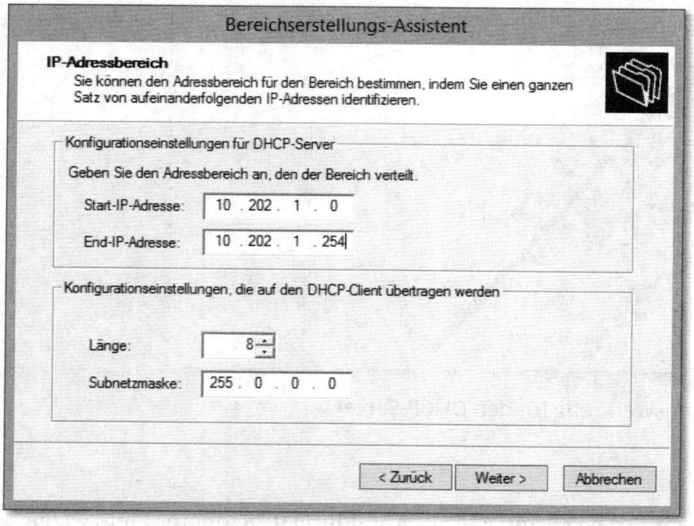

Abbildung 9.30 Der Bereich von IP-Adressen wird konfiguriert.

Es ist durchaus denkbar, dass einige Adressen aus einem Bereich nicht vom DHCP-Server vergeben werden sollen. Sie können dies über *ausgeschlossene Bereiche* (*Exclusion Range*) festlegen. In Abbildung 9.31 sehen Sie den entsprechenden Dialog.

Ich würde generell bei der Entwicklung des IP-Konzepts versuchen, auf diese Ausschlussbereiche zu verzichten. Technisch funktioniert das problemlos, aber nach meinem Geschmack wird es schnell »unübersichtlich«.

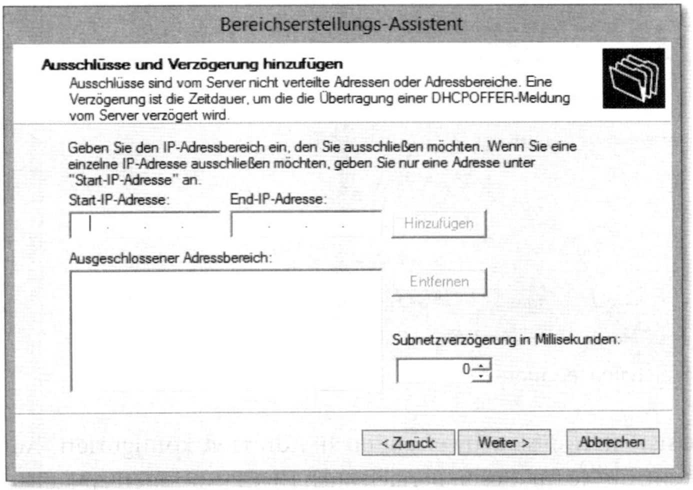

Abbildung 9.31 Auch Ausschlüsse können angegeben werden.

Ein wichtiger Parameter ist die LEASEDAUER, also der Zeitraum, wie lange eine IP-Adresse für einen Client reserviert wird, nachdem er sie angefordert hat (Abbildung 9.32). Der standardmäßig vorgeschlagene Wert von acht Tagen ist grundsätzlich nicht falsch, es empfiehlt sich aber, die Gegebenheiten individuell zu prüfen.

Eine IP-Adresse wird für einen bestimmten Client zur Verfügung gestellt. Wenn Sie beispielsweise sehr häufig Besuch von Anwendern aus anderen Niederlassungen haben, die nur einen halben Tag zu Gast sind und dann wieder abreisen, bleibt die IP-Adresse bei einer Leasedauer von sechs Tagen für weitere (überflüssige) 5,5 Tage reserviert. Wenn ein solches Szenario bei Ihnen bereits zu einer Verknappung der IP-Adressen führt, sollten Sie die Leasedauer herabsetzen.

Ein Client wird normalerweise die Adresse behalten, die ihm einmal zugewiesen worden ist. Nach der Hälfte der Leasedauer versucht der Client, die Überlassung der IP-Adresse zu verlängern. Er stellt ungefähr folgende Anfrage: »Hallo, DHCP-Server, ich habe momentan die 192.168.2.23, darf ich die behalten?« Der Server wird im Normalfall zustimmen. Aus diesem Grunde werden Sie für zwanzig Clients, die über DHCP konfiguriert werden, auch nur zwanzig Adressen benötigen. Es empfiehlt sich dennoch, die Bereiche etwas großzügiger zu dimensionieren. Es gilt aber auch in diesem Fall, dass sorgfältiges Monitoring unerlässlich für einen stabilen Betrieb ist.

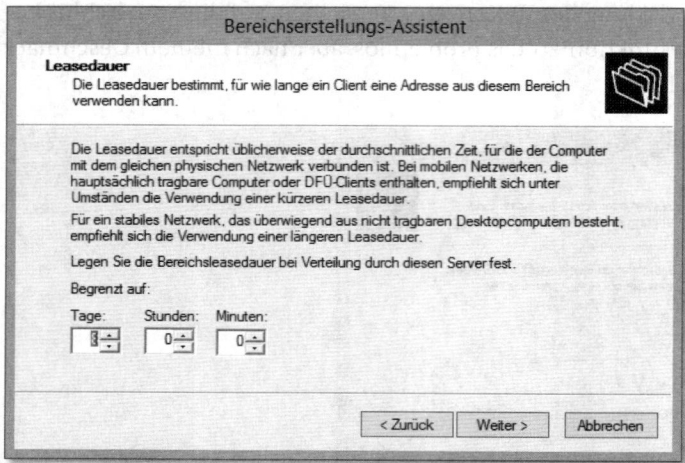

Abbildung 9.32 Festlegen der Bereichsleasedauer

Bisher haben Sie mit dem Assistenten die zuzuweisenden IP-Adressen konfiguriert. Auf Abbildung 9.33 fragt der Assistent, ob Sie für diesen Bereich auch DHCP-Optionen einstellen möchten. Na klar, das wollen Sie ganz unbedingt, denn ohne diese Optionen ist das Ergebnis des DHCP-Servers einigermaßen unbrauchbar.

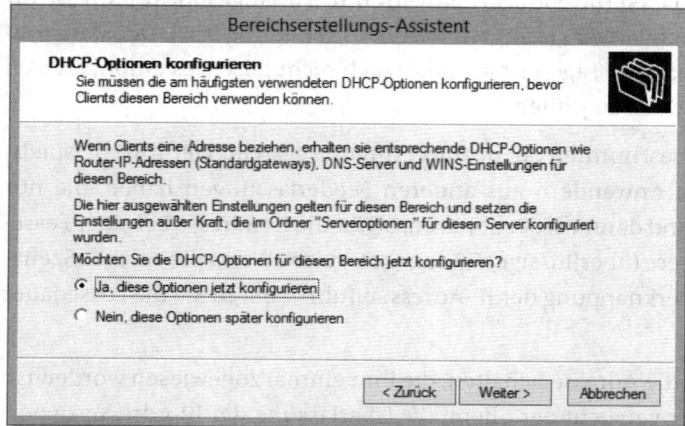

Abbildung 9.33 Entscheiden Sie sich für das Konfigurieren der DHCP-Optionen.

Die erste Option ist das Eintragen des Standard-Gateways (Abbildung 9.34). Der Dialog bietet übrigens die Möglichkeit, mehrere Gateways einzutragen, es macht aber nur Sinn, ein Gateway vorzusehen. In nicht gerouteten Netzen ist es auch möglich, dass gar kein Gateway konfiguriert wird.

[Abbildung: Bereichserstellungs-Assistent – Router (Standardgateway), IP-Adresse 10.1.1.100]

Abbildung 9.34 Erste Option: Legen Sie hier das Gateway fest.

Im zweiten Optionen-Konfigurationsschritt geht es bereits darum, festzulegen, welche DNS-Einstellungen im Rahmen der Konfiguration via DHCP an die Clientsysteme übertragen werden sollen (Abbildung 9.35). Neben dem Domänennamen können bzw. sollten die IP-Adressen von zwei DNS-Servern eingetragen werden.

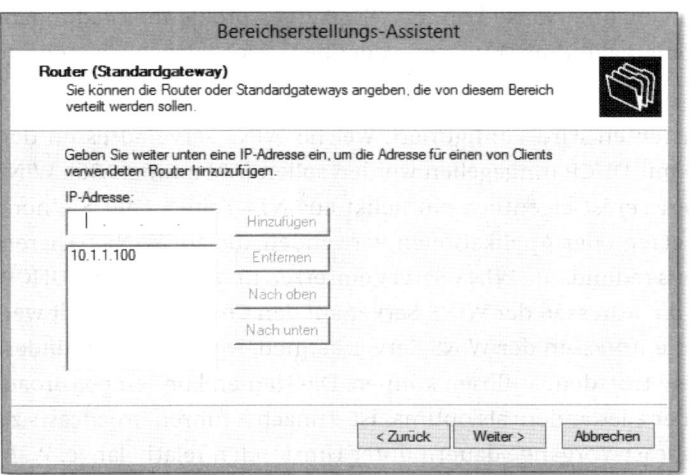

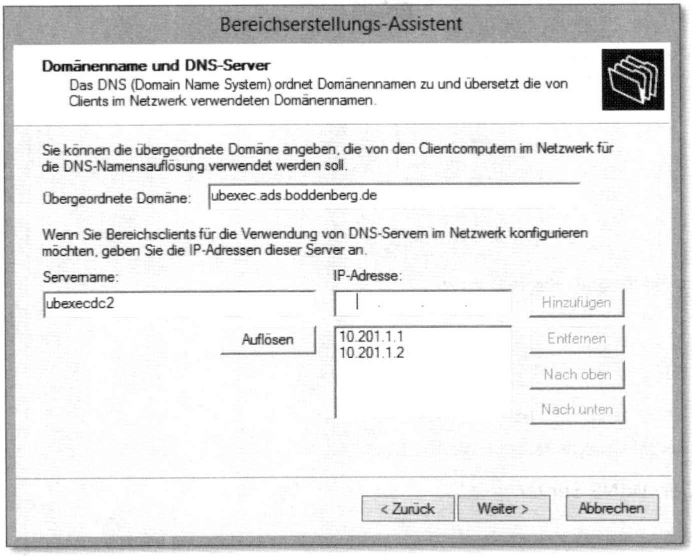

Abbildung 9.35 Die DNS-Server können per DHCP zugewiesen werden.

Stellen Sie sicher, dass hier wirklich zwei Adressen eingetragen werden (sofern Sie auch tatsächlich zwei DNS-Server haben). DNS ist für das Funktionieren einer modernen Infrastruktur absolut essenziell, und angenehmerweise können DNS-Server problemlos redundant ausgelegt werden. Das funktioniert allerdings nur, wenn der Client auch tatsächlich mehrere DNS-Server kennt.

Im nächsten Dialog des Assistenten wird konfiguriert, welche WINS-Serveradressen den Clients bei der Konfiguration mit DHCP mitgegeben werden sollen (Abbildung 9.36). WINS (*Windows Internet Naming Service*) ist eigentlich ein Relikt aus NT4-Zeiten. Falls Sie noch NT4-Clients oder -Server einsetzen oder Applikationen verwenden, die auf WINS basieren, sollten Sie in Ihrem Netz erstens redundante WINS-Server einsetzen und zweitens die DHCP-Server so konfigurieren, dass die Adressen der WINS-Server auf den Clients eingestellt werden. Wenn die Clients nicht die Adressen der WINS-Server kennen, werden sie zumindest Rechnernamen im lokalen Netz trotzdem auflösen können. Die Namen können per Broadcast ermittelt werden – was aber alles andere als optimal ist. Zunächst führen Broadcasts zu viel »Schmutz« im Netz. Broadcast-Vorgänge dauern unter Umständen relativ lange. Während dieser Zeit (einige Sekunden) ist der Rechner aus Sicht des Benutzers blockiert. Falls in einer größeren Umgebung mit gerouteten Netzen gearbeitet wird, wird der Name durch Broadcasting voraussichtlich nicht aufgelöst werden können; ein funktionierendes WINS ist dann unbedingt nötig.

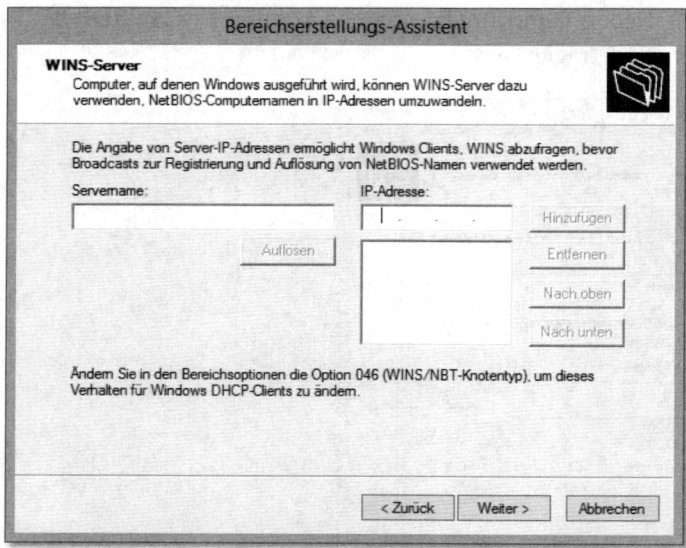

Abbildung 9.36 Zurück in die 90er: WINS-Server

Abbildung 9.37 zeigt den letzten Dialog des Assistenten. Normalerweise kann und sollte der erstellte Bereich aktiviert werden. Die Aktivierung des Bereichs sorgt dafür, dass dieser überhaupt arbeitet.

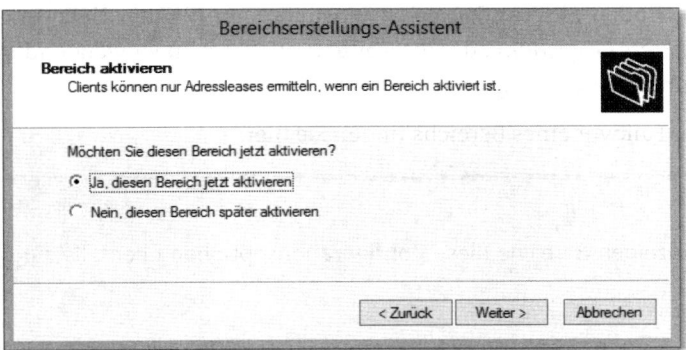

Abbildung 9.37 Im Normalfall kann und sollte der Bereich aktiviert werden.

Eigenschaften des Servers (IPv4)

Zunächst können einige generelle Eigenschaften des IPv4-Teils des Servers konfiguriert werden. Den Eigenschaftendialog aus Abbildung 9.38 erreichen Sie über das Kontextmenü des Knotens IPv4, für IPv6 gibt es einen vergleichbaren Dialog.

Abbildung 9.38 Etliche grundlegende Einstellungen können serverweit festgelegt werden – allerdings separat für den IPv4- und den IPv6-Bereich.

Hier können Sie beispielsweise auf der Registerkarte DNS einstellen, dass dynamische Updates von DHCP-Clients durchgeführt werden sollen. Ebenso findet sich hier der Schalter, mit dem Sie festlegen können, dass der DHCP-Server für Clients, die dynamische Updates nicht beherrschen (vor allem NT4), die Einträge aktualisieren soll.

Auf den übrigen Karteikarten finden Sie Konfigurationseinstellungen für den Netzwerkzugriffsschutz (NAP, *Network Access Protection*) oder die Konfiguration der zu verwendenden Verzeichnisse für DHCP-Datenbanken und Logfiles.

Auch die Konfiguration für das Failover eines Bereichs finden Sie hier.

> **Konfigurationsoptionen**
>
> Beachten Sie, dass für die einzelnen Bereiche diese Konfigurationsoptionen ebenfalls zur Verfügung stehen.

Der Server selbst (also oberhalb des hier gezeigten Knotens IPv4) hat übrigens einen eigenen Eigenschaftendialog, in dem allerdings »nur« zwei Pfade einzustellen sind – wichtig, aber nicht spektakulär.

Eigenschaften des Bereichs

Zu den Eigenschaften eines Bereichs (*Scope* in den englischen Versionen) gehört insbesondere der Adressraum, aus dem die Adressen vergeben werden. Die Basiskonfiguration ist bereits mit dem zuvor gezeigten Assistenten zum Erstellen eines Bereichs vorgenommen worden.

Der Bereich wird im Konfigurationswerkzeug dargestellt (Abbildung 9.39). Ich nehme an, dass sich jeder problemlos zurechtfindet, zumal der Assistent die initiale Konfiguration bereits geleistet hat.

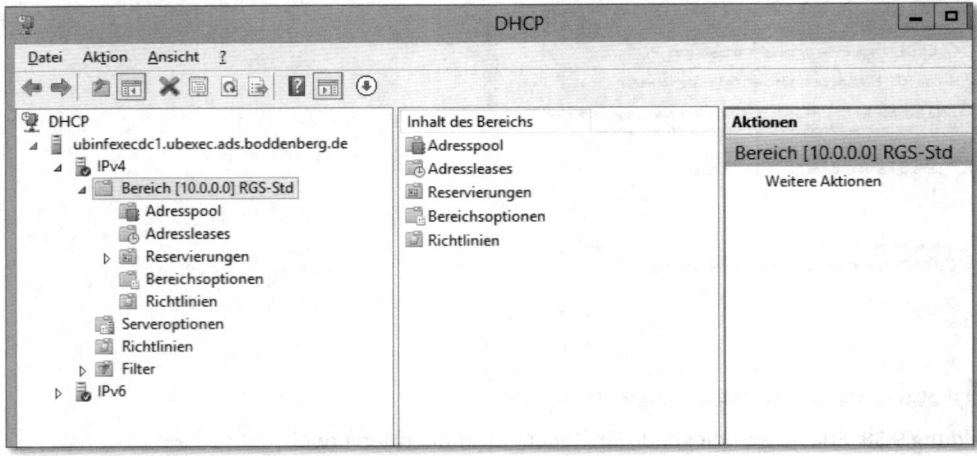

Abbildung 9.39 Der Bereich im Konfigurationswerkzeug

Häufig gibt es die Anforderung, dass ein System (sei es ein PC oder ein »Gerät« wie beispielsweise ein Druckserver) zwar über DHCP konfiguriert werden soll, aber immer dieselbe bzw. eine bestimmte Adresse erhalten soll. Ein typisches Beispiel ist ein Druckserver.

Die erste Frage in diesem Zusammenhang ist, warum man überhaupt die Konfiguration über DHCP wählen sollte und nicht einfach eine statische Adresse einträgt. Ganz einfach: Über DHCP können Sie ja viel mehr konfigurieren als nur die IP-Adresse. Wenn sich beispielsweise die Adresse eines DNS-Servers ändert, ist das mit DHCP innerhalb von Sekunden konfiguriert. Bis die Einstellung bei allen Clients angekommen ist, wird es unter Umständen mehrere Tage dauern, was aber kein Problem sein sollte – wenn man es weiß! Ohne DHCP müsste in einem solchen Fall jedes Gerät besucht werden.

Eine Art »statisches DHCP« kann dadurch realisiert werden, dass einer MAC-Adresse eine spezielle IP-Adresse zugeordnet wird. Wie das gemacht wird, sehen Sie in Abbildung 9.40.

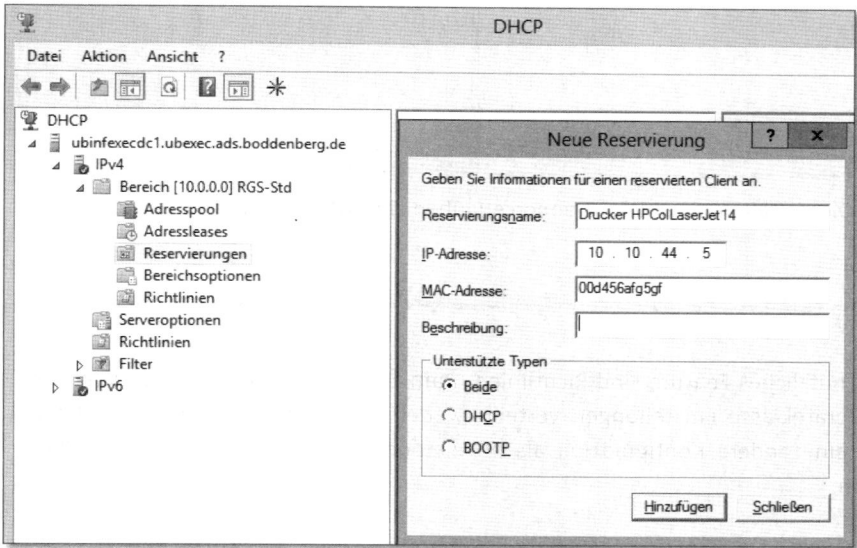

Abbildung 9.40 Einer MAC-Adresse kann eine IP-Adresse zugeordnet werden.

Es gibt viele Dutzend Optionen, die per DHCP einem Client zugewiesen werden können. Dies beginnt bei den DNS-Einstellungen, geht über Aspekte wie das Standard-Gateway und endet bei recht speziellen Einstellungen wie einem Zeitserver. Die Optionen, die an den Client weitergegeben werden sollen, konfigurieren Sie so, wie in Abbildung 9.41 gezeigt.

> **Bereichsoptionen**
>
> Wichtig zu erwähnen ist, dass es den in Abbildung 9.41 gezeigten Dialog (OPTIONEN – BEREICH) auch auf Ebene des DHCP-Servers gibt (Knoten: SERVEROPTIONEN).
>
> Einstellungen, die auf Ebene des Servers vorgenommen wurden, werden auf alle Bereiche vererbt. Der Installationsassistent legt übrigens Serveroptionen und keine Bereichsoptionen fest.

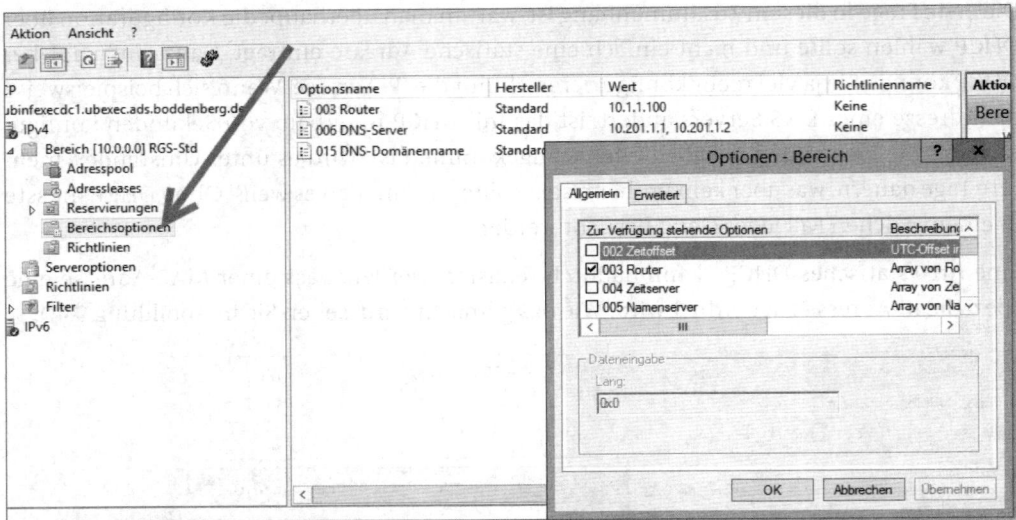

Abbildung 9.41 Die vielfältigen Bereichsoptionen erlauben eine sehr genaue Konfiguration der DHCP-Clients.

> **Richtlinien**
>
> Ein durchaus nützliches Feature sind Richtlinien. Damit können in Abhängigkeit von Hersteller und Geräteklasse Einstellungen verteilt werden. So können beispielsweise Netzwerkscanner eine andere Konfiguration als IP-Telefone erhalten, obwohl sie im selben Bereich stehen.

9.2.3 Redundanz

Damit der DHCP-Service ausfallsicher zur Verfügung steht, werden in der Regel zwei Maschinen benötigt. Klassischerweise können Sie Redundanz für DHCP-Server auf zweierlei Arten herstellen:

- *80/20-Regel*: Man kann nicht zwei DHCP-Server mit überlappenden IP-Bereichen installieren. Demzufolge kann man nicht einfach beide Server mit dem vollen Adressbereich konfigurieren. Ein gängiges Verfahren ist, zwei DHCP-Server einzurichten, von denen der eine 80% der Adressen, der andere die restlichen 20% verwaltet. Da nicht alle Clients gleichzeitig neue IP-Leases anfordern werden, können in der Zeit, während der der »größere« Server ausgefallen ist, die Anfragen aus dem kleineren Bereich bedient werden.

- *Clustering*: Falls Sie die 80/20-Regel nicht anwenden möchten oder können, können Sie den DHCP-Dienst clustern. Das Lästige an Cluster-Konfigurationen ist, dass diese relativ teuer und nicht ganz trivial in Einrichtung und Administration sind.

- Eine dritte Möglichkeit ist übrigens das Arbeiten mit virtuellen Servern. Neben dem Konsolidierungsgedanken (Blech sparen), bringt die Virtualisierung vor allem eine deutliche Vereinfachung von Wiederherstellungskonzepten mit sich. Ist ein Dienst, wie beispielsweise DHCP, auf einem Server installiert, bei dem das Betriebssystem direkt auf der Hardware läuft, muss im Fall eines schwerwiegenden Hardwaredefekts eine recht aufwendige Neuinstallation oder Wiederherstellung aus der Datensicherung durchgeführt werden. Um diese Zeiten zu verkürzen, greift man zu Clustering, der 80/20-Regelung und anderen Verfahren. Wenn Sie einen Server verlieren, auf dem virtuelle Maschinen laufen, können die virtuellen Maschinen prinzipiell wenige Minuten später auf einer anderen Hardware wieder laufen. Das Verfahren bedingt zwar, dass die Ersatzhardware »irgendwie« auf die Daten (Festplattendateien, Konfiguration etc.) der virtuellen Maschine zugreifen kann, was aber beispielsweise durch einen Shared-Storage-Bereich recht einfach zu lösen ist. Die Zeit, bis ein Dienst wieder zur Verfügung steht, verkürzt sich auf wenige Minuten. Das Verhalten eines virtuellen Servers ist somit nur unwesentlich schlechter als das eines »normalen« Clusters – ohne dass Sie dessen Kosten und Eigenheiten in Kauf nehmen müssen.

> **Relatives Problem**
>
> Anzumerken wäre, dass eine vorübergehende Nichtverfügbarkeit des DHCP-Servers (einige Stunden) im Großen und Ganzen kein dramatisches Problem ist. Lediglich die Clients, die beim Start wirklich keine Adresse haben, weil deren Leasedauer abgelaufen ist (z.B. nach zwei Wochen Urlaub) oder die ganz neu installiert wurden, erhalten keine Adresse. Da ist zwar schlimm genug, aber für diese doch etwas spezielleren Fälle lohnt es sich im Normalfall nicht, großen Aufwand zu betreiben, um für eine ständige Verfügbarkeit des DHCP-Servers zu sorgen.

Seit Server 2012 gibt es eine weitere Option, nämlich ein »dienst-integriertes« Failover. Diese Technologie hilft sowohl in puncto Verfügbarkeit als auch bei der Lastverteilung.

Die Idee ist simpel:

- Man richtet zwei DHCP-Server ein, die die Anfragen der Clients beantworten.
- Man sorgt dafür, dass die Server sich »unterhalten«, dass also insbesondere Konfiguration und vergebene Leases (= Adressen) fortlaufend abgeglichen werden.

Schön ist, abgesehen von der Einfachheit des Ansatzes, dass es wirklich einfach einzurichten ist. Sie benötigen zwei 2012/R2-basierte DHCP-Server, und los geht's:

1. Die Konfiguratioin beginnt wie üblich mit dem Starten eines Assistenten. Klicken Sie einfach auf den Menüpunkt FAILOVER KONFIGURIEREN (Abbildung 9.42).
2. Der Assistent startet mit der Dialogseite aus Abbildung 9.43. Vermutlich werden Sie Failover für alle Bereiche konfigurieren wollen, man könnte es aber auch selektiv machen.

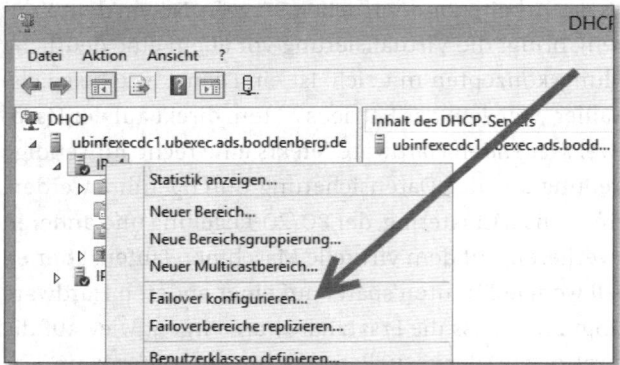

Abbildung 9.42 Hier beginnt die Konfiguration des Failovers.

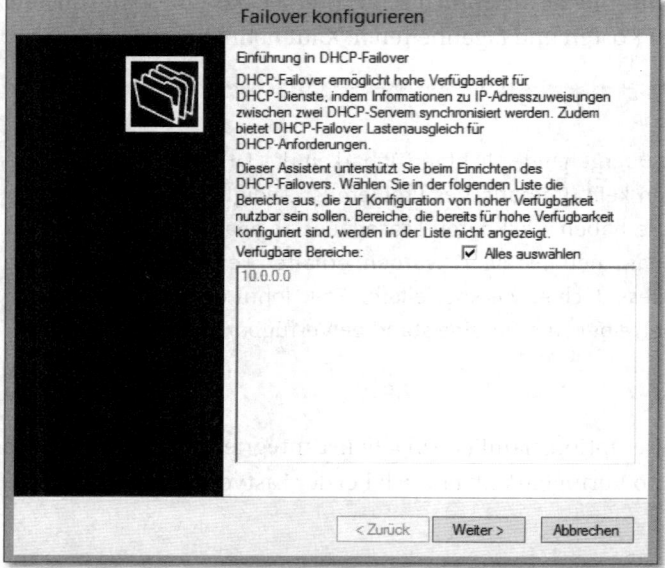

Abbildung 9.43 Wählen Sie die Bereiche aus, die verfügbar gemacht werden sollen. Im Normalfall werden das alle sein.

3. Die eigentliche Konfiguration beginnt mit der Auswahl des Partnerservers (Abbildung 9.44). Sie können einfach aus der Liste der autorisierten DHCP-Server auswählen.

4. Abbildung 9.45 zeigt den interessantesten Dialog. Hier geht es um die Konfiguration der Failoverbeziehung. Dabei ist der MODUS am spannendsten; zur Verfügung stehen LAS-TENAUSGLEICH und HOT STANDBY. Ich gehe davon aus, dass die Begriffe bereits deutlich erläutern, was dahinter steckt.

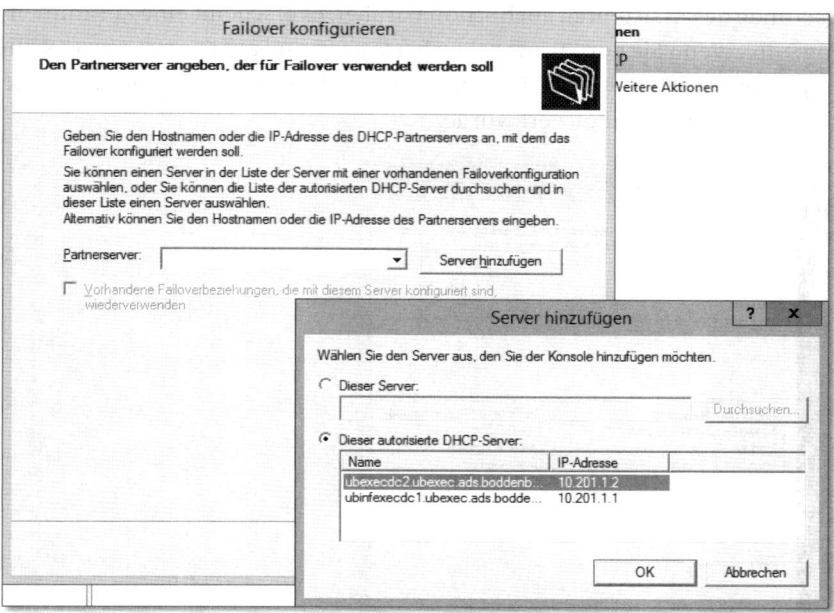

Abbildung 9.44 Hier wählen Sie den Partnerserver aus.

Abbildung 9.45 Die Einstellungen für die Failoverbeziehung

Damit ist die Fragestunde des Assistenten auch schon vorüber. Es erscheint eine Zusammenfassung (Abbildung 9.46). Wenn Sie dort die Angaben bestätigen und auf FERTIG STELLEN klicken, ist nach wenigen Sekunden das DHCP-Failover aktiv. Ein Dialog (Abbildung 9.47) sollte bestätigen, dass alles erfolgreich konfiguriert wurde.

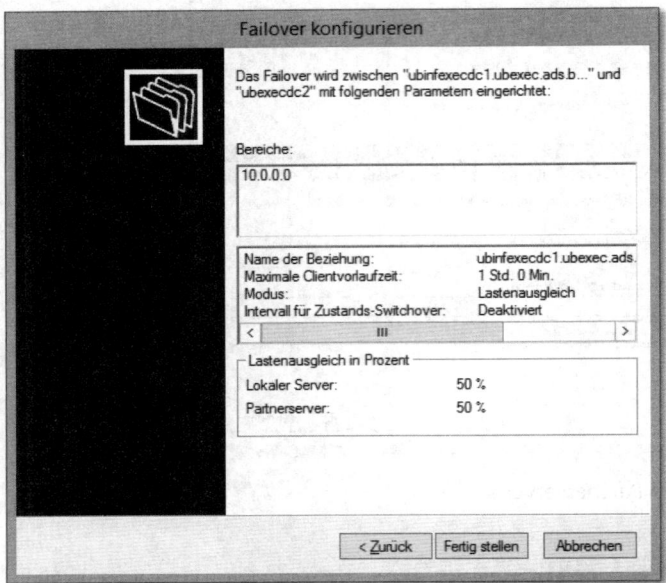

Abbildung 9.46 Nach dem Klick in dieser Dialogseite startet die Erstellung.

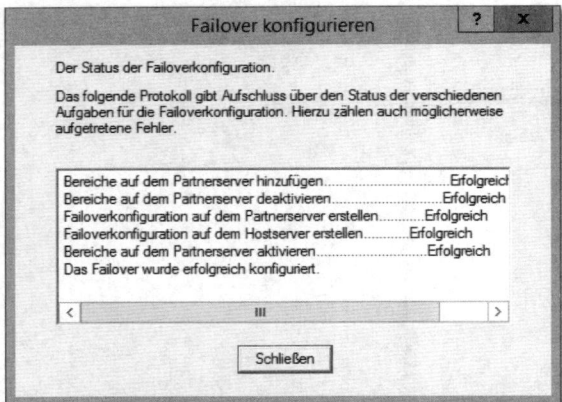

Abbildung 9.47 Die Konfiguration sollte ohne Probleme durchlaufen.

Wenn Sie im DHCP-Manager beide Server öffnen, werden Sie sehen, dass beide Server über die gleichen Bereiche verfügen (Abbildung 9.48). Wohlgemerkt wurden die Bereiche nur auf einem Server eingerichtet, auf den zweiten sind sie durch die Replikation der Einstellungen bei der Einrichtung der Failover-Beziehung gelangt.

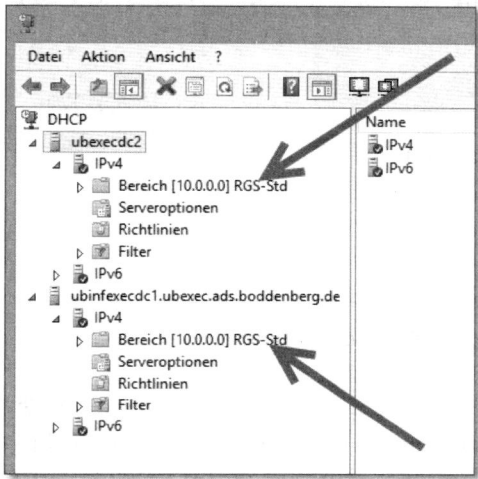

Abbildung 9.48 Der Bereich ist jetzt auf beiden Servern angelegt.

Im Kontextmenü kann man die Replikation der Failoverbereiche erzwingen (siehe Abbildung 9.42, Menüpunkt FAILOVERBEREICHE REPLIZIEREN). Normalerweise sollte das nicht erforderlich sein, aber es ist ganz hilfreich, dass es diese Option gibt – zumal Sie bei deren Aufruf einen »Zustandsbericht« erhalten (Abbildung 9.49).

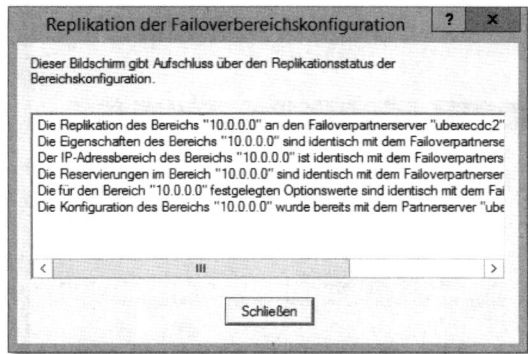

Abbildung 9.49 Die Replikation kann erzwungen werden.
Dann gibt es diese Ausgabe.

Best Practices Analyzer

Auch für den DHCP-Server existiert ein Best Practices Analyzer, den Sie über den Server-Manager erreichen. Um mit der Überprüfung zu beginnen, klicken Sie auf den Menüpunkt BPA-ÜBERPRÜFUNG STARTEN (Abbildung 9.50).

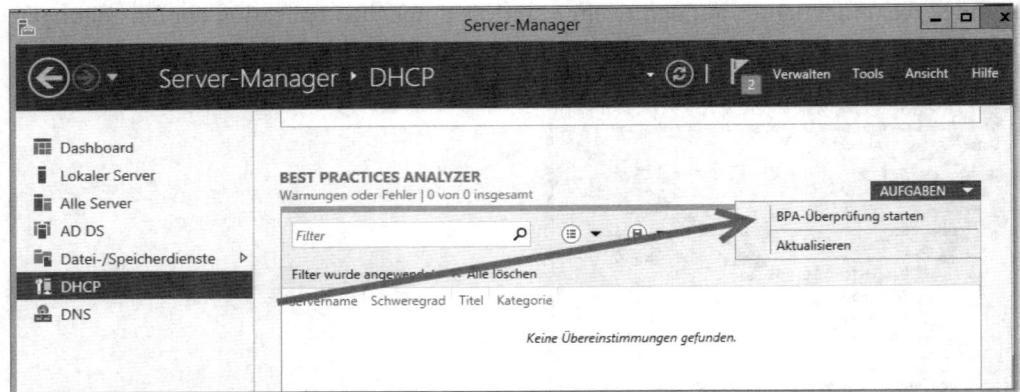

Abbildung 9.50 Im Server-Manager kann der BPA für DHCP aufgerufen werden.

Die Überprüfung dauert wenige Sekunden. Falls Fehler gefunden werden, bekommen Sie eine relativ detaillierte Beschreibung sowie einen Link zu noch mehr Details (Abbildung 9.51).

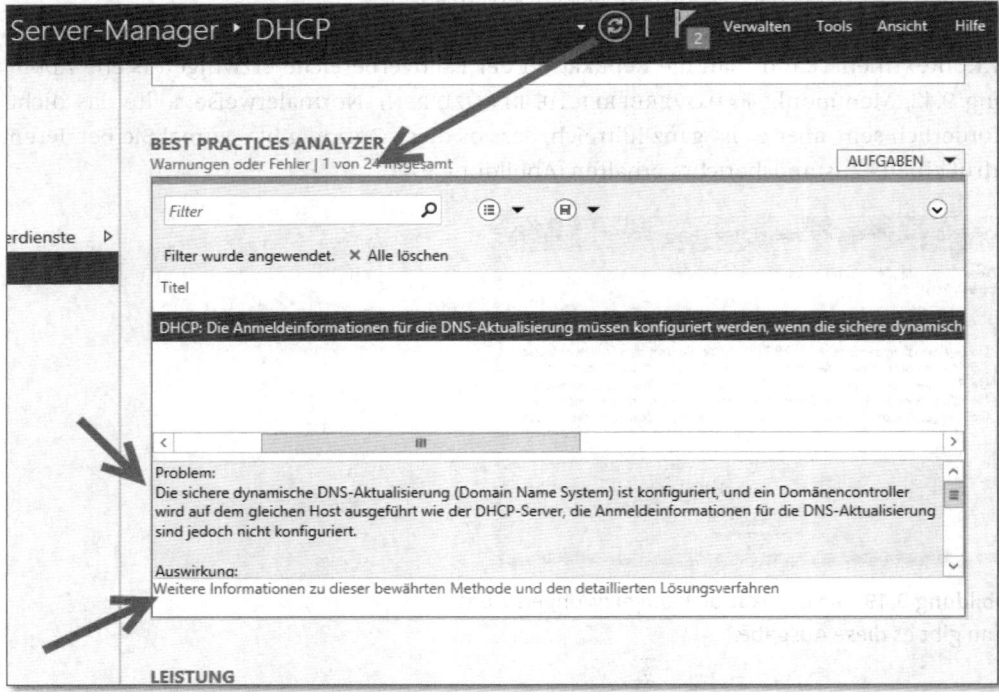

Abbildung 9.51 24 Überprüfungen wurden durchgeführt – und hier gibt es einen Kritikpunkt.

9.3 WINS

WINS, der *Windows Internet Naming Service*, ist eher ein Relikt aus alten NT4-Zeiten, dennoch kommt ein nicht unerheblicher Teil meiner Kunden nicht an WINS vorbei. Das ist immer dann der Fall, wenn noch alte Clients und/oder Server im Netz arbeiten. Wenn Sie in so einem Fall keinen WINS-Dienst zur Verfügung stellen, müssen die Clients die Auflösung von Namen über Broadcasts vornehmen, was erstens weder performant noch elegant ist und zweitens über geroutete Netzwerkbereiche hinweg ohnehin nicht funktioniert.

Wenn Sie also in Ihrer Umgebung nach wie vor WINS benötigen, ist es kein Problem, auch auf einem Windows Server 2008 einen WINS-Server zu installieren. Die Installation beginnt aber mit einem kleinen »Suchspiel«, denn der WINS-Server ist nicht in der Liste der Rollen enthalten. Stattdessen finden Sie ihn als Feature (Abbildung 9.52). Wenn Sie diese erste Hürde überwunden haben, läuft die Installation ohne weitere Eingaben ab.

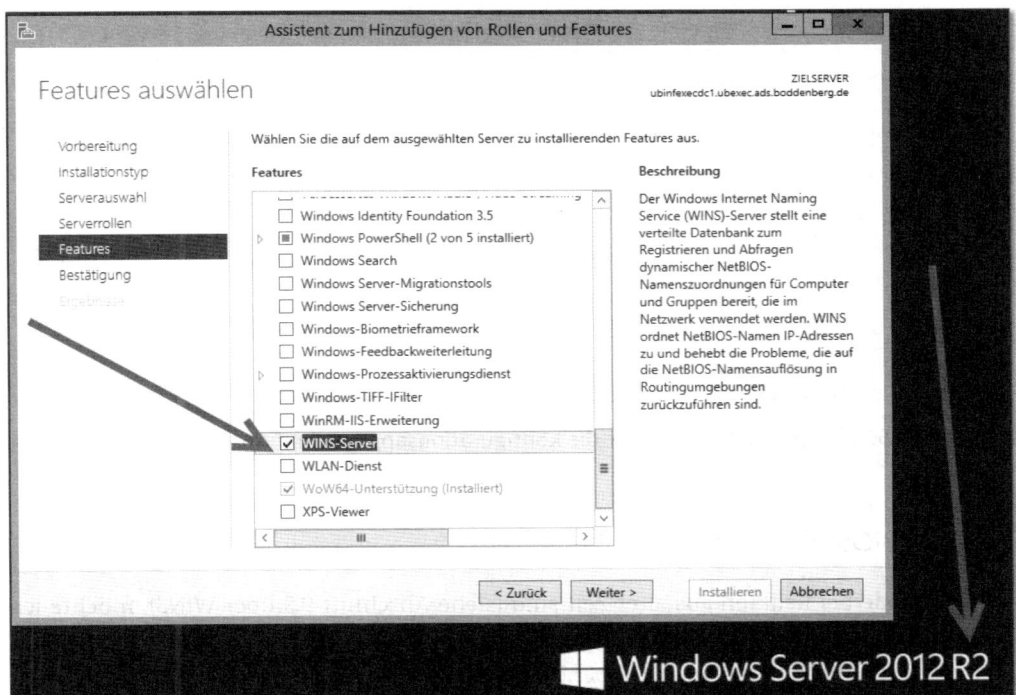

Abbildung 9.52 Der WINS-Server ist keine Rolle, sondern ein Feature! Und hiermit ist auch der Bildbeweis erbracht, dass im Server 2012 R2 tatsächlich noch ein WINS-Server enthalten ist.

Wenn Sie nach der Installation die Konfigurationsapplikation für den WINS-Dienst öffnen, werden Sie einen guten alten Bekannten entdecken. Wie Sie in Abbildung 9.53 sehen, hat Microsoft offensichtlich keine besondere Energie mehr in WINS gesteckt – wozu auch?

Wer bislang mit WINS arbeitet, wird also sofort zurechtkommen. Die wesentlichen Schritte sind:

- Replikationspartner eintragen
- Pull-Replikation starten, um momentan aktive Registrierungen zu erhalten
- die WINS-Einstellungen der Clients anpassen, sodass diese den neuen WINS-Server nutzen

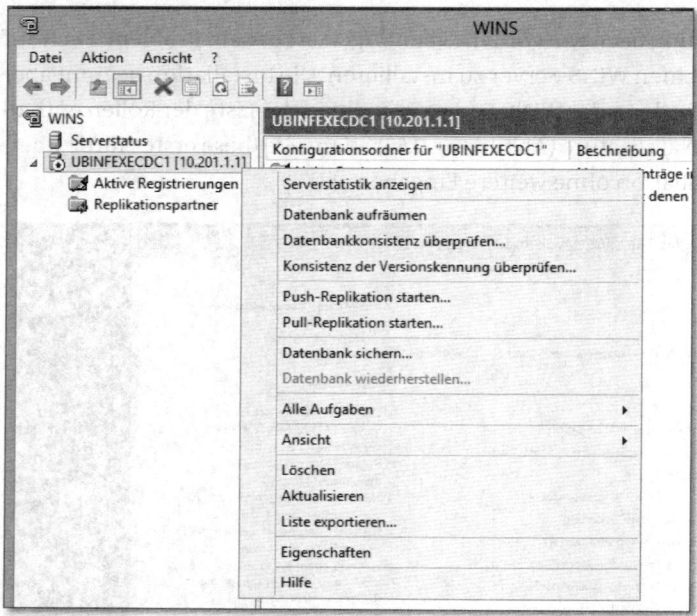

Abbildung 9.53 Eine gute alte Bekannte: die Konfigurationsapplikation für WINS

9.4 NetBIOS über TCP/IP

Wo wir gerade bei Relikten aus alter Zeit sind (siehe Abschnitt 9.3 über WINS), möchte ich gern noch ein Wort über *NetBIOS über TCP/IP* verlieren. Eine moderne Umgebung mit Clients größer-gleich Windows 2000 benötigt kein NetBIOS über TCP/IP. Damit alte Clients noch auf Ressourcen auf modernen Windows Servern zugreifen können bzw. moderne Clients noch mit alten Servern kommunizieren können, ist *NetBIOS über TCP/IP* aktiviert (Abbildung 9.54).

Da ein aktiviertes *NetBIOS über TCP/IP* insbesondere in verteilten Umgebungen zu einer *deutlichen* Reduktion der Antwortzeiten führt (ich kenne einen sehr interessanten Menschen, der mir das in einer echten Umgebung mittels Messungen vorgeführt hat), empfiehlt es sich, dieses Relikt möglichst nachhaltig zu eliminieren – also abzuschalten.

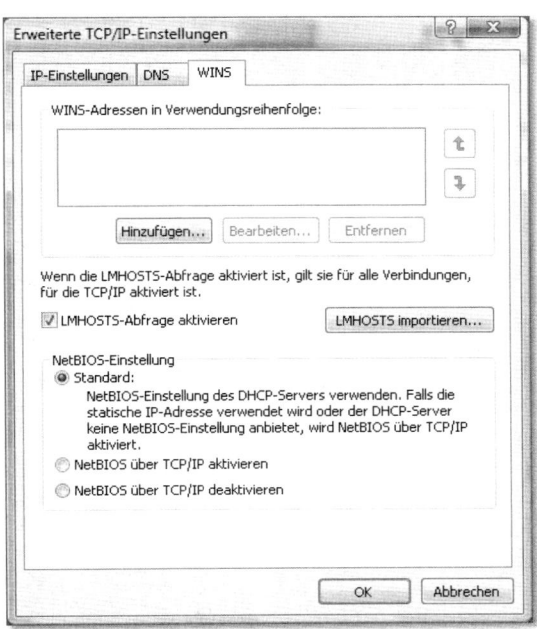

Abbildung 9.54 Wenn möglich, sollten Sie »NetBIOS über TCP/IP« deaktivieren.

Sie sollten allerdings sehr behutsam vorgehen, denn es finden sich häufig irgendwelche historischen Systeme, die seit zehn Jahren unbemerkt vor sich hin arbeiten und eine mehr oder weniger wichtige Rolle in der Wertschöpfungskette des Unternehmens spielen. Solche Systeme sind, wenn Sie *NetBIOS über TCP/IP* flächendeckend abschalten, plötzlich auf einer einsamen Insel. Ich würde daher empfehlen, zunächst nach und nach die Clients von *NetBIOS über TCP/IP* zu befreien und erst ganz zum Schluss die Server anzugehen.

Kapitel 10
Active Directory Lightweight Directory Services (AD LDS)

Drauf am zehnten berief des Volks Versammlung Achilleus,
Dem in die Seel' es legte die lilienarmige Here;
Denn sie sorgt' um der Danaer Volk, die Sterbenden schauend.
Als sie nunmehr sich versammelt, und voll gedrängt die Versammlung;
Trat hervor und begann der mutige Renner Achilleus:
Atreus Sohn, nun denk' ich, wir ziehn den vorigen Irrweg

Ein LDAP-kompatibler Verzeichnisdienst wie das Active Directory ist eine praktische Angelegenheit, um Daten aller Art, wie Benutzerdaten, Applikationsdaten und dergleichen mehr zu speichern. Grundsätzlich wäre es möglich, alle Daten im Active Directory abzulegen und diesen Verzeichnisdienst, der ja eher infrastrukturelle Aufgaben übernimmt (z.B. Benutzer authentifizieren) um einen breiten Applikationssupport zu erweitern. Exchange macht im Grunde genommen vor, wie man das Active Directory nutzt:

▶ Jede Menge Objekte und Attribute werden dem Verzeichnisdienst hinzugefügt, damit die Exchange-spezifischen Daten bei den Benutzerobjekten gespeichert werden können.

▶ Exchange hat keine eigene Benutzerverwaltung, sondern nutzt AD-Konten.

▶ Alle Informationen (vom Routing über die Information, in welchen Pfaden die Datenbanken gespeichert sind) liegen im Active Directory.

Das könnten natürlich auch andere Anwendungen so machen. Der Haken dabei ist, dass jedes Mal eine Schemaerweiterung notwendig wäre. Eine Schemaerweiterung, die für die komplette, unter Umständen weltweite Umgebung gilt, führt man nicht »mal eben so« durch, sondern sie will gut überlegt sein – insbesondere, weil sie nicht spurlos rückgängig gemacht werden kann.

Da die Active Directory-Technologie alle notwendigen Komponenten beinhaltet und sich als stabil und zuverlässig erwiesen hat, führte Microsoft mit Windows Server 2003 *ADAM* ein. *ADAM* ist die Abkürzung für *Active Directory Application Mode*. Es handelte sich um einen separat zu installierenden und vom Active Directory unabhängigen Verzeichnisdienst, der auf Active Directory-Technologie basiert. Mit Windows Server 2008 ist ADAM umbenannt worden. Es heißt nun *Active Directory Lightweight Directory Services* (AD LDS), basiert aber auf den bisherigen Konzepten.

Tabelle 10.1 fasst die Unterschiede zwischen ADDS (Active Directory-Domänendienste) und AD LDS (Active Directory Lightweight Directory Services) zusammen:

Feature	AD LDS/ ADAM	ADDS
Mehrere Schemas pro Server	Ja	Nein
Mehrere Instanzen mit unterschiedlichen Verzeichnissen pro Server	Ja	Nein
Kann auf XP professional betrieben werden (nur für Test- und Entwicklungszwecke!)	Ja	Nein
Kann auf Mitgliedsservern betrieben werden	Ja	Nein
Kann ohne Neustart installiert werden	Ja	Nein
X.500-Namen auf oberster Ebene	Ja	Nein
Gruppenrichtlinien	Nein	Ja
Globaler Katalog	Nein	Ja
Desktop-Management mit IntelliMirror-Technologie	Nein	Ja
Automatisierte Softwareverteilung	Nein	Ja
Vertrauensbeziehungen zwischen Domains und Forests	Nein	Ja
Public Key Infrastructure (PKI)/X.509	Nein	Ja
DNS Service Resource Records (SRV)	Nein	Ja
LDAP API	Ja	Ja
Zugriff über Active Directory Service Interfaces (ADSI) API	Ja	Ja
Zugriff über Messaging API (MAPI)	Nein	Ja
Delegierbare Administration	Ja	Ja
Multimaster-Replikation	Ja	Ja
InetOrgPerson	Ja	Ja
LDAP over Secure Sockets Layer (SSL)	Ja	Ja
Sicherheit auf Attribut-Ebene	Ja	Ja
LDAP Access Control List (ACL)	Ja	Ja

Tabelle 10.1 ADDS und AD LDS

Feature	AD LDS/ ADAM	ADDS
Kompatibilität mit Microsoft Identity Integration Server 2003	Ja	Ja
Erweiterbares Schema	Ja	Ja
Application Directory Partitions	Ja	Ja
Läuft auf 64-Bit-Servern	Ja	Ja
Unterstützt Concurrent LDAP Binding	Ja	Ja

Tabelle 10.1 ADDS und AD LDS (Forts.)

Das Fazit der Tabelle ist, dass AD LDS ein vollwertiger LDAP-kompatibler Verzeichnisdienst ist, dem die Infrastrukturkomponenten von ADDS fehlen, wie beispielsweise die Unterstützung für globale Katalogserver, Gruppenrichtlinien etc.

Das Thema AD LDS ist für einen IT-Professional nur sehr begrenzt interessant, solange nicht Anwendungen auf diesen Dienst aufsetzen. AD LDS hat keine »nativen Infrastrukturfunktionen« und bringt – salopp gesagt – die Umgebung nicht durch bloße Anwesenheit weiter.

Da davon auszugehen ist, dass künftig mehr Anwendungsentwickler entdecken, dass die Nutzung eines Verzeichnisses für sie (bzw. die Anwendungen) von Vorteil ist, wird die Wahrscheinlichkeit steigen, mit AD LDS in Berührung zu kommen.

Zum Ende dieser kurzen Einführung möchte ich Ihnen noch ein paar Ideen mitgeben, was mit AD LDS alles machbar ist:

- *Autarkes LDAP-Verzeichnis*: AD LDS kann auch ohne die Integration mit einem bestehenden AD als alleinstehendes Directory betrieben werden.
- *Informationsspeicher für AD-Benutzerkonten*: Häufig genügen die standardmäßigen Attribute im Active Directory nicht, um die von einer Applikation benötigten Benutzerinformationen zu speichern. AD LDS kann die zusätzlichen Informationen aufnehmen, sodass keine Schemaerweiterung im AD notwendig wird. Man würde zu diesem Zweck eine Replikationsbeziehung zwischen dem AD und AD LDS aufbauen und in Letzterem ein entsprechend erweitertes Schema für Benutzerobjekte verwenden. Die Replikation kann mittels *Identity Integration Server, Identity Integration Feature* Pack oder *ADAM Synchronizer* (als Download erhältlich, siehe Microsoft Download Center) durchgeführt werden.
- *Externe Benutzer integrieren*: Weiterhin kann AD LDS für die Authentifizierung externer Benutzer verwendet werden.

Es gibt übrigens auch bekannte Beispiele aus der Welt der Microsoft-Standardprodukte, in denen die ADAM bzw. die Lightweight Directory Services genutzt werden:

- Die Rolle *Edge-Server* des *Exchange Server 2007/2010/2013* benötigt einen eigenen kleinen Verzeichnisdienst, auf den ein Teil der Informationen aus dem Active Directory repliziert wird.
- Ein *TMG Server 2010 Enterprise Edition* verwendet ADAM, um einen serverübergreifenden Informationsspeicher zu realisieren. Das heißt, mehrere TMG Server des Verbunds erhalten die Konfigurationsinformationen von dem Verzeichnisdienst.

10.1 Installation

Active Directory Lightweight Directory Services (AD LDS) können auf einem beliebigen Windows Server 2012 installiert werden. Dieser muss kein Domänencontroller sein.

> **Konflikte**
>
> Bei der Installation auf einem Domänencontroller müssen Sie auf Konflikte mit Portnummern achten.

Sie fügen AD LDS über den Server-Manager hinzu. Dort wählen Sie das Hinzufügen einer Rolle aus (Abbildung 10.1). Kurze Zeit später ist die Installation abgeschlossen, und der Server-Manager zeigt eine weitere installierte Rolle.

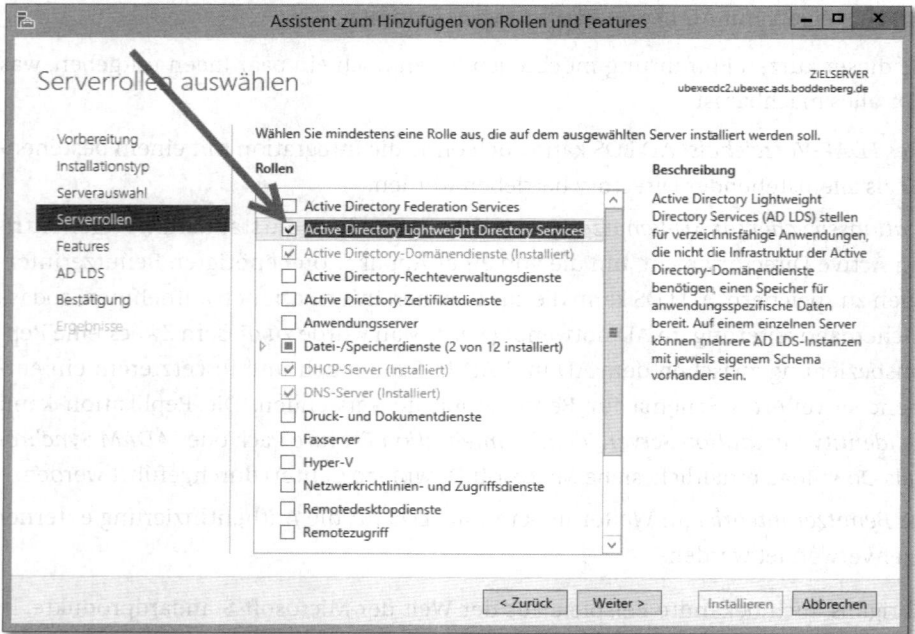

Abbildung 10.1 Zur Installation von AD LDS fügen Sie dem Server die entsprechende Rolle hinzu.

Im Grunde genommen ist die einzige mögliche Aktion das Erstellen einer neuen Instanz, ansonsten ist das frisch installierte AD LDS funktionslos (Abbildung 10.2).

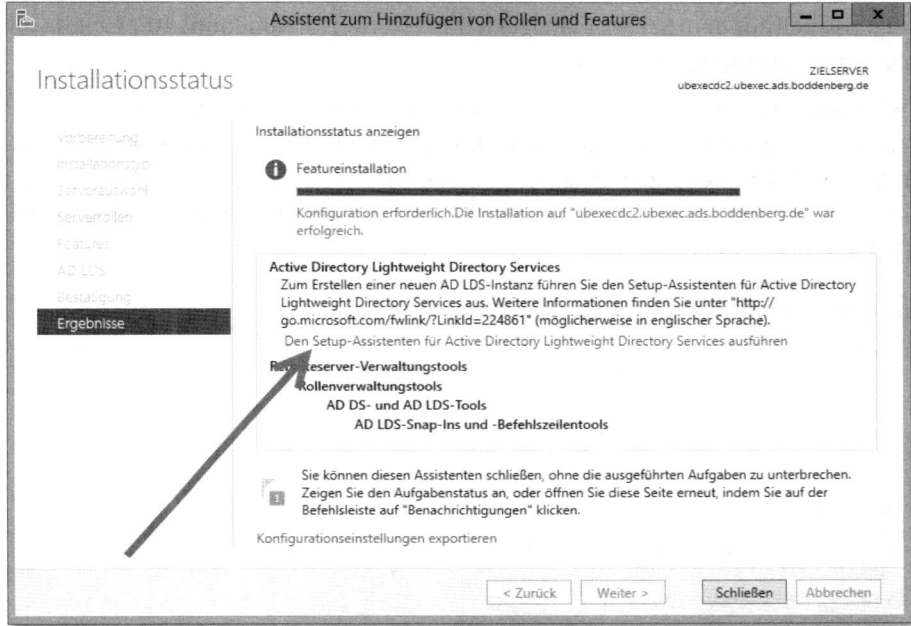

Abbildung 10.2 AD LDS sind fertig installiert – zunächst herrscht gähnende Leere, und man kann nichts Spannenderes tun, als eine neue AD LDS-Instanz zu erstellen.

10.2 Einrichten einer Instanz

Nach der zuvor erfolgten Grundinstallation müssen Sie einige Schritte durchführen, um die AD LDS zum Leben zu erwecken, nämlich:

- Erzeugen einer neuen AD LDS-Instanz
- Erzeugen einer Anwendungsverzeichnispartition. Dieser Schritt muss in vielen Fällen nicht vom Administrator durchgeführt werden, weil er oft von Anwendungen, die AD LDS nutzen möchten, durchgeführt wird.

> **Hinweis**
>
> Auf einem AD LDS-Server können beliebig viele Anwendungsverzeichnispartitionen liegen. Eine Anwendungsverzeichnispartition entspricht in etwa einem Domänennamenskontext. Eine Anwendungsverzeichnispartition nebst Schema- und Konfigurationsnamenskontext liegt in einer AD LDS-Instanz.

Die Grundinstallation von AD LDS hat im Menü VERWALTUNG ein neuen Menüpunkt namens SETUP-ASSISTENT FÜR ACTIVE DIRECTORY LIGHTWEIGHT DIRECTORY SERVICES (oh, wie überraschend) erzeugt, der eine neue AD LDS-Instanz erstellen kann. Diese Aufgabe können Sie übrigens auch aus dem Server-Manager heraus starten: In Abbildung 10.2 ist der Link für die Erledigung dieser Aufgabe zu entdecken.

Kommen wir nun zum Assistenten zum Einrichten einer neuen Instanz: Auf der ersten Dialogseite des Assistenten entscheiden Sie sich für das Anlegen einer neuen Instanz (Abbildung 10.3). Alternativ kann ein Replikat einer anderen bereits vorhandenen Instanz erzeugt werden. Sie sehen also, dass die aus dem Active Directory bekannten Replikationsmechanismen auch bei AD LDS zu finden sind.

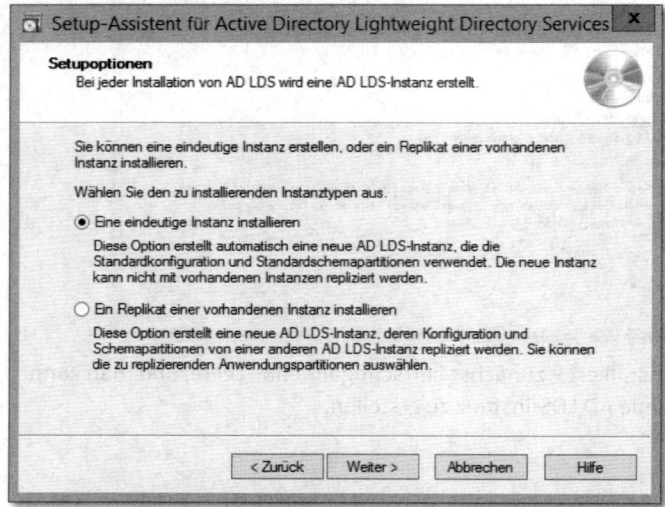

Abbildung 10.3 Zunächst müssen Sie entscheiden, ob eine neue Instanz oder ein Replikat einer vorhandenen Instanz erzeugt werden soll.

Der Assistent wird dann nach einem Namen für die neu einzurichtende Instanz fragen. Der Name kann beliebig ausgewählt werden. Wie immer gilt, dass es nicht zum Nachteil gereicht, wenn die Namen einigermaßen »sprechend« sind. Mit anderen Worten: INSTANZ1 ist sicherlich kein optimaler Name. Mit dem Instanznamen werden Sie es beispielsweise zu tun haben, wenn Sie eine Instanz mit der Dienste-Verwaltung anhalten oder starten möchten (Abbildung 10.4).

Der nächste Dialog fordert Sie auf, Ports für die LDAP-Kommunikation mit der neuen Verzeichnisinstanz einzugeben. Hier müssen Sie aufpassen, denn der Port darf auf dem Server noch nicht verwendet werden. Standardmäßig wird LDAP-Kommunikation auf Port 389 initiiert. Ist der Server, auf dem Sie AD LDS verwenden möchten, bereits ein Domänencontroller, dürfen Sie diesen Port nicht verwenden, da er dann bereits verwendet wird – ADDS nutzt den standardmäßigen LDAP-Port. Falls Sie mehrere AD LDS-Instanzen auf einem Server installieren, ist das kein Problem, solange Sie darauf achten, dass jede Instanz mit einer eigenen Portnummer ausgestattet ist (Abbildung 10.5).

Abbildung 10.4 Anders als bei ADDS können beliebig viele AD LDS-Instanzen auf einem Server ausgeführt werden.

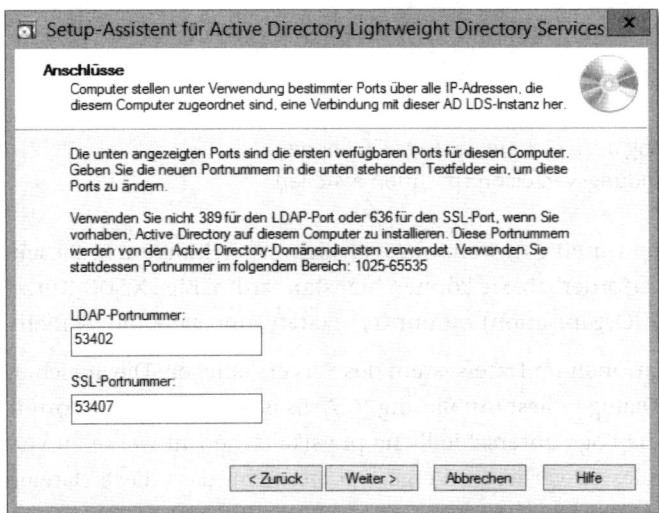

Abbildung 10.5 Die Auswahl der Portnummer ist wichtig. Sie darf nicht mit einer auf dem Server eventuell vorhandenen ADDS-Portnummer identisch sein.

Sie haben übrigens keine Chance, eine bereits verwendete Portnummer doppelt zu vergeben. Der Assistent würde Sie auf ein solches »Missgeschick« hinweisen. Trotzdem sollten Sie die vorgenommenen Einstellungen dokumentieren. Erstens brauchen Sie die Portnummern spätestens beim Zugriff auf die Instanz, zweitens können Sie sich nicht unbedingt darauf verlassen, dass der Assistent Sie immer zuverlässig warnen wird. Wenn die Instanz, der die Portnummer eigentlich zugeordnet ist, zufällig nicht läuft, wird der Assistent das nicht erkennen!

Als Nächstes müssen Sie entscheiden, ob Sie eine *Anwendungsverzeichnispartition* (*Application Directory Partition*) erzeugen möchten. Etliche Applikationen, die AD LDS (oder den Vorgänger ADAM) verwenden möchten, sind in der Lage, die Anwendungsverzeichnispartition selbst anzulegen. In einem solchen Fall entscheiden Sie sich für NEIN (Abbildung 10.6).

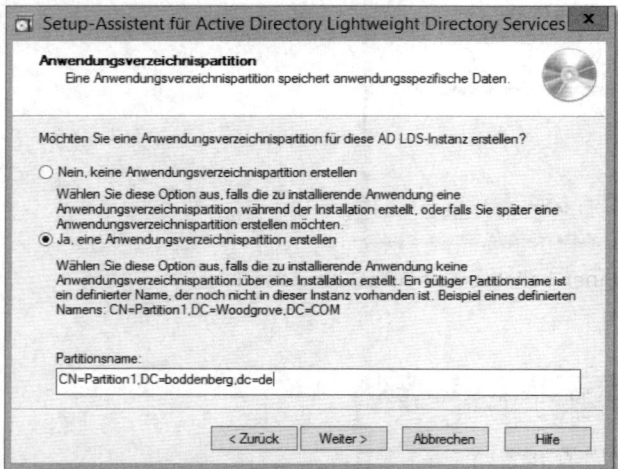

Abbildung 10.6 Falls eine Anwendung dazu nicht in der Lage ist, können Sie mit dem Assistenten eine Anwendungsverzeichnispartition erstellen.

In dem Beispiel dieses Buchs legen wir eine Anwendungsverzeichnispartition an. In diesem Fall ist ein Name für die Partition erforderlich. Sie können hier standardmäßige X.500-Kürzel verwenden, so beispielsweise das o (Organisation), c (Country), s (State) und viele andere mehr.

Auch AD LDS muss seine Informationen im Dateisystem des Servers ablegen. Die Speicherorte werden auf dem folgenden Dialog erfasst (Abbildung 10.7). Es ist durchaus von Vorteil, für die eigentlichen Daten und die Logs unterschiedliche physikalische Laufwerke zu verwenden, um im Ernstfall nicht alles zu verlieren. Vergessen Sie nicht, dass diese Dateien natürlich auch gesichert werden müssen.

Den nächsten Dialog kennen Sie von den meisten Installationsprogrammen, die Dienste installieren; es geht um das Konto, unter dem diese AD LDS-Instanz ausgeführt werden soll. Standardmäßig wird das integrierte NETZWERKDIENSTKONTO verwendet. Dies ist ein Konto mit sehr stark eingeschränkten Berechtigungen, das Sie als Dienstkonto für Ihre AD LDS-Instanz verwenden sollten. Die NTFS-Berechtigungen des Ablageorts, in dem die Dateien der

Instanz gespeichert werden, werden vom Assistenten dahingehend angepasst, dass das NETZWERKDIENSTKONTO lesend und schreibend zugreifen kann (Abbildung 10.8).

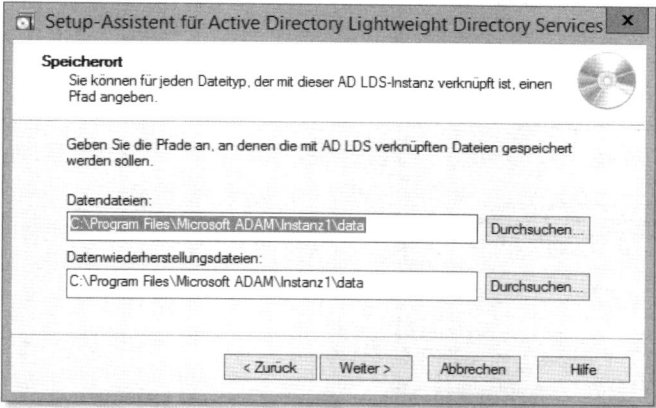

Abbildung 10.7 Die Dateien sollten in einer produktiven Installation auf verschiedenen physikalischen Laufwerken abgelegt werden.

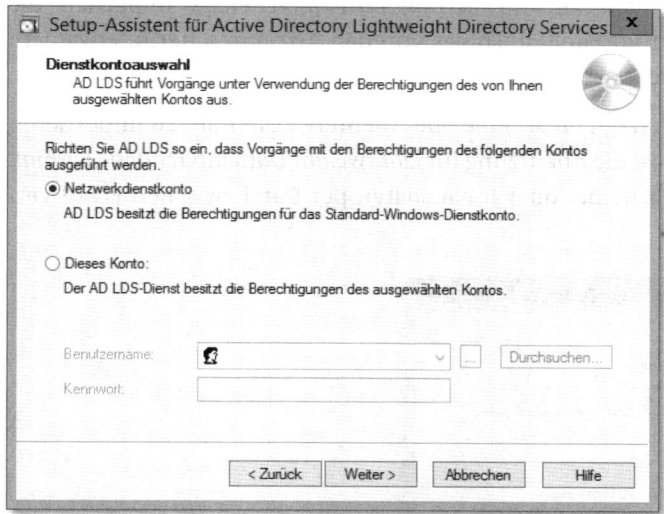

Abbildung 10.8 Das Dienstkonto muss festgelegt werden. »Netzwerkdienstkonto« ist im Allgemeinen eine gute Wahl.

Im nächsten Schritt müssen Sie festlegen, welche Benutzer administrative Berechtigungen auf die Instanz haben sollen (Abbildung 10.9). Sie können einen beliebigen Benutzer oder eine beliebige Gruppe festlegen. Dies ist übrigens keine Entscheidung für die Ewigkeit, vielmehr legen Sie die Benutzer(gruppe) fest, die die ersten administrativen Aufgaben erledigen können (bzw. kann) – und das kann beispielsweise auch das Ergänzen der Berechtigungen sein.

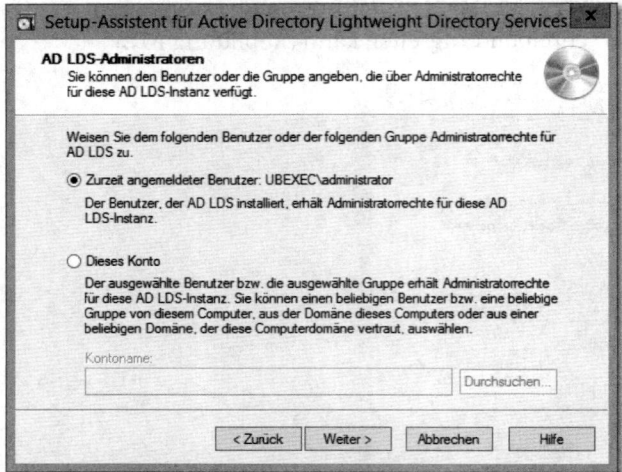

Abbildung 10.9 Die Benutzer mit administrativen Rechten für die neue Instanz werden festgelegt.

Für das in diesem Buch gezeigte Beispiel wird die LDIF-Datei *MS-User.LDF* importiert, die dafür sorgt, dass ein User-Objekt vorhanden ist, das von den Attributen her in etwa dem Benutzerobjekt im ADDS entspricht.

Der letzte Dialog des Assistenten fragt, ob Sie eine oder mehrere LDIF-Dateien importieren möchten (Abbildung 10.10). LDIF ist die Abkürzung für *Lightweight Data Interchange Format*. Es dient dazu, Konfigurations-, Schema- oder Inhaltsdaten per Datei zwischen LDAP-Verzeichnissen auszutauschen.

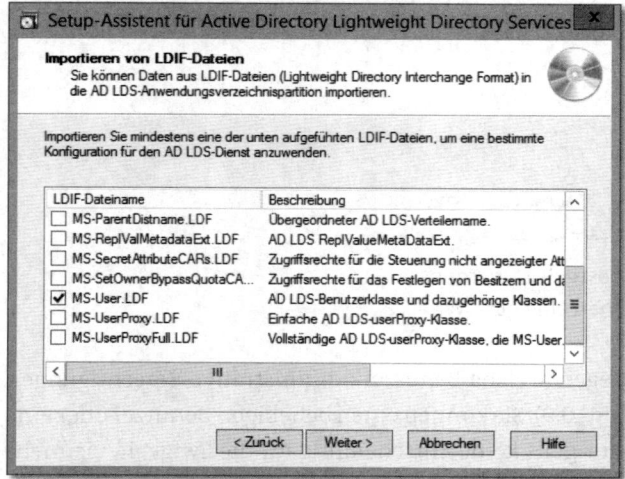

Abbildung 10.10 Auf Wunsch können LDIF-Dateien importiert werden. Sie sorgen z.B. dafür, dass bereits Schema-Informationen enthalten sind.

Falls Sie keine LDIF-Datei importieren, wird die Anwendungsverzeichnispartition zwar nicht leer sein, aber nur die grundlegenden Schema- und Konfigurationsinformationen beinhalten. Objekte wie beispielsweise die Klasse *User* sind dann nicht vorhanden.

Der Assistent kann nun die AD LDS-Instanz anlegen. Hat alles funktioniert, wovon im Allgemeinen auszugehen ist, kann die Instanz in der Diensteverwaltung gestartet, gestoppt etc. werden (Abbildung 10.11).

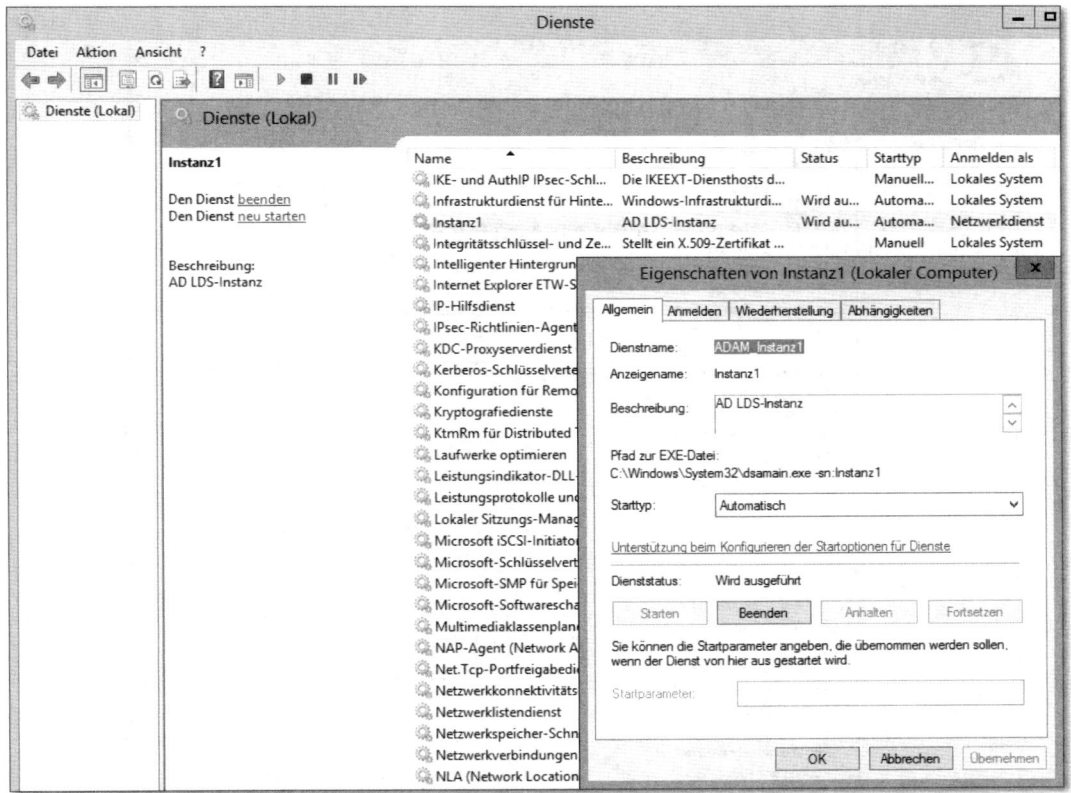

Abbildung 10.11 Die angelegte Instanz ist im Konfigurationswerkzeug »Dienste« zu sehen und kann hier beispielsweise beendet oder neu gestartet werden.

10.3 Administration

Die angelegte AD LDS-Instanz muss administriert werden. Hier gibt es zwei grundsätzliche Varianten:

- Die erste Möglichkeit ist, dass die Applikation, die AD LDS verwendet, selbst die Administration übernimmt, beispielsweise Objekte anlegt, Passwörter für Benutzer setzt etc. Im besten Fall merken Sie von den Administrationsvorgängen nichts. Ein Exchange-2007/

10 Active Directory Lightweight Directory Services (AD LDS)

2010/2013-Edge-Server verwendet beispielsweise ADAM als Verzeichnis für Benutzerdaten. Von dieser ADAM-Instanz werden Sie im Normalfall nie etwas zu sehen bekommen, weil sie vom Edge-Server selbst verwaltet und gepflegt wird. Den »Beweis«, dass AD LDS (bzw. ADAM) wirklich auf dem Edge-Server arbeitet, sehen Sie in Abbildung 10.12.

- Die zweite Variante ist, dass Sie die Administration der AD LDS-Instanz manuell vornehmen müssen. Im Normalfall sollte das zwar nicht der Fall sein; es kann aber nicht schaden, einmal zu sehen, wie es gemacht wird.

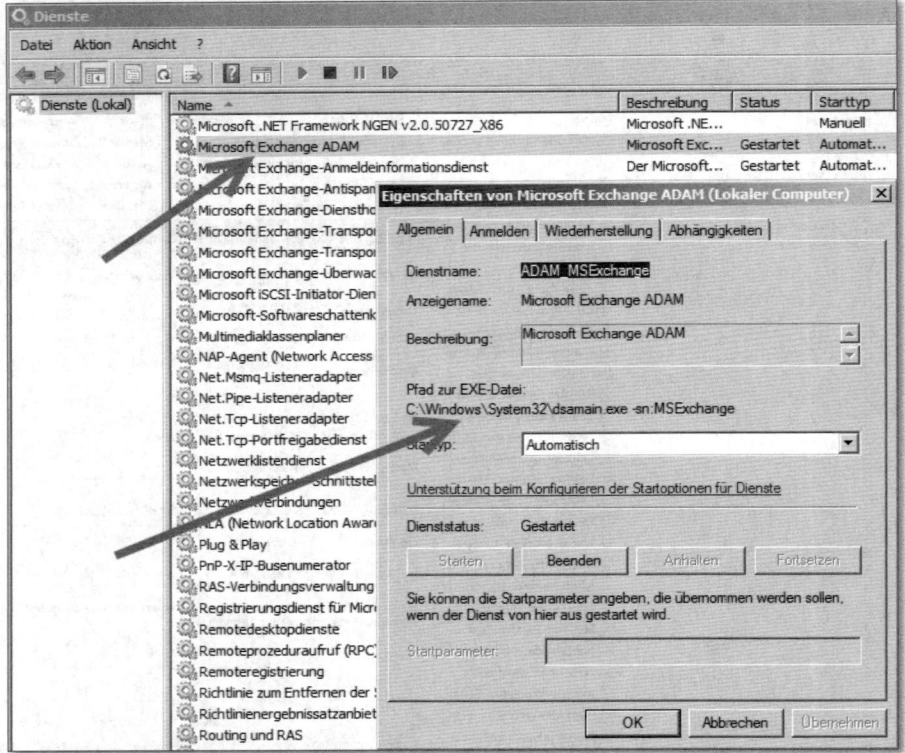

Abbildung 10.12 Die Dienste-Verwaltung eines Exchange 2010 Edge-Servers. Man sieht, dass hier eine ADAM-Instanz arbeitet.

Die Administrationswerkzeuge, die zu AD LDS gehören, sind leider nicht so hübsch wie die AD-Domänendienste-Werkzeuge. Hierfür gibt es aber zwei Gründe:

- Bei vielen Anwendungen, wie dem *Threat Management Gateway Enterprise Edition* wird die Administration des AD LDS zumeist von den Applikationen selbst vorgenommen.
- Die Nutzungsszenarien für AD LDS sind so vielfältig, dass ein allgemeines komfortables Werkzeug gar nicht existieren kann. Sie können mit AD LDS beispielsweise externe Benutzer verwalten, eine Firewallkonfiguration (siehe *Threat Management Gateway Enterprise*

Edition) speichern oder zusätzliche Attribute zu Ihren ADDS-Benutzern hinterlegen. Jeder Anwendungsfall würde ein komplett anderes Admin-Werkzeug erfordern.

Neben einigen anderen Werkzeugen kann insbesondere ADSI-Editor verwendet werden, das Sie schon im Kontext der Active Directory-Domänendienste kennengelernt haben. ADSI-Editor ermöglicht es Ihnen, die Namenskontexte *Konfiguration*, *Schema* und die eigentliche Anwendungspartition anzuschauen und zu bearbeiten.

Wie eine Verbindung zu dem Konfigurationsnamenskontext einer AD LDS-Instanz aufgebaut wird, sehen Sie in Abbildung 10.13:

- Der Name des Servers muss zusammen mit der Portnummer eingegeben werden, die für diese Instanz festgelegt wurde.
- Der NAMENSKONTEXT, in diesem Fall KONFIGURATION, muss ausgewählt werden.

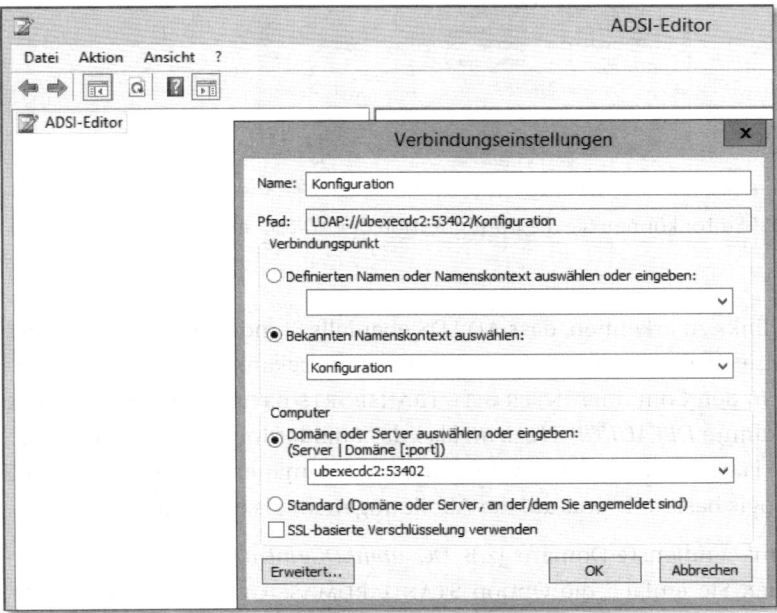

Abbildung 10.13 Die Administration erfolgt beispielsweise mit ADSI-Editor. Zunächst müssen Sie eine Verbindung zum entsprechenden Namenskontext der Anwendungsverzeichnispartition herstellen.

Abbildung 10.14 zeigt ein Bild, das Sie bereits aus der Arbeit mit den Active Directory-Domänendiensten kennen. Im Konfigurationsnamenskontext sind unter VERZEICHNISPARTITIONSNAME drei Partitionen (Namenskontexte) verzeichnet, nämlich *Konfiguration*, *Schema* und das eigentliche Anwendungsverzeichnis, dessen Name mit einer GUID angegeben ist (rechter Pfeil). Die Attribute und deren Werte können Sie in den Eigenschaften des jeweiligen Objekts lesen und verändern.

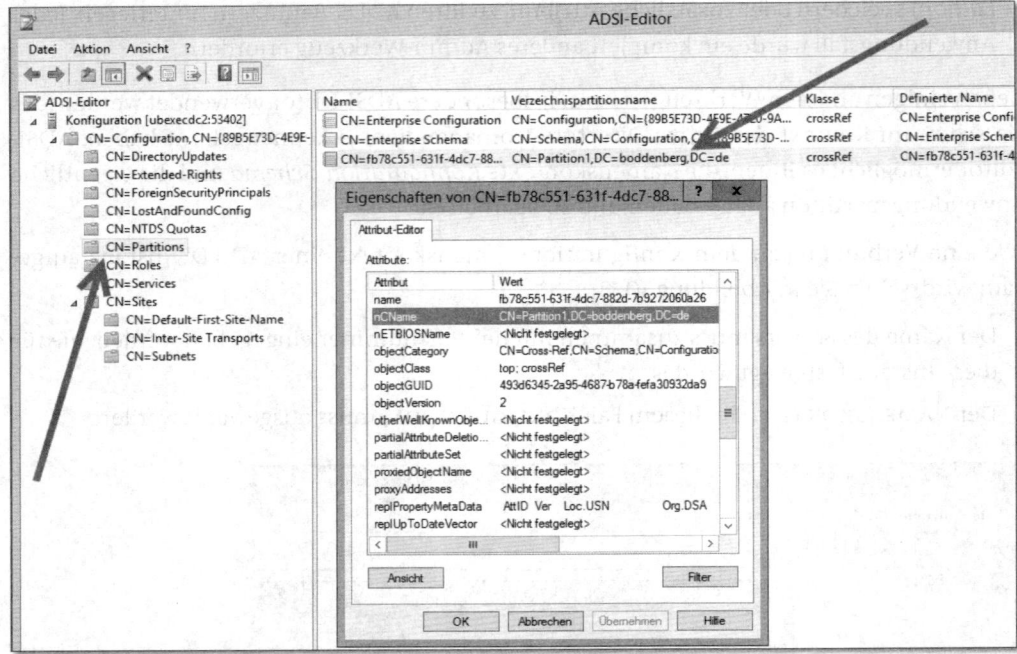

Abbildung 10.14 Mit ADSI-Editor können Sie die Konfiguration der AD LDS-Instanz anschauen und modifizieren.

In Abbildung 10.14 ist links zu erkennen, dass AD LDS ebenfalls Standorte (Sites) kennt. Sie erkennen beispielsweise den aus den AD-Domänendiensten bekannten DEFAULT-FIRST-SITE-NAME. Wenn Sie in den Container INTER-SITE TRANSPORTS navigieren würden, fände sich dort auch der bekannte *DEFAULTIPSITELINK*, also das Standardobjekt für Standortverknüpfungen. Ich hatte ja bereits eingangs erwähnt, dass AD-Domänendienste und AD LDS auf derselben Technologie basieren – was auf der Abbildung mehr als deutlich wird.

Wenn Sie eine AD-Domänendienste-Domäne (z. B. *DC=ubinf,DC=intra*) in ADSI-Editor bearbeiten möchten, wählen Sie einfach die Option STANDARDMÄSSIGER NAMENSKONTEXT, und das Werkzeug stellt die Verbindung her. Die Verbindung zu einer Anwendungsverzeichnispartition kann leider nicht so einfach aufgebaut werden, es ist aber nicht wirklich schwieriger (Abbildung 10.15):

- Sie müssen den Servernamen und die Portnummer der AD LDS-Instanz angeben.
- Anstatt einfach STANDARDMÄSSIGER NAMENSKONTEXT auszuwählen, müssen Sie den Namen der Anwendungsverzeichnispartition, z. B. CN=PARITION1,DC=BODDENBERG, DC=DE, eintragen.

Wenn Sie mit der Anwendungsverzeichnispartition verbunden sind, können Sie neue Objekte anlegen. Es leuchtet ein, dass nur Objekte angegeben werden können, die im Schema definiert sind. Als Beispiel soll in dem Container (CN) BEREICH1, die ich zuvor angelegt habe, ein Benutzerobjekt erzeugt werden. Das Benutzerobjekt existiert übrigens nur, weil zuvor die Datei *MS-User.LDF* importiert worden ist; damit ist das Schema entsprechend erweitert worden.

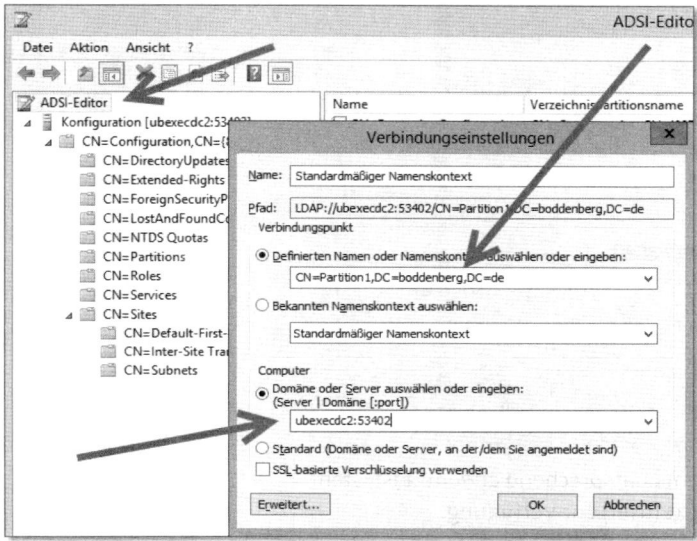

Abbildung 10.15 So verbinden Sie sich mit der Anwendungsverzeichnispartition.

Im Kontextmenü der Organisationseinheit findet sich die Möglichkeit, ein neues Objekt anzulegen (Abbildung 10.16).

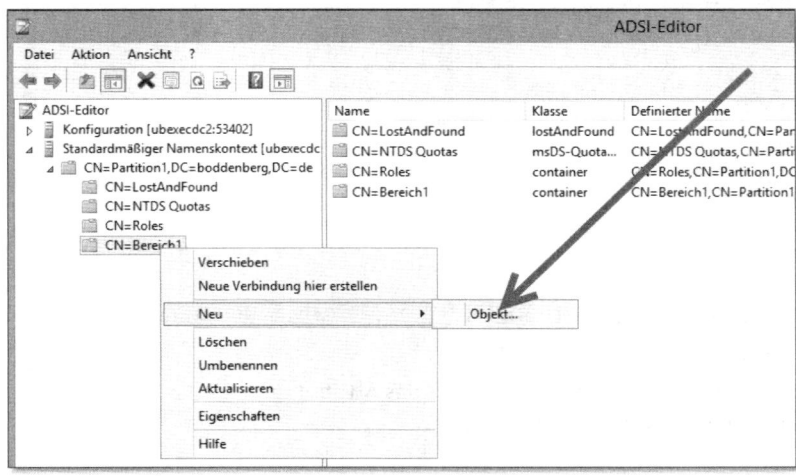

Abbildung 10.16 Mit ADSI-Editor können Sie neue Objekte anlegen.

Beim Anlegen eines neuen Objekts muss zunächst dessen Typ ausgewählt werden (Abbildung 10.17). Welche Möglichkeiten hier angezeigt werden, hängt davon ab, welche Klassen im Schema definiert sind.

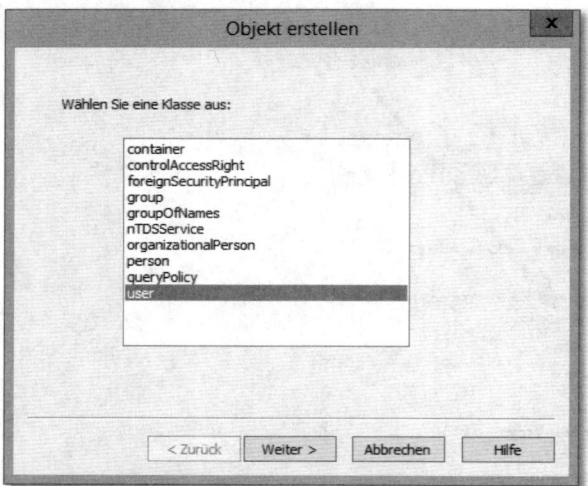

Abbildung 10.17 Wenn das Schema entsprechend erweitert ist, steht beispielsweise ein Benutzerobjekt (user) zur Verfügung.

Beim Anlegen eines Benutzerobjekts wird zunächst nur das Attribut cn, also der Common Name, abgefragt. Dieses kann einen etwas simplen Dialog eingetragen werden (Abbildung 10.18).

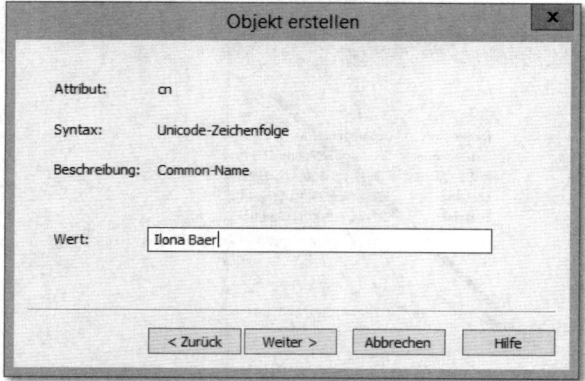

Abbildung 10.18 Beim Anlegen des Benutzerobjekts muss das Attribut »cn« (common Name) mit einem Wert versehen werden.

Ist das Objekt angelegt, können Sie die weiteren Attribute im Eigenschaftendialog eintragen, der in Abbildung 10.19 zu sehen ist.

Auf diese Weise können Sie beliebige Daten in der Anwendungsverzeichnispartition anlegen, modifizieren und löschen. Wie bereits erwähnt, sollte das zwar im Allgemeinen nicht notwendig sein; falls aber eine Applikation, die AD LDS nutzt, nicht dazu in der Lage ist oder Sie im Problemfall sozusagen manuell eingreifen müssen, wissen Sie nun, wie es gemacht wird.

Neben ADSI-Editor stehen einige weitere Werkzeuge zur Verfügung, die zum Teil auch im Umfeld der Active Directory-Domänendienste verwendet werden. Tabelle 10.2 listet die vorhandenen Administrationswerkzeuge mit einer kurzen Beschreibung auf. Lassen Sie sich nicht davon stören, dass die Werkzeuge zum Teil den Namenszug der Vorgängerversion (ADAM) tragen.

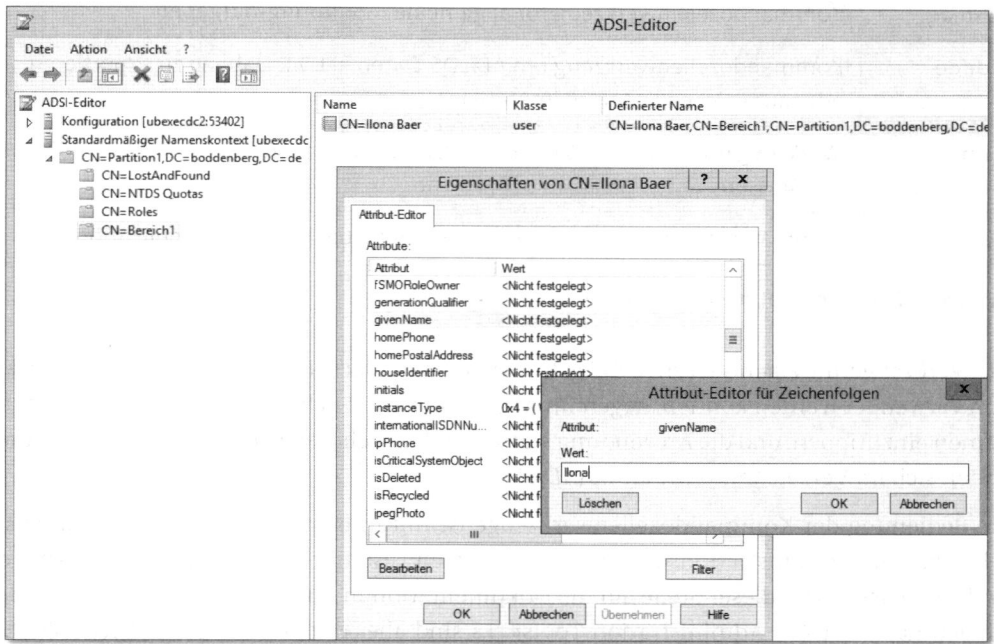

Abbildung 10.19 Die weiteren Attribute können Sie in den Eigenschaften des Objekts setzen.

Werkzeug	Aufgabe
ADSI-Editor	Schreibender und lesender Zugriff auf die Daten in allen Namenskontexten
AD Schema Analyzer	Administration des AD LDS-Schemas
Adamsetup	Kommandozeilenanwendung, die den Installationsassistenten startet oder eine AD LDS-Instanz gemäß der übergebenen Kommandozeilenparameter installiert

Tabelle 10.2 Administrationswerkzeuge

Werkzeug	Aufgabe
Csvde	Kommandozeilenwerkzeug, das AD LDS-Inhalte in CSV-Dateien exportiert oder aus solchen importiert
Dsmgmt	Kommandozeilenwerkzeug für allgemeine Administrationsarbeiten
Dsacls	Kommandozeilenwerkzeug, um Zugriffsinformationen zu bearbeiten (Access Control Entrys und Access Control Lists)
Dsdbutil	Kommandozeilenwerkzeug, um AD LDS-Datenbankdateien zu administrieren
Dsdiag	Kommandozeilenwerkzeug für allgemeine Monitoring-Aufgaben
Ldifde	Kommandozeilenwerkzeug um AD LDS-Daten in LDIF-Dateien zu exportieren oder aus solchen Daten zu importieren
Ldp	Werkzeug (mit einfacher Windows-GUI) zur Administration von LDAP-Verzeichnissen
Repadmin	Kommandozeilenwerkzeug zur Überwachung der Verzeichnisreplikation

Tabelle 10.2 Administrationswerkzeuge (Forts.)

Die Werkzeuge, die eigentlich zu ADDS gehören und zusätzlich auch zur AD LDS-Administration verwendet werden können, liegen im Allgemeinen im Suchpfad; Sie brauchen nur den Namen einzutippen, und die Anwendung startet. Andere gehören dediziert zu AD LDS. Diese finden sich im Verzeichnis *c:\windows\ADAM*.

Die Bedienung der Kommandozeilenwerkzeuge ist mitunter kryptisch. Da ich davon ausgehe, dass die Administrationsdetails für die meisten Leser nicht so fürchterlich spannend sind, verweise ich an dieser Stelle auf die Dokumentation in Microsoft TechNet; suchen Sie einfach nach »ADAM Administration Tools«. Es sind aber durchaus auch grafische Werkzeuge vorhanden. Als Beispiel hierfür möchte ich das *ADDS-/LDS-Schema-Analysierungstool* nennen (es liegt in *c:\windows\ADAM*, Abbildung 10.20).

> **Kleiner Hinweis**
>
> Wenn Sie mit diesem Werkzeug eine Verbindung zur AD LDS-Instanz aufbauen, brauchen Sie keinen Benutzernamen einzugeben, solange die Authentifizierung über die integrierte Windows-Authentifizierung erfolgen kann. (Sie müssen auf Ihrem Windows-Client als Benutzer eingeloggt sein, der für die AD LDS-Instanz als administrationsberechtigt eingetragen ist.)

Eine wichtige Quelle für Informationen über den Zustand einer AD LDS-Instanz ist die Ereignisanzeige. Unterhalb des Knotens ANWENDUNGS- UND DIENSTPROTOKOLLE befindet sich ein Eintrag mit dem Instanznamen; gezeigt ist dies auf Abbildung 10.21.

10.3 Administration

Abbildung 10.20 Ein Beispiel für ein weiteres Werkzeug zur Administration ist das ADDS-/LDS-Schema-Analysierungstool, das sich im Verzeichnis »c:\windows\ADAM« befindet.

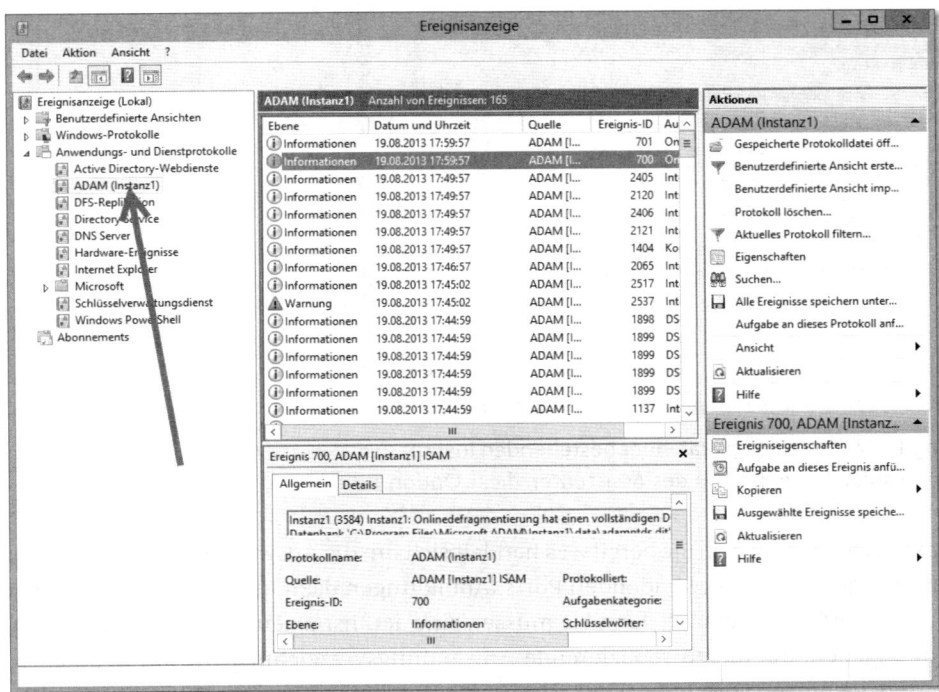

Abbildung 10.21 Sie können Informationen über eine AD LDS-Instanz mithilfe der Ereignisanzeige abrufen.

10.4 Replikation einrichten

AD LDS unterstützt, ebenso wie die AD-Domänendienste, die Replikation von Verzeichnisdaten über mehrere Server; bei AD LDS müsste es »über mehrere Instanzen« heißen. Zum Schluss der Abhandlungen über die *Active Directory Lightweight Directory Services* möchte ich Ihnen zeigen, wie eine solche Replikation eingerichtet wird – keine Sorge, es kann alles mit dem Assistenten erledigt werden.

Für das Beispiel soll die zuvor angelegte AD-Instanz repliziert werden, deren Schema mittels *MS-user.LDF* erweitert wurde. Der erste Schritt ist die Einrichtung einer weiteren Instanz mit dem Assistenten. Die Instanz wird sinnvollerweise auf einem weiteren Server eingerichtet; prinzipiell könnten beide Instanzen auf demselben Server liegen.

Der Assistent stellt vorwiegend dieselben Fragen wie bei der Einrichtung einer nicht replizierten AD LDS-Instanz – diese Punkte werden an dieser Stelle nicht noch einmal besprochen.

Auf der ersten Dialogseite geben Sie an, dass Sie ein Replikat einer bestehenden Instanz erzeugen wollen (Abbildung 10.22).

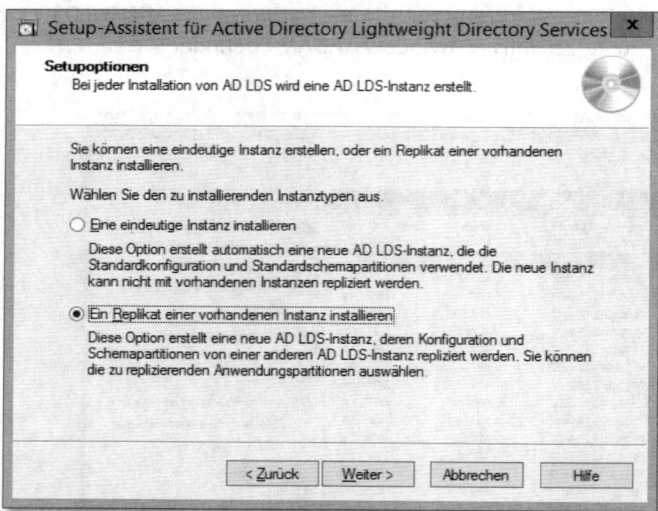

Abbildung 10.22 Um ein Replikat einer bestehenden Instanz zu erzeugen, wählen Sie zu Beginn des Assistenten diese Option.

Die nächsten Dialoge kennen Sie bereits: Es handelt sich um die Auswahl des Instanznamens und das Festlegen der zu verwendenden Ports (Abbildungen dazu finden sich weiter vorn). Dann wird es wieder interessant, denn Sie müssen eine der Instanzen (falls mehrere vorhanden sind) angeben, die die zu replizierende Anwendungsverzeichnispartition beinhalten. Falls mehrere Instanzen vorhanden sind, ist es völlig unerheblich, welche Instanz angegeben wird; die optimalen Replikationswege werden automatisch ermittelt. Die Instanz wird durch den DNS-Namen des Servers und den LDAP-Port identifiziert (Abbildung 10.23).

Abbildung 10.23 Eine Instanz, die die zu replizierende Anwendungsverzeichnispartition enthält, muss angegeben werden.

Im nächsten Schritt geben Sie ein Konto an, das administrative Berechtigungen auf die Instanz hat, mit der repliziert werden soll. Diese Angabe haben Sie schon bei der Einrichtung der ursprünglichen Instanz gemacht (Abbildung 10.24).

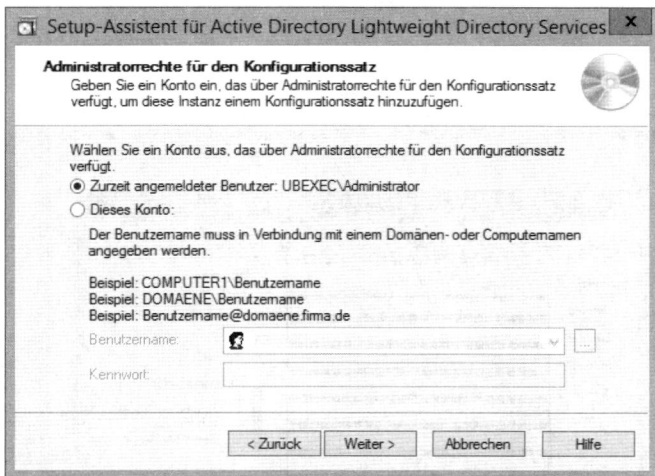

Abbildung 10.24 Sie müssen ein Konto mit administrativen Rechten für die AD LDS-Instanz angeben, mit der repliziert werden soll.

Wenn korrekte Anmeldeinformationen angegeben worden sind, können Sie im nächsten Dialog die zu replizierende Anwendungsverzeichnispartition auswählen. Die Namenskontexte *Schema* und *Konfiguration* werden übrigens immer repliziert und sind demzufolge nicht als Auswahl vorhanden (Abbildung 10.25).

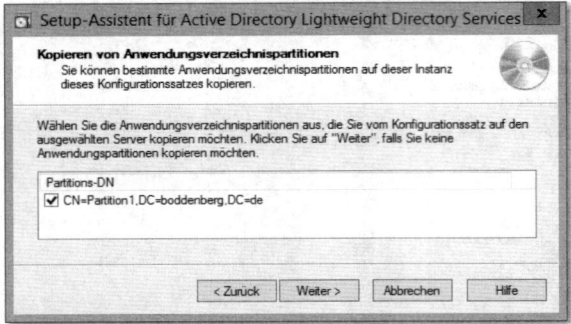

Abbildung 10.25 Die zu replizierende Anwendungsverzeichnispartition wird ausgewählt.

Die restlichen Dialoge sind Ihnen bereits bekannt. Es handelt sich um die Auswahl des Speicherorts, des zu verwendenden Dienstkontos und der Administratoren.

Die Replikation erfolgt in etwa so, wie im entsprechenden AD-Domänendienste-Abschnitt vorgestellt. Mit ADSI-Editor können Sie Einstellungen vornehmen, beispielsweise das Replikationsintervall des Standorts festlegen. Abbildung 10.26 zeigt den entsprechenden Dialog. Er ist über das Kontextmenü des Objekts CN= NTDS SITE SETTINGS zu erreichen.

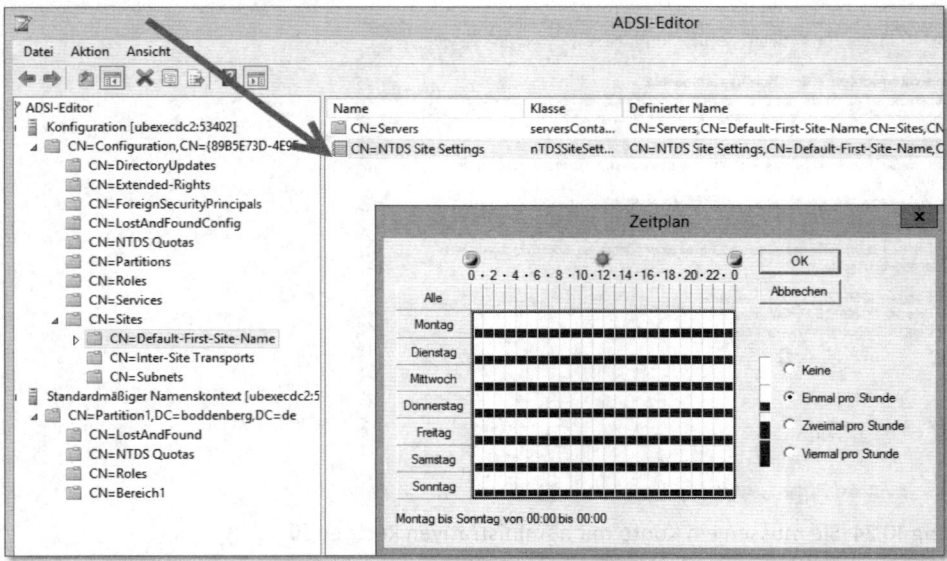

Abbildung 10.26 Der Replikationszeitplan kann individuell angepasst werden.

10.4 Replikation einrichten

Ob die Replikation erfolgreich ist, können Sie beispielsweise mit *repadmin* prüfen. Einen ersten groben Eindruck können Sie sich auch verschaffen, wenn Sie in ADSI-Editor die Anwendungsverzeichnispartitionen der zu replizierenden Instanzen öffnen und sie »per Augenschein« vergleichen (Abbildung 10.27). Das ist zwar keine streng wissenschaftliche Methode, aber wenn in allen Instanzen alle Objekte vorhanden sind, sieht es schon ganz gut aus.

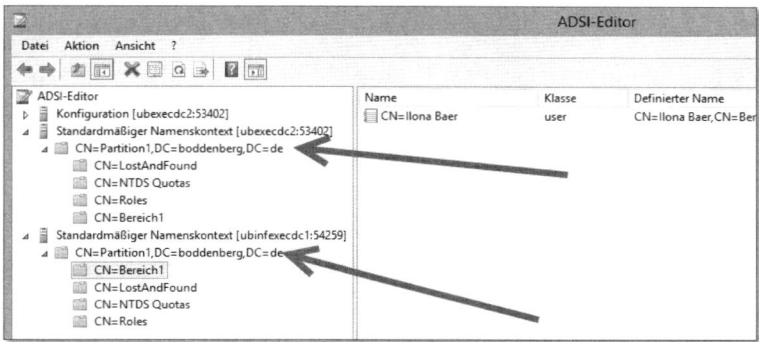

Abbildung 10.27 Zwei Replikate der Anwendungsverzeichnispartition

Wie die Replikation in der Active Directory-Technologie implementiert ist, habe ich in Kapitel 8, »Active Directory-Domänendienste«, sehr ausführlich beschrieben. Sie erinnern sich, dass die Erkennung, welche Änderungen noch repliziert werden müssen, auf USNs (Update Sequence Numbers) basiert, die in den Attributen jedes Objekts geführt werden. Die USNs eines Objekts in unterschiedlichen Replikaten sind unterschiedlich (wobei nicht auszuschließen ist, das zufällig gleiche USNs vorhanden sind). Abbildung 10.28 zeigt die Eigenschaften des zuvor angelegten Benutzerobjekts in zwei AD LDS-Instanzen – sie sind unterschiedlich!

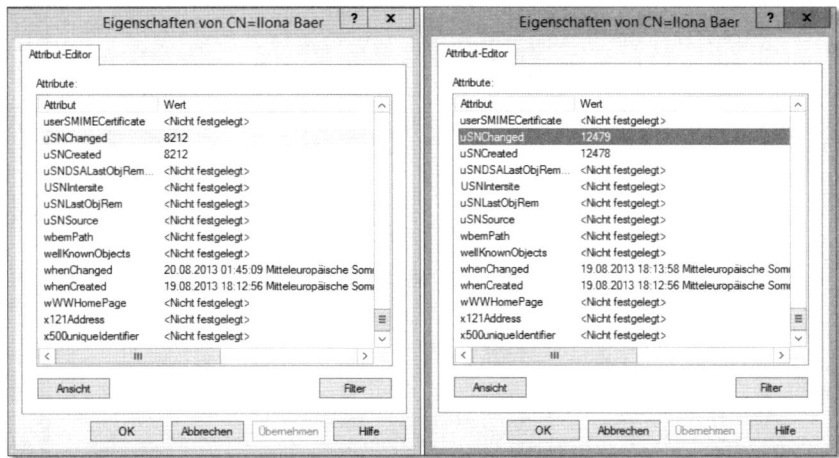

Abbildung 10.28 Das Benutzerobjekt hat in den Replikaten unterschiedliche USNs.

Kapitel 11
Active Directory-Verbunddienste (Federation Services)

Wieder nach Hause zurück, wofern wir entrinnen dem Tode;
Weil ja zugleich der Krieg und die Pest hinrafft die Achaier.
Aber wohlan, fragt einen der Opferer, oder der Seher,
Oder auch Traumausleger; auch Träume ja kommen von Zeus her:
Der uns sage, warum so ereiferte Phöbos Apollon

Eine weitere Komponente der Active Directory-Familie sind die *Active Directory-Verbunddienste*. In der englischen Literatur heißen sie *Active Directory Federation Services* (ADFS). ADFS bedient drei wesentliche Anforderungen:

- Single Sign On-Lösung für Extranet-Applikationen mit separatem »DMZ-Forest«
- Authentifizierung von Anwendern aus Partnerunternehmen
- Authentifizierung in cloud-integrierten Szenarien, also mit Office 365.

ADFS ist eine mit der R2-Version des Windows Servers 2003 eingeführte Technologie, die auf dem *WS-Federation*-Standard basiert, der auch von anderen namhaften Softwareherstellern (wie beispielsweise IBM, Citrix, BMC und anderen) unterstützt wird.

11.1 Ein Anwendungsszenario

Ein mögliches Anwendungsszenario sehen Sie in Abbildung 11.1. Der Benutzer *BETA\Ben* möchte auf einen Webserver des Partnerunternehmens *ALPHA* zugreifen. Natürlich könnte man das Problem »konventionell« lösen, also beispielsweise eine komplette eigene Benutzerauthentifizierung für die Applikation bauen oder den Benutzer im AD von *ALPHA* eintragen und dort authentifizieren. Wenn zwei Organisationen eng zusammenarbeiten, wird schnell der Wunsch aufkommen, die organisationsübergreifende Authentifizierung und Autorisierung zu optimieren, sodass Konten nicht mehrfach angelegt werden müssen. Ein Anwender wie *BETA\Ben* soll also mit seinem Domänen-Konto auf eine Ressource in der *ALPHA*-Organisation zugreifen können.

Im Grunde genommen könnte man dies durch eine Vertrauensstellung zwischen den Active Directory-Forests erreichen, allerdings ist eine solche Vertrauensstellung im Allgemeinen viel zu weitreichend. Active Directory-Verbunddienste ermöglichen die Implementation eines »begrenzten Vertrauensverhältnisses« zwischen Organisationen. In Abbildung 11.1 kann man bereits erkennen, dass hierzu in beiden Organisationen »Federation Server« benötigt werden.

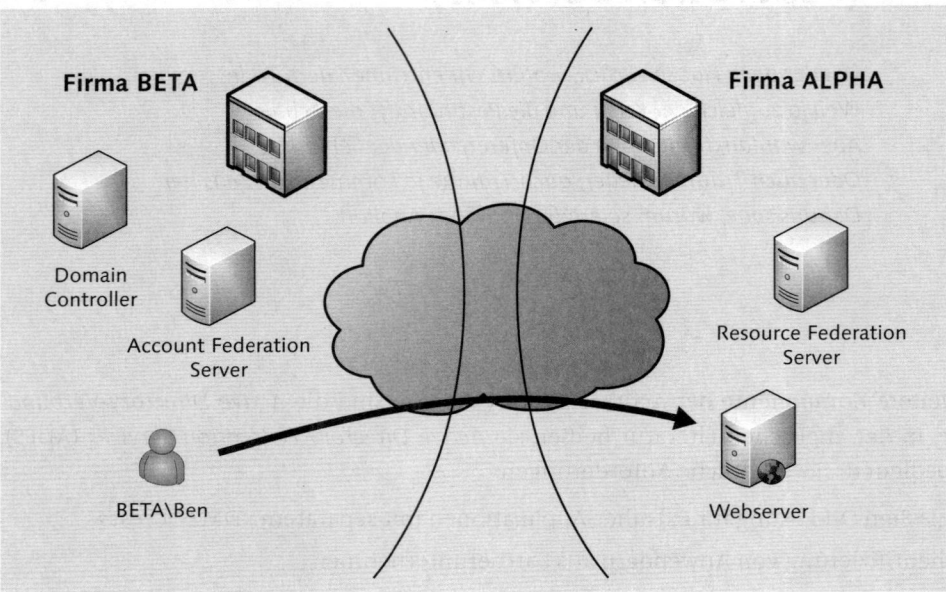

Abbildung 11.1 Ein Beispielszenario für die Verwendung der Active Directory-Verbunddienste

11.2 Installation

Bei der Installation der AD-Verbunddienste müssen folgende Voraussetzungen erfüllt sein:

- IIS muss installiert sein. Die Kommunikation basiert auf Webservices.
- Zertifikate müssen installiert und zugeordnet sein. Natürlich müssen die Zertifikate auf dem jeweiligen Server gültig sein.

Wie Sie auf Abbildung 11.2 erkennen können, gibt es einen recht umfangreichen Konfigurations-Assistenten (viele abzuarbeitende Schritte).

Bei der Installation der Verbunddienste, die im Server-Manager über das Hinzufügen einer neuen Rolle gestartet wird, stehen drei Unterkomponenten zur Auswahl:

- Verbunddienst (Federation Service)
- Verbunddienstproxy (Federation Service Proxy)
- AD FS-Web-Agents

Der Verbunddienst ist die Kernkomponente der Active Directory-Verbunddienste. Man unterscheidet zwischen einem Verbunddienst, der Ressourcen bereitstellt, und einem, der Konten bereitstellt. Ein Verbunddienst-Server kann gleichzeitig beide Rollen übernehmen.

Zwischen zwei Organisationen, die über das Internet miteinander kommunizieren, werden natürlich Firewall-Systeme liegen. Um keine direkte Verbindung zwischen dem Internet und einem Federation Server bereitstellen zu müssen, der im Innern des Netzes steht, kann ein Verbunddienstproxy (Federation Service Proxy) in der DMZ platziert werden.

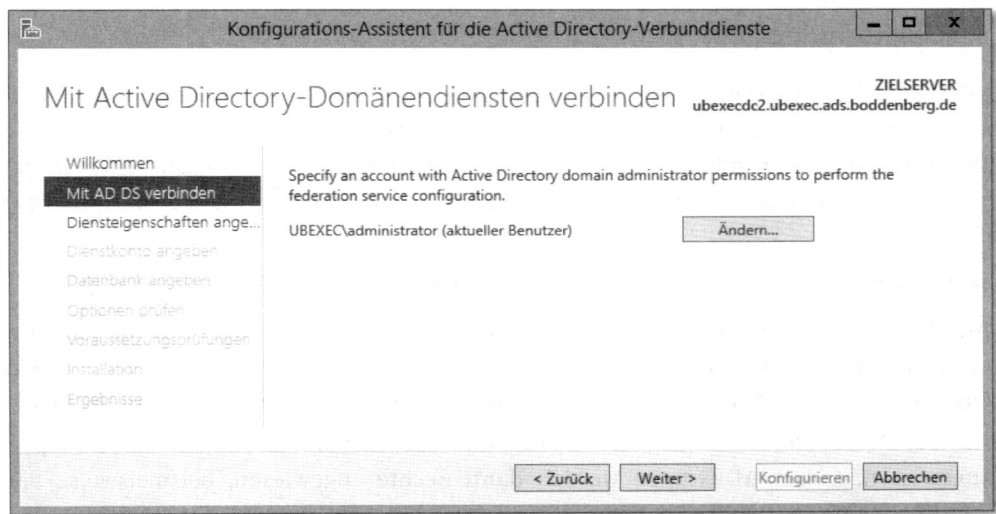

Abbildung 11.2 Der Konfigurations-Assistent für die Verbunddienste ist recht umfangreich.

Mit der dritten Komponente, dem Web-Agent, wird der Zugriff auf die Web-Applikation realisiert. Die Verbunddienste kennen zwei Typen von Applikationen:

- Applikationen, die eine Anmeldung mit einem Windows-Token voraussetzen (z.B. *SharePoint Services 3.0*)
- »Claims-Aware«-Applikationen (deutsche Übersetzung: »Ansprüche unterstützende Anwendungen«), also Web-Anwendungen, die dafür entwickelt sind, mit Benutzeranfragen umzugehen, die über Active Directory-Verbunddienste authentifiziert worden sind. (Hintergründe dazu finden Entwickler wie üblich im MSDN.)

Die Active Directory-Verbunddienste können also nicht verwendet werden, um Zugriff auf nicht webbasierte Applikationen zu realisieren. Ebenso können Web-Applikationen, die eine eigene Benutzerauthentifizierung (z.B. eine ASP.NET formularbasierte Authentifizierung) implementieren, nicht mit den Verbunddiensten verwendet werden. Das »klassische Beispiel«, das im Übrigen auch einen hohen Praxisbezug hat, sind die *Federated SharePoint Services*; in einem solchen Szenario können Benutzer aus verschiedenen Unternehmen ohne zusätzliche Authentifizierung oder weiteren Administrationsaufwand auf ein gemeinsames Projektverzeichnis auf einem SharePoint Server zugreifen.

Für das Netzwerkdesign interessant ist, dass die beiden Verbunddienste-Server niemals miteinander kommunizieren. Der Client hingegen muss in der Lage sein, beide Verbunddienst-Server zu erreichen. Wie bereits weiter vorn beschrieben wurde, kann dieser Zugriff über Verbunddienstproxys geschehen.

11.3 Die Kernidee

Die Kernidee der Active Directory-Verbunddienste ist, dass ein Unternehmen einen Anwender eines Partnerunternehmens auf eine Ressource zugreifen lässt, ohne dass eine separate Authentifizierung notwendig ist. Da es keine klassische Vertrauensstellung auf Active Directory-Ebene gibt, wird dies durch sogenannte Claim-Mappings (»Organisationsansprüche«) realisiert.

Sehr stark vereinfacht funktioniert dies bei einer Applikation wie SharePoint wie folgt:

- Auf der Kontenseite, also bei der Organisation, deren Benutzer zugreifen wollen, wird definiert, dass für Anwender, die Mitglied einer bestimmten AD-Gruppe (der eigenen Organisation!) sind, ein bestimmter Gruppenanspruch zugeordnet und übertragen wird.
- Auf der Ressourcenseite wird dieser Gruppenanspruch einer Active Directory-Gruppe zugewiesen. Dieser AD-Gruppe werden dann Rechte zugewiesen, beispielsweise der Zugriff auf eine SharePoint-Teamsite.

In Abbildung 11.3 sind diese Schritte grafisch dargestellt. Sie sehen, dass das Bindeglied zwischen den Organisationen der Gruppenanspruch ist, der jeweils einer AD-Gruppe zugeordnet ist. Das Verfahren ist in Wahrheit deutlich komplizierter als hier dargestellt, weil AD-Gruppen nicht direkt Gruppenansprüchen zugeordnet werden, sondern zusätzlich mit Organisationsansprüchen gearbeitet wird. Für den ersten Überblick genügt es aber zu wissen, dass ein Mapping der gewährten und zu gewährenden Zugriffsrechte erfolgt.

In der Konsequenz bedeutet dies übrigens, dass der Administrator der Firma *BETA* durch Zuweisen von Gruppenmitgliedschaften beeinflussen kann, wer auf den Webserver der Firma *ALPHA* zugreifen kann. Beispiel: Ein neuer Projektmitarbeiter kommt zur Firma *BETA* hinzu. Aufgrund der Mitgliedschaft in einer AD-Gruppe kann er auf die Extranet-Anwendung der Partnerfirma zugreifen, ohne dass der dortige Benutzer ihn anlegen und berechtigen muss.

11.3 Die Kernidee

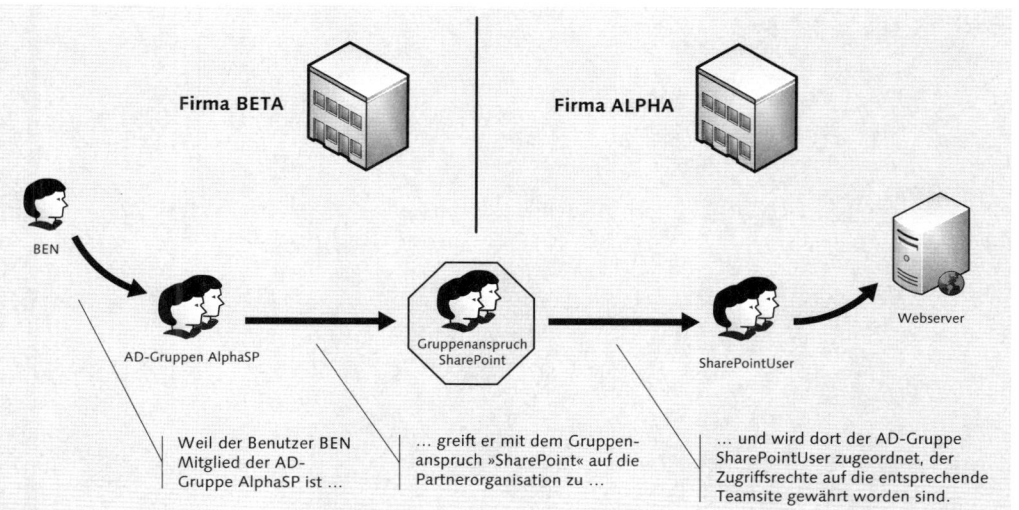

Abbildung 11.3 Die Funktionsweise der Active Directory-Verbunddienste am Beispiel der Federated SharePoint Services

> **Hinweis**
>
> Die Active Directory-Verbunddienste sind leider nicht ganz trivial einzurichten. Die Einrichtung ist kein unüberwindliches Problem, aber wenn beispielsweise die Zertifikate nicht exakt zu den Servern (bzw. deren Namen) passen, funktioniert es nicht – das ist ja auch ein korrektes Verhalten.
>
> Ich gehe davon aus, dass es zwar für alle Leser interessant zu wissen ist, wozu die Verbunddienste verwendet werden können, dass aber die Anzahl derjenigen, die sie tatsächlich direkt einführen, eher niedrig ist. Aus diesem Grunde verzichte ich auf eine mehrere Seiten lange Darstellung der Einrichtung.

Kapitel 12
Active Directory-Zertifikatdienste

Ob versäumte Gelübd' ihn erzürneten, ob Hekatomben:
Wenn vielleicht der Lämmer Gedüft und erlesener Ziegen
Er zum Opfer begehrt, von uns die Plage zu wenden.
Also redete jener, und setzte sich. Wieder erhub sich
Kalchas der Thestoride, der weiseste Vogelschauer

Die zu Zeiten von Windows Server 2003 *Zertifikatsdienste* genannte Funktionalität ist jetzt in die Active Directory-Familie aufgenommen worden und heißt *Active Directory-Zertifikatdienste*, in englischen Versionen *Active Directory Certificate Server* (AD CS).

Diese namensmäßige Anpassung erscheint mir durchaus sinnvoll zu sein, da nun alles, was im weitesten Sinne mit Authentifizierung zu tun hat, beim Active Directory angesiedelt ist.

> **AD CS**
> Aus Gründen der besseren Lesbarkeit verwende ich im weiteren Verlauf häufig die englische Abkürzung AD CS, anstatt jedes Mal lang und breit »Active Directory-Zertifikatdienste« zu schreiben.

12.1 Einige Anwendungsszenarien

Wenn Sie sich nicht ganz sicher sind, ob Sie in Ihrem Unternehmen bzw. in Ihrer Organisation ein Zertifikatswesen einführen sollen, möchte ich Ihnen zunächst einige Anwendungsszenarien nennen. Sie werden höchstwahrscheinlich feststellen, dass Sie um AD CS – zumindest mittelfristig – nicht herumkommen werden.

12.1.1 Internet-Authentifizierung und Verschlüsselung

Der bekannteste Anwendungsfall ist die Authentifizierung eines Servers im Internet. Wenn ein Benutzer einen Server im Internet anwählt, d.h., den Namen im Browser angibt, möchte er sicher sein, dass der erreichte Server auch tatsächlich der ist, als der er sich ausgibt. Etwas »praktischer« formuliert: Wenn der Benutzer *www.dasIstMeineBank.de* anwählt, möchte er sicher sein, dass nicht irgendein »Hacker« (bzw. Phisher) den DNS-Eintrag gekapert und auf seinen Server umgeleitet hat und sich nun eine gefälschte Website der Kombination aus Kontonummer, PIN und TAN bemächtigt.

Greift ein Benutzer auf *https://www.dasIstMeineBank.de* zu und stimmt irgendetwas nicht mit dem Zertifikat, gibt es eine entsprechende Warnung im Browser. Eine Warnung kann es aus drei Gründen geben:

- Das Zertifikat ist zeitlich nicht gültig.
- Das Zertifikat passt nicht zum angewählten Namen. Wenn der Benutzer *https://www.dasIstMeineBank.de* angewählt hat, das Zertifikat aber für *https://www.nichtMeineBank.com* ausgestellt ist, gibt es eine Warnung.
- Das Zertifikat ist von einer Zertifizierungsstelle ausgestellt worden, der nicht vertraut wird – bzw. technischer gesprochen: deren Stammzertifikat nicht im Zertifikatsspeicher des PCs vorhanden ist.

Wenn ein Benutzer über einen sicheren Kanal (*https://*) eine Verbindung zu einer Website aufbaut, deren Zertifikat nicht in Ordnung ist, wird er vom Internet Explorer-Browser gewarnt. Abbildung 12.1 zeigt die Warnung des Internet Explorer 7. Auch die Vorgängerversionen haben bei Zertifikatsfehlern gewarnt, wenn auch nicht so deutlich. Solche Meldungen machen natürlich nur Sinn, wenn die Anwender daraus auch die richtigen Schlüsse ziehen und sie nicht einfach nur wegklicken.

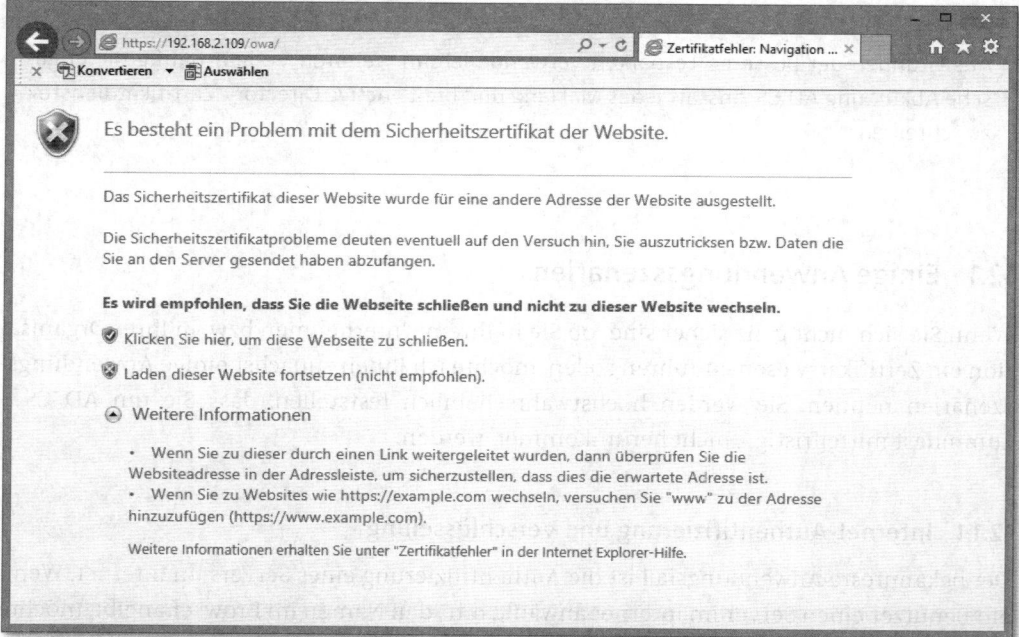

Abbildung 12.1 Der Internet Explorer warnt, wenn das Zertifikat einer Website nicht in Ordnung ist. Die Benutzer müssen lernen, dass eine solche Meldung ernst genommen werden muss.

Beim Zugriff auf Webserver dienen die Zertifikate weiterhin zur Verschlüsselung des Datenstroms. Abbildung 12.2 zeigt, wie HTTP mit SSL-Verschlüsselung funktioniert:

1. Zunächst baut der Client eine Verbindung zum Webserver auf. Da er eine sichere Verbindung aufbauen möchte, greift er auf den Port für HTTP über SSL zu. Dies ist im Allgemeinen Port 443.
2. Der Server »antwortet« mit einer Kopie seines öffentlichen Zertifikatsschlüssels.
3. Im nächsten Schritt überprüft der Client, ob dieser Zertifikatsschlüssel von einem Herausgeber (d.h. einer Stammzertifizierungsstelle) stammt, dem er vertraut. Diese Prüfung endet nur dann positiv, wenn das Zertifikat der Stammzertifizierungsstelle im Zertifikatsspeicher für »vertrauenswürdige Stammzertifizierungsstellen« des Clients hinterlegt ist.

   Die Logik dahinter ist also folgende: »Ich vertraue der Stammzertifizierungsstelle, also traue ich auch allen Zertifikaten, die diese nachweisbar herausgegeben hat.« Der Nachweis, dass ein Zertifikat wirklich von einer Stammzertifizierungsstelle kommt, funktioniert über kryptografische Methoden.

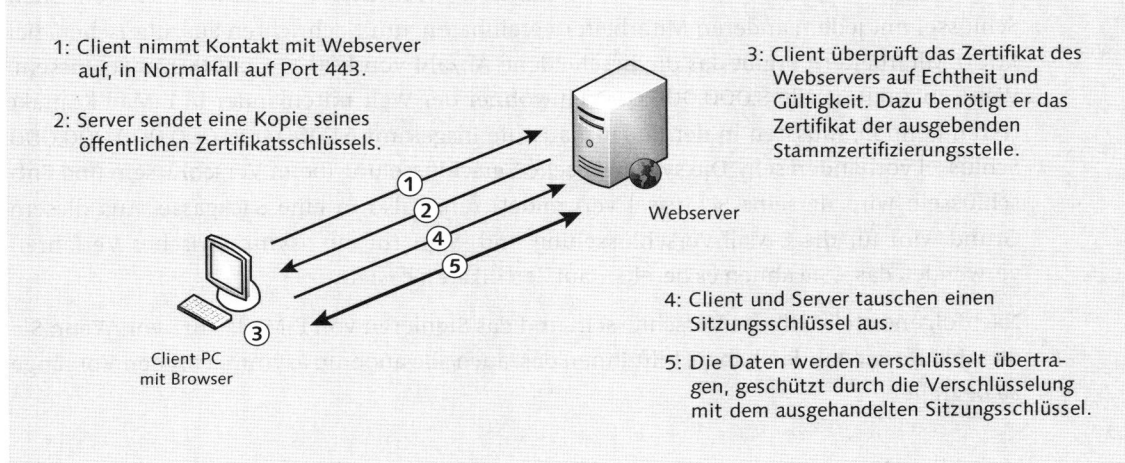

Abbildung 12.2 Die Funktionsweise von HTTP über SSL (HTTPS)

4. Nun handeln Client und Server einen Sitzungsschlüssel aus. Da der Client über den öffentlichen Schlüssel des Servers verfügt, kann er den Sitzungsschlüssel so verschlüsseln, dass dieser nur vom Server mit dessen privatem Schlüssel decodiert werden kann.
5. Mit dem (übrigens symmetrischen) Sitzungsschlüssel können nun die Daten verschlüsselt werden, die ausgetauscht werden sollen.

Mit Zertifikaten kann übrigens nicht nur der Server gegenüber dem Benutzer seine Identität beweisen, es geht auch umgekehrt. Mit einem Benutzerzertifikat kann sich der Anwender am Webserver authentifizieren, ohne dass er seinen Benutzernamen und sein Kennwort eingeben muss.

12.1.2 Sichere E-Mail

Es ist kein Geheimnis mehr, dass Mails unverschlüsselt durch das Internet reisen, was insbesondere diese beiden Probleme nach sich zieht: Jemand, der sich an irgendeiner Stelle des Transportwegs Zugriff auf die Mails verschaffen kann, ist in der Lage

- die Mails zu lesen und/oder
- die Mails zu manipulieren.

Das »Sich-Zugriff-Verschaffen« ist zwar nicht ganz trivial, wo ein Interesse ist, ist aber auch ein Weg. Abhilfe schafft das Signieren und Verschlüsseln von E-Mails. Das Signieren schützt eine Nachricht vor Manipulation, und das Verschlüsseln verhindert einen unautorisierten Zugriff.

Wenn zwei Personen geheime Mails austauschen möchten, könnten sie einen Geheimcode vereinbaren, mit dem die Inhalte codiert werden. Beide Personen kennen den Schlüssel, und dieser wird sowohl zum Verschlüsseln als auch zum Entschlüsseln verwendet. So weit ist alles gut.

Das Verfahren wird dann ausgesprochen »unhandlich«, wenn potenziell jeder Mitarbeiter einer Firma mit jedem anderen kommunizieren möchte. Jeder müsste einen geheimen Schlüssel mit jedem anderen Mitarbeiter vereinbaren, um Nachrichten auszutauschen. Bei 1.000 Mitarbeitern ergibt das die bescheidene Anzahl von $1.000^2 = 1.000.000$ Schlüsseln. Wenn in Zukunft alle 8.000.000.000 Einwohner der Welt miteinander in E-Mail-Kontakt treten können, müssten in der Endausbaustufe insgesamt 64.000.000.000.000.000.000 Schlüssel vorhanden sein. Die symmetrische Verschlüsselung (beim Verschlüsseln und Entschlüsseln wird derselbe Schlüssel verwendet) führt also in eine Sackgasse. Aus diesem Grund wird für die E-Mail-Verschlüsselung und -Signatur ein asymmetrisches Verfahren verwendet, das – Sie ahnen es bereits – auf Zertifikaten basiert.

Nachfolgend stelle ich das Verschlüsseln und das Signieren von E-Mails kurz vor. Wenn Sie die Abläufe verstanden haben, hilft Ihnen das, auch alle anderen asymmetrischen Vorgänge zu begreifen.

Verschlüsseln

Für die Verschlüsselung von Mails wird ein PKI-basiertes Verfahren verwendet. PKI ist die Abkürzung für *Public Key Infrastructure*, d.h., es wird ein Verfahren verwendet, bei dem jeder Benutzer über ein Schlüsselpaar verfügt, das aus einem privaten und einem öffentlichen Schlüssel besteht. In einer Exchange-Umgebung werden die Schlüssel im Active Directory gespeichert.

Das Verfahren ist stark vereinfacht in Abbildung 12.3 dargestellt:

- Der Sender fordert den öffentlichen Schlüssel des Empfängers an. Diesen erhält er beispielsweise aus dem Active Directory. Im Active Directory wird der Schlüssel übrigens in den globalen Katalog repliziert, sodass auch in sehr großen Organisationen ein schneller Zugriff gewährleistet ist.

- Der Sender verschlüsselt die Mail mit dem öffentlichen Schlüssel des Empfängers.
- Die verschlüsselte Mail wird übertragen.
- Der Empfänger kann mit seinem privaten Schlüssel die mit dem zugehörigen öffentlichen Schlüssel verschlüsselte Mail entschlüsseln.

In der Praxis

Leider ist die asymmetrische Verschlüsselung kein besonders performantes Verfahren. Aus diesem Grund wird das oben beschriebene Verfahren in der Praxis leicht abgewandelt: Der Sender erzeugt einen Schlüssel für eine symmetrische Verschlüsselung, mit dem dann der Mail-Inhalt und gegebenenfalls Anhänge codiert werden. Dieser symmetrische Schlüssel wird mit dem öffentlichen Schlüssel des Empfängers asymmetrisch verschlüsselt und ebenfalls in der Mail mitgesendet. Der Empfänger decodiert nun zunächst den vom Sender erzeugten symmetrischen Schlüssel mit seinem privaten Schlüssel. Daraufhin entschlüsselt er mit dem symmetrischen Schlüssel den Mail-Inhalt und die Anhänge. (Eigentlich ist es ganz einfach, man muss es aber vermutlich zweimal lesen.)

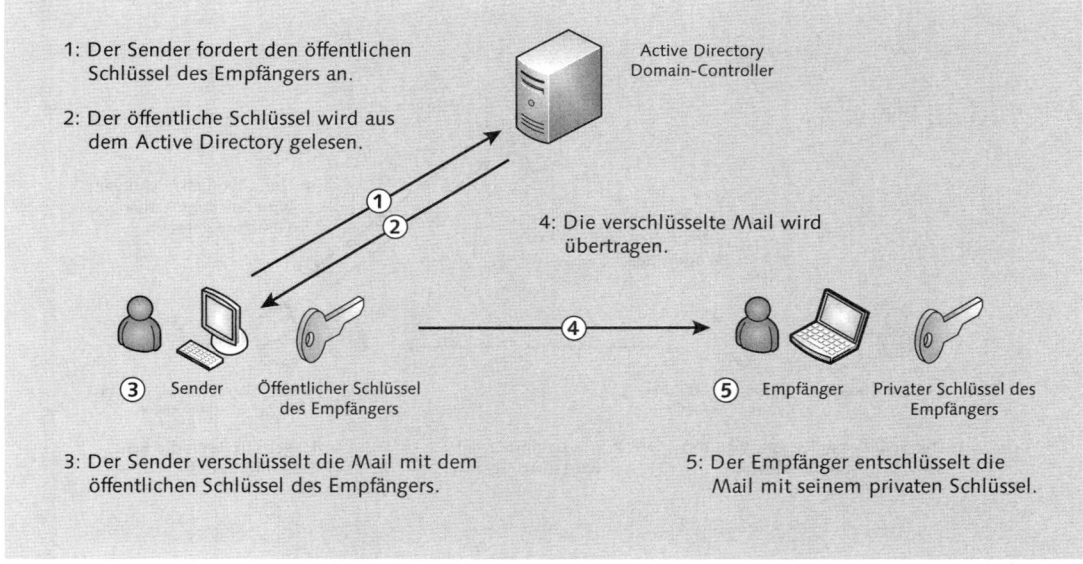

Abbildung 12.3 Asymmetrische Verschlüsselung von E-Mails

Signieren

Das im vorigen Abschnitt besprochene Verfahren bezog sich auf die Verschlüsselung der auszutauschenden Informationen. In vielen Fällen ist es ebenfalls wichtig, dass die Echtheit einer Mail überprüft werden kann. Auch diese Aufgabenstellung kann mit einer Public Key Infrastructure realisiert werden.

Die Vorgehensweise ist in Abbildung 12.4 vereinfacht dargestellt:

- Der Sender ermittelt einen Hash-Wert über die Mailinhalte nebst eventuellen Anlagen. Das resultierende »Datenpaket« wird übrigens als *Digest* bezeichnet. Dieser Digest wird mit der Mail übermittelt.
- Wenn der Empfänger die Echtheit der E-Mail überprüfen will, um sicherzustellen, dass diese nicht unautorisiert verändert worden ist, fordert er den öffentlichen Schlüssel des Senders an. Diesen erhält er beispielsweise aus dem Active Directory.
- Mit dem öffentlichen Schlüssel kann er testen, ob der übermittelte Digest zu dem Mailinhalt (gegebenenfalls nebst Anlagen) passt. Passt der Inhalt nicht, ist entweder an der Mail oder am Digest manipuliert worden.

In der Praxis

Die Überprüfung der Signatur wird in der Praxis etwas anders vorgenommen, als zuvor beschrieben. Zur Überprüfung von Mail-Signaturen benötigen Sie nicht den öffentlichen Schlüssel des Absenders, sondern es genügt, wenn Sie der ausgebenden Zertifizierungsstelle vertrauen – und dementsprechend deren Zertifikat installiert haben.

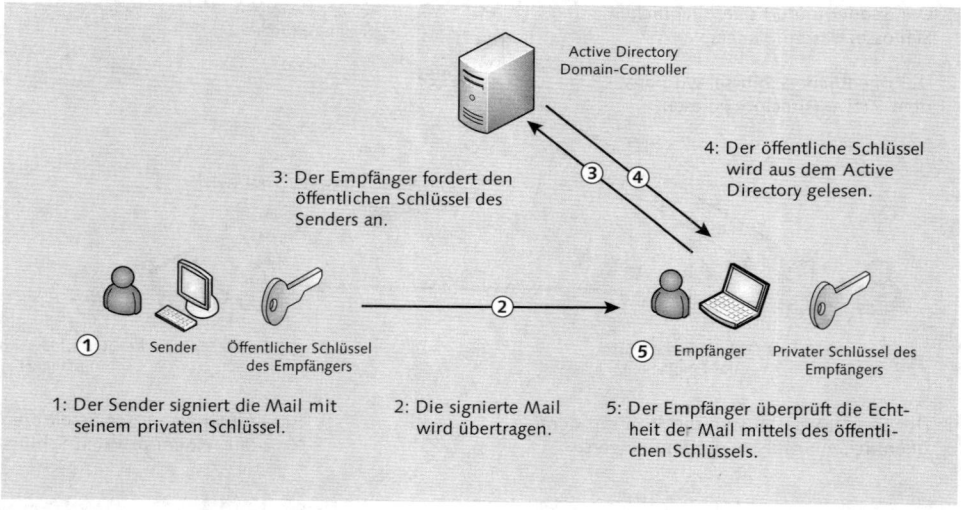

Abbildung 12.4 Signieren von E-Mails

12.1.3 Codesignatur

Die Codesignatur ist in etwa mit dem Signieren von E-Mails zu vergleichen. Hierbei geht es darum, einwandfrei festzustellen, wer ein Stück Code entwickelt und in Umlauf gebracht hat. Ohne Codesignatur kann jeder »Dunkelmann« (oder natürlich auch eine »Dunkelfrau«) ein Stück Code entwickeln, in Umlauf bringen und behaupten, dass es von Microsoft sei – in Wahrheit ist es aber ein Trojaner, der E-Mail-Adressen oder Bankdaten ausspäht.

Bei der Codesignatur wird, genauso wie bei der E-Mail-Signatur, eine Prüfsumme gebildet, die mit dem privaten Schlüssel des Herausgebers signiert wird. Mit dem öffentlichen Schlüssel des Herausgebers (bzw. dem öffentlichen Schlüssel der Stammzertifizierungsstelle, die den Schlüssel des Herausgebers erzeugt hat) kann geprüft werden, ob die Prüfsumme nicht manipuliert worden ist. Dann kann noch kontrolliert werden, ob die zu installierende Datei zu der Prüfsumme passt. Ist irgendwo manipuliert worden, schlägt die Überprüfung fehl, und Sie wissen auf jeden Fall, dass etwas nicht in Ordnung ist.

Auch wenn Ihr Unternehmen nicht selbst Software entwickelt, könnten Sie mit der Codesignatur in Berührung kommen: Bei Office-Makros, die in fast jedem Unternehmen existieren, könnte die Signatur ebenfalls interessant sein. Makros werden definitiv für viele Aufgaben benötigt und sind ja auch durchaus sinnvoll und hilfreich. Bösartige Makros können aber genauso viel Schaden anrichten wie »normaler Code«.

Ein guter Kompromiss zwischen »niemals Makros ausführen« und »alle Makros ausführen« besteht darin, nur von einem vertrauenswürdigen Herausgeber signierte Makros zuzulassen. Dies ist in den Office-Applikationen konfigurierbar: Abbildung 12.5 zeigt den Konfigurationsdialog aus Word.

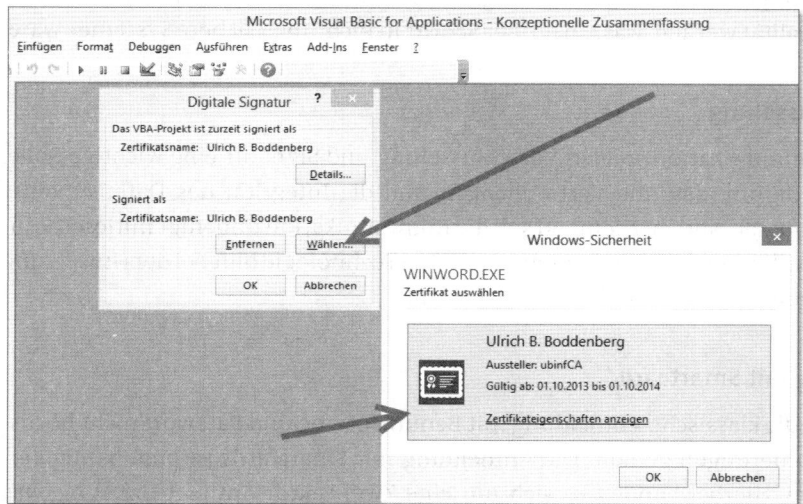

Abbildung 12.5 Die Ausführung von Makros kann auf solche Makros beschränkt werden, die von vertrauenswürdigen Herausgebern signiert worden sind.

Abbildung 12.6 zeigt, wie ein Makro im VBA-Editor von Word 2003 signiert wird. Der Menüpunkt DIGITALE SIGNATUR führt zu einem Dialog, der die auf dem lokalen System zur Codesignierung zugelassenen Zertifikate zeigt. Das gewünschte Zertifikat kann ausgewählt werden – und das Makro ist signiert. In der heutigen Zeit, in der schädlicher bzw. bösartiger Code zu einem wirklich ernsten Problem geworden ist, spielt die Codesignatur bereits eine wichtige Rolle – und zwar mit steigender Tendenz. Wenn Sie eigenen Code, der eben auch aus Makros, Skripts oder dergleichen bestehen kann, signieren möchten, benötigen Sie entsprechende Zertifikate.

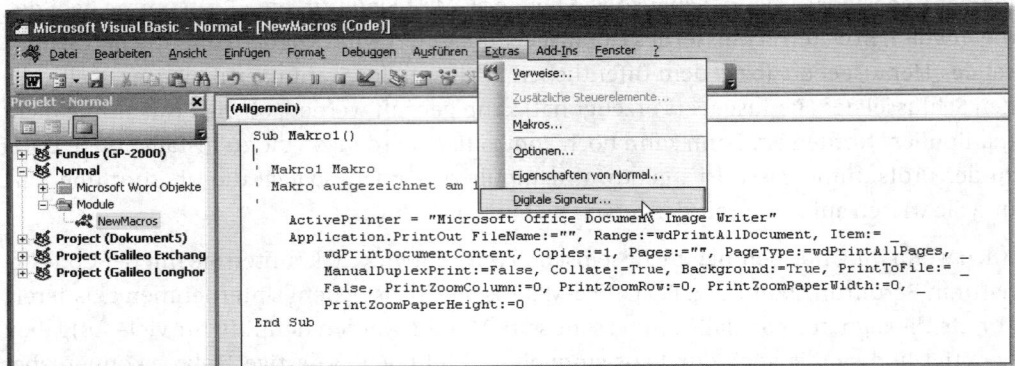

Abbildung 12.6 Konfigurieren der Signatur im VBA-Editor von Word 2003

Momentan sind wir als IT-Gesellschaft leider noch weit davon entfernt, dass jeder Code, der zum Einsatz kommen soll, signiert ist. Daher ist es nicht möglich, die Ausführung von nicht signiertem Code zu verbieten (bzw. die Ausführung von Code, der nicht mit einem Zertifikat einer vertrauenswürdigen Stamm-Zertifizierungsstelle signiert ist). In absehbarer Zeit dürfte diese Vision aber Realität werden, was ein großer Schritt in Richtung »sichere Systeme« wäre.

12.1.4 IP-Verschlüsselung

Auch bei der IP-Kommunikation spielen Verschlüsselung und Signatur eine wichtige Rolle. Auch hier geht es darum, dass die Vertraulichkeit und die Integrität des Datenverkehrs geschützt werden müssen, sprich: Niemand soll die Kommunikation unbefugt mitlesen können, und niemand soll sie verfälschen können. Die IPSec-Technologie hilft bei der Umsetzung dieser Anforderungen, benötigt aber hierbei Zertifikate.

12.1.5 Anmeldung mit Smartcard

Es ist bekannt, dass die klassische Anmeldung mit Benutzername und Passwort nicht höchsten Sicherheitsanforderungen genügt. Die Anmeldung mit Smartcards ist eine häufig verwendete Alternative. Hierbei handelt es sich um eine Zwei-Faktor-Authentifizierung, was bedeutet, dass für die Anmeldung zwei Voraussetzungen erfüllt sein müssen:

- *Haben*: Man muss im Besitz der Smartcard bzw. des darauf gespeicherten Zertifikats sein.
- *Wissen*: Man muss wissen, wie das zugehörige Kennwort heißt.

Ein bekanntes Beispiel für eine Zwei-Faktor-Authentifizierung ist das Abheben von Bargeld mittels EC-Karte: Sie müssen im Besitz der EC-Karte sein und diese in den Automaten schieben, und Sie müssen die PIN kennen. Wenn nicht beide Anforderungen erfüllt werden, bekommen Sie nur Geld, indem Sie den Automaten aufbrechen oder Ähnliches anstellen. Auf den Smartcards ist ein Benutzerzertifikat gespeichert, das prinzipiell neben der Anmeldung auch für andere Zwecke verwendet werden könnte.

EFS

Encrypting File System (EFS) bezeichnet die Fähigkeit des NTFS-Dateisystems, Dateien zu verschlüsseln. Wenn Sie in den Eigenschaften einer Datei oder eines Ordners die Verschlüsselung aktivieren, wird zunächst geprüft, ob ein passendes Zertifikat im Zertifikatsspeicher des Benutzers vorhanden ist. Ist dies nicht der Fall, wird eines generiert, wobei es zwei Varianten gibt:

- Wenn im Active Directory eine Unternehmenszertifizierungsstelle vorhanden ist, wird dort automatisch (ohne dass der Benutzer es merkt) ein Zertifikat angefordert und installiert. (Das funktioniert, wenn die Zertifizierungsstelle Zertifikatsanforderungen automatisch verarbeitet.)
- Ist keine Unternehmenszertifizierungsstelle vorhanden, wird auf der lokalen Maschine ein Zertifikat erzeugt.

Zertifikate werden also für EFS auf jeden Fall benötigt. Nun ist es einleuchtend, dass es unbedingt zu bevorzugen ist, dass die EFS-Zertifikate von einer zentralen Zertifizierungsstelle erzeugt werden, anstatt dass jeder Server für jeden Benutzer separate Zertifikate erzeugt; denken Sie vor allem an den Wiederherstellungs-Agenten.

Abbildung 12.7 zeigt ein für die Verwendung mit dem »verschlüsselnden Dateisystem« vorgesehenes Zertifikat im Zertifikatsspeicher des Benutzers.

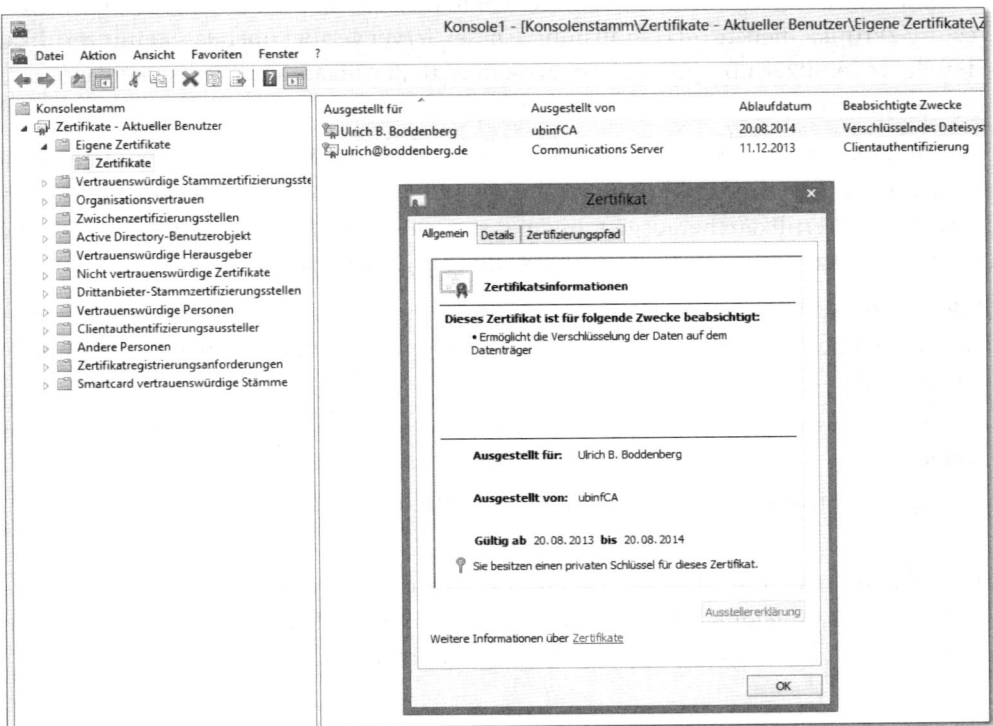

Abbildung 12.7 Das Zertifikat für die Verschlüsselung von Dateien im Zertifikatsspeicher des Benutzers

12.1.6 Wireless Authentification (802.1X)

Soll WLAN, also drahtloses Ethernet, genutzt werden, wird man – wenn man nicht gerade grob fahrlässig handeln möchte – eine Authentifizierung der Benutzer fordern. Erst korrekt authentifizierte Benutzer dürfen Zugriff auf das LAN bekommen.

Um eine optimale Authentifizierung zu gewährleisten, greift man auch bei diesem Anwendungsfall auf Zertifikate zurück, wobei ein entsprechendes Benutzerzertifikat im Zertifikatsspeicher des Anwenders auf dem drahtlos verbundenen Computer vorhanden sein muss.

12.1.7 Fazit

Das Verschlüsseln und Signieren von Informationen oder Kommunikation ist ein wesentlicher Bestandteil von modernen Informationssystemen. Die Anwendungsfälle sind außerordentlich vielfältig und basieren zumeist auf Zertifikaten, die nur sinnvoll zu nutzen sind, wenn sozusagen im Hintergrund eine PKI, eine *Public Key Infrastructure*, arbeitet.

12.2 Zertifikatdienste installieren und Migration (einstufige Architektur)

Eine Public Key Infrastructure (PKI) besteht im einfachsten Fall aus einem Server, der Active Directory-Zertifikatdienste (AD CS) ausführt. Dieser Server verfügt über das Stammzertifikat und stellt für Benutzer, Computer, Netzwerkgeräte etc. Zertifikate aus. Dies ist dann eine einstufige Architektur.

In einer größeren und auf Sicherheit bedachten Umgebung wird man eine zweistufige Architektur einführen, bei der das Stammzertifikat der PKI nicht von dem Server ausgestellt worden ist, der die Zertifikate herausgibt. In einer komplexen (weltweit) verteilten Umgebung kann das Zertifikatswesen durchaus auch dreistufig organisiert sein.

Mit den Architekturfragen werden wir uns an späterer Stelle auseinandersetzen, zunächst erläutere ich Ihnen, wie ein einstufiges Zertifikatswesen auf Windows Server 2012/R2 implementiert wird.

> **Hinweis**
> Ich zeige hier direkt auch die Migration von einer bestehenden Zertifizierungsstelle.

Um die Active Directory-Zertifikatdienste zu installieren, fügen Sie im Server-Manager eine neue Rolle hinzu. Abbildung 12.8 zeigt den Dialog zur Auswahl der Rolle – der Start ist also einfach. Der Rest der Installation geschieht wie gewohnt über einen Assistenten.

12.2 Zertifikatdienste installieren und Migration (einstufige Architektur)

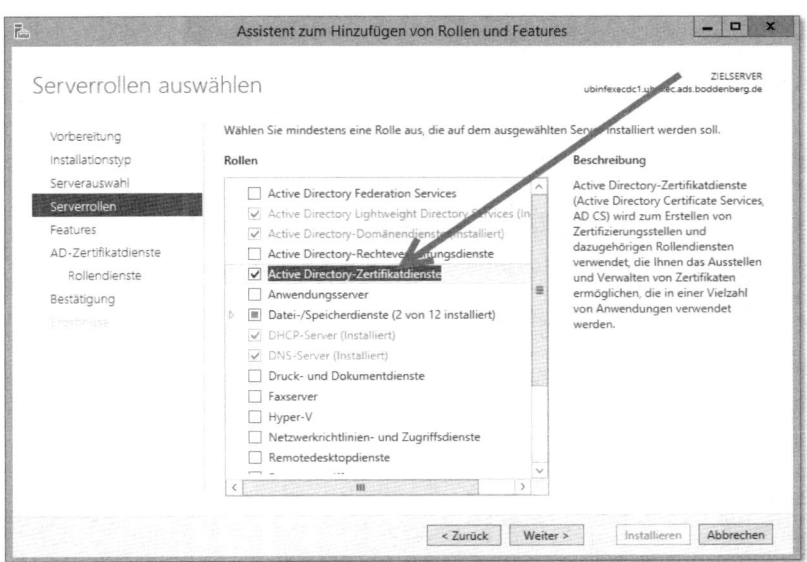

Abbildung 12.8 Für die Installation der Active Directory-Zertifikatdienste wird eine neue Rolle hinzugefügt.

Der nächste Dialog des Assistenten beschäftigt sich mit der Frage, welche Komponenten der Active Directory-Zertifikatdienste nun installiert werden sollen (Abbildung 12.9):

- ZERTIFIZIERUNGSSTELLE: Das ist die »eigentliche« Kernkomponente. Sie ist in der Lage, Zertifikate auszustellen und zu verwalten.
- ONLINE-RESPONDER: Dies ist eine Komponente, um mittels des *Online Certificate Status Protocol* (OCSP) Informationen über Zertifikatsrückrufe (Revocations) über das Internet bereitzustellen.
- REGISTRIERUNGSDIENST FÜR NETZWERKGERÄTE: Über diese Komponente können Netzwerkkomponenten wie beispielsweise Router Zertifikate anfordern.
- ZERTIFIKATREGISTRIERUNGSRICHTLINIEN-WEBDIENST: Ergänzt den Zertifikatregistrierungs-Webdienst um den Abruf von Registrierungsrichtlinien.
- ZERTIFIKATREGISTRIERUNGS-WEBDIENST: Dient zur Registrierung von Zertifikaten für Geräte, die sich nicht in der Domäne und/oder außerhalb des Firmennetzwerks befinden.
- ZERTIFIZIERUNGSSTELLEN-WEBREGISTRIERUNG: Bei dieser Komponente handelt es sich um ein Webfrontend, mit dessen Hilfe die Benutzer Zertifikate anfordern und einige andere Tätigkeiten im Zusammenhang mit Zertifikaten durchführen können. Dieses Werkzeug werden Sie im weiteren Verlauf kennenlernen.

Für dieses Beispiel wird auch die Webregistrierung installiert, demnach muss auch der Webserver als abhängige Komponente hinzugefügt werden.

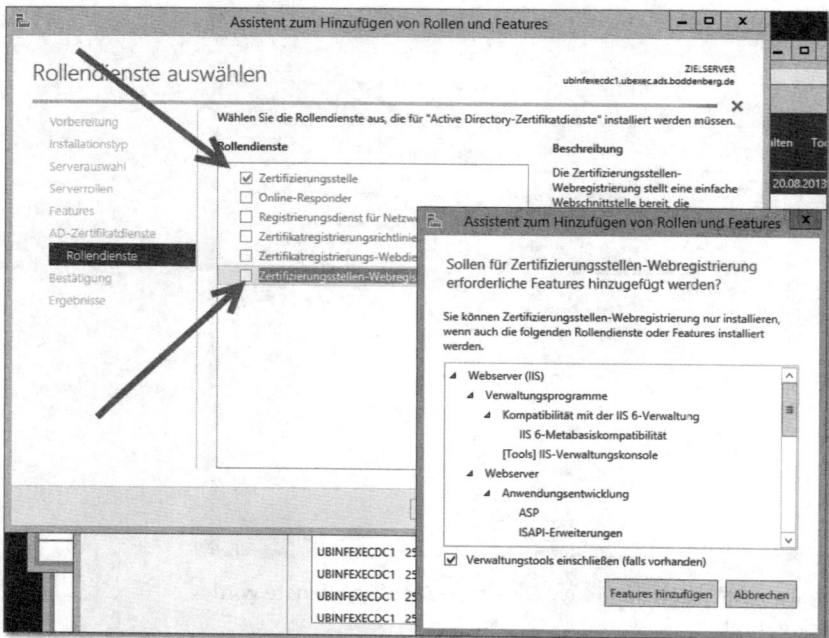

Abbildung 12.9 Die Active Directory-Zertifikatdienste bestehen aus sechs Komponenten.

Nach der Installation muss, wie bei Windows Server 2012/R2 üblich, der eigentliche Konfigurationsassistent gestartet werden (Abbildung 12.10).

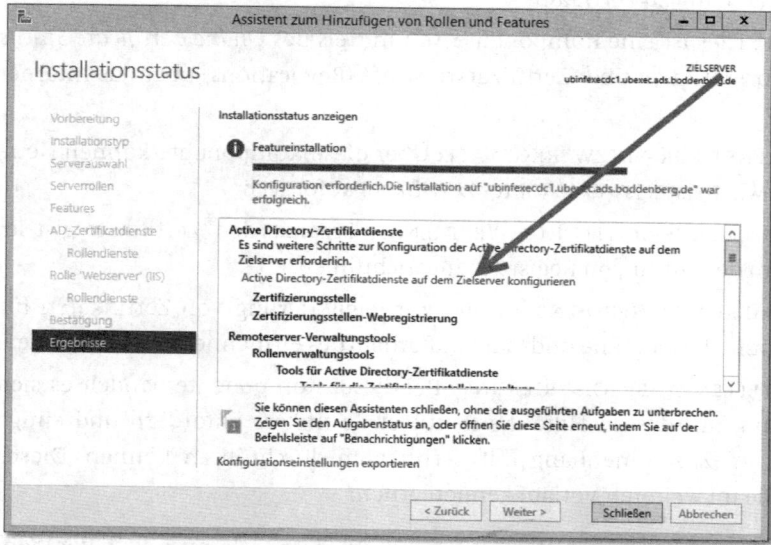

Abbildung 12.10 Wie bei Server 2012/R2 üblich, muss der eigentliche Konfigurations-Assistent nach der Installation gestartet werden.

12.2 Zertifikatdienste installieren und Migration (einstufige Architektur)

Der Konfigurations-Assistent fragt auf der ersten Dialogseite, welche Rollendienste konfiguriert werden sollen. Da hier nur zwei der sechs Rollendienste installiert sind, können logischerweise auch nur diese ausgewählt werden (Abbildung 12.11).

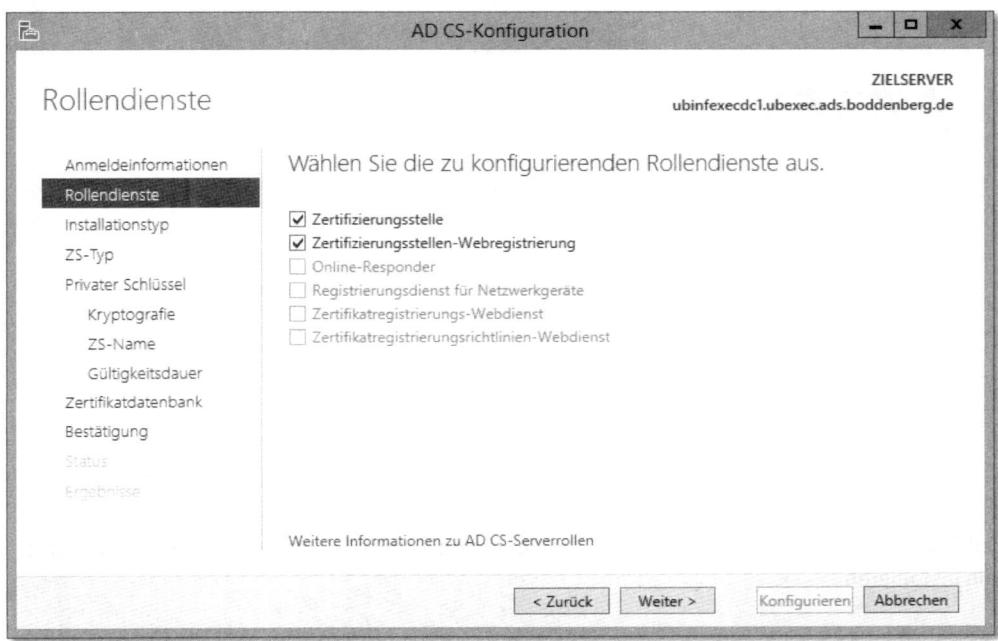

Abbildung 12.11 Wählen Sie die zu konfigurierenden Rollendienste aus.

Als Erstes müssen Sie nun festlegen, ob Sie eine Unternehmenszertifizierungsstelle oder eine Eigenständige Zertifizierungsstelle einrichten möchten (Abbildung 12.12).

- Eine Unternehmenszertifizierungsstelle ist in das Active Directory integriert.
- Eine eigenständige Zertifizierungsstelle kann zwar auf einem Server installiert werden, der sich im AD befindet, ist aber nicht weiter integriert.

Vor Server 2012: Unterschiede bei der Standard- und der Enterprise Edition

Falls Sie dieses Buch verwenden, um eine Zertifizierungsstelle auf Basis der Vorgängerversion, also **Server 2008/R2** aufzubauen, berücksichtigen Sie bitte diesen Hinweis:

Eine Unternehmenszertifizierungsstelle (Enterprise-Zertifizierungsstelle) kann auf einer Standard-Edition des Windows Server-Betriebssystems installiert werden.

Es gibt aber im Bereich der Zertifizierungsstellen Unterschiede zwischen der Enterprise- und der Standard-Edition des Betriebssystems: Bei einer Zertifizierungsstelle, die auf der Standard-Edition läuft, können keine Vorlagen angepasst werden.

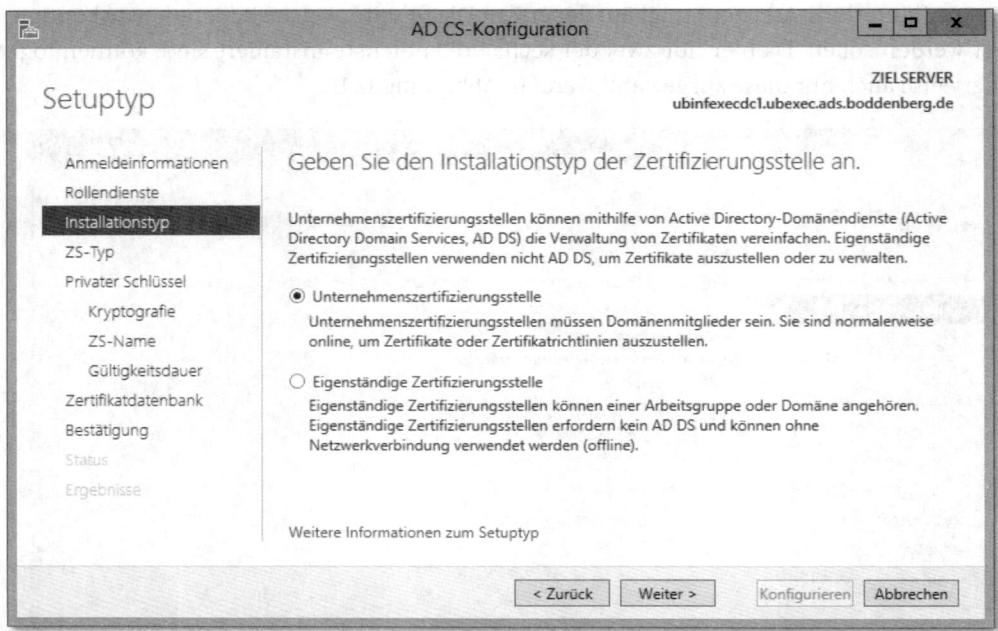

Abbildung 12.12 Im Active Directory wird man im Allgemeinen eine Unternehmenszertifizierungsstelle installieren.

»Integriert« bedeutet in diesem Zusammenhang beispielsweise, dass die Zertifizierungsstelle im Active Directory eingetragen wird. Clients, die ein Zertifikat anfordern, finden dieses durch eine Suche im Active Directory.

In Abbildung 12.13 sehen Sie (in ADSI-Editor) die Suche nach einem ENROLLMENT SERVICE, also einer Zertifizierungsstelle, die Zertifikate herausgibt. Der Konfigurationsnamenskontext enthält unterhalb des Knotens SERVICES einen Eintrag PUBLIC KEY SERVICES. Dort finden Sie im Unterpunkt ENROLLMENT SERVICES eine Liste aller Server, die Zertifikate ausstellen. In den Eigenschaften eines solchen Eintrags findet sich neben einigen anderen Informationen auch der DNS-Name des Servers. Hierhin kann ein Active Directory-Client seine Zertifikatsanforderung senden.

Im nächsten Schritt muss der Typ der Zertifizierungsstelle festgelegt werden (Abbildung 12.14):

- Wenn Sie die erste Zertifizierungsstelle installieren, wird diese eine STAMMZERTIFIZIERUNGSSTELLE (Root CA) werden. Dies ist die höchste Zertifizierungsstelle in der PKI.
- Falls die installierte Zertifizierungsstelle eine untergeordnete Rolle in einer umfangreicheren PKI einnehmen soll, entscheiden Sie sich für den zweiten Punkt, eine UNTERGEORDNETE ZERTIFIZIERUNGSSTELLE (Subordinate CA).

12.2 Zertifikatdienste installieren und Migration (einstufige Architektur)

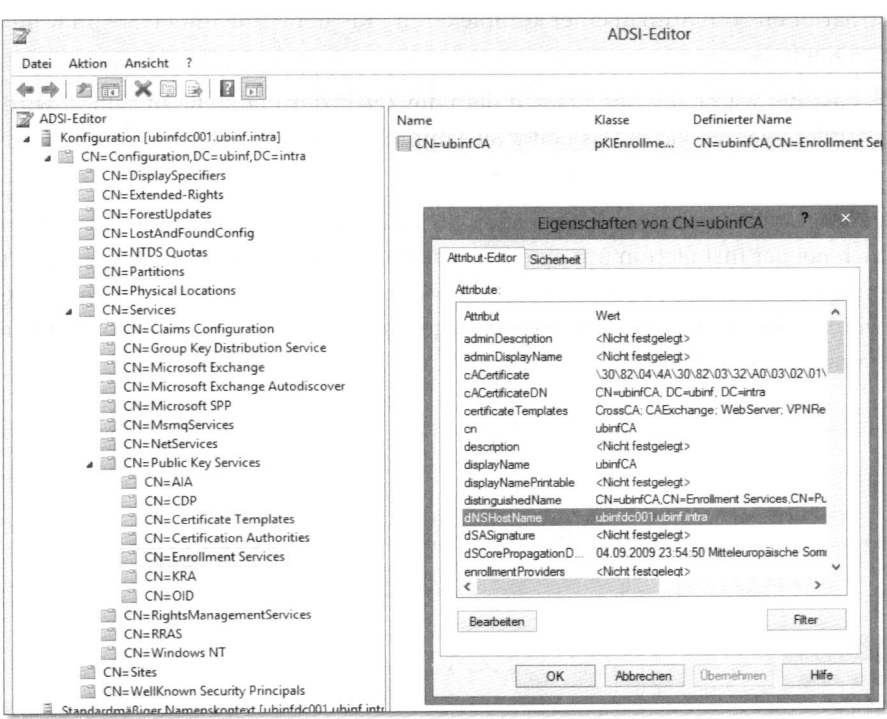

Abbildung 12.13 Eine Unternehmenszertifizierungsstelle ist im Konfigurationsnamenskontext des Active Directory verzeichnet.

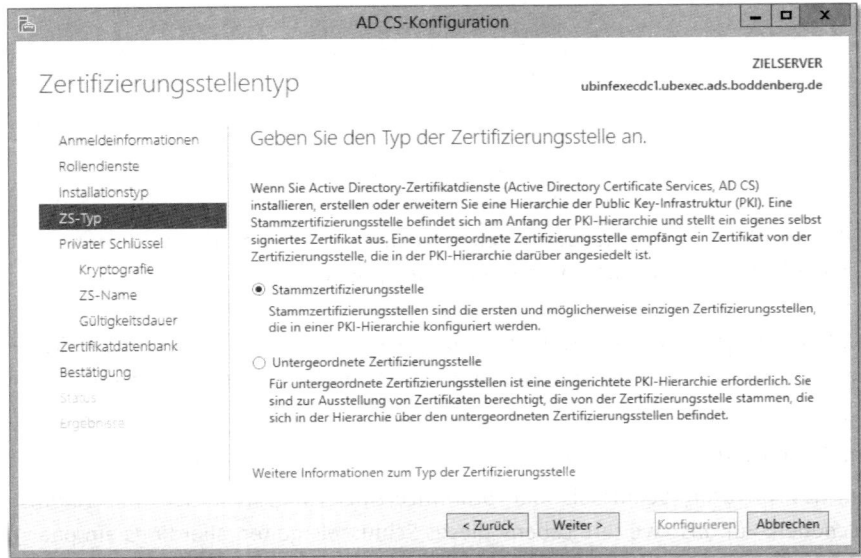

Abbildung 12.14 Die erste Zertifizierungsstelle wird eine Stammzertifizierungsstelle (Root CA).

Weitere Informationen zum Aufbau einer komplexeren PKI-Hierarchie finden Sie im weiteren Verlauf des Kapitels.

Beachten Sie, dass der Name des Servers, auf dem die Zertifizierungsstelle installiert wird, nicht mehr geändert werden kann. Das heißt, Sie könnten ihn schon ändern, aber der Zertifizierungsstelle wird das gar nicht gut bekommen.

Eine Zertifizierungsstelle braucht einen privaten Schlüssel. Falls ein solcher vorhanden ist (z.B. weil es sich bei der Installation um eine Neuinstallation/Migration eines zuvor bereits vorhandenen Systems handelt), kann er an dieser Stelle eingelesen werden. Bei einer Erstinstallation werden Sie einen neuen Schlüssel erzeugen lassen. Die benötigte Option können Sie in dem Dialog aus Abbildung 12.15 auswählen.

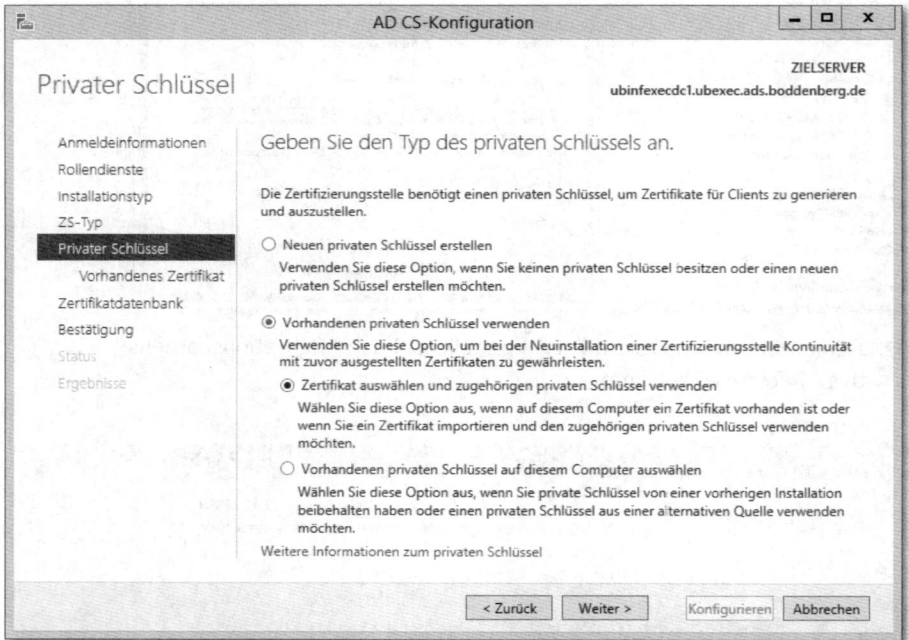

Abbildung 12.15 Bei einer Migration/Installation greifen Sie auf einen vorhandenen privaten Schlüssel zu; bei einer Erstinstallation lassen Sie einen neuen privaten Schlüssel erstellen.

Falls Sie bereits über ein Zertifikat für die Zertifizierungsstelle verfügen (weil es die Zertifizierungsstelle bereits gab), können Sie es in dem Dialog aus Abbildung 12.16 auswählen.

> **Sicherung und Sicherheit**
>
> Das Erzeugen des privaten Schlüssels der Stammzertifizierungsstelle ist mit einem Mausklick geschehen. Für das »weitere Leben« dieses Schlüssels gelten allerdings ein paar elementar wichtige Regeln – und zwar die Sicherung und Sicherheit betreffend:

- *Sicherung*: Der erzeugte Schlüssel muss unbedingt gesichert und sorgfältig aufbewahrt werden. Es ist absolut essenziell, dass er nicht durch irgendwelche unglücklichen Umstände verloren geht. Wenn dies doch passiert, bedeutet das, dass Sie Ihr komplettes Zertifikatswesen neu aufsetzen müssen.
- *Sicherheit*: Der erzeugte Schlüssel darf keinesfalls unberechtigten Personen in die Hände fallen. Diese könnten beispielsweise beliebige Zertifikate erzeugen und durch gefälschte Identitäten Schaden anrichten – im ungünstigsten Fall wird das jahrelang nicht bemerkt.

Der erzeugte private Schlüssel ist das Herzstück Ihres Zertifikatswesens und muss dementsprechend sorgfältig behandelt werden.

Abbildung 12.16 Ist bereits ein Zertifikat für die Stammzertifizierungsstelle vorhanden, wählen Sie es hier aus.

Und falls Sie zum ersten Mal eine Stammzertifizierungsstelle installieren und folglich im Dialog aus Abbildung 12.15 das Erstellen eines neuen privaten Schlüssels gewählt haben...

1. ...können Sie auf der dann folgenden Dialogseite den *Cryptographic Service Provider*, den Hash-Algorithmus und die Schlüssellänge einstellen. Im Normalfall können die vorbeleg-

ten Werte übernommen werden. Ein höherer Wert für die Schlüssellänge bringt vordergründig zwar »mehr Sicherheit«. Ich gehe aber davon aus, dass die meisten Unternehmen und Organisationen wesentlich dringlichere (und bislang häufig noch unbemerkte) Sicherheitsprobleme haben als nun ausgerechnet die Schlüssellänge des Schlüssels der Stammzertifizierungsstelle.

2. Weiter geht es mit dem Namen der Stammzertifizierungsstelle. Wie ich Ihnen bereits weiter vorn gezeigt habe, werden die Zertifizierungsstellen im Active Directory eingetragen, um Anwendungen ein leichtes Auffinden zu ermöglichen. Demzufolge braucht der Name nicht unbedingt besonders »menschenfreundlich« zu sein. Der Assistent setzt den Namen aus der Domäne und dem Server zusammen, sodass sich ein »Bandwurmeffekt« einstellt. Das macht aber nichts. Mein Tipp lautet also, die vorgeschlagenen Werte zu bestätigen.

3. Im nächsten Dialog fragt der Assistent nach der Gültigkeit des zu erzeugenden Schlüssels. Der voreingestellte Wert von fünf Jahren ist für eine einstufige Stammzertifizierungsstelle durchaus üblich.

    Kürzere Gültigkeitszeiträume finden sich bei Zertifikaten für Benutzer oder Computer. Das Problem bei kurzen Laufzeiten ist, dass die Zertifikate häufig erneuert werden müssen, was bei Benutzer- und Computer-Zertifikaten auch kein Problem darstellt. Bei einer Stammzertifizierungsstelle ist das alles nicht mehr so ganz unproblematisch, weil die Gültigkeit der von ihr ausgestellten Zertifikate auch dementsprechend angepasst werden muss. In mehrstufigen PKI-Architekturen ist es nicht unüblich, dass das Stammzertifikat eine Gültigkeitsdauer von 20 Jahren oder länger hat. Wenn Sie sich die Gültigkeitsdauer der mit den Betriebssystemen mitgelieferten Zertifikate kommerzieller Stammzertifizierungsstellen anschauen (Verisign, Thawte & Co.) werden Sie feststellen, dass diese teilweise sogar für 30 Jahre gültig sind.

    Grundsätzlich würde ich für die Stammzertifizierungsstelle eher zu einer längeren als zu einer kürzeren Gültigkeitsdauer tendieren.

Die letzte Auswahl in diesem Assistenten bezieht sich auf den Speicherort für die Zertifikatsdatenbank. In dieser Zertifikatsdatenbank werden alle Informationen beispielsweise zu den ausgestellten und widerrufenen Zertifikaten gespeichert. Es versteht sich von selbst, dass dieser Speicherort gut gesichert sein muss und dass die Zertifikatsdatenbank regelmäßig gesichert werden muss (Abbildung 12.17).

> **Keine Hemmungen**
>
> Das Thema Zertifikate wird von vielen Administratoren nur sehr zurückhaltend und mit wenig Begeisterung angegangen. Das liegt vermutlich daran, dass den Zertifikaten die Aura eines schwierigen und komplizierten Themas anhaftet.
>
> Wie ich schon zu Beginn des Abschnitts erwähnt habe, werden Sie spätestens mittelfristig nicht um eine Public Key Infrastructure herumkommen, die eigene Zertifikate ausgibt. Außerdem haben Sie gesehen, dass die Installation gar nicht schwierig ist.

12.2 Zertifikatdienste installieren und Migration (einstufige Architektur)

Abbildung 12.17 Der Speicherort für die Zertifikatsdatenbank wird in diesem Dialogschritt ausgewählt.

Wiederherstellen der Zertifikatdatenbank

Falls Sie eine bestehende Zertifizierungsstelle ersetzen, muss nun noch die Zertifikatdatenbank wiederhergestellt werden. Hierzu starten Sie die Konfiguration der Zertifizierungsstelle und rufen den Menüpunkt ZERTIFIZIERUNGSSTELLE WIEDERHERSTELLEN auf (Abbildung 12.18).

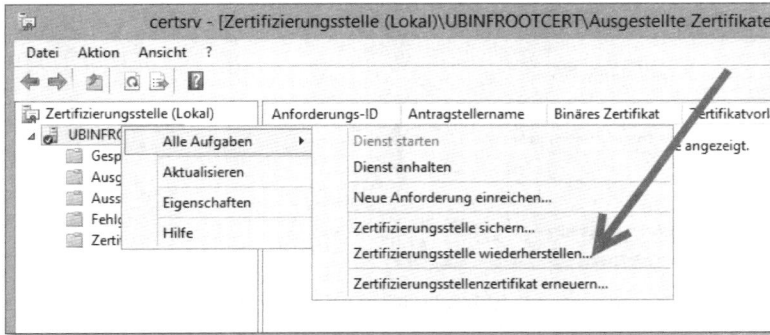

Abbildung 12.18 In der neu installierten Zertifizierungsstelle wird das Einspielen der Sicherung aufgerufen.

Der nächste Dialog fragt ab, was wiederhergestellt werden soll. Zur Auswahl stehen das Zertifizierungsstellenzertifikat und die Zertifikatdatenbank. Weiterhin muss der Pfad, in dem sich die Sicherung der Zertifizierungsstelle befindet, angegeben werden (Abbildung 12.19).

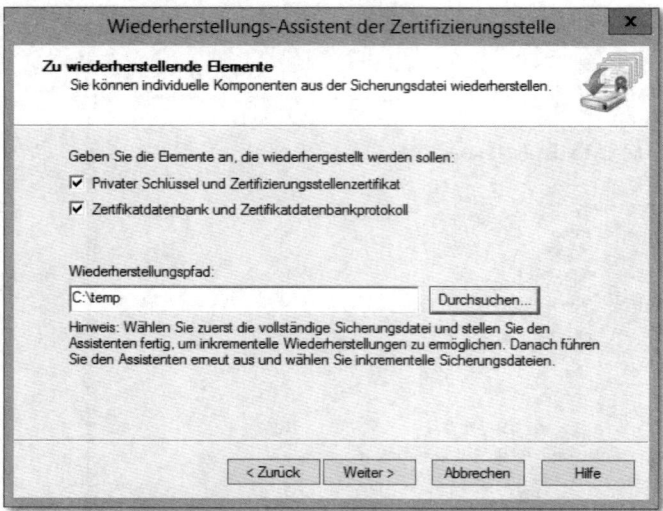

Abbildung 12.19 Mit diesem Dialog starten Sie die Wiederherstellung.

Falls Sie das Zertifizierungsstellenzertifikat wiederherstellen, wird ein Zugriff auf den privaten Schlüssel erfolgen. Dieser Vorgang ist durch ein Kennwort gesichert, das bei der Sicherung festgelegt worden ist (Abbildung 12.20).

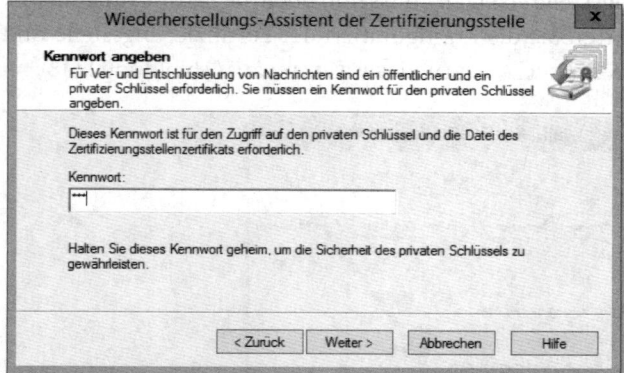

Abbildung 12.20 Beim Zugriff auf den privaten Schlüssel wird ein Kennwort abgefragt.

Nach der erfolgreichen Wiederherstellung wird der Assistent anbieten, die Zertifikatdienste zu starten – und fertig (Abbildung 12.21)!

Sie können leicht überprüfen, ob die Wiederherstellung der Zertifikatdatenbank einwandfrei funktioniert hat, indem Sie die Liste der bereits ausgestellten Zertifikate abrufen (Abbildung 12.22). Das Verschieben der Zertifizierungsstelle ist also ohne Verlust der »Historie« durch simple Sicherung und Rücksicherung möglich.

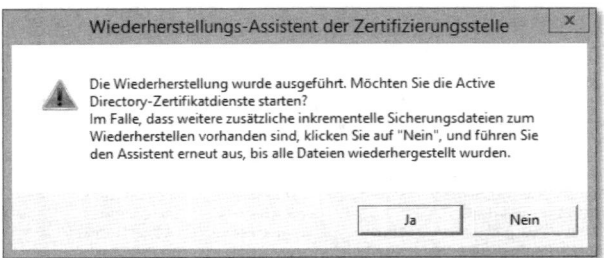

Abbildung 12.21 Nach der erfolgten Wiederherstellung wird der Assistent die Zertifizierungsstelle starten.

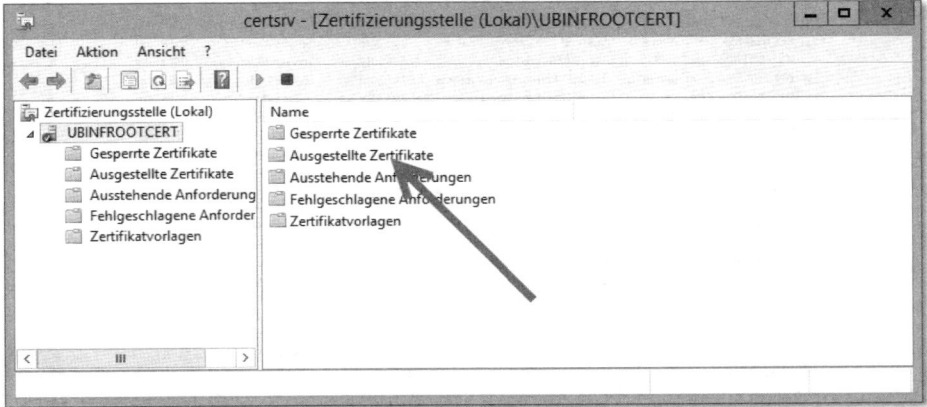

Abbildung 12.22 Nach der Wiederherstellung sind auch die bereits ausgestellten Zertifikate sichtbar.

12.3 Zertifikate aus Sicht des Clients

Eine Stammzertifizierungsstelle zu haben ist zwar sehr schön, bringt aber nur sehr wenig, wenn Sie keine Zertifikate damit ausstellen. Es gibt viele verschiedene Wege, um ein Zertifikat auf einen Client zu bringen. Ich werde Ihnen in diesem Abschnitt einige vorstellen.

Zunächst beginnen wir aber mit einem Zertifikat, das Sie auf Ihren Clients nicht mehr installieren müssen – weil es schon da ist. Das Zertifikat der im Active Directory als Stammzertifizierungsstelle installierten Zertifizierungsstelle (Enterprise CA) wird, ohne dass Sie etwas daran tun müssen, auf alle Domänenmitglieder (Domänencontroller, Mitgliedsserver, Clients) verteilt. Haben Sie Zweifel? Dann schauen Sie doch im MMC Snap-In ZERTIFIKATE nach. In Abbildung 12.23 können Sie erkennen, dass das eigene Zertifikat tatsächlich neben den Stammzertifikaten solch illustrer Unternehmen wie Microsoft und Verisign einsortiert worden ist.

12   Active Directory-Zertifikatdienste

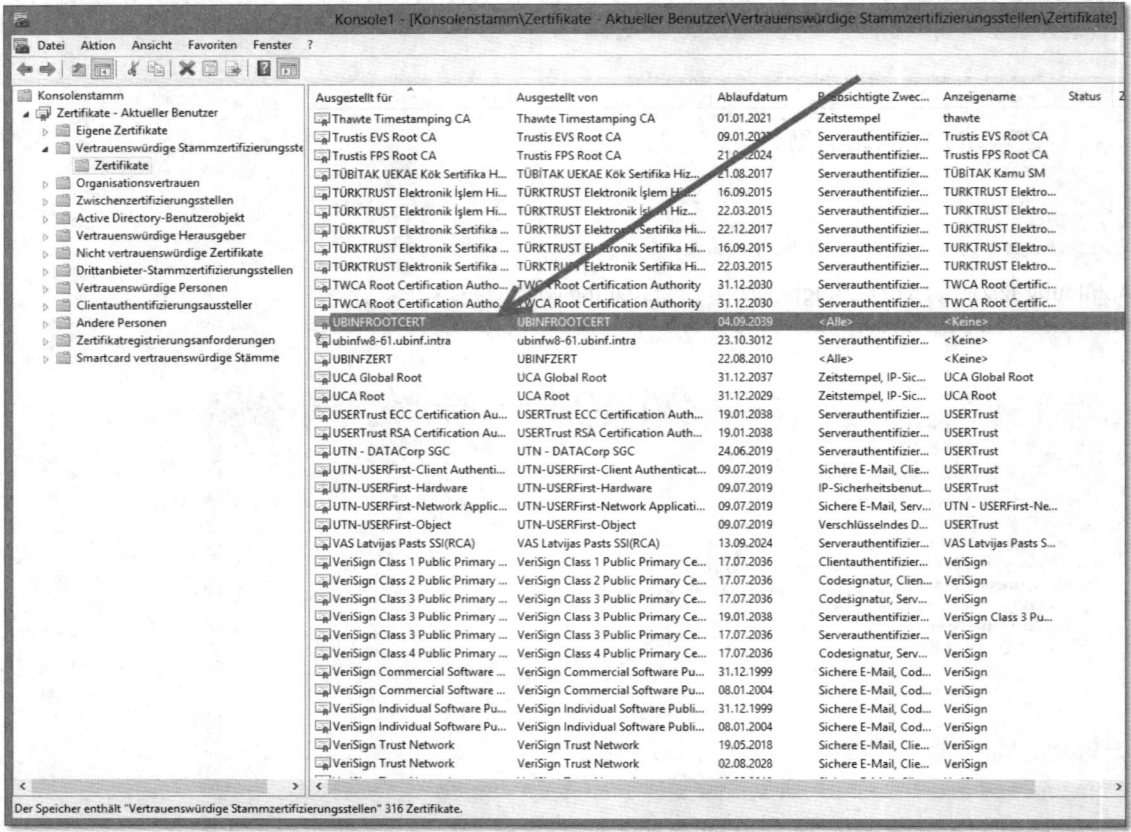

Abbildung 12.23 Das Zertifikat der eigenen Stammzertifizierungsstelle wird automatisch auf allen Computern der Domäne installiert.

Nun wird der Benutzer für einige Anwendungsfälle (z.B. Verschlüsseln und Signieren von E-Mails, EFS-Dateisystemverschlüsselung etc.) ein Benutzerzertifikat benötigen. Auch dies lässt sich auf verschiedene Weisen realisieren. Beispielsweise kann jeder Benutzer über das MMC-Snap-In ZERTIFIKATE ein Benutzerzertifikat anfordern, das dann im selben Arbeitsgang auch gleich installiert wird. Wie das gemacht wird, können Sie in Abbildung 12.24 sehen.

Wie üblich startet ein Assistent, mit dem zunächst der Typ des Zertifikats gewählt werden kann (Abbildung 12.25). Angezeigt werden hier nur die Zertifikate, zu denen der Benutzer berechtigt ist – mehr dazu folgt in Abschnitt 12.5, »Zertifikatvorlagen«.

Auf diese Weise lassen sich übrigens nicht nur Benutzerzertifikate, sondern auch solche für Computer anfordern.

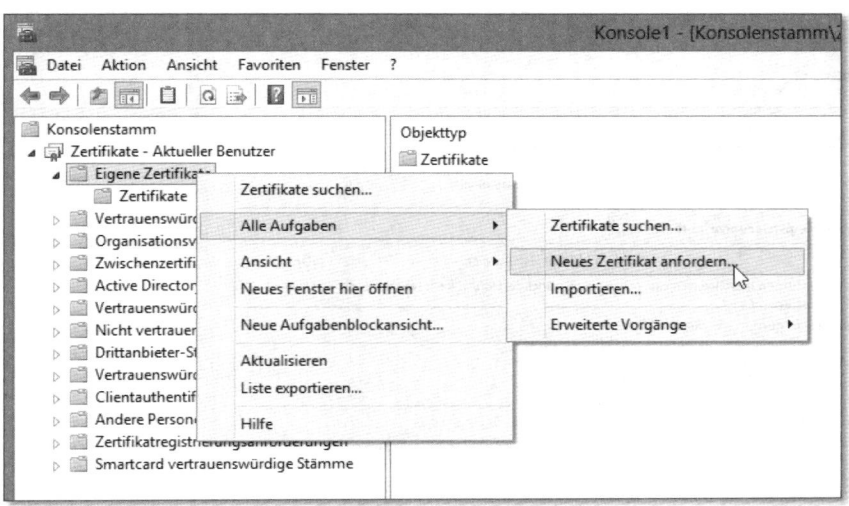

Abbildung 12.24 Ein Benutzer kann mit dem Snap-In ein neues Zertifikat anfordern.

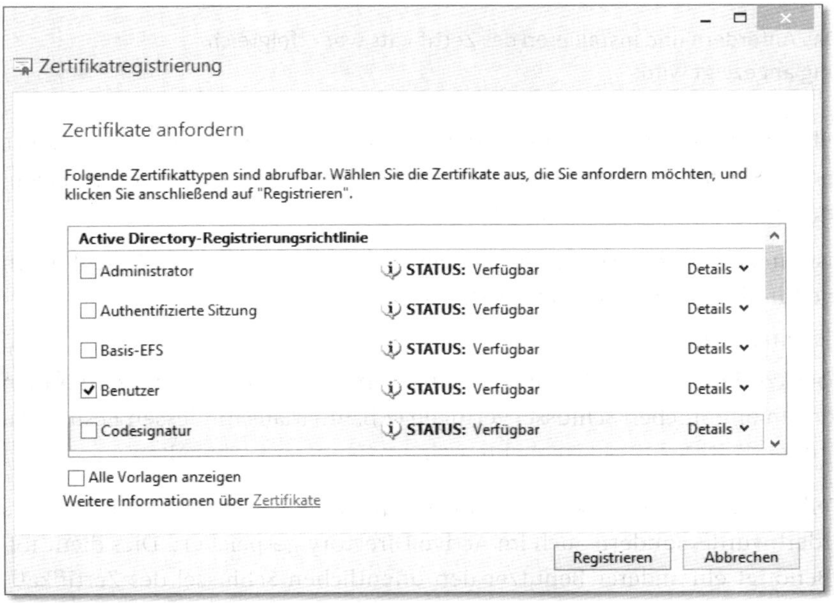

Abbildung 12.25 Zunächst muss der Typ des Zertifikats ausgewählt werden.

Das Snap-In ermittelt zunächst im Active Directory, wo sich eine Zertifizierungsstelle befindet. Anschließend wird das Zertifikat angefordert. Wenn die Zertifizierungsstelle so konfiguriert ist, dass Zertifikatsanforderungen automatisch verarbeitet werden, ist das Zertifikat wenige Sekunden später ausgestellt und installiert. Es sollte so aussehen wie in Abbildung 12.26.

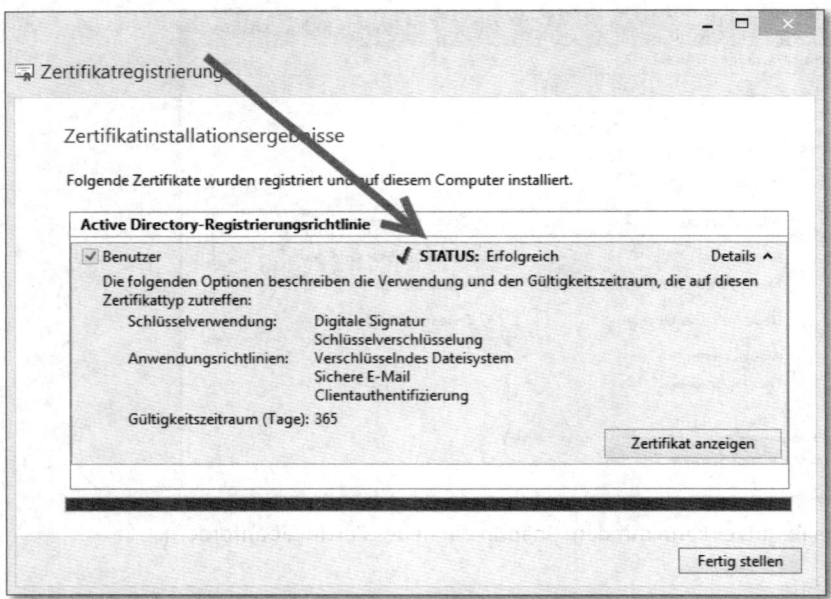

Abbildung 12.26 Das Anfordern und Installieren des Zertifikats war erfolgreich, wenn diese Meldung angezeigt wird.

Das neu ausgestellte Zertifikat wird sich im ZERTIFIKATE-Snap-In unter EIGENE ZERTIFIKATE • ZERTIFIKATE finden. Sie können Details zu dem ausgestellten Zertifikat in dessen Eigenschaftendialog einsehen, beispielsweise (Abbildung 12.27):

- Das Zertifikat ist für die Verschlüsselung von Dateien, für das Signieren und Verschlüsseln von E-Mails und für die Authentifizierung geeignet.
- Das Zertifikat ist ein Jahr gültig.
- Der Benutzer besitzt den privaten Schlüssel für das Zertifikat. Andere Benutzer können und sollen über den öffentlichen Schlüssel verfügen (z.B. um Mails für dessen Besitzer zu verschlüsseln), der private Schlüssel ist aber nur einem Benutzer vorbehalten.

Der öffentliche Teil der Benutzerzertifikate wird nicht nur auf dem Computer, mit dem das Zertifikat angefordert wurde, sondern auch im Active Directory gespeichert. Dies dient folgendem Zweck: Benötigt ein anderer Benutzer den öffentlichen Schlüssel des Zertifikats, kann dies mittels des Active Directory realisiert werden. Dies wird beispielsweise genutzt, wenn ein Outlook-Client eine E-Mail für einen anderen Benutzer verschlüsseln möchte.

In Abbildung 12.28 sehen Sie in ADSI-Editor, dass das Zertifikat im Benutzerobjekt abgelegt ist – und zwar wird das Attribut USERCERTIFICATE verwendet. Wenn, wie in der Abbildung, mehrere Zertifikate für diesen Benutzer vorhanden sind, werden sie alle in ADSI-Editor angezeigt.

12.3 Zertifikate aus Sicht des Clients

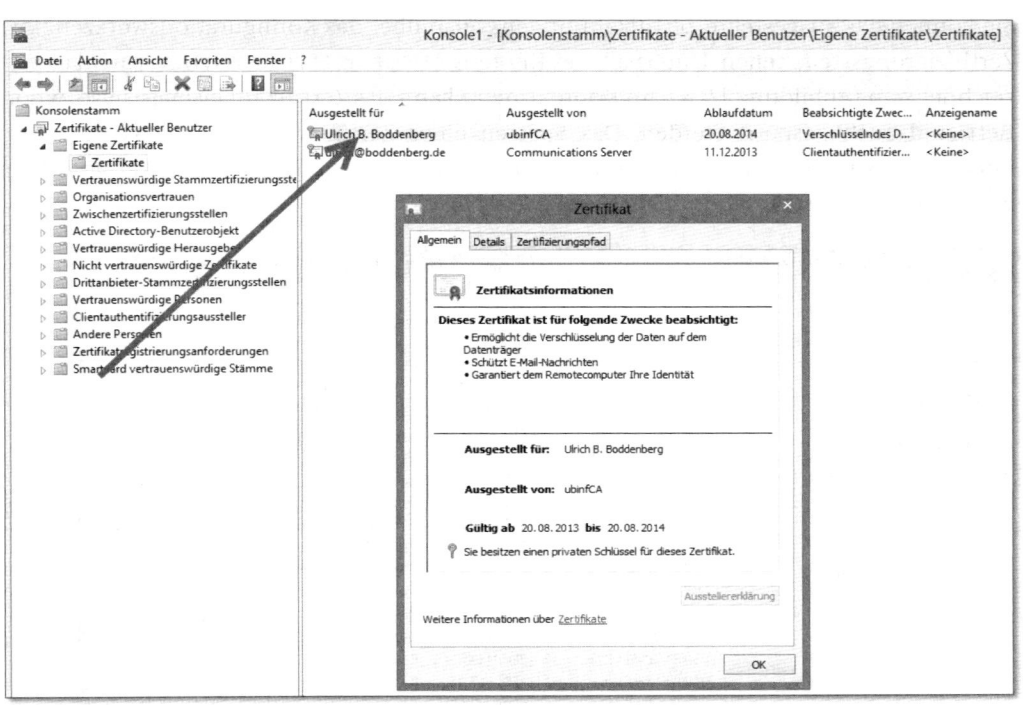

Abbildung 12.27 Das neu erstellte Zertifikat kann im »Zertifikate«-Snap-In eingesehen werden.

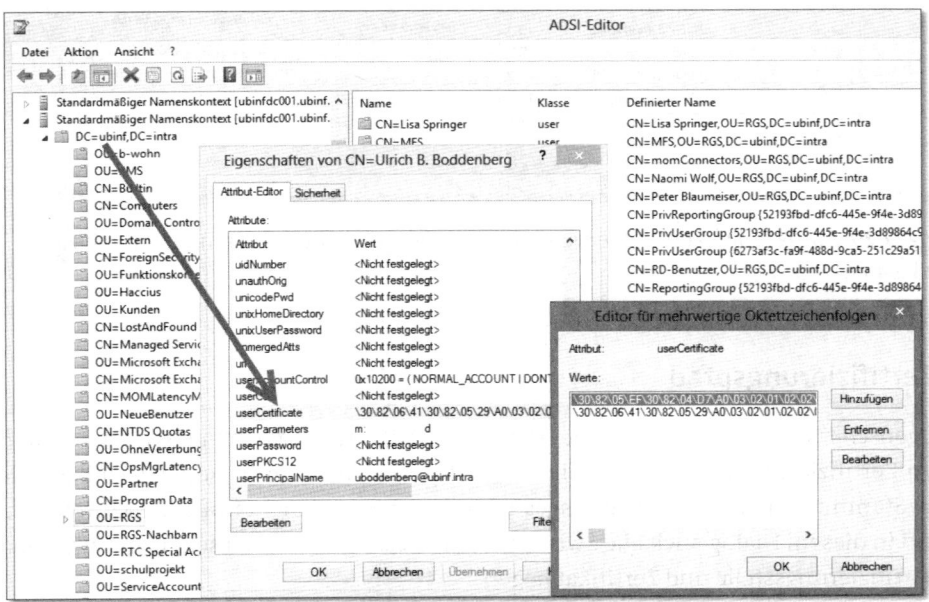

Abbildung 12.28 Benutzerzertifikate werden im Active Directory gespeichert – hier gezeigt mit ADSI-Editor.

12 Active Directory-Zertifikatdienste

Sie können das ausgestellte Zertifikat übrigens auch über das Konfigurationswerkzeug der Zertifizierungsstelle sehen. Unterhalb des Knotens AUSGESTELLTE ZERTIFIKATE wird es verzeichnet sein (Abbildung 12.29). Im Kontextmenü kann das Zertifikat beispielsweise exportiert und auch gesperrt werden. Das Sperren eines Zertifikats ist beispielsweise dann notwendig, wenn ein Mitarbeiter das Unternehmen verlässt oder das Zertifikat gestohlen worden ist (z.B. gemeinsam mit einem Notebook).

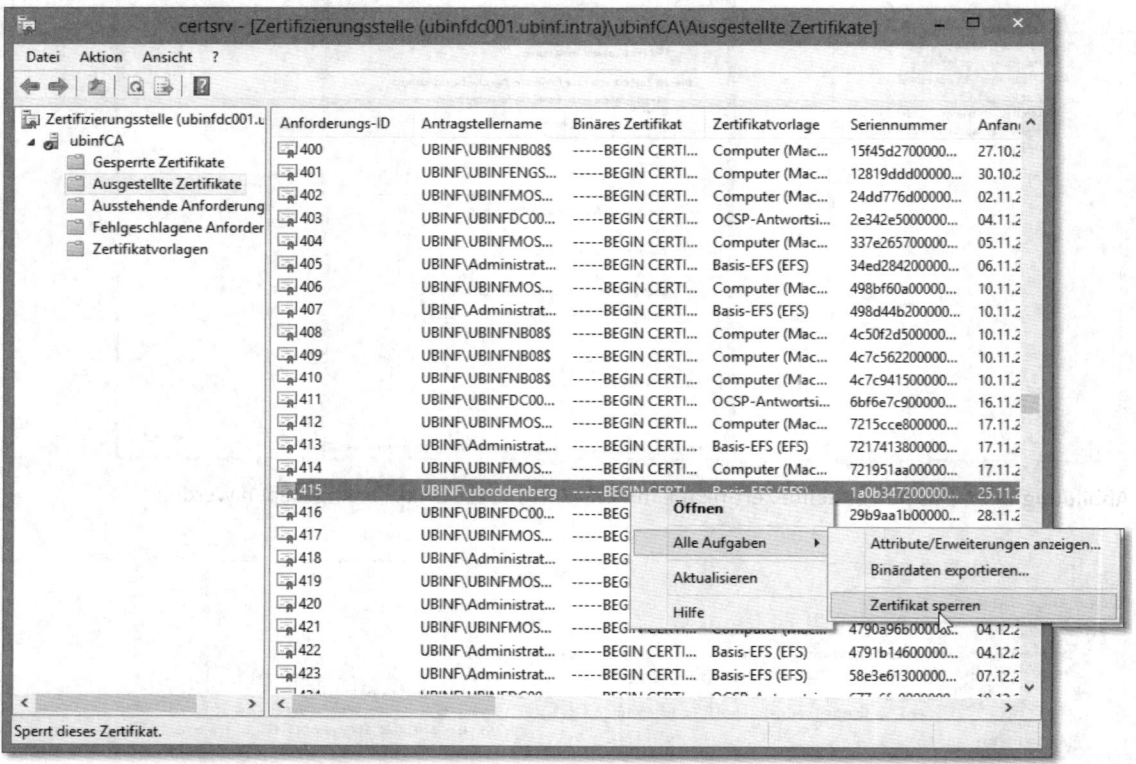

Abbildung 12.29 Ausgestellte Zertifikate werden im Konfigurationswerkzeug für die Zertifizierungsstelle angezeigt.

12.4 Zertifizierungspfad

In den Eigenschaften des Zertifikats findet sich die Karteikarte ZERTIFIZIERUNGSPFAD. Einen einfachen Zertifizierungspfad zeigt Abbildung 12.30: Sie sehen ein Personenzertifikat, das von einer Stammzertifizierungsstelle ausgestellt worden ist. Bei mehrstufigen PKI-Architekturen sind in diesem Dialog auch alle Zwischenzertifizierungsstellen zu sehen, die zwischen Stammzertifizierungsstelle und Zertifikat liegen.

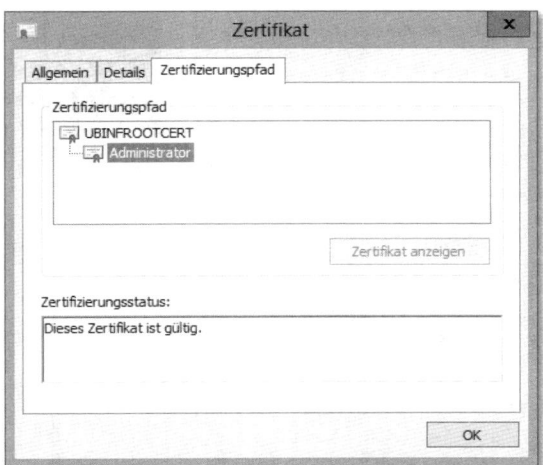

Abbildung 12.30 Im Eigenschaftendialog wird der Zertifizierungspfad angezeigt.

12.5 Zertifikatvorlagen

Sie haben bereits erfahren, dass es viele unterschiedliche Zertifikatstypen gibt, beispielsweise solche für Computer, für Benutzer und vieles andere mehr. Das »wirkliche« Unterscheidungsmerkmal der Zertifikate sind die Verwendungszwecke des Zertifikats, beispielsweise:

- Clientauthentifizierung
- Serverauthentifizierung
- E-Mail-Verschlüsselung und -Signierung
- verschlüsselndes Dateisystem
- Codesignatur

Wie Sie in Abbildung 12.31 erkennen können, sind in der Zertifikatsverwaltung verschiedene Zertifikatvorlagen vorhanden. Die genauen Verwendungszwecke sind aus dem Eigenschaftendialog der jeweiligen Zertifikatvorlage ersichtlich.

Festzustellen ist, dass jedes Zertifikat, das von einer Zertifizierungsstelle ausgestellt wird, auf einer Zertifikatvorlage basieren muss. Um also Zertifikate zu erzeugen, die für eine bestimmte Kombination von Verwendungszwecken vorgesehen sind, müssen Sie eine entsprechende Zertifikatvorlage erstellen. In diesem Abschnitt führe ich Ihnen vor, wie eine Zertifikatvorlage für Benutzer erstellt wird, deren Zertifikate nur für *Clientauthentifizierung* und *Sichere E-Mail*, nicht aber für das verschlüsselnde Dateisystem verwendet werden können.

12 Active Directory-Zertifikatdienste

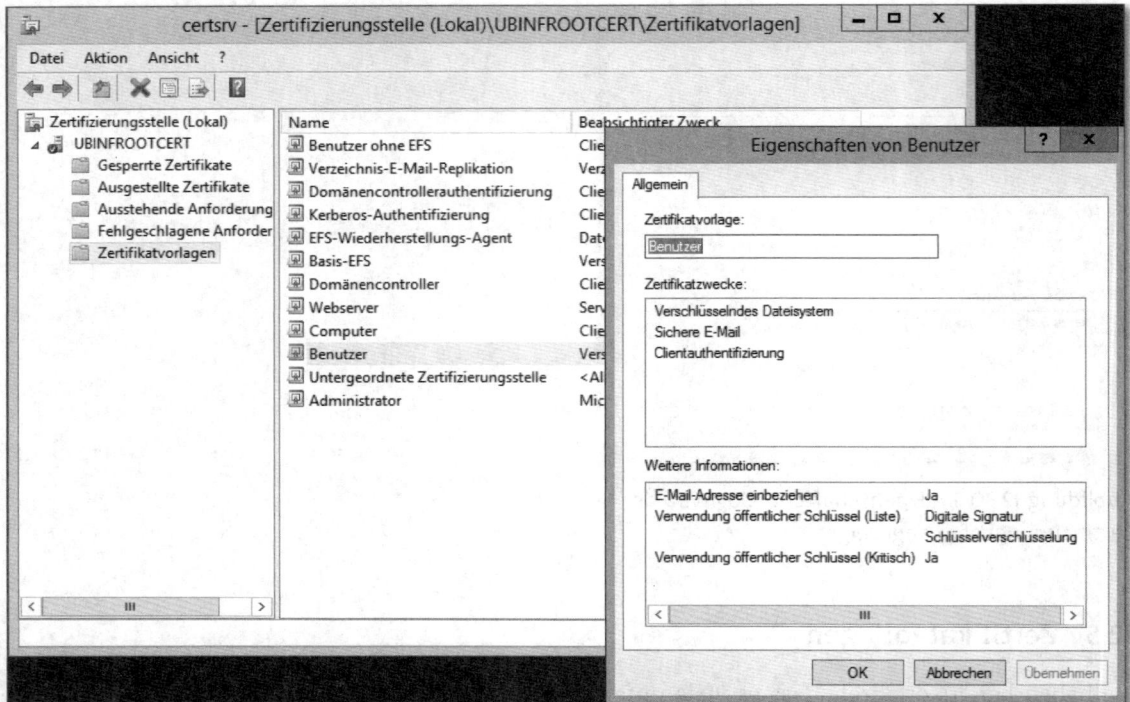

Abbildung 12.31 Zertifikate, die auf einer der angezeigten Zertifikatvorlagen basieren, können Sie bei dieser Zertifizierungsstelle erhalten.

Der erste Schritt ist das Aufrufen des Verwaltungswerkzeugs für die Zertifikatvorlagen. Hierzu gibt es zwei Möglichkeiten:

▶ In der Verwaltung der Zertifizierungsstelle können Sie im Kontextmenü des Eintrags ZERTIFIKATVORLAGEN die Verwaltung derselben aufrufen (Abbildung 12.32).

▶ Alternativ können Sie das Snap-In ZERTIFIKATVORLAGEN direkt der MMC hinzufügen.

In dem Snap-In zur Verwaltung der Zertifikatvorlagen sind deutlich mehr Vorlagen zu sehen als in dem entsprechenden Knoten der Verwaltung der Zertifizierungsstelle. Mit anderen Worten: Nicht alle vorhandenen Zertifikatvorlagen sind auch direkt für die Zertifizierungsstelle aktiv.

Man kann einerseits die vorhandenen und noch nicht von der Zertifizierungsstelle verwendeten Vorlagen aktivieren. Darüber hinaus können auch eigene Zertifikatvorlagen mit einer individuellen Kombination von Verwendungszwecken eingerichtet werden.

In diesem Beispiel soll eine neue Benutzer-Zertifikatvorlage erstellt werden, die im Gegensatz zur Standardvorlage nicht für die Verwendung des verschlüsselnden Dateisystems vorgesehen ist. Der erste Schritt hierzu ist in Abbildung 12.33 gezeigt: Sie wählen die »ähnlichste« Vorlage aus (in diesem Fall *Benutzer*) und rufen in deren Kontextmenü die Funktion VORLAGE DUPLIZIEREN auf. Was dieser Befehl macht, ist leicht zu erraten – es wird eine Kopie der Zertifikatvorlage angelegt. Aus dieser Kopie wird dann die neue Zertifikatvorlage erstellt.

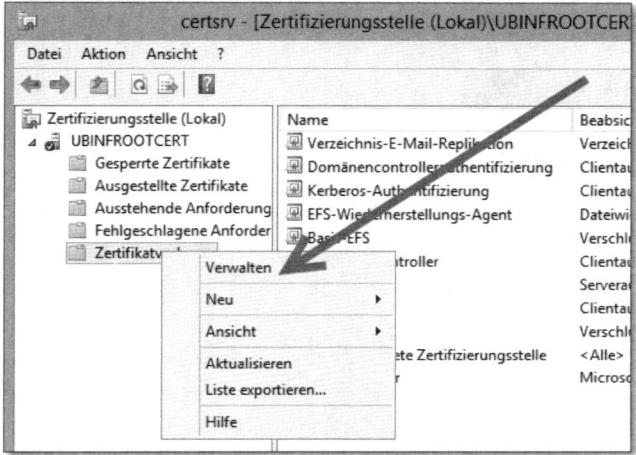

Abbildung 12.32 Um alle Zertifikatvorlagen zu verwalten, wählen Sie einfach die entsprechende Funktion im Kontextmenü.

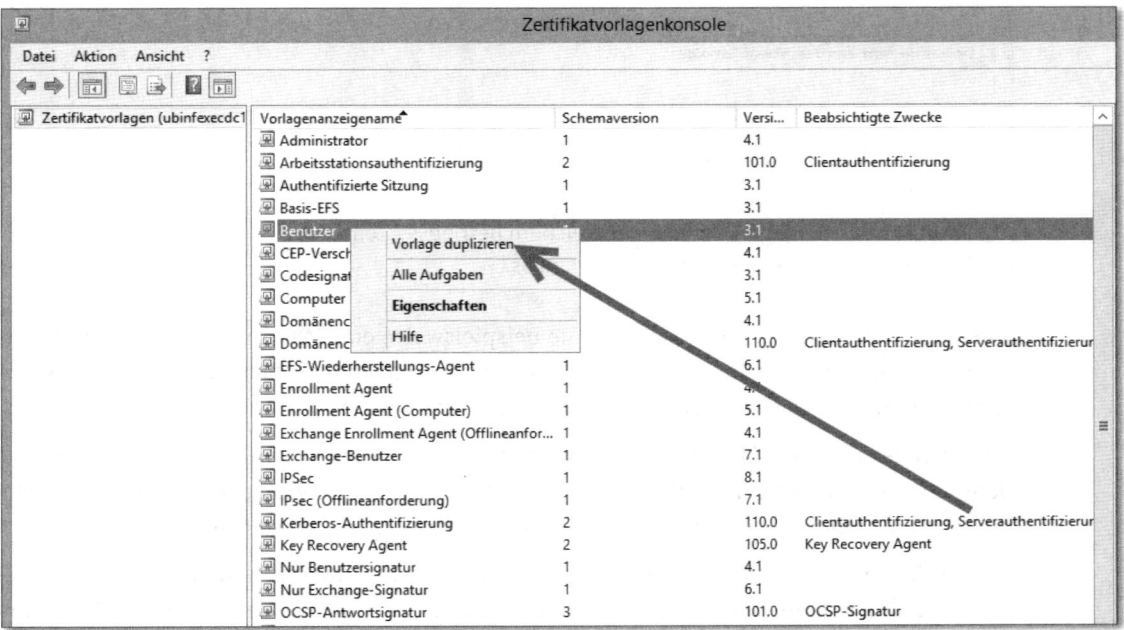

Abbildung 12.33 Am einfachsten erstellt man eine neue Vorlage, indem man eine bestehende dupliziert.

Beim Erstellen der Kopie der Zertifikatvorlage werden Sie gefragt werden, auf welcher Version der Stammzertifizierungsstelle die neue Zertifikatvorlage basieren soll. Zur Auswahl stehen die Optionen von WINDOWS 2003 SERVER bis WINDOWS SERVER 2012 R2 (Abbildung 12.34). Die Unterschiede liegen in den auswählbaren Erweiterungen. Ebenfalls gewählt werden kann, für welche Client-Systeme das Zertifikat geeignet sein soll.

Abbildung 12.34 Hier legen Sie fest, auf welchem Betriebssystem die Zertifizierungsstelle mindestens laufen muss.

Sofern Sie eine Vorlage konfigurieren, die beispielsweise eine Windows Server 2012-Zertifizierungsstelle voraussetzt, gibt es einige zusätzliche Einstellmöglichkeiten, beispielsweise zur Kryptografie (welcher *Cryptography Service Provider* soll verwendet werden etc.).

Als Nächstes arbeiten Sie im Eigenschaftendialog der neuen Zertifikatvorlage weiter und nehmen die notwendigen Konfigurationsänderungen vor (Abbildung 12.35). Ich werde nicht jede einzelne Option beschreiben; die meisten Einstellungen sind selbsterklärend.

Auf der Karteikarte ALLGEMEIN können Sie den VORLAGENNAMEN und den VORLAGENANZEIGENAMEN wählen, was kaum spektakulär ist. Im Normalfall werden Sie die Zertifikatvorlage im Active Directory veröffentlichen, was zur Folge hat, dass AD-Clients die Vorlage beim Anfordern eines neuen Zertifikats in der Auswahlliste sehen.

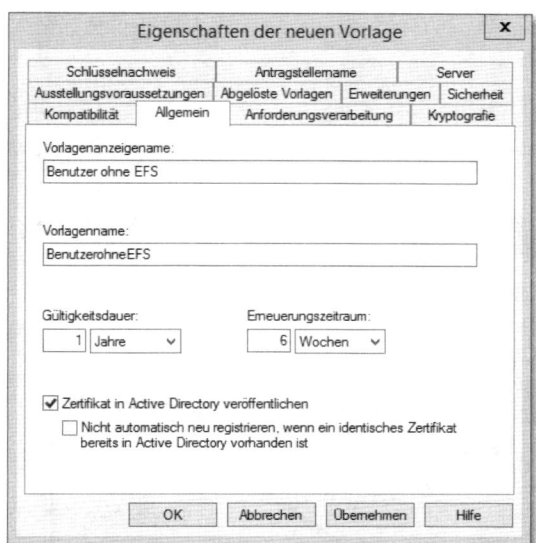

Abbildung 12.35 Konfiguration der neuen Zertifikatvorlage

Wichtig ist natürlich auch die GÜLTIGKEITSDAUER, die je nach Verwendungszweck konfiguriert werden kann und soll. Bei einem Benutzerzertifikat ist ein Jahr ein durchaus sinnvoller Wert. Aus Gründen der Sicherheit sollte sie nicht zu lang sein – aber auch nicht zu kurz, damit Sie nicht ständig das Zertifikat erneuern müssen.

Besonders hinweisen möchte ich Sie auf den Eintrag UNTERSTÜTZTE ZERTIFIZIERUNGSSTELLEN (MIN.), den Sie nicht verändern können (auf der nicht abgebildeten Registerkarte KOMPATIBILITÄT).

Sofern die Zertifizierungsstelle in das Active Directory integriert ist (Enterprise CA) und die Zertifikatvorlage im AD veröffentlicht wird, sieht es im Active Directory so aus, wie auf Abbildung 12.36 gezeigt:

▶ Die Zertifizierungsstelle ist im Konfigurationsnamenskontext verzeichnet.

▶ In den Eigenschaften der Zertifizierungsstelle, genauer gesagt im Attribut CERTIFICATETEMPLATES, sind die verwendeten Zertifikatvorlagen aufgeführt.

▶ Details zu den einzelnen Zertifikatvorlagen können, sofern sie im AD veröffentlicht werden, ebenfalls im Konfigurationsnamenskontext ermittelt werden. Unter CONFIGURATION • SERVICES • PUBLIC KEY SERVICES • CERTIFICATE TEMPLATES sind Informationen zu dieser Zertifikatvorlage gespeichert.

Ich zeige Ihnen die Beispiele mit ADSI-Editor übrigens nicht etwa deshalb, weil ich Sie animieren möchte, mit diesem Werkzeug im AD »herzumzuadministrieren«, sondern um Ihnen zu helfen, die Hintergründe zu verstehen. Um im Problemfall schnell die richtigen Schlüsse zu ziehen, ist es einfach wichtig, ein wenig die Hintergründe zu kennen.

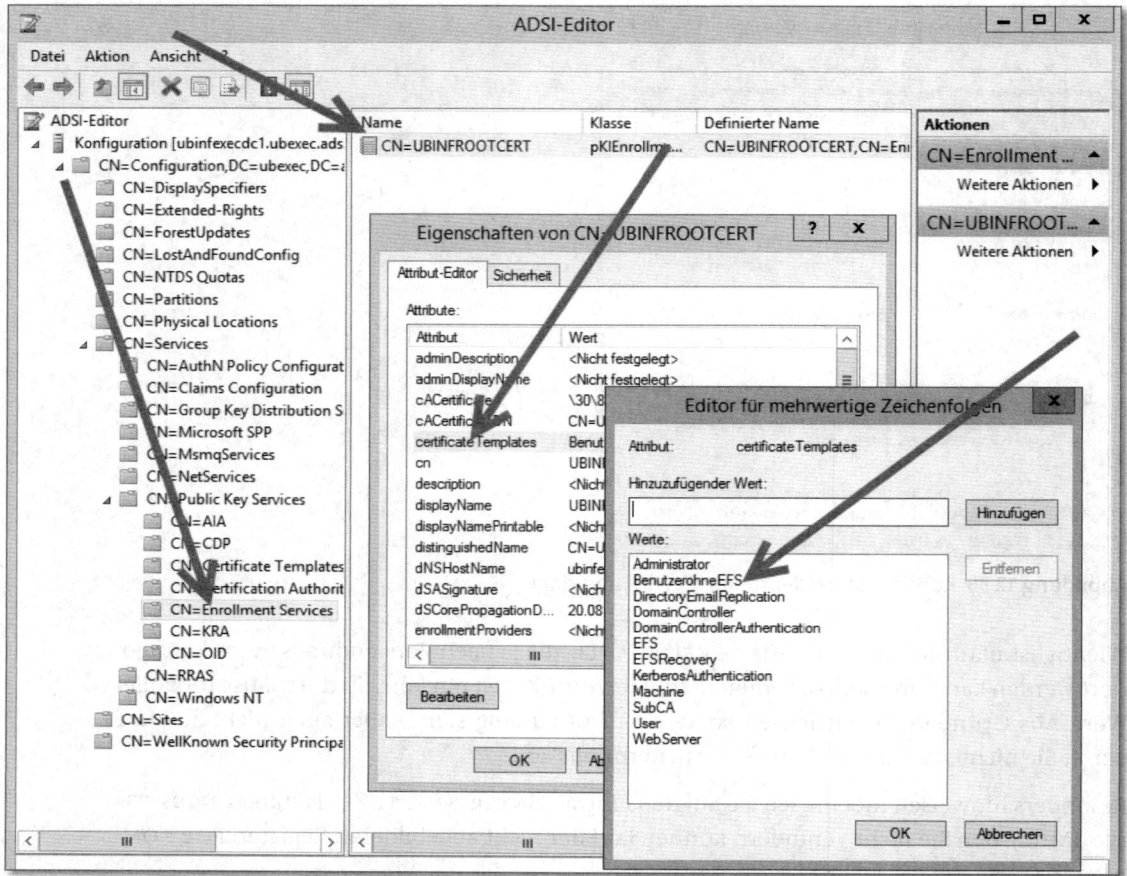

Abbildung 12.36 Ein Blick ins Active Directory mit ADSI-Editor. Die neue Zertifikatvorlage ist in der Eigenschaft »certificateTemplates« der Zertifizierungsstelle verzeichnet.

Nun müssen Sie noch konfigurieren, für welche Zwecke dieses Zertifikat verwendet werden soll. Dieses erledigen Sie auf der Karteikarte ERWEITERUNGEN, indem Sie die ANWENDUNGS-RICHTLINIEN bearbeiten (Abbildung 12.37).

In dem hier vorgeführten Beispiel sollen die mittels dieser Vorlage ausgestellten Zertifikate nicht für das verschlüsselnde Dateisystem verwendet werden, demzufolge wird der entsprechende Eintrag entfernt. Genauso können weitere Verwendungszwecke hinzugefügt werden.

Etliche weitere Konfigurationsmöglichkeiten stehen zur Verfügung, werden an dieser Stelle aber nicht weiter besprochen. Ist die Konfiguration der neuen Zertifikatvorlage abgeschlossen, wird diese in der Liste der Vorlagen aufgeführt werden (Abbildung 12.38).

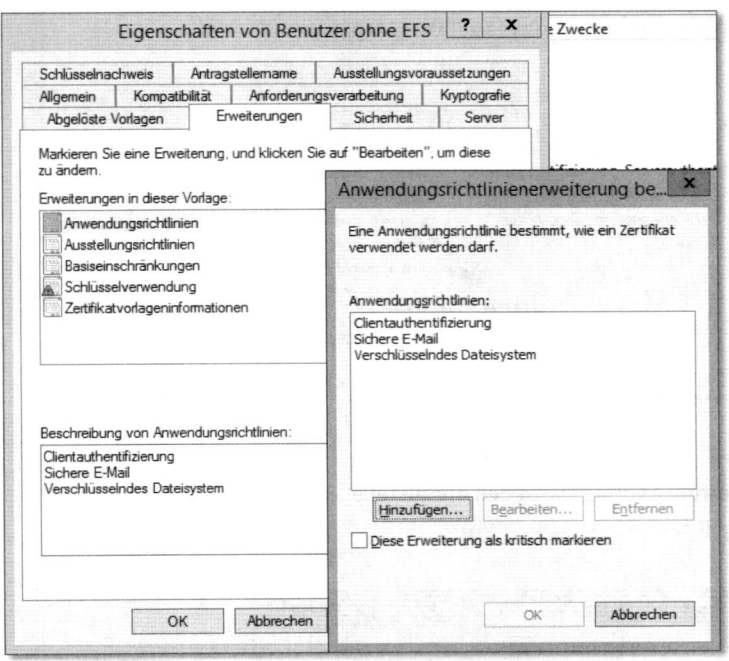

Abbildung 12.37 So wird die Anwendungsrichtlinie der neuen Vorlage konfiguriert.

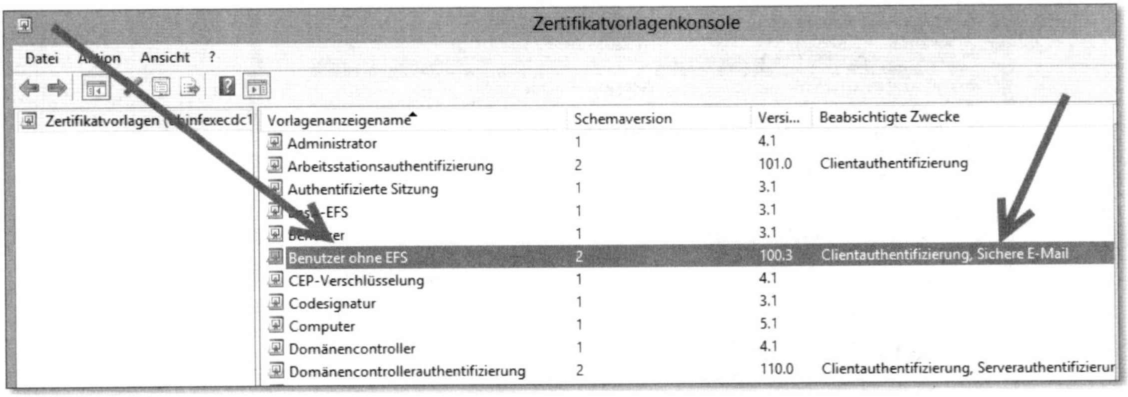

Abbildung 12.38 Die neue Zertifikatvorlage benötigt einen Enterprise Edition-Server.

Da nun die Zertifikatvorlage konfiguriert ist, kommen wir zum letzten Schritt, nämlich zum Hinzufügen der neuen Zertifikatvorlage als *auszustellende Zertifikatvorlage*. Hierzu wählen Sie im Kontextmenü des Knotens ZERTIFIKATVORLAGE in dem Snap-In ZERTIFIZIERUNGS-STELLE die Funktion NEU • AUSZUSTELLENDE ZERTIFIKATVORLAGE. Es wird ein Dialog erscheinen, der die installierten Zertifikatvorlagen anzeigt; durch Auswahl von OK können Sie die selektierte Vorlage hinzufügen (Abbildung 12.39, Abbildung 12.40).

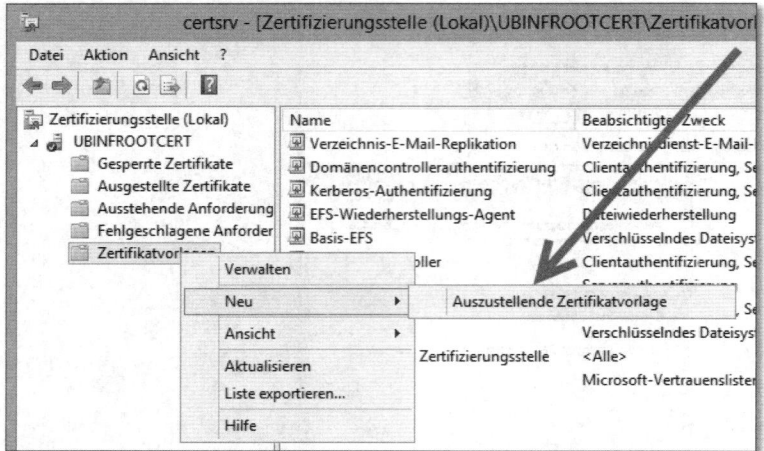

Abbildung 12.39 Die neue Zertifikatvorlage wird den auszustellenden Zertifikatvorlagen hinzugefügt.

Abbildung 12.40 Auswahl der Vorlage

Wenn ein Benutzer mittels des Snap-Ins ZERTIFIKATE auf seinem PC/Notebook ein Zertifikat anfordern will, wird ihm die neue Vorlage ebenfalls in der Auswahlliste angezeigt werden (Abbildung 12.41).

Welche Zertifikatvorlagen einem Benutzer tatsächlich angezeigt werden, hängt davon ab, welche Berechtigungen in der Zertifikatvorlage gesetzt worden sind. Angezeigt werden nur diejenigen Vorlagen, bei denen der Benutzer das Recht »Registrieren« hat. Die Berechtigungen können im Eigenschaftendialog der Zertifikatvorlage auf der Karteikarte SICHERHEIT eingestellt werden.

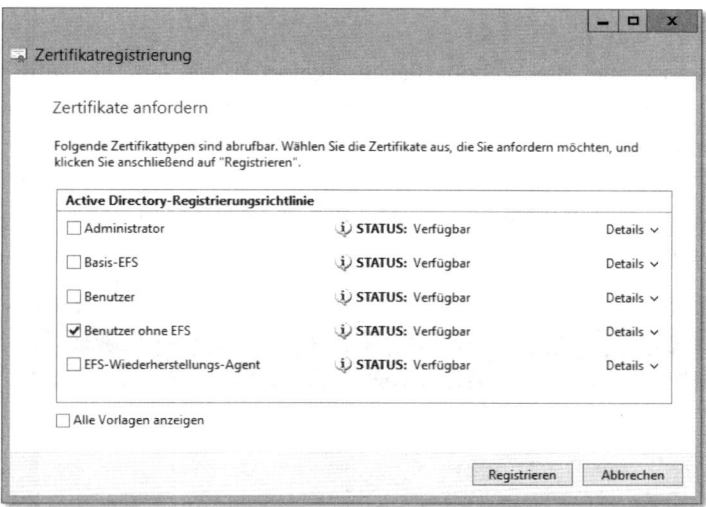

Abbildung 12.41 Ein auf der neuen Zertifikatvorlage basierendes Zertifikat kann nun vom Benutzer angefordert werden.

Zum Schluss möchte ich Ihnen zeigen, dass das Zertifikat tatsächlich gemäß den Einstellungen in der Zertifikatvorlage erstellt worden ist (Abbildung 12.42):

▶ Als Verwendungszwecke sind nur *ClientAuthentifizierung* (Garantiert dem Remotecomputer...) und *Sichere E-Mail* (Schützt E-Mail-Nachrichten) vorhanden. Der Verwendungszweck *Verschlüsselndes Dateisystem*, der bei der Originalvorlage vorhanden ist, fehlt.

▶ Das Gültigkeitsdatum ist auf ein Jahr beschränkt.

Abbildung 12.42 Ein auf der neuen Vorlage basierendes Zertifikat

12.6 Weboberfläche

Zertifikate können alternativ auch über eine Weboberfläche angefordert werden. Diese muss allerdings zunächst installiert werden. Falls Sie dies nicht ohnehin bereits bei der Installation der eigentlichen Zertifizierungsstelle erledigt haben, müssen Sie diese Weboberfläche nachinstallieren. Der genaue Name dieser Komponente lautet *Zertifizierungsstellen-Webregistrierung*. Sind die benötigten Komponenten installiert, müsste sich im Server-Manager ein Bild wie in Abbildung 12.43 ergeben.

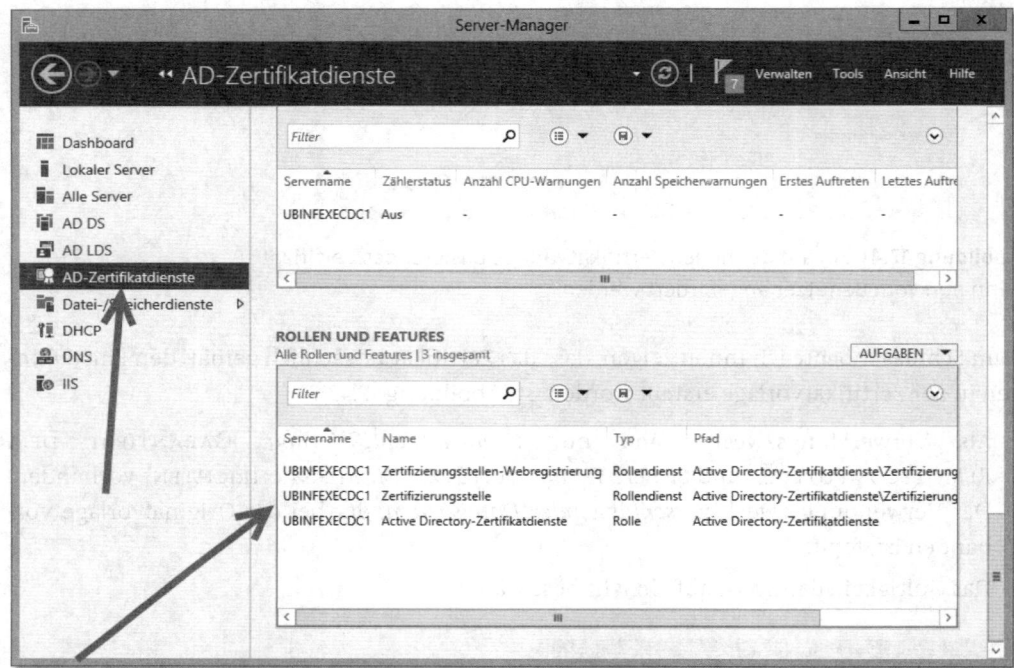

Abbildung 12.43 Um weitere Komponenten der Active Directory-Zertifikatdienste zu installieren, kann der Server-Manager verwendet werden – hier ist aber bereits alles Benötigte vorhanden.

Ist das Webfrontend installiert, können Benutzer unter Eingabe der URL *servername.domain.ext/certsrv* die Webapplikation zur Anforderung von Zertifikaten aufrufen (Abbildung 12.44). Neben dem Anfordern eines neuen Zertifikats können weitere Funktionen aufgerufen werden: So können Benutzer den Status ausstehender Zertifikate anzeigen. Das ist interessant, wenn die Zertifizierungsstelle die Zertifikatsanforderungen nicht direkt bearbeitet, sondern ein Administrator von Hand die Ausstellung von Zertifikaten genehmigt oder ablehnt. Weiterhin können das Zertifikat der Zertifizierungsstelle, die Sperrliste und einiges andere mehr in unterschiedlichen Formaten heruntergeladen werden.

12.6 Weboberfläche

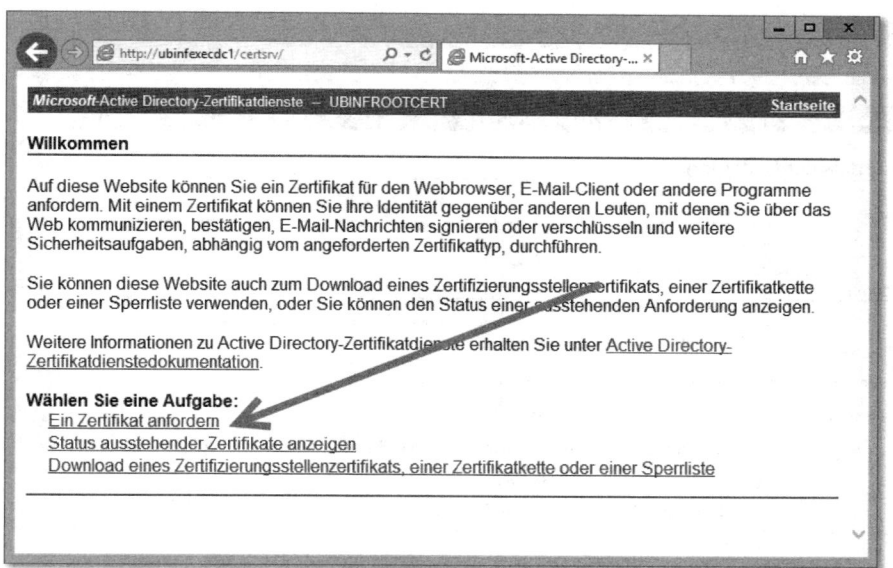

Abbildung 12.44 Die Startseite des Webinterfaces

Die Weboberfläche dürfte beispielsweise in Szenarien interessant sein, in denen nicht nur Windows-PCs, die Domänenmitglied sind, in einer Umgebung vorhanden sind, sondern auch Unix-Systeme, auf denen ebenfalls Zertifikate installiert werden müssen. Für diese können Sie mittels der Weboberfläche recht einfach die benötigten Zertifikate beziehen.

Entscheidet man sich für das Anfordern eines neuen Zertifikats, möchte die Webanwendung wissen, ob ein BENUTZERZERTIFIKAT angefordert werden soll oder ob eine ERWEITERTE ZERTIFIKATANFORDERUNG eingereicht wird (Abbildung 12.45). Der erste Fall ist aus Sicht eines Administrators eher unspektakulär – es wird eben ein Benutzerzertifikat angefordert und erstellt.

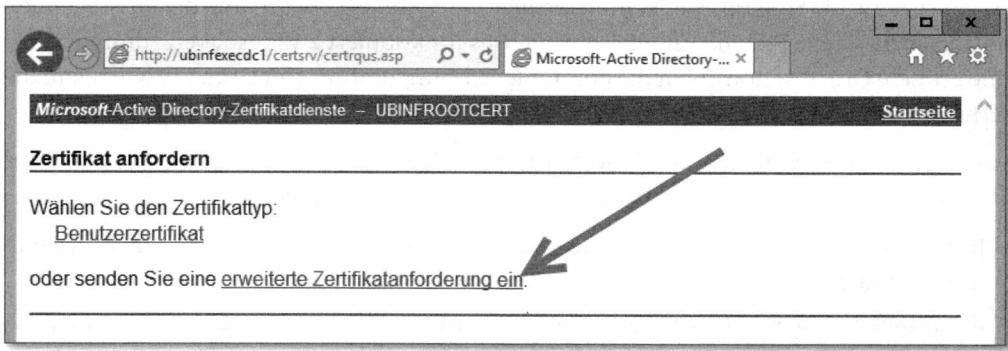

Abbildung 12.45 An dieser Stelle kann ein »Benutzerzertifikat« angefordert oder eine »erweiterte Zertifikatanforderung« eingereicht werden.

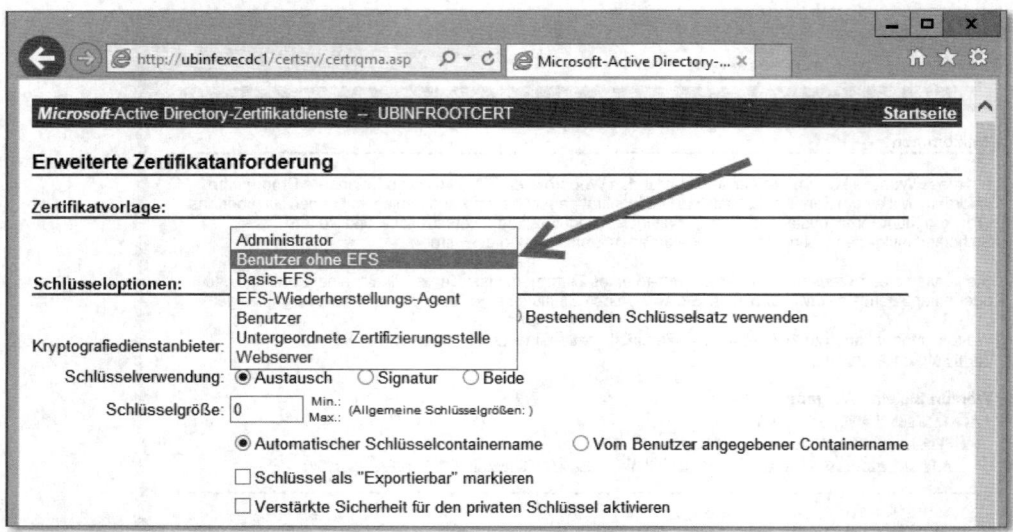

Abbildung 12.46 Im Dialog »Erweiterte Zertifikatanforderung« des Webinterface können Sie den Zertifikatstyp nebst einiger Parameter wählen.

Der Dialog für die ERWEITERTE ZERTIFIKATANFORDERUNG ist in Abbildung 12.46 zu sehen. Hier kann die zu verwendende Zertifikatvorlage nebst einigen weiteren Parametern definiert werden. Der Benutzer, der auf der Abbildung beim Anfordern des Zertifikats eingeloggt war, war Mitglied der Domänenadministratoren-Gruppe. Ein »normaler« Benutzer kann natürlich keine Zertifikate für solche Zwecke wie UNTERGEORDNETE ZERTIFIZIERUNGSSTELLE anfordern.

12.7 Mehrstufige Architekturen

In dem bisher gezeigten Szenario kommt nur eine einzige Zertifizierungsstelle zum Einsatz, die gleichzeitig die Funktion der Stammzertifizierungsstelle (*Root CA*) und der ausstellenden Zertifizierungsstelle (*Issuing CA*) übernimmt. Das funktioniert zwar, ist aber, zumindest für eine größere Organisation, nicht die empfohlene Konfiguration. Der Grund ist vor allem die extreme Schutzbedürftigkeit des privaten Schlüssels der Stammzertifizierungsstelle.

Aus diesem Grund wird man, zumindest in einer größeren Umgebung, ein mehrstufiges Zertifikatswesen aufbauen. Man kennt ein-, zwei-, drei- und vierstufige Architekturen.

- In kleinen Umgebungen wird man, insbesondere aus Kostengründen, eine einstufige PKI-Infrastruktur aufbauen.
- In mittleren Umgebungen bietet sich eine zweistufige PKI-Infrastruktur an. In einer solchen Infrastruktur existieren eine Stammzertifizierungsstelle und eine oder mehrere untergeordnete Zertifizierungsstellen. Das Ausstellen der Zertifikate wird ausschließlich

von den untergeordneten Zertifizierungsstellen übernommen. Die Stammzertifizierungsstelle ist im Optimalfall gar nicht mit dem Netzwerk verbunden.

- In großen Umgebungen kann noch eine zusätzliche Schicht eingezogen werden. Die zusätzlichen Zertifizierungsstellen werden *Intermediate CA* genannt. Eine solche Vorgehensweise bietet sich beispielsweise an, um für die Europa- und die Asien-Organisation separat administrierbare große PKI-Infrastrukturen aufzubauen, die aber sozusagen ein gemeinsames »Erbe«, also eine gemeinsame Stammzertifizierungsstelle, haben.

- Wenn auch eine dreistufige Architektur nicht reicht, kann eine weitere Schicht unterhalb der obersten Zertifizierungsstelle eingezogen werden. Diese Zertifizierungsstellen werden *Subordinate CA* genannt. Da nur die wenigsten Leser eine vierstufige PKI-Architektur implementieren werden, wird diese hier nicht weiter besprochen.

Die unterschiedlichen Rollen, die eine Zertifizierungsstelle einnehmen kann, unterscheiden sich in der technischen Umsetzung.

12.7.1 Rollen

Im Folgenden werden stichwortartig die unterschiedlichen Rollen beschrieben, die eine Zertifizierungsstelle einnehmen kann.

Stammzertifizierungsstelle/Root CA

Die oberste Stammzertifizierungsstelle hat das Stammzertifikat der ganzen PKI-Struktur ausgestellt. Dieses ist, wie bereits erwähnt, extrem schutzbedürftig. Würde es einer fremden und/oder bösartigen Person in die Hände fallen, ist Ihre komplette PKI wertlos, da die Person beliebige Zertifikate ausstellen kann, die bei einer kryptografischen Prüfung als gültig erkannt werden.

Aus diesem Grund wird diese Stammzertifizierungsstelle in einer zweistufigen (bzw. drei- oder vierstufigen) Architektur im günstigsten Fall als Offline-CA angelegt. Das bedeutet:

- Dieser Server ist kein Domänenmitglied.
- Demzufolge wird die Zertifizierungsstelle nicht als Enterprise-/Unternehmens-, sondern Standalone-CA (eigenständige CA) installiert. (Eine Enterprise-/Unternehmens-CA ist in das Active Directory integriert.)
- Dieser Server verfügt über keinen Netzwerkanschluss.
- Dieser Server muss physikalisch geschützt sein. (Denken Sie an die Folgen eines Diebstahls des ganzen Servers oder des Zertifikats.)
- Diese Zertifizierungsstelle stellt nur Zertifikate für die untergeordneten Zertifizierungsstellen aus. Diese Zertifikate werden dann auf einer Diskette transportiert.
- Die Gültigkeitsdauer des Zertifikats dieser Zertifizierungsstelle ist sehr lang, beispielsweise 10 oder 20 Jahre. Als Schlüssellänge kann man 4.096 Bit wählen.

Intermediate CA

Die Intermediate CAs werden in einer dreistufigen Architektur verwendet. Es handelt sich um Zertifizierungsstellen mit erhöhtem Schutzbedarf, die nicht dazu gedacht sind, Zertifikate für andere Objekte als die untergeordneten Zertifizierungsstellen auszustellen. Die Intermediate CAs kommen insbesondere dann zum Einsatz, wenn in einer sehr großen Organisation in verschiedenen Bereichen Zertifikate mit unterschiedlichen Policys erstellt und separat administriert werden sollen. Ebenso können separate Zertifikatsperrlisten (CRL, Certificate Revocation List) erzeugt werden.

Für den Aufbau einer Intermediate CA gelten folgende Regeln:

- Dieser Server ist kein Domänenmitglied.
- Demzufolge wird die Zertifizierungsstelle nicht als Enterprise-, sondern als Standalone-CA installiert. (Eine Enterprise-CA ist in das Active Directory integriert.)
- Dieser Server verfügt im Optimalfall über keinen Netzwerkanschluss.
- Dieser Server muss physikalisch geschützt sein. (Denken Sie an die Folgen eines Diebstahls des ganzen Servers oder des Zertifikats.)
- Diese Zertifizierungsstelle stellt nur Zertifikate für die untergeordneten Zertifizierungsstellen aus. Diese Zertifikate werden dann auf einer Diskette transportiert.
- Die Gültigkeitsdauer des Zertifikats dieser Zertifizierungsstelle ist sehr lang, beispielsweise 10 oder 20 Jahre. Als Schlüssellänge kann man 2.048 oder 4.096 Bit wählen.

Sie sehen, dass der Anforderungskatalog von Stammzertifizierungsstellen (Root CA) und Intermediate CAs so gut wie identisch ist.

Issuing CA

Die Issuing CAs erstellen nun tatsächlich Zertifikate für Benutzer, Computer, Webserver, Codesignatur und vieles andere mehr. Diese Zertifizierungsstellen haben einen Netzwerkanschluss, sind als Enterprise-CA in die Domäne integriert und kommunizieren mit anderen Systemen.

Hier einige Stichpunkte zum Aufbau einer Issuing CA:

- Dieser Server ist ein Domänenmitglied.
- Die Zertifizierungsstelle wird als Enterprise-CA (Unternehmenszertifizierungsstelle) installiert.
- Dieser Server verfügt über einen Netzwerkanschluss und kommuniziert mit anderen Systemen.
- Die Installation muss mit besonderer Sorgfalt erfolgen, um keine »Hintertüren« zum unbefugten Zugriff auf diesen Server zu ermöglichen.
- Dieser Server muss physikalisch geschützt sein. (Denken Sie an die Folgen eines Diebstahls des ganzen Servers oder des Zertifikats.)

- Diese Zertifizierungsstelle stellt Zertifikate für Benutzer, Computer, Codesignatur und vieles andere aus.
- Die Gültigkeitsdauer des Zertifikats dieser Zertifizierungsstelle ist weniger lang als bei einer Root- oder Intermediate CA. Ein guter Wert sind fünf Jahre. Als Schlüssellänge kann man 2.048 Bit wählen.
- Nur bei Vorgängerversionen von Server 2012/R2: Diese Zertifizierungsstellen sollten auf einem Betriebssystem der Enterprise Edition installiert werden, um alle Zertifikatvorlagen verwenden zu können.

12.7.2 Architekturen

In Abbildung 12.47, Abbildung 12.48 und Abbildung 12.49 sehen Sie zwei- und dreistufige PKI-Infrastrukturen in unterschiedlichen Ausprägungen.

Abbildung 12.47 zeigt den einfachsten Fall einer zweistufigen PKI-Infrastruktur. Sie besteht aus einer Stammzertifizierungsstelle und einer Zertifizierungsstelle, die Zertifikate für Benutzer und Computer erstellt. Wie zuvor beschrieben wird die Root CA möglichst als Offline-System ohne Netzwerkanschluss realisiert. Diese Architektur dürfte für die meisten mittelständischen Unternehmen geeignet sein.

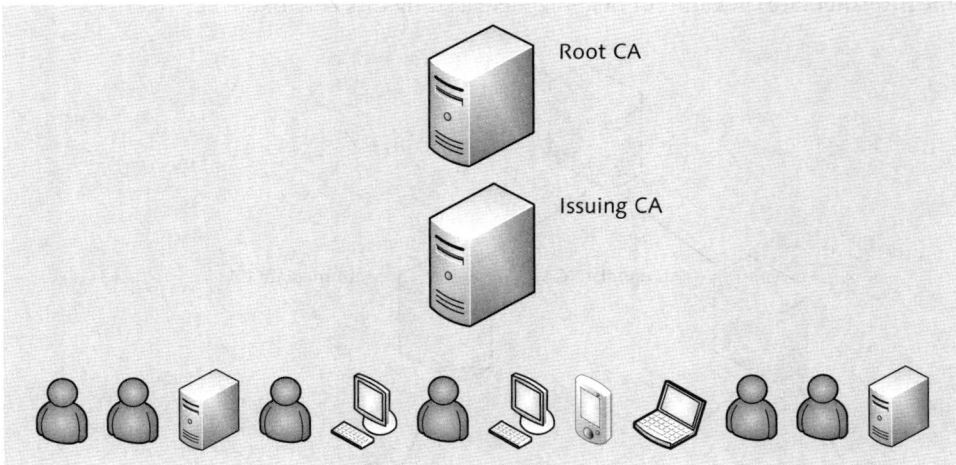

Abbildung 12.47 Die einfachste Möglichkeit einer zweistufigen PKI-Infrastruktur

Die zweistufige Architektur bietet die Möglichkeit, eine beliebige Anzahl von Issuing CAs einzurichten (Abbildung 12.48). Dies könnte beispielsweise interessant sein, wenn die Organisation sehr groß und verteilt und nur durch sehr schmalbandige Weitverkehrsverbindungen verbunden ist. Eine Issuing CA könnte beispielsweise in Europa, eine andere in Asien stehen.

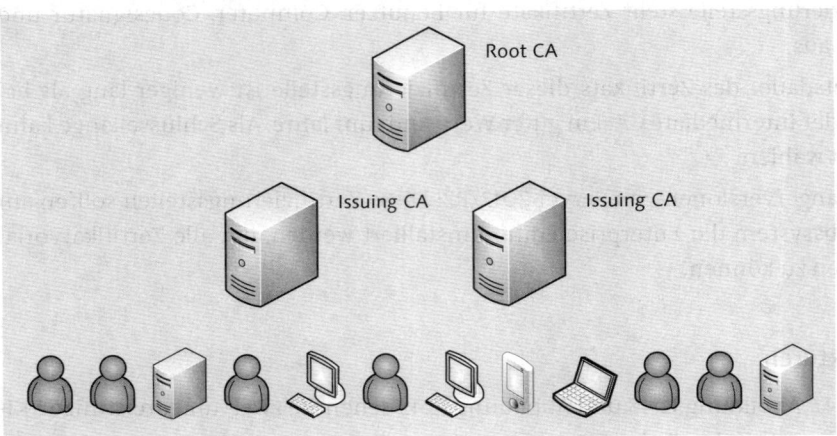

Abbildung 12.48 Eine zweistufige PKI-Infrastruktur

Die nächste Ausbaustufe ist die Verwendung von Intermediate CAs, die ihrerseits Zertifikate für die Issuing CAs erstellen (Abbildung 12.49). Diese PKI-Architektur bietet die Möglichkeit, mit separaten Policys und separaten Zertifikatsperrlisten zu arbeiten. Unter einer Intermediate CA können jeweils beliebig viele Issuing CAs betrieben werden – oder technisch korrekter: Eine Intermediate CA kann für beliebig viele Issuing CAs Zertifikate erzeugen.

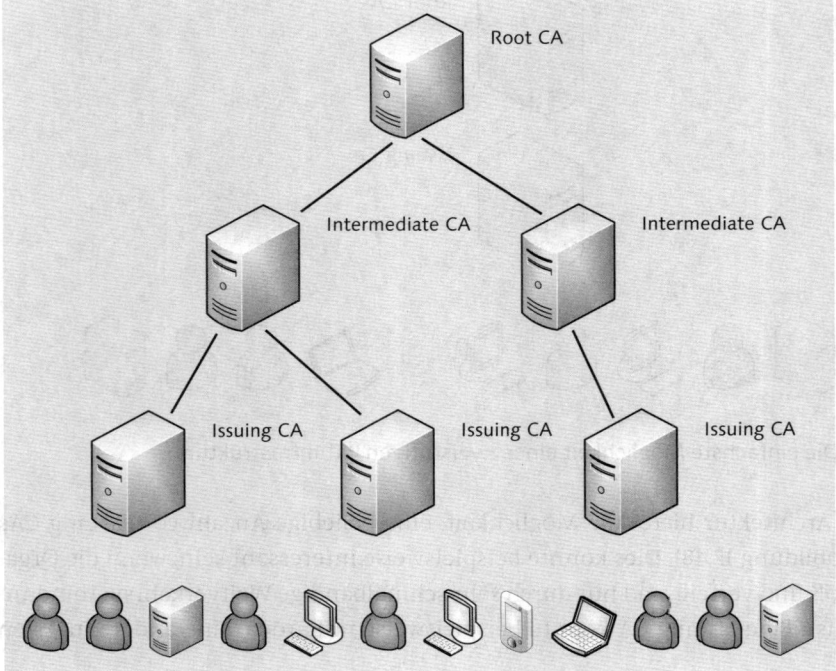

Abbildung 12.49 Eine dreistufige PKI-Infrastruktur

Obgleich die PKI-Architektur nun bereits recht komplex und weitverzweigt ist, lässt sich alles auf ein Zertifikat zurückführen, nämlich auf das Zertifikat der Stammzertifizierungsstelle.

12.8 Autoenrollment und automatische Zertifikatanforderung

Die Wunschvorstellung ist sicherlich, dass alle Anwender und Computer ohne Zutun des Administrators ein Zertifikat erhalten. Diese Forderung gilt sowohl für bereits vorhandene als auch für zukünftig angelegte Benutzerkonten und Computer. Des Weiteren sollen abgelaufene beziehungsweise in Kürze ablaufende Zertifikate automatisch erneuert werden.

Für diese Aufgabenstellung gibt es Lösungen, und zwar das Autoenrollment und die automatische Zertifikatanforderung. Diese Verfahren eignen sich übrigens nicht nur, um Zertifikate für die Mailverschlüsselung und -signierung auszurollen, sondern kommen beispielsweise auch zur Anwendung, wenn Sie Smartcards mit Zertifikaten für die Benutzeranmeldung betanken müssen. Man kann sicherlich davon ausgehen, dass im Laufe der Zeit deutlich mehr Anwendungen spezielle Benutzerzertifikate benötigen, die natürlich immer nach Möglichkeit automatisch ausgerollt und erneuert werden sollen.

12.8.1 Automatische Zertifikatanforderung

Die automatische Zertifikatanforderung ist sehr einfach aufzusetzen, denn es muss lediglich eine Gruppenrichtlinie angepasst werden. Eine der Haupteinschränkungen ist allerdings, dass über diesen Weg nur Computerzertifikate verteilt werden können. Hauptanwendungsgebiet ist die Verteilung von Computer- oder IPSec-Zertifikaten – das geht dann aber wirklich sehr gut.

Um beispielsweise dafür zu sorgen, dass alle Computer der Domäne ein Computerzertifikat anfordern, gehen Sie wie folgt vor:

▶ Erstellen Sie ein neues Gruppenrichtlinienobjekt. Sie könnten die notwendigen Einstellungen zwar auch einem bestehenden Gruppenrichtlinienobjekt hinzufügen, aus Gründen der Übersichtlichkeit empfehle ich aber immer eine sinnvolle Aufteilung (Abbildung 12.50).

▶ Wählen Sie das Bearbeiten des neuen Gruppenrichtlinienobjekts. Dann öffnet sich der Gruppenrichtlinienverwaltungs-Editor (Abbildung 12.51).

▶ Navigieren Sie dort zu COMPUTERKONFIGURATION • RICHTLINIEN • WINDOWS-EINSTELLUNGEN • SICHERHEITSEINSTELLUNGEN • RICHTLINIEN FÜR ÖFFENTLICHE SCHLÜSSEL • EINSTELLUNGEN DER AUTOMATISCHEN ZERTIFIKATANFORDERUNG. Im Kontextmenü wählen Sie das Erstellen einer neuen Zertifikatanforderung (Abbildung 12.51).

12 Active Directory-Zertifikatdienste

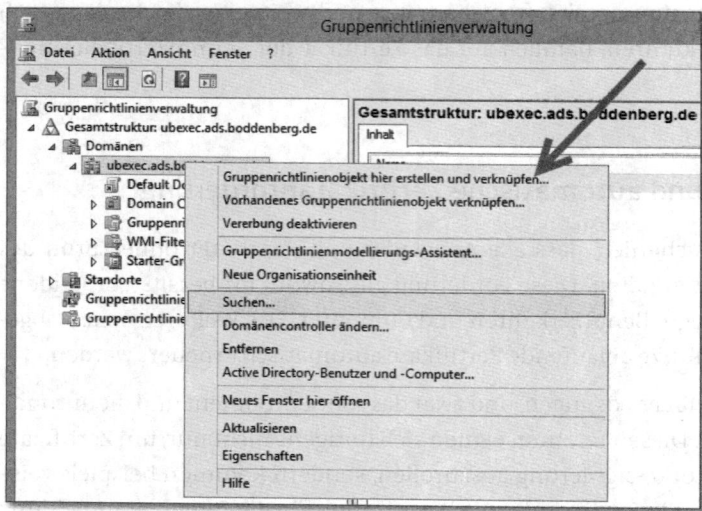

Abbildung 12.50 Aus Gründen der Übersichtlichkeit erstellen Sie am besten ein eigenes Gruppenrichtlinienobjekt.

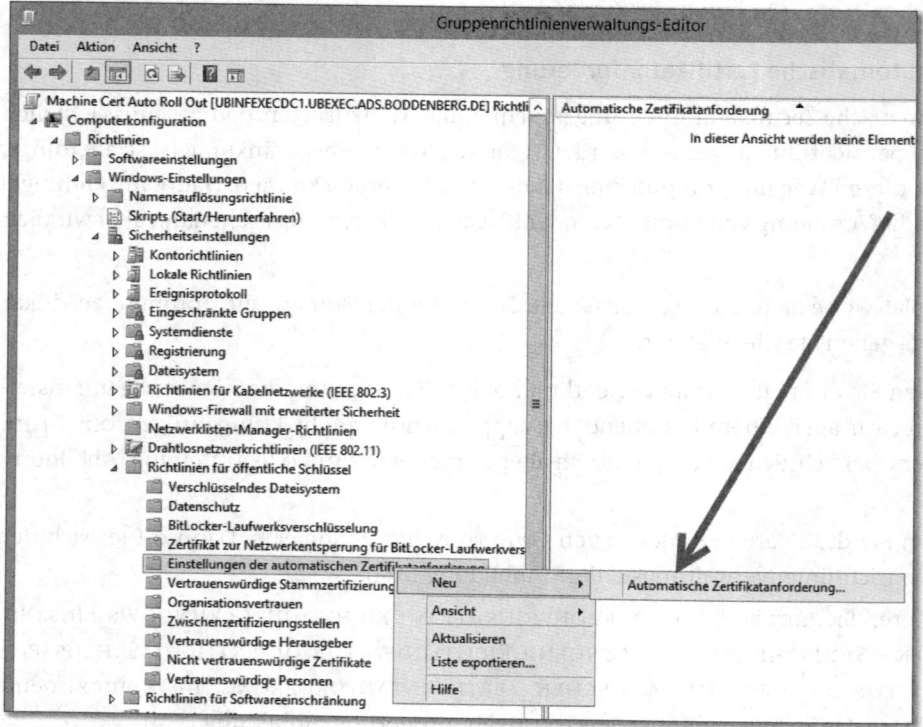

Abbildung 12.51 Hier erstellen Sie eine automatische Zertifikatanforderung.

In dem nun startenden Assistenten können Sie die Zertifikatvorlage auswählen, auf deren Basis der Computer ein neues Zertifikat anfordern soll. Fertig!

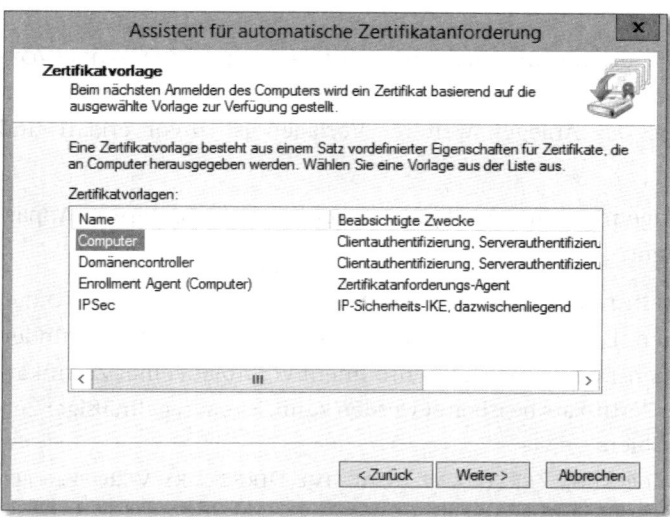

Abbildung 12.52 In dem Assistenten wählen Sie die Zertifikatvorlage aus, auf deren Basis das neue Zertifikat registriert werden soll.

12.8.2 Autoenrollment

Wenn Sie nicht nur Computerzertifikate, sondern auch Benutzerzertifikate verteilen möchten, können Sie nicht die automatische Zertifikatanforderung verwenden, sondern müssen das Autoenrollment konfigurieren.

Die Nutzung des Autoenrollments erfordert die Einhaltung einer ziemlich engen Kompatibilitätsliste:

- Active Directory mit Windows Server 2012-, 2008- oder Windows 2003-Schema und Gruppenrichtlinien
- Domänencontroller mit dem Betriebssystem Windows Server 2012, 2008 oder Windows Server 2003. Windows 2000-DCs mit aktuellem Service Pack (ab SP3) können ebenfalls verwendet werden.
- Stammzertifizierungsstelle auf einem Windows Server 2012, 2008 oder Windows Server 2003 (Bei Betriebssystemen vor Server 2012 kann Autoenrollment nicht mit einer Zertifizierungsstelle konfiguriert werden, die auf einem Standard-Edition-Server läuft.)
- Clientbetriebssystem Windows 8/8.1, Windows 7, Windows Vista, Windows XPpro, Windows Server 2012, Windows Server 2008 oder Windows Server 2003

Konfiguration des Autoenrollments für Benutzerzertifikate

In diesem Abschnitt werde ich Ihnen die Konfiguration des Autoenrollments für Benutzerzertifikate vorführen.

Um das Autoenrollment zu konfigurieren, öffnen Sie zunächst das Snap-In ZERTIFIKATVORLAGEN. Suchen Sie die Zertifikatvorlage »Benutzer«, und erstellen Sie mit dem Befehl VORLAGE DUPLIZIEREN eine Kopie. Das Anlegen weiterer Vorlagen ist zuvor erklärt und vorgeführt worden.

Die neu erzeugte Zertifikatvorlage muss nun konfiguriert werden. Die wichtigsten Anpassungen sind die beiden folgenden:

- Auf der Karteikarte ALLGEMEIN müssen der VORLAGENANZEIGENAME und der VORLAGENNAME vorgegeben werden. Die GÜLTIGKEITSDAUER sollte aus Sicherheitsgründen nicht mehr als ein Jahr betragen. Da mit dem Autoenrollment vor Ablauf eines Zertifikats die Anforderung eines neuen Zertifikats bearbeitet werden kann, ist ein regelmäßiger Zertifikatstausch kein großes Problem.
Achten Sie darauf, dass die Checkbox ZERTIFIKAT IN ACTIVE DIRECTORY VERÖFFENTLICHEN aktiviert ist (Abbildung 12.53).

Abbildung 12.53 Auf der Registerkarte »Allgemein« konfigurieren Sie unter anderem die Gültigkeitsdauer und die Veröffentlichung im Active Directory.

- Wichtig ist, dass Sie die Berechtigungen korrekt setzen: Für die Benutzer, an die das Zertifikat ausgerollt werden soll (im Allgemeinen wird das AUTHENTIFIZIERTE BENUTZER sein), müssen die Berechtigungen LESEN, REGISTRIEREN und AUTOMATISCH REGISTRIEREN gesetzt sein (Abbildung 12.54).

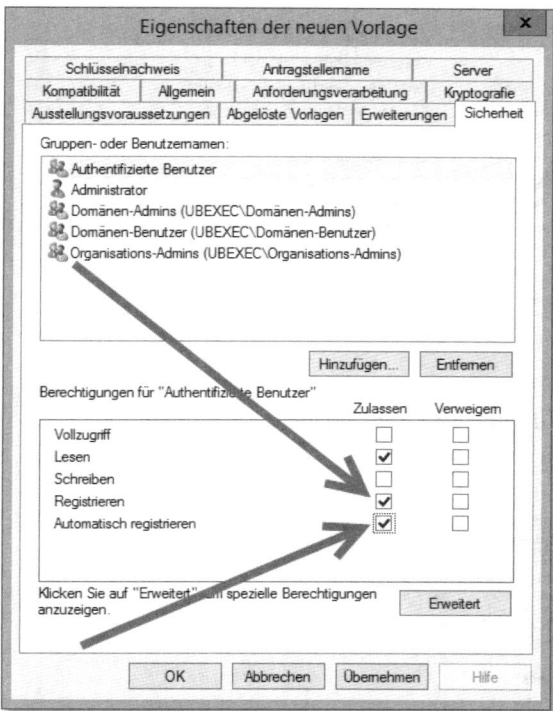

Abbildung 12.54 Damit das Autoenrollment funktioniert, müssen Sie für die Benutzer die Berechtigungen »Lesen«, »Registrieren« und »Automatisch registrieren« setzen.

Natürlich gibt es noch viele andere konfigurierbare Optionen für die Zertifikatvorlage; wenn Sie die zuvor genannten setzen, genügt es für die grundlegende Funktion! Die nächsten Konfigurationsschritte werden im Snap-In ZERTIFIZIERUNGSSTELLE ausgeführt. Beachten Sie, dass die neu erstellte Zertifikatvorlage momentan noch nicht in der Zertifizierungsstelle sichtbar ist.

- Im Kontextmenü des Knotens ZERTIFIKATVORLAGEN wählen Sie den Befehl AUSZUSTELLENDE ZERTIFIKATVORLAGE (Abbildung 12.55). Dieser Befehl dient dazu, der Zertifizierungsstelle eine weitere Vorlage hinzuzufügen.

- Es erscheint nun eine Liste mit allen vorhandenen Zertifikatvorlagen; in dieser Liste sollte auch die zuvor neu erzeugte Vorlage aufgeführt sein. Diese Vorlage wählen Sie nun aus. Sie sollte nun im Vorlagenverzeichnis der Zertifizierungsstelle aufgeführt sein (Abbildung 12.56).

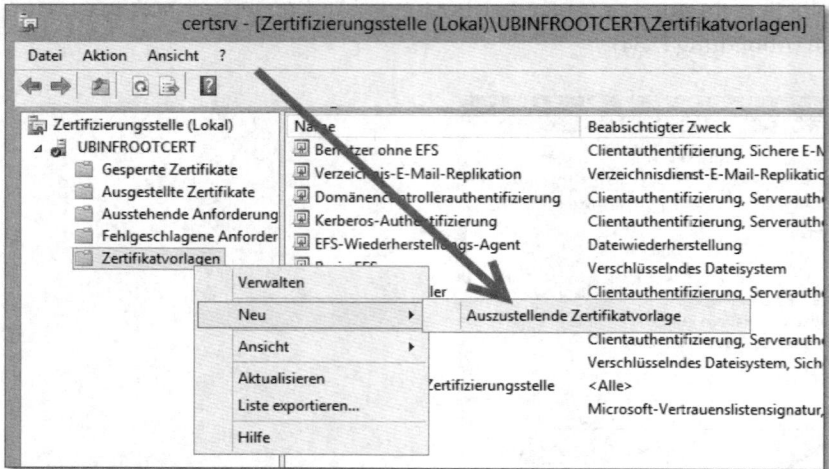

Abbildung 12.55 Um der Zertifizierungsstelle die neu erzeugte Vorlage hinzuzufügen, wählen Sie zunächst diesen Befehl.

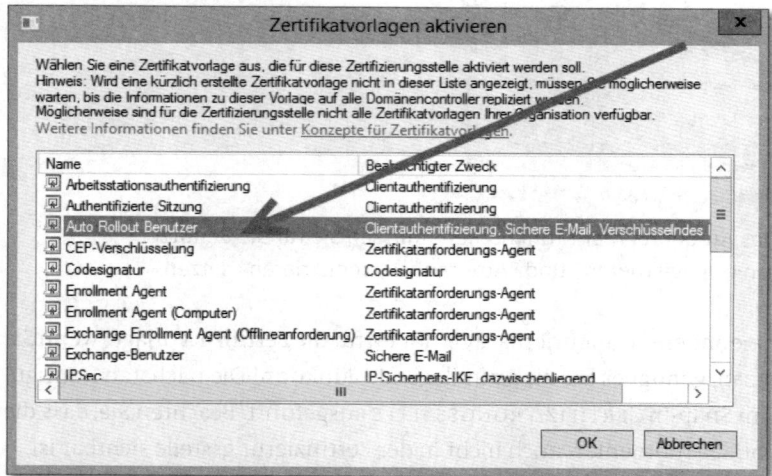

Abbildung 12.56 Aus der Gesamtliste wählen Sie die neu erstellte Zertifikatvorlage aus.

Die letzte Aufgabe ist nun, die Clients dazu zu bringen, ein auf der neuen Vorlage basierendes Zertifikat anzufordern. Dies lässt sich mithilfe von Gruppenrichtlinien recht einfach erledigen:

▶ In der *Gruppenrichtlinienverwaltung* erstellen Sie ein neues Gruppenrichtlinienobjekt und verknüpfen es mit einer oder mehreren Organisationseinheiten oder der Domäne (das wird ausführlich in Abschnitt 8.4.11 besprochen).

- Im *Gruppenrichtlinienverwaltungs-Editor* konfigurieren Sie die entsprechenden Einstellungen für Benutzer und Computer. Abbildung 12.57 zeigt die Einstellung der Benutzerkonfiguration.

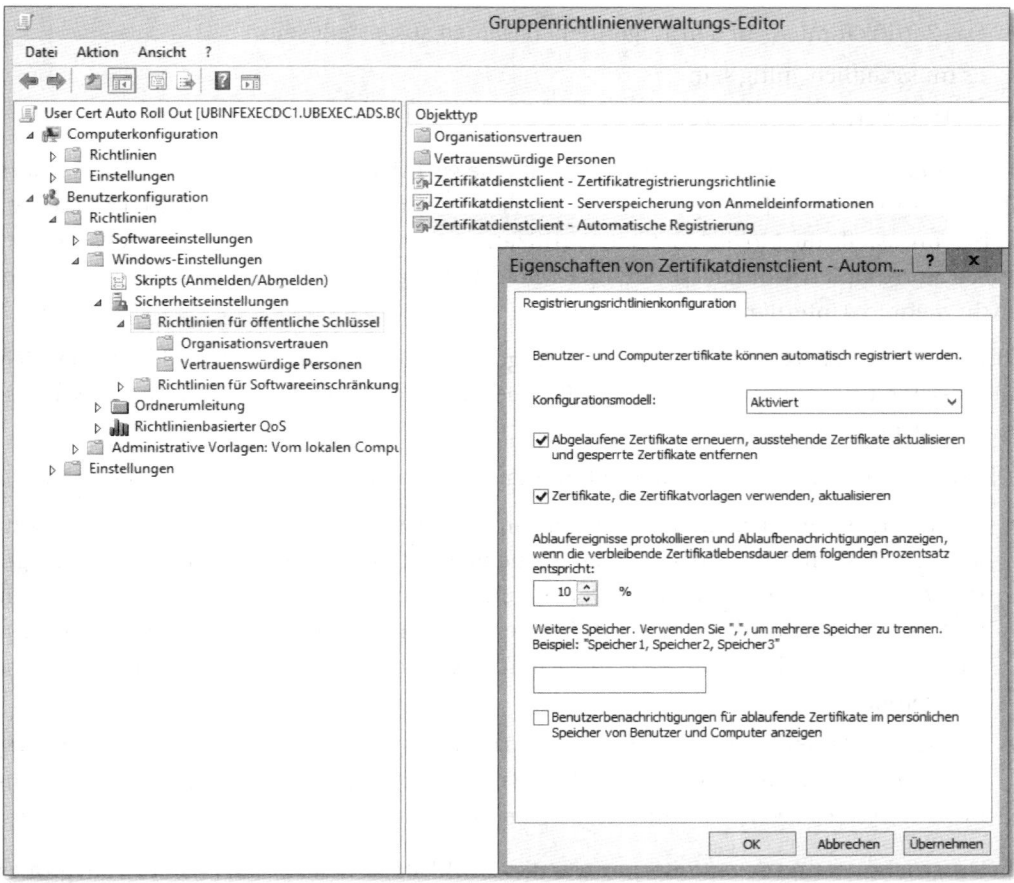

Abbildung 12.57 Konfiguration der Gruppenrichtlinie für Benutzer

Wenn alles korrekt konfiguriert ist, wird einige Sekunden, nachdem sich ein Benutzer angemeldet hat, ein Zertifikat erzeugt und installiert sein. Dies funktioniert natürlich nur, wenn die Zertifizierungsstelle für die Ausgabe des Zertifikats nicht noch eine manuelle Bestätigung erfordert. (Das wird in den Eigenschaften der Zertifizierungsstelle konfiguriert.)

12.9 Zertifikate für Websites

Eine »irgendwie naheliegende« Nutzung von Zertifikaten ist die Absicherung der Kommunikation zwischen Webserver und Client. Die technischen Hintergründe dazu sind weiter vorn in diesem Kapitel (Abschnitt 12.1.1) beschrieben.

12.10 Zertifikatsperrlisten

Ich habe in diesem Buch bisher immer darauf verwiesen, dass ein Zertifikat drei Kriterien erfüllen muss, um als gültig angesehen zu werden:

- Das Zertifikat muss auf den aufgerufenen Namen ausgestellt sein.
- Es muss zeitlich gültig sein.
- Es muss vertrauenswürdig sein.

Im Grunde genommen ignorieren wir damit eine wichtige weitere Forderung, nämlich dass das Zertifikat nicht auf der Sperrliste stehen darf. Der Sinn von Sperrlisten ist, dass eine Zertifizierungsstelle die Möglichkeit hat, Zertifikate zurückzurufen, beispielsweise falls das Zertifikat korrumpiert worden ist oder der Mitarbeiter, für den das Zertifikat erzeugt wurde, nicht mehr im Unternehmen tätig ist.

Die Zertifikatsperrlisten gibt es schon so lange, wie es Zertifikate gibt, trotzdem haben sich die meisten Unternehmen mit eigener PKI nie wirklich Gedanken über das Thema *Sperrlisten* gemacht.

Die Sperrlisten rücken aber für die Unternehmen aus zwei Gründen stärker in den Fokus:

- Je intensiver mit Zertifikaten gearbeitet wird, desto wichtiger ist es, Zertifikate sperren zu können. Das klingt zwar trivial, aber es sind ja meistens eher die offensichtlichen Dinge, die mitunter Probleme bereiten: Denken Sie an den Mitarbeiter, der das Unternehmen verlässt – vielleicht sogar im Streit. Das Zertifikat, das er unter Umständen von seinem Notebook kopiert hat, könnte (!) vielleicht für irgendeinen Zweck missbräuchlich verwendet werden.
- Einige neue Funktionen – zu nennen wären beispielsweise SSTP (Secure Socket Tunneling Protocol, sozusagen ein VPN auf HTTPS-Basis) oder DirectAccess (ein Feature von Windows 7) – setzen *zwingend* eine erfolgreiche Überprüfung der Zertifikatsperrliste voraus.

In Unternehmen und Organisationen war die Zertifikatsperrliste bislang nicht so ein großes Thema, weil ein Browser oder auch Funktionen wie *Outlook Anywhere* eben nicht den Dienst verweigern, wenn der Sperrstatus eines Zertifikats nicht überprüft wurde. Es gilt dann das Prinzip *in dubio pro reo*, im Zweifelsfall wird also für den Angeklagten entschieden – das Zertifikat wird schon nicht gesperrt sein.

Dass beispielsweise SSTP und DirectAccess eine korrekt implementierte Sperrliste fordern, ist eigentlich sehr lobenswert, wird aber die meisten Unternehmen und Organisationen zwingen, erstmalig ernsthaft über dieses Thema nachzudenken, *denn die Sperrliste muss auch extern verfügbar sein!*

Meiner Erfahrung nach haben die meisten Unternehmen, die für den einen oder anderen Dienst Zertifikate benötigten, eine einstufige Unternehmenszertifizierungsstelle eingerichtet – in etwa so, wie zu Beginn des Kapitels gezeigt. Das ist keine große Sache und geht mehr oder weniger nach dem Prinzip »Weiter → Weiter → Fertig«. Dagegen ist ja auch zunächst nichts einzuwenden. In den Zertifikaten sind dann auch zwei Sperrlisten-Verteilungspunkte eingetragen (Abbildung 12.58):

▶ Die Sperrliste wird von der Zertifizierungsstelle regelmäßig im Active Directory veröffentlicht; die *ldap://*-URL verweist darauf.

▶ Weiterhin gibt es eine über HTTP erreichbare Sperrliste, zumindest dann, wenn die Komponenten für die Webregistrierung bei der Einrichtung der Zertifizierungsstelle mitinstalliert worden sind.

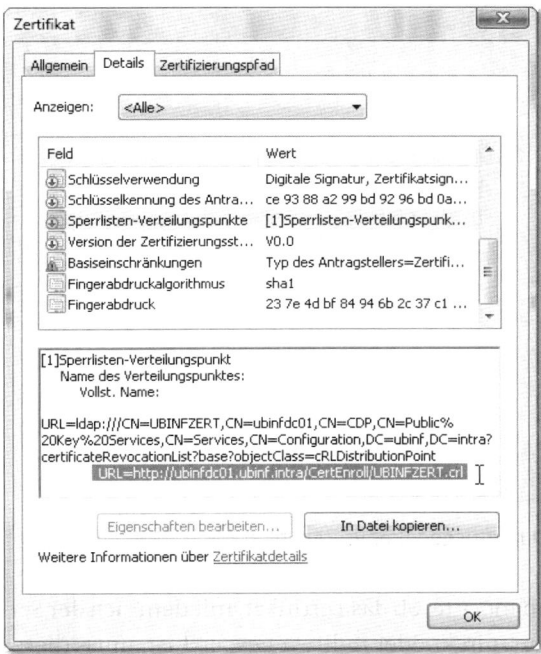

Abbildung 12.58 Die Sperrlisten-Verteilungspunkte sind standardmäßig nur intern zu erreichen.

Festzuhalten ist, dass beide Sperrlisten-Verteilungspunkte nur für interne Clients erreichbar sind. Um das Beispiel mit SSTP und DirectAccess weiter zu strapazieren: Beide Zugriffstechnologien fragen die Zertifikatsperrliste ab, bevor die Verbindung zum internen Netz realisiert werden konnte – leider verloren, wenn die Sperrlistenverteilungspunkte nicht erreichbar sind.

Nun ist es kein Hexenwerk, die Zertifikatsperrliste auf einen öffentlich zugänglichen Webserver zu kopieren und die Sperrlisten-Verteilungspunkte der ausgestellten Zertifikate ein wenig anzupassen. Ich denke, dass es aber nicht schaden kann, das Thema *Sperrung von Zertifikaten* ein wenig intensiver zu betrachten, denn es gibt ein paar kleinere und größere Fallen, in die man durchaus treten kann.

12.10.1 Funktionsweise – ganz grob

Auf Abbildung 12.59 sehen Sie den Zertifizierungspfad eines Zertifikats, das von einer zweistufigen PKI herausgegeben wurde:

- Die Stammzertifizierungsstelle *UBINFROOTZERT* hat das Zertifikat für die untergeordnete Zertifizierungsstelle *ubinfCA* erstellt.
- Die Zertifizierungsstelle *ubinfCA* hat ein Zertifikat für den Webserver *ubinfextraweb03.ubinf.intra* erstellt.

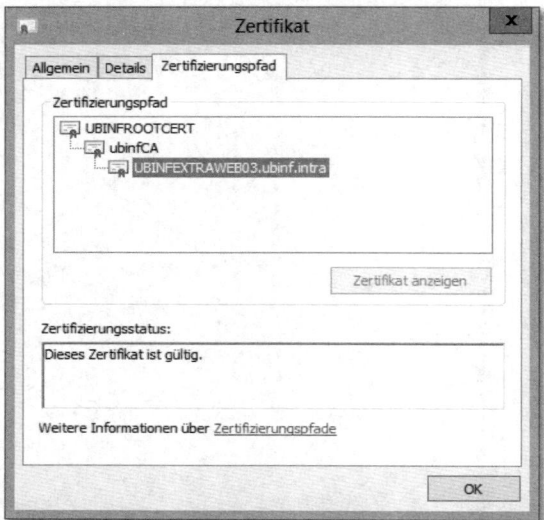

Abbildung 12.59 Ein von einer zweistufigen PKI herausgegebenes Zertifikat

Wenn ein Programm oder Dienst nun prüfen möchte, ob das Zertifikat, mit dem sich der Server *ubinfWeb01.boddenberg.de* authentifiziert, direkt oder indirekt gesperrt ist, muss dieses Programm oder dieser Dienst prinzipiell drei Prüfungen durchführen:

- Das Zertifikat *ubinfWeb01.boddenberg.de* könnte gesperrt sein.
- Das Zertifikat der Zertifizierungsstelle *ubinfCA* könnte gesperrt worden sein. Dadurch werden implizit alle von dieser Zertifizierungsstelle ausgegebenen Zertifikate ungültig.
- Im schlimmsten Fall könnte auch das Stammzertifikat *UBINFROOTCERT* gesperrt worden sein – beispielsweise weil der private Schlüssel dieses Zertifikats korrumpiert worden ist.

Ich habe den Prozess auf Abbildung 12.60 einmal visualisiert:

- Der Computer prüft zunächst, ob das Zertifikat überhaupt vertrauenswürdig ist.
- Dann liest er aus dem zu prüfenden Zertifikat (in diesem Fall ausgestellt für den Server *ubinfWeb01*) den Eintrag für die Zertifikatsperrliste.

- Er greift auf die Sperrliste zu und schaut nach, ob das Zertifikat dort als gesperrt aufgeführt ist.
- Dann beschafft er sich das Zertifikat der Zertifizierungsstelle, die das Zertifikat ausgegeben hat, in diesem Fall *ubinfCA*.
- Im Zertifikat von *ubinfCA* gibt es ebenfalls einen Eintrag für eine Sperrliste.
- Die Sperrliste von *ubinfCA* wird geladen, und es wird geprüft, ob das *ubinfCA*-Zertifikat auf der Sperrliste aufgeführt ist.
- Dann geht es zum nächsten Zertifikat der Kette. Dies ist dann aber in diesem Fall schon das Stammzertifikat.

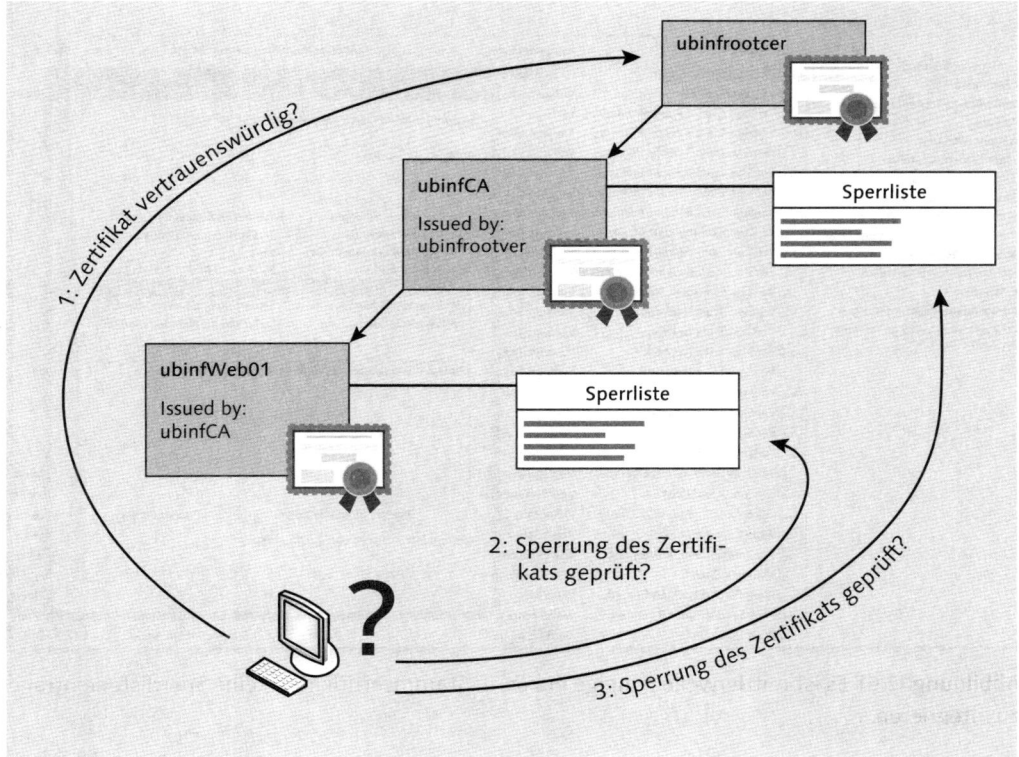

Abbildung 12.60 In einer mehrstufigen PKI werden auch die Sperrlisten der Zwischenzertifikate überprüft.

Vermutlich fragen Sie sich beim Betrachten von Abbildung 12.60, warum das Stammzertifikat keinen Verweis auf eine Sperrliste hat. Technisch wäre das problemlos möglich, es ist allerdings gängige Praxis, das Stammzertifikat nicht mit einem Sperrlisteneintrag zu versehen.

12 Active Directory-Zertifikatdienste

Sie können das übrigens selbst verifizieren, wenn Sie die standardmäßig installierten Stammzertifikate im lokalen Zertifikatsspeicher betrachten. Auf Abbildung 12.61 sehen Sie ein VeriSign-Stammzertifikat: ohne Sperrlisteneinträge.

Wenn Sie ein Stammzertifikat mit einer Windows Server 2012R2-Stammzertifizierungsstelle erzeugen (das gilt auch für Windows Server 2012, 2008 R2, 2008), hat das Stammzertifikat keine Sperrlisteneinträge. Windows Server 2003 hat sich übrigens noch anders verhalten; dort hatten Stammzertifikate diesen Eintrag, es sei denn, es waren anderslautende Einträge in einer *CAPolicy.inf*-Datei vorhanden.

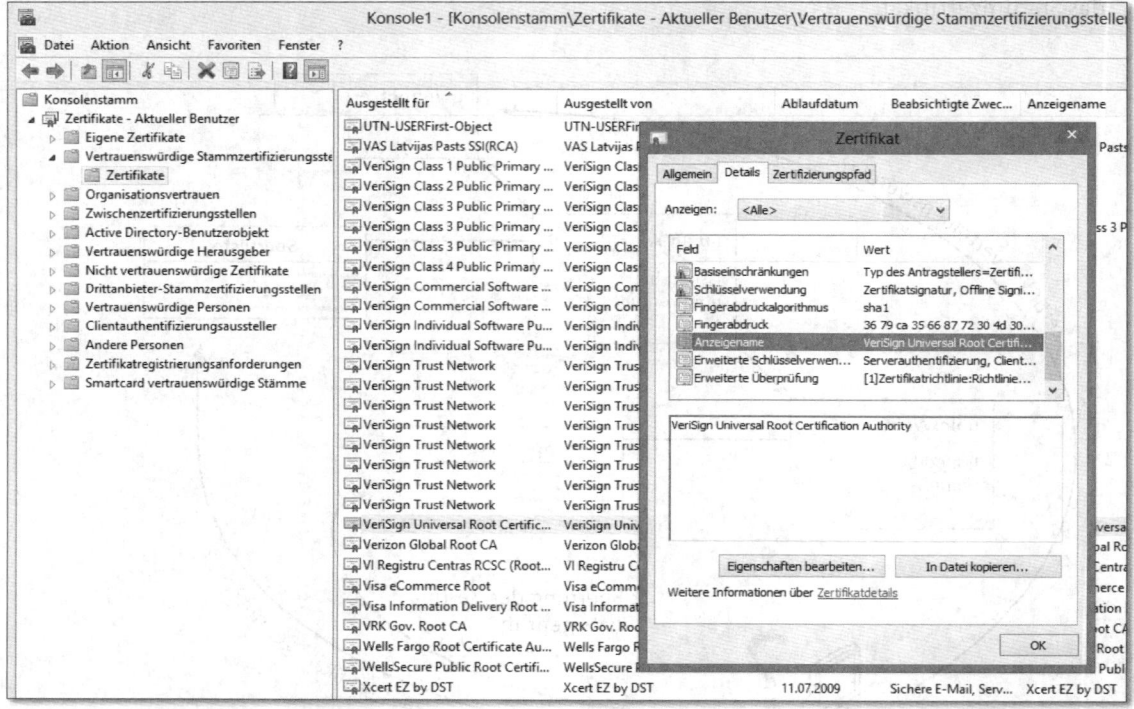

Abbildung 12.61 Es ist mittlerweile gängige Praxis, in Stammzertifikaten keine Sperrlisteneinträge zu integrieren.

Werfen wir einen Blick auf die Sperrlisteneinträge von real existierenden Zertifikaten (Abbildung 12.62):

- Links sehen Sie ein von einer öffentlichen Zertifizierungsstelle herausgegebenes Zertifikat. Als Sperrlisten-Verteilungspunkt ist dort »nur« eine öffentlich erreichbare HTTP-URL hinterlegt.

- Rechts ist das Zertifikat einer internen Zertifizierungsstelle abgebildet. Dort sind als Sperrlisten-Verteilungspunkt sowohl ein Ort im Active Directory (*ldap://...*) als auch eine öffentlich erreichbare URL (*http://...*) eingetragen. Damit eine solche Konfiguration zustande kommt, ist übrigens ein wenig manuelle Nacharbeit an der eigenen Zertifizierungsstelle erforderlich, sie ist aber gleichwohl sinnvoll: Im internen Netz befindliche Clients können die Sperrliste einfach aus dem Active Directory laden. Sind die Clients unterwegs, haben Sie über den öffentlichen Verteilungspunkt ebenfalls Zugriff – das ist beispielsweise für die Nutzung von Technologien wie DirectAccess oder SSTP erforderlich. Diese Vorgehensweise ist durchaus üblich (daher zeige ich sie), ich würde aber empfehlen, auf den LDAP-Verteilungspunkt zu verzichten.

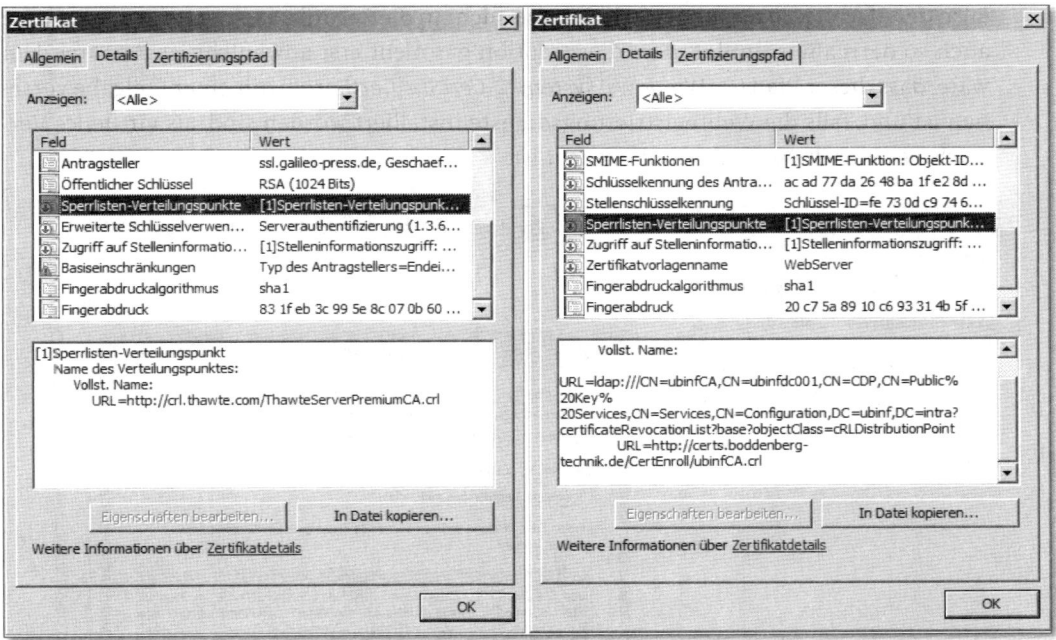

Abbildung 12.62 Die Sperrlisteneinträge in den Zertifikaten einer kommerziellen (links) und einer »internen« Zertifizierungsstelle

12.10.2 Sperrlisteneinträge

Die Konfiguration der Sperrlisteneinträge können Sie entweder mit *Certutil* oder dem grafischen Zertifizierungsstellen-Konfigurationswerkzeug vornehmen. Auf der Registerkarte ERWEITERUNGEN des Eigenschaftendialogs können Sie beliebig viele Orte für die Zertifikatsperrliste eintragen – einige werden bereits vorhanden sein. Vereinfacht gesagt gibt es zwei Typen:

- Orte, an denen die Zertifikatdienste Sperrlisten erstellen. Dies können Orte im Dateisystem oder im Active Directory sein.
- Orte, die in den Zertifikaten für den Abruf der Sperrliste eingetragen werden. Sinnvoll sind Orte solche im Active Directory oder auf Webservern.

Ein Ort kann sowohl ein Erstellungsort als auch ein »Abrufort« sein. Bei dem bei einer Unternehmenszertifizierungsstelle standardmäßig vorhandenen Active Directory-Ort ist das normalerweise der Fall. Wie ein Ort behandelt wird, wird durch die Checkboxen gesteuert:

▶ Auf Abbildung 12.63 sehen Sie den standardmäßig vorhandenen Eintrag für einen Speicherort im Dateisystem. Die Zertifizierungsstelle veröffentlicht hier regelmäßig die Sperrlisten, da die Checkboxen SPERRLISTEN AN DIESEM ORT VERÖFFENTLICHEN und DELTASPERRLISTEN AN DIESEM ORT VERÖFFENTLICHEN aktiviert sind. Diese Location (also der Pfad *C:\Windows\...*) wird übrigens nicht in die Zertifikate eingetragen – das wäre auch so dermaßen sinnlos, dass diese Option gar nicht erst anwählbar ist. Anzumerken wäre, dass dieser Pfad (*C:\Windows\system32\CertSrv\CertEnroll*) mit einer Freigabe versehen ist und, falls die Webregistrierungsdienste installiert worden sind, als virtuelles Verzeichnis einer IIS-Website veröffentlicht ist.

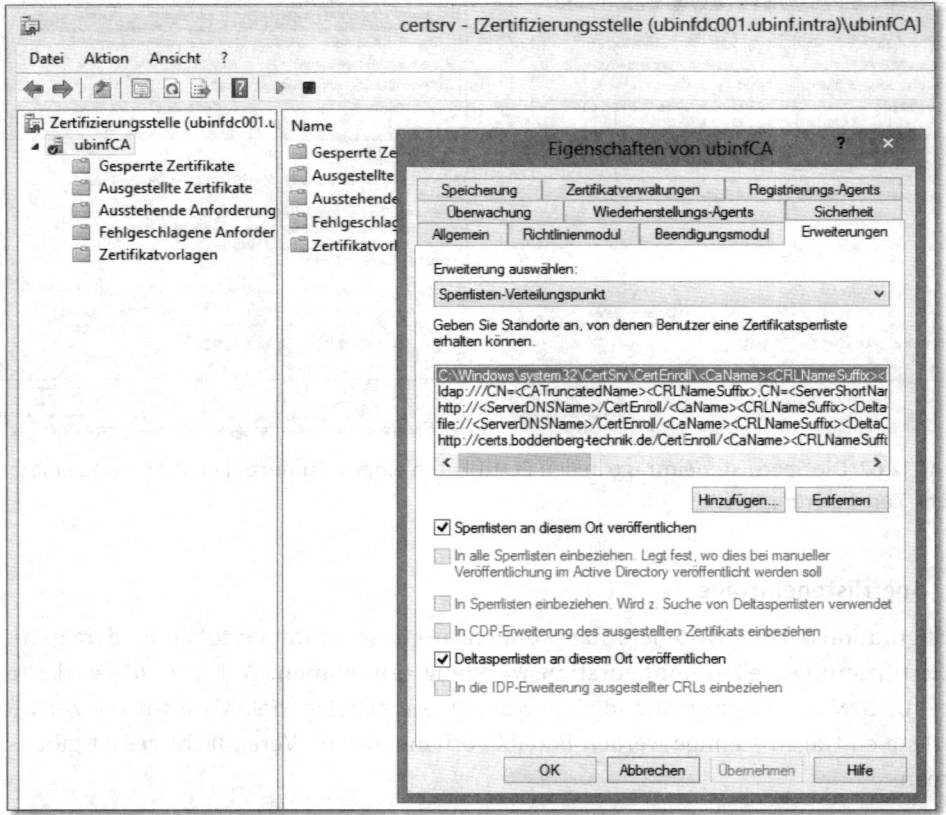

Abbildung 12.63 In diesem Verzeichnis werden die Sperrlisten standardmäßig veröffentlicht.

▶ Abbildung 12.64 zeigt einen von mir nachträglich hinzugefügten Speicherort, nämlich eine öffentlich erreichbare URL. Diese URL soll in den Zertifikaten veröffentlicht werden.

Dafür, dass diese URL tatsächlich eine Zertifikatsperrliste enthält, sind Sie selbst verantwortlich; die Zertifikatdienste können hier nicht automatisch Sperrlisten veröffentlichen. Dementsprechend sind einige Optionen nicht anwählbar.

> **Mehrere Sperrlistenorte**
>
> Es können übrigens beliebig viele Sperrlistenorte eingetragen werden. Allerdings sollten Sie das sorgfältig planen: Wenn der Zertifikatdienst-Client erst zahlreiche Sperrlistenorte ausprobieren muss, die er nicht erreichen kann, kostet das natürlich Zeit. Insofern sollte die Wahl der Sperrlistenorte gut überlegt sein.

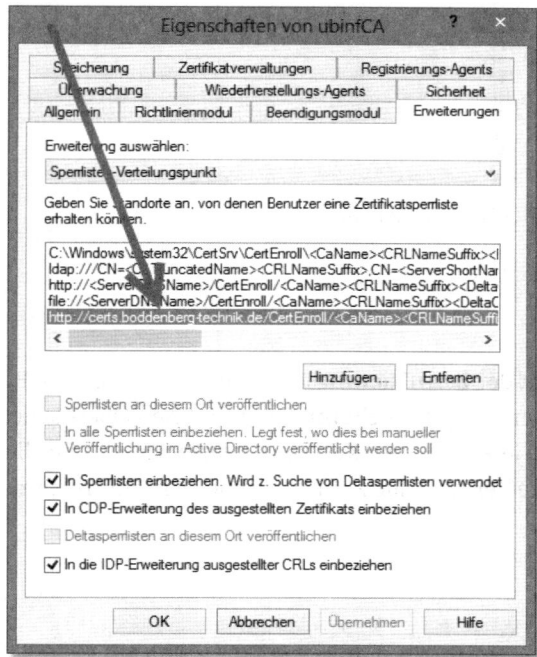

Abbildung 12.64 Hier ist eine externe URL als Speicherort für die Zertifikatsperrlisten angegeben. Sie wird in die Zertifikate einbezogen.

Neben der Sperrliste muss in den Zertifikaten der ZUGRIFF AUF STELLENINFORMATIONEN veröffentlicht werden (Abbildung 12.65). Wenn Sie nochmals zu Abbildung 12.60 zurückblättern, wird klar, worum es geht: Eventuell kennt der überprüfende Zertifikats-Client zwar das Stammzertifikat, nicht aber die Zwischenzertifikate. Die Stelleninformationen verweisen auf einen Ort, von dem das jeweils ausstellende Zertifikat heruntergeladen werden kann. Die Konfiguration funktioniert analog zu den Sperrlisten. Auch hier ist es sinnvoll, einen Active Directory-Speicherort und einen öffentlich erreichbaren Webspeicherort zu konfigurieren.

12 Active Directory-Zertifikatdienste

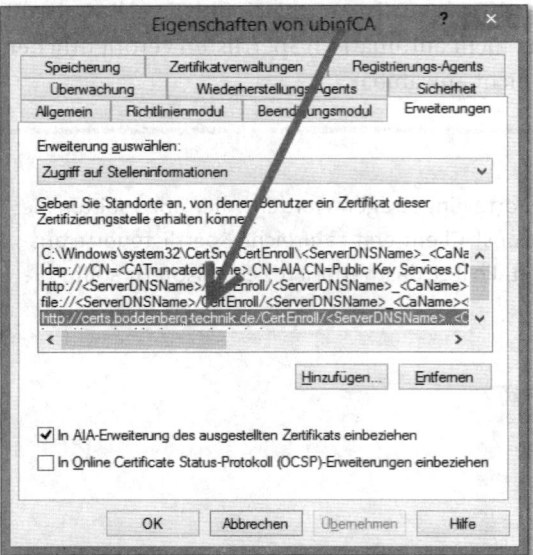

Abbildung 12.65 Hier wird definiert, unter welcher URL das Zertifikat der Zertifizierungsstelle erreichbar ist.

12.10.3 Gültigkeit einer Sperrliste

Die Gültigkeitsdauer einer Sperrliste kann in der Zertifizierungsstelle festgelegt werden. Es gibt dabei allerdings ein kleines Problem, denn das geht nicht mit der grafischen Oberfläche. Sie müssen Certutil bemühen. Hier sehen Sie ein kleines Konfigurationsbeispiel: Um die Gültigkeit der Sperrliste auf eine Woche zu setzen und alle zwei Tage eine Deltasperrliste zu erzeugen, geben Sie folgende Befehle ein:

```
Certutil -setreg CA\CRLPeriod weeks
Certutil -setreg CA\CRLPeriodUnits 1
Certutil -setreg CA\CRLDeltaPeriod days
Certutil -setreg CA\CRLDeltaPeriodUnits 2
```

Nach Eingabe dieser Befehle müssen Sie die Zertifizierungsstelle neu starten (`net stop certsvc`, `net start certsvc`).

12.10.4 Zertifikatgültigkeit überprüfen

Wer bereits mit Zertifikatsperrlisten von selbst ausgestellten Zertifikaten zu tun hatte, hat vermutlich die Erfahrung gemacht, dass nicht immer alles so funktioniert, wie man es sich im stillen Kämmerlein vorgestellt hat. Das ist leider meistens so (nicht nur in der IT, auch im richtigen Leben), und es schlägt die Stunde der Werkzeuge zur Fehlersuche.

Bei der Arbeit mit Zertifikatsperrlisten gibt es regelmäßig zwei Probleme:

- Die URL ist nicht erreichbar.
- Der Speicherort ist zwar grundsätzlich erreichbar, allerdings ist dort trotzdem keine Sperrliste abrufbar.

Es gibt zwei Möglichkeiten, um die Gültigkeit eines Zertifikats nebst Sperrlisten zu überprüfen.

Protokollierung aktivieren

Die erste Möglichkeit besteht darin, die Protokollierung der CAPI2 (CAPI = Crypto API) zu aktivieren. Das ist bei Systemen ab Windows Vista (Windows Server 2012, Windows Server 2012 R2, Windows Server 2008, Windows Server 2008 R2, Windows 7/8/8.1) möglich. Navigieren Sie in der Ereignisanzeige zu dem auf Abbildung 12.66 gezeigten Knoten, und wählen Sie in dessen Kontextmenü den Menüpunkt PROTOKOLL AKTIVIEREN. Die Protokollierung ist sofort eingeschaltet.

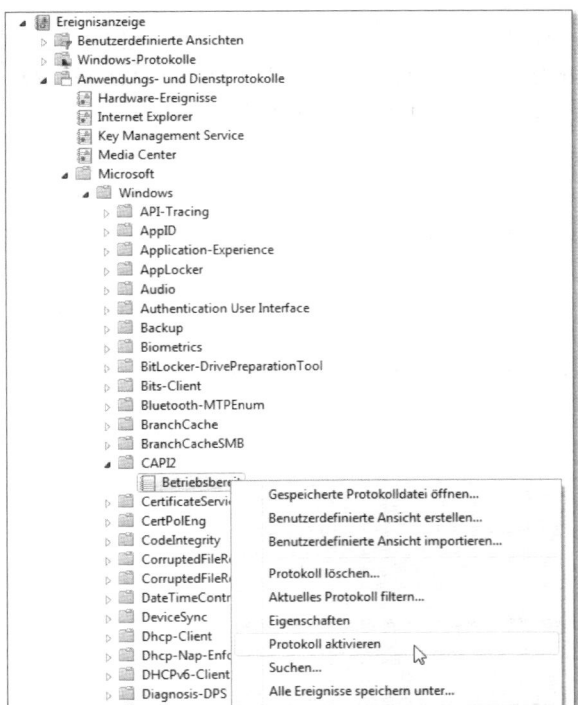

Abbildung 12.66 In der Ereignisanzeige kann die Protokollierung für CAPI2 aktiviert werden.

Beim Aufbau und der Überprüfung der Zertifikatkette werden diverse Einträge generiert, sowohl erfolgreiche als auch fehlgeschlagene Versuche. Einen Auszug des Protokolls sehen Sie auf Abbildung 12.67, der jeweilige Schritt (z.B. OBJEKT AUS NETZWERK ABRUFEN oder SPERRUNG ÜBERPRÜFEN) ist angenehmerweise im Klartext zu lesen.

12 Active Directory-Zertifikatdienste

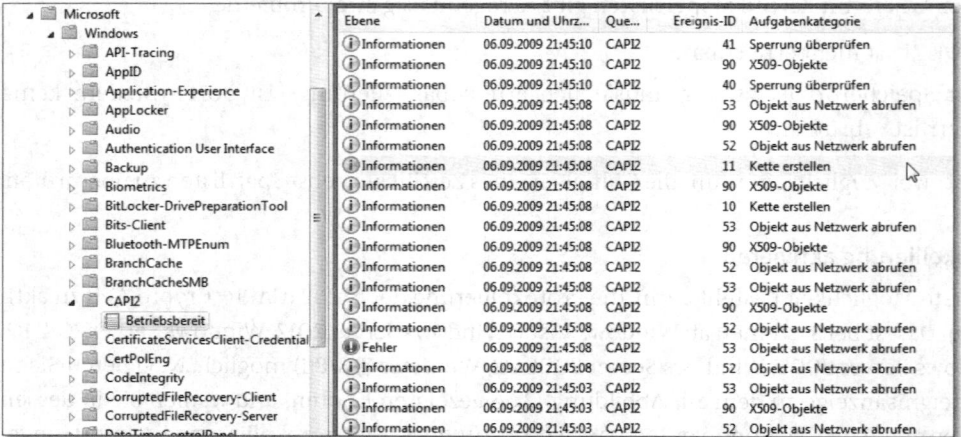

Abbildung 12.67 In dem Protokoll werden die Ereignisse der Crypto API (CAPI) erfasst.

Die Details zu dem fehlerhaften Eintrag (Abbildung 12.67, fünfter von unten) sehen Sie auf Abbildung 12.68. Der Client befand sich im Internet und konnte folglich auf das Active Directory nicht zugreifen. Demzufolge schlug der Zugriff auf die Sperrliste fehl.

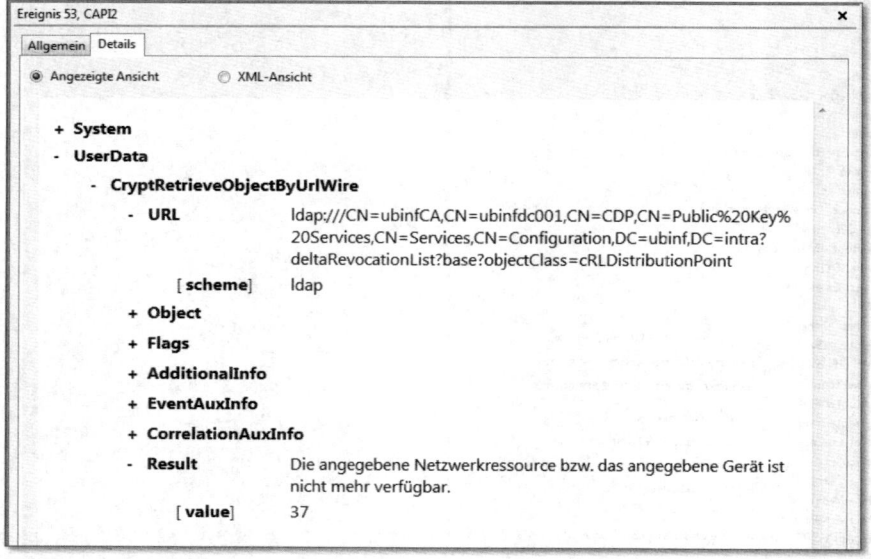

Abbildung 12.68 Ein Eintrag des Ereignisprotokolls: Auf die LDAP-URL kann über das Internet nicht zugegriffen werden.

Wenn man das Protokoll weiter verfolgt, ist zu erkennen, dass der nächste Versuch, nämlich der Zugriff über den HTTP-Sperrlisten-Veröffentlichungsort, erfolgreich ist und die Sperrung somit überprüft werden kann. Eine Fehlermeldung muss also nicht notwendigerweise bedeuten, dass etwas schiefläuft; Sie haben mit dem Protokoll die Möglichkeit, den vollständigen Verlauf der Zertifikatüberprüfung zu verfolgen, was Sie eben auch tun müssen.

Zertifikat überprüfen

Die Protokollierung ist zwar durchaus hilfreich, vermutlich haben Sie aber auch den Wunsch, ein Zertifikat gezielt zu überprüfen. So ganz komfortabel ist es ja dann doch nicht, wenn Sie erst ein Szenario bauen müssen, bei dem eine Anwendung das Zertifikat überprüft, damit Sie die benötigten Einträge im Protokoll erhalten.

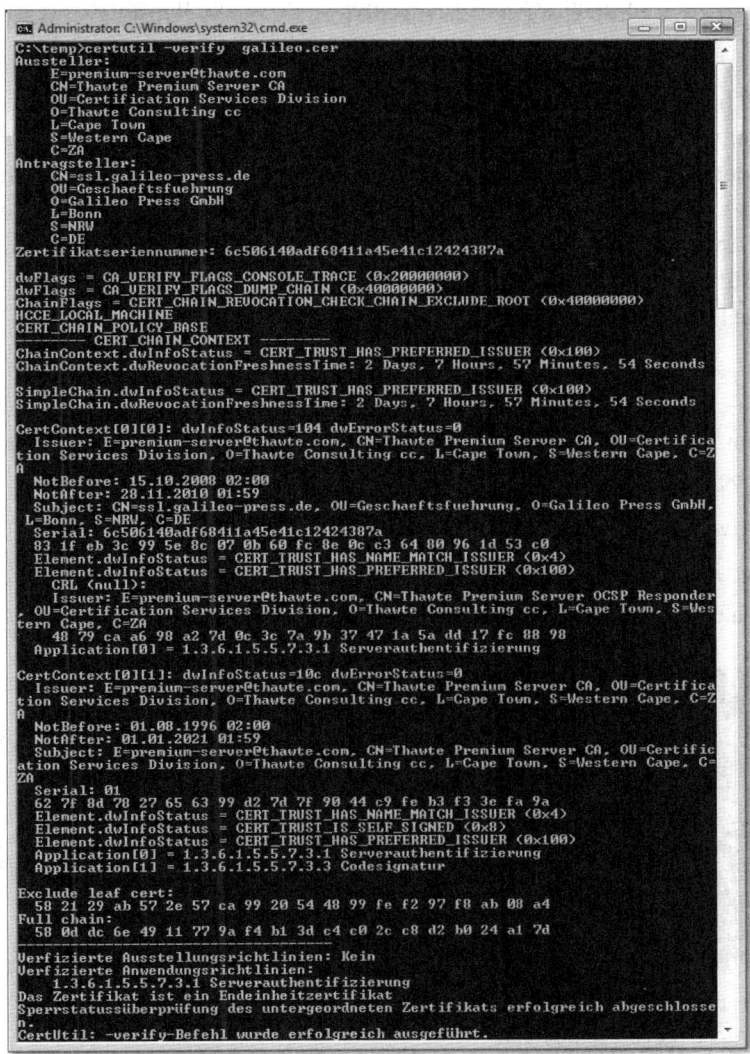

Abbildung 12.69 Die Überprüfung eines Zertifikats, das von einer öffentlichen Zertifizierungsstelle ausgestellt wurde

Mittels Certutil kann ein beliebiges Zertifikat überprüft werden; am einfachsten ist es, wenn es im Dateisystem vorhanden ist. Der Befehl lautet dann:

certutil -verify zertifikatdatei.cer.

Auf Abbildung 12.69 habe ich Folgendes getan:

- Ich habe im Browser die Galileo-Website aufgerufen und das übermittelte Zertifikat in eine Datei gespeichert.
- Mittels Certutil habe ich die Gültigkeit des Zertifikats nebst Sperrungen überprüft.
- Das Ergebnis: gültig.

Die Prüfung ist eventuell nicht ganz aussagekräftig. Eine Zertifikatsperrliste, die einmal heruntergeladen worden ist, wird während ihrer Gültigkeitsdauer im Cache des lokalen PCs gespeichert und verwendet. Das könnte dazu führen, dass die Zertifikatsperrliste erfolgreich geladen wurde, als sich der PC im LAN befand. Ist der Client im Internet, wird er die Sperrliste aus dem Cache abrufen, und es wird nicht überprüft, ob die Sperrliste überhaupt erreichbar ist. Dass jede URL überprüft wird, können Sie erreichen, indem Sie den Parameter -urlfetch verwenden, also folgende Befehlszeile eingeben:

Certutil -verify -urlfetch zertifikatname.cer

Auf Abbildung 12.70 sehen Sie einen Auszug aus der Zertifikatüberprüfung mit dem Parameter -urlfetch. Der Client befand sich im Internet:

- Der Zugriff auf das Active Directory (*ldap://*...) schlägt fehl.
- Der anschließende Zugriffsversuch auf die HTTP-URL gelingt.
- Beim Zugriff auf die Deltasperrliste verhält es sich ebenso.

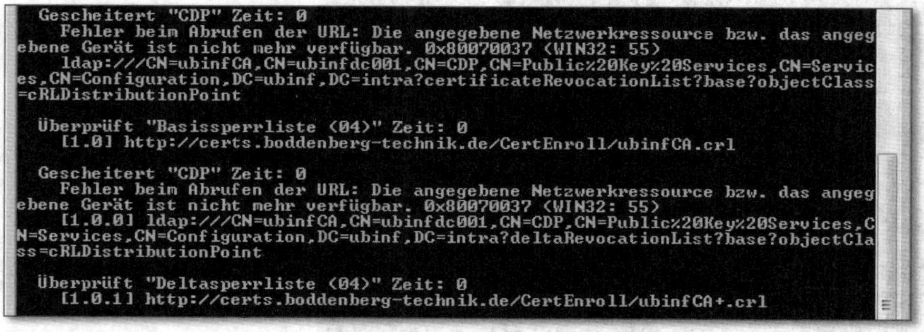

Abbildung 12.70 Zugriff aus dem Internet: Der LDAP-Speicherort kann nicht angesprochen werden, der HTTP-Speicherort dagegen schon.

12.10 Zertifikatsperrlisten

Abbildung 12.71 zeigt den Zugriff auf die Sperrliste der Stammzertifizierungsstelle. Diese ist hier nicht im Active Directory gespeichert, sondern es gibt »nur« einen HTTP-Speicherort. Da alles korrekt konfiguriert ist, gibt es nur erfolgreiche Zugriffe und keinerlei Fehlversuche. Gäbe es bei der Überprüfung der Zertifikatkette HTTP-Speicherorte, auf die kein Zugriff möglich ist, würde das mit dieser Überprüfung einfach zu erkennen sein.

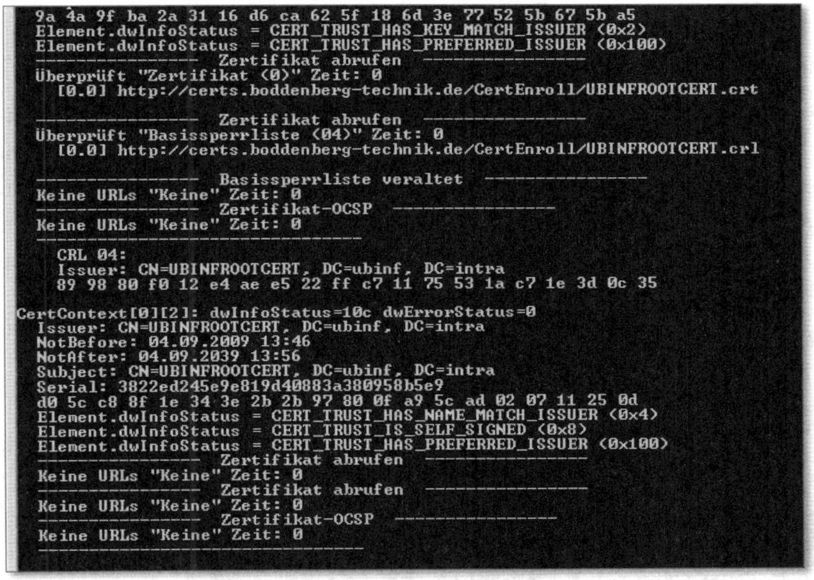

```
9a 4a 9f ba 2a 31 16 d6 ca 62 5f 18 6d 3e 77 52 5b 67 5b a5
Element.dwInfoStatus = CERT_TRUST_HAS_KEY_MATCH_ISSUER (0x2)
Element.dwInfoStatus = CERT_TRUST_HAS_PREFERRED_ISSUER (0x100)
---------------- Zertifikat abrufen ----------------
Überprüft "Zertifikat (0)" Zeit: 0
  [0.0] http://certs.boddenberg-technik.de/CertEnroll/UBINFROOTCERT.crt
---------------- Zertifikat abrufen ----------------
Überprüft "Basissperrliste (04)" Zeit: 0
  [0.0] http://certs.boddenberg-technik.de/CertEnroll/UBINFROOTCERT.crl
---------------- Basissperrliste veraltet ----------------
Keine URLs "Keine" Zeit: 0
---------------- Zertifikat-OCSP ----------------
Keine URLs "Keine" Zeit: 0
----------------
  CRL 04:
    Issuer: CN=UBINFROOTCERT, DC=ubinf, DC=intra
    89 98 80 f0 12 e4 ae e5 22 ff c7 11 75 53 1a c7 1e 3d 0c 35
CertContext[0][2]: dwInfoStatus=10c dwErrorStatus=0
  Issuer: CN=UBINFROOTCERT, DC=ubinf, DC=intra
  NotBefore: 04.09.2009 13:46
  NotAfter: 04.09.2039 13:56
  Subject: CN=UBINFROOTCERT, DC=ubinf, DC=intra
  Serial: 3822ed245e9e819d40883a380958b5e9
  d0 5c c8 8f 1e 34 3e 2b 2b 97 80 0f a9 5c ad 02 07 11 25 0d
Element.dwInfoStatus = CERT_TRUST_HAS_NAME_MATCH_ISSUER (0x4)
Element.dwInfoStatus = CERT_TRUST_IS_SELF_SIGNED (0x8)
Element.dwInfoStatus = CERT_TRUST_HAS_PREFERRED_ISSUER (0x100)
---------------- Zertifikat abrufen ----------------
Keine URLs "Keine" Zeit: 0
---------------- Zertifikat abrufen ----------------
Keine URLs "Keine" Zeit: 0
---------------- Zertifikat-OCSP ----------------
Keine URLs "Keine" Zeit: 0
```

Abbildung 12.71 Das Stammzertifikat wird geprüft. Ein LDAP-Speicherort ist hier nicht vorhanden.

Abbildung 12.72 zeigt die letzten Zeilen der Ausgabe von Certutil mit dem Ergebnis: *erfolgreich abgeschlossen*. Es konnte zwar nicht auf jede URL zugegriffen werden (das Active Directory war nicht erreichbar), trotzdem konnte der Sperrstatus des Zertifikats erfolgreich überprüft werden.

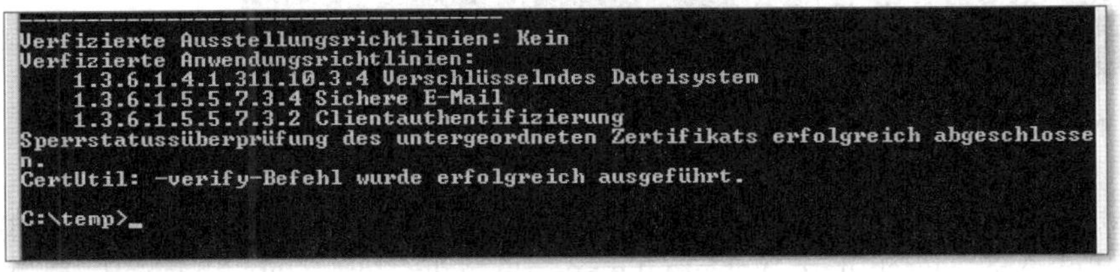

```
Verifizierte Ausstellungsrichtlinien: Kein
Verifizierte Anwendungsrichtlinien:
    1.3.6.1.4.1.311.10.3.4 Verschlüsselndes Dateisystem
    1.3.6.1.5.5.7.3.4 Sichere E-Mail
    1.3.6.1.5.5.7.3.2 Clientauthentifizierung
Sperrstatusüberprüfung des untergeordneten Zertifikats erfolgreich abgeschlossen.
CertUtil: -verify-Befehl wurde erfolgreich ausgeführt.

C:\temp>_
```

Abbildung 12.72 Die Überprüfung war erfolgreich.

In der Praxis gibt es hin und wieder den Fall, dass eine Anwendung lapidar meldet, dass die Gültigkeit eines Zertifikats nicht überprüft werden konnte, aber nicht das genaue Problem nennt.

Mit `Certutil -verify -urlfetch` lässt sich sehr präzise ermitteln, an welcher Stelle der Zertifikatkette das Problem liegt. Das hat mir schon gute Dienste geleistet, denn sonst bleibt wirklich nur das Raten.

Anzumerken wäre noch, dass die Schritte, die von Certutil durchgeführt werden, in dem zuvor erwähnten Protokoll verzeichnet werden.

12.10.5 Der Cache

Wie ich bereits erwähnt habe, werden Sperrlisten und Zertifikate im Cache des lokalen Zertifikatdienst-Clients gespeichert. Diesen Cache kann man auslesen, und zwar mit dem Befehl `certutil -urlcache CRL`, der alle zwischengespeicherten Zertifikatsperrlisten zeigt. Bei der im vorherigen Abschnitt durchgeführten Überprüfung des Zertifikats wurden drei Sperrlisten geladen und zwischengespeichert (Abbildung 12.73; vor der Überprüfung des Zertifikats habe ich den Cache mittels `certutil -urlcache CRL delete` gelöscht):

- *UBINFROOTCERT.crl* ist die Sperrliste der Stammzertifizierungsstelle.
- *ubinfCA.crl* ist die Sperrliste der Unternehmenszertifizierungsstelle.
- *ubinfCA+.crl* ist die Deltasperrliste der Unternehmenszertifizierungsstelle.

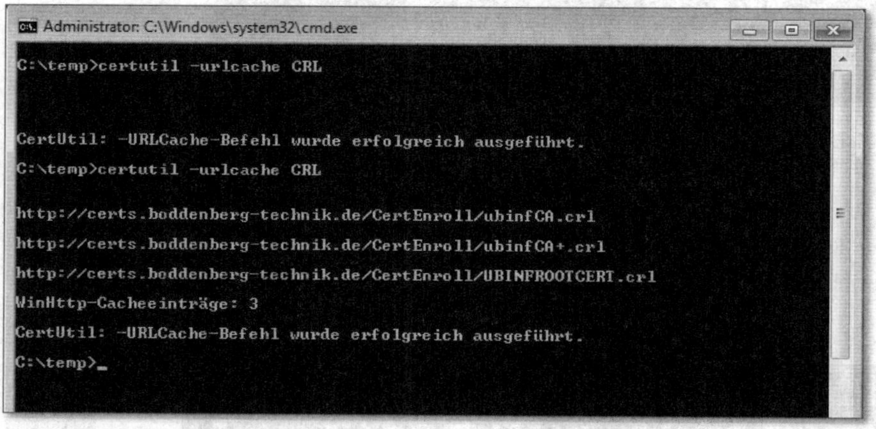

Abbildung 12.73 Nach der Überprüfung des Zertifikats sind die Sperrlisten im Cache.

Man kann auf diese Weise übrigens auch erkennen, dass der Browser (Internet Explorer 8) beim Zugriff auf eine SSL-geschützte Website die Sperrliste des Zertifikats überprüft. Dazu habe ich Folgendes gemacht:

- Cache löschen: `certutil -urlcache CRL delete`
- *https://www.amazon.de* aufrufen

- ...und schon sind einige VeriSign-Sperrlisten im Cache (Abbildung 12.74). Wenn Sie das von Amazon verwendete Zertifikat überprüfen, werden Sie feststellen, dass in der Tat ein VeriSign-Zertifikat verwendet wird.

> **Zertifikatkette wird überprüft**
>
> Der Internet Explorer beschwert sich zwar nicht, wenn eine Zertifikatsperrliste nicht im Zugriff ist. Wie man anhand des Protokolls und des Caches sehen kann, wird die Zertifikatkette nebst Sperrlisten aber trotzdem überprüft – sofern möglich.

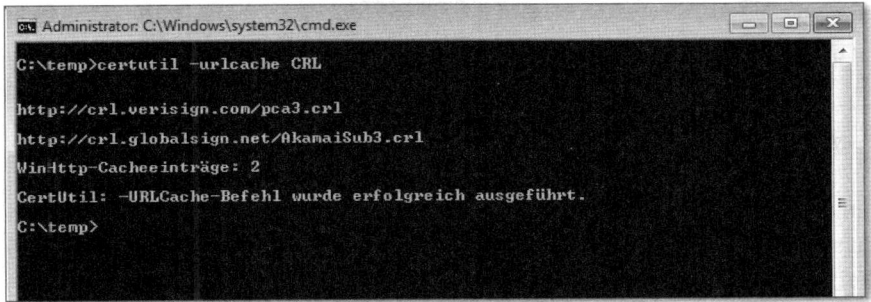

Abbildung 12.74 Der Beweis: Beim Zugriff auf eine SSL-geschützte Website tauchen die Sperrlisten im Cache auf.

12.10.6 ISA Server zum Veröffentlichen des Speicherortes verwenden

Wenn Sie bei der Installation einer Zertifizierungsstelle auch den Rollendienst *Zertifizierungsstellen-Webregistrierung* installiert haben, steht bereits ein Webspeicherort für die Zertifikatsperrlisten und Stelleninformationen zur Verfügung, der aber zunächst nur aus dem internen Netz zu erreichen ist (*http://servername/CertEnroll*). Da dieses virtuelle Verzeichnis auf den Pfad *C:\windows\system32\CertSrv\CertEnroll* verweist, sind dort automatisch die aktualisierten Sperrlisten vorhanden.

Sie können natürlich den Inhalt von *C:\windows\system32\CertSrv\CertEnroll* regelmäßig auf einen beliebigen anderen Webserver kopieren; alternativ können Sie genau dieses virtuelle Verzeichnis mit dem ISA Server über eine Website-Veröffentlichungsregel veröffentlichen. Da ISA Server bei recht vielen Unternehmen und Organisationen verwendet werden, um beispielsweise Exchange (Outlook Web Access, Exchange ActiveSync) oder SharePoint sicher im Web zu veröffentlichen, liegt der Gedanke durchaus nahe, diesen Weg auch für die Zertifikatsperrlisten zu gehen. Ich zeige Ihnen nun sozusagen im Schnelldurchlauf, wie das mit ISA Server 2006 zu bewerkstelligen ist.

Die Veröffentlichung einer Website beginnt mit dem Aufruf des Assistenten zur Erstellung einer Website-Veröffentlichungsregel (Abbildung 12.75).

12 Active Directory-Zertifikatdienste

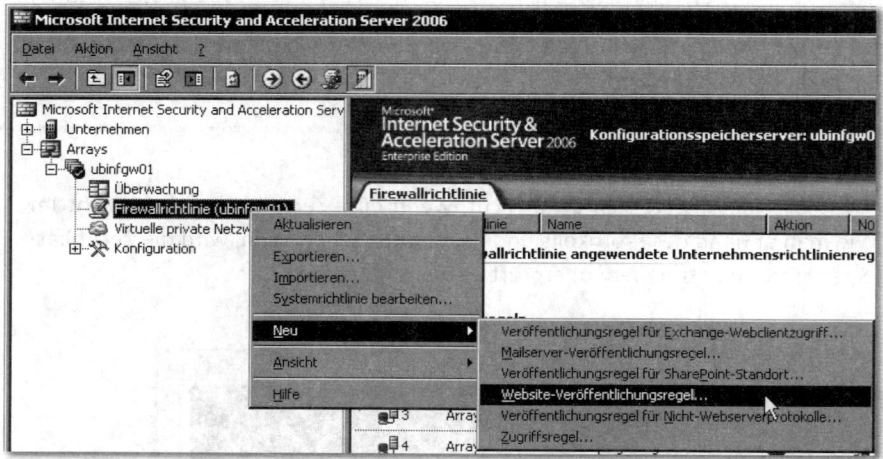

Abbildung 12.75 Mit diesem Assistenten beginnt die Veröffentlichung einer Website.

Einer der ersten Schritte des Assistenten dient zur Festlegung, ob eine SSL-Verbindung verwendet werden soll. Normalerweise ist das die empfehlenswerte Option, in diesem Fall aber nicht. Wenn bei der Zertifikatsprüfung auf eine Sperrliste zugegriffen werden soll, die an einem mit einem Zertifikat geschützten Speicherort liegt, müsste auch dessen Gültigkeit überprüft werden. Eventuell bauen Sie dann eine Endlosschleife. Entscheiden Sie sich also für eine ungesicherte HTTP-Verbindung. Da die Zertifikatsperrlisten ohnehin nicht geheim und für jeden herunterladbar sind, stellt die ungesicherte Verbindung in diesem Fall kein Problem dar (Abbildung 12.76).

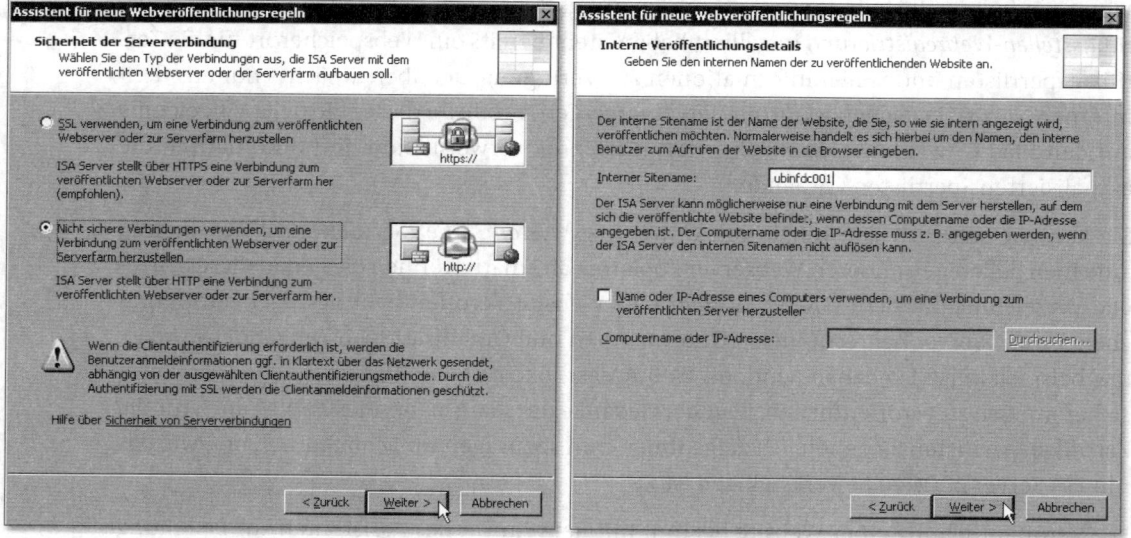

Abbildung 12.76 Achten Sie darauf, eine unsichere Verbindung zu wählen.

12.10 Zertifikatsperrlisten

In einem der nächsten Schritte wird der zu veröffentlichende Pfad festgelegt. Wenn Sie auf den automatisch erstellten Verteilungspunkt zugreifen möchten, lautet der hier einzutragende Pfad */CertEnroll/** (Abbildung 12.77, links).

Im nächsten Schritt muss festgelegt werden, auf welchen öffentlichen Namen (= Hostheader) der ISA Server reagieren soll. Tragen Sie hier den Hostnamen ein, der in den Zertifikaten als öffentlicher Sperrlisten-Verteilungspunkt hinterlegt ist – in diesem Fall *certs.boddenberg-technik.de*. Vergessen Sie nicht, dass Sie einen entsprechenden DNS-Eintrag für das öffentliche Internet setzen müssen (Abbildung 12.77, rechts).

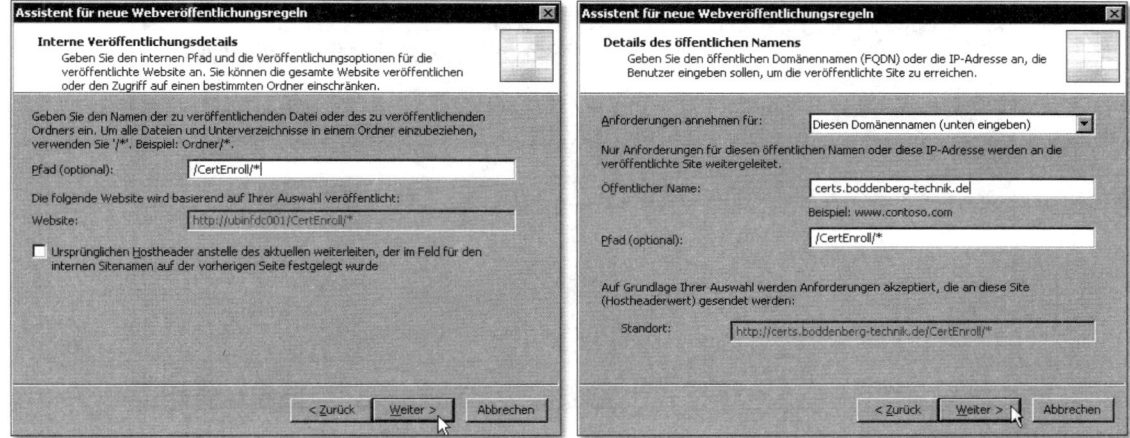

Abbildung 12.77 Legen Sie fest, welches Verzeichnis veröffentlicht werden soll und mit welchem öffentlichen Namen gearbeitet wird.

ISA Server »hört« Anforderungen auf einem Port mit einem Weblistener ab. In diesem Fall wird ein Weblistener benötigt, der den HTTP-Port (80) abhört. Wichtig dabei ist, dass der Weblistener keine Authentifizierung erzwingt (Abbildung 12.78).

In den Themenbereich *Authentifizierung* passen im weiteren Sinne auch die letzten beiden Dialoge des Assistenten (Abbildung 12.79):

- Eine Authentifizierung an dem nachgelagerten Webserver ist nicht erforderlich, somit ist eine Delegierung (bedeutet in etwa Weiterleitung) der Anmeldung des Benutzers auch nicht notwendig. Wir haben ja ohnehin im vorherigen Schritt festgelegt, dass eine Authentifizierung durch den Weblistener nicht vorgenommen wird.
- Zum Zugriff zugelassen werden ALLE BENUTZER; in dieser Gruppe sind auch anonyme, also nicht authentifizierte Benutzer enthalten.

12 Active Directory-Zertifikatdienste

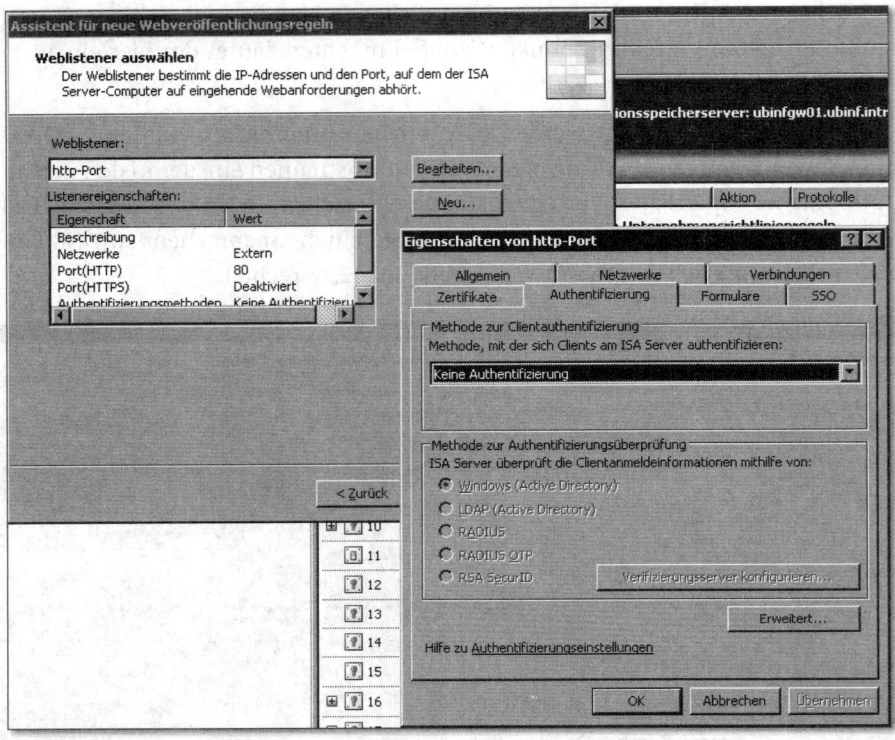

Abbildung 12.78 Der Weblistener darf keine Authentifizierung erzwingen.

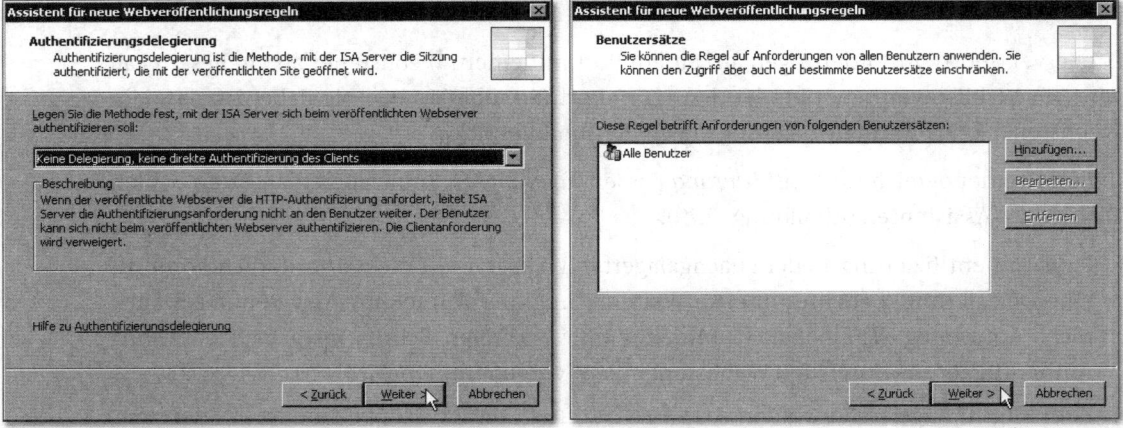

Abbildung 12.79 Eine Delegierung der Authentifizierung darf nicht eingestellt werden. Zum Zugriff zugelassen werden alle Benutzer.

12.11 Das Online Certificate Status Protocol (OCSP)

Die Benutzung von Sperrlisten ist zwar seit den Anfängen der Zertifikatsverwendung bewährt, weit verbreitet und funktioniert auch, allerdings ist der Ansatz nicht unbedingt der modernste: In regelmäßigen Abständen eine Datei zu veröffentlichen, die heruntergeladen werden kann, hört sich in der Tat nicht so nach dem Höhepunkt der Softwarearchitektur an, oder?

Mit dem Online Certificate Status Protocol (OCSP) gibt es seit geraumer Zeit einen Nachfolger für die gute alte Sperrliste. Der Grundgedanke ist, dass im Zertifikat ein Verweis auf einen sogenannten Responder des Zertifikatherausgebers vorhanden ist. Bei diesem Responder kann ein Zertifikatdienst-Client abfragen, ob ein ihm vorliegendes Zertifikat gesperrt ist. Der Vorteil dieses Verfahrens ist, dass der Client im besten Fall stets aktuelle Informationen erhält und nicht – wenn er denn die aktuelle Sperrliste bereits im Cache hat – erst nach deren Ablauf wieder neue Sperrinformationen anfordert.

Weiterhin böte sich die Chance, dass der Responder nicht nur schaut, ob das Zertifikat nicht gesperrt ist, sondern auch prüft, ob er dieses Zertifikat überhaupt ausgestellt hat. Immerhin wäre es ja denkbar, dass der Client ein gefälschtes Zertifikat erhalten hat, das zwar nicht auf der Sperrliste steht, aber von der Zertifizierungsstelle auch nie ausgestellt worden ist. Diese Funktionalität ist allerdings in den meisten Respondern nicht umgesetzt.

Die Active Directory-Zertifikatdienste verfügen über einen OCSP Online-Responder. Dieser kann als Rollendienst *Online-Responder* installiert werden.

> **Falls Sie ein älteres Betriebssystem als Server 2012 verwenden**
> Der Online-Responder steht nur zur Verfügung, wenn die Zertifikatdienste auf der Enterprise Edition des Betriebssystems installiert werden.

12.11.1 Konfiguration des Online-Responders

Ist der Rollendienst installiert, findet sich in der Computerverwaltung ein Eintrag namens ONLINE-RESPONDERVERWALTUNG; es startet das auf Abbildung 12.80 gezeigte Konfigurationswerkzeug (man kann es einfach auf der Startseite suchen). Im obersten Knoten gelangen Sie zu einem Eigenschaftendialog, in dem Sie unter anderem die Überwachung konfigurieren können, die durchaus hilfreich bei der Ersteinrichtung ist.

12 Active Directory-Zertifikatdienste

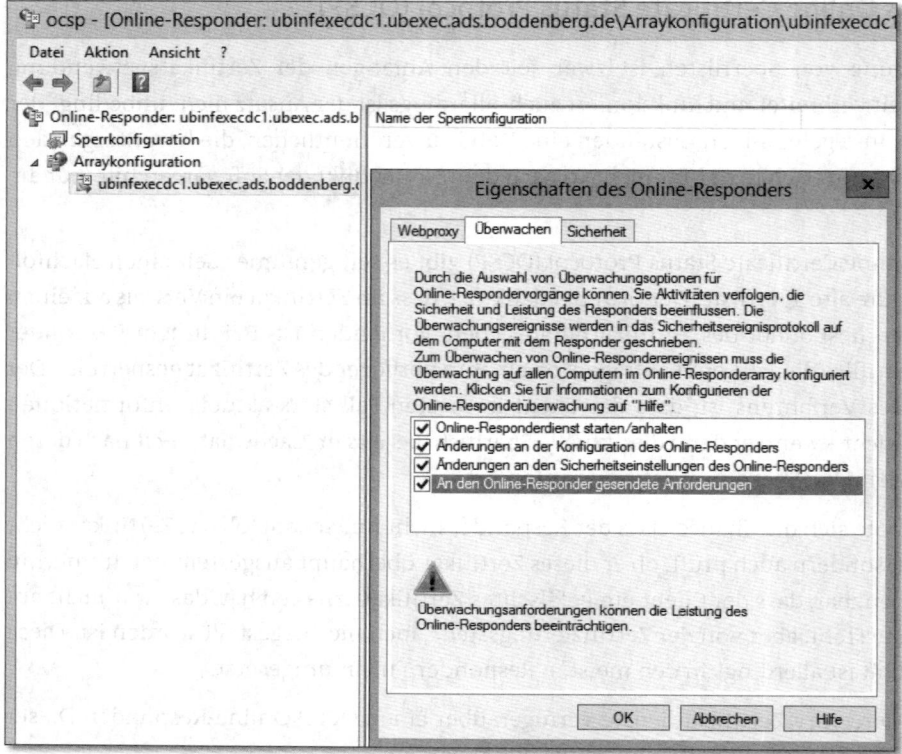

Abbildung 12.80 Die Eigenschaften des Online-Responders können in einem grafischen Werkzeug konfiguriert werden.

Die Antworten des OCSP-Responders werden signiert. Zu diesem Zweck wird ein spezielles Signaturzertifikat erstellt. Das hört sich komplizierter an, als es tatsächlich ist. Bei der Installation einer Unternehmenszertifizierungsstelle wird die benötigte Zertifikatvorlage OCSP-ANTWORTSIGNATUR direkt installiert (in den englischen Versionen heißt die Vorlage übrigens OCSP RESPONSE SIGNING). In der Konfiguration der Zertifikatvorlage muss allerdings noch eine kleine Änderung vorgenommen werden (Abbildung 12.81):

- Öffnen Sie die Eigenschaften der Zertifikatvorlage OCSP-Antwortsignatur.
- Wechseln Sie auf die Registerkarte SICHERHEIT.
- Fügen Sie das Computerkonto des Systems, auf dem die Zertifizierungsstelle läuft, hinzu, und erteilten Sie die Berechtigungen LESEN und REGISTRIEREN.

Nun können Sie im Kontextmenü des Knotens SPERRKONFIGURATION den Assistenten zum Erstellen einer neuen Sperrkonfiguration starten. Dies dient dazu, dem Online-Responder beizubringen, für welche Sperrlisten er zuständig ist. Ein Online-Responder kann übrigens beliebig viele Sperrlisten verwalten.

12.11 Das Online Certificate Status Protocol (OCSP)

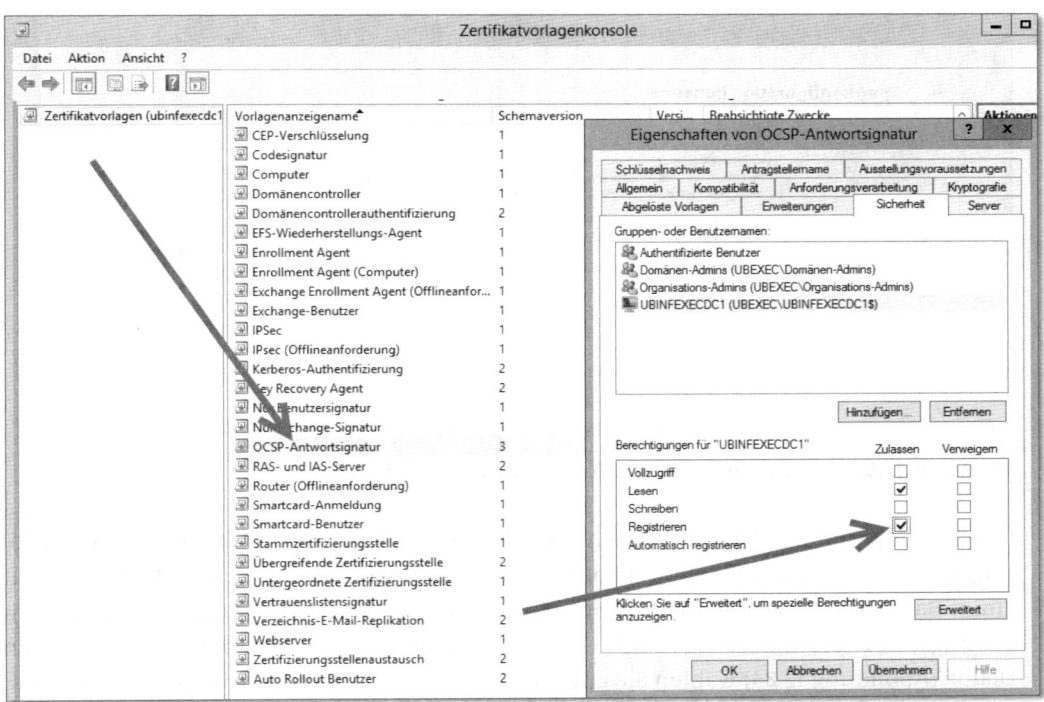

Abbildung 12.81 Bei der Vorlage »OCSP-Antwortsignatur« muss das Computerkonto des PCs hinzugefügt werden.

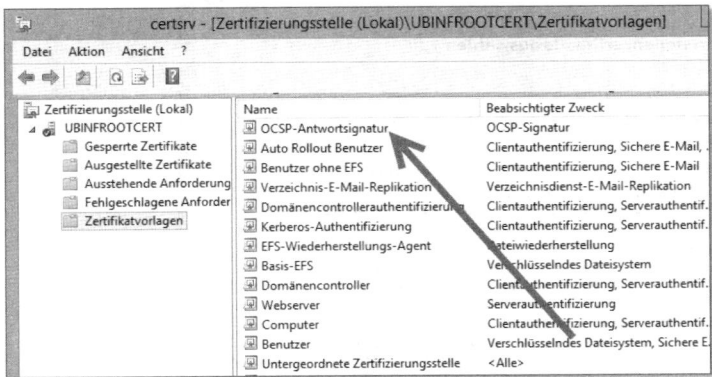

Abbildung 12.82 Die Vorlage muss zur Liste der von der CA ausstellbaren Vorlagen hinzugefügt werden.

Im ersten Dialog des Assistenten geht es um die Identifikation der neuen Sperrkonfiguration. Der Name ist zwar beliebig, im Normalfall bietet sich aber der Name der Zertifizierungsstelle an, zu der die in dieser Konfiguration verwaltete Sperrliste gehört (Abbildung 12.83).

Abbildung 12.83 Der Assistent zur Erstellung einer Sperrkonfiguration

Der Online-Responder kann für eine Active Directory-integrierte Unternehmenszertifizierungsstelle konfiguriert werden, er könnte aber auch beispielsweise für eine Offline-CA auf Linux-Basis arbeiten. Er ist also flexibel. In den nächsten beiden Dialogen wird das Zertifizierungsstellenzertifikat ausgewählt, dessen Zertifikate überprüft werden sollen. Im ersten Dialog (Abbildung 12.84) wählen Sie aus, wo das Zertifikat gefunden wird (Unternehmenszertifizierungsstelle, Zertifikatsspeicher oder Datei). Im folgenden Dialog wählen Sie dann das Zertifikat selbst aus (Abbildung 12.85).

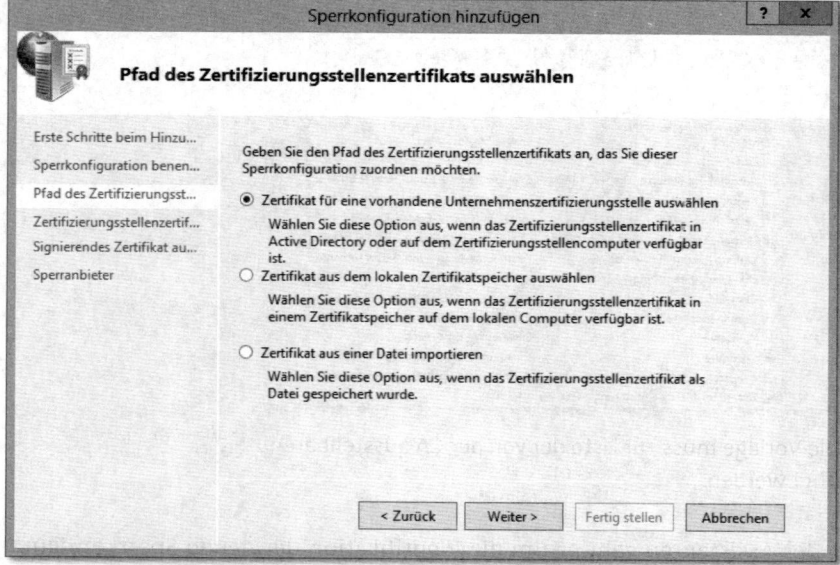

Abbildung 12.84 In diesem Fall bezieht sich die Sperrkonfiguration auf eine Unternehmenszertifizierungsstelle.

12.11 Das Online Certificate Status Protocol (OCSP)

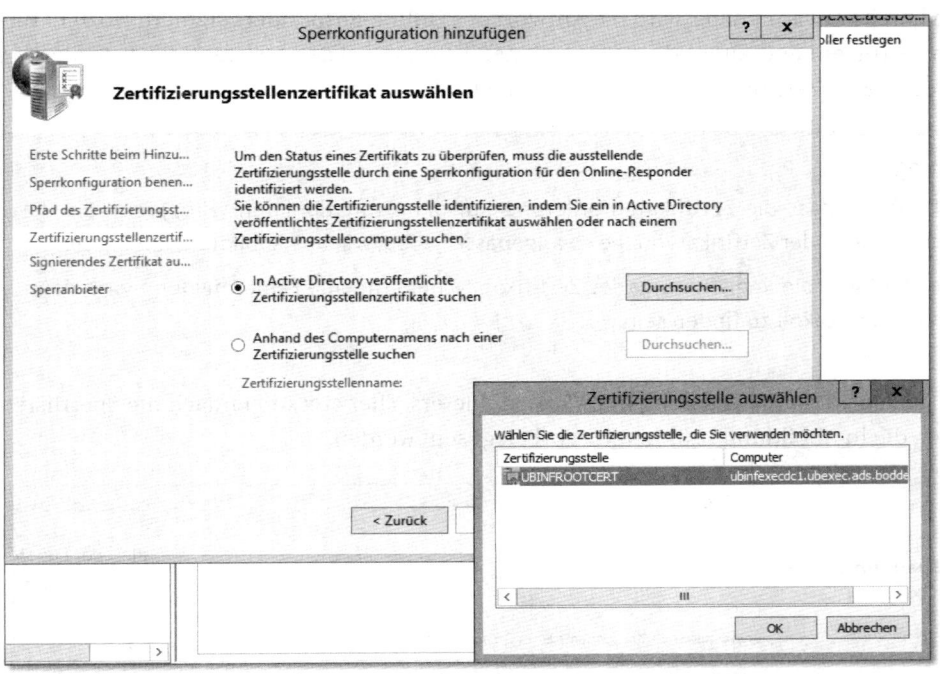

Abbildung 12.85 Hier wird die Unternehmenszertifizierungsstelle ausgewählt, die die zu überprüfenden Zertifikate ausgestellt hat.

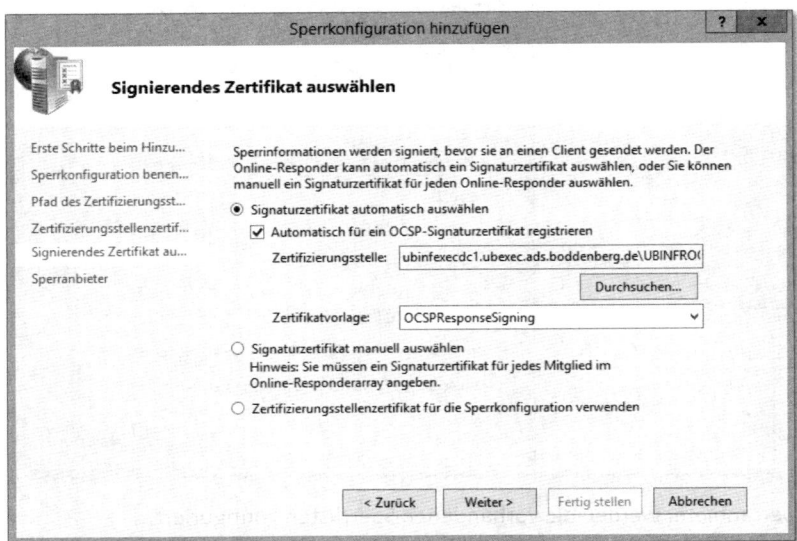

Abbildung 12.86 Sie können den Assistenten anweisen, automatisch ein OCSP-Signaturzertifikat zu registrieren.

Wie ich bereits erwähnt habe, wird die Antwort des Online-Responders signiert, wozu natürlich ein Zertifikat benötigt wird. Am einfachsten ist es, wenn der Assistent die Anforderung eines geeigneten Zertifikats initiiert (Abbildung 12.86).

> **Achtung**
>
> Beachten Sie, dass die Zertifikatanforderung nur dann funktionieren wird, wenn Sie die Berechtigungen der Zertifikatvorlage so angepasst haben, wie auf Abbildung 12.81 gezeigt.
>
> Ansonsten wird die Registrierung des Zertifikats scheitern; eine Fehlermeldung wird dann im Ereignisprotokoll zu finden sein.

Der letzte Schritt ist die Auswahl eines Sperranbieters. Hier stecken einfach die Sperrlisten dahinter, die in Abbildung 12.87 bereits vorbelegt sein werden.

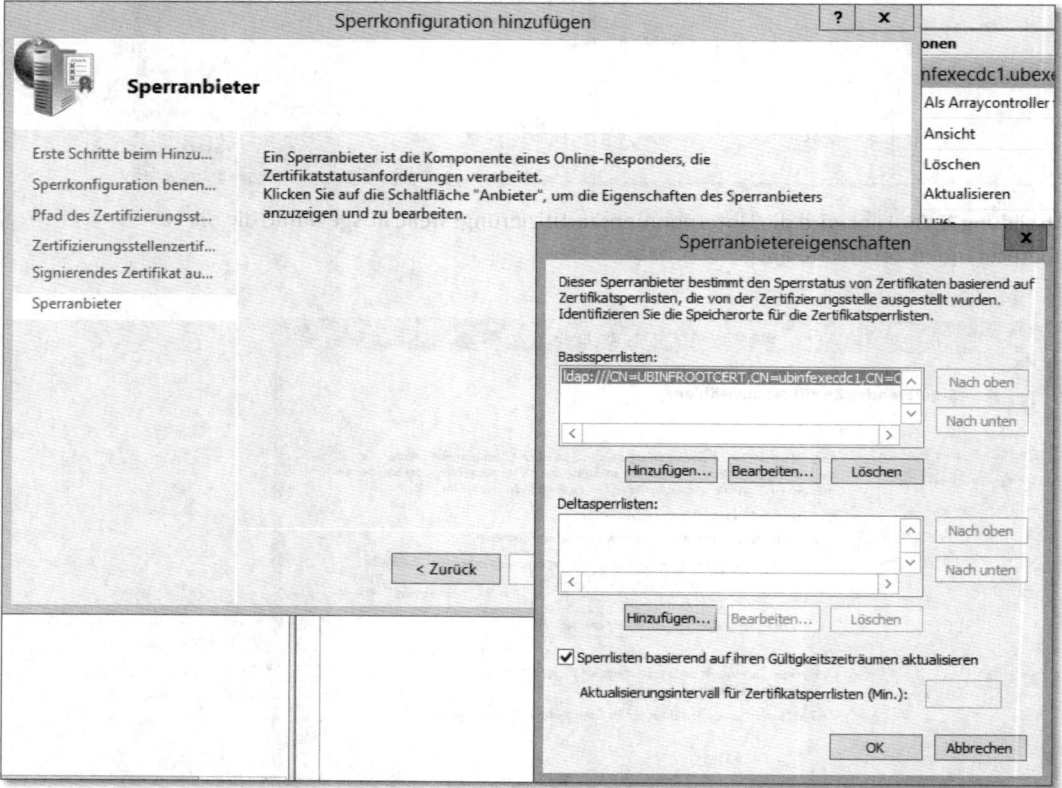

Abbildung 12.87 Als Sperranbieter werden die vorhandenen Sperrlisten konfiguriert.

Es wäre recht elegant, wenn der Online-Responder direkt die Zertifizierungsstelle abfragen und nicht den Umweg über die Sperrlisten nehmen würde. In diesem Fall würde ein als gesperrt eingetragenes Zertifikat direkt als solches erkannt werden. Da der Online-Responder aber auf Sperrlisten zurückgreift, ist die Einstellung SPERRLISTEN BASIEREND AUF IHREN GÜLTIGKEITSZEITRÄUMEN AKTUALISIEREN recht wichtig. Wenn Sie ein Zertifikat sperren, könnten Sie mit `certutil -crl` die sofortige Erzeugung einer neuen Sperrliste erzwingen. Wenn der Online-Responder die Sperrlisten aber nur alle sieben Tage einliest, ist die Aktualisierung eben doch recht träge. Es könnte sich also anbieten, beispielsweise den Online-Responder alle 60 Minuten die Sperrlisten einlesen zu lassen.

Nach dem Beenden des Assistenten wird das System ein paar Augenblicke damit beschäftigt sein, die Konfiguration zu erstellen. Ob alles in Ordnung ist, erkennen Sie im Sperrkonfigurationsstatus auf der Begrüßungsseite des Online-Responders. Auf Abbildung 12.88 ist zwar alles in Ordnung (grüner Haken), es könnte aber durchaus Probleme geben.

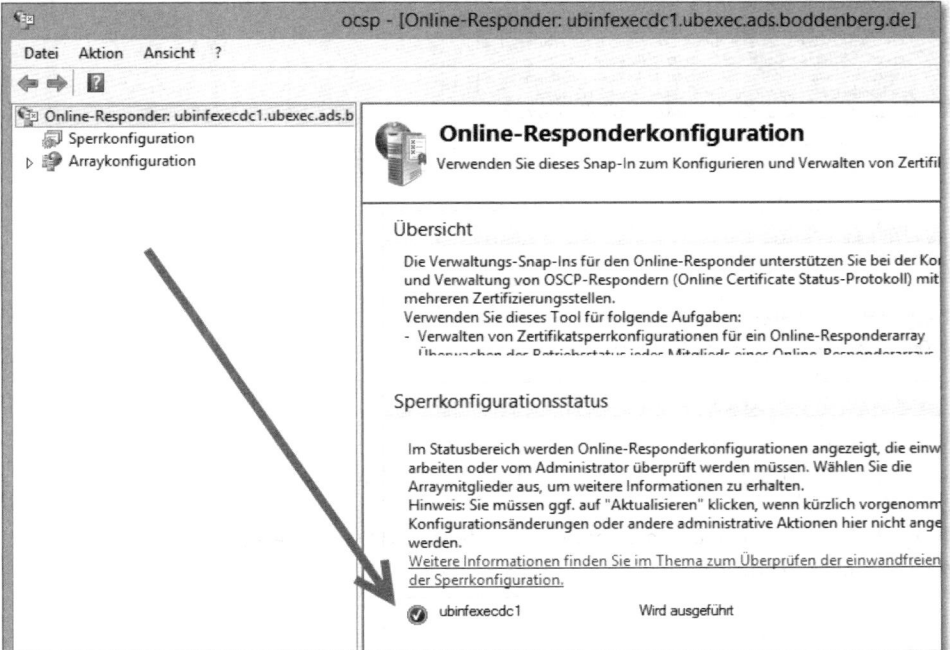

Abbildung 12.88 In der Übersicht können Sie erkennen, ob die Sperrkonfiguration korrekt ausgeführt wird.

Der meines Erachtens nach häufigste Fehler ist ein Problem bei der Registrierung des OCSP-Antwortsignaturzertifikats. Dieser Fehler tritt insbesondere dann auf, wenn die Anpassungen der Zertifikatvorlage vergessen wurden (siehe Abbildung 12.82).

Entsprechende Hinweise auf einen Fehler finden Sie übrigens auch in der Ereignisanzeige.

12.11.2 Anpassung der Zertifizierungsstelle

Nun hilft es freilich nicht, den Online-Responder zu installieren und zu konfigurieren. In die ausgestellten Zertifikate muss ebenfalls die entsprechende URL integriert werden. Dies geschieht in den Eigenschaften der Zertifizierungsstelle, wie auf Abbildung 12.89 gezeigt (beachten Sie insbesondere die Checkboxen).

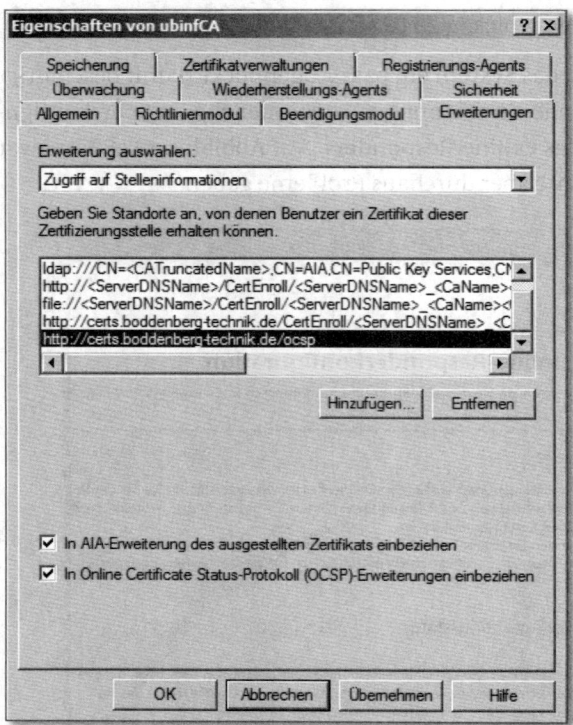

Abbildung 12.89 Hinzufügen der Information über den OCSP-Online-Responder zu den ausgestellten Zertifikaten

12.11.3 Testen

Auf Abbildung 12.90 sehen Sie ein Zertifikat, das die OCSP-Erweiterung enthält – im Grunde genommen nicht weiter spektakulär. Sofern Sie keine Kompatibilität mit älteren Programmen/Betriebssystemen, die keine OCSP-Prüfung unterstützen, gewährleisten müssen, brauchen Sie die Sperrlisten-Verteilungspunkte nicht in die Zertifikate zu integrieren.

Mit Certutil können Sie nun direkt einen kleinen Test mit dem neu erstellten Zertifikat durchführen, nämlich die Gültigkeitsprüfung mit `certutil -verify -urlfetch -v`. Im Ergebnis wird der Zugriff auf die OCSP-URL aufgezeichnet (Abbildung 12.91). Sofern keine Fehlermeldung erscheint, war der Zugriff erfolgreich.

12.11 Das Online Certificate Status Protocol (OCSP)

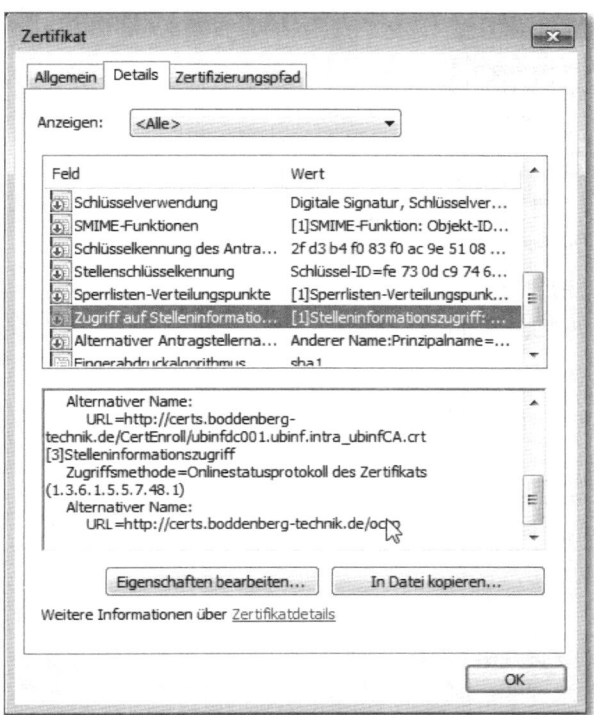

Abbildung 12.90 Dieses Zertifikat enthält die OCSP-URL.

Abbildung 12.91 »certutil -verify -urlfetch -v« für das Zertifikat mit OCSP-Erweiterung

12.11.4 ISA Server-Veröffentlichung

Falls Sie, wie zuvor vorgeschlagen, für die Veröffentlichung der Sperrliste eine Website-Veröffentlichungsregel mit dem ISA Server erstellt haben, müssen Sie diese noch für den Zugriff auf den Online-Responder erweitern. Öffnen Sie dazu die Eigenschaften der Regel, wechseln Sie auf die Registerkarte PFADE, und fügen Sie den Pfad */ocsp/** hinzu (Abbildung 12.92).

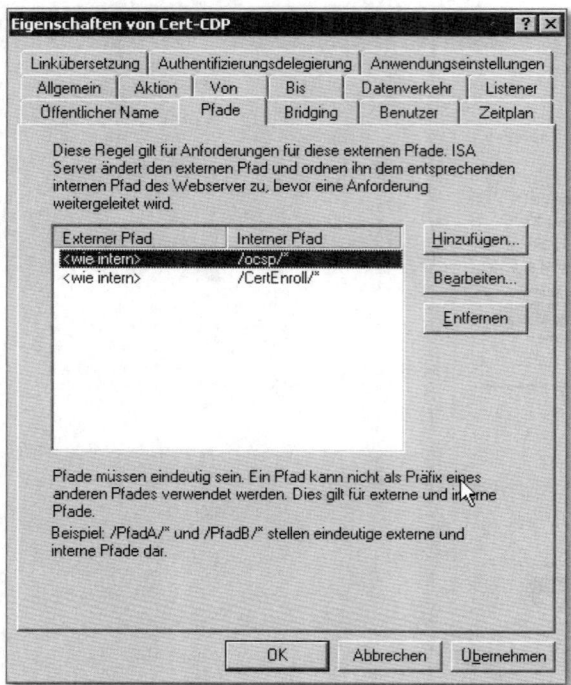

Abbildung 12.92 Der zusätzliche Pfad muss in die Website-Veröffentlichungsregel eingetragen werden.

12.12 Zweistufige Architektur implementieren

Wie Sie zuvor gesehen haben, ist die Einrichtung einer einstufigen Active Directory-integrierten PKI nicht wirklich ein Problem – fast eine »Weiter → Weiter → Fertig-Installation«.

Eine einstufige Architektur ist von den Sicherheitsansprüchen her nicht ganz ideal, da das Stammzertifikat nicht optimal geschützt ist. Viele mittelständische Unternehmen tendieren daher eher zu einer zweistufigen Architektur, bei der eine Offline-Stammzertifizierungsstelle (Offline-CA) lediglich das Stammzertifikat erzeugt und das Zertifikat der ausgebenden Zertifizierungsstelle (Issuing CA) signiert. Die Zertifizierungsstelle, die Zertifikate für Computer und Benutzer erzeugt, wird dann Active Directory-integriert aufgesetzt.

Dieses Szenario einzurichten, ist zwar definitiv keine unlösbare Aufgabe, erfordert aber naturgemäß einige zusätzliche Schritte und setzt einige weitere konzeptionelle Überlegungen voraus.

Aufgrund des vielfachen Wunsches der Leser der ersten Auflage dieses Buchs zeige ich daher Schritt für Schritt den Aufbau einer zweistufigen PKI. Hier sehen Sie einige Eckdaten:

- Das Stammzertifikat soll eine Gültigkeit von 30 Jahren haben.
- Das Zertifikat der ausgebenden Zertifizierungsstelle soll 15 Jahre gültig sein.
- Die Zertifikatsperrliste soll einmal pro Jahr aktualisiert werden, um gegebenenfalls das Zertifikat der ausgebenden Zertifizierungsstelle zurückziehen zu können.
- Die ausgebende Zertifizierungsstelle soll in das Active Directory integriert sein.
- Die Zertifikatsperrlisten sollen sowohl intern als auch extern abrufbar sein.

12.12.1 Offline-CA installieren und konfigurieren

Der erste Schritt ist die Installation der Offline-CA, die über das 30 Jahre lang gültige Stammzertifikat verfügt und das Zertifikat für die untergeordnete Zertifizierungsstelle herausgibt.

Installation

Die Offline-CA kann entweder auf einem physikalischen Gerät oder in einer virtuellen Maschine betrieben werden. Letzteres hat übrigens durchaus Vorteile, denn das System wird nur selten gestartet werden. »Echte« physikalische Festplatten vertragen es erfahrungsgemäß nicht allzu gut, wenn sie nur einmal im Jahr gestartet werden. Falls Sie sich dafür entscheiden, die Offline-CA direkt auf Hardware zu betreiben, genügt prinzipiell auch PC-Hardware, es muss kein »richtiger« Server sein. Wichtig sind aber zwei Aspekte:

- Sie müssen ein zuverlässiges Verfahren implementieren, mit dem sichergestellt ist, dass das System bei Bedarf tatsächlich gestartet werden kann. Bei Festplatten kann es durchaus sein, dass diese nach einem halben Jahr eben nicht mehr starten. Ein entsprechendes Backup-Konzept ist also notwendig.
- Die Offline-CA, die auch über den privaten Schlüssel des Stammzertifikats verfügt, ist extrem schutzbedürftig. Festplatten bieten den Vorteil, dass man diese entnehmen und in den Tresor legen kann. Wenn Sie mit einer virtuellen Maschine arbeiten, müssen Sie sich hier ein wenig Gedanken machen: Die komplette virtuelle Maschine zwar ausgeschaltet, aber startbereit auf dem virtuellen Server liegen zu lassen, könnte (!) ein Sicherheitsproblem sein. Gegebenenfalls müssten Sie die Dateien vom virtuellen Server herunterkopieren und auf einem separaten Medium im Tresor lagern.

Für welche Vorgehensweise Sie sich auch entscheiden: Es gibt immer Vor- und Nachteile, ganz wie im richtigen Leben. Achten Sie darauf, dass die beiden genannten Aspekte in Ihrer Planung hinreichend berücksichtigt werden.

Die erste Software-Anforderung an den Server, auf dem die Offline-CA installiert wird, ist, dass er kein Domänenmitglied ist. Das hat nichts damit zu tun, dass ein Domänenmitglied »irgendwie weniger sicher« wäre. Vielmehr ist der Grund, dass der Computer nach einem halben Jahr Offline-Zeit nicht mehr über das aktuelle Kennwort des Computerkontos verfügt und sich demzufolge nicht an der Domäne anmelden kann (Abbildung 12.93).

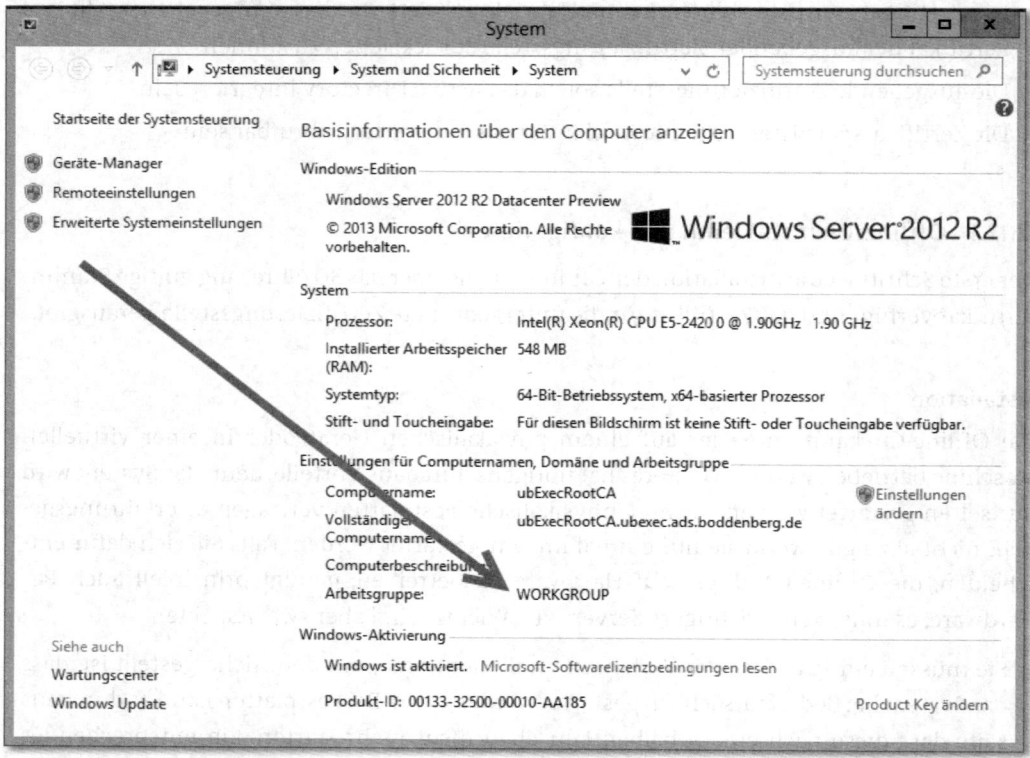

Abbildung 12.93 Die Maschine für die Offline-CA sollte bzw. darf kein Domänenmitglied sein.

Einer Zertifizierungsstelle können bei der Installation über eine .*inf*-Datei einige Konfigurationsparameter mitgegeben werden. Diese sind im Installationsassistenten nicht verfügbar, können aber zumeist nachträglich geändert werden. Die Konfigurationsdatei muss *CAPolicy.inf* heißen und im Windows-Verzeichnis (also *C:\windows*) liegen. In Abbildung 12.94 sehen Sie eine beispielhafte *CAPolicy.inf*, die unter anderem folgende Einstellungen vornimmt:

▶ Von dieser CA ausgestellte Zertifikate können maximal 30 Jahre gültig sein.

▶ Die Zertifikatsperrliste (CRL, Certificate Revocation List) ist jeweils 52 Wochen gültig, eine Deltasperrliste gibt es nicht.

Wenn die Datei im Windows-Verzeichnis liegt, werden darin getroffene Einstellungen bei der Installation der Zertifizierungsstelle berücksichtigt.

12.12 Zweistufige Architektur implementieren

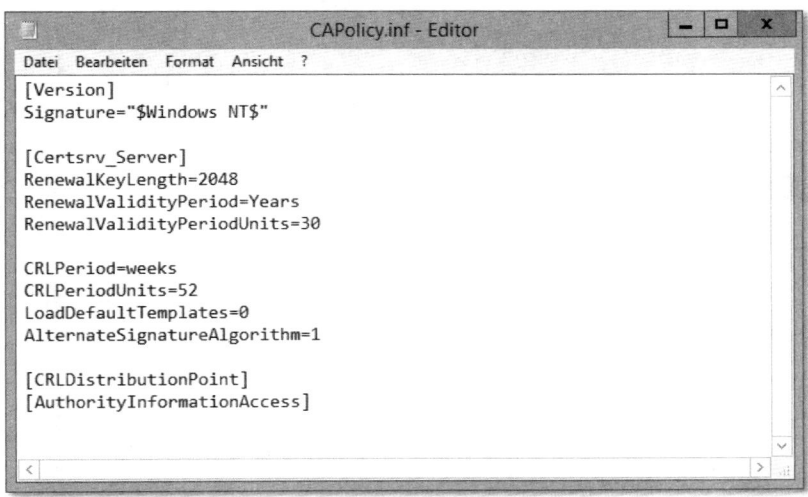

Abbildung 12.94 Mit der Datei »CAPolicy.inf« können einige Einstellungen bereits bei der Installation festgelegt werden.

Die Installation der Offline-CA beginnt so wie die Installation jeder anderen Zertifizierungsstelle – etwas Besonderes ist sie ja im Grunde genommen auch nicht. Bei der Auswahl der Rollendienste genügt ZERTIFIZIERUNGSSTELLE, also sozusagen der Basisdienst (Abbildung 12.95). Die Zertifizierungsstellen-Webregistrierung ist für eine Offline-CA unnötig.

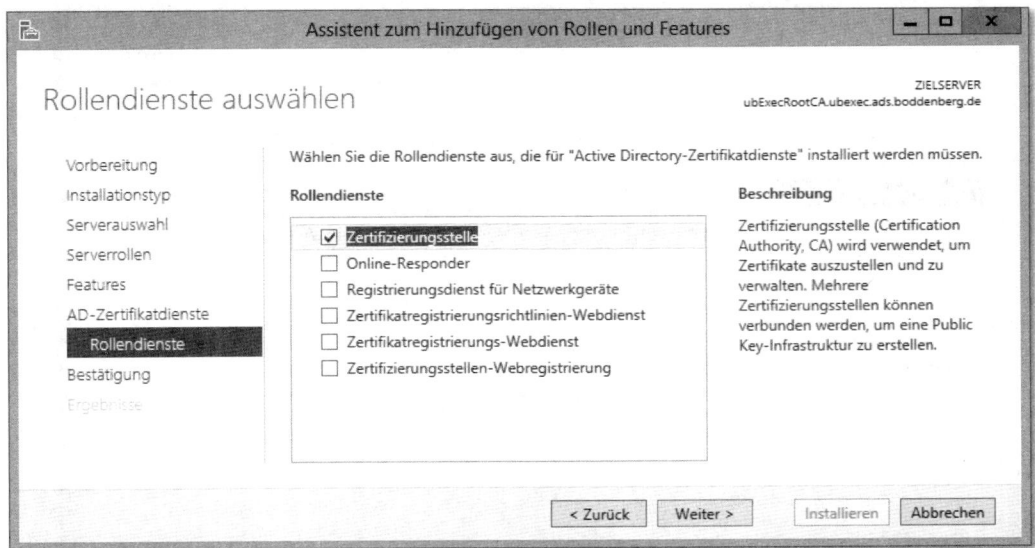

Abbildung 12.95 Die Installation des Rollendienstes »Zertifizierungsstelle« genügt.

12   Active Directory-Zertifikatdienste

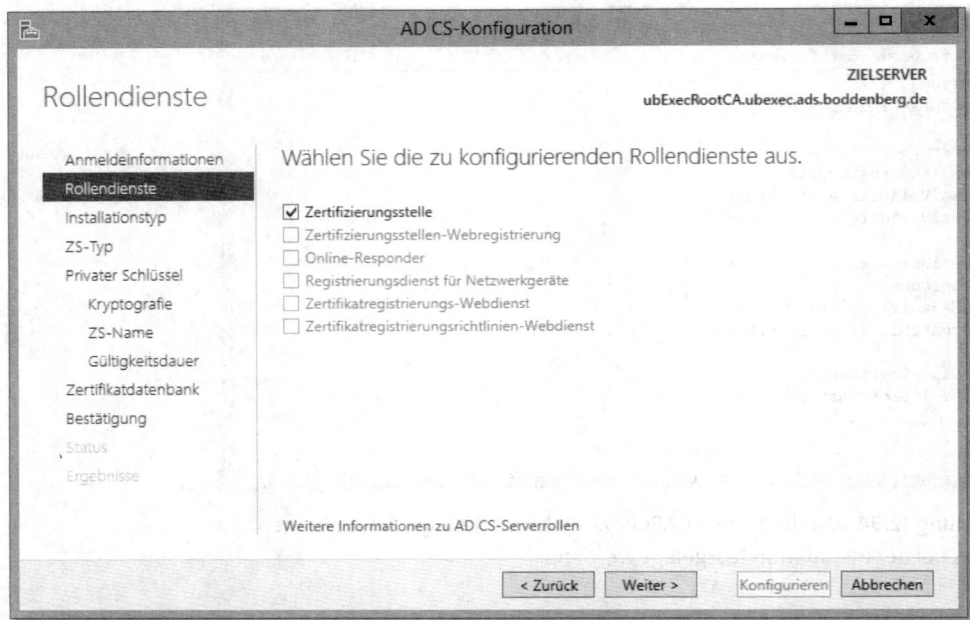

Abbildung 12.96 Der Start des Konfigurationsassistenten. Es ist nur ein Rollendienst zur Konfiguration auswählbar – mehr ist ja auch nicht installiert worden.

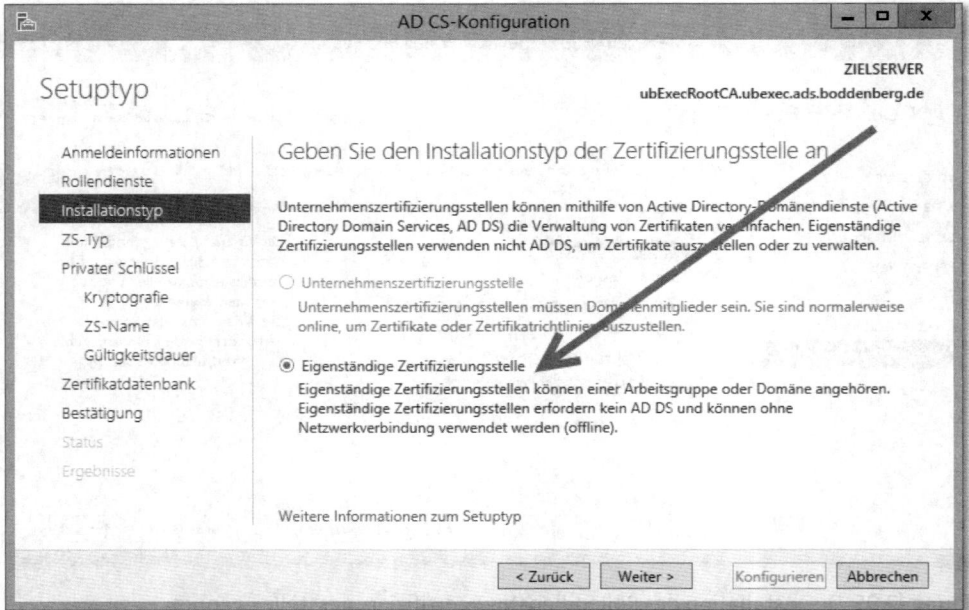

Abbildung 12.97 Auf einem Einzel-PC steht nur die Option »Eigenständige Zertifizierungsstelle« zur Verfügung.

Erwartungsgemäß steht die Option, eine Unternehmenszertifizierungsstelle zu installieren, auf einem Server, der kein Domänenmitglied ist, nicht zur Verfügung (Abbildung 12.97).

Nochmals zur Erinnerung, falls Sie mit dem Lesen direkt in diesem Abschnitt begonnen haben: Eine Unternehmenszertifizierungsstelle ist in das Active Directory integriert und wird folglich von Diensten automatisch gefunden.

Die folgende Dialogseite ermöglicht die Auswahl, ob eine STAMMZERTIFIZIERUNGSSTELLE oder eine UNTERGEORDNETE ZERTIFIZIERUNGSSTELLE angelegt werden soll (Abbildung 12.98). Da die Offline-CA die oberste Instanz der PKI-Hierarchie ist, wird eine Stammzertifizierungsstelle installiert.

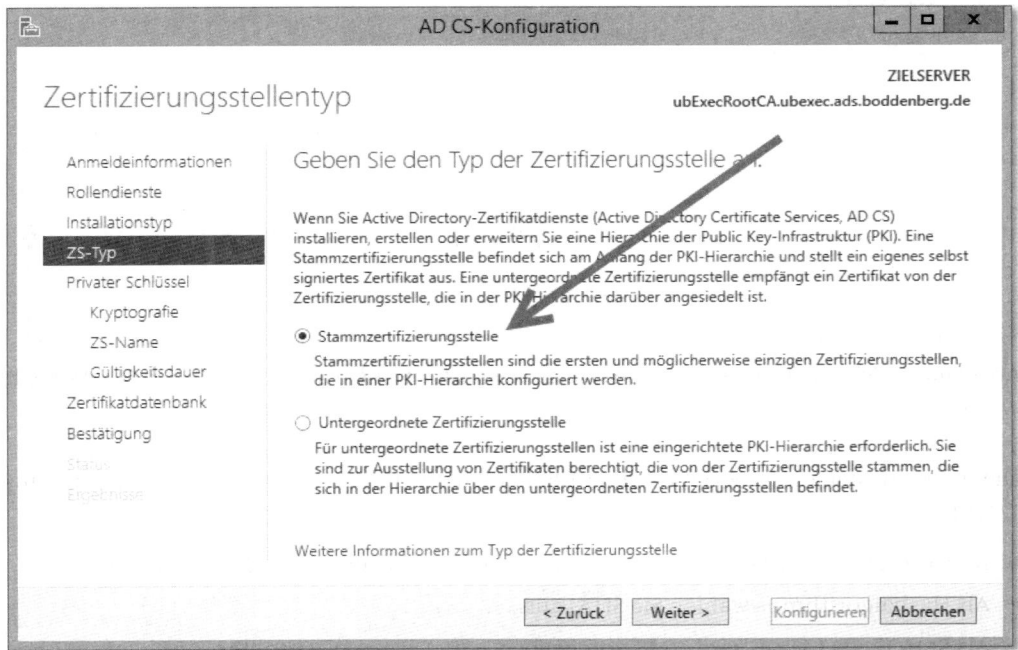

Abbildung 12.98 Wir erstellen eine Stammzertifizierungsstelle.

Auf den folgenden Seiten geht es um die Erstellung des privaten Schlüssels für die neue Stammzertifizierungsstelle. Sofern nicht von einer vorhergehenden Stammzertifizierungsstelle das Stammzertifikat vorhanden ist und weitergenutzt werden soll, beginnen Sie hier und jetzt mit dem Erstellen eines neuen privaten Schlüssels (Abbildung 12.99).

12 Active Directory-Zertifikatdienste

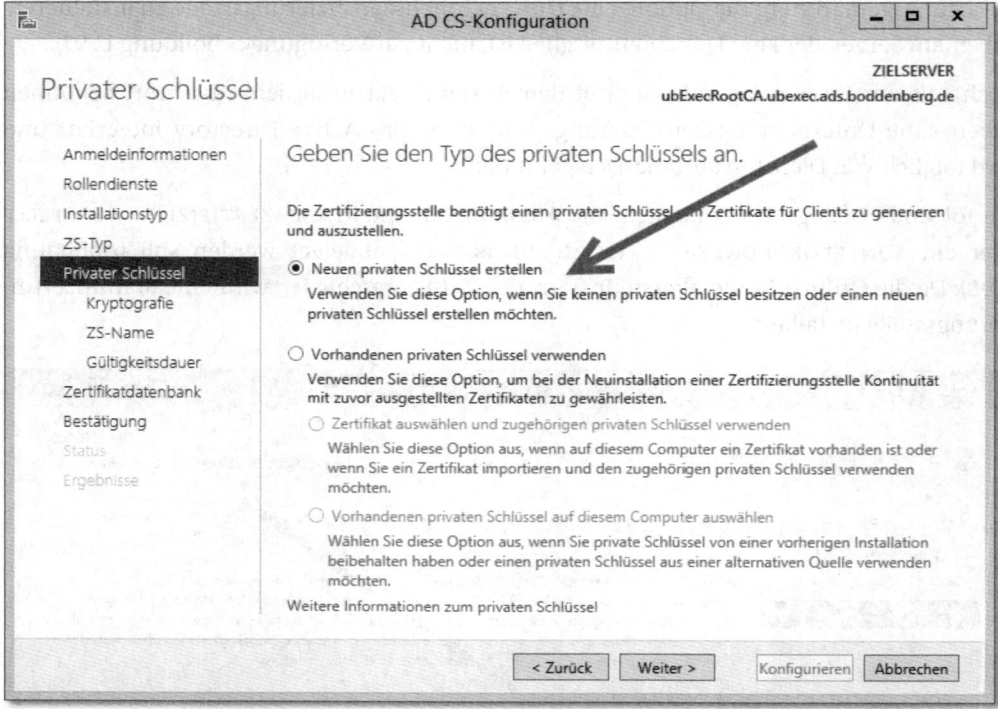

Abbildung 12.99 Für die neue Stammzertifizierungsstelle muss ein neuer privater Schlüssel erstellt werden.

Die erste Entscheidung bezieht sich auf einige Einstellungen zur Kryptografie (Abbildung 12.100):

- Als Kryptografiedienstanbieter können Sie die vorgegebene Einstellung belassen.
- Als Hashalgorithmus wählen Sie SHA1 aus.
- Als SCHLÜSSELLÄNGE wird 2048 vorgegeben sein. Diesen Wert sollten Sie ebenfalls übernehmen. Man kann an dieser Stelle auch höhere Werte einstellen, und die Versuchung ist durchaus da – längerer Schlüssel klingt irgendwie »sicherer«. Der Nachteil ist allerdings, dass nicht unbedingt alle Hard- und Softwarekomponenten mit Schlüssellängen über 2048 Bits zurechtkommen. Also: Die Voreinstellung 2048 zu übernehmen ist mehr als nur empfehlenswert.

Hashalgorithmus

SHA1 ist zwar ein Uralt-Algorithmus und nicht mehr zeitgemäß – damit klappt aber alles. Beispielsweise können WinXP und WinServer2003 nichts mit Zertifikaten mit einem SHA256-Hash anfangen.

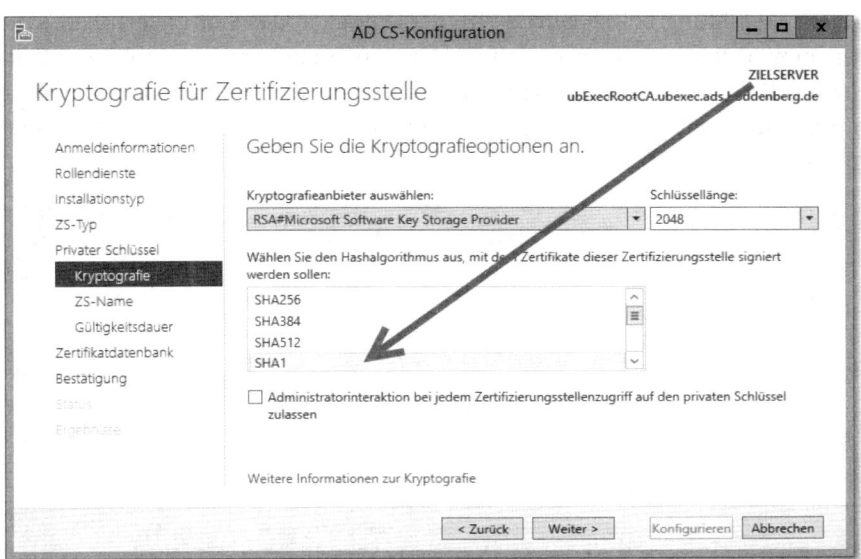

Abbildung 12.100 Als Schlüssellänge kommt 2048 infrage. Längere Schlüssel führen unter Umständen zu Kompatibilitätsproblemen.

Im nächsten Schritt wird der Name der Zertifizierungsstelle konfiguriert. Der hier angegebene Name (auf Abbildung 12.101 ist das *UBEXECROOTCA*) wird beispielsweise in der Anzeige des lokalen Zertifikatspeichers verwendet. Er sollte also einigermaßen prägnant sein. Als SUFFIX FÜR DISTINGUISHED NAME geben Sie hier den Namen Ihrer Active Directory-Domäne ein.

Abbildung 12.101 Auch eine Zertifizierungsstelle benötigt einen Namen.

Im nächsten Dialog (Abbildung 12.102) geht es um die Gültigkeit des Stammzertifikats. Die hier vorgeschlagenen 30 Jahre sind zwar nach IT-Maßstäben ein geradezu biblischer Zeitraum – ich halte das für eine Stammzertifizierungsstelle aber durchaus für akzeptabel. Sie wollen ja vermutlich nicht alle paar Jahre größere Umbauarbeiten an der Zertifikatsinfrastruktur vornehmen.

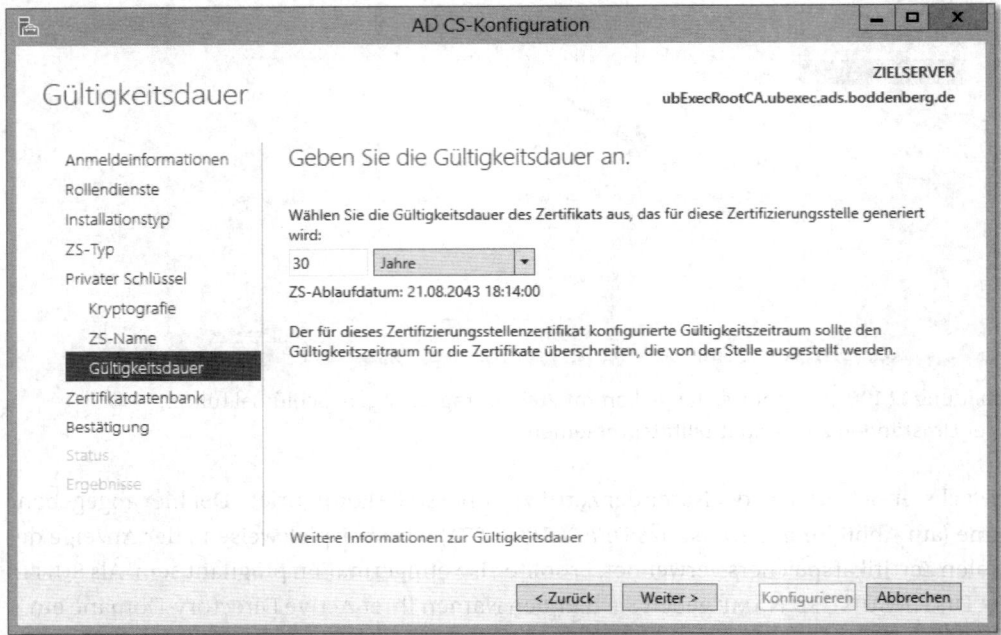

Abbildung 12.102 Für das Zertifikat der Stammzertifizierungsstelle kann durchaus eine Gültigkeitsdauer von 30 Jahren gewählt werden.

Zum Schluss werden noch die Speicherorte für Zertifikatsdatenbank und deren Protokoll abgefragt. Sie können sich hier getrost für die Standardwerte entscheiden (Abbildung 12.103).

> **Zertifikat sicher aufbewahren**
>
> Denken Sie daran, das soeben erzeugte Zertifikat an einem sicheren Ort aufzubewahren. »Sicherer Ort« hat hierbei zwei Bedeutungen:
>
> ▶ Das Zertifikat muss wiederherstellbar sein.
>
> ▶ Das Zertifikat muss so geschützt sein, dass es nicht in fremde Hände fällt.
>
> Die Sicherung der Zertifizierungsstelle kann in deren Kontextmenü initiiert werden. Sofern Sie nur das Stammzertifikat nebst privatem Schlüssel exportieren möchten, müssen Sie dies über das Zertifikate-Snap-In erledigen.

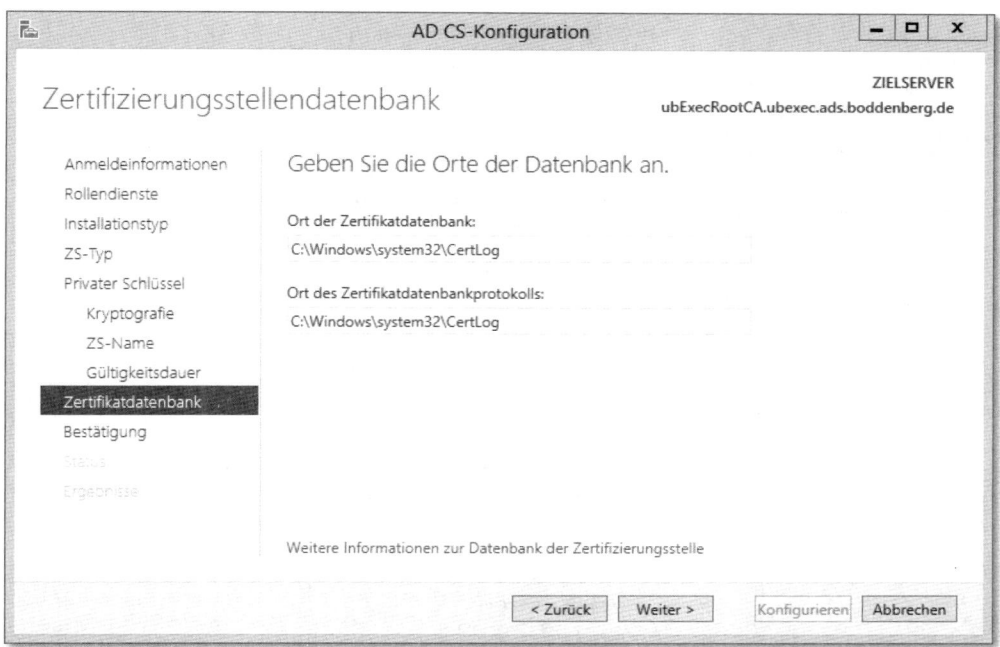

Abbildung 12.103 Zum Schluss muss noch der Speicherort für die Zertifikatdatenbank und das zugehörige Protokoll gewählt werden.

Konfiguration

Die Zertifizierungsstelle ist zwar nun installiert, muss aber noch weiter konfiguriert werden.

Wichtig ist zunächst der Verteilungspunkt für Sperrlisten (CDP, *Certificate Revocation Distribution Point*). Den CDP konfigurieren Sie entweder mit dem Kommandozeilenwerkzeug Certutil oder – was aus Sicht der meisten Leser sicher angenehmer ist – mit der grafischen Oberfläche. Den entsprechenden Dialog finden Sie im Snap-In ZERTIFIZIERUNGSSTELLE auf der Registerkarte ERWEITERUNGEN in den Eigenschaften der Zertifizierungsstelle (Abbildung 12.104).

> **Details**
> Die Details zu Sperrlisten wurden in Abschnitt 12.10 ausführlich erläutert, daher zeige ich Ihnen hier nur, was für dieses Szenario konfiguriert werden muss.

Ich habe mich in diesem Beispielszenario dafür entschieden, die Sperrlisten unterhalb der URL *http://certs.boddenberg-technik.de/CertEnroll* zu veröffentlichen. Dieser Server ist sowohl für interne als auch für externe Clients zu erreichen. Dies ist mittlerweile auch für eine firmeninterne PKI wichtig, weil es zunehmend Anwendungen gibt, die eine erfolgreiche Zertifikatsüberprüfung voraussetzen – zu nennen wären hier beispielsweise DirectAccess und SSTP.

12 Active Directory-Zertifikatdienste

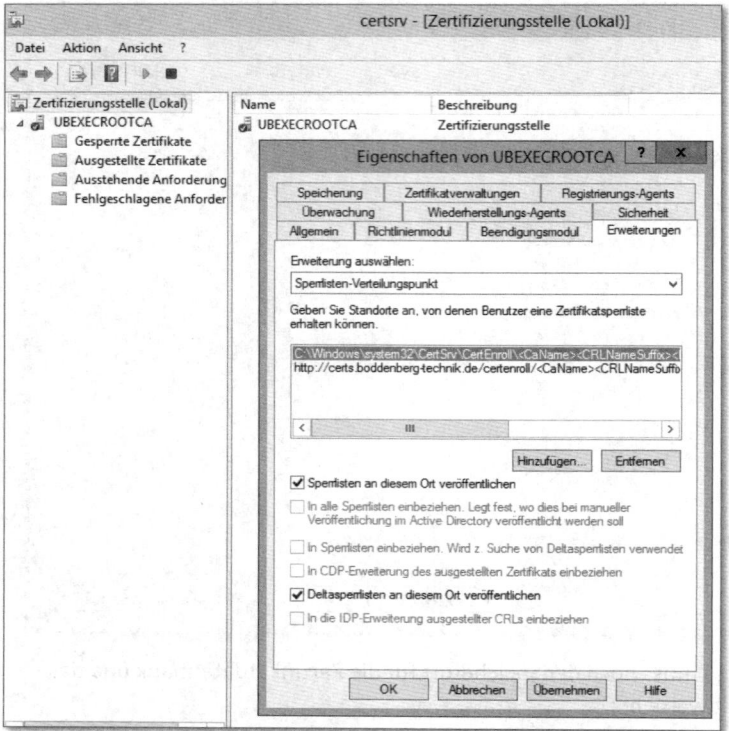

Abbildung 12.104 In den Eigenschaften der Zertifizierungsstelle muss der Sperrlisten-Verteilungspunkt konfiguriert werden.

> **Einheitliche URL**
>
> Es ist möglich, mehrere Orte für die Sperrlisten hinzuzufügen und so beispielsweise eine interne und eine externe URL zu definieren. Ich sehe bei einer einheitlichen URL allerdings folgende Vorteile:
>
> ▶ Sie ist aus Zertifikatssicht einfacher zu verwalten.
> ▶ Bei der Überprüfung des Zertifikats wird gemäß der definierten Reihenfolge der Orte vorgegangen. Ein nicht erreichbarer Ort führt stets zu einer gewissen Verzögerung.

Hier ist nun die Vorgehensweise:

1. Wählen Sie das Hinzufügen eines weiteren Standorts (Schaltfläche EINFÜGEN, siehe Abbildung 12.105).
2. Tragen Sie die URL des Orts für die Veröffentlichung der Sperrliste ein, in diesem Beispiel ist das *http://certs.boddenberg-technik.de/certenroll/*. Dann fügen Sie die Variablen

`<CaName>`, `<CRLNameSuffix>` und `<DeltaCRLAllowed>`, wie auf Abbildung 12.105 gezeigt, hinzu. Schließen Sie die Zeile mit der Dateiendung .crl ab.

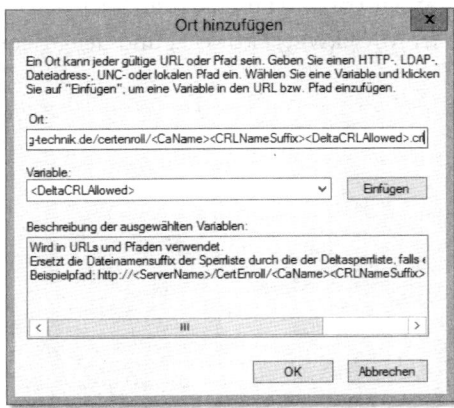

Abbildung 12.105 Einen neuen Ort für die Sperrliste hinzufügen

3. Wenn der neue Ort eingerichtet ist, selektieren Sie ihn und aktivieren die Option IN CDP-ERWEITERUNG... Das führt dazu, dass in jedem von dieser Zertifizierungsstelle ausgestellten Zertifikat dieser Speicherort der Sperrliste angegeben ist (Abbildung 12.106).
4. Deaktivieren Sie bei den anderen Standorten die Option IN CDP-ERWEITERUNG.

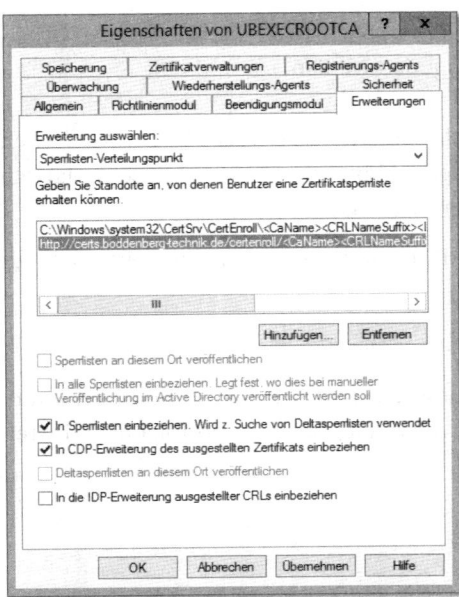

Abbildung 12.106 Der neue Sperrlisten-Verteilungspunkt soll in den Erweiterungen des Zertifikats aufgeführt werden.

Bleiben Sie auf der Registerkarte ERWEITERUNGEN, und wählen Sie nun ZUGRIFF AUF STELLEN-INFORMATIONEN (Abbildung 12.107). Hier wird der Speicherort des öffentlichen Teils des Zertifikats angegeben. Gehen Sie wie für die Sperrliste gezeigt vor, um einen neuen Speicherort hinzuzufügen. Aktivieren Sie für diesen die Option IN AIA-ERWEITERUNG..., und deaktivieren Sie diese Option für die anderen Orte.

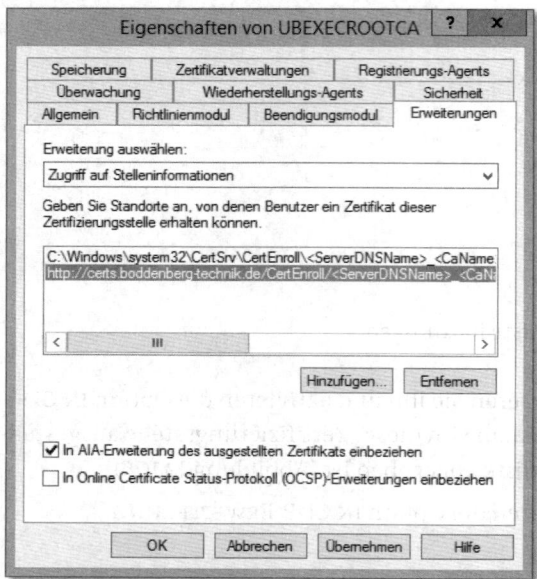

Abbildung 12.107 Auch die AIA-Erweiterung muss konfiguriert werden.

Nun müssen Sie noch einige Einstellungen vornehmen, die leider nicht in der grafischen Oberfläche möglich sind, sondern mit Certutil erfolgen. Abbildung 12.108 zeigt exemplarisch die Vorgehensweise. Folgende Einstellungen sind erforderlich:

1. Sie müssen den Konfigurationsnamenskontext Ihres Active Directorys angeben, z.B. für die AD-Domäne *ubinf.intra*:

   ```
   Certutil -setreg CA\DSConfigDN CN=Configuration,DC=ubinf,DC=intra
   ```

2. Die Konfiguration der Sperrlisten-Veröffentlichungs-Zeiträume sollte bereits in der *CAPolicy.inf*-Datei erfolgt sein. Sofern Sie diese nicht verwendet haben, sind folgende Einstellungen vorzunehmen:

   ```
   Certutil -setreg CA\CRLPeriod weeks
   Certutil -setreg CA\CRLPeriodUnits 52
   Certutil -setreg CA\CRLDeltaPeriod days
   Certutil -setreg CA\CRLDeltaPeriodUnits 0
   Certutil -setreg CA\CRLOverlapPeriosd weeks
   Certutil -setreg CA\CRLOverlapPeriodUnits 4
   ```

3. Nun muss noch konfiguriert werden, dass die von dieser Zertifizierungsstelle ausgestellten Zertifikate 15 Jahre gültig sind. Ansonsten wäre das Zertifikat für die untergeordnete Zertifizierungsstelle nur ein Jahr gültig, was weniger praktikabel ist. Die Befehle dazu sind (siehe auch Abbildung 12.108):

```
Certutil -setreg CA\ValidityPeriod years
Certutil -setreg CA\ValidityPeriodUnits 15
```

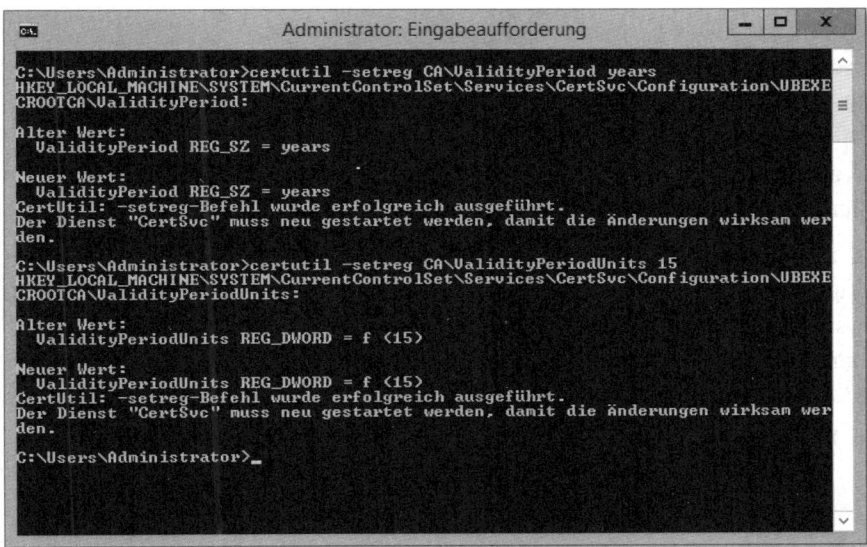

Abbildung 12.108 Etliche Parameter werden mit Certutil konfiguriert.

4. Nun legen Sie fest, dass diskrete Signaturen für ausgestellte Zertifikate verwendet werden dürfen:

```
Certutil -setreg CA\csp\DiscreteSignatureAlgorithm 1
```

5. Nach Abschluss der Konfiguration mit Certutil müssen die Zertifikatdienste neu gestartet werden. Das lässt sich von der Kommandozeile aus mit folgenden Befehlen bewerkstelligen:

```
Net stop certsvc
Net start certsvc
```

Zertifikat und Sperrliste kopieren

Der öffentliche Teil des Zertifikats und die Sperrliste befinden sich standardmäßig im Verzeichnis *C:\Windows\System32\CertSrv\CertEnroll*. Dort sollten sich jetzt, wie auf Abbildung 12.109 gezeigt, zwei Dateien befinden, nämlich der öffentliche Teil des Zertifikats (*.crt) und die Sperrliste (*.crl).

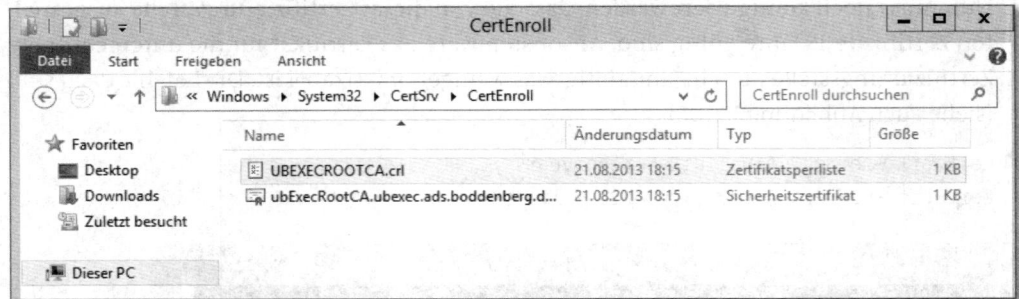

Abbildung 12.109 In diesem Verzeichnis befinden sich das Zertifikat und die Sperrliste.

Ein Doppelklick auf die Dateien ermöglicht jeweils einen Blick in die »Innereien«. Sie können somit kontrollieren, ob auch alles korrekt konfiguriert ist:

- Abbildung 12.110 zeigt die DETAILS des Stammzertifikats. Sie können sehen, dass es exakt 30 Jahre gültig ist – ich habe es am 21. August 2013 erzeugt. Wie bereits in Abschnitt 12.10 beschrieben, sind im Stammzertifikat keine Verteilungspunkte für Sperrlisten oder Stelleninformationen eingetragen. Das entspricht der gängigen Praxis und wird von Windows Server 2008/2012/R2 beim Erzeugen eines Stammzertifikats automatisch so gehandhabt.
- Abbildung 12.111 zeigt die Sperrliste. Diese ist 52 Wochen gültig, so wie gewünscht.

Abbildung 12.110 Das Zertifikat ist 30 Jahre gültig und hat keine definierten Sperrlisten – wie erwartet.

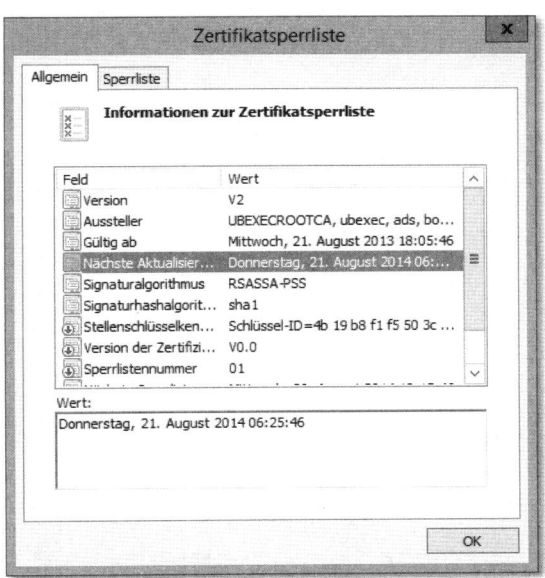

Abbildung 12.111 Die Sperrliste: Die nächste Aktualisierung ist in 52 Wochen fällig.

Hinweis

Hier noch ein Hinweis zur Sperrliste: Da die Sperrliste 52 Wochen gültig ist, müssen Sie die Zertifizierungsstelle zu diesem Datum auf den angegebenen Sperrlisten-Verteilungspunkt kopieren.

Die neue Sperrliste wird zu diesem Zeitpunkt erzeugt sein. Falls das noch nicht erfolgt ist, können Sie mit `certutil -crl` die Erstellung der Sperrliste erzwingen.

Es ist eine ziemlich gute Idee, jetzt und sofort einen Termin in Outlook einzutragen. Ich rate immer dazu, eine kurze Beschreibung der Vorgehensweise aufzunehmen – nach einem Jahr sind die Schritte, die man durchführen muss, oft in Vergessenheit geraten.

Kopieren Sie nun Zertifikat und Sperrliste aus dem auf Abbildung 12.109 gezeigten Verzeichnis auf den Server, auf dem die untergeordnete CA installiert werden soll.

OCSP

Sie können anstatt mit den Sperrlisten oder zusätzlich zu den Sperrlisten auch mit OCSP arbeiten. In Abschnitt 12.11 ist das ausführlich erläutert.

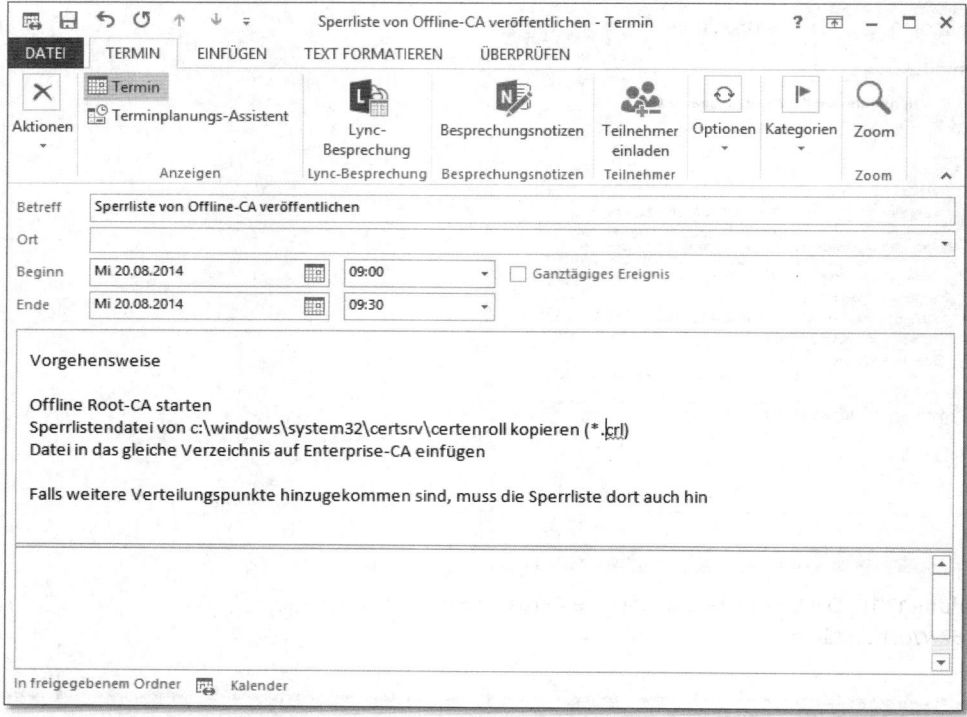

Abbildung 12.112 Erstellen Sie am besten direkt einen Terminkalendereintrag, der Sie an das Kopieren der Sperrliste erinnert. Es hat sich bewährt, die Vorgehensweise zu skizzieren – sie ist nach einem Jahr schnell vergessen.

12.12.2 Zertifikat und Sperrliste dem Unternehmenszertifikatserver und dem Active Directory hinzufügen

Nachdem Sie im vorherigen Schritt den öffentlichen Teil des Zertifikats und die Sperrliste auf den Server kopiert haben, auf dem die Unternehmenszertifizierungsstelle installiert werden soll, müssen diese dort noch installiert werden.

Den lokalen Zertifikatsspeicher hinzufügen

Um es direkt vorweg zu sagen: Dieser Schritt ist eigentlich optional, da Zertifikat und Sperrliste ohnehin durch das Active Directory auf den Server verteilt würden. Das manuelle Importieren in den lokalen Zertifikatsspeicher beschleunigt den Vorgang jedoch.

Wie Sie auf Abbildung 12.113 sehen können, lassen sich mittels Certutil sowohl das Zertifikat als auch die Sperrliste in den lokalen Zertifikatsspeicher importieren. Das ginge übrigens auch mit der grafischen Oberfläche (Snap-In ZERTIFIKATE), aber so geht es meines Erachtens am schnellsten.

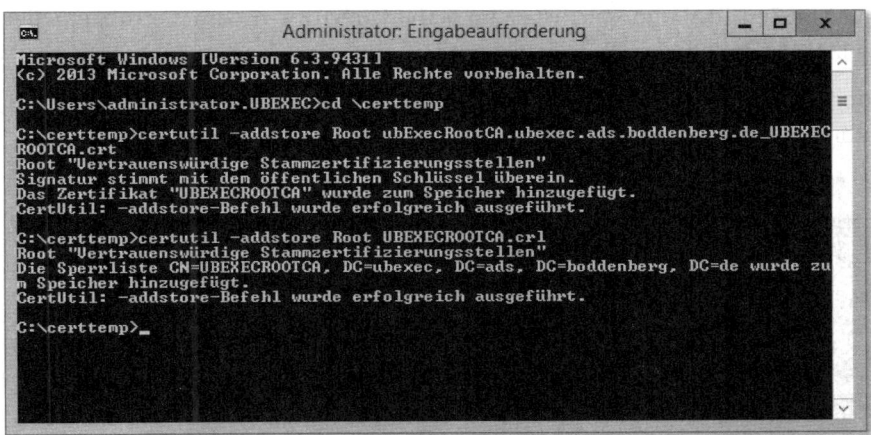

Abbildung 12.113 Hinzufügen von Zertifikat und Sperrliste zum lokalen Zertifikatsspeicher

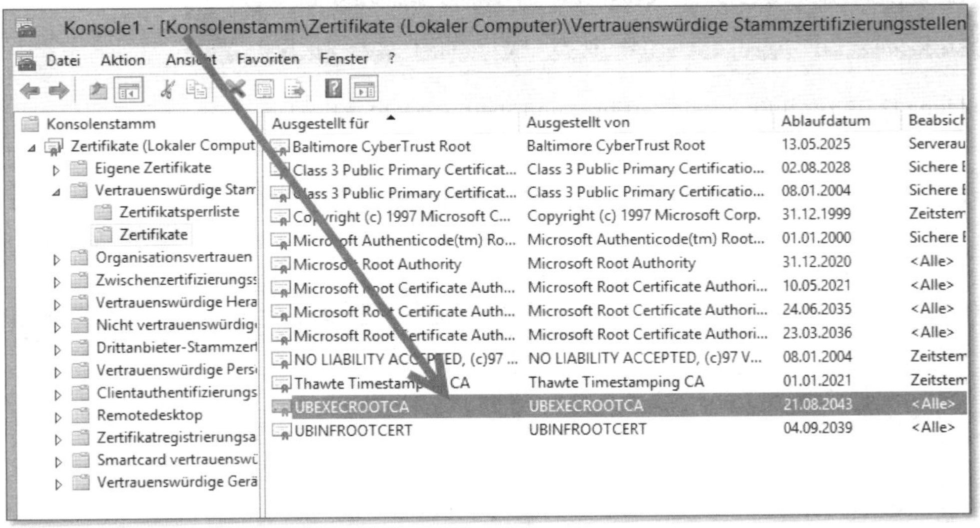

Abbildung 12.114 Als Ergebnis von »certutil -addstore« befinden sich jetzt Zertifikat und Sperrliste im Container für »Vertrauenswürdige Stammzertifizierungsstellen«.

Das Active Directory hinzufügen

Sie müssen das Zertifikat Ihrer Stammzertifizierungsstelle auf alle Systeme Ihrer Umgebung bringen. Angenehmerweise lässt sich dies mit dem Active Directory automatisieren. Das Zertifikat wird im Konfigurationsnamenskontext gespeichert, was dazu führt, dass die Server und PCs es herunterladen und installieren. Das Ganze funktioniert übrigens auch umgekehrt: Wenn Sie das Zertifikat im AD löschen, wird es nach einer Weile (einige Stunden) von Servern und PCs verschwunden sein.

12 Active Directory-Zertifikatdienste

Das Hinzufügen von Zertifikat und Sperrliste zum Active Directory wird mit Certutil erledigt, auf Abbildung 12.115 ist zu sehen, wie's gemacht wird.

In einigen Stunden wird das Zertifikat auf allen Systemen in Ihrem Active Directory installiert sein. Sie können die Installation übrigens durch gpupdate /force erzwingen.

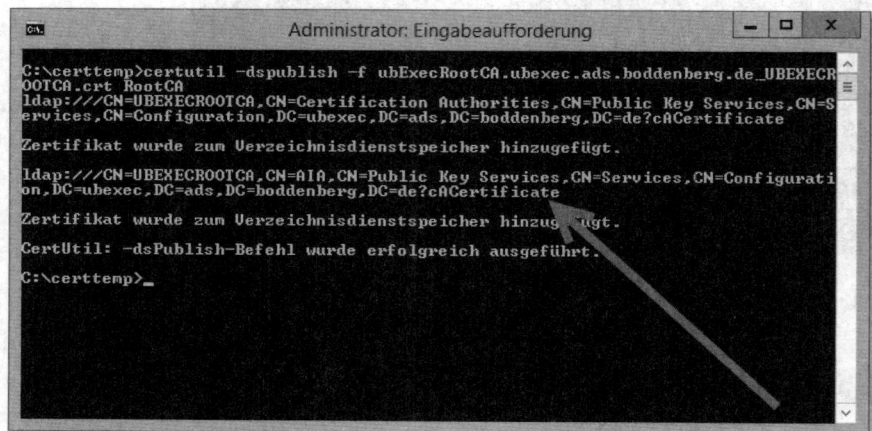

Abbildung 12.115 Hinzufügen von Zertifikat und Sperrliste zum Active Directory

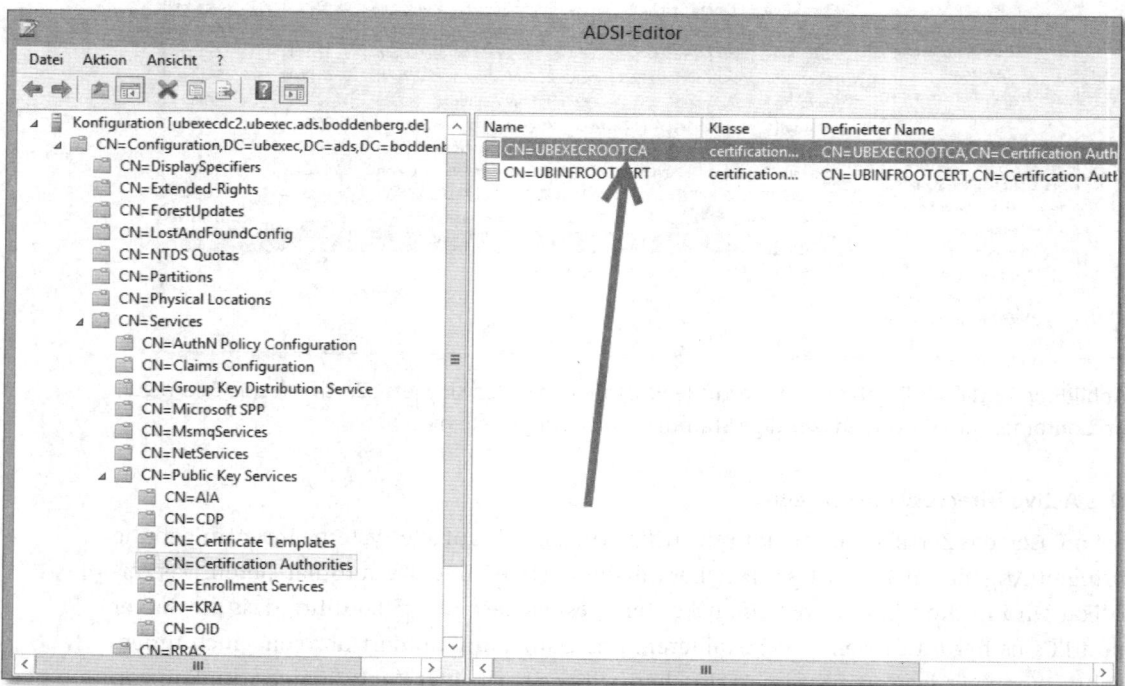

Abbildung 12.116 »certutil -dspublish« veröffentlicht das Zertifikat im AD.

12.12.3 Unternehmens-CA installieren

Im nächsten Schritt geht es um die Installation der Unternehmenszertifizierungsstelle, also um den Teil der PKI, der die Zertifikate an Computer und Benutzer ausgibt.

Zertifizierungsstelle installieren

Zur Installation der Unternehmenszertifizierungsstelle fügen Sie einem Server mit dem Server-Manager die Rolle *Active Directory-Zertifikatdienste* hinzu. Dieser Server muss kein Domänencontroller sein – kann aber einer sein. Bei der Einrichtung der Stammzertifizierungsstelle habe ich empfohlen, auf die Webregistrierungskomponenten zu verzichten. Bei einer Zertifizierungsstelle, die Zertifikate für Benutzer und Computer ausstellt, ist diese Komponente allerdings sehr empfehlenswert. Optional können Sie weitere Rollendienste installieren (Abbildung 12.117):

- Der Rollendienst *Online-Responder* unterstützt das OCSP-Protokoll zur Validierung von Zertifikaten (OCSP = Online Certificate Status Protocol). Damit dieser Mechanismus nutzbar ist, muss diese URL in den AIA-Erweiterungen des Zertifikats eingetragen werden. Der Rollendienst steht unter Windows Server 2008 (und älteren Versionen) nur auf Servern der Enterprise Edition zur Verfügung (ab Server 2012 gibt es diese Unterscheidung nicht mehr).

- *Zertifizierungsstellen-Webregistrierung*: Wie der Name schon sagt, handelt es sich um einen Webdienst, der die Anforderung von Zertifikaten für interne und externe Clients technisch vereinfacht. Diese Rollendienste stehen übrigens erst seit Windows Server 2008 R2 zur Verfügung.

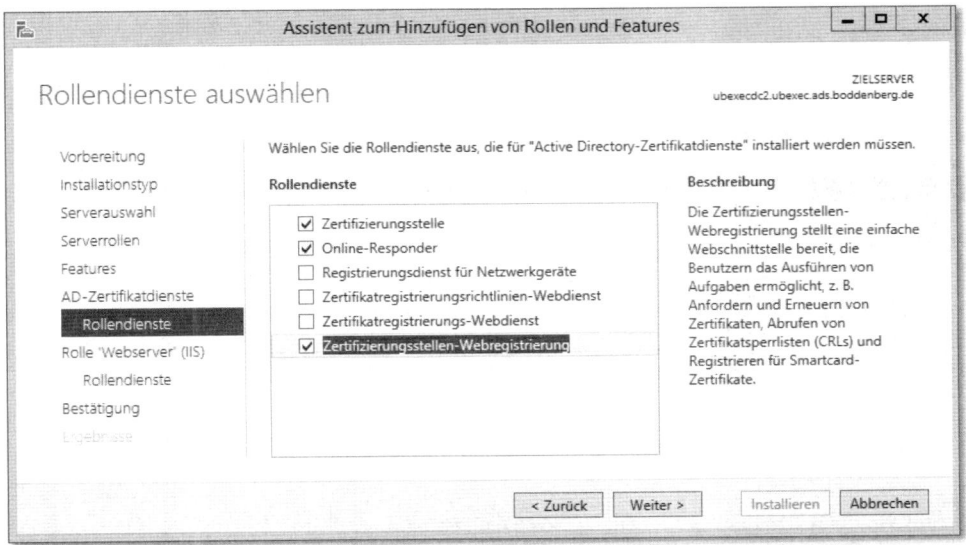

Abbildung 12.117 Neben der eigentlichen Zertifizierungsstelle sollte die Webregistrierungs-Komponente installiert werden.

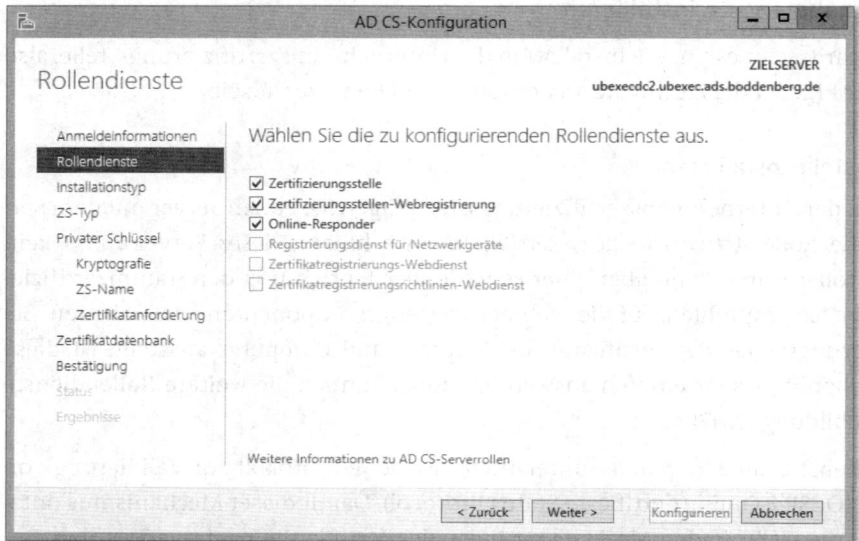

Abbildung 12.118 Der Konfigurationsassistent sorgt für die »Feinkonfiguration«.

Die ersten beiden Schritte sind schnell erklärt, aber trotzdem extrem wichtig:

1. Zunächst entscheiden Sie sich für die Installation einer Unternehmenszertifizierungsstelle. Dies bedeutet, dass diese in das Active Directory integriert wird und somit für Clients leicht auffindbar ist (Abbildung 12.119).

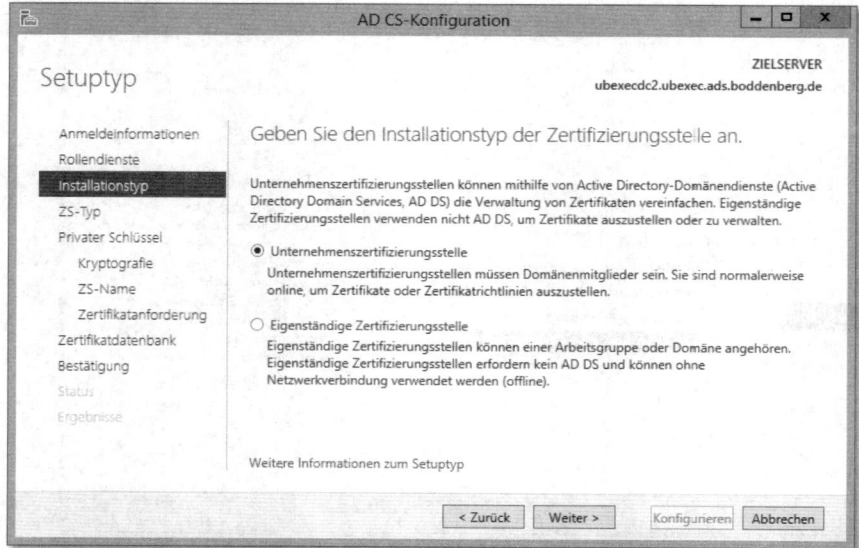

Abbildung 12.119 Die Zertifizierungsstelle soll eine Unternehmenszertifizierungsstelle werden.

2. Auf der zweiten Dialogseite des Installationsassistenten wird definiert, dass eine untergeordnete Zertifizierungsstelle erstellt wird. Die Stammzertifizierungsstelle ist ja bereits eingerichtet worden, eine untergeordnete CA erhält ihr Zertifikat von ebendieser Stammzertifizierungsstelle (Abbildung 12.120).

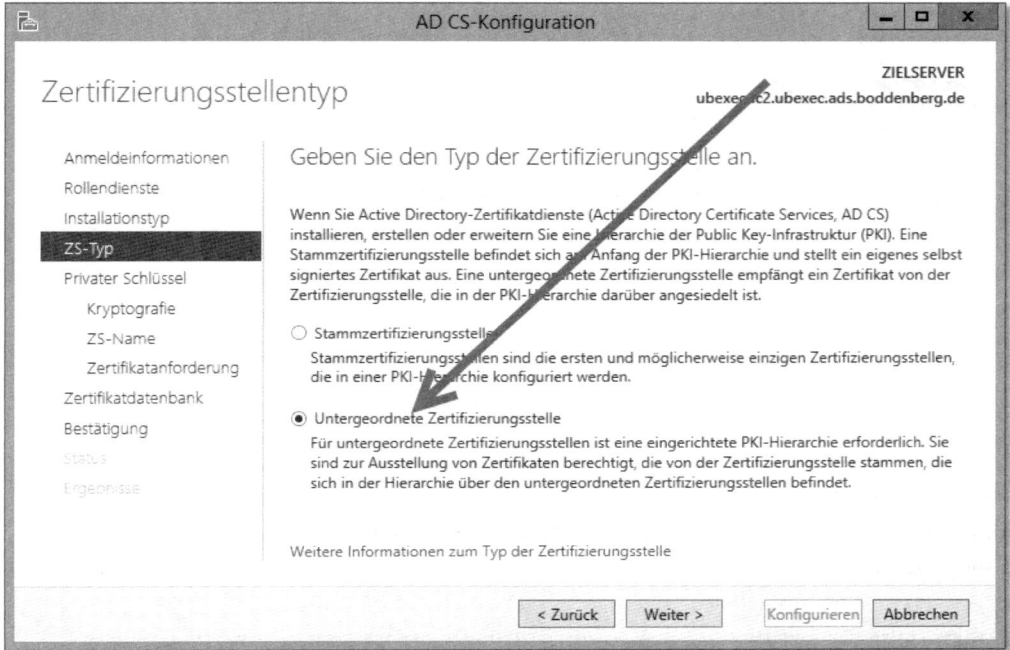

Abbildung 12.120 Die neue Zertifizierungsstelle ist eine untergeordnete Zertifizierungsstelle.

Auf den nächsten beiden Dialogseiten geht es um die Erstellung des privaten Schlüssels der neuen Zertifizierungsstelle. Da es diese Zertifizierungsstelle bisher noch nicht gab, muss ein neuer Schlüssel erstellt werden (Abbildung 12.121) – das ist so weit einleuchtend.

Auf der folgenden Seite geht es dann um einige kryptografische Einstellungen für den Schüssel. Sie kennen den Dialog bereits von der Konfiguration der Stammzertifizierungsstelle her. Und genauso gilt auch hier, dass Sie insbesondere die Schlüssellänge von 2.048 Bits übernehmen sollten.

Eine höhere Schlüssellänge kann dazu führen, dass Geräte oder Applikationen mit den von dieser Zertifizierungsstelle ausgestellten Zertifikaten nichts anfangen können (Abbildung 12.122)!

12 Active Directory-Zertifikatdienste

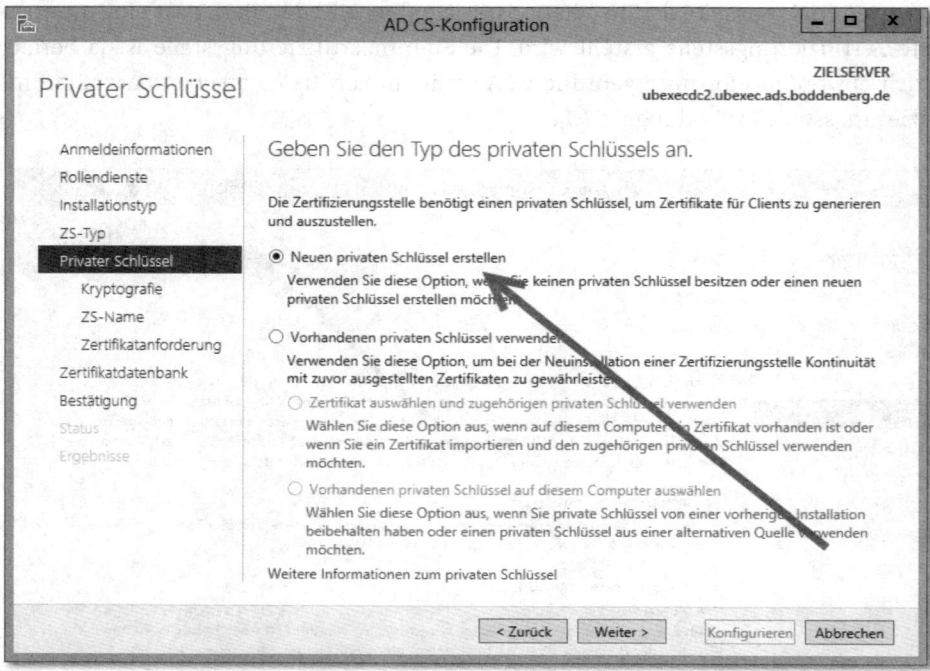

Abbildung 12.121 Sie müssen einen neuen Schlüssel erstellen, da es die Zertifizierungsstelle bisher noch nicht gab.

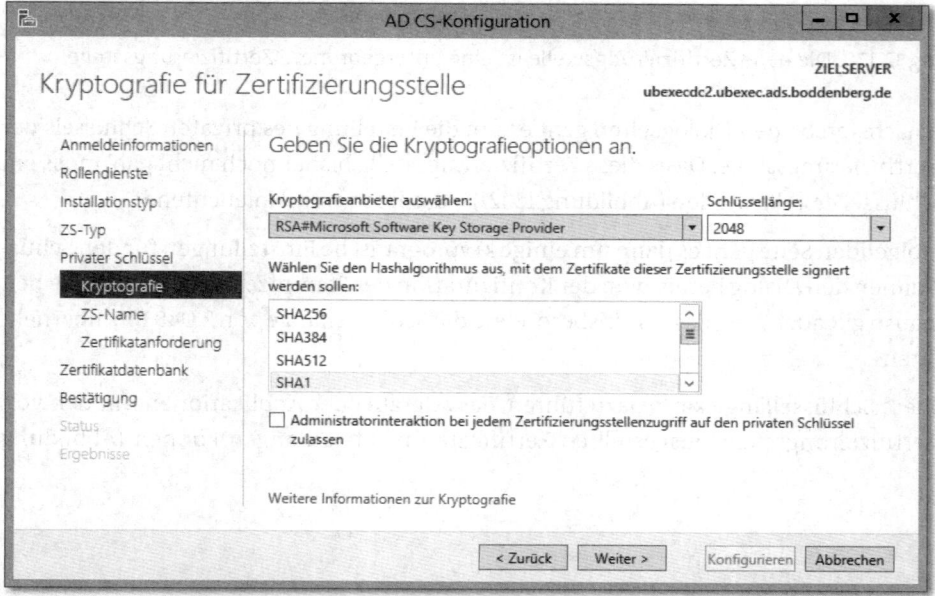

Abbildung 12.122 Wählen Sie für die Konfiguration der Kryptografie diese Angaben.

Im nächsten Schritt wählen Sie einen Namen für die neue Zertifizierungsstelle. Es gilt, dass der Name möglichst prägnant sein sollte. Unter diesem Namen wird die Zertifizierungsstelle im Active Directory veröffentlicht (Abbildung 12.123).

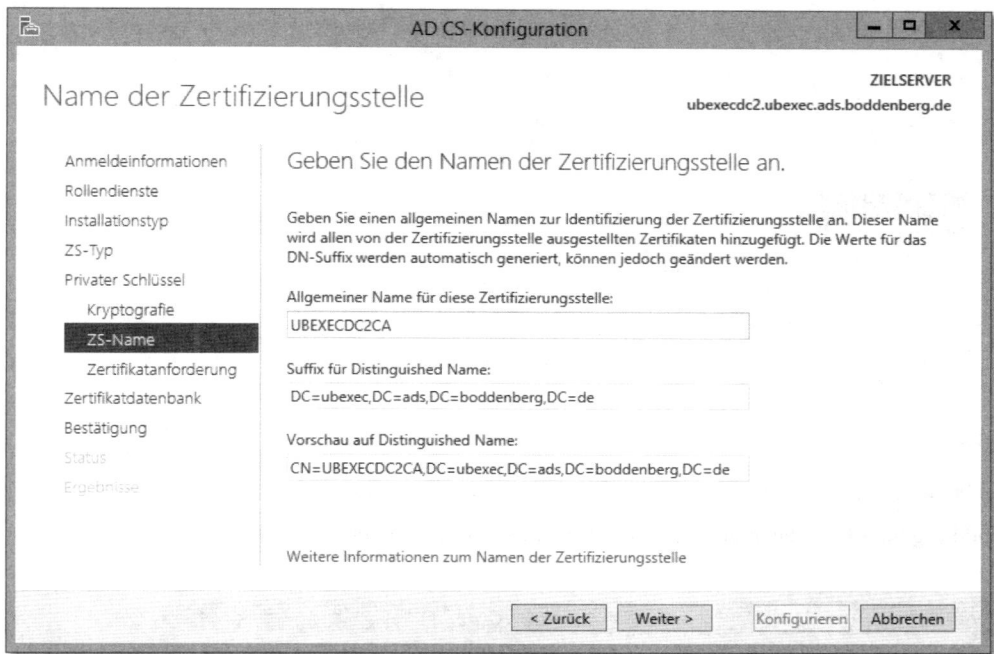

Abbildung 12.123 Geben Sie der Zertifizierungsstelle einen prägnanten Namen.

Da es sich um eine untergeordnete Zertifizierungsstelle handelt, muss ein Zertifikat von der Stammzertifizierungsstelle angefordert werden. Wer bereits ein wenig mehr mit Zertifikaten und Zertifizierungsstellen zu tun hatte, der weiß, dass dazu zunächst eine Anforderung erzeugt werden muss, die von der Stammzertifizierungsstelle signiert werden muss. Die gute Nachricht ist, dass diese Anforderung bereits vom Installationsassistenten erzeugt wird und Sie nur noch einen Speicherort (Pfad und Dateinamen) wählen müssen. Da die Stammzertifizierungsstelle nicht Active Directory-integriert ist, kommt die automatische Übermittlung nicht infrage (Abbildung 12.124).

Nach der Auswahl der Speicherorte für die Zertifikatdatenbank und deren Protokoll (hier nicht abgebildet) wird der Installationsassistent darauf hinweisen, dass die Installation der Zertifizierungsstelle noch nicht abgeschlossen worden ist, da das Zertifizierungsstellenzertifikat von der übergeordneten Zertifizierungsstelle angefordert und eingespielt werden muss (Abbildung 12.125).

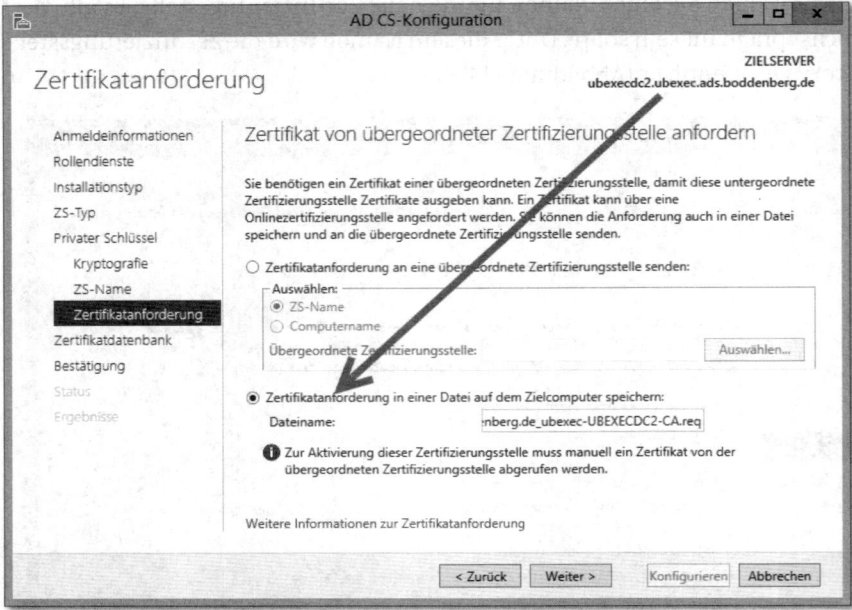

Abbildung 12.124 Erstellen Sie die Zertifikatsanforderung in einer Datei.

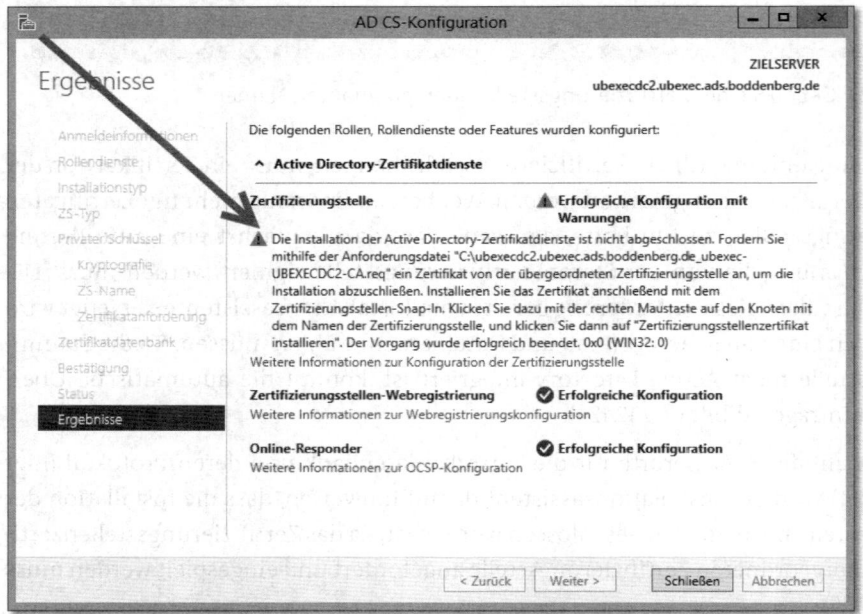

Abbildung 12.125 Die Installation der Zertifizierungsstelle ist erst abgeschlossen, wenn das von der übergeordneten Zertifizierungsstelle erstellte Zertifikat installiert ist.

Der nächste Schritt ist nun, die Anforderungsdatei (siehe Abbildung 12.126) auf das System zu bringen, auf dem die Stammzertifizierungsstelle betrieben wird. Dies kann entweder per Memory Stick oder Diskette geschehen; und falls die Stammzertifizierungsstelle über eine Netzwerkkarte verfügt, kann die Datei auch über diesen Weg auf die Festplatte des Systems kopiert werden.

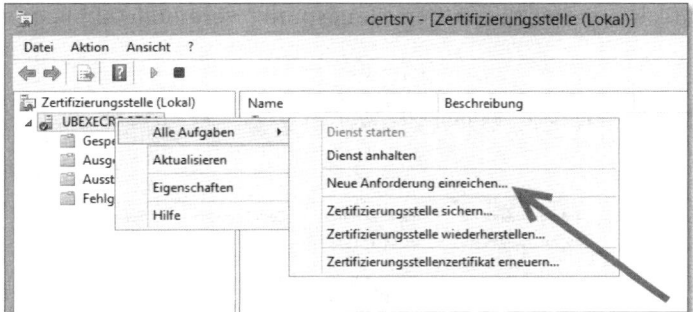

Abbildung 12.126 Auf der Stammzertifizierungsstelle wird eine neue Anforderung eingereicht.

Zertifikat anfordern

Wir haben bewusst nicht die Komponenten für die Webregistrierung auf der Stammzertifizierungsstelle installiert, um die Ressourcen zu schonen. Die Anforderung des Zertifikats kann auf zwei Arten eingereicht werden:

- Im Kontextmenü der Stammzertifizierungsstelle findet sich der Menüpunkt NEUE ANFORDERUNG EINREICHEN (Abbildung 12.126). Wenn Sie diesen angeklickt haben, erscheint ein Dialog zur Auswahl der Anforderungsdatei.
- Alternativ können Sie auf der Kommandozeile das Werkzeug *certreq* aufrufen. Sie kommen zum selben Ergebnis.

Nach dem Einreichen der Anforderung wird es eine ausstehende Anforderung geben, die Sie in der entsprechenden Rubrik des Zertifizierungsstellen-Werkzeugs genehmigen können. Der Menüpunkt heißt AUSSTELLEN, weil Sie eben das Ausstellen des Zertifikats initiieren (Abbildung 12.127).

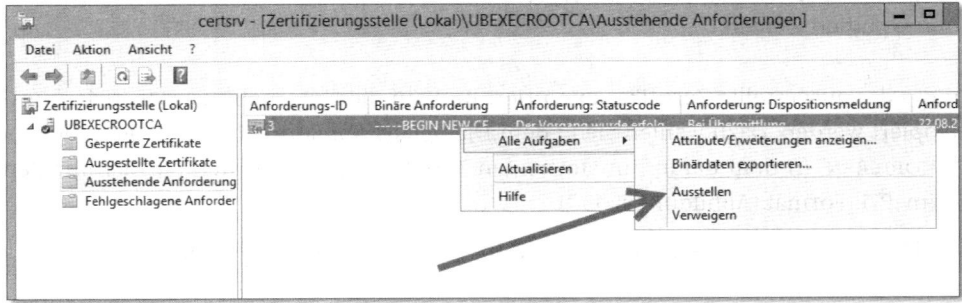

Abbildung 12.127 Die Anforderung wird genehmigt, und das Zertifikat wird ausgestellt.

Das Ausstellen des Zertifikats wird augenblicklich durchgeführt; es findet sich nun unterhalb des Knotens Ausgestellte Zertifikate. Wenn Sie das Zertifikat öffnen, werden Sie unter anderem zwei Aspekte sehen:

- Die Gültigkeit des ausgestellten Zertifikats beträgt wie gewünscht 15 Jahre (Abbildung 12.128). Dieser Wert wurde durch den Certutil-`setreg`-Befehl eingestellt.
- Weiterhin ist in dem Zertifikat der Sperrlisten-Verteilungspunkt vermerkt (Abbildung 12.129).

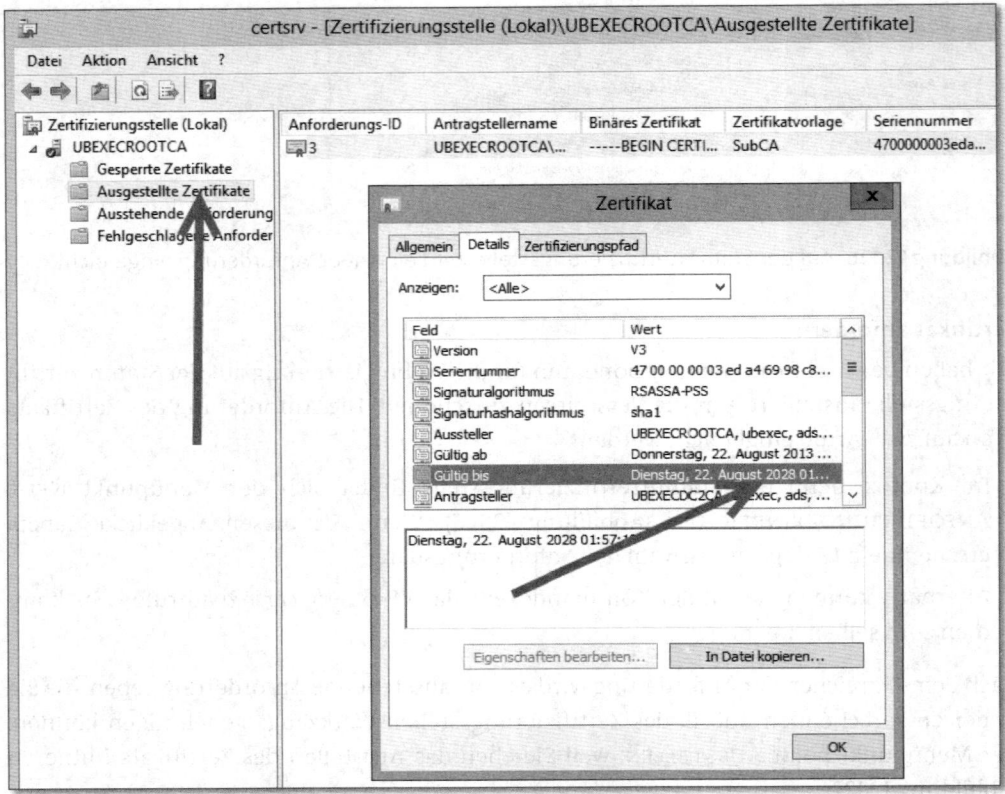

Abbildung 12.128 Das Zertifikat für die untergeordnete Zertifizierungsstelle ist erstellt worden und kann nun exportiert werden.

Nun muss das ausgestellte Zertifikat exportiert und auf die Unternehmenszertifizierungsstelle kopiert werden. Dazu wählen Sie in dem Dialog aus Abbildung 12.129 die Funktion In Datei kopieren. In dem daraufhin startenden Assistenten entscheiden Sie sich für den Export im .P7B-Format (Abbildung 12.130).

Die Datei kopieren Sie auf den Server der Unternehmenszertifizierungsstelle.

12.12 Zweistufige Architektur implementieren

Abbildung 12.129 Der Sperrlisten-Verteilungspunkt ist wie konfiguriert im Zertifikat angegeben.

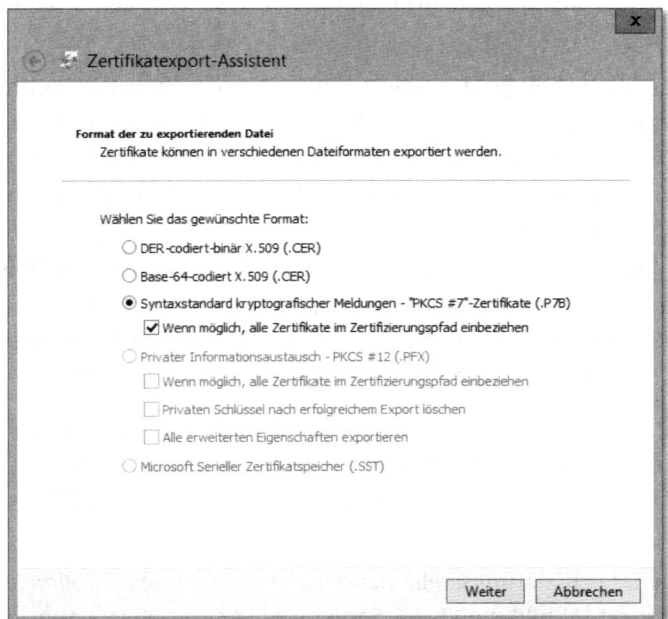

Abbildung 12.130 Wählen Sie beim Export des Zertifikats dieses Format.

Zertifikat installieren

Starten Sie nun das Konfigurationswerkzeug der Zertifizierungsstelle auf dem Server der Unternehmenszertifizierungsstelle. Sie werden feststellen, dass die Zertifizierungsstelle derzeit nicht ausgeführt wird – kein Wunder, es ist ja auch noch kein Zertifikat installiert. In den Eigenschaften der Zertifizierungsstelle wählen Sie nun den Menüpunkt ZERTIFIZIERUNGSSTELLENZERTIFIKAT INSTALLIEREN (Abbildung 12.131). Sie müssen die erzeugte P7B-Datei auswählen. Einen Augenblick später ist schon alles erledigt, und das Zertifikat ist installiert.

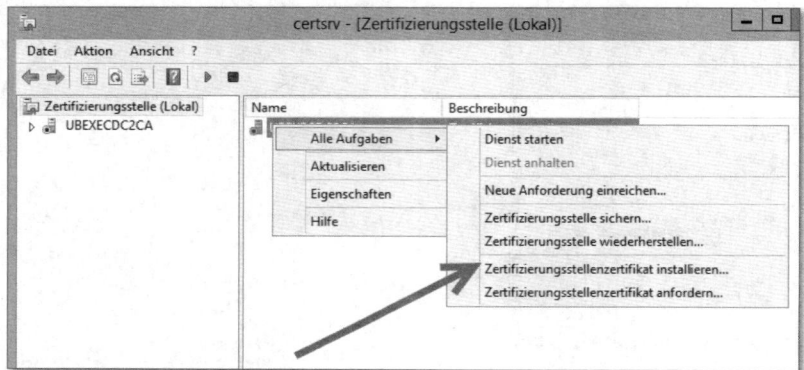

Abbildung 12.131 Sie können nun das Zertifizierungsstellenzertifikat installieren.

Wenn Sie alles richtig gemacht haben, dürften keine Fehler- oder Warnmeldungen erscheinen. Die häufigsten Probleme sind:

- Es erscheint eine Fehlermeldung, die besagt, dass das Zertifikat nicht vertrauenswürdig ist. In diesem Fall haben Sie vermutlich das Stammzertifikat nicht dem lokalen Zertifikatsspeicher hinzugefügt (siehe Abschnitt 12.12.2). Im Grunde genommen genügt es, das Zertifikat dem Active Directory hinzuzufügen; das Problem ist allerdings, dass es ein wenig dauert, bis es dann wirklich auf dem Server vorhanden ist.

- Ein zweite, häufig anzutreffende Meldung ist, dass die Sperrliste nicht überprüft werden konnte. Falls Sie noch nicht den Speicherort der Sperrliste eingerichtet haben, ist das zwar korrekt, andererseits können Sie das Problem umgehen, indem Sie momentan die aktuelle Sperrliste (wie in Abschnitt 12.12.2 gezeigt) dem lokalen Zertifikatsspeicher hinzufügen.

Nach dem erfolgreichen Import des Zertifizierungsstellenzertifikats kann die Zertifizierungsstelle gestartet werden. In den Eigenschaften wird das soeben importierte Zertifikat als ZERTIFIKAT NR. 0 angezeigt (Abbildung 12.132). Die Zertifizierungsstelle ist nun grundsätzlich einsatzbereit.

Da es sich um eine Unternehmenszertifizierungsstelle handelt, ist sie auch als *Enrollment Service* im Active Directory registriert (Abbildung 12.133). Server und PCs werden sie nun als Online-Zertifizierungsstelle finden, allerdings erst nach einem Neustart (des PCs oder Servers) oder nach der Eingabe von gpupdate /force.

12.12 Zweistufige Architektur implementieren

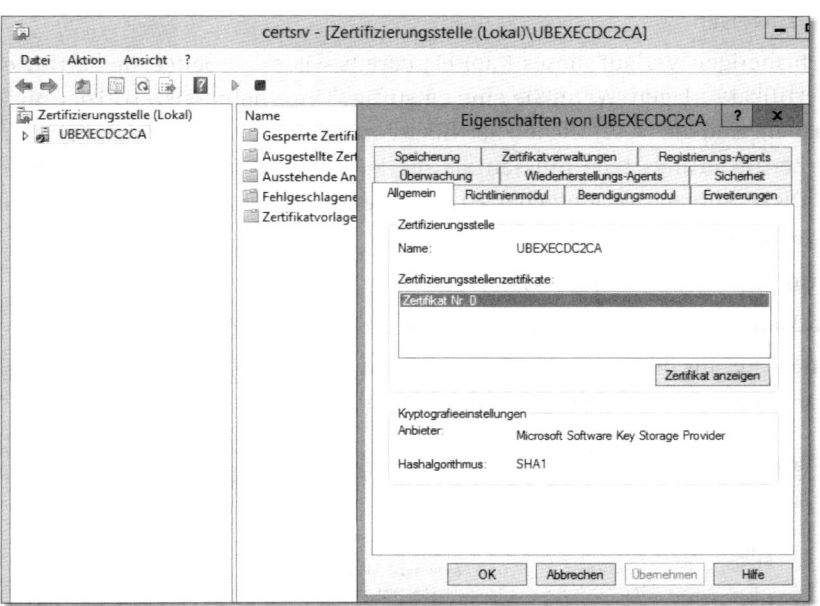

Abbildung 12.132 Hat alles geklappt, startet die Zertifizierungsstelle und verfügt über ein Zertifizierungsstellenzertifikat.

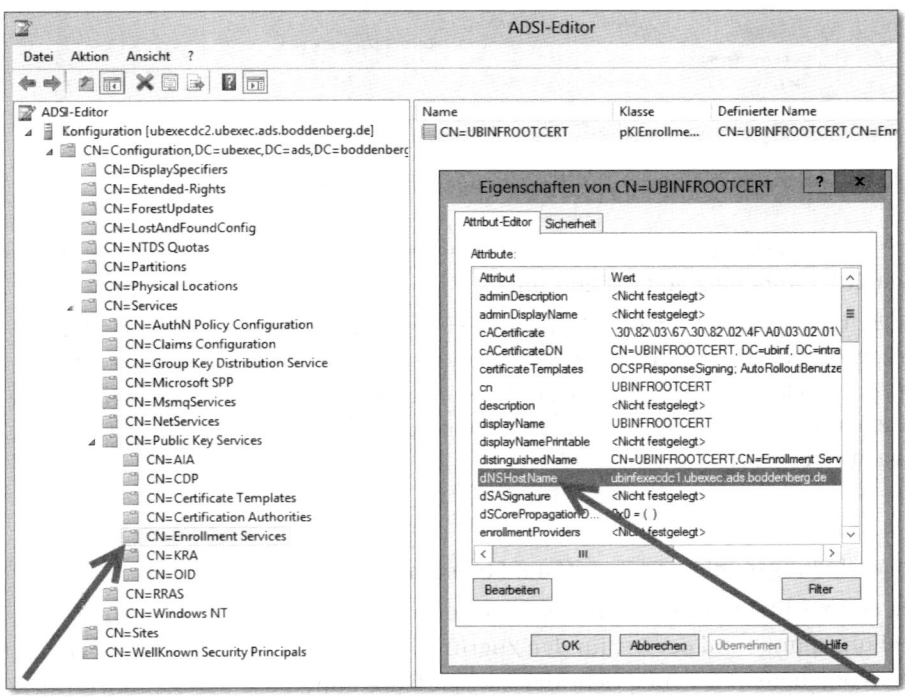

Abbildung 12.133 Die Zertifizierungsstelle ist im Active Directory eingetragen.

Zertifikatvorlagen zuweisen

Wie Sie aus dem bisherigen Verlauf dieses Kapitels bereits wissen, arbeitet die Zertifizierungsstelle mit Zertifikatvorlagen. Wenn Sie eine einstufige Unternehmenszertifizierungsstelle installiert haben, sind die wesentlichen Zertifikatvorlagen bereits hinterlegt; bei einer untergeordneten Zertifizierungsstelle müssen Sie die auszustellenden Zertifikatvorlagen noch auswählen. Diese Aufgabe ist einfacher zu erledigen, als es sich vielleicht zunächst anhört (Abbildung 12.134):

- Wechseln Sie zum Knoten ZERTIFIKATVORLAGEN.
- Wählen Sie den Menüpunkt NEU • AUSZUSTELLENDE ZERTIFIKATVORLAGE.
- Es erscheint eine Liste, aus der Sie die benötigten Vorlagen auswählen können, beispielsweise für Benutzer, Computer, Webserver und so weiter.

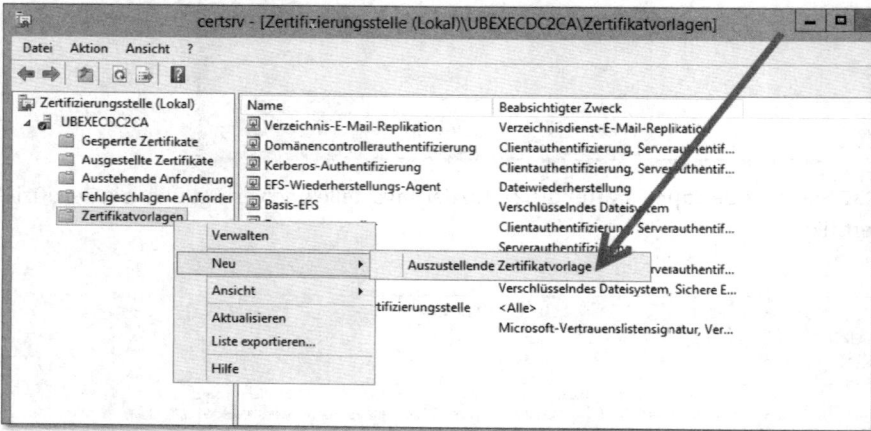

Abbildung 12.134 Die auszustellenden Zertifikatvorlagen müssen ausgewählt werden.

> **Vor Server 2012: Abhängig von der Edition**
>
> Wenn Sie Betriebssysteme vor Server 2012 verwenden: An dieser Stelle sei nochmals darauf hingewiesen, dass es von der Edition des Betriebssystems abhängt, ob Sie eigene Zertifikatvorlagen erstellen können. Bei der Standard Edition von Windows Server 2008 (R2) stehen nur die Standardvorlagen zur Verfügung, bei der Enterprise Edition können Sie eigene Zertifikatvorlagen erzeugen.

Sperrlisten-Verteilungspunkt und Zugriff auf Stelleninformation definieren

Auf der neu eingerichteten Unternehmenszertifizierungsstelle müssen nun noch der Sperrlisten-Verteilungspunkt und der Ort für den Zugriff auf die Stelleninformation eingerichtet werden. Die Vorgehensweise entspricht der, die ich beim Einrichten der Stammzertifizierungsstelle erläutert habe (Abbildung 12.104 ff.).

12.12 Zweistufige Architektur implementieren

Zur Erinnerung sehen Sie hier noch zwei Screenshots.

Abbildung 12.135 Definition eines weiteren Orts für die Sperrliste

Abbildung 12.136 Ein weiterer Ort für den Zugriff auf die Stelleninformation

> **OCSP**
>
> Sie können anstelle oder zusätzlich zu den Sperrlisten auch mit OCSP arbeiten. In Abschnitt 12.11 ist das ausführlich erläutert.

12.12.4 Sperrlisten-Verteilungspunkt mit ISA Server veröffentlichen

Damit die Sperrlisten extern verfügbar sind, können Sie sie mit dem ISA Server veröffentlichen. Abbildung 12.137 dient als Gedankenstütze: Sie können einfach mit dem Assistenten zur Erstellung einer neuen Website-Veröffentlichungsregel arbeiten.

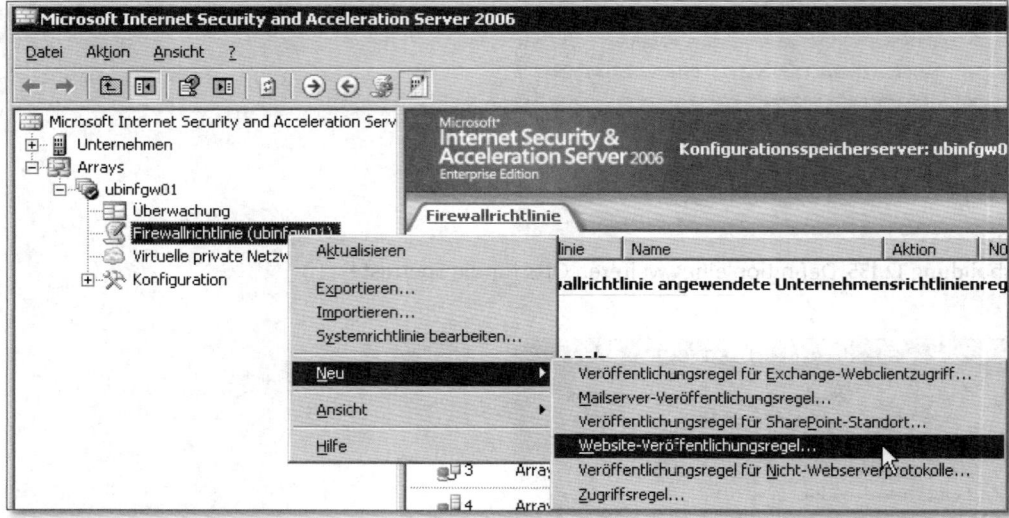

Abbildung 12.137 Der Webserver mit den Sperrlisten kann mit dem ISA Server veröffentlicht werden.

12.13 Zertifikate und Windows Mobile

Mit der Verbreitung von Mobilgeräten, die mit einem Server in der Firma Daten austauschen, werden auch die Verschlüsselung dieser Datenströme und eine zuverlässige Authentifizierung notwendig. Hier helfen Zertifikate.

Natürlich können auf Windows Mobile-Geräten zusätzliche Zertifikate installiert werden; ich zeige Ihnen hier, wie Sie das Zertifikat Ihrer eigenen Stammzertifizierungsstelle auf einem Windows Mobile-Gerät installieren – wie immer gibt es hierzu mehrere Möglichkeiten.

12.13.1 Pocket PC und Pocket PC Phone Edition

Die Installation eines weiteren Stammzertifikats auf dem Pocket PC beginnen Sie, ebenso wie beim Smartphone, im einfachsten Fall mit dem Aufbau einer ActiveSync-Verbindung zum Desktop-PC. Sie öffnen das Dateisystem des Geräts und transportieren die Zertifikatdatei (*.cer) auf das Gerät. Sie kann in ein beliebiges Verzeichnis kopiert werden.

Anschließend öffnen Sie den Datei-Explorer auf dem Mobilgerät. Sie wählen die Zertifikatdatei an und erhalten eine Sicherheitsabfrage, ob das Zertifikat wirklich installiert werden soll. Wenn Sie diese positiv beantworten, erscheint das Zertifikat nach wenigen Augenblicken im Zertifikatsspeicher.

Ebenso wie beim Smartphone erhalten Sie bei erfolgreicher Installation keine Benachrichtigung. Ob das Zertifikat installiert worden ist, können Sie in EINSTELLUNGEN • SYSTEM • ZERTIFIKATE • STAMM überprüfen (Abbildung 12.138).

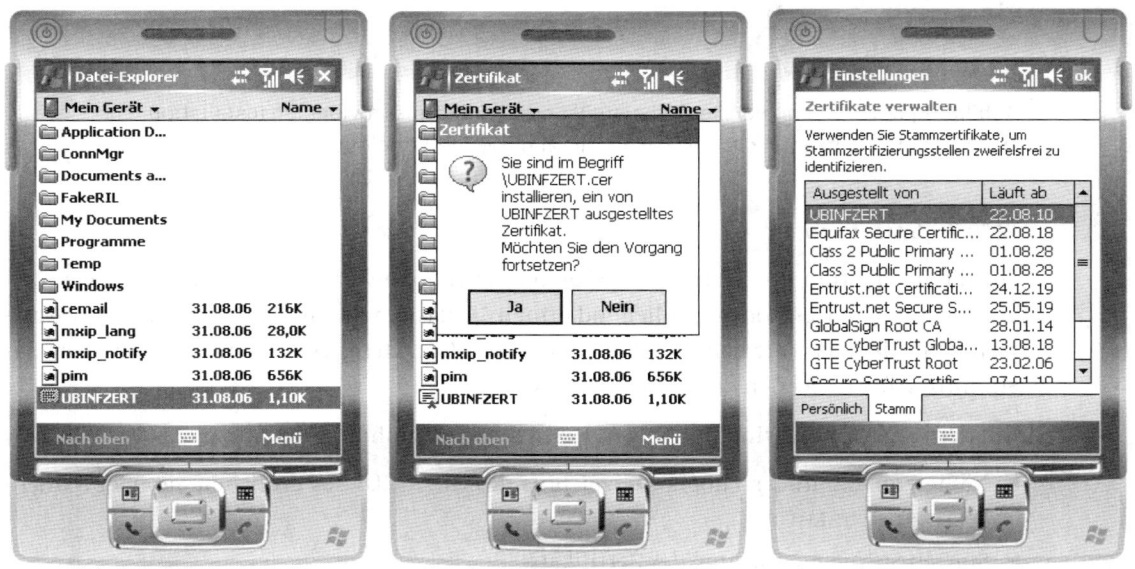

Abbildung 12.138 So wird ein Zertifikat einer Stammzertifizierungsstelle auf einem Pocket PC installiert.

Auf einem Pocket PC ist es denkbar, dass die Installation von zusätzlichen Stammzertifikaten vom Gerätehersteller oder Mobilfunkprovider nicht zugelassen wird. In diesem Fall wird beim Durchführen der zuvor beschriebenen Schritte die Fehlermeldung aus Abbildung 12.139 erscheinen. In diesem Fall müssen Sie ein Zertifikat einer Stammzertifizierungsstelle verwenden, die bereits auf dem Gerät gespeichert ist.

12 Active Directory-Zertifikatdienste

Abbildung 12.139 Wenn der Gerätehersteller oder Mobilfunkprovider die Installation zusätzlicher Zertifikate nicht zulässt, erscheint diese Fehlermeldung.

12.13.2 Smartphone

Für die Installation des Zertifikats auf dem Smartphone verbinden Sie das Gerät via ActiveSync mit dem Desktop. Anschließend öffnen Sie das Dateisystem des Smartphones. Navigieren Sie in das Verzeichnis *\Windows\Start Menu\Accessories*, und kopieren Sie das Stammzertifikat (**.cer*) in dieses Verzeichnis.

Auf dem Smartphone sind nun folgende Schritte auszuführen (Abbildung 12.140):

- Navigieren Sie in das Zubehörverzeichnis des Geräts. Dieses erreichen Sie über START • WEITERE • ZUBEHÖR.
- Starten Sie die Ausführung des Zertifikats.
- Die Sicherheitsabfrage wird natürlich bestätigt (Abbildung 12.140, Mitte).
- Eine Bestätigung für das erfolgreiche Installieren bekommen Sie nicht, Sie können aber in der Zertifikatsverwaltung des Geräts überprüfen, ob das Zertifikat vorhanden ist. Sie erreichen die Zertifikatsverwaltung über START • EINSTELLUNGEN • SICHERHEIT • ZERTIFIKATE • STAMM.

Sollte aufgrund der Gerätesicherheit die Installation eines weiteren Stammzertifikats nicht möglich sein, erscheint die Meldung aus Abbildung 12.141. Wenn Sie ein solches Gerät bereits erworben haben, müssen Sie sich für Zertifikate entscheiden, die von einer Zertifizierungsstelle ausgestellt worden sind, deren Zertifikat auf dem Gerät bereits vorhanden ist.

12.13 Zertifikate und Windows Mobile

Abbildung 12.140 Installation eines zusätzlichen Stammzertifikats auf dem Smartphone

Abbildung 12.141 Wenn die Sicherheitseinstellungen auf dem Gerät das Installieren eines zusätzlichen Stammzertifikats nicht gestatten, erscheint diese Meldung.

12.14 Zertifikate und das iPhone

In vielen Unternehmen findet Apples iPhone Verbreitung, beispielsweise als mobiler Client für Exchange. Falls Sie dabei mit Zertifikaten der eigenen Zertifizierungsstelle arbeiten, müssen Sie Ihr Stammzertifikat auf dem iPhone installieren. Da die Vorgehensweise nicht ganz offensichtlich ist, führe ich Ihnen die Installation auf dem iPhone nun vor.

Die hier gezeigte Vorgehensweise setzt voraus, dass das Stammzertifikat im Rahmen des Zugriffs auf die Stelleninformationen über das Internet zugänglich ist – das sollte man heute bei einer professionell aufgebauten PKI voraussetzen können, und es wird im Buch mehrfach beschrieben.

Öffnen Sie nun den Safari-Browser des iPhones, und geben Sie die öffentliche URL für den Zugriff auf das Stammzertifikat an. In meinem Fall ist das *http://certs.boddenberg-technik.de/CertEnroll/UBINFROOTCERT.crt*.

Auf dem iPhone wird augenblicklich der Dialog aus Abbildung 12.142 zu sehen sein. Sie können über den Link MEHR DETAILS diverse Informationen abrufen. Die Installation starten Sie über die Schaltfläche INSTALLIEREN. Folgendes wird passieren (Abbildung 12.143):

▶ Zunächst werden Sie eine Sicherheitsabfrage beantworten müssen (links).
▶ Dann wird der Sicherheitscode des iPhones abgefragt. Das ist derselbe Code, den Sie zum Entsperren des Geräts verwenden (Mitte).
▶ Dann werden Sie mit der freudigen Kunde überrascht werden, dass das Zertifikat installiert worden ist (rechts).

Abbildung 12.142 Wenn Sie mit dem iPhone-Browser auf eine Zertifikatdatei zugreifen, erscheint diese Anzeige.

12.14 Zertifikate und das iPhone

Abbildung 12.143 Die Installation des Zertifikats ist in zwei Schritten erledigt.

Um die auf dem iPhone installierten Stammzertifikate anzuzeigen, navigieren Sie in den Konfigurationsbereich ALLGEMEIN. Dort wählen Sie PROFILE. Und schon sehen Sie die installierten Stammzertifikate (Abbildung 12.144).

Abbildung 12.144 Über »Allgemein • Profile« können Sie auf die zusätzlich installierten Zertifikate zugreifen.

Kapitel 13
Active Directory-Rechteverwaltungsdienste (AD RMS)

Der erkannte, was ist, was sein wird, oder zuvor war,
Der auch her vor Troja der Danaer Schiffe geleitet
Durch wahrsagenden Geist, des ihn würdigte Phöbos Apollon;
Dieser begann wohlmeinend, und redete vor der Versammlung:
Peleus Sohn, du gebeutst mir, o Göttlicher, auszudeuten

Informationen bzw. Dokumente können auf verschiedene Weise geschützt werden:

- Mit *NTFS-Berechtigungen* können Dokumente vor unberechtigtem Zugriff geschützt werden.
- Mit dem *Encrypting File System* (EFS) können abgelegte Dokumente zusätzlich verschlüsselt werden.
- Mit *S/MIME* können Mails (nebst Anhängen) auf dem Transportweg verschlüsselt werden. Dasselbe gilt für *TLS* (*Transport Layer Security*).

Stellen Sie sich nun folgendes Szenario vor:

- Sie verfassen ein streng vertrauliches Essay und senden es einem Geschäftspartner oder einem Kollegen. Sie verschlüsseln die Mail, sodass ihr Inhalt weder bei der Übertragung noch bei der Speicherung im Exchange-Informationsspeicher unautorisierten Personen in die Hände fallen kann.
- Wenn nun aber Ihr Kollege/Geschäftspartner nicht so vertrauenswürdig ist, wie Sie gedacht haben, und das Dokument weitergibt, fällt es in falsche Hände und kann dort beliebig gelesen, gedruckt und weiterverteilt werden.
- Es soll – um es mal vorsichtig auszudrücken – auch schon vorgekommen sein, dass vertrauliche Dokumente schlichtweg durch Schlamperei in falsche Hände geraten sind: Wie leicht klickt man auf WEITERLEITEN und meinte eigentlich eine andere Mail.

Es gilt also: S/MIME, TLS & Co. schützen zwar den Transportweg, nicht aber das Dokument selbst!

Dies ist übrigens nicht nur ein Problem der Mailsysteme: NTFS-Rechte und EFS-Verschlüsselung schützen zwar das Dokument an seinem Speicherort im Dateisystem. Außerhalb des Dateisystems ist es aber nicht mehr geschützt. Wenn Ihr Geschäftsführer das Dokument auf einer CD mit sich herumträgt und diese verliert, gibt es keinen Schutz für das Dokument!

Die Fragestellung ist also, wie man das Dokument an sich schützen kann. Die Antwort auf diese Frage geben die *Active Directory-Rechteverwaltungsdienste* (AD RMS, Rights Management Services, http://www.microsoft.com/rms).

Die Rechteverwaltungsdienste waren ursprünglich ein separat per Download zu beziehendes Feature Pack, das *Windows Rights Management Services* hieß. Im Windows Server 2008 ist dieses Produkt bereits enthalten und in die Active Directory-Familie integriert worden.

Vielleicht haben Sie in den Office 2007/2010/2013-Applikationen bereits den Menüpunkt ZUGRIFF EINSCHRÄNKEN bzw. in den Office 2003- Applikationen das Icon BERECHTIGUNG in der Symbolleiste entdeckt und sich gefragt, wozu es dient. Die Office-Applikationen Word, Excel, PowerPoint und Outlook sind von Haus aus für die Rechteverwaltungsdienste vorbereitet, und dieses Icon führt zu einem Dialog zum Setzen der Dokumentberechtigungen (siehe Abbildung 13.1 und Abbildung 13.2).

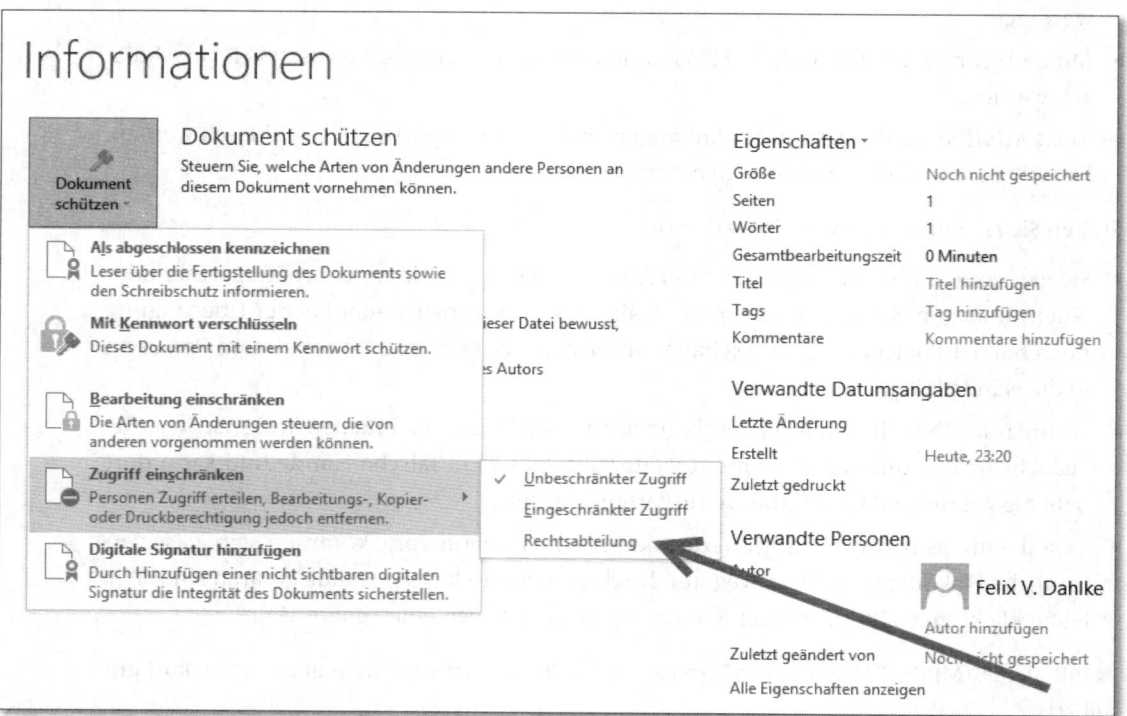

Abbildung 13.1 So beginnt das Schützen eines Dokuments mit Word 2013.

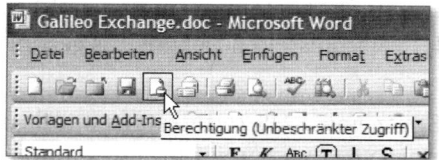

Abbildung 13.2 In Word 2003 wird dieses Symbol verwendet, um das Dokument zu schützen.

> **Voraussetzungen**
>
> Die Active Directory-Rechteverwaltungsdienste werden *nicht* von der Standard-Version (und darunter) des Office-Pakets unterstützt. Um AD RMS vollständig zu nutzen, benötigen Sie:
>
> - Office 2003 Professional
> - Office 2007/2010/2013 Enterprise, Professional Plus oder Ultimate... oder entsprechend vorbereitete Software von Drittanbietern
>
> AD RMS ist auch in folgende Produkte integriert:
>
> - Windows Mobile 6 und höher
> - Windows Phone 7.5 und höher
> - SharePoint Server 2007/2010/2013
> - Exchange Server 2007SP1/2010/2013

Beachten Sie, dass die Serverkomponente zwar Bestandteil der Windows Server 2012-Lizenz ist, die Clientzugriffe müssen aber mit speziellen RMS-CALs (Listenpreis derzeit 37 USD) lizenziert werden.

13.1 Funktionsweise

Abbildung 13.3 zeigt eine vereinfachte Darstellung der Funktion der Active Directory-Rechteverwaltungsdienste (RMS = Rights Management Services):

1. Ein Anwender, der Dokumente schützen möchte, benötigt ein *Licensor Certificate*. Dieses wird vom RMS-Server ausgestellt. Dieses Zertifikat wird einmal erzeugt. Es muss nicht für jedes zu schützende Dokument neu ausgestellt werden.
2. Die Applikation des Anwenders verschlüsselt die Datei mit einem erzeugten symmetrischen Schlüssel. Dieser symmetrische Schlüssel wird mit dem öffentlichen Schlüssel des RMS-Servers codiert. Er kann also nur vom RMS-Server entschlüsselt werden. Die von der Applikation erzeugte *Publishing License* erhält diesen verschlüsselten symmetrischen Schlüssel und die Informationen über die Zugriffsrechte, die Sie anderen Benutzern gewähren möchten. Die *Publishing License* wird an das verschlüsselte Dokument gebunden.

Ab jetzt geht es um den Ablauf der Entschlüsselung des Dokuments für einen anderen Benutzer, der – wie auch immer – in den Besitz des verschlüsselten Dokuments gekommen ist.

3. Die erste Voraussetzung ist, dass der Benutzer im Besitz eines RMS-Zertifikats ist und dass seine Identität festgestellt ist: dass er also im Active Directory authentifiziert ist. Alternativ kann auch dedizierten »fremden Domänen« (Partnerunternehmen etc.) oder Windows Live IDs vertraut werden.

4. Wenn der Anwender ein RMS-geschütztes Dokument öffnen möchte, wird die Applikation (wenn diese mit RMS umgehen kann) eine *Use License* beim RMS-Server anfordern. Diese Anforderung erhält den öffentlichen Schlüssel des Zertifikats des Anwenders und die an das Dokument angefügte *Publishing License*.

5. Der RMS-Server prüft, ob der Anwender zum Öffnen des Dokuments autorisiert ist; diese Information ist verschlüsselt in der *Publishing License* hinterlegt, die dem Dokument angefügt ist. Sie erinnern sich: Die Publishing License ist mit dem öffentlichen Schlüssel des RMS-Servers verschlüsselt worden, demzufolge kann der Anwender sie mit seinem privaten Schlüssel decodieren. Ist der Anwender zum Zugriff auf das Dokument berechtigt, verschlüsselt der RMS-Server den symmetrischen Schlüssel mit dem öffentlichen Schlüssel des Anwenders und fügt weitere Anweisungen (z.B. »Dokument darf nicht gedruckt werden« etc.) hinzu.

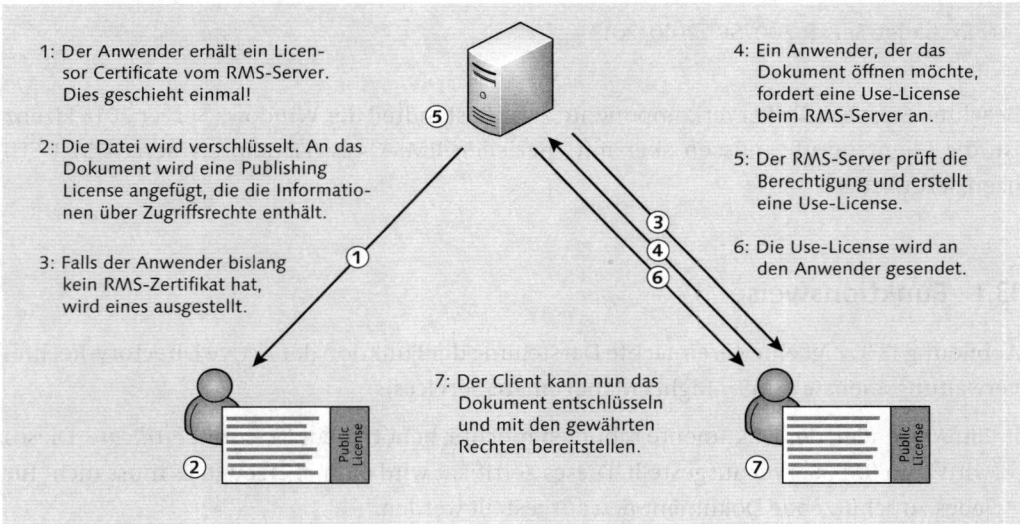

Abbildung 13.3 Eine stark vereinfachte Darstellung der Funktion der Rechteverwaltungsdienste

6. Die erzeugte Use License wird an den Benutzer gesendet. Da diese mit dem öffentlichen Schlüssel des Anwenders verschlüsselt ist, kann die Use License, selbst wenn sie abgefangen wird, nicht missbraucht werden.

7. Die RMS-fähige Applikation (z.B. Word, Excel, PowerPoint) kann nun das Dokument anzeigen. Je nach gewährten Rechten kann der Anwender es auch drucken, verändern und abspeichern etc.

13.2 Installation

Um die Rechteverwaltungsdienste nutzen zu können, gibt es sowohl Server- als auch Client-Komponenten, die installiert werden müssen.

13.2.1 Server-Installation

Der Assistent für die Installation der Rechteverwaltungsdienste führt Sie durch mehr als zwölf Dialogseiten. Es gibt zwar keine wirklich aufregenden Probleme beim Durcharbeiten des Assistenten, allerdings ist der ein oder andere Punkt zumindest »besprechenswert«.

> **Hinweis**
>
> Bevor Sie mit der eigentlichen Installation beginnen, sollten Sie ein Zertifikat für den Computer bei Ihrer internen Zertifizierungsstelle anfordern: Der Assistent wird im Laufe des Installationsvorgangs danach fragen.
>
> Die Kommunikation zwischen Clients und dem Rechteverwaltungsdienste-Server läuft über das HTTP-Protokoll ab, wobei eine Verschlüsselung des Datenstroms natürlich grundsätzlich empfehlenswert ist.
>
> Falls Sie keine interne Zertifizierungsstelle aufgesetzt haben, ist eine Installation ohne Zertifikat möglich; dann wird der Datenverkehr zwischen Client und Server aber notwendigerweise nicht verschlüsselt sein. In einer Testumgebung kann man damit leben, in einer Produktivumgebung ist das zumindest unschön.

Um nun mit der Installation der Active Directory-Rechteverwaltungsdienste zu beginnen, wählen Sie im Server-Manager das Hinzufügen der gleichnamigen Rolle. Sie werden feststellen, dass es diverse abhängige Rollen und Features gibt, die dann ebenfalls auf dem Server benötigt werden – darunter auch der Webserver. Der Rechteverwaltungsserver ist also kein »kleines Prográmmchen«, das man »irgendwo mal einfach mitlaufen« lassen kann (Abbildung 13.4).

Der nächste Dialog fragt Sie, welche Rollendienste installiert werden sollen (Abbildung 13.5):

- Der ACTIVE DIRECTORY-RECHTEVERWALTUNGSSERVER ist, wie der Name vermuten lässt, die eigentliche Kernkomponente – er wird also in jedem Fall benötigt.
- Den Rollendienst UNTERSTÜTZUNG FÜR DEN IDENTITÄTSVERBUND benötigen Sie nur dann, wenn Sie über die AD-Verbunddienste Partnerunternehmen angebunden haben, die über diesen Weg am RMS-Verfahren teilnehmen sollen.

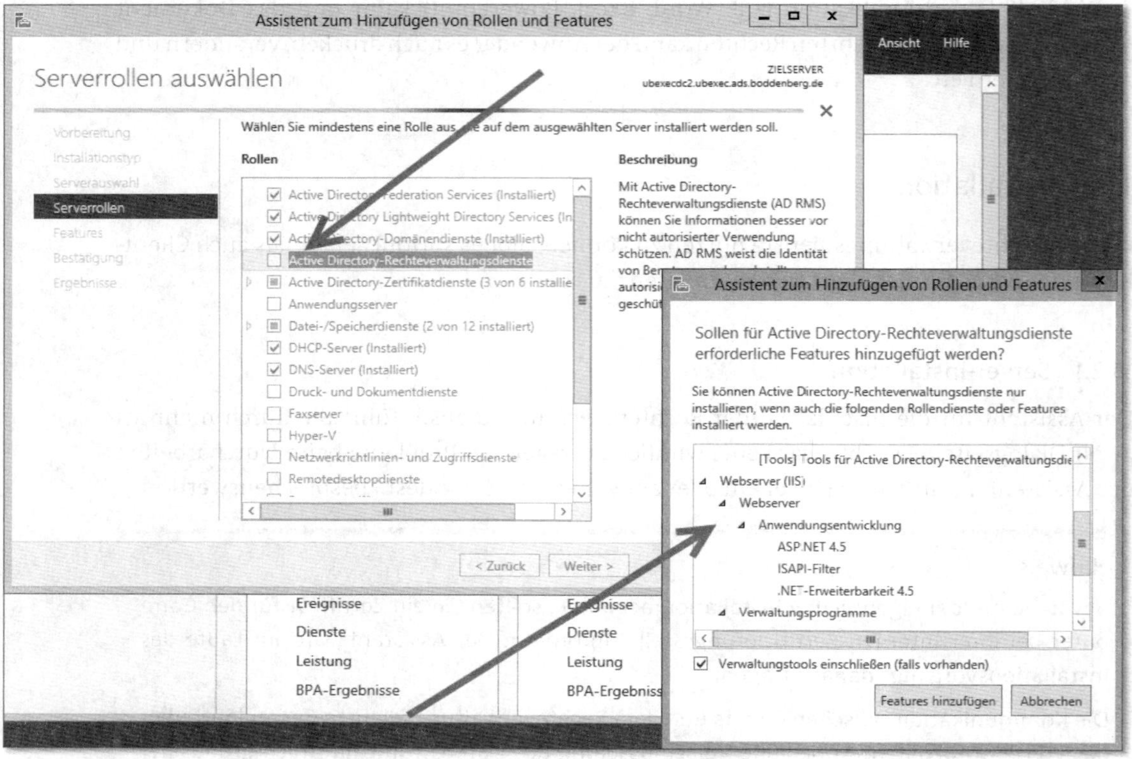

13 Active Directory-Rechteverwaltungsdienste (AD RMS)

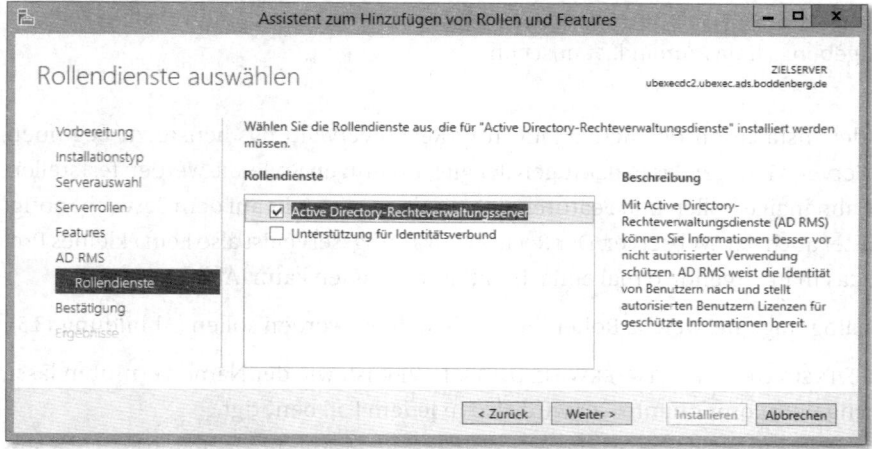

Abbildung 13.4 Wenn Sie die Installation der Rechteverwaltungsdienste auswählen, werden diverse Rollen und Features mitinstalliert.

Abbildung 13.5 Der Rollendienst »Unterstützung für Identitätsverbund« wird nur dann benötigt, wenn Sie AD-Verbunddienste einsetzen und Mitarbeiter von Partnerunternehmen über diesen Weg am RMS-Verfahren teilnehmen.

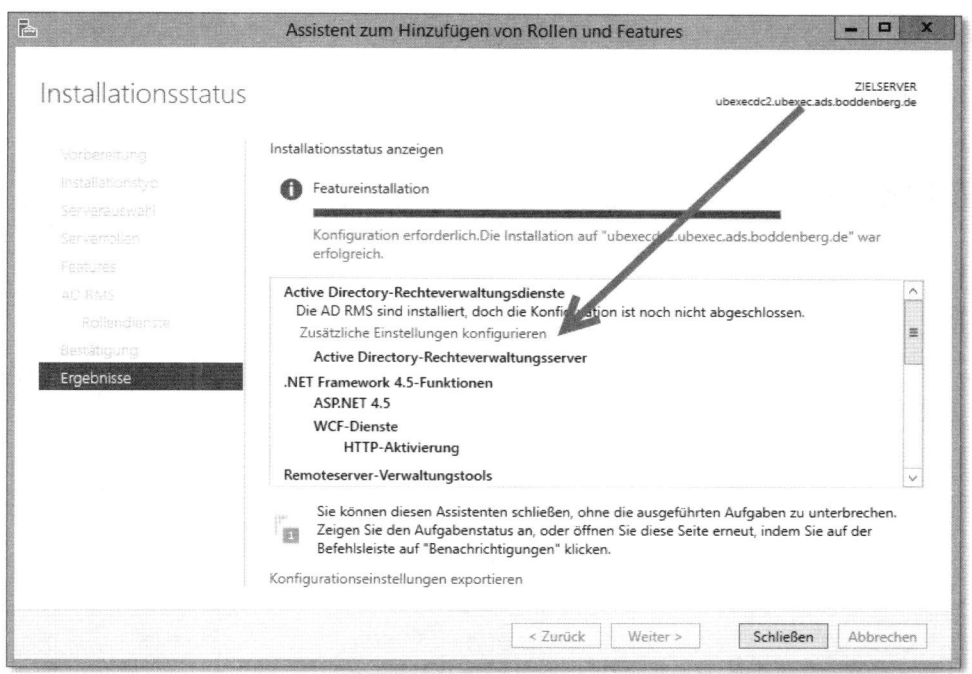

Abbildung 13.6 Nach der Installation muss der Konfigurationsassistent aufgerufen werden.

Nun beginnt der Assistent, die benötigten Informationen für die Installation zu erfragen:

▶ Auf der ersten Dialogseite können Sie theoretisch wählen, ob Sie einen neuen AD RMS-Cluster erstellen oder die zu installierende Maschine einem bestehenden Verbund hinzufügen möchten. Wenn Sie in Ihrer Active Directory-Gesamtstruktur noch kein AD RMS implementiert haben, wird aber ohnehin nur die Erstellung eines neuen Systems anwählbar sein.

AD RMS-Cluster

Microsoft spricht von einem *AD RMS-Cluster*. Auch wenn Sie nur die Installation der Rechteverwaltungsdienste auf einem einzigen Server planen, haben Sie, in der RMS-Begrifflichkeit, trotzdem einen RMS-Cluster. Verwechseln Sie dies also nicht mit einem Failover- oder NLB-Cluster!

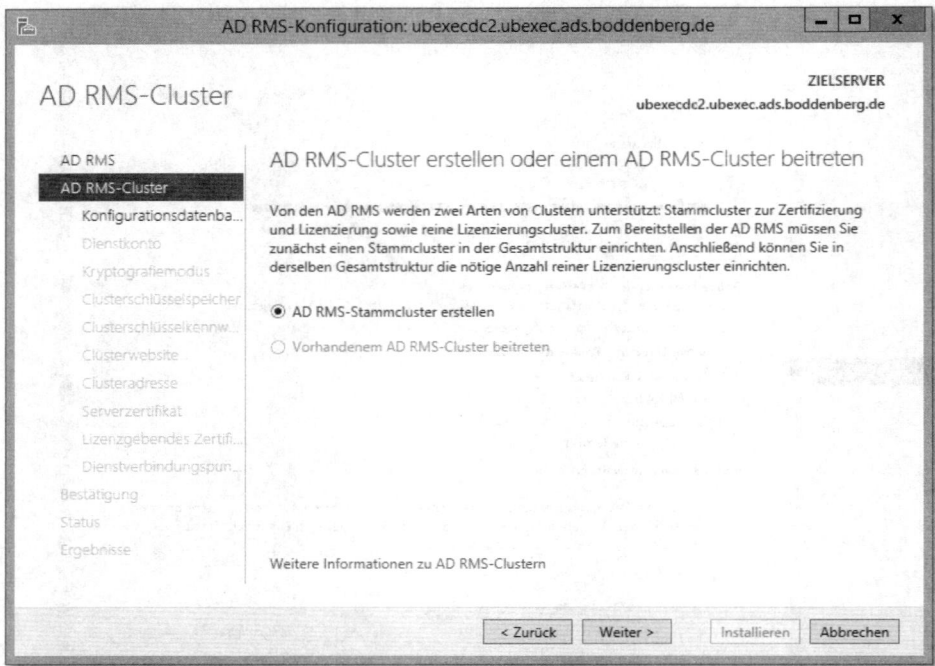

Abbildung 13.7 Wenn das erste System ins AD implementiert wird, können Sie nur die Erstellung eines neuen Stammclusters auswählen.

- Auf der zweiten Seite des Assistenten müssen Sie die zu verwendende Datenbank angeben. Hier haben Sie zwei Möglichkeiten: Entweder entscheiden Sie sich für die Nutzung der *Internen Windows-Datenbank*, die dann im Rahmen des Installationsvorgangs lokal installiert wird. Oder Sie verwenden einen anderen Datenbankserver, dessen Namen und Datenbankinstanz Sie alternativ auswählen können – diese müsste dann vor Beginn der RMS-Installation angelegt worden sein.

Eine wesentliche Einschränkung bei der Verwendung der internen Windows-Datenbank ist, dass dem RMS-Cluster keine weiteren Server hinzugefügt werden können. Ein Argument für einen zentralen SQL Server, auf dem neben den RMS-Daten noch diverse andere Unternehmensdaten lagern, ist das einfachere Backup-Management: Verständlicherweise ist es wesentlich angenehmer, wenn Sie nicht zig kleine verteilte SQL-Server sichern müssen (Abbildung 13.8).

Abbildung 13.8 Wählen Sie die Datenbank, die der AD RMS-Cluster verwenden soll.

- Im nächsten Schritt geben Sie ein RMS-Dienstkonto an. Hierbei muss es sich um ein bereits vorhandenes Domänenkonto handeln, das aber keine Administratorrechte haben soll. Die notwendigen Rechte weist der Assistent zu.
- Ein AD RMS-Cluster benötigt einen AD RMS-Clusterschlüssel zum Signieren der ausgestellten Zertifikate und Lizenzen. Auf der Dialogseite können Sie auswählen, wie dieser Schlüssel gespeichert werden soll. Im Normalfall ist die vorbelegte Option, nämlich ZENTRAL VERWALTETEN AD RMS-SCHLÜSSELSPEICHER VERWENDEN, eine gute Wahl.

RMS auf Domänencontrollern

Installiert man RMS auf einem Domänencontroller, wird man auf das Problem aus Abbildung 13.9 stoßen, d. h., die Kennworteingabe wird nicht akzeptiert. Dem kann man nur entgegenwirken, indem man das Dienstkonto zum Domänen-Admin macht. Dann klappt's.

Das ist natürlich ziemlich übel. RMS gehört – außer in kleinen Demoumgebungen – nicht auf einen DC!

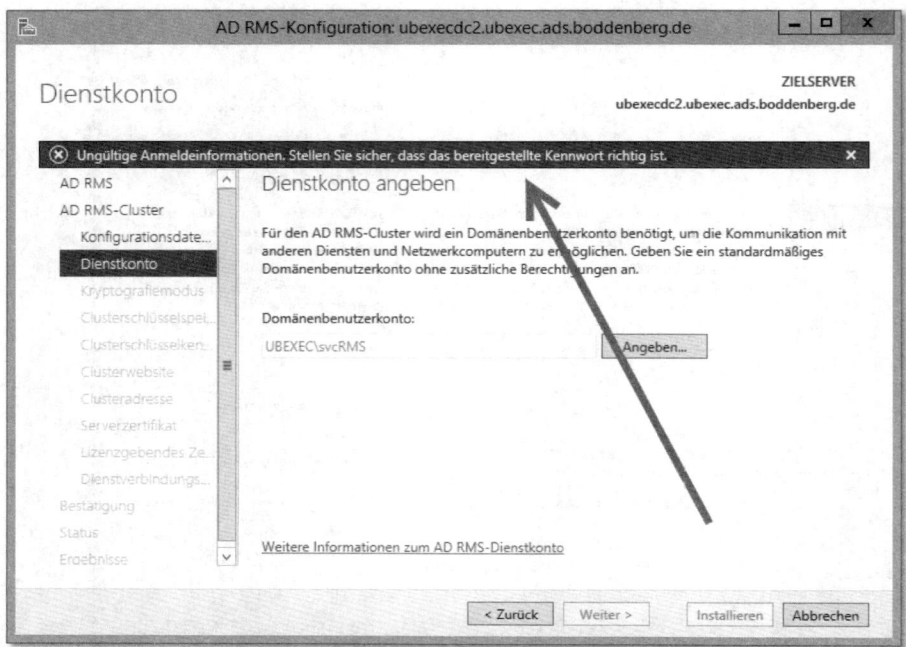

Abbildung 13.9 Wenn RMS auf einem Domänencontroller installiert wird, muss das Dienstkonto Domänen-Admin sein – sonst geht die Installation nicht weiter.

- Auf der nächsten Dialogseite wird das Clusterschlüsselkennwort abgefragt. Wie immer gilt: Bewahren Sie das Kennwort an einer sicheren Stelle auf, und sorgen Sie dafür, dass die Stelle nicht so sicher ist, dass Sie es nie wiederfinden.

- Die AD RMS-Kommunikation basiert in erster Linie auf Webservices, daher wird ja auch der Webserver mitinstalliert. Die nun folgende Dialogseite fragt ab, in welcher Website das virtuelle Verzeichnis installiert werden soll. Falls Sie es nicht in einer vorhandenen Website installieren wollen, müssten Sie es vor Beginn der Installation anlegen. Der Assistent bietet dazu keine Möglichkeit.

- Die nächste Dialogseite fragt ab, ob die Clients eine verschlüsselte (SSL) oder unverschlüsselte Verbindung herstellen sollen. Damit Sie eine SSL-Verbindung konfigurieren können, muss ein Zertifikat vorhanden sein. Weiterhin wird die interne Adresse des RMS-Clusters festgelegt (Abbildung 13.10).

- Auf der folgenden Dialogseite (Abbildung 13.11) können Sie das zu verwendende Zertifikat auswählen. Falls auf dem Server noch kein Zertifikat installiert ist, können Sie ein selbst signiertes Zertifikat erstellen lassen (nicht optimal) oder das Zertifikat für die Verschlüsselung später auswählen.

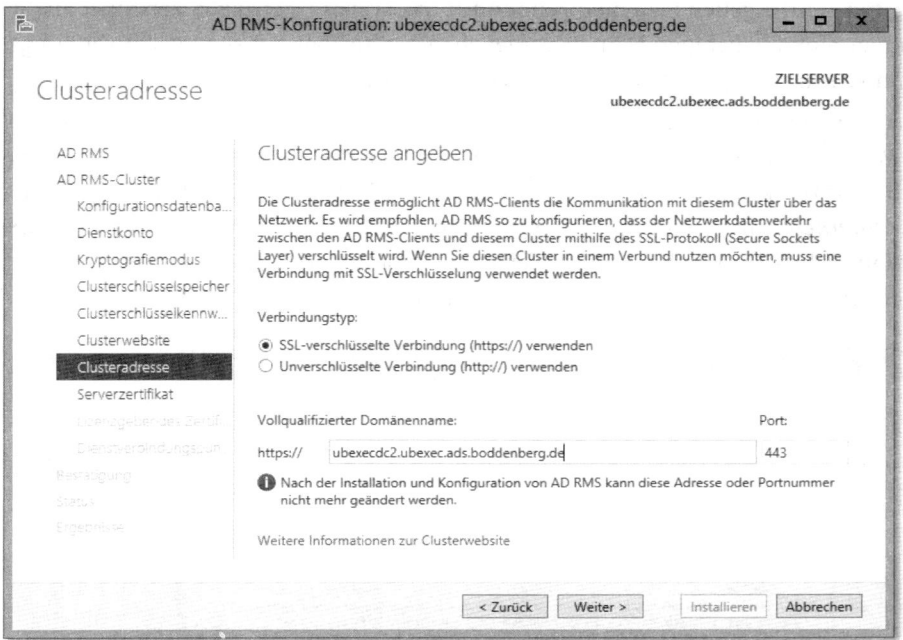

Abbildung 13.10 Es empfiehlt sich, eine SSL-verschlüsselte Verbindung zu verwenden.

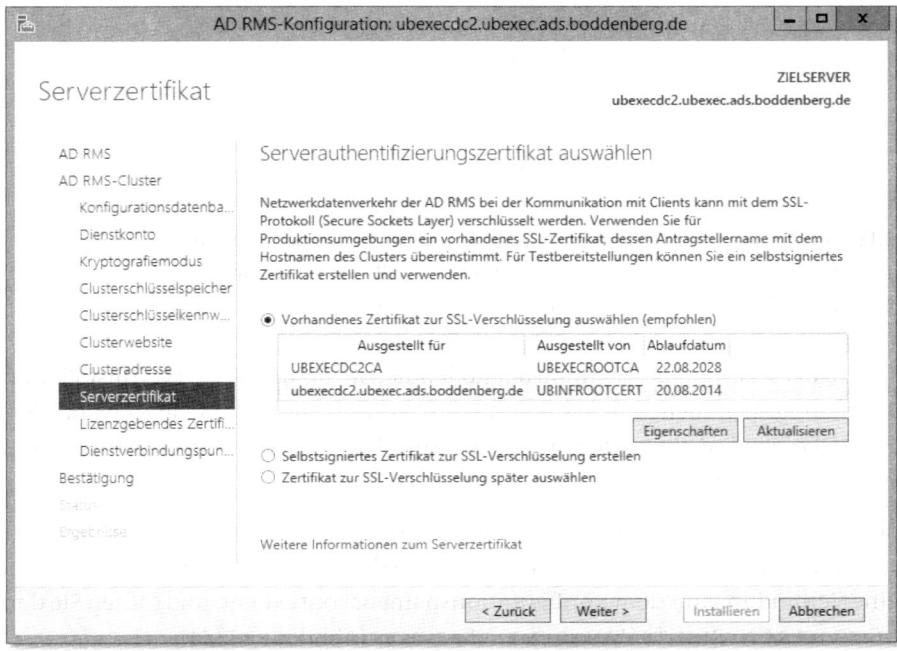

Abbildung 13.11 Zu einer SSL-Verbindung muss ein Zertifikat gewählt werden.

- Im nächsten Schritt geben Sie einen Namen für das Server-Lizenzgeberzertifikat an. Sie können hier einen beliebigen Namen vergeben, er sollte aber auf seinen Verwendungszweck hinweisen. (»Hugo« ist kein optimaler Zertifikatname.)
- Die Clients finden den RMS-Cluster über einen DIENSTVERBINDUNGSPUNKT (*Service Connection Point*, SCP, Abbildung 13.12). Dies ist letztendlich ein Eintrag im Active Directory. Da er im Namenskontext *Konfiguration* erstellt wird, müssen Sie dazu Mitglied der Gruppe *Unternehmensadministratoren* sein. Falls Sie das zum Zeitpunkt der AD RMS-Installation nicht sind, kann der Dienstverbindungspunkt auch zu einem späteren Zeitpunkt registriert werden – vergessen Sie das aber nicht!

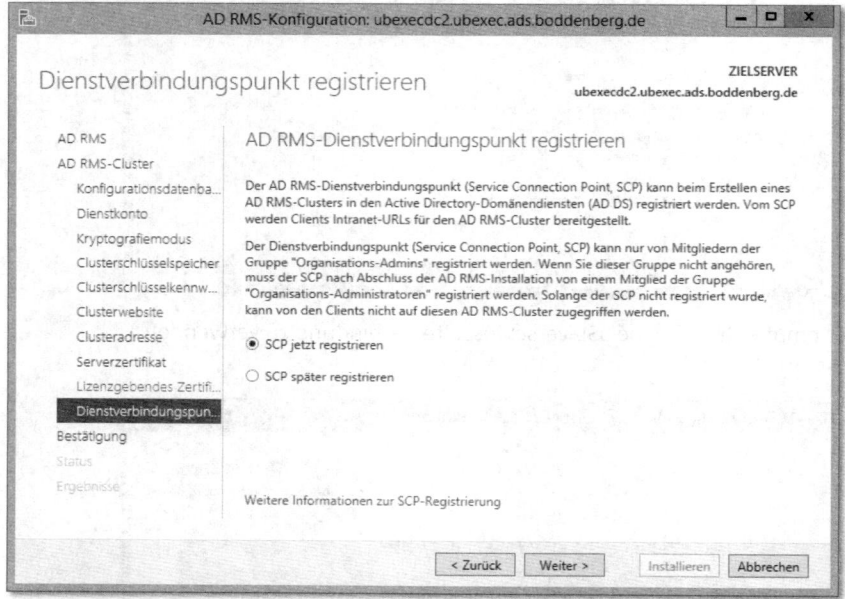

Abbildung 13.12 Den AD RMS-Verbindungspunkt (SCP = Service Connection Point) können Sie auch zu einem späteren Zeitpunkt registrieren, falls Sie momentan nicht die notwendigen Berechtigungen haben.

Zum Schluss wird der Assistent die Auswahl der Rollendienste für die Webserver-Installation anzeigen. Die benötigten Rollendienste werden selektiert sein; Sie sollten daran nichts verändern. Die Installation wird ein Weilchen dauern. Danach sollten Sie das in Abbildung 13.13 gezeigte Szenario vorfinden.

Sie können bei Bedarf noch kontrollieren, ob der Dienstverbindungspunkt im Active Directory korrekt angelegt worden ist. Dies ist mit dem ADSI-Editor recht einfach zu erledigen. Stellen Sie eine Verbindung mit dem Konfigurationsnamenskontext her, und öffnen Sie den Knoten CN=SERVICES,CN=RIGHTSMANAGEMENTSERVICES (Abbildung 13.14).

13.2 Installation

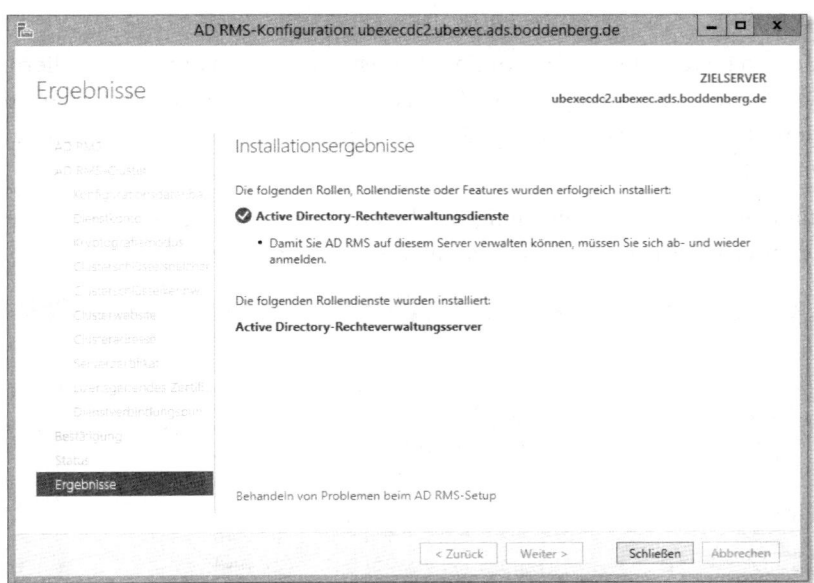

Abbildung 13.13 So sollte das Ergebnis des Installationsvorgangs aussehen.

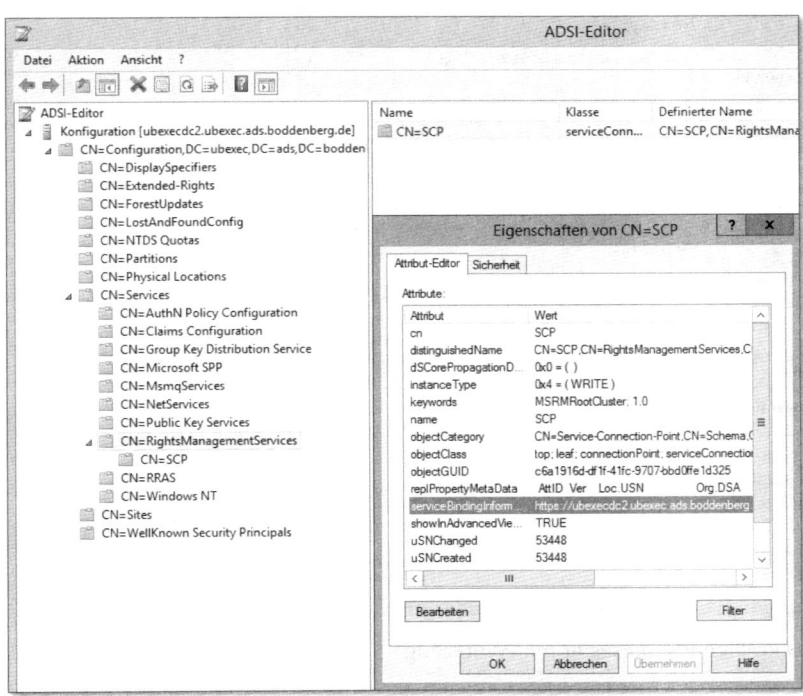

Abbildung 13.14 Der Dienstverbindungspunkt im Active Directory muss vorhanden sein – dies kann man mit dem ADSI-Editor kontrollieren.

13.2.2 Feinkonfiguration

Für den AD RMS-Servercluster gibt es ein Konfigurationswerkzeug, das recht detaillierte Einstellmöglichkeiten bietet (Abbildung 13.15). Viele Einstellmöglichkeiten beziehen sich auf »komplexe Szenarien«, beispielsweise die Verbindung mit anderen Gesamtstrukturen (über Unternehmensgrenzen hinweg).

Die meisten Einstellungen sind mehr oder weniger selbsterklärend. Da ich hier im Buch nur ein Basisszenario erläutern will, gehe ich nicht detaillierter darauf ein.

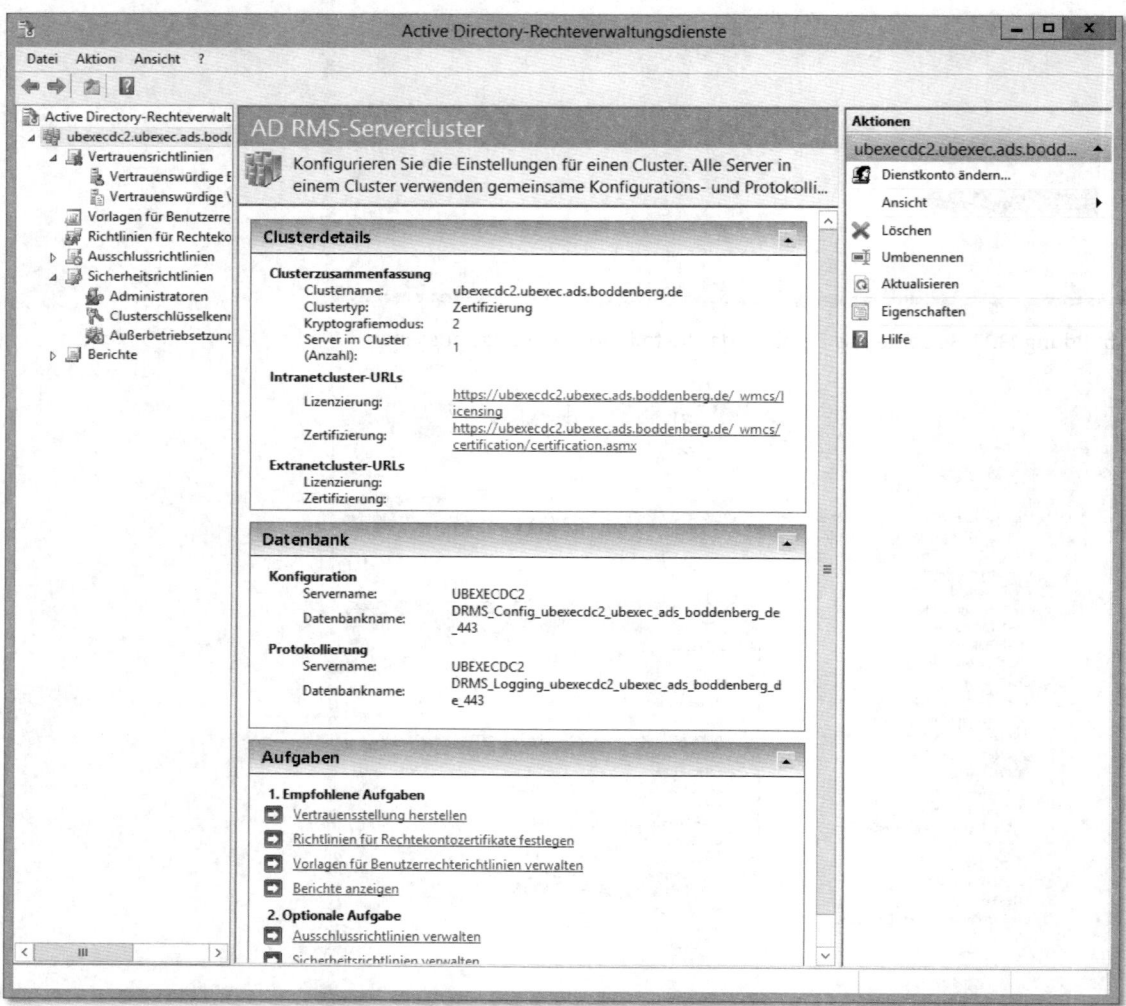

Abbildung 13.15 Zu AD RMS gehört dieses Admin-Werkzeug.

13.2.3 Vorlage für Benutzerrichtlinien erstellen

Um die Zuweisung von Berechtigungen zu unterstützen, können Vorlagen erstellt werden. Das Erstellen der Vorlage geschieht intuitiv im Assistenten und ist erfreulicherweise direkt mehrsprachig ausgelegt.

Ich führe den Assistenten hier inbesondere deshalb vor, weil man die »Logik« und die Möglichkeiten der RMS-Rechtezuweisung ganz gut erkennen kann.

Die Erstellung einer solchen Vorlage beginnt in der Verwaltungsanwendung, wie auf Abbildung 13.16 gezeigt.

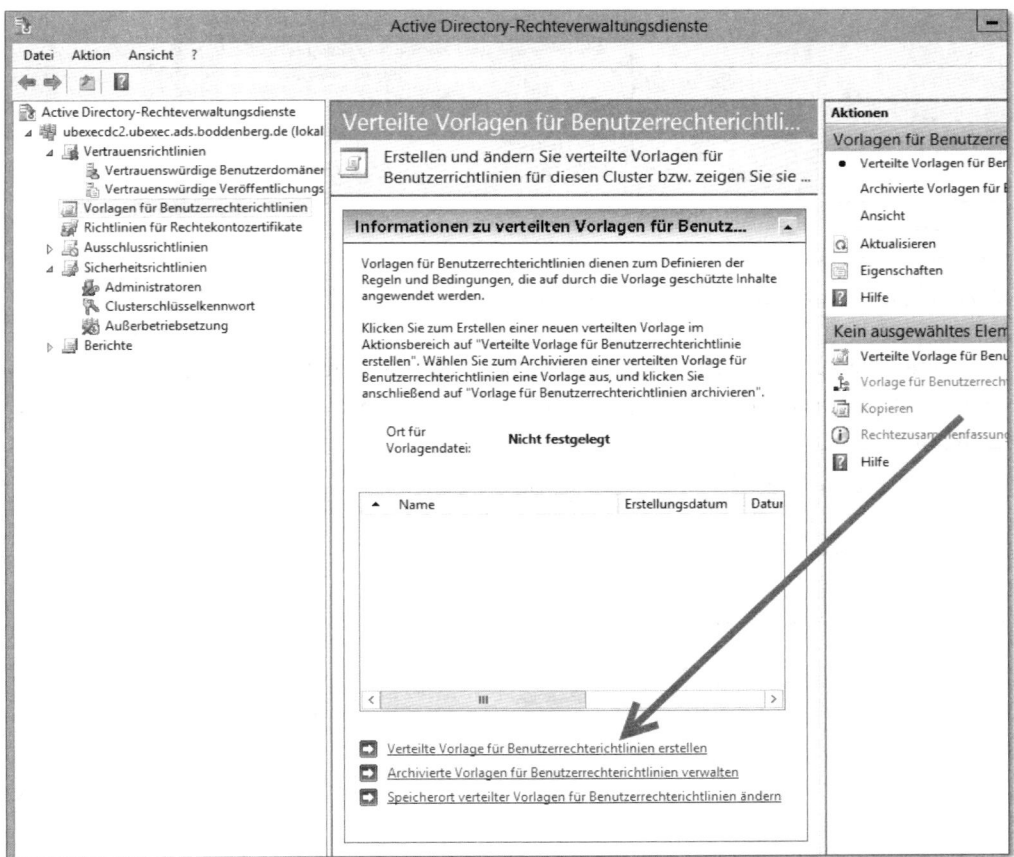

Abbildung 13.16 Hier beginnen Sie mit dem Erstellen der Vorlage.

Der erste Dialog des Assistenten ist auf Abbildung 13.17 zu sehen. Die neue Vorlage braucht einen Namen und eine Beschreibung. Die Informationen können in beliebig vielen Sprachen hinterlegt werden.

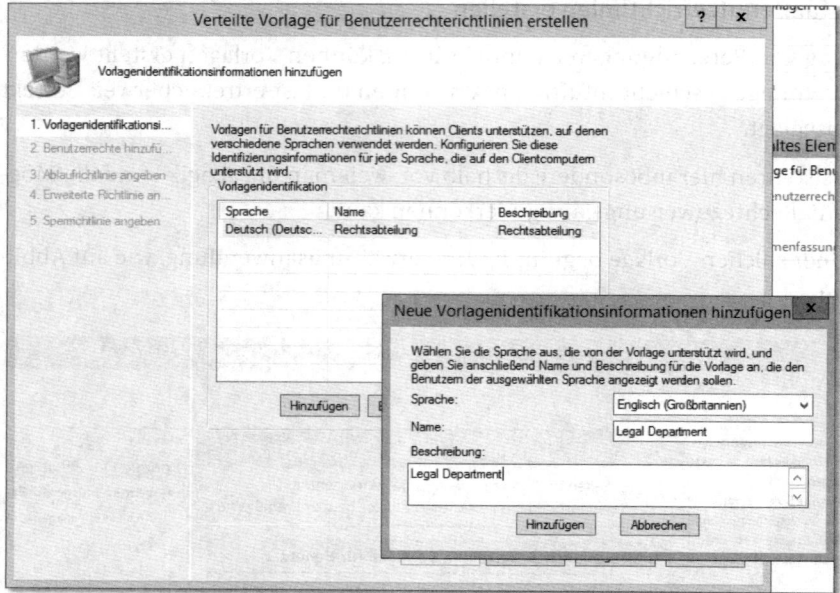

Abbildung 13.17 Name und Beschreibung können mehrsprachig erfasst werden.

Im zweiten Dialog, der auf Abbildung 13.18 zu sehen ist, werden Benutzer und Gruppen sowie die ihnen zugewiesenen Berechtigungen hinterlegt. Sie erkennen, dass die Berechtigungen recht granular vergeben werden können.

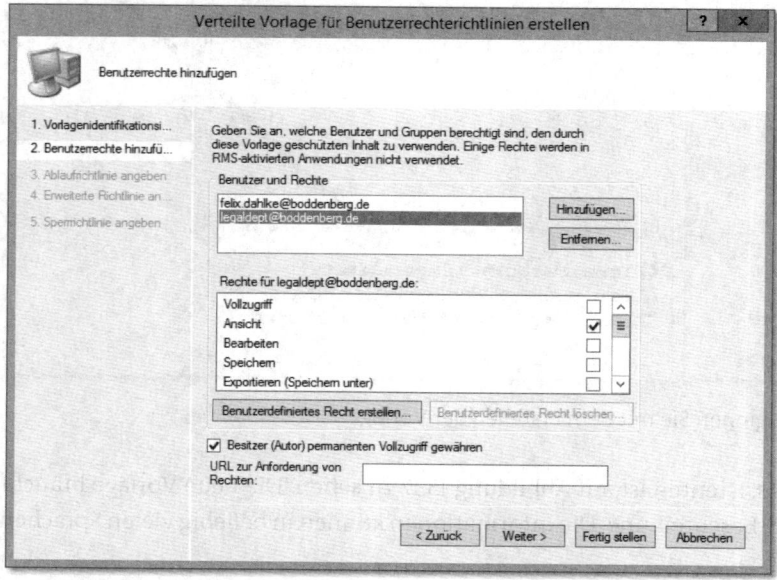

Abbildung 13.18 Benutzer und Rechte werden erfasst.

Die Zugriffsrechte können zeitlich befristet werden. Abbildung 13.19 zeigt die Optionen:

- Der Zugriff kann unlimitiert erteilt werden.
- Es kann ein festes »Verfallsdatum« hinterlegt werden.
- Alternativ kann auch eine Anzahl von Tagen hinterlegt werden, nach der kein Zugriff mehr möglich ist.

Die Option NUTZUNGSLIZENZABLAUF bedeutet Folgendes: Wenn der Benutzer eine Nutzungslizenz für ein Dokument erhalten hat, kann er es mit dieser Nutzungslizenz verwenden. Der hier einstellbare »Ablauf« bedeutet, dass eine neue Nutzungslizenz angefordert werden muss, weil die bisherige verfällt. An sich ist das ein rein technischer Vorgang, von dem der Benutzer nichts merkt – solange er den RMS-Cluster netzwerktechnisch erreichen kann.

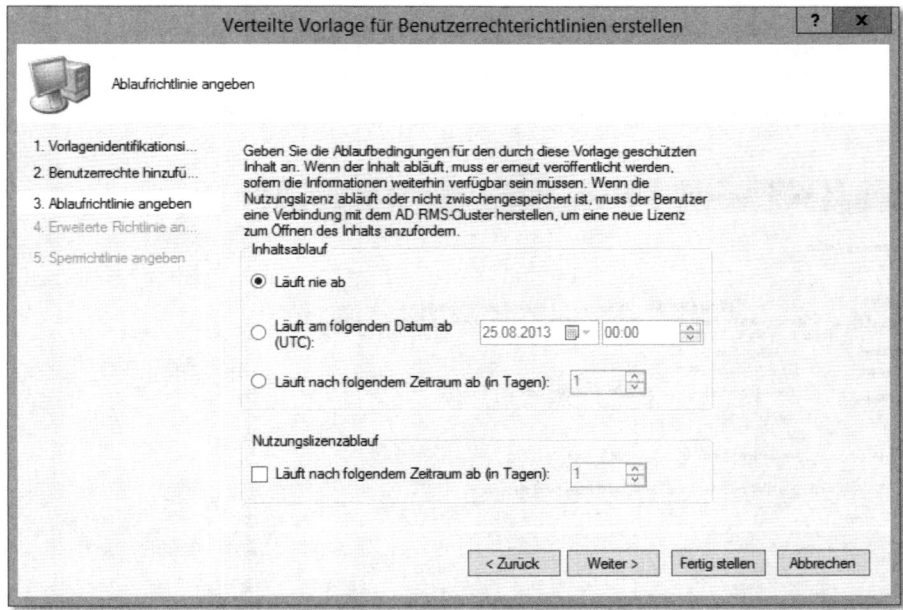

Abbildung 13.19 Die Erstellung einer Ablaufrichtlinie

Abbildung 13.20 zeigt einen Dialog, auf dem ein paar weitere Details konfiguriert werden können. Die Beschriftung lässt klar erkennen, worum es geht. Die zweite Option, die das Zwischenspeichern der Nutzungslizenz auf dem Client verhindert, bedeutet praktisch, dass beim Zugriff auf ein geschütztes Dokument stets eine Verbindung zum RMS-Cluster bestehen muss.

Abbildung 13.21 zeigt, dass auch ein Sperren der Inhalte möglich ist. Dadurch wird, ähnlich wie beim Zertifikatswesen, eine Sperrliste erstellt, die dann in einem definierten Intervall abgerufen wird.

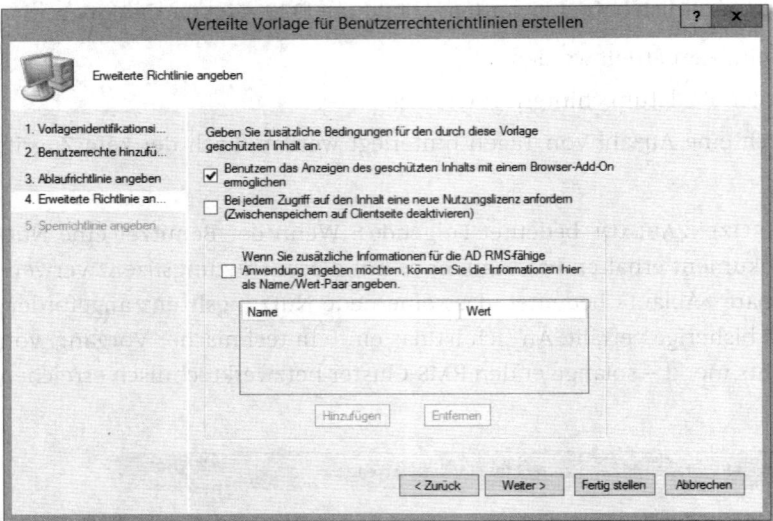

Abbildung 13.20 Hier können Sie einige zusätzliche Einstellungen vornehmen.

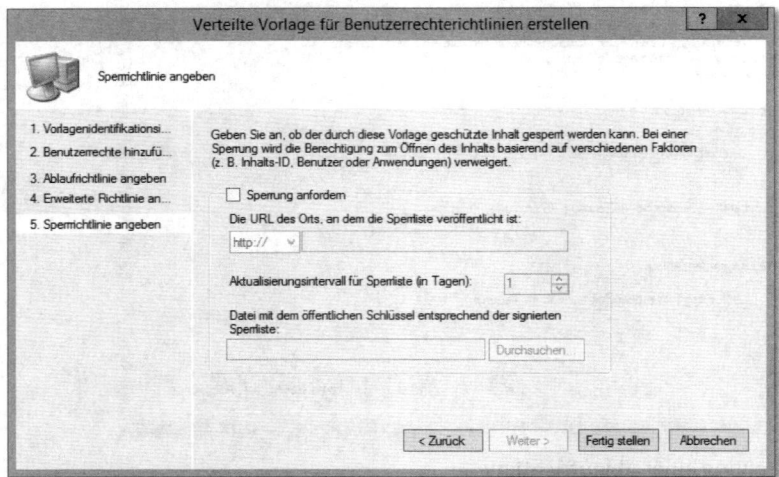

Abbildung 13.21 Sie können auch eine Sperrkonfiguration hinterlegen.

Zum Verteilen können die Vorlagen exportiert werden. Auf Abbildung 13.22 ist der Dialog zum Erstellen eines Ortes für die Vorlagendatei zu sehen. Hier wird eine Freigabe angegeben, für die das hinterlegte RMS-Dienstkonto eine Berechtigung haben muss.

Wenn das Exportverzeichnis angegeben ist, sind kurze Zeit später die Vorlagen darin zu finden. Abbildung 13.23 zeigt, dass eine Vorlage technisch ein XML-Dokument ist – was Sie vermutlich nicht weiter überrascht.

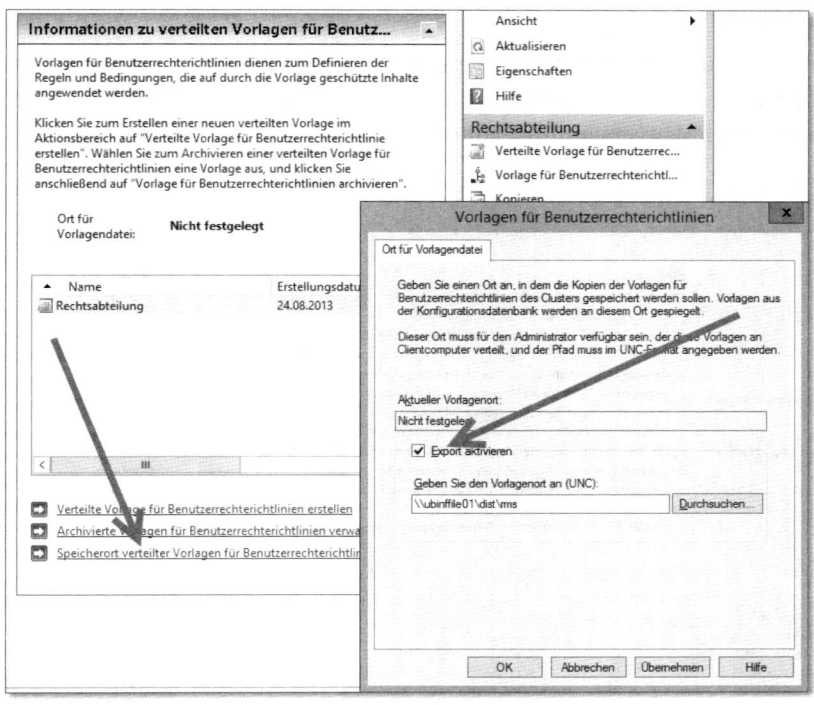

Abbildung 13.22 Der Export wird hier aktiviert.

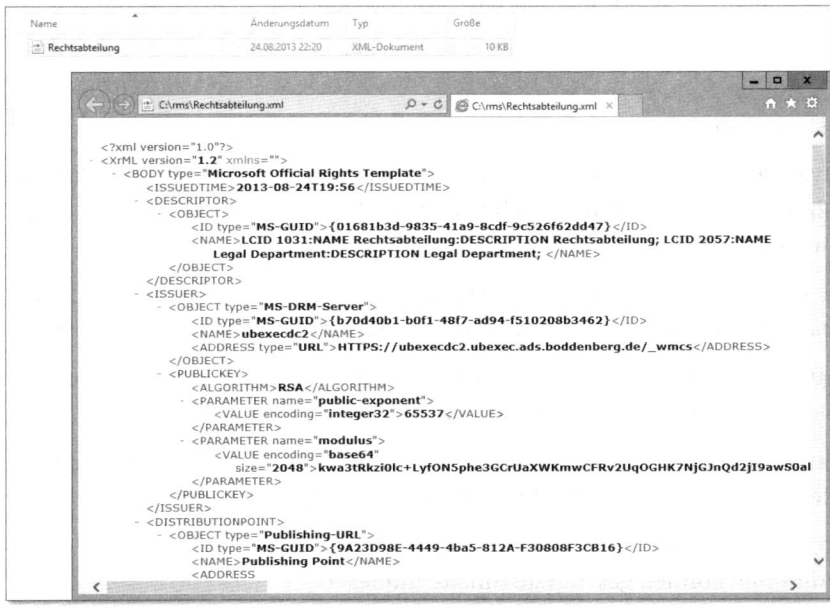

Abbildung 13.23 Eine exportierte Vorlage ist ein XML-Dokument.

13 Active Directory-Rechteverwaltungsdienste (AD RMS)

13.2.4 Gruppenrichtlinien

Über Gruppenrichtlinien können Sie steuern, wie sich das Office-Paket in Hinblick auf die Nutzung der Rechteverwaltungsdienste verhält. Abbildung 13.24 zeigt den entsprechenden Abschnitt im Gruppenrichtlinienverwaltungs-Editor.

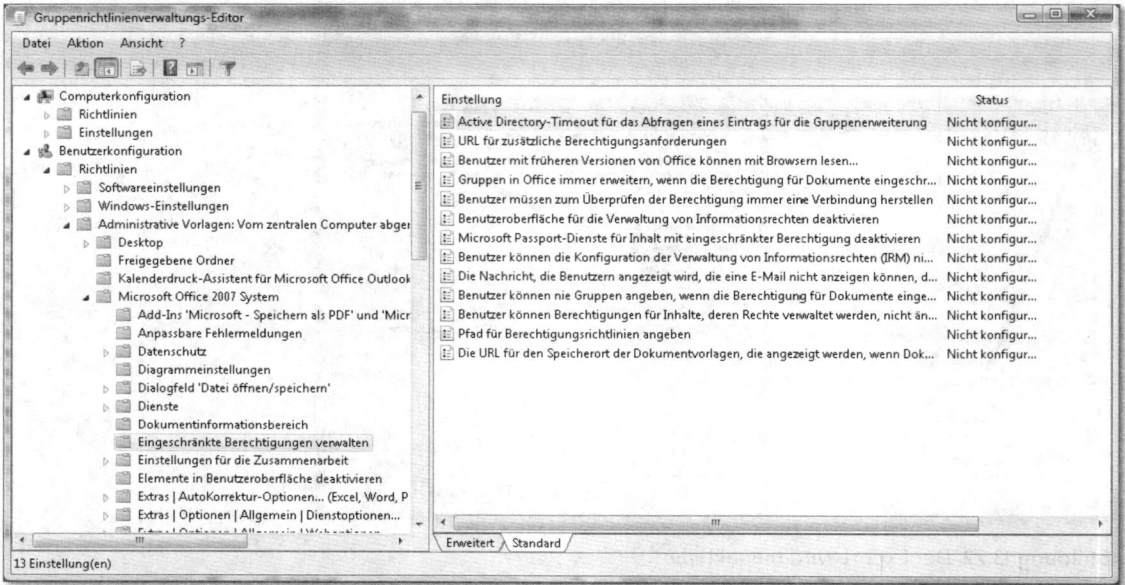

Abbildung 13.24 Das Verhalten des Office-Pakets bezüglich RMS kann mit Gruppenrichtlinien gesteuert werden.

13.2.5 Client-Installation

Wenn die Rechteverwaltungsdienste-Clients unter Windows Vista, 7 oder 8 oder Windows Server 2008/2012/2012R2 laufen, sind Sie schnell fertig: Diese Betriebssysteme verfügen bereits über den RMS-Client.

Allerdings gibt es auch für diesen ein Update. Da es erfahrungsgemäß wenig Sinn macht, Links auf Downloads in ein Buch zu schreiben, zeigt Abbildung 13.25 eine kleine Suchhilfe.

Für Windows XP und Windows Server 2003 müssen Sie den RMS-Client herunterladen und installieren. Abbildung 13.26 enthält eine kleine »Suchhilfe«.

Wie bereits eingangs erwähnt, benötigen Sie zur Nutzung der Rechteverwaltungsdienste Software, die dieses Verfahren unterstützt. Zu nennen wären hier beispielsweise:

- *Office 2003 Professional* zum Erstellen von geschützten Inhalten.
  Alle anderen Editionen können geschützte Inhalte nur lesen.

- *Office 2007/2010/2013 Enterprise*, *Professional Plus* und *Ultimate* zum Erstellen von geschützten Inhalten.

Alle anderen Editionen können geschützte Inhalte nur lesen.

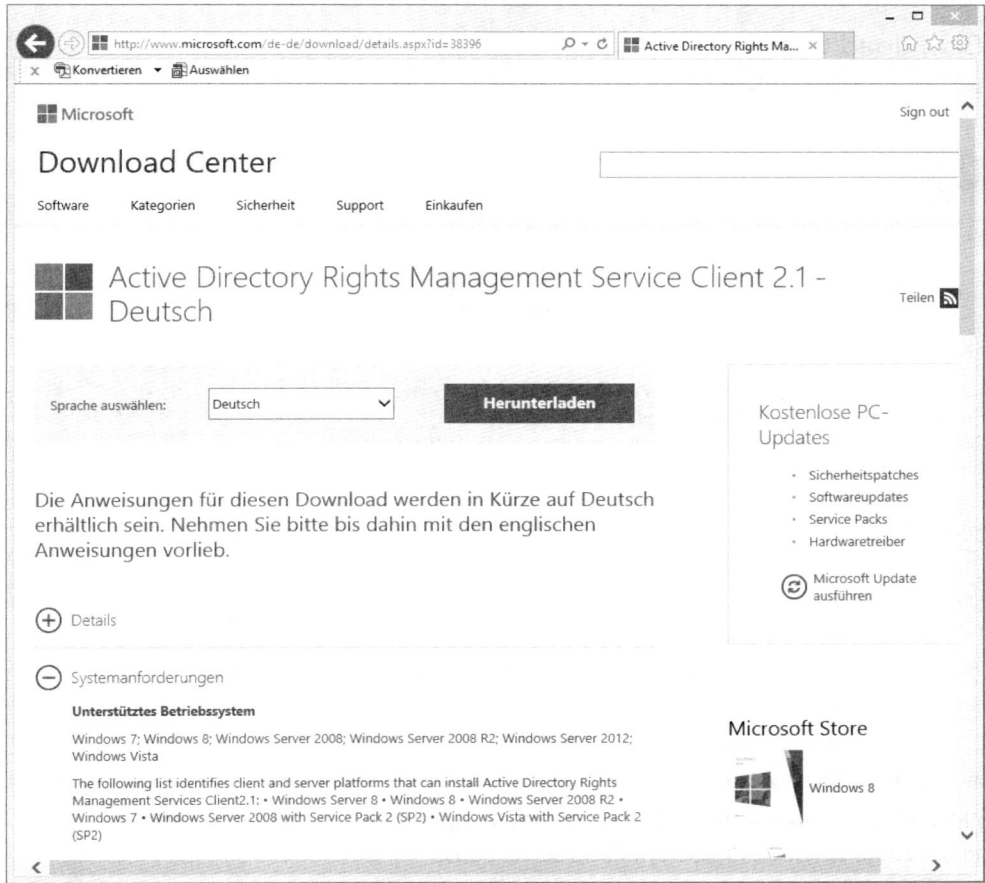

Abbildung 13.25 Suchhilfe: Hier finden Sie das Update für den Rights Management Client für Vista und höher.

Weiterhin unterstützen folgende Produkte die Rechteverwaltungsdienste:

- Windows Mobile 6, Windows Phone 7.5 und höher
- SharePoint Server 2007/2010/2013
- Exchange Server 2007SP1/2010/2013

Unabhängige Entwickler können die Rechteverwaltungsdienste aus eigenen Applikationen nutzen, sodass damit zu rechnen ist, dass nach und nach weitere Anwendungen auftauchen werden, die AD RMS unterstützen.

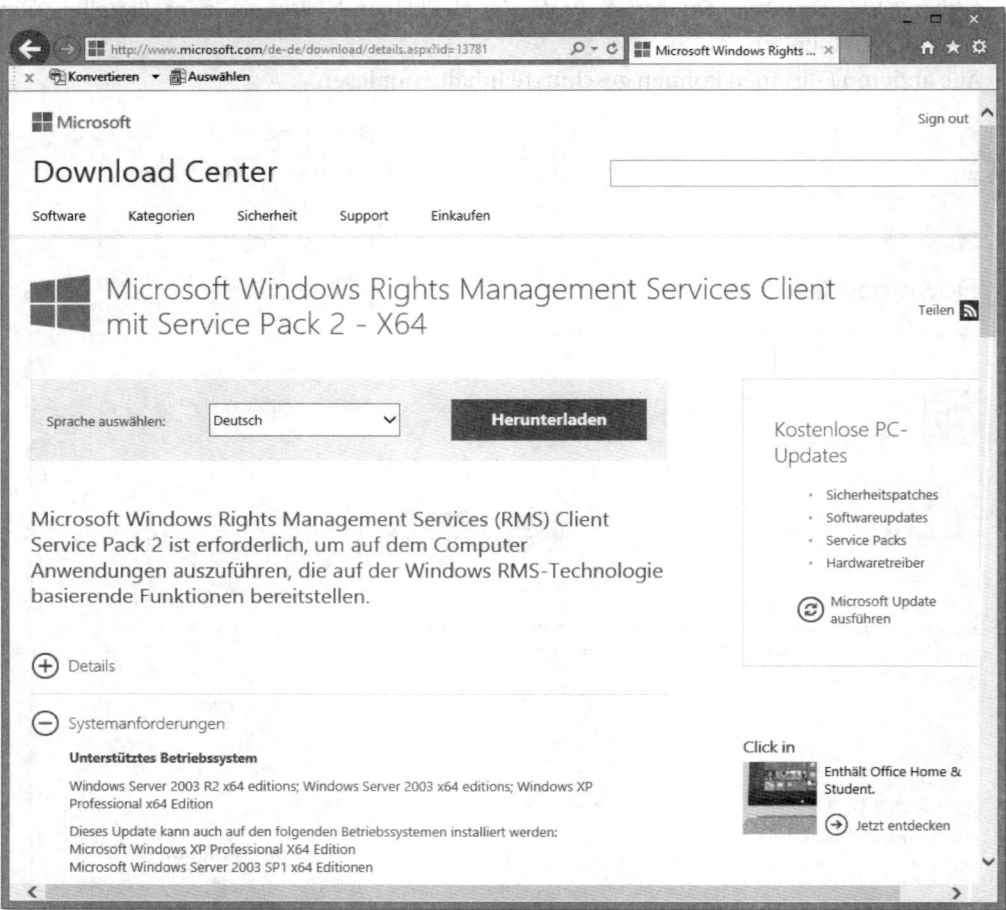

Abbildung 13.26 Kleine Suchhilfe: Diesen Client benötigen Sie für die Betriebssysteme Windows 2000, Windows XP und Windows Server 2003.

13.3 Anwendung

Nach der Installation sollten die Rechteverwaltungsdienste direkt einsatzbereit sein – auch ohne weitere Konfiguration. Ich zeige Ihnen zwei simple Szenarien, die natürlich nur einen kleinen Teil der Möglichkeiten abdecken.

13.3.1 Word-Dokument schützen

Ich führe Ihnen zunächst das Schützen eines Word-Dokuments und den Zugriff darauf vor; bei Excel und PowerPoint ist die Vorgehensweise identisch.

Schützen eines Dokuments

Um ein Dokument zu schützen, rufen Sie in den Office 2013-Produkten im Backstage-Bereich INFORMATION • DOKUMENT SCHÜTZEN • ZUGRIFF EINSCHRÄNKEN auf (Abbildung 13.27).

Wenn Sie das erste Mal das Rights Management aufrufen, wird das Verbinden mit dem Digital Rights Management-Server angezeigt – nichts anderes! Das müssen Sie tun, dabei wird auch das User-Zertifikat angelegt.

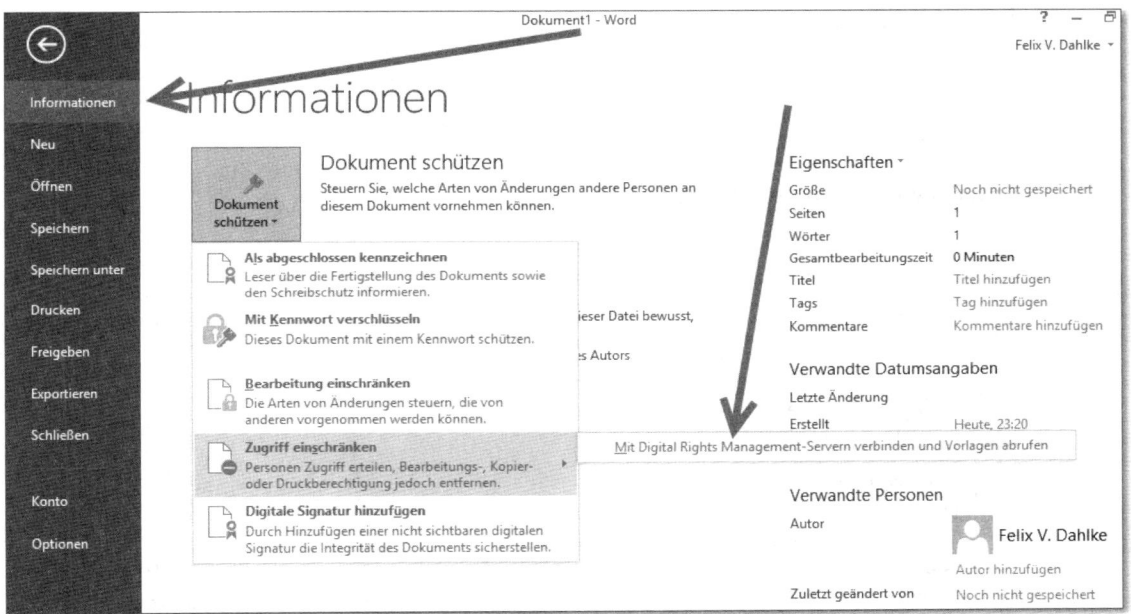

Abbildung 13.27 In den Office 2013-Produkten findet sich der Einstieg in die Rechteverwaltung genau hier.

Troubleshooting

Wenn Ihre Umgebung nicht in allen Belangen perfekt konfiguriert ist, werden Sie beim Verbinden mit dem RMS-Server den Dialog aus Abbildung 13.28 zu sehen bekommen. Das sieht nicht so gut aus.

Bevor Sie in Panik geraten – es ist nicht so schlimm.

Die Ursache besteht darin, dass die RMS-Cluster-URL nicht in der Browser-Zone LOKALES INTRANET liegt. Abbildung 13.29 zeigt die Zonenkonfiguration des Internet Explorers. Ich möchte speziell darauf hinweisen, dass ALLE LOKALEN SITES nicht die langnamigen URLs (also FQDNs) einschließt. Tragen Sie also die Site ein, sodass die RMS-Cluster-URL in die LOKALES INTRANET-Zone fällt. Problem gelöst!

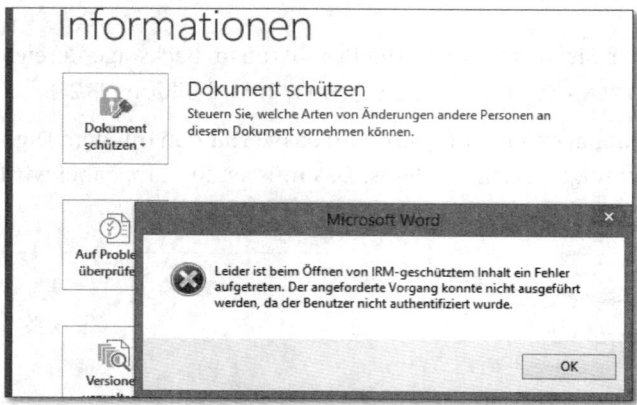

Abbildung 13.28 Das sieht nicht so gut aus!

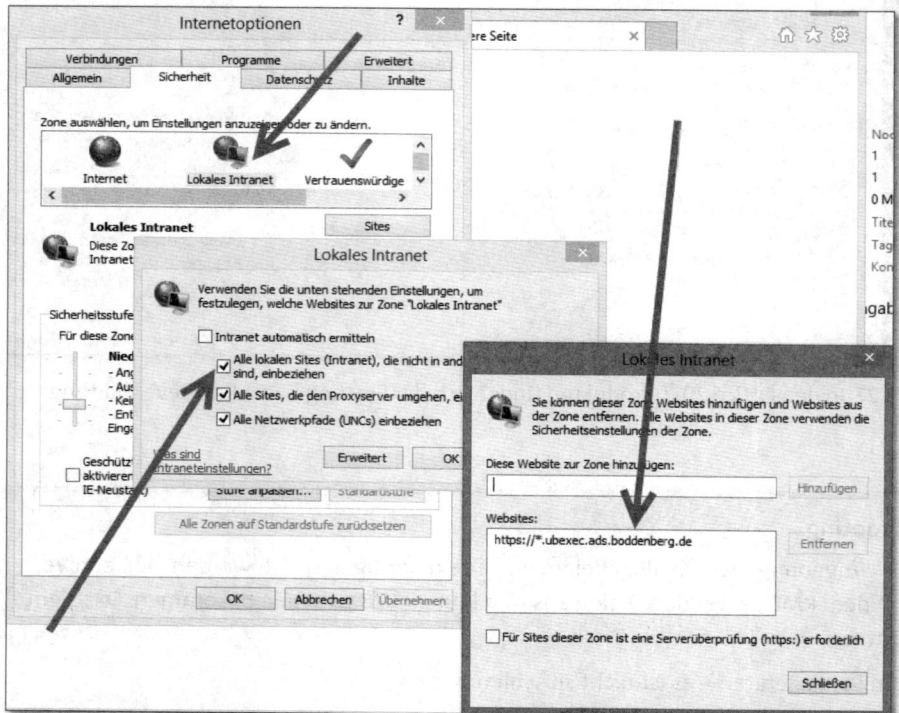

Abbildung 13.29 Die Lösung besteht in der Zonenkonfiguration des IE.

Wenn die initiale Verbindung zum RMS-Server hergestellt ist (d.h., wenn Sie sich das User-License-Zertifikat geholt haben), ändert sich das Menü – wie auf Abbildung 13.30 gezeigt. Dort sehen Sie, dass die Vorlage RECHTSABTEILUNG, die zuvor erstellt wurde, auch zu sehen (und vor allem auswählbar) ist.

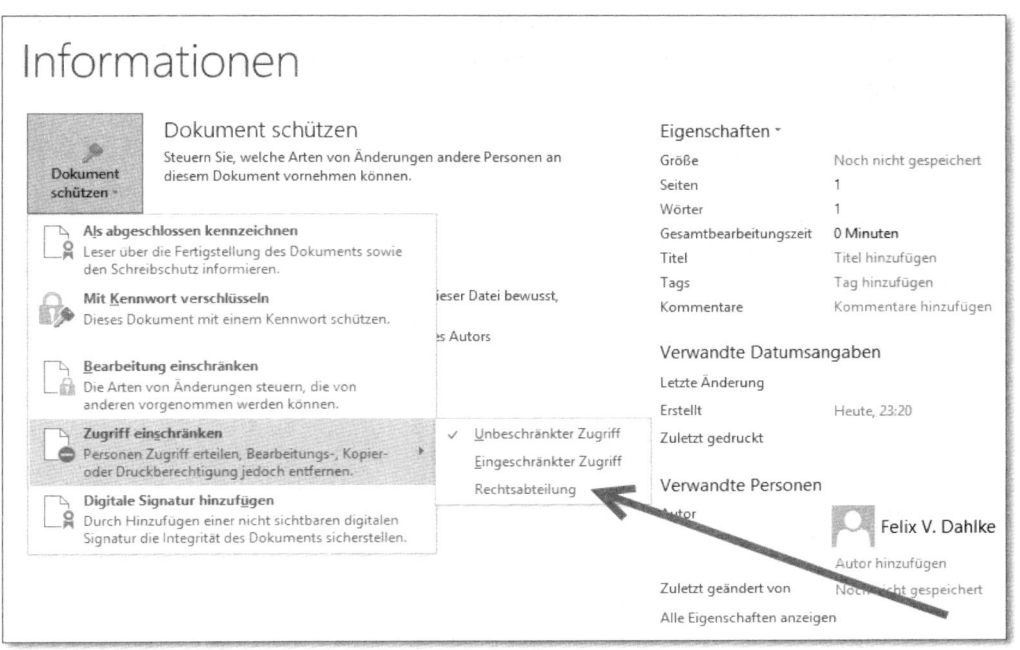

Abbildung 13.30 Nun kann der Zugriff eingeschränkt werden.

Wählen Sie zunächst EINGESCHRÄNKTER ZUGRIFF aus (Abbildung 13.30). Nun öffnet sich zunächst der in Abbildung 13.31 gezeigte Dialog. Hier können Sie festlegen, welche Benutzer Lese- und Änderungsberechtigungen erhalten sollen.

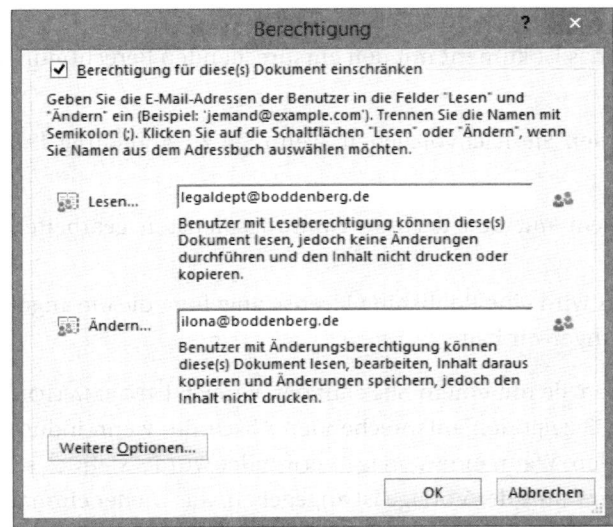

Abbildung 13.31 Sie können die Benutzer auswählen, die Zugriff erhalten sollen.

Falls Sie ein wenig granularer vorgehen möchten, führt die Schaltfläche WEITERE OPTIONEN zu dem Dialog aus Abbildung 13.32. Hier können Sie beispielsweise ein Verfallsdatum eingeben, das Ausdrucken gestatten und einiges andere mehr.

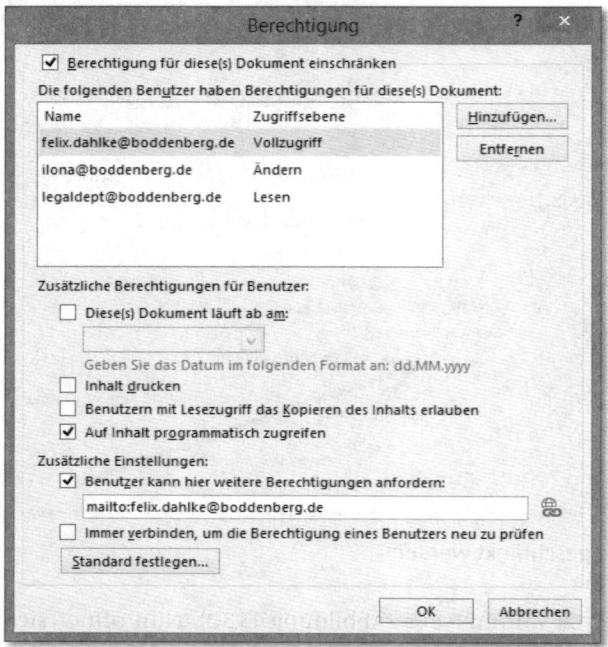

Abbildung 13.32 Auf Wunsch kann auch eine detailliertere Rechtevergabe erfolgen. (Diese Abbildung zeigt die »Weiteren Optionen«.)

Beim nächsten Speichervorgang wird das Dokument mit den entsprechenden Berechtigungen geschützt sein.

Was »im Hintergrund« passiert, können Sie nachvollziehen, wenn Sie zu Abbildung 13.3 zurückblättern:

- Hat der Benutzer bislang noch nicht mit den Rechteverwaltungsdiensten gearbeitet, erhält er ein Licensor Certificate.
- Beim Verschlüsseln des Dokuments wird eine Publishing License angefügt, die die angegebenen Benutzer nebst Berechtigungen enthält.

Dass das Dokument geschützt ist, sehen Sie mit einem Blick auf den Bereich INFORMATION des Backstage-Bereichs. Abbildung 13.33 zeigt den entsprechenden Abschnitt, wenn individuelle Berechtigungen vergeben wurden. Wenn eine Vorlage verwendet wurde, sieht es so wie auf Abbildung 13.34 gezeigt aus: Der Name der Vorlage ist angegeben, was wieder einmal ein Plädoyer für »sprechende Namen« ist.

Abbildung 13.33 Dieses Dokument wurde mit einer individuellen Richtlinie geschützt.

Abbildung 13.34 Hier wurde die Vorlage »Rechtsabteilung« angewendet.

Zugriff auf ein geschütztes Dokument

Wenn Sie auf ein geschütztes Dokument zugreifen, geschieht Folgendes (vereinfachte Darstellung):

- Falls der Benutzer noch nie auf den RMS-Server zugegriffen hat, erhält er ein RMS-Zertifikat.
- Dann sendet er die Publishing License des Dokuments zum RMS-Server.
- Wenn er zum Zugriff auf das Dokument berechtigt ist, erhält er eine Use License, mit der er das Dokument entschlüsseln kann.

Die Applikation wird dem Anwender nur die Möglichkeiten einräumen, die der Ersteller ihm zugedacht hat. Auf Abbildung 13.35 habe ich ein Dokument geöffnet, bei dem mir nur Leseberechtigungen gewährt worden sind. Folglich blendet Word alle Funktionen aus, mit denen ein Verändern möglich wäre. Über die Schaltfläche BERECHTIGUNGSANZEIGE kann man sich seine aktuellen Berechtigungen anzeigen lassen (Abbildung 13.36).

Nun kann es natürlich durchaus vorkommen, dass man ein Dokument vor sich hat, für das man keine Berechtigungen besitzt. Das Ergebnis ist die Fehlermeldung aus Abbildung 13.37: Keine Berechtigung – kein Zugriff, so einfach ist das.

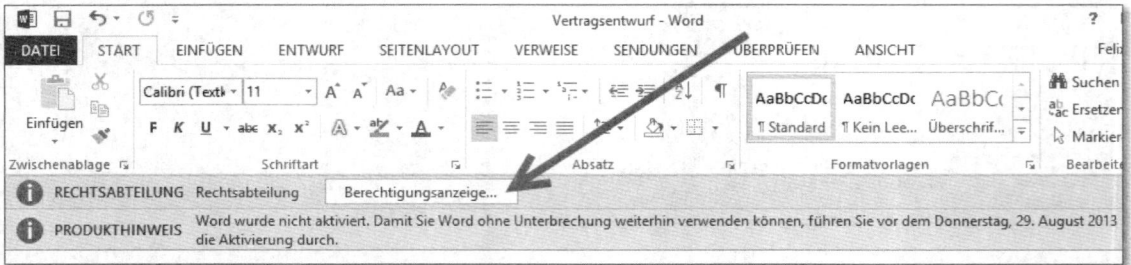

Abbildung 13.35 So sieht es aus, wenn ein Word-Dokument nur mit Leserechten geöffnet wird – alles zum Verändern ist nicht anwählbar.

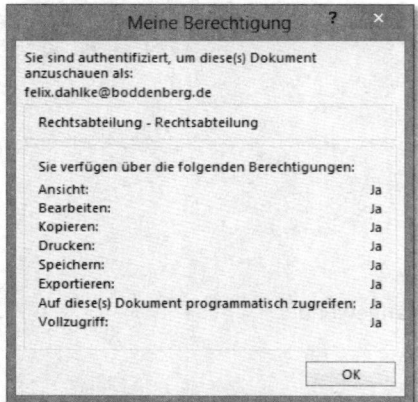

Abbildung 13.36 Der Anwender kann sich seine Berechtigungen für den Zugriff auf das Dokument ansehen.

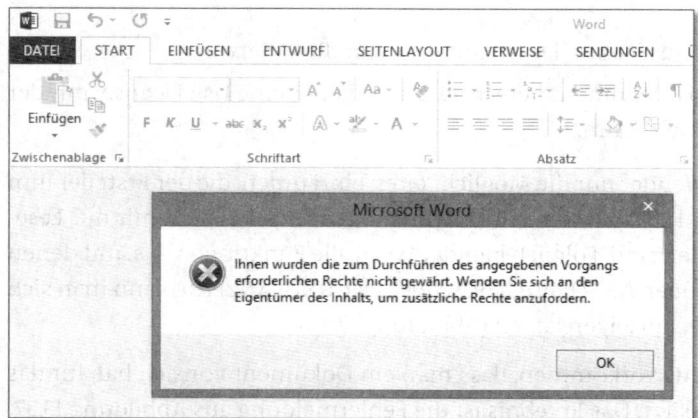

Abbildung 13.37 Das kann natürlich auch passieren: Man kann zwar auf das Dokument physikalisch zugreifen, darf es aber nicht öffnen.

Das ist ja auch der Sinn von AD RMS: Auch wenn eine Datei einem Unbefugten in die Hände fällt – was sich ja bekanntlich, sei es durch Vorsatz oder Fahrlässigkeit, nie ausschließen lässt –, kann dieser nicht auf die Inhalte zugreifen.

13.3.2 E-Mail schützen

Ein wenig anders, wenn auch ähnlich, funktioniert das Schützen von E-Mails mit den Rechteverwaltungsdiensten. Auch hier gilt, dass nicht »nur« der Transportweg geschützt wird, sondern der eigentliche Inhalt. Wenn eine vertrauliche E-Mail nicht weitergeleitet werden soll, wird RMS dies verhindern.

> **Kein Schutz vor Screenshots**
>
> An dieser Stelle sei aber darauf hingewiesen, dass AD RMS keinen Schutz gegen Screenshots oder gegen das Abfotografieren des Bildschirms bietet. Das ist eigentlich einleuchtend, man sollte es aber im Hinterkopf behalten.

> **Altes Office? Geht auch!**
>
> Da viele meiner Kunden Office-Versionen nutzen, die nicht mehr ganz »aktuell« sind, zeige ich das Schützen von E-Mails mit Outlook 2007.

Schützen

Das Schützen einer E-Mail funktioniert letztendlich genauso wie bei den übrigen Office-Paketen, der Menüpunkt heißt hier aber BERECHTIGUNG. In Abbildung 13.38 sehen Sie noch einige zusätzliche Berechtigungen (zwischen COMPANY CONFIDENTIAL und PARTNER MAIL); dabei handelt es sich um Nachrichtenklassifizierungen von Exchange 2007 (und höher). Diese haben mit AD RMS nichts zu tun. (Wenn Sie mehr über Nachrichtenklassifizierungen erfahren möchten, empfehle ich Ihnen gern mein bei Galileo Press erschienenes Exchange 2007-Buch.)

Die berechtigten Personen brauchen Sie nicht extra anzugeben, Outlook bedient sich hier aus der Liste der Empfänger.

Falls die zu schützende Nachricht Anlagen enthält, werden Sie die Benachrichtigung aus Abbildung 13.39 erhalten. Hier eine kurze Erläuterung des Verhaltens:

▶ Anlagen vom Typ Word, Excel, PowerPoint werden von RMS verschlüsselt und mit den definierten Einschränkungen versehen. Wird das Dokument von einem Empfänger aus der E-Mail gelöst, bleibt es geschützt.

▶ Anlagen, deren »Ersteller-Programme« kein RMS unterstützen, wie beispielsweise Adobe Acrobat PDF, werden zunächst geschützt übertragen. Löst der Empfänger die Anlage von der E-Mail, ist die Anlage ungeschützt.

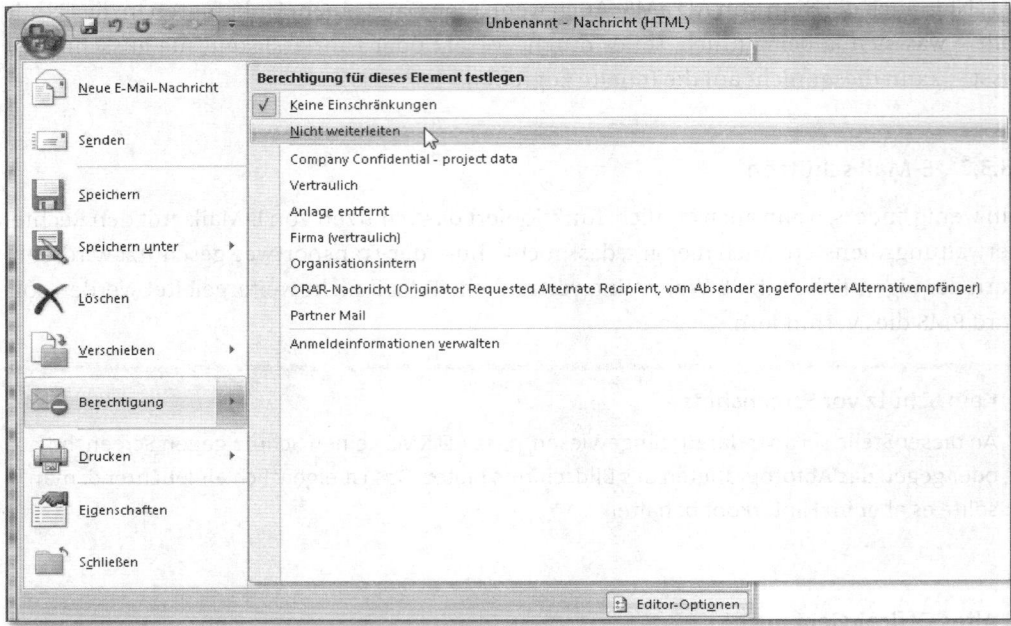

Abbildung 13.38 Hier wird eine E-Mail in Outlook geschützt.

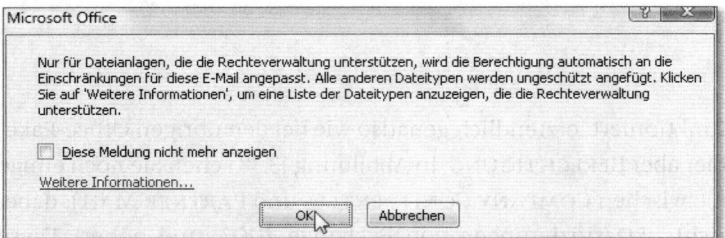

Abbildung 13.39 Es ist wichtig, sich über den Umgang mit Anlagen im Klaren zu sein.

Zugreifen

Wenn Sie mit Outlook 2003/2007/2010/2013 auf eine RMS-geschützte E-Mail zugreifen, ergibt sich zunächst die in Abbildung 13.40 gezeigte Situation: Die E-Mail wird im Vorschaufenster nicht angezeigt, da noch keine Prüfung der Berechtigungen durchgeführt worden ist.

Wenn Sie die E-Mail öffnen und zum Zugriff berechtigt sind, werden Sie die Inhalte (nebst Anhängen) sehen können. Wenn Sie beispielsweise für das Weiterleiten oder Drucken keine Berechtigung haben, werden die entsprechenden Menüpunkte deaktiviert sein (Abbildung 13.41).

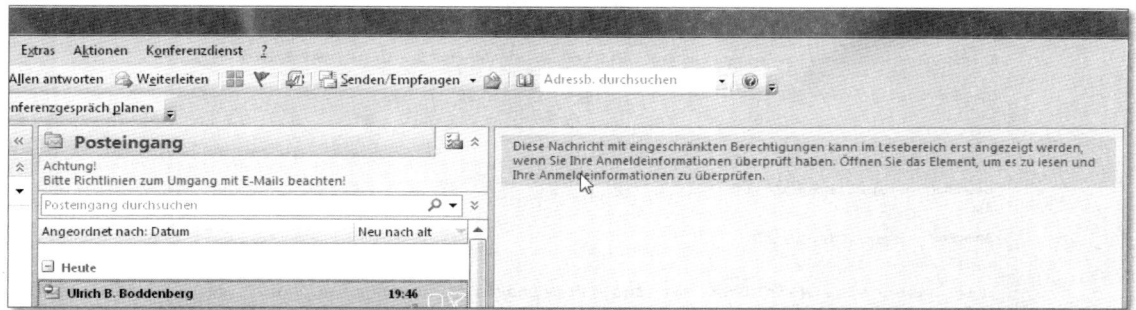

Abbildung 13.40 In der Vorschau wird der Inhalt nicht angezeigt, da noch keine Prüfung der Berechtigungen durchgeführt worden ist.

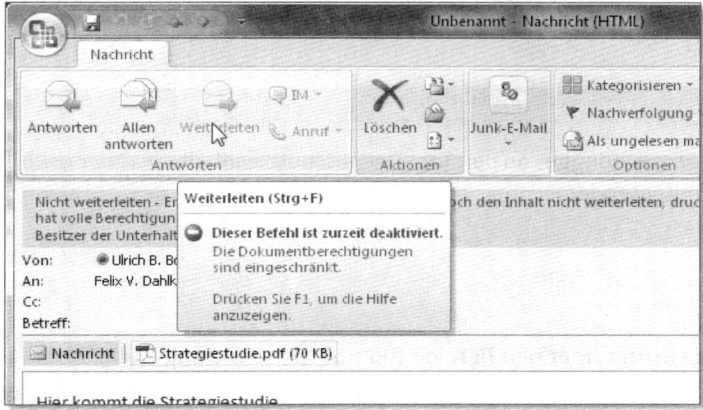

Abbildung 13.41 Der Empfänger hat keine »Weiterleiten«-Berechtigung, daher ist dieser Befehl nicht aktiviert.

Wenn Sie versuchen, mit Outlook Web Access oder einem anderen E-Mail-Client (beispielsweise einem POP3-Client) auf die E-Mail zuzugreifen, sehen Sie, wie RMS im E-Mail-Umfeld arbeitet (Abbildung 13.42):

- Die eigentliche verschlüsselte E-Mail nebst Anhängen wird in einer Datei (*message.rpmsg*) gespeichert, die an eine E-Mail angehängt wird.
- RMS-fähige Clients (also Outlook 2003/2007/2010/2013) erkennen den Dateianhang und verhalten sich entsprechend – wie zuvor gezeigt.
- Auf nicht-RMS-fähigen Clients wird die Erläuterung aus Abbildung 13.42 zu sehen sein.

13 Active Directory-Rechteverwaltungsdienste (AD RMS)

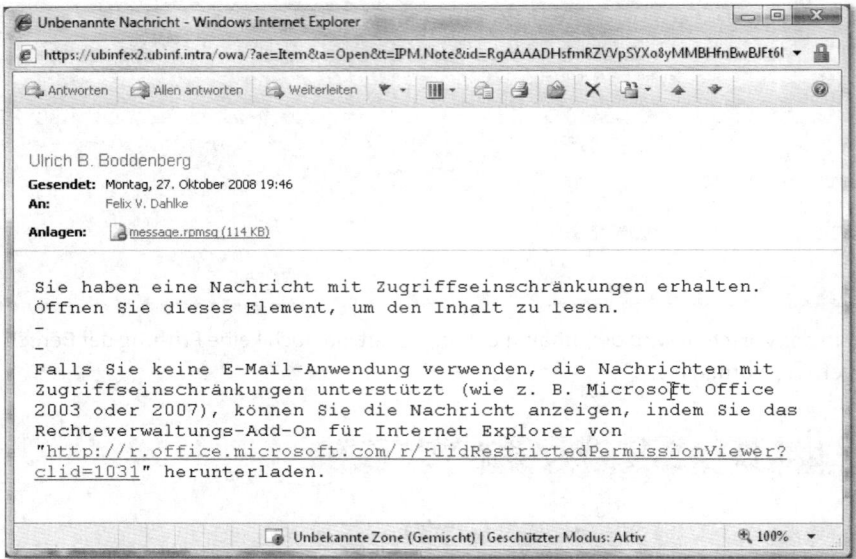

Abbildung 13.42 Outlook Web Access bringt es an den Tag: Der geschützte Inhalt wird als verschlüsselte Anlage mitgesendet.

13.4 Statistik

Das Konfigurationswerkzeug verfügt über den Bereich BERICHTE (Abbildung 13.43). Der Statistikbericht, der auf dem Screenshot gezeigt ist, gibt einen Überblick über die Anzahl der zertifizierten Benutzerkonten. Für die hier angezeigte Zahl von Benutzern benötigen Sie eine RMS-CAL.

> **Lizenzierung**
>
> Die Lizenzierung erfolgt nach »Treu und Glauben«. Die gekauften CALs werden nirgendwo eingetragen. Kaufen müssen Sie sie aber trotzdem.

Wenn Sie ganz genau hinschauen, ist auf Abbildung 13.43 nur ein Bericht zu sehen, auf Abbildung 13.44 sind es drei: Die beiden zusätzlichen Optionen werden angezeigt, wenn die Reporting Services-Client-Komponenten installiert wurden. Diese sind als Download erhältlich, ein Link wird angegeben, wenn Sie auf den Knoten BERICHTE klicken.

Der auf Abbildung 13.44 gezeigte Bericht SYSTEMSTATUS gibt einen kleinen Überblick über die Nutzungsintensität.

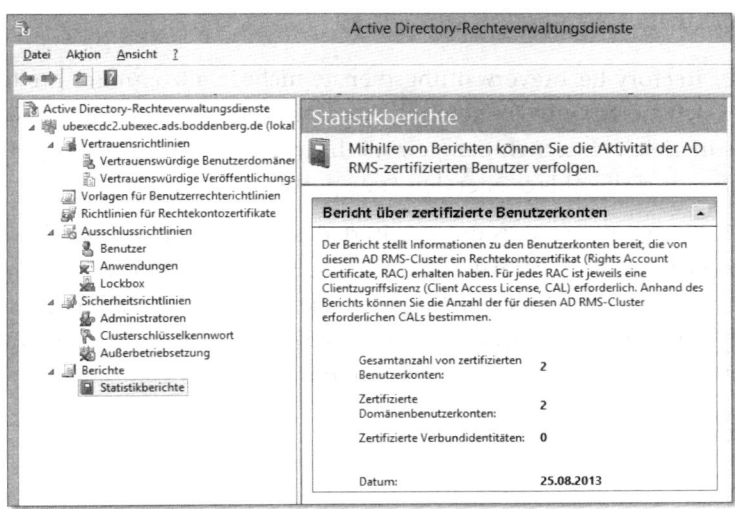

Abbildung 13.43 In den Statistikberichten sehen Sie auf einen Blick die Anzahl der zertifizierten Benutzerkonten.

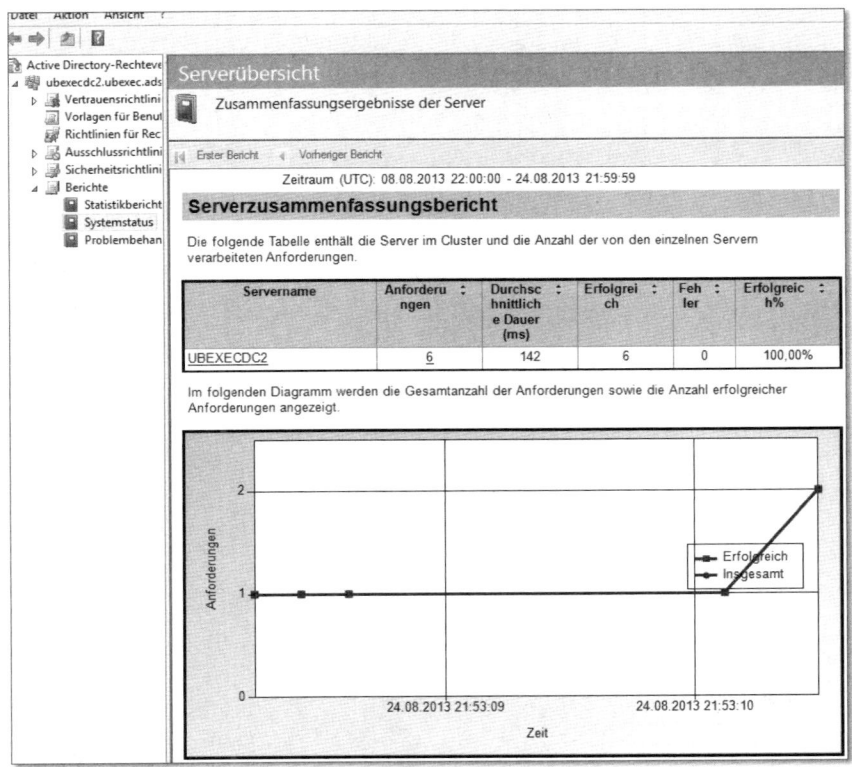

Abbildung 13.44 Nach der Installation des ReportViewer-Add-Ins gibt es auch Nutzungsstatistiken.

13.5 Abschlussbemerkung

Auch wenn ich die Active Directory-Rechteverwaltungsdienste nicht in allzu großer Breite behandelt habe, handelt es sich hierbei um eine sehr interessante Technologie, die letztendlich genau das leistet, was in vielen Unternehmen gewünscht wird: Sie schützt die eigentliche Information und nicht »nur« die Ablage oder den Transportweg.

Die in Windows Server 2012 enthaltene Version erweitert das »Erstprodukt« (Windows Rights Management Services) insbesondere um die Möglichkeit, Benutzer aus Unternehmen einzubeziehen, die nicht in Ihre Active Directory-Gesamtstruktur integriert sind. Hier ist natürlich Planung, Konzeption und Abstimmung möglich – auf diese Weise wird AD RMS auch in vielen »unternehmensübergreifenden« Szenarien praxistauglich.

Tipp: Unbedingt anschauen!

Kapitel 14
»Innere Sicherheit«

Diesen Zorn des Apollon, des fernhintreffenden Herrschers.
Gerne will ich's ansagen; doch du verheiße mit Eidschwur,
Daß du gewiß willfährig mit Wort und Händen mir helfest.
Denn leicht möcht' erzürnen ein Mann, der mächtiges Ansehns
Argos Völker beherrscht, und dem die Achaier gehorchen.

Der erste Gedanke beim Thema »Sicherheit« richtet sich naturgemäß immer »nach außen«: So ziemlich jeder macht sich Gedanken, ob auch niemand die Firewall überwinden kann und dergleichen. Erwiesenermaßen kommen die meisten – sagen wir mal – »Probleme« von innen:

- Es gibt mutwillige »Angriffe«, wenn Mitarbeiter einfach experimentieren (sprich irgendwelches »Zeug« aus dem Internet ausprobieren), sich für die entgangene Beförderung rächen wollen oder, was natürlich am heftigsten ist, sich Unternehmenswissen aneignen wollen, um dieses zu verkaufen.
- Deutlich mehr Probleme entstehen durch grobe Fahrlässigkeit. Die meisten Benutzer lassen sich nur allzu gern auf suspekte Websites locken, öffnen jeden Mailanhang und tragen mehr oder weniger gefährliches Datenmaterial auf USB-Sticks herum.

Dies wird enorm dadurch »gefördert«, dass die Systeme nicht auf technisch einwandfreiem Stand sind. Dies beginnt bei fehlenden oder seit Monaten nicht mehr aktualisierten Virenscannern und endet bei Systemen, die noch nie einen Patch gesehen haben – aus welchen Gründen das auch immer so sein mag.

Windows Server 2012 R2 enthält etliche Komponenten, die den »Zustand« der Systeme verbessern und verhindern, dass sich potenziell »kranke« Systeme überhaupt mit dem Netz verbinden können. Einige Beispiele:

- Mit den *Netzwerkrichtlinien- und Zugriffsdiensten* lässt sich unter anderem verhindern, dass Systeme ohne Virenschutz und/oder aktuelle Patches Zugriff auf das Netz erhalten.
- Die integrierte *Windows-Firewall* sorgt dafür, dass auf Server und Clients nur im Rahmen der vorgesehenen Möglichkeiten zugegriffen werden kann.
- Die *Windows Server Update Services* (WSUS) sorgen für die Verteilung von Patches im Netz.

Sicherheit ist ein Prozess

Das Thema »Sicherheit« ist in Windows Server 2012 R2 natürlich nicht nur durch diese Komponenten vertreten. So gut wie alle Komponenten des Betriebssystems können und müssen in irgendeiner Form vor unautorisiertem Zugriff geschützt werden, was Windows Server 2012 R2 selbstverständlich auch ermöglicht. Im Grunde genommen gelten aber die altbekannten »Weisheiten«:

- Sicherheit ist kein »Einmal-Projekt«, sondern ein fortwährender Prozess.
- Eine IT-Umgebung ist nur so sicher, wie sie konfiguriert wird. Das heißt: Gegen schlampige Konfiguration und Administration hilft auch modernste Technologie nicht.
- Gehen die Benutzer nicht verantwortungsvoll mit den zur Verfügung gestellten Systemen um, ergeben sich dramatische Sicherheitslücken. Dabei sind sowohl Fahrlässigkeit als auch Vorsatz zu berücksichtigen.

14.1 Netzwerkrichtlinien- und Zugriffsdienste

Unter dem Stichwort *Netzwerkrichtlinien- und Zugriffsdienste* sind diverse Technologien zu finden, die helfen, den Zugang zum Netz einerseits zu realisieren (z.B. Remote Access Service), aber auch abzusichern (z.B. Network Policy Server). Bei *Netzwerkrichtlinien- und Zugriffsdienste* handelt es sich um eine Rolle, deren Komponenten über die entsprechende Funktion des Server-Managers installiert werden. Abbildung 14.1 zeigt die Komponenten, die Sie im Installationsdialog auswählen können.

- NETZWERKRICHTLINIENSERVER: Mit dieser Komponente können Sie organisationsweise Regeln definieren und durchsetzen, mit denen der Zugriff auf das Netz gesichert werden kann.
- HOST CREDENTIAL AUTHORIZATION-PROTOKOLL: Diese Komponente dient zur Interaktion mit dem *Cisco Access Control Server*.
- INTEGRITÄTSREGISTRIERUNGSSTELLE: Diese Komponente überprüft den Zustand des Clients und stellt ein Zertifikat aus, das auf der ermittelten Integrität des Clients beasiert. Diese wird benötigt, wenn Netzwerkzugriffsschutz (NAP) in Verbindung mit IPSec eingesetzt werden soll.

NAP

In diesem Abschnitt werden wir uns mit den Netzwerkrichtlinien beschäftigen, auch als *Network Access Protection*, kurz NAP, bekannt.

Ich werde im weiteren Verlauf des Kapitels die Kurzbezeichnung NAP verwenden.

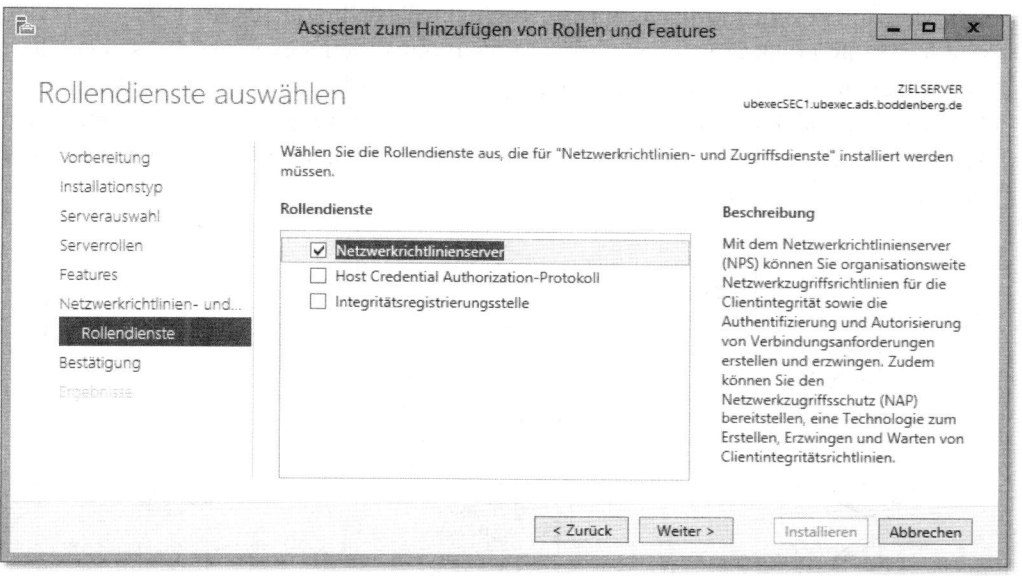

Abbildung 14.1 Diese Komponenten gehören zur Rolle »Netzwerkrichtlinien- und Zugriffsdienste«.

14.1.1 Wie funktioniert NAP?

Ich möchte an dieser Stelle NAP nicht bis ins letzte theoretische Detail diskutieren, sondern Ihnen eine grundsätzliche Idee von der Funktionsweise geben. Abbildung 14.2 zeigt eine stark vereinfachte Darstellung:

- Wenn ein Client auf das Netz zugreifen möchte, muss er sich zunächst mit einem der *NAP Enforcement Points* (NAP-Erzwingungspunkte) auseinandersetzen. NAP-Unterstützung gibt es für verschiedene Netzwerkverbindungsmethoden, beispielsweise DHCP, VPN, Terminaldienstegateway, IPSec und auch für drahtlose und drahtgebundene 802.1X-Geräte (z. B. Switches, WLAN-AccessPoints).

- An dem Erzwingungspunkt wird der »Gesundheitszustand« des Clients überprüft. Beispielsweise wird abgefragt, ob aktuelle Virenpattern vorhanden sind, ob eine Firewall für alle Netzwerkverbindungen aktiv ist und ob die aktuellen Patches eingespielt worden sind.

  Technisch funktioniert das so, dass auf den Clients ein Stück Software, nämlich der NAP-Agent mit diversen Unterkomponenten, vorhanden sein muss, der diese Daten einsammelt und das Ergebnis an den jeweiligen Erzwingungspunkt (z. B. den DHCP-Server) übermittelt.

- Das Ergebnis der »Gesundheitsprüfung« sendet der Erzwingungspunkt an den Netzwerkrichtlinienserver, der anhand der dort konfigurierten Richtlinien entscheidet, ob dem Client Zugriff gewährt werden soll – oder eben nicht.

- Wird dem Client Zugriff gewährt, kann er auf die produktiven Server zugreifen.

14 »Innere Sicherheit«

- Wird dem Client kein Zugriff gewährt, weil er nicht alle Bedingungen für einen »gesunden Client« erfüllt, erhält er keinen Zugriff auf die produktiven Server. Stattdessen erhält er Zugriff auf einen oder mehrere Wartungsserver. Die Idee ist, dass er sich von diesen Wartungsservern die fehlenden Dateien, also insbesondere Virenpattern, Patches etc. holen kann. Nach dem Updatevorgang wird er dann nochmals einer Prüfung unterzogen, die er dann hoffentlich besteht.

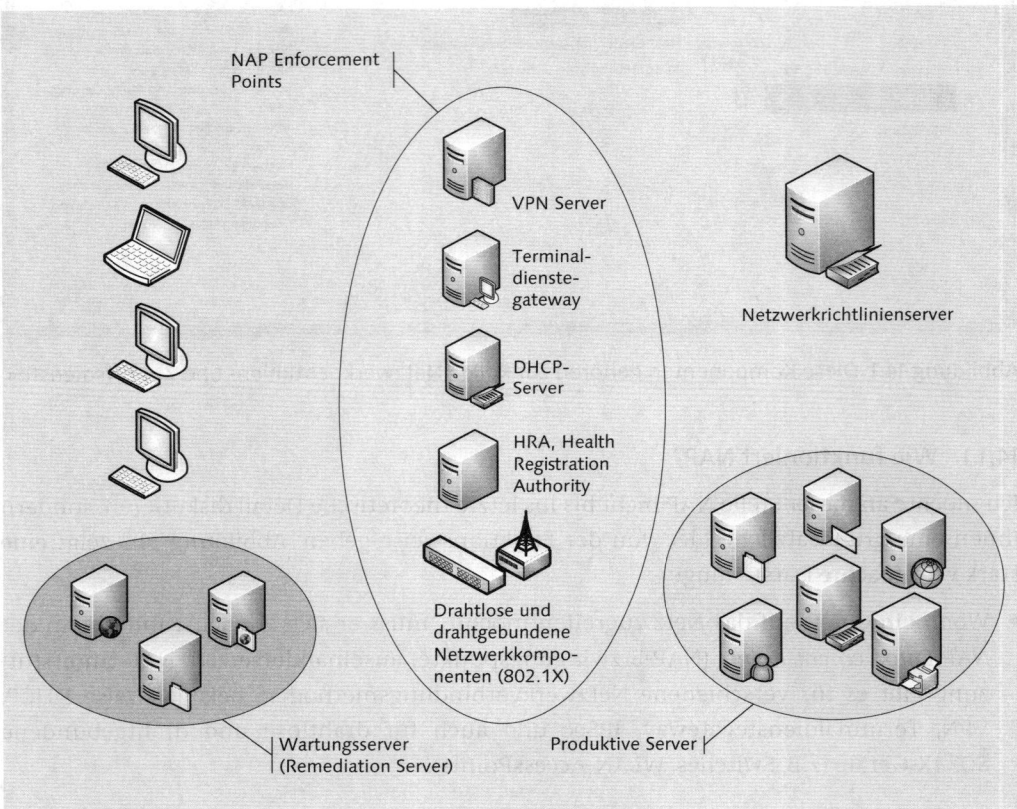

Abbildung 14.2 Die Idee hinter NAP in stark vereinfachter Darstellung

In Abbildung 14.3 lernen Sie einige wesentliche Komponenten von NAP in einer etwas technischeren Darstellung kennen:

Zunächst zum Client:

- Auf dem Client läuft ein *NAP Agent*, der übrigens für Windows Vista/7/8/8.1 und Windows XP SP3 verfügbar ist.
- Dieser Agent verfügt über beliebig viele *System Health Agents* (SHA), die in der Lage sind, den »Gesundheitszustand« des Clients zu überprüfen. Hierzu gehört zum Beispiel, die

Versionsnummer der aktuellsten Virensignatur zu ermitteln, den Zustand der Firewall (aktiviert/nicht aktiviert) zu überprüfen und Diverses mehr.

Drittsteller können beliebige eigene SHAs programmieren, die beispielsweise die Versionsstände bestimmter Softwareprodukte prüfen oder schauen, ob der Monitor auch den aktuellen Ergonomiebestimmungen entspricht.

▶ Weiterhin sind an den NAP-Agenten beliebig viele *Enforcement Clients* angebunden. Es gibt beispielsweise einen Enforcement Client für DHCP, der die Kommunikationsvorgänge mit dem DHCP-Enforcement Server abwickelt.

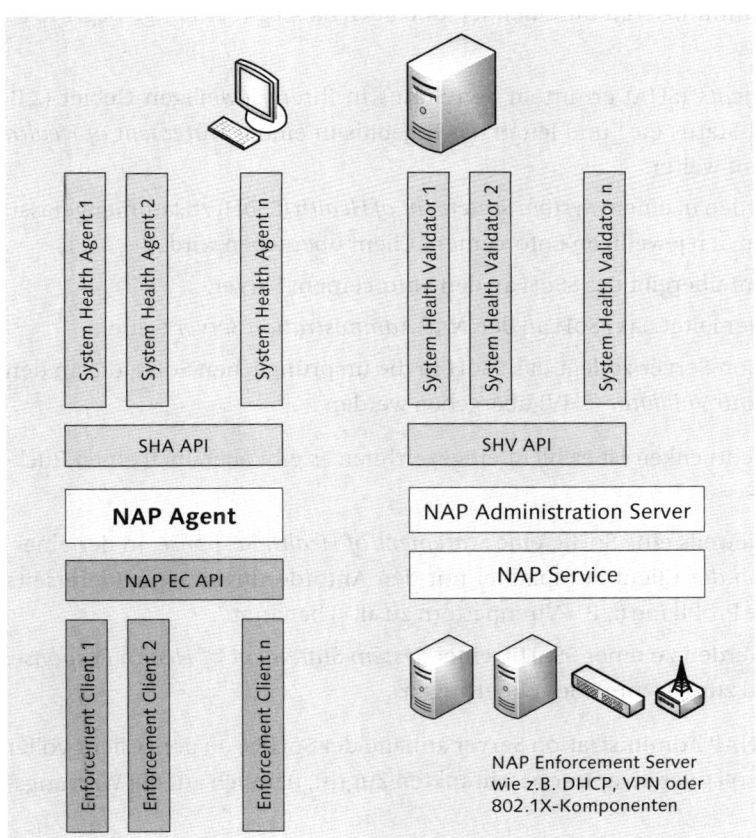

Abbildung 14.3 Die Komponenten des NAP-Clients und des NAP-Servers

Auf der Serverseite sieht es folgendermaßen aus (von unten nach oben):

▶ Zunächst gibt es verschiedene *Enforcement Server*. Dies können einerseits Windowsbasierte Server (DHCP, Terminaldienstegateway, VPN-Server) sein, allerdings zählen auch 802.1X-Netzwerkgeräte (Switches, WLAN-AccessPoints) zu dieser Kategorie. Diese kommunizieren mit dem *Enforcement Client*.

- Der *NPS Service* ist letztendlich ein RADIUS-Server, der die Kommunikation mit den Enforcement Clients übernimmt. Der *NAP Administration Server* nimmt die Informationen über den Zugriff verlangenden Client vom *NPS Service* entgegen und leitet sie an die *System Health Validators* weiter.
- Die *System Health Validators* (SHV), von denen es ebenfalls beliebig viele geben kann, werten die empfangenen »Gesundheitszustandsinformationen« des Clients aus und prüfen, ob diese den aktuellen Anforderungen entsprechen. Ein SHV »weiß« zum Beispiel, ob es ausreicht, wenn das aktuelle Virenpattern vom 03.10.2008 stammt.

Diese Komponenten kommunizieren miteinander, und auch dabei gilt es einige Begriffe zu lernen (Abbildung 14.4):

- Die *System Health Agents* (SHA) ermitteln den Status in ihrem jeweiligen Gebiet (z.B. Virenpattern, Firewall-Status etc.) und leiten das Ergebnis in einem *Statement of Health* (SoH) an den *NAP Agent* weiter.
- Die diversen SoHs werden in einem *System Statement of Health* (SSoH) zusammengefasst, das vom NAP Agent an den jeweiligen Enforcement Client übergeben wird.
- Der Enforcement Client übergibt das SSoH an den Enforcement Server.
- Der Enforcement Server leitet das SSoH an den *NAP Administration Server* weiter.
- Der NAP Administration Server zerlegt das SSoH in die ursprünglichen SoHs, die an den jeweiligen *System Health Validator* (SHV) übergeben werden.

Aus Gründen der Übersichtlichkeit ist es nicht eingezeichnet, es gibt aber auch einen Rückweg:

- Die SHVs generieren jeweils eine SoHR, eine *Statement of Health Response*, in der einerseits angegeben ist, ob der Client kompatibel mit den Anforderungen ist; andererseits werden darin auch die Probleme (z.B. »Virenpattern zu alt«) benannt.
- Die diversen SoHRs werden zu einer SSoHR, einer *System Statement of Health Response*, zusammengefasst und zurück zum Client übertragen.

Weiterhin ermittelt der NAP Administration Server anhand der SoHRs, ob dem Client voller Zugriff gewährt werden soll oder ob er nur beschränkten Zugriff, nämlich auf die Wartungsserver, erhält.

Es kann individuell konfiguriert werden, ob alle SHVs »kompatibel« melden müssen oder ob es für vollen Zugriff auch noch ausreichend ist, wenn ein oder mehrere SHVs »nicht-kompatibel« melden.

Ich möchte Ihnen dringend raten, sich diese Vorgänge zumindest ungefähr einzuprägen – Sie werden die Komponenten und Vorgänge später wiedererkennen.

Kommunikation

Die Kommunikation zwischen *Enforcement Server* und *NPS Service* läuft übrigens über das RADIUS-Protokoll ab. Aus diesem Grund können 802.1X-Komponenten recht problemlos eingebunden werden, indem diese als RADIUS-Client definiert werden. Sie müssen aber in der Lage sein, die SSoHs bzw. SSoHRs weiterzuleiten.

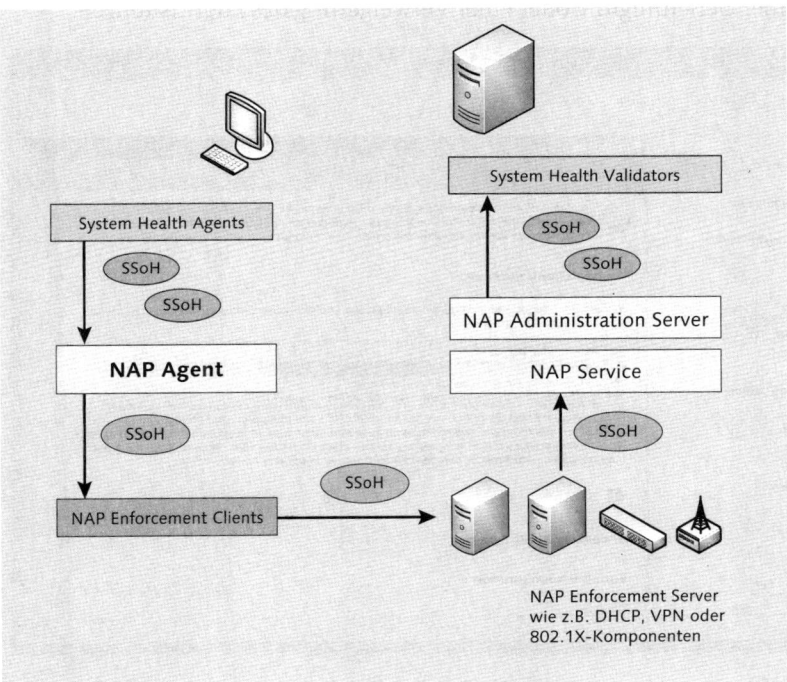

Abbildung 14.4 Die Kommunikationsvorgänge bei NAP

14.1.2 Netzwerkrichtlinienserver

Der Netzwerkrichtlinienserver (NPS, Network Policy Server) ermöglicht die Durchsetzung von organisationsweiten Regeln für die Kontrolle des Zugriffs von Clients. Die Hauptkomponenten sind der mit Windows Server 2008 erstmalig verfügbare *Netzwerkzugriffsschutz* (NAP, Network Access Protection) und der *RADIUS Server-Dienst*.

Abbildung 14.5 gibt einen ersten Überblick über das Konfigurationswerkzeug. Sie sehen hier eine Vielzahl von Komponenten, deren Bedeutung Sie nun kennenlernen werden.

Ich möchte an dieser Stelle nun nicht jedes einzelne Element vorstellen, das im Netzwerkrichtlinienserver-Konfigurationswerkzeug zu sehen ist; ich möchte Ihnen aber jeweils ein Stichwort mitgeben. Sie werden die Elemente anhand eines Beispiels genauer kennenlernen:

▶ **VERBINDUNGSANFORDERUNGSRICHTLINIEN:** Diese Richtlinien legen fest, welche Verbindungen zum Netzwerkrichtlinienserver aufgebaut werden können. Mit diversen Bedingungen können Sie Einschränkungen definieren, beispielsweise bezüglich der Uhrzeit, des Herstellers der zugreifenden Komponente, des Benutzers und für vieles andere mehr. Mit einer solchen Richtlinie wird übrigens auch festgelegt, dass ein Zugriff an einen zentralen Netzwerkrichtlinienserver weitergeleitet werden soll.

▶ **NETZWERKRICHTLINIEN:** Mit den Netzwerkrichtlinien wird letztendlich festgelegt, welche Bedingungen zu einer Genehmigung oder einer Verweigerung des Zugriffs führen.

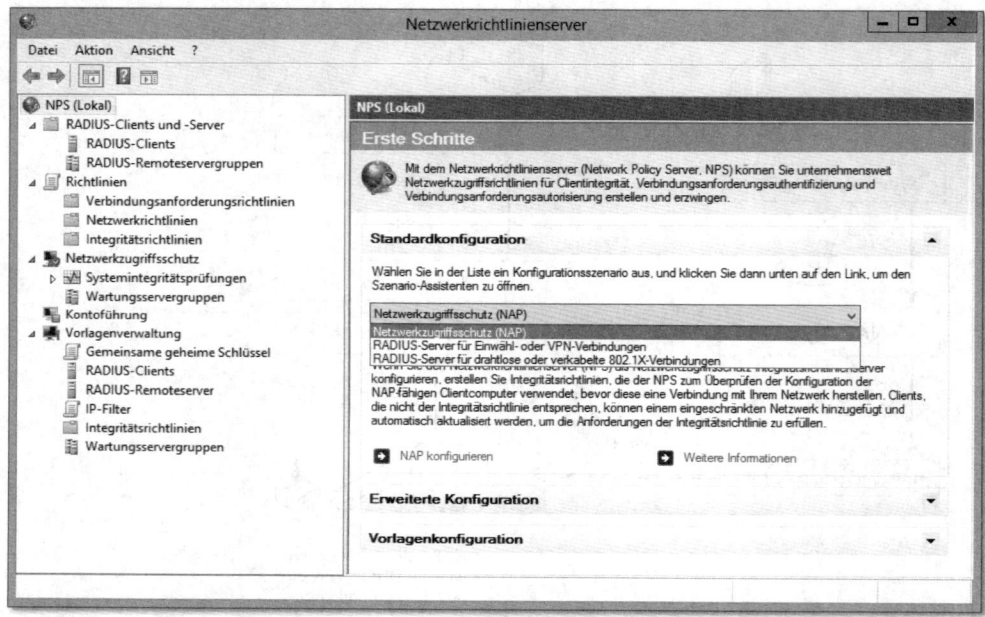

Abbildung 14.5 Das Konfigurationswerkzeug des Netzwerkrichtlinienservers

▶ **INTEGRITÄTSRICHTLINIEN:** Mit den Integritätsrichtlinien werden letztendlich die Bedingungen formuliert, die von einer Netzwerkrichtlinie ausgewertet werden. Hier wird insbesondere formuliert, welche Systemintegritätsprüfungen (SHV, System Health Validator) durchgeführt werden sollen.

▶ **SYSTEMINTEGRITÄTSPRÜFUNGEN:** Hinter diesem Stichwort verbergen sich die SHVs, die *System Health Validators*. Standardmäßig wird eine Systemintegritätsprüfung mitgeliefert, die solche Aspekte wie Virenpattern, Firewallstatus und dergleichen mehr auswertet.

▶ **WARTUNGSSERVERGRUPPEN:** In Wartungsservergruppen werden diejenigen Server definiert, auf die ein Client Zugriff hat, wenn erkannt wurde, dass er als nicht zu den Richtlinien kompatibel ist. Von diesen Servern kann sich der Client die benötigten Updates, Virenpattern etc. herunterladen.

Kontoführung

Hinter dem Stichwort KONTOFÜHRUNG verbirgt sich die Konfiguration der Protokollierung. Diese wird in diesem Buch zwar nicht weiter beschrieben, trotzdem sollten Sie diese Einstellmöglichkeit anschauen, um zu wissen, welche Protokollierungsoptionen einstellbar sind. Die Konfigurationsdialoge sind selbsterklärend.

14.1.3 Client vorbereiten

Wenn ein Client in einer NAP-aktivierten Umgebung arbeiten soll, müssen Sie zunächst einige Einstellungen vornehmen. Windows 8.1/7/Vista und Windows XP (SP3) sind zwar grundsätzlich NAP-fähig, allerdings müssen Sie zwei Konfigurationsschritte durchführen:

- Der Dienst *NAP-Agent* muss auf den Starttyp AUTOMATISCH gestellt werden. Sinnvollerweise starten Sie ihn auch direkt (Abbildung 14.6).
- Die benötigten *Erzwingungsclients* müssen aktiviert werden.

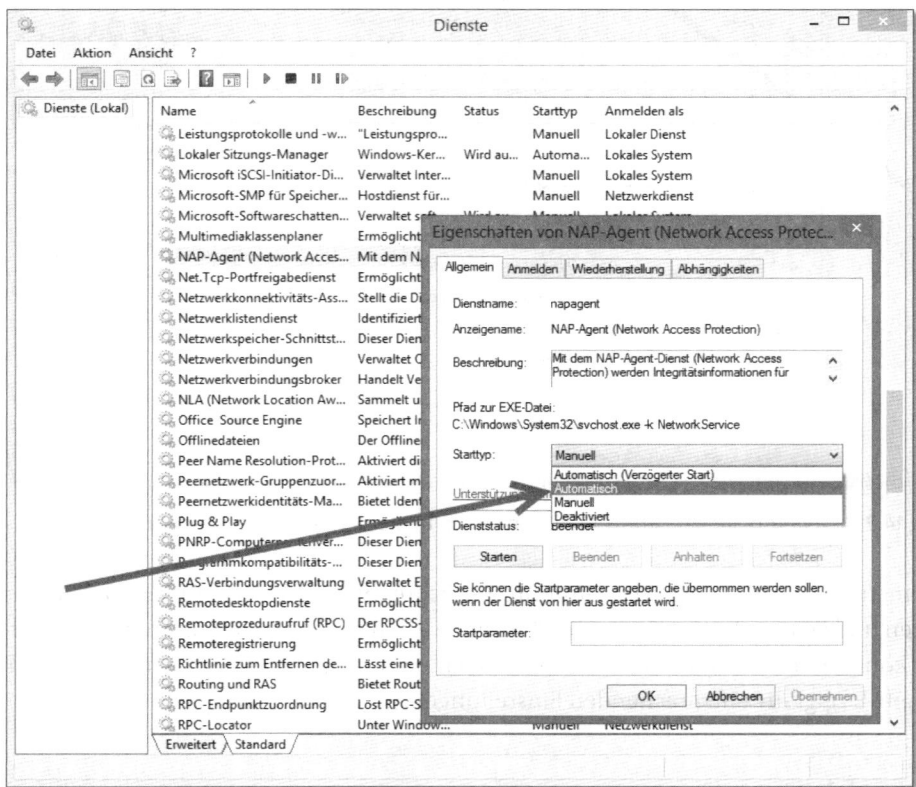

Abbildung 14.6 Auf dem Client muss der NAP-Agent-Dienst gestartet werden.

Was ist ein Erzwingungsclient? Beim Netzwerkzugriffsschutz (NAP) wird der »Gesundheitszustand« des Clients überprüft und das Ergebnis an den Netzwerkrichtlinienserver übermittelt, der dann entscheidet, ob der Client zugriffsberechtigt ist – oder eben nicht.

Um die notwendigen Konfigurationsarbeiten »von Hand« zu erledigen, öffnen Sie in der MMC das Snap-In *NAP-Clientkonfiguration*, das in Abbildung 14.7 zu sehen ist.

Ist ein Erzwingungsclient erfolgreich aktiviert worden, finden Sie im Ereignisprotokoll einen entsprechenden Eintrag. Normalerweise gibt es zwar keine Probleme, einmal mehr kontrollieren kann aber im Zweifelsfall nicht schaden.

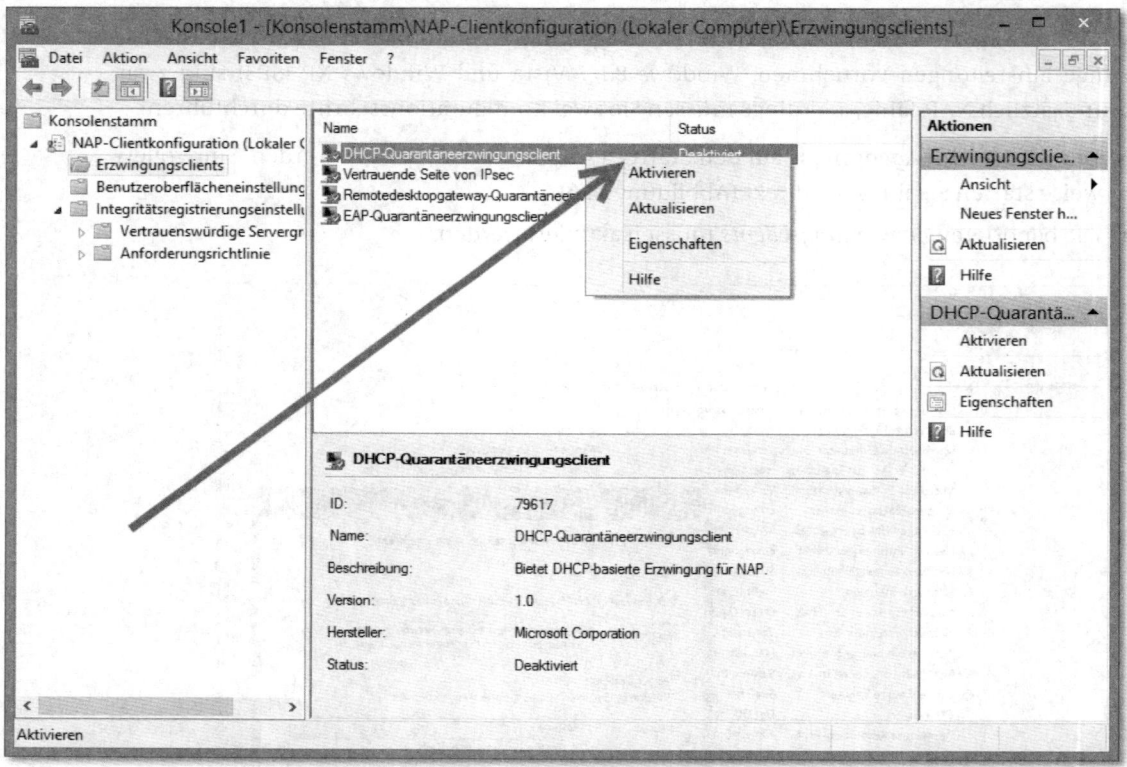

Abbildung 14.7 Aktivieren Sie bei Bedarf in diesem Snap-In die benötigten Erzwingungsclients.

Ein Administrator, der NAP im Netz einführen möchte, muss nun natürlich nicht durchs Haus laufen und Dutzende, Hunderte oder Tausende PCs per Hand konfigurieren: Selbstverständlich können die NAP-Clienteinstellungen auch per Gruppenrichtlinie verteilt werden. Abbildung 14.8 zeigt die entsprechenden Einstellungen.

14.1 Netzwerkrichtlinien- und Zugriffsdienste

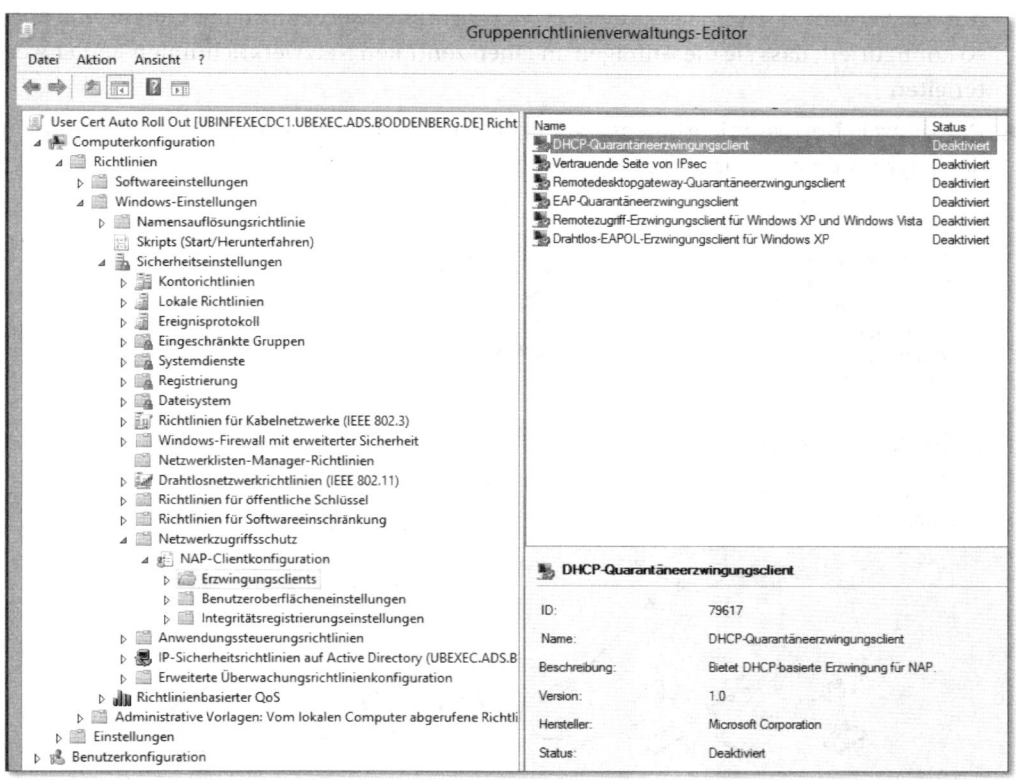

Abbildung 14.8 Die NAP-Clientkonfiguration ist natürlich auch per Gruppenrichtlinie möglich.

14.1.4 Mehrstufiges NAP-Konzept vorbereiten

Wenn Sie sich für die Einführung des Netzwerkzugriffsschutzes entscheiden, werden Sie vermutlich nicht »nur« eine, sondern mehrere Netzwerkverbindungsmethoden schützen wollen, also etwa DHCP und das Terminaldienstegateway. Nun ist es aber, um die beiden genannten Beispiele für Netzwerkverbindungsmethoden weiter zu betrachten, sowohl beim DHCP-Server als auch beim Terminaldienstegateway erforderlich, den *Netzwerkrichtlinienserver* (NPS) auf dem jeweiligen Dienste-Server zu installieren. Die meisten Administratoren dürften kaum erbaut sein, wenn die Verwaltung der Richtlinien jeweils lokal auf dem DHCP-Server, Terminaldienstegateway oder dergleichen stattfinden müsste – vielleicht gibt es ja auch mehrere davon.

In einer mittleren und größeren Umgebung wird also in etwa die Architektur aus Abbildung 14.9 gewünscht werden:

▶ Der Client wendet sich mit seinem Zugriffswunsch an einen Server, beispielsweise einen DHCP-Server oder ein Terminaldienstegateway.

- Auf den Servern ist zwar jeweils der Netzwerkrichtlinienserver installiert, diese sind aber so konfiguriert, dass sie die Anfragen an einen zentralen Netzwerkrichtlinien-Server weiterleiten.
- Der zentrale Netzwerkrichtlinienserver prüft anhand der dort konfigurierten Richtlinien den Zugriff und übermittelt das Ergebnis.

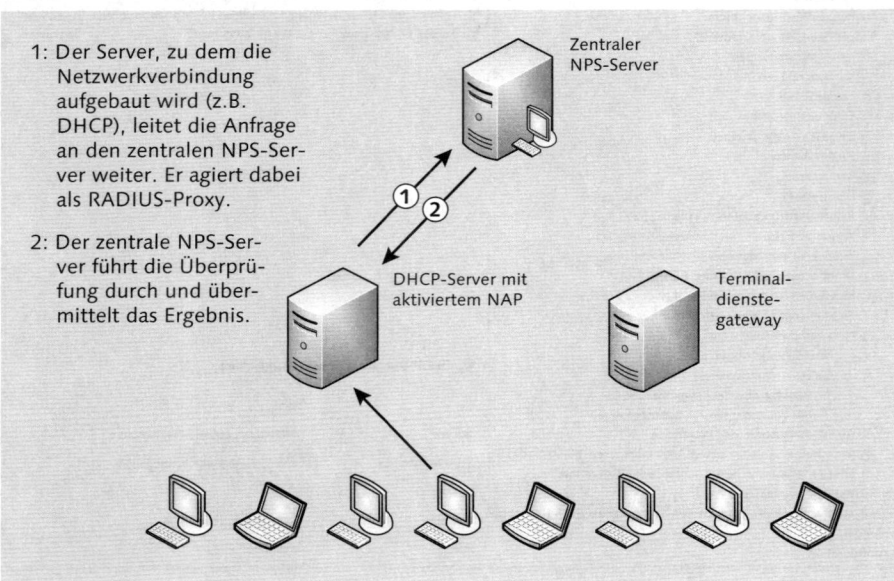

Abbildung 14.9 Wenn mehrere Netzwerkverbindungsmethoden durch NAP geschützt werden, kann trotzdem ein zentraler NPS-Server verwendet werden.

Da die Komponenten des Netzwerkzugriffsschutzes per RADIUS-Protokoll miteinander kommunizieren, agieren die Netzwerkrichtlinienserver auf den Servern (wie DHCP, Terminaldienstegateway etc.) technisch gesehen als RADIUS-Proxy.

Diese Architektur aufzubauen ist zwar nicht allzu schwierig, erschließt sich aber auch nicht unbedingt ganz intuitiv, sodass ich es Ihnen vorführe.

Konfiguration auf dem zentralen Netzwerkrichtlinienserver

Bei der Konfiguration von einem RADIUS-Client bzw. Proxy auf der einen und dem RADIUS-Server auf der anderen Seite muss unter anderem ein *gemeinsamer geheimer Schlüssel* ausgetauscht werden. Da der Dialog zum Anlegen eines RADIUS-Clients diesen Schlüssel generieren kann, bietet es sich an, mit ihm zu beginnen; prinzipiell ginge es aber auch »andersherum«.

Rufen Sie also auf dem zentralen Netzwerkrichtlinienserver den Menüpunkt RADIUS-CLIENT • NEU auf; Abbildung 14.10 zeigt, wo dieser zu finden ist.

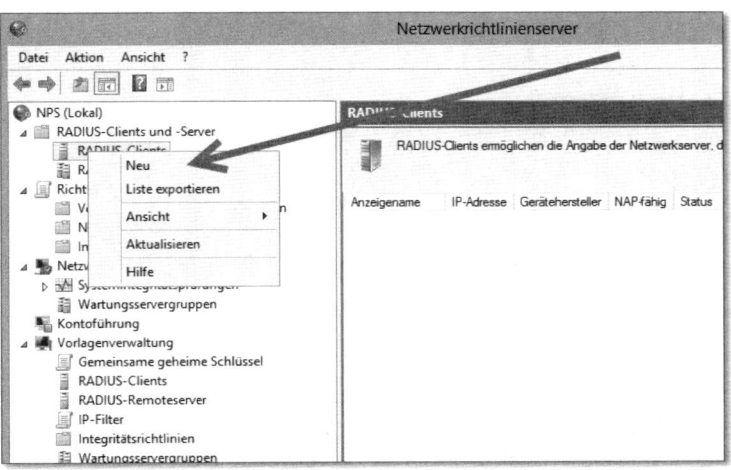

Abbildung 14.10 Dieser Menüpunkt startet das Anlegen eines RADIUS-Clients.

Abbildung 14.11 zeigt den sich nun öffnenden Dialog. Die Einstellmöglichkeiten sind so weit selbsterklärend. Ich würde empfehlen, den gemeinsamen geheimen Schlüssel automatisch generieren zu lassen. Kopieren Sie den erzeugten Schlüssel (Zwischenablage), denn er muss ein wenig später im Client eingetragen werden.

Abbildung 14.11 In diesem Dialog wird der RADIUS-Client angelegt. Kopieren Sie den »gemeinsamen geheimen Schlüssel«.

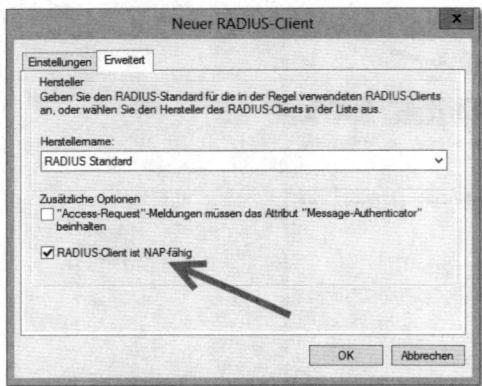

Abbildung 14.12 Auf der zweiten Registerkarte des Dialogs geben Sie ein, dass der RADIUS-Client NAP-fähig ist. Der RADIUS-Client ist in diesem Fall ja der DHCP-Server von Microsoft.

Konfiguration auf den RADIUS-Proxy-Servern

Auf den RADIUS-Proxy-Servern (z. B. dem DHCP-Server oder dem Remote Desktop-Dienstegateway) muss der zentrale Netzwerkrichtlinienserver eingetragen werden. Hierzu wird eine neue RADIUS-REMOTESERVERGRUPPE erzeugt, deren Mitglied der zentrale NPS ist.

Starten Sie die Konfiguration im NETZWERKRICHTLINIENSERVER-Snap-In mit dem Menüpunkt RADIUS-REMOTESERVERGRUPPE • NEU (Abbildung 14.13).

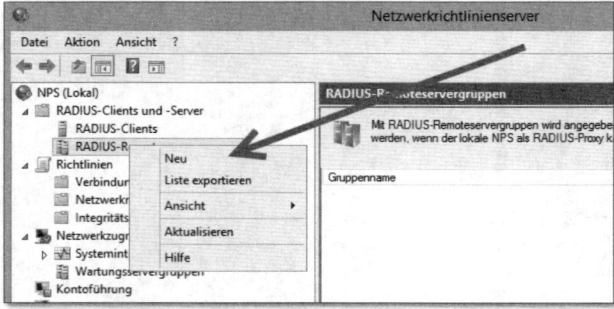

Abbildung 14.13 Der Netzwerkrichtlinienserver, an den die Zugriffe weitergeleitet werden sollen, wird in einer neu zu erstellenden RADIUS-Remoteservergruppe angelegt.

In dem sich daraufhin öffnenden Dialog wird zunächst der Gruppenname der neuen RADIUS-Remoteservergruppe abgefragt. Weiterhin existiert eine Liste, in der beliebig viele RADIUS-Server eingetragen werden können. Wir erfassen hier nur einen, nämlich unseren zentralen NPS (Abbildung 14.14).

Die spannende Registerkarte beim Anlegen des RADIUS-Servers ist in Abbildung 14.15 zu sehen, denn hier wird der zuvor generierte gemeinsame geheime Schlüssel eingetragen. Die übrigen Einstellungen können Sie unverändert übernehmen.

14.1 Netzwerkrichtlinien- und Zugriffsdienste

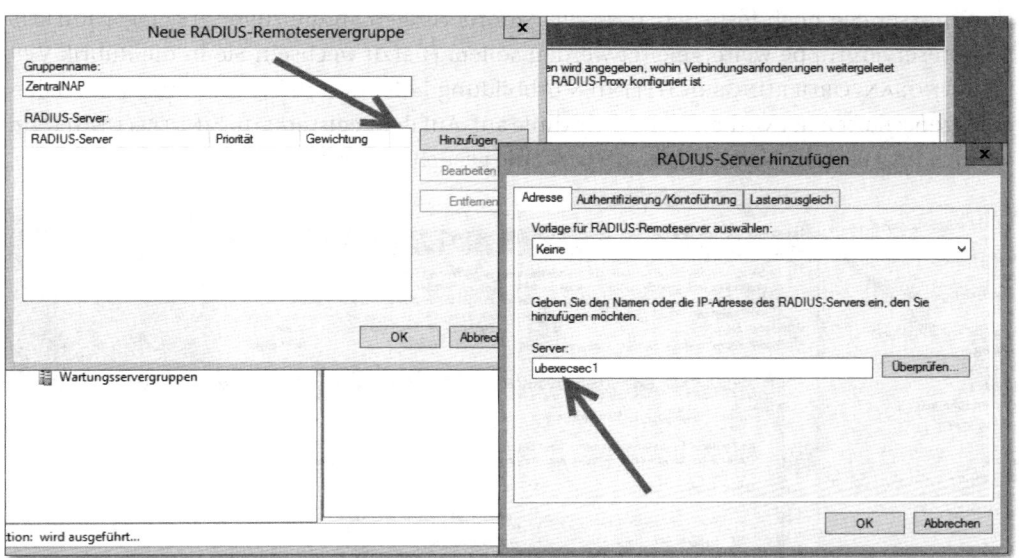

Abbildung 14.14 In der neuen RADIUS-Remoteservergruppe wird der zentrale Netzwerkrichtlinienserver eingetragen.

Abbildung 14.15 Auf dieser Registerkarte tragen Sie den zuvor erzeugten »gemeinsamen geheimen Schlüssel« ein.

Nun müssen Sie noch festlegen, dass alle Anforderungen an die zuvor angelegte RADIUS-Remoteservergruppe weitergeleitet werden sollen. Hierzu wechseln Sie in die Rubrik VERBINDUNGSANFORDERUNGSRICHTLINIEN (Abbildung 14.16) und rufen der Einfachheit halber die Eigenschaften der vorhandenen Richtlinie auf. Auf der Registerkarte EINSTELLUNGEN findet sich im Abschnitt AUTHENTIFIZIERUNG die gesuchte Einstellung.

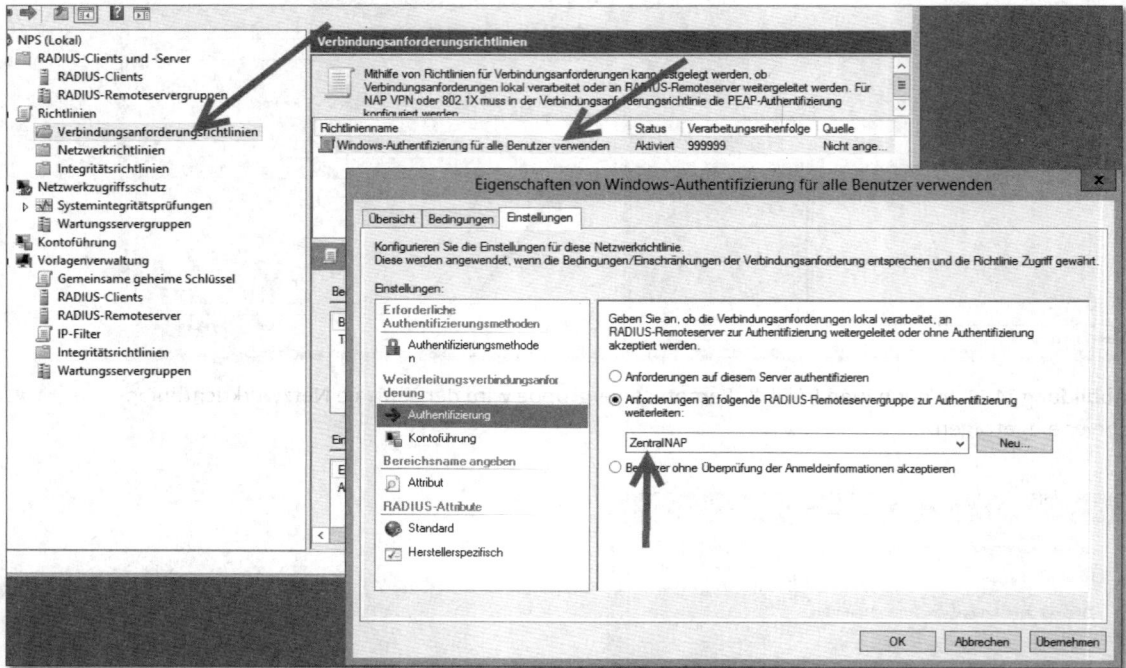

Abbildung 14.16 In einer Verbindungsanforderungsrichtlinie wird festgelegt, dass die Anforderungen an eine »RADIUS-Remoteservergruppe« weitergeleitet werden sollen.

14.1.5 NAP für DHCP-Zugriff

Die Absicherung des DHCP-Zugriffs hat einen Vorteil und einen Nachteil:

- Sie ist vergleichsweise einfach zu implementieren und umfasst dabei vermutlich fast alle Clients – vorausgesetzt, die Adressvergabe erfolgt über DHCP, wovon man aber zumeist ausgehen kann.

- Für einen »Dunkelmann« (oder natürlich auch eine »Dunkelfrau«), der bzw. die mutwillig einen »kranken« PC in das Netz schleusen möchte, ist DHCP-NAP sehr einfach zu umgehen, da es genügt, einfach eine statische IP-Adresse einzutragen.

Trotz dieses nicht ganz unwesentlichen Nachteils gilt: Wenn Sie sich darüber im Klaren sind, dass DHCP-NAP nicht gegen mutwillige Sabotage hilft, ist es durchaus eine sinnvolle Technologie, mit der sich ohne großen Aufwand verhindern lässt, dass PCs ans Netz gelangen, die laut den Richtlinien gefährdet sind.

> **Kein IPv6**
>
> Wichtig zu erwähnen ist, dass DHCP NAP kein IPv6 unterstützt. Da meiner Erfahrung und Einschätzung nach die meisten Unternehmen und Organisationen auf absehbare Zeit weiterhin primär IPv4 verwenden werden, sehe ich darin kein wesentliches Manko von DHCP NAP – momentan jedenfalls nicht.

Erster Installationsschritt und Netzwerkrichtlinienserver-Design

Bevor wir die eigentliche Einrichtung durchführen, ist eine Vorüberlegung notwendig: Auf jeden Fall muss auf dem DHCP-Server der Netzwerkrichtlinienserver installiert werden. Sie könnten die Richtlinien nun direkt auf diesem Server implementieren – und alles klappt.

Wenn Sie, wie weiter vorn in Abschnitt 14.1.4 beschrieben, einen zentralen Netzwerkrichtlinienserver verwenden möchten, müssen Sie zuerst den NPS-Server-Rollendienst auf dem DHCP-Server installieren und als RADIUS-Proxy konfigurieren. Dies habe ich ebenfalls in Abschnitt 14.1.4 gezeigt.

Demnach sind die ersten Schritte:

- Wenn die Richtlinien direkt auf dem DHCP-Server konfiguriert werden sollen, müssen Sie dort nur den Rollendienst *Netzwerkrichtlinienserver* installieren.
- Falls die Richtlinienverarbeitung auf einem zentralen Netzwerkrichtlinienserver durchgeführt werden soll, installieren Sie zunächst die Rolle *Netzwerkrichtlinienserver* auf dem DHCP-Server und konfigurieren diesen dann als RADIUS-Proxy.

Einrichtung mit dem Assistenten

Sie können nun natürlich die benötigten Richtlinien (Verbindungsanforderungsrichtlinie, Netzwerkrichtlinie, Integritätsrichtlinie) per Hand erstellen – oder Sie machen sich das Leben ein bisschen einfacher und lassen den Assistenten für sich arbeiten. Den Einstieg zu dem Assistenten finden Sie, wenn Sie den obersten Knoten des Netzwerkrichtlinienserver-Verwaltungswerkzeugs selektieren und wie in Abbildung 14.17 gezeigt den Link NAP KONFIGURIEREN auswählen.

> **Hinweis**
>
> Wenn Sie mehrere Netzwerkrichtlinienserver einsetzen, also einen »zentralen« und einen auf dem DHCP-Server (als RADIUS-Proxy), werden die Richtlinien auf dem zentralen NPS angelegt.

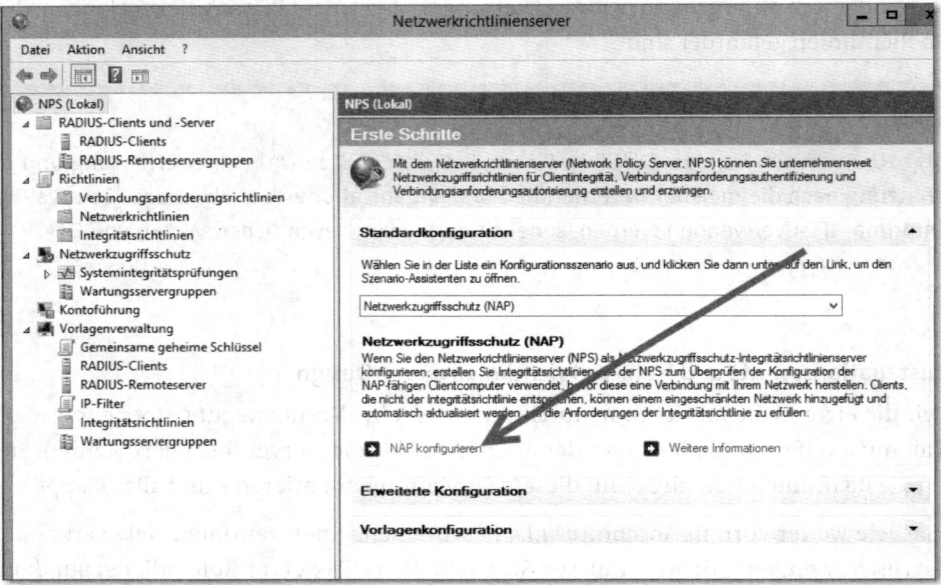

Abbildung 14.17 Hier wird der Assistent gestartet.

Der Assistent möchte zunächst von Ihnen wissen, für welche Netzwerkverbindungsmethode Sie nun Richtlinien erzeugen möchten. Gemäß der Zielsetzung dieses Abschnitts wählen Sie DHCP aus (Abbildung 14.18). In der Abbildung verdeckt die heruntergeklappte Combobox ein Textfeld, in das Sie den Namen der Richtlinie eingeben.

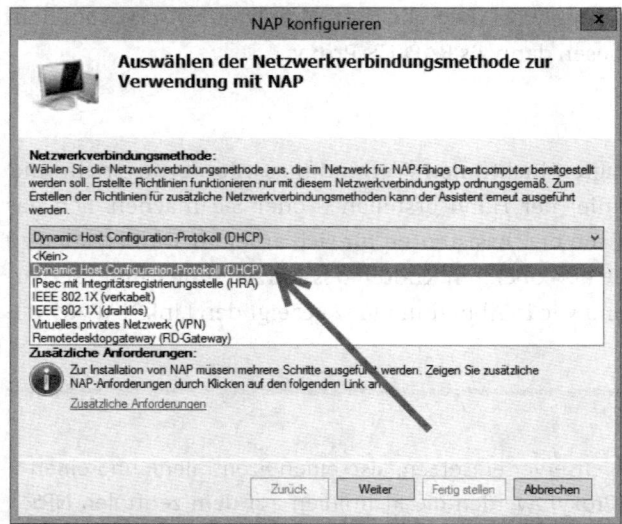

Abbildung 14.18 Zunächst wählen Sie die Netzwerkverbindungsmethode und optional die RADIUS-Clients aus.

Auf der nächsten Dialogseite (Abbildung 14.19) können Sie die NAP-ERZWINGUNGSSERVER ANGEBEN, AUF DENEN DHCP-SERVER AUSGEFÜHRT WIRD. Ob hier etwas eingetragen werden muss, hängt vom Gesamtszenario ab:

▶ Falls Sie die Richtlinien auf dem DHCP-Server abarbeiten lassen möchten, tragen Sie hier keinen RADIUS-Client ein.

▶ Ansonsten tragen Sie den DHCP-Server mit installiertem NPS als RADIUS-Client ein. Falls Sie die RADIUS-Client-zu-Server-Verbindung nicht bereits wie weiter vorn gezeigt eingerichtet haben, führt ein Klick auf HINZUFÜGEN zu einem Dialog, in dem Sie den gemeinsamen geheimen Schlüssel festlegen können.

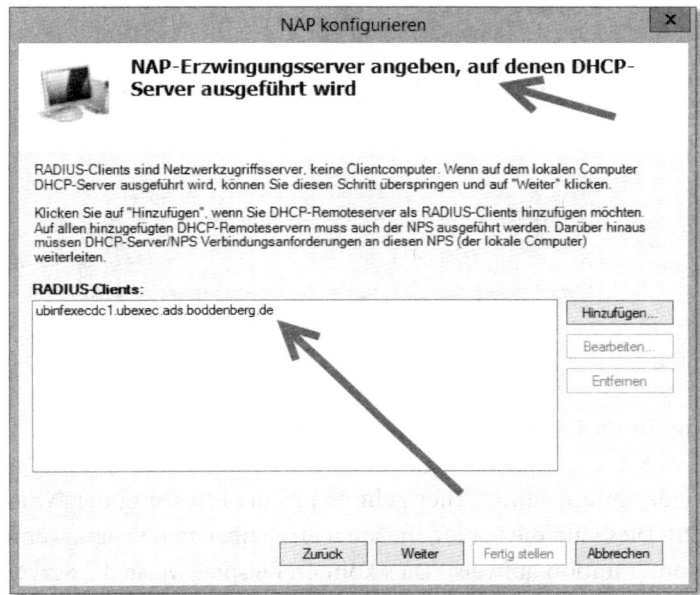

Abbildung 14.19 Der DHCP-Server wird hier eingetragen.

Die beiden nächsten Dialogseiten des Assistenten bleiben in dieser Testinstallation »leer« (Abbildung 14.20):

▶ Auf der abgebildeten Dialogseite können Sie die Namen von DHCP-BEREICHEN eintragen, für die diese Richtlinie gültig sein soll. Wenn Sie keine Eingaben vornehmen, gilt die Regel für alle Bereiche der DHCP-Server.

Anzumerken wäre, dass die eigentliche Konfiguration der DHCP-Server zusätzlich erfolgen muss – das zeige ich Ihnen ein wenig später.

▶ Wenn nur die Computer bestimmter Computergruppen DHCP-Adressen erhalten sollen, tragen Sie diese in der nächsten (nicht abgebildeten) Dialogseite ein.

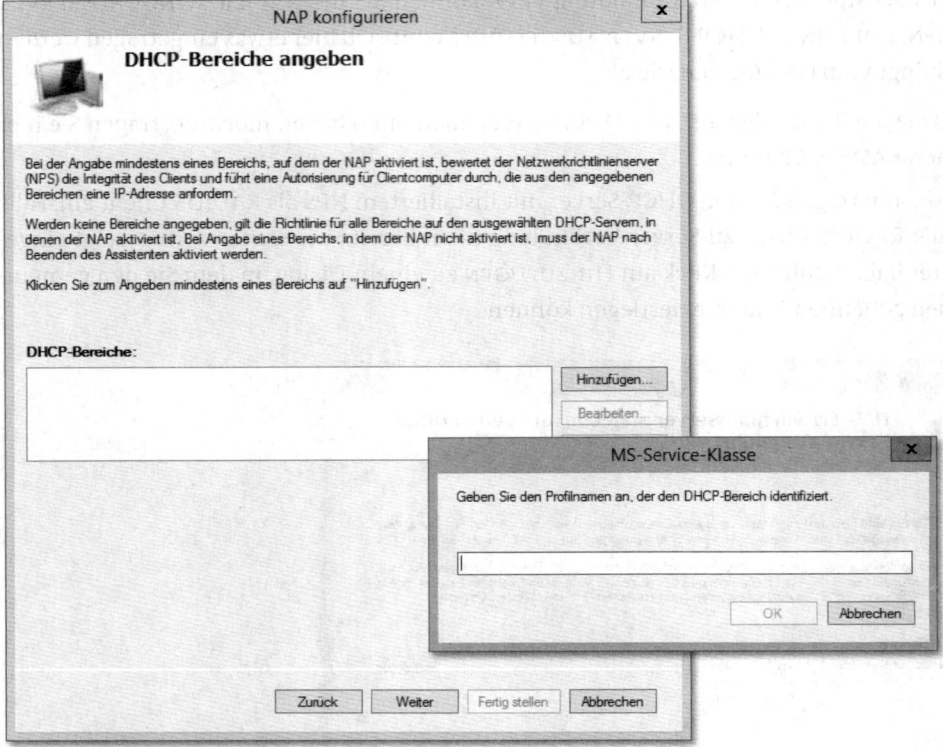

Abbildung 14.20 Soll die Richtlinie für alle DHCP-Bereiche gelten, bleibt diese Dialogseite leer.

Die nächste Dialogseite ist wieder interessanter. Hier geht es um die Erfassung der WARTUNGSSERVER (Abbildung 14.21). Dies sind die Server, die auch erreichbar sein sollen, wenn der Computer keine gültige Konfiguration aufweist. Dies können beispielsweise die Server mit aktuellen Virenpattern oder der WSUS-Server sein.

Auf der letzten Eingabeseite des Assistenten wählen Sie eine NAP-Integritätsrichtlinie aus (Abbildung 14.22). Diese beschreibt, welche Kriterien ein Computer erfüllen muss, um nicht als »potenziell krank und gefährdet« angesehen zu werden. Im Wesentlichen wählen Sie hier ein oder mehrere Systemintegritätsprüfungs-Objekte aus. In einer Standardinstallation, die nicht durch Drittherstellerkomponenten erweitert wurde, ist allerdings nur ein solches Objekt vorhanden, nämlich die WINDOWS-SICHERHEITSINTEGRITÄTSVERIFIZIERUNG. In dieser sind solche Kriterien wie aktuelles Virenpattern, »Firewall aktiviert« oder »aktueller Patch-Level« definiert.

14.1 Netzwerkrichtlinien- und Zugriffsdienste

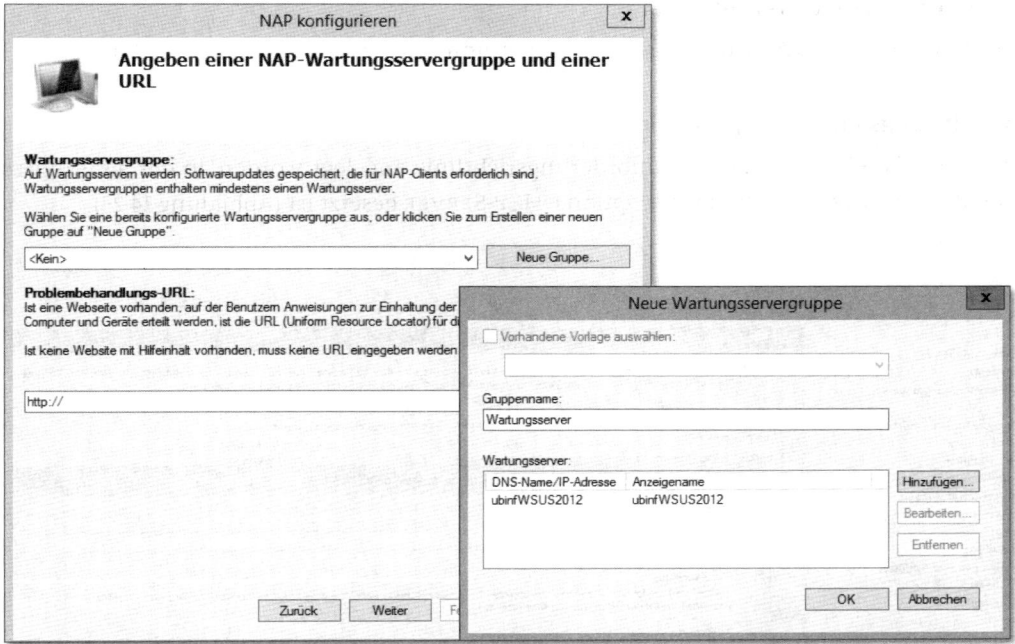

Abbildung 14.21 Eintragen von Wartungsservern

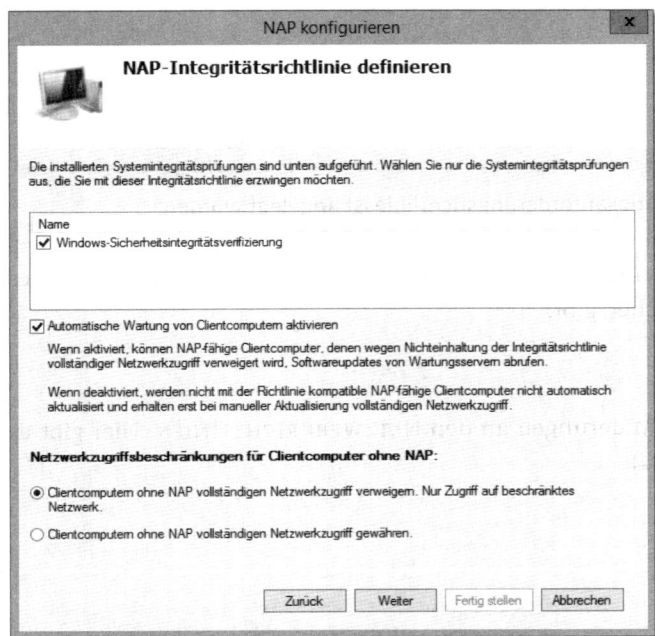

Abbildung 14.22 Standardmäßig ist nur eine Integritätsrichtlinie vorhanden. Wählen Sie sie aus.

Was der Assistent alles getan hat

Nach Abschluss des Assistenten sehen wir uns einmal an, was er alles eingerichtet hat.

Verbindungsanforderungsrichtlinien

Zunächst ist eine Verbindungsanforderungsrichtlinie angelegt worden, in der als TYP DES NETZWERKZUGRIFFSSERVERS die Option DHCP-SERVER gesetzt ist (Abbildung 14.23).

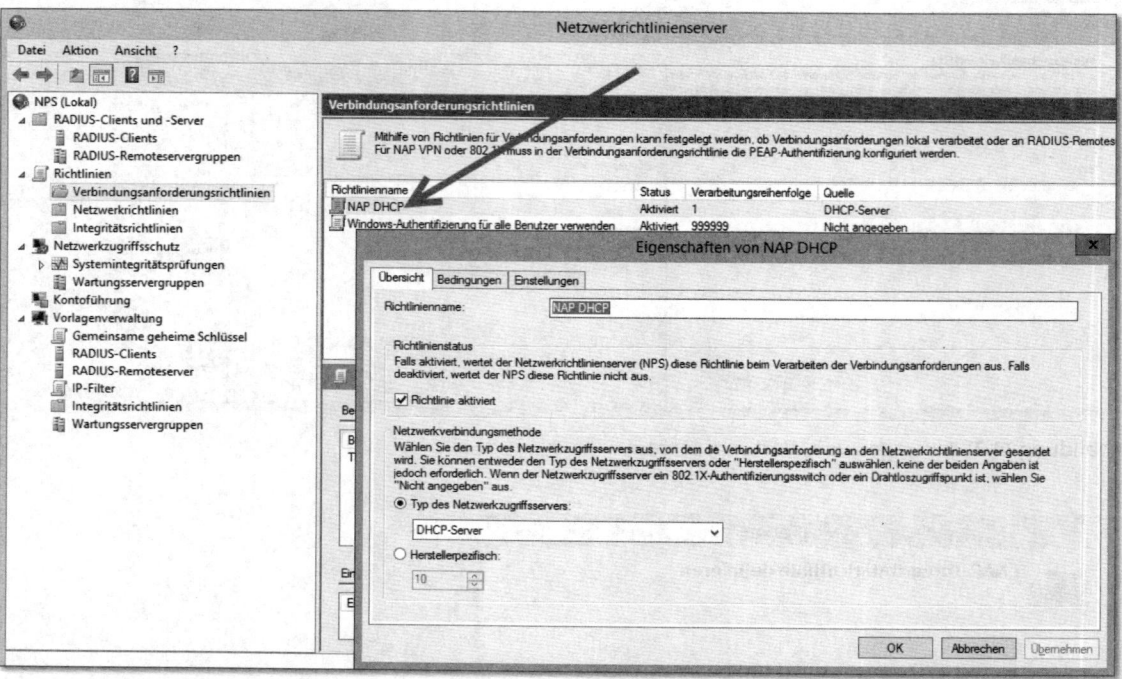

Abbildung 14.23 Eine neue Verbindungsanforderungsrichtlinie ist angelegt worden.

In dieser Richtlinie sind keine weiteren Einstellungen vorgenommen worden, weshalb es hier auch nichts weiter zu besprechen gibt.

Netzwerkrichtlinien

Interessanter sind da schon die Änderungen an den NETZWERKRICHTLINIEN. Hier gibt es drei neue Objekte (Abbildung 14.24):

- kompatible DHCP-Clients
- nicht kompatible DHCP-Clients
- nicht NAP-fähige DHCP-Clients

Die Einstellungen auf der Registerkarte ÜBERSICHT sind übrigens bei allen drei Richtlinien identisch. Dem Client wird Zugriff gewährt, d. h., ihm wird eine IP-Adresse zugeteilt. Der Sinn dahinter ist, dass ja auch nicht kompatible Clients in irgendeiner Form Netzwerkkonnektivität benötigen, sonst könnten sie ja keine Patterns, Updates oder sonstige Objekte empfangen, die ihnen helfen können, wieder kompatibel zu werden.

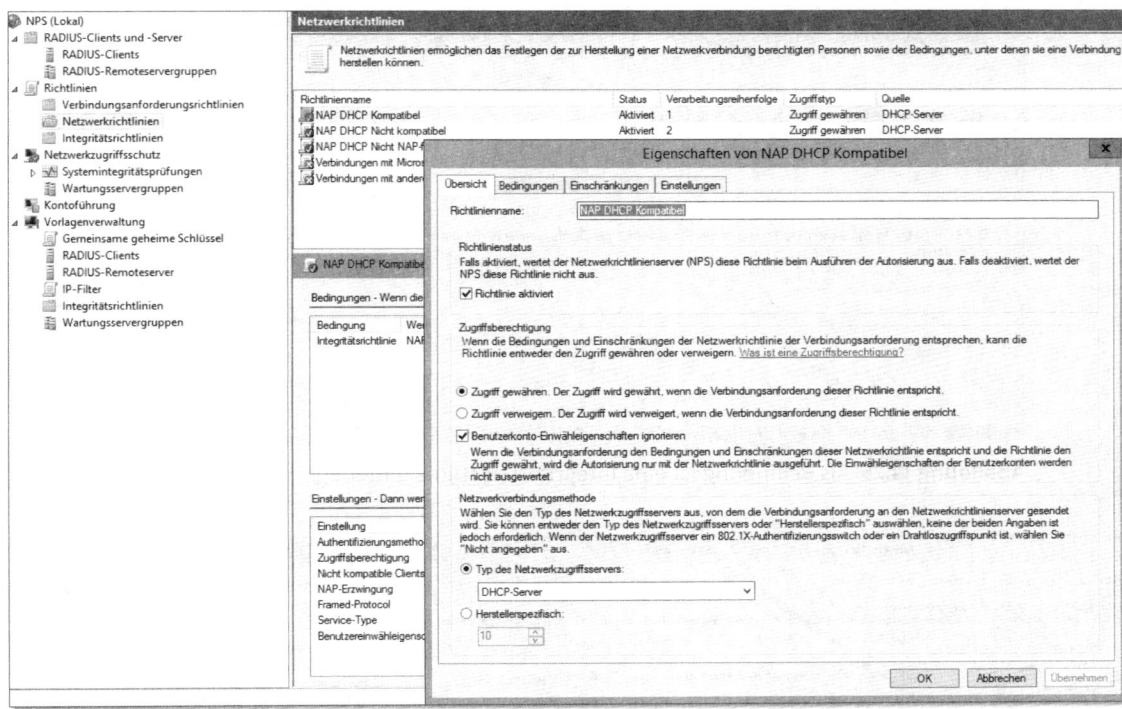

Abbildung 14.24 Drei neue Netzwerkrichtlinien sind angelegt worden.

Welche BEDINGUNGEN zu erfüllen sind, ist auf der gleichnamigen Registerkarte aufgeführt (Abbildung 14.25):

- Kompatible Clients müssen die Integritätsrichtlinie NAP DHCP KOMPATIBEL erfüllen, die ebenfalls vom Assistenten angelegt worden ist.
- Nicht kompatible Clients erfüllen die vom Assistenten angelegte Integritätsrichtlinie NAP DHCP NICHT KOMPATIBEL.
- Clients, die nicht NAP-fähig sind, erfüllen die Bedingung COMPUTER IST NICHT NAP-FÄHIG, was sozusagen eine »eingebaute Bedingung« ist.

Die drei Netzwerkrichtlinien unterscheiden sich in der eingetragenen Bedingung und in einem Punkt auf der Registerkarte EINSTELLUNGEN (Abbildung 14.26):

- Kompatiblen Clients wird VOLLSTÄNDIGER NETZWERKZUGRIFF gewährt.
- Nicht kompatiblen und nicht NAP-fähigen Clients wird EINGESCHRÄNKTER ZUGRIFF gewährt.

14 »Innere Sicherheit«

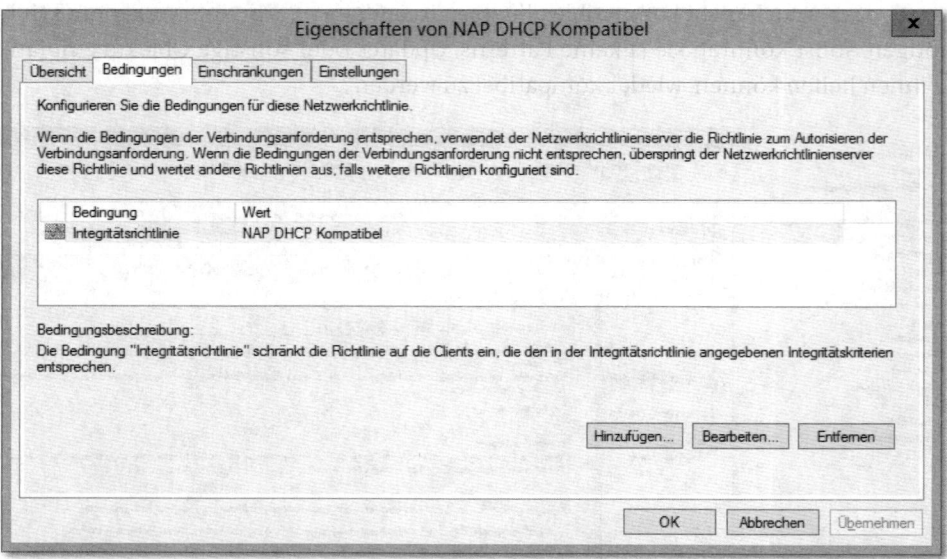

Abbildung 14.25 Als Bedingung ist eine Integritätsrichtlinie hinterlegt.

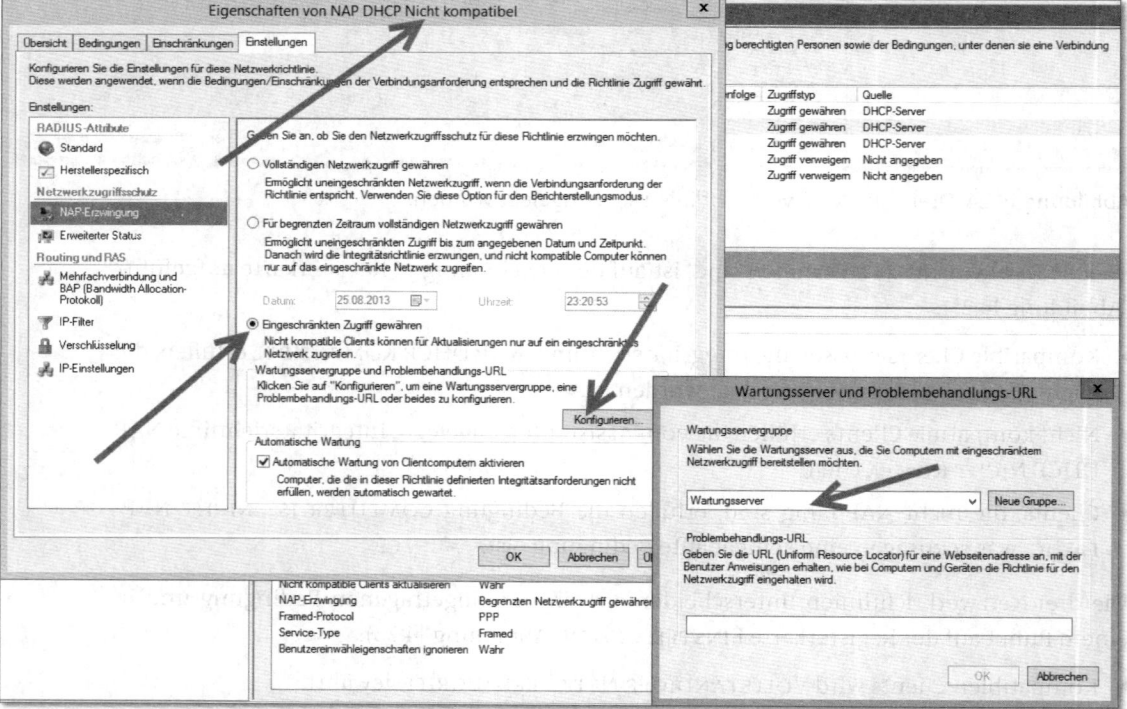

Abbildung 14.26 Ein nicht kompatibler Client erhält zwar eine IP-Adresse, ihm wird aber nur eingeschränkter Zugriff gewährt.

Integritätsrichtlinien

Weiterhin hat der Assistent zwei Integritätsrichtlinien erzeugt. Diese besagen:

- Ein Client ist NAP DHCP KOMPATIBEL, wenn er alle ausgewählten Systemintegritätsprüfungen besteht (Abbildung 14.27).
- Ein Client ist NAP DHCP NICHT KOMPATIBEL, wenn er mindestens eine der ausgewählten Prüfungen nicht besteht (Abbildung 14.28).

Da es sich um eine nicht erweiterte Standardinstallation handelt, ist nur eine Systemintegritätsprüfung vorhanden. Es könnte aber auch durch Drittherstellerprodukte erweiterte Szenarien geben, in denen man mehrere oder eine andere Systemintegritätsprüfung auswählt.

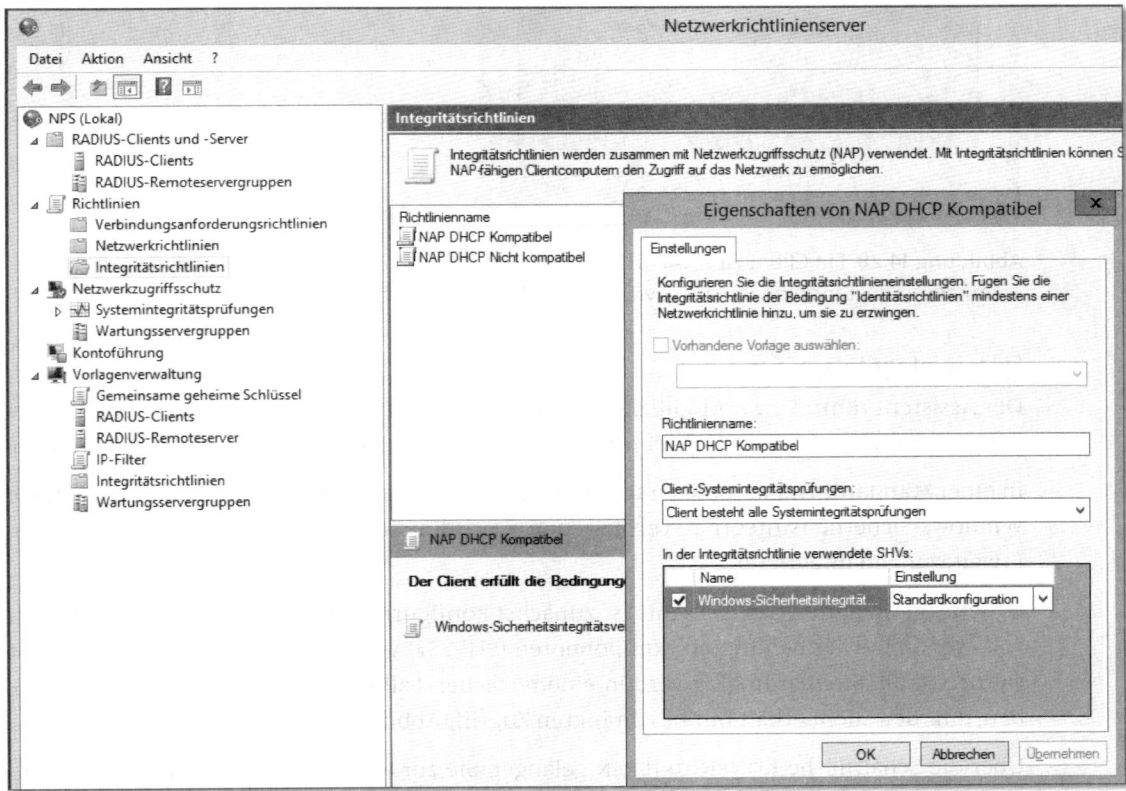

Abbildung 14.27 Ein Client ist »NAP DHCP Kompatibel«, wenn er alle ausgewählten Systemintegritätsprüfungen besteht.

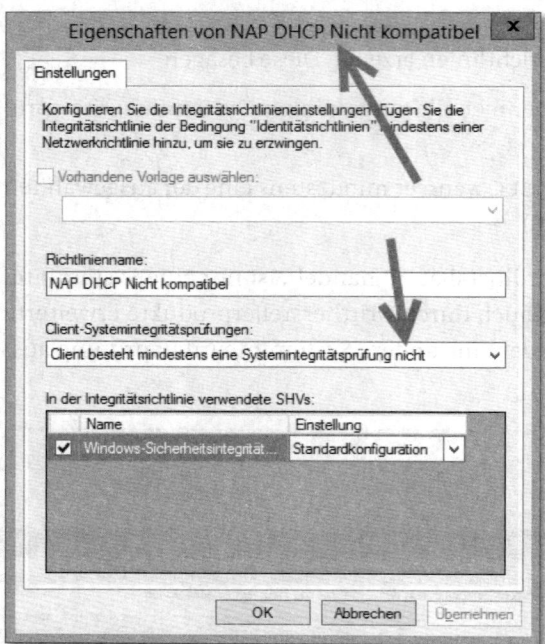

Abbildung 14.28 Ein Client ist »NAP DHCP Nicht kompatibel«, wenn er mindestens eine der ausgewählten Prüfungen nicht besteht.

Systemintegritätsprüfungen

Der Assistent nimmt zwar Modifizierungen im Abschnitt SYSTEMINTEGRITÄTSPRÜFUNGEN vor, trotzdem kann es nicht schaden, bei dieser Gelegenheit einen Blick dort hineinzuwerfen.

In einer Standardinstallation ist nur eine Systemintegritätsprüfung vorhanden, nämlich die Windows-Sicherheitsintegritätsverifizierung – Dritthersteller können hier übrigens eigene Erweiterungen integrieren.

In den Eigenschaften des Elements ist zunächst konfiguriert, wie sich das System verhalten soll, wenn eine der benötigten Komponenten (SHV, SHA) nicht reagiert oder nicht erreicht werden kann. Standardmäßig wird in einem solchen Fall NICHT KOMPATIBEL zurückgegeben, d.h., der Client erhält nur beschränkten Zugriff (Abbildung 14.29).

Über die Schaltfläche KONFIGURIEREN gelangen Sie zur »Detailkonfiguration« der gewählten Systemintegritätsprüfung (Abbildung 14.30):

- Auf der ersten Registerkarte können Sie einstellen, welche Bedingungen ein Windows Vista (oder höher)-Client erfüllen muss, damit er die Systemintegritätsprüfung positiv besteht.
- Die zweite Registerkarte enthält Einstellungen für XP, wobei dort der SPYWARESCHUTZ nicht vorhanden ist.

14.1 Netzwerkrichtlinien- und Zugriffsdienste

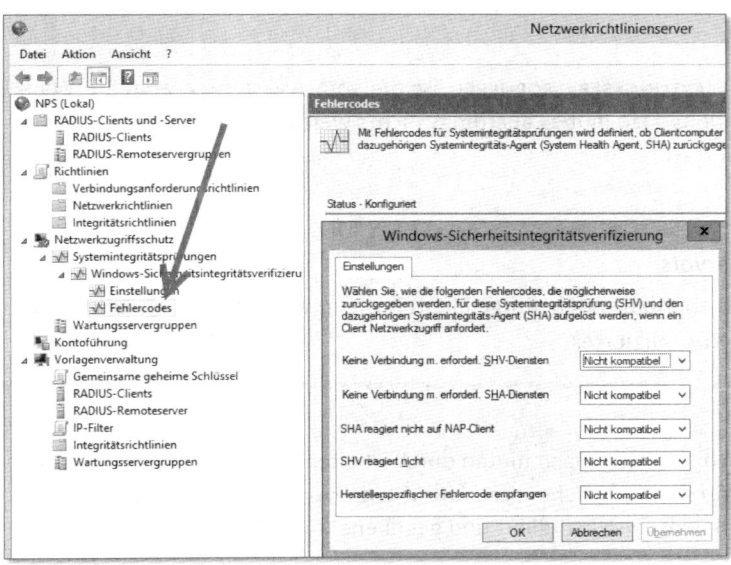

Abbildung 14.29 Standardmäßig wird »Nicht kompatibel« zurückgegeben, wenn bei der Überprüfung ein Fehler auftritt, beispielsweise eine Verbindung zu einem benötigten Dienst nicht aufgebaut werden kann.

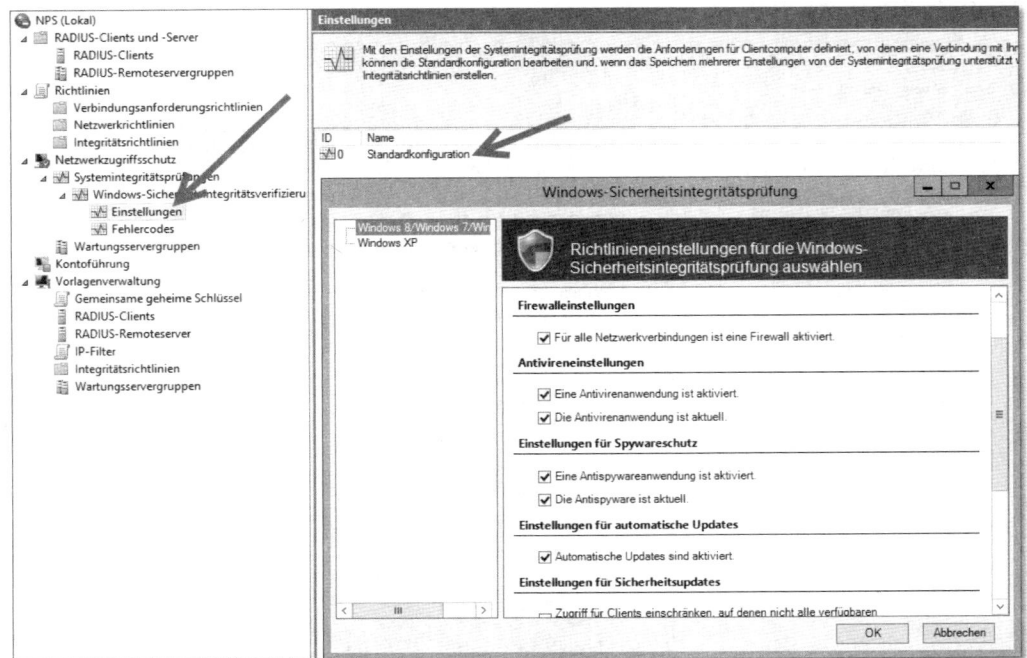

Abbildung 14.30 In der Konfiguration der »Windows-Sicherheitsintegritätsprüfung« können Sie festlegen, welche Bedingungen ein Client erfüllen muss.

> **Wartungsservergruppe**
>
> Unterhalb des Knotens WARTUNGSSERVERGRUPPEN ist die vom Assistenten erstellte Wartungsservergruppe zu finden. Dazu gibt es allerdings nichts weiter zu erklären, weshalb sie hier nicht weiter aufgeführt ist.

Vorbereitung des DHCP-Servers

Auf dem DHCP-Server sind ebenfalls noch einige Einstellungen vorzunehmen – keine Sorge, es handelt sich um nichts Kompliziertes.

> **Hinweis**
>
> Falls Sie dieses Kapitel nicht von vorn nach hinten durcharbeiten, sondern diese Seite mehr oder weniger zufällig aufgeschlagen haben, sei darauf hingewiesen, dass auf dem DHCP-Server der Netzwerkrichtlinienserver installiert und gegebenenfalls als RADIUS-Proxy konfiguriert werden muss.

In den EIGENSCHAFTEN des Bereichs finden Sie die Registerkarte NETZWERKZUGRIFFSSCHUTZ, auf der festgelegt wird, ob dieser Bereich dieser »Behandlung« unterliegt (Abbildung 14.31).

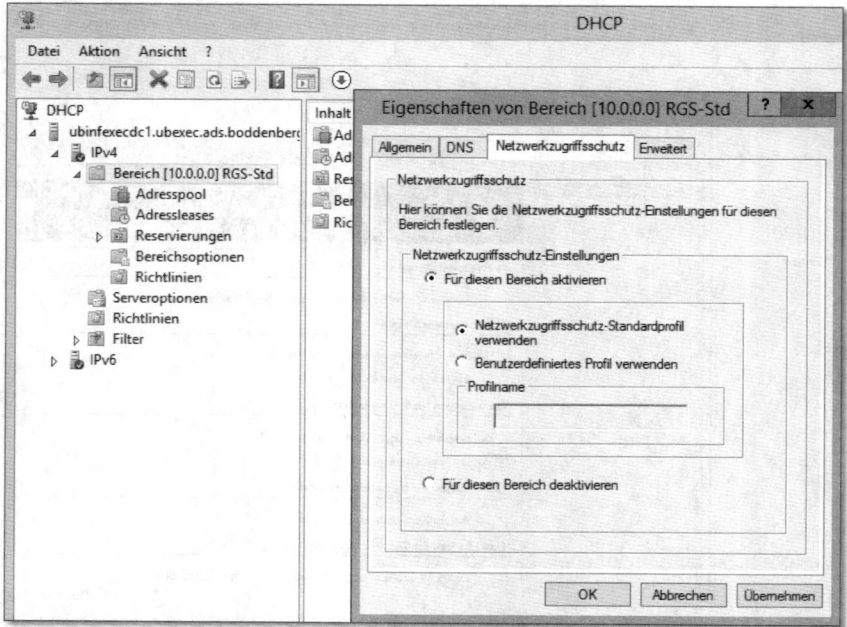

Abbildung 14.31 Der Netzwerkzugriffsschutz wird für den Bereich aktiviert.

> **Hinweis**
>
> In den Eigenschaften des IPv4-Bereichs des Servers gibt es eine gleichnamige Registerkarte, auf der festgelegt werden kann, wie sich der DHCP-Server verhalten soll, wenn der Netzwerkrichtlinienserver nicht erreichbar ist.

Der zweite Schritt bei der Konfiguration des DHCP-Servers besteht darin, dass für die nicht kompatiblen Clients eigene Bereichsoptionen (z.B. DNS-Server) gesetzt werden müssen.

Bei einem Server 2012/R2 ist die Vorgehensweise hierfür etwas anders als bei Server 2008/R2. Wenn Sie wissen, wie es geht, ist es aber nicht allzu schwierig:

- Sie müssen eine NEUE RICHTLINIE anlegen. Auf Abbildung 14.32 ist der Startpunkt im DHCP-Konfigurationswerkzeug zu sehen.

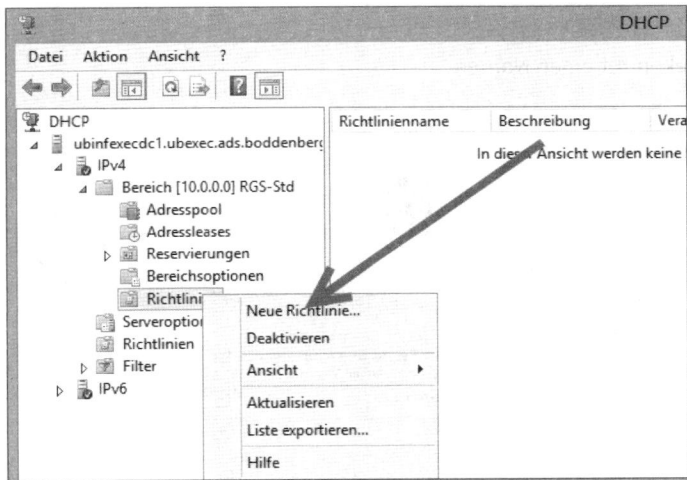

Abbildung 14.32 Hier beginnen Sie mit dem Erstellen der neuen Richtlinie.

- Das Erstellen der Richtlinie beginnt ganz langsam mit der Abfrage eines Namens (Abbildung 14.33). Wieder möchte ich Sie auf Folgendes hinweisen: Wenn Sie mehr als eine Richtlinie angelegt haben, sind aussagekräftige Namen schön.

- Abbildung 14.34 zeigt die »Kernkomponente«, nämlich die Bedingung, unter der die Richtlinie angewendet wird. Die Bedingung muss lauten: BENUTZERKLASSE IST GLEICH STANDARDMÄSSIGE NETZWERKZUGRIFFSSCHUTZ-KLASSE.

- Auf Abbildung 14.35 ist zu sehen, dass ein separater IP-Adressbereich für die Clients eingetragen werden kann, für die diese Richtlinie gilt. Dieser separate IP-Adressbereich muss aber Teil des IP-Adressbereichs des übergeordneten Bereichs sein.

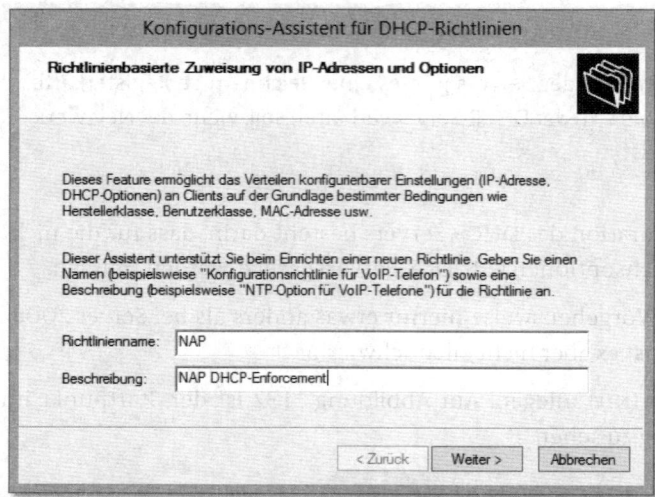

Abbildung 14.33 Die Richtlinie bekommt einen Namen.

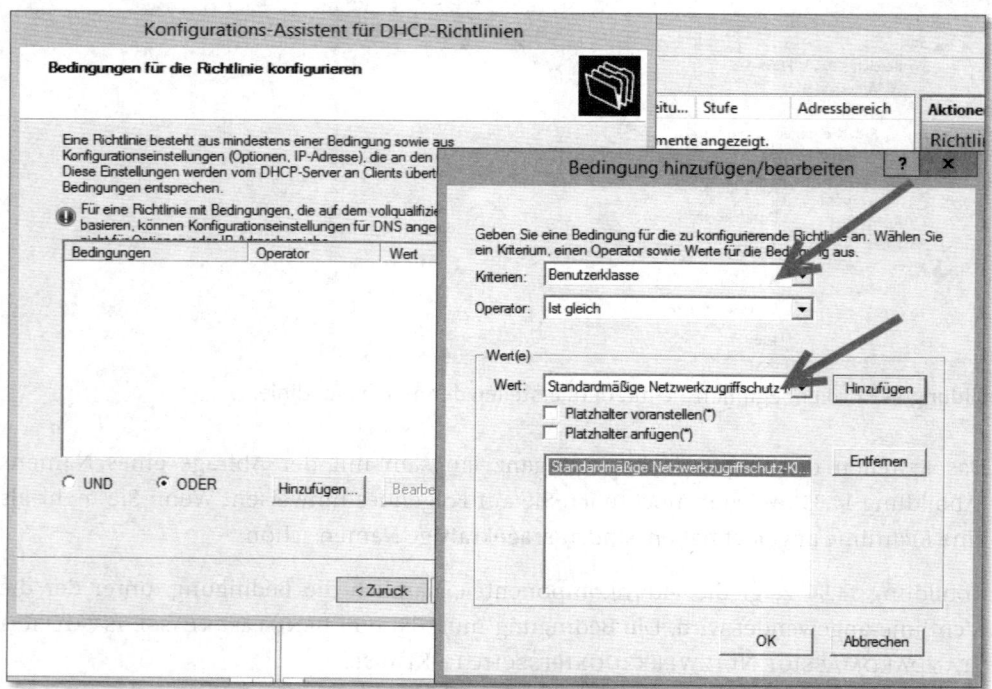

Abbildung 14.34 Die Bedingung ist die »Standardmäßige Netzwerkzugriffsschutz-Klasse«.

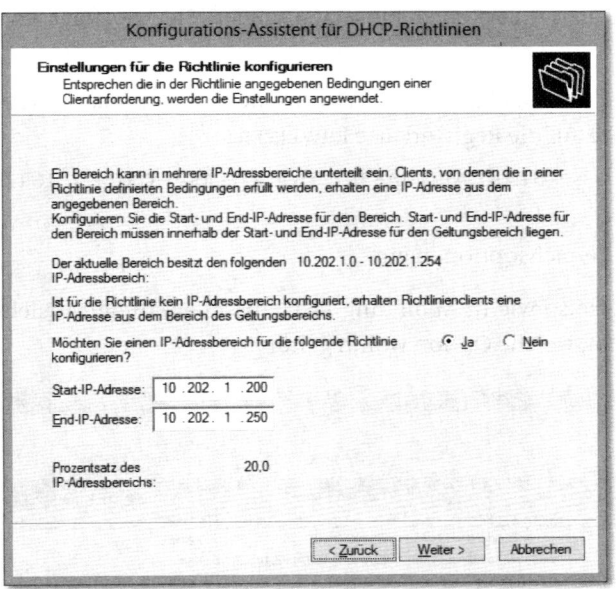

Abbildung 14.35 Die Clients, für die die Richtlinie zutrifft, erhalten IP-Adressen aus dem hier definierten Bereich.

▶ Für diese Richtlinie werden nun noch Bereichsoptionen eingetragen. Abbildung 14.36 zeigt, wie's gemacht wird – nicht wirklich überraschend.

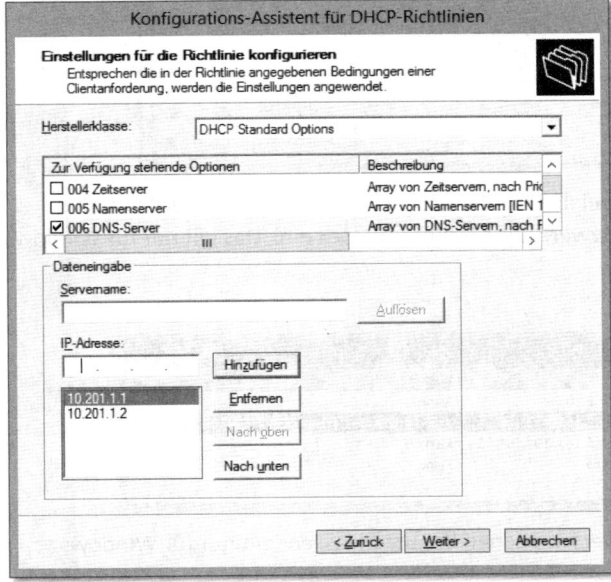

Abbildung 14.36 Eintragen der Bereichsoptionen der Richtlinie

Falls Sie Windows Server 2008/R2 als DHCP-Server einsetzen, gehen Sie wie folgt vor: (Abbildung 14.37):

- Wählen Sie im Kontextmenü des Knotens BEREICHSOPTIONEN den Menüpunkt OPTIONEN KONFIGURIEREN. Wechseln Sie auf die Registerkarte ERWEITERT.
- Dort wählen Sie die Benutzerklasse STANDARDMÄSSIGE NETZWERKZUGRIFFSCHUTZ-KLASSE.
- Tragen Sie jetzt die gewünschten Bereichsoptionen ein.

Das Ergebnis wird dann beispielsweise so wie in Abbildung 14.38 aussehen. In der Ansicht sehen Sie die Spalte KLASSE, die angibt, welche Option wohin gehört.

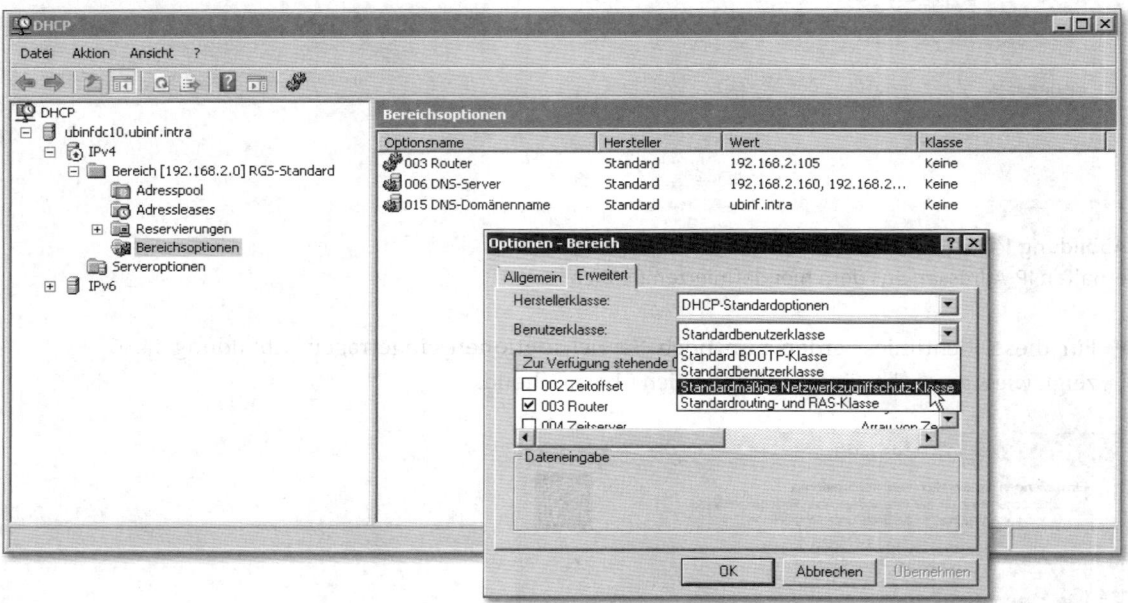

Abbildung 14.37 Bereichsoptionen, die bei nicht kompatiblen Clients vergeben werden sollen, tragen Sie in der »Standardmäßigen Netzwerkzugriffschutz-Klasse« ein. (Das gilt nur für Windows Server 2008/R2.)

Abbildung 14.38 Bereichsoptionen aus verschiedenen Benutzerklassen (gilt nur für Windows Server 2008/R2)

Aus Sicht des Clients

Wenn ein Client versucht, eine DHCP-Adresse zu erhalten, sein Zustand aber nicht den Anforderungen entspricht, wird die Benachrichtigung aus Abbildung 14.39 eingeblendet.

Abbildung 14.39 So sieht es aus, wenn der Client die Anforderungen nicht erfüllt.

Wenn Sie auf diese Meldung klicken, öffnet sich ein Dialog, der Sie darüber informiert, warum der Computer nur eingeschränkten Netzwerkzugriff erhält (Abbildung 14.40).

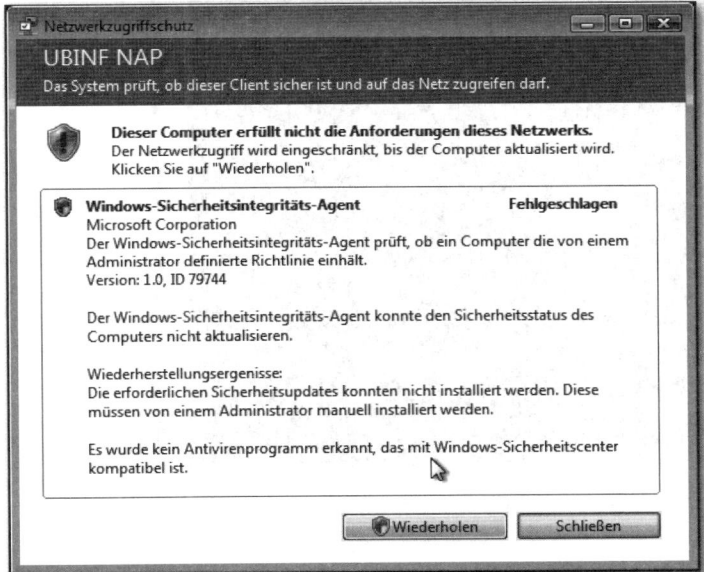

Abbildung 14.40 Diese Probleme führen dazu, dass der Computer nur eingeschränkten Netzwerkzugriff erhält.

Interessant ist, bei einem Computer mit eingeschränktem Netzwerkzugriff die IP-Konfiguration anzuschauen. Abbildung 14.41 zeigt ein `ipconfig /all`:

▶ Zunächst fällt natürlich der Eintrag Systemquarantänestatus ins Auge. Dieser steht auf Eingeschränkt.

▶ Außerdem ist die Subnetzmaske interessant. Bei dieser sind alle Bits gesetzt, also 255.255.255.255. Der Grund hierfür ist, dass der PC sich nicht »normal« im Netz befinden darf, er ist ja schließlich nicht »gesund«. Im DHCP-ACK-Netzwerkpaket werden einige Routinginformationen übermittelt. Das zeige ich Ihnen ein wenig später im Netzwerkmonitor.

▶ Die DNS-Einträge, die zuvor in der eingeschränkten DHCP-Klasse vorgenommen worden sind (vergleiche Abbildung 14.38), sind vorhanden.

Abbildung 14.41 Die IP-Konfiguration eines Computers mit eingeschränktem Netzwerkstatus

In Abbildung 14.42 ist schließlich gezeigt, was passiert, wenn man unterschiedliche Systeme im Netz anpingt:

▶ Die als Wartungsserver angegebenen Systeme sind erreichbar,

▶ während es bei allen anderen Systemen zu Fehlermeldungen kommt.

Zum Abschluss möchte ich Ihnen noch vorführen, wie es aussieht, wenn der Computer die Netzwerkanforderungen erfüllt. In Abbildung 14.43 ist eine beruhigendes »Spruchband« zu sehen. Klickt man darauf, erscheint der bereits aus Abbildung 14.40 bekannte Dialog. Dieses Mal wurden vom Netzwerkrichtlinienserver aber keine Kritikpunkte übermittelt, Sie sehen stattdessen ein Häkchen, das »alles okay« signalisiert (Abbildung 14.44).

14.1 Netzwerkrichtlinien- und Zugriffsdienste

```
C:\Windows\system32>ping 192.168.2.101

Ping wird ausgeführt für 192.168.2.101 mit 32 Bytes Daten:
Antwort von 192.168.2.101: Bytes=32 Zeit<1ms TTL=128
Antwort von 192.168.2.101: Bytes=32 Zeit<1ms TTL=128
Antwort von 192.168.2.101: Bytes=32 Zeit<1ms TTL=128
Antwort von 192.168.2.101: Bytes=32 Zeit<1ms TTL=128

Ping-Statistik für 192.168.2.101:
    Pakete: Gesendet = 4, Empfangen = 4, Verloren = 0 (0% Verlust),
Ca. Zeitangaben in Millisek.:
    Minimum = 0ms, Maximum = 1ms, Mittelwert = 0ms

C:\Windows\system32>ping 192.168.2.108

Ping wird ausgeführt für 192.168.2.108 mit 32 Bytes Daten:
PING: Übertragung fehlgeschlagen. Fehlercode 1231.
PING: Übertragung fehlgeschlagen. Fehlercode 1231.
PING: Übertragung fehlgeschlagen. Fehlercode 1231.
PING: Übertragung fehlgeschlagen. Fehlercode 1231.

Ping-Statistik für 192.168.2.108:
    Pakete: Gesendet = 4, Empfangen = 0, Verloren = 4 (100% Verlust),

C:\Windows\system32>_
```

Abbildung 14.42 Die als Wartungsserver angegebenen Systeme können »angepingt« werden. Mit allen anderen ist keinerlei Kommunikation möglich.

Abbildung 14.43 Wunderbar: Der Computer erfüllt die Netzwerkanforderungen.

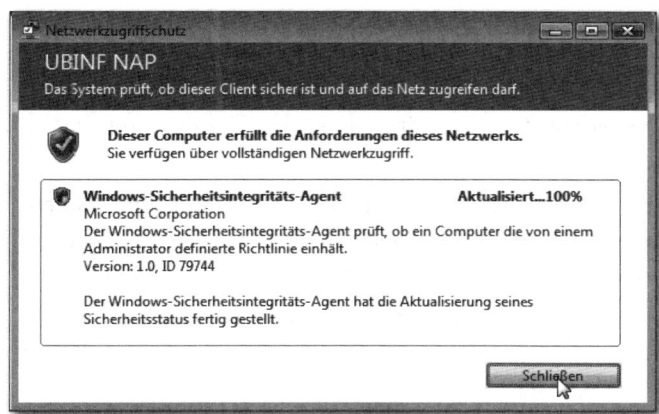

Abbildung 14.44 Anders als in Abbildung 14.40 ist jetzt alles in Ordnung.

Der Vollständigkeit halber werfen wir in Abbildung 14.45 noch einen kurzen Blick auf die Netzwerkkonfiguration.

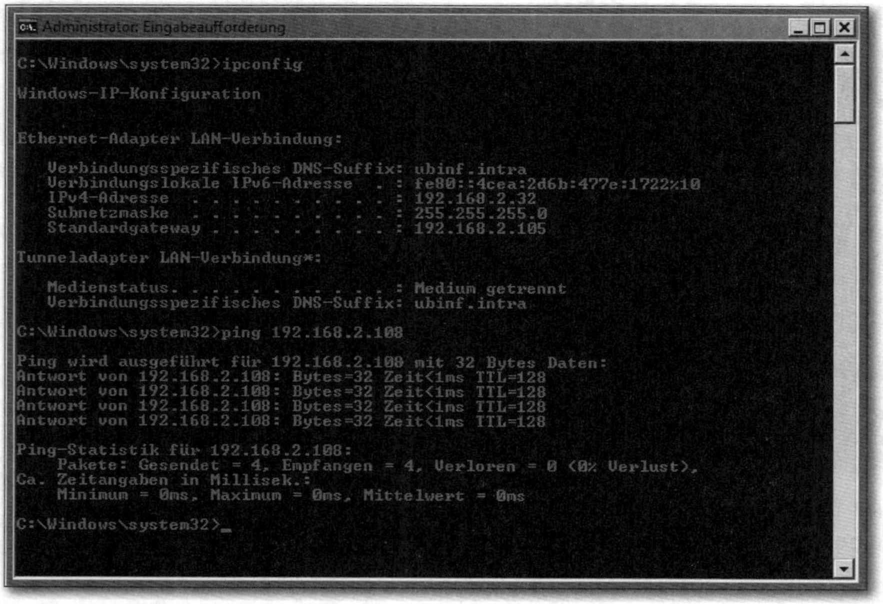

Abbildung 14.45 Die Subnetzmaske ist jetzt eine »normale« Class-C-Maske, und alle Hosts sind erreichbar.

Zunächst fällt auf, dass die Subnetzmaske eine »normale« Class-C-Maske ist. Außerdem ist das Standard-Gateway gesetzt, was für die eingeschränkte DHCP-Benutzerklasse nicht gesetzt war. Außerdem kann wieder mit jedem Host kommuniziert werden, was in Abbildung 14.40 auch nicht möglich war: Es ist also alles wieder »normal«.

Einfach einzuführen und durchaus wirksam

Wie ich bereits eingangs erwähnt habe, schützt DHCP-NAP nicht vor vorsätzlichem Missbrauch, denn ein PC könnte mit einer statischen IP-Adresse versehen werden und so den gesamten Mechanismus umgehen.

Da ein »normaler« Benutzer dazu aber keine Berechtigungen haben sollte (keine lokalen Admin-Rechte) und im günstigsten Fall die entsprechenden Konfigurationsdialoge ohnehin ausgeblendet sind, kann auch DHCP-NAP nicht so ohne Weiteres umgangen werden.

Festzuhalten bleibt, dass es recht einfach einzuführen und dabei durchaus wirksam ist.

Betrachtung mit dem Netzwerkmonitor

Falls Sie noch ein wenig hinter die Kulissen von DHCP-NAP schauen möchten, habe ich mit dem Netzwerkmonitor die DHCP-Kommunikation zwischen einem Client, der sich als nicht kompatibel herausstellt, und dem Server aufgezeichnet. Im Grunde genommen ist das ein

14.1 Netzwerkrichtlinien- und Zugriffsdienste

»ganz normaler« DHCP-Vorgang, der aus den bekannten vier Phasen (DISCOVER, OFFER, REQUEST, ACK) besteht.

> **Hinweis**
>
> Eine etwas genauere Betrachtung des DHCP-Protokolls finden Sie in Abschnitt 4.3.1.

In Abbildung 14.46 sehen Sie das vom Client versendete DHCP-DISCOVER-Paket. Im Abschnitt VENDORSPECIFICINFORMATION, der vom Netzwerkmonitor leider nicht aussagekräftiger dargestellt werden kann, findet sich das SSoH (System State of Health), also die Informationen über den »Gesundheitszustand« des Clients. Im Klartext heißt das, dass ein NAP-aktivierter Client bereits zu Beginn des DHCP-Vorgangs seine Statusinformationen an den Server übermittelt. Da der Client zu diesem Zeitpunkt keine IP-Adresse hat, gibt es ja eigentlich auch keine andere Chance, als über diesen Weg die Informationen auszutauschen.

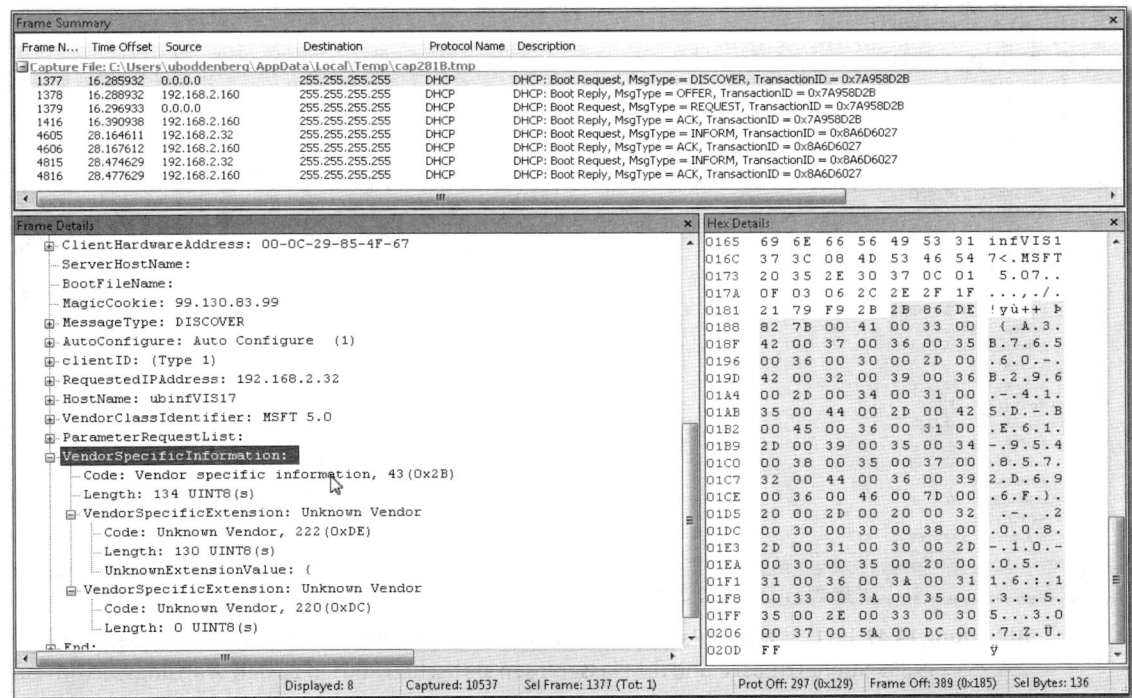

Abbildung 14.46 Das DHCP-DISCOVER-Paket enthält in den »VendorSpecificInformation« das SSoH (System State of Health).

Interessant ist dann noch das DHCP-ACK-Paket, mit dem der Server dem Client die Bestätigung über die Vergabe der Adresse und diverse Konfigurationsdetails liefert. Abbildung 14.47 zeigt einen Blick in dieses Paket:

- In der zweiten Zeile der FRAME DETAILS ist die 255.255.255.255-Subnetzmaske zu erkennen, auf die ich Sie bereits zuvor aufmerksam gemacht habe. Mit so einem Paket befindet sich der Client eigentlich auf einer einsamen Insel (zumindest IP-mäßig), weil er sich sozusagen in einem Ein-Host-Netz befindet, das keinerlei Verbindung zur Außenwelt hat.
- Dass der Client die Wartungsserver erreichen kann, wird dadurch erreicht, dass diese mit klassenlosen statischen Routen (CLASSLESSSTATICROUTE) angegeben sind.

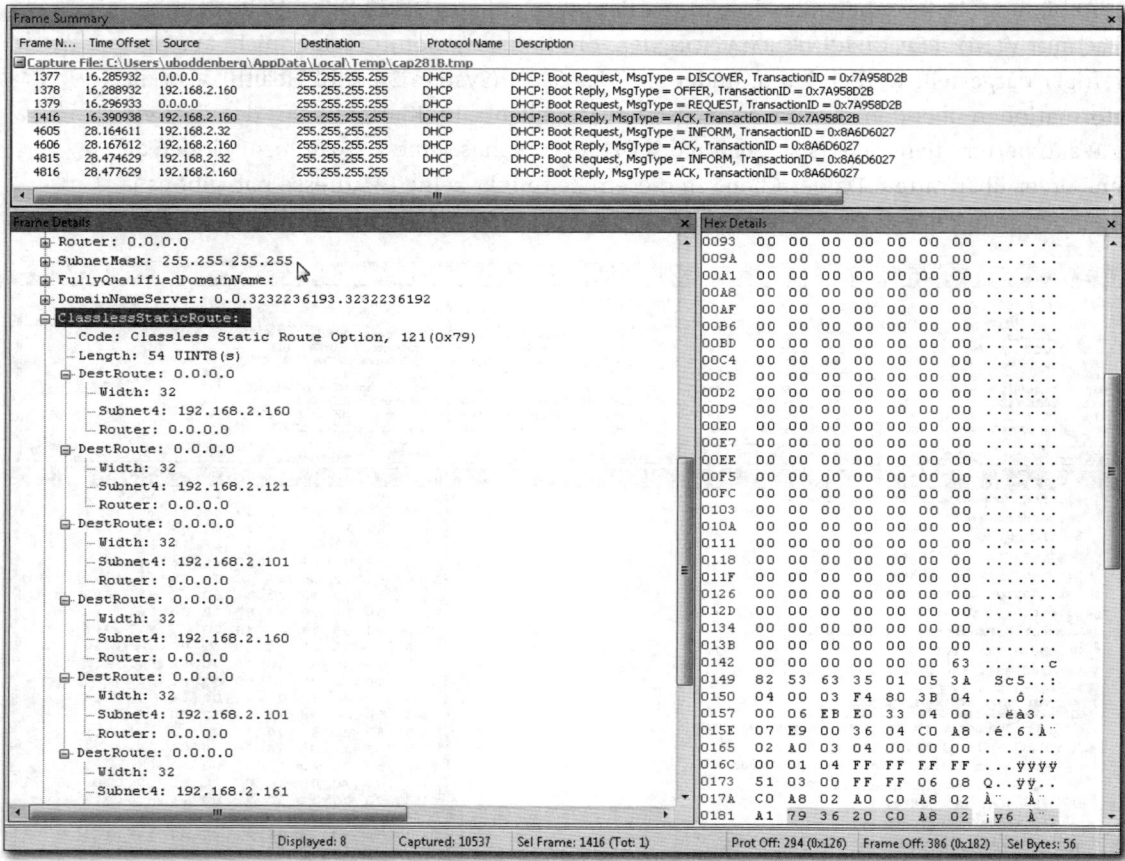

Abbildung 14.47 Im DHCP-ACK-Paket für einen nicht kompatiblen Client sind unter anderem die 255.255.255.255-Subnetzmaske und die klassenlosen statischen Routen zu den Wartungsservern zu erkennen.

14.1.6 Und die anderen Netzwerkverbindungsmethoden?

DHCP ist nun bekanntlich nicht die einzige Netzwerkverbindungsmethode, die mit NAP »ausgerüstet« werden kann (Abbildung 14.48).

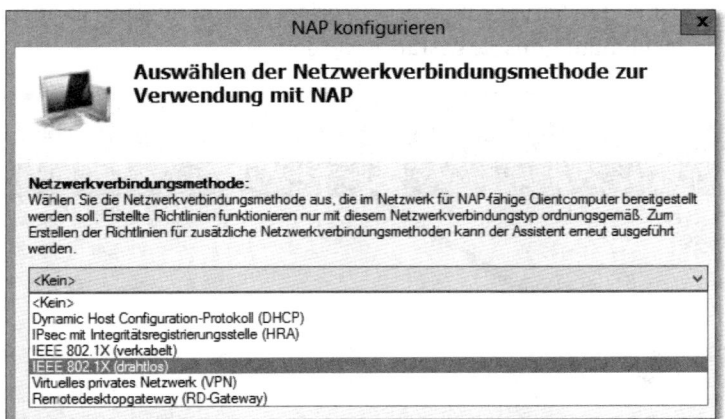

Abbildung 14.48 Der Assistent kann auch für diverse andere Netzwerkverbindungsmethoden die Grundkonfiguration erstellen.

Ich möchte nun aber einfach aus Gründen der zu erwartenden Seitenzahl dieses Buchs nicht jedes Szenario en detail vorführen, zumal die Konfiguration teilweise deutlich komplexer als beim DHCP-NAP ist.

Mein Ziel ist, dass Sie grundsätzlich verstehen, was man mit NAP umsetzen kann, und dass Sie ein erstes Gefühl dafür bekommen, wie die Umsetzung erfolgt. Sie werden nun in der Lage sein, mithilfe der Microsoft-Dokumentation die anderen Netzwerkverbindungsmethoden zur Verwendung mit NAP zu konfigurieren. Die Startseite für die Beschäftigung mit NAP ist *http://www.microsoft.com/technet/network/nap/default.mspx*.

In Kapitel 19, »Remotedesktopdienste (Terminaldienste)«, ist natürlich auch das Gateway beschrieben, das ebenfalls in NAP integriert ist.

14.2 Windows-Firewall

Eine im Betriebssystem integrierte Firewall ist ein naheliegender Gedanke. Da kaum jemand sich sicher sein kann, ob im Innenbereich des Netzes wirklich kein Schadcode (Viren, Trojaner etc.) ausgeführt wird, ist eine zusätzliche Schutzschicht sinnvoll, um das Risiko für die Server weitmöglichst zu minimieren und darüber hinaus die Verbreitung von elektronischem Ungeziefer im lokalen Netz einzudämmen.

Bereits Windows Server 2003 enthielt eine Version der Windows-Firewall, die allerdings nicht gerade durch »granulare Konfigurierbarkeit« beeindruckte. Die in Windows Server 2012 enthaltene Version ist diesbezüglich über die Generationen deutlich erweitert worden.

Einen schnellen Überblick über den Status der Windows-Firewall (An/Aus) erhalten Sie beispielsweise beim Blick in den Server-Manager (Abbildung 14.49). Das Konfigurationswerkzeug für die Windows-Firewall ist in den Server-Manager integriert; alternativ kann es auch als separates Snap-In in der Management Console gestartet werden.

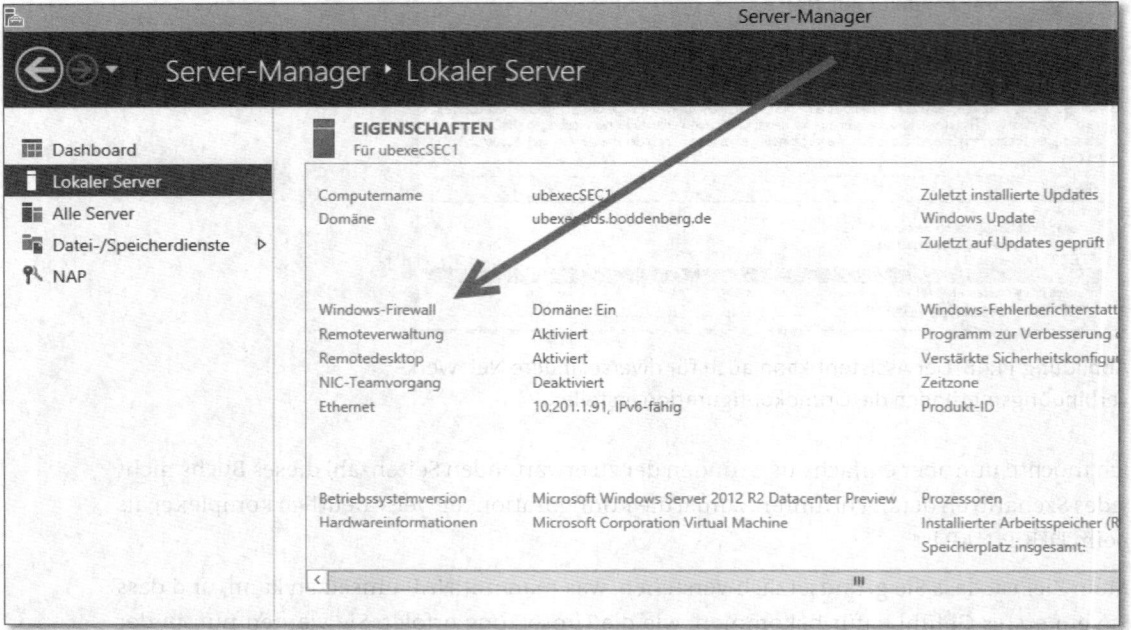

Abbildung 14.49 Ob die Windows-Firewall aktiv ist, wird an vielen Stellen deutlich angezeigt. (Ansonsten ist der hier gezeigte Server übrigens kein Vorbild: keine »Windows-Updates«)

Die Windows-Firewall soll übrigens kein Ersatz für eine »richtige« Firewall sein, die am Internet-Gateway steht. Für solche Aufgaben kommen nach wie vor die »großen« Firewallsysteme wie *Cisco ASA* (vormals *Pix*) oder *CheckPoint FireWall-1* zum Einsatz, und auch das *Microsoft Threat Management Gateway 2010 (TMG2010)* eignet sich für dieses Aufgabengebiet. Die Windows-Firewall dient zur Absicherung des Servers gegenüber dem LAN. Wie bereits erwähnt wurde, kann man auch in einem LAN, das durch Firewalls gegenüber dem Internet abgesichert ist, nicht von der »totalen Sicherheit« ausgehen. Mögliche Problempunkte sind:

- Es sind immer Angriffe aus dem LAN denkbar. Diese können entweder durch zu neugierige Benutzer (die irgendwelche aus dem Internet beschafften Werkzeuge ausprobieren) oder eingeschleuste Viren/Trojaner ausgelöst werden.

- Viele Firmen verfügen nach wie vor über Remote-Einwahlmöglichkeiten, um Wartungszugänge per Modem- oder ISDN-Verbindung bereitzustellen. Diese Einwahlpunkte sind teilweise grauenhaft schlecht abgesichert, weil sie häufig »mal eben schnell« umgesetzt worden sind. Erschwerend kommt hinzu, dass sie im VPN-Zeitalter häufig einfach vergessen werden. Jemand, der mit einem War-Dialer (einem Programm, das sequenziell alle Telefonnummern anruft und schaut, ob ein Modem/ISDN-Gerät reagiert) eine solche schlecht gesicherte Einwahlmöglichkeit findet, befindet sich mit etwas Glück im Innenbereich des Netzes.

▶ Die Möglichkeit, dass die Firewall am Internet-Gateway überwunden werden könnte, ist natürlich auch zu betrachten. Im Gegensatz zu den beiden zuvor genannten Varianten erscheint mir dies aber weniger wahrscheinlich. Die meisten Firmen haben das Internet-Gateway mittlerweile recht gut im Griff.

14.2.1 Eingehende und ausgehende Regeln

Der wesentliche Kritikpunkt an der Windows-Firewall in der Version 2003 war, dass der Netzwerkverkehr eben nicht wie bei einer »richtigen« Firewall mittels eines Regelwerks gesteuert werden konnte, sondern dass die Konfiguration nur über Ausnahmen vorgenommen wurde.

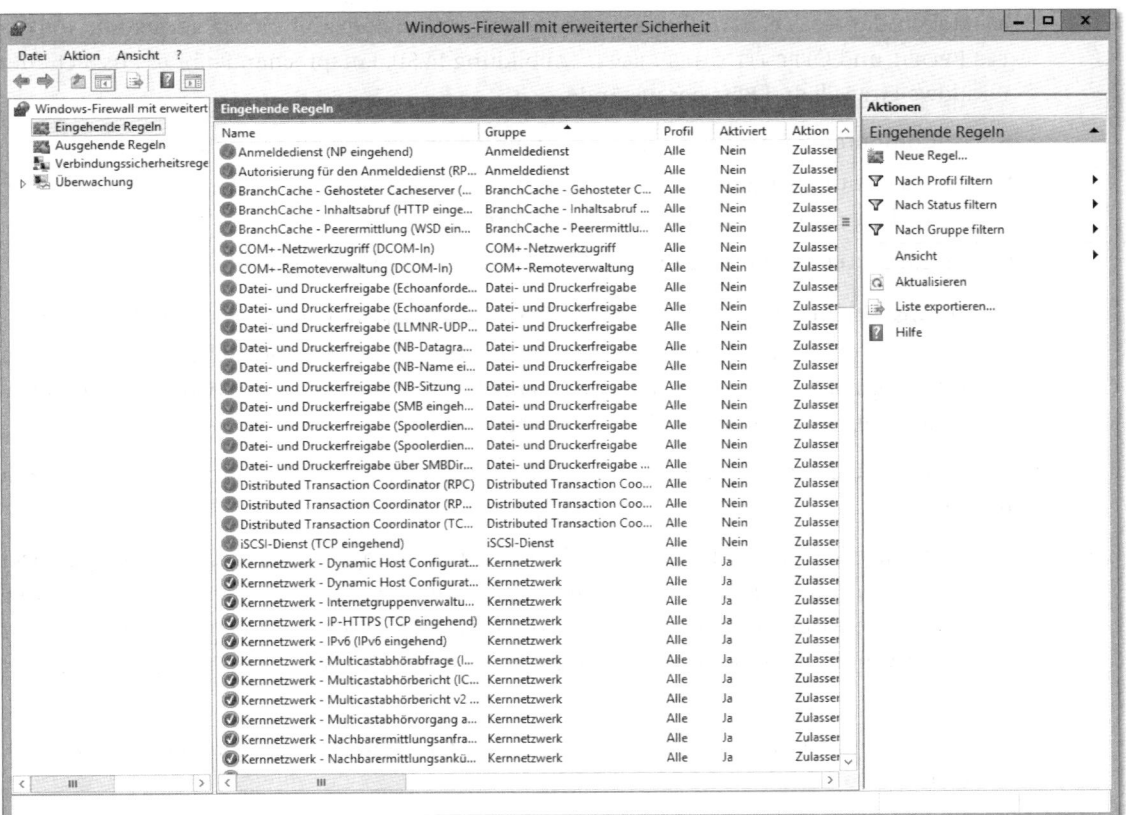

Abbildung 14.50 Das Regelwerk für eingehende Verbindungen

Wie Sie in Abbildung 14.50 erkennen können, gibt es drei Kategorien, in denen Regeln hinterlegt werden:

- EINGEHENDE REGELN: Diese Regeln filtern eingehenden Verkehr, d.h. von Clients und anderen Servern.
- AUSGEHENDE REGELN: Mit diesen Regeln wird festgelegt, welche ausgehenden Verbindungen von diesem Server möglich sind.
- VERBINDUNGSSICHERHEITSREGELN: Mit diesen Regeln wird festgelegt, welche Anforderungen erfüllt sein müssen, damit eine Verbindung zu diesem Computer aufgebaut werden kann. Man könnte beispielsweise festlegen, dass nur authentifizierte Verbindungen angenommen werden.

14.2.2 Basiskonfiguration

Wenn Sie den Eigenschaftendialog der Windows-Firewall genauer anschauen, werden Sie feststellen, dass es drei Karteikarten mit identischen Inhalten gibt: DOMÄNENPROFIL, PRIVATES PROFIL und ÖFFENTLICHES PROFIL (Abbildung 14.51). Entsprechend gibt es aus Sicht der Windows-Firewall drei Betriebszustände:

- Der Computer befindet sich an einem öffentlichen Ort, z.B. WLAN-Hotspot.
- Der Computer befindet sich in einem privaten geschützten Netz, beispielsweise im Homeoffice neben einem DSL-Firewall-Router.
- Der Computer ist mit der Domäne des Unternehmens verbunden.

Da wir uns hier in einem Buch über Windows Server befinden, kann man wohl problemlos davon ausgehen, dass nur der dritte Fall relevant sein wird – selbst ich schleppe keine Server mit mir herum und nehme sie an einem WLAN-Hotspot in Betrieb; diese Aussage wird übrigens jeden, der mich kennt, wohl in Erstaunen versetzen.

In der Konfiguration der Regeln wird jeweils hinterlegt, in welchem Profil diese Gültigkeit haben sollen.

Bei der Konfiguration einer Firewall wird stets so vorgegangen, dass zunächst alles geblockt wird und dann die benötigten Kommunikationsverbindungen dediziert erlaubt werden. Diese Vorgehensweise findet sich auch bei der Windows-Firewall wieder, allerdings mit einer kleinen Abwandlung. Standardmäßig ist die Einstellung wie folgt (Abbildung 14.51, Abschnitt STATUS):

- Eingehende Verbindungen werden blockiert, sofern keine anders lautende Regel vorhanden ist.
- Ausgehende Verbindungen werden zugelassen, sofern keine anders lautende Regel existiert.

Abbildung 14.51 Der Eigenschaftendialog der Windows-Firewall

Das Verhalten des Systems kann mit einem Mausklick geändert werden, ist aber durchaus sinnvoll.

Sie können einige weitere EINSTELLUNGEN in einem Dialog vornehmen, den Sie über die Schaltflächen ANPASSEN aufrufen. Dort gibt es zwei interessante Einstellmöglichkeiten (Abbildung 14.52):

- Die Windows-Firewall kann Benutzer benachrichtigen, wenn eine Applikation versucht, auf eingehende Anforderungen zu lauschen, diese aber blockiert werden. Für einen »normalen« Benutzer sollte diese Option herzlich uninteressant sein, da die benötigten offenen Ports vom Administrator definiert werden. Für IT-Professionals oder Entwickler, die neue Software testen, ist eine solche Warnung hingegen von hohem Interesse.
- UNICASTANTWORT: Falls ein Computer eine Broadcast-Message versendet, ist nicht genau vorhersehbar, welche anderen Computer antworten werden. Durch das Aktivieren der Option UNICASTANTWORT ZULASSEN wird die Windows-Firewall so konfiguriert, dass nach einer von diesem Computer versendeten Broadcast-Message drei Sekunden lang eingehende Antworten akzeptiert werden.

Ob ein Serversystem generell darauf angewiesen ist, über Broadcasts zu kommunizieren, sei dahingestellt. Falls dies in einem Szenario der Fall sein sollte, hält die Windows-Firewall eine pragmatische Lösung bereit.

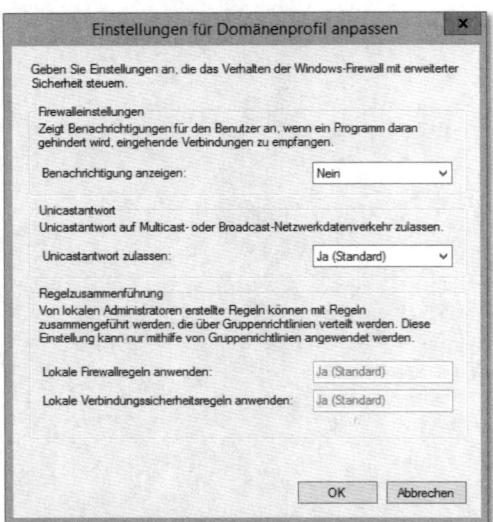

Abbildung 14.52 Einige spezielle Einstellungen der Windows-Firewall können Sie mit diesem Dialog vornehmen.

14.2.3 Regeln im Detail

In diesem Abschnitt werde ich Ihnen nun exemplarisch die Konfiguration einer Regel vorführen.

Auf der Registerkarte ALLGEMEIN wird zunächst konfiguriert, ob eine Regel AKTIVIERT ist – dies ist sozusagen der Hauptschalter (Abbildung 14.53). Weiterhin legen Sie auf dieser Dialogseite fest, ob die Regel eine Zulassungs- oder eine Blockierungsregel ist (VERBINDUNG ZULASSEN bzw. VERBINDUNG BLOCKIEREN). Bei einer »normalen« Firewall (ASA/Pix, Checkpoint etc.) blockiert man zunächst alles und benötigt dann im Grunde genommen nur Zulassungsregeln, die den gewünschten Verkehr ermöglichen. Diese Vorgehensweise wird auch bei der Windows-Firewall gewählt, allerdings nur für eingehende Verbindungen. Für ausgehende Verbindungen gilt standardmäßig, dass alles erlaubt ist, was nicht explizit verboten ist; daher ist der Typ einer Blockierungsregel notwendig.

Die dritte Möglichkeit ist eine Zulassungsregel, die allerdings nur für sichere Verbindungen gilt, die gemäß einer der im Bereich VERBINDUNGSSICHERHEITSREGELN definierten Regel angenommen werden. Für diesen Regeltyp gibt es zwei zusätzliche Optionen:

- VERSCHLÜSSELUNG IST ERFORDERLICH besagt, dass diese Regel nur für verschlüsselte Verbindungen gilt. Nicht verschlüsselte Verbindungen werden blockiert.
- Die Option REGELN ZUM BLOCKEN AUSSER KRAFT SETZEN sorgt dafür, dass die Zulassungsregel eine Blockierungsregel überschreibt. Normalerweise »gewinnt« immer die Blockierungsregel – mit dieser Ausnahme.

Auf der Registerkarte PROGRAMME UND DIENSTE (Abbildung 14.54) können Sie festlegen, für welche ausführbaren Dateien die Regel gelten soll. Sie können also eine Applikation von einer Regel abhängig machen.

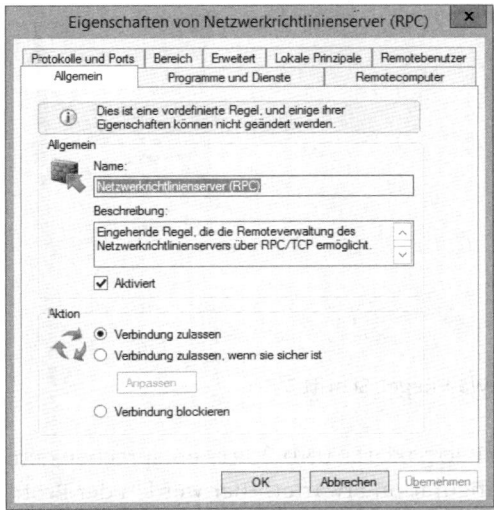

Abbildung 14.53 Konfiguration einer Windows-Firewall-Regel, Schritt 1

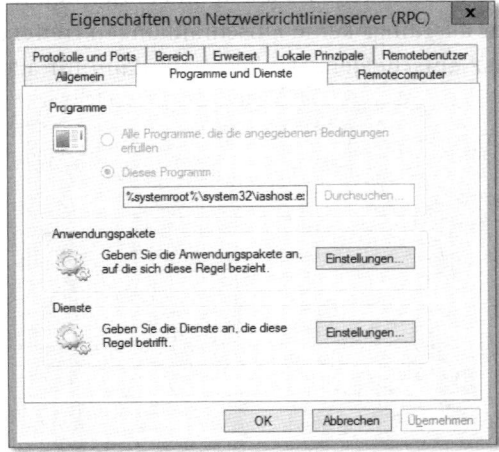

Abbildung 14.54 Konfiguration einer Windows-Firewall-Regel, Schritt 2

Auf der Registerkarten REMOTECOMPUTER, REMOTEBENUTZER UND LOKALE PRINZIPALE (ohne Abbildung) haben Sie die Möglichkeit, die Gültigkeit der Regel auf bestimmte Computer und/oder Benutzer einzuschränken. Diese Optionen sind allerdings nur anwählbar, wenn eine Regel nur sichere Verbindungen zulässt (VERBINDUNG ZULASSEN, WENN SIE SICHER IST auf der Registerkarte ALLGEMEIN).

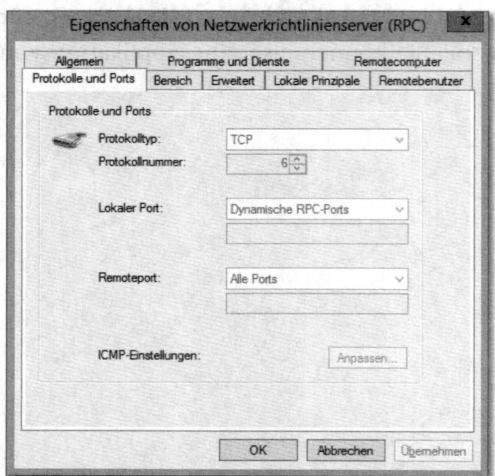

Abbildung 14.55 Konfiguration einer Windows-Firewall-Regel, Schritt 3

Die Einstellmöglichkeiten auf der Registerkarte PROTOKOLLE UND PORTS entsprechen dem, was man normalerweise von einer Firewallkonfiguration erwartet. Hier werden der Protokolltyp und die lokalen und entfernten Ports definiert (Abbildung 14.55).

Mit den Einstellmöglichkeiten auf der Registerkarte BEREICH definieren Sie, für welche lokalen IP-Adressen (ein Server kann ja durchaus mehrere Adressen haben) und entfernten IP-Adressen die Regel gelten soll. Sie müssen hier allerdings keine Einschränkungen treffen, sondern können sich für BELIEBIGE IP-ADRESSE entscheiden. Die Regel gilt dann für alle Adressen (Abbildung 14.56).

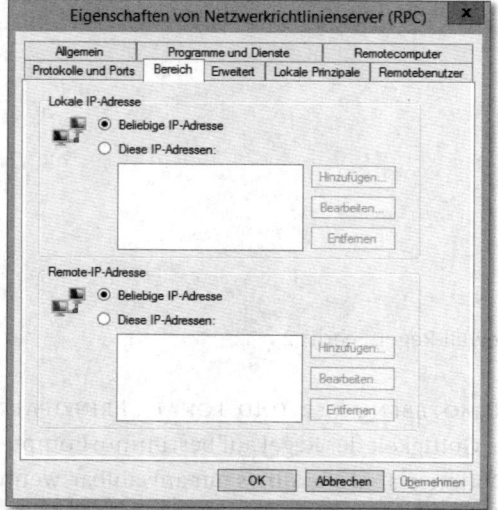

Abbildung 14.56 Konfiguration einer Windows-Firewall-Regel, Schritt 4

Auf der letzten Registerkarte, die mit ERWEITERT betitelt ist, sind noch einige allgemeine Einstellungen zu treffen (Abbildung 14.57):

- Wie bereits zuvor beschrieben wurde, gibt es in der Windows-Firewall drei Profile, die in verschiedenen Situationen (z. B. mit öffentlichem oder privatem Netz verbunden etc.) zur Anwendung kommen. Eine Regel kann entweder für alle Profile oder aber selektiv in einem oder zwei Profilen gelten.
- Unter SCHNITTSTELLENTYPEN können Sie über ANPASSEN spezifizieren, ob die Regel für LAN-, für Remote Access- und/oder für WLAN-Verbindungen gelten soll.

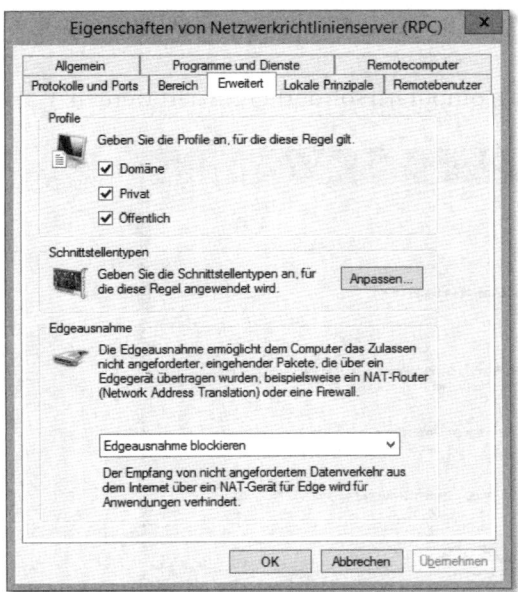

Abbildung 14.57 Erweiterte Einstellungen für eine Regel

14.2.4 Verbindungssicherheitsregeln

Mit den zuvor vorgestellten Regeln kann festgelegt werden, welche Kommunikationsvorgänge erlaubt oder verboten sind. Die *Verbindungssicherheitsregeln* ergänzen sie und ermöglichen die Definition verschiedener Szenarien, in denen die Verbindungen authentifiziert werden.

Wenn bei den »normalen« Regeln eingestellt wird, dass nur sichere Verbindungen zugelassen sind, muss die Verbindung einer der Regeln genügen, die in den *Verbindungssicherheitsregeln* definiert sind.

Ich werde Ihnen das Erstellen einer einfachen Regel vorführen, die dafür sorgt, dass nur authentifizierte Verbindungen zum Server zugelassen sind. Im Kontextmenü des Knotens

VERBINDUNGSSICHERHEITSREGELN können Sie den Assistenten zur Erstellung einer neuen Regel aufrufen.

Im Assistenten wählen Sie zunächst den Typ der zu erstellenden Regel aus. Folgende Optionen stehen zur Verfügung (Abbildung 14.58):

- ISOLIERUNG: Die Verbindungen werden anhand von Authentifizierungskriterien eingeschränkt.
- AUTHENTIFIZIERUNGSAUSNAHME: Verbindungen von den Computern, die in der Regel angegeben sind, werden nicht angenommen.
- SERVER-ZU-SERVER: Die Verbindungen zwischen den in der Regel angegebenen Computern sollen authentifiziert werden.
- TUNNEL: Die Verbindung zwischen Gatewaycomputern soll authentifiziert werden.

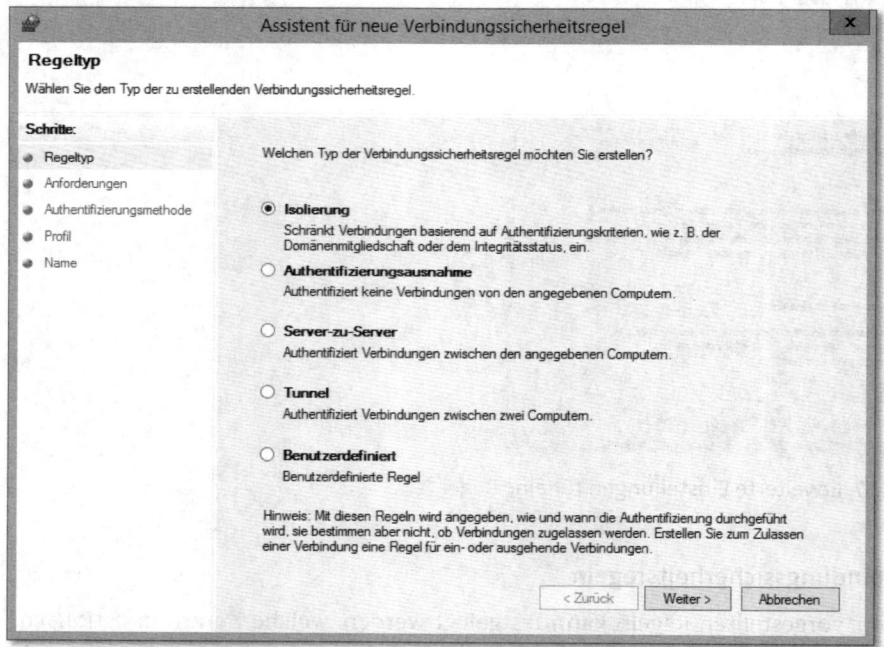

Abbildung 14.58 Zunächst wählen Sie im Assistenten den Typ der Verbindungssicherheitsregel aus.

Für dieses Beispiel wählen Sie den Typ ISOLIERUNG. Der Server wird sozusagen gegen nicht authentifizierte Computer isoliert.

Auf der nächsten Dialogseite konfigurieren Sie, welche Verbindungen authentifiziert werden müssen (Abbildung 14.59). Hierbei gibt es verschiedene Möglichkeiten:

- Sowohl für die eingehende als auch für die ausgehende Verbindung wird eine Authentifizierung angefordert. Falls diese nicht erfolgt, wird die Verbindung trotzdem zugelassen.

- Die zweite Option erzwingt eine Authentifizierung für eingehende Verbindungen – ohne Authentifizierung wird die Verbindung abgelehnt. Ausgehende Verbindungen werden auch ohne erfolgte Authentifizierung zugelassen.
- Die dritte Option erzwingt eine Authentifizierung sowohl für eingehende als auch für ausgehende Verbindungen.

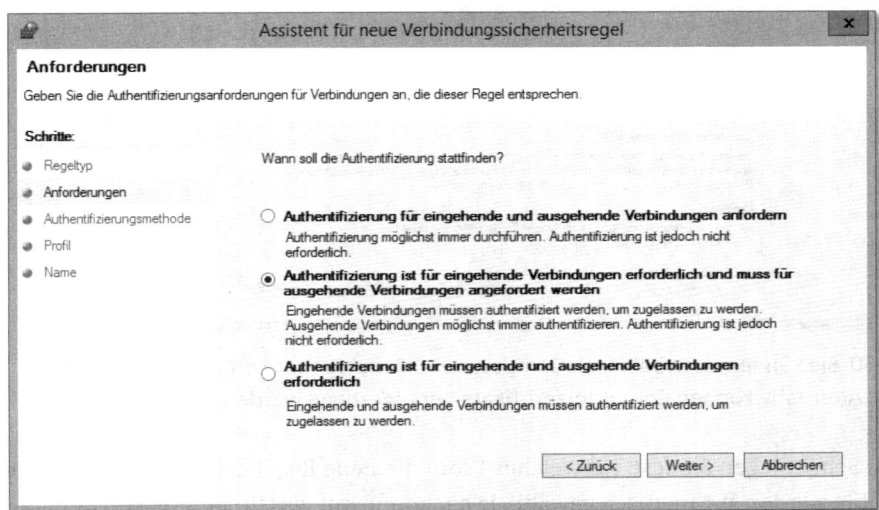

Abbildung 14.59 Hier legen Sie fest, ob eingehende und/oder ausgehende Verbindungen authentifiziert werden müssen.

Im nächsten Schritt legen Sie fest, wie authentifiziert werden soll (Abbildung 14.60):

- Bei der Einstellung STANDARD gilt die in den IPSec-Einstellungen festgelegte Konfiguration.
- Authentifizierung von COMPUTER UND BENUTZER mittels Kerberos: Eine Verbindung kommt nur zustande, wenn sowohl der Computer als auch der Benutzer Mitglied der Domäne ist.
- Authentifizierung des COMPUTERS mittels Kerberos.
- Authentifizierung des Computers durch ein COMPUTERZERTIFIKAT. Hierbei wird überprüft, ob das vom Computer präsentierte Zertifikat von der angegebenen CA ausgestellt worden ist. Optional kann festgelegt werden, dass nur Zertifikate über den »Gesundheitszustand« des Computers akzeptiert werden. Solche Zertifikate werden von der *Identitätsregistrierungsinstanz (Health Certification Authority)* ausgestellt, einem Dienst, der Bestandteil der Rolle *Netzwerkrichtlinien- und Zugriffsdienste* (siehe Abschnitt 14.1) ist.
- Zuletzt gibt es die Erweiterten Einstellungen, mit denen noch eine detailliertere Konfiguration vorgenommen werden kann.

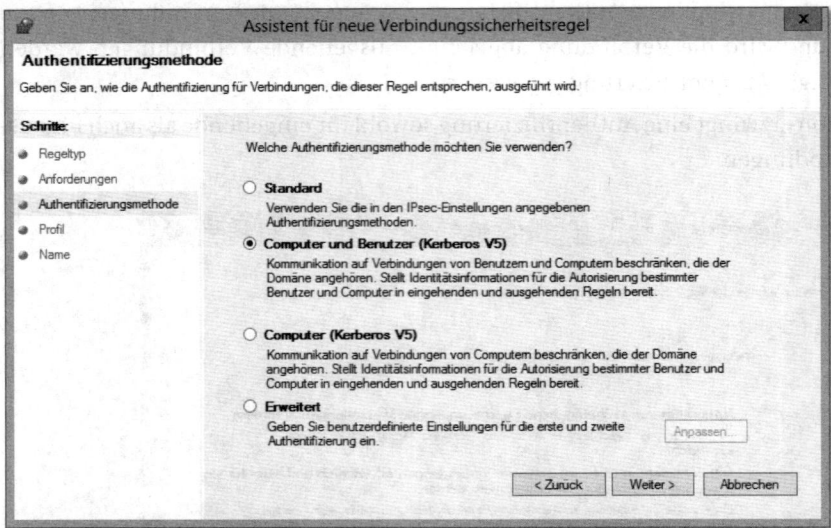

Abbildung 14.60 Sie können auswählen, ob Computer und Benutzer per Kerberos authentifiziert werden sollen. Alternativ können Computerzertifikate herangezogen werden.

Im vorletzten Schritt legen Sie fest, für welches Profil die neue Regel gelten soll (Abbildung 14.61). Die Profile werden automatisch gewählt, je nachdem, mit was für einem Netzwerk der Computer verbunden ist. Ein Server wird vermutlich immer mit der Domäne verbunden sein – er wird im Allgemeinen ja nicht herumgetragen und an öffentlichen WLAN-Access Points betrieben.

Der letzte Schritt ist übrigens die Vergabe des Namens für die neue Verbindungssicherheitsregel, was wohl nicht genauer diskutiert werden muss.

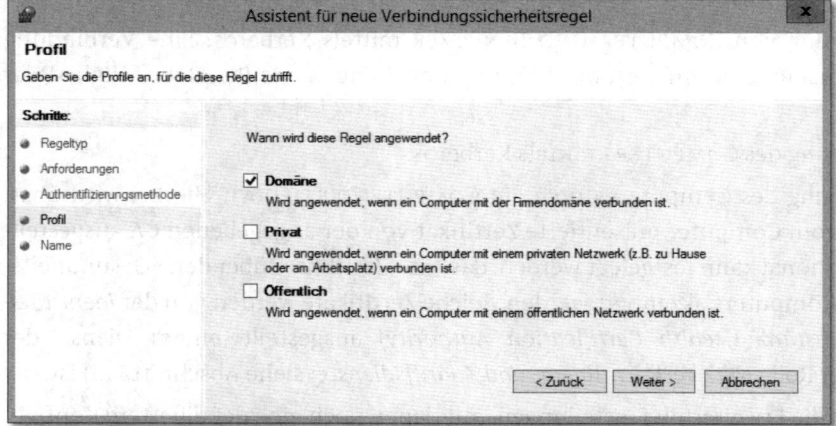

Abbildung 14.61 Die Gültigkeit der Regel wird in diesem Dialog konfiguriert.

Der Assistent für eine Verbindungssicherheitsregel bietet nicht die Möglichkeit, Einschränkungen bezüglich der Endpunkte zu definieren. Dies können Sie aber problemlos im Eigenschaftendialog der angelegten Regel nachholen (Abbildung 14.62).

Eine TCP/IP-Verbindung hat zwei Endpunkte – es »sprechen« ja auch zwei Geräte miteinander. Der eine Endpunkt ist eine IP-Adresse auf dem Server, auf dem die Windows-Firewall installiert ist; der zweite Endpunkt ist dessen Kommunikationspartner, der im lokalen Netz oder in den Weiten des Internets stehen kann.

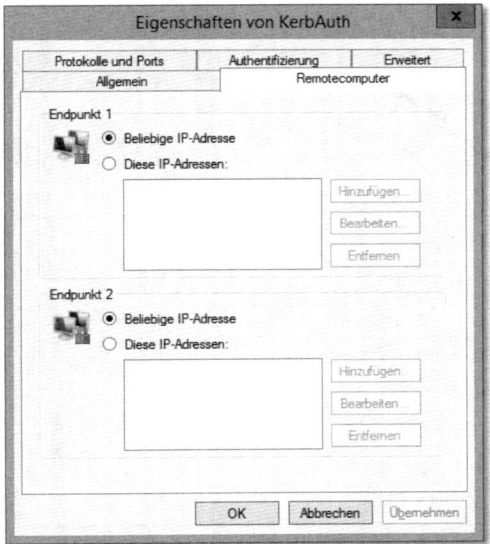

Abbildung 14.62 In dem Eigenschaftendialog der angelegten Regel können Sie die Endpunkte festlegen.

Windows-Firewall per Gruppenrichtlinie konfigurieren

Der Einsatz der Windows-Firewall auf Servern ist zur zusätzlichen Absicherung natürlich empfehlenswert. Diese Maßnahme bietet zunächst eine erweiterte Sicherheit und damit auch automatisch eine Verbesserung der Verfügbarkeit. Immerhin lassen sich so Beeinträchtigungen oder gar Ausfälle durch Sicherheitslücken verringern, die von Viren und/oder Trojanern ausgenutzt werden.

Die Gruppenrichtlinien für die Windows-Firewall finden sich unterhalb der COMPUTERKONFIGURATION und dort unter WINDOWS-EINSTELLUNGEN • SICHERHEITSEINSTELLUNGEN • WINDOWS-FIREWALL MIT ERWEITERTER SICHERHEIT. Zur Bearbeitung steht im GRUPPENRICHTLINIENVERWALTUNGS-EDITOR dasselbe Snap-In zur Verfügung, mit dem auch auf lokaler Ebene konfiguriert wird (Abbildung 14.63).

14 »Innere Sicherheit«

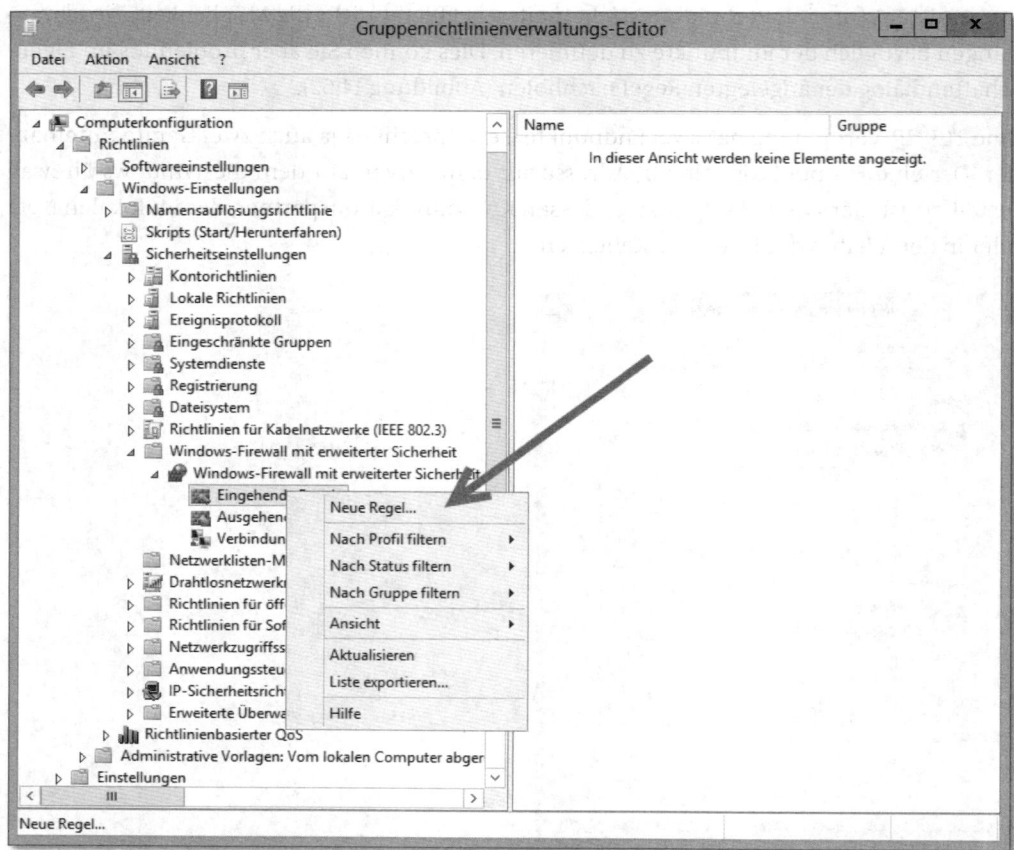

Abbildung 14.63 Die Windows-Firewall kann über Gruppenrichtlinien konfiguriert werden.

Die Windows-Firewall mit Gruppenrichtlinien zu konfigurieren ist im Serverumfeld nicht ganz trivial. Im Gegensatz zu PCs sind Server immer »Individualisten«. Wenn Sie zwanzig Domänencontroller einsetzen, die wirklich ausschließlich Domänencontroller sind, ist eine identische Konfiguration der Windows-Firewall dieser Systeme möglich. In der Server-Realität werden Sie aber eben nicht sämtliche Server mit einer einzigen Gruppenrichtlinie konfigurieren können, weil die Server schlicht und ergreifend unterschiedlich konfiguriert sind.

Eine Möglichkeit ist, eine Grundkonfiguration per Gruppenrichtlinie auszurollen und lokal zu modifizieren. Um dies zu ermöglichen, rufen Sie im Gruppenrichtlinienverwaltungs-Editor die Eigenschaften des Knotens WINDOWS-FIREWALL MIT ERWEITERTER SICHERHEIT auf. Auf der Karteikarte DOMÄNENPROFIL rufen Sie das Anpassen der Einstellungen auf. In der Gruppenrichtlinie legen Sie dann unter dem Stichwort REGELZUSAMMENFÜHRUNG fest, dass von lokalen Administratoren erstellte Regeln verwendet werden. Diese werden dann mit den per Gruppenrichtlinie verteilten Regeln gemischt (Abbildung 14.64).

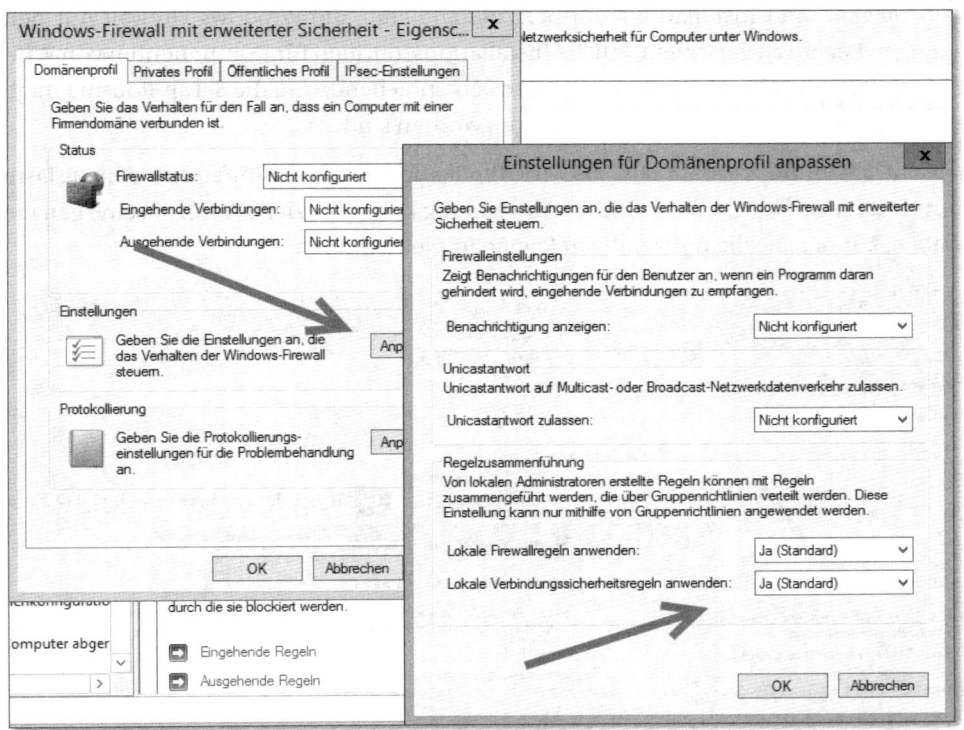

Abbildung 14.64 Die Regelzusammenführung sorgt dafür, dass von lokalen Administratoren erstellte Regeln ebenfalls angewendet werden.

Die Einstellmöglichkeit ist übrigens auch für die anderen Profiltypen vorhanden; ein Server wird zumeist aber in der Domäne angemeldet sein.

Konfiguration in der Praxis

Sie können sich vorstellen, dass die Konfiguration des Regelwerks in vielen Fällen nicht ganz trivial sein wird. Viele Applikationen sind »echte« Client/Server-Anwendungen, die sowohl Datenverbindungen von anderen Clients oder Servern annehmen als auch ausgehende Verbindungen aufbauen.

Das Einrichten von Regeln ist zwar prinzipiell recht einfach, allerdings nur, wenn man genau weiß, welche Verbindungen für die reibungslose Ausführung einer Applikation bzw. eines Applikationsservers notwendig sind.

Der eleganteste Weg ist, wenn ein Applikationsserver bzw. seine Konfigurationsroutine selbst prüft, ob er nicht mit der Windows-Firewall in Konflikt steht. Sofern ausreichende Rechte vorhanden sind, könnte eine Applikation auch die Konfiguration der Windows-Firewall anpassen.

Ebenfalls elegant sind Installationsroutinen, die anbieten, die Windows-Firewall mit den notwendigen Regeln zu versorgen. Etliche Installationsroutinen für Komponenten von Windows Server 2008/2012 verhalten sich übrigens entsprechend, und die Setup-Routine fragt, ob Regeln für die Windows-Firewall eingetragen worden sind.

Das »absolute Minimum« sollte sein, dass ein Applikationshersteller Ihnen eine genaue Liste zukommen lässt, auf welchen Ports seine Anwendung kommuniziert. Wenn Sie eine genaue Liste haben, können Sie die notwendigen Regeln implementieren.

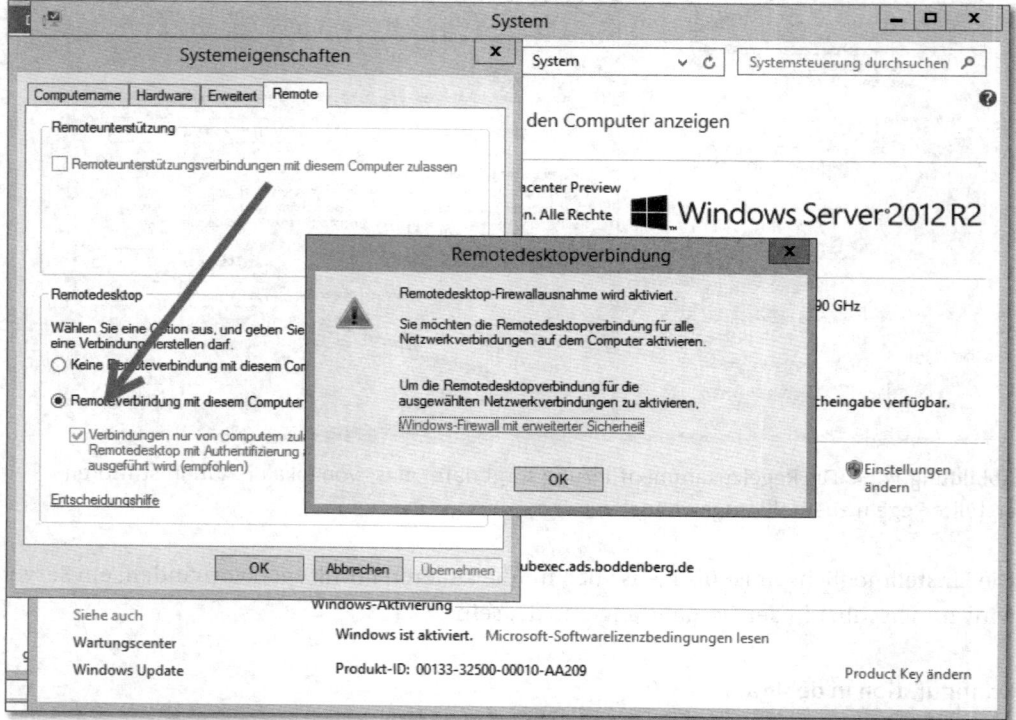

Abbildung 14.65 Beim Aktivieren von Remotedesktop wird eine Zulassungsregel in der Windows-Firewall aktiviert.

Wenn ein Softwarehersteller weder etwas von der Windows-Firewall gehört hat (und diese schon gar nicht direkt unterstützt) noch präzise Angaben über das Kommunikationsverhalten seiner Applikation machen kann, sollten Sie ernsthaft überlegen, ob er der richtige Partner ist, der Ihre Anforderungen erfüllen kann.

Zum Schluss noch ein kleines Beispiel für »vorbildliches Verhalten«: Wenn Sie REMOTEVERBINDUNG aktivieren, wird ein Hinweis erscheinen, dass der Zugriff in der Windows-Firewall angepasst werden muss (Abbildung 14.65).

Das Ergebnis ist, dass die vorhandene, aber bislang deaktivierte Regel ohne Zutun des Administrators aktiviert wird – und somit *Remotedesktop* tatsächlich funktioniert. Nicht alle Programme sind so weit, aber mit der Zeit sollte jeder Programmierer wissen, wie man mit der Windows-Firewall beim Setup und in der Betriebsphase umgeht.

14.3 Windows Server Update Services (WSUS)

Es hat sich gezeigt, dass das Installieren von Patches, Service Packs oder sonstigen Updates einer der wichtigsten Beiträge sowohl zur »inneren Sicherheit« als auch für die Stabilität der Systeme ist.

So komplexe Produkte wie ein Windows-Betriebssystem, ein Exchange Server oder ein Office-Paket können notwendigerweise niemals fehlerfrei sein, trotz aller Qualitätssicherung in den Entwicklungsprozessen. Hierbei bezieht sich »fehlerfrei« sowohl auf die Resistenz gegen unautorisierte Zugriffsversuche (»Hacking«) als auch auf die stabile Funktion an sich.

Es ist extrem positiv zu bewerten, dass Microsoft mit Fehlern in den Produkten erstens sehr offen umgeht und zweitens recht zügig Patches zur Behebung derselben bereitstellt. Das ist in der IT-Branche vorbildlich. Obwohl es eigentlich selbstverständlich sein sollte, ist mir kein Hersteller bekannt, bei dem dieser Prozess so nachhaltig funktioniert.

Nun verhält es sich aber leider so, dass in den meisten Installationen zwar bei der Erstinstallation darauf geachtet wird, dass aktuelle Service Packs und Patches eingespielt sind, aber danach ist die Maschine sich selbst überlassen. Das war vor 10 Jahren so, vor 5 Jahren, letztes Jahr, und es ist auch heute so und wird vermutlich auch in Zukunft noch immer so sein. Da es allerdings dringend notwendig ist, diesen Zustand bzw. Missstand zu beheben, scheint mir ein Abschnitt über WSUS in diesem Buch sehr angebracht zu sein.

Falls Sie glauben, dass Patch-Management mittlerweile eine Selbstverständlichkeit ist und es folglich doch eigentlich nicht notwendig ist, so die Trommel dafür zu rühren: Ich sehe häufig Umgebungen, in denen die Verantwortlichen mich zwar ganz zerknirscht anschauen, aber trotzdem Windows 2000 Server und Clients ohne Service Pack und Patches einsetzen.

Ich kann gut verstehen, dass man nicht monatlich 30 Server und 500 Clients besuchen kann, um dort Updates aufzuspielen. Da der *Windows Server Update Service* (WSUS) aber sowohl kostenlos als auch recht einfach einzuführen ist, gibt es ab jetzt keine Entschuldigungen mehr.

14.3.1 Die Funktionsweise

Die Funktionsweise von WSUS ist in Abbildung 14.66 gezeigt:

- Der WSUS-Server im Unternehmen bzw. in der Organisation lädt Update-Definitionen und Updates von der Microsoft Update-Website herunter.

- Die Clients, auf denen der Microsoft Update-Client standardmäßig vorhanden ist, werden über Gruppenrichtlinien konfiguriert. So erhalten sie auf diesem Weg die Information, welcher WSUS-Server verwendet werden soll, ob automatisch die Software-Updates installiert werden sollen und dergleichen mehr.
- Die Clients fragen nun regelmäßig den WSUS-Server ab und erhalten dabei gegebenenfalls die benötigten Updates.

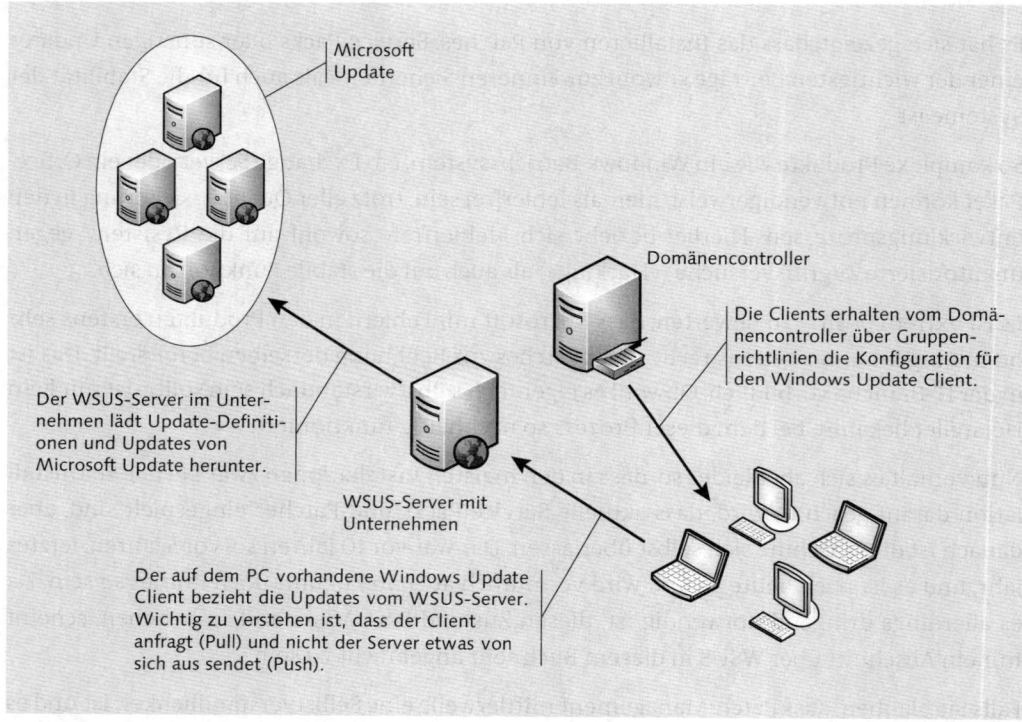

Abbildung 14.66 Stark vereinfacht: Die Funktionsweise von WSUS

Zwei Aspekte wären anzumerken:

- Welche Patches, Updates oder Service Packs letztendlich auf den WSUS-Clients installiert werden sollen, entscheidet weder Microsoft noch der WSUS-Server, sondern der Administrator. Sie können entweder jedes einzelne Update individuell genehmigen, oder Sie erstellen eine oder mehrere Regeln, die das Genehmigen für Sie erledigen.
- Im Gegensatz zu vielen »großen« Softwareverteilungslösungen wird bei WSUS der Verteilungsvorgang nicht vom Server angestoßen. Vielmehr ist es die Aufgabe des Clients, sich in regelmäßigen Abständen beim Server zu melden und zu prüfen, ob es Updates für ihn gibt. WSUS basiert also auf einem Pull- und nicht auf einem Push-Verfahren.

Es gibt noch eine weitere gute Nachricht in Zusammenhang mit WSUS – jedenfalls für den Finanzvorstand des Unternehmens: Microsoft bietet WSUS kostenlos an:

▶ Seit Windows Server 2008 R2 (also auch in 2012/R2) ist WSUS bereits enthalten. Es ist dort als Rolle vorhanden, die Sie bei der Installation hinzufügen.

Voraussetzungen

Die Installation ist unkompliziert. Im Gegensatz zu WSUS unter 2008 brauchen Sie keine Voraussetzungen software-mäßiger Art zu konfigurieren.

Eine andere Voraussetzung ist aber trotzdem wichtig zu erwähnen: WSUS braucht viel Platz. Wenn Sie viele Produkte damit supporten (und das eventuell auch mehrsprachig), dürfte auch das auf Abbildung 14.67 angelegte 2 Terabyte große Volume bald knapp sein. Planen Sie also großzügig, und legen die heruntergeladenen Daten um Himmels Willen nicht auf *C:* ab!

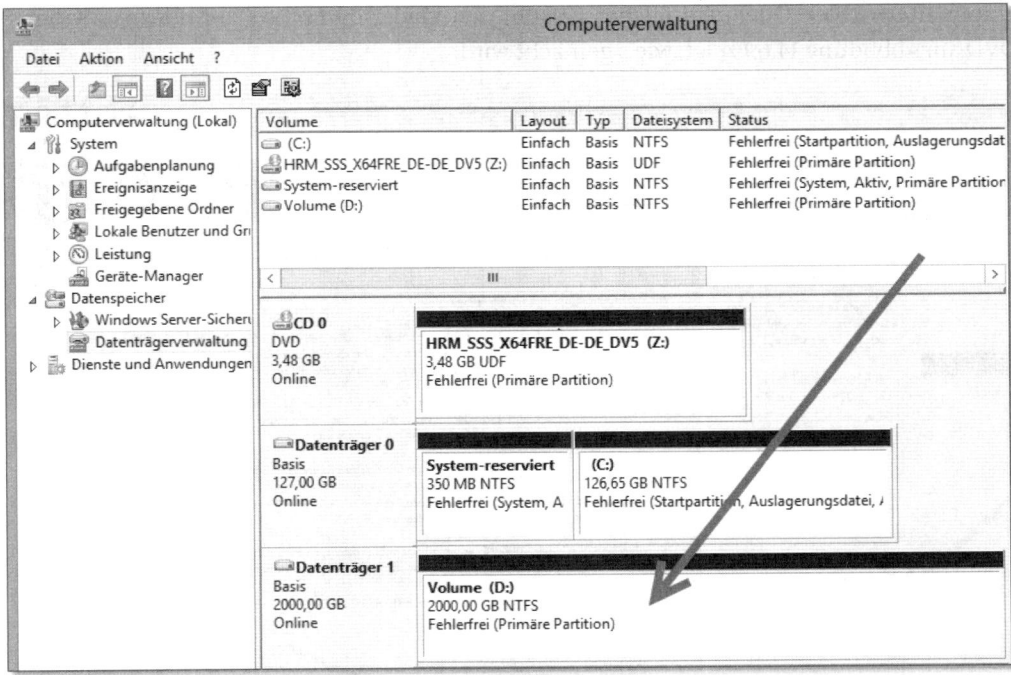

Abbildung 14.67 WSUS braucht viel Platz. Am besten nicht auf »C:«!

Weiterhin verwendet WSUS für Berichte aller Art den *Microsoft Report Viewer 2008*. Dieser muss von Hand installiert werden. Der Report Viewer ist übrigens keine zwingende Voraussetzung für die Installation, es gibt aber eine unschöne Fehlermeldung, wenn er nicht vorhanden ist und entsprechende Funktionen aufgerufen werden (Abbildung 14.68).

14 »Innere Sicherheit«

Abbildung 14.68 Den Microsoft Report Viewer 2008 muss man vorab nicht installieren, es gibt aber Fehlermeldungen, wenn man es nicht tut.

Der Download-Link zu dem Report Viewer-Paket ist: *http://www.microsoft.com/en-us/download/details.aspx?id=3841*

Voraussetzung für die Installation ist das Vorhandensein von *.NET-Framework 2-Runtime*. Dieses steht in Server 2012 (übrigens auch in Windows 8) in Form der .NET Framework 3.5-Funktionen zur Verfügung. Es reicht aber nicht, einfach das Feature zu aktivieren. Vielmehr müssen Sie das Paket von der Installation-DVD nachladen. Dazu geben Sie bei der Frage nach einem alternativen Quellpfad (gelber Balken) den Pfad *\sources\sxs* auf der Installations-DVD an. Abbildung 14.69 zeigt, wie's gemacht wird.

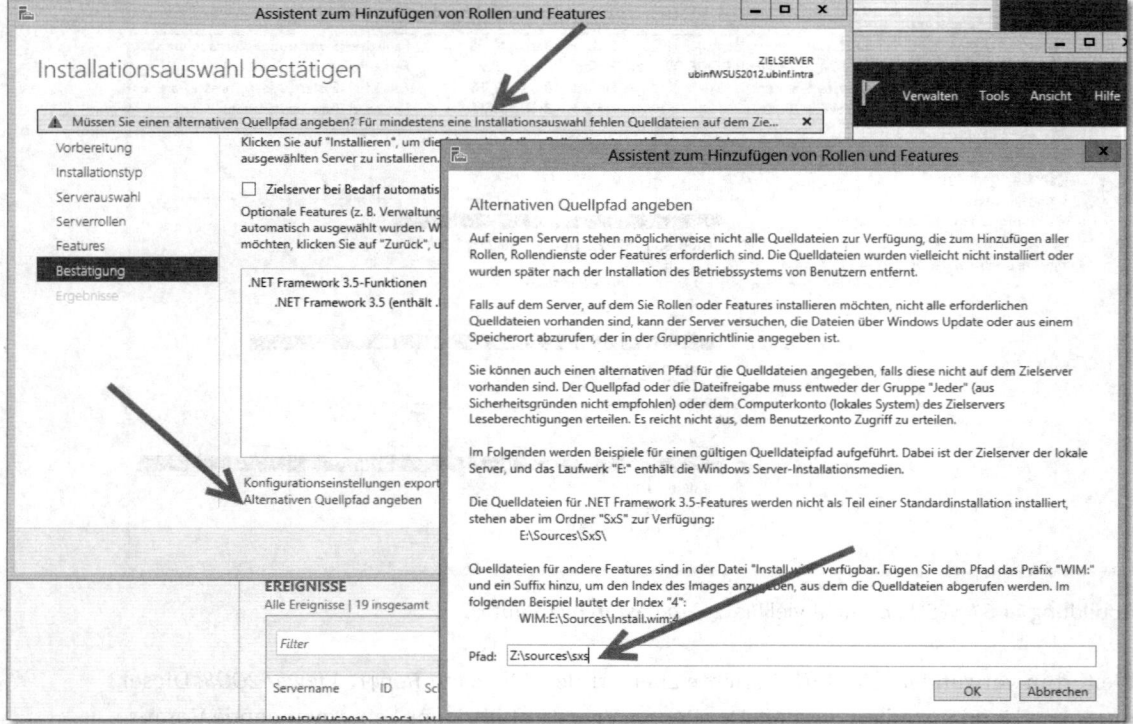

Abbildung 14.69 Um das .NET Framework 3.5-Feature zu installieren, müssen Sie auf die Installations-DVD verweisen.

WSUS installieren

Die Installation erfolgt mithilfe des Server-Managers. Ich werde Sie auf ein paar Kleinigkeiten aufmerksam machen, aber viel Spannendes oder Problematisches gibt es nicht zu vermelden.

WSUS ist eine Rolle im Server 2012/R2, folglich beginnt die Installation an der üblichen Stelle im Server-Manager. WSUS benötigt einen ganzen Schwung von anderen Rollen und Features, die Sie durch einen Mausklick ganz einfach hinzufügen können (Abbildung 14.70).

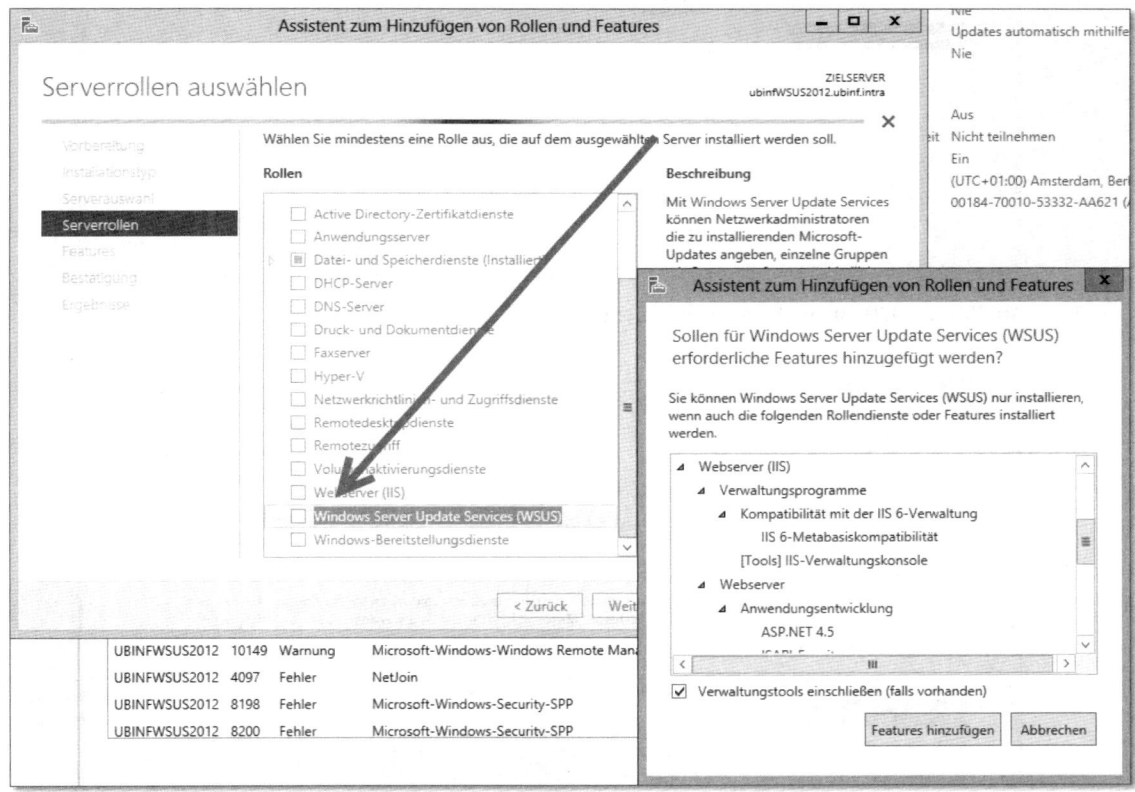

Abbildung 14.70 WSUS ist eine Rolle, also startet die Installation im Server-Manager.

Abbildung 14.71 zeigt die Auswahl der Rollendienste. Die »Haupt-Entscheidung« an dieser Stelle ist, ob WSUS mit der internen Windows-Datenbank (Option: WID DATABASE) oder einem vorhandenen SQL Server (Option: DATENBANK) betrieben werden soll.

Nach der Auswahl der Rollendienste geht es um das Festlegen des Inhaltsspeicherorts (Abbildung 14.72). Wie bereits zuvor angedeutet, kann der Platzbedarf hier sehr groß werden. Es ist also keine gute Idee, hier das *C:*-Laufwerk anzugeben.

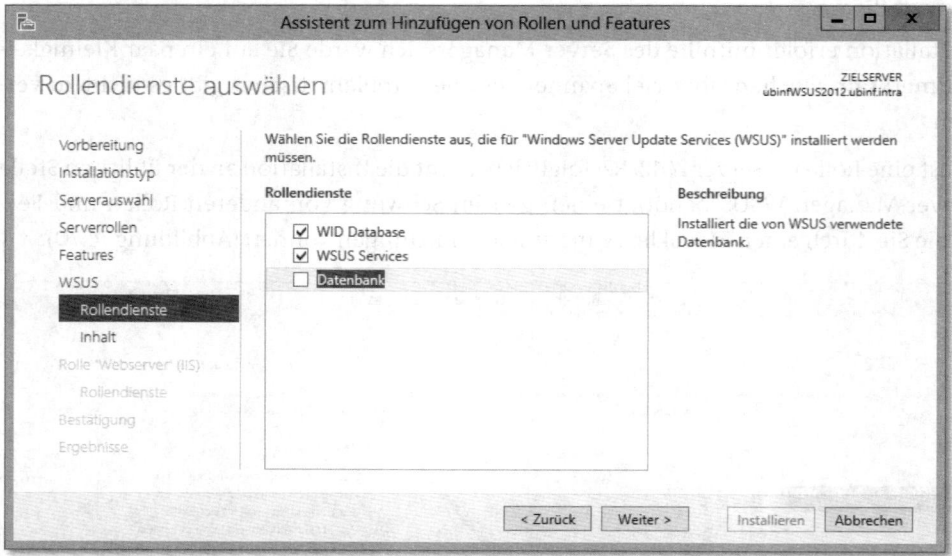

Abbildung 14.71 Auswahl der Rollendienste

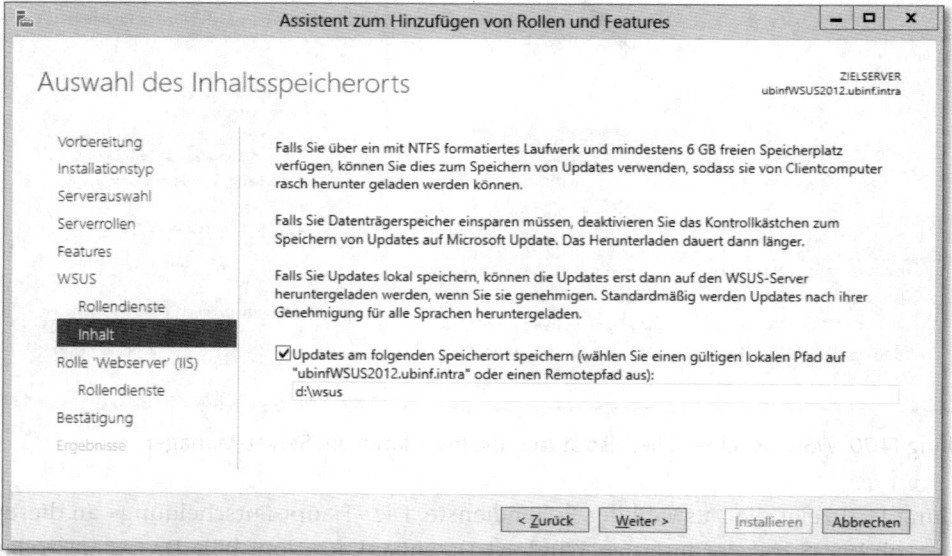

Abbildung 14.72 Der Inhaltsspeicherort kann groß werden, daher bitte die Updates nicht auf »C:« legen!

Die eigentliche Installation ist nicht weiter bemerkenswert, bis auf die Tatsache, dass am Ende des Vorgangs ein Link NACHINSTALLATIONSAUFGABEN STARTEN erscheint (Abbildung 14.73). Wenn dieser Prozess gestartet wird, öffnet sich – anders als bei zig anderen Installationsszenarien – *kein* weiterer Assistent, sondern die Nachinstallationsaufgaben werden sozusagen »schweigend« erledigt. Während der Installation wird das wie auf Abbildung 14.74 angezeigt, und an ebendieser Stelle findet sich dann auch die »Fertig«-Meldung.

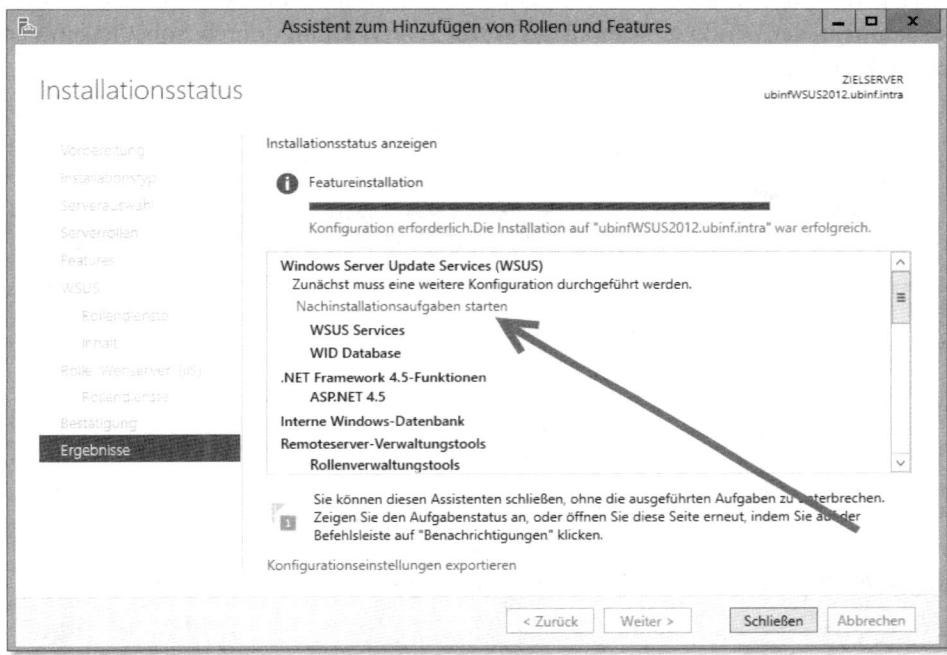

Abbildung 14.73 Vergessen Sie nicht, die Nachinstallationsaufgaben zu starten!

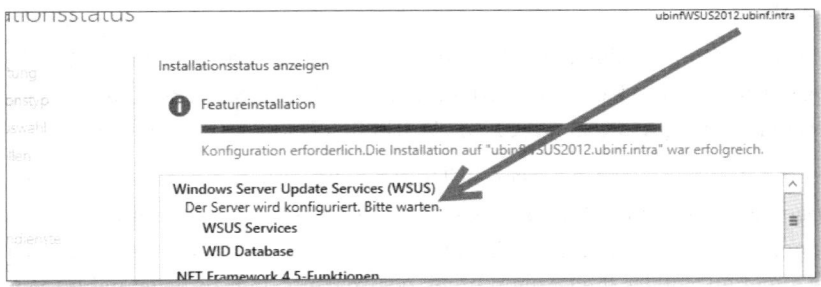

Abbildung 14.74 Mehr ist bei der Ausführung der Nachinstallationsaufgaben nicht zu sehen.

Die WSUS-Konsole auf dem Client

Zunächst ist es interessant, festzustellen, dass die WSUS-Verwaltungskonsole auch auf Clients laufen kann. Das ist nicht uninteressant, denn so lässt sich vermeiden, dass der Administrator sich auf dem Server anmelden muss. Gut, das ist dank RDP kein Problem, ich bin aber immer dafür, unnötige Anmeldevorgänge auf dem Server zu vermeiden.

Die WSUS-Konsole ist Bestandteil der *Remoteserver-Verwaltungstools für Windows 8*, die es im Microsoft Download Center gibt. Im Kontext-Menü des obersten Knotens findet sich der Menüpunkt VERBINDUNG MIT DEM SERVER HERSTELLEN, der zu dem Dialog aus Abbildung 14.75 führt. Letztendlich müssen Sie hier nur den Servernamen eintragen. Sie müssen aber eine Ausnahme in der Windows-Firewall des WSUS-Servers konfigurieren; sonst ist ein Verbindungsaufbau nicht möglich.

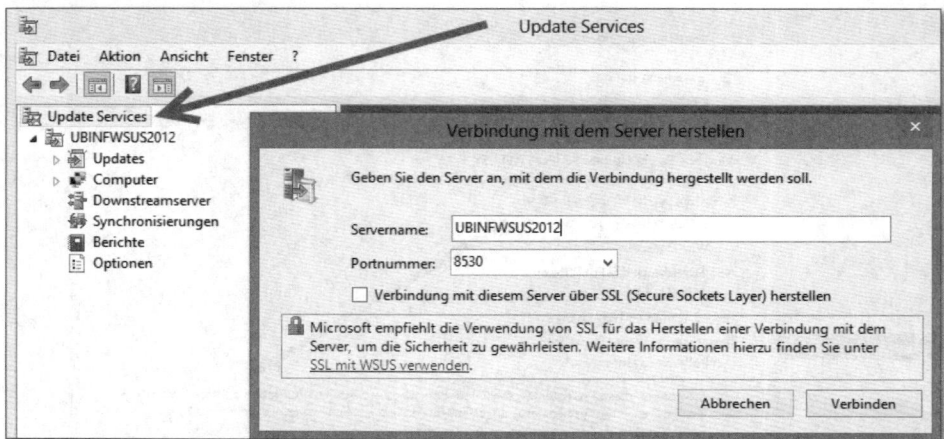

Abbildung 14.75 Vom Admin-PC lässt sich eine Verbindung zum WSUS-Server herstellen.

14.3.2 Erstkonfiguration mit dem Assistenten

Bei der Erstkonfiguration hilft ein freundlicher Assistent, der ein weitgehend betriebsbereites System hinterlässt.

Dieser Assistent startet, wenn Sie das erste Mal die WSUS-Konsole öffnen. Wenn Sie ihn geschlossen haben, können Sie ihn jederzeit wieder aufrufen. Wählen Sie dazu unterhalb des Knotens OPTIONEN den Eintrag ASSISTENT FÜR DIE WSUS-SERVERKONFIGURATION.

Die erste Entscheidung ist, von welchem Server die Updates abgerufen werden sollen. In den meisten Umgebungen werden das die Microsoft-Systeme (Microsoft Update) sein. Für große verteilte Umgebungen, in denen mehrere WSUS-Server arbeiten, können Sie allerdings auch eine andere Quelle angeben, sodass die Dateien nicht zweimal aus dem Internet geholt werden müssen (Abbildung 14.76).

WSUS kann für die Verbindung natürlich einen Proxyserver verwenden; auch eine Authentifizierung an diesem ist möglich (Abbildung 14.77). Sind die Verbindungseinstellungen konfiguriert, wird die Verbindung gestartet. Dies ist aber nicht nur ein simpler Verbindungstest, sondern es werden die Listen der auf der Updatequelle zur Verfügung stehenden Sprachversionen, Produkte und Klassifizierungen geladen.

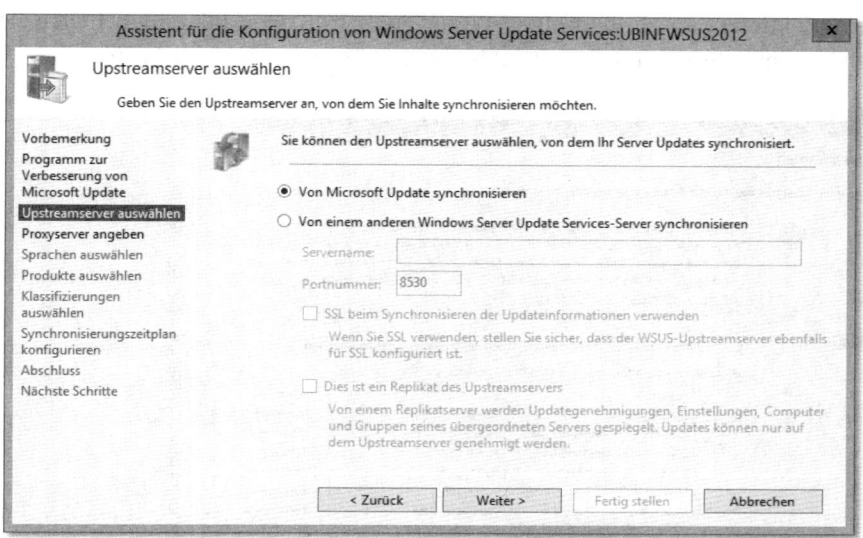

Abbildung 14.76 Vermutlich werden Sie die Updates vom Microsoft-Server beziehen. Für große Umgebungen mit mehreren WSUS-Servern gibt es auch die Möglichkeit, eine andere Quelle anzugeben.

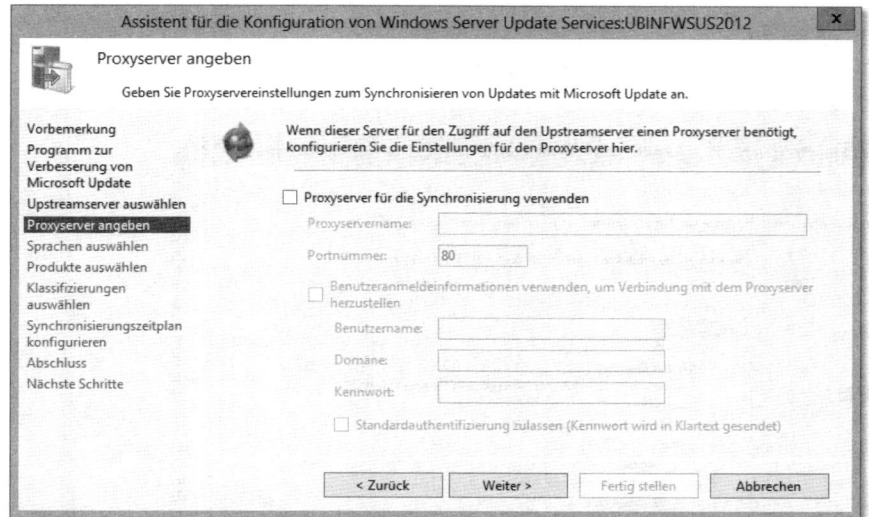

Abbildung 14.77 Nach der Konfiguration des Proxy-Servers wird (falls nötig) eine Verbindung aufgebaut. Dabei werden grundlegende Informationen über Sprachen, Produkte und Klassifizierungen abgerufen.

Auf den nächsten Dialogseiten geht es nun darum, festzulegen, welche Updates auf dem WSUS-Server zur Verfügung stehen sollen. Auch wenn es vielleicht sehr verlockend ist, »vorsichtshalber« alle Sprachversionen und Updates für alle Produkte zu beziehen, sollten Sie zumindest grob selektieren, was Sie benötigen. Wenn Sie zu großzügig auswählen, haben Sie schnell etliche 100 Gigabyte auf dem Server (Abbildung 14.78 und Abbildung 14.79).

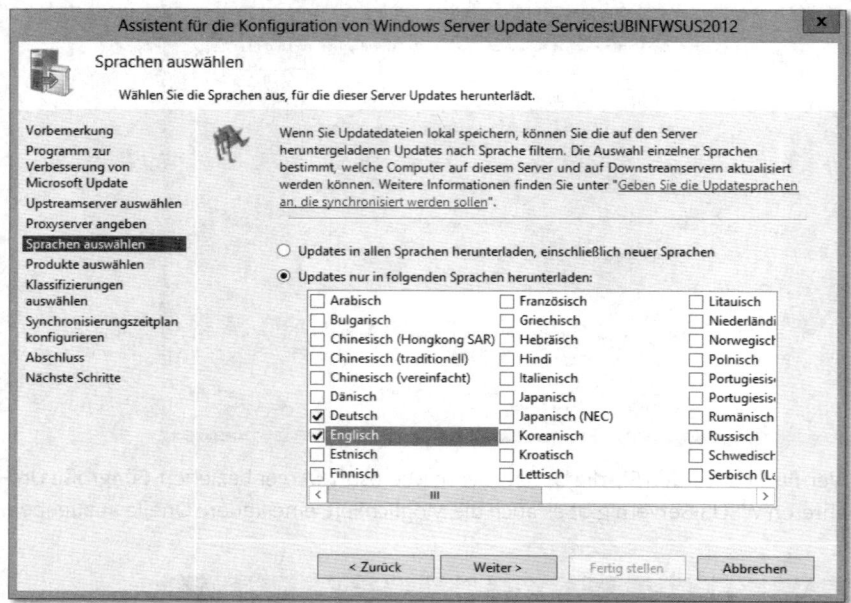

Abbildung 14.78 Geben Sie die in Ihrer Umgebung vorhandenen Sprachen...

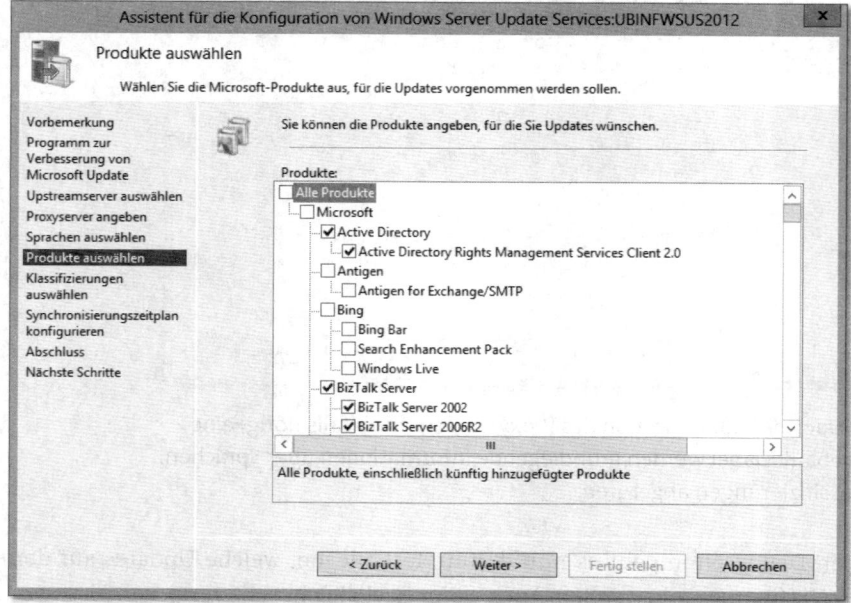

Abbildung 14.79 ...und Produkte an.

> **Globalität**
>
> Übrigens: Auch wenn Sie Niederlassungen auf der ganzen Welt haben, müssen Sie entscheiden, ob Sie wirklich die Clients aus Fernost über den deutschen WSUS-Server versorgen möchten. Das kann man machen, aber wenn es sich um größere Niederlassungen handelt, dürften lokale WSUS-Server die deutlich bessere Idee sein. In diesem Fall brauchen Sie diese Sprachversionen auch nicht auf dem deutschen Server zu halten.

Bei der Auswahl der Klassifizierungen sollten Sie ebenfalls mit Augenmaß vorgehen. WICHTIGE UPDATES und SICHERHEITSUPDATES sind natürlich »Pflichtprogramm«, allerdings sind FEATURE PACKS und TOOLS im Allgemeinen Komponenten, die man meist eher nicht über WSUS installiert. Ich möchte nun zwar nicht um ein paar Gigabyte mehr oder weniger feilschen – wenn Sie jedoch viele Sprachversionen benötigen, summiert sich das. Ich mache mir übrigens weniger Sorgen um die Plattenkapazität, sondern um Ihre Internetanbindung. Wenn die ohnehin stark belastet ist, spielen »ein paar Gigabyte« eben doch eine Rolle (Abbildung 14.80).

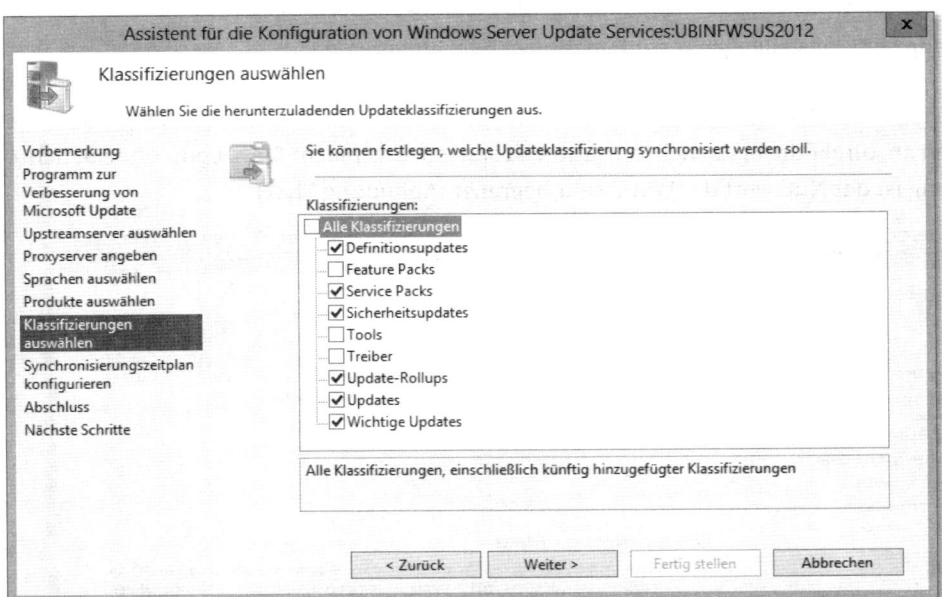

Abbildung 14.80 Wählen Sie, welche Arten von Updates heruntergeladen werden sollen.

Auf der nächsten Dialogseite geht es nun noch darum, die Synchronisierungshäufigkeit und die »Grundzeit« festzulegen. Bei den heutigen zur Verfügung stehenden Bandbreiten spricht meines Erachtens. nichts dagegen, jede Stunde zu synchronisieren. Die Datenmenge wird durch viele Vorgänge nicht größer, es kann aber sein, dass eine große Downloadmenge mitten am Tag die Internet-Verbindungen einschränkt.

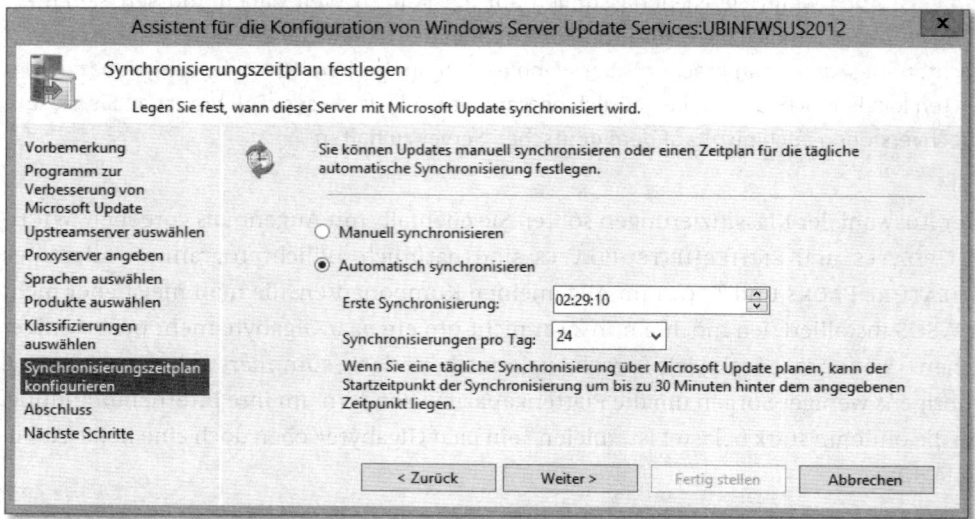

Abbildung 14.81 Einstellungen zur automatischen Synchronisierung

Damit haben Sie den Assistenten bereits durchgearbeitet. Auf der letzten Dialogseite bietet er Ihnen an, direkt die Erstsynchronisation zu starten. Das macht Sinn, denn ohne Synchronisierung ist der Nutzwert der WSUS sehr begrenzt (Abbildung 14.82).

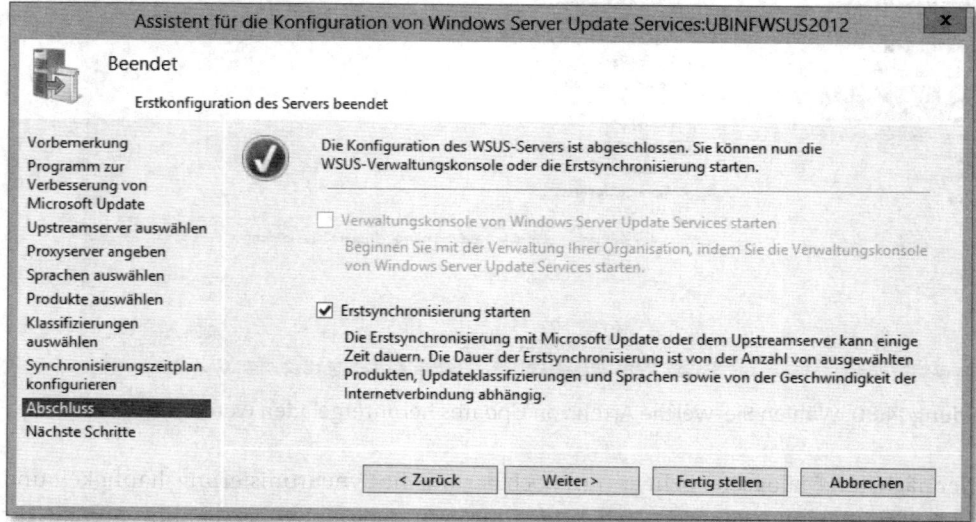

Abbildung 14.82 Auf Wunsch kann der Assistent direkt die Erstsynchronisation starten.

Ob die Synchronisierung läuft, können Sie übrigens in der Verwaltungskonsole erkennen: Wenn Sie den Knoten SYNCHRONISIERUNGEN wählen, sollten Sie einen laufenden Vorgang sehen (Abbildung 14.83).

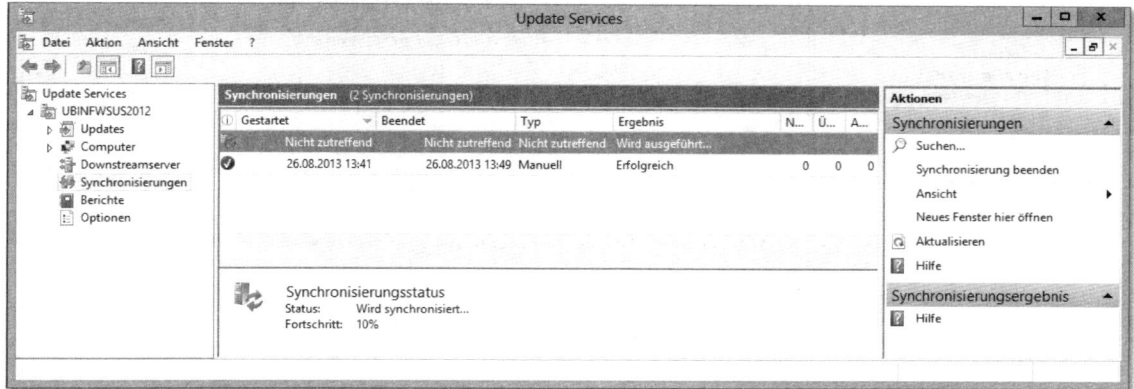

Abbildung 14.83 Hier ist in der Verwaltungskonsole von WSUS die laufende Erstsynchronisation zu sehen.

14.3.3 Konfiguration und Betrieb

Auch wenn der soeben besprochene Assistent schon ein weitgehend lauffähiges System hinterlässt, gibt es in der WSUS-Verwaltungskonsole noch hinreichend viele weitere Optionen, die konfiguriert werden können. Abbildung 14.84 zeigt einen ersten Blick in die OPTIONEN der Verwaltungskonsole, wobei viele Bereiche bereits vom Assistenten abgearbeitet worden sind – aber vielleicht muss daran ja auch irgendwann etwas verändert werden.

Wir werden nicht jeden Konfigurationsbereich ansehen, da diese Dialoge überwiegend selbsterklärend sind. Ich möchte Sie aber gern durch ein paar »wirklich wichtige Aspekte« führen.

> **Hinweis**
>
> Ein wesentlicher Konfigurationsaspekt sind die AUTOMATISCHEN GENEHMIGUNGEN. Diese bespreche ich in Abschnitt 14.3.4.
>
> Die WSUS-Verwaltungskonsole finden Sie übrigens in der Gruppe VERWALTUNG des Startmenüs.

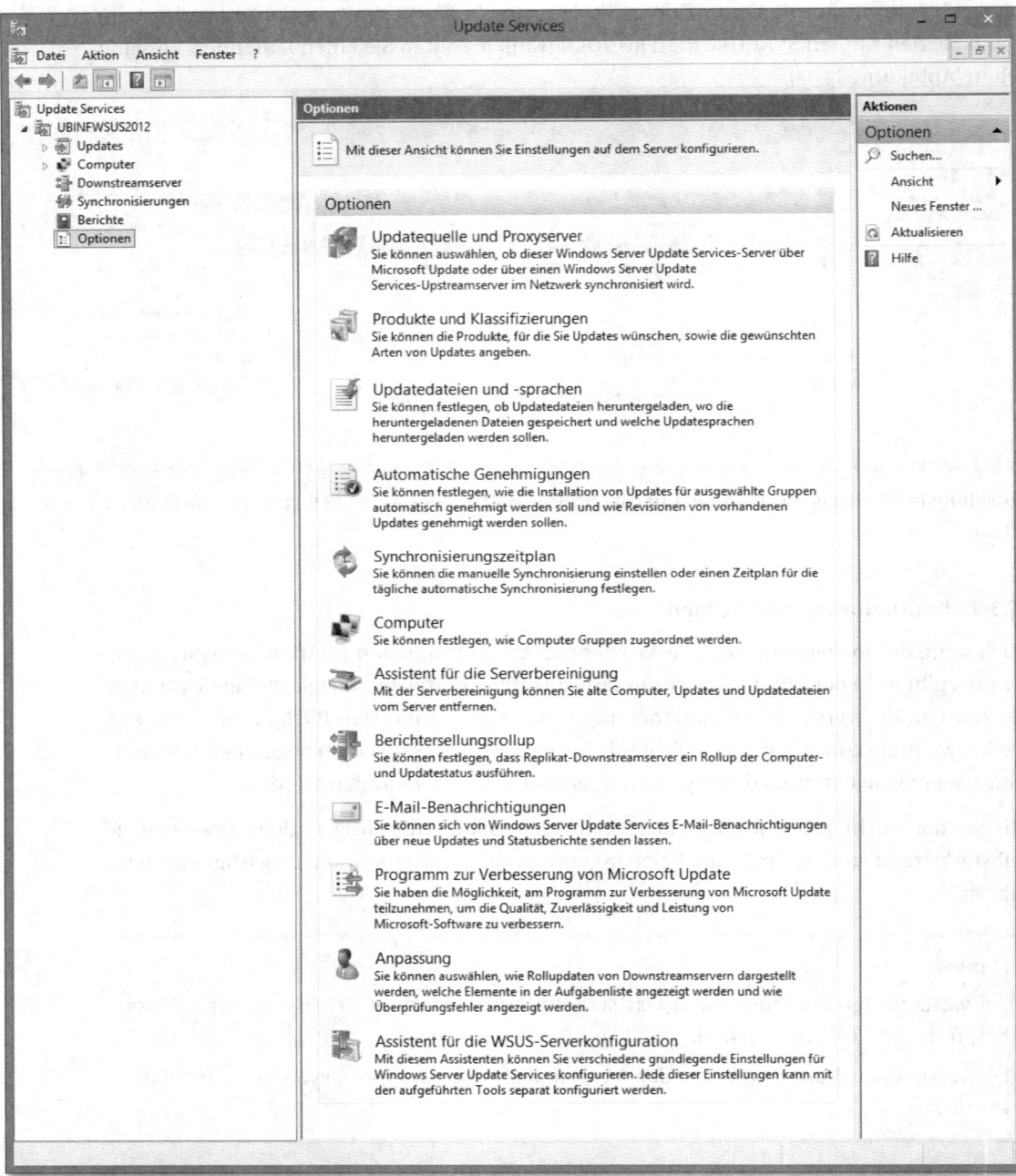

Abbildung 14.84 In der WSUS-Verwaltungskonsole gibt es immerhin ein Dutzend Optionen zu konfigurieren.

Gruppen anlegen, Computer zuordnen

Vermutlich werden Sie nicht alle Computer gleich behandeln wollen. Es gibt durchaus absolut unternehmenskritische Server, auf denen Sie vermutlich nicht automatisiert Updates einspielen möchten. Um dies zu steuern, gibt es zwei Ansatzpunkte:

- Mithilfe von Gruppenrichtlinien können Sie beispielsweise festlegen, ob die Computer Updates automatisch beziehen sollen und falls notwendig direkt einen Neustart durchführen.
- Über WSUS-Computergruppen steuern Sie vereinfacht gesagt, welche Computer welche Updates erhalten. Wenn Sie beispielsweise möchten, dass einige Clients das Service Pack 5 für Windows 8 bekommen, andere aber nicht, kann das über die besagten WSUS-Computergruppen realisiert werden.

Ein Client, der sich zum ersten Mal beim WSUS-Server meldet, wird in die Gruppe NICHT ZUGEWIESENE COMPUTER einsortiert. Wenn alle Systeme in Ihrem Netz dieselben Updates bekommen, könnten Sie sogar alle Computer dort belassen. Die meisten Administratoren möchten aber doch differenzieren können.

> **WSUS nicht zur Trennung**
>
> Sie benötigen diese Gruppen übrigens nicht, um Computer mit verschiedenen Betriebssystemen, Office-Versionen und dergleichen voneinander zu trennen. WSUS und der WSUS-Client sind so schlau, dass ein Windows XP-System keine Vista-Patches lädt und installiert (bzw. es versucht).

In einer kleinen und gleichzeitig einigermaßen simplen Umgebung könnte man beispielsweise drei Computergruppen einrichten:

- *Standardclients*, in die alle Client-Systeme einsortiert werden.
- *Server, Class A*: Das sind die wirklich kritischen und komplexen Systeme. Diese sollten natürlich auch aktuell gehalten werden, aber gegebenenfalls möchten Sie die Updates für diese Systeme zuvor in einer Testumgebung ausprobieren.
- *Server, Class B*: Diese Server sind zwar ebenfalls wichtig, allerdings können zumindest kritische Patches für diese automatisch genehmigt werden.

Da ein WSUS-Client Mitglied in verschiedenen Gruppen sein kann, sind beliebig komplexe Gruppenkonzepte denkbar. Wenn mir die »WSUS-Beauftragten« von größeren Unternehmen ihre WSUS-Computergruppen-Strategie vorstellen, habe ich teilweise den Eindruck, dass es um die Realisierung der weichen Mondlandung und nicht »nur« um die Verteilung von Patches geht. Mit mehr oder weniger viel Mühe kann man das wirklich zur Perfektion treiben – Respekt!

14 »Innere Sicherheit«

Kommen wir zu den praktischen Dingen des Lebens (Abbildung 14.85):

- Das Anlegen von neuen WSUS-Computergruppen geschieht im Kontextmenü des Knotens ALLE COMPUTER. Benötigt wird hier nur ein gut klingender Name für die neue Gruppe.
- Um einen Computer einer oder mehreren Gruppen zuzuordnen, wählen Sie den Menüpunkt MITGLIEDSCHAFT ÄNDERN des Kontextmenüs.

> **Alternative**
>
> Die Gruppe oder Gruppen, in die ein Computer »einsortiert« werden soll, kann bzw. können alternativ auch in den Gruppenrichtlinien konfiguriert werden.

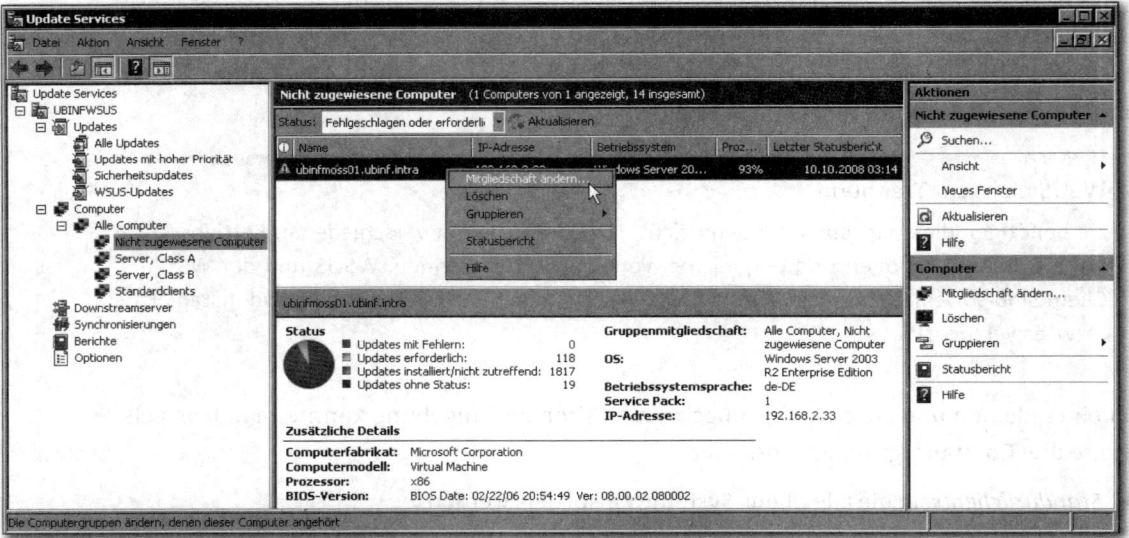

Abbildung 14.85 Ein neuer Computer wird standardmäßig in die Gruppe »Nicht zugewiesene Computer« einsortiert.

Computer überwachen

Wie ich weiter vorn erwähnt habe, basiert WSUS darauf, dass sich der Client regelmäßig beim Server »meldet«, um Updates zu beziehen. Falls der Client das längere Zeit nicht tut, kann es dafür zwei Gründe geben:

- Der Computer ist länger nicht eingeschaltet worden, beispielsweise weil der Besitzer im Urlaub ist. Das kann natürlich für Server nicht zutreffen (schlecht wäre, wenn ein Server nicht mehr läuft, wenn der Admin im Urlaub ist, was aber oft genug vorkommt).

▶ Der WSUS-Client hat ein irgendwie geartetes Problem und kann nicht (mehr) mit dem Server kommunizieren.

In der Liste der Computer können Sie unter anderem erkennen, wann ein WSUS-Client sich das letzte Mal beim Server gemeldet hat (Abbildung 14.86). Die Liste kann beispielsweise nach dem Datum sortiert sein, sodass Sie sich relativ einfach einen Überblick verschaffen können.

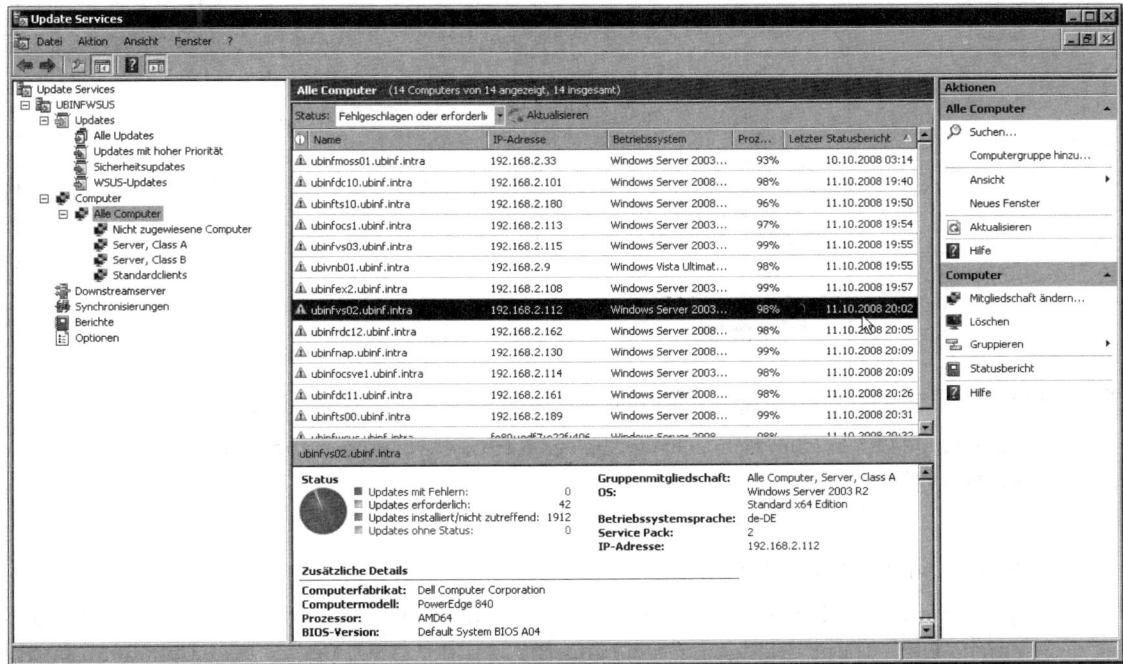

Abbildung 14.86 Hier bekommen Sie eine Übersicht über alle Computer. Wenn sich ein System lange nicht gemeldet oder Updates mit Fehlern hat, besteht Handlungsbedarf.

Synchronisierungen überwachen

Ein weiterer Aspekt, den Sie regelmäßig überprüfen sollten, ist die Durchführung bzw. der Erfolg der Synchronisierungen mit der Update-Quelle. Die Liste aus Abbildung 14.87 gibt einen Überblick über den Erfolg, den Zeitpunkt und die Anzahl der gefundenen Updates.

Im Kontextmenü jedes Eintrags findet sich der Menüpunkt STATUSBERICHT. Dort erhalten Sie Details zum Vorgang, beispielsweise erfahren sie, welche neuen Updates gekommen sind und welche vorhandenen Updates dadurch ersetzt wurden.

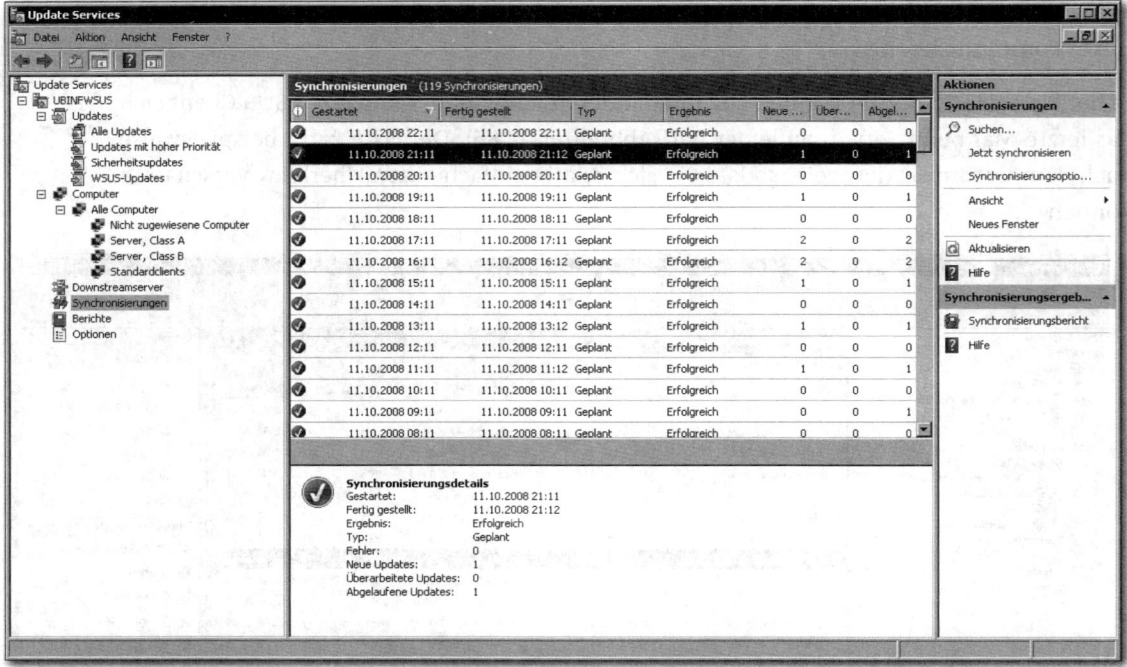

Abbildung 14.87 Es kann nicht schaden, gelegentlich die Synchronisierungsvorgänge zu überwachen.

14.3.4 Updates genehmigen

Auch wenn Sie bis hierhin alles perfekt konfiguriert haben, wird kein einziger Patch auf einen WSUS-Client gelangen. Der Grund ist, dass der WSUS-Server kein Update an einen WSUS-Client sendet, wenn es nicht genehmigt (d.h. freigegeben) ist. Genauer gesagt muss ein Update für jede einzelne Computergruppe genehmigt werden.

Da realistisch betrachtet kaum ein Administrator Zeit dafür haben wird, jedes einzelne Update zu kontrollieren und für die diversen angelegten Computergruppen zu genehmigen, können Sie sich von der AUTOMATISCHEN GENEHMIGUNG helfen lassen.

Automatische Genehmigung konfigurieren

In der Praxis arbeiten die meisten Administratoren mit automatischen Genehmigungen. Den Konfigurationsdialog rufen Sie in der Verwaltungskonsole über OPTIONEN • AUTOMATISCHE GENEHMIGUNGEN auf.

Standardmäßig vorhanden ist die STANDARDREGEL FÜR AUTOMATISCHE GENEHMIGUNG, die besagt, dass Updates, die als SICHERHEITSUPDATE oder WICHTIGES UPDATE klassifiziert sind, für ALLE COMPUTER genehmigt werden (Abbildung 14.88).

14.3 Windows Server Update Services (WSUS)

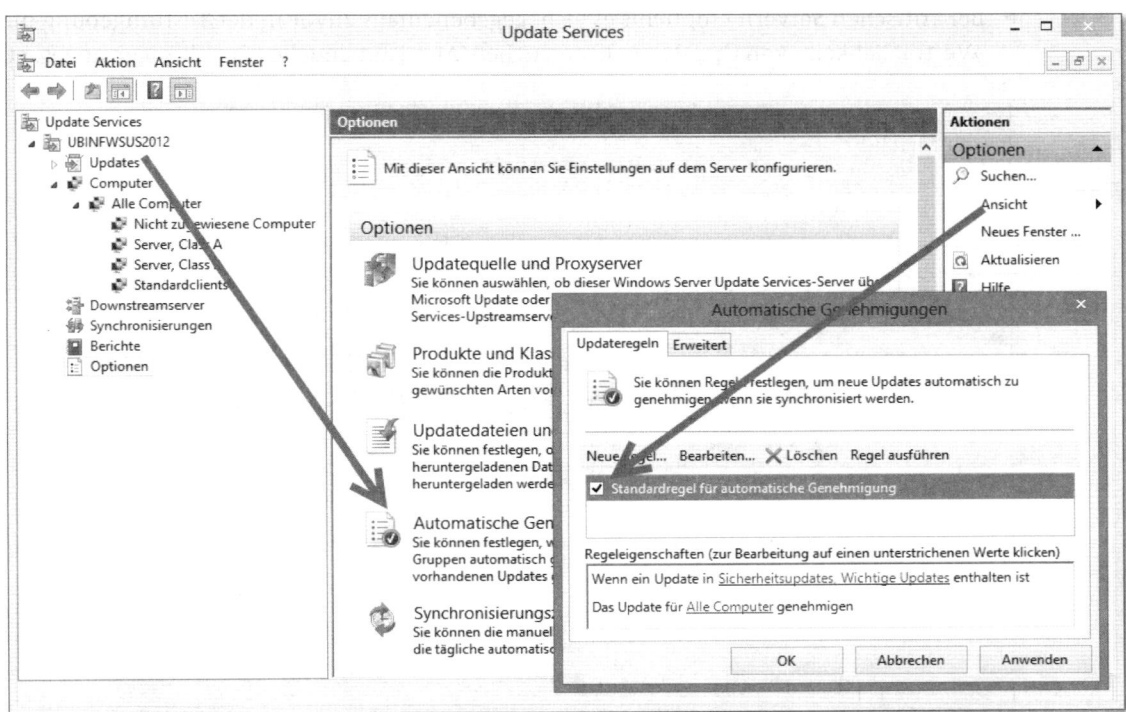

Abbildung 14.88 Sie können beliebig viele Regeln anlegen. Die »Standardregel für automatische Genehmigung« ist bereits vorhanden, allerdings deaktiviert.

Sie können diese Regel bei Bedarf modifizieren. Bevor aber irgendetwas passiert, muss sie zunächst aktiviert werden. Wenn Sie eine Regel erstellt und aktiviert haben, wirkt sie für neu eingehende Updates. Sie können die Regel sofort auf alle vorhandenen Updates anwenden, wenn Sie die Schaltfläche REGEL AUSFÜHREN anklicken (Abbildung 14.89).

Auf der Registerkarte ERWEITERT finden Sie einige zusätzliche Optionen:

- Es kann konfiguriert werden, dass Updates, die den WSUS-Server betreffen, automatisch genehmigt werden.
- Weiterhin gibt es zwei Einstellungen, die den Umgang mit Updateversionen betreffen.

Beim Umgang mit automatischen Genehmigungen gehen die meisten Unternehmen übrigens wie folgt vor:

- Updates, die als SICHERHEITSUPDATE oder WICHTIGES UPDATE klassifiziert sind, werden automatisch genehmigt – zumindest für Clients.
- Service Packs werden im Allgemeinen nicht automatisch genehmigt, sondern nach diversen Tests manuell genehmigt.

747

▶ Bei kritischen Servern empfiehlt es sich, gegebenenfalls zuvor in der Testumgebung die »Verträglichkeit« von Updates zu untersuchen. Also ist manuelles Genehmigen angesagt.

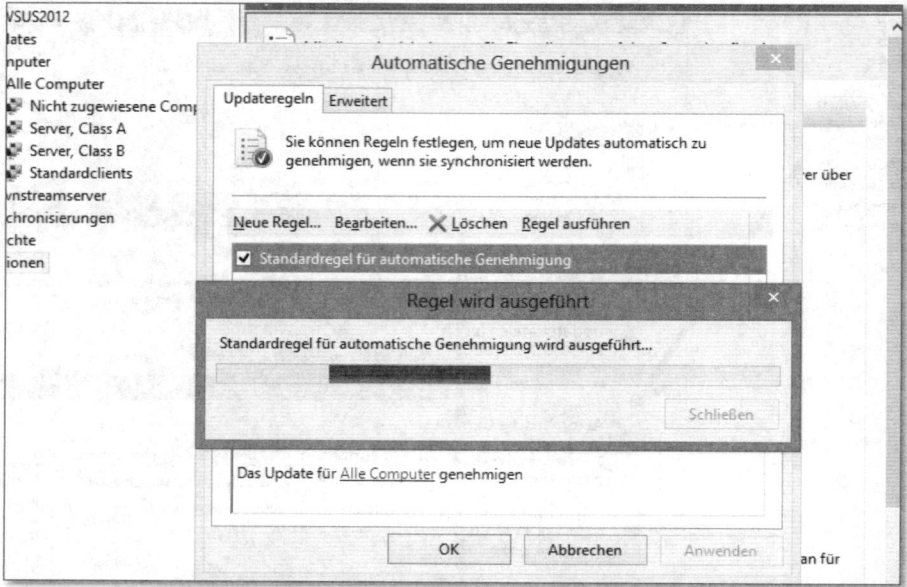

Abbildung 14.89 Eine Genehmigungsregel kann sofort ausgeführt werden.

Updates manuell genehmigen

Unterhalb des Knoten UPDATES befinden sich vier verschiedene Kategorien. In der Kopfzeile der angezeigten Liste sind Filter vorhanden. Es kann nach dem Genehmigungsstatus (z. B. NICHT GENEHMIGT) und/oder dem Status (z. B. FEHLGESCHLAGEN oder ERFORDERLICH) gefiltert werden. In dem Statusbereich (am unteren Rand des Fensters) wird ein Kurzüberblick zu dem selektierten Update gezeigt.

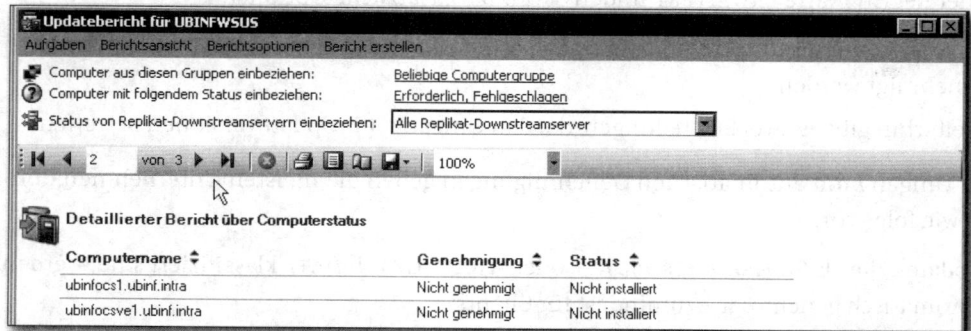

Abbildung 14.90 Im Statusbericht können Sie beispielsweise abfragen, welche Computer das Update benötigen.

Wenn Sie mehr Details sehen möchten, beispielsweise die Server, für die das Update benötigt wird oder würde, wählen Sie den Menüpunkt STATUSBERICHT aus dem Kontextmenü des Eintrags (Abbildung 14.91).

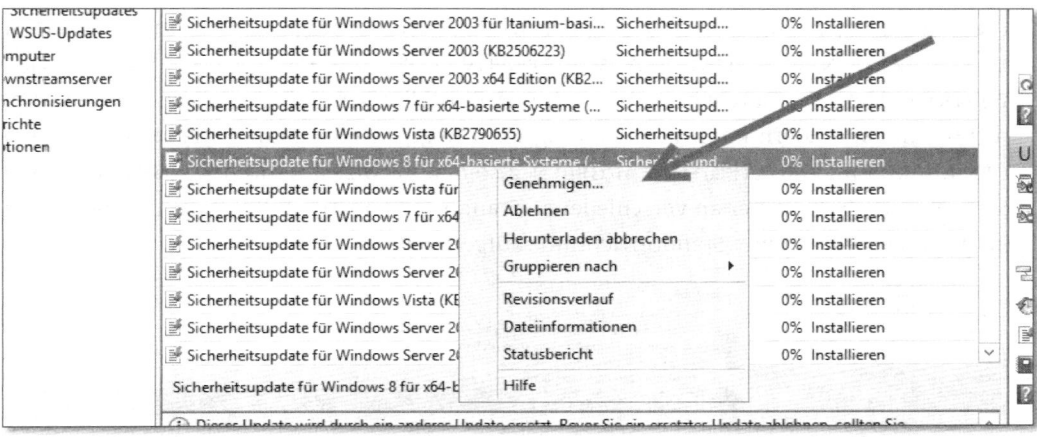

Abbildung 14.91 Die angezeigten Updates können gefiltert werden. Im Kontextmenü können Sie beispielsweise »Genehmigen« oder »Ablehnen« wählen.

Wenn Sie den Menüpunkt GENEHMIGEN aufrufen, erscheint der Dialog aus Abbildung 14.92, in dem Sie die Genehmigung für die einzelnen Gruppen steuern können. Wenn die WSUS-Clients einer solchen Gruppe das nächste Mal die Liste der einzuspielenden Updates abfragen, erhalten Sie dieses Update.

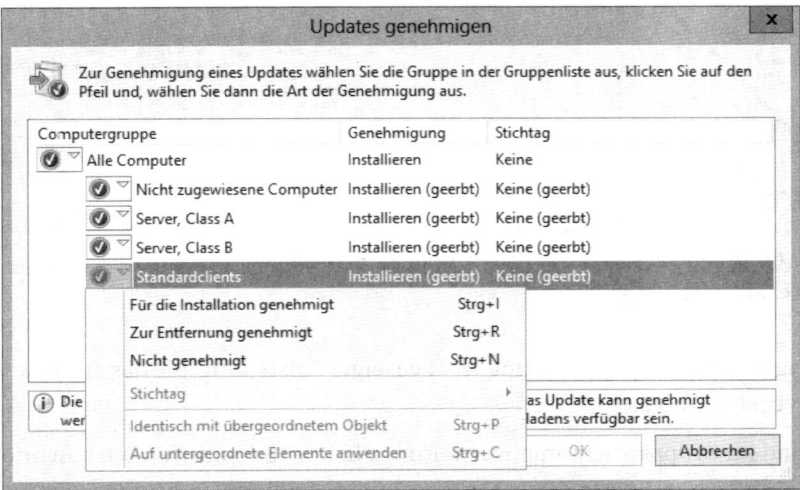

Abbildung 14.92 Das Update kann für »Alle Computer« oder ausgewählte Gruppen genehmigt werden.

14.3.5 Gruppenrichtlinie konfigurieren

Da die WSUS-Clients über Gruppenrichtlinien konfiguriert werden, ist es höchste Zeit, diesen Aspekt genauer zu betrachten.

Die Einstellungen finden Sie im Gruppenrichtlinienverwaltungs-Editor unter COMPUTERKONFIGURATION • RICHTLINIEN • ADMINISTRATIVE VORLAGEN • WINDOWS-KOMPONENTEN • WINDOWS UPDATE. Dort gibt es immerhin 15 Einstellungen, mit denen Sie das Verhalten recht granular steuern können. Abbildung 14.93 zeigt die Einstellung INTERNEN PFAD FÜR DEN MICROSOFT UPDATEDIENST ANGEBEN, also den Verweis auf Ihren WSUS-Server. Wenn Sie mehrere WSUS-Server an verschiedenen Standorten haben, ist das übrigens eine Einstellung, die sehr gut in einer Standortrichtlinie aufgehoben ist.

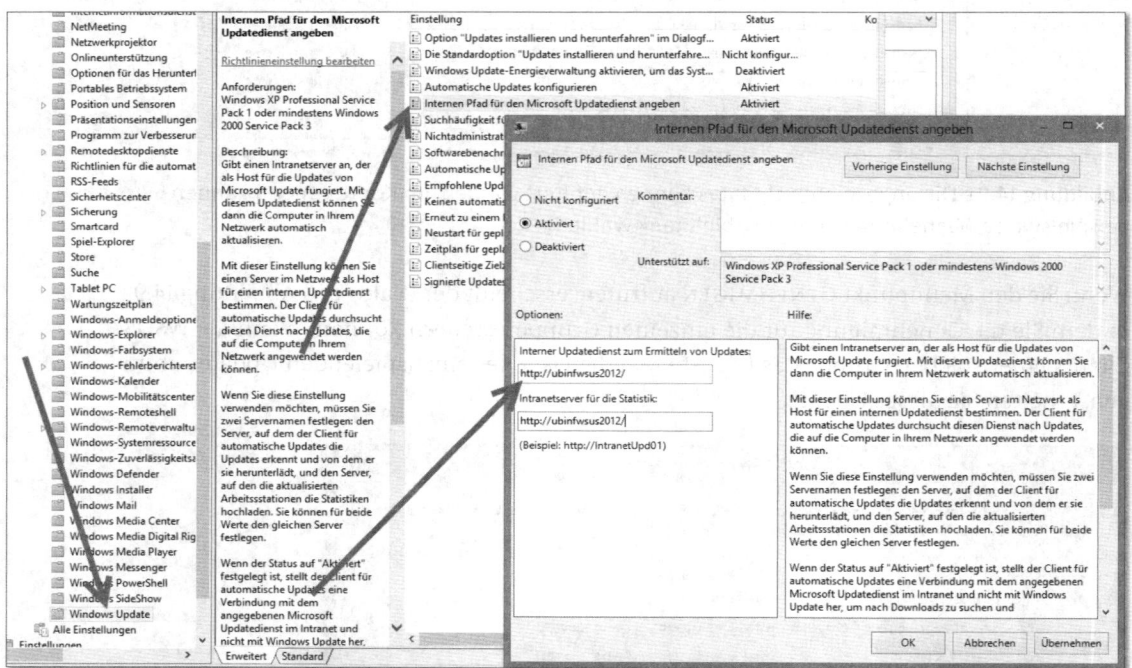

Abbildung 14.93 Für WSUS gibt es diverse Gruppenrichtlinien-Einstellungen. Hier wird der zu verwendende WSUS-Server angegeben.

Sehr wichtig ist übrigens auch die in Abbildung 14.94 gezeigte Einstellung, die das automatische Einspielen von Updates regelt.

Die Einstellungen sind im Gruppenrichtlinienverwaltungs-Editor recht ausführlich beschrieben, sodass eine weitere Erläuterung an dieser Stelle nicht notwendig ist. Sie werden vermutlich ein wenig experimentieren müssen, bis Sie Ihre individuellen »Optimaleinstellungen« gefunden haben.

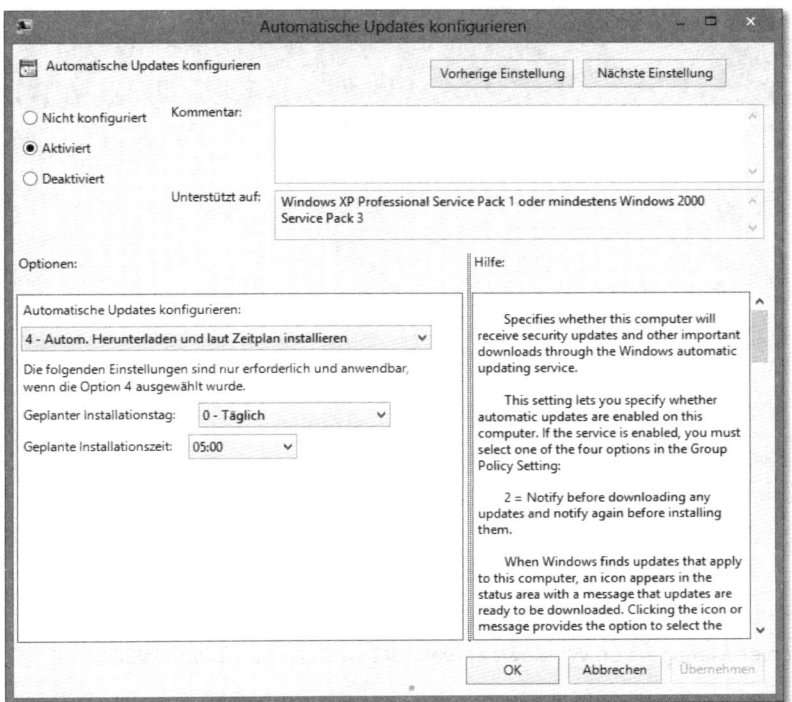

Abbildung 14.94 »Automatische Updates konfigurieren« ist eine besonders wichtige Einstellung: Hier wird festgelegt, ob und wann Updates automatisch eingespielt werden sollen.

14.3.6 Kurzer Blick auf den WSUS-Client

Die Betriebssysteme ab Windows 2000 SP3 verfügen standardmäßig über einen WSUS-Client. Abgesehen von dem kleinen Eintrag in der Menüleiste ist von ihm aber im Normalfall wenig zu sehen. Im Windows Server 2012-Server-Manager findet sich ein Überblick über den aktuellen Status, was auf Abbildung 14.95 gezeigt ist; es handelt sich hier übrigens um ein »ganz frisches« System, weshalb auch noch keine Updates installiert wurden.

In der Systemsteuerung kann das Applet *Windows Update* aufgerufen werden, das einen Überblick über die für diesen Computer bereitliegenden Updates gibt (Abbildung 14.97). Auch der Updateverlauf ist häufig nicht uninteressant.

> **»wuauclt«**
>
> Außerdem besteht die Möglichkeit, einige Befehle mittels des Kommandozeilenprogramms `wuauclt` abzusetzen. Mit `wuauclt /detectnow` können Sie beispielsweise einen Überprüfungsvorgang einleiten, und `wuauclt /reportnow` sendet den aktuellen Status an den WSUS-Server.

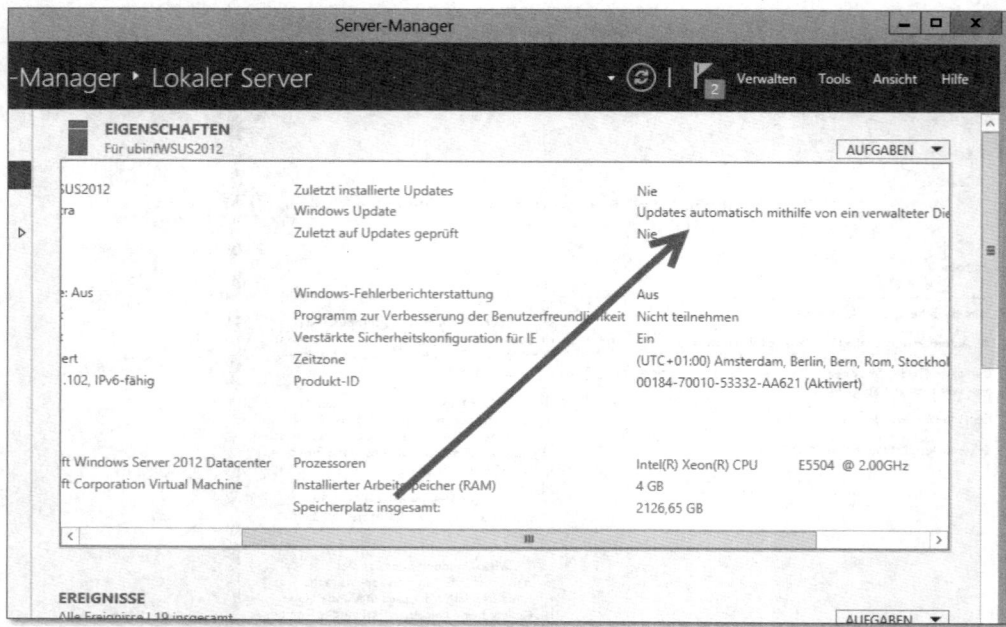

Abbildung 14.95 Im Server-Manager von Windows Server 2012 wird der Status von WSUS angezeigt.

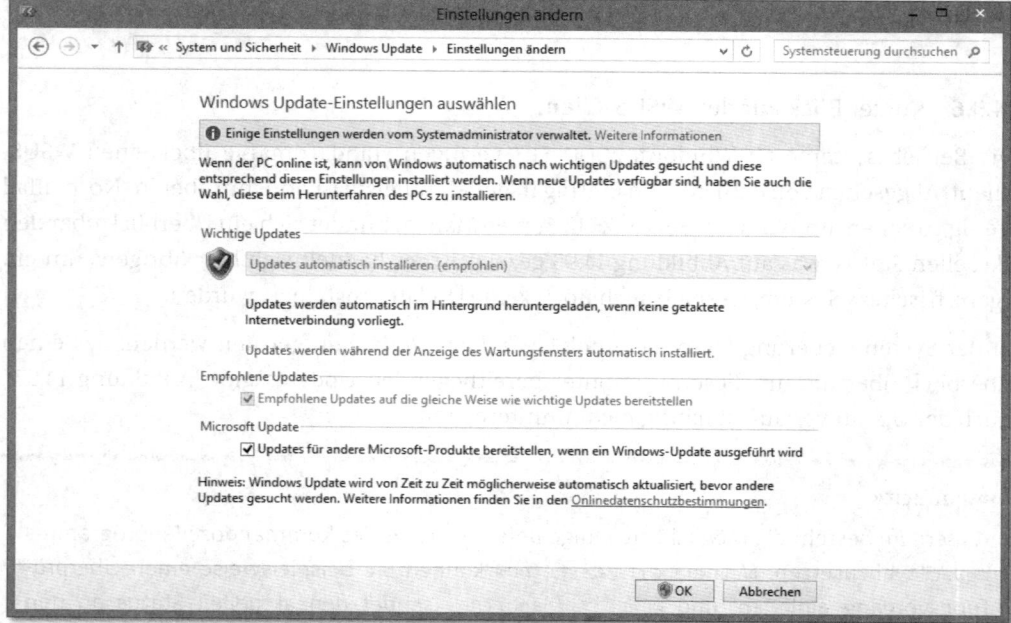

Abbildung 14.96 In Windows 8 sieht es so aus, wenn automatische Updates konfiguriert sind

14.3 Windows Server Update Services (WSUS)

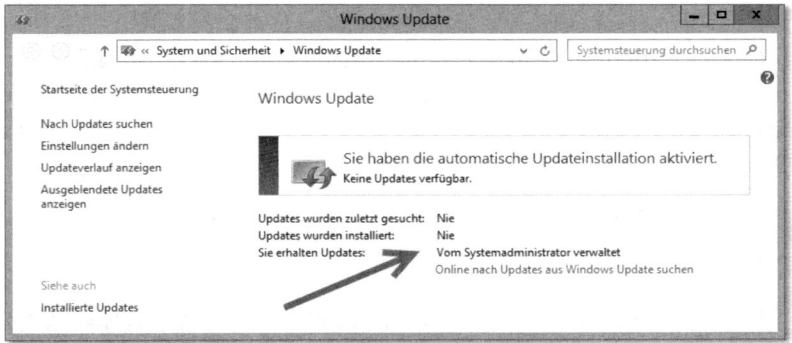

Abbildung 14.97 Im »Windows Update«-Applet der Systemsteuerung können Sie nachschauen, welche Updates für den Computer bereitliegen.

Ich habe zuvor immer behauptet, dass die Kommunikation zwischen WSUS-Client und -Server über das HTTP-Protokoll abläuft. Den »Beweis« sehen Sie in einem Netzwerkmonitor-Mitschnitt (Abbildung 14.98). In der Abbildung sehen Sie übrigens den Beginn des »Nach Updates suchen«-Vorgangs.

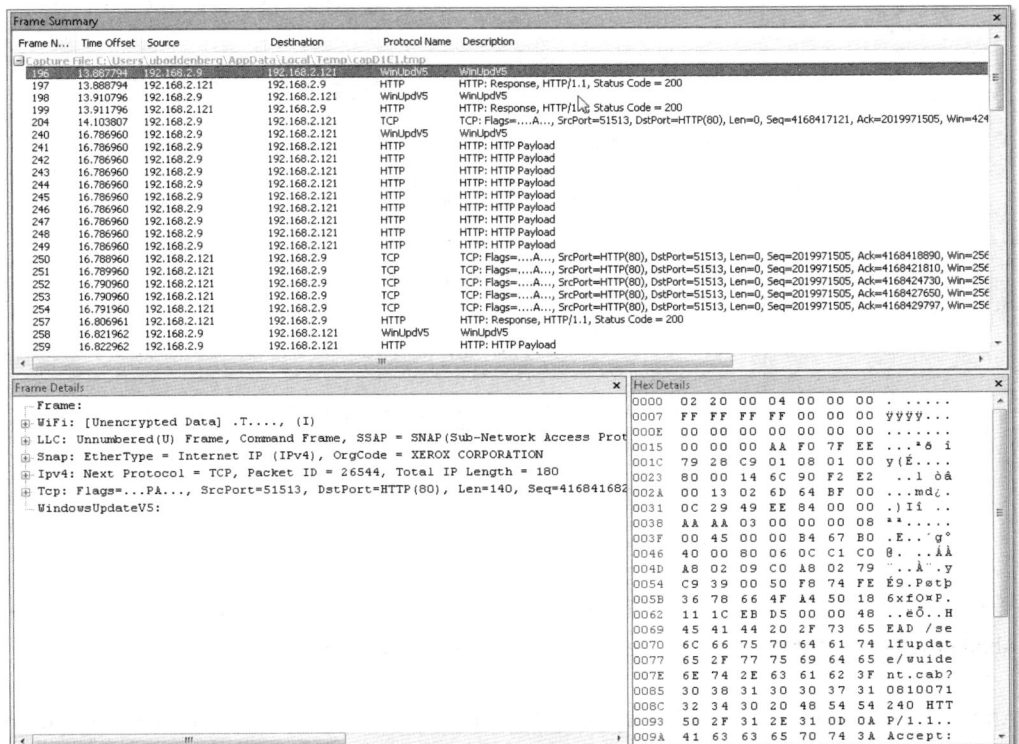

Abbildung 14.98 Im Netzwerkmonitor können Sie sich überzeugen, dass die Kommunikation zwischen WSUS-Server und -Client über HTTP abläuft.

14.3.7 Mit Berichten arbeiten

Wenn Sie das *Report Viewer Distributable*-Paket installiert haben (im Downloadcenter verfügbar), können Sie diverse Berichte aufrufen. Unterhalb des Knotens BERICHTE finden Sie diverse allgemeine Reports. Die Beschreibung lässt bereits vermuten, worum es dort jeweils geht (Abbildung 14.99).

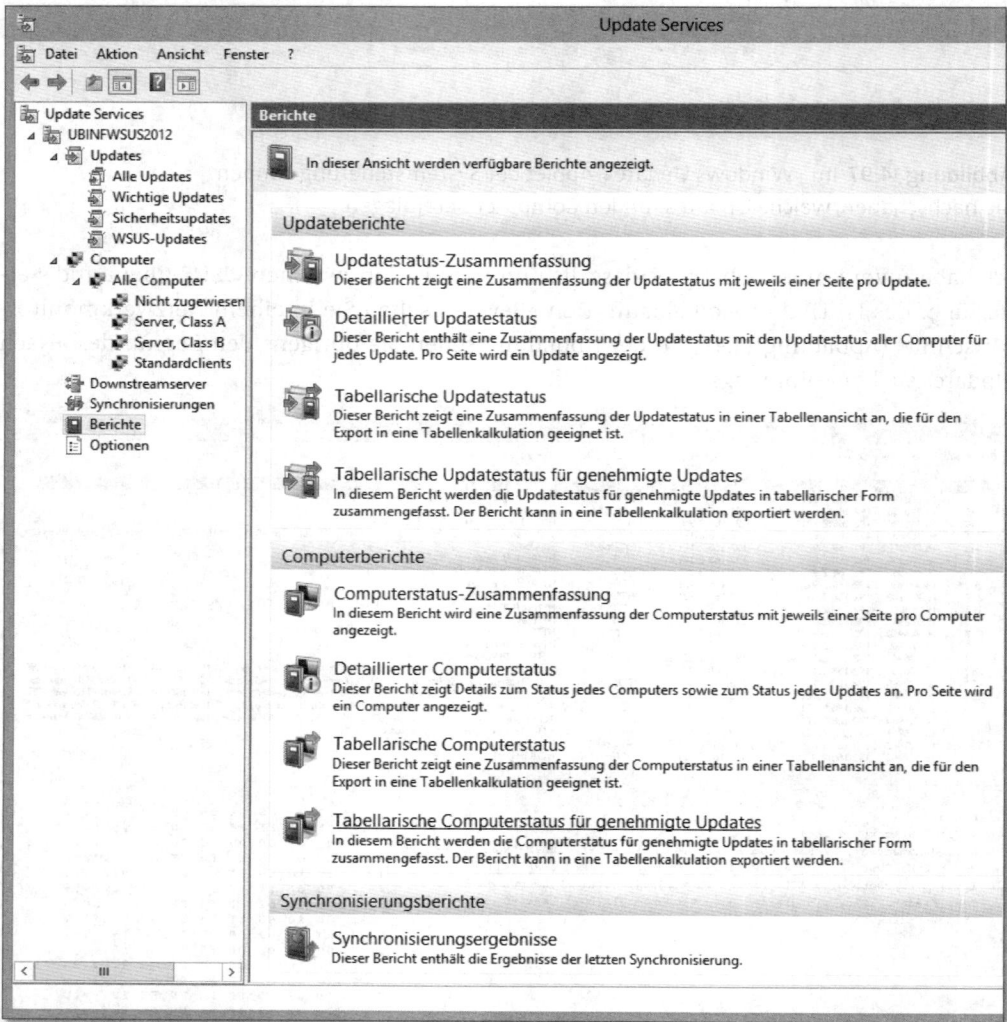

Abbildung 14.99 Mithilfe der Berichte lassen sich diverse Aspekte ermitteln.

An verschiedenen Stellen der Verwaltungskonsole können »spezielle« Berichte aufgerufen werden, beispielsweise im Kontextmenü eines Updates oder eines Computers. Der Statusbericht des Computers ist in Abbildung 14.100 zu sehen. Neben einigen grundlegenden technischen Daten ist die STATUSZUSAMMENFASSUNG von besonderem Interesse. In diesem Fall ist zwar alles grün, allerdings wurden 7 Updates nicht installiert.

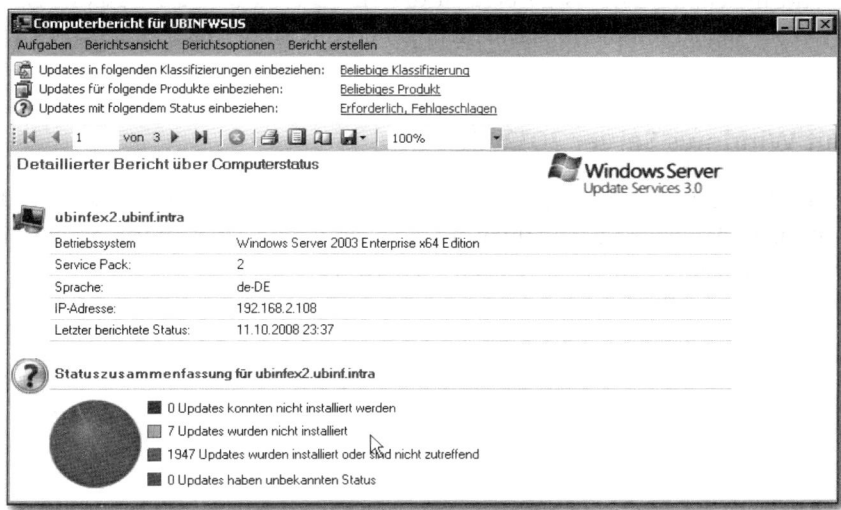

Abbildung 14.100 Diesen Detailbericht können Sie in der Verwaltungskonsole aus dem Kontextmenü des WSUS-Clients aufrufen.

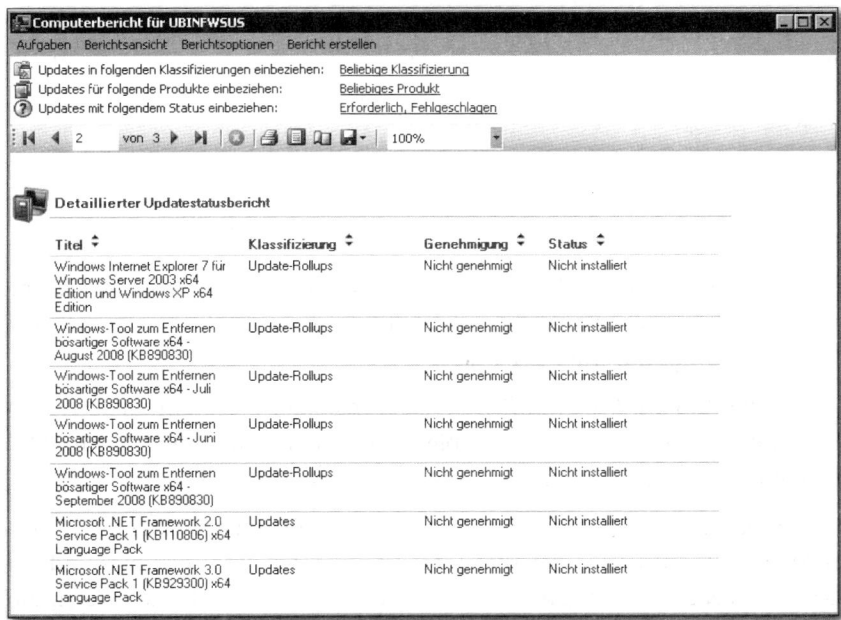

Abbildung 14.101 Nicht uninteressant ist auch der Updatestatusbericht. Sie können dort auch herausfinden, warum ein Update noch nicht installiert worden ist (»Nicht genehmigt«).

Wenn Sie mehr Details brauchen und wissen möchten, welche Updates nicht installiert werden können, wechseln Sie auf die zweite Seite des Berichts. Dort werden die Updates nebst Genehmigungs- und Installationsstatus gezeigt. In diesem Fall wurden die Updates also nicht installiert, weil sie schlicht und ergreifend nicht genehmigt sind – auch einleuchtend.

14.4 VPNs mit Windows Server 2012 R2

Wie ich bereits mehrfach erwähnt habe, gehört die Anbindung von Niederlassungen und mobilen Mitarbeitern zu den wichtigsten Funktionen, die eine moderne Unternehmens-IT gewährleisten muss. Dabei gilt es, mehrere Aspekte zu berücksichtigen:

- Sicherheit
- Performance
- Verwaltbarkeit
- Integrierbarkeit in das Gesamtkonzept
- Kosten

Nun gibt es mit DirectAccess eine äußerst elegante Möglichkeit, mobile Computer einzubinden. Da DirectAccess aber verschiedene Dinge voraussetzt, die nicht immer erfüllbar sein werden, spielt das »normale« VPN weiterhin eine wichtige Rolle.

Windows Server 2012 R2 ist ein recht universeller VPN-Server, er unterstützt folgende Tunneling-Protokolle:

- PPTP
- L2TP
- SSTP
- IKEv2

Das Gegenstück, also der Client, kann beispielsweise Windows 7 oder Windows 8/8.1 laufen. Das »alte« Windows Vista unterstützt allerdings kein IKEv2. Auch XP-Clients können verwendet werden, dann allerdings nur mit PPTP und L2TP.

Die Tunneling-Protokolle sind als WAN-Miniport-Treiber installiert. Sie können das erkennen, wenn Sie im Gerätemanager auch die ausgeblendeten Geräte anzeigen lassen; Abbildung 14.102 zeigt einen Blick in den Gerätemanager eines Windows-Clients.

In diesem Abschnitt möchte ich Ihnen die Fähigkeiten des Windows Server 2012 R2 als VPN-Server vorstellen. Microsofts aktuelles Serverbetriebssystem ist ein recht flexibler und einfach zu handhabender VPN-Server. Er kann nahtlos durch recht anspruchsvolle Technologien wie *Network Access Protection* (NAP; siehe Abschnitt 14.1) ergänzt werden. Windows-Administratoren werden sich ohnehin freuen, dass sie sich in einer letztendlich bekannten und vollintegrierten Umgebung befinden.

Darüber hinaus ist diese Variante recht günstig in der Anschaffung, da Sie die Client-Zugriffslizenzen (CALs) ja vermutlich ohnehin beschafft haben werden.

Abbildung 14.102 Es sind vier WAN-Miniport-Treiber für den Aufbau von VPN-Verbindungen vorhanden.

14.4.1 Gateway-Architektur

Zunächst stellt sich die Frage, wie Sie den VPN-Server in Ihre Gateway-Architektur einpassen. Hier gibt es verschiedene Möglichkeiten; insbesondere ist die Frage zu beantworten, ob die VPN-Benutzer direkt im Innenbereich des LANs landen sollen oder noch durch eine Firewall müssen:

▶ Wenn Sie sich dafür entscheiden, dass die VPN-Benutzer direkten Zugriff auf das LAN erhalten sollen, kommt ein Aufbau wie in Abbildung 14.103 infrage.

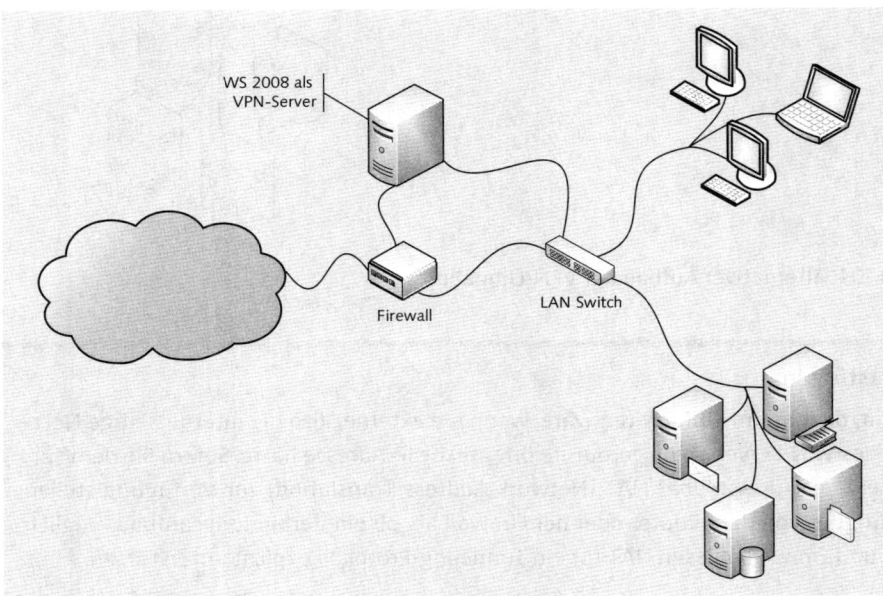

Abbildung 14.103 Möglicher Aufbau einer VPN-Umgebung

- Sofern der Innenbereich des Netzes mit einer Firewall von den VPN-Benutzern abgetrennt werden soll, könnte man so wie auf Abbildung 14.104 vorgehen: Dort werden das externe und interne LAN des VPN-Servers in zwei unterschiedlichen DMZs einer Firewall angeschlossen. Alternativ könnte man natürlich auch mit zwei Firewalls arbeiten.

Die zweite Variante vermittelt eine irgendwie gefühlte höhere Sicherheit – das ist auch nicht von der Hand zu weisen. Ich möchte allerdings zu bedenken geben, dass ich etliche Unternehmen und Organisationen kenne, die zwar die auf Abbildung 14.103 gezeigte Variante implementiert haben, die Firewall zwischen VPN-Server und dem Innenbereich dann aber vollständig geöffnet haben. Meistens bekomme ich dann zu hören: »Ja, wieso? Uli, du weißt doch, dass unsere VPN-Benutzer auf alles Zugriff haben sollen!« Das ist in Ordnung, dann kann man aber auch gleich das Szenario von Abbildung 14.104 wählen.

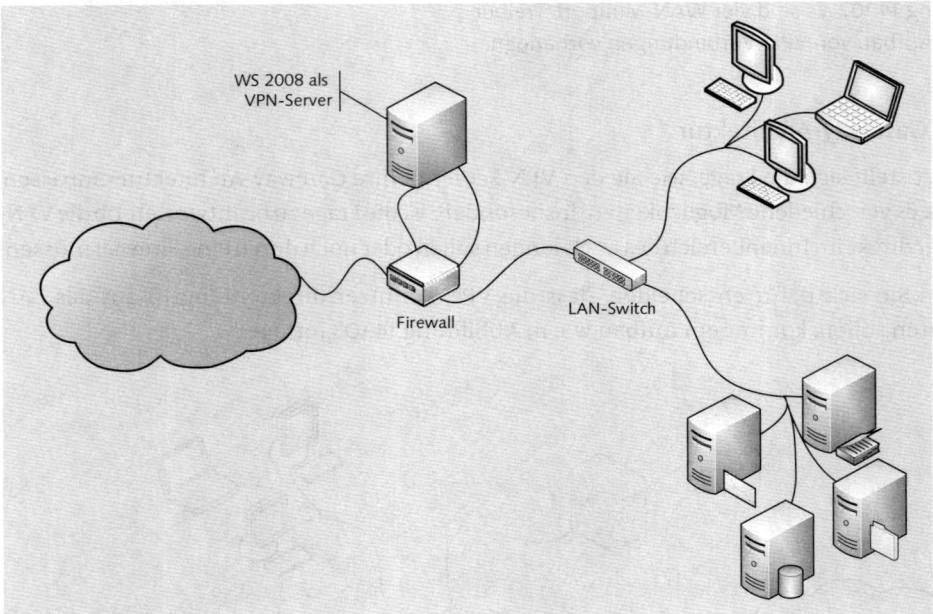

Abbildung 14.104 Alternativer Aufbau der VPN-Umgebung

NAT-Unterstützung

Generell gilt, dass es am einfachsten wäre, wenn die externe, also die internetseitige Netzwerkkarte des VPN-Servers, eine geroutete öffentliche IP-Adresse hätte. Sofern Sie dem Server »nur« eine IP-Adresse über NAT (Network Address Translation) zur Verfügung stellen können, hängt es von dem Router oder der Firewall ab, ob ein Verbindungsaufbau möglich ist. Router und Firewall müssen NAT für ein Tunneling-Protokoll explizit unterstützen.

14.4.2 Grundkonfiguration des VPN-Servers

Wenn Sie mit der Einrichtung des VPN-Servers beginnen, sollte dieser über zwei Netzwerkanschlüsse verfügen. Der eine nimmt den Verkehr aus dem Internet entgegen, der andere kommuniziert mit dem internen LAN.

Die VPN-Serverfunktionalität ist ein Bestandteil der Rolle REMOTEZUGRIFF, folglich muss dem Server diese Rolle hinzugefügt werden (Abbildung 14.105).

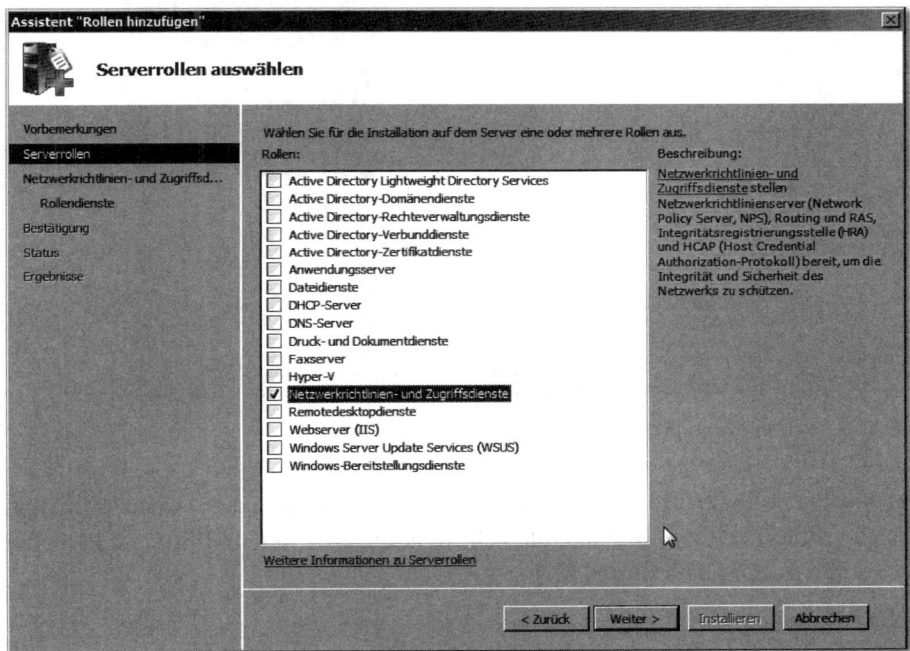

Abbildung 14.105 Wenn Sie aus einem Windows Server 2012 (R2) einen VPN-Server machen möchten, müssen Sie die Rolle »Remotezugriff« installieren.

Der Installationsassistent wird Sie auf der nächsten Seite fragen, welche Rollendienste installiert werden sollen (Abbildung 14.106). Für die Erstellung eines VPN-Servers benötigen Sie prinzipiell nur den Rollendienst DIRECTACCESS UND VPN. Sofern Sie die zugreifenden Clients auf Einhaltung bestimmter Richtlinien (z. B. alle Patches installiert, aktueller Virenscanner und so weiter) prüfen möchten, benötigen Sie zusätzlich den Netzwerkrichtlinienserver (siehe Abschnitt 14.1.2).

> **DirectAccess**
> Das Thema DirectAccess wird sehr ausführlich in meinem Buch »Windows 8 für Administratoren behandelt«, das ebenfalls bei Galileo Press erschienen ist.

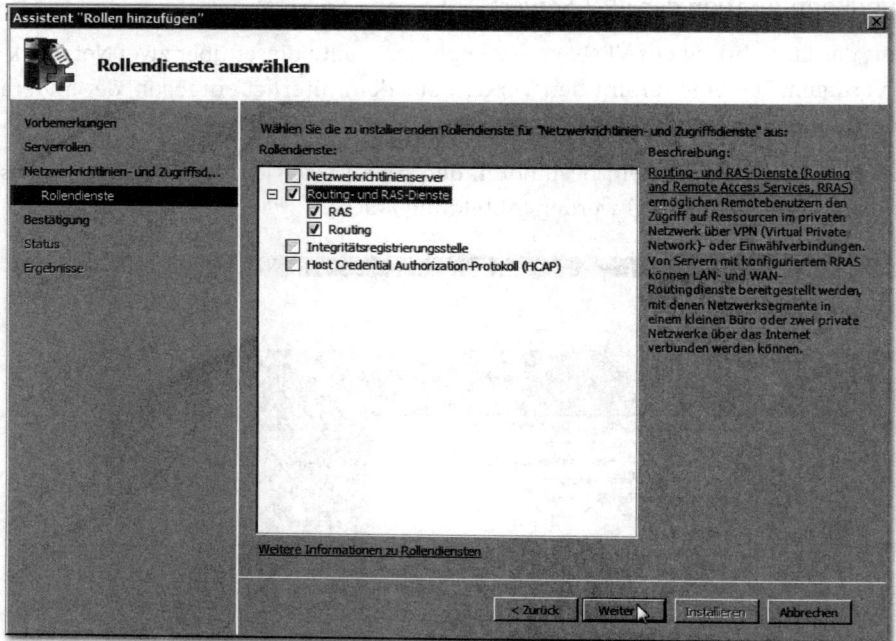

Abbildung 14.106 Sie benötigen mindestens den Rollendienst VPN.

Die Installation der Rolle erfordert ansonsten keine weiteren Eingaben. Nach Abschluss erhalten Sie allerdings im Server-Manager den Hinweis, dass der Assistent für erste Schritte ausgeführt werden muss (Abbildung 14.107).

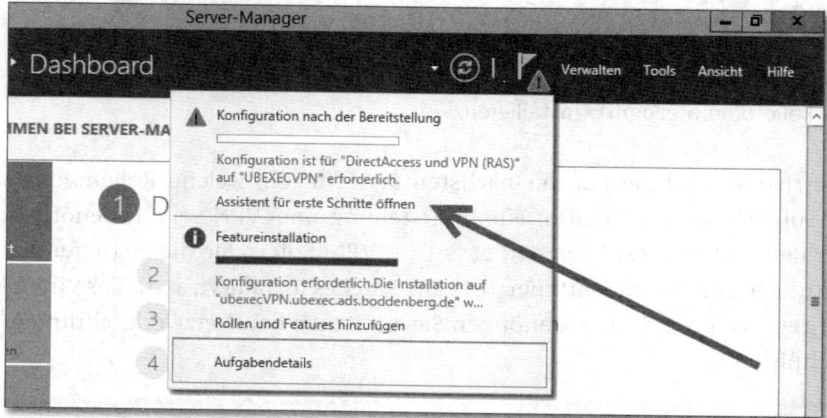

Abbildung 14.107 Der Assistent für erste Schritte hilft Ihnen bei der Basiskonfiguration.

Der Assistent wird Sie zunächst fragen, ob Sie DirectAccess und/oder VPN bereitstellen möchten. In diesem Beispiel wählen wir »nur« die VPN-Funktionalität (Abbildung 14.108).

Damit verlässt der Assistent uns auch schon wieder und leitet zu dem altbekannten Routing und RAS-Konfigurationswerkzeug weiter. Dort gibt es einen Menüpunkt zum Konfigurieren und Aktivieren (Abbildung 14.109).

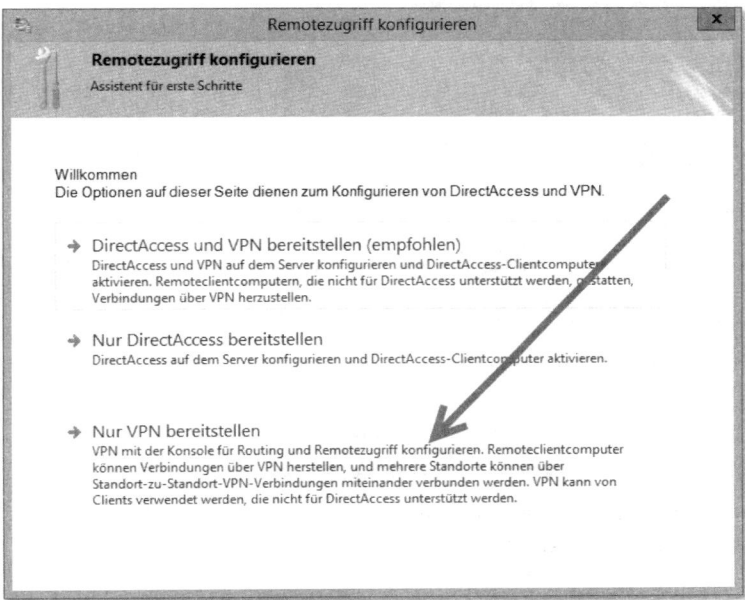

Abbildung 14.108 Für dieses Beispiel wird nur VPN bereitgestellt.

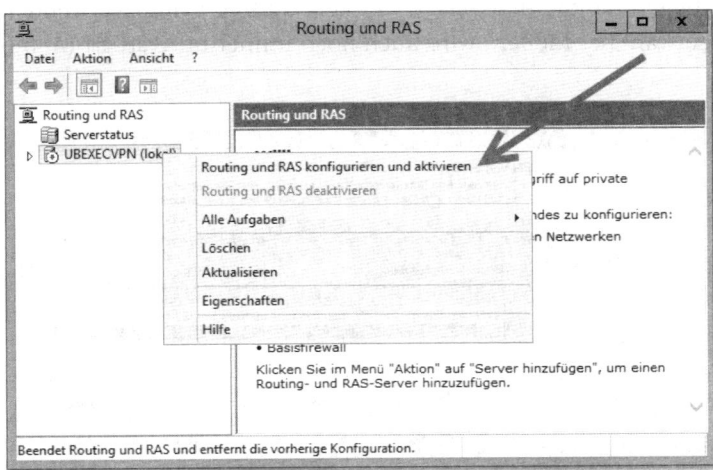

Abbildung 14.109 Sie gelangen zu dem prinzipiell aus den Vorgängerversionen bekannten Snap-In.

Der Assistent vom Routing und RAS-Werkzeug möchte zunächst wissen, was für eine Konfiguration denn nun erstellt werden soll. Für die »normale« VPN-Einwahl wählen Sie die oberste Option (Abbildung 14.110). Die übrigen Möglichkeiten sind im Dialog recht aussagekräftig erklärt.

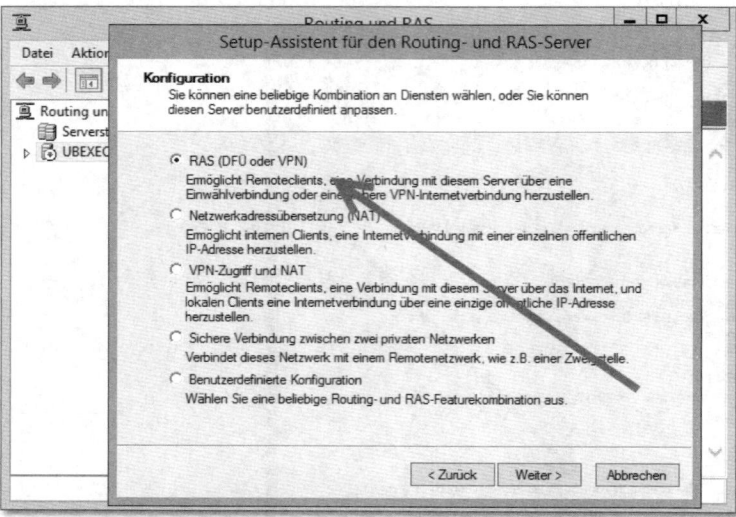

Abbildung 14.110 Der Installationsassistent kann bereits eine Konfiguration vorbereiten, Sie können diese Arbeiten aber auch komplett »zu Fuß« ausführen.

In diesem Beispiel lasse ich mir vom Assistenten helfen und erstelle eine normale VPN-Konfiguration. Dabei führt er Sie durch folgende Entscheidungen:

▶ Zunächst können Sie festlegen, ob Sie den Server für VPN und/oder RAS verwenden möchten. Ja, die Remoteeinwahl per Modem wird auch noch immer unterstützt (Abbildung 14.111).

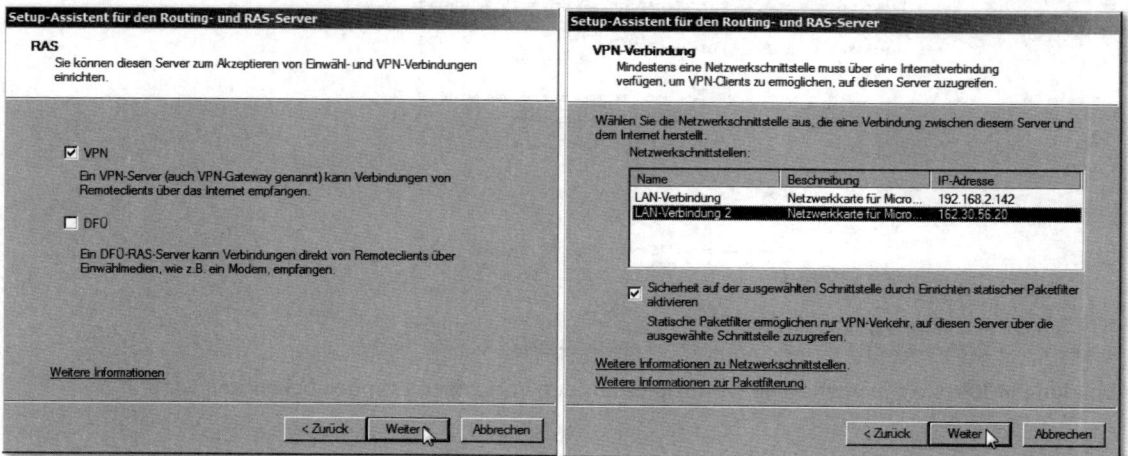

Abbildung 14.111 Entscheiden Sie sich zunächst für die Unterstützung von VPN-Verbindungen.

14.4 VPNs mit Windows Server 2012 R2

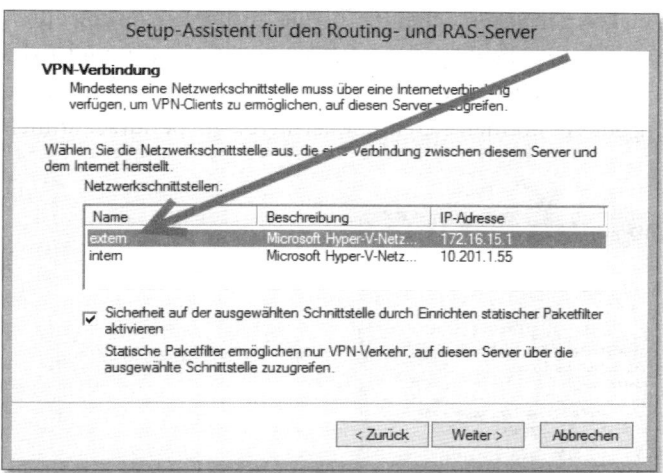

Abbildung 14.112 Anschließend müssen Sie die internetseitige Netzwerkschnittstelle auswählen. Es ist hilfreich, die Netzwerkkarten sinnvoll zu benennen.

- Im nächsten Schritt müssen Sie die internetseitige Netzwerkkarte auswählen – auch unproblematisch (Abbildung 14.112). Wie Sie sehen, ist es hilfreich, die Netzwerkkarten sinnvoll zu benennen.
- Im nun folgenden Dialog wird definiert, wie die IP-Adressen für die sich verbindenden Remoteclients ermittelt werden. Im Allgemeinen ist die beste Möglichkeit die Verwendung von DHCP, alternativ kann der VPN-Server auch die Zuweisung von Adressen vornehmen (Abbildung 14.113).

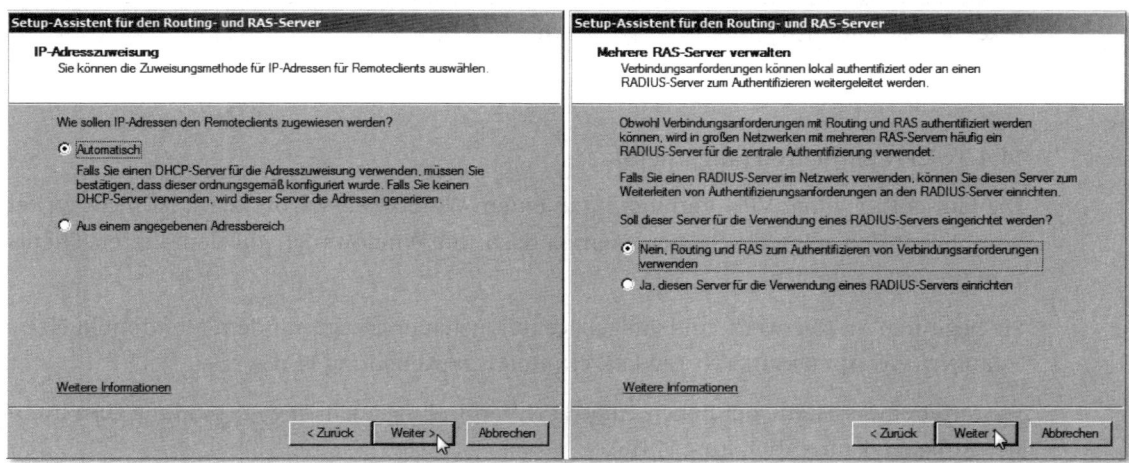

Abbildung 14.113 In diesen Dialogen wird konfiguriert, wie die Adresszuweisung erfolgen soll.

- Im letzten Dialog des Assistenten können Sie entscheiden, ob die Authentifizierung durch den VPN-Server erfolgen oder ob ein nachgelagerter RADIUS-Server zur Authentifizierung verwendet werden soll. Soll der VPN-Server die Authentifizierung durchführen, muss er Domänenmitglied sein, oder es können sich nur lokal angelegte Benutzer anmelden (Abbildung 14.114).

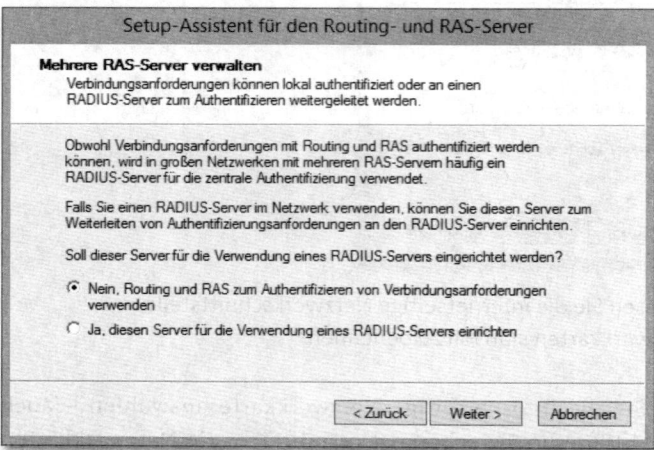

Abbildung 14.114 In diesem Fall nutzen wir keinen separaten RADIUS-Server für die Authentifizierung

> **Hinweis**
> Sämtliche von diesem Assistenten für die Ersteinrichtung vorgenommenen Einstellungen können Sie natürlich später beliebig ändern.

14.4.3 VPN einrichten (allgemein)

Die Einrichtung einer VPN-Verbindung in einem Windows-Betriebssystem ist nicht weiter kompliziert. Ich zeige Ihnen dies exemplarisch mit Windows 8.1, auf den älteren Clients funktioniert es ähnlich.

Sie beginnen im Netzwerk- und Freigabecenter, genauer gesagt mit dem Menüpunkt NEUE VERBINDUNG ODER NEUES NETZWERK EINRICHTEN (Abbildung 14.115).

Es startet ein Assistent, der neben einer VPN-Verbindung auch eine Verbindung zum Internet aufbauen kann (Abbildung 14.116).

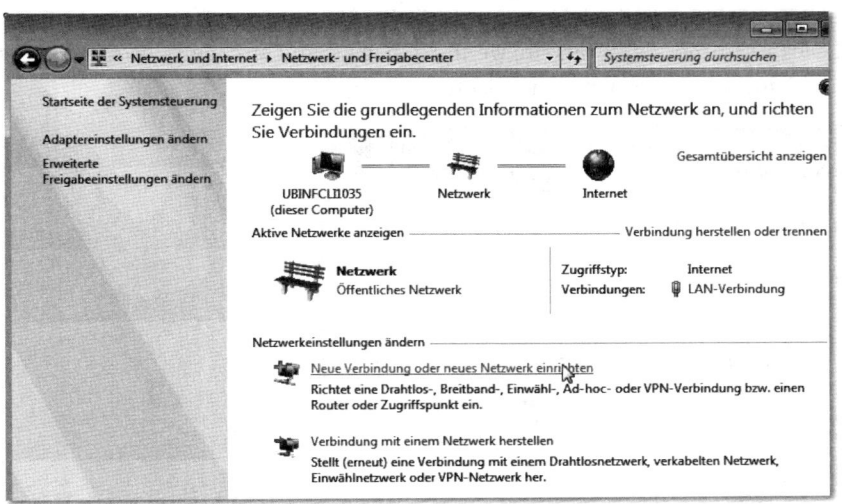

Abbildung 14.115 Die Einrichtung einer neuen VPN-Verbindung startet im »Netzwerk- und Freigabecenter«.

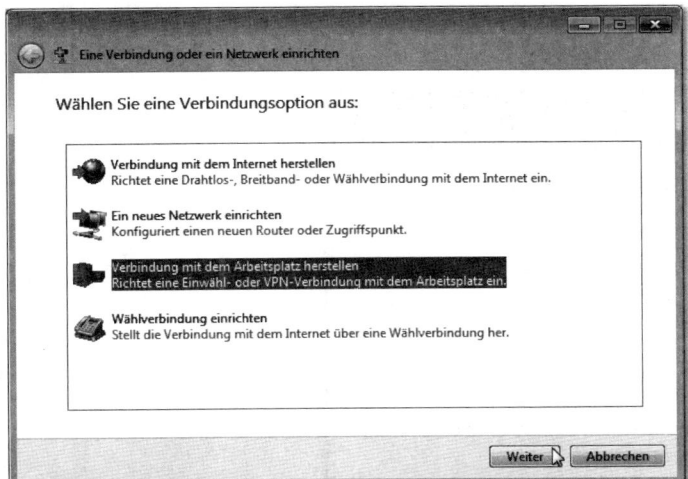

Abbildung 14.116 Ein VPN wird mit dieser Option eingerichtet.

Der nächste Dialog des Assistenten ist ebenfalls leicht zu bearbeiten. Es geht um die Frage, ob Sie ein VPN oder eine Einwahlverbindung einrichten möchten (Abbildung 14.117).

In den nächsten beiden Dialogen werden nun die technischen Daten für die neue VPN-Verbindung erfasst:

▶ Zunächst geht es um die Internetadresse des VPN-Servers (Abbildung 14.118). Hier kann eine IP-Adresse oder ein Name eingetragen werden.

Es könnte unter Umständen empfehlenswert sein, die Checkbox JETZT NICHT VERBINDEN... zu aktivieren. Dies ist immer dann ratsam, wenn Sie nach dem Durchlauf des Assistenten noch ein wenig »Feintuning« vornehmen möchten.

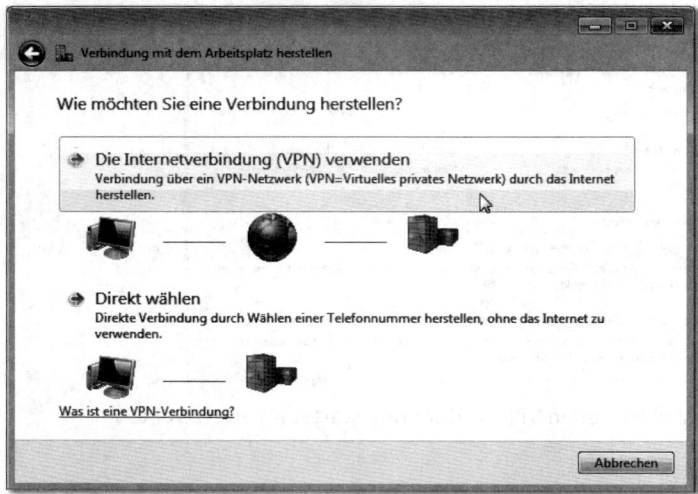

Abbildung 14.117 Sie können ein VPN erstellen oder eine Direktwahlverbindung einrichten.

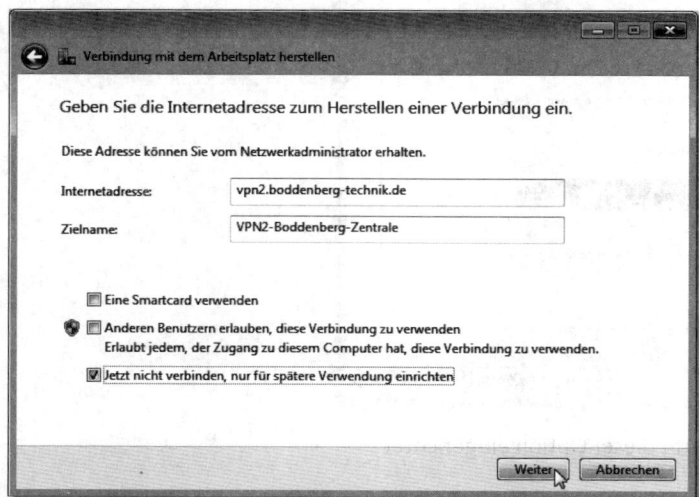

Abbildung 14.118 Zunächst werden die Verbindungsdaten erfasst.

▶ Im nächsten Dialog (Abbildung 14.119) werden Benutzername, Kennwort und optional die Domäne erfasst. Beim Verbindungsaufbau zum Windows-Netz ist das zumindest empfehlenswert.

14.4 VPNs mit Windows Server 2012 R2

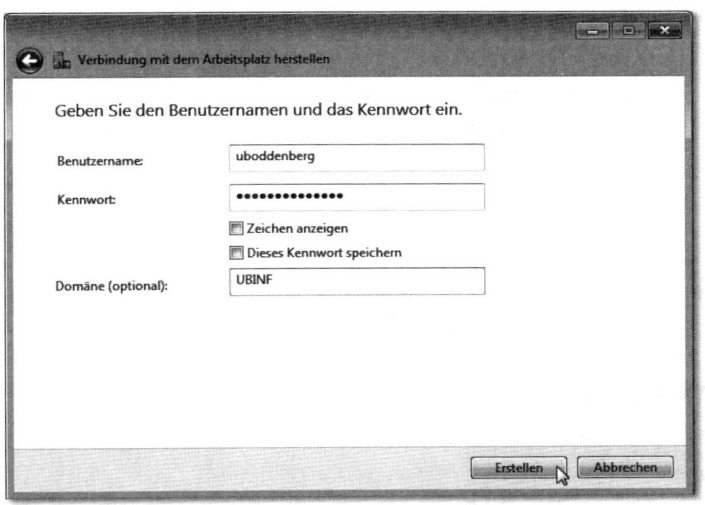

Abbildung 14.119 Hier werden die Benutzerdaten eingegeben.

Das Verwalten der VPN-Einträge und das Verbinden funktionieren unter Windows 7/8/8.1 übrigens anders als bei Windows Vista. Wenn Sie auf das Netzwerksymbol in der Taskleiste (das ist der kleine graue Monitor mit dem dicken Netzwerkkabel und dem überdimensionalen Stecker) klicken oder aber im NETZWERK- UND FREIGABECENTER den Link VERBINDUNG MIT EINEM NETZWERK HERSTELLEN wählen, erscheint die Leiste aus Abbildung 14.120. Dort wird einerseits gezeigt, mit welchen Netzwerken derzeit eine Verbindung besteht, andererseits werden die eingerichteten Verbindungen gezeigt – nebst Kontextmenüpunkten für das VERBINDEN und Bearbeiten der EIGENSCHAFTEN.

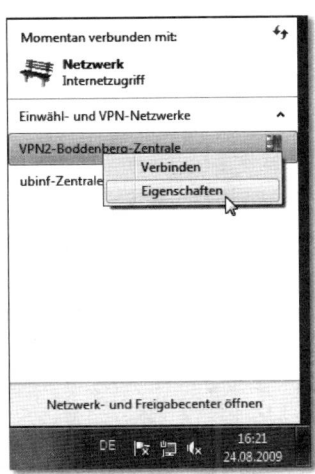

Abbildung 14.120 Wenn Sie auf das Netzwerksymbol klicken, erscheint die Liste der konfigurierten VPN-Netzwerke.

14.4.4 Einwahlberechtigung

Nicht jeder Benutzer muss unbedingt Einwahlberechtigungen haben. Die Steuerung der Berechtigung erfolgt über ein Active Directory-Attribut. Sie konfigurieren es in den Eigenschaften des Benutzers auf der Registerkarte EINWÄHLEN (Abbildung 14.121). Sie haben hier drei Möglichkeiten:

- Zugriff gestatten
- Zugriff verweigern
- Zugriff über NPS-Netzwerkrichtlinien steuern; NPS ist der *Network Policy Server* (Netzwerkrichtlinienserver), Sie haben ihn in Abschnitt 14.1.2 bereits kennengelernt.

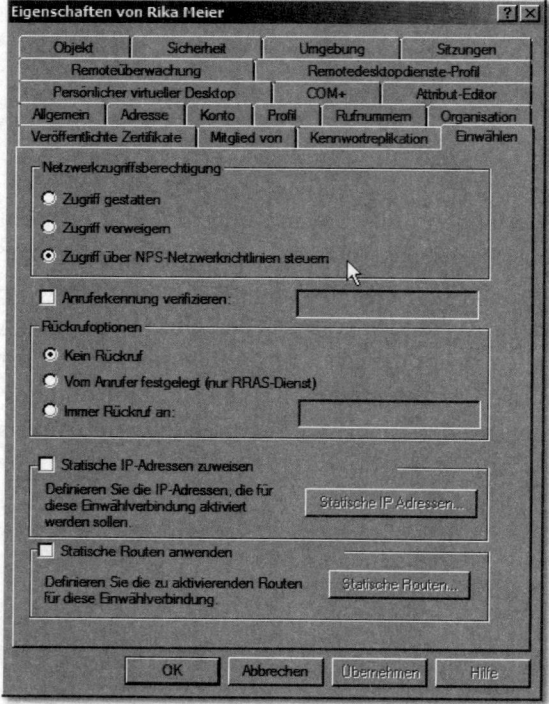

Abbildung 14.121 In den Eigenschaften des Kontos werden die Einwahlberechtigungen konfiguriert.

Wenn ein Benutzer versucht, sich einzuwählen, aber keine Berechtigungen hat, erscheint die Fehlermeldung aus Abbildung 14.122.

> **VPN-Verbindungen bearbeiten**
>
> Nachfolgend werden VPN-Verbindungen bearbeitet. Das ist in Windows 8/8.1 etwas versteckt: Es befindet sich in der Konfiguration der Netzwerkverbindungen.

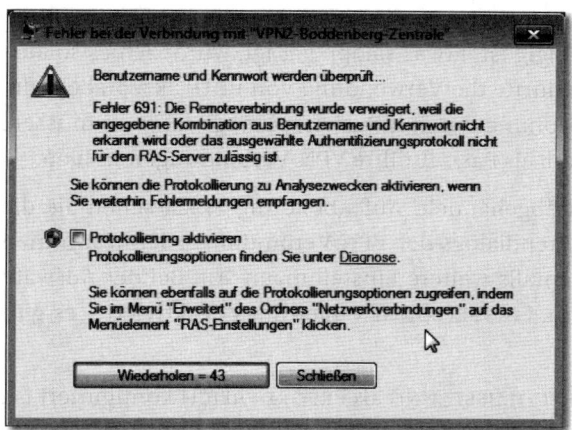

Abbildung 14.122 Diese Meldung sehen Sie, wenn eine Verbindung nicht möglich ist, weil Sie keine Einwahlberechtigung haben.

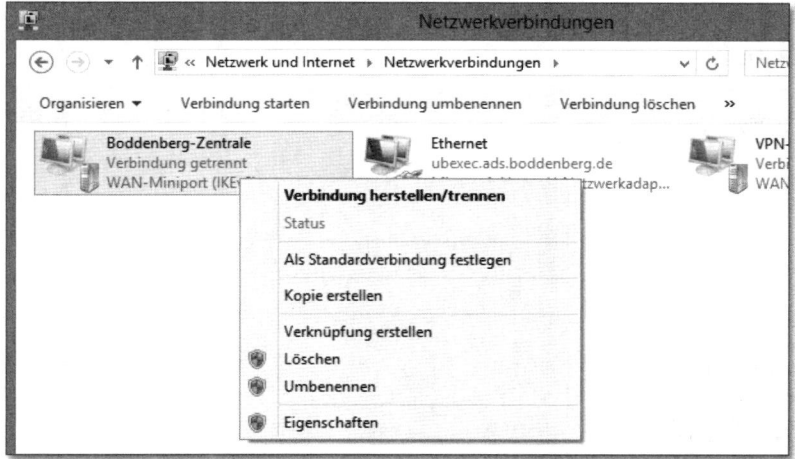

Abbildung 14.123 In den Netzwerkverbindungen werden die VPN-Verbindungen konfiguriert.

14.4.5 PPTP-VPN

In den Eigenschaften der VPN-Verbindung können Sie festlegen, welcher VPN-Typ verwendet werden soll. Etwas genauer ausgedrückt, wählen Sie das zu verwendende Tunneling-Protokoll (Abbildung 14.124).

Das vermutlich in der Anwendung einfachste Tunneling-Protokoll ist PPTP, das Point-to-Point-Tunneling-Protokoll. Es kann unterschiedliche Protokolle (TCP/IP, NetBEUI, IPX) tunneln und benötigt keine weiteren Voraussetzungen, wie beispielsweise Zertifikate zur Authentifizierung und Verschlüsselung.

PPTP ist unter Sicherheitsaspekten nicht optimal, da die Verschlüsselungsstärke von der Länge des verwendeten Kennworts abhängig ist. Etwas salopp gesagt, würde ich es so ausdrücken: Für den »normalen« Gebrauch dürfte die Verwendung von PPTP akzeptabel sein. Sofern Sie mit einer realistischen (!) Bedrohung durch Industriespionage rechnen müssen, sollten Sie ein anderes Tunneling-Protokoll als Basis für Ihre VPN-Verbindungen wählen.

Die Konfiguration von PPTP ist schnell abgehandelt. Auf Abbildung 14.124 sehen Sie die Registerkarte SICHERHEIT des Eigenschaftendialogs der VPN-Verbindung. Hier bestimmen Sie den VPN-Typ und nehmen gegebenenfalls weitere Einstellungen vor. Bei der Auswahl von PPTP ist die Schaltfläche ERWEITERTE EINSTELLUNGEN allerdings deaktiviert – es gibt zum PPTP-Protokoll nichts einzustellen.

Sie sollten darauf achten, dass DATENVERSCHLÜSSELUNG als ERFORDERLICH konfiguriert ist. Das PPTP-Protokoll selbst beinhaltet keine Verschlüsselungsverfahren; auf höheren Protokollschichten kann selbstverständlich eine Verschlüsselung durchgeführt werden.

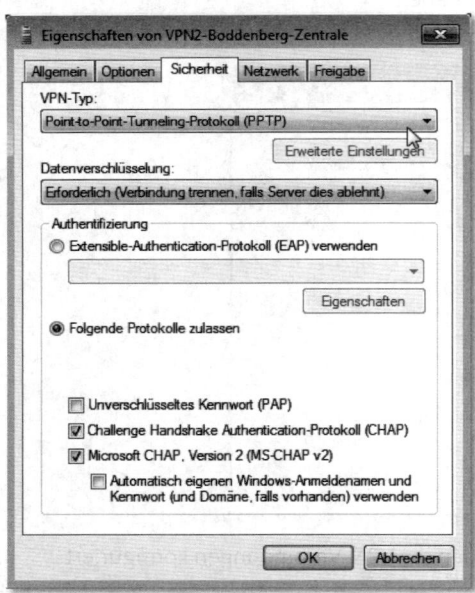

Abbildung 14.124 Beim Point-to-Point-Tunneling-Protokoll gibt es nicht viel einzustellen.

Die zu verwendende Authentifizierungsmethode hängt von dem VPN-Server ab, mit dem der Client eine Verbindung aufbaut. Sie haben zwei Möglichkeiten:

▶ Sie verwenden eine EAP-basierte Authentifizierung. EAP steht für *Extensible Authentication Protocol*. Es handelt sich dabei um ein erweiterbares Protokoll, das mit unterschiedlichen Verfahren arbeiten kann. Sofern Sie sich in einen Microsoft VPN-Server einwählen, ist eines der EAP-Protokolle die beste Wahl. Zur Verfügung stehen drei Microsoft-Authentifizierungsverfahren, die jeweils mehr oder weniger umfangreich konfigurierbare Eigenschaften besitzen. Auf Abbildung 14.125 sehen Sie die Konfiguration von EAP-MSCHAP v2, bei dem eingestellt werden kann, dass die aktuellen Anmeldeinformationen des Benutzers verwendet werden. Ist dies so konfiguriert, braucht der Anwender keine zusätzlichen Anmeldeinformationen einzugeben.

▶ Wenn Sie nicht EAP verwenden möchten oder können, lässt sich unter der Option FOLGENDE PROTOKOLLE ZULASSEN bestimmen, welche Authentifizierungsprotokolle verwendet werden können. PAP, bei dem das unverschlüsselte Kennwort übertragen wird, ist sicherlich keine gute Wahl. Bei der Verwendung von MS-CHAP kann die Verwendung der aktuellen Windows-Anmeldeinformationen konfiguriert werden – eine zusätzliche Passworteingabe ist dann beim Verbindungsaufbau nicht erforderlich.

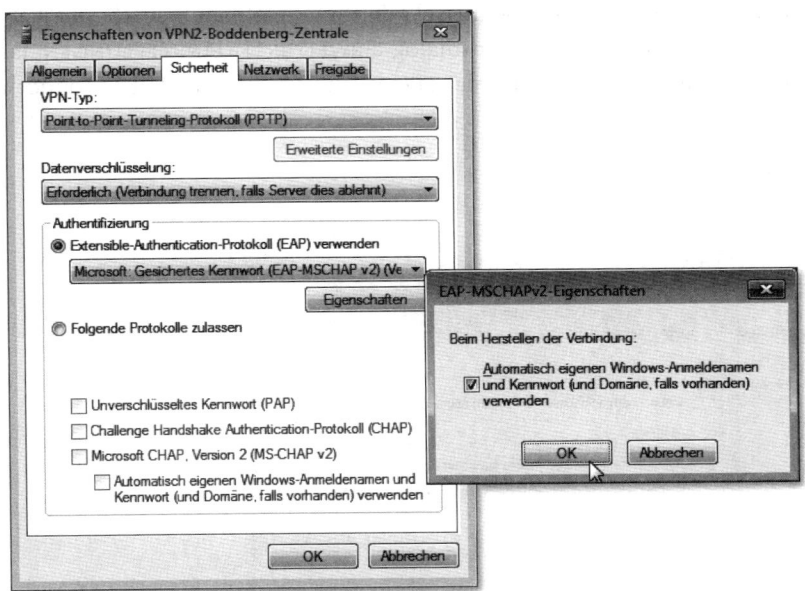

Abbildung 14.125 Hier legen Sie fest, welches Authentifizierungsprotokoll verwendet werden soll. Hilfreich ist auch die automatische Übermittlung der Windows-Anmeldeinformationen.

14.4.6 L2TP-VPN

Die komplette Bezeichnung dieser VPN-Variante ist L2TP/IPSec. Das beschreibt eigentlich schon ziemlich genau, wie das Verfahren funktioniert:

▶ Der VPN-Tunnel wird über das L2TP-Protokoll aufgebaut. Wie bei PPTP ist im L2TP keine Verschlüsselung der übertragenen Daten enthalten.

▶ Die verschlüsselte Datenübertragung erfolgt über IPSec.

Bei der Verwendung von L2TP/IPSec fallen vielen Administratoren zunächst Stichwörter wie *Zertifikate* und *vorinstallierter Schlüssel* (PSK, Pre-Shared Key) ein. Beides gehört zu dem Ver-

14 »Innere Sicherheit«

fahren, allerdings nicht zu L2TP, sondern zu IPSec. Die Authentifizierung bei L2TP erfolgt über ein Authentifizierungs-Protokoll, das Sie festlegen müssen, beispielsweise EAP (mit Erweiterung) oder CHAP. IPSec hingegen basiert prinzipiell auf einer zertifikatsbasierten Authentifizierung, das heißt, sowohl der Client als auch der Server müssen über ein entsprechendes Zertifikat verfügen. Das ist so weit auch alles bestens, nur was passiert, wenn ein Unternehmen oder eine Organisation (noch) keine eigene PKI implementiert hat und folglich nicht über Zertifikate verfügt?

In diesem Fall kann ein vorinstallierter Schlüssel – vermutlich besser bekannt unter dem englischen Begriff *Pre-Shared Key* (*PSK*) – verwendet werden.

In den erweiterten Einstellungen für L2TP/IPSec ist nun auch genau das auswählbar: Sie können festlegen, ob mit einem vorinstallierten Schlüssel oder mit Zertifikaten gearbeitet werden soll (Abbildung 14.126). Der Konfigurationsdialog ERWEITERTE EINSTELLUNGEN ist übrigens etwas missverständlich, denn es geht hier eigentlich nicht um die L2TP-, sondern um die IPSec-Authentifizierung.

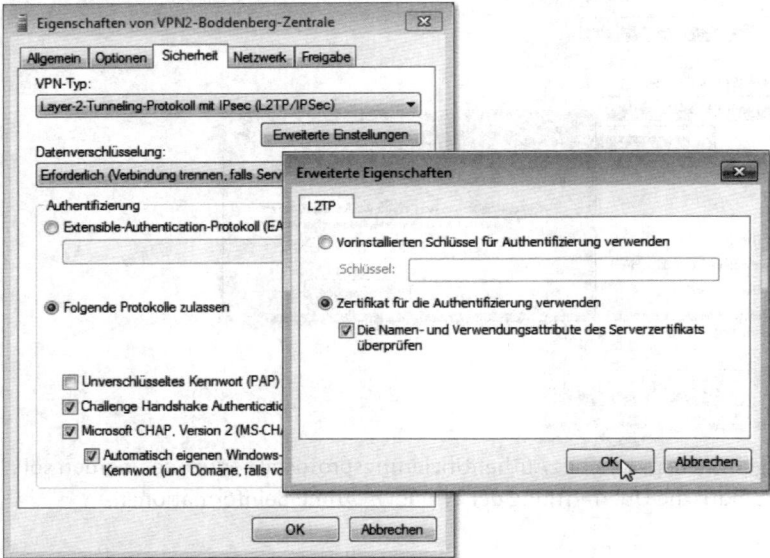

Abbildung 14.126 L2TP kann entweder mit einem vorinstallierten Schlüssel (PSK, Pre-Shared Key) oder mit Zertifikaten arbeiten.

> **Empfehlung**
> Auch wenn die Nutzung von vorinstallierten Schlüsseln weit verbreitet ist, ist sie nicht empfehlenswert. Ursprünglich sind diese nur für Testzwecke gedacht gewesen. Die empfohlene Methode ist stattdessen die Arbeit mit Zertifikaten.

Falls Sie mit vorinstallierten Schlüsseln arbeiten, müssen Sie diese auch auf dem VPN-Server eintragen. Sie können den Schlüssel im Verwaltungswerkzeug ROUTING UND RAS in den Servereigenschaften konfigurieren (Abbildung 14.127, siehe Pfeil). Der vorinstallierte Schlüssel ist übrigens eine beliebige Zeichenkette, die Sie sich selbst ausdenken können.

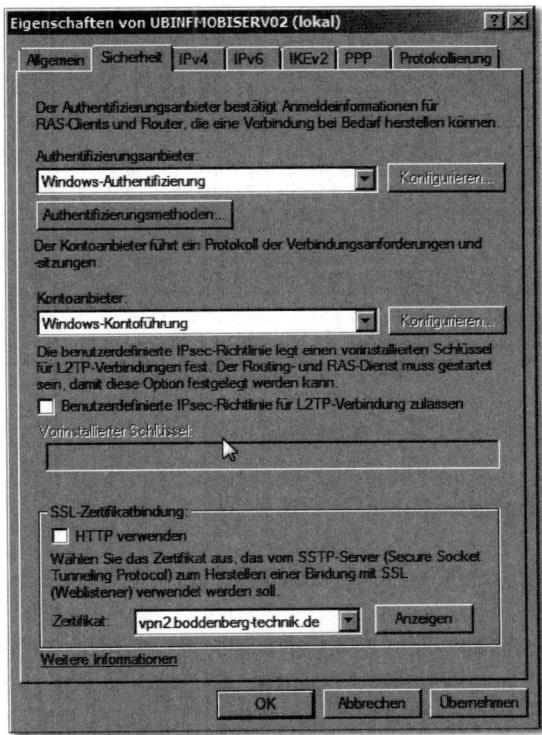

Abbildung 14.127 Möglich, aber nicht zu empfehlen: die Verwendung eines vorinstallierten Schlüssels (siehe Pfeil)

Abbildung 14.128 zeigt den Auszug einer L2TP/IPSec-Kommunikation im Netzwerkmonitor:

- Zunächst wird die IPSec-Authentifizierung ausgehandelt (zu sehen in den Paketen 12 bis 23). Zur Sicherung des Tunnels wird IPSec verwendet, folglich muss zunächst die IPSec-Authentifizierung nebst Schlüsselaustausch stattfinden. Hierzu wird das Protokoll IKE (*Internet Key Exchange*) verwendet.

- Nach Abschluss der Authentifizierungsphase erfolgt die gesicherte Kommunikation über IPSec. Diese erkennen Sie an den *ESP*-Paketen (*Encapsulating Security Payload*).

Bei Betrachtung der Netzwerkpakete wird dann auch klar, warum es »L2TP over IPSec« heißt: Zunächst wird die IPSec-Verbindung aufgebaut, darüber wird der L2TP-Tunnel geführt.

> **NAT-Fähigkeit**
>
> L2TP/IPSec ist prinzipiell NAT-fähig, allerdings müssen sowohl die L2TP/IPSec-Implementationen auf dem VPN-Client und -Server als auch alle zwischengeschalteten Netzwerkkomponenten (Router, Firewall und so weiter) dies unterstützen.

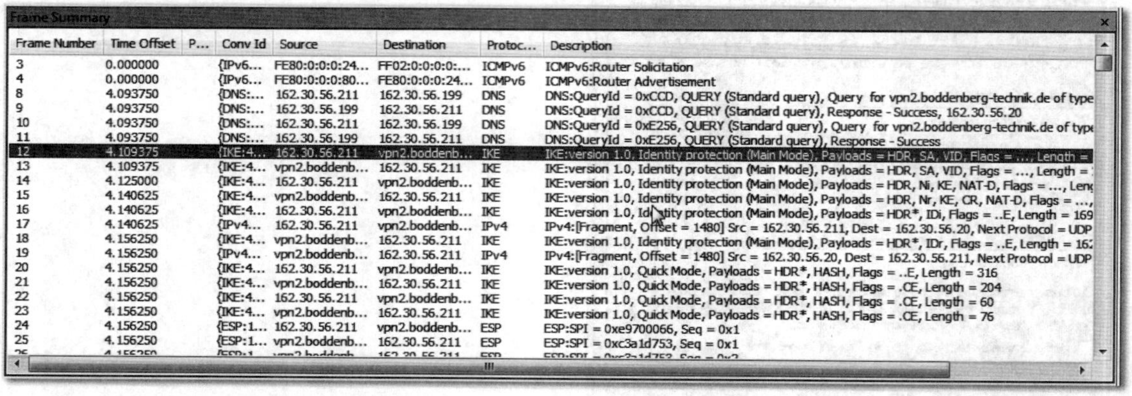

Abbildung 14.128 L2TP/IPSec im Netzwerkmonitor: Zunächst erfolgt die Authentifizierung (IKE-Pakete), dann die Kommunikation über IPSec (ESP-Pakete).

14.4.7 SSTP

Die beiden zuvor gezeigten Tunneling-Protokolle, also PPTP und L2TP, gibt es für IT-Zeitbegriffe schon ewig. SSTP, das *Secure Socket Tunneling Protocol*, ist vergleichsweise neu und tauchte zuerst im Windows Vista SP1 und in Windows Server 2008 auf. Es ist natürlich auch in Windows Server 2012/R2 und Windows 7/8/8.1 enthalten. Für ältere Betriebssysteme gibt es keinen SSTP-Client.

Wenn Anwender sich mit ihren Notebooks in fremden Netzen, beispielsweise beim Kunden, befinden, scheitert der Aufbau der VPN-Verbindung häufig daran, dass die Firewall des Netzes keinen PPTP- oder L2TP/IPSec-Verkehr zulässt. Auch von WLAN-Hotspots in Flughafen-Lounges und dergleichen ist schon berichtet worden, dass »nur« HTTP- oder HTTPS-Zugriffe über die Firewall gestattet waren.

Der naheliegende Gedanke ist also, die so gut wie überall zulässigen SSL-Pakete zum Aufbau des VPN-Tunnels zu verwenden – genau das passiert bei einer SSTP-Verbindung.

Auf dem Client muss lediglich der VPN-Typ ausgewählt werden, ERWEITERTE EINSTELLUNGEN sind für SSTP nicht vorhanden (Abbildung 14.129).

Auf dem Server ist, wie bei allen SSL-Verbindungen, ein Zertifikat erforderlich, das die drei bekannten Bedingungen erfüllen muss:

- Das Zertifikat muss zeitlich gültig sein.
- Der Client muss dem Zertifikat vertrauen. Das geschieht dadurch, dass er der zertifikatausgebenden Stelle vertraut, was wiederum dadurch gewährleistet wird, dass der öffentliche Teil des Zertifikats der Stammzertifizierungsstelle an der entsprechenden Stelle des Zertifikatsspeichers des Clients vorhanden ist.
- Das Zertifikat muss dem Namen entsprechen, den der Client aufgerufen hat. Wenn der Client sich mit *vpn2.boddenberg-technik.de* verbinden möchte, darf nicht ein auf den internen Namen des Servers ausgestelltes Zertifikat (z.B. *ubinfmobiserv02.ubinf.intra*) präsentiert werden.

Es sollte einfach sein, für die zeitliche Gültigkeit des Zertifikats zu sorgen. Wenn das Zertifikat von einer eigenen Active Directory-integrierten Zertifizierungsstelle herausgegeben worden ist, befindet sich deren Stammzertifikat im Speicher für vertrauenswürdige Stammzertifizierungsstellen – also auch kein Problem.

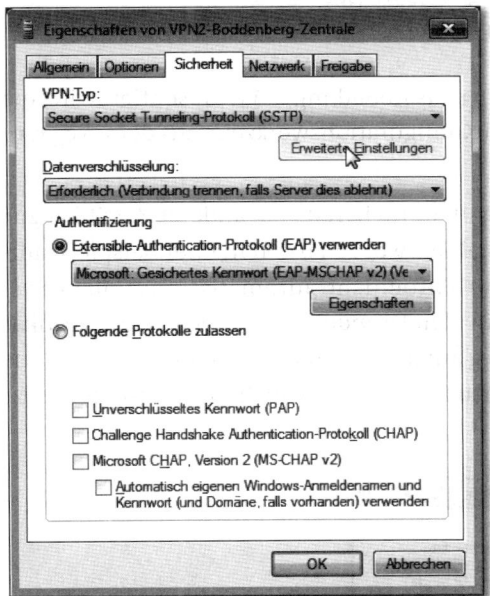

Abbildung 14.129 Beim SSTP-Protokoll gibt es nichts in den »Erweiterten Einstellungen« zu konfigurieren.

Der dritte Aspekt ist meistens der fehleranfälligste – obwohl er eigentlich wirklich kein Problem ist:

- Erzeugen Sie ein Zertifikat für den Namen, den der im Internet befindliche Client zum Verbinden mit dem VPN-Server aufrufen wird (etwa *vpn10.boddenberg.de*).
- Importieren Sie das Zertifikat in den lokalen Zertifikatsspeicher des Computers.

▶ In den Eigenschaften des VPN-Servers im Werkzeug ROUTING UND RAS können Sie im Abschnitt SSL-ZERTIFIKATBINDUNG das Zertifikat auswählen (Abbildung 14.130).

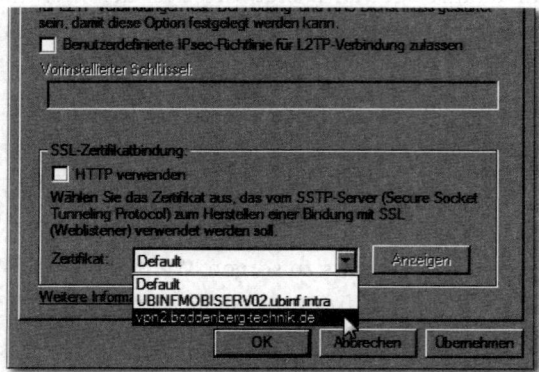

Abbildung 14.130 Bei der serverseitigen Vorbereitung von SSTP ist es extrem wichtig, dass das »passende« Zertifikat ausgewählt wird.

Es könnte jetzt sein, dass Ihnen die Fehlermeldung aus Abbildung 14.131 präsentiert wird, die Sie, so leid es mir tut, nicht mit einem grafischen Konfigurationswerkzeug aus dem Weg räumen können.

Diese Fehlermeldung tritt beispielsweise dann auf, wenn bereits ein anderes Zertifikat zur Serverauthentifizierung auf dem Computer installiert worden ist. In meiner Beispielkonfiguration werden Computerzertifikate per Auto Enrollment automatisch auf allen Systemen installiert. Das auf Abbildung 14.130 in der Dropdown-Liste gezeigte Zertifikat *UBINFMOBISERV02.ubinf.intra* ist auf diesem Weg auf die Maschine gekommen. Dieses Zertifikat ist an *HTTP.sys* gebunden worden, was dazu führt, dass Sie nicht das benötigte Zertifikat für SSTP auswählen können.

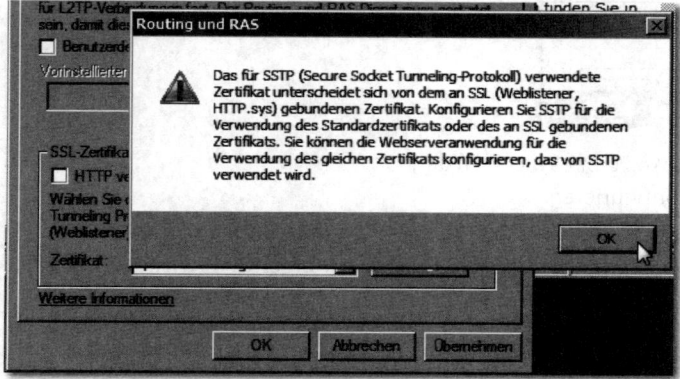

Abbildung 14.131 Diese Fehlermeldung erscheint, wenn »HTTP.sys« bereits an ein anderes Zertifikat gebunden ist.

Die Lösung für das Problem besteht darin, die Bindung des Zertifikats an *HTTP.sys* aufzuheben. Auf Abbildung 14.132 ist zu sehen, wie's gemacht wird:

- Mit dem Befehl `netsh http show sslcert` können Sie die aktuellen Bindungen anschauen. Sie sehen, dass an 0.0.0.0:443 (alle IP-Adressen des Computers, Port 443) ein Zertifikat mit dem Hash-Wert E235B [...] gebunden ist. Für IPv6 ergibt sich dasselbe Bild.
- Mit `netsh http delete sslcert ipport=0.0.0.0:443` können Sie diese Bindung aufheben. Der entsprechende Befehl für IPv6 lautet `netsh http delete sslcert ipport=[::]:443`.

Nun sollten Sie das Zertifikat für den externen Namen auswählen können (Abbildung 14.133).

Sperrliste

Eine weitere wichtige Voraussetzung ist, dass die Sperrliste für das verwendete Zertifikat aus dem öffentlichen Internet abrufbar ist.

Die Kontrolle, ob das Zertifikat nicht auf der Sperrliste steht, findet statt, bevor die VPN-Verbindung benutzbar ist. Daher hilft es nicht, wenn die Sperrliste im internen Netz abrufbar ist.

Details zum Thema *Zertifikatsperrlisten* finden Sie in Kapitel 12, »Active Directory-Zertifikatdienste«.

Abbildung 14.132 Die Bindung eines Zertifikats an »HTTP.sys« wird aufgehoben.

Nun wird der Verbindungsaufbau per SSTP möglich sein. Die Kontrolle im Netzwerkmonitor zeigt, dass die Verbindung in der Tat über das SSL-Protokoll erfolgt. Somit sollte eine Verwendung über Router und Firewall hinweg möglich sein (Abbildung 14.133).

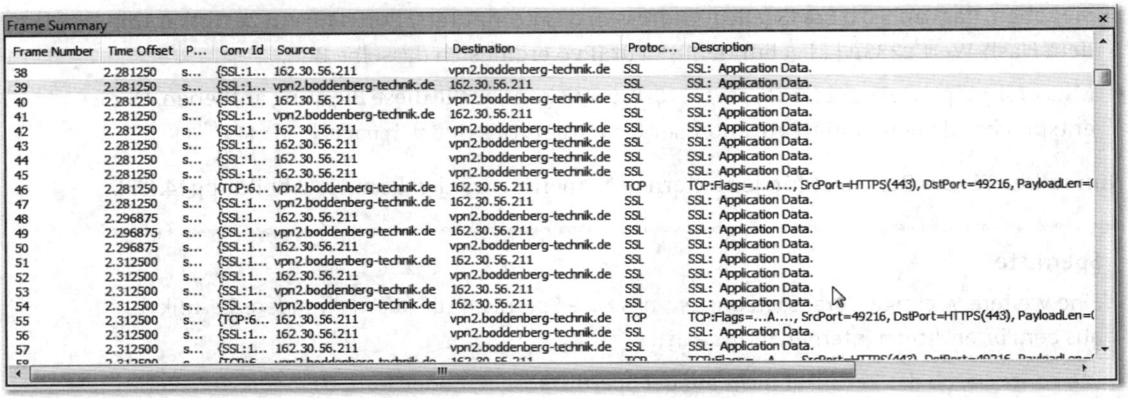

Abbildung 14.133 Wie erwartet läuft der Verkehr komplett über den SSL-Port 443.

Troubleshooting – typische Probleme

SSTP ist zwar grundsätzlich unproblematisch in Konfiguration und Anwendung, trotzdem treten hin und wieder Probleme auf – wie immer. Die meiner Erfahrung nach häufigsten zwei Probleme bespreche ich in diesem Abschnitt.

Oft tritt das Problem auf, dass der Name des für SSTP ausgewählten Zertifikats (siehe Abbildung 14.130) nicht zu dem vom Client aufgerufenen Namen passt. Es erscheint dann die Fehlermeldung aus Abbildung 14.134.

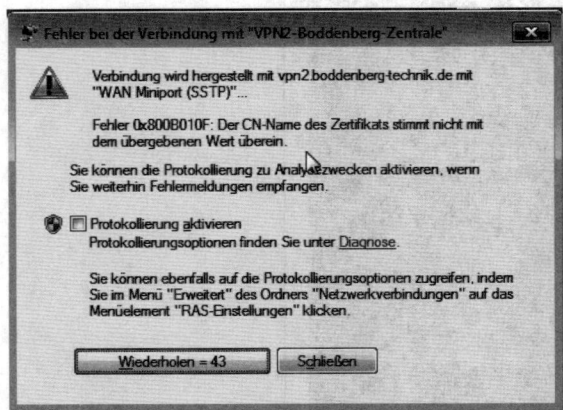

Abbildung 14.134 Einer der häufigsten Fehler ist ein Zertifikat, das für den falschen Namen ausgestellt ist.

Dazu zwei Hinweise:

- Wenn die Clients *vpn1.boddenberg-technik.de* aufrufen, muss das Zertifikat genau (!) auf diesen Namen ausgestellt sein.
- Wenn die Clients den VPN-Server über dessen IP-Adresse ansprechen, muss das Zertifikat auf die IP-Adresse ausgestellt sein.

Das zweite wirklich häufige Problem ist auf Abbildung 14.135 zu sehen. Hinter dieser wenig prägnanten Beschreibung steckt die Ursache, dass die Zertifikatsperrliste nicht erreichbar ist, der SSTP-Client also nicht überprüfen kann, ob das Zertifikat gesperrt wurde, mit dem der VPN-Server abgesichert ist.

Das Problem lässt sich wie folgt lösen:

- Definieren Sie in den Eigenschaften der Zertifizierungsstelle eine zusätzliche externe URL für die Sperrliste.
- Kopieren Sie die Sperrliste in diese URL.

Weitere Informationen zu Zertifikatdiensten

Weitere Informationen zur Sperrlisten-Thematik finden Sie in Abschnitt 12.10.

Eine korrekte Konfiguration und »Von-außen-Erreichbarkeit« der Sperrliste ist übrigens auch für andere Dienste und Funktionen wichtig – als Beispiel sei DirectAccess genannt.

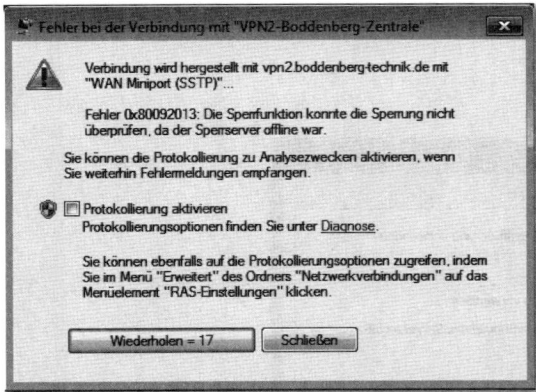

Abbildung 14.135 Ein weiteres häufiges Problem ist eine nicht vorhandene Zertifikatsperrliste.

Falls Sie keinen externen Verteilungspunkt für die Zertifikatsperrlisten einrichten können, lässt sich die Überprüfung der Sperrliste ausschalten:

- Navigieren Sie im Registry-Editor zum Abschnitt *HKEY_LOCAL_MACHINE\System\CurrentControlSet\Services\Sstpsvc\parameters*.

▶ Legen Sie ein neues DWORD namens *NoCertRevocationCheck* an, und setzen Sie den Wert auf 1.

Ein Neustart ist nicht erforderlich, die Einstellung ist sofort aktiv.

> **Achtung**
>
> Beachten Sie, dass die Deaktivierung der Überprüfung der Zertifikatsperrliste zwar ein funktionierender Workaround ist – unter Sicherheitsaspekten ist das aber nicht im Sinne des Erfinders. Dass neuerdings einige Technologien (neben SSTP gilt das beispielsweise auch für DirectAccess) die Zertifikatsperrliste überprüfen, ist grundsätzlich sinnvoll und sollte nicht ohne Not unterbunden werden. Insbesondere dann, wenn in Ihrem Unternehmen ein hohes Gewicht auf IT-Sicherheit gelegt wird, ist es unbedingt notwendig, gegebenenfalls ein korrumpiertes Zertifikat sperren zu können.

14.4.8 Automatischer Modus

Neben den bisher besprochenen VPN-Typen existiert die Option AUTOMATISCH. Bei dieser versucht der Client selbstständig, eine VPN-Verbindung aufzubauen. In den ERWEITERTEN EINSTELLUNGEN finden sich daher die Konfigurationsoptionen für L2TP und IKEv2 (Abbildung 14.136; PPTP und SSTP haben keine ERWEITERTEN EINSTELLUNGEN).

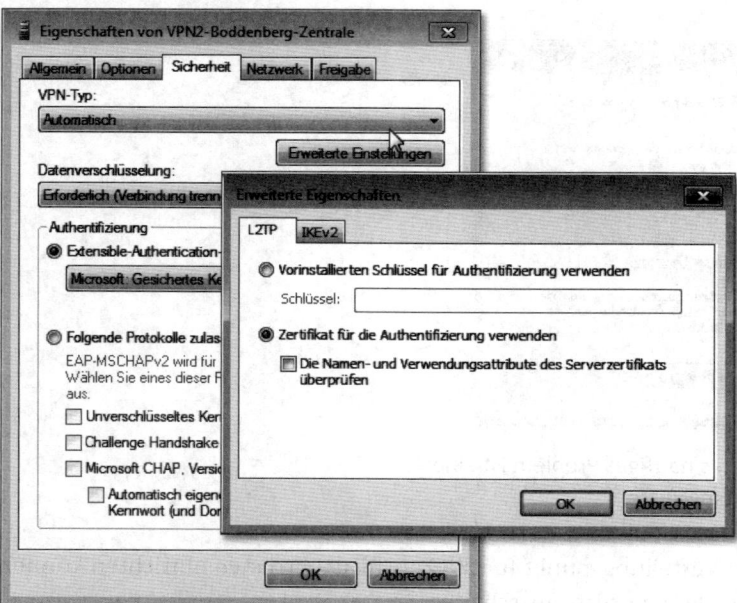

Abbildung 14.136 Beim VPN-Typ »Automatisch« wird erst PPTP, dann L2TP und zum Schluss SSTP probiert.

In dieser Reihenfolge wird der Verbindungsaufbau probiert:

1. IKEv2
2. SSTP
3. PPTP
4. L2PT/IPSec

> **CMAK**
> Diese Reihenfolge gilt, wenn die Verbindung mit dem »eingebauten« VPN-Client konfiguriert wurde. Bei Verbindungen, die mit dem CMAK (*Connection Manager Administration Kit*) erstellt wurden, kann eine andere Reihenfolge definiert sein.

14.4.9 Connection Manager Administration Kit (CMAK, Verbindungs-Manager-Verwaltungskit)

Nun stehen wir wieder vor dem beliebten Problem: »Was tun, wenn nicht nur drei PCs, sondern dreihundert mit der VPN-Verbindung konfiguriert werden sollen?« In diesem Fall ist die Lösung das *Connection Manager Administration Kit* (CMAK). In der deutschen Version nennt es sich *Verbindungs-Manager-Verwaltungskit*.

> **Hinweis**
> Zur besseren Lesbarkeit bleibe ich bei der Bezeichnung CMAK.

In Windows Server 2012/R2 wird das Feature bereits mit dem VPN-Rollendienst installiert. Sie rufen den CMAK einfach auf, indem Sie genau diese Zeichenkette auf dem Startbildschirm eintippen.

Die erste sichtbare Komponente vom CMAK ist ein Assistent (Abbildung 14.137). Dieser Assistent ist ziemlich umfangreich, deshalb werde ich die notwendigen Eingaben nicht Schritt für Schritt durchgehen. Die Dialoge des Assistenten sind zwar in ihrer Konsequenz nicht immer sofort völlig selbsterklärend, aber die Aufgabe ist für jeden Administrator lösbar.

Im Verlauf der Arbeit mit dem Assistenten wird natürlich ein VPN-Eintrag erstellt – das ist ja auch der Zweck der Übung. In den Eigenschaften dieses Eintrags gibt es unter anderem eine VPN-STRATEGIE zu konfigurieren (Abbildung 14.138).

Wie im vorherigen Abschnitt über den VPN-Typ beschrieben, ist beim Anlegen einer Verbindung mit dem VPN-Client von Windows 7/8/8.1 die Verbindungsreihenfolge beim VPN-Typ AUTOMATISCH festgelegt und kann nicht verändert werden. CMAK bietet mehr Konfigurationsmöglichkeiten, übrigens auch, was Verbindungsthemen jenseits von VPN betrifft.

14 »Innere Sicherheit«

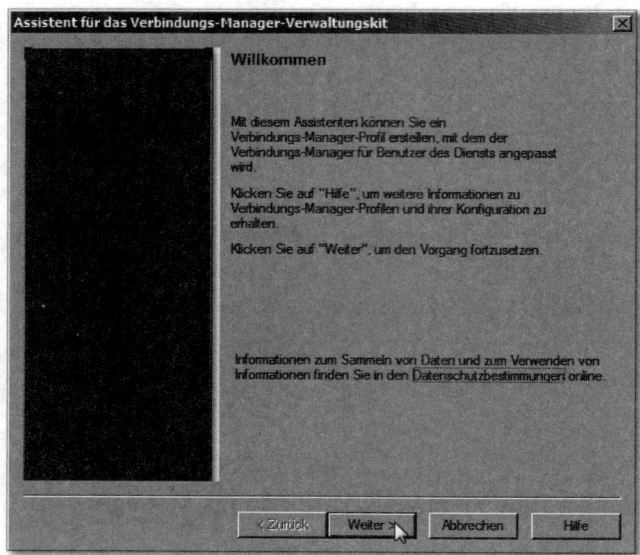

Abbildung 14.137 Dieser Assistent nimmt das Erstellen eines Verbindungs-Manager-Profils vor.

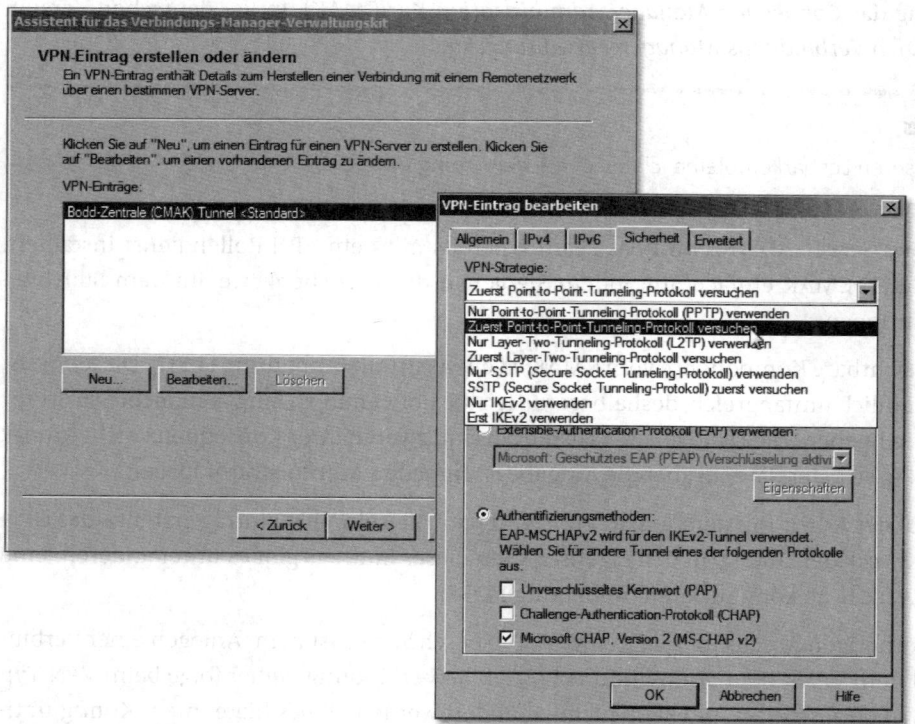

Abbildung 14.138 Es können verschiedene VPN-Strategien konfiguriert werden.

Nach dem Durcharbeiten des Assistenten wird eine *EXE*-Datei erstellt, die auf den Clients installiert werden kann und Verbindungen gemäß den im Assistenten vorgenommenen Einstellungen einrichtet (Abbildung 14.139). Die *EXE*-Datei kann mit einer Softwareverteilungslösung verteilt werden. Mit der Option /Q kann ein Quiet-Modus gewählt werden – wenn die Datei ohne den Parameter für den Quiet-Modus aufgerufen wird, erscheint zunächst die Abfrage aus Abbildung 14.140.

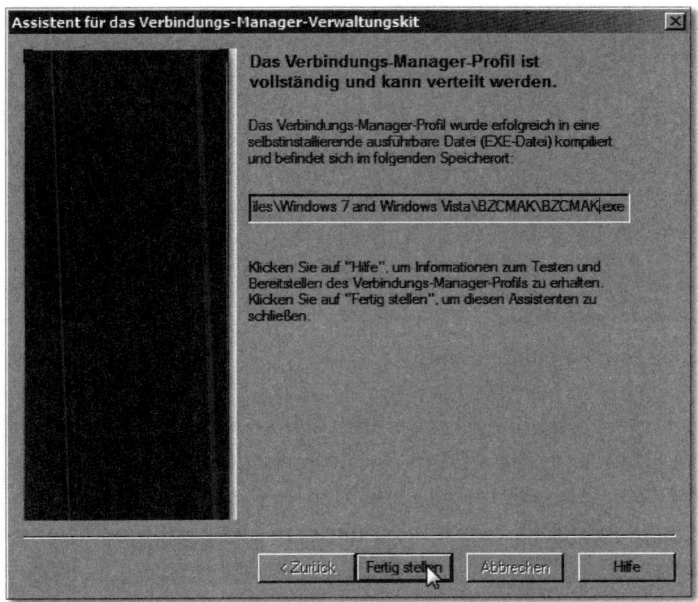

Abbildung 14.139 Nach dem Durcharbeiten des Assistenten wird eine Installationsdatei erzeugt.

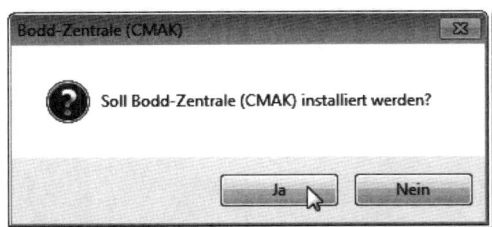

Abbildung 14.140 Wenn die EXE-Datei nicht im Quiet-Modus (»/Q«) aufgerufen wird, gibt es noch diesen Hinweis, bevor die Verbindung eingerichtet wird.

Im Assistenten können Sie übrigens diverse Einstellungen vornehmen, die so weit gehen, dass der Anmeldedialog mit veränderten Texten und auch Bildern versehen werden kann. Ein so gut wie nicht veränderter CMAK-Anmeldedialog ist auf Abbildung 14.141 gezeigt – optisch leicht modifiziert, aber ansonsten ist alles vorhanden.

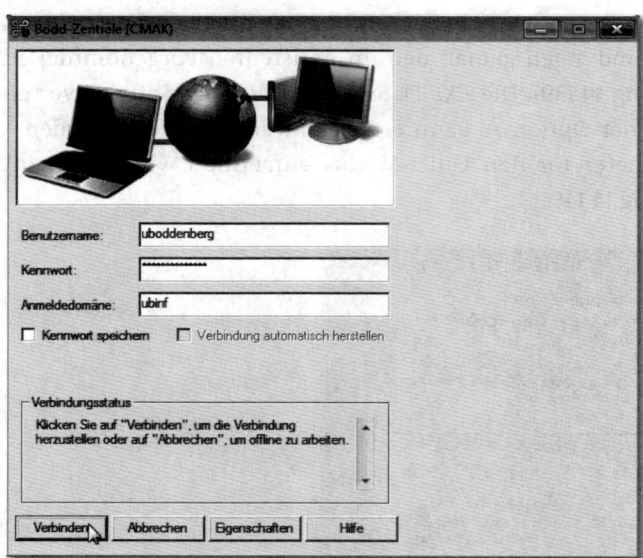

Abbildung 14.141 Dies ist der Dialog zum Verbindungsaufbau.

Dass eine mit CMAK eingerichtete Verbindung letztendlich ganz »normal« gehandhabt wird, sehen Sie in Abbildung 14.142 an dem Dialog zur Verwaltung und Auswahl der Verbindungen. Die Funktionalität und Integration entspricht aber den Verbindungen, die in Windows 7/8/8.1 angelegt worden sind. (Windows 7 verwendet übrigens ein leicht modifiziertes Symbol.)

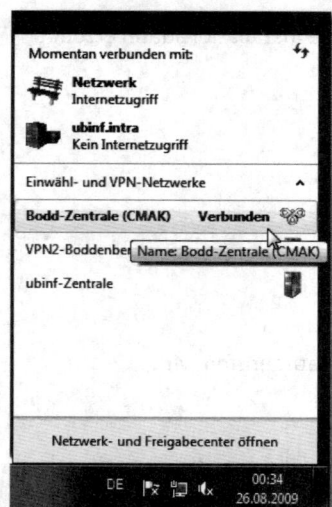

Abbildung 14.142 Die CMAK-Verbindung erscheint bei Windows 8/8.1 »ganz normal« bei den zur Verfügung stehenden VPN-Verbindungen.

Hinweisen möchte ich noch darauf, dass in den Eigenschaften einer mit CMAK angelegten Verbindung etwas andere Konfigurationsoptionen zur Verfügung stehen – genauer gesagt: weniger Konfigurationsoptionen. Der Benutzer hat beispielsweise nicht die Möglichkeit, die Verbindung umzukonfigurieren und den VPN-Typ oder die Authentifizierung zu ändern.

Kapitel 15
Dateisystem und Dateidienste

Stärker ja ist ein König, der zürnt dem geringeren Manne.
Wenn er auch die Galle den selbigen Tag noch zurückhält;
Dennoch laur't ihm beständig der heimliche Groll in den Busen,
Bis er ihn endlich gekühlt. Drum rede du, willst du mich schützen?

Spricht man über das Dateisystem, muss man zwischen drei Anwendungsszenarien unterscheiden:

- Zunächst muss das Betriebssystem seine eigenen Dateien im Dateisystem ablegen. Ohne Festplatten mit Dateisystem wäre das Betriebssystem verständlicherweise nicht lauffähig.
- Applikationsserver wie beispielsweise Exchange Server oder SQL Server legen die von ihnen verwalteten Daten zumeist im Dateisystem des lokalen Servers ab.
- Benutzer können über das Netz auf das Dateisystem des Servers zugreifen und dort Dateien aller Art ablegen (Dateifreigabe, File Share).

Ob das Dateisystem auf lokal in den Server eingebauten Festplatten liegt, ob RAID-Controller vorhanden sind oder ob der Server auf ein über ein FibreChannel- oder IP-SAN (iSCSI) angeschlossenes Storage-System zugreift, ist aus Sicht des Dateisystems und aller darüberliegenden Dienste prinzipiell unerheblich. In Kapitel 3, »Hardware und Dimensionierung«, habe ich die Möglichkeiten von zentralen Speichersystemen beschrieben.

15.1 Allgemeines zum Dateisystem

File Services – also das Bereitstellen von Speicherplatz für andere im Netz befindliche Systeme und die Verwendung des »eigenen« Dateisystems – sind zwei unterschiedliche Aspekte. In diesem Abschnitt werden wir uns zunächst mit einigen grundlegenden Aspekten des Dateisystems und der Technologien in dessen Umfeld beschäftigen.

> **Ein Hinweis zur Namensgebung**
>
> Eine Partition (also ein Bereich einer Festplatte, der mit einem Dateisystem formatiert werden kann) heißt in den Windows-Produkten *Volume*. Ich orientiere mich an den Begriffen, die Sie in den Dialogen finden, demnach spreche ich in diesem Buch folgerichtig von Volumes.

15.1.1 Aufbau

Wie fast alles in der Computer-Welt werden zum Speichern von Dateien auf der Festplatte mehrere Schichten benötigt. In Abbildung 15.1 sind sie stark vereinfacht dargestellt:

- Die Grundlage (ganz unten) bilden die *Festplatten*, die im Serverumfeld entweder über einen RAID-Controller angeschlossen sind oder sich in einem zentralen Storage-System befinden.
- Damit das Betriebssystem über den Controller (RAID-Controller, FibreChannel-Hostbus-Adapter, iSCSI-Adapter o. Ä.) auf die Festplatten zugreifen kann, wird der passende *Treiber* benötigt.
- Der *Volume Manager* ist für die Partitionierung der Festplatte verantwortlich. In den Windows Servern heißt diese Komponente zwar nicht »Volume Manager«, trotzdem ist eine solche Komponente dem Sinne nach enthalten; über die DATENTRÄGERVERWALTUNG (DISK MANAGEMENT in den englischen Versionen) können die Administrationsarbeiten vorgenommen werden.
- Das *Dateisystem (Filesystem)* wird verwendet, um der Partition eine logische Struktur zu geben, in der das Betriebssystem Daten speichern kann.
- Applikationen, wie z. B. der SQL Server, können nun vom Dateisystem lesen oder in es hineinschreiben. In diesem Schaubild könnte auch der Explorer als eine Komponente, die das Dateisystem anzeigen kann, dargestellt werden; er befände sich oberhalb des Dateisystems neben dem SQL Server.

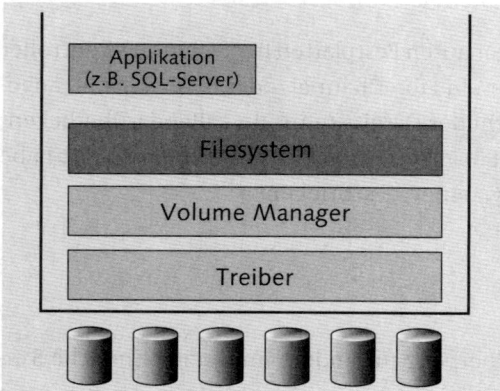

Abbildung 15.1 Diese Schichten werden benötigt, damit eine Applikation Daten auf die Festplatte schreiben kann.

In einem pfadredundanten Speichernetz wird das Schaubild noch durch eine weitere Komponente ergänzt. Zwischen dem Treiber und dem Volume Manager befindet sich dann das über den Server-Manager zu installierende Feature *Multipfad-E/A*. Es sorgt dafür, dass der Server ein Speichersystem, das er über mehrere Pfade sehen kann, nicht zweimal (oder eventuell noch öfter), sondern nur einmal anzeigt. Fällt ein Pfad aus, muss *Multipfad-E/A* sämtlichen Verkehr über den verbliebenen Pfad leiten.

15.1.2 Platten verwalten

Die Konfiguration und Verwaltung des Volume Managers und des Dateisystems (vergleiche Abbildung 15.1) wird über die DATENTRÄGERVERWALTUNG vorgenommen. Sie erreichen sie beispielsweise über den Server-Manager, über die Computerverwaltung oder können sie als Snap-In einer MMC-Console hinzufügen.

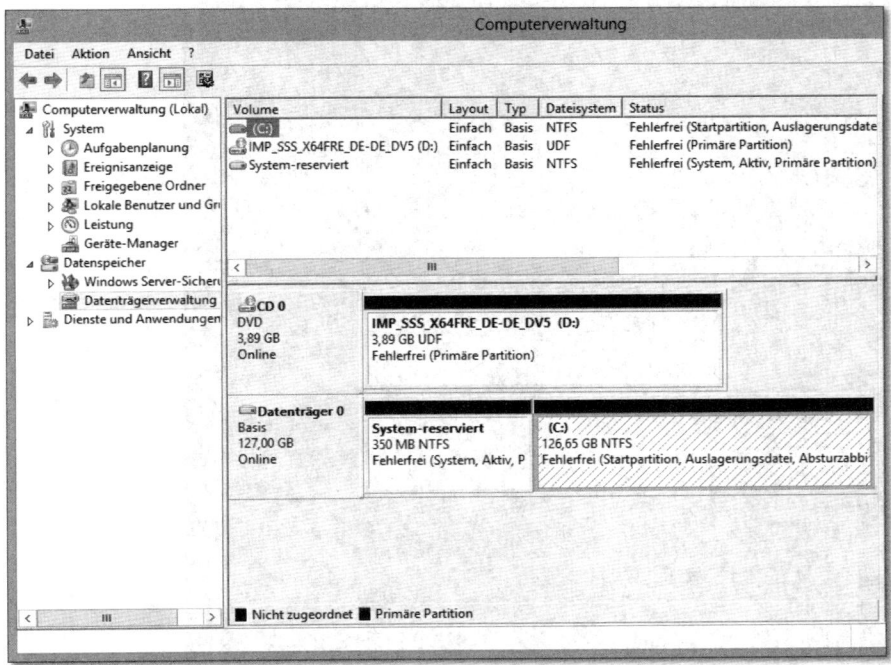

Abbildung 15.2 Die Verwaltung des Festplattensystems erfolgt in der »Datenträgerverwaltung«.

Das Verwaltungswerkzeug ist in Abbildung 15.2 gezeigt. Wenn es Ihnen bekannt vorkommt, liegt das schlicht und ergreifend daran, dass es gegenüber den Vorgängerversionen in der Tat weitgehend unverändert aussieht. Ruft man die Informationen über den Versionsstand ab, wird genauso wie bei Windows Server 2003 die Version 1.0 angezeigt (Abbildung 15.3).

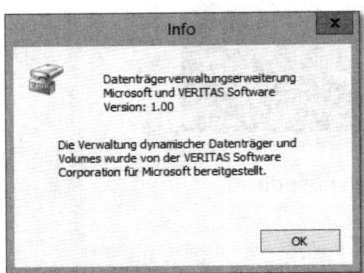

Abbildung 15.3 Nach wie vor 1.00: Die angezeigte Versionsnummer der Datenträgerverwaltung hat sich nicht geändert.

Einige Änderungen gibt es im Festplattenumfeld allerdings schon. Zu nennen wäre hier beispielsweise GPT, das Sie im nächsten Abschnitt kennenlernen.

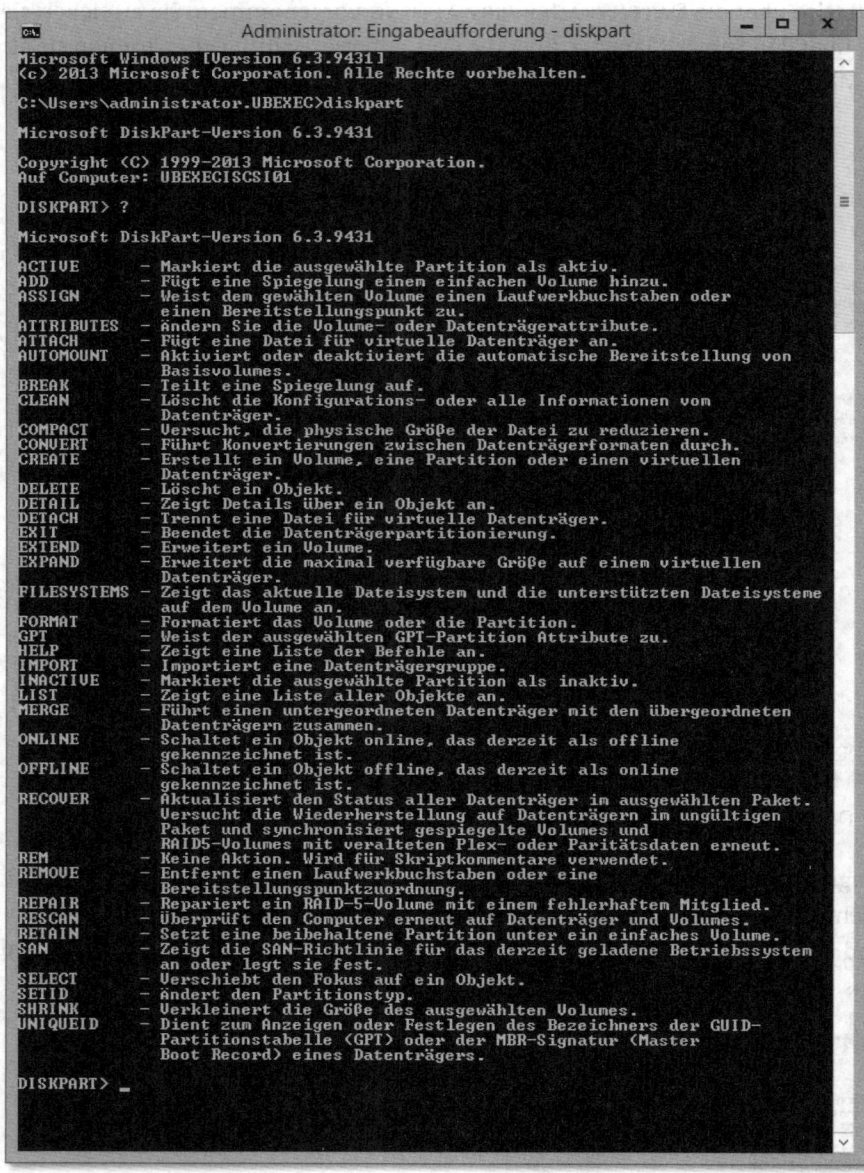

Abbildung 15.4 Mit »Diskpart« können die Verwaltungsaufgaben über die Kommandozeile erledigt werden.

Zum Verwalten der Platten steht nicht nur das grafische Werkzeug zur Verfügung; nach wie vor gibt es *Diskpart*. Dieses Werkzeug war zu Zeiten von Windows 2000 Server Bestandteil des Resource Kits und gehört seit Windows Server 2003 zum Grundumfang des Betriebssystems. Auch in Windows Server 2012 ist es direkt dabei (Abbildung 15.4).

Noch in Windows Server 2003 wurde Diskpart für einige Funktionen benötigt, die nicht im grafischen Administrationswerkzeug zu erledigen waren. Insbesondere ist hier das Vergrößern von Volumes zu nennen, das vor allem im SAN-Umfeld eine spannende Funktion ist. Mittlerweile kann dieses auch über die Datenträgerverwaltung realisiert werden. Insofern ist hierfür die Verwendung von Diskpart nicht mehr unbedingt notwendig – Sie werden aber bei »komplizierteren« Aufgabenstellungen oder beim Troubleshooting hin und wieder an Diskpart nicht vorbeikommen. Sie sollten also zumindest wissen, dass es dieses Werkzeug gibt.

15.1.3 MBR vs. GPT

Wenn Sie die Datenträgerverwaltung starten und eine noch nicht initialisierte Festplatte (oder ein eben solches RAID-Set) gefunden wird, muss diese Festplatte initialisiert werden. Bei den Versionen vor Windows Server 2008 konnten Sie nur zustimmen oder ablehnen; mittlerweile werden Sie mit der Frage konfrontiert, ob Sie als PARTITIONSSTIL (Partition-Style) MBR oder GPT verwenden möchten (Abbildung 15.5).

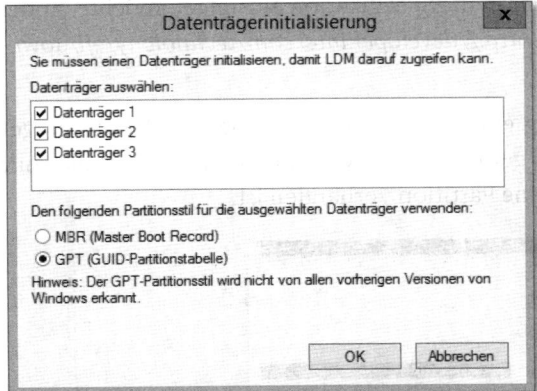

Abbildung 15.5 Wenn eine neue Festplatte (bzw. ein neues RAID-Set) gefunden wird, müssen Sie entscheiden, ob Sie MBR oder GPT als »Partitionsstil« verwenden möchten.

Eine Platte (bzw. ein RAID-Set) als GPT-Disk anzulegen, bietet folgende Vorteile:

- 128 primäre Partitionen können angelegt werden. Zum Vergleich: Eine MBR-Disk kann maximal vier primäre Paritionen enthalten. Braucht man mehr, muss eine erweiterte Partition angelegt werden, die wiederum weitere Partitionen enthalten kann.
- MBR-Disks können maximal 2 TB (Terabyte), also ca. 2.000 Gigabyte, groß werden. Bedenkt man, dass es im Desktop-Umfeld (!) bereits 1-TB-Festplatten zu kaufen gibt, ist diese Grenze schon recht nahe gerückt. Die im Serverumfeld zum Einsatz kommenden

FC- oder SAS-Platten bewegen sich zwar momentan (September 2013) in Größenordnungen um 300 GB, fasst man mehrere Platten zu einem RAID-Set zusammen, ist die Größe von 2 TB aber schnell erreicht.

Eine GPT-Disk kann 2^{64} Blöcke enthalten. Bei einer Blockgröße von 512 Byte ergibt das beeindruckende 9.444.732.965.739.290.427.392 Bytes (in etwas handlicheren Zahlen sind das 8.589.934.592 Terabyte) – das sollte fürs Erste ausreichen. Anzumerken wäre, dass Windows momentan nur eine Größe von 256 TB unterstützt, aber auch das sollte zunächst genügen.

- GPT bietet eine höhere Zuverlässigkeit durch Replikation und CRC-Prüfung der Integrität der Partitionstabelle.
- Jede Partition hat einen 36 Zeichen langen Namen, anhand dessen die Partition eindeutig zu identifizieren ist. »Unfälle« durch doppelte Partitionsnamen können somit ausgeschlossen werden.

GPT-Disks können in x32- und x64-Systemen nur für Datenplatten verwendet werden, da diese Systeme nicht von GPT-Platten booten können.

Im Itanium-Umfeld gilt diese Einschränkung nicht, da diese Maschinen eine EFI-Boot-Partition unterstützen. EFI ist die Abkürzung für *Extensible Firmware Interface*, zu dessen Bestandteilen GPT gehört. Wer deutlich tiefer in die Spezifikation einsteigen möchte, findet die Spezifikation unter dieser Adresse: *http://developer.intel.com/technology/efi/download.htm*

Sie können mit der Datenträgerverwaltung einen Datenträger zu einem GPT-Datenträger konvertieren. Abbildung 15.6 zeigt, wie dies gemacht wird. Anzumerken wäre, dass dies nur mit Datenträgern möglich ist, auf denen keine Partition vorhanden ist.

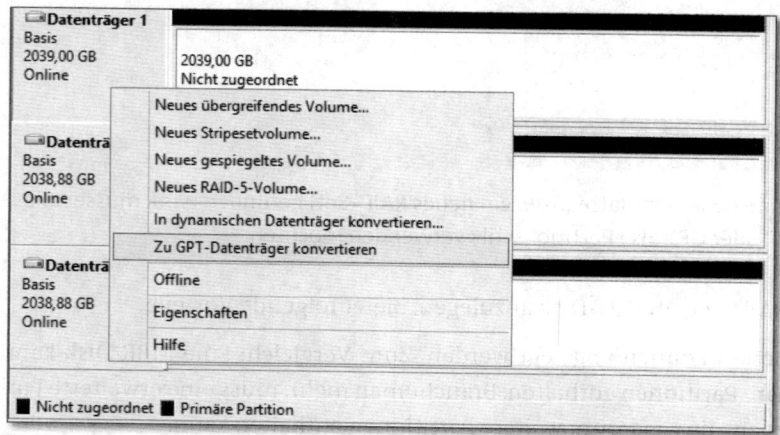

Abbildung 15.6 Ein Datenträger, auf dem noch keine Partition vorhanden ist, kann mit der Datenträgerverwaltung in einen GPT-Datenträger konvertiert werden (umgekehrt, also GPT zu MBR geht übrigens auch).

15.1.4 Partitionieren

Das Partitionieren einer Platte (bzw. eines RAID-Sets) dürfte eine Tätigkeit sein, die jeder Administrator schon Dutzende Male (vielleicht sogar öfter) erledigt hat. Trotzdem möchte ich Sie gern auf einige Aspekte hinweisen. Um ein Volume auf einer bisher »leeren« Festplatte anzulegen, wählen Sie im Kontextmenü das Anlegen eines NEUEN EINFACHEN VOLUMES (Abbildung 15.7). Die ausgeblendeten Funktionen stehen nur zur Verfügung, wenn die Festplatte ein dynamischer Datenträger ist (mehr dazu folgt etwas weiter hinten).

Das Anlegen des neuen Volumes geschieht (wie nicht anders zu erwarten) mit einem Assistenten. Dieser möchte von Ihnen beispielsweise wissen, wie groß das Volume sein soll und dergleichen mehr – das sind Aspekte, die wir in einem Fachbuch sicherlich nicht diskutieren müssen.

Im Verlauf des Assistenten werden Sie allerdings auf zwei Stellen treffen, die meines Erachtens »erläuterungswürdig« sind.

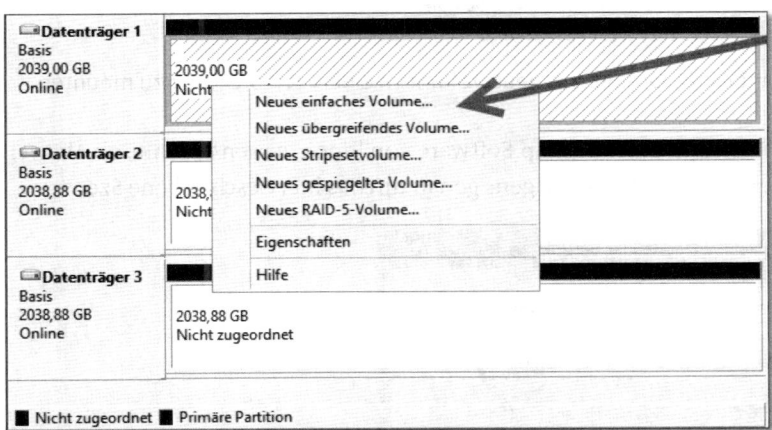

Abbildung 15.7 Auf einer leeren Platte kann ein »Neues einfaches Volume« angelegt werden. Die weiteren Optionen stehen erst auf einem dynamischen Datenträger zur Verfügung.

In dem Dialog aus Abbildung 15.8 können Sie für das neue Volume einen Laufwerksbuchstaben auswählen – das ist unspektakulär. Spannend ist aber die mittlere Option: Sie können eine komplette Festplatte in einen NTFS-Ordner einhängen – ein kurzes Beispiel:

- Eine neue Festplatte wird in den Ordner *d:\belegarchiv* gemountet.
- Ein Benutzer speichert eine Datei unter *d:\belegarchiv\2006\kundeabdc123.doc*.
- Die Datei liegt physikalisch nicht auf der *D:*, sondern auf der neu erstellten Platte.

Der Vorteil hierbei ist offensichtlich, da Sie mehr oder weniger in der Lage sind, eine Platte beliebig zu vergrößern, ohne Partitionen zu verändern. Die Formulierung »mehr oder weniger« ist durchaus mit Bedacht gewählt, da im Endeffekt die Platte nicht so vergrößert wird, dass

Sie an beliebigen Stellen zusätzliche Daten ablegen können, sondern nur in bestimmten Verzeichnissen. Das Mounten von zusätzlichen Platten in einen bestehenden NTFS-Ordner kann aber in solchen Situationen sehr hilfreich sein, in denen einzelne Verzeichnisse in historisch gewachsenen Dateisystemen kapazitätsmäßig überproportional erweitert werden müssen.

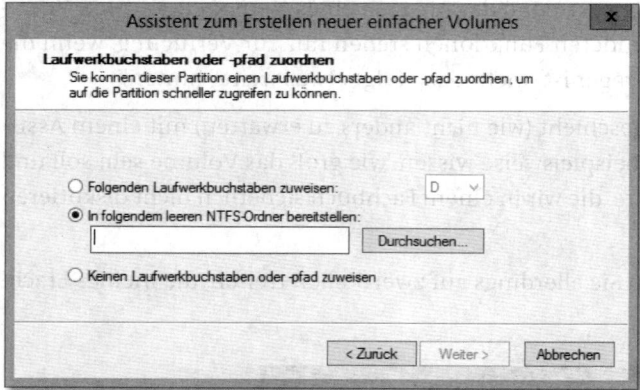

Abbildung 15.8 Interessant ist die Option, das neue Volume in einem NTFS-Ordner zu mounten.

Wenn der Job-Planungsassistent einer Backup-Software von Ihnen wissen möchte, ob Abzweigungen gesichert werden sollen, geht es übrigens genau um das hier beschriebene Szenario.

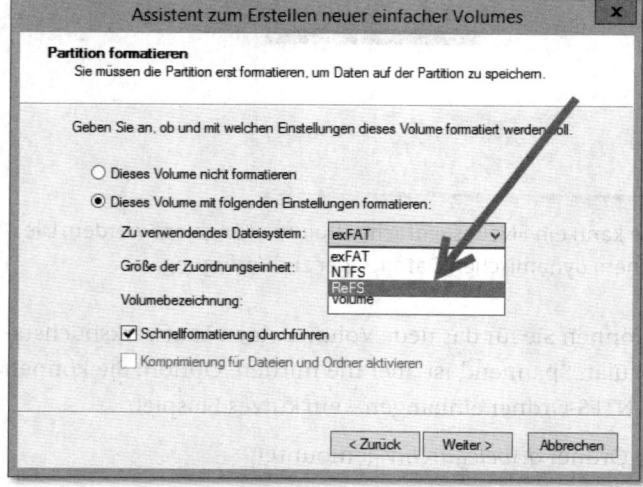

Abbildung 15.9 Neu bei Windows Server 2012/R2: Als Dateisystem kann auch »ReFS« gewählt werden.

Abbildung 15.9 zeigt einen Dialog, in dem Sie zunächst gefragt werden, ob das angelegte Volume formatiert werden soll. Ich denke kaum, dass heute noch jemand ernsthaft darüber nachdenkt, Plattenbereiche auf Servern mit dem ebenfalls unterstützten FAT32 zu formatieren. Spannend ist aber, dass es ab Server 2012 das neue ReFS (Resilient File System) zur Auswahl gibt.

Der Dialog auf Abbildung 15.10 dient zur Festlegung der Blockgröße, nachdem Sie NTFS ausgewählt haben. Bei ReFS ist das nicht erforderlich bzw. möglich – die Blockgröße dabei ist immer 64 kB.

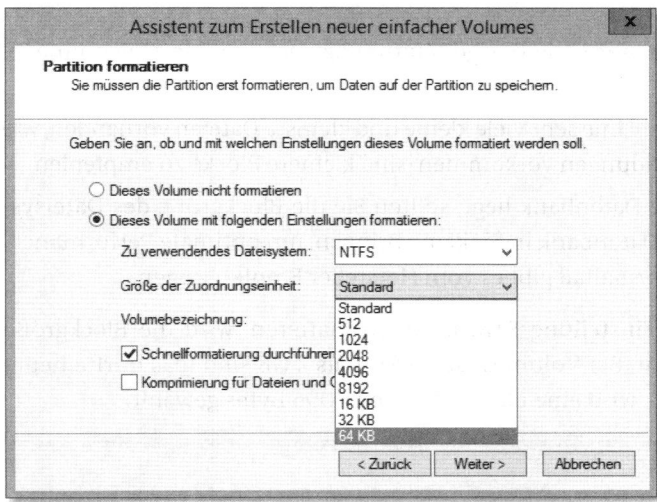

Abbildung 15.10 Die Auswahl der geeigneten Blockgröße ist in einigen Anwendungsfällen entscheidend.

Der interessante Aspekt in diesem Dialog ist die Auswahl der *Blockgröße,* hier ZUORDNUNGSEINHEIT (*Allocationunitsize*) genannt. Die Festplatte wird in Blöcken organisiert, die eine festgelegte Größe haben. Standardmäßig sind das 512 Byte. Wird nun eine Datei gespeichert, die 700 Bytes groß ist, werden 2 Blöcke benötigt. Auf dem Datenträger benötigt die eigentlich nur 700 Bytes große Datei 1.024 Bytes (2 × 512). Demzufolge verlieren Sie 324 Bytes. Auf diese Weise kommt übrigens in den Eigenschaften einer Datei der Anzeigeunterschied zwischen den Werten GRÖSSE DER DATEI und GRÖSSE DER DATEI AUF DEM DATENTRÄGER zustande.

Wenn Sie nun größere Blöcke auf einem Volume eingestellt haben, werden Sie mehr Speicherplatz verlieren. Im Extremfall könnten Sie sich für 64 kB große Blöcke entscheiden. Eine 700 Byte große Datei benötigt dann einen Block (64 kB), der nur zu einem sehr geringen Prozentsatz belegt ist.

Die (positive) Kehrseite der Medaille ist allerdings, dass bei der Speicherung von großen Dateien die Performance bei großen Blöcken deutlich steigt. Ein typischer Anwendungsfall ist beispielsweise Backup-To-Disk, bei dem große Einzeldateien (jeweils mehrere GB groß) geschrieben und gelesen werden. Auch bei der Installation von Anwendungsservern (z.B.

Exchange, SQL Server) gibt es Empfehlungen für eine optimale Blockgröße. Bei Exchange 2007 werden beispielsweise 64-kB-Blöcke empfohlen.

Wenn man es wirklich gut machen möchte, muss man sich bei jedem Volume genau überlegen, welche Dateien darauf gespeichert sind, und den optimalen Kompromiss aus möglichst guter Geschwindigkeit (große Blöcke) und möglichst geringer Platzverschwendung (kleine Blöcke) wählen:

- Liegen auf einem Volume in erster Linie riesige Multimedia-Dateien oder Zeichnungen, machen größere Blöcke Sinn.
- Sind auf einem Volume in erster Linie sehr viele kleine und kleinste Dateien vorhanden, wie sie beispielsweise in Webanwendungen vorkommen, sind kleinere Blöcke zu empfehlen.
- Wenn auf einem Volume eine Datenbank liegt, sollten Sie die Blockgröße des Dateisystems mit der Seitengröße der Datenbank in Einklang bringen, um optimale Performance-Ergebnisse zu erreichen. Im Normalfall gibt es vom Hersteller Empfehlungen.

Wenn Sie das Volume mit der Einstellung STANDARD formatieren, wird die Blockgröße durch die Volumegröße bestimmt. Bei Volumes, die größer als 2 GB sind (das dürfte heute wohl ziemlich jedes Volume sein), wird eine Blockgröße von 4096 Bytes gewählt.

Diskpart-Utility

Wenn es bei der Wahl der Blockgröße um die Optimierung der Performance geht, was regelmäßig im Umfeld von Anwendungsservern und beim Backup-to-Disk der Fall ist, reicht es nicht, »nur« die optimale NTFS-Blockgröße einzustellen. Darüber hinaus muss auch der RAID-Controller mit der ermittelten Blockgröße formatiert worden sein; anders gesagt muss auch die physikalische Aufteilung der Platte berücksichtigt und optimiert werden.

Ein übliches Problem ist, dass nach einem »normalen« Anlegen der Partition das Dateisystem nicht mit der physikalischen Struktur der Platte übereinstimmt. In der englischsprachigen Literatur ist von *Disk Aligning* die Rede. Dies wird zu Performance-Problemen führen.

Mit dem Microsoft *Diskpart*-Utility kann dieses Problem behoben werden. Es verhält sich nun aber so, dass das Disk Aligning mit Diskpart ein destruktiver Vorgang ist. Sie sollten also die Datenbank- und die Log-Partition mit Diskpart einrichten, bevor Sie sie mit Daten füllen.

Wie bereits erwähnt wurde, müssen Sie die Blockgröße bzw. Allocation Unit Size beachten.

Den Zusammenhang zwischen Dateigröße und Blockgröße kann man an einem kleinen »Experiment« leicht nachvollziehen. Ich habe auf einem 512 GB großen Volume, das mit der Einstellung STANDARD formatiert wurde, eine 3 Byte große Datei angelegt. Wie in Abbildung 15.11 zu sehen ist, belegt diese Datei auf der Platte nicht 3 Bytes, sondern 4.096 Bytes – so groß ist nämlich ein Block.

Abbildung 15.11 Bei einem Volume der Größe 512 GB, das mit der Einstellung »Standard« formatiert wurde, belegt eine 3 Byte große Datei 4 kB auf der Platte.

15.1.5 Basis-Datenträger vs. dynamische Datenträger

Bei der Einrichtung von Platten (bzw. RAID-Sets) müssen Sie entscheiden, ob Sie eine dynamische oder eine Basis-Festplatte konfigurieren möchten. Der Charme von dynamischen Datenträgern ist, dass diverse Funktionen möglich sind, die für Basis-Platten schlicht und ergreifend nicht verfügbar sind; dies sind insbesondere Kombinationen aus mehreren Platten:

- *Übergreifendes Volume*: Hierbei werden mehrere Volumes hintereinandergeschaltet und aus Sicht des Anwenders zu einem Volume zusammengefasst.
- *Stripesetvolume*: Hierbei handelt es sich um ein host-basiertes RAID0, d. h., alle Platten werden parallel geschaltet. Dies ergibt eine maximale Schreib-Performance, Sie haben allerdings keinen Schutz für den Fall, dass eine Platte defekt wird.
- *Gespiegeltes Volume*: Dies ist ein host-basiertes RAID1. Es kommt beispielsweise bei host-basierter Spiegelung zur Anwendung (siehe Abschnitt 3.2.2).
- *RAID-5-Volume*: Auch ein RAID5 kann host-basiert realisiert werden.

> **Hinweis**
>
> Das Produkt *Symantec/Veritas Storage Foundation for Windows*, das vormals der *Veritas Volume Manager* war, kann übrigens auch gespiegelte Volumes auf Basis-Datenträgern realisieren.

Das Produkt ist sozusagen das »Vollprodukt« des in Windows integrierten Volume Managers.

Obwohl sich die RAID-Level 0, 1 und 5 mit dem Betriebssystem realisieren lassen, würde ich grundsätzlich immer zu einem RAID-Controller greifen. Zumindest im Low-End-Bereich sind RAID-Controller zwar nicht notwendigerweise schneller als die host-basierte Lösung, die Handhabung, insbesondere im Fehlerfall, ist bei den Hardwarelösungen aber wesentlich einfacher! Da wir uns bei Servern in einem Szenario befinden, bei dem gerade im Fehlerfall alles zuverlässig und schnell gehen muss, rate ich grundsätzlich zu Hardware-RAIDs.

Basis-Datenträger vs. dynamischer Datenträger

Zurück zur Ausgangsfrage »Basis-Datenträger vs. dynamische Datenträger«: Wenn Sie die erweiterten Möglichkeiten der dynamischen Disks nicht nutzen, sollten Sie bei Basic Disks bleiben. Funktionen wie das Vergrößern und Verkleinern (!) von Volumes stehen auch bei Basic Disks zur Verfügung.

Um es ganz klar zu formulieren: Heute verwendet man Hardware-RAIDs und Basis-Datenträger.

Wenn Sie sich später entscheiden, dass eine Festplatte in einen dynamischen Datenträger umgewandelt werden soll, können Sie dies in der Datenträgerverwaltung zerstörungsfrei (d.h. ohne Datenverlust) erledigen (Abbildung 15.12). Es gibt aber keinen simplen Weg, um einen dynamischen Datenträger in einen Basis-Datenträger umzuwandeln – mal abgesehen vom Neuformatieren des Volumes und dem Einspielen einer Sicherung.

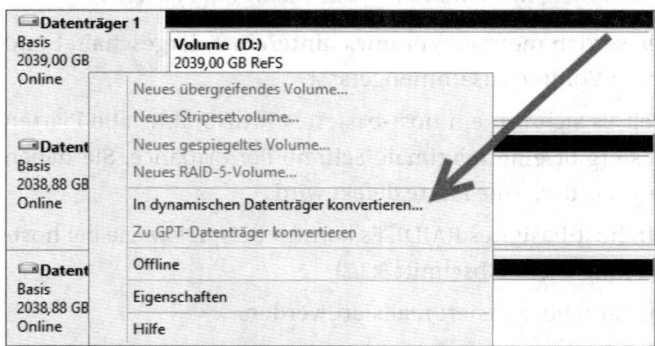

Abbildung 15.12 Eine Festplatte kann auch nachträglich und ohne Datenverlust in einen dynamischen Datenträger umgewandelt werden.

15.1.6 Spiegeln

Obwohl ich Ihnen im vorherigen Abschnitt grundsätzlich zum Hardware-RAID geraten habe, gibt es eine Ausnahme, nämlich beim host-basierten Spiegeln (Mirroring) über mehrere Storage-Systeme, wie es in Abbildung 15.13 gezeigt ist. Die Idee dahinter ist, dass die Server gleichzeitig auf zwei Storage-Systeme schreiben. Hierdurch wird eine doppelte Datenhaltung realisiert, ohne dass die sündhaft teuren Optionen für die controllerbasierte Spiegelung gekauft werden müssten (mehr Details hierzu finden Sie in Abschnitt 3.2).

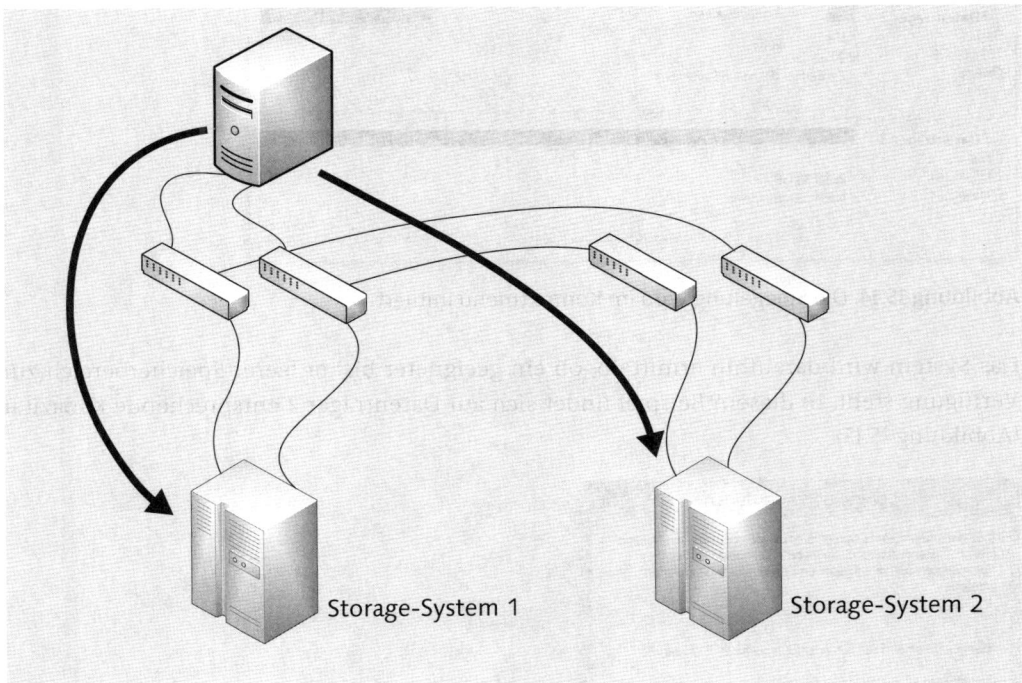

Abbildung 15.13 Ein Anwendungsfall für das Mirroring ist die host-basierte Spiegelung im SAN.

Das Initiieren einer Spiegelung in Windows Server 2008/2012 ist einfach zu realisieren. Wichtig ist, dass die beiden zu spiegelnden Volumes (eines auf jedem Storage-System) in der Datenträgerverwaltung angezeigt werden.

Die Situation in der Datenträgerverwaltung wird in etwa so wie in Abbildung 15.14 gezeigt aussehen: Auf einer Platte (DATENTRÄGER 1 in der Abbildung) ist bereits ein Volume angelegt (es kann auch Daten enthalten). Eine zweite Platte (DATENTRÄGER 2) ist bisher noch leer. Ob es sich tatsächlich um einzelne Platten handelt oder ob sich dahinter riesige Storage-Systeme verbergen, ist für den eigentlichen Vorgang unerheblich.

Das Erstellen eines Spiegels starten Sie mit dem Befehl SPIEGELUNG HINZUFÜGEN im Kontextmenü des Volumes auf der ersten Platte (Abbildung 15.14).

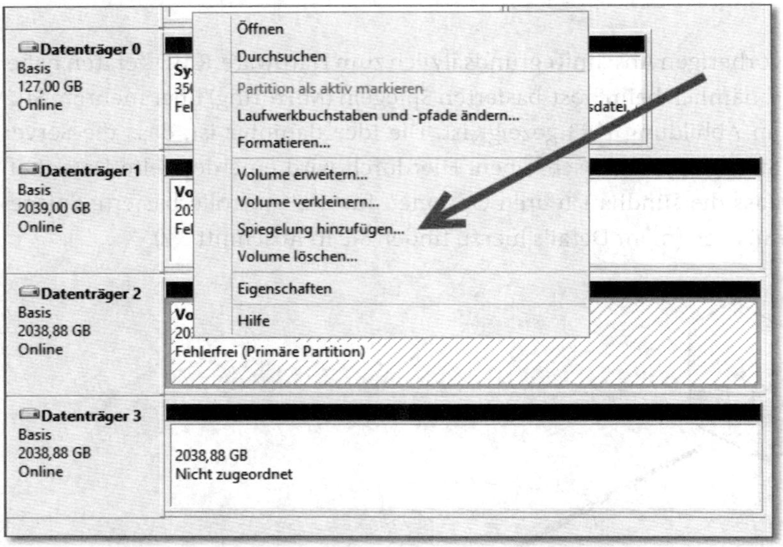

Abbildung 15.14 Die Spiegelung wird im Kontextmenü initiiert.

Das System wird daraufhin ermitteln, ob ein geeigneter bisher leerer Speicherbereich zur Verfügung steht. In diesem Beispiel findet sich auf Datenträger 2 entsprechende Kapazität (Abbildung 15.15).

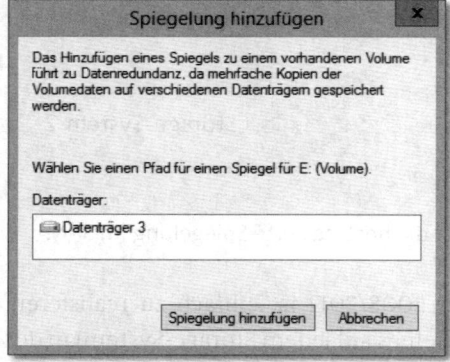

Abbildung 15.15 Hier wählen Sie die Festplatte aus, auf die gespiegelt werden soll.

Wie bereits zuvor erwähnt wurde, können Funktionen wie das Spiegeln oder Stripen von Festplatten nur mit dynamischen Datenträgern realisiert werden. Wenn eine (oder beide) der zu spiegelnden Platten ein Basis-Datenträger ist, holt das System von Ihnen die Erlaubnis ein, diese in dynamische Datenträger umzuwandeln. Wenn Sie nicht zustimmen, gibt es keine Spiegelung (Abbildung 15.16).

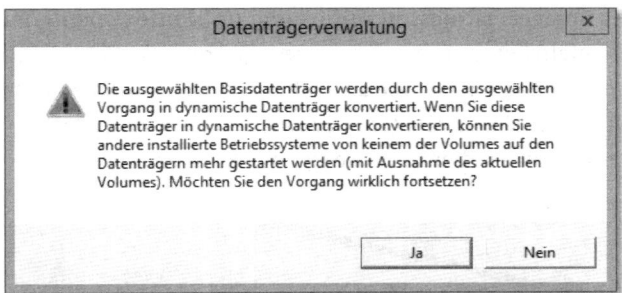

Abbildung 15.16 Falls die ausgewählten Festplatten Basis-Datenträger sind, müssen sie in dynamische Datenträger konvertiert werden.

Die Arbeit für Sie als Administrator ist nun schon erledigt, den Rest übernimmt das Betriebssystem, das nun das neue Volume mit dem ursprünglichen synchronisieren wird. Da jetzt das komplette Ursprungsvolume auf das Zielvolume kopiert werden muss, kann dies je nach Größe der Platten und Leistung des Festplattensystems durchaus eine Weile dauern (Abbildung 15.17).

Es existiert übrigens weiterhin nur ein Volume *D:*, das sich weiter im Zugriff der Benutzer befindet und selbstverständlich keine Daten verliert. Der initiale Spiegelvorgang wird aber zu einer verminderten Performance führen.

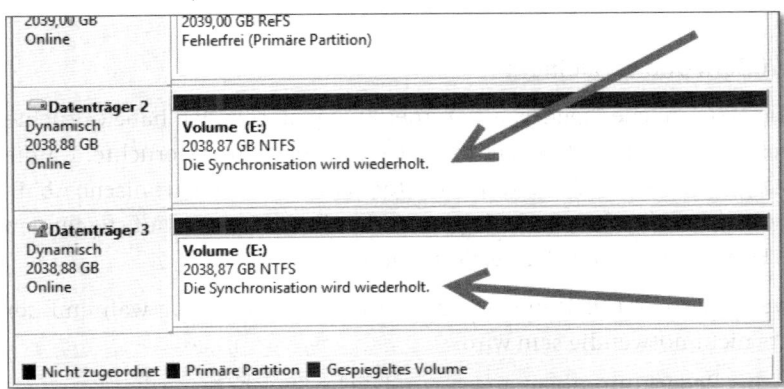

Abbildung 15.17 Nachdem die Spiegelung eingerichtet ist, dauert es eine Weile, bis der Synchronisationsvorgang abgeschlossen ist.

Bedenken Sie, dass der Server im Spiegelungsbetrieb sämtliche Daten doppelt schreiben muss. Vermutlich wird das für einen einigermaßen modernen Server kein Problem sein. Ich empfehle Ihnen dennoch, diesen Aspekt im Auge zu behalten – der *Performance Monitor* hilft, messen Sie nach!

Ebenso einfach wie der Aufbau eines Spiegels ist dessen Auflösung. Im Kontextmenü der gespielten Partitionen findet sich der Befehl SPIEGELUNG ENTFERNEN (Abbildung 15.18). Wird dieser ausgelöst, erscheint zunächst ein Dialog, in dem Sie auswählen können, welche Platte aus dem Spiegel entfernt werden soll. Wenn Sie eine Platte ausgewählt und bestätigt haben, dass sie aus dem Spiegel entfernt werden soll, ist dies nach wenigen Sekunden erledigt.

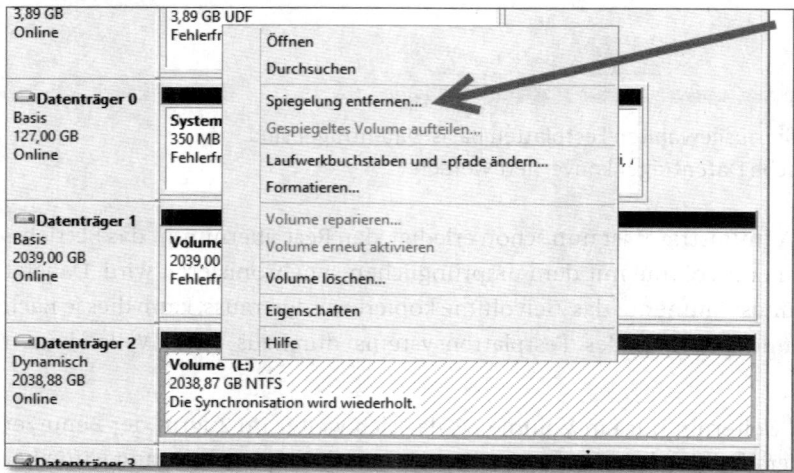

Abbildung 15.18 Ein Spiegel kann problemlos und ohne Datenverlust wieder aufgetrennt werden.

15.1.7 Volumes vergrößern und verkleinern

Festplattenplatz hat die erstaunliche Eigenschaft, immer knapp zu sein. Ich habe Gerüchte über Unternehmen gehört, bei denen dies nicht so ist – aber eben nur Gerüchte. Da die Anzahl der elektronisch gespeicherten Daten durch die fortschreitende elektronische Abbildung von Geschäftsprozessen weiterhin stark steigen wird, müssen Sie sich auf steigenden Platzbedarf einstellen. Es gibt grundsätzlich zwei Strategien:

- Sie rüsten alle Server mit so viel Plattenplatz aus, dass eine Erweiterung während der Standzeit des Servers nicht notwendig sein wird.
- Sie sind in der Lage, bei Bedarf unproblematisch zusätzliche Speicherkapazität bereitzustellen. Unproblematisch heißt: ohne größeren administrativen Aufwand und ohne Unterbrechung des Betriebs.

Die zweite Möglichkeit ist natürlich die elegantere. Man muss realistischerweise sagen, dass man bei Servern mit lokalen Festplatten trotzdem eher zu der ersten Variante greifen wird, das heißt, von Anfang an genügend Platten beschaffen wird. Der Plattenplatzbedarf über die Lebenszeit des Systems ist nicht immer genau abzusehen, aber die meisten Administratoren sind bekanntlich recht gut im Schätzen.

15.1 Allgemeines zum Dateisystem

Falls Sie hingegen in der glücklichen Lage sind, ein zentrales Storage-System zu betreiben, können Sie flexibler reagieren und brauchen einem Server, der auf absehbare Zeit 300 GB Speicher benötigt, nicht direkt 900 GB zuzuweisen. Der Grund dafür ist, dass bei modernen zentralen Storage-Systemen die Erweiterung des Platzes einer LUN sehr unproblematisch ist. (Die LUN, Logical Unit Number, ist der Speicherbereich, der einem Server zur Verfügung gestellt wird.)

Ein gutes Beispiel für ein einfach zu administrierendes sehr flexibles Storage-System ist das *Enterprise Virtual Array* (EVA) von Hewlett Packard. In Abbildung 15.19 sehen Sie die Administrationsoberfläche dieses Systems. Auf dem Screenshot wird gerade eine Vdisk (virtuelle Disk, die dem Server bereitgestellt wird) von ihrer momentanen Größe von 25 GB auf 45 GB erweitert. Sie sehen den Eintrag in der rechten Spalte in der Rubrik CAPACITY.

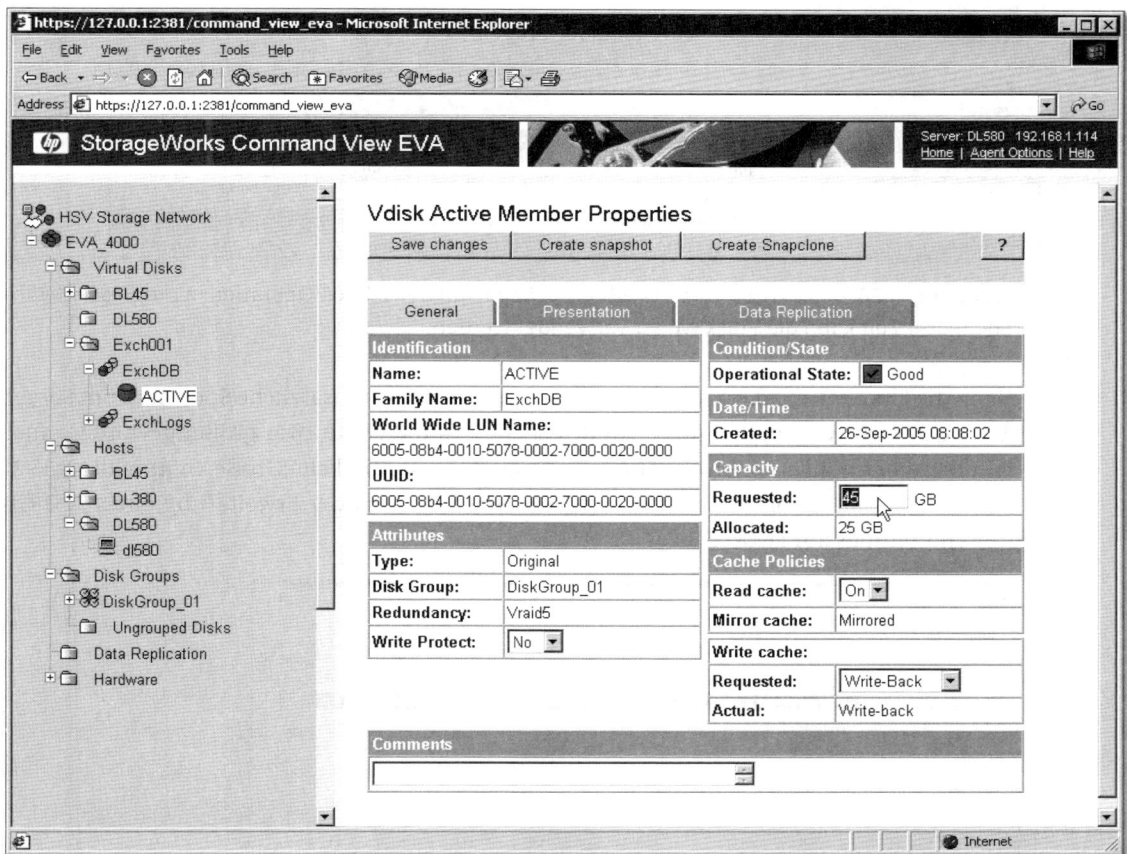

Abbildung 15.19 Die Administrationsoberfläche des EVA-Storage-Systems. Eine Vdisk (virtuelle Disk) wird gerade von 25 GB auf 45 GB erweitert.

Für diese Erweiterung müssen Sie lediglich die neue Größe der Vdisk eintragen und die Änderung durch einen Klick auf SAVE CHANGES bestätigen. Wenn genügend nicht zugewiesener Speicherplatz zur Verfügung steht, sind seitens des Storage-Systems tatsächlich keine weiteren Arbeiten notwendig.

Je nach gewünschter zusätzlicher Kapazität wird die Erweiterung der Vdisk einige Zeit in Anspruch nehmen. Sie sehen, dass im Konfigurationswerkzeug in den Eigenschaften der Vdisk die Anzeige OPERATION IN PROGRESS erscheint (Abbildung 15.20). Während dieser Zeit steht die Vdisk zur Verfügung. Es ist also keine Betriebsunterbrechung für die Erweiterung der Plattenkapazität notwendig.

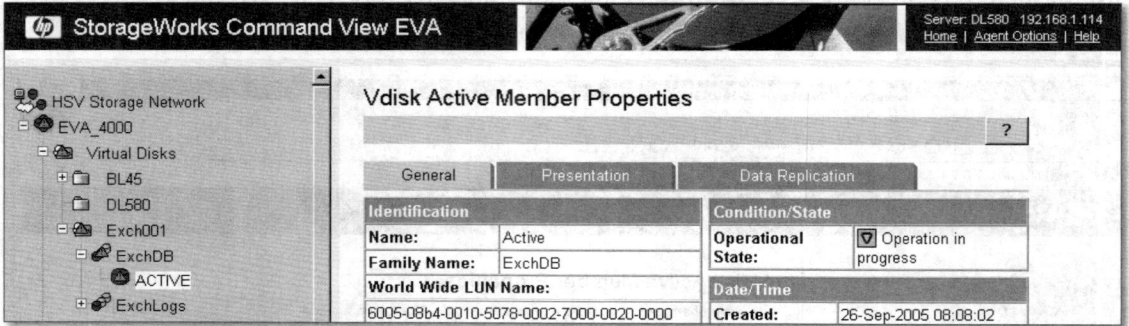

Abbildung 15.20 Das EVA-System erweitert die Kapazität der Vdisk (»Operation in progress«). Während dieser Zeit kann die Vdisk weiter verwendet werden.

Wenn die Erweiterung der Vdisk abgeschlossen ist, wird der zusätzliche Speicher vom Server aber noch nicht verwendet. Aus Sicht des Servers ist die Platte zwar größer geworden, aber das darauf befindliche Volume hat noch immer die ursprüngliche Größe. In Abbildung 15.21 sehen Sie die Situation in der Datenträgerverwaltung nach der Erweiterung eines 500 GB großen Volumes auf 1.000 GB.

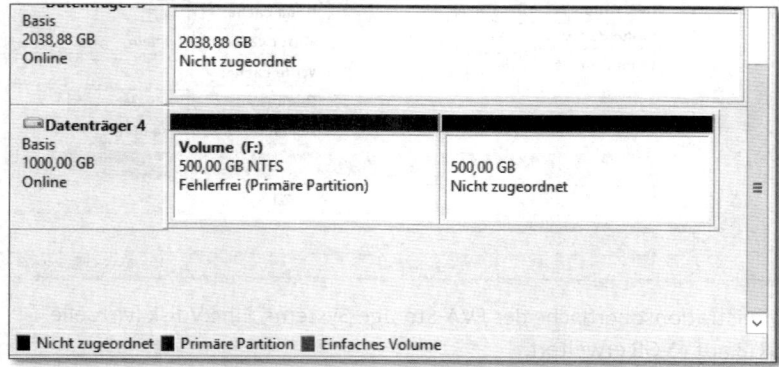

Abbildung 15.21 Diese Situation ergibt sich nach der Erweiterung der Kapazität der Festplatte. Der zusätzliche Speicher wird nicht verwendet.

Ihre Aufgabe ist es nun, das Betriebssystem dazu zu bringen, das Volume über die gesamte Platte auszudehnen. Erfreulicherweise ist diese Aufgabe nahezu trivial einfach. Im Kontextmenü des Volumes findet sich eine Funktion namens VOLUME ERWEITERN (Abbildung 15.22). Damit öffnet sich der obligatorische Assistent, in dem Sie festlegen können, um welche Kapazität das Volume erweitert werden soll (Abbildung 15.23). Da in diesem Fall ungenutzter Speicherplatz auch auf anderen Platten zur Verfügung steht, wird der entsprechende Datenträger in der linken Listbox des Dialogs aufgeführt. Ich würde aber generell nicht empfehlen, Volumes über mehrere Platten auszudehnen:

- Zum einen müssen die Platten in Dynamic Disks konvertiert werden; es entsteht dann ein *Spanned Volume*.
- Des Weiteren wird es im Wiederherstellungsfall unübersichtlich, weil die Informationen über das Spanned Volume in der Registry des Servers gespeichert sind. Wenn Sie aus irgendwelchen Gründen nicht in der Lage sind, den Server zurückzusichern, kommen Sie nicht an die Daten auf diesen Platten.

Keine Tricks

Beim Einsatz moderner Hardware sind »Tricksereien« wie Spanned Volumes nicht mehr nötig. Eine Kapazitätserweiterung ist übrigens nicht nur mit Storage-Systemen möglich: Jeder bessere im Server eingebaute RAID-Controller ist dazu in der Lage.

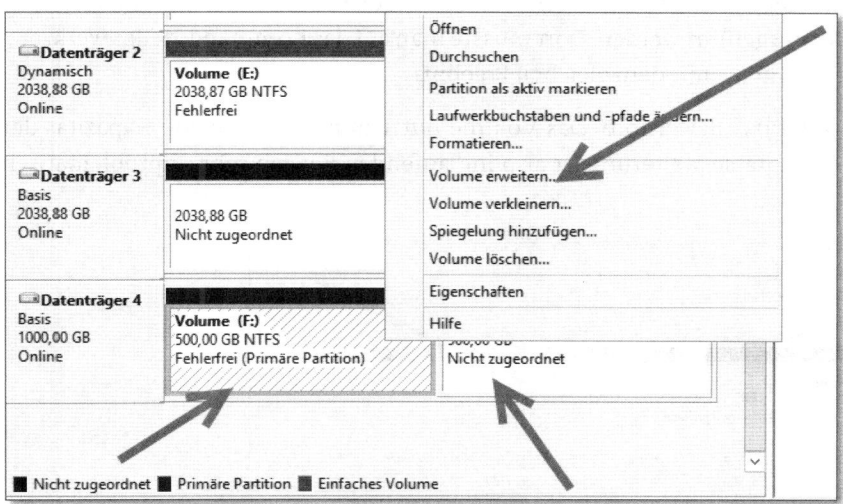

Abbildung 15.22 Mit dieser Funktion wird das Volume vergrößert.

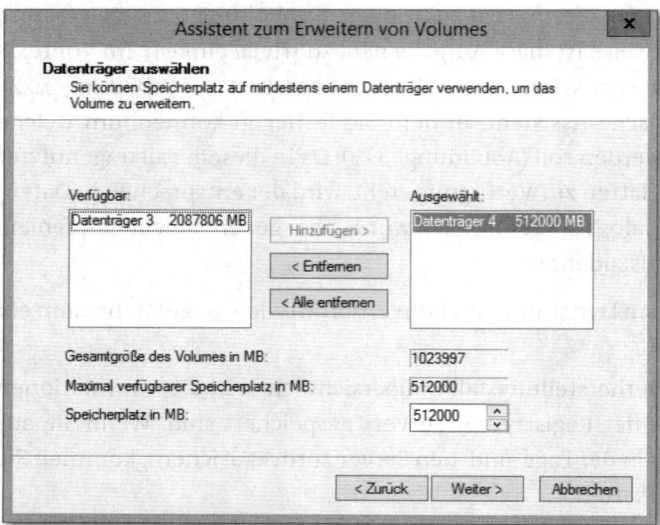

Abbildung 15.23 In diesem Dialog können Sie einstellen, wie viel zusätzlicher Speicherplatz für das zu erweiternde Volume bereitgestellt werden soll.

Zwei zusätzliche Anmerkungen:

▶ Die Kapazitätserweiterung eines Volumes ist auch mit Basis-Datenträgern möglich.

▶ Mit der Datenträgerverwaltung von Windows Server 2003 konnte die Kapazitätserweiterung noch nicht ausgeführt werden. Dort musste man auf das Kommandozeilenwerkzeug *Diskpart* zurückgreifen – mit dem gleichen Ergebnis.

Abbildung 15.24 zeigt das Beweisfoto. Das Volume nutzt nun die komplette Kapazität der Festplatte. Eine Kapazitätserweiterung ist also im laufenden Betrieb sehr unproblematisch zu realisieren.

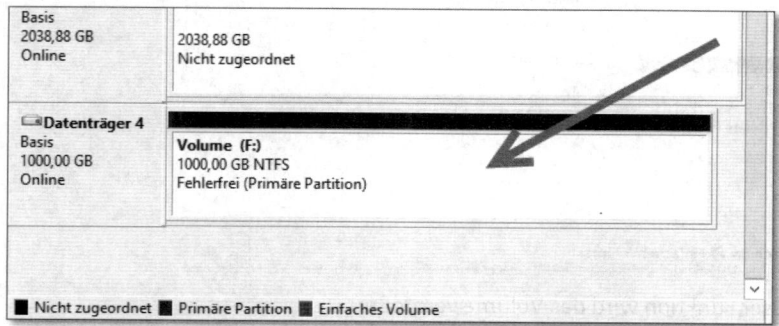

Abbildung 15.24 Das »Beweisfoto«: Das Volume nutzt nun die gesamte Kapazität.

Vor Windows Server 2008 gab es nur einen Weg: größer! Man konnte Volumes vergrößern, aber nicht verkleinern. Das Verkleinern eines Volumes ist immer dann interessant, wenn der Speicherbedarf bei der Einrichtung viel zu hoch eingeschätzt wurde und nun ein Großteil des Volumes leer ist.

Mit der Funktion VOLUME VERKLEINERN, die Sie im Kontextmenü eines Volumes finden, kann eine Verkleinerung durchgeführt werden. Das Volume kann allerdings nur um den Speicherplatz verkleinert werden, der im »hinteren Bereich« ungenutzt ist – dieser wird dann sozusagen »abgeschnitten«. Falls ein Volume stark fragmentiert ist, kann es unter Umständen gar nicht verkleinert werden, obwohl freier Speicherplatz angezeigt wird.

Wenn Sie also die VOLUME VERKLEINERN-Funktion aufrufen, wird der »verkleinerbare« Speicherplatz ermittelt und in dem Dialog aus Abbildung 15.25 angezeigt. Sie bestimmen, um welche Kapazität das Volume verkleinert werden soll; wenige Augenblicke später ist der Vorgang ausgeführt.

Zu beachten ist, dass mir derzeit weder ein Storage-System noch ein RAID-Controller bekannt ist, der das Verkleinern von Plattenbereichen unterstützen würde. Bislang gab es dafür auch noch keinen Bedarf, da die Betriebssysteme ebenfalls nicht dazu in der Lage waren. Wie Sie sehen, hat sich das mit Windows Server 2008 geändert. Vielleicht ermuntert dies die Hardwarehersteller, ebenfalls ein Verkleinern anzubieten – aber ob man das dann wirklich braucht?

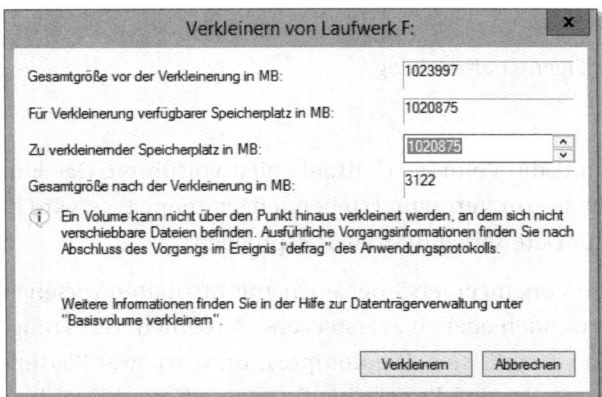

Abbildung 15.25 Seit Windows Server 2008 (und somit auch in 2012/R2) ist auch eine Reduzierung der Volume-Größe möglich.

15.1.8 Weitere Optionen

Ein Volume verfügt über einen recht umfangreichen Eigenschaftendialog mit vielen unterschiedlichen Konfigurationsmöglichkeiten (Abbildung 15.26). Ich möchte nun nicht jede einzelne Option diskutieren, weil die meisten seit Jahren aus den Vorgängerversionen des Betriebssystems bekannt und/oder selbsterklärend sind.

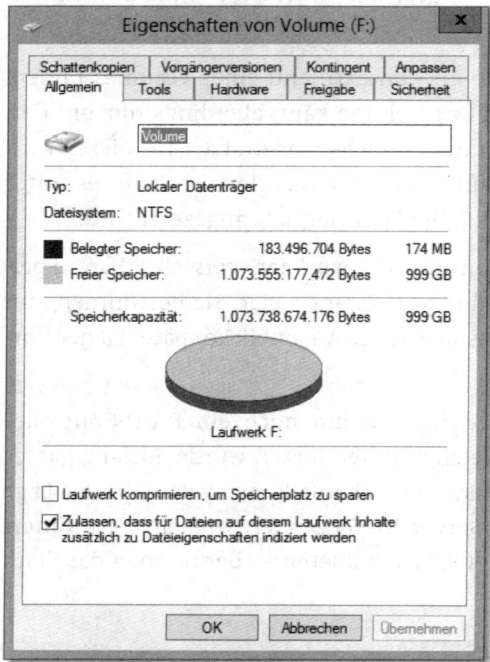

Abbildung 15.26 Ein recht umfangreicher Eigenschaftendialog dient zur Konfiguration eines Volumes.

Ich werde Ihnen im folgenden Abschnitt die Volume-Schattenkopien vorführen. Das Einrichten von Quotas, also Begrenzungen des zur Verfügung stehenden Plattenplatzes, wird in Abschnitt 15.3, »Ressourcen-Manager für Dateiserver (RMDS)«, besprochen.

Dateien und Ordner können, wie in den Vorgängerversionen auch, mit Attributen versehen werden, um sie nur noch lesend zu verwenden oder zu »verstecken«. Außerdem ist es möglich, Dateien zu komprimieren oder zu verschlüsseln. Die Kompression spart zwar Plattenplatz, kostet aber dafür Prozessorzeit. Dateien, auf die sehr häufig zugegriffen wird, sollten Sie also besser nicht komprimieren, um das System nicht unnötig zu belasten (Abbildung 15.27).

Die Verschlüsselung von Dateien oder Ordnern wird mit EFS (*Encrypting File System*) durchgeführt; dies stelle ich Ihnen in Abschnitt 15.5 noch genauer vor.

Beachten Sie, dass Kompression und Verschlüsselung voraussetzen, dass sich die Daten auf NTFS-Volumes befinden. Wie auch in den Vorgängerversionen des Betriebssystems können Kompression und Verschlüsselung nicht gleichzeitig verwendet werden.

15.1 Allgemeines zum Dateisystem

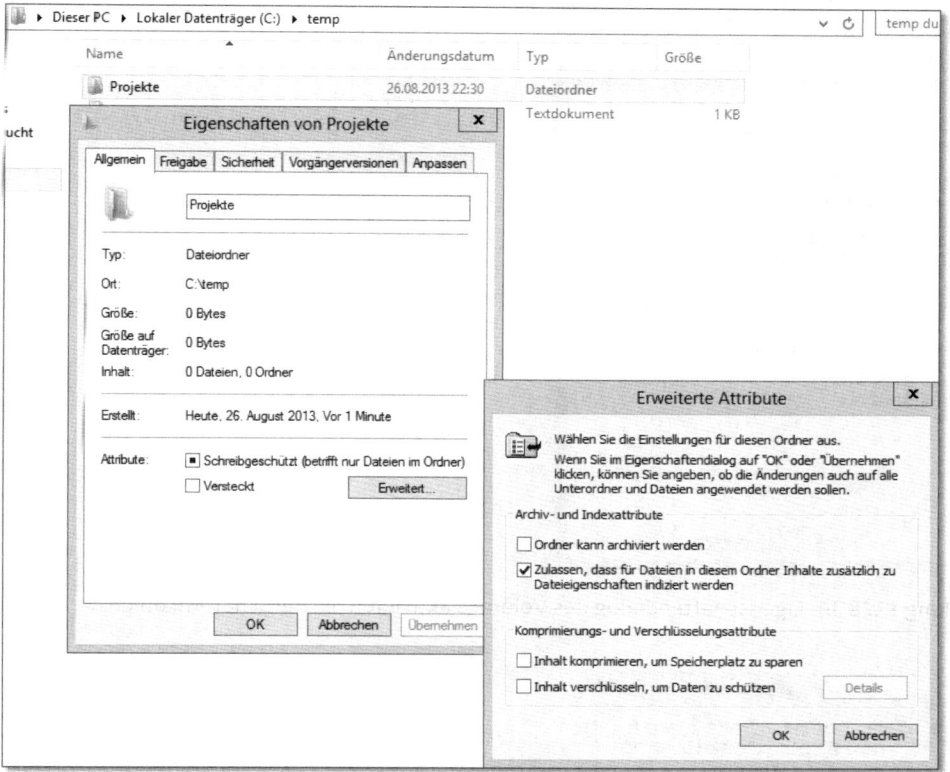

Abbildung 15.27 Eine Datei kann mit Attributen wie »Versteckt« oder »Schreibgeschützt« versehen werden. Außerdem kann sie komprimiert oder verschlüsselt werden.

15.1.9 Schattenkopien – Volume Shadow Copy Service

Seit Windows Server 2003 steht der Schattenkopiedienst (*Volume Shadow Copy Service*, VSS) zur Verfügung. Es gibt zwei wichtige Anwendungsszenarien:

- Zunächst kann VSS zur Optimierung des Backups verwendet werden. Dies habe ich recht ausführlich im Hardware-Kapitel dieses Buchs erklärt (Abschnitt 3.2.3).
- Weiterhin existiert ein einfacher Backup- und Wiederherstellungsmechanismus, mit dem Benutzer und/oder Administratoren ältere Versionen von Dateien wiederherstellen können, ohne dass die Datensicherung bemüht werden müsste.

Die letztgenannte Funktion möchte ich Ihnen vorführen.

In den Eigenschaften des Volumes können Schattenkopien aktiviert werden. Die Einstellung bezieht sich immer auf das komplette Volume; selektive Schattenkopien eines einzelnen Ordners können nicht erstellt werden. Der Dialog aus Abbildung 15.28 zeigt auch, welche Schattenkopien momentan für das gewählte Volume vorhanden sind.

15 Dateisystem und Dateidienste

Abbildung 15.28 Im Eigenschaftendialog des Volumes aktivieren Sie die Schattenkopien.

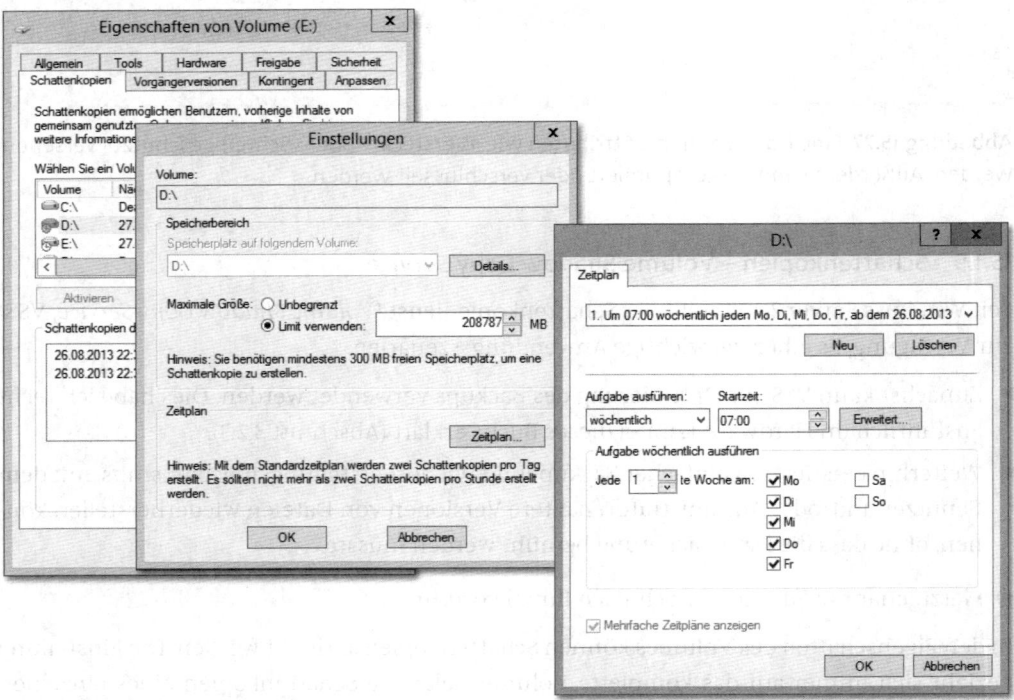

Abbildung 15.29 Mit diesen Dialogen werden die Einstellungen für Schattenkopien konfiguriert.

Wenn Sie die Schattenkopie für ein Volume konfigurieren, definieren Sie mit einem Zeitplan, wann eine Schattenkopie erstellt werden soll. Sie können sich beispielsweise für TÄGLICH, HALBTÄGLICH, STÜNDLICH etc. entscheiden. Je häufiger Sie eine Schattenkopie anfertigen, desto mehr Platz wird beansprucht. Daher können Sie den Speicherbereich angeben, der hierfür verwendet wird. Wird dieser überschritten, werden die ältesten Schattenkopien verworfen (Abbildung 15.29).

Wie sieht die Nutzung von Schattenkopien in der Praxis aus? Stellen Sie sich folgendes Szenario vor:

- Ein Benutzer arbeitet an einem Dokument: Es wird verändert, ergänzt etc.
- Plötzlich fällt ihm ein, dass er doch lieber wieder die ursprüngliche Version von heute morgen hätte – er hat natürlich vor Beginn der Arbeiten keine Kopie erstellt.

Klassischerweise wird der Benutzer nun bei der Administration bzw. beim Benutzersupport anrufen und bitten, die Datei aus der Datensicherung zu holen. Falls Sie regelmäßig Schattenkopien des Volumes mit dem freigegebenen Ordner anfertigen, kann der Benutzer sich selbst helfen (Abbildung 15.30):

- Der Benutzer öffnet den freigegebenen Ordner im Explorer und ruft den Eigenschaftendialog der Datei auf, deren ältere Version er gern hätte. Alternativ kann er auch direkt den Eintrag VORGÄNGERVERSIONEN WIEDERHERSTELLEN im Kontextmenü der Datei wählen.
- Auf der Karteikarte VORGÄNGERVERSIONEN werden alle wiederherstellbaren Versionen angezeigt. Eine Version entsteht, wenn eine Schattenkopie angelegt wird.
- Der Benutzer kann die ältere Version entweder ÖFFNEN, WIEDERHERSTELLEN oder KOPIEREN.

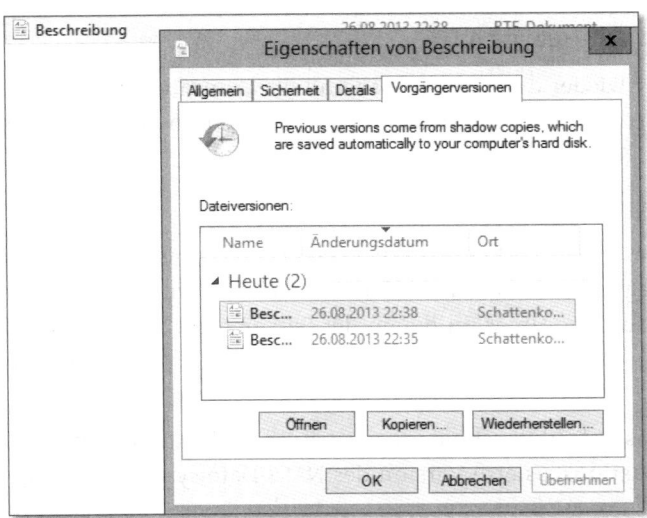

Abbildung 15.30 Der Explorer ist ab Windows Vista in der Lage, Vorgängerversionen wiederherzustellen.

Ich kenne viele Unternehmen, in denen die Administration bzw. der Benutzersupport den Anwendern die beschriebene Vorgehensweise nicht zutraut. Sofern ein Administrator Zugriff auf die Datei hat, kann er auch die Wiederherstellung für den Benutzer übernehmen.

Auf diesem Weg lassen sich übrigens auch gelöschte Dateien wiederherstellen. Dazu rufen Sie die Funktion VORGÄNGERVERSIONEN WIEDERHERSTELLEN im Kontextmenü des Ordners auf, in dem sich die nun gelöschte Datei befand. In dem dann erscheinenden Dialog öffnen Sie die zeitlich infrage kommende Schattenkopie. Daraufhin wird ein Explorer-Fenster gezeigt, in dem alle zum Zeitpunkt der Schattenkopie vorhandenen Dateien aufgelistet werden. Sie können dann die gewünschte Datei kopieren.

Zum Schluss einige Anmerkungen:

- Bei älteren Versionen des Windows Client-Betriebssystems muss eine Explorer-Erweiterung installiert werden, um den Zugriff auf die Schattenkopien zu ermöglichen.
- Bei der Anfertigung einer Schattenkopie werden natürlich nicht sämtliche Dateien kopiert. Vielmehr handelt es sich um einen Copy-on-Write-Snapshot. Die Funktionsweise ist in Kapitel 3, »Hardware und Dimensionierung«, erklärt.
- Die Schattenkopien für freigegebene Ordner sind ein Hilfsmittel für Backup und Restore. Sie sollen nicht eine professionelle Versionierung von Dokumenten ersetzen, auch wenn es vielleicht auf den ersten Blick so aussieht, als ob man genau dies damit machen könnte. Wenn die Versionierung von Dokumenten für Sie ein Thema ist, sollten Sie sich Share-Point genauer anschauen. Die *Windows SharePoint Services* sind ein kostenfrei nutzbarer Bestandteil von Windows Server 2008.

15.1.10 Transactional NTFS und Self-Healing NTFS

Obwohl diese Behauptung immer wieder durch die Presse und die Communitys geisterte, enthält Windows Server 2012 kein datenbankbasiertes Dateisystem, sondern nutzt nach wie vor NTFS.

NTFS hat zwei Erweiterungen erfahren:

- *Self-Healing NTFS*: Vor Windows Server 2008 musste bei Fehlern im Dateisystem chkdsk ausgeführt werden, was nur möglich ist, wenn auf das Dateisystem nicht zugegriffen wird. Das bedeutet notwendigerweise Downtimes, in denen der Server nicht zur Verfügung steht. Durch Erweiterungen im NTFS-Kernel von Windows Server 2008 werden diese Downtimes vermieden.
- *Transactional NTFS*: Um zuverlässig Fehlerzustände zu vermeiden und Datenintegrität zu gewährleisten, wird eine transaktionsbasierte Version des NTFS-Dateisystems bereitgestellt.

15.2 Installation der Rolle »Dateiserver«

Das Dateisystem ist notwendigerweise auf dem Server vorhanden, und grundsätzlich können Sie auch ohne weitere Installationstätigkeiten Freigaben erstellen und den Server als Dateiserver verwenden – die Rolle *Dateiserver* wird dann übrigens implizit ohne weitere Rollendienste installiert.

In der heutigen Zeit muss (oder zumindest sollte) ein Dateiserver aber deutlich mehr beherrschen, als »nur« über einen simplen Freigabemechanismus Dateien im Netz bereitzustellen. Diese zusätzlichen Funktionen, die aus einem Dateiserver einen guten Dateiserver machen, sind in der Rolle *Dateiserver* enthalten, die Sie wie gewohnt über den Server-Manager installieren können.

Abbildung 15.31 zeigt den Dialog, aus dem Sie während der Installation die Rollendienste auswählen können und somit festlegen, welche Funktionalitäten installiert werden sollen. Etliche dieser Funktionen werden Sie im Verlauf dieses Kapitels kennenlernen.

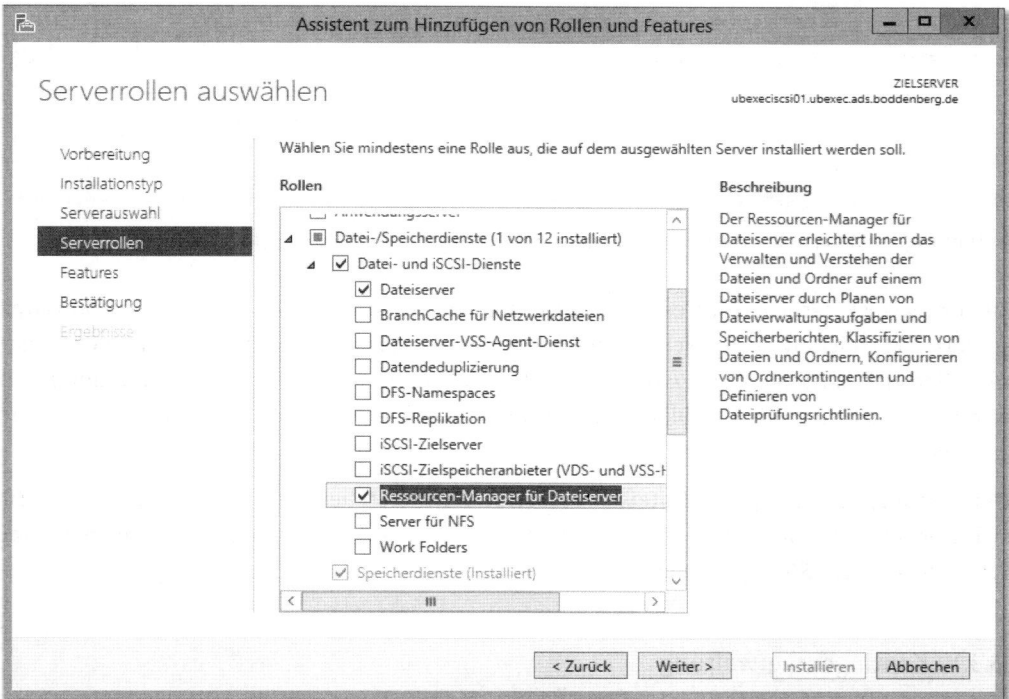

Abbildung 15.31 Bei der Installation der Rolle »Dateiserver« können Sie aus verschiedenen Optionen wählen.

15.3 Ressourcen-Manager für Dateiserver (RMDS)

Der *Ressourcen-Manager für Dateiserver* (in der englischen Version: *File Server Resource Manager*, FSRM) hat fünf Aufgabenfelder (Abbildung 15.32):

- Kontingentverwaltung (Quotas)
- Dateiprüfungsverwaltung (File Screening)
- Speicherberichteverwaltung
- Klassifizierungsverwaltung
- Dateiverwaltungsaufgaben

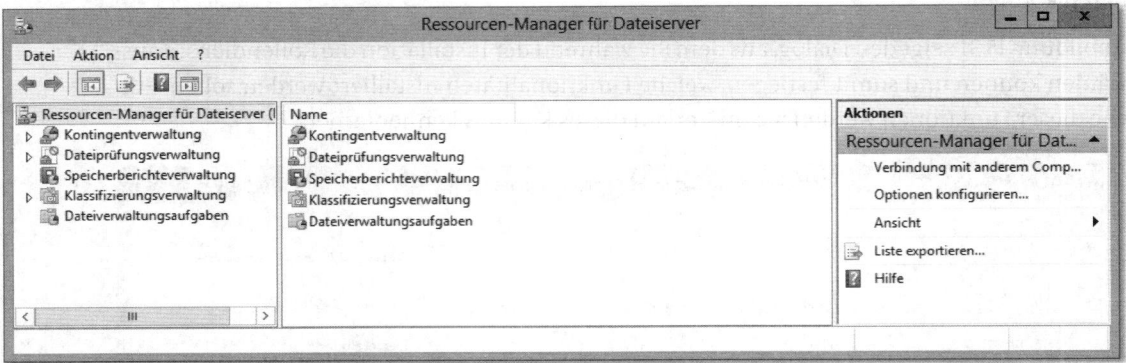

Abbildung 15.32 Der »Ressourcen-Manager für Dateiserver« hat drei Aufgabenbereiche.

Ziel und Zweck des RMDS ist es, eine »kontrolliertere« Nutzung der Kapazitäten von Dateiservern zu erreichen. Dies geschieht einerseits dadurch, dass der Administrator einen besseren Überblick darüber erhält, was überhaupt auf dem Dateiserver »lagert«, und andererseits durch Maßnahmen wie das Blockieren bestimmter Dateitypen oder das Durchsetzen von Quotas.

Der Ressourcen-Manager für Dateiserver ist mit Drittherstellerwerkzeugen vergleichbar, die sich mit dem Thema *Storage Resource Management* (SRM) beschäftigen. Als Beispiel wäre *Symantec/Veritas Storage Exec* zu nennen.

15.3.1 Kontingentverwaltung

Bei der Kontingentverwaltung geht es darum, zu verhindern, dass Benutzer beliebig viel Platz auf den Festplatten verbrauchen. Windows Server enthält seit Windows 2000 eine Quota-Funktion, die in den Eigenschaften des Volumes konfiguriert werden kann. Diese ist allerdings nicht besonders flexibel. Der Ressourcen-Manager für Dateiserver bietet eindeutig mehr.

Kontingentvorlage anlegen

Mit Kontingentvorlagen können Sie Vorlagen für Quota-Regeln erstellen. Da RMDS nicht volume-, sondern verzeichnisbezogen arbeitet, ist die Wahrscheinlichkeit vergleichsweise hoch, dass eine Quota-Regel mehrmals verwendet wird.

Wenn Sie RMDS installiert haben, sind bereits einige Kontingentvorlagen vorhanden, die Sie entweder direkt anwenden oder Ihren eigenen Bedürfnissen entsprechend modifizieren können. Selbstverständlich können auch zusätzliche eigene Kontingentvorlagen angelegt werden.

Abbildung 15.33 zeigt die Eigenschaften einer Kontingentvorlage. Die wichtigsten Einstellungen sind:

▶ Alles dreht sich um die GRENZE, also den Speicherverbrauch, bei dem RMDS aktiv werden soll.

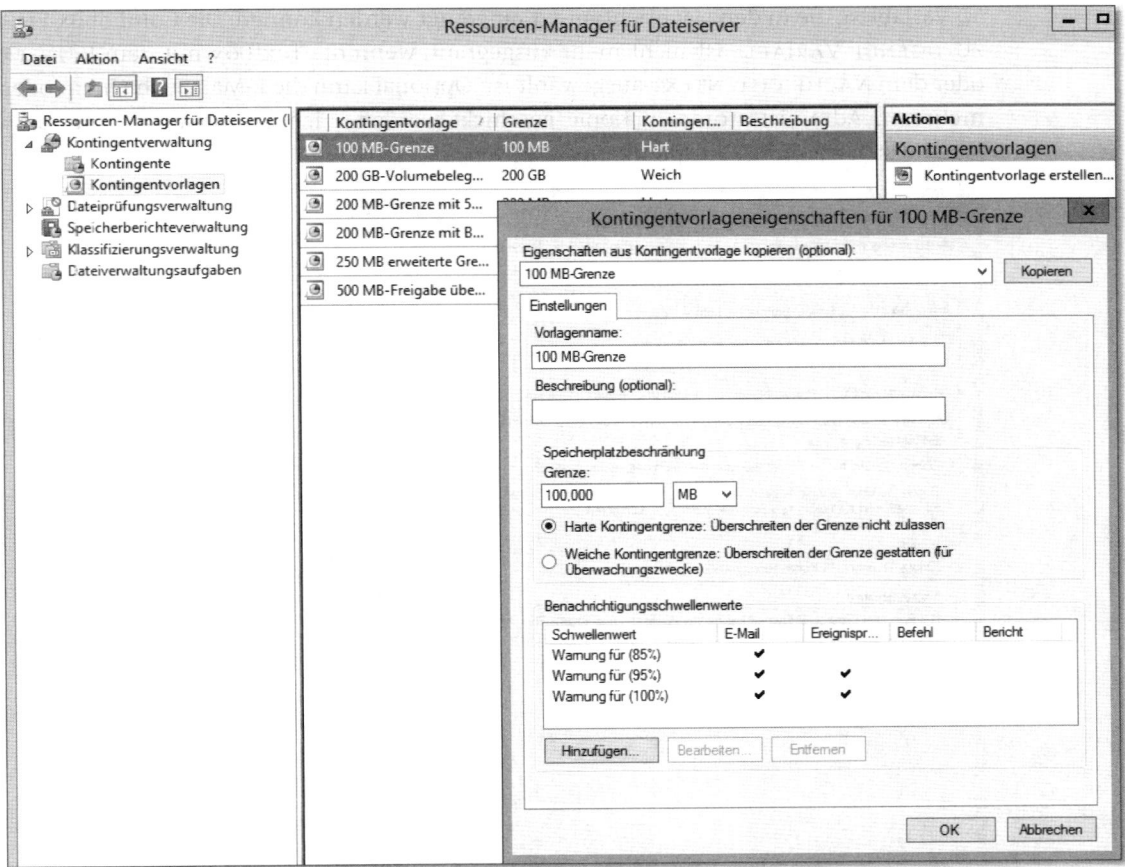

Abbildung 15.33 Einige Kontingentvorlagen sind bereits definiert. Sie können diese modifizieren und eigene anlegen.

- Eine Speicherplatzbeschränkung kann entweder verhindern, dass der Benutzer die festgelegte Grenze überschreitet und mehr Speicher auf der Platte nutzt (HARTE KONTINGENTGRENZE), oder lediglich die Überschreitung melden (WEICHE KONTINGENTGRENZE). Wie RMDS sich verhalten soll, legen Sie mit den Radiobuttons fest.
- Ansonsten können beliebig viele Benachrichtigungen konfiguriert werden, die bei Überschreitung bestimmter Schwellenwerte den Benutzer informieren, einen Eintrag ins Ereignisprotokoll schreiben, einen Befehl ausführen oder einen Report generieren.

Abbildung 15.34 und Abbildung 15.35 zeigen die Einstellmöglichkeiten, die für die Benachrichtigungen bzw. für Aktionen bei Überschreitung eines Grenzwerts verwendet werden können. Sie sehen, dass Sie sich an dieser Stelle beim Konfigurieren wirklich austoben können.

- Auf der ersten Karteikarte (Abbildung 15.34) kann festgelegt werden, was für eine E-Mail an den Benutzer gesendet werden soll, der den Schwellenwert überschritten hat. Es gibt ca. 30 Variablen, die in den Nachrichtentext eingefügt werden können. Die Combobox EINZUFÜGENDE VARIABLE ist nicht mehr ausgegraut, wenn die Textbox mit dem BETREFF oder dem NACHRICHTENTEXT ausgewählt ist. Optional kann die E-Mail auch einem oder mehreren Administratoren in Kopie geschickt werden – ich glaube aber kaum, dass jemand sich freiwillig »zu-spammen« lassen möchte.

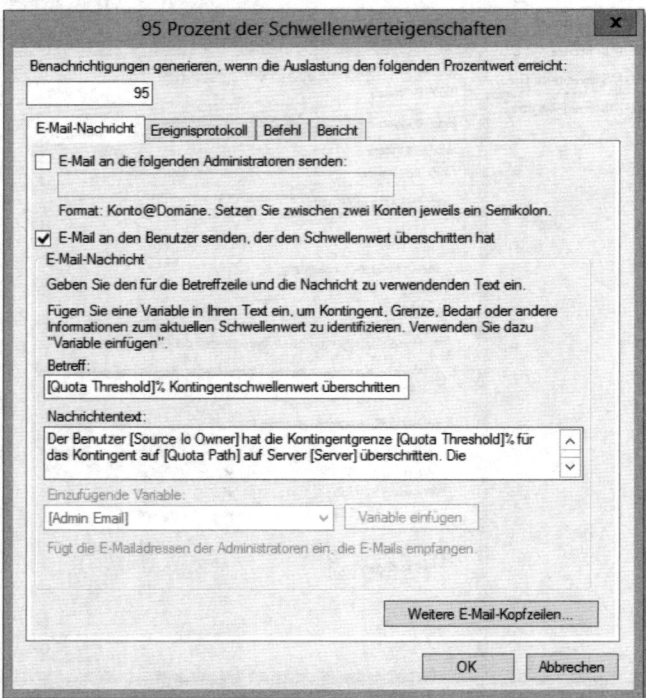

Abbildung 15.34 Aktionen, die beim Überschreiten eines Grenzwertes ausgeführt werden, Teil 1

- Mit den Einstellungen der zweiten Registerkarte kann festgelegt werden, was in das Ereignisprotokoll geschrieben werden soll – das ist kaum weiter erklärungsbedürftig.

- Auf der dritten Registerkarte (Abbildung 15.35) können Sie eine Aktion definieren, die beim Erreichen dieses Grenzwerts ausgelöst wird. Mir fällt allerdings momentan kein wirklich gutes Beispiel ein (abgesehen von einer Faust, die aus dem Bildschirm kommt). Wenn jemand eine Idee hat, sende er diese bitte an *ulrich@boddenberg.de*. Zu beachten ist übrigens, dass die Applikation oder das Script auf dem Dateiserver ausgeführt wird und nicht auf dem PC des Benutzers.

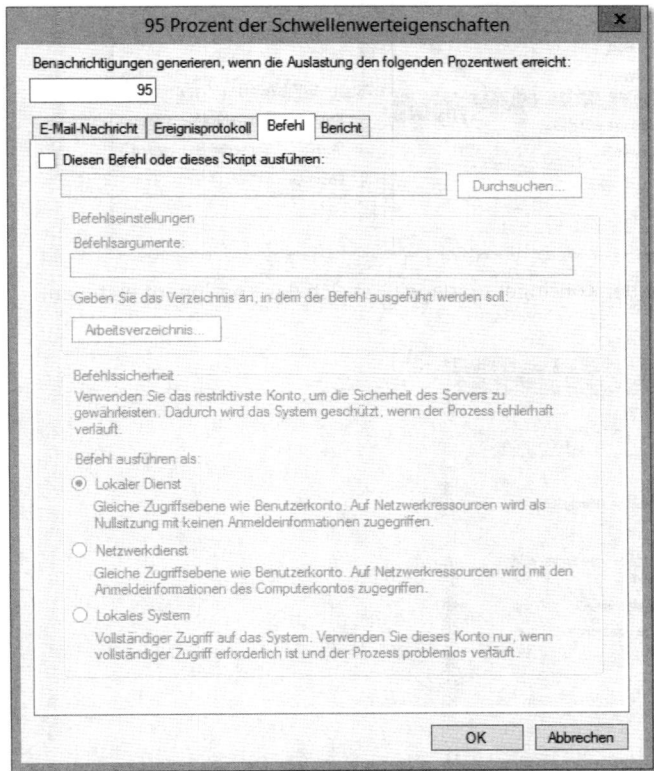

Abbildung 15.35 Aktionen, die beim Überschreiten eines Grenzwertes ausgeführt werden, Teil 2

- Auf der vierten Registerkarte können Sie einstellen, dass ein oder mehrere Reports erzeugt werden, die beispielsweise dem Benutzer per E-Mail zugesendet werden können. Der Gedanke dahinter ist, dem Benutzer zu schreiben, welches die größten Dateien sind, welche doppelt sind oder welche Dateien seit 365 Tagen nicht mehr geöffnet worden sind (ohne Abbildung).

Kontingent anwenden

Ist die Kontingentvorlage erstellt bzw. konfiguriert, soll das Kontingent auch zur Anwendung kommen – die Vorlage selbst hat ja keine Funktion. Im Kontextmenü findet sich der Befehl KONTINGENT MITHILFE EINER VORLAGE ERSTELLEN, mit dem ein Kontingent für ein Verzeichnis erstellt wird (Abbildung 15.36).

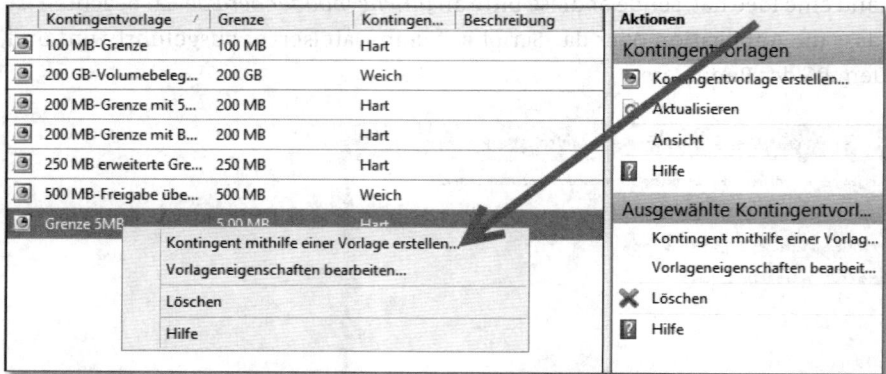

Abbildung 15.36 Im Kontextmenü der Kontingentvorlage lässt sich das Kontingent erstellen.

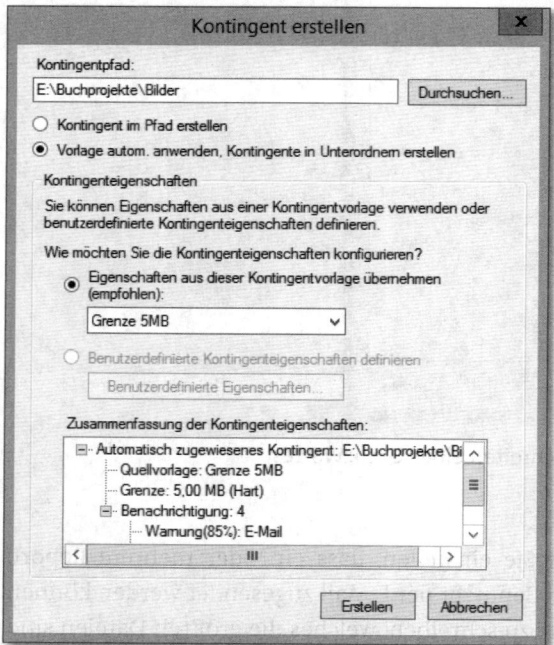

Abbildung 15.37 Das Kontingent gilt für einen bestimmten Pfad.

In Abbildung 15.37 sehen Sie den Dialog zur Definition eines Kontingents:

- Kontingente wirken immer auf einen Pfad. Demzufolge muss zunächst der Gültigkeitsbereich für das neue Kontingent angegeben werden.
- Interessant sind die Radio-Buttons, mit denen eingestellt wird, wie das System sich verhalten soll:
  - KONTINGENT IM PFAD ERSTELLEN: Diese Einstellung sorgt dafür, dass die Einstellung für ein Verzeichnis, also beispielsweise *E:\Buchprojekte\Bilder*, gilt.
  - VORLAGE AUTOM. ANWENDEN...: Diese zweite Option wendet die Regel jeweils auf die direkt untergeordneten Unterordner an. Das heißt, dass auf den Teilbaum *E:\Sales\Kunden*, den Teilbaum *E:\Sales\Werkzeuge* und den Teilbaum *E:\Sales\Events* jeweils (!) das Kontingent angewendet wird.
- Bezüglich der anzuwendenden Kontingente kann entweder eine Kontingentvorlage verwendet werden, oder ein Kontingent wird »direkt« konfiguriert. Letzteres ist spätestens dann nicht zu empfehlen, wenn Sie ein Kontingent mit diesen Einstellungen in Zukunft auch für andere Verzeichnisse anwenden wollen.

Kontingente nur mit NTFS

Kontingente können nur mit NTFS verwendet werden. Wenn man versucht, ein Kontingent auf ein ReFS-Volume anzuwenden, passiert Folgendes:

Abbildung 15.38 Kontingente sind nicht mit ReFS-Volumes anwendbar.

Ein Überblick über die konfigurierten Kontingente ist zweifelsfrei von Vorteil; Sie erhalten diesen, wenn Sie den Knoten KONTINGENTE auswählen (Abbildung 15.39). Automatisch angewendete Kontingente werden übrigens mit einem anderen Symbol angezeigt.

15 Dateisystem und Dateidienste

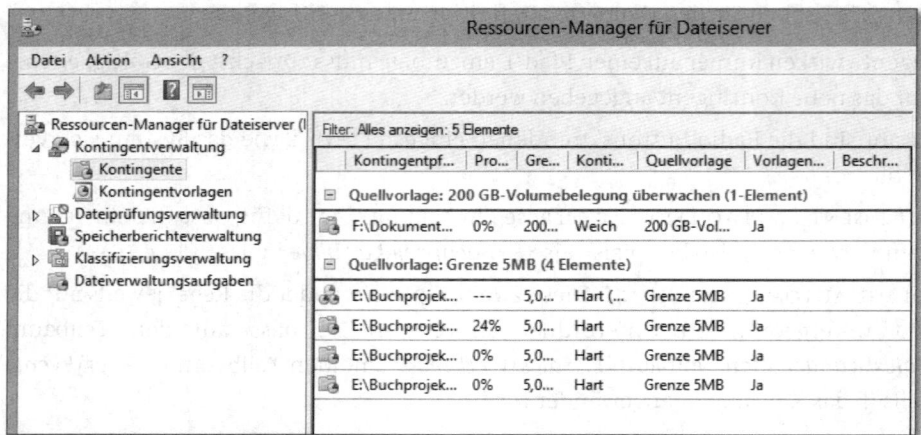

Abbildung 15.39 Die aktiven Kontingente werden angezeigt. Beachten Sie den Unterschied zwischen einem automatisch angewendeten Kontingent (unten) und normalen Kontingenten.

Abbildung 15.40 zeigt eine Situation, in der das Kopieren von Dateien aufgrund eines Kontingents nicht möglich ist. Der Explorer zeigt an, dass kein Platz mehr auf dem Datenträger ist, was ja im Grunde genommen auch nicht ganz unsinnig ist. Trotzdem wäre es schöner, wenn der Benutzer eine klare Fehlermeldung (»Vorgang wegen Kontingentüberschreitung nicht möglich«) erhalten würde – vielleicht geschieht das ja in einer späteren Version.

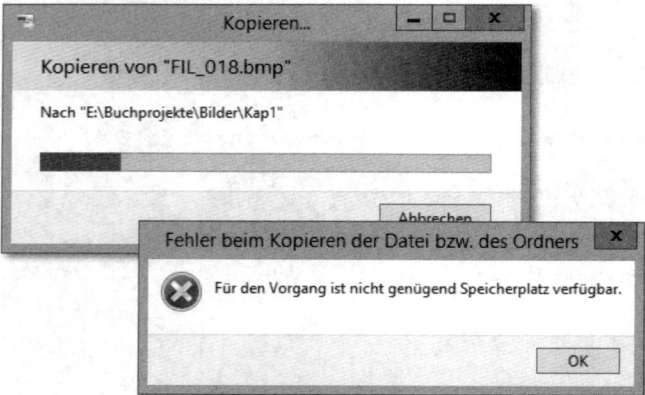

Abbildung 15.40 Wenn die Beschränkung auf ein Kontingent greift, meldet der Explorer, dass kein Platz mehr auf dem Datenträger ist.

Zu dem Thema *Kontingente* gibt es einige kritische Anmerkungen:

- Es ist nicht zu leugnen, dass Plattenplatz Geld kostet. Der Kostentreiber ist übrigens gar nicht die Kapazität an sich, sondern die Erweiterung der Backup- und Restore-Verfahren, um nicht nur 1 TB, sondern 5 TB innerhalb einer Stunde wiederherstellen zu können. Wenn Sie die Benutzer jedoch zu sehr einschränken, sparen Sie zwar Plattenplatz, aber die Benutzer sind eventuell gezwungen, Daten zu löschen, die sie unter »normalen Umständen« besser aufgehoben hätten. Das heißt: Es ist besser, den benötigten Speicherplatz bereitzustellen (ja, ich weiß, das kostet Geld), als zu riskieren, dass relevante Daten gelöscht werden und die Informationen unter Umständen teuer wiederbeschafft werden müssen.

▶ Genauso ungünstig ist es, wenn die Benutzer die Dateien auf die lokale Festplatte kopieren. Erstens wird selbige vermutlich nicht laufend gesichert, weiterhin ist das natürlich eine Katastrophe für alle Ansätze, bei denen mehrere Benutzer Zugriff auf diese Datei haben sollen.

15.3.2 Dateiprüfungsverwaltung (File Screening Management)

Neben der Beschränkung von Platz geht es auch darum, zu verhindern, dass teure Festplattenkapazität von Dateien belegt wird, die keine dienstliche Relevanz haben. So tragen beispielsweise MP3-Dateien im Verzeichnis mit den Buchhaltungsdaten nur wenig zum Unternehmenserfolg bei. Der Ressourcen-Manager für Dateiserver kann für Verzeichnisbäume Dateien mit bestimmten Extensions blockieren. Dazu wird im ersten Schritt eine Liste aller zu blockierenden Extensions benötigt. Im RMDS existieren unterhalb des Knotens DATEIGRUPPEN mehrere Listen, beispielsweise um Audio- und Videodateien oder Bilddateien zu erkennen (Abbildung 15.41).

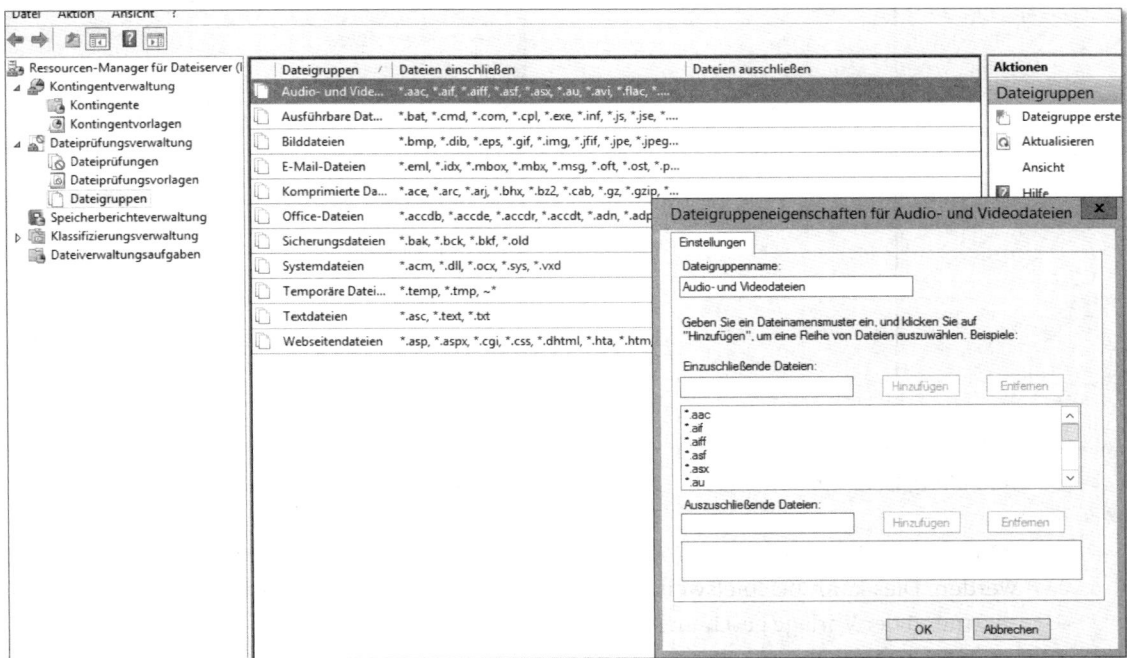

Abbildung 15.41 Eine Dateigruppe ist prinzipiell eine Sammlung von Datei-Extensions.

Bei Bedarf können Sie eigene Dateigruppen anlegen oder bestehende modifizieren.

Abgesehen von den Dateigruppen ist der Aufbau der Dateiprüfungsverwaltung-Konfiguration der Kontingent-Konfiguration sehr ähnlich: Es können Vorlagen definiert werden, die dann auf bestimmte Verzeichnisbäume angewendet werden.

Abbildung 15.42 zeigt die Konfiguration einer Dateiprüfungsvorlage:

- Auf der ersten Karteikarte wird festgelegt, welche Dateigruppen geblockt werden sollen – und damit, welche Dateitypen nicht zulässig sind. Sie können mehrere Dateigruppen in einer Dateiprüfungsvorlage auswählen.
  Damit die unerwünschten Dateien tatsächlich geblockt werden, muss AKTIVES PRÜFEN ausgewählt werden.
- Die weiteren Karteikarten entsprechen weitgehend denjenigen, mit denen die Konfiguration der Kontingentvorlagen durchgeführt wird.

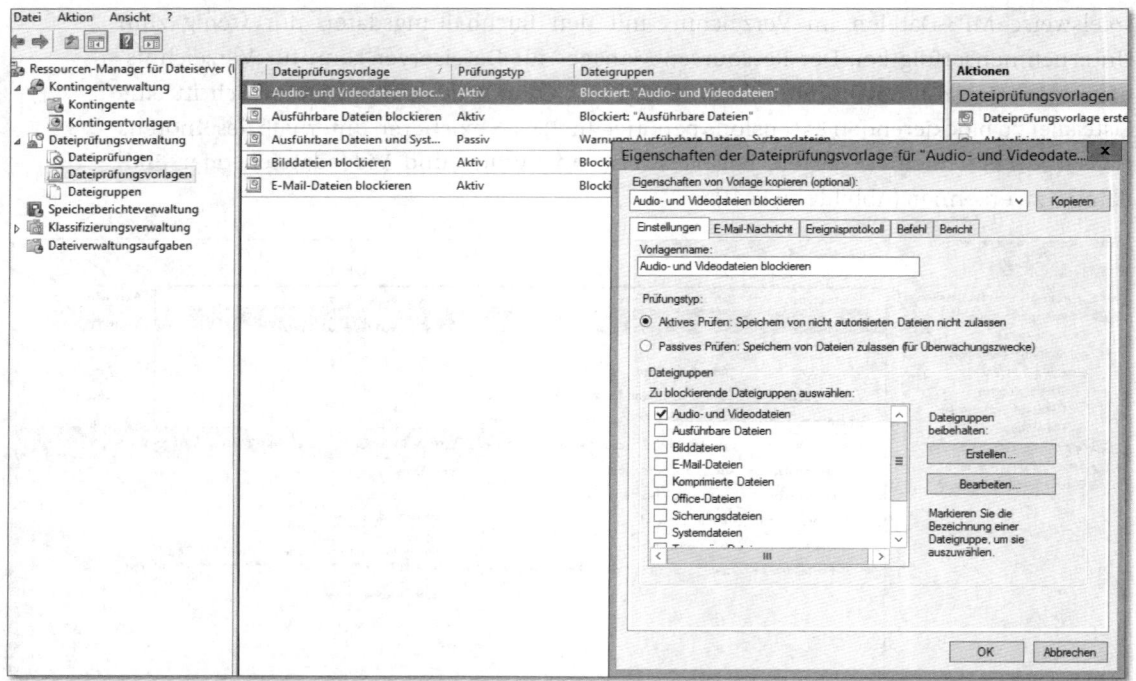

Abbildung 15.42 Eine Dateiprüfungsvorlage blockt eine oder mehrere Dateigruppen.

Wenn die Vorlage erstellt und/oder modifiziert worden ist, kann eine Dateiprüfung erzeugt werden. Dies kann beispielsweise durch den Aufruf der entsprechenden Funktion im Kontextmenü der Vorlage geschehen (Abbildung 15.43).

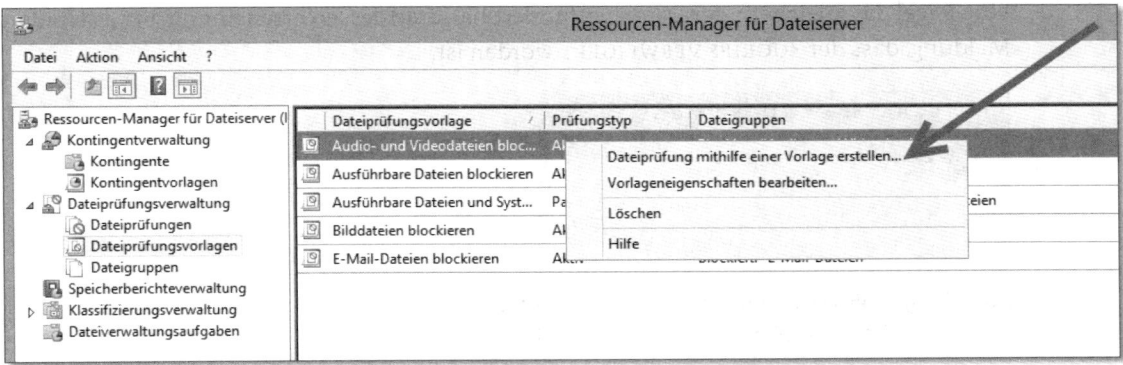

Abbildung 15.43 Eine Dateiprüfung kann aus der Vorlage erzeugt werden.

Eine Dateiprüfung gilt immer für ein Verzeichnis nebst den darunter liegenden Verzeichnissen. Wie Sie in Abbildung 15.44 sehen, können Sie einen Pfad (DATEIPRÜFUNGSPFAD) bestimmen und die anzuwendende Vorlage auswählen. Sie können auf die Vorlage verzichten und die Einstellungen durch einen Klick auf die Schaltfläche BENUTZERDEFINIERTE EIGENSCHAFTEN direkt anlegen. Immer wenn Sie mehr als einen zu schützenden Pfad konfigurieren müssen, sollten Sie mit Vorlagen arbeiten.

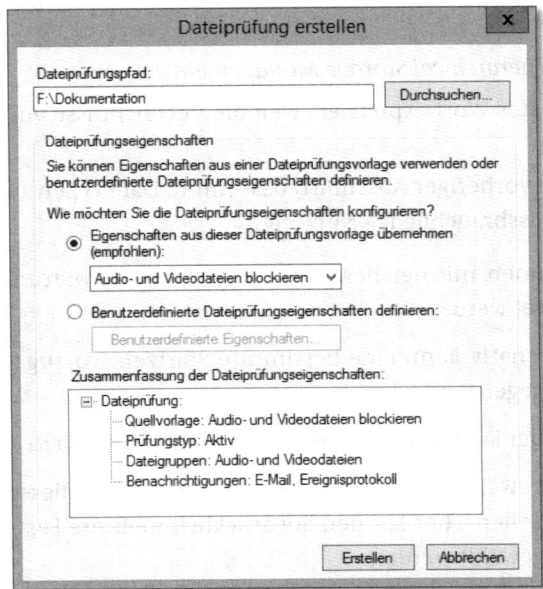

Abbildung 15.44 Konfiguration einer Dateiprüfung

Abbildung 15.45 zeigt die Fehlermeldung, die bei dem Versuch erscheint, eine MP3-Datei in ein »verbotenes« Verzeichnis zu kopieren. Leider steht im Explorer nicht im Klartext, dass eine Regel das Speichern der Daten verhindert hat. Stattdessen erscheint die etwas lapidare Meldung, dass der ZUGRIFF VERWEIGERT worden ist.

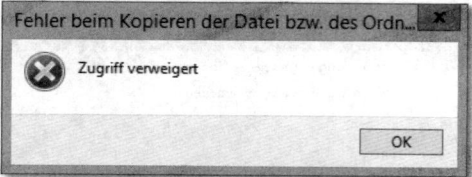

Abbildung 15.45 Diese Fehlermeldung erscheint, wenn eine »verbotene Datei« kopiert werden soll – es geht nicht.

15.3.3 Speicherberichteverwaltung

Für jeden, der einen Dateiserver administriert, stellt sich die Frage, was auf dem Server wirklich der Stand der Dinge ist. Dafür gibt es mehrere Gründe:

- Es ist interessant zu wissen, für welche Daten Sie letztendlich den Server in regelmäßigen Abständen um zusätzliche 100 GB aufrüsten.
- Wie viel Platz wird durch doppelte Daten verschwendet?
- Sind die Daten wirklich alle sicherungswürdig, oder sind 90 % der Daten seit 500 Tagen nicht mehr verwendet worden?
- Lohnt sich eventuell eine HSM-Lösung (*Hierarchical Storage Management*)?
- Müssen Sie mit den Benutzern ein »ernstes Wort« sprechen, weil die Verzeichnisse voll mit MP3-Dateien sind?
- Lohnt es sich, mit Dateiprüfungen (siehe vorheriger Abschnitt) bestimmte Dateitypen zu blocken, oder gibt es so gut wie keine »missbräuchliche« Nutzung?

Diese Fragen (und noch viele weitere) können mit der Berichtsfunktion des *Ressourcen-Managers für Dateiserver* (RMDS) beantwortet werden.

RMDS kann Reports sofort ausführen. Alternativ kann eine bestimmte Startzeit, vorzugsweise nachts, für die Berichtserstellung vorgegeben werden.

Die Konfiguration der Reports beginnt mit der Funktion NEUE BERICHTAUFGABE PLANEN:

- Mit dieser wird zunächst vorgegeben, für welche Volumes oder Verzeichnisse in dieser Berichtaufgabe Berichte erstellt werden sollen. Hier können ausdrücklich mehrere Festplattenlaufwerke oder Verzeichnisse ausgewählt werden.
- Weiterhin können Sie aus der Menge der vorhandenen Berichte auswählen, welche im Rahmen dieser Berichtaufgabe erstellt werden sollen. Dies können im Zweifelsfall alle sein.
- Im unteren Teil des Dialogs können Sie wählen, in welchem Format die Berichte erstellt werden sollen. Wenn Sie mögen, können Sie auch mehrere Ausgabeformate anwählen – es gibt dann eben mehrere Berichte.

15.3 Ressourcen-Manager für Dateiserver (RMDS)

Viele Berichte verfügen über editierbare Parameter. Sie können beispielsweise festlegen, dass der Bericht, der nach großen Dateien sucht, als Kriterium für eine »große Datei« größer 5 MB annimmt (Abbildung 15.47). Es verfügen allerdings nicht alle Dialoge über Konfigurationsmöglichkeiten – teilweise werden diese ohne Parameter aufgerufen.

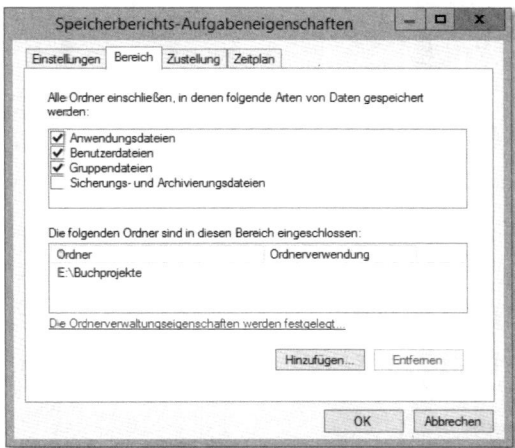

Abbildung 15.46 Das Verzeichnis bzw. Laufwerk, für das ein Report generiert werden soll. Die Report-Daten kommen aus unterschiedlichen Abfragen.

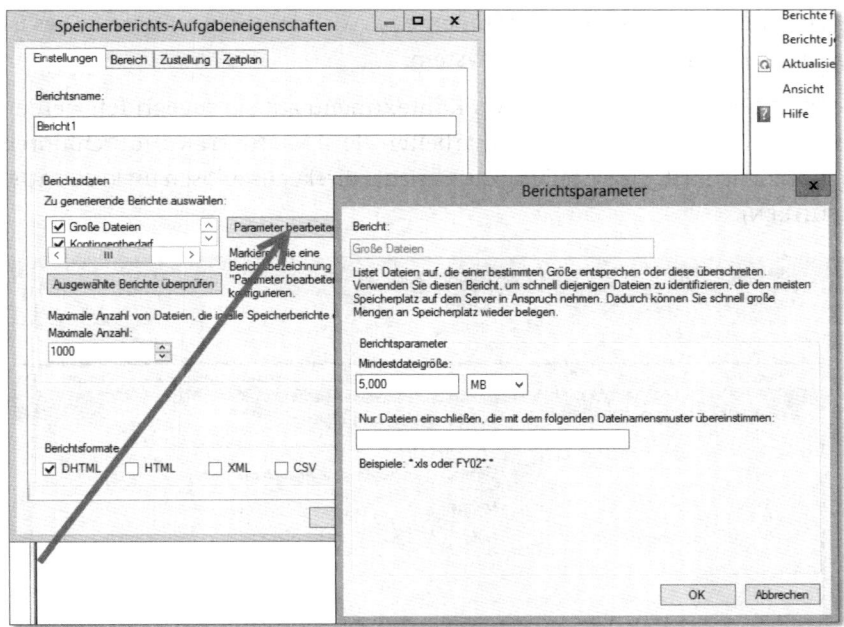

Abbildung 15.47 Unterschiedliche Berichte haben unterschiedliche Parameter. Hier wird der Bericht zur Anzeige großer Dateien konfiguriert.

Neben der Konfigurationsmöglichkeit für die einzelnen Berichte existieren noch weitere Konfigurationsmöglichkeiten für die Berichtsaufgabe, nämlich die Adressaten für die Berichtsdateien (Registerkarte ZUSTELLUNG) und die Uhrzeit, zu der die Berichtserstellung erfolgen kann (Registerkarte ZEITPLAN). Die Konfigurationsdialoge sehen Sie in Abbildung 15.48.

Abbildung 15.48 Die Eigenschaften für die automatische Erstellung der Reports

Die Berichte werden zwar auch im Dateisystem gespeichert, die meisten Administratoren nutzen allerdings die Möglichkeit, sich die Dokumente per Mail schicken zu lassen. Dies ist einfach und erspart das Herumsuchen im Dateisystem.

Wenn eine Berichtaufgabe angelegt ist, kann via Kontextmenü auf sie zugegriffen werden (Abbildung 15.49). Sie können nun Anpassungsarbeiten (EIGENSCHAFTEN...) durchführen und haben auch die Möglichkeit, die Erstellung des Berichts direkt auszulösen (BERICHTAUFGABE JETZT AUSFÜHREN).

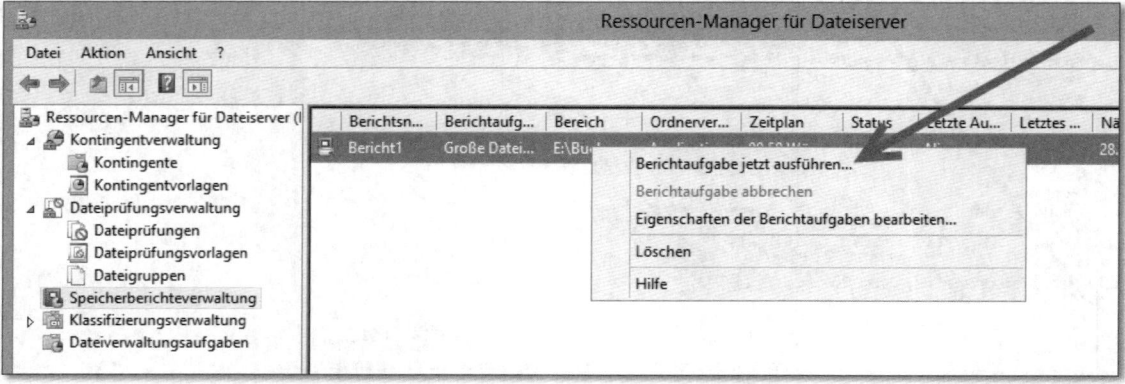

Abbildung 15.49 Das Erstellen eines Berichts kann auch interaktiv ausgelöst werden.

Zum Schluss dieses Abschnitts möchte ich Ihnen noch einen Bericht zeigen, der die Dateibesitzer analysiert hat und nun seine Anlayseergebnisse ausgibt (Abbildung 15.50). Aus so einem Bericht ergibt sich natürlich die Frage, wie dieser »Missstand« aus der Welt geschafft werden kann. Ein Problem mit riesigen Mengen an MP3-Files können Sie beispielsweise durch die Verwendung von Dateiprüfungen angehen. Bei doppelten Dateien ist der Fall komplizierter – wenn Sie durch die Analyse beispielsweise herausfinden, dass 25 % der vorhandenen Gesamtkapazität durch Doubletten verbraucht wird, besteht sicherlich Handlungsbedarf. Die detaillierten Analyseergebnisse helfen Ihnen, diese Maßnahmen sorgfältig zu planen. Wie Ihre Maßnahmen tatsächlich aussehen, hängt von Ihrer konkreten Situation ab.

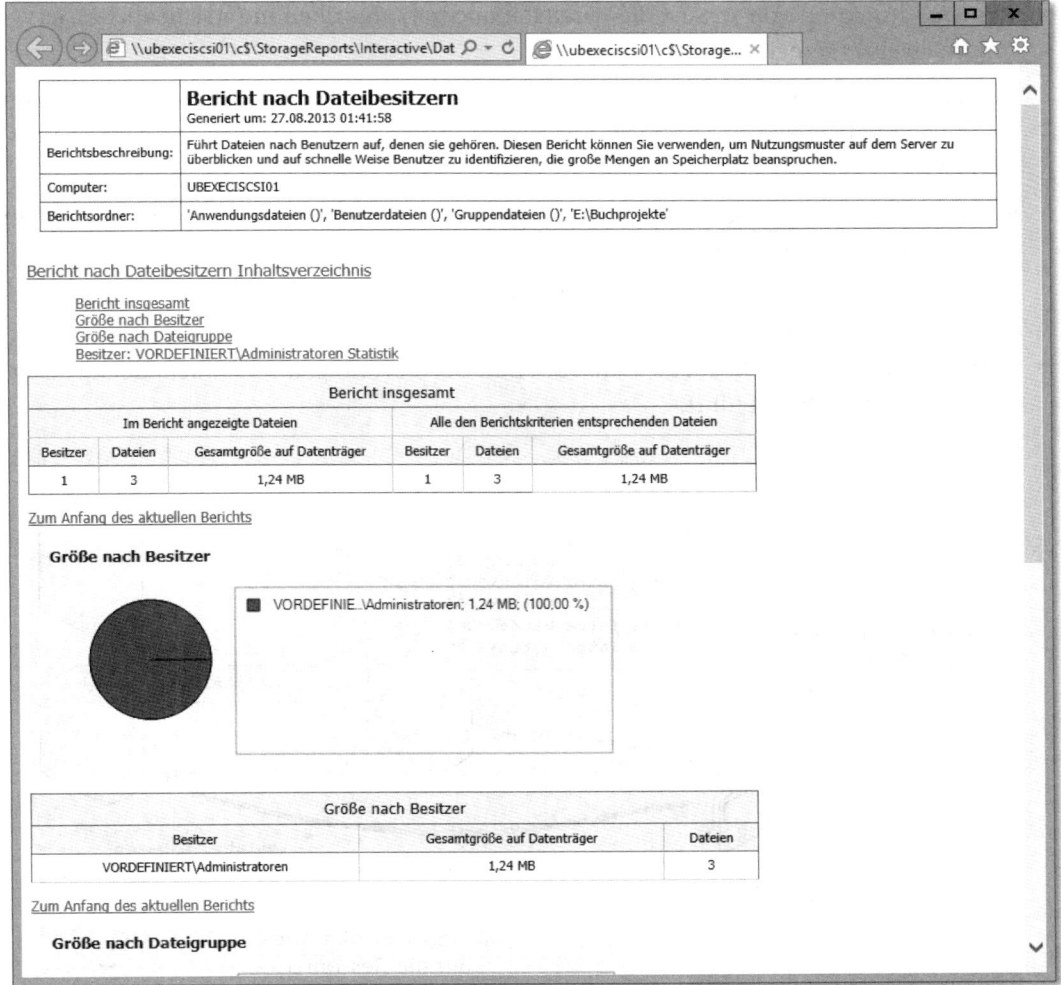

Abbildung 15.50 Der erstellte Bericht zum Thema »Dateibesitzer«

15.4 Verteiltes Dateisystem – Distributed File System (DFS)

Eine sehr interessante Möglichkeit im Windows-Umfeld ist DFS, das verteilte Dateisystem (*Distributed File System*). Viele Administratoren denken beim Stichwort DFS vor allem an »verschiedene Server unter einer Freigabe«, was ja auch durchaus richtig ist. Da DFS aber viel universeller eingesetzt werden kann, wird dieser Abschnitt zunächst einige planerische Aspekte vorstellen und dann die Konfiguration eines Szenarios zeigen.

15.4.1 Grundfunktion

Die Grundfunktion von DFS ist die Bereitstellung von Freigaben unterschiedlicher Server unterhalb einer gemeinsamen Freigabe.

Abbildung 15.51 zeigt ein Beispiel. In diesem Szenario ist jedes Jahr ein neuer Dateiserver aufgesetzt worden – vielleicht kein ganz realistisches Szenario, aber Sie erkennen, wie DFS funktioniert:

- Der Client verbindet sich mit dem DFS-Root. Im Fall eines Domänenstammes ist dies der Name der Domäne und des DFS-Stammes, also \\alpha.intra\Daten.
- In dieser Freigabe sieht man diverse Unterverzeichnisse, die jeweils auf die Freigabe eines Servers verweisen.
- Datenpfade: Der Zugriff auf die Daten des Dateiservers erfolgt direkt – nicht über den Server, der den DFS-Root führt.

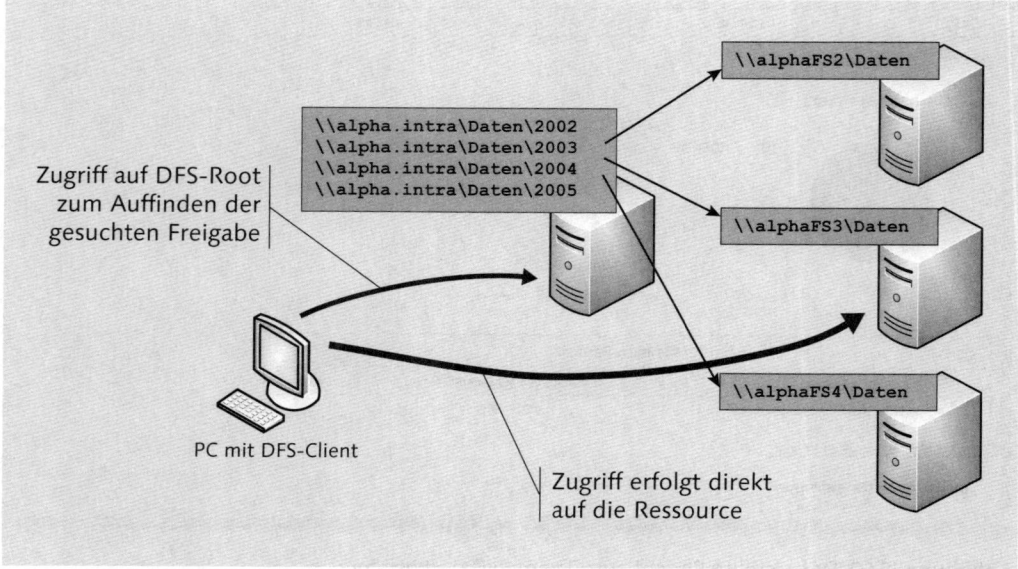

Abbildung 15.51 DFS im Einsatz: Freigaben verschiedener Server werden unterhalb einer DFS-Freigabe gefunden.

Die Freigaben, auf die verwiesen wird, müssen übrigens nicht zwingend Windows-Server sein. Prinzipiell wäre hier auch eine NetWare- oder NFS-Share möglich. Allerdings müssen alle Clients, die zugreifen sollen, das entsprechende Protokoll unterstützen, also beispielsweise über NFS-Client-Software verfügen.

Betriebsmodi

Unter der Voraussetzung, dass ein Active Directory in Ihrer Umgebung vorhanden ist, können Sie einen *Domänenstamm* oder einen *eigenständigen Stamm* erstellen:

- Auf einen DFS-Domänenstamm greifen Sie wie in dem zuvor gezeigten Beispiel zu, also über \\domain.int\stammname.
- Ein »eigenständiger Stamm« ist immer an »seinem« Server aufgehängt. Der Zugriff erfolgt über \\computername\stammname.

Die Verwendung eines Domänenstammes bietet einige Vorteile, insbesondere in Hinblick auf Redundanz und Replikation. Ein paar Zeilen später erfahren Sie mehr über die dahinterstehenden Konzepte.

Voraussetzungen

In Tabelle 15.1 ist aufgetragen, welche Betriebssysteme als DFS-Client, -Root oder -Ziel verwendet werden können. Kurz zu den Begrifflichkeiten:

- *DFS-Client*: Diese Betriebssysteme können als Client auf DFS-Shares zugreifen.
- *DFS-Root*: Ein DFS-Root ist der primäre Anlaufpunkt, wenn ein Client auf eine DFS-Struktur zugreifen möchte.
- *DFS-Ziel*: Diese Server stellen Ressourcen (Freigaben) innerhalb des DFS-Stammes zur Verfügung.

Betriebssystem	DFS-Client	DFS-Root	DFS-Ziel
Windows Server 2008/R2/2012/R2	Ja	Ja	Ja
Windows Vista/7/8/8.1	Ja	Nein	Ja
Windows Server 2003 (Web, Standard, Enterprise, Datacenter)	Ja	Ja	Ja
Windows XP	Ja	Nein	Ja
Windows 2000 Server	Ja	Ja	Ja
Windows 2000 Professional	Ja	Nein	Ja

Tabelle 15.1 Betriebssysteme als DFS-Client, -Root und -Ziel

Betriebssystem	DFS-Client	DFS-Root	DFS-Ziel
Windows NT4 Server	Ja	Ja (kein Domain-Mode)	Ja
Windows NT4 Workstation	Ja	Nein	Ja
Windows 98/Me	Ja (kein Domain-Mode)	Nein	Ja

Tabelle 15.1 Betriebssysteme als DFS-Client, -Root und -Ziel (Forts.)

15.4.2 DFS und DFS-Replikation

> **Vorsicht**
> Die hier gezeigten Möglichkeiten stehen nur zur Verfügung, wenn ein DFS-Domänenstamm verwendet wird.

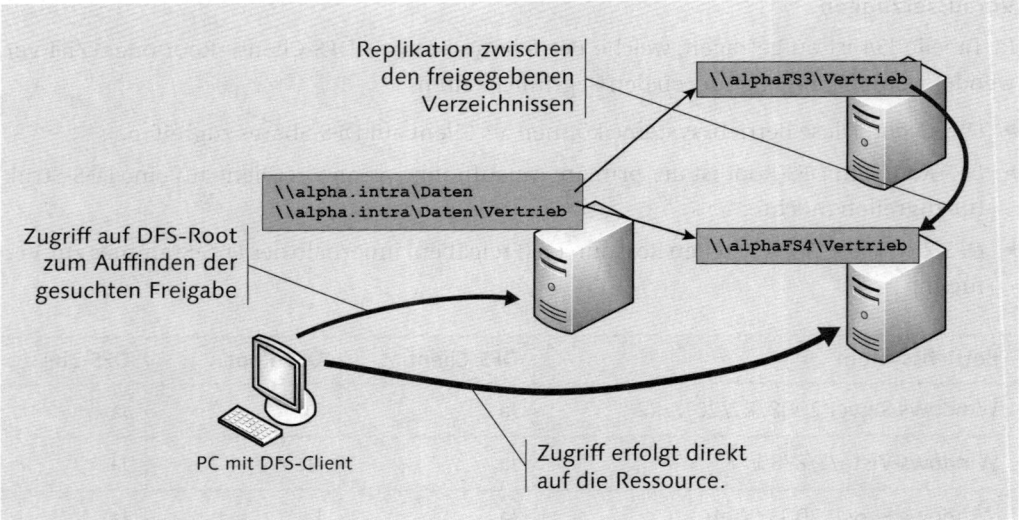

Abbildung 15.52 Eine DFS-Verknüpfung verweist auf mehrere inhaltsgleiche Dateifreigaben.

Einige interessante Nutzungsmöglichkeiten bietet die Kombination aus DFS und der DFS-Replikation. Das Grundprinzip ist simpel (Abbildung 15.52):

- Eine DFS-Verknüpfung verweist nicht nur auf ein Ziel, sondern auf mehrere Ziele, die auf verschiedenen Servern zu finden sind; es wird also auf mehrere Freigaben verwiesen.
- Durch geeignete Maßnahmen werden die Freigaben synchron gehalten.

> **Neuerung**
>
> In diesem Zusammenhang ist übrigens von einer weiteren Windows Server 2008-Neuerung zu berichten: In den früheren Versionen wurde der *File Replication Service* (FRS) zur Synchronisation der DFS-Daten verwendet. Wenn zwei Windows Server 2008/2012-Systeme miteinander replizieren, wird die DRS-Replikation verwendet, die unter anderem die Replikation großer Daten auf Blocklevel-Ebene ermöglicht.

15.4.3 Ausfallsicherheit

Generell ist in einer IT-Umgebung die Ausfallsicherheit eines der wichtigsten Merkmale. Klassischerweise verwendet man einen Cluster, um die Verfügbarkeit von Fileservern zu erhöhen. Das *Distributed File System* (DFS) kann durchaus eine Alternative sein, denn auch hiermit lassen sich redundante Umgebungen aufbauen.

Wenn Sie die vorherigen Abschnitte gelesen haben, wird Ihnen klar sein, dass DFS an zwei Stellen empfindlich bzw. gefährdet ist:

- am DFS-Root, also an der »Anlaufstelle« der Clients, an denen überhaupt die über DFS bereitgestellten Ziele dargestellt werden
- an den DFS-Zielen (d. h. den Freigaben auf den Servern) selbst

Damit Sie die Architektur von domänenbasiertem DFS besser verstehen können, habe ich die bisherigen Zeichnungen ein wenig erweitert (Abbildung 15.53) und beschreibe nochmals den Zugriff des Clients:

- Der Client ermittelt durch eine Active Directory-Anfrage den nächstgelegenen DFS Root-Server. Ist ein DFS Root-Server nicht verfügbar, suchen die Clients einen weiteren.
- DFS leitet die Clients nun zu den DFS-Zielen (Targets), also den Servern mit den entsprechenden Freigaben. Wenn ein solcher Server ausfällt, leitet DFS die Clients zu einem Server, dessen Freigabe als DFS-Target für dieselbe DFS-Verknüpfung konfiguriert ist.

Die Voraussetzungen für eine redundante Dateiserver-Umgebung mit DFS sind:

- Verwendung eines DFS-Domänenstamms
- Redundante Active Directory-Domänencontroller: Steht kein Active Directory zur Verfügung, finden die Clients *gar nichts*!
- Redundante DFS-Roots: Dies kann im DFS-Snap-In konfiguriert werden (die DFS-Roots könnten beispielsweise von den Domänencontrollern bereitgestellt werden). Wichtig: Roots für domänenbasiertes DFS können nicht auf Clustern liegen!

▶ **Redundante DFS-Ziele:** Für jede DFS-Verknüpfung müssen mindestens zwei Ziele (also Dateiserver mit entsprechenden Freigaben) eingerichtet werden, die optimalerweise durch DFS-Replikation synchron gehalten werden.

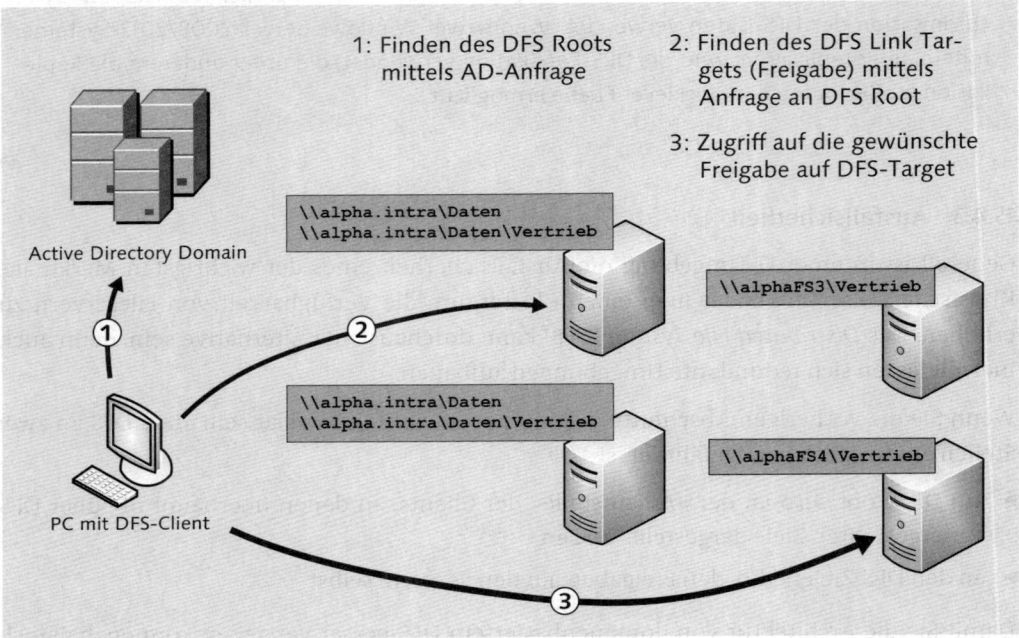

Abbildung 15.53 Zugriff auf einen domänenbasierten DFS-Stamm

Bei der Bewertung der Verfügbarkeit während eines schweren Störfalls schneidet diese Umgebung übrigens recht gut ab, da die Daten tatsächlich redundant vorhanden sind. Wichtig ist natürlich, dass die replizierten DFS-Ziele (Server mit Freigaben) in Räumen stehen, die zu verschiedenen Brandabschnitten gehören. Ebendies gilt natürlich auch für Domänencontroller und DFS-Roots.

15.4.4 Verteilen von Daten – standortübergreifendes DFS

In einer Organisation, die über mehrere Standorte verteilt ist, könnte es Datenbereiche geben, auf die alle Benutzer zugreifen müssen: beispielsweise auf Formulare aller Art, auf Produktdokumentationen, Richtlinien etc.

Da es nun recht unschön wäre, wenn die Benutzer in den Außenstandorten jeweils über WAN-Strecken auf die Zentrale zugreifen müssten, könnte man mit DFS und DFS-Replikation die Daten auf Server an den jeweiligen Standorten bringen.

In Abbildung 15.54 ist eine entsprechende Landschaft gezeigt: Jeder Standort verfügt über einen Domänencontroller, einen DFS-Root und einen Dateiserver als DFS-Ziel.

15.4 Verteiltes Dateisystem – Distributed File System (DFS)

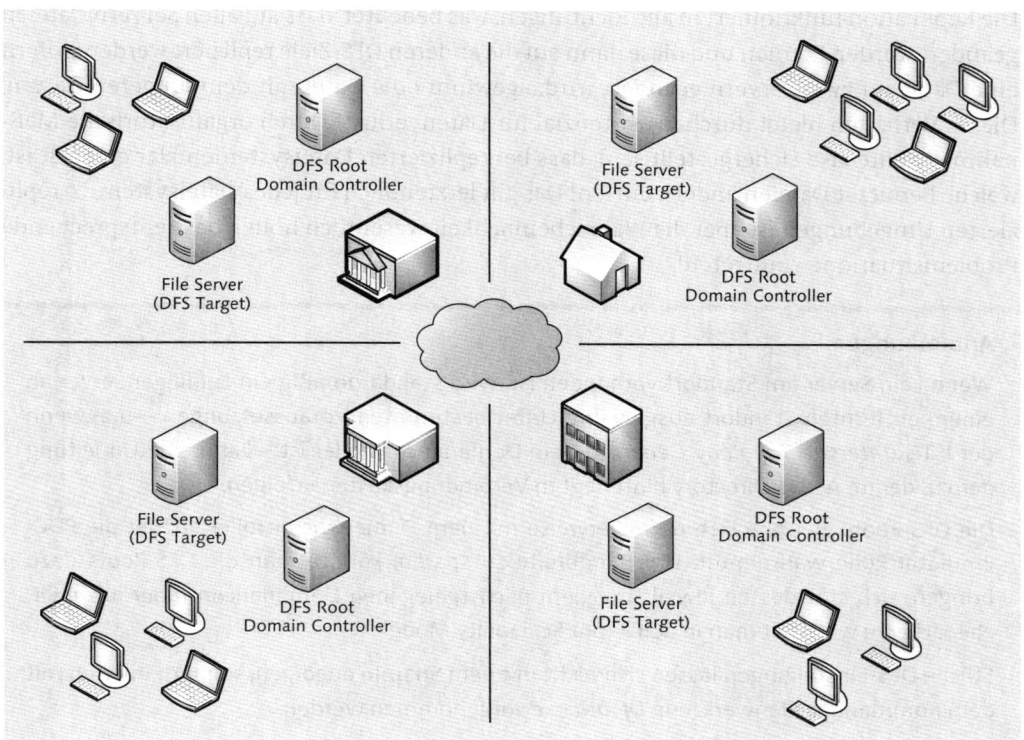

Abbildung 15.54 Verteilte Umgebung mit jeweils einem DFS-Root und DFS-Ziel (DFS Target) an den Standorten

Die DFS-Ziele, die unterhalb einer DFS-Verknüpfung definiert sind, werden über die DFS-Replikation synchron gehalten. Anmerkung: Es ist sehr wichtig, dass Sie im Vorfeld genau den zu erwartenden Verkehr (d.h. das Volumen der Änderungen) analysieren, damit Sie die WAN-Strecken nicht zu stark belasten.

Unter der Voraussetzung, dass jeder Standort als separater Active Directory-Standort (Site) definiert ist, gelten folgende Aussagen:

- Der Benutzer wird jeweils zu dem DFS-Root an seinem Standort geführt.
- Der Benutzer wird jeweils zu dem DFS-Ziel (Freigabe auf Fileserver) an seinem Standort geführt.
- Falls DFS-Root oder DFS-Ziel ausfallen, gibt es zwei Möglichkeiten:
  - Sofern ein weiterer Server am Standort vorhanden ist, wird der Benutzer auf diesen geleitet.
  - Ist kein weiterer Server am Standort, wird der Benutzer zu einem Server an einem entfernten Standort geführt.

Die Replikation funktioniert in alle Richtungen, was bedeutet, dass auf allen Servern Dateien geändert werden können und diese dann auf die anderen DFS-Ziele repliziert werden. Sofern eine Datei auf zwei Servern geändert wird, »gewinnt« die Datei mit dem jüngeren Datum. Dieses Verhalten bietet durchaus Potenzial für Datenverlust! Durch organisatorische Maßnahmen sollte also sichergestellt sein, dass bei replizierten Dateisystemen klar geregelt ist, welche Benutzer Dateien ändern dürfen! Das gilt letztendlich für jedes Dateisystem. In replizierten Umgebungen ist aber die Wahrscheinlichkeit wesentlich höher, dass entsprechende Problemsituationen auftreten!

> **Anmerkungen**
>
> Wenn kein Server am Standort vorhanden ist, wird standardmäßig ein zufälliger Server an einem entfernten Standort ausgewählt. Unter bestimmten Voraussetzungen – u.a. wenn der ISTG (*Intersite Topology Generator*) ein Domänencontroller ist – kann eine Umleitung gemäß der im Active Directory hinterlegten Verbindungskosten erfolgen.
>
> Die DFS-Roots gleichen sich normalerweise mit dem Domänencontroller ab, der die PDC-Emulator-Rolle wahrnimmt. Um Bandbreite zu sparen, könnte man die DFS-Roots dazu bringen, sich stattdessen jeweils mit dem nächstgelegenen Domänencontroller abzugleichen. Hierzu wechselt man in den »Root Scalability Mode«.
>
> Etliche DFS-Einstellungen lassen sich nicht mit dem Snap-In erledigen, sondern müssen mit dem Kommandozeilenwerkzeug *Dfsutil.exe* vorgenommen werden.

15.4.5 Sicherung von Daten

Quasi ein »Abfallprodukt« der zuvor geschilderten Vorgehensweise der standortübergreifenden Verwendung von DFS ist die Möglichkeit, die Daten der Außenstellen auf Dateiserver in der Zentrale zu replizieren und dort zu sichern. Der Vorteil hierbei wäre, dass Sie auf eine Bandsicherung der Produktivdaten in den Außenstellen verzichten könnten – zumindest, was die Dateifreigaben betrifft!

Die Vorgehensweise ist einfach:

- Richten Sie einen *Domänen*-DFS-Stamm ein. In den Standorten sollte jeweils ein DFS-Root vorhanden sein.
- Legen Sie für die Dateifreigaben der Standorte jeweils Verknüpfungen im DFS-Stamm an.
- Legen Sie die Dateifreigabe des Standorts und eine Dateifreigabe in der Zentrale als DFS-Ziel an, und richten Sie die Replikation mittels DFS-Replikation ein.
- Sichern Sie die Dateifreigabe in der Zentrale im Rahmen der »normalen« Datensicherung der Zentrale.

Bei diesem Konzept gibt es einige Dinge zu beachten:

- Auch wenn Sie die Produktivdateien nicht in der Außenstelle sichern müssen, müssen Sie dennoch ein Wiederherstellungskonzept für die Server vorhalten.
- Datenbanken (z.B. Exchange, SQL) lassen sich über die DFS-Replikation nicht sichern. Diese sind schließlich stets offen und werden deswegen nicht von der Replikation erfasst. Sie könnten natürlich die Datenbanken nachts in das Dateisystem sichern. Wenn diese Datenbanken allerdings »groß« sind, werden eventuell mehrere Hundert Megabyte über eine schmalbandige WAN-Strecke geschoben – das ist nicht so glücklich. Ansonsten gilt: Planen Sie ein Wiederherstellungskonzept, und testen Sie es!
- Sollte der Dateiserver oder der DFS-Root ausfallen, werden die Clients automatisch auf die entsprechenden Server in der Zentrale zugreifen. Ein »Mini-Störfallkonzept« ist also bereits integriert.

15.4.6 DFS installieren

Die eigentliche Installation von DFS ist unkompliziert. Letztendlich müssen Sie lediglich die Rollendienste des verteilten Dateisystems installieren (Abbildung 15.55).

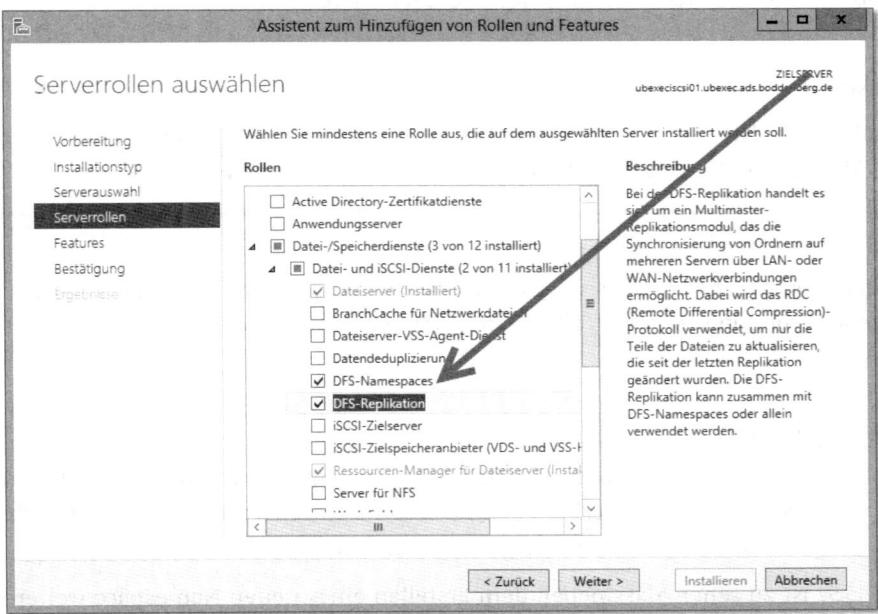

Abbildung 15.55 Fügen Sie diese Rollendienste hinzu, um DFS zu verwenden.

Alle weiteren Einstellungen werden mit dem Verwaltungswerkzeug aus Abbildung 15.56 durchgeführt. Im Gegensatz zur Situation bei Server 2008/R2 erledigt der Installationsassistent unter Server 2012/R2 *keine* grundlegenden Konfigurationsarbeiten.

15 Dateisystem und Dateidienste

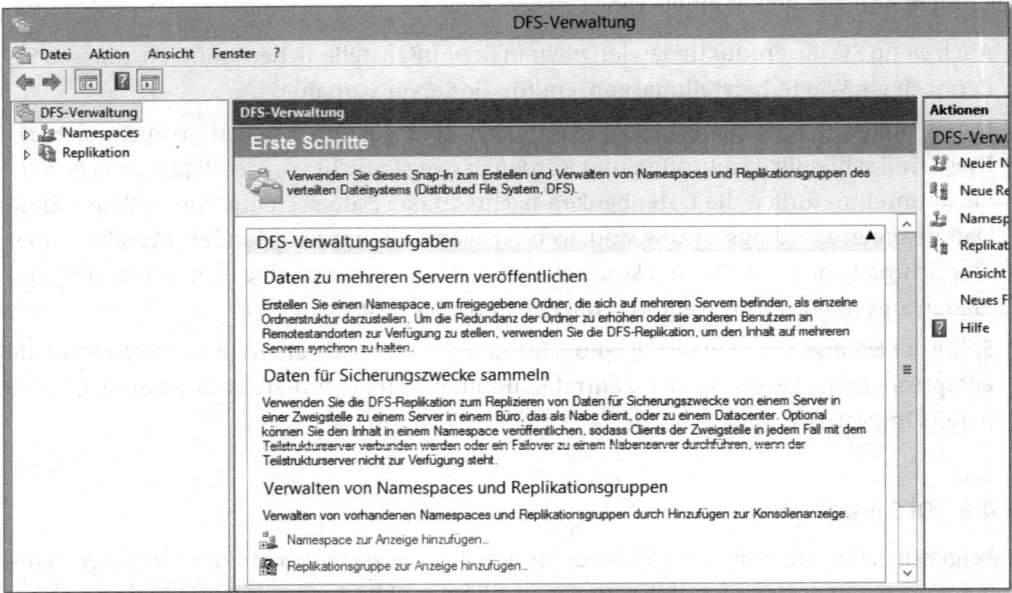

Abbildung 15.56 Die Administration erfolgt später im DFS-Verwaltungs-Snap-In.

15.4.7 Basiskonfiguration

Die Konfiguration von DFS ist nicht schwierig. Die Arbeiten werden mit einem Snap-In für die Microsoft Management Console vorgenommen.

> **Alternative**
>
> An dieser Stelle sei darauf hingewiesen, dass die DFS-Einstellungen auch mit den Verwaltungswerkzeugen für Windows Vista /7/8/8.1 vorgenommen werden können.

Namespace konfigurieren

Die Konfigurationsarbeiten im DFS-Verwaltungs-Werkzeug beginnen mit dem Hinzufügen eines Namespace. Wie bereits zuvor beschrieben, ist dieser Namespace der virtuelle Bereich, unter dem alle unter DFS bereitgestellten Freigaben zu finden sind.

In Abbildung 15.57 ist zu sehen, dass neben dem Erstellen eines neuen Namespace weitere Funktionen zur Verfügung stehen, nämlich das Hinzufügen eines bestehenden Namespace oder die Delegierung von Verwaltungsberechtigungen.

Im ersten Dialog des Assistenten müssen Sie einen Server auswählen, der der Namespaceserver werden soll. Dieser stellt sozusagen die Wurzel der Freigabe bereit, unterhalb der dann die Freigaben der übrigen Server eingehängt werden. Dieser Server muss drei Voraussetzungen erfüllen:

- Er muss mit einem Serverbetriebssystem laufen, beispielsweise Windows Server 2012, 2008; alternativ sind Windows 2000 Server und Windows Server 2003 möglich, natürlich auch die Clients XP/Vista/7/8/8.1. Freigaben von Clientbetriebssystemen (Vista/7/8/8.1, XP etc.) können zwar integriert werden, ein Rechner mit einem Clientbetriebssystem kann allerdings nicht Namespaceserver werden.

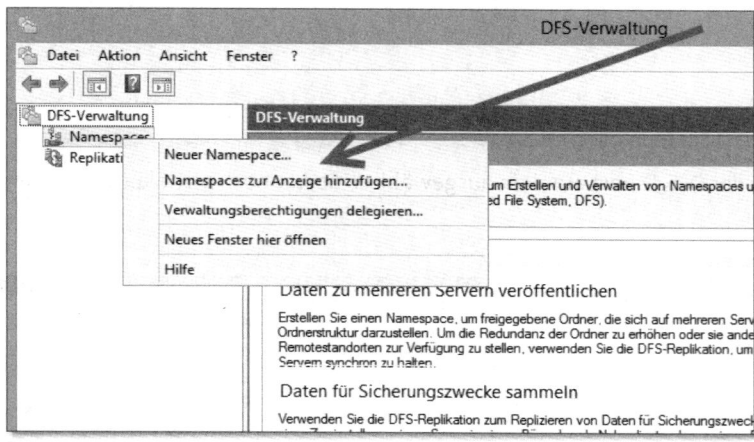

Abbildung 15.57 Die DFS-Konfiguration beginnt mit dem Erstellen eines neuen Namespace.

- Die DFS-Funktionalität muss auf dem Server installiert werden. Sie findet sich in der Rolle *Dateiserver*.
- Der DFS-Dienst muss ausgeführt werden. Das Starten des Diensts kann vom Assistenten erledigt werden (Abbildung 15.58).

Wenn der Namespaceserver ausgewählt und betriebsbereit ist (d.h., der DFS-Dienst läuft), wird der Name des DFS-Namespace angegeben. Unter diesem sind alle untergeordneten Freigaben zu erreichen.

Für die Wurzel der Freigabe (also z.B. *\\ubexec.ads.boddenberg.de\projekte*) muss ein freigegebener Ordner existieren, auf den im Normalfall alle Benutzer nur Leseberechtigung haben sollten (Abbildung 15.59). Schließlich sollen die Daten in den untergeordneten Freigaben gespeichert werden und nicht im Wurzelverzeichnis. Trotzdem muss dieses existieren. Standardmäßig wird auf dem Namespaceserver unterhalb von *c:\DFSRoots* ein Verzeichnis mit dem Namen des DFS-Namespace angelegt und freigegeben. Wie in Abbildung 15.59 zu sehen ist, können Sie den Speicherort und die Rechte, mit denen er freigegeben wird, anpassen. Im Normalfall sollte dies aber nicht notwendig sein. Um es nochmals zu betonen: In diesem Verzeichnis sollen keinerlei Daten gespeichert werden, es ist »einfach nur da«.

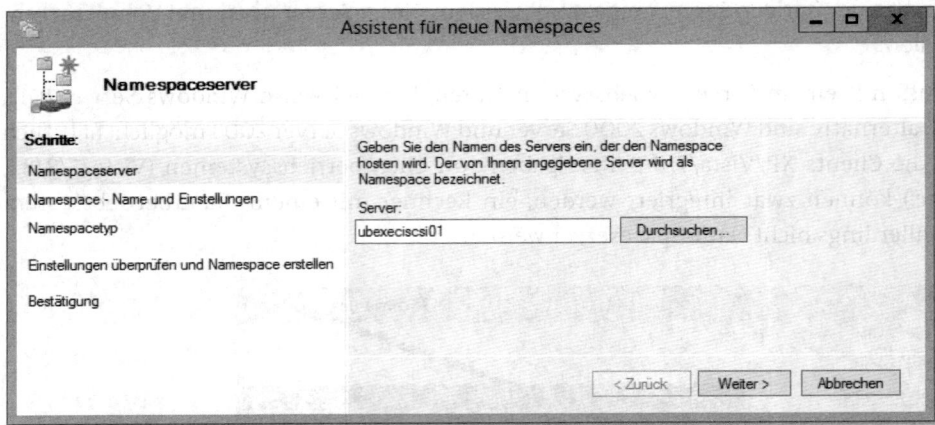

Abbildung 15.58 Wenn der DFS-Dienst auf dem ausgewählten Server noch nicht läuft, kann der Assistent ihn starten.

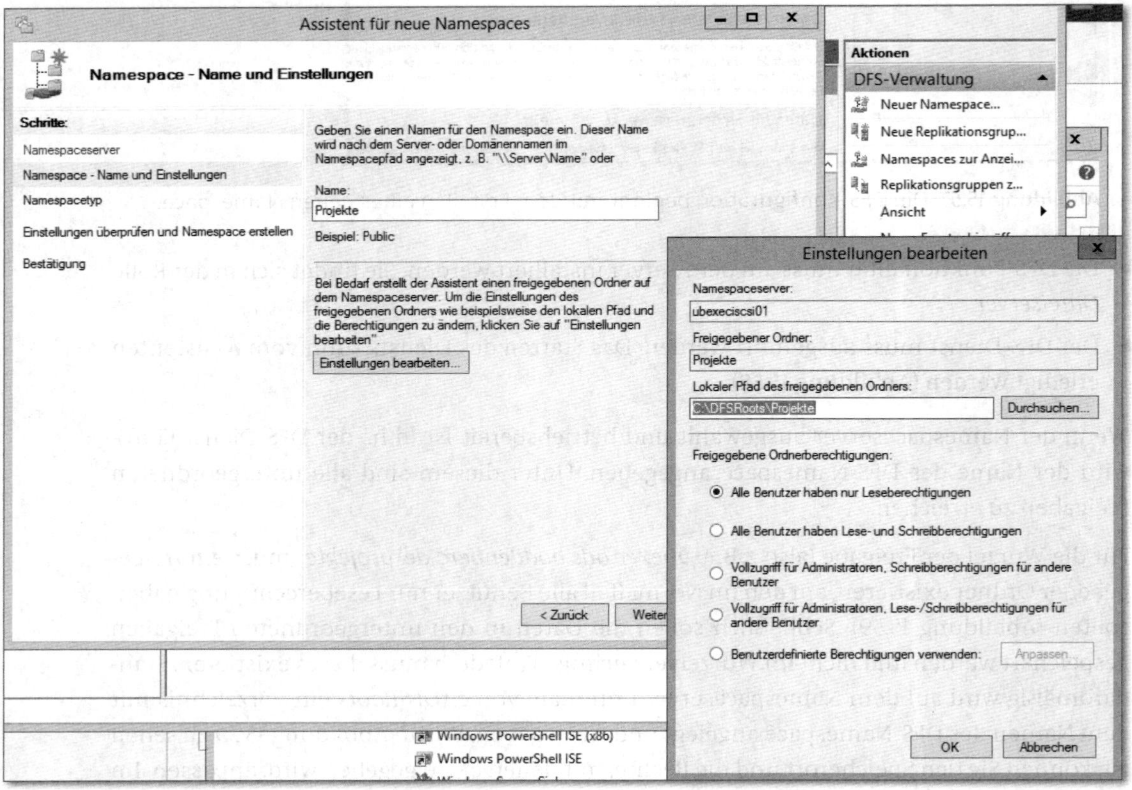

Abbildung 15.59 Der Name des DFS-Namespace und einige Einstellungen für den obersten Ordner werden mit diesem Dialog festgelegt.

Der nächste Konfigurationsschritt ist das Festlegen des Typs des Namespace. Zur Auswahl stehen (Abbildung 15.60):

▶ DOMÄNENBASIERTER NAMESPACE: Der Vorteil dieses Typs ist, dass ein solcher DFS-Namespace nicht an einen bestimmten Server gebunden ist und somit relativ einfach redundant ausgelegt werden kann.

▶ EIGENSTÄNDIGER NAMESPACE: Dieser Typ ist fest einem Server zugeordnet, kann also auch verwendet werden, wenn ein Active Directory nicht zur Verfügung steht. Um einen solchen DFS-Namespace redundant auszulegen, müsste der Server geclustert werden.

Hinweis

Abbildung 15.60 zeigt, dass es eine Möglichkeit gibt, einen WINDOWS SERVER 2008ER-MODUS zu aktivieren. Der Screenshot stammt von einem 2012R2 – trotzdem ist es der 2008er-Modus, denn eine spezielle 2012er-Erweiterung gibt es nicht.

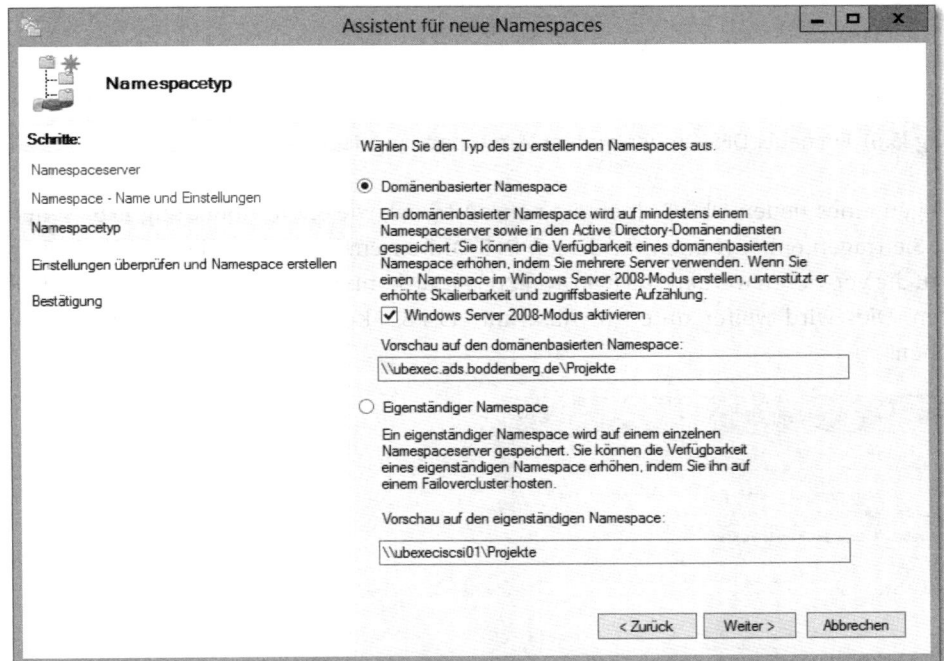

Abbildung 15.60 Hier legen Sie fest, ob Sie einen domänenbasierten oder einen eigenständigen Namespace anlegen möchten.

Im Allgemeinen wird man einen domänenbasierten Namespace wählen, sodass der DFS-Stamm *Projekte* über \\ubinf.intra\Vertrieb aufgerufen wird.

Ordner anlegen

Nachdem der DFS-Namespace angelegt ist, müssen Sie Ordner anlegen. Ein DFS-Ordner ist, wie bereits zu Beginn dieses Abschnitts beschrieben wurde, eine Dateifreigabe eines anderen Servers. Um einen NEUEN ORDNER anzulegen, rufen Sie im Kontextmenü des Namespace die entsprechende Funktion auf (Abbildung 15.61).

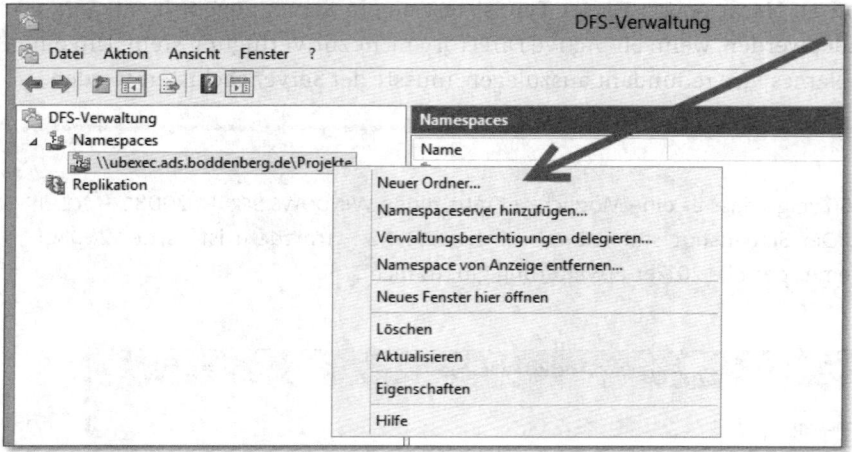

Abbildung 15.61 Ein neuer DFS-Ordner wird im Namespace angelegt.

Das Anlegen eines neuen DFS-Ordners ist nahezu trivial, wie Sie in Abbildung 15.62 sehen können. Sie tragen einen Namen für diesen DFS-Ordner ein und fügen die Dateifreigaben hinzu, auf die verwiesen werden soll (ORDNERZIELE). Sie können auf mehrere Dateifreigaben verweisen. Dies wird weiter unten in Abschnitt 15.4.8, »Konfiguration der Replikation«, besprochen.

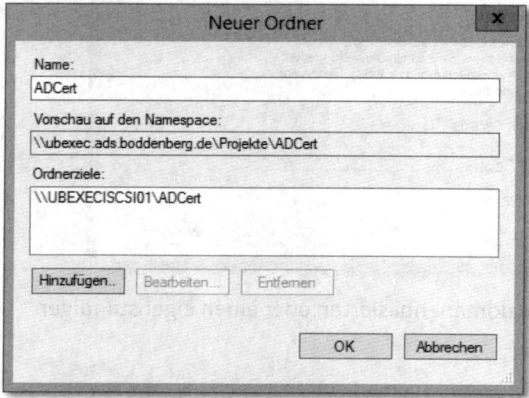

Abbildung 15.62 Das Anlegen eines neuen DFS-Ordners

An dieser Stelle möchte ich nochmals deutlich betonen, dass die DFS-Clients direkt auf die Ziel-Dateifreigabe geleitet werden: Der eigentliche »Nutzdatenstrom« läuft nicht über den Namespaceserver oder eine andere DFS-Komponente. Prinzipiell kann in einem DFS-Ordner auch auf eine NFS-Share (oder Netware-Share etc.) verwiesen werden. In diesem Fall benötigt der zugreifende Client eine geeignete NFS-Clientsoftware. DFS übernimmt keine »Übersetzungsarbeit«.

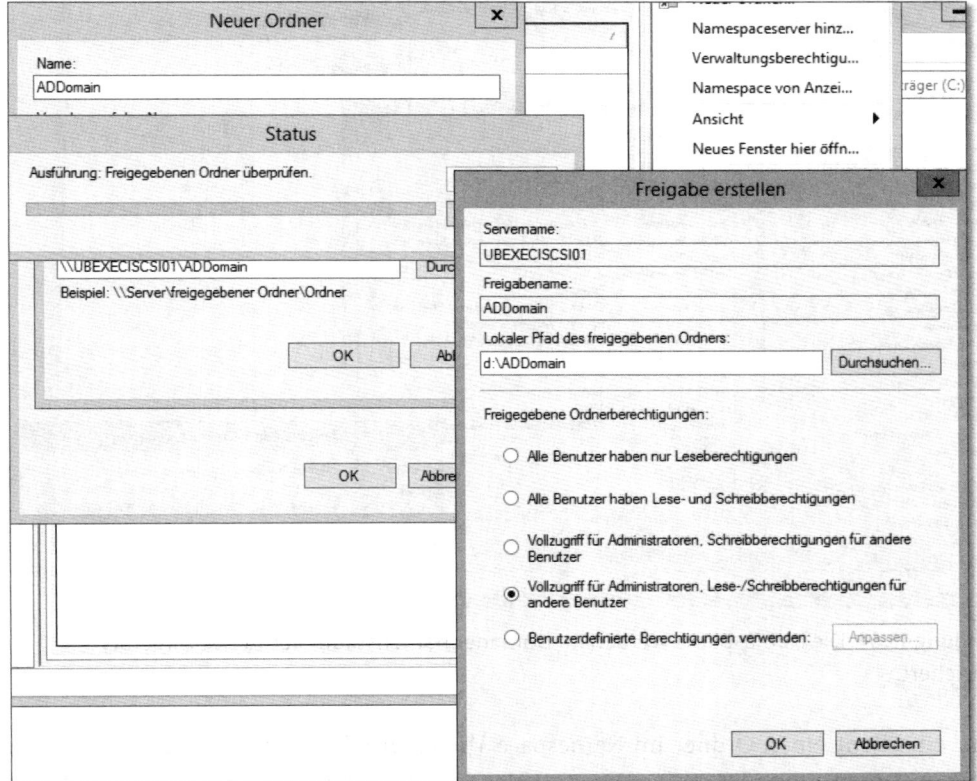

Abbildung 15.63 Ist der freigegebene Ordner auf dem Zielserver nicht vorhanden, bietet der Assistent direkt die Erstellung der Freigabe an.

DFS im Active Directory

In dem zuvor gezeigten Beispiel ist ein domänenbasierter Namespace angelegt worden. Somit dürfte ein Blick hinter die Kulissen nicht uninteressant sein, um die »Mechanismen« ein wenig genauer zu verstehen. »Mechanismen« bedeutet in diesem Fall, dass das Active Directory Ziel der Betrachtung wird. Um dem AD einige Interna zu entlocken, kommt wie immer ADSI-Editor zum Einsatz.

Die domänenbasierten Namespaces finden sich im Domänennamensraum im Container SYSTEM und dort unterhalb von DFS-CONFIGURATION. In Abbildung 15.64 ist dies zu sehen: Dort sind die Eigenschaften des Namespace PROJEKTE angezeigt.

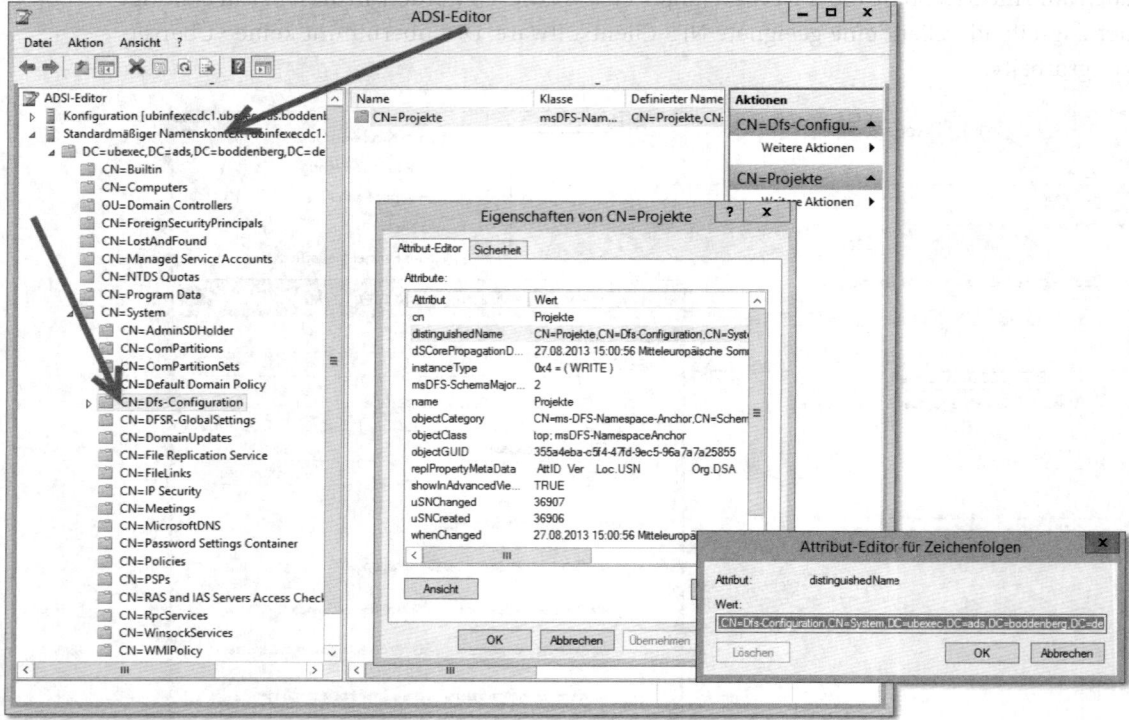

Abbildung 15.64 Die Namespaces werden im Domänennamensraum des Active Directory gespeichert.

Wenn ein Client einen Ordner im Namespace *ubinf.intra**Projekte* aufruft, wird in dem Domänennamensraum des Active Directory der entsprechende Eintrag gesucht – und werden die weiteren Schritte unternommen. Die Liste der Dateifreigaben finden Sie übrigens im Attribut REMOTESERVERNAME.

DFS-Informationen sind des Weiteren unterhalb von DFSR-GLOBALSETTINGS zu finden. Hier finden sich die Informationen zur Replikation zwischen den Fileshares eines Ordners.

Zugriff!

Nun werde ich Ihnen vorführen, wie ein Client auf einen DFS-Namespace zugreift. In diesem Beispiel wird auf einen domänenbasierten Namespace zugegriffen, der zwei DFS-Ordner enthält (Abbildung 15.65; in der Abbildung ist übrigens noch zu sehen, dass pro Ordner ein recht umfangreiches Kontextmenü vorhanden ist).

15.4 Verteiltes Dateisystem – Distributed File System (DFS)

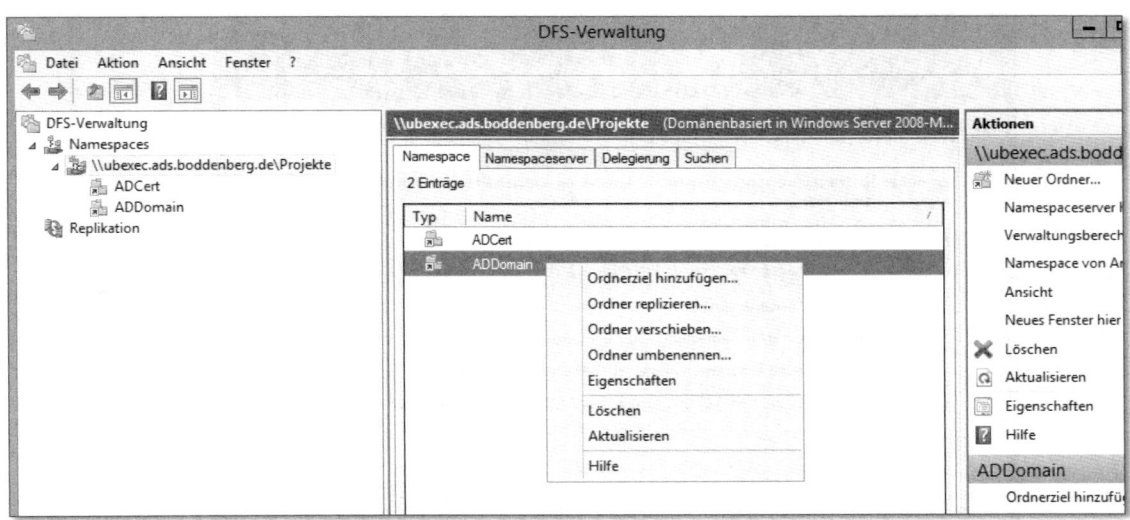

Abbildung 15.65 Der DFS-Namespace, auf den in diesem Beispiel zugegriffen wird, enthält zwei Ordner.

Um auf einen DFS-Namespace zuzugreifen, beginnen Sie mit dem Zuordnen eines Netzlaufwerks. Streng genommen wäre dieser Schritt nicht notwendig, ein zugeordnetes Netzlaufwerk ist für Benutzer allerdings einfacher zu handhaben als »nur« ein in der Netzwerkumgebung vorhandener Verweis auf einen Netzwerkspeicherort. Das in Abbildung 15.66 gezeigte Windows 8.1 verfügt über einen integrierten DFS-Client, der einen »nahtlosen« Zugriff auf einen DFS-Namespace ermöglicht. Das heißt, der Benutzer bemerkt keinen Unterschied zwischen Ressourcen, die via DFS bereitgestellt wurden, und solchen, die »konventionell« bereitgestellt wurden.

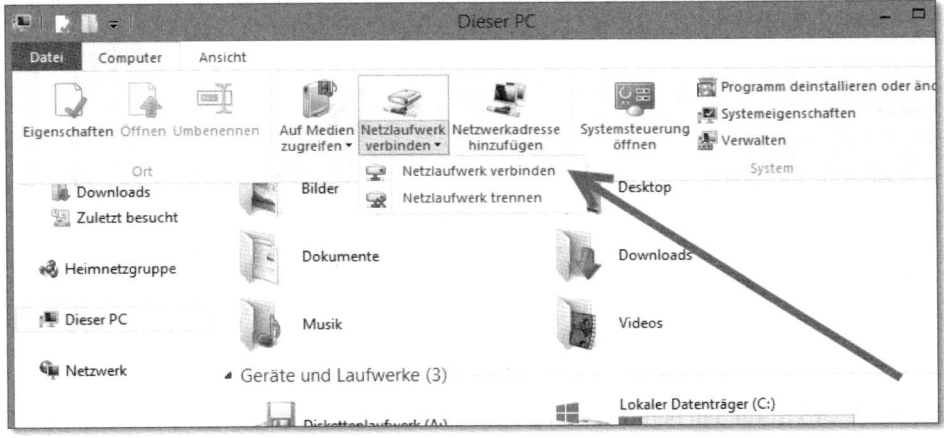

Abbildung 15.66 Der erste Schritt für den Zugriff auf einen DFS-Namespace ist das Zuordnen des Netzlaufwerks (hier unter Windows 8.1).

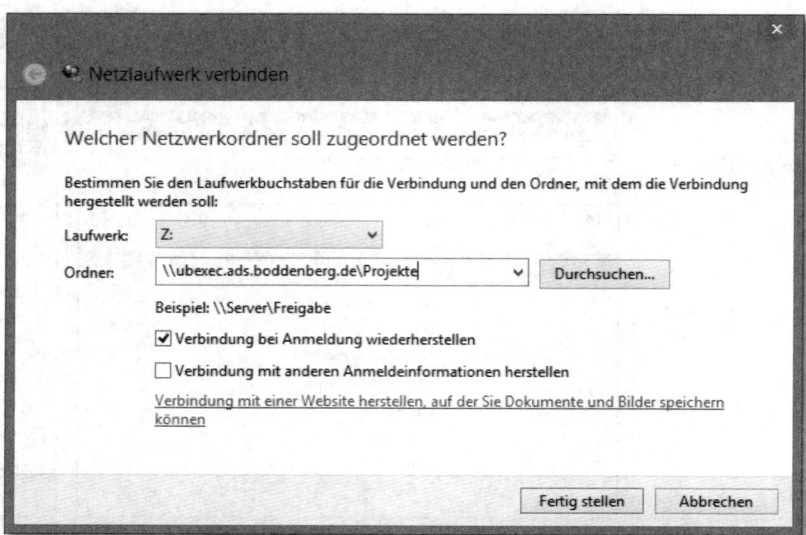

Abbildung 15.67 Beim Zuordnen eines Netzwerkordners gibt es keinerlei Unterschied zwischen einer »normalen« Fileshare und einer DFS-Ressource.

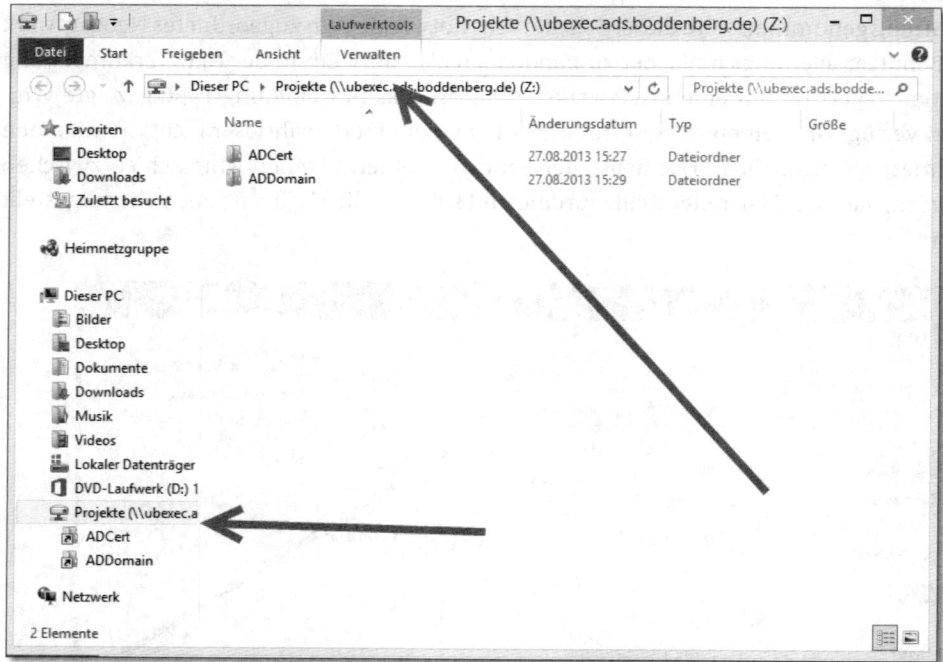

Abbildung 15.68 DFS ist für den Benutzer völlig transparent, d.h., der Benutzer merkt nicht, dass DFS verwendet wird.

Anzumerken wäre, dass Clientbetriebssysteme ab Windows 2000 auf DFS zugreifen können. NT4 Workstation kann dies prinzipiell auch, mit diesem Betriebssystem ist aber kein Zugriff auf einen domänenbasierten DFS-Namespace möglich.

Bei dem in Abbildung 15.67 gezeigten Zuordnen eines Netzwerkordners wird als Ordner der Name des DFS-Namespace angegeben. Bei einem domänenbasierten Namespace wird der Domänenname dem Namespacenamen vorangestellt. In einem eigenständigen DFS-Namespace wird stattdessen der Servername vorangestellt.

Abbildung 15.68 ist der Beweis, dass DFS für den Benutzer völlig transparent ist. Das Laufwerk Z: ist mit dem Namespace *Projekte* verbunden. Innerhalb des Namespace finden sich zwei Ordner, die auf eine Dateifreigabe verweisen. Die Dateifreigaben können auf unterschiedlichen Servern liegen, wovon der Benutzer nichts merken wird.

15.4.8 Konfiguration der Replikation

Der eine Vorteil von DFS ist die Bereitstellung von Freigaben unterschiedlicher Server innerhalb eines Namensraums, der zweite große Vorteil ist, dass die Daten redundant gespeichert werden können – dass also ein DFS-Ordner über beliebig viele Server repliziert wird. Hier sind verschiedene Anwendungsfälle denkbar, die von doppelter Datenhaltung bis zu Sicherungskonzepten reichen, bei denen die Daten der Niederlassungen in die Zentrale konsolidiert und dort gesichert werden.

Das DFS-Management-Werkzeug verfügt über einen Knoten REPLIKATION, unterhalb dessen neue *Replikationsgruppen* angelegt und bestehende verwaltet werden können.

Wir immer führen mehrere Wege zum Ziel. In diesem Fall ist das Ziel die Einrichtung der Replikation zwischen zwei oder mehr Servern, die beide bzw. alle die Daten eines DFS-Ordners speichern sollen. Genauer gesagt bedeutet es, dass jeder dieser Server über eine Dateifreigabe verfügt, die mit einer Dateifreigabe eines oder beliebig vieler anderer Server repliziert werden soll.

Die beiden möglichen Vorgehensweisen sind:

▶ Sie wählen in der DFS-Verwaltung gezielt das Anlegen einer NEUEN REPLIKATIONSGRUPPE aus (Abbildung 15.69).
▶ Alternativ können Sie eine neue Replikationsgruppe aus dem Kontextmenü eines DFS-Ordners erstellen (Abbildung 15.70).

Der zweite Weg ist generell einfacher, da Sie etwas weniger Einstellungen vornehmen müssen. In Abbildung 15.70 ist ansonsten zu erkennen, dass für den Ordner bereits mehrere Freigaben angelegt sind – sonst wäre ja auch keine sinnvolle Replikation möglich.

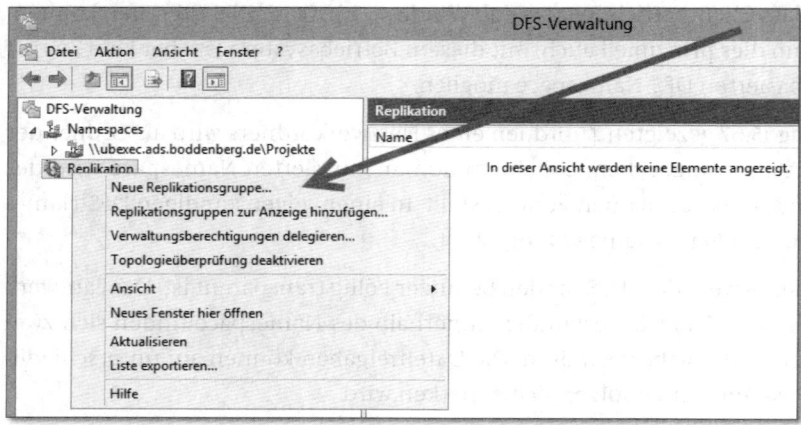

Abbildung 15.69 Sie können entweder die Erstellung einer »Neuen Replikationsgruppe« aus diesem Kontextmenü aufrufen ...

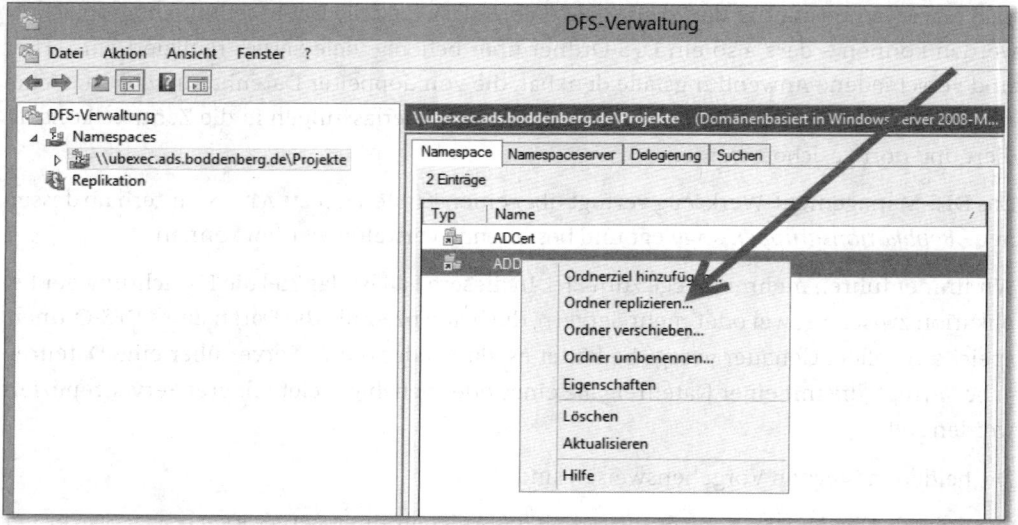

Abbildung 15.70 ... oder den Assistenten aus dem Kontextmenü des DFS-Ordners starten.

> **Hinweis**
>
> Die Replikation steht nur bei domänenbasierten Namespaces zur Verfügung.

Wir werden nun kurz einen Blick auf den Assistenten werfen, mit dem die DFS-Replikation eingerichtet wird. Auf dem ersten Screenshot (Abbildung 15.71) ist zu erkennen, dass Sie zunächst einen Namen für eine Replikationsgruppe und den Namen des zu replizierenden

15.4 Verteiltes Dateisystem – Distributed File System (DFS)

Ordners eintragen müssen. Die »richtigen« Werte sind vorbelegt, wenn der Assistent über den Menüpunkt aus Abbildung 15.70 gestartet wird.

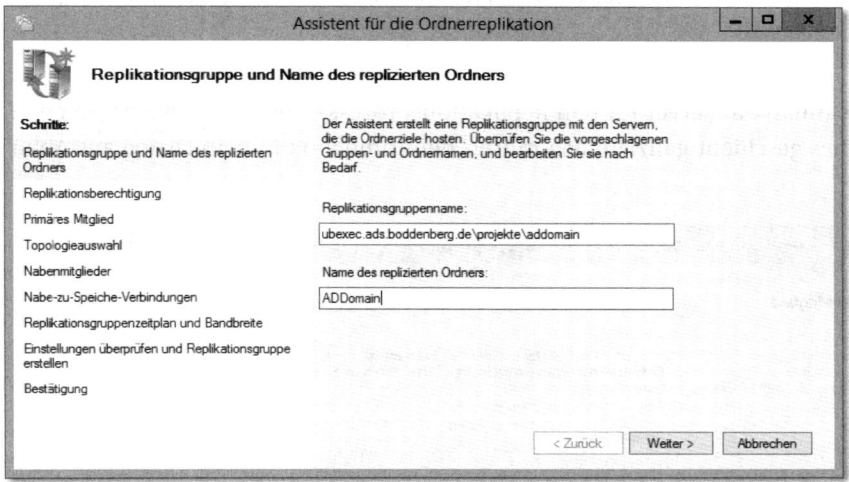

Abbildung 15.71 Auf der ersten Dialogseite führen Sie lediglich einige grundlegende Arbeiten durch.

Auf der zweiten Dialogseite wird überprüft, ob die potenziell an einer zukünftigen Replikation beteiligten Server überhaupt dazu bereit sind. Die Server werden aus der DFS-Konfiguration ermittelt. Es werden die Server angezeigt, die in der Konfiguration des DFS-Ordners eingetragen sind (Abbildung 15.72).

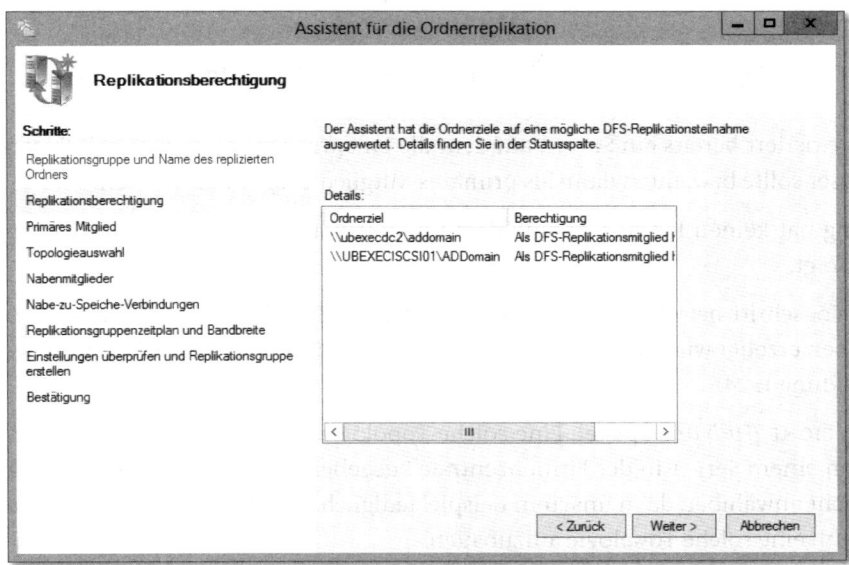

Abbildung 15.72 Der Assistent prüft, ob die für die Replikation benötigten Server dafür konfiguriert sind.

> **Nur bei DFS-Replikation**
>
> Ein Server kann nur dann an der Replikation teilnehmen, wenn der Rollendienst *DFS-Replikation* dort installiert ist.

Nun kann (bzw. muss) ein Server für den Replikationsprozesses als primäres Mitglied definiert werden. Dies geschieht ganz einfach mittels der Combobox in dem Dialog aus Abbildung 15.73.

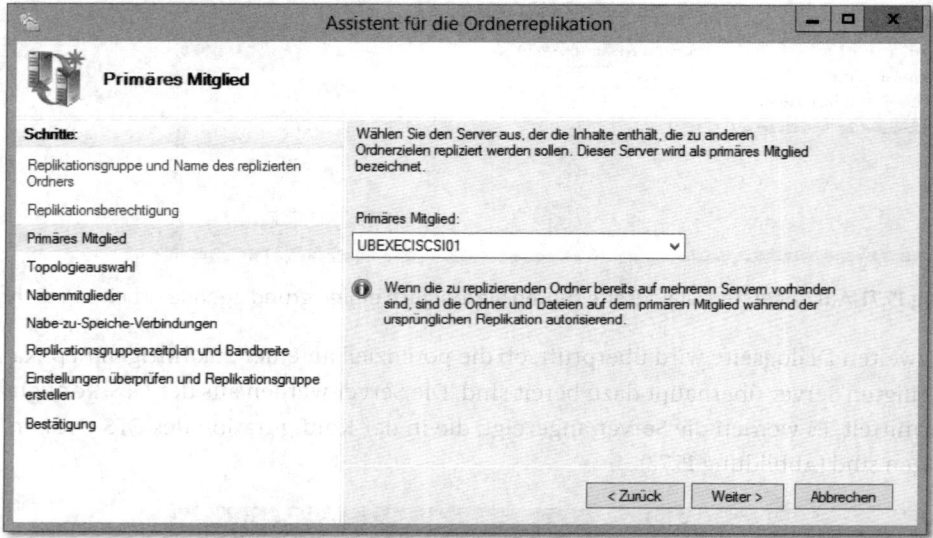

Abbildung 15.73 Für die Replikation muss ein Server als primäres Mitglied festgelegt werden.

In vielen Fällen existiert bereits ein Server, auf dem die entsprechende Freigabe mit Daten »gefüllt« ist; dieser sollte bzw. muss dann als primäres Mitglied ausgewählt werden.

Diese Einstellung hat keinen Einfluss darauf, dass im »normalen« Betrieb die Replikation bidirektional erfolgt.

Der nächste Dialogschritt bezieht sich auf die Topologie, die für die Replikation zwischen den Dateifreigaben erzeugt wird, die gemeinsam einen DFS-Ordner bilden. Es gibt drei Möglichkeiten (Abbildung 15.74):

- NABE UND SPEICHE *(Hub and Spoke)*: Eine solche Topologie könnte sinnvoll sein, wenn alle Daten von einem Server in der Firmenzentrale ausgehen. Diese Topologie ist in der Abbildung nicht anwählbar, da in unserem Beispiel lediglich zwei Server vorhanden sind – zu wenige, um eine solche Topologie aufzubauen.

▶ VOLLSTÄNDIG VERMASCHTES NETZ (*Full Mesh*) bezeichnet die Vermaschung aller an der Replikation beteiligten Server, d.h., jeder repliziert mit jedem. Die Struktur ist nur bis zu einer gewissen Obergrenze von Servern sinnvoll anzuwenden. Der von Microsoft angegebene Wert liegt bei 10.

▶ KEINE TOPOLOGIE bedeutet schlicht und ergreifend, dass der Administrator die Replikationstopologie später manuell erzeugen muss.

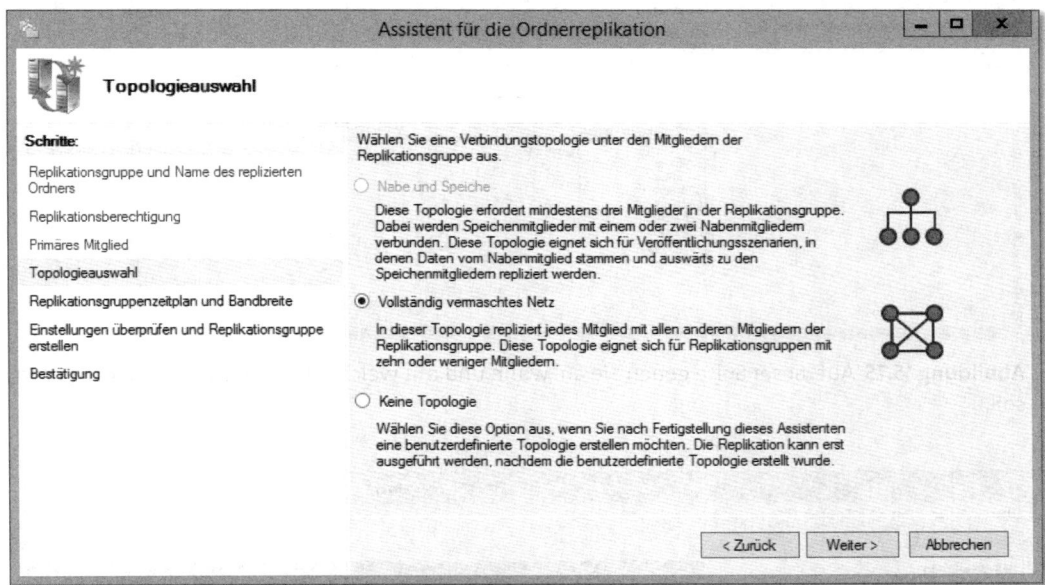

Abbildung 15.74 Die Replikationstopologie wird festgelegt.

Zur Konfiguration einer Replikation gehören auch die Aspekte der nutzbaren Bandbreite und der Zeitfenster, die für die Replikation verwendet werden. Abbildung 15.75 zeigt die Einstellmöglichkeiten:

▶ Die erste Option bewirkt, dass kontinuierlich beim Auftreten einer Änderung repliziert wird, wobei die maximal zu verwendende Bandbreite festgelegt werden kann.

▶ Die zweite Variante gestattet die Eingabe eines Replikationszeitplans. Wenn beispielsweise nur in der Nacht repliziert werden soll, kann das in der Konfiguration entsprechend hinterlegt werden.

Nach Abschluss des Assistenten wird das neue Replikationsobjekt unterhalb des Knotens REPLIKATION zu sehen sein (Abbildung 15.76). Auf der Registerkarte VERBINDUNGEN können Sie nachvollziehen, welche Server momentan verbunden sind. Aus dem Kontextmenü des Replikationsobjekts können Sie verschiedenste Diagnose-, Konfigurations- und Wartungsfunktionen aufrufen.

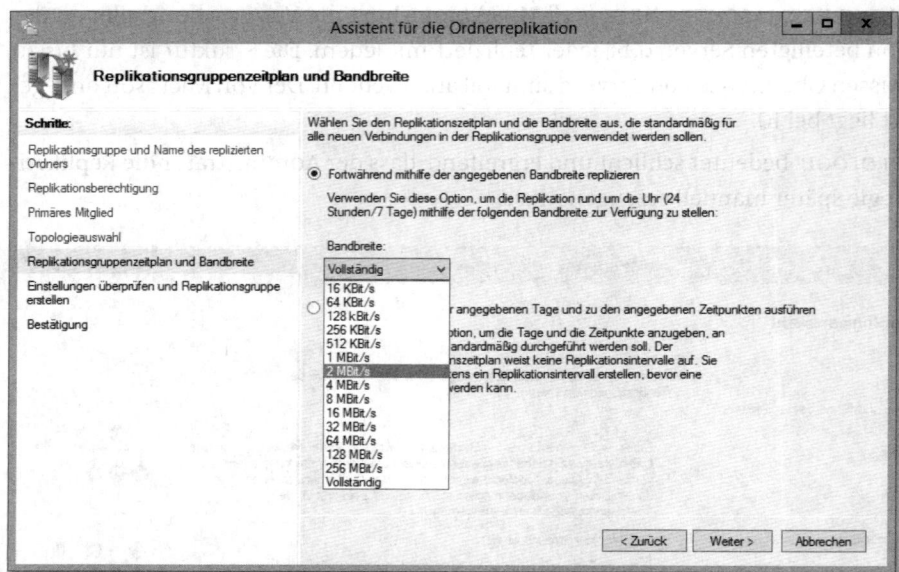

Abbildung 15.75 Auf dieser Seite geben Sie an, wann und mit welcher Bandbreite repliziert werden soll.

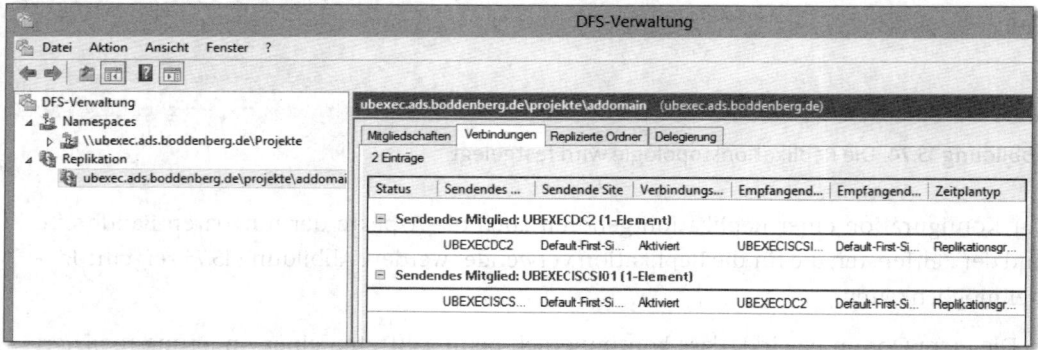

Abbildung 15.76 Auf der Registerkarte »Verbindungen« im Überblicksdialog über das Replikationsobjekt können Sie die verbundenen Server betrachten.

15.4.9 Redundanz des Namespaceservers

Im vorigen Abschnitt haben Sie gesehen, wie man einzelne Ordner innerhalb eines domänenbasierten DFS-Namespace redundant auslegt – es wird eine Replikation zwischen mehreren Freigaben eingerichtet, die die Daten des Ordners enthalten.

Der DFS-Namespace steht allerdings nicht redundant zur Verfügung, wenn nur ein einziger Namespaceserver vorhanden ist. Im Kontextmenü des Namespace findet sich eine Funktion zum Hinzufügen von zusätzlichen Namespaceservern (Abbildung 15.77). Damit ein Server DFS-Namespaceserver sein kann, muss der Rollendienst DFS-NAMESPACES installiert sein.

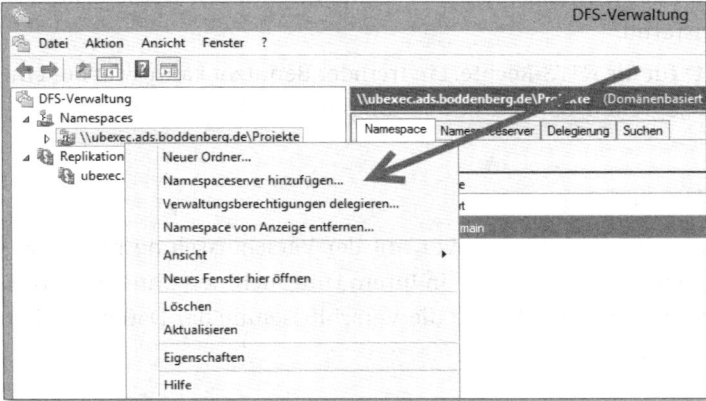

Abbildung 15.77 Es sollten nach Möglichkeit redundante Namespaceserver vorhanden sein.

Auf der Registerkarte NAMESPACESERVER in der Übersicht eines Namespace werden die für diese Verwendung konfigurierten Systeme angezeigt, sodass Sie einen schnellen Überblick darüber erhalten können, ob Redundanz (d.h., es gibt mehrere Server) besteht.

15.5 Encrypting File System (EFS)

Je sensibler Daten sind, desto mehr muss zu ihrem Schutz unternommen werden – das klingt so weit einleuchtend. Neben der Einschränkung des Zugriffs mittels NTFS-Rechten bietet Windows Server 2012 genauso wie die Vorgängerversionen die Möglichkeit, Dateien verschlüsselt im Dateisystem zu speichern. EFS, das *Encrypting File System*, wurde erstmalig mit Windows 2000 Server ausgeliefert.

Bevor dieser Abschnitt »so richtig« beginnt, gibt es einige »planerische Anmerkungen«:

- EFS arbeitet mit Zertifikaten, die natürlich zunächst erzeugt werden müssen. Obgleich das Betriebssystem ein selbstsigniertes Zertifikat erzeugen kann, empfiehlt sich der Aufbau einer PKI, die dann die für EFS erforderlichen Zertifikate an zentraler Stelle erzeugt.
- EFS eignet sich nicht dazu, ein komplexes Sicherheitsmanagement für sensible Dokumente aufzubauen, bei dem beispielsweise festgelegt wird, das nur die Personen Müller, Meier und Schmidt ein Dokument öffnen dürfen. Dies wäre die Aufgabe der Active Directory-Rechteverwaltungsdienste (AD RMS).
- Ein gewichtiger Vorteil von EFS gegenüber AD RMS ist, dass EFS für eine Anwendung transparent ist, d.h., die Anwendung muss nichts von Verschlüsselung auf der Festplatte wissen. AD RMS muss hingegen explizit unterstützt werden.

- Denken Sie daran, dass es möglich ist, dass das Zertifikat, mit dem eine Datei verschlüsselt wurde, verloren geht. Dieser Fall ist sorgfältig zu durchdenken, denn wenn ein unternehmenswichtiges Dokument zwar vorhanden ist, aber nicht entschlüsselt werden kann, ist das sicherlich wenig begeisternd.
- EFS ist übrigens kein Ersatz für die NTFS-Rechte. Ein fremder Benutzer kann zwar auf eine verschlüsselte Datei nicht zugreifen, er kann sie allerdings beispielsweise löschen.

15.5.1 Konfiguration und Anwendung

Zunächst benötigt ein Benutzer ein Zertifikat, bevor mit der Verschlüsselung mittels EFS begonnen werden kann. Im Optimalfall haben Sie in Ihrem Unternehmen ohnehin Zertifikate ausgerollt, in deren Verwendungszweck auch die Verschlüsselung der Daten auf dem Datenträger enthalten ist (Abbildung 15.78).

Abbildung 15.78 Optimalerweise haben Sie bereits Zertifikate ausgerollt, in deren Verwendungszweck die Verschlüsselung auf dem Datenträger enthalten ist.

Falls nicht bereits ein passendes Zertifikat vorhanden ist, wird ein Vista/7/8/8.1-Client sich gemäß der Gruppenrichtlinie verhalten. Das Management von EFS mittels Gruppenrichtlinien wird weiter hinten besprochen; hier nur die möglichen Varianten:

- Sofern eine Online-Zertifizierungsstelle vorhanden ist (eine solche wird mit Active Directory-Zertifikatdiensten aufgebaut), kann das Client-Betriebssystem dort ein geeignetes Zertifikat anfordern. Voraussetzung ist, dass die Online-Zertifizierungsstelle angeforderte Zertifikate direkt ausstellt.

- Ist entweder keine Online-Zertifizierungsstelle vorhanden oder ist diese nicht erreichbar, kann das Client-Betriebssystem ein selbstsigniertes Zertifikat erstellen.

In Abbildung 15.79 sehen Sie ein solches selbstsigniertes Zertifikat. Sie sehen, dass bei Ausgestellt von keine Stammzertifizierungsstelle eingetragen ist (vergleiche Abbildung 15.78), und demzufolge gibt es kein zentrales Management dieser »dezentral« generierten Zertifikate.

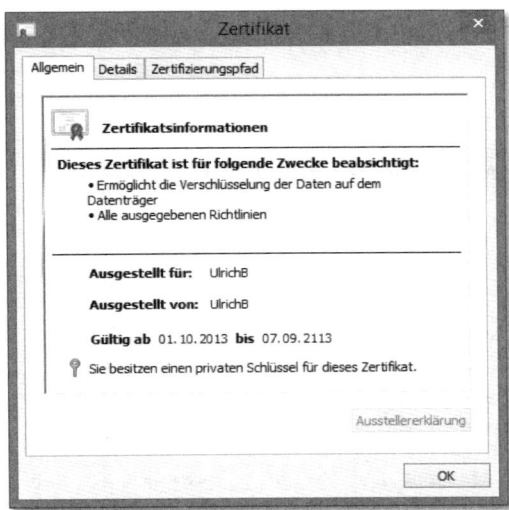

Abbildung 15.79 Dieses selbstsignierte Zertifikat wurde erstellt, weil bei der ersten Nutzung von EFS die Online-Zertifizierungsstelle nicht erreichbar war.

Weiterhin müssen Sie sich Gedanken über die Sicherung des Zertifikats machen, denn es wird nicht im Active Directory gespeichert. Dass das Zertifikat nicht im Active Directory gespeichert ist, führt dazu, dass das Verschlüsseln einer Datei für mehrere Benutzer nicht funktioniert; mehr dazu folgt in Abschnitt 15.5.2. Sofern im Active Directory ein *Datenwiederherstellungs-Agent* eingerichtet ist (mehr dazu folgt in Abschnitt 15.5.3), wird dieser auch mit einem selbstsignierten Zertifikat funktionieren – Sie stehen also nicht ganz schutzlos im Regen.

Die Verwendung von EFS ist für den Benutzer recht simpel. In den Eigenschaften einer Datei oder eines Ordners findet sich eine Schaltfläche Erweitert, die zu dem Dialog aus Abbildung 15.80 führt. Dort können Sie durch einfaches Anwählen der Checkbox Inhalt verschlüsseln, um Daten zu schützen, die EFS-Verschlüsselung für eine Datei oder einen Ordner aktivieren. Hierzu noch zwei Anmerkungen:

- Kompression und Verschlüsselung können nicht gleichzeitig verwendet werden.
- Die Schaltfläche Details ist zunächst nicht anwählbar. Sie wird aktiv sein, wenn eine Datei bereits verschlüsselt ist, und führt zu einem weiteren Dialog, mit dem die Verschlüsselung der Datei so angepasst werden kann, dass mehrere Benutzer Zugriff haben.

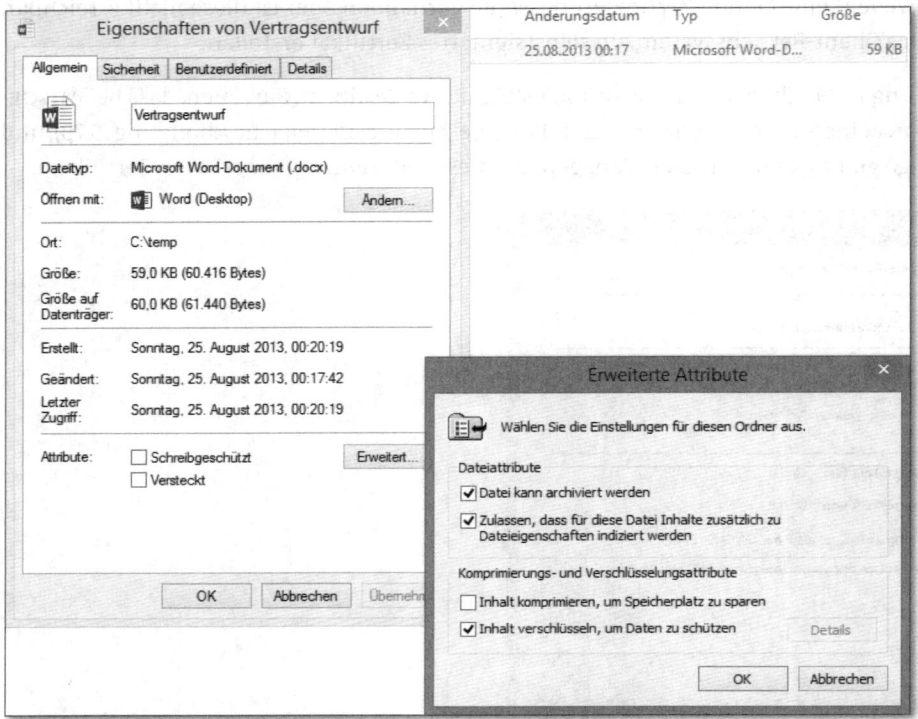

Abbildung 15.80 Durch das Anwählen der Checkbox »Inhalt verschlüsseln...« wird EFS aktiviert.

Sofern Sie eine Datei zur Verschlüsselung ausgewählt haben, wird der in Abbildung 15.81 gezeigte Dialog erscheinen, in dem Sie gefragt werden, ob Sie nur die aktuelle Datei verschlüsseln möchten oder den kompletten Ordner, in dem die Datei sich befindet. Ist ein Ordner verschlüsselt, führt das dazu, dass sämtliche dort neu angelegten Dateien ebenfalls verschlüsselt werden. Da viele Applikationen (z.B. Word, Excel etc.) beim Bearbeiten einer Datei im selben Verzeichnis eine Temporärdatei anlegen, wird diese ebenfalls verschlüsselt, sodass kein »Sicherheitsloch« durch unverschlüsselte Temporärdateien entsteht.

Eine Anmerkung: Wenn Sie in dem gezeigten Dialog der Empfehlung folgen und den übergeordneten Ordner ebenfalls als verschlüsselt markieren, werden nicht sämtliche darin enthaltenen Dateien mit dem Schlüssel des aktuellen Benutzers verschlüsselt. Das wäre beispielsweise auf einem Abteilungsverzeichnis tödlich, weil sofort sämtliche Kollegen vom Zugriff auf alle dort vorhandenen Dateien ausgeschlossen würden. Nicht verschlüsselte Dateien werden in diesem Fall nicht angerührt. Neu erstellte Dateien werden verschlüsselt gespeichert.

Mithilfe von EFS werden natürlich nicht nur Dateien auf der lokalen Festplatte des jeweiligen Benutzers verschlüsselt, vielmehr funktioniert EFS auch mit Dateien in einer Freigabe eines Fileservers. Das ist auch absolut sinnvoll, denn im Grunde sollen ja sämtliche Informationen auf dem Server und nicht auf lokalen Festplatten liegen. Das Verschlüsseln einer Datei funktioniert aus Sicht des Anwenders gleich, egal ob die Datei auf einer lokalen Platte oder auf einem Dateiserver liegt. (Abbildung 15.80 zeigt übrigens das Verschlüsseln einer Datei auf einem Server.)

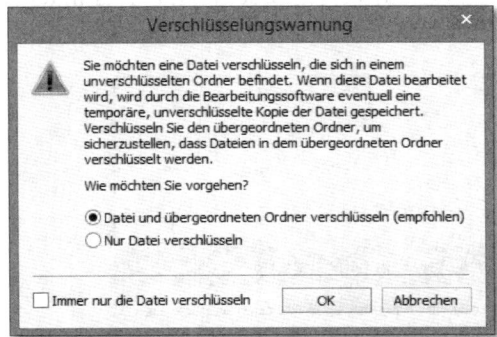

Abbildung 15.81 Falls Sie eine einzelne Datei verschlüsseln, erscheint dieser Dialog.

15.5.2 Zugriff für mehrere Benutzer

Einer der Vorteile eines Dateiservers ist, dass ein dort abgelegtes Dokument prinzipiell von mehreren Benutzern verwendet werden kann – vorausgesetzt, die NTFS-Berechtigungen lassen dies zu. Nun ist es nicht schwierig, einen Fall zu konstruieren, in dem mehrere Benutzer auf ein Dokument zugreifen sollen, das so sensibel ist, dass es verschlüsselt gespeichert werden soll.

Zunächst verschlüsselt EFS eine Datei so, dass nur der verschlüsselnde Benutzer diese öffnen kann (abgesehen vom Datenwiederherstellungs-Agent). Ein anderer Benutzer wird sich in der Situation wiederfinden, die in Abbildung 15.82 gezeigt ist – er bekommt keinen Zugriff.

Seit Windows Server 2003 ist es möglich, eine Datei für mehrere Benutzer zu verschlüsseln. Diese Möglichkeit steht natürlich auch in Windows Server 2012/R2 zur Verfügung.

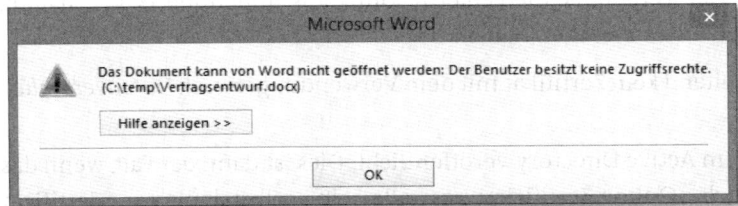

Abbildung 15.82 Ist ein Dokument nicht mit dem eigenen Schlüssel verschlüsselt, erhält man keinen Zugriff.

Wenn eine Datei bereits verschlüsselt ist und Sie den Dialog aufrufen, in dem die Verschlüsselung aktiviert wird (EIGENSCHAFTEN • ERWEITERT), wird der dortige Schalter DETAILS *nicht* ausgegraut sein. (Er ist nicht anwählbar, wenn eine Datei noch nicht verschlüsselt ist.) Ein Klick auf diesen Schalter führt zu einem Dialog, in dem Sie festlegen können, welche Benutzer die Datei entschlüsseln können (Abbildung 15.83). Im Grunde genommen geht es darum, dass Sie das Zertifikat desjenigen Benutzers auswählen müssen, der Zugriff erhalten soll. Sie benötigen den öffentlichen Schlüssel des Benutzers zum Verschlüsseln, und er kann dann mit seinem privaten Schlüssel die Datei entschlüsseln.

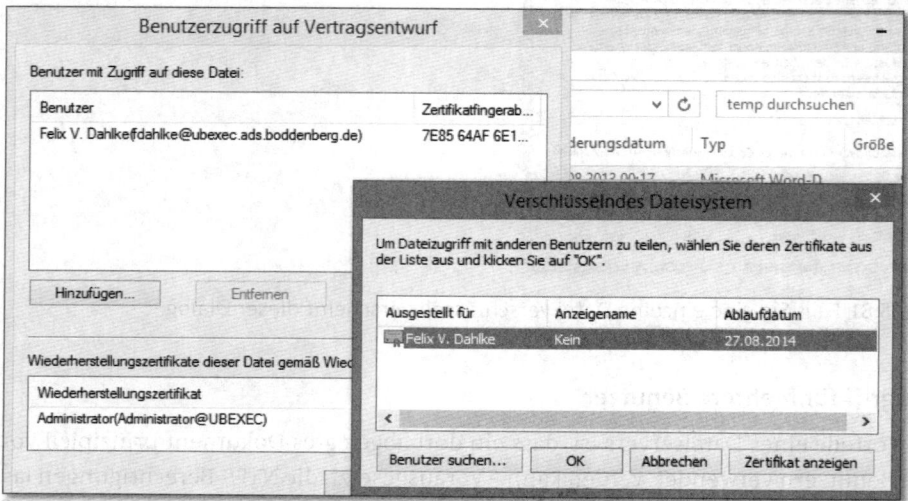

Abbildung 15.83 Im Dialog »Benutzerzugriff« kann die Verschlüsselung so modifiziert werden, dass mehrere Benutzer auf eine Datei zugreifen können.

Wenn Sie auf BENUTZER SUCHEN klicken, erhalten Sie den üblichen Dialog zum Suchen eines Objekts im Active Directory (hier nicht abgebildet). Auf diese Weise können beliebige weitere Benutzer hinzugefügt werden, die dann auf die geschützten Inhalte zugreifen können.

Es ist nun denkbar, dass für einen Benutzer, dem Sie gern den Zugriff auf die verschlüsselte Datei ermöglichen würden, kein Zertifikat mit dem Verwendungszweck *Dateiverschlüsselung* existiert. In diesem Fall werden Sie die Fehlermeldung aus Abbildung 15.84 erhalten. Dieser Fehler kann übrigens zwei Ursachen haben:

▶ Es ist schlicht und ergreifend kein Zertifikat mit dem Verwendungszweck *Datenverschlüsselung* vorhanden.

▶ Das Zertifikat ist nicht im Active Directory veröffentlicht. Dies ist dann der Fall, wenn das Betriebssystem mangels Online-Zertifizierungsstelle ein selbstsigniertes Zertifikat erstellt hat. Sie können sich in diesem Fall nur so helfen, dass die Benutzer untereinander jeweils den öffentlichen Teil ihres EFS-Zertifikats exportieren und weitergeben und die entsprechenden Schlüssel der anderen Benutzer in ihren lokalen Zertifikatspeicher übernehmen. Bevor Sie den Benutzern das beigebracht haben, ist das PKI-Konzept fertig und vermutlich auch bereits umgesetzt.

15.5 Encrypting File System (EFS)

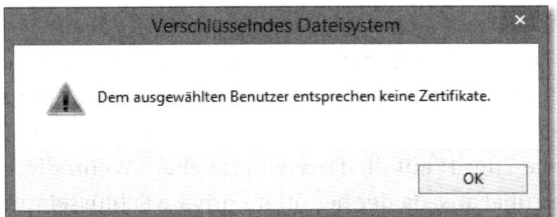

Abbildung 15.84 Diese Fehlermeldung erscheint, wenn für einen Benutzer kein EFS-geeignetes Zertifikat vorhanden ist.

In Abbildung 15.85 sehen Sie den Dialog für die Konfiguration des Benutzerzugriffs, wenn zwei Benutzer berechtigt sind. Dieser Dialog enthält zwei Elemente, die als Gedankenstütze für die Planung von EFS gelten können:

- Es ist extrem wichtig, dass die Schlüssel der Benutzer gesichert werden. Sofern Sie nicht über eine PKI verfügen, die die Schlüssel im Active Directory speichert (und dieses regelmäßig gesichert wird), müssen diese Schlüssel exportiert und an einem sicheren Ort aufbewahrt werden. Der Export der Schlüssel kann aus dem hier gezeigten Dialog mit der Schaltfläche SCHLÜSSEL SICHERN erfolgen. Alternativ bietet sich das Snap-In ZERTIFIKATE an.
- Im Rahmen von EFS können Datenwiederherstellungs-Agenten eingerichtet werden. Hierbei handelt es sich um ein spezielles Zertifikat (oder mehrere), das jede Datei entschlüsseln kann, die von einem Client der Domäne mit EFS verschlüsselt worden ist. In dem gezeigten Dialog ist der Wiederherstellungs-Agent aufgeführt.

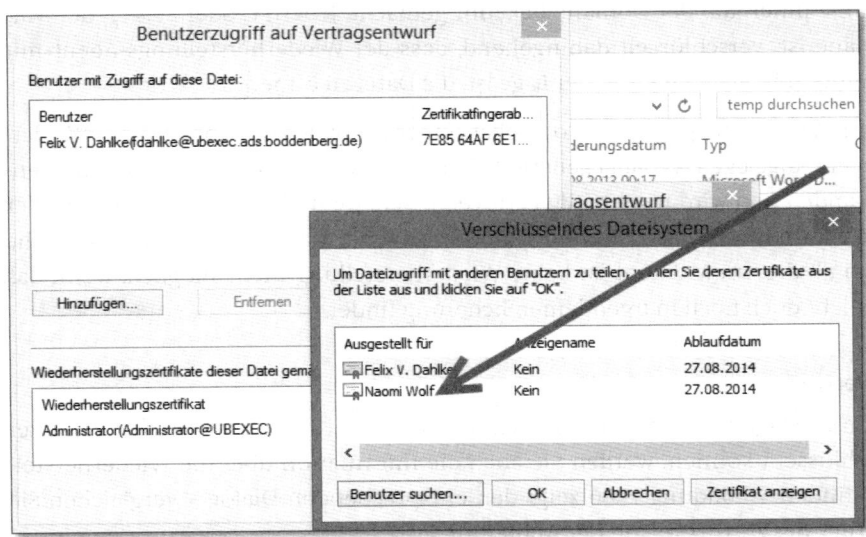

Abbildung 15.85 Zum Zugriff auf diese Datei sind zwei Benutzer berechtigt.

15.5.3 Datenwiederherstellungs-Agenten

Es ist durchaus denkbar, dass Sie (bzw. die Benutzer) nicht mehr »so ohne Weiteres« auf eine verschlüsselte Datei zugreifen können. Dies kann zum Beispiel passieren, wenn das Konto eines Benutzers, der das Unternehmen verlassen hat, bereits im Active Directory gelöscht wurde und seinen Kollegen einfällt, dass sie Zugriff auf die Dateien brauchen. Wenn diese Dateien mit EFS verschlüsselt sind, sieht es übel aus, da der benötigte private Schlüssel mit dem Konto vernichtet worden ist.

> **Deaktivieren, nicht löschen**
> An dieser Stelle können Sie übrigens nachvollziehen, warum man Konten nicht direkt löscht, sondern zunächst deaktiviert. Ich habe aber gerüchteweise gehört, dass in der Praxis meistens direkt die endgültige Lösung – also das Löschen des Kontos – zur Anwendung kommt.

Man könnte nun natürlich das gelöschte AD-Konto aus der Datensicherung wiederherstellen, was aber auch nicht ganz trivial ist. Eventuell fällt den Kollegen auch erst nach vier Wochen ein, dass sie auf die eine oder andere Datei zugreifen müssen, und so lange »zurück« können Sie gegebenenfalls ohnehin nicht auf AD-Sicherungen zugreifen.

Für diese Fälle existiert der EFS-Datenwiederherstellungs-Agent. Hierbei handelt es sich sozusagen um eine »kontrollierte Hintertür«, die das Wiederherstellen jeglicher Datei ermöglicht.

Kurz zur Funktion: Der öffentliche Schlüssel des Wiederherstellungs-Agenten wird über eine Gruppenrichtlinie innerhalb der Domäne bekannt gemacht. Jeder PC oder Server, der Mitglied der Domäne ist, verschlüsselt dahingehend, dass der Wiederherstellungs-Agent mit seinem privaten Schlüssel ebenfalls in der Lage ist, die Datei zu öffnen.

Bei der Installation des ersten Domänencontrollers einer Domäne wird übrigens ein Wiederherstellungs-Agent angelegt. Das dabei generierte Zertifikat ist nur auf dem ersten Domänencontroller vorhanden und wird regelmäßig gern vergessen, wenn dieser Domänencontroller neu installiert oder einfach außer Betrieb genommen wird. Das ist dann das »klassische Eigentor«, denn ab diesem Moment ist keine Wiederherstellung mehr möglich, wenn das Zertifikat sich nicht doch noch in irgendeiner Sicherung findet.

Erstellen und verwalten

Wenn Sie sich in den Eigenschaften einer verschlüsselten Datei anschauen, welche Benutzer die Datei entschlüsseln können, werden Sie auch die Information über die Wiederherstellungs-Agenten finden. Abbildung 15.86 zeigt den entsprechenden Dialog – vergleichen Sie den Fingerabdruck des Zertifikats mit der Abbildung 15.87.

15.5 Encrypting File System (EFS)

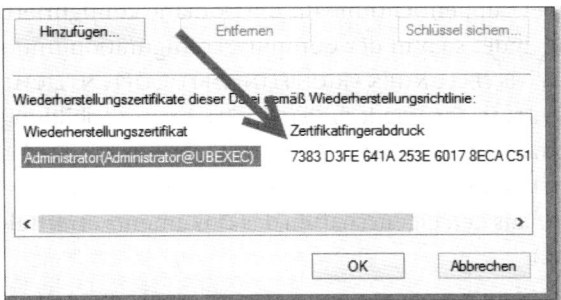

Abbildung 15.86 Der Fingerabdruck des Zertifikats des Wiederherstellungs-Agenten wird angezeigt.

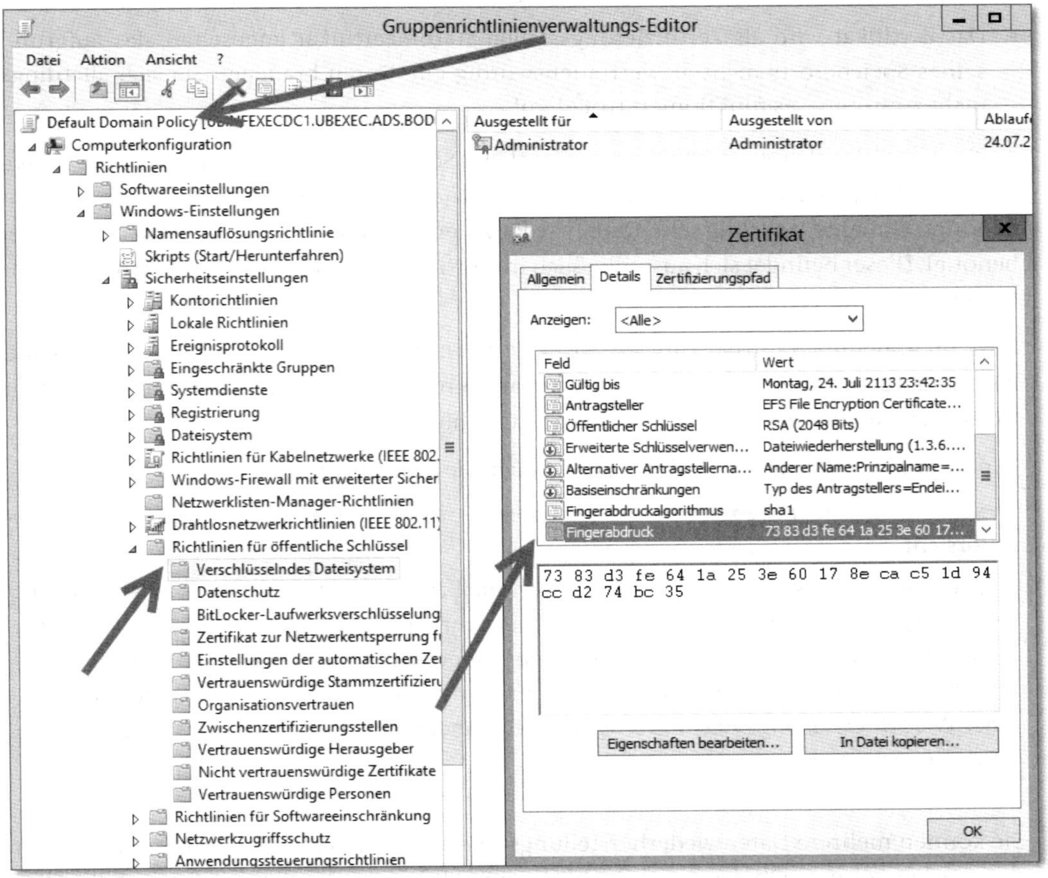

Abbildung 15.87 Der Wiederherstellungs-Agent (d.h. der öffentliche Teil des Zertifikats) wird in der Domänenrichtlinie gespeichert.

Der Wiederherstellungs-Agent wird mit der Gruppenrichtlinie für die Domäne konfiguriert. Im Gruppenrichtlinienverwaltungs-Editor findet sich in der Computerkonfiguration unter WINDOWS-EINSTELLUNGEN • SICHERHEITSEINSTELLUNGEN • RICHTLINIEN FÜR ÖFFENTLICHE SCHLÜSSEL • VERSCHLÜSSELNDES DATEISYSTEM der Wiederherstellungs-Agent (Abbildung 15.87). Bei der Installation des ersten Domänencontrollers wird dieser für das Konto des Administrators ausgestellt. Der Wiederherstellungs-Agent ist letztendlich ein Zertifikat, dessen Fingerabdruck natürlich mit dem zuvor aus den Eigenschaften des Dokuments ermittelten übereinstimmt (Abbildung 15.87, rechts).

In Abbildung 15.88 können Sie das automatisch erzeugte Zertifikat des Wiederherstellungs-Agenten genauer betrachten. Folgendes ist festzustellen:

- Es handelt sich notwendigerweise um ein selbstsigniertes Zertifikat. Zum Installationszeitpunkt ist ja im Allgemeinen auch keine Online-Zertifizierungsstelle verfügbar.
- Das Zertifikat wird als Zertifizierungsstellen-Stammzertifikat angesehen, das aufgrund seines Speicherorts nicht als vertrauenswürdig gilt. Daran brauchen Sie sich allerdings nicht zu stören – es funktioniert trotzdem!

Auch wenn ich mich wiederhole: Der öffentliche Schlüssel dieses Zertifikats ist im Active Directory für jeden PC zugänglich, denn er wird ja für die Verschlüsselung von Dateien benötigt. Um eine verschlüsselte Datei wieder zu entschlüsseln, wird der private Schlüssel benötigt. Dieser befindet sich ausschließlich im Zertifikatsspeicher des ersten Domänencontrollers. Nirgends sonst!

Dass auf Abbildung 15.88 der Hinweis SIE BESITZEN EINEN PRIVATEN SCHLÜSSEL ... erscheint, liegt daran, dass dieses Bildschirmfoto genau auf dem ersten Domänencontroller angefertigt worden ist. Auf den anderen DCs ist der private Schlüssel nicht vorhanden.

Exportieren Sie also diesen Schlüssel, und heben Sie ihn gut auf!

> **Vorsicht**
> Folgendes ist übrigens ein häufiger und eventuell ziemlich katastrophaler Fehler: Bei der Ablösung eines Domänencontrollers verschiebt man natürlich die FSMO-Rollen, vergisst aber leicht, das Zertifikat des EFS-Wiederherstellungs-Agenten zu exportieren. Der private Schlüssel ist, wenn Sie nicht etwas unternehmen, nur auf der Maschine vorhanden, auf der der Wiederherstellungs-Agent erzeugt wurde. Standardmäßig ist das der erste installierte Domänencontroller.

Sie können mehrere Datenwiederherstellungs-Agenten definieren, die gleichzeitig verwendet werden können. Ob das so unglaublich sinnvoll ist, sei allerdings dahingestellt. Allerdings wird auch das Zertifikat des Wiederherstellungs-Agenten irgendwann ablaufen, sodass Sie früher oder später ein neues erstellen müssen.

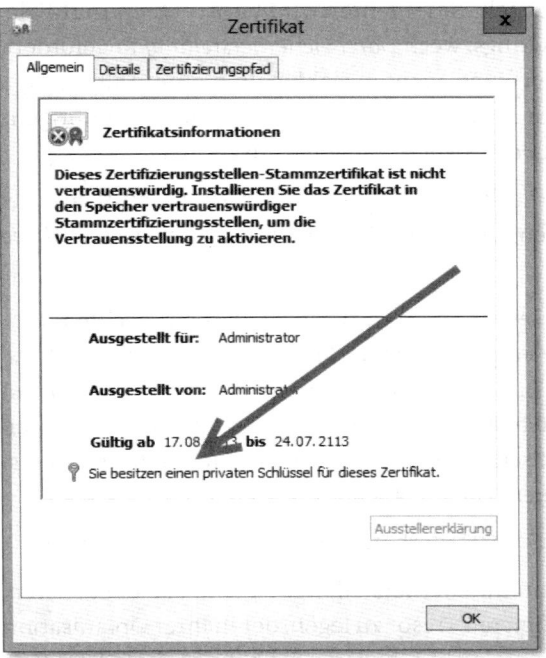

Abbildung 15.88 Das bei der Installation des ersten Domänencontrollers einer Domäne erzeugte Zertifikat für die Dateiwiederherstellung

Um einen neuen Datenwiederherstellungs-Agenten zu erstellen, können Sie im Gruppenrichtlinienverwaltungs-Editor im Kontextmenü des Knotens VERSCHLÜSSELNDES DATEISYSTEM die gleichnamige Funktion aufrufen (Abbildung 15.89).

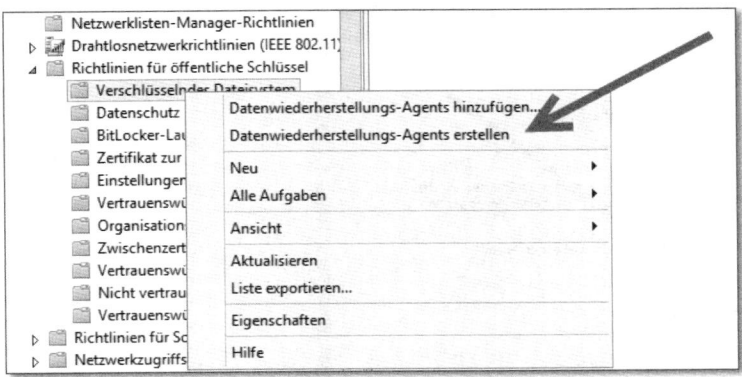

Abbildung 15.89 Im Kontextmenü können Sie das Erstellen eines neuen Datenwiederherstellungs-Agenten starten.

Beim Erstellen eines neuen Datenwiederherstellungs-Agenten wird bei der Onlinezertifizierungsstelle ein Zertifikat mit dem Verwendungszweck *Dateiwiederherstellung* angefordert. Alternativ können Sie auch das Hinzufügen eines Agenten wählen. In diesem Fall wird ein bereits im Dateisystem liegendes Zertifikat importiert. Das neue Zertifikat wird übrigens ausschließlich für den Verwendungszweck *Dateiwiederherstellung* ausgestellt.

Nach dem Erstellen eines neuen Wiederherstellungs-Agenten werden vermutlich zwei davon vorhanden sein. Sie werden feststellen, dass es absolut kein Problem ist, dass mehrere Wiederherstellungs-Agenten aktiv sind.

Wenn Sie nun den alten Agenten mit dem selbstsignierten Zertifikat löschen möchten, können Sie dies einfach mit einem Mausklick erledigen. Bedenken Sie aber, dass früher verschlüsselte Dateien nur mit dem alten Agenten und nicht mit dem neu erzeugten entschlüsselt werden können. Der neue Datenwiederherstellungs-Agent funktioniert nur bei denjenigen Dateien, die verschlüsselt worden sind, als er schon da war – schließlich wird für die Verschlüsselung der öffentliche Schlüssel des Wiederherstellungs-Agenten verwendet.

Sie sollten also vor dem Löschen den alten Dateiwiederherstellungs-Agenten exportieren.

Es ist auf jeden Fall eine gute Idee, einen Datenwiederherstellungs-Agenten zu exportieren, die Datei auf CD zu brennen und in den sichersten Tresor zu legen, der in Ihrer Organisation vorhanden ist. Das Zertifikat zu exportieren ist nicht schwierig, Sie können diese Funktion aus dem Kontextmenü des Eintrags des Datenwiederherstellungs-Agenten aufrufen.

Wichtig ist, dass Sie den privaten Schlüssel exportieren. Die vorbelegte Einstellung ist übrigens, den privaten Schlüssel nicht zu exportieren. Hier ist also ein wenig Sorgfalt erforderlich (Abbildung 15.90).

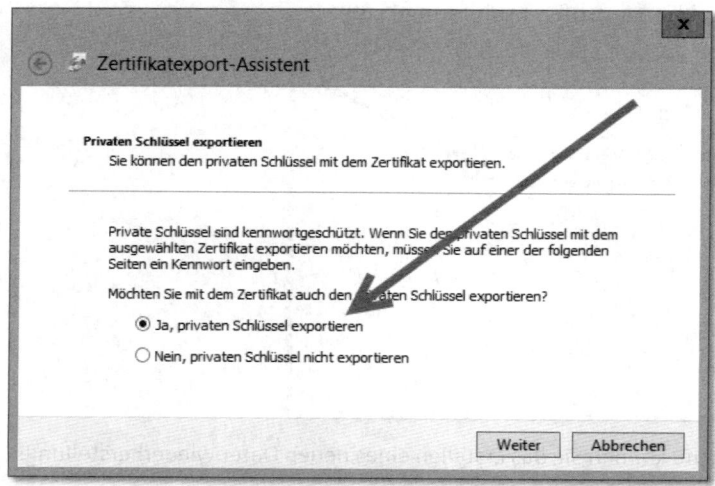

Abbildung 15.90 Beim Exportieren des Zertifikats ist darauf zu achten, dass der private Schlüssel exportiert wird!

Die entstehende Datei muss an einem wirklich sicheren Ort aufbewahrt werden, denn mit ihr können alle EFS-verschlüsselten Dokumente geöffnet werden.

Falls die Option, den privaten Schlüssel zu exportieren, nicht vorhanden ist, liegt das daran, dass Sie auf dem falschen Server sind. Gehen Sie zu dem Server, auf dem der Wiederherstellungs-Agent erstellt wurde, bzw. zum ersten Domänencontroller.

Anwenden

Das Anwenden des Datenwiederherstellungs-Agenten ist trivial. Ein Benutzer, in dessen persönlichem Zertifikatspeicher sich das Zertifikat für des Datenwiederherstellungs-Agenten findet, kann auf die Datei zugreifen und beispielsweise die Verschlüsselung deaktivieren oder einem weiteren Benutzer Zugriff gewähren.

15.5.4 EFS per Gruppenrichtlinie steuern

Im vorigen Abschnitt haben Sie gesehen, wie man einen Datenwiederherstellungs-Agenten anlegt. An derselben Stelle im Gruppenrichtlinienverwaltungs-Editor können Sie weitere Eigenschaften für die Verwendung von EFS definieren. Wenn Sie die EIGENSCHAFTEN des Knotens VERSCHLÜSSELNDES DATEISYSTEM aufrufen, erscheint der Dialog aus Abbildung 15.91:

- Zunächst können Sie einstellen, ob die Verwendung von EFS überhaupt möglich sein soll. Wenn Sie für eine bestimmte OU (oder die komplette Domäne) EFS aktivieren wollen, stellen Sie dies in den Gruppenrichtlinien der OU mit diesem Dialog ein.

Abbildung 15.91 Die Optionen im Gruppenrichtlinienobjekt-Editor für die Steuerung von EFS

- Die Optionen sind zumeist selbsterklärend. Sie sehen hier, dass sich die Sicherheit bei der Verwendung von EFS noch dadurch optimieren lässt, dass Sie verlangen, dass eine Smartcard verwendet wird.

- Auf der Registerkarte ZERTIFIKATE (Abbildung 15.92) wird festgelegt, ob ein selbstsigniertes Zertifikat erzeugt werden soll, falls keine Online-Zertifizierungsstelle vorhanden ist. Deaktivieren Sie diese Option, wenn Sie eine PKI aufgebaut haben. Es ist durchaus denkbar, dass die Stammzertifizierungsstelle kurzzeitig nicht verfügbar ist (z.B. wegen Wartungsarbeiten). Wenn in diesem Moment ein Benutzer ein EFS-Zertifikat benötigt, bekäme er sonst ein selbstsigniertes.

Weiterhin können Sie einstellen, welche Zertifikatvorlage bei Zertifikatanforderungen verwendet werden soll.

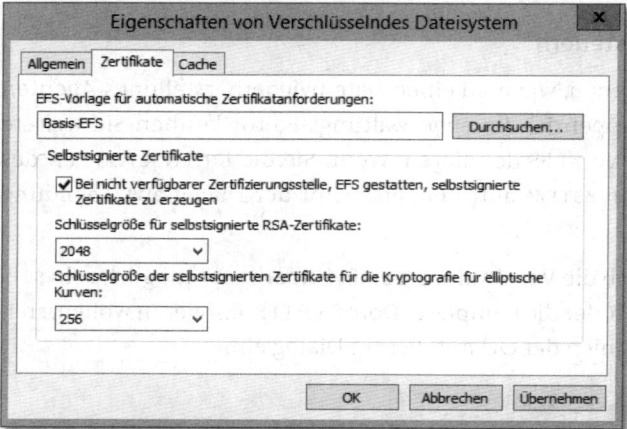

Abbildung 15.92 Zweite Registerkarte der Optionen im Gruppenrichtlinienobjekt-Editor für die Steuerung von EFS

15.5.5 Cipher

Die Verschlüsselung von Dateien mit EFS lässt sich auch über die Kommandozeile steuern und kontrollieren. Hierfür kommt das Werkzeug *cipher.exe* zur Anwendung. Abbildung 15.93 zeigt die Ausgabe des Werkzeugs beim Aufruf von `cipher /?`.

Das Werkzeug steht übrigens nicht nur auf dem Windows Server 2012/R2 zur Verfügung, sondern auch im Vista/7/8/8.1-Client. Auch XP und Windows Server 2003 kennen *cipher*.

Die Optionsauflistung von *cipher* ist recht ausführlich kommentiert (der Screenshot zeigt nur das erste Fünftel) und muss daher nicht weiter erläutert werden.

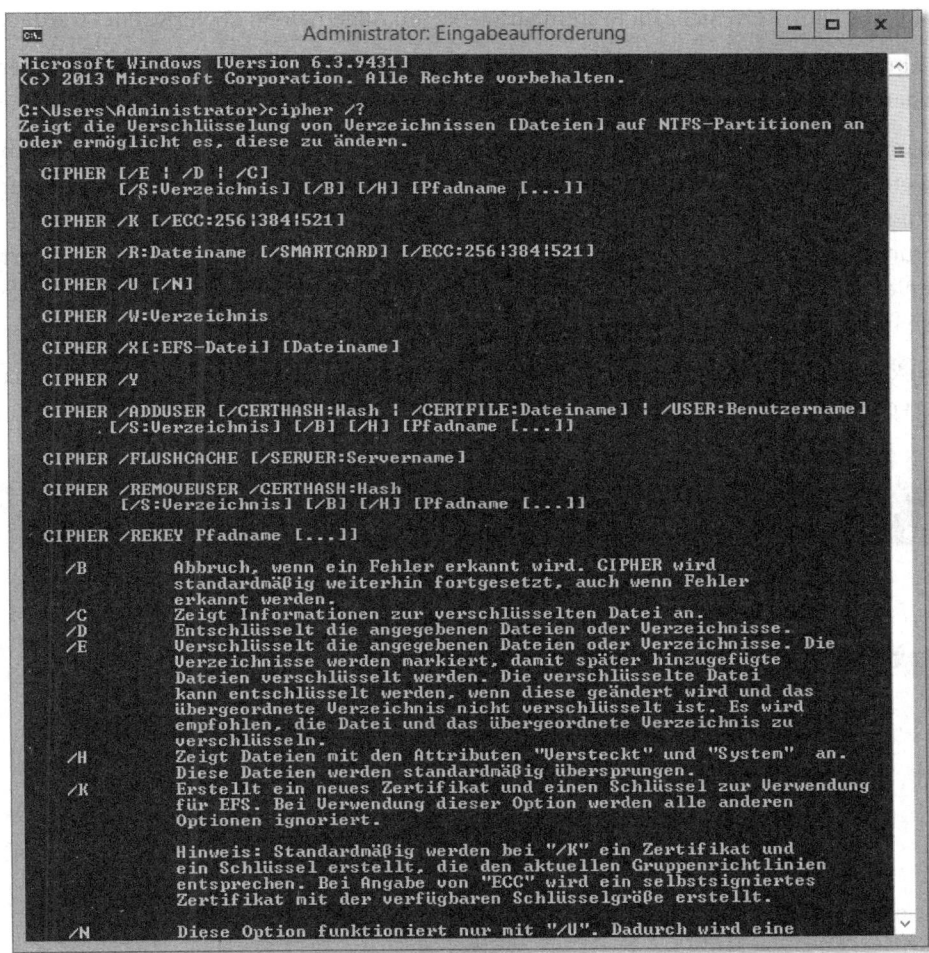

Abbildung 15.93 EFS-Steuerung auf der Kommandozeile mit »cipher.exe«

15.6 ReFS und Speicherpools

Neu im Bereich »Dateidienste« sind ReFS, das *Resilient File System*, und Speicherpools, die auch als *Storage Spaces* bekannt sind. Ohne jetzt auf die theoretischen Hintergründe eingehen zu wollen – mit ReFS wurde ein neues Dateisystem geschaffen, das sich möglichst kompatibel zu NTFS verhält, allerdings systembedingt stabiler und fehlerunanfälliger ist. Dafür funktionieren aber einige gern genutzte Features mit ReFS nicht, und zwar insbesondere:

- die Komprimierung von Dateien
- die Verschlüsselung mit EFS
- Disk Quotas

Darüber hinaus kann ReFS nicht für Systemlaufwerke (im Allgemeinen *C:*) verwendet werden.

ReFS ist übrigens *nicht* datenbankbasiert. In der Vergangenheit wurde ja immer mal wieder über ein datenbankbasiertes Dateisystem spekuliert – das ist es nicht.

Recht spannend ist das Thema *Speicherpools* (alias Storage Spaces). Hierbei geht es im Grunde genommen um das Virtualisieren von Festplatten. Mehrere physische Datenträger werden zu redundanten Systemen zusammengefasst. Somit kann man aus einzelnen Platten anspruchsvolle Disk-Systeme bauen. Ich denke, dass das eher für Clients von Interesse ist als für Server, bei denen ja doch im Normalfall ein Hardware-RAID vorhanden ist. Das Ganze ist aber so interessant, dass ich es hier besprechen möchte.

In diesem kleinen Beispiel sind drei 2-TB-Platten angeschlossen. Im Server-Manager, Rubrik SPEICHERPOOLS, kann das nachvollzogen werden (Abbildung 15.94).

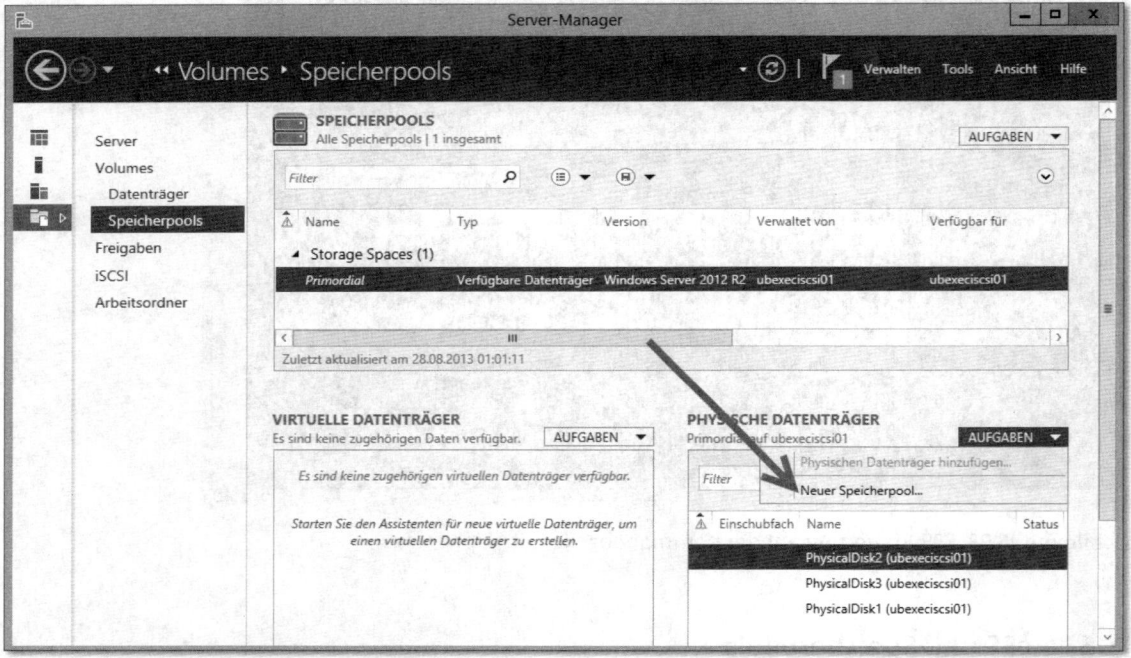

Abbildung 15.94 Im Server-Manager ist zu sehen, dass drei physische Platten zu je 2 TB vorhanden sind.

Zunächst erstellen Sie per Mausklick einen neuen Speicherpool (Abbildung 15.94, Pfeil). Der obligatorische Assistent fragt dann, welche Platten verwendet werden sollen (Abbildung 15.95).

Der Speicherpool ist physisch ein »klassischer JBOD« (JBOD = Just a Bunch of Disks), also eine Ansammlung einzelner Platten. »Normalerweise« arbeitet man nicht gern mit JBODs, weil diese schlecht zu verwalten und eben nicht redundant sind. Bisher schlug dann immer die

Stunde der RAID-Controller, die Platten unter Redundanz- und/oder Performance-Gesichtspunkten zusammenfassen.

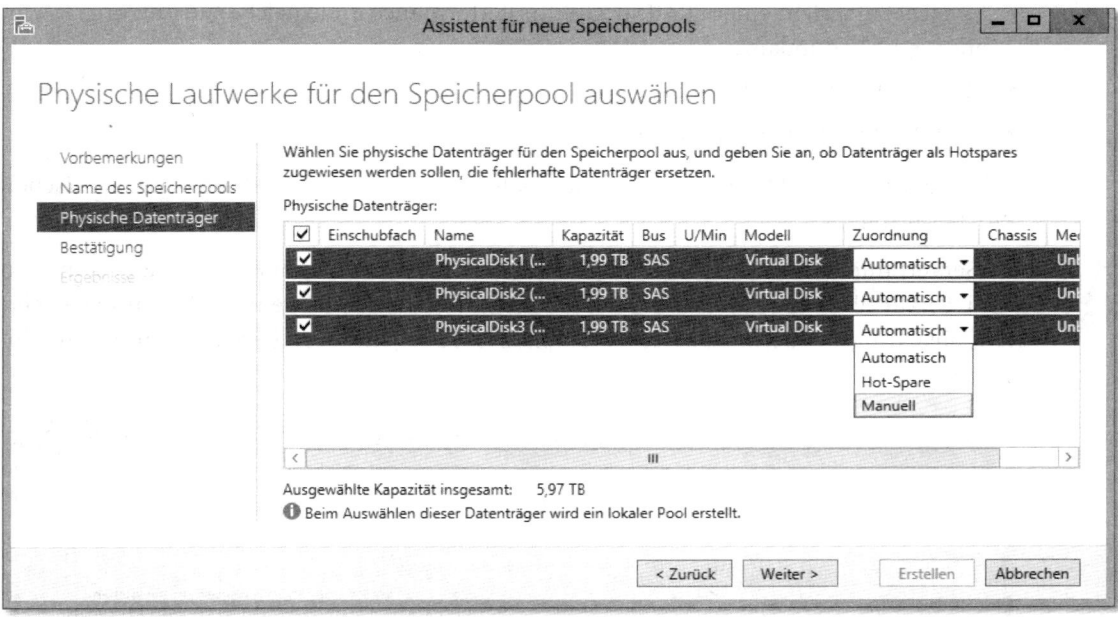

Abbildung 15.95 Die vorhandenen Platten werden ausgewählt.

Wenn das Erstellen des Speicherpools abgeschlossen ist, werden darauf ein oder mehrere virtuelle Datenträger erstellt. Dies wird im Kontextmenü des Speicherpools initiiert (Abbildung 15.96).

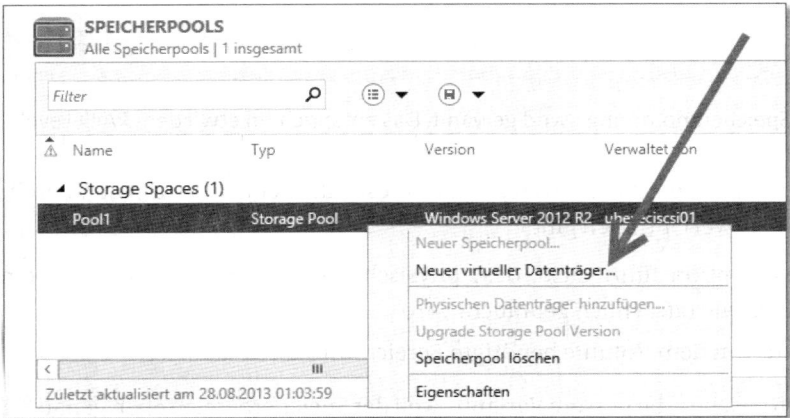

Abbildung 15.96 Ein neuer virtueller Datenträger wird erstellt.

Dann wird es spannend. Im Dialog aus Abbildung 15.97 können Sie die Speicheranordnung festlegen. Dies entspricht in etwa dem RAID-Level:

- SIMPLE: Entspricht einem RAID 0. Gut für Performance und Speicherausnutzung, es gibt aber keine Redundanz.
- MIRROR: Entspricht einem RAID 10.
- PARITY: Entspricht einem RAID 5.

Spätestens hier wird klar, was die Speicherpools bringen, nämlich RAID ohne physikalischen RAID-Controller.

Im Serverumfeld ist das eigentlich uninteressant, da wohl niemand auf die Idee kommen wird, Server ohne RAID-Controller auszustatten. In diesem Fall geht es eher um Speichervirtualisierung, um beispielsweise Plattenplatz von zwei SAN-Storage-Systemen zusammenzufassen.

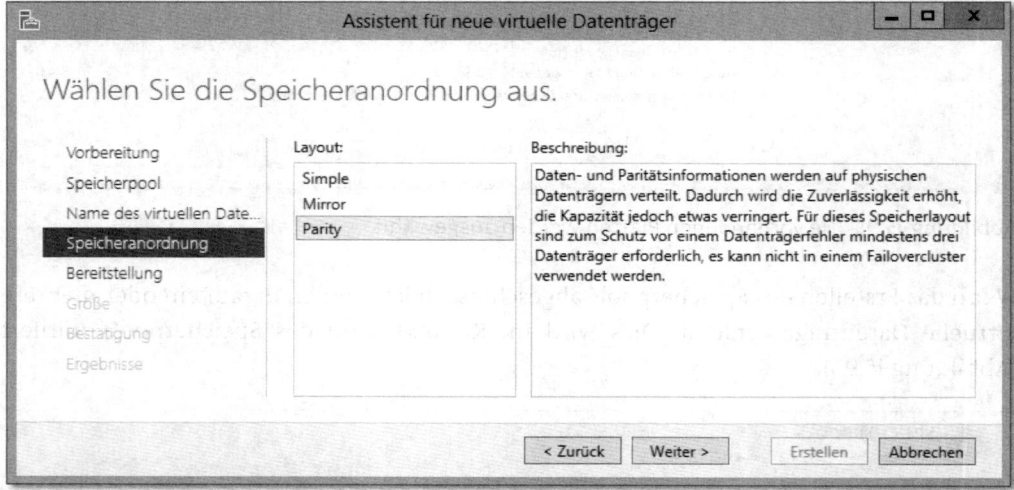

Abbildung 15.97 Die »Speicheranordnung« wird gewählt. Das entspricht in etwa dem RAID-Level.

Auch der Dialog aus Abbildung 15.98 ist strategisch interessant. Hier geht es um den Bereitstellungstyp, bei dem es zwei Optionen gibt:

- DÜNN (Thin): Diese Option führt dazu, dass physisch nur so viel Speicher von dem Volume genutzt wird, wie tatsächlich gebraucht wird.
- FEST: Der komplette von dem Volume benötigte Bereich wird direkt alloziert.

FEST ist rein technisch gesehen die bessere Variante, weil der Speicherbereich eben genau für dieses Volume belegt ist. Das bedeutet, dass zusammenhängender Speicherplatz verwendet wird und der dem Volume zugedachte Speicher auch tatsächlich da ist.

Abbildung 15.98 Eine durchaus spannende Entscheidung ist die Auswahl des Bereitstellungstyps.

Letztgenannter Punkt ist interessant, da im Bereitstellungsmodell DÜNN eine Über-Provisionierung (*Over-commitment*) möglich ist. Achten Sie auf Abbildung 15.99:

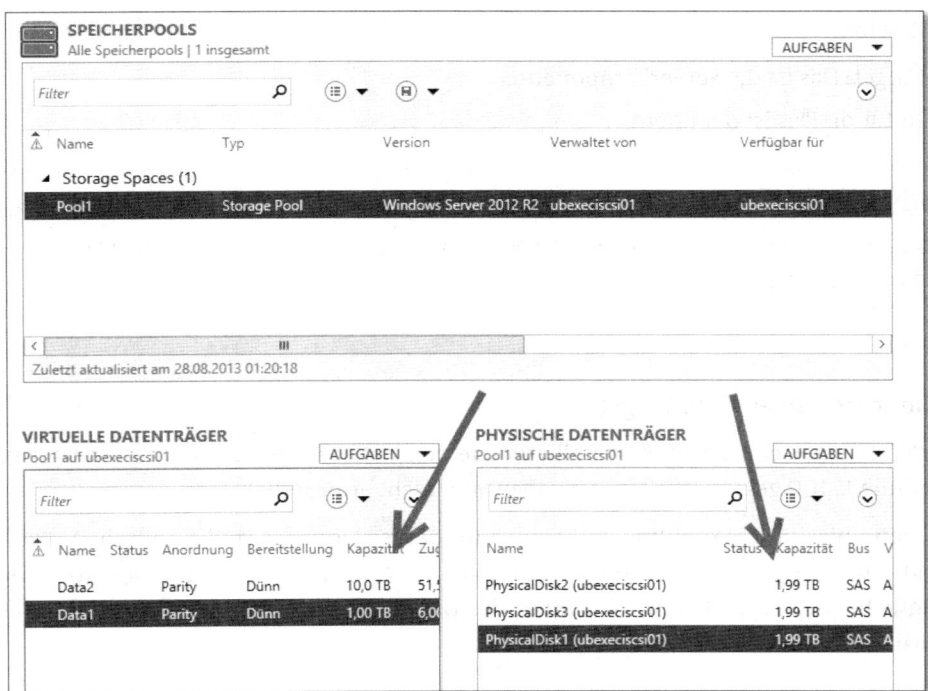

Abbildung 15.99 Man kann »über-provisionieren«.

- Im Speicherpool stehen drei jeweils 2 TB große Datenträger zur Verfügung (rechter Pfeil).
- Bei den virtuellen Datenträgern (linker Pfeil) ist aber ein 1 TB und ein 10 TB großer Datenträger sichtbar. Insgesamt sind also 11 TB bereitgestellt, obwohl bei Weitem nicht so viel Plattenplatz vorhanden ist. Übrigens würde auch der Datei-Explorer insgesamt 11 TB freien Speicherplatz anzeigen.

Diese Über-Provisionierung geht so lange gut, wie genügend physischer Plattenplatz vorhanden ist. Wenn der aber zur Neige geht, gibt es üble Fehler, weil nicht mehr auf die Volumes geschrieben werden kann. Man kann allerdings einem Speicherpool recht einfach weitere Platten hinzufügen, sodass die physische Kapazität den Anforderungen angepasst werden kann.

15.7 iSCSI-Zielserver (iSCSI-Taget)

iSCSI hat sich in den letzten Jahren als zweite »große Technologie« neben dem FibreChannel-SAN für die Bereitstellung von Netzwerkspeicher etabliert. Die Windows-Betriebssysteme enthalten schon »ewig« einen iSCSI-Initiator, und mit Server 2012 ist auch ein iSCSI-Target hinzugekommen.

Zu den Begriffen:

- iSCSI-Target: Das ist die Serverkomponente.
- iSCSI-Initiator: Das ist der Client.

> **Hinweis**
> Microsoft spricht vom *iSCSI-Zielserver*. Ich bleibe wegen der besseren Lesbarkeit beim eingeführten Fachbegriff *iSCSI-Target*.

15.7.1 Einrichten eines iSCSI-Targets

Um ein iSCSI-Target einzurichten, installieren Sie den Rollendienst ISCSI-ZIELSERVER, wie auf Abbildung 15.100 gezeigt. Weitere Eingaben sind nicht erforderlich.

Das Anlegen eines iSCSI-Datenträgers beginnt im Server-Manager in der Rubrik DATEI-/SPEICHERDIENSTE. Dort gibt es einen Menüpunkt zum Anlegen eines neuen Datenträgers. Das eigentliche iSCSI-Target wird im Verlauf des Datenträger-Assistenten angelegt (Abbildung 15.101).

15.7 iSCSI-Zielserver (iSCSI-Taget)

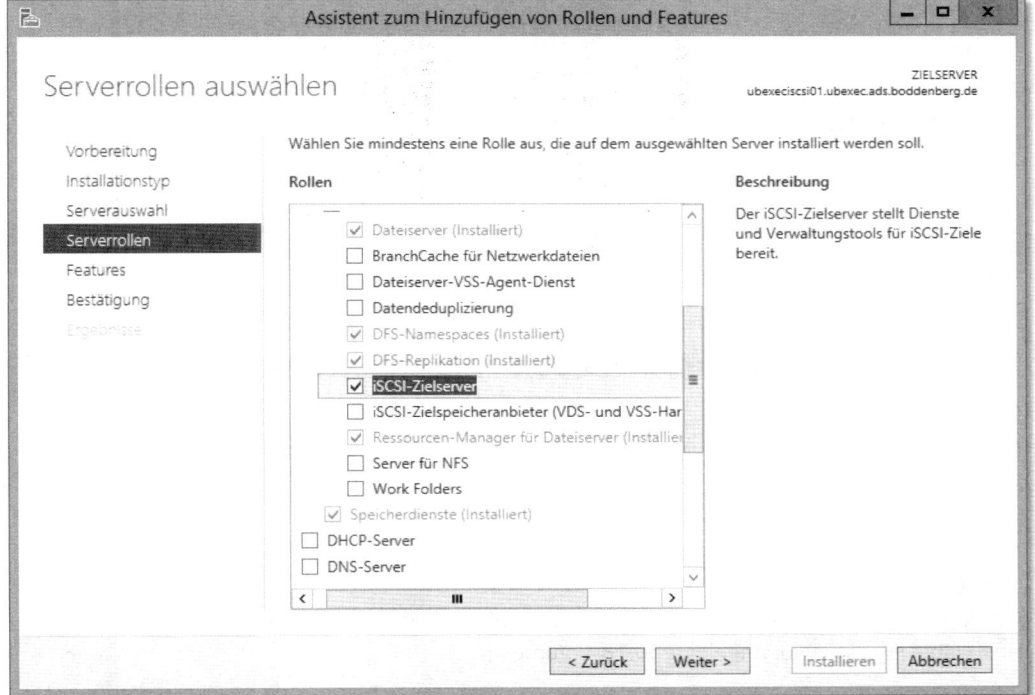

Abbildung 15.100 Das iSCSI-Target ist ein installierbarer Rollendienst.

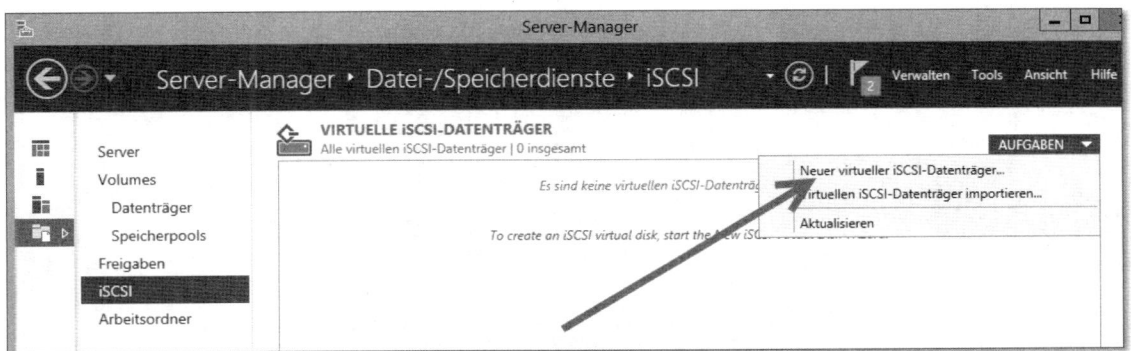

Abbildung 15.101 Hier beginnt das Anlegen eines iSCSI-Datenträgers.

Abbildung 15.102 zeigt den ersten Dialog des Assistenten. Hier legen Sie den Speicherort für den iSCSI-Datenträger fest. Der ISCSI-Datenträger ist technisch eine *VHDX*-Datei, gesucht wird also ein ganz normaler Pfad auf einem NTFS- oder ReFS-Volume. Die über Speicherpools entstandenen Volumes können ebenfalls verwendet werden. Auf Abbildung 15.102 wähle ich das zuvor angelegte 10-TB-Volume.

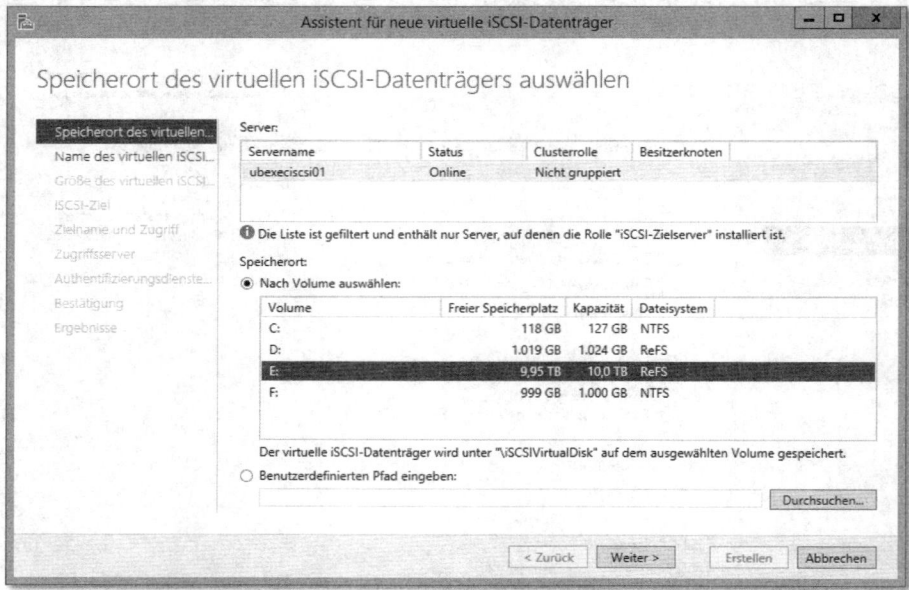

Abbildung 15.102 Der Speicherort kann auch ein Volume auf dem Storage Pool sein. Hier wähle ich das zuvor angelegte 10-TB-Volume.

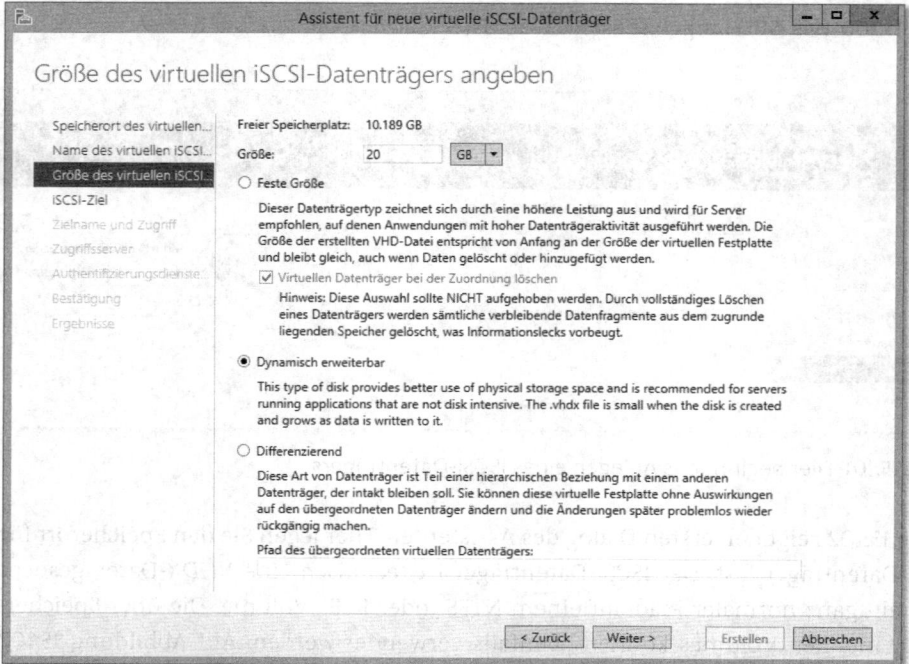

Abbildung 15.103 Auswahl der Größe des iSCSI-Datenträgers

15.7 iSCSI-Zielserver (iSCSI-Taget)

Im nächsten Dialog legen Sie die Größe des iSCSI-Volumes fest. Neben der eigentlichen Größe kann der Typ eingetragen werden. Auf Servern wird aus Performance- und Zuverlässigkeitsgründen die FESTE GRÖSSE empfohlen (Abbildung 15.103).

Nun muss das iSCSI-Target angegeben werden. Bisher haben wir ja »nur« den Datenträger angelegt, also die *VHDX*-Datei. Die eigentliche iSCSI-Funktionalität (z.B. Abwicklung des Protokolls etc.) leistet das Target. Da noch kein Taget vorhanden ist, wird nun eins angelegt (Abbildung 15.104). Ein Taget kann übrigens mehrere Datenträger bereitstellen.

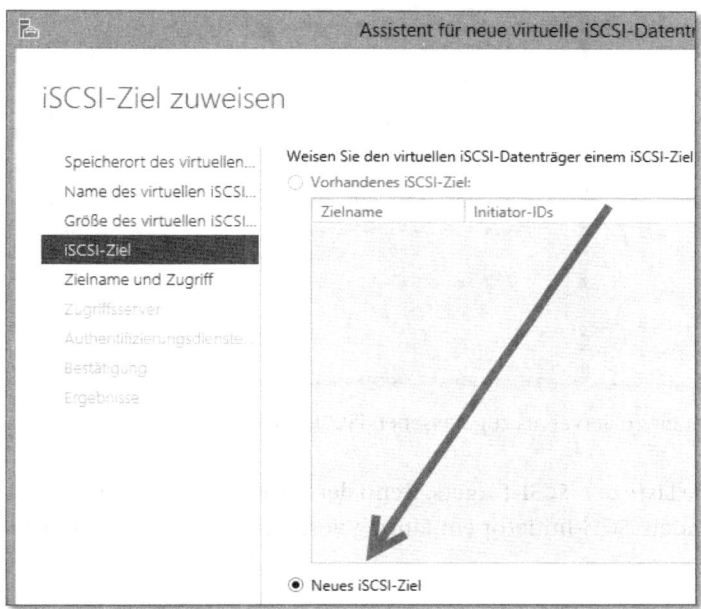

Abbildung 15.104 Da noch kein iSCSI-Target vorhanden ist, muss es angelegt werden.

Im ersten Dialog zum Anlegen des Targets tragen Sie seinen Namen ein (ohne Abbildung). Die zweite Dialogseite ist schon deutlich interessanter (Abbildung 15.105): Bitte lesen Sie ihn genau! Hier müssen die Initiatoren, also die iSCSI-Clients, die Zugriff auf das Target bekommen sollen, eingetragen werden. Wie Sie auf Abbildung 15.105 sehen können, lässt sich für Clients ab Windows 8 bzw. Server 2012 die erste Option verwenden. Tragen Sie einfach den Namen des Servers mit dem iSCSI-Initiator ein – fertig.

Bei früheren (oder Microsoft-fremden) iSCSI-Initatoren können Sie die dritte Option wählen und tragen beispielsweise den IQN (iSCSI Qualified Name) ein. Etwas später, im Dialog aus Abbildung 15.110 können Sie dann sehen, wie der IQN aus einem Microsoft-iSCSI-Initiator ausgelesen wird.

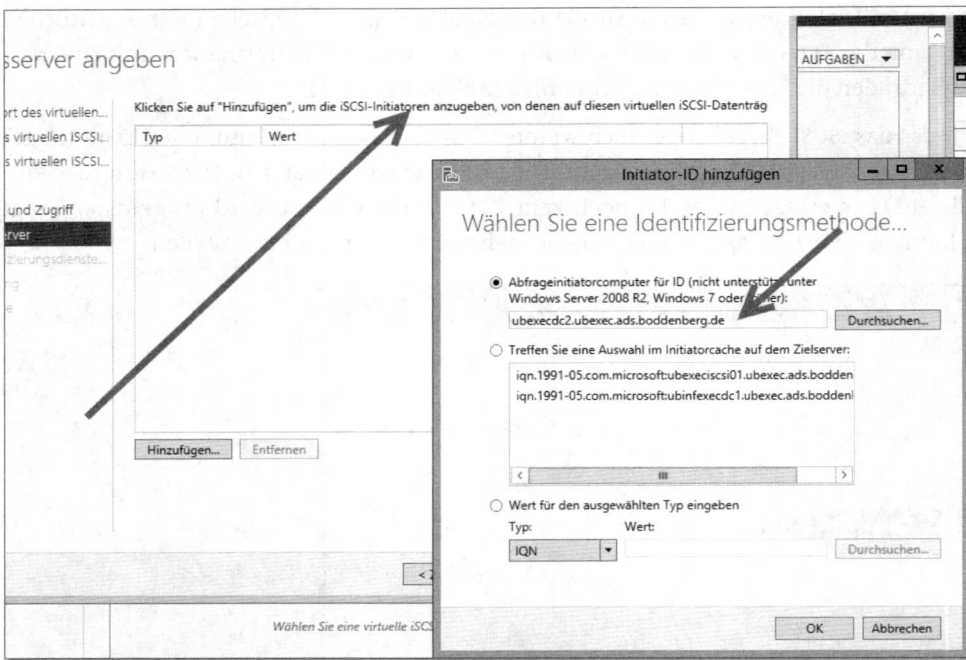

Abbildung 15.105 Tragen Sie hier einen Server als zugelassenen iSCSI-Initiator ein.

Abbildung 15.106 zeigt nun die Liste der iSCSI-Targets, wenn der erste Server eingetragen ist. Hier *muss* für jeden zugreifenden iSCSI-Initiator ein Eintrag vorhanden sein, sonst klappt's nicht.

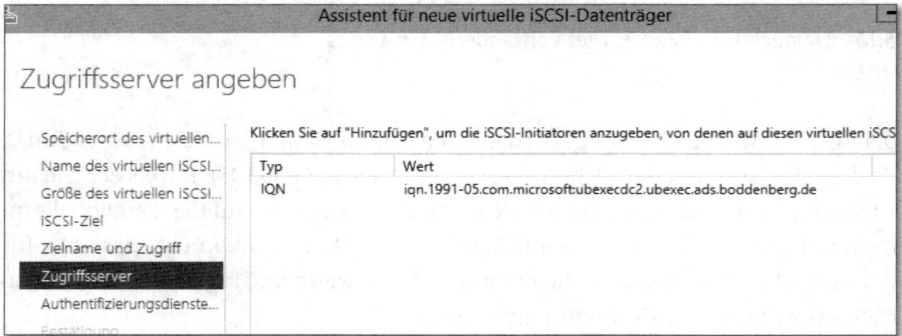

Abbildung 15.106 Der iSCSI-Initiator ist nun eingetragen.

Abbildung 15.107 zeigt den Dialog, auf dem die Authentifizierung des Initiators gegenüber dem Target und auch die Authentifizierung des Targets gegenüber dem Initiator eingetragen werden kann. Eine Authentifizierung ist natürlich zu empfehlen, technisch ist sie aber nicht unbedingt erforderlich.

15.7 iSCSI-Zielserver (iSCSI-Taget)

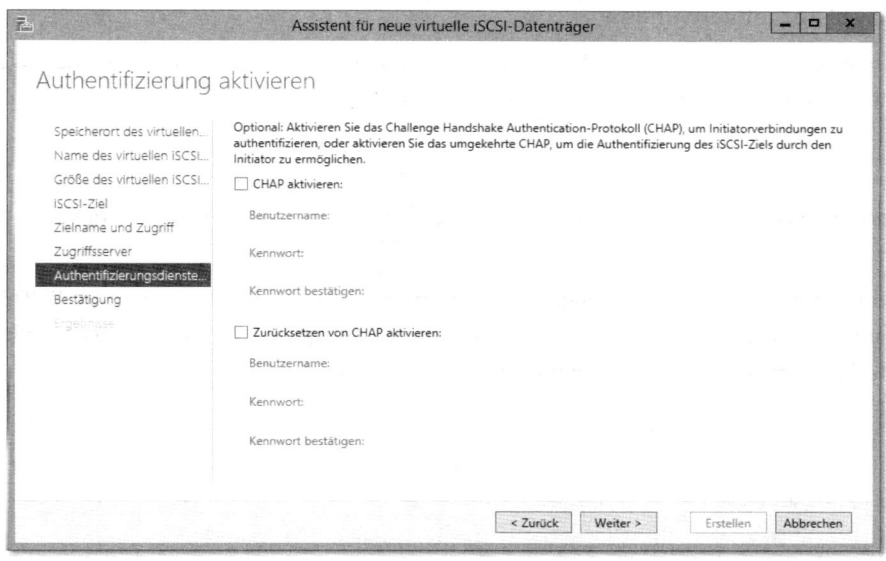

Abbildung 15.107 Die Authentifizierung kann für beide Richtungen eingestellt werden.

Nun sind also iSCSI-Target und iSCSI-Datenträger angelegt. Abbildung 15.108 zeigt noch einen Blick auf den Server: Der iSCSI-Datenträger ist technisch eine VHDX-Datei, die Sie vielleicht aus dem Hyper-V-Umfeld kennen.

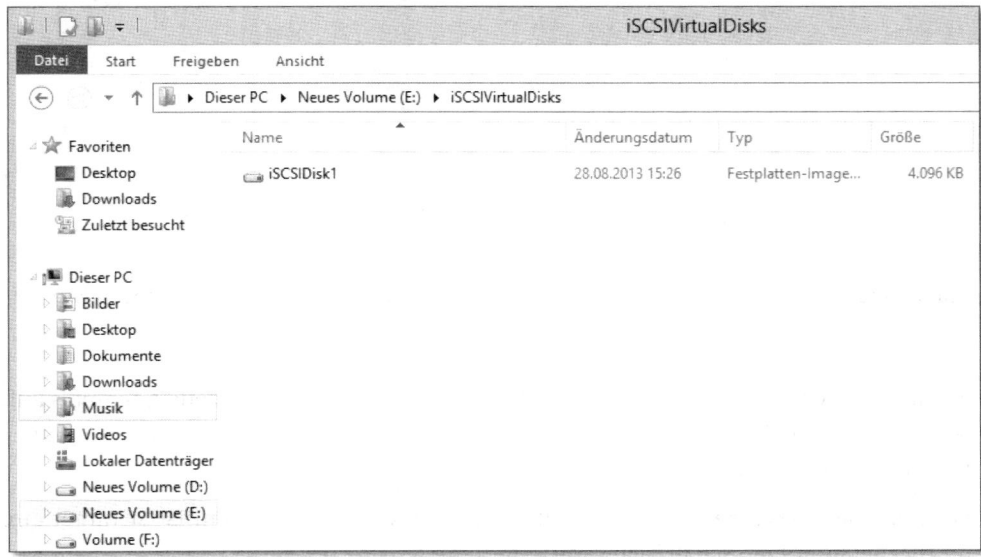

Abbildung 15.108 Der iSCSI-Datenträger ist technisch eine VDHX-Datei auf einer Festplatte des bereitstellenden Servers.

15.7.2 Ein iSCSI-Target verwenden

Das zuvor angelegte iSCSI-Target soll natürlich nun auch verwendet werden. Dies zeige ich Ihnen von dem Server aus, der zuvor als Initiator eingetragen wurde.

> **Hinweis**
>
> Die hier gezeigte Vorgehensweise gilt auch beim Zugriff auf Dritthersteller-iSCSI-Targets.

Die Konfiguration des iSCSI-Initiators wird in der Verwaltung aufgerufen. Abbildung 15.109 ist zwar auf einem Server 2012 R2 entstanden, aber auf Vorgängerversionen des Servers wie auch auf den Client-Betriebssystemen Windows 8.1/8/7/Vista sieht es genauso aus.

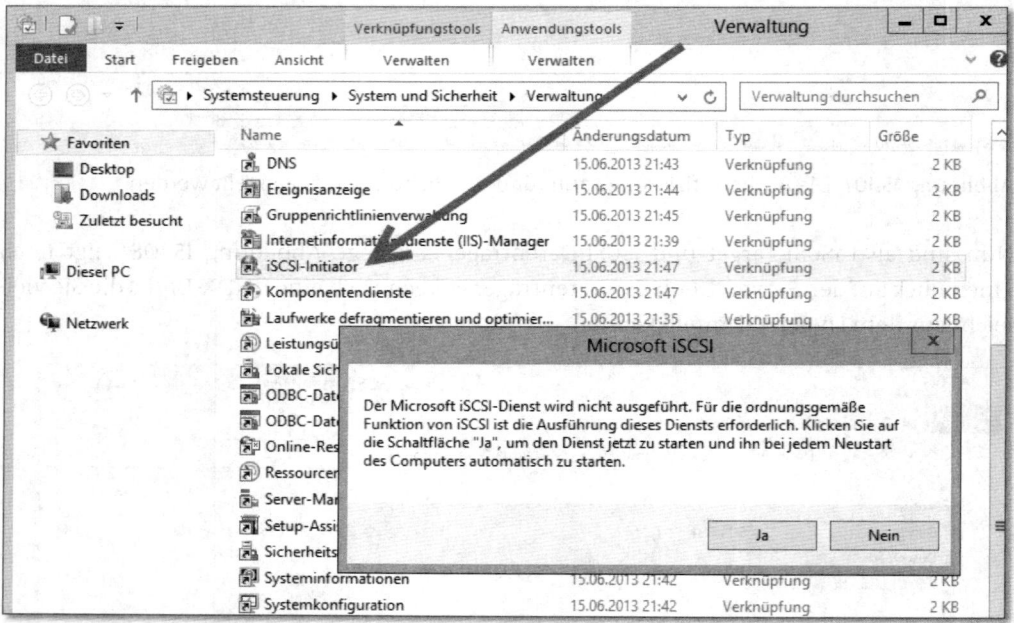

Abbildung 15.109 Beim ersten Aufruf der Konfiguration muss normalerweise der Dienst gestartet werden.

Starten Sie also den iSCSI-Dienst, und rufen Sie das Konfigurationswerkzeug nochmals auf. Sie gelangen zu dem Dialog aus Abbildung 15.110. Am einfachsten geht es, wenn Sie über SCHNELL VERBINDEN gehen:

▶ Tragen Sie den Servernamen oder die IP-Adresse des Servers mit dem iSCSI-Target ein, und klicken Sie auf die Schaltfläche SCHNELL VERBINDEN – fertig.

▶ Es öffnet sich ein weiterer Dialog, der die Verbindung mit dem iSCSI-Target bestätigen sollte.

15.7 iSCSI-Zielserver (iSCSI-Taget)

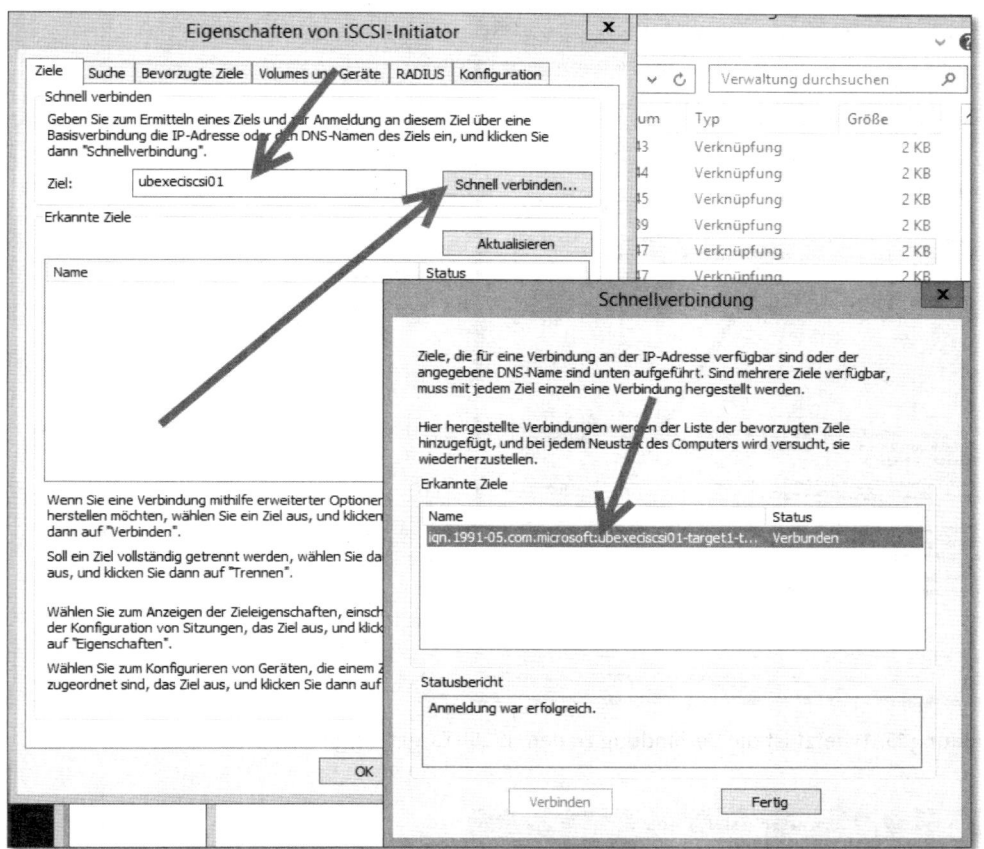

Abbildung 15.110 Sie machen sich das Leben am einfachsten, wenn Sie über »Schnell verbinden« gehen.

Wenn alles glattgegangen ist, sollte das Target dann mit dem Status VERBUNDEN in der Liste aus Abbildung 15.111 zu sehen sein. Weitere Konfigurationsoptionen stehen über die Schaltflächen zur Verfügung.

Wenn die Verbindung zum iSCSI-Target aufgebaut ist, wechseln Sie auf die Registerkarte VOLUMES UND GERÄTE (Abbildung 15.112). Dort wird zunächst in der Volumeliste nichts eingetragen sein. Sie haben nun zwei Möglichkeiten:

- Über die Schaltfläche HINZUFÜGEN können Sie gezielt einzelne iSCSI-Datenträger hinzufügen.
- Die Schaltfläche AUTOM. KONFIGURIEREN fügt alle Volumes dieses Targets hinzu. Das ist einfach, aber eventuell zu »pauschal«.

877

15 Dateisystem und Dateidienste

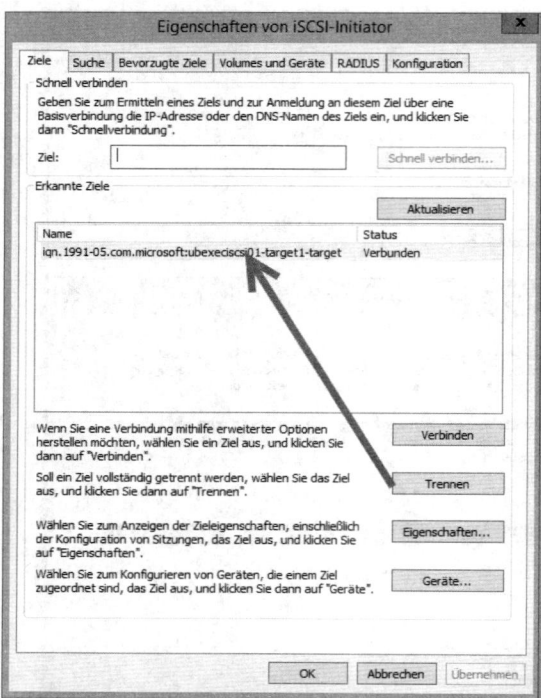

Abbildung 15.111 Jetzt ist die Verbindung zu dem iSCSI-Target aufgebaut.

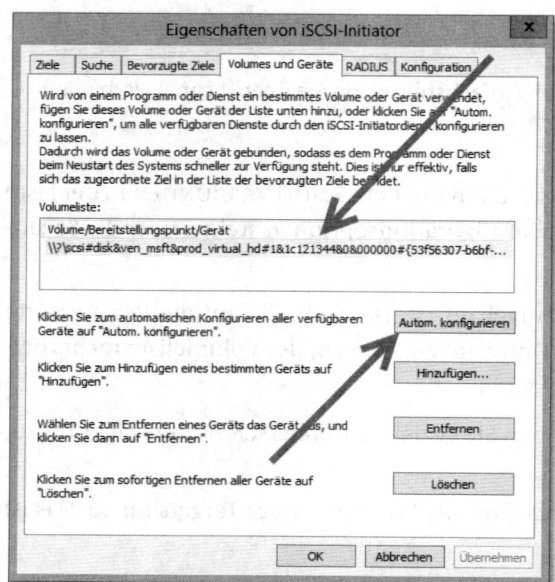

Abbildung 15.112 »Autom. konfigurieren« weist alle vorhandenen Geräte zu – einfach, unter Umständen aber zu »pauschal«.

Ein Blick auf die Registerkarte KONFIGURATION ist nicht uninteressant (Abbildung 15.113): Hier sehen Sie den Namen des iSCSI-Initiators, den Sie im Target als berechtigt eintragen können. Diverse andere Konfigurationsoptionen, beispielsweise zur Authentifizierung (CHAP) stehen ebenfalls zur Verfügung – insgesamt ist das selbsterklärend.

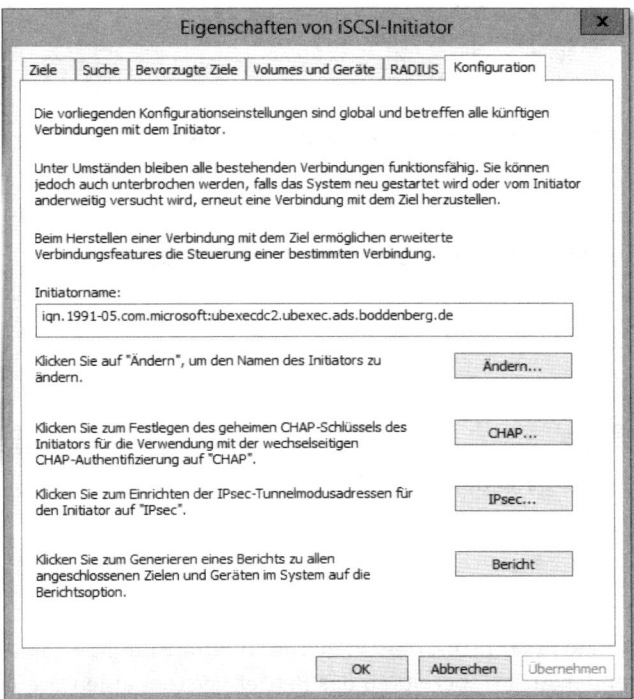

Abbildung 15.113 Auf dieser Registerkarte gibt es diverse zusätzliche Optionen.

Das Ergebnis der Bemühungen ist auf Abbildung 15.114 in der DATENTRÄGERVERWALTUNG zu sehen. Der über das iSCSI-Target bereitgestellte Datenträger wird wie eine normale Festplatte dargestellt. Er muss online geschaltet und initialisiert werden, dann kann man eine Partition anlegen und diese formatieren – und benutzen!

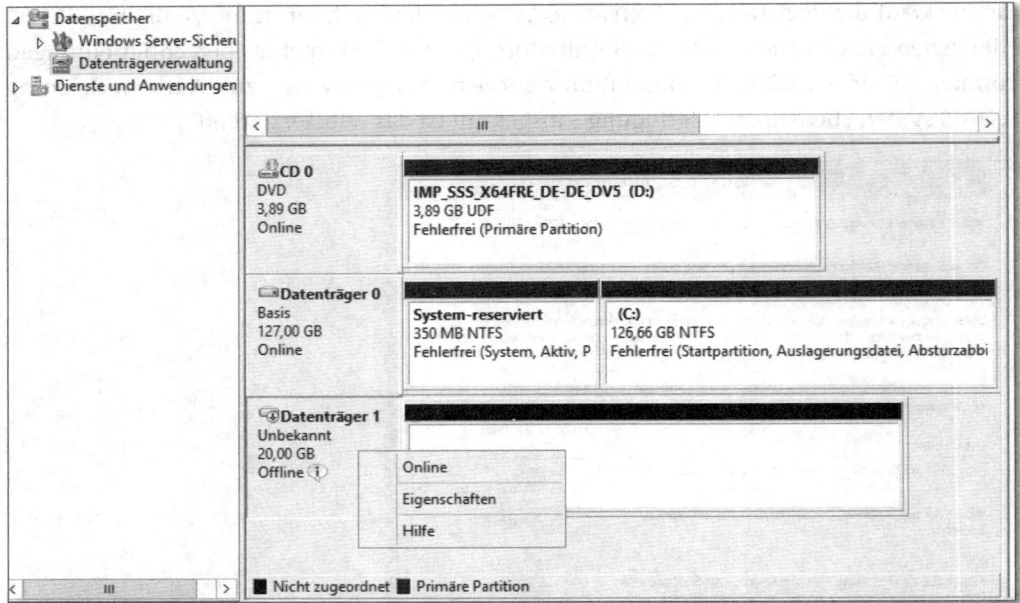

Abbildung 15.114 Das iSCSI-Volume ist in der Datenträgerverwaltung ein normaler Datenträger.

15.8 Datendeduplizierung

Es ist nun keine wirklich überraschende Erkenntnis, dass viele Daten einfach doppelt vorhanden sind. So ist es ein naheliegender Ansatz, bereits in das Betriebssystem eine Datendeduplizierung zu integrieren. Und genau das bringt Server 2012 mit. Die Funktion ist als gleichnamiger Rollendienst umgesetzt, der einfach installiert werden kann und keine weiteren »Rückfragen« stellt (Abbildung 15.115).

Bevor Sie hoffnungsfroh installieren, möchte ich darauf hinweisen, dass die Deduplizierung kein Allheilmittel ist. In der Regel ist sie beispielsweise in folgenden Szenarien gut geeignet:

- Ordnerumleitungsserver
- Virtualisierungsdepot oder Bereitstellungsbibliothek
- Softwarebereitstellungsfreigaben
- SQL Server- und Exchange Server-Sicherungsvolumes

Ungeeignet ist der Ansatz beispielsweise in diesen Szenarien:

- Hyper-V-Hosts (Grund: Die Dateien sind niemals geschlossen.)
- VHDs in einer virtuellen Desktopinfrastruktur (Virtual Desktop Infrastructure, VDI)
- WSUS (Hier gibt es so gut wie keine Duplizierung.)

- Server, auf denen SQL Server oder Exchange Server ausgeführt wird (Grund: Die Dateien sind niemals geschlossen.)
- Dateien mit einer Größe ab ca. 1 TB

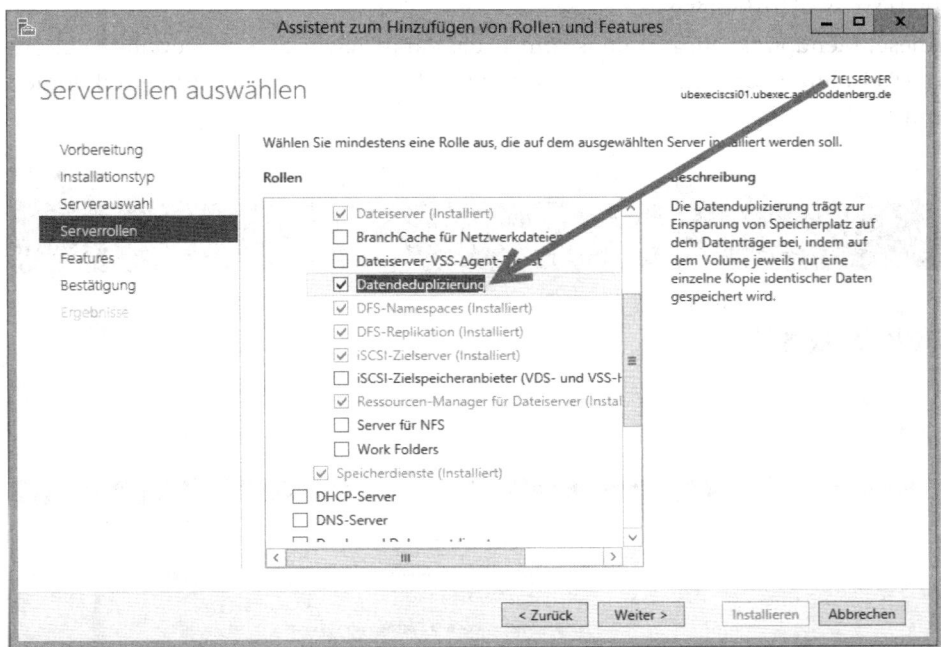

Abbildung 15.115 Der Rollendienst »Datendeduplizierung« installiert sich ohne weitere »Rückfragen«.

Sie können die Effizienz einer Deduplizierung relativ einfach ermitteln, indem Sie folgendes Kommando laufen lassen:

```
C:\> DDPEVAL \\server\folder /V
```

Oder:

```
C:\> DDPEVAL.EXE E:\Test\
```

> **Hinweis**
> Wenn Sie das neue ReFS nutzen möchten oder müssen, scheidet Deduplizierung ebenfalls aus. Sie funktioniert nur mit NTFS-Volumes.

Wenn der Deduplizierungsrollendienst installiert ist, ist das Aktivieren der Deduplizierung schnell und einfach erledigt (Abbildung 15.116):

- Im Kontextmenü des Volumes im Server-Manager gibt es den Menüpunkt DATENDEDUPLIZIERUNG KONFIGURIEREN.
- Falls dieser Menüpunkt ausgegraut ist, dürfte das daran liegen, dass das gewählte Volume kein NTFS-Volume, sondern mit ReFS formatiert ist. Merke: Deduplizierung funktioniert nur mit NTFS.

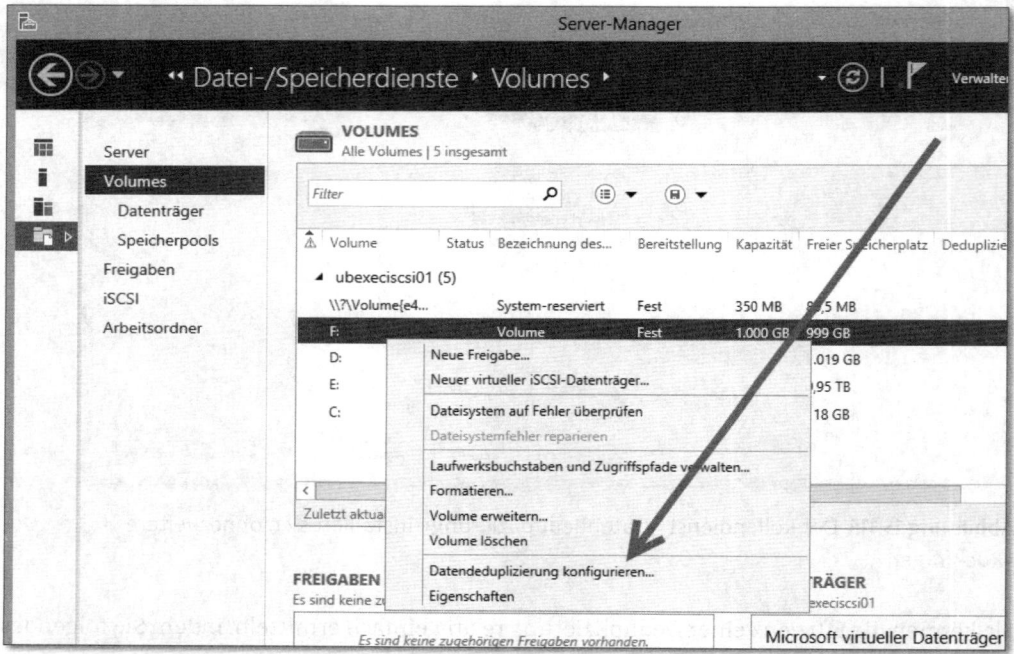

Abbildung 15.116 Im Kontextmenü des Volumes wird die Konfiguration vorgenommen.

Abbildung 15.117 zeigt den »Hauptdialog« der Deduplizierungskonfiguration. Wählen Sie ein Profil (ALLGEMEINER DATEISERVER oder VDI-SERVER) aus, und konfigurieren Sie ggf. Ausschlüsse.

Wichtig ist, dass für die Deduplizierung ein wenig Rechenzeit erforderlich ist. Der Dialog auf Abbildung 15.118 zeigt die Zeitplanungsoptionen – sie dürften so weit selbsterklärend sein.

15.8 Datendeduplizierung

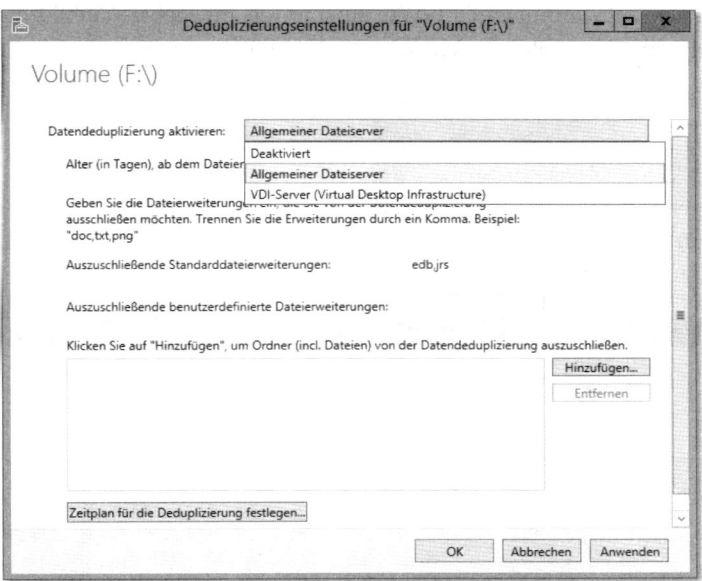

Abbildung 15.117 Hier wird die Deduplizierung aktiviert, zudem können Einstellungen vorgenommen werden.

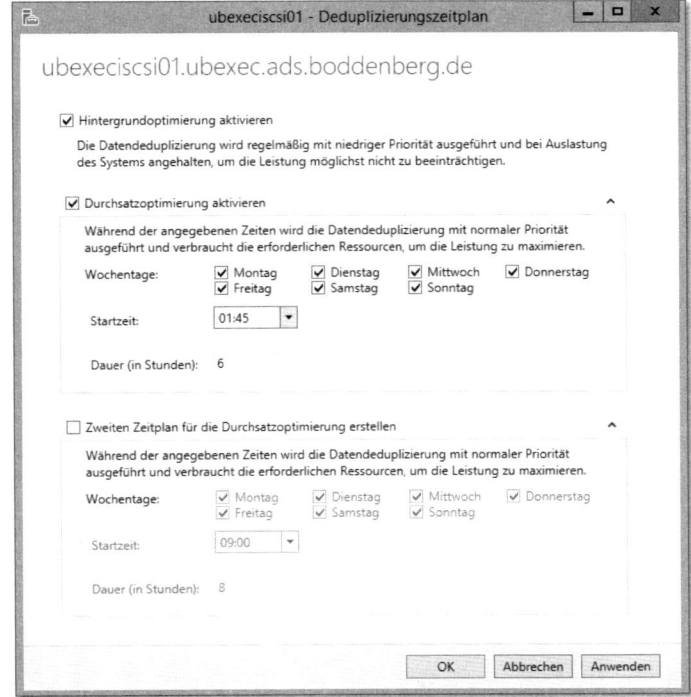

Abbildung 15.118 Zeitpläne zur Deduplizierung

Im Server-Manager wird eine Deduplizierungsrate und die Einsparung angegeben (Abbildung 15.119). Sie haben somit eine direkte Kontrolle, wie wirksam die Deduplizierung ist.

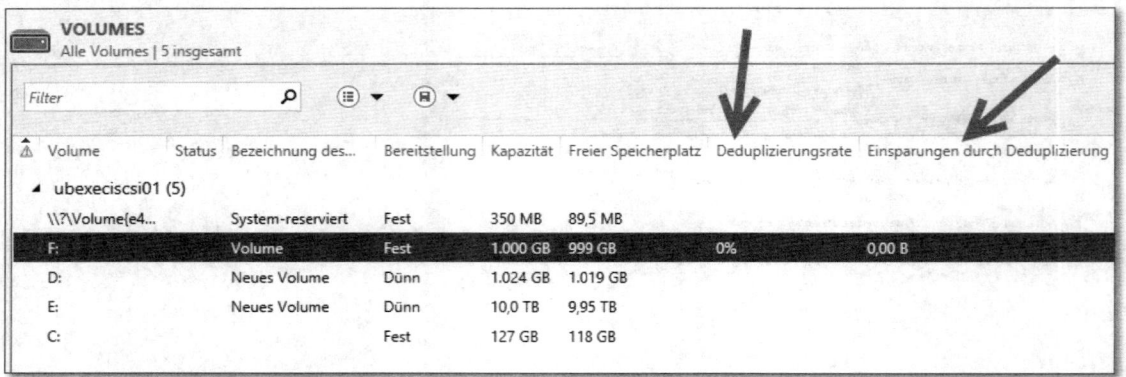

Abbildung 15.119 In der Übersicht gibt es eine kleine »Erfolgskontrolle«.

Kapitel 16
Drucken

Ihm antwortete darauf der mutige Renner Achilleus:
Sei getrost, und erkläre den Götterwink, den du wahrnahmst.
Denn bei Apollon fürwahr, Zeus Lieblinge, welchem, o Kalchas,
Flehend zuvor, den Achaiern der Götter Rat du enthüllest:
Keiner, so lang' ich leb', und das Licht auf Erden noch schaue,
Soll bei den räumigen Schiffen mit frevelnder Hand dich berühren

Ich kann mich erinnern, dass vor vielen Jahren prognostiziert wurde, dass »in Kürze« das papierlose Büro Realität werden würde. Heute arbeitet man zwar an der Optimierung des Druckens, allerdings nicht mit dem Ziel, auf absehbare Zeit auf Ausdrucke verzichten zu können. Papier hat ja auch durchaus einige Vorteile: Man kann es ins Meeting mitnehmen, darauf herumkritzeln, es problemlos weitergeben und vieles andere mehr. Natürlich könnte man viele der genannten Aspekte auch computerisiert erledigen: Wenn Tablet-PCs eines Tages wirklich dünn und weit verbreitet sind, dürften sie etliche »klassische Papier-Anwendungsfälle« abdecken – bis dahin werden aber sicherlich noch ein paar Jahre vergehen.

Die Optimierung der Druckumgebung findet übrigens an mehreren Fronten statt:

- *Minimierung der Kosten durch Vereinheitlichung*: Je weniger unterschiedliche Modelle zu pflegen sind, desto weniger Supportaufwand wird notwendig. Weiterhin lassen sich eventuell auch Einkaufsvorteile erzielen, wenn Sie die im Jahr benötigten 10.000 Tonerkartuschen nicht über vierzig, sondern nur über vier Modelle verteilen.

- *Minimierung der Kosten durch Zentralisierung*: Je weniger kleine Arbeitsplatzdrucker vorhanden sind, desto günstiger ist die Beschaffungs- und Supportsituation. Hier ist allerdings anzumerken, dass sich die wenigsten Mitarbeiter für die Idee begeistern werden, den eigenen Arbeitsplatzdrucker abzugeben und stattdessen jeden einzelnen Ausdruck vom Etagendrucker zu holen.

- *Optimierung durch Technik*: Vielfach wird die Beherrschung der Druckumgebung durch technische Einschränkungen erschwert: Stellvertretend möchte ich hier das Drucken aus einer Terminaldienstesitzung auf einen lokalen Drucker nennen. Microsoft hat für dieses Problem mit *Easy Print* einen Lösungsweg implementiert.

▶ *Optimierung der Finanzierung*: Mittlerweile bieten Druckerhersteller und Systemhäuser ein verändertes Beschaffungsmodell an: Die Kunden kaufen nicht mehr den Drucker und das Verbrauchsmaterial als Einzelpositionen, sondern bezahlen einen bestimmten Betrag pro gedruckter Seite. Der Hersteller/Händler kümmert sich dann auch um die automatische Lieferung des Verbrauchsmaterials und dergleichen mehr. Ob solche Modelle wirklich günstiger sind, ist von Fall zu Fall zu prüfen. Letztendlich muss der Kunde den Drucker und das Verbrauchsmaterial bezahlen, aber diese Frage ist wohl eher etwas für das Controlling als für die Technik.

Ich bin übrigens jemand, der viele SharePoint-Projekte durchführt, in denen es letztendlich darum geht, Geschäftsprozesse mit modernster Technik abzubilden oder zumindest zu unterstützen. Ich habe es bis jetzt in *jedem* Projekt erlebt, dass die Druckausgabe der in SharePoint gespeicherten Daten für die Anwender wichtig ist. Drucken bleibt also wichtig, und es kann sicherlich nicht schaden, sich mit diesem Thema durchaus etwas eingehender zu beschäftigen.

> **Hinweis**
> An dieser Stelle möchte ich darauf hinweisen, dass das Thema »Drucken im Terminaldienste-Umfeld mit Easy Print« in Abschnitt 19.9, »Drucken, Easy Print«, behandelt wird.

16.1 Einige Begriffe und Definitionen

In diesem Abschnitt möchte ich gern einige Begrifflichkeiten klären.

16.1.1 Druckerserver, Drucker und Druckerobjekte

Beim Drucken im Windows-Umfeld gibt es einige Objekte, die man auseinanderhalten muss. Dies sind übrigens wirklich »alte Hüte«, denn die folgenden Zusammenhänge gab es schon bei der ersten NT-Version (Abbildung 16.1):

▶ Der Client arbeitet die Druckdaten mittels eines lokalen Druckertreibers auf.

▶ Er sendet diese Daten an den Druckerserver, genauer gesagt an ein Druckerobjekt.

▶ Der Druckerserver speichert die Druckjobs zunächst auf seiner Festplatte zwischen und sendet sie an den entsprechenden Drucker.

Wichtig zu verstehen ist, dass das logische Druckerobjekt und der physikalische Drucker nicht notwendigerweise in einer Eins-zu-eins-Beziehung stehen.

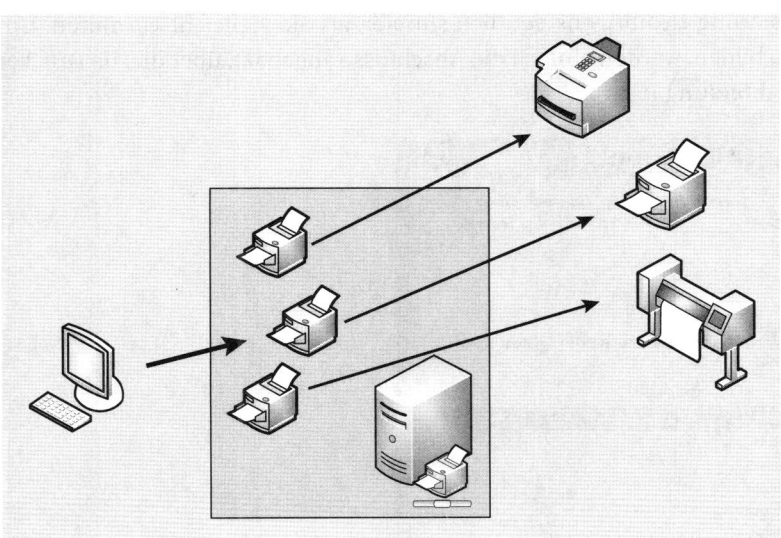

Abbildung 16.1 Der Client sendet die Druckdaten zu einem Druckerobjekt auf dem Druckerserver, der es zum eigentlichen Drucker sendet.

Druckerpools

Wenn an ein Druckobjekt sehr viele und/oder umfangreiche Druckjobs gesendet werden, könnte die Bildung eines Druckerpools notwendig sein. Das Prinzip ist in Abbildung 16.2 zu sehen: Das Druckerobjekt sendet die Druckaufträge schlicht und ergreifend zu mehreren physikalischen Druckern. Es versteht sich, dass diese baugleich sein sollten. Da der Client nicht wissen kann, auf welchem der Drucker letztendlich die Ausgabe erfolgt, sollten diese Drucker sinnvollerweise nebeneinanderstehen.

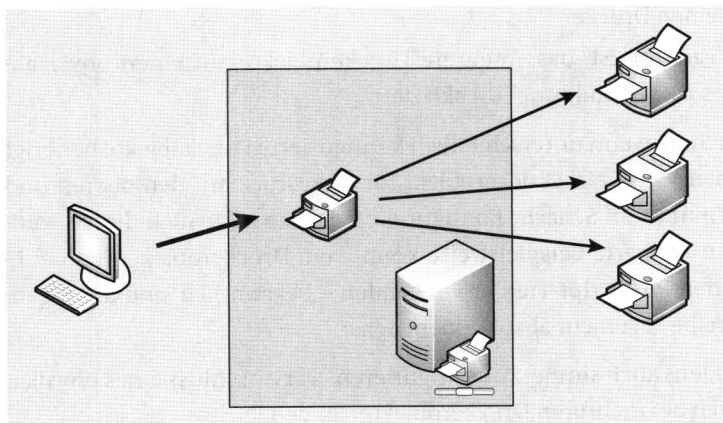

Abbildung 16.2 Ein Druckerobjekt verteilt die Druckjobs an mehrere Drucker.

Die technische Realisierung ist übrigens deutlich simpler, als Sie vielleicht vermuten. Um einen Druckerpool zu bilden, werden einfach die Anschlüsse angehakt, über die die Drucker angeschlossen sind (Abbildung 16.3).

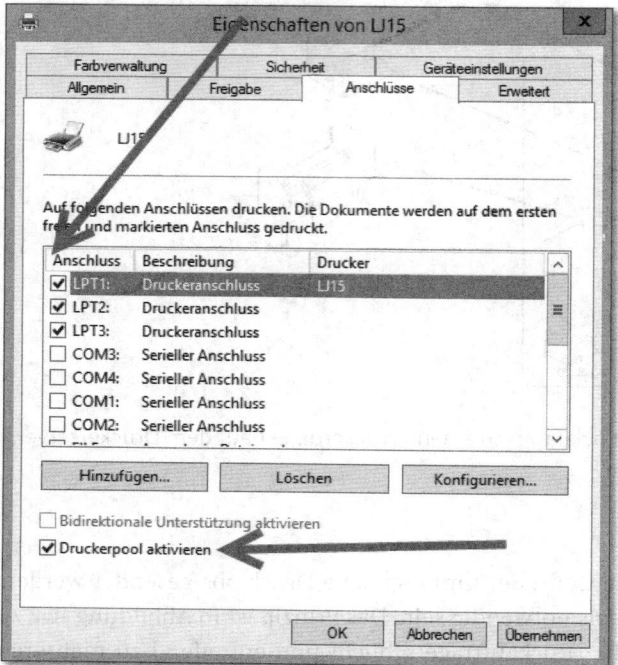

Abbildung 16.3 Ein Druckerpool wird dadurch gebildet, dass ein Druckerobjekt die Druckjobs an mehrere Drucker verteilt.

Mehrere Druckobjekte für einen Drucker

Die zweite Konfigurationsvariante ist, dass mehrere Druckerobjekte auf einen physikalischen Drucker drucken. Dies ist in Abbildung 16.4 skizziert.

Ein solches Szenario macht Sinn, wenn unterschiedlich konfigurierte Druckobjekte benötigt werden. Man könnte beispielsweise ein Druckerobjekt für den Druck auf den oberen und eines für den Druck auf den unteren Schacht konfigurieren. Denkbar ist auch die Verwendung von unterschiedlichen Treibern. Beispielsweise könnte ein Druckerobjekt einen PCL-Treiber und ein anderes einen Postscript-Treiber verwenden – bekanntlich sind die Ergebnisse von verschiedenen Treibern ja nicht absolut identisch.

Ein solches Szenario ist übrigens auch simpel zu konfigurieren: Der Anschluss eines physikalischen Druckers wird einfach bei mehreren Druckerobjekten angehakt.

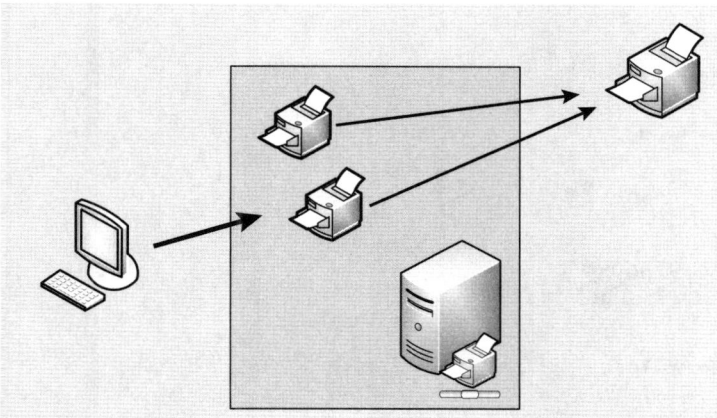

Abbildung 16.4 Mehrere (unterschiedlich konfigurierte) Druckobjekte können auf einen Drucker verweisen.

16.1.2 XPS

Im Frühjahr 2005 wurde XPS, die *XML Paper Specification*, von Microsoft vorgestellt. XPS ist letztendlich ein Format für elektronisches Papier, mit dem beliebige Inhalte transportiert werden können. Folgende Szenarien sind beispielsweise möglich:

- Der Anwender druckt mit einer Anwendung in eine XPS-Datei und kann diese beispielsweise per E-Mail versenden.
- Um eine Druckausgabe vorzunehmen, wird ein XPS-Dokument erstellt, das wiederum an einen XPS-fähigen Drucker geleitet wird.

An diesen Beispielen sehen Sie die Marschrichtung von XPS:

- Es ist ein Konkurrent für das PDF-Format beim Austausch von Dokumenten aller Art.
- Weiterhin wird es verwendet, um Ausgaben für Drucker vorzunehmen. Dies setzt aber voraus, dass der Drucker XPS-Datenströme verarbeiten kann.

Ein XPS-Druckerobjekt und ein XPS-Viewer sind automatisch ab Vista- und Windows Server 2008-Systemen vorhanden. Weiterhin sind diese Elemente vorhanden, wenn .NET Framework 3.0 (oder höher) installiert wird. Unter dem Suchbegriff »XPS Essentials« gibt es das Druckerobjekt und den Viewer übrigens auch als separaten Download (für XP und Windows Server 2003).

Aus Sicht des Endanwenders gibt es schlicht und ergreifend ein zusätzliches Druckerobjekt in der Auswahlliste, nämlich den MICROSOFT XP DOCUMENT WRITER (Abbildung 16.5, Dialog aus Word 2013). Mit diesem kann der Benutzer, ähnlich wie aus dem PDF-Umfeld bekannt, XPS-Dateien erzeugen, die dann weitergegeben werden können.

16 Drucken

Abbildung 16.5 Endanwender finden den »Microsoft XPS Document Writer« in der Liste der Drucker.

In einem Fachbuch interessieren natürlich auch die technischen Aspekte des Formats. Ein installiertes PKZIP-Programm kann die XPS-Datei direkt öffnen, da es sich letztendlich um eine ZIP-Datei handelt. Auf den ersten Blick sieht es im Inneren der Datei ähnlich wie in den OOXML-Dateien aus, die die Office 2007-Programme (und später) erzeugen (z.B. *docx*, *xlsx*, *pptx* etc.). Abbildung 16.6 zeigt eine mit PKZIP geöffnete XPS-Datei:

- Die zu druckenden Seiten sind in den *.fpage*-Dateien beschrieben. Es gibt beispielsweise *1.fpage*, *2.fpage* etc.
- Zu den Seitendateien gibt es jeweils eine *.rels*-Datei (Relations), in der beispielsweise die Referenzen auf Abbildungen abgelegt sind.
- Die verwendeten Abbildungen sind ebenfalls in dem ZIP-Archiv vorhanden.

XPS und Acrobat

Microsoft positioniert das XPS-Druckerobjekt und den XPS-Viewer übrigens nicht als direkte Konkurrenz zu Adobe Acrobat. Vielmehr handelt es sich bei XPS um eine Basistechnologie, die von Microsoft und seinen Partnern für den Austausch von Dokumenten verwendet wird (z.B. zum Drucken). Dass XPS sehr Acrobat-ähnlich verwendet werden kann, ist ein durchaus angenehmer »Nebeneffekt«.

XPS spielt übrigens auch eine Rolle beim Drucken in Terminaldienste-Umgebungen. Das Stichwort lautet *Easy Print*. Mehr dazu finden Sie in Abschnitt 19.9, »Drucken, Easy Print«.

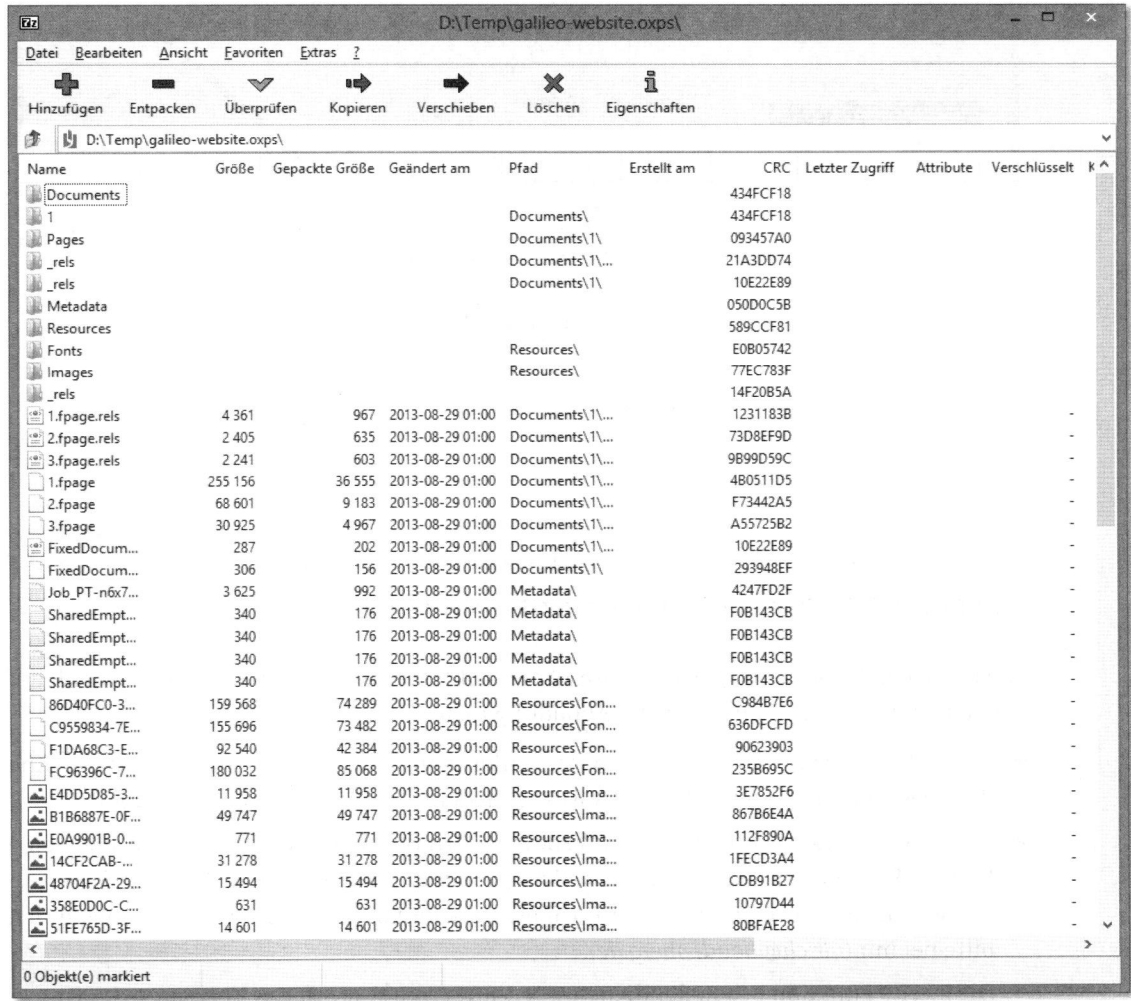

Abbildung 16.6 Ein XPS-Dokument »von innen«

16.2 Installation

Die Installation ist simpel. Man muss letztendlich nur wissen, dass es sich bei den Druckdiensten um eine Rolle handelt. Abbildung 16.7 zeigt den Installationsdialog des Server-Managers.

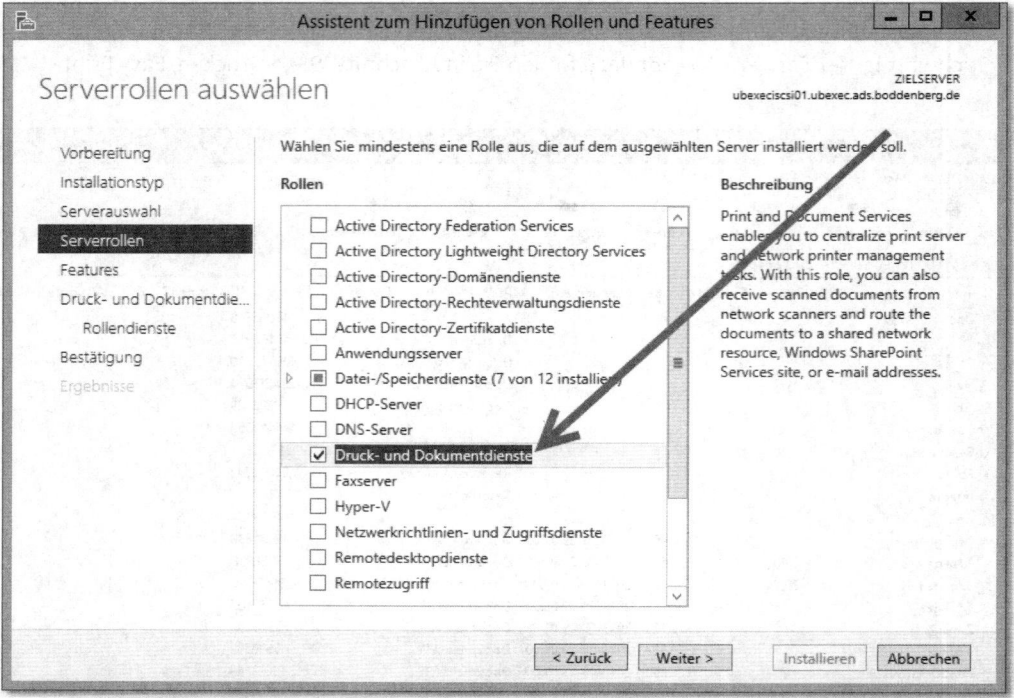

Abbildung 16.7 Die Druckdienste sind eine installierbare Rolle.

Die einzige Entscheidung, die Sie während der Installation treffen müssen, bezieht sich auf die zu installierenden Rollendienste (Abbildung 16.8):

- DRUCKERSERVER: Dies ist die eigentliche »Kernkomponente« der Druckdienste – ohne diesen Rollendienst gibt es keinen Ausdruck, jedenfalls nicht über diesen Server.

- INTERNETDRUCKEN: Mit diesem Rollendienst ermöglichen Sie das Drucken über eine HTTP/S-Verbindung, die im Zweifelsfall auch über das Internet geführt werden könnte – mir will dazu allerdings kein guter Business-Case einfallen. Wer einen kennt, melde sich bitte bei mir (ulrich@boddenberg.de).

  Die zweite Funktion des Rollendienstes INTERNETDRUCKEN ist das Verwalten der Druckaufträge auf dem Server über eine Weboberfläche.

- LPD-DIENST: Diesen Dienst verwenden Sie, wenn Sie Nicht-Windows-Clients unterstützen müssen, die »nur« über das LPD-Protokoll drucken können. Als Beispiel wären hier in erster Linie Unix-Systeme zu nennen.

- SERVER FÜR VERTEILTE SCANAUFTRÄGE: Dieser zentrale Scanserver ist eigentlich eine gute Idee, ist mangels Hardwareunterstützung der Scannerhersteller aber kaum nutzbar.

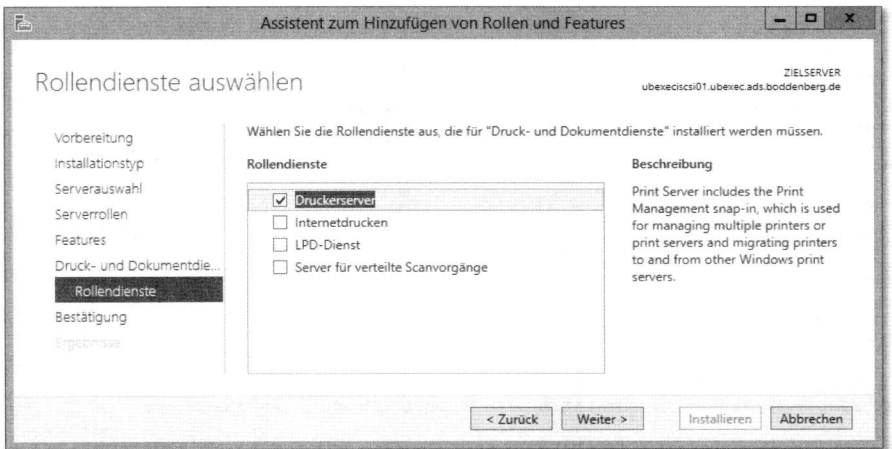

Abbildung 16.8 Die installierbaren Rollendienste; die Kernkomponente ist der »Druckerserver«.

16.3 Arbeiten mit der Druckverwaltung

Die offensichtlichste Neuerung zum Thema Drucken in Windows Server 2008 war das Werkzeug DRUCKVERWALTUNG, das die Konfiguration und das Management der Druckumgebung auf einer recht praktisch zu bedienenden Oberfläche vereint (Abbildung 16.9) – und die gibt es in Server 2012/R2 auch. Das Werkzeug taucht bei Servern mit installierten Druckdiensten in der Startmenügruppe VERWALTUNG auf. Eine weitere gute Nachricht ist, dass es in den Windows Server 2012-Administrationswerkzeugen für Windows 8/8.1 enthalten ist und dass somit auch vom Admin-PC aus die Konfiguration und Verwaltung der Druckerserver möglich ist.

Ein erster Blick auf die DRUCKVERWALTUNG zeigt zwei Bereiche (Abbildung 16.9):

▶ Unter dem Knoten DRUCKERSERVER finden Sie ein wenig überraschend die Druckerserver, mit dem Sie das Werkzeug verbunden haben. Standardmäßig gibt es zunächst »nur« den lokalen Druckerserver. Unterhalb eines Druckerservers befinden sich die einzelnen Konfigurationspunkte, also TREIBER, FORMULARE, ANSCHLÜSSE und DRUCKER. Das sind alles Aspekte, die Sie bereits aus der Druckerkonfiguration der früheren Windows Server-Versionen kennen; seit Windows Server 2008 finden Sie nun alles unter einer einheitlichen Oberfläche.

▶ Der andere Bereich ist mit BENUTZERDEFINIERTE FILTER überschrieben. Hier finden Sie einige Standardansichten, die einen Überblick über alle Drucker geben, die nach verschiedenen Status gefiltert werden können. Eine Ansicht über alle Drucker im Zustand DRUCKER NICHT BEREIT ist natürlich nicht ganz unpraktisch.

Selbstverständlich können Sie auch eigene Filter bzw. Ansichten definieren.

16 Drucken

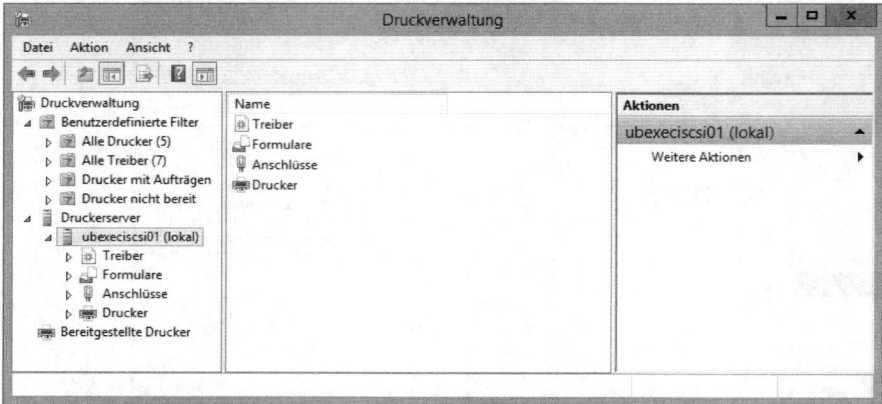

Abbildung 16.9 In Windows Server 2008/2012 wird das Drucken mit der »Druckverwaltung« eingerichtet und administriert.

16.3.1 Drucker installieren

Das Installieren eines neuen Druckers auf dem Druckerserver ist angenehm unproblematisch. Im Kontextmenü des Knotens DRUCKER starten Sie den Vorgang mit dem Menüpunkt DRUCKER HINZUFÜGEN (Abbildung 16.10). Die erste Frage des Installationsassistenten ist, wie der neue Drucker gefunden werden kann bzw. angeschlossen ist:

- Falls Sie einen neuen Drucker einrichten möchten, dürfte normalerweise die Option EINEN NEUEN TCP/IP... die richtige Wahl sein.
- Wenn Sie zu einem bestehenden Drucker ein zusätzliches Druckerobjekt hinzufügen möchten, wählen Sie NEUEN DRUCKER UNTER VERWENDUNG... Dies ist übrigens auch die richtige Option, falls Sie einen Drucker an einem Standardanschluss wie LPT1: angeschlossen haben.

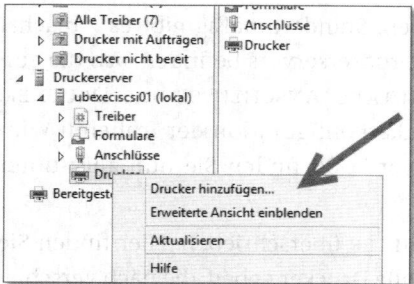

Abbildung 16.10 Hinzufügen eines Druckers

Wenn Sie einen TCP/IP-Drucker installieren, tragen Sie im nächsten Dialog die IP-Adresse ein (Abbildung 16.11). Auf Wunsch können Sie dort die Checkbox ZU VERWENDENDEN DRUCKER-

TREIBER AUTOMATISCH ERMITTELN aktiviert lassen. Der Assistent wird dann über das Netzwerk den Typ des Druckers ermitteln und den passenden Treiber vorschlagen.

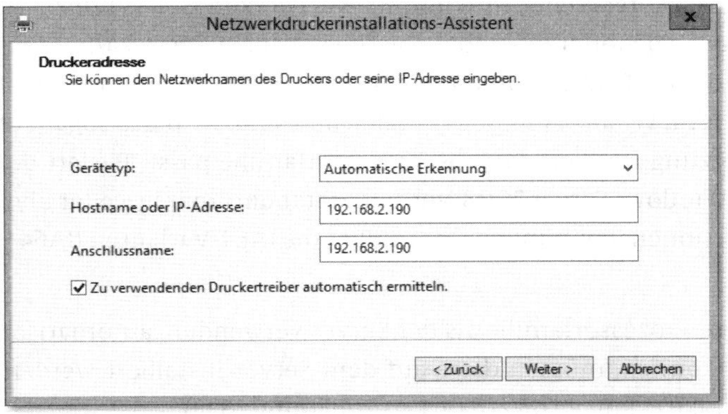

Abbildung 16.11 Bei TCP/IP-Druckern wird die IP-Adresse eingetragen. Außerdem können Sie das Installieren eines neuen Treibers wählen.

Falls es im Lieferumfang von Windows Server 2012 keinen passenden Treiber für den gefundenen Drucker gibt, steht die oberste Option (DRUCKERTREIBER VERWENDEN, DEN DER ASSISTENT AUSGEWÄHLT HAT) nicht zur Verfügung. Sie können nun einen bereits auf dem Server installierten Treiber auswählen oder die Option EINEN NEUEN TREIBER INSTALLIEREN wählen.

Wenn Sie die Option EINEN NEUEN TREIBER INSTALLIEREN gewählt haben, gelangen Sie zu dem altbekannten Dialog zur Auswahl von Hersteller und Druckertyp. Hier finden Sie dann auch die Schaltfläche DATENTRÄGER zum Einspielen eines Treibers, den Sie aus dem Internet oder über CD bezogen haben. Der letzte Schritt ist dann die Auswahl des Druckernamens und des Freigabenamens (Abbildung 16.12).

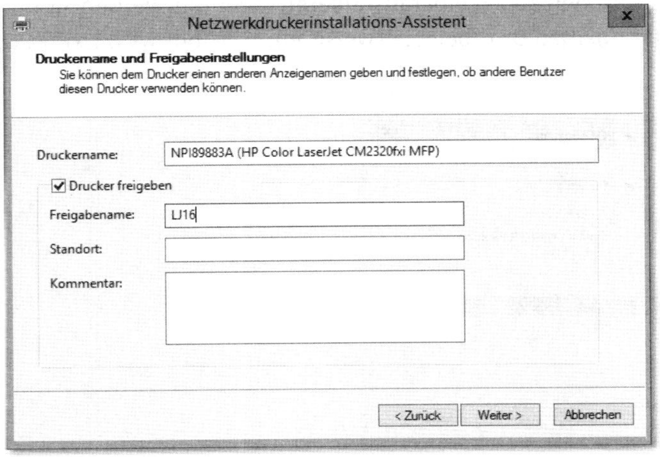

Abbildung 16.12 Auswahl des Druckertreibers und des Freigabenamens

16.3.2 Zusätzliche Treiber installieren

Wenn ein Client sich mit einem Druckerobjekt verbindet, benötigt er einen Treiber – daran ändert auch die ganze Netzwerkdruckerei nichts. In Windows-Netzwerken ist das *prinzipiell* sehr komfortabel, weil der Client den benötigten Treiber »on the fly« installieren kann – vorausgesetzt, der Druckerserver hält den Treiber für den Client bereit. Wenn die Clients nicht gerade auf dem Stand Windows NT4, Windows 95 oder dergleichen sind, wird das sogar auf Anhieb funktionieren. Voraussetzung ist aber, dass die Prozessorfamilie passt: Basiert der Server auf der x64-Variante von Windows Server 2008, verfügt er standardmäßig weder über den Druckertreiber für 32-Bit-Versionen von Windows noch über die IA64-Varianten (IA64 = Itanium).

Damit die Clients, die eine andere Prozessorfamilie als der Server verwenden, automatisch die benötigten Treiber erhalten können, müssen diese auf dem Server installiert werden. Dies geschieht über den Menüpunkt TREIBER HINZUFÜGEN (Abbildung 16.13).

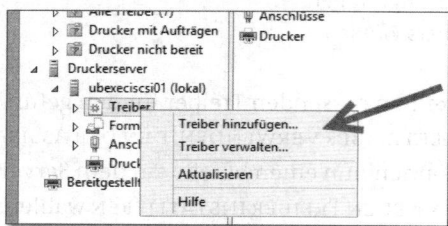

Abbildung 16.13 Weitere Treiber können hinzugefügt werden.

Der Assistent wird zunächst abfragen, für welche Prozessorfamilien ein Treiber installiert werden soll (Abbildung 16.14). Auf der Betriebssystem-CD eines Windows Server 2008 werden nur Treiber für die »eigene« Prozessorversion vorhanden sein. Wenn Sie beispielsweise auf einem x64-Windows Server 2012 einen x86-Treiber installieren möchten, werden Sie diesen von einem anderen Installationsmedium, beispielsweise einer Windows-8.1-x86-CD, laden müssen (Abbildung 16.15).

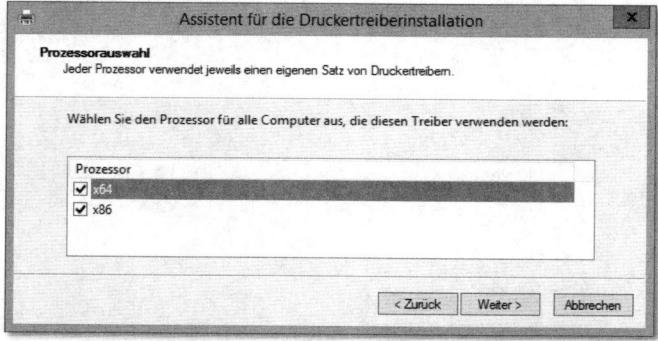

Abbildung 16.14 Wählen Sie aus, für welche Prozessorversionen Treiber installiert werden sollen.

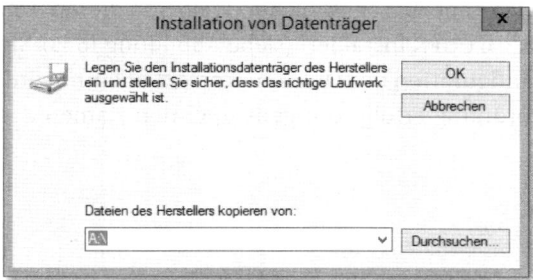

Abbildung 16.15 Wenn Treiber für eine andere Prozessorversion installiert werden, wird der Pfad zu den Treibern erfragt.

Wichtig ist, dass Sie darauf achten, dass die x64- und x86-Treiber aus derselben Generation kommen. Das heißt: Ich würde nicht die x64-Treiber von der Windows Server 2012-CD und die x86-Treiber von Windows XP verwenden. Das funktioniert zwar, ich hätte aber die Befürchtung, dass sich die Treiber bei der Druckaufbereitung ein wenig unterschiedlich verhalten und somit die Ausdrucke von x64- und x86-Systemen (leicht) unterschiedlich aussehen.

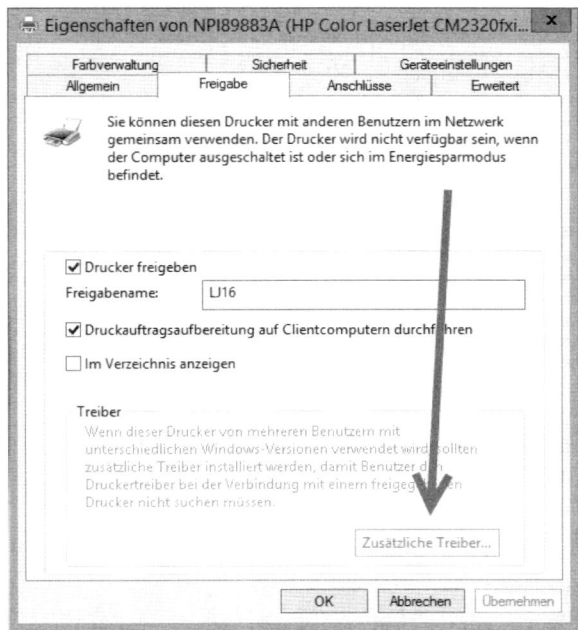

Abbildung 16.16 Die Konfiguration der zusätzlichen Treiber finden Sie auch in den Eigenschaften des Druckers.

Kleiner Hinweis zum Schluss: Die Konfiguration von zusätzlichen Treibern können Sie auch auf der Registerkarte FREIGABE des Eigenschaftendialogs des Druckers vornehmen. Abbildung 16.16 zeigt den entsprechenden Dialog. Ich habe den zusätzlichen Treiber in diesem Fall übrigens wie zuvor gezeigt über TREIBER HINZUFÜGEN installiert (siehe Abbildung 16.13). Sie sollten dann im Dialog sehen, dass in der Konfiguration des Druckers korrekt erkannt wird, dass der x86-Treiber vorhanden ist. Die Zuordnung erfolgt übrigens über den Namen des Druckertreibers.

16.3.3 Anschlüsse konfigurieren

In der DRUCKVERWALTUNG können Sie die Anschlüsse auch »außerhalb« des Konfigurationsdialogs eines Druckers bearbeiten; dies ist in Abbildung 16.17 gezeigt.

Wenn man sehr viele TCP/IP-Drucker an einem Druckerserver betreibt, ist diese Darstellung recht übersichtlich, birgt aber keine Überraschungen. Im Eigenschaftendialog eines Anschlusses stehen, zumindest bei TCP/IP-Anschlüssen, einige Einstellmöglichkeiten zur Verfügung.

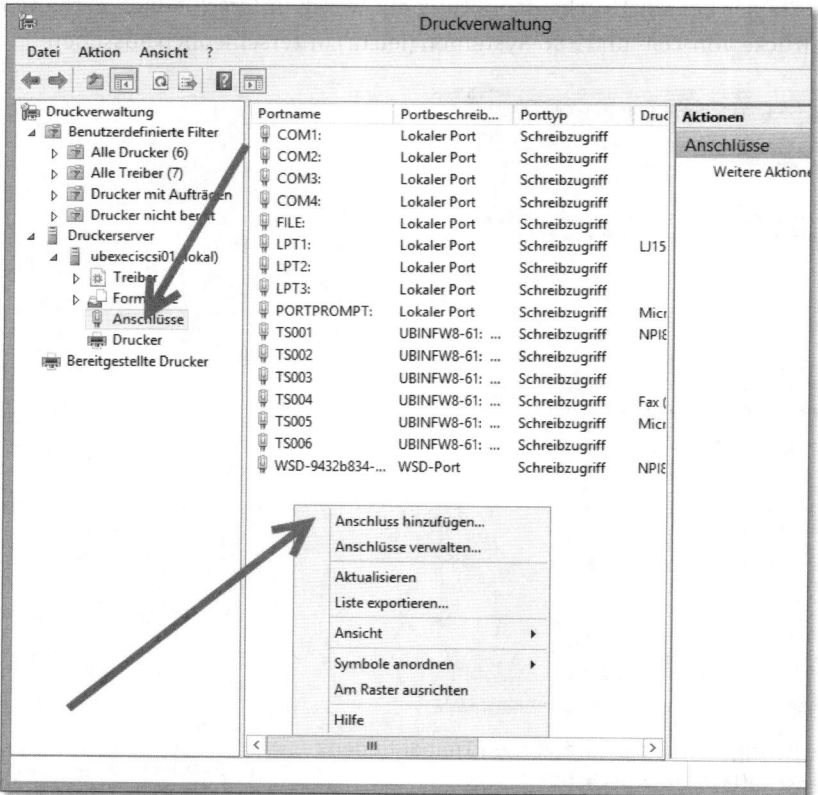

Abbildung 16.17 Die Anschlüsse können auf dieser Dialogseite verwaltet werden.

16.3.4 Druckerserver konfigurieren

Für den Druckerserver selbst stehen ebenfalls einige Konfigurationsmöglichkeiten zur Verfügung, die Sie vermutlich aus den Vorgängerversionen des Betriebssystems kennen. Prinzipiell gibt es zwei Dialoge, die Sie über das Kontextmenü des Druckerservers erreichen:

▶ Zunächst wäre der Eigenschaftendialog zu nennen. In diesem finden Sie übrigens auch die Konfigurationsmöglichkeiten für Formulare, Anschlüsse und Treiber. Interessant ist die Registerkarte ERWEITERT (Abbildung 16.18), auf der beispielsweise der Spoolordner definiert werden kann. In diesem werden alle Druckjobs vor dem Senden zum Drucker zwischengespeichert. Bei stark benutzten Druckerservern bietet es sich an, diesen Ordner von der Systemplatte auf eine zusätzliche Festplatte (bzw. auf RAID-Sets) zu verschieben.

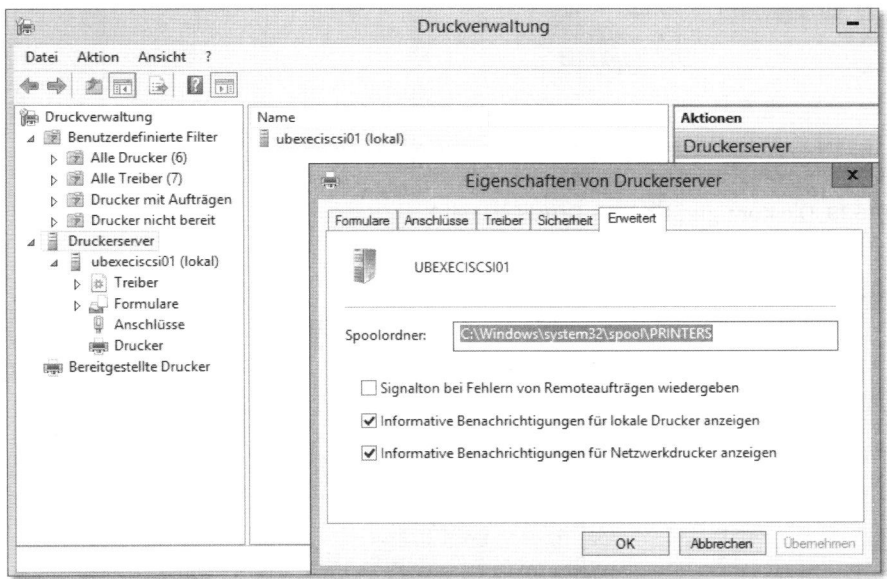

Abbildung 16.18 In den Eigenschaften des Druckerservers gibt es einige Aspekte, die Sie konfigurieren können.

16.3.5 Eigenschaften und Druckerstandards

Im Kontextmenü eines Druckerobjekts können Sie zwei weitere Dialoge aufrufen (Abbildung 16.19):

▶ Die Eigenschaften des Druckers werden in einem Dialog mit mehreren Registerkarten konfiguriert. Hier geht es neben den »physikalischen Eigenschaften« (z.B. ob eine Duplexeinheit installiert ist) auch um die Abwicklung der Druckaufträge, vornehmlich auf der Registerkarte ERWEITERT: Dort wird beispielsweise festgelegt, zu welchen Zeiten der Drucker zur Verfügung steht, mit welcher Priorität Druckaufträge an den Anschluss gesendet werden oder ob eine Trennseite gedruckt werden soll.

Interessant ist auch die Registerkarte SICHERHEIT, auf der festgelegt werden kann, welche Benutzer überhaupt dieses Druckerobjekt drucken können.

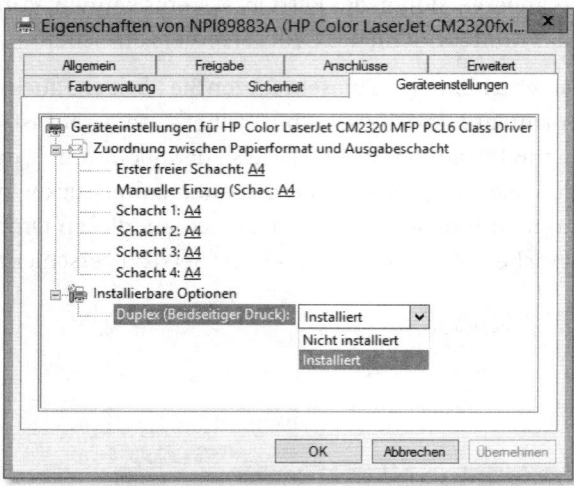

Abbildung 16.19 Die Konfiguration des Druckers, Teil 1

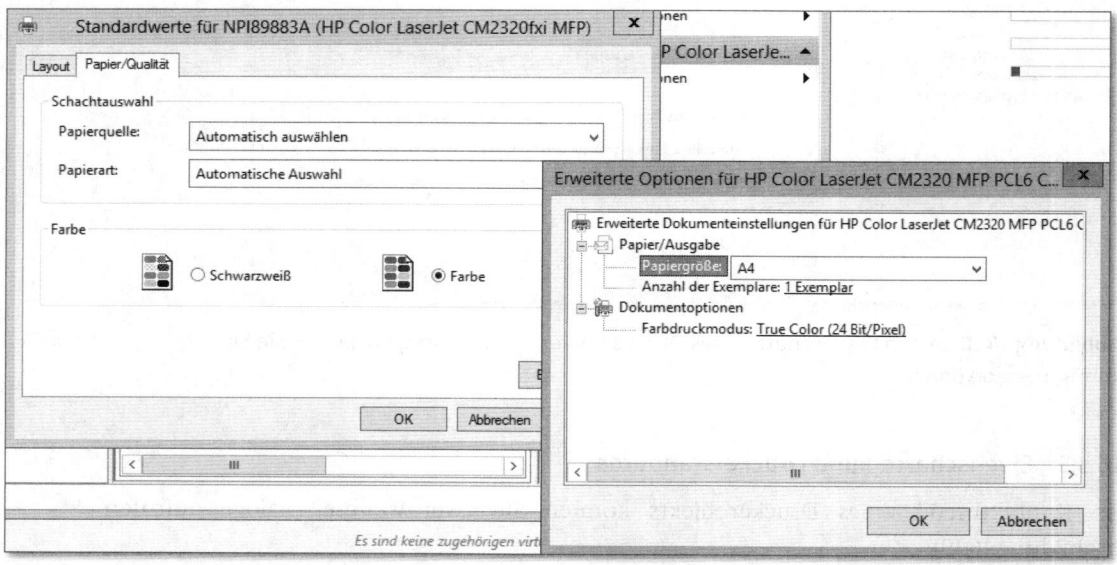

Abbildung 16.20 Die Konfiguration des Druckers, Teil 2

- Der Menüpunkt STANDARDWERTE FESTLEGEN führt zu einem Dialog, der dem Eigenschaftendialog ähnelt, den der Benutzer beim Initiieren des Druckjobs zu Gesicht bekommt. Hier können Sie beispielsweise festlegen, welcher Schacht für die Ausgabe verwendet werden soll (PAPIERQUELLE).

In der Praxis legt man übrigens häufig verschiedene Druckerobjekte für einen physikalischen Drucker an, die mit unterschiedlichen Standardwerten konfiguriert werden. Die Benutzer nutzen dann beispielsweise für die Ausgabe auf dem unteren Schacht ein anderes Druckerobjekt als für den Druck auf dem oberen Schacht des Druckers.

16.3.6 Import und Export der Konfiguration

Die Migration von Druckerservern mit vielen Objekten war bislang immer ein wenig »unschön«, da sich die Konfiguration nicht so ohne Weiteres exportieren und wieder importieren ließ. Die Druckerverwaltung seit Windows Server 2008 bringt Funktionen mit, die genau diese Anforderungen abdecken (Abbildung 16.21). Sie können auf diese Weise übrigens auch die Konfigurationen von älteren Druckerservern in eine Datei exportieren. Das Werkzeug unterstützt Betriebssysteme ab Windows 2000.

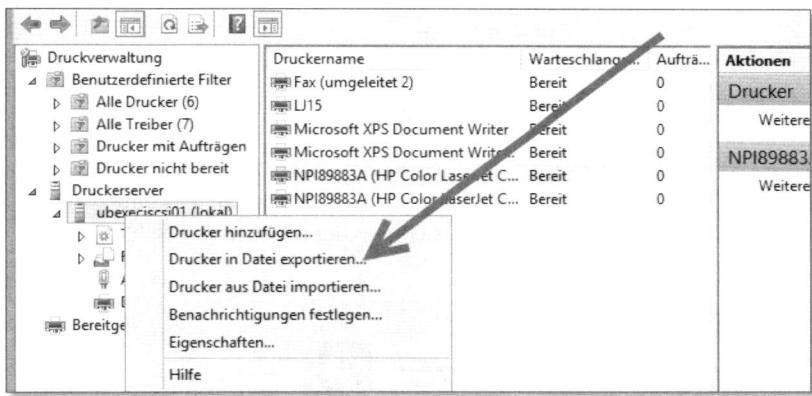

Abbildung 16.21 Praktisch für die Migration: Import und Export der Konfiguration

16.3.7 Arbeiten mit Filtern (Überwachen)

Auch zur Überwachung von Druckern bietet die Druckerverwaltung einige Funktionen. Der Grundgedanke dabei ist, dass Sie sich zunächst über verschiedene gefilterte Ansichten einen schnellen Überblick verschaffen können. So können Sie beispielsweise auf einen Blick erkennen, wenn Drucker den Status DRUCKER NICHT BEREIT haben (in diesem Fall wäre hinter der entsprechenden Ansicht die Zahl der betroffenen Drucker vermerkt). In der Liste der Drucker steht Ihnen das übliche Kontextmenü zur Verfügung, in dem Sie beispielsweise auch das Öffnen der Druckerwarteschlange aufrufen können (Abbildung 16.22).

Sie können natürlich beliebige eigene Ansichten definieren. Im Kontextmenü des Knotens BENUTZERDEFINIERTE FILTER findet sich ein Menüpunkt zum Hinzufügen. Die Konfiguration eines Filters ist in Abbildung 16.23 gezeigt; sie sollte selbsterklärend sein. Beachten Sie bitte, dass nicht jeder Drucker an jedem Anschluss alle Statusmeldungen zurückliefern wird.

Wenn Sie sehr detaillierte Status definieren möchten, sollten Sie testen, ob die Druckverwaltung wirklich die gewünschten Details erhält.

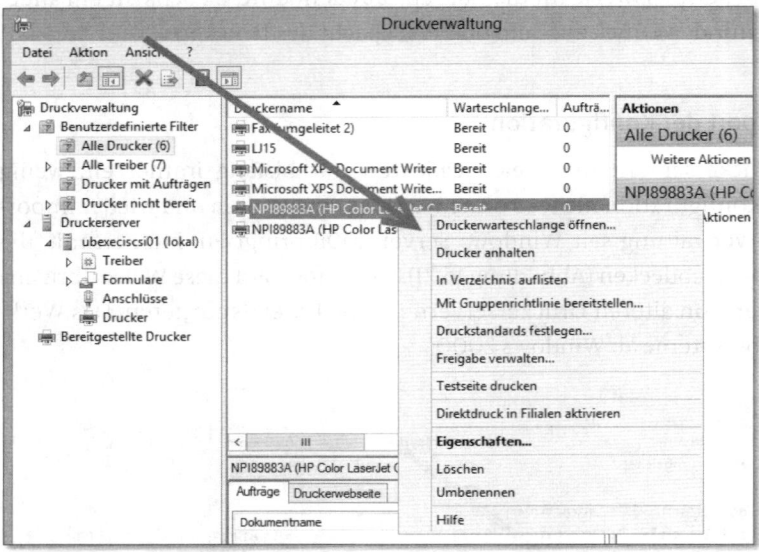

Abbildung 16.22 Über die gefilterte Ansicht erhalten Sie eine Liste der Drucker. Im Kontextmenü gibt es alle für Drucker benötigten Optionen, so auch das Öffnen der Druckerwarteschlange.

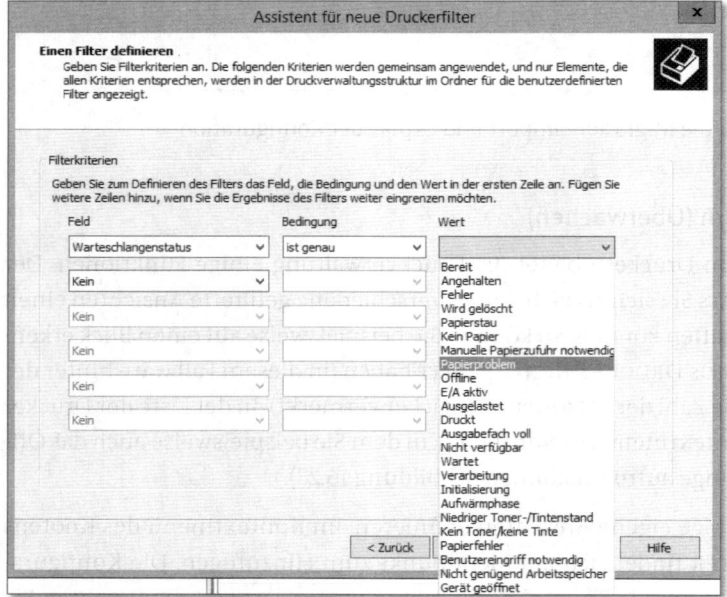

Abbildung 16.23 Selbstverständlich können Sie auch eigene Druckerfilter erstellen.

16.4 Drucker bereitstellen

Den Druckerserver zu konfigurieren ist zwar schon »ganz gut«, letztendlich ist aber noch die Frage zu lösen, wie die Drucker den Clients zugeordnet werden. Natürlich funktionieren die bewährten Methoden: Die Drucker können mittels Login-Skript zugeordnet werden; außerdem funktioniert natürlich auch das »manuelle Zuordnen« aus der Oberfläche heraus, wenn man den Namen des freigegebenen Druckers kennt.

Eleganter ist es, das Active Directory zu nutzen. Einerseits können Drucker im Verzeichnis eingetragen werden (was übrigens schon seit Windows 2000 geht), andererseits können die Drucker den Benutzern auch per Gruppenrichtlinie zugeordnet werden. Die Menüpunkte, um beides zu tun, finden Sie in den Eigenschaften des Druckers (Abbildung 16.24).

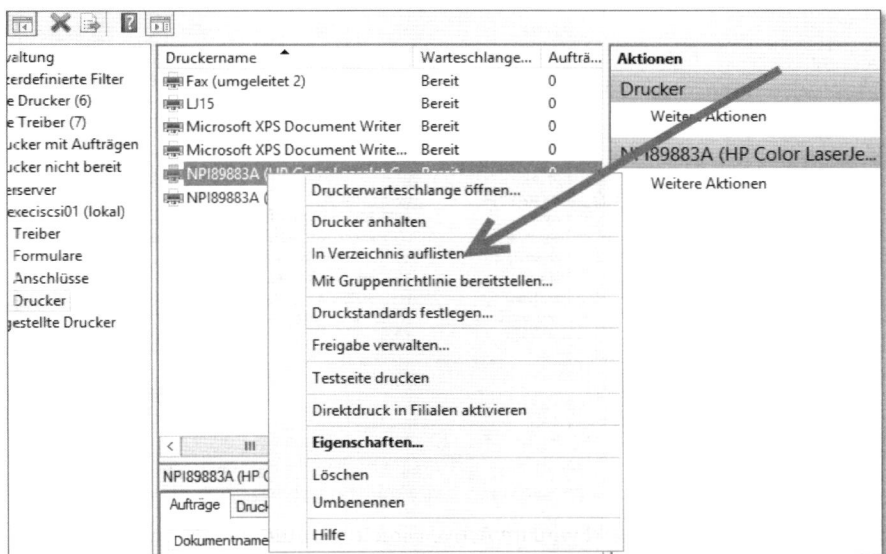

Abbildung 16.24 In den Eigenschaften des Druckers finden Sie zwei Menüpunkte, um den Drucker ins Active Directory einzubinden.

In Verzeichnis auflisten

Dass ein Drucker im Active Directory aufgelistet wird, also eingetragen wird und auffindbar ist, bewirken Sie mit einem simplen Mausklick auf den Menüpunkt IM VERZEICHNIS AUFLISTEN im Kontextmenü des Druckers (siehe Abbildung 16.24). Es ist natürlich nicht uninteressant, einmal zu schauen, was im Active Directory eingetragen wird. Abbildung 16.25 zeigt das Druckerobjekt im ADSI-Editor:

- Der Drucker wird als PRINTQUEUE-Objekt im Active Diretory eingetragen.
- Dieses Objekt befindet sich unterhalb des »zuständigen« Druckerservers.

▶ Das Objekt enthält diverse Attribute, die die »Fähigkeiten« des Druckers beschreiben, so zum Beispiel farbig drucken (PRINTCOLOR) oder Duplexdruck (PRINTDUPLEXSUPPORTED).

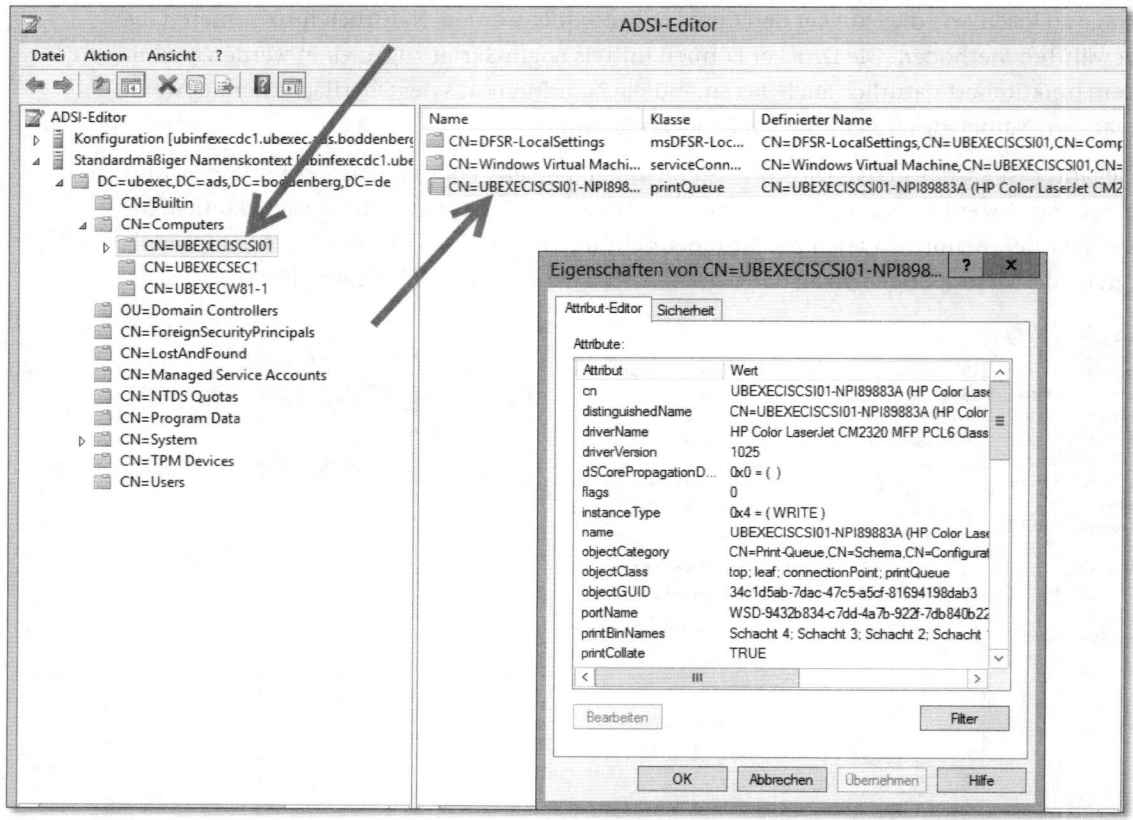

Abbildung 16.25 Das »printQueue«-Objekt wird im Active Directory unterhalb des jeweiligen Druckerservers angelegt.

Welche Effekte hat nun das Veröffentlichen eines Druckers im Active Directory?

Wenn Sie auf dem Client das Hinzufügen eines Druckers wählen, gelangen Sie zu dem Dialog aus Abbildung 16.26. Dort entscheiden Sie sich für das Hinzufügen eines Netzwerkdruckers. Daraufhin öffnet sich ein Dialog, in dem alle im Active Directory vorhandenen Drucker aufgelistet sind, mit denen der aktuelle Benutzer noch nicht verbunden ist (Abbildung 16.27). Per Mausklick können Sie dann eine Verbindung zum Drucker herstellen, was das Herunterladen und Installieren des Treibers nach sich zieht.

Kleine Anmerkung: Wenn der Drucker nicht im AD veröffentlicht ist, wählen Sie die Option DER GESUCHTE DRUCKER IST NICHT AUFGEFÜHRT. Sie gelangen damit zu einem Dialog, in dem Sie klassisch und per Hand den Namen des Druckerservers eingeben können.

16.4 Drucker bereitstellen

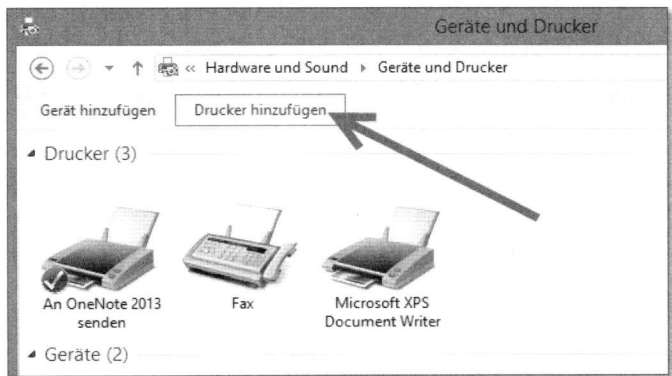

Abbildung 16.26 Hier startet das Hinzufügen eines Druckers.

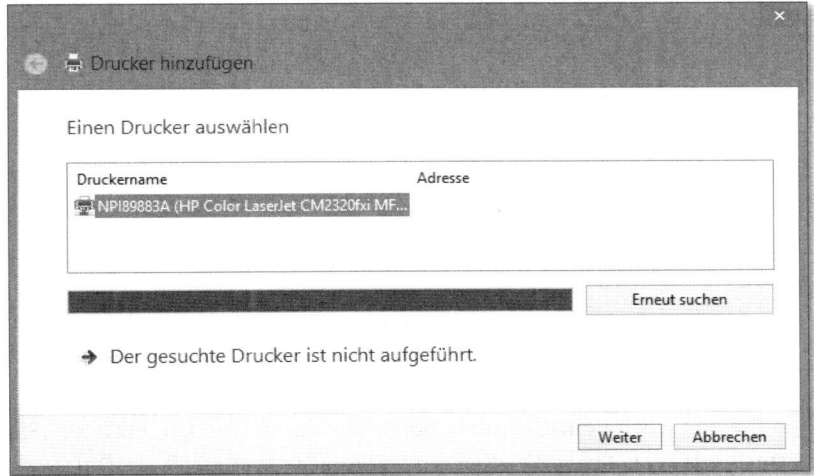

Abbildung 16.27 Danach werden alle im Active Directory vorhandenen Drucker aufgelistet, mit denen noch keine Verbindung besteht.

Mittels einer Gruppenrichtlinie bereitstellen

Wenn Sie ohnehin viel mit Gruppenrichtlinien arbeiten, liegt die Idee nahe, diese auch für die Bereitstellung der Drucker zu benutzen. Es wäre ja in der Tat auch wirklich praktisch, wenn Sie in ein vielleicht ohnehin schon vorhandenes Gruppenrichtlinienobjekt für die *OU Vertrieb* einfach die dort notwendigen Drucker hineinkonfigurieren könnten – und das Thema wäre erledigt.

Hurra, genau das können Sie machen:

▶ Wählen Sie im Kontextmenü eines Druckers den Menüpunkt MIT GRUPPENRICHTLINIE BEREITSTELLEN (siehe Abbildung 16.24).

- In dem Dialog, der dann erscheint, wählen Sie das Gruppenrichtlinienobjekt aus, dem Sie die Verbindung zu dem Drucker hinzufügen möchten (Abbildung 16.28).
- Achten Sie darauf, dass das Gruppenrichtlinienobjekt mit allen notwendigen OUs verknüpft ist.

Wie Sie im Dialog aus Abbildung 16.28 sehen, können Sie die Bereitstellung für Benutzer und/oder Computer konfigurieren. Wird ein Drucker für einen Computer bereitgestellt, können alle sich anmeldenden Benutzer diesen Drucker verwenden.

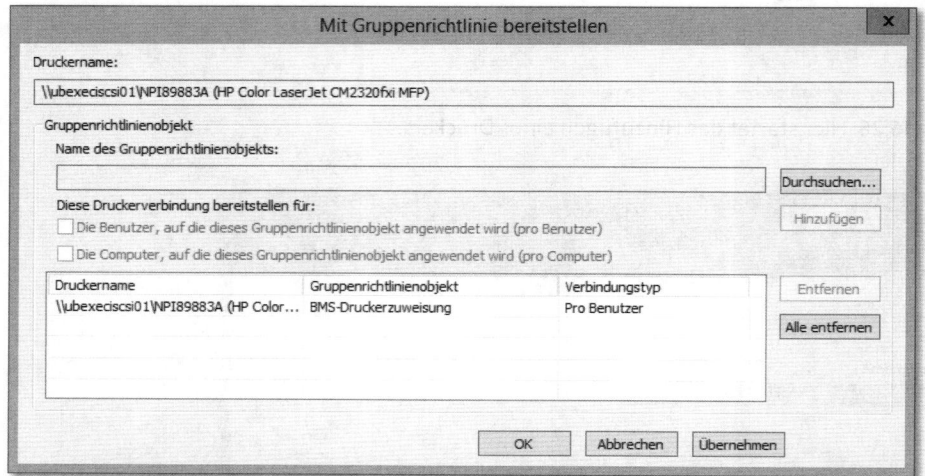

Abbildung 16.28 Der Dialog zum Bereitstellen eines Druckers mittels eines Gruppenrichtlinienobjekts

Einen Überblick über die per Gruppenrichtlinien bereitgestellten Drucker erhalten Sie übrigens auch in der DRUCKVERWALTUNG. Dort ist ein Knoten BEREITGESTELLTE DRUCKER vorhanden, der die entsprechend konfigurierten Drucker nebst den Gruppenrichtlinienobjekten anzeigt (Abbildung 16.29).

Bekanntlich hat auch die schönste Rose den einen oder anderen Dorn. In diesem Fall ist der Haken, dass die Bereitstellung von Druckern per Gruppenrichtlinie nur funktioniert, wenn die Clients mindestens Windows Vista oder Windows Server 2008 einsetzen. Wenn Sie ältere Betriebssysteme (Windows 2000 und höher) einsetzen, müssen Sie die Applikation *PushPrinterConnections.exe* ausführen, die in Windows Server 2008 enthalten ist. (Sie liegt im Ordner *c:\windows\system32*.) Sinnvollerweise integrieren Sie diese in das Anmelde-Skript des Gruppenrichtlinienobjekts. Falls Sie eine Zuweisung an Computer vornehmen, gibt es zwar kein Login-Skript, aber ein Starten-Skript.

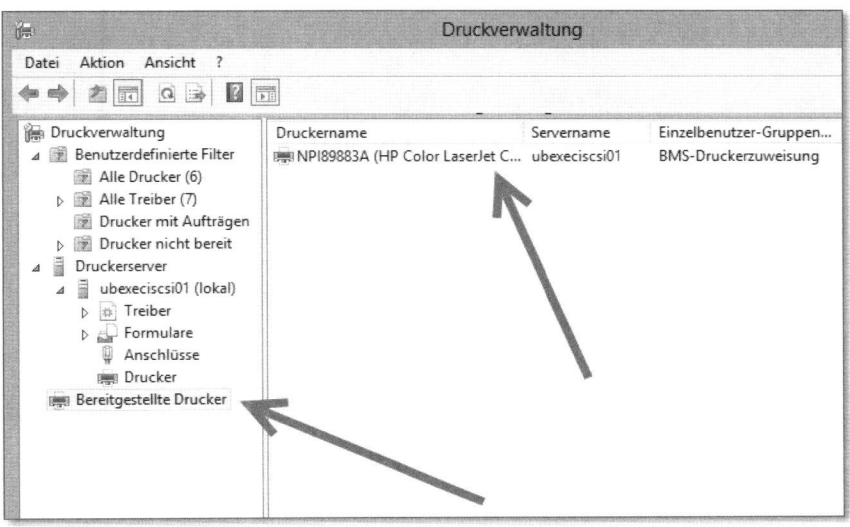

Abbildung 16.29 Die per Gruppenrichtlinien bereitgestellten Drucker werden unterhalb des gleichnamigen Knotens angezeigt.

Empfehlungen

Wenn Sie sich unsicher sind, wie Sie *PushPrinterConnections.exe* in das Anmelde- bzw. Starten-Skript bekommen, möchte ich Ihnen den Link *http://technet.microsoft.com/en-us/library/cc772505.aspx* empfehlen. Dort gibt es eine genaue Schritt-für-Schritt-Anleitung.

Falls in Ihrer Organisation keine Clients zum Einsatz kommen, die älter als Windows Vista sind, brauchen Sie *PushPrinterConnections.exe* nicht auszuführen.

Für eine weiterführende Beschäftigung mit dem Thema Gruppenrichtlinien möchte ich Ihnen Abschnitt 8.4 empfehlen.

Kapitel 17
Webserver (IIS)

Aller Achaier umher! und nenntest du selbst Agamemnon,
Der nun mächtig zu sein vor allem Volke sich rühmet!
Jetzo begann er getrost, und sprach, der untadliche Seher:
Nicht versäumte Gelübd' erzürnten ihn, noch Hekatomben;
Sondern er zürnt um den Priester, den also entehrt' Agamemnon

Um Microsofts Webserver, den *Internet Information Server* (IIS), einigermaßen umfassend abzuhandeln, müsste man eigentlich ein eigenes Buch mit circa 1.000 Seiten schreiben. Da sich das vorliegende Buch schwerpunktmäßig an Architekten und Administratoren wendet, kann man aber mit einer etwas reduzierten Darstellung die wichtigsten Aspekte abdecken – und genau das soll dieses Kapitel leisten.

Abbildung 17.1 zeigt den INTERNETINFORMATIONSDIENSTE-MANAGER, der auch mit vielen hübschen Symbolen nicht darüber hinwegtäuschen kann, dass es jede Menge Aspekte zu verstehen und zu konfigurieren gibt.

In den Anfangszeiten des »Webs« zeigten die Webserver mehr oder weniger statische Inhalte an. Das hatte mit den heutigen modernen Internet-, Extranet- und Intranet-Applikationen nicht viel zu tun. Heute ist »der Webserver« in vielen Unternehmen eine wichtige Drehscheibe für den Austausch und die Bereitstellung komplexer Informationen sowie für die Darstellung von Geschäftsprozessen – kurz gesagt: Er ist eine Applikationsplattform.

Die Probleme – oder besser gesagt die Herausforderungen – bestehen meiner Erfahrung nach auch nicht darin, den IIS dazu zu bringen, dass er einige statische HTML-Seiten anzeigt, sondern darin, das Gesamtkonstrukt mit Authentifizierung, Autorisierung, Zertifikaten und dergleichen mehr zu beherrschen.

In der Microsoft-Welt ist ASP.NET eine der Schlüsseltechnologien, die von vielen Applikationsentwicklern verwendet wird. Der IIS kann auch durchaus mit anderen Webtechnologien zusammenarbeiten. Meiner Erfahrung nach kommt aber niemand, der den IIS installiert und administriert, um einigermaßen profunde ASP.NET-Kenntnisse herum, weshalb das Thema in diesem Kapitel ebenfalls angesprochen wird.

17 Webserver (IIS)

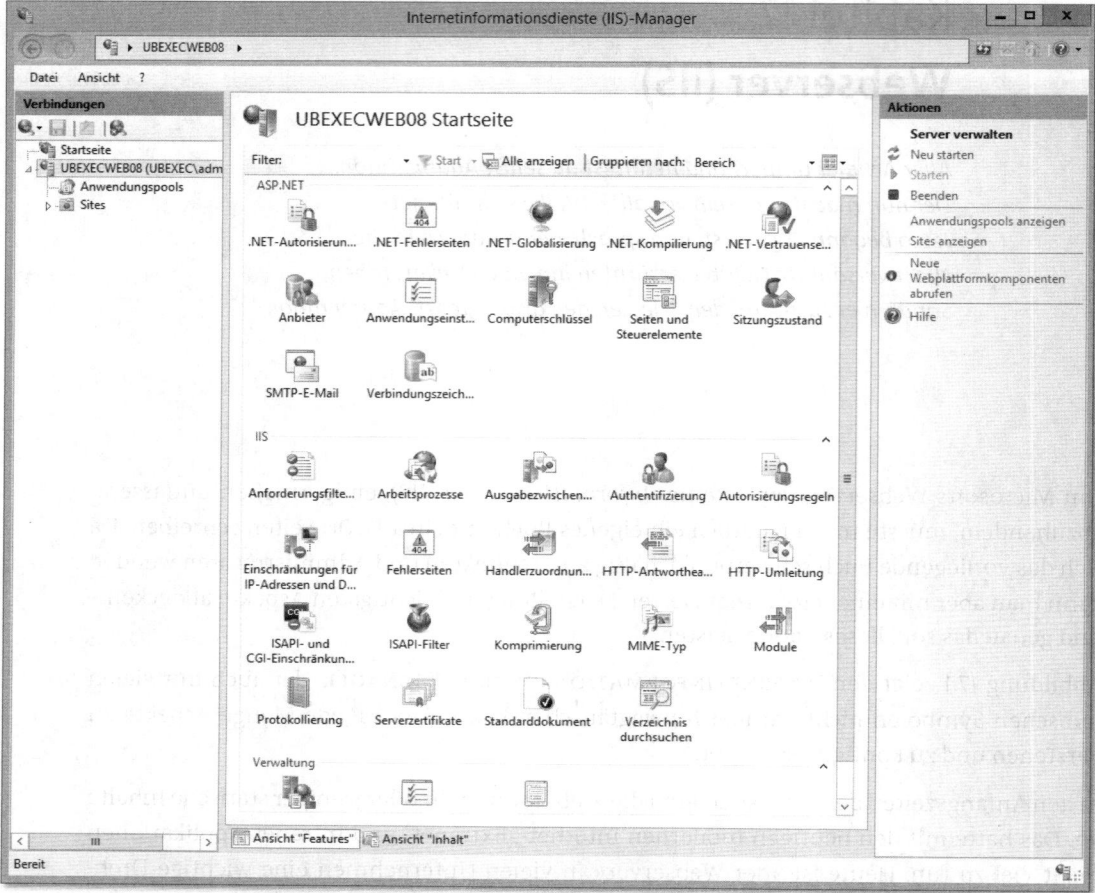

Abbildung 17.1 Eine beeindruckende Menge von zu konfigurierenden Aspekten – der Internetinformationsdienste-Manager

> **ASP und PHP**
>
> Neben ASP.NET-Anwendungen unterstützt der IIS den Betrieb von ASP- (ohne .NET) und PHP-Anwendungen.

Hier ein kurzer Überblick über die IIS-Versionsnummern in den neueren Serverbetriebssystemen:

- Server 2008: 7.0
- Server 2008 R2: 7.5
- Server 2012: 8.0
- Server 2012 R2: 8.5

Abbildung 17.2 Die aktuellste Version des IIS ist 8.5

17.1 Begriffsdefinitionen

Wenn ich mit Kunden spreche, stelle ich immer wieder fest, dass es im »erweiterten Internet-Umfeld« Begriffe gibt, die zwar alle benutzen, mit denen aber teilweise etwas Unterschiedliches gemeint wird. Es folgen daher zwei Begriffsbestimmungen.

17.1.1 Webapplikation vs. Webservice

In der heutigen Welt muss sehr sorgfältig zwischen einer *Webapplikation* und einem *Webservice* unterschieden werden. Dieser Abschnitt ist allen gewidmet, die sich unter Webservices (noch) nichts vorstellen können.

Ein Blick in die Wikipedia (*http://de.wikipedia.org*) liefert folgende Definition:

> »Ein Web Service ist eine Software-Anwendung, die mit einem Uniform Ressource Identifier (URI) eindeutig identifizierbar ist und deren Schnittstellen als XML-Artefakte definiert, beschrieben und gefunden werden können. Ein Web Service unterstützt die direkte Interaktion mit anderen Software-Agenten unter Verwendung XML-basierter Nachrichten durch den Austausch über internetbasierte Protokolle.«

Verwechseln Sie also einen Webservice nicht mit einer Webapplikation:

- Auf eine Webapplikation greift ein Mensch mit seinem Browser zu.
- Auf einen Webservice greift eine Maschine bzw. ein Softwareprogramm zu.

Am einfachsten ist der Unterschied zwischen Webapplikation und Webservice an einem Beispiel zu erklären (Abbildung 17.3). Die Ausgangslage: Ein Kurierdienst bietet seinen Kunden die Möglichkeit, im Internet den Status der Sendungen abzufragen. Nach Eingabe der Sendungsnummer kann der Datenbankserver mit den Sendungsverfolgungsdaten ermitteln, wo die Sendung das letzte Mal erfasst worden ist. Nun gibt es zwei Zugriffsszenarien:

- Wenn ein menschlicher Benutzer gezielt den Status einer Sendung abfragen möchte, kann er die Webapplikation des Kurierdiensts aufrufen und dort seine Sendungsnummer eingeben, woraufhin die Webapplikation die Daten beim Datenbankserver abfragt und anzeigt.
- Wenn das Unternehmen auf die Idee kommt, dass die Status aller Sendungen regelmäßig in die Warenwirtschaft eingepflegt werden sollen, wäre das eine ziemlich heftige Arbeitsbeschaffungsmaßnahme, wenn ein Mitarbeiter alle Sendungsnummern zunächst manuell in die Webapplikation und das Ergebnis dann in die Warenwirtschaft eintippen müsste.

Über Webservices kann eine Softwarekomponente des Warenwirtschaftssystems ohne »menschliche Hilfe« die Daten abfragen – vorausgesetzt, der Kurierdienst bietet einen Webservice an.

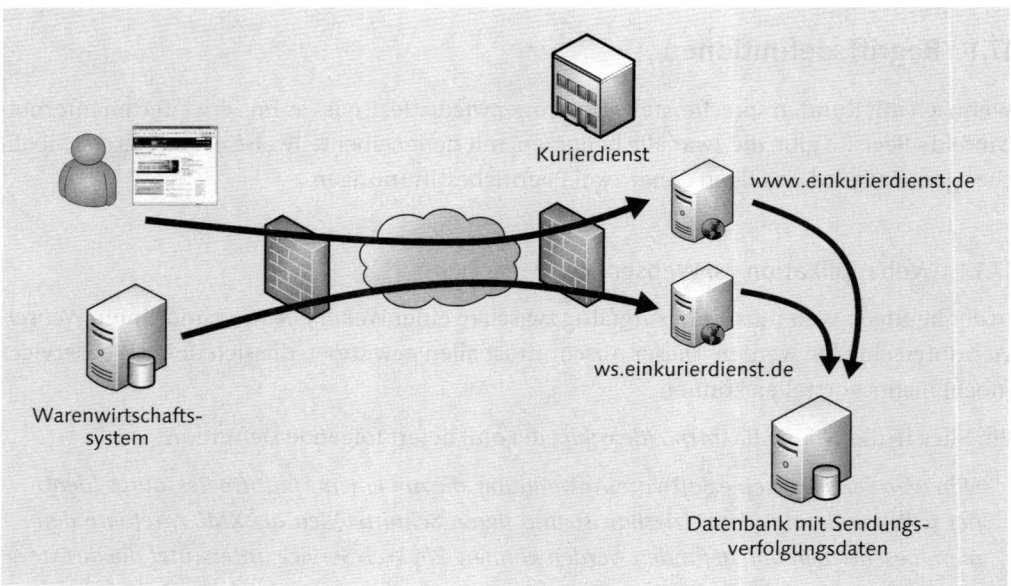

Abbildung 17.3 Ein menschlicher Benutzer arbeitet mit der Webapplikation; eine Maschine konsumiert einen Webservice.

Bei einem Webservice werden XML-Daten über das SOAP-Protokoll ausgetauscht. Der Transport der Daten an sich erfolgt per HTTP/HTTPS. Die Definition eines Webservice ist in Abbildung 17.4 gezeigt:

- Im oberen Bereich der Definition sehen Sie die Definition der Anfrage, die vom Client zum Webservice gesendet wird. Innerhalb des SOAP-Envelope ist zwischen den Tags `<soap:Body>` und `</soap:Body>` der eigentliche Funktionsaufruf zu erkennen. Als Parameter werden drei Strings, nämlich Startdatum, Enddatum und Emailaddr, übergeben.
- Im unteren Teil ist zu erkennen, was der Webservice an den Client zurücksendet. Zwischen den Tags `<CheckFBResponse>` und `</ CheckFBResponse>` sehen Sie, dass schlicht und ergreifend XML-Code (darin ist ein String enthalten) zurückgesendet wird.

Auf den ersten Blick sieht das nach recht komplizierter Programmierarbeit aus, um den Webservice nutzen zu können. *Visual Studio* unterstützt das Erstellen von Webservices und Webservice-Client-Applikationen sehr nachhaltig, sodass zumindest die Protokollabwicklung recht unproblematisch ist.

Die Vorteile von Webservices sind:

- Sie sind plattform- und applikationsunabhängig. Über Webservices kann auch eine Unix-Applikation problemlos auf Exchange zugreifen.
- Sie funktionieren über das Internet.
- Sie sind (zumindest mit Visual Studio) vergleichsweise einfach zu erstellen und zu konsumieren. Zumindest Visual Studio-Entwicklern wird mehr oder weniger die komplette Handhabung der »Webservice-Technik« abgenommen, sodass sie sich mit ihrer eigentlichen Arbeit beschäftigen können, nämlich mit der Implementation der Business-Logik.

```
POST /CheckFreeBusy/cfb01.asmx HTTP/1.1
Host: ubinfex01.ubinf.intra
Content-Type: text/xml; charset=utf-8
Content-Length: length
SOAPAction: "http://tempuri.org/CheckFreeBusy/Service1/CheckFB"

<?xml version="1.0" encoding="utf-8"?>
<soap:Envelope xmlns:xsi="http://www.w3.org/2001/XMLSchema-instance" xmlns:xsd="http://www.w3.org/20
  <soap:Body>
    <CheckFB xmlns="http://tempuri.org/CheckFreeBusy/Service1">
      <Startdatum>string</Startdatum>
      <Enddatum>string</Enddatum>
      <Emailaddr>string</Emailaddr>
    </CheckFB>
  </soap:Body>
</soap:Envelope>
```

```
HTTP/1.1 200 OK
Content-Type: text/xml; charset=utf-8
Content-Length: length

<?xml version="1.0" encoding="utf-8"?>
<soap:Envelope xmlns:xsi="http://www.w3.org/2001/XMLSchema-instance" xmlns:xsd="http://www.w3.org/20
  <soap:Body>
    <CheckFBResponse xmlns="http://tempuri.org/CheckFreeBusy/Service1">
      <CheckFBResult>string</CheckFBResult>
    </CheckFBResponse>
  </soap:Body>
</soap:Envelope>
```

Abbildung 17.4 Die Definition eines Webservice. Im oberen Bereich sehen Sie die Anfrage, im unteren Bereich die Antwort.

17 Webserver (IIS)

Auf den ersten Blick sind Webservices zwar eher ein Entwickler- als ein IT-Professional-Thema, allerdings ist grundlegendes Wissen über das Funktionieren von Webservices auch für IT-Pros elementar wichtig – schließlich müssen sie die Webservices einspielen und betreiben.

17.1.2 Website vs. Webseite

Website vs. *Webseite*: Das klingt irgendwie trivial, oder? Das habe ich auch gedacht, bis ich letzens u.a. in einer Fachpublikation eine Vermischung dieser Begriffe gefunden habe. Vielleicht führt auch die phonetische Ähnlichkeit im Deutschen zum Begriffschaos?

Sollten wir diese Begriffe doch noch einmal »sortieren«? Vielleicht ja, habe ich mir gedacht und ein kleines Bild erstellt, das ich Ihnen nicht vorenthalten möchte (Abbildung 17.5):

- Eine *Webseite* (englisch *web page*) ist eine einzelne Seite, die man ausgedruckt auf ein Blatt Papier bringen könnte. (Wie groß das Blatt Papier sein müsste, lassen wir einmal offen; das spielt ja auch keine Rolle.)
- Eine *Website* (englisch *web site*) besteht aus beliebig vielen Webseiten. Für den Begriff *Website* gibt es diverse Synonyme wie *Webauftritt*, *Webpräsenz* oder *Webangebot*.
- Eine spezielle Webseite ist die *Homepage*. Dies ist die »oberste Seite« der Website.

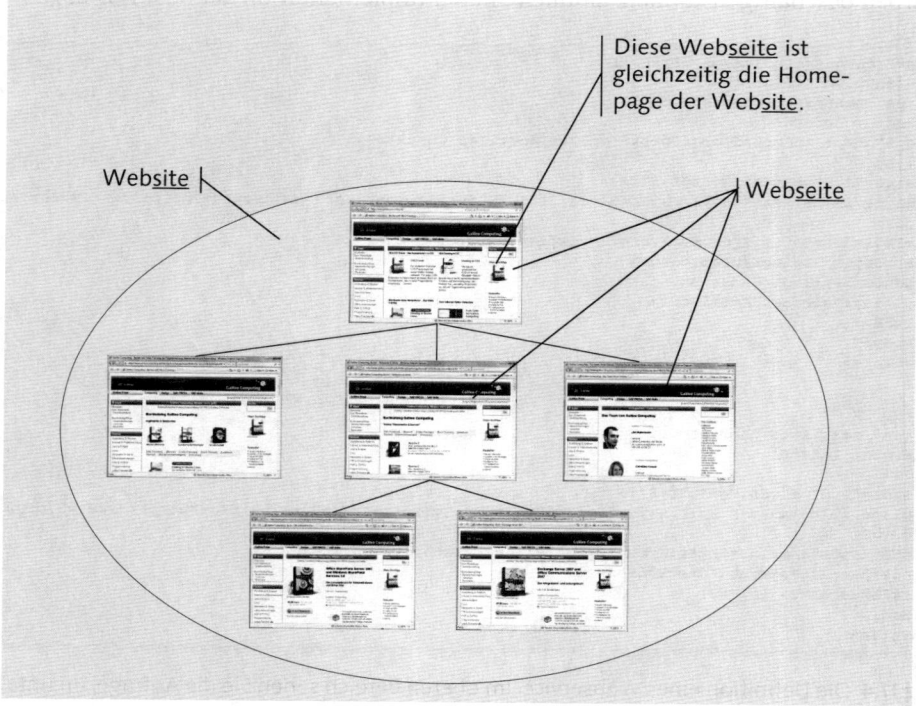

Abbildung 17.5 Bitte nicht verwechseln: Website und Webseite

17.2 ASP.NET

ASP.NET ist eine serverseitige Technologie, mit der Entwickler komplexe Webanwendungen erstellen können. Mit ASP.NET ist es vergleichsweise einfach möglich, auch komplexeste Business-Logik zu implementieren, da eben nicht »nur« eine etwas aufgebohrte Skriptsprache zur Verfügung steht, sondern der volle Leistungsumfang des .NET Frameworks mit Tausenden von Klassen angesprochen werden kann. Bei aller Euphorie über den Leistungsumfang von ASP.NET bzw. des dahinterliegenden .NET Frameworks darf nicht vergessen werden, dass wir hier über »hartes« Programmieren sprechen.

Auch neue Webtechnologien wie AJAX (wobei dies zwar erst kürzlich richtig in Mode gekommen ist, aber eigentlich gar nicht so neu ist) haben in ASP.NET Einzug gehalten. Da ASP.NET auf dem .NET Framework aufbaut, stehen die .NET-Neuerungen wie beispielsweise LINQ auch für ASP.NET-Anwendungen zur Verfügung.

ASP.NET-basierte Websites erkennen Sie sehr einfach daran, dass die aufgerufenen Seiten nicht auf *.html, sondern auf *.aspx enden.

> **.NET-Grundwissen**
> ASP.NET ist ohne Grundwissen zu .NET nur teilweise zu verstehen. Ich möchte Ihnen daher an dieser Stelle Kapitel 5, »Was ist .NET?«, empfehlen.

17.2.1 Die Entwicklungsumgebung

Wer heute professionell ASP.NET-Applikationen entwickelt, wird zu *Visual Studio Professional* greifen, das momentan (August 2013) in der Version 2012 vorliegt. Visual Studio ist eine kostenpflichtige Entwicklungsumgebung. Alternativ bietet Microsoft ein Produkt namens *Visual Web Developer* zum kostenlosen Download an.

Bei der Entwicklung einer ASP.NET-Applikation gibt es grundsätzlich zwei große Aufgaben, nämlich die Entwicklung der Oberfläche und die Entwicklung der eigentlichen Logik.

Für die Entwicklung der Oberfläche enthält Visual Studio einen grafischen Editor, den Sie in Abbildung 17.6 sehen können.

Es steht eine geteilte Ansicht (HTML-Code und grafische Anzeige) zur Verfügung, und aus der TOOLBOX können Steuerelemente (wie eine Listbox, eine Schaltfläche oder ein Textfeld) entnommen und auf der Seite platziert werden. Im Fensterbereich EIGENSCHAFTEN werden die Steuerelemente konfiguriert.

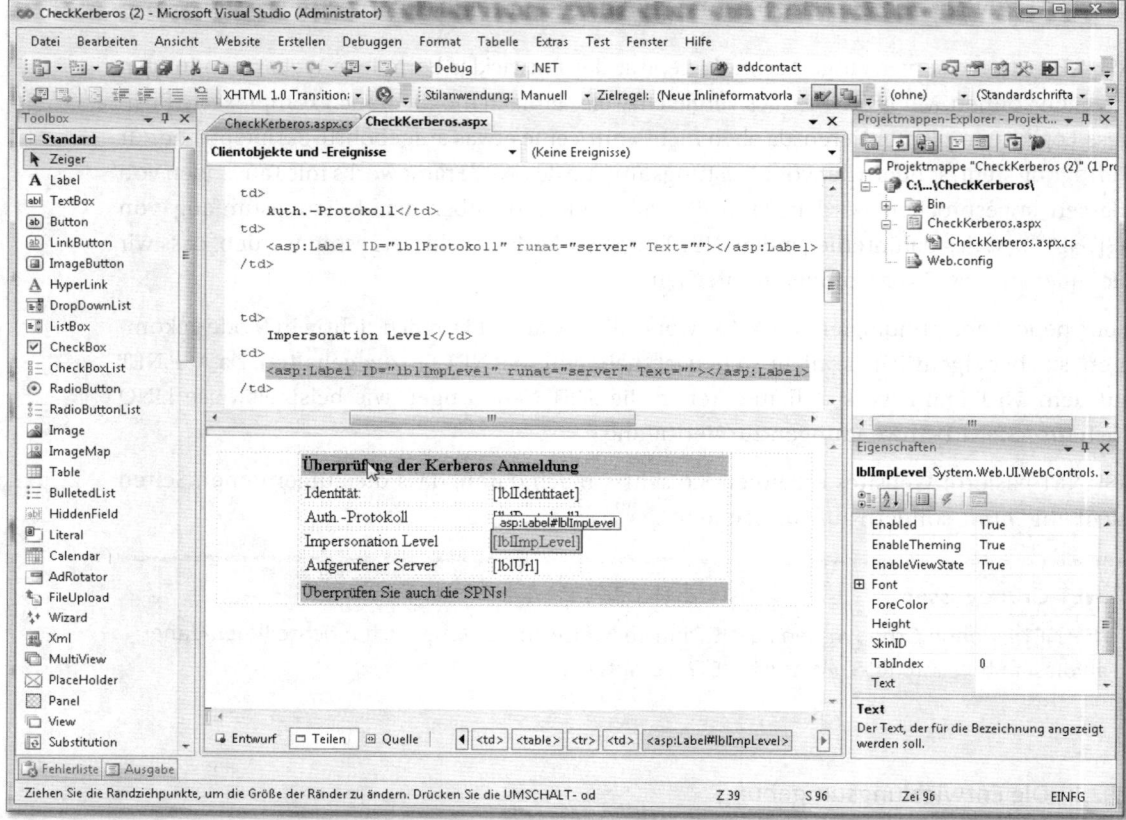

Abbildung 17.6 Visual Studio beim Entwurf einer ASPX-Seite

Die optische Gestaltung von ASPX-Seiten können Sie anstatt mit Visual Studio auch mit *Microsoft Expression Web* erledigen (Abbildung 17.7). Expression Web richtet sich von der »Machart« her eher an Webdesigner als an Programmierer. Eine Arbeitsteilung innerhalb von Projekten ist durchaus möglich und auch gewollt:

- Webdesigner entwerfen die Oberfläche der Anwendung mit Expression Web.
- Programmierer entwickeln die Business-Logik innerhalb von Visual Studio.

In Abbildung 17.8 sehen Sie ein Stückchen Code bei der Bearbeitung in Visual Studio. Vielleicht sieht das für einen Nicht-Entwickler ein wenig kryptisch aus – jeder Entwickler wird aber bestätigen, dass es kaum eine Entwicklungsumgebung gibt, die bezüglich Komfort und Funktionalität an Visual Studio heranreicht. Bevor ich hier einen weiteren Glaubenskrieg vom Zaun breche, sei erwähnt, dass Eclipse-Entwickler von »ihrer« Entwicklungsumgebung auch durchaus sehr angetan sind.

17.2 ASP.NET

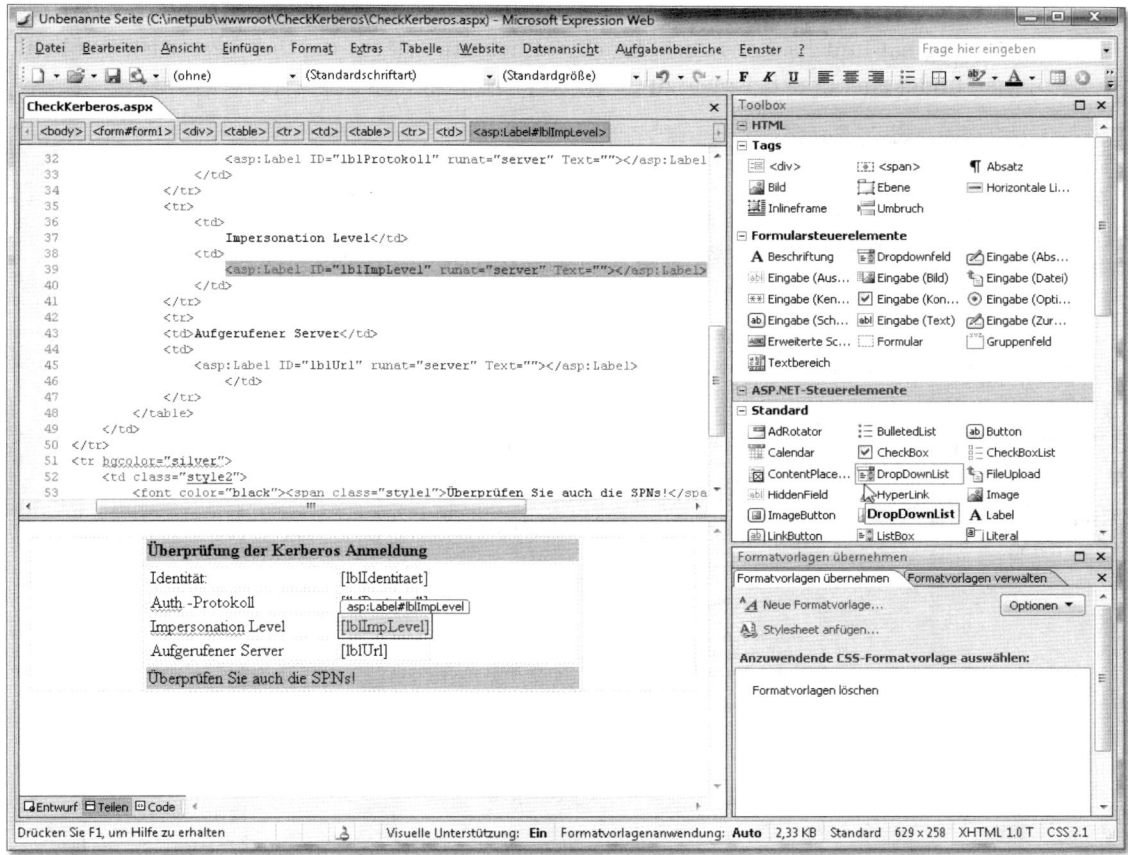

Abbildung 17.7 Die Oberflächen für ASP.NET-Anwendungen können statt mit Visual Studio auch mit Microsoft Expression Web entwickelt werden.

Beim Thema »Programmieren« denkt man natürlich schnell auch an Programmiersprachen. ASP.NET ist, so wie .NET insgesamt, grundsätzlich sprachunabhängig. Trotz dieser Neutralität haben sich zwei Sprachen als *die* .NET-Sprachen herauskristallisiert:

- VB.NET, also Visual Basic .NET
- C#, gesprochen »C sharp«

Es existieren diverse weitere .NET-Sprachen; auch Microsoft selbst entwickelt fleißig an einer neuen Sprache, genannt *F#* (siehe *http://research.microsoft.com/fsharp/fsharp.aspx*). Im, sagen wir mal, kommerziellen Umfeld spielen eigentlich nur die beiden zuvor genannten Sprachen eine wirklich wichtige Rolle. Beide sind vom Leistungsumfang recht ähnlich. Im Detail wird man natürlich Unterschiede feststellen, die ich hier aber nicht weiter thematisieren möchte.

Ich habe übrigens den Eindruck, dass C# im professionellen Umfeld erstens die größere Verbreitung hat und zweitens auch die »Dokumentationslage« deutlich besser ist. Das heißt, man findet eher Codebeispiele zu C# als zu VB.NET.

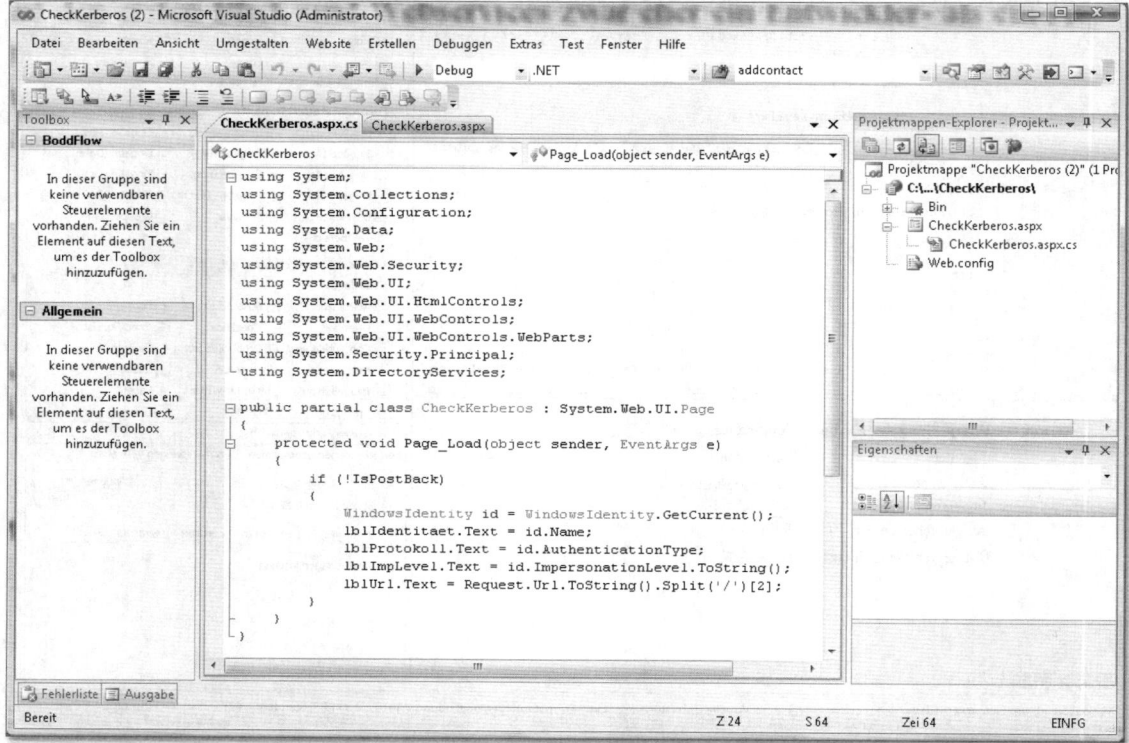

Abbildung 17.8 Visual Studio bietet außerordentlich komfortable Möglichkeiten für das Schreiben und Debuggen von Code.

17.2.2 Clientseitig: JavaScript

ASP.NET ist zwar in erster Linie eine serverseitige Technologie, kommt aber um eine ganze Menge clientseitiges Skripting nicht herum – als Skriptsprache kommt natürlich das allgegenwärtige JavaScript zum Einsatz, sodass ASP.NET-Applikationen auch mit Nicht-Microsoft-Browsern problemlos funktionieren.

Wozu braucht eine serverseitige Technologie Skripting auf dem Client? Einige Gründe:

► Wenn der Benutzer eine Aktion auslöst, beispielsweise auf eine Schaltfläche klickt und ein neues Element auswählt, soll ja vermutlich eine Aktion ausgelöst werden, die eine Verarbeitung auf dem Server auslöst. Dies könnte beispielsweise das Schreiben oder Lesen in einer Datenbank sein, das Absenden einer E-Mail oder das Anschalten der Sirene auf dem Dach des Gebäudes. Damit beim Bestätigen eines Elements (z. B. Schaltfläche) auch wirklich die Daten an den Server übergeben werden, wird ein clientseitiges Skript benötigt.

- Ein Postback, also das Rücksenden der Seite an den Server zwecks serverseitiger Verarbeitung, ist immer ein vergleichsweise »teurer« Prozess, da Daten durch das Netz gesendet werden müssen, der Server Rechenzeit zur Verfügung stellen muss und letztendlich die Webseite neu aufgebaut werden muss (bzw. bei AJAX teilweise neu aufgebaut werden muss). Es bietet sich also schon an, einige einfachere Aufgaben auf dem Client abzuarbeiten. Ein Paradebeispiel ist die Überprüfung von Benutzereingaben: Wenn die Benutzer in einem bestimmten Feld eine Zahl zwischen 1 und 100 eingeben sollen, kann man auch mit clientseitigem Skripting feststellen, dass der Wert 199 einfach nicht in den vorgegebenen Bereich passt – dazu braucht man wirklich keinen Server. Eine vernünftige Webapplikation wird also solche Fehler bereits abfangen, bevor unsinnige Eingaben zum Server gesendet werden.

- Je komplexer und reichhaltiger die Oberfläche sein soll, desto mehr clientseitiges Skripting ist erforderlich. Falls Sie bereits mit SharePoint gearbeitet haben, werden Sie vermutlich erstaunt gewesen sein, was alles in einer Weboberfläche möglich ist – das ist alles der exzessiven Nutzung von JavaScript zu verdanken.

- Das momentan sehr populäre AJAX (Asynchronous JavaScript and XML) ist ein weiteres Beispiel dafür, dass reichhaltige Oberflächen JavaScript benötigen – selbst wenn die dahinterstehende Servertechnologie noch so mächtig ist.

Kurz gesagt lässt sich feststellen, dass eine ASP.NET-Applikation, die Eingaben vom Benutzer erwartet, zwingend auf ein funktionierendes JavaScript angewiesen ist.

17.2.3 Die web.config-Datei

ASP.NET-Anwendungen werden mit einer *web.config*-Datei konfiguriert und gesteuert, die sich im Verzeichnis der jeweiligen ASP.NET-Anwendung befindet. Die *web.config* ist ein mehr oder weniger komplexes XML-Dokument; ein Beispiel sehen Sie in Abbildung 17.9. Ich möchte nun nicht die komplette *web.config* diskutieren, sondern Sie lediglich auf zwei Zeilen hinweisen (ziemlich weit unten):

- `<authentication mode="Windows"/>` sorgt dafür, dass die Zugriffe auf die Webanwendung mit Windows-integrierter Authentifizierung authentifiziert werden.

- `<identity impersonate="true"/>` weist das Laufzeitsystem an, dass die Webanwendung mit der Identität des angemeldeten Benutzers und nicht mit der Identität des Anwendungspools ausgeführt wird.

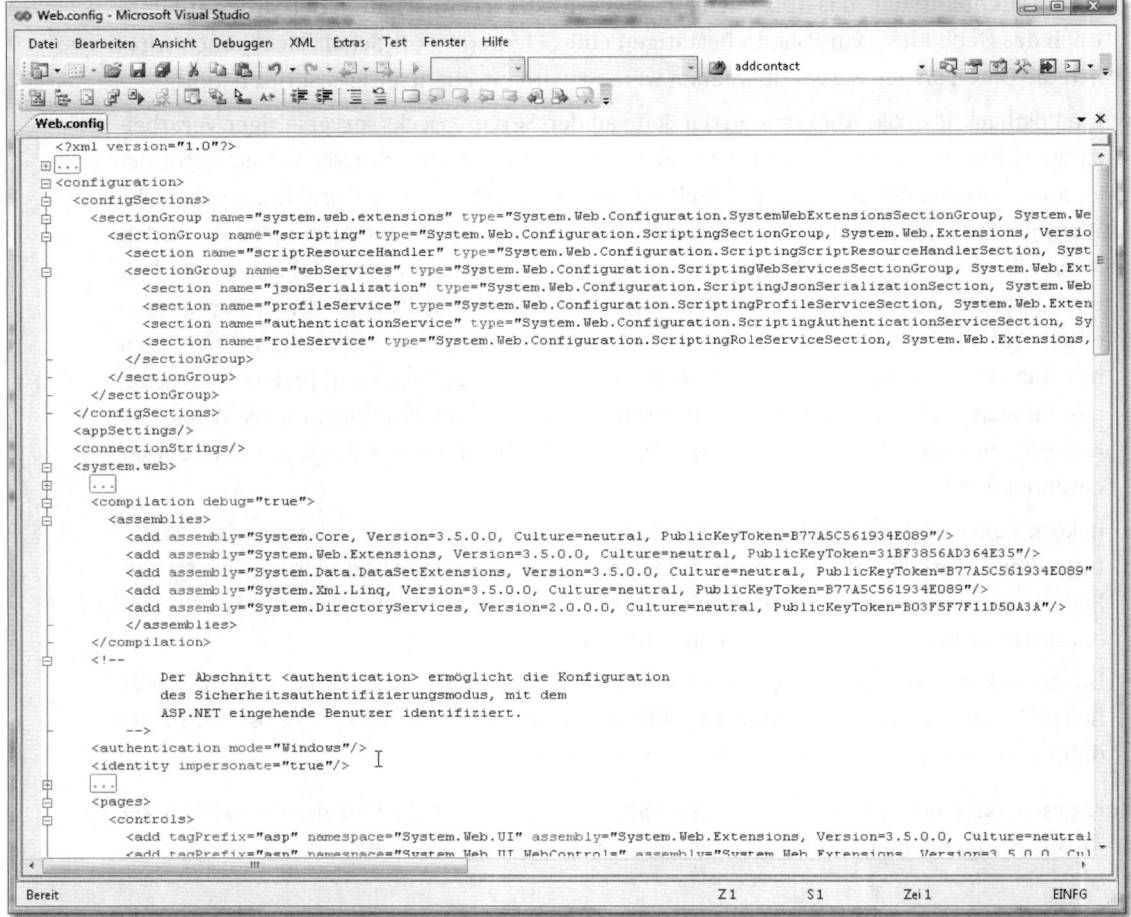

Abbildung 17.9 Auszug aus der »web.config«-Datei einer ASP.NET-Anwendung

Sie brauchen vor der *web.config*-Datei, die auf den ersten Blick doch recht komplex aussieht, keine Angst (oder was auch immer) zu haben. Erstens müssen Sie sich im Normalfall als Administrator nur mit einem vergleichsweise kleinen Teilbereich der *web.config* auseinandersetzen. Zweitens lassen sich die wichtigsten Einstellungen auch über die grafische Benutzeroberfläche des INTERNETINFORMATIONSDIENSTE-MANAGERS erledigen: Die beiden Parameter bezüglich Authentifizierung und Impersonation (d.h., ein Prozess auf dem Webserver nimmt die Identität des angemeldeten Benutzers an), auf die ich Sie zuvor hingewiesen habe, finden Sie in Abbildung 17.10 in der grafischen Ansicht. Wenn Sie hier etwas konfigurieren, wird im Hintergrund die *web.config* geändert.

Dadurch, dass die solche Einstellungen wie die Authentifizierung für eine Webapplikation in der *web.config* stehen, eröffnen sich interessante Perspektiven für das Deployment: Der Programmierer kann in der mitgelieferten *web.config* diese Parameter bereits festlegen, und der Administrator braucht sich darum einfach nicht mehr zu kümmern – es ist schon alles »richtig« eingestellt.

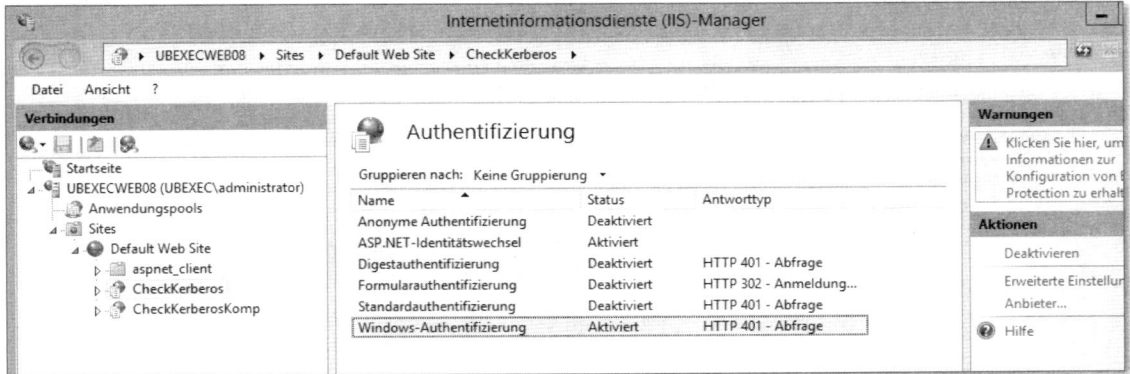

Abbildung 17.10 In der grafischen Oberfläche des Internetinformationsdienste-Managers können die Authentifizierungsparameter bequem festgelegt werden. Im Hintergrund wird die »web.config« angepasst.

Zwei weitere wichtige Aspekte, die häufig konfiguriert werden müssen, sind Anwendungseinstellungen und Verbindungszeichenfolgen.

Applikationen aller Art benötigen in schöner Regelmäßigkeit einige grundlegende Konfigurationsangaben, beispielsweise den Namen einer Active Directory-Organisationseinheit. Diese Einträge finden sich in der *web.config* im Block <appSettings>. Ein Eintrag könnte also beispielsweise wie folgt aussehen:

```
<appSettings>
  <add key="AD_OU_Salespeople"
       value="OU=Sales,OU=RGS,DC=ubinf,DC=intra" />
</appSettings>
```

Solche Attribute wird der Entwickler der Applikation vorgeben, und die Administratoren müssen dann lediglich die entsprechenden Werte einsetzen. Angenehmerweise kann das auch in der grafischen Oberfläche des Internetinformationsdienste-Managers erfolgen, wie in Abbildung 17.11 zu sehen ist. Natürlich hindert niemand Sie daran, direkt in der *web.config*-Datei zu arbeiten.

Außer in der Rubrik ANWENDUNGSEINSTELLUNGEN gibt es häufig noch bei den VERBINDUNGSZEICHENFOLGEN etwas einzustellen. Hier wird konfiguriert, wie die Webapplikation auf Datenbanken zugreift, also der Datenbank-*ConnectionString* eingetragen.

17   Webserver (IIS)

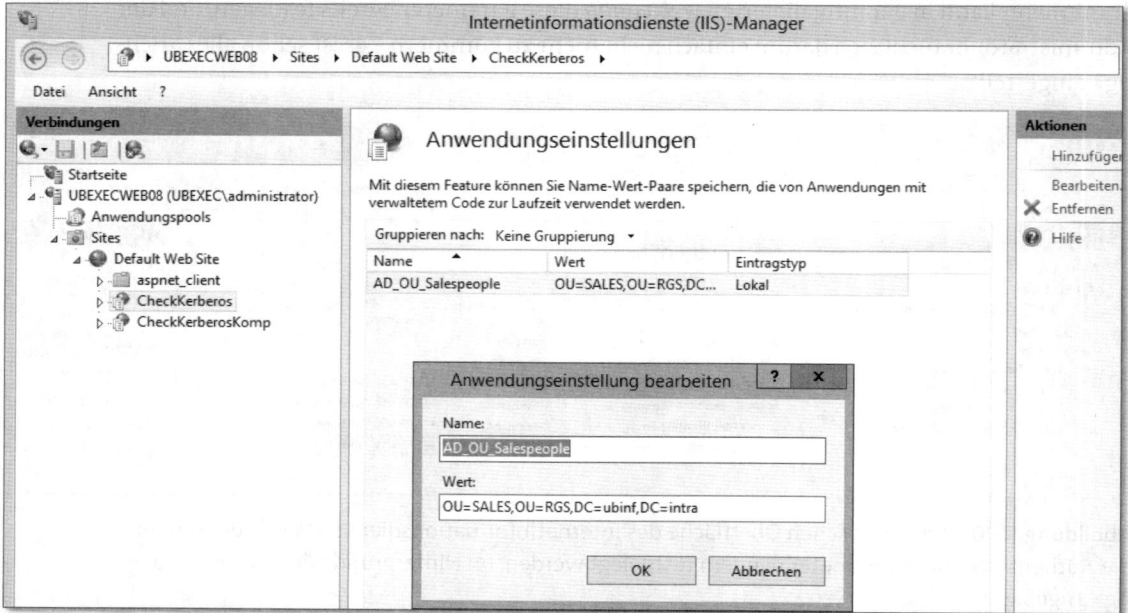

Abbildung 17.11 Eine »typische« Einstellung in der »web.config«-Datei, die mit dem Internetinformationsdienste-Manager auch grafisch vorgenommen werden kann.

17.2.4   Kompilierung und Vorkompilierung

Das Deployment einer ASP.NET-Applikation ist grundsätzlich sehr einfach, da Sie dem Webserver lediglich ein Verzeichnis nebst Unterverzeichnissen bekannt machen und als Anwendung definieren müssen – das zeige ich Ihnen später in diesem Kapitel.

Für ein genaueres Verständnis möchte ich aber nun ein wenig in diese Verzeichnisse hineinschauen und die verschiedenen Varianten der Weitergabe von ASP.NET-Anwendungen zeigen.

Standardkompilierung

Abbildung 17.12 zeigt eine ASP.NET-Anwendung, die mit *Standardkompilierung* bereitgestellt wird. Ich habe die Anwendung einfach von meiner Entwicklungsumgebung auf den Webserver kopiert, im Internetinformationsdienste-Manager eine Anwendung daraus gemacht – und fertig!

In dem Verzeichnis finden sich folgende Elemente:

- *.aspx-Datei: In *.aspx-Dateien ist sozusagen die Gestaltung der Webseiten hinterlegt. Hier finden sich die HTML-Elemente, die Platzierung der ASP.NET-Steuerelemente (z.B. Textbox, Button, Listbox etc.) und der clientseitig auszuführende JavaScript-Code.

- *.cs*: Dies ist die C#-Datei mit dem serverseitigen Code. Falls der Entwickler nicht mit C#, sondern mit Visual Basic .NET entwickelt, enden diese Dateien auf *.vb*. Man spricht hier übrigens von *Code-Behind-Dateien* – der serverseitige Code liegt sozusagen in einer Datei hinter der *.aspx*-Datei.
- *Web.config* ist, wie bereits besprochen, die Konfigurationsdatei der Webapplikation.

> **Serverseitiger Code**
>
> Der serverseitige Code muss nicht in einer separaten Datei gespeichert werden, sondern kann sich auch in der *.aspx*-Datei befinden.

In dem Verzeichnis können sich durchaus deutlich mehr Dateien befinden. Zum einen kann es beliebig viele *.aspx*-Dateien und zugehörige Code-Behind-Dateien geben, außerdem gibt es auch diverse andere Dateitypen, die ich hier weiter gar nicht besprechen möchte.

Eine umfangreichere ASP.NET-Applikation verfügt im Normalfall auch über etliche Unterverzeichnisse, die wir aber für das »Erstverständnis« zunächst nicht berücksichtigen müssen.

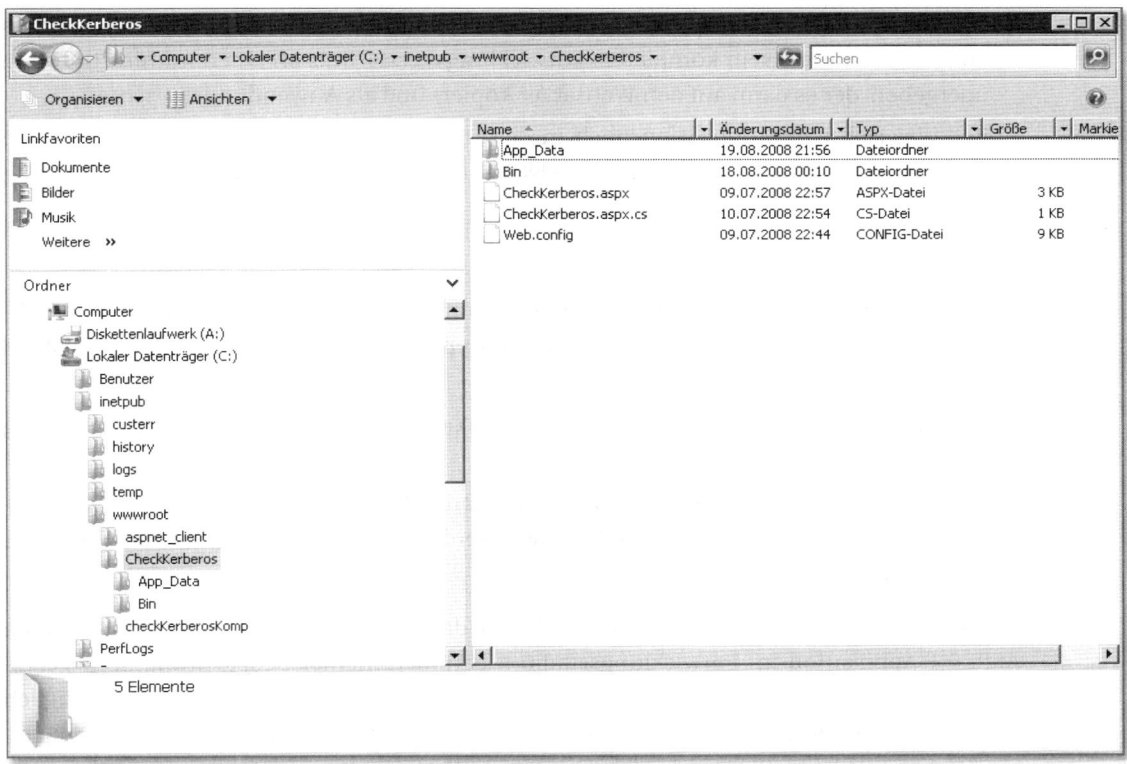

Abbildung 17.12 Diese simple ASP.NET-Anwendung wurde mit Standardkompilierung bereitgestellt.

Wenn Sie die Beschreibung aufmerksam gelesen haben, sind Sie vermutlich über zwei Aspekte gestolpert:

- Liegt der Quellcode tatsächlich offen auf dem Server?
- Wo sind die ausführbaren Dateien?

Beide Fragen lassen sich mit einer einzigen Antwort klären: Bei der Standardkompilierung liegt tatsächlich der komplette Quellcode auf dem Server und wird beim ersten Zugriff auf die Webapplikation kompiliert.

> **Kein Interpreter**
>
> Damit kein falscher Eindruck entsteht, möchte ich ganz explizit darauf hinweisen, dass der Code bei diesem Kompilierungsmodell zwar erst bei der ersten Ausführung kompiliert wird, dann aber als Binary vorliegt und »echt« ausgeführt wird. Der Code wird also nicht etwa wie bei einer Skriptsprache lediglich von einem Interpreter abgearbeitet.

Die Standardkompilierung hat Vorteile:

- Für den Entwickler ist sie maximal einfach zu handhaben. Er braucht letztendlich nichts anderes zu tun, als sein komplettes Entwicklungsverzeichnis an einen Administrator zu übergeben, der es dann auf den Webserver kopiert und als Anwendung einrichtet.
- Befindet sich eine Applikation noch in der Testphase, kann problemlos eine einzelne Datei ausgetauscht werden – das ASP.NET-Laufzeitsystem wird dann die Anwendung automatisch neu kompilieren.

Es gibt aber auch Nachteile:

- Beim ersten Start der Applikation kann der Kompilierungsvorgang leicht zu einer deutlichen Verzögerung führen. Sehr komplexe Applikationen sind nicht in einer halben Sekunde zu kompilieren.
- Verständlicherweise muss der komplette Quellcode auf dem Webserver liegen, was häufig nicht erwünscht ist.
- Ein Unternehmen, das Geld mit dem Verkauf von ASP.NET-Anwendungen – also letztendlich mit seinem Entwicklungs-Know-how – verdient, wird keinen Quellcode ausliefern und damit sein Wissen preisgeben wollen.

Die Standardkompilierung sollte eigentlich nur dann eingesetzt werden, wenn sich eine ASP.NET-Applikation im Entwicklungsstadium befindet. Meiner Beobachtung nach gelangen auch viele »hausinterne« Projekte auf diese Weise in die Produktivumgebung; bezüglich Stabilität und Performance ist das allerdings kein Problem, sieht man einmal von dem ersten Start ab (die Kompilierung findet einmalig statt).

Vorkompilierung

Im Normalfall sollten Webanwendungen bereits vorkompiliert sein. Das dann verwendete Verfahren nennt sich *Vorkompilierung*. Dabei erzeugt der Entwickler mithilfe des Werkzeugs *aspnet_compiler.exe*, das sich im .NET Framework-Verzeichnis befindet, eine oder mehrere Assemblys (Binärdatei[en] mit .NET-Code). Es gibt verschiedene Möglichkeiten bei der Vorkompilierung. Beispielsweise kann der Entwickler entscheiden, nur die eigentlichen Code-Dateien (*.cs oder *.vb) zu kompilieren, alternativ kann er auch zusätzlich die *.aspx-Dateien in die Assembly hineinkompilieren lassen.

Die Vorteile der Vorkompilierung liegen auf der Hand:

- Der Kompilierungsvorgang beim ersten Start der Webapplikation entfällt.
- Der Entwickler schützt sein geistiges Eigentum, indem er verhindert, dass jeder, der Zugriff auf das Dateisystem des Webservers hat, den Quellcode einsehen kann.

In Abbildung 17.13 sehen Sie dieselbe Anwendung wie in Abbildung 17.12, diesmal aber vorkompiliert, und zwar in der »stärksten Stufe«, in der auch die Inhalte der *.aspx-Dateien in die Assembly kompiliert worden sind.

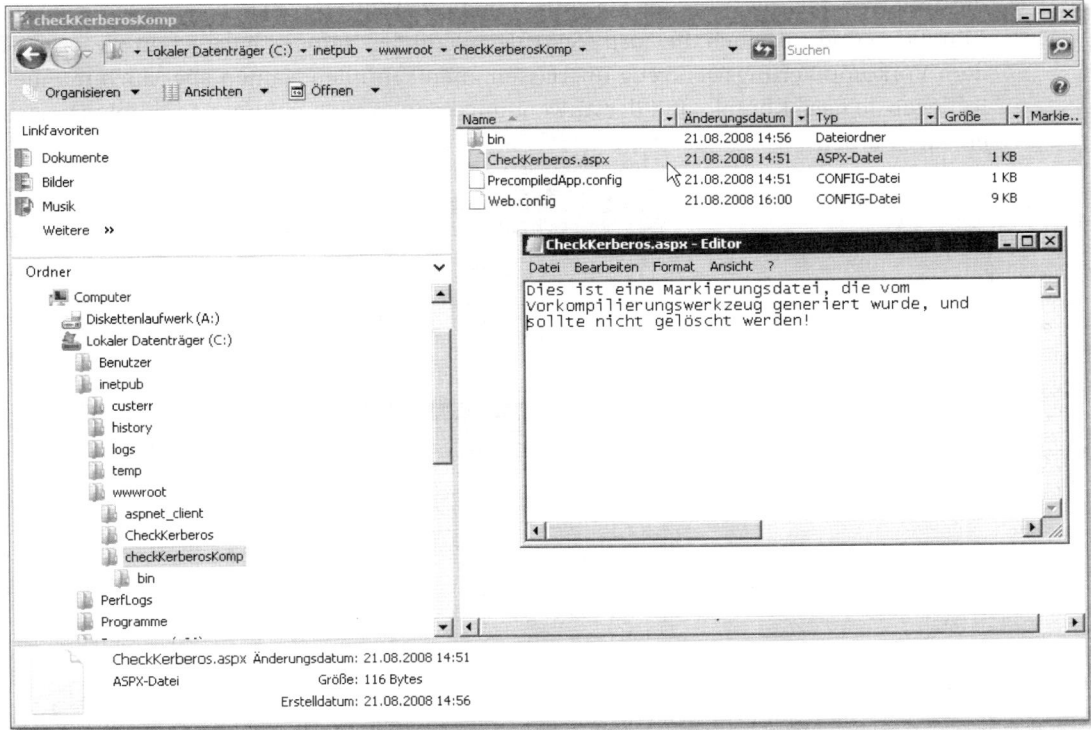

Abbildung 17.13 Das Anwendungsverzeichnis bei der Nutzung von Vorkompilierung. In der »stärksten« Stufe sind auch die Inhalte der ».aspx«-Dateien in die Assembly kompiliert worden, zurück bleibt nur ein Platzhalter.

17 Webserver (IIS)

> **Vorkompilieren**
>
> Diese Stufe nennt man übrigens *Vorkompilieren mit nicht aktualisierbarer Benutzeroberfläche*. Der Grund ist einleuchtend: Da die *.aspx*-Dateien auch nicht mehr geändert werden können, kann die Benutzeroberfläche nicht geändert bzw. aktualisiert werden.

Im Anwendungsverzeichnis befinden sich in diesem Fall:

- die Konfigurationsdatei *web.config*
- eine *.aspx*-Datei. Diese enthält allerdings nicht den erwarteten Code, sondern lediglich den Hinweis, dass es sich um eine Markierungsdatei handelt. Man soll sie zwar nicht löschen, die Webapplikation würde aber trotzdem funktionieren.
- die Datei *PrecompiledApp.config*: Sie enthält Informationen zum Vorkompilierungsstatus der Anwendung.

Der eigentliche Code der Anwendung befindet sich nun im *bin*-Verzeichnis unterhalb des Anwendungsverzeichnisses. Dort finden sich in diesem Fall (Abbildung 17.14):

- die *App_Web_bibilcwt.dll*-Datei: Sie enthält in diesem Fall sowohl den serverseitig auszuführenden Code als auch die *.aspx*-Seite. Die Wahl des Namens habe ich in diesem Fall dem Vorkompilierungswerkzeug überlassen, man kann den Namen aber auch manuell festlegen. Je nach Komplexität der Anwendung können auch mehrere Assembly-Dateien erzeugt werden.

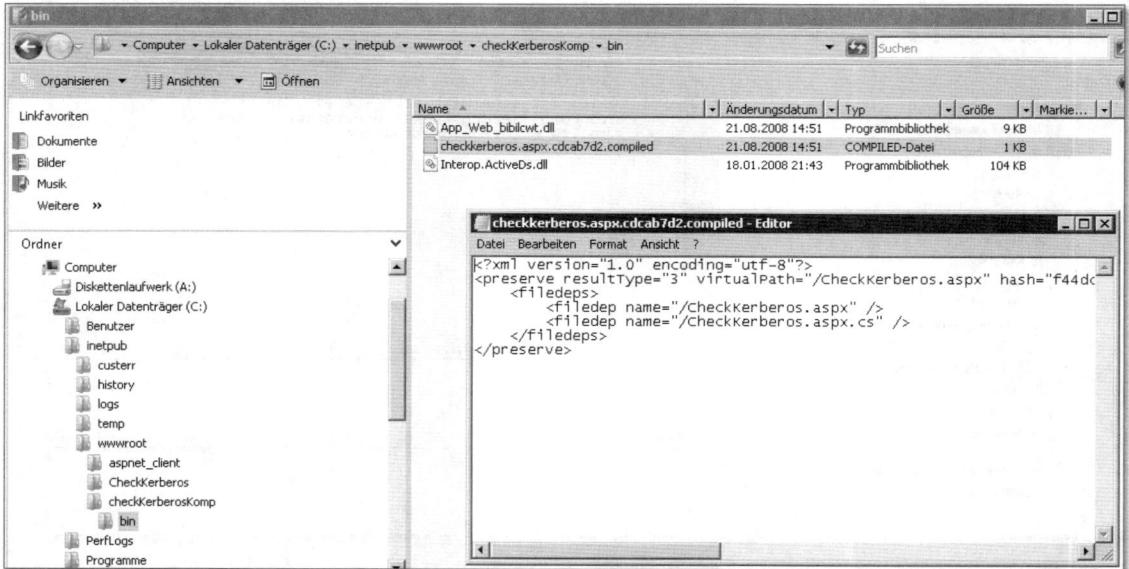

Abbildung 17.14 Das »bin«-Verzeichnis einer vorkompilierten Anwendung enthält u.a. eine Datei, der entnommen werden kann, welche Dateien in die Assembly kompiliert wurden.

- die *.compiled-Datei: Ihr Inhalt ist in der Abbildung gezeigt. Sie enthält unter anderem Angaben darüber, welche Dateien dort in die Assembly hineinkompiliert worden sind.
- die Datei *Interop.ActiveDs.dll*: Sie ist eine »externe« Datei, die von dieser speziellen Webapplikation benötigt wird.

> **.NET-Grundwissen**
>
> Ich möchte Ihnen an dieser Stelle auch Kapitel 5, »Was ist .NET?«, empfehlen. Viele Vorgänge in ASP.NET sind mit ein wenig .NET-Grundwissen wesentlich einfacher zu verstehen.

17.2.5 Sicherheit und ASP.NET

ASP.NET bietet sehr leistungsfähige Möglichkeiten, um Webanwendungen und somit auch den Webserver »sicher« zu machen. Bekanntlich ist IT-Sicherheit nicht ein erreichter Zustand, sondern ein fortlaufender Prozess, der außerordentlich viele Facetten und Abhängigkeiten aufweist.

Sicherheit beginnt letztendlich mit der Qualität der Anwendung und geht über das sorgfältige Einspielen von Sicherheitspatches und das Verhalten der Administratoren bei Änderungen bis hin zum Verhalten des einzelnen Anwenders.

Speziell für ASP.NET wären folgende Aspekte zu nennen:

- *Authentifizierung*: Auf welche Weise bestätigt der Benutzer gegenüber dem Webserver seine Identität?
- *Autorisierung*: Wie wird festgelegt, auf welche Bestandteile der Website der authentifizierte Benutzer zugreifen kann? Dies kann in ASP.NET durch Mitgliedschaften oder Rollen abgewickelt werden.
- Welche Möglichkeiten hat der im Rahmen der ASP.NET-Ausführung ausgeführte Code? Dies betrifft die .NET-Codezugriffssicherheit, die in Kapitel 5 besprochen wird.

Die Themen Authentifizierung und Autorisierung werden im Laufe dieses Kapitels anhand der Konfiguration im Internetinformationsdienste-Manager recht ausführlich behandelt. Insofern gerät dieser Abschnitt recht kurz – das Thema ist allerdings extrem wichtig und wird Ihnen an vielen Stellen dieses Kapitels begegnen.

Es ist keine Frage, dass man problemlos ein ganzes Buch damit füllen könnte, wie man sichere ASP.NET-Applikationen entwickelt – einige Kollegen haben ja auch genau das bereits getan. Viele Aspekte sind dann aber einfach zu entwicklerlastig, als dass sie in diesem Buch, das sich vorwiegend an Systemarchitekten und -administratoren richtet, gut aufgehoben wären.

17.3 Installation

Damit Sie die im weiteren Verlauf des Kapitels vorgestellten Konfigurationsschritte nachvollziehen können, macht es Sinn, den IIS nun auch tatsächlich zu installieren. Wie erwartet, ist das die geringste Herausforderung. Wählen Sie im Server-Manager das Hinzufügen der Rolle WEBSERVER (IIS) aus (Abbildung 17.15). Der Assistent wird Sie darauf hinweisen, dass der Windows-Prozessaktivierungsdienst (mehr dazu folgt in Abschnitt 17.4) zwingend erforderlich ist. Bestätigen Sie das Hinzufügen dieses Features, und weiter geht's.

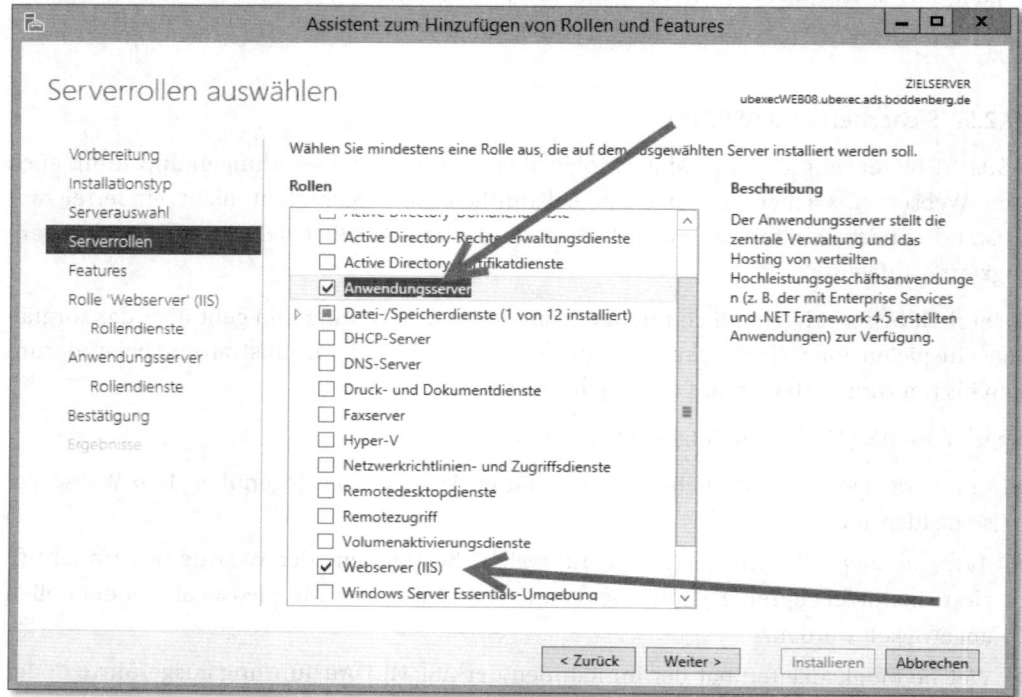

Abbildung 17.15 Wenn ASP.NET benötigt wird, muss auch die Rolle »Anwendungsserver« mitinstalliert werden.

Der IIS ab Version 7 ist hochgradig modular aufgebaut, was bedeutet, dass Sie aus fast 40 Komponenten auswählen können, was Sie konkret auf diesem Server benötigen. Einige Module sind bereits standardmäßig zur Installation vorgeschlagen, so beispielsweise STATISCHER INHALT. Wie der Name bereits vermuten lässt, wird dieses Modul benötigt, um statische Elemente wie Bilder, HTML-Seiten und dergleichen anzuzeigen.

Die einzelnen Module sind zum Teil voneinander abhängig bzw. bauen aufeinander auf. Fügt man komplexere Module, wie beispielsweise ASP.NET hinzu, werden diverse Abhängigkeiten angezeigt, die ebenfalls installiert werden müssen.

ASP.NET

Neu seit Windows Server 2012: Wenn man ASP.NET hinzufügen möchte, muss zusätzlich die Rolle ANWENDUNGSSERVER hinzugefügt werden (Abbildung 17.15) und der Rollendienst UNTERSTÜTZUNG VON WEBSERVERN installiert werden (Abbildung 17.17).

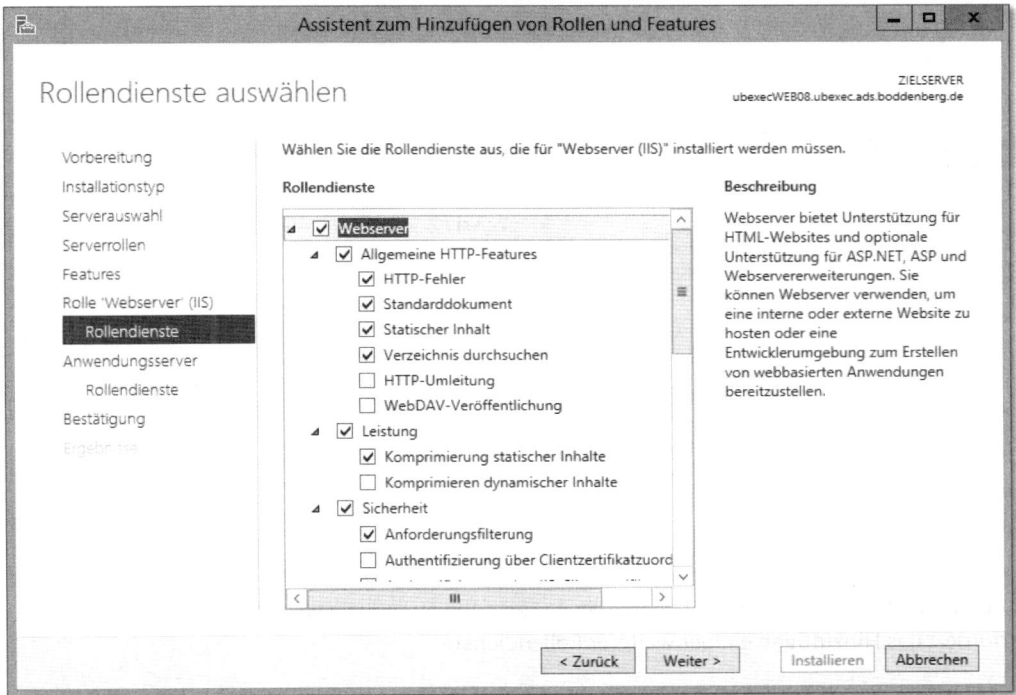

Abbildung 17.16 Zum Webserver gehören eine Vielzahl von Rollendiensten, die selektiv aktiviert werden können. Natürlich gibt es Abhängigkeiten.

Module

Ich habe den Begriff *Module* verwendet, obwohl die abgebildeten Dialoge diese installierbaren Komponenten als *Rollendienste* bezeichnen. *Rollendienste* ist der allgemeine Windows Server 2008/2012-Ausdruck für die Komponenten, die zu einer Rolle installiert werden können. Die Erweiterungen für den IIS heißen in der »IIS-Sprache« *Module*, weshalb ich diesen Begriff gewählt habe.

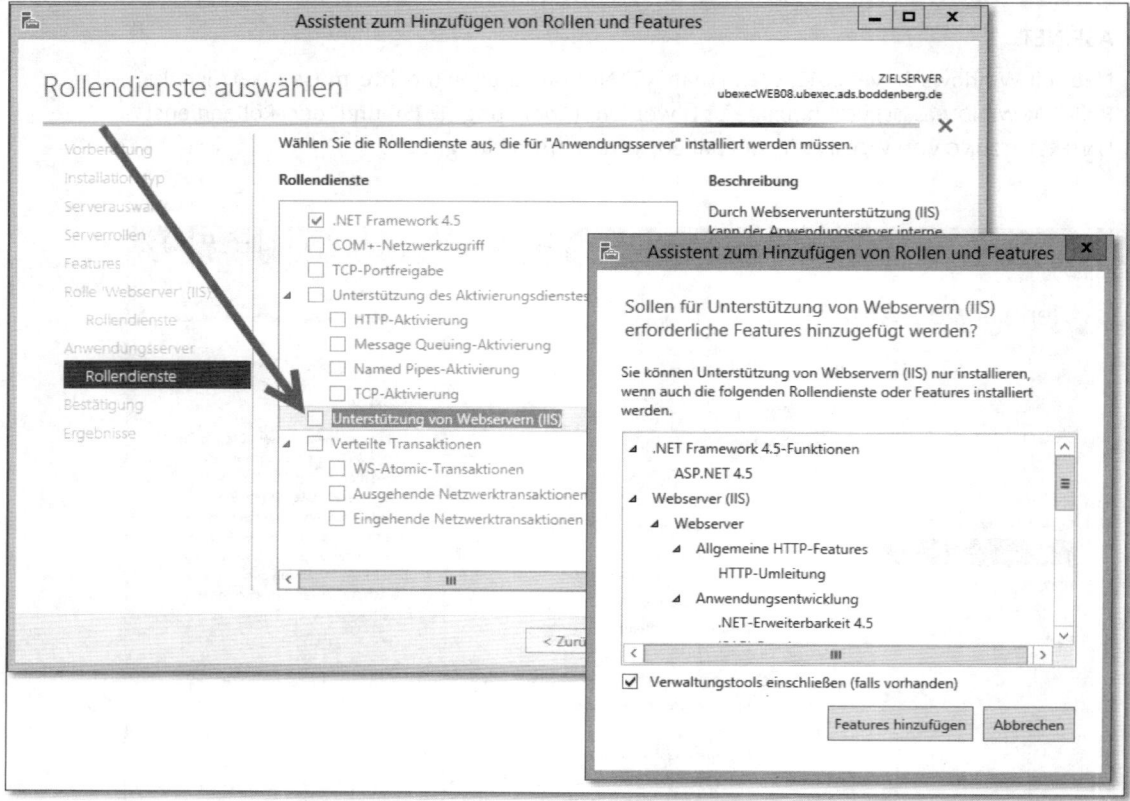

Abbildung 17.17 Die Rollendienste der Rolle »Anwendungsserver«. Die Installation von ASP.NET erfordert das Hinzufügen einiger weiterer Rollendienste.

17.4 Kurzer Überblick über die Architektur des Webservers

Über die Architektur von komplexen Serversystemen kann man natürlich viele Seiten schreiben. Das möchte ich hier bewusst nicht tun, es gibt aber einige Fakten, die Sie einfach über den IIS wissen sollten. Weiterhin gibt es auch für diejenigen, die sich bereits mehr oder weniger intensiv mit dem Vorgänger-IIS beschäftigt haben, das ein oder andere Neue zu entdecken: Oder wissen Sie aus dem Stand, was der Windows-Prozessaktivierungsdienst tut?

17.4.1 Architektur

In Abbildung 17.18 ist die Architektur des Internet Information Servers zu sehen:

- *http.sys* ist der im Kernelmodus ausgeführte Protokolllistener. Sämtliche HTTP-Anforderungen gehen hier ein. Dies gilt übrigens auch für HTTPS-Anforderungen.

- Der WWW-Publishing-Dienst (W3SVC) verwaltet bzw. steuert die *http.sys* und ist für die Leistungsüberwachung zuständig.
- Der Windows-Prozessaktivierungsdienst (WAS) verwaltet die Arbeitsprozesse. Er startet und beendet die Anwendungspools.
- Im Konfigurationsspeicher werden die Einstellungen sowohl für den IIS als auch für ASP.NET gespeichert. Im Gegensatz zum IIS6 und dessen Metabase gibt es nicht eine zentrale Konfigurationsdatenbank, sondern es existiert eine Hierarchie aus verteilten XML-Dateien.
- Arbeitsprozess (*w3wp.exe*): Dieser Prozess verarbeitet die Anforderungen und generiert Antworten. Es können mehrere Arbeitsprozesse pro Anwendungspool existieren.

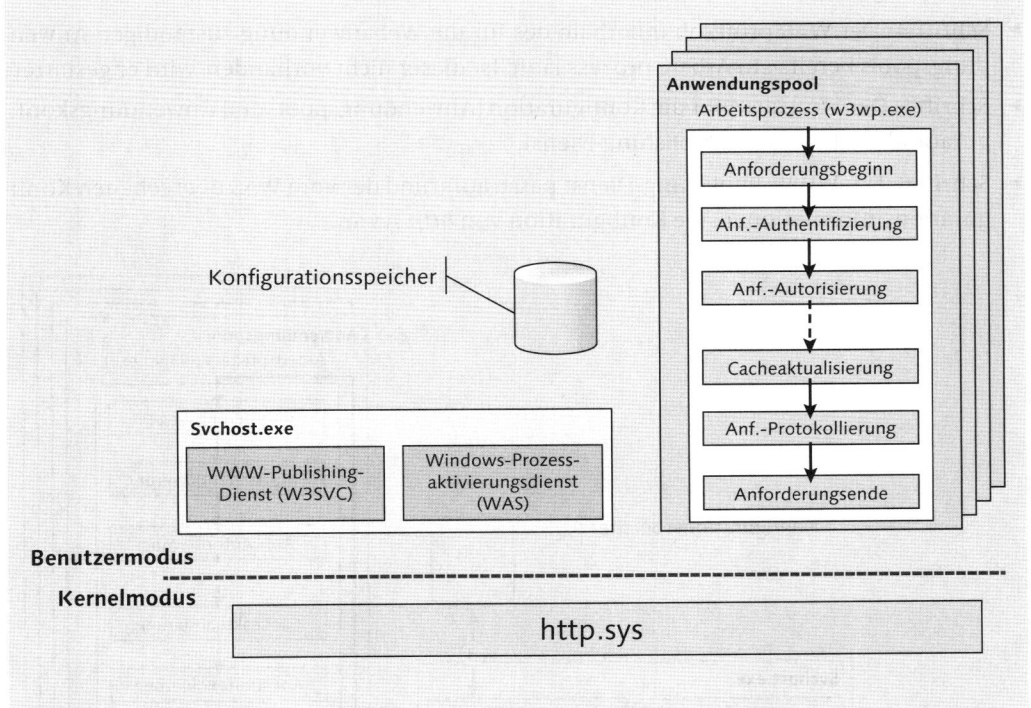

Abbildung 17.18 Architektur des IIS7/8-Webservers

17.4.2 Anforderungsverarbeitung

Die Funktion der einzelnen Bausteine ist natürlich nur sehr grob umrissen worden, etwas »mehr Leben« lässt sich dem Ganzen einhauchen, wenn man das Zusammenspiel anschaut oder – etwas wissenschaftlicher – gesprochen »die Anforderungsverarbeitung analysiert«. In Abbildung 17.19 sind die einzelnen Schritte eingetragen:

- Schritt 1: Die vom Client eingehende HTTP-Anforderung wird von *http.sys* entgegengenommen.
- Im Schritt 2 gibt es nun zwei Varianten:
  - Falls *http.sys* über die Konfigurationsinformationen für die Webanwendung verfügt, an die die Anforderung gerichtet ist, wird die Anforderung an den entsprechenden Arbeitsprozess weitergeleitet – und gelangt somit direkt zu Schritt 7.
  - Verfügt *http.sys* nicht über die Konfigurationsinformationen, wird der WWW-Publishing-Dienst kontaktiert, der wiederum den Windows-Prozessaktivierungsdienst (WAS) bemüht.
- Schritt 3: Der WAS ruft die Konfiguration aus dem Konfigurationsspeicher ab (*applicationhost.config*).
- Schritt 4: Der WAS prüft, ob innerhalb des für die Webanwendung zuständigen Anwendungspools bereits ein Arbeitsprozess läuft. Ist dieser nicht vorhanden, wird er gestartet.
- Schritt 5: Der WAS übergibt die Konfiguration (Anwendungspool- und Anwendungskonfiguration) an den WWW-Publishing-Dienst.
- Schritt 6: Der WWW-Publishing-Dienst passt, aufgrund der vom WAS übergebenen Konfigurationsinformationen, die Konfiguration von *http.sys* an.

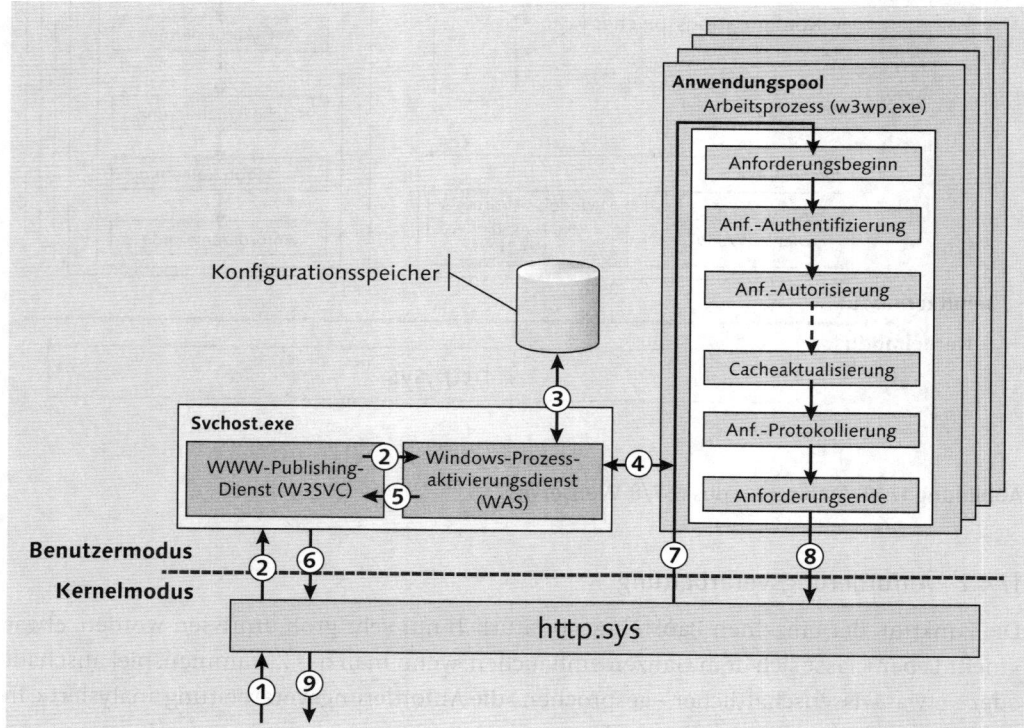

Abbildung 17.19 Die HTTP-Anforderungsverarbeitung

- Schritt 7: *http.sys* leitet die Anforderung an den Arbeitsprozess weiter.
- Schritt 8: Die Anforderungsverarbeitungspipeline wird von *http.sys* initiiert. Das Ergebnis ist eine Antwort auf die Webanforderung.
- Schritt 9: *http.sys* sendet das Ergebnis an den Client.

Man kann dem IIS übrigens recht komfortabel unter die Haube schauen, zumindest ein bisschen. Im Internetinformationsdienste-Manager steht ein Dialog zur Anzeige der aktiven Arbeitsprozesse zur Verfügung (Abbildung 17.20). Es gibt sogar noch eine detaillierte Anzeigemöglichkeit: Im Kontextmenü des jeweiligen Arbeitsprozesses existiert der Menüpunkt AKTUELLE ANFORDERUNGEN ANZEIGEN. Sie werden beim »Selbst-Testen« erkennen, dass für jeden Anwendungspool, in dem eine Webanwendung gestartet wurde, ein oder mehrere Arbeitsprozesse gestartet worden sind. Wenn Sie die schematische Darstellung der HTTP-Anforderungsverarbeitung in Abbildung 17.19 konsultieren, ist das auch sofort verständlich.

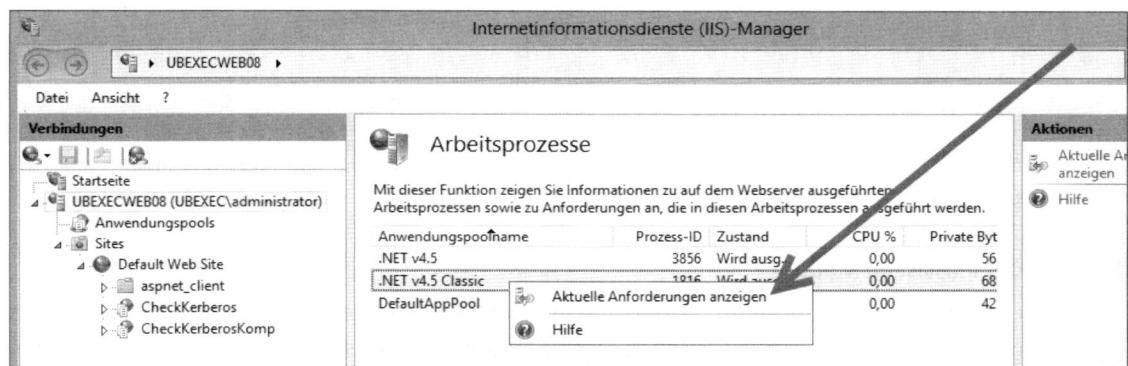

Abbildung 17.20 Laufende Arbeitsprozesse können im Internetinformationsdienste-Manager angezeigt werden.

17.4.3 Anforderungsverarbeitung im Anwendungspool

Wenn Sie den Vor-Vorgänger, also IIS6 einigermaßen gut kennen, wird Ihnen in den Grundeinstellungen der Anwendungspools aufgefallen sein, dass Sie einen VERWALTETEN PIPELINEMODUS auswählen können (Abbildung 17.21). Richtig, hier geht es um die Verarbeitung von ASP.NET-Anfragen, die naturgemäß im IIS-Umfeld eine besonders wichtige Rolle spielen.

Um es gleich vorwegzunehmen: Wenn es nicht irgendwelche mehr oder weniger mysteriösen Kompatibilitätsprobleme im integrierten Modus gibt, sollten Sie diesen auswählen. Trotzdem kann es sicherlich nicht schaden, die beiden Modi ein wenig genauer anzuschauen.

17 Webserver (IIS)

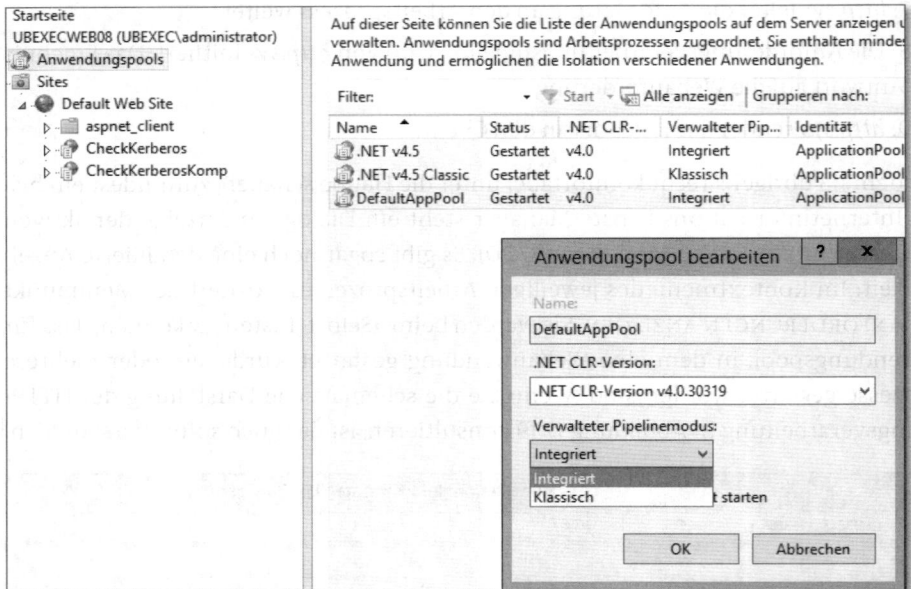

Abbildung 17.21 Für die ASP.NET-Anforderungsverarbeitung in einem Anwendungspool können Sie zwischen zwei Pipelinemodi wählen.

Der klassische Modus

Die Vorteile des integrierten Modus lassen sich besonders einfach vermitteln, wenn man mit der Abarbeitung im klassischen Modus beginnt. Der klassische Modus ist aus Gründen der Abwärtskompatibilität vorhanden, denn es könnte durchaus ASP.NET-Anwendungen geben, die in dem modernen integrierten Modus nicht lauffähig sind.

In Abbildung 17.22 sehen Sie die (etwas verkürzte) Darstellung der Anforderungsverarbeitung im klassischen Modus. Die wesentlichen Aspekte:

- Im Arbeitsprozess wird eine Authentifizierung durchgeführt.
- Bei der Handlerausführung wird bestimmt, ob die Anforderung durch ASP.NET verarbeitet werden muss. Dies ist beispielsweise bei dem Aufruf von *.aspx oder *.asmx der Fall.
- Es wird dann die ASP.NET-ISAPI-Erweiterung aufgerufen, die sich unter anderem wieder um die Authentifizierung kümmern muss.
- Nach Abschluss der ASP.NET-Verarbeitung in der ISAPI-Erweiterung wird die Weiterverarbeitung wieder an den Arbeitsprozess zurückgereicht.

Es ergeben sich folgende Einschränkungen bzw. Nachteile:

- Von ASP.NET-Modulen bereitgestellte Funktionen sind für Nicht-ASP.NET-Anforderungen nicht verfügbar. Ein klassisches Beispiel ist die formularbasierte Authentifizierung.

17.4 Kurzer Überblick über die Architektur des Webservers

- Es werden Verarbeitungsschritte doppelt ausgeführt. Wie Sie in Abbildung 17.22 sehen, trifft dies beispielsweise für die Authentifizierung zu.
- Die ASP.NET-Anwendungen können keinen Einfluss auf die sonstige IIS-Anforderungsverarbeitung nehmen. Das ist bei Betrachtung der Abbildung ebenfalls völlig einleuchtend, denn die ASP.NET-Verarbeitung erfolgt außerhalb der Verarbeitung im Arbeitsprozess.
- Etliche Einstellungen müssen sowohl für den Arbeitsprozess als auch für die ASP.NET-ISAPI-Erweiterung gespeichert werden, beispielsweise die Authentifizierung.

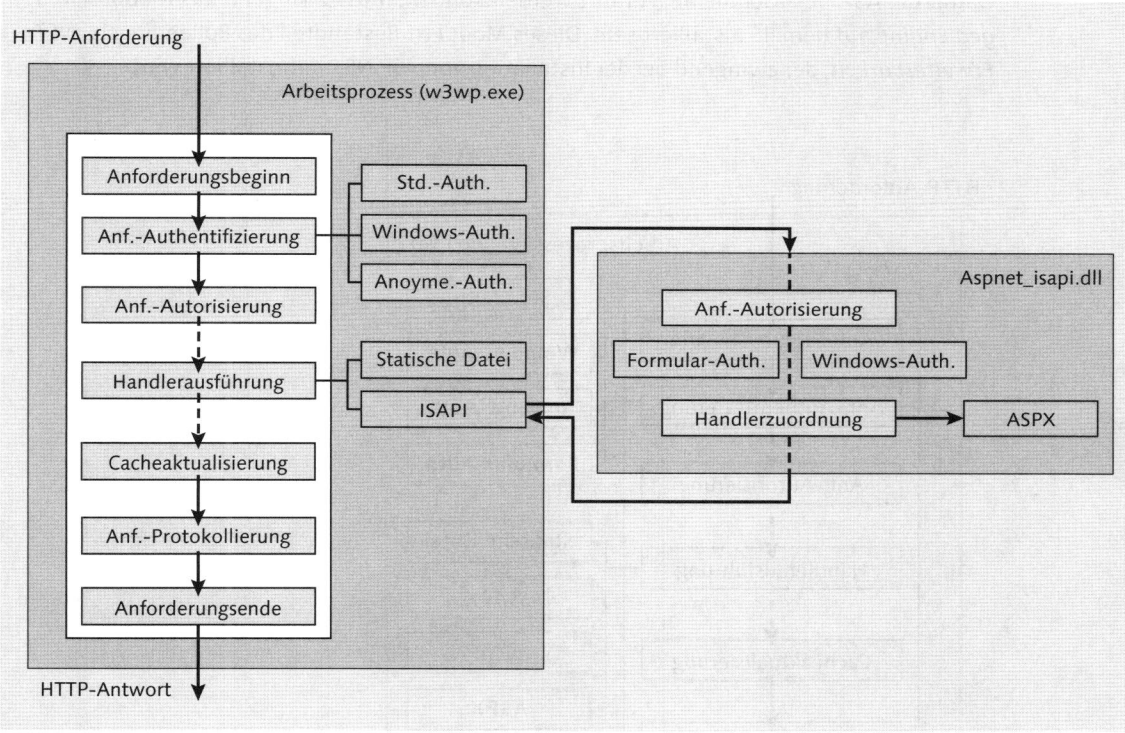

Abbildung 17.22 Die Anforderungsverarbeitung im klassischen Modus

Der integrierte Modus

Wenn Sie jetzt, mit dem soeben erworbenen Wissen über den klassischen Modus im Hinterkopf, raten müssten, was der Unterschied zwischen dem klassischen und dem integrierten Modus ist, würden Sie ohne Schwierigkeiten einen Treffer landen: Die ASP.NET-Verarbeitung ist nun nicht mehr in einer ISAPI-Erweiterung »ausgelagert«, sondern findet im Arbeitsprozess statt. Dies ist in Abbildung 17.23 zu erkennen. Die Skizze zeigt aber noch einen weiteren Aspekt:

- Bei der klassischen Anforderungsverarbeitung stehen im Arbeitsprozess bei der Authentifizierung lediglich die Standard-, die Windows- und die anonyme Authentifizierung zur Verfügung. Die in ASP.NET enthaltene Formular-Authentifizierung ist nicht vorhanden bzw. kann erst bei der ASP.NET-Verarbeitung in der ISAPI-Erweiterung angewendet werden.

▶ Die integrierte Anforderungsverarbeitung ermöglicht hingegen, dass die Formular-Authentifizierung im Rahmen der IIS-Anforderungsverarbeitung genutzt werden kann. Sie wird sozusagen gleichberechtigt mit den nativen IIS-Modulen eingesetzt.

Anmerkung

Damit die ASP.NET-Module ausgeführt werden können, muss zwingend das Modul *Managed Engine* auf dem IIS installiert sein. Dieses Modul ist Bestandteil des Rollendiensts *.NET-Erweiterbarkeit*, der zwingend bei der Installation von ASP.NET mitinstalliert wird.

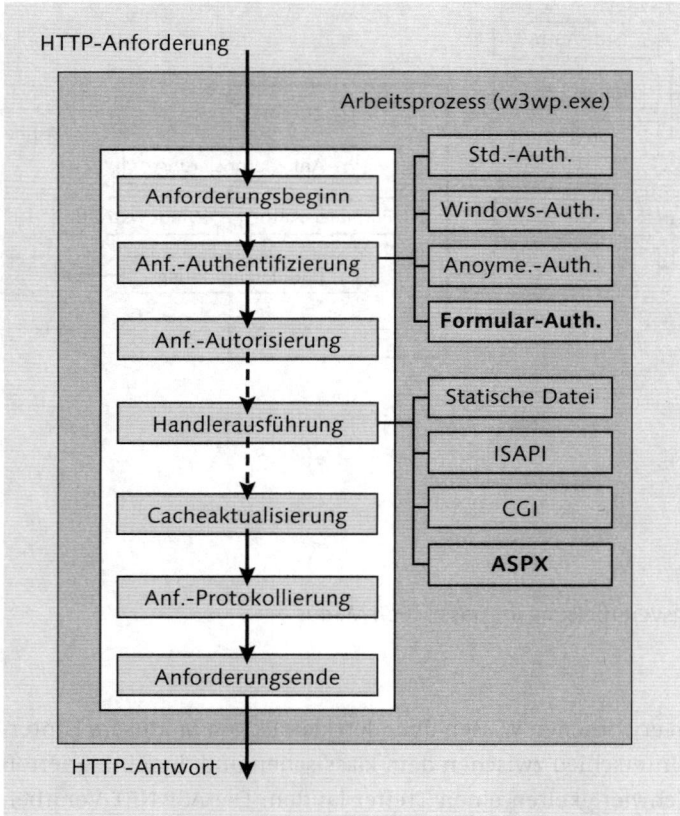

Abbildung 17.23 Die Verarbeitungspipeline bei der integrierten Verarbeitung

Um nochmals auf die Vorteile des integrierten Modus zu sprechen zu kommen: Man kann sagen, dass die im vorherigen Abschnitt aufgeführten Nachteile des klassischen Modus allesamt behoben sind:

- Alle Anfordungen – egal ob ASP.NET, statische Dateien, ASP oder CGI – können alle Features des IIS und der ASP.NET-Welt (»verwaltet«) nutzen.
- Es gibt keine doppelt vorhandenen Features.
- Die Verwaltung erfolgt an einem Ort.
- Entwickler können den IIS mit ASP.NET-Modulen erweitern und mit diesen auch recht weitgehend in die Anforderungsverarbeitung eingreifen.

Reihenfolge der Verarbeitung

In den vorherigen Skizzen zur Anforderungsverarbeitung haben Sie gesehen, dass der Arbeitsprozess diverse Module in einer bestimmten Reihenfolge abarbeitet. Die Reihenfolge ist natürlich ganz entscheidend, denn es hätte beispielsweise wenig Sinn, zuerst die Module zur Autorisierung aufzurufen und erst danach die Authentifizierung durchzuführen: Was soll man autorisieren, wenn man gar nicht weiß, wer vor dem Browser sitzt?

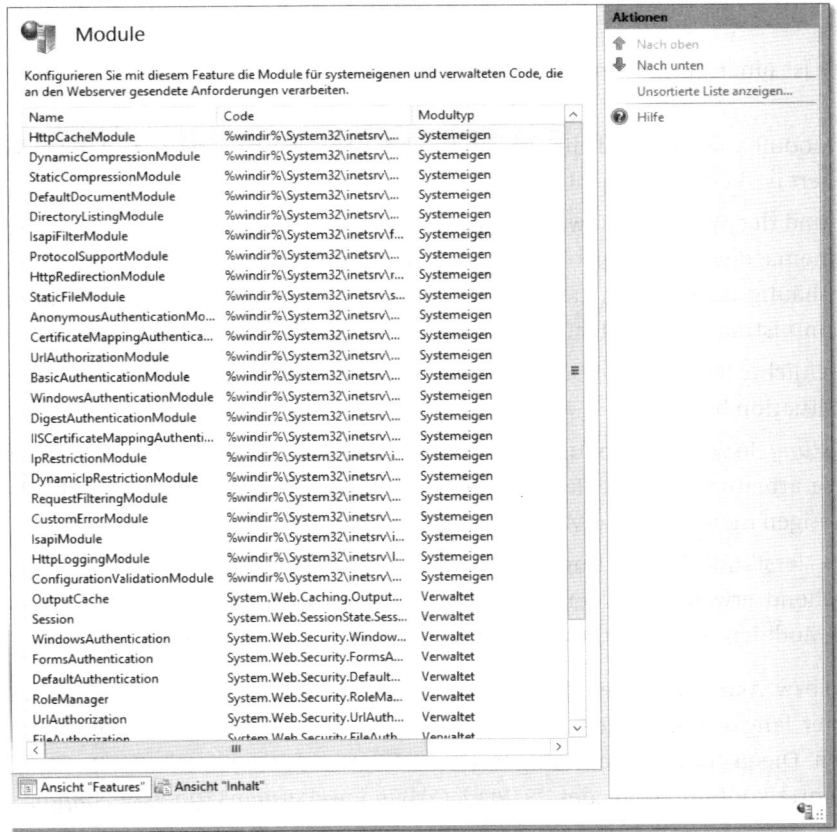

Abbildung 17.24 In dieser Reihenfolge werden die Module in der Verarbeitungspipeline abgearbeitet. Bei Bedarf kann die Reihenfolge angepasst werden. Wenn Sie aber nicht ganz genau wissen, was Sie tun, ist das keine gute Idee!

Die Abarbeitungsreihenfolge können Sie einsehen, wenn Sie auf der Ebene des Servers den Konfigurationsdialog MODULE aufrufen und auf der AKTIONEN-Leiste (rechts) den Menüpunkt SORTIERTE LISTE ANZEIGEN wählen. Sie sehen dann die systemeigenen und verwalteten (d. h. ASP.NET-)Module in der Reihenfolge der Verarbeitung (Abbildung 17.24).

Es ist durchaus möglich, die Reihenfolge der Verarbeitung zu ändern – dabei sollten Sie aber ganz genau wissen, was Sie tun. Die Modifikation der Verarbeitungsreihenfolge ist insbesondere dann relevant, wenn eigene individuelle Module hinzugefügt werden.

17.4.4 Die »Modulbauweise«

Wenn Sie sich einige Minuten mit dem IIS7/8 beschäftigt haben, wird eines sofort klar: Es handelt sich um ein modulares System, bei dem die einzelnen Module genau den Anforderungen entsprechend hinzugefügt oder auch entfernt werden können.

Daraus ergeben sich drei Hauptvorteile, die jeder für sich und alle gemeinsam absolut signifikant sind:

- *Sicherheit*: Dies ist einer der wesentlichen Aspekte, wenn nicht sogar *der* wesentlichste Aspekt.
  - Durch die Modulbauweise wird die Angriffsfläche signifikant verringert, denn was nicht installiert ist, kann auch nicht angegriffen werden.
  - Der Pflege- und der Wartungsaufwand werden reduziert. Dies ist auch eindeutig ein Sicherheitsthema, denn es hat sich in der Vergangenheit gezeigt, dass die angegriffenen Lücken häufig dadurch entstanden sind, dass Systeme schlecht gepflegt waren oder den Administratoren gar nicht klar war, wo es überall Pflegebedarf gibt.
  - Das vereinheitlichte Sicherheitsmodell von IIS und ASP.NET trägt ebenfalls zur Verbesserung der Situation bei.
- *Verbesserte Leistung*: Je weniger Module geladen sind, desto weniger Schritte sind bei der Anforderungsverarbeitung zu durchlaufen (siehe Abbildung 17.22 und Abbildung 17.23). Weiterhin benötigen nicht geladene Module natürlich auch keinen Speicher etc.
- *Erweiterbarkeit*: Verständlicherweise trägt eine konsequente Modulbauweise dazu bei, dass IIS sehr weitgehend erweitert werden kann. Dies ist sowohl mit nativen, also in C++ geschriebenen Modulen, als auch mit verwalteten (d.h. .NET-)Modulen möglich.

Die Konfiguration bzw. Aktivierung der Module ist nun zwar nicht unbedingt ein Thema, das man acht Semester lang studiert haben müsste, aber ein paar Hintergründe sollte man schon parat haben. Die grundlegende Konfiguration erfolgt in der *applicationHost.config*-Datei, also der »Zentralkonfiguration« des IIS (Pfad: *C:\Windows\System32\inetsrv\config*).

- Alle nativen (d. h. nicht auf .NET-Technologie basierenden) Module müssen im Abschnitt `<globalModules>` registriert werden. Dieser Abschnitt ist in Abbildung 17.25 gezeigt.

- Weiterhin müssen auf Serverebene und/oder Anwendungsebene die nativen Module aktiviert werden. Dies geschieht dadurch, dass diese zusätzlich im Abschnitt `<modules>` aufgeführt werden, allerdings ohne Pfadangaben.

  Verwaltete Module (d.h. .NET-Code) können direkt im Abschnitt `<modules>` eingetragen werden.

- Zu beachten ist noch der Abschnitt `<handlers>` (Abbildung 17.26), der sowohl in der *applicationHost.config* als auch auf Anwendungs- und URL-Ebene existieren kann. Dort wird festgelegt, welche Handler bei welchen Dateiextensionen und Verben (z.B. `POST`, `GET`) verwendet werden sollen.

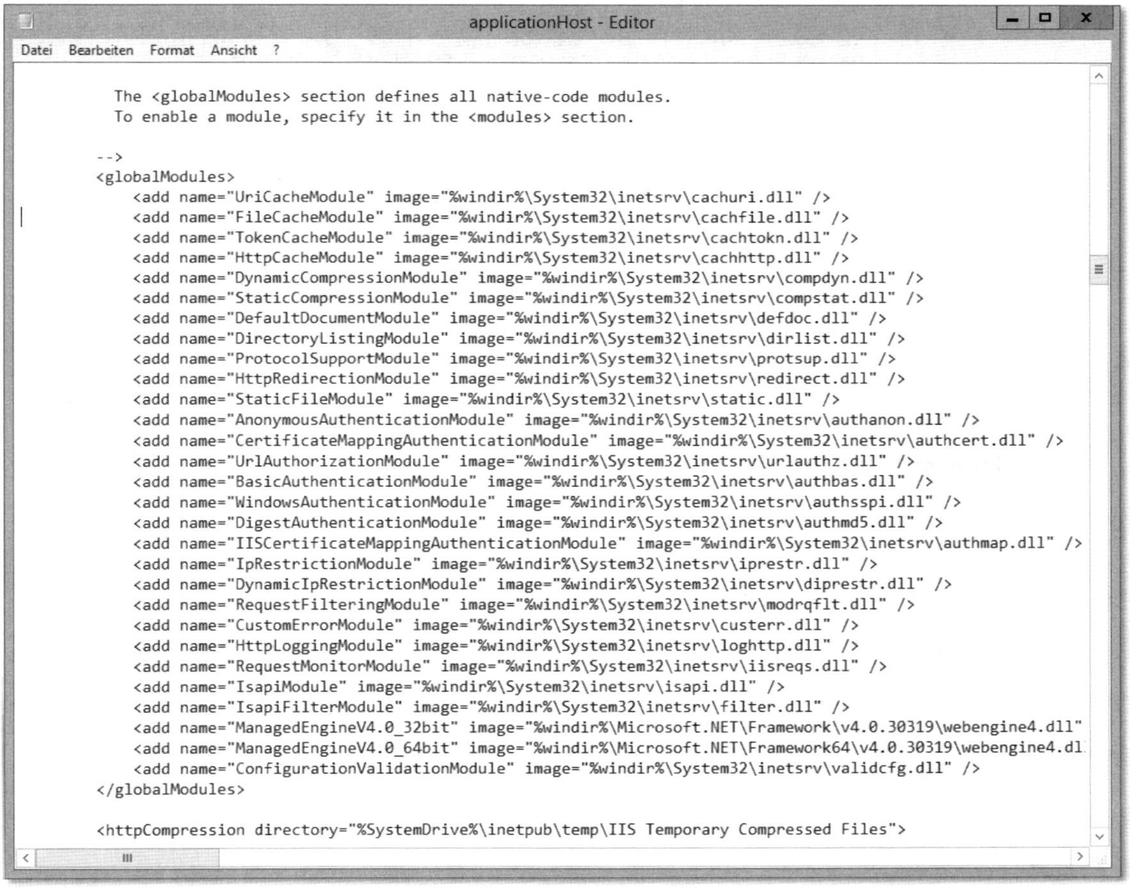

applicationHost - Editor

Datei Bearbeiten Format Ansicht ?

```
        The <globalModules> section defines all native-code modules.
        To enable a module, specify it in the <modules> section.

    -->
    <globalModules>
        <add name="UriCacheModule" image="%windir%\System32\inetsrv\cachuri.dll" />
        <add name="FileCacheModule" image="%windir%\System32\inetsrv\cachfile.dll" />
        <add name="TokenCacheModule" image="%windir%\System32\inetsrv\cachtokn.dll" />
        <add name="HttpCacheModule" image="%windir%\System32\inetsrv\cachhttp.dll" />
        <add name="DynamicCompressionModule" image="%windir%\System32\inetsrv\compdyn.dll" />
        <add name="StaticCompressionModule" image="%windir%\System32\inetsrv\compstat.dll" />
        <add name="DefaultDocumentModule" image="%windir%\System32\inetsrv\defdoc.dll" />
        <add name="DirectoryListingModule" image="%windir%\System32\inetsrv\dirlist.dll" />
        <add name="ProtocolSupportModule" image="%windir%\System32\inetsrv\protsup.dll" />
        <add name="HttpRedirectionModule" image="%windir%\System32\inetsrv\redirect.dll" />
        <add name="StaticFileModule" image="%windir%\System32\inetsrv\static.dll" />
        <add name="AnonymousAuthenticationModule" image="%windir%\System32\inetsrv\authanon.dll" />
        <add name="CertificateMappingAuthenticationModule" image="%windir%\System32\inetsrv\authcert.dll" />
        <add name="UrlAuthorizationModule" image="%windir%\System32\inetsrv\urlauthz.dll" />
        <add name="BasicAuthenticationModule" image="%windir%\System32\inetsrv\authbas.dll" />
        <add name="WindowsAuthenticationModule" image="%windir%\System32\inetsrv\authsspi.dll" />
        <add name="DigestAuthenticationModule" image="%windir%\System32\inetsrv\authmd5.dll" />
        <add name="IISCertificateMappingAuthenticationModule" image="%windir%\System32\inetsrv\authmap.dll" />
        <add name="IpRestrictionModule" image="%windir%\System32\inetsrv\iprestr.dll" />
        <add name="DynamicIpRestrictionModule" image="%windir%\System32\inetsrv\diprestr.dll" />
        <add name="RequestFilteringModule" image="%windir%\System32\inetsrv\modrqflt.dll" />
        <add name="CustomErrorModule" image="%windir%\System32\inetsrv\custerr.dll" />
        <add name="HttpLoggingModule" image="%windir%\System32\inetsrv\loghttp.dll" />
        <add name="RequestMonitorModule" image="%windir%\System32\inetsrv\iisreqs.dll" />
        <add name="IsapiModule" image="%windir%\System32\inetsrv\isapi.dll" />
        <add name="IsapiFilterModule" image="%windir%\System32\inetsrv\filter.dll" />
        <add name="ManagedEngineV4.0_32bit" image="%windir%\Microsoft.NET\Framework\v4.0.30319\webengine4.dll"
        <add name="ManagedEngineV4.0_64bit" image="%windir%\Microsoft.NET\Framework64\v4.0.30319\webengine4.dl
        <add name="ConfigurationValidationModule" image="%windir%\System32\inetsrv\validcfg.dll" />
    </globalModules>

    <httpCompression directory="%SystemDrive%\inetpub\temp\IIS Temporary Compressed Files">
```

Abbildung 17.25 Der Abschnitt <globalModules> der »applicationHost.config«-Datei

Ein Beispiel dafür, was auf Anwendungsebene, also in der *web.config*, so alles gemacht werden kann, sehen Sie auf Abbildung 17.27. Diese *web.config* wurde so ohne mein Zutun von Visual Studio 2012 (MVC4-Projekt) erstellt.

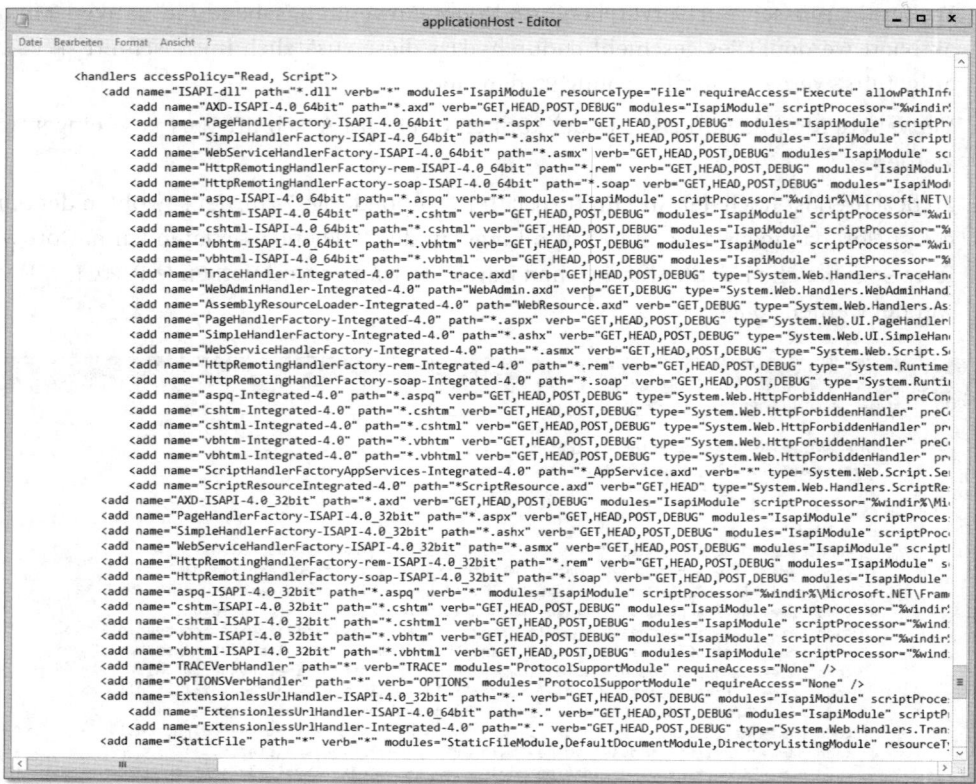

Abbildung 17.26 Der Abschnitt <handlers>

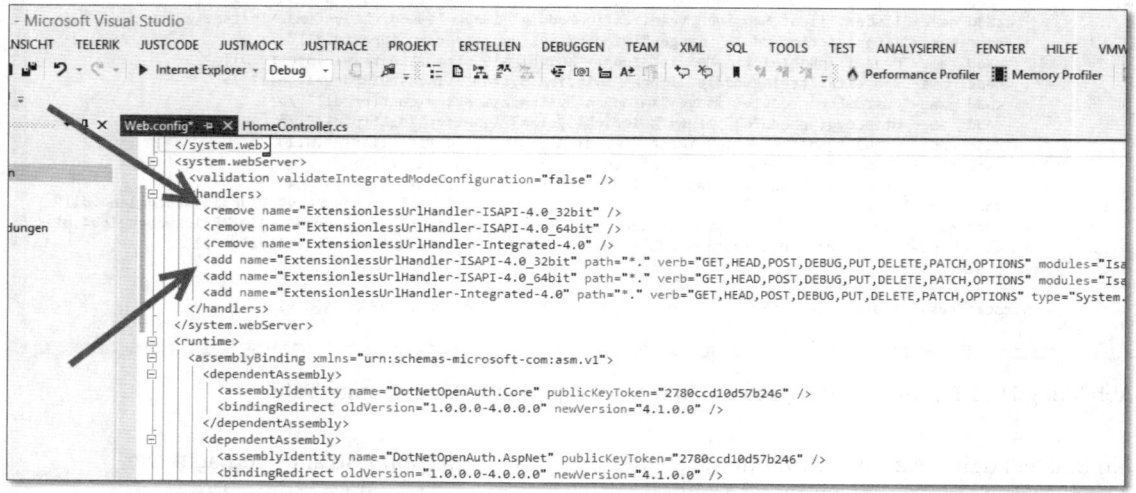

Abbildung 17.27 Eine von Visual Studio erzeugte »web.config«-Datei nimmt Modifikationen im Bereich der Module und Handler vor.

17.4 Kurzer Überblick über die Architektur des Webservers

In dem durch die Pfeile markierten Bereich werden drei Handler entfernt und wieder hinzugefügt. Wenn Sie sich fragen, was das soll und ob Visual Studio irgendwie unter Drogen steht, ist hier die Antwort: Die Zielplattform des Projekts ist *.NET Framework 4.5* gewesen. Durch das Entfernen und Wiederhinzufügen der »entscheidenden« Module und Handler wird sichergestellt, dass für diese Anwendung wirklich mit den Komponenten mit Versionsstand 4.5 gearbeitet wird. Es ist zwar auf der Abbildung nicht zu sehen, aber es wird genau diese Version referenziert.

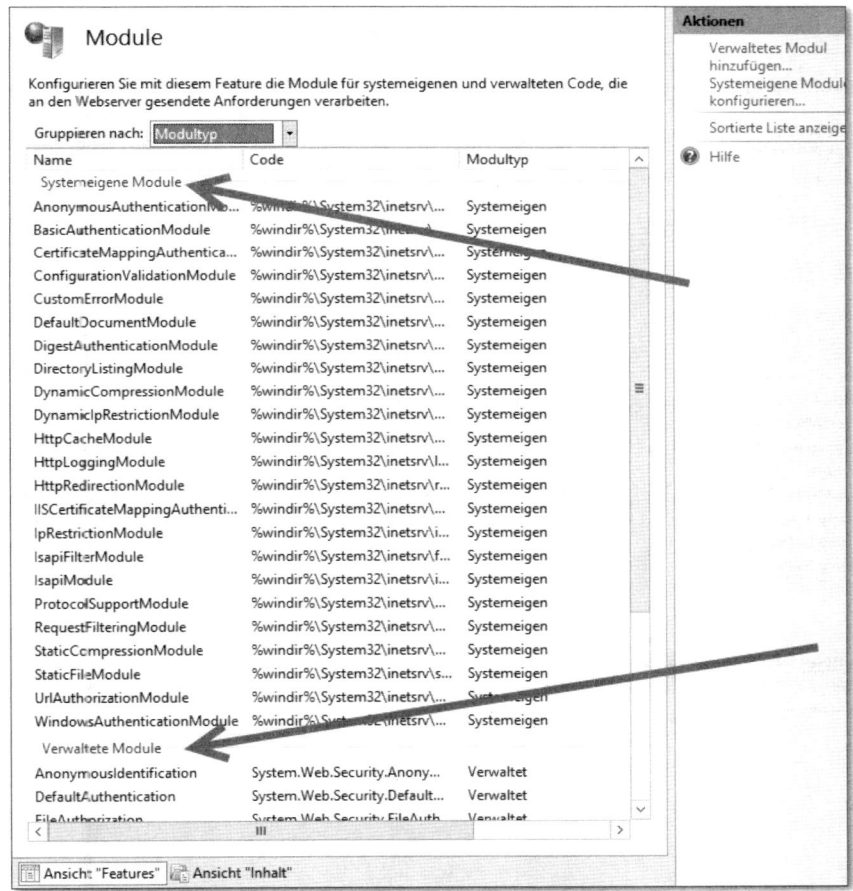

Abbildung 17.28 Diese systemeigenen und verwalteten Module sind auf der Maschine installiert – das kann aber bei Ihnen durchaus anders aussehen.

Geschockt durch zu viel XML? Kein Problem, Sie können alles auch in der grafischen Oberfläche einstellen:

- Abbildung 17.28 zeigt die systemeigenen und verwalteten Module in der Ansicht. Im Kontextmenü des Moduls gibt es jeweils minimale Konfigurationsmöglichkeiten, insbesondere beim Dateipfad (bei systemeigenen Modulen) und bei den Typen (bei verwalteten Modulen) – also nichts, an dem man etwas einstellen müsste. Der auf der Abbildung gezeigte Bildschirm entspricht übrigens dem Abschnitt <globalModules> der *applicationHost.config*-Datei (siehe Abbildung 17.25).

▶ Der Dialog in Abbildung 17.29 zeigt die definierten Handlerzuordnungen auf Serverebene. Auch die hier gezeigten Einträge finden sich natürlich in der *applicationHost.config*-Datei. Der entsprechende Abschnitt heißt wenig überraschend <handlers>; in Abbildung 17.26 (oben) ist er in der Originalform zu sehen.

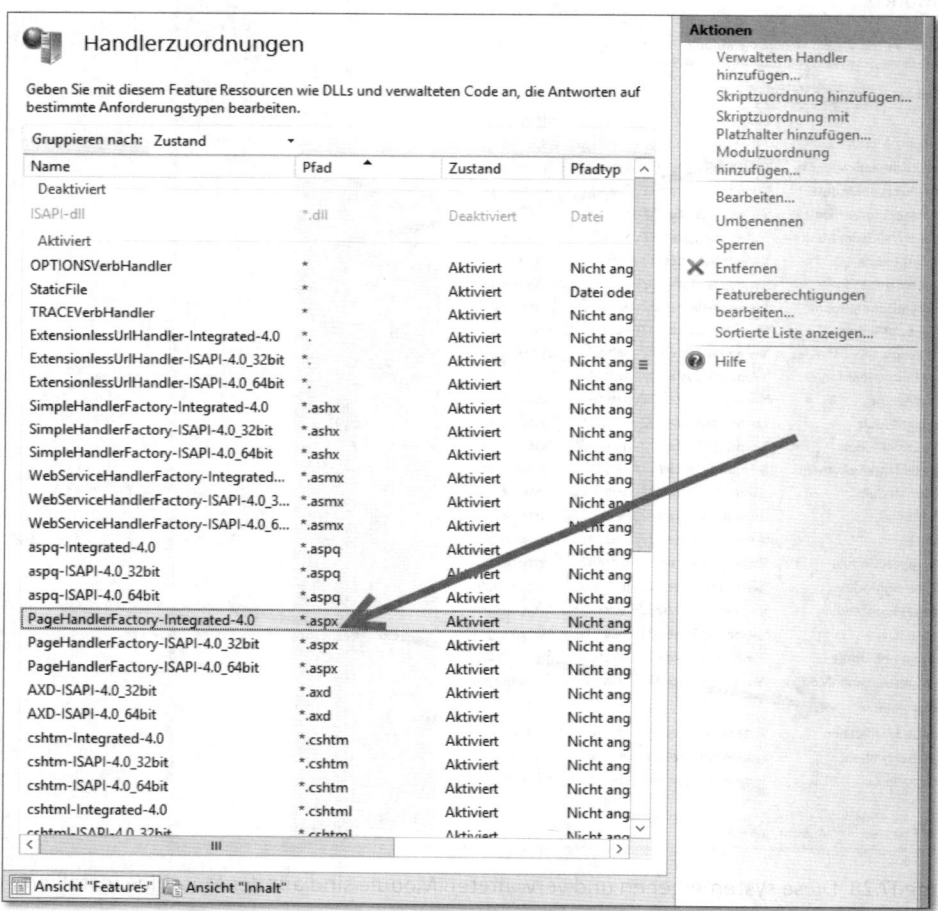

Abbildung 17.29 Die definierten Handlerzuordnungen

Die Abschnitte <handlers> und <modules> können, wie zuvor bereits erwähnt, sowohl auf Server- als auch auf Anwendungsebene definiert werden. Ein wenig weiter vorn in Abbildung 17.27 haben Sie gesehen, dass eine Anwendung mit »ihrer« *web.config* Handlerzuordnungen entfernen und hinzufügen kann (übrigens auch Module).

17.5 Webserver, Websites, Anwendungen, virtuelle Verzeichnisse und Anwendungspools

Nach viel Theorie in den vorangegangenen Abschnitten sind Sie jetzt bestimmt schon ganz begierig darauf, dass es ein wenig konkreter wird. Der Wunsch kann erfüllt werden; ich zeige Ihnen nun *die* Kernelemente des IIS.

Ein kurzer Blick in den Internetinformationsdienste-Manager zeigt bereits, dass es vier Komponenten gibt, die man in der Baumansicht hinzufügen kann (Abbildung 17.30):

- Anwendungspools
- Websites
- Anwendungen
- virtuelle Verzeichnisse

Die Leser, die bereits mit dem IIS gearbeitet haben, werden sich hier sofort heimisch fühlen, und für die »Newcomer« folgt im nächsten Abschnitt zunächst eine kleine Begriffskunde.

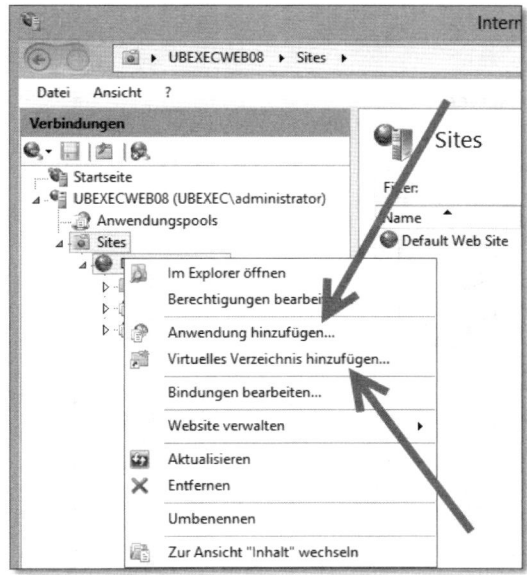

Abbildung 17.30 Das kann man alles hinzufügen: Anwendungen, virtuelle Verzeichnisse und in den entsprechenden Kontextmenüs Anwendungspools und Websites.

17.5.1 Die Zusammenhänge

Abbildung 17.31 zeigt die Zusammenhänge zwischen Webserver, Website & Co.:

- An oberster Stelle der Hierarchie steht der *Webserver*, also die Maschine, auf der der IIS7 installiert ist.

- Auf dem Webserver können eine oder mehrere *Websites* installiert sein. Die Websites unterscheiden sich in mindestens einem der folgenden Kriterien:
  - *IP-Adresse*
  - *Portnummer*: Standardmäßig nutzen Websites die Portnummern 80 bzw. 443 für die SSL-Kommunikation. Beliebige andere Portnummern, beispielsweise 55580, können ebenfalls benutzt werden.
  - *Host Header*: Der Webserver kann die Anforderungen auch anhand des Namens, mit dem der Client den Server anspricht, verschiedenen Webanwendungen zuordnen: *www.boddenberg.de* kann, trotz derselben IP-Adresse und derselben Portnummer, einer anderen Website zugewiesen werden als *www.boddenberg.mobi*.
- *Anwendungen* sind, vereinfacht und wissenschaftlich nicht ganz exakt ausgedrückt, speziell »markierte« Verzeichnisse (gegebenenfalls nebst Unterverzeichnissen), in denen die Dateien der Webapplikation liegen.

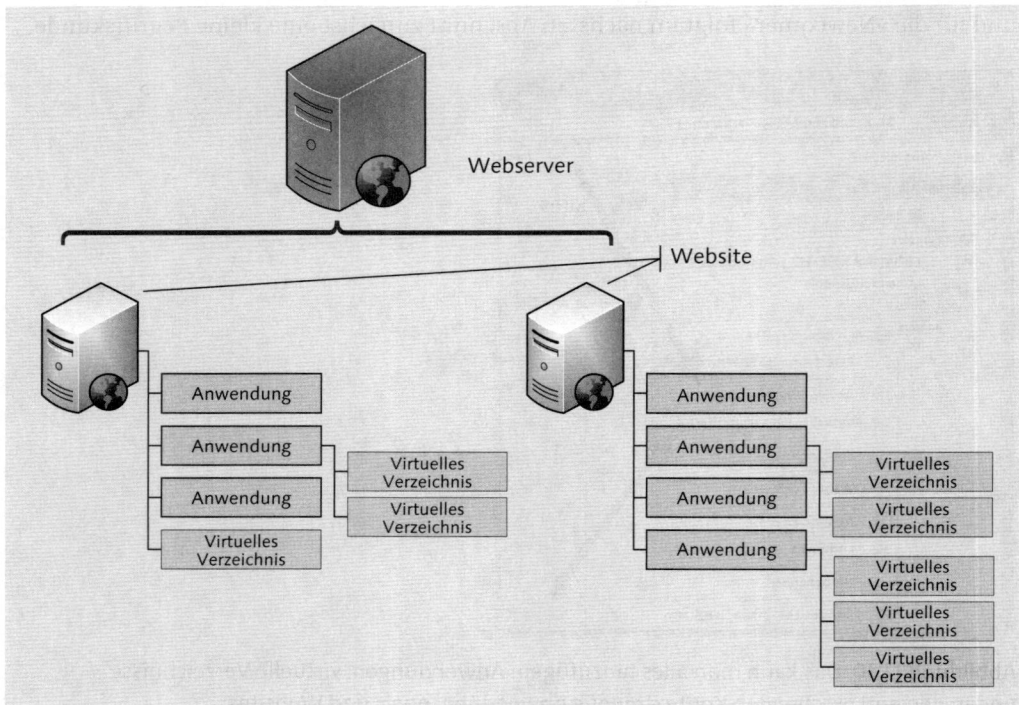

Abbildung 17.31 Unterhalb einer Website können Anwendungen und virtuelle Verzeichnisse existieren.

- *Virtuelle Verzeichnisse*: Häufig liegen die Dateien einer Webapplikation nicht wirklich auf der Festplatte unterhalb des Stammverzeichnisses der Website (Standard für die erste Website: *c:\inetpub\wwwroot*), sondern irgendwo anders auf den Festplatten, vielleicht sogar auf

17.5 Webserver, Websites, Anwendungen, virtuelle Verzeichnisse und Anwendungspools

einem anderen Server im Netz. Ein virtuelles Verzeichnis wird in den Verzeichnisbaum des Webservers lediglich eingeblendet, obwohl es physikalisch an einer ganz anderen Stelle liegt.

Neben der zuvor vorgestellten Struktur mit Website, Anwendung & Co. kommt noch eine weitere Sichtweise hinzu, nämlich die Anwendungspools. Anwendungspools ermöglichen das Isolieren von Websites und Anwendungen aus Gründen der besseren Sicherheit, Verfügbarkeit, Zuverlässigkeit und Wartbarkeit. Verschiedene Anwendungspools zu haben bedeutet immer, dass verschiedene Arbeitsprozesse laufen (pro Anwendungspool werden ein oder mehrere *eigene* Arbeitsprozesse betrieben) und so eine »Barriere« zwischen den Anwendungen in unterschiedlichen Pools besteht. Standardbeispiel: Falls eine Anwendung abstürzt und den Pool mit ins Verderben reißt, laufen die Anwendungen in anderen Pools nach wie vor problemlos weiter.

Teilweise werden mehrere Anwendungspools implementiert, weil die Anwendungen mit speziellen Identitäten betrieben werden müssen.

In Abbildung 17.32 können Sie Folgendes erkennen:

▶ Websites und Anwendungen sind über drei Anwendungspools verteilt. Anwendungen können durchaus in einem anderen Anwendungspool betrieben werden als die übergeordnete Website.

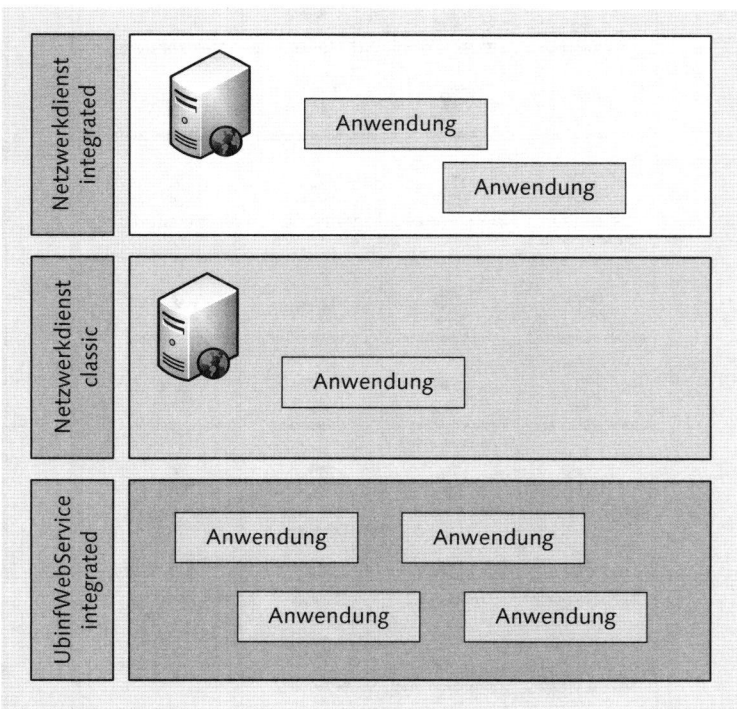

Abbildung 17.32 Die Anwendungen verteilen sich in diesem Beispiel auf drei Anwendungspools.

- Anwendungspools können unterschiedliche Identitäten haben.
- Anwendungspools können entweder im klassischen oder im integrierten Modus betrieben werden (siehe auch Abschnitt 17.4.3).

17.5.2 Webserver

Wie Sie bereits in Abbildung 17.31 gesehen haben, ist das oberste Element der Webserver, also sozusagen die Plattform. Die Darstellung im Internetinformationsdienste-Manager ist in Abbildung 17.33 zu sehen, und die Konfigurationsdatei für die Einstellungen, die Sie auf Serverebene vornehmen, ist die Datei *applicationHost.config* im Verzeichnis *C:\Windows\System32\inetsrv\config*. Wie in der Abbildung zu sehen ist, gibt es viel zu konfigurieren, wobei die Anzahl der gezeigten Symbole von den installierten Rollendiensten abhängt.

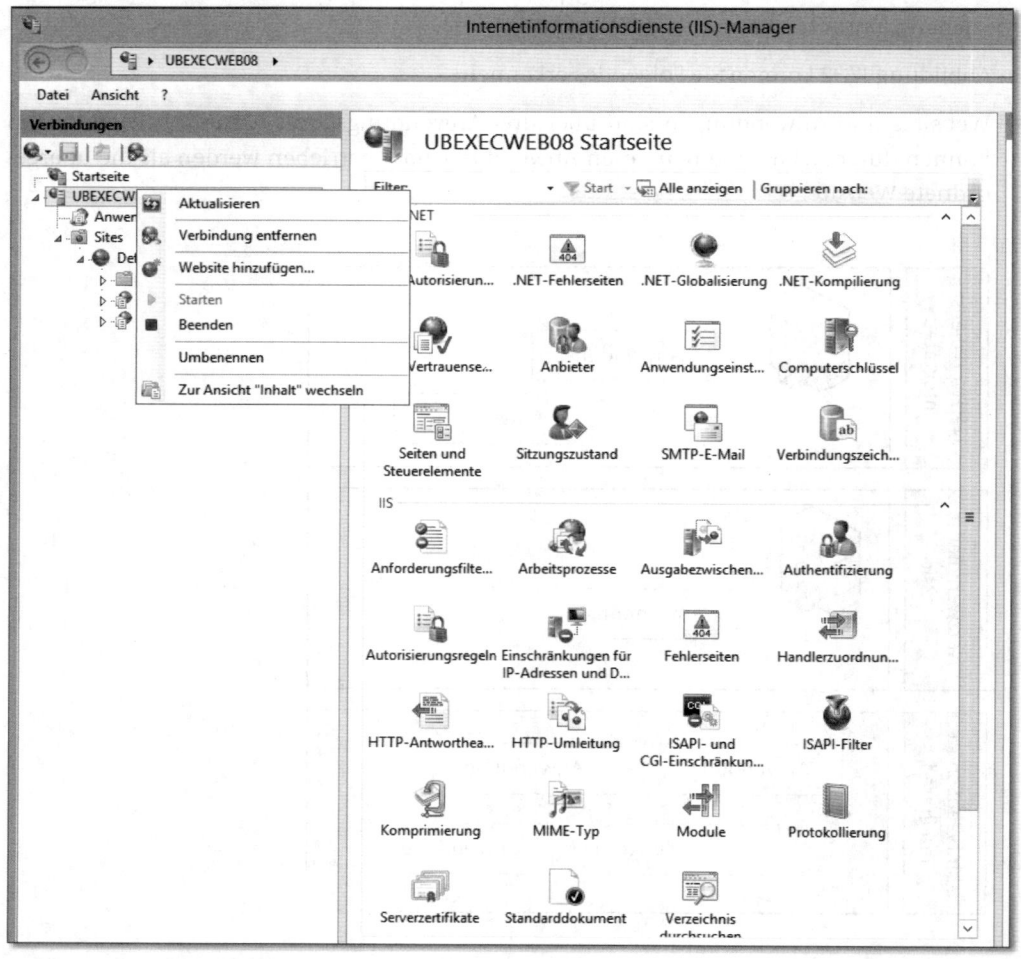

Abbildung 17.33 Auf der Ebene des Webservers gibt es jede Menge zu konfigurieren.

Ich möchte an dieser Stelle nicht jeden einzelnen Dialog durchkauen, der für die Konfiguration auf Serverebene aufgerufen werden kann – Sie werden viele Dialoge bei der mehr themenorientierten Darstellung in den folgenden Abschnitten wiederfinden.

17.5.3 Anwendungspool

Das Hinzufügen eines neuen Anwendungspools gestaltet sich sehr simpel. Wie Sie in Abbildung 17.34 sehen, sind lediglich drei Entscheidungen zu treffen:

- Der Anwendungspool-Name sollte möglichst selbsterklärend sein, aber dass »Hugo« keine optimale Bezeichnung ist, brauche ich wohl nicht zu erläutern.

- Dann wird die .NET Framework-Version ausgewählt, die im Pool verfügbar sein soll – alternativ steht auch die Option KEIN VERWALTETER CODE zur Verfügung. Auch wenn Sie das .NET Framework mit dem aktuellen Patchlevel (momentan Version 3.5 SP1, August 2008) installiert haben, wird ein .NET FRAMEWORK V2... angezeigt. Das ist korrekt, wenn auch vielleicht auf den ersten Blick ein wenig irritierend.

- Die Einstellung für den VERWALTETEN PIPELINEMODUS sollte auf INTEGRIERT stehen (Abbildung 17.35), es sei denn, Sie führen ASP.NET-Applikationen aus, die dazu partout nicht kompatibel sind. Mehr dazu finden Sie ein paar Seiten weiter vorn in Abschnitt 17.4.3.

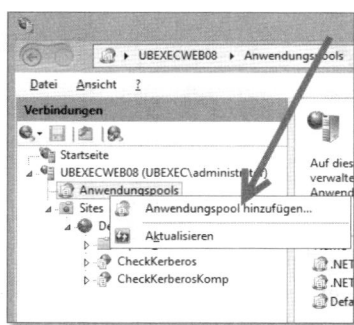

Abbildung 17.34 Hinzufügen eines Anwendungspools

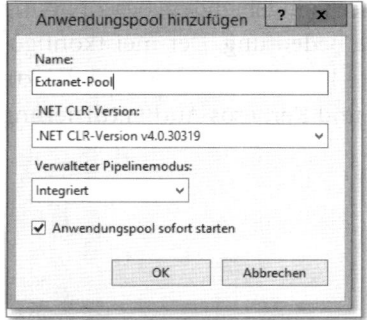

Abbildung 17.35 Beim Hinzufügen eines Anwendungspools sind zunächst nur wenige Entscheidungen zu treffen.

Ist der Anwendungspool angelegt, erreichen Sie auch die ERWEITERTEN EINSTELLUNGEN des Anwendungspools. Überhaupt finden Sie im Kontextmenü diverse nützliche Funktionen wie das BEENDEN und STARTEN und dergleichen mehr (Abbildung 17.36).

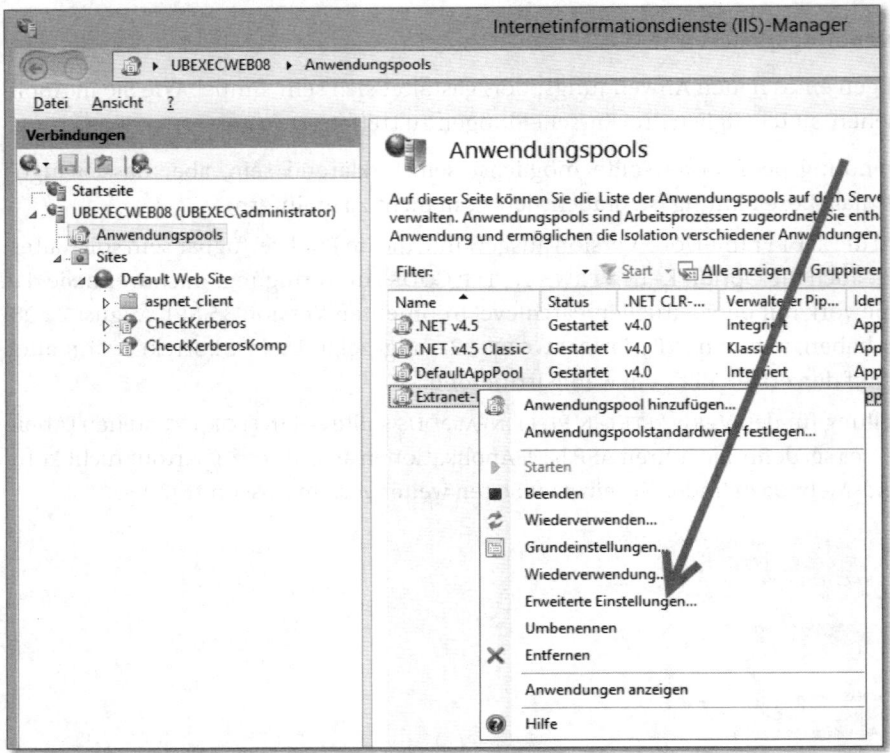

Abbildung 17.36 Ein Anwendungspool verfügt über diverse Einträge im Kontextmenü, darunter auch »Grundeinstellungen« und »Erweiterte Einstellungen«.

In den ERWEITERTEN EINSTELLUNGEN finden Sie wirklich viele Einstellungen – wie Sie in Abbildung 17.37 sehen, hört der Dialog gar nicht mehr auf. Ich möchte nun nicht jede einzelne Einstellung diskutieren; die am unteren Rand des Dialogs eingeblendete Beschreibung gibt zumindest einen groben Überblick über die jeweilige Bedeutung. Der meistkonfigurierte Aspekt dürfte die Identität sein. Die hier eingestellte Identität hat übrigens direkte Auswirkungen auf die Themen Sicherheit (Abschnitt 17.8) und Kerberos-Authentifizierung (Abschnitt 17.6.6).

17.5 Webserver, Websites, Anwendungen, virtuelle Verzeichnisse und Anwendungspools

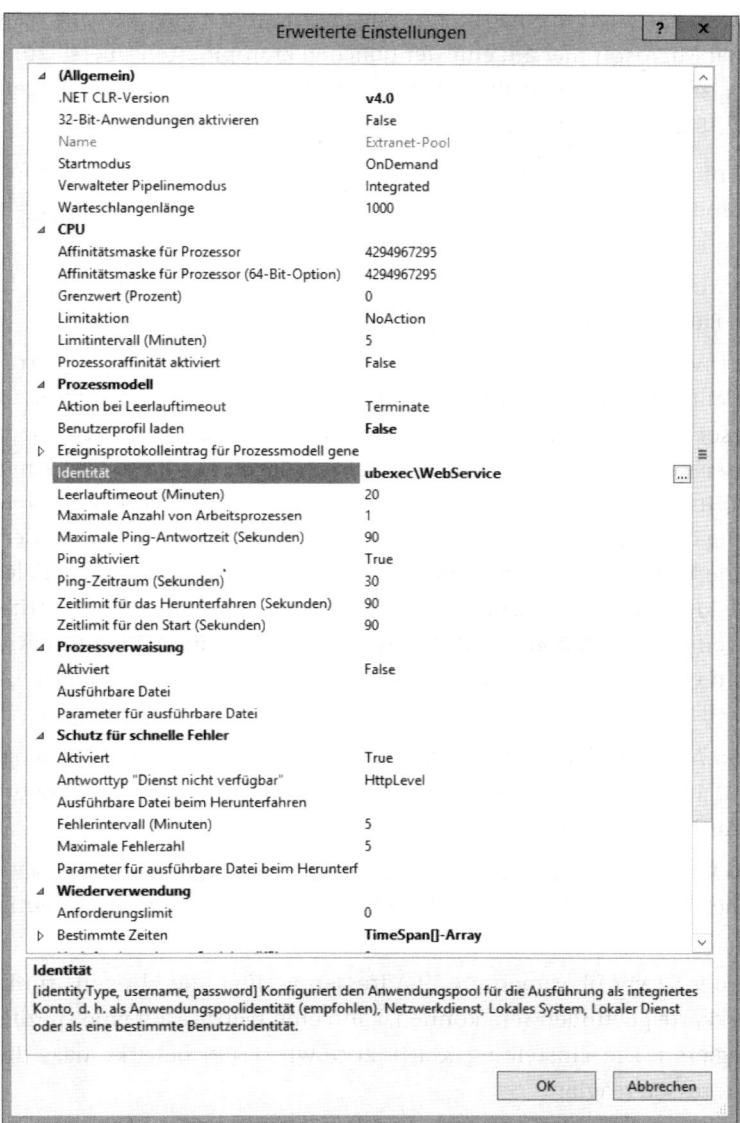

Abbildung 17.37 In den »Erweiterten Einstellungen« ist der Anwendungspool sehr detailliert konfigurierbar. Besonders interessant ist häufig die Identität.

17.5.4 Website

Ohne mindestens eine Website geht gar nichts. Die Website enthält entweder eine oder mehrere statische Dateien (HTML-Dateien, Bilder etc.), eine ASP.NET-Applikation (oder sonstige serverseitige Technologie) und/oder Anwendungsverzeichnisse.

Standardmäßig wird nach der Installation eine Website angelegt, nämlich die DEFAULT WEB SITE (angenehmerweise hat Microsoft hier auf eine der üblichen krampfhaften Übersetzungen verzichtet). Der Dialog zum Hinzufügen einer Website beantwortet bereits viele Fragen zum Thema (Abbildung 17.38 und Abbildung 17.39):

- Der SITENAME sollte sinnvoll gewählt sein. Eine Website namens »Hugo« ist zwar cool, aber nicht selbsterklärend. Außerhalb der Konfigurationsdialoge tritt der Sitename aber nicht in Erscheinung.

- Extrem wichtig ist das Auswählen des ANWENDUNGSPOOLS, der verwendet werden soll. Dazu, wie diese ganzen Elemente zusammenhängen, sei Abschnitt 17.5.1 empfohlen.

- Die Überschrift INHALTSVERZEICHNIS im nächsten Konfigurationspunkt ist etwas irreführend. Gemeint ist nicht etwa ein Index zum Nachschlagen, sondern das Verzeichnis, in dem sich der Inhalt dieser Website befindet. Sie können hier einen lokalen Pfad oder auch einen UNC-Pfad zu einer Netzwerkfreigabe angeben. Beim Ablegen der Daten auf einer Netzwerkfreigabe sind einige Aspekte zu beachten, die in Abschnitt 17.10.2 erläutert werden. Wie die Verbindung durchgeführt werden soll, wird mit dem Dialog eingestellt, den Sie über die Schaltfläche VERBINDEN ALS aufrufen. Bei der Pass-Through-Authentifizierung wird entweder die Identität des Anwendungspools oder die Identität des authentifizierten Benutzers verwendet – das hängt von der sonstigen Konfiguration ab. Alternativ kann ein Benutzerkonto vorgegeben werden, mit dem sich die Website mit dem Dateispeicherort verbinden soll.

    Auf der rechten Seite der Abbildung sieht man übrigens den VERBINDUNG TESTEN-Dialog, mit dem sich der Zugriff auf den angegebenen Speicherort prüfen lässt – das funktioniert bei der Pass-Through-Authentifizierung aber nur sehr begrenzt.

- Im Abschnitt BINDUNG wird letztendlich definiert, welche Anforderungen dieser Website zugeordnet werden. Hierbei gibt es drei Möglichkeiten, wobei die Zuordnung eindeutig sein muss:

    - IP-ADRESSE: Sofern der Server über mehrere IP-Adressen verfügt, die übrigens ruhig alle an eine Netzwerkkarte gebunden sein können, kann eine Website auf eine spezifische IP-Adresse reagieren. Die Einstellung KEINE ZUGEWIESENEN bewirkt, dass die Website auf alle IP-Adressen reagiert.

    - PORT: Sie können anstatt der Standardports (HTTP: 80, HTTPS: 443) auch beliebig andere Nummern vergeben. Der Nachteil ist, dass die Benutzer dann hinter den Namen oder die IP-Adresse der Website jeweils die Portnummer schreiben müssen, also beispielsweise *http://ubinfnlb1:55588/archiv*.

    - Eine recht elegante Möglichkeit zum Identifizieren von Websites ist die Verwendung von Hostheadern: Wenn Sie zwei Websites auf einem Server betreiben, für die unterschiedliche Hostheader konfiguriert sind, können diese Websites trotzdem dieselbe IP-Adresse und denselben Port verwenden. IIS analysiert den aufgerufenen Namen und leitet die Anforderung dann der passenden Website zu.

17.5 Webserver, Websites, Anwendungen, virtuelle Verzeichnisse und Anwendungspools

Hostheader werden übrigens von den Internet-Hostern verwendet, die auf einer IP-Adresse Dutzende Webpräsenzen betreiben. Falls Sie nicht mit Hostheadern arbeiten möchten, tragen Sie im Textfeld HOSTNAME nichts ein.

> **Mehrere Bindungen**
> Für eine Website können übrigens mehrere Bindungen konfiguriert werden, allerdings nicht in dem initialen Dialog.

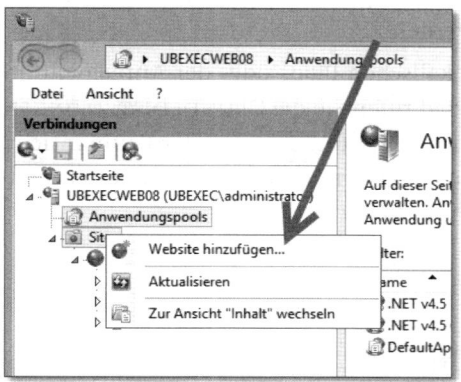

Abbildung 17.38 Das Hinzufügen einer Website beginnt genau hier.

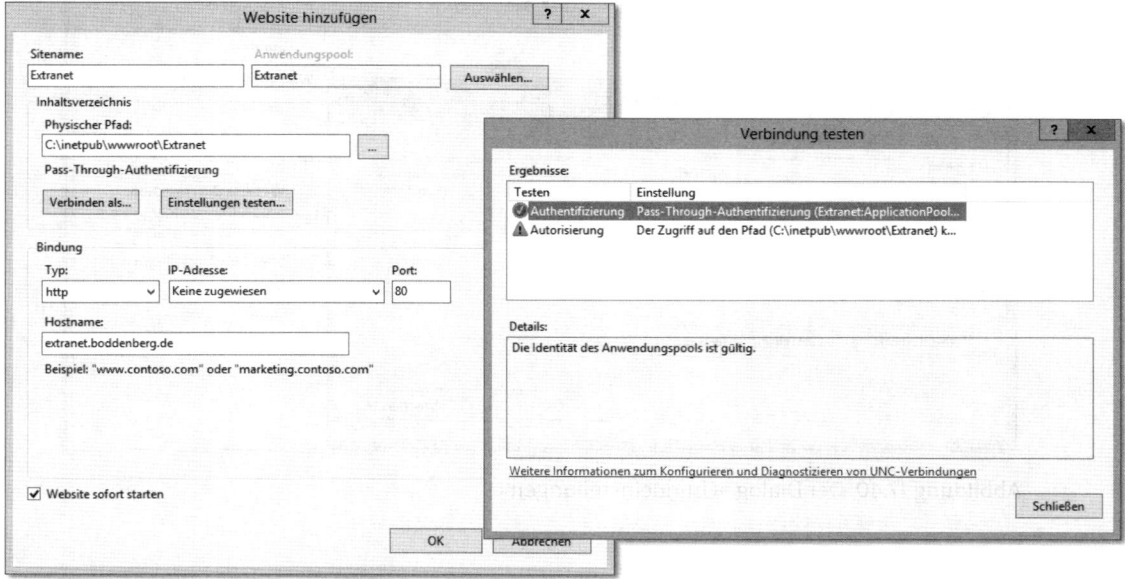

Abbildung 17.39 Einige Einstellungen sind vorzunehmen. Rechts sehen Sie das Ergebnis von »Einstellungen testen«.

Alle Einträge, die bei der Einrichtung der Website vorgenommen wurden, können natürlich später geändert werden – erstaunlicherweise suchen viele Administratoren öfter danach, und ich bekomme immer mal wieder verzweifelte Anrufe in der Art: »Uli, Hilfe, ich find's schon wieder nicht!« Keine Sorge, ich kann helfen, und ich habe exklusiv für Sie zwei Screenshots angefertigt, nämlich Abbildung 17.40 und Abbildung 17.41:

- Mit dem Aufruf von BINDUNGEN in der AKTIONEN-Leiste (Abbildung 17.40) oder im Kontextmenü (dort heißt es übrigens BINDUNGEN BEARBEITEN) gelangen Sie in einen Dialog, in dem Sie IP-Adressen, Ports und Hostheader einstellen können (Abbildung 17.41). Im Gegensatz zu dem bei der Erstellung der Website gezeigten Dialog können hier beliebig viele Bindungen für eine Website eingetragen werden.

- Zum Wechsel des Anwendungspools, des physikalischen Pfads oder der Anmeldeinformationen zum Zugriff auf den physikalischen Pfad rufen Sie die GRUNDEINSTELLUNGEN auf. Erstaunlicherweise gibt es dafür keinen Aufruf im Kontextmenü der Baumansicht, das geht tatsächlich nur aus der AKTIONEN-Leiste oder dem Kontextmenü in der Listenansicht. Haben wir da etwa einen kleinen Bug entdeckt?

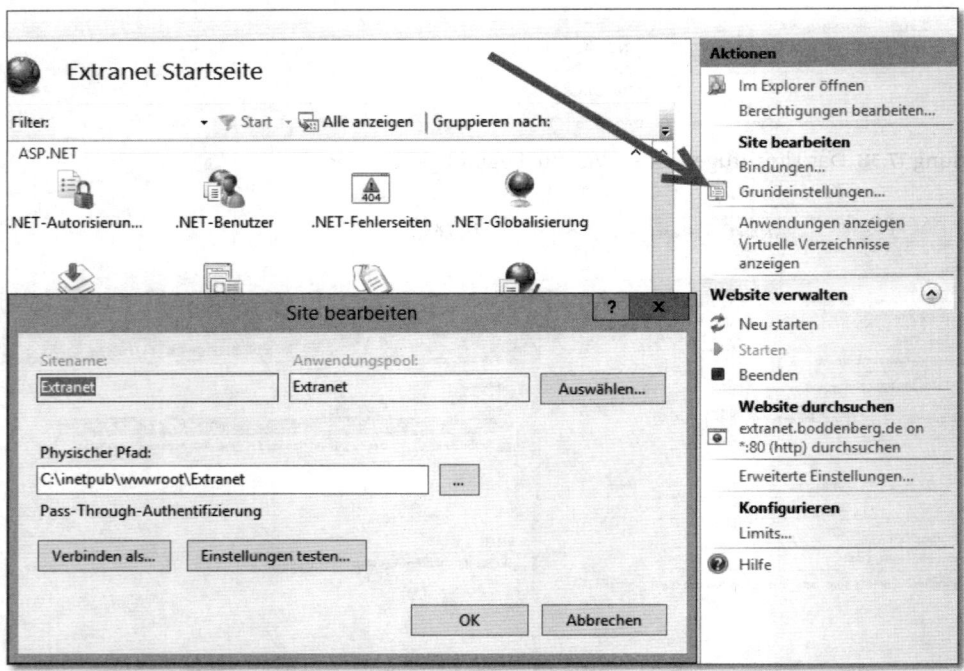

Abbildung 17.40 Der Dialog »Grundeinstellungen«

17.5 Webserver, Websites, Anwendungen, virtuelle Verzeichnisse und Anwendungspools

Für die Website gibt es noch zwei weitere Konfigurationsdialoge:

- ERWEITERTE EINSTELLUNGEN: Dort kommt aber nicht wirklich Spannendes hinzu.
- LIMITS: Hier können Sie die maximale Anzahl der Benutzer oder die verwendete Bandbreite vorgeben.

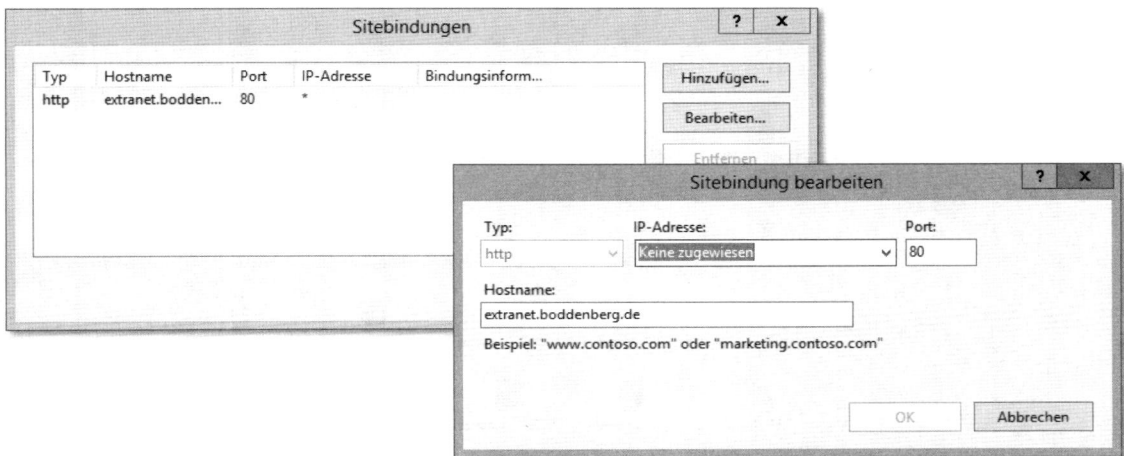

Abbildung 17.41 Sehr wichtig sind stets auch die »Bindungen«.

Falls Sie jetzt froh und glücklich sind, weil es bei einer Website gar nicht so unendlich viel zu konfigurieren gibt – dann muss ich Sie enttäuschen. Bisher haben Sie die Basiseinstellungen gesehen. Die etwas »anwendungsnäheren« Konfigurationspunkte sind im Überblick in Abbildung 17.42 zu sehen. Dazu wären allerdings noch zwei Dinge anzumerken:

- Je nach installierten Modulen/Rollendiensten werden hier eventuell mehr oder weniger Konfigurationsoptionen angezeigt.
- Nun zu den guten Nachrichten:
  - Viele Aspekte dürften bereits auf Serverebene konfiguriert sein, und die Website kann diese erben, sodass keine weiteren Konfigurationsarbeiten notwendig sind.
  - Falls Sie unterhalb der Website Anwendungen eingerichtet haben, müssen viele Einstellungen auf deren Ebene und nicht auf Serverebene vorgenommen werden.

Ich möchte nun nicht jeden einzelnen Konfigurationspunkt lang und breit auswalzen. In den weiteren Abschnitten werden Sie etlichen Punkten in einer eher anwendungsbezogenen Darstellung begegnen.

Zu erwähnen wäre noch, dass die Konfiguration der Website in der *web.config*-Datei im Stammverzeichnis der Website gespeichert wird.

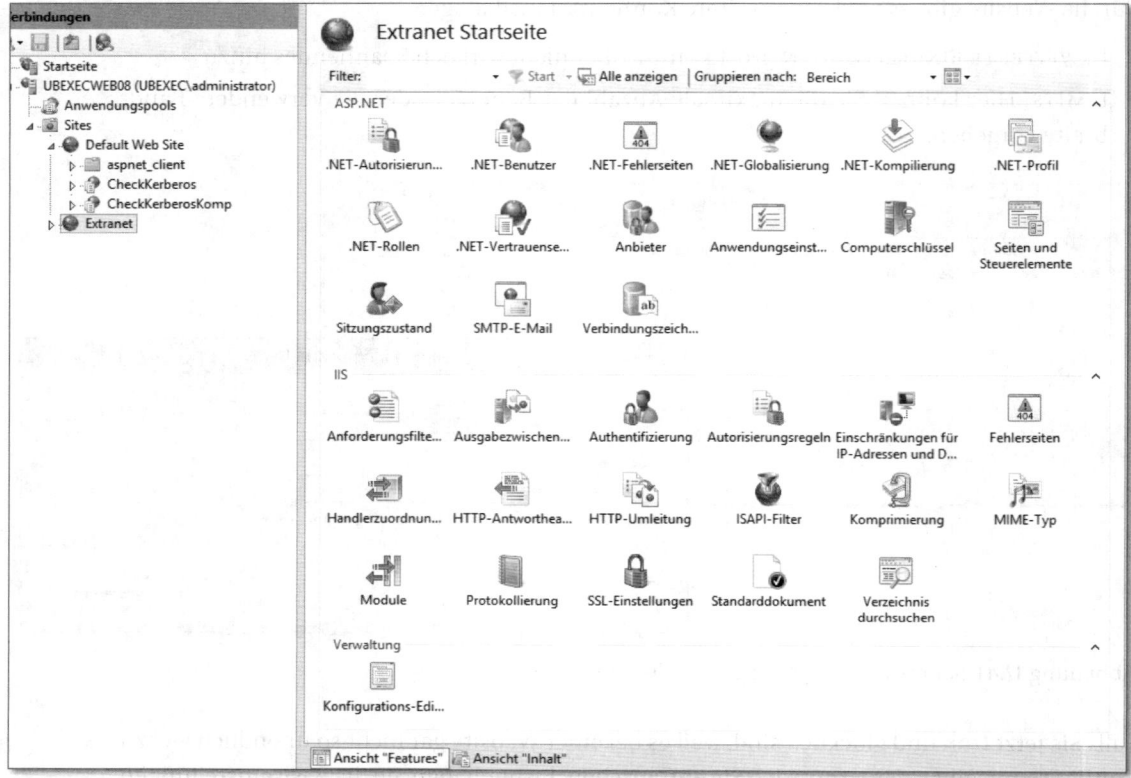

Abbildung 17.42 All diese schönen Konfigurationsmöglichkeiten haben Sie auf einer Website zur Verfügung.

17.5.5 Anwendungen

Eine Anwendung ist letztendlich ein autarkes Unterverzeichnis einer Website. Zur Erläuterung folgt ein kleines Praxisbeispiel (Abbildung 17.43):

▶ Meine kleine Kerberos-Testapplikation ist auf der DEFAULT WEB SITE im Verzeichnis CHECKKERBEROS angeordnet.

▶ Im Internetinformationsdienste-Manager wird sie auch genau dort angezeigt und verwaltet

▶ Beim Aufruf im Browser wird der Name der Website, dann der Name der Anwendung (d. h. des Unterverzeichnisses) und die aufzurufende ASPX-Datei angegeben.

17.5 Webserver, Websites, Anwendungen, virtuelle Verzeichnisse und Anwendungspools

Die Anwendung kann komplett autark konfiguriert werden. Technisch gesehen wird sie eine eigene *web.config*-Datei haben, erbt aber die Einstellungen, die auf der übergeordneten Website und auf Serverebene vorgenommen worden sind.

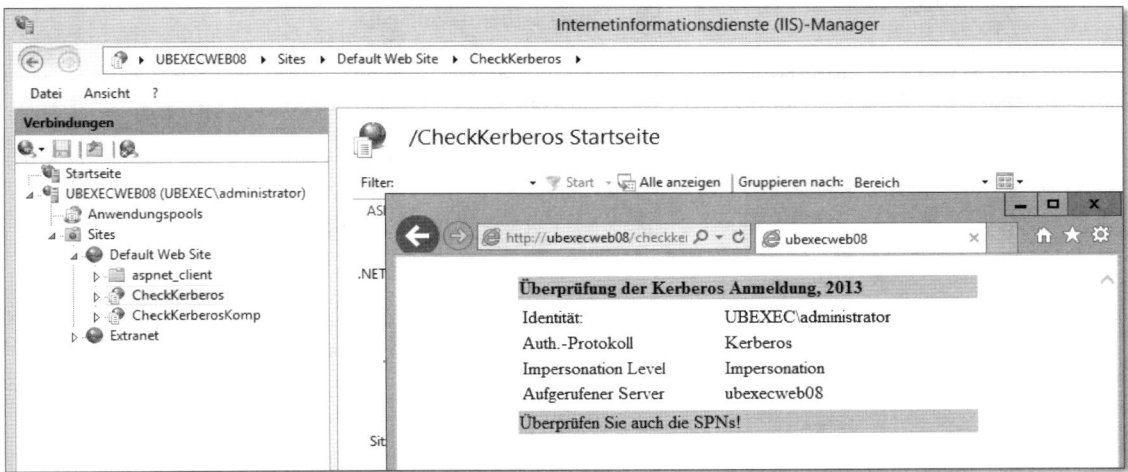

Abbildung 17.43 Eine Anwendung im Internetinformationsdienste-Manager und im Browser

Um einer Website eine Anwendung hinzuzufügen, gibt es zwei Methoden (Abbildung 17.44):

▶ Der erste Weg ist, über den Menüpunkt ANWENDUNG HINZUFÜGEN der Website zu gehen, unterhalb der die Anwendung erstellt werden soll (links). Der dann erscheinende Dialog entspricht in etwa dem in Abbildung 17.38 zum Hinzufügen einer Website, allerdings gibt es bei der Anwendung keine Konfiguration der Bindung (IP-Adresse, Port, Hostheader).

Anzumerken wäre, dass eine Anwendung zwar immer unterhalb einer Website angeordnet ist, dass der physikalische Pfad aber nicht unterhalb des Verzeichnisses der Website liegen muss.

▶ Falls Sie das Verzeichnis mit den Anwendungsdaten bereits in das Website-Verzeichnis kopiert haben, können Sie das »einfache« Unterverzeichnis mit dem Kontextmenüpunkt IN ANWENDUNG KONVERTIEREN umwandeln (Abbildung 17.45).

> **Hinweis**
>
> Festzuhalten wäre, dass eine Anwendung in einem anderen Kontext als »ihrer« Website laufen kann und die Dateien der Anwendung an einem anderen Speicherort liegen können.

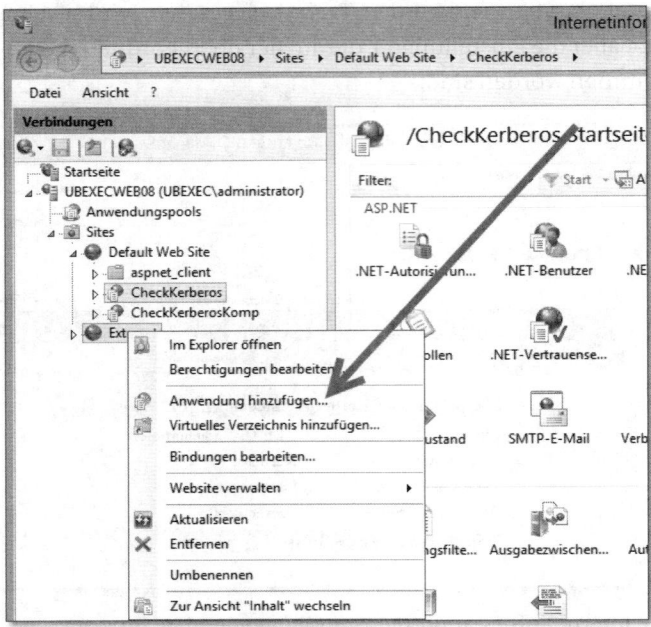

Abbildung 17.44 Eine neue Anwendung kann auf mehrere Arten erzeugt werden – Variante 1.

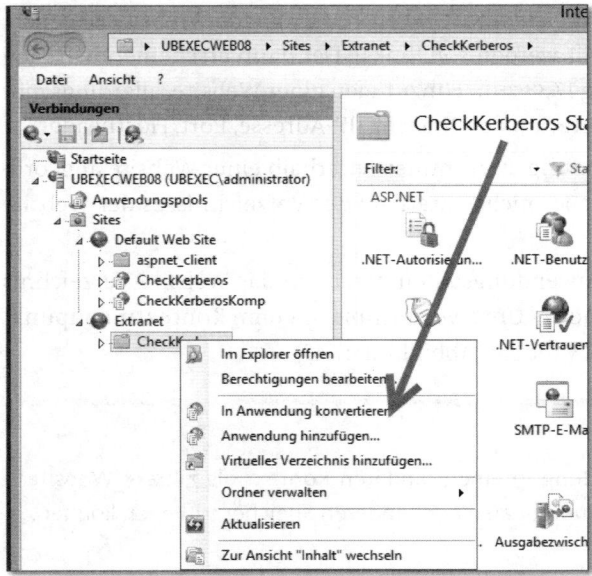

Abbildung 17.45 Eine neue Anwendung kann auf mehrere Arten erzeugt werden – Variante 2.

Ansonsten sind die Konfigurationsmöglichkeiten für eine Anwendung ähnlich vielfältig wie für eine Website, vergleiche Abbildung 17.42.

17.5.6 Virtuelles Verzeichnis

Ein virtuelles Verzeichnis ist schnell angelegt (Abbildung 17.46). Wie in Abbildung 17.47 zu sehen ist, werden ein Alias und ein physikalischer Pfad angegeben:

- Der ALIAS ist der Name, unter dem das Verzeichnis für die Anwender im Namensraum des Webservers erreichbar ist.

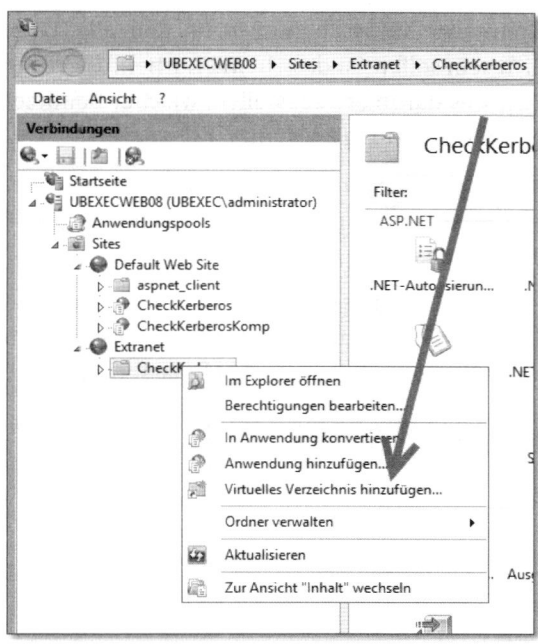

Abbildung 17.46 Anlegen eines virtuellen Verzeichnisses – Schritt 1

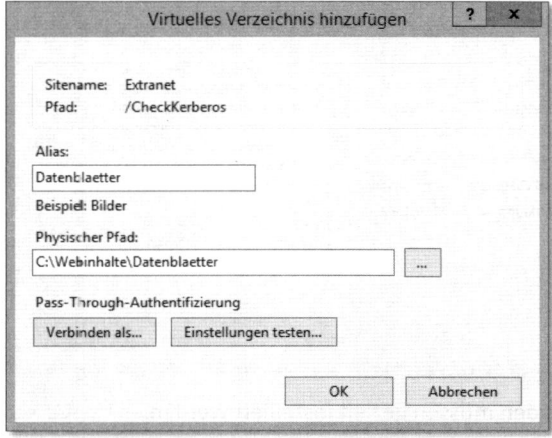

Abbildung 17.47 Anlegen eines virtuellen Verzeichnisses – Schritt 2

▶ Der PHYSIKALISCHE PFAD, der entweder eine Pfadangabe auf einer lokalen Platte oder ein UNC-Pfad für die Netzwerkfreigabe sein kann, bezeichnet den tatsächlichen Speicherort der Daten. Hier kann bei Bedarf ein bestimmtes Konto angegeben werden.

17.6 Authentifizierung

Falls Sie den IIS nicht ausschließlich für einen Internetauftritt benutzen, bei dem alle Daten für jeden Menschen dieser Welt frei zugänglich sein sollen, ist das Thema Authentifizierung sehr interessant. Bei der Authentifizierung geht es darum, festzustellen, welcher Benutzer hinter der Tastatur des Clients sitzt, von dem die Verbindung ausgeht.

Standardmäßig ist lediglich die *anonyme Authentifizierung* installiert, alle anderen Authentifizierungsmethoden müssen Sie zunächst als Rollendienst installieren. In Abbildung 17.48 sehen Sie den entsprechenden Dialog des Server-Managers.

In diesem Abschnitt möchte ich Ihnen die Authentifizierungsmethoden kurz vorstellen und insbesondere auf die im Intranet-Umfeld sehr wichtige *Windows-Authentifizierung* eingehen – wobei wir natürlich auch mein Lieblingsthema Kerberos nicht außer Acht lassen werden.

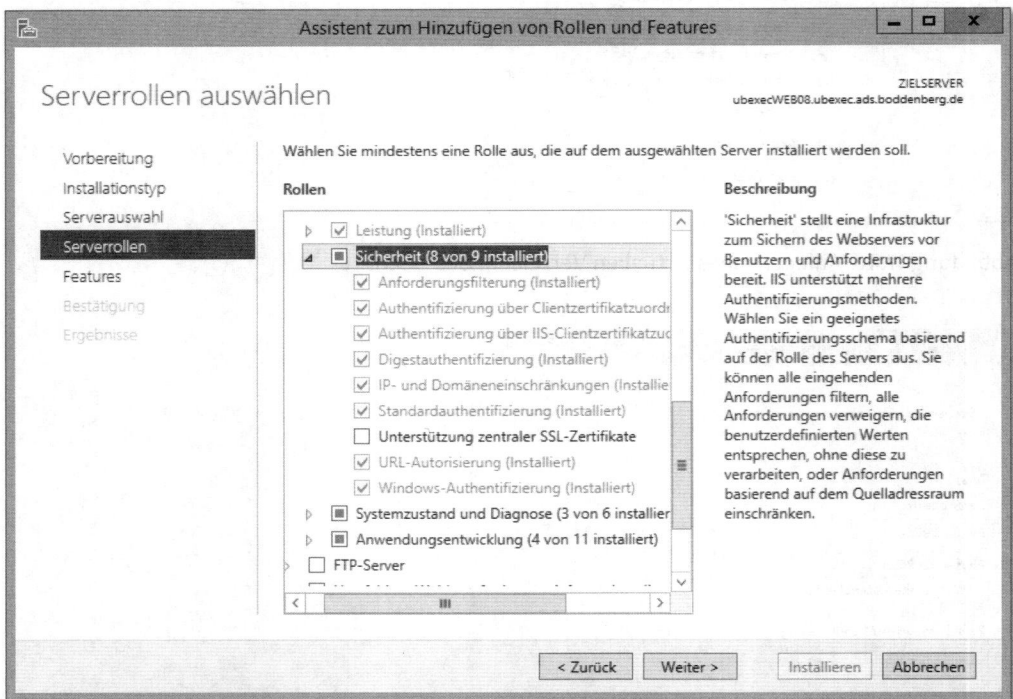

Abbildung 17.48 Die Authentifizierungsmethoden müssen gezielt installiert werden.

17.6.1 Anonyme Authentifizierung

Anonyme Authentifizierung bedeutet zunächst, dass die Identität des Benutzers nicht festgestellt wird. Das ist so weit klar, liegt auf der Hand und ist trivial. Bei der internen Verarbeitung im IIS ist es aber nicht ganz so simpel, denn auch wenn der Benutzer anonym bleibt, wird das Sicherheitssystem des Windows Server 2008/2012/R2-Betriebssystems ja nicht komplett außer Kraft gesetzt. Bei der anonymen Authentifizierung stellt sich also in erster Linie die Frage, wie man damit »nach innen« umgeht.

Identität bei anonymer Authentifizierung mit ASP.NET

Vielleicht haben Sie sich schon mit dem Thema beschäftigt und erinnern sich an die Identität *IUSR_servername* – schon gar nicht schlecht, aber das hilft Ihnen bei der Beschäftigung mit dem IIS7/8 nicht wirklich weiter:

- An die Stelle von *IUSR_servername* ist das eingebaute Konto *IUSR* getreten. Der Vorteil ist, dass es auf allen Windows Server 2008/2012/R2-Maschinen dieser Welt dieselbe SID hat. Beim Kopieren von Dateien zwischen Servern muss also nicht neu geACLt werden. Das heißt, Sie brauchen keine Access Control List-Einträge zu ändern.

- Wenn Sie mit ASP.NET- oder FastCGI-Anwendungen arbeiten, was auf IIS7/8-Maschinen durchaus häufig vorkommen wird, müssen Sie genau hingucken, denn dann stimmt die »alte Weisheit« *Anonyme Authentifizierung = IUSR-Konto* nur noch sehr bedingt.

Ich zeige Ihnen direkt die verwendeten Identitäten von zwei Konfigurationsvarianten der anonymen Authentifizierung für eine ASP.NET-Anwendung. Als Webapplikation dient meine kleine Kerberos-Testapplikation, die die Identität des aktuell ausgeführten Prozesses anzeigen kann.

Variante 1

In der ersten Variante ist die anonyme Authentifizierung wie folgt konfiguriert (Abbildung 17.49):

- Als IDENTITÄT DES ANONYMEN BENUTZERS soll das eingebaute Konto *IUSR* verwendet werden.
- Der ASP.NET-IDENTITÄTSWECHSEL ist deaktiviert.

Das vielleicht etwas überraschende Ergebnis ist in Abbildung 17.50 zu sehen: Der Prozess läuft durchaus nicht mit der IUSR-Identität, sondern mit der Identität des Anwendungspools. Weil die aufgerufene Website unter dem nicht veränderten *Net v4.5 Classic*-Pool ausgeführt wird, ist das *IIS APPPOOL\.NET v4.5 Classic*.

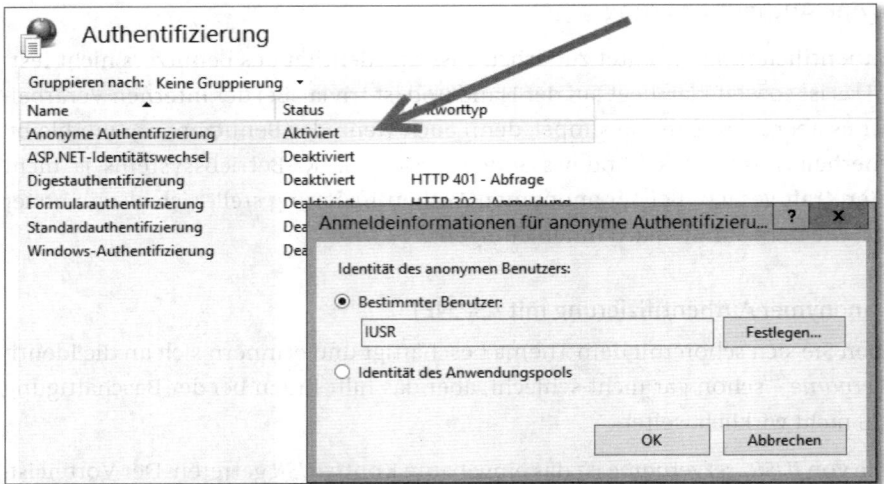

Abbildung 17.49 Der entscheidende Aspekt ist hier (neben der Verwendung des IUSR-Kontos), dass der ASP.NET-Identitätswechsel deaktiviert ist.

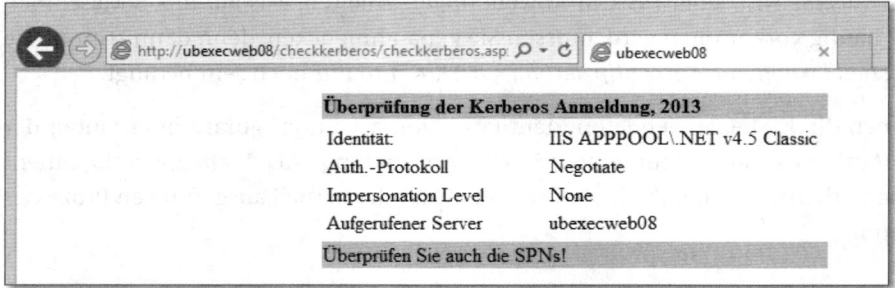

Abbildung 17.50 Wie man sieht, läuft die Anwendung mit der Pool-Identität.

Variante 2

Bei der zweiten Variante wird folgende Konfiguration gewählt:

- Die Eigenschaften der ANONYMEN AUTHENTIFIZIERUNG besagen weiterhin, dass das IUSR-Konto verwendet werden soll (siehe Abbildung 17.49).
- Diesmal wird aber der ASP.NET-IDENTITÄTSWECHSEL aktiviert. Als anzunehmende Identität wird AUTHENTIFIZIERTER BENUTZER gewählt (Abbildung 17.51).

Nun erreichen Sie das erwartete Ergebnis: Der Prozess läuft mit der IUSR-Identität (Abbildung 17.52).

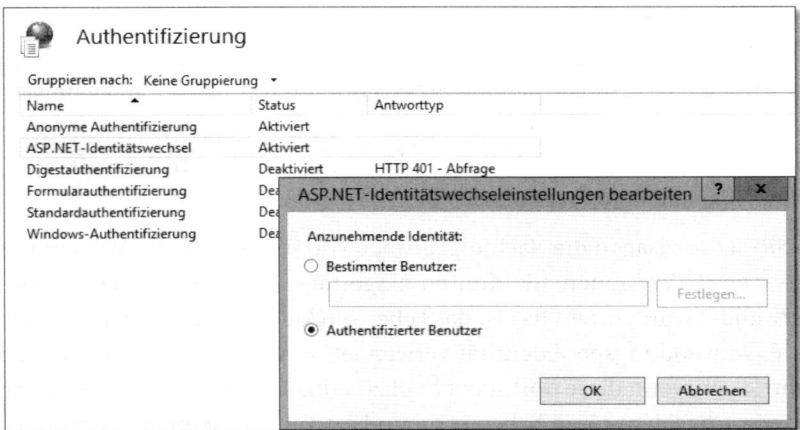

Abbildung 17.51 »ASP.NET-Identitätswechsel« wird nun aktiviert. Es soll die Identität des authentifizierten Benutzers verwendet werden.

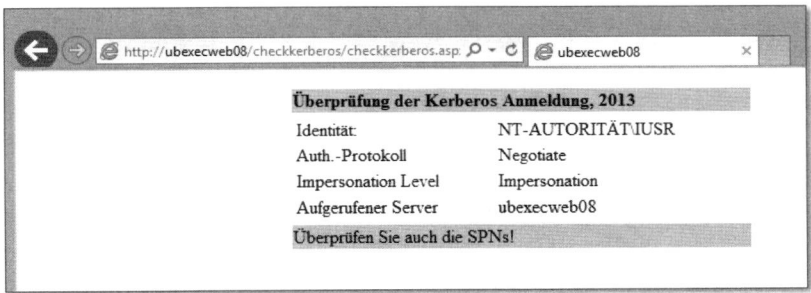

Abbildung 17.52 Nun wird der Prozess unter dem eingebauten IUSR-Konto ausgeführt.

Anmerkungen, Schlussfolgerungen, Hinweise

Das in den zuvor gezeigten Versuchen nachgewiesene Verhalten ist normal und von Microsoft dokumentiert. Man muss es nur wissen – denn wenn man mit der Identität IUSR rechnet, in Wahrheit aber die App-Pool-Identität verwendet wird, kann einen das beim Setzen von Berechtigungen schier zur Verzweiflung treiben.

Beim Zugriff auf statische Inhalte wird bei der in Variante 1 gezeigten Konfiguration die IUSR-Identität verwendet.

Berechtigungen setzen

Die Identität zu kennen, mit der die Webanwendung läuft, macht eigentlich nur aus einem Grund Sinn, nämlich um die gewährten Berechtigungen möglichst minimal zu halten. Man spricht auch davon, nur den *Mindestzugriff* zu gewähren. Natürlich können sich die Konfigurationsarbeiten durchaus auch auf Datenbanken, Webdienste und dergleichen beziehen; in jedem Fall bearbeiten müssen Sie aber das Thema der NTFS-Berechtigungen. Schließlich muss jede Webanwendung Daten von der Festplatte lesen können.

Werfen wir einen Blick auf die standardmäßige NTFS-Konfiguration des Verzeichnisses *c:\inetpub\wwwroot* (Abbildung 17.53). Die »hohen« Berechtigungen für SYSTEM, Administratoren und die anderen hochprivilegierten Konten und Gruppen sind hier nicht weiter interessant. Das Augenmerk liegt auf den folgenden Konten:

▶ Die Gruppe *IIS_IUSRS* ist sozusagen die Nachfolgegruppe von IIS_WPG. In IIS-WPG mussten bei den vorherigen IIS-Versionen alle Konten eingetragen werden, die als Anwendungsidentität verwendet wurden. Seit IIS7 ist das Leben ein kleines Stückchen einfacher, denn Konten, die als Anwendungspoolidentität verwendet werden, werden automatisch in IIS_IUSRS geführt, auch wenn diese dort nicht explizit eingetragen sind. Diese Gruppe und somit alle Anwendungsidentitäten haben Lese- und Ausführungsberechtigung.

▶ Weiterhin ist konfiguriert, dass die Gruppe *Benutzer* ebenfalls Lese- und Ausführungsberechtigung hat. Das hat zur Folge, dass man in den Fällen, in denen die Anwendung unter der IUSR-Identität (oder einem anderen Konto) läuft, an die Dateien herankommt.

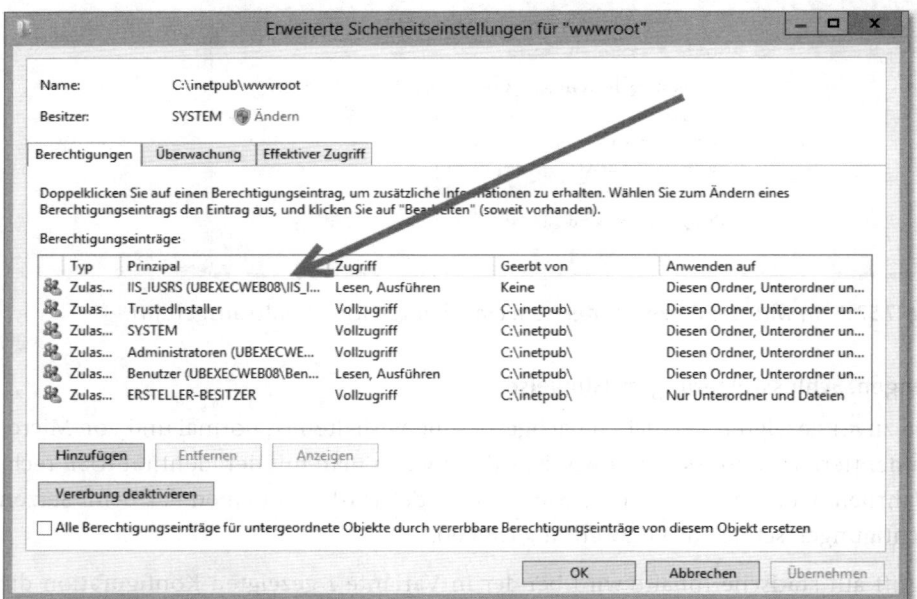

Abbildung 17.53 Diese Berechtigungen werden standardmäßig für »c:\inetpub\wwwroot« eingerichtet.

17.6.2 Standardauthentifizierung

Die simpelste und kompatibelste Authentifizierungsmethode ist die Standardauthentifizierung. Diese ist in RFC 2617 (*http://www.ietf.org/rfc/rfc2617.txt*) definiert. Dieses Dokument hat schon ein biblisches Alter; es wurde im Juni 1999 verfasst. Sie werden in diesem Abschnitt sehen, dass die Standardauthentifizierung absolut primitiv ist, aber dafür wird sie von so ziemlich jedem Internet-Browser unterstützt.

> **Standardauthentifizierung**
> Die Standardauthentifizierung des IIS authentifiziert übrigens gegen das Active Directory bzw. die lokale Benutzerdatenbank des Servers.

Einrichten der Standardauthentifizierung

Sie können die Authentifizierung auf Ebene des Servers, der Website oder der Anwendung konfigurieren. Auf Abbildung 17.54 sehen Sie die Konfiguration der Authentifizierungsmethoden:

- Der erste Schritt ist, die ANONYME AUTHENTIFIZIERUNG zu deaktivieren. Falls die anonyme Authentifizierung aktiv ist, wird keine andere Authentifizierungsmethode versucht.
- Außer dem Aktivieren der STANDARDAUTHENTIFIZIERUNG ist noch eine minimale Konfiguration möglich:
  - Die STANDARDDOMÄNE wird verwendet, um Benutzernamen ohne Domänenkennung einer Domäne zuzuordnen. Das heißt: Wenn sich *uboddenberg* anmeldet, wird bei der in der Abbildung gezeigten Einstellung *ubinf.intra\uboddenberg* daraus.
  - Die Einstellung BEREICH ist optional. Hier kann ein DNS-Name eingetragen werden, der dem sich anmeldenden Benutzer den Gültigkeitsbereich (die Realm) zeigt, für den (bzw. die) er die Anmeldeinformationen eintragen soll. Wird hier nichts eingetragen, erscheint im Anmeldedialog der Name des aufgerufenen Servers (vergleiche Abbildung 17.54).

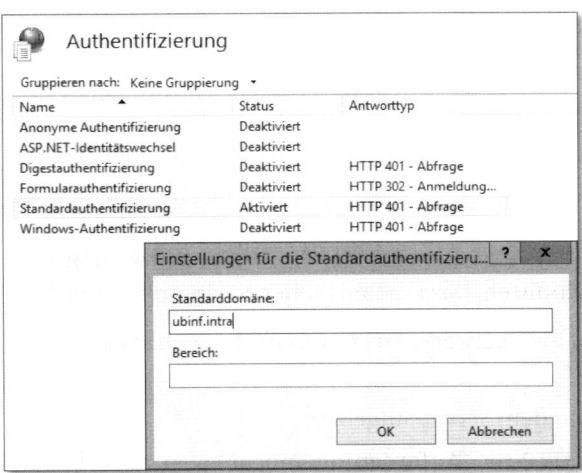

Abbildung 17.54 Aktivieren der Standardauthentifizierung. Gleichzeitig wird die »Anonyme Authentifizierung« deaktiviert.

Woher weiß der Browser ... – Teil 1

Vielleicht stellen Sie sich die Frage, woher der Browser »weiß«, dass er Anmeldeinformationen abfragen und an die aufgerufene Website senden muss. Klar, wenn der Benutzer auf geschützte Bereiche zugreifen möchte, aber es geht auch noch ein wenig exakter.

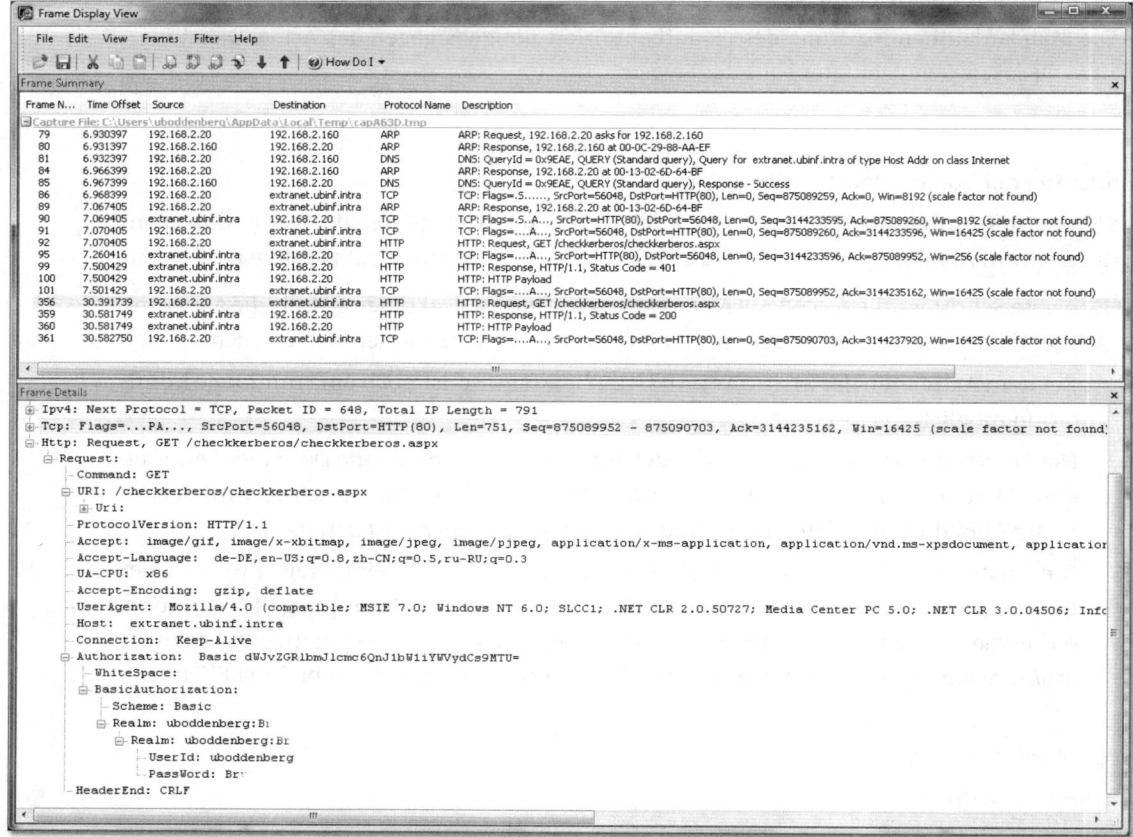

Abbildung 17.55 Der Anmeldevorgang im Netzwerkmonitor. Ein großer Nachteil ist, dass Benutzername und Kennwort im Klartext gesendet werden.

Ich habe den Aufruf einer Website, die eine Anmeldung per Standardauthentifizierung erfordert, mit dem Netzwerkmonitor mitgeschnitten. Das Ergebnis sehen Sie in Abbildung 17.55:

▶ Pakete 79–85: Hier ermittelt der Client die Netzwerkadressen. Es sind sowohl ARP- als auch DNS-Vorgänge zu sehen.

▶ Pakete 86–91: Hier wird die Sitzung mit dem Server aufgebaut.

▶ Paket 92: Hier stellt der Client eine HTTP-GET-Anforderung, möchte also gern, dass der Inhalt der Seite *checkkerberos.aspx* gesendet wird.

- Paket 99: Das ist jetzt der entscheidende Moment: Der Server weist die Anfrage mit dem Statuscode 401 zurück. »401« bedeutet *unauthorized*.
- Durch die Antwort 401 des Servers »weiß« der Webbrowser, dass er Anmeldeinformationen abfragen muss. Der Internet Explorer tut das mit dem Dialog aus Abbildung 17.55.
- Im Netzwerkmonitor ist zu sehen, dass ich nun über 20 Sekunden gebraucht habe, um das Kennwort einzugeben (vergleiche den Time Offset zwischen Paket 101 und Paket 356). Der Browser stellt (Paket 356) den HTTP-GET-Request ein weiteres Mal.
- Nun ist der Server zufrieden, quittiert die Anforderung mit Statuscode 200 (d. h. OK, Paket 359) und sendet die gewünschten Informationen.

Schauen wir das Paket 356 noch ein wenig genauer an. In Abbildung 17.55 sind auch die FRAME DETAILS zu erkennen:

- Zunächst sieht das wie eine »normale« HTTP GET-Anforderung aus, was es ja auch ist.
- Im unteren Bereich sehen Sie den Bereich AUTHORIZATION, unterhalb dessen die Anmeldeinformationen im Klartext zu sehen sind. Das Kennwort ist hier zwar hinreichend verkürzt dargestellt, im Netzwerkpaket steht es aber vollständig drin.

Das ist auch ein deutliches Manko der Standardauthentifizierung: Jemand, der in der Lage ist, die Kommunikation abzuhören, erhält die Anmeldeinformationen in glasklarer Darstellung – wie auf der Abbildung deutlich zu sehen ist.

Diese unverschlüsselte Übertragung lässt sich aber verhindern, wenn die HTTP-Kommunikation mit SSL-Verschlüsselung erfolgt (*https://*). Mit der Verschlüsselung auf HTTP-Ebene wird das wesentliche Manko der Standardauthentifizierung behoben, sodass diese Methode durchaus mit gutem Gewissen verwendet werden kann. Nach der Betrachtung von Abbildung 17.56 werden Sie aber bestimmt niemals mehr die Standardauthentifizierung ohne SSL-Verschlüsselung einrichten, oder?

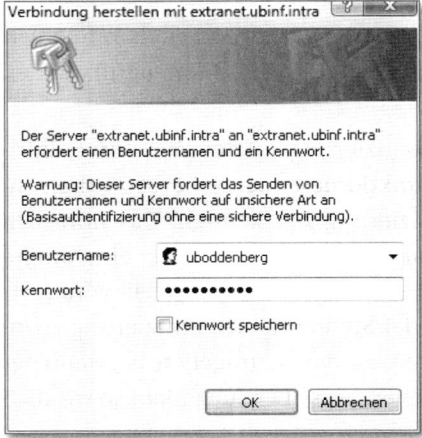

Abbildung 17.56 Der Browser fragt die Anmeldeinformationen ab.

Resultat der Anmeldung

Interessant ist natürlich, mit welcher Identität die Webanwendung nach der Durchführung einer Standardauthentifizierung betrieben wird. Ist die Konfiguration so wie in Abbildung 17.54 vorgenommen worden, also mit deaktiviertem ASP.NET-Identitätswechsel, wird das Ergebnis so aussehen wie in Abbildung 17.57: Die Webanwendung wird mit der Identität des Anwendungspools ausgeführt.

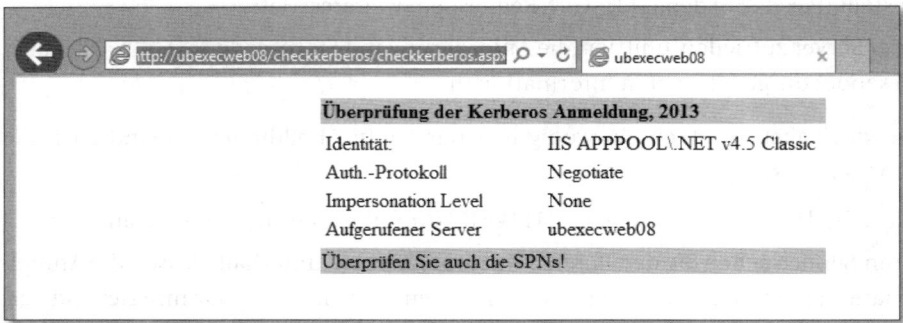

Abbildung 17.57 Die Webapplikation wird mit der Identität des Pools ausgeführt.

Interessant ist das Verhalten, wenn auch der ASP.NET-Identitätswechsel aktiviert ist und als Identität diejenige des authentifizierten Benutzers konfiguriert wird (Abbildung 17.58). Das Ergebnis sehen Sie in Abbildung 17.59: Wie erwartet entspricht die angezeigte Identität dem angemeldeten Benutzer. Der eigentlich interessante Punkt ist das verwendete Authentifizierungsprotokoll, zumal wenn man weiß, dass ich mir zu dem Zeitpunkt, als ich den Screenshot erstellt habe, keinerlei Gedanken über *Service Principal Name* & Co. gemacht habe und es durchaus etwas »kniffelig« sein kann, Kerberos in einer Webumgebung zum Laufen zu bringen (siehe Abschnitt 4.4.4, Abschnitt 4.4.5 und Abschnitt 17.6.6). Die Lösung ist eigentlich simpel:

- Bei der Windows-Authentifizierung, die Sie im weiteren Verlauf des Kapitels kennenlernen, wird die eigentliche Authentifizierung auf dem Client initiiert. Zum Zugriff auf den Webserver wird ein Zugriffsticket erstellt.

- Bei der Standardauthentifizierung wird die Authentifizierung auf dem Webserver initiiert. Damit entfallen die Anforderungen an eine funktionierende Kerberos-Authentifizierung, wie Sie sie von der Windows-Authentifizierung her kennen. Das hört sich zunächst vielleicht sogar wie ein kleiner Vorteil an, es ist aber keiner, da eine zweite Authentifizierung durchgeführt wird und nicht nur ein Zugriffsticket erstellt wird (vergleiche Abschnitt 4.4.2 ff.). Außerdem werden bei der Standardauthentifizierung zwingend Anmeldeinformationen abgefragt. Der einzige Weg, das zu umgehen, ist, wenn der Browser die Anmeldeinformationen zwischenspeichert, was aber auch nicht so wirklich klasse ist.

17.6 Authentifizierung

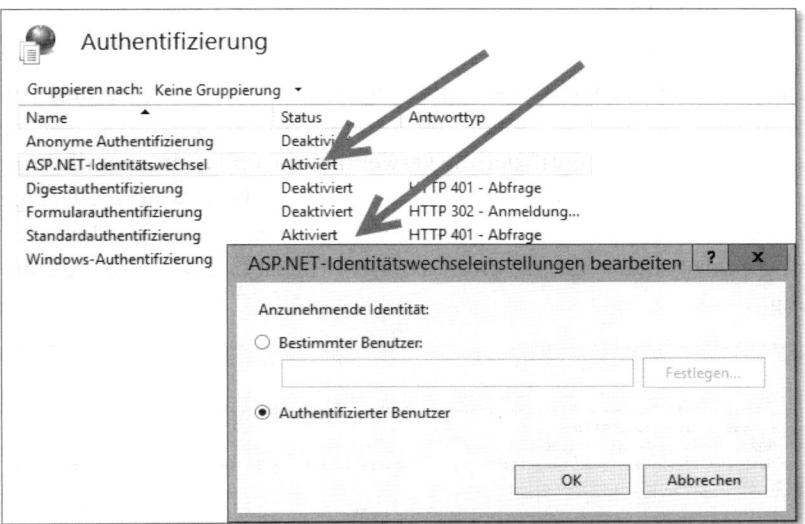

Abbildung 17.58 Die Standardauthentifizierung kann mit dem ASP.NET-Identitätswechsel kombiniert werden.

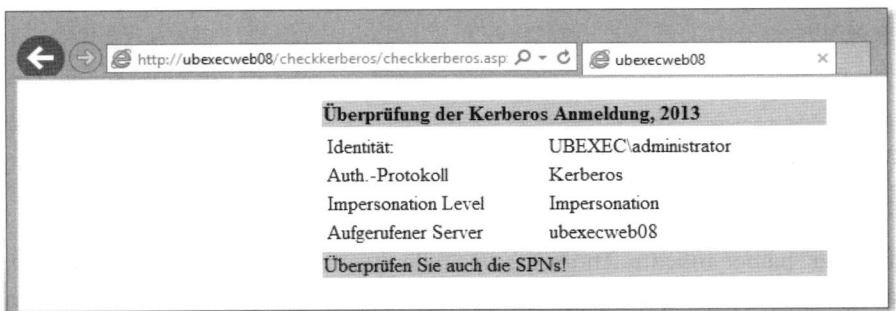

Abbildung 17.59 Dieses Ergebnis gibt die Applikation zurück, wenn der ASP.NET-Identitätswechsel aktiviert ist.

Delegierung

Der Webserver kann im Fall des ASP.NET-Identitätswechsels mit der Identität des angemeldeten Benutzers auf Ressourcen einer anderen Maschine zugreifen, d. h., es ist eine Delegierung der Identität möglich. Dies gilt übrigens für alle Authentifizierungsverfahren, bei denen Benutzername und Kennwort auf dem Webserver verfügbar sind.

Die Delegierung geht standardmäßig aber nur über eine Station (1 Hop).

Woher weiß der Browser ... – Teil 2

Kommen wir jetzt zu einem weiteren Teil von »Woher weiß der Browser...«: Wie Sie weiter vorn erfahren haben, antwortet der Webserver dem Browser mit der Statusmeldung 401, wenn ein unauthentifizierter Benutzer zugreifen möchte. Festzustellen wäre noch, wie der Browser weiß, dass er die Standardauthentifizierung verwenden soll und nicht etwa die Windows-Authentifizierung. Ein Blick in das Statusmeldung-401-Paket beantwortet die Frage (Abbildung 17.60): In der HTTP-Response wird im Abschnitt WWWAuthenticate angegeben, welches Authentifizierungsprotokoll unterstützt wird. In diesem Fall ist es Basic, also die Standardauthentifizierung.

```
Frame Details
 Frame:
  WiFi: [Encrypted Data] F....E, (I)
  LLC: Unnumbered(U) Frame, Command Frame, SSAP = SNAP(Sub-Network Access Protocol), DSAP = SNAP(Sub-Network Access Protocol)
  Snap: EtherType = Internet IP (IPv4), OrgCode = XEROX CORPORATION
  Ipv4: Next Protocol = TCP, Packet ID = 9694, Total IP Length = 1500
  Tcp: Flags=....A..., SrcPort=HTTP(80), DstPort=57098, Len=1460, Seq=3251073711 - 3251075171, Ack=300790546, Win=256 (scale factor n
  Http: Response, HTTP/1.1, Status Code = 401
   Response:
    ProtocolVersion: HTTP/1.1
    StatusCode: 401, Unauthorized
    Reason: Unauthorized
    ContentType: text/html
    Server: Microsoft-IIS/7.0
    WWWAuthenticate: Basic realm="extranet.ubinf.intra"
     WhiteSpace:
     WWWAuthenticateData: Basic realm="extranet.ubinf.intra"
    XPoweredBy: ASP.NET
    Date: Tue, 26 Aug 2008 09:47:46 GMT
    ContentLength: 1349
    HeaderEnd: CRLF
   payload: HttpContentType = text/html
```

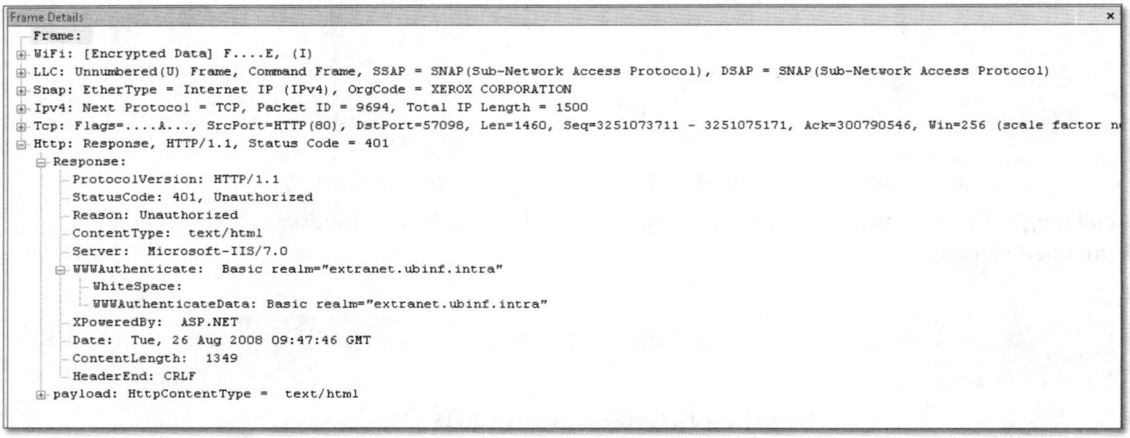

Abbildung 17.60 Die Antwort auf die Frage »Woher weiß der Browser, dass er die Standardauthentifizierung nutzen soll?«

Der Vollständigkeit halber möchte ich an dieser Stelle erwähnen, dass eine Website bzw. Webanwendung durchaus mehrere Authentifizierungsmethoden anbieten kann, was dann beispielsweise so wie in Abbildung 17.61 aussieht. Hier werden vier Methoden angeboten:

- die *Standardauthentifizierung* mit Basic
- die *Digestauthentifizierung*: eine »etwas verbesserte« Standardauthentifizierung.
- *NTLM*: Die Windows-Authentifizierung kann mit NTLM vorgenommen werden.
- *Negotiate*: Dies ist ebenfalls Bestandteil der Windows-Authentifizierung. Client und Server handeln aus (englisch *negotiate*), ob Kerberos oder NTLM als Authentifizierungsprotokoll verwendet werden soll.

Der Browser prüft, welches das stärkste von ihm unterstützte Protokoll ist, und führt damit die Authentifizierung aus.

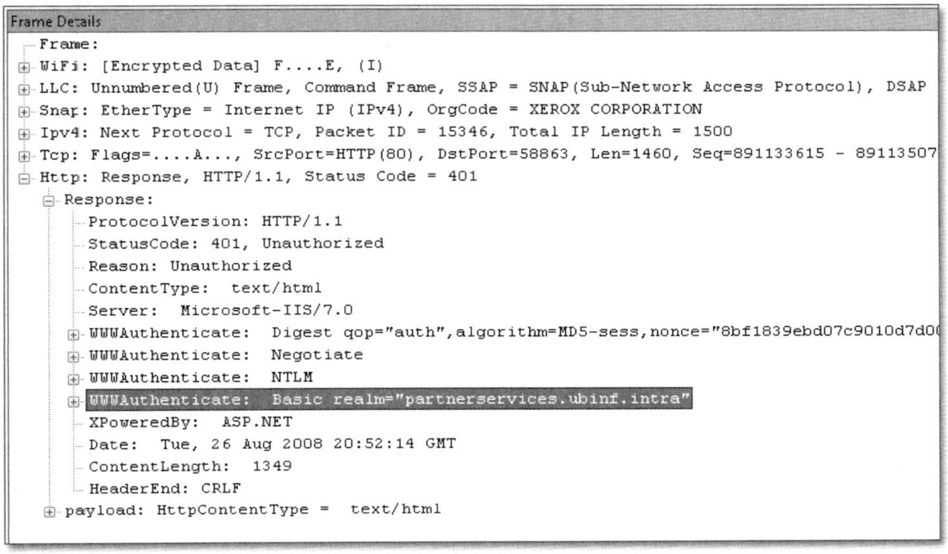

```
Frame Details
  Frame:
  WiFi: [Encrypted Data] F....E, (I)
  LLC: Unnumbered(U) Frame, Command Frame, SSAP = SNAP(Sub-Network Access Protocol), DSAP
  Snap: EtherType = Internet IP (IPv4), OrgCode = XEROX CORPORATION
  Ipv4: Next Protocol = TCP, Packet ID = 15346, Total IP Length = 1500
  Tcp: Flags=....A..., SrcPort=HTTP(80), DstPort=58863, Len=1460, Seq=891133615 - 89113507
  Http: Response, HTTP/1.1, Status Code = 401
    Response:
      ProtocolVersion: HTTP/1.1
      StatusCode: 401, Unauthorized
      Reason: Unauthorized
      ContentType:  text/html
      Server:  Microsoft-IIS/7.0
      WWWAuthenticate:  Digest qop="auth",algorithm=MD5-sess,nonce="8bf1839ebd07c9010d7d0(
      WWWAuthenticate:  Negotiate
      WWWAuthenticate:  NTLM
      WWWAuthenticate:  Basic realm="partnerservices.ubinf.intra"
      XPoweredBy:  ASP.NET
      Date:  Tue, 26 Aug 2008 20:52:14 GMT
      ContentLength:  1349
      HeaderEnd: CRLF
    payload: HttpContentType = text/html
```

Abbildung 17.61 Eine Website/Webanwendung kann durchaus mehrere Authentifizierungsmethoden anbieten.

17.6.3 Digestauthentifizierung

Wie Sie zuvor gesehen haben, ist ein wesentlicher Schwachpunkt bei der Windows-Anmeldung, dass das Kennwort unverschlüsselt übertragen wird – falls nicht die gesamte Verbindung mittels SSL verschlüsselt wird. RFC 2617, worin auch die Standardauthentifizierung definiert ist, enthält auch ein »verbessertes« Verfahren, bei dem nicht das eigentliche Kennwort, sondern ein Hash-Wert, der aus Benutzernamen und Kennwort gebildet wird, an den Server geschickt wird. Damit die Digestauthentifizierung verwendet wird, müssen Sie diese für die Website oder Webanwendung aktivieren – und vergessen Sie nicht, die anonyme Authentifizierung abzuschalten.

Der Ablauf im Detail:

- Ebenso wie bei der Standardauthentifizierung weist der Webserver den anonymen Zugriff mit Statuscode 401 zurück. In Abbildung 17.62 zeige ich Ihnen die HTTP-Payload im Netzwerkmonitor. Der Webserver gibt eigentlich eine »normale« HTML-Seite zurück, die im Normalfall aber nie angezeigt wird, weil der Browser direkt die Anmeldeinformationen abfragt und einen authentifizierten Zugriff versucht.
- Die Anmeldeinformationen werden mit dem Browserdialog aus Abbildung 17.63 abgefragt (hier: Internet Explorer). Im Vergleich zur Standardanmeldung fehlt hier die Warnung vor der unverschlüsselten Übertragung des Kennworts (vergleiche Abbildung 17.56).

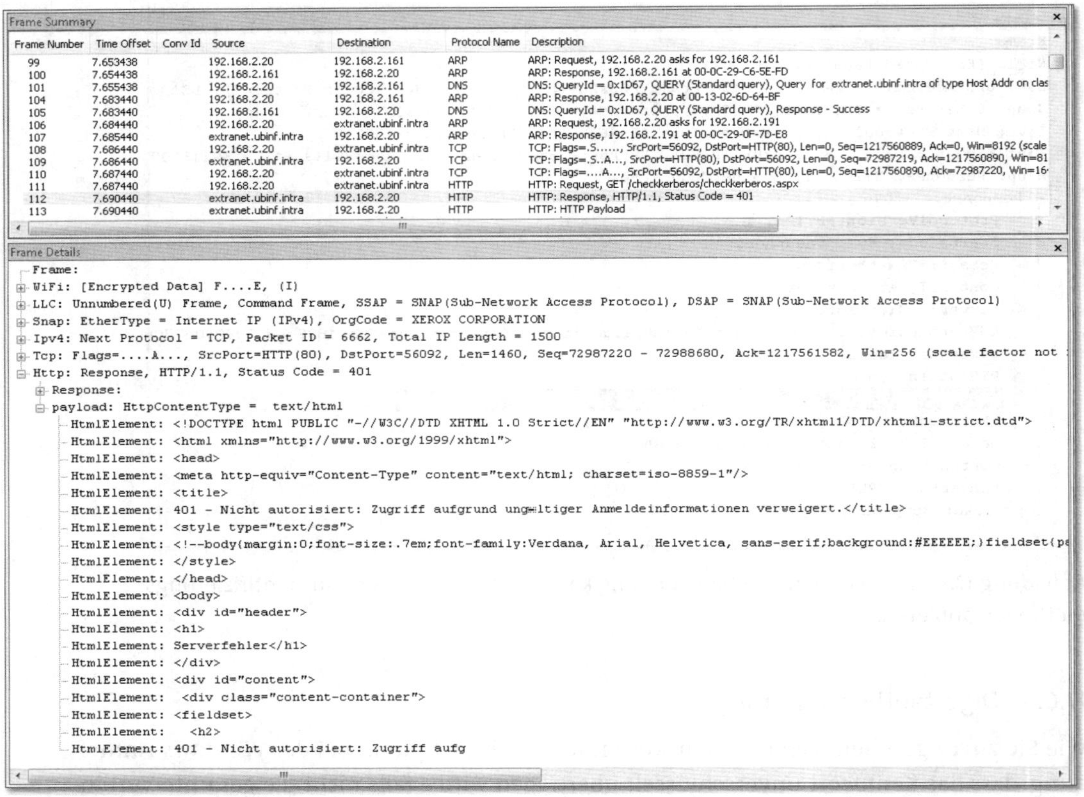

Abbildung 17.62 Der Webserver weist die Anforderung mit Statuscode 401 zurück. Unten im Bild sehen Sie die »Payload«.

Abbildung 17.63 Der Browserdialog zur Eingabe der Anmeldeinformationen

Die Behauptungen, die in einem Buch stehen, im Fernsehen verbreitet oder von der Schwiegermutter aufgestellt werden, kann man entweder ungefiltert glauben – oder man kann sich

Beweise vorlegen lassen. Ich nehme an, dass Sie sich dieses Fachbuch gekauft oder geliehen haben, weil Sie genau auf diese Beweise hoffen. Also beweise ich Ihnen, dass bei der Digestauthentifizierung das Kennwort wirklich nicht im Klartext übertragen wird. Abbildung 17.64 zeigt das erste vom Client gesendete Paket nach der Authentifizierung, also das Paket mit den Authentifizierungsinformationen. In der Sektion Http/Request/Authorization sehen Sie den username im Klartext. Ansonsten findet sich dort ein Hash, aber kein Kennwort im Klartext.

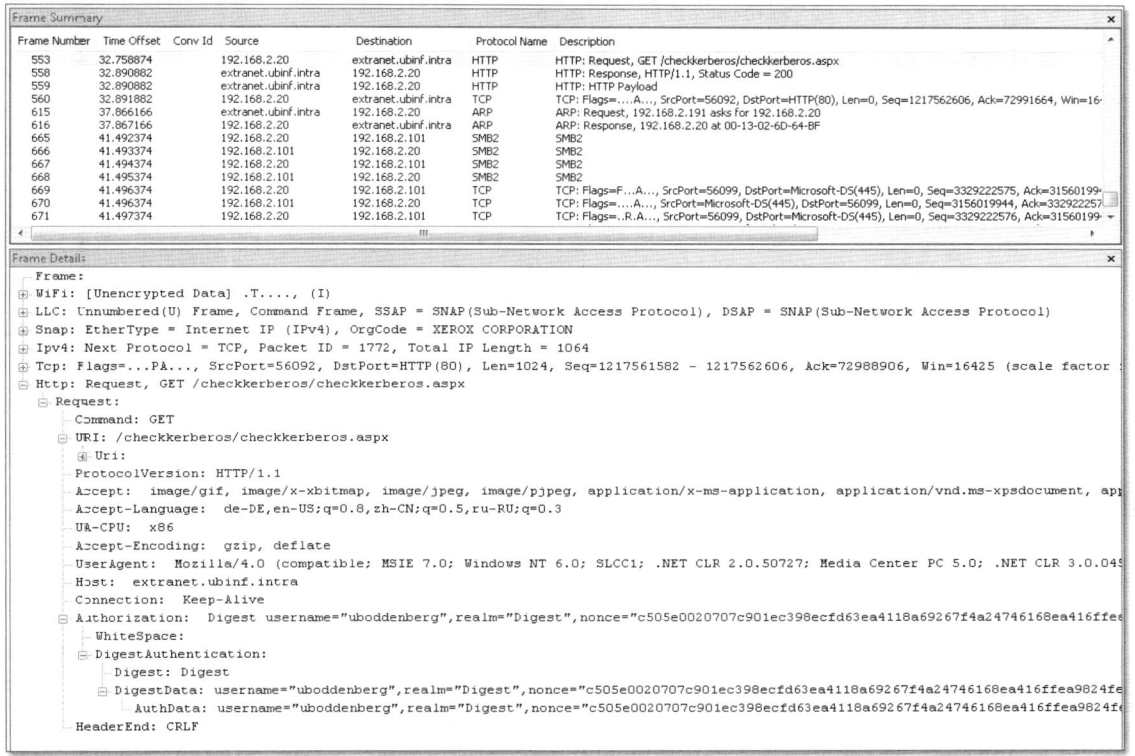

Abbildung 17.64 Bei der Digestauthentifizierung wird das Kennwort nicht im Klartext übertragen. Stattdessen wird ein Kennwort-Hash übermittelt.

Die Digestauthentifizierung lässt sich natürlich auch mit dem ASP.NET-Identitätswechsel kombinieren, was dann zu dem in Abbildung 17.65 gezeigten Ergebnis führt.

Delegierung

In komplexen Nutzungsszenarien ist zu beachten, dass diese Authentifizierung nicht delegierbar ist, also nicht für den Zugriff auf einen weiteren Server unter der Identität des angemeldeten Benutzers verwendet werden kann. Für diesen Fall müssen Sie eine eingeschränkte Delegierung und einen Protokollübergang konfigurieren.

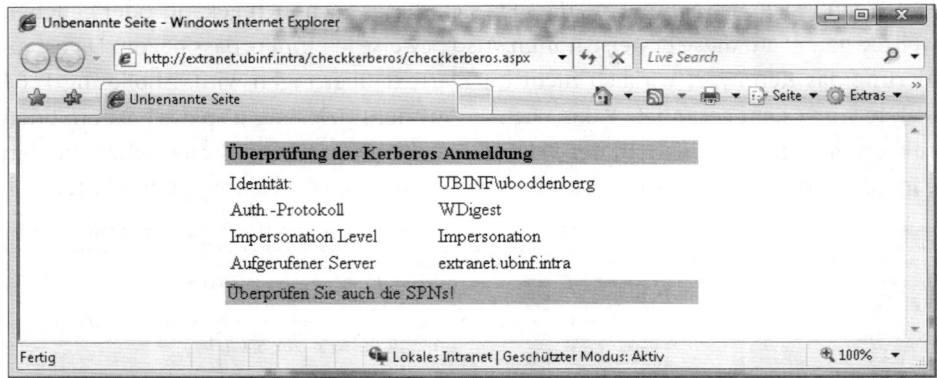

Abbildung 17.65 Das Ergebnis einer Digest-Anmeldung mit aktiviertem ASP.NET-Identitätswechsel

17.6.4 Windows-Authentifizierung

Hinter dem Thema »Windows-Authentifizierung« verbergen sich letztendlich zwei hier zu diskutierende Aspekte:

- Zum einen handelt es sich bei der Windows-Authentifizierung um eine weitere verwendbare Authentifizierungsmethode.
- Zum anderen ist der Internet Explorer in der Lage, die Windows-Anmeldeinformationen des Benutzers auf dem Client-PC an den Webserver weiterzugeben und so eine Anmeldung ohne zusätzliche Eingabe von Benutzernamen und Passwort zu realisieren – sozusagen also Single Sign-On.

Die Windows-Authentifizierung ist standardmäßig nicht installiert, muss also über den Server-Manager hinzugefügt werden (ROLLENDIENSTE HINZUFÜGEN). Danach kann sie in der Konfigurationskategorie AUTHENTIFIZIERUNG auf der Ebene von Server, Website oder Webanwendung aktiviert werden (Abbildung 17.66). Zusätzliche Konfigurationsarbeiten sind nicht notwendig bzw. möglich.

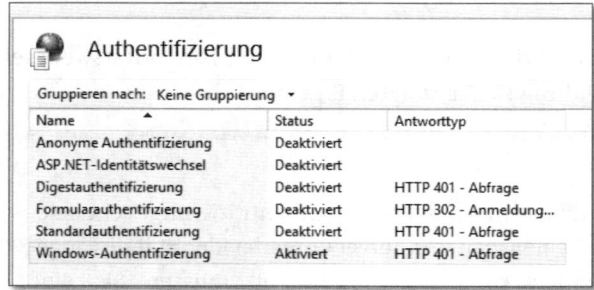

Abbildung 17.66 Die Windows-Authentifizierung kann auf Server-, Website- oder Anwendungsebene aktiviert werden.

Im Zusammenhang mit der Windows-Authentifizierung gibt es allerdings noch zwei Einstellungen im Browser, die sich gegebenenfalls per Gruppenrichtlinie verteilen lassen:

▶ Wenn Sie für Intranet-Websites die Funktion nutzen möchten, dass die Anmeldung ohne nochmalige Eingabe der Anmeldeinformationen erfolgt, dann muss der Browser die Site entweder der Zone LOKALES INTRANET oder VERTRAUENSWÜRDIGE SITES zuordnen. In Abbildung 17.67 sehen Sie die entsprechenden Konfigurationsdialoge des Browsers. Wenn die Website über die Rechnernamen (also nicht über den FQDN) aufgerufen wird, funktioniert die automatische Ermittlung. Wenn zum Zugriff auf Intranet- oder Extranet-Websites die FQDN-Namen verwendet werden, müssen diese manuell hinzugefügt werden, wobei angenehmerweise Wildcards verwendet werden können.

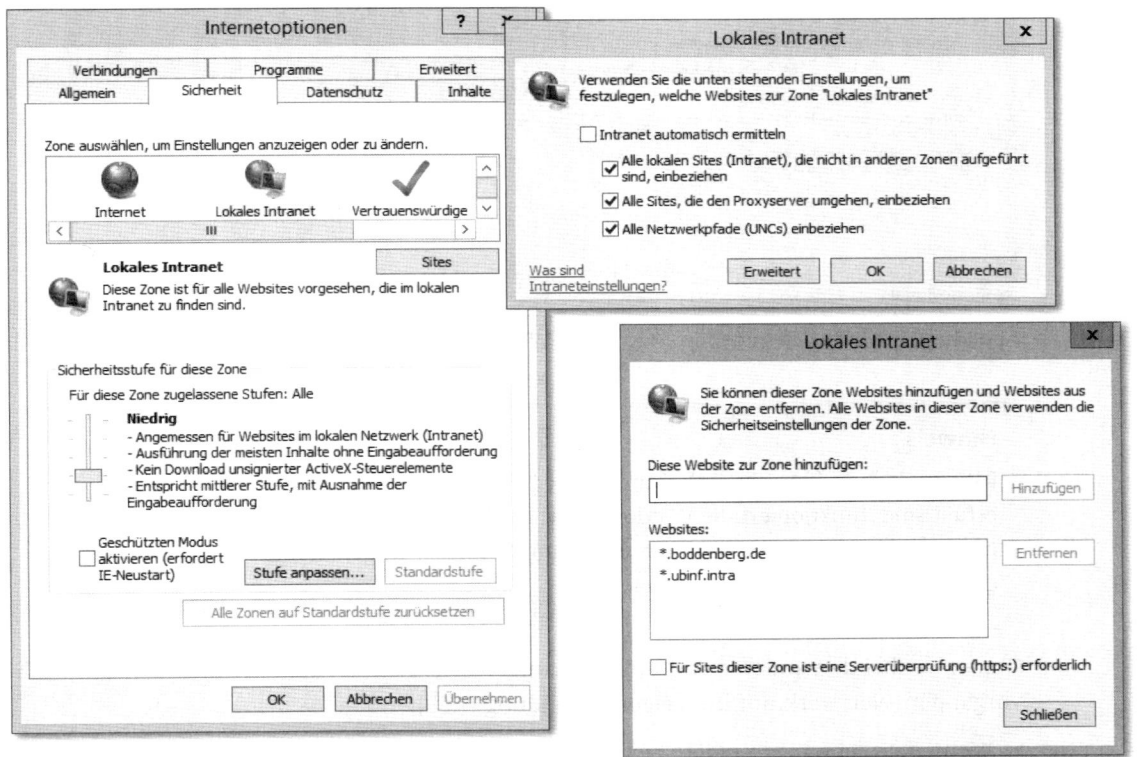

Abbildung 17.67 Damit eine Website der Zone »Lokales Intranet« zugeordnet wird, müssen Sie gegebenenfalls Einstellungen vornehmen.

▶ Weiterhin muss in der erweiterten Konfiguration des Internet Explorers die INTEGRIERTE WINDOWS-AUTHENTIFIZIERUNG aktiviert sein (Abbildung 17.68).

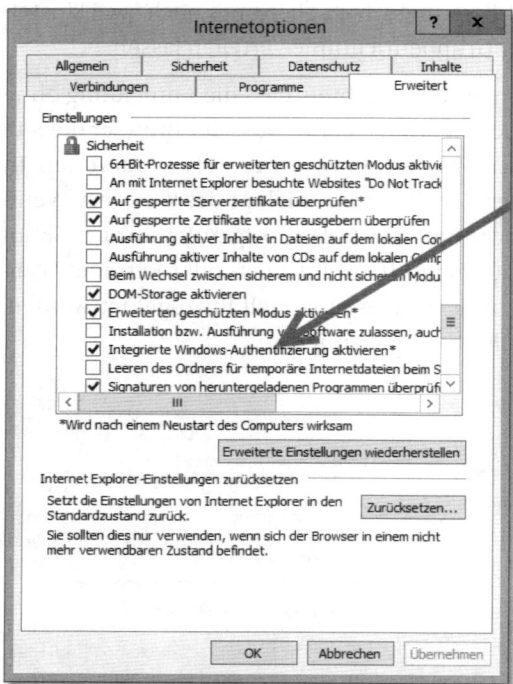

Abbildung 17.68 Aktivierung der integrierten Windows-Authentifizierung im Internet Explorer

> **Hinweis**
>
> Falls beim Zugriff auf eine Website eine oder beide der vorgenannten Bedingungen nicht erfüllt sind, funktioniert die Windows-Authentifizierung trotzdem. Der Browser wird allerdings nach dem Benutzernamen und dem Kennwort fragen – auch wenn der Benutzer eigentlich auf dem Client angemeldet ist.

Genau wie bei den anderen Authentifizierungsmethoden möchte ich Ihnen den Anmeldevorgang im Netzwerkmonitor zeigen (Abbildung 17.69):

- Wenn der nicht angemeldete Benutzer auf die Website zugreift (Paket 81), ...
- ... erhält er als Antwort den Statuscode 401, der dem Browser mitteilt, dass ein unauthentifizierter Zugriff nicht möglich ist (Paket 82).
- In den Paketen 85 bis 87 sehen Sie die Durchführung der Windows-Authentifizierung.
- Nach Abschluss der Authentifizierung ist der Webserver zufrieden und sendet die angeforderten Daten an den Client (ab Paket 88).

Sie sehen anhand der Zeitinformationen der Messung übrigens, dass der Browser sofort nach Erhalt des 401er-Statuscodes mit der Windows-Authentifizierung begonnen hat. Es gibt dort keine Zeitverzögerung durch einen Bediener, der 20 Sekunden braucht, um seinen Namen und sein Passwort einzutippen.

> **Webproxys**
>
> Zu beachten ist übrigens, dass die Windows-Authentifizierung nicht über Webproxys funktioniert. Den Grund sehen Sie in Abbildung 17.69: Die Pakete 85 bis 87, in denen die Authentifizierung durchgeführt wird, werden nicht über das HTTP-Protokoll abgewickelt.

```
Frame Summary                                                                                                                                           X
Frame N...  Time Offset  Source          Destination      Protocol Name  Description
 Capture File: C:\Users\uboddenberg\AppData\Local\Temp\capC2A7.tmp
   76       6.163353     192.168.2.20    192.168.2.191    ARP            ARP: Request, 192.168.2.20 asks for 192.168.2.191
   77       6.164353     192.168.2.191   192.168.2.20     ARP            ARP: Response, 192.168.2.191 at 00-0C-29-0F-7D-E8
   78       6.165353     192.168.2.20    192.168.2.191    TCP            TCP: Flags=.S...., SrcPort=56149, DstPort=HTTP(80), Len=0, Seq=838164171, Ack=0, Win=8192 (scale factor not found)
   79       6.165353     192.168.2.191   192.168.2.20     TCP            TCP: Flags=.S..A.., SrcPort=HTTP(80), DstPort=56149, Len=0, Seq=933200038, Ack=838164172, Win=8192 (scale factor not f
   80       6.166353     192.168.2.20    192.168.2.191    TCP            TCP: Flags=....A..., SrcPort=56149, DstPort=HTTP(80), Len=0, Seq=838164172, Ack=933200039, Win=16425 (scale factor not
   81       6.166353     192.168.2.20    192.168.2.191    HTTP           HTTP: Request, GET /checkkerberos/checkkerberos.aspx
   82       6.169353     192.168.2.191   192.168.2.20     HTTP           HTTP: Response, HTTP/1.1, Status Code = 401
   83       6.169353     192.168.2.191   192.168.2.20     HTTP           HTTP: HTTP Payload
   84       6.170353     192.168.2.20    192.168.2.191    TCP            TCP: Flags=....A..., SrcPort=56149, DstPort=HTTP(80), Len=0, Seq=838164569, Ack=933201604, Win=16425 (scale factor not
   85       6.171353     192.168.2.20    192.168.2.191    NTLMSSP        NTLMSSP: 58 Bytes
   86       6.172354     192.168.2.20    192.168.2.191    NTLMSSP        NTLMSSP: 306 Bytes
   87       6.173354     192.168.2.20    192.168.2.191    NTLMSSP        NTLMSSP: 602 Bytes
   88       6.185354     192.168.2.191   192.168.2.20     HTTP           HTTP: Response, HTTP/1.1, Status Code = 200
   89       6.185354     192.168.2.191   192.168.2.20     HTTP           HTTP: HTTP Payload
   90       6.186354     192.168.2.20    192.168.2.191    TCP            TCP: Flags=....A..., SrcPort=56149, DstPort=HTTP(80), Len=0, Seq=838166073, Ack=933205198, Win=16425 (scale factor not
```

Abbildung 17.69 Zunächst kommt der Statuscode 401 zurück, dann erfolgt die Windows-Authentifizierung (Pakete 85–87).

Die Windows-Authentifizierung lässt sich, wie alle anderen Authentifizierungsmethoden auch, mit dem ASP.NET-Identitätswechsel kombinieren. Zur Konfiguration ist nichts weiter zu sagen: Aktivieren Sie ihn einfach (Abbildung 17.70).

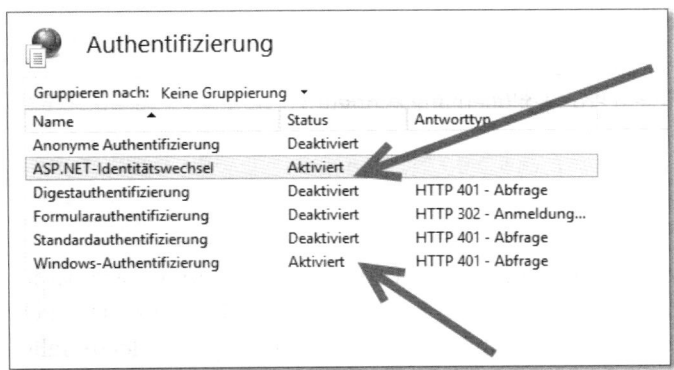

Abbildung 17.70 Ein ASP.NET-Identitätswechsel kann mit der Windows-Authentifizierung kombiniert werden.

Das Ergebnis ist in Abbildung 17.71 zu sehen. Was ist an dieser Bildschirmanzeige nun so besonders, dass sie den Weg ins Buch gefunden hat? Zur Beantwortung dieser Frage gibt es zwei Stichwörter, nämlich *NTLM* und *Kerberos*. Das »alte«, bereits in Windows NT verwendete NTLM-Protokoll ist zwar nach wie vor eine der Säulen der Windows-Authentifizierung, wesentlich eleganter und leistungsfähiger ist allerdings das Kerberos-Protokoll, das ist Abschnitt 4.4.2 ff. kurz beschrieben ist. Insbesondere dann, wenn Sie auf Authentifizierungsdelegierung angewiesen sind, ist es sehr viel eleganter, mit Kerberos zu arbeiten. Damit eine Kerberos-Authentifizierung zustande kommt, sind aber ein paar »Regeln« zu beachten.

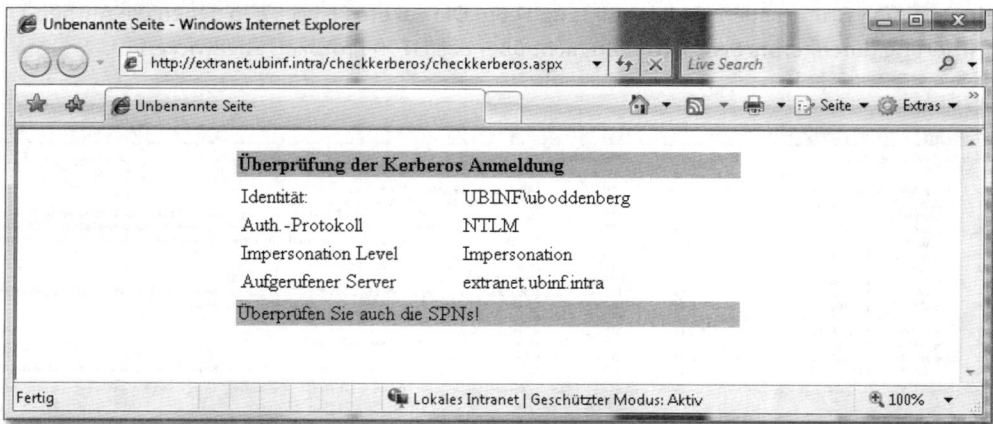

Abbildung 17.71 Falls die Anmeldung »nur« mit NTLM erfolgt, Sie aber Kerberos benötigen, müssen Sie einige Aspekte überprüfen und beachten.

> **Delegierung**
>
> In komplexen Nutzungsszenarien ist zu beachten, dass diese Authentifizierung nicht delegierbar ist, also für den Zugriff auf einen weiteren Server unter der Identität des angemeldeten Benutzers verwendet werden kann. Für diesen Fall muss eine eingeschränkte Delegierung und gegebenenfalls ein Protokollübergang konfiguriert werden.

17.6.5 Authentifizierungsdelegierung

Ihre Benutzer werden die Windows-Authentifizierung lieben, denn sie bringt, wie bereits zuvor erläutert wurde, einen enormen Zugewinn an Komfort, weil die Zugangsdaten nicht nochmals eingetippt werden müssen. Ob die Windows-Authentifizierung dann letztendlich mit dem NTLM- oder dem Kerberos-Protokoll durchgeführt wird, macht für den Benutzer keinen Unterschied.

Administratoren und Entwickler verzweifeln allerdings regelmäßig daran, wenn ein Szenario wie aus Abbildung 17.72 zu implementieren ist:

▶ Der Benutzer meldet sich mit seinem Windows-Konto an seinem PC an.

- Mit seinem Browser meldet sich der Benutzer am Webserver an. Da dort der ASP.NET-Identitätswechsel (Impersonation) aktiviert ist, nimmt die Webanwendung die Identität des angemeldeten Benutzers an.
- Nun soll mit dieser Identität auf andere Ressourcen im Netz zugegriffen werden, beispielsweise auf einen SQL Server, Exchange Server, Domänencontroller, Webservice oder sonst etwas – Hauptsache, die Ressource akzeptiert Windows-Authentifizierung.

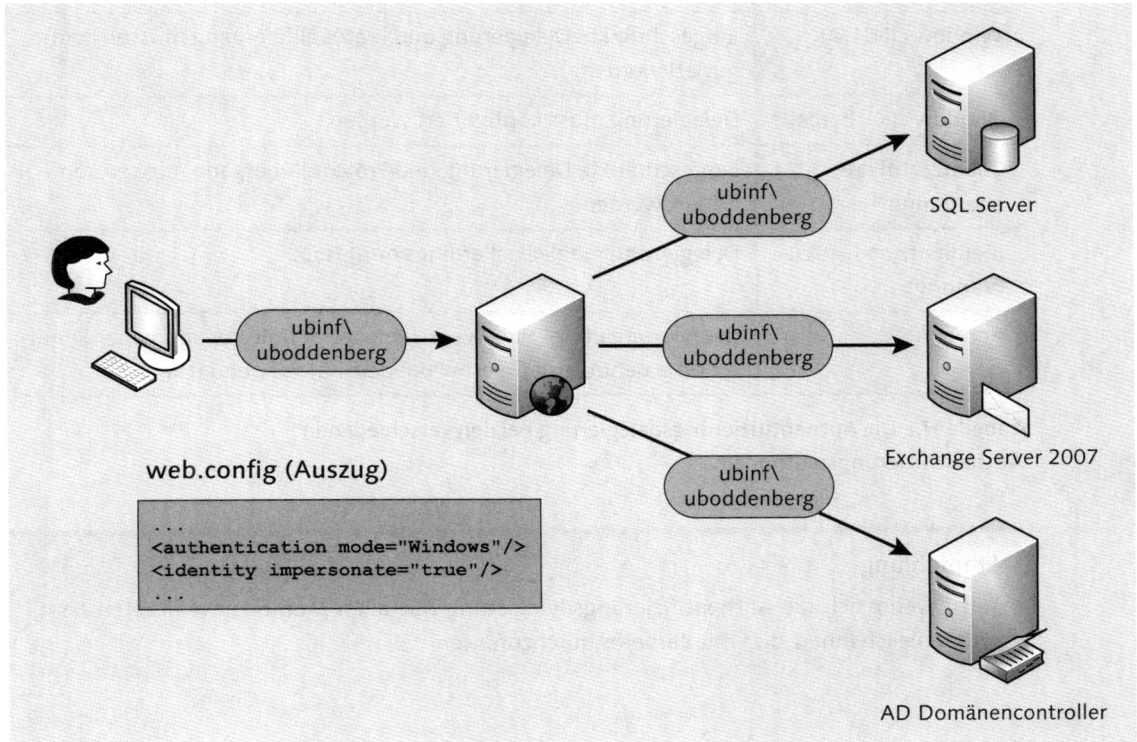

Abbildung 17.72 Ein Szenario mit Authentifizierungsdelegierung

Auf den ersten Blick sieht das Szenario auch nicht kompliziert aus, schließlich läuft der Prozess auf dem Webserver ja mit der Identität des Benutzers. Wenn aber der Zugriff auf den anderen Server durchgeführt wird, erfolgt der Zugriff mit der Poolidentität und nicht mit der des angemeldeten Benutzers – es sei denn, Sie unternehmen etwas!

Das Stichwort lautet *Authentifizierungsdelegierung*, im Allgemeinen kurz *Delegierung* genannt. Bei allen Authentifizierungsmethoden, bei denen der Webserver Benutzername und Passwort nicht kennt, ist zunächst keine Delegierung möglich. Dies kann aber konfiguriert werden. Tabelle 17.1 zeigt den Status der Authentifizierungsdelegierung bei den unterschiedlichen Authentifizierungsmethoden.

Authentifizierungs-methoden	Delegierung?
Standard	Delegierung möglich, da der Webserver Benutzername und Passwort kennt; allerdings nur 1 Hop.
Digest	Eingeschränkte Delegierung und Protokollübergang müssen konfiguriert werden.
Windows (NTLM)	Eingeschränkte Delegierung und Protokollübergang müssen konfiguriert werden.
Windows (Kerberos)	Delegierung muss konfiguriert werden.
Clientzertifikat-zuordnung	Eingeschränkte Delegierung und Protokollübergang müssen konfiguriert werden.
IIS-Clientzertifikatzuordnung	Delegierung möglich, allerdings nur 1 Hop.
Anonyme	Delegierung über 1 Hop, wenn benutzerdefinierter anonymer Benutzer oder benutzerdefinierte Poolidentität verwendet wird.

Tabelle 17.1 Die Authentifizierungsdelegierung bei den verschiedenen Authentifizierungsmethoden

Empfehlung

Auch wenn sich die Authentifizierungsdelegierung mit allen Methoden realisieren lässt, empfehle ich Ihnen, dies mit Kerberos durchzuführen.

17.6.6 Webanwendungen und Kerberos

Gleich zu Beginn dieses Abschnitts sei darauf hingewiesen, dass das Thema Kerberos in Abschnitt 4.4 recht ausführlich behandelt wird. Ich beschränke mich hier auf die Aspekte, die unmittelbar mit dem Webserver zusammenhängen.

Ich zeige Ihnen zu Beginn ein kleines Szenario:

- Auf einem Server sind zwei Websites eingerichtet: die DEFAULT WEB SITE und eine zusätzliche, die über den Hostheader *extranet.ubinf.intra* zu erreichen ist (Abbildung 17.73).

- Wenn man auf beiden Websites die *CheckKerberos*-Webanwendung aufruft, kommt es zu unterschiedlichen Ergebnissen bei der Authentifizierung (Abbildung 17.74):
  - Bei der DEFAULT WEB SITE erfolgt die Authentifizierung mit dem Kerberos-Protokoll.
  - Bei der zusätzlich eingerichteten Website wird »nur« mit NTLM authentifiziert.

17.6 Authentifizierung

Abbildung 17.73 Die Ausgangslage für die im Folgenden gezeigte Situation

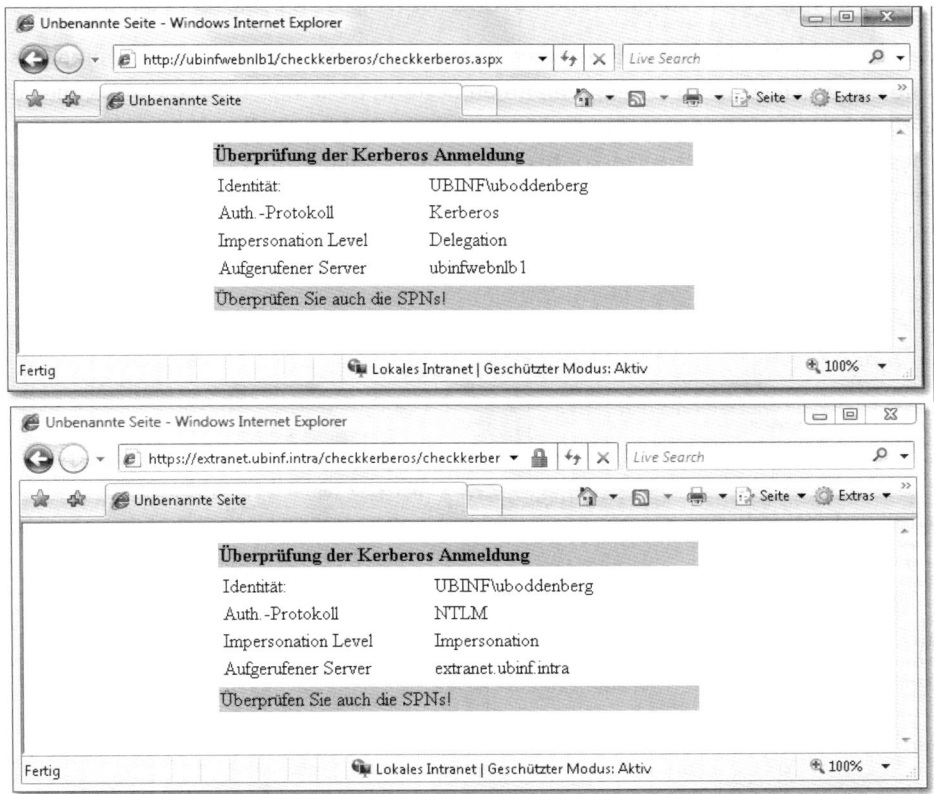

Abbildung 17.74 Die Anwendungen laufen auf demselben Webserver auf unterschiedlichen Websites. Einmal erfolgt die Anmeldung mit Kerberos, das andere Mal »nur« mit NTLM.

Der Unterschied kommt dadurch zustande, dass im zweiten Szenario kein *Service Principal Name* (SPN) vorhanden ist – das schauen wir uns im nächsten Abschnitt genauer an.

Service Principal Names

Bei der Kerberos-Authentifizierung teilt der am Domänencontroller authentifizierte Client diesem mit, auf welchen Dienst er gern zugreifen würde, und der Domänencontroller (genauer: das *Key Distribution Center*, das auf einem Domänencontroller ausgeführt wird) erstellt das Zugriffsticket.

Dieser Vorgang basiert auf Namen, genauer gesagt auf den *Service Principal Names* (SPN):

- Möchte der Client auf den HTTP-Dienst auf dem Server *ubinfWebNlb1* zugreifen, lautet der Name des Diensts *HTTP/ubinfwebnlb1.ubinf.intra*. (Das ist in dem vorherigen Beispiel die DEFAULT WEB SITE.)
- Die zusätzlich eingerichtete Website wird, da Hostheader konfiguriert sind, über *extranet.ubinf.intra* aufgerufen. Folglich lautet der Dienstname *HTTP://extranet.ubinf.intra*.

Die Service Principal Names sind, bis auf eine Ausnahme, nicht »einfach da«. Die eine Ausnahme (die eigentlich sogar aus zwei Ausnahmen besteht) bezieht sich auf die SPNs, die auf den eigentlichen Namen des Servers verweisen. Die SPNs sind im Attribut SERVICEPRINCIPAL-NAME eines Computer- oder Benutzerkontos gespeichert. Standardmäßig ist bei einem Computerkonto der »kurze Name« und der FQDN mit der Dienstkennung HOST/ vorhanden. Einige Dienste registrieren automatisch einen zusätzlichen SPN. Dies ist in Abbildung 17.75 zu sehen.

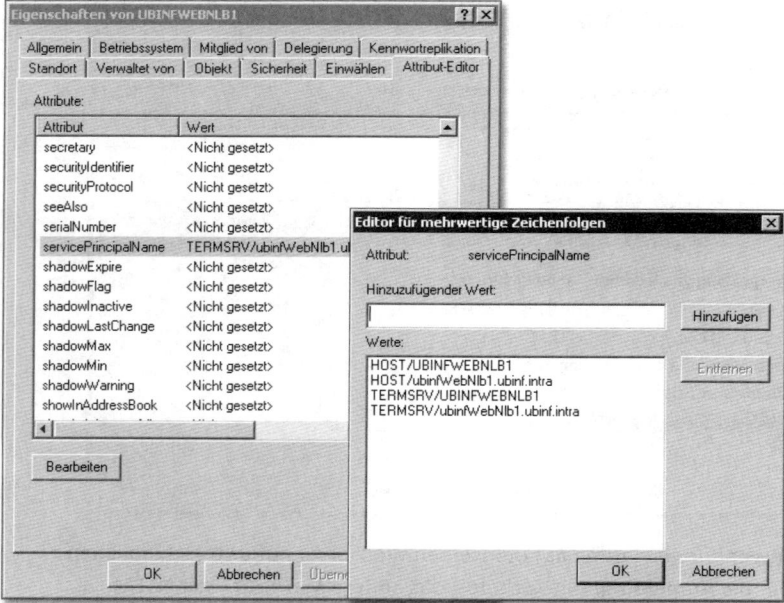

Abbildung 17.75 Die Service Principal Names sind in einem Active Directory-Attribut gespeichert.

17.6 Authentifizierung

Wenn ein Client auf einen Dienst zugreifen möchte, beispielsweise auf den Webserver, erhält er ein entsprechendes Zugriffsticket. Diese Tickets können mit dem Werkzeug *kerbtray.exe*, das Bestandteil des Ressource-Kits ist, sichtbar gemacht werden. Kerbtray zeigt die auf den zugreifenden Clients vorhandenen Zugriffstickets. In Abbildung 17.76 sehen Sie, dass der hier betrachtete Client ein Zugriffsticket für den Dienst HTTP/UBINFWEBNLB1.UBINF.INTRA hat. Wenn er mit diesem auf die Ressource zugreift, geschieht dies mit Kerberos-Authentifizierung (siehe Abbildung 17.74 oben).

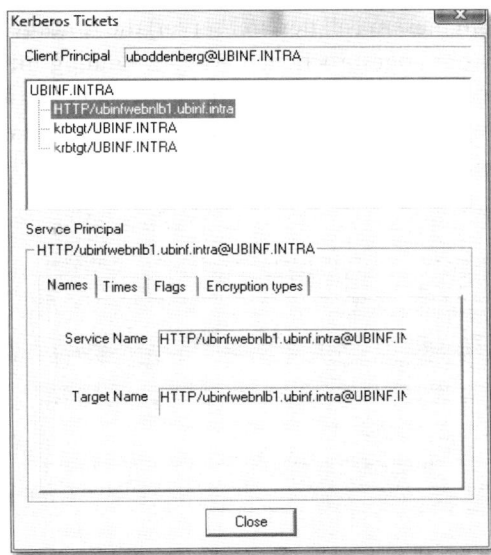

Abbildung 17.76 Das Zugriffsticket basiert auf dem Service Principal Name.

Mehr zur Funktionsweise von Kerberos finden Sie auch in Abschnitt 4.4.2.

So, vermutlich ahnen Sie schon, warum im zweiten Beispiel keine Kerberos-Authentifizierung stattfindet: Es gibt keinen registrierten Service Principal Name für den Eintrag *extranet.ubinf.intra*. Die Vermutung stimmt, aber mit dem Netzwerkmonitor aus Abbildung 17.77 kann man das auch beweisen:

- Es ist zwar nicht in der Abbildung zu sehen, aber der Client bekommt beim Zugriff auf den Server die Ihnen bereits wohlbekannte 401 präsentiert.
- Im Paket 99 fordert der Client ein Zugriffsticket für *HTTP/extranet.ubinf.intra* an.

  Kurze Anmerkung: Ja, ich weiß, im Netzwerkmonitor steht nur *HTTP/extranet.ub*. Wenn man aber in Paket 100 hineinschaut, findet sich dort das fehlende *inf.intra*; es ist also alles in Ordnung, und ich schiebe Ihnen keine falschen Tatsachen unter.

- In Paket 102 gibt es dann die Antwort: KDC_ERR_S_PRINCIPAL_UNKNOWN, das heißt, der Service Principal Name wurde nicht gefunden. Das war klar, denn den gibt es einfach nicht.

- Daraufhin beginnt der Client als »Ausweichlösung« mit dem NTLM-Authentifizierungsvorgang. Die drei NTLMSSP-Pakete sind Ihnen ja weiter vorn bereits begegnet (104, 107, 108).
- Nachdem die Authentifizierung abgeschlossen ist, beginnt ab Paket 110 die Übertragung des Inhalts.

Die Frage ist nun, wie man einen SPN registriert. Wie Sie bereits gesehen haben, »hängt« der SPN an einem Computer- oder Benutzerkonto. Die Kerberos-Zugriffstickets werden für das Konto verschlüsselt, mit dem die Zielressource (in diesem Fall der Webserver) die Anforderung verarbeitet. Solange der Anwendungspool der angesprochenen Webanwendung mit einem der eingebauten Konten (*Netzwerkdienst, Lokales System, Lokaler Dienst*) läuft, wird die Entschlüsselung mit dem Computerkonto vorgenommen. Für den Service Principal Name bedeutet das, dass er für das Computerkonto registriert werden muss.

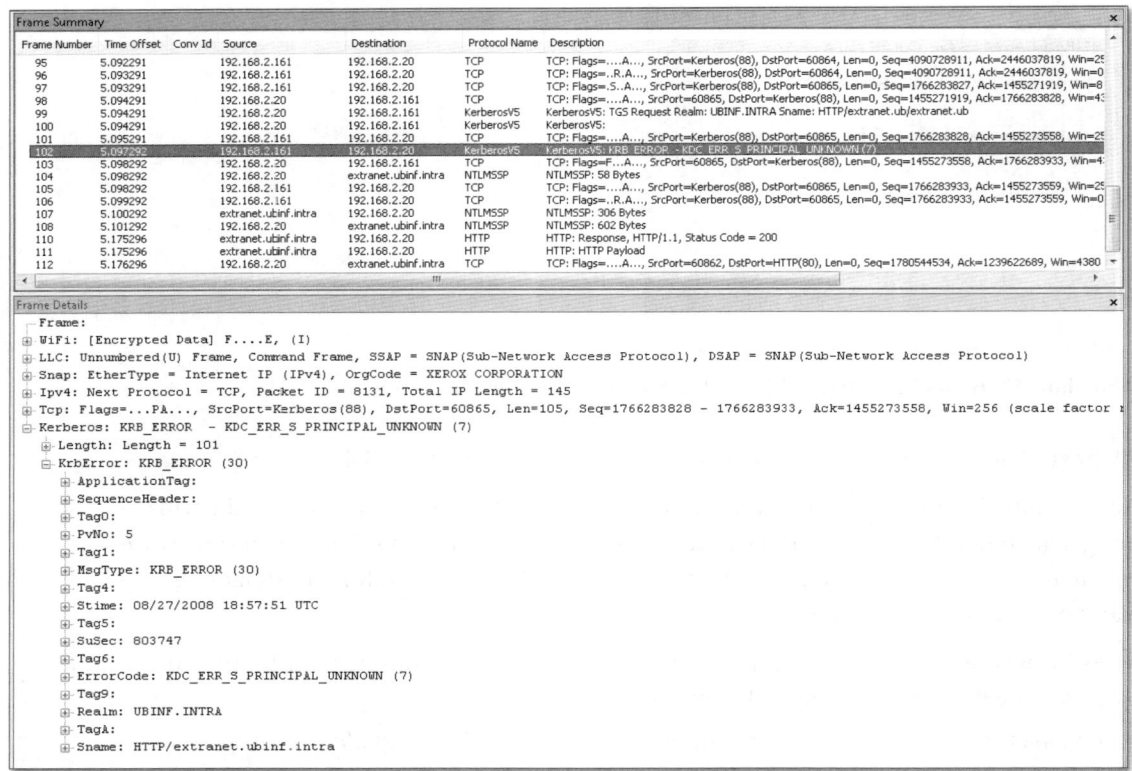

Abbildung 17.77 Die Kerberos-Authentifizierung gelingt nicht, weil der Domänencontroller meldet, dass der Service Principal unbekannt ist.

Einen SPN könnte man mit ADSI-Editor oder dem Attribut-Editor des ACTIVE DIRECTORY-BENUTZER UND -COMPUTER-Snap-Ins eintragen. Eleganter ist es aber, das Kommandozeilenwerkzeug *setspn.exe* zu verwenden. Unter Windows Server 2003 und Windows 2000 Server musste man es noch aus dem Ressource Kit installieren, mittlerweile ist es eine standardmäßig vorhandene Komponente.

Das Hinzufügen eines SPNs mit *setspn.exe* gestaltet sich einfach:

Setspn.exe -a HTTP/name computerkonto

Es empfiehlt sich, direkt sowohl den »kurzen« Computernamen als auch den FQDN zu registrieren. Im konkreten Beispiel sieht es dann bei der Eingabe wie in Abbildung 17.78 aus, und im Attribut-Editor ergibt sich die Situation aus Abbildung 17.79.

Abbildung 17.78 Das Hinzufügen der Service Principal Names zum Computerkonto mit »setspr.exe« ...

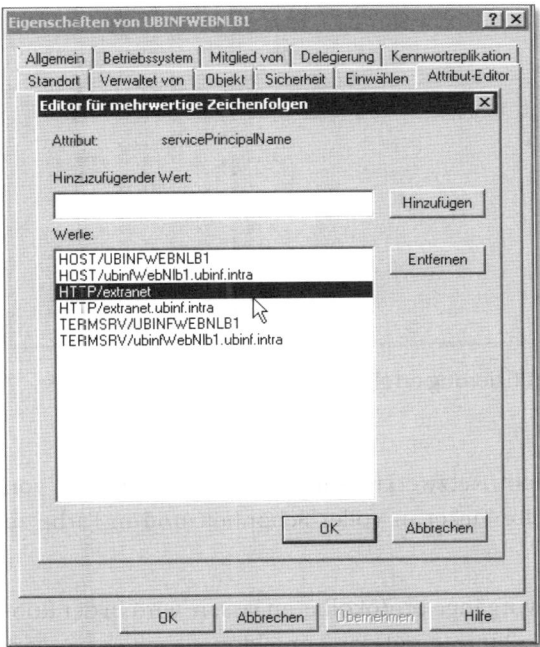

Abbildung 17.79 ... und das Ergebnis im Attribut-Editor

Testet man nach der Registrierung des SPNs nochmals, wird nun die Authentifizierung mit Kerberos vorgenommen. Falls Sie mit meiner Testapplikation arbeiten, können Sie das unmittelbar sehen; es gibt aber auch andere Wege:

- Natürlich kann man den Vorgang auch mit dem Netzwerkmonitor beobachten. In Abbildung 17.80 sehen Sie:
  - die Anforderung des Zugriffstickets mit Paket 103
  - die Antwort des Domänencontrollers mit dem gewünschten Ticket: Paket 106

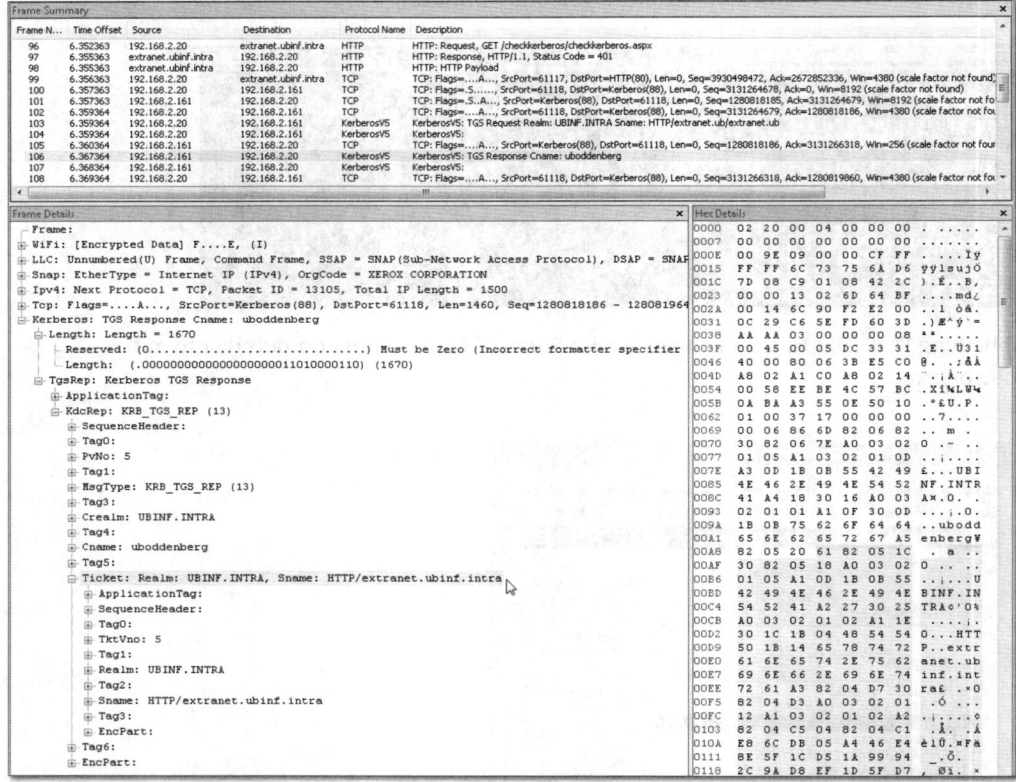

Abbildung 17.80 Hier war die Kerberos-Authentifizierung erfolgreich, und der Client erhält das erhoffte Zugriffsticket.

- Deutlich bequemer als die Arbeit mit dem Netzwerkmonitor ist die Verwendung von *kerbtray.exe*. Auch hier ist das ausgestellte Ticket in voller Schönheit und in Farbe zu sehen (Abbildung 17.81).

- Falls Sie auf dem Webserver die Anmeldevorgänge protokollieren lassen, wird in der Rubrik SICHERHEIT des Ereignisprotokolls ein Eintrag mit der Anmeldung erscheinen. Dort ist auch das Authentifizierungsprotokoll angegeben (Abbildung 17.82).

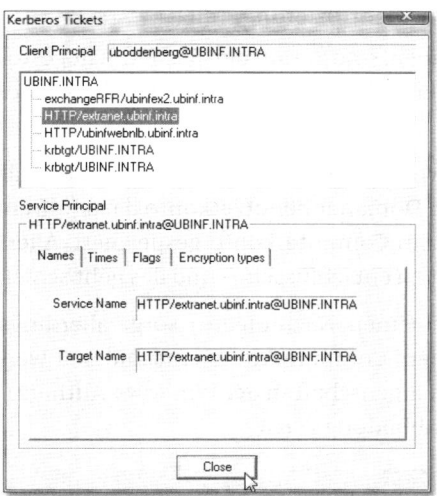

Abbildung 17.81 Mit »kerbtray.exe« geht es bequemer: Auch hier ist das Zugriffsticket für die Ressource zu sehen.

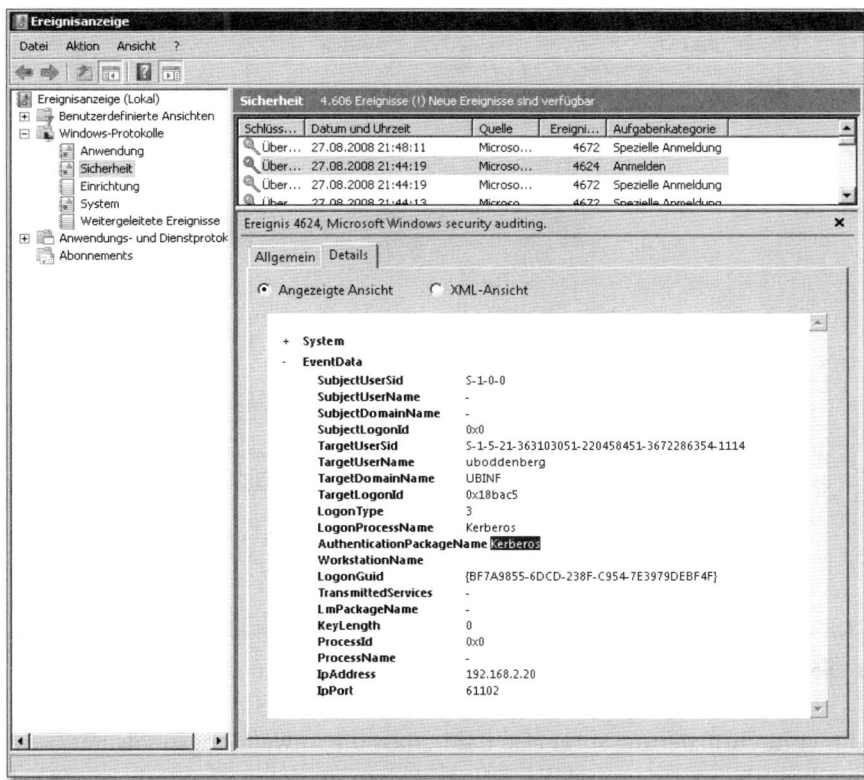

Abbildung 17.82 Auch in der »Ereignisanzeige« können Sie kontrollieren, ob ein Anmeldevorgang tatsächlich mit Kerberos durchgeführt wurde.

Identität des Anwendungspools und Kernelmodus-Authentifizierung, Teil I

Wenn Sie den vorherigen Abschnitt genau gelesen haben, sind Sie auf den Sachverhalt gestoßen, dass das Zugriffsticket für die Identität ausgestellt wird, mit der der Anwendungspool betrieben wird.

Mit dem IIS 6 (Windows Server 2003) würde ein Wechsel der Anwendungspool-Identität vom eingebauten Konto NETZWERKDIENST zu einem Domänenbenutzerkonto dazu führen, dass die Authentifizierung misslingt: Der SPN ist beim Computerkonto gespeichert. Allerdings versucht ein Domänenkonto, das Zugriffsticket zu entschlüsseln – und das geht schief.

Die Kernelmodus-Authentifizierung von IIS7 (und seinen Nachfolgern) sorgt allerdings (unter anderem) dafür, dass die Zugriffstickets mit dem Computerkonto entschlüsselt werden. Die Kernelmodus-Authentifizierung wird in den Eigenschaften der Windows-Authentifizierung konfiguriert und ist standardmäßig aktiv (Abbildung 17.83).

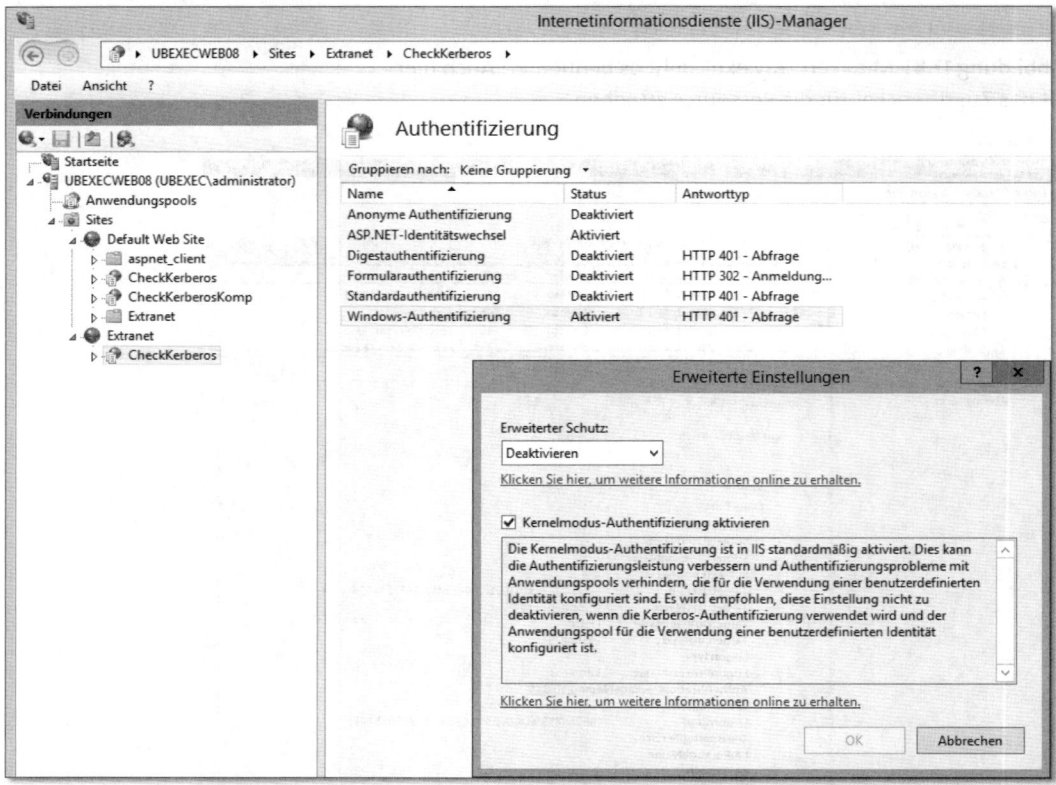

Abbildung 17.83 Die Kernelmodus-Authentifizierung ist im Normalfall aktiviert.

Die Kernelmodus-Authentifizierung sorgt also dafür, dass die Anwendungspools mit beliebigen Identitäten betrieben werden und die SPNs trotzdem für das Computerkonto registriert werden können. Das ist in der Praxis im Allgemeinen sehr angenehm.

Falls ein Kerberos-Ticket für das »falsche« Dienstkonto erstellt wird, werden Sie folgendes Fehlerbild erkennen:

▶ Zunächst werden Sie nach den Anmeldeinformationen gefragt, obwohl aufgrund der integrierten Windows-Authentifizierung die Credentials eigentlich automatisch übermittelt werden sollten. Sie können Ihre Anmeldeinformationen dreimal eingeben (siehe Abbildung 17.84).

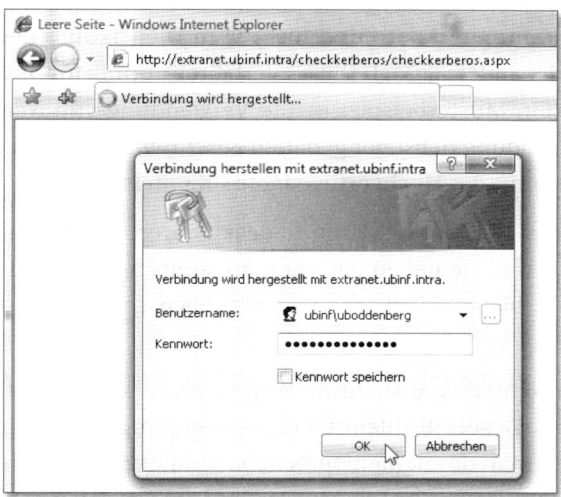

Abbildung 17.84 So sieht es aus, wenn das Kerberos-Zugriffsticket für das falsche Konto erstellt wird. Zuerst werden Sie dreimal nach den Anmeldeinformationen gefragt, ...

▶ Und dann gibt es trotzdem die in Abbildung 17.85 gezeigte Fehlermeldung, dass der Zugriff verweigert wurde.

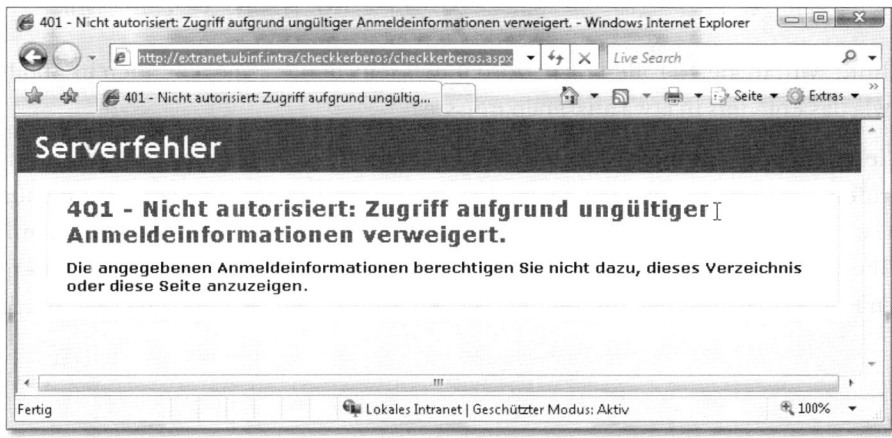

Abbildung 17.85 ... und dann bekommen Sie ein »Zugriff verweigert« – trotz eigentlich korrekter Anmeldeinformationen.

Sie sollten sich dieses Fehlerbild sehr gut einprägen und sofort hellhörig werden, wenn ein Anwender von einem solchen Effekt berichtet. Es könnte zwar durchaus auch andere Ursachen geben, ein Kerberos-Problem ist aber erfahrungsgemäß nicht unwahrscheinlich.

Identität des Anwendungspools und Kernelmodus-Authentifizierung, Teil II

Es ist nun natürlich möglich, dass Sie nicht von dem Feature profitieren möchten, dass die Entschlüsselung des Zugriffstickets vom Computerkonto und nicht vom Dienstkonto des Anwendungspools durchgeführt wird – oder anders gesagt: Dieses Verhalten könnte für Ihre Aufgabenstellung kontraproduktiv sein. Ein Musterbeispiel ist die Verwendung von *Network Load Balancing* – die komplette Begründung nebst der genauen Beschreibung des Szenarios finden Sie im entsprechenden Abschnitt des Hochverfügbarkeits-Kapitels.

Die eine Möglichkeit wäre, die Kernelmodus-Authentifizierung zu deaktivieren. Das funktioniert, ist aber nicht die optimale Lösung, weil sie neben der »Kerberos-Entschlüsselungsthematik« durchaus noch andere Vorteile bietet – insbesondere bezüglich Leistung und Performance.

Es wäre also perfekt, wenn man die Kernelmodus-Authentifizierung nutzen könnte und trotzdem zur Entschlüsselung der Kerberos-Tickets die Identität des Anwendungspools verwendet würde. Die gute Nachricht ist, dass man das dementsprechend konfigurieren kann, die schlechte ist, dass das nicht im Internetinformationsdienste-Manager möglich ist, sondern in der *.config*-Datei erledigt werden muss.

Wenn Sie diese Einstellung auf der Ebene von Website oder Anwendung vornehmen möchten, ergänzen Sie die *web.config* im Abschnitt *system.webServer/security/authentication* um folgenden Eintrag:

```
<windowsAuthentication enabled="true" useKernelMode="true" useAppPoolCredentials="true" />
```

Dieser Abschnitt wird in vielen Fällen nicht vorhanden sein, daher zeige ich Ihnen in Abbildung 17.86, wie das Ergebnis in etwa aussehen müsste.

Probieren Sie einmal, die Authentifizierungskonfiguration der Website bzw. Webanwendung aufzurufen, deren *web.config* Sie geändert haben. Vermutlich wird die Warnung aus Abbildung 17.87 erscheinen, dass der Konfigurationsabschnitt nicht geändert werden kann, weil er auf übergeordneter Ebene gesperrt ist. Wenn Sie nun die Webanwendung aufrufen, wird es einen Fehler 500 (interner Serverfehler) geben – wir waren also noch nicht wirklich erfolgreich.

```xml
<system.webServer>
    <validation validateIntegratedModeConfiguration="false" />
    <modules>
        <remove name="ScriptModule" />
        <add name="ScriptModule" preCondition="managedHandler" type="System.Web.Handlers.ScriptModule
    </modules>
    <handlers>
        <remove name="WebServiceHandlerFactory-Integrated" />
        <remove name="ScriptHandlerFactory" />
        <remove name="ScriptHandlerFactoryAppServices" />
        <remove name="ScriptResource" />
        <add name="ScriptHandlerFactory" verb="*" path="*.asmx" preCondition="integratedMode" type="
        <add name="ScriptHandlerFactoryAppServices" verb="*" path="*_AppService.axd" preCondition="i
        <add name="ScriptResource" preCondition="integratedMode" verb="GET,HEAD" path="ScriptResource
    </handlers>
    <security>
        <authentication>
            <windowsAuthentication enabled="true" useKernelMode="true" useAppPoolCredentials="true" />
        </authentication>
    </security>
</system.webServer>
<runtime>
    <assemblyBinding xmlns="urn:schemas-microsoft-com:asm.v1">
        <dependentAssembly>
```

Abbildung 17.86 Mit dieser Anpassung in der »web.config« (Website, Anwendung) können Sie die Kernelmodus-Authentifizierung aktiviert lassen, aber trotzdem zur Entschlüsselung des Kerberos-Tickets die Identität des Anwendungspools verwenden.

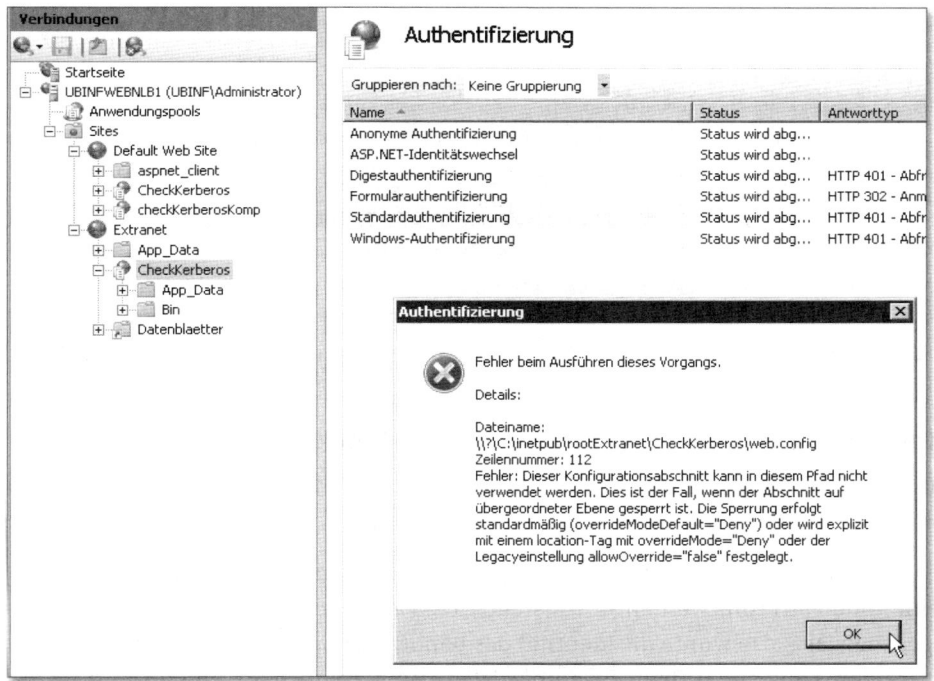

Abbildung 17.87 Hoppla! Das passiert, wenn der entsprechende Abschnitt der Konfiguration gesperrt ist.

Das Problem ist aber einfach zu lösen, indem Sie auf Serverebene den Konfigurationsabschnitt freigeben – leider ist auch das etwas für den Texteditor: Suchen Sie in der *applicationHost.config* (*C:\Windows\System32\inetsrv\config*) die in Abbildung 17.88 markierte Zeile, und machen Sie aus dem `Deny` ein `Allow`. Jetzt können Sie noch einmal versuchen, auf die Authentifizierungskonfiguration zuzugreifen, was diesmal ohne Fehlermeldung klappen sollte. Außerdem wird nun die Kerberos-Authentifizierung für die Website funktionieren.

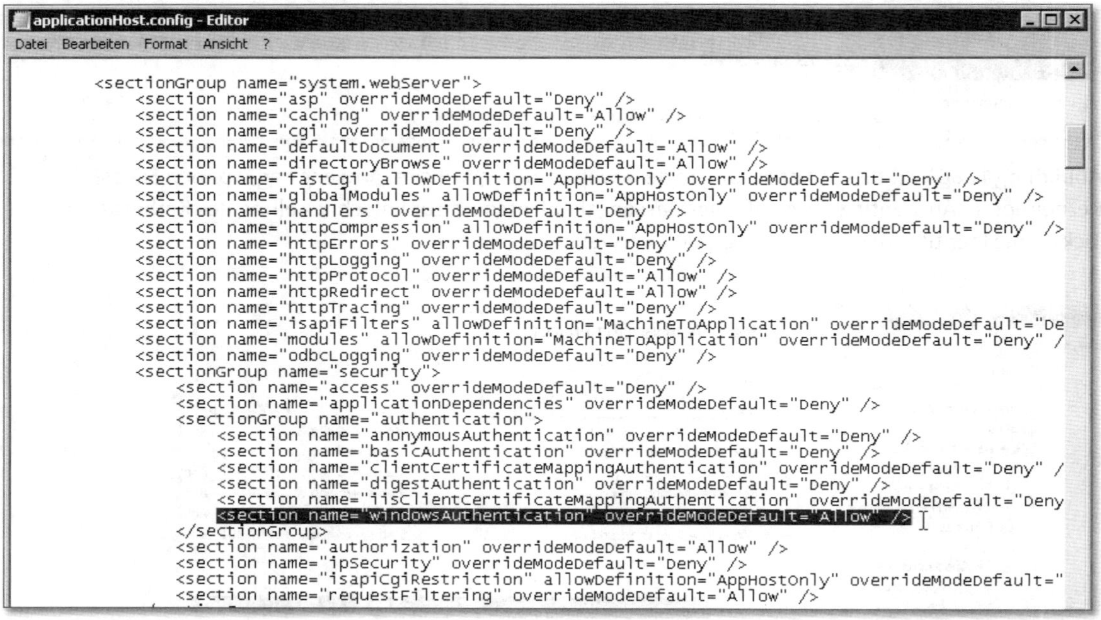

Abbildung 17.88 So wird der zu ändernde Abschnitt in der »applicationHost.config« entsperrt.

17.6.7 Delegierung, eingeschränke Delegierung und Protokollübergang

Das in Abbildung 17.89 gezeigte Szenario benötigt Authentifizierungsdelegierung, und ich habe weiter vorn empfohlen, hierfür Kerberos einzusetzen.

Falls Sie meine Mini-Webapplikation zur Überprüfung des Anmeldestatus verwenden (oder das auf eine andere Art tun), werden Sie feststellen, dass als *Impersonation Level* IMPERSONATION angegeben ist – also wurde die Identität des Benutzers angenommen, kann aber nicht delegiert werden. Falls die Authentifizierungsdelegierung möglich ist, muss dort DELEGATION stehen.

Keine Sorge, Sie haben nichts falsch gemacht, es sind aber noch einige kleine weitere Konfigurationsschritte notwendig.

Die All-inclusive-Methode

Damit der Webserver eine Authentifizierungsdelegierung wie in Abbildung 17.72 (siehe Abschnitt 17.6.5) gezeigt vornehmen kann, muss dem Computerkonto oder dem als Identität des Anwendungspools verwendeten Domänenbenutzerkonto für Delegierung vertraut werden:

- Rufen Sie das Snap-In ACTIVE DIRECTORY-BENUTZER UND -COMPUTER auf, und öffnen Sie die Eigenschaften des Computer- oder Benutzerkontos.
- Wechseln Sie auf die Registerkarte DELEGIERUNG, und wählen Sie dort die in Abbildung 17.89 gezeigte Einstellung.
- Warten Sie eine Weile, bis die Active Directory-Replikation abgeschlossen ist, zumindest an Ihrem Standort.
- Starten Sie den Webserver-Computer neu.

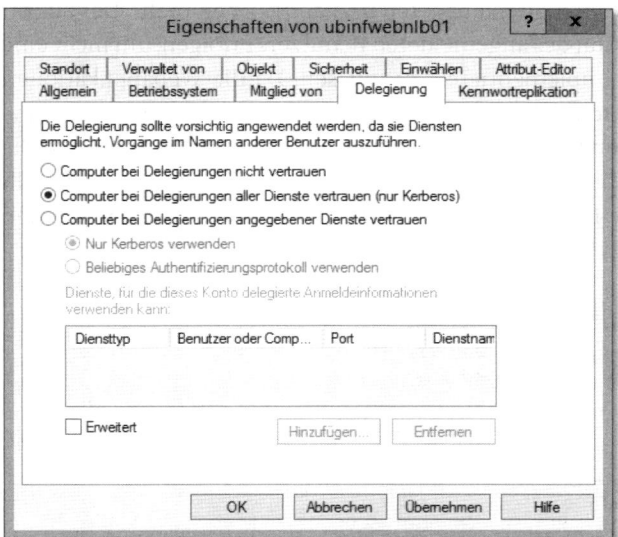

Abbildung 17.89 Diese Einstellung müssen Sie wählen, wenn einem Computer- oder Benutzerkonto für Delegierung vertraut werden soll.

Falls Sie kürzlich bereits eine Kerberos-Anmeldung an diesem System durchgeführt haben, müssen Sie sich entweder neu anmelden oder alle vorhandenen Kerberos-Tickets löschen. Letzteres geht beispielsweise mit *kerbtray.exe*.

Beachten Sie, dass der Server (in diesem Fall die Webanwendung) mit dieser Einstellung auf jede beliebige Ressource in Ihrem Netz mit der Identität des authentifizierten Benutzers zugreifen kann. Eine etwas selektivere Vorgehensweise wäre schön und ist mit der im folgenden Abschnitt vorgestellten *Constrained Delegation* bzw. eingeschränkten Delegierung möglich.

Constrained Delegation (eingeschränkte Delegierung)

Ein System, dessen Möglichkeiten nur sehr wenig eingeschränkt sind, ist den meisten Administratoren zu Recht ein Dorn im Auge. Ein Webserver, der Authentifizierungsdelegierung ohne jegliche Grenzen betreiben kann, ist folglich auch nicht das Optimum – genau das haben wir aber im vorherigen Abschnitt konfiguriert.

Seit Windows Server 2003 gibt es die Möglichkeit der eingeschränkten Delegierung oder *Constrained Delegation*. Simple Idee, große Wirkung: Dem Computerkonto oder Benutzerkonto wird nicht mehr pauschal die Möglichkeit gegeben, auf sämtliche Dienste mit der Identität des angemeldeten Benutzers zuzugreifen, sondern die erlaubten Dienste werden explizit angegeben.

Dazu gibt es ein kleines Beispiel aus der Praxis: Ich habe in der letzten Zeit für etliche Kunden kleine Webanwendungen gebaut, mit denen ausgewählte Mitarbeiter aus den Fachabteilungen Pflegearbeiten im Active Directory erledigen können, beispielsweise Attribute wie Telefonnummern ändern, Gruppenmitgliedschaften anpassen und dergleichen mehr. Der Zugriff auf das AD soll natürlich mit der Identität des angemeldeten Benutzers erfolgen, um nicht eine zusätzliche Berechtigungssteuerung implementieren zu müssen. Da die Webapplikationen eigentlich nie auf dem Domänencontroller ausgeführt werden, liegt ein Szenario vor, das eine Authentifizierungsdelegierung notwendig macht. Da die Webapplikationen aber nur auf die Domänencontroller zurückgreifen müssen, kann die Delegierungsberechtigung so eingestellt werden, dass die Identität nur auf die LDAP-Dienste der vorgegebenen DCs delegiert werden kann. Abbildung 17.90 zeigt, wie dieses Szenario in meiner Testumgebung konfiguriert wird.

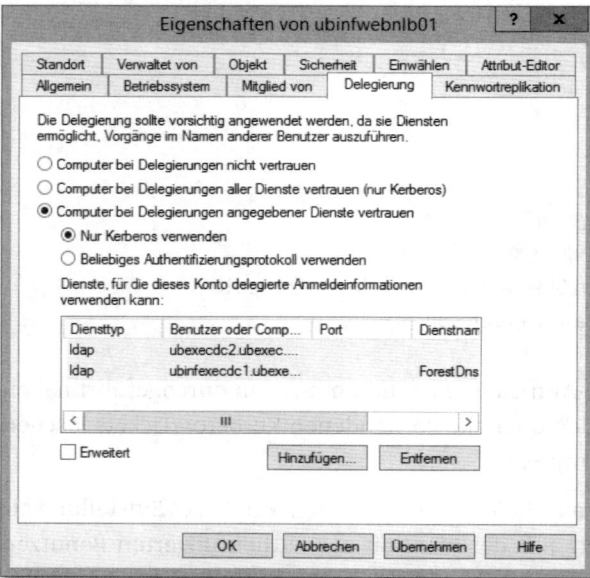

Abbildung 17.90 Eingeschränkte Delegierung: Nur auf die beiden hier angegebenen LDAP-Ressourcen kann mit der Identität des mit Kerberos angemeldeten Benutzers zugegriffen werden.

Protokollübergang (Protocol Transition)

Es ist durchaus denkbar, dass eine Kerberos-Authentifizierung einfach nicht durchgeführt werden kann. Dies ist beispielsweise dann der Fall, wenn der Benutzer sich im Internet befindet und über eine Firewall bzw. einen Proxy auf die Webanwendung zugreift. Auch in diesem Fall ist eine Authentifizierungsdelegierung möglich: Es wird dann ein Protokollübergang (Protocol Transition) durchgeführt.

Eine Authentifizierungsdelegierung mittels Protokollübergang kann nicht »pauschal« für alle Dienste im Netz freigeschaltet werden. Vielmehr müssen die Dienste einzeln angegeben werden, genau wie bei der zuvor vorgestellten eingeschränkten Delegierung.

Die Konfiguration erfolgt mit dem Dialog aus Abbildung 17.90. Im Gegensatz zur Situation in der Abbildung wird aber die Option BELIEBIGES AUTHENTIFIZIERUNGSPROTOKOLL VERWENDEN ausgewählt.

> **Komplett Kerberos**
>
> Sie können sich mit dem Protokollübergang zwar behelfen, wenn die Authentifizierung mit Kerberos am Webserver nicht möglich ist. Sie sollten daraus aber nicht den Schluss ziehen, dass Sie grundsätzlich immer den Protokollübergang nutzen und sich um »die ganzen Kerberos-Themen«, allen voran die Service Principal Names, nicht mehr zu kümmern brauchen – Protokollübergang ist gut, aber »komplett Kerberos« ist besser.

17.6.8 Formularauthentifizierung

Die bisher gezeigten Authentifizierungsmethoden hatten zwei wesentliche Gemeinsamkeiten:

- Die Authentifizierung erfolgt letztendlich gegen das Active Directory (oder lokal angelegte Benutzer).
- Der Browser »kennt« das Kennwort, weil er es abfragt und weitergibt. Wie in Abbildung 17.56 und Abbildung 17.63 zu sehen ist, kann der Browser diese Anmeldeinformationen auch zwischenspeichern.

So praktisch diese Verfahren – insbesondere natürlich die Windows-Authentifizierung mit automatischer Anmeldung – in einem Intranet-Szenario auch sind, sie haben durchaus ein paar Nachteile:

- Sie können nicht verhindern, dass ein Browser die Anmeldeinformationen zwischenspeichert. Das ist insbesondere dann lästig, wenn die Benutzer sich beispielsweise in einem Internet-Café oder dergleichen anmelden: Der nachfolgende Benutzer freut sich über ganz neue Einblicke, weil jede Menge Credentials im Cache des Browsers sind.

- Falls sich an einer Anwendung nicht nur interne Benutzer anmelden, wäre es sehr lästig, wenn Sie Tausende »Fremd-Anwender« in Ihrem Active Directory eintragen müssten, weil Sie diese sonst nicht authentifizieren können.
- Beim Anmeldevorgang soll vielleicht eine Information angezeigt werden, in der die Anwender darauf hingewiesen werden, dass sie mit der Anmeldung die Nutzungsbedingungen akzeptieren oder dergleichen. Das ist natürlich nicht möglich, wenn einfach der Anmeldedialog des Browsers geöffnet wird.

> **Hinweis zum erstgenannten Punkt**
> Wenn Benutzer sich auf PCs anmelden, die nicht in Ihrem »Herrschaftsbereich« liegen, können Sie sich natürlich nie sicher sein, was da alles passieren könnte. Ein Internet-Café-Betreiber mit kriminellem Touch könnte auf die Idee kommen, auf sämtlichen PCs Keystroke-Logger zu installieren und so sämtliche eingegebenen Daten zu speichern. Trotzdem ist es ein Fortschritt, wenn der Browser die Zugangsinformationen nicht im Klartext annimmt und durch einen simplen Mausklick zwischenspeichert.

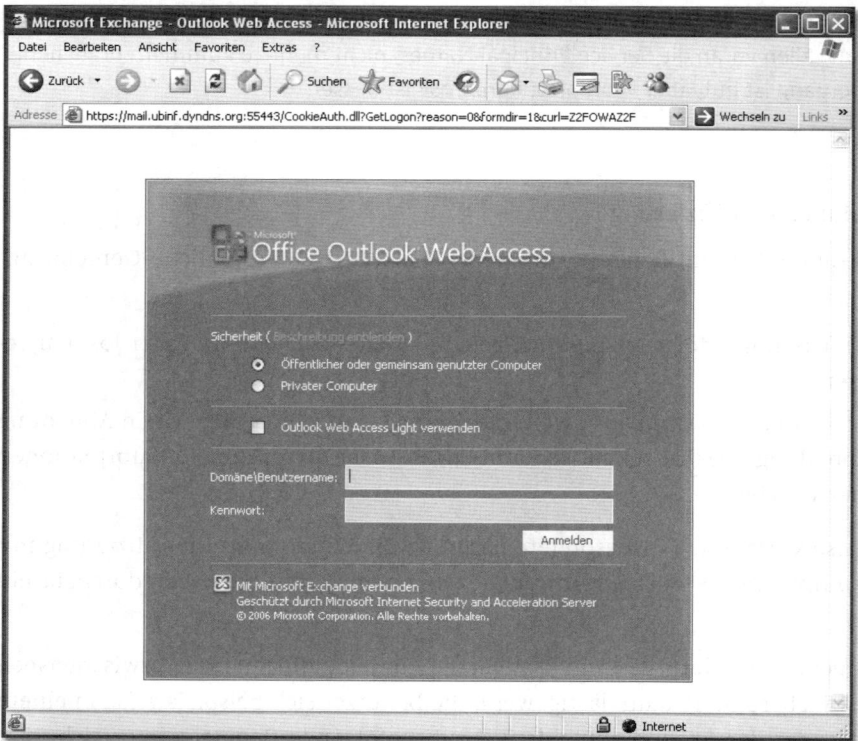

Abbildung 17.91 Ein bekanntes Beispiel für formularbasierte Authentifizierung ist Outlook Web Access (hier: Exchange Server 2007).

Gesucht wird also ein Anmeldeverfahren, das die zuvor beschriebenen Nachteile nicht hat. Diese Anforderung wird von der *formularbasierten Authentifizierung* erfüllt. »Formularbasiert« bedeutet, dass die Anmeldedaten auf einem Webformular eingegeben werden: Der Browser »weiß« letztendlich nicht, dass gerade Benutzername und Kennwort abgefragt und übertragen werden.

Ein geradezu klassisches Beispiel ist *Outlook Web Access* (OWA): Abbildung 17.91 zeigt den OWA-Anmeldedialog von Exchange Server 2007. Exchange unterstützt natürlich auch die Windows-Authentifizierung, aber aus Gründen der Sicherheit konfigurieren erfahrene Administratoren bei Verbindungen, die von außerhalb des Unternehmens aufgebaut werden, im Normalfall die formularbasierte Authentifizierung.

Funktionsweise und was die Applikation tun muss

Die Funktionsweise der formularbasierten Authentifizierung ist eigentlich recht simpel. Abbildung 17.92 zeigt eine schematische Darstellung:

- Greift ein Benutzer auf die Webapplikation zu, die nur für authentifizierte Benutzer zugänglich ist, wird zunächst geprüft, ob der Benutzer über ein noch gültiges Cookie verfügt. (Das kann ein Sitzungs-Cookie oder ein permanentes Cookie sein.)

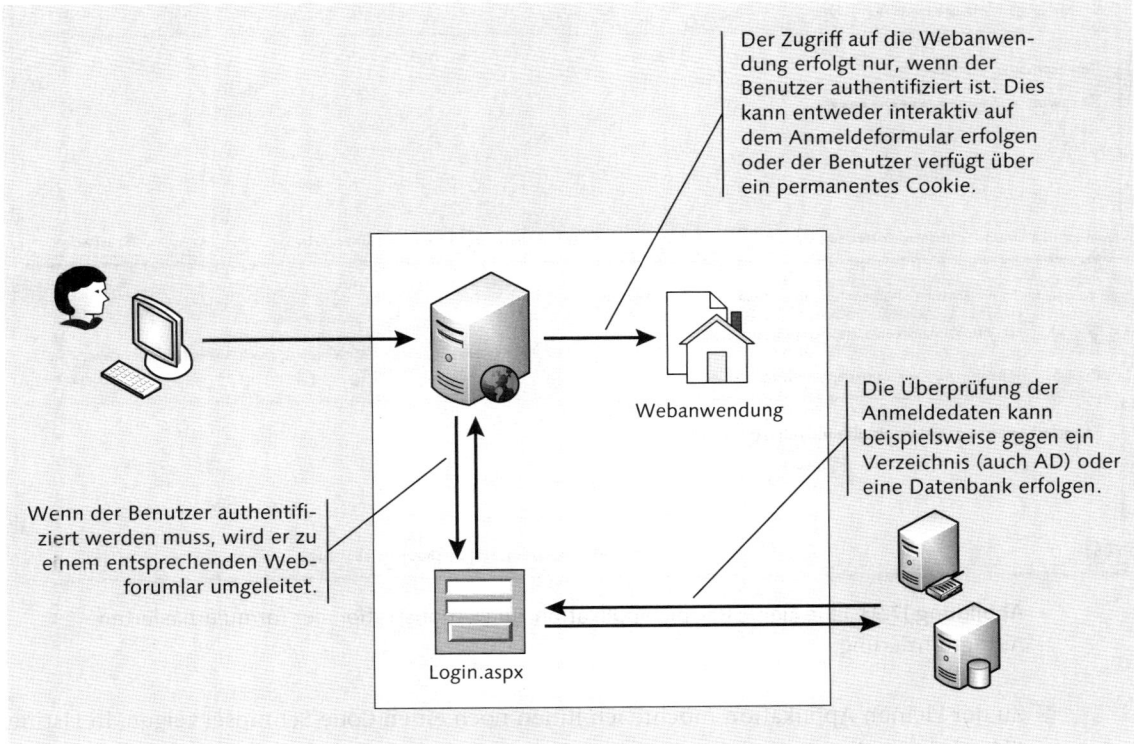

Abbildung 17.92 So funktioniert die formularbasierte Authentifizierung.

- Falls er kein Cookie besitzt, wird der Benutzer zunächst zu einer Anmeldeseite umgeleitet. Hier werden die Anmeldeinformationen entgegengenommen und überprüft. Sind diese gültig, wird der Benutzer zur eigentlichen Webanwendung weitergeleitet. Wie die Anmeldeseite die Benutzerinformationen überprüft, steht dem Entwickler frei; normalerweise werden die Informationen mit einer Datenbank oder einem Verzeichnisdienst abgeglichen.
- Präsentiert der Benutzer ein gültiges Cookie, ist er authentifiziert und kann direkt auf die Webanwendung zugreifen.

Um die Funktionsweise der formularbasierten Authentifizierung im Rahmen dieses Buchs ein wenig genauer unter die Lupe nehmen zu können, habe ich eine kleine Demo-Applikation erstellt (Abbildung 17.93):

- Die Webanwendung besteht einerseits aus einer *default.aspx*, die die Anmeldeinformationen, also den Anmeldenamen und die Art der Anmeldung, anzeigt. Letztere ist notwendigerweise immer »Forms«.
- Weiterhin gibt es eine *login.aspx*, auf der der Benutzer seine Anmeldedaten eintragen kann.

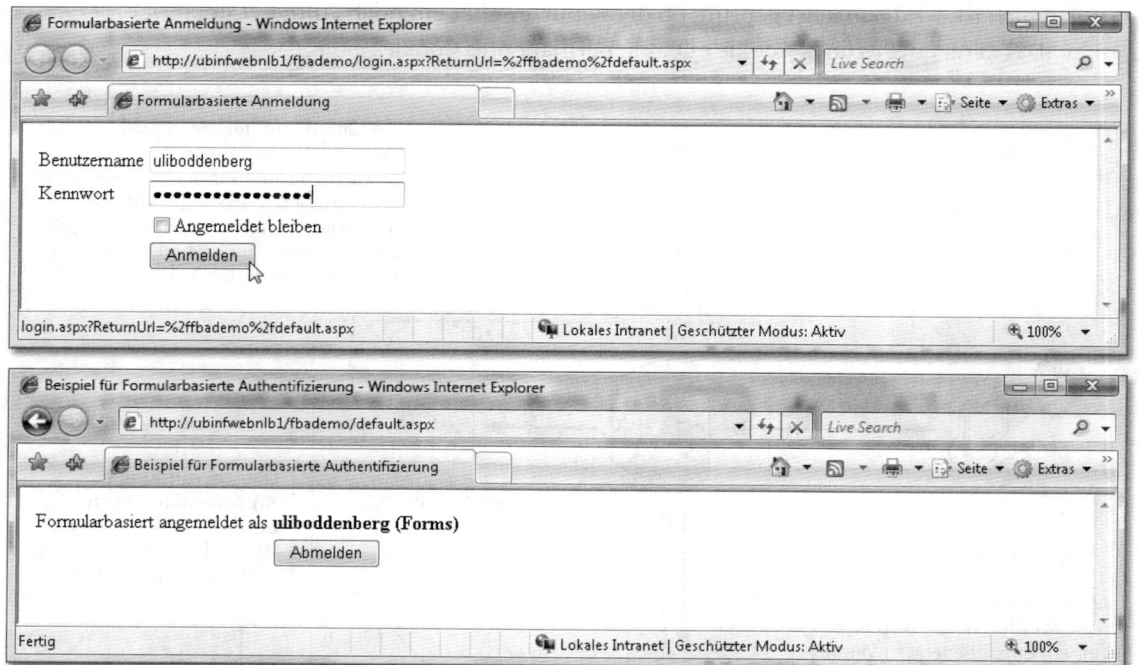

Abbildung 17.93 Eine kleine Beispielapplikation zur Demonstration der formularbasierten Authentifizierung

Zu der kleinen Applikation möchte ich Ihnen noch einen Code-Schnipsel zeigen. In Listing 17.1 sehen Sie die Methode, die auf dem Server aufgerufen wird, wenn der Benutzer auf die

Schaltfläche ANMELDEN klickt. Die wichtigste Zeile ist fett gedruckt: Sind die Anmeldeinformationen korrekt, wird die Methode `RedirectFromLoginPage` aufgerufen, und der nun authentifizierte Anwender gelangt zur eigentlichen Webanwendung. Die Prüfung der Anmeldeinformationen wird im Normalfall gegen einen Verzeichnisdienst (beispielsweise Active Directory) oder eine Datenbank erfolgen. In diesem Fall wird einfach geprüft, ob das Passwort dem eingegebenen Benutzernamen nebst angehängtem »123« entspricht – es ist ja nur ein Testszenario.

```
protected void btnLogin_Click(object sender, EventArgs e)
{
    if (txtPassword.Text == txtUsername.Text + "123")
    {
        FormsAuthentication.RedirectFromLoginPage(txtUsername.Text,
            chkRememberMe.Checked);
    }
    else
    {
        lblWrongCredentials.Visible = true;
    }
}
```

Listing 17.1 Diese Methode wird aufgerufen, wenn der Benutzer auf den Button »Anmelden« des »Login.aspx«-Webforms klickt.

Interessant ist noch, was in der *web.config* der Webanwendung eingestellt werden kann bzw. muss. Listing 17.2 zeigt den »entscheidenden« Abschnitt:

- Im Abschnitt `<authentication>` wird unter anderem definiert, dass die formularbasierte Authentifizierung durchgeführt werden soll und für die Anmeldung die *login.aspx* verwendet werden soll.
- Im Abschnitt `<authorization>` wird festgelegt, dass keine anonymen Benutzer zugreifen dürfen, dass also eine Authentifizierung erzwungen werden muss.

```
<authentication mode="Forms">
    <forms loginUrl="login.aspx" name=".ASPXFORMSAUTH">
    </forms>
</authentication>
<authorization>
    <deny users="?"/>
</authorization>
```

Listing 17.2 Der »entscheidende Abschnitt« der »Web.config« der Webanwendung

Einrichten

Die Einrichtung einer Webanwendung mit formularbasierter Authentifizierung erfolgt zunächst wie die Einrichtung jeder anderen Webanwendung auch (siehe Abschnitt 17.5.5).

Da die formularbasierte Authentifizierung standardmäßig nicht installiert ist, muss zunächst der Rollendienst FORMULARAUTHENTIFIZIERUNG installiert werden, beispielsweise über den Server-Manager.

Nun kann die Formularauthentifizierung aktiviert und konfiguriert (Abbildung 17.94) werden. Die anderen Authentifizierungsmethoden müssen mit Ausnahme der anonymen Authentifizierung für diese Webanwendung abgeschaltet werden, sofern sie überhaupt installiert sind.

Noch einige Anmerkungen zu den Konfigurationsmöglichkeiten im Dialog aus Abbildung 17.94:

- Der TIMEOUT für das Authentifizierungscookie ist eine interessante Einstellung. Eine kurz gewählte Dauer ist in Hinblick auf die Sicherheit günstig: Falls ein Benutzer eine angemeldete Anwendung im Browser stehen lässt und sich entfernt, wird die Anmeldung von selbst ungültig – je schneller, desto besser. Im Allgemeinen aktiviert man die Option COOKIEABLAUF BEI JEDER ANFORDERUNG VERLÄNGERN. Ansonsten wäre nach Ablauf des Timeouts eine neue Anmeldung notwendig, auch wenn der Benutzer mitten in der Arbeit mit der Webanwendung ist.
- Es ist durchaus sinnvoll, bei formularbasierter Authentifizierung SSL zu erzwingen. Sie werden weiter unten sehen, dass der Benutzername und das Kennwort ansonsten unverschlüsselt durch das Netz reisen.

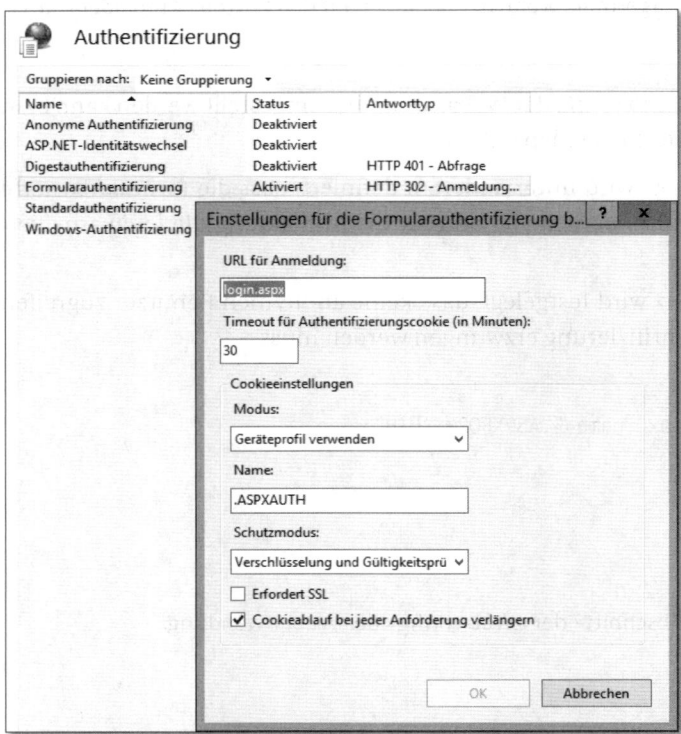

Abbildung 17.94 Konfiguration der formularbasierten Anmeldung

Analysieren

Noch offene Detailfragen zum Funktionieren der formularbasierten Authentifizierung lassen sich vermutlich am einfachsten beantworten, wenn wir einen Blick auf den Netzwerkverkehr werfen. Dabei gibt es zwei Szenarien:

- Ein Benutzer meldet sich erstmalig an einer Webapplikation an.
- Ein bereits zuvor angemeldeter Benutzer, der sich ein permanentes Cookie (»Angemeldet bleiben«, »Remember me«) hat ausstellen lassen, kehrt zurück.

Erstmalige Anmeldung

Abbildung 17.95 zeigt den Anmeldevorgang an einer Webanwendung mit formularbasierter Authentifizierung.

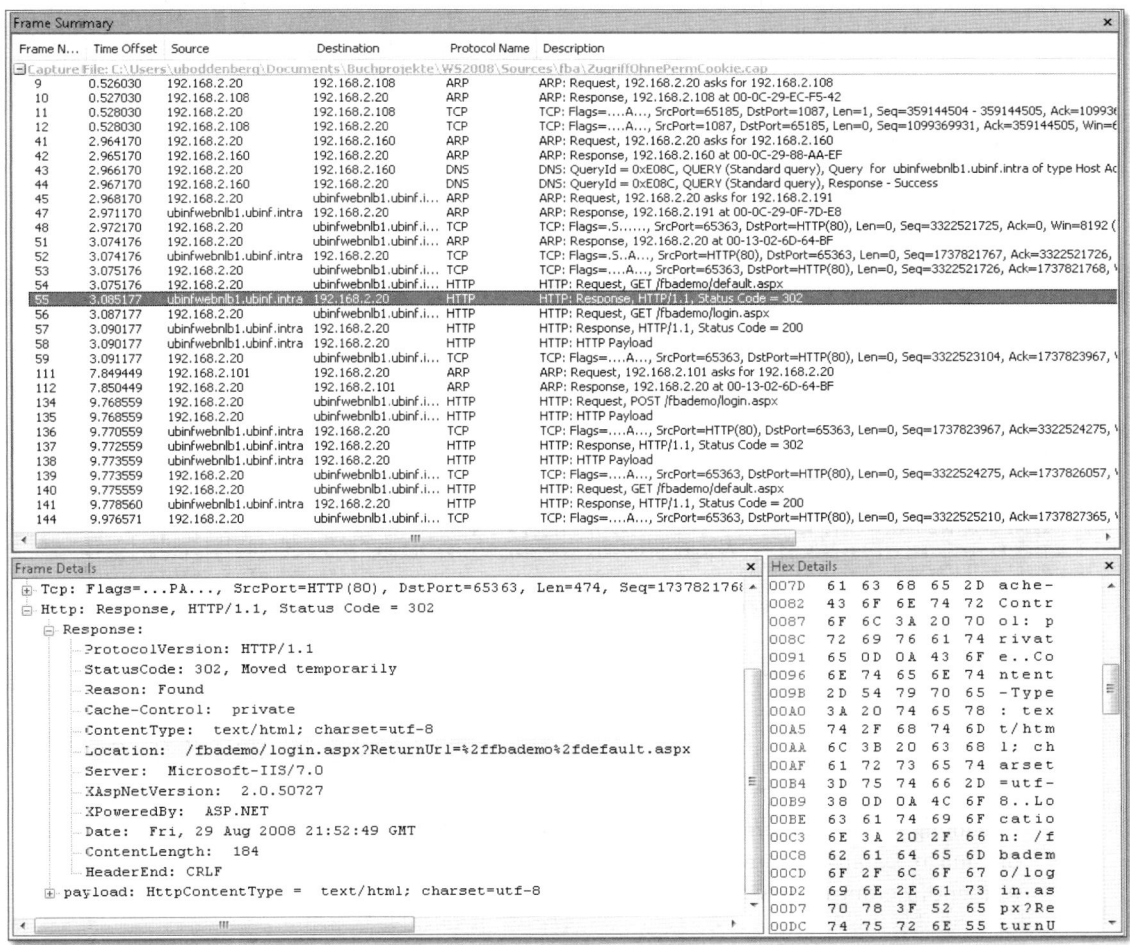

Abbildung 17.95 Den ersten Zugriffsversuch des nicht authentifizierten Clients quittiert der Server mit dem Statuscode 302 (»Moved temporarily«).

- Die Frames 9 bis 53 erhalten die »üblichen Vorgänge«, wie das Auflösen von Namen und IP-Adressen (DNS und ARP). Dies habe ich bereits hinreichend ausführlich besprochen.
- Mit Paket 54 möchte der Client auf die Seite *default.aspx* der Webanwendung zugreifen.
- Da der Client bislang nicht authentifiziert ist, lehnt der Server dies ab. Im Gegensatz zu den anderen besprochenen Authentifizierungsmethoden (Standard-, Digest- und Windows-Authentifizierung) geschieht das aber nicht mit dem Statuscode 401 (*unauthorized*), sondern mit 302 (*moved temporarily*). Diese Rückmeldung veranlasst den Browser, die als LOCATION (siehe den Fensterbereich FRAME DETAILS) angegebene Seite aufzurufen.
- In Paket 56 ruft der Browser also die *Login.aspx*-Seite auf, deren Inhalt in den Paketen 57 und 58 übermittelt wird.

Der Benutzer sieht nun das Anmeldeformular in seinem Browser und kann die notwendigen Eingaben vornehmen. Die Pakete 134 und 135 enthalten den HTTP POST-Request, in dem die Anmeldedaten an den Server gesendet werden. Wenn man genau in den Datenstrom hineinschaut, sieht man den Benutzernamen und das Kennwort im Klartext (Abbildung 17.96): Schauen Sie genau auf den markierten Bereich im Fenster HEX DETAILS: Dort finden Sie mit ULI und ULI123 diese im Normalfall schützenswerten Angaben.

Fazit der Abbildung 17.96: Setzen Sie niemals formularbasierte Authentifizierung ohne SSL-Verschlüsselung ein!

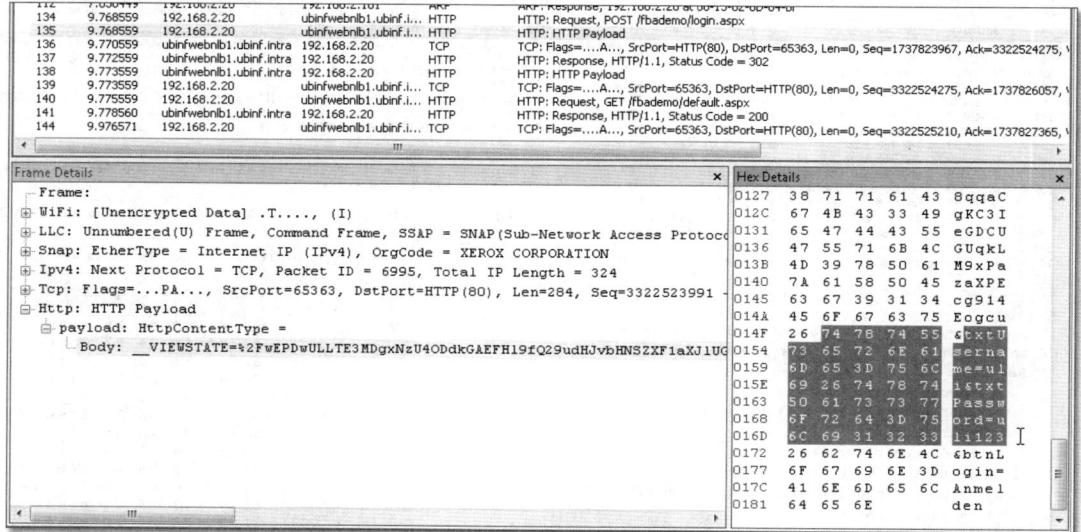

Abbildung 17.96 In diesem POST-Request werden Benutzername und Passwort übertragen. Und die sind im Datenstrom im Klartext sichtbar. Benutzen Sie also niemals die formularbasierte Authentifizierung ohne SSL-Verschlüsselung!

In den Paketen 136 und 137 finden Sie die Antwort des Servers auf die Übermittlung der Anmeldedaten, die in diesem Fall »richtig« waren (Abbildung 17.97):

- Der Server reagiert mit dem Statuscode 302 und fordert den Client auf, eine *.aspx*-Datei der Webanwendung zu öffnen (Location:... in den FRAME DETAILS).
- Weiterhin erhält der Client ein Cookie (Set-Cookie in den FRAME DETAILS), mit dem er seine Identität nachweisen kann – jedenfalls während des Gültigkeitszeitraums des Cookies.

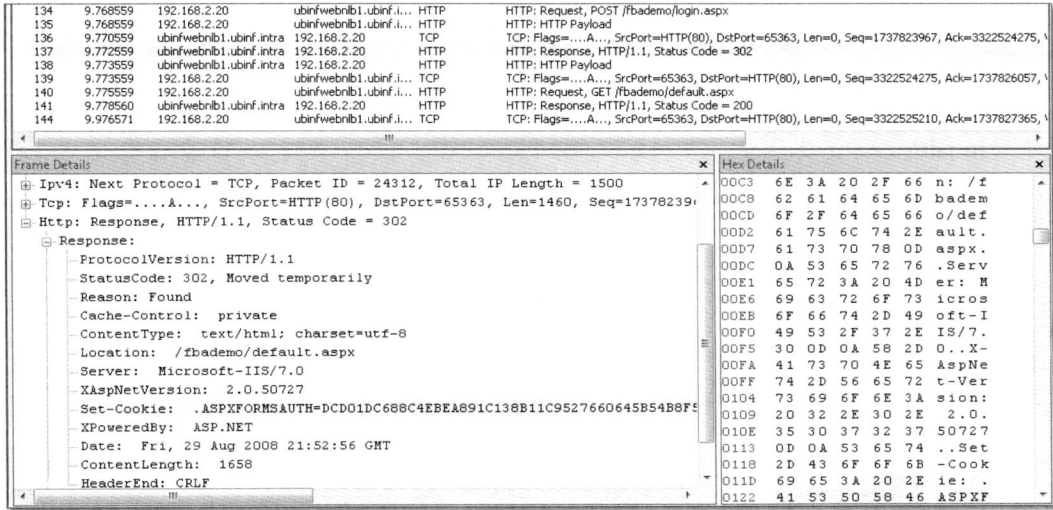

Abbildung 17.97 In der Antwort des Servers wird das Cookie gesetzt.

Zum Abschluss schauen wir uns noch den HTTP-GET-Request des Browsers in Paket 140 an, also den Zugriff auf die Webanwendung (Abbildung 17.98): Der Browser sendet das zuvor erhaltene Cookie mit (markiert in den FRAME DETAILS), sodass der Server die Anforderung korrekt zuordnen kann.

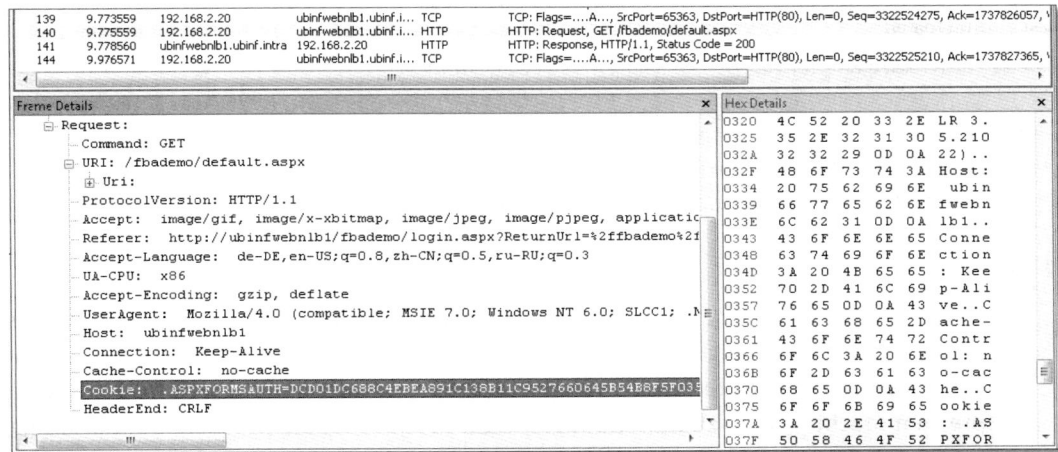

Abbildung 17.98 Beim GET-Request wird das Cookie mitgesendet – und dann klappt's auch mit dem Zugriff.

Anmeldung bei vorhandenem permanenten Cookie

Viele Anwendungen verfügen auf der Anmeldeseite über eine »Angemeldet bleiben«- oder »Remember Me«-Option, so auch die kleine Demo-Anwendung (siehe Abbildung 17.93 oben). Interessant ist nun, wie der Netzwerkverkehr aussieht, wenn der Browser zuvor ein permanentes Cookie erhalten hat (Abbildung 17.99):

- In Paket 44 erfolgt der HTTP-GET-Request. Wie man in den FRAME DETAILS erkennen kann, wird ein Cookie mitgesendet.
- Der Server reagiert direkt mit dem Statuscode 200 (»OK«) und sendet die angeforderten Inhalte.

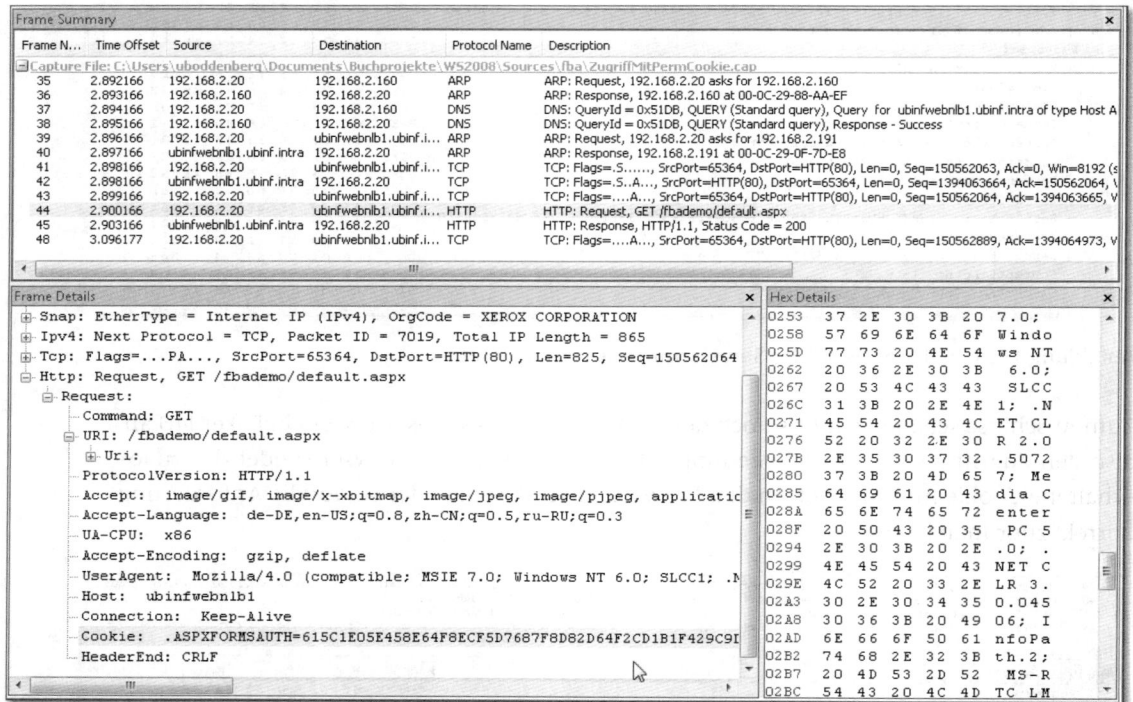

Abbildung 17.99 Bei der Anmeldung mit einem noch gültigen Cookie sendet der Browser dieses beim HTTP-GET-Request mit und kann sofort zugreifen.

.NET-Benutzer

Im Zusammenhang mit der formularbasierten Authentifizierung ist noch zu erwähnen, dass Entwickler nicht notwendigerweise eine eigene Datenbank für die Benutzerdaten entwickeln müssen. ASP.NET bietet bereits einige Möglichkeiten, die ich hier zwar nicht im Detail besprechen möchte (da sie zu anwendungsspezifisch sind), auf die ich aber zumindest hinweisen möchte. In Abbildung 17.100 sehen Sie den typischen Konfigurationsoptionen-Dialog einer Webanwendung bzw. Website. Zu beachten sind:

- ANBIETER: Hier können Sie einen oder mehrere Anbieter konfigurieren, die sozusagen als Schnittstelle zwischen der Anwendung und der Datenbank, die Benutzer-, Rollen- und Profilinformationen speichern.
- Mit der Konfigurationsoption VERBINDUNGSZEICHENFOLGEN werden die Connection Strings zu einer oder mehreren Datenbanken konfiguriert und verwaltet.
- .NET-BENUTZER: Wie der Name vermuten lässt, werden hier die Benutzer verwaltet, die mittels eines Anbieters in eine Datenbank geschrieben werden.
- .NET-ROLLEN: dito, aber für Rollen (z. B. Website-Leser).
- .NET-PROFIL: speichert zusätzliche Angaben zu Benutzern und Rollen.

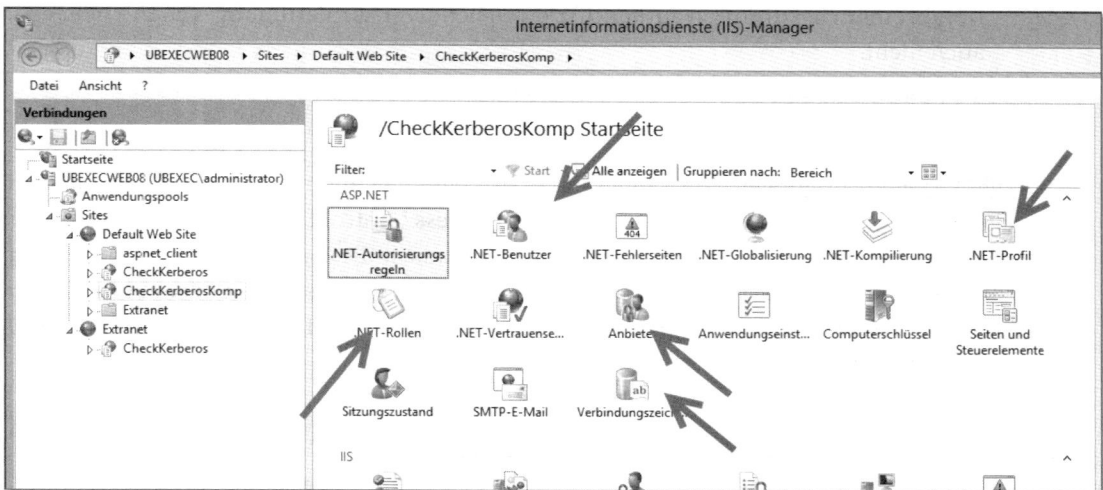

Abbildung 17.100 Im Zusammenhang mit der formularbasierten Authentifizierung sind unter Umständen die Konfigurationsoptionen ».NET-Benutzer«, ».NET-Profil«, ».NET-Rollen«, »Anbieter« und »Verbindungszeichenfolgen« interessant.

17.7 Autorisierung

Bisher haben wir uns, beinahe in epischer Breite, damit beschäftigt, einen Benutzer zu authentifizieren, also herauszufinden, wer da am Browser sitzt. In vielen Fällen reicht es wahrscheinlich sogar aus, für den Zugriff auf eine Webanwendung nur authentifizierte Benutzer zuzulassen, sodass eine feinere Unterteilung gar nicht notwendig ist.

Es gibt nun, vereinfacht gesagt, drei Möglichkeiten der Autorisierung:

- Im einfachsten Fall (finde ich jedenfalls) werden NTFS-Berechtigungen auf einzelne Dateien oder Verzeichnisse gesetzt. Das funktioniert allerdings nur, wenn die Webanwendung die Identität des angemeldeten Benutzers annimmt (Impersonation). Läuft die Webanwendung mit der Identität des Anwendungspools und/oder gibt es für die zugreifenden Benutzer gar keine Konten im Active Directory, helfen die NTFS-Berechtigungen nicht weiter, da diese bekanntlich nur an Active Directory-Konten (bzw. Windows-Konten) vergeben werden können.
- Falls eine Webanwendung nicht auf Active Directory-Konten basiert, lassen sich Unterverzeichnisse über die URL-Autorisierung schützen.
- Die dritte Möglichkeit der Autorisierung geschieht sozusagen in der jeweiligen Webanwendung. Mittels ihrer Business-Logik kann sie entscheiden, welche Inhalte und Funktionen einem bestimmten authentifizierten Benutzer zur Verfügung stehen – oder eben auch nicht.

17.7.1 NTFS-Berechtigungen

Die NTFS-Berechtigungen sind schnell erklärt; wir befinden uns hier sozusagen nativ auf dem Filesystem. NTFS führt zu jeder Datei eine ACL (Access Control List, Zugriffssteuerungsliste). Bei der Arbeit mit NTFS-Berechtigungen werden einfach diese ACLs den Bedürfnissen entsprechend angepasst. Dies kann entweder im Datei-Explorer geschehen oder aus dem Internetinformationsdienste-Manager heraus, der mit dem Kontextmenü aus Abbildung 17.101 denselben Dialog aufruft.

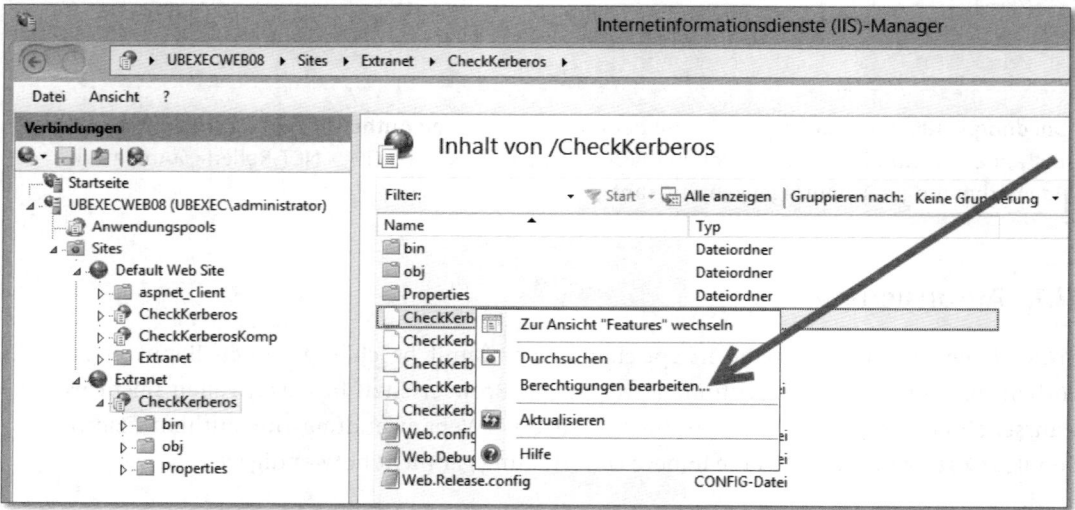

Abbildung 17.101 In der Inhaltsansicht findet sich die Möglichkeit, die NTFS-Berechtigungen zu bearbeiten. Alternativ geht das auch mit dem Explorer.

Die NTFS-Autorisierung funktioniert in folgenden Fällen nicht:

▸ An der Webanwendung melden sich über die formularbasierte Authentifizierung Benutzer an, für die kein Windows-Prinzipal (d.h. kein Active Directory-Konto) vorhanden ist.

▸ Die Webanwendung führt keine Impersonation durch, nimmt also nicht die Identität des angemeldeten Benutzers an, sondern wird mit der des Anwendungspools ausgeführt.

Falls der angemeldete Benutzer nicht berechtigt ist, auf die angeforderte Datei zuzugreifen, reagiert der Webserver mit dem Statuscode 401 (*Unauthorized*, Abbildung 17.102). Der Browser wird nach alternativen Anmeldeinformationen fragen.

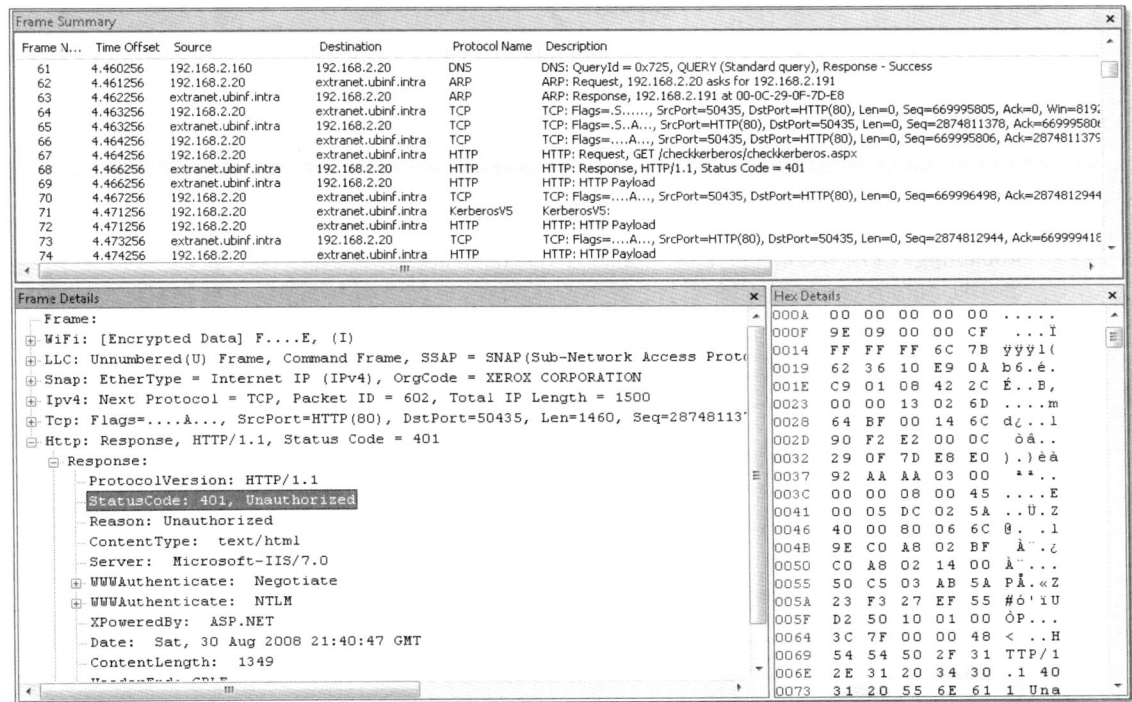

Abbildung 17.102 Beim Zugriff auf eine Datei, für die der Benutzer nicht autorisiert ist, reagiert der Server mit dem Statuscode 401 (»Unauthorized«).

17.7.2 URL-Autorisierung

Wenn die Autorisierung mittels NTFS-Berechtigungen nicht verfügbar ist, beispielsweise weil sich Benutzer anmelden, die nicht im AD vorhanden sind, können Sie Verzeichnisse oder Webseiten mittels URL-Autorisierung schützen.

Die URL-Autorisierung ist, wie fast alles, standardmäßig nicht installiert und muss folglich als Rollendienst nachinstalliert werden (Abbildung 17.103).

17   Webserver (IIS)

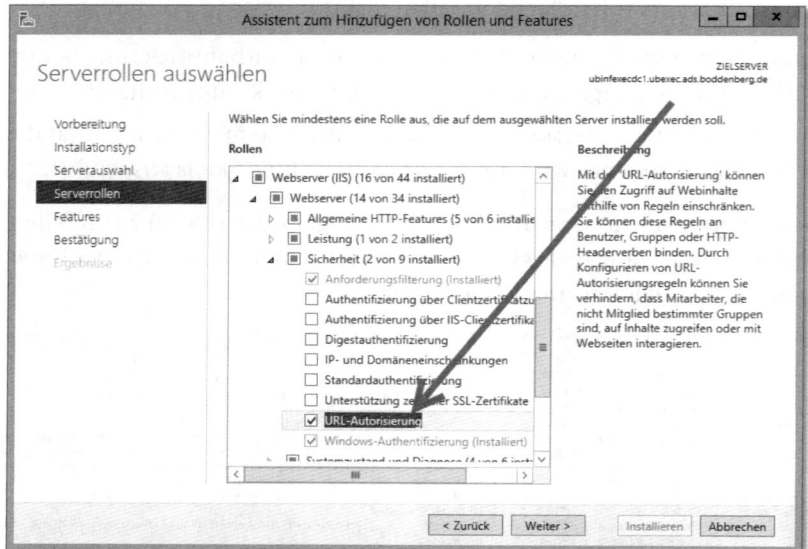

Abbildung 17.103 Wie immer: Erst installieren und dann nutzen. Das gilt auch für die URL-Autorisierung.

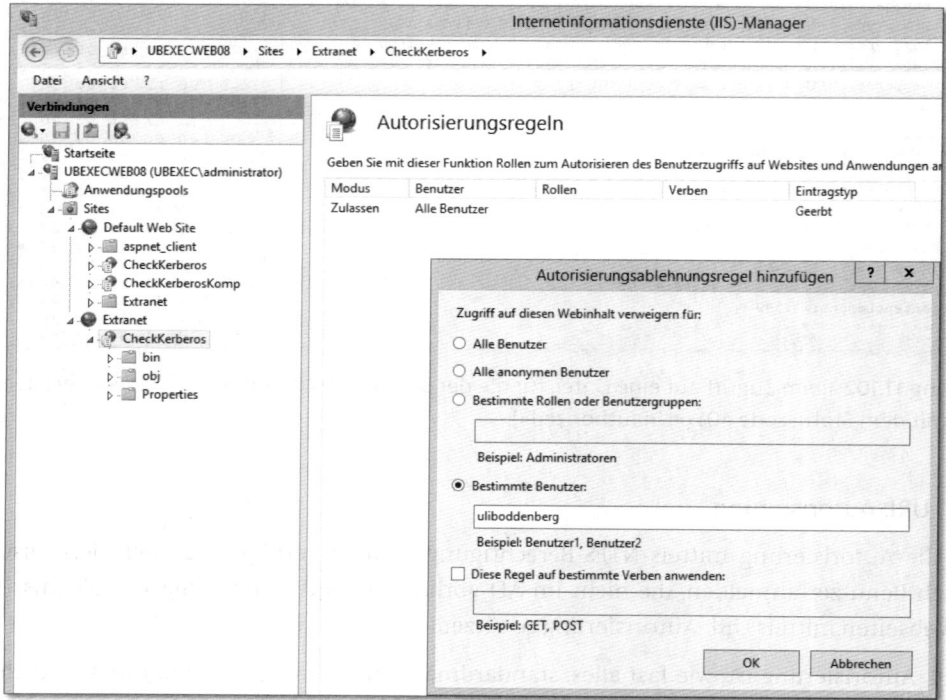

Abbildung 17.104 Eingabe von Autorisierungsregeln

Nach der Installation des Rollendiensts steht ein neues Symbol namens AUTORISIERUNGS-REGELN auf der Ebene von Server, Website, Webanwendung und Verzeichnis zur Verfügung. Sie werden zwei Regeltypen anlegen können:

- eine *Autorisierungszulassungsregel*, um Benutzer, Benutzergruppen oder Rollen auf einen Inhalt zugreifen zu lassen
- eine *Autorisierungsablehnungsregel*, eben zum Verhindern des Zugriffs

Bei der Eingabe von Regeln können Sie nicht nur Windows-Prinzipale (d. h. AD-Benutzerkonten oder AD-Gruppen), sondern auch .NET-Benutzer und .NET-Rollen eintragen (Abbildung 17.104). Das Verfahren dürfte damit selbsterklärend sein.

17.8 Sonstiges zum Thema »Sicherheit«

In den folgenden Abschnitten sind einige weiterführende Aspekte zum Thema »Sicherheit« beschrieben.

17.8.1 SSL-Verschlüsselung

Eine professionelle Webanwendung, die mit Unternehmensdaten umgeht, muss diese verschlüsselt übertragen. Das gilt selbstverständlich für Daten, die durch das Internet transportiert werden, aber sensible Daten sollten auch ein LAN nicht unverschlüsselt durchqueren. Denken Sie daran, dass die Mehrzahl der Angriffe »von innen« kommt!

Der HTTP-Datenverkehr zwischen Webserver und Client kann sehr einfach mittels SSL verschlüsselt werden. Es entsteht dann eine HTTPS-Verbindung. Die genaue Funktionsweise einer HTTPS-Verbindung habe ich in Kapitel 12, »Active Directory-Zertifikatdienste«, beschrieben. Lesen Sie also im Zweifelsfall dort nochmals nach.

Zur Realisierung der SSL-Verschlüsselung ist ein Zertifikat auf dem Webserver erforderlich. Dieses bringt übrigens einen weiteren Vorteil: Der Webserver kann zuverlässig authentifiziert werden. Der Client weiß also, dass er wirklich mit dem gewünschten Server kommuniziert und nicht mit einem, der sich nur als das »Original« ausgibt, in Wahrheit aber eine Fälschung ist.

Wer bereits mit IIS6 (oder früheren Versionen) eine SSL-Verschlüsselung konfiguriert hat, wird sich ein wenig umstellen müssen, denn bei den älteren Versionen wurde die Konfiguration der Zertifikate ausschließlich in den Dialogen der Website vorgenommen. Bei IIS7 (und höher) ist das Feature *Zertifikate* auf der Ebene des Servers angesiedelt. Bei Websites und Webanwendungen ist zwar jeweils eine Konfigurationsoption SSL-VERSCHLÜSSELUNG enthalten, dort können aber keine Zertifikate importiert werden.

Ein Zertifikat beschaffen und auf dem Server installieren

Der erste Schritt ist also, das Zertifikat auf den Server zu bekommen. Hier sind mehrere Wege möglich:

- Es besteht die Möglichkeit, ein als Datei vorhandenes Zertifikat einzulesen.
- Es kann eine Anforderung an eine Offline-Zertifizierungsstelle erstellt werden.
- Es kann eine Anforderung an eine im Active Directory veröffentlichte Online-Zertifizierungsstelle gestellt werden (siehe auch die Ausführungen über Active Directory-Zertifikatdienste).

In den AKTIONEN in der Serverzertifikate-Konfiguration finden Sie die Funktionen zum Erlangen des Zertifikats (Abbildung 17.105):

- IMPORTIEREN dient zum Einlesen eines Zertifikats, das als Datei vorhanden ist (*.pfx).
- ZERTIFIKATANFORDERUNG ERSTELLEN wird verwendet, wenn Sie von einer Offline-Zertifizierungsstelle ein Zertifikat anfordern (z.B. von VeriSign). Die Funktion ZERTIFIKATANFORDERUNG ABSCHLIESSEN gehört unmittelbar dazu.
- DOMÄNENZERTIFIKAT ERSTELLEN dient zum Anfordern eines Zertifikats von einer Online-Zertifizierungsstelle, die im Active Directory registriert ist.
- SELBSTSIGNIERTES ZERTIFIKAT ERSTELLEN generiert ein Zertifikat, das aber in keiner PKI-Hierarchie eingebettet ist.

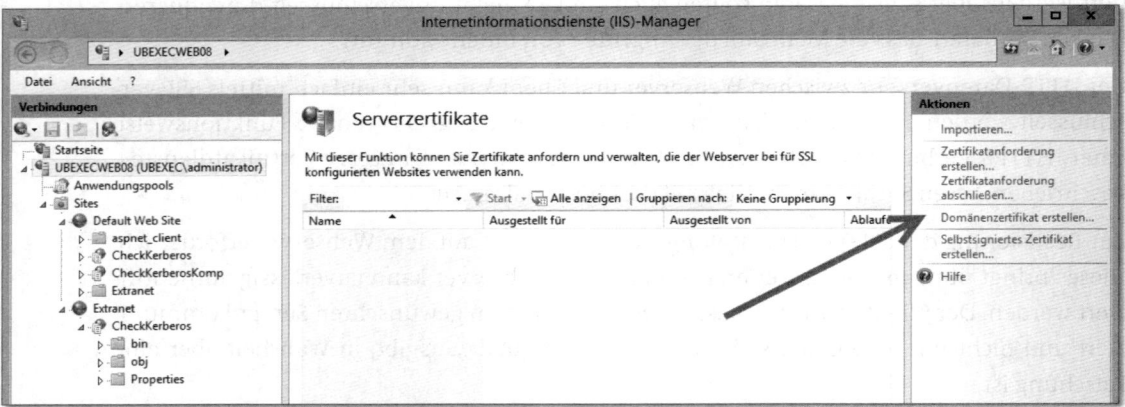

Abbildung 17.105 Sofern das Zertifikat von einer im AD vorhandenen Zertifizierungsstelle erstellt werden soll, lassen Sie ein »Domänenzertifikat erstellen«.

Am einfachsten ist es, wenn Sie das Zertifikat bei einer Zertifizierungsstelle anfordern können, die in das Active Directory integriert ist. In diesem Fall wählen Sie DOMÄNENZERTIFIKAT ERSTELLEN und können in dem Dialog aus Abbildung 17.106 die Daten für die Erstellung des Zertifikats angeben. Hierbei sind zwei Aspekte zu beachten:

- Unter GEMEINSAMER NAME muss exakt der Name eingetragen werden, der von den Clients zum Zugriff auf diesen Server verwendet wird. Wenn die Benutzer den FQDN (hier: *extranet.ubinf.intra*) eingeben, muss dieser hier eingetragen werden. Rufen die Benutzer die Webapplikation unter Eingabe des Computernamens (*ubinfWebNlb1*) auf, wird es eine Zertifikatswarnung geben. Beachten Sie, dass Applikationen, die beispielsweise auf einen Webservice zugreifen, die Verarbeitung abbrechen, wenn das Zertifikat nicht korrekt ist, also etwa der Name nicht passt.
- Im Textfeld LAND/REGION müssen Sie die offizielle Abkürzung für Ihr Land eintragen, beispielsweise DE für Deutschland. Ansonsten wird die Zertifizierungsstelle die Zertifikatanforderung ablehnen.

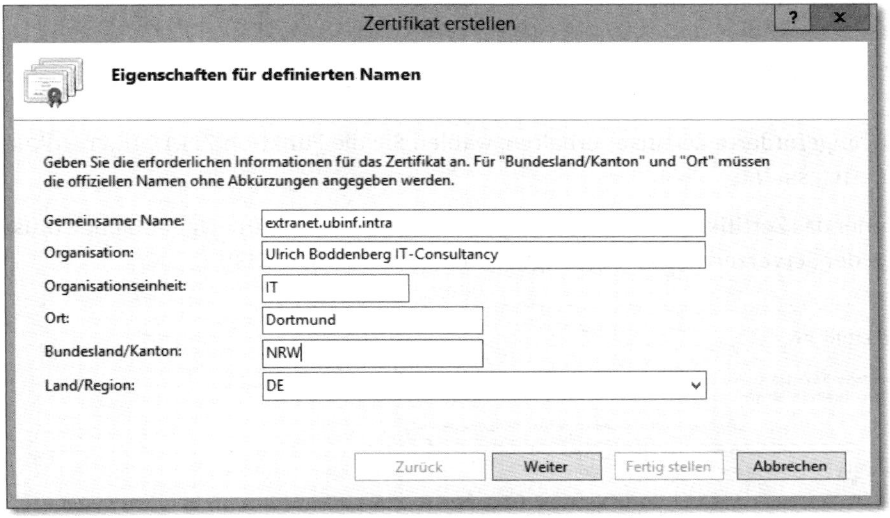

Abbildung 17.106 Anfordern eines Domänenzertifikats

Im nächsten Dialog des Assistenten wählen Sie die Zertifizierungsstelle, die Sie verwenden wollen (Abbildung 17.107). Diese Informationen werden aus dem Active Directory gelesen (siehe auch die Beschreibung des AD-Zertifikatdienstes). Der ANZEIGENAME ist beliebig. Sie sollten bei der Auswahl bedenken, dass vielleicht mehrere Zertifikate auf Ihrem Server vorhanden sein könnten. Das ist beispielsweise dann der Fall, wenn mehrere Websites mit unterschiedlichen Hostheadern betrieben werden. Sinnvolle Namen erlauben später eine einfache Zuordnung.

Bei der Anforderung eines Domänenzertifikats wird dieses, sofern die Zertifizierungsstelle für automatische Ausstellung konfiguriert ist, wenige Sekunden später installiert sein.

Falls Sie bei einer »fremden« Zertifizierungsstelle, also beispielsweise bei VeriSign, Thawte & Co., ein Zertifikat beziehen möchten, erstellen Sie zunächst eine Zertifikatanforderung.

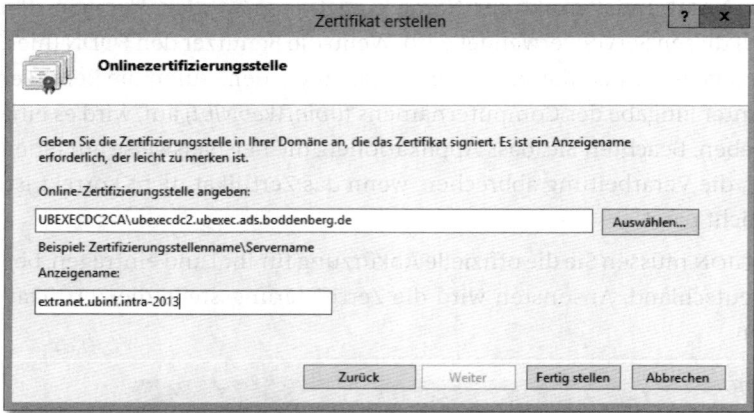

Abbildung 17.107 Online-Zertifizierungsstelle wählen

Wenn Sie das angeforderte Zertifikat erhalten, wählen Sie die Funktion ZERTIFIKATANFORDERUNG ABSCHLIESSEN.

Wie auch immer das Zertifikat zu Ihnen bzw. Ihrem IIS gekommen sein mag – am Ende muss es in der Liste der Serverzertifikate angezeigt werden (Abbildung 17.108).

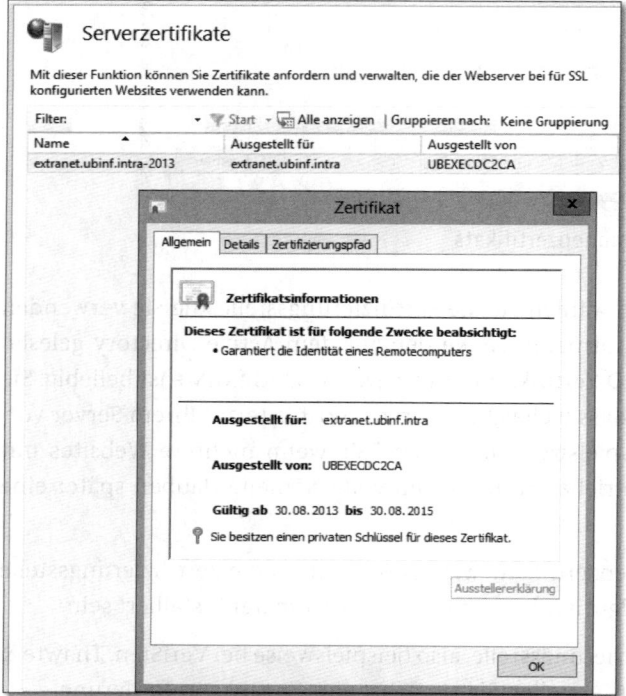

Abbildung 17.108 Das neue Zertifikat erscheint in der Liste der Serverzertifikate.

SSL-Verbindungen für die Website bzw. Webanwendung aktivieren

Im nächsten Schritt geht es nun darum, die einzelnen Websites für die SSL-Verschlüsselung zu aktivieren. Das IIS-Manager-Symbol SSL-EINSTELLUNGEN sieht zunächst gar nicht so falsch aus, der dahinterliegende Dialog bietet in der Tat die gewünschten Einstellmöglichkeiten – ist aber leider komplett deaktiviert. Es findet sich der Hinweis, dass die Site noch nicht über eine sichere Bindung verfügt und demzufolge keine SSL-Verbindungen akzeptieren kann (Abbildung 17.109).

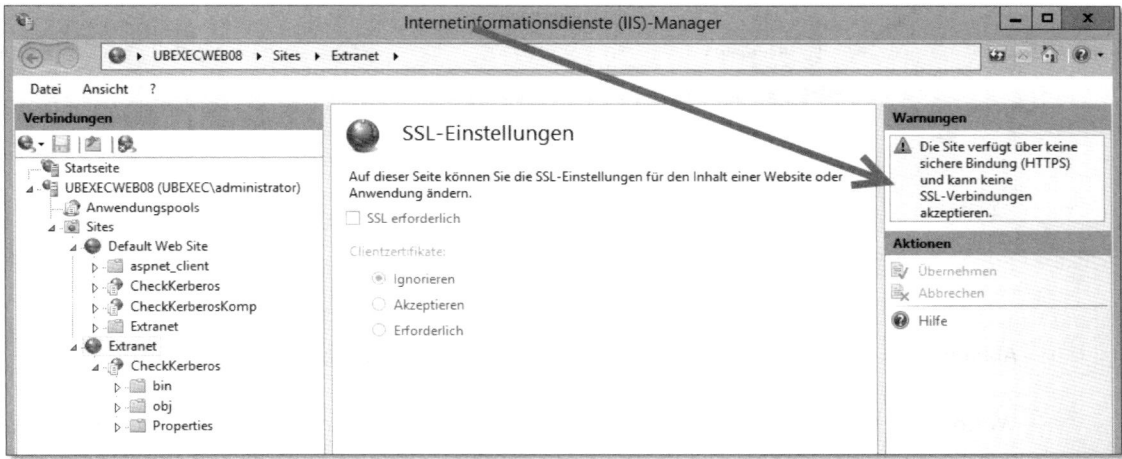

Abbildung 17.109 Ein erster Blick auf die SSL-Einstellungen ist eher ernüchternd. Zunächst müssen die Bindungen für SSL-Verbindungen erstellt werden.

Die Konfiguration der Bindungen findet sich beispielsweise im Kontextmenü des Eintrags der Website (BINDUNGEN BEARBEITEN). Hier wird letztendlich festgelegt, auf welche Kombinationen aus IP-Adresse, Port und Hostheader die Website nebst den darunterliegenden Anwendungen reagieren soll.

Fügen Sie also (wie in Abbildung 17.110 gezeigt) eine Sitebindung hinzu. Bei der Konfiguration einer HTTPS-Verbindung kann zwar kein Eintrag in der HOSTNAME-Textbox (Hostheader) erfolgen, allerdings wird dieser aus dem Namen ermittelt, für den das Zertifikat ausgestellt ist.

Die Option SNI (SERVER NAME INDICATION) wird benötigt, wenn mehrere Hostnamen mit unterschiedlichen Zertifikaten gebunden sind (neu in Server 2012).

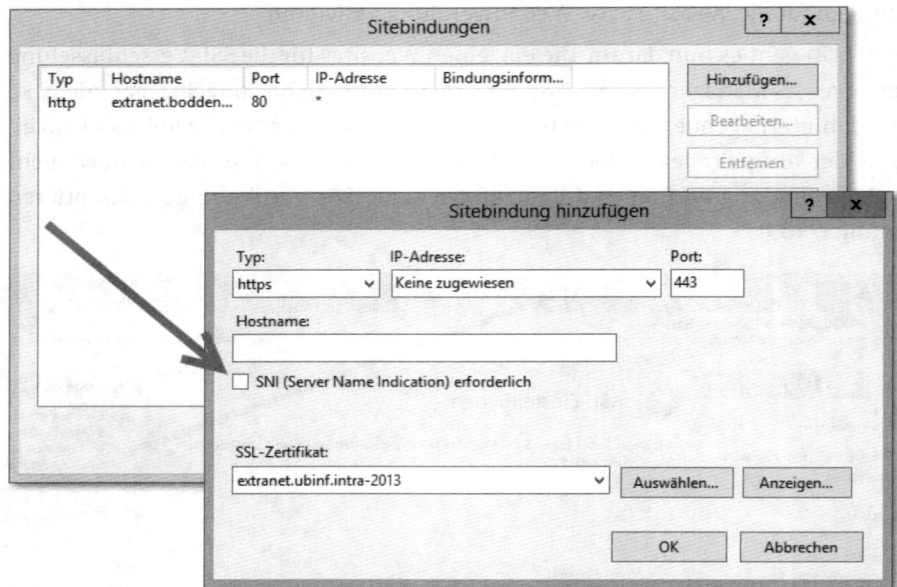

Abbildung 17.110 Das Erstellen einer neuen Bindung unter Nutzung des SSL-Zertifikats

Wenn eine HTTPS-Bindung zu der Website hinzugefügt ist, können auch die SSL-Einstellungen konfiguriert werden. Die dortigen Einstellmöglichkeiten dürften selbsterklärend sein (Abbildung 17.111).

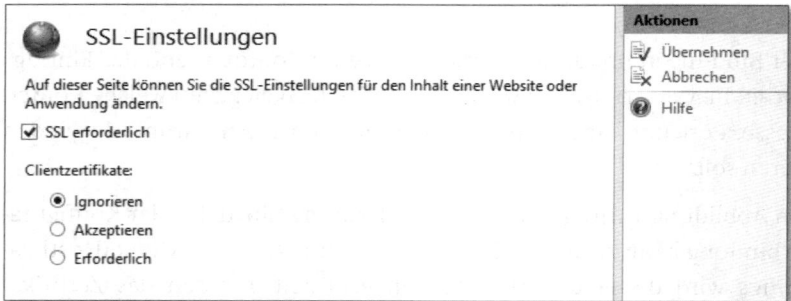

Abbildung 17.111 Nachdem die HTTPS-Bindung vorhanden ist, kann hier beispielsweise konfiguriert werden, dass eine SSL-Verbindung erforderlich ist.

Falls Sie SSL ERFORDERLICH machen (siehe Abbildung 17.111) und ein Anwender dann die Website über eine Nicht-SSL-Verbindung aufruft, erscheint eine 403-Fehlermeldung (Abbildung 17.112). Die Meldung, nämlich ZUGRIFF VERWEIGERT, ist letztendlich natürlich richtig, nur erfährt der Anwender leider nicht den tatsächlichen Grund, nämlich dass er vielleicht schon berechtigt wäre, allerdings die Seite über einen sicheren Kanal anzeigen müsste.

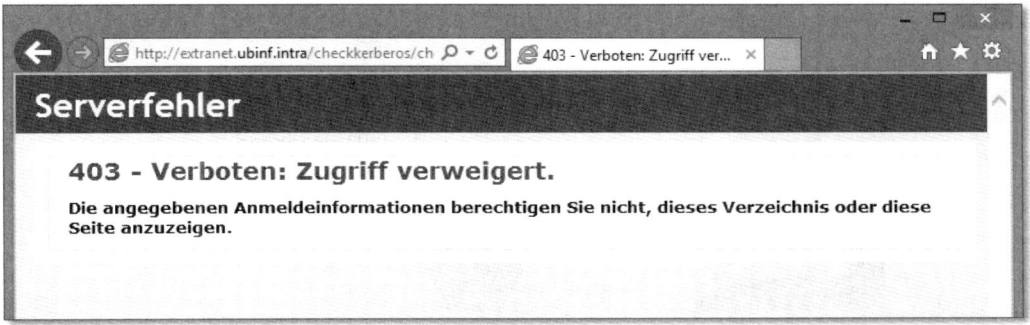

Abbildung 17.112 Versucht man ohne SSL auf die Webanwendung zuzugreifen, gibt es eine »403«.

17.8.2 .NET-Vertrauensebenen

In einer »klassischen« Umgebung (also ohne .NET Framework) sind die Berechtigungen des Benutzerkontos die einzige »Kontrollinstanz« in Sachen Sicherheit. Mit anderen Worten: Code wird ausgeführt, wenn er in einem Benutzerkontext läuft, der hinreichende Berechtigungen hat. Vereinfacht gesagt: Jeder Code, den ein Benutzer startet, wird – ausreichende Berechtigung vorausgesetzt – ausgeführt. Grundsätzlich ist das auf dem Webserver nicht anders: Wenn Code in der Webapplikation gestartet wird, wird er mit den Rechten der Identität des Anwendungspools ausgeführt, in dem die Webapplikation läuft. Um größeres Übel zu verhindern, wird (hoffentlich) der Anwendungspool unter einer Identität mit sehr wenigen Rechten (am besten NETWORKSERVICE) laufen, aber trotzdem gibt es auch dann noch Verbesserungsbedarf.

Es ist eigentlich nicht einzusehen, warum man die Möglichkeiten, die Code hat, nicht stärker einschränken kann, sondern nur die Rechte der Identität, unter der er ausgeführt wird, als einziges Kriterium herangezogen werden. Wenn eine Webapplikation keinen Zugriff auf das Filesystem, eine SQL-Datenbank oder den DNS-Server haben muss, wäre es doch gut, diese Rechte von vornherein nicht zur Verfügung zu stellen. Möchte der Code auf diese Ressourcen dann doch zugreifen (z.B. weil der Code korrumpiert wurde, der Programmierer ein Hintertürchen eingebaut hat oder dergleichen mehr), sollte dies unterbunden werden.

Die .NET-Laufzeitumgebung stellt mit dem Konstrukt der *Code Access Security* (CASpol) genau diese Möglichkeiten zur Verfügung.

Wie Sie in Abbildung 17.113 sehen, läuft eine .NET-Applikation nicht direkt auf dem Betriebssystem, sondern als »ManagedApplication« in der .NET-Laufzeitumgebung (CLR, Common Language Runtime). Die Laufzeitumgebung ist in der Lage, gemäß den gewählten Einstellungen Zugriffe auf bestimmte Komponenten (z.B. Dateisystem, SQL Server etc.) zu erlauben oder nicht. Die Darstellung ist natürlich sehr stark vereinfacht, sollte aber für ein erstes Verständnis genügen.

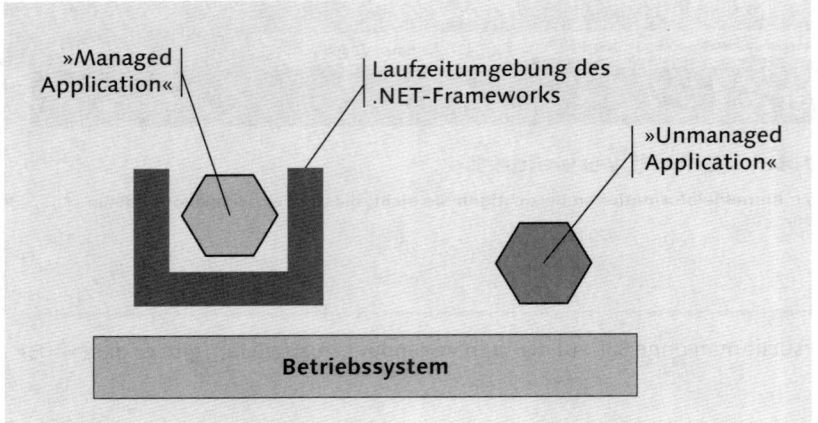

Abbildung 17.113 Managed Code, wie der von ASP.NET-Anwendungen, greift nicht direkt auf das Betriebssystem zu, sondern wird von der Laufzeitumgebung des .NET Frameworks »gemanagt« – und kontrolliert.

Bei der Konfiguration einer Webapplikation kann die .NET-Vertrauensebene konfiguriert werden. Sie können also festlegen, welche Einschränkungen durch die Code Access Security für die jeweilige Webapplikation gelten sollen. In Abbildung 17.114 ist die Konfiguration der .NET-Vertrauensebenen zu sehen. Sie stellen die gewünschte Vertrauensebene für die Webapplikation ein, übernehmen die Änderungen – fertig!

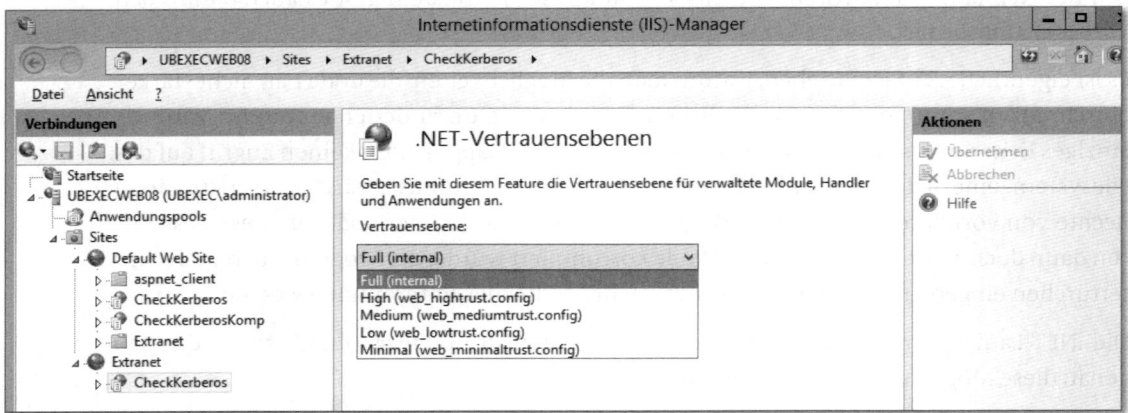

Abbildung 17.114 Diese fünf Vertrauensebenen sind standardmäßig vorhanden.

Standardmäßig ist die Vertrauensebene FULL gewählt. Wie unschwer zu erraten ist, gibt es bei dieser Stufe keinerlei Einschränkungen. Hinter der Bezeichnung FULL befindet sich der Vermerkt (INTERNAL). Dies bedeutet, dass diese Vertrauensebene nicht auf einer Richtliniendatei basiert, sondern vom IIS eben »intern« umgesetzt wird. Die Alternative, nämlich die Einstellung KEINE EINSCHRÄNKUNGEN vorzunehmen, bedarf verständlicherweise auch keiner großartigen Feinkonfiguration. Ob es so nun günstig ist, in der Standardeinstellung keine Einschränkungen vorzunehmen, ist sicherlich zu diskutieren. Es gibt allerdings zwei Gründe, die Microsoft zu diesem Schritt bewogen haben dürften:

- Der Standard-Anwendungspool läuft unter der Identität NETWORKSERVICE mit sehr geringen Berechtigungen.
- Die Konfiguration der Code Access Security jenseits der in der Abbildung gezeigten Einstellmöglichkeit ist nicht ganz trivial. Würde zunächst eine genaue Konfiguration der Codezugriffsrechte erforderlich sein, würden viele Administratoren vermutlich verzweifeln. Für eine ganz detaillierte Anpassung der Code-Access-Rechte müssen XML-Dateien angepasst werden – das ist machbar, aber eben ohne grafische Oberfläche.

Die vorgefertigten Policy-Dateien, die Sie im Internetinformationsdienste-Manager auswählen können, gehören zum .NET Framework und finden sich in einer Standardinstallation im Verzeichnis *c:\windows\Microsoft.NET\Framework64\v4.0.30319\config*, das in Abbildung 17.115 gezeigt ist. Neben den Konfigurationsdateien, die Sie im Dialog .NET-VERTRAUENSEBENEN auswählen können, befindet sich in diesem Verzeichnis eine Datei namens *web.config*, auf die ich ein wenig später eingehen werde.

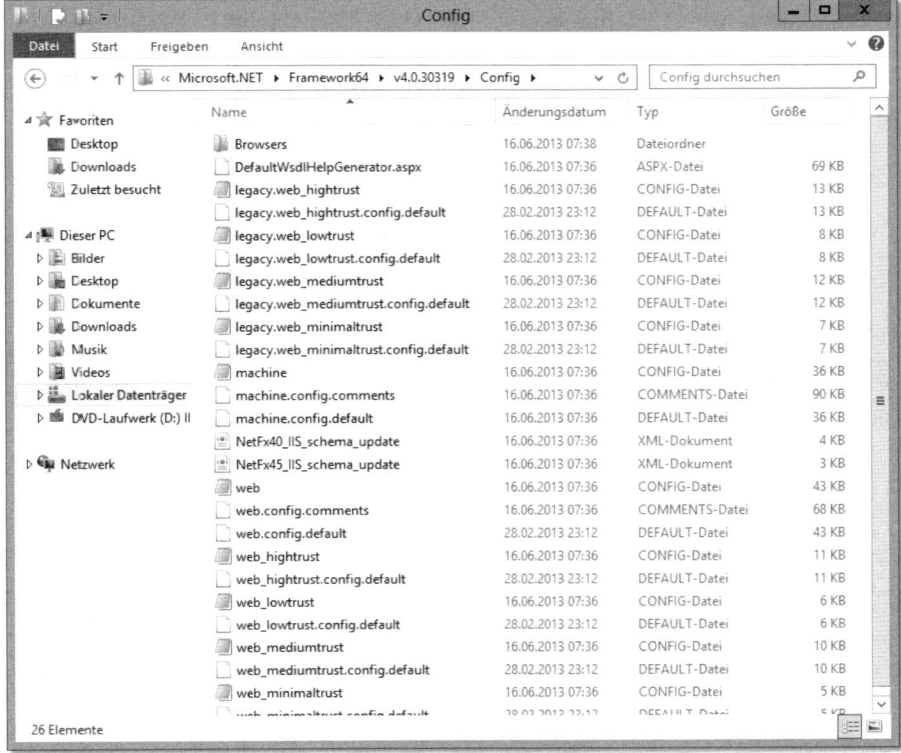

Abbildung 17.115 In diesem Verzeichnis liegen die ».config«-Dateien, in denen die Sicherheitsrichtlinien definiert sind.

Eine Beschreibung, welche Rechte einer Webapplikation durch die jeweilige Sicherheitskonfiguration gewährt werden, finden Sie in Tabelle 17.2. In ihr verweist beispielsweise *High* auf die Konfigurationsdatei *web_hightrust.config*. Sie können in dieser Tabelle etwa erkennen, dass eine Anwendung, die nur mit den Rechten von *web_lowtrust.config* läuft, keinen Zugriff auf den SQL Server bekommt (genauer gesagt: dass sie Funktionen des Namespaces *System.Data.SQLClient* nicht nutzen kann).

Berechtigung	Full	High	Medium	Low	Minimal
AspNetHosting-Permission	Full	High	Medium	Low	Minimal
Configuration-Permission	Uneingeschränkt	Uneingeschränkt	Keine Berechtigung	Keine Berechtigung	Keine Berechtigung
DnsPermission	Uneingeschränkt	Uneingeschränkt	Uneingeschränkt	Keine Berechtigung	Keine Berechtigung
Environment-Permission	Uneingeschränkt	Uneingeschränkt	Read: TEMP, TMP, OS, USERNAME, COMPUTERNAME	Keine Berechtigung	Keine Berechtigung
FileIOPermission	Uneingeschränkt	Uneingeschränkt	Read, Write, Append, PathDiscovery: Anwendungsverzeichnis	Read, PathDiscovery: Anwendungsverzeichnis	Keine Berechtigung
IsolatedStorage-FilePermission	Uneingeschränkt	Uneingeschränkt	AssemblyIsolationByUser, Uneingeschränkt UserQuota	1 MB UserQuota (kann für einzelne Sites geändert werden), AssemblyIsolationByUser	Keine Berechtigung
Printing-Permission	Uneingeschränkt	Default-Printing	Default-Printing	Keine Berechtigung	Keine Berechtigung

Tabelle 17.2 Berechtigungen nach Sicherheitskonfiguration

Berechtigung	Full	High	Medium	Low	Minimal
Reflection-Permission	Uneingeschränkt	ReflectionEmit	Keine Berechtigung	Keine Berechtigung	Keine Berechtigung
Registry-Permission	Uneingeschränkt	Uneingeschränkt	Keine Berechtigung	Keine Berechtigung	Keine Berechtigung
Security-Permission	Uneingeschränkt	Execution, Assertion, ControlPrincipal, ControlThread, RemotingConfiguration	Execution, Assertion, ControlPrincipal, ControlThread, RemotingConfiguration	Execution	Execution
SmtpPermission	Uneingeschränkt	Connect	Connect	Keine Berechtigung	Keine Berechtigung
Socket-Permission	Uneingeschränkt	Uneingeschränkt	Keine Berechtigung	Keine Berechtigung	Keine Berechtigung
WebPermission	Uneingeschränkt	Uneingeschränkt	Connect mit ursprünglichem Host (falls konfiguriert)	Keine Berechtigung	Keine Berechtigung
SqlClient-Permission	Uneingeschränkt	Uneingeschränkt	Uneingeschränkt	Keine Berechtigung	Keine Berechtigung
Ereignisprotokoll	Uneingeschränkt	Keine Berechtigung	Keine Berechtigung	Keine Berechtigung	Keine Berechtigung
Message Queue	Uneingeschränkt	Keine Berechtigung	Keine Berechtigung	Keine Berechtigung	Keine Berechtigung

Tabelle 17.2 Berechtigungen nach Sicherheitskonfiguration (Forts.)

Berechtigung	Full	High	Medium	Low	Minimal
Service Controller	Uneingeschränkt	Keine Berechtigung	Keine Berechtigung	Keine Berechtigung	Keine Berechtigung
Leistungsindikatoren	Uneingeschränkt	Keine Berechtigung	Keine Berechtigung	Keine Berechtigung	Keine Berechtigung
Verzeichnisdienst	Uneingeschränkt	Keine Berechtigung	Keine Berechtigung	Keine Berechtigung	Keine Berechtigung

Tabelle 17.2 Berechtigungen nach Sicherheitskonfiguration (Forts.)

Die auswählbaren Richtliniendateien sind in der zentralen Datei *web.config* (*C:\Windows\Microsoft.NET\Framework64\v4.0.30319\Config*) gespeichert. Falls Sie eine eigene zusätzliche (spezielle) Richtliniendatei kreieren möchten, können Sie diese einfach dort als zusätzliche Richtlinie eintragen – und sie kann ausgewählt und verwendet werden.

Ich würde empfehlen, eine vorhandene Datei, die Ihrer Zielkonfiguration einigermaßen ähnlich ist, zu kopieren, umzubenennen, in der *web.config* einzutragen und dann gemäß Ihren Anforderungen zu modifizieren. Diese Vorgehensweise ist deutlich einfacher, als mit einer leeren Datei zu starten.

Ein Beispiel für den Abschnitt aus der *web.config* sehen Sie in Listing 17.3. Die zusätzlich eingetragene Richtliniendatei ist fett hervorgehoben.

```
<system.web>
    <securityPolicy>
        <trustLevel name="Full" policyFile="internal" />
        <trustLevel name="High" policyFile="web_hightrust.config" />
        <trustLevel name="Medium"
        policyFile="web_mediumtrust.config" />
        <trustLevel name="Low"  policyFile="web_lowtrust.config" />
        <trustLevel name="Minimal"
        policyFile="web_minimaltrust.config" />
        <trustLevel name="BoddSpecial"
        policyFile="web_BoddSpecial.config" />
    </securityPolicy>
    <trust level="Full" originUrl="" />
</system.web>
```

Listing 17.3 Auszug aus der »web.config« im Verzeichnis »c:\windows\Microsoft.NET\Framework\v2.0.50727\config«

Das Ändern der Richtliniendateien in aller Ausführlichkeit zu besprechen erscheint mir für ein allgemeines Buch über Windows Server 2008/2012 zu speziell – die wenigsten Administratoren werden das wirklich tun. Wenn Sie tiefer in das Thema einsteigen möchten, können Sie mit folgender Webseite aus der Microsoft-Entwicklerdokumentation starten: *http://msdn2.microsoft.com/de-de/library/wyts434y(VS.80).aspx*

Wenn Sie Richtliniendateien anpassen, ist es wichtig, sehr genau zu wissen, welche Codezugriffsrechte die Webapplikationen benötigen, die ausgeführt werden sollen. Ansonsten ist ein fehlerfreier Betrieb nicht möglich. Hier sollte der Entwickler bzw. Hersteller qualifiziert helfen können, ansonsten bliebe Ihnen nur das Ausprobieren.

17.8.3 IP- und Domäneneinschränkungen

Falls Sie den Zugriff auf den Server, eine Website oder eine Anwendung einschränken möchten, können Sie auch mit IP-Adressbereichen arbeiten. Der zu installierende Rollendienst heißt IP- UND DOMÄNEINSCHRÄNKUNGEN. Somit können Sie also nicht nur IP-Adressen, sondern auch Domänennamen eingeben, die dann aber per Reverse Lookup wieder auf IP-Adressen »zurückgeführt« werden. Abbildung 17.116 zeigt das Eintragen einer Ablehnungseinschränkungsregel (geniales Wort, wirklich) und dürfte wohl kaum Fragen offen lassen.

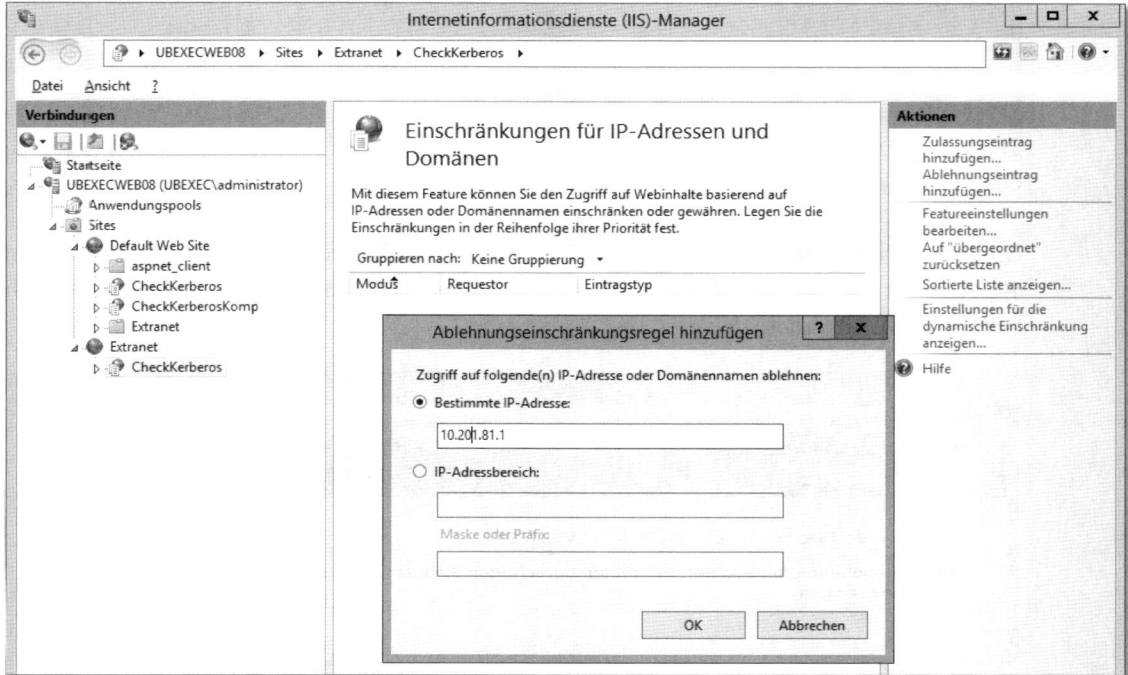

Abbildung 17.116 Erstellen einer Ablehnungseinschränkungsregel

Zwei erwähnenswerte Aspekte gibt es beim Dialog FEATUREEINSTELLUNGEN BEARBEITEN (Abbildung 17.117):

- Zunächst wird die Frage »Was passiert mit nicht aufgeführten Systemen?« beantwortet. Sie können wählen, ob alle nicht explizit genannten IP-Adressen zugelassen oder verweigert werden sollen.

- Außerdem können Sie die EINSCHRÄNKUNGEN NACH DOMÄNENNAMEN AKTIVIEREN. Dies ist nicht standardmäßig aktiviert, weil in diesem Fall für jede eingehende IP-Adresse ein Reverse Lookup ausgeführt werden müsste, um zu prüfen, ob die Adresse zufällig einer der genannten Domänen zuzuordnen ist. Das ist sehr zeitaufwendig und sollte daher nur genutzt werden, wenn Sie sicher sind, dass die auszuführenden Reverse-Lookup-Vorgänge die Gesamt-Performance nicht negativ beeinflussen.

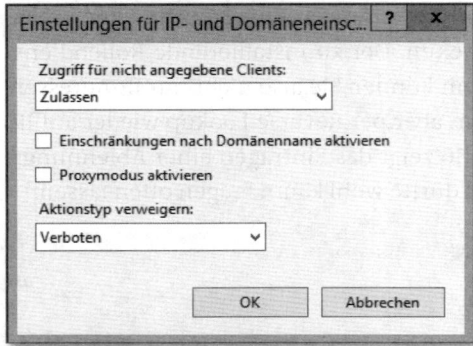

Abbildung 17.117 Das Verhalten gegenüber nicht zugelassenen Clients kann entweder »Zulassen« oder »Verweigern« sein.

Greift ein Client von einer »verbotenen« IP-Adresse aus zu, reagiert der Server mit einem 403er-Fehler (Abbildung 17.118). Auch hier gilt, dass die Fehlermeldung (wahrscheinlich bewusst) sehr allgemein gehalten ist.

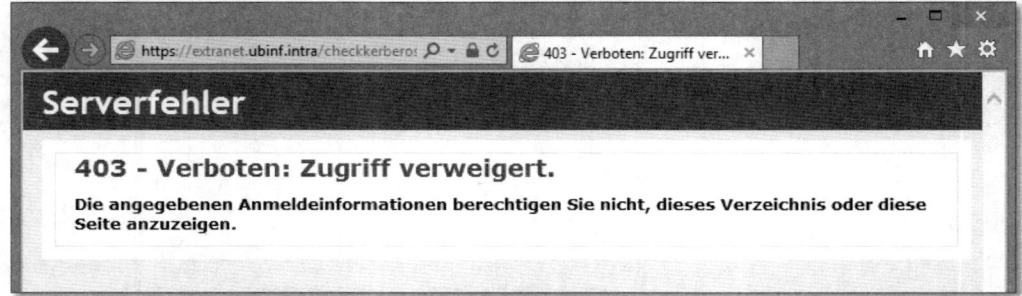

Abbildung 17.118 Greift man von einer verweigerten IP-Adresse aus zu, reagiert der Server mit einer »403«.

17.9 Sitzungszustand & Co.

Bei der Planung von Webanwendungen ist der Sitzungszustand ein wichtiges Thema. Wenn eine Webanwendung nur statische Webseiten (z.B. mit Produktabbildungen) anzeigt und keine Authentifizierung der Benutzer vornimmt, stellt sich die Frage nach dem Sitzungszustand nicht. Wenn aber mehr oder weniger komplexe Business-Applikationen bereitgestellt werden, ist der Sitzungszustand ein extrem wichtiger Aspekt. Im Sitzungszustand wird beispielsweise gespeichert, ob der Benutzer authentifiziert ist, welche Daten er abgerufen hat, an »welcher Stelle« der Webapplikation er sich gerade befindet und vieles andere mehr.

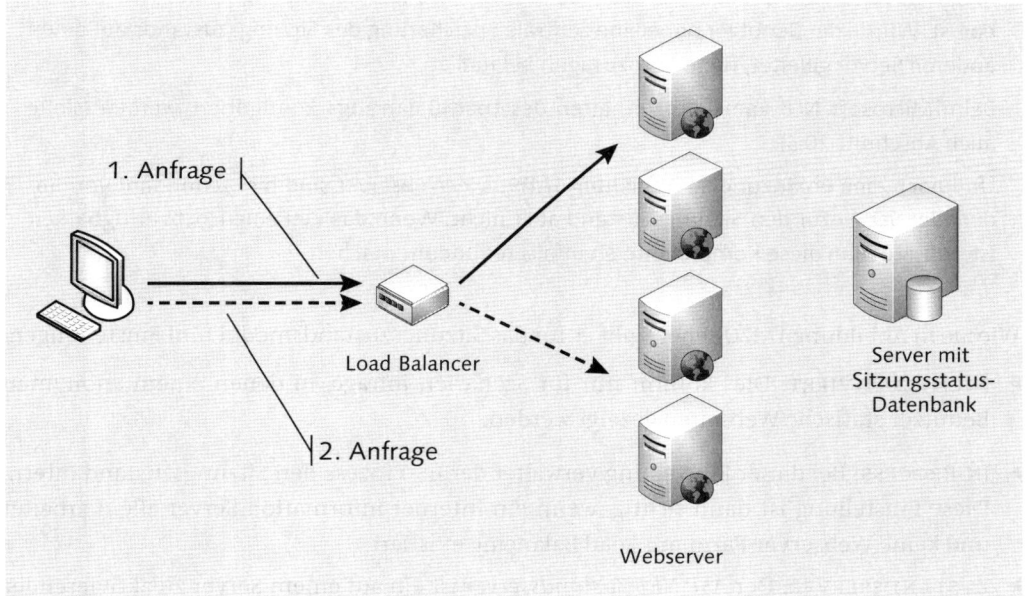

Abbildung 17.119 In einer Webserver-Farm kann es durchaus passieren, dass zwei Anfragen des Servers von zwei verschiedenen Servern bearbeitet werden.

Abbildung 17.119 zeigt die zu lösende Aufgabenstellung:

▶ Ein Client greift auf eine Webserver-Farm zu. Damit alle Server gleichmäßig genutzt werden und es im Fall eines Ausfalls nicht zu Unterbrechungen kommt, wird ein *Load Balancer* verwendet (siehe auch Abschnitt 20.3). Der Client spricht nur eine IP-Adresse an, und die Anfragen werden vom Load Balancer auf mehrere Server verteilt.

▶ Wie Sie sehen, leitet der Load Balancer den ersten Zugriff an den obersten Server, den zweiten an eines der unteren Systeme.

▶ Damit der Server, der den zweiten Zugriff bedient, vereinfacht gesagt »an der richtigen Stelle weitermacht«, benötigt er die Sitzungsstatus-Informationen. So kann er beispielsweise die Authentifizierung weiterverwenden, die vom oberen Server durchgeführt worden ist. Ohne Sitzungsstatus müsste jeder Server »von vorn« anfangen, was das Konzept der Lastverteilung ad absurdum führen würde.

Die Clients identifizieren sich gegenüber dem Server übrigens durch Cookies oder URL-Rewriting.

> **Load Balancer**
>
> Ein »vernünftiger« Load Balancer wird dafür sorgen, dass ein Client während einer Sitzung immer auf denselben Server geleitet wird (*Sticky Connection*). Ein zentraler Zustandsserver macht natürlich Sinn, falls einer der Webserver während einer Sitzung nicht mehr erreichbar ist. Würde der Benutzer ohne eine zentrale Speicherung des Sitzungszustands auf einen anderen Server geleitet, finge er sozusagen bei null an.
>
> Beim Microsoft NLB kann das Verhalten des Load Balancings konfiguriert werden (siehe auch Abschnitt 20.3).
>
> Und noch eine Ergänzung zu Abbildung 17.119: Die Webserver sind hier redundant vorhanden, der Server für den Sitzungszustand aber nicht. Wenn das Ziel eine Hochverfügbarkeit ist, müsste man diese Komponente ebenfalls redundant machen.

Wie Sie in Abbildung 17.120 sehen, gibt es für das Sitzungszustandsmodul fünf Einstellungen:

- NICHT AKTIVIERT: Dies kommt nur für Szenarien infrage, in denen einem anonymen Benutzer statische Webseiten gezeigt werden.
- IN-PROCESS: Bei dieser Einstellung verwaltet der IIS-Prozess den Sitzungszustand intern. Diese Einstellung ist dann richtig, wenn ein Internet Information Server allein arbeitet und keine Webserver-Farm mit Load Balancing existiert.
- ZUSTANDSSERVER: Der *ASP.NET Zustandsserver* ist ein auf einem Server zu aktivierender Dienst, der ein Nutzungsszenario ermöglicht, wie es in Abbildung 17.119 gezeigt ist.
- SQL SERVER: Anstelle des ASP.NET-Zustandsservers kann für Webserver-Farmen mit Load Balancing auch eine SQL-Datenbank verwendet werden. Dieses Szenario kommt in sehr stark belasteten Webserver-Farmen mit sehr vielen gleichzeitigen Benutzern in Betracht. Die SQL Server-basierte Sitzungszustandsverwaltung ist skalierbarer als der ASP.NET Zustandsserver – vorausgesetzt, Sie haben für den SQL Server leistungsfähige Hardware beschafft.

Die zweite Konfigurationsmöglichkeit betrifft die Verwendung (oder Nichtverwendung) von Cookies. Bei der Kommunikation eines Clients mit einem Server via HTTP/S muss der Client sich bei jeder Anforderung identifizieren. Dies kann entweder durch das Setzen eines Cookies oder die Modifikation der URL erfolgen. Obgleich jeder einigermaßen ernst zu nehmende Browser mit Cookies umgehen kann, könnten diese ausgeschaltet sein. In diesem Fall bietet sich als Alternative das bereits genannte URL-Rewriting an. URL-Rewriting funktioniert immer, es sei denn, dass die resultierenden URLs für einen Browser zu lang werden, was insbesondere bei älteren Mobilgeräten (PDAs, Smartphones etc.) passieren *könnte*.

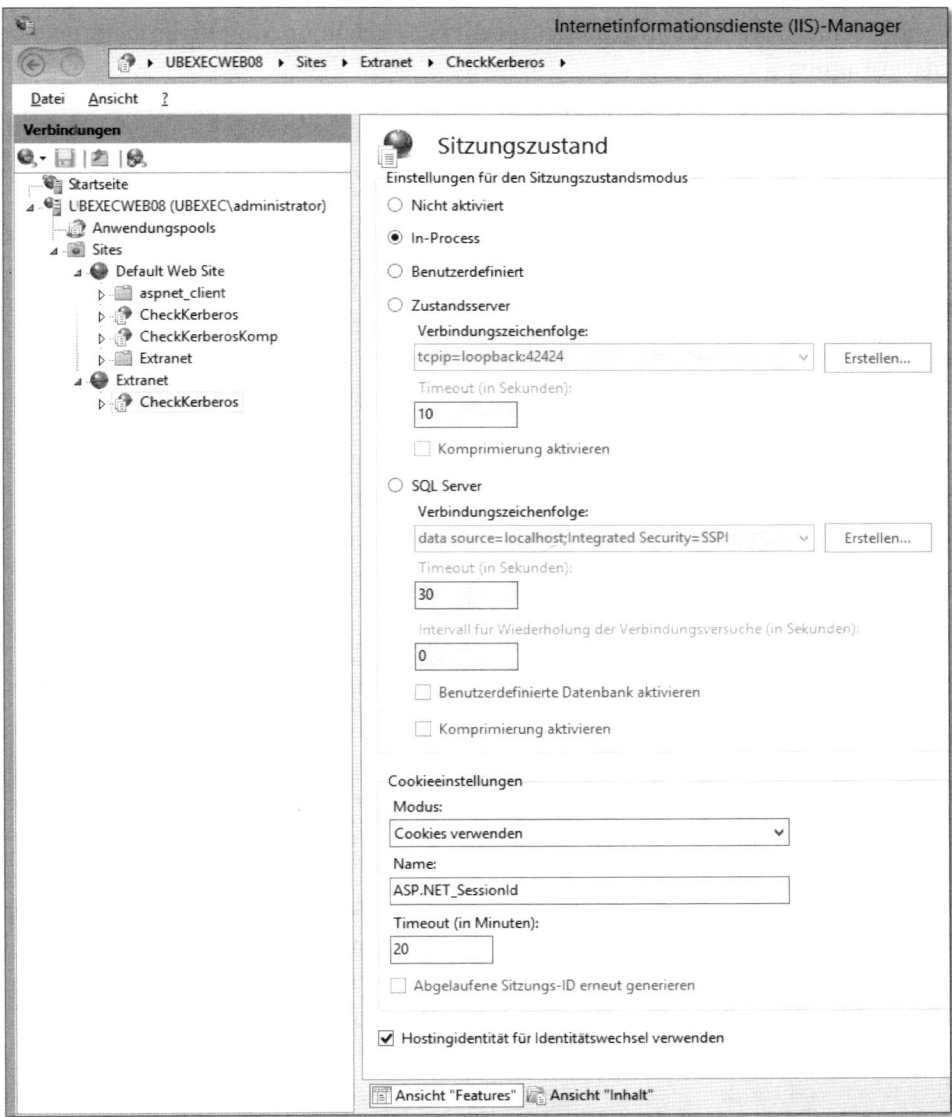

Abbildung 17.120 Mit diesem Dialog konfigurieren Sie, wie der Sitzungszustand gespeichert werden soll. Außerdem kann festgelegt werden, ob Cookies oder URL-Rewriting genutzt wird.

Etwas weiter vorn habe ich den ASP.NET-Zustandsserver erwähnt. Hier noch ein kurzer Nachtrag zu diesem Thema: Bei der Installation von ASP.NET wird dieser automatisch mitinstalliert, allerdings nicht gestartet. Dies ist beispielsweise im Server-Manager zu sehen

(Abbildung 17.121). Wenn Sie ihn nutzen möchten, starten Sie ihn auf *einem* Webserver! Es ist natürlich notwendig, dass alle Webserver einen einzigen ASP.NET-Zustandsdienst verwenden und nicht jeder seinen eigenen nutzt. Letzteres würde technisch sogar funktionieren, verfehlt aber seinen Zweck, denn schließlich geht es ja genau um die serverübergreifende Zustandsverwaltung.

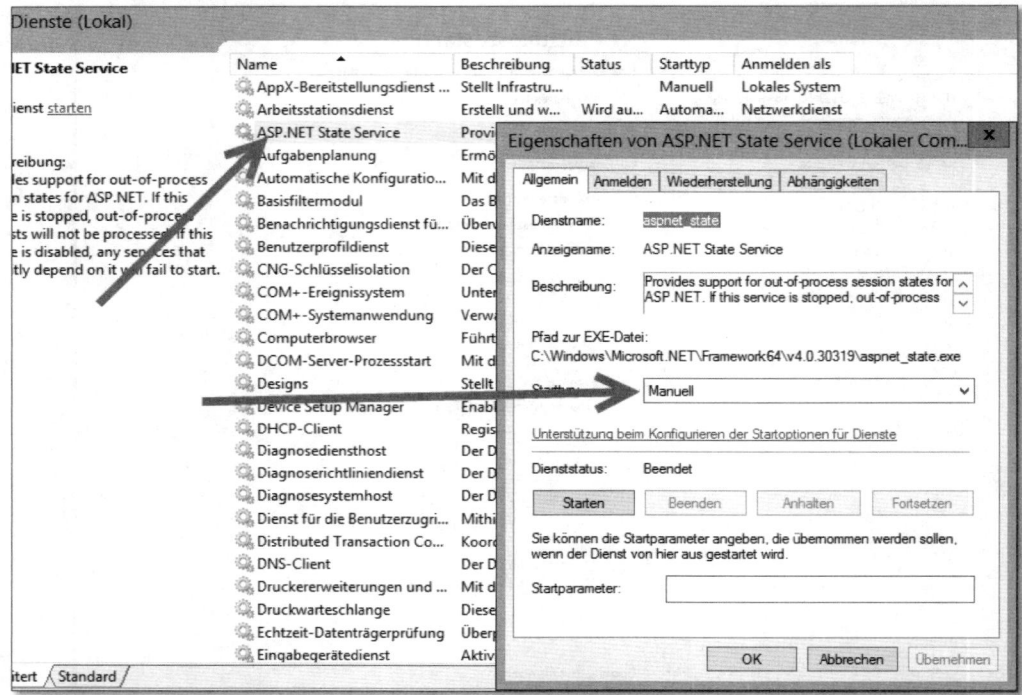

Abbildung 17.121 Der ASP.NET-Zustandsdienst ist standardmäßig installiert, aber nicht gestartet.

Das eigentlich nicht ganz unkomplizierte Thema der Sitzungsverwaltung wird durch ASP.NET sowohl für den Entwickler als auch für den Administrator sehr problemlos. Als Administrator müssen Sie lediglich konfigurierend aktiv werden, wenn Sie bei einer Webserver-Farm den Sitzungszustand serverübergreifend speichern müssen.

17.10 Load Balancing und Redundanz

Webanwendungen sind ohne Zweifel wichtig, teilweise sogar unternehmenskritisch: Demzufolge müssen Sie sich sowohl über Performance als auch über Redundanz Gedanken machen. Um Webserver verfügbar zu machen, baut man nun aber keine Failover-Cluster auf, sondern arbeitet auf Netzwerkebene. Das funktioniert dann in etwa so, wie in Abbildung 17.122 gezeigt:

17.10　Load Balancing und Redundanz

- Die Clients greifen auf eine virtuelle IP-Adresse zu. Hinter dieser kann sich entweder ein Hardware-Load-Balancer verbergen oder eine integrierte Technologie wie das *Microsoft Network Load Balancing* (NLB). Im ersten Fall ist zu überlegen, wie man den eingesetzten Hardware-Load-Balancer redundant macht.
- Fällt ein Webserver aus, können die anderen dessen Anforderungen bedienen.
- Ein angenehmer Nebeneffekt dieses Technologieansatzes ist, dass eine Performance-Verbesserung durch Load Balancing erfolgt. Der Einsatz von vier Servern bedeutet prinzipiell, dass die vierfache Last an Anforderungen bedient werden kann. In der Praxis wird man immer so dimensionieren, dass die Last auch von n-1 Servern abgefangen werden könnte, um Reserven für den Ausfall einer Maschine zu haben.

In Abbildung 17.122 sieht das vermutlich ganz einleuchtend aus, allerdings müssten einige Aspekte berücksichtigt werden, die in den nächsten Abschnitten dargestellt sind.

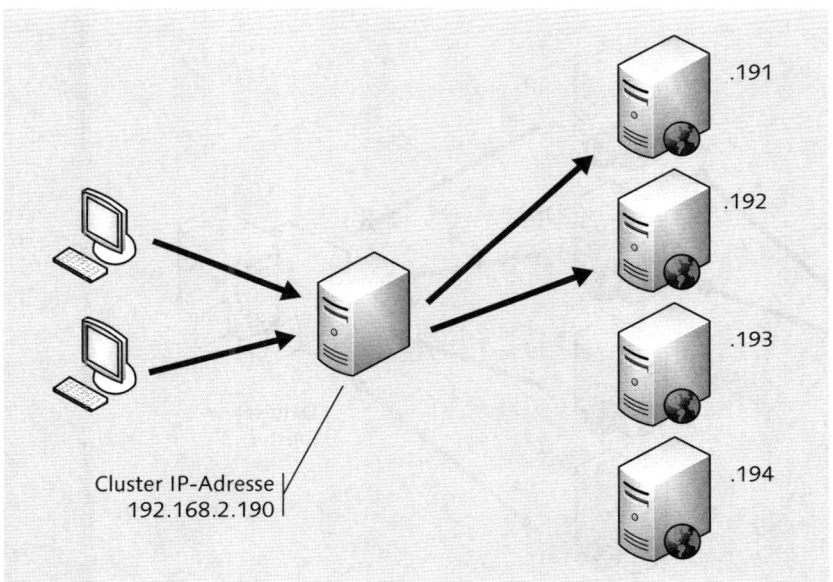

Abbildung 17.122 Webserver werden nicht mit einem Failover-Cluster redundant gemacht, sondern auf Netzwerkebene. Ein zusätzlicher angenehmer Nebeneffekt ist eine Performance-Optimierung durch Load Balancing.

17.10.1　Verwendung von Microsoft NLB

Es gibt gleich eine gute Nachricht, denn die Technologie für das Network Load Balancing ist in Windows Server 2008/2012/R2 bereits »eingebaut«. Das Microsoft NLB wird in Abschnitt 20.3 ausführlich besprochen. Auch die Besonderheiten der Kerberos-Authentifizierung in einer Webserver-NLB-Umgebung werden dort diskutiert (Abschnitt 20.3.4).

17.10.2 Remoteanforderungen

Eine Webanwendung benötigt stets mehr oder weniger viele Dateien. Bei einer ASP.NET-Anwendung sind dies in erster Linie *.aspx*-Dateien, aber auch statische Elemente wie beispielsweise Bilddateien. Zur Bereitstellung dieser Daten gibt es grundsätzlich zwei Wege:

- Alle Dateien werden auf die lokalen Festplatten der einzelnen Server verteilt. Sinnvollerweise sorgt man über einen automatischen Mechanismus (Softwareverteilung) dafür, dass alle Server denselben Stand haben.
- Es böte sich natürlich auch an, die Dateien auf einem gemeinsamen Dateiserver abzulegen. Das ist durchaus charmant, denn Sie sparen sich die »Verteilerei«; allerdings müssten wir hier schon mit einem Dateiserver-Cluster planen: Es macht nicht viel Sinn, über redundante Webserver zu verfügen, aber zu riskieren, dass diese allesamt durch einen nicht-redundanten einzelnen Dateiserver außer Gefecht gesetzt werden. Man würde also das Szenario aus Abbildung 17.123 aufbauen.

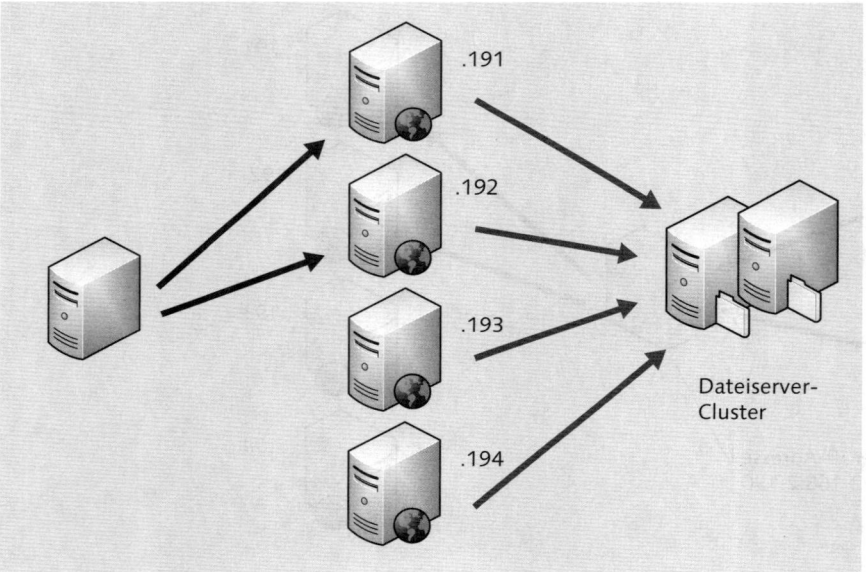

Abbildung 17.123 Eine mögliche Variante ist die Bereitstellung der Anwendungsdateien auf einem Dateiserver-Cluster.

Wenn Sie sich dafür entscheiden, die Daten der Webserver auf eine gemeinsame Netzwerkressource (Dateiserver) zu legen, werden Sie sich vermutlich Gedanken über die Zugriffssicherheit machen. Falls die Webanwendung die Identität des angemeldeten Benutzers annimmt, können Sie die potenziell zugreifenden Benutzer für die Freigabe berechtigen. (Beachten Sie die Authentifizierungsdelegierung aus Abschnitt 17.6.5.)

Falls die Webanwendungen mit der Identität des Anwendungspools laufen und dieser eines der »eingebauten« Konten ist, beispielsweise NETZWERKDIENST, wird es mit dem Einstellen der Berechtigungen schwierig: Konten wie der Netzwerkdienst sind nur auf der eigenen Maschine gültig. Die Lösung ist allerdings einfach: In den Grundeinstellungen einer Webanwendung (übrigens auch in denen eines virtuellen Verzeichnisses) können Sie einstellen, mit welcher Identität zugegriffen werden soll (Abbildung 17.124). Es kann entweder der ANWENDUNGSBENUTZER oder ein BESTIMMTER BENUTZER ausgewählt werden. Beim Anwendungsbenutzer wird die Identität verwendet, mit der die Webanwendung ausgeführt wird. Dies kann entweder die Poolidentität oder bei Verwendung des ASP.NET-Identitätswechsels (Impersonation) diejenige des angemeldeten Benutzers sein.

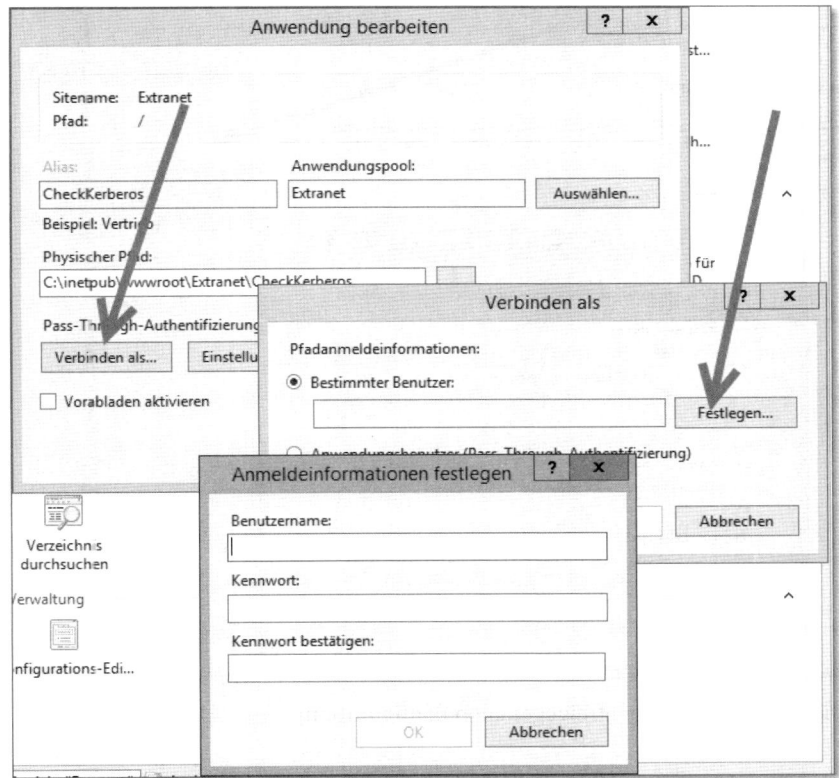

Abbildung 17.124 In den Grundeinstellungen einer Anwendung kann festgelegt werden, mit welcher Identität auf den Speicherort zugegriffen werden soll.

17.10.3 Freigegebene Konfiguration

Die Webserver in einem NLB-Cluster sind notwendigerweise identisch konfiguriert. Es wäre natürlich einigermaßen unschön, wenn in einer großen Farm zigfach dieselbe Serverkonfiguration erstellt werden müsste.

Ähnlich wie bei den zuvor besprochenen Remoteanforderungen kann die Konfiguration an einer zentralen Stelle abgelegt und von allen Webservern verwendet werden.

Abbildung 17.125 zeigt die Konfigurationsseite FREIGEGEBENE KONFIGURATION:

- Mit der Funktion KONFIGURATION EXPORTIEREN (in der Aufgabenleiste AKTIONEN) kann die aktuelle Konfiguration in ein Verzeichnis exportiert werden, das sinnvollerweise auf einem gemeinsam genutzten Dateiserver liegt.
- Auf den einzelnen Webservern wird mit der Checkbox FREIGEGEBENE KONFIGURATION AKTIVIEREN auf die Nutzung der gemeinsamen Konfiguration umgeschaltet.

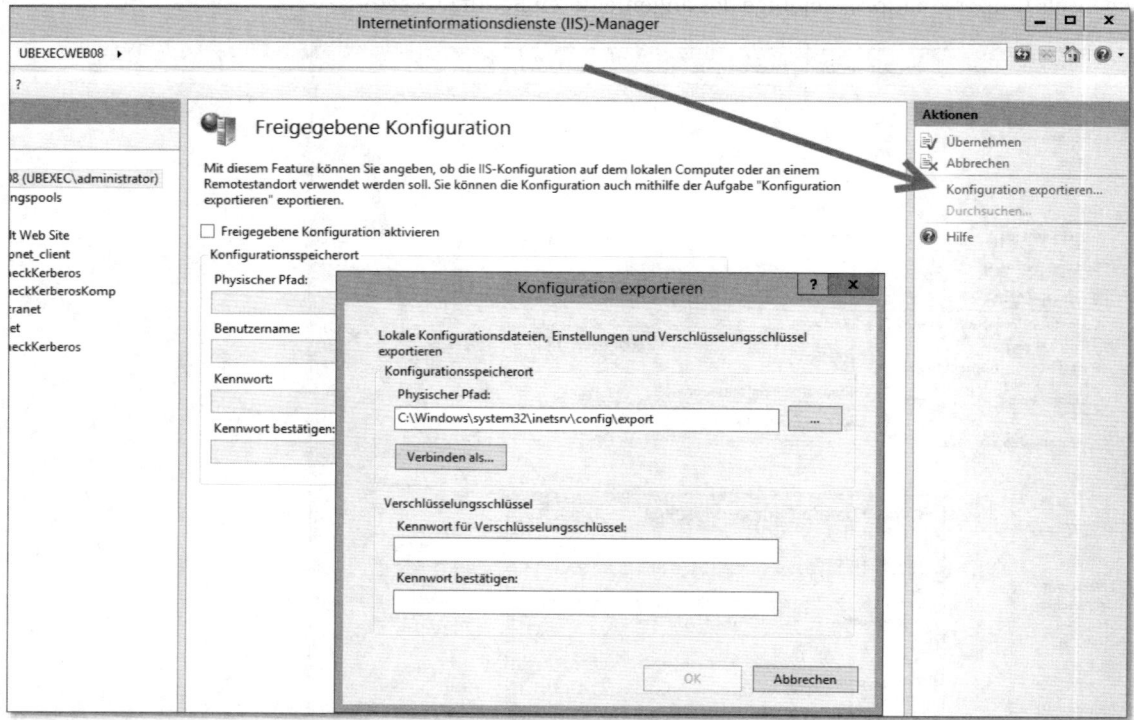

Abbildung 17.125 Die Konfiguration der »freigegebenen Konfiguration«

> **Redundante Webserver**
>
> Auch hier sei darauf hingewiesen, dass redundante Webserver schon ein großer Vorteil sind, allerdings müssen zentrale Speicherorte ebenfalls redundant ausgelegt sein, damit ein schlüssiges Gesamtkonzept entsteht. In diesem Fall müssten die Konfigurationsdaten auf einem Dateiserver-Cluster liegen.

17.10.4 Sitzungsstatus

Grundlegende Informationen über den Sitzungsstatus finden Sie in Abschnitt 17.9. An dieser Stelle möchte ich darauf hinweisen, dass Sie mindestens dann, wenn in einem NLB-Cluster KEINE AFFINITÄT konfiguriert ist, die Informationen zum Sitzungszustand auf einem gemeinsam genutzten System ablegen müssen.

17.10.5 Datenbankserver & Co.

Für die von Webanwendungen auf NLB-Clustern genutzten »Back-End«-Systeme (wie beispielsweise Datenbankserver) gilt, dass diese konsequent redundant ausgelegt sein sollten bzw. müssen. Es wäre zu ärgerlich, wenn die schöne Webfarm nicht funktioniert, weil der Datenbankserver nicht mehr funktioniert.

Auch wenn dieses Buch sich nicht weiter um Details der SQL Server-Implementierung kümmert, sei darauf hingewiesen, dass es neben dem klassischen Failover-Cluster weitere interessante Hochverfügbarkeitsszenarien für SQL Server gibt. Insbesondere sei die Datenbankspiegelung genannt.

17.11 Administration

Ist der IIS nebst der benötigten Anwendungen installiert, verlässt das System die Projektphase und tritt in die Betriebsphase ein. Es gibt natürlich die üblichen wiederkehrenden Aufgaben, also beispielsweise:

- Kontrollieren Sie das System auf Ereignisprotokolleinträge.
- Überwachen Sie die Performance des Servers (System-Monitor).
- Spielen Sie regelmäßig alle verfügbaren Patches ein.
- Ändern Sie nichts, ohne den definierten Change-Prozess einzuhalten.

Die üblichen Aufgaben eben.

Bei einer größeren Menge von Servern machen Sie sich das Leben übrigens deutlich einfacher, wenn Sie ein intelligentes System wie den *System Center Operations Manager* (*SCOM*) 2012 einsetzen. Dieser erledigt automatisiert die Überwachung der vorhandenen Systeme und der darauf laufenden Applikationen, ohne dass die Operatoren sofort IIS-Spezialisten sein müssen.

In diesem Kapitel soll es aber insbesondere um drei Aspekte der Administrationstätigkeit mit dem IIS gehen:

- Remote-Administration
- Delegierung von Administrationsberechtigungen
- Protokollierung

Das hört sich alles nicht wirklich spannend an? Stimmt, es ist aber trotzdem wichtig, insbesondere deshalb, weil einige Aspekte im IIS7/8 nicht so klar und deutlich auf der Hand liegen.

17.11.1 Remote-Administration

Der *Internetinformationsdienste-Manager* ist in der Tat eine recht hübsche Applikation, um den IIS zu konfigurieren. Er deckt zwar nicht jede exotische Konfigurationsmöglichkeit ab, in der Administrationspraxis ist das aber nicht wirklich ein Problem.

Wenn Sie mehr als einen IIS7/8 einsetzen, werden Sie vermutlich den Wunsch haben, dass Sie alle IIS-Installationen mit einer Konsole administrieren können und sich nicht ständig auf den diversen Servern anmelden müssen. Der Internetinformationsdienste-Manager verfügt auch in der Tat über die Möglichkeit, eine Verbindung mit einem Server, einer Site oder einer Anwendung aufzubauen (Abbildung 17.126).

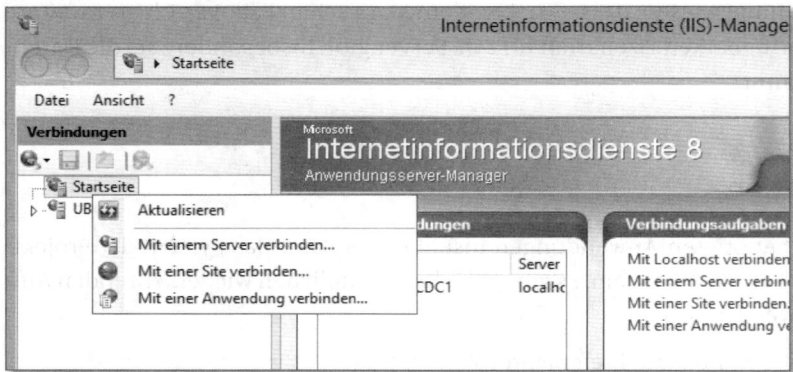

Abbildung 17.126 Man kann sich mit einem entfernten Server bzw. einer entfernten Site oder Anwendung verbinden, ...

Wenn Sie in dieser Richtung bisher nichts konfiguriert haben, werden Sie beim Versuch, die Verbindung herzustellen, allerdings keinen Erfolg haben. Der Internetinformationsdienste-Manager wird Sie mit der wenig detaillierten Information abspeisen, dass die Verbindung mit dem Remoteserver nicht hergestellt werden konnte (Abbildung 17.127) – und dabei hätte alles so schön sein können!

Der zuvor geschilderte Versuch kann nicht erfolgreich sein, weil der IIS standardmäßig nicht aus der Ferne administriert werden kann; der Grund ist der modulare Aufbau des Webservers. Für die Remoteadministration ist die Installation des Rollendiensts *Verwaltungsdienst* notwendig, nebst einigen kleinen Konfigurationsschritten übrigens. Da der Verwaltungsdienst standardmäßig nicht installiert ist, steht auch die Remoteadministrationsmöglichkeit nicht zur Verfügung – so weit einleuchtend. Sie werden es bestimmt schon ahnen, dass zur Installation des Verwaltungsdiensts ein Rollendienst hinzugefügt werden muss. Wie das gemacht wird, sehen Sie in Abbildung 17.128.

Abbildung 17.127 ... aber manchmal funktioniert es eben nicht.

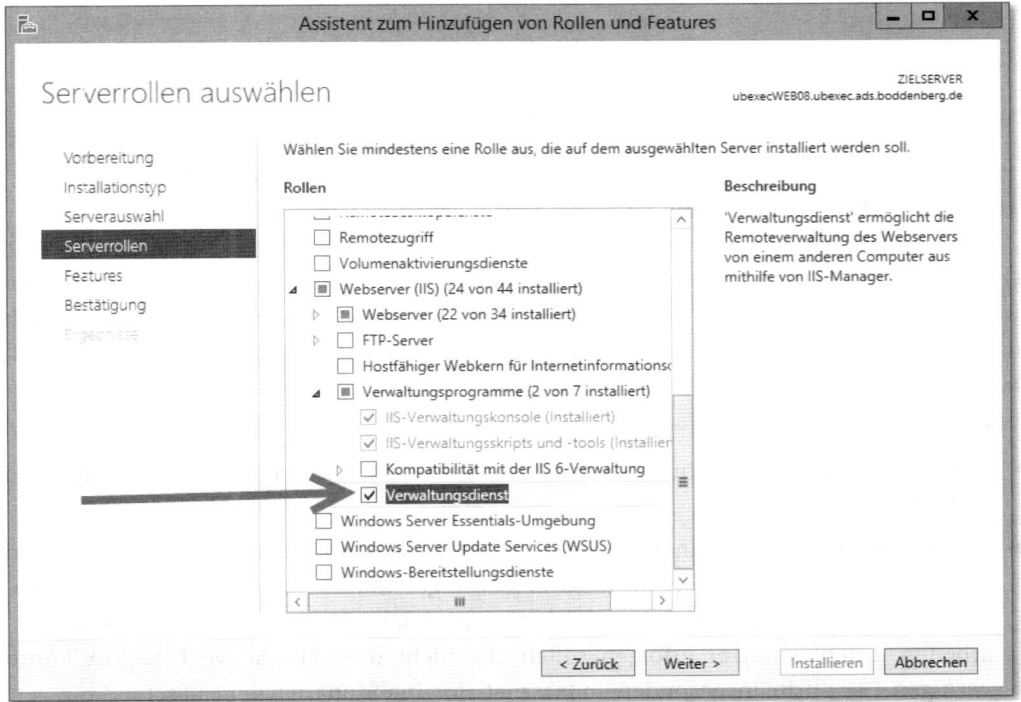

Abbildung 17.128 Der »Verwaltungsdienst« wird als Rollendienst installiert.

Der *Webverwaltungsdienst* (*WMSvc*) läuft nach der Installation zunächst nicht. Sie müssen mit dem Snap-In DIENSTE den Webverwaltungsdienst erstens starten und zweitens den STARTTYP auf AUTOMATISCH festlegen (Abbildung 17.129).

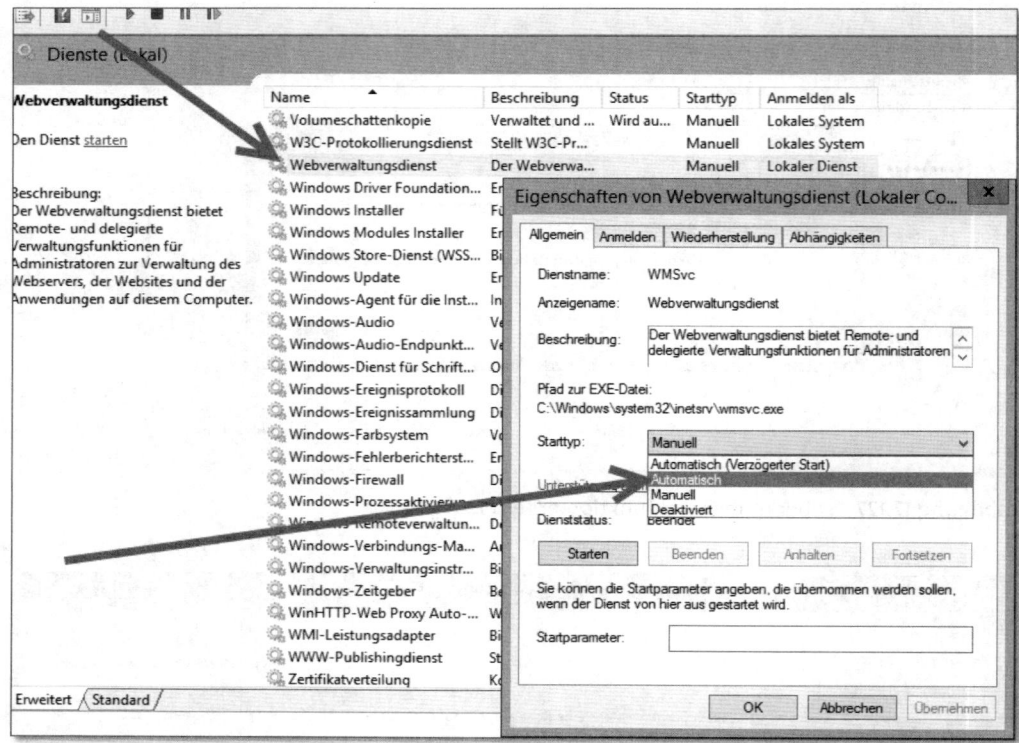

Abbildung 17.129 Der Webverwaltungsdienst muss manuell gestartet werden.

Ganz fertig sind Sie allerdings noch immer nicht, denn der Verwaltungsdienst muss noch ein wenig konfiguriert werden. In den Konfigurationsmenüpunkten auf Serverebene findet sich das Symbol VERWALTUNGSDIENST – allerdings natürlich nur, wenn der entsprechende Rollendienst installiert ist (Abbildung 17.130). Es gibt folgende Aspekte, die Sie konfigurieren müssen (Abbildung 17.131):

- Der Hauptschalter ist die Checkbox REMOTEVERBINDUNGEN AKTIVIEREN – mehr ist dazu nicht zu sagen.
- Im nächsten Abschnitt können Sie festlegen, ob »nur« Windows-Anmeldeinformationen akzeptiert werden sollen oder ob auch Anmeldungen mit IIS-Manager-Anmeldeinformationen möglich sein sollen. Die zweite Option wird dann verwendet, wenn Verwaltungsarbeiten durch Benutzer erfolgen sollen, die nicht über ein Active Directory-Konto verfügen. Das dürfte insbesondere in Internet-Hosting-Szenarien der Fall sein.

- Im Abschnitt VERBINDUNGEN legen Sie zunächst fest, auf welche IP-Adresse und Portnummer der Webverwaltungsdienst reagieren soll. Da eine SSL-Verbindung Pflicht ist, wird eines der vorhandenen Zertifikate ausgewählt. Das Zertifikat, dessen Name mit WMSvc beginnt, ist ein selbstsigniertes Zertifikat, das automatisch bei der Installation des Rollendiensts erzeugt wird.
- Im Bereich EINSCHRÄNKUNGEN FÜR IP-ADRESSEN können Sie optional die zugriffsberechtigten Clients angeben.

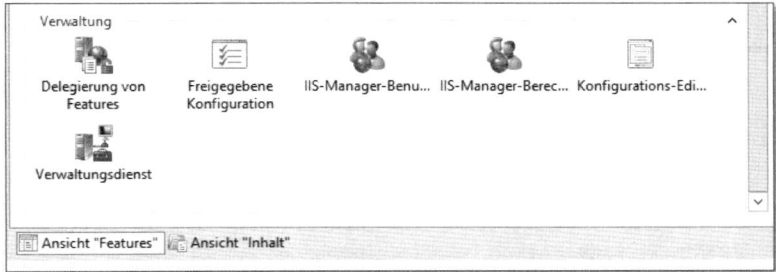

Abbildung 17.130 Ist der Rollendienst installiert, finden Sie dieses Symbol.

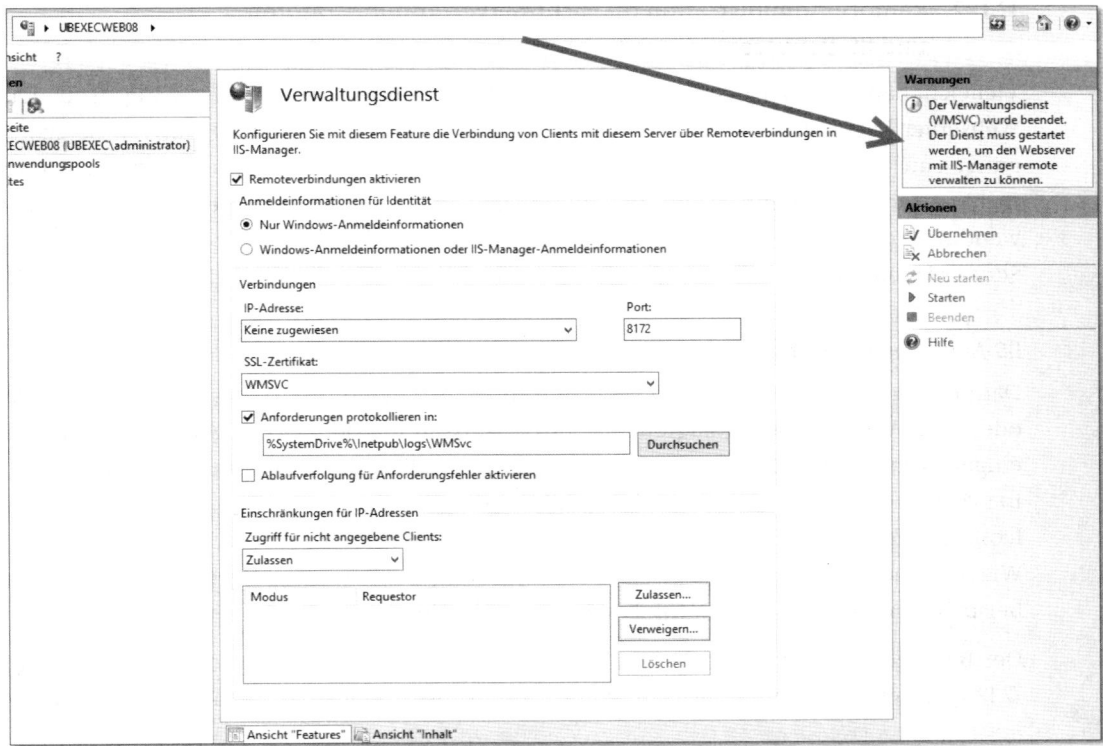

Abbildung 17.131 Der Verwaltungsdienst muss konfiguriert werden.

Wenn Sie nach Abschluss der Installations- und Konfigurationsarbeiten nochmals versuchen, einen IIS remote zu administrieren (siehe Abbildung 17.126), werden Sie nach ein paar Augenblicken die Erfolgsmeldung sehen, dass eine neue Verbindung erstellt wurde (Abbildung 17.132).

Abbildung 17.132 So sieht es aus, wenn die Verbindung zu einem entfernten IIS hergestellt wurde.

17.11.2 Remote-Administration für Nicht-Server-Administratoren und IIS-Benutzer

Vielleicht haben Sie sich gefragt, welche Benutzer überhaupt administrativen Zugriff auf den Webserver haben. Die Antwort ist ganz einfach: diejenigen mit administrativen Berechtigungen auf dem Server. Das entspricht zwar der üblichen Vorgehensweise, ist aber teilweise nicht ganz optimal, denn es könnte Situationen geben, in denen eine Website oder Webanwendung von einem Benutzer administriert werden soll, der eben nicht Administrator des Servers ist oder vielleicht sogar gar nicht im Active Directory angelegt ist.

IIS-Manager-Berechtigungen

Damit »normale« Benutzer, also Nicht-Administratoren, auf den Webserver, die Website oder eine Webanwendung zugreifen können, müssen für sie IIS-Manager-Berechtigungen eingetragen werden. Ist der Verwaltungsdienst installiert, ist das Symbol IIS-MANAGER-BERECHTIGUNGEN sichtbar (Abbildung 17.133). In der Konfigurationsseite, die Sie mit diesem Icon aufrufen, können Sie die gewünschten Benutzerkonten eintragen (Abbildung 17.134). Wie Sie sehen, gibt es keine weitere Differenzierung der Berechtigungen, d.h., Sie können beispielsweise keine Benutzer mit Leserechten oder dergleichen eintragen.

Der Benutzer kann sich mit dem Internetinformationsdienste-Manager wie in Abbildung 17.126 gezeigt verbinden. Sofern er sich mit einer Website oder einer Webanwendung verbindet, fragt der Assistent, der ihn durch den Verbindungsaufbau führt, diese zusätzlichen Parameter ab (Abbildung 17.135).

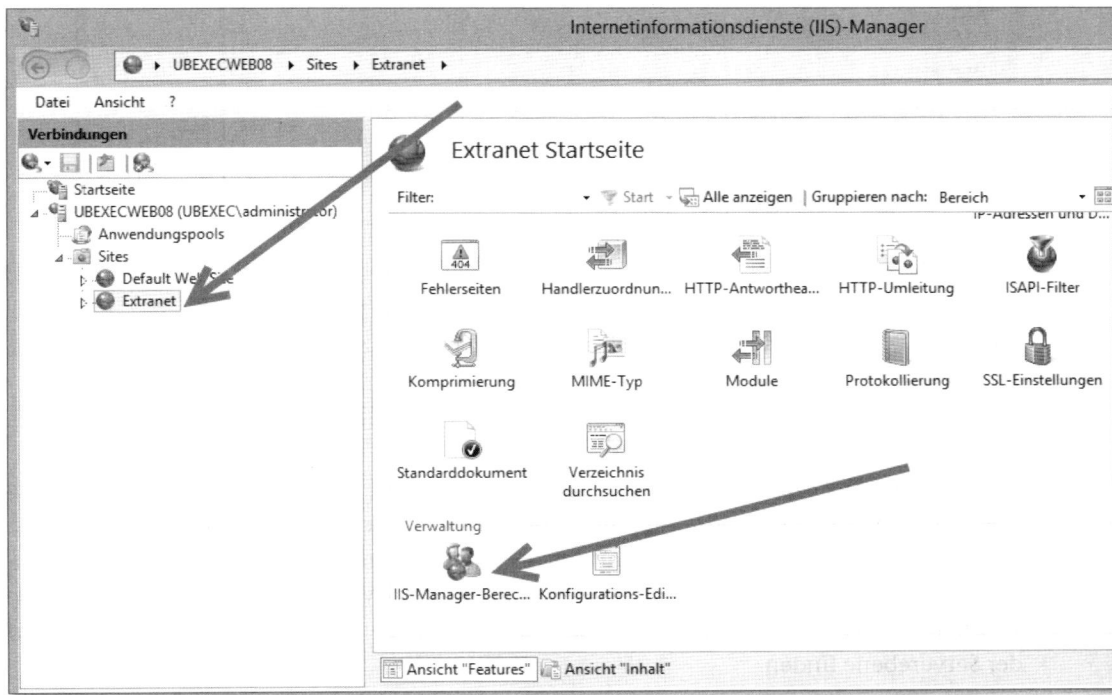

Abbildung 17.133 Ist der Verwaltungsdienst installiert, gibt es auf der Ebene von Webserver, Website und Webanwendung die Möglichkeit, IIS-Manager-Berechtigungen einzutragen.

Abbildung 17.134 So werden zusätzliche Benutzer für die Administration zugelassen.

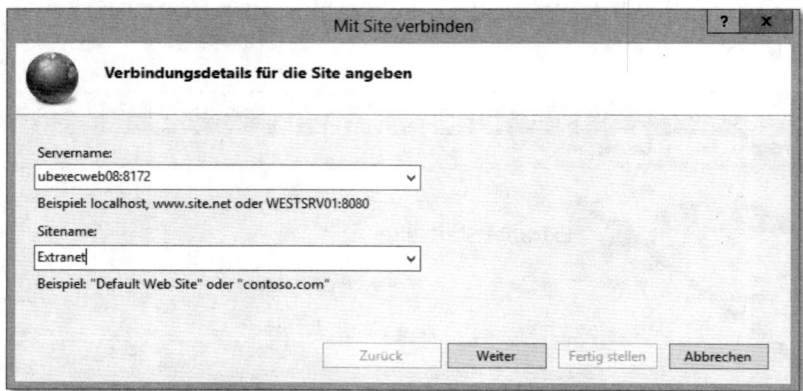

Abbildung 17.135 Beim Verbinden mit einer Website wird zusätzlich zum Server der Name der Site abgefragt.

IIS-Manager-Benutzer

Es sind durchaus Szenarien denkbar, in denen Benutzer, die über kein Active Directory-Konto verfügen, einen IIS administrieren sollen. Auch diese Aufgabe ist einfach zu lösen, da der IIS »eigene« Benutzer kennt. Damit solche Benutzer den Verwaltungsdienst nutzen können, muss dieser zunächst für die Verwendung von IIS-Manager-Anmeldeinformationen konfiguriert werden. Abbildung 17.136 zeigt die entscheidende Stelle im Dialog, den Sie auf der Serverebene finden.

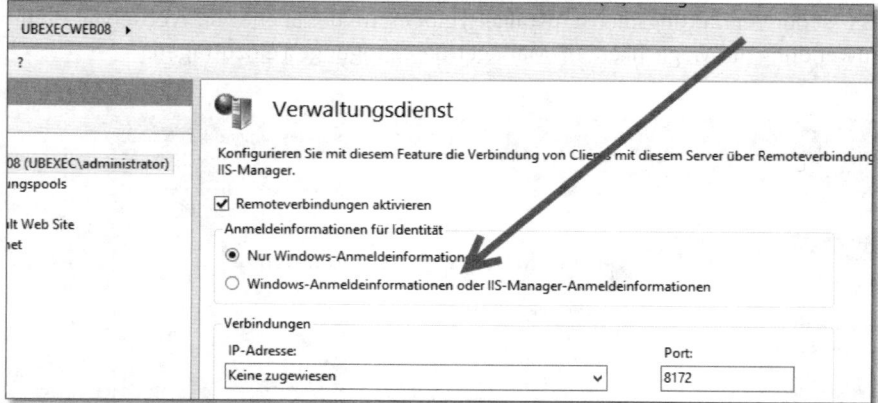

Abbildung 17.136 Wenn IIS-Manager-Benutzer akzeptiert werden sollen, müssen Sie dies zunächst auf Serverebene im Verwaltungsdienst konfigurieren.

Ebenfalls auf Serverebene findet sich die Möglichkeit, IIS-Manager-Benutzer einzutragen (Abbildung 17.137). Hierzu gibt es wirklich nur wenig zu sagen, denn beim Anlegen werden nur ein Benutzername und ein Kennwort benötigt. Für angelegte Benutzer gibt es minimale

Administrationsmöglichkeiten, die sich allerdings auf das Zurücksetzen des Kennworts, das Deaktivieren/Aktivieren und das Löschen beschränken.

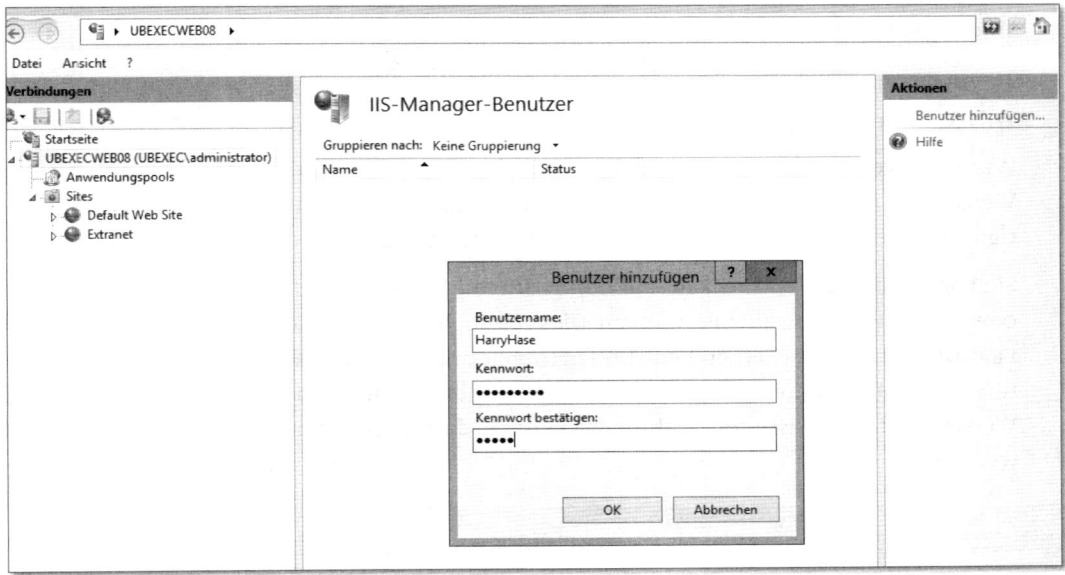

Abbildung 17.137 So simpel ist das Hinzufügen von IIS-Manager-Benutzern.

Beim Eintragen der IIS-Manager-Berechtigungen, was auf Server-, Website- und Webanwendungsebene geschehen kann, können Sie, anstatt eine Active Directory-Anmeldung anzugeben, auch einen IIS-Manager-Benutzer wählen. Abbildung 17.138 zeigt die Vorgehensweise – es ist also absolut simpel.

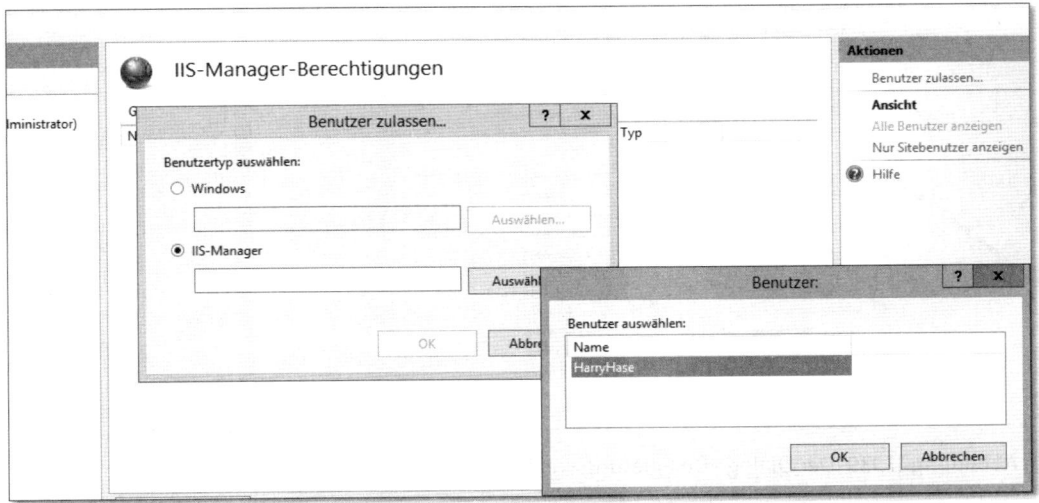

Abbildung 17.138 Die IIS-Manager-Benutzer werden den IIS-Manager-Berechtigungen hinzugefügt.

Wenn ein solcher Benutzer sich verbinden möchte, ruft er »ganz normal« den Internetinformationsdienste-Manager auf, wählt wie in Abbildung 17.126 gezeigt Server, Site oder Anwendung aus und gibt seinen IIS-Manager-Anmeldenamen an. Irgendwelche »Besonderheiten« sind nicht zu beachten.

17.11.3 Delegierung von Features

Wie Sie zuvor erfahren haben, können zwar beliebige Benutzer zur Administration einer Website oder Webanwendung berechtigt werden, allerdings können Sie die erteilten Berechtigungen nicht differenzieren – ist ein Benutzer berechtigt, kann er loslegen.

Sie haben aber die Möglichkeit, die Konfigurierbarkeit der Features auf Ebene der Website oder Webanwendung einzuschränken. Dies geschieht auf der Dialogseite DELEGIERUNG VON FEATURES, die Sie auf Serverebene finden (Abbildung 17.139). Etwas anders formuliert bedeutet es, dass Sie bei Konfigurationsmöglichkeiten, die auf allen Ebenen (Webserver, Website, Webanwendung) existieren, verhindern können, dass diese auf unteren Ebenen modifiziert werden.

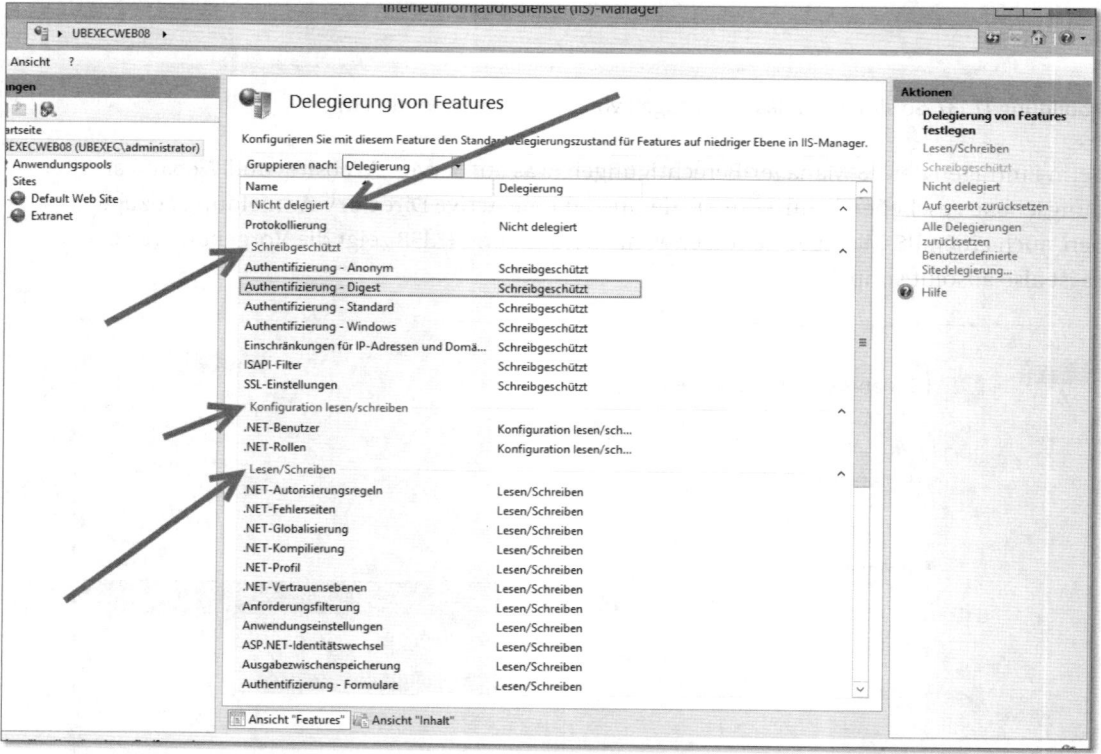

Abbildung 17.139 Der Dialog »Delegierung von Features«

In Abbildung 17.140 können Sie sehen, dass unterschiedliche Delegierungen auf Serverebene zu verschiedenen Konfigurationsmöglichkeiten auf der Ebene von Website und Webanwendung führen:

- Links ist die Delegierung der Protokollierung auf SCHREIBGESCHÜTZT gestellt.
- Rechts ist sie auf LESEN/SCHREIBEN konfiguriert.

Bekanntlich liegen die Konfigurationsdaten in den diversen *.config*-Dateien auf den verschiedenen Ebenen der Installation. Man könnte nun auf die Idee kommen, die »Sperre« (siehe Abbildung 17.140) des Internetinformationsdienste-Managers zu umgehen und die Konfiguration direkt in den *web.config*-Dateien der Website oder Webanwendung zu ändern. Auch das ermöglicht aber nicht, diese Vorgaben zu umgehen: In diesem Fall wird es beim Bearbeiten im Internetinformationsdienste-Manager eine Fehlermeldung geben (siehe Abbildung 17.87), und beim Aufruf der Webanwendung mit dem Browser wird ein interner Serverfehler gemeldet werden (Fehlercode 500).

Die »Überschreibbarkeit« von Einstellungen lässt sich übrigens direkt in der *applicationHost.config*-Datei noch genauer einstellen als mit dem Internetinformationsdienste-Manager. Ich möchte das Thema jetzt nicht zu breit auswalzen und möchte exemplarisch auf Abbildung 17.88 verweisen, in der zu sehen ist, wie man einen Konfigurationsabschnitt entsperrt.

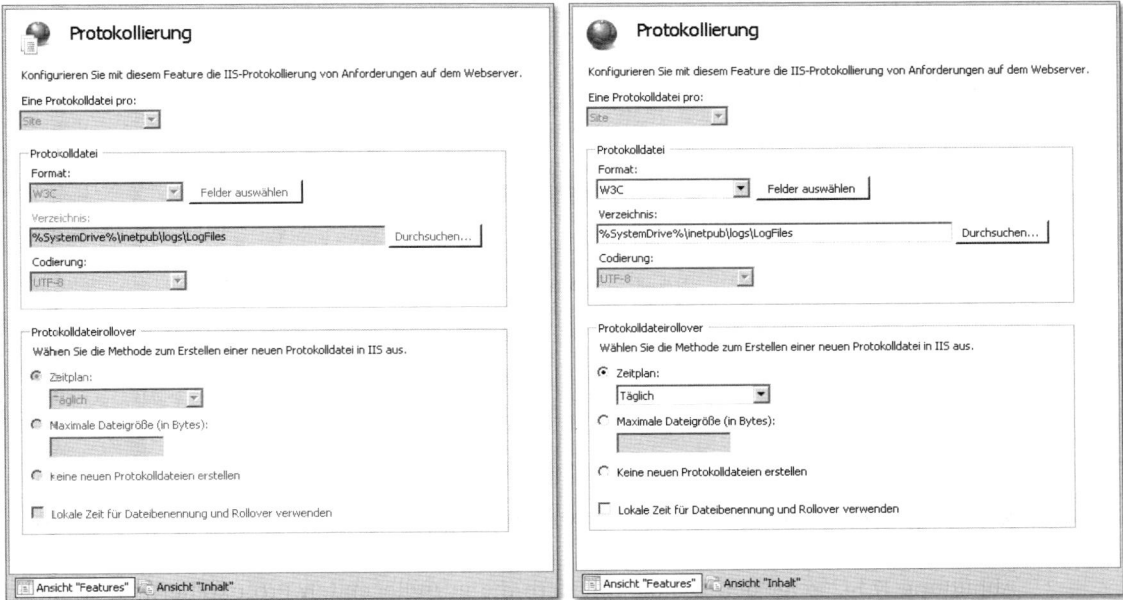

Abbildung 17.140 Unterschiedliche Delegierungen auf Serverebene führen zu verschiedenen Konfigurationsmöglichkeiten auf der Ebene von Website und Webanwendung.

17.11.4 Protokollierung

Die Protokollierung und Diagnose ist ein Themenbereich, mit dem man recht problemlos die nächsten hundert Seiten dieses Buchs füllen könnte. Immerhin gibt es sechs Rollendienste, die sich »nur« mit diesem Themenbereich befassen.

Meiner Erfahrung nach befassen sich die meisten Administratoren mit der Protokollierung oder Nachverfolgung nur recht rudimentär und überlassen die Detailanalyse und Diagnostik eher den Webanwendungsspezialisten. Ich möchte diesen »Zustand« nun keinesfalls für alle Zeiten festzurren und behaupten, dass die Admins sich »nur« mit den Basisthemen befassen müssten, möchte aber auch nicht zig Seiten für Themen verbrauchen, die die meisten Leser nicht als »ihre Themen« ansehen.

Ich möchte daher neben der eigentlichen Protokollierung speziell auf die *Nachverfolgung* verweisen, die es ermöglicht, »kniffligen« Problemen auf die Spur zu kommen, die sich aus den normalen Logdateien nicht erschließen. Erfahrungsgemäß werden diese Möglichkeiten aber schwerpunktmäßig von dedizierten IIS-Spezialisten und Anwendungsentwicklern genutzt, weshalb ich es in diesem Buch bei der Erwähnung belassen möchte.

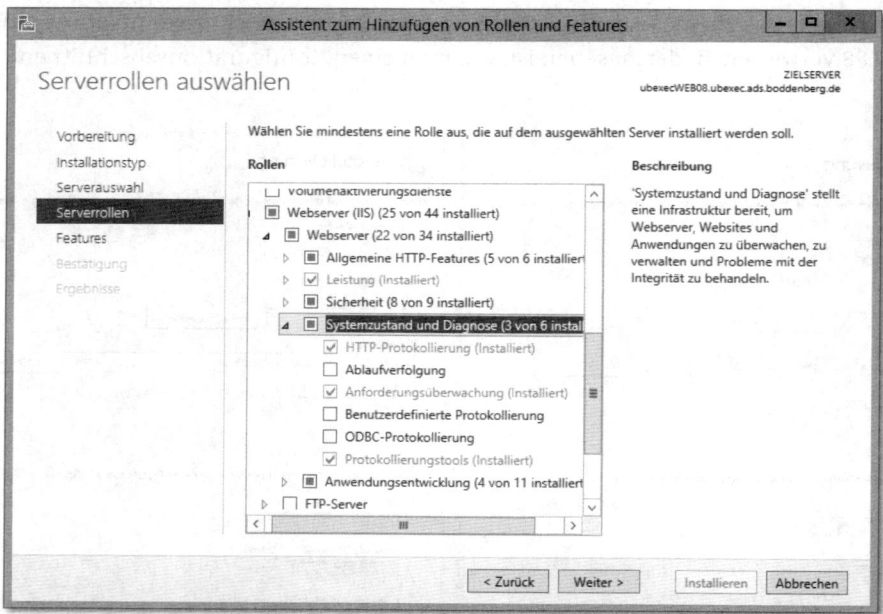

Abbildung 17.141 Immerhin sechs Rollendienste befassen sich mit Protokollierung und Diagnose.

Abbildung 17.142 zeigt den Dialog, mit dem die grundlegenden Protokollierungsoptionen konfiguriert werden:

- Im ersten Konfigurationsabschnitt (EINE PROTOKOLLDATEI PRO) können Sie festlegen, ob die Protokolle des Servers in eine einzige Datei geschrieben werden sollen oder ob eine separate Datei für jede Website geschrieben werden soll.

- Der Konfigurationsabschnitt PROTOKOLLDATEI ermöglicht die Konfiguration des Formats und des Speicherorts. Die Formatoptionen sind:
    - BINÄR: Dieses Format steht nur zur Verfügung, wenn ein Protokoll pro Server (und eben nicht pro Site) erstellt wird. Durch die Protokollierung im binären Format wird zwar gegenüber den textbasierten Formaten Plattenplatz gespart, allerdings können Sie die Daten nicht mehr einfach mit dem Texteditor einsehen. Zum Lesen dieses Formats können Sie beispielsweise den *Log Parser* verwenden, den Sie im Microsoft Download Center herunterladen können.
    - MICROSOFT IIS: Dieses Format wird durch *HTTP.sys* verwaltet und liegt in einem festen textbasierten ASCII-Format vor. Das heißt, dass Sie die zu protokollierenden Felder nicht festlegen können. Die Felder sind durch Kommas getrennt, und die Zeit wird als lokale Zeit aufgezeichnet.

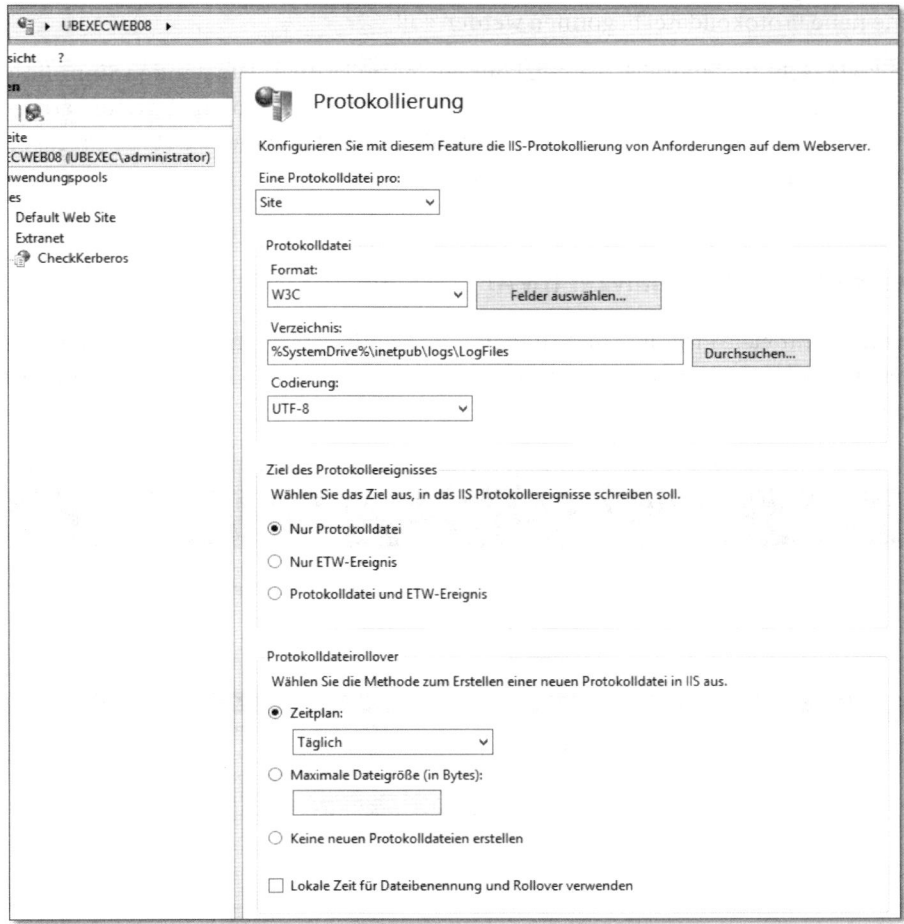

Abbildung 17.142 Konfiguration der Protokollierung

- NCSA ALLGEMEIN: Dieses Format wird durch *HTTP.sys* verwaltet und liegt in einem festen textbasierten ASCII-Format vor. Das heißt, dass Sie die zu protokollierenden Felder nicht festlegen können. Die Felder werden durch Leerzeichen getrennt, und die Zeit wird als lokale Zeit mit UTC (*Coordinated Universal Time*) als Offset aufgezeichnet.
- W3C: Dieses Format wird von *HTTP.sys* verwaltet und liegt in einem benutzerdefinierbaren textbasierten ASCII-Format vor. Das heißt, dass Sie die zu protokollierenden Felder festlegen können. Geben Sie im Dialogfeld W3C-PROTOKOLLFELDER die Felder an, die protokolliert werden sollen. Die Felder werden durch Leerzeichen getrennt, und die Zeit wird in UTC (*Coordinated Universal Time*) aufgezeichnet.
- Weiterhin können Sie ein BENUTZERDEFINIERTES FORMAT auswählen. Bei Auswahl dieser Option wird die Seite PROTOKOLLIERUNG deaktiviert, da in IIS-Manager keine benutzerdefinierte Protokollierung konfiguriert werden kann.

▶ Im letzten Konfigurationsabschnitt (PROTOKOLLDATEIROLLOVER) legen Sie fest, ob und wann eine neue Protokolldatei begonnen werden soll.

Da die Protokolle recht umfangreich werden können, macht es unter Umständen Sinn, diese nicht auf dem Systemvolume abzulegen. Die Protokollierung auf einem Netzlaufwerk ist ebenfalls möglich. Alternativ kann mittels des installierbaren Rollendiensts *ODBC-Protokollierung* auch in eine Datenbank protokolliert werden.

17.12 Der Best Practice Analyzer (BPA)

Microsoft verfolgt für viele Produkte die Strategie, den Administratoren ein Werkzeug an die Hand zu geben, das die aktuellen Einstellungen überprüft – die Rede ist hier von den Best Practice Analyzern.

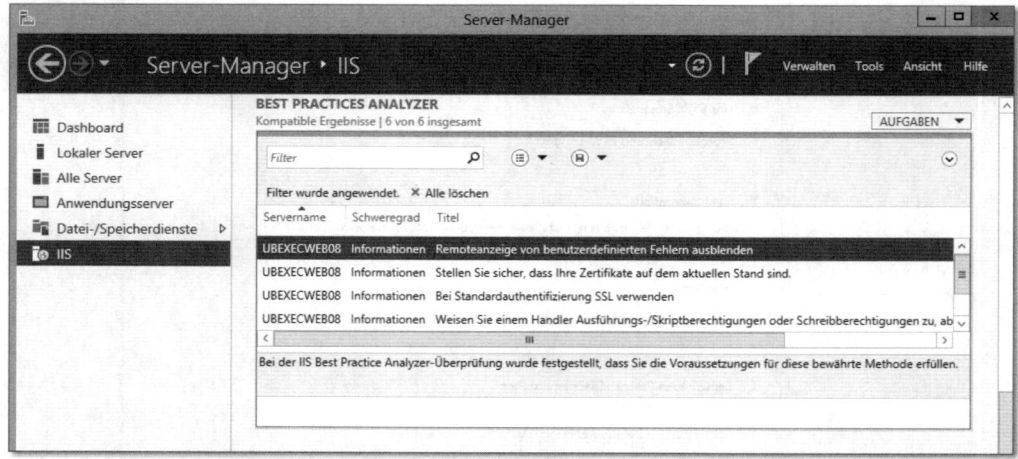

Abbildung 17.143 Der Best Practice Analyzer wird über den Server-Manager gestartet.

In Windows Server 2008 R2 sind einige Best Practice Analyzer vorhanden, unter anderem auch für den Webserver. Sie erreichen den BPA allerdings nicht über den Internetinformationsdienste-Manager, sondern über den Server-Manager (Abbildung 17.143). Wählen Sie dort den Rollendienst WEBSERVER aus, und scrollen Sie zu dem Abschnitt BEST PRACTICE ANALYZER. Ab nun geht's ganz von allein: Mit dem Menüpunkt DIESE ROLLE ÜBERPRÜFEN startet den Vorgang.

17.13 IIS-Schlussbemerkung

Zweifelsfrei gehört der IIS zu den komplexesten Komponenten, die im Windows Server 2012 enthalten sind. Das liegt erstens daran, dass Webanwendungen mittlerweile komplexe business-kritische Applikationen geworden sind, die weit von dem klassischen Intranet entfernt sind, das den aktuellen Speiseplan der Kantine anzeigt. Zweitens werden im IIS viele ebenfalls im Server vorhandene Technologien angewendet – ein Beispiel ist die Windows-Authentifizierung, die solide Kerberos-Kenntnisse erfordert. Ein anderes Integrationsbeispiel ist die Nutzung von *Network Load Balancing* (NLB) für die Lastverteilung und zur Verbesserung der Verfügbarkeit.

Dies ist zwar eines der längeren Kapitel dieses Buchs geworden, trotzdem bietet es bei Weitem keine komplette Behandlung des Themas IIS. Ich habe mich bemüht, einen Querschnitt über die meiner Erfahrung nach für Administratoren relevanten Themen zu geben – und hoffe, dass Ihre wichtigsten Fragen zum IIS damit beantwortet sind.

Kapitel 18
SharePoint Foundation und SharePoint Server

Nicht die Tochter befreit', und nicht annahm die Erlösung:
Darum gab uns Jammer der Treffende, wird es auch geben.
Nicht wird jener die schreckliche Hand abziehn vom Verderben,
Bis man zurück dem Vater das freudigblickende Mägdlein
Hingibt, frei, ohn' Entgelt, und mit heiliger Festhekatombe

> **SharePoint ist ein eigenes Thema**
>
> SharePoint ist kein Bestandteil des Betriebssystems, demnach ist es in diesem Buch »off-topic«. Ich verweise an dieser Stelle gern auf mein bei Galileo Press erscheinendes Share-Point-Buch (978-3-8362-2309-6). Das Buch ist in etwa so dick wie das Werk, das Sie gerade in den Händen halten, womit erklärt wäre, warum SharePoint nicht »mal eben so« als Unterthema behandelt werden kann.
>
> Ich möchte Ihnen an dieser Stelle aber eine kleine Argumentationskette dazu liefern, warum die Beschäftigung mit SharePoint empfehlenswert ist.

Kaum eine Technologie wird in den Unternehmen und Organisationen mit so viel Interesse betrachtet wie SharePoint – und übrigens auch eingeführt und genutzt.

SharePoint erfüllt einige aktuell in den Unternehmen immer stärker ins Blickfeld rückende Anforderungen:

- Informationsmanagement
- Wissensmanagement
- Benutzereffizienz
- die elektronische Abbildung von Geschäftsprozessen
- Business Intelligence-Frontend

Diese Themen lassen sich mit den klassisch vorhandenen Komponenten, wie Fileserver, Mailserver und betriebswirtschaftlichen Systemen, nicht in den Griff bekommen, sodass einfach neue Wege gegangen werden *müssen*. Ob ein Unternehmen das ein wenig früher oder später tut, hängt zwar von vielen Parametern ab, aber es führt kein Weg daran vorbei.

Von SharePoint gibt es zwei prinzipiell zwei Editionen:

- *SharePoint Foundation 2013*: Diese Edition ist im Rahmen der Lizenz des Windows Server 2012-Betriebssystems nutzbar, ist aber kein direkter Bestandteil des Servers.
- *SharePoint Server 2013*: Hierbei handelt es sich sozusagen um eine kostenpflichtige Erweiterung der SharePoint Foundation. Der SharePoint Server ist wiederum in zwei Editionen erhältlich, nämlich *Standard* und *Enterprise*.

So ziemlich jeder Kunde, mit dem ich über SharePoint spreche, fragt irgendwann: »Uli, wie entscheiden wir, ob wir mit der SharePoint Foundation auskommen oder ob wir den SharePoint Server benötigen? Hast du da Erfahrungswerte?« Die Antwort ist natürlich jeweils individuell zu erarbeiten, aber im Grunde genommen gilt: SharePoint Foundation kann zwar recht viel, sobald aber in einem mittleren Unternehmen eine unternehmensweite Verwendung geplant ist, wird man um den SharePoint Server nicht herumkommen. Natürlich funktioniert die Team Collaboration auch in einem großen Unternehmen mit der Foundation ganz wunderbar – es gibt aber neben der Team Collaboration noch viele andere Anwendungsfelder, die durch SharePoint optimiert werden können.

18.1 Warum SharePoint?

Bevor eine neue Technologie eingeführt wird, sollte man genau untersuchen, welchen Mehrwert diese Technologie konkret für das jeweilige Unternehmen bzw. die Organisation bieten kann. Auch SharePoint dürfte keine Ausnahme sein, und niemand wird Geld ausgeben wollen, weil diese Technologie nun gerade »hip« ist.

Die Schwierigkeit bei Projekten bzw. Maßnahmen im Collaboration-Umfeld ist, dass man erreichte Effekte schlecht »in Geld« messen kann. Beim Austausch von Servern ist das beispielsweise einfacher:

- Die bestehenden gekauften Server verursachen Wartungskosten (für die der Hersteller eine Rechnung schreibt) von 100.000 € pro Jahr.
- Neue modernere Systeme wären für 40.000 € Leasingrate und 30.000 € Wartungskosten zu haben. Die einmaligen Aufwände für das Tauschprojekt betragen 30.000 €.
- Jeder kann sich leicht ausrechnen, dass ab dem zweiten Jahr ein positiver finanzieller Effekt eintreten wird.

Eine solche Rechnung mit einem eindeutigen Ergebnis wird es im Collaboration-Umfeld nur selten geben:

- Der erste Grund ist, dass sich ein Effizienzgewinn der Mitarbeiter schlecht messen lässt.
- Der zweite und zentralere Grund ist, dass selbst das Ergebnis »Jeder Mitarbeiter erledigt seine tägliche Arbeit 20 Minuten schneller« nicht bedeuten muss, dass das Unternehmen deshalb auch mehr Geld verdient. Auch Ergebnisse wie »Wir können Fragen unserer Kunden schneller beantworten« sind wahrscheinlich nicht in Euro und Cent auszudrücken.

Im deutschsprachigen Raum sind kaufmännische Entscheider erfahrungsgemäß für Berechnungen, die den »Effizienzgewinn der Mitarbeiter« lediglich »in Zeit« ausdrücken, nicht sonderlich empfänglich. Bei der Betrachtung einer eventuellen SharePoint-Einführung würde ich die Fragestellungen etwas anders wählen. Einige Beispiele:

- Genügt die derzeitige Umgebung überhaupt noch den heutigen Anforderungen? Vordergründig wahrscheinlich schon, denn das Unternehmen macht ja Geschäfte; bei etwas gründlicherer Betrachtung finden sich aber so gut wie überall mehr oder weniger große Defizite bei der Bereitstellung des Unternehmenswissens.

- Wird die derzeitige Umgebung den zukünftigen Anforderungen genügen? Das ist natürlich eine Glaskugelfrage. Man kann aber in jedem Fall davon ausgehen, dass die Datenmengen deutlich steigen werden – und das nicht nur, weil die Benutzer nicht aufhören, Dokumente zu produzieren. Ein zusätzlicher massiver Schub kommt daher, dass man immer stärker versucht, das in den Köpfen erhaltene Unternehmenswissen elektronisch zu speichern. Außerdem arbeiten die Unternehmen daran, bisher »auf Zuruf« oder mit Papier gesteuerte Geschäftsprozesse elektronisch abzubilden, was ebenfalls zu zusätzlichen Daten führt.

- Werden die vorhandenen Systeme wie vorgesehen genutzt? Hierzu ein Beispiel: In den meisten Unternehmen und Organisationen hat sich schleichend die Praxis eingebürgert, einen nicht unerheblichen Teil des Datenaustauschs mit dem E-Mail-System abzuwickeln. Ich mache mir weniger Sorgen über den hohen Speicherbedarf der Postfächer als vielmehr darüber, dass dieses Verhalten dazu führt, dass wesentliche Informationen nicht für alle Benutzer auf dem aktuellen Stand vorhanden sind.

- Können mobile Mitarbeiter auf alle notwendigen Informationen zugreifen? In vielen Aufgabengebieten wird das Geld nicht im Büro, sondern beim Kunden verdient; Beispiele dafür sind Service- und Vertriebsmitarbeiter oder Berater in Projekten. Für diese Menschen ist eben nicht mehr wie zu Opas Zeiten der Schreibtisch im Büro mit Topfpflanze und einem Foto von Frau, Kind und Hund der Arbeitsmittelpunkt. Gleichzeitig müssen diese Mitarbeiter schnell und problemlos auf alle relevanten Unternehmensinformationen zugreifen können. »Mobilität« bedeutet mehr, als nur unterwegs E-Mails empfangen zu können. »Mobilität« bedeutet mehr, als ein Notebook zu haben.

- Sind viele Dokumente mehrfach vorhanden? Allein dadurch, dass Mitarbeiter E-Mails mit Dokumenten hin- und hersenden, werden Dokumente doppelt oder mehrfach vorhanden sein. Teilweise helfen zwar Technologien wie *Single Instance Storage* (SIS), die – ohne dass der Benutzer es merkt – eine E-Mail nebst Dateianhang nur einmal speichern, obwohl sie an 150 Postfächer zugestellt wurde. Da das Exchange-SIS aber nur in dem genannten Fall wirksam ist und eben nicht jeden Dateianhang daraufhin überprüft, ob er vielleicht schon irgendwo gespeichert ist, liegen etliche Dokumente (z.B. die 12 MByte große Standardunternehmenspräsentation) vermutlich viele Dutzend Male in den Datenbanken des E-Mail-Systems – unter Umständen sogar bei einzelnen Personen mehrfach, nämlich wenn diese sich vor jedem wichtigen Termin die aktuellste Version zusenden lassen.

- Gegen die »mehrfach vorhandenen Dokumente« hilft natürlich auch die Deduplizierung, die seit Windows Server 2012 im Betriebssystem vorhanden ist.

  Untersuchungen in Dateisystemen zeigen übrigens, dass die »Dublettenquote« auch im konventionellen Dateisystem recht hoch ist.

- Die durch Dubletten verursachten Kosten beim Plattenplatz sind heute nicht mehr der Schmerzpunkt: Weitere 300 GByte sind auch bei hochverfügbarem Plattenplatz in SAN-Storage-Systemen bezahlbar geworden. Viel signifikanter sind die Kosten, die Sie aufwenden müssen, um zusätzliche 300 GByte im Rahmen definierter Service-Level zurücksichern zu können.

18.1.1 Unternehmenswissen

In diesem Buch ist, genauso wie in anderen Publikationen, häufig von *Unternehmenswissen* die Rede. In diesem Zusammenhang passt – mal wieder – der Ausspruch: »Wenn HP wüsste, was HP weiß, dann wären wir dreimal so profitabel.« Der frühere HP-CEO Lew Platt hat mit dieser Aussage sehr prägnant ausgedrückt, dass das Fehlen aufgeschriebenen und leicht auffindbaren Wissens schlicht und ergreifend Geld kostet. Man kann diesen Satz natürlich verwenden, um beliebige »Probleme« in Unternehmen und Organisationen zu beschreiben. Mit etwas größerem Abstand betrachtet, gibt es drei wesentliche Probleme, dies es zu lösen gilt:

- In einem etwas größeren Unternehmen (mehr als 20 Mitarbeiter) kennen sich die Mitarbeiter im Allgemeinen nicht mehr so gut, dass sie über die Fähigkeiten, Interessen und Neigungen ihrer Kollegen wirklich im Detail Bescheid wüssten. Bei einem spezifischen Problem könnte vielleicht Person A helfen; wenn Person B aber nicht weiß, dass A das notwendige Wissen hat, erfindet B das Rad eventuell neu, kauft externes Wissen hinzu oder findet keine Lösung. Ein Problem ist also das Wissen über die Fähigkeiten anderer Menschen im Unternehmen – das hört sich trivial an, als Problem ist es aber gerade in größeren Organisationen nicht zu unterschätzen.

- Wertvolles Wissen existiert oft nur in den Köpfen einzelner Menschen. Dies sind häufig langjährige Mitarbeiter, die die abgelaufenen Projekte, die Kunden, die Lösungen für Probleme etc. kennen. Verlassen diese Mitarbeiter das Unternehmen, ist dieses Wissen unwiederbringlich verloren – es sei denn, es ist aufgeschrieben worden. Man braucht aber gar nicht den »Extremfall« zu betrachten, in dem Mitarbeiter das Unternehmen verlassen haben: In der Praxis zeigt sich, dass die Kollegen mit »Wissensmonopol« häufig einen Engpass darstellen, weil sie schlicht und ergreifend nicht erreichbar sind.

- Es verhält sich ja nun durchaus nicht so, dass Unternehmen über gar kein gespeichertes Wissen verfügen würden. Häufig ist dieses Wissen aber nicht auffindbar. Das kann an einem »unglücklichen« Berechtigungskonzept liegen oder aber am »Datengrab-Effekt«: Ich kenne etliche Unternehmen, die ihr IT-System schlicht und ergreifend als Datengrab bezeichnen. Wenn IT-Verantwortliche schon dieser Meinung sind, kann man sich ausmalen, wie die Benutzer darüber denken. Wenn das Unternehmenswissen zwar aufgeschrieben, aber trotzdem nicht auffindbar ist, liegt sein Wert auch nur knapp über null.

Die Formen, in denen das Unternehmenswissen vorliegt, können vielfältig sein, denn jede noch so kleine Information zählt dazu. Die Herausforderung besteht also darin, den Benutzern möglichst einfache Werkzeuge zur Verfügung zu stellen, um ihr Wissen aufzuzeichnen und alles durchsuchbar zu machen. Nicht alle Quellen werden direkt in SharePoint liegen, aber alle müssen in SharePoint integriert werden. SharePoint ist sozusagen der Ort, an dem das Wissen zusammengefasst und bereitgestellt wird – eben der *Share*-Point. Zu den Quellen, die Unternehmenswissen enthalten, gehören beispielsweise:

- Word-Dokumente mit Angeboten
- jegliche Korrespondenz mit Kunden
- Präsentationen
- Daten aus der Warenwirtschaft
- Informationen aus dem Projektmanagementsystem
- Listen aller Art
- Blogs der Mitarbeiter (z.B. »So habe das Problem ABCD gelöst.«)
- ein Unternehmens-Wiki
- Zeichnungen der Konstruktionsabteilung
- Dokumente mit Besuchsberichten
- Protokolle zu Workflows
- Informationen über Kenntnisse und (fachliche) Interessen der Mitarbeiter

Sie sehen, dass »die Form und der Stil«, wie Wissen gespeichert werden kann, sehr vielfältig sind. Die Liste nennt auch nur einen kleinen Teil der Möglichkeiten. Vermutlich werden Lösungen wie Blogs und Wikis in den meisten Unternehmen eher noch nicht genutzt werden – die Kunst ist also, die Mitarbeiter zur Nutzung dieser (und anderer) neuen Möglichkeiten zu animieren und einen entsprechenden »betrieblichen Rahmen« zu schaffen.

Dann muss ein System bereitgestellt werden, mit dem das gespeicherte Wissen gefunden werden kann. Insbesondere der SharePoint Server bietet umfangreiche und sehr umfassend konfigurierbare Suchmöglichkeiten.

18.1.2 Intranet, Extranet und Internet

Das im vorigen Abschnitt beschriebene Unternehmenswissen ist in der heutigen Zeit das eigentliche Kapital eines Unternehmens. Nun ist es aber so, dass sich im Allgemeinen die Unternehmen nicht völlig abschotten, sondern einen Teil des Wissens und der Informationen Externen zugänglich machen. Einige Beispiele:

- Mit Kunden und Zulieferern werden Daten über Produkte und Technologien ausgetauscht.
- Partner erhalten Service-Informationen.

- Aktionäre werden regelmäßig über die geschäftliche Lage informiert.
- Die (Fach-)Presse wird regelmäßig mit Pressemitteilungen gefüttert.
- Interessenten sollen sich über Innovationen informieren können.
- Bewerber erhalten einen Überblick über Karrieremöglichkeiten im Unternehmen.

Sie stehen also vor zwei Aufgaben:

- Sie müssen dafür sorgen, dass das Wissen des Unternehmens aufgeschrieben wird und abrufbar ist.
- Sie müssen dafür sorgen, dass Partner und die Öffentlichkeit Ausschnitte aus dem Wissen einsehen können. Teilweise tragen diese externen Menschen sogar zur Erweiterung des Unternehmenswissens bei, indem sie Daten bereitstellen, Wissen über Ihre Produkte in Onlineforen stellen und dergleichen mehr.

Ich bin der Auffassung, dass man die Begriffe *Intranet*, *Extranet* und *Internet* nicht an der räumlichen Position eines Clients festmachen sollte. Abbildung 18.1 zeigt meinen Ansatz zur Erklärung dieser Begriffe:

- Im *Intranet* ist sämtliches Wissen des Unternehmens gespeichert. Nur einem Mitarbeiter wird man Zugriff auf das Intranet gewähren. Da diese Person ja auch Mitarbeiter der Firma ist, wenn sie in einer Kneipe in Casablanca sitzt und mit dem Smartphone auf Informationen zugreifen möchte, muss sie Intranetzugriff haben, egal wo sie sich gerade befindet. Selbstverständlich wird eine Person nicht auf das ganze Unternehmenswissen zugreifen können – es sei denn, es handelt sich zufällig um den Geschäftsführer.

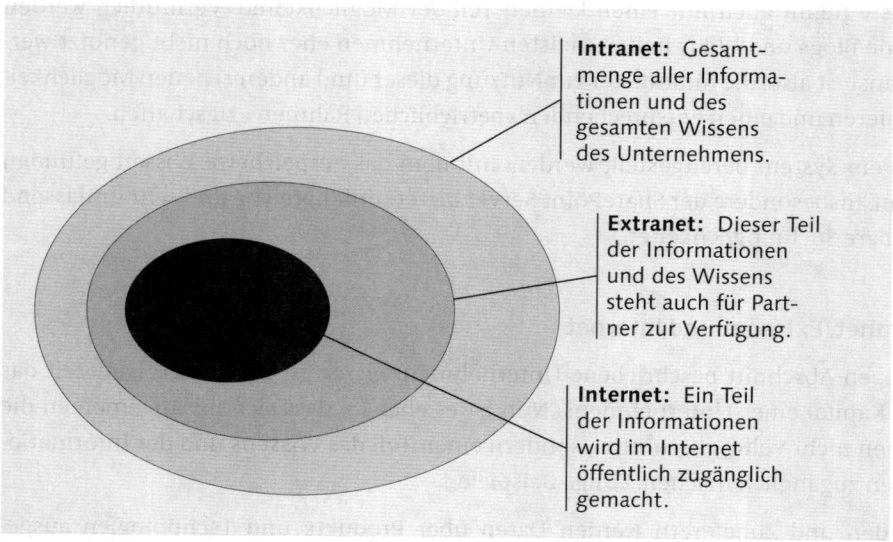

Abbildung 18.1 Ein grafischer Versuch, Intranet, Extranet und Internet zu visualisieren

- Das *Extranet* enthält nur einen Teil des Unternehmenswissens, und zwar denjenigen, den Sie mit Ihren Partnern teilen möchten. Das Extranet enthält eine spezielle »Untermenge« des gesamten Unternehmenswissens. Daher ist es in der Zeichnung inmitten des viel umfassenderen Intranetwissens eingezeichnet. Ein Mitarbeiter des Unternehmens (also ein Intranetbenutzer) mit bestimmten Rechten wird auf die Informationen zugreifen können, die im Extranet vorhanden sind – die Darstellung passt also.

  Ein Benutzer, der auf das Extranet zugreift, wird authentifiziert – anonyme Zugriffe auf das Extranet wird es nicht geben.

- Der öffentliche und für anonyme Benutzer sichtbare Teil des Unternehmenswissens findet sich im *Internet*. Hier greifen nicht authentifizierte Benutzer auf ausgewählte Daten zu. Da ein Extranetbenutzer sich diese öffentlich zugänglichen Dateien ebenfalls beschaffen könnte, ist das im Internet verfügbare Wissen eine Untermenge des Extranetwissens.

Meine Definition von Intranet, Extranet und Internet ist vielleicht ein wenig ungewohnt. Man kann so aber die Anforderungen, die abgedeckt werden müssen, perfekt erklären:

- Sie müssen eine Plattform bereitstellen, die internen Benutzern ermöglicht, Wissen bereitzustellen und Informationen zu finden: *Intranet*.
- Weiterhin müssen Sie dafür sorgen, dass Partner bestimmte Bereiche Ihres Wissens erhalten und eigenes Wissen beisteuern können: *Extranet*.
- Anonyme Benutzer (z.B. Interessenten) sollen etwas über Ihr Unternehmen und dessen Leistungsfähigkeit erfahren. Dazu geben Sie ebenfalls einen kleinen Teil Ihres Wissens preis: *Internet*.

Es ist an dieser Stelle wahrscheinlich überflüssig, zu erwähnen, dass Sie SharePoint in allen drei Szenarien einsetzen können. In den meisten bestehenden Umgebungen finden sich drei völlig getrennte Plattformen, sodass auch für interne Benutzer kein konsistenter Zugriff auf das Unternehmenswissen möglich ist. Zudem ergibt sich natürlich ein erhöhter Aufwand, wenn drei Systemwelten gepflegt werden müssen. Ich behaupte nicht, dass Sie mit SharePoint diese »Wissenspartitionierung« ohne Einrichtungsaufwand realisieren können, SharePoint bietet Ihnen aber die Chance, ein System aufzubauen, mit dem die Wissensbereitstellung und das Wissensmanagement durchgängig und konsistent erfolgen – egal für welches Szenario.

18.1.3 Content Manager und andere Rollen

In einer »klassischen« Systemumgebung gibt es eine recht eindeutige Trennung der Aufgaben:

- Die *Administratoren* implementieren und betreiben die Technik, damit die Benutzer mit Informationen aller Art arbeiten können. Hierbei geben sie auch die grobe Struktur vor, beispielsweise in Form eines mit Berechtigungen versehenen Verzeichnisbaums.

- Die *Benutzer* arbeiten in den vorgegebenen Strukturen. Wenn sie einen neuen Speicherort für eine bestimmte neu entstandene Benutzergruppe oder dergleichen benötigen, hilft das Admin-Team.

Ich weiß aus vielen Gesprächen mit IT-Abteilungen, dass diese »Betreuung« mit den bestehenden Teams, die sich mit immer neuen und immer anspruchsvolleren Aufgaben konfrontiert sehen, kaum zu leisten ist. Hinzu kommen zwei weitere Effekte:

- In den meisten Fällen wenden sich die Benutzer gar nicht erst an das Admin-Team, sondern »wurschteln sich durch«, indem sie die Daten auf einem allgemeinen »Transferlaufwerk« (ohne spezielle Berechtigungen) ablegen oder per E-Mail verteilen.
- Wenn man weiterhin berücksichtigt, dass derzeit erst ein kleiner Teil des Unternehmenswissens elektronisch verfügbar ist, liegt es auf der Hand, dass der Bedarf nach Anpassungen in den Informationsablagestrukturen stark steigen wird – wenn die Benutzer sich nicht wie im zuvor genannten Punkt helfen.

Bei hinreichend starker Abstraktion kann man die gespeicherten und noch zu speichernden Informationen in zwei große Gruppen aufteilen:

- In der einen Gruppe sind die Daten, die in Datenbanken von ERP-, CRM- und ähnlichen Systemen liegen.
- Die andere Gruppe besteht aus den Daten, die eben nicht in solchen Systemen liegen. Diese Gruppe wird bei den meisten Unternehmen die deutlich umfangreichere sein. Hier finden sich beispielsweise Korrespondenz, Konstruktionsunterlagen, Protokolle, Berichte, Analysen und vieles andere mehr. Geht man vom klassischen Verzeichnisbaum aus, lassen sich diese Daten wiederum in zwei Gruppen aufteilen:
  - in die Daten, für die es im Verzeichnisbaum einen passenden und eindeutigen Speicherplatz gibt,
  - und die Daten, die »nicht so wirklich« hineinpassen. Dies kann daran liegen, dass es thematisch keinen passenden Zweig dieses Baums gibt, oder daran, dass die Berechtigungen in diesem Zweig nicht passen oder dass es mehrere passende Zweige gibt.

Meinen Untersuchungen zufolge ist die Menge der Daten, die nicht oder nicht optimal in einen noch so sorgfältigen Verzeichnisbaum passen, genauso groß oder deutlich größer als die »baumstrukturkonforme« Menge. Diese Erkenntnis führt wieder zu mehreren Optionen:

- Die Administration versucht, wieder Herr der Lage zu werden, entwirft immer ausgefeiltere Strukturen und führt auch an diesen ständig Anpassungen durch. Abgesehen davon, dass das Admin-Team diese Aufgabe rein zeitlich nicht bewältigen kann, werden die Benutzer eine komplexe Struktur nicht verstehen.
- Das Admin-Team unternimmt nichts und überlässt die Benutzer sich selbst. Die Benutzer werden die heute schon »gelebte Praxis« beibehalten und einen Großteil des Infor-

mations- und Wissensaustauschs per E-Mail erledigen – mit allen bereits besprochenen Nachteilen.

▶ Der dritte Weg ist die Schaffung von Möglichkeiten, mit denen die Benutzer die Struktur der Inhalte leicht selbst verwalten und modifizieren können.

Der letztgenannte Punkt erfordert ein Umdenken: Er bedeutet die Abkehr von einem Topdown-System, bei dem die Administration die Struktur der Inhalte vorgibt. An seine Stelle tritt ein Bottom-up-Ansatz, in dem die Benutzer sich die »Datenablagen« (und das sind nicht nur Dateiablagen) schaffen, die sie benötigen, ohne die Administration fragen zu müssen.

Musterbeispiel sind Projekt- und Teamräume, in denen die Kollegen alles rund um das Projekt oder das Team abwickeln können: Dateien ablegen, Listen erstellen und alles, was damit zusammenhängt.

Noch zwei weiterführende Anmerkungen:

▶ Wenn das Projekt, für das Daten im Projektraum liegen, nicht irgendwie »geheim« sind, empfiehlt es sich, dass der Initiator des Projektraums »der Allgemeinheit« (oder welchem Benutzerkreis auch immer) Leseberechtigung erteilt – zumindest nach dem Abschluss des Projekts. Auf diese Weise können zu einem beliebigen späteren Zeitpunkt auch andere Benutzer auf die Ergebnisse zugreifen. Vielleicht haben ja später andere Mitarbeiter Berührungspunkte mit dem Thema des Projekts. Standardmäßig erhalten nur Projektteilnehmer die Zugriffsberechtigungen für den Projektraum. Im Zweifelsfall könnte man das aber auch automatisieren.

▶ Bei Vorführungen, bei denen ich diese Möglichkeit zeige, sind Endbenutzer regelmäßig begeistert, Administratoren dagegen fragen, ob der Projektraum nicht zum Datengrab würde bzw. ob auf lange Sicht nicht Tausende kleiner Datengräber entstünden. Das Problem ist, dass man natürlich nur schwer entscheiden kann, wann eine Information wirklich wertlos wird und gelöscht werden kann. Anders formuliert, lautet die Frage, wann etwas nicht mehr zum relevanten Unternehmenswissen gehört. Datengräber werden die Besprechungsarbeitsbereiche übrigens schon allein aus dem Grund nicht, weil sie von der Suche indiziert werden und die Inhalte gefunden werden können.

Dass Benutzer selbst Arbeitsbereiche anlegen können (entsprechende Berechtigungen vorausgesetzt), ist natürlich nicht nur auf die Besprechungsarbeitsbereiche beschränkt. Ich hatte weiter oben ja skizziert, dass in der »klassischen Welt« das Erstellen und Pflegen von Struktur und Berechtigungen die Arbeit der Administratoren ist, diese Aufgabe aber kaum durch diese zu leisten sei (vom Volumen des Arbeitsanfalls her, wenn man es denn »in gut« machen würde). Die Strukturierung und Verwaltung der Inhalte sollte also da geleistet werden, wo auch die Inhalte »produziert« werden, nämlich in der Fachabteilung. Bislang scheiterte das daran, dass dies für einen »normalen« Benutzer einerseits zu komplex war und er andererseits auch mehr Rechte benötigt hätte, als man ihm eigentlich zugestehen will. Dies beides ändert sich mit SharePoint, und so entsteht die Rolle des *Content Manager*. Dies ist eine

Person, die für die Verwaltung der Inhalte zuständig ist. Konkreter gesagt, man übergibt die Verantwortung an die entsprechenden Benutzer im Allgemeinen auf Ebene einer Website.

18.1.4 Wie viele Mausklicks? – Oder: Über die Benutzereffizienz

Wenn Sie einen beliebigen Anwender fragen, ob er auf alle Informationen zugreifen kann, die er braucht, wird er dies bejahen. Ob er auf diese Informationen wirklich effizient zugreift, ist allerdings zu prüfen – auch wenn die Anwender sich nicht direkt beschweren.

Sehen wir uns ein Beispiel an:

- Ein Vertriebsleiter wird jeden Morgen die aktuellen Zahlen sehen wollen, also wie viel Umsatz seine Mitarbeiter am letzten Tag, in der letzten Woche, im letzten Monat etc. gebucht haben.
- Ich habe mehrfach erlebt, dass ein Vertriebsleiter jeden Morgen einen Report aus dem ERP-System zieht, die Daten in Excel importiert, dort eine Weile »herumfummelt« und schließlich die gewünschten Informationen vorliegen hat. Klar, nach ca. 40 Mausklicks hat er das Ergebnis.

Es gibt also erheblichen Optimierungsbedarf: Es wäre doch sehr wünschenswert, wenn der Vertriebsleiter alle benötigten Zahlen direkt auf den ersten Blick, beispielsweise wenn er SharePoint öffnet, zu Gesicht bekäme. Auf diese Weise könnte er jeden Tag zehn wertvolle Minuten sparen. Die Informationen könnten auch problemlos auf einem Mobilgerät ausgegeben werden, was mit der »alten Methode« keinesfalls möglich wäre.

Das Ausgeben von Informationen, die von SharePoint aus anderen Systemen (z.B. Warenwirtschaft, Finanzbuchhaltung etc.) beschafft werden, kann sehr viel Zeit sparen: Vor allem müssen Benutzer nicht die Bedienung eines Systems lernen, in dem sie im Normalfall keine Eingaben machen müssen, sondern lediglich Daten abfragen. Kurz gesagt: Wenn der Benutzer eine Information zwar mit 50 Mausklicks beschaffen kann, diese aber mittels SharePoint mit zwei Mausklicks erreichbar sein könnte, sollte dieses Optimierungspotenzial zumindest geprüft werden.

18.2 Projekt und Einführung

SharePoint ist zweifelsfrei eine der interessantesten und gleichzeitig eine der komplexesten und leistungsfähigsten Technologien, die von Microsoft geliefert werden.

SharePoint ist ein fast »endloses« Thema, sodass es nie ein Problem ist, ein ganzes Buch mit SharePoint zu füllen.

Meiner Erfahrung nach finden sich in jedem Unternehmen und jeder Organisation ziemlich viele sinnvolle Anwendungsszenarien – zumindest wenn man mal ein wenig genauer hinschaut.

Da SharePoint unmittelbar Einfluss auf die Art und Weise hat, wie die Anwender mit den Computersystemen arbeiten, gestaltet sich die Einführung erstens anders und zweitens häufig komplizierter, als wenn »nur« eine Komponente im Rechenzentrum ausgetauscht wird – selbst wenn diese eine Million Euro kostet.

Erfahrungsgemäß ist die Optimierung der Arbeitsumgebung der Benutzer häufig ein steiniger und dorniger Weg, auf dem nicht immerzu nur Sonnenschein herrscht. Andererseits kann man definitiv festhalten, dass ein Unternehmen, dessen Mitarbeiter immer noch wie vor 20 Jahren mit den Computersystemen arbeiten, auf die Dauer Wettbewerbsnachteile haben wird. Es reicht eben nicht (mehr), wenn wichtige Informationen mehr oder weniger unauffindbar in riesigen Dateispeichern liegen und Prozesse über das Versenden von E-Mails gesteuert werden.

Eine SharePoint-Einführung wird leicht ein Flop, wenn man das System installiert und dann in einer Rundsendung die Benutzer darüber informiert, dass unter *http://sharepoint* jetzt das neue Zaubersystem verfügbar ist und bitte alle damit arbeiten sollen. Vielmehr ist es erforderlich, den Anwendern sehr genau zuzuhören und einige initiale Anforderungen gemeinsam mit diesen umzusetzen.

Ich erlebe es immer wieder, dass nach den ersten gemeinsam durchgeführten »SharePoint-Schritten« jede Menge Ideen von den Anwendern kommen und dem zuständigen IT-Mitarbeiter ständig die Frage »Kann man das nicht auch mit SharePoint machen?« gestellt wird.

Wenn Sie SharePoint-Technologie in einem Unternehmen bzw. in einer Organisation einführen möchten, muss das erste Projektziel »Wir machen SharePoint zum Selbstläufer« lauten. Das untergeordnete Ziel lautet: »Wir installieren die Software.«

Kunden erzählen mir häufig, dass man SharePoint zwar installiert hat, aber die Anwender es nicht nutzen – obwohl damit doch alles so schön einfach geht. Das ist ein typisches Problem, denn die Benutzer benötigen in der ersten Phase Unterstützung und Anleitung. In der Regel sehen die Anwender ein, dass die SharePoint-Umgebung die bessere Arbeitsumgebung ist, aber bis zur tatsächlichen Nutzung ist es dann eben doch ein gar nicht so kleiner Schritt – zumal die Anwender ja eigentlich nicht einfach irgendwo Dateien speichern oder Einträge in Listen vornehmen. Vielmehr laufen im Hintergrund Businessprozesse, die irgendwie abgebildet werden müssen.

Meiner Erfahrung nach ist es am besten, gemeinsam mit einer Anwendergruppe einige Beispielszenarien zu implementieren – dann sollte das System auf dem besten Weg zum Selbstläufer sein.

Kapitel 19
Remotedesktopdienste (Terminaldienste)

Heim gen Chrysa entführt. Das möchte' ihn vielleicht versöhnen.
Also redete jener, und setzte sich. Wieder erhub sich
Atreus Heldensohn, der Völkerfürst Agamemnon,
Zürnend vor Schmerz; es schwoll ihm das finstere Herz voll der Galle,
Schwarz umströmt; und den Augen entfunkelte strahlendes Feuer.

Zu Beginn dieses Kapitels möchte ich zunächst darauf hinweisen, dass Microsoft die vormaligen Terminaldienste mit Windows Server 2008 R2 ziemlich gründlich umbenannt hat – und die neuen Namen sind auch in 2012 R2 noch aktuell. Ansatz und Technologie sind zwar grundsätzlich gleich geblieben, es gibt aber diverse neue Begriffe zu lernen. Tabelle 19.1 enthält einen Überblick.

Früher (bis Windows Server 2008)	Neu (2008 R2/2012/2012 R2)
Terminaldienste	Remotedesktopdienste
Terminalserver	Remotedesktop-Sitzungshost
Terminaldienste Lizenzierung (Terminal Services Licensing)	Remotedesktoplizenzierung (RD-Lizenzierung)
Terminaldienstegateway (Terminal Services Gateway)	Remotedesktopgateway
Terminaldienste-Sitzungsbroker (Terminal Services Session Broker)	Remotedesktop-Verbindungsbroker
Terminaldienste Web Access	Web Access für Remotedesktop
Terminaldiensteverwaltung	Remotedesktop-Manager
Terminaldienstekonfiguration	Konfiguration des Remotedesktop-Sitzungshosts
Terminaldienstegateway-Manager	Remotedesktopgateway-Manager

Tabelle 19.1 Neue Namen für die Terminaldienste

Früher (bis Windows Server 2008)	Neu (2008 R2/2012/2012 R2)
Terminaldienstelizenzierungs-Manager	Remotedesktoplizenzierungs-Manager
Terminaldienste RemoteApp Manager	RemoteApp-Manager

Tabelle 19.1 Neue Namen für die Terminaldienste (Forts.)

Beginnen möchte ich mit einer kurzen Zusammenfassung der wichtigsten Neuerungen bei den Remotedesktopdiensten.

Neuerungen 2008 R2 zu 2012

- Bereitstellungen virtueller Desktopinfrastrukturen (VDI)
- Sitzungsvirtualisierungsbereitstellungen
- Zentrale Veröffentlichung von Ressourcen
- Leistungsfähige Benutzerumgebungen mit RDP (Remotedesktopprotokoll)

Neuerungen 2012 zu 2012 R2

- Session Shadowing (Helpdesk kann sich in die Session eines Benutzers »reinhängen«, um ihn zu supporten)
- Online Storage Deduplication (Deduplizierung von Daten zur Platzersparnis)
- Improved RemoteApp behavior (Verbesserung der Darstellung)
- Quick reconnect for remote desktop clients (schnellerer Verbindungsaufbau nach Trennung der Verbindung)
- Improved compression and bandwidth usage (bessere Performance für Endanwender)
- Dynamic display handling (RDP stellt sich beispielsweise auf Displays ein, die die Orientierung ändern)
- RemoteFX virtualized GPU supports DX11.1 (bezieht sich auf die Funktion der Grafik-Bibliothek)

Bevor es mit den Remotedesktopdiensten richtig losgeht, zunächst eine kurze Rückblende: Im August 1996 erschien der *Windows NT 4.0-Server* in den USA. Knapp zwei Jahre dauerte es, bis im Juni 1998 die *NT4 Server Terminal Service Edition (NT4 TSE)* in den USA verfügbar war. Dieses war eine spezielle Edition des NT 4-Servers mit eigenen Datenträgern, eigenen Service Packs etc.

Seit *Windows 2000 Server* gehören die Terminaldienste/Remotedesktopdienste zum Serverbetriebssystem, eine spezielle Edition ist nicht mehr erforderlich. Das hat sich weder mit *Windows Server 2003* noch mit *Windows Server 2008* (R2) geändert.

Seit den Anfängen von *Windows NT 4 Server Terminal Server Edition* gibt es zwei Szenarien, zwischen denen sich die Unternehmen und Organisationen entscheiden müssen:

- Man kann die Terminaldienste/Remotedesktopdienste so einsetzen, wie sie von Microsoft geliefert werden.
- Oder man kauft zusätzlich *Citrix XenApp* (vormals MetaFrame und *Presentation Server*) und erweitert so die Terminaldienste/Remotedesktopdienste um einige Features, die insbesondere in größeren Unternehmensumgebungen sinnvoll sind (wie z.B. das *Load Balancing* von Citrix XenApp).

Die Vergangenheit hat gezeigt, dass Citrix mit den XenApp- beziehungsweise Presentation Server-Features ungefähr ein- Release-Generation vor Microsoft gewesen ist. In den meisten großen Umgebungen kommt daher die Citrix-Technologie zum Einsatz. Das bedeutet aber nicht, dass eine intensive Beschäftigung mit den Remotedesktopdiensten nicht sinnvoll wäre:

- Schließlich basiert die Citrix-Technologie auf den Terminaldiensten/Remotedesktopdiensten. Das Grundlagenwissen muss also ohnehin aufgebaut werden.
- Sollte Ihr Unternehmen bislang noch keine Remotedesktopdienste oder Citrix einsetzen, ist dies ein hervorragender Moment, um herauszufinden, ob für Ihre Zwecke vielleicht die Terminaldienste/Remotedesktopdienste genügen – eventuell aufgrund der neuen Windows Server 2008-Features.
- Teilweise könnte ein anstehendes Upgrade genutzt werden, um nochmals die Frage zu erörtern, ob mittlerweile nicht doch die Remotedesktopdienste ausreichen – dies ist vor allem für mittlere Unternehmen ein Thema.

19.1 Die Funktionen aus 10.000 Metern Höhe

Für diejenigen Leser, die sich bisher nicht so ganz sicher sind, was genau hinter den Remotedesktopdiensten steckt, folgt hier eine kurze Zusammenfassung:

Das Prinzip der Remotedesktopdienste ist schnell erklärt.

Schauen wir uns zunächst eine klassische Umgebung an (Abbildung 19.1):

- Auf den Clients sind Applikationen installiert, beispielsweise ein Office-Paket, mit dem auf Serverressourcen wie Datenbanken oder Fileserver zugegriffen wird.
- Eine gewisse Herausforderung stellen Benutzer dar, die an einem entfernten Standort oder im Homeoffice mit zentralen Daten arbeiten möchten. Wenn es sich um eine Clientapplikation handelt, die auf einen SQL-Server zugreift, funktioniert das zumeist noch ganz gut, wenn aber auf einer Access-Datenbank (*.mdb) gearbeitet werden muss, ist das eine mittlere Katastrophe. Letzteres ist vor allem deshalb problematisch, weil der Client für die Arbeit mit Access-Datenbanken recht intensiv auf dem Dateisystem schreiben und lesen muss – sehr ungünstig bei einer schmalbandigen WAN-Strecke.

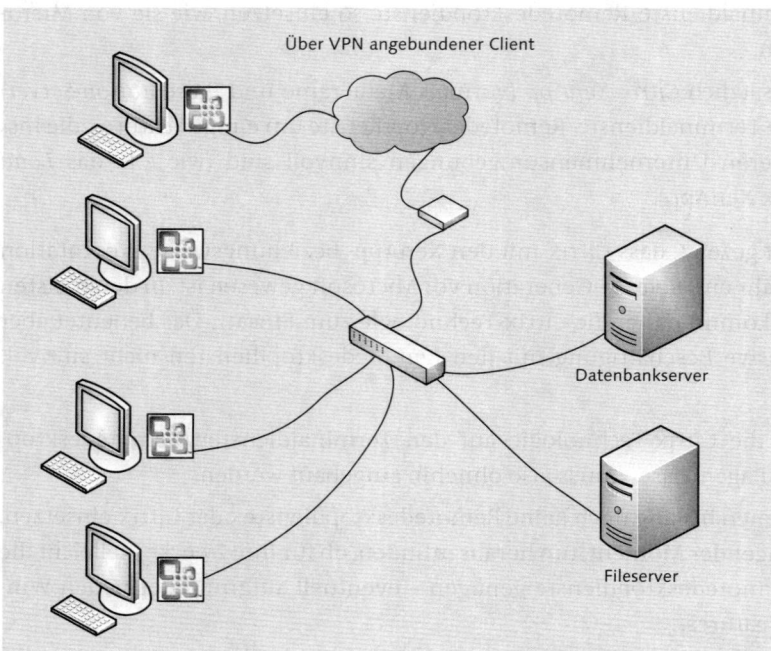

Abbildung 19.1 Die klassische Architektur: Eine auf den Clients ausgeführte Applikation greift auf Serverressourcen zu.

Nun kommen die Remotedesktopdienste ins Spiel (Abbildung 19.2):

- Die Applikationen (z.B. MS Office) werden nicht mehr auf dem PC ausgeführt, sondern auf dem Remotedesktop-Sitzungshost (vormals Terminalserver genannt). Dieser führt also beispielsweise viermal Access (für jeden Client einmal) aus.
- Zwischen Client und Remotedesktop-Sitzungshost werden lediglich Tastatureingaben, Maus-Events und Bildschirmausgaben übertragen. Darüber hinaus ist die Übertragung von Schnittstellendaten oder Sound möglich.
- Der Remotedesktop-Sitzungshost greift auf weitere Serverressourcen zu.

Der PC wird letztendlich zum dummen Terminal, wie es früher in Großrechner- und AS400-Umgebungen üblich war. Auf dem Markt sind übrigens spezielle *Thin Clients* erhältlich, bei denen es sich nicht mehr um »komplette« PCs handelt; diese Geräte dienen lediglich als Terminal, um dem Benutzer die Interaktion mit dem Remotedesktop-Sitzungshost zu ermöglichen.

Die Remotedesktopdienste bieten folgende Vorteile:

- Applikationen müssen nicht auf jedem einzelnen Client, sondern nur auf dem Remotedesktop-Sitzungshost installiert werden. Nutzen Sie keine automatische Softwareverteilung, spart das sehr viel Installations- und Administrationsaufwand.

- Wenn Sie wirklich alle Applikationen auf dem Remotedesktop-Sitzungshost installiert haben, ist der Ausfall eines Benutzer-PCs kein Problem, denn bis auf den Remotedesktopdienste-Client sind dort keine Applikationen notwendig.

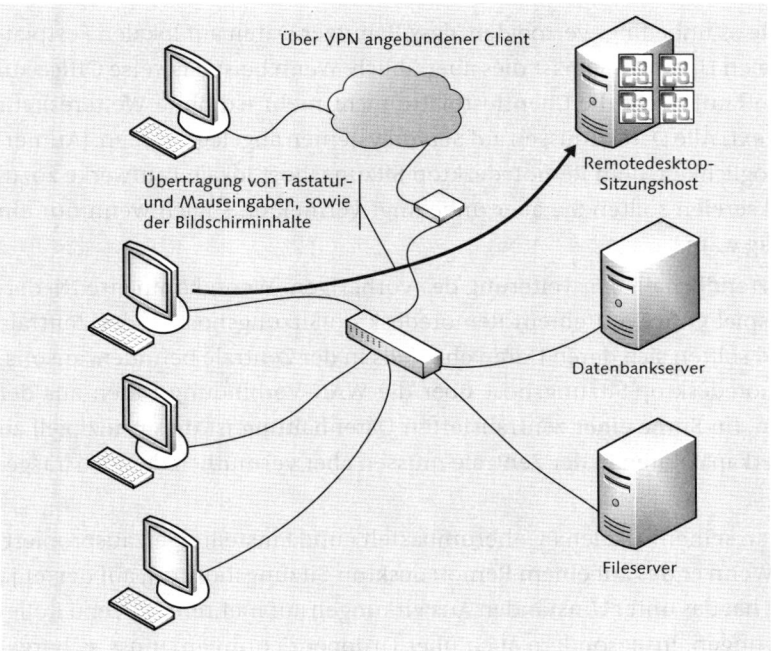

Abbildung 19.2 Bei der Verwendung der Remotedesktopdienste werden die Applikationen auf dem Remotedesktop-Sitzungshost und nicht auf den Clients ausgeführt.

- Da der PC nur noch ein Anzeigegerät ist und dort keine Applikationen mehr ausgeführt werden, sind die Leistungsanforderungen natürlich geringer. Sie ersparen sich eine eventuelle Aufrüstung der PCs und können diese länger einsetzen. Außerdem können die bereits erwähnten Thin Clients eingesetzt werden.
- Da der Netzwerkverkehr zwischen Client und Remotedesktop-Sitzungshost in vielen Fällen deutlich geringer sein wird als derjenige zwischen Applikation (auf dem Client) und Serverressource, eignet sich dieses Konzept natürlich ganz hervorragend zur Anbindung von Remotebenutzern an die Unternehmensdaten.

Die folgenden Aspekte kann man vielleicht nicht unbedingt als Nachteil der Remotedesktopdienste-Architektur bezeichnen, dennoch müssen sie bei der Planung berücksichtigt werden:

- Kritisch ist natürlich die Leistung des Servers. Moderne Applikationen sind nicht besonders sparsam, weder in Bezug auf die Prozessorleistung noch beim Speicherverbrauch. Auf dem Remotedesktop-Sitzungshost läuft nun nicht nur einmal Word, sondern eventuell 20 oder 30 Mal. Es ist also eine sorgfältige Dimensionierung notwendig.

- Ausfallsicherheit: Es liegt auf der Hand, dass die Benutzer nicht mehr arbeiten können, wenn der Remotedesktop-Sitzungshost nicht zur Verfügung steht. Je intensiver Sie diese Technologie nutzen, desto mehr sind Sie auf eine hohe Ausfallsicherheit und Redundanz angewiesen. Das gilt natürlich auch für die Netzwerkverbindungen.

- Ich persönlich würde es unbedingt vermeiden, dass Benutzer Daten auf lokalen Festplatten speichern; in vielen Umgebungen ist dies aber üblich. Wenn beispielsweise Office auf einem Serversystem läuft, steht die Clientfestplatte nicht mehr (so ohne Weiteres) zur Verfügung. Im Klartext: Alle Daten müssen auf Serversystemen abgelegt werden. (Anmerkung: Es gibt die Möglichkeit, dem Remotedesktop-Sitzungshost lokale Laufwerke zuzuweisen. Solche Tricksereien sollten Sie aber unbedingt vermeiden – auch wenn nur ein Mausklick notwendig wäre.)

- Dieser Punkt ist letztendlich eine Erweiterung des vorherigen: Wenn komplette Niederlassungen zum Beispiel Office auf einem Remotedesktop-Sitzungshost in der Zentrale nutzen, müssen und sollten sich deren Daten ebenfalls in der Zentrale befinden, ansonsten würde der Remotedesktop-Sitzungshost über die WAN-Verbindung Daten aus der Niederlassung holen. Im Sinne einer zentralisierten Datenhaltung ist dies prinzipiell zu begrüßen. Die Serverkapazitäten in der Zentrale müssen aber vermutlich deutlich ausgebaut werden.

- Wenn ein Benutzer an seinem lokalen PC »herumbastelt« und Einstellungen ausprobiert, ist das fatal genug. Wenn er das auf einem Remotedesktop-Sitzungshost tut, auf den er ja Benutzerzugriff hat, hat das unter Umständen Auswirkungen auf mehrere Dutzend Kollegen. Über Berechtigungen, insbesondere auch über Gruppenrichtlinien, muss sichergestellt werden, dass die Benutzer keine Möglichkeit zum Basteln und Experimentieren haben.

- Der wichtigste Punkt: Nicht alle Applikationen eignen sich für den Einsatz auf dem Remotedesktop-Sitzungshost. Moderne Applikationen wie Office (2007, 2010, 2013) oder die SAP-GUI laufen problemlos auf Remotedesktop-Sitzungshosts. Ältere oder sehr »spezielle« (was die technische Umsetzung betrifft) Applikationen sind eventuell nicht stabil zu implementieren. Jede Applikation muss erst auf Remotedesktopdienste-Tauglichkeit geprüft werden.

- Sie müssen sich auch darüber im Klaren sein, dass Sie nicht beliebig viele Applikationen auf einem Remotedesktop-Sitzungshost installieren können. Wenn Ihr Unternehmen über 100 Applikationen verfügt, ist es ausgeschlossen, dass diese alle auf einer Maschine funktionieren. Denken Sie allein an die üblichen Probleme mit den DLL-Versionen: Was auf einem einzelnen PC schon sehr lästig werden kann, ist auf dem Remotedesktop-Sitzungshost vermutlich schlicht und ergreifend nicht lösbar. Es muss also nicht nur geprüft werden, ob eine Applikation einzeln auf dem Remotedesktop-Sitzungshost ausgeführt werden kann, vielmehr müssen Sie die einzusetzenden Programmpakete in der Kombination testen.

- 16-Bit-Applikationen sind für die Ausführung auf Remotedesktop-Sitzungshosts nicht geeignet.
- Programme, die auf spezielle Hardware zugreifen müssen, beispielsweise auf Steuerungshardware oder spezielle Dokumentenscanner, sind regelmäßig nicht Remotedesktopdienste-fähig.

Microsoft Application Virtualization

Extrem interessant im Zusammenhang mit den Remotedesktopdiensten ist die Applikationsvirtualisierung. Diese geht zwar über den Fokus dieses Buchs hinaus, trotzdem möchte ich Ihnen einen Besuch bei folgender URL unbedingt empfehlen: *http://www.microsoft.com/en-us/windows/enterprise/products-and-technologies/mdop/app-v.aspx*

Die Technologie wurde früher unter dem Namen *Softgrid* vertrieben und ist dann in *Microsoft Application Virtualization* (*App-V*) umbenannt worden.

19.2 Installation

Die Installation der Remotedesktopdienste gestaltet sich etwas »verändert«. Microsoft hat im Rollen-hinzufügen-Assistenten einen speziellen Auswahlpunkt für die Installation der Remotedesktopdienste vorgesehen, den man auch tunlichst nutzen sollte (Abbildung 19.3).

Abbildung 19.3 Für die Installation der Remotedesktopdienste gibt es einen speziellen Auswahlpunkt.

Aus gegebenem Anlass möchte ich an dieser Stelle ganz deutlich darauf hinweisen, dass ein Remotedesktop-Sitzungshost *nur* ein Remotedesktop-Sitzungshost sein sollte – und nicht noch zusätzlich Fileserver, Domänencontroller und Webserver (oder Sonstiges). Auch wenn Sie in einer kleineren Umgebung vielleicht das Gefühl haben, dass sich eine »Vermischung« leistungsmäßig durchaus machen ließe, kann ich nur ganz deutlich davor warnen. Der Remotedesktop-Sitzungshost ist sozusagen ein Einzelgänger.

Das heißt nicht, dass es nicht geht, sondern nur, dass es nicht empfohlen wird!

Da einige Rollendienste in den nun folgenden Dialogen auftauchen werden, folgt hier noch mal eine kurze Klärung der Begriffe:

- *Remotedesktop-Sitzungshost*: Dies ist die eigentliche Remotedesktopdienste-Komponente.
- *Host für Remotedesktopvirtualisierung*: Dieser Rollendienst unterstützt die Nutzung von persönlichen virtuellen Desktops auf Basis von Hyper-V.
- *Remotedesktoplizenzierung*: Der Lizenzdienst ist erforderlich, um die vorhandenen Remotedesktopdienste-Client-Lizenzen (RD-CAL) zu verwalten und zu überwachen. Dieser Dienst muss in einer Umgebung einmal vorhanden sein.
- *Remotedesktop-Verbindungsbroker*: Diese Komponente, die in den englischen Versionen als *Session Directory* bezeichnet wird, wird seit Remotedesktop in Server 2012 stets verwendet. In früheren Server-Generationen kam dieser nur in Load-Balancing-Szenarien zum Einsatz.
- *Remotedesktopgateway*: Diese Komponente wird für den Zugriff von Clients über das Internet verwendet.
- *Web Access für Remotedesktop*: Mit dieser Komponente wird ein Webinterface zum Zugriff auf den Remotedesktop-Sitzungshost bereitgestellt.

19.2.1 Basisinstallation

Die Basisinstallation installiert drei Rollen:

- Verbindungsbroker
- Web Access
- Sitzungshost

Die Installationsroutine bereitet eine komplette Ein-Server-Farm vor, die dann bei Bedarf ergänzt werden kann. Am flexibelsten sind Sie, wenn Sie sich für eine STANDARDBEREITSTELLUNG entscheiden, Sie müssen dann allerdings ein paar Aspekte von Hand konfigurieren (Abbildung 19.4).

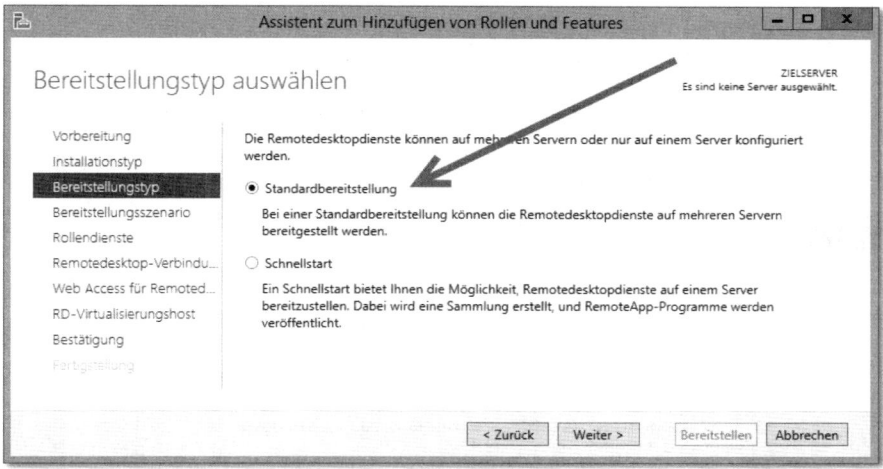

Abbildung 19.4 In diesem Beispiel wird mit der »Standardbereitstellung« gearbeitet.

Eine wirklich wesentliche Frage wird »mal so eben nebenbei« beantwortet (Abbildung 19.5):

- Die erste Option (AUF VIRTUELLEN COMPUTERN …) bereitet die Infrastruktur für die Desktopvirtualisierung vor.
- Die zweite Option (SITZUNGSBASIERTE …) meint die »klassischen« Remotedesktopdienste, die wir in diesem Beispiel konfigurieren.

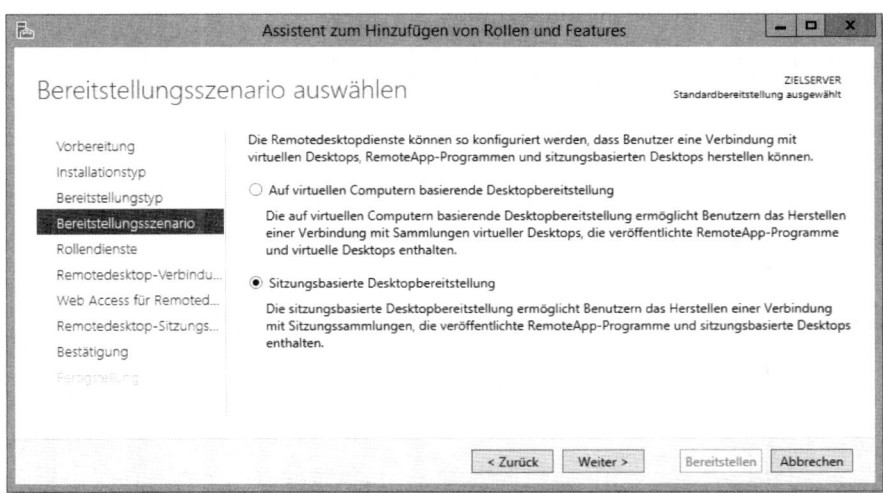

Abbildung 19.5 Entscheiden Sie sich für die »Sitzungsbasierte Desktopbereitstellung«, um sozusagen klassische Remotedesktopdienste bereitzustellen.

In dem in Abbildung 19.6 gezeigten Dialog soll man die ROLLENDIENSTE ÜBERPRÜFEN. Nett zu sehen, was installiert werden kann – modifizieren oder ablehnen kann man allerdings nichts.

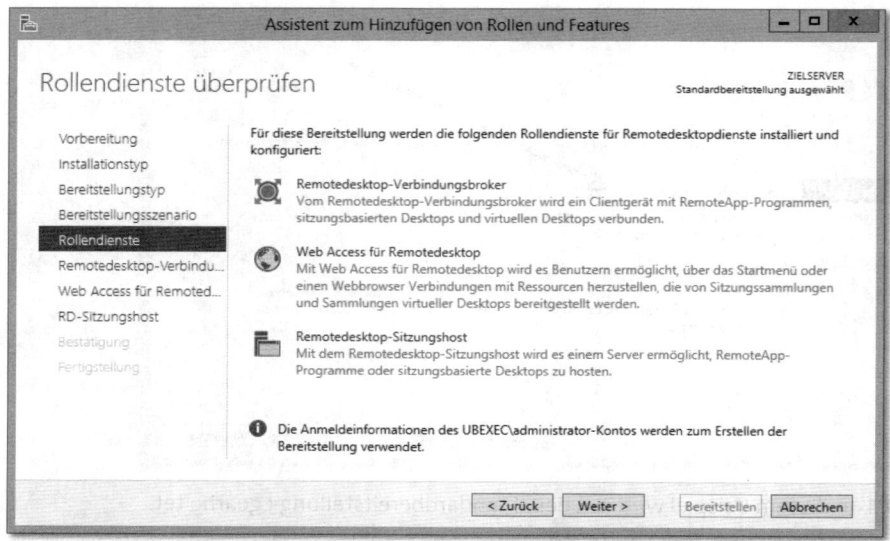

Abbildung 19.6 Die benötigten Rollendienste werden angezeigt – verändern kann man hier nichts.

Die Remotedesktop-Bereitstellungen im Server 2012-Stil benötigen zwingend einen Verbindungsbroker. Zur Erinnerung: In Server 2008/R2-Farmen brauchte man ihn nur, wenn man mehrere Sitzungshosts mit Lastverteilung betreiben wollte. Abbildung 19.7 zeigt den Dialog, in dem Sie den Server, der den Rollendienst erhalten soll, auswählen. Da die Bereitstellung derzeit nur einen Server hat, wählen Sie diesen aus.

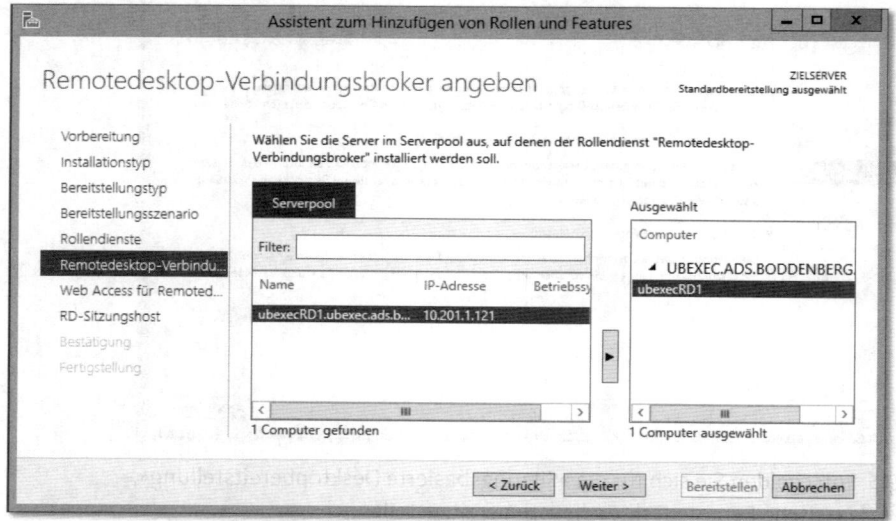

Abbildung 19.7 Ein Server muss für die Installation des Rollendiensts »Verbindungsbroker« ausgewählt werden.

Im nächsten Dialog (Abbildung 19.8) wählen Sie den Server aus, auf dem die webbasierte Oberfläche für Remotedesktop-Dienste laufen soll. Auch hier gilt: Nicht optional, der Rollendienst muss vorhanden sein.

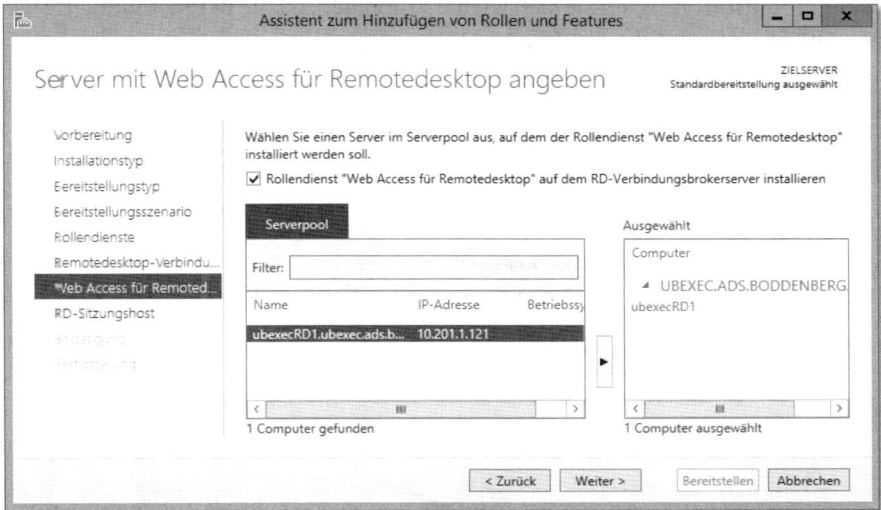

Abbildung 19.8 Zuweisung der Installation des »Web Access für Remotedesktop«

In Abbildung 19.9 geht es dann um die eigentliche Hauptkomponente, nämlich den Sitzungshost (also den eigentlichen Terminalserver, um mal wieder den alten Namen zu verwenden). Entscheiden Sie, auf welchen Servern des Pools dieser Rollendienst installiert werden soll.

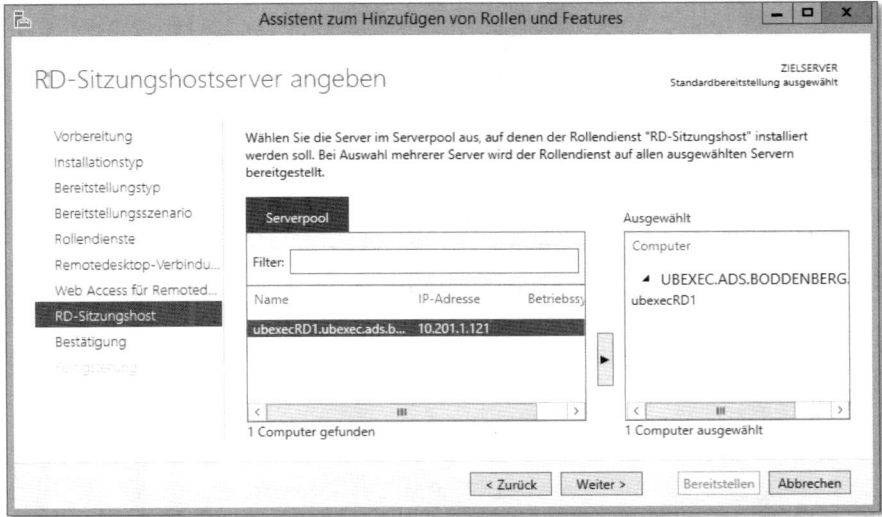

Abbildung 19.9 Auswahl der Server, die Sitzungshost werden sollen

Abbildung 19.10 zeigt den Abschlussdialog. Außer der Zusammenfassung ist nichts Spannendes dabei. Allerdings müssen Sie die Erlaubnis zum Neustart erteilen, da sonst die Bereitstellung nicht begonnen wird.

Nach erfolgreichem Neustart müssen Sie sich wieder anmelden, da die Bereitstellung fortgesetzt (und beendet) wird (Abbildung 19.11).

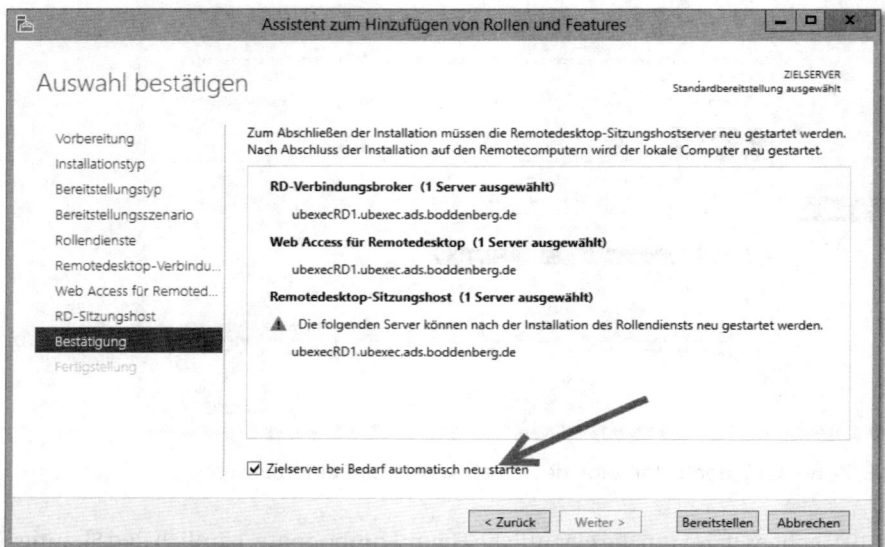

Abbildung 19.10 Wenn Sie nicht die Erlaubnis zum Neustart erteilen, kann die Bereitstellung nicht gestartet werden.

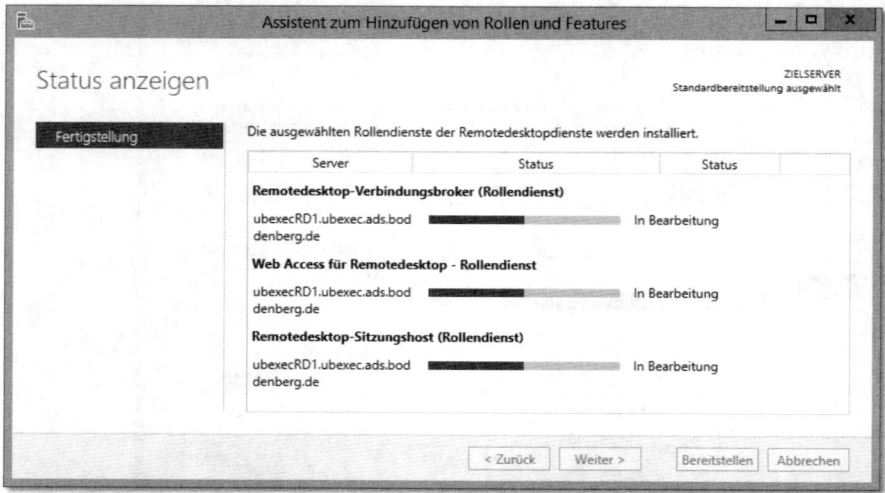

Abbildung 19.11 Nach dem Neustart wird die Installation fortgesetzt.

Hinweis

Vielleicht wundern Sie sich, dass viele der zuvor gezeigten Dialoge für mehrere Server ausgelegt sind. Sie können in der Tat mit dem Assistenten direkt eine große Farm aufbauen.

Fragt sich nur, wie man zusätzliche Server in die Dialoge bekommt? Das ist ganz einfach:

- Im Dashboard des Server-Managers wählen Sie den Menüpunkt zum Hinzufügen weiterer zu verwaltender Server (Abbildung 19.12).
- In dem in Abbildung 19.133 gezeigten Dialog fügen Sie die benötigten Server hinzu. Diese werden dann in den Remotedesktop-Konfigurationsdialogen zur Verfügung stehen.

Abbildung 19.12 Im Server-Manager-Dashboard gibt es einen Menüpunkt, über den weitere Server hinzugefügt werden können.

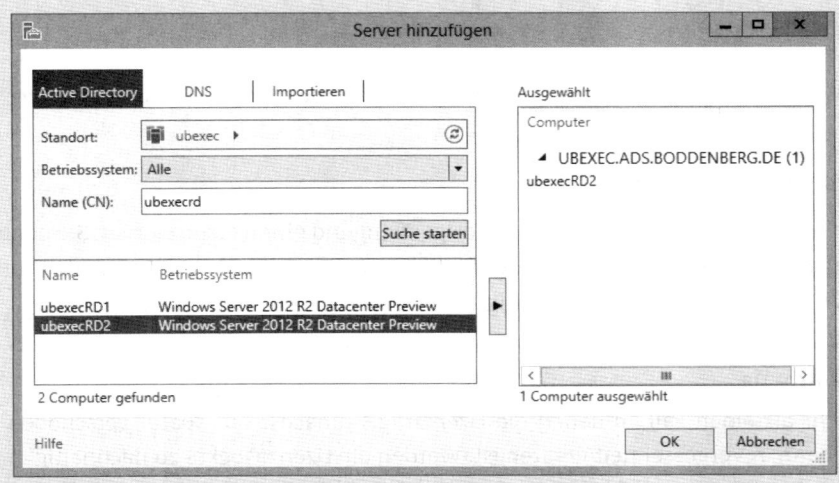

Abbildung 19.13 Einfach Server auswählen

19.2.2 Erster Blick

Nach Abschluss der Installation sollten Sie den Server-Manager starten und den Abschnitt REMOTEDESKTOP-DIENSTE öffnen. Dort finden Sie die auf Abbildung 19.14 gezeigte Übersicht. In der grafischen BEREITSTELLUNGSÜBERSICHT sehen Sie die (prinzipiell) verfügbaren Rollendienste. Sie können von hier aus weitere Server für die Ausführung des jeweiligen Diensts hinzufügen. Es gäbe übrigens auch andere Wege, aber so geht es am einfachsten – und am »2012-konformsten«.

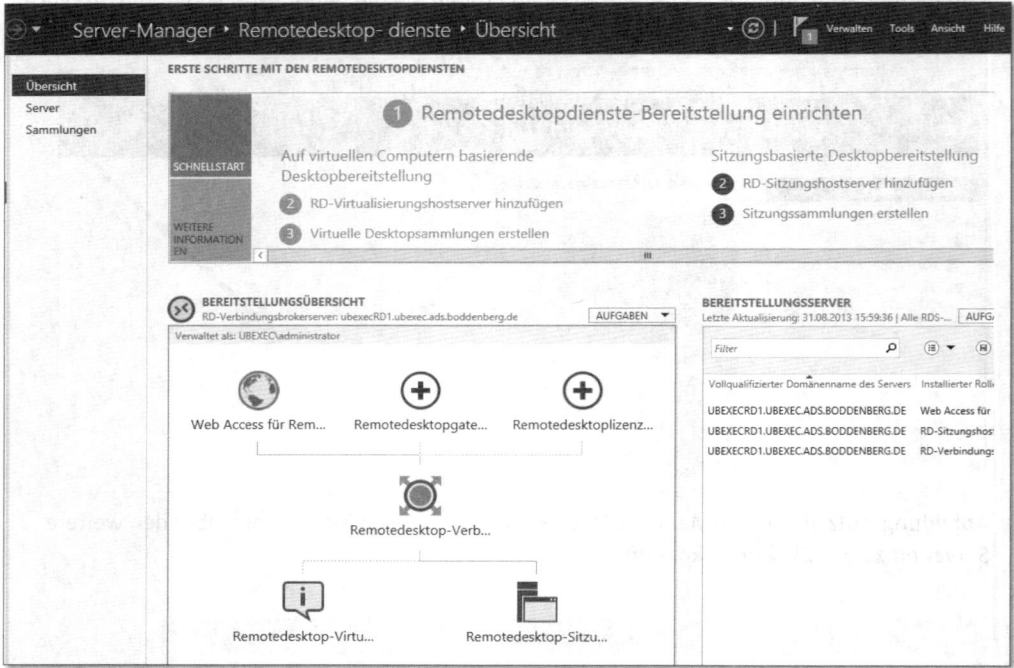

Abbildung 19.14 Das Cockpit der Remotedesktopdienste-Farm findet sich im »Server-Manager«.

19.2.3 Lizenzserver konfigurieren

Eine Remotedesktopdienste-Bereitstellung benötigt zwingend einen Lizenzserver. Sie haben zwar eine Übergangszeit von 120 Tagen, in der das System auch ohne korrekte Lizenzierung funktioniert, wir machen es aber gleich richtig.

> **Eine kleine Warnung**
>
> Ich kenne mehr als einen Fall, in denen die Lizenzfrage zunächst auf später verschoben wurde – und dann in Vergessenheit geraten ist. Werden die Lizenzaspekte zu nachhaltig in den Hintergrund gedrängt, wird das für den Produktivbetrieb unter Umständen sehr lästig.

Irgendwann drängt sich dieses Thema sehr deutlich in den Vordergrund, dann nämlich, wenn sich kein Benutzer mehr anmelden kann – und genau das wird passieren, wenn die Lizenzaspekte nicht konfiguriert und gepflegt sind. Kann der Remotedesktop-Sitzungshost keinen Lizenzdienst finden, wird er keine Verbindungen entgegennehmen. Es ist zunächst (d.h. im Testbetrieb) kein Problem, wenn der Lizenzserver nicht aktiviert ist, es muss allerdings ein solcher vorhanden sein. Der Lizenzserver braucht nicht mehrfach vorhanden zu sein und auch nicht auf einem Remotedesktop-Sitzungshost installiert zu werden.

Domänencontroller

Wenn Sie nicht »nur« eine Ein-Remotedesktop-Sitzungshost-Umgebung aufbauen (sprich: die Farm aus mehreren Servern besteht), empfiehlt es sich, die Remotedesktoplizenzierung nicht auf dem Remotedesktop-Sitzungshost, sondern auf einem anderen System, beispielsweise einem Domänencontroller, zu installieren.

In diesem Beispiel soll der Lizenzierungsdienst auf einem anderen Server (einem der Domänencontroller) installiert werden, daher habe ich diesen, wie im vorherigen Abschnitt gezeigt, im Server-Manager hinzugefügt. In der Bereitstellungsübersicht ist beim Lizenzserver derzeit ein grünes Plus zu sehen, was bedeutet, dass es für diesen Rollendienst keinen Server gibt (Abbildung 19.15). Um den Rollendienst auf einem Server zu installieren, klicken Sie einfach auf dieses grüne Pluszeichen – und schon geht's los.

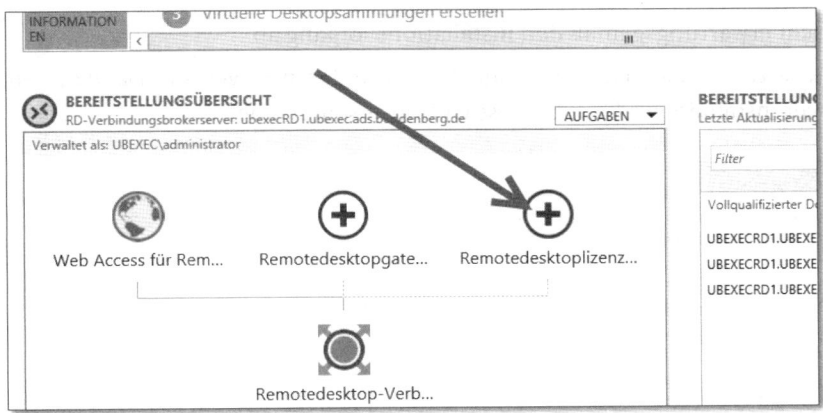

Abbildung 19.15 Das grüne Pluszeichen weist darauf hin, dass noch kein Lizenzserver vorhanden ist. Zum Hinzufügen einfach draufklicken.

Der Assistent erfragt, auf welchem Server der Rollendienst installiert werden soll. Da ich zuvor weitere Server zum Server-Manager hinzugefügt habe, kann einfach der Server, auf dem installiert werden soll, ausgewählt werden – fertig (Abbildung 19.16).

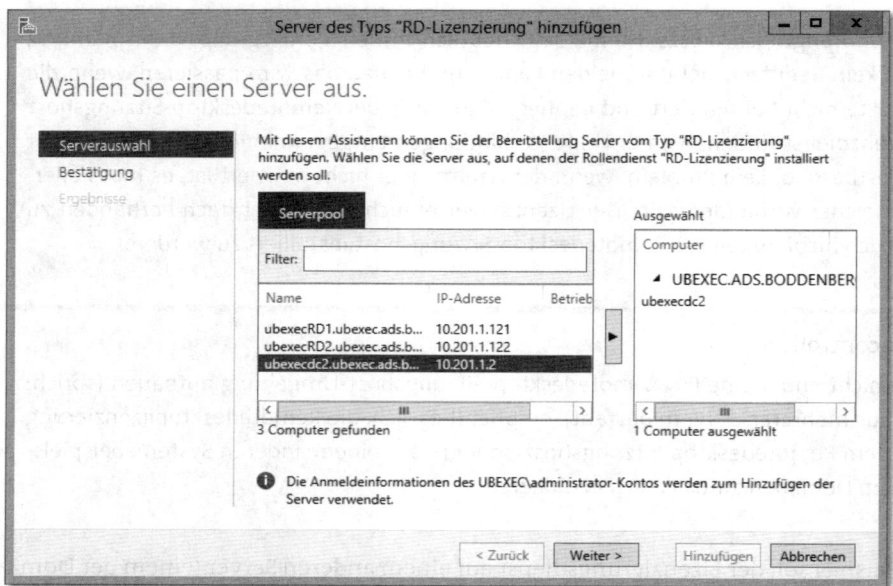

Abbildung 19.16 Der Server wird ausgewählt.

Anschließend wird der Assistent eine kurze Kompatibilitätsprüfung der ausgewählten Server durchführen. In diesem konkreten Fall gibt es Probleme, da ein Neustart aussteht (Abbildung 19.17). Sie haben jetzt zwei Auswahlmöglichkeiten:

- ABBRECHEN bricht erwartungsgemäß den Installationsvorgang ab.
- AUSSCHLIESSEN setzt den Installationsvorgang für alle anderen Server fort. Da in diesem Fall nur ein Server installiert wird, ergibt diese Option absolut keinen Sinn.

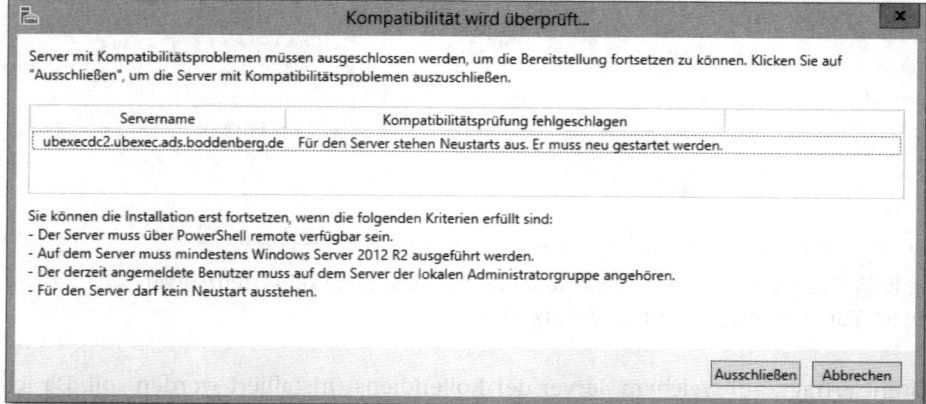

Abbildung 19.17 Wenn es mit dem Server Probleme gibt, erfährt man es hier. Am besten »Abbrechen« und Vorgang neu starten.

Der Zielserver ist neu gestartet worden, und ich habe den Assistenten noch mal prüfen lassen. Wenn alles zur Installation bereit ist, wird das wie auf Abbildung 19.18 aussehen. So ist der Dialog natürlich wenig beeindruckend; wenn Sie in einem Rutsch eine größere Menge Server installieren, ist das aber hilfreich.

Abbildung 19.18 Ist der Server installationsbereit, wird das so angezeigt.

Ist das Hinzufügen des Lizenzdiensts erfolgreich abgeschlossen, erhalten Sie eine Bestätigung (Abbildung 19.19). Interessant an diesem Dialog ist, dass ein Link zur Konfiguration des Lizenzdiensts angeboten wird (Pfeil). Nach der Installation ist der Dienst zwar da, ohne Konfiguration ist er aber nur begrenzt sinnvoll. Darum kümmern wir uns später.

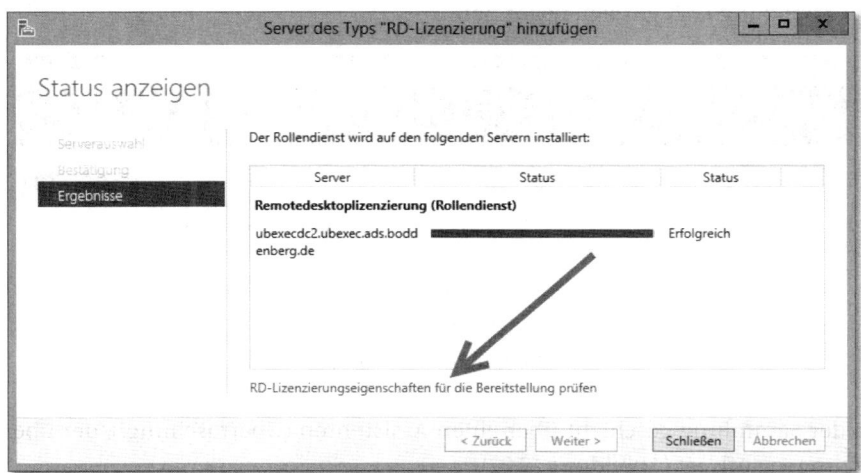

Abbildung 19.19 Die Konfiguration ist noch erforderlich und kann per Klick auf diesen Link gestartet werden.

Nun zeigt die BEREITSTELLUNGSÜBERSICHT ein neues Erscheinungsbild. Für den Lizenzdienst ist ein anderes Symbol vorhanden – jetzt ist ein Server diesem Rollendienst zugeordnet (Abbildung 19.20).

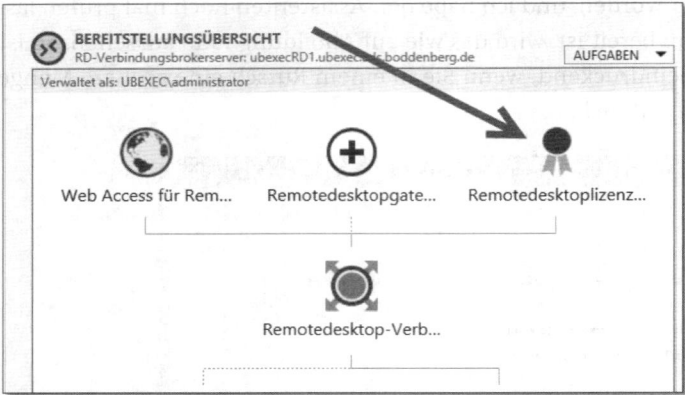

Abbildung 19.20 Wenn der Rollendienst vorhanden ist, erscheint das grüne Pluszeichen nicht mehr.

19.2.4 Sitzungssammlung erstellen

Wenn Sie bereits Remotedesktopdienste in einer Version Server 2008 R2 oder älter installiert haben, werden Sie etwas vermissen, nämlich einen Assistenten, der beispielsweise die Benutzer zum Zugriff auf die Remotedesktopdienste berechtigt.

Diese »logische Konfiguration« steckt seit Server 2012 in den Sammlungen – folglich ist der nächste Schritt das Erstellen einer neuen Sitzungssammlung. Auch dieses wird im Server-Manager, wie in Abbildung 19.21 gezeigt, begonnen.

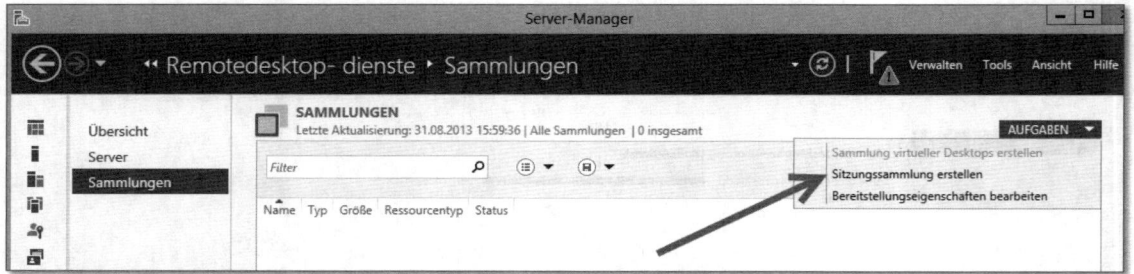

Abbildung 19.21 Hier beginnt das Erstellen einer neuen Sammlung.

Das Einrichten der Sammlung geschieht über einen Assistenten (Überraschung!), der über zwei Voraussetzungen aufklärt (Abbildung 19.22):

- Sie sollten die zu berechtigende AD-Gruppe angelegt haben.
- Sie benötigen mindestens einen Sitzungshost, der nicht bereits einer Sammlung zugewiesen ist.
- Nicht hier angezeigt, aber trotzdem sinnvoll: eine Freigabe, auf die die Sitzungshosts der Sammlung Zugriff haben.

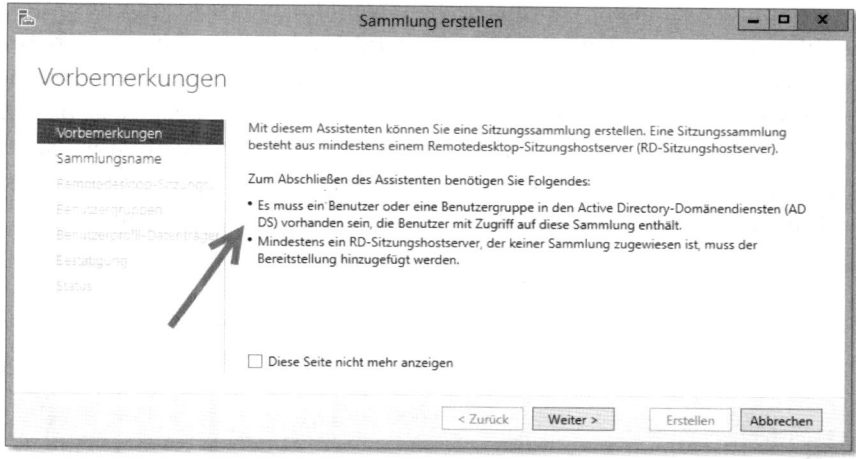

Abbildung 19.22 Achten Sie auf die Voraussetzungen.

Nun können Sie den Assistenten durcharbeiten:

- Auf der ersten Dialogseite wird der obligatorische Name eingegeben – das brauchen wir hier nicht weiter zu besprechen.
- Die zweite Dialogseite (Abbildung 19.23) dient dem Hinzufügen von Sitzungshosts zu der Sammlung. Im linken Listenfeld werden nur die Server angezeigt, auf denen bereits der entsprechende Rollendienst installiert ist.

Abbildung 19.23 Fügen Sie die zu verwendenden Sitzungshosts hinzu.

- In dem in Abbildung 19.24 gezeigten Dialog werden die Benutzergruppen, die zum Zugriff auf die Sammlung berechtigt sind, angegeben. Wichtig, aber nicht kompliziert.

Hintergrund: Bekanntlich kann ein »normaler« Benutzer (d.h. ein Nicht-Administrator) sich nicht interaktiv an einem Server anmelden. Das wird durch Richtlinien gesteuert. Bei einem Remotedesktop-Sitzungshost ist aber genau diese interaktive Anmeldung notwendig, deshalb müssen die zukünftigen Remotedesktopdienste-Benutzer der lokalen Gruppe der *Remotedesktopbenutzer* hinzugefügt werden. Der Installationsassistent macht Ihnen das Leben ein wenig leichter, indem er Ihnen anbietet, die entsprechenden Benutzer und Gruppen zu Mitgliedern der *Remotedesktopbenutzer* zu machen.

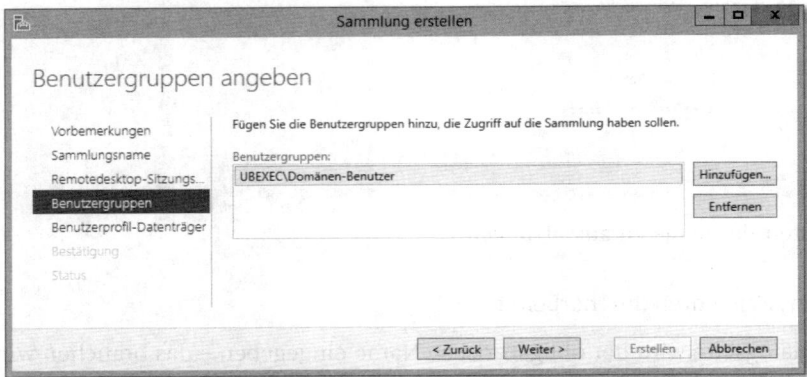

Abbildung 19.24 Die hier angegebenen Benutzer sind zum Zugriff auf die Sammlung berechtigt.

▶ Damit Benutzerprofildaten erhalten bleiben, wenn Benutzer zwischen verschiedenen Sitzungshosts wechseln, kann der BENUTZERPROFIL-DATENTRÄGER aktiviert werden. Hier muss eine Share angegeben werden. Auf der Share werden VHDX-Dateien gespeichert. Die Basisgröße pro Benutzer beträgt 200 MByte. Der vorgeschlagene Maximalwert von 20 GByte genügt also für 100 Benutzer. Das müssen Sie gegebenenfalls anpassen (Abbildung 19.25).

Abbildung 19.25 Wenn der »Benutzerprofil-Datenträger« aktiviert werden soll, muss hier eine Share angegeben werden.

Share für Benutzerprofil-Datenträger

Hier ein kurze Anleitung für das Einrichten der Share für die Benutzerprofil-Datenträger:

- Richten Sie auf einem Dateiserver eine Freigabe ein. Freigabeberechtigung: JEDER|VOLLZUGRIFF. Die tatsächlichen Berechtigungen regeln wir über NTFS-/ReFS-Berechtigungen (Abbildung 19.26).
- Erteilen Sie per NTFS-Berechtigungen Vollzugriff für die Sitzungshosts der Sammlung. Hinweis: Als Objekttyp müssen Sie zusätzlich »Computer« eingeben, sonst werden die Namen nicht erkannt (Abbildung 19.27).
- Aussehen soll es, wie auf Abbildung 19.28 gezeigt:

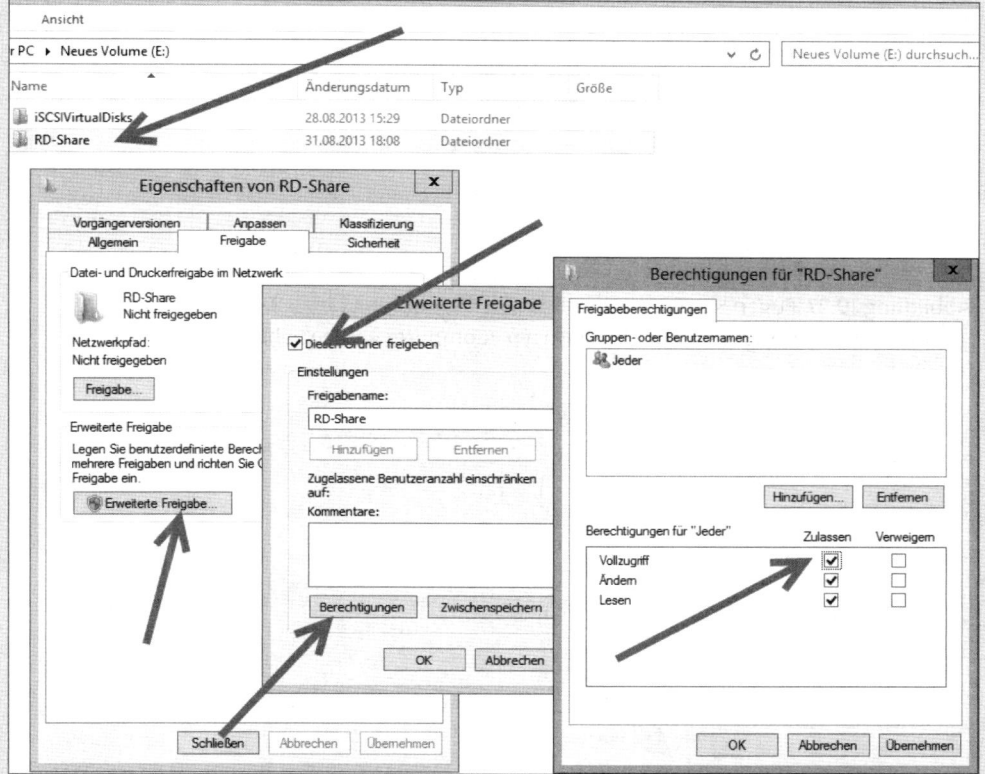

Abbildung 19.26 Richten Sie eine Share ein. Geben Sie ruhig »Vollzugriff« für »Jeder« — wir regeln das über die NTFS-Berechtigungen.

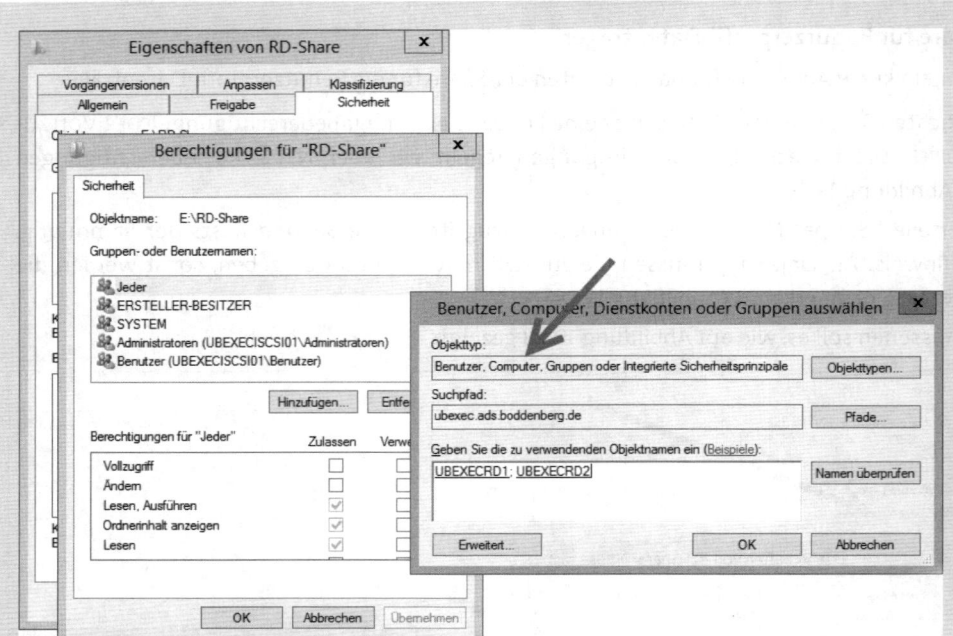

Abbildung 19.27 Fügen Sie die Sitzungshosts der Sammlung hinzu. Damit die Computer gefunden werden, müssen Sie den Objekttyp »Computer« einbeziehen.

Abbildung 19.28 So müssen die NTFS-Berechtigungen gesetzt sein.

Abbildung 19.29 zeigt, wie es auf der Share aussieht. Der Name der VHDX-Datei enthält die SID des zugehörigen Anwenders, sodass man mit etwas Mühe eine Zuordnung vornehmen kann.

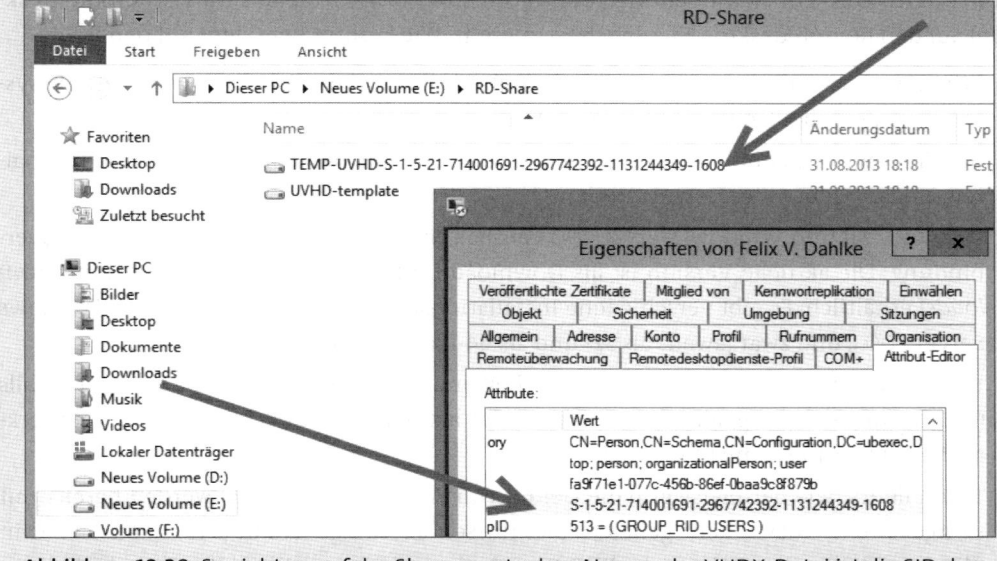

Abbildung 19.29 So sieht es auf der Share aus. In dem Namen der VHDX-Datei ist die SID des Benutzers enthalten.

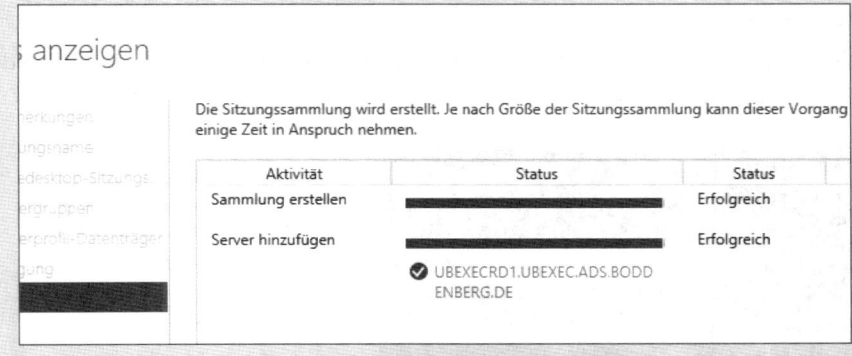

Abbildung 19.30 Die Sammlung wurde erfolgreich angelegt.

19.2.5 Desktopdarstellung

Bei den Remotedesktopdiensten von 2008 R2 musste/sollte man noch ein Feature für die Desktopdarstellung aktivieren. Das ist bei Server 2012 nicht erforderlich.

19.3 Benutzerzugriff

Nach Abschluss der Installationsarbeiten sollten die Remotedesktopdienste nutzbar sein. Obgleich nun noch keine Anwendungen installiert sind, ist eine erste Überprüfung sinnvoll. Zum Zugriff wird ein Client benötigt, der mithilfe des RDP-Protokolls (RDP – Remote Desktop) auf den Remotedesktop-Sitzungshost zugreift. Wie kommt der Client auf den PC?

- Windows 8.1 hat den aktuellsten Client an Bord, alle vorherigen Windows-8-Betriebssysteme werden über Updates aktuell gehalten.
- Ab Windows Vista und Windows Server 2008 ist die Version 6 bzw. 6.1 des Clients enthalten. Updates gibt es im Download-Center.
- Windows XP und Windows Server 2003 enthalten die Version 5 der Remotedesktopverbindung. Die aktuelle Version ist als Download im Internet (*www.microsoft.com/downloads*) erhältlich. Es gibt verschiedene Installationspakete für Windows XP und Windows Server 2003, und zwar jeweils als 32- und als 64-Bit-Version.
- Für ältere Windows-Betriebssysteme stehen im Microsoft Download Center ebenfalls Clients zur Verfügung, allerdings nicht in der aktuellen Version 6 (d.h., eine Netzwerkauthentifizierung ist nicht möglich).
- Thin Clients (wie beispielsweise die Geräte von *Wyse* oder *Neoware*) werden bereits mit »eingebautem« RDP-Client geliefert. Sie müssen allerdings darauf achten, dass es Thin Clients gibt, die nicht Microsofts RDP-Protokoll, sondern nur Citrix' ICA-Protokoll unterstützen.
- Mobilgeräte von Microsoft werden im Allgemeinen mit einem Client für Remotedesktopverbindungen geliefert.
- Es gibt mittlerweile übrigens auch für Geräte wie das iPhone, das iPad und die Androids einen RDP-Client – einfach im App-Store suchen.

Abbildung 19.31 Die Windows-Versionen ab XP enthalten den Remotedesktopclient; bei den älteren Versionen muss er nachinstalliert werden. Hier zu sehen ist Windows 8.1.

Der Installationsassistent erkundigt sich zwar bereits nach den Benutzern und Benutzergruppen, die Zugriff erhalten sollen (Abbildung 19.31), wenn Sie dort aber keine Eingaben machen, gilt Folgendes: Verbindet sich ein Benutzer, der kein Administrator und kein Mitglied der lokalen Gruppe *Remotedesktopbenutzer* ist, mit dem Remotedesktop-Sitzungshost, wird die Fehlermeldung aus Abbildung 19.32 erscheinen. Der Grund ist leicht zu erkennen: Ein Nicht-Administrator darf sich grundsätzlich nicht interaktiv am Server anmelden – und auch ein Remotedesktop-Sitzungshost ist in letzter Konsequenz ein Server. Es muss also zunächst ein wenig Konfigurationsarbeit geleistet werden.

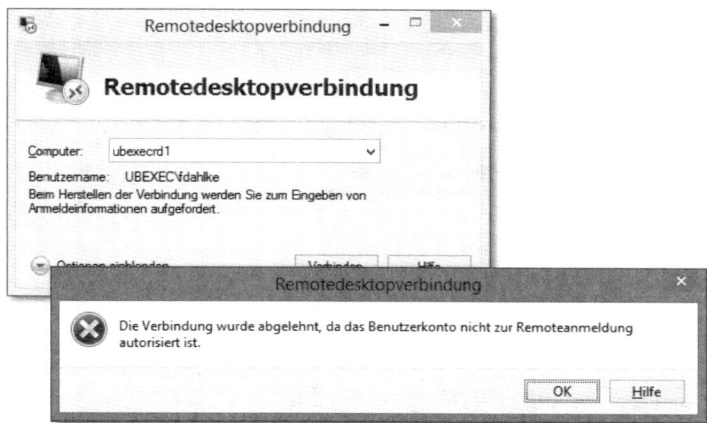

Abbildung 19.32 Damit ein Benutzer auf den Remotedesktop-Sitzungshost zugreifen kann, muss er direkt oder indirekt Mitglied der Gruppe »Remotedesktopbenutzer« sein.

Damit sich ein Anwender an einem Remotedesktop-Sitzungshost anmelden kann, brauchen Sie ihm zum Glück nicht das Recht zur interaktiven Anmeldung zu geben. Es genügt, wenn er mittelbar oder unmittelbar Mitglied der lokalen Gruppe *Remotedesktopbenutzer* des Remotedesktop-Sitzungshosts ist. »Mittelbar« bedeutet in diesem Zusammenhang, dass es nicht notwendig ist, dass Sie jedes einzelne Benutzerkonto in dieser Gruppe eintragen. Bei vielen Benutzern und mehreren Remotedesktop-Sitzungshosts wäre das mehr als lästig. Stattdessen wählen Sie die übliche Vorgehensweise (Abbildung 19.33):

- In der Domäne richten Sie eine Sicherheitsgruppe ein, beispielsweise mit dem Namen *RD-Benutzer*. (Der Name ist beliebig, er könnte also auch *aldf90428soed* lauten, was aber lästig beim Wiederfinden ist.)
- In diese Sicherheitsgruppe tragen Sie alle Benutzer oder Gruppen, die auf Remotedesktopdienste zugreifen möchten, als Mitglied ein.
- Diese Gruppe wird Mitglied der lokalen Gruppe *Remotedesktopbenutzer* auf allen Remotedesktop-Sitzungshosts.
- Alternativ könnten auch alle *Authentifizierten Benutzer*, alle *Domänen-Benutzer* oder eine sonstige vordefinierte Gruppe Mitglied der lokalen Gruppe der *Remotedesktopbenutzer* werden.

Wenn Sie nun nochmals testen, sollte der Benutzer Zugriff auf den Remotedesktop-Sitzungshost erhalten. Falls er eine zusätzliche Gruppenmitgliedschaft erhalten hat, muss er sich einmal ab- und wieder anmelden.

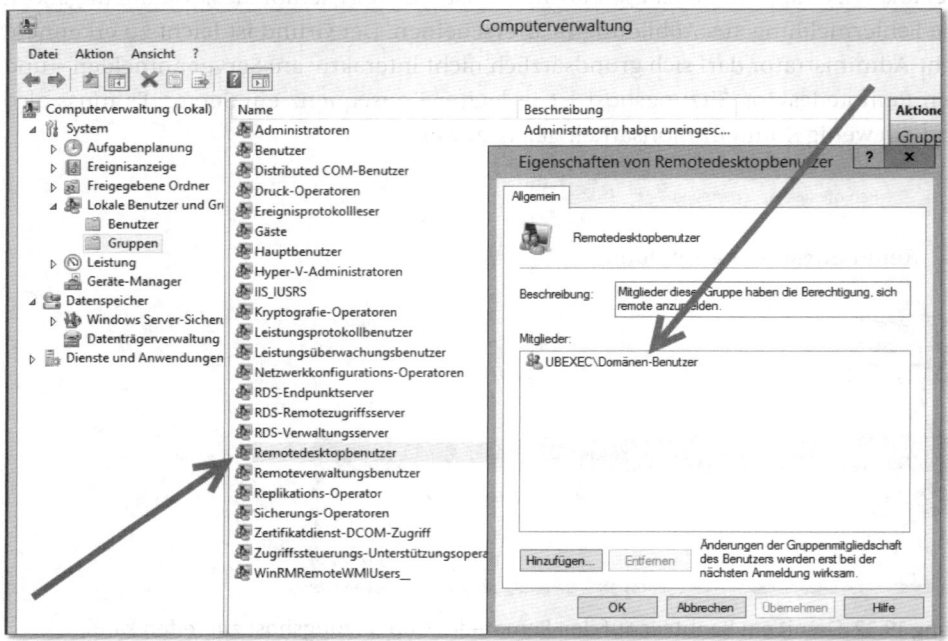

Abbildung 19.33 Es empfiehlt sich, eine Domänengruppe anzulegen, die dann Mitglied der lokalen Gruppe »Remotedesktopbenutzer« wird.

In Abbildung 19.34 sehen Sie, wie das Charms-Menü des über den Remotedesktop-Sitzungshost bereitgestellten Desktops aussieht. Sie erkennen, dass für einen »normalen« Benutzer (Nicht-Administrator) die Optionen zum Neustarten und Herunterfahren ausgeblendet sind. Es wäre ja auch eine ziemliche Katastrophe, wenn ein Benutzer versehentlich oder absichtlich den kompletten Remotedesktop-Sitzungshost herunterfahren könnte.

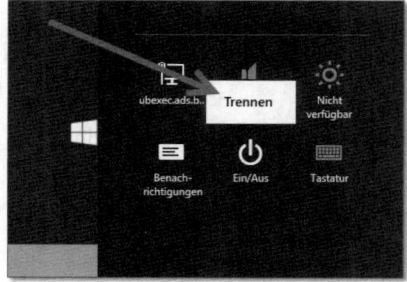

Abbildung 19.34 Startet der Benutzer eine Verbindung, erhält er den vollen Desktop. Ein »normaler« Anwender kann aber den Server nicht herunterfahren.

Hier noch ein wenig Hintergrundwissen:

Wer sich an dem Remotedesktop-Sitzungshost anmelden kann, wird vordergründig über die Mitgliedschaft in der Gruppe *Remotedesktopverbindungen* gesteuert – das hatten Sie ein wenig weiter oben bereits kennengelernt. Die Mitglieder der Gruppe sind aber nur deshalb berechtigt, weil in der lokalen Sicherheitsrichtlinie (die Sie über die Verwaltung finden) definiert ist, dass sich Mitglieder der Gruppen *Administratoren* und *Remotedesktopbenutzer* an den Remotedesktopdiensten anmelden können (Abbildung 19.35).

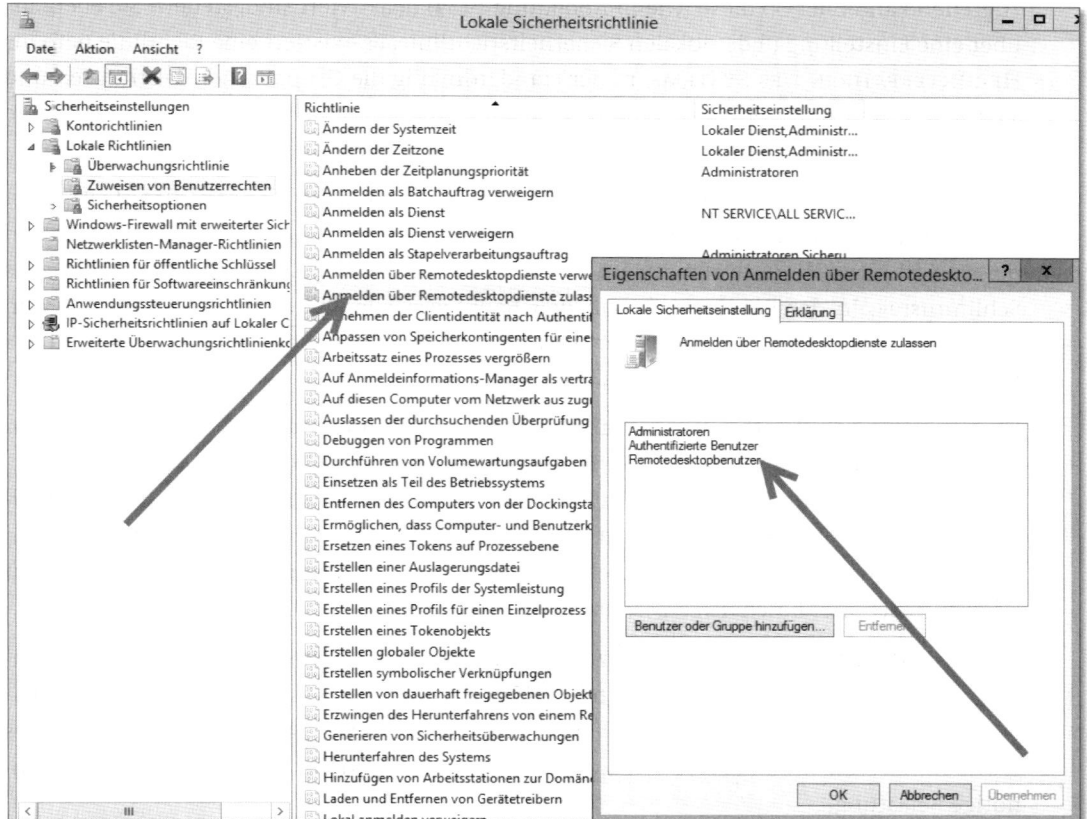

Abbildung 19.35 Die Mitglieder der Gruppe »Remotedesktopbenutzer« können deshalb auf die Remotedesktopdienste zugreifen, weil sie in der lokalen Sicherheitsrichtlinie dazu berechtigt werden (das ist eine Standardeinstellung).

Sie könnten also auch an dieser Stelle Benutzer und Gruppen hinzufügen. Wie immer gibt es Pro und Kontra:

▶ Die lokale Sicherheitsrichtlinie können Sie mittels Gruppenrichtlinien überschreiben. Wenn Sie 20 Remotedesktop-Sitzungshosts haben und bei allen eine Domänengruppe hinzufügen möchten, geht das mit einigen wenigen Mausklicks – sofern Ihre Remotedesktop-Sitzungshosts sich in einer OU (Organizational Unit, Active Directory Organisationseinheit) befinden.

▶ Die Gruppe *Remotedesktopbenutzer* muss trotzdem gepflegt werden, da über die dort vorhandenen Benutzer bzw. Gruppen die Zugriffsberechtigung für die Netzwerkverbindung zum Remotedesktop-Sitzungshost gesteuert wird.

Ob der Benutzer auf die Menüeinträge zum Herunterfahren und Neustarten des Systems zugreifen kann oder ob diese (wie in Abbildung 19.34) deaktiviert sind, steuern Sie ebenfalls über eine Einstellung in der lokalen Sicherheitsrichtlinie. Es existiert eine Richtlinie namens HERUNTERFAHREN DES SYSTEMS, in der standardmäßig die Gruppen *Administratoren* und *Sicherungs-Operatoren* eingetragen sind. Wenn Sie in diese Gruppen einen Benutzer (oder eine Gruppe) aufnehmen, werden dem Benutzer die Menüpunkte wieder zur Verfügung stehen.

Will man die Remotedesktopdienste produktiv einsetzen, wird man den Benutzern über Gruppenrichtlinien drastisch mehr Rechte entziehen, als dies bei einer Standardinstallation der Fall ist. Dass Herunterfahren und Neustarten ausgeschlossen sind, verhindert »das Schlimmste«. In der Praxis wird man den Benutzern alle Optionen wegnehmen – vom Zugriff auf die Systemsteuerung über die Möglichkeit, die Kommandozeile zu starten, bis hin zum Einstellungsdialog für den Bildschirmschoner.

Die Gründe für das Sperren von Systemsteuerung und Kommandozeile leuchten sicherlich jedem ein, aber warum sollten Sie die Einstellung für den Bildschirmschoner sperren? Ganz einfach: Ein Bildschirmschoner schluckt Prozessorzeit, und bei den hübschen OpenGL-Bildschirmschonern ist diese schon recht signifikant. Denken Sie immer daran, dass auf dem Remotedesktop-Sitzungshost eventuell 40 Sitzungen laufen – wenn 30 davon sich mit dem Bildschirmschoner beschäftigen, ist das mehr als spürbar.

Auch vor dem Hintergrund der Prozessorbelastung unkritisch erscheinende Bildschirmschoner wie *Fotos* (zeigt alle Grafikdateien eines Verzeichnisses) sind unbedingt zu vermeiden. Wenn sich der Remotedesktop-Sitzungshost damit beschäftigen muss, viele Megabytes große BMPs oder JPGs über das Netz zu transportieren und darzustellen, ist das eine unnötige Belastung.

19.4 Installation von Anwendungen

Die Installation von Anwendungen ist die eigentliche Herausforderung bei der Einführung der Remotedesktopdienste. Wenn Sie daran denken, dass es auf dem Desktop durchaus schon kompliziert werden kann, zwei Anwendungen zur Koexistenz zu bewegen, können Sie sich vorstellen, wie viele Schwierigkeiten es gibt, wenn jede Anwendung nicht nur einmal, sondern 30 Mal läuft.

Es ist festzustellen, dass es Anwendungen geben wird, die einfach nicht auf einem Remotedesktop-Sitzungshost laufen können und werden. Wenn eine Applikation unbedingt eine temporäre Datei namens *c:\temp\mytemp.dat* benutzen möchte, wird es kompliziert, wenn sie 30 Mal läuft und alle Instanzen versuchen, genau diese Datei zu öffnen bzw. anzulegen.

Es gibt unglaublich schlecht gemachte Anwendungen, die sich zwar installieren und starten lassen, aber trotzdem einfach nicht geeignet sind. Ich möchte Ihnen ein besonders krasses Beispiel nennen, das ich in der Tat kürzlich so gesehen habe: Anwendungen verbringen den größten Teil ihrer Zeit mit Warten. Meistens warten sie auf Benutzereingaben, manchmal aber auch auf das Ende von externen Anwendungen oder dergleichen. Die Kunst beim Warten ist, dass die Anwendung keine oder nur minimale Prozessorzeit konsumiert – einleuchtend. In dem besagten Fall rief eine Anwendung eine externe Kommandozeilenapplikation auf, die Daten übertragen sollte. War dieser Vorgang abgeschlossen, sollte der Benutzer benachrichtigt werden. Da der Programmierer die Kommunikation mit der externen Anwendung nicht geschickter realisieren konnte, prüfte er (bzw. seine Applikation) immer wieder nach, ob ein neues Logfile existierte. Weil er nun merkte, dass es nicht optimal war, 100 Mal pro Sekunde das Filesystem abzufragen, baute er eine Routine, die zwischen diesen Abfragen die Zahlen von 1 bis 10.000 addierte. Damit war der Computer jeweils eine Weile beschäftigt – und nach so einer Summation schaute die Anwendung einfach nach, ob mittlerweile ein neues Logfile da war.

Es ist offensichtlich, dass diese Rechnerei den Computer belastet – schließlich tut er ja etwas. Auf einem Einzelplatz-PC ist es in der Tat zu vernachlässigen, ob während des Wartens eine Prozessorauslastung von 40 % auftritt. Es ist sogar egal (oder zumindest »nicht problematisch«), wenn das dreimal pro Minute passiert. Auf einem Remotedesktop-Sitzungshost sieht die Welt aber schon anders aus. Eine solche Anwendung wird, wenn sie von hinreichend vielen Benutzern gleichzeitig ausgeführt ist, fast zur Unbenutzbarkeit des Systems führen.

Der langen Rede kurzer Sinn ist, dass Sie vor dem Installieren einer Anwendung sorgfältig testen müssen:

▶ Läuft diese Anwendung gemeinsam mit anderen schon installierten Applikationen? (Ein beliebtes Problem ist die DLL-Hölle.)

▶ Wie ist das Performanceverhalten bzw. der Leistungsbedarf der Anwendung? Um das herauszufinden, hilft nur eine Pilotierung mit »echten« Benutzern und detaillierter Arbeit mit dem Systemmonitor.

▶ Kann diese Anwendung überhaupt auf einem Remotedesktop-Sitzungshost ausgeführt werden? Einige Applikationen verhindern dies; OEM- und Retailversionen von Office 2013 weigern sich, auf einem Remotedesktop-Sitzungshost ausgeführt zu werden (Abbildung 19.36).

Auch wenn Sie sorgfältig pilotiert und getestet haben (natürlich nicht auf dem produktiven System), sind bei der Installation auf Remotedesktop-Sitzungshosts »erhöhte Sicherheitsvorkehrungen« zu treffen. Wichtig ist, dass Sie jederzeit wieder zum Ursprungszustand zurück können. Einige Möglichkeiten sind:

- Erstellen eines Image-Backups vor Beginn der Installation. Fertigen Sie Offline-Images an! Ich würde nicht empfehlen, auf einem Remotedesktop-Sitzungshost die Erweiterungen zur Erstellung von Online-Images zu installieren (persönliche Meinung).
- Der Systembereich (C-Platte) sollte auf einem RAID-1-Verbund liegen. Damit ist es möglich, vor Beginn der Installationstätigkeiten eine Platte des Spiegels herauszuziehen und zur Seite zu legen. Misslingt die Installation, können Sie von dem gesicherten Spiegel starten und sind schnell wieder auf dem Ursprungszustand.

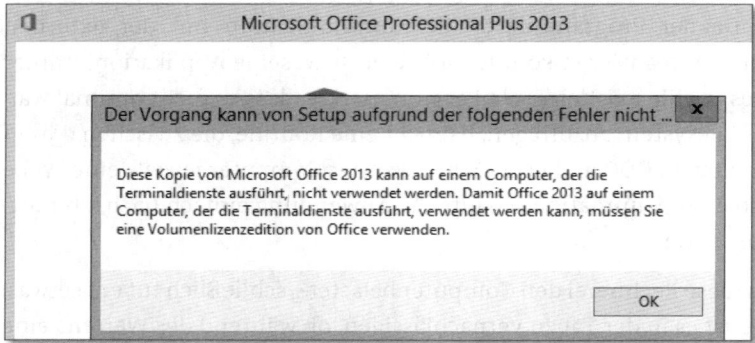

Abbildung 19.36 OEM- und Retailversionen von Office 2013 laufen nicht auf dem Remotedesktop-Sitzungshost. Nur Versionen aus den Volumenlizenzprogrammen können eingesetzt werden.

Zu der zweiten Variante sind allerdings einige Anmerkungen zu machen:

- Ist eine Platte gezogen, läuft das System nicht mehr redundant – einleuchtend. Hier könnte man Abhilfe schaffen, indem eine dritte Platte ins Spiel kommt, die stattdessen eingesteckt wird. Bedenken Sie, dass das Erzeugen der Spiegelung einige Zeit dauern wird.
- Wenn Sie mit den Platten aus dem RAID-1-Verbund hantieren, sollten Sie sehr genau wissen, was Sie tun. Ich würde mir für solche Arbeiten ein zweites Augenpaar (eine fachkundige Kollegin oder einen versierten Kollegen) hinzuholen und vor Ausführung jedes Schritts kurz das Vorgehen besprechen. Durch eine kleine Unachtsamkeit haben Sie sonst am Ende leere Platten.
- Sie sollten über eine aktuelle »normale« Datensicherung verfügen.
- Sie sollten darauf achten, die Platten nur im heruntergefahrenen Zustand zu wechseln. Zum einen geht es um Datenkonsistenz, zum anderen könnte es sein, dass Garantiebestimmungen verbieten, dass Platten im laufenden Betrieb gezogen werden.

Wenn Sie alle Sicherungsmaßnahmen getroffen haben und sich sicher sein können, dass Sie auf jeden Fall schnell und problemlos den Ursprungszustand wiederherstellen können, ist es an der Zeit, mit der Installation zu beginnen.

Auf Remotedesktop-Sitzungshosts können Sie nicht »einfach so« das Setup-Programm laufen lassen. Vielmehr muss das System in den Installationsmodus versetzt werden. Dies geschieht auf der Kommandozeile. Es stehen folgende Aufrufe zur Verfügung (Abbildung 19.37):

- change user /install: Dieser Aufruf aktiviert den Installationsmodus.
- change user /execute: So wird der Ausführungsmodus aktiviert.
- change user /query: Wenn Sie sich nicht sicher sind, in welchem Modus Sie (bzw. der Remotedesktop-Sitzungshost) sich momentan befinden, können Sie den aktuellen Zustand abfragen.

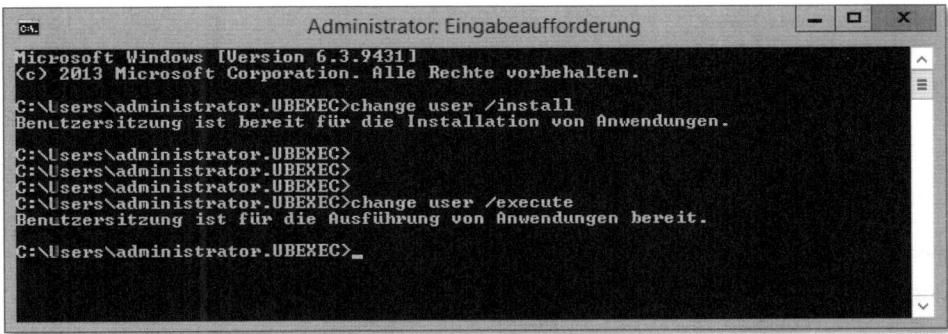

Abbildung 19.37 Mit dem Kommando »change user« kann der Remotedesktop-Sitzungshost in den Installations- oder Ausführungsmodus versetzt werden.

Genauer gesagt, beginnt jede Installation auf dem Remotedesktop-Sitzungshost mit dem Aktivieren des Installationsmodus und endet mit dem Aktivieren des Ausführungsmodus. Die Aufrufe werden jeweils mit einer Textzeile quittiert; das Wechseln der Modi beansprucht keine wahrnehmbare Zeit.

Applikationsvirtualisierung

Extrem interessant im Zusammenhang mit den Remotedesktopdiensten ist die Applikationsvirtualisierung. Diese geht zwar über den Fokus dieses Buchs hinaus, trotzdem möchte ich Ihnen einen Besuch bei der URL *www.microsoft.com/softgrid* unbedingt empfehlen.

Die Technologie wurde früher unter dem Namen *Softgrid* vertrieben und ist vor einigen Jahren in *Microsoft Application Virtualization* (*App-V*) umbenannt worden (die Softgrid-URL funktioniert aber noch und ist leicht zu merken).

Befindet sich der Remotedesktop-Sitzungshost im Installationsmodus, können Sie mit der »normalen« Installationsprozedur beginnen. In Abbildung 19.38 ist die Installation von Office 2013 auf einem Remotedesktop-Sitzungshost zu sehen – wie Sie sehen, sehen Sie nichts, zumindest keinen Unterschied zu einer »normalen« Installation auf einem PC.

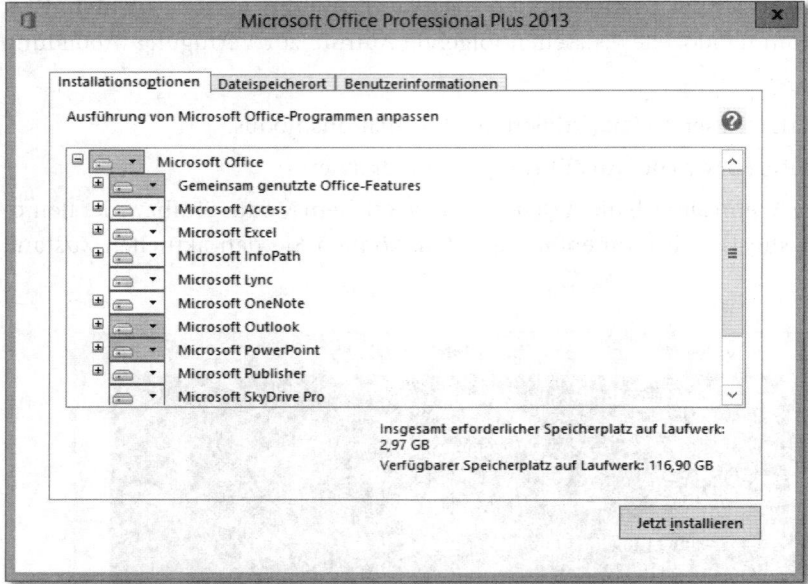

Abbildung 19.38 Die Installation einer Applikation, hier Office 2013, verläuft wie gewohnt.

Es ist zwar durchaus denkbar, dass ein Installationsprogramm erkennt, dass es auf einem Remotedesktop-Sitzungshost läuft und diesen von sich aus in den Installationsmodus versetzt. Es kann aber nicht schaden, wenn Sie sich angewöhnen, grundsätzlich manuell den Installationsmodus zu aktivieren und nach der Installation wieder abzuschalten; so kann nichts schiefgehen.

Wird eine Anwendung ohne das Aktivieren des Installationsmodus installiert, kann es passieren, dass während des Betriebs »merkwürdige Effekte« auftreten, sprich, die Software nicht vernünftig läuft.

19.5 Desktop bereitstellen

Die einfachste Möglichkeit ist, den Benutzern einen kompletten Desktop über Remotedesktopdienste bereitzustellen. Dies geschieht, ohne dass es eingestellt werden müsste, immer dann, wenn sich ein Benutzer mittels Remotedesktopclient mit dem Remotedesktop-Sitzungshost verbindet. Wie zuvor erwähnt wurde, ist es wichtig, den Desktop entsprechend einzuschränken, damit der Anwender zwar optimal seine Aufgaben erledigen kann, der natürliche Spiel- und Forschungsdrang aber im Zaum gehalten wird.

Abbildung 19.39 zeigt den Remotedesktopclient, der dem Benutzer einen kompletten Desktop mit geöffnetem Startmenü bereitstellt.

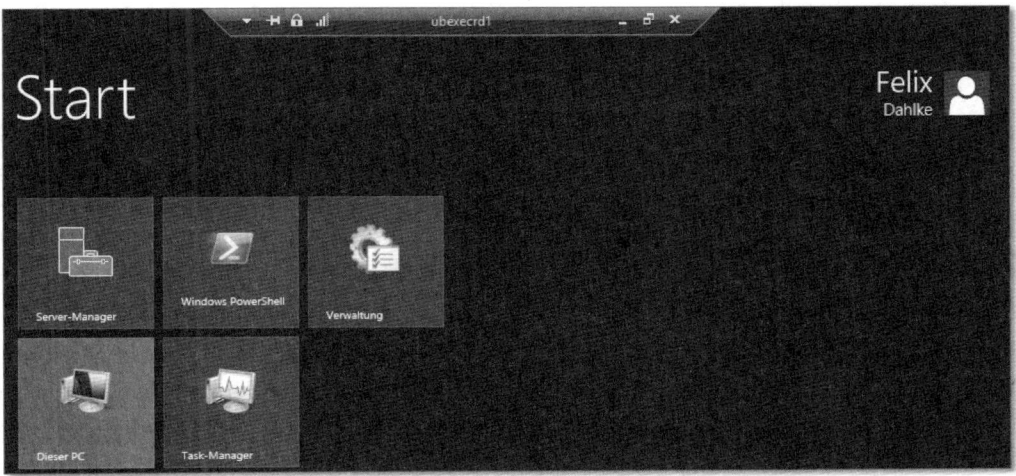

Abbildung 19.39 Wenn sich der Benutzer mithilfe des Remotedesktopclients mit dem Remotedesktop-Sitzungshost verbindet, wird standardmäßig der komplette Desktop angezeigt.

Der Remotedesktopclient beherrscht neben der zuvor gezeigten Darstellung im Fenster auch einen Vollbildmodus (Abbildung 19.40). Zum Ausstieg daraus wird am oberen Rand eine Leiste angezeigt. Durch Klick auf die Pinnwandnadel (links) kann die Fixierung aufgehoben werden, und die Leiste klappt ein; sie erscheint, wenn man mit der Maus an den oberen Rand fährt. Seit Version 6 des Desktopclients gibt es das kleine Schloss: Klickt man darauf, wird bestätigt, dass die Identität des Remotecomputers überprüft wurde – sofern das tatsächlich der Fall war.

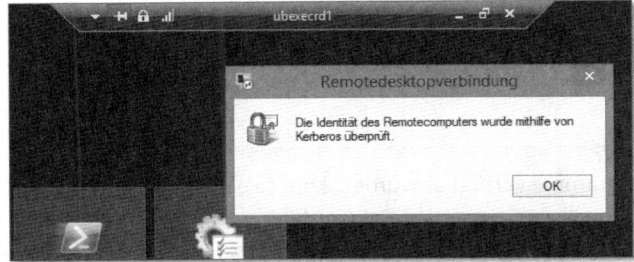

Abbildung 19.40 Der Remotedesktopclient kann den Desktop im Vollbildmodus darstellen. Ab Version 6 wird die Identität des Remotedesktop-Sitzungshosts verifiziert.

19.6 RemoteApp-Programme

Im vielen Fällen werden Sie nicht den kompletten Desktop mittels Remotedesktopdiensten bereitstellen können, sollen oder wollen. Das wird immer dann der Fall sein, wenn Sie nicht alle Anwendungen, die von einem Benutzer benötigt werden, auf dem Remotedesktop-Sitzungshost bereitstellen können, sondern einen »Mischbetrieb« zwischen lokalen und per Remotedesktopdiensten bereitgestellten Anwendungen fahren müssen.

Da es in der Regel keinen Sinn ergibt, Anwendungen, die nur von einer Handvoll Mitarbeiter gebraucht werden, auf den Remotedesktop-Sitzungshost zu bringen, wird es jede Menge PCs geben, die die »großen Mainstream-Anwendungen« über Remotedesktopdienste erhalten und lokal einige speziellere Anwendungen ausführen. Weiter oben haben Sie gehört, dass es Anwendungen gibt, die technisch nicht auf den Remotedesktop-Sitzungshost gebracht werden können – es steht zu befürchten, dass es in jedem Unternehmen mehrere solcher Programme gibt.

Vor den Remotedesktopdiensten/Terminaldiensten von Windows Server 2008 und der Version 6 des Remotedesktopverbindungs-Clients war die Aufgabe begrenzt lösbar, indem im Client eine zu startende Anwendung definiert wurde. Das Ergebnis ist in Abbildung 19.41 zu sehen: Word fährt beim Start direkt hoch, allerdings ist der Rahmen des Remotedesktopverbindungs-Clients immer zu sehen.

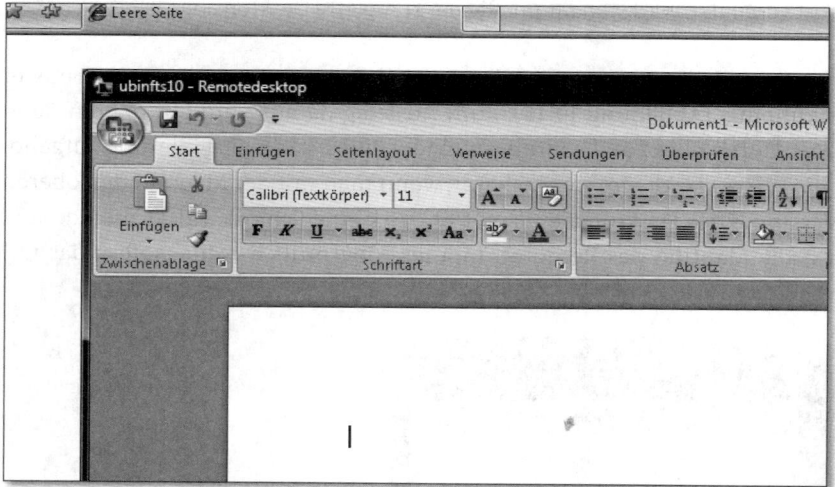

Abbildung 19.41 Bevor RemoteApp-Programme verfügbar wurden, konnte eine Applikation immer nur im Remotedesktopclient-Fenster gezeigt werden.

Citrix kann schon seit »Ewigkeiten« einzelne per Remotedesktop-Sitzungshost bereitgestellte Applikationen »seamless« anzeigen, also ohne ein zusätzliches Fenster des Clients. Mit der neuen Generation der Remotedesktop-Sitzungshosts (mindestens Windows Server

2008) und Clients (mindestens Remotedesktopclient Version 6) können die Microsoft Terminaldienste/Remotedesktopdienste dies nun auch leisten. Die Technologie nennt sich *RemoteApp-Programme*.

Um RemoteApp-Programme zu konfigurieren, rufen Sie im Server-Manager unterhalb der Sammlung den Menüpunkt REMOTEAPP-PROGRAMME VERÖFFENTLICHEN auf. Diese ist in Abbildung 19.42 gezeigt.

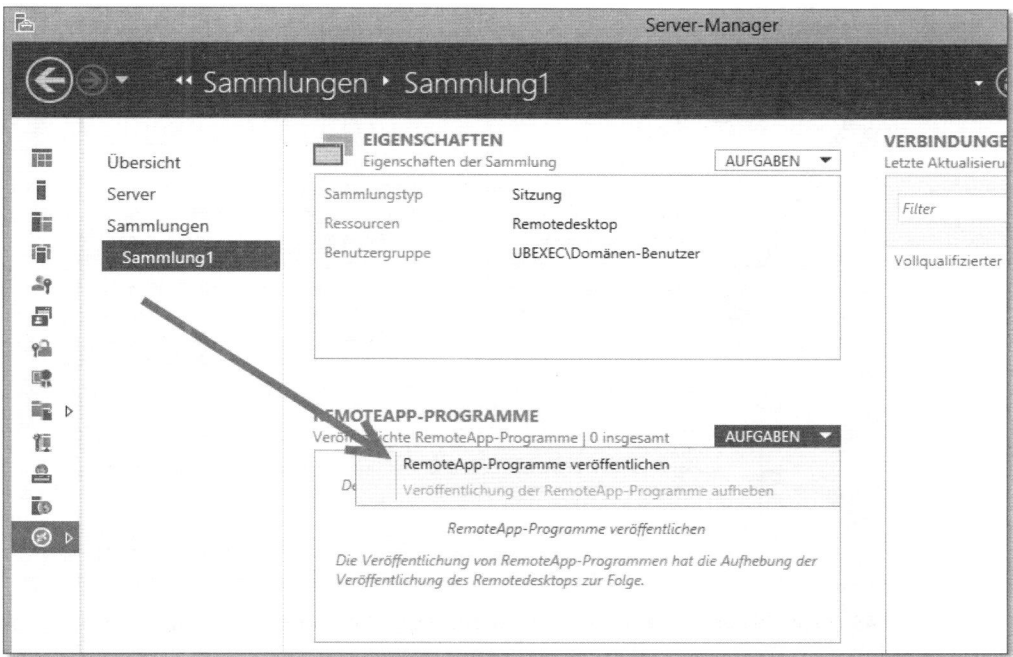

Abbildung 19.42 Mit dem gleichnamigen Konfigurationswerkzeug können Sie RemoteApp-Programme anlegen und verwalten.

Früher gab es auf dem Remotedesktop-Sitzungshost eine Konfigurationsapplikation namens *RemoteApp-Manager*, diese ist aber zugunsten der Server-Manager-Integration entfallen.

Beim Anlegen von RemoteApp-Programmen werden Sie von einem Assistenten begleitet. Im Grunde genommen besteht dieser nur aus einer Seite, auf der Sie auswählen können, welche Applikationen Sie zu der Menge der auf dem Remotedesktop-Sitzungshost verfügbaren RemoteApp-Programme hinzufügen möchten. Wenn Sie den Assistenten zum ersten Mal öffnen, sehen Sie bereits jede Menge Applikationen, die dort aufgelistet werden. Sie können beliebig viele davon mit einem Häkchen versehen, worauf diese dann in der eigentlichen RemoteApp-Programme-Liste auftauchen (Abbildung 19.43).

Wenn Sie Applikationen hinzufügen möchten, die in der Auswahl noch nicht vorhanden sind, können Sie mithilfe der Schaltfläche DURCHSUCHEN das Dateisystem durchforsten und weitere Anwendungen hinzufügen.

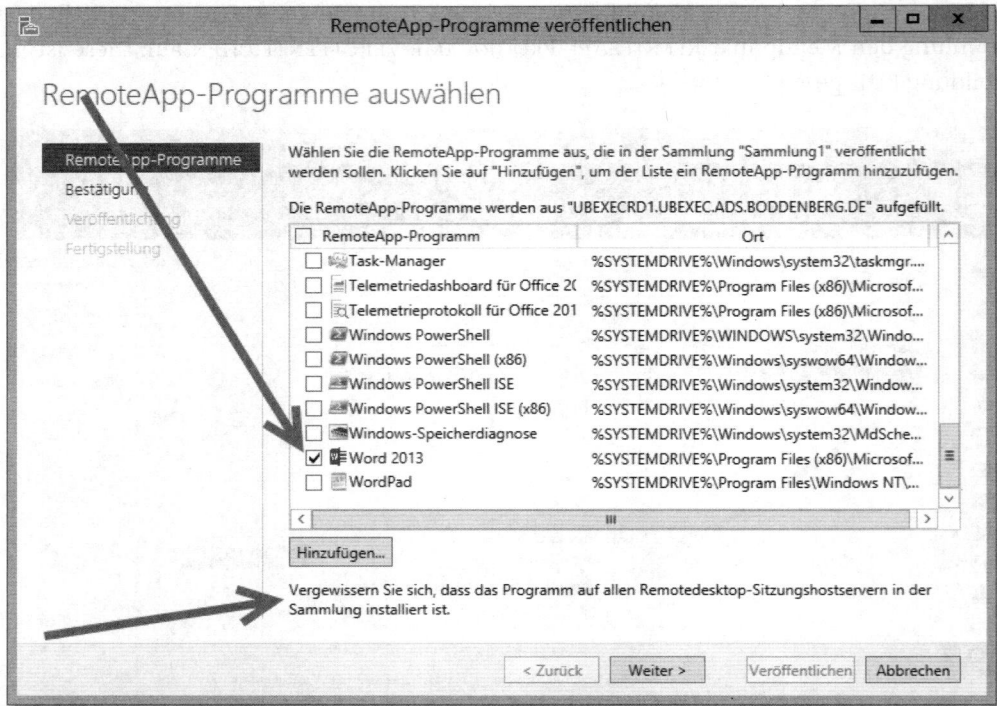

Abbildung 19.43 Auswahl der Applikation, die als RemoteApp-Programm veröffentlicht werden soll

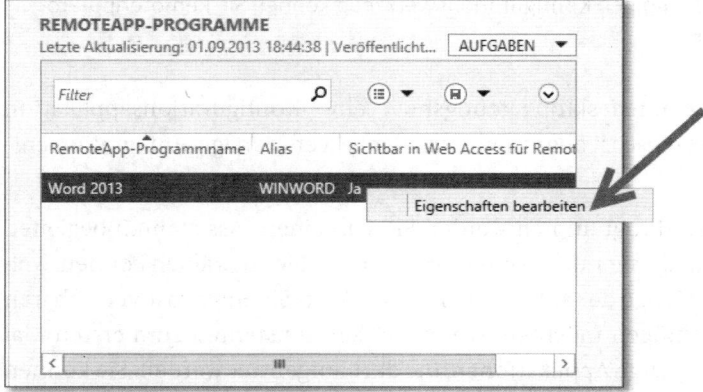

Abbildung 19.44 Ist die RemoteApp angelegt, kann man die Eigenschaften aufrufen.

Für die RemoteApp-Programme existieren einige Eigenschaften, die Sie bearbeiten können (Abbildung 19.45): Neben einer frei wählbaren Bezeichnung und einem Speicherort ist vor allem die Checkbox REMOTEAPP-PROGRAMM IN WEB ACCESS FÜR REMOTEDESKTOPDIENSTE ANZEIGEN interessant. Mit dem Web Access, der etwas später in diesem Kapitel besprochen wird, können die verfügbaren RemoteApp-Programme aufgelistet und per Mausklick gestartet werden.

Weiterhin können Sie im EIGENSCHAFTEN-Dialog einen Kommandozeilenparameter festlegen und ein Icon auswählen.

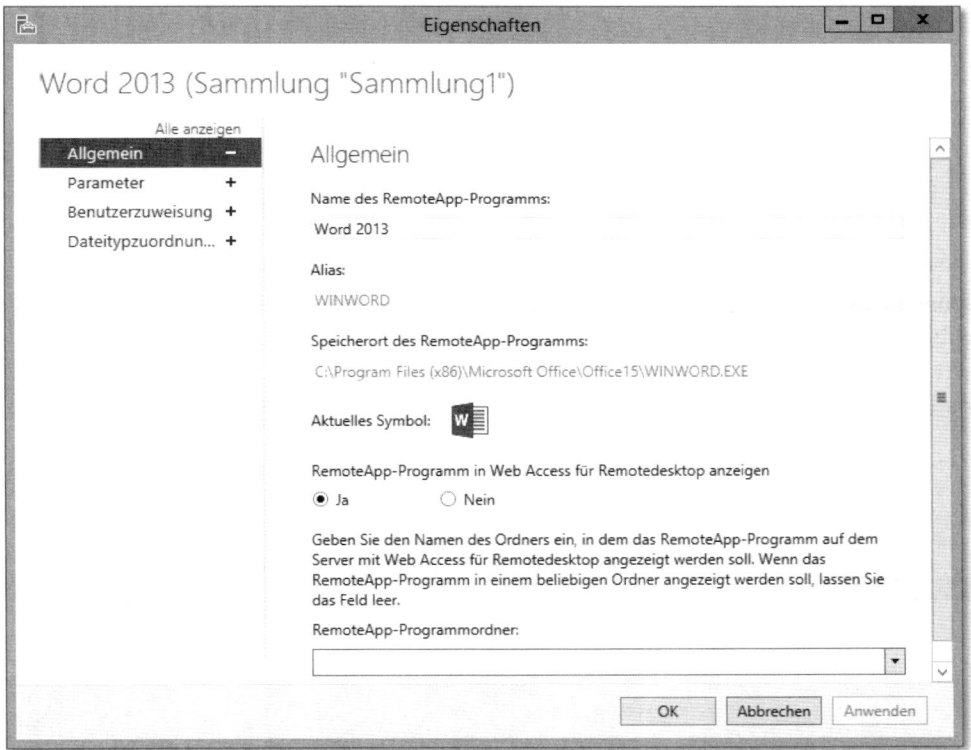

Abbildung 19.45 Die »Eigenschaften« des RemoteApp-Programms

Seit der R2-Version des Windows Server 2008 können Sie auf der Registerkarte BENUTZERZUWEISUNG festlegen, welchen Benutzern das Symbol zum Starten des Programms angezeigt werden soll (Abbildung 19.46).

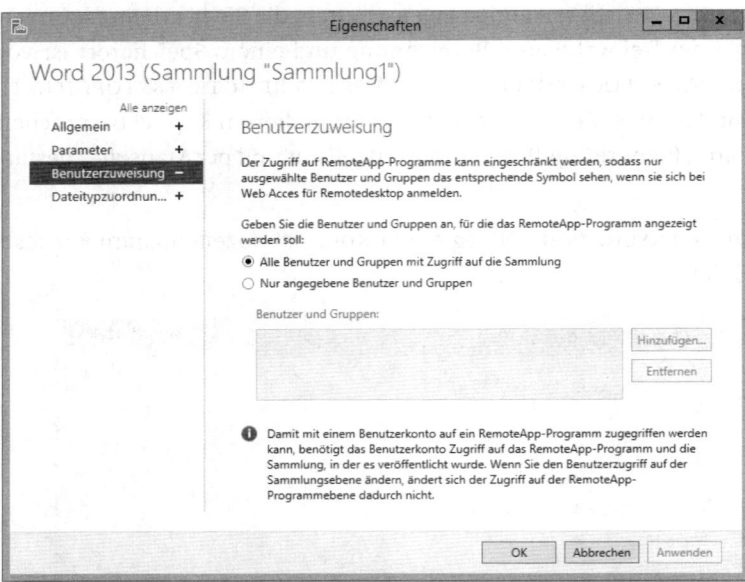

Abbildung 19.46 In den Eigenschaften der RemoteApp können Benutzerberechtigungen angegeben werden.

Abbildung 19.47 Interessant ist die Möglichkeit, die Dateitypzuordnungen zu modifizieren.

19.6 RemoteApp-Programme

> **Hinweis**
>
> In den Remotedesktopdiensten 2008 und 2008 R2 kam nun der Punkt, an dem man sich Gedanken über die Verteilung machte und ein MSI-Paket oder eine RDP-Datei erstellen ließ. Diese Optionen gibt es unter Server 2012/R2 nicht mehr.

Die einfachste Möglichkeit, eine RemoteApp aufzurufen, ist die Nutzung der Weboberfläche. Abbildung 19.48 zeigt, wie's gemacht wird:

- Geben Sie den Namen des Servers gefolgt von */RDWeb* an.
- Es erscheint das Portal, aus dem man die App starten kann.

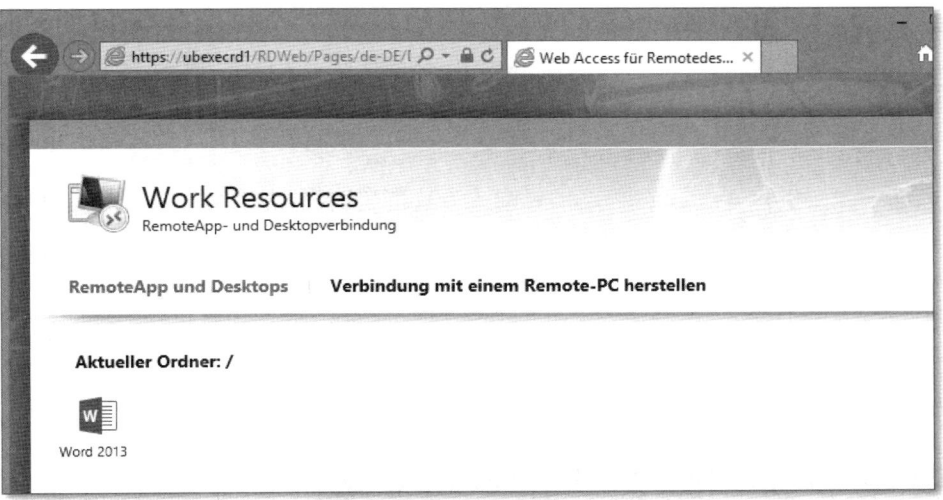

Abbildung 19.48 RemoteApp über die Weboberfläche aufrufen

Mit Windows 8-Clients (und höher) haben Sie die Möglichkeit, eine Standardverbindungs-URL einzugeben, aus der dann die möglichen Apps geladen bzw. verbunden werden. Dies geht allerdings nur via Gruppenrichtlinie. Der in Abbildung 19.49 gezeigte Konfigurationsabschnitt findet sich im Gruppenrichtlinieneditor in dieser Struktur: USER CONFIGURATION/ ADMINISTRATIVE TEMPLATES/WINDOWS COMPONENTS/REMOTE DESKTOP SERVICES/ REMOTEAPP AND DESKTOP CONNECTIONS.

Ist die Standardverbindung konfiguriert, erscheinen die Apps in der Suche, wie in Abbildung 19.50 gezeigt (auf dem Windows-8.1-PC sind sowohl ein lokal installiertes als auch ein Remotedesktop-Word aufrufbar).

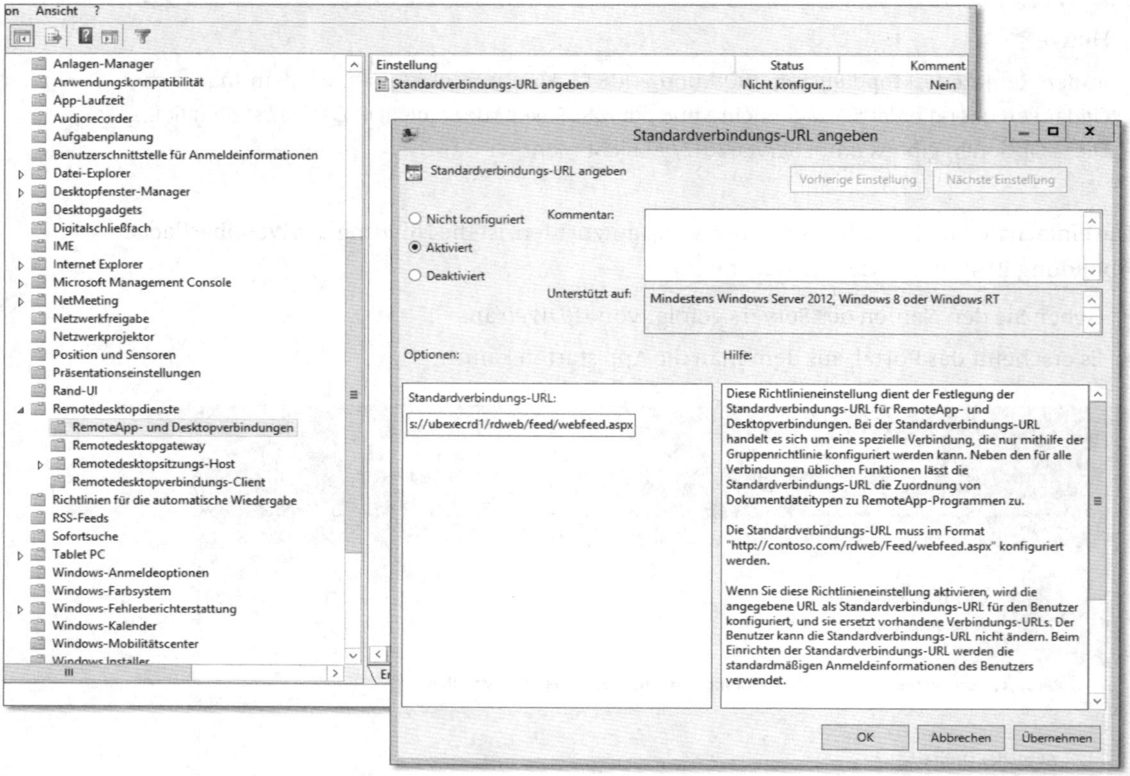

19 Remotedesktopdienste (Terminaldienste)

Abbildung 19.49 Per Gruppenrichtlinie kann die Standardverbindungs-URL angegeben werden.

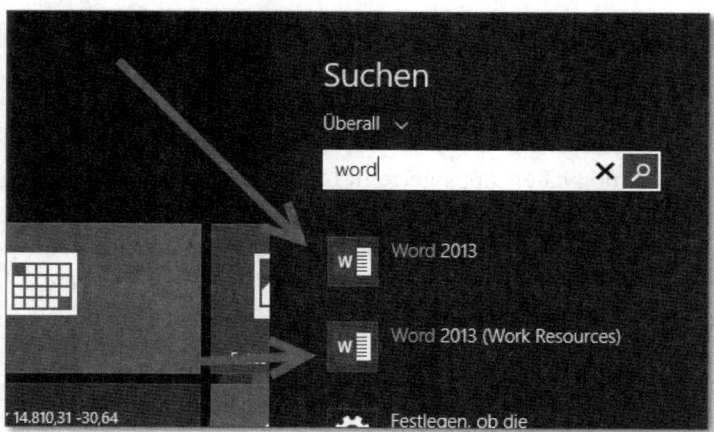

Abbildung 19.50 Über die Standardverbindungs-URL kommt das »Work Resources«-Word.

19.6 RemoteApp-Programme

> **RemoteApps**
>
> Sofern Sie Windows 7- oder 8-Clients verwenden, gibt es eine recht elegante neue Möglichkeit, um RemoteApps zu verteilen. Mehr dazu lesen Sie in Abschnitt 19.11.

Beim ersten Start der neuen Verbindung wird, falls nicht anders konfiguriert, ein Dialog erscheinen, in dem der Benutzer bestätigen kann, welche an seinem PC vorhandenen Geräte über den Remotedesktop-Sitzungshost nutzbar sein sollen. Der Remotedesktop-Sitzungshost kann dem Benutzer so beispielsweise die lokale C-Platte in die Remotedesktopdienste-Sitzung »einspiegeln«. Da die Freigabe auf Ressourcen immer sicherheitskritisch ist, fragt die Clientapplikation nach (Abbildung 19.51).

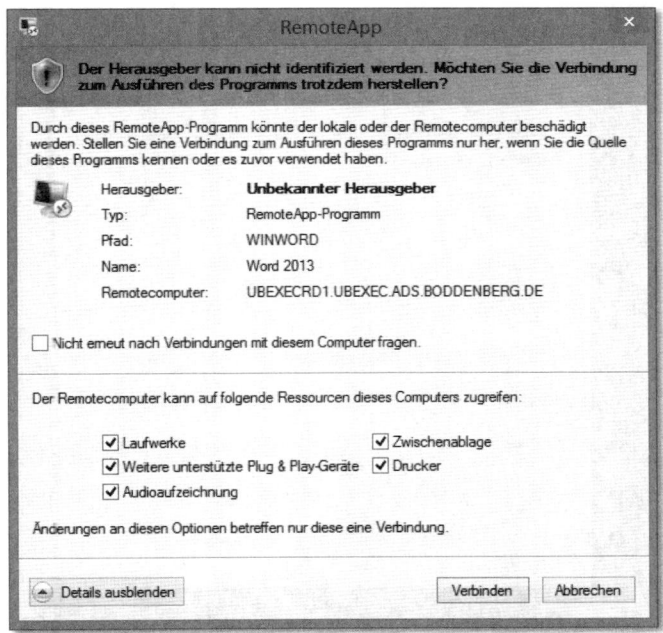

Abbildung 19.51 Beim ersten Start können Sie einige Einstellungen vornehmen.

Abbildung 19.52 zeigt nun das Ergebnis unserer Bemühungen. Word wird ohne den Rahmen des Remotedesktopverbindungs-Clients angezeigt. Da das Feature *Desktopdarstellung* installiert wurde, wird die Applikation auch mit Windows 7-Elementen angezeigt – sie ist also nicht von einem lokal laufenden Word zu unterscheiden.

Falls ein Client, auf dem die Verknüpfung zum RemoteApp-Programm installiert wird, nicht über die Version 6 des Remotedesktopverbindungs-Clients verfügt, wird die Applikation zwar gestartet und ausgeführt, allerdings wird der Rahmen des RDP-Clients gezeichnet werden.

Die RemoteApp-Programme sind ein sehr wichtiger Schritt nach vorn. In vielen Szenarien werden wichtige Mainstream-Applikationen (Office, SAP-GUI etc.) über Remotedesktopdienste bereitgestellt, und gleichzeitig verbleiben Dutzende oder Hunderte Anwendungen als lokale Programme auf den PCs. Für einen solchen Mischbetrieb ist die »seamless«-Darstellung (ohne Fensterrahmen des RDP-Clients) unglaublich wichtig und konnte bislang nur durch die Installation von Citrix' *MetaFrame/PresentationServer/XenApp* erreicht werden.

Außerordentlich praktisch in Verbindung mit den RemoteApp-Programmen nebst den neuen Darstellungsmöglichkeiten ist der Web Access für Remotedesktopdienste, also der Webzugriff auf den Remotedesktop-Sitzungshost.

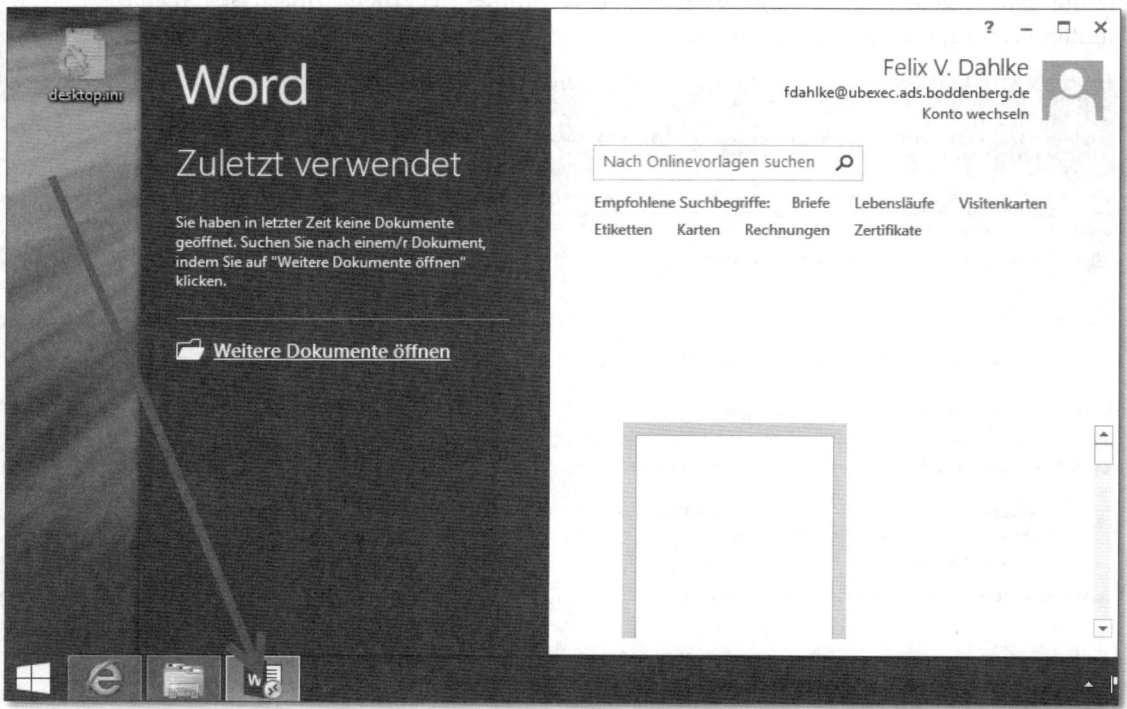

Abbildung 19.52 Die auf dem Remotedesktop-Sitzungshost laufende Applikation erscheint ohne den Rahmen des Remotedesktopverbindungs-Clients. Das Symbol zeigt an, dass das Word über Remotedesktop kommt.

19.7 Administration und Verwaltung

Um die Remotedesktopdienste zu konfigurieren und zu verwalten, gehen Sie über den Server-Manager, mit dem ja die bisherigen Einrichtungsarbeiten vorgenommen worden sind. Diverse Eigenschaften-Menüs bieten viele Einstellungsmöglichkeiten (Abbildung 19.53).

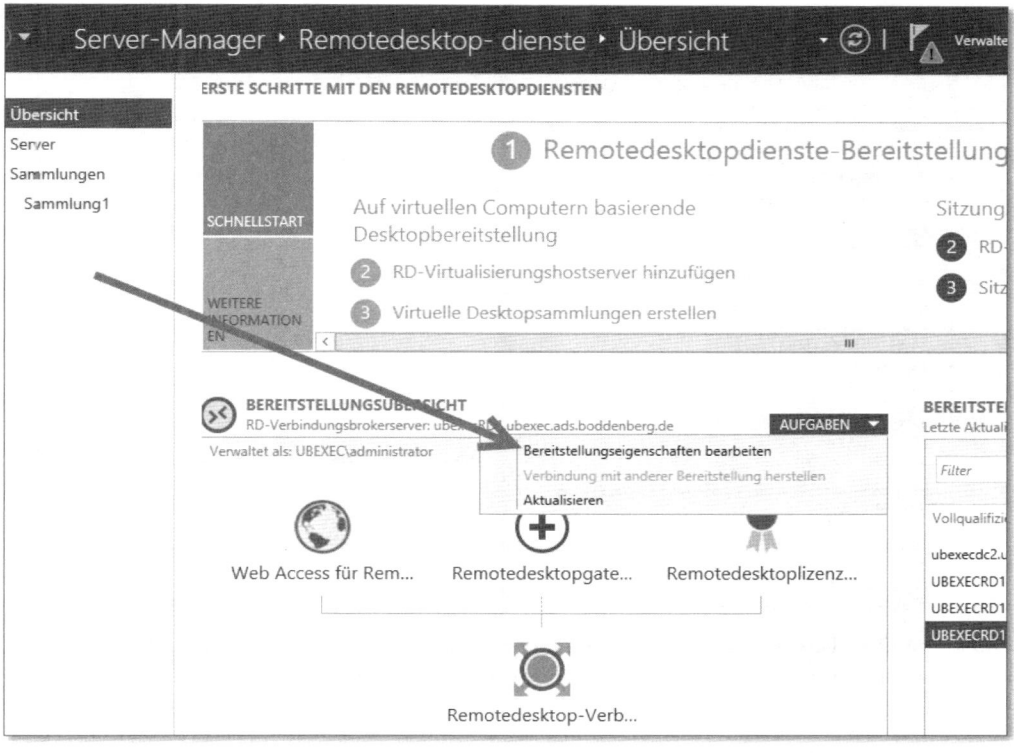

Abbildung 19.53 Im Server-Manager finden sich die Aufrufe der Eigenschaften-Dialoge für die Detailkonfiguration.

Neben den Werkzeugen, die explizit den Remotedesktopdiensten zugeordnet sind, gibt es einige andere Konfigurationsapplikationen, die mittelbar zur Administration und Konfiguration der Remotedesktopdienste genutzt werden:

- Zu nennen wäre insbesondere *Active Directory-Benutzer und -Computer*, das für die Verwaltung der Remotedesktopdienste-Anwender verwendet wird (Abbildung 19.54).
- Weiterhin sollte jemand, der Remotedesktopdienste administriert, sehr gut mit dem *Gruppenrichtlinienverwaltungs-Editor* vertraut sein. Die Möglichkeit, Benutzer mithilfe von Gruppenrichtlinien einzuschränken, ist eine außerordentlich wichtige Tätigkeit in diesem Umfeld.
- Das Snap-In *Zuverlässigkeit und Leistung*, insbesondere der dort vorhandene Systemmonitor, ist extrem wichtig, weil Performancemessung und -analyse im Remotedesktopdienste-Umfeld eine entscheidende Rolle spielen. Wenn 40 Word-Instanzen auf einem System laufen, macht es schon einen Unterschied, ob die Benutzer Word im Wesentlichen als Schreibmaschine verwenden oder ob eine Dokumentautomatisierung mit intensiver Nutzung von Makros erfolgt. Um präzise Aussagen bezüglich des Performancebedarfs nebst Trends und sich abzeichnender Flaschenhälse zu treffen, ist das Messen unvermeidbar.

19 Remotedesktopdienste (Terminaldienste)

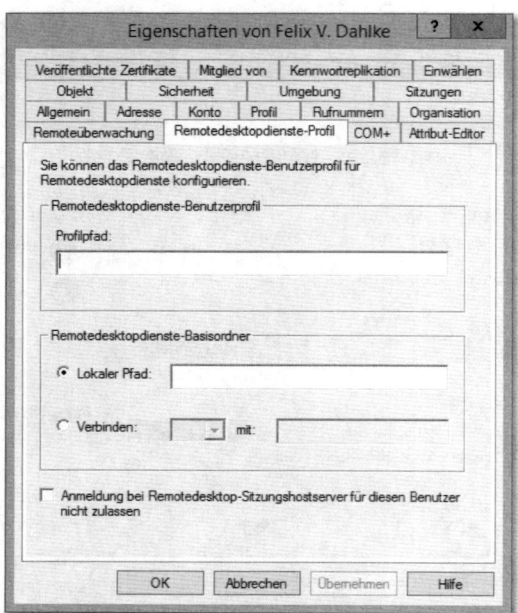

Abbildung 19.54 Das Werkzeug Active Directory-Benutzer und -Computer in der zum R2-Server gehörenden Version kennt natürlich auch die neuen Bezeichnungen.

19.7.1 Bereitstellung konfigurieren

Der vordringliche Aspekt bei der Konfiguration der Bereitstellungseigenschaften (Aufruf siehe Abbildung 19.53) ist die Lizenzierung der Bereitstellung.

Hierbei können Sie eintragen, welches Lizenzmodell Sie wählen möchten. Sie können zwischen einer Lizenzierung PRO GERÄT und einer PRO BENUTZER wählen. Zu entscheiden ist, welche Lizenzierung günstiger ist:

- Haben Sie beispielsweise 500 Benutzer, die im Schichtbetrieb arbeiten und demzufolge mit 200 Geräten auskommen, ist die Lizenzierung PRO GERÄT günstiger.
- Wenn Sie hingegen mehr Geräte als Benutzer haben, also jeder Benutzer an mehreren Terminals arbeitet, ist verständlicherweise die Lizenzierung PRO BENUTZER günstiger. Dieses Szenario hört sich vielleicht auf den ersten Blick ein bisschen »durchgeknallt« (wegen mehrerer Terminals pro Benutzer) an, ich kenne aber durchaus einige Fälle, in denen es greift:
  - In Kundendienstbereichen sind häufig mehr Beraterplätze als Berater vorhanden. Das liegt daran, dass die Beraterplätze häufig auch als Wartezone für den Kunden verwendet werden.
  - Supportmitarbeiter sind häufig mit mehreren PCs/Terminals ausgerüstet, um einerseits Zugriff auf ihr Ticketing-System zu haben und andererseits Fragen von Anwendern etc. schnell nachstellen zu können.

Eine kleine Warnung

Ich kenne mehr als einen Fall, in denen die Lizenzfrage zunächst auf später verschoben wurde – und dann in Vergessenheit geraten ist. Werden die Lizenzaspekte zu nachhaltig in den Hintergrund gedrängt, wird das für den Produktivbetrieb unter Umständen sehr lästig werden. Irgendwann drängt sich dieses Thema sehr deutlich in den Vordergrund, dann nämlich, wenn sich kein Benutzer mehr anmelden kann – und genau das wird passieren, wenn die Lizenzaspekte nicht konfiguriert und gepflegt sind.

Kann der Remotedesktop-Sitzungshost keinen Lizenzdienst finden, wird er keine Verbindungen entgegennehmen. Es ist zunächst (d.h. im Testbetrieb) kein Problem, wenn der Lizenzserver nicht aktiviert ist, es muss allerdings ein solcher vorhanden sein. Der Lizenzserver braucht nicht mehrfach vorhanden zu sein und auch nicht auf einem Remotedesktop-Sitzungshost installiert zu werden.

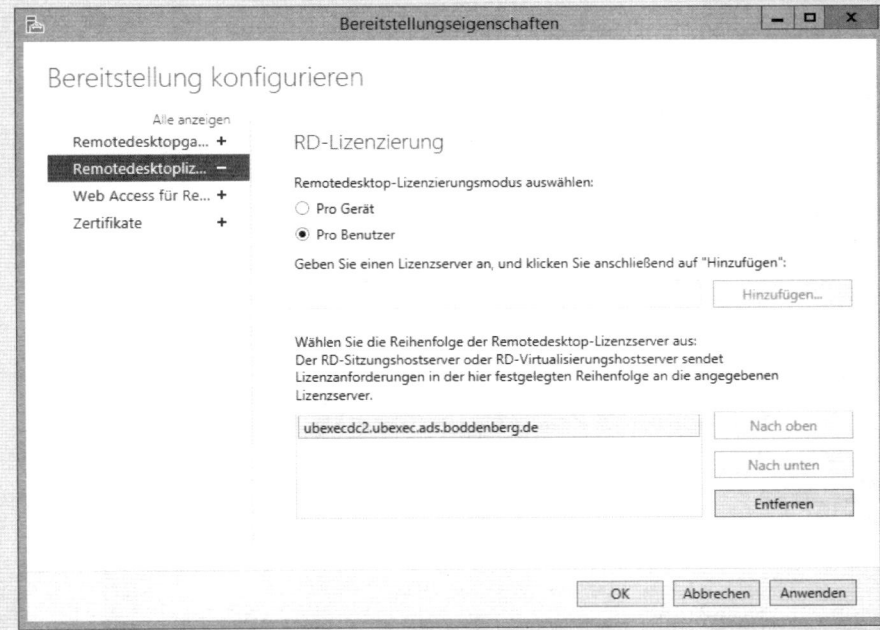

Abbildung 19.55 Konfiguration der Lizenzierung der Bereitstellung

Der Lizenzserver, der in Abbildung 19.55 eingetragen ist, wurde zuvor eingerichtet.

19.7.2 Eigenschaften der Sammlung

Der zweite Bereich, an dem es etliches einzustellen gibt, sind die EIGENSCHAFTEN DER SAMMLUNG, die wie auf Abbildung 19.56 gezeigt aufgerufen werden.

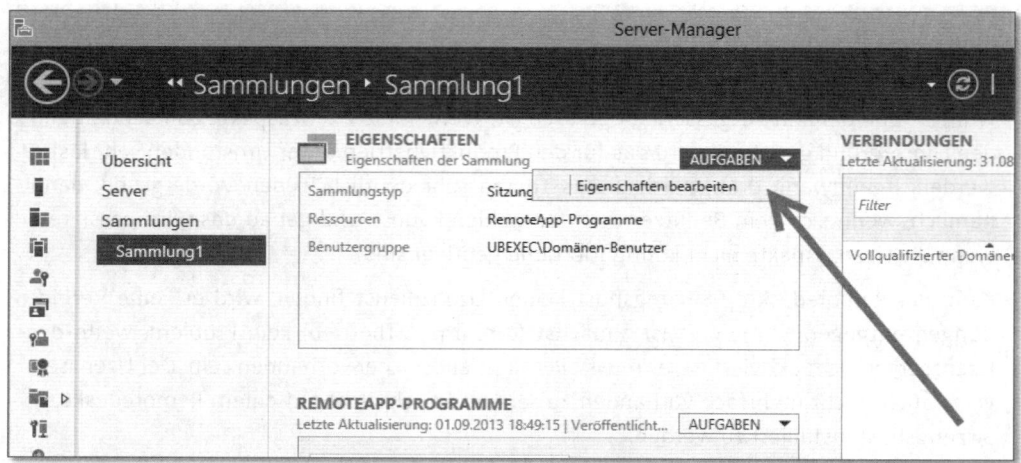

Abbildung 19.56 Hier werden die »Eigenschaften der Sammlung« aufgerufen.

Auch wenn es viel einzustellen gibt: Entweder haben wir die Optionen bereits zuvor besprochen, oder aber die Einstellungen sind selbsterklärend. Abbildung 19.57 zeigt die Clienteinstellungen, in denen angehakt wird, welche lokalen Ressourcen zur Verfügung stehen soll.

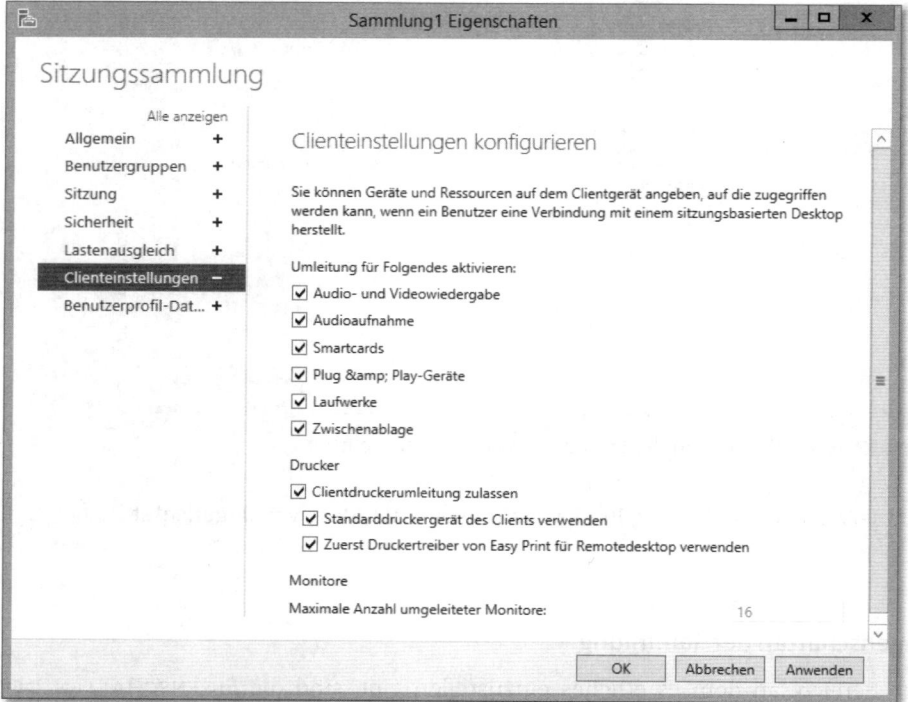

Abbildung 19.57 Konfigurieren der Clienteinstellungen

In Abbildung 19.58 sehen Sie die korrespondierende Einstellung im Remotedesktopverbindungs-Client. Der Benutzer kann dort festlegen, welche lokalen Geräte er gern in seinen Remotedesktopdienste-Sitzungen zur Verfügung haben möchte. Egal was der Benutzer einstellt – die letztendliche Entscheidung darüber, was zur Verfügung steht, wird gemäß den Einstellungen auf dem Server getroffen.

Neben Sicherheitsaspekten kommen bei der Entscheidung über die Konfiguration auch Performanceüberlegungen zum Tragen: Selbst wenn der Benutzer vielleicht gern seine C-Platte als Datenspeicher nehmen würde, ist dies im Allgemeinen wenig vorteilhaft:

- Erstens wird die lokale C-Platte vermutlich nicht gesichert werden. Das Ziel ist ja, dass Daten nur auf Servern gespeichert werden.
- Wenn der Benutzer über WAN-Strecken seine Daten aufwendig zur C-Platte transportiert, wird ein Ziel, nämlich durch zentrale Remotedesktopdienste Bandbreite zu sparen, direkt verfehlt.

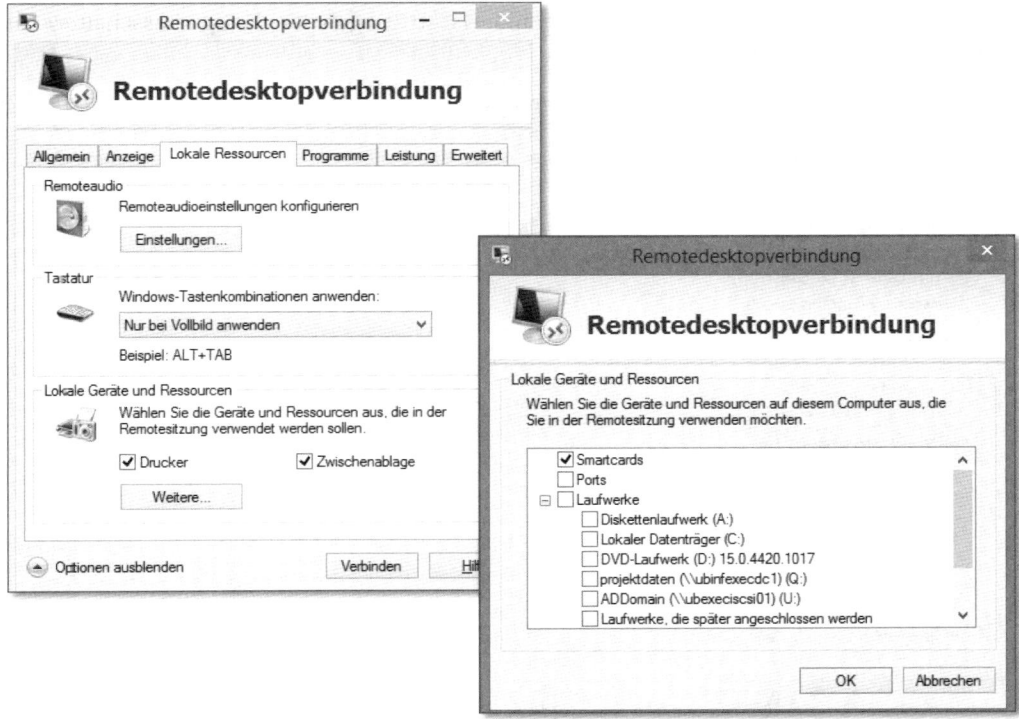

Abbildung 19.58 Was im Client konfiguriert wird, hat keinerlei Relevanz, wenn der Server diese Einstellungen nicht zulässt.

Sie sehen, dass es diverse gute Gründe dafür geben kann, mit dem Freigeben der Verwendung lokaler Ressourcen eher vorsichtig zu sein.

19.7.3 Benutzeradministration

Ein zentraler Punkt ist die Administration der Benutzer. Diese geschieht im Konfigurationswerkzeug *Active Directory-Benutzer und -Computer*, in dem Sie unter anderem zwei Registerkarten finden, nämlich REMOTEDESKTOPDIENSTE-PROFIL und REMOTEÜBERWACHUNG. Die Remotedesktopdienste sind nahtlos in die Benutzerverwaltung integriert, sodass nur wenig zusätzliche Arbeit notwendig ist.

Auf der Registerkarte REMOTEDESKTOPDIENSTE-PROFIL lassen sich ein Speicherort für ein Benutzerprofil und ein Pfad zu einem Basisordner angeben, die bei der Anmeldung an einem Remotedesktop-Sitzungshost verwendet werden. Diese Pfade anders als das übliche Profil zu wählen, kann durchaus sinnvoll sein, falls das Profil für die Desktopanwendung diverse spezielle Einstellungen für und Verknüpfungen auf Komponenten enthält, die auf dem Remotedesktop-Sitzungshost nicht zur Verfügung stehen.

Soll für einen Benutzer der Zugriff auf die Remotedesktopdienste gesperrt werden, können Sie das mit der Checkbox ANMELDUNG BEI REMOTEDESKTOP-SITZUNGSHOSTSERVER FÜR DIESEN BENUTZER NICHT ZULASSEN erledigen; sie ist sozusagen der »Haupt-Ausschalter« für den Zugriff (Abbildung 19.59).

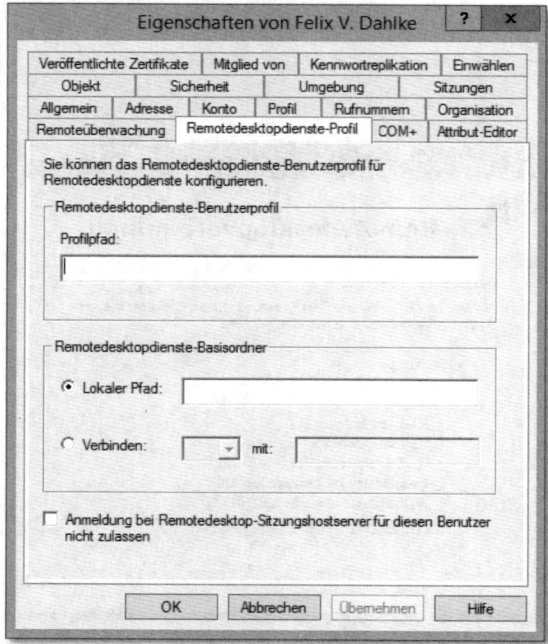

Abbildung 19.59 Das Remotedesktopdienste-Profil ermöglicht Einstellungen, die vom »normalen« Profil abweichen.

Die zweite Registerkarte, die sich speziell mit Einstellungen für die Remotedesktopdienste befasst, ist REMOTEÜBERWACHUNG. Ein Administrator oder Mitarbeiter im Benutzersupport kann eine Fernsteuerungssitzung beginnen und den Benutzer so unterstützen (Abbildung 19.60).

Zumindest in Deutschland ist diese Möglichkeit etwas, das der IT-Verantwortliche mit dem Betriebsrat besprechen sollte. Hier schwingen immer Aspekte wie »Überwachung der Mitarbeiter«, »Leistungskontrolle« etc. mit. Die deutsche Übersetzung, nämlich REMOTEÜBERWACHUNG, ist eindeutig misslungen; ein Begriff wie »Fernsteuerung« erweckte hier sicherlich deutlich weniger Misstrauen.

Es besteht die Möglichkeit, die Remoteüberwachung für die Benutzer komplett zu deaktivieren. Hierzu muss lediglich das Häkchen aus der gleichnamigen Checkbox entfernt werden. Da die Fernsteuerung zur Unterstützung der Benutzer an sich sinnvoll ist, ist der bessere Weg sicherlich, sie zu aktivieren und die Checkbox BERECHTIGUNG VOM BENUTZER ANFORDERN zu setzen.

Im Bereich STEUERUNGSEBENE können Sie wählen, ob die Anzeige der Benutzersitzung nur lesend erfolgen soll oder ob auch Eingriffsmöglichkeiten gegeben sein sollen (INTERAKTIVE SITZUNG).

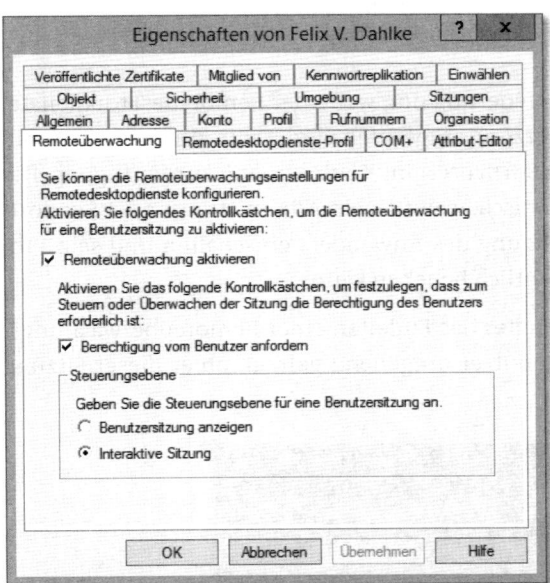

Abbildung 19.60 Beim Benutzerobjekt wird die Remoteüberwachung konfiguriert.

19.7.4 Remotesupport für Benutzer

Abbildung 19.61 zeigt die Verbindungsübersicht des Server-Managers. Sie können die Sitzungen der angemeldeten Benutzer einsehen. Im Kontextmenü eines Benutzers stehen einige Optionen zur Verfügung, beispielsweise das Trennen oder Zurücksetzen der Sitzung, die Anzeige von erweiterten Statusinformationen und einiges andere mehr.

Die hier im Kontextmenü des Benutzerobjekts gezeigten Funktionen sind übrigens auch für Sitzungen (siehe die gleichnamige Registerkarte) vorhanden.

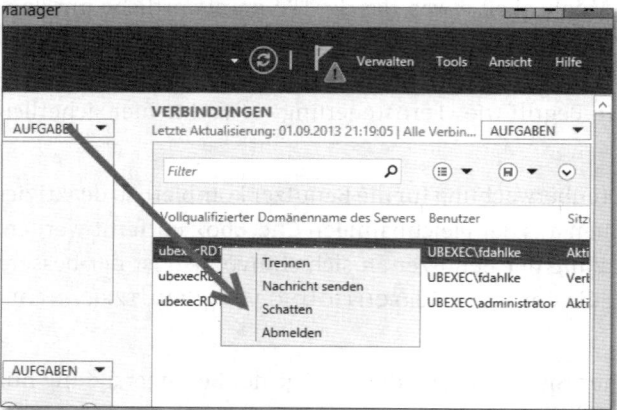

Abbildung 19.61 Im Server-Manager können Sie sehen, welche Benutzer aktuell angemeldet sind. Bei Bedarf können Sie die Verbindung beispielsweise trennen, zurücksetzen oder die Remoteüberwachung starten.

Wie bereits erwähnt, funktioniert die Fernsteuerung nur, wenn der Remotedesktopdienste-Manager in einer Remotedesktopdienste-Sitzung aufgerufen wird. Dann steht, wie in Abbildung 19.61 zu sehen ist, auch die Funktion SCHATTEN im Kontextmenü zur Verfügung. Die Funktion ist für Helpdesk-Zwecke sehr praktisch, weil sich ein Administrator oder Supportmitarbeiter mit einem Mausklick in die Sitzung des Anwenders einschalten und sein Problem sehen, mit ihm besprechen und hoffentlich beheben kann.

Hat der Administrator bzw. Supportmitarbeiter das Einleiten einer Remoteüberwachungssitzung aufgerufen, wird der betroffene Benutzer umgehend gefragt, ob er dieser Sitzung zustimmt (Abbildung 19.62).

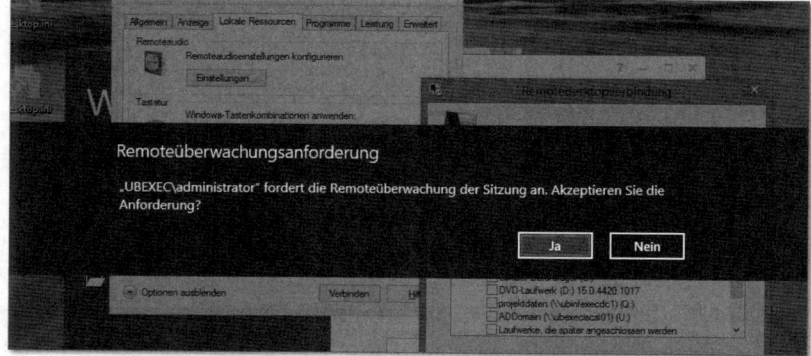

Abbildung 19.62 Der Benutzer wird gefragt, ob er wirklich zulassen möchte, dass seine Sitzung ferngesteuert wird.

Ob der Benutzer gefragt wird, ist konfigurierbar, allerdings sollten Sie tunlichst keinen »stillen Modus« implementieren, selbst wenn es möglich ist. In Deutschland wird das zum einen den Betriebsrat auf die Barrikaden bringen, zum anderen verstößt die unbemerkte Überwachung von Mitarbeitern gegen geltendes Recht.

Stimmt der Benutzer dem Beginn einer Fernsteuerungssitzung zu, werden Sie umgehend seinen Bildschirm (Desktop oder RemoteApp-Programm) auf Ihrem Bildschirm haben. Je nachdem, was als STEUERUNGSEBENE ausgewählt wurde (BENUTZERSITZUNG ANZEIGEN oder INTERAKTIVE SITZUNG), können Sie als Administrator bzw. Supportmitarbeiter nur schauen oder selbst steuern. Wenn Sie die Sitzung beenden möchten, müssen Sie die zuvor abgefragte Tastenkombination kennen und anwenden.

Falls der Anwender dem Aufbau der Fernsteuerungssitzung nicht zustimmt, wird Ihnen in einem lapidaren Hinweis mitgeteilt, dass der Zugriff verweigert wurde.

19.7.5 Loopbackverarbeitung

Ein sehr wichtiger Aspekt bei der Benutzerkonfiguration ist der *Loopbackverarbeitungsmodus*. Die Idee dahinter ist folgende:

- Wenn sich ein Benutzer normalerweise anmeldet, werden die Richtlinien angewendet, die in der OU (Organizational Unit) gelten, in der das Benutzerobjekt angelegt ist (nebst Vererbungen).
- Beim Loopbackverarbeitungsmodus verhält sich das System so, als befände sich das Benutzerobjekt in der OU, in der das Computerobjekt (d.h. der Remotedesktop-Sitzungshost) angelegt ist. Es werden also die in den dort gültigen Gruppenrichtlinien vorhandenen Benutzerrichtlinien angewendet.

Kurz gesagt ermöglicht der Loopbackverarbeitungsmodus, dass auf Remotedesktop-Sitzungshosts für dieselben Benutzerobjekte andere Gruppenrichtlinien zum Einsatz kommen, als wenn sich die Benutzer auf einem Desktop-PC anmelden. In Umgebungen, in denen die Benutzer sowohl lokal installierte als auch über Remotedesktopdienste bereitgestellte Anwendungen nutzen, kann das außerordentlich praktisch sein.

Der Loopbackverarbeitungsmodus wird mit einer Gruppenrichtlinie für die entsprechenden Remotedesktop-Sitzungshosts aktiviert. Es ist vor diesem Hintergrund also sinnvoll, die Remotedesktop-Sitzungshosts in einer separaten OU anzusiedeln (Abbildung 19.63).

> **Anmerkung**
> Der Loopbackverarbeitungsmodus funktioniert nicht nur mit Remotedesktop-Sitzungshosts, sondern mit jedem Computer. Es ergibt allerdings keinen Sinn (mir fällt jedenfalls kein sinnvolles Szenario ein), den Loopbackverarbeitungsmodus auf einem Nicht-Remotedesktop-Sitzungshost einzusetzen.

19 Remotedesktopdienste (Terminaldienste)

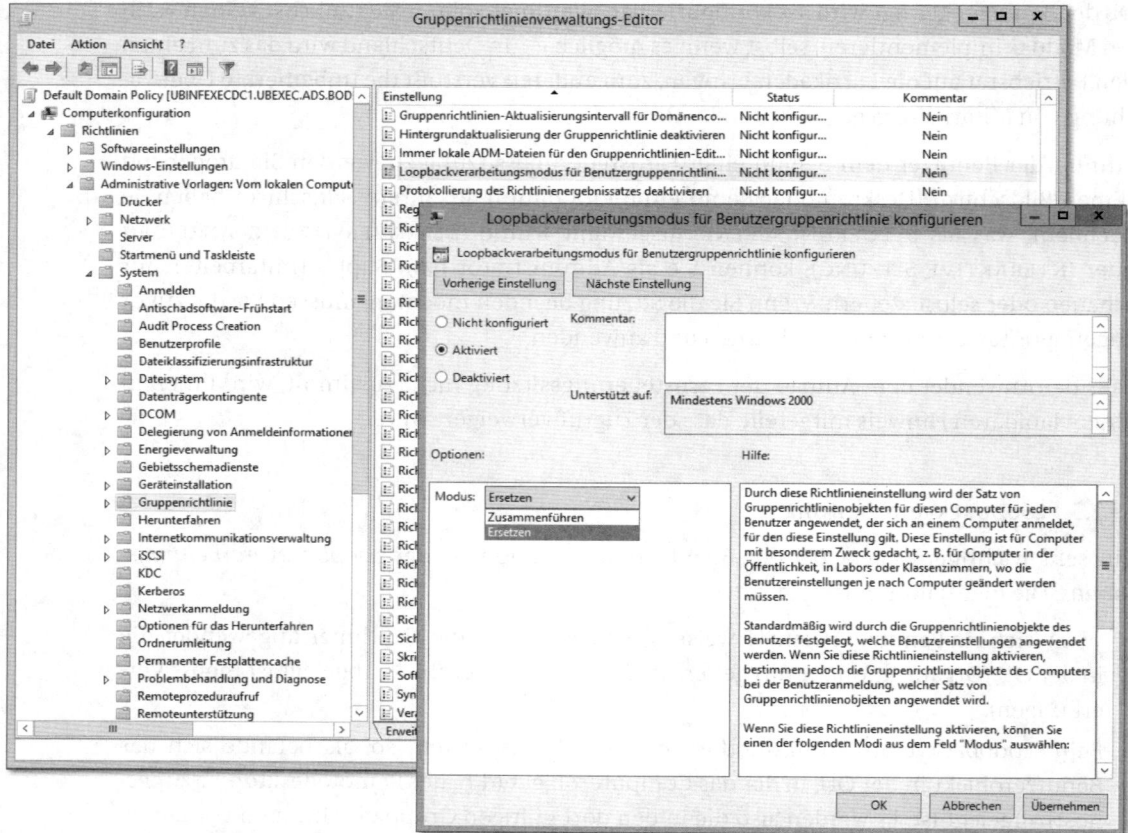

Abbildung 19.63 Die Anwendung von Gruppenrichtlinien kann durch den Loopbackverarbeitungsmodus verändert werden.

19.8 Remotedesktopdienstelizenzierung

Wenn Sie in Ihrer Umgebung Remotedesktop-Sitzungshosts betreiben, benötigen Sie in jedem Fall eine Instanz des zugehörigen Lizenzservers in Ihrem Unternehmen.

Nach der Installation von Remotedesktop-Sitzungshosts können Sie zwar übergangsweise für eine gewisse Zeit mit temporären Lizenzen arbeiten, irgendwann wird es aber ernst, und Sie benötigen vom Microsoft Clearinghouse ausgestellte Lizenzen.

Der Lizenzierungshost wird optimalerweise über den Server-Manager installiert – gern auch auf einem anderen Server. Der Remotedesktoplizenzierungs-Manager wird »traditionell« über die Verwaltung aufgerufen, und zwar auf dem Server, auf dem er installiert ist (Abbildung 19.64).

Der Lizenzserver bringt ein eigenes Konfigurations- und Administrationswerkzeug mit, das Sie unter dem Namen *Remotedesktoplizenzierungs-Manager* finden.

19.8 Remotedesktopdienstelizenzierung

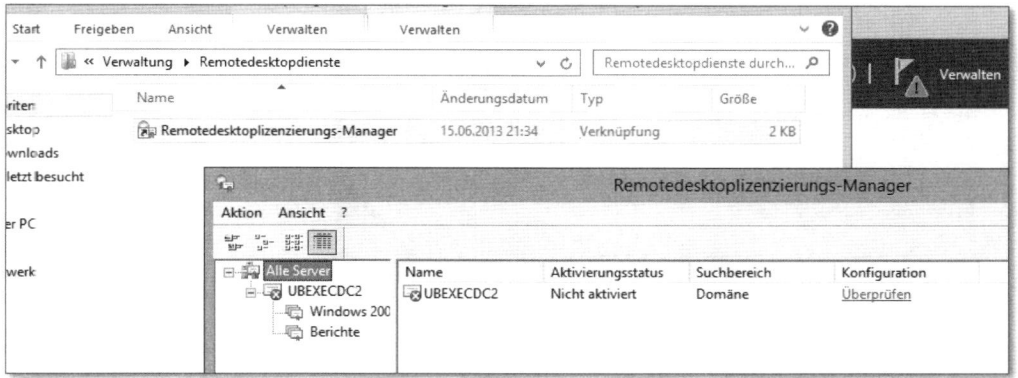

Abbildung 19.64 Der Lizenzierungs-Manager wird über die Verwaltung aufgerufen.

Einer der ersten Konfigurationsschritte ist das Aktivieren des Lizenzservers, was einfach über das Kontextmenü vorgenommen wird. Ist er aktiviert, steht auch die Möglichkeit zur Verfügung, Lizenzen zu installieren (Abbildung 19.65).

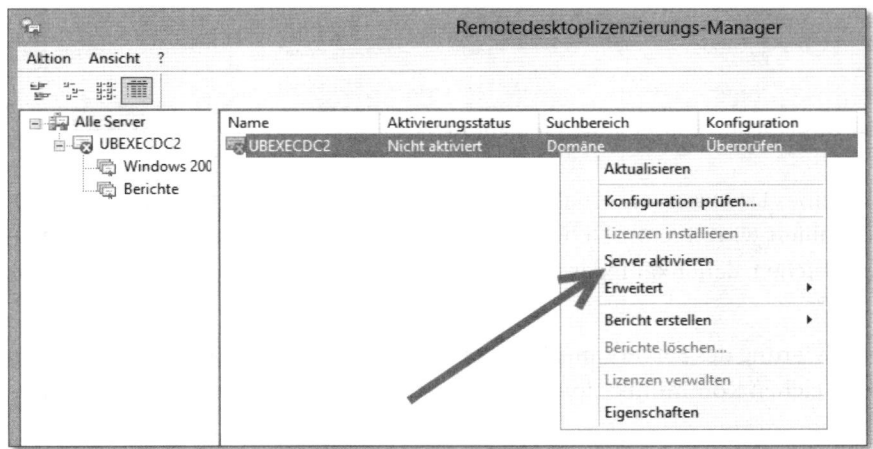

Abbildung 19.65 Der Lizenzserver muss zunächst aktiviert werden.

> **Konfiguration prüfen**
>
> Es ist übrigens eine ziemlich gute Idee, vor dem Beginn der Aktivierung zunächst den Menüpunkt KONFIGURATION PRÜFEN aufzurufen. Dieser führt zu dem Dialog aus Abbildung 19.66. Im Fall dieses Beispiels läuft der Lizenzserver auf einem Remotedesktop-Sitzungshost, was in einer Einserverumgebung völlig in Ordnung ist; bei einer größeren Remotedesktopdienste-Farm empfiehlt sich aber aus verschiedenen Gründen die Installation auf einem Nicht-Remotedesktop-Sitzungshost.

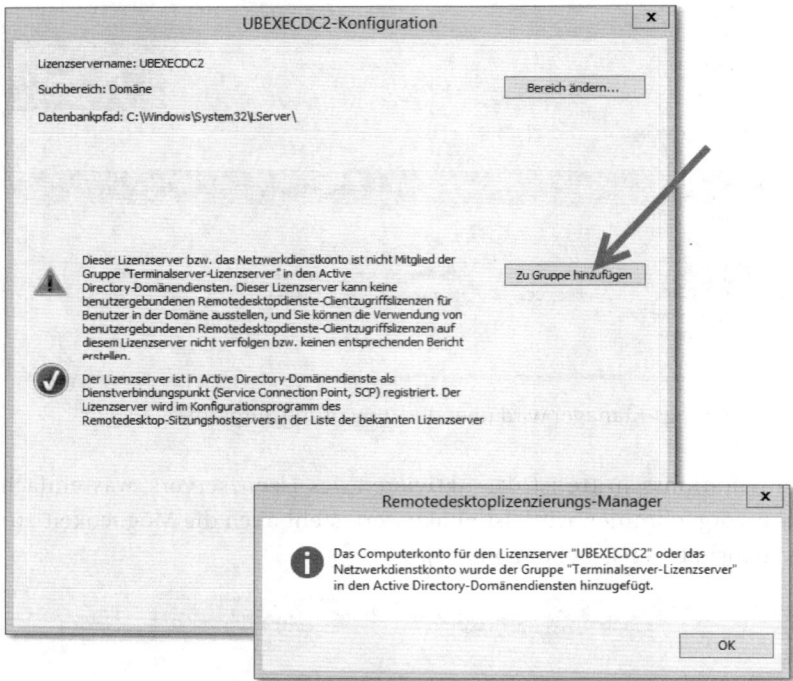

Abbildung 19.66 Das Ergebnis von »Konfiguration prüfen«

Beim Aktivieren eines Lizenzservers erhalten Sie von Microsoft ein Zertifikat, das auf Ihrem Lizenzserver installiert wird. Technisch betrachtet, ist das Zertifikat lediglich eine Aneinanderreihung von Zeichen, daher kann das alles auch über das Telefon geschehen – mühsam, aber möglich.

Wenn Sie die Aktivierung des Servers anrufen, startet ein Assistent, der zunächst von Ihnen wissen möchte, welchen Kommunikationsweg Sie für die Aktivierung verwenden möchten (Abbildung 19.67):

- AUTOMATISCHE VERBINDUNG ist am bequemsten, erfordert aber, dass der Lizenzserver eine Internetverbindung hat.
- WEBBROWSER: Diese Variante wird verwendet, wenn der Lizenzserver keinen Internetzugang hat, im Unternehmen aber ein anderer Rechner mit Webzugriff vorhanden ist.
- TELEFON: Wenn Ihr Unternehmen keinen PC mit Webzugriff hat (gibt es das noch?), kann auch die telefonische Aktivierung gewählt werden.

Am einfachsten ist es, wenn der Lizenzserver nebst zugehörigem Administrationswerkzeug eine Internetverbindung hat, wobei diese auch über einen Proxyserver realisiert sein kann. Voraussetzung dabei ist, dass in den Verbindungseigenschaften des Internet Explorer die entsprechenden Einträge vorhanden sind.

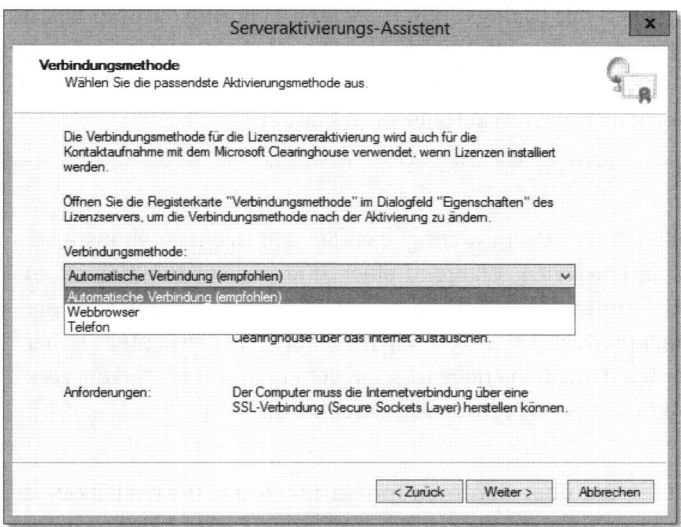

Abbildung 19.67 Bei der Aktivierung müssen Sie zunächst die Aktivierungsmethode auswählen.

Nach dem Start des Aktivierungsvorgangs wird der Verbindungsaufbau versucht. Sofern er erfolgreich ist, werden Informationen zu Ihrem Unternehmen und Ihrer Person abgefragt. Hierzu gibt es zwei Dialoge, den ersten zeigt Abbildung 19.68.

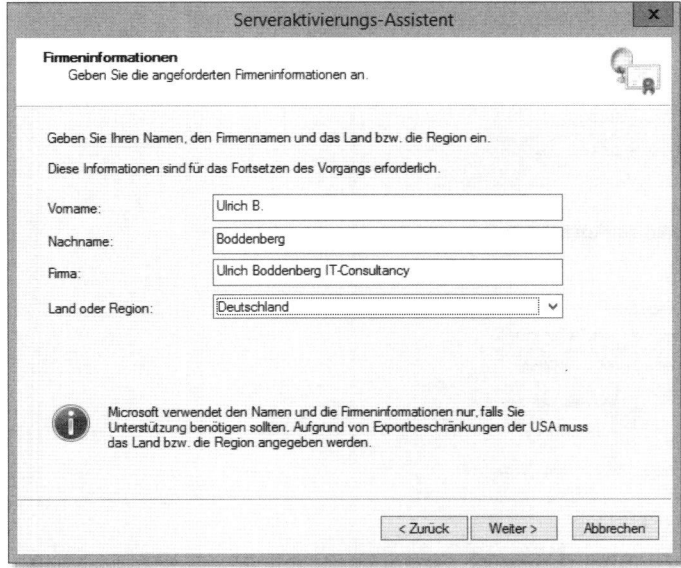

Abbildung 19.68 Grundlegende Daten zu Person und Kontaktmöglichkeiten müssen eingegeben werden.

Einige Sekunden nach dem Ausfüllen des Dialogs sollten Sie eine Meldung darüber bekommen, dass die Aktivierung des Lizenzservers erfolgreich war. Dass der Lizenzserver aktiviert ist, bedeutet übrigens keinesfalls, dass nun alles erledigt wäre, vielmehr ist erst mal die Grundlage geschaffen, um erworbene Lizenzen aktivieren zu können.

> **Wichtig!**
>
> Auch wenn ich mich wiederhole: Es ist extrem wichtig, dass Sie den Lizenzserver installieren, aktivieren und die Lizenzen einspielen. Während einer »Karenzzeit« funktioniert es zwar zunächst auch ohne aktivierte Lizenzen, danach kann sich aber kein Benutzer mehr anmelden. Wie lästig das in einer produktiven Umgebung ist, braucht an dieser Stelle sicher nicht weiter ausgeführt zu werden. Trotzdem erlebe ich es in der Praxis mit bemerkenswerter Regelmäßigkeit, dass das Aktivieren der Lizenzen vergessen wird.

Das Einspielen der Lizenzen rufen Sie über den Menüpunkt LIZENZEN INSTALLIEREN des Kontextmenüs des aktivierten Lizenzservers im Konfigurationswerkzeug *Remotedesktoplizenzierungs-Manager* auf. Der erste Schritt bei der Lizenzinstallation ist die Auswahl des Lizenzprogramms, unter dem Sie die Remotedesktopdienste-Client-Zugriffslizenzen erworben haben (Abbildung 19.69). Wie der dann folgende Dialog, in dem die »konkreten« Lizenzen eingetragen werden, aussieht, hängt davon ab, unter welchem Lizenzprogramm Sie die Lizenzen erworben haben. Abbildung 19.70 zeigt die Eingabe von Lizenzen, die im Rahmen eines OPEN-Vertrags erworben wurden.

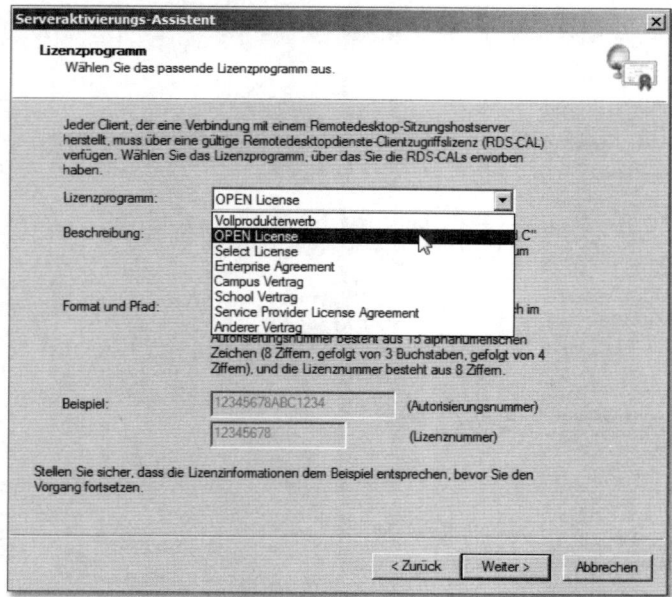

Abbildung 19.69 Beim Hinzufügen von Lizenzen wählen Sie zunächst das Lizenzprogramm aus.

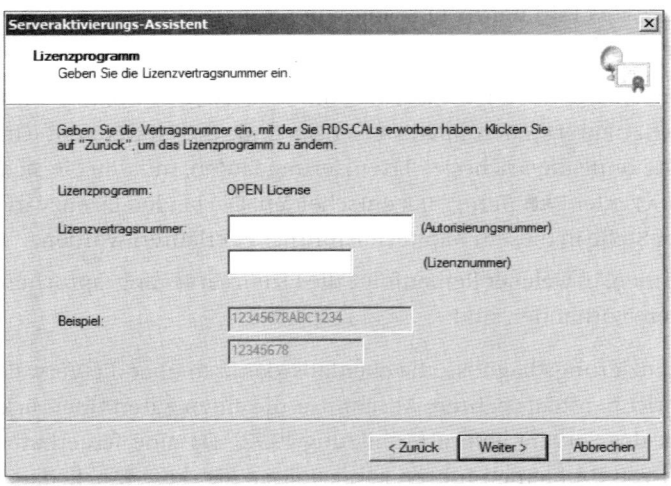

Abbildung 19.70 Wie der Dialog zur Eingabe der Lizenzinformationen aussieht, hängt vom gewählten Lizenzprogramm ab.

Die Methode für die Kommunikation mit dem Microsoft Clearinghouse, also AUTOMATISCHE VERBINDUNG, WEBBROWSER oder TELEFON, kann übrigens jederzeit geändert werden. Im EIGENSCHAFTEN-Dialog des Lizenzservers im Remotedesktoplizenzierungs-Manager finden Sie die Einstellungsmöglichkeit auf der Registerkarte VERBINDUNGSMETHODE. Eine Änderung greift sofort, und der neue Kommunikationsweg wird beim nächsten Kommunikationsvorgang verwendet (Abbildung 19.71).

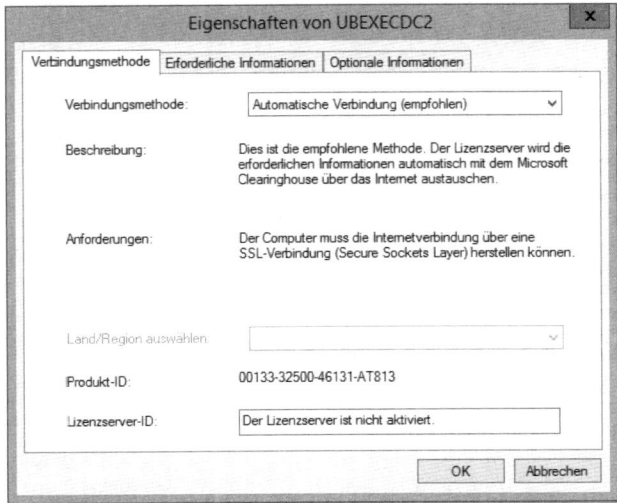

Abbildung 19.71 In den Eigenschaften des Lizenzservers können Sie auch bei einem bereits aktivierten Server festlegen, wie die Verbindung zum Microsoft Clearinghouse aufgebaut werden soll.

Mit der Aktivierung des Lizenzservers und der Installation von Lizenzen sind die »Lizenzthemen« eventuell noch nicht erledigt:

▶ Falls Sie bei der Installation noch nicht den Lizenzierungsmodus festlegen wollten, wird die Einstellung auf Nicht angegeben stehen. Spätestens nach Ende der »Karenzzeit«, in der die Remotedesktopdienste ohne die »richtige« Lizenzierung laufen, müssen Sie sich für die Lizenzierung Pro Gerät oder Pro Benutzer entscheiden. Die beiden Lizenzvarianten sind bereits an früherer Stelle in diesem Kapitel ausführlicher erläutert worden.

▶ Weiterhin können Sie bestimmen, in welcher Reihenfolge die Lizenzserver angesprochen werden sollen – sofern mehrere vorhanden sind.

Sehr empfehlenswert ist die Lizenzierungsdiagnose, die ebenfalls klassisch über die Verwaltung aufgerufen wird. Dieser Bericht enthält mehrere Abschnitte, die einen guten Überblick über die Lizenzierungssituation des Servers liefern (Abbildung 19.72). Da eine fehlerhafte Lizenzierung eventuell zu massiven Problemen führen kann, sollten Sie diese Möglichkeit unbedingt nutzen!

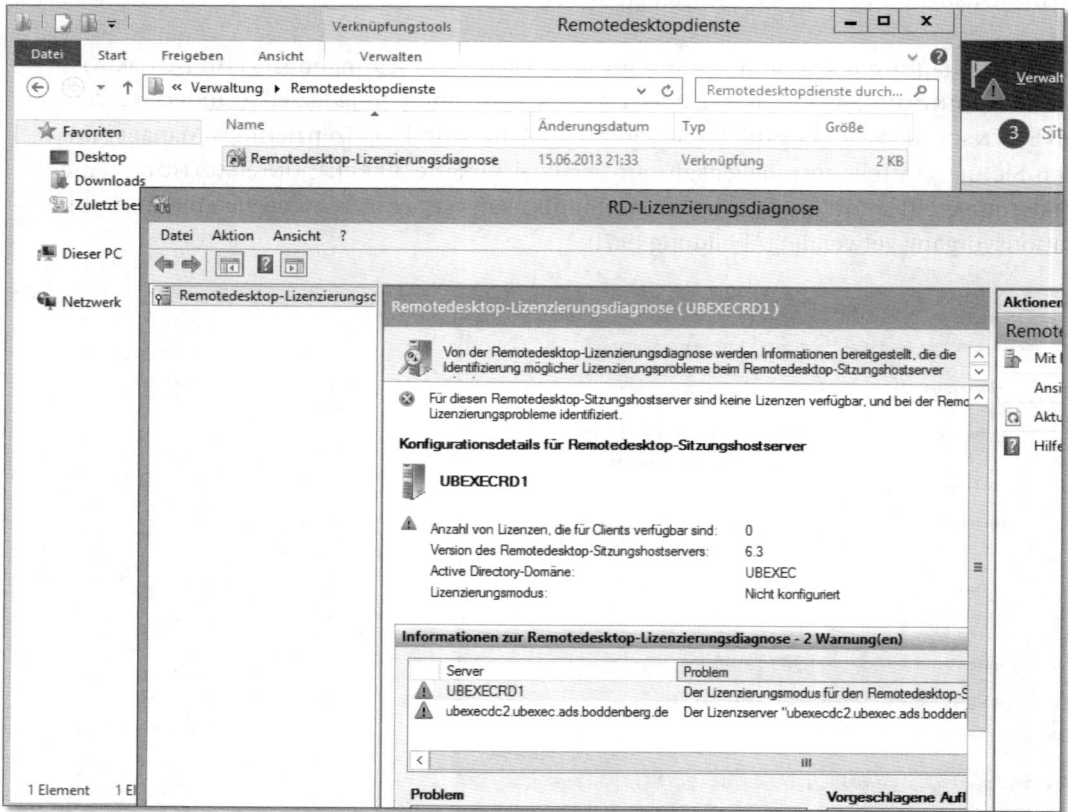

Abbildung 19.72 Hilfreich ist die Lizenzierungsdiagnose.

19.9 Drucken, Easy Print

Bei allen Vorteilen der Remotedesktopdienste ist das Thema »Drucken« für die meisten Remotedesktopdienste-Administratoren eher unerfreulich. Dies hat primär drei Gründe:

- *Bandbreitenbedarf*: In vielen Fällen stehen die Remotedesktop-Sitzungshosts in der Firmenzentrale, und die Benutzer in den über WAN-Verbindungen arbeitenden Außenstellen greifen darauf zu. Das funktioniert auch gut und bandbreitenschonend – bis auf das Drucken. Der Grund ist, dass die Druckdatenströme, insbesondere wenn Grafiken vorhanden sind, einfach groß werden.

- *Druckertreiber*: Damit die Benutzer »ihre« Standarddrucker verwenden können, können diese vom Desktop in die Remotedesktopdienste-Sitzung »eingeblendet« werden. Problematisch ist, dass der Remotedesktop-Sitzungshost dafür über die passenden Treiber verfügen muss. Dass der Name des Druckers bei Client und Server exakt übereinstimmen muss, macht die Angelegenheit auch nicht einfacher. Unter Windows Server 2003 gibt es zwar die Möglichkeit, ein Drucker-Mapping zu konfigurieren, dies ist aber wiederum mit Arbeit für den Administrator verbunden.

- Weiterhin ist noch als problematisch zu benennen, dass 32-Bit-Druckertreiber nicht auf einem 64-Bit-Betriebssystem laufen. Häufig stehen die Druckertreiber aber nur in einer 32-Bit-Version zur Verfügung.

Während das erstgenannte Problem ein typisches WAN-Thema ist, dem man mit Bandbreitenbegrenzung/Priorisierung zu Leibe rücken kann, ist es bei den beiden anderen genannten Punkten schon ein wenig komplizierter. Hier gibt es unter Windows Server 2008/2012 (R2) eigentlich keine wirklich befriedigende Lösung. Gut, man kann auf Standardisierung achten, aber das lässt sich häufig in gewachsenen Umgebungen nicht durchhalten.

Hier kommt das mit Windows Server 2008 eingeführte *Easy Print* zum Einsatz. Vereinfacht gesagt, besteht die Idee darin, zunächst ein »abstraktes Zwischendokument« zu erstellen, das an den Client übersendet wird, der es dann mit seinem lokal installierten Druckertreiber zum gewünschten Drucker sendet. In Abbildung 19.73 ist die Funktionsweise von Easy Print schematisch dargestellt:

- Auf dem Server druckt die Applikation mit dem *RD Easy Print XPS Driver* in eine *XPS Spool-Datei*.
- Diese Datei wird auf den Client übertragen.
- Auf dem Client »übernimmt« das *RD Easy Print-Plug-in* die Spool-Datei.
- Kann der Zieldrucker über einen XPS-Druckertreiber angesprochen werden, kann die Spool-Datei dorthin weitergeleitet werden. Ist »nur« ein GDI-Druckertreiber vorhanden, muss eine Konvertierung durchgeführt werden; dazu muss das *.NET Framework 3.0 SP1* (oder höher) auf dem Client installiert sein.
- Der Ausdruck erfolgt dann auf dem Drucker des Clients, wobei es unerheblich ist, ob dieser lokal angeschlossen oder ein Netzwerkdrucker ist.

19 Remotedesktopdienste (Terminaldienste)

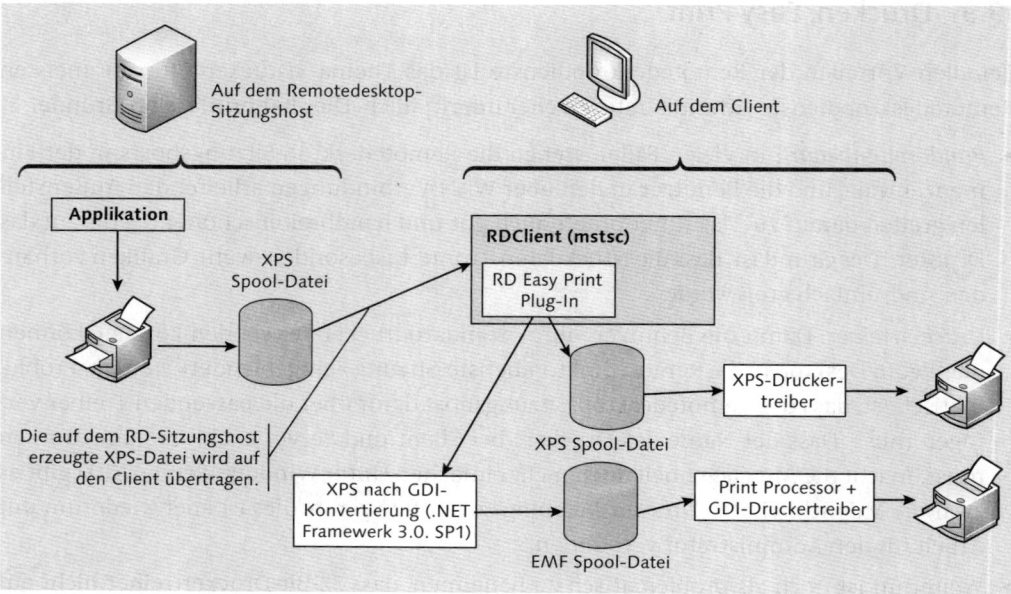

Abbildung 19.73 Die Funktionsweise von Easy Print

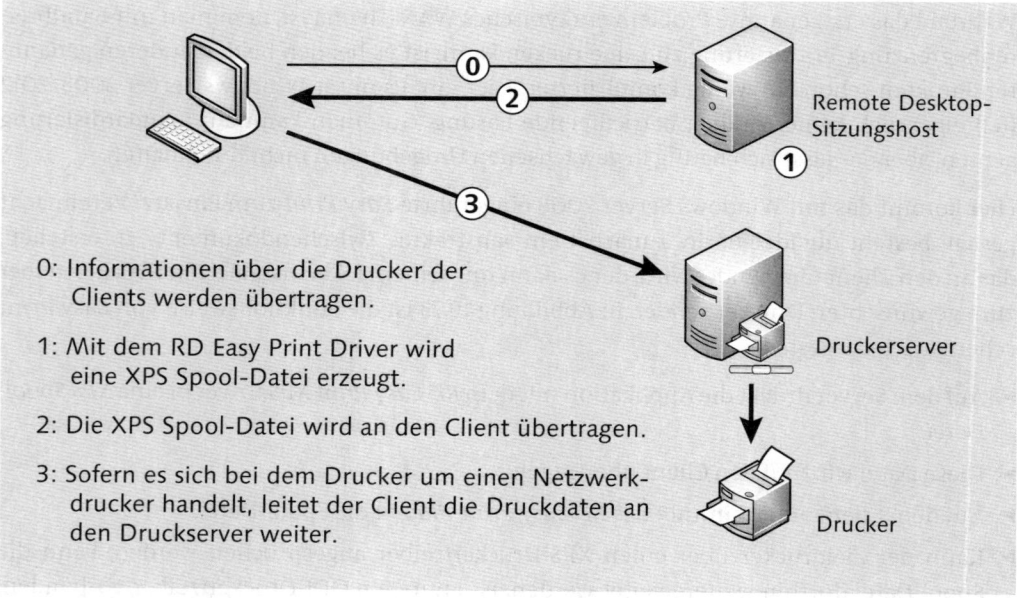

Abbildung 19.74 Aufpassen: Wenn der Benutzer auf einen Netzwerkdrucker druckt, sieht der Druckpfad wie hier gezeigt aus.

Druckt der Anwender auf einen Netzwerkdrucker, funktioniert das über das beschriebene Easy Print-Verfahren natürlich auch. Zu beachten ist dann allerdings, dass der Client die Druckdaten zweimal transportieren muss. Abbildung 19.74 zeigt den Ablauf beim Drucken auf einen Netzwerkdrucker über den Easy Print-Client:

- *Schritt 0*: Der Client übermittelt die Informationen über »seine« Drucker an den Server.
- *Schritt 1*: Der Server erzeugt beim Druckvorgang die XPS Spool-Datei.
- *Schritt 2*: Die Spool-Datei wird an den Client übertragen.
- *Schritt 3*: Der Client leitet die Druckdaten an den Druckserver weiter.
- Der Druckserver leitet die Druckdaten an den Drucker weiter.

Im lokalen Netz ist das natürlich kein Problem, denn, salopp gesagt, ein paar Megabytes mehr oder weniger bringen ein modernes Netz absolut nicht aus dem Tritt. Falls ein Client im Homeoffice auf einen Drucker in der Firmenzentrale druckt, wäre das allerdings recht ungünstig. Um die Datenpfade zu ändern, könnte man auf dem Remotedesktop-Sitzungshost den Netzwerkdrucker so einrichten, dass die Druckdaten direkt zum Druckserver übertragen werden. Allerdings müssen dann natürlich auf dem Remotedesktop-Sitzungshost die entsprechenden Druckertreiber installiert werden.

19.9.1 Installation von Easy Print

Auf dem Remotedesktop-Sitzungshost müssen Voraussetzungen installiert werden:

- .NET Framework (ist automatisch mitinstalliert)
- XPS-Viewer, dieser muss seit den Versionen 2012 R2/2012/2008 R2 übrigens nicht mehr separat ausgewählt werden (im Gegensatz zum Windows Server 2008, Non-R2-Version)

Die Voraussetzungen auf dem Client sind:

- Remotedesktopverbindungs-Client 6.1 (oder höher)
- .NET Framework 3.0 SP1 (oder höher)

19.9.2 Kurze Überprüfung

Hier zeige ich Ihnen im Schnelldurchlauf, wie das Drucken mit Easy Print vor sich geht – aus Sicht des Benutzers läuft es so ab wie ein »normaler« Druckvorgang. Denken Sie daran, dass im Remotedesktopverbindungs-Client die Verwendung der lokalen Drucker aktiviert sein muss (Abbildung 19.75).

Abbildung 19.76 zeigt in der Systemsteuerung den DRUCKER-Dialog in einer Remotedesktopdienste-Sitzung mit freigegebenem Desktop. Alle auf dem Client angelegten Drucker werden auf dem Server angezeigt, dahinter findet sich in Klammern der Hinweis auf die Umleitung. Der einzige nicht umgeleitete, also direkt auf dem Server installierte Drucker ist der Microsoft XPS Document Writer.

Abbildung 19.75 Aktivieren Sie im Remotedesktopverbindungs-Client die Nutzung der lokalen Drucker.

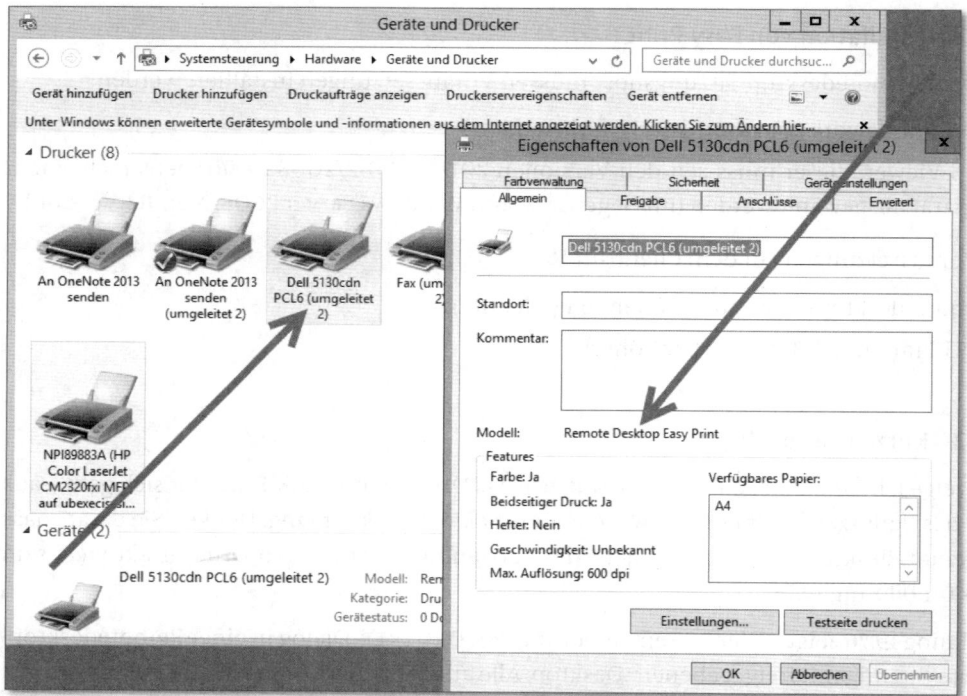

Abbildung 19.76 Die lokalen Drucker erscheinen in der Auswahlliste des Remotedesktop-Sitzungshosts. In den »Eigenschaften« wird als Modell allerdings »Remote Desktop Easy Print« angegeben.

Interessant ist natürlich, einen Blick in die EIGENSCHAFTEN eines solchen umgeleiteten Druckers zu werfen. Als Modell wird dort REMOTE SERVICES EASY PRINT angegeben. Wie zuvor erläutert, wird also nicht mit dem eigentlichen Treiber des Druckers gedruckt – dieser braucht auf dem Remotedesktop-Sitzungshost also nicht vorhanden zu sein.

Wenn Sie im EIGENSCHAFTEN-Dialog die Registerkarte GERÄTEEINSTELLUNGEN auswählen, wird der Dialog aus Abbildung 19.77 sichtbar. Wenn Sie nun auf die Schaltfläche DRUCKEINSTELLUNGEN klicken, wird ein lokaler Dialog geöffnet, nämlich der Dialog des Druckers auf dem Client. Ganz deutlich: Der DRUCKEINSTELLUNGEN-Dialog stammt also nicht vom Remotedesktop-Sitzungshost. Auf diesem ist ja der eigentliche Druckertreiber nicht vorhanden.

Nun zum finalen Test: In Abbildung 19.78 wird in der Remotedesktopdienste-Sitzung Word gestartet und der Dialog DRUCKEN aufgerufen. Wenn man dort den Drucker selektiert und dessen Eigenschaften aufruft, geschieht Folgendes:

▶ Es öffnet sich in der Remotedesktopdienste-Sitzung ein Dialogfenster, das darauf hinweist, dass der Drucker vom Remotedesktopverbindungs-Client umgeleitet wurde.

▶ Zusätzlich öffnet sich der EINSTELLUNGEN-Dialog des Druckers. Interessant ist, dass das Druckerfenster lokal, also auf dem Client, ausgeführt wird – der Druckertreiber ist ja auch nur auf dem Client installiert, nicht auf dem Server.

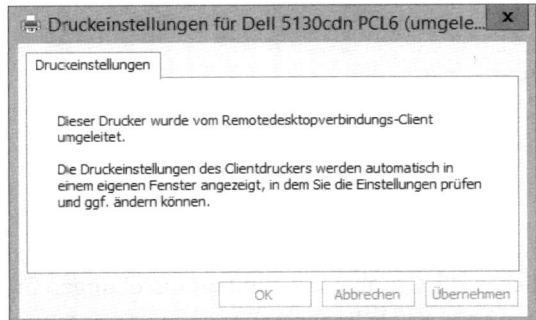

Abbildung 19.77 Auf der Registerkarte »Druckeinstellungen« wird auf den Dialog des lokalen Druckers verwiesen.

Warum das so ist, wird Ihnen einleuchten, wenn Sie sich nochmals in Ruhe Abbildung 19.73 zu Gemüte führen, die die Funktionsweise von Easy Print visualisiert. In letzter Konsequenz wird mit dem lokalen Drucker gedruckt; es gelten dessen Einstellungen.

RemoteApp

Wenn ein RemoteApp-Programm aufgerufen wird, ergibt sich übrigens exakt dasselbe Szenario wie das in Abbildung 19.78.

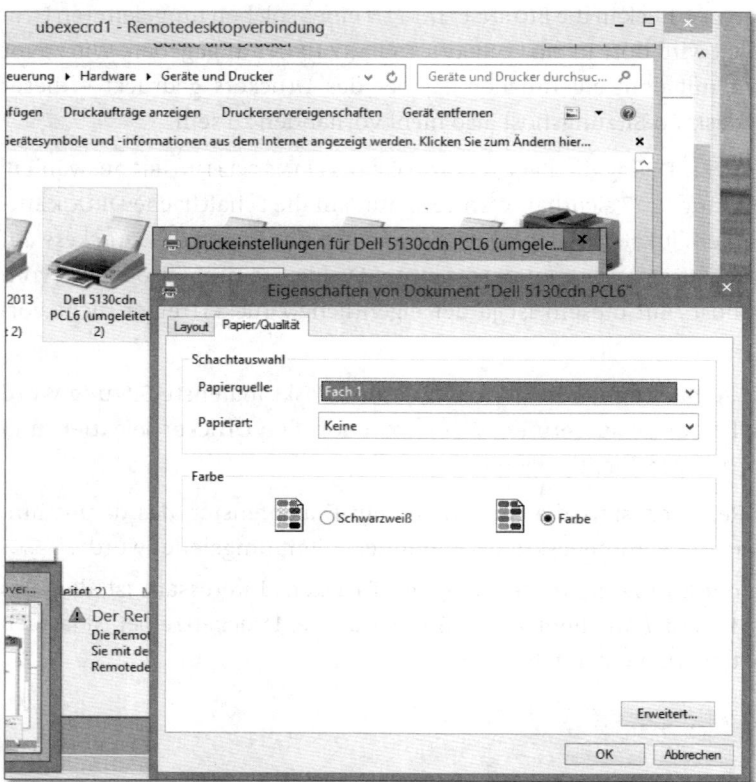

Abbildung 19.78 So sieht es aus, wenn die »Eigenschaften« im »Drucken«-Dialog aufgerufen werden. Das vordere Fenster wird übrigens lokal angezeigt.

19.9.3 Gruppenrichtlinien

Es lohnt sich übrigens, noch einen kurzen Blick in die Gruppenrichtlinien-Einstellungen für die Druckerumleitungen zu werfen. Abbildung 19.79 zeigt die Einstellungen unterhalb von COMPUTERKONFIGURATION • ADMINISTRATIVE VORLAGEN • WINDOWS-KOMPONENTEN • REMOTEDESKTOPDIENSTE • REMOTEDESKTOPSITZUNGS-HOST • DRUCKERUMLEITUNG.

- Die Einstellung ZUERST EASYPRINT-DRUCKERTREIBER FÜR REMOTEDESKTOP VERWENDEN sorgt dafür, dass der Remotedesktop-Sitzungshost zunächst versucht, die Drucker des Clients via Easy Print einzubinden. Sollte das nicht möglich sein, wird auf das »konventionelle Verfahren« zurückgegriffen: Es wird ein Mapping zwischen den Druckerobjekten auf Client und Server versucht. Wenn Sie hier keine Konfiguration vornehmen, ist diese Einstellung übrigens aktiv.
- Verfügt ein Client über viele installierte Drucker, müssen Informationen für sämtliche Objekte übertragen werden, was durchaus ein wenig Performance beansprucht. Wenn es

ausreicht, dass der Standarddrucker umgeleitet wird, sollten Sie die entsprechende Einstellung aktivieren.

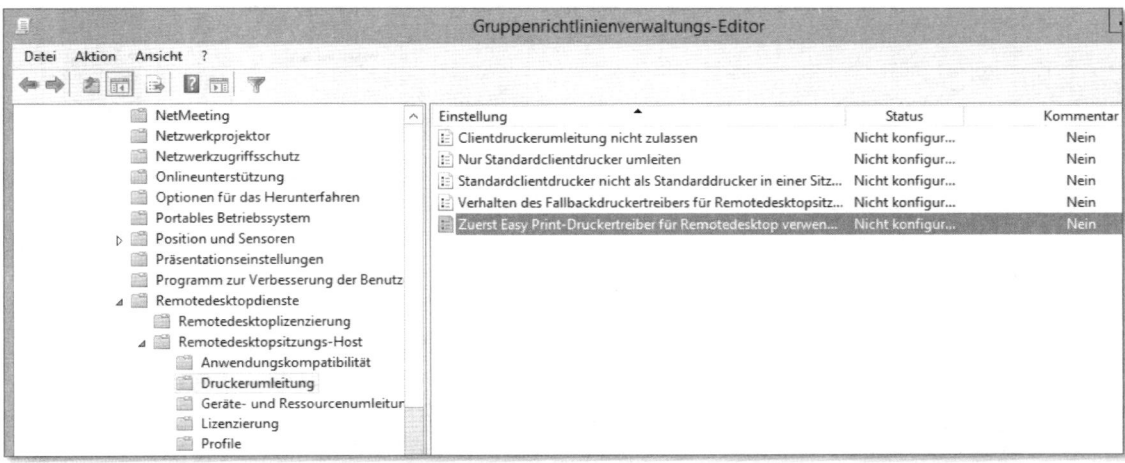

Abbildung 19.79 Die Gruppenrichtlinien-Einstellungen für die Druckerumleitung

19.10 Web Access für Remotedesktop

Die Installation der Remotedesktopdienste in Server 2012/2012 R2 installiert zwingend den Web Access-Rollendienst – insofern haben wir die erste Hürde schon souverän genommen.

Der Web Access für Remotedesktop muss übrigens nicht unbedingt auf einem Remotedesktop-Sitzungshost installiert werden. Im Sinne einer möglichst nachhaltigen Trennung unterschiedlicher Serverrollen ist unbedingt und grundsätzlich zu empfehlen, keine »großen Applikationen« wie einen Webserver oder dergleichen auf einem Remotedesktop-Sitzungshost zu installieren.

Bei der Installation von Web Access für Remotedesktop wird ein selbst signiertes Zertifikat installiert. Das ist für ein produktives System nicht ausreichend, da die Browser mit einer Zertifikatwarnung reagieren werden. Folglich müssen Sie ein Zertifikat installieren, entweder ein von einer eigenen Zertifizierungsstelle erzeugtes oder eines von einer kommerziellen Zertifizierungsstelle. Egal für welche Variante Sie sich entscheiden: Abbildung 19.80 zeigt, wie man ein Zertifikat im Internetinformationsdienste-Manager installiert. (Weitere Informationen über Webserver, Zertifikate & Co. finden Sie im IIS-Kapitel des Buchs.)

Der Pfad auf dem Webserver, über den auf die Weboberfläche zugegriffen wird, lautet *https://servername.domainname.ext/RDWeb*. Wenn Sie diese URL eingeben, erscheint der in Abbildung 19.81 gezeigte Anmeldedialog. Recht hübsch, oder? Wie Sie sehen, ist standardmäßig die formularbasierte Authentifizierung aktiviert. Es ist auch möglich, stattdessen die Windows-Authentifizierung zu aktivieren.

19 Remotedesktopdienste (Terminaldienste)

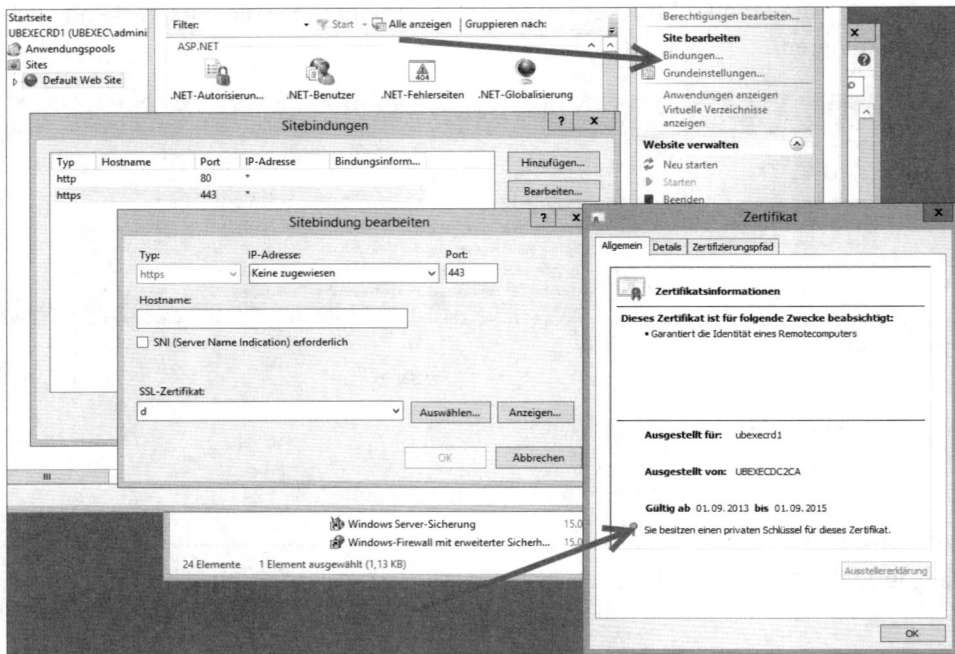

Abbildung 19.80 Für den virtuellen Webserver muss ein gültiges Zertifikat installiert werden.

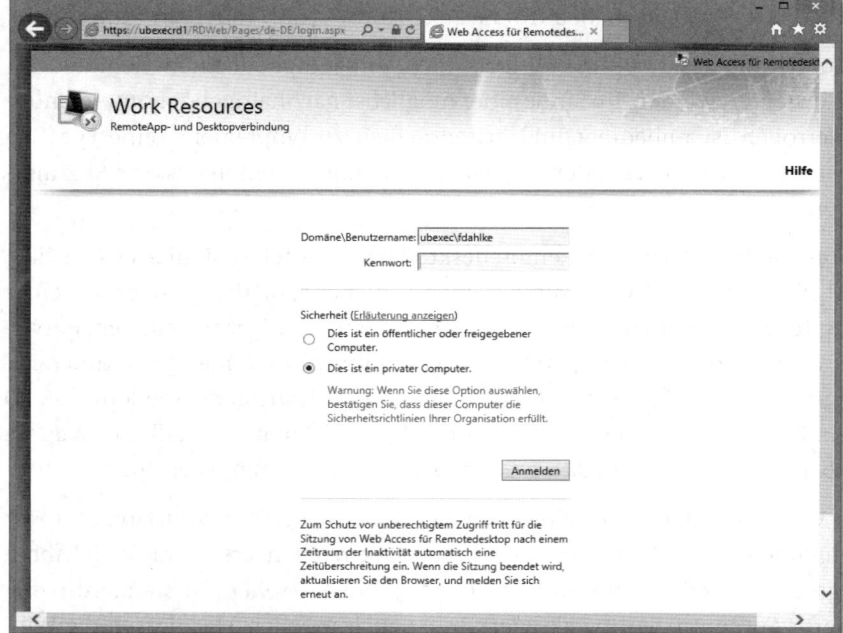

Abbildung 19.81 Der Anmeldedialog von Web Access für Remotedesktop

19.10 Web Access für Remotedesktop

Web Access für Remotedesktop musste bei Windows Server 2008 R2 noch ein wenig konfiguriert werden – bei Server 2012/R2 ist bereits alles klar zum Einsatz.

Sie werden erfreut feststellen, dass die auf der Farm vorhandenen RemoteApp-Programme angezeigt werden (Abbildung 19.82). Diese können nun komfortabel per Mausklick gestartet werden.

Abbildung 19.82 Die vorhandenen RemoteApp-Programme werden automatisch angezeigt.

Beim Startvorgang (auf Abbildung 19.83 wird Word als RemoteApp-Programm gestartet) können die Benutzer einige Konfigurationsaspekte des Remotedesktopclients vornehmen. Das ist aber nicht anders als bei jedem anderen RemoteApp-Programmstart.

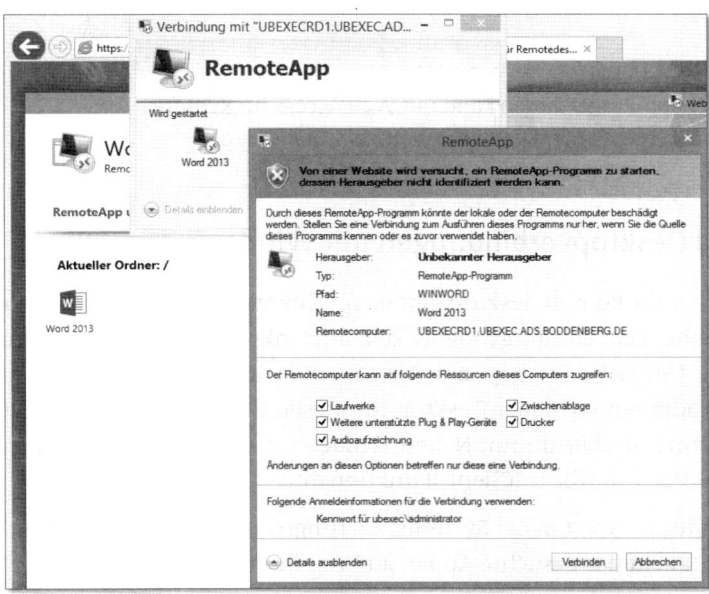

Abbildung 19.83 Vor dem Start der Applikation kann der Benutzer angeben, welche lokalen Ressourcen verwendet werden sollen.

Weiterhin möchte ich Sie noch auf die standardmäßig vorhandene Möglichkeit, eine »beliebige Verbindung« aufzubauen, hinweisen. Wie Sie auf Abbildung 19.84 sehen können, kann von diesem Dialog aus eine Remotedesktop-Sitzung zu einem beliebigen Server gestartet werden. Web Access für Remotedesktop bietet also eine gewisse Flexibilität.

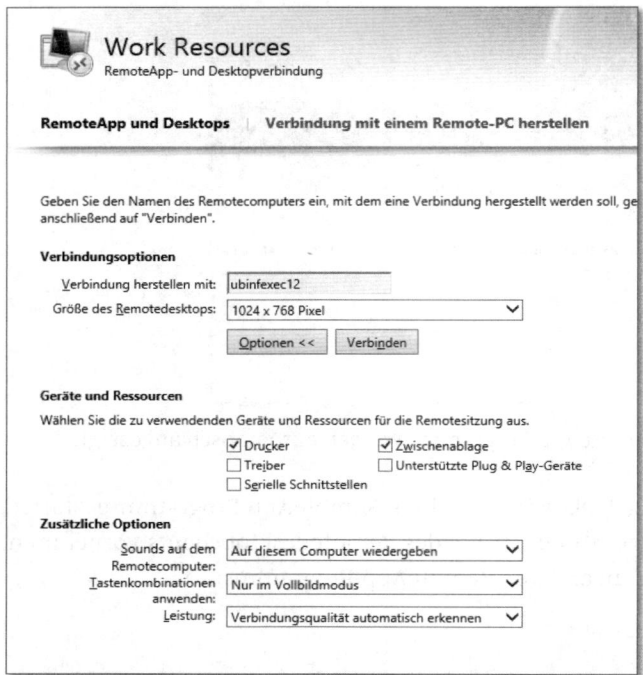

Abbildung 19.84 Neben RemoteApp-Programmen kann mit Web Access für Remotedesktop auch eine Verbindung zu einem beliebigen Server aufgebaut werden.

19.11 RemoteApp- und Desktopverbindungen mit Windows 7 und 8

In Verbindung mit Web Access für Remotedesktop gibt es für Clients mit Windows-7- oder Windows-8-Betriebssystem eine recht elegante Möglichkeit, um Links zu RemoteApps (siehe Abschnitt 19.6) zu verteilen. Der Gedanke ist, dass das Clientbetriebssystem regelmäßig prüft, ob neue RemoteApps oder ein virtueller Desktop für diesen Benutzer vorhanden ist und die Einträge in das Startmenü übernimmt. Neben Windows 7/8 bietet übrigens auch Windows Server 2008 R2/2012/2012 R2 diese (Client-)Funktionalität.

Die Einrichtung einer Verbindung erfolgt in der Systemsteuerung. Geben Sie in das Suchfeld einfach »remote« ein, schon taucht das gesuchte Applet auf (Abbildung 19.85).

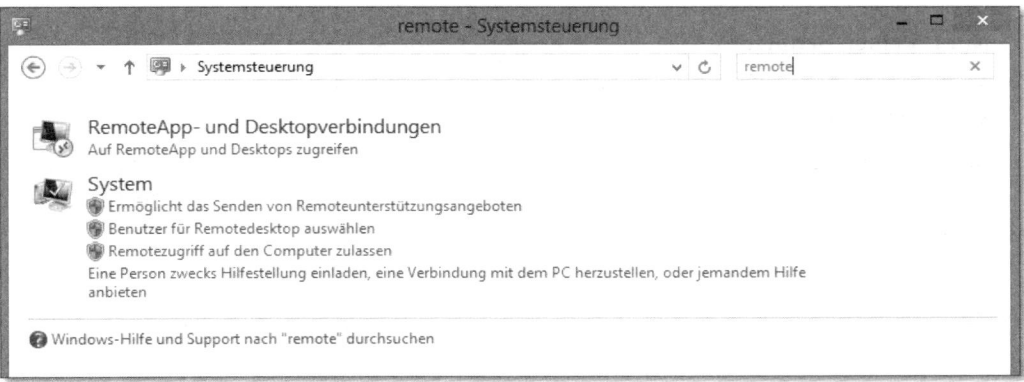

Abbildung 19.85 Mit diesem Applet können die RemoteApp- und Desktopverbindungen hinzugefügt werden.

Wenn Sie das Erstellen einer neuen Verbindung gewählt haben, erscheint ein weiterer Dialog, der von Ihnen die Eingabe einer Verbindungs-URL verlangt (Abbildung 19.86). Hierbei müssen Sie wissen, dass auf einem Server mit installiertem Rollendienst *Web Access für Remotedesktop* ein virtuelles Verzeichnis namens */RDWeb/Feed* existiert. In diesem gibt es wiederum die Datei *WebFeed.aspx* – und die muss aufgerufen werden. Demzufolge wird die Verbindungs-URL so gebildet, wie in der Abbildung gezeigt.

Abbildung 19.86 Die einzugebende URL folgt immer diesem Konstruktionsmuster.

Sofern die Verbindung erfolgreich aufgebaut werden konnte, erscheint der in Abbildung 19.87 gezeigte Dialog, der die für den aktuell angemeldeten Benutzer verfügbaren Programme und (virtuellen) Desktops auflistet.

> **Nur für einen Benutzer**
>
> An dieser Stelle sei aufgeführt, dass diese Einstellung jeweils für einen Benutzer gilt – es ist keine Computereinstellung.
>
> Ab Windows 8 geht es noch komfortabler, da eine Gruppenrichtlinie die Verbindung zum /webfeed.aspx herstellen kann. Ich habe das weiter oben bereits gezeigt, beachten Sie Abbildung 19.49.

Abbildung 19.87 Hier wurde der »Hinzufügen«-Vorgang erfolgreich abgeschlossen.

Das Ergebnis sehen Sie auf Abbildung 19.88: Im Startmenü gibt es eine zusätzliche Gruppe namens WORK RESOURCES, in der die für den jeweiligen Benutzer verfügbaren Elemente angezeigt werden. Bei Windows 7 erscheinen die Einträge in der Gruppe im Startmenü, bei Windows 8/8.1 werden die Einträge mit dem Zusatz WORK RESOURCES gefunden.

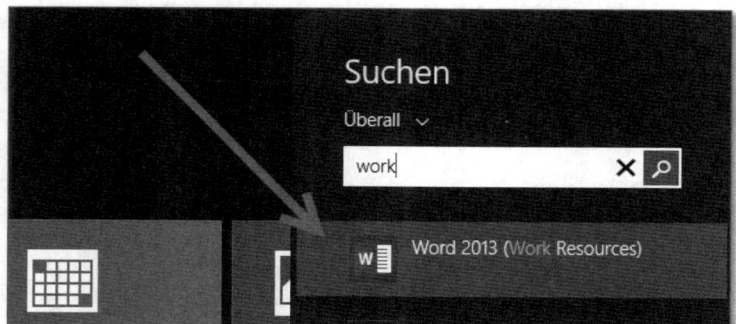

Abbildung 19.88 Windows 8.1 findet das RemoteApp-Programm-Word, gekennzeichnet ist es als »(Work Resources)«.

Die Liste der verfügbaren RemoteApp- und Desktopverbindungen wird regelmäßig aktualisiert. In dem Konfigurations-Applet gibt es einige wenige Interaktionsmöglichkeiten; unter anderem lässt sich auch ein sofortiges Update erzwingen (Abbildung 19.89).

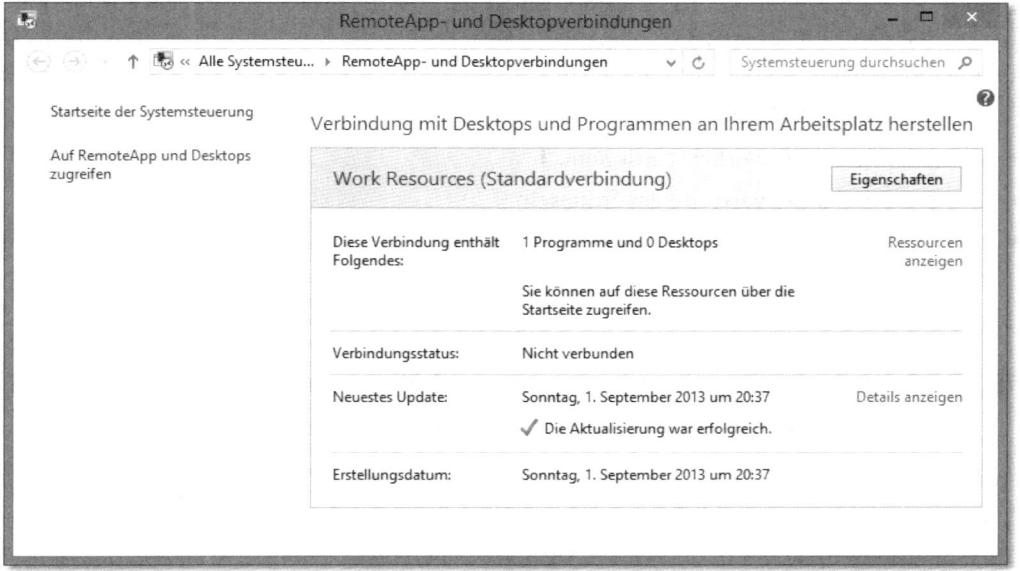

Abbildung 19.89 Ist bereits eine Verbindung konfiguriert, kann diese verwaltet werden – auch ein Erzwingen der Aktualisierung ist möglich.

Zum Schluss komme ich zur beliebten Rubrik: »Was tue ich, wenn es nicht klappt?«

Glücklicherweise ist dieses Feature wirklich unkritisch in der Verwendung. Das häufigste Problem ist meiner Erfahrung nach, dass etwas mit dem Zertifikat nicht stimmt. Derlei Probleme äußern sich in der auf Abbildung 19.90 gezeigten Fehlermeldung.

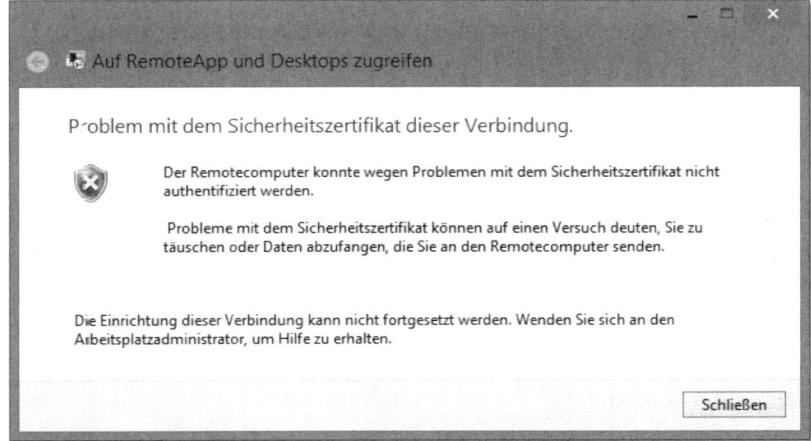

Abbildung 19.90 Wenn die Verbindung nicht funktioniert, stecken im Allgemeinen Zertifikatprobleme dahinter.

In dem auf der Abbildung provozierten Fall ist das Zertifikat des Web Access für Remotedesktop-Server auf *ubinfWARD.ubinf.intra* ausgestellt, aufgerufen wurde aber *https:// ubinfward/RDWeb*. An dieser Stelle sei nochmals auf die drei Aspekte verwiesen, die beim SSL-Zugriff zu beachten sind:

- Das Zertifikat muss zeitlich gültig sein.
- Das Zertifikat muss vertrauenswürdig sein.
- Das Zertifikat muss exakt zu dem aufgerufenen Namen passen (*ubinfWARD* ist nicht gleich *ubinfWARD.ubinf.intra*).

19.12 Remotedesktopdienste-Farmen mit Netzwerklastenausgleich und Remotedesktopdienste-Verbindungsbroker

Außer in ganz kleinen Umgebungen, in denen wirklich nur ein Remotedesktop-Sitzungshost benötigt wird, plant man eine Remotedesktopdienste-Farm, also einen »Zusammenschluss« von mehreren Remotedesktop-Sitzungshosts. Dies geschieht aus zwei Gründen:

- *Performance*: Wenn 200, 500 oder 3.000 Benutzer die Remotedesktopdienste nutzen, ist das von einem einzelnen Server nicht mehr zu leisten. Die Last muss also verteilt werden.
- *Ausfallsicherheit*: Da ein Server durchaus auch ausfallen könnte, ergibt es ohnehin Sinn, mindestens zwei Server einzusetzen.

Sitzungshosts redundant auslegen

Ich habe gerade mal nachgeschaut: In der Vorauflage (also im 2008-R2-Buch) habe ich für den Abschnitt zum redundanten Auslegen der Sitzungshosts immerhin 14 Seiten gebraucht. Bei 2012 sind es sieben Wörter: Fügen Sie einfach einen weiteren Sitzungshost hinzu!

Da sich das aber beim ersten Mal nicht alles interaktiv erschließt, führe ich das gern vor:

- Der erste Schritt ist das Hinzufügen des neuen Sitzungshosts zum Server-Manager auf der Maschine, von der aus Sie die Remotedesktop-Farm verwalten (Abbildung 19.91).
- In diesem Server-Manager wechseln Sie zu den Remotedesktopdiensten. In der dortigen Bereitstellungsübersicht wählen Sie das Hinzufügen eines weiteren Sitzungshostservers (Abbildung 19.92).
- In dem nun startenden Assistenten wählen Sie den Server aus, der diese Rolle ausführen soll (Abbildung 19.93). Ist der gewünschte Server nicht vorhanden, ist er zuvor dem Server-Manager nicht hinzugefügt worden.
- Wenn der Server alle Voraussetzungen erfüllt, ist er nach wenigen Minuten installiert – ansonsten erscheint eine Meldung.

19.12 Remotedesktopdienste-Farmen mit Netzwerklastausgleich und Remote-DD-Verbindungsbroker

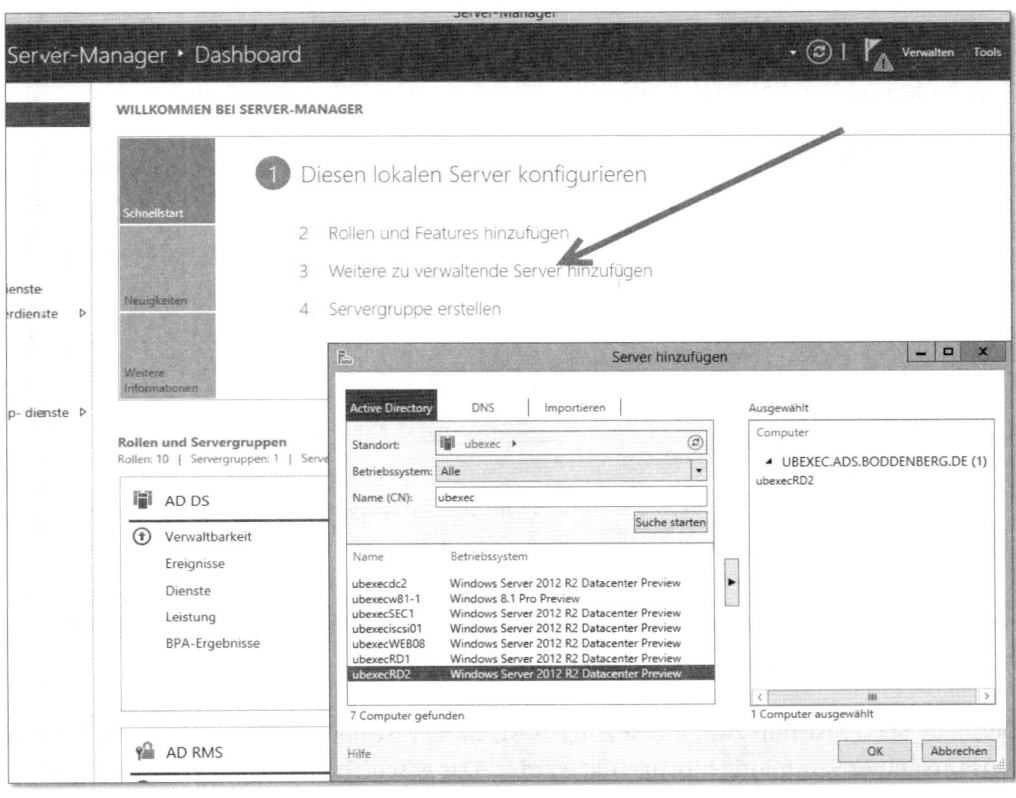

Abbildung 19.91 Zuerst den zukünftigen Sitzungshost dem Server-Manager hinzufügen

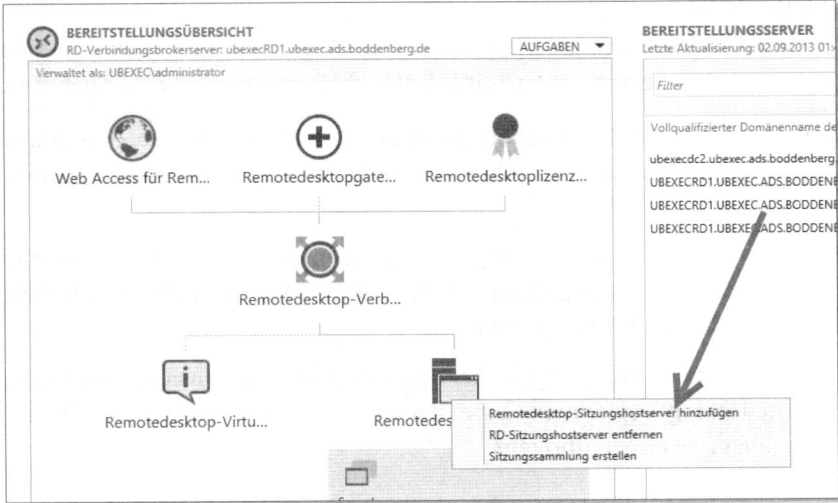

Abbildung 19.92 In der Bereitstellungsübersicht das Hinzufügen des Rollendiensts aufrufen

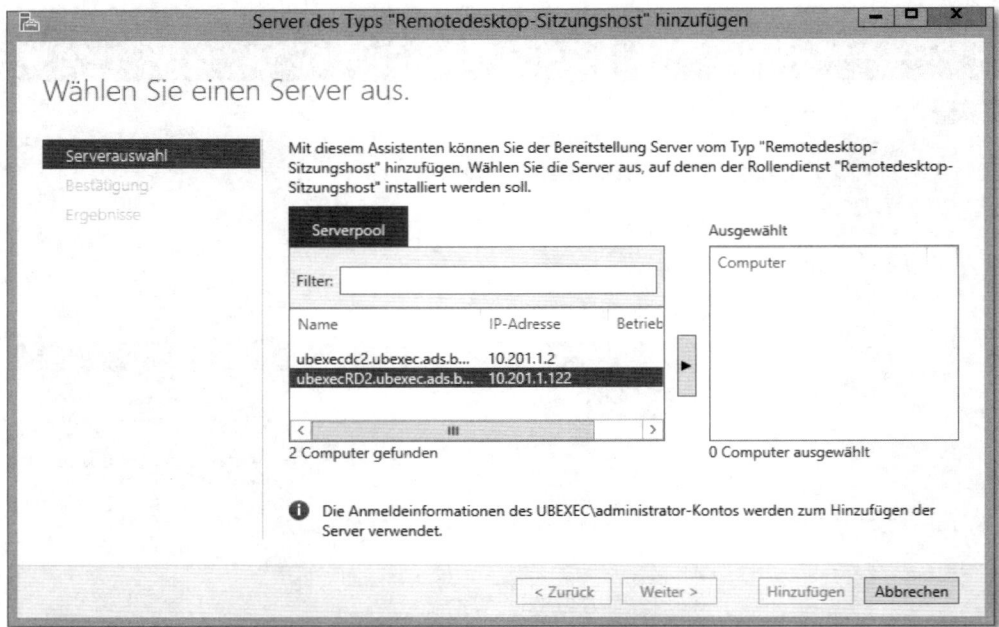

Abbildung 19.93 Hier wählen Sie den neuen Server aus.

Der neue Server ist nun zwar ein Sitzungshost, aber er ist noch nicht in Gebrauch, denn er muss erst einer Sammlung hinzugefügt werden. Das geschieht auch im Server-Manager:

- Wechseln Sie dort zu der Sammlung, in der er »mitarbeiten« soll, und wählen Sie im Abschnitt HOSTSERVER den Menüpunkt REMOTEDESKTOP-SITZUNGSHOSTSERVER HINZUFÜGEN (Abbildung 19.94).
- In dem nun folgenden Assistenten wählen Sie den hinzuzufügenden Server aus. Es stehen dort installierte Sitzungshostserver zur Auswahl, die (noch) keiner Sammlung angehören.

Abbildung 19.95 zeigt sozusagen die Erfolgskontrolle. In den EIGENSCHAFTEN der Sammlung sind auf der Dialogseite LASTENAUSGLEICH alle für diese Sammlung aktiven Sitzungshostserver aufgeführt.

»Muss noch mehr gemacht werden?« Diese Frage werden Sie sich stellen, wenn Sie redundante Sitzungshosts für 2008/2008 R2 konfiguriert haben und sich an die nicht ganz triviale Konfiguration von Network Load Balancing erinnern.

Die gute Nachricht ist, dass der Verbindungsbroker die Lastverteilung realisiert. Daher ist er in einem 2012-Remotedesktop-Deployment eine zwingend erforderliche Komponente – anders als in den Vorgängerversionen übrigens.

19.12 Remotedesktopdienste-Farmen mit Netzwerklastenausgleich und Remote-DD-Verbindungsbroker

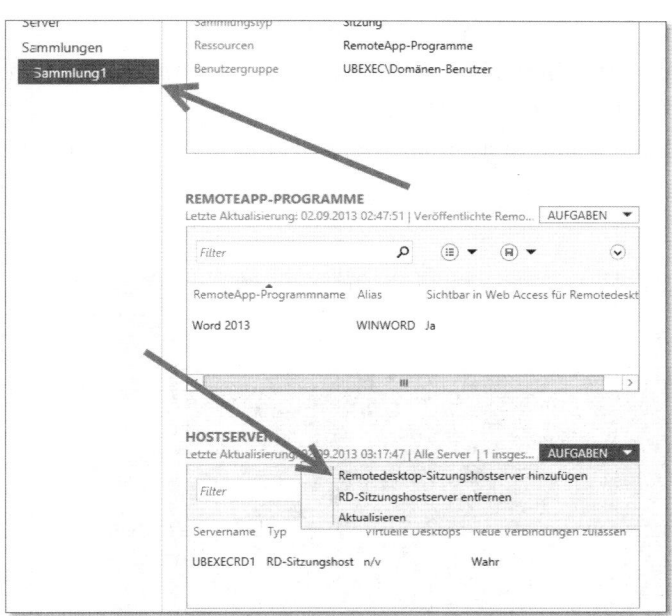

Abbildung 19.94 Diesmal wählen Sie in der Sammlung das Hinzufügen eines Sitzungshostservers.

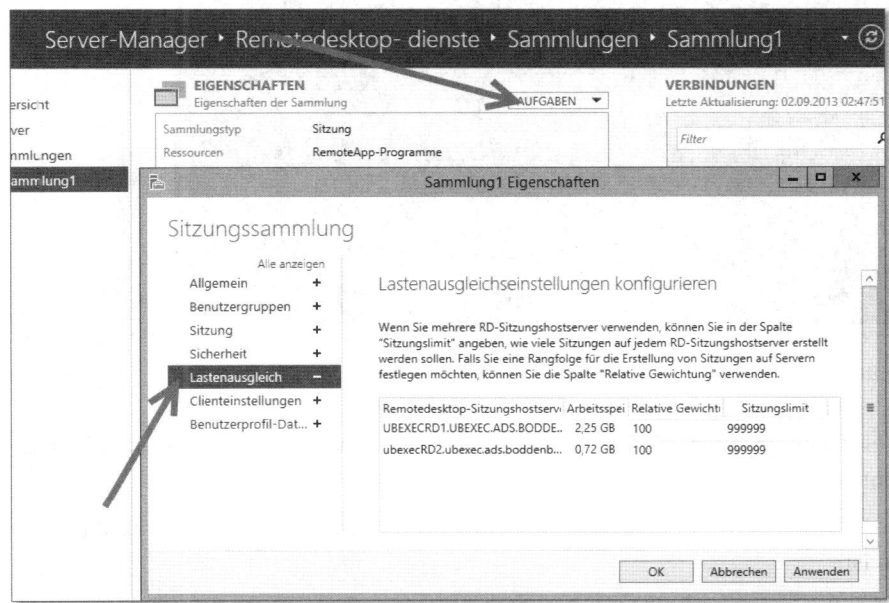

Abbildung 19.95 Die Eigenschaften der Sammlung weisen nun zwei Server aus.

Dass der zusätzliche Sitzungshost genutzt wird, beweist Abbildung 19.96:

- Ich greife gezielt und mit voller Absicht auf die IP-Adresse des Servers mit dem Verbindungsbroker zu, der auch der erste Sitzungshost ist.
- Der Server, mit dem ich verbunden bin, ist aber der zweite Sitzungshost, was an der IP-Adresse zu erkennen ist.
- Fazit: Klappt!

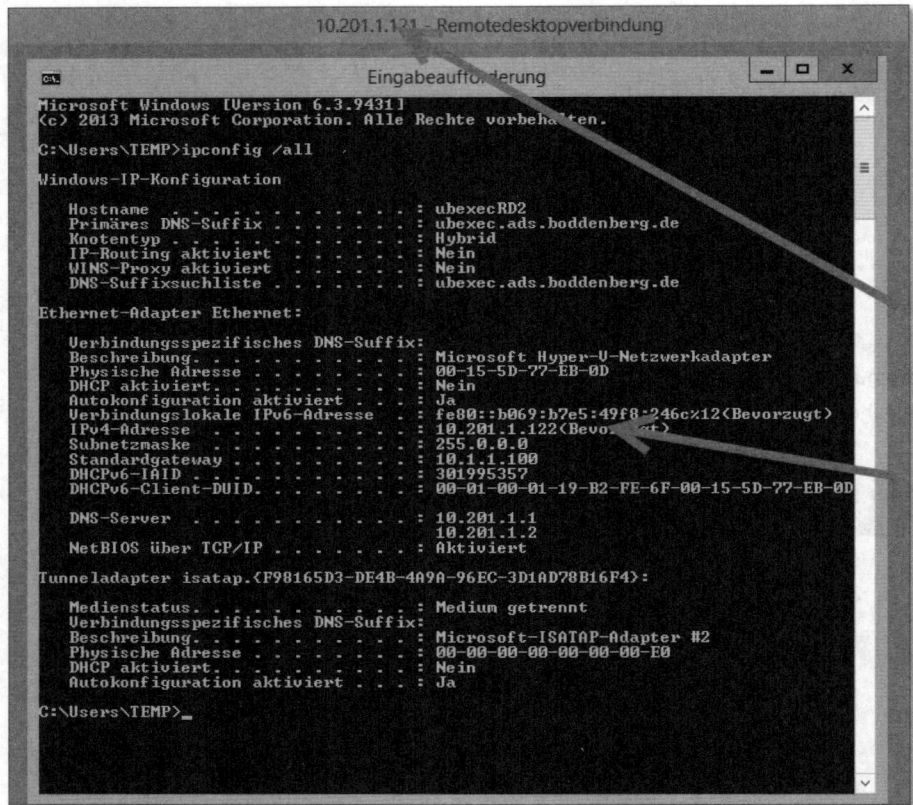

Abbildung 19.96 Der Screenshot beweist, dass es klappt.

Die wirklich einfache Erweiterung der Farm um weitere Sitzungshosts ist sicherlich ein deutlicher Fortschritt gegenüber der Vorgängergeneration 2008/R2.

Bleibt nur noch die Aufgabe, den Verbindungsbroker redundant zu machen, was aber auch recht einfach ist.

19.13 Schlussbemerkung

Die Microsoft Remotedesktopdienste haben seit Windows Server 2008 und Windows Server 2008 R2 viel dazugelernt – das hat sich mit Server 2012 und 2012 R2 im positiven Sinne fortgesetzt. In vielen mittleren Umgebungen dürfte die Frage »Brauchen wir auch Citrix XenApp/Presentation Server?« anders beantwortet werden als noch zu Zeiten von Windows Server 2003.

Microsoft hat zwar letztendlich »nur« das nachgeliefert, was Citrix schon seit Jahren kann – aber nun ist es da: RemoteApp-Programme, eine vernünftige Weboberfläche, das Remotedesktopgateway und die Integration in NAP sind die Aspekte, die die Remotedesktopdienste praxistauglich machen.

Auf der Architekturseite ist insbesondere die redundante Auslegung mit Server 2012/R2 wesentlich einfacher hinzubekommen als noch in der 2008er-Welt.

Diese Anmerkungen sind übrigens keinesfalls so zu verstehen, dass der Citrix XenApp/Presentation Server nun obsolet wäre. Ich persönlich bin ein großer Fan der Citrix-Technologie, die den Remotedesktopdiensten nach wie vor etliches voraushat. Seit Windows Server 2008/2012 ist es aber durchaus sinnvoll, ein Szenario »Nur Remotedesktopdienste« zu evaluieren und auch wirtschaftlich durchzurechnen.

Kapitel 20
Hochverfügbarkeit

Gegen Kalchas zuerst mit drohendem Blicke begann er:
Unglücksseher, der nie auch ein heilsames Wort mir geredet!
Immerdar nur Böses erfreut dein Herz zu verkünden!
Gutes hast du noch nimmer geweissagt, oder vollendet!
Jetzt auch meldest du hier als Götterspruch den Achaiern

In den Anfangszeiten der PC-basierten Server war ein (zeitlich begrenzter) Ausfall letztendlich zu verschmerzen. Die Systeme waren halt gemeinsame Festplatten und konnten den gemeinsamen Drucker bedienen, und darauf konnte man auch schon einmal ein paar Stunden verzichten. Mittlerweile sind die Windows Server in den meisten Unternehmen das Rückgrat der IT-Landschaft, sodass ein Ausfall irgendwo zwischen »sehr ärgerlich« und »katastrophal« rangiert.

Es ist daher sehr verständlich, dass IT-Verantwortliche bestrebt sind, alle Server möglichst ausfallsicher auszulegen. Bei den wichtigsten Servern wird dazu auch gern ein wenig tiefer in die »Trickkiste« gegriffen.

Wenn es darum geht, eine verbesserte Verfügbarkeit eines Servers (oder besser: des darauf laufenden Diensts) zu realisieren, gibt es verschiedene Ansätze:

- Beim Stichwort *Hochverfügbarkeit* denken die meisten Leser vermutlich an den »klassischen Cluster«, bei dem mehrere Knoten einen gemeinsamen Datenbereich (*Shared Storage*) nutzen, auch als *Failover-Cluster* bekannt. Typische Anwendungsfälle sind beispielsweise Dateidienste oder Datenbankserver.

- Die Hochverfügbarkeit kann auch in der Netzwerkschicht realisiert werden: Sind mehrere gleichartige Server vorhanden, werden die Anforderungen der Clients beim Ausfall eines Servers einfach an den oder die verbliebenen Systeme geleitet. Ein typisches Beispiel sind Webserver, die nicht geclustert, sondern über *Network Load Balancing* (NLB) redundant gemacht werden.

- Etliche Funktionen werden allein schon dadurch redundant, dass sie auf mehreren Servern vorhanden sind. Die Paradebeispiele dafür sind das Active Directory oder DNS. Sind mehrere Domänencontroller vorhanden, replizieren diese die Daten. Fällt ein Domänencontroller aus, finden die Clients automatisch einen der anderen DCs.

- Es gibt Applikationsserver, die Hochverfügbarkeit mit ihren Bordmitteln, also ohne Mithilfe des Betriebssystems, realisieren. Ein typisches Beispiel dafür ist die Datenbankspiegelung von SQL Server 2005/2008.

20.1 Vorüberlegungen

Bevor es »so richtig« losgeht, möchte ich Ihnen einige grundlegende Gedanken nahebringen, die mit der technischen Umsetzung eines Hochverfügbarkeitsszenarios zunächst (noch) nichts zu tun haben.

»Hochverfügbarkeit« ist zwar als Begriff in aller Munde, dennoch erscheint es mir wichtig, zu prüfen, was ein Unternehmen oder eine Organisation wirklich benötigt – und wie viel Geld dafür ausgegeben werden kann.

Natürlich können Sie ein System aufbauen, das auch zur Planung und Durchführung der bemannten Mondlandung geeignet wäre. Wenn diese Anforderungen allerdings nicht bestehen, wäre es Geldverschwendung, trotzdem dementsprechend zu investieren. Anders gesagt: Sie könnten das Geld in wesentlich sinnvollere IT-Projekte investieren, als eine Verfügbarkeit aufzubauen, die vom Business nicht benötigt wird.

Ich habe übrigens auch deutlich mehr als einen Fall erlebt, in dem die Geschäftsleitung »Hochverfügbarkeit« bestellt hat – und als dann die ersten Kostenschätzungen über 250.000 € ins Haus flatterten, war doch alles nicht mehr so wichtig. Die Schlussfolgerung ist nicht, dass man, wenn man nicht gerade die Bank von England ist, lieber gleich die Finger von Hochverfügbarkeitsprojekten lässt, sondern dass man sehr genau prüfen sollte, welchen Wert eine bessere Verfügbarkeit der Systeme für das Business hat, und dementsprechende Vorschläge ausarbeitet.

Wenn das Hochverfügbarkeitsprojekt die Geld bringenden Geschäftsprozesse betrifft, ist zumindest in mittleren und größeren Unternehmen auch eine Investition von 500.000 € (und mehr) sicherlich kein Problem. Ist nur ein »Nebensystem« betroffen, dessen Ausfall keine signifikanten Auswirkungen auf das Business hat, werden Sie vermutlich keine 5.000 € dafür bekommen.

20.1.1 Allgemeines

Eine wesentliche Anforderung an eine moderne IT-Umgebung ist die Verfügbarkeit derselben. Zunächst muss man sich allerdings darüber klar werden, was nun genau unter »Verfügbarkeit« zu verstehen ist.

ITIL subsumiert unter »Availability« diese Aspekte:

- Zuverlässigkeit
- Wartbarkeit

- Servicefähigkeit
- IT-Sicherheit

Betrachtet man diese Anforderungen von einem etwas technischeren und serverbezogenen Standpunkt, kann man folgende Punkte nennen:

- Die Systeme müssen stabil laufen.
- Im Fall eines eventuellen Ausfalls muss eine möglichst schnelle Wiederherstellung gewährleistet sein.
- Geplante Ausfälle durch Wartungsarbeiten müssen so kurz wie möglich sein.
- Es dürfen keine Daten verloren gehen.

Die Anforderungen erscheinen zunächst so trivial wie selbstverständlich. An den im Folgenden beschriebenen Szenarien werden Sie allerdings erkennen, dass die Realisierung alles andere als einfach ist.

Der Worst-Case-Fall

Bei den Betrachtungen zur Verfügbarkeit müssen wir stets vom schlimmsten Störfall, also dem Worst Case, ausgehen. Ein Konzept, das nicht diesen ungünstigsten Fall zugrunde legt, hat letztendlich keinen Wert.

Der Worst Case ist nun nicht zwangsläufig die Landung einer Boeing 747 im Serverraum – vermutlich hätte ein Unternehmen dann ohnehin andere Probleme. Der Worst Case ist im Fall eines Servers beispielsweise ein Ausfall des RAID-Controllers, was zu einem Verlust der gespeicherten Daten führt. Das heißt, die Daten liegen zwar noch auf den Platten, können aber nicht gelesen werden.

Wiederherstellungszeit

Zunächst betrachten wir das Szenario der Wiederherstellung eines Servers, dessen lokale Plattensysteme so ausgefallen sind, dass ein Restore der Daten notwendig wird. Dies könnte beispielsweise im Fall eines RAID-Controller-Defekts vorkommen. Wir gehen von einem Fileserver mit einer Nutzkapazität von 300 GByte aus.

In Abbildung 20.1 ist der Vorgang auf einem Zeitstrahl dargestellt:

- Um 10:00 fällt das System aus.
- Kurz danach werden die ersten Störmeldungen eingehen. Bis die Ursache des Problems »Ich kann keine Dokumente mehr speichern« klar ist und die notwendigen Schritte eingeleitet worden sind, vergeht mit Sicherheit eine Stunde. Schließlich ist nicht ständig ein IT-Mitarbeiter in Wartestellung, und wahrscheinlich wird zunächst eine Behebung des Fehlers versucht werden etc.

  Ausfallzeit bis hierhin: 1 Stunde

- Sofern ein Servicevertrag für die Instandsetzung der Hardware vorliegt, wird diese nach sechs Stunden wieder funktionsbereit sein. Eine Wiederherstellungszeit von sechs Stunden ist der schnellste »Standard-Service-Level«, der gemeinhin von Herstellern und Systemhäusern angeboten wird. (Ein Servicevertrag, der eine *Reaktionszeit* von vier Stunden garantiert, ist weniger wert als einer mit sechs Stunden *Wiederherstellungszeit*.)
  Ausfallzeit bis hierhin: 7 Stunden

- Ist die Hardware wieder funktionsbereit, wird ein gewisser Zeitraum, sagen wir eine Stunde, vergehen, bis tatsächlich mit der Rücksicherung begonnen werden kann. Schließlich muss die Backup-Software betriebsbereit gemacht werden, wahrscheinlich müssen Bänder herausgesucht werden – kurzum: Einige Vorbereitungen müssen getroffen werden.

  Ausfallzeit bis hierhin: 8 Stunden

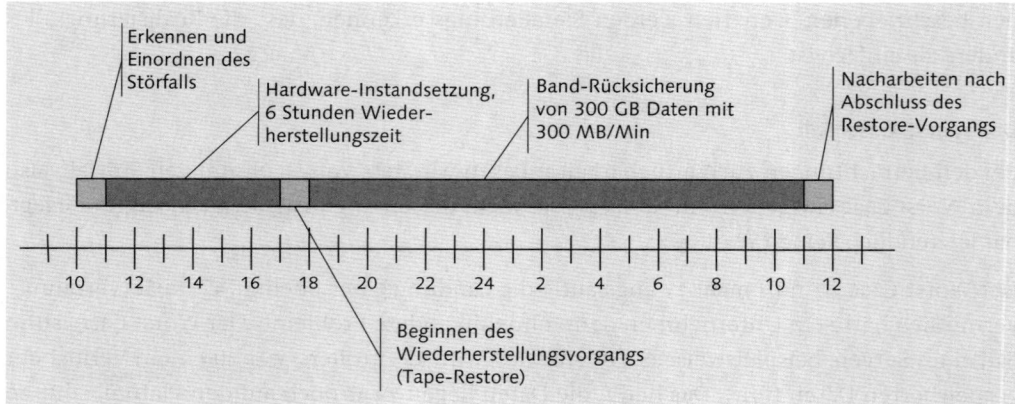

Abbildung 20.1 Wiederherstellung eines Systems

- Nun beginnt die eigentliche Rücksicherung. Eine Restore-Geschwindigkeit von 300 MByte/min ist eine realistische Annahme (wenn Sie nicht gerade die komplette Backup-Hardware erneuert haben), woraus sich ergibt:

  (300 GByte × 1.024) ÷ 300 MByte = 1.024 min = 17,07 Stunden

  Es muss also von einer Restore-Zeit von ungefähr 17 Stunden ausgegangen werden.
  Ausfallzeit bis hierhin: 25 Stunden

- Nach Abschluss des Restore-Vorgangs müssen sicherlich noch einige »Nacharbeiten« vorgenommen werden. Dies wird bei einem Fileserver nicht sehr umfangreich sein, daher ist eine Stunde ein realistischer Schätzwert.
  Ausfallzeit bis hierhin: 26 Stunden

Dieses einfache Beispiel zeigt recht eindrucksvoll, welche enormen Risiken in den IT-Systemen stecken: Ein Ausfall eines kritischen Systems von mehr als 24 Stunden kann für viele

Firmen akut existenzbedrohend sein, zumindest dürfte er als massive Störung angesehen werden.

Letztendlich ist der zuvor geschilderte Ablauf noch recht optimistisch gewesen. Wenn während des Vorgangs – bei welchem Arbeitsschritt auch immer – Probleme auftreten, verlängert das die Restore-Zeiten eventuell deutlich.

Wenn Sie Optimierungspotenzial suchen, finden sich zwei Ansätze:

- die Beschleunigung der Hardwarewiederherstellung
- die Beschleunigung der Rücksicherung

Ersteres lässt sich eventuell mit im Unternehmen gelagerter Ersatzhardware erreichen. Es stellt sich hierbei allerdings die Frage, ob jederzeit ein Mitarbeiter zur Verfügung steht, der Hardwareprobleme eines Servers erkennen und beheben kann.

Die Beschleunigung der Rücksicherung ist natürlich ebenfalls möglich. Schnellere Backup-Hardware und sehr performante Serversysteme ermöglichen zwar höhere Restore-Geschwindigkeiten, dennoch bleibt eine Rücksicherung größerer Datenmengen eine zeitaufwendige Angelegenheit.

Folgende Schlussfolgerung ergibt sich aus dieser Betrachtung für den Worst-Case-Fall:

- Sofern ein Server bzw. dessen Applikationen nicht länger als beispielsweise vier oder sechs Stunden ausfallen dürfen, ist dies mit einem »normalen« Backup/Restore-Szenario nicht zu schaffen.
- Vielleicht wird – entweder aus finanziellen Gründen oder weil die Verfügbarkeit für bestimmte Systeme lediglich eine untergeordnete Rolle spielt – entschieden, keine erweiterten Maßnahmen zu ergreifen. In diesem Fall sollte unbedingt schriftlich festgestellt und kommuniziert werden, dass es im Worst-Case-Fall zu längeren Ausfällen kommen kann.

Um das Szenario eines längeren Ausfalls ein wenig anschaulicher zu gestalten, hier ein Beispiel: Ich habe, sozusagen als externer Beobachter, einen zweitägigen Ausfall eines Exchange-Systems in einem Unternehmen erlebt. Dies führte nicht nur dazu, dass ca. 1.500 Benutzer keine Mails mehr schreiben und empfangen konnten. Viel wesentlicher war, dass die Kalenderinformationen nicht mehr zur Verfügung standen. Zu internen Meetings oder Kundenterminen erschienen nur noch diejenigen Mitarbeiter, die ihre Daten regelmäßig auf ein Smartphone repliziert hatten.

Datenverlustzeit

In vielen mittelständischen Unternehmen wird die Wiederherstellung der Systeme nicht mit so hoher Wichtigkeit belegt. Viel entscheidender ist es häufig, sicherzustellen, dass keine Daten verloren gehen.

Betrachten wir ein Szenario auf dem Zeitstrahl (Abbildung 20.2):

- Die Datensicherung ist um 6 Uhr abgeschlossen.
- Um 8 Uhr nehmen die Benutzer die Arbeit auf und verändern die Daten.

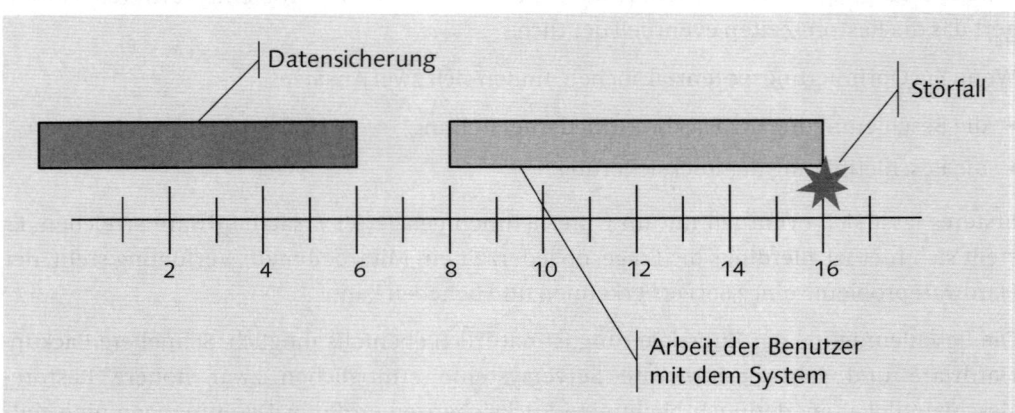

Abbildung 20.2 Die Datenverlustzeit

- Am Nachmittag um 16 Uhr tritt ein Störfall auf. Dieser fällt in die Kategorie »Worst Case«, es werden also beispielsweise die Festplattensysteme »verloren« (d.h., die Daten sind zumindest nicht mehr zu lesen).
- Wenn keine zusätzlichen Sicherungsmaßnahmen getroffen werden, bedeutet dies, dass die in diesen acht Stunden produzierten Daten verloren sind (von 8 bis 16 Uhr).

Bei der Betrachtung des Datenverlusts sind zwei Fälle zu beachten:

- reproduzierbare Daten
- nicht reproduzierbare Daten

Beispiele für reproduzierbare Daten wären Buchungen von Eingangsrechnungen (die Papierrechnungen liegen ja noch vor und werden nochmals eingebucht) oder eine CAD-Zeichnung, die natürlich auch ein zweites Mal angefertigt werden kann.

Nicht reproduzierbar sind beispielsweise empfangene Mails (wenn man nicht zufällig kurz vor dem Ausfall des Systems seinen Posteingang eingesehen hat, weiß man ja nicht, wer geschrieben hat, und kann daher nicht nachfragen) oder die Auftragseingangsdaten eines Webshops.

Wenn die Anforderung an die IT-Abteilung herangetragen wird, dass ein Verlust von Daten auf einigen oder sogar allen Systemen nicht tragbar ist, müssen weitergehende Maßnahmen ergriffen werden; ein normales Backup/Restore-Konzept ist eindeutig nicht ausreichend.

Man sollte sich nicht von der scheinbaren Sicherheit täuschen lassen, die redundant ausgelegte Server oder mit RAID-Leveln konfigurierte Plattensysteme vorspiegeln: Wir sprechen bei den Überlegungen zur Verfügbarkeit grundsätzlich vom Worst Case, und dieser könnte so aussehen, dass das gesamte Festplattensystem irreparabel beschädigt wird.

Probleme durch logische Fehler

Die zuvor beschriebenen Szenarien basierten jeweils auf einem Hardwareausfall. Natürlich ist auch ein Ausfall wegen eines Problems des Softwaresystems denkbar, beispielsweise eines Konsistenzproblems der Datenbank. Für diesen Fall müssen natürlich ebenfalls planerische Vorkehrungen getroffen werden.

Letztendlich gelten hier die gleichen Fragen, nämlich innerhalb welches Zeitraums die Funktion des Systems wiederhergestellt werden muss und ob ein Verlust von Daten tolerierbar ist.

Bei der Besprechung logischer Fehler denkt man zunächst an Inkonsistenzen in der Datenbank, fehlerbehaftete Software oder versehentlich durch den Benutzer gelöschte Dateien. Zu berücksichtigen ist natürlich auch der Fall eines Vireneinbruchs, bei dem ein komplettes Filesystem innerhalb von wenigen Minuten irreparabel »verseucht« werden kann.

Sie sehen, dass es vielerlei »Gefahren« für die Verfügbarkeit eines IT-Systems gibt, die berücksichtigt werden müssen.

Bewertung der Systeme

Zumeist werden die höchsten Verfügbarkeitsanforderungen nicht an alle Serversysteme gestellt werden. Um die IT-Kosten zumindest einigermaßen im Griff zu behalten, wird man die Systeme unterschiedlichen Kategorien zuordnen, innerhalb deren eine bestimmte Verfügbarkeitsstufe definiert ist:

- Die »beste« Stufe könnte beispielsweise sowohl eine Wiederherstellungs- als auch eine Datenverlustzeit von maximal zwei Stunden definieren. Hier würde man beispielsweise Server für das ERP-System, die Lagerverwaltung und die Kommunikation (Exchange) definieren – Letzteres, weil die Collaboration-Systeme in einem modernen Unternehmen zunehmend in die Prozesse integriert sind und diese darüber hinaus ein wesentliches Werkzeug für die Kommunikation mit Kunden geworden sind.

- Eine mittlere Verfügbarkeitsstufe, beispielsweise eine Wiederherstellungs- und Datenverlustzeit von maximal acht Stunden, käme für ein SharePoint-System, einen Fileserver oder diverse Datenbankanwendungen wie etwa ein Angebotssystem in Betracht. Ein Ausfall dieser Systeme ist zwar für ein Unternehmen unangenehm, aber nicht direkt existenzgefährdend.

- Eine vergleichsweise geringe Verfügbarkeit könnte man für Systeme wie den Zeiterfassungsserver oder ein Softwareverteilungssystem ansetzen. Moderne Zeiterfassungssysteme (Terminals) können für eine gewisse Zeit die erfassten Daten zwischenspeichern. Das Softwareverteilungssystem ist unkritisch, weil im ungünstigen Fall ein oder zwei Tage keine neuen Softwarepakete verteilt werden können, was zumeist kein Problem darstellen sollte. Die Wiederherstellungs- und Datenverlustzeit könnte man mit 24 bis 48 Stunden beziffern.

Je nach den Anforderungen Ihres Unternehmens werden Sie die Verfügbarkeiten der genannten Dienste vielleicht anders bewerten. Die Beispiele zeigen aber in jedem Fall, wie differenziert unterschiedliche Systeme bewertet werden müssen.

Störfall vs. Notfall

Wenn Sie individuell für Ihr Unternehmen planen, welche Verfügbarkeit für welche von Servern bereitgestellte Funktion benötigt wird, werden Sie auf den Unterschied zwischen *Störfall* und *Notfall* treffen:

- Ein *Störfall* ist ein begrenztes, auf einen Server bezogenes Problem. Der Ausfall eines Netzteils, des gesamten Plattensubsystems oder auch des ganzen Servers mit unbekanntem Grund ist ein Störfall.
- Unter einem *Notfall* verstehen wir ein wesentlich umfangreicheres Problem, wie einen Brand oder Hochwasser am Hauptsitz der Firma, in dem auch die IT-Systeme untergebracht sind. Für ein Unternehmen mit mehreren Niederlassungen wird es von Interesse sein, zusätzlich zu dem »Problem« mit der Zentrale nicht auch noch die eventuell deutschland-, europa- oder gar weltweit verteilten Niederlassungen vollkommen lahmzulegen, weil die EDV nicht mehr arbeitet. Ein Notfallkonzept, das möglichst schnell die wesentlichen Dienste wieder bereitstellt, ist also dringend notwendig. Allerdings wird man hier vermutlich die Wiederherstellungs- und Datenverlustzeit anders definieren als bei einem Störfall, bei dem nur ein einzelnes System betroffen ist.

Wenn Sie bei einem kleinen Unternehmen tätig sind, bei dem alle Mitarbeiter an einem Standort sitzen, werden Sie sicherlich nun denken, dass Sie ganz andere Sorgen als die Verfügbarkeit der Daten haben, wenn Ihr Büro durch ein Feuer eliminiert wird. Auf den ersten Blick mag diese Einschätzung richtig sein, auf den zweiten Blick werden Sie feststellen, dass zumindest einige grundlegende Vorkehrungen für den Notfall getroffen werden müssen: Irgendwann wird die Firma wieder arbeitsfähig sein. Wenn dann überhaupt keine Daten mehr zur Verfügung stehen, weil auch sämtliche Datensicherungen ein Raub der Flammen geworden sind, wird es für die Firma unter Umständen unmöglich sein, den Geschäftsbetrieb wieder aufzunehmen. Auch die Hausbank wird sich beispielsweise bei der Vergabe eines Kredits dafür interessieren, ob Vorkehrungen für den Notfall getroffen worden sind: Wenn die Versicherung zwar die Sachwerte ersetzt, der Geschäftsbetrieb aber mangels Unternehmensdaten nicht mehr aufgenommen werden kann, wird die Firma auch nicht mehr in der Lage sein, die Kredite zu bedienen.

Im mittelständischen Bereich werden die Anforderungen für den Notfall sicherlich niemals die Qualität der Service-Level erreichen, die für den Störfall definiert sind. In einem Szenario für eine Firma mit mehreren Außenstandorten könnte man definieren, dass grundlegende IT-Funktionen nach drei oder vier Tagen wieder zur Verfügung stehen sollen; der wichtigste Punkt ist, dass eine möglichst aktuelle ausgelagerte Datensicherung existiert. Die Datenverlustzeit wird letztendlich darüber definiert, wie oft diese ausgelagerte Datensicherung aktualisiert wird.

Auch für einen Kleinbetrieb ist es von entscheidender Notwendigkeit, dass die Datenbestände regelmäßig auf extern aufbewahrte Medien geschrieben werden. Das »kleinste Notfallkonzept der Welt« könnte so aussehen, dass der Geschäftsführer täglich das Band mit der Datensicherung mit nach Hause nimmt; auf diese Weise kann zumindest innerhalb weniger Tage auf einem relativ aktuellen Informationsstand weitergearbeitet werden.

20.1.2 Hardware und Konfiguration

Der vorherige Abschnitt vermittelt vielleicht etwas zu sehr den Eindruck, dass die Vorsorgemaßnahmen vor allem auf Katastrophen aller Art abzielen – vom Großbrand bis zum Flugzeugabsturz.

Die meisten Verfügbarkeitsprobleme werden allerdings von wesentlich weniger spektakulären Ereignissen ausgelöst, z.B. durch Probleme mit der Hardware.

Um es einmal ganz drastisch und unfreundlich zu sagen: Wer Billighardware beschafft, braucht sich nicht zu wundern, wenn die Ergebnisse (d.h. die Stabilität der Systeme) unbefriedigend sind. Auch NT4, das von der Codequalität bei Weitem nicht so gut war wie Windows Server 2008, läuft auf stabiler Hardware mehrere Jahre am Stück – mir sind diverse Beispiele bekannt. Mir sind aber ebenfalls Fälle bekannt, in denen der »Server« aus einzelnen Komponenten im Eigenbau zusammengebastelt wurde und sich dann alle wunderten, dass es ständig Bluescreens gab.

Fakt ist: Ein Serverbetriebssystem gehört auf vernünftige Hardware. Wer beim Kauf der Server auf die »großen vier« Hersteller (HP, Dell, IBM, Fujitsu Siemens) setzt, wird deutlich bessere Ergebnisse erzielen als mit B-Marken oder Selbstbausystemen. Ja, ich weiß, der Preis ist auch nicht zu vernachlässigen. Allerdings ist ein instabiler Server auch das vermeintlich »gesparte« Geld nicht wert!

Einige weitere Aspekte zum Thema »Verfügbarkeit und Hardware«:

- *Überwachung der Hardware*: Häufig lassen sich aufkommende Störungen bereits frühzeitig erkennen. Ein Beispiel: Moderne Festplatten können einem Management-System mitteilen, wenn in absehbarer Zeit ein Ausfall zu erwarten ist (Abbildung 20.3). Wer solche Meldungen nicht auswertet, handelt grob fahrlässig!

- *Halten Sie Ersatzhardware vor*: Was passiert, wenn Sie bei einem Hardwareausfall einfach keine Ersatzhardware haben oder kurzfristig bekommen können, brauche ich wohl nicht weiter auszuführen, oder?

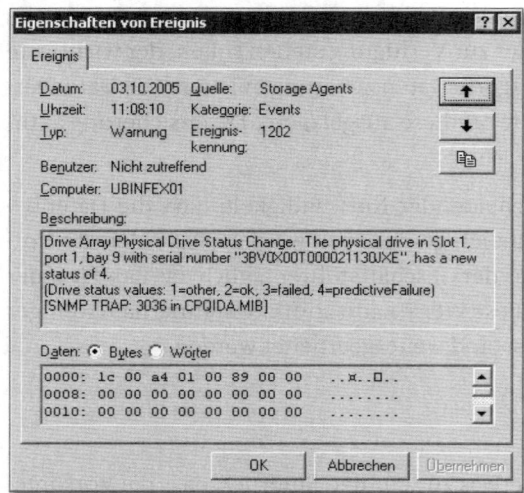

Abbildung 20.3 Eine Serverplatte meldet einen vermutlich bald auftretenden Fehler. Wer solche Meldungen ignoriert, handelt grob fahrlässig und gefährdet die Verfügbarkeit des Systems!

▶ *Sorgen Sie für ein optimales Sizing der Server*: Systeme, die ständig am Rand des Performanceabgrunds stehen, sind erfahrungsgemäß nicht sonderlich stabil. Da neben der Stabilität auch das Antwortverhalten und generell die Geschwindigkeit (aus Sicht der Benutzer) in die Bewertung eingehen, sollten Sie derlei Aspekte ebenfalls bedenken – und kontrollieren!

Ebenso wichtig wie die Hardware des Servers ist die Konfiguration. Hier gilt nach wie vor die alte Weisheit: *Trennen Sie die Dienste.*

Es ist wirklich keine neue Erkenntnis, aber man kann es nicht oft genug wiederholen: Die Systeme werden nicht stabiler, wenn Sie täglich einen Praxistest durchführen, um festzustellen, wie viele unterschiedliche Applikationsserver auf einer Betriebssysteminstallation ausgeführt werden können. Neben dem Aspekt der »Stabilität« sind bei solchen Systemen auch Administration, Pflege und Wiederherstellung vergleichsweise kompliziert!

Das Designziel »ein Dienst – ein Server« muss heute nicht mehr in einer gnadenlosen Materialschlacht enden. Durch Virtualisierung ist es möglich, mehrere Instanzen des Betriebssystems auf einer Hardware auszuführen – und dabei noch Verbesserungen bei der Wiederherstellungszeit zu erreichen (siehe den nächsten Abschnitt).

Einige weitere Hinweise:

▶ *Überwachung der Betriebssysteme und Applikationsserver*: Sie überwachen die Hardware. Gut! Sie sollten allerdings auch die darauf laufenden Betriebssysteme und Applikationsserver überwachen. Wenn diese unbemerkt in einen »unglücklichen Betriebszustand« laufen, steuern Sie recht zielsicher den nächsten Ausfall an – und der ist sicherlich nicht nur für das gute Aussehen Ihrer Serververfügbarkeitsstatistik ungünstig.

Systeme wie der *Microsoft System Center Operations Manager* können hier wertvolle Hilfe leisten (Abbildung 20.4).

▶ *Halten Sie Datenträger, Seriennummern und Patchdateien griffbereit*: Wenn Sie trotz aller Vorsorgemaßnahmen einen Ausfall haben und mit der Wiederherstellung beginnen möchten, wäre das ein sehr unpassender Moment, um mit dem Aufräumen des »Gerümpelschranks« zu beginnen – und schließlich stellt sich noch heraus, dass der Open-Datenträger nebst Seriennummern gar nicht im Hause ist, weil der Praktikant vor zwei Monaten zu Hause etwas installieren wollte.

Auch aus dem Internet bezogene Patches sollten lokal verfügbar sein, um schnell und ohne großartiges Suchen mit der Wiederherstellung beginnen zu können.

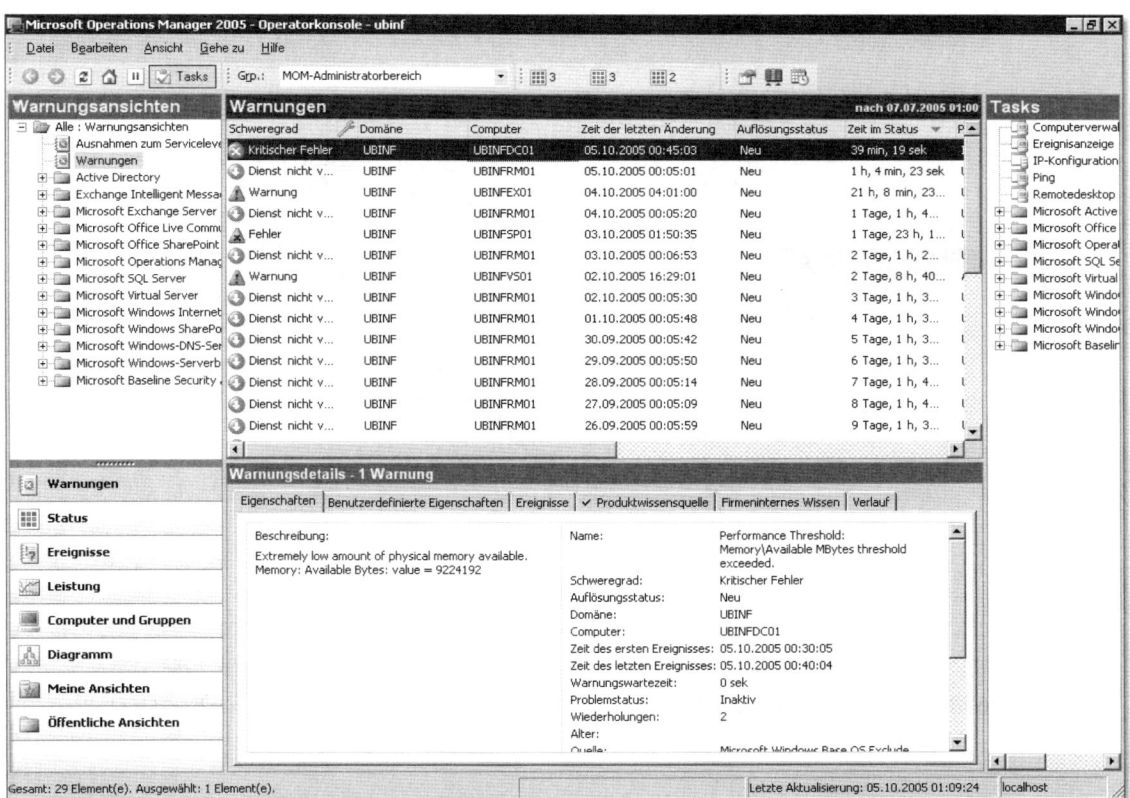

Abbildung 20.4 Ein professionelles Monitoring der Systeme auf Betriebssystem- und Applikationsserver-Level ist ohne ein entsprechendes Werkzeug nicht möglich. Das Bild zeigt die Operatorkonsole des Microsoft Operations Manager.

Zuletzt wären noch einige Sicherheitsaspekte zu nennen: Hierbei sind grundsätzlich Datenklau und Sabotage zu berücksichtigen. Sabotage hat natürlich unmittelbare Auswirkungen auf die Verfügbarkeit der Systeme. Eine mangelhafte Verfügbarkeit resultiert eben nicht nur aus dem Ausfall von Hardware, sondern ebenso aus Sicherheitsproblemen. Hier wären unter anderem Viren und Trojaner zu nennen. Denken Sie beispielsweise an den SQL-Slammer, der massenhaft SQL Server lahmgelegt hat.

20.2 Failover-Cluster

Der »klassische« Cluster ist der Failover-Cluster, der natürlich auch in Windows Server 2012 vorhanden ist. Die Failover-Clusterunterstützung ist ein nachzuinstallierendes Feature (Abbildung 20.5).

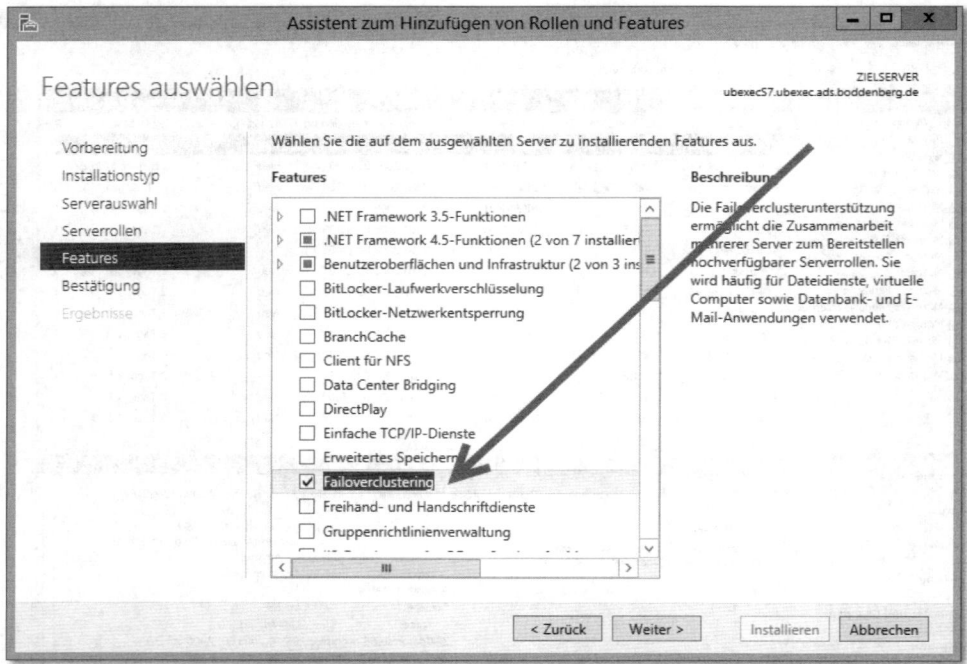

Abbildung 20.5 Das »Failoverclustering« ist ein Feature und wird dementsprechend installiert.

Zwei Hinweise

Der erste wichtige Hinweis dieses Abschnitts ist, dass ein Failover-Clustering auf den Clusterknoten die Enterprise Edition des Betriebssystems voraussetzt.

Der zweite Hinweis dieses Abschnitts ist, dass Sie prüfen sollten, ob ein Failover-Cluster mit gemeinsamem Speicher (Shared Storage) in Ihrem Anwendungsfall wirklich das Optimum ist. Alternative Ansätze sind beispielsweise:

- Der SQL Server 2005/2008/2012 bietet mit der *Datenbankspiegelung* eine sehr interessante Möglichkeit, um Datenbankserver nebst Festplattenspeicher redundant auszulegen, ohne dass Sie sündhaft teure Hardware beschaffen müssen.
- Exchange 2007/2010/2013 bietet mit der *Data Access Group* (DAG – vormals Clustered Continuos Replication, CCR) einen Hochverfügbarkeitsansatz, der zwar auf dem Failover-Cluster aufsetzt, aber ohne einen gemeinsamen Speicherbereich aufgebaut werden kann.

Ich möchte mit dieser Anmerkung nicht ausdrücken, dass Failover-Cluster mit gemeinsamem Speicherbereich »irgendwie schlecht« wären. Ich möchte aber sehr wohl darauf hinweisen, dass es durchaus andere Varianten gibt.

Ende 1997, also zur besten NT4-Zeit, veröffentlichte Microsoft einen Clusterdienst, der zur Entwicklungszeit *Wolfpack* genannt wurde – ein Rudel von Wölfen sorgt also für eine bessere Verfügbarkeit.

Der Microsoft-Cluster ist recht einfach zu verstehen (Abbildung 20.6):

- Der Cluster besteht aus mindestens zwei Knoten, die über einen gemeinsamen Festplattenbereich (Shared Storage) verfügen. Dieses Shared-Storage-System kann über Fibre Channel oder iSCSI angeschlossen sein. Paralleles SCSI wird unter Windows Server 2008 *nicht* mehr unterstützt.

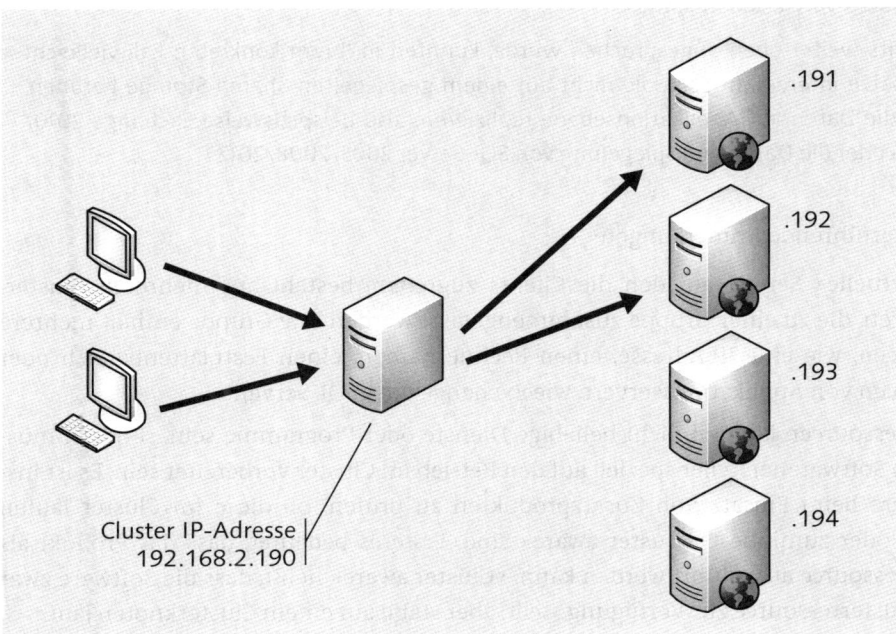

Abbildung 20.6 Das Prinzip des Clusters

- Die Benutzer greifen, zumindest gedanklich, nicht direkt auf einen der Clusterknoten zu, sondern kommunizieren mit einem »virtuellen Server«, der gewissermaßen vor dem physikalischen Clusterknoten angesiedelt ist. In Abbildung 20.6 ist dies zu sehen: Der Benutzer glaubt, dass er mit *alphaClust01.alpha.intra* kommuniziert. Da dieses System aber momentan auf *alphaCN1* ausgeführt wird, greift der Benutzer in Wahrheit auf diese Maschine zu. Der physikalische Server greift auf den Datenbereich auf dem Shared-Storage-System zu. Wenn *alphaCN1* ausfällt oder die Dienste gezielt auf *alphaCN2* geschwenkt werden, wird der Client auf diesen physikalischen Server zugreifen, der aber dieselbe Speicherressource und dort dieselben Daten nutzt.

> **Vorsicht**
>
> Ein Szenario, wie es in Abbildung 20.6 gezeigt wird, ist durchaus mit Vorsicht zu genießen: Einerseits wird natürlich der Ausfall eines Serverknotens abgefangen – der eigentlich viel schwerer wiegende Verlust des Speichersystems wird aber andererseits nicht abgedeckt. Nun argumentieren die Hersteller von Speichersystemen zwar, dass die Systeme unglaublich stabil und ausfallsicher arbeiten – es könnte aber trotzdem etwas passieren! Denken Sie an einen Kabelbrand, einen Wasserrohrbruch und dergleichen. Regel Nummer eins beim Entwurf von Hochverfügbarkeitslösungen lautet: »Traue keiner Komponente!«
>
> Abschnitt 3.4 beschäftigt sich recht ausgiebig mit diesem Thema, sodass ich Sie auf diesen Teil des Buchs verweisen möchte.
>
> Wie bereits weiter oben angesprochen wurde, könnten in Ihrem konkreten Fall vielleicht auch Ansätze interessant sein, die nicht auf einem gespiegelten Shared Storage beruhen, sondern die Daten auf Applikationsebene replizieren, also beispielsweise Exchange 2010/2013 DAG oder die Datenbankspiegelung von SQL Server 2005/2008/2012.

Einige weiterführende Anmerkungen:

- Der »virtuelle« Server, auf den die Clients zugreifen, besteht aus mehreren Clusterressourcen, die zu einer Gruppe zusammengefasst werden. Die Gruppe enthält mehrere Ressourcen, wie eine IP-Adresse, einen Rechnernamen, einen Festplattenbereich oder Ressourcen von Applikationsservern wie Exchange oder SQL Server.

- Clusterressourcen können nicht beliebige Dienste oder Programme sein, sondern müssen vom Softwarehersteller speziell auf den Betrieb im Cluster vorbereitet sein. Es ist insbesondere beim Einsatz von Zusatzprodukten zu prüfen, ob diese im Cluster laufen können oder zumindest »Cluster aware« sind. Ersteres bedeutet, dass das Produkt als Clusterressource ausgeführt werden kann. »Cluster aware« heißt, dass die Software zwar keine Clusterressource zur Verfügung stellt, aber stabil auf einem Clusterknoten läuft.

- Im Fehlerfall werden die Clusterressourcen des ausgefallenen Knotens auf dem anderen System gestartet. Dies kann durchaus einige Minuten dauern! Der Cluster sorgt also nicht für »Zero-Downtime«, sondern für eine »Only-a-few-minutes-Downtime«.

20.2.1 Aktiv vs. Passiv und n+1

Grundsätzlich können alle Clusterknoten aktiv sein, also eine Clusterressource ausführen. Es stellt sich allerdings immer die Frage, ob das wirklich die optimale Lösung ist. Abbildung 20.7 zeigt einen Zwei-Knoten-Cluster, bei dem beide Knoten aktiv sind: Fällt ein Clusterknoten aus, wird dessen Ressource auf den anderen Knoten geschwenkt und dort ausgeführt. Das Problem ist, dass dieser Knoten nun die ganze Last allein trägt, bei linearer Verteilung also doppelt so viel leisten muss. Da mehr als 100 % bekanntlich nicht geht, dürfen beide Knoten also jeweils nur zu 50 % ausgelastet sein. Und damit ist der Aktiv/Aktiv-Cluster schon gar nicht mehr so attraktiv.

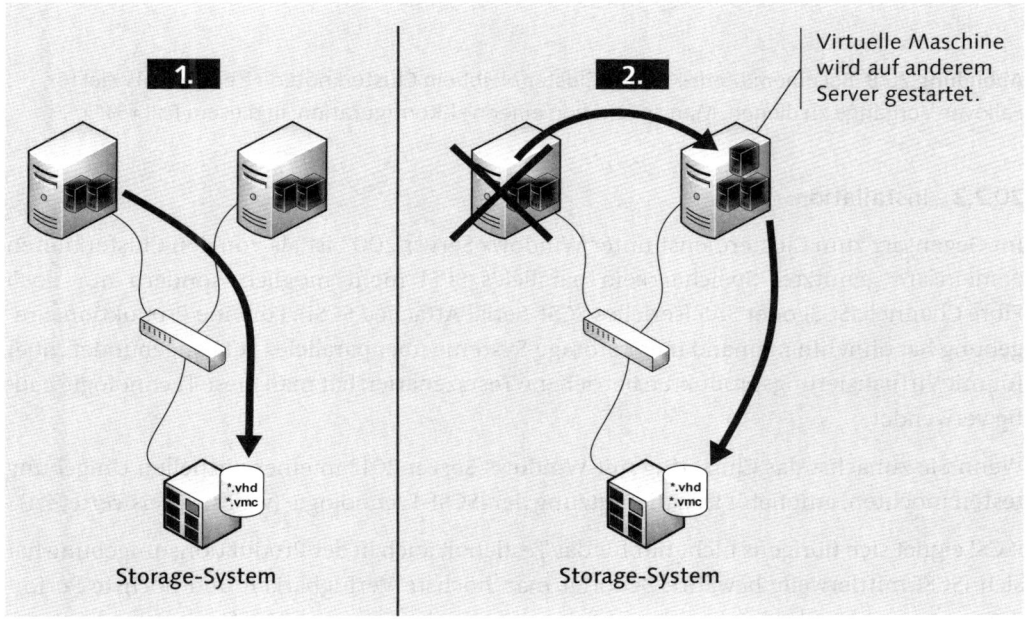

Abbildung 20.7 Bei einem Ausfall in einem Zwei-Knoten-Cluster trägt der verbliebene Knoten die volle Last.

Teilweise wird explizit empfohlen, Zwei-Knoten-Cluster nicht Aktiv/Aktiv, sondern Aktiv/Passiv auszulegen – ein Beispiel dafür ist Exchange Server 2003. Bei Exchange Server 2007 wurden Aktiv/Aktiv-Cluster gar nicht mehr unterstützt, sondern »nur« noch Aktiv/Passiv-Cluster. Die Aktiv/Aktiv-Konfigurationen haben sich in der Praxis schlicht und ergreifend nicht bewährt.

Falls Sie einen Cluster mit noch mehr Knoten benötigen, können Sie bis zu 16 Clusterknoten in einen Cluster einbinden. Bei Clustern, die aus mehr als zwei Knoten bestehen, fährt man grundsätzlich eine n+1-Konfiguration (Abbildung 20.8). Dabei führt einer der Knoten im normalen Betrieb keine Clusterressource aus. Erst im Fehlerfall übernimmt er die Ressource des ausgefallenen Knotens.

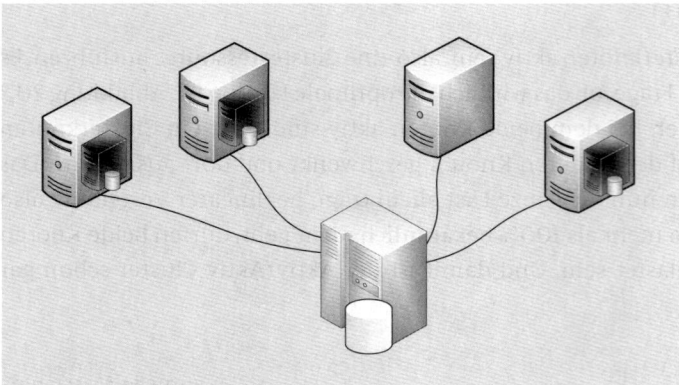

Abbildung 20.8 Bei einem Mehr-Knoten-Cluster bleibt ein Clusterknoten »frei«, um als Ziel für Failover-Vorgänge zu dienen. Man spricht von einer n+1-Konfiguration, in diesem Fall »3+1«.

20.2.2 Installation

Im Gegensatz zum Clusterdienst unter Windows Server 2003 ist als von den Clusterknoten gemeinsam genutzter Speicher kein paralleles SCSI mehr möglich, sondern nur noch Fibre Channel, iSCSI oder SAS (serielles SCSI, Serial Attached SCSI). Für eine Produktionsumgebung hat ohnehin niemand mehr Storage-Systeme über paralleles SCSI angebunden, aber für mit Virtualisierungsprodukten betriebene Testszenarien hat man diese Technologie häufig verwendet.

Wenn Sie zunächst das Clustering mit Windows Server 2012 in einer virtuellen Umgebung testen möchten, empfiehlt sich die Nutzung der iSCSI-Technologie (weil sie preiswerter ist).

iSCSI eignet sich übrigens nicht nur für das Testlabor, auch in der Produktionsumgebung hat sich iSCSI mittlerweile bewährt. Benötigt man höchste Verfügbarkeit und höchste Performance, wird man allerdings nach wie vor zu einem Fibre Channel-SAN tendieren.

Der erste Schritt der Installation besteht darin, dass Sie alle Clusterknoten mit ausreichend Konnektivität ausstatten. Je nachdem, wie Sie den Shared-Storage-Bereich anbinden, benötigen Sie folgende Konfiguration:

- Shared Storage via Fibre Channel:
  - 1 × LAN in Richtung Clients (besser redundant auslegen)
  - 1 × LAN für Heartbeat
  - 1 × FC-HBA für die Anbindung des Storage-Systems (besser redundant auslegen)
- Shared Storage via iSCSI:
  - 1 × LAN in Richtung Clients (besser redundant auslegen)
  - 1 × LAN für Heartbeat
  - 1 × iSCSI-LAN für die Anbindung des Storage-Systems (besser redundant auslegen)

Für iSCSI benötigen Sie also mindestens drei Netzwerkkarten. Das Schaubild aus Abbildung 20.9 verdeutlicht dies.

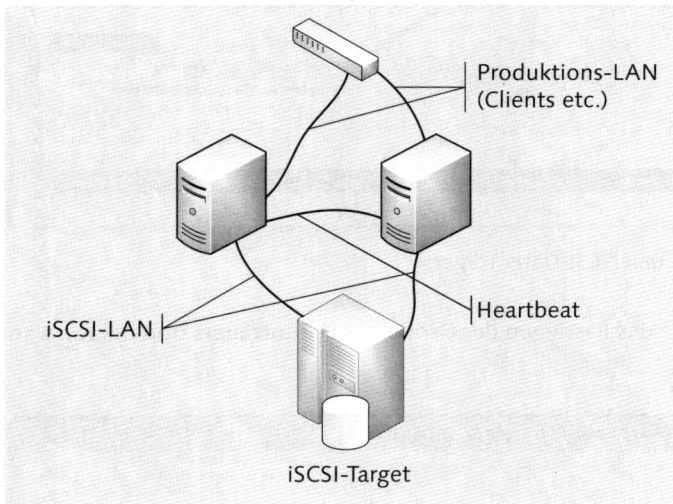

Abbildung 20.9 Ein Clusterknoten in einem iSCSI-Szenario benötigt mindestens drei Netzwerkkarten.

Die Knoten eines Clusters sollten nach Möglichkeit identisch, zumindest aber ähnlich dimensioniert sein.

Ich gehe davon aus, dass viele Leser bisher noch kein iSCSI installiert haben. Daher folgt hier ein kurzer Überblick. Bei iSCSI gibt es zwei Kernkomponenten:

- *iSCSI-Target*: Ein Target stellt Plattenressourcen zur Verfügung. Windows Server 2012 R2 enthält standardmäßig ein iSCSI-Target, das in diesem Buch auch vorgestellt wird. Diverse Hersteller bieten iSCSI-Targets als Hardwarelösung an. Zu nennen wären hier beispielsweise die Systeme von *Network Appliance*.
- *iSCSI-Initiator*: Der Initiator greift auf die vom Target bereitgestellten Ressourcen zu. Ein Initiator kann entweder ein Stück Software oder eine spezielle Netzwerkkarte sein.

Einrichtung des iSCSI-Targets

Erster Schritt ist das Einrichten des iSCSI-Datenträgers. Das Einrichten des eigentlichen Targets habe ich bereits im Dateisystem-Kapitel gezeigt, somit kümmern wir uns hier »nur« noch um den Datenträger. Sie werden eventuell mehrere iSCSI-Datenträger anlegen wollen. Zumindest müssen Sie einen kleinen Datenträger für das Cluster-Quorum anlegen – 1 GB genügt.

Hier die Vorgehensweise:

- Öffnen Sie im Server-Manager den Bereich iSCSI und starten Sie das Erstellen eines NEUEN VIRTUELLEN ISCSI-DATENTRÄGERS (Abbildung 20.10).

Abbildung 20.10 Anlegen eines neuen iSCSI-Datenträgers

- Auf Abbildung 20.11 sehen Sie das Festlegen der Größe des Datenträgers und die Auswahl des Typs.

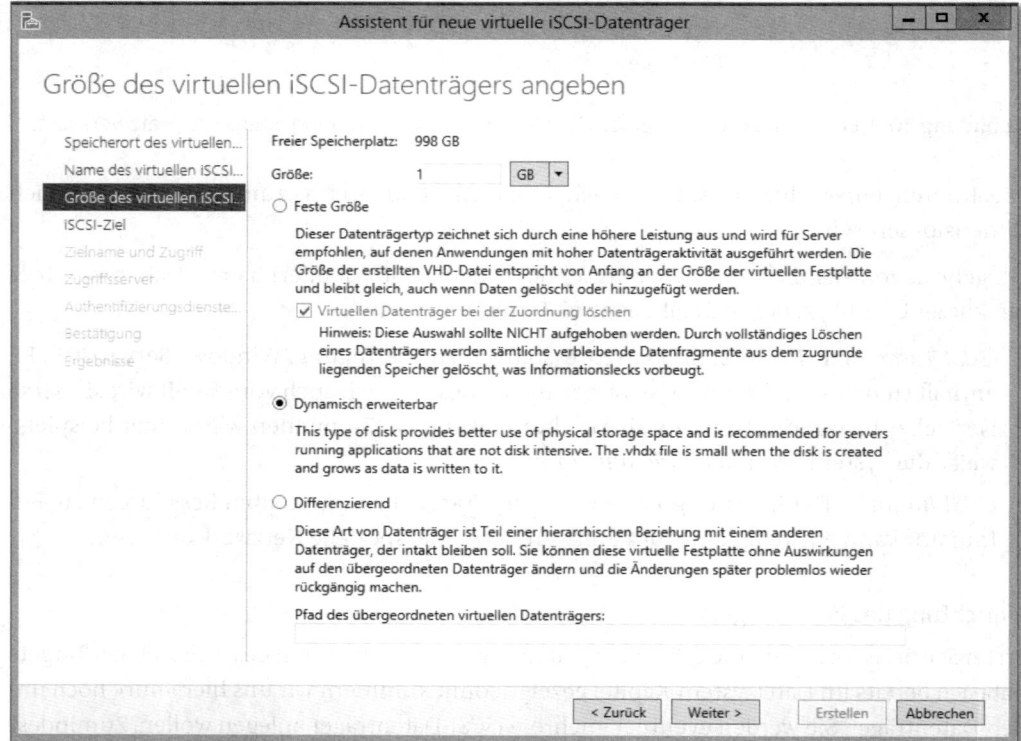

Abbildung 20.11 Für das Quorum reicht ein relativ kleiner Datenträger.

Der iSCSI-Datenträger wird einem Target zugeordnet, das in diesem Beispiel bereits vorhanden ist. Vermutlich werden Sie nochmal die Eigenschaften des iSCSI-Targets kontrollieren und anpassen wollen. Der auf Abbildung 20.12 gezeigte Dialog befindet sich am unteren Ende des iSCSI-Dialogs im Server-Manager.

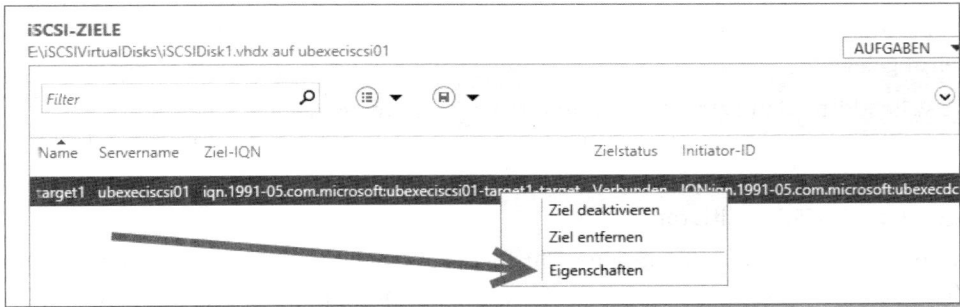

Abbildung 20.12 Das iSCSI-Target wird hier konfiguriert.

Ein allgemein notwendiger Konfigurationsschritt ist das Eintragen der iSCSI-Initiatoren, die auf das Taget zugreifen sollen. Hier müssen also die zukünftigen Cluster-Knoten eingetragen werden (Abbildung 20.13).

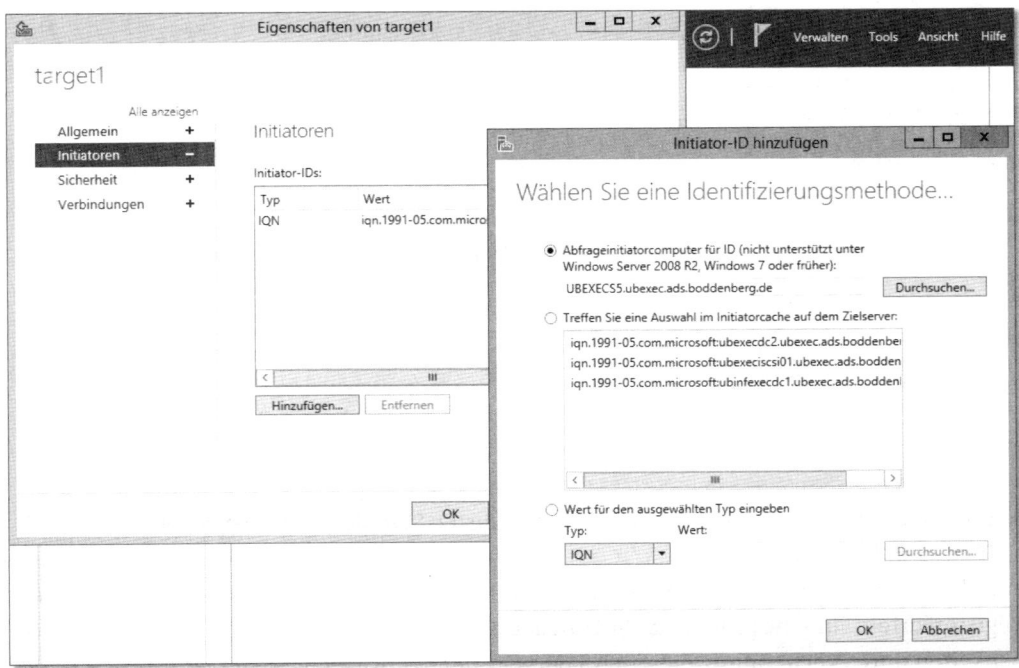

Abbildung 20.13 Die iSCSI-Initiatoren, die zugreifen sollen (die Clusterknoten), müssen eingetragen werden.

> **Mindestens zwei iSCSI-Bereiche**
>
> Erzeugen Sie mindestens zwei iSCSI-Bereiche. Ein Bereich, der nicht größer als 100 MByte zu sein braucht, wird als Quorum verwendet. Vereinfacht gesagt, werden dort »clusterinterne« Daten abgelegt.
>
> Das zweite (dritte, vierte etc.) Device wird für Ihre Daten verwendet.

Konfiguration des iSCSI-Initiators

Nun müssen Sie auf den zukünftigen Clusterknoten noch die Clientkomponente zum Zugriff auf das iSCSI-Target konfigurieren. Eine Installation ist nicht notwendig, da der *iSCSI-Initiator* seit Windows Server 2008 (also auch in Server 2012 R2) bereits installiert ist, aber nicht ausgeführt wird. Rufen Sie daher den Menüpunkt ISCSI-INITIATOR auf, und starten Sie auf Nachfrage den Dienst (Abbildung 20.14).

Abbildung 20.14 Der iSCSI-Initiator wird nach dem ersten Start den Dienst beginnen.

Für die Konfiguration des iSCSI-Initiators startet ein EIGENSCHAFTEN-Dialog mit sechs Registerkarten. Für eine größere iSCSI-Umgebung gibt es recht elegante Konfigurationsmöglichkeiten unter Verwendung eines iSNS-Servers, der in etwa ein DNS-Server für iSCSI ist. Ich möchte an dieser Stelle allerdings nicht in die Tiefen von iSCSI einsteigen, sondern es »nur« zum Laufen bringen:

▶ Wechseln Sie auf die Registerkarte ZIELE, und nutzen Sie die Option SCHNELL VERBINDEN (Abbildung 20.15). Falls der iSCSI-Server mehrere Netzwerkadressen hat, achten Sie darauf, dass Sie die IP-Adresse des iSCSI-Netzwerksegments eintragen.

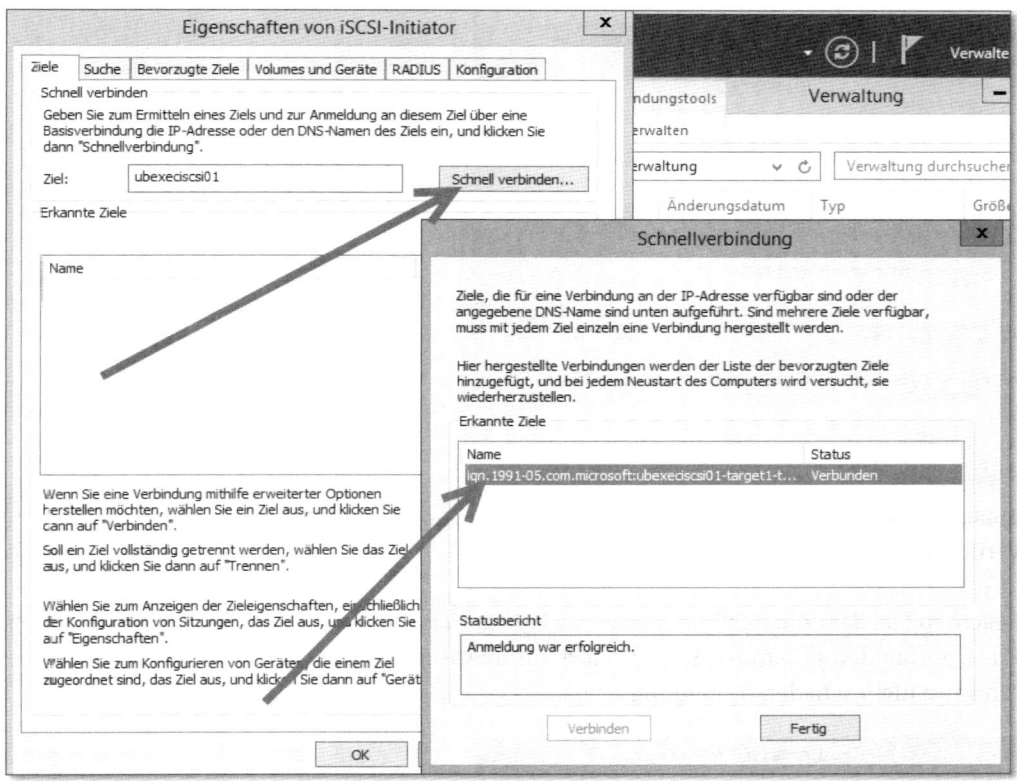

Abbildung 20.15 Das iSCSI-Target wird als Verbindungsziel eingetragen.

Bevor Sie die iSCSI-Konfiguration verlassen, sollten Sie auf die Registerkarte VOLUMES UND GERÄTE wechseln und dafür sorgen, dass die verwendeten Ressourcen in die Liste eingetragen werden. Ist eine Ressource dort vermerkt, sorgt der iSCSI-Initiator dafür, dass die iSCSI-Ressourcen für die darauf zugreifenden Dienste bzw. Applikationen stets vorhanden sind. Das hört sich ein wenig nebulös an, daher erkläre ich es an einem kleinen Beispiel: Wenn der Server beispielsweise Verzeichnisse des über iSCSI gemounteten Festplattensystems per Dateifreigabe zur Verfügung stellt, wird nach einem Neustart die Freigabe nicht mehr vorhanden sein. Das liegt daran, dass zu dem Zeitpunkt, an dem Dienst startet, der die Freigabe bereitstellt, die Verbindung zum iSCSI-Target noch nicht existiert. In der Folge müssen die Freigaben neu angelegt werden. Das Problem tritt nicht auf, wenn Sie die iSCSI-Ressourcen in dieser Liste eintragen (Abbildung 20.16).

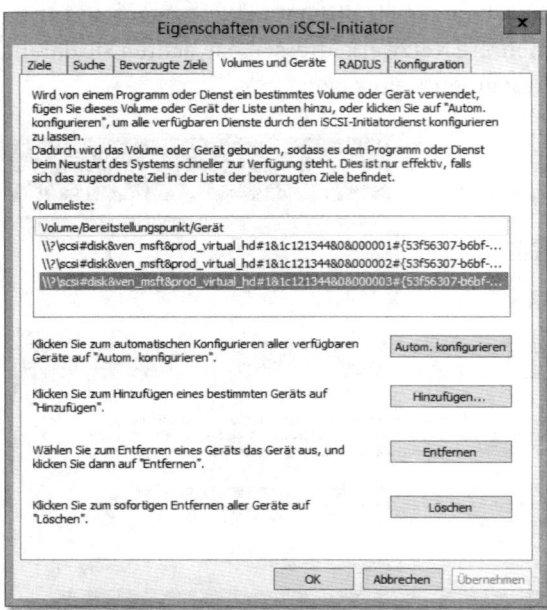

Abbildung 20.16 Wählen Sie »Autom. konfigurieren«, um die Verfügbarkeit der genutzten Geräte sicherzustellen.

Beachten Sie, dass die iSCSI-Ressource auch in der Liste auf der Registerkarte BEVORZUGTE ZIELE vorhanden sein muss. Sie wird dort automatisch eingetragen, aber einmal kontrollieren kann nicht schaden (Abbildung 20.17).

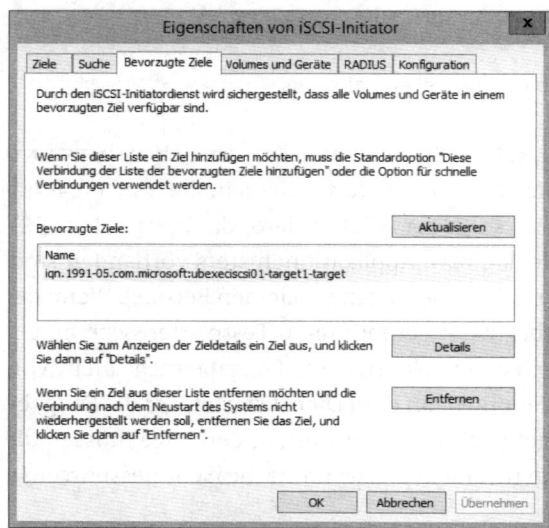

Abbildung 20.17 Das iSCSI-Target muss in den »Bevorzugten Zielen« erscheinen.

In der Datenträgerverwaltung muss sich nun in etwa das Bild aus Abbildung 20.18 ergeben. Die Datenträger müssen noch ONLINE geschaltet werden (im Kontextmenü des Datenträgers), dann können Sie eine Partition anlegen und formatieren. Abbildung 20.19 zeigt, dass die eingebundenen iSCSI-Ressourcen von »normalen« Festplatten nicht zu unterscheiden sind.

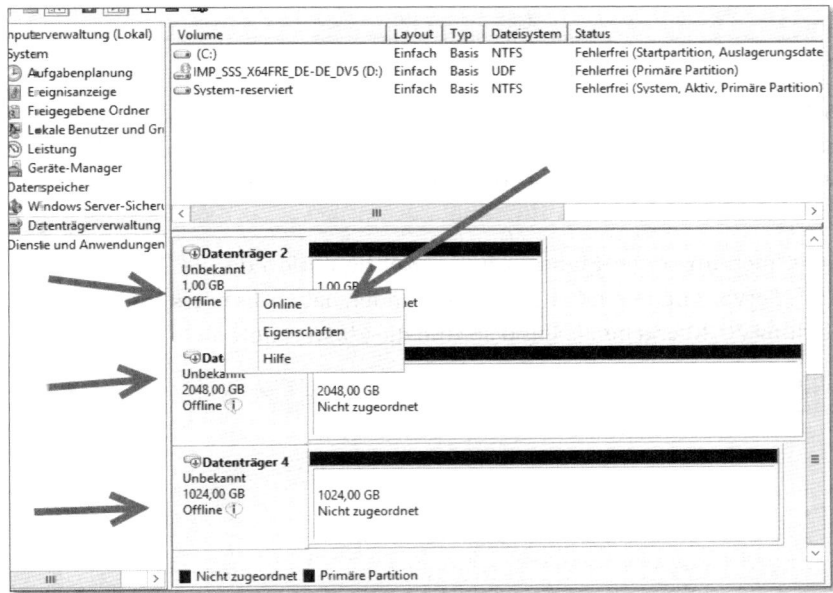

Abbildung 20.18 Die beiden per iSCSI zur Verfügung gestellten Volumes tauchen in der Datenträgerverwaltung auf, müssen aber noch aktiviert, initialisiert und formatiert werden.

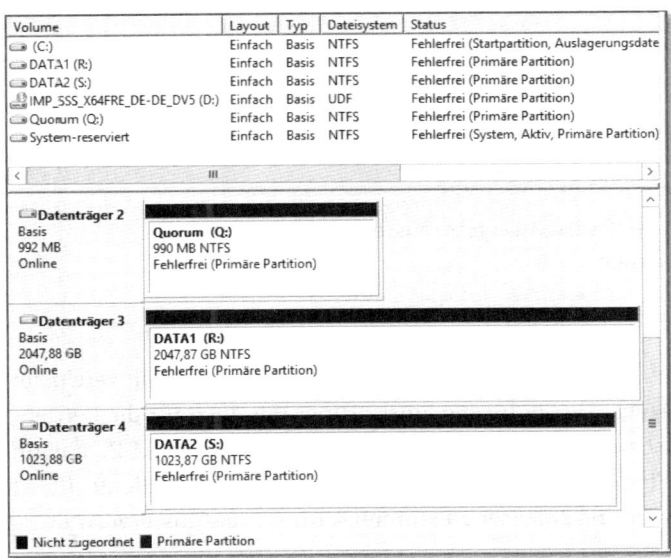

Abbildung 20.19 So muss es aussehen. Und zwar auf beiden Servern!

20 Hochverfügbarkeit

> **Keine Laufwerkbuchstaben**
>
> Es ist übrigens nicht notwendig, den zukünftigen Clusterfestplatten Laufwerkbuchstaben zuzuweisen. Dies wird ohnehin bei der Clusterinstallation modifiziert.

> **Hinweis**
>
> Die gezeigten Schritte müssen auf allen Clusterknoten durchgeführt werden (natürlich nicht das Partitionieren und Formatieren). Bevor Sie mit der Clusterinstallation fortfahren, müssen alle Clusterknoten auf die Festplattenbereiche zugreifen können.

Sie können übrigens auch im Server-Manager in der Konfiguration des iSCSI-Targets kontrollieren, ob sich alle Server mit dem iSCSI-Target verbunden haben. Es muss sich ein Szenario wie das in Abbildung 20.20 ergeben (s5 und s6 sind die Clusterknoten).

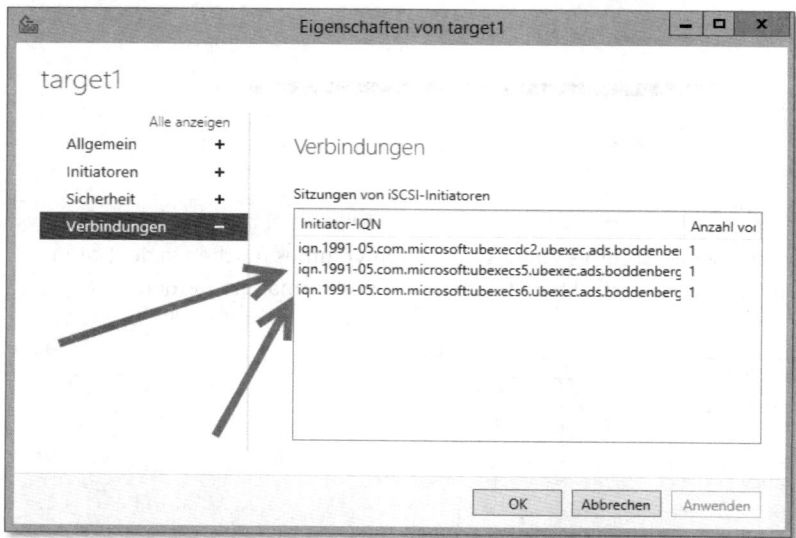

Abbildung 20.20 In der Konfiguration des iSCSI-Targets müssen beide iSCSI-Initiatoren angezeigt werden.

Cluster installieren

Die grundlegenden Arbeiten können Sie mit einem grafischen Werkzeug, dem Failovercluster-Manager, erledigen; das gilt übrigens sowohl für die Einrichtungs- als auch für die Betriebsphase. Die Clusterverwaltung lässt sich übrigens auch auf einem Windows 8-/8.1-PC ausführen; Sie müssen lediglich die Windows Server 2012-Admin-Werkzeuge installieren (RSAT, Download Center). Wie Sie in Abbildung 20.21 sehen können, kann in der Clusterverwaltung viel erläuternder Text aufgerufen werden. Außerdem sind natürlich die wesentlichen Aktionen (KONFIGURATION ÜBERPRÜFEN, CLUSTER ERSTELLEN etc.) aufrufbar.

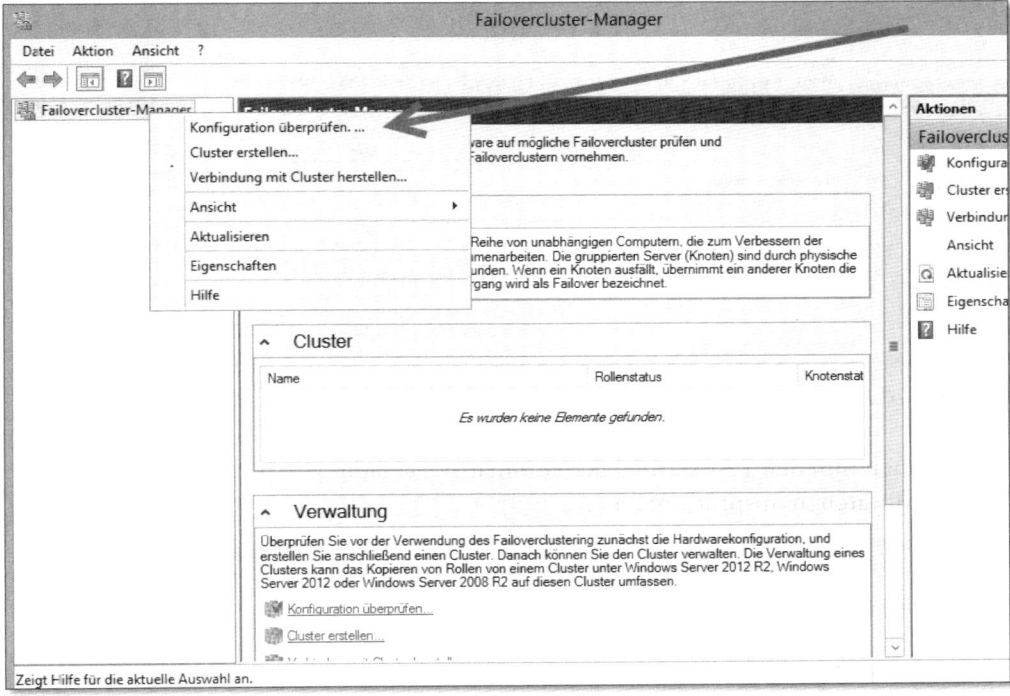

Abbildung 20.21 Die »Failover-Clusterverwaltung« ermöglicht ein komfortables Arbeiten – auch vom Admin-Arbeitsplatz aus.

Konfiguration überprüfen

Eine der Neuerungen beim Failover-Cluster unter Windows Server 2008 waren wesentlich umfangreichere Prüfvorgänge als bei den Vorgängerversionen – in 2012 ist das nochmals erweitert worden. Das ist auch ziemlich gut so, denn meiner Erfahrung nach liegt die Ursache für Clusterprobleme während der Betriebsphase in einer fehlerhaften Grundkonfiguration. Rufen Sie also in der Failover-Clusterverwaltung den Menüpunkt KONFIGURATION ÜBERPRÜFEN auf:

- Zunächst können Sie die zu überprüfenden Server angeben (Abbildung 20.22). Tragen Sie hier alle Server ein, aus denen der Cluster gebildet werden soll.
- Auf der dann folgenden Dialogseite können Sie wählen, ob alle Tests durchgeführt werden sollen oder ob Sie nur einzelne Tests laufen lassen möchten. Der erste Testlauf sollte alle Tests umfassen. Da die Ausführung einige Minuten dauert, kann später, wenn Sie einzelne aufgetretene Probleme korrigiert haben, eine selektivere Vorgehensweise empfehlenswert sein (Abbildung 20.23).

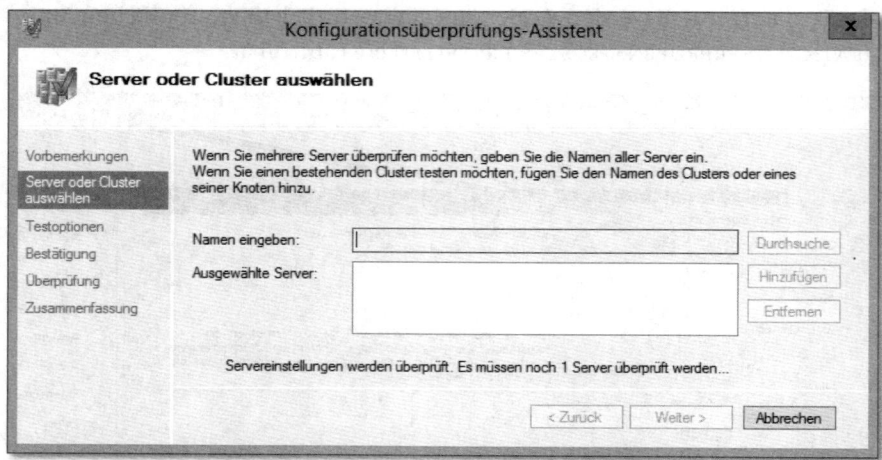

Abbildung 20.22 Wählen Sie zunächst die zukünftigen Clusterknoten zum Test aus.

- Sie können nun den Test starten, der automatisch abläuft. Wie bereits erwähnt, wird er einige Minuten in Anspruch nehmen.

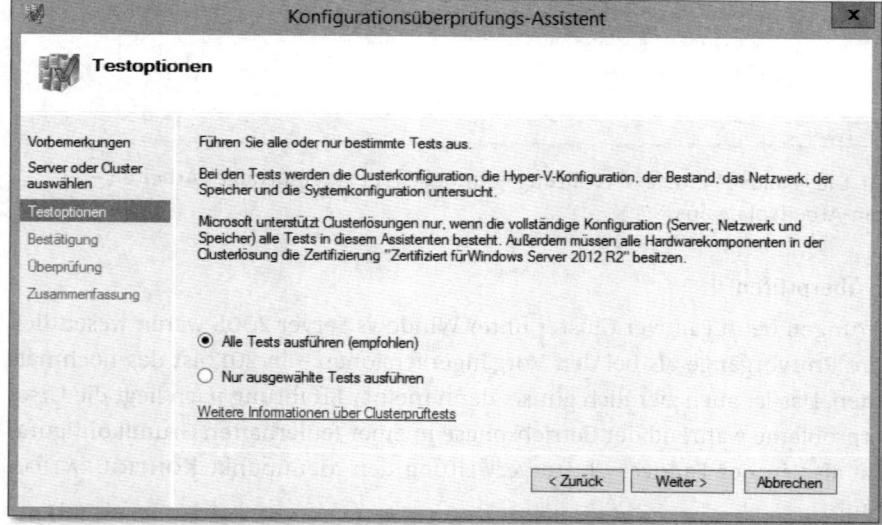

Abbildung 20.23 Sinnvollerweise werden alle Tests ausgeführt.

- Der Dialog aus Abbildung 20.24 bringt zwar keine komplizierten Konfigurationsaufgaben mit, ich finde es aber ganz beeindruckend, zu zeigen, wie viele Tests die Clusterverwaltung bereithält.

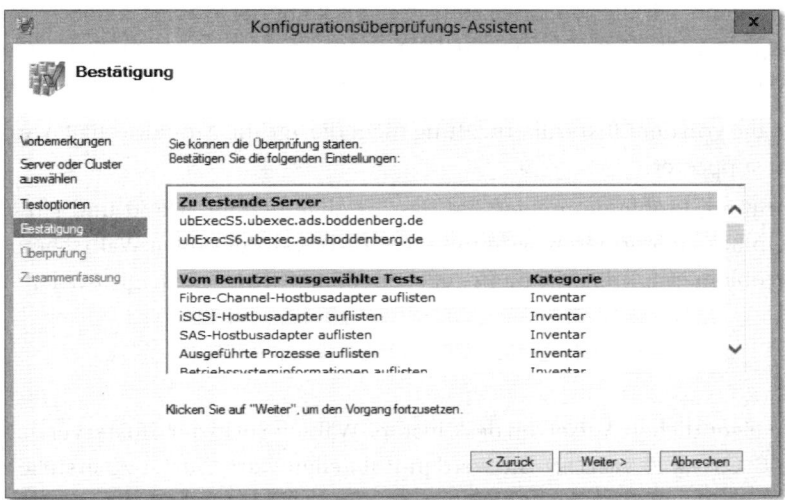

Abbildung 20.24 Es gibt mehrere Dutzend Tests.

Nach Durchführung des Testlaufs können Sie einen Bericht (HTML-Seite) aufrufen, der sehr detailliert die Ergebnisse auflistet. Sofern Probleme aufgetreten sind, erhalten Sie im Allgemeinen recht konkrete Handlungsanweisungen (Abbildung 20.25).

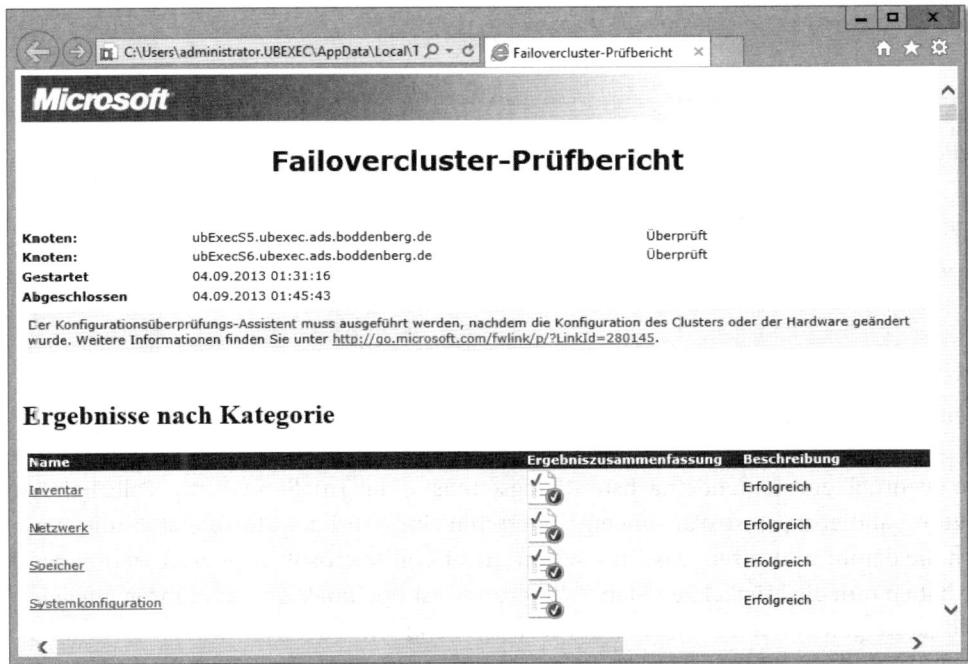

Abbildung 20.25 Der Failovercluster-Prüfbericht

Ich empfehle Ihnen dringend, wirklich so lange zu testen, bis keinerlei Probleme oder Warnungen mehr angezeigt werden. Zwar ist die Clusterinstallation auch möglich, wenn die Konfigurationsprüfung Fehler meldet, allerdings würden daraus zwei Probleme resultieren:

- Eine Konfiguration, die von der Clusterüberprüfung nicht die »grüne Ampel« erhält, wird von Microsoft nicht supportet.
- Wenn die Clusterprüfung Probleme meldet, hat das im Allgemeinen »Hand und Fuß«. Diese Meldungen einfach zu ignorieren, wird mit einer nicht ganz geringen Wahrscheinlichkeit später zu Problemen führen, die dann gegebenenfalls schwer zu diagnostizieren sind.

Cluster erstellen

Nun kommen wir zum eigentlichen Aufsetzen des Clusters. Wählen Sie in der Clusterverwaltung den Menüpunkt CLUSTER ERSTELLEN. Sie werden feststellen, dass Cluster zu erstellen einfacher ist, als Sie es sich vielleicht gedacht haben.

- Zunächst bestimmen Sie, aus welchen Servern der Cluster initial aufgebaut werden soll. Das ist übrigens keine Entscheidung für die Ewigkeit, Sie können auch zu einem späteren Zeitpunkt noch weitere Server hinzufügen (Abbildung 20.26).

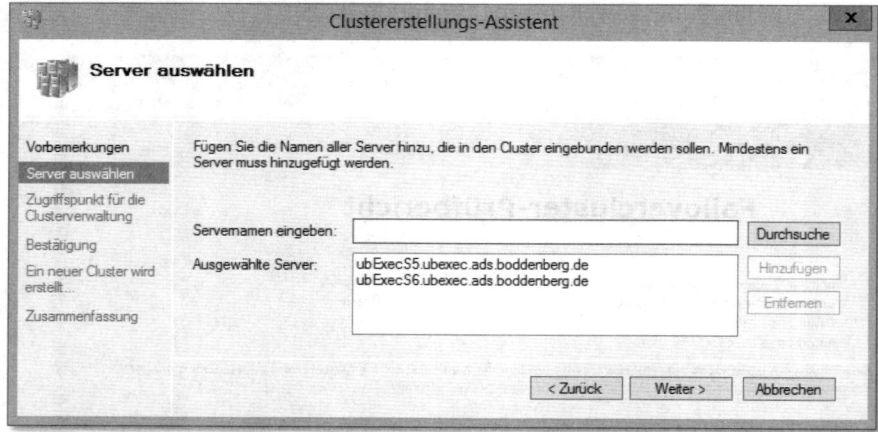

Abbildung 20.26 Wählen Sie die Knoten aus, aus denen der Cluster gebildet werden soll.

- Die eventuell erscheinende nächste Dialogseite ist einigermaßen wichtig. Falls bei dem letzten Validierungstest Warnungen aufgetreten sind, wird der Clustererstellungs-Assistent Sie darauf hinweisen, dass das System nicht von Microsoft supportet werden wird. Sie haben nun die Möglichkeit, den Validierungstest nochmals durchzuführen (vielleicht sind ja die gemeldeten Probleme mittlerweile behoben) oder die Installation trotz der Warnung durchzuführen.

> **Support**
>
> An dieser Stelle sei auf die Bedeutung des Microsoft-Supports hingewiesen. Bekanntermaßen brauchen Sie über wirklich kniffligen Problemen nicht stunden- oder gar tagelang selbst zu brüten, sondern können einen Call bei Microsoft aufmachen. Wenn Sie nicht durch einen wie auch immer gearteten Rahmenvertrag diverse Anrufe frei haben, kosten sie Geld (das staffelt sich u.a. auch nach der Produktfamilie, im Serverumfeld kann man mit ca. 300 € rechnen; Angaben ohne Gewähr!). Für diesen Betrag brauchen Sie nun aber nicht stundenlang selbst nach der Lösung für ein Problem zu suchen.
>
> Ein Call bei Microsoft setzt jedoch voraus, dass die Installation grundsätzlich den »Regeln« entspricht. Wenn Sie wissentlich eine nicht supportete Konfiguration implementieren, verbauen Sie sich die Chance, Ihr konkretes Problem durch Microsoft lösen zu lassen – diesen Weg würde ich mir auf gar keinen Fall verbauen.

Im nächsten Schritt tragen Sie den Clusternamen und eine zugehörige IP-Adresse ein (Abbildung 20.27). Dies ist die IP-Adresse bzw. der Name, über den der Cluster zu Verwaltungsaufgaben angesprochen wird. Benötigt wird hier eine »neue« Adresse, also keine Adresse eines der Clusterknoten!

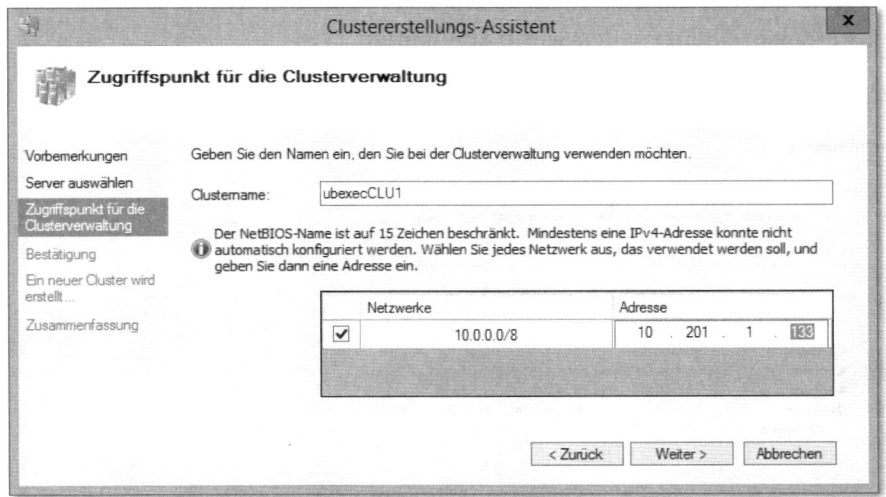

Abbildung 20.27 Für die Clusterverwaltung werden eine IP-Adresse und ein Name benötigt.

Damit haben Sie den Assistenten bereits durchgearbeitet. Nehmen Sie noch eine letzte Überprüfung vor, und dann kann es losgehen (Abbildung 20.28). Die auf dem Screenshot mit dem Pfeil gekennzeichnete Option sollten Sie setzen. Ansonsten müssen Sie beispielsweise auch die Quorum-Disk »per Hand« einbinden. Kann man alles machen, aber wenn der Installations-Assistent das erledigt, ist auch schön.

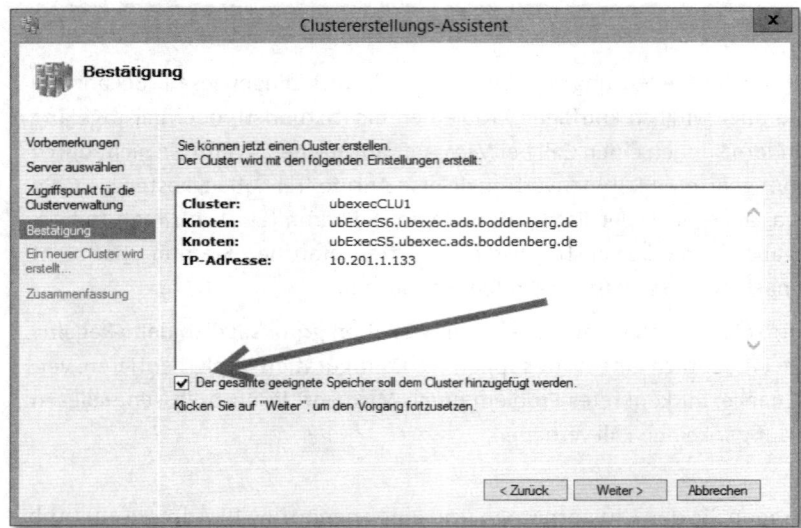

Abbildung 20.28 Ein letzter Check – dann geht es los.

Vielleicht sind Sie erstaunt, dass keine weiteren Parameter abgefragt werden, aber im ersten Schritt geht es »nur« um das Aufsetzen des eigentlichen Clusters. Anwendungen, also Clusterressourcen, werden in einem zweiten Schritt konfiguriert.

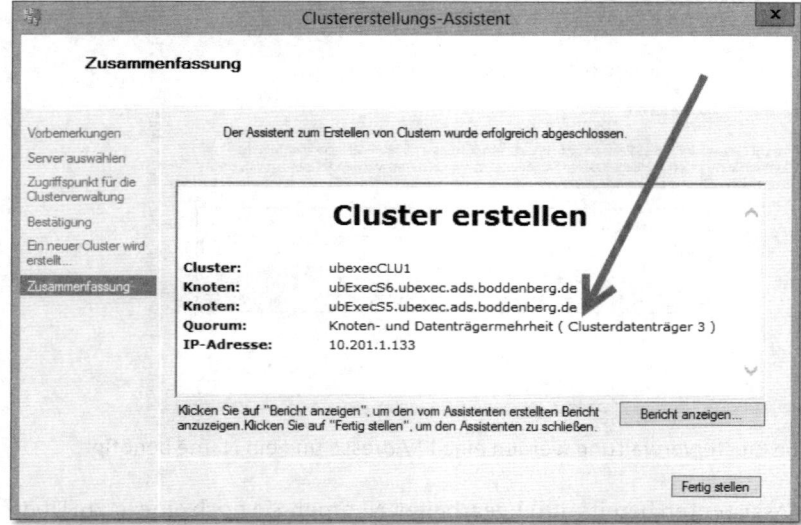

Abbildung 20.29 Das war erfolgreich: Es gibt keine Warnungen, und der Cluster läuft.

Der Assistent wird nun ein paar Minuten lang beschäftigt sein. Wenn Sie den Validierungstest erfolgreich absolviert haben, sollte es aber keine Probleme geben. Abbildung 20.29 zeigt den »Abschlussdialog« einer einwandfrei abgelaufenen Installation. Wenn es Probleme gegeben hat, wird in genau diesem Dialog ein Warnzeichen zu sehen sein. In diesem Fall würde ich übrigens das Problem diagnostizieren (Schaltfläche BERICHT ANZEIGEN), den installierten Cluster löschen, das Problem beheben und neu installieren. So können Sie sicher sein, dass Sie wirklich einen »sauberen« Cluster verwenden.

Der Ist-Zustand

Sie werden neugierig sein, wie der Installations-Assistent den Cluster eingerichtet hat. Dies kann in der Failover-Clusterverwaltung problemlos überprüft werden.

Wählen Sie beispielsweise den Knoten SPEICHER. Dort werden die im Cluster vorhandenen Datenträger angezeigt. Eine besondere Rolle nimmt der DATENTRÄGERZEUGE IM QUORUM ein. Dies ist der Plattenbereich, den der Cluster sozusagen »für sich selbst« benötigt (Abbildung 20.30).

Im Kontextmenü des Knotens SPEICHER findet sich der Menüpunkt DATENTRÄGER HINZUFÜGEN, mit dem (Überraschung, Überraschung) dem Cluster weitere Speicherkapazität hinzugefügt werden kann. In Clustern, die auf gemeinsamem Speicherplatz (Shared Storage) basieren, versteht es sich von selbst, dass nur ebendiese gemeinsamen Datenträger hinzugefügt werden können.

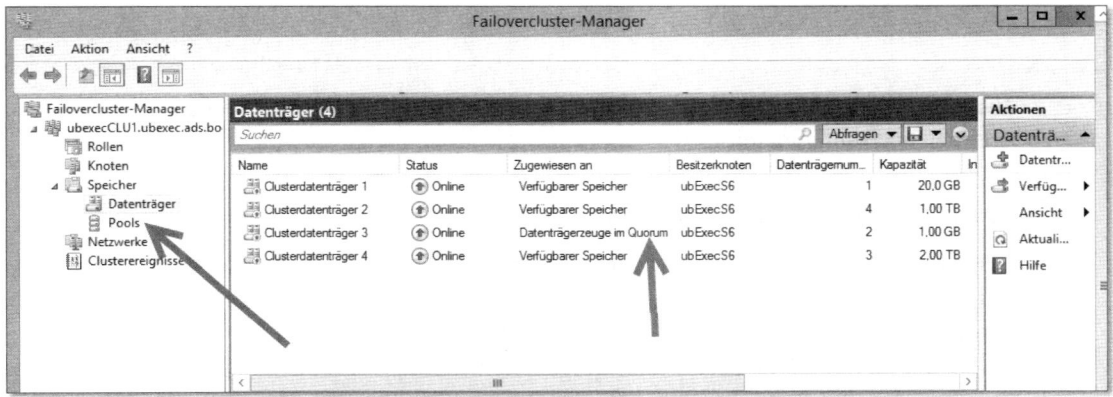

Abbildung 20.30 In der Clusterverwaltung können Sie den im Cluster vorhandenen Speicher einsehen. Beachten Sie besonders den »Datenträgerzeugen«.

Weiterhin interessant ist der Knoten NETZWERKE (Abbildung 20.31). Sie können für jedes Netzwerk konfigurieren, ob es vom Cluster verwendet werden darf und ob Clientzugriffe möglich sein sollen. Der Konfigurations-Assistent trifft im Allgemeinen die »richtigen Entscheidungen«, es könnte aber auch sein, dass Sie hier ein wenig nacharbeiten müssen. Rufen Sie dazu den EIGENSCHAFTEN-Dialog der jeweiligen Netzwerkverbindung auf:

- Die Netzwerkverbindung zum Produktivnetz muss für die Verwendung durch den Cluster zugelassen sein. Weiterhin muss Clientzugriff gestattet sein.
- Für das Heartbeat-Netz muss die Verwendung durch den Cluster aktiviert sein, allerdings muss der Clientzugriff abgeschaltet werden.

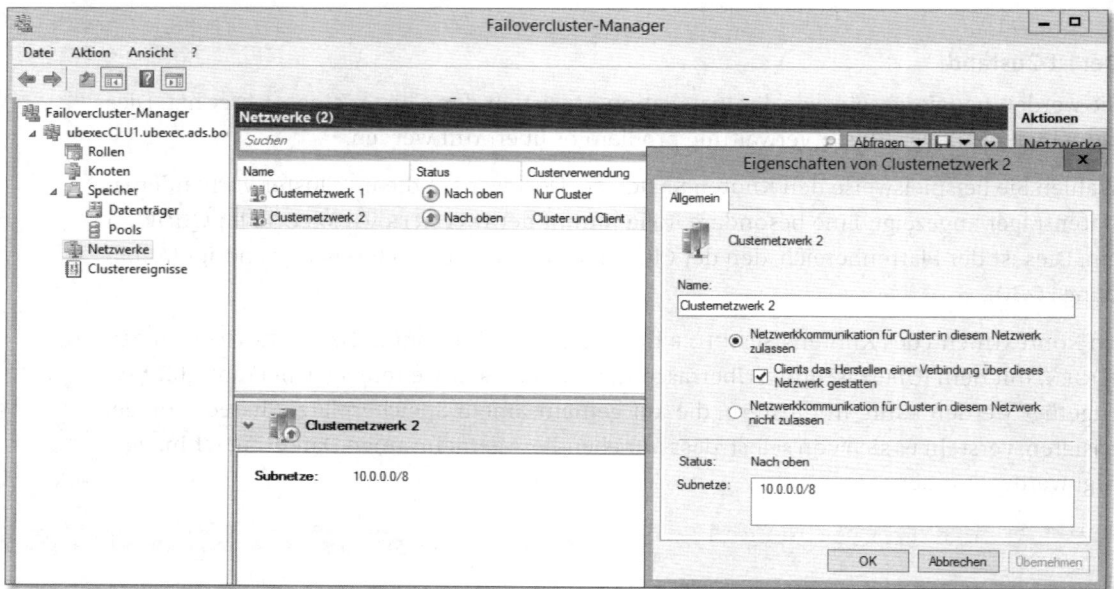

Abbildung 20.31 In der Clusterverwaltung können Sie die im Cluster vorhandenen Netzwerke einsehen und konfigurieren.

20.2.3 Anwendungen hinzufügen

Der Cluster bringt nicht viel, wenn keine Anwendung darauf ausgeführt wird. Die nächste Aufgabe ist also, eine Anwendung oder einen Dienst auf dem Cluster zu konfigurieren. Standardmäßig sind ca. ein Dutzend Anwendungen bzw. Dienste vorhanden, darunter Dateiserver, Druckserver, DHCP-Server und dergleichen mehr. Wenn Sie beispielsweise Exchange Server oder SQL Server auf dieser Maschine installiert haben, werden die entsprechenden Komponenten ebenfalls auf diesem Weg installiert.

> **Voraussetzung**
>
> Die im Cluster auszuführende Rolle muss auf den Clusterknoten, die sie ausführen sollen, installiert sein. Die Fehlermeldungen, die erscheinen, wenn das nicht erledigt wurde, zeige ich Ihnen im weiteren Verlauf.

Als Beispiel in diesem Buch werde ich Ihnen vorführen, wie man einen Dateiserver-Cluster einrichtet. Also:

▶ In der FAILOVER-CLUSTERVERWALTUNG rufen Sie im Kontextmenü den Menüpunkt ROLLE KONFIGURIEREN auf (Abbildung 20.32).

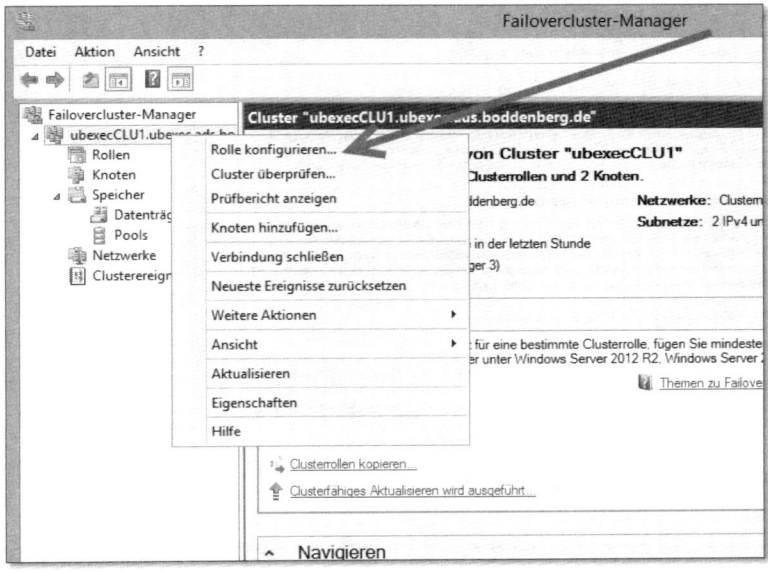

Abbildung 20.32 Hier beginnen Sie mit dem Einrichten eines Diensts oder einer Anwendung.

▶ Anschließend erscheint der Dialog zur Auswahl der Anwendung, die als Clusterressource installiert werden soll (Abbildung 20.33). Zusätzliche Anwendungen bringen häufig ihre eigenen Installationsroutinen mit, ich zeige Ihnen das später anhand eines SQL-2012-Clusters.

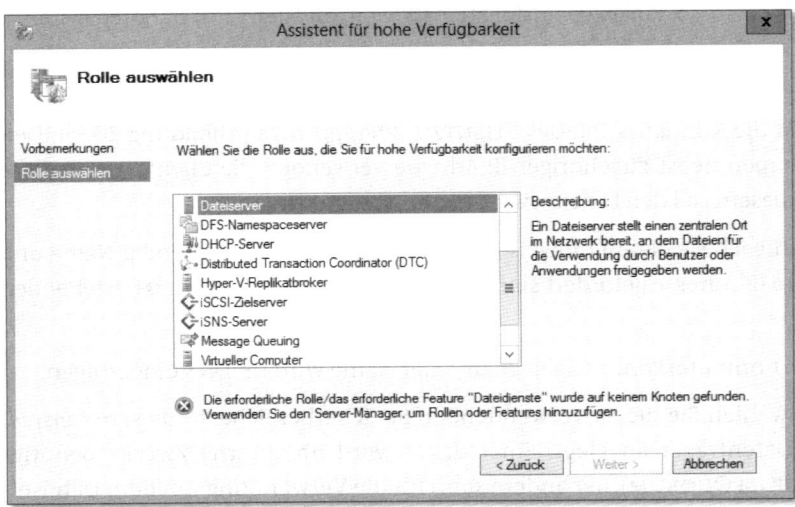

Abbildung 20.33 Eine mögliche Clusteranwendung ist der Dateiserver.

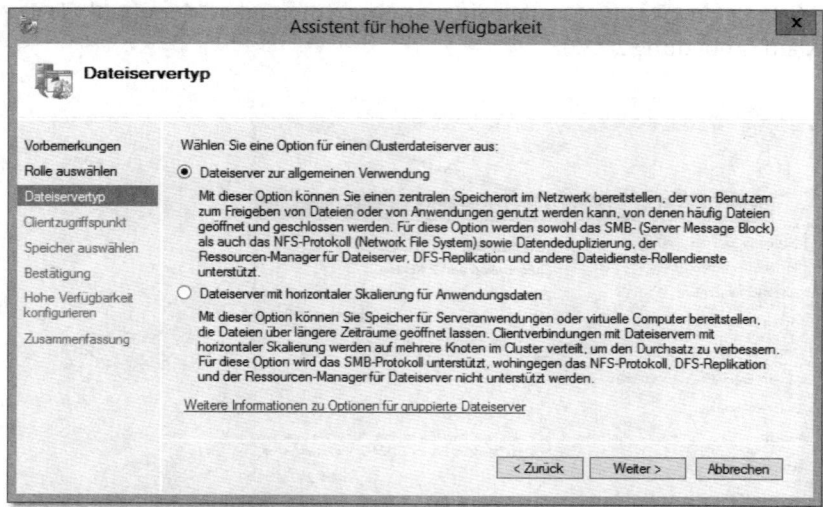

Abbildung 20.34 Ab Server 2012 erscheint diese »Zusatzfrage«. Die Optionen sind ausführlich beschrieben. Für dieses Beispiel wähle ich die erste Option.

> **Hinweis**
>
> In Abbildung 20.33 sehen Sie eine kleine, aber wichtige Fehlermeldung, die besagt, dass die Dateiserverrolle auf keinem Knoten gefunden wurde. Voraussetzung ist, dass die zu clusternden Rollen auf den entsprechenden Knoten vorhanden sind. Die Warnung im Dialog klingt ein wenig so, als müssten sie auf mindestens einem Knoten vorhanden sein – stimmt im Grunde genommen auch. Auf Knoten, auf denen die Rolle nicht installiert ist, kann aber kein Failover stattfinden. Also: Rollen vor Installationsbeginn auf allen Clusterknoten installieren!

Der nächste Punkt ist die Konfiguration des CLIENTZUGRIFFSPUNKTS (Abbildung 20.35). Den hier angegebenen Namen nebst zugehöriger IP-Adresse verwenden die Clients, um auf die Clusterressource, in diesem Fall den Dateiserver-Cluster, zuzugreifen.

Vorsichtshalber möchte ich Sie darauf hinweisen, dass hier ein nicht existierender Name und eine nicht verwendete IP-Adresse gefordert sind, also keinesfalls die Daten eines bestehenden Clusterknotens.

Übrigens, es wird ein Computerkonto angelegt, und der Name wird im DNS eingetragen.

Im nächsten Dialog wählen Sie die zu verwendenden Speicherbereiche. In diesem Beispiel habe ich nur zwei Datenträger angelegt. Einer davon wird für interne Zwecke benötigt (DATENTRÄGERZEUGE IM QUORUM), der andere kann für die Verwendung mit dem Dateiserver-Cluster ausgewählt werden (Abbildung 20.36). Bei Bedarf können Sie natürlich weitere Datenträger hinzufügen.

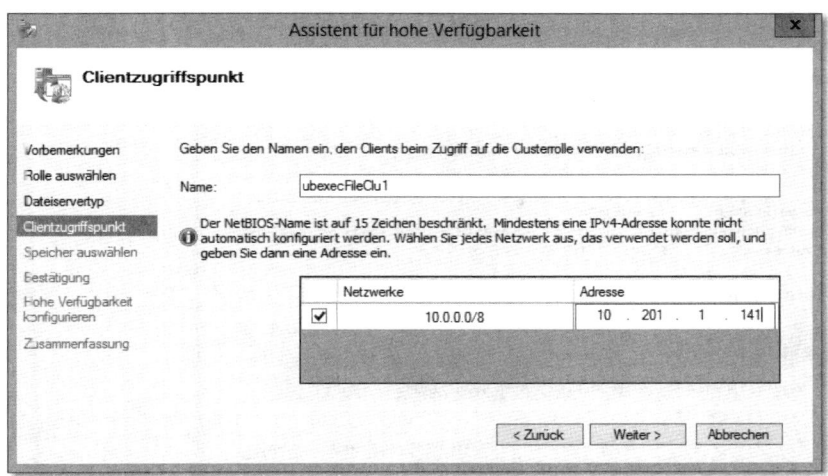

Abbildung 20.35 Wählen Sie einen Namen und eine Netzwerkadresse für den Dateiserver-Cluster.

Abbildung 20.36 Legen Sie das Speichervolume fest, das für den Dateiserver-Cluster verwendet werden soll.

Hinweis

Wenn im Cluster Knoten vorhanden sind, auf denen die Rolle nicht installiert ist, erscheint die auf Abbildung 20.37 gezeigte Warnung. Da es sich hier um einen Zwei-Knoten-Cluster handelt, ist die Rolle nicht redundant vorhanden. Das wäre also ein Cluster, der absolut keinerei Sinn ergibt. Achten Sie darauf, dass das niemals passiert! Wäre sehr peinlich.

20 Hochverfügbarkeit

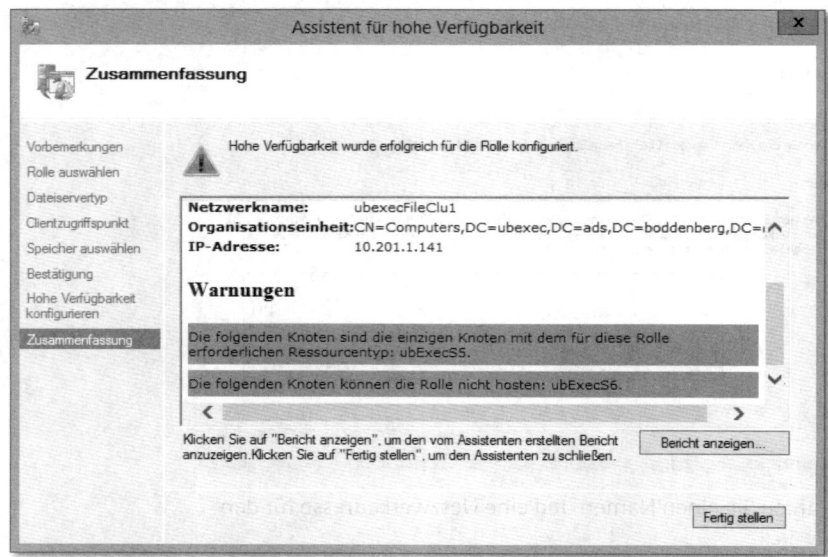

Abbildung 20.37 Warnung, wenn Knoten im Cluster die Rolle nicht installiert haben

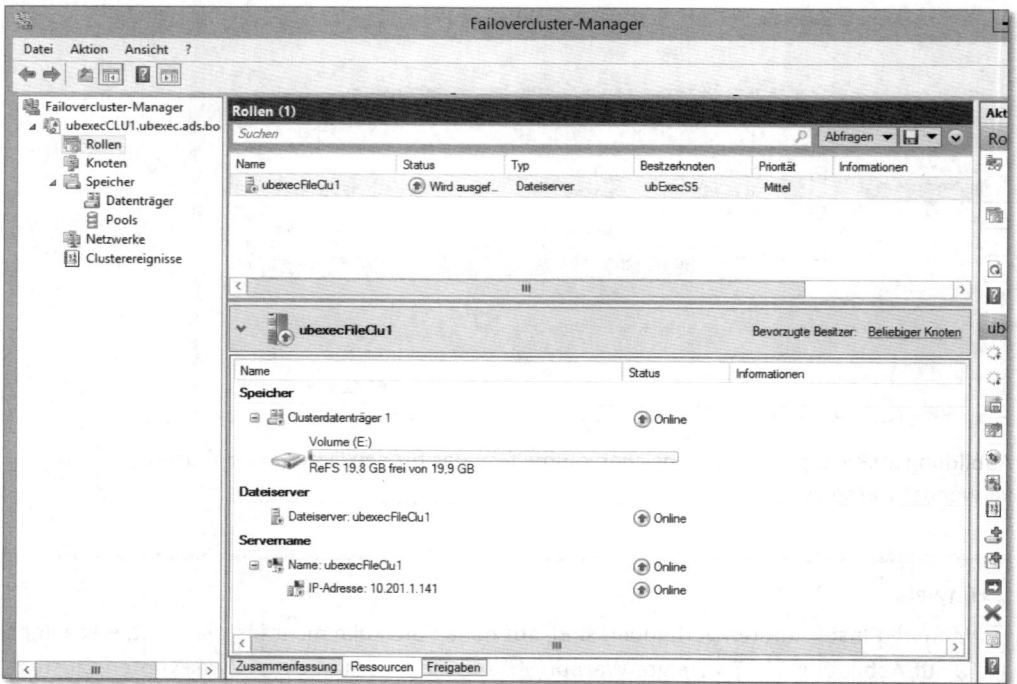

Abbildung 20.38 In diesem Dialog wird der Dateiserver-Cluster konfiguriert. Bisher gibt es nur die administrative Freigabe; immerhin ist alles online geschaltet.

Hat der Assistent seine Arbeit erledigt, können Sie den angelegten Dateiserver-Cluster in Augenschein nehmen (Abbildung 20.38):

- Sie können erkennen, dass der Status des Clusters ONLINE und der aktuelle Besitzer UBEXECS5 ist. Wie unschwer zu erraten ist, ist mit Letzterem der Server gemeint, auf dem der Dienst momentan ausgeführt wird.
- Verschiedene Ressourcen haben den Status ONLINE, und zwar der Name, die IP-Adresse und der Clusterdatenträger.
- Momentan gibt es für den Dateiserver-Cluster nur eine Freigabe, nämlich die administrative Freigabe.

Um nun eine weitere Freigabe einzurichten, wählen Sie im Kontextmenü der Dateiserver-Clusteranwendung den Menüpunkt EINEN FREIGEGEBENEN ORDNER HINZUFÜGEN. Der Assistent, der daraufhin startet, fragt zunächst nach dem freizugebenden Pfad. Dann müssen Sie sich noch durch einige weitere Dialogseiten arbeiten, die aber selbsterklärend sind. Sie sehen, dass die grundlegenden Arbeiten, wie eben das Hinzufügen von Freigaben, in der Clusterverwaltung erledigt werden. Existiert die Freigabe bereits, modifizieren Sie diese in ihrem EIGENSCHAFTEN-Dialog, den Sie über das Kontextmenü aufrufen (Abbildung 20.39, Abbildung 20.40).

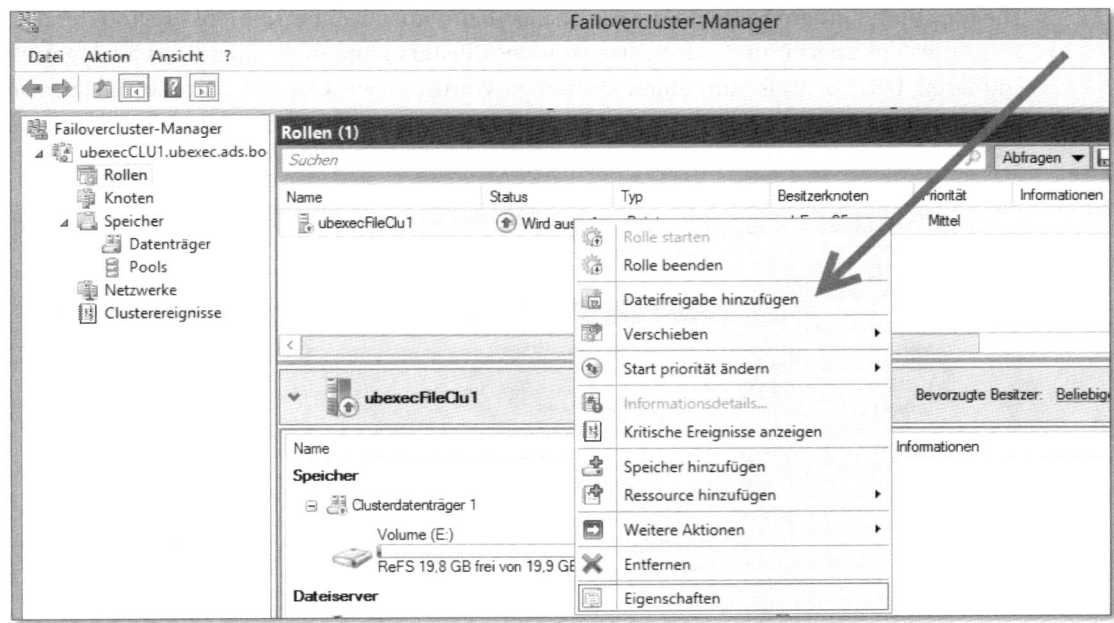

Abbildung 20.39 Jede Menge Menüpunkte: Zum Beispiel könnte man eine »Dateifreigabe hinzufügen«.

Abbildung 20.40 Geben Sie den Speicherort für den freigegebenen Ordner an.

20.2.4 Cluster schwenken

Die Idee hinter einem Failover-Cluster ist, dass beim Ausfall eines Knotens ein anderer dessen Aufgaben übernimmt. Das Schwenken des Clusters können Sie allerdings auch gezielt initiieren, beispielsweise um einen Knoten zu Wartungszwecken (z.B. zum Einspielen von Patches nebst fälligem Neustart) herunterzufahren, oder einfach, um zu probieren, ob ein anderer Knoten die Funktion übernehmen kann.

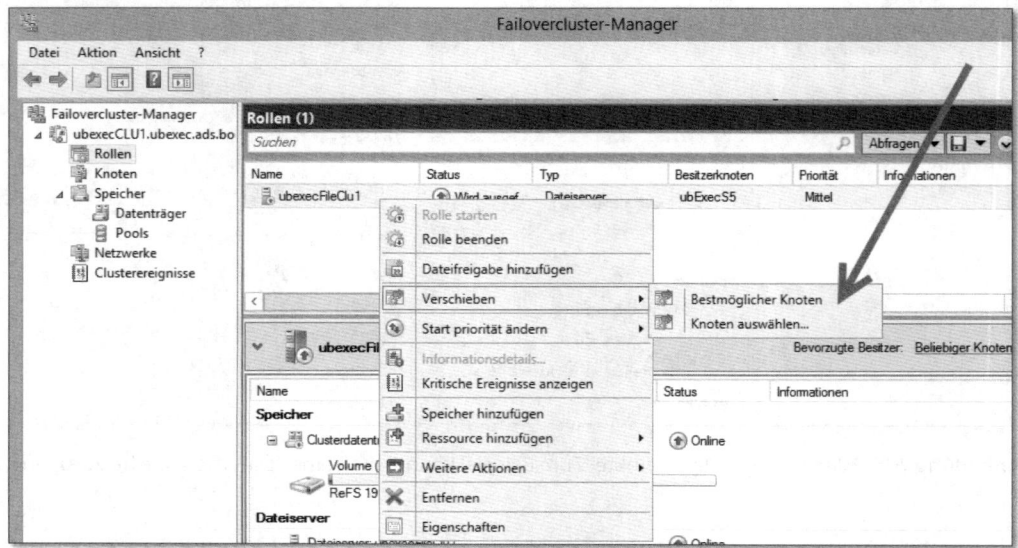

Abbildung 20.41 Der Dateiserver-Cluster kann geschwenkt werden ...

Im EIGENSCHAFTEN-Dialog der Dienste bzw. Anwendungen findet sich der Menüpunkt DIESEN DIENST ODER DIESE ANWENDUNG IN EINEN ANDEREN KNOTEN VERSCHIEBEN. In diesem Fall (Abbildung 20.41) ist zwar nur ein möglicher Knoten aufgeführt (der Cluster hat nur zwei Knoten), aber so wird's gemacht.

In Abbildung 20.42 sehen Sie einen Zustand, der sich beim Verschiebevorgang ergibt: Die Ressourcen sind während des Verschiebens für kurze Zeit nicht im Zugriff. Die Clients können dann die Verbindung wieder aufbauen, sie ist aber in jedem Fall kurz »weg«.

Dies gilt übrigens auch beim Ausfall eines Knotens: Die Funktionalität wird zwar auf einen anderen Knoten verschoben, die Clients verlieren aber kurzzeitig die Verbindung. In den meisten Fällen ist das zwar kein Problem, Sie sollten sich aber darüber im Klaren sein!

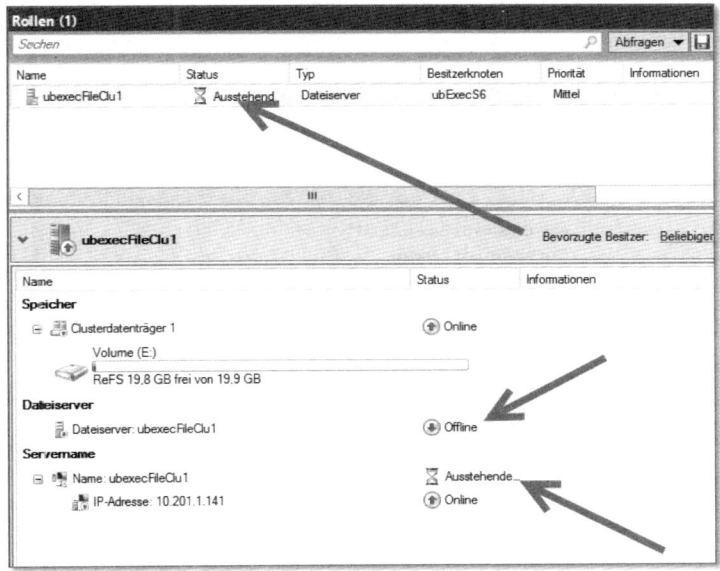

Abbildung 20.42 ... allerdings gibt es dabei eine kurze Funktionsunterbrechung für die Clients.

20.2.5 Feinkonfiguration des Clusters und weitere Vorgehensweise

Das Verwaltungswerkzeug für den Failover-Cluster hält viele, viele Konfigurationsmöglichkeiten bereit. Ich möchte diese hier nicht im Detail besprechen. Wenn Sie einen lauffähigen Cluster haben, sollten Sie in der Failover-Clusterverwaltung die Konfigurationsdialoge durchsehen und sich einen Überblick verschaffen. Die Optionen sind im Großen und Ganzen selbsterklärend, sodass seitenlange Beschreibungen in der Tat nicht notwendig sind.

Weiterhin möchte ich Ihnen dringend empfehlen, das Wiederherstellen des Clusters und einzelner Clusterknoten mit der von Ihnen verwendeten Sicherungssoftware auszuprobieren – und zwar in einer ruhigen Stunde und nicht erst, wenn der Notfall da ist.

20.2.6 Clusterfähiges Aktualisieren

Das Patchen von Systemen ist ein vordringliches Thema – das ist nun wirklich keine neue Erkenntnis. Natürlich ist das auch bei Clustern wichtig, wobei der Arbeitsprozess dabei in etwa dieser ist:

- Alle Ressourcen auf Knoten 2 schwenken.
- Knoten 1 aktualisieren.
- Alle Ressourcen auf den nun aktualisierten Knoten 1 schwenken.
- Knoten 2 aktualisieren.
- Fertig!

Das sind viele Handgriffe mit natürlich einigem Aktualisierungspotenzial. Microsoft hat mit Server 2012 das *Clusterfähige Aktualisieren* entwickelt. Abbildung 20.43 zeigt den Einstieg in diese Funktionalität.

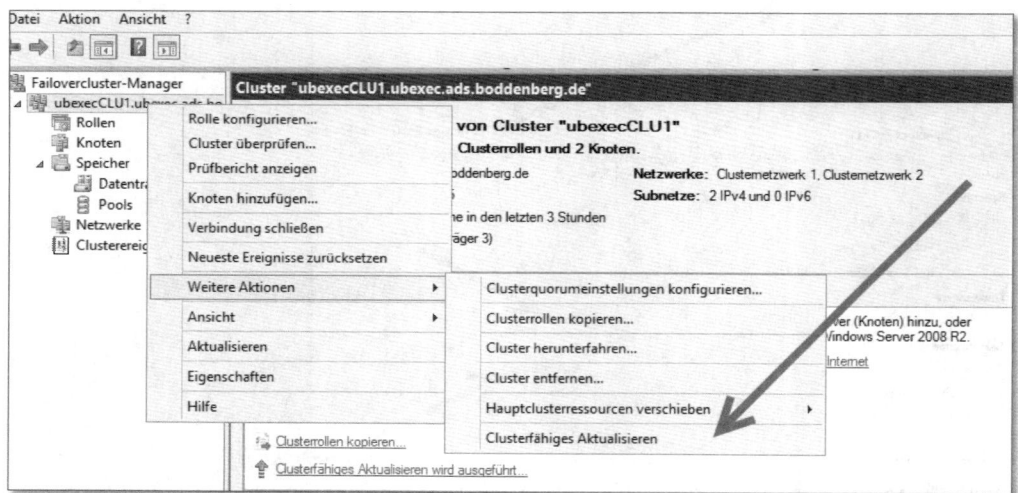

Abbildung 20.43 Eine spannende Option seit Server 2012: »Clusterfähiges Aktualisieren«

Abbildung 20.44 zeigt den Steuerungsdialog für CLUSTERFÄHIGES AKTUALISIEREN. Dieser Dialog gibt zunächst einen Überblick über den Update-Status des Clusters. Wie Sie sehen, ist das clusterfähige Aktualisieren noch nie gelaufen. Kann ja auch nicht, die Clusterressource ist noch nicht mal installiert.

Sie können sich beispielsweise einen Überblick darüber verschaffen, welche Updates auf den Clusterknoten benötigt werden. Die Updates kommen von dem konfigurierten WSUS-Server. Das Ergebnis zeigt der Dialog VORSCHAU DER UPDATES ANZEIGEN, der in Abbildung 20.45 zu sehen ist.

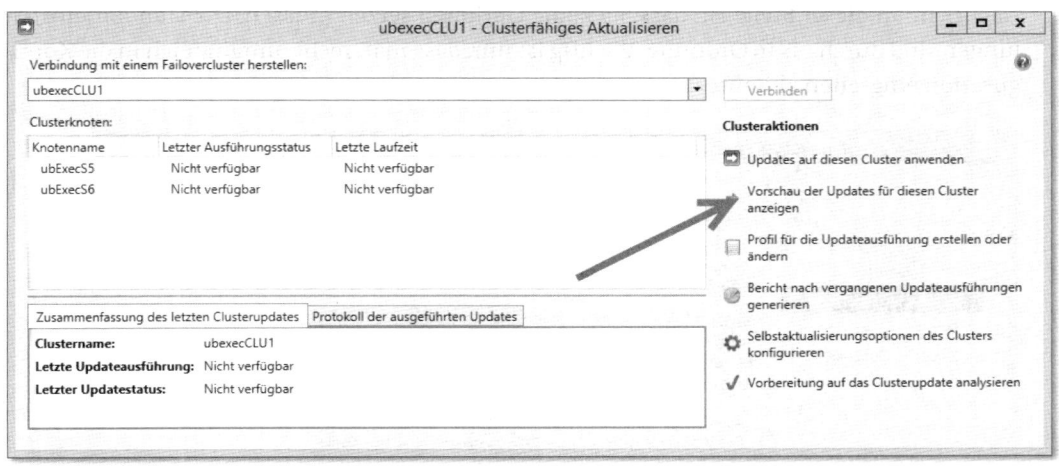

Abbildung 20.44 Der Steuerungsdialog für »Clusterfähiges Aktualisieren«

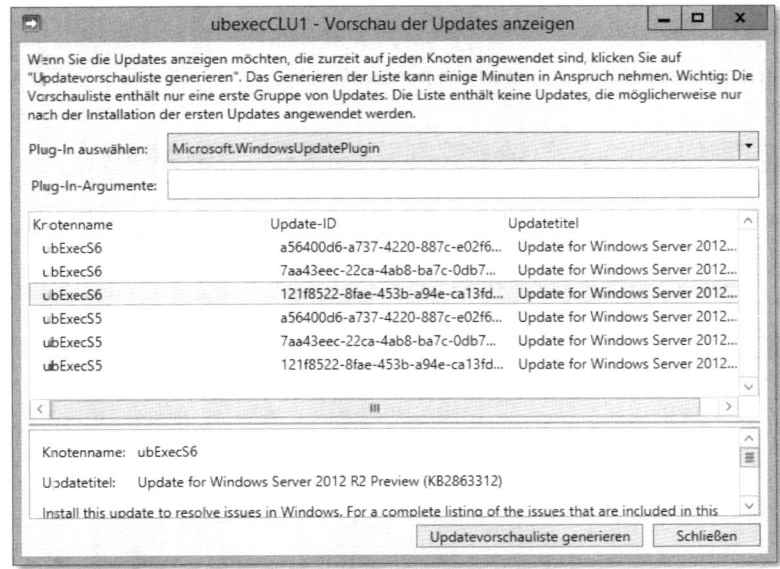

Abbildung 20.45 Die benötigten Updates

Damit das clusterfähige Aktualisieren funktioniert, muss die entsprechende Clusterrolle installiert werden. Das lässt sich per Mausklick im Steuerungsdialog initiieren, es startet der obligatorische Assistent. Abbildung 20.46 zeigt den ersten »wirklichen« Dialog des Assistenten: Ganz klar, wir wollen die Rolle dem Cluster hinzufügen.

Es können diverse Optionen gesetzt werden, die Sie in dem in Abbildung 20.47 gezeigten Dialog konfigurieren können. Die Optionen sind weitgehend selbsterklärend. Die wichtige

Nachricht an dieser Stelle ist, dass Sie keine Optionen setzen müssen. Die Standardeinstellungen sind durchaus in Ordnung. Wichtig ist nur, dass man recht umfangreich in die Konfiguration eingreifen »könnte«.

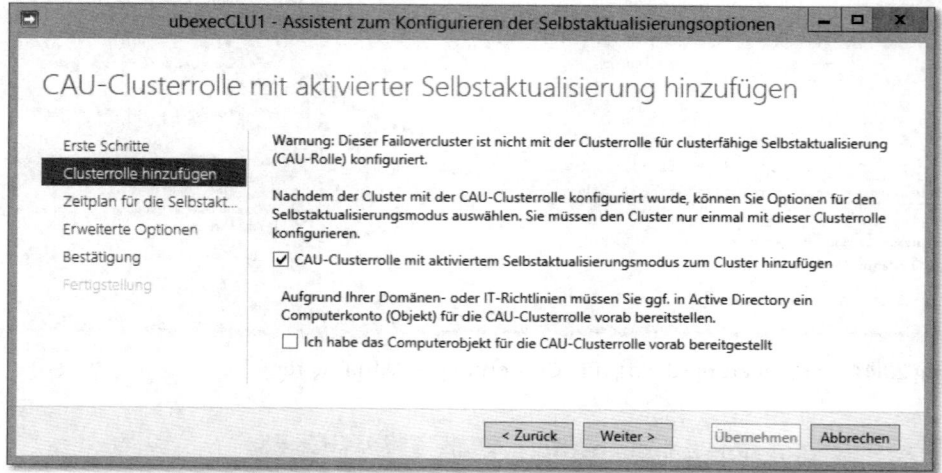

Abbildung 20.46 Installation der zugehörige Clusterrolle per Assistent

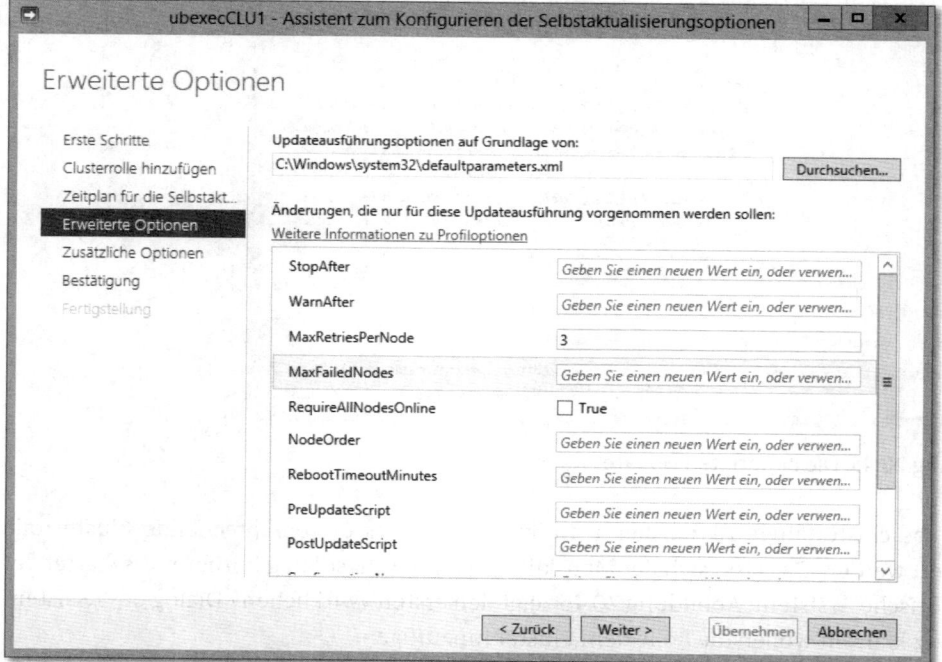

Abbildung 20.47 »Erweiterte Optionen« können, müssen aber nicht unbedingt gesetzt werden.

Abbildung 20.48 zeigt den laufenden Vorgang. Sie können im oberen Bereich des Dialogs erkennen, dass zunächst der eine Clusterknoten aktualisiert wird (auf dem Bild lädt er gerade die Updates herunter), während der andere in »Wartestellung ist«. Die aktiven Rollen sind auf den derzeit wartenden Knoten geschwenkt worden – er wartet also nur im Sinne des Update-Vorgangs, ansonsten ist er sehr aktiv.

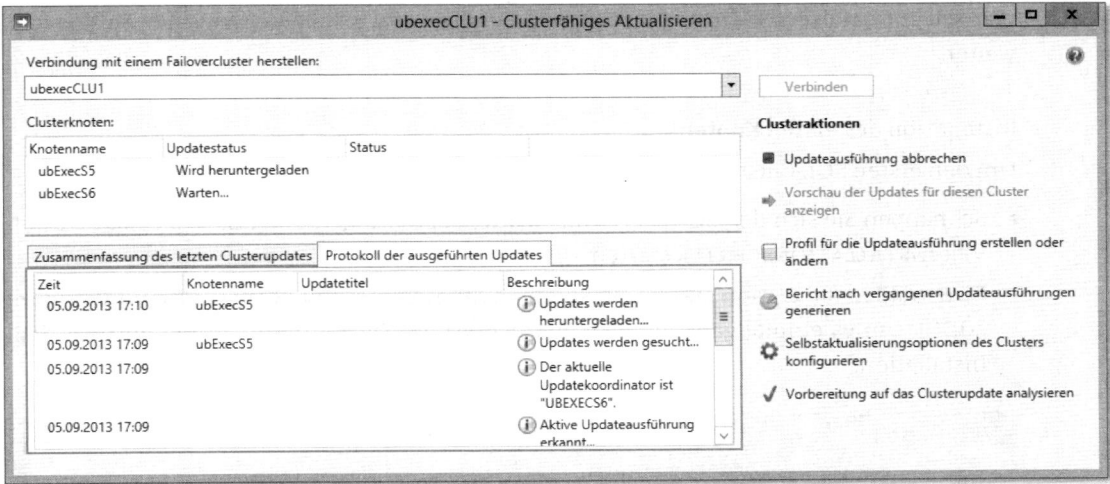

Abbildung 20.48 Hier läuft der Vorgang. Erst wird der eine Server »bearbeitet«, dann der andere.

Wenig überraschend ist, dass nach Abschluss des Updates des ersten Knotens geschwenkt wird, d.h., der frisch aktualisierte Knoten wird bezüglich der anderen Rollen der aktive Knoten, und der andere Clusterknoten wird aktualisiert.

Die beiden Clusterknoten des Demosystems laufen auf virtuellen Maschinen. Auf Abbildung 20.49 kann man erkennen, dass diese mit etwa 13 Minuten Zeitdifferenz neu gestartet worden sind. Das Update des zweiten Knotens hat also genau diese Zeit gedauert.

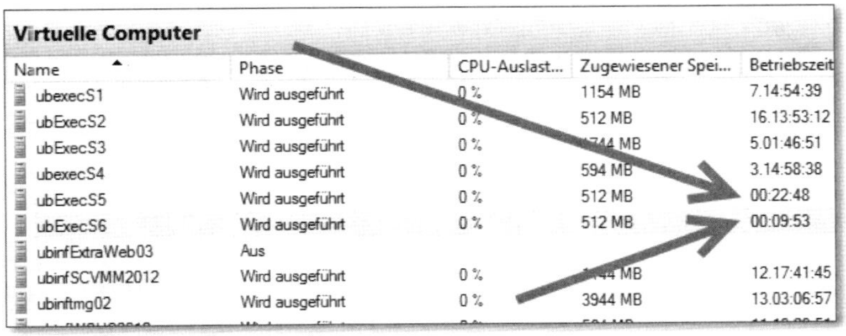

Abbildung 20.49 Da die Clusterknoten in diesem Beispiel virtualisiert laufen, kann man erkennen, dass sie mit 13 Minuten Zeitdifferenz neu gestartet wurden.

20.2.7 SQL Server 2012 installieren

Da der SQL Server ein Dienst ist, der häufig geclustert wird und die Installation etwas abweicht, führe ich diese kurz vor – ohne an dieser Stelle den Anspruch zu haben, eine detaillierte SQL-Anleitung zu liefern.

Sie müssen zunächst einen funktionsfähigen Cluster installieren. Anstatt dann den exemplarisch am Dateiserver-Cluster gezeigten Rollendienst zu installieren, machen Sie wie folgt weiter.

Installation des ersten Knotens

Um den ersten SQL-Clusterknoten zu installieren, führen Sie diese Schritte durch:

- Schnappen Sie sich den SQL Server-Installationsdatenträger, und lassen Sie das SQL SERVER-INSTALLATIONSCENTER starten.
- Dort wählen Sie Option NEUE SQL SERVER-FAILOVERCLUSTERINSTALLATION (Abbildung 20.50). Um es einmal ganz deutlich auszusprechen: Sie starten nicht die normale SQL-Installation.

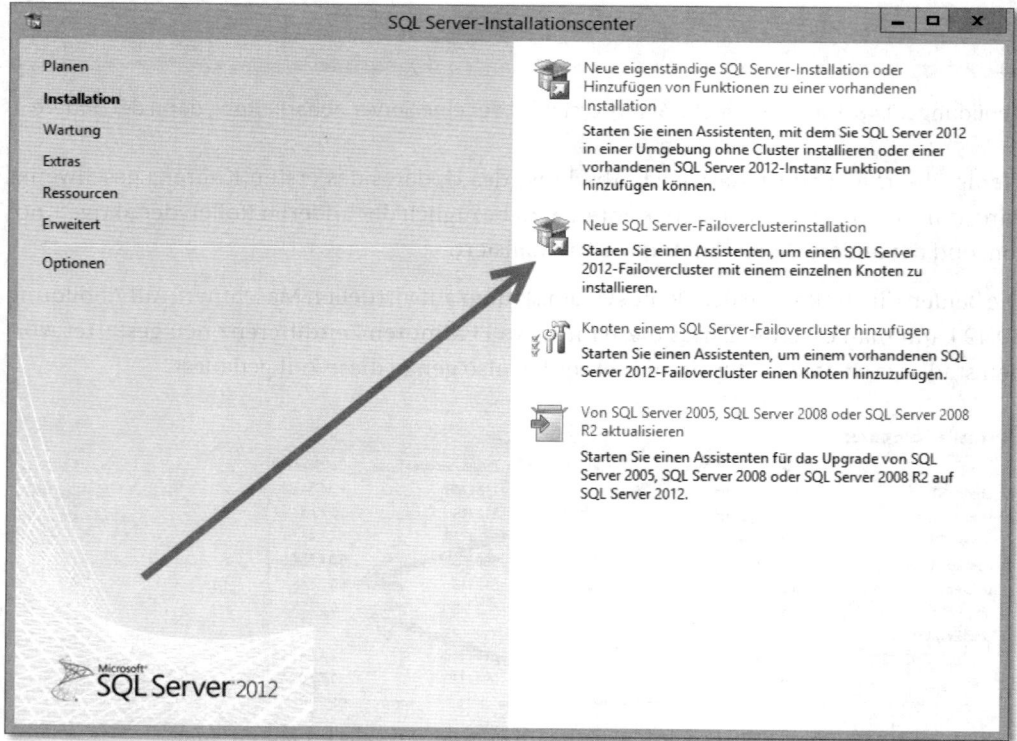

Abbildung 20.50 Im SQL-Setup rufen Sie eine »Neue SQL Server-Failoverclusterinstallation« auf.

> **Hinweis**
>
> Wenn Sie mehrere Instanzen des SQL Server betreiben möchten, gehen Sie auch bei der zweiten und den folgenden Installationen vor, wie hier beschrieben. Sie beginnen dann ebenfalls mit einer NEUEN SQL SERVER-FAILOVERCLUSTERINSTALLATION.

- Die erste Frage des Assistenten bezieht sich darauf, was überhaupt installiert werden soll (Abbildung 20.51). Wählen Sie die SQL SERVER-FUNKTIONSINSTALLATION. Lassen Sie sich nicht davon irritieren, dass hier keine Rede von »Cluster« ist.

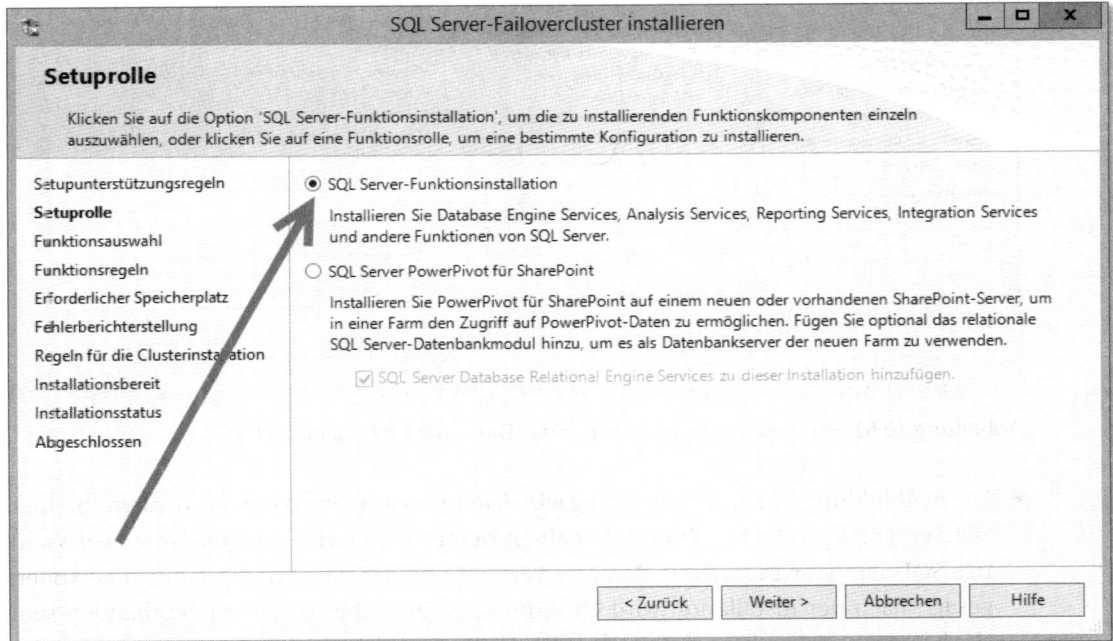

Abbildung 20.51 Wählen Sie diese Option.

- In dem in Abbildung 20.52 gezeigten Dialog wählen Sie aus, was installiert werden soll. Auf jeden Fall wird DATABASE ENGINE SERVICE benötigt, das ist die eigentliche Datenbank. Beachten Sie, dass ANALYSIS SERVICES und REPORTING SERVICES zwar auf Clusterknoten installiert werden können, sie sind aber trotzdem nicht geclustert. Ich würde diese Dienste nach Möglichkeit nicht auf Clustern installieren.

Zu empfehlen wäre noch, in der Rubrik FREIGEGEBENE FUNKTIONEN die Verwaltungswerkzeuge zur Installation auszuwählen.

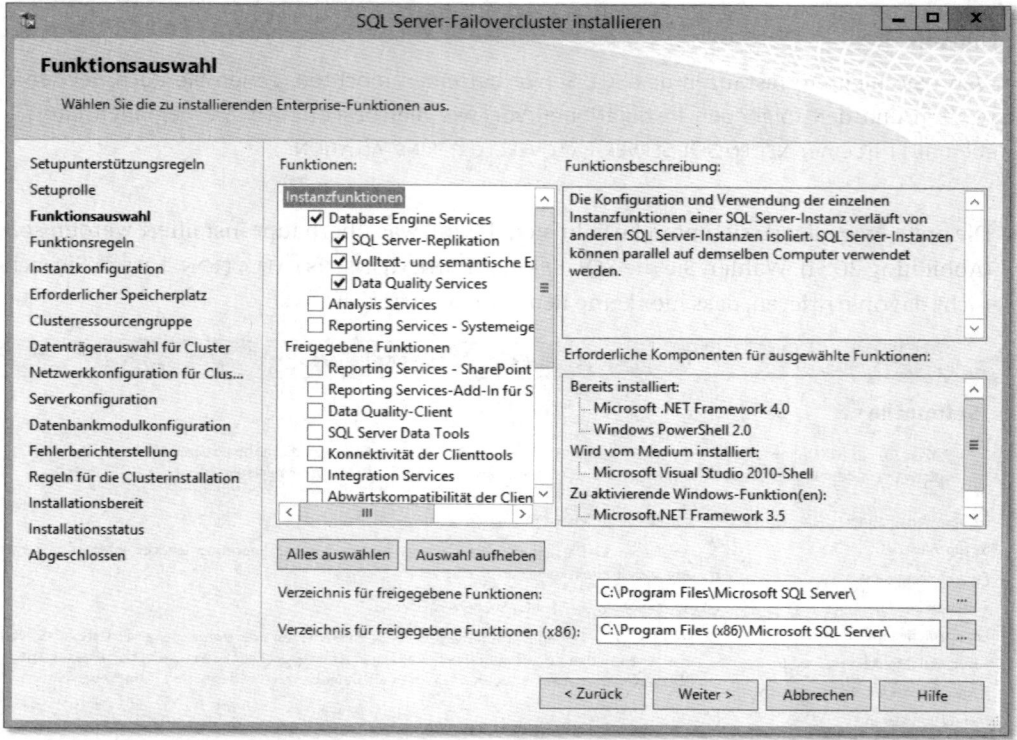

Abbildung 20.52 Für dieses Beispiel wird nur das Datenbankmodul installiert.

- Der in Abbildung 20.53 gezeigte Dialog wird jedem bekannt vorkommen, der bereits einen SQL Server aufgesetzt hat. Es gibt aber einen kleinen Unterschied, nämlich das Feld NAME DES SQL SERVER-NETZWERKS. Dahinter verbirgt sich der Name des SQL-Clusters. Anders gesagt, nach der Installation wird ein Computerkonto dieses Namens vorhanden sein. Noch anders gesagt, diese Instanz des SQL-Clusters wird unter diesem Namen vorhanden sein.

Sinnvollerweise entscheiden Sie sich für eine STANDARDINSTANZ. Hier eine benannte Instanz zu wählen, bedeutet höchstens Tipparbeit. Das Instanzstammverzeichnis wird nicht auf die Clusterdatenträger gelegt. Da dort keine Daten liegen werden, können Sie auch ruhig das Standardverzeichnis belassen.

- Der in Abbildung 20.54 gezeigte Dialog ist einfach, aber wirkungsvoll. In einer CLUSTERRESSOURCENGRUPPE werden die Ressourcen (wie Platten, IP-Adresse, Name, SQL Server etc.) zusammengefasst. Es ist sinnvoll, diese CLUSTERRESSOURCENGRUPPE wie den Cluster (Netzwerkname, siehe Abbildung 20.53) zu benennen.

20.2 Failover-Cluster

Abbildung 20.53 Interessant ist der Name des SQL-Clusters. Ansonsten empfiehlt sich die Installation einer »Standardinstanz«.

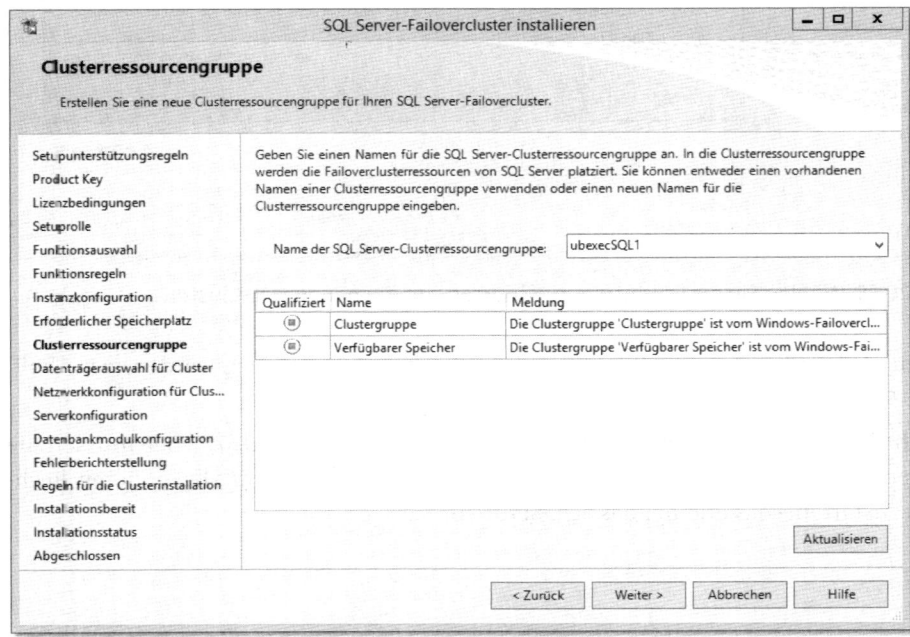

Abbildung 20.54 Erstellen Sie eine neue »Clusterressourcengruppe«.

Nun wird es mit der Zuweisung von Ressourcen ernst:

- In Abbildung 20.55 sehen Sie den Dialog für die Zuweisung von Clusterdatenträgern, die zuvor angelegt worden sein müssen. Sie können einfach die Datenträger anhaken, die für diese Clusterinstanz verwendet werden sollen. Wenn Datenträger nicht zur Auswahl stehen, beispielsweise weil sie schon von anderen Clusterressourcen oder für das Quorum verwendet werden, wird das mit einer kurzen Erläuterung angezeigt.

    Beachten Sie: Wenn Sie mehrere SQL-Cluster (also Instanzen) auf dem Cluster installieren möchten, benötigen diese jeweils eigene Datenträger.

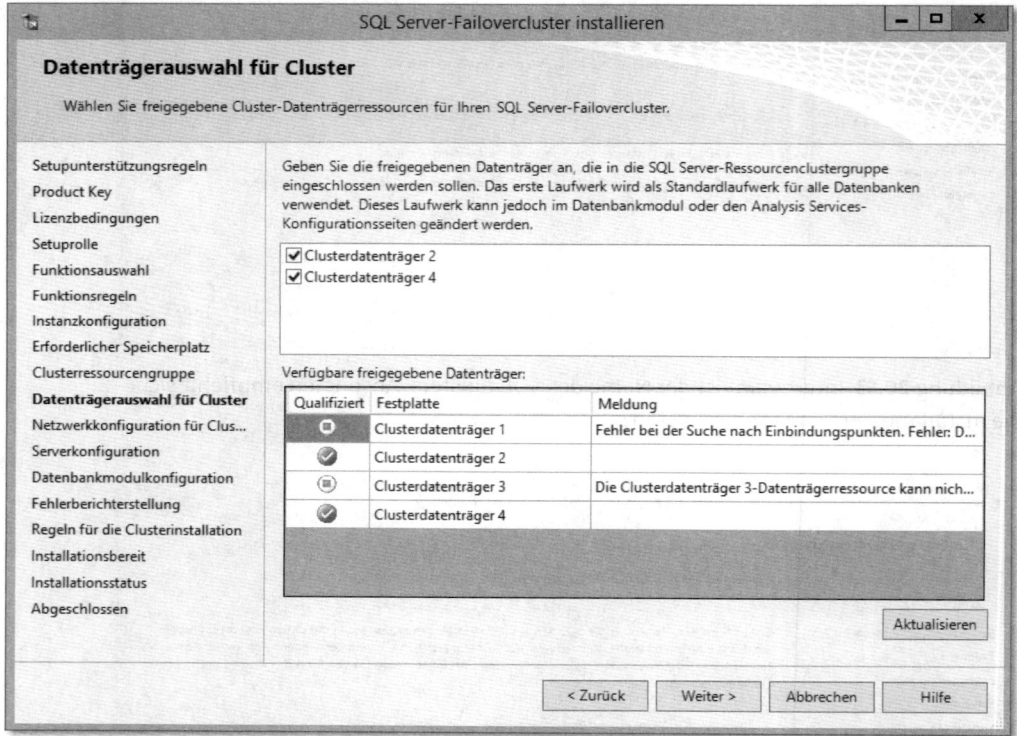

Abbildung 20.55 Wählen Sie die Datenträgerressourcen für den neuen SQL-Cluster.

- Dem neuen SQL-Cluster muss dann noch eine IP-Adresse zugewiesen werden, was Abbildung 20.56 zeigt.
- Als Nächstes werden die Dienstkonten zugewiesen (Abbildung 20.57). Hier müssen Sie Domänenkonten verwenden. Diese Konten brauchen Sie nicht mit »besonderen Rechten« auszustatten – das erledigt das SQL-Setup für Sie.

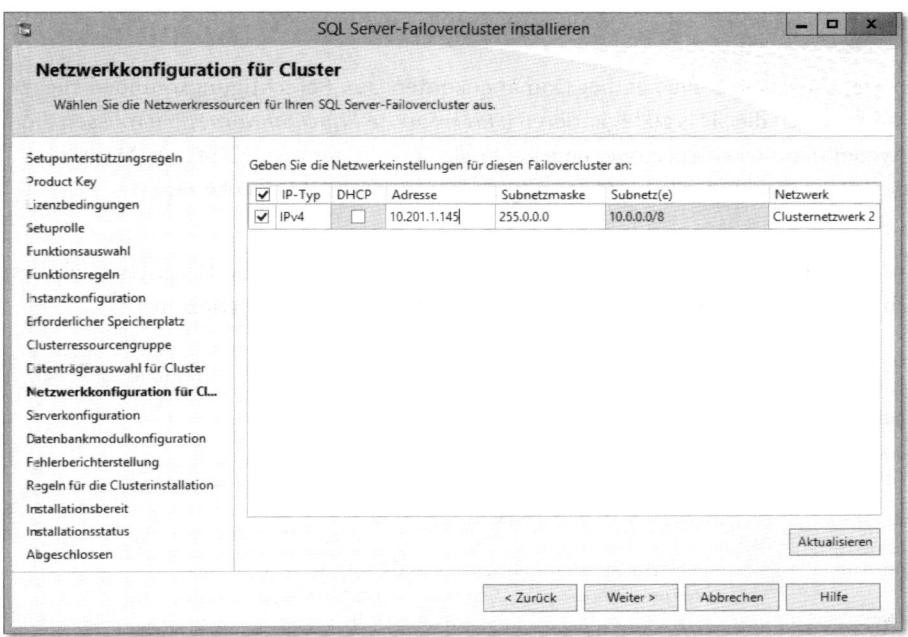

Abbildung 20.56 Zuweisen der IP-Adresse

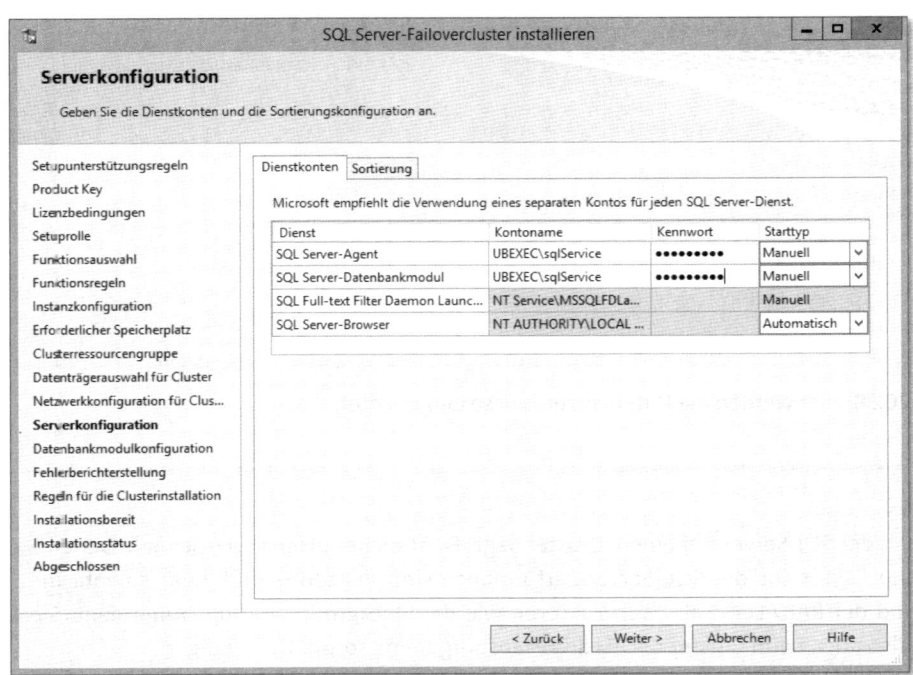

Abbildung 20.57 Angeben der Dienstkonten. Es müssen Domänenkonten verwendet werden.

> **Hinweis**
>
> Beachten Sie, dass SQL Server es bei Domänenkonten aus Berechtigungsgründen nicht schafft, automatisch die SPNs zu registrieren (*SPN = Service Principal Name*). Sie müssen die SPNs entweder manuell anlegen oder eine generelle Berechtigung im AD setzen. Mehr Infos gibt es hier: *http://technet.microsoft.com/de-de/library/ms191153.aspx#Auto*

▶ Nun müssen im auf Abbildung 20.58 gezeigten nächsten Dialog die Datenverzeichnisse eingerichtet werden. Diese Pfade müssen auf Clusterdatenträger verweisen.

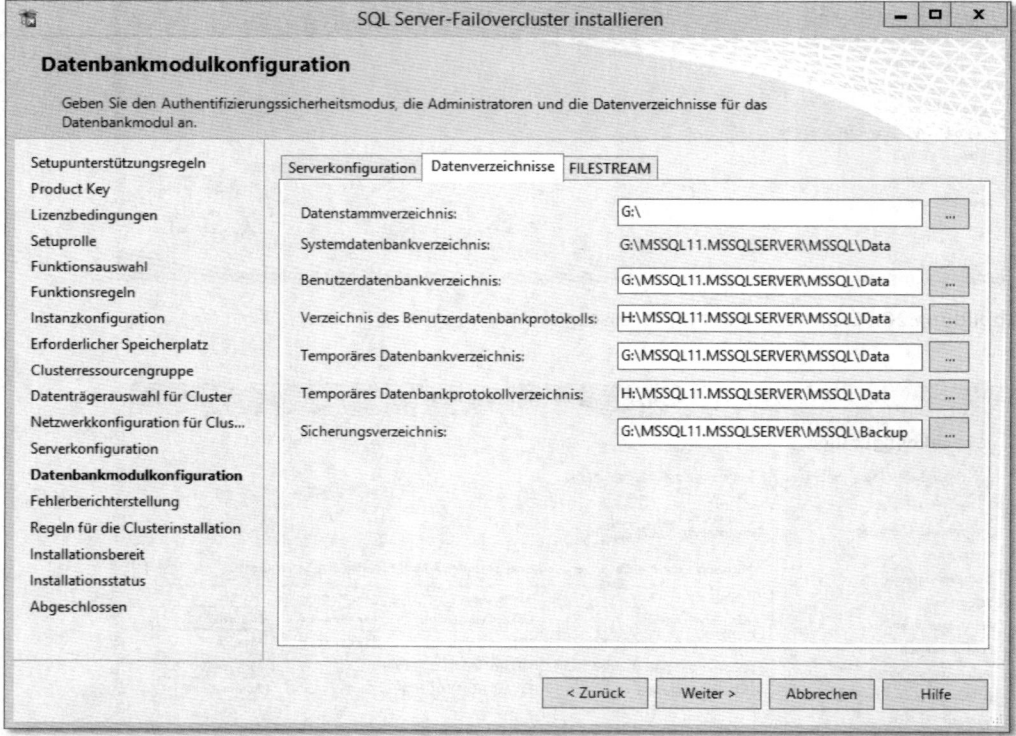

Abbildung 20.58 Hier werden die Datenverzeichnisse eingerichtet.

> **Hinweis**
>
> Auch wenn der SQL Server auf einem Cluster liegt: Er ist nicht automatisch schnell. Der entscheidende Faktor für die SQL Server-Performance sind Platten – und zwar sowohl die Anzahl und der RAID-Level als auch Faktoren wie die Blockgröße oder das Alignment. Sie müssen also auch beim Cluster die »Sizing-Hausaufgaben« sorgfältig erledigen.

Wenn, wie in Abbildung 20.59 gezeigt, alles auf »Grün« steht, ist der erste Schritt getan. Sie haben nun einen funktionsfähigen Ein-Knoten-SQL-Cluster, der übrigens schon funktionsfähig ist – nur eben nicht redundant. Wie man die weiteren Knoten zu SQL-Clusterknoten macht, zeigt der nächste Abschnitt.

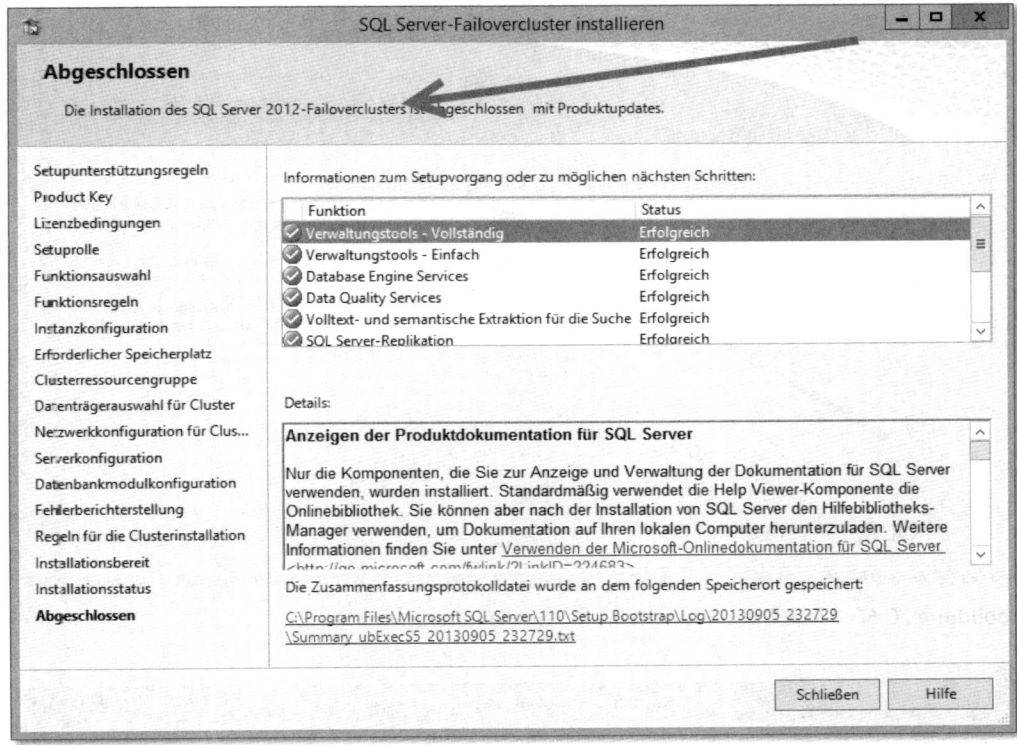

Abbildung 20.59 Der SQL-Failover-Cluster ist erstellt – alles im grünen Bereich!

Zweiter und alle weitere Knoten

Nun müssen noch die weiteren Knoten des zukünftigen SQL-Clusters mit SQL Server ausgerüstet werden.

Der »Trick« ist im Grunde genommen, auf den weiteren Knoten im SQL Server-Installationscenter den Menüpunkt KNOTEN EINEM SQL SERVER-FAILOVERCLUSTER HINZUFÜGEN auszuführen (Abbildung 20.60). Die Installation ist nicht aufregend kompliziert, es müssen nur wenige Einstellungen getroffen werden.

- Die erste Entscheidung ist, welchem SQL-Failover-Cluster der Knoten hinzugefügt werden soll. Dies wird in dem auf Abbildung 20.61 gezeigten Dialog erledigt. Beachten Sie, dass es in einem (Windows-)Cluster mehrere SQL-Cluster (Instanzen) geben kann. Der Dialog ergibt also Sinn.

20 Hochverfügbarkeit

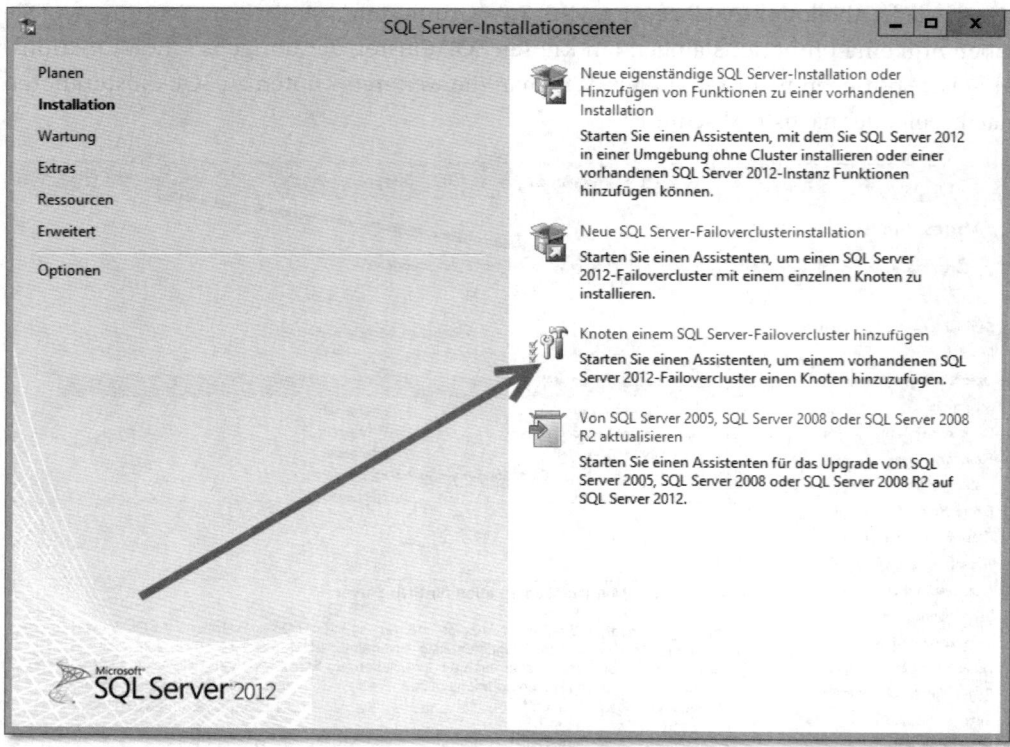

Abbildung 20.60 Diese Option führen Sie auf allen weiteren Knoten aus.

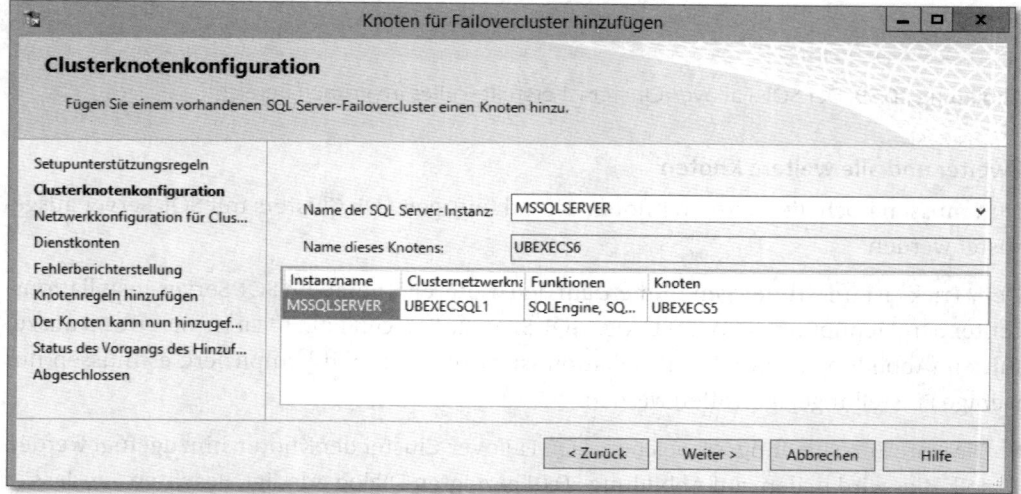

Abbildung 20.61 Auswahl des SQL-Clusters, dem der Knoten hinzugefügt werden soll

▶ In Abbildung 20.62 sehen Sie die Konfiguration der Netzwerkeinstellungen. Sie selektieren hier das zu verwendende Clusternetzwerk. Vermutlich ist, zumindest in einer kleineren Installation, hier ohnehin nur ein Clusternetzwerk vorhanden.

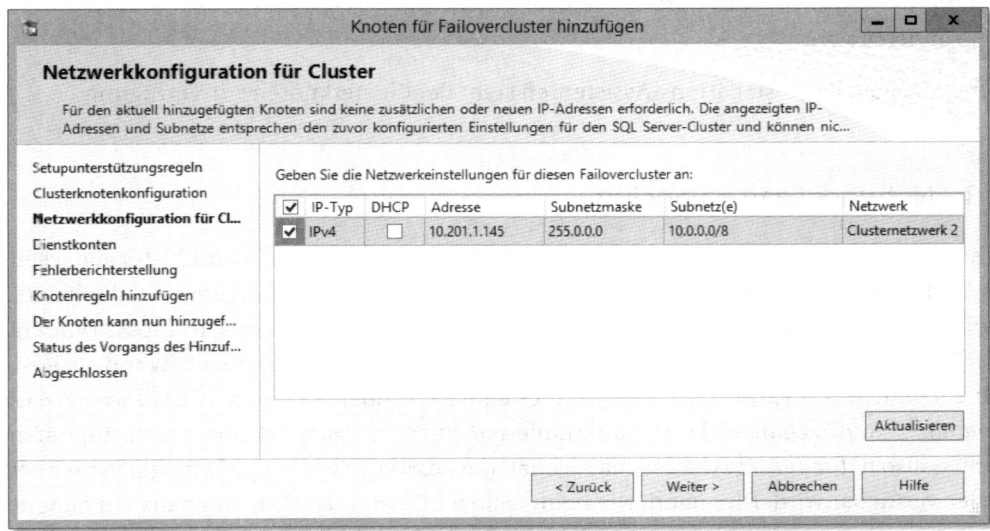

Abbildung 20.62 In der Netzwerkkonfiguration müssen Sie die zu verwendenden Netze selektieren.

▶ Abbildung 20.63 zeigt den Dialog zur Eingabe der Kennwörter der Dienstkonten. Da der SQL-Cluster ja auf diesem Knoten laufen soll, müssen die Dienstkonten nebst Kennwörtern gespeichert werden.

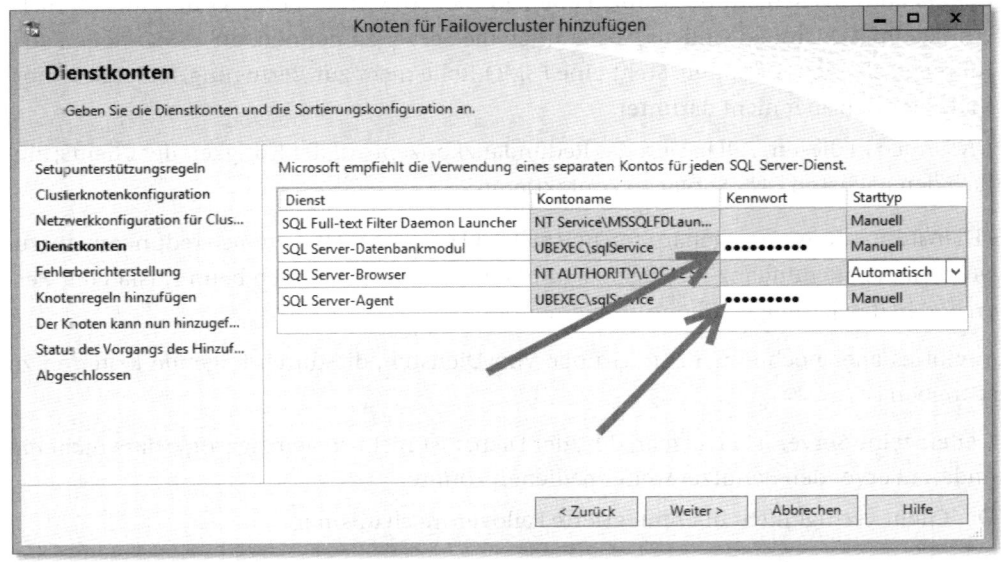

Abbildung 20.63 Die Kennwörter der Dienstkonten müssen eingegeben werden.

An dieser Stelle wird auch klar, warum die Dienstkonten Domänenkonten sein müssen: Damit dasselbe Dienstkonto auf verschiedenen Clusterknoten vorhanden ist, geht das nur mit Domänenkonten – hinter dem Konto NETZWERKDIENST steht letztendlich das Computerkonto, und das wäre auf den verschiedenen Servern bzw. Clusterknoten jeweils ein anderes Konto.

Nach Abschluss des Installations-Assistenten steht der Clusterknoten zur Verfügung.

20.3 Network Load Balancing

Nicht alle Aspekte der Verfügbarkeit lassen sich sinnvoll mit dem Failover-Cluster abdecken. Das Verfahren kommt immer dann zum Einsatz, wenn eine Ressource nicht »dupliziert« werden kann, sondern genau der eine Applikationsserver vorhanden sein muss. Typische Beispiele sind ein Exchange-Postfachserver oder eine SQL Server-Datenbank: Wenn ein Postfach auf dem Server *Exchange01* liegt, hilft es dem Anwender bei einem Ausfall wenig, dass *Exchange02* und *Exchange03* noch funktionieren – auf sein Postfach kann er nicht zugreifen. Es muss also dafür gesorgt werden, dass genau die Ressource *Exchange01* möglichst schnell wieder verfügbar wird. Dies kann, wie beim Failover-Cluster der Fall, durchaus auf anderer Hardware sein, die sich dann aber als *Exchange01* meldet.

Andere Serverdienste werden nicht geclustert, obwohl sie nicht weniger wichtig sind. Einige Beispiele:

- Das *Active Directory* können Sie sehr einfach dadurch redundant auslegen, dass Sie weitere Domänencontroller implementieren. Fällt ein Domänencontroller aus, greifen die Clients automatisch auf die verbliebenen zu. Der Anwender bemerkt den Ausfall nicht einmal. Im AD-Umfeld sind als Ausnahmen die Server zu nennen, die FSMO-Rollen ausführen (siehe ADDS-Kapitel). Steht eine FSMO-Rolle nicht zur Verfügung, leidet der »normale« Betrieb aber nicht darunter.

- *DNS*: Auch in diesem Fall basiert das Redundanzkonzept auf der Fähigkeit der Clients, einfach den nächsten DNS-Server zu kontaktieren.

Die Dienste aus dem zuvor genannten Beispiel sind deshalb relativ einfach redundant auszulegen, weil die »Redundanz-Intelligenz« (d.h. »Wie verhalte ich mich beim Ausfall der Ressource?«) in den jeweiligen Clients implementiert ist.

Nun gibt es aber noch eine dritte Gruppe von Diensten, die durch folgende Kriterien zu beschreiben ist:

- Der einzelne Server ist ersetzbar, d.h., der Dienst ist nicht so »einzigartig«, dass nicht ein anderer Server den Benutzer weiter bedienen könnte.

- Der Client verfügt nicht über integrierte Failover-Mechanismen.

- Neben dem Thema der Verfügbarkeit kommen die Anforderungen der Lastverteilung mit ins Spiel.

Der Dienst, der optimal durch diese Anforderungen beschrieben wird, ist die Bereitstellung von *Webapplikationen*:

- Eine Webapplikation kann von mehreren Servern gleichzeitig bereitgestellt werden. Der einzelne Webserver holt im Endeffekt nur Daten aus Datenbanken, bereitet diese auf und schickt sie via HTTP an den Benutzer. Ob dieser mit *Webserver01* oder *Webserver02* verbunden ist, ist unerheblich.
- Ist ein Client mit *Webserver01* verbunden, kann er nicht erkennen, dass er die Webapplikation genauso gut von *Webserver02* oder *Webserver03* bekommen könnte.
- Wenn viele Anwender auf einen Webserver zugreifen, kann diese Last von einem einzelnen Server (Hardware) unter Umständen nicht mehr getragen werden. Demnach muss ein Verfahren zur Lastverteilung gefunden werden. Der Punkt, ab dem ein einzelner Server nicht mehr ausreicht, verschiebt sich immer weiter nach unten. Zwar wird die Serverhardware leistungsfähiger, allerdings werden Webapplikationen deutlich komplexer – es reicht schon lange nicht mehr, nur statische Seiten anzuzeigen.

20.3.1 Funktionsweise des Network Load Balancing

In Abbildung 20.64 ist die Funktionsweise des Network Load Balancing vereinfacht dargestellt:

- Auf der rechten Seite sehen Sie vier Server, beispielsweise Webserver. Diese verfügen jeweils über eine eigene IP-Adresse (.191, .192 etc.).
- Gewissermaßen »vor« den physikalischen Servern steht ein virtueller Server mit einer IP-Adresse. Hierbei handelt es sich allerdings im Grunde genommen nur um eine IP-Adresse, mit der die Clients Kontakt aufnehmen. Da aus Sicht eines Clients eine IP-Adresse stets einem Server zugeordnet ist, habe ich auf der Skizze einen solchen eingezeichnet – NLB ist aber letztendlich nur ein Algorithmus, der auf den »tatsächlichen Servern« ausgeführt wird.
- Bei einer Anfrage eines Clients treffen die Server im Load-Balancing-Verbund eine Entscheidung darüber, welcher Server die Anfrage bedient.

Im Fall einer Webserverfarm würde sozusagen hinter den Webservern noch ein Datenbankserver vorhanden sein, auf dem die Sitzungsinformationen der Benutzer gespeichert werden.

Im Gegensatz zu einem Failover-Cluster sind für einen NLB-Cluster keine dedizierten LAN-Verbindungen für den Heartbeat o. Ä. notwendig. Außerdem gibt es keine gemeinsamen Speicherbereiche.

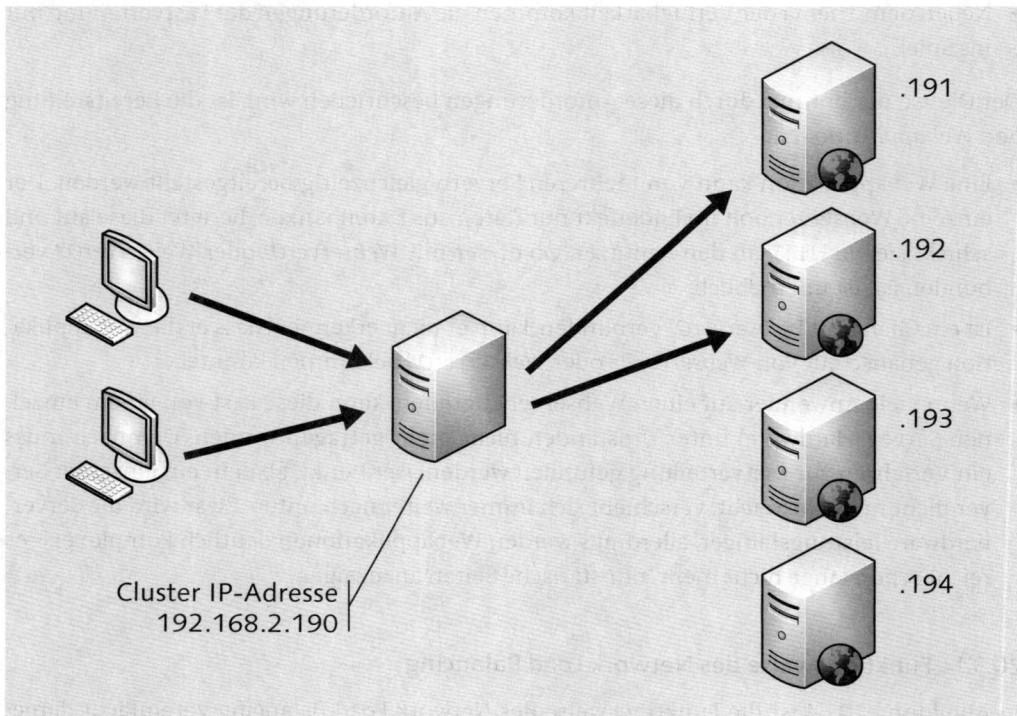

Abbildung 20.64 Funktionsweise des Network Load Balancing

Wie bereits erwähnt wurde, benötigt Network Load Balancing keine weitere Hardware. Die Load-Balancing-Entscheidung, also welcher Server die Anfrage bearbeiten soll, wird durch einen Algorithmus getroffen, der unabhängig auf jedem Server des NLB-Verbunds ausgeführt wird.

Fällt ein Server des Verbunds aus, sendet er keine Heartbeat-Informationen mehr. Die übrigen Server werden dies bei der Berechnung berücksichtigen. Bis der Ausfall von den anderen Systemen bemerkt wird, vergehen etwa fünf Sekunden.

Ein Network Load Balancing-Cluster ist durch seine verteilte Berechnungslogik bereits »per Design« sehr viel redundanter als eine Lösung, bei der der komplette Netzwerkverkehr durch eine »Blackbox« geleitet wird.

Network Load Balancing berücksichtigt nicht den Zustand der einzelnen Server in Hinblick auf Prozessor- und Speicherauslastung. Es ist aber deutlich intelligenter als ein einfaches Round-Robin-Verfahren.

Ein NLB-Cluster kann bis zu 32 Server umfassen.

20.3.2 Installation und Konfiguration

Die Installation eines NLB-Clusters ist im Normalfall unproblematisch. Im nächsten Abschnitt zeige ich Ihnen die notwendigen Schritte – nebst einigen Erläuterungen.

> **Zwei Netzwerkadapter**
>
> Die Knoten des NLB-Clusters sollten mit zwei Netzwerkkarten bestückt sein. Über einen Netzwerkadapter läuft die Kommunikation der geclusterten IP-Adressen, über die andere die Kommunikation mit dem Server zu »Management-Zwecken«. Dies ist auch auf den nachfolgenden Screenshots zu sehen.

> **Hinweis**
>
> Es ist darauf hinzuweisen, dass es »ohne Weiteres« nicht möglich ist, auf einem einzigen physikalischen VMware Server oder ESX Server mehrere Knoten eines NLB-Clusters im Unicast-Modus zu installieren. Das Szenario ergibt in einer produktiven Umgebung auch herzlich wenig Sinn. Es könnte aber in der einen oder anderen Testumgebung ein Thema werden.
>
> Zum Fehlerbild: Der NLB-Cluster kann zwar problemlos installiert werden, allerdings verlieren alle Konten bis auf einen die Netzwerkverbindungen.
>
> Es gibt drei Möglichkeiten zur Abhilfe:
>
> - Man sorgt dafür, dass nicht zwei Knoten des NLB-Clusters auf demselben physikalischen Host laufen.
> - Oder: Man konfiguriert den NLB-Cluster als Multicast-Knoten.
> - Oder: Man nimmt Einstellungen am ESX Server vor (meines Wissens gibt es keine vergleichbare Möglichkeit beim VMware Server). Dazu gibt es einen VMware-Knowledgebase-Artikel:
> *http://kb.vmware.com/selfservice/microsites/search.do?language=en_US&cmd= displayKC&externalId=1556*

NLB-Cluster einrichten

Der erste Schritt zur Einrichtung eines NLB-Clusters besteht darin, das Feature NETZWERK-LASTENAUSGLEICH auf allen Servern zu installieren, die dem NLB-Cluster hinzugefügt werden sollen. Prinzipiell wäre es zunächst nur auf dem ersten Knoten erforderlich, aber warum es nicht direkt überall erledigen? Die Installation besteht lediglich aus dem Hinzufügen des Features: Es werden bei diesem Schritt keinerlei Konfigurationen vorgenommen (Abbildung 20.65).

Die eigentliche Einrichtung des Clusters erfolgt im NETZWERKLASTENAUSGLEICH-MANAGER. Dieser findet sich bei Systemen mit installiertem NLB-Feature in der VERWALTUNG. Sie können die Einrichtung (und spätere Administration) übrigens auch ganz bequem vom Admin-PC aus erledigen – die Windows-Server-2012-Administrationswerkzeuge für Windows 8/8.1 (Stichwort für die Suche im Download Center: *RemoteServerAdministrationTools*) enthalten ebenfalls den Netzwerklastenausgleich-Manager.

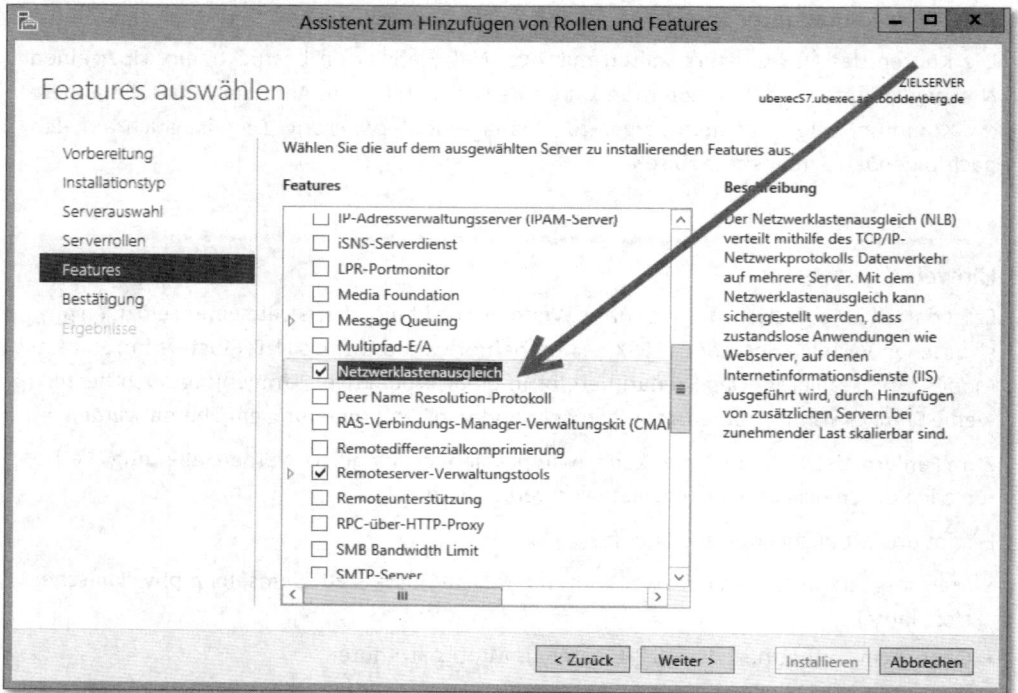

Abbildung 20.65 Der erste Schritt ist die Installation des Features »Netzwerklastenausgleich«. Diese muss auf allen beteiligten Servern erfolgen.

Die Einrichtung beginnt mit dem Aufruf der Funktion NEUER CLUSTER (Abbildung 20.66). Dort wählen Sie zunächst den ersten Server aus, der ein NLB-Clusterknoten werden soll. Auf der zweiten Seite des Assistenten führen Sie die für das NLB relevanten IP-Adressen des Servers auf (Abbildung 20.67). Das Network Load Balancing ab Windows Server 2008 unterstützt – im Gegensatz zu den Vorgängerversionen – auch IPv6-Netzwerkadressen.

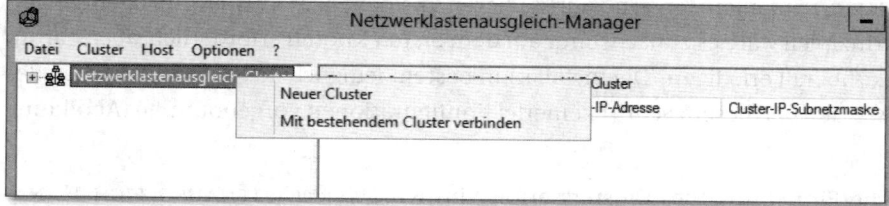

Abbildung 20.66 Die Einrichtung des Clusters erfolgt im »Netzwerklastenausgleich-Manager«.

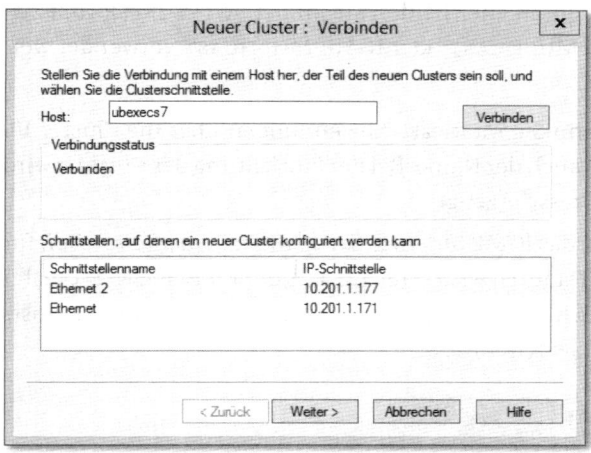

Abbildung 20.67 Im Assistenten wählen Sie zunächst den ersten Knoten und die IP-Adressen aus.

Der Eintrag PRIORITÄT (EINDEUTIGE HOST-ID) wird auf 1 festgelegt sein, und im Normalfall besteht kein Grund, das zu ändern.

Auf der dritten Seite des Assistenten weisen Sie dem NLB-Cluster beliebig viele IP-Adressen zu. Dies können IPv4-Adressen, manuell eingegebene IPv6-Adressen oder automatisch generierte IPv6-Adressen sein (Abbildung 20.68). Wichtig ist, dass diese IP-Adressen noch nicht in Verwendung sein dürfen – sonst erscheint eine Fehlermeldung, und nichts funktioniert.

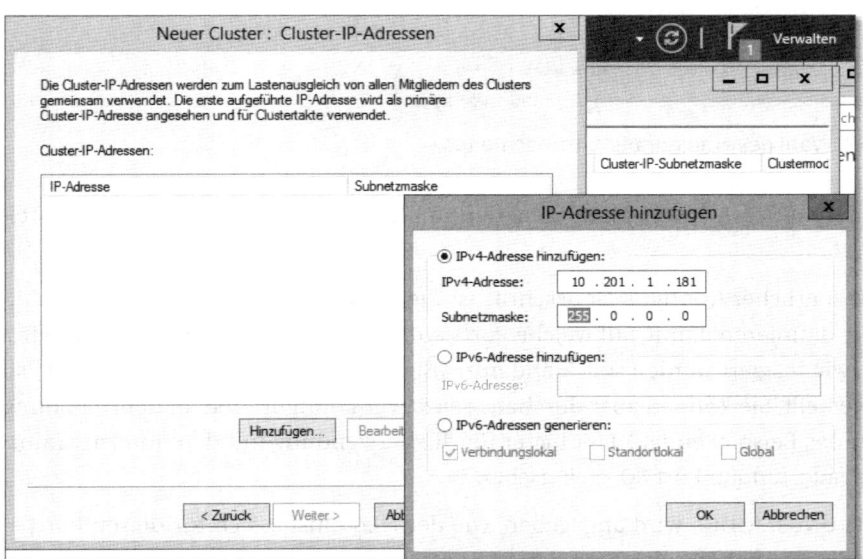

Abbildung 20.68 Eine oder mehrere IP-Adressen werden als Cluster-IP-Adressen angegeben. Diese Adressen dürfen natürlich noch nicht anderweitig verwendet worden sein. Neu in Windows Server 2008 (und damit auch in 2012 vorhanden) ist die Möglichkeit, auch IPv6-Adressen anzugeben.

Auf der nächsten Dialogseite des Assistenten entscheiden Sie im Bereich CLUSTERAUSFÜHRUNGSMODUS, ob als Modus UNICAST, MULTICAST oder IGMP-MULTICAST verwendet werden soll (Abbildung 20.69):

- MULTICAST stellen Sie dann ein, wenn Sie Multicast-Anwendungen über die Cluster-IP-Adresse fahren möchten – das sagt ja auch der Name. Bei der Einrichtung des Clusters wird dann automatisch eine Multicast-Adresse erzeugt.

- Weiterhin haben Sie die Möglichkeit, das IGMP (*Internet Group Management Protocol*) für den Multicast-Betrieb zu aktivieren. Dadurch wird erreicht, dass der für einen NLB-Cluster vorgesehene Datenverkehr nur durch die Ports geleitet wird, die für die Clusterhosts bestimmt sind, und nicht durch alle Switchports.

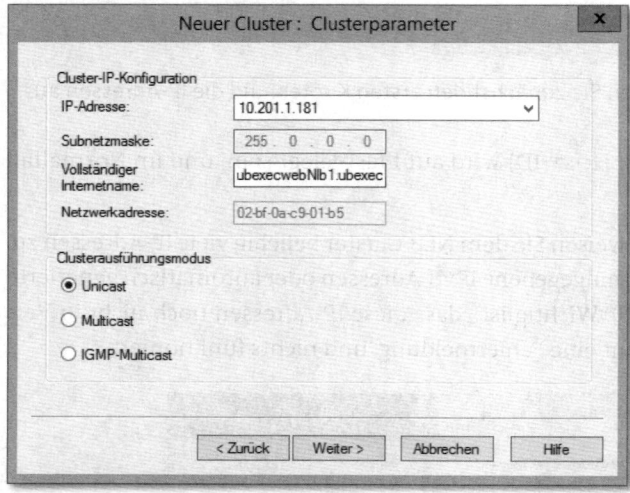

Abbildung 20.69 Wahl des »Clusterausführungsmodus«

Sofern Sie keine Multicast-Anwendungsszenarien implementieren, wählen Sie die Einstellung UNICAST.

Ein weiterer wesentlicher Konfigurationsschritt ist die Festlegung der PORTREGELN (Abbildung 20.70). Sie definieren damit, auf welche Ports auf der Cluster-IP-Adresse reagiert wird, und vor allem, wie reagiert werden soll. Standardmäßig ist der Bereich von 0 bis 65.535 (also alle Ports) eingestellt, Sie können aber durchaus selektiver konfigurieren. In der Abbildung wird, da ich für das Beispiel einen NLB-Cluster für die Verwendung mit dem Internet Information Server baue, nur auf Port 80 »gelauscht«.

Mit dem FILTERUNGSMODUS wird angegeben, wie der NLB-Cluster sich für diesen Portbereich grundsätzlich verhalten soll:

- MEHRFACHHOST: Eingehender Netzwerkverkehr, auf den diese Portregel zutrifft, wird über alle Knoten verteilt. Es findet also Load Balancing statt.

- EINZELHOST: Eingehender Netzwerkverkehr, auf den diese Portregel zutrifft, wird nur einem Knoten zugewiesen.
- Die letzte Option ist das Deaktivieren des Portbereichs; wie nicht anders zu erwarten, führt das zum Blockieren der entsprechenden Pakete.

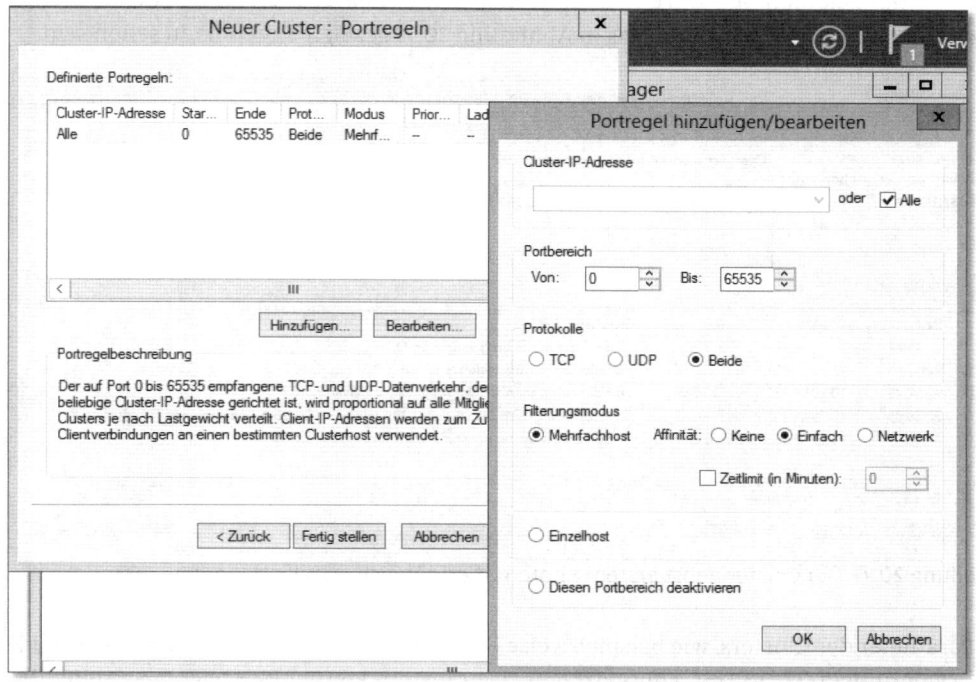

Abbildung 20.70 Sehr wichtig ist die Definition der Portregeln.

Beim Modus MEHRFACHHOST kann (bzw. muss) noch die AFFINITÄT konfiguriert werden:

- KEINE: In diesem Modus werden mehrere Verbindungen, die von einer IP-Adresse aufgebaut werden, zu verschiedenen Knoten gesendet.
- EINFACH: Bei dieser Einstellung, die übrigens die Standardeinstellung ist, werden die von einer IP-Adresse eingehenden Verbindungen immer demselben Knoten zugewiesen.
- NETZWERK: Diese Einstellung bewirkt, dass die Pakete, die aus einem Netz kommen, immer demselben Knoten zugewiesen werden. Diese Einstellung ist sinnvoll, wenn in einem Extranet- oder Internetszenario die Verbindungen von einem Kommunikationspartner über verschiedene Proxyserver (die aber vermutlich alle im selben Netz stehen) eingehen. In einem Intranetszenario, in dem vermutlich alle Anfragen aus demselben Netz kommen, ist diese Einstellung wenig sinnvoll, weil sie unter Umständen das Load Balancing völlig aufhebt.

Anzumerken wäre, dass Sie beliebig viele Portregeln definieren können. Der Gültigkeitsbereich einer Portregel lässt sich auf eine einzelne Cluster-IP-Adresse beschränken, sodass alle denkbaren Konfigurationsszenarien abzudecken sein sollten.

Nach Abschluss des Assistenten werden der Cluster und sein erster Knoten erzeugt. Wenn alles »richtig« gelaufen ist – und da gibt es normalerweise keine Probleme –, sollte nach einer kurzen Dauer (5 bis 30 Sekunden) das in Abbildung 20.71 gezeigte Ergebnis zu sehen sein.

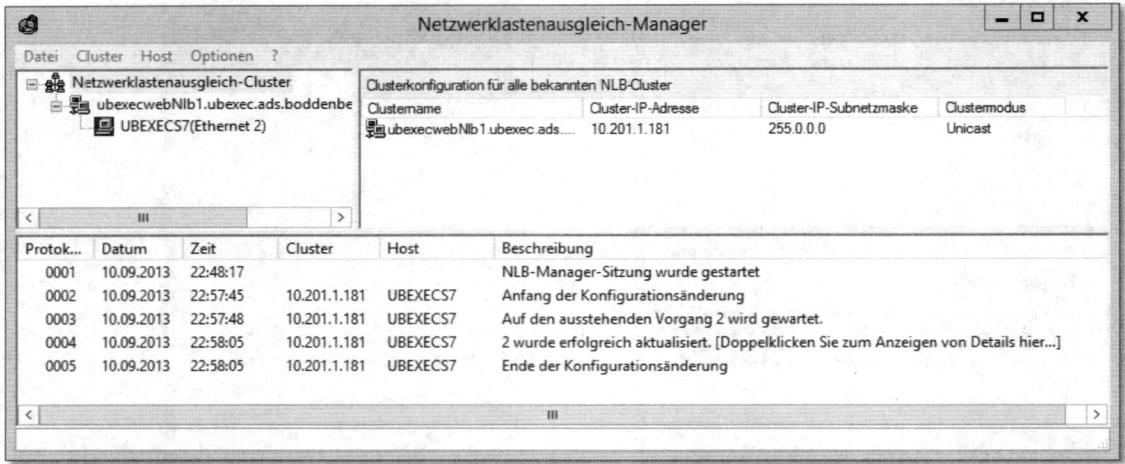

Abbildung 20.71 Der Cluster nebst erstem Knoten ist erfolgreich installiert worden.

Die Parameter des Clusters, wie beispielsweise die Portregeln, können über den Menüpunkt CLUSTEREIGENSCHAFTEN im Kontextmenü des Clusters konfiguriert werden (Abbildung 20.72).

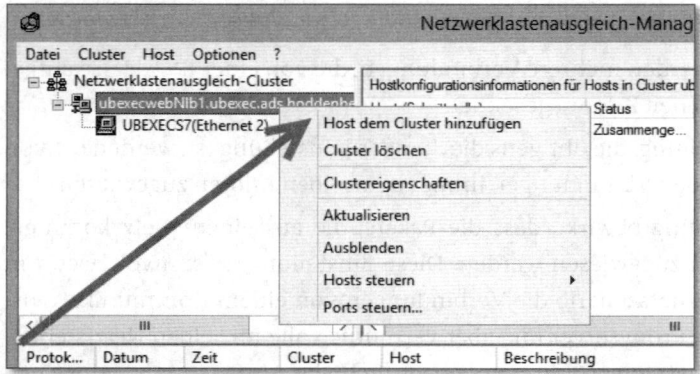

Abbildung 20.72 Mithilfe des Kontextmenüs des Clusters kann ein Host hinzugefügt werden.

Clusterknoten hinzufügen

Das Hinzufügen von weiteren Knoten zum Cluster ist erfreulich simpel. Im Netzwerklastenausgleich-Manager wählen Sie im Kontextmenü des Clusters den Menüpunkt HOST DEM CLUSTER HINZUFÜGEN (Abbildung 20.72) – und schon befinden Sie sich in dem Assistenten, der letztendlich den Rest erledigt.

> **Hinweis**
> Sie können das Hinzufügen des weiteren Clusterknotens von jeder beliebigen Maschine aus durchführen, auf der der Netzwerklastenausgleich-Manager läuft – beispielsweise auch vom Admin-PC.

Zunächst möchte der Assistent von Ihnen den Namen des Servers wissen, der der neue Clusterknoten werden soll. In dem dann folgenden Dialog wählen Sie, welche IP-Adressen des Servers verwendet werden sollen (Abbildung 20.73). Die Einstellung PRIORITÄT (EINDEUTIGE HOST-ID) kann im Normalfall auf dem vorgeschlagenen Wert belassen werden.

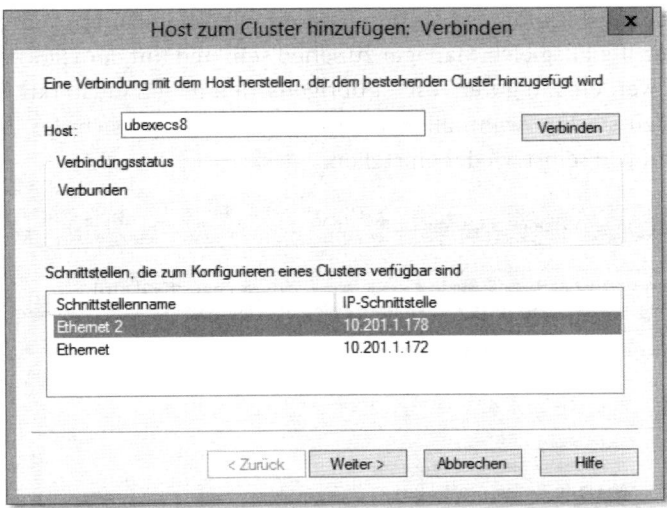

Abbildung 20.73 Hier wählen Sie den Knoten, den Sie hinzufügen wollen, und geben seine IP-Adressen an.

Auf der folgenden Dialogseite werden die PORTREGELN angezeigt. Sie können hier keine Portregeln hinzufügen oder löschen bzw. – auch wenn eine entsprechend benannte Schaltfläche vorhanden ist – bearbeiten (Abbildung 20.74). Die Schaltfläche BEARBEITEN zeigt die Details der gewählten Portregel an.

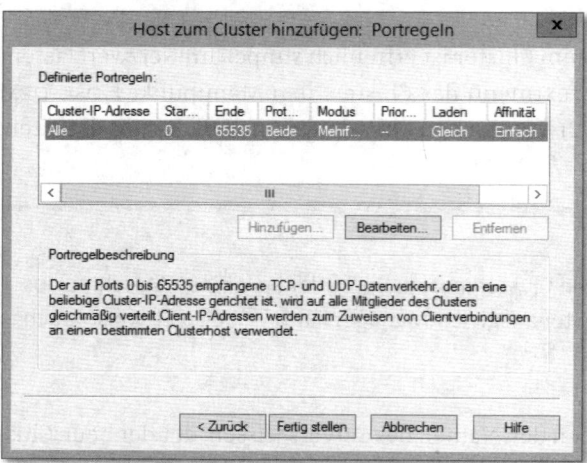

Abbildung 20.74 Die Portregeln des Clusters werden hier gezeigt, können aber beim Hinzufügen eines weiteren Knotens nicht geändert werden.

Nach dem Hinzufügen des neuen Clusterknotens, was durchaus ein Weilchen dauern kann, sollten alle Knoten im Netzwerklastenausgleich-Manager zu sehen sein und mit dem Status ZUSAMMENGEFÜHRT angezeigt werden. Ein guter Test ist übrigens, den neuen Clusterknoten herunterzufahren und neu zu starten; wenn alles in Ordnung ist, müsste sich der in Abbildung 20.75 gezeigte Zustand von selbst wieder einstellen.

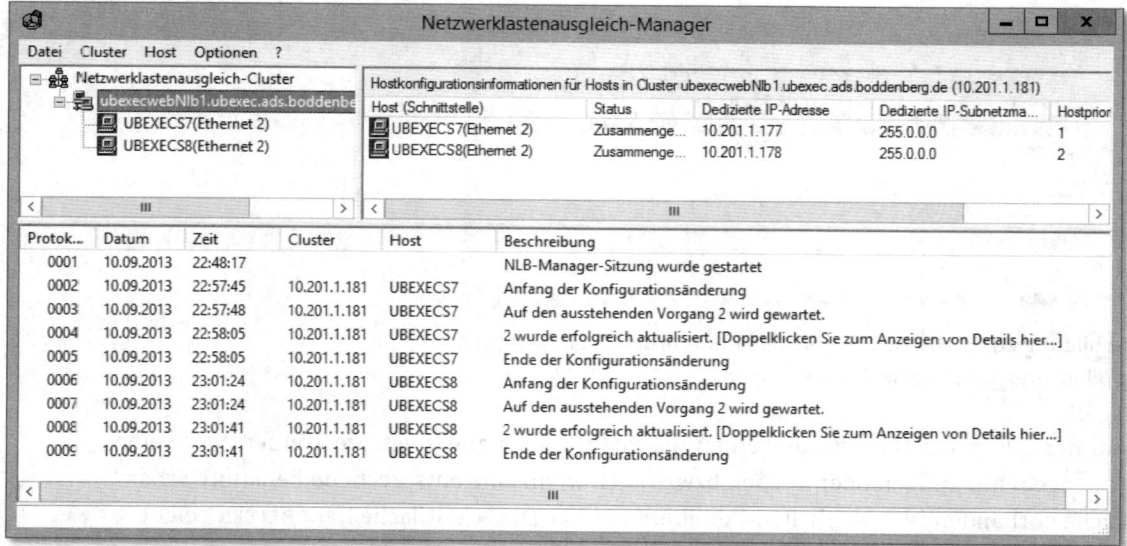

Abbildung 20.75 So sieht ein NLB-Cluster mit zwei Clusterknoten im »Netzwerklastenausgleich-Manager« aus.

Cluster-IP im DNS eintragen

Für einen ersten Test können Sie natürlich die Cluster-IP-Adresse eintragen und schauen, ob der gewünschte Dienst, beispielsweise Webserver oder Terminalserver, reagiert. Da das direkte Eintragen von IP-Adressen irgendwie doch sehr archaisch ist, bietet es sich natürlich an, einen DNS-Eintrag für die Cluster-IP-Adresse(n) zu erzeugen.

Die Vorgehensweise:

▶ Öffnen Sie den DNS-MANAGER, und wählen Sie im Kontextmenü der entsprechenden Zone das Hinzufügen eines neuen Hosts. Ein A-Eintrag steht für eine IPv4-Adresse, ein AAAA-Eintrag für eine IPv6-Adresse (Abbildung 20.76).

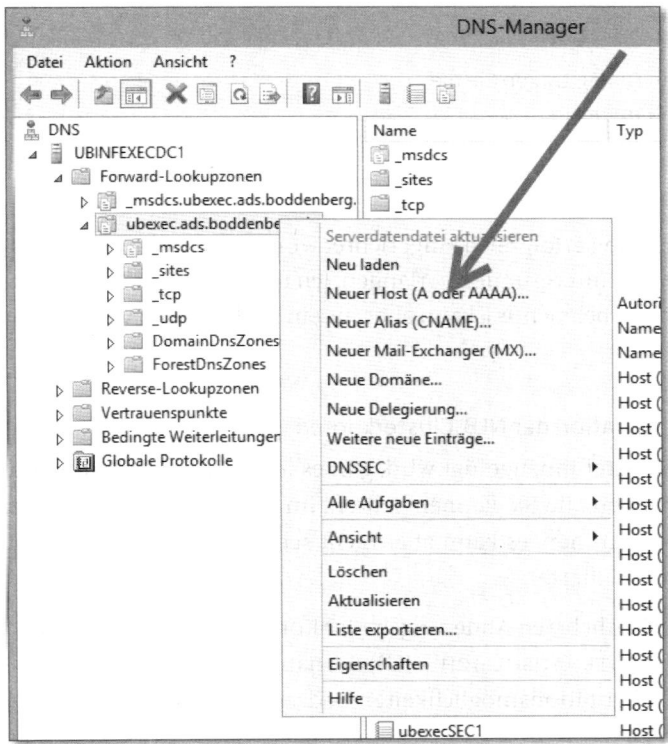

Abbildung 20.76 Im »DNS-Manager« wird ein neuer Hosteintrag für die NLB-Cluster-IP-Adresse vorgenommen. Im Kontextmenü der Zone findet sich der entsprechende Menüpunkt.

▶ In dem sich öffnenden Dialog tragen Sie den gewünschten Namen sowie die IP-Adresse ein – ganz einfach (Abbildung 20.77).

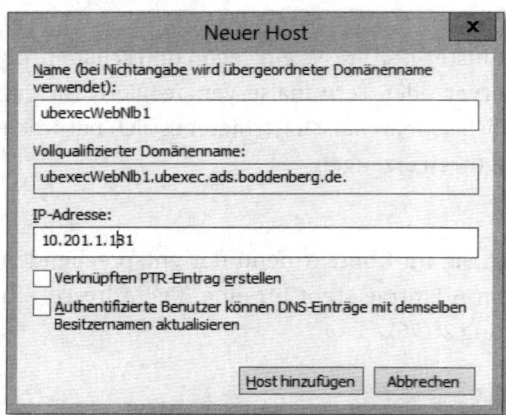

Abbildung 20.77 In diesem simplen Dialog tragen Sie die IP-Adresse und den gewünschten Namen ein.

20.3.3 Ein paar Hintergründe

Nachdem das Network Load Balancing erfolgreich eingerichtet worden ist, werden die meisten Leser vermutlich nach ein paar Hintergründen verlangen. Ich möchte zwar nicht zu sehr in die Tiefe gehen, einige Aspekte zu beleuchten, kann aber für ein nachhaltiges Verständnis der Technologie nicht schaden.

Veränderung der Netzwerkkonfiguration der NLB-Clusterknoten

Wenn ein Server zu einem NLB-Cluster hinzugefügt wird, gibt es in der Netzwerkkonfiguration zwangsläufig einige Änderungen, die Sie kennen sollten. Im Normalfall werden diese Anpassungen automatisch vorgenommen, es kann aber nicht schaden, in etwa zu wissen, was sich wann, wo, wie und warum ändert.

Kommen wir zunächst zur offensichtlichsten Änderung. In der Konfiguration der Netzwerkkarte ist das Element NETZWERKLASTENAUSGLEICH (NLB) vorhanden und aktiviert (Abbildung 20.78). Es gibt hier keine Konfigurationsmöglichkeiten, sodass wir direkt zum nächsten Aspekt übergehen können.

Im Gegensatz zu Hardware-Load-Balancern ist das Microsoft NLB in die Server integriert und verfügt »nur« über eine (oder mehrere) virtuelle IP-Adresse(n). Da die IP-Adresse des NLB-Clusters nicht »irgendwie in der Luft hängen« kann, wird sie jedem Knoten als zusätzliche Adresse hinzugefügt (Abbildung 20.79). Normalerweise würde eine auf mehreren Servern eingetragene IP-Adresse zu einer Adresskonfliktwarnung führen, die aber vom NLB-Treiber unterdrückt wird – in diesem Fall ist es ja auch kein Adresskonflikt.

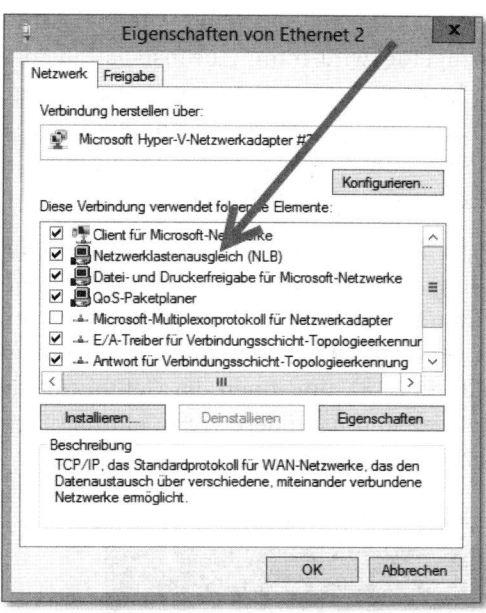

Abbildung 20.78 In der Konfiguration der Netzwerkkarte ist der »Netzwerklastenausgleich« vorhanden und aktiviert.

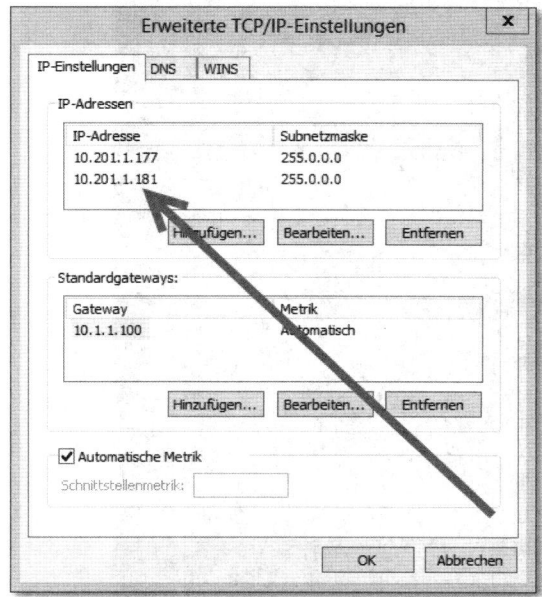

Abbildung 20.79 Die virtuelle IP-Adresse des NLB-Clusters wird jedem Clusterknoten hinzugefügt.

Die Knoten des NLB-Clusters haben weiterhin dieselbe physikalische Adresse (MAC-Adresse). Wenn ein Server einem NLB-Cluster hinzugefügt wird, nimmt die Installationsroutine auch diese Änderung automatisch vor. Sie können das beispielsweise kontrollieren, indem Sie `ipconfig/all` aufrufen (Abbildung 20.80). Die Eigenschaft PHYSIKALISCHE ADRESSE wird auf allen Clusterknoten identisch sein. Zum Vergleich finden Sie sie auch in den Eigenschaften des Clusters (zu sehen in Abbildung 20.69 und Abbildung 20.83).

Falls eine Netzwerkkarte bzw. deren Treiber nicht das Überschreiben der »eingebauten« MAC-Adresse unterstützt, ist sie für die Verwendung mit Network Load Balancing ungeeignet. Die Konfiguration einer alternativen Hardwareadresse findet sich übrigens in den Eigenschaften der Netzwerkkarte (nicht der Netzwerkverbindung, Abbildung 20.81). Kurzer Hinweis: Ich zeige Ihnen den Dialog aus Abbildung 20.81, um Ihnen ein Gefühl für die Zusammenhänge zu vermitteln – nicht, dass mir jemand da andere Werte einträgt! Das würde den NLB-Cluster in einem inkonsistenten Zustand hinterlassen.

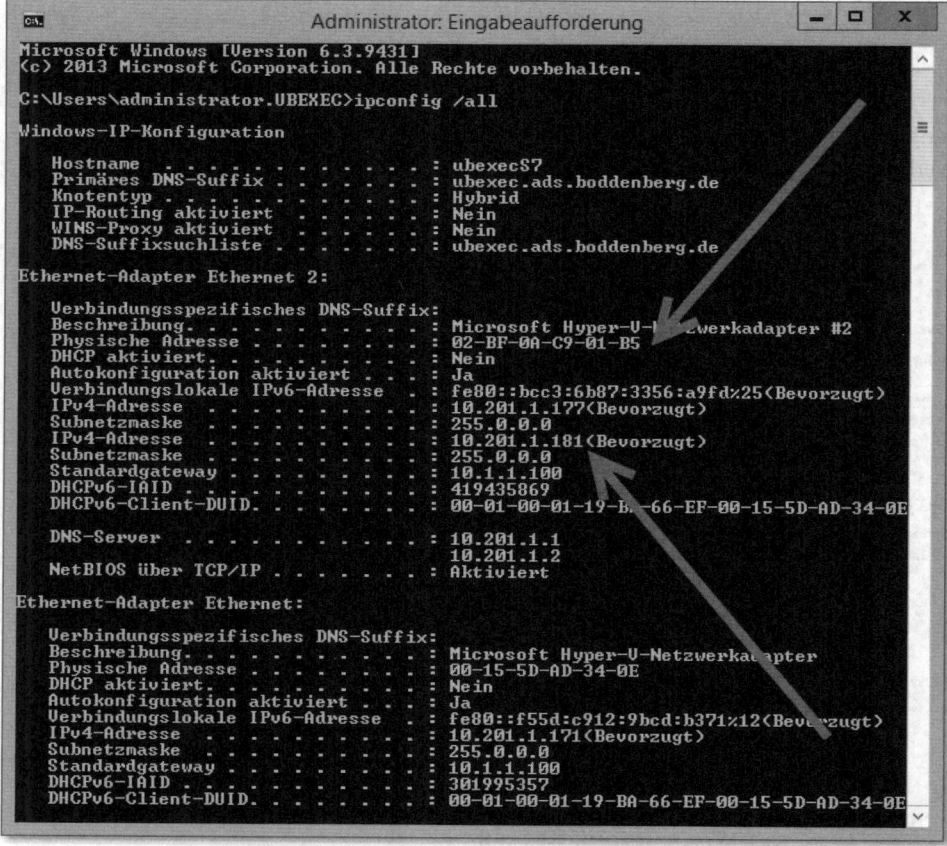

Abbildung 20.80 Mit »ipconfig /all« werden Sie feststellen, dass alle NLB-Clusterknoten dieselbe physikalische Adresse haben.

Abbildung 20.81 Bei den meisten Karten kann die Hardwareadresse überschrieben werden – wenn nicht, ist die Karte für die Verwendung mit NLB nicht geeignet.

Was sieht der Netzwerkmonitor?

Der NLB-Cluster ist für den Client, der auf einen dahinterliegenden Serverdienst zugreift, völlig transparent – der Client benötigt also keine zusätzliche Software oder dergleichen. Das lässt sich auch leicht »nachweisen«, wenn man den Verbindungsaufbau mit dem Netzwerkmonitor beobachtet.

> **Hinweis**
>
> Einige allgemeine Hinweise zur Arbeit mit dem Netzwerkmonitor finden Sie in Kapitel 4.

In Abbildung 20.82 sehen Sie einen Mitschnitt des Netzwerkverkehrs, bei dem der Browser eine Website aufruft, die via Network Load Balancing von zwei Webservern gehostet wird. Vor Beginn der Aufzeichnung wurden der ARP-Cache (`arp -d`) und der DNS-Cache (`ipconfig/flushdns`) geleert. Sie können folgende Verhaltensweisen beobachten:

▶ Pakete 43, 44: Zunächst muss der Client die Hardwareadresse des DNS-Servers auflösen. Dies geschieht mithilfe des ARP-Protokolls (siehe auch Abschnitt 4.3.2).

▶ Paket 45, 46: Nun fragt der Client beim DNS-Server nach der IP-Adresse des NLB-Clusters. In diesem Fall lautet der Name *ubinfwebnlb.ubinf.intra*.

▶ Paket 47–49: Jetzt wird es spannend: Der Client fragt (ARP Request) nach der Hardwareadresse der IP-Adresse des Clusters (Paket 47). Wie Sie zuvor erfahren haben, ist diese IP-Adresse bei allen Knoten des NLB-Clusters als zusätzliche Adresse eingetragen, und weiterhin haben alle Server (bzw. die »beteiligten« Netzwerkkarten) dieselbe Hardwareadresse.

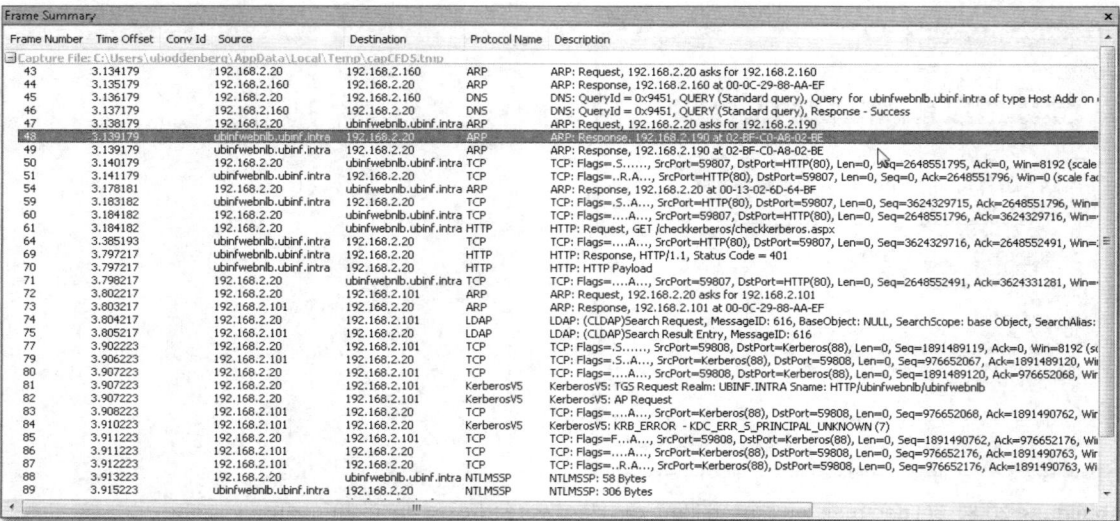

Abbildung 20.82 Verbindungsaufbau zu einem NLB-Cluster (Webserver) aus Sicht eines Clients

So erklärt es sich, warum es in diesem Fall zwei gleichlautende ARP-Responses gibt (zwei Server arbeiten in dem NLB-Cluster). Die zurückgegebene Adresse entspricht natürlich der Cluster-IP des NLB-Clusters, wie man in Abbildung 20.83 vergleichen kann.

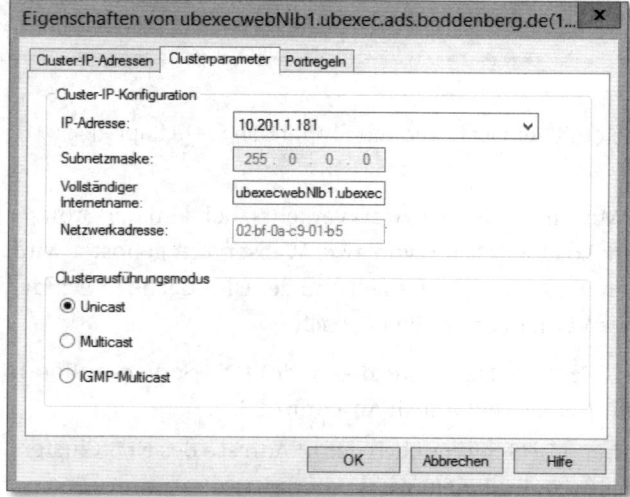

Abbildung 20.83 Die physikalische Adresse des NLB-Clusters wird bei der ARP-Auflösung der Adresse zurückgegeben.

▶ In den folgenden Paketen sehen Sie den Aufbau einer TCP-Verbindung, die Initiierung einer HTTP-Session und die Authentifizierung.

Authentifizierung

Bleiben wir ruhig noch ein wenig bei dem Thema »Webapplikationen und NLB«, was ja das meistgenutzte Szenario für NLB-Konfigurationen ist (gefolgt von den Terminaldiensten).

Bei Intranetanwendungen ist häufig die Authentifizierung ein extrem wichtiges Thema, um beispielsweise Szenarien realisieren zu können, wie sie in Abbildung 4.40 (weiter oben in Abschnitt 4.4.3) gezeigt sind.

Meine kleine Webtestapplikation zeigt, dass beim Zugriff auf den NLB-Cluster im Normalfall eine NTLM-Authentifizierung erfolgt.

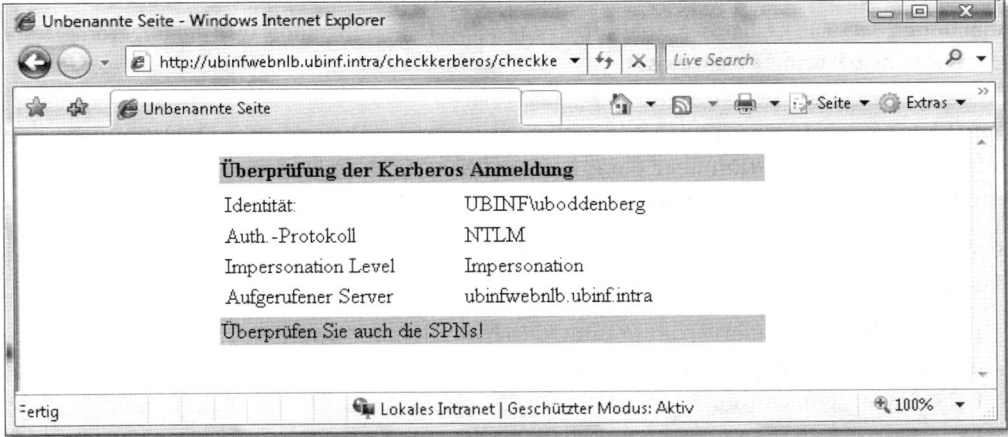

Abbildung 20.84 Beim Zugriff auf den NLB-Cluster wird, wenn Sie nicht gezielt etwas daran tun, NTLM verwendet – nicht Kerberos.

Mit dem Netzwerkmonitor kann man auch leicht erkennen, warum das so ist. Abbildung 20.85 zeigt den entscheidenden Auszug aus der schon zuvor besprochenen Sitzung:

- Der Client initiiert die HTTP-Sitzung und bekommt einen 401-Fehler (*unauthorized*) zurück (Paket 69 in Abbildung 20.82).
- Der Client baut daraufhin eine Verbindung zum Domänencontroller auf und fordert dort ein Ticket zum Zugriff auf die Ressource HTTP/UBINFWEBNLB an (HTTP/UBINFWEBNLB ist der *Service Principal Name* (SPN). Sie sehen diese Anforderung in Paket 81.
- In Paket 84 teilt der Domänencontroller mit, dass ihm dieser SPN unbekannt ist (*KRB_ERROR–KDC_ERR_S_PRINCIPAL_UNKNOWN*).
- Da Kerberos nicht möglich ist, fällt der Client auf die NTLM-Authentifizierung zurück (Paket 88 ff.).

20 Hochverfügbarkeit

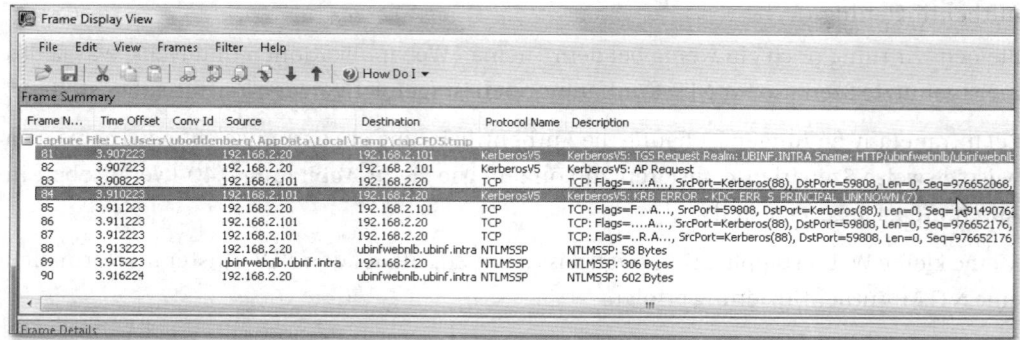

Abbildung 20.85 Die Kerberos-Authentifizierung kommt nicht zustande, weil der angeforderte »Service Principal Name« nicht existiert.

Der Benutzer wird zwar zunächst glücklich sein, denn er kann auf die Website zugreifen. Sofern die Webapplikation aber darauf angewiesen ist, dass die Delegierung der Identität funktioniert, gibt es ein Problem.

Bleibt noch die Frage zu klären, warum der Service Principal Name nicht gefunden wird? Ganz einfach:

- Die Standard-SPNs (Servername und FQDN) werden automatisch registriert. Der Name des NLB-Clusters ist aber kein Servername und wurde »nur« dadurch erzeugt, dass er im DNS eingetragen wurde.
- Wenn der Client eine Authentifizierung anfordert, übergibt er den Namen, über den er auf die Ressource zugreift, was ja in Abbildung 20.85 (Paket 81) sehr schön zu sehen ist.
- Und wenn der zum DNS-Namen passende SPN nicht registriert worden ist, gelingt die Kerberos-Authentifizierung eben nicht.

Mehr zum Thema *Service Principal Name* finden Sie auch in Abschnitt 4.4.4.

Die Lösung ist nun auf den ersten Blick ganz einfach: Man registriert »einfach mal eben schnell« den SPN für den DNS-Namen des NLB-Clusters. Damit sind wir auch schon in unserer beliebten Rubrik »Echte Probleme von echten Kunden aus echten Projektsituationen« – und ich habe dem Thema einen eigenen Abschnitt, nämlich den nun folgenden, gewidmet.

20.3.4 Webserver, Kerberos und NLB

Die Webapplikationen, die heute auf Webservern ausgeführt werden, zeigen keine statischen Seiten mehr, sondern sind komplexe Businessapplikationen. Es ist mehr als einleuchtend, dass solche Applikationen auch auf weitere Server im Netz zugreifen müssen. Wenn dies mit der Windows-Identität des angemeldeten Benutzers geschehen soll, sieht das Szenario so aus, wie in Abbildung 20.86 gezeigt:

- Der Benutzer greift mit seiner Windows-Identität auf den NLB-Cluster zu.
- In der Konfiguration der Webapplikation ist festgelegt, dass die Identität des angemeldeten Benutzers angenommen wird (Impersonation).
- Soll die Webapplikation auf andere Server im internen Netz zugreifen, muss dies auch mit der Identität des angemeldeten Benutzers geschehen.

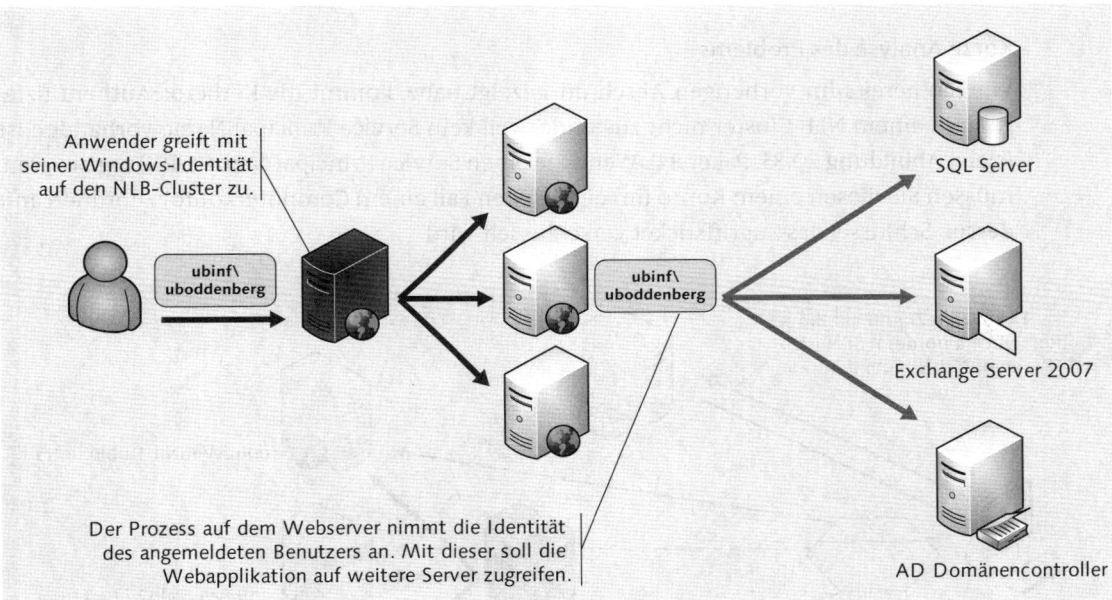

Abbildung 20.86 In diesem NLB-Szenario muss Kerberos-Delegierung funktionieren – das ist nicht ganz trivial.

Wir befinden uns hiermit in einem Szenario, in dem die Kerberos-Delegierung funktionieren muss. Die Voraussetzungen sind:

- Der Benutzer muss sich am Webserver mit Kerberos anmelden.
- Dem Server muss für Delegierung vertraut werden. Genauer gesagt, dem Computerkonto des Servers oder dem Konto, unter dem der Anwendungspool läuft, muss für Delegierung vertraut werden. Der letztgenannte Fall trifft nur dann zu, wenn der Anwendungspool nicht unter einem der eingebauten Konten (Netzwerkdienst etc.) läuft.
- Der Service Principal Name muss »richtig« registriert sein.
- Der Browser des Clients muss den Webserver in die Zone *Lokales Intranet* einsortieren.

Kerberos in einem NLB-Szenario zum Laufen zu bringen, ist nun wirklich kein unlösbares Problem – so ganz trivial ist es aber auch nicht, weshalb ich Ihnen erstens die Ursache und zweitens die Lösung zeigen möchte.

> **Kerberos**
>
> Einen einigermaßen ausführlichen Überblick über Kerberos finden Sie in Abschnitt 4.4.2 ff. Falls Sie mit Kerberos und der Delegierung nicht so sehr vertraut sind, möchte ich Ihnen dringend empfehlen, vorab diese Abschnitte zu lesen.

Kurze Analyse des Problems

Wie ich bereits im vorherigen Abschnitt gezeigt habe, kommt die Kerberos-Authentifizierung in einem NLB-Cluster nicht zustande, weil kein Service Principal Name vorhanden ist (siehe Abbildung 20.85, Paket 84). Wenn Sie einen Service Principal Name (SPN) registrieren, müssen Sie diesen einem Konto (im einfachsten Fall einem Computerkonto) zuordnen, mit dessen Schlüssel das Zugriffsticket verschlüsselt wird.

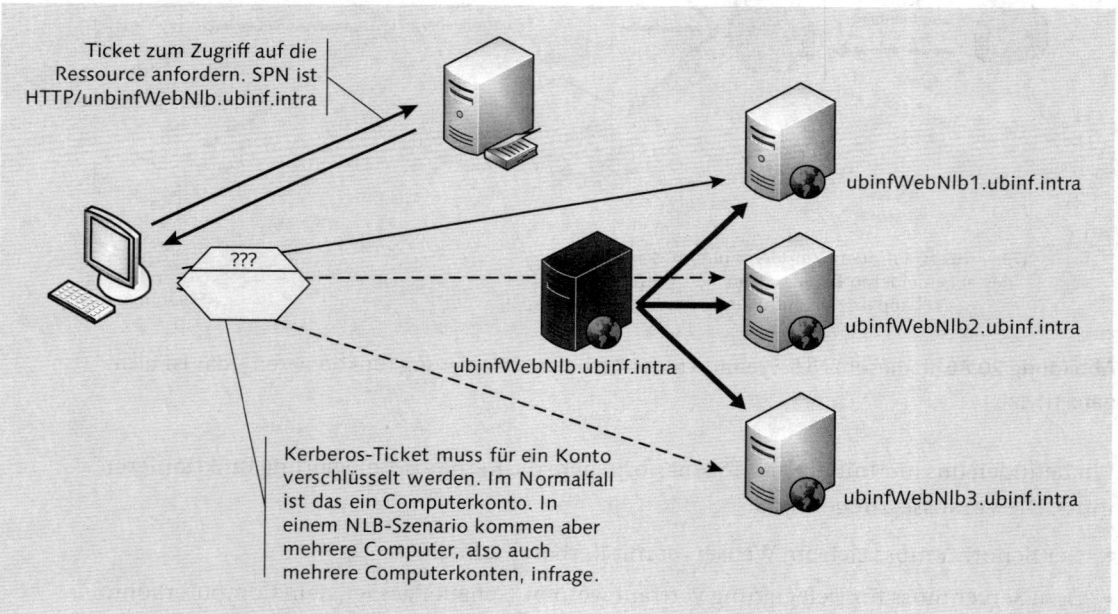

Abbildung 20.87 Für welches Computerkonto soll der Domänencontroller das Kerberos-Ticket ausstellen?

In Abbildung 20.87 sehen Sie nun das Problem:

- Letztendlich wird der Client auf den Server *ubinfWebNlb1*, *2* oder *3* zugreifen. Welcher es wird, kann man zum Zeitpunkt der Kerberos-Ticket-Anforderung nicht vorhersagen.
- Da der Domänencontroller das Ticket nicht für alle drei Computerkonten gleichzeitig verschlüsseln kann, wird der Zugriff nur in einem Drittel der Fälle erfolgreich sein.

In Abbildung 20.88 können Sie sehen, was passiert, wenn ein Client einem Server ein Kerberos-Zugriffsticket präsentiert, das der Server nicht entschlüsseln kann. Der Server wird dreimal nach der Anmeldung fragen und schließlich einen Zugriffsfehler ausgeben.

Abbildung 20.88 So sieht es aus, wenn ein Kerberos-Ticket von der Ressource nicht verarbeitet werden kann, weil es für ein anderes Konto verschlüsselt worden ist.

Die Lösung ist so einfach wie einleuchtend: Man muss »nur« dafür sorgen, dass die Webapplikation auf allen beteiligten Servern unter demselben Dienstkonto läuft. Das Dienstkonto muss dabei ein Domänenkonto sein. Das Kerberos-Ticket wird dann für dieses Dienstkonto erstellt, sodass der Zugriff auf alle Server gelingt. Abbildung 20.89 zeigt die Funktionsweise in schematischer Darstellung.

Da für die Realisierung der in Abbildung 20.89 gezeigten Lösung diverse Konfigurationsschritte notwendig sind, zeige ich Ihnen die Vorgehensweise und durchzuführenden Schritte in etwas ausführlicherer Form. Weil die Vorgehensweise direkt mehrere Bereiche berührt (IIS, Active Directory, NLB), riskiere ich ein paar »Dubletten« und zeige Ihnen die Konfiguration »en bloc«.

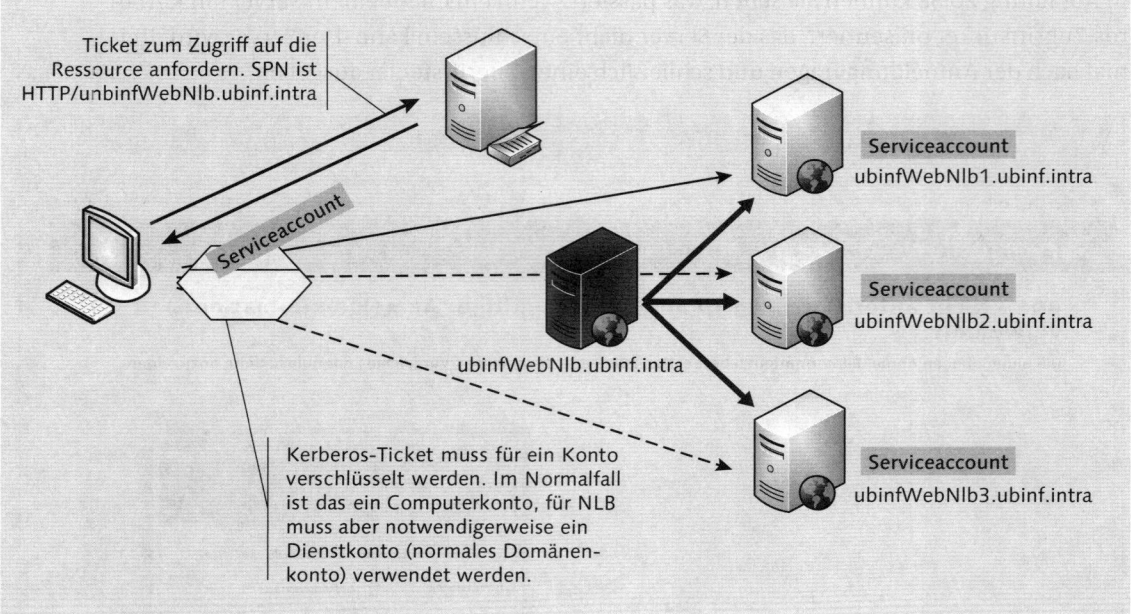

Abbildung 20.89 Die Lösung: Die Webapplikation nutzt ein Domänenkonto.

Vorbereitung und Testapplikation

Damit man sehen kann, ob die Anmeldung mit Kerberos erfolgt und ob tatsächlich eine Delegierung möglich ist, verwende ich die bereits bekannte selbst gebastelte Webapplikation, die ich Ihnen auf Wunsch gern zusende (*ulrich@boddenberg.de*).

Zunächst müssen Sie aber dafür sorgen, dass auf den Webservern des NLB-Clusters die WINDOWS-AUTHENTIFIZIERUNG möglich ist: Dazu muss der entsprechende Rollendienst installiert werden (Abbildung 20.90).

Dann kopieren Sie die Testapplikation in ein Verzeichnis auf den Servern, am einfachsten in *c:\inetpub\wwwroot*.

Im INTERNETINFORMATIONSDIENSTE-MANAGER müsste das neue Verzeichnis direkt zu sehen sein, zumindest dann, wenn Sie es in den vorgeschlagenen Pfad kopiert haben. Machen Sie aus dem Verzeichnis eine Anwendung, indem Sie den Menüpunkt IN ANWENDUNG KONVERTIEREN aufrufen (Abbildung 20.91).

Es wird ein Dialog erscheinen, in dem Sie einige Grundeinstellungen für die neue Anwendung vornehmen können; bestätigen Sie die vorbelegten Werte – wir werden sie später anpassen (Abbildung 20.92).

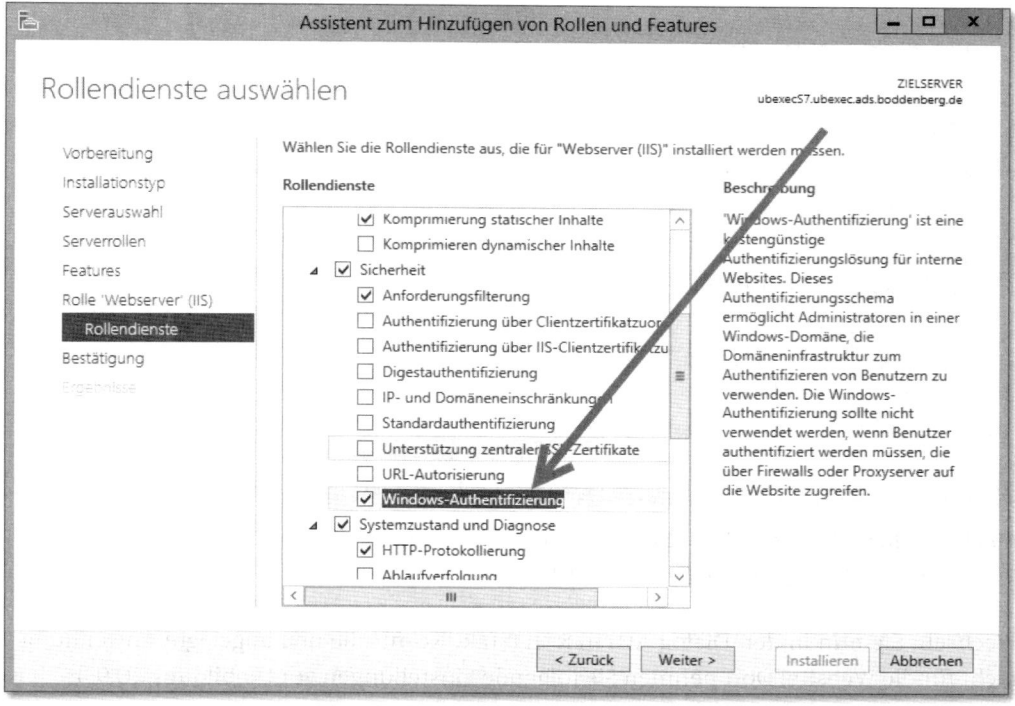

Abbildung 20.90 »Windows-Authentifizierung« muss als Rollendienst hinzugefügt werden.

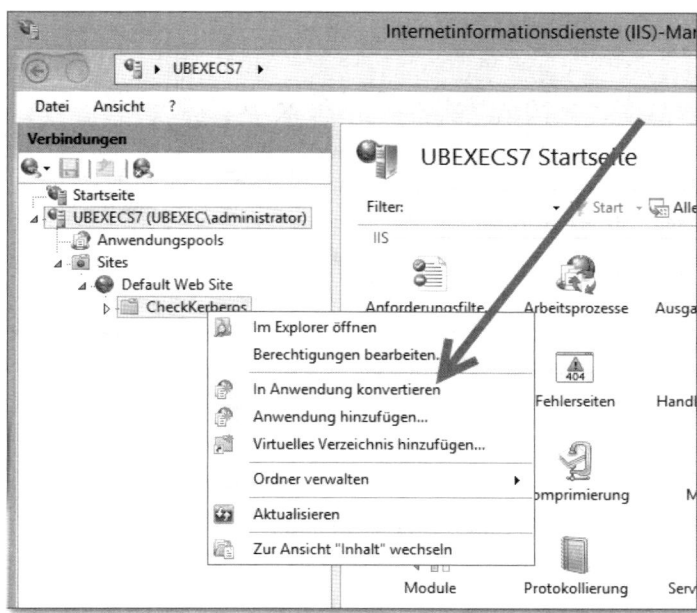

Abbildung 20.91 Konvertieren Sie das Verzeichnis in eine Anwendung.

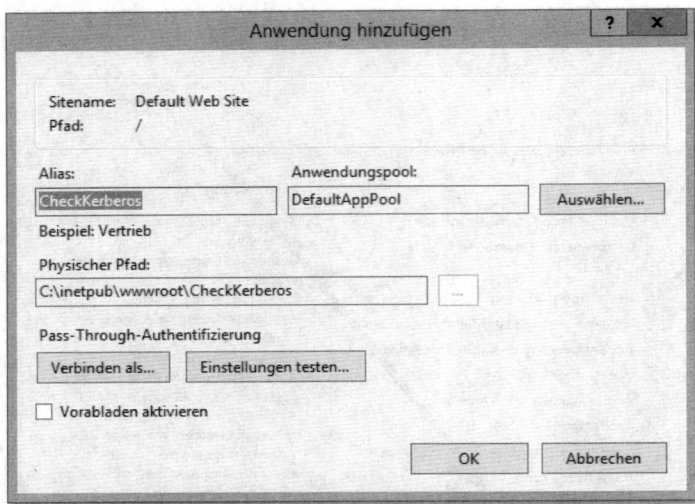

Abbildung 20.92 In diesem Dialog werden einige Grundeinstellungen beim Konvertieren der Anwendung abgefragt – bestätigen Sie die vorbelegten Werte.

Wechseln Sie nun in den Dialog AUTHENTIFIZIERUNG für die neu angelegte Anwendung – nicht für die Website! Dort nehmen Sie folgende Einstellungen vor (Abbildung 20.93):

- ANONYME AUTHENTIFIZIERUNG wird deaktiviert.
- ASP.NET-IDENTITÄTSWECHSEL müsste bereits aktiviert sein und muss dies auch bleiben.
- WINDOWS-AUTHENTIFIZIERUNG wird aktiviert.

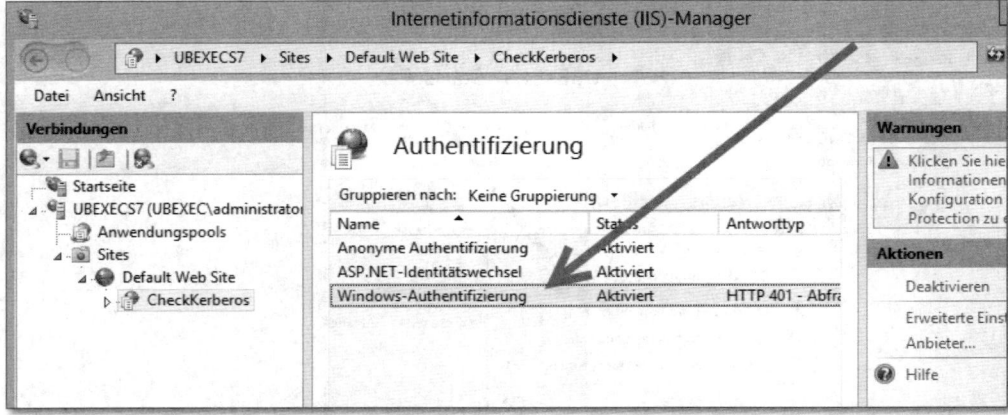

Abbildung 20.93 Die Steuerung der Authentifizierung für die Anwendung

> **Rollendienst hinzufügen**
>
> Falls die WINDOWS-AUTHENTIFIZIERUNG in der Auflistung nicht vorhanden ist, müssen Sie sie noch als Rollendienst hinzufügen (siehe Abbildung 20.90).

Bereiten Sie alle Server des NLB-Clusters (in diesem Beispiel sind es zwei) wie beschrieben vor. Sie können die Anwendung auf dem jeweiligen Server direkt aufrufen, indem Sie den Namen des Servers und nicht des NLB-Clusters angeben. Sie werden das in Abbildung 20.94 gezeigte Ergebnis sehen:

- Die Authentifizierung wird mit Kerberos durchgeführt.
- Der IMPERSONATION LEVEL wird *Impersonation* sein – wir benötigen zwar für den NLB-Cluster den Level *Delegation*, das braucht uns aber hier noch nicht zu stören.

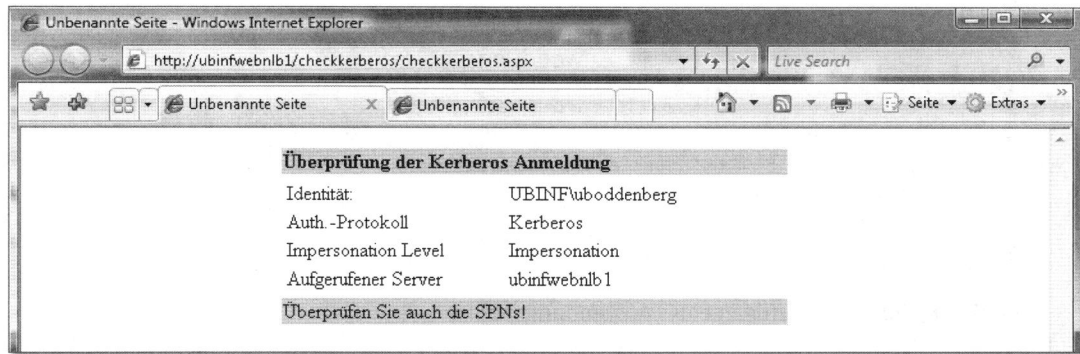

Abbildung 20.94 Wenn Sie die neue Webanwendung direkt, also mit der URL des Servers und nicht mit der URL des NLB-Clusters, aufrufen, müssten Sie zu diesem Ergebnis kommen.

> **Hinweis**
>
> Beachten Sie, dass der Internet Explorer die aufgerufene URL in die Zone *Lokales Intranet* einsortieren muss. Eventuell müssen Sie die Zonen anpassen. Weiterhin muss im Browser die Windows-Authentifizierung aktiviert sein.

Konfiguration verändern

Jetzt geht's richtig los. Wir werden folgende Anpassungen durchführen:

- Anlegen eines neuen Anwendungspools: Die Poolidentität wird ein Domänenbenutzerkonto sein.
- Die Anwendung wird in den neuen Anwendungspool verschoben.

- Für den DNS-Namen des NLB-Clusters wird ein Service Principal Name angelegt.
- Dem Benutzerkonto, das als Identität des Anwendungspools eingetragen ist, wird für die Delegierung vertraut.

Falls Sie alle Schritte auch ohne die Hilfe dieses Buchs durchführen können, sind Sie bereits ein IIS-Profi. Top! Alle anderen werden diesen Status nach der Durchführung der nachfolgend im Detail beschriebenen Schritte erreicht haben.

Los geht's:

- Fügen Sie im INTERNETINFORMATIONSDIENSTE-MANAGER einen neuen ANWENDUNGSPOOL hinzu (Abbildung 20.95).

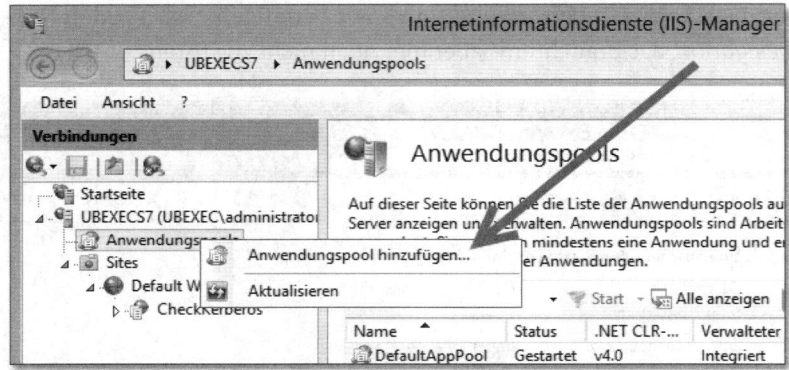

Abbildung 20.95 Hinzufügen eines Anwendungspools

- Vergeben Sie einen beliebigen aussagekräftigen Namen, und akzeptieren Sie ansonsten die Voreinstellungen (Abbildung 20.96).

Abbildung 20.96 Die vorgeschlagenen Einstellungen können Sie übernehmen.

▶ Falls nicht bereits eines vorhanden ist, legen Sie ein neues Domänenbenutzerkonto an (mit dem Snap-In *Active Directory-Benutzer und -Computer*).

▶ Öffnen Sie die Eigenschaften des neu angelegten Anwendungspools, und geben Sie als Identität das Domänenbenutzerkonto an (Abbildung 20.97).

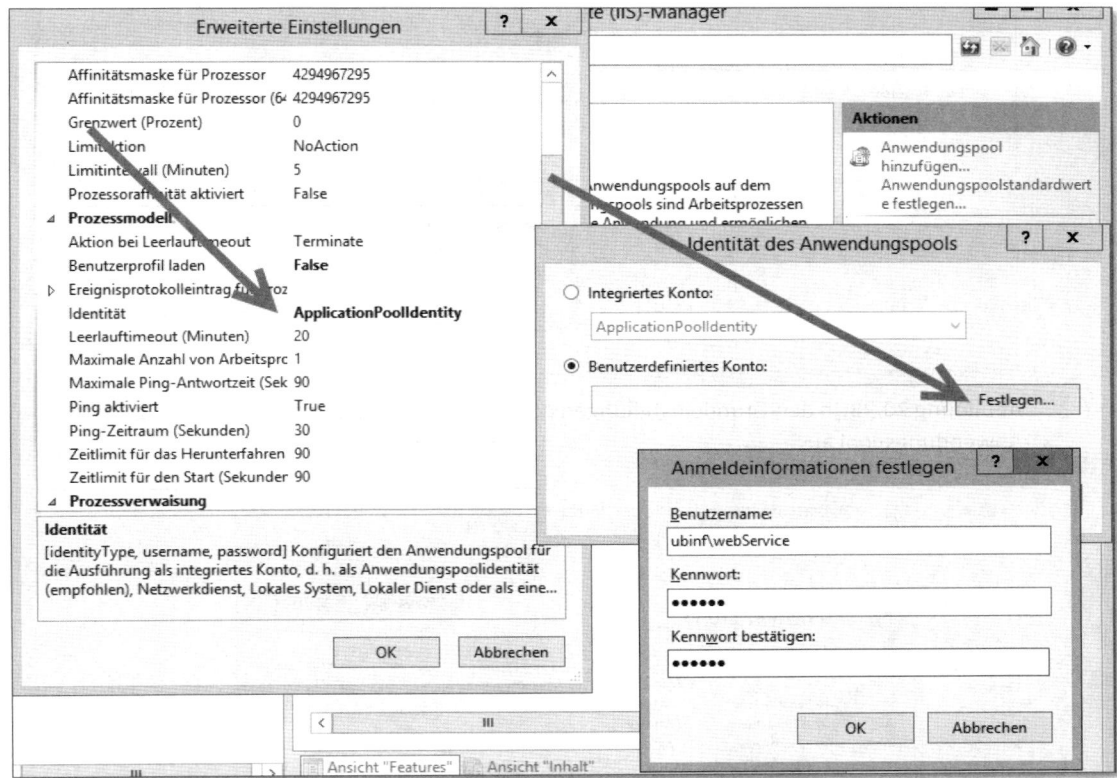

Abbildung 20.97 In den Eigenschaften des neuen Anwendungspools tragen Sie das Domänenbenutzerkonto ein, das als Identität verwendet werden soll.

Der neue Anwendungspool kann jetzt verwendet werden. Nun muss noch die Anwendung angepasst werden:

▶ Rufen Sie die GRUNDEINSTELLUNGEN der Anwendung auf, und legen Sie als Anwendungspool den neu erstellten Pool fest (Abbildung 20.98).

▶ Rufen Sie den AUTHENTIFIZIERUNG-Dialog der Anwendung auf, und deaktivieren Sie in den Eigenschaften der WINDOWS-AUTHENTIFIZIERUNG die KERNELMODUS-AUTHENTIFIZIERUNG (Abbildung 20.99).

▶ Führen Sie ein `iisreset` aus.

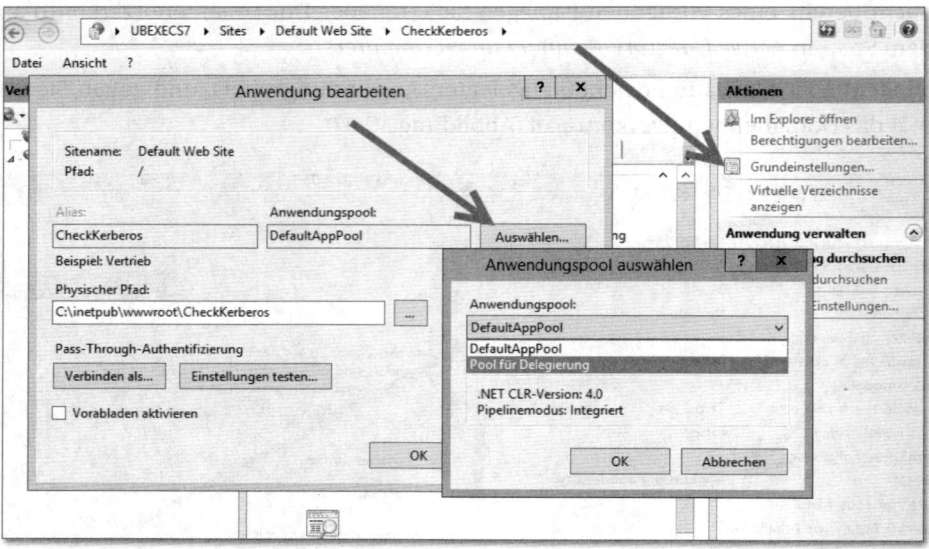

Abbildung 20.98 In den Grundeinstellungen der Anwendung wählen Sie den neu angelegten Anwendungspool aus.

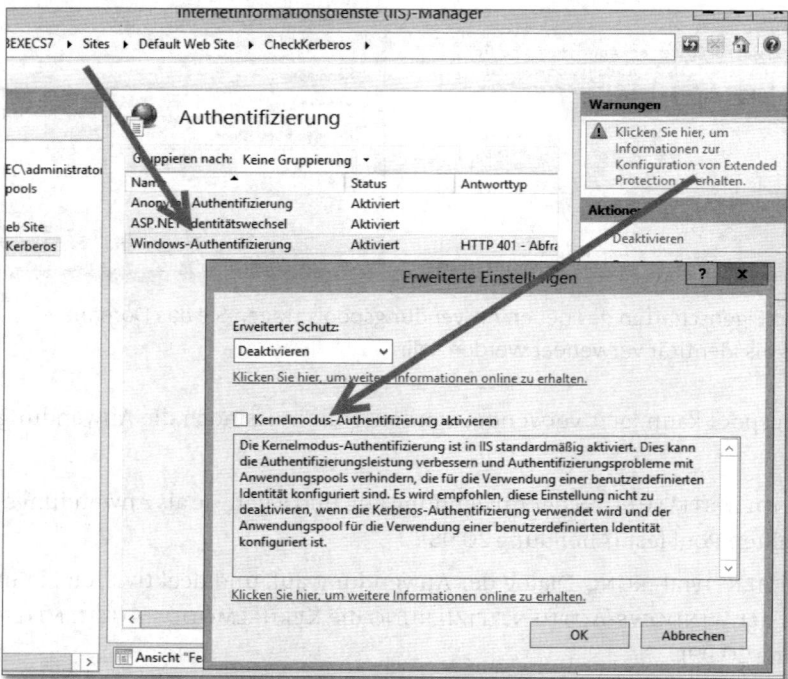

Abbildung 20.99 In den Eigenschaften der Windows-Authentifizierung der Anwendung deaktivieren Sie die »Kernelmodus-Authentifizierung«.

> **Hinweis**
>
> Neben einigen anderen Features (z.B. Performance bei der Authentifizierung) sorgt die Kernelmodus-Authentifizierung dafür, dass Kerberos-Tickets nicht von dem als Identität des Anwendungspools eingetragenen Konto entschlüsselt werden, sondern mit dem Computerkonto. Das ist zwar in vielen Fällen durchaus hilfreich – im Moment benötigen wir aber wirklich genau das Gegenteil.
>
> Das Abschalten der Kernelmodus-Authentifizierung führt schnell zum gewünschten Ergebnis und ist aus der grafischen Konfigurationsoberfläche heraus zu erledigen. Der bessere Weg ist allerdings, das Attribut useAppPoolCredentials auf true zu setzen. Das müssen Sie allerdings in der XML-Konfigurationsdatei der Anwendung erledigen.

Sie können, sozusagen als Zwischenergebnis, einen kleinen Test durchführen, indem Sie die Webanwendung über den Namen des NLB-Clusters angeben. Wenn Sie alles richtig gemacht haben, wird die Testapplikation erscheinen. Die Authentifizierung wird aber noch nicht mit Kerberos durchgeführt werden, sondern »nur« mit NTLM (Abbildung 20.100).

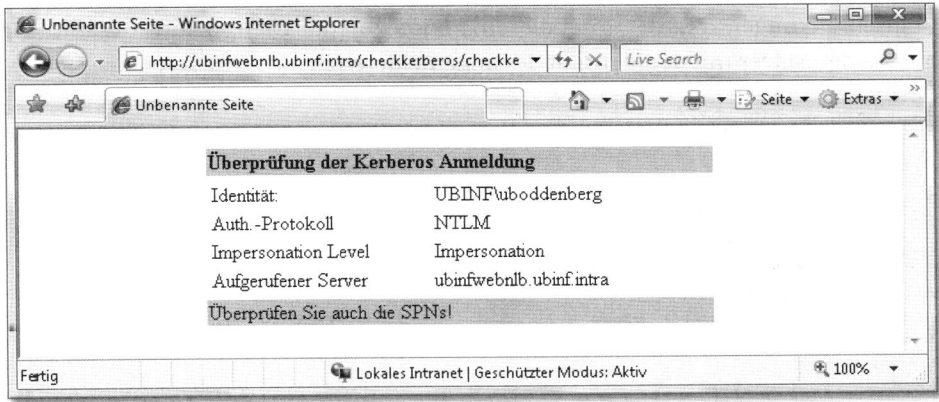

Abbildung 20.100 Kurzer Test für das erste Zwischenergebnis: Der Zugriff auf den NLB-Cluster funktioniert, allerdings nur mit NTLM.

Kleines Quiz:

- Frage: Warum nur mit NTLM?
- Antwort (bitte rückwärts lesen): nednahrov eman lapicnirp ecivres niek

Nun geht es an die Registrierung der Service Principal Names. In meinem Beispiel lauten die Namen des NLB-Clusters *ubinfWebNlb* bzw. *ubinfWebNlb.ubinf.intra*. Der Anwendungspool läuft unter dem Konto *ubinf\WebService*.

Die SPNs werden wie in Abbildung 20.101 mit dem Werkzeug *setspn.exe* registriert.

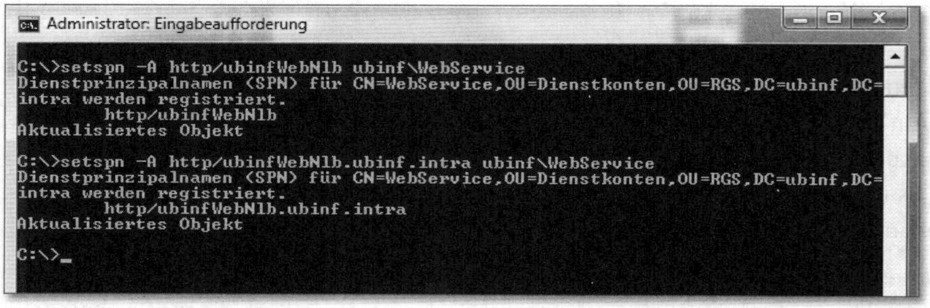

20 Hochverfügbarkeit

Abbildung 20.101 Registrieren der Service Principal Names für den Servernamen und den FQDN

Als Nächstes rufen Sie die Eigenschaften des »Identität-des-Anwendungspools-Domänenbenutzerkontos« im Snap-In *Active Directory-Benutzer und -Computer* auf. Dort, und zwar auf der Registerkarte DELEGIERUNG, konfigurieren Sie, dass dem Konto für Delegierung vertraut werden soll. Es gibt dabei letztendlich zwei Möglichkeiten (Abbildung 20.102):

▶ Wenn Sie sich für die in der Abbildung gewählte Einstellung BENUTZER BEI DELEGIERUNGEN ALLER DIENSTE VERTRAUEN (NUR KERBEROS) entscheiden, gibt es bei der Delegierung keine Einschränkungen, d.h., der unter diesem Konto laufende Dienst kann auf sämtliche Ressourcen des Netzes mit der Identität des angemeldeten Benutzers zugreifen.

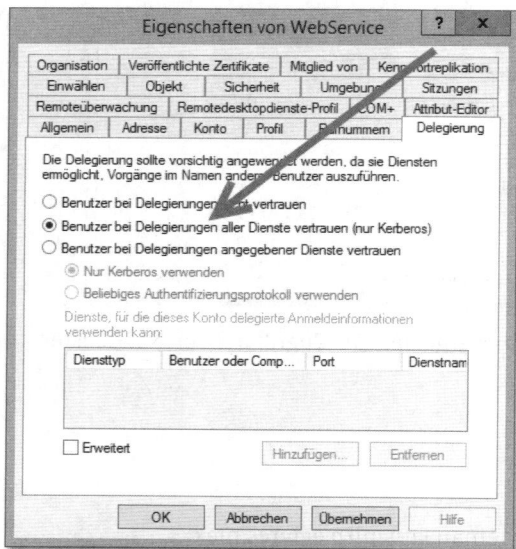

Abbildung 20.102 Hier wird konfiguriert, dass dem Domänenbenutzerkonto, das als Identität des Anwendungspools verwendet wird, für die Delegierung vertraut wird.

▶ Alternativ können Sie die dritte Option, BENUTZER BEI DELEGIERUNGEN ANGEGEBENER DIENSTE VERTRAUEN, selektieren und genau die Dienste angeben, auf die per Delegierung zugegriffen werden kann. Es werden die SPNs der Dienste angegeben, beispielsweise *LDAP/ubinfdc10* oder *MSSQLSvc/ubinfcsql01*. Man spricht dabei von einer *Constrained Delegation*, also einer eingeschränkten Delegierung. Es ist hierbei sogar denkbar, eine Delegierung zu ermöglichen, obwohl der Anwender nur mit NTLM angemeldet ist. Ich würde aber immer versuchen, Kerberos zum Laufen zu bringen, anstatt Constrained Delegation mit NTLM zu verwenden.

> **Hinweis**
>
> Es ist übrigens vollkommen klar, dass die Nutzung von Constrained Delegation (also die dedizierte Vorgabe, an welche Dienste das Konto delegieren darf) die empfohlene Variante ist.
>
> Wenn das Vertrauen bei Delegierung neu eingerichtet ist, muss der delegierende Server (also der Webserver) neu gestartet werden.

Da Sie die EIGENSCHAFTEN des Kontos schon geöffnet haben, können Sie einen anderen Aspekt überprüfen. Auf der Registerkarte ATTRIBUT-EDITOR haben Sie die Möglichkeit, jedes Attribut eines Active Directory-Objekts einzusehen und zu modifizieren – Sie brauchen also nicht extra den ASDI-Editor zu starten.

Im Attribut SERVICE PRINCIPAL NAME müssten die beiden neu angelegten SPNs zu finden sein (Abbildung 20.103). *setspn.exe* macht also nichts anderes, als in dieses Attribut zu schreiben.

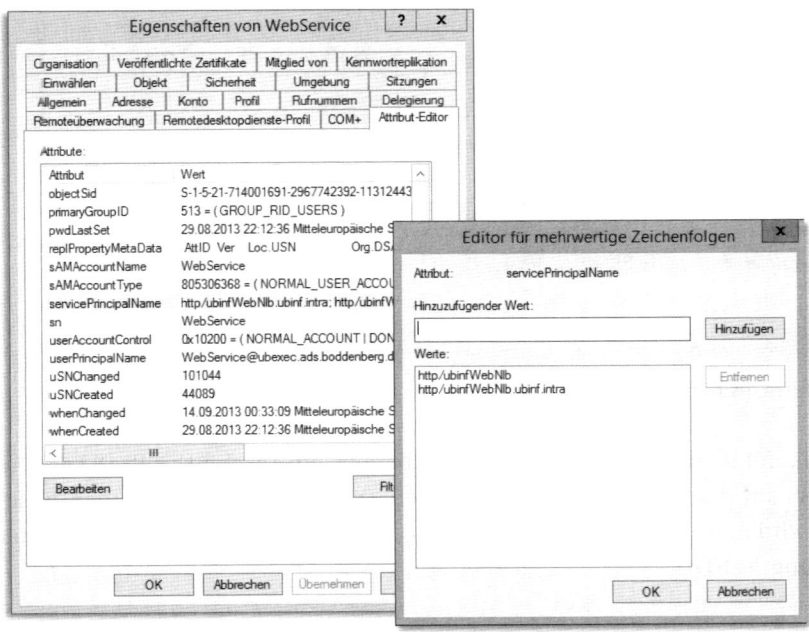

Abbildung 20.103 Im Attribut-Editor können Sie sehen, dass die beiden neuen SPNs im Attribut »servicePrincipalName« eingetragen sind.

Nun kommt der spannende Moment: Rufen Sie, mit mehr oder weniger zitternden Knien etc., die Adresse des NLB-Clusters auf. Sie sollten die Ausgabe aus Abbildung 20.104 erhalten:

- Das Authentifizierungsprotokoll ist KERBEROS.
- Als IMPERSONATION LEVEL ist DELEGATION angegeben.

Was tun Sie, wenn es nicht funktioniert?

Haben Sie alle Schritte durchgeführt, kann es eigentlich nicht sein, dass die Konfiguration nicht funktioniert. Wenn Sie hinreichend schnell nach der Ausführung der letzten Einstellungen den Browser gestartet haben, werden Sie vermutlich doch eine Enttäuschung erleben. Die Änderungen sind aus mehreren Gründen nicht sofort aktiv: Wenn Sie mehrere DCs einsetzen, dauert es etwas länger, bis alle Änderungen repliziert sind. Auch bei nur einem DC dauert es ein Weilchen, bis die Änderungen wirklich greifen. Eine weitere Ursache ist, dass der Client gegebenenfalls noch die alte NTLM-Anmeldung im Zwischenspeicher hat. Einmal ab- und anmelden hilft. Dies gilt übrigens auch, wenn Sie zuvor eine Kerberos-Anmeldung ohne Delegierung durchgeführt haben.

Gehen Sie also nach Abschluss der Änderung in die Teeküche, oder rufen Sie Ihre Partnerin oder Ihren Partner an, um zu besprechen, in welchem Restaurant Sie heute die Kerberos-Erfolge feiern wollen – und dann sollte es eigentlich klappen.

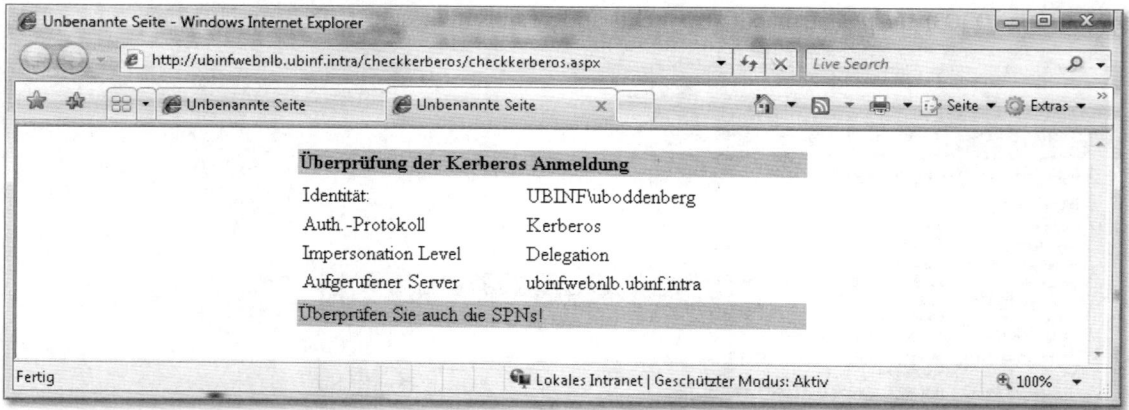

Abbildung 20.104 Hurra, es hat funktioniert!

Interessant ist auch, mit dem *Kerbtray*-Utility, das Sie bereits aus Abschnitt 4.4.2 ff. kennen, die Kerberos-Tickets auf dem Client anzeigen zu lassen. Wenn die Kerberos-Authentifizierung gelungen ist, wird dort ein Ticket vorhanden sein, das zum Zugriff auf den NLB-Cluster berechtigt (Abbildung 20.105).

Abbildung 20.105 Mit »Kerbtray.exe« können Sie das ausgestellte Kerberos-Ticket bewundern.

> **Kerbtray vs. klist**
>
> Seit Windows Server 2008 (also auch in 2012) gibt es das Kommandozeilenwerkzeug *klist*. Das auf dem Screenshot gezeigte Kerbtray funktioniert auch in den neuen Betriebssystemversionen, muss aber nachinstalliert werden – auf dem Screenshot ist es jedoch einfach übersichtlicher.

20.3.5 NLB-Troubleshooting allgemein

Wer sich bereits länger mit IT beschäftigt, weiß, dass alles grundsätzlich ganz einfach ist, der Teufel dann aber doch im Detail steckt.

Meiner Erfahrung nach zählt NLB in den meisten Fällen zwar nicht zu den maßgeblichen Verursachern von grauen Haaren, aber es gibt auch hier hinreichend viele Dinge, die einfach schiefgehen können.

Unter der URL *http://technet.microsoft.com/en-us/library/cc732592.aspx* hat das Microsoft Technet-Team eine ausführliche Liste von möglichen Fehlerszenarien zusammengestellt, die ich Ihnen für den Ernstfall empfehlen möchte.

Kapitel 21
Datensicherung

Darum habe dem Volk der Treffende Wehe bereitet,
Weil für Chryses Tochter ich selbst die köstliche Lösung
Anzunehmen verwarf. Denn traun! weit lieber behielt' ich
Solche daheim; da ich höher wie Klytämnestra sie achte,
Meiner Jugend Vermählte: denn nicht ist jene geringer

Egal ob Sie eine Hochverfügbarkeitslösung mit redundanter Datenhaltung aufgebaut haben oder nicht: An einer Datensicherung kommen Sie nicht vorbei, wofür es mehrere Argumente gibt:

- Sie müssen auf einen Totalverlust vorbereitet sein, bei dem Sie sozusagen mit nichts als den Sicherungsbändern wieder anfangen müssen. Der Fall ist nicht allzu wahrscheinlich, trotzdem aber denkbar.
- Bei der Behebung von logischen Fehlern müssen Sie eventuell auf einen älteren Versionsstand zurückgreifen. Da hilft es Ihnen auch nicht, wenn Sie den aktuellen Datenbestand nebst Fehlern gespiegelt haben, eine ältere Version aber nicht vorliegt.
- Ähnliches gilt auch für die Rücksicherung von Benutzerdaten, die zwar nicht im herkömmlichen Sinne einem logischen Fehler zum Opfer gefallen sind, sondern der Unachtsamkeit eines Mitmenschen.

Fakt ist, dass ein vernünftiges Sicherungs- und Rücksicherungskonzept das Herzstück jeder Planung einer Systemlandschaft sein muss. Auch wenn das in Windows Server 2012 integrierte Backup-Utility nicht mit Bändern umgehen kann, spielen Bänder nach wie vor eine wesentliche Rolle bei der Datensicherung: Man kann vergleichsweise preisgünstig große Datenmengen aufbewahren und diese auch einfach transportieren, beispielsweise für die Auslagerung von Wochenbändern in einem Tresor.

> **Datensicherung**
> Die Datensicherung Ihrer produktiven Server werden Sie aller Wahrscheinlichkeit nach nicht mit der Sicherungssoftware durchführen, die zum Lieferumfang des Servers gehört.

> Natürlich kann man damit grundlegende Aufgaben erledigen, aber in der Praxis gibt es doch noch deutlich mehr Anforderungen: zentrale Steuerung und zentrales Management, besseres Medienmanagement, Unterstützung von Sicherungen auf Band, Agenten für die Sicherung von Datenbanken und dergleichen mehr.

Da ich also davon ausgehe, dass dieses Kapitel eine nicht allzu hohe Praxisrelevanz hat, wird es etwas knapper gehalten. Sie sollten sich allerdings unbedingt mit der von Ihnen eingesetzten Backup-Software sehr eingehend beschäftigen und diese sicher beherrschen – vor allem wenn es um die Totalwiederherstellung des Servers geht. Die perfekte Beherrschung der Rücksicherung in allen Varianten sollte zwar eigentlich eine Selbstverständlichkeit sein, die Erfahrung zeigt aber, dass die meisten Admins relativ schnell ins Straucheln geraten, wenn die Stunde der Wahrheit gekommen ist.

Trotz der zuvor genannten Gründe hat das integrierte Sicherungswerkzeug durchaus seine Stärken, denn es ist simpel anzuwenden und funktioniert zuverlässig. Um es zu installieren, fügen Sie im Server-Manager das Feature WINDOWS SERVER-SICHERUNG hinzu (Abbildung 21.1).

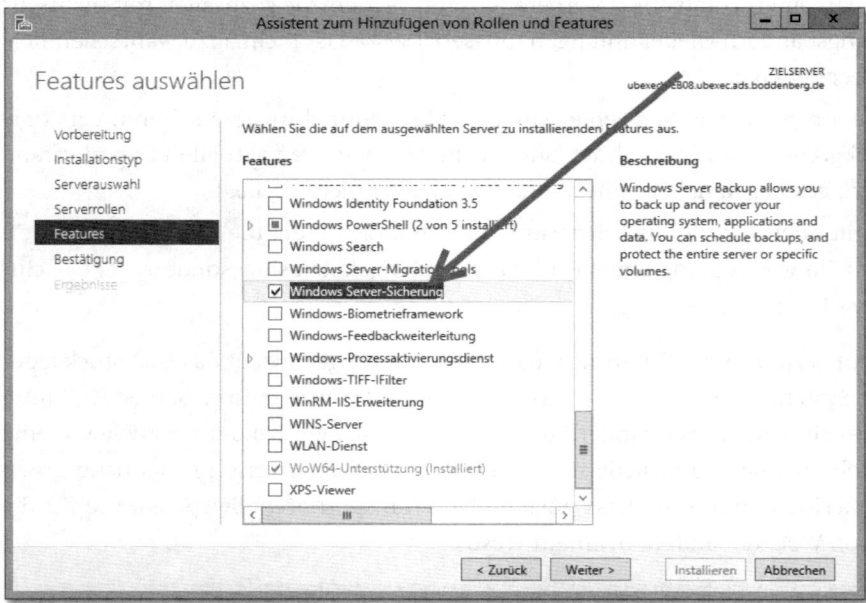

Abbildung 21.1 Wenn Sie mit Bordmitteln sichern möchten, müssen Sie das entsprechende Feature installieren.

Nach Abschluss der Installation können Sie das Werkzeug für die Verwaltung der WINDOWS SERVER-SICHERUNG starten, woraufhin sich die grafische Oberfläche öffnet, die Sie in Abbildung 21.2 sehen. Prinzipiell finden Sie hier drei wesentliche Tätigkeitsfelder:

- Durchführung einer Einmalsicherung
- Erstellung eines Sicherungszeitplans für die Durchführung von regelmäßigen Sicherungen
- Durchführung einer Wiederherstellung

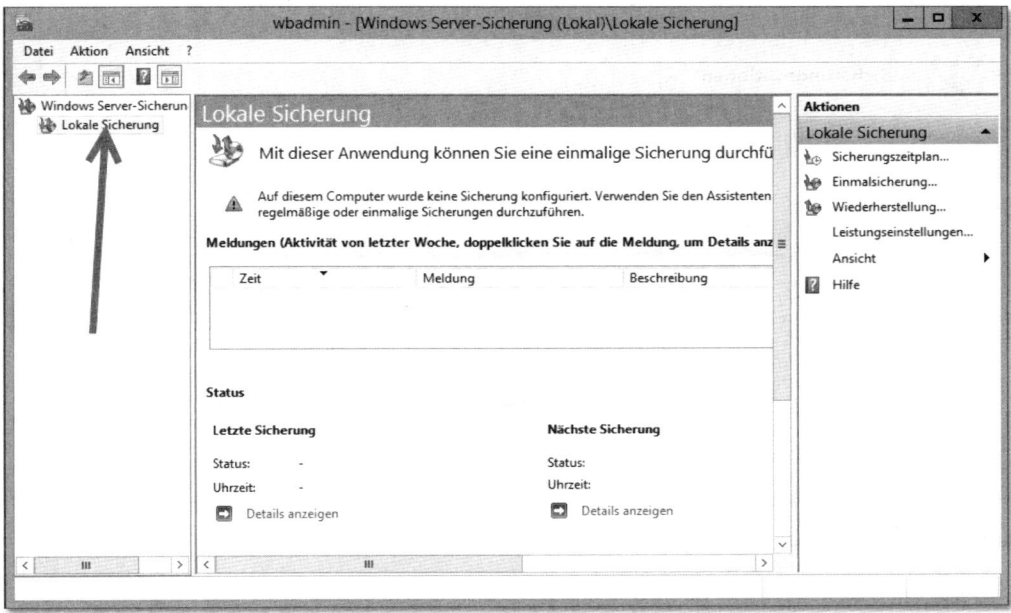

Abbildung 21.2 Der Ausgangsbildschirm der »Windows Server-Sicherung«

> **Hinweis**
> An dieser Stelle sei darauf hingewiesen, dass etliche der auf einem Windows Server 2012/R2 installierten Rollen spezielle Sicherungs- und Rücksicherungsstrategien erfordern. Zu nennen wären hier beispielsweise SharePoint oder das Active Directory.

21.1 Sicherung

Die Durchführung einer Einmalsicherung kann mit einem Assistenten initiiert werden, den Sie in der Verwaltungsapplikation aufrufen können. Sie werden durch die nachfolgend kurz vorgestellten Dialogseiten geführt:

- Haben Sie einen Sicherungszeitplan angelegt, können Sie die dort gespeicherten Einstellungen für diese Sicherung übernehmen, ansonsten definieren Sie UNTERSCHIEDLICHE OPTIONEN (Abbildung 21.3).

- Falls Sie nicht die Optionen von einem Sicherungszeitplan übernehmen, können Sie etliche weitere Einstellungen vornehmen. Zunächst wird ausgewählt, ob Sie eine vollständige Sicherung des Servers vornehmen möchten oder einige Ausschlüsse definieren wollen (Abbildung 21.4).

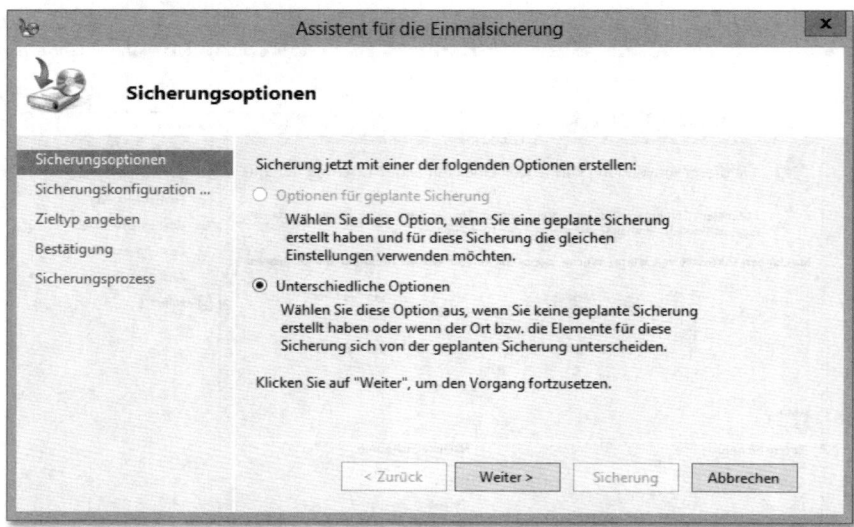

Abbildung 21.3 Konfiguration einer Sicherung

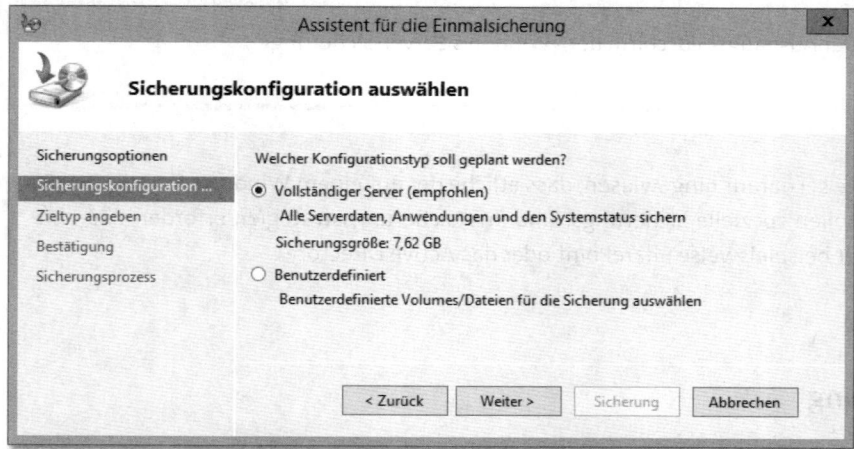

Abbildung 21.4 Entscheiden Sie, ob Sie den gesamten Server sichern möchten.

Auf den nächsten beiden Dialogseiten geht es darum, wohin gesichert werden soll:

- Sie können wählen, ob Sie die Sicherung auf einen LOKALEN DATENTRÄGER oder auf einen FREIGEGEBENEN REMOTEORDNER durchführen möchten. Als lokaler Datenträger dürfte insbesondere eine USB-Festplatte oder eine im Rahmen der Sicherung zu brennende DVD infrage kommen (Abbildung 21.5).

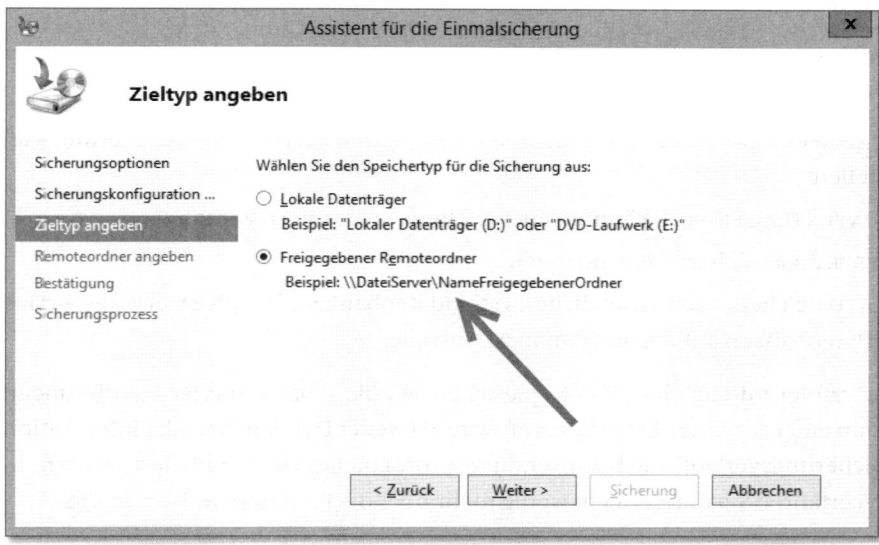

Abbildung 21.5 Es kann auf einen freigegebenen Remoteordner gesichert werden.

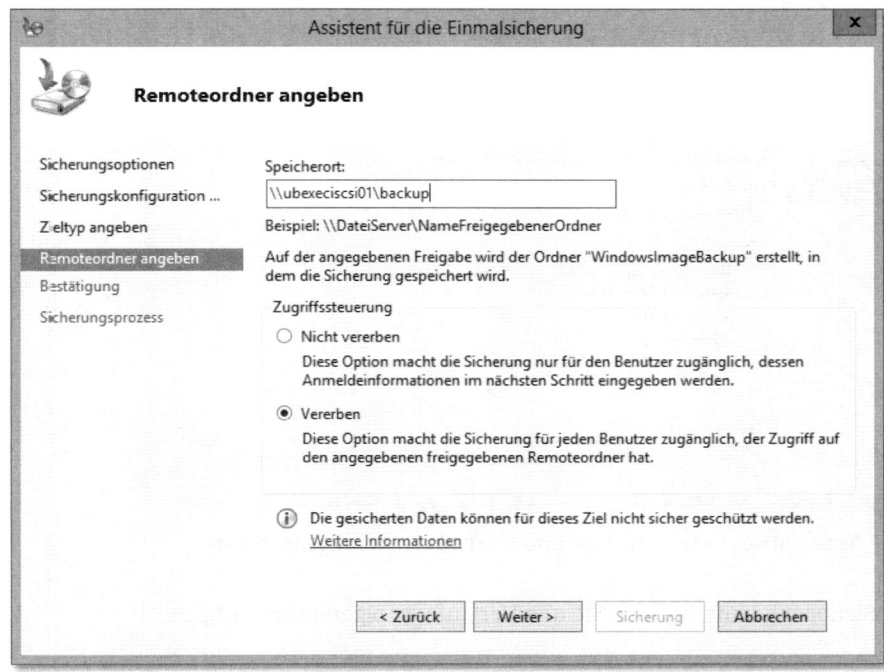

Abbildung 21.6 Um auf einen anderen Server zu sichern, geben Sie den UNC-Pfad an.

▶ Haben Sie sich für den freigegebenen Remoteordner entschieden, geben Sie dessen UNC-Pfad an und legen fest, welche Rechte für die Sicherungsdatei gesetzt werden sollen (Abbildung 21.6).

Zum Schluss müssen Sie noch die Zusammenfassung bestätigen. Sie können sehen, dass vier Sicherungen durchgeführt werden (Abbildung 21.7):

▶ BARE-METAL-RECOVERY ist hilfreich, um einen kompletten Server aus der Sicherung wiederherzustellen.

▶ LOKALER DATENTRÄGER – das könnten auch mehrere sein, sofern vorhanden.

▶ SYSTEM-RESERVIERT sichert Systemdateien.

▶ SYSTEMSTATUS sichert auch zusätzliche Systemdatenbanken, beispielsweise die Active Directory-Datenbanken auf einem Domänencontroller.

Die Sicherung erfolgt mittels einer VSS-Kopiesicherung; diese hat keinerlei Auswirkungen auf die Funktion einer weiteren Sicherungssoftware, da weder Dateien (bzw. die Information über deren Sicherungsverlauf) noch Anwendungsprotokolldateien modifiziert werden. In Abschnitt 3.2.3 erfahren Sie übrigens ein wenig mehr über die Funktionsweise von VSS.

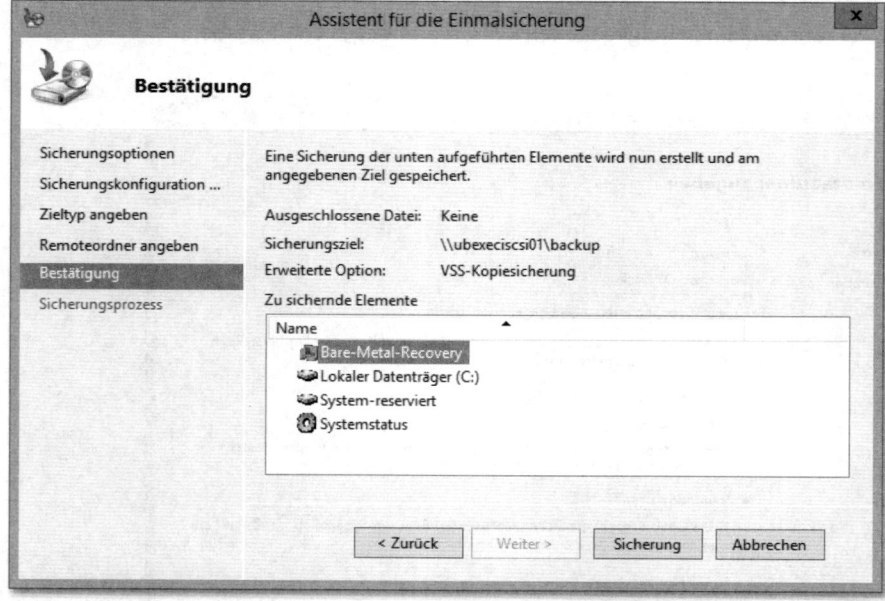

Abbildung 21.7 Auswahl des Sicherungstyps und Start des Sicherungsprozesses

Während die Sicherung läuft, können Sie den Verlauf verfolgen (Abbildung 21.8)

Abbildung 21.8 Die Sicherung läuft!

21.2 Wiederherstellung

Bei der Wiederherstellung gibt es verschiedene Szenarien:

- Wiederherstellung einer einzelnen Datei oder eines einzelnen Ordners
- Wiederherstellung eines kompletten Volumes
- Wiederherstellung des kompletten Servers

21.2.1 Dateien und Ordner

Das Wiederherstellen von Dateien oder Ordnern nehmen Sie mithilfe eines Assistenten vor, der Sie aus der Verwaltungskonsole heraus aufrufen:

- Zunächst entscheiden Sie, von welchem Server Daten wiederhergestellt werden sollen (Abbildung 21.9).
- Deutlich spannender wird es im nächsten Dialog, in dem Sie die zu verwendende Sicherung angeben. In den meisten Fällen werden Sie vermutlich von der jüngsten vorliegenden Sicherung wiederherstellen. Es gibt aber auch genügend Situationen, in denen gezielt eine ältere Datei zurückgeholt werden soll. Wählen Sie also den gewünschten Zeitpunkt und somit die Sicherung, von der die Wiederherstellung erfolgen soll (Abbildung 21.10).

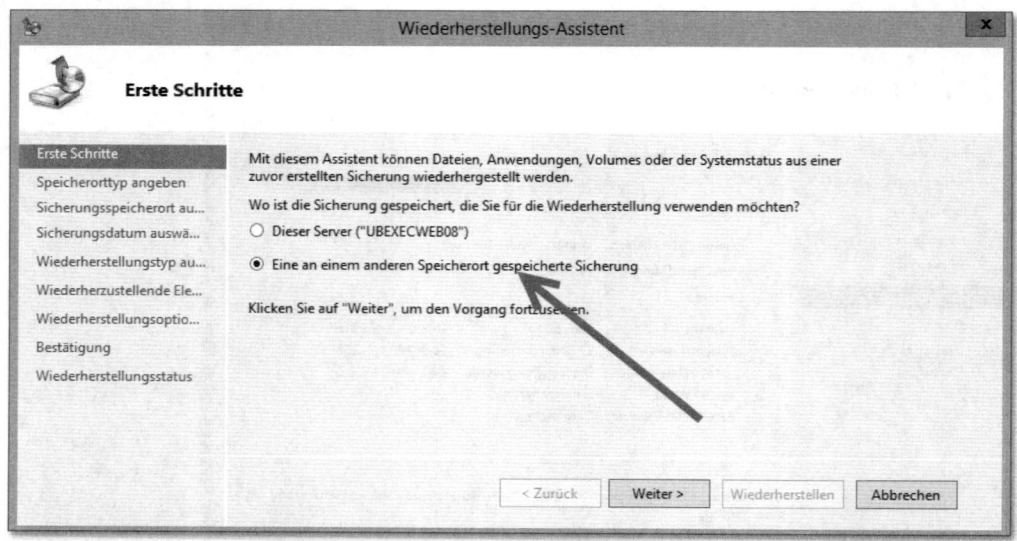

Abbildung 21.9 Zunächst wählen Sie aus, von welchem Server die Dateien wiederhergestellt werden sollen.

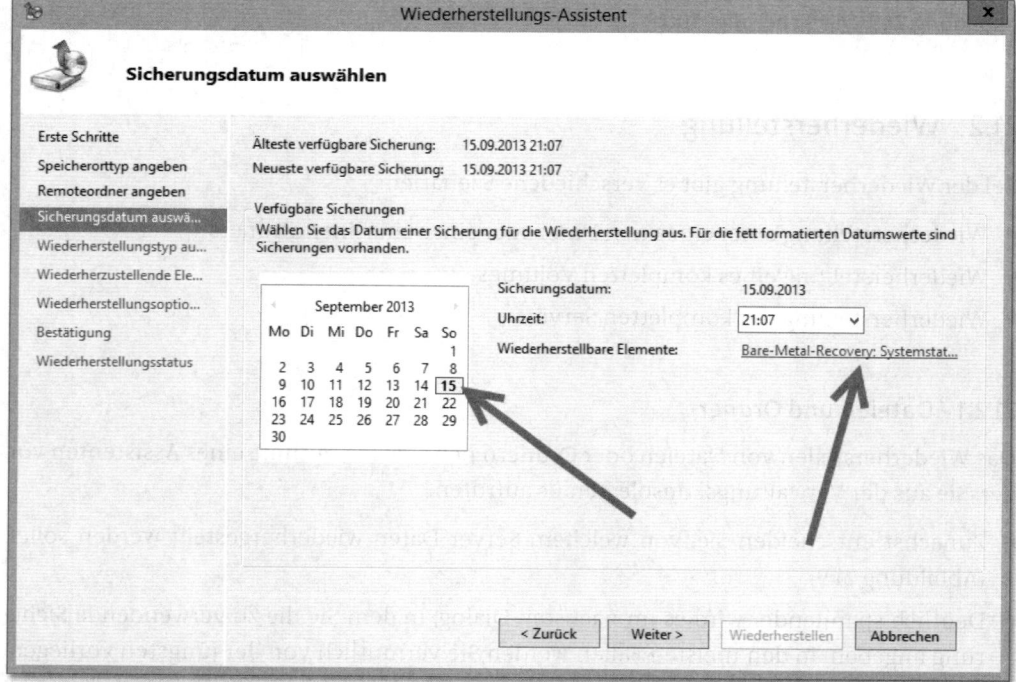

Abbildung 21.10 Dann wählen Sie aus der Menge der verfügbaren Sicherungen diejenige aus, die Sie zurückspielen möchten.

Der nun folgende Dialog ermöglicht die Auswahl des Wiederherstellungstyps. Das hört sich ein wenig abstrakt an, ist aber eigentlich ganz simpel, da Sie auswählen können, ob einzelne Dateien bzw. Ordner, ein komplettes Volume oder eine mit der Windows-Server-Sicherung registrierte Anwendung (Abbildung 21.11) wiederhergestellt werden soll.

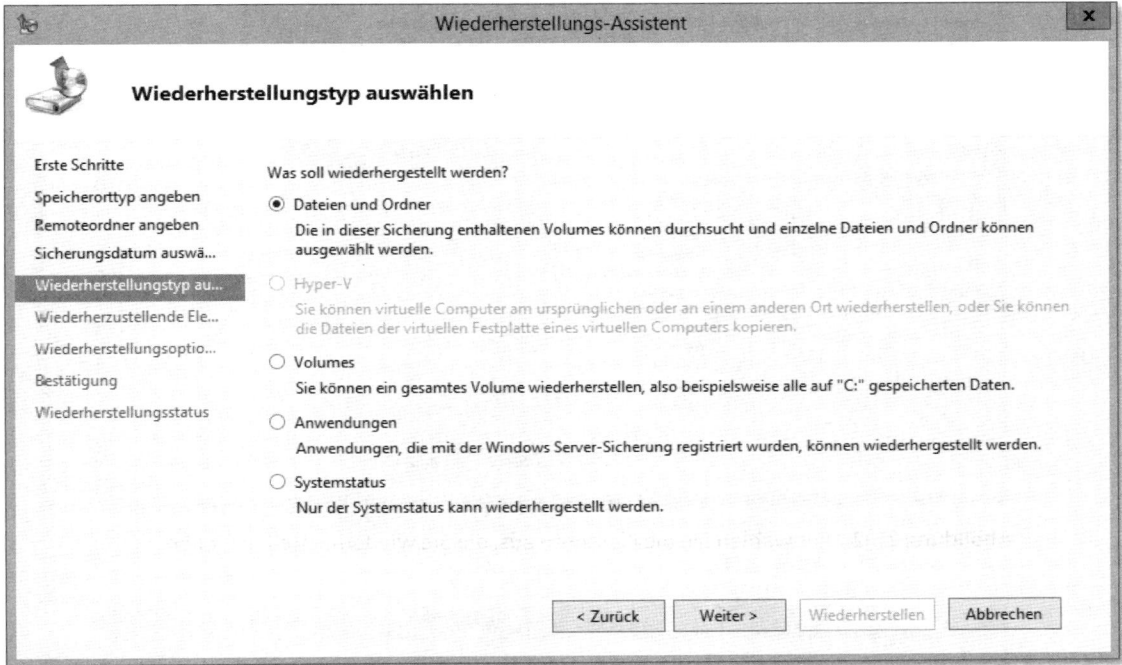

Abbildung 21.11 Nun können Sie auswählen, was zurückgesichert werden soll, in diesem Fall »Dateien und Ordner«.

Wenn Sie sich für die Rücksicherung von DATEIEN UND ORDNERN entschieden haben, gelangen Sie anschließend zu einem Auswahldialog, in dem Sie eine oder mehrere Dateien bzw. Ordner zur Wiederherstellung auswählen können (Abbildung 21.12).

Im letzten Eingabedialog des Assistenten legen Sie fest, wo die Wiederherstellung durchgeführt werden soll. Sie können die Wiederherstellung an den ursprünglichen Speicherort oder einen beliebigen anderen Pfad auswählen (Abbildung 21.13). Einige Einstellungen für die Behandlung von Dubletten können hier ebenfalls konfiguriert werden.

Nach Abschluss des Assistenten werden die zurückzusichernden Dateien an dem gewählten Speicherort vorhanden sein.

21 Datensicherung

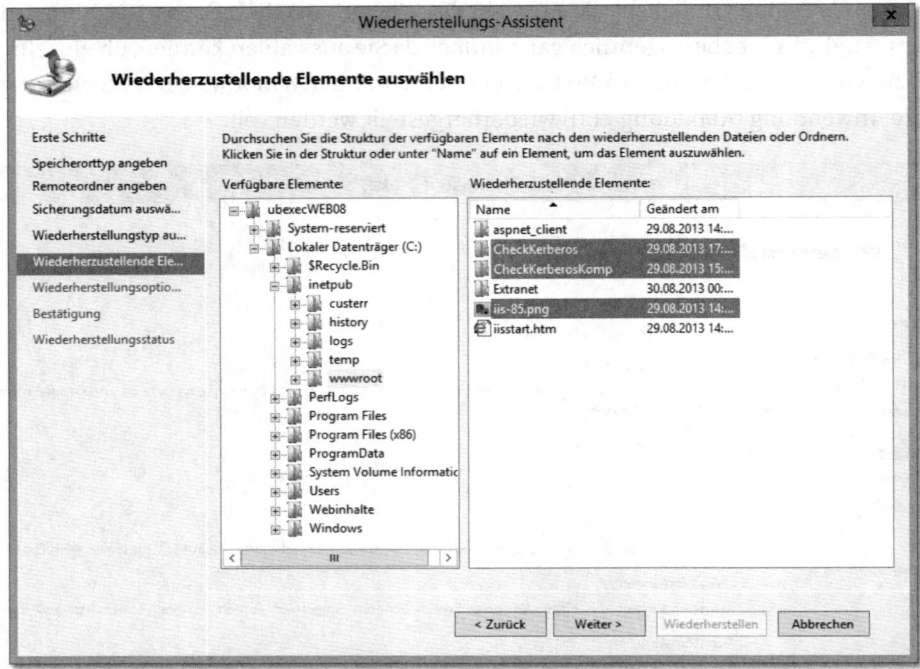

Abbildung 21.12 Hier wählen Sie die Elemente aus, die Sie wiederherstellen wollen.

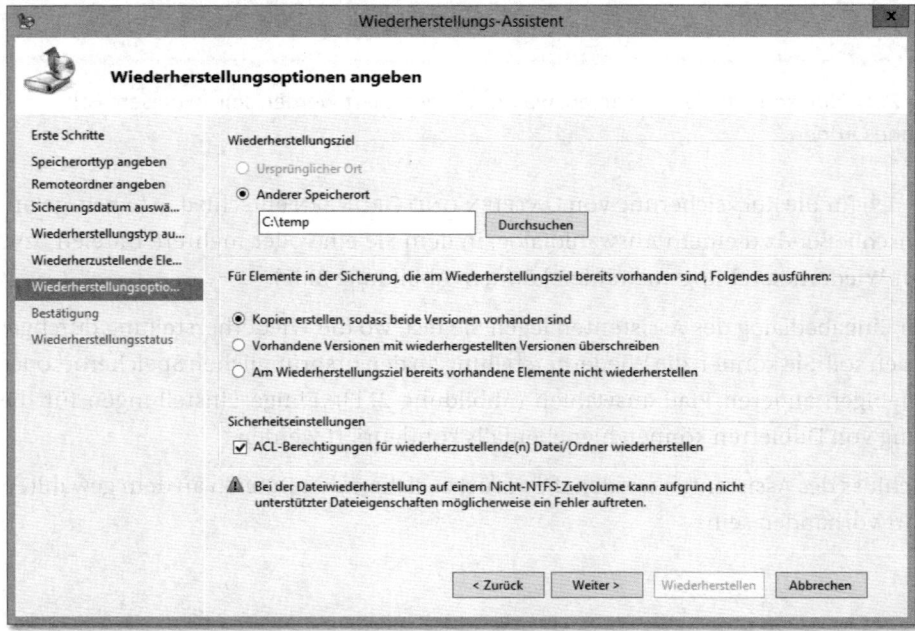

Abbildung 21.13 Zuletzt entscheiden Sie, wo die ausgewählten Dateien wiederherstellt werden sollen.

21.2.2 Server wiederherstellen

Etwas spannender (jedenfalls nach meinem Dafürhalten) als die Rücksicherung einzelner Dateien ist das Wiederherstellen eines kompletten Servers aus der Sicherung. Dies ist beispielsweise dann notwendig, wenn Sie durch Hardwarefehler (insbesondere Festplattenprobleme) den Server »verloren« haben.

In diesem Fall nehmen Sie die Windows Server 2012/R2-Installations-DVD zur Hand, booten von dieser und wählen die zu verwendende Sprache bzw. das zu verwendende Tastaturlayout aus.

Auf der Dialogseite, auf der Sie bei einer Neuinstallation JETZT INSTALLIEREN wählen würden, entscheiden Sie sich für COMPUTERREPARATUROPTIONEN (Abbildung 21.14).

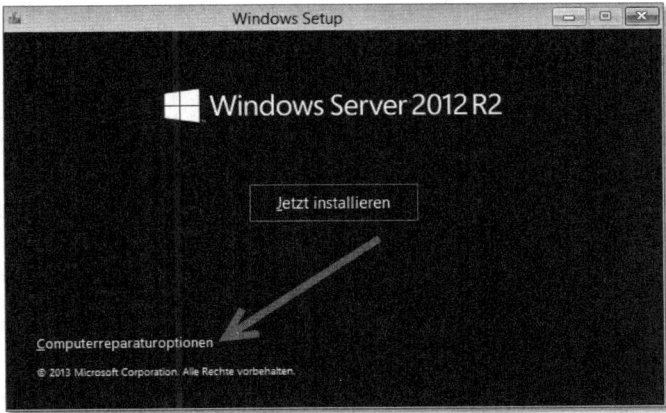

Abbildung 21.14 Um einen kompletten Server wiederherzustellen, starten Sie zunächst die Installation, entscheiden sich dann aber für die »Computerreparaturoptionen«.

Bei Server 2008 R2 erschien an dieser Stelle noch ein kleiner Dialog. In Server 2012/R2 sehen Sie zwei Modern-UI-Dialoge, die zu der Systemwiederherstellung führen (siehe Abbildung 21.15 und Abbildung 21.16).

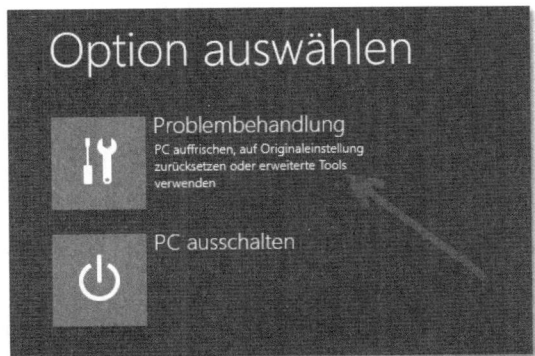

Abbildung 21.15 Wählen Sie »Problembehandlung« ...

Abbildung 21.16 ... und dann die »Systemimage-Wiederherstellung«.

Beachten Sie, dass die Wiederherstellung von lokalen Medien möglich ist, das können übrigens Festplatten (vornehmlich vermutlich USV-Festplatten) oder DVDs sein. Eine Wiederherstellung über das Netzwerk ist ebenfalls möglich. Zunächst wird festgestellt werden, dass keine lokalen Images vorhanden sind. Das ist ja auch so erwartet.

Brechen Sie den Vorgang ab und wechseln Sie auf die nächste Dialogseite des Assistenten (Abbildung 21.17).

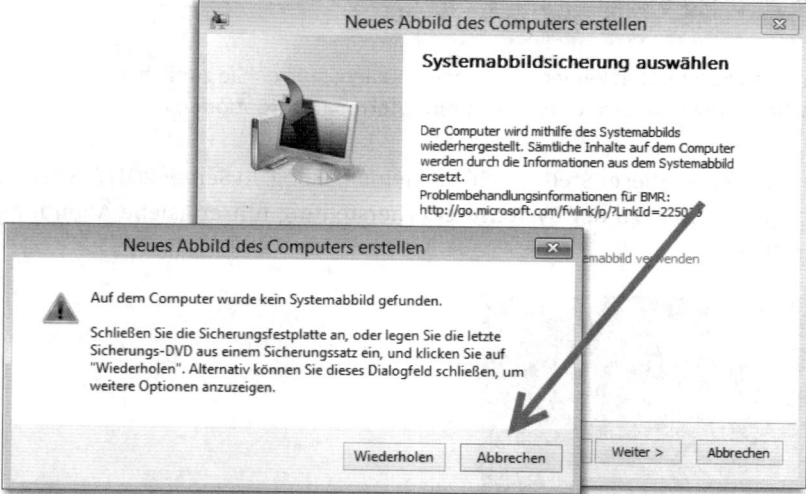

Abbildung 21.17 Für eine Wiederherstellung über das Netzwerk wählen Sie hier »Abbrechen« und gehen »Weiter« zur nächsten Dialogseite.

Abbildung 21.18 zeigt die Auswahl des wiederherzustellenden Systemabbilds. Dazu klicken Sie auf ERWEITERT und geben den UNC-Pfad an, in dem die Sicherungen liegen.

Abbildung 21.18 Wählen Sie den Netzwerkordner aus.

Im folgenden Dialogschritt können Sie etliche Wiederherstellungsparameter definieren. Sie könnten beispielsweise festlegen, dass einzelne Datenträger nicht wiederhergestellt werden sollen oder dass ein zusätzlicher Treiber für den Zieldatenträger geladen wird. Letzteres ist beispielsweise nötig, wenn Windows Server 2012 für den verwendeten (RAID-)Controller keinen Treiber »dabeihat«.

Nach dem Start der Wiederherstellung wird der Assistent noch die Bestätigung anfordern. Sie bezieht sich darauf, dass sämtliche Inhalte der Zieldatenträger gelöscht werden.

Während des Wiederherstellungsvorgangs werden Sie eine Fortschrittsanzeige sehen. Bei einer Wiederherstellung des Systemdatenträgers wird nach Abschluss der Rücksicherung ein Neustart durchgeführt – und der Server ist funktionsfähig.

Kapitel 22
Servervirtualisierung mit Hyper-V

Weder an Bildung und Wuchs, noch an Geist und künstlicher Arbeit. Dennoch geb' ich sie willig zurück, ist solches ja besser. Lieber mög' ich das Volk errettet schaun, denn verderbend. Gleich nur ein Ehrengeschenk bereitet mir, daß ich allein nicht Ungeehrt der Danaer sei; nie wäre das schicklich!

Bei der Servervirtualisierung gibt es im Wesentlichen zwei »Hebel«, die diese Technologie attraktiv machen:

Ein Hauptpunkt ist, dass das installierte und konfigurierte Betriebssystem unabhängig von der Serverhardware ist. Die Vorteile liegen auf der Hand:

- Einfacher Umzug von Servern auf andere Hardware, zum Beispiel beim Austausch der Hardware, bei der Hardwarewartung und so weiter.
- Schneller Wiederanlauf im Hardwarefehlerfall: Anstatt umständlich ein Backup auf eine Ersatzhardware zu bringen, wird einfach die virtuelle Maschine kopiert und kann auf einem beliebigen anderen Server, der als Host dient, in Betrieb genommen werden.
- Durch die Hardwareunabhängigkeit entfällt natürlich auch die Notwendigkeit, »Eigenarten« zu berücksichtigen, wie beispielsweise die Installation spezieller Treiber.

Durch den oben genannten »schnellen Wiederanlauf« ergeben sich ganz neue Möglichkeiten für Ausfallkonzepte, die wesentlich preisgünstiger umsetzbar sind als mit konventionellen Failover-Clustern.

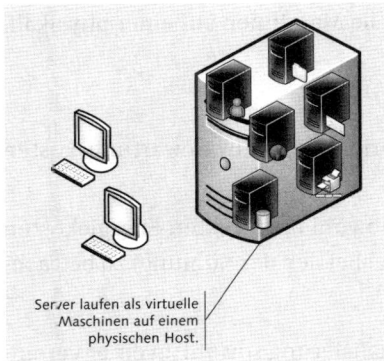

Abbildung 22.1 Bei der Servervirtualisierung laufen mehrere virtuelle Maschinen auf einem physikalischen Server (Host).

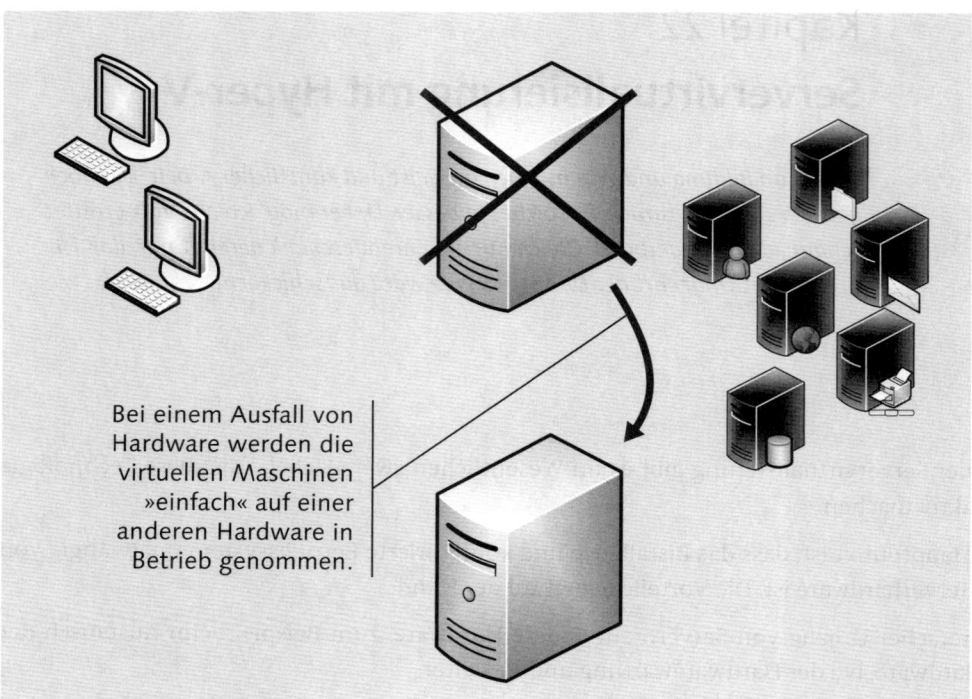

Abbildung 22.2 Fällt eine physikalische Maschine aus, können die virtuellen Maschinen problemlos auf einer anderen Hardware wieder in Betrieb genommen werden. Ist die Umgebung entsprechend vorbereitet und konfiguriert, geschieht das innerhalb weniger Minuten.

Weiterhin führt Servervirtualisierung zu einer besseren Nutzung der Ressourcen. Aus Gründen der Stabilität und Wartbarkeit ist man dazu übergegangen, pro Dienst oder Applikation einen dedizierten Server bereitzustellen. Das ist fachlich sicherlich auch richtig, führt aber dazu, dass ein kleinerer Mittelständler plötzlich ein bis zwei Dutzend Server im Rechenzentrum hat. Ein großer Teil dieser Server dümpelt den ganzen Tag ohne nennenswerte Last vor sich hin. Durch die Möglichkeit, mehrere Server als virtuelle Maschinen auf einer physikalischen Maschine zu betreiben, ergeben sich diese Vorteile:

- Bessere Ressourcenausnutzung
- Es muss weniger Hardware beschafft werden, was geringere Hardwarewartungskosten bedeutet.
- Geringerer Energieverbrauch; bei diesem Punkt sind sowohl die direkten Energiekosten (Betrieb der Server) als auch die indirekten (zum Beispiel Betrieb der Kühlung) zu betrachten.

Zusammenfassend kann man also sagen, dass Servervirtualisierung sowohl zu einer vereinfachten Administration (wobei ich die verbesserten Möglichkeiten beim Wiederanlauf dieser Kategorie zurechne) als auch zu einer Reduktion der direkten Kosten (Beschaffung, Wartung, Energie) führt.

Aufgrund der signifikanten Vorteile wird in den meisten Unternehmen und Organisationen über Servervirtualisierung nachgedacht und diskutiert – viele »tun es« auch tatsächlich. Nachdem durchaus lange Zeit die Produkte von VMware die »absolute Lufthoheit« bei der Servervirtualisierung hatten, kommt in der letzten Zeit Bewegung in den Markt, zumindest ein bisschen:

- Platzhirsch ist unzweifelhaft VMware.
    - Das Flaggschiff Virtual Infrastructure (aka ESX Server) ist das System der Wahl in den Unternehmen. Es bietet diverse spannende Features, wie beispielsweise das recht spektakuläre VMotion (Verschieben von virtuellen Maschinen zwischen Servern im laufenden Betrieb), besticht durch ausgereifte Management-Werkzeuge (Virtual Center, das aber extra zu lizenzieren ist) und hat sich als stabile und leistungsfähige Enterprise-Class-Lösung einen hervorragenden Namen gemacht. Virtual Infrastructure ist allerdings nicht ganz billig.
    - Mittlerweile ist mit ESXi ein kostenlos erhältliches Produkt auf dem Markt. Hierbei handelt es sich letztendlich um den »nackten« Hypervisor, dem unter anderem auch die bekannte Linux-basierte Service Console fehlt.
    - Diverse weitere Produkte komplettieren das Portfolio im Servervirtualisierungsbereich; zu nennen wären beispielsweise die VMware Workstation und der VMware Player.
- Microsoft ist ebenfalls seit längerer Zeit im Virtualisierungsmarkt aktiv und bietet folgende Produkte an:
    - Als Test- und Entwicklungslösung wurde lange Virtual PC positioniert. Virtual PC lief meiner Erfahrung nach stabil, war einfach zu bedienen und kostete nichts. Die letzte Version war mit Windows 7 lauffähig. Windows 8 enthält Hyper-V.
    - Im Serverbereich war bis zum Sommer 2008 der Virtual Server 2005 das verfügbare Produkt. Wie die Jahreszahl im Namen schon sagt, ist das Produkt in die Jahre gekommen. So fehlt beispielsweise die Unterstützung von x64-Betriebssystemen als Gast – was heute schon ziemlich übel ist. Auch bei den sonstigen Features, der Performance und den Management-Möglichkeiten konnte der Virtual Server nicht mal ansatzweise mit VMware Virtual Infrastructure mithalten.

    Seit Windows Server 2008 ist Hyper-V verfügbar – eine völlig neue Virtualisierungslösung, die den »alten« Virtual Server ersetzt. Hyper-V auf dem Stand von Windows Server 2008 (ohne R2) beherrschte einige VMware-Features (wie etwa das Verschieben von virtuellen Maschinen im laufenden Betrieb) nicht, das hat sich aber teilweise mit der in R2 enthaltenen Version geändert. Hierbei stellte sich jedoch auch die Frage, ob diese Features wirklich einen echten Business-Value darstellen oder eher »nice to have« sind. Mit Windows Server 2012 ist nun Hyper-V in der dritten Generation erhältlich. Diverse Enterprise-Features sind hinzugekommen, unter anderem die sehr interessante Replikation von virtuellen Maschinen.

- Citrix/Xen: Der dritte große kommerzielle Hersteller im Bereich der Servervirtualisierung ist Citrix, der dieses Standbein durch die Übernahme von Xen bekommen hat. Der Xen-Server ist in vier verschiedenen Ausprägungen (Editions) erhältlich, die von einer frei verfügbaren Starter-Edition bis hin zu einer Version mit diversen Enterprise-Features reicht.

Neben diesen Lösungen der drei großen Hersteller sind diverse »kleinere« Produkte am Markt, die teilweise mehr oder weniger lukrative Nischen bedienen oder aber experimentellen Status haben.

Da ich glaube, dass Microsoft mit Hyper-V eine sehr interessante und zukunftsweisende Lösung auf den Markt gebracht hat, möchte ich in diesem Kapitel ein wenig genauer darauf eingehen.

> **Beachten Sie**
> Zu beachten ist, dass Microsoft nicht nur mit einer Servervirtualisierungssoftware am Markt ist, sondern mit dem System Center Virtual Machine Manager auch ein Management-Produkt liefert, das neben den hauseigenen Produkten auch die VMware-Lösungen unterstützt.

Warum ist es sinnvoll, sich mit Hyper-V zu beschäftigen und nicht einfach den etablierten Standard, also VMware Virtual Infrastructure, zu wählen? Ich will hier keinesfalls behaupten, dass Hyper-V nun in jedem Fall die bessere Wahl ist; Virtual Infrastructure hat nach wie vor in dem einen oder anderen Szenario einen Technologievorsprung. Außerdem ist anzumerken, dass es derzeit eine enorme Zahl von gut funktionierenden VI-Installationen gibt.

Ich sehe beim Einsatz von Hyper-V folgende Vorteile (die Reihenfolge stellt keine Wertung da):

- Die Hyper-V-Technologie ist vergleichsweise preiswert zu bekommen.
- Mit der Hyper-V-Technologie fühlen sich Windows Server-Administratoren deutlich »heimischer«: Die Administrationsoberfläche ist, wie von den Microsoft-Produkten her gewohnt, recht einfach zu bedienen; zudem bilden bekannte Microsoft-Technologien die Basis.
- Hyper-V ist Microsofts Hauptprodukt im Virtualisierungsumfeld. Man kann also davon ausgehen, dass Microsoft alles tun wird, um den zweifelsfrei in einigen Bereichen noch existierenden Technologievorsprung des »großen Mitbewerbers« einzuholen.
- Obwohl es ein Supportabkommen zwischen Microsoft und VMware gibt, denke ich, dass es im Supportfall einfacher ist, nur einen Hersteller im Boot zu haben. Dieses Argument wird immer wieder gern kontrovers diskutiert, ich persönlich habe jedenfalls den Eindruck, dass eine Ein-Hersteller-Strategie, soweit durchzuhalten, gar nicht so verkehrt ist.

22.1 Allgemeine Überlegungen zur Servervirtualisierung

Bevor wir uns mit dem Hyper-V-Produkt beschäftigen, werden wir noch ein paar Basisaspekte der Servervirtualisierung besprechen. Diese gelten selbstredend nicht nur in Hyper-V-Umgebungen, sondern haben generelle Gültigkeit.

22.1.1 Scale-out vs. Scale-up

Wenn Sie mit der Planung einer Servervirtualisierungsumgebung beginnen, müssen Sie zunächst entscheiden, ob Sie eher einen Scale-out- oder einen Scale-up-Ansatz bevorzugen. Die Unterscheidung ist recht simpel:

- Scale-out: Die Last, also die virtuellen Maschinen, wird auf mehrere »kleine« Server verteilt, beispielsweise auf Zwei-Sockel-Systeme, also Systeme mit bis zu zwei Prozessoren – hier kann man übrigens auch sehr gut Blade-Systeme vorsehen (Abbildung 22.3).

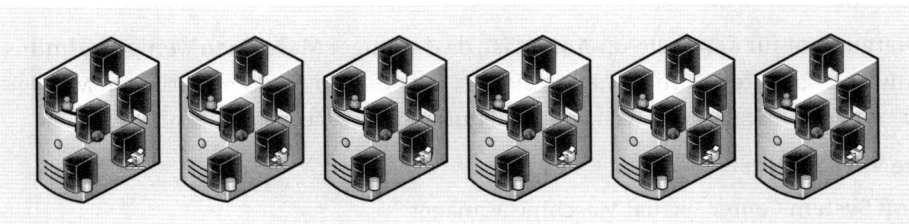

Abbildung 22.3 Scale-out: Die Last wird auf viele kleinere Computer verteilt.

- Scale-up: Die Last wird auf wenige »große« Server verteilt, im Extremfall auf ein einziges System. Bei diesem Ansatz wird man beispielsweise auf Server mit bis zu acht Prozessoren zugreifen (Abbildung 22.4).

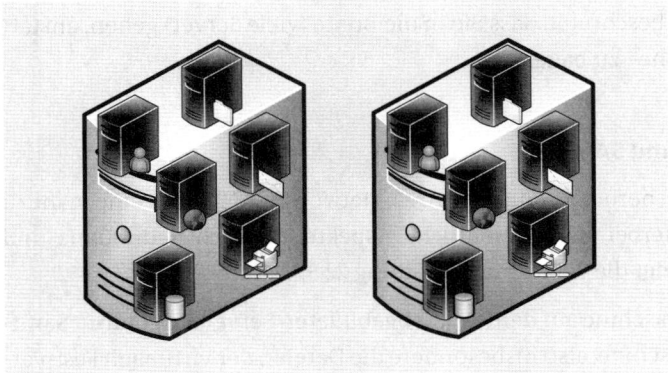

Abbildung 22.4 Scale-up: Wenige »große« Server teilen sich die Last.

Nun stellt sich die Frage, wo die Vor- und Nachteile der Ansätze liegen. Ich gehöre eher zur Scale-out-Fraktion, und zwar aus diesen Gründen:

- Der Ansatz bietet eine höhere Redundanz. Wenn beispielsweise sechs kleinere Server statt zwei große eingesetzt werden, fallen beim Ausfall eines Servers nicht 50%, sondern nur 17% der Gesamtleistung weg.
- Der Scale-out-Ansatz bietet eine einfachere Skalierbarkeit. Wenn Sie feststellen, dass Sie zusätzliche Leistung benötigen, ist es alles in allem »einfacher«, dem Gesamtsystem einen kleinen Server anstelle einer großen Maschine hinzuzufügen. Hier sind finanzielle Aspekte wie die sprungfixen Kosten zu nennen, aber auch die technische Vorgehensweise.
- Der Scale-out-Ansatz dürfte preisgünstiger sein. Die Kosten pro Prozessor und pro GByte sind bei Zwei-Sockel-Maschinen geringer als bei Vier- oder Acht-Sockel-Servern. Die Anzahl der von den virtuellen Maschinen benötigten Prozessoren und RAM-GBytes wird bei beiden Maschinen in etwa identisch sein.

Das Hauptargument für den Scale-up-Ansatz ist, dass weniger Maschinen weniger Administrationsaufwand bedeuten. Nun verhält es sich so, dass die am Markt erhältlichen Management-Werkzeuge den Scale-out-Ansatz optimal unterstützen. Zu nennen sind hier:

- VMware Virtual Center
- Microsoft System Center Virtual Maschine Manager

Wie »klein« die eingesetzten Server für einen Scale-out-Ansatz sind bzw. sein sollen, hängt von der konkreten Umgebung ab. Es hat wenig Sinn, einen solchen Ansatz so nachhaltig zu verfolgen, dass Sie hinterher 100 Server benötigen; in einem solchen Fall würden sich dann doch eher Vier- anstelle von Zwei-Sockel-Maschinen empfehlen. Die Vorteile des Scale-out-Ansatzes bleiben auch erhalten, wenn Sie in einer großen Umgebung mit Vier- oder Acht-Prozessor-Servern arbeiten. Das theoretische Modell »Scale-out« legt letztendlich nicht den Typ der Hardware fest, sondern beschreibt, dass Sie in die Breite (viele Server) gehen, anstatt mit wenigen Servern »in die Höhe« zu bauen.

22.1.2 Servervirtualisierung und SAN

Servervirtualisierung und Speichernetze (Storage Area Network, SAN) sind eine nahezu ideale Kombination. Es gibt hierbei zwei wesentliche Aspekte, nämlich Redundanz und Flexibilität. Warum das so ist, zeigt die Skizze aus Abbildung 22.5:

- Zunächst wird die virtuelle Maschine auf dem links abgebildeten Server ausgeführt. Sämtliche Daten der virtuellen Maschine, also insbesondere die Dateien der virtuellen Festplatten, aber auch die Konfiguration, liegen auf dem gemeinsamen Storage-System.

- Falls die Hardware des ursprünglichen Servers ausfällt oder die virtuelle Maschine aus einem anderen Grund verschoben werden soll (zum Beispiel aus Leistungsgründen), braucht sie lediglich auf einem anderen Server gestartet zu werden. Die virtuellen Festplatten und die Konfigurationsinformationen sind auf dem Storage-System gespeichert und stehen somit allen Servern zur Verfügung.

Diese Darstellung ist, was die technische Seite betrifft, zwar deutlich vereinfacht, denn es gibt hier bezüglich des konkurrierenden Zugriffs verschiedener Server auf dasselbe Dateisystem schon einige Themen zu beachten – grundsätzlich ist die Funktionsweise aber so wie beschrieben.

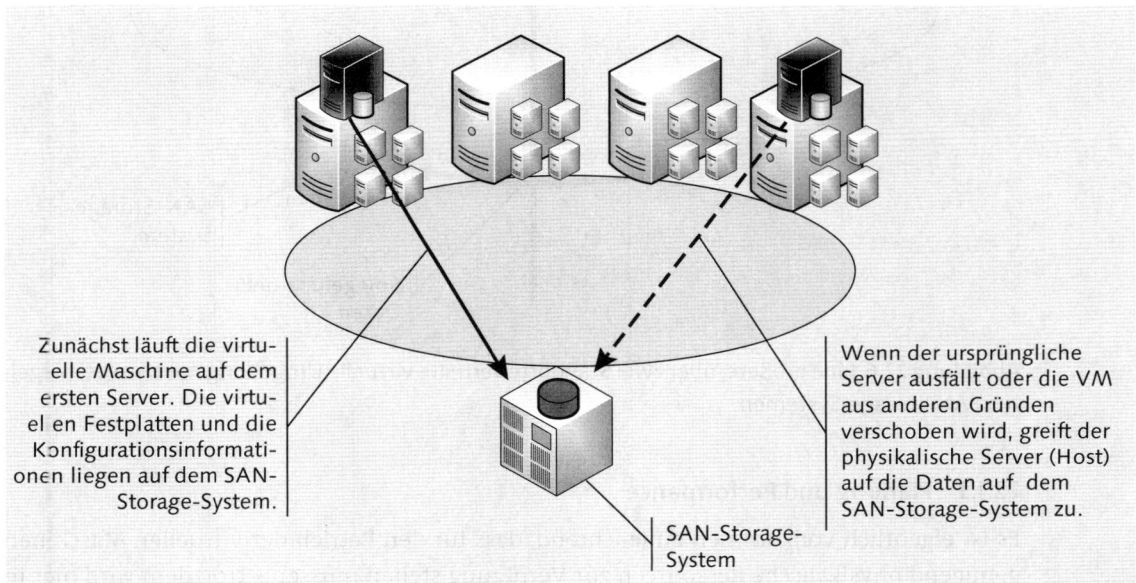

Abbildung 22.5 Eine nahezu ideale Kombination: Servervirtualisierung und SAN

So richtig elegant wird es dann in einer großen Umgebung, die über zwei Rechenzentren verteilt ist (Abbildung 22.6):

- Es ergibt Sinn, die (physikalischen) Server so über die Rechenzentren zu verteilen, dass bei Totalausfall eines RZ das jeweils andere zumindest alle »lebenswichtigen« virtuellen Maschinen ausführen kann.
- Sinnvollerweise müssen die Storage-Systeme gespiegelt werden. Nur dann sind Sie auf den nicht sehr wahrscheinlichen, aber immerhin möglichen Fall vorbereitet, dass ein Storage-System ausfällt. Auch wenn die Katastrophe eintritt, nämlich der Ausfall eines kompletten Rechenzentrums, gibt es so eine Lösung.

22 Servervirtualisierung mit Hyper-V

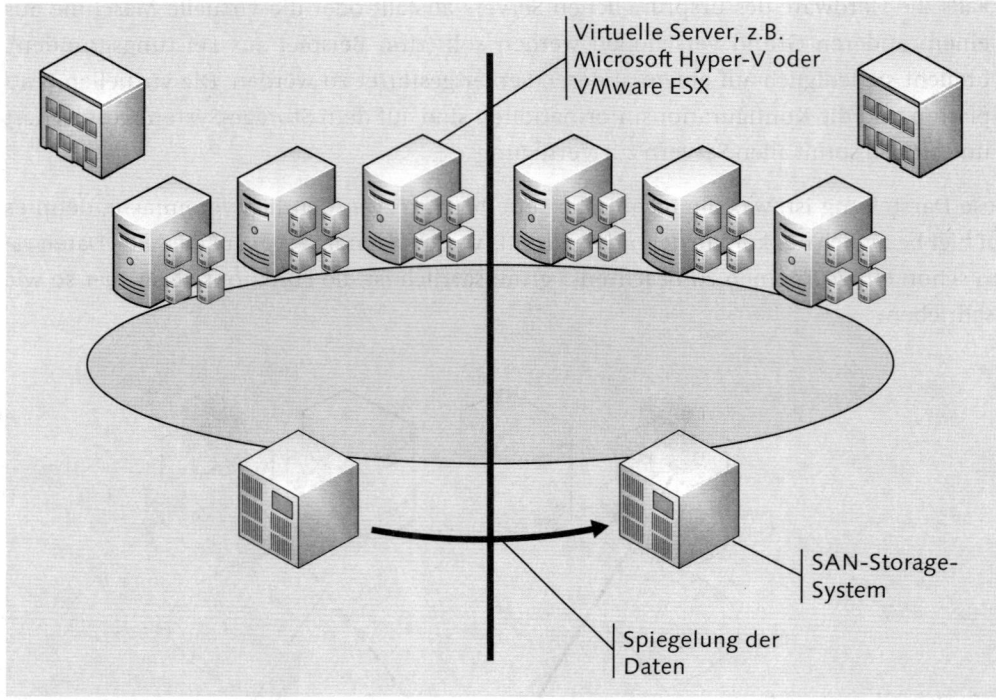

Abbildung 22.6 Eine größere, über zwei Standorte verteilte virtuelle Umgebung mit zwei gespiegelten SAN-Storage-Systemen

22.1.3 Planung und Performance

Es ist eigentlich vollkommen einleuchtend, dass für den Betrieb der virtuellen Maschinen genügend physikalische Ressourcen zur Verfügung stehen müssen – trotzdem wird hier in der Praxis häufig nicht optimal dimensioniert. Im Grunde genommen sind vier »Dimensionierungsbereiche« zu betrachten (Abbildung 22.7):

- Prozessorleistung
- Hauptspeicherausbau
- Netzwerkbandbreite
- Festplattenspeicher

Eine hundertprozentig genaue Größeneinteilung hinzubekommen, ist nicht ganz trivial; man kann allerdings recht ordentliche Richtwerte errechnen, zumindest dann, wenn es die zukünftigen virtuellen Maschinen bereits gibt. In diesem Fall ist der erste Schritt, Messdaten zu erheben, was Sie entweder »zu Fuß« mit dem Performancemonitor (bzw. Systemmonitor) erledigen können, oder Sie setzen spezielle Messwerkzeuge ein (zum Beispiel PlateSpin Recon, das mittlerweile zu NetIQ gehört).

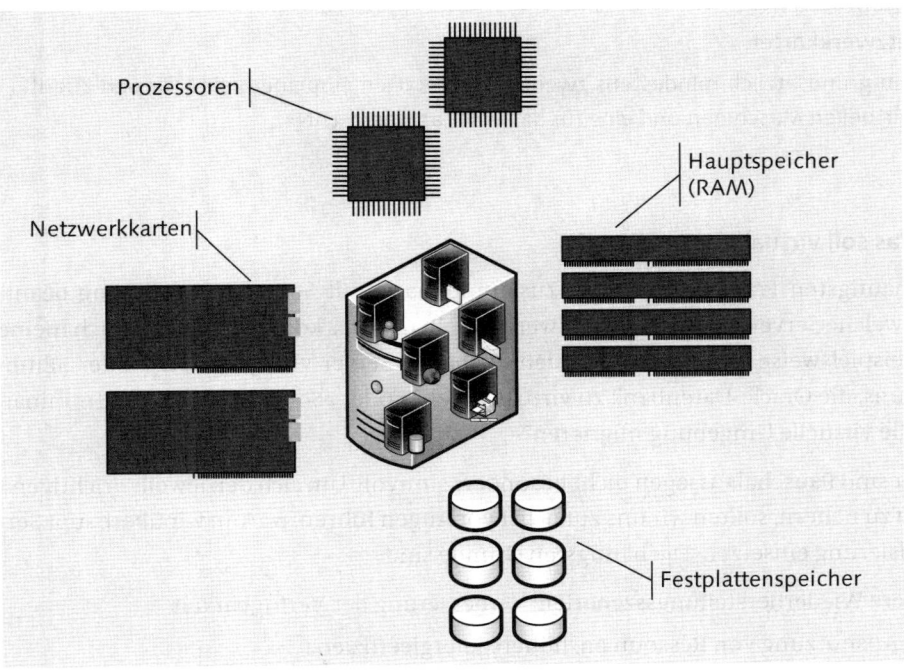

Abbildung 22.7 Die physikalischen Ressourcen müssen »richtig« dimensioniert sein, um einen störungsfreien und performanten Betrieb zu ermöglichen.

Die benötigten Daten sind:

- Von den zukünftigen virtuellen Maschinen tatsächlich genutzte Prozessortakte.
- Der von den zukünftigen VMs benötigte Hauptspeicher – hier ist insbesondere der tatsächlich genutzte Speicher interessant.
- Die lesenden und schreibenden Disk-IOs.
- Die benötigte Netzwerkbandbreite.

Aus Erfahrung kann ich berichten, dass bei virtuellen Umgebungen, die »zu langsam« laufen, meistens ein Problem bei der Dimensionierung des Plattensystems vorliegt. Mehrere virtuelle Maschinen, die jeweils über Betriebssystem- und Datenpartition verfügen, verursachen eine nicht unerhebliche Belastung der Festplatten. Sofern nicht entsprechend viele Festplatten in den RAID-Sets vorhanden sind, ist das Ergebnis eine entsprechend langsame Verarbeitung der Zugriffe, was dann das ganze System ausbremst – wie immer gilt, dass ein RAID 5 mit drei riesigen SATA-Platten vermutlich die Größenanforderungen, aber bestimmt nicht die Performanceanforderungen erfüllt.

Auch wenn man Scale-out-Fan ist, benötigt man einigermaßen leistungsfähige Server. Eine wesentliche Komponente ist das Plattensystem, bei dessen Dimensionierung man mit besonderer Sorgfalt zu Werke gehen sollte.

> **Zwei Netzwerkkarten**
> Sie sollten grundsätzlich mindestens zwei Netzwerkkarten einplanen: eine für den Zugriff auf die virtuellen Maschinen und eine für das »Management-LAN«.

22.1.4 Was soll virtualisiert werden?

Eine der häufigsten Fragen, die ich im Zusammenhang mit Servervirtualisierung beantworte, ist, welche Server nun virtualisiert werden sollen. Etwas konkreter fragen mich meine Kunden beispielsweise: »Uli, sollen wir den Exchange Server virtualisieren?« oder »Empfiehlst du uns, die Oracle-Datenbank zu virtualisieren?« oder »Sollen wir auch die Terminalserver in die virtuelle Umgebung migrieren?«

Wie immer sind Pauschalaussagen nicht besonders sinnvoll. Um sich den jeweils »richtigen« Antworten zu nähern, sollten wir uns zunächst vor Augen führen, warum wir überhaupt Servervirtualisierung einsetzen. Die häufigsten Gründe sind:

- einfachere Wiederherstellungsszenarien, Verbesserung der Verfügbarkeit
- bessere Ausnutzung von Ressourcen, höhere Energieeffizienz
- Vereinfachung der Administration

Etwas konkretere Antworten könnten also sein:

- »Kleinere« Server zu virtualisieren, ergibt eigentlich immer Sinn.
- Applikationen, die auf moderner Hardware am Leistungslimit laufen, sind nicht die optimalen Virtualisierungskandidaten. Wenn Sie für eine solche virtuelle Maschine einen kompletten Hyper-V-Server benötigten, ist das kein ideales Verhältnis. Aus diesem Grund werden beispielsweise Terminalserver häufig nicht virtualisiert: Sie sind meistens stark ausgelastet und, zumindest wenn sie in einer Farm mit mehreren gleichartigen Servern betrieben werden, als »Einzelstück« auch durchaus nicht unverzichtbar.

Ich kenne allerdings auch Szenarien, in denen ein Terminalserver eine Spezialanwendung mit wenigen Anwendern bedient und folglich nicht eine von vielen Maschinen einer Farm ist. Bei solchen Servern empfiehlt sich die Virtualisierung, weil das Recovery-Verfahren dann vergleichsweise einfach ist.

Virtualisierung bietet zweifelsfrei viele Vorteile, man muss aber auch ein paar Probleme bzw. mögliche Probleme im Hinterkopf behalten:

- Einige Applikationen bzw. Applikationsserver profitieren sehr von den Mehrkernarchitekturen moderner Prozessoren. Beispiele sind SQL-Server und Exchange-Server. Die Servervirtualisierung deckt sozusagen diese Architekturen zu. Dies könnte sich als sehr leistungsmindernd auswirken.

- Es muss stets geprüft werden, ob die eingesetzten Applikationen vom Hersteller auch in einer virtualisierten Umgebung unterstützt werden. Da Servervirtualisierung mittlerweile eher die Regel als die Ausnahme ist, dürfte das eigentlich kein Problem sein; es gibt aber immer wieder Hersteller, für die der Einsatz von Servervirtualisierung ein Grund ist, den Support zu verweigern. Ich empfehle, dies im Vorfeld abzuklären. Auch wenn ein Hersteller keinen Support bietet, können Sie die Vorteile der Virtualisierung so hoch bewerten, dass diese mehr Gewicht als der »Makel« der nicht unterstützten Umgebung bekommen. Das ist allerdings eine Entscheidung, die jeder selbst treffen muss.

22.2 Editionen und Installationsmöglichkeiten

Zunächst ist Hyper-V eine Rolle des Windows Server 2012. Sie steht in der Standard- und in der Datacenter-Edition zur Verfügung.

22.2.1 Windows Server 2012: »normal« und Core

Sie können nun natürlich einen Windows Server 2012 »normal« installieren und als Hyper-V-Server einsetzen. Vielen Administratoren wird das sehr sympathisch sein, denn das System hat die gewohnte Administrationsoberfläche mit allen benötigten grafischen Werkzeugen.

Man könnte sich allerdings auch überlegen, ob man den (oder die) Hyper-V-Server als Core-Server (sprich: mit der Installationsoption Server Core) installiert. Es handelt sich hierbei um einen besonderen Installationsmodus von Windows Server 2012, bei dem die grafische Oberfläche (und einige weitere Komponenten) nicht installiert wird. Die Vorteile davon sind:

- Es besteht ein geringerer Ressourcenbedarf, insbesondere natürlich weniger Prozessorzeit und Hauptspeichernutzung.
- Ein Core-Server bietet deutlich weniger Angriffsfläche – es ist einfach weniger Funktionalität da.

> **Core ist ein Installationsmodus**
>
> Um es nochmals ganz deutlich zu betonen: Core ist keine separate Edition, sondern ein Installationsmodus. Sowohl die Standard- als auch die Datacenter-Edition von Windows Server 2012 können als Core-Server installiert werden.

Ein wesentlicher Nachteil dürfte für viele Administratoren sein, dass eben in der Tat nur ein Textfenster zur Verfügung steht. Abbildung 22.8 zeigt die Oberfläche auf einem Core-Server nach der Anmeldung.

In der Praxis ist das aber zumeist gar nicht so »dramatisch«, weil die meisten Administrationswerkzeuge, zum Beispiel die Anzeige des Ereignisprotokolls oder das Management der Dienste, auch über Servergrenzen hinweg funktionieren. Dies gilt gleichermaßen für das Hyper-V-Administrationswerkzeug.

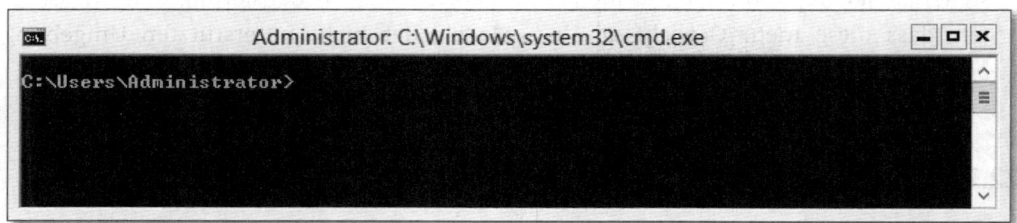

Abbildung 22.8 Ein im Core-Installationsmodus aufgesetzter Server hat keine grafische Oberfläche, sondern »nur« die Kommandozeile.

22.2.2 Hyper-V Server 2012

Wer Hyper-V benutzen möchte, hat die Möglichkeit, sich für den *Hyper-V Server 2012* zu entscheiden. Hierbei handelt es sich um ein Standalone-Produkt, das übrigens frei herunterladbar ist.

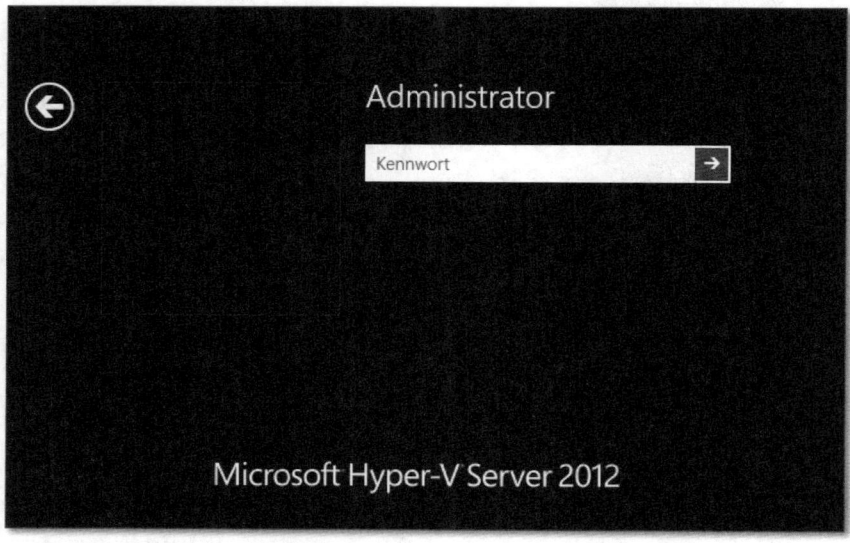

Abbildung 22.9 Man sieht es bereits bei der Anmeldung: Hier arbeitet der Hyper-V Server 2012.

Der Hyper-V Server 2012 ist letztendlich ein spezielles Windows Server 2012-Betriebssystem, das einzig und allein als Virtualisierungsserver verwendet werden kann. Einen Hyper-V Server 2012 erkennen Sie schon daran, dass er in unübersehbarer Schrift die Zeile HYPER-V SERVER 2012 ausgibt (Abbildung 22.9).

Hat man sich angemeldet, stehen zwei Fenster zur Verfügung. Ansonsten hat der Desktop keinerlei grafische Elemente – er sieht aus wie der eines Core-Servers. Neben der obligatorischen Kommandozeile ist noch ein weiteres Fenster geöffnet, in dem ein simples Textmenü einige grundsätzliche Arbeitsschritte erleichtern soll (Abbildung 22.10).

Das Management von Hyper-V auf einem Hyper-V-Server wird, ähnlich wie bei einem Core-Server, über den grafischen Hyper-V-Manager vorgenommen, der auf einem normal installierten Server oder einem Windows 8/8.1 Client (also vom Admin-PC aus) ausgeführt wird.

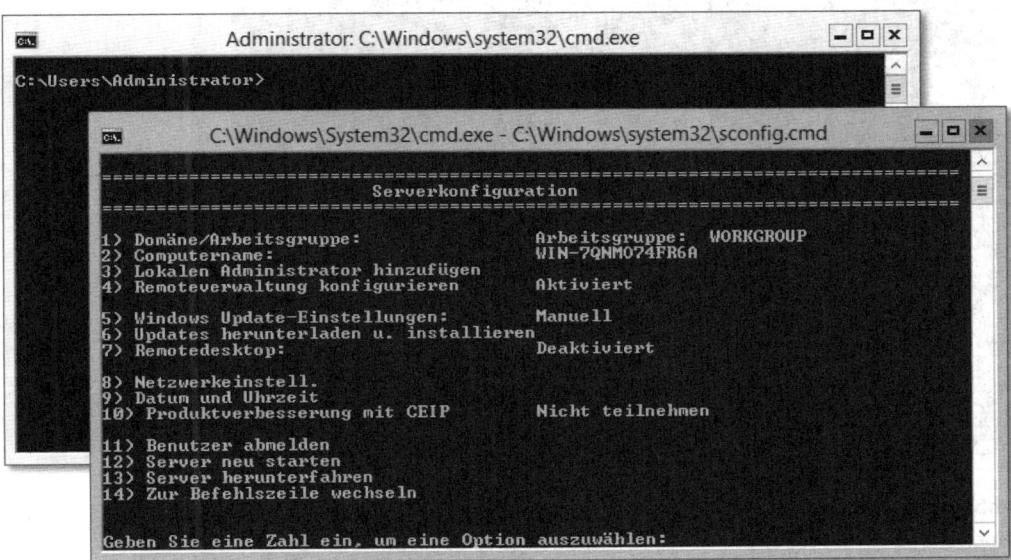

Abbildung 22.10 Eingabezeile und textbasiertes Konfigurationsmenü des Hyper-V-Servers

Wer sich bereits mit der Core-Installationsoption beschäftigt hat, wird den Befehl `dism /online /get-features` kennen, der die installierbaren Rollen und Features auflistet. Diesen Befehl kann man auch auf einem Hyper-V-Server aufrufen, was zu dem auf Abbildung 22.11 gezeigten Ergebnis führt. Neben der Hyper-V-Rolle, die bereits installiert sein dürfte, stehen einige Features zur Verfügung, beispielsweise BitLocker, Multipath I/O – kurz gesagt sind das Features, die im Zusammenspiel mit Hyper-V sinnvoll sind. Aus einem Hyper-V-Server kann man aber beispielsweise keinen Domänencontroller machen.

22 Servervirtualisierung mit Hyper-V

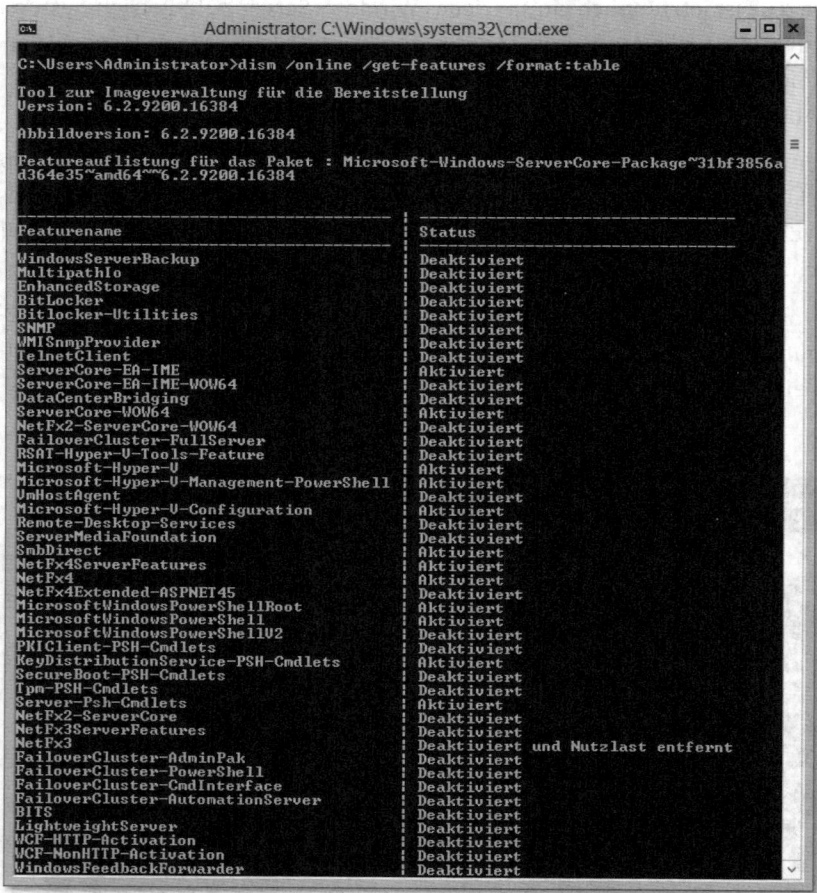

Abbildung 22.11 Das vom Core-Server bekannte Kommando »oclist« zeigt, dass auf einem Hyper-V-Server eher wenige Rollen und Features installierbar sind.

22.3 Der Hyper-V-Manager

Für die Administration von Hyper-V stehen zwei Werkzeuge zur Verfügung:

- der Hyper-V-Manager
- der Systems Center Virtual Machine Manager 2012

Der Hyper-V-Manager ist sozusagen das Standardwerkzeug, das ohne zusätzliche Kosten verwendet werden kann. Wenn Hyper-V auf einem Windows Server 2012 Core-Server installiert ist oder der Hyper-V-Server 2012 verwendet wird, steht der Hyper-V-Manager nicht auf dem Server selbst zur Verfügung. Das Management wird dann von einem anderen Windows Server 2012 aus vorgenommen oder, was ich für noch besser halte, von einem Admin-PC aus.

Zu diesem Zweck stellt Microsoft im Download Center die Remote Server Administration Tools für Windows 8 zur Verfügung, in denen auch der Hyper-V-Manager enthalten ist.

Der Hyper-V-Manager ist einfach und intuitiv zu bedienen; mit ihm kann man neue virtuelle Maschinen anlegen, neue und bestehende VMs konfigurieren und administrieren sowie grundlegende Überwachungsarbeiten durchführen.

Der wesentliche Nachteil des Hyper-V-Managers ist, dass er nur eine sehr serverzentrierte Sicht der Dinge bietet. In einer größeren Umgebung mit mehreren, unter Umständen Dutzenden virtuellen Servern ist es recht lästig, wenn man zunächst suchen muss, auf welchem physikalischen Server die gesuchte virtuelle Maschine läuft, weil es keine »Alle VMs«-Ansicht gibt. Wie Sie in Abbildung 22.12 sehen können, lassen sich zwar mehrere Server registrieren (siehe Serverauswahl auf der linken Seite), um mit einer VM zu arbeiten, muss aber stets der zugehörige Server ausgewählt werden.

Abbildung 22.12 Der Hyper-V-Manager ist das »Regiezentrum« für die virtuellen Maschinen.

Wie aus Abbildung 22.13 zu entnehmen, gibt es deutlich komfortablere Werkzeuge für das Management von mittleren und großen Umgebungen, die Servervirtualisierung nutzen. Gezeigt ist der System Center Virtual Machine Manager 2012, der viele wesentliche Funktionalitäten bietet, die man sich beim Management einer servervirtualisierten Umgebung wünscht. Zu beachten ist, dass der Virtual Machine Manager kostenpflichtig ist.

> **SCVMM**
>
> Der System Center Virtual Machine Manager wird gegen Ende dieses Kapitels kurz vorgestellt.

Es soll jetzt nicht der Eindruck entstehen, dass man zur sinnvollen Arbeit mit Hyper-V unbedingt den Virtual Machine Manager bräuchte. Die wesentlichen Aufgaben lassen sich durchaus komfortabel mit dem Hyper-V-Manager erledigen. Hat ein Administrator einer Umgebung, die aus mehr als einem Hyper-V-System besteht, einmal die VMM-Möglichkeiten gesehen, wird er diesen erfahrungsgemäß aber sehr gern nutzen wollen.

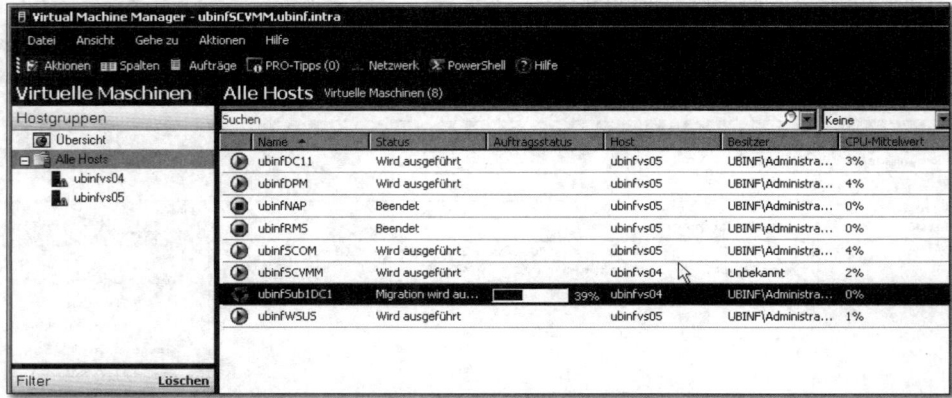

Abbildung 22.13 Der Virtual Machine Manager ist in mittleren und großen Umgebungen ein wesentlich leistungsfähigeres Management-Werkzeug – er ist allerdings kostenpflichtig.

22.4 Installation und Grundkonfiguration

Über die Installation von Hyper-V kann man im Grunde genommen nicht allzu viel schreiben: Server-Manager starten, Rolle hinzufügen, fertig! Ein paar Hinweise möchte ich aber dennoch loswerden.

22.4.1 Vorbereitung, insbesondere Netzwerkkonfiguration

Es empfiehlt sich unbedingt, einen Hyper-V-Server mit zwei Netzwerkkarten auszurüsten (Abbildung 22.14):

- Eine Netzwerkkarte wird für den Zugriff auf den Server selbst verwendet, also für das Management. Auf dieser Karte wird ganz normal das IP-Protokoll gebunden, und die übrigen Elemente, wie CLIENT FÜR MICROSOFT-NETZWERKE, werden aktiviert. Mit anderen Worten: Bei der Management-Netzwerkkarte brauchen Sie außer der Konfiguration der IP-Adressen nichts zu tun.

▶ Eine zweite Netzwerkkarte wird für die Konfiguration der virtuellen Maschinen verwendet. Bei dieser Karte deaktivieren Sie alle Komponenten, unter anderem auch IPv4 und IPv6. Es braucht hier nichts gebunden zu sein, weil das Serverbetriebssystem selbst über diese Karte nicht kommuniziert.

Je nach durch die virtuellen Maschinen verursachter Netzwerklast könnte man für die virtuellen Maschinen auch mehrere Netzwerkkarten vorsehen – entweder in einer Teaming-Konfiguration oder individuell einzelnen VMs zugewiesen. Falls Sie virtuelle Maschinen betreiben, die beispielsweise Netzwerkkonnektivität in eine DMZ (*Demilitarized Zone*) benötigen, werden weitere Netzwerkkarten erforderlich.

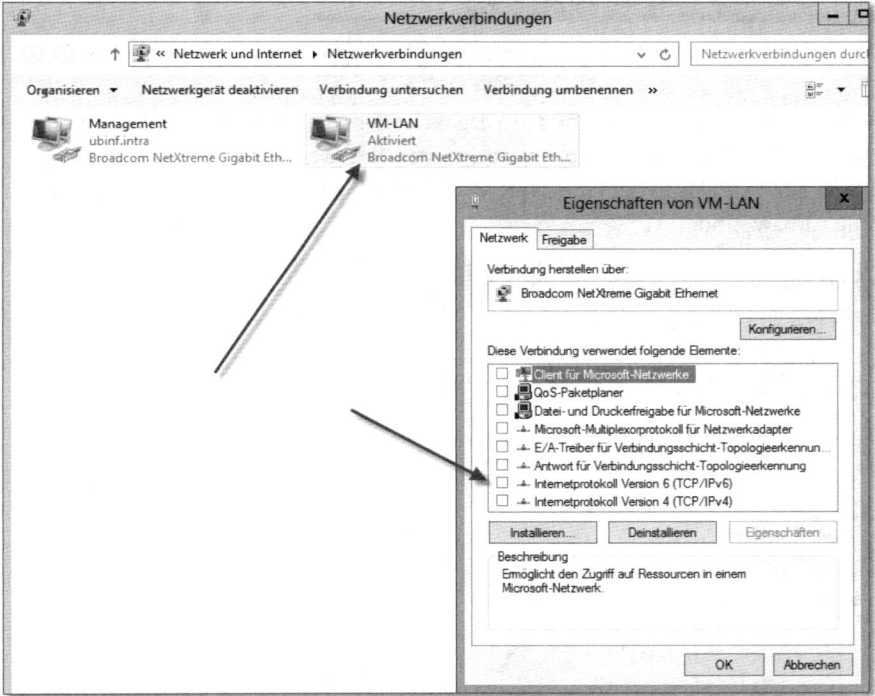

Abbildung 22.14 Ein Hyper-V-Server sollte (mindestens) zwei Netzwerkkarten haben.

Kompatibilität der Netzwerkkarte

Mir sind in der Praxis hin und wieder Probleme mit Netzwerkkarten begegnet. Auf Abbildung 22.15 ist ein unangenehmer Effekt zu sehen. Von einem Client wird eine virtuelle Maschine angepingt, das Antwortverhalten ist zunächst als weitgehend unauffällig anzusehen. Sobald eine RDP-Verbindung aufgebaut wird, bricht die Netzwerkperformance vollständig ein. Zu sehen ist das einerseits an den Ping-Zeiten, die plötzlich dramatisch werden, andererseits benötigt der Verbindungsaufbau ca. eine Minute.

22 Servervirtualisierung mit Hyper-V

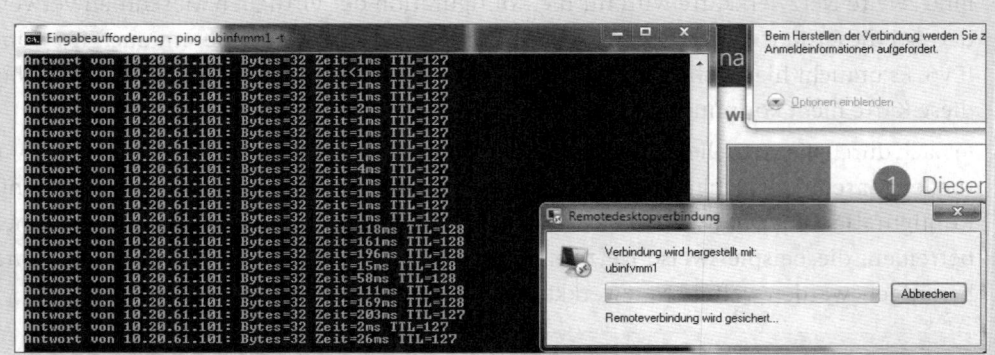

Abbildung 22.15 Problem aus der Praxis: Die Netzwerkleistung bricht ein.

In diesem konkreten Fall lag die Lösung im Deaktivieren der Virtual Machine Queues (Abbildung 22.16). Dies kann in der Konfiguration der Netzwerkkarte erledigt werden – natürlich auf der Netzwerkkarte oder den Netzwerkkarten, die für den Netzwerkverkehr der VMs zuständig ist bzw. sind.

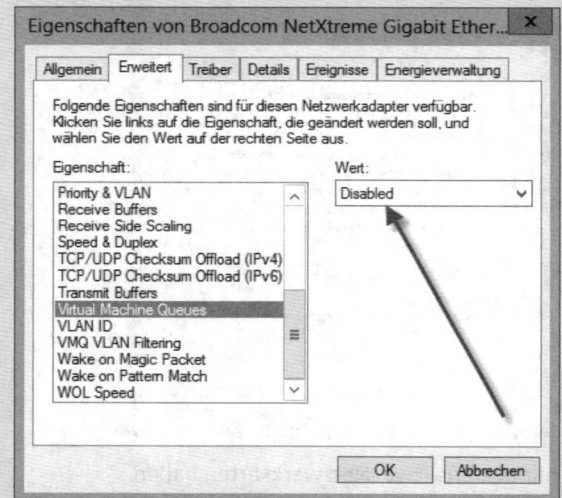

Abbildung 22.16 Lösung in diesem Fall: Deaktivieren der Virtual Machine Queues

Dieser Lösungsansatz ist nicht notwendigerweise die universale Wunderwaffe. Auf aktuellen Dell-Servern mit Broadcom-Gigabit-NICs hat es geholfen, bei anderen Herstellern ist ein weiteres Eingreifen vielleicht gar nicht erforderlich oder kann mit anderen Einstellungen gelöst werden.

22.4.2 Installation

Die Installation der Hyper-V-Rolle startet im Server-Manager mit dem Aufruf des Menüpunkts Rollen und Features hinzufügen. Wer sich in Server 2012 noch nicht so gut zurechtfindet, erhält in Abbildung 22.17 eine kleine Suchen- bzw. Finden-Hilfe.

Abbildung 22.17 Das Hinzufügen der Rolle beginnt hier.

Abbildung 22.18 zeigt, dass Hyper-V hier eine zu installierende Rolle ist. Nach dem Setzen des Häkchens werden einige zusätzliche Features angezeigt werden, die ebenfalls installiert werden müssen.

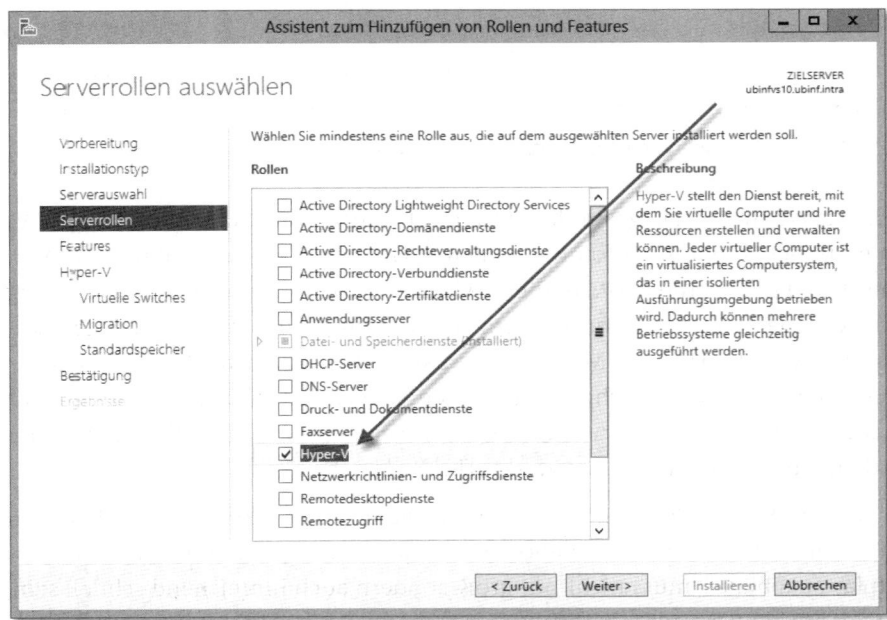

Abbildung 22.18 »Hyper-V« ist eine Rolle. Einige Features werden automatisch hinzugefügt.

Der Assistent zum Hinzufügen der Rolle wird bereits einige Konfigurationsoptionen abfragen: Auf Abbildung 22.19 wird das Einrichten eines ersten virtuellen Switches durchgeführt. Die Netzwerkkarten einer virtuellen Maschine werden mit einem virtuellen Switch verbunden. Dieser wiederum wird mit einer physischen Netzwerkkarte verbunden. Dies ist dann logischerweise die Netzwerkkarte, die für den Netzwerkverkehr der virtuellen Maschinen vorgesehen ist.

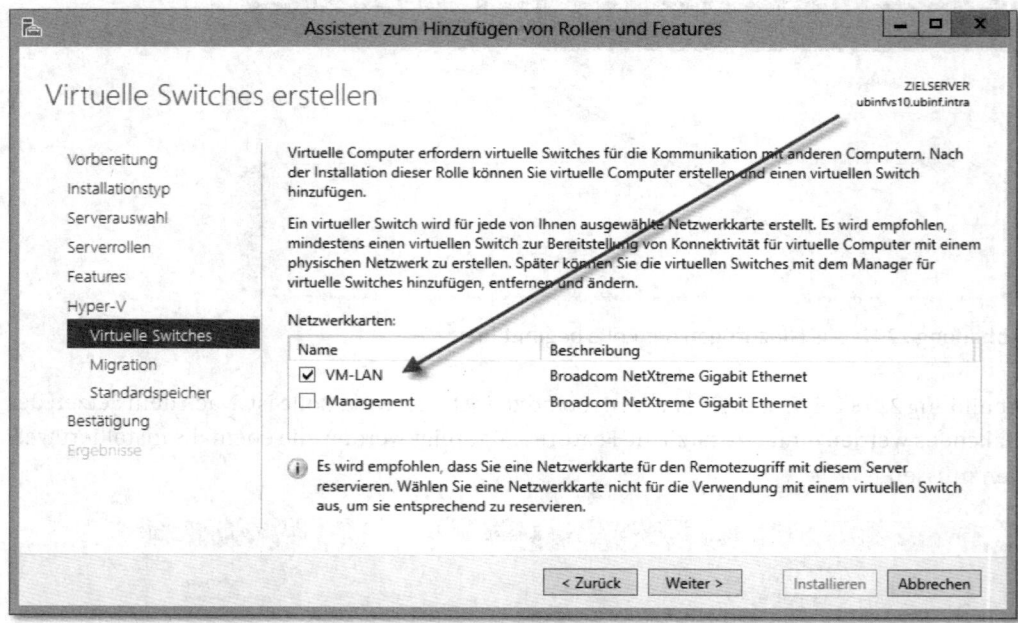

Abbildung 22.19 Wählen Sie die »VM-LAN«-Netzwerkkarte aus.

Abbildung 22.20 zeigt einen Dialog, auf dem festgelegt werden kann, dass dieser Hyper-V-Server Livemigrationen durchführen kann. Unter einer Livemigration versteht man das Verschieben einer laufenden virtuellen Maschine zwischen Hyper-V-Servern. Standardmäßig ist die Checkbox ausgeschaltet und kann natürlich später über den Hyper-V-Manager aktiviert werden. Im Dialog des Hyper-V-Managers lässt sich auch festlegen, über welche Netzwerkkarte die Livemigrationen durchgeführt werden sollen, was in diesem Dialog nicht machbar ist. Die Festlegung der zu verwendenden Netzwerkverbindung ist nicht ganz uninteressant, da dadurch ein erheblicher Netzwerkverkehr entstehen kann.

Weiterhin müssen die Standardspeicherorte festgelegt werden (Abbildung 22.21). Neben dem benötigten Plattenplatz ist die Performance interessant. Der Speicherort für die VHD-Dateien (Festplattenabbilder) muss nicht nur groß, sondern auch hinreichend schnell sein. Wie bereits zuvor erwähnt, ist ein Hauptgrund für die mangelhafte Performance von virtuellen Umgebungen eine unzureichende Festplattenperformance.

22.4 Installation und Grundkonfiguration

Abbildung 22.20 Wenn Livemigrationen zulässig sein sollen, kann das hier für zugelassen erklärt werden.

Abbildung 22.21 Die Standardspeicherorte werden gewählt. Vorsicht: Die VHD-Dateien sind performancekritisch!

Die Installation sollte nach kurzer Zeit durchgelaufen sein. Anschließend wird ein Neustart angefordert (Abbildung 22.22). Den Neustart sollten Sie nutzen und die BIOS-Einstellungen überprüfen – siehe folgenden Kasten.

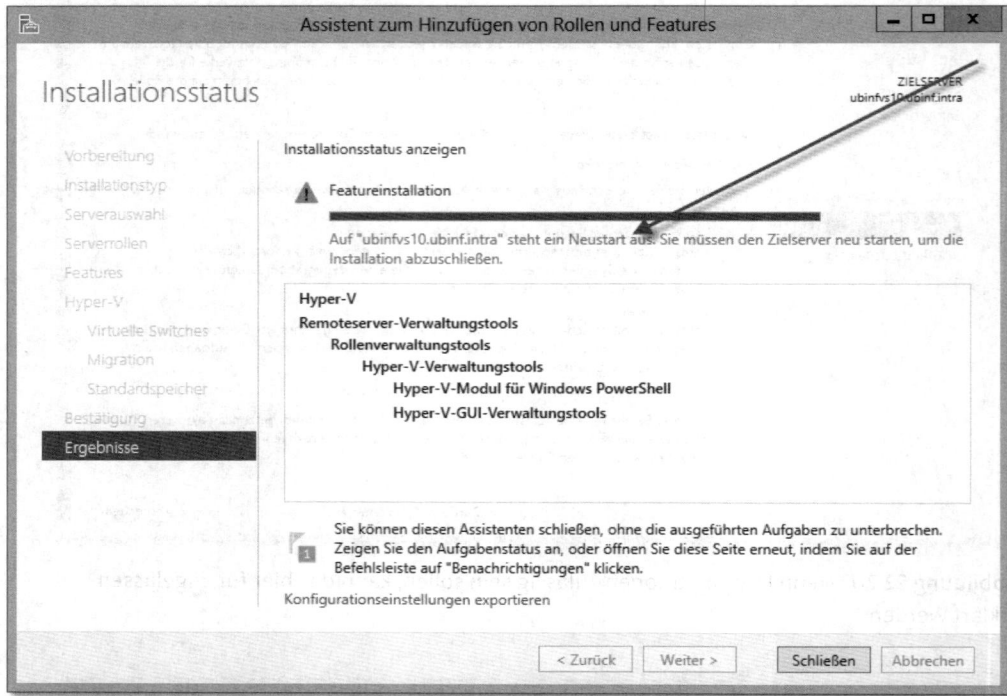

Abbildung 22.22 Nach dem obligatorischen Neustart steht Hyper-V zur Verfügung.

BIOS-Einstellungen

Damit Hyper-V funktioniert, muss die Prozessorvirtualisierung aktiviert sein. Bei der Installation wird das übrigens nicht überprüft, es ist aber trotzdem erforderlich. Diese Einstellung kann im BIOS des Servers vorgenommen werden.

Bei im Jahr 2013 neu erworbenen Servern sollte die Virtualisierungsfunktion des Prozessors im Normalfall aktiv sein, eine kurze Überprüfung schadet aber bestimmt nicht. Vor zwei Jahren hingegen lieferten die meisten Hersteller die Server mit deaktivierter Funktion aus, was man sehr schnell daran merkte, dass die virtuelle Maschine in diesem Fall nicht gestartet werden konnte.

Die weitere Konfiguration geschieht im Hyper-V-Manager. Im dortigen Kontextmenü des Servers können Sie allgemeine HYPER-V-EINSTELLUNGEN oder den MANAGER FÜR VIRTUELLE SWITCHES aufrufen (Abbildung 22.23).

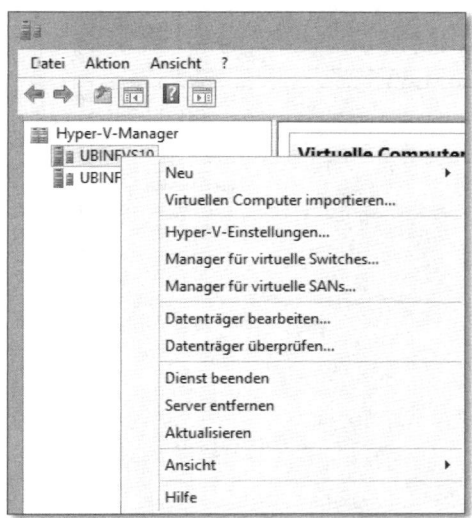

Abbildung 22.23 Die Grundkonfiguration eines Hyper-V-Servers findet hierüber statt.

22.4.3 Grundeinstellung (Hyper-V-Einstellungen)

Den Dialog für die allgemeinen Hyper-V-Einstellungen zeigt Abbildung 22.24. Wer die Hyper-V-Vorgängerversion kennt, wird einige Neuerungen entdecken.

Zunächst werden hier (überschreibbare) Standardpfade definiert, weiterhin gibt es einige Benutzereinstellungen, wie etwa die Behandlung von Tastaturkombinationen oder die Freigabe der Maus. Diese Einstellungen waren schon in den Vorgängerversionen vorhanden. Vermutlich werden Sie dort die Pfade anpassen, an den Einstellungen im Abschnitt BENUTZER werden Sie vermutlich nicht unbedingt etwas ändern müssen.

In der 2012er-Version neue Konfigurationsaspekte sind:

- PHYSISCHE GPUs: Hier geht es um eine reichhaltigere Darstellung für Remotedesktopbenutzer. Dies wird in Kapitel 19, »Remotedesktopdienste (Terminaldienste)«, nochmals genauer angesprochen.
- AUFTEILUNG AUF NUMA: NUMA bedeutet *Non-Uniform Memory Access*. Vereinfacht, geht es darum, dass ein Prozessor schneller auf seinen eigenen Speicher zugreifen kann als auf denjenigen, der einem anderen Prozessor zugewiesen ist. Salopp gesagt: Je näher der Speicher, desto schneller! Ist die Option aktiviert, können die VMs mehr Speicher nutzen, eventuell kann es aber zu Performanceverschlechterungen kommen.
  Ist die Option nicht aktiviert, kann es sein, dass eine VM nicht starten kann, weil ein Prozessor nicht über genügend »lokalen« Speicher verfügt.

Die Einstellungen zu LIVEMIGRATIONEN, SPEICHERMIGRATIONEN und REPLIKATIONSKONFIGURATION werden in den entsprechenden Abschnitten behandelt.

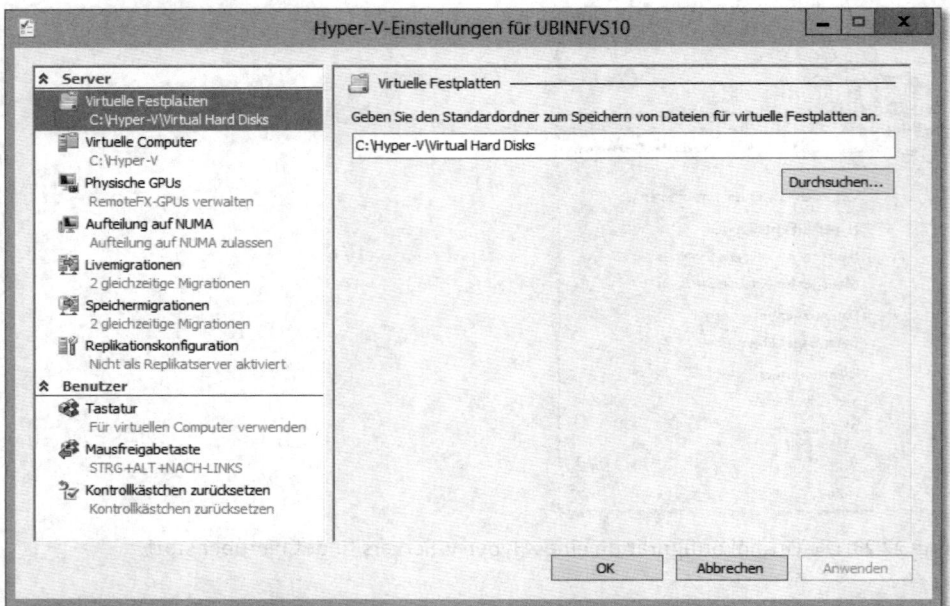

Abbildung 22.24 In den Grundeinstellungen geht es um diverse generelle Einstellungen.

22.4.4 Netzwerkeinstellungen

Eine der wichtigsten Aufgaben bei der Inbetriebnahme von Hyper-V-Servern ist die Anpassung der Netzwerkeinstellungen. Ihre virtuellen Maschinen sollen vermutlich mit der Außenwelt, also den Servern und Clients in Ihrem Netzwerk, kommunizieren. Es gibt drei Typen von virtuellen Netzwerken, die hinzugefügt werden können (Abbildung 22.25):

- EXTERN: Dieses Netzwerk ist mit einer physikalischen Netzwerkkarte verbunden.
- INTERN ermöglicht nicht den Zugriff auf die physikalische Netzwerkkarte, sondern dient der Kommunikation der virtuellen Maschinen auf dem Server untereinander und mit dem Server selbst.
- PRIVAT dient der Verbindung der virtuellen Maschinen auf diesem Server.

Sie werden eventuell keine Netzwerke vom Typ INTERN oder PRIVAT benötigen – ein Netzwerk vom Typ EXTERN brauchen Sie aber ganz bestimmt. Anzumerken wäre noch, dass es auf einem Hyper-V-Server beliebig viele virtuelle Netzwerke geben kann.

Der Dialog zur Konfiguration eines virtuellen Netzwerks ist übrigens bei allen drei Netzwerktypen (Verbindungstypen) gleich. Sie können den Verbindungstyp nach Belieben (und Notwendigkeit) umschalten. Bei Auswahl des Verbindungstyps EXTERN können Sie eine der im physikalischen Server vorhandenen Netzwerkkarten auswählen (Abbildung 22.26).

22.4 Installation und Grundkonfiguration

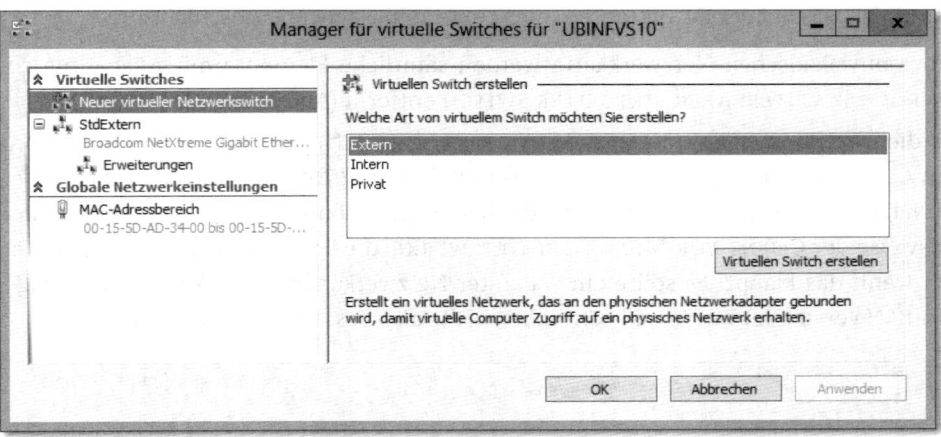

Abbildung 22.25 Sie müssen mindestens ein virtuelles Netzwerk erstellen.

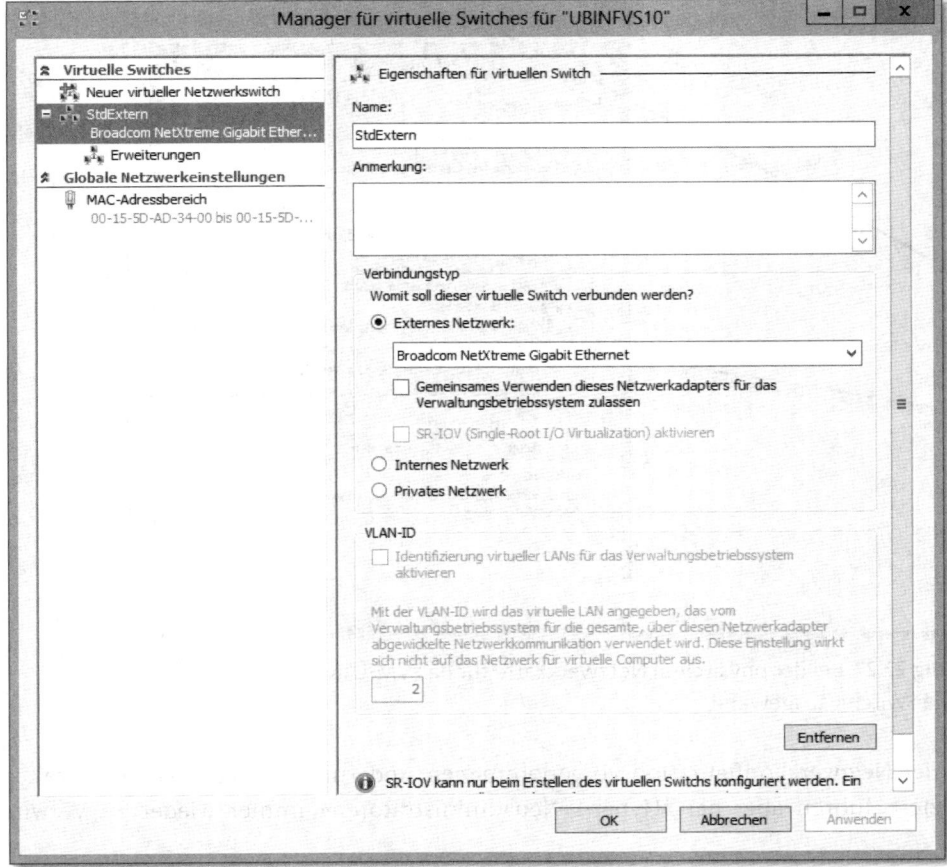

Abbildung 22.26 Die Konfiguration eines virtuellen Netzwerks

Interessant ist, was bei der Konfiguration eines externen Netzwerks geschieht:

▶ Bei der physikalischen Netzwerkkarte werden sämtliche Elemente mit Ausnahme des HYPER-V – ERWEITERBARER VIRTUELLER SWITCH entfernt (Abbildung 22.27).

▶ Falls die Checkbox GEMEINSAMES VERWENDEN DIESES NETZWERKADAPTERS FÜR DAS VERWALTUNGSBETRIEBSSYSTEM ZULASSEN (Abbildung 22.26) aktiviert ist, wird eine weitere Netzwerkkarte eingerichtet, an die die benötigten Elemente gebunden werden, beispielsweise der CLIENT FÜR MICROSOFT-NETZWERKE, die IP-PROTOKOLLE und so weiter. Auch wenn das klappt: Es sollte ein separater Netzwerkadapter für VMs und Management-LAN verwendet werden, die Checkbox sollte also besser deaktiviert sein.

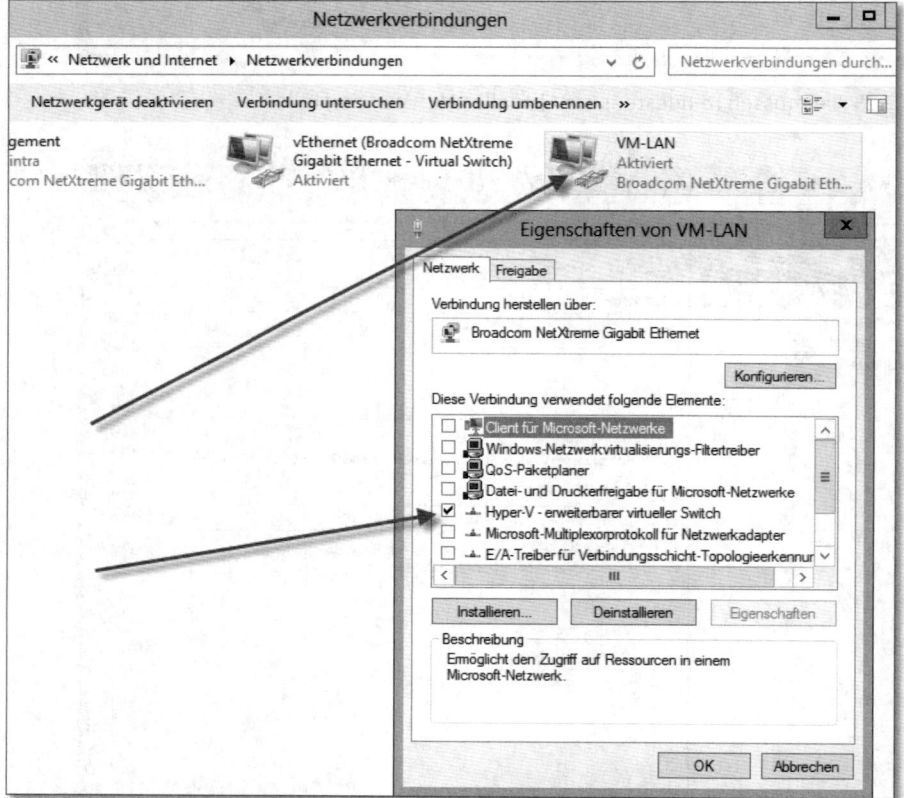

Abbildung 22.27 Bei der physischen Netzwerkkarte für das VM-LAN ist nur der »virtuelle Switch« ausgewählt.

Die in der Netzwerkkonfiguration vorgenommenen Änderungen sind zwar nicht weiter kompliziert, führen aber bei »Hyper-V-Neuadministratoren« immer wieder zu Verwirrungen.

Wie Sie später sehen werden, wird einer virtuellen Netzwerkkarte ein virtuelles Netz zugewiesen. Weitere Grundkonfigurationsarbeiten sind nicht erforderlich, so langsam können virtuelle Maschinen angelegt werden.

Zunächst möchte ich aber noch auf eine Neuerung in Hyper-V 2012 hinweisen: Die virtuellen Switches können erweitert werden. Wie in Abbildung 22.28 zu sehen, können installierte Erweiterungen aktiviert/deaktiviert werden. Diese Erweiterungen können von Microsoft selbst oder von Partnerunternehmen entwickelt werden. Mögliche Anwendungsszenarien könnten beispielsweise im Bereich des Monitorings liegen.

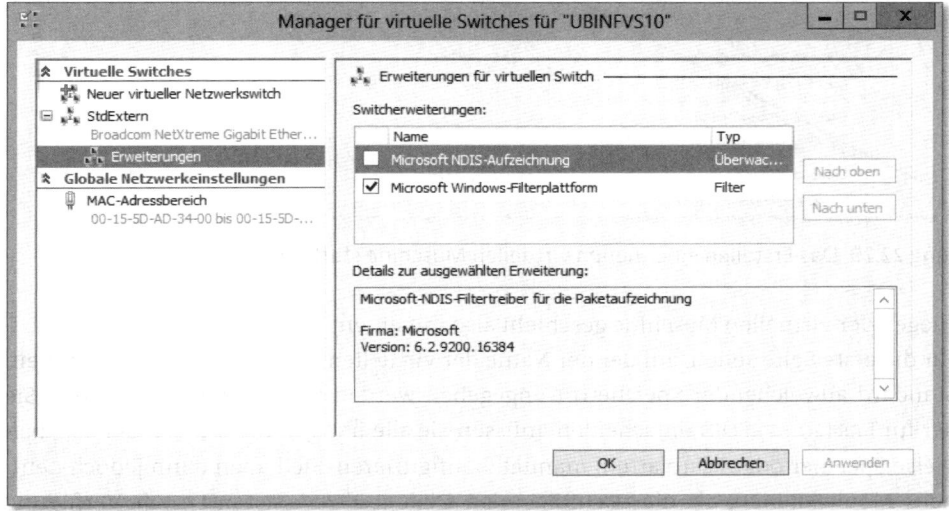

Abbildung 22.28 Neu bei Hyper-V 2012: die Erweiterbarkeit der virtuellen Switches

22.5 Administration von virtuellen Maschinen mit dem Hyper-V-Manager

Damit Sie einen Eindruck von der Arbeit mit dem Hyper-V-Manager bekommen, zeige ich Ihnen exemplarisch einige Handgriffe. Dieser Abschnitt soll und will kein »Admin-Kurs« sein, vielmehr möchte ich Ihnen einen Eindruck davon vermitteln, wie sich die tägliche Arbeit mit Hyper-V »anfühlt«. Festzuhalten ist, dass jeder, der sich in der Vergangenheit mit einem beliebigen Servervirtualisierungsprodukt beschäftigt hat, sofort verstehen wird, wie Hyper-V bedient wird.

22.5.1 Neue virtuelle Maschine anlegen

Die erste Aufgabe ist im Allgemeinen das Erstellen einer neuen virtuellen Maschine, was über das Kontextmenü des Servers im Hyper-V-Manager geschieht (Abbildung 22.29). Im

Neu-Menü sehen Sie unter anderem einen Menüpunkt zum Erstellen einer virtuellen Festplatte. Der Assistent, der eine komplette VM erstellt, legt ebenfalls eine Festplatte an, insofern brauchen Sie eine solche nicht vorab zu erzeugen.

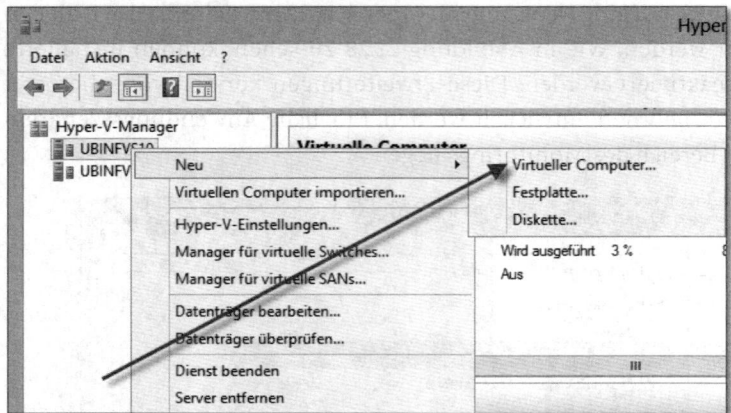

Abbildung 22.29 Das Erstellen einer neuen virtuellen Maschine startet hier.

Das Anlegen der virtuellen Maschine geschieht also mit einem Assistenten, wobei Sie prinzipiell nur die erste Seite sehen, auf der der Name der virtuellen Maschine und bei Bedarf ein vom Standard abweichender Speicherort angegeben werden (Abbildung 22.30). Wenn Sie sich hier für Fertig stellen entscheiden, müssen Sie alle übrigen Ressourcen der VM, beispielsweise Speicher oder Festplatten, manuell konfigurieren. Sie haben dann jedoch deutlich mehr Möglichkeiten, als die nachfolgenden Dialoge des Assistenten zur Verfügung stellen. Selbstverständlich können Sie auch mit den weiteren Dialogseiten des Assistenten eine Basiskonfiguration erstellen, die dann in einem weiteren Schritt optimiert wird.

Zwei weitere wichtige Einstellungen sehen Sie auf Abbildung 22.30 und Abbildung 22.31 – das sieht in beiden Fällen nicht kompliziert aus, aber es gibt dabei einiges zu beachten. Abbildung 22.31 zeigt eine Dialogseite mit nur einer Konfigurationsmöglichkeit, nämlich der Menge des an die VM zuzuweisenden Speichers:

▶ Dazu muss man wissen, dass der Speicher nicht den des Hosts überschreiten kann, auf dem die virtuelle Maschine läuft. Der auf dem Screenshot genannte obere Wert von 29.674 MByte resultiert daraus, dass die physikalische Maschine, auf der die VM angelegt wird, einen Hauptspeicherausbau von 32 GByte hat.

▶ Seit Hyper-V 2008 R2 SP1 wird dynamischer Speicher unterstützt. Mehr dazu lesen Sie gleich. An dieser Stelle sei angemerkt, dass ein Startspeicher von 512 MByte mit aktivierter dynamischer Arbeitsspeicherverwendung durchaus sinnvoll ist.

▶ Es ist ein absolut tödlicher Fehler, mit dem Speicher zu sparsam umzugehen. Hat eine virtuelle Maschine zu wenig Speicher für die auszuführende Anwendung, wird das Betriebssystem das durch mehr oder weniger exzessives »Swappen«, also das Auslagern von

Speicherbereichen auf die Festplatte, ausgleichen. Ist so ein System direkt »auf der Hardware« (also ohne Virtualisierung) installiert, ist das lästig, weil die Performance bescheiden sein wird. In einer virtualisierten Umgebung werden zusätzlich auch die anderen virtuellen Maschinen in Mitleidenschaft gezogen, weil das dauernde Swappen die Plattenperformance des Gesamtsystems negativ beeinflusst. Ich gehe nicht davon aus, dass Sie bei der Planung und Berechnung des Festplattensystems ein »Dauer-Swapping« einkalkuliert haben.

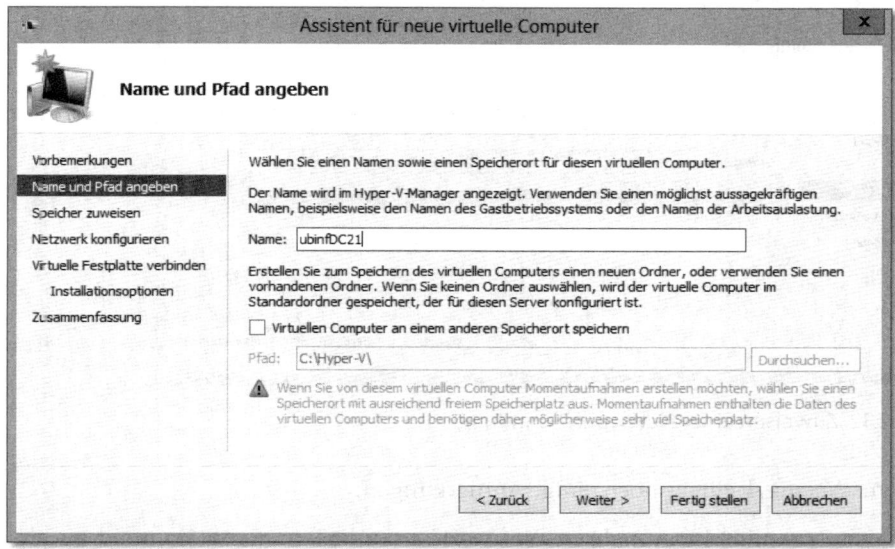

Abbildung 22.30 Beim Anlegen einer neuen virtuellen Maschine muss prinzipiell nur diese Dialogseite ausgefüllt werden.

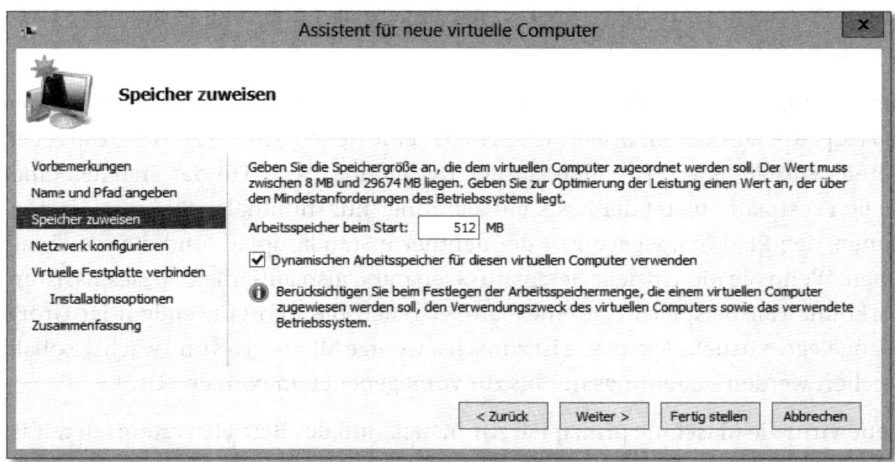

Abbildung 22.31 Eine der wichtigsten Einstellungen überhaupt: der zugeordnete Arbeitsspeicher. Bitte das Aktivieren der Verwendung dynamischen Arbeitsspeichers beachten!

Bevor Sie, wie in Abbildung 22.32 gezeigt, der Netzwerkkarte der virtuellen Maschine eine Verbindung zuweisen können, müssen ein oder mehrere virtuelle Netzwerke eingerichtet werden. Dies wird im Hyper-V-Manager über den Menüpunkt MANAGER FÜR VIRTUELLE NETZWERKE erledigt. Auf der Abbildung ist lediglich ein virtuelles Netzwerk eingerichtet, das mit der physikalischen Netzwerkkarte des Hosts verbunden ist.

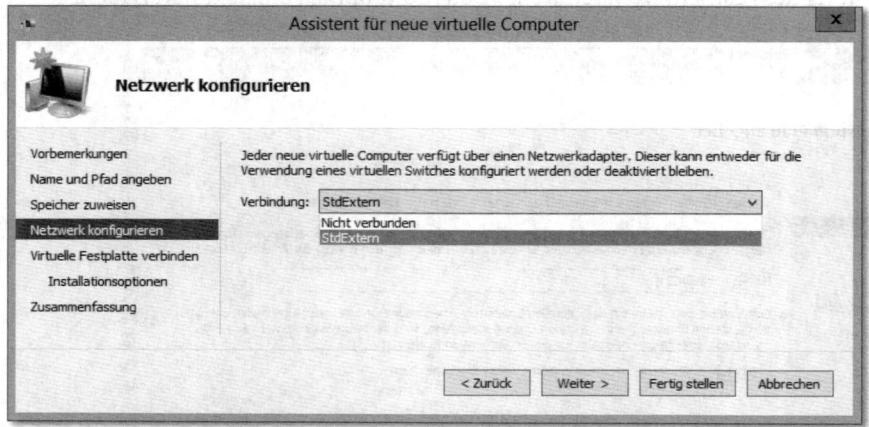

Abbildung 22.32 Zuweisen einer Netzwerkverbindung

Zu dem Thema *Netzwerk* gibt es noch einige Anmerkungen:

- Eine virtuelle Maschine kann mehrere Netzwerkkarten haben. Wenn Sie mehr als eine Netzwerkkarte benötigen, müssen Sie das allerdings später manuell konfigurieren; der Assistent kann nur eine Karte hinzufügen.
- Die Konfiguration virtueller Netzwerke bietet ebenfalls einige Möglichkeiten. Beispielsweise können Netze ohne Anschluss an das LAN eingerichtet und/oder es können VLANs gebildet werden.

Jede virtuelle Maschine benötigt eine oder mehrere Festplatten. Mit dem Assistenten können Sie die erste Festplatte einrichten, wobei Sie entweder eine neue virtuelle Festplatte anlegen oder eine bereits vorhandene verwenden können (Abbildung 22.33). Für das Erstellen einer neuen virtuellen Festplatte bietet der Assistent allerdings nur minimalen Support: Sie können den Namen, den Pfad (vorgegeben ist der definierte Standardpfad) und die maximale Größe angeben. Wenn Sie die virtuelle Festplatte »separat« (also außerhalb dieses Assistenten) anlegen, können Sie beispielsweise eine Platte erstellen, die sofort die endgültige Größe hat. Die hier angelegte virtuelle Festplatte ist zunächst wenige MByte groß und wächst, sobald Daten gespeichert werden – allerdings nur bis zur vorgegebenen maximalen Größe.

Wenn die neue virtuelle Maschine prinzipiell zur Installation des Betriebssystems bereit ist (dazu ist insbesondere eine zugewiesene virtuelle Festplatte erforderlich), können Sie direkt eine CD/DVD in das virtuelle DVD-Laufwerk legen. Dies kann entweder ein physikalisches Medium im Laufwerk des Hosts oder eine ISO-Datei sein.

22.5 Administration von virtuellen Maschinen mit dem Hyper-V-Manager

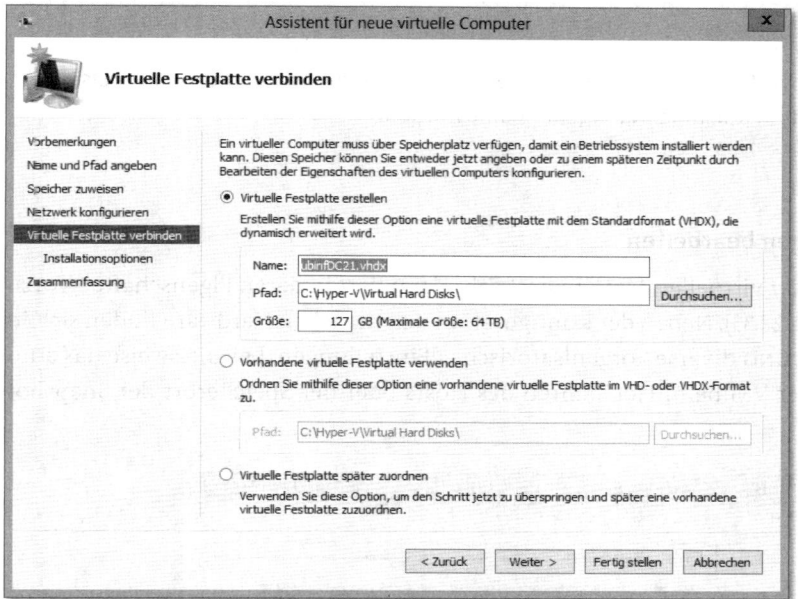

Abbildung 22.33 Hier kann eine neue virtuelle Festplatte erstellt werden. Diese Dialogseite zeigt aber nicht alle möglichen Optionen an.

Alternativ ist eine Installation von einer virtuellen Diskette oder durch einen Netzwerk-Bootvorgang möglich (Abbildung 22.34).

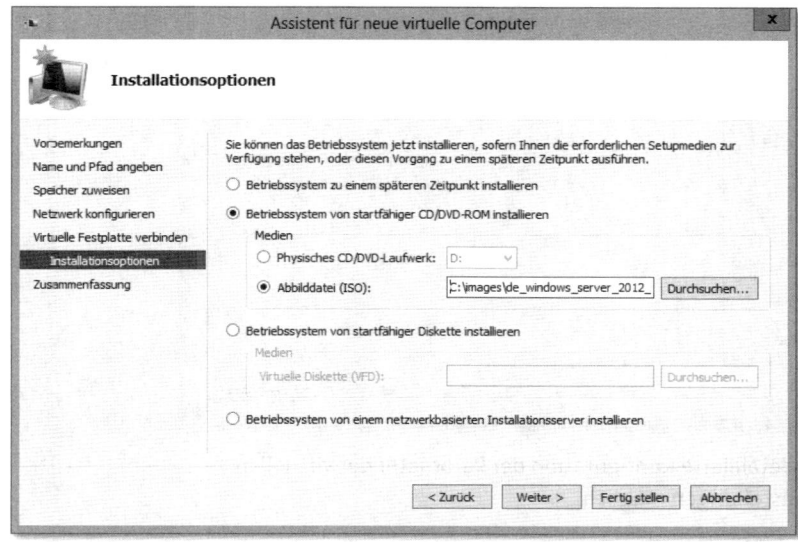

Abbildung 22.34 Sie können der virtuellen Maschine direkt eine ISO-Abbilddatei zur Betriebssysteminstallation zuweisen.

> **Migration**
>
> Das Migrieren von virtuellen Maschinen anderer Virtualisierungslösungen kann beispielsweise mit dem Virtual Machine Manager erledigt werden.

22.5.2 Einstellungen bearbeiten

Die Konfiguration der virtuellen Maschine ist sehr detailliert in deren Eigenschaften vorzunehmen (Abbildung 22.35). Neben der Konfiguration der virtuellen Hardware finden sich im Abschnitt VERWALTUNG diverse »organisatorische« Einstellungen, beispielsweise das automatische Starten der VM beim Hochfahren des Hosts oder der Speicherort der Snapshot-Dateien.

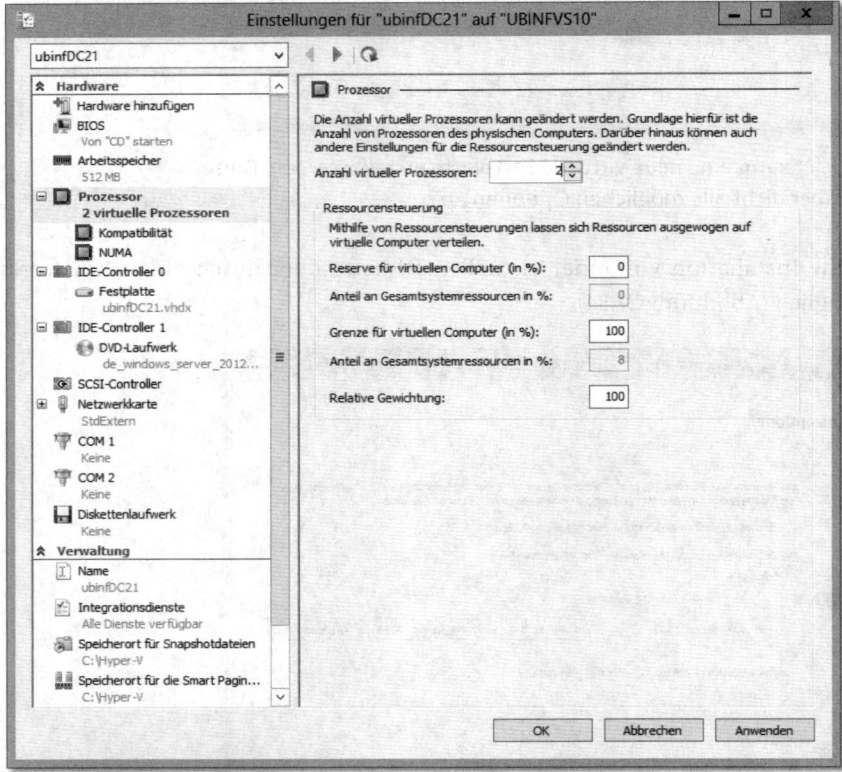

Abbildung 22.35 Eine detaillierte Konfiguration der Parameter der virtuellen Maschine ist in den Einstellungen möglich.

Das automatische Hochfahren einer VM kann übrigens mit einer zeitlichen Verzögerung versehen werden. So wird verhindert, dass das mehr oder weniger gleichzeitige Hochfahren vieler automatisch zu startender VMs zu Performanceproblemen führt. Diese wirken sich in der Praxis teilweise so aus, dass es in den virtuellen Maschinen Timeouts gibt und deshalb beispielsweise nicht alle Dienste korrekt gestartet werden.

In begrenztem Umfang können Sie »Hardware« hinzufügen. Wie in Abbildung 22.36 gezeigt, gibt es hier drei mögliche Typen, nämlich SCSI-Controller, Netzwerkkarten und ältere Netzwerkkarten. Interessant sind die beiden Netzwerkkartentypen:

▶ Die Netzwerkkarte, die auch vom Assistenten standardmäßig hinzugefügt wird, basiert auf der *Virtual Machine-Bus-Architektur*. Treiber hierfür stehen nur für Windows Server 2003 ab SP2 und Windows Server 2008 zur Verfügung. Die benötigten Treiber gibt's bei den Integrationsdiensten; das sind die Softwarekomponenten, die in der virtuellen Maschine installiert werden.

▶ Wenn Sie ältere Betriebssysteme (älter als Windows Server 2003 SP2) installieren, müssen Sie die VM statt mit der Netzwerkkarte mit einer älteren Netzwerkkarte ausstatten.

▶ Sie benötigen ebenfalls eine ältere Netzwerkkarte, wenn das Betriebssystem über einen Netzwerk-Bootvorgang installiert werden soll.

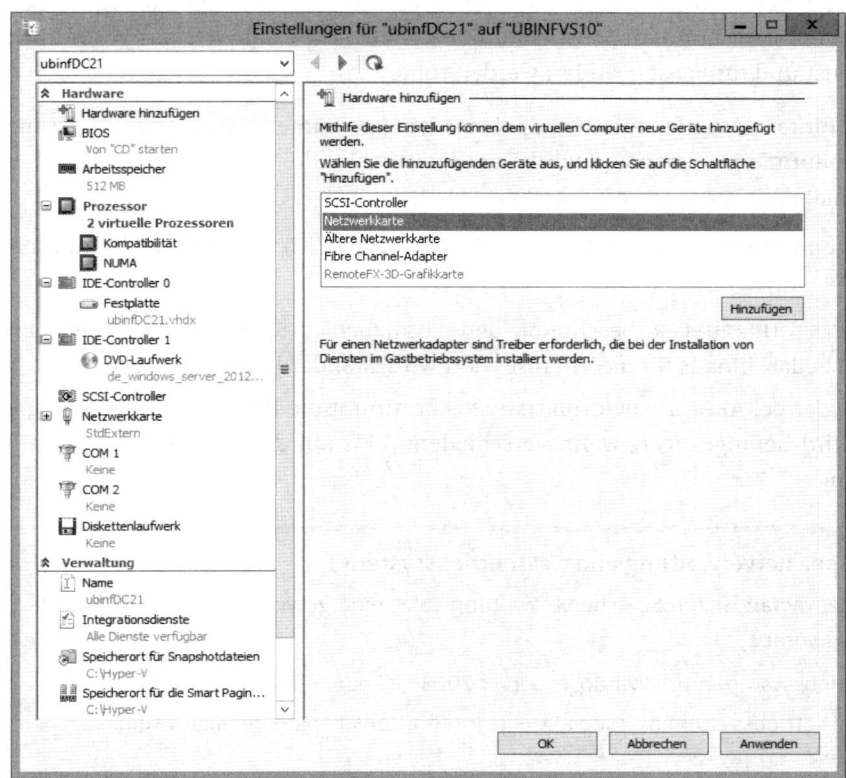

Abbildung 22.36 Es kann in begrenztem Umfang Hardware hinzugefügt werden. Interessant sind die Punkte »Netzwerkkarte« und »Ältere Netzwerkkarte«.

> **Integrationsdienste**
>
> Die Windows Server 2012 enthalten bereits die »passenden« Integrationsdienste.
>
> Bei allen anderen Betriebssystemen müssen die Integrationsdienste implementiert werden.

22.5.3 (Dynamische) Speicherverwaltung

Ein interessantes Feature, das es seit Windows Server 2008 R2 SP1 gibt, ist die dynamische Speicherverwaltung, die natürlich in verbesserter Form auch in Windows Server 2012 enthalten ist.

Die »Idee« dahinter erschließt sich, wenn man den Konfigurationsdialog anschaut (Abbildung 22.37):

- Die virtuelle Maschine startet mit dem bei MINIMALER RAM eingetragenen Speicherwert. Für die aktuellen Betriebssysteme (2008 und höher) werden hier 512 MByte empfohlen.
- Der Wert MAXIMALER RAM beschreibt den Speicher, der der VM maximal zugewiesen wird. Dieser Wert steht auf dem Screenshot auf 1 TByte (TB, Terabyte), was vermutlich nicht sinnvoll ist und tunlichst geändert werden sollte.

Die Überlegung hinter dem dynamischen Speicher ist, dass zumeist der fest zugewiesene Speicher nicht vollumfänglich benötigt wird. Daher startet also die VM mit möglichst wenig Speicher und erhält dann so viel, wie konkret erforderlich.

Die beiden übrigen Optionen auf der Dialogseite (Abbildung 22.37) sind auch nicht uninteressant:

- Der ARBEITSSPEICHERPUFFER beschreibt den zusätzlichen Speicher, der über den momentanen Bedarf hinaus für die VM reserviert wird. Standardmäßig sind das 20 %.
- Der Schieberegler bei ARBEITSSPEICHERUMFANG bestimmt die Priorität. Der hier eingestellte Wert wird herangezogen, wenn verschiedene VMs auf dem Server um Speicher »konkurrieren«.

> **Dynamische Speicherverwaltung und Gastbetriebssystem**
>
> Die Nutzung der dynamischen Speicherverwaltung setzt eine gewisse Mitarbeit des Gastbetriebssystems voraus:
>
> - Das Gastbetriebssystem muss Windows Server 2003 SP2 oder höher sein.
> - Auf dem Gastbetriebssystem müssen aktuelle Integrationsdienste installiert sein.

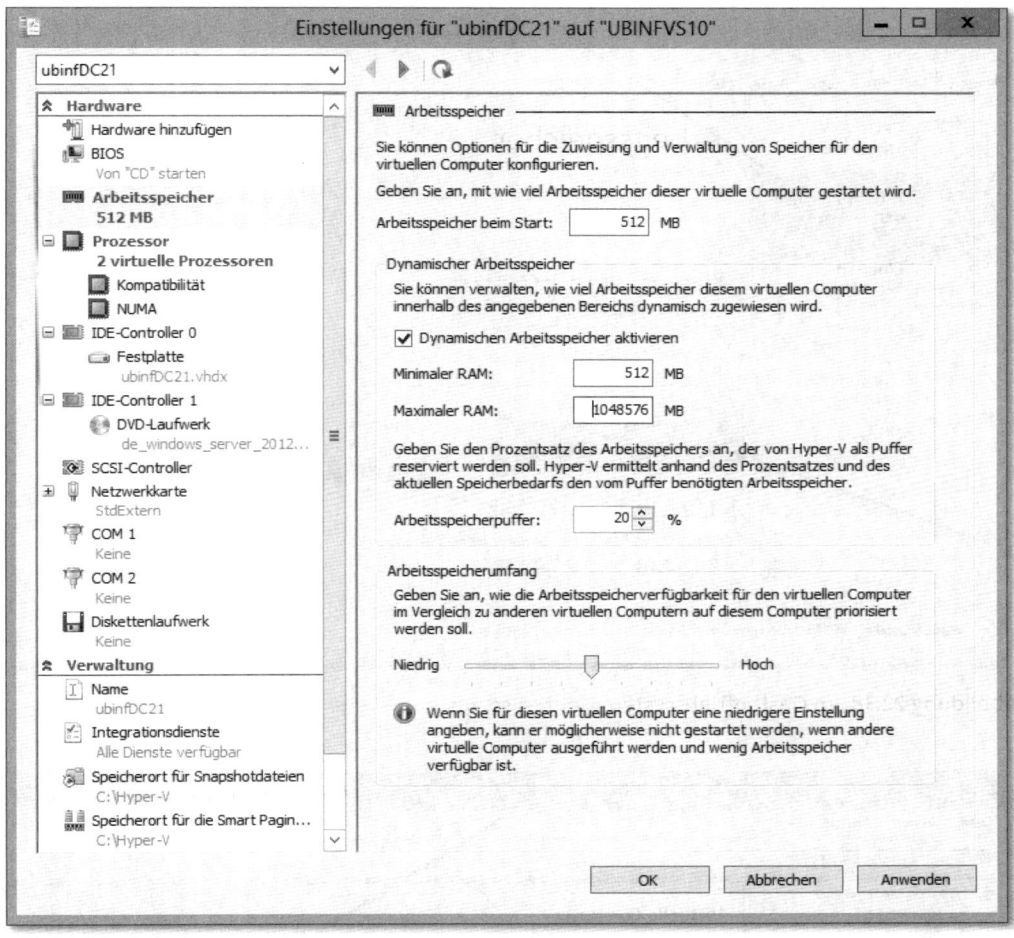

Abbildung 22.37 Die dynamische Speicherverwaltung

Aus Sicht des Gastbetriebssystems sieht es, wenn die VM wie auf Abbildung 22.38 konfiguriert ist, so aus:

- Der maximale Arbeitsspeicher wird mit 1 TByte angezeigt. Das ist so zwar nicht gut konfiguriert, aber möglich. Besser ist es natürlich, eine sinnvolle Maximalspeichermenge einzutragen.
- In diesem Moment werden 957 MByte benötigt.
- Ca. 20 % mehr Speicher steht zur Verfügung.

Der Hyper-V-Manager zeigt standardmäßig die Spalte ZUGEWIESENER SPEICHER an (Abbildung 22.39). So erhält man schnell einen Überblick darüber, wie viel Speicher in Verwendung ist. Wie Sie sehen, laufen zwei Server in der Tat noch mit dem Minimalwert.

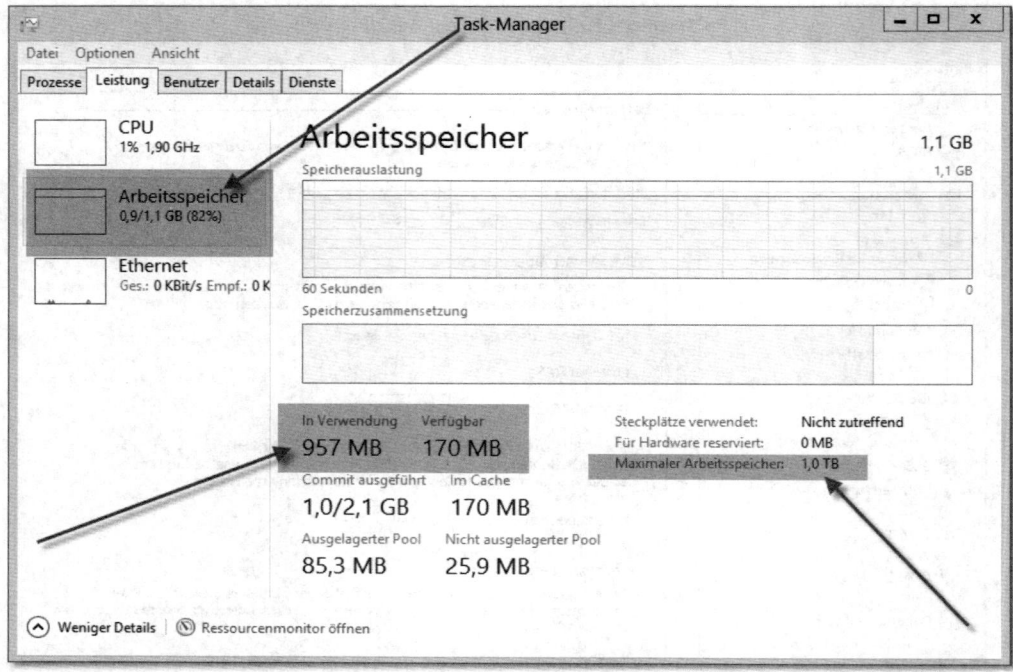

Abbildung 22.38 Im Gastbetriebssystem sieht es so aus.

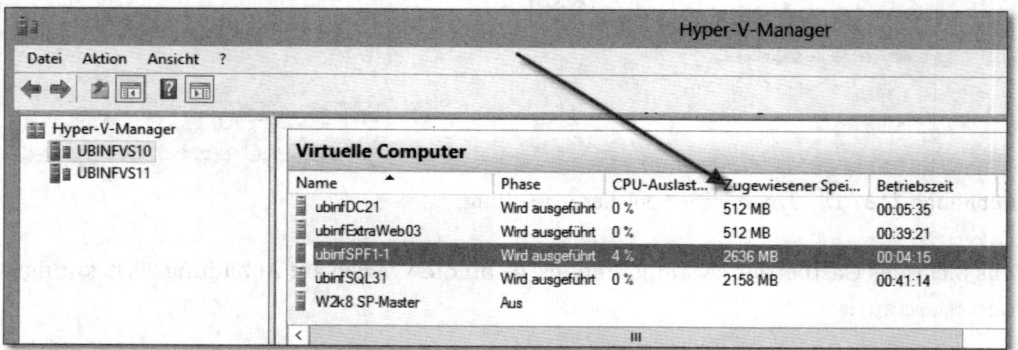

Abbildung 22.39 Der Wert »Zugewiesener Speicher« im Hyper-V-Manager zeigt auf einen Blick, wie viel Speicher in Verwendung ist.

22.5.4 Die »laufende« VM

Wenn eine virtuelle Maschine läuft, stehen die in Abbildung 22.40 gezeigten Menüpunkte zur Verfügung – diese sind so weit selbsterklärend. Interessant ist der Menüpunkt VERBIN-DEN, der die Steuerungsapplikation aufruft. Einen ersten Blick darauf sehen Sie in Abbildung 22.41. Die wesentlichen Funktionen (*Ein*, *Aus* und *Pause*) finden sich hinter Symbolen, diverse weitere Funktionen gibt's in der Menüleiste. Einige Anmerkungen dazu:

- Sie können auf Ihrem Admin-PC beliebig viele Steuerungsfenster öffnen, also beliebig viele VMs steuern.

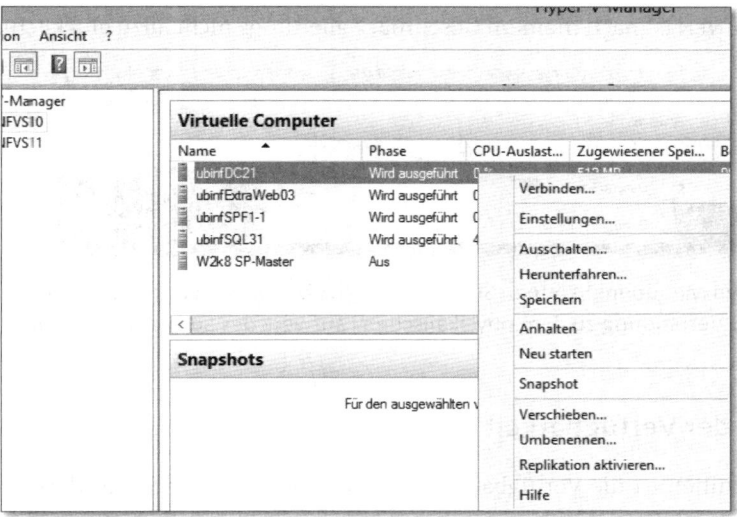

Abbildung 22.40 Diese Menüpunkte stehen für eine laufende VM zur Verfügung. »Verbinden« startet die Steuerung.

- Damit die Anzeige mit einer guten Performance ausgeführt wird, müssen Sie die Integrationsdienste installieren, einen entsprechenden Menüpunkt finden Sie unterhalb des Eintrags AKTION.

  Sofern die Integrationsdienste bei einem älteren Betriebssystem (also älter als Windows Server 2008 R2) nicht installiert sind, müssen Sie den Mauszeiger jeweils »befreien«, wenn Sie mit der Arbeit in der VM fertig sind.

Eine Alternative zu der Steuerungsanwendung ist natürlich weiterhin die bei den Windows-Betriebssystemen standardmäßig vorhandene Remotedesktop-Funktionalität.

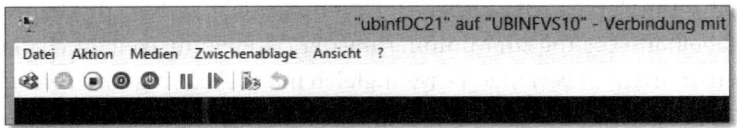

Abbildung 22.41 Die virtuelle Maschine in der Steuerungsapplikation

In der Praxis werden auch bei virtuellen Maschinen häufig CDs und DVDs benötigt. Das ist nun grundsätzlich kein Problem, schließlich können die VMs mit virtuellen CD-/DVD- oder

Diskettenlaufwerken ausgestattet werden. Nun geht es aber noch darum, dass in diese virtuelle Hardware auch die benötigten Medien »eingelegt« werden müssen.

Das lässt sich mit wenigen Mausklicks erledigen, wie Abbildung 22.42 zeigt. Sie können entweder ein ISO-Image einbinden, das auf dem Hostsystem vorhanden sein muss, oder aber eine Verbindung mit dem physikalischen Laufwerk des Hyper-V-Servers herstellen (die Übersetzung D: AUFZEICHNEN ist nach meinem Geschmack allerdings nicht allzu glücklich).

Abbildung 22.42 Über diesen Menüpunkt können Sie in das CD-/DVD-Laufwerk der VM ein ISO-Image »einlegen« oder eine Verbindung zu dem physikalischen Laufwerk des Servers herstellen.

22.6 Verbesserung der Verfügbarkeit

Auch bei virtuellen Maschinen ist die Verfügbarkeit eine entscheidende Herausforderung. Dabei gibt es grob gesagt zwei Ziele, die aber nicht immer zwingend beide erreicht werden müssen – ein bisschen geht es ja auch manchmal um das Budget.

Die zwei Ziele:

- Datenverlustzeit optimieren: Die Datenverlustzeit beschreibt letztendlich die Menge der verlorenen Daten, also die Zeit seit der letzten Sicherung. Durch Hyper-V-Replikation kann die Datenverlustzeit sehr deutlich minimiert werden.

- Wiederherstellzeit optimieren: Hierbei geht es um einen möglichst schnellen Wiederanlauf nach dem Verlust von Ressourcen (= Server, Storage). Durch Failover-Clustering kann die Wiederherstellungszeit beim Ausfall eines Servers optimiert werden.

22.6.1 Replikation

Die Replikation, neues Feature in Server 2012 übrigens, ist eine geniale Sache. Für kleines Geld bekommen Sie eine fabelhafte Lösung zur Minimierung der Datenverlustzeit. Auch die Wiederherstellzeit lässt sich dramatisch verkürzen – wenngleich manuelles Eingreifen erforderlich ist.

Die Funktionsweise ist schnell erklärt:

- Sie brauchen zwei Server mit Hyper-V. Shared Storage (= SAN-Storage auf FibreChannel- oder iSCSI-Basis) ist nicht erforderlich.

- Die VM läuft auf einem Server, die komplette VM wird kontinuierlich auf den anderen Server repliziert.
- Wenn der bisher aktive Server, warum auch immer, verloren geht, ist die komplette VM auf dem zweiten Server vorhanden. Die komplette virtuelle Maschine nebst Daten ist also, abgesehen von einem kleinen Zeitversatz, vorhanden. Ziel »Datenverlustzeit optimieren« ist erreicht!
- Die virtuelle Maschine kann problemlos auf dem zweiten Hyper-V-Server gestartet werden. Das geht zwar nicht vollautomatisch – wenn ein Administrator/Operator zur Stelle ist, ist es aber in sehr kurzer Zeit erledigt.

Um es mal richtig einzuordnen: Wir sprechen hier über eine ziemlich tolle Lösung zu einem sehr moderaten Preis – Letzteres insbesondere deshalb, weil kein gespiegeltes Shared Storage benötigt wird.

Nachfolgend beschreibe ich Aufbau, Inbetriebnahme und Administration der Lösung.

Hyper-V-Hosts für Replikation vorbereiten

Bevor auch nur eine einzige virtuelle Maschine repliziert wird, müssen die Hosts vorbereitet werden. Hört sich komplizierter an, als es ist, denn Sie müssen letztendlich nur die Hyper-V-Einstellungen der beteiligten Server aufrufen (Abbildung 22.43):

- Wechseln Sie zum Punkt REPLIKATIONSKONFIGURATION.
- Der Hauptschalter ist die Checkbox DIESEN COMPUTER ALS REPLIKATSERVER AKTIVIEREN. Einfach anhaken. Fertig!
- Dann müssen Sie die zulässigen Authentifizierungstypen für eingehende Verbindungen festlegen. Wenn ein vertrauenswürdiges Maschinenzertifikat vorhanden ist (eigene PKI hilft enorm, siehe Kapitel über die Zertifikatdienste), würde ich das zertifikatbasiert erledigen. Mit der Schaltfläche ZERTIFIKAT AUSWÄHLEN bestimmen Sie das zu verwendende Zertifikat, das schon im Zertifikatspeicher vorhanden sein muss.
- Im letzten Abschnitt des Konfigurationsdialogs können Sie festlegen, ob jeder Server oder nur ausgewählte als Replikationspartner akzeptiert werden. Pfadangaben gehören jeweils dazu.

Nach dem Aktivieren der Replikation werden Sie die auf Abbildung 22.44 gezeigte Meldung zu sehen bekommen. In Kurzform besagt diese: Eine eingerichtete, aber nicht aktivierte Firewall-Ausnahme muss aktiviert werden. Sonst gibt es, zumindest wenn die Windows-Firewall eingeschaltet ist, keine Replikation. Ich will mal ganz schwer hoffen, dass niemand als erste Maßnahme nach der Installation die Firewall ausschaltet. Wenn doch, bitte mal im stillen Kämmerlein darüber nachdenken, ob das wirklich eine so gute Idee ist!

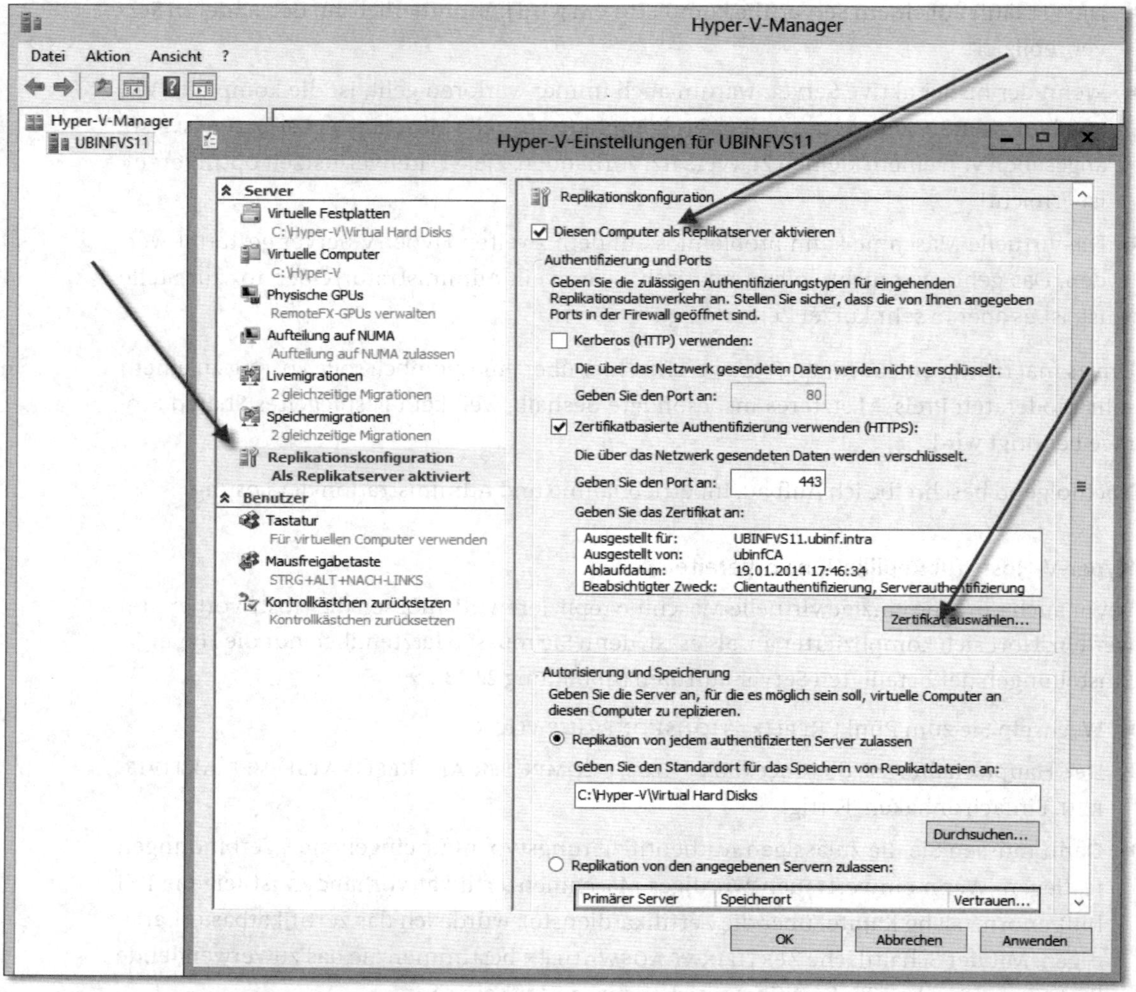

Abbildung 22.43 In den Einstellungen des Hyper-V-Hosts muss die Replikation aktiviert werden.

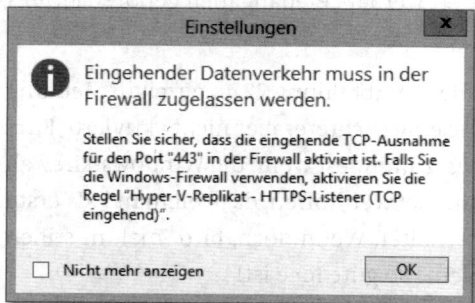

Abbildung 22.44 Eine Ausnahme in der Windows-Firewall muss aktiviert werden.

Das Aktivieren der Firewall-Regel hört sich vermutlich schwieriger an, als es ist. Abbildung 22.45 zeigt, wie's gemacht wird:

- Konfiguration der Windows Firewall aufrufen.
- In der Rubrik EINGEHENDE REGELN nach HYPER-V-REPLIKAT ... (davon gibt es zwei) suchen.
- Die zu dem gewählten Authentifizierungstyp passende Regel aktivieren Sie (Kontextmenü, REGEL AKTIVIEREN).

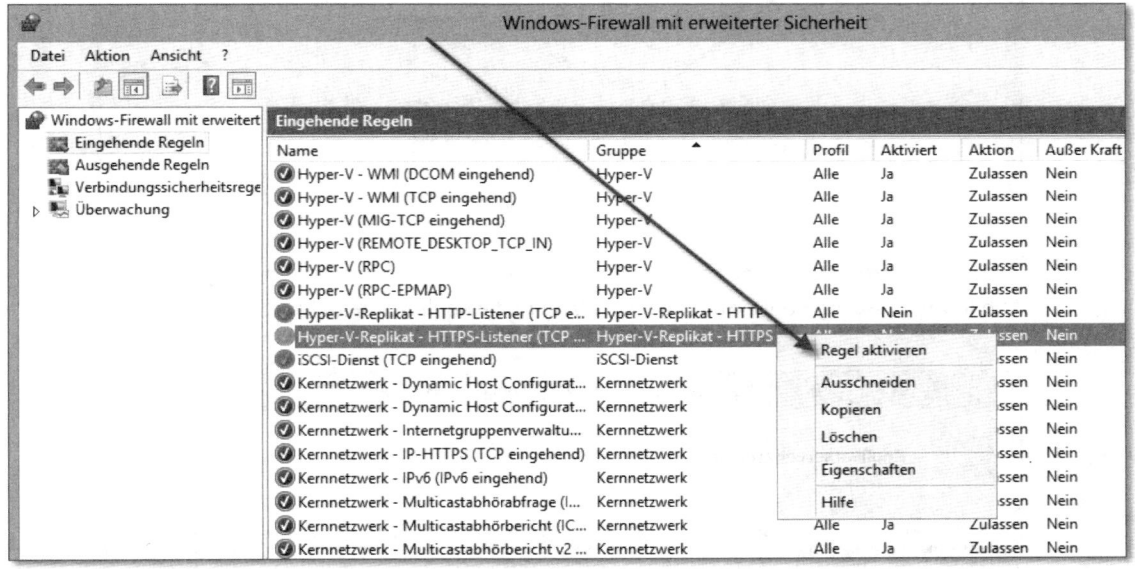

Abbildung 22.45 Aktivieren der Regel in der Windows-Firewall

Nehmen Sie die Einstellung auf beiden (bzw. allen potenziell beteiligten) Servern vor! Fertig!

Replikation einrichten

Die Replikation muss für jede zu replizierende VM einzeln eingerichtet werden. Dies beginnt im Kontextmenü der jeweiligen virtuellen Maschine mit dem Menüpunkt REPLIKATION AKTIVIEREN (Abbildung 22.46).

Sie werden nun vom obligatorischen Assistenten durch den Vorgang des Aktivierens der Replikation geführt:

- Zunächst muss der Replikatserver angegeben werden, auf Abbildung 22.47 können Sie sehen, dass das nicht wirklich kompliziert ist. Anzumerken sei, dass die Replikationsrichtung später beliebig gedreht werden kann. Mit anderen Worten, der jetzt zunächst passive Knoten kann später bis zum Ende aller Tage die aktive Rolle übernehmen.

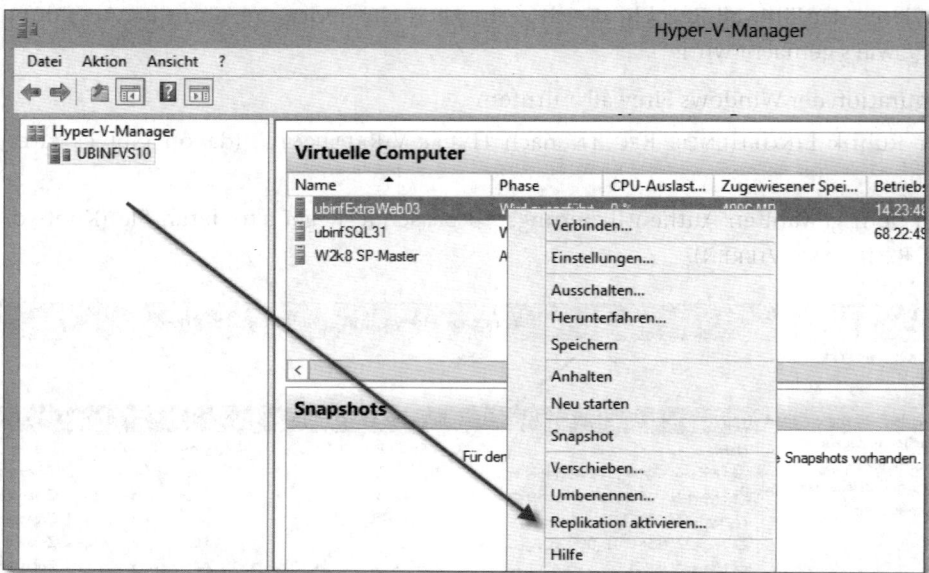

Abbildung 22.46 Im Kontextmenü einer VM wird die Replikation aktiviert.

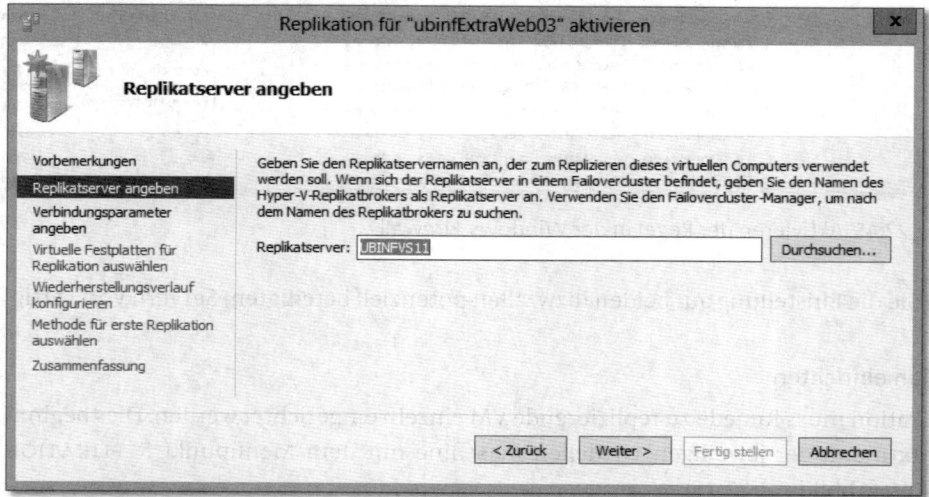

Abbildung 22.47 Wählen Sie den Replikatserver aus.

▶ Abbildung 22.48 zeigt die Eingabe der Verbindungsparameter. In meinem Fall habe ich zuvor (Abbildung 22.43) als Replikationstyp jeweils nur zertifikatbasierte Authentifizierung zugelassen, folglich steht für die VMs auch »nur« dieser Authentifizierungstyp zur Verfügung. Sie müssen lediglich noch das zu verwendende Zertifikat (muss im Zertifikatspeicher vorhanden sein) auswählen.

Abbildung 22.48 Wählen Sie das zu verwendende Zertifikat aus.

▶ In Abbildung 22.49 ist zu sehen, dass festgelegt werden kann, welche virtuellen Festplatten repliziert werden sollen. Es kann Fälle geben, in denen es sinnvoll ist, nicht alle Platten zu replizieren, wobei das aber wohl eher die Ausnahme ist. Schließlich soll die Replik der VM im Fall der Fälle möglichst schnell starten können, was regelmäßig nicht möglich ist, wenn Platten »fehlen«.

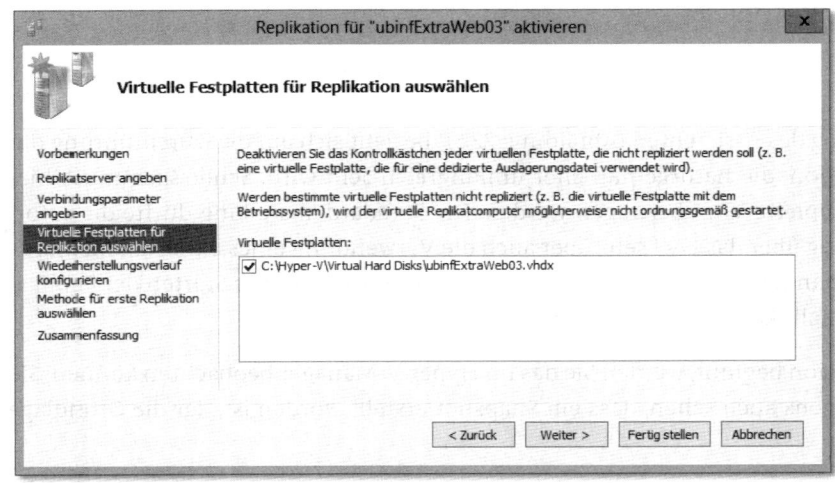

Abbildung 22.49 Legen Sie fest, welche virtuellen Festplatten repliziert werden sollen. Im Normalfall sind das alle.

▶ Um die Einstellung auf Abbildung 22.50 zu verstehen, muss man ungefähr wissen, wie die Replikation funktioniert. Einfach ausgedrückt: Alle fünf Minuten wird ein Snapshot gemacht, der übertragen wird. Genauer gesagt, die Änderungen werden übertragen. Wenn man auch historische Wiederherstellungspunkte speichern will, kann man das hier entsprechend einstellen. Man könnte dann nicht nur die aktuellste Version der VM starten, sondern auch etwas in die Vergangenheit gehen.

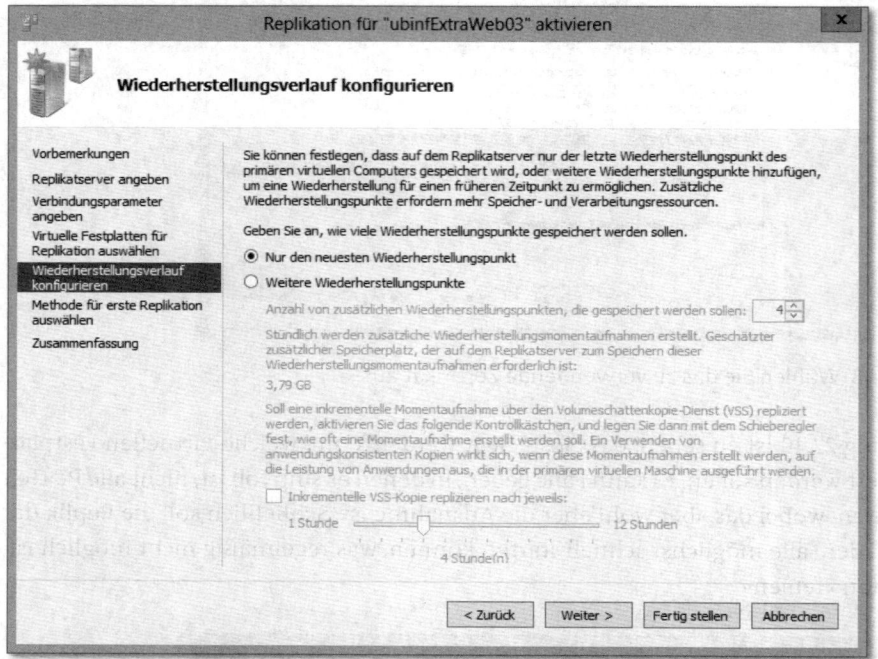

Abbildung 22.50 Sie können auch ältere Wiederherstellungspunkte aufheben.

▶ Der letzte Dialog des Assistenten (Abbildung 22.51) bezieht sich auf die Durchführung der ersten Replikation, die naturgemäß eher umfangreich sein wird. Schließlich muss hier einmal die komplette VM übertragen werden. Die Standardeinstellung dürfte die sofortige Übertragung über das LAN sein, aber auch die Verwendung eines externen Mediums oder einer vorhandenen VM-Kopie ist möglich. Ein Zeitpunkt für das Starten der Replikation kann ebenfalls konfiguriert werden.

Wenn die Replikation beginnt, werden Sie das im Hyper-V-Manager beobachten können. Sie werden dort übrigens auch sehen, dass ein Snapshot erstellt worden ist, der die Grundlage für die Replik ist.

Im unteren Abschnitt des Hyper-V-Managers können Sie einige Details zur Replikation sehen, unter anderem Zustand, Status, Replikationspartner und den Zeitpunkt der letzten Synchronisation.

Auf dem passiven Knoten werden Sie genau diese virtuelle Maschine übrigens im ausgeschalteten Zustand finden.

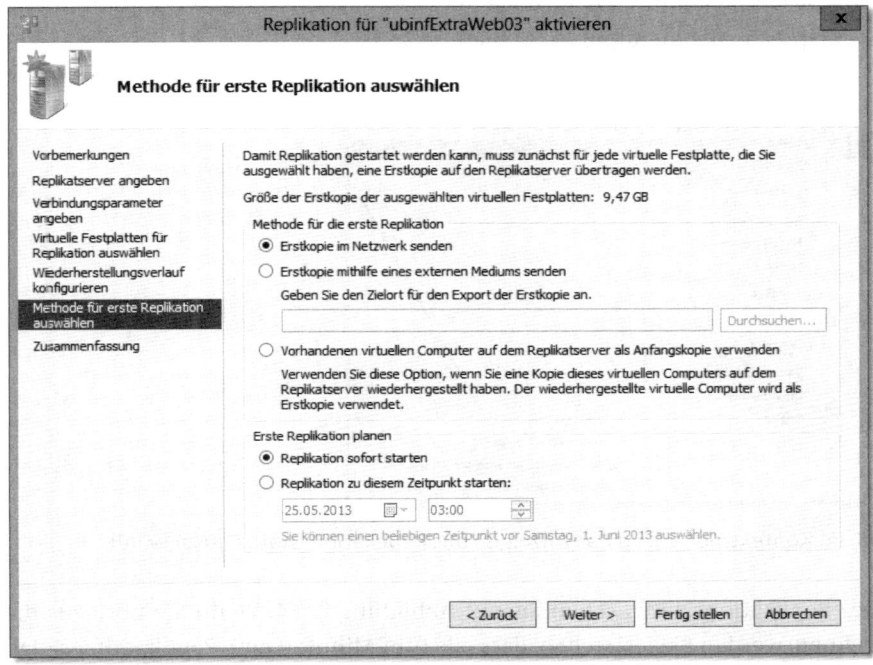

Abbildung 22.51 Festlegen, wie und wann die »Erstkopie« starten soll.

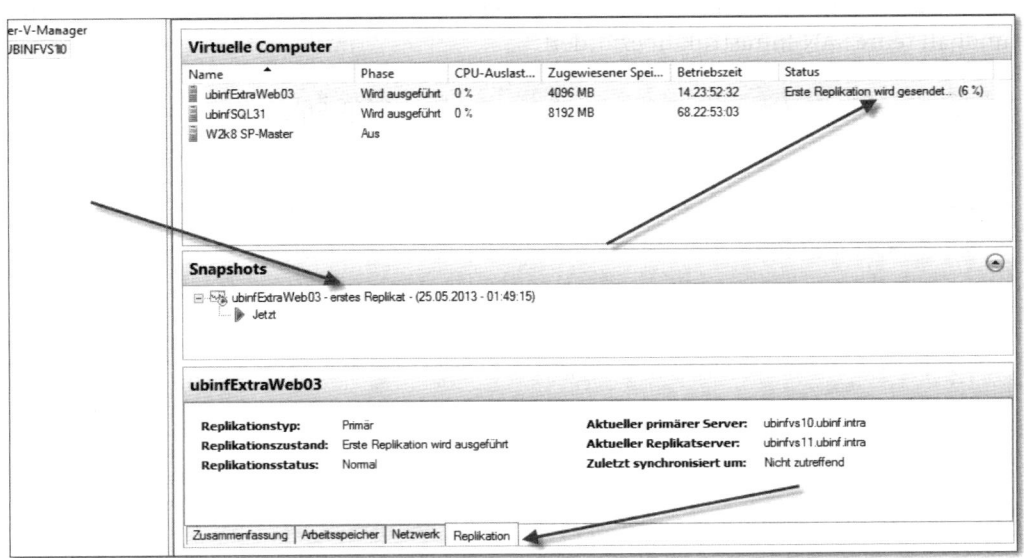

Abbildung 22.52 Der Status. Wie man sieht, arbeitet die Replikation mit Snapshots.

Administration

Die erste gute Nachricht ist, dass es nicht viel zu administrieren gibt. Wenn die Replikation läuft, geht es im Wesentlichen um das Anzeigen des Replikationsstatus. Im Kontextmenü findet sich der entsprechende Menüpunkt (Abbildung 22.53).

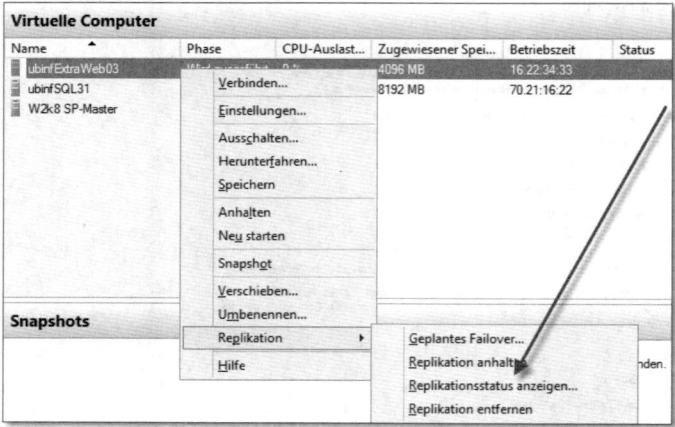

Abbildung 22.53 Im Kontextmenü wird das Anzeigen des Replikationsstatus ausgewählt.

Die Anzeige des Replikationsstatus sehen Sie auf Abbildung 22.54. Wenn Sie übrigens die Zahlen nachrechnen, werden Sie feststellen, dass alle fünf Minuten eine Replikation erfolgt. Mit anderen Worten, die maximale Datenverlustzeit beträgt fünf Minuten. Das ist ohnehin schon ziemlich gut und erscheint in einem noch besseren Licht, wenn man bedenkt, dass es sich im Grunde genommen um eine Low-Budget-Lösung handelt, die beispielsweise keine sündhaft teure SAN-Infrastruktur erfordert.

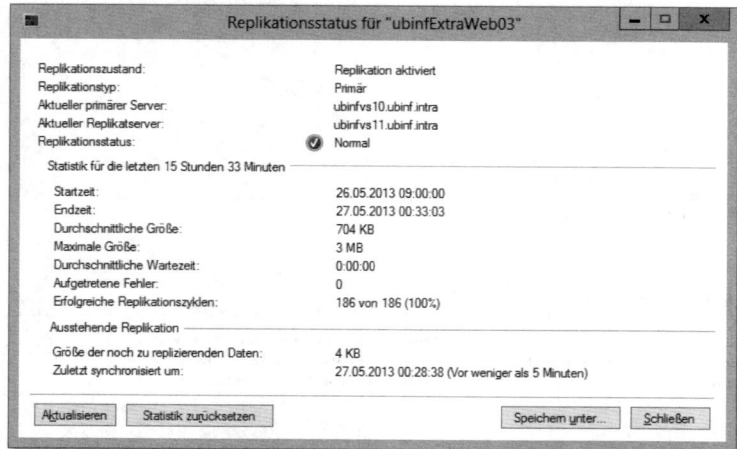

Abbildung 22.54 Der Replikationsstatus

Testfailover

Bei allen Lösungen, die sich mit Sicherung oder Verbesserung der Verfügbarkeit beschäftigen, ist die wichtigste Übung die Überprüfung, ob das mühe- und liebevoll aufgebaute System auch seine Aufgaben wie gedacht erledigt. Vermutlich kennt jeder einen oder mehrere Kollegen, die mit mehr oder weniger hohem Geldeinsatz eine Lösung implementiert haben und dann bei der ersten Störung doch aus der Kurve geflogen sind – obwohl genau diese Fehlersituation verhindert werden sollte. Es ist dann doch eher blöd, wenn man dem Geschäftsführer erklären muss, warum die EDV-Anlage zwei Tage nicht genutzt werden konnte und/oder die Daten der letzten zwei Monate nicht mehr wiederhergestellt werden können.

Kurz gesagt: Eine Überprüfung des Ergebnisses der Hyper-V-Replikation wäre wünschenswert. Microsoft sieht das offensichtlich auch so und bietet daher im Kontextmenü der passiven Instanz der virtuellen Maschine den Menüpunkt TESTFAILOVER an (Abbildung 22.55).

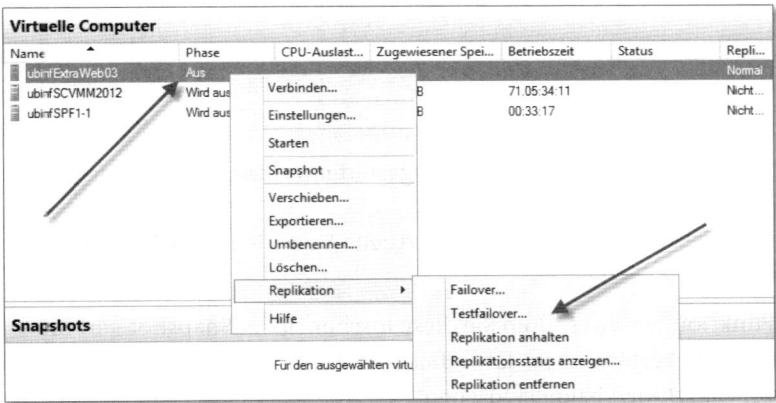

Abbildung 22.55 Auf dem passiven Knoten kann ein »Testfailover« ausgelöst werden.

Nach dem Aufruf von TESTFAILOVER erscheint der in Abbildung 22.56 gezeigte Dialog. Wie weiter oben gezeigt, kann konfiguriert werden, dass mehrere Wiederherstellungspunkte vorgehalten werden (Abbildung 22.50). Folglich kann ausgewählt werden, welcher Wiederherstellungspunkt für das Testfailover verwendet werden soll.

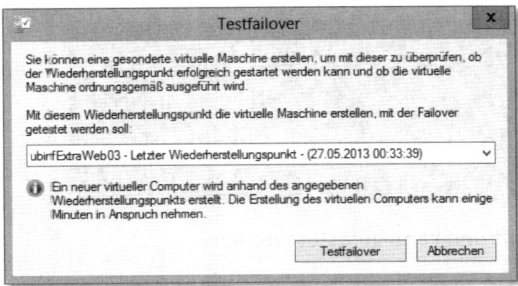

Abbildung 22.56 Beim Testfailover können Sie den Wiederherstellungspunkt auswählen.

Das Ausführen des Testfailover sorgt dafür, dass eine weitere virtuelle Maschine erstellt wird – auf dem Hyper-V-Server, auf dem die passive Kopie der VM läuft. Diese kann wie auf Abbildung 22.57 gestartet werden, um den Zustand der replizierten Maschine zu prüfen.

Die so entstandene virtuelle Maschine basiert auf dem gewählten Wiederherstellungspunkt, es wird kein Klon eingerichtet.

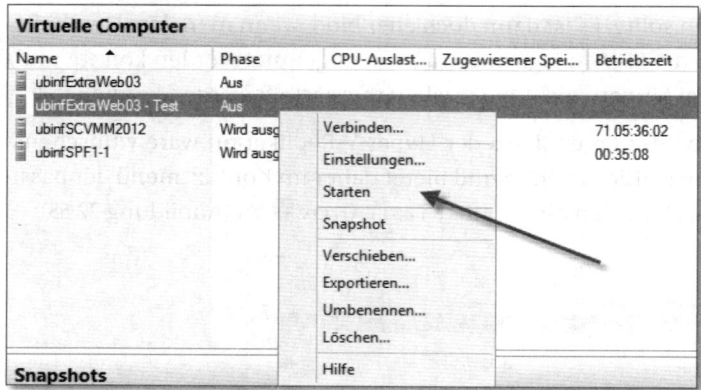

Abbildung 22.57 Die entstandene Testfailover-Kopie kann gestartet werden.

Abbildung 22.58 ist das »Beweisfoto« dafür, dass die virtuelle Maschine tatsächlich gestartet werden kann. Klappt also!

Nach dem Testen der Funktion der VM sollten Sie diese löschen. Jeder Snapshot verbraucht Speicher und kostet ein wenig Performance, daher sollten Sie sich ressourcenschonend verhalten – und Testfailover-Maschinen baldigst löschen.

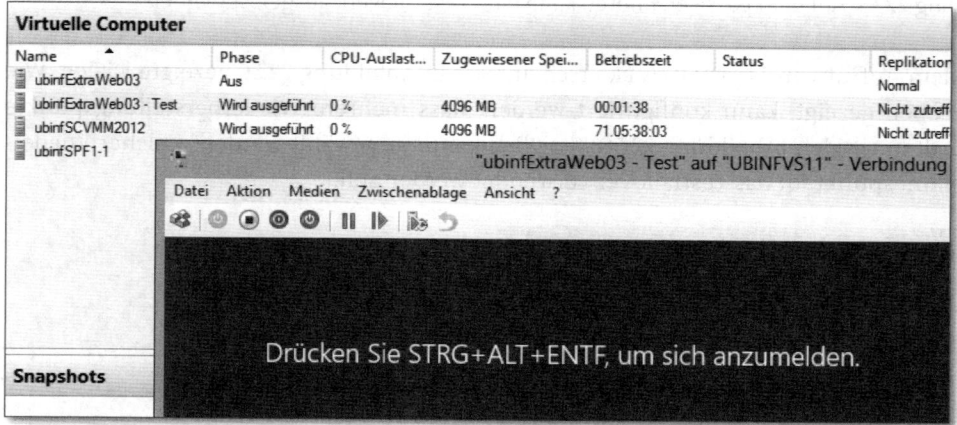

Abbildung 22.58 Beweis: Die Testfailover-VM läuft und kann getestet werden.

22.6 Verbesserung der Verfügbarkeit

Geplantes Failover

Der nächste zu betrachtende Fall ist das geplante Failover. Hierbei geht es darum, die aktive VM vom derzeit aktiven zum momentan passiven Server zu verschieben. Aufgerufen wird das durch den Menüpunkt FAILOVER. Es erscheint der in Abbildung 22.59 gezeigte Dialog.

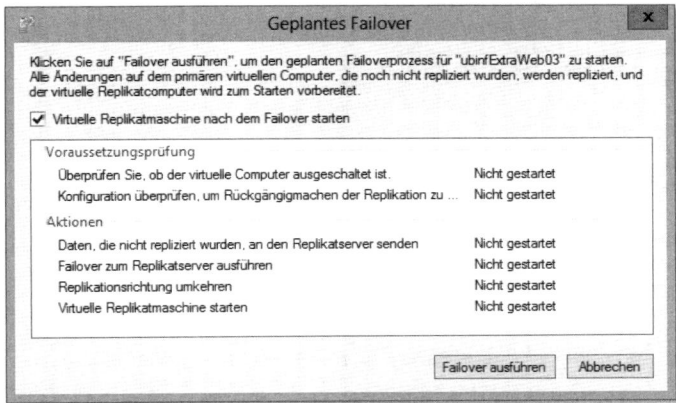

Abbildung 22.59 Über diesen Dialog wird das Failover gestartet.

Abbildung 22.60 zeigt, was passiert, wenn die VM aktiv ist, wenn das Failover ausgeführt wird. Sie müssen also beachten, dass ein geplantes Failover nur möglich ist, wenn die virtuelle Maschine heruntergefahren ist. Ein geplantes Failover wird man beispielsweise ausführen, wenn ein Server zu Wartungszwecken »freigeräumt« werden soll. Das geht nur, wenn Sie eine kleine Downtime einplanen können – die VM muss also einmal kurz ausgeschaltet werden.

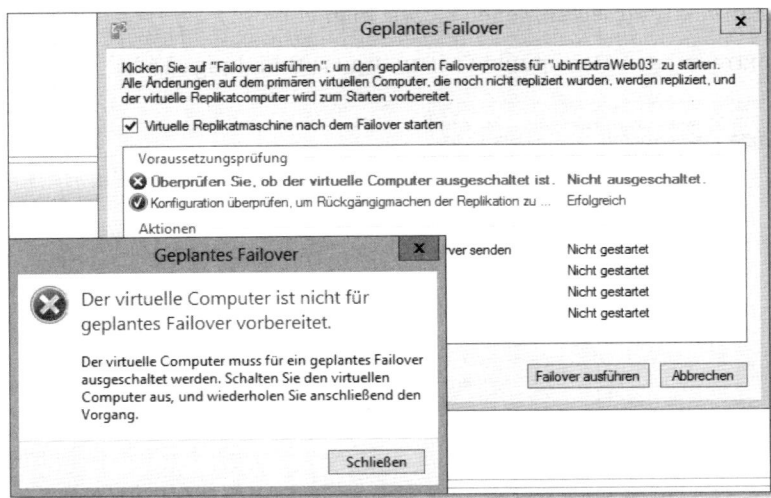

Abbildung 22.60 Wenn die virtuelle Maschine läuft, ist kein Failover möglich.

Abbildung 22.61 zeigt ein erfolgreiches geplantes Failover. Der Failover-Vorgang dauert übrigens nur einige Sekunden. Der längste Teilvorgang dürfte im Allgemeinen das Hochfahren der VM sein. Die Replikation muss übrigens nicht neu initiiert werden, die Replikationsrichtung ist gedreht, und die bisher aktive Instanz der VM ist nun das passive Replikationsziel.

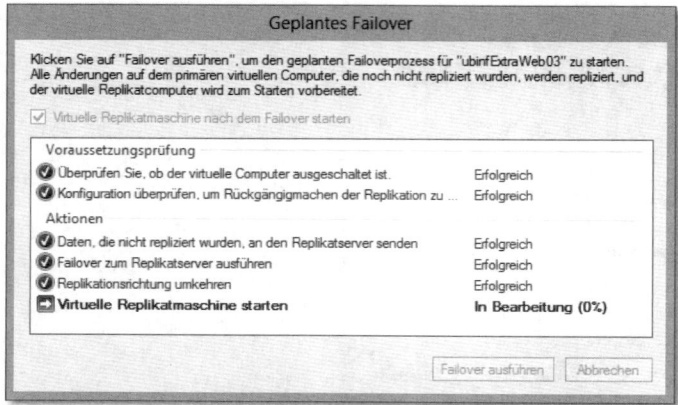

Abbildung 22.61 Geplantes Failover – klappt!

Failover im Problemfall

Das Failover im Problemfall ist der Vorgang, der dafür verantwortlich ist, dass wir den ganzen Zauber veranstalten. Im Problemfall der Problemfälle steht nur noch die passive Instanz der VM zur Verfügung – der Hyper-V-Knoten mit der aktiven Instanz wird irgendwie das Zeitliche gesegnet haben.

Um nun die passive Instanz aktiv zu setzen, gehen Sie wie folgt vor:

▸ Wählen Sie im Kontextmenü den Menüpunkt FAILOVER aus (Abbildung 22.62).

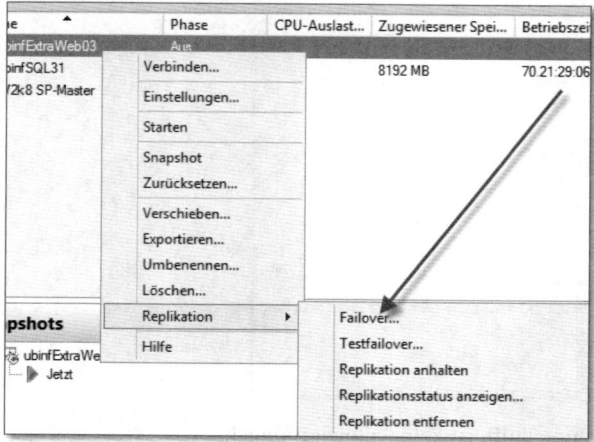

Abbildung 22.62 Im Problemfall rufen Sie den Menüpunkt »Failover« auf dem passiven Knoten auf.

- Wählen Sie den Wiederherstellungspunkt aus, auf dem die VM basieren soll. Im Allgemeinen wird das der letzte (= aktuellste) Wiederherstellungspunkt sein (Abbildung 22.63).

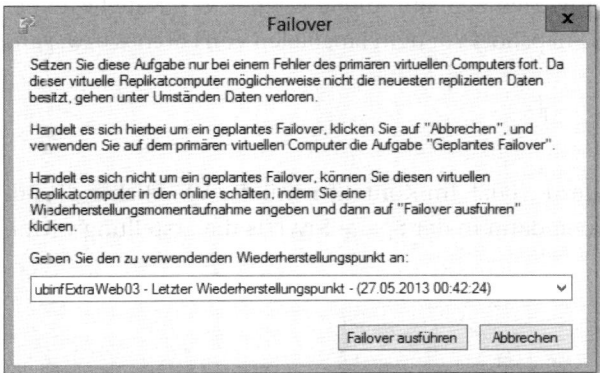

Abbildung 22.63 Wählen Sie den Wiederherstellungspunkt aus, auf dem die VM basieren soll.

Im Problemfall geht das Failover zwar nicht automatisch, wenn ein Administrator/Operator zur Hand ist, ist die Wiederherstellung der Funktion aber trotzdem schnell, einfach und zuverlässig erledigt. Die Datenverlustzeit wird im Allgemeinen maximal fünf Minuten betragen.

22.6.2 Clustering

Wenn Sie ein automatisches Failover im Fall eines Verlusts eines Hyper-V-Servers wünschen, müssen Sie Clustering verwenden. Das zuvor beschriebene Replikationsverfahren kann alles – bis auf automatisches Failover. Anders gesagt: Clustering und Replikation können leider nicht kombiniert werden. Der Einsatz von Clustering bedingt ein Shared Storage, also eine SAN-Infrastruktur. Das ergibt wiederum erst so richtig Sinn, wenn das Shared Storage auch doppelt vorhanden ist und der Speicher zwischen den beiden Storage-Systemen gespiegelt wird – nach wie vor teuer!

Die Schwierigkeit hierbei ist nicht die Einrichtung eines Hyper-V-Clusters, sondern das Testen und Validieren des Failover-Vorgangs mit beteiligter Replikation zwischen zwei Storage-Systemen.

22.7 Erweiterte Möglichkeiten

Eine virtuelle Umgebung bietet gegenüber direkt auf Hardware installierten Betriebssystemen zahlreiche Vorteile, die das Admin-Leben unter Umständen signifikant einfacher machen.

22.7.1 Snapshots

Ganz weit vorn in der Liste der meistgewünschten Features landen Snapshots. Hierbei handelt es sich um zumeist im laufenden Betrieb erstellte Abbilder einer VM. Naheliegender Verwendungsfall ist das Erstellen eines Snapshots vor dem Einspielen von Patches bzw. ganz allgemein vor Updates.

Snapshot erstellen

Das Erstellen eines Snapshots ist geradezu trivial: Im Kontextmenü der VM klicken Sie auf SNAPSHOT (Abbildung 22.64) und können dann in der Spalte STATUS die Erstellung verfolgen (Abbildung 22.65).

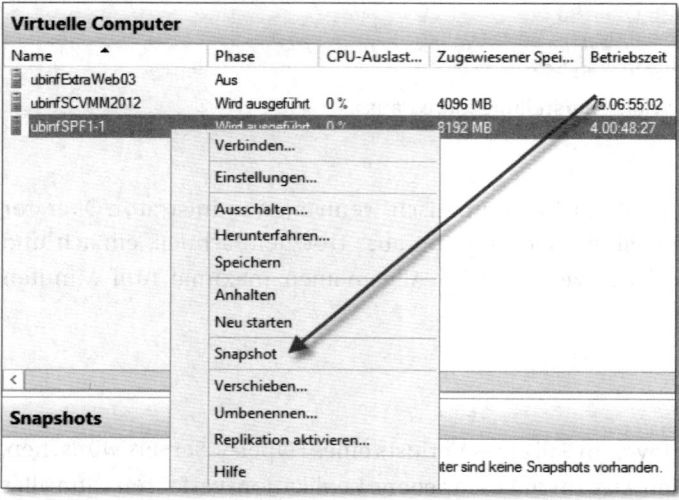

Abbildung 22.64 Hier wird ein Snapshot erstellt.

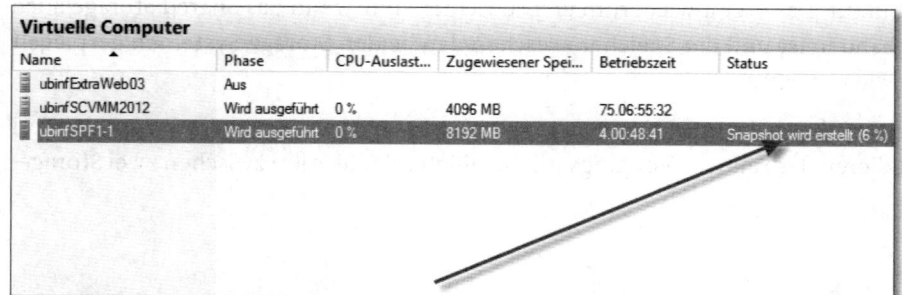

Abbildung 22.65 Während der Snapshot erstellt wird, sehen Sie hier den Fortschrittsbericht.

Zu überlegen ist, ob es genügt, einen Snapshot der laufenden Maschine zu machen, oder ob Sie sie zunächst herunterfahren und somit den Snapshot von der ausgeschalteten Maschine aufnehmen.

Hier die Vorteile und Nachteile:

- Der wichtigste Punkt ist, dass der Snapshot einer laufenden Maschine nicht wirklich konsistent ist. Schön, da auch der Arbeitsspeicher gesnapshottet wird, ist es in gewisser Hinsicht schon irgendwie ein wenig mehr als »crash consistent«, so wirklich perfekt und hundertprozentig konsistent ist aber nur ein Snapshot, bei dem die VM ausgeschaltet war.
- Bei verteilten Systemen werden Sie zum Einfrieren eines bestimmten Zustands (zum Beispiel »vor dem Update«) alle Systeme snapshotten müssen. Der »Gesamtsnapshot« ist notwendigerweise nur dadurch konsistent zu bekommen, dass Sie zunächst alle VMs herunterfahren und ausschalten.
- Snapshots können, trotz aller Konsistenzbedenken, vom laufenden System gemacht werden – ohne Betriebsunterbrechung. Und ganz ehrlich: lieber einen »nicht ganz konsistenten« Snapshot als gar keinen. Das soll natürlich kein Aufruf zur Schlamperei sein: Wenn Sie sich aber über die Konsistenzproblematik im Klaren sind und bewusst damit leben können, ist es besser, überhaupt Snapshots von einem bestimmten Zustand zu haben.

> **Hinweis**
>
> Sie können mehrere Snapshots erstellen, indem Sie einfach immer wieder wie auf Abbildung 22.64 gezeigt das Erstellen des Snapshots aufrufen. Bedenken Sie, dass jeder Snapshot Speicher benötigt. Und je länger Sie die Snapshots behalten, desto mehr Platz wird verbraucht.
>
> An sich ist das total einleuchtend und weit davon entfernt, eine überraschende Weisheit zu sein. Trotzdem sieht man es immer wieder, dass Snapshots vergessen werden und über Monate stehen bleiben. Hyper-V selbst kommt damit zurecht, nur irgendwann wird es auf den Festplattensystemen ungemütlich voll.
>
> Daher gilt die – wenig überraschende – Regel: Nur so wenige Snapshots wie nötig und diese so schnell auflösen wie möglich!

Snapshot anwenden

Nun wollen wir den schönen Snapshot ja auch anwenden, also die virtuelle Maschine in den Zustand zum Zeitpunkt des Snapshots zurückversetzen. Erfreulicherweise ist das mit einem Mausklick erledigt: Sie wählen den entsprechenden Snapshot aus und rufen in dessen Kontextmenü den Menüpunkt ANWENDEN auf (Abbildung 22.66).

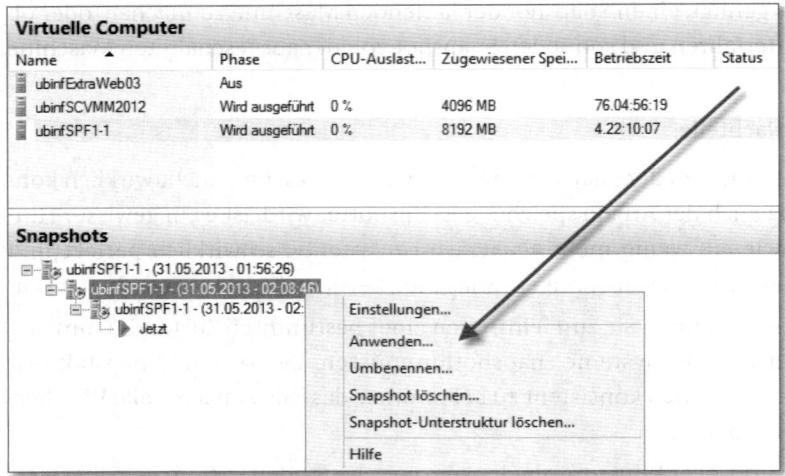

Abbildung 22.66 Das Anwenden eines Snapshots wird im jeweiligen Kontextmenü initiiert.

Dann kommt eine wichtige Frage auf Sie zu (Abbildung 22.67), nämlich ob vor dem Anwenden des Snapshots noch ein Snapshot vom aktuellen Zustand erstellt werden soll. Das ist häufig gar keine schlechte Idee – Sie lassen sich so die Möglichkeit offen, nochmals zu dem jetzigen Zustand zurückzukehren. Mir hat das schon mal deutlich geholfen.

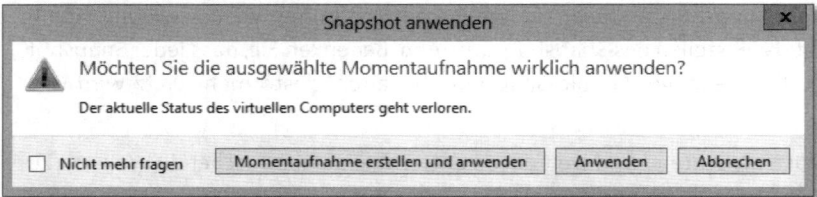

Abbildung 22.67 Vor dem Anwenden des Snapshots kann ein Snapshot vom aktuellen Zustand erstellt werden – man weiß ja nie, ob man vielleicht noch mal »zurück« muss.

Nun ist es so, dass sich beim Testen und Experimentieren komplexere Snapshot-Strukturen ergeben können. Wenn Sie einen Snapshot wiederherstellen und von diesem Zustand wieder einen Snapshot erstellen, ergibt sich, wenn Sie das ein paar Mal gemacht haben, beispielsweise eine Struktur wie die auf Abbildung 22.68 gezeigte. Und was wirklich großartig ist: Sie können jeden Snapshot-Zustand wiederherstellen.

Zu einem Szenario wie dem aus Abbildung 22.68 sind zwei Aspekte zu bedenken:

▶ Ja, es klappt. Es geht auch noch komplizierter.

▶ Sie verbraten jede Menge Festplattenplatz. Das ist erst mal nicht schlimm, nur auf die Dauer frisst es Sie auf. Denken Sie daran, nicht mehr benötigte Snapshots zu löschen.

22.7 Erweiterte Möglichkeiten

Virtuelle Computer				
Name	Phase	CPU-Auslast...	Zugewiesener Spei...	Betriebszeit
ubinfExtraWeb03	Aus			
ubinfSCVMM2012	Wird ausgeführt	0 %	4096 MB	76.05:53:16
ubinfSPF1-1	Wird ausgeführt	0 %	8192 MB	00:00:57

Snapshots

- ubinfSPF1-1 - (31.05.2013 - 01:56:26)
  - ubinfSPF1-1 - (31.05.2013 - 02:08:46)
    - ubinfSPF1-1 - (01.06.2013 - 00:19:53)
      - ubinfSPF1-1 - (01.06.2013 - 00:30:42)
    - **ubinfSPF1-1 - (01.06.2013 - 00:44:34)**
      - Jetzt
  - ubinfSPF1-1 - (31.05.2013 - 02:18:57)
    - ubinfSPF1-1 - (01.06.2013 - 00:09:01)

Abbildung 22.68 Auch komplexere Snapshot-Strukturen sind möglich.

Wie im Kontextmenü des Snapshots auf Abbildung 22.66 zu sehen, gibt es Funktionen zum Löschen eines einzelnen Snapshots und einer kompletten Snapshot-Unterstruktur. Die inhaltliche Bedeutung der Menüpunkte dürfte so weit einleuchten. Dass es vor dem Löschen eines Snapshots eine Sicherheitsabfrage gibt, ist auch nicht so dramatisch überraschend (Abbildung 22.69).

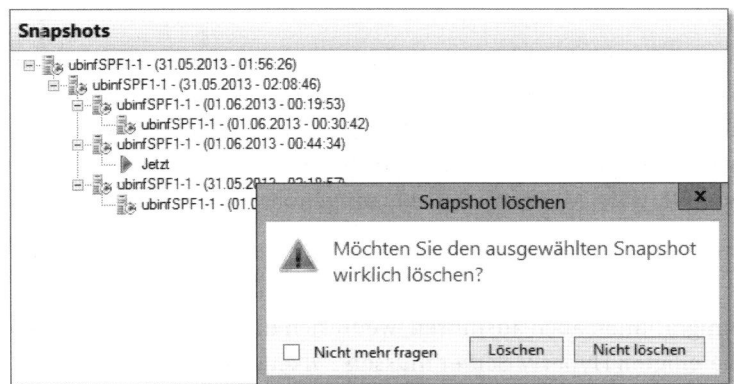

Abbildung 22.69 Die Sicherheitsabfrage vor dem Löschen des Snapshots

Interessanter ist die Frage, was Hyper-V macht, um den Snapshot zu löschen. Vereinfacht gesagt, werden Änderungen in die Snapshot-Dateien geschrieben, nicht in das Original-Diskfile. Insofern bauen Originaldatei und Snapshot-Dateien aufeinander auf. Mit anderen Worten: So einfach mal eben schnell die Snapshot-Dateien löschen ist nicht. Vielmehr muss eine *Zusammenführung* durchgeführt werden. Das Ergebnis der Zusammenführung ist, dass die Snapshot-Dateien in die Disk-Datei integriert und dann gelöscht werden. In Abbildung

22.70 sehen Sie, dass gerade eine Zusammenführung durchgeführt wird. Wenn Sie genau hinsehen, erfolgt der Vorgang im laufenden Betrieb. Das ist deshalb bemerkenswert, da die Hyper-V-Vorgängerversion es erforderte, die virtuellen Maschinen für die Zusammenführung zu beenden. Wie Sie sehen, kann Hyper-V 2012 das im laufenden Betrieb erledigen – ein ziemlicher Fortschritt.

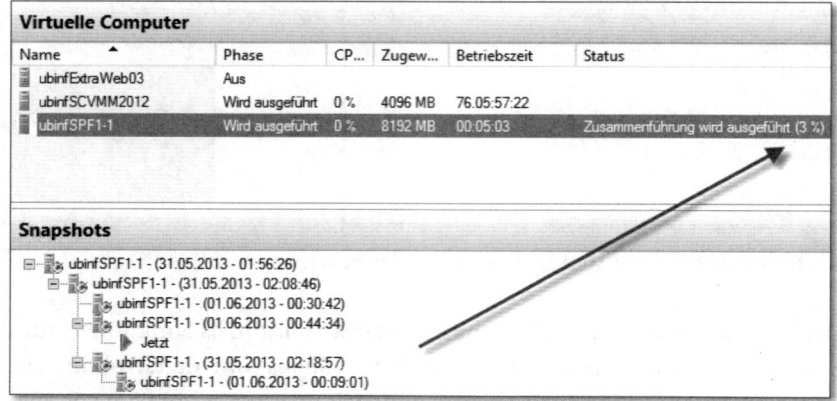

Abbildung 22.70 Die Zusammenführung geschieht im laufenden Betrieb.

22.7.2 VMs verschieben

Im Leben einer virtuellen Maschine wird es hin und wieder den Moment geben, in dem sie verschoben werden soll bzw. muss – zum Beispiel wenn ein Server zu Wartungszwecken »leer geräumt« werden soll, wenn die VMs anders aufgeteilt werden müssen oder wenn Ressourcenprobleme ein Verschieben nötig machen. Das Verschieben von laufenden VMs war lange Zeit eine Spezialität von VMware, Microsoft hat aber aufgeholt:

- Hyper-V 2008 R2 beherrscht Livemigration (der Name ist Programm), sofern die VMs auf SAN-Storage liegen.
- Hyper-V 2012 kann Livemigrationen auch ausführen, wenn sich die VM auf lokalen Festplatten befindet (beide beteiligten Hyper-V-Server müssen 2012er sein).

Das Verschieben einer VM im laufenden Betrieb ist nun sicherlich nicht das allein selig machende Feature – man muss aber zugeben, dass es nicht nur ganz beeindruckend, sondern sogar ziemlich beeindruckend ist. Schauen wir uns das also einmal genauer an:

- Im Kontextmenü der virtuellen Maschine findet sich der Menüpunkt VERSCHIEBEN. Der war übrigens in der Vorgängerversion noch nicht da.

Die erste Dialogseite (abgesehen von der Willkommensseite) ist auf Abbildung 22.72 zu sehen. Hier geht es darum, ob der komplette virtuelle Computer zu einem anderen Server oder nur die Festplattendateien lokal auf dem Hyper-V-Server verschoben werden sollen.

Letztgenannte Option ist beispielsweise sinnvoll, wenn Sie neue Laufwerke auf dem Hyper-V-Server eingerichtet haben und die VMs darauf »verteilen« möchten.

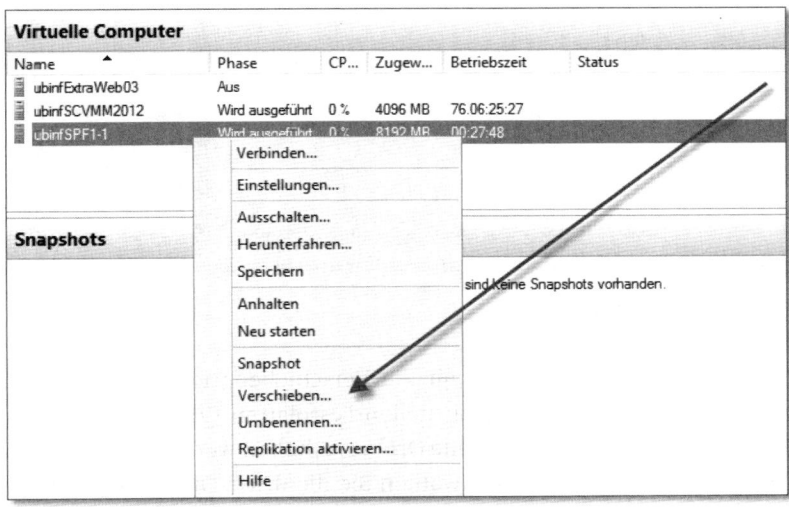

Abbildung 22.71 Im Kontextmenü der VM beginnt der Verschiebevorgang.

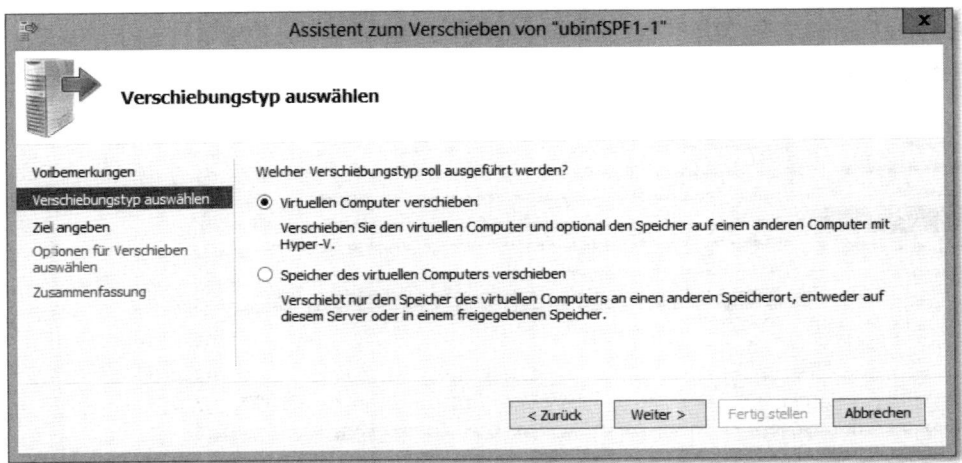

Abbildung 22.72 Erste Frage: Ganze VM auf einen anderen Server oder nur lokal den Speicher der VM verschieben?

Sofern Sie sich für das Verschieben der VM zwischen zwei Hyper-V-Hosts entscheiden, werden Sie auf der nächsten Seite des Dialogs nach dem Namen des Zielhosts gefragt (Abbildung 22.73). Auf dem Zielcomputer muss das Livemigration-Feature aktiviert sein – Anmerkungen dazu im Kasten weiter unten.

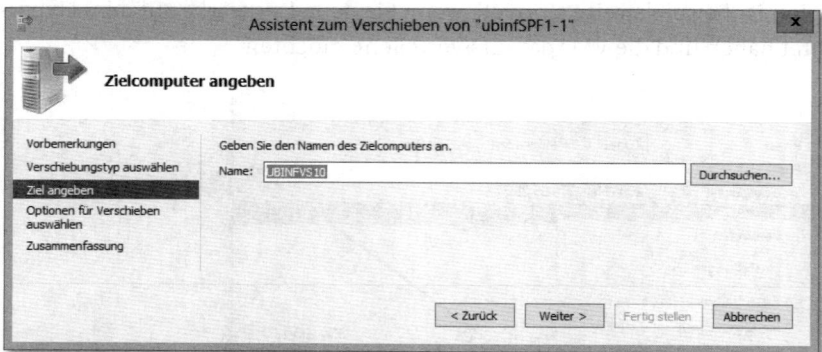

Abbildung 22.73 Der Zielcomputer

Der dann folgende Dialog (Abbildung 22.74) erfragt die Verschiebeoptionen. Im Grunde genommen geht es darum, festzulegen, ob die virtuellen Festplatten (VHDX-Dateien) an einen gemeinsamen Speicherort oder an individuelle Orte verschoben werden sollen. Wenn die Daten auf einem SAN-Storage-System liegen, wählen Sie die dritte Option, bei der die Plattendateien nicht bewegt werden. Bei den beiden erstgenannten Optionen werden die Dateien im laufenden Betrieb über das LAN transportiert.

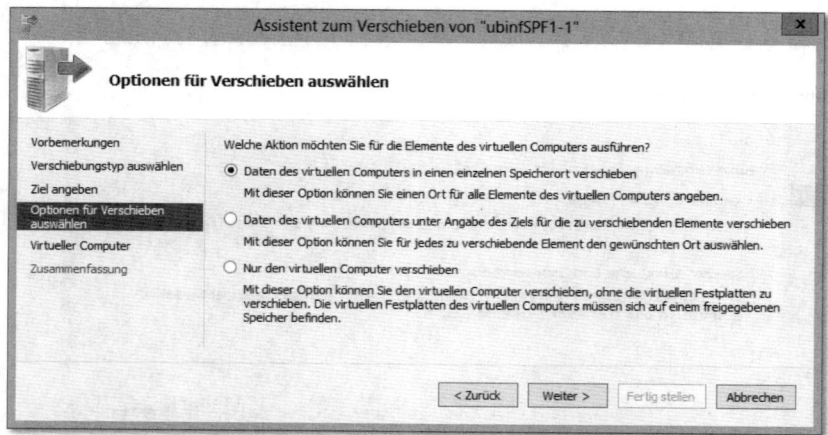

Abbildung 22.74 Die Verschiebeoptionen

Bei der in Abbildung 22.74 gezeigten Auswahl müssen Sie nun noch den Speicherort auf dem neuen Hyper-V-Host angeben – das war's (Abbildung 22.75). Der Dialog, der über den Schalter DURCHSUCHEN aufgerufen wird, zeigt übrigens tatsächlich das Dateisystem des Zielservers. Zur Information wird die benötigte Speichergröße (in diesem Fall 20,47 GByte) angezeigt. Die Kapazitätsanzeige ist ganz praktisch, da man häufig nicht so genau abschätzen kann, wie viel Speicherplatz wirklich benötigt wird. Durch bestehende Snapshots beispielsweise wird das schnell ein wenig unübersichtlich.

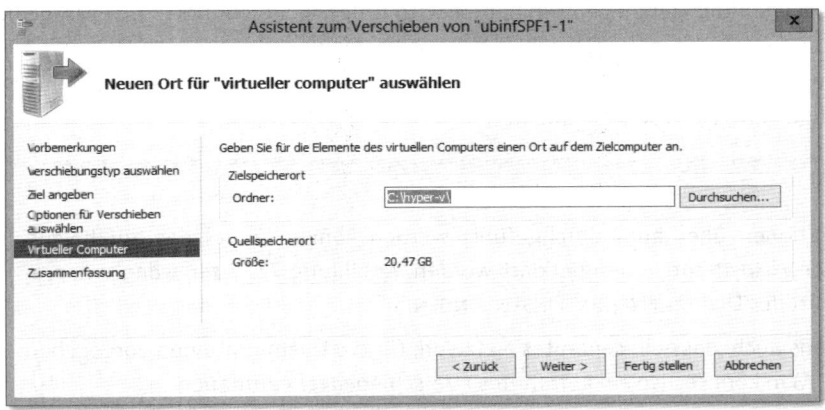

Abbildung 22.75 Auswahl des Speicherorts, an dem die verschobene VM auf dem neuen System gespeichert wird.

Abbildung 22.76 zeigt, dass Microsoft den Begriff *Livemigration* wirklich mit Leben gefüllt hat Während des Verschiebevorgangs ist die virtuelle Maschine erreichbar. Das ging bei Hyper-V 2008 R2 bereits beim Einsatz von SAN-Storage, bei Hyper-V 2012 funktioniert das auch beim Verschieben übers Netz, also zwischen zwei Hyper-V-Hosts mit lokalem Plattenspeicher.

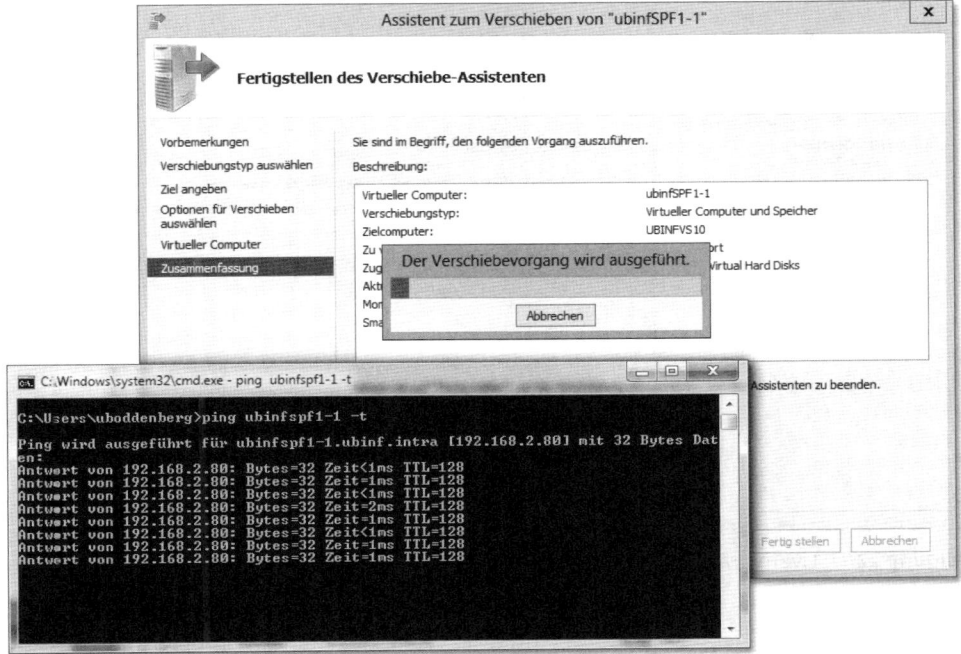

Abbildung 22.76 Kleiner Beweis gefällig? Während des Verschiebevorgangs ist die VM erreichbar.

Wenn Sie mein 2008 R2-Buch genau gelesen haben, wird Ihnen vielleicht noch die Passage in Erinnerung sein, in der ich gesagt/geschrieben habe, dass das Verschieben von VMs im laufenden Betrieb nun nicht wirklich vordringlich wichtig ist. Da es nun aber auch bei Einsatz von lokalem Storage geht, ist es schon ganz nett!

> **Hinweis**
>
> Damit Livemigrationen überhaupt durchgeführt werden können, muss das auf beiden beteiligten Hyper-V-Hosts für zulässig erklärt werden. Abbildung 22.77 zeigt den entsprechenden Abschnitt des Dialogs HYPER-V-EINSTELLUNGEN.
>
> Sie sehen übrigens auch, dass ein separates Netzwerk für die Livemigrationen vorgegeben werden können. Man könnte also ein getrenntes »Verschiebenetz« aufbauen.

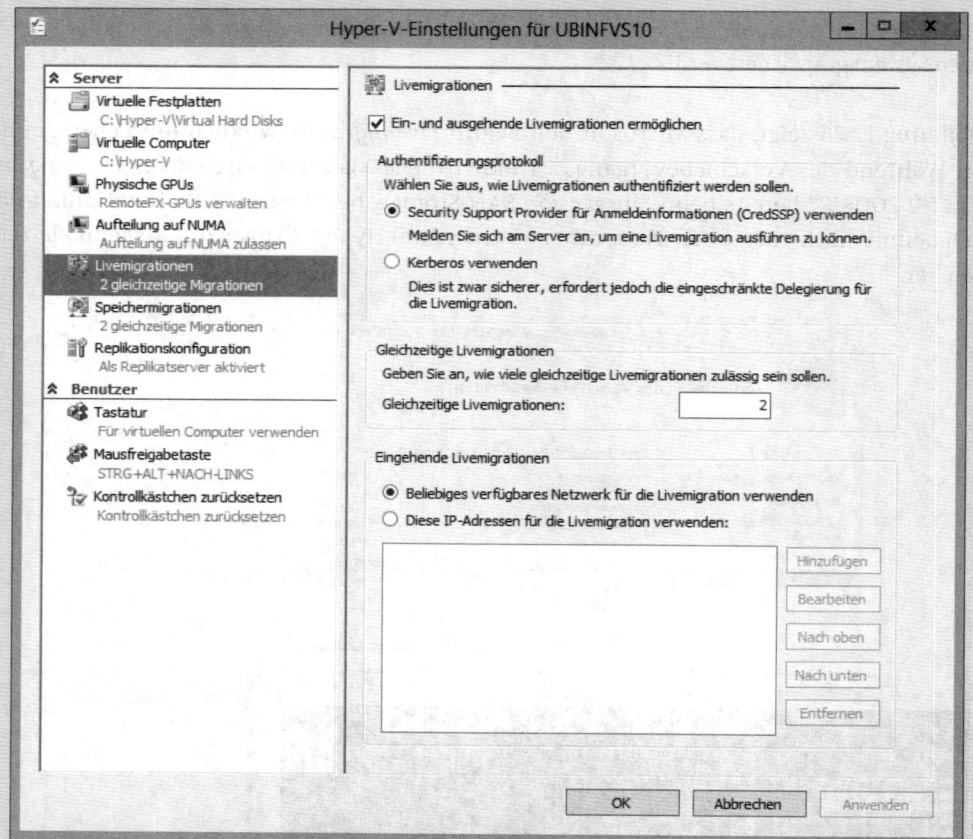

Abbildung 22.77 Livemigrationen müssen für beide beteiligten Hyper-V-Hosts als zulässig erklärt werden.

22.7.3 Exportieren/Importieren

Da sich die Fragestellung immer wieder ergibt: Wenn Sie eine virtuelle Maschine exportieren möchten, geht das nur über die Exportfunktion (Abbildung 22.78). Einfach die VHDX-Dateien zu kopieren, genügt nicht. Wenn Sie beispielsweise aktive Snapshots haben, sind die VHDX-Dateien recht wertlos.

Leider ist der Export einer virtuellen Maschine nur möglich, wenn diese ausgeschaltet ist – eigentlich aber auch ganz sinnvoll, denn sonst wäre der Export nicht konsistent. Bei laufenden VMs steht die auf Abbildung 22.78 gezeigte Option gar nicht erst zur Verfügung.

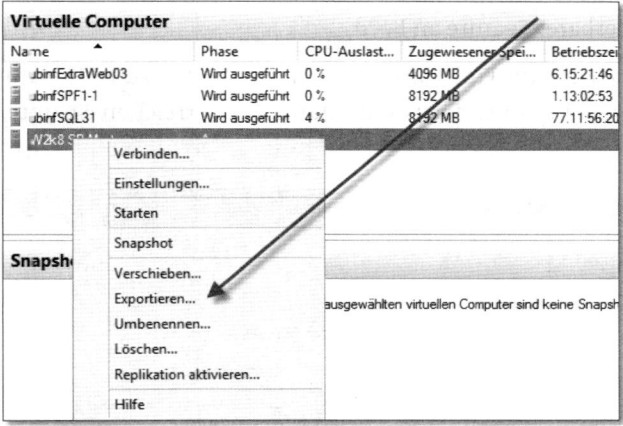

Abbildung 22.78 Virtuelle Maschinen exportieren? Nur über diese Option!

Beim Exportieren müssen Sie nur das Exportverzeichnis angeben – der wirklich wenig spektakuläre Dialog ist in Abbildung 22.79 zu sehen. Anzumerken ist, dass unterhalb des dort ausgewählten Verzeichnisses ein Unterverzeichnis mit dem Namen der VM erstellt wird. Falls dieses schon vorhanden ist, erscheint eine Fehlermeldung.

Abbildung 22.79 Mehr, als das Exportverzeichnis anzugeben, brauchen Sie nicht zu tun.

22.7.4 Einfache Sicherung/Wiederherstellung

Ein wesentlicher Vorteil der Virtualisierung ist die recht einfache Sicherung und Rücksicherung von VMs. Eine VHDX-Datei zu sichern und vor allem wiederherzustellen, ist wesentlich einfacher zu bewerkstelligen als die Komplettwiederherstellung einer direkt auf Hardware basierenden Betriebssysteminstanz. Jeder, der schon einmal »unter Druck« komplett ein System auf anderer Hardware aus der Datensicherung wiederherstellen musste, weiß, was ich meine.

Nun könnten Sie natürlich die virtuellen Maschinen, wie im vorherigen Abschnitt gezeigt, einfach exportieren. Der Haken ist aber, dass die VM dazu beendet sein muss. Zur Sicherung komplett die Maschine herunterfahren? Geht ja gar nicht! Wir haben 2013 und nicht 1987!

Wir brauchen also ein Stück Software, das eine VM im laufenden Betrieb sichern kann. Gute Nachrichten, denn Windows Server 2012 hat eine solche Software in Form der WINDOWS SERVER-SICHERUNG als nachinstallierbares Feature an Bord.

Wie auf Abbildung 22.80 zu sehen ist, kann die Funktion über den Assistenten zum Hinzufügen von Rollen und Features, der wie üblich über den Server-Manager zu erreichen ist, unter FEATURES installiert werden.

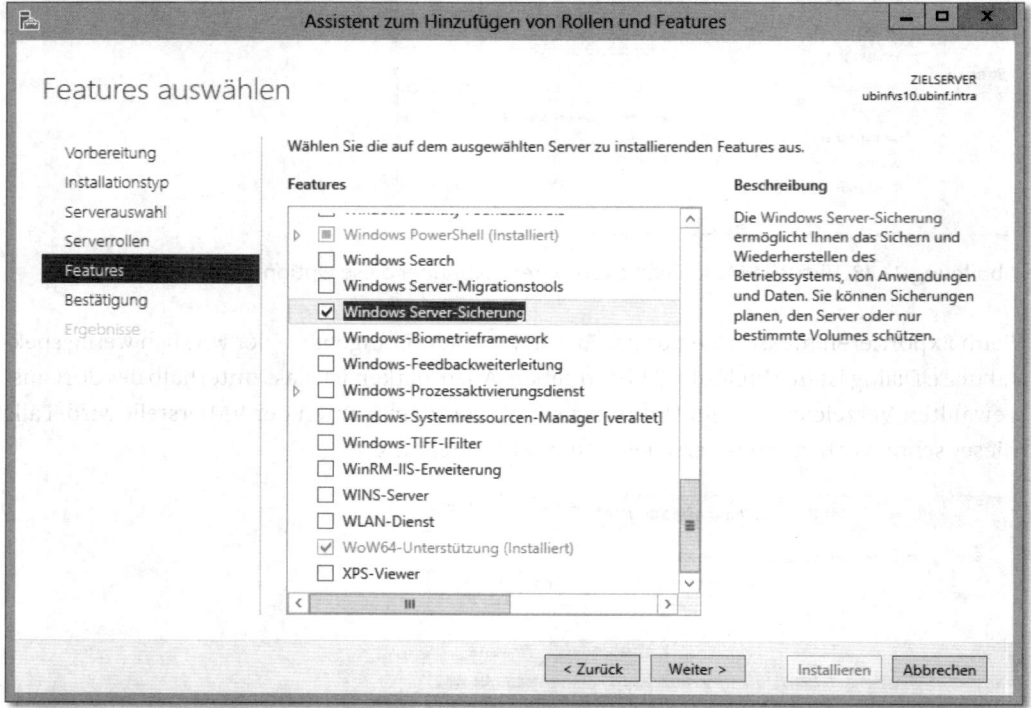

Abbildung 22.80 Mit dem Server-Manager kann die »Windows Server-Sicherung« installiert werden – ein Feature.

Die Sicherungssoftware ist mit einer grafischen Konsole, alternativ natürlich mit der PowerShell, zu bedienen. In Abbildung 22.81 ist zu erkennen, dass man sowohl eine Einmalsicherung als auch eine wiederkehrende Sicherung (SICHERUNGSZEITPLAN) durchführen kann. Die Möglichkeit, einen Sicherungszeitplan zu erstellen, ersetzt nun zwar nicht eine »richtige« Backup-Software, die dann auch Kataloge verwaltet, auf Band sichern kann und dergleichen mehr, wenn Sie jedoch einigermaßen geringe Ansprüche an das Management der Sicherungslösung haben, kann man mit dem Tool durchaus einiges anfangen – zumindest gezielt Hyper-V-VMs sichern.

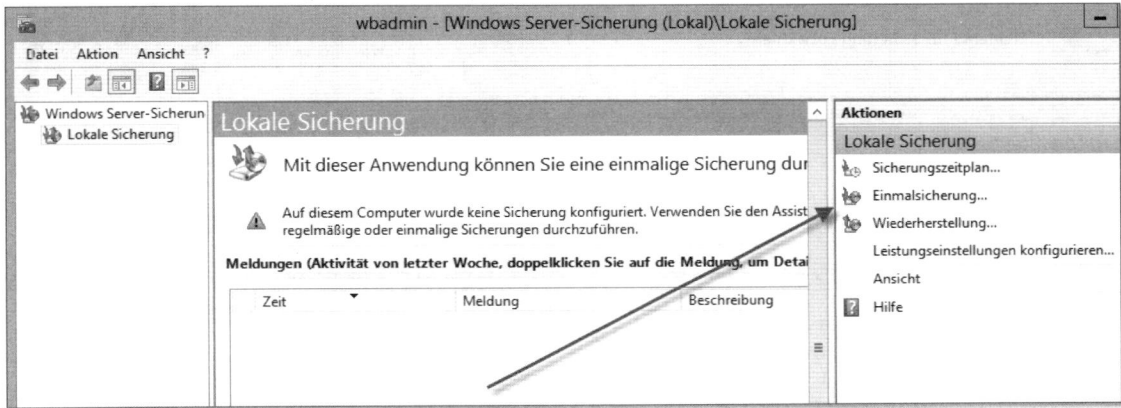

Abbildung 22.81 Die grafische Verwaltung der Windows Server-Sicherung

Der Assistent für die Sicherung kann zum einen eine vollständige Sicherung initiieren, alternativ können auch einzelne Elemente, unter anderem Hyper-V-VMs, ausgewählt werden. Dazu aktivieren Sie dann in dem auf Abbildung 22.82 gezeigten Dialog die Option BENUTZERDEFINIERT.

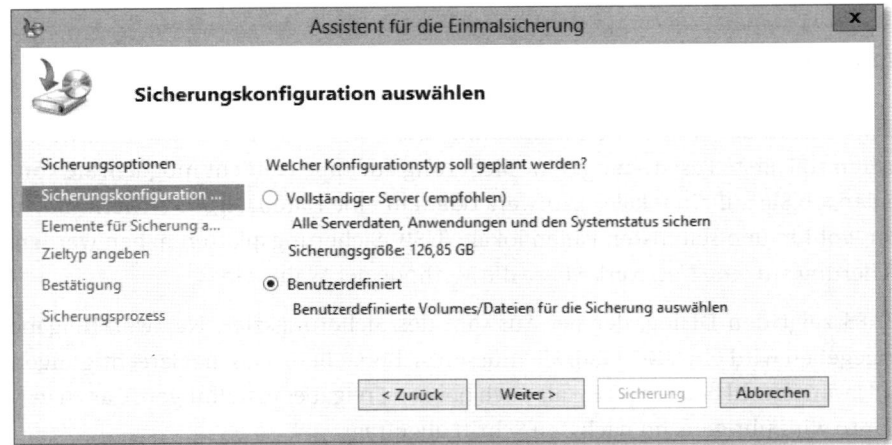

Abbildung 22.82 Sie können den kompletten Server sichern. Wir wollen hier aber nur eine VM sichern.

Die Auswahl für die zu sichernden Elemente sehen Sie auf Abbildung 22.83. Im Grunde genommen gibt es dazu nichts Aufregendes zu sagen – Sie können eine oder mehrere virtuelle Maschinen zur Sicherung auswählen. Erfreulicherweise können sowohl angehaltene als auch laufende VMs gesichert werden. Das ist bei regelmäßigen Sicherungsaufträgen natürlich einigermaßen wichtig – kein Problem, es klappt!

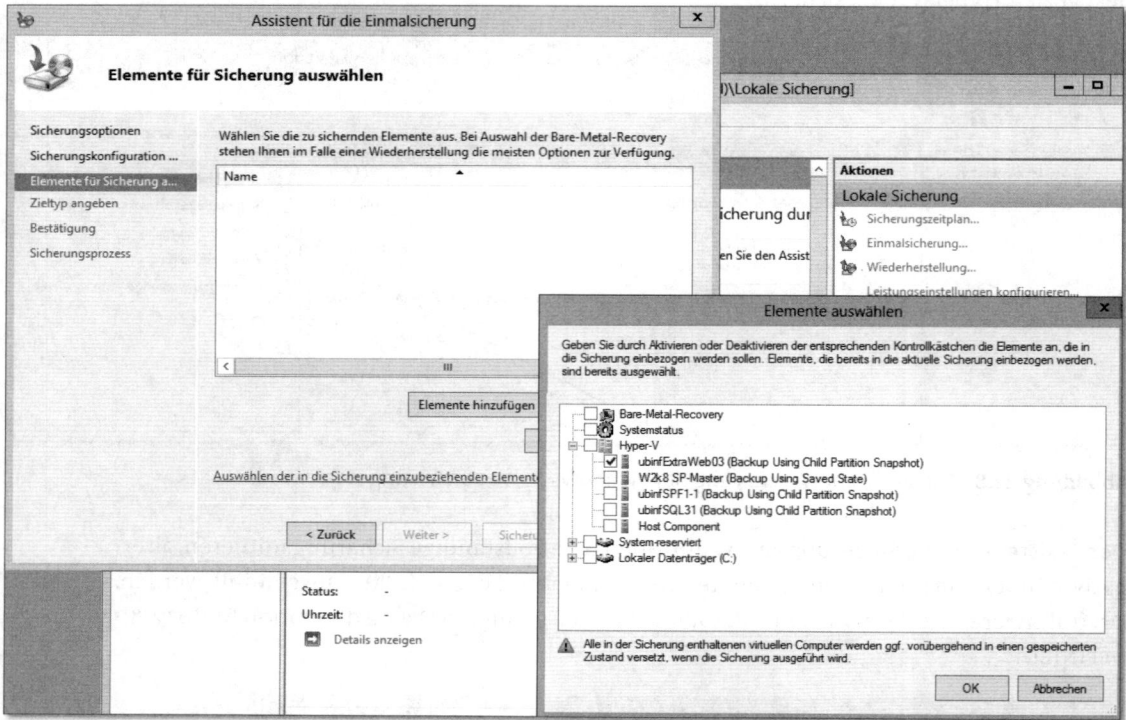

Abbildung 22.83 Gezielte Auswahl der Sicherung einer einzelnen virtuellen Maschine

Auf der nächsten Seite des Assistenten (Abbildung 22.84) können Sie entscheiden, wohin gesichert werden soll. Erste Feststellung: Eine Sicherung auf Tape ist nicht möglich. Sie können entscheiden, ob Sie auf ein lokales Laufwerk oder auf eine Dateifreigabe sichern möchten. Da Server wohl in den seltensten Fällen lokale (USB-)Sicherungsplatten haben werden, dürfte die Sicherung auf eine Netzwerk-Share die Methode der Wahl sein.

Abbildung 22.85 zeigt den Dialog, der bei Auswahl des Sicherungsziels Netzwerkfreigabe erscheint. Angegeben wird ein UNC-Pfad. Sie müssen sicherstellen, dass die Berechtigungen »passen«, und zwar sowohl bei den NTFS- als auch bei den Freigabeeinstellungen. Das zu verwendende Konto wird übrigens im nächsten Schritt abgefragt.

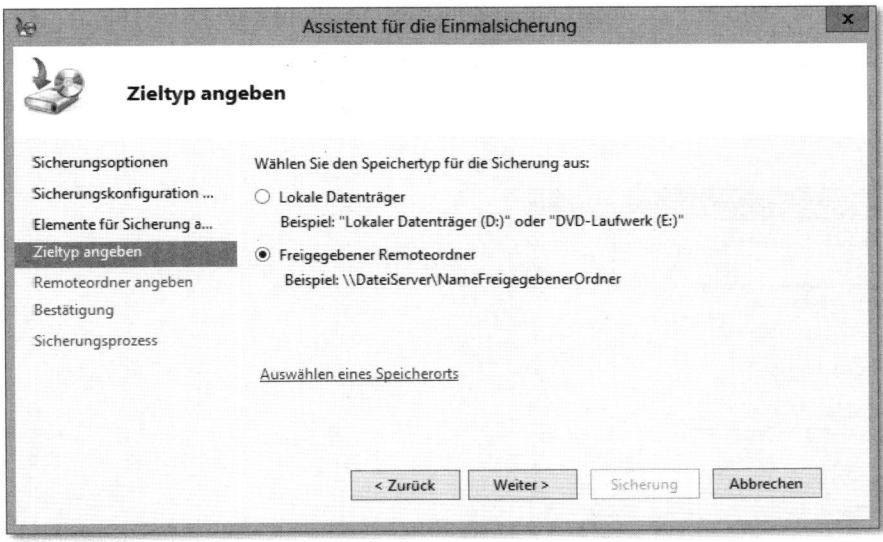

Abbildung 22.84 Es ist sinnvoll, auf eine Netzwerk-Share zu sichern.

Interessant ist die Einstellung zur ZUGRIFFSSTEUERUNG auf dieser Dialogseite: Wenn NICHT VERERBEN gewählt wird, werden die NTFS-Berechtigungen so gesetzt, dass nur das die Sicherung durchführende Konto berechtigt ist.

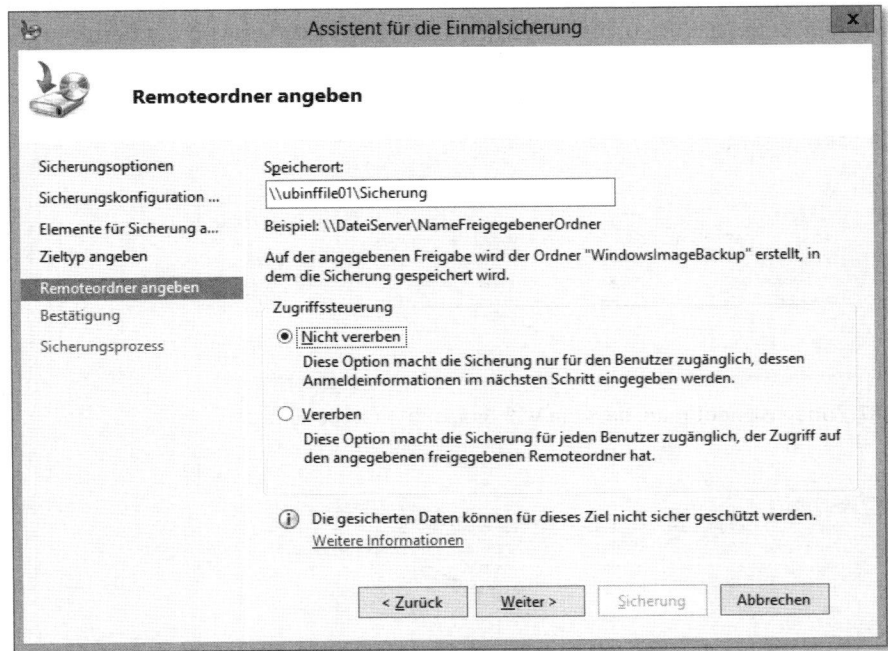

Abbildung 22.85 Eingabe des UNC-Pfads und der Berechtigung

Das Ergebnis der auf Abbildung 22.86 gezeigten Kontoabfrage dient zwei Zwecken:

- Dieses Konto wird für die Durchführung der Sicherung verwendet.
- Wenn die zuvor gezeigte Einstellung auf NICHT VERERBEN gesetzt ist, wird diese Identität berechtigt.

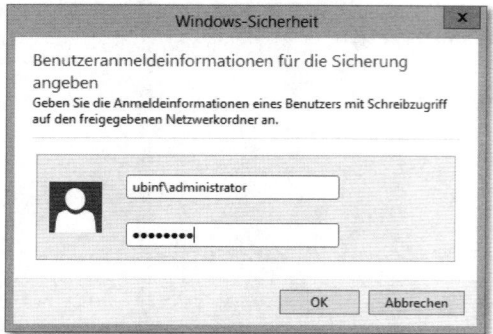

Abbildung 22.86 Eingabe des Benutzerkontos, mit dem auf die File-Share zugegriffen wird

Im Hyper-V-Manager kann man übrigens während des Sicherungsvorgangs mitverfolgen, was gerade passiert (siehe Abbildung 22.87 und Abbildung 22.88):

- Zunächst wird ein VSS-Snapshot erstellt (Abbildung 22.87). Diesen Snapshot, der dann hinterher gesichert wird, erstellt die laufende virtuelle Maschine – um es deutlich zu sagen: Keine Downtime! Sollte die VM nicht laufen, wird der Snapshot eben von der heruntergefahrenen Maschine erstellt.
- Nach dem Erstellen des Snapshots wird dieser dann gesichert (Abbildung 22.88) – natürlich auch bei aktiver VM.

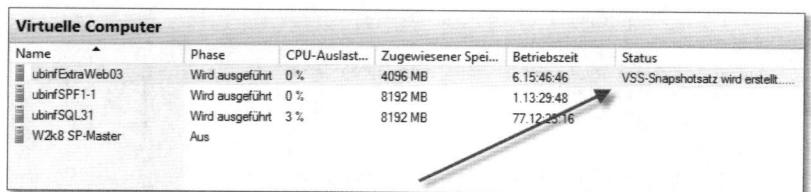

Abbildung 22.87 Zunächst sieht man, dass ein VSS-Snapshot erstellt wird ...

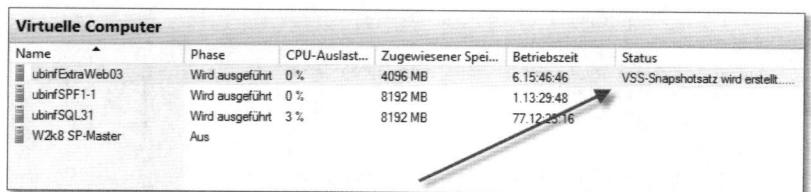

Abbildung 22.88 ... der dann gesichert wird.

Hyper-V-Sicherung genügt unter Umständen nicht

Ganz dringend möchte ich darauf hinweisen, dass es bei vielen Servern *nicht* genügt, nur die Hyper-V-Sicherung zu machen.

Bei Applikationsservern, die keine Daten speichern, dürfte es genügen, die Hyper-V-Sicherung durchzuführen.

Bei datentragenden Servern ergibt aus Gründen der einfachen und schnellen Wiederherstellung die Durchführung der Hyper-V-Sicherung durchaus Sinn. Allerdings werden Sie zusätzlich die Daten »in der virtuellen Maschine« sichern wollen/müssen. Dafür gibt es im Wesentlichen diese Gründe:

- Wenn einzelne Dateien wiederhergestellt werden sollen, wäre es sehr unbequem, wenn zuerst die komplette VM hergestellt werden müsste.
- Viele datentragende Server (SQL, Exchange etc.) müssen speziellen Sicherungsprozeduren unterzogen werden, um beispielsweise Logfiles abzuschneiden. Wenn Sie das beispielsweise bei SQL Server nicht tun, werden die LDF-Dateien unbegrenzt groß werden – zumindest so lange, bis die Platten voll sind.

Fazit: Es ist also durchaus sinnvoll, sowohl die Hyper-V- als auch die Sicherung der Daten in der virtuellen Maschine durchzuführen.

Andere Backup-Software

In einer größeren Umgebung würden Sie vermutlich wenig begeistert sein, wenn auf jedem Hyper-V-Host die Sicherung individuell verwaltet werden müsste. In diesem Fall werden Sie also mit Sicherheit nicht mit Bordmitteln sichern, sondern eines der zahlreichen Backup-Softwareprodukte einsetzen. Jede ernst zu nehmende Backup-Lösung kann heute Hyper-V-Hosts sichern. Eine Möglichkeit wäre beispielsweise Microsofts Data Protection Manager – vermutlich kann aber auch Ihre vorhandene Sicherungssoftware diese Aufgabe übernehmen.

22.8 System Center Virtual Machine Manager 2012

Servervirtualisierung bietet deutliche Vorteile in der Administration – so weit die weit verbreitete Meinung, die ich übrigens auch voll und ganz teile. Es ist nun aber so, dass die Servervirtualisierung einige neue Aufgabenstellungen beinhaltet, insbesondere in mittleren und großen Umgebungen.

Hier setzt der System Center Virtual Machine Manager 2012 an, der eine Art »zentrale Management-Anwendung« für die gesamte Virtualisierungsumgebung ist.

Man kann den Virtual Machine Manager vom Ansatz her grob mit VMware Virtual Center vergleichen, das ebenfalls als Management-Anwendung für die virtuelle Gesamtumgebung konzipiert ist.

> **SCVMM**
>
> Ich möchte es einmal ganz deutlich formulieren: In einer professionellen Umgebung mit mehr als einem einzelnen Hyper-V-Server werden Sie den System Center Virtual Machine Manager benötigen. Nicht, dass es technisch nicht ohne SCVMM ginge – aber da Sie ja vermutlich professionelle Werkzeuge für die Administration wünschen, brauchen Sie den Virtual Machine Manager.

22.8.1 Aufbau und Architektur

Das Gesamtsystem Virtual Machine Manager 2012 (ab jetzt kurz als VMM bezeichnet) besteht aus mehreren Komponenten, deren Zusammenspiel auf Abbildung 22.89 annähernd visualisiert ist:

- Der VMM selbst besteht aus mehreren Komponenten, die auf Wunsch auf einem Server installiert werden können. Zu nennen sind hier eine Datenbank, der eigentliche SCVMM-Dienst, die Administratorkonsole und optional ein Webinterface. Auf Wunsch können diese Dienste über mehrere Systeme verteilt werden, für sehr große Umgebungen (mehr als 150 physikalische Hosts) können auch mehrere VMM-Server eingesetzt werden.
- Verwaltet werden zunächst die Servervirtualisierungs-Hostsysteme. Neben den hauseigenen Systemen, also Virtual Server und Hyper-V, können Systeme von VMware verwaltet werden; ein VMware-Virtual-Center-Server muss dazu eingebunden werden.
- Viele Unternehmen setzen für das Monitoring der Umgebung den System Center Operations Manager 2012 (SCOM) ein. VMM kann mit diesem zusammenarbeiten und Daten dorthin weiterleiten.
- Die VMM-Administratorkonsole kann zwar auf dem VMM-Server ausgeführt werden, besser ist es allerdings, wenn diese auf einem oder mehreren Admin-PCs installiert wird. Das Administrationswerkzeug kann problemlos von der VMM-CD installiert werden.
- Für Benutzer, die eigentlich keine Admins sind, aber trotzdem über »eigene« VMs verfügen, ist das Self-Service-Portal entwickelt worden. Das Self-Service-Portal ist eine webbasierte Anwendung, die beispielsweise gute Dienste leistet, wenn eine Gruppe von Entwicklern selbst die virtuellen Testmaschinen verwalten soll.

> **Wichtig**
>
> Das Self-Service-Portal ist mit SP1 des VMM 2012 entfernt worden und kann nicht nachinstalliert werden. Wird diese Funktion benötigt, kann *System Center App Controller* verwendet werden, das ist allerdings ein separates Produkt.

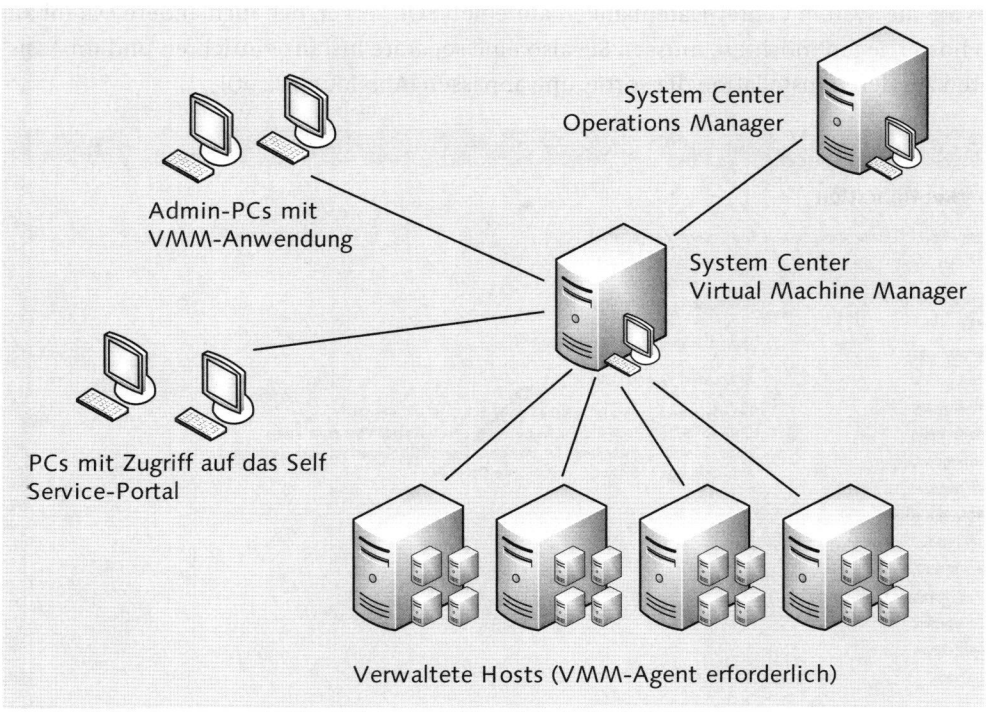

Abbildung 22.89 Die Komponenten einer VMM-Umgebung im Zusammenspiel (Self Service-Portal nicht mehr mit VMM 2012 SP1)

22.8.2 Installation

Die Installation des VMM ist nicht aufregend schwierig, allerdings ist nicht »nur« der eigentliche Server, es sind auch SQL Server, Agents für die Hyper-V und eventuell das Service-Portal separat zu installieren.

VMM-Server, Voraussetzungen

Bevor Sie die VMM-DVD einlegen und das Setup starten können, müssen einige »Vorarbeiten« erledigt werden.

SQL Server

Der VMM benötigt zum Speichern der Daten eine SQL Server-Datenbank – das ist so weit wohl nicht überraschend. Wie bei den anderen System Center 2012-Produkten muss auch hier die Sortierung auf SQL_LATIN1_GENERAL_CP1_CI_AS eingestellt sein. Das ist *nicht* die Standardeinstellung.

Falls Sie die System Center-Datenbanken auf einen SQL Server, der auch andere Datenbanken hosten, legen möchten, müssen Sie also eine separate Instanz einrichten und im Assistenten zur deren Installation die Sortierung anpassen (Abbildung 22.90).

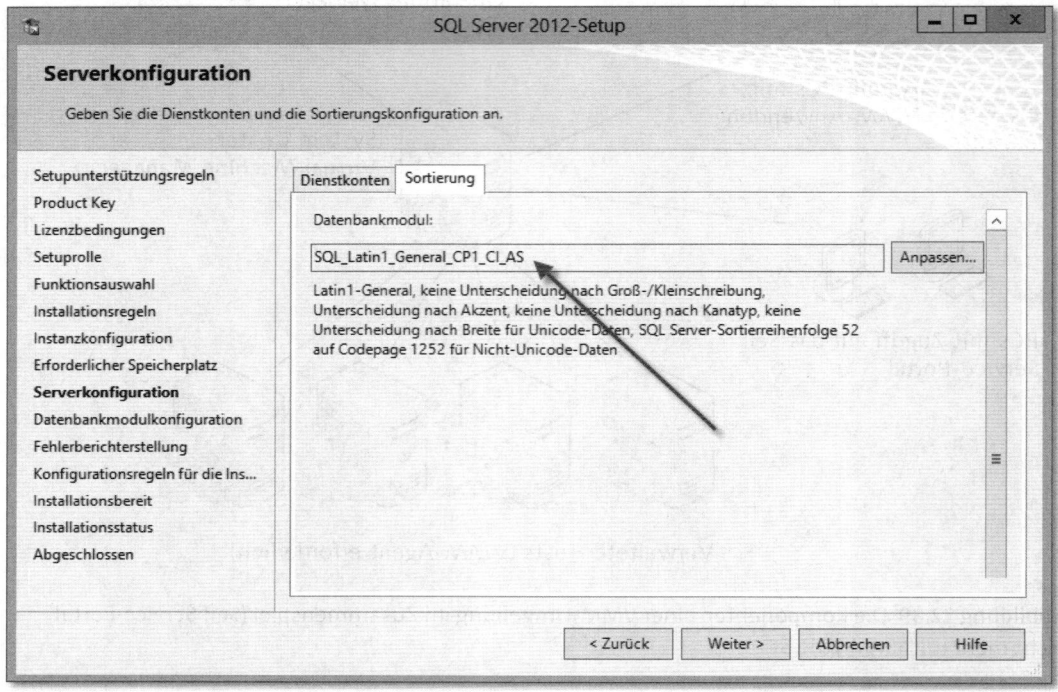

Abbildung 22.90 Für den VMM muss die Sortierung angepasst werden.

Ich empfehle ohnehin, Datenbanken für unterschiedliche Anwendungsgruppen (z.B. ERP, System Center, SharePoint etc.) in verschiedene Instanzen zu installieren. In diesem Fall müssen Sie dies tun, da innerhalb einer Instanz keine unterschiedlichen Sortierungen für die Datenbanken möglich sind. Installieren Sie also eine SQL Server-Instanz für VMM (und gegebenenfalls andere System Center-Produkte).

Softwarevoraussetzungen

Auf dem zukünftigen VMM-Server gibt es eine Voraussetzung, um installieren zu können, die sich als recht zeitaufwendig erweisen wird, sofern Sie nicht über eine wirklich schnelle Internetanbindung verfügen. Die Rede ist vom ADK, dem *Windows Assessment and Deployment Kit*. Abbildung 22.91 zeigt eine Suchhilfe für das Microsoft Download Center. VMM kann auch für das automatisierte Installieren von Betriebssystemen verwendet werden, dazu wird das ADK in Teilen benötigt.

Die Installation des ADK ist recht simpel:

▶ Der Download aus dem Download Center ist nur harmlose 1,2 MByte groß.

22.8 System Center Virtual Machine Manager 2012

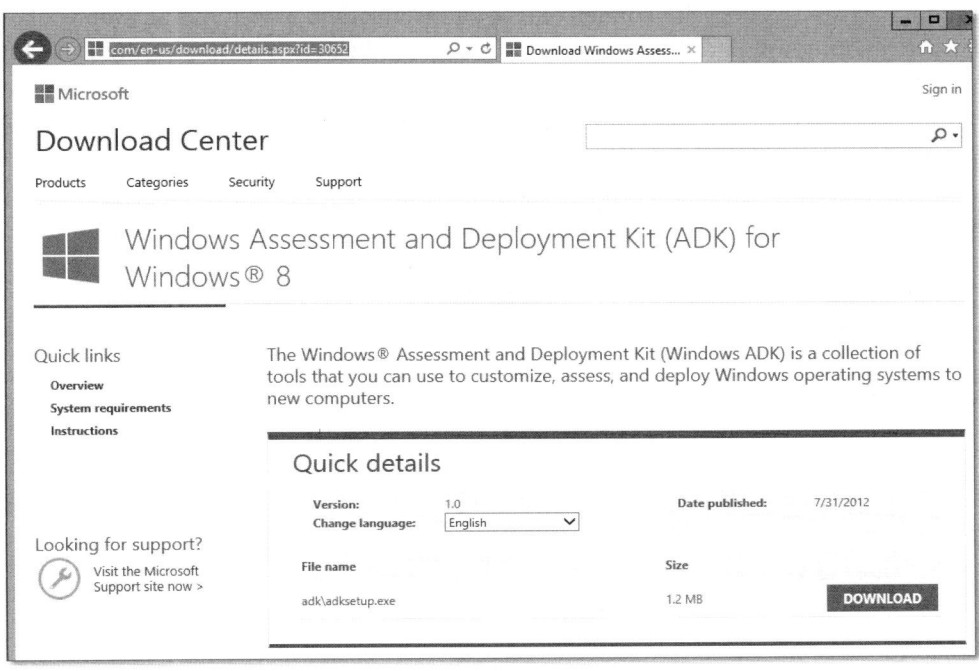

Abbildung 22.91 Das ADK kann im Download Center heruntergeladen werden.

- Es startet ein Installationsassistent, der sich in erster Linie für das Installationsverzeichnis interessiert (Abbildung 22.92).

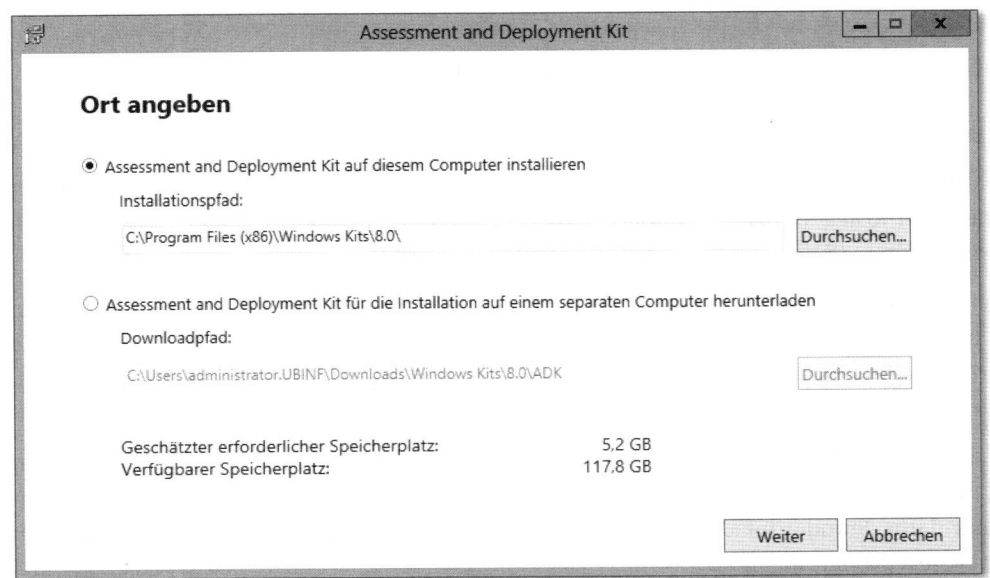

Abbildung 22.92 Die Installation erfolgt im Standardpfad.

- Auf der nächsten Dialogseite können Sie die zu installierenden Features auswählen. Für die Verwendung mit dem VMM benötigen Sie nicht alle Features, sondern nur die auf Abbildung 22.93 gezeigten.
- Der Installationsassistent wird nun erst den Download durchführen, anschließend die Installation – und dann ist es fertig!

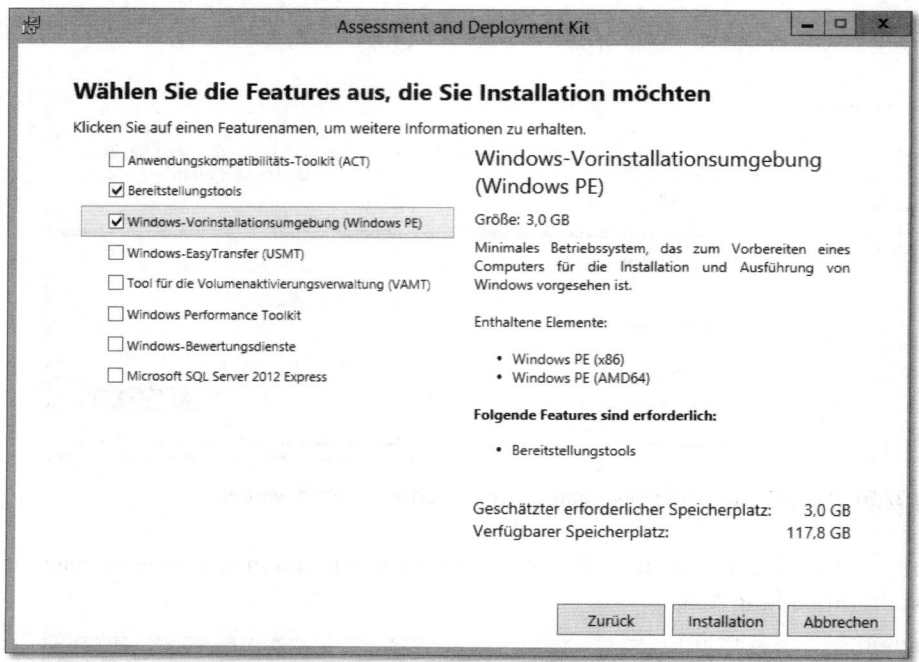

Abbildung 22.93 Diese beiden Optionen müssen Sie auswählen.

VMM-Server

Sobald die SQL Server-Instanz und die Voraussetzungen installiert sind, können Sie mit der Installation loslegen. Auf dem Splashscreen wählen Sie aus den diversen Möglichkeiten erwartungsgemäß den Punkt INSTALLIEREN (Abbildung 22.94).

Zunächst müssen Sie entscheiden, was Sie installieren möchten (Abbildung 22.95). In diesem Fall benötigen wir den VMM-VERWALTUNGSSERVER, diese Installationsoption schließt die VMM-KONSOLE ein. Die Möglichkeit, nur die VMM-Konsole zu installieren, wird benötigt, wenn Sie Ihren Admin-PC damit ausrüsten möchten.

Auf der folgenden Dialogseite geht es um den Product Key, ohne den sich die Software nicht installieren lässt (ohne Abbildung). Weiterhin wird der Installationspfad abgefragt. Ich bin immer dafür, Standardpfade zu verwenden. Produktive Daten werden hier ohnehin nicht gespeichert (Abbildung 22.96).

22.8 System Center Virtual Machine Manager 2012

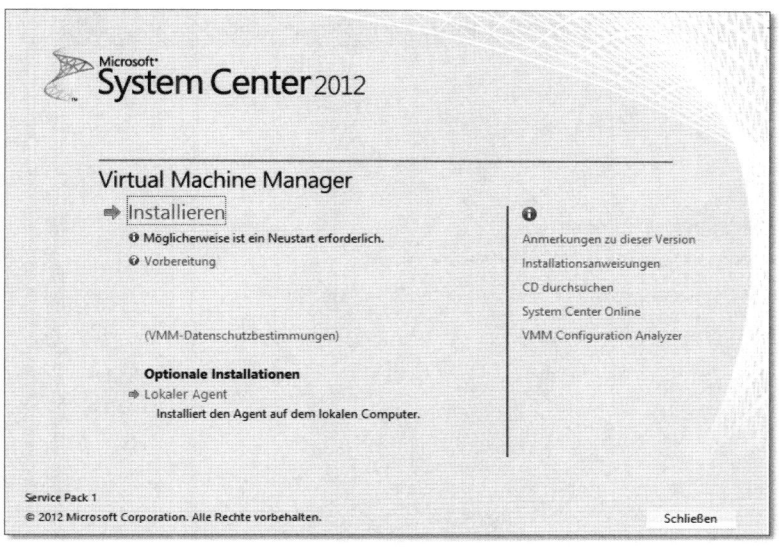

Abbildung 22.94 Der Splashscreen der Installation

Abbildung 22.95 Installiert werden soll der »VMM-Verwaltungsserver«.

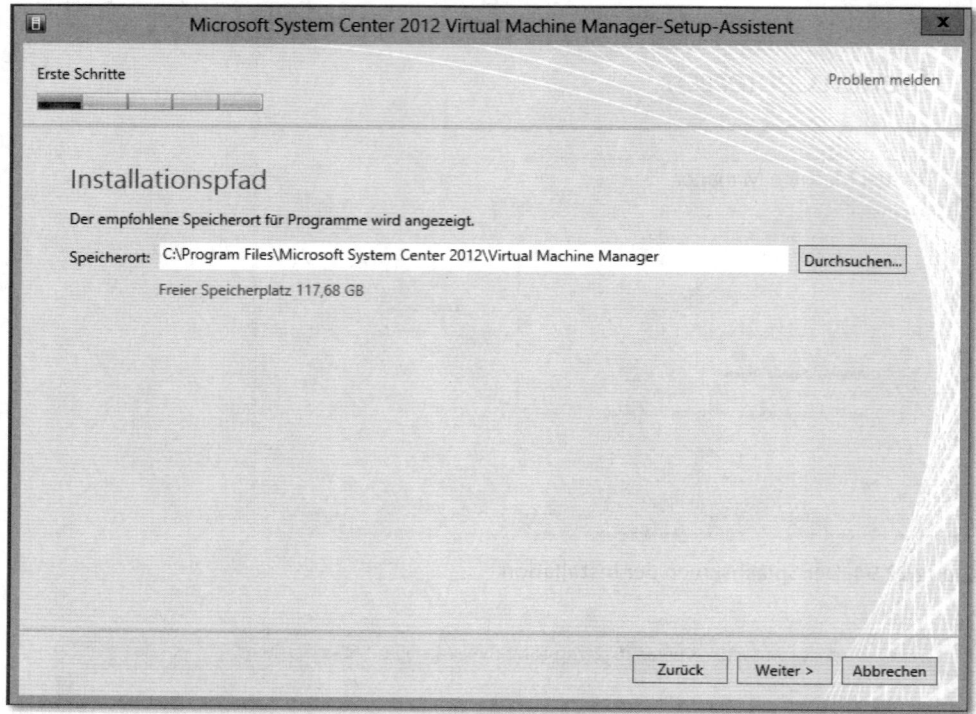

Abbildung 22.96 Ich empfehle die Übernahme des Standardpfads.

Auf Abbildung 22.97 wird es zum ersten Mal wirklich spannend, es geht um die Verbindung zur Datenbank:

- Die Angabe des Servernamens ist nun nicht die große Hürde. Auch wenn Sie eine benannte Instanz vorbereitet haben, geben Sie hier nur den Servernamen ein und nicht zusätzlich den Instanznamen.
- Sofern Sie für den SQL Server die Standardportkonfiguration verwenden, können Sie die Textbox PORT leer lassen.
- Wenn Sie keine Anmeldeinformationen angeben, erfolgt die Anmeldung an der Datenbank mit dem Dienstkonto des VMM-Servers, in vielen Fällen wird das das Computerkonto des VMM-Servers sein. Sie können das übrigens nachvollziehen, wenn Sie die Berechtigungen auf die Datenbank im SQL Server Management Studio kontrollieren.
- Die nächste Konfigurationsoption ist die Auswahl der Instanz. Die auf dem oben angegebenen SQL Server vorhandenen Instanzen sollten in der Dropdown-Liste angezeigt werden.
- Vermutlich werden Sie eine neue Datenbank anlegen. Name ist egal, ich würde es trotzdem beim Standardnamen belassen.

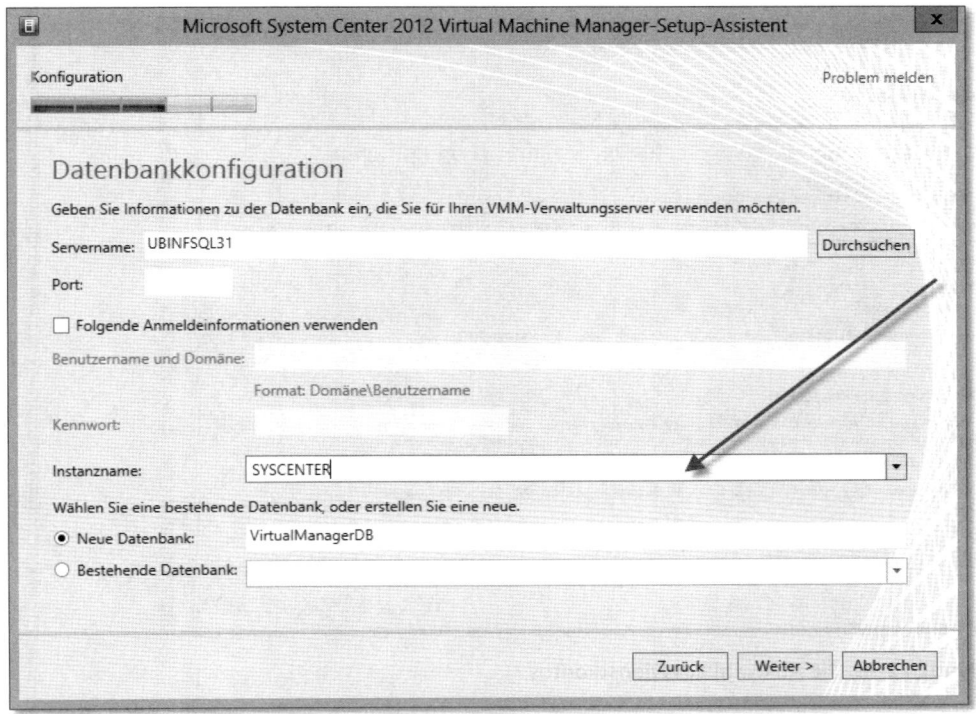

Abbildung 22.97 Bei der Datenbankkonfiguration muss bereits eine SQL Server-Instanz mit der richtigen Sortierreihenfolge vorhanden sein.

Der auf Abbildung 22.98 gezeigte Dialog bietet zwei Einstellungsmöglichkeiten:

- Das Dienstkonto für den VMM-Server: Sie können den VMM-Dienst entweder als LOKALES SYSTEMKONTO ausführen oder ein DOMÄNENKONTO dafür angeben. Funktioniert beides – bei einer hochverfügbaren Installation (mit zwei oder mehr VMM-Servern) müssen Sie ein Domänenkonto angeben.
- Ähnliches gilt für den Verschlüsselungsschlüssel: Man kann ihn auf dem lokalen Server speichern. Sofern mehrere VMM-Server im Spiel sind, müssen Sie ihn im Active Directory speichern. Sie geben dann einen LDAP-Pfad an.

Auf der folgenden Dialogseite (Abbildung 22.99) gibt es mit den Portnummern, die VMM verwenden soll, eine ganze Menge einzustellen. Die gute Nachricht: Im Normalfall können Sie diese Voreinstellungen einfach übernehmen.

Der nächste zu konfigurierende Aspekt ist die BIBLIOTHEKSKONFIGURATION. Es wird eine Freigabe benötigt, in der VMM beispielsweise Vorlagen speichert. Auf Abbildung 22.100 ist zu sehen, dass der Assistent eine Freigabe anlegen kann – praktisch, schnell, unkompliziert. Sofern vorhanden, kann auch eine bestehende Freigabe verwendet werden.

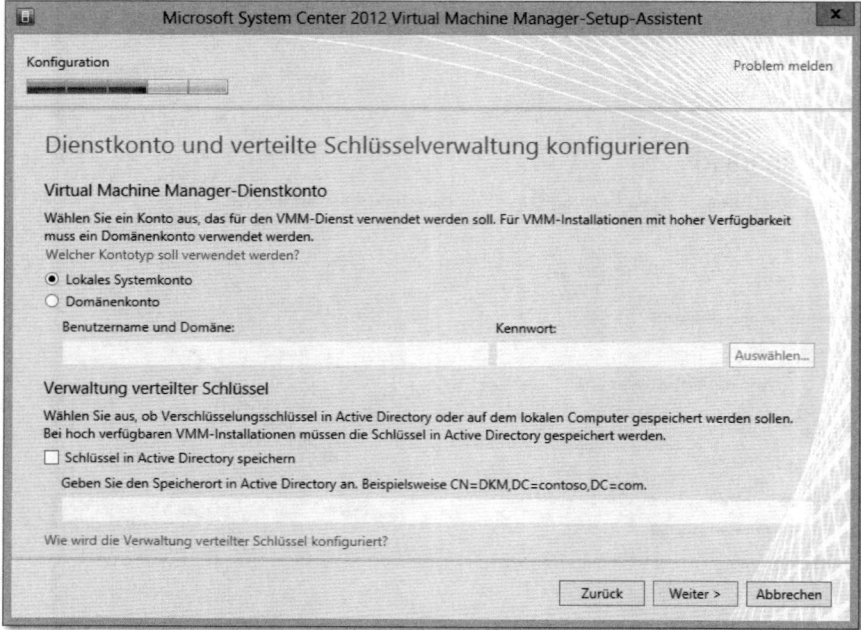

Abbildung 22.98 Die Auswahl des Dienstkontos

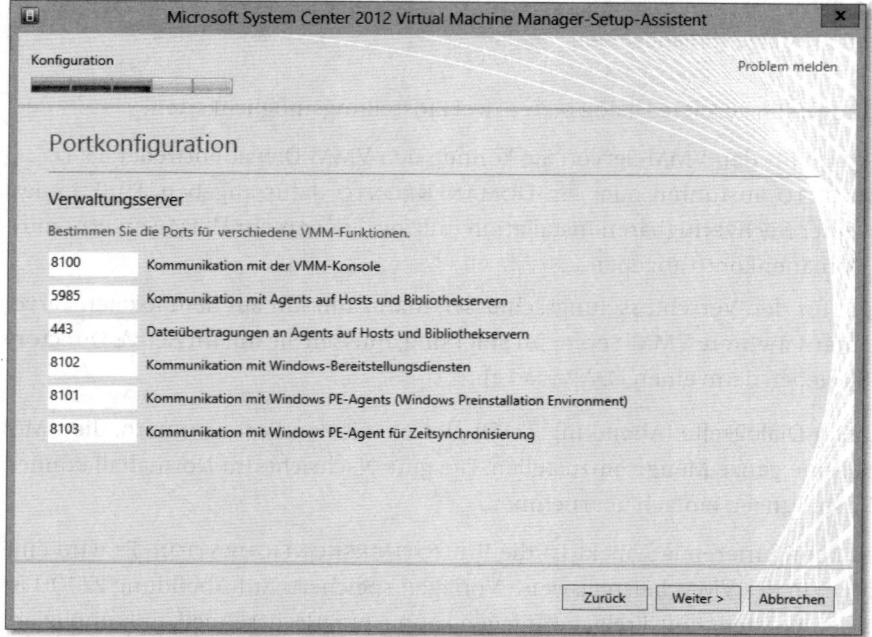

Abbildung 22.99 Die »Portkonfiguration« kann im Normalfall übernommen werden.

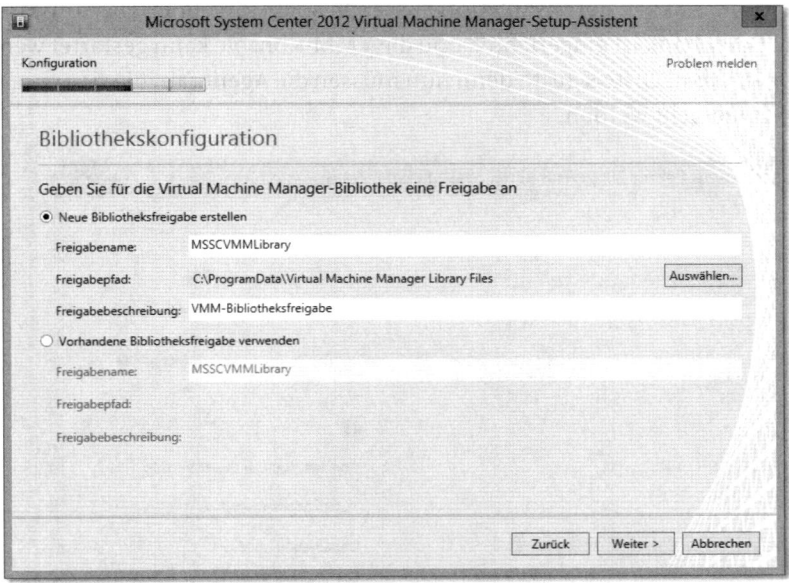

Abbildung 22.100 Für die VMM-Bibliothek wird eine Freigabe benötigt.

Bevor die Installation startet, gibt es zunächst eine INSTALLATIONSZUSAMMENFASSUNG. Kontrollieren Sie nochmals diese Einstellungen, und starten Sie die Installation, die unproblematisch verlaufen dürfte (Abbildung 22.101).

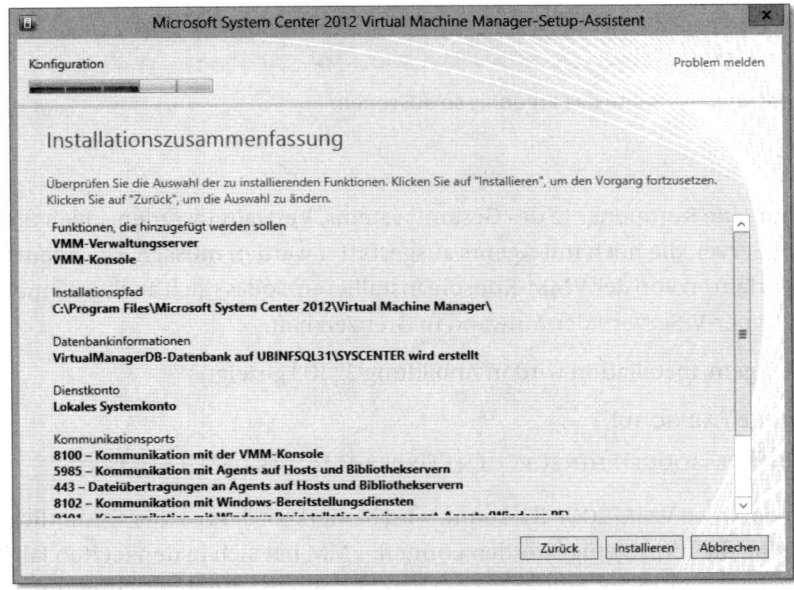

Abbildung 22.101 Noch einmal kontrollieren – dann geht's los.

Abbildung 22.102 zeigt, wie es nach der Installation aussehen sollte. Ergebnis: Die Software ist auf dem Server, die Datenbank ist eingerichtet, und die VMM-Konsole kann gestartet werden. Genau das zu tun, ist der nächste Schritt, denn nun müssen die Agents auf die zu verwaltenden Hyper-V-Server gebracht werden.

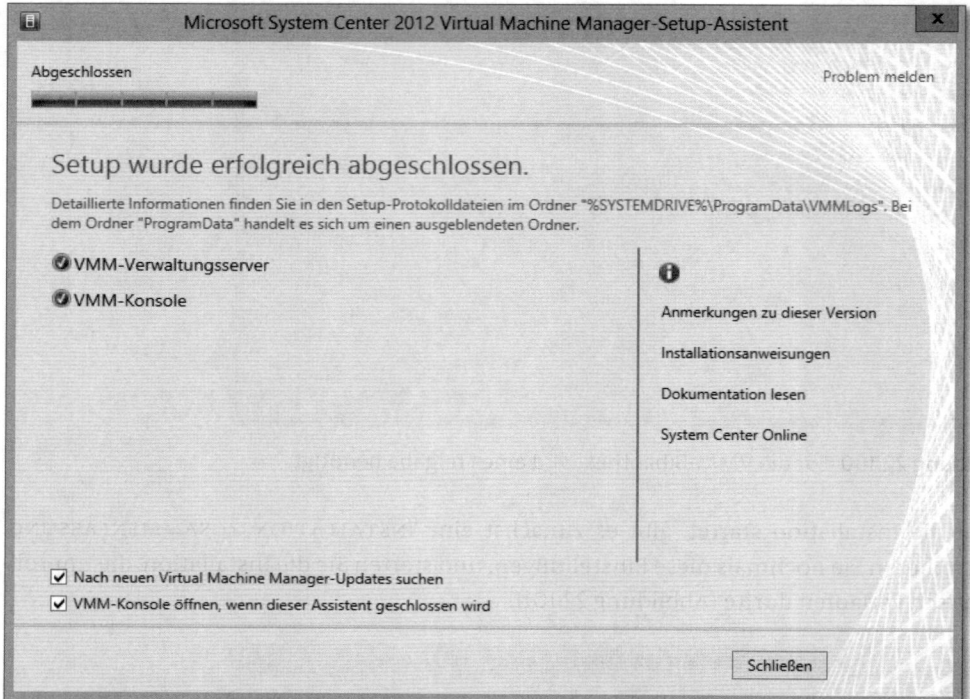

Abbildung 22.102 Optimalerweise sollte das Ergebnis so aussehen.

Agents installieren

Der VMM-Server ist nur eine Komponente des Gesamtsystems. Verwaltet werden sollen die vorhandenen Hyper-V-Server, die noch mit Agents ausgestattet werden müssen. Die Agents lassen sich per Push-Verfahren von der VMM-Konsole installieren, sodass sich auch bei einer größeren Menge von Hyper-V-Servern der Aufwand in Grenzen hält.

Der Startpunkt für die Agent-Installation wird in Abbildung 22.103 gezeigt:

▶ Rufen Sie die Kategorie FABRIC auf.

▶ Wählen Sie im Ribbon RESSOUCEN HINZUFÜGEN • HYPER-V-HOSTS UND -CLUSTER.

Wer die Vorgängerversion, also VMM 2008 R2, kennt, wird bemerken, dass es hier wesentlich mehr Komponenten gibt, die hinzugefügt werden können. VMM hat sich in den letzten Jahren von einer einfachen zentralen Hyper-V-Konsole zu einem durchaus funktional anspruchsvollen Werkzeug für die Verwaltung einer virtuellen Umgebung entwickelt.

22.8 System Center Virtual Machine Manager 2012

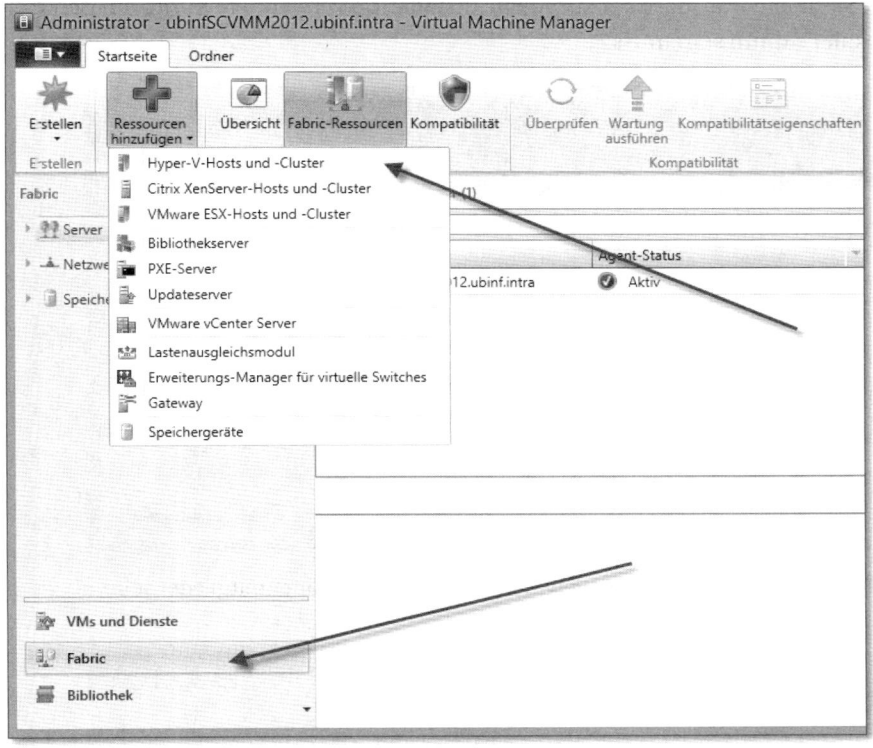

Abbildung 22.103 Das Installieren der Agents auf Hyper-V-Hosts beginnt hier.

Das Hinzufügen eines Hyper-V-Servers wird erwartungsgemäß mithilfe eines Assistenten durchgeführt. Die erste Frage stellt sich nach dem Speicherort des Servers, wobei es hier um die Zugehörigkeit zu einer Domäne geht. Die am häufigsten genutzte Option wird ein Server in einer vertrauenswürdigen AD-Domäne sein, daher führe ich genau diesen Fall vor. Bei Servern, die in der DMZ stehen, sind zusätzliche Konfigurationsschritte erforderlich – zum einen für die Agent-Installation, zum anderen müssen auch die auf Abbildung 22.99 konfigurierten Ports in der Firewall geöffnet werden – zumindest teilweise.

Die Installation des Agent muss mit einem Konto, das auf dem Zielserver administrative Berechtigungen hat, ausgeführt werden. Sie können in dem Dialog (Abbildung 22.105) entweder ein hinterlegtes Konto (VORHANDENES AUSFÜHRENDES KONTO VERWENDEN) auswählen oder ANMELDEINFORMATIONEN MANUELL EINGEBEN.

Der Dialog zur Auswahl eines ausführenden Kontos ist auf Abbildung 22.106 zu sehen. Hier kann ein bereits hinterlegtes Konto ausgewählt oder auch ein neues angelegt werden.

Der im Bild angelegte Domänen-Admin ist in der Praxis übrigens keine so brillante Idee: Klar, damit geht alles, aber das Konto ist für so etwas tabu. Im Bild ist es nur eine Testumgebung. Denken Sie aber daran, dass das zur Agent-Installation verwendete Konto auf den Zielmaschinen lokaler Admin sein muss.

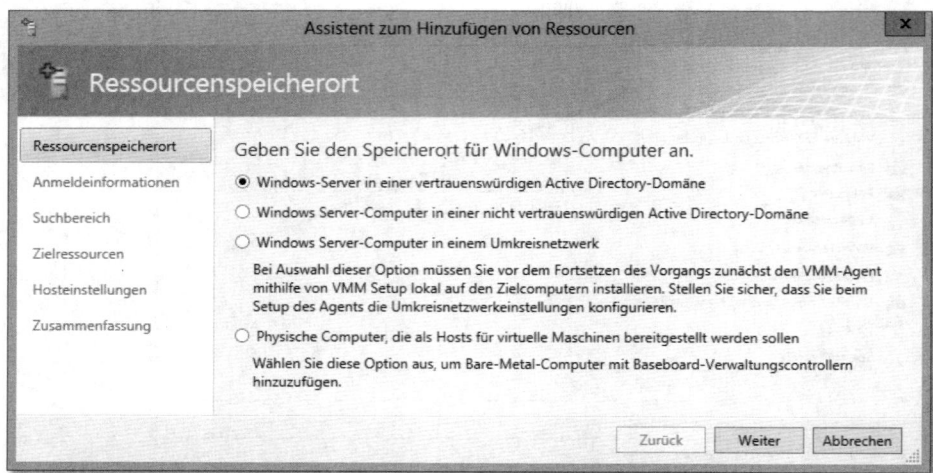

Abbildung 22.104 Zumeist dürften die zu verwaltenden Server Domänenmitglieder sein.

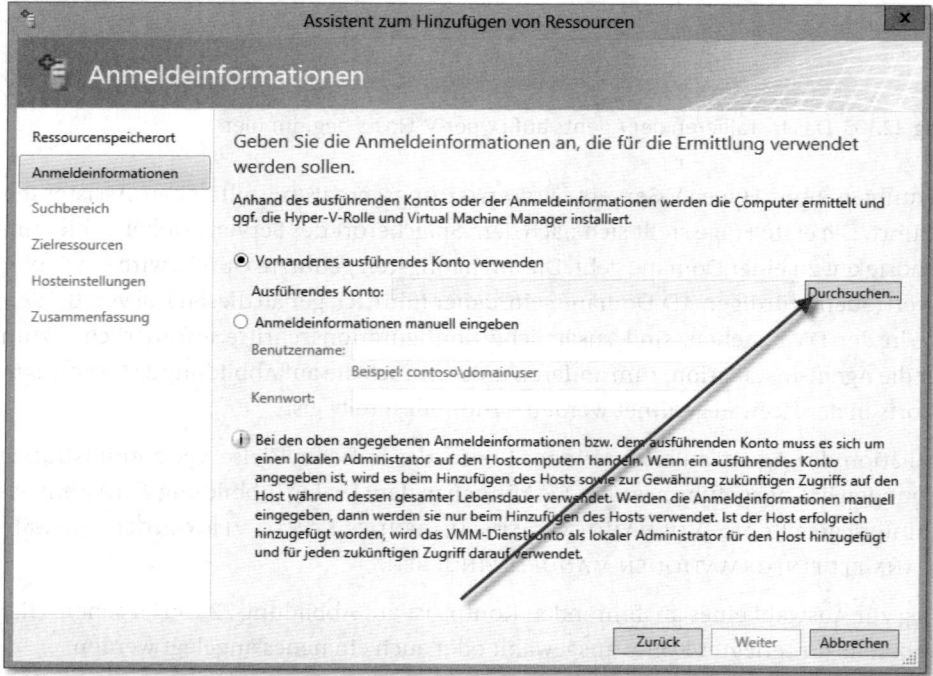

Abbildung 22.105 Das Konto, das die Installation ausführt, muss lokaler Admin auf den Zielmaschinen sein.

22.8 System Center Virtual Machine Manager 2012

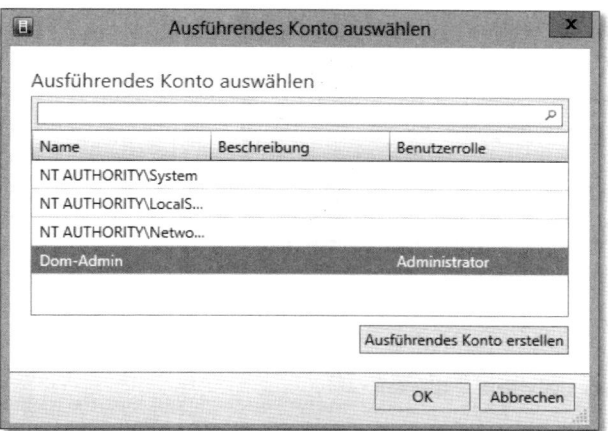

Abbildung 22.106 Optimalerweise arbeiten Sie mit einem vordefinierten Konto (Domänen-Admin muss nicht sein).

Abbildung 22.107 zeigt, wie die mit dem Agent auszustattenden Hyper-V-Server gesucht werden können: entweder einen Namen angeben (pro Zeile einen Namen) oder eine AD-Abfrage formulieren. Die Existenz der gewählten Maschinen wird auf Abbildung 22.108 bestätigt, wo Sie auch auswählen können, wo dann wirklich der Agent drauf soll.

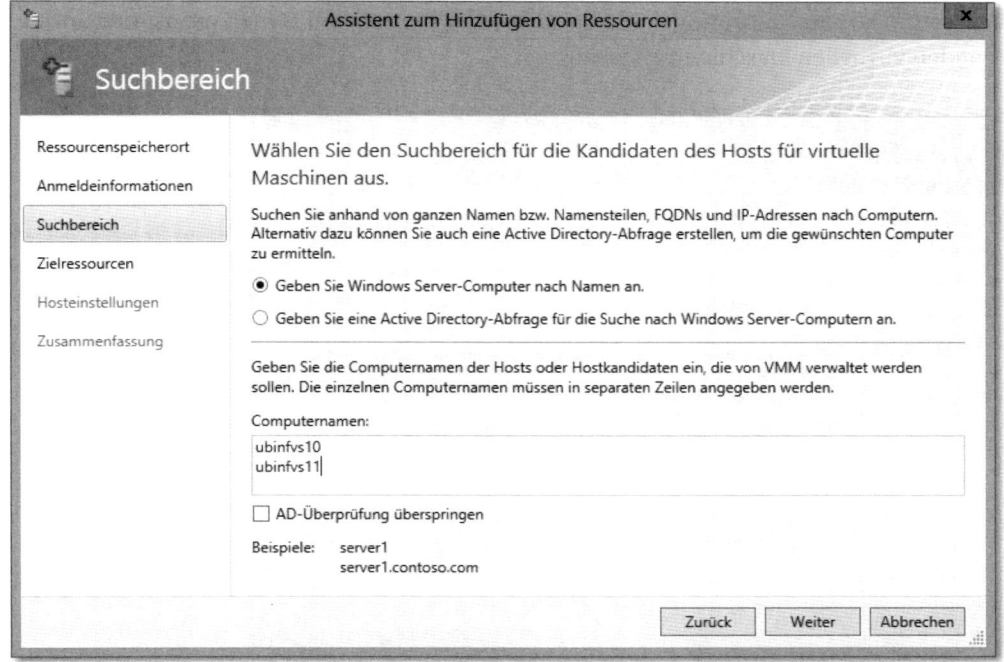

Abbildung 22.107 Geben Sie hier die Maschinen an, auf denen der Agent installiert werden soll.

1317

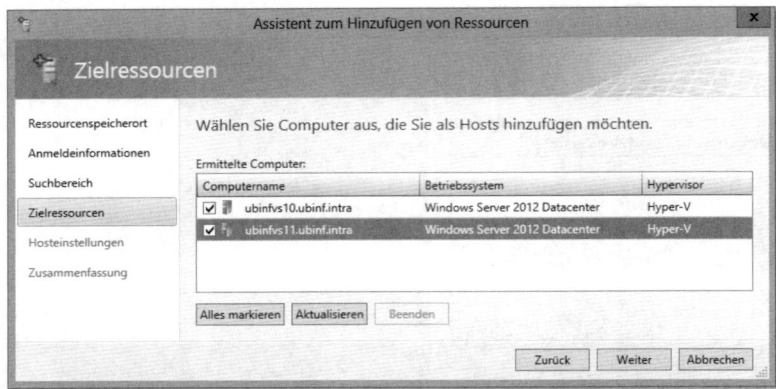

Abbildung 22.108 Die Server sollten hier erkannt worden sein.

Der nächste Dialog (Abbildung 22.109) stellt einige generelle Aspekte ein:

- Entscheiden Sie, in welche Hostgruppe die neuen Hyper-V-Hosts aufgenommen werden sollen. Mit Hostgruppen kann die Umgebung einerseits etwas »sortiert« werden, andererseits können damit Einstellungen vorgenommen und Berechtigungen erteilt werden.
- Falls der Hyper-V-Host bereits zu einer anderen VMM-Umgebung gehört, kann er der neuen Umgebung zugewiesen werden.
- Weiterhin können Sie optional Standardpfade für die auf dem Hyper-V-Host neu anzulegenden virtuellen Maschinen angeben.

Abbildung 22.109 Sie können hier die Hostgruppe, der die Maschine zugeordnet werden soll, auswählen.

Den in Abbildung 22.110 gezeigten Dialog werden Sie nur sehen, wenn Sie Agents auf Hyper-V-2012-Servern installieren. Hier legen Sie einige Einstellungen für Livemigrationen fest. Die Einstellungen sind so weit selbsterklärend.

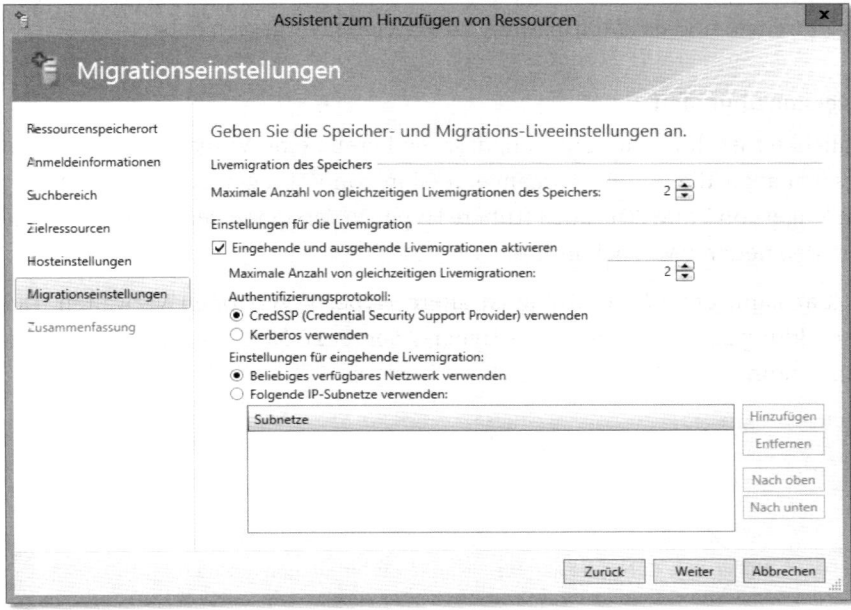

Abbildung 22.110 Aktivieren und limitieren Sie Livemigrationen.

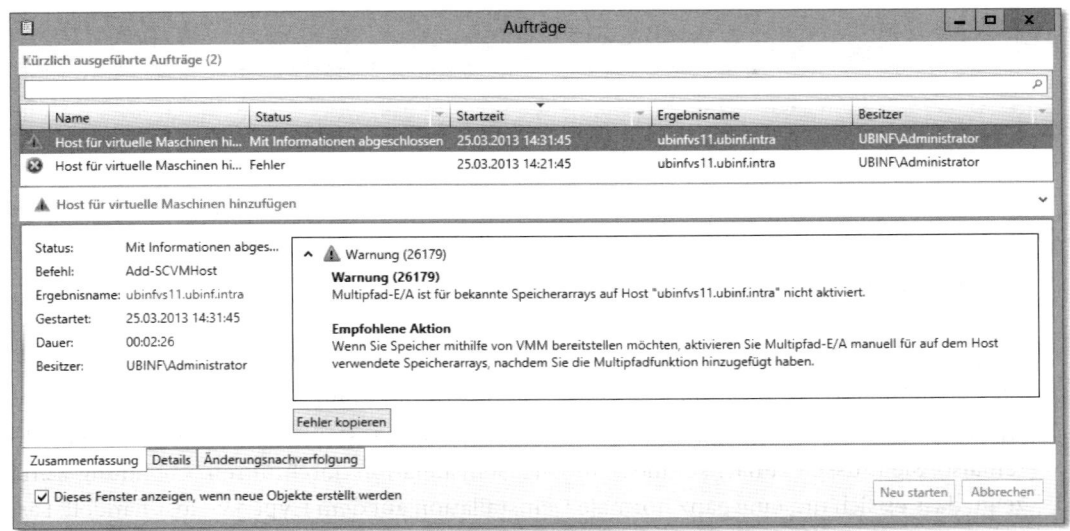

Abbildung 22.111 Dieses Ergebnis ist das auf Maschinen mit lokalen Platten erwartete.

Die Installation der Agents wird einige Minuten dauern. Auch nach erfolgreichem Abschluss wird auf Maschinen ohne aktiviertes Multipfad-E/A (braucht man in Umgebungen mit redundanten Pfaden zu SAN-Storage-Systemen) die auf Abbildung 22.111 gezeigte Warnung erscheinen. Diese kann ignoriert werden – solange Sie nicht wirklich eine pfadredundante SAN-Umgebung betreiben und das Multipathing zu aktivieren vergessen haben.

Agents der Vorversion upgraden

Die Wahrscheinlichkeit ist durchaus gegeben, dass Sie bereits eine Vorgängerversion von Hyper-V im Einsatz haben, die mit der Vorgängerversion von VMM gemanagt wird. Daraus ergeben sich die Fragen, ob VMM 2012 auch frühere Hyper-V-Versionen verwalten kann und wie man diese an den neuen VMM bekommt.

Erste Antwort: Klar kann der VMM 2012 auch ältere Hyper-V-Versionen verwalten. Der Beweis ist auf Abbildung 22.112 zu sehen – die Hyper-V Server 2008 R2 werden vom Hinzufüge-Assistenten erkannt.

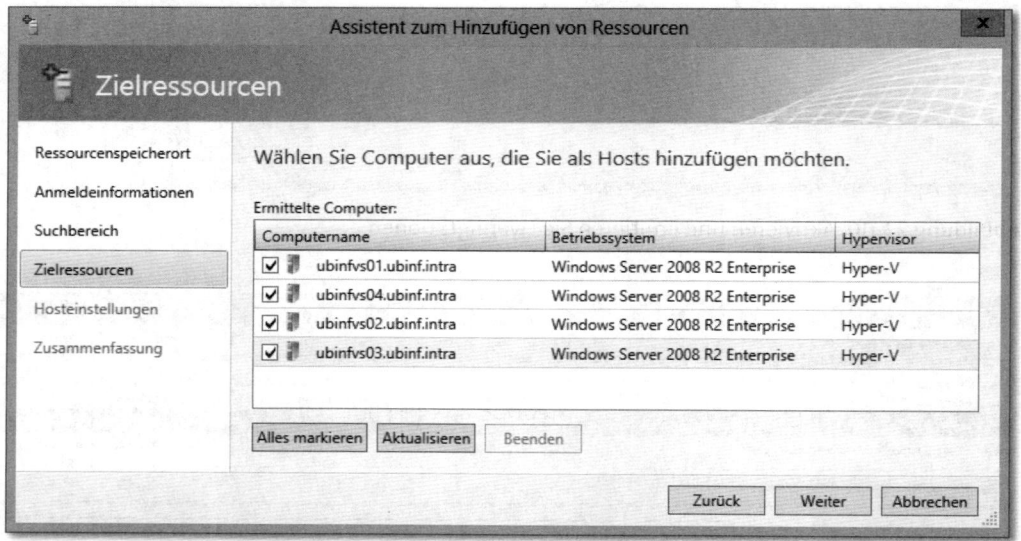

Abbildung 22.112 Hyper-V Server 2008 R2 werden gefunden.

In dem hier gezeigten Fall ist auf den Hyper-V-Hosts jeweils der VMM 2008-Agent installiert. Wie Abbildung 22.113 zeigt, gibt es eine Fehlermeldung, wenn Sie versuchen, den neuen Agent einfach über einen Agent der Vorversion »drüberzuinstallieren«. Schlechte Nachrichten also, Sie müssen zunächst eine manuelle Deinstallation durchführen. Abbildung 22.114 zeigt, dass es sich um eine ganz normale Deinstallation auf dem Hyper-V-Host handelt. Lästig zwar, wenn Sie Dutzende Hosts haben, aber technisch kein Problem.

22.8 System Center Virtual Machine Manager 2012

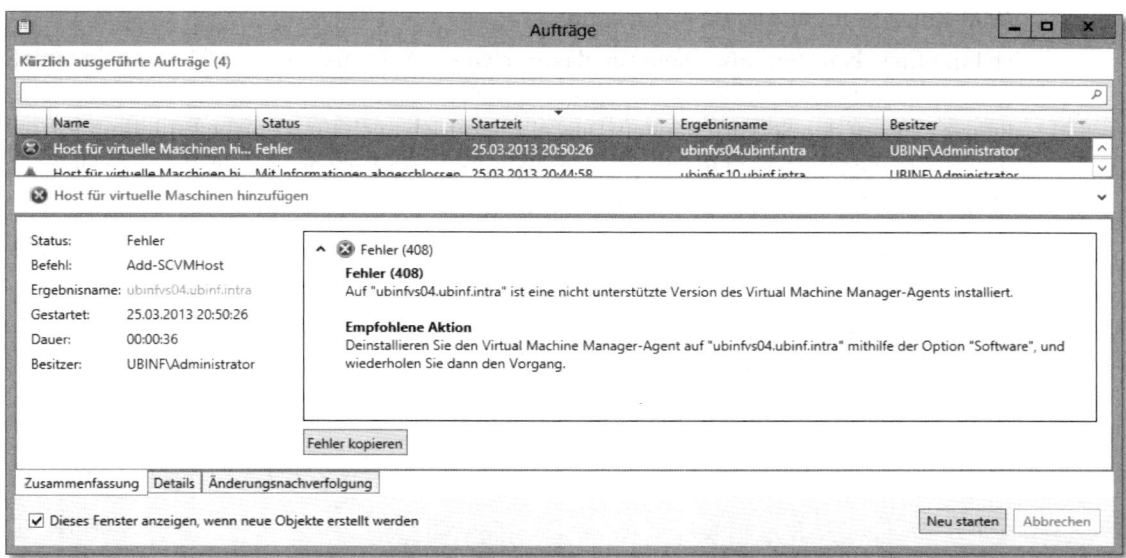

Abbildung 22.113 Ein direktes Upgrade des Agent von VMM 2008 ist leider nicht möglich.

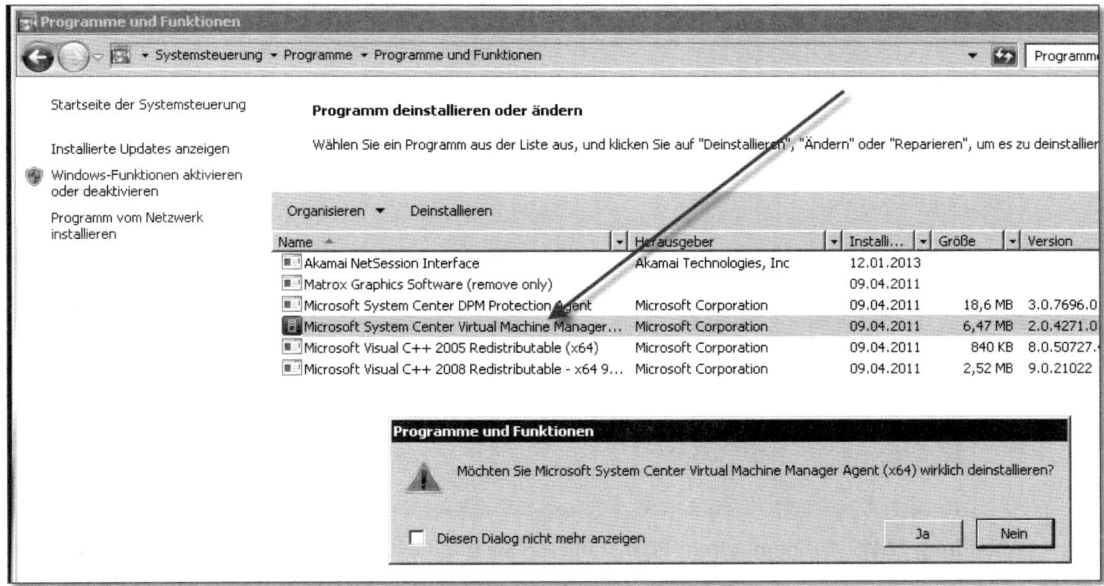

Abbildung 22.114 Der alte Agent kann deinstalliert werden.

Ist die Deinstallation erledigt, können Sie die VMM 2012-Agent-Installation einfach noch mal starten – und dann sollte sie erfolgreich sein.

VMM-Konsole auf Admin-PC installieren

Ich bin nun bekanntermaßen kein Fan davon, sich zur Administration auf Servern anzumelden. Solche Aufgaben sollten die Admins bitte auf den Admin-PCs ausführen und nicht ständig per RDP auf den Servern hängen. Dies gilt natürlich auch für die Arbeit mit dem Virtual Machine Manager. Die Frage ist also, wie man die VMM-Konsole auf dem viel gerühmten Admin-PC installiert. Die Antwort ist schnell gegeben:

- Legen Sie den VMM-Installationsdatenträger auf dem Client ein und starten Sie die Installation.
- Im Dialog FUNKTIONEN ZUR INSTALLATION AUSWÄHLEN entscheiden Sie sich für die VMM-KONSOLE (Abbildung 22.115).

Die Installation sollte ohne weitere Überraschungen ablaufen.

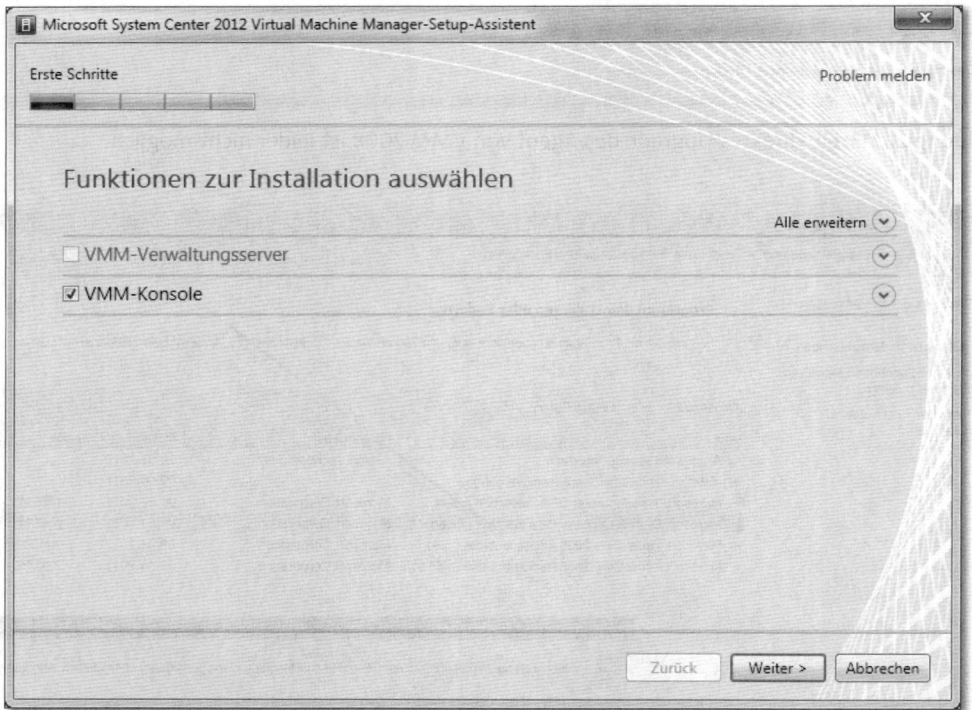

Abbildung 22.115 Auf dem Admin-PC installieren Sie nur die Konsole.

Wenn die VMM-Konsole erstmalig gestartet wird, werden Sie gefragt, mit welchem VMM-Server eine Verbindung aufgebaut werden soll (Abbildung 22.116). Mehr als den Namen einzugeben (gefolgt von der Portnummer), brauchen Sie nicht zu tun, eventuell müssen alternative Anmeldeinformationen hinterlegt werden.

Abbildung 22.116 Beim Start der Konsole muss der VMM-Server, mit dem eine Verbindung aufgebaut werden soll, angegeben werden.

22.8.3 Schnellüberblick

In diesem Schnellüberblick möchte ich Ihnen ein erstes »Gefühl« für den Virtual Maschine Manager vermitteln.

Hosts verwalten

Die erste Ansicht des VMM ist die HOSTS-Ansicht, also diejenige, die sich mit den physikalischen Systemen beschäftigt. Abbildung 22.117 zeigt diese Ansicht in einer bescheidenen Umgebung mit sechs Hosts. In größeren Umgebungen mit mehreren Dutzend Hosts ist es im Allgemeinen angenehm, mit Filtern zu arbeiten; diese können im linken Bereich der Anwendung per Mausklick definiert werden.

Zum selektierten Host werden etliche Parameter angezeigt; weiterhin gibt es ein Kontextmenü namens EINSTELLUNGEN, das im Wesentlichen dieselben Konfigurationsarbeiten wie der Hyper-V-Manager ermöglicht.

Weiterhin können zusätzliche *Hostgruppen* definiert werden. Diese erfüllen zwei Aufgaben:

- Einerseits kann in großen Umgebungen etwas »Ordnung« in die unter Umständen sehr lange Liste von vorhandenen Hosts gebracht werden.
- Andererseits können die Hostgruppen zur Beschränkung des Zugriffs verwendet werden.

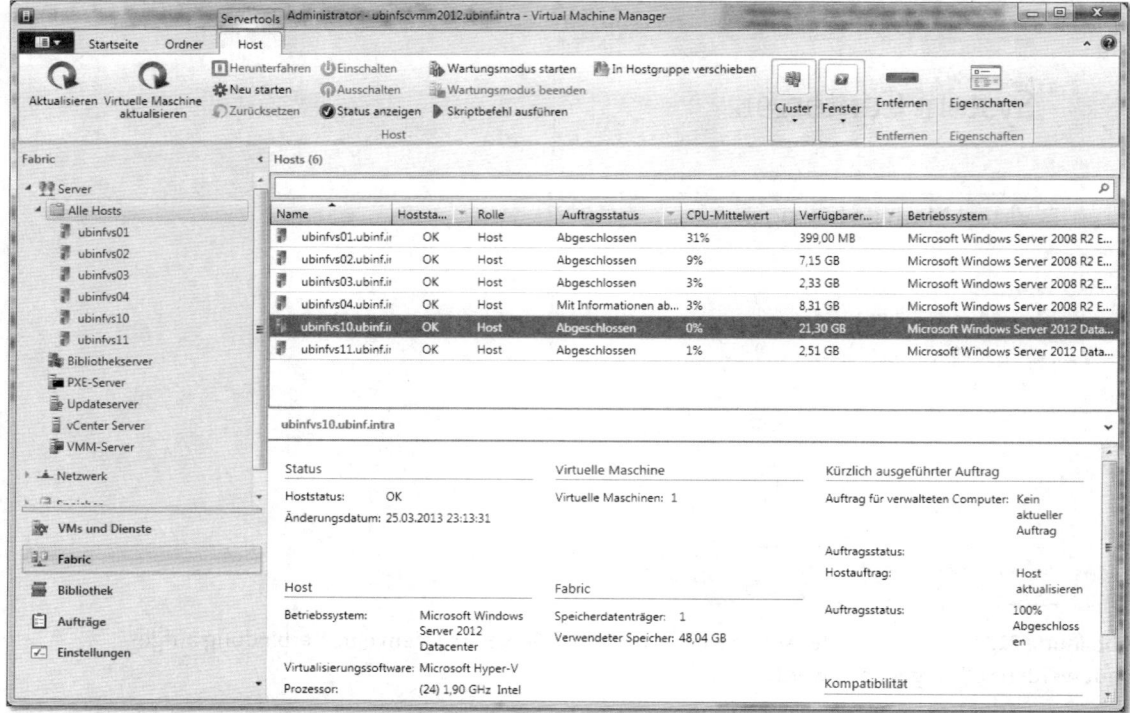

Abbildung 22.117 Alle konfigurierten Hosts sieht man in dieser Ansicht.

Auf den Hostsystemen (zumindest auf den Windows Server-basierten) wird ein Agent installiert; bei Hosts, die Mitglied einer vertrauenswürdigen Domäne sind, kann diese Installation von der VMM-Konsole initiiert werden. Im Allgemeinen funktioniert das schnell und unproblematisch.

Virtuelle Maschinen verwalten

Die vermutlich wichtigste Funktionalität sehen Sie in Abbildung 22.118, nämlich die Verwaltung der virtuellen Maschinen. Diese können überwacht, gestartet, angehalten, verschoben und konfiguriert werden. Weiterhin ist das Anlegen neuer Maschinen und das Konvertieren von »fremden« VMs oder physikalischen Maschinen möglich. Dies werde ich Ihnen später noch vorführen.

Für das Anlegen und Konfigurieren von virtuellen Maschinen haben Sie dieselben Möglichkeiten wie mit dem Hyper-V-Manager; zusätzlich steht Ihnen die Nutzung von Vorlagen offen.

Die VMM-Admin-Konsole verfügt über eine eigene Anzeigeapplikation, um auf die virtuellen Maschinen »schauen« zu können. Diese bietet etwas weniger Möglichkeiten als die des Hyper-V-Managers, funktioniert aber ansonsten genauso gut.

22.8 System Center Virtual Machine Manager 2012

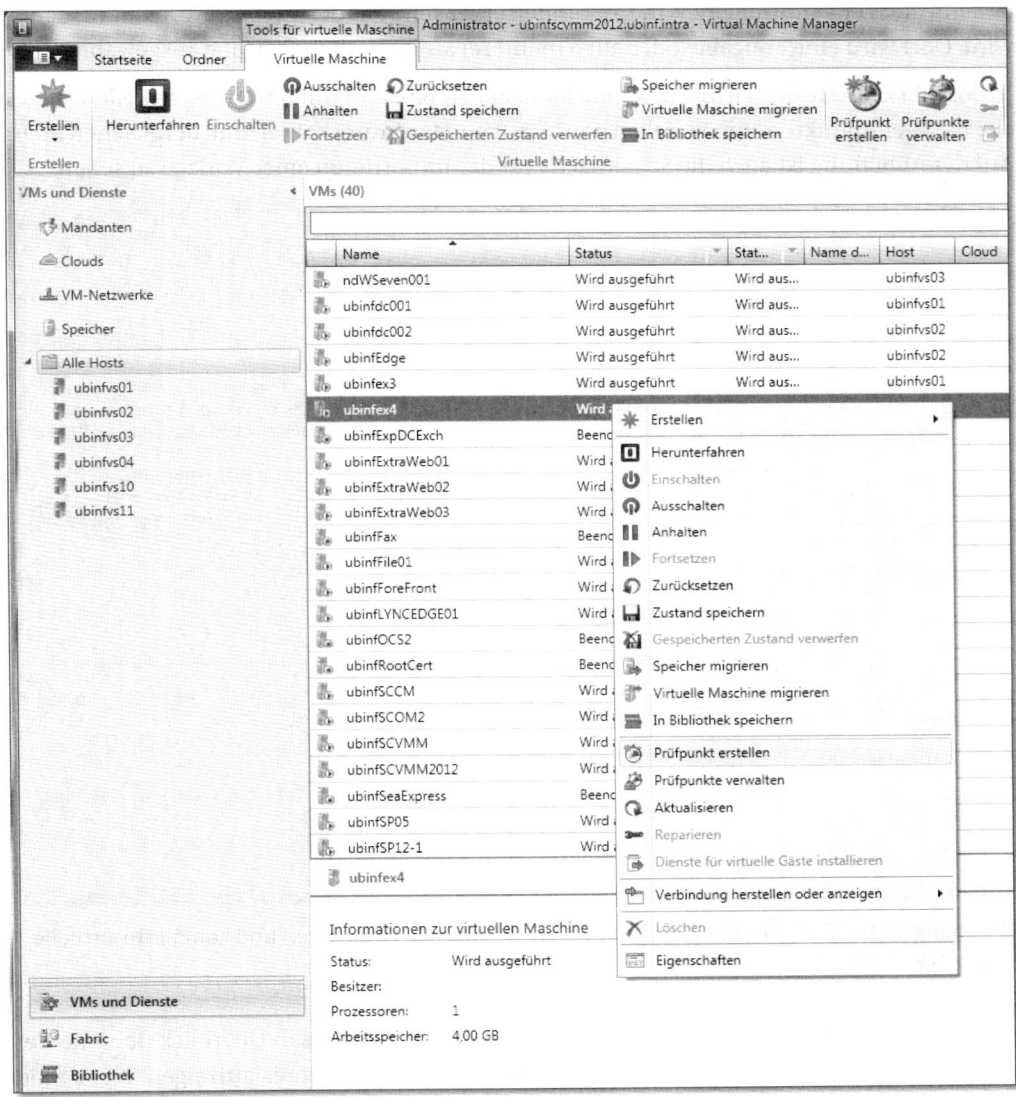

Abbildung 22.118 Bei der Verwaltung der virtuelle Maschinen spielt es keine Rolle, auf welchem Server diese tatsächlich ausgeführt werden.

Bibliotheken

Administratoren haben im Allgemeinen wenig Zeit und sind daher gezwungen, möglichst viel Effizienz in die tägliche Arbeit zu bringen. Eine der Möglichkeiten dazu bietet die Arbeit mit Vorlagen.

Die Vorlagen gehören zum Bereich BIBLIOTHEK, der auf Abbildung 22.119 zu sehen ist. Bibliothekserver können beispielsweise die Server sein, auf denen VMM 2012 ausgeführt wird, es kann auch ein »normaler« Windows-Dateiserver sein, auf dem der VMM-Agent installiert wird. Dort wird eine Freigabe (oder auch mehrere) als Bibliotheksfreigabe ausgewählt.

In der Ribbonleiste der Virtual Machine Manager-Applikation finden Sie verschiedene Bereiche mit Menüpunkten zum Erstellen von Vorlagen, Hardwareprofilen und dergleichen mehr. Auf der Abbildung ist auch die Schaltfläche für das Importieren einer Vorlage zu sehen.

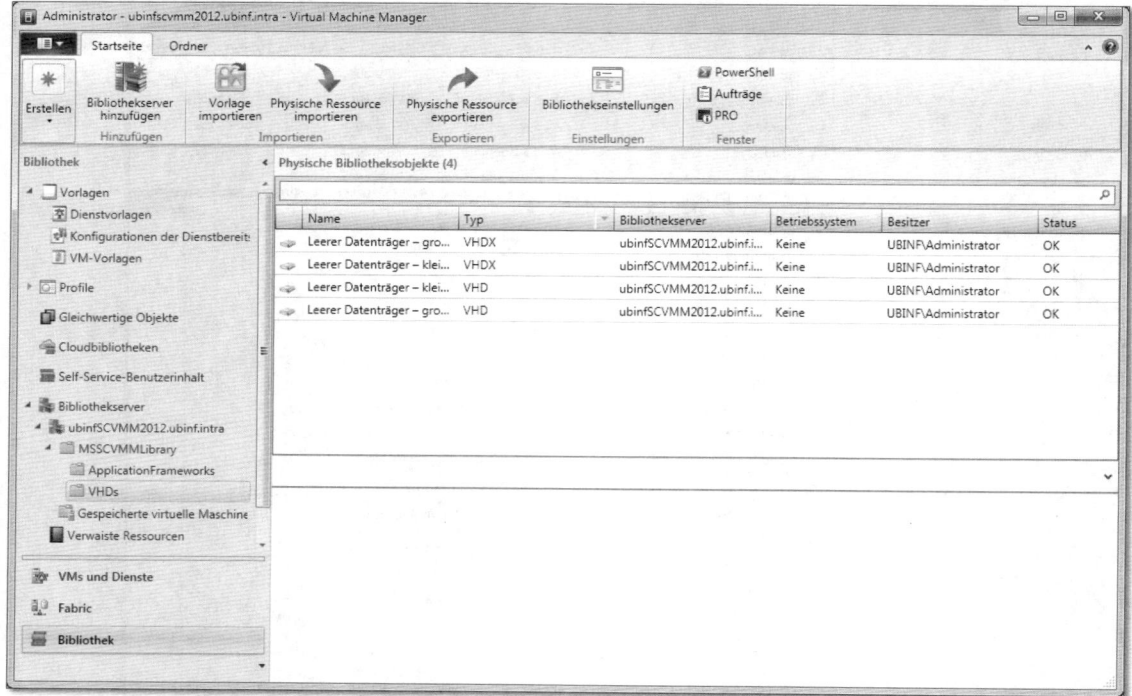

Abbildung 22.119 Bibliotheken speichern Vorlagen, virtuelle Festplatten und komplette virtuelle Computer.

Ein wenig später in diesem Kapitel möchte ich Ihnen einen kurzen Überblick über die Verwendung der Vorlagen geben. Man könnte wesentlich mehr Details aufzeigen, Ziel ist hier aber eine kurze Einführung, die Lust machen soll, selbst weitere Möglichkeiten zu entdecken.

22.8.4 Virtuelle Maschine anlegen

Eine der naheliegendsten Aufgaben ist das Anlegen von neuen virtuellen Maschinen. Im Ribbon findet sich der entsprechende Menüpunkt (Abbildung 22.120), der einen Assistenten startet. Die hier angelegte virtuelle Maschine wird zwar im Allgemeinen direkt auf einem Server gestartet, alternativ kann man sie allerdings auch zunächst in einer Bibliothek anlegen und später auf einem dann auszuwählenden Host starten.

22.8 System Center Virtual Machine Manager 2012

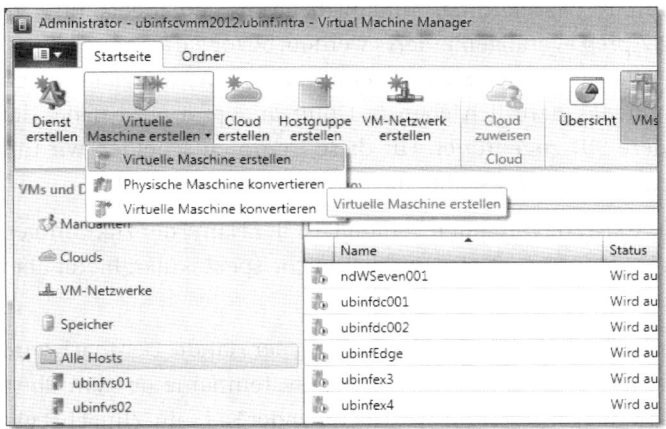

Abbildung 22.120 Hier beginnt das Anlegen einer neuen virtuellen Maschine.

Die Startfrage des Assistenten dreht sich darum, ob die neue virtuelle Maschine von einer irgendwie gearteten Vorlage (bestehenden virtuellen Maschine, VM-Vorlage oder bestehenden Festplatte) erstellt oder ob eine neue Maschine mit leerer Festplatte erzeugt werden soll (Abbildung 22.121). Das Erstellen einer »richtigen« Vorlage werde ich ein wenig später ausführlich vorführen.

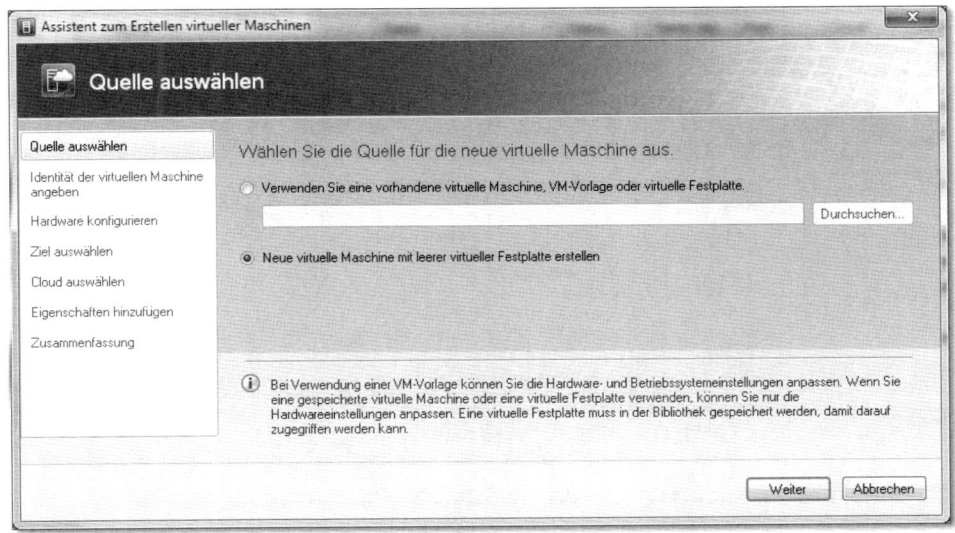

Abbildung 22.121 Die erste Seite des Assistenten: Vorlage oder nicht?

Selbstverständlich kann man auch einfach eine bestehende virtuelle Maschine auswählen, nach Klick auf DURCHSUCHEN gelangen Sie zu einem Auswahldialog, der die virtuellen Maschinen, die nicht ausgeführt werden, zur Auswahl anbietet. Wenn die virtuelle Maschine mit Windows-Betriebssystem läuft, ist das allerdings nur eine begrenzt gute Idee: Eine Windows-Installation muss mittels *Sysprep* »verallgemeinert« werden, bevor sie als anderes System verwendet werden kann. Vielleicht kennen Sie das Verfahren von der Installation von Clientsystemen – bei Servern gilt das natürlich ebenso. Unter anderem wird dabei der Betriebssysteminstanz eine andere SID zugeordnet. Für diese Demo entscheiden wir uns also für das Erstellen einer neuen virtuellen Maschine mit leerer Festplatte.

Die zweite Entscheidung, die der Assistent von Ihnen verlangt, ist der Name der zukünftigen virtuellen Maschine (Abbildung 22.122). Das ist nun wirklich nicht spektakulär, bietet aber Raum für ein paar Anmerkungen:

- Ich installiere hier zunächst eine virtuelle Maschine komplett »per Hand«. Demnach wird der hier eingetragene Name nicht automatisch als Betriebssystemname der VM übernommen. Wenn wir später mit Vorlagen arbeiten, wird das aber der Fall sein. Zunächst gilt hier, dass der an dieser Stelle vergebene Name und der reale Name der VM unterschiedlich sein können.

- Vielleicht ist Ihnen in Abbildung 22.122 aufgefallen, dass im Namen ein *Master* vorhanden ist. Hintergrund ist, dass ich hier in der Tat zunächst eine leere Maschine installiere, die ich dann klonen und als Master für die Erstellung einer Vorlage verwenden will. Die VM will ich also irgendwann später als Master verwenden, die Installation an sich hat aber mit der späteren »Master-Werdung« nichts zu tun – nur um Missverständnissen vorzubeugen.

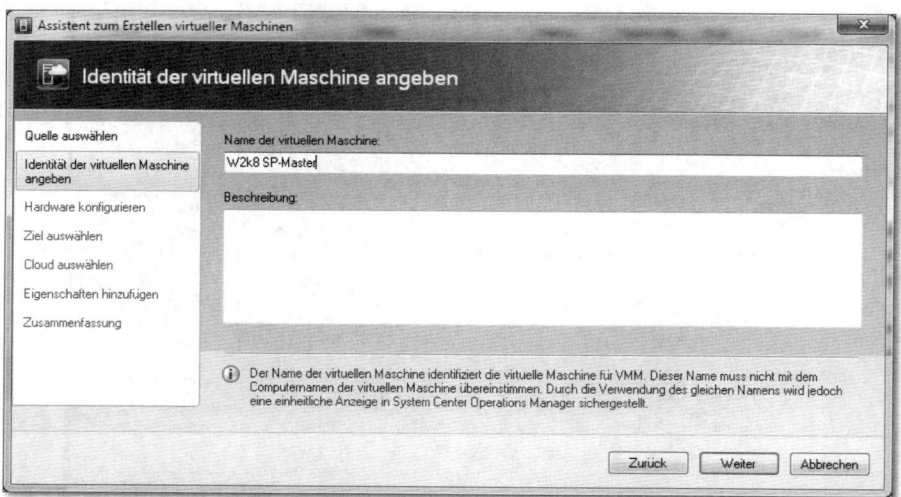

Abbildung 22.122 Fängt langsam an: Ein Name muss für die virtuelle Maschine gewählt werden.

Auf Abbildung 22.123 sehen Sie den Dialog zur Konfiguration der Hardware der neuen virtuellen Maschine. Das ist alles im Grunde genommen nicht wirklich überraschend, erwähnenswert ist allerdings die Auswahl des Installationsmediums – im Allgemeinen wird man hier eine ISO-Datei auswählen wollen. Der Auswahldialog für die ISO-Datei wird auf Abbildung 22.124 gezeigt.

Spannender als die Auflistung der vorhandenen Images ist die Frage, wie die ISO-Files überhaupt in die Bibliothek kommen – der folgende Kasten gibt die entsprechende Antwort.

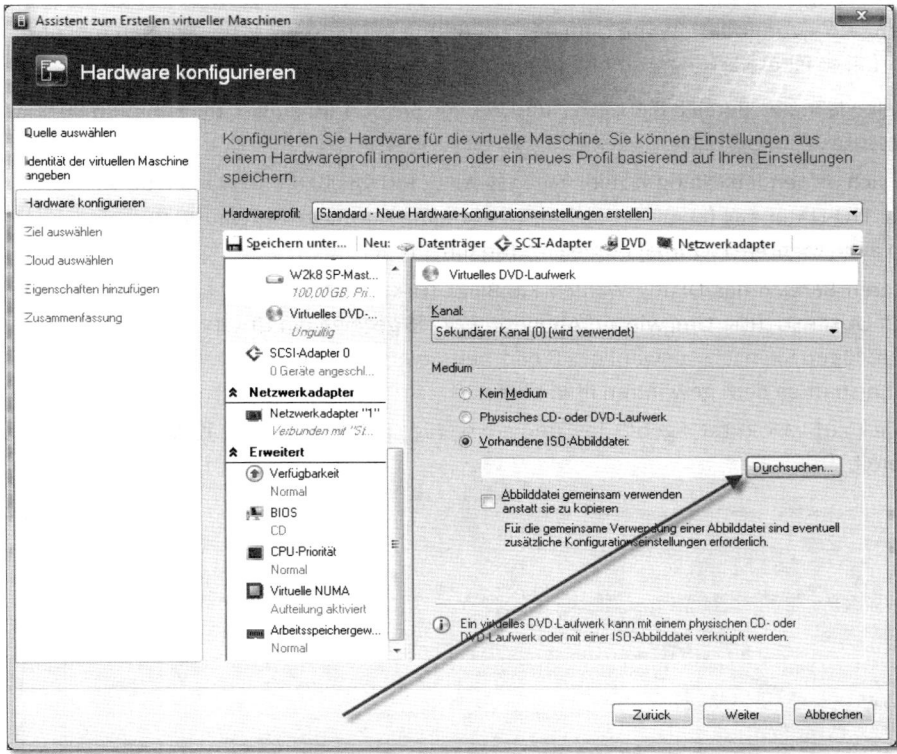

Abbildung 22.123 Konfiguration der Hardware; erwähnenswert ist hier vor allem die Auswahl des Installationsmediums.

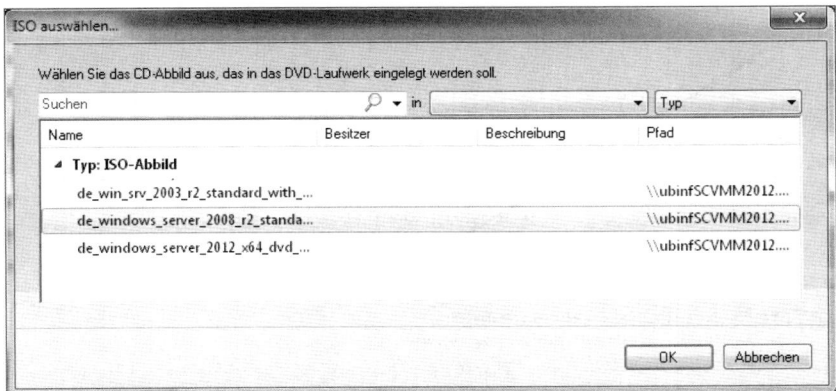

Abbildung 22.124 Bei der Auswahl des Installationsmedium wird in der Bibliothek gesucht.

22   Servervirtualisierung mit Hyper-V

ISA-Images als Vorlage importieren

Um ein ISO-Image mit einer virtuellen Maschine zu verwenden, muss es in der Bibliothek vorhanden sein – zumindest, wenn man die Zuordnung mit dem VMM vornehmen möchte. Das Importieren ist erwartungsgemäß schnell und einfach erledigt (Abbildung 22.125):

- Wechseln Sie in den Bereich BIBLIOTHEK und wählen Sie dort im Ribbon die Funktion PHYSISCHE RESSOURCE IMPORTIEREN.
- In dem sich öffnenden Dialog wählen Sie RESSOURCE HINZUFÜGEN und wählen die hinzuzufügende ISO-Datei aus (es öffnet sich dazu ein ganz normaler Dateiauswahldialog). Sie können auch mehrere ISO-Images gleichzeitig hinzufügen.
- Im unteren Bereich des Dialog wählen Sie BIBLIOTHEKSERVER UND ZIEL aus. Hier hilft ein Klick auf DURCHSUCHEN. Um, wie auf Abbildung 22.125 gezeigt, ein Unterverzeichnis *ISO* zu erstellen, fügen Sie nach Auswahl des Bibliotheksservers einfach den gewünschten Unterverzeichnisnamen dem gewählten Pfad hinzu.
- Nach Klick auf IMPORTIEREN geht's los, und ein wenig später stehen die ISOs in der Bibliothek bereit.

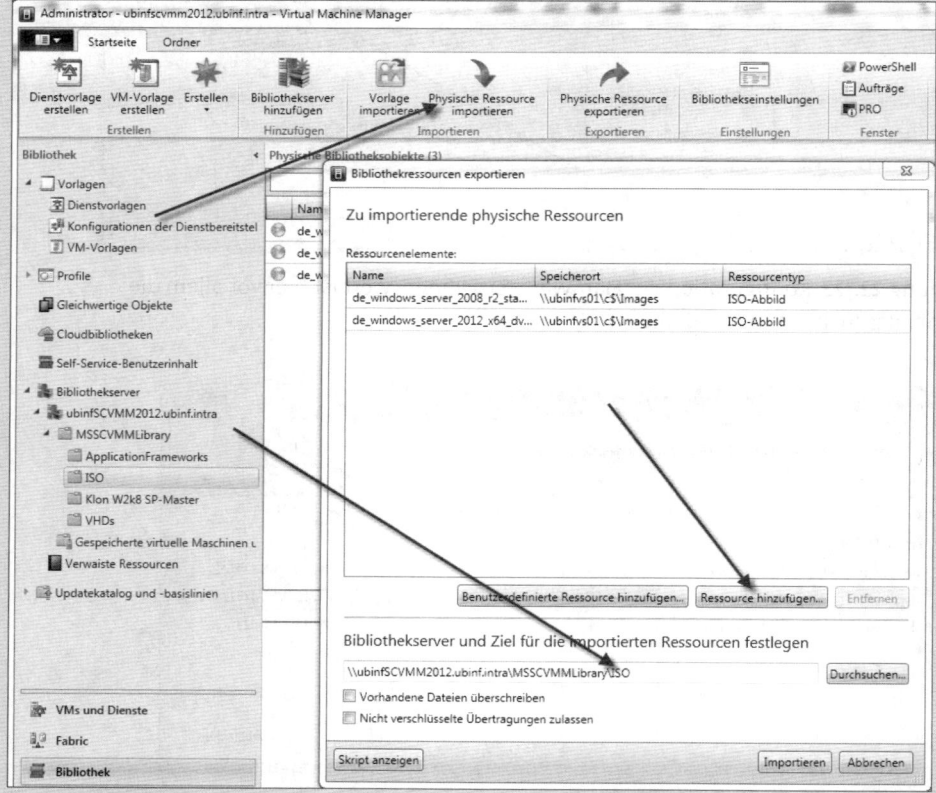

Abbildung 22.125 Hier werden ISO-Images in die VMM-Bibliothek importiert.

1330

Auf der nächsten Dialogseite geht es um die Frage, wo die entstehende virtuelle Maschine gespeichert oder bereitgestellt werden soll (Abbildung 22.126). Neben der in meinem Testsystem nicht vorhandenen Option der privaten Cloud kann die VM auf einem Hyper-V-Host oder in der Bibliothek gespeichert werden. Wenn Sie die Maschine sofort verwenden möchten, was im Allgemeinen wohl der Fall ist, kommt die Bibliothek allerdings nicht infrage: Von dort kann sie nicht ausgeführt, sondern muss zuerst auf einem Host oder in der privaten Cloud bereitgestellt werden.

Abbildung 22.126 Wo soll die neue VM bereitgestellt werden?

Abbildung 22.127 zeigt den Dialog zur Auswahl des Ziel-Hyper-V-Hosts für die neue virtuelle Maschine. Mit einer »Sternchen-Bewertung« gibt es eine Empfehlung für die Platzierung – letztendlich entscheiden aber Sie, wo die VM laufen soll. Im unteren Bereich des Dialogs gibt's auch eine ERKLÄRUNG DER BEWERTUNG, was eventuell ganz interessant ist.

Die eigentliche (Hardware-)Konfiguration der virtuellen Maschine haben Sie zu diesem Zeitpunkt schon erledigt – das wurde weiter oben auch gezeigt. Was fehlt, sind die Einstellungen für die virtuelle Maschine bezüglich des Hyper-V-Servers, auf dem sie nun erzeugt wird. Hierzu gibt es zwei Dialoge:

- Den ersten Dialog zeigt Abbildung 22.128. Hier geht es im Wesentlichen um den Speicherort (vorbelegt ist der Standardpfad) und den virtuellen Switch, mit dem die VM verbunden werden soll.
- Abbildung 22.129 behandelt vor allem die Einstellungen für Start und Stopp der VM. Weiterhin können Sie hier das zu installierende Betriebssystem angeben.

22 Servervirtualisierung mit Hyper-V

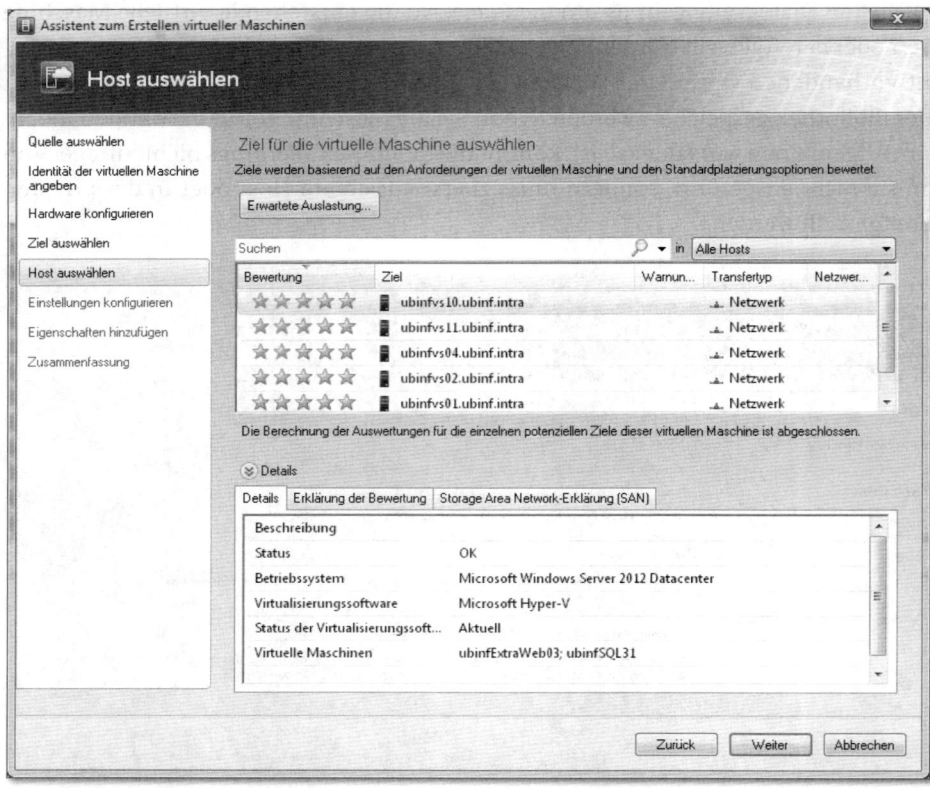

Abbildung 22.127 Auswahl des Hosts für die neue virtuelle Maschine

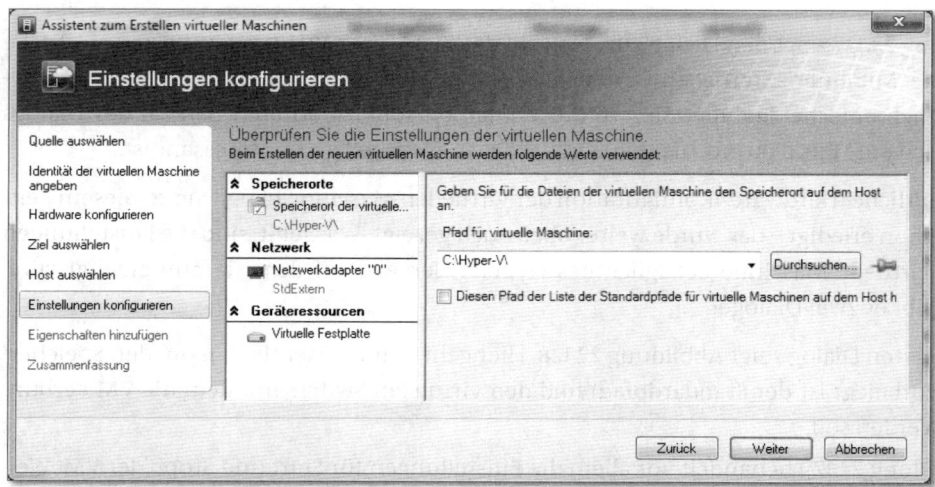

Abbildung 22.128 Hostspezifische Einstellungen werden hier vorgenommen.

22.8 System Center Virtual Machine Manager 2012

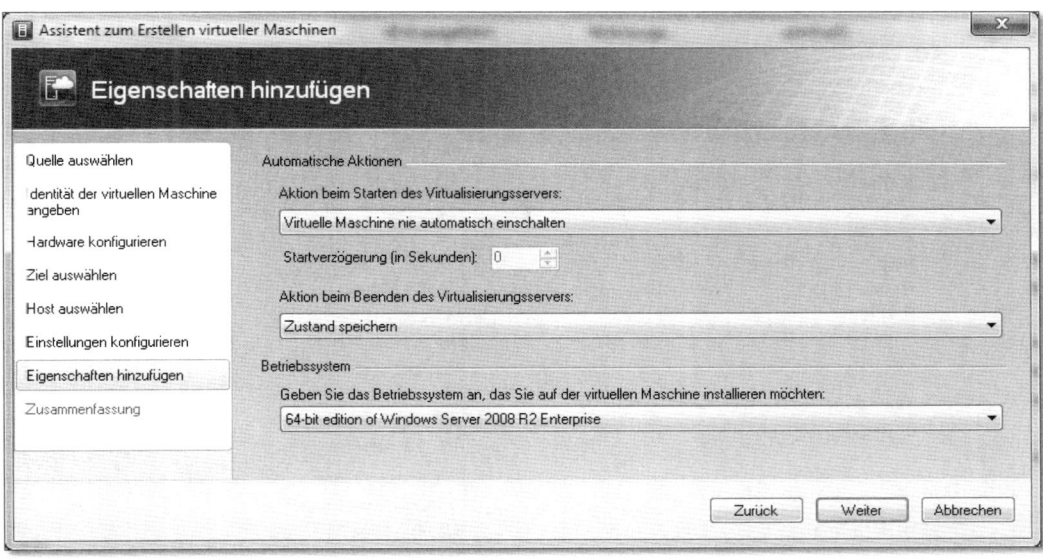

Abbildung 22.129 In diesem Dialog werden letzte Einstellungen getroffen.

Sind alle Einstellungen gemacht, erstellt der VMM einige Aufträge, die zur Erzeugung der neuen VM abgearbeitet werden. Die Abarbeitung übernimmt natürlich der VMM selbst, der seine Aktivitäten über Aufgaben, die in Aufgabenwarteschlangen erzeugt werden, steuert. Das in Abbildung 22.130 gezeigte Fenster öffnet sich automatisch, Sie können es aber auch schließen – es sei denn, Sie schauen gern dabei zu, wie der VMM für Sie arbeitet.

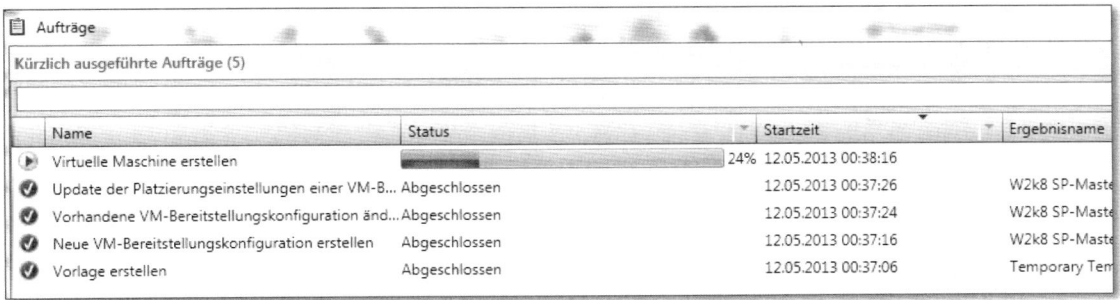

Abbildung 22.130 Für die Erstellung der VM werden einige Aufträge erzeugt, die der VMM abarbeitet.

Nach Abarbeitung der Aufgaben sollte die VM ohne irgendwelche Fehlermeldungen angelegt worden sein. Das sieht dann in etwa so wie auf Abbildung 22.131 gezeigt aus. Ob die VM nach Abschluss gestartet wird oder nicht, hängt von der Einstellung ab, die in dem auf Abbildung 22.129 gezeigten Dialog getroffen wurde.

22 Servervirtualisierung mit Hyper-V

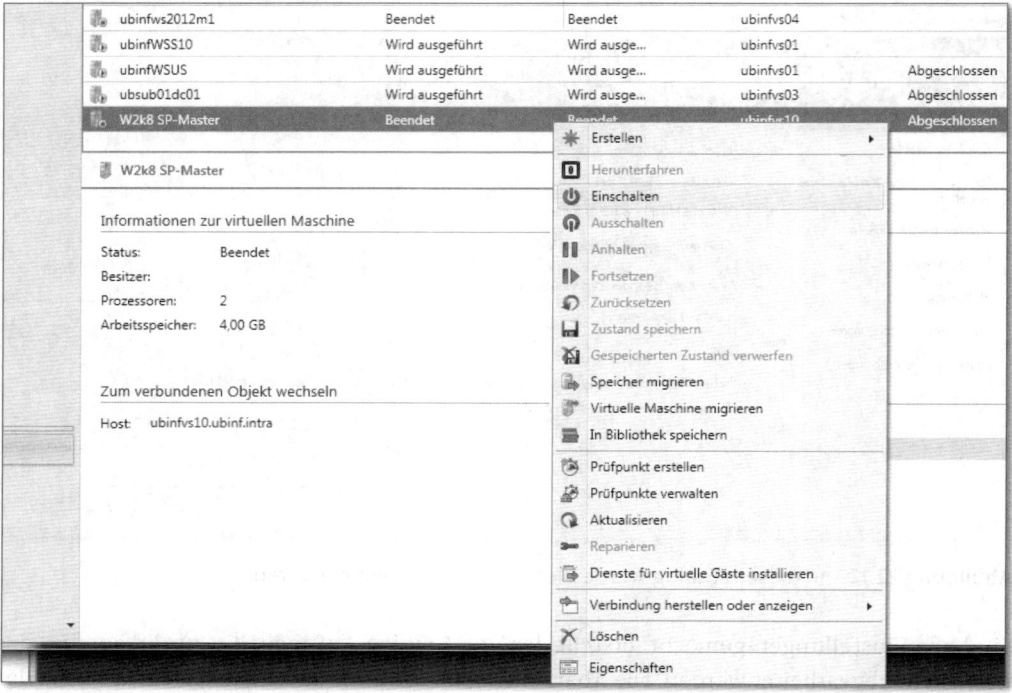

Abbildung 22.131 Die VM ist angelegt und kann nun gestartet werden.

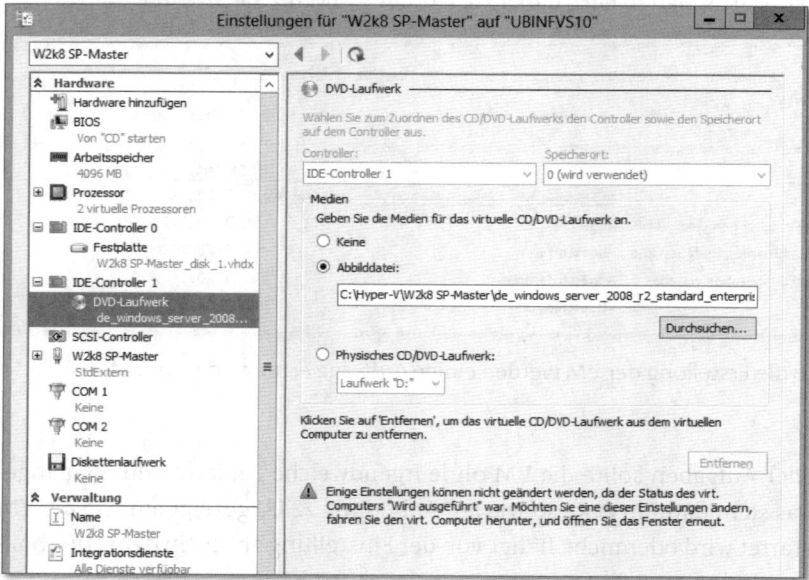

Abbildung 22.132 Kurze Kontrolle: Im Hyper-V-Manager taucht die neue VM natürlich auch auf. Das ISO-Image ist übrigens aus der Bibliothek in den VM-Ordner kopiert worden.

Abbildung 22.132 zeigt eine kleine Kontrolle mit dem Hyper-V-Manager, der ja standardmäßig auf jedem Hyper-V-Host vorhanden ist. Erwartungsgemäß ist die VM mit den konfigurierten Einstellungen angelegt worden, was ja auch nicht so dramatisch überraschend ist. Interessant ist aber, dass das ISO-Image aus der Bibliothek in das VM-Verzeichnis kopiert worden ist. Wenn Sie das nicht möchten, sind zusätzliche Arbeiten notwendig, insbesondere muss beim Konfigurieren der Hardwareressourcen der entsprechende Haken zur gemeinsamen Nutzung gesetzt sein (Abbildung 22.123).

Ist die virtuelle Maschine gestartet, wird sie von dem ISO-Image booten und installiert das Betriebssystem. Im nun folgenden Abschnitt zeige ich Ihnen, wie man aus der virtuellen Maschine eine Vorlage erstellt und diese dann anwendet.

22.8.5 Virtuelle Maschine aus Vorlage erzeugen

Das Erzeugen einer Vorlage aus einer virtuellen Maschine ist eigentlich simpel: Im Kontextmenü einer nicht ausgeführten virtuellen Maschine gibt es den Menüpunkt ERSTELLEN • VM-VORLAGE ERSTELLEN (Abbildung 22.133).

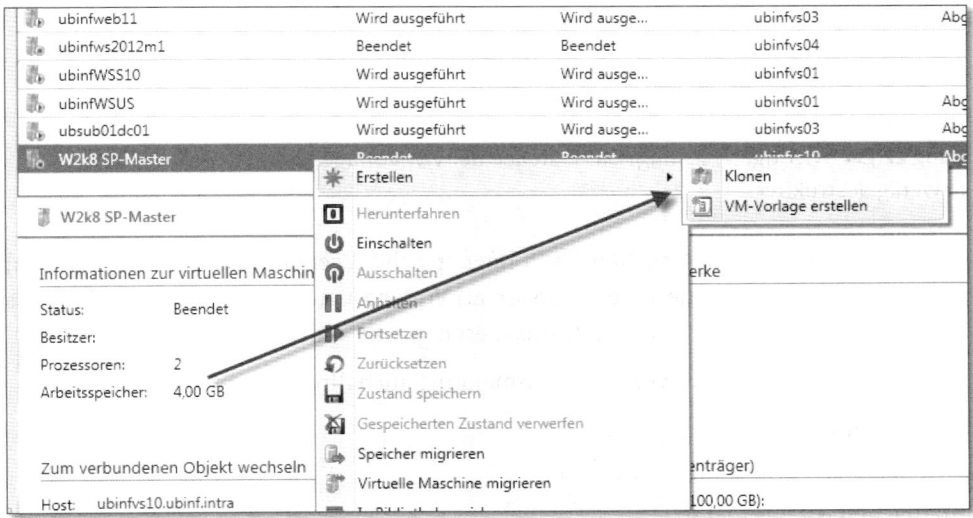

Abbildung 22.133 Im Kontextmenü der ausgeschalteten VM findet sich der Menüpunkt zum Erstellen der VM-Vorlage.

Sieht eigentlich recht einfach aus, wäre da nicht die auf Abbildung 22.134 gezeigte Meldung, die darauf hinweist, dass der Vorgang die als Vorlage zu erstellende virtuelle Maschine beschädigt.

Was passiert da?

- Wenn das Betriebssystem der virtuellen Maschine ein Windows-Betriebssystem ist, kann man es guten Gewissens nicht einfach vervielfältigen. Vielmehr muss man dafür sorgen, dass die entstehende Kopie eine unique Betriebssysteminstanz ist, die neben einem eigenen Namen beispielsweise auch eine eigene SID hat.
- Nun geht man so vor, dass man die Kopiervorlage (bzw. VM-Vorlage) generalisiert, was man mit *sysprep.exe* (Bestandteil der Betriebssysteme) mit wenigen Mausklicks erledigen kann. Dabei wird die Installation etwas verändert (und somit, wenn man so will, »beschädigt«).
- Wenn eine generalisierte Betriebssysteminstanz startet, ist das so, als würde ein völlig neues Betriebssystem starten, was bedeutet, dass unter anderem der Rechnername und die SID neu vergeben werden und wirklich eine unique Betriebssysteminstanz vorliegt.

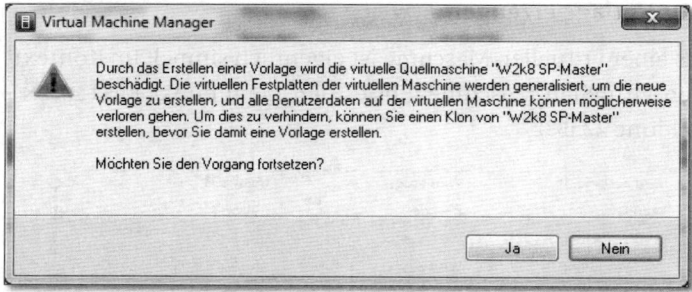

Abbildung 22.134 Wichtige Warnung! Das Erstellen der VM-Vorlage ist »ein wenig destruktiv«.

Wenn der VMM eine virtuelle Maschine als Vorlage speichert, generalisiert (»gesysprepped«) er die VM zunächst und speichert diese Version als Vorlage. Grundsätzlich alles richtig – bis darauf, dass die virtuelle Maschine rein formal gesehen eine andere wird.

Der mögliche Lösungsweg wird von der Warnmeldung auch direkt mitgeliefert:

- erst einen Klon erstellen,
- diesen dann als Vorlage speichern, und
- dann machen wir das mal so:

Klon erstellen

Das Erstellen eines Klons wird wie weiter oben auf Abbildung 22.133 gezeigt initiiert und ist nur mit ausgeschalteten VMs möglich. Der Klonvorgang wird mittels eines Assistenten vorbereitet, dessen erste Seite Abbildung 22.135 zeigt. Auf der linken Seite des Dialogs ist zu erkennen, dass diverse Punkte abgefragt werden, die vergleichbar mit dem Anlegen einer neuen VM sind – sie werden daher hier nicht nochmals besprochen.

22.8 System Center Virtual Machine Manager 2012

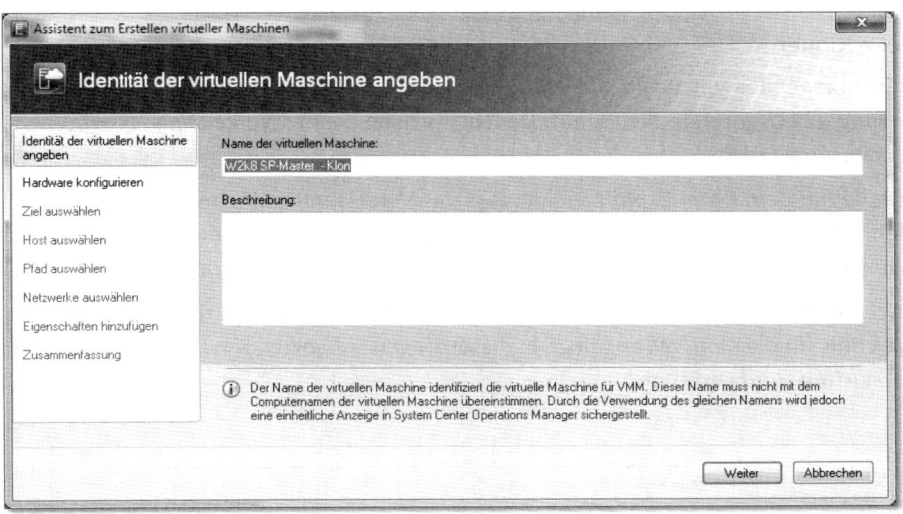

Abbildung 22.135 Beim Erzeugen des Klons werden etliche Einstellungen abgefragt.

Den laufenden Klonvorgang können Sie im Auftragsfenster verfolgen, wie man auf Abbildung 22.136 sieht, sind hier diverse Schritte abzuarbeiten – der Admin kann sich allerdings bequem zurücklehnen und braucht nur abzuwarten, bis er fertig ist.

Es ist denkbar, dass der Klonvorgang mit einer Fehlermeldung abbricht, beachten Sie dann bitte den folgenden Kasten.

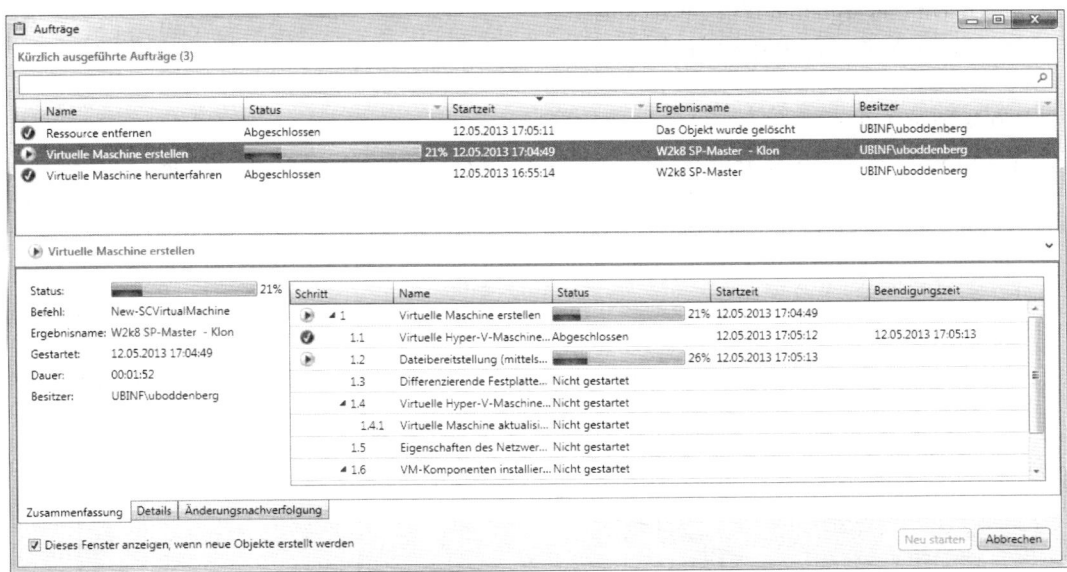

Abbildung 22.136 Die Erstellung des Klons zieht sich über mehrere Schritte.

Fehler beim Klonen

Bei der mir vorliegenden Version (VMM 2012 SP1, Build 3.1.6011.0) tritt beim Klonvorgang der auf Abbildung 22.137 gezeigte Fehler auf. Die Nichtexistenz eines Verzeichnisses wird als Fehlerursache angegeben.

Eine Kontrolle mit dem Datei-Explorer zeigt, dass das Verzeichnis ...*Virtual Hard Disks*\ in der Tat fehlt. Salopp gesagt, scheint VMM schlicht und ergreifend zu vergessen, das Verzeichnis anzulegen, während er das übergeordnete Verzeichnis wie erwartet kreiert hat.

Es gibt jetzt einen Lösungsansatz: Wenn die Klonerstellung beginnt, wird relativ schnell das Basisverzeichnis für die Klon-VM angelegt. In diesem legen Sie, sozusagen proaktiv, das Verzeichnis ...*Virtual Hard Disks*\ an.

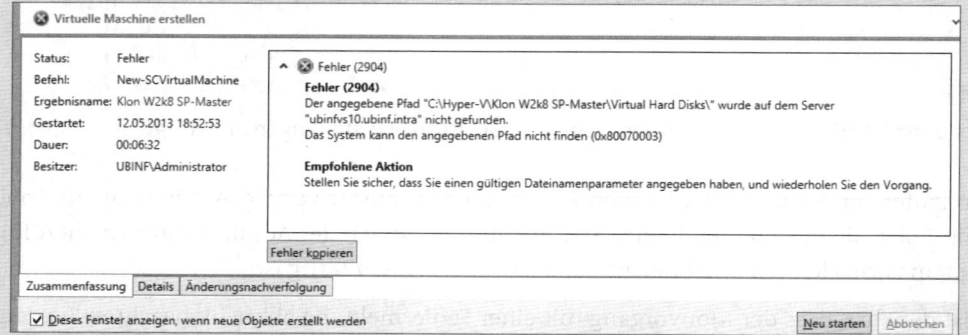

Abbildung 22.137 In der mir vorliegenden Version tritt beim Klonen dieser Fehler auf. Hier fehlt schlicht und ergreifend ein Verzeichnis.

Vorlage erstellen

Wenn nun der Klon erstellt worden ist, können Sie daraus eine VM-Vorlage erstellen. Los geht's im Kontextmenü des Klons, der natürlich bei der Vorlagenerstellung nicht ausgeführt werden darf (Abbildung 22.138).

Abbildung 22.138 Nun also los: »VM-Vorlage erstellen«!

Der Assistent zum Erstellen der Vorlage führt Sie durch mehrere Dialoge. Neben der wenig überraschenden Hardwarekonfiguration (ohne Abbildung, da dem Sinne nach bekannt) gibt es einen Dialog namens GASTBETRIEBSSYSTEM KONFIGURIEREN (Abbildung 22.139, Abbildung 22.140). Hier finden sich einige nicht uninteressante Aspekte:

- Standardmäßig wird der Computername so gesetzt, wie der Name der virtuellen Maschine lautet.
- Es kann ein Kennwort für das lokale Admin-Konto vorgegeben werden (Abbildung 22.139).
- Sie können den zu verwendenden Product Key vergeben. Nehmen Sie diese Einstellung vor! Die VM wird sonst beim ersten Start genau an dieser Stelle stehen bleiben.
- Rollen und Funktionen können installiert werden, sofern das nicht ohnehin in der »Quell-VM« gemacht worden ist.
- Interessant ist mit Sicherheit auch die Möglichkeit, die VM direkt einer Domäne beitreten zu lassen. Hierzu können Sie in der entsprechenden Rubrik einige Einstellungen vornehmen (Abbildung 22.140).

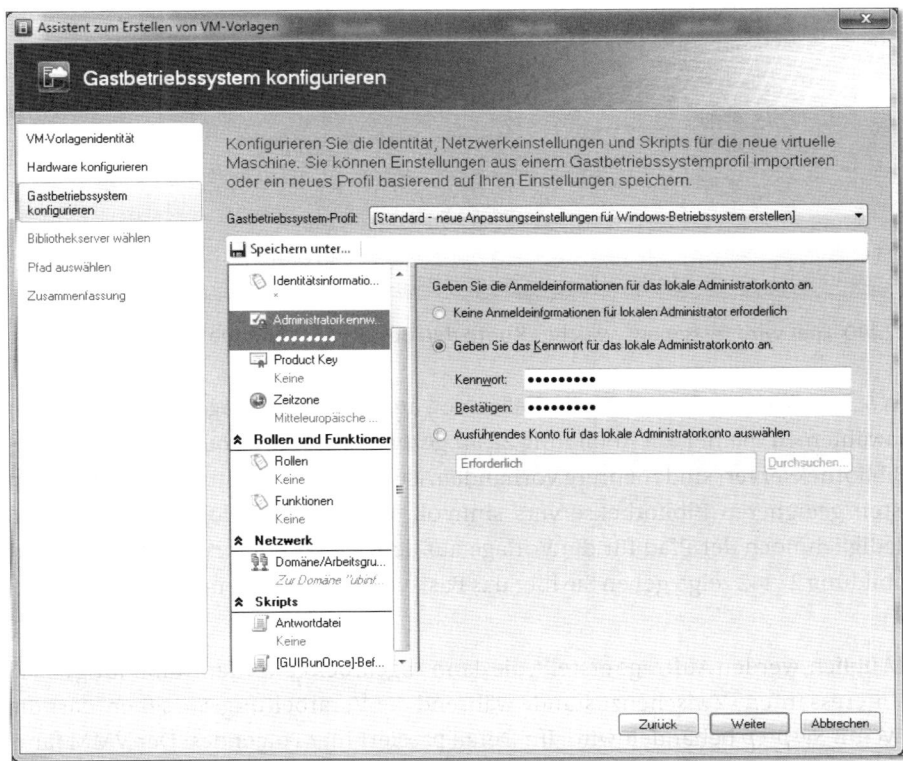

Abbildung 22.139 Diverse Einstellungen für das aus der Vorlage zu erzeugende Gastbetriebssystem.

22 Servervirtualisierung mit Hyper-V

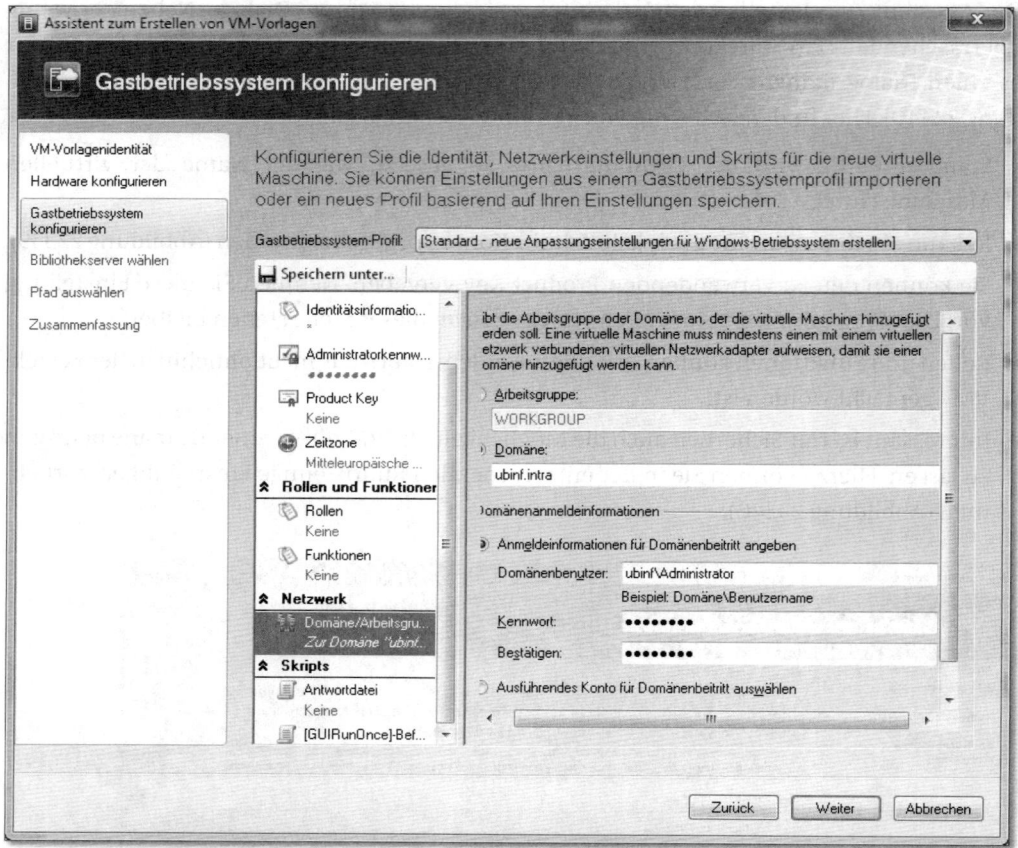

Abbildung 22.140 Hier wird festgelegt, welches Konto den Beitritt zur Domäne durchführen soll.

Im nächsten Schritt können Sie den Bibliotheksserver, auf dem die Vorlage gespeichert werden soll, auswählen. In meiner auf Abbildung 22.141 gezeigter Testumgebung habe ich lediglich einen Bibliotheksserver; sind mehrere vorhanden, ist auch die Bewertung zum Ermitteln des am besten geeigneten Bibliotheksservers sinnvoll. Im letzten Dialog des Assistenten muss nun lediglich noch der Pfad für die Vorlage auf dem Bibliotheksserver festgelegt werden. Wie Abbildung 22.142 zeigt, geben Sie hier das Basisverzeichnis an; ein Klick auf DURCH-SUCHEN hilft.

Wie im VMM üblich, werden Aufträge erstellt, die dann abgearbeitet werden. Abbildung 22.143 zeigt einen interessanten »Zwischenzustand« während der Verarbeitung: Sie sehen, dass die Vorlagen-VM mit *Sysprep* behandelt wird. Im Detail passiert hier Folgendes: Der VMM fährt die virtuelle Maschine hoch, führt *Sysprep* aus und fährt die Maschine wieder herunter. Die VM und somit die darauf basierende Vorlage sind jetzt verallgemeinert – die VM ist dann, wie auf der Warnmeldung angegeben (Abbildung 22.134), »zerstört«, zumindest befindet sie sich nicht mehr im Ursprungszustand und verhält sich betriebssystemmäßig wie eine neu installierte Betriebssysteminstanz (zumindest bezüglich Computername und SID).

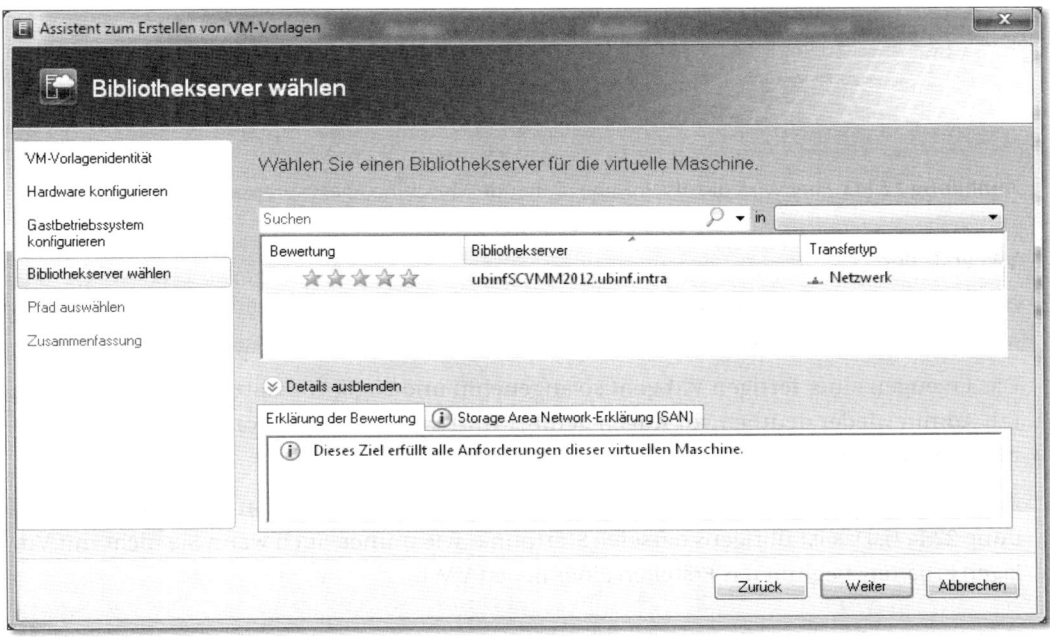

Abbildung 22.141 Auswahl des Bibliothekservers

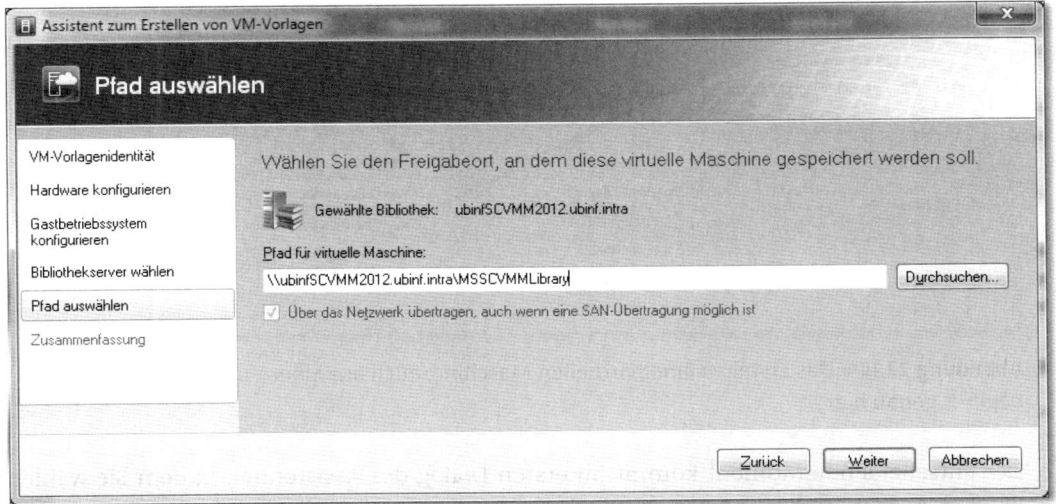

Abbildung 22.142 Der Pfad, unter dem die virtuelle Maschine auf dem Bibliothekserver gespeichert wird

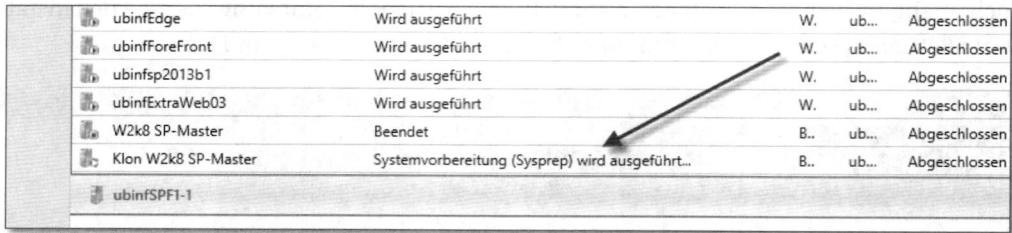

Abbildung 22.143 Hier wird die als Vorlage dienende Maschine »gesysprepped«.

VM erstellen

Nun kommt der Moment, für den wir das alles getan haben: das Erzeugen einer neuen VM aus der soeben mit mehr oder weniger viel Mühe erstellten Vorlage.

Das Erzeugen einer fertigen VM geht so angenehm und zügig vonstatten, dass dem geneigten Admin wieder deutlich vor Augen geführt wird, warum er eine komfortable Virtualisierungslösung haben wollte.

Der erste Schritt ist das Starten des Assistenten mit VIRTUELLE MASCHINE ERSTELLEN (Abbildung 22.144). Das ist übrigens derselbe Startpunkt wie immer, auch wenn Sie nicht mit Vorlagen arbeiten, beginnt das Erstellen einer neuen VM hier.

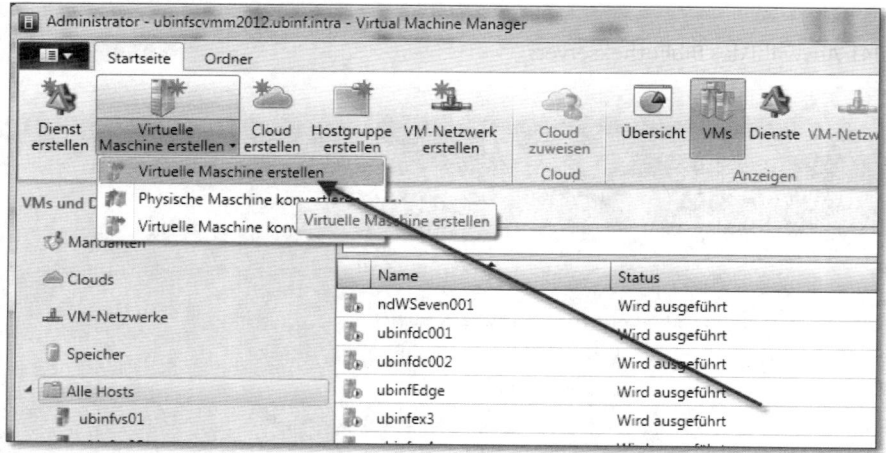

Abbildung 22.144 Das Erstellen einer virtuellen Maschine, auch aus einer Vorlage, beginnt genau hier.

Der entscheidende Moment kommt im ersten Dialog des Assistenten, in dem Sie wählen können, welche Vorlage verwendet werden soll. In der Rubrik TYP: VM-VORLAGE sollte die zuvor erstellte VM vorhanden sein (Abbildung 22.145).

22.8 System Center Virtual Machine Manager 2012

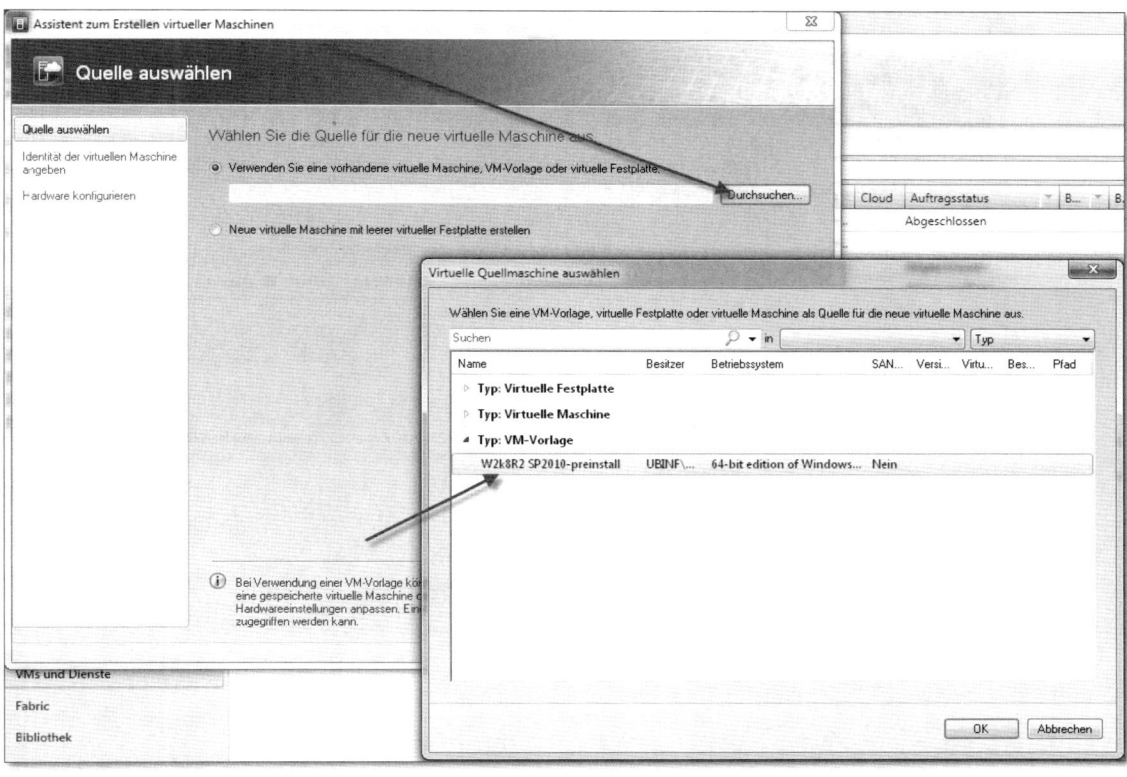

Abbildung 22.145 Die »VM-Vorlage« wird ausgewählt.

Der dann folgende (nicht abgebildete) Dialog fragt nach dem Namen der zu erstellenden VM. Dann wird es wieder interessanter, wenn es um die Hardwarekonfiguration geht (Abbildung 22.146). Hier werden Sie übrigens die Einstellungen der als Vorlage verwendeten VM finden. Interessant (und daher abgebildet) ist, dass bei der Festplatte ein Pfad auf den Bibliothekserver angegeben ist. Ist ja auch kein Wunder, immerhin ist diese sozusagen die »Basis« der neuen VM.

Beim Erstellen der neuen virtuellen Maschine ist der in Abbildung 22.147 gezeigte Dialog der spannendste:

- Im Abschnitt IDENTITÄTSINFORMATIONEN wird der Computername hinterlegt, der dem Betriebssystem der neuen VM verpasst wird.
- Lokales ADMINISTRATORKENNWORT und Domänenbeitritt werden im Normalfall bereits bei der Erstellung der Vorlage hinterlegt.
- Achten Sie drauf, einen PRODUCT KEY für das Betriebssystem einzutragen. Wenn dieser nicht vorhanden ist, wird die Installation anhalten und auf die Eingabe des Schlüssels warten.

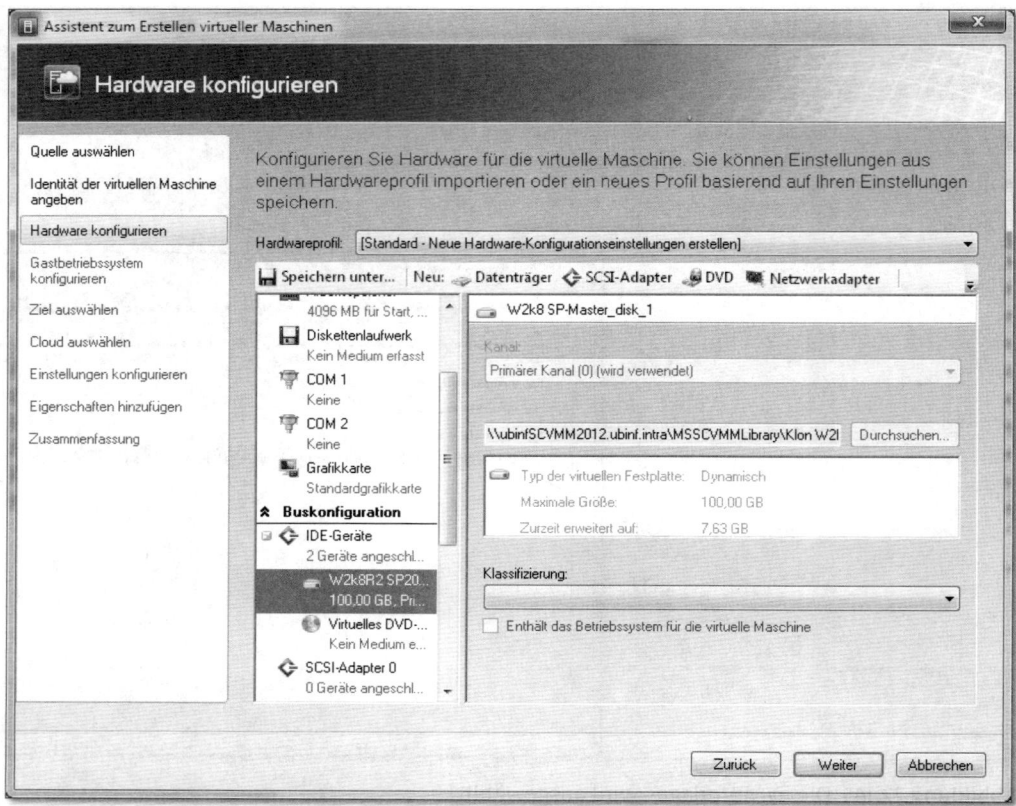

Abbildung 22.146 Die Hardwarekonfiguration, hier die virtuelle Festplatte, die vom Bibliothekserver geholt wird

Wenn alle Einstellungen vorgenommen sind, fängt der VMM an zu arbeiten, wie üblich werden Aufgaben erstellt, die abgearbeitet werden. Abbildung 22.148 zeigt, dass es jede Menge Schritte gibt, die zum Deployment erforderlich sind. Die gute Nachricht für jeden Admin ist, dass man außer abzuwarten nichts tun muss.

Die neue virtuelle Maschine wird in der Liste der vorhandenen VMs angezeigt, der Status ist WIRD ERSTELLT (Abbildung 22.149). Sie werden im Kontextmenü der VM sehen, dass zunächst etliche Optionen deaktiviert sind. Nach und nach werden die Optionen auswählbar, darunter auch VERBINDUNG HERSTELLEN ODER ANZEIGEN • VERBINDUNG HERSTELLEN ÜBER KONSOLE. Diese Funktion zeigt, wie der Name ja schon sagt, die Konsole, die man auch bei einer Installation auf Hardware sehen würde. Abbildung 22.150 stellt dar, wie das dann aussieht. Wenn die Installation an einem Punkt einfach »nicht vorangeht«, kann es nicht schaden, auf die Konsole zu schauen. Eventuell wartet ein Installationsschritt auf eine Benutzereingabe. Beispielsweise passiert das, wenn kein Product Key hinterlegt wurde.

22.8 System Center Virtual Machine Manager 2012

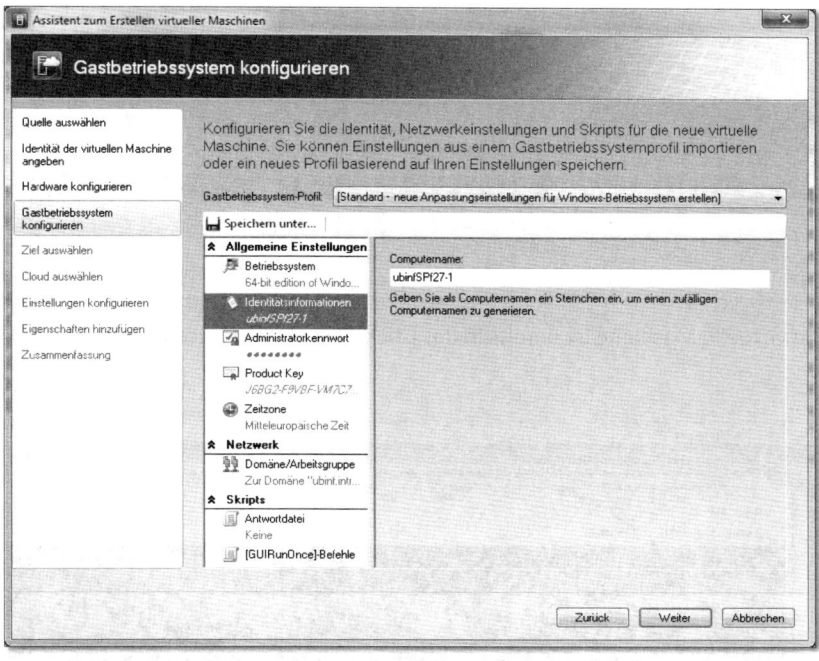

Abbildung 22.147 Der Name der zukünftigen VM wird hier eingetragen. Achten Sie darauf, dass der »Product Key« angegeben ist.

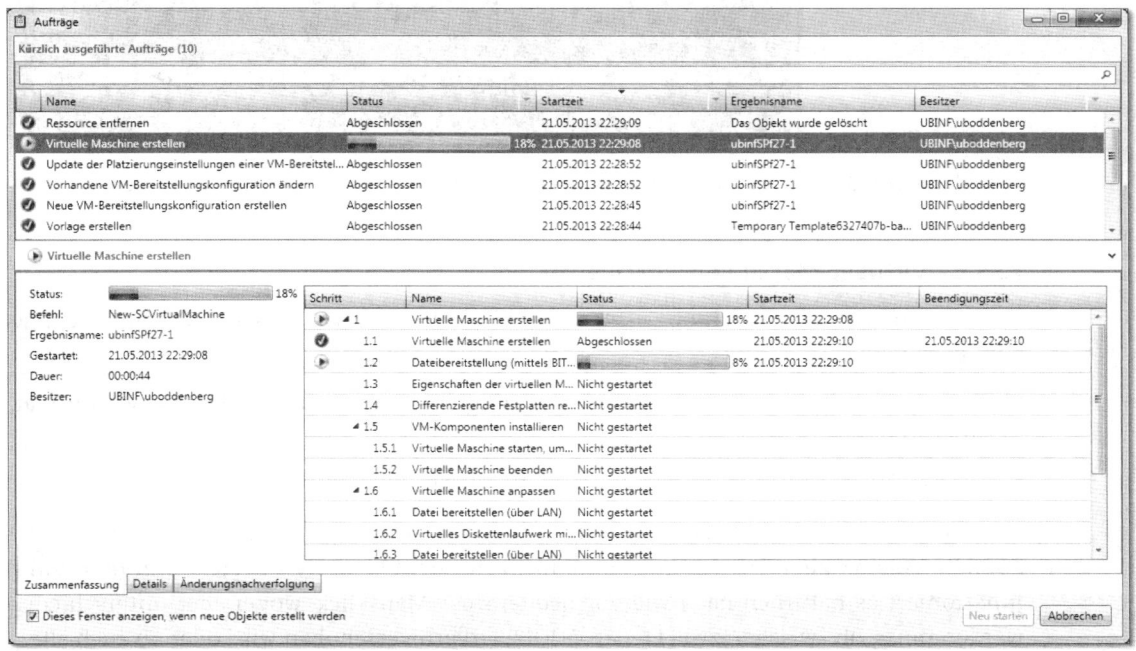

Abbildung 22.148 VMM bei der Arbeit

Abbildung 22.149 Die virtuelle Maschine ist bereits in der Überblicksansicht zu sehen.

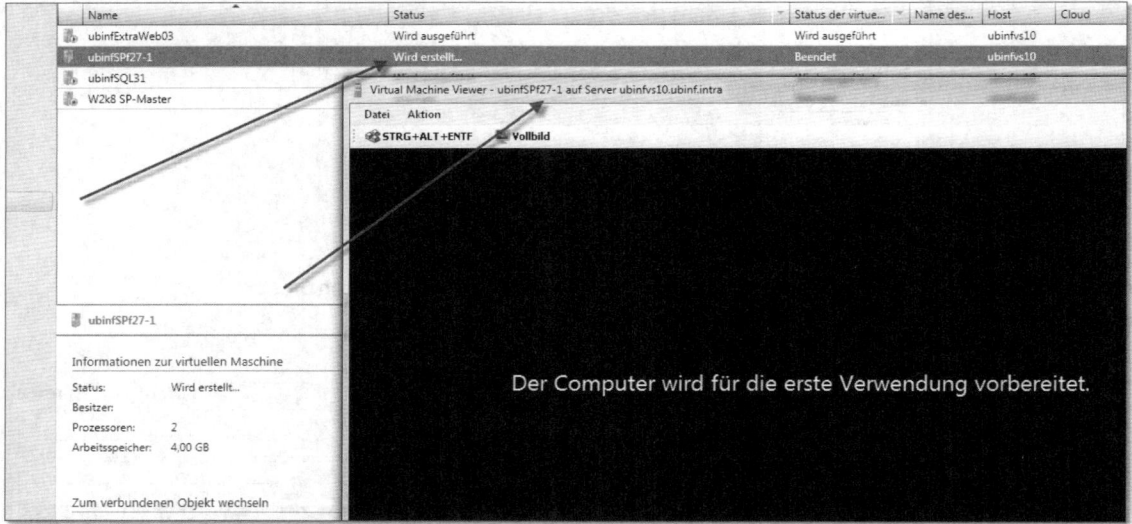

Abbildung 22.150 Im Verlauf der Installation kann man den VMM bei der Arbeit zusehen.

22.8.6 Virtuelle Maschinen verschieben

Gründe, eine virtuelle Maschine zwischen zwei Hyper-V-Hosts zu verschieben, gibt es einige, zum Beispiel:

▶ Ein Server soll ganz oder vorübergehend stillgelegt werden, beispielsweise wegen Wartungsarbeiten.

▶ Aus Performancegründen sollen die VMs anders verteilt werden.

Mit dem Basis-Hyper-V-Manager ist mittlerweile das Verschieben von VMs möglich, in der 2008 R2-Version ging das nur mit VMM, nicht mit dem Hyper-V-Manager. Mit dem VMM funktioniert es natürlich nach wie vor bequem per Mausklick, wobei aber unterschieden werden muss, ob zwischen zwei Hyper-V-2012-Servern verschoben wird oder ob auch ältere Versionen beteiligt sind:

22.8 System Center Virtual Machine Manager 2012

Das Verschieben (= Migrieren) einer virtuellen Maschine startet, Überraschung, in deren Kontextmenü, wobei es zwei recht ähnliche Menüpunkte gibt (Abbildung 22.151):

- VIRTUELLE MASCHINE MIGRIEREN verschiebt eine virtuelle Maschine zwischen zwei Hyper-V-Hosts.
- SPEICHER MIGRIEREN verschiebt die virtuelle Maschine innerhalb eines Hyper-V-Hosts an einen anderen Speicherort. Nützlich ist das beispielsweise nach Plattenerweiterungen, wenn es weitere Laufwerke gibt.

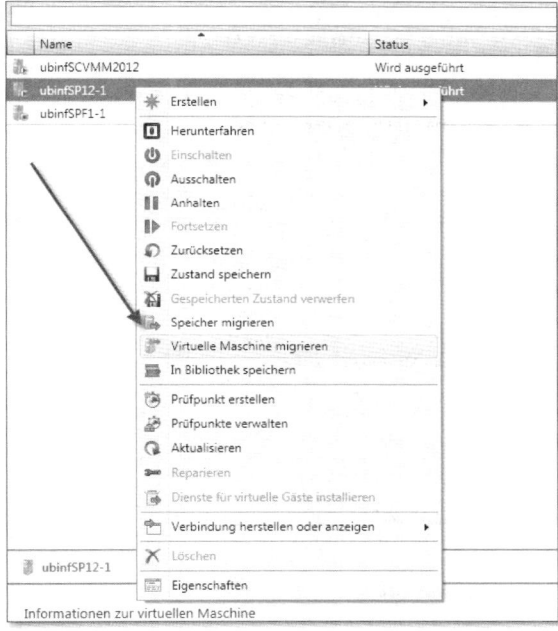

Abbildung 22.151 Hier startet das Verschieben bzw. Migrieren der VM.

Wenn Sie die virtuelle Maschine migrieren wollen, wird ein Assistent abfragen, auf welchen Hosts diese verschoben werden soll. Auf Abbildung 22.152 sind einige Aspekte zu erkennen:

- Der in der Liste zuoberst aufgeführte Host ist ein Windows Server 2012-System. Als Transfertyp wird dort LIVE (VSM) angeboten.
- Der zweite Host in der Liste ist der aktuelle Host, ebenfalls ein 2012er. Hier wird LIVE STORAGE angeboten, also ein Verschieben des Plattenspeichers innerhalb des Hosts – ohne Unterbrechung.
- Die übrigen Hosts sind 2008 R2-Server, dort wird als Transfertyp nur NETZWERK angegeben, was mit einer Betriebsunterbrechung verbunden wäre.
- Meine Demoumgebung enthält keine SAN-Storage-Systeme, dort gäbe es noch einen weiteren Transfertyp.

22 Servervirtualisierung mit Hyper-V

> **Hinweis**
>
> Das Migrieren von einer auf Hyper-V 2012 erstellten VM zu einem 2008er-Host wird im Allgemeinen nicht möglich sein, da das neue VHDX-Format von älteren Hyper-V-Hosts nicht verarbeitet werden kann. Unter anderem deshalb sind bei den älteren Systemen auch keine Sterne angegeben.

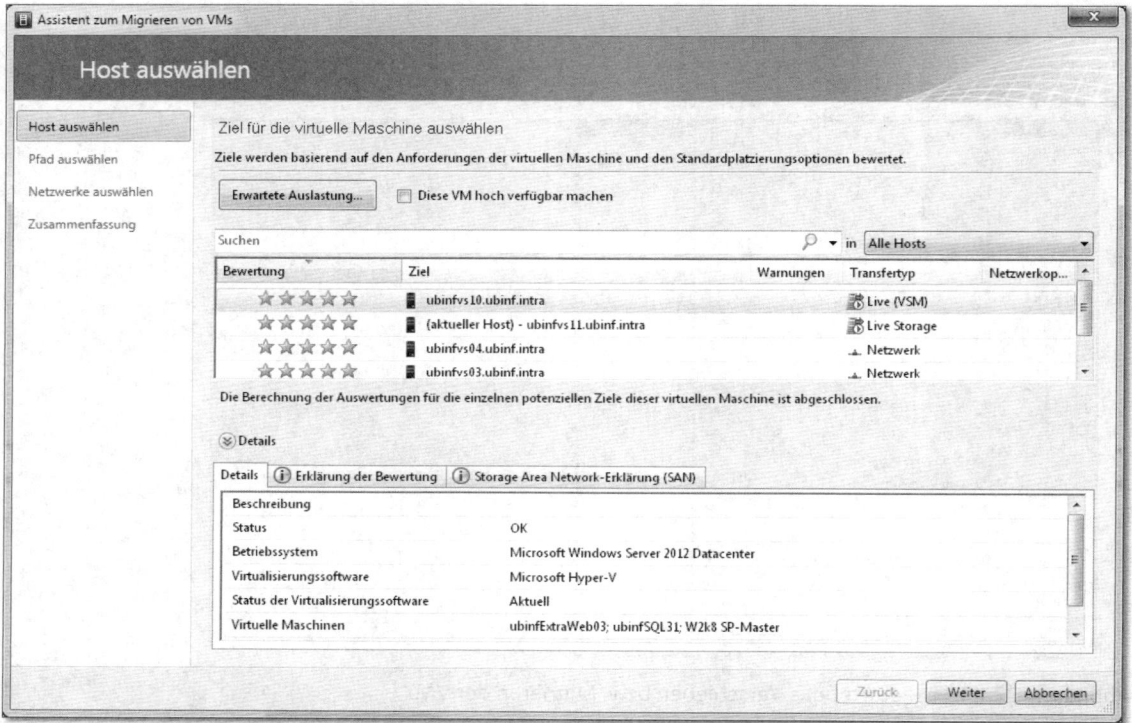

Abbildung 22.152 Auswahl des Zielhosts

Wie Sie auf Abbildung 22.152 sehen können, erhalten Sie mit einem »Sternchen-System« Empfehlungen für die Platzierung der zu verschiebenden VM. Gut, es gibt einige Ausschlusskriterien, die zu null Sternen führen. Ansonsten wäre es natürlich mehr als sinnvoll, wenn die zu erwartende Last berücksichtigt würde. Nun ermittelt der VMM leider nicht die Lastdaten der vergangenen Tage oder Ähnliches. Der geneigte Admin hat aber die Möglichkeit, durch Klick auf die Schaltfläche ERWARTETE AUSLASTUNG (Abbildung 22.152) zu einem Dialog zu kommen, in dem man einige fundamentale Lastparameter eintragen kann. Die auf Abbildung 22.153 gezeigten Eingabemöglichkeiten sind zugegebenermaßen eher eine grobe Klassifizierung, für den Zweck der Auswahl eines passenden Hyper-V-Hosts reicht das aber voll und ganz.

22.8 System Center Virtual Machine Manager 2012

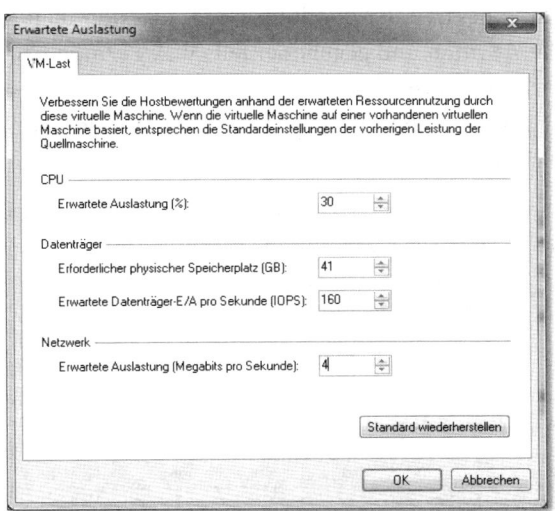

Abbildung 22.153 Zur Verbesserung der Qualität der Empfehlungen kann man einige Angaben zur VM-Last vornehmen.

Es folgen zwei weitere Dialoge, um den Verschiebevorgang zu spezifizieren. Zunächst wird der Speicherort für die Konfigurationsdateien und VHDs auf dem Zielserver gewählt (Abbildung 22.154). Vorbelegt ist hier der Standardpfad – vielleicht möchten Sie die VM ja aber auch auf einem anderen Laufwerk platzieren.

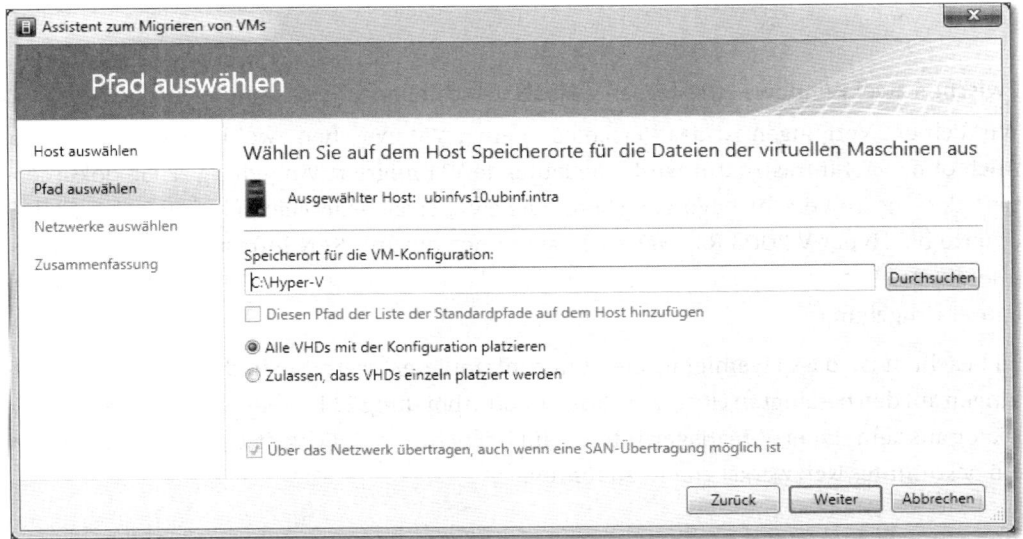

Abbildung 22.154 Speicherort auf dem zukünftigen Host

1349

Die zweite Einstellung betrifft die Netzwerkkonnektivität. Abbildung 22.155 zeigt den Dialog, der die Auswahl von VM-Netzwerk, virtuellem Switch und gegebenenfalls VLAN ermöglicht. Die VM soll ja schließlich an ihrer neuen Wirkungsstätte Zugriff auf das Netzwerk haben, insbesondere bei Livemigrationen, bei denen ja alles schön unterbrechungsfrei funktionieren soll. So wichtig die Einstellung ist – es ist nicht kompliziert.

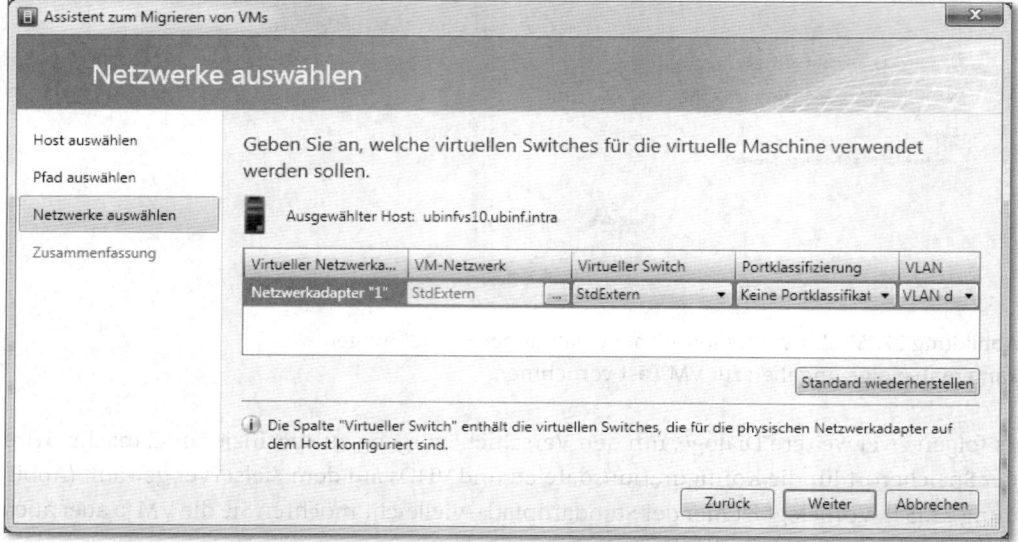

Abbildung 22.155 Netzwerk und virtueller Switch nebst eventueller VLANs können auf dem Zielhost gewählt werden.

Zwischen zwei Windows 2012-Hyper-V-Hosts verschieben

Wirklich ein Vergnügen ist das Verschieben einer VM zwischen zwei Hyper-V 2012-Hosts. Auch ohne SAN-Infrastruktur wird eine laufende VM migriert. Abbildung 22.156 dokumentiert, dass die im Verschiebevorgang befindliche VM erreichbar bleibt. Livemigration funktionierte bei Hyper-V 2008 R2 zwar auch, allerdings nur mit SAN-Infrastruktur. 2012 bringt also dieses »Enterprise-Grade-Feature« auch in kostengünstiger mit lokalen Platten aufgebauter Umgebung.

Zu beachten ist, dass Livemigrationen nur funktionieren, wenn sie in den Hyper-V-Einstellungen auf den beteiligten Hosts zugelassen sind. Abbildung 22.157 zeigt den entsprechenden Dialog aus dem Hyper-V-Manager. Interessant ist auch die Möglichkeit, Livemigrationen über ein bestimmtes Netzwerksegment zu führen.

22.8 System Center Virtual Machine Manager 2012

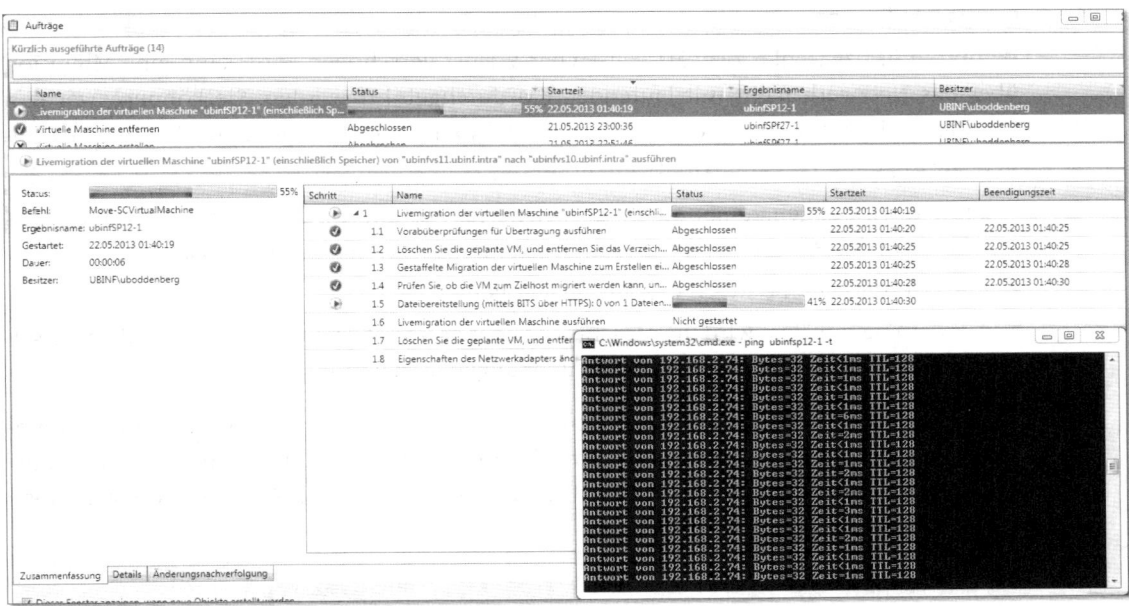

Abbildung 22.156 Während des Verschiebens läuft der Ping durch.

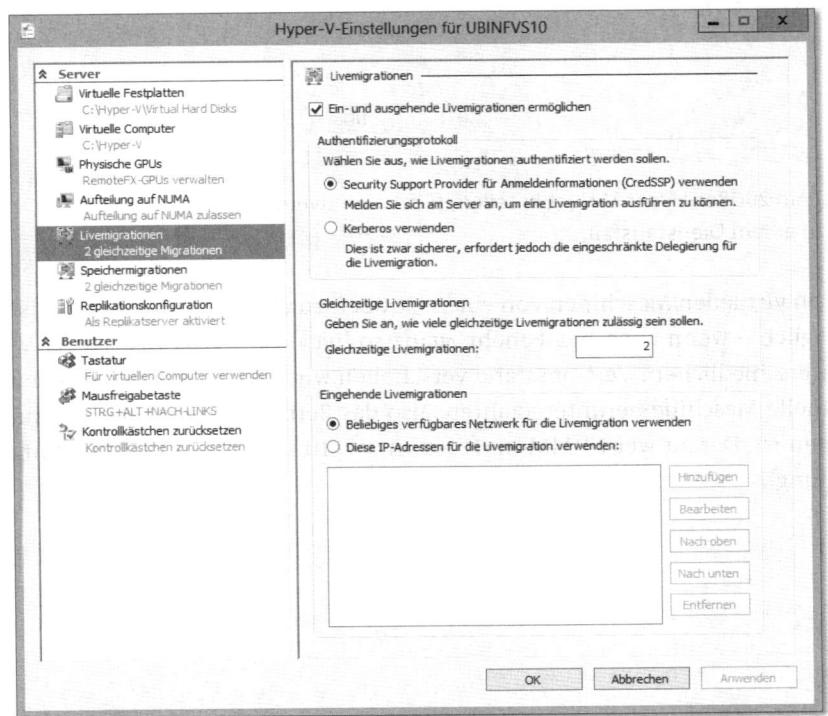

Abbildung 22.157 In den Hyper-V-Einstellungen müssen »Livemigrationen« zugelassen sein.

Gemischte Szenarien

Wenn die VM zwischen zwei 2008er-Hyper-V-Host verschoben wird, kann eine Migration über das Netzwerk nicht mit laufender VM durchgeführt werden. Sie können zwar den Befehl zur Migration geben, es wird aber die auf Abbildung 22.158 gezeigte Meldung erscheinen, die folgende Vorgehensweise ankündigt:

- Die VM wird angehalten, und ein gespeicherter Zustand wird erzeugt. Wohlgemerkt: Es wird nicht das Betriebssystem heruntergefahren, sondern lediglich pausiert.
- Alle erforderlichen Dateien werden verschoben.
- Auf dem neuen Host wird die Maschine wieder gestartet. Die Ausführung wird an derselben Stelle fortgesetzt, an der die VM zuvor angehalten wurde.

Im Klartext heißt dies: Das Betriebssystem wird zwar nicht heruntergefahren, und keine einzige Anwendung wird gestoppt, trotzdem gibt es eine unter Umständen längeren Dienstausfall – je nachdem, wie groß die VM ist. Beispielsweise dauert das Kopieren von 500 GByte VHD-Daten schon eine ganze Weile.

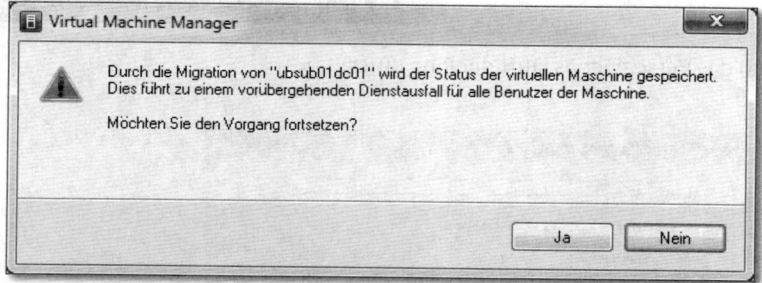

Abbildung 22.158 Ist ein 2008er-Hyper-V-Host beteiligt, führt eine Livemigration über das Netzwerk zu einem Dienstausfall.

Das Verschieben von virtuellen Maschinen von einem 2008er- zu einem 2012er-Hyper-V ist natürlich auch möglich – wenn auch nicht mehr »ganz so live«. Falls zwischen Hyper-V-Maschinen mit unterschiedlichem Versionsstand verschoben wird, klappt das Verschieben nur, wenn die virtuelle Maschine heruntergefahren, also das Betriebssystem beendet und nicht nur angehalten ist. Darauf weist VMM im HOST AUSWÄHLEN-Dialog hin (Abbildung 22.159, zweite Meldung).

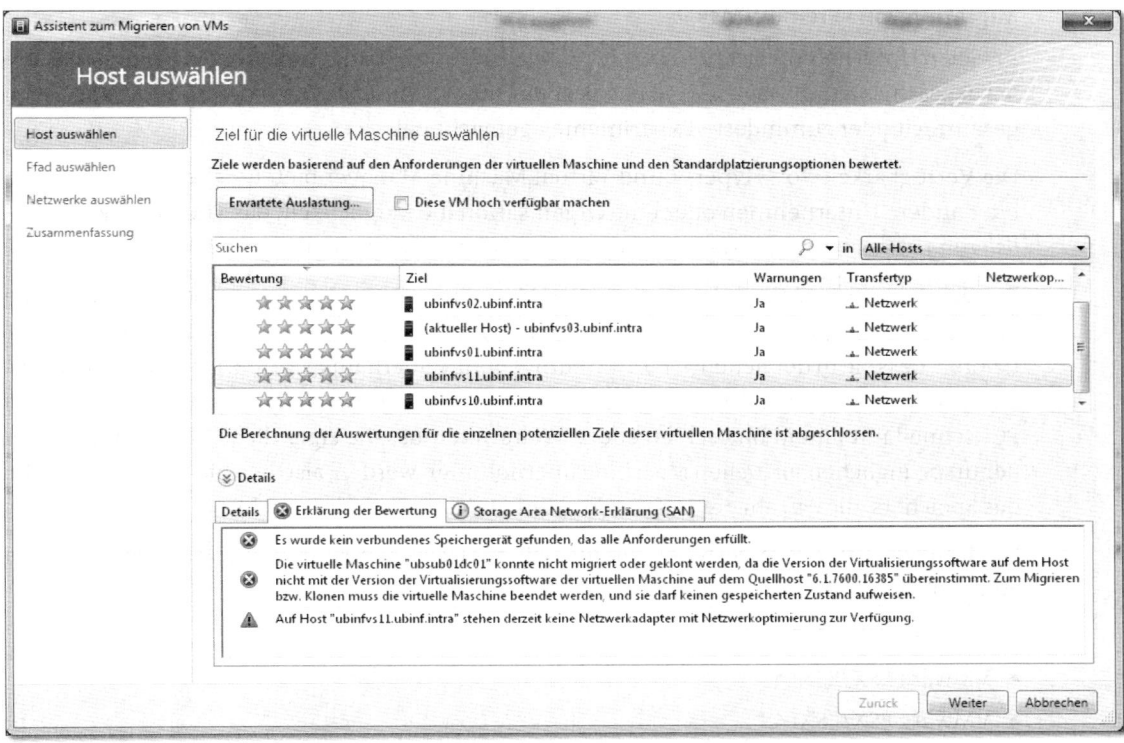

Abbildung 22.159 Wenn zwischen zwei Hyper-V-Versionen migriert wird, muss die VM komplett heruntergefahren werden (siehe zweite Meldung).

Und ohne VMM?

Migrationen von virtuellen Maschinen sind auch möglich, wenn kein VMM vorhanden ist, sondern die Admins mit dem Hyper-V-Manager arbeiten. Es ist dann nicht so schön und komfortabel, trotzdem aber durchführbar. Wenn Sie dieses Kapitel lesen und noch Hyper-V 2008 R2 nutzen: Bei der alten Version ging das mit Bordmitteln nicht, da war auf jeden Fall der VMM erforderlich.

Wenn Sie also keinen VMM haben, blättern Sie bitte zurück zu Abschnitt 22.7.2.

22.8.7 Konvertieren (P2V und V2V)

Neben der Verwaltung von Servern und virtuellen Maschinen bietet der Virtual Machine Manager einige recht interessante zusätzliche Funktionen. Diese betreffen unter anderem das Umwandeln von Fremd-VMs oder physikalischen Servern in Hyper-V-VMs.

Migration von »Fremd-VMs«

In vielen Unternehmen werden bereits Virtualisierungslösungen vorhanden sein – letztendlich ist es im Jahr 2013 fast undenkbar, dass ein Unternehmen bisher noch keine Erfahrungen gesammelt oder zumindest »Experimente« gemacht hat.

Die Verfügbarkeit von Hyper-V und Virtual Machine Manager bietet vielleicht für das eine oder andere Unternehmen oder eine Organisation die Möglichkeit, das Thema *Servervirtualisierung* etwas strukturierter, ganzheitlicher und nachhaltiger anzugehen.

Bei der Migration vorhandener virtueller Maschinen kommt es einerseits darauf an, die eigentlichen Festplattendateien »umzubauen«, andererseits ist es wichtig, diese so zu modifizieren, dass sie in der neuen »Hardwareumgebung« überhaupt starten. Sie wissen vielleicht aus Erfahrung, dass bereits das Tauschen von Festplatten zwischen zwei unterschiedlichen PCs schnell mit einem Bluescreen endet. Weiterhin muss die eigentliche Konfiguration von der ursprünglichen virtuellen Maschine übernommen werden, also beispielsweise die Größe des Speichers, die Anzahl der Netzwerkkarten und einiges andere mehr.

Die Konvertierung von bestehenden virtuellen Maschinen kann von folgenden Systemen aus erfolgen:

- VMware ESX/ESXi 3.5 Update 5
- VMware ESX/ESXi 4
- VMware ESX/ESXi 4.1
- VMware ESX/ESXi 5.1

Wichtig ist, dass ein Virtual Center Server vorhanden und in VMM integriert sein muss.

Wenn Sie von einer VMware Workstation zu Hyper-V konvertieren möchten, müssen Sie sich einer Drittherstellerlösung bedienen.

Virtualisierung von Hardware (P2V)

Nach wie vor ein beliebtes Thema ist die Konvertierung von physikalischen in virtuelle Maschinen. Auch hier bietet der VMM wertvolle Hilfe. Erfahrungsgemäß ist es gar nicht so einfach, P2V (Physical to Virtual) durchzuführen, VMM hat meiner Erfahrung nach eine ziemlich hohe Erfolgsquote. Die Probleme liegen, wenn es denn welche gibt, häufig in sehr hardwarenahen Treibern und Tools, die teilweise einfach nicht zu umschiffen sind. Hier hilft dann nur deinstallieren. Das VMM-P2V kann physikalische Server (mit Windows-Betriebssystem) im laufenden Betrieb konvertieren. Achten Sie bei datentragenden Servern dann aber auf Konsistenz. Sie können recht problemlos einen Testlauf machen, für die »echte« Konvertierung empfiehlt es sich, beispielsweise SQL Server-Dienste zu stoppen.

Ich zeige nun einen kompletten Konvertierungsvorgang, der mit dem auf Abbildung 22.160 gezeigten Menüpunkt beginnt.

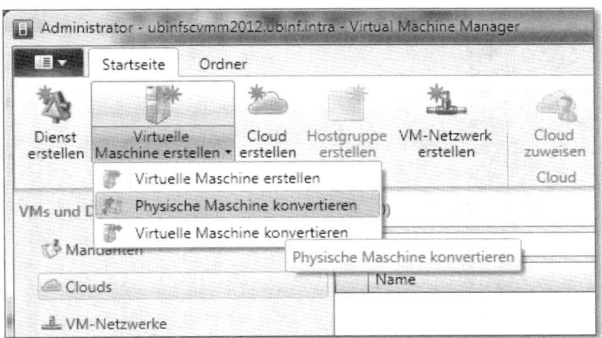

Abbildung 22.160 Hier geht's los.

Der Assistent beginnt mit der Abfrage des zu konvertierenden Servers. Die angegebenen Credentials müssen lokale Admin-Rechte auf dem Zielserver haben. Es wird unter anderem ein Agent installiert – und das geht nun mal nicht ohne Admin-Berechtigungen (Abbildung 22.161).

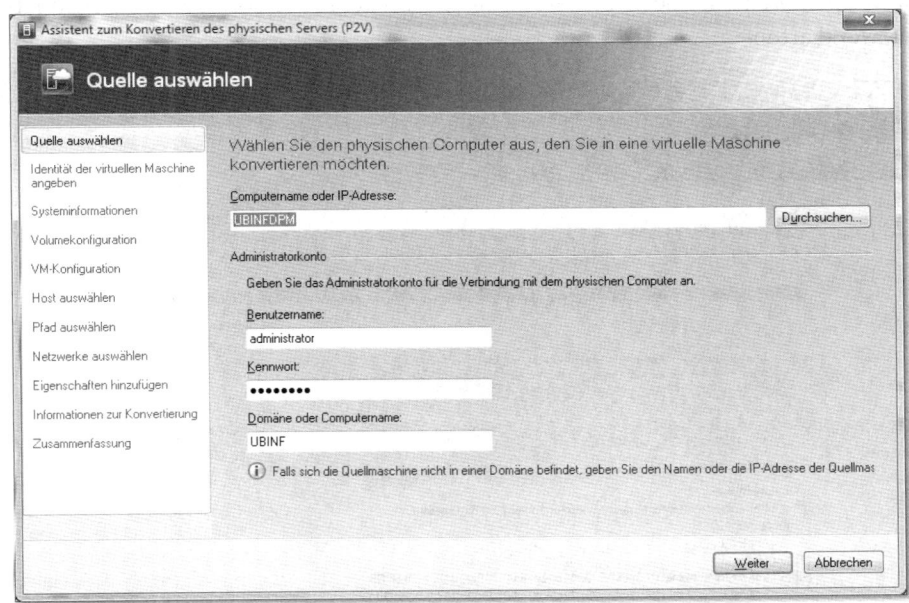

Abbildung 22.161 Auswahl des zu konvertierenden Servers. Credentials müssen lokale Admin-Rechte haben.

Der nächste Dialog des Assistenten erfragt den NAMEN DER VIRTUELLEN MASCHINE (Abbildung 22.162). Dies ist natürlich der Name, unter dem die virtuelle Maschine unter Hyper-V geführt wird. Der Name des Betriebssystem ändert sich nicht, die Idee ist ja auch, dass die VM ein genaues Abbild des physikalischen Server ist – da wäre es fatal, wenn sich der Name ändern würde.

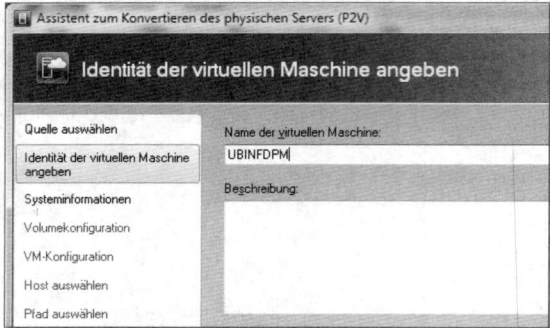

Abbildung 22.162 Das ist der Name, unter dem die neue VM geführt werden wird.

Abbildung 22.163 zeigt die erste Dialogseite, auf der wirklich etwas passiert. Sie müssen allerdings einmal auf SYSTEM SCANNEN klicken. Nach ungefähr einer Minute sollten unter SYSTEMINFORMATIONEN grundlegende Fakten über das zu konvertierende System angezeigt werden, wie beispielsweise das Betriebssystem, die Anzahl der Prozessoren oder die Festplatten und Netzwerkkarten.

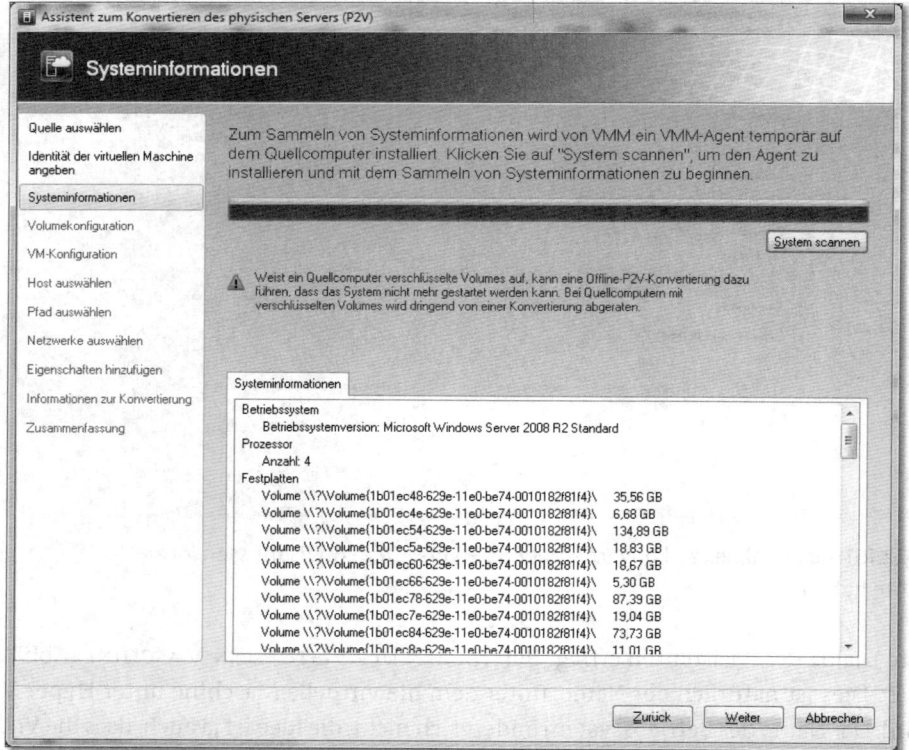

Abbildung 22.163 »System scannen« untersucht die Konfiguration des zu konvertierenden Servers.

Abbildung 22.164 zeigt, auf Basis der zuvor ermittelten Informationen, einen Dialog zur Auswahl der zu übernehmenden Volumes. Das in diesem Beispiel konvertierte System ist ein DPM-Server, der ca. 100 Volumes hat. Ich übernehme allerdings hier nur die C-Platte.

Zu jeder zukünftig virtuellen Festplatte können VHD-Typ und -Größe angegeben werden – Sie können also noch etwas modifizieren.

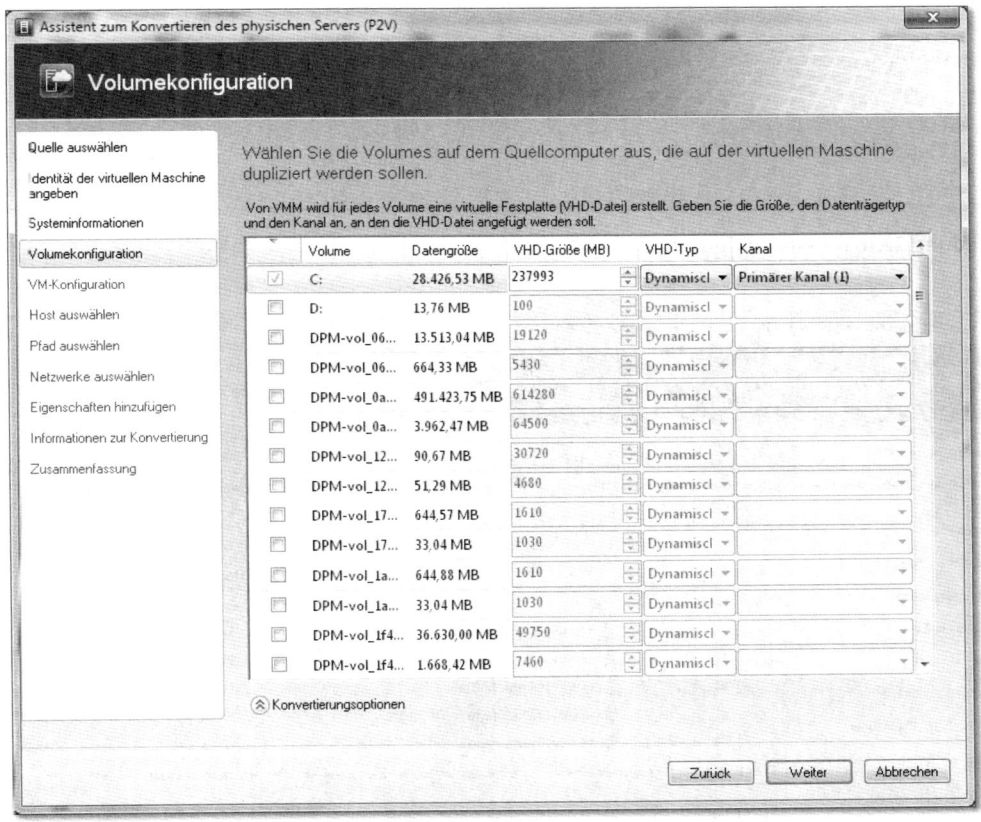

Abbildung 22.164 Hier wählen Sie aus, welche Volumes konvertiert werden sollen. Wir nehmen hier nur die C-Platte mit.

In dem auf Abbildung 22.165 gezeigten Dialog können erste »Basiseinstellungen« vorgenommen werden, namentlich die ANZAHL DER PROZESSOREN und der ARBEITSSPEICHER. Weitere Details können eingestellt werden, wenn die VM angelegt ist.

In den nächsten Dialogseiten, die hier nicht im Detail besprochen sind, geht es um die Auswahl des Hosts (Abbildung 22.166), des Pfads und der Zuordnung der Netzwerkkarte(n). Im Dialog zur Auswahl des Hosts gibt es Empfehlungen, die aber nicht verbindlich sind. Es kann übrigens nicht schaden, einen Blick auf die Registerkarte ERKLÄRUNG DER BEWERTUNG zu werfen.

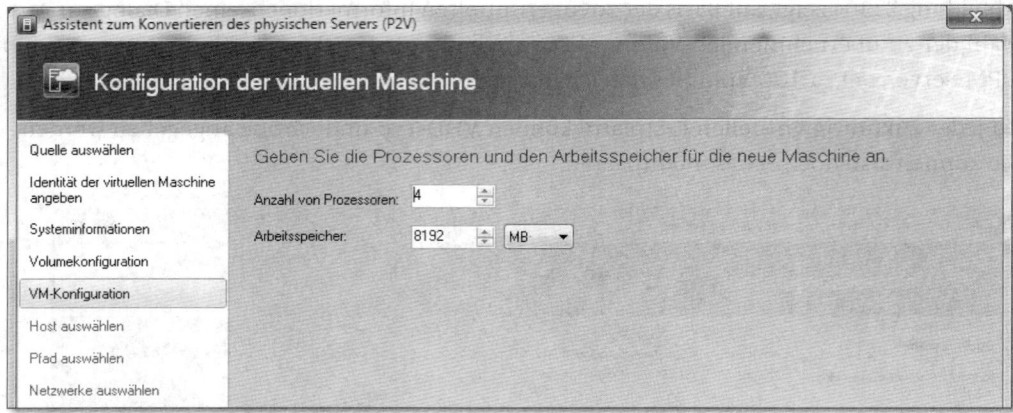

Abbildung 22.165 Basiskonfiguration der VM

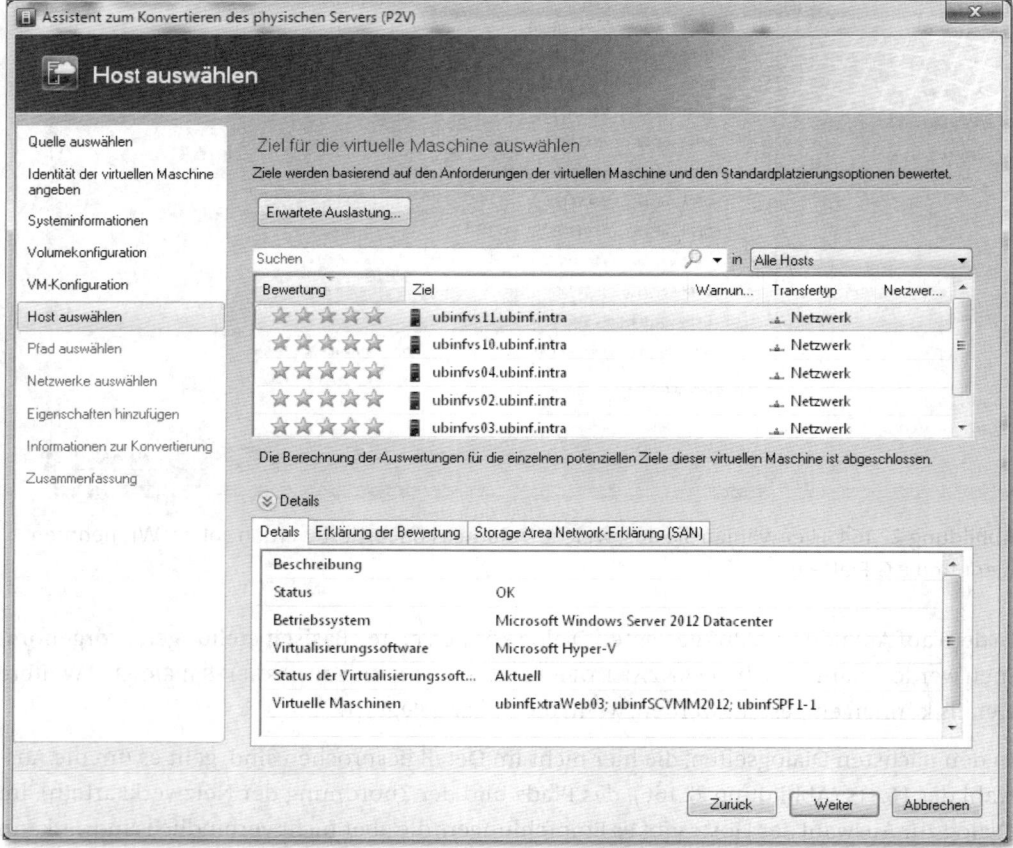

Abbildung 22.166 Im Auswahldialog für den Host gibt es Empfehlungen.

Den Verlauf der Konvertierung können Sie auf Abbildung 22.167 verfolgen. In Kurzform werden folgende Schritte durchgeführt:

- virtuelle Maschine anlegen
- Inhalte der Festplatten anlegen
- Maschine starten und VM-Komponenten installieren
- Agent von der Quellmaschine entfernen

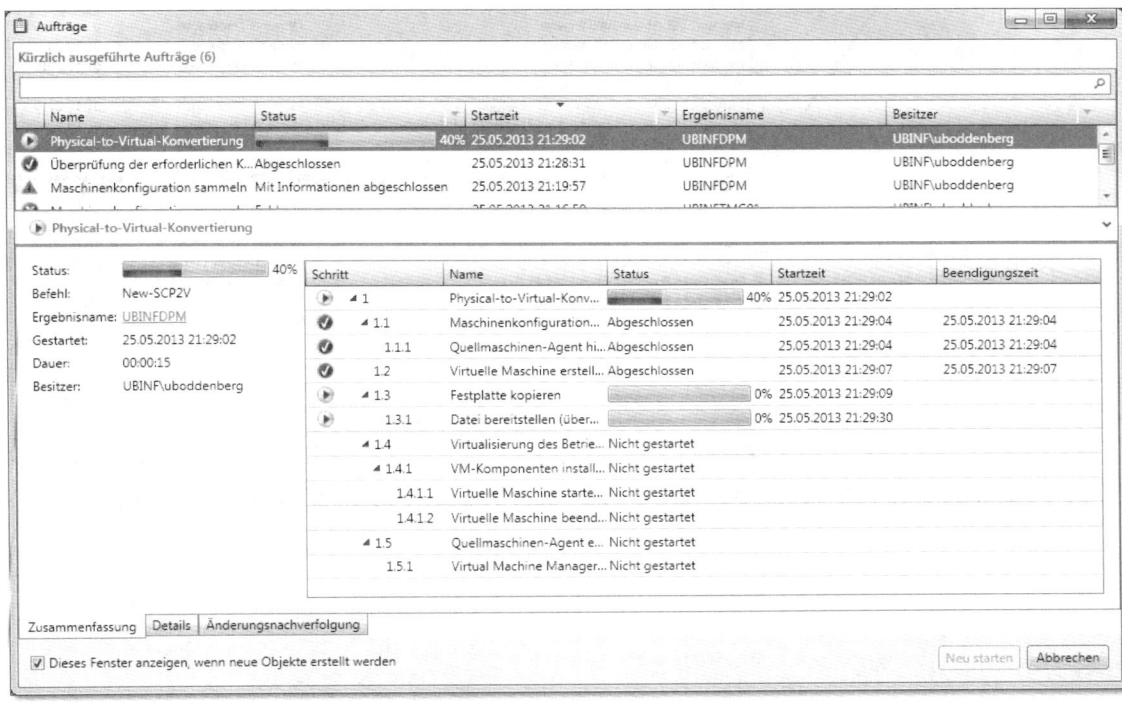

Abbildung 22.167 Die Konvertierung läuft.

Der letzte Aspekt der Aufzählung der bei einem P2V-Vorgang vom VMM erledigten Punkte bezieht sich auf die Deinstallation eines Agent. Das Stichwort »Agent« beantwortet auch die Anfrage, wie VMM es schafft, eine Kopie des laufenden Servers zu erstellen. Eben! Es wird ein Agent auf dem zu konvertierenden Server installiert, der am Schluss des Prozesses wieder zurückgezogen (= deinstalliert) wird. Abbildung 22.168 zeigt einen Blick auf die installierten Programme auf dem zu konvertierenden Server, während der Vorgang läuft.

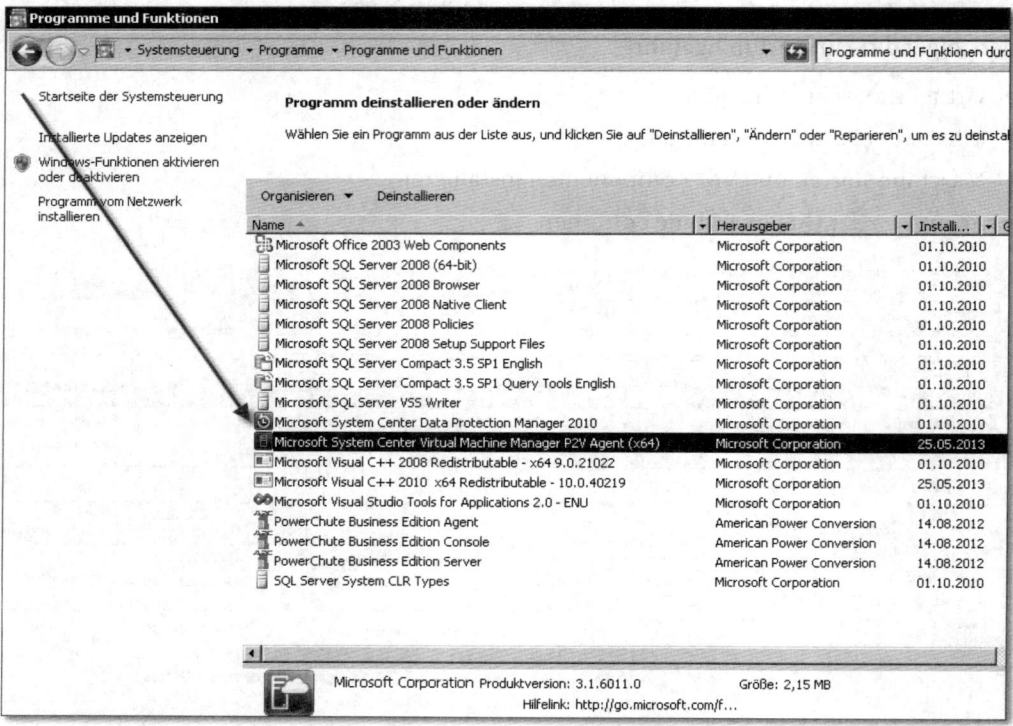

Abbildung 22.168 Hier die Antwort auf die Frage »Wie bewerkstelligt VMM die Konvertierung?«

Kapitel 23
Windows PowerShell

Sondern so viel wir aus Städten erbeuteten, wurde geteilet;
Auch nicht ziemt es dem Volke, das einzelne wieder zu sammeln.
Aber entlass' du jetzo dem Gotte sie; und wir Achaier
Wollen sie dreifach ersetzen und vierfach, wenn uns einmal Zeus
Gönnen wird, der Troer befestigte Stadt zu verwüsten.

Der erste »richtige« Windows Server, also Windows NT 3.1 Advanced Server, fiel unter anderem dadurch positiv auf, dass viele Verwaltungsaufgaben mit einer grafischen Benutzeroberfläche erledigt werden konnten. Das damals sehr populäre Netware 3.1 war nur über eine Textoberfläche mit hübscher Klötzchengrafik zu administrieren, und bei Unix-Betriebssystemen war hartes Kommandotippen angesagt. Windows-Administratoren wurde damals irgendwie eine geringere Kompetenz (»Mausschubser«, »Klicki-Klicki-Bunti-Kollege«) unterstellt, da das auf den ersten Blick irgendwie alles einfacher wirkte, als ellenlange Kommandos einzutippen.

In den letzten 16 Jahren (NT 3.1 Advanced Server erschien 1993) dürfte es sich herumgesprochen haben, dass Windows dermaßen komplex und vielfältig ist, dass die grafische Oberfläche beim Konfigurieren und Administrieren doch nicht alles von selbst macht, sondern man schon ein wenig Ahnung haben muss von dem, was man tut. Weiterhin wird wohl kaum jemand abstreiten, dass eine grafische Oberfläche diverse Vorteile hat, die so offensichtlich auf der Hand liegen, dass ich sie wohl nicht aufzählen muss.

Microsoft hat sich jahrelang auf die grafische Oberfläche als Schnittstelle zwischen seinen Produkten und dem Anwender konzentriert und die Kommandozeile weitgehend vernachlässigt:

- Die Eingabeaufforderung befindet sich in etwa auf dem Intelligenzniveau von DOS 3.3 (erschien 1987).
- Der Windows Script Host (WSH), der in der Lage ist, VB-Skripte ablaufen zu lassen, ist, vorsichtig ausgedrückt, auch nicht unbedingt der Höhepunkt aller verfügbaren Skripting-Umgebungen.

Trotz der grafischen Oberfläche hat Microsoft wohl einen gewissen Druck verspürt, sich der immens vernachlässigten Themen *Kommandozeile* und *Skripting* anzunehmen. Es gibt dabei ja durchaus etliche Vorteile:

- Viele Aufgaben sind auf der Kommandozeile einfach schneller auszuführen als mit der grafischen Oberfläche, was diese beiden einfachen Beispiele zeigen:
    - Wenn man sich in der Dateistruktur gut auskennt, lässt sich die Datei *c:\temp\inet\staging.aspx* wesentlich schneller mit einem Kommandozeilenaufruf nach *c:\inetpub\wwwroot\app2\default.aspx* kopieren als mit dem Windows Explorer. Voraussetzung ist natürlich, dass die Eingabeaufforderung wenigstens ein bisschen intelligent ist und beispielsweise Verzeichnisse und Dateien beim Druck auf die ⇆-Taste auflisten kann.
    - Wenn Sie beispielsweise alle *.aspx*-Dateien aus einem Verzeichnis oder einer Verzeichnisstruktur kopieren wollen, ist es deutlich einfacher, dies per Kommandozeile zu erledigen, als die Dateien mühsam im Windows Explorer herauszusuchen und zu kopieren.

- Etliche Aufgaben erfordern mehr Arbeitsschritte als nur das Kopieren einer Datei. Hier sind kleine Skripte außerordentlich hilfreich. Gut, man könnte solche Aufgabensequenzen natürlich auch im Stil der SQL-Server-Wartungspläne als kleinen Workflow zusammenklicken. Wenn etwas komplexere Abhängigkeiten zu bearbeiten sind, geht es aber in letzter Konsequenz mit einer Art »kleinen Programmiersprache« deutlich einfacher.

- Alle Aufgaben aus dem Bereich der Massendatenpflege sind per Kommandozeile einfacher zu formulieren. Ein kleines Beispiel: Ändern Sie im Active Directory beim Attribut *Telefonnummer* die Teilnehmernummer bei allen Benutzern am Standort Bonn. Wenn das 400 Benutzer sind, ist das mit dem grafischen Werkzeug *Active Directory-Benutzer und -Computer* schon eine ziemliche Strafarbeit. Mit einer einigermaßen intelligenten Befehlszeilenumgebung sollte sich das in einer Zeile formulieren lassen.

- Die Technologien sind mittlerweile so umfangreich geworden, dass es annähernd unmöglich geworden ist, jede Einstellung über eine grafische Oberfläche zu administrieren. Das plakativste Beispiel ist der Exchange Server 2007. Bei diesem Serverprodukt sind viele Admins das erste Mal ernsthaft mit der PowerShell in Berührung gekommen, denn es gibt viele Einstellungen, die eben nicht über das grafische Konfigurationswerkzeug vorzunehmen sind, sondern nur über die PowerShell.

- Schon seit geraumer Zeit lässt sich nicht mehr jede Aufgabe über die grafische Oberfläche lösen – Exchange Server 2007 ist da übrigens nur ein Beispiel. Wer etwa mit SharePoint vertraut ist, weiß, dass viele essenzielle Aufgaben mit dem Kommandozeilenwerkzeug *stsadm.exe* erledigt werden müssen. Es ist kein Problem, beliebige weitere Dinge zu finden, die nur per Texteingabe konfiguriert und administriert werden können. Es erscheint mir durchaus sehr wünschenswert, wenn die diversen Kommandozeilenanwendungen Schritt für Schritt unter das einheitliche Dach der PowerShell rutschen. Wie konsequent Microsoft dieses Ziel verfolgt, kann ich Ihnen natürlich nicht versprechen – die Vision ist aber da.

Egal ob Sie nun sowieso Kommandozeilenfan sind oder sich eher mit wenig Begeisterung an das Thema herantasten: Der routinierte Umgang mit der PowerShell dürfte zumindest mittelfristig unvermeidbar sein.

Einigermaßen bemerkenswert ist übrigens auch, dass sich in der Liste der Neuerungen diverse PowerShell-Erweiterungen finden – ein weiteres Indiz dafür, dass die Shell zunehmend wichtig wird.

Auf einem Windows Server 2008 (ohne R2) war die PowerShell übrigens ein Feature, das nachinstalliert werden musste. In der R2-Version war die PowerShell standardmäßig installiert und über ein Icon an einem wirklich hervorgehobenen Platz aufrufbar, bei Server 2012 und 2012 R2 ist sie natürlich ebenfalls dabei (Abbildung 23.1).

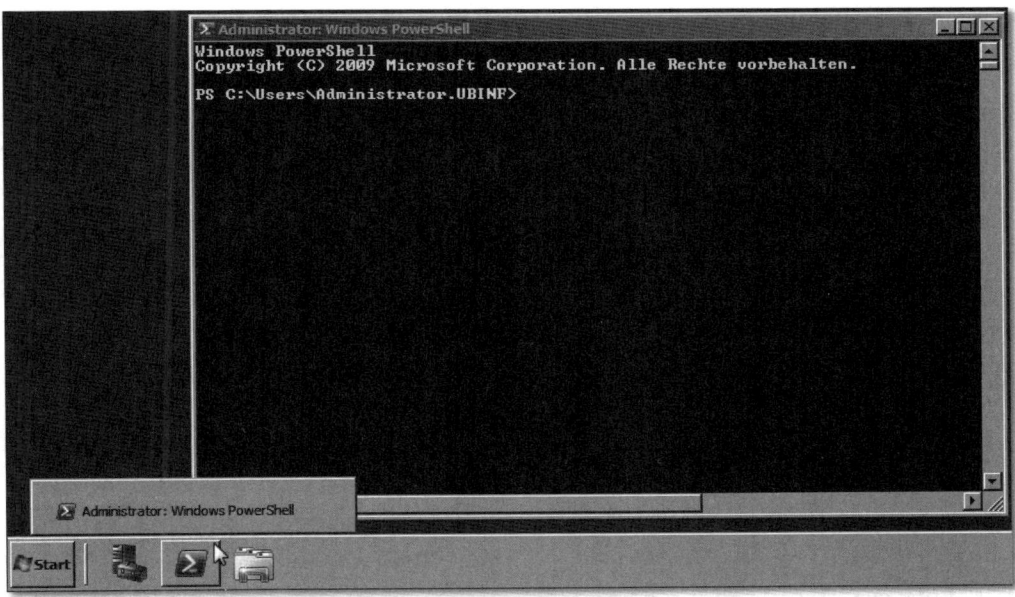

Abbildung 23.1 Im Windows Server 2008 R2 ist die PowerShell bereits installiert.

PowerShell

Die Windows PowerShell ist ein so umfassendes Thema, dass es mehrere wirklich umfangreiche Bücher darüber gibt. Dieses Kapitel hat nicht den Anspruch, die PowerShell ganzheitlich vorzustellen, vielmehr soll ein erster Eindruck vermittelt werden. Themen wie *Skripting* oder gar *Programmierung* müssen notwendigerweise der spezialisierten Literatur vorbehalten bleiben.

23.1 Ein paar Grundlagen

Wie jede Umgebung lebt auch die PowerShell zunächst davon, dass es Kommandos gibt, die eingegeben werden können und dann eine Aktion ausführen. Mit dem Befehl Get-Command können die zur Verfügung stehenden Befehle angezeigt werden. In Abbildung 23.2 ist die Ausgabe gezeigt, auf der Sie drei Typen von Kommandos erkennen können:

- *Cmdlets*: Dies sind kleine (oder auch weniger kleine) Funktionen, die quasi das Rückgrat der PowerShell bilden.
- *Aliasse*: Ein Alias ruft ein Cmdlet auf. Aliasse setzen die wesentlichen (Windows-)Kommandozeilen- und Unix-Shell-Befehle auf PowerShell-Cmdlets um. So wird beispielsweise der allseits bekannte Befehl dir auf Get-ChildItem umgeleitet.
- *Functions*: Funktionen sind eine »Kombination« von Cmdlets. Einige Funktionen sind bereits vorhanden, Sie können natürlich auch eigene entwickeln.

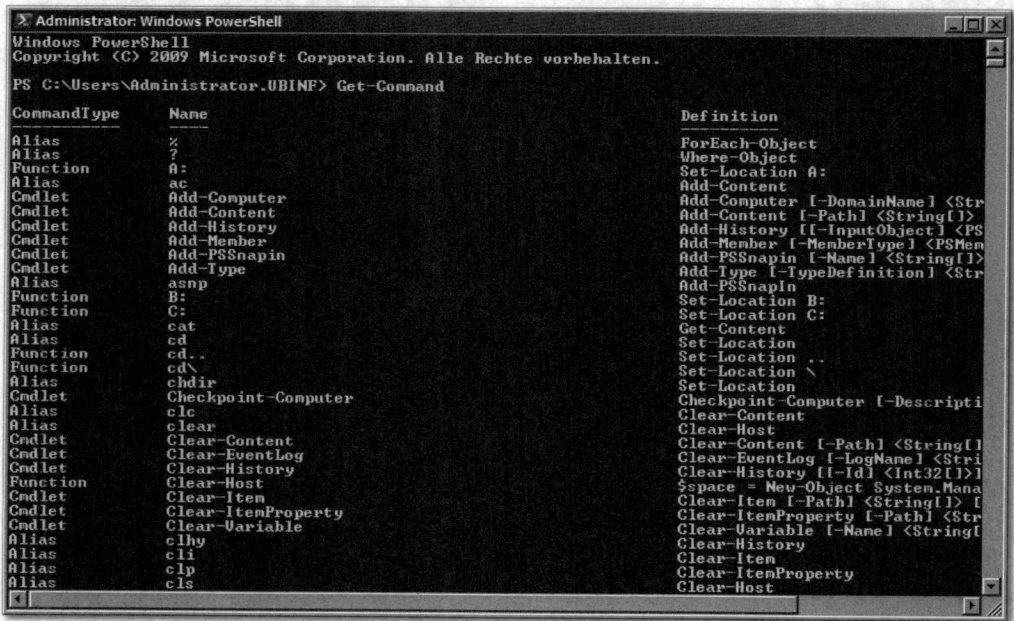

Abbildung 23.2 Mögliche Kommandos lassen sich mit »get-Command« aufrufen.

23.1.1 Cmdlets

Cmdlets können diverse Aufgaben ausführen und sind letztendlich das Herzstück der PowerShell: Sie können Dateien kopieren, Objekte erzeugen, den Bildschirm löschen oder eine E-Mail versenden. Kurz gesagt, wenn »etwas passiert«, basiert alles auf Cmdlets. Mithilfe des Cmdlet get-Command -CommandType cmdlet lassen sich die standardmäßig vorhandenen

Cmdlets abrufen – das ist schon eine ganz ansehnliche Menge. Wenn PowerShell-Erweiterungen, beispielsweise für Active Directory, installiert sind, werden sie mit diesem Kommando ebenfalls aufgeführt.

Die Benennung eines Cmdlet folgt einem vergleichsweise »sprechenden« Prinzip, dem Schema Verb-Substantiv, beispielsweise `Send-MailMessage`, `Start-Service` oder `Clear-Host`. Es lässt sich also relativ gut erkennen, was ein Cmdlet tatsächlich tut. Häufig gibt es korrespondierende Cmdlets, beispielsweise `Get-Mailbox` (um Informationen über eine Exchange-Mailbox zu erfragen) und `Set-Mailbox` (um Attribute zu ändern).

Cmdlets sind unter Umständen sehr komplex, nehmen also beispielsweise viele Parameter entgegen. Es ist daher wünschenswert, Informationen über ein Cmdlet erhalten zu können. Genau dies ist auch umgesetzt, wobei zwei Möglichkeiten zur Verfügung stehen:

- Sie rufen das Cmdlet mit dem Parameter `-?` auf.
- Sie rufen `get-help NameDesCmdlets` auf.

Abbildung 23.3 zeigt die zweite Variante. Sie sehen, dass die Erläuterungen schon einigermaßen hilfreich sind.

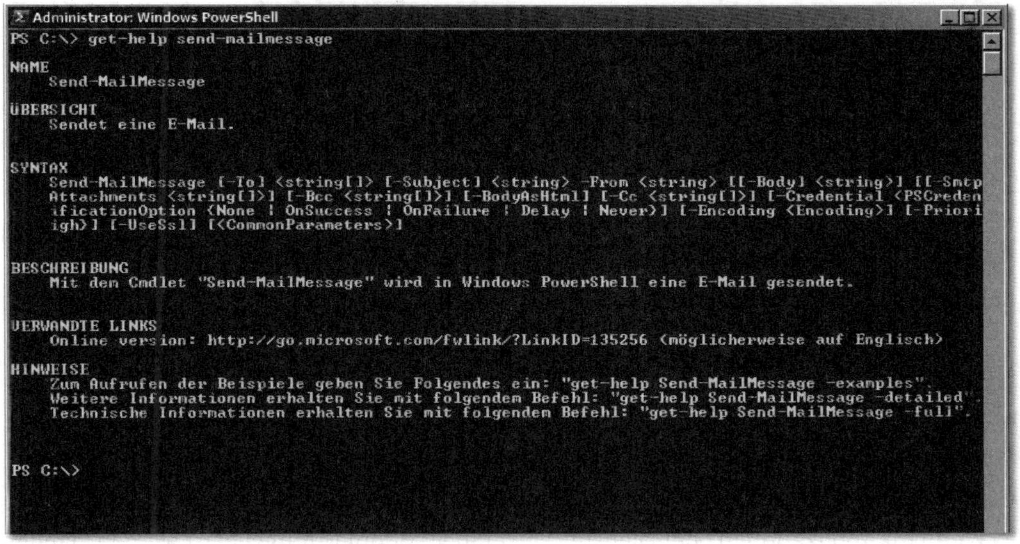

Abbildung 23.3 So können Sie die Hilfe zu einem Cmdlet abfragen.

Mit der PowerShell beziehungsweise den Standard-Cmdlets lassen sich interessante Dinge veranstalten, beispielsweise E-Mails verschicken. Gut, eine E-Mail per Kommandozeilenbefehl zu versenden, ist zwar für sich allein gesehen nicht so unbedingt das absolute Killer-Feature. In einem Skript ergibt es aber schon Sinn, bei erfolgreicher Abarbeitung oder einem Fehler eine Nachricht zu verschicken.

23 Windows PowerShell

Auf Abbildung 23.4 ist zu sehen, wie eine E-Mail mit dem Befehl `Send-MailMessage` versendet wird. Zwei Aspekte sind wichtig:

- Sie müssen die benötigten Parameter übergeben.
- In diesem Fall muss eine Variable gesetzt werden, die den SMTP-Server spezifiziert.

```
PS C:\> $psEmailServer="ubinfex2.ubinf.intra"
PS C:\> send-mailmessage  -to "ulrich@boddenberg.de" -from "shell@ubinf.intra" -subject "E-Mail von der PowerShell" -body "Windows PowerShell kann viele coole Dinge tun"
PS C:\> _
```

Abbildung 23.4 Wird mit der PowerShell eine E-Mail gesendet, sieht das so aus.

Der Vollständigkeit halber möchte ich Ihnen das Ergebnis nicht vorenthalten: Abbildung 23.5 zeigt die E-Mail, die mit dem Cmdlet erzeugt wurde.

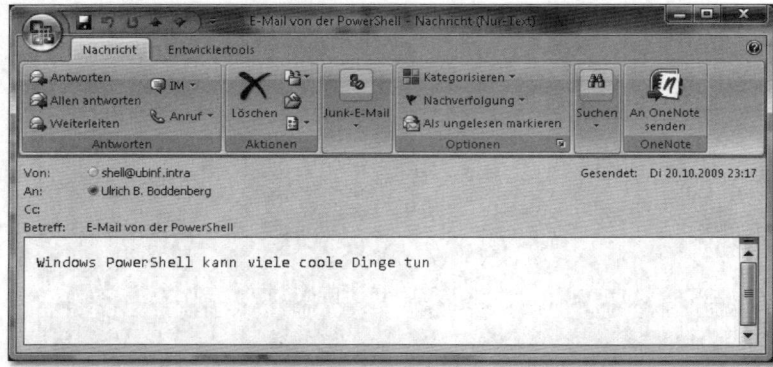

Abbildung 23.5 Es klappt – tatsächlich!

Zum Thema *Cmdlets* bleibt festzuhalten:

- Cmdlets haben durchweg recht sprechende Namen, die dem Schema Verb-Substantiv folgen, also beispielsweise `Send-MailMessage`.
- Cmdlets »tun etwas«, sie stellen sozusagen das funktionale Rückgrat der PowerShell dar.
- Wenn für Applikationen oder Dienste »PowerShell-Module« mitgeliefert werden, handelt es sich dabei im Allgemeinen um zusätzliche Cmdlets.
- Cmdlets können beliebig komplizierte Aktionen durchführen. Die notwendigen Parameter werden über Aufrufoptionen oder zu setzende Variablen übergeben.
- Mit `get-help cmdletname` oder `cmdletname -?` kann die Hilfe zu einem Cmdlet aufgerufen werden.
- Entwickler können eigene Cmdlets erstellen. Das SDK steht im Microsoft Download-Center zur Verfügung.

23.1.2 Alias

Jeder PowerShell-Benutzer dürfte eine gewisse »Kommandozeilen-Vorgeschichte« haben. Entweder ist er ein alter Windows-Kommandozeilen-Hase, oder aber ihm sind die Unix-Kommandos in Fleisch und Blut übergegangen. Um zu schauen, welche Dateien in einem Verzeichnis liegen, sind wir es vermutlich alle gewohnt, dir oder ls einzutippen. Der entsprechende PowerShell-Befehl lautet Get-ChildItem. Letzterer ist nun nicht nur länger, man wird es vermutlich auch aus purer Gewohnheit immer wieder mit dir probieren. Hier schlägt nun die Stunde der Aliasse: Wie Sie in Abbildung 23.6 sehen können, steckt hinter dem Alias dir das Cmdlet Get-ChildItem. Die Aufrufparameter entsprechen also genau den »normalen« Parametern des Cmdlet.

Wenn Sie eigene Aliasse definieren wollen, um die Tipparbeit bei langen Cmdlet-Namen zu optimieren, ist das natürlich ebenfalls möglich. Um das Cmdlet mit dem etwas unhandlichen Namen Send-MailMessage als smm aufrufen zu können, geben Sie folgenden Befehl ein:

Set-Alias smm Send-MailMessage

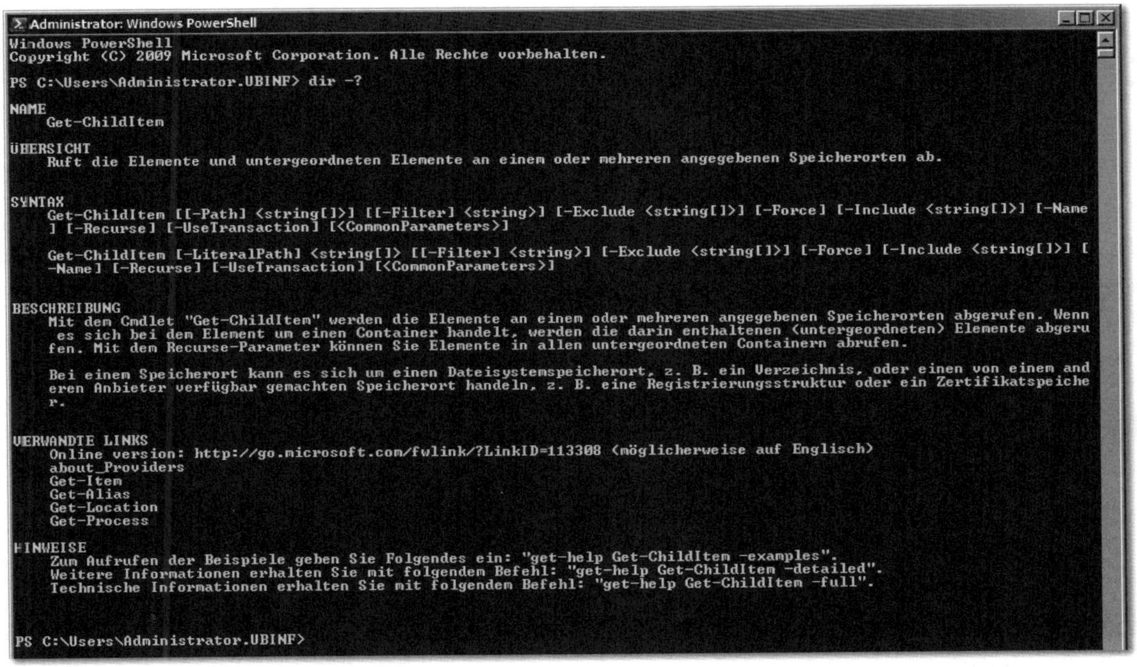

Abbildung 23.6 »dir« ist ein Alias für »Get-ChildItem«.

Das ist nicht weiter spektakulär und führt sofort zum gewünschten Ergebnis, hat aber einen Haken: Wird die PowerShell neu gestartet, ist der Alias weg.

Um einen Alias permanent zu speichern, können Sie den zuvor gezeigten Aufruf in der Skriptdatei *profile.ps1* unterbringen. Da es auf einem System mehrere Dateien dieses Namens geben kann (und wird) und Aspekte wie die Signierung von Skripten ebenfalls zu berücksichtigen sind, verweise ich an dieser Stelle auf den nächsten Abschnitt, in dem es um Skripte geht.

23.1.3 Skripte

Skripte sind bei allen Kommandozeilenumgebungen die Grundlage für die Automatisierung von Befehlsabläufen. Dies ist auch bei der PowerShell nicht anders, wobei hier zusätzlich einige Sicherheitsmechanismen eingebaut worden sind.

Allgemeines zu Skripten

Ein wirklich simples Skript, in dem lediglich zwei Eingaben aneinandergereiht sind, sehen Sie in Listing 23.1. Zunächst wird eine Variable gesetzt und dann ein Cmdlet aufgerufen.

```
$PSEmailServer="ubinfex2.ubinf.intra"
send-mailmessage -to ulrich@boddenberg.de -from powershell@ubinf.intra -subject
"TestFromScript" -body "Das ist der Messagetext."
```

Listing 23.1 Ein einfaches PowerShell-Skript

Das Skript können Sie beispielsweise mit Notepad erstellen und mit der Dateiendung *.ps1* abspeichern.

Nun können Sie die Skriptdatei ausführen – und werden eine Enttäuschung erleben (Abbildung 23.7). In der Fehlermeldung ist die Rede davon, dass die Ausführung von Skripten auf dem System deaktiviert ist.

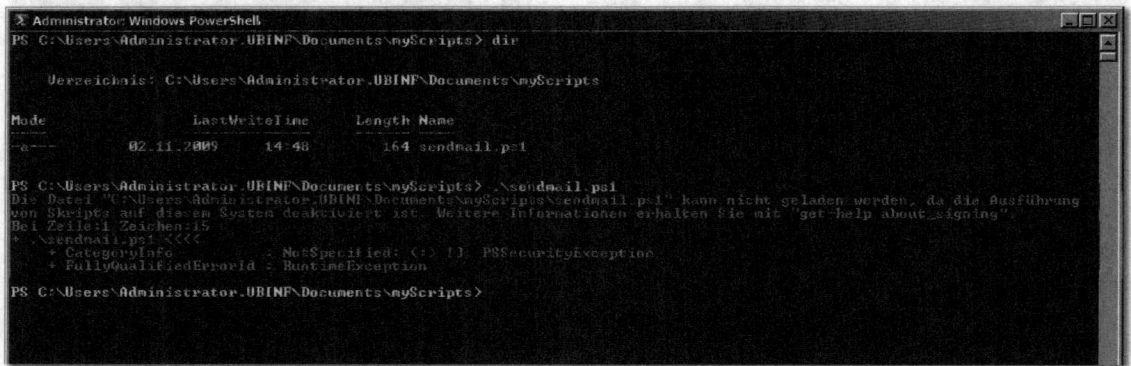

Abbildung 23.7 Der Aufruf des Skripts führt nicht zum erhofften Ergebnis. Es erscheint lediglich eine Fehlermeldung.

Der Grund für diese Meldung ist, dass die PowerShell aus Sicherheitsgründen durchaus restriktiv mit Skripten umgeht. Die derzeitige Einstellung können Sie mit dem Befehl `Get-ExecutionPolicy` abrufen – standardmäßig ist `Restricted` eingetragen (Abbildung 23.8).

Die möglichen Werte für die Ausführungsrichtlinie sind:

- `Restricted`: Eine Ausführung von Skripten und das Laden von Konfigurationsdateien ist nicht möglich (Standardeinstellung).
- `AllSigned`: Sämtliche Skripte und Konfigurationsdateien müssen von einem vertrauenswürdigen Herausgeber signiert worden sein.
- `RemoteSigned`: Aus dem Internet geladene Skripte und Konfigurationsdateien müssen signiert sein, lokal erstellte werden ohne Signatur ausgeführt.
- `Unrestricted`: Alle Skripte und Konfigurationsdateien werden akzeptiert, allerdings wird vor der Ausführung von unsignierten aus dem Internet geladenen Dateien eine Warnmeldung angezeigt.
- `Bypass`: Nichts wird blockiert, es erfolgen keine Warnungen.

Die Einstellung, die die Ausführung von eigenen (nicht signierten) Skripten unterstützt und dennoch die PowerShell-Umgebung möglichst »verschlossen« hält, ist `RemoteSigned`.

Um diese als aktive Ausführungsrichtlinie zu setzen, geben Sie einfach folgenden Befehl ein (Abbildung 23.8):

```
Set-ExecutionPolicy RemoteSigned
```

Wenn Sie nun die Ausführung des Skripts nochmals initiieren, wird es funktionieren und (hoffentlich) brav seine Arbeit verrichten.

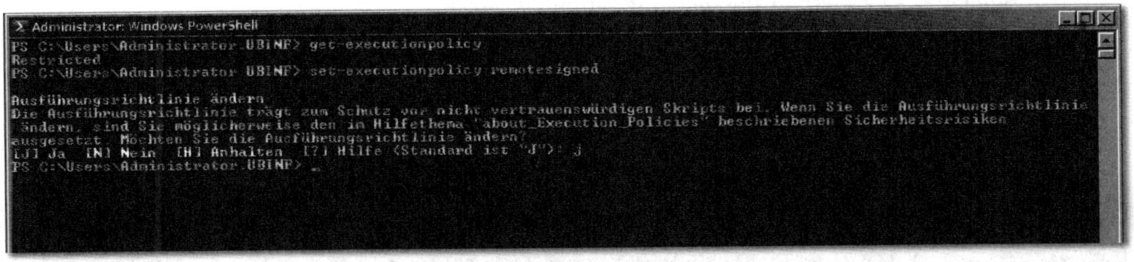

Abbildung 23.8 Abfragen und Setzen der Ausführungsrichtlinie

Ob es jetzt die beste aller Ideen ist, die »Signaturpflicht« für Skripte abzuschalten, darf natürlich bezweifelt werden. Durch die Signatur lässt sich immerhin verhindern, dass nicht vertrauenswürdige Skripte ausgeführt werden oder aber ursprünglich vertrauenswürdige Skripte unautorisiert verändert werden.

Wenn Sie sich fragen, wie eine signierte Skriptdatei aussieht, halte ich in Abbildung 23.9 die Antwort bereit: Unter dem eigentlichen Code befindet sich die Signatur. Wenn etwas geändert wurde, passt die bestehende Signatur nicht mehr.

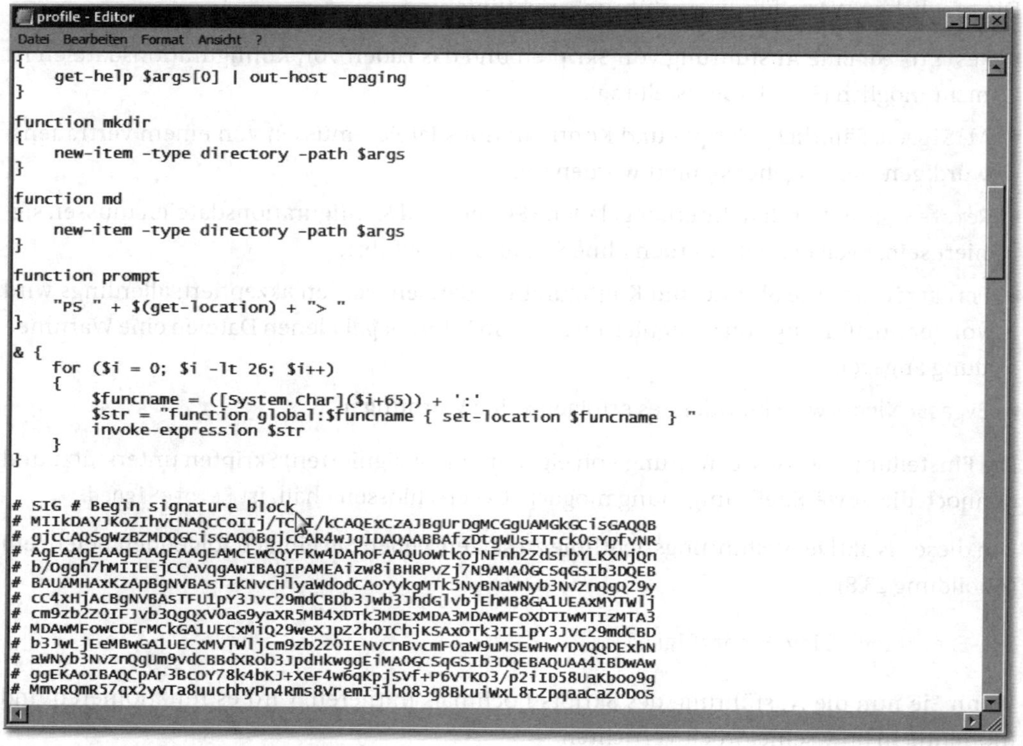

Abbildung 23.9 So sieht eine signierte Skriptdatei aus.

Wird die PowerShell mit einer Ausführungsrichtlinie betrieben, die eine korrekte Signatur erfordert, führt ein Skript mit einer fehlerhaften Signatur zu einer Fehlermeldung und einem Abbruch der Ausführung (Abbildung 23.10).

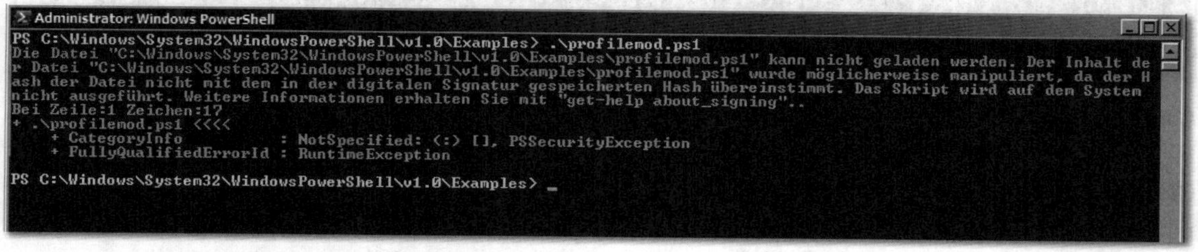

Abbildung 23.10 Das passiert, wenn ein signiertes Skript mutwillig modifiziert worden ist.

Der Sonderfall Profile.ps1

In Abschnitt 22.1.2 habe ich Ihnen gezeigt, wie man einen eigenen Alias anlegen kann, allerdings gab es dabei das Problem, dass diese Einstellung nicht persistent ist.

Da es keine sinnvolle Option ist, bei jedem Start den Set-Alias-Befehl einzugeben, ist eine Automatisierungsmöglichkeit dringend erforderlich. Der Dreh- und Angelpunkt ist die Datei *profiles.ps1*, die an mehreren Stellen im Dateisystem liegen kann.

Sie können die Positionen der verschiedenen Dateien über den Variablennamen leicht selbst herausfinden (Abbildung 23.11). Die verschiedenen Varianten sind selbsterklärend:

- *$Profile*
- *$Profile.CurrentUserCurrentHost*
- *$Profile.CurrentUserAllHosts*
- *$Profile.AllUserCurrentHost*
- *$Profile.AllUserAllHosts*

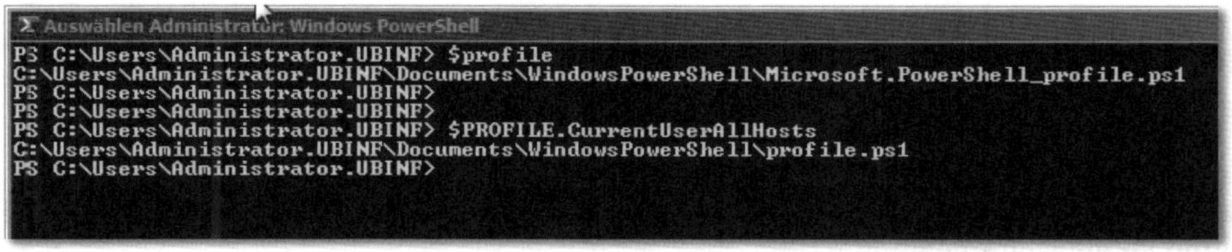

Abbildung 23.11 So lässt sich die Position der Profile-Dateien herausfinden.

Sie können also Ihren Alias-Befehl in die passende *Profile.ps1*-Datei eintragen, eine »ganz normale« Skriptdatei, die beim Start der PowerShell ausgeführt wird. »Ganz normal« ist übrigens auch das Verhalten, wenn in der PowerShell-Umgebung keine Skriptausführung zugelassen ist (Abbildung 23.12).

Merken Sie sich also die beiden folgenden Fakten:

- Sie können beim Start einer PowerShell-Umgebung in verschiedenen *Profile.ps1*-Dateien beliebige Skripte ausführen, die die Umgebung vorbereiten.
- Da dies normale Skriptdateien sind, gelten die üblichen Regeln für Skripte: Die Ausführung von Skripten muss generell gestattet sein, je nach Ausführungsrichtlinie muss die Datei signiert sein.

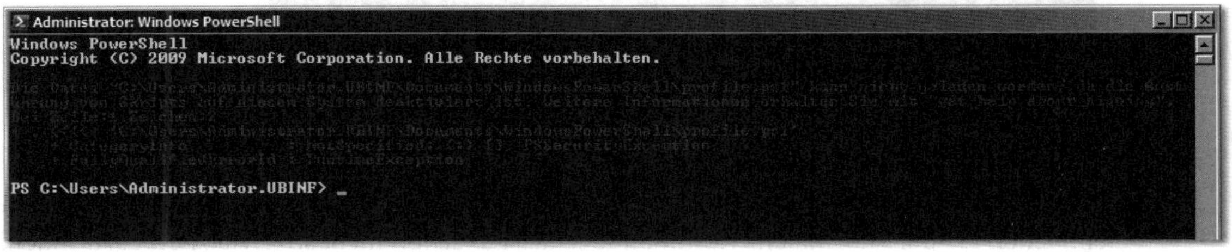

Abbildung 23.12 Das passiert auch bei Profile.ps1-Dateien: Wenn keine Skriptausführung zugelassen ist, gibt's eine Fehlermeldung.

23.1.4 Pipelines

Eine der wesentlichen Eigenschaften der PowerShell ist die Möglichkeit, Pipelines zwischen Cmdlets zu verwenden. Das ist übrigens nicht nur eine »Randfunktion«, sondern ein wirklich zentrales Konzept, das sich in der Praxis sehr intensiv nutzen lässt.

Sie müssen sich zum Verstehen eigentlich nur folgende Skizze vorstellen:

Befehl1 >> Befehl2 >> Befehl3 >> Befehl4

In etwas ausführlicheren Worten heißt das:

- Die Ausgabe von Befehl1 wird an Befehl2 übergeben.
- Die Ausgabe von Befehl2 wird an Befehl3 übergeben.
- Die Ausgabe von Befehl3 wird an Befehl4 übergeben.

Damit es nicht allzu theoretisch bleibt, gibt's hier ein kleines praktisches Beispiel:

- Der Befehl `Get-ChildItem` gibt die Objekte (in diesem Fall Dateien) des aktuellen Verzeichnisses aus.
- Die Ausgabe des ersten Befehls wird beim Aufruf von `Get-ChildItem|Remove-Item` an den zweiten Befehl weitergeleitet.
- Wie Sie sehen, klappt es: Es sind keine Elemente mehr vorhanden.

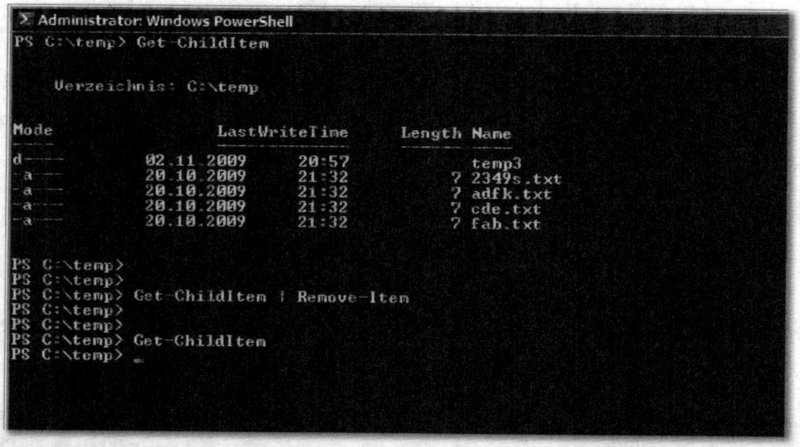

Abbildung 23.13 Arbeiten mit Pipelines

Auf diese Weise lassen sich (fast) beliebig komplexe Aktionen in einer Zeile ausdrücken.

Beliebt ist die Verwendung von Pipelines übrigens auch, um Ausgaben zu filtern. Mit dem einfachen `dir` der »normalen« Kommandozeile ist es schon nicht so trivial, herauszufinden, welche Dateien im aktuellen Verzeichnis größer als 10.000.000 Bytes sind. Die PowerShell-Vorgehensweise mit einer Pipeline funktioniert wie folgt:

- Die Ausgabe aller Dateien wird mit dem Cmdlet `Get-ChildItem` initiiert.
- Die Ergebnismenge wird an das `WHERE`-Objekt übergeben, in dem der entsprechende Filter definiert wird.

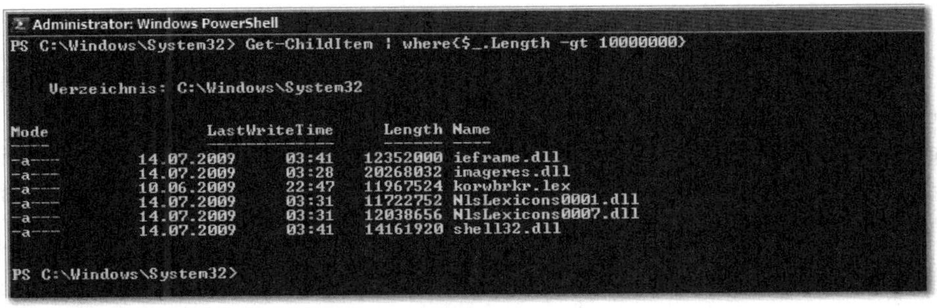

```
Administrator: Windows PowerShell
PS C:\Windows\System32> Get-ChildItem | where{$_.Length -gt 10000000}

    Verzeichnis: C:\Windows\System32

Mode                LastWriteTime     Length Name
----                -------------     ------ ----
-a---        14.07.2009     03:41   12352000 ieframe.dll
-a---        14.07.2009     03:28   20268032 imageres.dll
-a---        10.06.2009     22:47   11967524 korwbrkr.lex
-a---        14.07.2009     03:31   11722752 NlsLexicons0001.dll
-a---        14.07.2009     03:31   12038656 NlsLexicons0007.dll
-a---        14.07.2009     03:41   14161920 shell32.dll

PS C:\Windows\System32>
```

Abbildung 23.14 Die Antwort auf die Frage: »Welche Dateien sind größer als 10.000.000 Byte?«

Das beliebteste Beispiel in der Literatur ist das Filtern der Prozessliste – das möchte ich Ihnen natürlich auch nicht vorenthalten. Abbildung 23.15 zeigt, wie es gemacht wird und wie die Ausgabe aussieht. Natürlich könnten Sie noch einen dritten Befehl anhängen, der beispielsweise die Prozesse terminiert (in diesem Fall nicht empfehlenswert).

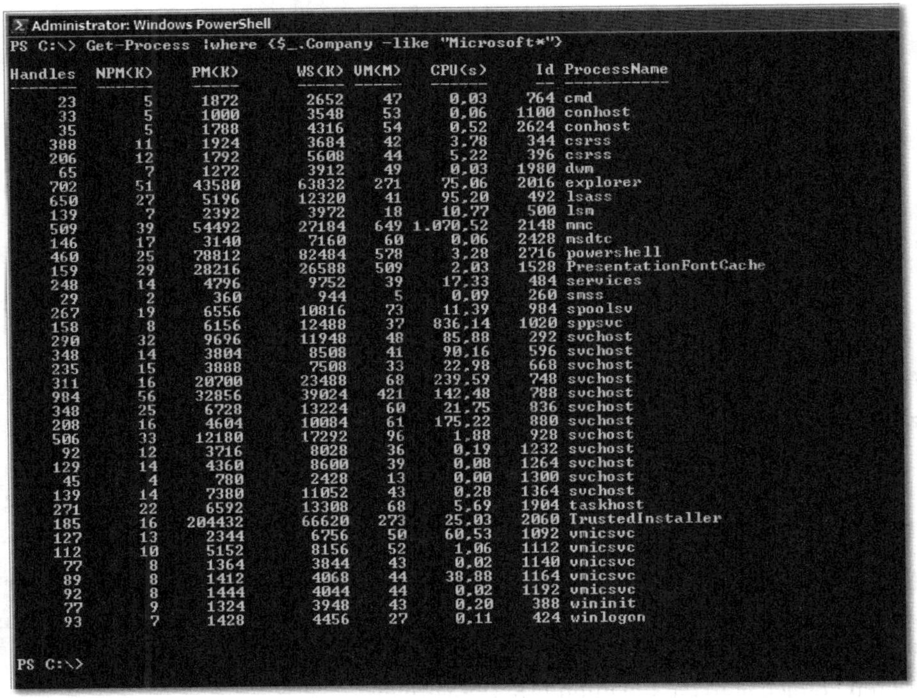

```
Administrator: Windows PowerShell
PS C:\> Get-Process |where {$_.Company -like "Microsoft*"}

Handles  NPM(K)    PM(K)      WS(K) VM(M)   CPU(s)     Id ProcessName
-------  ------    -----      ----- -----   ------     -- -----------
     23       5     1872       2652    47     0,03    764 cmd
     33       5     1000       3548    53     0,06   1100 conhost
     35       5     1788       4316    54     0,52   2624 conhost
    388      11     1924       3684    42     3,78    344 csrss
    206      12     1792       5608    44     5,22    396 csrss
     65       7     1272       3912    49     0,03   1980 dwm
    702      51    43580      63832   271    75,06   2016 explorer
    650      27     5196      12320    41    95,20    492 lsass
    139       7     2392       3972    18    10,77    500 lsm
    509      39    54492      27184   649 1.070,52   2148 mmc
    146      17     3140       7160    60     0,06   2428 msdtc
    460      25    78812      82484   578     3,28   2716 powershell
    159      29    28216      26588   509     2,03   1528 PresentationFontCache
    248      14     4796       9752    39    17,33    484 services
     29       2      360        944     5     0,09    260 smss
    267      19     6556      10816    73    11,39    984 spoolsv
    158       8     6156      12488    37   836,14   1020 sppsvc
    290      32     9696      11948    48    85,88    292 svchost
    348      14     3804       8508    41    90,16    596 svchost
    235      15     3888       7508    33    22,98    668 svchost
    311      16    20700      23488    68   239,59    748 svchost
    984      56    32856      39024   421   142,48    788 svchost
    348      25     6728      13224    60    21,75    836 svchost
    208      16     4604      10084    61   175,22    880 svchost
    506      33    12180      17292    96     1,88    928 svchost
     92      12     3716       8028    36     0,19   1232 svchost
    129      14     4360       8600    39     0,08   1264 svchost
     45       4      780       2428    13     0,00   1300 svchost
    139      14     7380      11052    43     0,28   1364 svchost
    271      22     6592      13308    68     5,69   1904 taskhost
    185      16   204432      66620   273    25,03   2060 TrustedInstaller
    127      13     2344       6756    50    60,53   1092 vmicsvc
    112      10     5152       8156    52     1,06   1112 vmicsvc
     77       8     1364       3844    43     0,02   1140 vmicsvc
     89       8     1412       4068    44    38,88   1164 vmicsvc
     92       8     1444       4044    44     0,02   1192 vmicsvc
     77       9     1324       3948    43     0,20    388 wininit
     93       7     1428       4456    27     0,11    424 winlogon

PS C:\>
```

Abbildung 23.15 In allen Büchern zum Thema beliebt: Welche Prozesse wurden von einem Hersteller, dessen Name mit Microsoft beginnt, gestartet?

23

Bei der praktischen Arbeit gilt gerade für die Pipelines: »The sky is the limit.« Wenn Sie ein wenig Routine mit der PowerShell entwickelt haben, werden Sie das Feature lieben.

23.2 Die Entwicklungsumgebung

Dieses Buch beschäftigt sich zwar nicht weiter mit der Entwicklung von Skripten, gleichwohl möchte ich Sie darauf hinweisen, dass seit Windows Server 2008 R2 eine kleine Entwicklungsumgebung für PowerShell-Skripte vorhanden ist. In Server 2012/R2 ist diese natürlich auch dabei. Die Umgebung hört auf den unglaublich einprägsamen Namen *Windows PowerShell Integrated Scripting Environment* (*ISE*; siehe Abbildung 23.16).

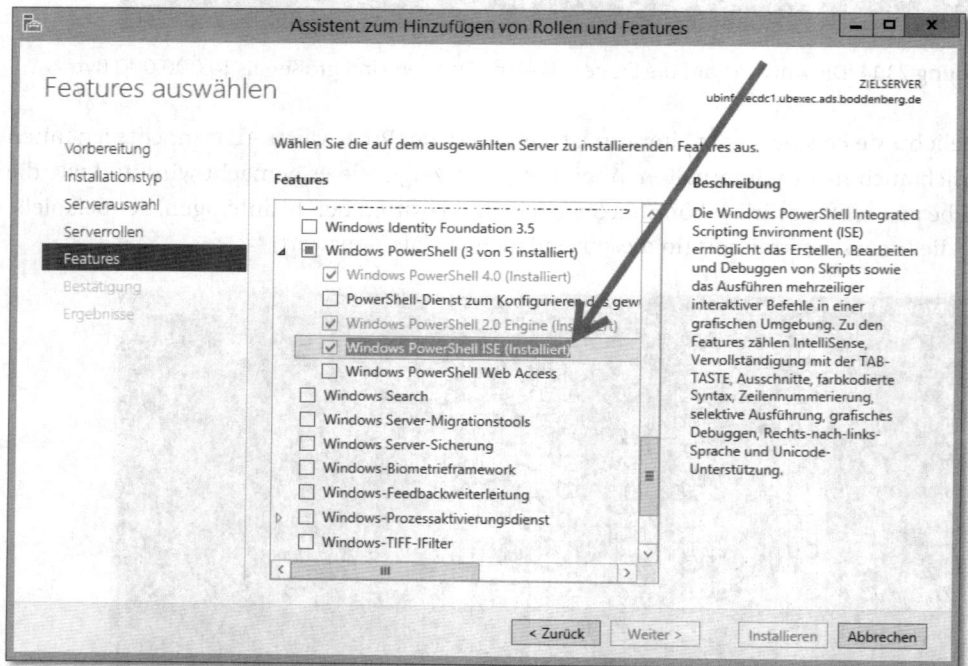

Abbildung 23.16 Die Entwicklungsumgebung für PowerShell-Skripte ist ein installierbares Feature.

Die Entwicklungsumgebung direkt nach dem Start zeigt Abbildung 23.17. Standardmäßig sind drei Bereiche vorhanden:

- Im oberen Bereich wird das neue Skript geschrieben. Es stehen die üblichen Features zur Verfügung, wie IntelliSense (Anzeige der im jeweiligen Kontext zur Verfügung stehenden Optionen) und Syntax-Highlighting.
- Im mittleren Bereich wird das ablaufende Skript gezeigt.
- Im unteren Bereich haben Sie direkten Zugriff auf eine PowerShell-Instanz.

Die »Optik« der Entwicklungsumgebung kann verändert werden. Die in Windows Server 2012/R2 enthaltene Lösung ist nun bei Weitem nicht die komfortabelste Entwicklungsumgebung, die man sich wünschen kann: Wenn Sie unser gemeinsames Lieblingswerkzeug, nämlich Google, befragen, werden diverse weitere Programme zutage gefördert, die häufig universeller oder leistungsfähiger sind. Dennoch ist das Entwickeln mit diesem Werkzeug deutlich angenehmer, als mit Notepad zu arbeiten. Fazit: Die Umgebung ist nicht brillant, aber auch nicht schlecht.

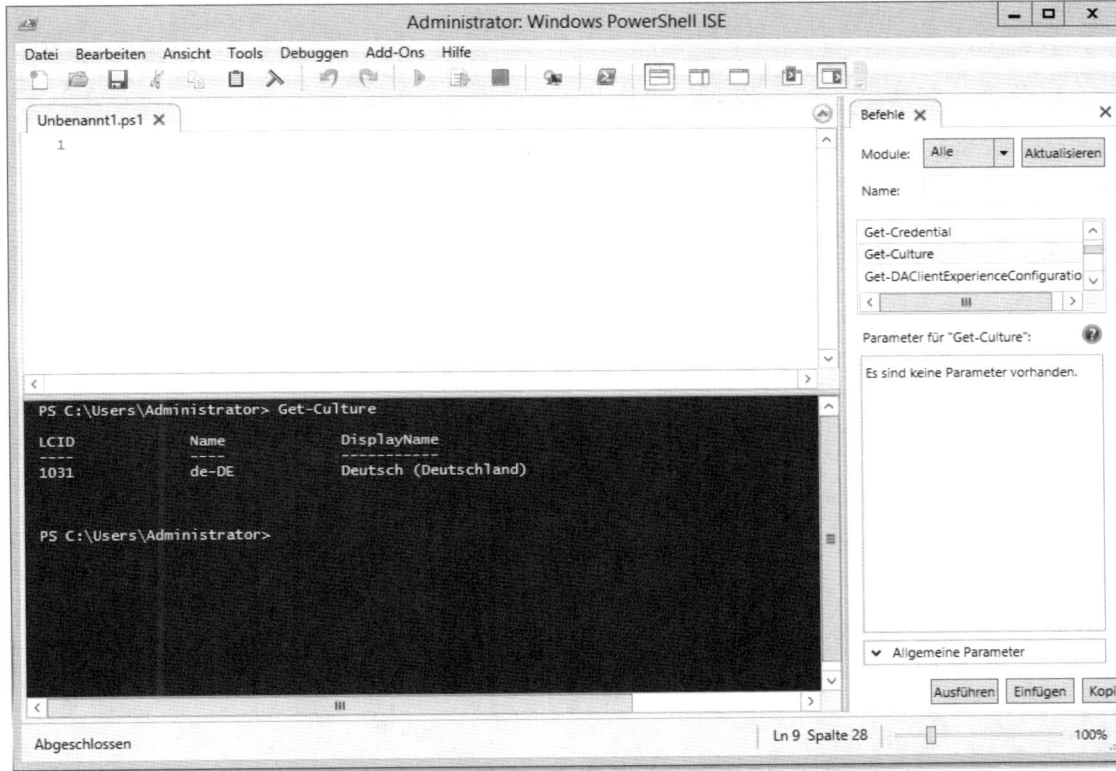

Abbildung 23.17 Die Entwicklungsumgebung frisch nach dem Start

23.3 PowerShell-Fazit

Man kann nur jedem, der mit Windows-Betriebssystemen umgeht, dringend eine »Annäherung« an die PowerShell empfehlen. Selbst wenn Sie überhaupt keine Neigung zur Arbeit auf der Kommandozeile verspüren, gilt diese Empfehlung, denn Sie kommen bereits mittelfristig nicht um die PowerShell herum – Exchange-Admins können ein Lied davon singen.

Sie brauchen nicht unbedingt ein »Skriptfuchs« zu werden, Sie sollten aber in etwa wissen, was ein Cmdlet ist und wie man mit Pipelines arbeitet.

Index

.NET
- CardSpace ... 197
- WCF ... 197
- Windows Communication Foundation ... 197
- Windows Presentation Foundation ... 197
- Windows Workflow Foundation ... 197
- WPF ... 197
- WWF ... 197

.NET Framework ... 190
.NET-Benutzer ... 1002
.NET-Vertrauensebenen ... 1013
64-Bit-Welt ... 57
802.1X ... 534

A

Active Directory ... 221
- Best Practice Analyzer ... 421
- Drucken ... 903
- Modul für Windows-Powershell ... 446
- Offline-Domänenbeitritt ... 453
- Papierkorb ... 424
- Verwaltungscenter ... 432

Active Directory Application Mode ... 495
Active Directory Best Practice Analyzer XE ... 421
Active Directory Federation Services
- Claims-Aware ... 521
- Federation Service ... 521
- Federation Service Proxy ... 521

Active Directory Lightweight Directory Services ... 495
- AD LDS ... 495, 497
- ADAM ... 495
- Administration ... 505, 511
- ADSI-Editor ... 507
- Ereignisanzeige ... 512
- Featurevergleich ... 496
- Installation ... 498
- Instanz einrichten ... 499
- LDIF ... 504
- Objekt anlegen ... 510
- Portnummern ... 502
- Replikation ... 514
- Update Sequence ... 517
- X.500-Kürzel ... 502

Active Directory Web Services ... 443
Active Directory Zertifikatdienste
- CAPolicy.inf ... 604
- OCSP ... 593
- Offline-CA installieren ... 603
- Online-Responder ... 593
- zweistufige Architektur implementieren ... 602

Active Directory-Domänendienste ... 221
- Active Directory ... 221
- ADDS ... 221
- Administrative Vorlagen ... 314
- ADSI-Editor ... 232, 233
- Änderungen erkennen ... 272
- Aufbau ... 222
- Betriebsmasterrollen ... 239
- Betriebsmasterrollen verschieben ... 244, 407
- Betriebsmasterrollen verteilen ... 249, 250
- Bridgeheadserver ... 293
- Client-Perspektive ... 383
- DEFAULTIPSITELINK ... 286
- Delegieren der Verwaltung ... 381
- Design ... 256
- Direct Up-to-dateness Vector ... 277
- DNS-Einträge ... 383
- Domain Naming Master ... 242
- Domäne ... 223
- Domänencontroller ... 223
- durchsuchen ... 384
- Einrichtung ... 299
- ersten Domänencontroller einrichten ... 300
- erweitern ... 386
- Forest ... 227
- FSMO-Rollen ... 239, 407
- GC ... 236
- Gesamtstruktur ... 227
- globale Katalogserver verteilen ... 251
- globaler Katalog ... 236
- globaler Katalog und Infrastruktur ... 242
- Gruppen ... 230, 378
- Gruppenrichtlinien ... 309
- High-watermark ... 277
- Infrastrukturmaster ... 241
- Infrastuktur Master und global ... 242
- Intersite Replikation ... 282
- Intersite Topology Generator ... 279
- Intrasite Replication ... 281

Active Directory-Domänendienste (Forts.)
- ISTG 296
- KCC 279, 296
- Knowledge Consistency Checker 279
- Login-Skripts 229
- logische Struktur 222
- Namenskontext 233
- Namensraum 227
- neues AD einrichten 299
- Organisationseinheit 228
- OUs vs. Gruppen 230
- Partition 233
- PDC-Emulator 240
- Planung 256
- Read Only Domain Controller 252
- Replikation 268
- Replikationsablauf 271
- Replikationskonflikte 278
- Replikationstopologie 279, 283
- RID-Master 241
- RODC 252
- Schema 232
- Schema-Manager 235, 247
- Schemamaster 243
- schreibgeschützte Domänencontroller 252
- Standorte 262
- Standorte und Domänen 262
- Standortverknüpfungen 286
- Standortverknüpfungsbrücken 291
- Struktur 222
- Transitivität 291
- Tree 224
- Troubleshooting 412
- Übersichtlichkeit 259
- Überwachung 298
- umstrukturieren 418
- Universal Group Membership Caching 237
- Update Sequence Number (USN) 272
- Upgrade 392
- Up-to-dateness-Vector 277
- Verbindungen 284
- Verfügbarkeit 243
- Verschieben der Betriebsmaster 244
- Verteilung der Betriebsmasterrollen 249
- Verwaltung delegieren 381
- Zeitdienst 387
- Zeitsynchronisation 388
- Zusätzliche Domänencontroller 308

Active Directory-Papierkorb 424
- aktivieren 424
- gelöschte Objekte anzeigen 426
- Ldp.exe 426

Active Directory-Papierkorb (Forts.) 424
- PowerShell 431
- Voraussetzungen 424

Active Directory-Rechteverwaltungsdienste 641
- Abschlussbemerkung 674
- AD RMS 641
- Anwendung 662
- E-Mail schützen 669
- Funktionsweise 643
- Gruppenrichtlinien 660
- Installation 645
- IRM 641
- Licensor Certificate 643
- Lizenzierung 643, 672
- Publishing License 643
- Rights Management Services 641
- RMS 641
- Statistik 672
- Use License 644
- Word-Dokument schützen 662

Active Directory-Verbunddienste 519
- ADFS 519
- Federation Services 519

Active Directory-Verwaltungscenter 432
- Attribute anzeigen 435
- Benutzer suchen 435
- filtern 437
- Kennwort zurücksetzen 434
- Navigationsknoten 441
- navigieren 437
- Neuanlage von Objekten 440
- Voraussetzungen 443

Active Directory-Verwaltungscenter → Active Directory

Active Directory-Webdienste 443

Active Directory-Zertifikatdienste 525
- AD CS 525
- Anwendungsrichtlinien 556
- Anwendungsszenarien 525
- Architekturen 565
- Autoenrollment 567
- Autoenrollment, Konfiguration 570
- Automatische Zertifikatanforderung 567
- Clientsicht 545
- eigenständige Zertifizierungsstelle 537
- erweiterte Zertifikatanforderung 562
- Gültigkeit des Stammzertifikats 542
- Installation 534
- Intermediate CA 564
- Internetinformationsdienste 1008
- iPhone 638
- Issuing CA 564
- mehrstufige Architekturen 562

Active Directory-Zertifikatdienste (Forts.)
  Public Key Infrastructure 534
  Rollen 563
  Root CA 538, 563
  Stammzertifizierungsstelle 563
  untergeordnete Zertifizierungsstelle 538
  Unternehmenszertifizierungsstelle 537
  Vorlage duplizieren 553
  Weboberfläche 560
  Windows Mobile 634
  Zertifikat anfordern 547
  Zertifikatdatenbank wiederherstellen 543
  Zertifikatsperrliste 574
  Zertifikatvorlagen 551
  Zertifizierungspfad 550
  Zertifizierungsstelle 538
AD CS 525
AD LDS 495, 497
AD RMS 641
Address Resolution Protocol 159
ADDS 221
ADFS 519
ADM 336
Administration, IIS 1029
ADMX 336
Adressierung, IPv6 146
Adresssyntax, IPv6 146
Adresstypen, IPv6 147
Adressvergabe, IPv6 152
ADSI-Editor 233
ADWS 443
Affinität, Netzwerklastenausgleich 1195
AJAX 915
Aktivieren 206
Alias 1364, 1367
Allocation Unit Size 795, 796
Anforderungsverarbeitung 931
Animal Farm 239
Anonyme Authentifizierung 959
Anschlüsse, Drucken 898
Anwendung 943, 954
  installieren 1084
Anwendungspool 933, 943, 947, 986, 988
Anycast 147
Applikationsvirtualisierung 1087
App-V 1063, 1087
Arbeitsprozess 931
Architektur
  IIS 930
  System Center Virtual Machine
    Manager 2012 1304

ARP 159
  Address Resolution Protocol 159
  Netzwerkmonitor 161
  Netzwerkprotokolle 159
ASP.NET 915
  anonyme Authentifizierung 959
  Entwicklungsumgebung 915
  Identitätswechsel 971
  IIS 915
  JavaScript 918
  Kompilierung 922
  Sicherheit 927
  Vorkompilierung 922, 925
  web.config 919
ASP.NET-Runtime 189
Attribute anzeigen, Active Directory-
  Verwaltungscenter 435
Ausführungsrichtlinie 1369
Authentifizierung 166
  IIS 958
  Kerberos 166
  Netzwerklastenausgleich 1205
Authentifizierungsdelegierung 976
Autoenrollment 569
  Active Directory-Zertifikatdienste 567
Automatische Genehmigung, WSUS 746
Automatische Zertifikatanforderung 567
Automatischer Modus (VPN) 780
Autorisierung 166
  IIS 1003
Average Seek Time 62
AWE 58

B

BackOffice 28
Baselining 97
Basis-Datenträger 797
Bedingte Weiterleitungen, DNS 464
Begriffsdefinition
  Webapplikation vs. Webservice 911
  Webseite vs. Website 914
  Webservice vs. Webapplikation 911
Benutzer suchen, Active Directory-
  Verwaltungscenter 435
Benutzereffizienz 1054
Benutzerspezifische GPOs 330
Benutzerzugriff, Remotedesktopdienste 1080
Berechtigungssatz 195
Berichte, WSUS 754

Best Practice Analyzer, Webserver 1042
Betriebsmasterrollen 239
   Active Directory-Domänendienste 239
   Domain Naming Master 242
   FSMO-Rollen 239
   Infrastrukturmaster 241
   PDC-Emulator 240
   RID-Master 241
   Schemamaster 243
   verschieben 244, 407
   verteilen 249
Blockgröße 116, 126, 795, 796
Bottom-up-Ansatz 1053
BPA, Webserver 1042

C

Cache, Zertifikate 588
CAL 53
CAPI2 583
CAPolicy.inf 604
Capture Filter, Netzwerkmonitor 133
CardSpace 197
CASpol 193
change user 1087
Client Access License 52
Clients und ADDS 383
Cluster schwenken 1172
Clusterfähiges Aktualisieren 1174
CMAK 781
Cmdlets 1364
Code Access Security 193
   CASpol 193
Codegruppe 195
Codesignatur 530
Common Language Runtime 189
Compact Framework 190
Connection Manager Administration Kit ... 781
Constained Delegation 990
Constrained Delegation 176, 992
Content Manager 1051, 1053
Core
   Hyper-V 1248
   sconfig.cmd 211
Core-Installationsoption 209
   Rollen 210
   Rollen hinzufügen 217
   Verwaltung 211
   Vorteile 210

D

DAS 65
Dateidienste 787
Dateiprüfungsverwaltung 821
Dateiserver
   Ausfallsicherheit 831
   Dateiprüfungsverwaltung 821
   EFS 851
   Encrypting File System 851
   Failover-Cluster 1166
   File Screening 814
   File Screening Management 821
   Installation der Rolle 813
   Kontingentverwaltung 814
   Quota Management 814
   Quotas 814
   Speicherberichteverwaltung 824
Dateisystem 787
   Attribute 808
   Aufbau 788
   Basis-Datenträger 797
   Blockgröße 795
   Diskpart 790
   dynamische Datenträger 797
   EFS 808
   GPT 791
   MBR 791
   Mirrored Volume 797
   partitionieren 793
   Platten verwalten 789
   Schattenkopien 809
   Self-Healing NTFS 812
   Spanned Volume 797
   spiegeln 799
   Stripesetvolume 797
   Transactional NTFS 812
   Volume Manager 788
   Volume Shadow Copy Service 809
   Volumes vergrößern 802
   Volumes verkleinern 802
Datendeduplizierung 880
Datengrab-Effekt 1048
Datenmengen 1047
Datensicherung 1223
   Server wiederherstellen 1233
   Sicherung 1225
   Wiederherstellung 1229
Datenträgerverwaltung 789
Datenverlustzeit 1139

Index

Delegierung 990
   DNS 305, 464, 466
   IIS 976
   Kerberos 173, 176, 178
   Kernelmodus-Authentifizierung 182
   Netzwerklastenausgleich 1206
Device-CAL 53
DFS 828
   Basiskonfiguration 836
   DFS im Active Directory 841
   DFS-Replikation 830
   DFS-Replikation konfigurieren 845
   Distributed File System 828
   domänenbasierter Namespace 839
   Domänenstamm 829
   eigenständiger Namespace 839
   eigenständiger Stamm 829
   Grundfunktion 828
   Installation 835
   Namespace konfigurieren 836
   Namespaceserver 836
   Redundanz des Namespaceservers 850
   Replikationsgruppen 845
   Replikationstopologie 848, 849
   Sicherung von Daten 834
   standortübergreifendes 832
   verteiltes Dateisystem 828
   Voraussetzungen 829, 831
DFS-Replikation 830
   konfigurieren 845
   Replikationstopologie 849
DHCP 155, 472
   80/20-Regel 484
   Adressbereich, Eigenschaften 482
   Bereichsoptionen 483
   Clustering 484
   DNS 479
   dynamische DNS-Updates 481
   Eigenschaften 481
   Funktionsweise 155
   NAP 690
   Netzwerkmonitor 157
   Netzwerkprotokolle 155
   Optionen 483
   Redundanz 484
   Serveroptionen 483
   statische Adresszuweisung 482
   WINS 480
DHCP-Server, NAP (Vorbereitung) 702
Digestauthentifizierung 969

Dimensionierung 55, 101, 113
   Festplatten 113
   Hauptspeicher 128
   IOPS 116, 119
   Netzwerkkonnektivität 129
   Prozessor 128
   RAID-Level 120
   RAID-Set 119
   Warteschlange 116
DirectAccess 759
   Zertifikatsperrliste 574
DISCOVER-Broadcast, DHCP 157
Disk Aligning 796
Disk-Layout 113
Diskpart 790
Diskpart-Utility 796
Display Filter, Netzwerkmonitor 133
Distinguished Name 424
Distributed File System 828
DNS 162, 455
   bedingte Weiterleitungen 464
   Delegierung 305, 464, 466
   DHCP 479
   Domain Name System 162
   Netzwerkdienste 455
   Netzwerkmonitor 166
   Reverse-Lookupzone 469
   Richtlinien 484
   Server 462
   Stammhinweise 465
   TimeToLive 164
   Weiterleitungen 464
   Zonen 456
   Zonentypen 457
DNS-Name nicht vorhanden 207
Domain Name System 162
Domain Naming Master 242
Domäne 223
Domänen-lokale Gruppe 378
Druckdienste 891
Drucken 885
   Active Directory 903
   Anschlüsse 898
   Druckdienste 891
   Drucker 886
   Drucker bereitstellen 903
   Drucker installieren 894
   Druckerobjekte 886
   Druckerpool 887
   Druckerserver 886

1381

Drucken (Forts.)
  Druckerserver konfigurieren 899
  Druckerstandards 899
  Druckverwaltung 893
  Filter 901
  Gruppenrichtlinien 905
  In Verzeichnis auflisten 903
  Installation 891
  Internetdrucken 892
  Konfiguration importieren/exportieren 901
  LPD-Dienst 892
  optimieren 885
  printQueue-Objekt 903
  PushPrinterConnections.exe 906
  Remotedesktopdienste 1115
  Rollendienste 891
  Treiber 896
  überwachen 901
  XPS 889
Drucker 886
  bereitstellen 903
  installieren 894
Druckerobjekte 886
Druckerpool 887
Druckerserver 886
  Konfiguration 899
Druckerstandards 899
Druckertreiber 896
Druckverwaltung 893
Dünn 869
Dynamische Datenträger 797

E

EAP 770
Easy Print 1115
Editionen 51
EFI-Boot-Partition 792
EFS 533, 851
  cipher.exe 864
  Datei verschlüsseln 853
  Dateien auf Servern 854
  Dateiserver 851
  Datenwiederherstellungs-Agent 858
  Datenwiederherstellungs-Agenten erstellen . 858
  Encrypting File System 851
  Gruppenrichtlinien 863
  Konfiguration 852
  Zertifikate 852
  Zugriff für mehrere Benutzer 855

Eingeschränkte Delegierung 176, 990, 992
Einmalsicherung 1225
Einwahlberechtigung 768
E-Mail schützen 669
EMT64 57
Encrypting File System 532, 533, 851
Enterprise Virtual Array 803
Entwicklungsumgebung 1374
EPIC 57
Ersten Domänencontroller einrichten 300
Erzwingungsclient 684
Extensible Authentication Protocol 770
Extranet 1049

F

Failover-Cluster 1146
  aktiv vs. passiv 1149
  Anwendungen hinzufügen 1166
  Cluster aware 1148
  Cluster schwenken 1172
  Clusterressourcen 1148
  Dateiserver 1166
  Hochverfügbarkeit 1146
  Installation 1150, 1158
  iSCSI 1150
  Konnektivität 1150
  n+1 1149
  Paralleles SCSI 1147
  Shared Storage 1147, 1150
  Support 1163
Features 46
Federation Services 519
Festplatten 60
  Blockgröße 116, 126
  Dimensionierung 113
  Disk-Layout 113
  IOPS 116
  Leistungsindikatoren 116
  RAID-Level 120
  Systempartition 114
  Warteschlange 116
File Screening 814
File Screening Management 821
Filter
  Gruppenrichtlinien 326
  Netzwerkmonitor 134
Filtermodus
  Netzwerklastenausgleich 1194
Forest 227

Formularauthentifizierung 993
Freigegebene Konfiguration 1027
fSMORoleOwner 418
FSMO-Rollen 239, 407
Funktionsweise
   Active Directory-Rechteverwaltungsdienste 643
   Zertifikatsperrliste 576

G

Gateway-Architektur 757
GC 236
Gelöschte Objekte anzeigen, Active Directory-
   Papierkorb 426
Gemeinsamer geheimer Schlüssel 686
Gesamtstruktur 227
Global Unicast Addresses 148, 151
Globale Gruppe 378
Globaler Katalog 236, 249
GPT 791
Grundlagen, Windows PowerShell 1364
Gruppen 378
   WSUS 743
Gruppenrichtlinien 309
   Abarbeitungsreihenfolge 326
   Active Directory-Domänendienste 309
   Active Directory-Rechteverwaltungsdienste . 660
   ADM 336
   ADMX 336
   Anwendungsbeispiel 310
   bearbeiten 349
   Benutzerspezifische GPOs 330
   Drucken 905
   EFS 863
   Filter 326
   gPLink 317
   Gruppenrichtlinienergebnisse 363
   Gruppenrichtlinienmodellierung 358
   Lokale GPOs 327
   Lokales Richtlinienobjekt 328
   Loopbackverarbeitung 372, 1107
   Preferences 373
   Sicherheit 323
   Softwareverteilung 369
   Starter-Gruppenrichtlinienobjekte 331
   Vererbung 320
   Verknüpfungen 356
   Verteilung 315
   Voreinstellungen 373
   Vorrang 323

Gruppenrichtlinien (Forts.)
   WMI-Filter 365
   WSUS 750
   zentraler Speicherort 340
   zuweisen 349
Gruppenrichtlinienergebnisse 363
Gruppenrichtlinienmodellierung 358
Gruppenrichtlinien-Voreinstellungen 373
Gültigkeit eines Zertifikats überprüfen 582

H

Hardware 55
   Festplatten 60
   Hauptspeicher 59
   RAID-Controller 60
   Serverarchitektur 58
Hauptspeicher 59, 128
Hochverfügbarkeit 1135
   Failover-Cluster 1146
   Vorüberlegungen 1136
Host für Remotedesktopvirtualisierung 1064
Host-basiertes Spiegeln 799
Hostheader 950
HTTP mit SSL-Verschlüsselung 527
Hyper-V 1237
   Core-Installationsoption 1248
   Hyper-V Manager 1250
   Hyper-V Server 2012 1248
   Installation 1252
   Installationsmöglichkeiten 1247
   Netzwerkeinstellungen 1260
   neue virtuelle Maschine 1263
   Vorteile 1240
Hyper-V Manager 1250
Hyper-V → Servervirtualisierung
Hyper-V Server 2012 1248
Hyper-V-Manager 1263

I

IA64 57
IIS 909
   .NET-Benutzer 1002
   .NET-Vertrauensebenen 1013
   Administration 1029
   Anforderungsverarbeitung 931
   anonyme Authentifizierung 959
   Anwendung 943, 954
   Anwendungspool 933, 943, 947, 986, 988

IIS (Forts.)
   Arbeitsprozess 931
   Architektur 930
   ASP.NET 915
   Authentifizierung 958
   Authentifizierungsdelegierung 976
   Autorisierung 1003
   Datenbankserver 1029
   Delegierung 976, 990
   Delegierung von Features 1038
   Digestauthentifizierung 969
   eingeschränkte Delegierung 990
   Features delegieren 1038
   Formularauthentifizierung 993
   freigegebene Konfiguration 1027
   Hostheader 950
   Identität des Anwendungspools .. 986, 988
   IIS-Manager-Benutzer 1036
   IIS-Manager-Berechtigungen 1034
   Installation 928
   integrierter Modus 935
   Internet Information Server 909
   IP- und Domäneneinschränkungen ... 1019
   Kerberos 978
   Kernelmodus-Authentifizierung .. 986, 988
   klassischer Modus 934
   Load Balancing 1024
   modularer Aufbau 938
   Negotiate 176
   NTFS-Berechtigungen 1004
   Protokollierung 1040
   Protokollübergang 990
   Redundanz 1024
   Remote-Administration 1030
   Remoteanforderungen 1026
   Service Principal Names 980
   Sicherheit 1007
   Sitzungszustand 1021
   SPN 980
   SSL-Verschlüsselung 1007
   Standardauthentifizierung 962
   URL-Autorisierung 1005
   Verarbeitungsreihenfolge 937
   Verwalteter Pipelinemodus 933
   virtuelles Verzeichnis 943, 957
   Webserver 946
   Website 943, 949
   Webverwaltungsdienst 1032
   Windows Authentifizierung 972
IIS-Manager-Benutzer 1036
IIS-Manager-Berechtigungen 1034

IKEv2 756
Infrastrukturmaster 241
Initiator 69
Innere Sicherheit 675
Installation 201
   Active Directory-Rechteverwaltungsdienste 645
   aktivieren 206
   DFS 835
   Drucken 894
   Erstkonfiguration 204
   Failover-Cluster 1158
   Hyper-V 1252
   IIS 928
   Netzwerklastenausgleich 1191
   Remotedesktopdienste 1063
Installationsoption Core 209
Integrierter Modus, IIS 935
Integritätsrichtlinien 682, 699
Intermediate CA 564
Internet 1049
Internet Information Server 909
Internet-Authentifizierung 525
Internetdrucken 892
Internetinformationsdienste
   .NET-Vertrauensebenen 1014
   ASP.NET-Zustandsserver 1023
   Cookies 1022
   Richtliniendateien 1018
   Sicherheitskonfiguration 1016
   URL-Rewriting 1022
Intranet 1049
IOPS 62, 116, 119, 126
IP- und Domäneneinschränkungen 1019
IPAM 39
iPhone 638
   Remotedesktopdienste 1080
IPSec 771
IPv4 143
IPv6 143
   abschalten 154
   Adressierung 146
   Adresssyntax 146
   Adresstypen 147
   Global Unicast Addresses 151
   Link-Local Addresses 148
   Protokolle 143
   Stateful 153
   Stateless 152
   Unique Local Addresses 150
   Unterschiede zu IPv4 145
   Vergabe von Adressen 152

IP-Verschlüsselung 532
IQN 873
IRM 641
ISA Server 589
   OCSP 601
   Sperrlisten-Verteilungspunkt 634
iSCSI 65, 68, 1150
   Initiator 1151, 1154
   Target 1151
iSCSI Qualified Name 873
iSCSI-Taget 870
iSCSI-Zielserver 870
ISE 1374
Issuing CA 564

J

JavaScript 918

K

KDC 168
Kein Vorrang 325
Kennwort zurücksetzen, Active Directory-
   Verwaltungscenter 434
Kerberos 166, 168
   Authentifizierung 166
   Constrained Delegation 176
   Delegierung 173, 176, 178
   Eingeschränkte Delegierung 176
   Funktionsweise 168
   IIS 978
   Kerbtray.exe 172
   Kernelmodus-Authentifizierung 182
   Netzwerklastenausgleich 1206
   Netzwerkprotokolle 166
   Service Principal Name 173
   setspn.exe 174
   SPN 173
   Toubleshooting 178
   Webanwendungen 978
Kerberos Two Way Transitive Trusts 225
Kerbtray.exe 172
Kernelmodus-Authentifizierung 986, 988
   Delegierung 182
   Kerberos 182
Key Distribution Center 168
Klassischer Modus, IIS 934
Kommandozeile 1361
Kompilierung, ASP.NET 922

Kontakt zu Ulrich B. Boddenberg 22
Kontingent anwenden 818
Kontingentverwaltung 814
Kontingentvorlage 815

L

L2TP 756, 771
LDAP 495
Ldp.exe, Active Directory-Papierkorb 426
Leistungsindikatoren 99
   Festplatten 116
Leistungsmonitor, Systemmonitor 97
Lew Platt 1048
Licensor Certificate 643
Link-Local Addresses 148
Lizenzierung 52
   *Active Directory-Rechteverwaltungs-
     dienste* 643, 672
   CAL 53
   Client Access License 53
   Device-CAL 53
   User-CAL 53
Load Balancing, IIS 1024
Lokale GPOs 327
Lokale Richtlinienobjekt 328
Loopbackverarbeitung 372
Loopbackverarbeitungsmodus 372, 1107
LPD-Dienst 892

M

MAC-Adresse, Netzwerklastenausgleich 1202
MAK 207
Managed Applications 189
Managed Web Applications 189
MBR 791
Mehrstufiges NAP-Konzept 685
Messbarkeit 1046
MetaFrame 1059
Microsoft Application Virtualization 1063
Microsoft Network Monitor 132
Migration von VMs 1354
Mirrored Volume 797
MMC-Snap-Ins, Core-Server 216
Multi Activation Key 207
Multicast 147
Multipathing 71
Multipfad-E/A 788

Index

N

Namenskontext 233
Namensraum 227
NAP 677
   Agent 683
   Client vorbereiten 683
   Client-Perspektive 707
   DHCP 690
   DHCP-Server vorbereiten 702
   Funktionsweise 678
   Gemeinsamer geheimer Schlüssel 686
   Integritätsrichtlinien 699
   Kommunikationsvorgänge 680
   Mehrstufiges Konzept 685
   Network Access Protection 676
   Netzwerkmonitor 710
   Netzwerkrichtlinien 696
   Netzwerkrichtlinienserver 681
   RADIUS-Proxy-Server 688
   RADIUS-Remoteservergruppe 690
   Systemintegritätsprüfungen 700
   Verbindungsanforderungsrichtlinien 696
NAP Enforcement Points 677
NAP-Agent 683
NAP-Erzwingungspunkte 677
NAS 65
Navigationsknoten, Active Directory-
   Verwaltungscenter 441
Navigieren, Active Directory-Verwaltungs-
   center 437
Negotiate 176
.NET:CardSpace 197
.NET:WCF 197
.NET:Windows Communication Foundation 197
.NET:Windows Presentation Foundation 197
.NET:Windows Workflow Foundation 197
.NET:WPF 197
.NET:WWF 197
NetBIOS über TCP/IP 492
Network Access Protection 676
Network Load Balancing 1188
   Remotedesktopdienste 1128
Network Policy Server 681
Netzwerk
   Ausfallsicherheit 90
   entfernte Benutzer 87
   Layer-2-Switching 85
   Layer-3-Switching 86
   Management 90
   Metropolitan Area Network 86

Netzwerk (Forts.)
   Sicherheit 89
   Strukturen und Verfügbarkeit 83
   VPN-Verbindungen 88
   WAN-Verbindungen 88
Netzwerkdienste 455
   DHCP 472
   DNS 455
   WINS 491
Netzwerkkonnektivität 129
Netzwerklastenausgleich 1188
   Affinität 1195
   Authentifizierung 1205
   Clusterknoten hinzufügen 1197
   Delegierung 1206
   Filtermodus 1194
   Funktionsweise 1189
   Hintergründe 1200
   Installation 1191
   Kerberos 1206
   MAC-Adresse 1202
   Network Load Balancing 1188
   Netzwerklastenausgleich 1203
   NLB 1188
   Remotedesktopdienste 1128
Netzwerkmonitor 132
   ARP 161
   Capture Filter 133
   DHCP 157
   Display Filter 133
   DNS 166
   Filter 134
   Kurzüberblick 133
   Microsoft Network Monitor 132
   NAP 710
   Netzwerklastenausgleich 1203
   Parser 136
   Schnelleinstieg 136
Netzwerkprotokolle 155
   ARP 159
   DHCP 155
   DNS 162
   Kerberos 166
Netzwerkrichtlinien 682, 696
Netzwerkrichtlinien- und Zugriffsdienste 676
Netzwerkrichtlinienserver 681
   Installation 691
   NAP 681
   Network Policy Server 681
   NPS 681
Neuanlage von Objekten, Active Directory-
   Verwaltungscenter 440

NLB	1188
NPS	681
NT 3.1 Advanced Server	25
NT 4 Server	29
NT Server 3.5	27
NTFS-Berechtigungen, IIS	1004

O

OCSP	593
ISA Server	601
Offline-CA installieren	603
Offline-Domänenbeitritt	453
Online Certificate Status Protocol	593
Online-Responder	593
Optimierung der Druckumgebung	885
Organisationseinheit	228
Active Directory-Domänendienste	228
Organizational Unit	228
OU	228
Organizational Unit	228
OU	228
Over-commitment	869

P

Papierkorb, Active Directory	424
Parser, Netzwerkmonitor	136
Partition	233
Partitionieren	793
PDC	224
PDC-Emulator	240
Performance	113
Blockgröße (Festplatten)	116, 126
RAID-Level	120
Richtwerte	97
Servervirtualisierung	1244
Performance-Analyse	100
Performancemonitor, Systemmonitor	97
Pipelines	1372
Planung, Servervirtualisierung	1244
Platt, Lew	1048
PowerShell	1361
Active Directory-Papierkorb	431
Core-Server	212
Modul für Active Directory	446
PPTP	756, 769
Preferences, Gruppenrichtlinien	373
Pre-Shared Key	771

printQueue-Objekt	903
Profile.ps1	1370
Protocol Transition	993
Protokoll erstellen, Systemmonitor	104
Protokolle	131
IPv4	143
IPv6	143
Netzwerkmonitor	132
Protokollierung, IIS	1040
Protokollübergang	990, 993
Prozessoren	55, 128
EMT64	57
Stepping	59
x64	57
PSK	771
Public Key Infrastructure	534
Publishing License	643
Pull-Replikation, WINS	492
PushPrinterConnections.exe	906

Q

Quota Management	814
Quotas	814

R

RADIUS-Proxy-Server	688
RADIUS-Remoteservergruppe	690
RAID	60
RAID-Controller	60
RAID-Level	
Einfluss auf die Performance	120
RDP-Protokoll	1080
Read Only Domain Controller	252
Rechenzentrum	91
Feuer, Wasser	92
räumliche Anforderungen	93
Redundanz	96
Stromversorgung	94
Zugangskontrolle	91
Rechnen macht erfolgreich	119
Rechteverwaltungsdienste	641
Redundanz	
IIS	1024
ReFS	865
regsvr32 schmmgt.dll	235
Remote-Administration	
IIS	1030

Remoteanforderungen 1026
RemoteApp- und Desktopverbindungen mit Windows 7 1124
RemoteApp-Benutzerzuweisung 1093
RemoteApp-Manager 1091
RemoteApp-Programme 1090
Remotedesktopdienste 1057, 1108
   Administration 1098
   Aktivieren des Lizenzservers 1110
   Anwendungen installieren 1084
   Benutzeradministration 1104
   Benutzerzugriff 1080
   change user 1087
   Clearinghouse 1113
   Desktop bereitstellen 1088
   Drucken 1115
   Drucken, Gruppenrichtlinien 1120
   Easy Print 1115
   Farmen 1128
   Fernsteuerung 1106
   Gruppenrichtlinien 1084, 1107
   Gruppenrichtlinien, Drucken 1120
   Installation 1063
   Installationsmodus 1087
   iPhone 1080
   Lizenzierung 1108
   Lizenzmodell wählen 1100
   Lokale Gruppe Remotedesktopbenutzer 1081
   Loopbackverarbeitungsmodus 1107
   Network Load Balancing 1128
   Netzwerklastenausgleich 1128
   Office installieren 1088
   RDP-Protokoll 1080
   Remote Control 1106
   RemoteApp-Benutzerzuweisung 1093
   RemoteApp-Programme 1090
   Remotedesktopdienste, Drucken 1120
   Remoteüberwachung 1105, 1106
   Schlussbemerkung 1133
   Sicherheitsvorkehrungen 1086
   Startmenü, Windows 7/8 1124
   Thin Clients 1080
   Überblick 1059
   Verbindungsbroker 1128
   Verwaltung 1098
   Vorteile 1060
   Web Access für Remotedesktop 1121
   Windows 7/8 1124
   XPS-Viewer 1117
Remotedesktopdienste-Farmen 1128
Remotedesktopdienste-Verbindungsbroker .. 1128

Remotedesktopgateway 1064
Remotedesktoplizenzierung 1064
Remotedesktoplizenzierungs-Manager 1108
Remotedesktop-Sitzungshost 1064
Remotedesktop-Verbindungsbroker 1064
Remoteserver-Verwaltungstools, Active Directory-Verwaltungscenter 433
Remotezugriff 759
Replikation einrichten, Active Directory Lightweight Directory Services 514
Replikationstopologie, DFS 849
Resilient File System 865
Ressourcen-Manager für Dateiserver 814
Ressourcenmonitor 99
Ressourcenübersicht 99
Reverse-Lookupzone 469
Richtlinien
   DNS 484
Richtwerte zur Performance 97
RID-Master 241
Rights Management Services 641
RMDS 814
RMS 641
RODC 252
Rollen 45
   Core-Installationsoption 210, 217
Root CA 563
Rotational Latency 62
Rückblick 23
   DOS 24
   Microsoft BackOffice 28
   Windows 3.0 25
   Windows Server 2003 R2 33
   Wolfpack 29

S

Sammlungssatz 104
SAN 65
   Servervirtualisierung 1242
SAN Storage 803
SAN-Architektur 69
Scale-out 1241
Scale-up 1241
Schattenkopien 809
Schema 232
Schema-Manager 235
Schemamaster 243
schmmgt.dll 235
Schreibgeschützte Domänencontroller 252

Index

sconfig.cmd 211
SCSI-Protokoll 66
SCVMM 1303
Secure Socket Tunneling Protocol 774
Self-Healing NTFS 812
Server
    Aufgaben und Rollen 43
    DNS 462
    wiederherstellen 1233
Serverarchitektur 58
Serverhardware 55
    64-Bit-Welt 57
    Architektur 58
    EMT64 57
    Festplatten 60
    Hauptspeicher 59
    IA32-Prozessoren 56
    Prozessoren 55
    RAID-Controller 60
    x64 57
Serversysteme
    AWE 56
    ECC 59
    EM64T 57
    EPIC 57
    IA64 57
    IOPS 62
    RAID 60
    SAS 63
    SATA 63
    SCSI 63
    Stepping 59
    x64 57
Servervirtualisierung 1237, 1241
    Hyper-V 1247
    Marktüberblick 1239
    Performance 1244
    Planung 1244
    SAN 1242
    Scale-out vs. Scale-up 1241
    Vorteile 1238
Service Locator Records 383
Service Principal Name 1184
Service Principal Names 173, 176, 980
Service Resource Records 471
setspn.exe 174
SHA 680
SharePoint Foundation 1045
SharePoint, Warum SharePoint? 1046
Sichere E-Mail 528
    signieren 529
    verschlüsseln 528

Sicherheit
    ASP.NET 927
    Gruppenrichtlinien 323
    IIS 1007
Sicherung 1225
Sicherungszeitplan 1225
Signatur, Windows PowerShell 1369
Single Sign On 519
Site-Local Addresses 148
Sitzungszustand 1021
Skripte 1368
slmgr 207
Smartcard 532
SOAP-Protokoll 912
Softgrid 1063
Softwareverteilung, Gruppenrichtlinien 369
SoH 680
Spanned Volume 797
Special Addresses 148
Speicherberichteverwaltung 824
Speicherpools 865
Sperrliste 616
Sperrlisteneinträge 578, 579
Sperrlisten-Verteilungspunkt 581
Spiegeln 799
SPN 173, 176, 980, 1184
SSL-Verschlüsselung 1007
SSoH 680
SSTP 756, 774
    Troubleshooting 778
    Zertifikatsperrliste 574
Stammhinweise, DNS 465
Stammzertifizierungsstelle 563
Standardauthentifizierung 962
Standardkompilierung
    ASP.NET 922
    Standardkompilierung 922
Standardverbindungs-URL 1095
Standort, ADS 262
Starter-Gruppenrichtlinienobjekte 331
Stateful 153
Stateless 152
Statement of Health 680
Statistik, Active Directory-
    Rechteverwaltungsdienste 672
Stelleninformationen 581, 614
Stepping 59
Storage
    Blocklevel-Zugriff 65
    Cloning 80
    Controller-basierte Spiegelung 72

Storage (Forts.)
   controller-basierte Virtualisierung 80
   Copy-on-Write-Snapshot 76
   DAS 65
   FibreChannel 66
   host-basierte Spiegelung 74
   In-Band-Virtualisierung 81
   Initiator 69
   iSCSI 65, 68
   Multipathing 71
   NAS 65
   Out-of-Band-Virtualisierung 82
   Redundante Storage-Systeme 71
   SAN 65
   SAN-Architektur 69
   SAN-basierte Virtualisierung 80
   SCSI-Protokoll 66
   Snapshotting 75
   Target 69
   Virtualisierung 80
   Volume Shadow Copy Services 77
   Write Penalty 120
Storage Spaces 865
Störfall vs. Notfall 1142
Stripesetvolume 797
System Center Virtual Machine Manager 2008
   Bibliotheken 1325
   Hosts verwalten 1323
System Center Virtual Machine Manager 2012 1303
   Architektur 1304
   virtuelle Maschinen verwalten 1324
System Center Virtual Machine Manager 2012 → SCVMM
System Center Virtual Machine Manager 2012 → VMM
System Center Virtual Machine Manager, Migration von VMs 1354
System Health Agents 680
Systemintegritätsprüfungen 682, 700
Systemmonitor 97
   Protokoll erstellen 104
   Sammlungssatz 104
Systempartition 114

T

Target 69
Terminaldienste 1057
   Gruppenrichtlinien 373
   Loopbackverarbeitungsmodus 372

TGT 169
Ticket Granting Service 169
Ticket Granting Ticket 169
Top-down-System 1053
Transactional NTFS 812
Transition Addresses 148
Tree 224
Treiber, Drucken 896
Troubleshooting, Active Directory-Domänendienste 412
Tunneling-Protokolle 756

U

Überblick, Editionen 51
Über-Provisionierung 869
Umstrukturieren, Active Directory-Domänendienste 418
Unicast 147
Unique Local Addresses 148, 150
Universal Group Membership Caching 237
Universale Gruppe 378
Universelle Gruppen 231
Unmanaged Applications 188
Unternehmenswissen 1047, 1048
Updates genehmigen 746
Upgrade, Active Directory-Domänendienste ... 392
URL-Autorisierung 1005
Use License 644
useAppPoolCredentials 1217
User-CAL 53

V

Verbindungsanforderungsrichtlinien ... 682, 696
Verbindungs-Manager-Verwaltungskit 781
Verbunddienst 521
Verbunddienstproxy 521
Vererbung, Gruppenrichtlinien 320
Verfügbarkeit, Active Directory-Domänendienste 243
Verschieben der Betriebsmasterrollen 244
Verschlüsselung 525
Verteiltes Dateisystem 828
Vertriebsleiterbeispiel 1054
Verwalteter Pipelinemodus 933
Verwaltungscenter 432
Virtualisierung, Storage 80
Virtuelle Maschinen, Migration 1354

Virtuelles Verzeichnis 943, 957
Visual Studio Professional 915
Visual Web Developer 915
VMM 1304
Volume Shadow Copy Service 77, 809
Volumenlizenz-Datenträger 208
Volumes
   vergrößern 802
   verkleinern 802
Voraussetzungen
   Active Directory-Papierkorb 424
   Active Directory-Verwaltungscenter 443
Vorinstallierter Schlüssel 771
Vorkompilierung
   ASP.NET 922, 925
Vorrang, Gruppenrichtlinien 323
Vorteile, Windows PowerShell 1361
VPN
   automatischer Modus 780
   CMAK 781
   Connection Manager Administration Kit 781
   EAP 770
   einrichten 764
   Einwahlberechtigung 768
   Extensible Authentication Protocol 770
   Gateway-Architektur 757
   IKEv2 756
   IPSec 771
   L2TP 756, 771
   PPTP 756, 769
   Pre-Shared Key 771
   PSK 771
   Secure Socket Tunneling Protocol 774
   Server, Grundkonfiguration 759
   SSTP 756, 774
   Tunneling-Protokolle 756
   Verbindungs-Manager-Verwaltungskit 781
   vorinstallierter Schlüssel 771
   VPN-Server, Grundkonfiguration 759
VPN-Verbindungen 88
VSS → Volume Shadow Copy Service

W

W3SVC 931
w3wp.exe 931
WAN-Miniport-Treiber 756
Warteschlange 116
Wartungsservergruppen 682
Warum eine neue Server-Version? 23

Warum SharePoint? 1046
WAS 931
WCF 197
Web Access für Remotedesktop 1064, 1121
   Konfiguration 1123
web.config 919
Weboberfläche
   Active Directory-Zertifikatdienste 560
Webserver 909, 946
   Best Practice Analyzer 1042
   BPA 1042
   IIS 909
Website 943, 949
Website/Webseite, Begriffsdefinition 914
Webverwaltungsdienst 1032
Weiterleitungen, DNS 464
Wiederherstellung 1229
   eines Servers 1233
Wiederherstellungszeit 1137
Windows 1, 2 und 3 23
Windows 2000 Server 31
Windows 7/8, Remotedesktopdienste 1124
Windows Communication Foundation 197
Windows Firewall
   Basiskonfiguration 716
   Gruppenrichtlinien 725
   Isolierungsregel 722
   Konfigurationshinweise 727
   Profile 716
   Regeln 715
Windows NT 3.1 Advanced Server 25
Windows NT 4 Server 29
Windows NT Server 3.5 27
Windows PowerShell 1361
   Alias 1364, 1367
   Ausführungsrichtlinie 1369
   Cmdlets 1364
   Entwicklungsumgebung 1374
   Grundlagen 1364
   Pipelines 1372
   Profile.ps1 1370
   Signatur 1369
   Skripte 1368
   Vorteile 1361
Windows PowerShell Integrated Scripting
   Environment 1374
Windows PowerShell → PowerShell
Windows Presentation Foundation 197
Windows Script Host 1361
Windows Server 2003 31
Windows Server 2008 33

Windows Server 2008 R2 .... 33, 34
Windows Server 2012 R2, Neuerungen 40
Windows Server 2012, Neuerungen 36
Windows Server Update Services 729
Windows Workflow Foundation 197
Windows-Authentifizierung 972
Windows-Firewall 713
    Regeln im Detail 718
Windows-PowerShell, Modul für Active
    Directory 446
Windows-Prozessaktivierungsdienst 931
WINS 491
    DHCP 480
Wireless Authentification 534
WMI-Filter 365
Wolfpack 29
Word-Dokument schützen 662
Worst-Case-Fall 1137
WPF 197
Write Penalty 120
WS-Federation 519
WSH 1361
WSUS 729
    automatische Genehmigung 746
    Berichte 754
    Erstkonfiguration 736
    Funktionsweise 729
    Gruppen 743
    Gruppenrichtlinien 750
    Installation 731
    Konfiguration 741
    Updates genehmigen 746
    Updates manuell genehmigen 748
    Windows Server Update Services 729
    wuauclt 751
WWF 197
WWW-Publishing-Dienst 931

X

x64 57
XenApp 1059
XPS 889
XPS-Viewer 1117

Z

Zeitdienst 387
Zeitsynchronisation 388
Zentraler Netzwerkrichtlinienserver 686
Zentraler Speicherort, Gruppenrichtlinien 340
Zertifikat überprüfen 585
Zertifikatdatenbank wiederherstellen 543
Zertifikatdienste 525
Zertifikate, Cache 588
Zertifikatgültigkeit überprüfen 582
Zertifikatsperrliste 574, 604
    DirectAccess 574
    Funktionsweise 576
    Gültigkeit 582
    ISA Server 589
Zertifikatvorlagen 551
Zertifizierungspfad 550
Zertifizierungsstelle, OCSP anpassen 600
Zonen, Netzwerkdienste 456
Zonentypen, DNS 457
Zugriff auf Stelleninformationen 581
Zusammenspiel mit anderen Microsoft-
    Produkten 48
Zusätzliche Domänencontroller einrichten 308
Zuverlässigkeit und Leistung 97
Zweistufige Architektur implementieren 602

In unserem Webshop finden Sie unser aktuelles
Programm mit ausführlichen Informationen,
umfassenden Leseproben, kostenlosen Video-Lektionen –
und dazu die Möglichkeit der Volltextsuche in allen Büchern.

www.galileocomputing.de

Galileo Computing

Wissen, wie's geht.